KB049717

제2판

헌법재판론

정재황

박영사

제2판 머리말

헌법재판이 국민의 기본권보장의 최후 보루라는 점에서도 그 중요성은 두말할 나위도 없습니다. 물론 기본권수호자인 법률가들에도 필수적인 실무 영역입니다. 그래서 변호사시험의 출제영역비중도 큽니다. 그만큼 그 법리의 충실한 이해와 습득을 돕기 위한 헌법재판 관련 책들을 출간하는 학술활동 또한 막중합니다. 이러한 이유로 첫 헌법재판교과서로 2000년에 발간된 '헌법재판개론'이 애용되었습니다. 이후 많은 시간이 지난 뒤에 본서 '헌법재판론'이 초판으로 2020년에 발간되었습니다. 이제 이 '헌법재판론'이 출간된 지 짧은 시간에 많은 독자들의 애정으로 제2판을 이른 시간에 내게 되었습니다. 깊이 감사의 뜻을 표합니다.

이론뿐 아니라 당연히 다루어야 할 판례들을 이제 30년이 넘은 헌법재판소 출범초기부터 분석 체계화하면서 원고를 쓰고 방대한 지면을 교열, 교정하다 보니 오자, 탈자가 있고 더러 파일이 바뀌어 저자의 뜻을 충실히 전하기에 다소 문제가 있는 부분들도 있었습니다. 이에 문구 등도 정리하여 제2판을 내기로 하였습니다. 헌법재판소 출범 때부터 팔로업하기 쉽지 않은 시간이 흐른 이제 이를 이어갈 교재로서 역할에 대한 막중한 책임도 많이 느낍니다. 그래서 다소 체계도 개선해보려 했습니다. 이번 제2판에서는 헌법재판소결정을 2021년 6월까지 반영하였습니다.

개정판 출간에 많은 공을 들여 주신 박영사 안상준 대표님, 조성호 이사님께 감사드리고 신간 못지않은 고난도 작업을 수행해주신, 출판문화의 달인 김선민 이사님 헌신에 감사드립니다.

실무에 바쁜 가운데 조언을 아끼지 않은 제자 예경수 변호사, 이정민 변호사, 교정을 위해 귀한 시간을 내어준 김성현 로스쿨 제자에게도 깊이 감사합니다. 대성하리라 믿습니다.

앞으로도 '헌법재판론'이 국민과 인류의 기본권보장을 위해, 더 나은 입헌주의의 구현을 위해 헌법재판이 활발히 작동하여 따뜻한 세상을 만드는 데 조금이나마 기여하기를 바라며 여러분들의 건강을 기원합니다.

2021년 7월 11일 저자 씀

머 리 말

[출간의 산고와 동기]

이제서야 법학계와 여러분들에 대한 진 빚을 조금이나마 덜어내게 되었습니다. 바로 헌법재판론을 새로이 출간하게 되어 여러모로 기쁩니다. 원래 이 책의 모태가 되었던 헌법재판개론은 우리나라 제6공화국 헌법에서 본격화된 우리나라 헌법재판의 교재로서는 처음으로 나온 것이었습니다. 2003년에 제2판까지 나온 뒤 정기적으로 개정판을 내겠다는 약속을 지키지 못했습니다. 연구와 강의에 매이기도 했지만 2007년－2009년 헌법재판소에서 초대 헌법연구위원으로 봉직하고 로스쿨 인가신청준비 업무 등으로 사정이 여의치 못했습니다. 이후 특히 2018년에 세계헌법대회를 우리나라에서 개최하게 됨에 따라 조직위원장을 맡아 수년간 이에 시간을 많이 쏟을 수밖에 없었습니다. 그동안 우리 헌법학계의 숙원이었던 세계헌법대회를 한국에 유치하고 그것을 성공적으로 치러 내는 데 저 개인적인 시간이 많이 투입되었습니다. 2018년의 세계헌법대회는 한국의 헌법, 헌법재판이 이제 세계를 선도해나갈 수 있다는 역량을 보여주었습니다. 민주화의 시간이 길지 않았던 우리로서는 괄목상대할 만한 기념비적인 성공이었습니다. 이는 세계 여러 나라 젊은 헌법학자들을 초청하여 한국의 헌법이론·헌법실무를 이해하게 하고 그들의 외국헌법들도 함께 연구하여 인류의 기본권 신장과 세계의 입헌주의 발달에 기여하기 위한 글로벌 헌법연구네트워크의 허브역할을 하고자 하는 'Global Youth Intensive Program for Young Constitutional Law Scholars(GYIP)를 Covid－19로 인해 국내초청행사로 하지 못하게 된 상황이었다가 위원장 제안으로 Webinar로 개최하였는데 대성공이었던 것도 역시 그런 점들을 보여주었습니다,

반면에 저자로서는 세계대회 등으로 예정하였던 책들의 출간이 늦어지게 되었습니다. 조직위원장을 맡지 않을 수 없는 상황이었으나 제 자신의 입장만 고려하였다면 이 책의 출간도 늦어지지 않았을 것입니다. 회한이 서리지만 우리 헌법학계의 국제적 위상이 그만큼 격상되고 우리 헌법이론이 우리나라는 물론이고 세계의 입헌주의 발전에 공헌하게 한다는 소명의식으로 개인적 희생을 감내하기로 했습니다. 지나간 시간을 되돌아보아 무슨 소용이 있을까 하고 대회 후 줄곧 매진했고 이제 그 결실을 보기 시작했습니다.

[집필기조]

이 책은 다음과 같은 기조를 염두에 두고 집필되었습니다.

심화된 절차법이론실무서의 출간 기본권론에 대한 실체법적 논의, 예를 들어 언론의 자유에 관한 어떤 실체법규정이 합헌이냐 위헌이냐 하는 문제에는 관심이 많으나 이 판단과정을 뒷받침하고 옳은 결론으로 이끌도록 하는 헌법재판절차에 대해서는 그 법리에 대한 성찰이 깊이를 더하는 데 관심을 덜 가질 수도 있습니다. 단순한 재판절차라는 실무현장성을 감안하더라도 절차법은 판례분석이 정말 중요함은 두말할 나위 없습니다. 현장에서 재판절차는 더욱더 판례중심적 분석이 절실합니다. 법리 그 부분 판시만 단편적으로 접할 것이 아니라 어떻게 하여 그 절차법리가 나왔고 헌법재판소의 논증은 어떠하며 그것이 이론이나 실무에 어떠한 의미를 지니고 앞으로 어떤 방향으로 나갈 것인가 하는 점을 고찰하도록 하는 것이 이제 더욱 절실해졌습니다. 그 요구에 부응하기 위해서는 헌법재판절차들에 관한 법리를 담고 있는 결정례들 자체를 충분히 분석하고 체계화되도록 하는 연구가 매우 중요합니다.

법학교육 내실화 법학교육, 법률가양성 교육이 오늘날 로스쿨제도를 중심으로 이루어지는데 이 교육을 내실있게 하는 교재가 필요합니다. 그 짧은 시간에 많은 과목, 그 법리들을 학습해야 하는 제약이 있지만 변호사시험의 그야말로 통과를 위한 몇 가지 헌법재판절차 법리 공식을 가지고 시험장에 들어선다는 풍문(?)을 듣고 많이 당황하기도 합니다. 실무 법률가로서 역량을 제대로 갖춘 것인지를 검증해야 한다는 그 역할을 충분히 다해주지 못하고 있는 시험도 문제입니다만, 변호사 시험뿐 아니라 이를 통과하여 앞으로 접할 헌법재판사건들을 지혜롭게 해결하게 하고 나아가 우리 법의 발달을 위한 법률가의 소명을 다하게 하기 위해서도 깊이 있는 학습서가 필요합니다. 그리고 실무에 진출하여서 참조할 수 있는 풍부한 심화된 전문서가 필요합니다.

다양한 법문제 해결의 역량강화를 위한 교재 현장의 헌법재판사건들은 헌법만 아니라 그 외 여러 개별법들과의 복합적인 문제, 특히 헌법재판을 둘러싼 헌법, 행정법과 같은 공법뿐 아니라 민사법, 노동법, 특수법들과의 복합적인 법적 쟁점들을 담고 있습니다. 이는 헌법이 기본법으로서 여러 개별법들에 관련을 맺고 있기 때문이기도 합니다. 이러한 복합문제들은 단순한 암기는 물론 아니고 헌법, 행정법의 복합뿐 아니라 다른 개별법분야 그리고 소송법들과의 복합, 연결의 법리를 파악하여 다방면의 문제해결능력을 갖추도록 하여야 합니다. 이는 그 법률구조를 받아야 하는 사람의 여러 측면에서의 보호를 위해 변호사시험도 복합형을 필수적으로 포함하도록 하고 있는 것은 이런 실무상 중요한 요청 때문임은 물론입니다. 이러한 다양한 능력 함양을 위해 본서에서 복합적 법리, 특히 헌법, 행정법 간의 복합적 법리에 대해 판례사안을 분석하고 그 법리를 체계화하려는 노력을 했습니다. 그런데 본서에서 변호사시험에 출제가능하다는 언급을 한 이유는 단순히 변호사시험을 위한 것이 아니라 그것을 지나 현장에서의 해결능력 함양을 위해 반드시 이해해두어야 할 법리임을 강조하고자 한 것입니다.

[책 분량에 대한 변호의 글]

위와 같은 기조를 구현하기 위한 결과이긴 했지만 필자에게도 많은 시간과 정신적 노력을 요구한 결과물인지라 본서의 장점이라면서도 부담으로 다가올 적지 않은 분량에 대한 저 자신의 변호 아닌 이유를 밝혀두고자 합니다.

• 본서에서 결정례를 인용하면서 사건개요, 심판대상규정 등도 가능한 한 요약, 인용하려고 하였습니다. 이를 인용하지 않으면 분량이 많이 축소되었을 것입니다. 그러나 그것을 가능한 한 필요한 부분에 인용함으로써 왜 이러한 헌법재판절차법리가 나타났고 이러한 논증구조로 이러한 내용으로 구성되었구나 하는 점을 파악하여 그 법리에 대한 충분한 이해와 아울러 비판적 시각을 가지도록 하기 위함입니다. 이러한 편찬은 그동안의 강의, 교육 경험의 소산이기도 합니다.

• 본서에서는 각 결정례들에 대한 코멘트를 달고자 지면을 할애하였습니다. 이는 바로 앞으로의 개선을 위한 것이기도 합니다. 코멘트는 사실 그 판례가 형성된 기초자료, 논의 등을 보면 더욱 좋을 것입니다만 … 절차법이 홀로 서거나 그것만의 존재의미가 있는 것이 아니고 당장 절차법리인 헌법소원의 청구인능력은 기본권주체성이라는 실체법리에 연관된다는 점, 그리고 다른 법분야의 복합적 문제들에 대한 서술을 다루면서도 양적인 팽창이 늘어났습니다.

• 중복되는 부분들이 나옵니다. 그래서 이를 소거하여 몰아보려고 노력을 많이 했지만 여러 관련된 항목 중 그래도 남겨두어야 할 부분은 그대로 두었습니다. 그 부분을 소거하고 여러 차례 인용을 주어 봤으나 줄어드는 부분이 그리 많은 페이지가 아니었으므로 더욱 남겨두는 편을 택하게 하는 동기가 되어 더 이상 줄이지 않았던 것입니다. 동일 법리를 적용할 사건들이라도 사례가 나타나는 영역이 다양할 수 있어서 되도록 다양한 적용례를 접하도록 하는 것도 바람직하다고 보았습니다. 중복도 익숙하게 한다는 점에서 마냥 나쁘지만은 않고 친숙함, 그 활용에 익숙함을 더하길 바라는 욕심도 있었습니다. 교재 활용시 주어진 시간이 한정적이라면 우선 해당 법리가 나오는 대표적인 결정례들을 중심으로 보면 될 것입니다. 이후 심화를 위해 더 많은 사안의 다른 결정례들을 살펴보면서 확장할 수 있을 것입니다.

• 그림, 도해를 많이 넣으려고 했습니다. 이는 이해도를 높이는 것이 물론 목적이지만, 그럼으로써 저작 보호에도 기여하도록 하려는 의도, 법서라는 따분함의 탈피 내지 일탈 시도의

도에서 비롯된 점도 있었음을 고백합니다.

• 청구서 서식 등 각종 서식례들도 가능하면 수록하고자 하였습니다. 이는 실무를 위한 것이기도 하지만 실감을 가지도록 하기 위함이기도 합니다.

[활용법]

• 위와 같은 연유로도 이 책의 활용은 처음부터 순차적으로 열독하는 방법, 중요 법리마다 저자가 서술한 내용, 법리의 내용과 그 법적 근거, 논증적 분석 등을 우선 기본적으로 읽어서 파악하고, 다음으로 자세한 판례를 분석하는 등으로 활용하는 것도 좋을 것입니다.

• 인용이 다소 길게 된 또 다른 이유는 가능한 한 본서의 참조로도 충분히 파악되도록 하기 위함입니다. 원스톱 파악이라고나 할까요. 이 책의 활용을 돕기 위한 것입니다.

• **선별적 참고** 양이 많으므로 개별적 법리를 선별해서 깊이 있게 이해하는 활용법도 유용할 것입니다. 그러한 활용을 위해서 개별 결정례를 다소 길게 인용한 부분들이 적지 않습니다. 이는 로스쿨 학생들뿐 아니라 실무에서도 담당사건에서 헌법재판이나 헌법, 행정법적 문제와 관련하여 참조하는 데 도움을 주기 위한 것이기도 합니다.

[마무리 글]

헌법재판소의 절차법적 판례를 보다가 당황스러웠던 부분이 있습니다. 그 예로 지정재판부가 기각결정을 내고 있는데(가처분신청사건에서의 기각결정례들) 이는 현행 헌법재판소법에 맞지 않습니다. 헌법재판소법 규정에 3명 재판관의 전원일치의 각하결정을 하지 아니하는 한 9명 전원재판부에 회부하는 결정만 할 수 있도록 규정하고 있기 때문입니다. 가처분은 본안심판은 아니고 그 사건이 많고 가처분판단에서 기각, 각하의 경계가 흐리고 하는 등의 현실적인 고려는 나올 수 있는데 그런 고충, 현실적 필요가 있더라도 헌법재판소법을 개정하는 것이 필요합니다. 아니면 법률에 대한 헌법판단권을 가지는 헌법재판소가 이를 명확히 하는 것도 한 방법입니다만 …

탄핵결정을 하는 등 헌법재판소가 성가(聲價)를 내고 있다는 그래서 국민의 신뢰를 많이 받는다는 평가를 받고 있는 것으로 듣고 있습니다만 앞으로 보다 더 개선해 나가야 할 판례법리들에 대해 보다 심도 있게 검토하여 개선을 주저하여서는 아니 되겠습니다. 이제 세계가 보고 있는 한국의 헌법재판소입니다.

또한 헌법재판분야에서도 이제 판례가 많이 축적되어 가면서 세련된 법리들을 요구받고 있고 한국의 헌법재판절차법이 상당 부분은 외국법의 이론을 따라가는 것이 아니라 우리가 선도해야 한다는 것입니다. 그리고 그렇게 판례가 많다는 것은 우리가 형성해나갈 토양과 소재가 많아졌다는 것을 의미하기도 합니다.

아울러 로스쿨 교육의 실무교육에도, 그야말로 로스쿨 출범시 초심으로 돌아가 충실히 하는 개혁이 있어야 할 것입니다.

[감사의 글]

이 방대한 분량의 전문서적의 출간을 흔쾌히 허락해 주신 안종만 회장님, 조성호 이사님, 타의 추종을 불허하는 편집의 마이더스 손으로 훌륭한 책으로 거듭나게 해 주신 김선민 편집이사님, Covid-19에도 불구하고 조판에 정말 고생 많이 하신 진행자분들께 깊은 감사의 마음을 표하고자 합니다.

이 부족한 저서가 발전적인 Global Leading의 헌법재판, 로스쿨 교육이 되도록 이끄는 데 그 역할을 하여 기본권의 발달, 입법주의·민주주의의 발전에 기여할 수 있기를 바랍니다.

2020년 9월

정재황 씀

* 아래 글 중에는 정재황, 헌법재판개론 제2판, 박영사 2003의 글을 다듬어 옮긴 부분들이 있음을 밝혀둔다.

차 례

제1장 서설

제1절 헌법재판의 개념과 정당성·기능

Ⅰ. 헌법재판의 개념

헌법재판이란 한 국가의 최고법인 헌법규범을 해석하고 적용하여 헌법규범에 위반되는 법률이나 공권력작용 등을 무력화함으로써 헌법이 담고 있는 기본권을 보장하고 입헌주의를 수호하며 헌법적 분쟁 등을 해결하는 재판을 말한다.[1] 사실 헌법재판의 개념은 어떤 시각과 기준에 의하느냐에 따라 그 파악이 달라질 수 있다. 그 파악에 따라 아래와 같이 헌법재판의 개념에는 이를 넓게 보는 개념과 좁게 보는 개념이 있다.

1. 개념의 준거

헌법재판의 개념을 어떻게 보느냐, 또 그 개념을 넓게 보느냐 좁게 보느냐 하는 것은 어떤 구분기준에 의하느냐에 따라 달라진다. 그런데 그 기준은 다름 아니라 유형의 분류기준이기도 한데 그 기준은 다음에 서술하는 헌법재판의 '유형'(제2절)에서도 보듯이 i) 심사담당기관, ii) 위헌심사의 계기, iii) 심사시기 등 여러 구분기준이 있을 수 있다. 나아가 iv) 권한의 범위가 어떠한가(넓은가 좁은가)에 따른 기준이 있다. 이 구분기준 중 한정적으로 잡느냐 아니면 여러 기준으로 넓게 잡느냐 아니면 기준 전부를 포괄하느냐에 따라 좁은 개념 또는 넓은 개념, 가장 넓은 개념이 자리잡게 된다.

---

1) '헌법소송'이라는 용어가 사용되기도 한다. 그러나 당사자 간의 대립을 구도로 두는 것을 관념하는 '소송'이라는 용어가 헌법을 해석하고 적용하는 재판에 적절한지 의문이다. 편의상 그렇게 쓸 수도 있으나 헌법재판이 가지는 특수성을 고려하면 적실성이 적다. 헌법재판인 위헌법률심판을 보더라도 법률이 기본권을 침해하여 위헌이라고 결정되면 그 법률의 적용을 받는 개인의 기본권구제 기능도 물론 하지만 그 법률의 적용을 받는 많은 다른 사람에도 영향을 미친다. 최고규범인 헌법의 해석·적용을 담당하는 헌법재판이 개인 간 소송의 차원을 넘어서는 객관적인 헌법규범의 발견과 유지라는 기능을 수행하고, 그리하여 그 파급효과의 광범위성 등을 가지는 특수성을 고려할 때 민사소송 등에서 사용되는 '소송'이라는 용어보다는 '재판'이란 용어를 주로 사용하는 것이 헌법재판의 본질을 더 잘 반영하는 것이다.

2. 넓은 개념(광의, 더 넓은 광의, 최광의)

위 준거들 중 어느 하나만을 고집하는, 예를 들어 사후심사만을 고집한다면 그 개념은 좁아질 것이나 사전심사도 포함하면 넓어질 것이다. 그러면서 위 준거들 중 어느 정도를 포함하느냐에 따라 넓다는 개념에서 그 넓은 폭이 결정될 것이다.

i) **담당기관에 따른 구분개념** 먼저 법원 외에 특별한 헌법재판기관을 설치하고 있는 경우에 거기서 이루어지는 헌법규범의 해석·적용뿐 아니라 법원에 의한 헌법규범의 해석·적용도 헌법재판으로 본다면 이 또한 헌법재판을 넓게 보는 개념이라고 할 것이다. 이 개념에 따르면 우리나라의 경우에도 법원 외에 헌법재판소를 별도로 두고 있는데 이 헌법재판소에서의 헌법규범의 해석·적용뿐 아니라 법원에서의 헌법규범의 해석·적용도 헌법재판에 포함될 것이다. 즉 현행 헌법 제107조 제1항은 법률의 위헌여부가 재판의 전제가 된 경우에 법원이 헌법재판소에 제청할 권한을 주고 있고 동조 제2항은 명령·규칙 또는 처분이 헌법이나 법률에 위반되는지 여부가 재판의 전제가 된 경우에 법원이 이를 심사하도록 규정하고 있는데 이러한 법원의 제청과 심사도 이 개념에 따르면 헌법재판에 포함시킬 수 있을 것이다.

ii) **재판(심사)계기에 따른 구분개념** 어떤 계기로 행해지는 재판이든 그 재판 가운데 헌법규범에 비춘 판단작용이 있다면 이를 모두 포함하여 넓게 헌법재판으로 보는 것이다. 이 개념은 어떤 공권력작용이 헌법규범을 위반하거나 또는 어느 개인의 기본권을 침해하는 등의 구체적 분쟁이나 사건이 있고 그 분쟁사건의 해결을 하는 재판에서 행하게 되는 헌법의 적용·판단작용(이를 구체적 통제라 한다)뿐 아니라 구체적 분쟁사건이 없는 경우이더라도 행해지는 재판기관의 헌법의 적용·판단작용(이를 추상적 통제라고 한다. 구체적 통제, 추상적 통제에 대해서는, 후술 제2절 유형 참조)도 포함하는 것이다.

iii) **재판시기에 따른 구분개념** 사후적인 헌법재판뿐 아니라 법률이 공포되기 전 또는 기본권의 침해가 있기 전에 행하는 이른바 사전적 헌법재판도 포함하는 넓은 개념을 생각할 수 있다.

iv) **관할 사건의 범위에 따른 구분개념** 위헌법률심판 등의 이른바 규범통제(규범통제라 함은 법률, 명령 등에 대한 심사, 즉 법률, 명령 등이 상위의 헌법이나 법률에 위반되는지 여부의 심사를 말한다) 외에 탄핵심판, 정당해산심판, 권한쟁의심판, 헌법소원심판 그리고 선거재판 등을 모두 포괄하는 것도 헌법재판의 넓은 개념에 입각하는 것이다.

* 용어 : ① 통제 – 위헌심사, 위헌판단, 위헌심판 등을 의미한다. ② 규범통제 – 법률이 헌법에 위반되는지, 명령이 헌법이나 법률에 위반되는지 등을 심사하는, 그야말로 규범에 대한 심사를 의미한다. ③ 구체적, 추상적 – 사건이 실제 발생하여 문제된 것인지에 따른 구분이다.

정리하면 ㉠ 넓은 개념은 i) 준거에서 특별한 헌법재판기관 외 법원 외에서 하는 헌법재판은 모두 포함한다고 보고 ii) 준거에서 구체적 규범통제만 아니라 추상적 규범통제도 포함한다고 보거나 iii) 준거에서 사후심사 외에 사전심사도 포함한다고 보는 개념이다.

㉡ 더 넓은 광의의 개념은 각 준거에서 양자를 모두 포함하면서 i)과 ii) 또는 ii)와 iii) 또는 i)과 iii)에서 각 준거의 양자를 모두 포함시키는 개념이다. 또 위의 조합에 iv)의 준거에 따라 위헌법률심사 외에 더 넓은 권한들도 포함하면 더 넓어질 것이다.

㉢ 가장 넓은 개념(최광의)은 위 준거들에서 포함되는 것들 전부를 총괄하는 개념, 즉 일반법원에 의한 헌법규범의 해석·적용이든 특별한 헌법재판기관을 설립하여 거기서 이루어지는 헌법규범의 해석·적용이든, 그리고 구체적인 규범통제이든 추상적인 규범통제이든, 또 사후적 헌법재판이든 사전적 헌법재판이든 모두 포함하고, 규범통제외 탄핵심판, 정당해산심판, 권한쟁의심판, 헌법소원심판, 선거재판 등 여러 사건들도 그 관할로 모두 포함하는 개념의 헌법재판이라고 할 것이다.

3. 좁은 개념(협의)

좁은 의미(협의, 狹義)로 헌법재판을 보는 관점은 위의 구분기준에 따라 보되 한정된 범위로 헌법재판을 보려는 것이다. 즉 좁은 의미의 헌법재판은, i) 담당기관이 헌법재판만을 담당하는 특별한 헌법재판기관이 있을 때에 그 기관에서 행하는 재판, ii) 계기를 기준으로 할 때 구체적 규범통제, iii) 시기적으로 법률이 공포되고 나서 시행에 들어간 후 그 적용에 있어서 위헌적인 문제가 있어서 행해지는 헌법재판작용(사후적 헌법재판 — 이에 대해서는 후술 참조)만을 의미하게 된다.

i)의 경우 나라에 따라서는 헌법재판기관이 부여받은 권한이 넓은 경우 광의의 헌법재판의 개념과 같을 수도 있을 것이다.

가장 좁은 의미의 헌법재판은 위헌법률심판, 탄핵심판, 정당해산심판, 헌법소원심판, 선거재판 등 여러 종류의 헌법재판 중에 위헌법률심판을 의미한다고 보는 것이 일반적인 경향이다.

4. 중추적 개념요소 및 본서의 고찰범위

헌법재판에 어떤 유형의 재판까지도 포함하느냐에 따라 그 개념의 범위도 달라질 것이나 '헌법에 비춘' 재판으로서 헌법보호를 위한 재판이라는 것이 헌법재판 개념의 중추적 요소임에는 분명하다. 본서에서는 현재 우리나라에서의 헌법재판소의 관할로 되어 있는 헌법재판들(위헌법률심판, 탄핵심판, 정당해산심판, 권한쟁의심판, 헌법소원심판)에 대해 주로 살펴보고자 한다.

Ⅱ. 헌법재판의 정당성과 기능

1. 헌법재판제도의 正當性 문제

헌법재판 중에 위헌법률심판이 일찍 발달되어 온 제도이고 이는 국가의 중추적인 법규범으로서 의회에서 제정되는 법률에 대한 심판인지라 헌법재판제도의 정당성 문제는 위헌법률심사제도를 두고 주로 논의되어 왔다. 그 정당성의 문제는 국민에 의해 직선된 의원들로 구성되고 국민의 대표기관인 의회에서 제정된 법률에 대하여 국민에 의하여 직선되지 않은 헌법재판기관이 심사하는 것이 과연 정당한 것인가 하는 의문으로 제기된 것이다. 예컨대 프랑스와 같은 나라에서는 법률은 국민주권, 일반의사의 표현(l'expression de la volonté générale)[1]이라는 점을 내세워 법률을 심사하는 것에 대한 거부감이 전통적으로 강하게 내려왔기에[2] 1958년 제5공화국 헌법하에 와서야 위헌법률심사제도가 비로소 제대로 자리잡게 된다.

그러나 오늘날 의회의 입법과정의 문제점 등이 드러나자 법률 등이 헌법에 위반되는지 여부에 대한 심사가 필요하게 되었다. 헌법은 기본권을 보장하는 법규범이기에 한 국가에서 최고근본규범의 위치에 자리잡고 있다. 최고근본규범에 위배되는 하위 법규범이나 그 위반행위를 제거하기 위해서 헌법재판제도가 필요하다.

헌법재판제도의 정당성은 무엇보다도 아래에서 보는 바와 같이 헌법재판이 중요한 헌법적 기능을 수행하고 있다는 바로 그 점에서 찾을 수 있다.

2. 헌법재판의 기능[3]

(1) 기본권보장의 기능

헌법의 존재근거는 국민의 기본권을 최대한 보장하는 데에 있다. 헌법규범은 국민의 기본권을 최대한 보장하기 위하여 그 기본권들을 선언하고 그 보장에 관한 내용을 담고 있는 법규범이다. 이러한 헌법규범에 위반하여 국민의 기본권을 침해하는 경우에 헌법위반임을 규명하여 그 침해행위를 제거하는 헌법재판은 국민의 기본권을 보장하고 기본권이 침해된 국민을 구제하는 기능을 수행함은 물론이다.

---

1) 이 문언은 프랑스 1789년 인간과 시민의 권리선언 제6조에 명기되어 있다. 이 선언의 제6조는 "법률은 일반의사의 표현이다. 모든 시민들은 스스로 또는 그의 대표자에 의해 법률의 제정에 참여할 권리를 가진다"라고 규정하고 있다.

2) 프랑스에서는 이러한 거부감이 '판사들의 정부'(gouvernement des juges)라는 말에 배여 있다. 위헌심사가 판사들의 정부를 가져오지 않을지 하는 의구심이 있어 왔다.

3) 헌법재판의 기능에 관하여서는 졸고, 사전적·예방적 위헌법률심사제도의 도입에 관한 입법론, 헌법재판의 이론과 실제, 금랑 김철수교수화갑기념논문집, 박영사, 1993, 337－340면; 졸고, 헌법재판과 정치, 헌법규범과 헌법현실, 권영성교수정년기념논문집, 법문사, 1999, 400면 이하 등 참조.

(2) 실질적 입헌주의의 구현

국민의 기본권을 최대한 보장하기 위한 규정들을 담고 있고 국민의 기본권을 침해하는 국가권력의 남용 등을 막기 위하여 국가권력을 적정하게 분배하며 또 국가권력을 통제하는 원리들을 담고 있는 법규범이 헌법이다. 이러한 헌법에 따라 기본권이 보장되고 국정의 민주적 운영이 이루어져야 한다는 원칙이 바로 입헌주의이다.

입헌주의는 헌법을 위반하는 행위에 대한 제재가 이루어지지 않고는 헌법이 제대로 지켜지지 않고 헌법원칙은 형식적인 원리에 그치게 되므로 헌법위반에 대한 실효적인 제재가 뒷받침될 때 실질적인 입헌주의가 구현될 수 있다. 헌법재판이 바로 그러한 제재수단으로서 기능함으로써 헌법재판은 실질적 입헌주의를 확보하는 임무를 수행하게 되는 것이다.

(3) 헌법의 규범력 확보

헌법재판은 헌법을 위반하고 기본권을 침해하는 행위들에 대하여 재판절차를 통한 제재를 가하는 것이므로 헌법재판이 제대로 기능한다는 것은 헌법의 규범력, 강제력을 강화하는 결과를 가져옴은 물론이다. 헌법재판제도가 일찍이 발달되어 왔던 외국에서는 오늘날 헌법재판의 판결에 대한 집행력을 더욱 강화하는 방안들이 연구되고 있는데 이는 헌법재판이 가지는 헌법규범력확보기능의 실효성을 확대되게 하는 효과를 가져온다.

(4) 고전적 권력분립제도의 한계와 헌법재판의 통제기능

오늘날 의회가 행정부에 대하여 고전적 권력분립주의가 요구한 통제의 소임을 충분히 행하고 있다고 보기가 어렵다. 특히 의원내각제에서는 의회다수당(파)에 의해 내각(행정부)이 구성되고 의회다수의 지지(신임)가 있어야 존속할 수 있다. 의원내각제의 경우에는 원활한 국정운영을 위해서 사실상 의회와 행정부 간 협력관계를 유지하여야 필요가 있고 이처럼 상호의존적 협력관계의 필요로 의회의 통제기능이 약화될 수 있다.[1)] 의회다수파가 같은 파의 내각을 견제하는 것이 약할 수 있다는 것이다. 또한 대통령제에서도 원활한 국정운영을 위하여 의회의 다수파의 지지와 협조를 행정부는 필요로 한다. 그리고 대통령제의 정부라고 할지라도 대통령이 속한 정당이 의회의 다수파를 형성하고 있을 때에는 사실상 대통령에 대한 의회의 견제기능은 약화될 수 있다.

이처럼 오늘날 권력분립적 통제기능이 약화된 상황에서 권력통제기능의 부족한 부분을 결국 헌법재판이 많이 떠맡아 주어야 한다. 헌법재판은 기본권보장, 헌법규범의 실효성, 규범력의 확보라는 기능뿐 아니라 분립된 국가권력 간의 조절기능도 그 중요한 기능으로서 수행하고 있다. 또한 정권이 교체되는 상황에 있더라도 권력행사에 대한 합헌성통제를 통해 헌법재

1) 의원내각제 국가에서 입법부와 행정부 간의 대립관계보다 행정부에의 권한집중 연합의 현상을 볼 수 있다고 지적된다. P. Pactet, Institutions politiques Droit constitutionnel, 20e éd., Armand Colin, Paris, 2006, 105, 140면.

판은 각 국가권력에 있어서 본래의 권한범위 내에서 일탈하지 않게 권한행사가 적정히 이루어지고 또 안정된 가운데 수행되게 함으로써 국가권력 간의 조절기능을 수행할 수 있다고 본다.

헌법재판의 하나인 국가기관 간 권한쟁의심판은 국가권력의 적정한 획정 등으로 권력분립주의 구현에 기여하기도 한다.

(5) 다원주의·의회주의의 구현

다원주의(多元主義)란 국민전체의 합리적인 의사(意思)를 제대로 추출하기 위하여 다양한 계층의 국민의 의사가 표출되고 또 이를 집약할 수 있게 하여야 하며 이를 기초로 국가의 정책이 결정되고 집행되어야 할 것을 요구하는 원리를 말한다. 다원주의는 특히 국민의사가 집약되어야 하는 국회에서 더욱 직접적으로 강하게 요구된다고 할 것이다.

의회주의는 민주적인 선거에 의하여 구성된 의회가 국민을 대표하여 국민의 의사를 합의를 통하여 도출함으로써 국가의 중요정책을 결정하게 하는 원리를 말한다.

이러한 다원주의와 의회주의의 중요한 요소로서는 무엇보다 먼저 자질을 갖춘 공선의원(公選議員)들이 국민들의 다양한 의사, 특히 소수파의 의사를 존중하여 대변함으로써 여러 계층의 다양한 의사가 표현되어 반영될 수 있도록 하고 또 상호 간의 의사의 교환이 토론을 통하여 활발히 충분하게 이루어질 것을 요한다. 이러한 과정을 통하여 국민의 참된 의사로서의 법률이 제정되어야 한다. 다수결도 이러한 과정이 충실히 이행된 이후 이를 마무리하는 의미의 질적(質的) 다수결이어야 할 것이고 이러한 과정이 생략되더라도 수적·양적 다수라는 이유만으로 정당화될 수는 없다.[1)]

바로 이러한 다원주의와 의회주의가 제대로 실현되지 않은 가운데 제정된 법률 등을 헌법재판을 통하여 위헌으로 선언함으로써 제재를 가하고 이로써 헌법재판이 다원주의와 의회주의의 준수를 담보하는 기능을 하게 된다.

(6) 소수파의 보호

다양한 국민의 의사가 존재한다는 것은 다수의견 외에 여러 소수의견들이 존재함을 의미한다. 따라서 앞서 다원주의·의회주의의 구현에서도 언급한 대로 다양한 국민의 의사가 수렴되기 위해서는 다수의견뿐 아니라 바로 다양한 소수의견들이 존중되는 것을 전제로 한다. 다수의견도 절대적인 것이 아니고 토론과 설득, 여러 意思들, 특히 소수파의 의견들의 청취 등을 통하여 국민의사에 보다 접근하고 충실한 것이 되도록 하여야 하고 또 의견들 간의 조절 등을 거쳐 국가의사가 합리적이고 이성적인 것으로 도출되어야 한다. 헌법재판이 이러한 소수의견이 존중되지 않은 입법을 통제함으로써 소수에 대한 보호의 기능을 수행하게 된다. 특히 의회의 소수파에게 위헌심판제청권을 부여하면 행정부를 뒷받침하는 다수파에 대한 견제 기능의

---

1) 의회주의에 대해서는 졸저, 신 헌법입문, 제2판, 박영사, 2012, 549면 이하 참조.

가능성과 실효성이 더 커질 수 있다. 프랑스의 경우 의회의원 60인 이상의 발의만 있으면 법률의 공포 전에 법률에 대하여, 그리고 그 비준, 승인 이전에 조약에 대하여 위헌심사를 제청할 수 있도록 하고 있어서 더욱 이러한 헌법재판의 기능이 활발히 이루어져 그 효율성을 높인 것으로 긍정적인 평가를 받고 있다.[1] 또 실제 이러한 소수파 의원들에 의한 제청이 활발하여 많은 헌법판례가 축적되어졌다.

(7) 정치의 평화화의 기능

의회에서 격렬한 정쟁이 벌어지게 되더라도 일단 헌법재판을 제기하여 법적 재판에 의한 해결을 기대하도록 하여 정쟁을 가라앉게 하는 냉각의 기능을 헌법재판은 수행할 수 있다.[2]

정치의 평화화(平和化)의 기능은 다원주의의 구현기능, 소수파의 보호기능이라는 위에서 본 헌법재판의 기능과 연관된다. 즉 소수파들에게 입법과정 이후 헌법재판의 기회를 부여하여 의회에서의 입법 등에 있어서 자신들의 의사가 관철되기 힘들거나 관철되지 않더라도 입법 이후 헌법재판에 기대할 수 있다는 고려에서 극단적인 장외투쟁, 등원거부 등을 하지 않고 일단은 입법절차 등에 참여하도록 이끌어감으로써 정치과정의 평온과 이성화를 가져오게 할 수 있다. 다수파에게도 수적 우세에 의한 일방적 의사강요로 의사절차가 이루어지더라도 소수파가 헌법재판을 제기할 수 있음을 의식하게 함으로써 소수파와의 논의, 양보, 조절, 타협으로 나아가도록 이끄는 기능도 기대할 수 있을 것이다. 이로써 의회주의가 구현될 수 있게 한다.

제2절 헌법재판의 유형 - 위헌법률심판을 중심으로

학자들마다 헌법재판의 유형을 분류하는 기준을 달리할 수도 있다. 또 앞서 제1절에서 본 헌법재판의 개념들 중 어느 개념에 의할 것이냐에 따라, 그리고 여러 헌법재판들 중 어떤 헌법재판을 중심으로 분류할 것인가에 따라 달라질 수 있다. 따라서 앞 부분 개념 부분과 다소 중복되는 감이 있으나 헌법재판 서설 초반부에 헌법재판의 용어 등에 대한 이해와 보다 익숙해질 필요성을 감안하고 여기서는 유형을 좀더 자세히 살펴본다는 의미에서 서술을 그리하게 되었다.

아래에서는 헌법재판들 중 핵심적인 제도인 위헌법률심판(법률이 헌법에 위배되는지 여부를 판단하는 심판)을 중심으로 분류해 보되 3가지 기준에 따른 유형, 즉 헌법재판을 담당하는 기관에 따른 유형, 위헌심사의 계기에 따른 유형, 헌법재판이 이루어지는 시기에 따른 유형으로 나누

---

1) F. Luchaire, Le Conseil constitutionnel, Economica, Paris, 1980, 113면 등 참조.

2) 이러한 정치의 평화화 기능(la fonction de pacification de la vie politique)을 지적하는 견해로, L. Favoreu, Actualité et légitimité du contrôle juridictionnelle des lois en Europe occidentale, R.D.P., 1984, 1195면 참조.

어보고자 한다.

Ⅰ. 담당기관에 따른 유형 : 법원형(사법심사형), 특별헌법재판기관형(헌법재판소형), 분담형

일반법원의 재판에서 적용될 법률규정이 헌법에 위반되는지가 문제될 때 그 법률규정에 대하여 그 일반법원이 위헌여부심사를 하는 유형을 사법심사형(司法審査型)이라고 한다. 미국, 일본과 같은 나라가 그 예이다. 사법심사형에서는 통상 아래에서 보는 구체적 규범통제가 행해지는 유형이다.

특별헌법재판기관형은 법원 외에 특별한 헌법재판기관을 두어 위헌법률심판을 담당하게 하는 유형이다. 헌법재판소형도 특별헌법재판기관형에 속한다. 헌법재판소를 특별히 두고 있는 나라로 오스트리아, 독일, 프랑스, 우리나라와 같은 나라들이 있다. 법원과 특별헌법재판기관에 위헌법률심판을 분장하는 분담형 내지 혼합형도 있다.

Ⅱ. 위헌심사의 계기(契機)에 따른 유형 : 구체적 규범통제, 추상적 규범통제, 병존형

규범통제라 함은 어떤 법규범이 상위 법규범에 위반되는지 여부를 심사함을 의미한다. 따라서 법률이 헌법에 위반되는지를 또는 명령이 헌법이나 법률에 위반되는지를 심사하는 것은 규범통제이다. 구체적 규범통제란 법규범이 구체적 사건에 적용되어야 할 상태에서 그 법규범이 상위법(헌법이나 법률 등)에 위반되는지 여부를 판단하는 작용의 제도를 말한다. 즉 국민의 기본권 등이 침해되는 구체적 사건이 있어 그 사건의 해결을 위한 재판이 제기되고 그 재판에서 적용되는 법률이 헌법에 위반되는지가 문제된 경우에 그 법률의 위헌여부의 심판을 하는 것을 구체적 규범통제로서의 위헌법률심사라고 한다. 구체적 규범통제에서는 위헌으로 결정된 법률을 법원의 당해 재판에서 적용함을 거부하는 데 그치는 것이 원칙이다. 그러나 선례구속의 원칙에 따라, 또 동일한 많은 사건들에 있어서의 적용거부로 실질적으로는 법률을 무력하게 하는 효과를 가져올 수 있다. 우리나라의 경우 현재 헌법재판소에 의한 구체적 규범통제를 하면서도 위헌결정된 법률은 적용거부 정도가 아니라 아예 효력을 상실하도록 하고 있다(헌법재판소법 제47조 2항). 이 점이 우리나라 위헌법률심판의 특징 중 하나이다.

반면, 추상적 규범통제란 어떤 구체적 위헌의 문제가 발생한 경우이거나 어느 법규범이 구체적으로 적용되어야 할 상태가 아니더라도 문제의 법규범이 상위법(헌법이나 법률 등)에 위반되는지 여부를 바로 심사하는 제도를 말한다. 즉 어떠한 법률이 현재 어느 누구의 기본권을 침해하고 있는 상황이 아니더라도 그 법률의 위헌여부를 심사하는 것을 추상적 규범통제로서의 위헌법률심사라고 한다.

위헌법률심사에 있어서 구체적 규범통제만 행하는 국가도 있고 추상적 규범통제만 행하는 국가도 있다. 또는 구체적 규범통제와 추상적 규범통제를 모두 행하는 병존형도 가능할 것이다. 프랑스와 독일의 경우 두 규범통제가 모두 행해지고 있다.

Ⅲ. 심사시기에 따른 유형 : 사후적 규범통제, 사전적 규범통제, 병존형

법률이 공포되어 시행에 들어간 뒤에 그 법률규정에 대하여 심사를 행하는 것을 사후적 심사(규범통제)라고 하고 법률의 공포 이전에 행하는 심사를 사전적 심사(규범통제)라고 한다. 물론 법률의 공포시점을 잡지 않고 다른 시점을 사전심사, 사후심사의 구분점으로 할 수도 있을 것이다. 예컨대 법률의 시행시점, 즉 법률이 공포가 된 후 시행에 들어가기 이전에 행하는 사전심사가 이루어질 수도 있다.[1]

사후적 규범통제에서는 법률이 시행에 들어간 이후에 심사가 이루어지므로 위헌결정이 있을 때 법적 안정성을 침해할 수 있다. 이 때문에 위헌결정의 소급효를 제한하기도 한다. 그러나 사후적 규범통제는 사후에 시정의 기회가 주어진다는 점에서 장점이 있다.

사전적 규범통제는 예방적 규범통제라고도 하며 법적 안정성의 측면에서는 장점이 있다고 한다.[2] 조약의 경우 발효 후 사후심사에서 위헌결정이 나면 국제관계에서의 어려움이 있기에 사전심사가 효과적이다.

법률의 공포 이전에 사전적 심사를 행하는 대표적인 국가로 프랑스를 들 수 있다. 법률이 공포되기 전에 하는 사전적 규범통제는 추상적 규범통제이기도 하다. 왜냐하면 법률시행 전에는 구체적 분쟁이 있을 수 없기 때문이다.

사전적 심사와 사후적 심사가 모두 이루어지는 헌법재판의 유형도 있다. 프랑스의 경우에 그동안 사전적 위헌법률심사를 주로 해오다가 2008년 7월 헌법 개정으로 사후적 심사를 도입하였기에 사전적 심사와 사후적 심사가 모두 이루어지는 강한 헌법재판국가가 되었다.[3] 프랑스의 경우 헌법재판기관은 'le Conseil constitutionnel'인데 사후심사제 도입뿐 아니라 그 외 권한도 2008년 위 헌법개정에서 확대되어 명실상부하게 그 명칭도 변경하려는 시도가 있었다. 'Conseil'를 'Cour'(재판소)로 바꾸자는 개정안이 그 개정논의 당시 상원에서 의결되었으나 그동안 인식되어 온 명칭이라 그대로 두기로 하였다.[4] 이 논의를 소개하는 것은 우리나라에서 그

1) 사전적 위헌법률심사제에서의 심사시기의 여러 가능형태에 대해서는, 졸고, 사전적·예방적 위헌법률심사제도의 도입에 관한 입법론, 김철수 교수 화갑기념논문집, 헌법재판의 이론과 실제, 박영사, 1993, 350면 이하 참조.
2) 사전적 위헌심사에 대해서는, 졸고, 위에 인용한 논문, 335면 이하 참조.
3) 새로 변화된 프랑스의 헌법재판제도와 위헌법률심판제도에 대해서는, 졸고, 프랑스에서의 헌법재판제도에 관한 헌법개정, 성균관법학 제20권 제3호, 2008, 483면 이하; 졸고, 프랑스의 사후적 위헌법률심사제에 대한 연구, 성균관법학 제22권 제3호, 2010, 520면 이하 참조.
4) 이에 대해서는 졸고, 프랑스에서의 헌법재판제도에 관한 헌법개정, 위 논문 참조.

동안 프랑스 헌법재판기관을 헌법평의회, 헌법위원회라고 번역해 왔는데 이제 외국 기관을 제대로 우리 의미에 부합되게 번역하자는 뜻이고 프랑스 헌법재판제도에 대한 충실한 이해를 도모하기 위함이다. 필자도 헌법평의회라고 불러왔으나 그 헌법재판 강화에 걸맞게 몇 년 전부터 헌법재판소로 부르고 있다.[1)]

기준	유형
A. 심사기관별	1. 법원형(司法審査型) 2. 특별헌법재판기관형(헌법재판소형) 3. 특별헌법재판기관(헌법재판소)+법원
B. 위헌심사 계기별	1. 구체적 규범통제만 행하는 유형 2. 추상적 규범통제만 행하는 유형 3. 구체적 규범통제+추상적 규범통제
C. 심사시기별	1. 사후적 심사만 행하는 유형 2. 사전적 심사만 행하는 유형 3. 사전적 심사+사후적 심사

▌헌법재판유형 분류표

Ⅳ. 우리나라의 경우

우리나라에서의 위헌법률심판의 유형은 위의 A－2, B－1, C－1에 속한다고 할 것이다. 여기서는 헌법재판의 유형을 위헌법률심판을 중심으로 보았는데 만약 넓은 개념의 헌법재판의 입장에서 본다면 그 유형이 달리 파악될 수 있을 것이다. 예를 들어 법원에 의한 위헌법률심판의 제청도 포함하여 볼 경우[위의 제1절 Ⅰ. 2. ⅰ) 참조] A에 관해서는 3의 유형에 속한다고 볼 것이다.

1) 프랑스의 헌법재판소가 자문이나 의견제시를 할 권한 등도 가지긴 하나 위헌법률심사권 등을 행사하는 규범통제기관이라는 점에서 다른 국가들의 헌법재판소들과 다를 바 없기에 더구나 그 권한이 강화되었고 어쨌든 개명의 움직임이 있기도 하였으므로 헌법재판소라고 부르는 것이 더 적실하고 우리 관념에서 보다 이해가 더 쉽다고 보기 때문이다. '평의회'란 용어가 그 기관이 내리는 결정이 일반적으로 비구속성, 정치성, 임의성을 가지는 것으로 이해하게 할 소지가 없지 않다. 프랑스 헌법재판소의 결정은 기속력을 가진다(프랑스 헌법 제62조). 한편 우리나라의 경우에도 '재판소'란 용어의 부적절성을 지적하는 견해도 있긴 하다. 우리가 프랑스 헌법재판소라고 부르는 것은 여하튼 우리나라 현행 헌법이 우리의 기관을 헌법재판소라고 하고 있으므로 그것에 상응하여 그렇게 부르자는 것이다

제3절 우리나라의 헌법재판제도의 발달

Ⅰ. 제1공화국

1948년 헌법은 특별한 헌법재판기관으로서 헌법위원회(憲法委員會)를 두었다. 위원장은 부통령이었고 5인의 대법관과 5인의 국회의원을 위원으로 하여 구성되었다. 이 헌법위원회는 위헌법률심판권만을 가졌다. 탄핵심판을 위하여는 탄핵재판소를 따로 설치하였다.

1. 헌법위원회

(1) 구성

헌법위원회 위원장은 부통령이었고 5인의 대법관과 5인의 국회의원을 위원으로 하여 구성되었다(제1공화국 헌법 제81조 3항). 5인의 국회의원은 양원제를 도입한 1952년 헌법개정으로 민의원의원 3인과 참의원의원 2인의 위원으로 변경되었다. 예비위원제도도 두었다. 위원과 예비위원의 임기는 대법관인 자는 4년, 국회의원인 자는 그 임기 중으로 하였다. 그러나 임기 중 국회의원 또는 대법관을 퇴임하였을 때에는 당연히 퇴임한다(제1공화국 헌법위원회법 제6조).

(2) 권한과 절차

제1공화국 헌법위원회는 위헌법률심판권만을 가졌는데 구체적 규범통제권만을 가졌다. 명령, 규칙에 대한 위헌·위법결정은 법원이 담당하였다. 즉 동헌법 제81조 제1항은 "대법원은 법률의 정하는 바에 의하여 명령, 규칙과 처분이 헌법과 법률에 위반되는 여부를 최종적으로 심사할 권한이 있다"라고 규정하고 있었다.[1] 법원이 법률의 위헌여부의 결정을 헌법위원회에 제청하였을 때에는 당해 사건의 재판은 정지하는데 헌법위원회가 이 제청을 수리하였을 때에는 대법원으로 하여금 각급법원에 있어서 당해법률을 적용하여야 할 사건의 심리를 중지시키도록 하였다(제1공화국 헌법재판소법 제10조). 하급법원에서 전조에 규정한 서류를 송부할 때에는 대법원을 경유하도록 하였다(동법 제12조). 헌법위원회에서 위헌결정을 하기 위해서는 위원 3분의 2 이상의 찬성이 있어야 하였다(동헌법 제81조 4항). 헌법위원회는 제청한 법률조항의 위헌여부만을 결정하도록 하되 그 조항의 위헌결정으로 인하여 당해 법률전부를 시행할 수 없다고 인정할 때에는 법률 전부를 위헌이라고 결정할 수 있도록 하였다(동법 제18조). 헌법위원회의 위헌결정은 장래에 향하여 효력을 발생하나 형벌조항은 소급하여 그 효력을 상실하도록 하였다(동법 제20조).

---

1) 이후 명령·규칙에 대한 위헌·위법심사권은 현행 제6공화국 헌법에 이르기까지 계속 법원에 주어져 왔다.

(3) 실적

10년 정도 활동하면서 모두 7건의 위헌제청을 받아 6건의 위헌법률심사결정을 하였다(2건이 병합심의되어 결정되었음). 6건의 결정 중 1건은 합헌 및 제청기각의 결정, 3건은 합헌결정이었고, 2건의 위헌결정도 하였다.

i) **최초 결정** 먼저 최초의 결정은 귀속재산처리법 제35조에 대한 합헌 및 동법시행령 제44조에 대한 제청기각결정이었다.[1] 이 결정은 서울고등법원이 제청한 사건에 대한 결정이었다. 제청이유는 귀속재산처리법 제35조의 규정에 의하여 귀속재산반환의 명을 받은 자가 그 반환을 거부하는 경우에는 관재청장이 그 재산의 명도 또는 인도를 경찰기관에 의뢰할 수 있도록 규정한 귀속재산처리법시행령 제44조가 사법권의 일부인 이러한 강제집행권을 특별재판소도 아닌 관재청장에 부여하여 경찰에 그 집행을 의뢰하게 함은 사법권행사를 침해하고 3권분립원칙에 배치되는 위헌이라는 것이었다. 헌법위원회는 귀속재산처리법 제35조에 명할 수 있다는 용어를 인용한 것은 형식상 용어에 불과한 것이고 그 재산의 반환을 명할 수 있다는 문언으로 임차인이나 관리인이 그 명에 응하지 아니하는 경우에 다른 채무명의 없이 강제집행을 할 수 있다고는 해석할 수 없기 때문에 실질적 의의에 있어서는 청구할 수 있다는 용어와 하등 다른 효과가 있을 수 없다고 보았다. 그리하여 헌법위원회는 귀속재산처리법 제35조에 대해서는 합헌으로 선언하였다. 귀속재산처리법 시행령 제44조에 대해서는, 동 시행령이 다만 법 제43조의 규정에 의하여 법을 실시키 위한 사항을 규정하여야 할 것임에도 불구하고 만연히 그 기본법에 규정이 없는 강제집행에 관한 사항을 규정한 것이므로 대통령령의 위임범위에 관한 당시 헌법 제58조에 위반된다고 보면서도 명령심사권을 규정한 당시 헌법 제81조 제1항에 의하여 이는 대법원이 최종적으로 심사할 바이고 헌법위원회의 심의사항이 아니어서 그 제청을 부당하다고 하여 기각하는 결정을 하였다.

ii) **3건의 합헌결정들** ① 계엄하 영장제도인정 합헌결정 – 이 중에서 비상계엄하에서도 법관에 의한 영장발부제도를 배제할 수 없다고 선언한 합헌결정[2]은 평가받을 만한 판례이다. 서울지방법원의 제청으로 이루어진 이 결정에서 헌법위원회는 "계엄에 관한 법률에도 헌법의 규정에 위반한 사항을 규정할 수 없음은 국법학상의 상식일 것이다. 그러므로 막연히 계엄의 성질에 의하여 계엄지역 내에서는 법관의 영장 없이 체포구금수색할 수 있음을 주장하여 헌법 제9조 제2항(영장제도를 명시한 제1공화국 헌법규정 – 저자 註)에 명시한 사항을 부정함은 법률이론을 떠난 억설에 불과할 뿐 아니라 인권옹호에 중대한 과오를 범할 염려가 있는 것이다"라고 한 뒤 "계엄법 제13조에는 계엄지구 내에서 군사상 필요한 때에 한하여 체포구금수색거주

1) 헌법위원회 단기 4285(서기 1952)년 3월 29일 결정, 4284헌위1·2(병합). 이 결정의 결정서는 대법원 법우회 편, 대법원행정판례집 Ⅰ, 어문각 간, 1963, 위헌여부결정제청 사건 편, 1면 이하 참조.

2) 헌법위원회 단기 4286(서기 1953)년 10월 8일 결정, 4286헌위2. 이 결정의 결정서는 위 대법원행정판례집, 9면 이하 참조.

이전언론출판집회 또는 단체행동에 관하여 특별한 조치를 할 수 있음을 규정하였을 뿐이오 법관의 영장에 관하여는 하등 규정한 바 없으므로 동조에 규정한 특별조치의 의의는 헌법의 규정에 위반되지 아니한 범위에 속한 사항에 관한 것이라고 해석함이 정당하다고 확신한다"라고 하여 계엄법 제13조의 특별조치 속에 계엄하에서 법관의 영장 없이 체포구금수색할 수 있음을 포함한 것이라고 논의할 근거가 없다고 하면서 계엄법 제13조가 영장제도를 규정한 헌법 제9조 제2항에 위반되지 않는다고 선언하였다. ② 법률유보문제 – 또 다른 합헌결정으로는 비상시기중 전력의 사용 및 분배를 관리할 권한이 있는 비상전력위원회를 설치하고, 동 위원회의 명령은 법적 효력이 있으며 이 위원회의 명령 등에 위반한 자는 형벌에 처한다고 한 '남조선과도정부행정명령' 제9조에 대한 합헌결정이 있었다.[1] 청주지방법원이 제청한 사건으로 제청이유는 비상전력위원회가 법률을 제정할 수 있게 하였고 행정관청의 명령으로 국민을 처벌할 수 있는 것은 당시 헌법 제22조, 제31조 등에 위반되는 것이라는 데 있었다. 헌법위원회는 "당시[단기 4280(1947).12.15.]는 우리 헌법 제정 전이므로 행정기관인 과도정부의 행정명령으로 법률사항을 유효히 규정할 수 있었고" 또 당해 명령은 "헌법 제100조에 의하여 동법 시행 후에도 법률로써 개정할 때까지는 법률적 효력을 보유한 것이라 할 것이다"라고 하여 합헌으로 선언하였다. ③ 헌법위원회는 '간이소청절차에 의한 귀속해제결정의 확인에 관한 법률'[4283(서기 1950)년 4월 8일 공포]이 남조선과도정부 중앙관재청의 귀속해제결정에 법무부장관의 확인을 받도록 규정한 것이 헌법의 재산권보장규정, 국제조약의 국내법과의 동일한 효력을 가진다는 당시 헌법 제7조 등에 위배된다고 하여 서울지방법원이 제청한 사건에서도 합헌으로 결정하였다.[2] 헌법위원회는 "동법 제2조 제1항에 의하여 법무부장관이 전시 관재청(중앙관재청)의 행정결정을 정당하다고 인정하더라도 그 효과는 적산(敵産)으로 인정되었던 재산이 적산으로부터 해제된 것을 다시 인정한 것에 불과한 것이오 하등 실질적 권리의 변동이 생기는 것이 아니다"라고 하면서 "국민의 재산권을 침해하거나 국내법과 동일한 효력이 있는 국제협정에 위반하거나 또는 사법권을 침해한 것이라고 인정할 수 없다"라고 판시하였다.

iii) **2건의 위헌결정** ① 첫 번째 위헌결정이 바로 농지개혁법 제18조 제1항 후단규정 등에 대한 위헌결정이었다.[3] 1949년에 제정되고 1950년 3월에 개정된 농지개혁법 제18조 제1항은 농지를 분배받은 자가 정당한 이유 없이 상환금을 납입하지 아니하는 경우에는 정부는 당해 농지의 반환을 요구하기 위하여 소할법원(所轄法院)에 제소할 수 있다고 규정하면서 동항의

1) 헌법위원회 단기 4287(서기 1954)년 2월 27일 결정, 4286헌위1. 이 결정의 결정서는 위 대법원행정판례집, 13면 이하 참조.
2) 헌법위원회 단기 4287(서기 1954)년 3월 26일 결정, 4287헌위1. 이 결정의 결정서는 위 대법원행정판례집, 15면 이하 참조.
3) 헌법위원회 단기 4285(서기 1952)년 9월 9일 결정, 4285헌위1. 이 결정의 결정서는 위 대법원행정판례집, 4면 이하; 김철수, 판례교재 헌법, 법문사, 1977, 428－429면 참조.

후단규정은 "이 경우에 최종법원은 2심상급법원까지," 즉 고등법원까지로 한다고 규정하고 있었고 동법 제22조는 농지개혁법 실시에 관한 사항으로 이의를 가진 이해관계자는 농지위원회의 재사(再査)를 신청할 수 있도록 하고 동법 제24조 전단은 법령의 해석적용에 관하여 이의 등이 있는 이해관계자는 농지소재지관할재판소에 제소할 수 있도록 하면서 제24조 후단규정은 최종재판소는 제18조 제2항과 같다고, 즉 2심상급법원까지로 한다고 규정하고 있었다. 위 규정들에 대해 국민의 기본권인 최고최종법원(대법원)의 심판을 받을 권리를 박탈한 결과를 초래하여 헌법 제22조 등에 반한다는 이유로 제청을 하여 헌법위원회의 위헌결정이 나오게 된 것이다. 헌법위원회는 "대한민국은 법률에 정한 법관에 의하여 법률에 의한 심판을 받을 권리가 있음은 우리 헌법 제22조에 명정한 바 국민의 기본권이오 헌법 제76조 제2항의 최고법원과 하급법원의 조직을 규정한 법원조직법은 3심제의 대원칙을 확립하여 무릇 소송이 최종심으로서 대법원의 심판을 받는 권리를 인정할 뿐 아니라 2심제인 행정소송이 또한 그러하고 단심제인 선거소송까지도 최고법원인 대법원의 심판을 받게 한 각 법률규정에 비추건대 가령 법률로써 모종의 특별심판기관을 설치할지라도 이는 즉 하급법원이오 그 최종심은 역시 최고법원인 대법원에 통합 귀일케함이 헌법 제22조 및 제76조 제2항의 대정신임에 하등 치의(置疑)할 바 없다"라고 한 뒤, "각기 소정소송에 관하여 최종심을 2심상급법원인 고등법원까지로 한" 문제의 위 농지개혁법 제18조 제1항 후단규정 및 제24조 제1항 후단규정은 무릇 국민이 최고법원인 대법원의 심판을 받는 기본권을 박탈한 바로서 헌법 제22조, 제76조의 정신에 위반함이 명백하다"라고 그 위헌이유를 밝혔다. ② 두 번째 위헌결정은 비상사태하의 일정한 범죄의 심판을 단심에 그치도록 규정한 "비상사태하의 범죄처벌에 관한 특별조치령" 제9조 제1항 중의 규정에 대해 위헌으로 결정한 것이었다.[1)] 이 특별조치령은 6·25전쟁이 발발하였던 그 날 대통령 긴급명령 제1호로 발령된 것이었다. 이 특별조치령 제2조는 "본령에 있어서 비상사태라 함은 단기 4283년 6월 25일 북한괴뢰집단의 침구(侵寇)에 인하여 발생한 사태를 칭한다"라고 규정하였고 이 특별조치령 제4조는 비상사태에 승(乘)하여 타인의 재물을 강취(强取), 갈취(喝取) 또는 절취(竊取)한 행위 등을 범한 자는 사형·무기 또는 10년 이상의 유기징역에 처하도록 규정하였고 제9조 제1항은 "본령에 규정한 죄의 심판은 단심으로 하고 지방법원 또는 동 지원의 단독판사가 행한다"라고 규정하고 있었다. 이 사건은 비상계엄구역 내에서 공습경보에 의하여 등화관제 실시중 비상사태를 틈타 타인의 재물을 절취한 범죄사실을 인정하여 유죄판결이 언도된 피고인이 비약상고를 하였으나 각하되자 서울고등법원에 항고하였고 이 항고재판에서 서울고등법원이 제청을 하여 이루어진 것이다. 제청이유는 "헌법상 모든 국민은 … 원칙으로 3심제도의 재판절차에 의한 재판을 청구할 수 있는 바로서 특별한 경우에는 심급을 단축할 수

1) 헌법위원회 단기 4285(서기 1952)년 9월 9일 결정, 4285헌위2. 이 결정의 결정서는 위 대법원행정판례집, 6면 이하; 위 판례교재 헌법, 429면 참조.

있을지라도 최종심의 재판을 받을 권익은 엄존함에도 불구하고 이를 박탈한 것이라 할 수 있고 … 헌법정신에 위배되는 법령"이라는 것이었다. 헌법위원회는 위에서 본 농지개혁법 제18조 제1항 후단규정 등에 대한 위헌결정에서와 똑같은 문언으로 "최종심은 역시 최고법원인 대법원에 통합귀일케 함이 헌법 제22조 및 제76조 제2항의 대정신임에 하등 치의(置疑)할 바 없다"라고 한 뒤, 긴급명령으로서 법률의 효력을 가진 비상사태하의 범죄처벌에 관한 특별조치령 제9조는 "국민의 최고법원인 대법원의 심판을 받을 헌법상 기본권이 박탈된 바로서 헌법 제22조, 제76조의 정신에 위반됨이 명백하다"라고 하여 위헌선언하였다.

결국 2건의 위헌결정은 결국 모두 최고심(대법원)의 재판을 받을 권리를 침해하였다는 이유로 위헌성을 인정한 결정이었다.

ⅳ) **전반적 평가** 제1공화국의 헌법위원회에 대한 전반적 평가로서 성과로는 위헌인 법률규정은 교정될 수 있다는 사회의식을 높였다는 데에 있었고 단점으로는 "국회의원인 구성원은 그 당시의 정치적 역학관계에 의하여 임명될 가능성이 많고 심판과정에서도 정치적 이유에 의한 결정을 할 우려가 많은 점"이 지적되었다.[1)]

2. 탄핵재판소

제1공화국에서는 헌법위원회 외에 탄핵심판을 위하여 탄핵재판소를 별도로 두었다. 이에 대해서는 제6장 탄핵심판 부분의 우리 역사를 볼 때 살펴보고자 한다.

Ⅱ. 제2공화국

제2공화국 헌법은 헌법재판소를 두어 헌법재판을 담당하게 하였다.

1. 헌법재판소의 구성

제2공화국의 헌법재판소의 심판관은 9인으로 하고 심판관은 대통령, 대법원, 참의원이 각 3인씩 선임하도록 하였으며 심판관의 임기는 6년으로 하고 2년마다 3인씩 개임하도록 하였다(제2공화국 헌법 제83조의4 1항·2항·3항). 제2공화국의 헌법재판소는 심판관의 자격을 법관의 자격이 있는 자로 하였다(제2공화국 헌법재판소법 제2조 1항). 헌법재판소장은 심판관 중에서 호선하는데 재적 심판관 과반수의 투표를 얻어야 하고 대통령이 이를 확인한다(동법 제5조 2항·3항). 심판관은 정당에 가입하거나 정치에 관여할 수 없고(동헌법 제83조의4 4항, 동법 제4조 1항). 심판관은 모든 공직 또는 사직에 취임하거나 영업에 종사할 수 없고 심판관이 겸할 수 없는 직에 취임

---

1) 이러한 지적으로, 김철수, 위헌법률심사제도론, 학연사, 1983, 79면.

한 때에는 당연히 퇴직된다(동법 동조 2항 · 3항).

2. 헌법재판소의 권한

제2공화국의 헌법재판소는 법률의 위헌여부심사, 헌법에 관한 최종적 해석, 국가기관 간의 권한쟁의, 정당의 해산, 탄핵재판, 대통령 · 대법원장 · 대법관의 선거에 관한 소송을 담당하도록 되어 있었다(제2공화국 헌법 제83조의3). 현재의 제6공화국의 헌법재판소제도와의 차이점을 보면, ① 먼저 권한쟁의심판의 경우 제2공화국에서는 국가기관 간의 권한쟁의만 담당하였는데 현재는 국가기관과 지방자치단체 간, 지방자치단체 상호 간의 권한쟁의, 즉 지방자치단체가 당사자가 되는 권한쟁의도 그 대상으로 넓혀져 있다. ② 현재의 헌법재판소는 헌법소원심판을 담당하는 권한을 가지고 있는 반면에 제2공화국 헌법재판소에서는 헌법소원심판제도가 없었다. ③ 반면에 제2공화국의 헌법재판소는 헌법에 관한 최종적 해석권을 가진다는 것이 헌법 자체에 명시되고 있었는데 현재의 헌법재판소는 헌법에 관한 최종적 해석권을 가진다는 것이 헌법 자체에 명시되어 있지는 않다. ④ 제2공화국 헌법재판소는 대통령 · 대법원장과 대법관의 선거에 관한 소송을 담당하도록 되어 있었는데 현재의 헌법재판소는 선거소송에 관한 권한을 가지지 않고 있다. ⑤ 또한 제2공화국의 헌법재판소는 추상적 규범통제를 도입하고 있었다. 즉 당시의 헌법재판소법 제10조 제2항은 "법원에 사건이 계속됨이 없이 법률의 위헌여부 또는 헌법에 관한 최종적 해석을 제청할 때에는" 제청서에 제청인의 표시 등을 기재하여야 한다고 규정하고 있었다. 현재의 헌법재판소는 추상적 규범통제권을 가지고 있지 않다.

3. 헌법재판소의 심판절차

제2공화국 헌법재판소는 심판관 5인 이상의 출석으로 심리하며 심판관 5인 이상의 찬성으로 심판하되, 단 법률의 위헌여부심사와 탄핵재판에 있어서는 심판관 6인 이상의 출석으로 심리한다고 규정하고 있었다(제2공화국 헌법재판소법 제8조 1항).

법률의 위헌판결과 탄핵판결은 심판관 6인 이상의 찬성이 있어야 하였다(제2공화국 헌법 제83조의4 5항). 헌법재판소의 재판서에는 합의에 관여한 각 심판관의 의견을 첨서하여야 하였다(제2공화국 헌법재판소법 제14조). 법률의 위헌여부와 헌법해석에 관한 헌법재판소의 판결은 법원과 기타 국가기관 및 지방자치단체의 기관을 기속하고, 헌법재판소에 의하여 위헌의 판결을 받은 법률 또는 법률의 조항은 판결이 있은 날로부터 법률로서의 효력을 상실하되, 단 형벌에 관한 조항은 소급하여 그 효력을 상실하며, 국가기관 간의 권한쟁의에 관한 헌법재판소의 판결은 모든 국가 또는 지방자치단체의 기관을 기속하고, 탄핵의 소추를 받은 자는 헌법재판소의 파면의 재판의 선고에 의하여 파면되며, 정당이 해산을 명하는 헌법재판소의 판결을 받은 때에는 즉시 해산된다고 규정하고 있었다(동법 제22조).

4. 사산(死産)된 헌법재판소

그러나 제2공화국의 헌법재판소는 실제 구성도 해보지 못하고 역사 속으로 사라졌다. 즉 헌법재판소법이 제정된(1961.4.17. 제정 법률제601호) 한 달 뒤에 5. 16 군사쿠데타가 일어나 설치조차 되기 전에 헌법재판소 관련 헌법규정이 효력정지되어 출범도 하지 못하였고 결국 헌법재판소법이 폐지되고 말았다.[1)]

Ⅲ. 제3공화국

제3공화국에서는 헌법재판소를 두지 않고 법원에 위헌심사권을 주었다. 정당해산의 판결권은 대법원이 가졌고(제3공화국 헌법 제7조 3항 단서 후문) 선거소송도 대법원의 관할로 하고 있었다. 법원에 의한 위헌판결은 그리 활발하지 못하였다. 그런데 말기에 국가배상법 위헌결정으로 사법파동을 겪고 결국 헌법재판뿐 아니라 사법권이 암흑기로 접어들게 되었다.

1. 법원형

제3공화국에서는 법원에 위헌심사권을 주어 사법심사형을 채택하였다.[2)] 즉 제3공화국 헌법 제102조 제1항은 "법률이 헌법에 위반되는 여부가 재판의 전제가 된 때에는 대법원은 이를 최종적으로 심사할 권한을 가진다"라고 규정하였다. 대법원이 최종심사권을 가지므로 각급법원도 위헌법률심사권을 가진다고 보는 견해가 많았다. 정당해산의 판결권도 대법원이 가졌고(제3공화국 헌법 제7조 3항 단서) 선거소송도 대법원의 관할로 하고 있었다. 그러나 탄핵심판을 위하여는 별도로 탄핵심판위원회를 두었다. 법원은 명령 · 규칙에 대한 위헌 · 위법 여부 심사권도 가지고 있었다. 즉 "명령 · 규칙 · 처분이 헌법이나 법률에 위반되는 여부가 재판의 전제가 된 때에는 대법원은 이를 최종적으로 심사할 권한"을 가졌다(동헌법 제102조 2항).

2. 실적

ⅰ) **합헌판결례** 합헌판결들이 많았고 위헌판결은 별로 없었는데 합헌판결로는, ① 군법회의법 제432조와 사형제도를 규정한 군형법 제53조의 규정(대법원 1963.2.28. 62도241), ② 구성요건의 명확성이 논란된 반공법 제4조 제1항(반국가단체의 활동을 찬양, 고무하는 행위에 대한 처벌규정. 대법원 1965.9.21. 65도505), ③ 강간죄의 객체를 부녀에 한정한 형법 제297조(대법원 1967.2.28. 67도

---

1) 헌법재판소에 관한 헌법규정은 1961년 6월 6일 공포된 국가재건비상조치법 부칙 제5조에 의하여 효력정지되었고, 헌법재판소법 자체도 1964년 12월 30일 헌법재판소폐지에 관한 법률에 의하여 폐지되고 말았다.

2) "제3공화국에서 일반법원에게 위헌법률심사권을 부여한 것은 완전히 미국판례헌법의 영향이다"(김효전, 미국의 위헌법률심사제가 일본과 한국에 미친 영향, 서울대학교 법학박사학위논문, 1980, 119면).

1), ④ 죄형법정주의에 위배되는지가 논란된 군형법 제47조(정당한 명령 또는 규칙을 준수할 의무가 있는 자가 이를 위반하거나 준수하지 아니한 때 처벌하도록 한 규정. 대법원 1969.2.18. 68도1846), ⑤ 백지위임으로서 죄형법정주의의 위반이 아니냐가 논란된 양곡관리법 제17조[정부가 양곡관리상 특히 필요하다고 인정할 때에는 閣令(각령. 현재의 대통령령)이 정하는 바에 의하여 양곡매매업자 등에 필요한 사항을 명할 수 있다고 규정한 양곡관리법 제17조. 동법 제23조가 제17조의 명령에 위반한 경우 처벌하도록 규정하여 죄형법정주의의 위반여부가 문제됨. 대법원 1971.1.26. 69도1094], ⑥ 국가배상의 기준을 규정한 국가배상법 제3조(대법원 1970.1.29. 69다1203) 등에 대한 합헌판결들을 들 수 있다.[1]

ii) **위헌판결례** 위헌판결은 드물었는데 법률에 대한 위헌판결례로 국가배상법 제2조 제1항 단서와 법원조직법 제58조 제1항 단서 등에 대한 위헌판결이 있었다.[2] 이 판결은 희소한 위헌판결이긴 하나 대신 사법파동 등 그 파장은 컸다. 당시 심판대상이었던 국가배상법(1967.3.3. 공포. 법률 제1899호) 제2조 제1항 단서는 군인 또는 군속(지금의 군무원)이 전투·훈련 기타 직무집행중에서 발생하였거나 국군의 목적상 사용하는 진지·영내·함정·선박·항공기 기타 운반기구 안에서 발생한 전사·순직 또는 공상으로 인하여 다른 법령의 규정에 의하여 재해보상금 또는 유족일시금이나 유족연금 등을 지급받을 수 있을 때에는 국가배상법 및 민법의 규정에 의한 손해배상을 청구할 수 없다고 규정하였다. 대법원이 위헌으로 판결한 이유는 아래와 같이 정리된다.

> 헌법 제26조는 공무원의 불법행위로 손해를 받은 국민은 그 신분에 관계 없이 누구든지 손해전부의 배상을 청구할 수 있는 기본권을 보장하였고 헌법 제32조 제2항에는 국민의 모든 자유와 권리는 질서유지 또는 공공복리를 위하여 필요한 경우에 한하여 법률로써 제한할 수 있으며 제한하는 경우에도 자유와 권리의 본질적인 내용을 침해할 수 없다고 규정하여 헌법 제26조의 배상청구권의 본질적 내용을 침해하지 않는 범위 안에서 법률로써 제한할 수 있으나 법률로써 제한하는 경우에도 다시 헌법 제9조의 모든 국민은 법 앞에 평등하다는 규정에 위반되지 않아야 하며 또 헌법 제8조의 모든 국민은 인간으로서의 존엄과 가치를 가지며 이를 위하여 국가는 국민의 기본적 인권을 최대한으로 보장할 의무를 진다는 규정에도 적합하여야 하므로 결국 헌법 제26조에 의하여 보장된 손해배상청구권을 법률로써 제한함에는 이 제한의 범주를 넘은 손해배상청구권의 부인은 위 헌법이 보장한 기본권 자체의 박탈이므로 어떠한 이유로도 헌법의 규정상 불가능하다 할 것이다.
> ① 재해보상금 등은 군인, 군속 등의 복무중의 봉사 및 희생에 대하여 이를 보상하고 퇴직 후의 생활 또는 유족의 생활을 부조함에 그 사회보장적 목적이 있고 손해배상제도는 불법행위로 인한 손해를 전보하는 데 그 목적이 있으므로 양자는 그 제도의 목적이 다르다. ② 군인연금법 제41조 등에는 손해배상과 같은 성질의 급여가 손해배상과 이중으로 지급되지 않게 하고 있으며 이러한 재해보상 등은 군인, 군속뿐 아니라 경찰관, 일반 공무원에 대하여도 지급되므로 위와 같은 이유로써는 군인, 군속에 대하여서만 별도로 다루어 손해배상청구권을 제한할 이유가 되지 못한다. ③ 군인, 군속이 피해자가 된 불법행위 사고가 많아서 국고손실이 많으므로 이를 최소한으로 감소 내지 방지함에 있다는 것인바 그러한

---

1) 이러한 제3공화국하의 합헌결정들의 위헌심판경위, 판결내용 등에 대해서는, 이를 잘 정리하여 소개하고 있는 헌법재판소 10년사, 헌법재판소 발간, 1998, 42면 이하 참조.

2) 대법원 1971.6.22. 70다1010, 대법원판례집 제19권 2집, 민사 110면.

> 불법행위가 많다는 이유만으로는 군인, 군속에 대하여서만 배상청구권을 부인하여 그들의 희생 위에 국고손실을 방지하여야 할 이유가 되지 못한다 할 것이다. ④ 다른 공무원의 고의 또는 과실 있는 직무상의 위법행위로 인하여 군인 또는 군속이 공무중에 입은 손해는 군인 또는 군속이 복종하는 특별권력관계의 내용이나 근무임무에 당연히 포함되는 희생은 아니므로 특별권력관계를 이유로 그 배상청구권을 부인할 수 없다. ⑤ 위험근무임무에 당하거나 특별권력관계에 있음은 비단 군인 또는 군속에 국한되지 않고 경찰공무원이나 다른 위험근무에 당하는 기타 공무원도 다를 바 없다 할 것이므로 유독 군인 또는 군속에 대하여서만 차별을 할 하등의 합리적 이유도 없다.
> 군인 또는 군속이 공무원의 직무상 불법행위의 피해자인 경우에 그 군인 또는 군속에게 이로 인한 손해배상청구권을 제한 또는 부인하는 국가배상법 제2조 제1항 단행은 헌법 제26조에서 보장된 국민의 기본권인 손해배상청구권을 헌법 제32조 제2항의 질서유지 또는 공공복리를 위하여 제한할 필요성이 없이 제한한 것이고 또 헌법 제9조의 평등의 원칙에 반하여 군인 또는 군속인 피해자에 대하여서만 그 권리를 부인함으로써 그 권리 자체의 본질적 내용을 침해하였으며 기본권제한의 범주를 넘어 권리 자체를 박탈하는 규정이므로 이는 헌법 제26조, 제8조, 제9조 및 제32조 제2항에 위반한다.

위 국가배상법 제2조 제1항 단서에 대한 대법원의 결정에는 결정정족수에 관한 규정인 법원조직법 제59조 제1항 등에 대한 위헌결정도 있었다. 즉 종전의 법원조직법은 특별한 규정이 없으면 과반수로 결정하도록 규정하고 있었는데 1970년 8월 7일에 이 법원조직법은 개정되어(법률 제2222호) 법률·명령이 위헌이라고 합의심판을 하기 위해서는 대법원판사 전원의 3분의 2 이상의 출석과 출석인원 3분의 2 이상을 찬성으로 결정하도록 변경되었는데 이 개정은 실은 바로 국가배상법 제2조 제1항 단서에 대한 대법원의 위헌심판에 대비하기 위한 개정이었다고 한다.[1)]

대법원은 다음과 같은 이유로 위헌으로 결정하였다.

> 법원의 법률 등의 위헌 결정의 효력은 그 법률 등을 무효화하는 것이 아니고 다만 구체적 사건에 그 법률 등의 적용을 거부함에 그치는 것이고, 이 위헌심사와 사건의 재판이 불가분의 관계에 있고 법관의 과반수로써 재판하여야 함은 재판의 근본원칙이기 때문에 헌법 제102조는 1948.7.17. 제정헌법 제81조 제4항의 헌법위원회의 위헌결정의 합의정족수의 제한, 1960.6.15. 개정헌법 제83조의4 제5항의 헌법재판소의 위헌판결과 탄핵판결의 합의정족수의 제한 등과 같은 제한을 하지 아니하고, "법률이 헌법에 위반되는 여부가 재판의 전제가 된 때에는 대법원은 이를 최종적으로 심사할 권한을 가진다"라고 규정하여 특별한 제한 없이 일반원칙, 즉 과반수로써 위헌결정을 할 수 있다는 것을 간접적으로 규정하고, 이를 전제로 하여 이에 대한 예외로서 헌법 제103조에서 "정당해산을 명하는 판결은 대법원 법관정수의 5분의 3 이상의 찬성을 얻어야 한다"고 제한하였다. 그러므로 이 합의정족수는 삼권분립제도를 채택한 헌법의 근본정신으로 보나, 이 합의정족수를 제한하는 경우에는 반드시 헌법 자체에서 규정하여온 경위에 비추어 일반법률로써는 제한할 수 없다고 보아야 할 것이고, 특히 법원의 위헌심사권은 사법권에 의하여 입법부가 제정한 헌법에 위반된 법률의 적용을 거부함으로써 위헌입법을 억제하여 헌법을 수호하고 사법권과 입법권이 균형을 갖도록 하자는 것이므로 헌법의 근거 없이 법원의 위헌심사권을 제한할 수 없다 할 것이다.
> 그런데 위 개정 법원조직법 및 같은 법 부칙의 규정은 위에서 본 바와 같이 아무런 제한 없이 일반원칙에 따라 법률 등의 위헌심사를 할 수 있는 권한을 대법원에 부여한 헌법 제102조에 위반하여 대법원의

1) 이러한 지적으로, 헌법재판소 10년사, 헌법재판소 발간, 1998, 52면 참조.

위헌심사권을 제한하여 헌법의 근거 없이 과반수 법관의 의견으로 재판할 수 없다는 재판의 본질에 어긋나는 것을 요구하는 결과가 되고, 법원조직법 제59조 제1항 단항을 적용한다면 대법원 법관 16명 전원이 출석하여 합의하는 경우에는 헌법 제103조에서 제한한 정당해산의 판결은 대법원 법관 10명의 찬성으로 할 수 있음에도 불구하고 헌법에 제한이 없는 법률 등의 위헌판결은 11명의 대법원 법관의 찬성이 있어야 할 수 있게 되는 모순이 생기게 될 것이므로 법원조직법 제59조 제1항 단항 및 같은 법 부칙 제3항은 헌법 제102조에 위반됨이 명백하다.

위 국가배상법 제2조 제1항 단서에 대한 위헌판결은 司法波動의 단초가 되기도 하였던 것으로[1] 중요한 의의를 가지는 판결로 평가되고 있다.

위 국가배상법 제2조 제1항 단서에 대한 위헌결정이 있고 나서 그 뒤 제4공화국 헌법(1972.12.27. 공포)은 위 국가배상법 제2조 제1항의 규정들, 즉 군인 등이 직무상 불법행위로 인한 손해에 대한 배상의 청구를 할 수 없게 금지하는 규정을 헌법 자체에 명시하였다. 이러한 헌법의 규정은 현행 제6공화국 헌법에도 그대로 담겨져 있다. 그리고 군인 등에 대한 국가배상청구를 금지한 현행 헌법 제29조 제2항을 대상으로 평등권 위반이라는 이유 등으로 헌법소원이 제기되었으나 현재의 헌법재판소는 헌법규정 자체는 헌법소원의 대상이 되지 아니하고 국가배상을 금지한 국가배상법 제2조 제1항에 대하여는 평등원칙, 재산권의 본질적인 내용을 침해하지 않으므로 합헌이라고 결정하였다(헌재 1995.12.28. 95헌바3, 국가배상법 제2조 1항 등 위헌소원, 판례집 7-2, 841면; 1996.6.13. 94헌바20, 헌법 제29조 2항 등 위헌소원, 판례집 8-1, 475면).

iii) 대통령령에 대한 위헌판결로는, "구 법령에 의하여 징발된 재산에 대한 보상금은 1965년부터 1974년까지 매년 예산의 범위 안에서 지급한다"는 '징발법 부칙 제3항에 의한 징발재산의 보상에 관한 건'(1964.8.20. 대통령령 제1914호) 제2조 규정에 대한 위헌판결이 있었다(대법원 1967.11.2. 67다1334).

3. 평가

제3공화국의 사법심사제는 말기에 와서 활성화되려는 모습을 보여주긴 하였으나 결국 여러 정치적 여건 속에서 사법권의 독립이 충분하지 못하여 제대로 정착되지 못하였다고 평가된다.[2] "권력의 사법적 통제에 있어서 헌법재판소제도를 폐지하고 일반법원으로 하여금 구체적 위헌심사권만을 담당케 한 구헌법의 후퇴가 있었다"라는 평가도 있다.[3] "능률과 개발을 중시하는 행정권 우위의 시대상황 아래 사법권은 위축되어 … 사법권의 독립을 침해하는 사건들이 빈발하는 제반 상황 하에서 사법권이 정치권을 견제하기 위하여 그 역할과 기능을 다하는 데

---

1) 이에 대해서는 양건, 법사회학, 민음사, 1986, 287-289면 참조.
2) 김효전, 앞의 학위논문, 296면은 미국형 사법심사제의 운영결과를 한 마디로 단정하기는 어려우나 "한국에서는 사법의 정치화를 초래"하였다는 평가를 하고 있다.
3) 김철수, 위헌법률심사제도론, 학연사, 1983, 130면.

에는 한계가 있었으며, 이는 곧 사법형 헌법재판제도의 한계를 노출하는 것이기도 하였다"라고 보고, "판례의 논리가 간략하고 결론만 설시하고 있어서 국민들을 충분히 설득하지 못하는 아쉬움이 있었다"라고 평가하기도 한다.[1)]

4. 탄핵심판위원회

제3공화국에서는 탄핵심판위원회를 별도로 두어 탄핵심판을 담당하도록 하고 있었다. 이 탄핵심판위원회에 대한 자세한 역사는 탄핵심판 부분에서 살펴본다(후술 참조).

Ⅳ. 제4공화국

제4공화국에서는 헌법재판기관으로서 헌법위원회를 두었다.

1. 헌법위원회의 구성

제4공화국에서는 헌법재판기관으로서 헌법위원회를 두었는데 이 헌법위원회는 대통령이 임명하는 9인의 위원으로 구성되었으며 이 중 3인은 국회에서 선출하고 3인은 대법원장이 지명하도록 하였다(제4공화국 헌법 제109조 2항·3항). 헌법위원회의 위원장은 위원 중에서 대통령이 임명하도록 하였다(동헌법 동조 4항). 헌법위원회 위원의 자격은 법률로 정하도록 하였는데(동헌법 제110조 4항) 그 자격으로 법관의 자격을 요하지는 않았다(제4공화국 헌법위원회법 제3조 1항). 헌법위원회 위원의 임기는 6년이었고 임기 중 결원된 위원의 후임자의 임기는 전임자의 잔임기간으로 하였다(동헌법 제110조 1항, 동법 제5조).

2. 헌법위원회의 권한

제4공화국의 헌법위원회는 법원의 제청에 의한 법률의 위헌여부, 탄핵심판, 정당의 해산에 대한 심판의 권한을 가졌다. 이 점이 위헌법률심사권만을 가졌던 제1공화국의 헌법위원회와는 다른 점이었다. 헌법위원회는 위원 7인 이상의 출석으로 심리하도록 하였다(동법 제9조).

위헌법률심판은 구체적 규범통제로 이루어졌다. 제4공화국 헌법은 "법률이 헌법에 위반되는 여부가 재판의 전제가 된 때에는 법원은 헌법위원회에 제청하여 그 결정에 의하여 재판한다"라고 규정하고 있었다(동헌법 제105조 1항). 위헌법률심판의 절차를 보면 다음과 같았다. 법률이 헌법에 위반되는 여부가 재판의 전제가 된 때에는 당해 사건의 담당판사 또는 소송당사자의 신청에 의하여 당해 사건이 계속 중인 각급법원의 합의부의 결정을 거쳐 당해 법원이 위헌

1) 이러한 평가는, 헌법재판소, 헌법재판소 20년사, 117－118면.

여부를 제청한다. 군법회의에서 위헌여부를 제청할 때에도 또한 같다(동법 제12조 1항). 법원에서 법률의 위헌여부의 결정을 헌법위원회에 제청하였을 때에는 당해 사건의 재판은 정지되고, 헌법위원회가 위 제청을 수리하였을 때에는 대법원은 각급법원에 대하여 당해 법률을 적용하여야 할 사건의 재판을 정지하게 하여야 한다(동법 제13조 1항 · 2항). 하급법원에서 제청서를 송부할 때에는 대법원을 경유하도록 하였고, 대법원은 제청서를 받아 헌법위원회에 송부할 때에는 대법원의 의견서를 첨부하여야 하였으며, 대법원은 하급법원의 위헌여부제청에 대하여 대법원장을 재판장으로 하여 구성하는 합의부에서 불필요하다고 인정할 때에는 결정으로 그 제청서를 헌법위원회에 송부하지 아니하도록 하였다(대법원에서 위헌여부를 제청하는 경우에도 또한 같았다. 제15조 1항 · 2항 · 3항). 제4공화국의 헌법위원회법 제15조는 이처럼 하급법원의 제청은 대법원을 거쳐서 하여야 하고 대법원이 불송부결정을 할 수 있도록 하여 논란이 되었다. 이는 하급법원의 제청에 제동을 거는 것으로서 헌법위원회에의 제청을 어렵게 한 것이었다.

헌법위원회는 제청된 법률 또는 법률조항의 위헌여부만을 결정하게 하였는데, 다만, 법률조항의 위헌결정으로 인하여 당해 법률전부를 시행할 수 없다고 인정될 때에는 그 전부에 대하여 위헌의 결정을 할 수 있도록 하였다(동법 제16조). 헌법위원회에서 법률의 위헌결정을 할 때에는 위원 6인 이상의 찬성이 있어야 하였다(동헌법 제111조 1항). 위헌으로 결정된 법률 또는 법률의 조항은 그 결정이 있는 날로부터 효력을 상실하도록 하였고, 다만, 형벌에 관한 조항은 소급하여 그 효력을 상실하도록 하였다(동법 제18조 1항). 법률의 위헌결정은 법원 기타 국가기관이나 지방자치단체를 기속하였다(동법 동조 2항).

제4공화국의 헌법위원회는 위헌법률심사권 외에 탄핵심판권, 정당해산심판권을 가졌는데 이에 대해서는 탄핵심판, 정당해산심판제도를 고찰하면서 살펴본다(후술 제6장, 제7장 참조).

제4공화국 헌법위원회에서는 당시 유신헌법 자체가 권력집중적 비정상적 헌법이었고 긴급조치에 의존했던 권위적 헌정현실이었기에 헌법재판이 제대로 작동할 수 없었다. 제4공화국의 헌법위원회에 실제 단 한 건의 제청도 이루어지지 않았고 탄핵심판, 정당해산심판도 단 한 건의 실적도 없었다. "독재체제를 강화한 유신헌법의 통치구조 속에서 헌법재판은 처음부터 명목적이고 장식적인 성질의 것에 불과했다. 더욱이 헌법위원회의 구체적 규범통제마저도 대법원에게 준 하급법원 제청서 '불송부결정권'으로 인해서 사실상 무용지물이 되고 말았다"라고 평가되기도 한다.[1] "위헌심사제도의 유폐(幽閉)"라고 평가하는 견해도 있다.[2]

1) 허영, 헌법소송법론, 제5판, 박영사, 2010, 90면.
2) 김운용, 헌법재판제도의 회고와 전망, 한국법학 50년 – 과거 · 현재 · 미래, 제1회 한국법학자대회 논문집, 한국법학교수회, 1998, 203면.

V. 제5공화국

제5공화국에서도 제4공화국의 헌법위원회 제도를 유지하였고 그 구성과 권한도 비슷하였다.

1. 헌법위원회의 구성

위원의 자격에 있어서 제4공화국 헌법위원회의 경우보다 경력 연수를 20년에서 15년으로 하향하였고 그 범위를 넓혔다(제5공화국 헌법위원회법 제3조). 제5공화국 헌법은 위원의 임기는 그대로 6년으로 하면서 제4공화국 헌법과 달리 "법률이 정하는 바에 의하여 연임할 수 있다"는 규정을 새로 두었다(제5공화국 헌법 제113조 1항). 위원의 임명방식 등에는 변화가 없었다.

2. 헌법위원회의 권한

위헌법률심판제도를 보면, 제5공화국 헌법은 "법률이 헌법에 위반되는 여부가 재판의 전제가 된 경우에 법원은 법률이 헌법에 위반되는 것으로 인정할 때에는 헌법위원회에 제청하여 그 결정에 의하여 재판한다"라고 규정하고 있었다(동헌법 제108조 1항). 제4공화국 헌법과 차이를 보여준 것은 법원은 "법률이 헌법에 위반되는 것으로 인정할 때에는" 제청하는 것으로 문구가 추가된 것이다. 위헌법률심판제청과정은 제4공화국에서와 거의 같았으나 대법원에서의 제청서 송부 결정과정이 개정되었다. 즉 대법원은 하급법원의 위헌여부제청에 대하여 "대법원판사 전원의 3분의 2 이상으로 구성되는 합의체에서 당해 법률의 헌법위반 여부를 결정하고 헌법에 위반되는 것으로 인정될 때에는 그 제청서를 헌법위원회에 송부하여야 한다"라고 개정되었다(제5공화국 헌법위원회법 제15조 3항). 대법원의 사전판단주체가 그냥 합의부에서 대법원판사 전원의 3분의 2 이상으로 구성되는 합의체로 변경되었으며 이러한 대법원의 사전판단권과 불송부결정권이 여전히 주어져 제청이 어려웠다.[1)] 실제 제4공화국 헌법위원회에서와 마찬가지로 위헌제청, 탄핵소추, 정당해산제소가 단 한건도 이루어지지 않아 '휴면기관'이라는 오명을 얻기도 하였다.[2)] 헌법재판의 오랜 공백은 국민의 기본권보장에 있어서의 공백이었다.

VI. 현행 헌법재판제도

제6공화국에 들어와 헌법재판소제도를 채택하였다. 초기에 회의적인 예견이 없지 않았는데 그와 달리 현재 활발한 활동을 해나가고 있고, 적지 않은 판례들이 축적되고 있다. 물론 앞

---

1) 김효전, 헌법위원회법, 김철수편, 정치관계법, 박영사, 1983 참조,
2) 김철수, 제19전정신판 헌법학개론, 박영사, 2007, 1651면.

으로 보다 더욱 발전적인 방향으로 나아가야 할 것이지만,[1] 현행 헌법 이전에 헌법재판은 동면(冬眠)의 상태였다고 지적할 정도였음을 생각하면 실로 커다란 진전이라고 할 것이다.

1) 헌법재판에 대한 문제점과 개선방안에 대해서는, 졸고, 헌법재판소의 한정합헌결정, 법과 사회, 제3호, 1990년 11월; 졸고, 헌법재판절차의 개선을 위한 입법론적 연구, 헌법재판연구 제4권, 헌법재판소 용역연구보고서(공동연구), 1993년 6월; 졸고, 헌법재판소의 구성과 헌법재판절차상의 문제점 및 그 개선방안, 공법연구(한국공법학회), 제22집 제2호, 1994, 37면 이하; 졸고, 현행 위헌법률심사제도에 대한 검토, 고시계, 1993년 9월; 졸고, 헌법재판절차상의 문제점과 개선방안, 고시연구, 1994년 2월; 졸고, 헌법재판제도의 문제점과 개선방안, 법학교육과 법조개혁, 한국법학교수회, 1994년 4월; 졸고, 헌법재판·헌법판례연구의 방법론과 과제, 헌법학연구(한국헌법학회), 1998. 6, 제4집 제1호 등 참조.

제2장 헌법재판소의 지위 및 구성과 운영

제1절 헌법재판소의 지위와 구성

Ⅰ. 헌법재판소의 법적 지위와 성격

1. 기본권보장기관, 헌법보장기관, 헌법의 최종적 해석권자 등의 지위

우리의 헌법재판소는 위헌법률심판, 헌법소원심판 등에 관한 권한을 가지고 그러한 헌법재판을 통하여 국민의 기본권을 보장하며 헌법침해행위로부터 헌법을 보장하는 재판기관 등으로서의 지위를 가진다. 요컨대 앞서 제1장 제1절 Ⅱ.에서 본 헌법재판의 기능에 따른 지위를 가진다고 볼 수 있을 것이다.

이와 같은 기본권보장, 헌법보장을 위한 헌법재판을 수행하면서 헌법을 적용함으로써 헌법을 최종적으로 해석하는 기관으로서의 지위도 물론 가진다.

2. 사법기관으로서의 성격

(1) 사법기관성의 준거[1)]

어느 기관에 대해 사법기관(司法機關)으로서의 성격을 인정하기 위한 기준, 준거(準據) 내지 요건에 대해 견해를 달리할 수 있을 것이다. 그러나 일반적으로 사법기관은 ① 분쟁의 해결 임무를 담당하고 ② 이 해결을 위한 법의 해석과 선언을 행하며 ③ 그 해결의 결과인 결정이 구속적인 힘을 가진다는 이 3가지 정도의 징표를 준거로 제시할 수 있다.

헌법재판도 헌법의 해석과 선언을 통하여 분쟁을 해결하고 그 결정이 구속적인 힘을 가지므로 헌법재판을 담당하는 헌법재판기관도 사법기관으로서의 성격을 가진다고 볼 것이다.

①의 준거에서의 '분쟁'을 대립된 당사자가 존재하는 경우만을 의미한다고 볼 것은 아니다. 헌법재판에서는 헌법적 쟁점이 제기되는 것을 분쟁이 있다고 보면 된다. 법규범의 위헌성

---

1) 사법기관의 준거문제, 헌법재판기관의 재판기관성의 문제에 대해서는, 졸고, 프랑스의 위헌심사제도에 관한 연구, 서울대학교 법학석사학위논문, 1983, 17－31면 참조.

을 객관적으로 규명하는 위헌법률심판과 같은 헌법재판은 개인의 권리구제를 주기능으로 하여 대립당사자구조라는 소송구조를 염두에 두는 일반 민사소송 등과는 다른 특수성을 가진다. 구체적 규범통제 방식의 위헌법률심판에서 법률의 위헌여부가 법원의 재판에서의 전제가 된 경우에 이루어지므로 법원의 재판이 제기된 분쟁이 존재하는 것이다. 그리고 위헌법률심판 자체에 당사자가 없다는 것이지 그 법원의 재판에는 당사자가 존재하기도 한다. 추상적 규범통제의 경우는 어떤 구체적 분쟁이 어떤 사람들 간에 발생한 것은 아니어서 대립 당사자의 존재를 전제하지 않으나 법률에 대한 위헌문제가 쟁점이 된다는 점에서 같은 맥락으로 이해될 수 있다. 현재는 구체적 규범통제도 하고 있지만 이전에 사전적 심사를 함으로써 추상적 규범통제를 행하고 있었던 프랑스의 헌법재판소도 일반적으로 재판기관으로 인정되고 있었다.[1)] 요컨대 ①의 준거에서 당사자대립을 고집하고 이에 얽매이는 것은 헌법재판의 특수성을 침식하는 것이다.

(2) 우리 헌법재판소

우리 헌법재판소도 재판절차를 통하여 헌법이라는 법규범을 해석, 선언하고, 적용하여 분쟁을 해결하며 그 심판의 결과 나오는 위헌결정, 인용결정 등에는 기속력이 주어지므로(헌법재판소법 제47조 1항, 제67조 1항, 제75조 1항) 사법기관으로서의 성격을 가진다.

헌법재판이 담당하는 사안, 대상은 정치성을 띠는 것이 많다고 한다. 그렇다고 하여 헌법재판을 정치적 작용으로 보는 것은 타당하지 않다고 할 것이다. 대상과 그 절차는 구별되어야 할 것이다. 다시 말해서 헌법재판소가 심판의 대상으로 하고 있는 사건들이 정치적 성격을 띠는 경우가 있다고 하더라도 헌법재판소는 사법기관으로서 사법적 절차인 헌법재판절차를 수행하고 있다고 보아야 한다.

헌법재판소 재판관의 임명방식을 두고, 즉 대통령에 의한 임명, 국회에 의한 3인 재판관 선출 등의 방식을 두고 정치적 성격을 가진다고 보는 견해도 있다. 그러나 대법원의 구성방식에 있어서도 대통령의 임명이나 국회의 임명동의 등 정치권의 관여가 있는바 그렇다면 대법원도 정치적 성격을 가지는 것인지 의문이다.

(3) 우리 헌법재판소 판례의 입장 : 사법기관의 일종

헌법재판소 자신도 아래의 판례에서 보듯이 스스로를 사법기관의 일종이라고 한다.

판례 헌재 1994.8.31. 92헌마126, 판례집 6-2, 176면 이하 참조

[관련설시] 이 사건과 같이 고도의 정치적 성격을 지닌 사건에서는 여당과 야당이 타협과 대결을 통하여

1) 프랑스의 헌법재판관을 지낸 M. Waline 교수는 프랑스의 헌법재판소의 심판과정에서는 대립 당사자가 존재하지 않아서 헌법재판소를 재판기관으로 볼 수 없다는 견해에 대해서 재판의 유형에는 '쟁송적 재판'만 아니라 당사자의 존재를 전제하지 않는 비쟁송적 재판도 있다고 하면서 그 견해에 대하여 반박한다. M. Waline 교수는 L. Favoreu 교수와 L. Philip 교수가 집필한 프랑스 헌법재판소 판례평석집(Les grandes Décisions du Conseil constitutionnel)의 서문(Préface)을 썼는데 이 서문에서 이러한 논거를 제시하고 있다(이 서문 V－XIV면 참조).

국정을 해결하는 정치부(政治府)인 국회에서 우선적으로 이 사안을 다룰 필요가 있다. 뿐만 아니라 국회가 이 문제를 해결하겠다고 나선다면, 사법기관(司法機關)의 일종인 헌법재판소로서는 이를 존중함이 마땅하다고 본다.

Ⅱ. 헌법재판소와 타 국가기관과의 관계

헌법재판소와 다른 국가기관 간의 관계를 살펴봄으로써 헌법재판소의 법적 위상이나 그 본연의 기능 등을 보다 제대로 파악할 수 있다.[1] 위에서 언급한 대로 헌법재판소도 사법기관인 점에서 특히 헌법재판소와 법원 간의 관계가 문제된다.

1. 국회와의 관계

(1) 국회의 헌법재판소에 대한 권한

국회는 헌법재판소의 재판관 중 3인을 선출하는 권한을 가져 헌법재판소의 구성에 관여한다(제111조 3항). 국회는 헌법재판소 재판관의 연임과 헌법재판소의 조직과 운영 기타 필요한 사항을 법률로 정한다(제112조 1항 후문, 제113조 3항). 국회는 헌법재판소에 소요되는 예산을 심의·의결하고 헌법재판소에 대하여 국정감사, 헌법재판소 재판관에 대한 탄핵소추 등을 할 수 있기도 하다(제61조, 제65조).

(2) 헌법재판소의 국회에 대한 권한

반면 헌법재판소는 국회가 제정한 법률에 대한 위헌여부심판, 국회가 그 체결·비준에 동의한 조약에 대한 위헌여부심판, 국회가 제정한 법률에 대한 헌법소원(이른바 법령소원)의 심판, 국회가 승인한 긴급명령, 긴급재정경제명령에 대한 위헌여부심판, 헌법소원(법령소원, 이 긴급명령 등이 기본권제한의 직접성을 가지는 경우)의 심판을 담당한다(제111조 1항 1호·5호, 제60조, 제76조). 또한 헌법재판소는 국회가 탄핵소추를 의결한 경우 탄핵심판을 담당하고(제111조 1항 2호), 국회의원과 국회의장 간, 국회와 다른 국가기관 간, 국회와 지방자치단체 간의 권한쟁의심판(제111조 1항 4호)을 담당하기도 한다.

외국의 헌법재판소 중에는 국회의원선거소송을 담당하는 예도 있으나 우리나라의 경우 대법원이 그 선거소송을 담당하고 있다. 프랑스의 경우에서 보듯이 의회의원의 겸직허용 여부 심사를 헌법재판소가 담당하는 예도 있다.

(3) 입법재량, 입법권존중의 헌법불합치결정

우리 헌법재판소는 입법재량, 입법형성권을 제도적 보장, 생존권(사회)적 기본권 등의 영역에서 상당히 넓게 인정하는 경향을 보여주고 있다. 헌법재판소는 생존권(사회)적 기본권에 관한

---

1) 헌법재판소와 타 국가기관과의 관계에 대한 비교적 초기의 논의로, 졸고, 헌법재판소와 국회·법원과의 관계, 고시연구, 제19권 제1호, 1992년 1월 참조.

헌법규정이 입법부·행정부를 기속하는 정도와 헌법재판소를 기속하는 정도에는 차이가 있다는 입장에서 인간다운 생활을 할 권리 등의 생존권적 기본권에 관한 입법의 심사에서는 그 심사의 범위를 좁히고 있다. 아래의 판례가 그러한 입장을 표명하고 있다.

판례 1994년 생계보호기준 위헌확인, 헌재 1994.8.31. 94헌마33

[주요사항]

▷ 인간다운 생활을 할 권리규정은 국가기관에 따라 기속의 정도가 다르다. 입법부, 행정부에는 국민이 이 권리를 최대한으로 누릴 수 있도록 하여야 한다는 행위규범으로 작용하나 헌법재판에 있어서는 입법부와 행정부가 필요한 최소한의 조치를 취할 의무를 다하였는지를 기준으로 합헌성을 심사한다는 통제규범으로서 작용한다.

[설시] 모든 국민은 인간다운 생활을 할 권리를 가지며 국가는 생활능력 없는 국민을 보호할 의무가 있다는 헌법의 규정은 모든 국가기관을 기속하지만, 그 기속의 의미는 적극적·형성적 활동을 하는 입법부 또는 행정부의 경우와 헌법재판에 의한 사법적 통제기능을 하는 헌법재판소에 있어서 동일하지 아니하다. 위와 같은 헌법의 규정이, 입법부나 행정부에 대하여는 국민소득, 국가의 재정능력과 정책 등을 고려하여 가능한 범위 안에서 최대한으로 모든 국민이 물질적인 최저생활을 넘어서 인간의 존엄성에 맞는 건강하고 문화적인 생활을 누릴 수 있도록 하여야 한다는 행위의 지침, 즉 행위규범으로서 작용하지만, 헌법재판에 있어서는 다른 국가기관, 즉 입법부나 행정부가 국민으로 하여금 인간다운 생활을 영위하도록 하기 위하여 객관적으로 필요한 최소한의 조치를 취할 의무를 다하였는지를 기준으로 국가기관의 행위의 합헌성을 심사하여야 한다는 통제규범으로 작용하는 것이다.[1]… 국가가 행하는 생계보호가 헌법이 요구하는 객관적인 최소한도의 내용을 실현하고 있는지의 여부는 결국 국가가 국민의 '인간다운 생활'을 보장함에 필요한 최소한도의 조치는 취하였는가의 여부에 달려 있다고 할 것인바, '인간다운 생활'이란 그 자체가 추상적이고 상대적인 개념으로서 그 나라의 문화의 발달, 역사적·사회적·경제적 여건에 따라 어느 정도는 달라질 수 있는 것일 뿐만 아니라, 국가가 이를 보장하기 위한 생계보호 수준을 구체적으로 결정함에 있어서는 국민 전체의 소득수준과 생활수준, 국가의 재정규모와 정책, 국민 각 계층의 상충하는 갖가지 이해관계 등 복잡하고도 다양한 요소들을 함께 고려하여야 한다. 따라서 생계보호의 구체적 수준을 결정하는 것은 입법부 또는 입법에 의하여 다시 위임을 받은 행정부 등 해당기관의 광범위한 재량에 맡겨져 있다고 보아야 한다. 그러므로 국가가 인간다운 생활을 보장하기 위한 헌법적 의무를 다하였는지의 여부가 사법적 심사의 대상이 된 경우에는, 국가가 생계보호에 관한 입법을 전혀 하지 아니하였다든가 그 내용이 현저히 불합리하여 헌법상 용인될 수 있는 재량의 범위를 명백히 일탈한 경우에 한하여 헌법에 위반된다고 할 수 있다.

또한 헌법재판소는 국회 입법권의 존중 등을 이유로 헌법불합치결정 등의 변형결정을 하고 있다.

2. 정부와의 관계

(1) 정부의 헌법재판소에 대한 권한

헌법재판소와 정부(여기서의 '정부'는 대통령과 행정부를 말한다. 헌법 제4장 참조)와 헌법재판소의 관계를 보면, 먼저 대통령은 헌법재판소 재판관 3인을 지명하는 권한과 재판관 9인 전원에

1) 同旨 : 헌재 1999.12.23. 98헌바33, 구 국가유공자예우 등에 관한 법률 제70조 등 위헌소원, 판례집 11-2, 759면.

대한 임명권, 그리고 헌법재판소의 장을 국회의 동의를 얻어 임명하는 권한을 가져 헌법재판소의 구성에 관여한다(제111조 2항 · 4항). 정부는 헌법재판소의 예산안을 편성하고(제54조 2항) 헌법재판소의 조직과 운영 기타 필요한 사항을 정하는 법률안을 제출할 수 있다(제52조, 제113조 3항). 정부는 정당해산의 제소를 헌법재판소에 할 수 있고 정부의 기관은 국가기관 상호 간 또는 국가기관과 지방자치단체 간의 권한쟁의심판을 청구할 수 있다(제8조 4항, 제111조 1항 4호).

(2) 헌법재판소의 국회에 대한 권한

헌법재판소는 정부가 제안하여 제정된 법률과 대통령이 국회의 동의를 얻어 체결 · 비준한 조약, 대통령이 발한 긴급명령, 긴급재정경제명령 등의 법규범에 대한 위헌여부심판 또는 법령소원심판(제52조, 제73조, 제111조 1항 1호 · 5호), 대통령령, 총리령, 부령에 대한 법령소원심판(제75조, 제95조, 제111조 1항 5호) 등의 규범통제를 행하고, 정부의 공권력행사 · 불행사에 대한 헌법소원심판(제111조 1항 5호)을 담당한다. 또한 헌법재판소는 국회가 대통령, 국무총리, 국무위원 등에 대하여 탄핵소추를 의결한 경우의 탄핵심판(제65조, 제111조 1항 2호), 정부가 제소하는 정당해산의 심판(헌법 제8조 4항, 제111조 1항 3호), 국가(정부)기관 상호 간의 권한쟁의심판, 국가기관과 지방자치단체 간(정부와 특별시 · 광역시 · 도 간 또는 정부와 시 · 군 · 자치구 간)의 권한쟁의심판(제111조 1항 4호, 헌법재판소법(이하 '헌재법' 또는 '법'이라고도 함. 헌재법은 참조편의를 위해 뒤의 부록에 수록되어 있음) 제62조 1호 · 2호)을 담당한다.

외국의 경우 대통령선거소송을 헌법재판기관이 담당하는 예도 있으나 우리나라의 경우 대법원이 담당한다. 대통령의 유고를 헌법재판소가 최종적으로 확인하도록 하는 예도 있는데 프랑스에서의 경우가 그 예이다(프랑스 헌법 제7조 4항).

3. 법원과의 관계

(1) 독립의 관계

1) 권한분담

현행 헌법은 법원과 헌법재판소를 각각 제5장, 제6장 별개의 장에서 그 조직과 소관 사항을 따로 규정하고 있고 각각의 권한이 분담되어 있다. 헌법재판소는 법률의 위헌여부심판, 탄핵의 심판, 정당해산심판, 권한쟁의심판, 헌법소원심판을 관장한다(제111조 1항). 법원은 민 · 형사재판, 행정재판을 담당하고 그 외 가사소송, 선거소송을 담당하여 포괄적인 사법권(司法權)을 행사한다(제101조 1항). 헌법 제107조 제1항은 "법률이 헌법에 위반되는 여부가 재판의 전제가 된 경우에는 법원은 헌법재판소에 제청하여 그 심판에 의하여 재판한다"라고 규정하여 법률에 대한 위헌여부심판을 제청하는 권한을 법원에 부여하고 위헌심판권은 헌법재판소에 부여하여 각각 분장하고 있다.

헌법재판소는 권한쟁의심판을 담당하고 있다(제111조 1항 4호). 다른 한편 법원도 행정소송으로서의 기관소송을 담당한다. 현행 행정소송법 제3조 제4호는 기관소송을 "국가 또는 공공단체의 기관 상호 간에 있어서의 권한의 존부 또는 그 행사에 관한 다툼이 있을 때에 이에 대하여 제기하는 소송"이라고 정의하고 동호 단서에서 "다만, 헌법재판소법 제2조의 규정에 의하여 헌법재판소의 관장사항으로 되는 소송은 제외한다"라고 규정하여 관할을 나누고 있다. 현재 기관소송으로는 지방자치단체 내의 지방자치단체장(집행기관)과 지방의회 간의 분쟁에 대한 소송으로서 대법원의 관할로 되어 있는 소송 등이 있다.

헌법소원심판의 경우 보충성의 원칙이 설정되어 있는바 기본권구제를 위한 법원의 소송이 마련되어 있는 경우 그 소송을 먼저 거친 뒤에야 헌법소원심판을 청구할 수 있다는 원칙인데 이러한 보충성의 원칙도 권한배분의 기능을 한다고 볼 것이다. 보충성의 원칙은 구체적인 기본권침해에 있어서 그 구제를 주로 법원에서 담당하여 주고 헌법재판소로서는 헌법해석에 집중하도록 하는 기능을 한다. 그러나 법원재판에 대한 헌법소원을 현행 헌법재판소법 제68조 제1항은 금지하고 있고, 이른바 원행정처분에 대한 헌법소원의 가능성을 현재 우리 헌법재판소가 받아들이지 않고 있어서 이러한 기능에는 한계가 있다고 할 것이다.

2) 독립적 관계

이처럼 현행 헌법이 헌법재판소의 관장사항을 따로 규정하고 법원에 포괄적 사법권을 주어 권한을 분담한 것은 상호 독립의 관계에 두겠다는 의도를 보여주는 것이라고 하겠다.

법원의 재판기능은 국민의 권리침해에 대한 구제의 기능을 수행하는 것이므로 법원도 국민의 기본권침해에 대한 구제기능을 수행하는 것이다. 따라서 법원이나 헌법재판소 모두 국민의 기본권보장을 위한 기능을 수행하고 있다.

3) 관할에 관한 견해대립이 있었던 예

(가) 법규명령에 대한 위헌심사

헌법재판소와 법원의 관할의 문제로서 법규명령에 대한 헌법소원심판이 가능한가 하는 문제가 헌법재판소의 출범초기에 제기되었다. 이 문제를 두고 헌법재판소와 대법원 간에 의견의 차이를 보여준 바 있다. 대법원은 "명령·규칙 또는 처분이 헌법이나 법률에 위반되는 여부가 재판의 전제가 된 경우에는 대법원은 이를 최종적으로 심사할 권한을 가진다"라고 규정하고 있는 헌법 제107조 제2항을 들어 법규명령은 헌법소원의 대상이 아니라고 보았으나 헌재는 아래의 결정에서 대상이 될 수 있다고 보았다. 사안은 일반적으로 법규명령으로 보는 대법원규칙인 법무사법시행규칙 규정이 법무사시험 실시 여부를 법원행정처장의 재량에 맡긴 것을 직업선택의 자유 침해로 위헌이라고 본 결정이었다. 아래 결정에 대한 갈등 문제는 여기 외에 뒤의 헌법소원심판의 대상 부분 참조.

판례 법무사법시행규칙에 대한 헌법소원, 헌재 1990.10.15. 89헌마178
[주요판시사항]
▷ 법규명령에 대한 헌법소원 대상성 인정
[관련설시] 헌법 제107조 제2항은 "명령·규칙 또는 처분이 헌법이나 법률에 위반되는 여부가 재판의 전제가 된 경우에는 대법원은 이를 최종적으로 심사할 권한을 가진다"라고 규정하고 있고, 법원행정처장이나 법무부장관은 이 규정을 들어 명령·규칙의 위헌 여부는 대법원에 최종적 심사권이 있으므로 법무사법시행규칙의 위헌성 여부를 묻는 헌법소원은 위 헌법규정에 반하여 부적법하다고 주장한다. 그러나, 헌법 제107조 제2항이 규정한 명령·규칙에 대한 대법원의 최종심사권이란 구체적인 소송사건에서 명령·규칙의 위헌여부가 재판의 전제가 되었을 경우 법률의 경우와는 달리 헌법재판소에 제청할 것 없이 대법원이 최종적으로 심사할 수 있다는 의미이며, 헌법 제111조 제1항 제1호에서 법률의 위헌여부심사권을 헌법재판소에 부여한 이상 통일적인 헌법해석과 규범통제를 위하여 공권력에 의한 기본권침해를 이유로 하는 헌법소원심판청구 사건에 있어서 법률의 하위규범인 명령·규칙의 위헌여부심사권이 헌법재판소의 관할에 속함은 당연한 것으로서 헌법 제107조 제2항의 규정이 이를 배제한 것이라고는 볼 수 없다.

(나) 관습법에 대한 위헌법률심판 대상성에 대한 판례차이

관습법에 대해 헌재의 위헌법률심판의 대상이 되느냐 하는 문제에 대해 대법원은 헌법재판소가 심사할 대상이 아니라고 부정하는 반면 헌재는 실질적 법률로서 대상이 된다는 입장에서 긍정하여 차이를 보여주고 있다(대법원의 부정적 입장 : 2009.5.28. 2007카기134. 헌재의 긍정적 입장 : 헌재 2013.2.28. 2009헌바129; 2016.4.28. 2013헌바396). 이에 대한 자세한 것은 뒤의 판례상이 부분과 위헌법률심판의 대상 부분 참조.

(다) 긴급조치에 대한 관할 입장 차이

제4공화국 유신헌법하의 긴급조치 규정에 대해 대법원은 자신의 심사대상이 될 수 있다고 보았고 반대로 헌재는 그 위헌여부심사는 자신의 독점적 관할이라고 보았다(대법원 입장 : 대법원 2010.12.16. 2010도5986 전원합의체 등, 헌재의 입장 : 헌재 2013.3.21. 2010헌바132). 긴급조치의 위헌심사 관할에 대한 자세한 것은 뒤의 판례상이 부분과 위헌법률심판의 대상 부분 참조.

4) 법원재판에 대한 헌법소원의 금지

현행 헌법재판소법 제68조 제1항은 법원의 재판에 대해서는 헌법소원의 대상에서 제외하여 헌법소원을 금지하고 있는데 이러한 금지는 독립의 관계를 강화하는 효과를 가진다고 보겠다. 그러나 법원재판에 대해서도 헌법소원의 대상이 되어야 한다는 학자들의 견해가 적지 않다. 헌법재판소는 법원의 재판이 헌법재판소가 위헌으로 결정한 법령을 적용함으로써 국민의 기본권을 침해한 재판은 헌법소원의 대상이 된다고 한다(헌재 1997.12.24. 96헌마172등. 이에 대한 자세한 것은 후술, 헌법소원심판, 대상성 부분 참조).

(2) 협력관계

헌법재판소와 법원 간에 권한이 분담되고 독립적인 관계라고 할지라도 양 기관은 모두 국민의 기본권을 보장하기 위하여 헌법을 해석하며 협력하는 관계를 유지하게 된다. 위헌법률심

판에 있어서 제청권을 법원에 부여하고 법원은 헌법재판소의 결정에 따라 재판을 하도록 한 것 등은 법원과 헌법재판소 간에 협력의 관계를 설정하려는 것으로 이해될 수 있다.

(3) 상호존중의 관계 - 헌법재판소결정의 법원에 대한 기속력

법원은 헌법재판소의 위헌법률심판결정에 따라 재판을 하여야 하고(헌법 제107조 1항), 헌법재판소법 제47조 제1항에 따라 헌법재판소의 결정은 법원을 기속하므로 헌법재판소의 결정을 존중하여야 한다. 헌법재판소는 이 기속력은 단순한 위헌결정뿐 아니라 이른바 변형결정인 헌법불합치결정, 한정위헌결정, 한정합헌결정 등에도 인정됨을 분명히 하고 있다(헌재 1997.12.24. 96헌마172 · 173(병합), 헌법재판소법 제68조 1항 위헌확인 등, 판례집 11-2, 860면). 헌법재판소도 법원의 위헌제청을 존중하는 경향을 보여주고 있다. 즉 헌법재판소는 "문제되는 법률이 재판의 전제성 요건을 갖추고 있는지의 여부는 헌법재판소가 별도로 독자적인 심사를 하기보다는 되도록 법원의 이에 관한 법률적 견해를 존중해야 할 것"이라고 한다(예컨대, 헌재 1993.5.13. 92헌가10, 91헌바7, 92헌바24 · 50(병합), 헌법재판소법 제47조 2항에 대한 위헌제청 및 헌법소원, 판례집 5-1, 226면 참조. 이에 대한 자세한 것은 후술 위헌법률심판, 재판전제성 부분 참조).

(4) 대법원과의 관계

1) 조직상의 관계

헌법재판관 중 3인은 대법원장이 지명한다(헌법 제111조 3항). 따라서 헌법재판소는 그 조직상에 있어서 대법원과의 의존적 관계를 가진다고 하겠다. 그나마 대법관회의도 아닌 독임기관인 대법원장이 지명하는 것은 헌법재판소의 위상에 걸맞지 않다.[1)]

2) 대등적·독립적 협력의 관계

헌법재판소나 대법원 모두 국민의 기본권을 보장하는 재판기관으로서 국민의 주권을 행사하는 국가의 최고기관이다. 현행 헌법은 대법원과 헌법재판소 간의 우열관계를 규정하고 있지는 않다. 그 권한도 앞서 본 대로 구분되어 있다. 대법원과 헌법재판소는 국민의 기본권을 보장하고 헌법을 수호함에 있어서 상호 협력의 관계에 있어야 할 것이다. 현행 헌법 제107조 제1항이 위헌법률심판에 있어서 제청권을 대법원에 부여하고 대법원은 헌법재판소의 결정에 따라 재판을 하도록 한 것은 협력의 관계를 의미한다.

(5) 판례상이의 문제

법원의 판례와 헌법재판소의 판례의 차이를 보여준 예가 있었다.[2)] 그 원인과 법리차이가 나타난 사례들을 살펴본다. 이를 살펴보는 것은 앞으로 재발이 없고 상호존중 · 협력의 강화가 증진되기를 바라기 때문이기도 하다.

---

1) 그 점 때문에 2014년 국회의 의장 소속 헌법개정자문위원회는 대법원장의 3인 헌법재판관 지명권을 폐지하자는 의견을 제시하였고 그뒤 이를 따르는 안이 나왔다.

2) 이에 관한 문제에 대하여 일찍이 논의를 시작한 바 있다. 예컨대, 졸고, 헌법재판을 통한 필수적 법률규정 사항의 확보, 법조, 제39권 제6호, 1990년 6월, 64면 이하 등 참조.

1) 판례차이의 가능성의 원인

법원과 헌법재판소의 판례 내지 법해석의 차이가 나타날 가능성이 있는 경우가 다음과 같이 있다.

i) 위헌법률심판의 경우이다. 다시 나누어진다. ① 법원 소송에서의 당사자가 당해 소송에서 적용될 법률규정에 대해 위헌이라고 주장하면서 위헌여부심판을 헌법재판소에 제청해 줄 것을 신청하였으나 법원이 합헌이라고 보아 기각한 경우 당사자는 헌법재판소법 제68조 제2항에 의해 이른바 위헌소원을 제기할 수 있는데 그 위헌소원의 심판에서 헌법재판소가 위헌으로 결정할 경우를 들 수 있다. ② 법원의 소송에서의 당사자가 당해 소송에서 적용되는 법률규정이 위헌이라고 주장만 하고 법원에 그 위헌여부의 제청신청을 하지 않았는데 법원이 그 주장을 받아들이지 않고 그 뒤 그 소송사건이 확정되었거나 또는 위헌이라고 하면서 법원에 제청신청을 하였으나 기각된 뒤 위헌소원의 심판을 청구하지 않고 그 뒤 역시 소송사건이 확정되었는데 그 법률규정이 다른 사건을 통하여 헌법재판소의 위헌결정을 받을 경우에도 판례차이가 나타날 수 있다. ③ 변형결정의 문제이다. 우리 헌법재판소는 단순한 위헌결정뿐 아니라 이른바 변형결정인 헌법불합치결정, 한정위헌결정, 한정합헌결정 등에도 기속력이 인정됨을 분명히 하고 있다. 그러나 법원이 변형결정은 기속력을 가지지 않는다고 본다면 법원의 판례와 헌법재판소의 판례가 상이해질 수 있다. 실제 아래에서 보는 대로 헌법재판소의 한정위헌결정에 대한 기속력을 인정하지 않는 대법원의 판례가 나오기도 하였다(아래 법리차이가 있었던 예).

ii) 권한쟁의심판의 경우이다. ① 헌법재판소의 권한쟁의심판에서 나온 결정이 법원의 기관소송에서 나온 판결과 차이를 보일 가능성을 생각할 수 있다. 기관소송은 하나의 지방자치단체 내에서 집행기관(지방자치단체의 장 또는 교육감)이 지방의회를 상대로 제기하는 다음과 같은 소송이고 현재 관할은 대법원이다. ㉠ 지방자치단체의 장은 지방의회의 조례안 의결과 같은 의결이 월권이거나 법령에 위반되거나 공익을 현저히 해친다고 인정되면 그 의결사항을 이송받은 날부터 20일 이내에 이유를 붙여 재의를 요구할 수 있고 이 요구에 대하여 재의한 결과 재적의원 과반수의 출석과 출석의원 3분의 2 이상의 찬성으로 전과 같은 의결을 하면 그 의결사항은 확정되는바 이렇게 재의결된 사항이 법령에 위반된다고 인정되면(* 월권, 공익 해침은 제외되고 법령위반사유에 한정됨) 대법원에 소(訴)를 제기할 수 있다(지방자치법(신 지방자치법(2022년 시행, 이하 '신 지방자치법' 또는 '신법'이라고도 함. 제120조) 제107조. 제172조 3항(신 지방자치법 제192조 제4항)을 준용). ㉡ 지방의회의 의결이 법령에 위반된다고 판단되면 시·도에 대하여는 주무부장관이, 시·군 및 자치구에 대하여는 시·도지사가 재의를 요구하게 할 수 있고, 재의요구를 받은 지방자치단체의 장은 의결사항을 이송받은 날부터 20일 이내에 지방의회에 이유를 붙여 재의를 요구하여야 하는데 이 요구에 대하여 재의의 결과 재적의원 과반수의 출석과 출석의원 3분의 2 이상의 찬성으로 전과 같은 의결을 하면 그 의결사항은 확정되고 지방자치단체의 장은 이렇게 재의결된 사항이 법령에 위반된다고 판단되면(역시 법령위반사유에 한정됨) 재의결된 날부터 20일 이내에 대법원에 소를 제기할 수 있다(지방자치법 제172조 3항(신 지방자치법 제192조 4항)). ㉢ 교육감은 교육·학예에 관한 시·도의회의 의결이 법령에 위반된다고 판단될 때에는 그 의결사항을 이송받은 날부터 20일 이내에 이유를 붙여 재의를 요구할 수 있고 이 재의요구가 있을 때에는 재의요구를 받은 시·도의회는 재의에 붙이고 시·도의회 재적의원 과반수의 출석과 시·도의회 출석의원 3분의 2 이상의 찬성으로 전과 같은 의결을 하면 그 의결사항은 확정되는데 이렇게 재의결된 사항이 법령에 위반된다고 판단될 때에는(역시 법령위반사유에 한정됨) 교육감은 재의결된 날부터 20일 이내에 대법원에 제소할 수 있다('지방교육자치에 관한 법률' 제28조 3항). 이러한 기관소송에서 지방의회의 재의결, 예를 들어 조례안 재의결에 대하여 대법원이 합헌성을 인정한 뒤 그 조례가 시행에 들어간 그 조례를 대상으로 헌법소원이 제기되어 헌법재판소가 심판을 한 결과 위헌이라고 보거나 또는 권한쟁의심판에서 헌법재판소가 그 조례안 의결, 조례가 다른 지방자치단체의 권한을 침해하였다는 결정을 할 경우 등에는 판례의 차이가 나타날 가능성이 있을 것이다(권한쟁의심판과 기관소송의 구별에 대해서는 뒤의 권한쟁의심판의 개념 부분 등 참조). ② 지방자치법이 설정하고 있는 지방자치단체의 장이 제기하는 소송으로 기관소송이 아니라 항고소송(법원의 행정소송)이라고 분류되는 소송에서의 법원판결과의 차이가능성도 논의된다. 그러한 항고소송으로 ㉠ 지방자치단체의 자치사무에 관한 그 장의 명령이나 처분이 법령에 위반되거나 현저히 부당하여 공익을 해친다고 인정되면 시·도에 대하여는 주무부장관이, 시·군 및 자치구에 대하여는 시·도지사가 기간을 정하여 서면으로 시정할 것을 명하고, 그 기간에 이행하지 아니하면 이를 취소하거나 정지할 수 있는데 이 명령이나 처분의 취소 또는 정지에 대하여 이의가 있으면 그 취소처분 또는 정지처분을 통보받은 날부터 15일 이내에 대법원에 제기하는 소송(지방자치법 제169조(신 지방자치법 제188조)), ㉡ 지방자치단체의 장에 대해 위임사무나 시·도위임사무의 관리와 집행에 대한 직무이행명령에 이의가 있는 경우 지방자치단체의 장이 대법원에 제기하는 소송(지방자치법 제170조(신 지방자치법 제189조))이 있다. 위의 소송들과 더불어 권한쟁의심판을 청구할 수 있는지는 논란이 되고 있는데 이를 긍정한다면 이러한 항고소송에서의 법원판결과 그러한 분쟁을 둘러싸고 제기된 권한쟁의심판에서 헌재의 결정과 차이를 나타낼 가능성도 있다. ③ 어느 지방자치단체의 처분을 두고 私人이 법원에 항고소송(행정소송)을 제기하였는데 다른 지방자치단체가 그 문제의 처분이 자신의 권한에 속하는 것임을 주장하여 헌법재판소에 권한쟁의심판을 청구한 경우 양자 간에 판단이 달라질 수도 있을 것이다.

iii) 탄핵소추사유이기도 하고 형사소추사유이기도 한 사유에 대해서는 탄핵심판이 있고 또 형사재판도 있을 수 있다. 이 경우에 탄핵심판의 결정과 형사소송의 판결에서 차이를 보여줄 수 있다. 정당해산심판의 결정과 그 해산사유와 관련된 형사소송 등의 법원의 소송 판결과 차이를 보여줄 가능성이 없지 않다.

2) 법리차이가 있었던 예

(가) 한정위헌결정을 둘러싼 차이

그동안 있었던 헌재와 대법원 간의 대표적이고 많이 있었던 판례의 차이는 헌재의 한정위헌결정을 둘러싸고 나타난 것들이다. 아래의 예들이 그것이다.

가) 양도소득세에 있어서 실지거래가액에 의할 경우를 둘러싼 판례차이

양도소득세에서의 양도차익의 산정에 기초가 되는 양도가액과 취득가액을 계산함에 있어서 예외적으로 대통령령이 정하는 경우 실지거래가액으로 하도록 규정한 구 소득세법 제23조 제4항 단서와 제45조 제1항 제1호 단서(각 1982.12.21. 법률 제3576호로 개정된 후 1990.12.31. 법률 제4281호로 개정되기 전의 것)는 포괄적 위임으로서 조세법률주의에 위반되는 것인지 여부가 논란이 되었는데 이 규정들을 두고 헌법재판소와 대법원 간에 판례차이를 보여주었다.

(a) **헌재 1995.11.30. 94헌바40, 95헌바13**(병합), **한정위헌결정**[1] 헌재는 문제의 구 소득세법 제23조 제4항 단서, 제45조 제1항 제1호 단서에 대하여 "실지거래가액에 의할 경우를 그 실지거래가액에 의한 세액이 그 본문의 기준시가에 의한 세액을 초과하는 경우까지를 포함하여 대통령령에 위임한 것으로 해석하는 한 헌법에 위반된다"라는 한정위헌결정을 선고하였다.

(b) **대법원 1996.4.9. 95누11405 판결**[2] 그러나 대법원은 1996년 4월 9일 선고, 95누11405 판결에서 헌재(憲裁)의 위 한정위헌결정과 상반되는 결론을 이끌어내었다. 대법원은 "법률보다 하위법규인 대통령령의 제정근거가 되는 법률조항(이른바 위임규정)에 대하여 한정위헌결정이 있는 경우에 있어서도 그 법률조항의 문언이 전혀 변경되지 않은 채 원래의 표현 그대로 존속하고 있는 이상 그 법률조항의 의미·내용과 적용범위는, 역시 법령을 최종적으로 해석·적용할 권한을 가진 최고법원인 대법원에 의하여 최종적으로 정하여질 수밖에 없고, 그 법률조항의 해석은 어디까지나 의연히 존속하고 있는 그 문언을 기준으로 할 수밖에 없다 할 것이므로 그 문언이 표현하고 있는 명백한 위임취지에 따라 제정된 대통령령 조항 역시 의연히 존속한다고 보아야 한다"라고 하면서 위 소득세법 각 규정이 "헌법재판소의 결정에도 불구하고 그 문언의 표현이 전혀 변경되지 않은 채 존속하고 있는 이상 위 시행령 조항의 헌법위반 여부와 상위법의 위반 여부에 관하여는 대법원이 이를 최종적으로 판단하여 이 사건에 적용할지 여부를 결정하여야 한다"라고 하였다. 대법원은 이러한 자신의 입장을 바탕으로 위 소득세법 규정들이 "대통령령에 위임하는 사항의 범위를 명시적으로 특정하지는 아니하였다 하더라도 위 조항에 있어서의 내재적인 위임의 범위나 한계는 충분히 인정될 수 있다고 할 것이고, 구 소득세법상 종전의 실지거래가액과세원칙으로부터 기준시가과세원칙으로 개정된 입법동기와

---

1) 헌법재판소 판례집(이하 '판례집'이라고도 함. 제7권 제2호(이하 '권의 수－호의 수', 즉 여기의 경우는 '7－2'로도 표시함), 616면 이하 참조.

2) 법원공보, 1996, 1442면 이하 참조.

연혁, 그리고 다시 기준시가과세원칙에 대한 예외로서 실지거래가액에 따라 과세할 수 있는 경우를 규정하게 된 입법목적을 두루 고려하여 보더라도, 위 각 조항 단서가 기준시가에 의한 과세보다 실지거래가액에 의한 과세가 납세자에게 유리한 경우만을 한정하여 대통령령에 위임한 것이라는 해석에는 도저히 이를 수 없다"라고 보았다. 그리하여 대법원은 당해 사안에서 실지거래가액에 의하면 양도차익이 발생한 것이 되어 양도소득세액이 있게 되는 반면에 "기준시가에 의하여 과세할 경우 오히려 양도차손이 발생한 것이 되어 양도소득세를 전혀 부과할 수 없게 되는바, 실제로 … 양도차익을 얻은 납세의무자가 헌법재판소 1995.11.30. 선고 94헌바40, 95 헌바13 한정위헌결정과 같은 해석으로 말미암아 양도소득세 부과에서 제외된다는 것은 심히 부당한 결과라고 하지 않을 수 없다"라고 판시하여 문제의 부과처분을 적법한 것으로 보았고 결국 헌재의 위 한정위헌결정과 상반되는 판결을 하였다.[1]

(c) **그 후의 경과** 그 뒤 위 대법원판결의 상고인이 법원재판을 헌법소원의 대상에서 제외하고 있는 헌법재판소법 제68조 제1항 본문의 규정과 위 대법원판결, 그리고 위 과세처분을 대상으로 헌법소원심판을 청구하였다. 이 헌법소원심판에서 헌재는 1998년 12월 24일의 결정에서 법원재판에 대한 헌법소원이 원칙적으로 금지되나 "헌법재판소법 제68조 제1항 본문의 '법원의 재판'에 헌법재판소가 위헌으로 결정한 법령을 적용함으로써 국민의 기본권을 침해한 재판도 포함되는 것으로 해석하는 한도 내에서, 헌법재판소법 제68조 제1항은 헌법에 위반된다"라고 선언하는 한정위헌결정을 하였고 위 대법원의 판결과 원래의 처분을 취소하는 결정(헌재 1997.12.24. 96헌마172 · 173(병합), 판례집 9-2, 842면)[2]을 하였다. 바로 이 결정이 헌재가 법원재판에 대한 헌법소원금지를 원칙적으로 합헌이라고 보면서도 위와 같은 두 가지 조건(① 헌재가 위헌으로 결정한 법령을 적용함으로써 ② 국민의 기본권을 침해한 재판)하에 예외적으로 법원재판에 대한 헌법소원을 인정한다는 법리가 처음 설정한 결정이고 이후 이 결정은 확립된 판례법리가 되어 이어오고 있다(이 결정에 대한 자세한 것은 뒤의 제5장 헌법소원심판, 대상성, 법원재판에 대한 금지 부분 참조).

나) 국가배상법 제2조 제1항 단서에 관한 판례차이

(a) **헌재 1994.12.29. 93헌바21, 한정위헌결정**[3] 헌재는 1994년 12월 29일에 "국가배상법 제2조 제1항 단서 중 '군인 … 이 … 직무집행과 관련하여 … 公傷을 입은 경우에 본인 또는 그 유족이 다른 법령의 규정에 의하여 재해보상금 · 유족연금 · 상이연금 등의 보상을 지급

1) 사실 위 사건 이전에도 한정위헌결정에 대하여 법원이 제대로 인용하지 않고 지나친 예가 있었다. 그 예로서 구 상속세법 제7조의2 제1항에 대한 한정위헌결정(헌재 1994.6.30. 선고, 93헌바9, 헌재판례집 제6권 1집, 631면 이하)이 있고 난 후인 94년 11월에 이 규정에 대한 위헌제청신청을 법원에서 기각한 예를 볼 수 있다. 이러한 사실은 이 규정에 대하여 다시 한정위헌결정이 있었는데 그 결정에 기재된 사건개요에 나타난다[관보 1995. 8. 28일자, 51면 참조. 이 관보에 수록된 헌재 1995.7.21. 선고, 92헌바27, 94헌바6, 94헌바47(병합) 결정 참조].
2) 이 판례에 대한 분석으로, 졸고, 헌법재판 · 헌법판례연구의 방법론과 과제, 헌법학연구(한국헌법학회), 제4집 제1호, 1998. 6. 참조.
3) 판례집 6-2, 379면 참조.

받을 수 있을 때에는 이 법 및 민법의 규정에 의한 손해배상을 청구할 수 없다'는 부분은 일반국민이 직무집행중인 군인과의 공동불법행위로 직무집행중인 다른 군인에게 공상을 입혀 그 피해자에게 공동의 불법행위로 인한 손해를 배상한 다음 공동불법행위자인 군인의 부담부분에 관하여 국가에 대하여 구상권(求償權)을 행사하는 것을 허용하지 아니한다고 해석하는 한, 헌법에 위반된다"라는 한정위헌결정을 한 바 있었다. 이 결정은 위헌소원심판을 통하여 나온 것이어서 법원의 제청이 있었던 경우와 달리 위헌결정을 이끌어낸 당사자의 당해 소송은 정지되지 않아 대법원에의 상고기각판결이 위 헌법재판소의 결정 이전인 1994.5.27.에 이미 있었고 확정되었기에(94다6741) 당사자는 위 위헌소원의 결과로 나온 한정위헌결정을 근거로 "헌법소원이 인용된 경우에 당해 헌법소원과 관련된 소송사건이 이미 확정된 때에는 당사자는 재심을 청구할 수 있다"라고 규정한 헌법재판소법 제75조 제7항에 의거하여 재심을 청구하였다.

(b) **대법원 2001.4.27. 95재다14, 재심기각결정**[1] 그러나 2001.4.27. 대법원은, 특정의 해석기준을 제시하면서 그러한 해석에 한하여 위헌임을 선언하는 이른바 한정위헌결정이 선고된 경우는 헌법재판소법 제75조 제7항의 '헌법소원이 인용된 경우'에 해당하지 아니한다고 하면서 재심청구를 기각하였다(대법원 2001.4.27. 95재다14 구상금, 이 판결에 대한 자세한 것은 후술, 제5장 헌법소원심판, 결정의 효력, 재심 부분 참조). 대법원은 그 이유로 한정위헌결정에는 기속력이 없기 때문임을 들고 있다. 대법원은 사법권은 법원에 속하고, 법원은 최고법원인 대법원과 각급법원으로 조직된다고 규정한 헌법 제101조 제1항·제2항에 따라 구체적 분쟁사건의 재판에서 법령의 해석·적용 권한은 사법권의 본질적 내용을 이루는 것이고, 대법원을 최고법원으로 하는 법원에 전속하는 것이라고 하면서 "이러한 법원의 권한에 대하여 다른 국가기관이 법률의 해석기준을 제시하여 법원으로 하여금 그에 따라 당해 법률을 구체적 분쟁사건에 적용하도록 하는 등의 간섭을 하는 것은 우리 헌법에 규정된 국가권력 분립구조의 기본원리와 사법권 독립의 원칙상 허용될 수 없다"라고 한다. 또 대법원은 이 판결에서 "한정위헌결정에 기속력을 부여한다면, 법원이 구체적 분쟁사건을 처리하는 사법권의 행사에 관하여 헌법재판소의 법률해석에 따를 수밖에 없게 되어 법원에 속하는 법률의 해석·적용 권한이 침해되고, 또한 헌법재판소가 헌법 제101조에 규정된 사법권을 행사하는 법원이 아니면서 사실상 최고법원의 지위에 들어서는 결과가 됨으로써, 이는 사법권을 법원에 전속시킴과 아울러 사법권의 독립성과 대법원의 최고법원성을 선언한 헌법에 위배된다"라는 이유를 제시하였다. 결국 대법원은 재심청구를 기각하여 자신의 종래 판례를 유지하면서 헌재의 위 1994. 12. 29. 93헌바21 결정에서의 법리와 다른 입장을 보여주고 있다.

(c) **경과** 그 뒤 위 당사자가 위 대법원의 95재다14 판결에 대해 헌법소원심판을 청구하

1) 법원공보 2001.6.15, 1220면 참조.

였다. 그런데 이 헌법소원심판의 결정에서 헌재는 최종 평결 결과 위 대법원의 입장과 달리 한정위헌결정도 재심사유가 된다는 헌법재판관 전원일치의 의견을 보여주었다. 그러나 청구인이 청구를 취하하고 헌법재판소가 심판절차를 종료함으로써 공식적인 입장의 결정이 되지 못하였다. 즉 위 당사자는 헌법재판소법 제68조 제1항의 '법원의 재판'에 헌법재판소의 위헌결정에 반하여 국민의 기본권을 침해한 재판도 포함되는 범위 내에서, 제68조 제1항은 헌법에 위반된다고 하면서 제68조 제1항 본문에 대하여 위헌확인을 구하는, 그리고 한정위헌결정도 위헌결정에 포함되고 당연히 기속력을 가지는데 위 대법원의 95재다14 판결은 위 헌법재판소의 한정위헌결정에 반하는 재판이 분명하므로 헌법소원의 대상이 된다고 하면서 그 취소를 구하는, 그리고 "헌법재판소법 제75조 제7항의 '헌법소원이 인용된 경우'에 헌법재판소가 한정위헌결정을 선고한 경우가 포함되지 아니하는 범위 내에서, 법 제75조 제7항은 헌법 제107조 및 제111조에 위반되는 것"이라고 하면서 제75조 제7항의 위헌확인을 구하는 헌법소원을 제기하였다. 그러나 이 사안에서 문제된 보험계약을 인수한 다른 보험회사가 이 헌법소원심판의 청구인의 지위를 승계한 뒤 헌법소원심판청구를 취하하였고 헌법재판소는 심판절차종료선언결정을 하였다. 그런데 이 결정에서 헌법재판소는 "이 사건 헌법소원심판청구가 취하될 당시, 이 사건에 관한 헌법재판소의 최종 평결결과는 재판관 전원의 일치된 의견으로, 법 제75조 제7항에 대한 이 사건 심판청구에 관하여는 '법 제75조 제7항은 법 제68조 제2항의 헌법소원이 인용된 경우에 한정위헌결정이 포함되지 않는다고 해석하는 한도 내에서 헌법에 위반된다'는 한정위헌결정을 선언하고, 헌법재판소의 한정위헌결정의 효력을 부인하여 청구인의 재심청구를 기각한 이 사건 대법원판결을 취소하면서, 법 제68조 제1항 본문에 대한 심판청구는 각하한다는 것이었다"라고 밝힘으로써 헌법재판소가 대법원의 입장과는 달리 한정위헌결정의 경우에도 재심사유가 된다는 입장을 취할 것임을 보여주었으나 그 입장이 공식적인 것이 되지 못하고 불발로 끝났다(헌재 2003.4.24. 2001헌마386, 헌재공보 제80호, 405면 이하. 이 결정에 대한 자세한 것은 후술, 제5장 헌법소원심판, 결정의 효력, 재심 부분 참조). 이처럼 헌법재판소의 일치된 의견인데도 공식적인 입장이 되지 못하는 이러한 상황은 결국 우리 헌법재판소가 헌법소원심판에서도 민사소송에서와 같이 당사자의 청구취하로 절차가 종료됨을 인정하기 때문에 생기는 것인바 이는 시정되어야 할 판례법리이다. 헌법재판소법 제40조는 2003.3.12.에 개정되었는데 "헌법재판의 성질에 반하지 아니하는 한도 내에서" 민사소송에 관한 법령의 규정을 준용하도록 하고 있다.

다) 상속개시 전 상속포기자의 납세의무부담자 포함 여부

상속개시 전에 피상속인으로부터 구 상속세법 제4조 제1항에 의하여 상속재산가액에 가산되는 재산을 증여받고 상속을 포기한 자가 구 상속세법 제18조 제1항에 정한 상속세 납세의무를 부담하는 '상속인'에 포함되는지 여부를 둘러싸고 판례차이를 보여주었다. 헌재는 이를 긍정하여 한정위헌결정을 하였고 이에 반해 대법원은 부정하고 한정위헌의 기속력도 부정하는 입장을 취하여 판례차이를 보여주었다.

(a) 헌재결정

판례 헌재 2008.10.30. 2003헌바10, 구 상속세법 제18조 제1항 등 위헌소원

[판시사항] 1. 구 상속세법 제18조 제1항 본문 중 "상속인"의 범위에 "상속개시 전에 피상속인으로부터 상속재산가액에 가산되는 재산을 증여받고 상속을 포기한 자"를 포함하지 않는 것이 상속을 승인한 자의 헌법상 재산권을 침해하는지 여부(적극) 2. 구 상속세법 제18조 제1항 본문 중 "상속인"의 범위에 "상속개시 전에 피상속인으로부터 상속재산가액에 가산되는 재산을 증여받고 상속을 포기한 자"를 포함하지 않는 것이 상속을 승인한 자의 헌법상 평등권을 침해하는지 여부(적극)

[심판대상조문] 구 상속세법(1991.11.30. 법률 제4410호로 개정된 후 1993.12.31. 법률 제4662호로 개정되기 전의 것) 제18조 (상속세납부의무) ① 상속인 또는 수유자(피상속인의 사망으로 인하여 효력이 발생하는 증여의 수증자를 포함한다. 이하 같다)는 상속재산(제4조의 규정에 의하여 상속재산에 가산한 증여재산중 상속인 또는 수유자가 받은 증여재산을 포함한다)중 각자가 받았거나 받을 재산의 점유비율에 따라 상속세를 연대하여 납부할 의무가 있다. 다만, 수유자가 영리법인인 경우에는 그가 납부할 상속세액은 면제한다.

[주문] 구 상속세법(1991.11.30. 법률 제4410호로 개정된 후 1993.12.31. 법률 제4662호로 개정되기 전의 것) 제18조 제1항 본문 중 "상속인" 부분은 위 "상속인"의 범위에 "상속개시 전에 피상속인으로부터 상속재산가액에 가산되는 재산을 증여받고 상속을 포기한 자"가 포함되지 않는 것으로 해석하는 한 헌법에 위반된다.

[결정요지] 1. 응능부담의 원칙을 상속세의 부과에서 실현하고자 하는 입법목적이 공공복리에 기여하므로 목적정당성을 인정할 수 있으나, 상속포기자를 제외하는 것은 응능부담 원칙의 실현이라는 입법목적 달성에 적절한 수단이 될 수 없어서 방법의 적절성 원칙에 위배되며, "상속개시 전에 피상속인으로부터 상속재산가액에 가산되는 재산을 증여받고 상속을 포기한 자"를 "상속인"의 범위에 포함시키는 별도의 수단이 존재하는데도 이를 외면하는 것이므로 침해의 최소성 원칙에 위배되고, 상속을 승인한 자가 상속을 포기한 자가 본래 부담하여야 할 상속세액을 부담하게 되는 재산상의 불이익을 받게 되는 반면에 달성되는 공익은 상대적으로 작다고 할 것이어서 법익 균형성 원칙에도 위배되기 때문에, 구 상속세법 제18조 제1항 본문 중 "상속인"의 범위에 "상속개시 전에 피상속인으로부터 상속재산가액에 가산되는 재산을 증여받고 상속을 포기한 자"를 포함하지 않는 것은 상속을 승인한 자의 헌법상 보장되는 재산권을 침해한다. 2. 상속을 포기한 자가 증여받은 재산의 가액이 상속세 과세가액에 가산됨으로 인하여 누진되는 세액만큼을 상속을 승인한 자만이 부담하도록 하여 상속을 포기한 자에 비해서 상속을 승인한 자를 차별취급하는 것은, 증여재산에 대한 누진세액 부분을 부담하여야 할 자에 대해서는 그 부담을 면제하고, 반대로 이를 부담하지 않아야 할 자에 대해서는 부담을 부과한 것이어서 헌법상 정당화될 수 없으므로, 구 상속세법 제18조 제1항 본문 중 "상속인"의 범위에 "상속개시 전에 피상속인으로부터 상속재산가액에 가산되는 재산을 증여받고 상속을 포기한 자"를 포함하지 않는 것은 상속을 승인한 자의 헌법상 평등권을 침해한다.

(b) 대법원판례

판례 대법원 2009.2.12. 2004두10289, 상속세부과처분무효확인등

[판시사항] [1] 상속개시 전에 피상속인으로부터 구 상속세법 제4조 제1항에 의하여 상속재산가액에 가산되는 재산을 증여받고 상속을 포기한 자가 구 상속세법 제18조 제1항에 정한 상속세 납세의무를 부담하는 '상속인'에 포함되는지 여부(소극) [2] 제1순위 공동상속인들 중 일부가 상속개시 전에 피상속인으로부터 상속세 과세가액에 포함되는 재산을 증여받고 상속을 포기한 경우, 상속을 포기하지 않은 나

머지 상속인이 납부하여야 하는 상속세액의 산출 방법 [3] 헌법재판소가 법률의 위헌 여부를 판단하기 위하여 한 법률해석에 법원이 구속되는지 여부(소극)
[판결요지] [1] 상속개시 전에 피상속인으로부터 구 상속세법 제4조 제1항에 의하여 상속재산가액에 가산되는 재산을 증여받고 상속을 포기한 자는 구 상속세법(1993.12.31. 법률 제4662호로 개정되기 전의 것) 제18조 제1항에 정한 상속세 납세의무를 부담하는 '상속인'에 해당한다고 보기 어렵다. 따라서 그 자가 수유자 등에 해당하지 아니하는 한 상속세를 납부할 의무가 없다. [2] 제1순위 공동상속인들 중 일부가 상속개시 전에 피상속인으로부터 상속세과세가액에 포함되는 재산을 증여받고 상속을 포기함에 따라 나머지 상속인이 부담하게 될 상속세액을 산출하는 경우, 구 상속세법(1993.12.31. 법률 제4662호로 개정되기 전의 것) 제18조 제1항에 정한 상속인별 상속세 분담비율의 산정기준이 되는 '상속재산(같은 법 제4조의 규정에 의하여 상속재산에 가산한 증여재산 중 상속인 또는 수유자가 받은 증여재산을 포함한다) 중 각자가 받았거나 받을 재산의 점유비율'에서 말하는 괄호 안의 '상속인이 받은 증여재산'은, 같은 법 제4조 제1항에 의하여 상속재산에 가산되는 '상속인에게 증여한 재산'의 개념과 동일하게 보아 '상속을 포기한 자가 받은 증여재산'도 포함하는 것으로 해석함이 상당하다. 따라서 상속을 포기하지 않은 상속인은 상속포기자의 사전 증여재산 등을 포함한 상속재산 중 자신이 받았거나 받을 재산의 점유비율에 따라 산출된 상속세를 납부할 의무가 있다. [3] 구체적 분쟁사건의 재판에 즈음하여 법률 또는 법률조항의 의미·내용과 적용 범위가 어떠한 것인지를 정하는 권한, 곧 법령의 해석·적용 권한은 사법권의 본질적 내용을 이루는 것이고, 법률이 헌법규범과 조화되도록 해석하는 것은 법령의 해석·적용상 대원칙이다. 따라서 합헌적 법률해석을 포함하는 법령의 해석·적용 권한은 대법원을 최고법원으로 하는 법원에 전속하는 것이며, 헌법재판소가 법률의 위헌 여부를 판단하기 위하여 불가피하게 법원의 최종적인 법률해석에 앞서 법령을 해석하거나 그 적용 범위를 판단하더라도 헌법재판소의 법률해석에 대법원이나 각급 법원이 구속되는 것은 아니다.

라) 조세법(조세감면규제법) **부칙 사건**

헌재는 조세감면특별법이 전부 개정된 경우에는 특별한 사정이 없는 한 종전의 법률 부칙의 경과규정도 실효된다고 보아야 하므로 문제의 부칙조항이 실효되지 않은 것으로 해석하여 과세의 근거로 삼는 것은 과세근거의 창설을 국회가 제정하는 법률에 맡기고 있는 헌법상의 권력분립원칙과 조세법률주의의 원칙에 위배된다고 하는 한정위헌결정을 한 바 있다. 이는 이전의 대법원의 판례와 결론이 달라 서로 차이를 보여주었고 헌재의 한정위헌결정을 근거로 한 대법원 판결에 대한 재심청구를 대법원이 받아들이지 않아 논란이 되었다. 이 일련의 사건의 사안은 자산재평가 관련 구 조세감면규제법 규정이 폐지되면서 그 경과규정을 두는(1990.12.31. 법률 제4285호) 동법 부칙 제23조(기업공개시의 재평가특례에 관한 경과조치 등)가 동법 전면개정으로 폐지된 것인지 여부가, 그 감면여부에 관한 것이므로, 논란된 것이었다. 동 부칙 제1항은 "이 법 시행 전에 종전의 제56조의2 제1항 본문("한국증권거래소에 처음으로 주식을 상장하고자 하는 법인은 자산재평가법 제4조 및 동법 제38조의 규정에 불구하고 매월 1일을 재평가일로 하여 자산재평가법에 의한 재평가를 할 수 있다")의 규정에 의하여 재평가를 한 법인에 대하여는 종전의 동조 동항 단서의 규정에 불구하고 재평가일부터 대통령령이 정하는 기간 이내에 한국증권거래소에 주식을 상장하지 아니하는 경우에 한하여 이미 행한 재평가를 자산재평가법에 의한 재평가로 보지 아니한다"라고 규정하고 있었다. 동법 동부칙 동조 제2항은 "제1항의 규정에 의한 재평가를 한 법인이 당해 자산재평가적립금의 일부 또는 전부를 자본에 전입하지 아니한 경우에는 재평가일부터 제1항의 규정에 의한 기간 이내에 그 재평가를 취소할 수 있으며, 이 경우 당해 법인은 각 사업연도소득에 대한 법인세(가산세와 당해 법인세에 부가하여 과세되는 방위세를 포함한다)를 재계산하여 재평가를 취소한 날이 속하는 사업연도분 법인세과세표준신고와 함께 신고·납부하여야 한다"라고 규정하고 있었다. 아래에 일련의 경과를 살펴본다.

(a) 헌재 결정 ― 실효론

판례 헌재 2012.5.31. 2009헌바123, 구 조세감면규제법 부칙 제23조 위헌소원

[판시사항] 구 조세감면규제법(1990.12.31. 법률 제4285호) 부칙 제23조(이하 '이 사건 부칙조항'이라 한다)가 구 조세감면규제법(1993.12.31. 법률 제4666호로 전부 개정된 것, 이하 '이 사건 전부개정법'이라 한다)의 시행에도 불구하고 실효되지 않은 것으로 해석하는 것이 헌법상의 권력분립원칙과 조세법률주의의 원칙에 위배되어 헌법에 위반되는지 여부(적극) [주문] 구 조세감면규제법(1993.12.31. 법률 제4666호로 전부 개정된 것)의 시행에도 불구하고 구 조세감면규제법(1990.12.31. 법률 제4285호) 부칙 제23조가 실효되지 않은 것으로 해석하는 것은 헌법에 위반된다. [결정요지] (1) 형벌조항이나 조세법의 해석에 있어서는 헌법상의 죄형법정주의, 조세법률주의의 원칙상 엄격하게 법문을 해석하여야 하고 합리적인 이유 없이 확장해석하거나 유추해석할 수는 없는바, '유효한' 법률조항의 불명확한 의미를 논리적·체계적 해석을 통해 합리적으로 보충하는 데에서 더 나아가, 해석을 통하여 전혀 새로운 법률상의 근거를 만들어 내거나, 기존에는 존재하였으나 실효되어 더 이상 존재한다고 볼 수 없는 법률조항을 여전히 '유효한' 것으로 해석한다면, 이는 법률해석의 한계를 벗어나 '법률의 부존재'로 말미암아 형벌의 부과나 과세의 근거가 될 수 없는 것을 법률해석을 통하여 창설해 내는 일종의 '입법행위'로서 헌법상의 권력분립원칙, 죄형법정주의, 조세법률주의의 원칙에 반한다. (2) 이 사건 부칙조항은 과세근거조항이자 주식상장기한을 대통령령에 위임하는 근거조항이므로 이 사건 전문개정법의 시행에도 불구하고 존속하려면 반드시 위 전문개정법에 그 적용이나 시행의 유예에 관한 명문의 근거가 있었어야 할 것이나, 입법자의 실수 기타의 이유로 이 사건 부칙조항이 이 사건 전문개정법에 반영되지 못한 이상, 위 전문개정법 시행 이후에는 전문개정법률의 일반적 효력에 의하여 더 이상 유효하지 않게 된 것으로 보아야 한다. 비록 이 사건 전문개정법이 시행된 1994.1.1. 이후 제정된 조세감면규제법(조세특례제한법) 시행령들에서 이 사건 부칙조항을 위임근거로 명시한 후 주식상장기한을 연장해 왔고, 조세특례제한법 중 개정법률(2002. 12.11. 법률 제6762호로 개정된 것)에서 이 사건 부칙조항의 문구를 변경하는 입법을 한 사실이 있으나, 이는 이미 실효된 이 사건 부칙조항을 위임의 근거 또는 변경대상으로 한 것으로서 아무런 의미가 없을 뿐만 아니라, 이 사건 부칙조항과 같은 내용의 과세근거조항을 재입법한 것으로 볼 수도 없다. (3) 다만, 이 사건 부칙조항이 실효되지 않고 여전히 존재한다는 전제 하에 과세하더라도, 청구인들을 비롯하여 주식상장을 전제로 자산재평가를 실시한 후 정해진 주식상장기한 내에 상장하지 못하였거나 자산재평가를 취소한 법인들로서는 부당하게 이익을 침해당한 것으로 볼 수 없는 데다가, 이 사건 부칙조항이 실효되었다고 해석하면, 이미 상장을 전제로 자산재평가를 실시한 법인에 대한 사후관리가 불가능하게 되는 법률의 공백상태가 발생하고, 종래 자산재평가를 실시하지 아니한 채 원가주의에 입각하여 성실하게 법인세 등을 신고·납부한 법인이나 상장기간을 준수한 법인들과 비교하여 볼 때 청구인들을 비롯한 위 해당 법인들이 부당한 이익을 얻게 되어 과세형평에 어긋나는 결과에 이를 수도 있다. 그러나, 과세요건법정주의 및 과세요건명확주의를 포함하는 조세법률주의가 지배하는 조세법의 영역에서는 경과규정의 미비라는 명백한 입법의 공백을 방지하고 형평성의 왜곡을 시정하는 것은 원칙적으로 입법자의 권한이고 책임이지 법문의 한계 안에서 법률을 해석·적용하는 법원이나 과세

관청의 몫은 아니다. 뿐만 아니라 구체적 타당성을 이유로 법률에 대한 유추해석 내지 보충적 해석을 하는 것도 어디까지나 '유효한' 법률조항을 대상으로 할 수 있는 것이지 이미 '실효된' 법률조항은 그러한 해석의 대상이 될 수 없다. 따라서 관련 당사자가 공평에 반하는 이익을 얻을 가능성이 있다 하여 이미 실효된 법률조항을 유효한 것으로 해석하여 과세의 근거로 삼는 것은 과세근거의 창설을 국회가 제정하는 법률에 맡기고 있는 헌법상 권력분립원칙과 조세법률주의의 원칙에 반한다. (4) 따라서, 이 사건 전부개정법의 시행에도 불구하고 이 사건 부칙조항이 실효되지 않은 것으로 해석하는 것은 헌법상의 권력분립원칙과 조세법률주의의 원칙에 위배되어 헌법에 위반된다. * 동지 : 헌재 2012.7.26. 2009헌바35.

(b) 대법원 판례

* 위 헌재판례가 담긴 동지의 결정인 헌재 2012.7.26. 2009헌바35 결정이 있기 전에 대법원은 그 부칙조항이 실효되지 않고 유효한 것으로 보는 입장의 판결을 하였다.

판례 대법원 2011.4.28. 2009두3842 [법인세부과처분취소][공2011상,1063]
[판시사항] [1] 구 조세감면규제법 제56조의2 제1항에 의하여 자산재평가를 한 법인이 2003.12.31.까지 주식을 상장하지 못한 것에 정당한 사유가 있는 경우, 그 재평가차액에 대하여 법인세를 과세할 수 있는지 여부(소극) [2] 해운업을 영위하는 갑 회사가 구 조세감면규제법 제56조의2 제1항에 의하여 자산재평가를 하여 재평가차액에 대한 법인세를 납부하지 않았는데 2003.12.31.까지 주식을 상장하지 아니하자 과세관청이 위 재평가차액에 대하여 법인세를 부과한 사안에서, 갑 회사가 주식을 상장하지 못한 것은, 이익을 과대 계상한 사실이 밝혀졌거나 스스로 상장신청을 철회한 데 기인한 것이어서 정당한 사유가 있다고 할 수 없으므로, 법인세 부과처분은 적법하다고 본 원심판단을 수긍한 사례
[판결요지] [1] 구 조세감면규제법(1990.12.31. 법률 제4285호로 개정되기 전의 것) 제56조의2 제1항, 구 법인세법(1994.12.22. 법률 제4803호로 개정되기 전의 것) 제15조 제1항 제5호, 구 조세감면규제법(1993.12.31. 법률 제4666호로 전부 개정되기 전의 것) 부칙(1990.12.31.) 제23조 제1항, 조세특례제한법 시행령 제138조 규정의 입법 취지는 주식시장의 활성화를 위하여 주식의 상장을 전제로 자산재평가를 한 법인에 대하여는 자산재평가법상의 재평가요건을 갖추지 못하였더라도 그 재평가차액을 법인세의 과세대상에서 제외함으로써 주식의 상장을 유도하되, 사후 당해 법인이 주식의 상장을 게을리하는 경우에는 이러한 과세특례를 박탈함으로써 이를 악용하는 것을 방지하고자 하는 데 있으므로, 구 조세감면규제법 제56조의2 제1항에 의하여 자산재평가를 한 법인이 2003.12.31.까지 주식을 상장하지 못하였더라도 그 원인이 당해 법인에게 책임을 돌릴 수 없는 정당한 사유에서 비롯된 경우에는 그 재평가차액에 대하여 법인세를 과세할 수 없다. [2] 해운업을 영위하는 갑 회사가 구 조세감면규제법(1990.12.31. 법률 제4285호로 개정되기 전의 것) 제56조의2 제1항 등에 의하여 주식 상장을 전제로 자산재평가를 한 다음 그 재평가차액을 익금에 산입하지 아니한 채 법인세를 신고·납부하였는데, 이후 2003.12.31.까지 주식을 상장하지 아니하자 과세관청이 위 재평가차액을 소득금액계산에 익금산입하여 법인세를 증액하는 부과처분을 한 사안에서, 갑 회사가 주식을 상장하지 못한 것은 증권감독원의 사전감리 결과 감가상각비를 과소 계상하여 이익을 과대 계상한 사실이 밝혀졌기 때문이므로 거기에 정당한 사유가 있다고 할 수 없고, 갑 회사가 제출한 증거만으로는 상장하지 못한 것이 증권관리위원회가 주식시장에 신규로 상장되는 주식의 양을 조절하기 위해 갑 회사의 상장을 받아들이지 아니하였기 때문이라는 사실을 인정할 수 없으며, 그 밖에 갑 회사가 상장 신청을 철회하였다거나 주식공모가에 관한 주간사와의 견해 차이로 인하여 상장하지 아니하였다는 등의 사정만으로는 갑 회사가 주식을 상장하지 아니한 데에 정당한 사유가 있다고 할 수 없으므로, 위 법인세 부과처분은 적법하다고 본 원심판단을 수긍한 사례.

(c) 재심기각결정

* 위 헌재판례가 담긴 동지의 결정인 헌재 2012.7.26. 2009헌바35결정 이후 위 나)에서 살펴본 대법원 2011.4.28. 선고 2009두3842 판결에 대한 재심청구가 들어왔으나 대법원은 한정위헌결정과 같이 법률 조문은 그대로 둔 채 해석만을 위헌으로 하는 경우에는 기속력이 없어 재심사유가 될 수 없다는 취지로 기각하였다.

판례 대법원 2013.3.28. 2012재두299, [법인세부과처분취소][공2013상,779]

[판시사항]

[1] 법률 조항 자체는 그대로 둔 채 법률 조항에 관한 특정한 내용의 해석·적용만을 위헌으로 선언하는 이른바 한정위헌결정에 헌법재판소법 제47조가 규정하는 위헌결정의 효력을 부여할 수 있는지 여부(소극) 및 한정위헌결정이 재심사유가 될 수 있는지 여부(소극)

[2] 법령을 전부 개정하는 경우 종전 부칙 규정이 소멸하는지 여부(원칙적 적극) 및 예외적으로 종전 부칙 경과규정이 실효되지 않고 계속 적용되는 경우

[3] 구 조세감면규제법 부칙(1990.12.31.) 제23조가 1993.12.31. 법률 제4666호로 전부 개정된 조세감면규제법의 시행 이후에도 실효되지 않고 계속 적용되는지 여부(적극)

[판결요지]

[1] 헌법재판소가 법률 조항 자체는 그대로 둔 채 그 법률 조항에 관한 특정한 내용의 해석·적용만을 위헌으로 선언하는 이른바 한정위헌결정에 관하여는 헌법재판소법 제47조가 규정하는 위헌결정의 효력을 부여할 수 없으며, 그 결과 한정위헌결정은 법원을 기속할 수 없고 재심사유가 될 수 없다. 이와 같은 대법원의 판단은 다음과 같은 이유에서 비롯된 것이다.

(가) 법원과 헌법재판소 간의 권력분립 구조와 사법권 독립의 원칙에 관한 헌법 제101조 제1항, 제2항, 제103조, 제111조 제1항 규정의 내용과 취지에 비추어 보면, 구체적인 사건에서 어떠한 법률해석이 헌법에 합치되는 해석인가를 포함하는 법령의 해석·적용에 관한 권한은 대법원을 최고 법원으로 하는 법원에 전속한다. 헌법재판소는 헌법 제111조 제1항 제1호에 의하여 국회가 제정한 '법률'이 위헌인지를 심판할 제한적인 권한을 부여받았을 뿐, 이를 넘어서 헌법의 규범력을 확보한다는 명목으로 법원의 법률해석이나 판결 등에 관여하여 다른 해석 기준을 제시할 수 없다. 이와 달리 보는 것은 헌법재판소의 관장사항으로 열거한 사항에 해당하지 않는 한 사법권은 포괄적으로 법원에 속하도록 결단하여 규정한 헌법에 위반된다.

(나) 민사소송법 제423조, 제442조, 제449조, 제451조 제1항, 제461조, 행정소송법 제8조 제2항, 형사소송법 제383조 제1호, 제415조, 제420조의 내용과 취지에 따르면, 당사자가 제1심법원이나 항소법원의 법률해석이 헌법에 위반된다고 주장하는 경우에는 상소를 통하여 다투어야 하고, 어떠한 법률해석이 헌법에 합치되는 해석인가는 최종적으로 최고법원인 대법원의 심판에 의하여 가려지며, 대법원의 심판이 이루어지면 그 사건의 판결 등은 확정되고 기판력이 발생하게 된다. 이로써 그 법적 분쟁은 종결되어 더는 같은 분쟁을 되풀이하여 다툴 수 없게 되고 이에 따라 법적 안정성이 확보되며 사회 전체는 그 확정판결에서 제시된 법리를 행위규범으로 삼아 새로운 법률관계를 형성하게 되는 것이다.

(다) 헌법재판소법 제41조 제1항, 제45조 본문은 헌법재판소는 국회가 제정한 '법률'이 헌법에 위반되는지를 당해 사건을 담당하는 법원으로부터 제청받아 '법률의 위헌 여부'만을 결정할 뿐 특정한 '법률해석이 위헌인지 여부'에 관하여 제청받아 이를 심판하는 것이 아님을 분명히 밝히고 있다. 헌법재판소법 제41조 제1항에서 규정하는 '법률의 위헌 여부'에 대한 심판에 '법률해석의 위헌 여부'에 대한 심판이 포함되어 있다고 해석한다면, 헌법재판소법 제42조 제1항에 의하여 법원은 어떠한 법률해석이 헌법에 합치되는지 여부의 심판을 헌법재판소에 제청한 후 헌법재판소의 결정이 있을 때까지 재판을 정지하여야 하는 수긍할 수 없는 결과가 발생한다. 헌법재판소법 제47조 제1항, 제2항, 제3항의 규정을 헌

법재판소가 '법률의 위헌 여부'만을 결정할 수 있도록 한 헌법재판소법 제45조 본문과 함께 살펴보면, 헌법재판소법 제47조 제1항에서 규정한 '법률의 위헌결정'은 국회가 제정한 '법률'이 헌법에 위반된다는 이유로 그 효력을 상실시키는 결정만을 가리키고, 단순히 특정한 '법률해석'이 헌법에 위반된다는 의견을 표명한 결정은 '법률'의 위헌 여부에 관한 결정이 아닐 뿐만 아니라 그 결정에 의하여 법률의 효력을 상실시키지도 못하므로 이에 해당하지 아니함이 명백하다. 따라서 헌법재판소가 '법률'이 헌법에 위반된다고 선언하여 그 효력을 상실시키지 아니한 채 단지 특정한 '법률해석'이 헌법에 위반된다고 표명한 의견은 그 권한 범위를 뚜렷이 넘어선 것으로서 그 방식이나 형태가 무엇이든지 간에 법원과 그 밖의 국가기관 등을 기속할 수 없다. 또한 그 의견이 확정판결에서 제시된 법률해석에 대한 것이라 하더라도 법률이 위헌으로 결정된 경우에 해당하지 아니하여 법률의 효력을 상실시키지 못하는 이상 헌법재판소법 제47조 제3항에서 규정한 재심사유가 존재한다고 할 수 없다. 헌법재판소가 법률의 해석기준을 제시함으로써 구체적 사건의 재판에 관여하는 것은 독일 등 일부 외국의 입법례에서처럼 헌법재판소가 헌법상 규정된 사법권의 일부로서 그 권한을 행사함으로써 사실상 사법부의 일원이 되어 있는 헌법구조에서는 가능할 수 있다. 그러나 우리 헌법은 사법권은 대법원을 최고법원으로 한 법원에 속한다고 명백하게 선언하고 있고, 헌법재판소는 사법권을 행사하는 법원의 일부가 아님이 분명한 이상, 법률의 합헌적 해석기준을 들어 재판에 관여하는 것은 헌법 및 그에 기초한 법률체계와 맞지 않는 것이고 그런 의견이 제시되었더라도 이는 법원을 구속할 수 없다.

(라) 헌법재판소법 제41조 제1항에 의한 법률의 위헌 여부 심판의 제청은 법원이 국회가 제정한 '법률'이 위헌인지 여부의 심판을 헌법재판소에 제청하는 것이지 그 법률의 의미를 풀이한 '법률해석'이 위헌인지 여부의 심판을 제청하는 것이 아니므로, 당사자가 위헌제청신청이 기각된 경우 헌법재판소에 헌법소원심판을 청구할 수 있는 대상도 '법률'의 위헌 여부이지 '법률해석'의 위헌 여부가 될 수 없음은 분명하다. 따라서 헌법재판소가 '법률해석'에 대한 헌법소원을 받아들여 특정한 법률해석이 위헌이라고 결정하더라도, 이는 헌법이나 헌법재판소법상 근거가 없는 결정일 뿐만 아니라 법률의 효력을 상실시키지도 못하므로, 이를 헌법재판소법 제75조 제1항에서 규정하는 '헌법소원의 인용결정'이라거나, 헌법재판소법 제75조 제7항에서 규정하는 '헌법소원이 인용된 경우'에 해당된다고 볼 수 없고, 이러한 결정은 법원이나 그 밖의 국가기관 등을 기속하지 못하며 확정판결 등에 대한 재심사유가 될 수도 없다. 법원의 판결 등에서 제시된 법률해석을 헌법소원의 대상으로 받아들이는 것은 국회의 입법작용을 통제하기 위하여 헌법재판소에 부여된 '법률'의 위헌 여부에 대한 심판권을 법원의 사법작용을 통제하는 수단으로 변질시킴으로써 헌법이 결단한 권력분립 구조에 어긋나고 사법권 독립의 원칙을 해치며 재판소원을 금지한 헌법재판소법 제68조 제1항의 취지를 위반하는 결과를 가져온다. 또한 위와 같은 헌법소원을 허용하게 되면, 재판의 당사자는 제1심법원부터 대법원에 이르기까지 법원이 자신에게 불리하게 적용하거나 적용할 것으로 예상되는 하나 또는 여러 법률해석에 대하여 수시로 위헌제청신청을 하고 그 신청이 기각당하면 헌법소원심판을 청구할 수 있게 된다. 이렇게 되면 법원의 재판과 이에 대한 상소를 통하여 최종적으로 대법원에서 가려야 할 법률해석에 대한 다툼이 법원을 떠나 헌법재판소로 옮겨가고 재판의 반대당사자는 이 때문에 사실상 이중으로 응소하여야 하는 고통을 겪게 되며, 승소 확정판결을 받은 당사자는 확정판결 등에 의하여 보장받아야 할 법적 안정성을 침해받게 된다. 이는 사실상 재판절차에서 또 하나의 심급을 인정하는 결과로서 현행 헌법과 법률 아래에서 가능한 일이 아니다.

[2] 법령을 전부 개정하는 경우에는 법령의 내용 전부를 새로 고쳐 쓰므로 종전의 본칙은 물론 부칙 규정도 모두 소멸한다고 해석하는 것이 원칙이겠지만, 그 경우에도 종전 경과규정의 입법 경위와 취지, 그리고 개정 전후 법령의 전반적인 체계나 내용 등에 비추어 신법의 효력발생 이후에도 종전의 경과규정을 계속 적용하는 것이 입법자의 의사에 부합하고, 그 결과가 수범자인 국민에게 예측할 수 없는 부담을 지우는 것이 아니라면 별도의 규정이 없더라도 종전의 경과규정이 실효되지 않고 계속 적용된다고 해석할 수 있다.

[3] 구 조세감면규제법(1993.12.31. 법률 제4666호로 전부 개정되기 전의 것) 부칙(1990.12.31.) 제23조

(이하 '위 부칙규정'이라 한다)의 입법 경위와 취지, 그리고 1993.12.31. 법률 제4666호로 전부 개정된 조세감면규제법(이하 '전부 개정 조감법'이라 한다)의 전반적인 체계나 내용 등에 비추어 보면, 전부 개정 조감법의 시행에도 위 부칙규정은 실효되지 않았다고 보는 것이 입법자의 의사에 부합한다. 위 부칙규정은 이미 재평가를 한 법인에 대한 사후관리를 위한 목적에서 규정되었을 뿐이므로, 위 부칙규정을 계속 적용하는 것이 납세자에게 예측하지 못한 부담을 지우는 것이라고 할 수도 없다. 따라서 위 부칙규정은 전부 개정 조감법의 시행 이후에도 실효되지 않고 계속 적용된다고 해석하는 것이 타당하다. 그리고 이러한 해석이 헌법에 위배된다고 볼 이유도 없다.

마) 공무원의제 사건

헌재는 국가공무원법 · 지방공무원법에 따른 공무원이 아니고 공무원 의제규정이 없는 사인(私人)인데도 법령에 기하여 공무에 종사한다는 이유로 수뢰, 사전수뢰죄로 처벌할 수 있는 것으로 해석하는 것은 유추해석이 금지되도록 한 죄형법정주의에 반한다고 판시하였다. 대법원은 당해 사안과 그 이전에 내린 판결에서 반대되는 입장을 취하였다. 헌재와의 상충을 보여준 사안은 제주특별자치도통합영향평가심의위원회 심의위원 중 위촉위원에 관한 사건이었다. 대법원판례부터 먼저 본다.

(a) 대법원 판결

* 대법원 입장 – 대법원은 헌재와의 견해대립을 가져온 위 당해사안의 대법원판결은 2011.9.29. 선고 2011도6347인데 이 판결은 대법원 사이트에 등재되어 있지 않다. 그런데 이 2011도6347 판결의 주요지와 그동안 대법원의 법리내용은 아래에서 살펴보는 헌법재판소 2011헌바117 결정에 인용되어 있다, 따라서 2011헌법117 결정의 판시내용을 아래에 그대로 옮기면 대법원입장을 알 수 있을 것이다. * 즉 아래의 글은 헌재 2011헌바117 결정의 일부임.

판례 대법원 2011.9.29. 2011도6347

"(1) 이 사건 법률조항의 '공무원'의 범위에 대한 법원의 판단 – (대)법원은, 이 사건 법률조항의 '공무원'의 해석과 관련하여 "국가공무원법이나 지방공무원법 등이 규정한 공무원에 해당하지 않더라도 법령에 기하여 국가 또는 지방자치단체 및 이에 준하는 공법인의 사무에 종사하는 이상 그러한 공무의 공정성이나 불가매수성 역시 보호되어야 하기 때문에 뇌물죄의 주체로서 공무원에 해당하고, 공무원이라고 하더라도 공무의 내용이 단순한 기계적 육체적인 것에 한정되어 있는 자는 뇌물죄의 주체로서의 공무원에 해당하지 아니한다"고 판단하고 있다(대법원 1997.6.13 선고 96도1703 판결; 대법원 2002.11.22. 선고 2000도4593 판결; 대법원 2009.2.12. 선고 2007도2733 판결; 대법원 2011.2.24. 선고 2010도14891 판결; 대법원 2011.9.29. 선고 2011도6347 판결). 또한, "수뢰죄가 공무집행의 공정성과 이에 대한 사회의 신뢰에 기초한 매수되어서는 아니 되는 속성을 보호법익으로 삼는 것임을 감안할 때, 그 죄의 주체인 공무원에 해당하는지의 여부는 담당자의 주된 신분에 의하여만 결정할 것이 아니라 담당하는 업무의 공정성 등이 보호될 필요가 있는가에 따라 결정되어야 한다"(대법원 2002.11.22. 선고 2000도4593 판결 등 참조)고 한다. 위와 같은 대법원 판례에 따라 법령에 기하여 국가 또는 지방자치단체 및 이에 준하는 공법인의 사무에 종사하는 자인 경우에는 관련 법률에서 공무원으로 간주하는 공무원 의제규정이 없는 경우에도 이 사건 법률조항의 '공무원'에 포함되는 것으로 해석 · 적용되어 왔다. 예컨대, 도시계획법 관련 법령에 따른 시 · 구 도시계획위원회의 위원(대법원 1997.6.13. 선고 96도1703 판결), 구 약사법 관련 법령에 따른 중앙약사심의위원회 소분과위원(대법원 2002.11.22. 선고 2000도4593 판결), 환경 · 교통 · 재해 등에 관한 영향평가법에 따른 지방교통영향심의위원회 위원(대법원

2009.2.12. 선고 2007도2733 판결), 제주국제자유도시법에 따른 제주도통합영향평가심의위원회 위원 중 환경영향평가 분과위원회 위원(대법원 2011.2.24. 선고 2010도14891 판결) 등은 국가공무원법이나 지방공무원법에 따른 공무원에 해당하지 아니할 뿐만 아니라 관련 법률에서 벌칙적용에 있어 공무원으로 의제하는 규정이 없음에도 법령에 기하여 국가 또는 지방자치단체의 사무에 종사한다는 이유만으로 이 사건 법률조항의 '공무원'에 해당한다고 해석·적용하여 왔다. 다만 최근에는 대법원도 뇌물수수죄의 공무원의 해석에 관한 기존 입장을 유지하면서도 국가공무원법이나 지방공무원법에 따른 공무원이 아니고 벌칙적용 등에 있어서 공무원 의제규정이 없는 지방자치단체 건축위원회 위원, 집행관사무소 사무원에 대하여는, 공무원 의제규정이 없는 점과 형벌법규의 엄격해석 원칙 등을 이유로 뇌물수수죄의 공무원에 해당하지 않는다고 판시함으로써(대법원 2011.3.10. 선고 2010도14394 판결, 대법원 2012.7.26. 선고 2012도5692 판결 참조) 이전보다는 엄격하게 이 사건 법률조항의 '공무원'의 의미를 한정시키고 있다.

(b) 헌재 판례

판례 헌재 2012.12.27. 2011헌바117

[판시사항] 1. 한정위헌청구의 적법성에 관한 종래의 선례를 변경하여 원칙적으로 한정위헌청구가 적법하다고 결정한 사례 2. "공무원 또는 중재인이 그 직무에 관하여 뇌물을 수수, 요구 또는 약속한 때에는 5년 이하의 징역 또는 10년 이하의 자격정지"에 처하도록 규정한 형법(1953.9.18. 법률 제293호로 제정된 것) 제129조 제1항의 "공무원"에 구 '제주특별자치도 설치 및 국제자유도시 조성을 위한 특별법'(2007.7.27. 법률 제8566호로 개정되기 전의 것) 제299조 제2항의 제주특별자치도통합영향평가심의위원회 심의위원 중 위촉위원('제주자치도 위촉위원'이라 함)이 포함되는 것으로 해석하는 것이 죄형법정주의원칙에 위배되는지 여부(적극) [참조조문] 구 제주특별자치도 설치 및 국제자유도시 조성을 위한 특별법(2007.7.27. 법률 제8566호로 개정되기 전의 것) 제299조 ② 도지사는 제1항의 규정에 의한 협의(* 환경영향평가 협의)를 위하여 제출한 평가서를 검토함에 있어서 제1항 단서의 규정에 의한 환경부장관의 의견을 듣는 사업 외의 사업에 대해서는 제3항의 규정에 의한 환경영향평가전문기관의 의견을 들어야 하며, 그 심의를 위하여 제주특별자치도통합영향평가심의위원회(이하 "통합평가심의위원회"라 한다)를 둔다.

구 제주특별자치도 설치 및 국제자유도시 조성을 위한 특별법(2007.7.27. 법률 제8566호로 개정되기 전의 것) 제352조(벌칙적용에서의 공무원 의제) 지원위원회 위원, 도인사위원회 위원 및 감사위원회 위원 중 공무원이 아닌 위원은 「형법」 그 밖의 법률에 의한 벌칙의 적용에 있어서는 이를 공무원으로 본다.

[결정요지] 1. 법률의 의미는 결국 개별·구체화된 법률해석에 의해 확인되는 것이므로 법률과 법률의 해석을 구분할 수는 없고, 재판의 전제가 된 법률에 대한 규범통제는 해석에 의해 구체화된 법률의 의미와 내용에 대한 헌법적 통제로서 헌법재판소의 고유권한이며, 헌법합치적 법률해석의 원칙상 법률조항 중 위헌성이 있는 부분에 한정하여 위헌결정을 하는 것은 입법권에 대한 자제와 존중으로서 당연하고 불가피한 결론이므로, 이러한 한정위헌결정을 구하는 한정위헌청구는 원칙적으로 적법하다고 보아야 한다. 다만, 재판소원을 금지하는 헌법재판소법 제68조 제1항의 취지에 비추어, 개별·구체적 사건에서 단순히 법률조항의 포섭이나 적용의 문제를 다투거나, 의미있는 헌법문제에 대한 주장없이 단지 재판결과를 다투는 헌법소원 심판청구는 여전히 허용되지 않는다(이 부분 자세한 요지는 뒤의 헌법소원심판, 위헌소원심판에서의 한정위헌청구 부분을 참조). 2. (가) 이 사건의 쟁점 – 이 사건 특별법에는 청구인과 같은 제주자치도 위촉위원에 대하여는 벌칙적용에 있어서 공무원 의제규정이 없음에도 그가 행하는 직무의 성질과 내용에 비추어 '공무원'에 포함된다고 해석·적용하는 것이 죄형법정주의의 명확성의 원칙이나 유추해석금지의 원칙에 위배되어 위헌인지의 여부이다. (나) 죄형법정주의원칙과 법률해석 – 죄형법정주의원칙은 구성요건이 명확할 것을 요구하는 '명확성의 원칙'과 범죄와 형벌에 대한 규정이 없음에도 해석을 통하여 유사한 성질을 가지는 사항에 대하여 범죄와 형벌을 인정하는 것을 금지하는

'유추해석금지의 원칙'이 도출된다. 형벌조항을 해석함에 있어서는 앞서 본 바와 같은 헌법상 규정된 죄형법정주의원칙 때문에 입법목적이나 입법자의 의도를 감안하는 확대해석이나 유추해석은 일체 금지되고 형벌조항의 문언의 의미를 엄격하게 해석해야 하는 것이다. (다) 이 사건 법률조항 중 '공무원'의 의미내용 – 이 사건 법률조항 중 '공무원'이라 함은 문리해석 및 입법연혁 그리고 법규범의 체계적 구조 등을 종합하여 볼 때 국가공무원법 · 지방공무원법에 따른 공무원이거나 나아가 관련 법률규정에 의하여 이 사건 법률조항의 '공무원'으로 간주(의제)되는 사람만을 의미한다고 보아야 하고, 이 사건 법률조항은 이와 같은 의미의 '공무원'이 직무와 관련하여 금품을 수수하는 행위 등을 처벌하는 규정이라고 보아야 할 것인바, 그 근거는 다음과 같다. (1) '공무원'의 문리적 해석 및 현행법상 규정 – 공무원 개념의 문리적 해석이나 일상에서의 사용례, 그리고 국가공무원법 및 지방공무원법에서 그 종류와 범위가 명백하게 규정된 점, 헌법상의 죄형법정주의원칙상 형벌조항은 엄격하게 해석하여야 하는 점 등을 종합해보면, 이 사건 법률조항의 '공무원'은 다른 특별한 법률 규정이 없는 한 원칙적으로 우리 헌법과 공무원에 관한 기본법인 국가공무원법이나 지방공무원법에 따른 공무원으로 해석된다. (2) '공무원 의제' 조항 등에 의한 공무 담당 사인(私人)의 형사처벌 – 한편 국가공무원법이나 지방공무원법에 의한 공무원이 아니라고 하더라도 국가나 지방자치단체의 사무에 관여하거나 공공성이 높은 직무를 담당하여 청렴성과 불가매수성이 요구되는 경우에는 공무원과 마찬가지로 뇌물죄 등으로 처벌할 필요가 있는 것인바, 이러한 경우 우리나라는 위에서 본 외국의 입법례와는 달리 형벌법규 자체에서 별도로 '공무원'에 관한 개념규정을 두고 있지 않는 대신, 개별 법률에서 '공무원 의제' 조항을 두거나 '특별뇌물죄' 규정 등을 두어 처벌하는 방법으로 대응하고 있다. 공무원 의제규정을 둔 예를 살펴보면, 공무원이 아닌 사람이 국가 또는 지방자치단체의 사무에 관여하는 경우로서 국가기술자격 검증업무를 국가로부터 위탁받은 기관의 임직원(국가기술자격법 제25조), 중앙 · 도시계획위원회의 공무원 아닌 위원(국토의 계획 및 이용에 관한 법률 제113조의4) 등의 경우에도 역시 형법상 뇌물수수죄 또는 형법 기타 법률의 규정에 의한 벌칙의 적용에 있어 공무원 의제규정을 두어 공무원과 마찬가지로 처벌하도록 규정하고 있다. 그 밖에도 업무의 성질상 금품을 수수하여 부정한 행위를 하는 것 등을 방지할 필요가 있다고 인정되는 업무를 하는 조직, 단체의 임직원에 관하여 특별규정을 두어 형사처벌을 하고 있다. 이 사건 특별법 제352조에서도 "지원위원회 위원, 도인사위원회 위원 및 감사위원회 위원 중 공무원이 아닌 위원은 '형법' 그 밖의 법률에 의한 벌칙의 적용에 있어서는 이를 공무원으로 본다"고 규정하여 국가공무원법 · 지방공무원법에 의한 공무원이 아닌 사람이 '지원위원회' 등의 위원으로서 제주특별자치도의 공무에 관여하는 경우에는 이 사건 법률조항의 '공무원'으로 간주하고 있는 반면, 청구인과 같은 제주자치도 위촉위원에 대하여는 이 사건 법률조항의 공무원으로 간주하는 규정을 두지 않고 있다. (라) 이 사건 쟁점에 관한 판단 (1) 이 사건 법률조항의 '공무원'의 범위에 대한 법원의 판단 – (대)법원은 국가공무원법이나 지방공무원법에 따른 공무원에 해당하지 아니할 뿐만 아니라 관련 법률에서 벌칙적용에 있어 공무원으로 의제하는 규정이 없음에도 법령에 기하여 국가 또는 지방자치단체의 사무에 종사한다는 이유만으로 이 사건 법률조항의 '공무원'에 해당한다고 해석 · 적용하여 왔다(* 대법원의 판례에 대한 자세한 것은 위의 가) 대법원판례에서 그대로 인용함) (2) 공무원 의제규정이 없는 경우와 유추해석금지의 원칙 – 벌칙적용 등에 있어서 공무원으로 의제하는 법률조항이 없음에도 국가 또는 지방자치단체 및 이에 준하는 공법인의 사무에 종사한다는 이유만으로 이 사건 법률조항의 '공무원'에 해당한다고 보는 위와 같은 법원의 기존의 해석 · 적용은, 죄형법정주의의 원칙에 위배되는 것이다. 즉, 아무리 처벌의 필요성이 있다고 하더라도 명문의 처벌규정이나 명문의 공무원 의제규정이 없는 이상 처벌의 필요성만을 강조하여 구성요건을 확대해석하거나 유추적용하는 것은 죄형법정주의에서 요구되는 '명확성의 원칙'과 '유추해석금지의 원칙'에 정면으로 반하는 것이다. 따라서 이 사건 법률조항의 '공무원'으로 엄격하게 제한해석 · 적용되어야 할 것이다. 그렇지 않고 '법령에 기하여 담당하는 업무의 공정성'을 기준으로 하여 처벌대상을 확대하는 것은, 국가공무원법이나 지방공무원법에 따른 공무원과 관련법률상의 공무원 의제규정에 따라 이 사건 법률조항의 '공무원'으로 간주되는 사람 이외의 사인도 뇌물죄로 처벌될 위험성이 있게 되는바, 이는 실질적으로 법관에 의한 범죄구성요건의 창설이거나 확대에 해당하고, 이러한 확대해석이나 유추해석을 허용할 경우에는 수범자인 국민으로서도 자신이 어떤 경우에 이 사건 법률조항의 '공무원'에 해당되는지를 예측할 수 없게 될 것이어서, 결국 법관에 의한 자의적인 형사처벌을 받게 될 위험성이 있게 되는바, 이는 헌법 제12조 제1항, 제13조 제1항이 규정하고 있는 죄형법정주의의 원칙을 위반하게 되는 것이다. 그러므로 청구인이 이 사건 특별법상의 제주자치도 위촉위원의 직무와 관련하여 금품을 수수하였다고 인정된 이 사건에서, 제주자치도 위촉위원은 그 자체 국가공무원법이나 지방공무원법상의 공무원이 아닐 뿐만 아니라 이 사건 특별법상 벌칙적용에 있어서 공무원으로 의제되고 있지 아니함에도 청구인을 이 사건 법률조항의 '공무원'에 포함되는 것으로 해석·적용한 것은 헌법상의 죄형법정주의에 위반된다. (마) 결론 – 그렇다면 이 사건 법률조항의 '공무원'에 이 사건 특별법의 제주특별자치도통합영향평가심의위원회 심의위원 중 위촉위원이 포함된다고 해석하는 한 헌법에 위반된다. * 3인 소수 반대의견 있음.

바) 평가

이처럼 한정위헌결정을 둘러싼 판례차이가 많은 것은 대법원이 한정위헌결정을 인정하지 않겠다는 지속적인 입장 때문이다. 이러한 판례차이는 헌재와 대법원 간에 입장논리를 떠나 국민들에게는 물론이고 각급법원들, 국가기관들에게 부담이 됨은 물론이다. 명확하게 정리되는 길이 요구된다.

(나) 대상성에서의 차이를 보여준 예들

헌재와 대법원 간에 판례차이는 대상성에서부터도 나타났다. 아래와 같은 예들이 있었다.

가) 법규명령(대법원규칙)의 헌법소원대상성을 둘러싼 차이

헌재는 법규명령에 대한 헌법소원 대상성을 인정하는 입장(헌재 1990.10.15. 89헌마178)이고 대법원은 이에 반대하는 입장이었다. * 이에 대해서는 앞의 관할에 관한 견해대립이 있었던 예 부분 참조.

나) 관습법에 대한 위헌법률심판 대상성에 대한 판례차이

관습법에 대해 헌재의 위헌법률심판의 대상이 되느냐 하는 문제에 대해 대법원은 위헌법률심판대상은 형식적 법률이어야 하고 민사관습법은 보충적 법원으로서 위헌일 경우 법원이 그 효력을 부인할 수 있다는 점을 근거로 부정하는 반면 헌재는 실질적 법률로서 대상이 된다는 입장에서 긍정하여 판례차이를 보여주고 있다(대법원의 부정적 입장 : 2009.5.28. 2007카기134. 헌재의 긍정적 입장 : 헌재 2013.2.28. 2009헌바129; 2016.4.28. 2013헌바396). 이에 대한 자세한 것은 뒤의 위헌법률심판의 대상 부분 참조.

다) 긴급조치에 대한 관할 문제

유신헌법 하의 긴급조치 규정에 대해 그 위헌성을 헌재나 대법원이 모두 인정하였으나 그 관할에는 의견을 달리한 것이다. 대법원은 제4공화국 때의 긴급조치에 대해서는 국회승인 대상이 아니었다는 점을 들어 심사대상이 될 수 있다고 보았고 반대로 헌재는 그 위헌여부심사는 자신의 독점적 관할이라고 보았다(대법원 입장 : 대법원 2010.12.16. 2010도5986 전원합의체 등, 헌재의

입장 : 헌재 2013.3.21. 2010헌바132). 긴급조치의 위헌심사 관할에 대한 자세한 것은 뒤의 위헌법률 심판 대상 부분 참조.

3) 협력강화·존중의 필요성

외국의 경험에서도 헌법재판소가 뒤에 창설된 경우에 초기에 기존의 다른 최고법원과 판례상의 차이가 나타나다가 헌법재판소의 판례와 법원의 판례가 점차 접근하고 상호존중해가는 예를 볼 수 있다.[1] 양 기관 간의 판례차이는 국민의 기본권보장에서 불안정성 등의 부정적 결과를 가져와 결국 국민의 부담으로 된다. 따라서 두 기관 모두 기본권보장기관이자 재판기관인 점에서 보더라도 상호 협력과 존중이 필요하다고 본다.

법원은 위헌성이 인정되는 법률에 대한 위헌심판제청을 보다 적극적으로 하여 헌법재판소가 위헌성이 있는 법률들을 제거하는 데 협력할 수 있을 것이다. 이는 반대로 헌법재판소가 위헌적 법률을 적극 제거하여 줌으로써 법원이 현실적이고도 직접적이며 구체적인 기본권구제를 수행하는 데 최대한 협력하여야 함을 의미한다.

일반 법원은 기본권보장을 위한 민·형사재판에서 보다 진전된 판례들을 형성하고 헌법재판소는 법원의 이러한 판례를 존중하며 국민의 기본권을 최대한 보장하고 공권력에 대한 실효적인 통제를 가져오는 헌법해석을 보다 적극적으로 수행하여야 한다. 그럼으로써 일반 법원도 헌법해석에 관하여 최종적 유권해석자로서의 헌법재판소로 인식하며 헌법재판소의 판례를 존중하는 상호협력이 이루어져야 할 것이다.

4. 헌법재판소의 독립성 강화

(1) 조직, 헌법재판관 신분

헌법재판소의 구성에 있어서 비록 대통령, 국회, 대법원장의 임명, 또는 동의 등의 간여가 있으나 임명 후에는 그 기관들의 눈치를 보지 않고 오로지 헌법적 법리에 따라 활동하여야 한다. 이를 위하여 헌법재판관의 임기가 보장되어야 한다. 헌법재판관의 경우 대법관에 대해 헌법이 "법관은 헌법과 법률에 의하여 그 양심에 따라 독립하여 심판한다"라고 헌법이 명시한(제103조) 독립성 선언 규정이 헌법 자체에 없다. 법률인 헌법재판소법에 "재판관은 헌법과 법률에 의하여 양심에 따라 독립하여 심판한다"라고 규정하고 있다(동법 제4조). 그러나 이는 법률 이전에 헌법적 명령이라고 할 것이다.

(2) 예산상의 독립성

헌법재판소의 경비는 독립하여 국가의 예산에 계상(計上)하여야 하고, 이 경비 중에는 예

1) 이러한 예를 프랑스에서 볼 수 있다. 프랑스의 예에 대해서는. 정재황, 프랑스에 있어서 위헌심사결정의 효력, 공법연구, 제18집, 1990, 195면; 정재황, 사전적·예방적 위헌법률심사제도의 도입에 관한 입법론, 헌법재판의 이론과 실제, 금랑 김철수교수화갑기념논문집, 박영사, 1993, 371－372면 참조.

비금을 둔다(법 제11조).

정부는 헌법재판소의 예산을 편성할 때 헌법재판소장의 의견을 최대한 존중하여야 하며, 국가재정상황 등에 따라 조정이 필요한 때에는 헌법재판소장과 미리 협의하여야 하고, 정부는 위와 같은 협의에도 불구하고 헌법재판소의 세출예산요구액을 감액하고자 할 때에는 국무회의에서 헌법재판소장의 의견을 들어야 하며, 정부가 헌법재판소의 세출예산요구액을 감액한 때에는 그 규모 및 이유, 감액에 대한 헌법재판소장의 의견을 국회에 제출하여야 한다(국가재정법 제40조, 제6조 1항).

Ⅲ. 헌법재판소의 구성과 조직

1. 헌법재판소장

(1) 임명, 임기, 정년, 대우

헌법재판소의 장은 재판관 중에서 대통령이 임명하는데 그 임명에 국회의 동의를 얻어야 한다(헌법 제111조 4항, 헌재법 제12조 2항). 헌법재판이 헌법의 최종적 해석을 담당하는 것이고 헌법재판소의 위상과 독립성, 자율성의 보장을 위해서 재판관들 중에서 호선하는 것으로 변경하는 것이 타당하다고 본다. 우리 제2공화국의 헌법재판소의 경우에도 헌법재판소장은 심판관 중에서 호선하여 대통령이 이를 확인하도록 하고 있었다(제2공화국 헌법재판소법 제5조 2항). 헌법재판소장은 국회의 동의를 거쳐 임명되는데 인사청문을 거쳐야 한다. 국회의 인사청문은 국회가 선출하거나 그 임명에 국회의 동의가 필요한 후보자의 경우에는 인사청문특별위원회에서, 그렇지 않은 경우에는 소관 상임위원회(법제사법위원회)에서 인사청문을 한다(국회법 제46조의3 1항, 제65조의2 2항). 따라서 그 임명에 동의를 요하는 헌법재판소장은 후보에 대한 인사청문을 인사청문특별위원회에서 실시하게 된다. 그런데 헌법재판소장은 재판관 중에서 임명되므로 재판관으로 재임 중인 사람이 아닌 사람을 헌법재판소장으로 임명하려면 먼저 재판관으로서의 인사청문을 거쳐서 재판관으로 임명되어야 하는지가 논란될 수 있었다. 실제 윤영철 3기 재판소장 후임으로 당시 재판관이던 전효숙 재판관이 사임하고 대통령에 의해 소장후보로 지명되었으나 이러한 문제로 논란이 되었는데 야당은 재판관 중에 소장이 임명되어야 하므로 사임으로 재판관이 아니게 된 전 후보에 대한 대통령의 지명은 위헌이라고 주장하였다. 야당의 주장에 따르면 먼저 상임위의 인사청문을 거쳐 재판관으로 임명된 후 다시 인사청문특별위원회의 인사청문을 거쳐야 헌법재판소장으로 임명될 수 있다는 것이었다. 당시 정치적 상황에서 논란이 장기화되었고 결국 전 후보가 사퇴하는 것으로 마무리되었다. 그뒤 국회법을 개정하여 헌법재판소 재판관 후보자가 헌법재판소장 후보자를 겸하는 경우 인사청문특별위원회의 인사청문회를 열도록 하고 이 경우 소관 상임위원회의 인사청문회를 겸하는 것으로 하여 입법적으로 해결하였다

(동법 제65조의2 5항).

헌법재판소의 장은 재판관 중에서 대통령이 임명하는데 그 임명에 국회의 동의를 얻어야 한다(제111조 4항). 헌법재판소장의 임기나 연임 여부에 관해서는 헌법이 직접 규정을 두지 않아 논란이 있다.[1] 이에 관해서는 i) 우선 소장이 새로이 재판관으로 임명되면서 동시에 소장으로 임명되는 경우에는 6년 임기의 소장으로 임명되어 문제가 없다고 보아왔다. "헌법재판소의 장은 … 재판관 중에서 대통령이 임명한다"라고 헌법이 규정하고 있기 때문에(제111조 4항) 헌법재판소장도 재판관 중에서 임명되므로 재판관의 임기를 6년으로 한다는 헌법 제112조 제1항 전문에 따라 헌법재판소장의 임기도 6년이라고 볼 수 있기 때문이라고 보는 것이다. 4대 소장까지는 이러했다. ii) 문제는 이미 재판관으로 재임 중인 사람을 소장으로 임명하였을 때에 그 사람은 임명시부터 새로이 소장으로서 6년의 임기가 시작되는 것인지 아니면 재판관으로서 남은 기간만큼만 소장으로서의 임기를 가지게 되는지(예를 들어 재판관 3년 차에 소장으로 임명된 경우 소장으로서 3년만 재임하는 것인지) 논란되었다.[2)3)] 제5대, 제6대 소장은 재판관으로서 남은 임기 동안만 소장으로서 재임하였다.[4] 이 문제에 대해 명백한 규정을 두어야 할 것인바 입법론적으로 보면 이는 소장의 임기를 단기로 할 것인지 아니면 장기로 할 것인지 하는 점과 연관되어 고려될 문제이기도 하다.[5] 헌법재판소장의 임기를 대법원장의 예처럼 6년으로 한다고 헌법이 못박아 두게 되면 재판관 임기 중 소장으로 임명되는 경우에도 새로이 임기가 6년이 될 것이다.

소장이 연임될 수 있는가도 논란된다. 지금까지 연임한 헌법재판소장의 경우는 없었다. 연임 내지 중임이 금지되거나 연임·중임에 제한을 두는 경우 헌법에서 명시하는 것이 일반적이라고 할 것이다. 어떤 요건이나 기준에 따라 연임될 수 있는지, 초임 때 거치긴 했으나 연임 여부를 위한 청문회가 다시 적용되는지 하는 등의 문제들에 대하여 입법보완이 있어야 할 것이다.

헌법재판소장의 정년은 70세이다[헌법재판소법(이하 '헌재법', 또는 '법'이라고도 함. 헌재법 제7조 2항 단서)].

헌법재판소장의 대우와 보수는 대법원장의 예에 따른다(법 제15조 전문).

---

1) 헌재소장의 임기, 연임에 대한 헌법규정 부재가 문제를 가져올 수 있을 것이라는 지적은 이미 정재황, 헌법재판소의 구성과 헌법재판절차상의 문제점 및 그 개선방안, 한국공법학회 발표 및 공법연구, 제22집 제2호, 1994년 6월, 54면에서 한 바 있다.

2) 이러한 문제는, 정재황, 현행 헌법상 헌법재판제도의 문제점과 개선방안(김문현 외 공동연구, 헌법재판연구 제16권, 헌법재판소, 2005에서 필자가 집필한 부분), 162면에서 이미 거론했던 것이다.

3) 그런데 이 문제는 전효숙 재판관이 재판관으로서 사임한 뒤 대통령이 소장으로 임명하려고 후보지명을 하여 논란이 있었고 이에 따라 불거진 문제이기도 하다. 즉 위에서 서술한 대로 2006년에 재임 중이던 전효숙 재판관이 사임하고 대통령에 의해 소장후보로 지명되었는데 이러한 사임으로 새로 임기 6년의 소장으로 임명하려 한 것이라는 비판이 있었고 청문회 파동으로 결국 후보사퇴로 끝났다.

4) 제5대 박한철 소장은 재판관으로 재임 도중에 소장으로 임명되었고 재판관으로서 남은 임기만 소장으로 재직하였다. 제6대 이진성 소장도 그러했다.

5) 정재황, 현행 헌법상 헌법재판제도의 문제점과 개선방안(김문현 외 공동연구, 헌법재판연구 제16권, 헌법재판소, 2005에서 필자가 집필한 부분), 163면 참조.

(2) 권한

헌법재판소장은 헌법재판소를 대표하고, 헌법재판소의 사무를 통리하며, 소속 공무원을 지휘·감독한다(헌재법 제12조 3항).

또한 입법의견의 제출권한을 가진다. 즉 "헌법재판소장은 헌법재판소의 조직, 인사, 운영, 심판절차와 그 밖에 헌법재판소의 업무와 관련된 법률의 제정 또는 개정이 필요하다고 인정하는 경우에는 국회에 서면으로 그 의견을 제출할 수 있다"(법 제10조의2).

(3) 권한대행

헌법재판소장이 궐위(闕位)되거나 부득이한 사유로 직무를 수행할 수 없을 때에는 다른 재판관이 헌법재판소규칙으로 정하는 순서에 따라 그 권한을 대행한다(법 제12조 4항). 이 규칙이 '헌법재판소장의 권한대행에 관한 규칙'인데 동 규칙은 다음과 같이 대행자를 정하도록 하고 있다.

> **'헌법재판소장의 권한대행에 관한 규칙' 제2조(일시 유고 시의 대행)** 헌법재판소장이 일시적인 사고로 인하여 직무를 수행할 수 없을 때에는 헌법재판소 재판관 중 임명일자 순으로 그 권한을 대행한다. 다만, 임명일자가 같을 때에는 연장자 순으로 대행한다. [전문개정 2014.12.16.]
> **제3조(궐위 시 등의 대행)** ① 헌법재판소장이 궐위되거나 1개월 이상 사고로 인하여 직무를 수행할 수 없을 때에는 헌법재판소 재판관 중 재판관회의에서 선출된 사람이 그 권한을 대행한다. 다만, 그 대행자가 선출될 때까지는 제2조에 해당하는 사람이 헌법재판소장의 권한을 대행한다. ② 제1항 단서의 대행자는 제1항의 사유가 생긴 날부터 7일 이내에 제1항 본문의 대행자를 선출하기 위한 재판관회의를 소집하여야 한다. ③ 제1항 본문의 권한대행자는 재판관 7명 이상의 출석과 출석인원 과반수의 찬성으로 선출한다. 다만, 1차 투표결과 피선자가 없을 때에는 최고득표자와 차점자에 대하여 결선투표를 하여 그 중 다수득표자를 피선자로 하되, 다수득표자가 2명 이상일 때에는 연장자를 피선자로 한다. [전문개정 2014.12.16.]

위에서 언급한 바 있는 2006년의 헌법재판소장 인사청문회 파동으로 인한 공백시에 주선회 재판관이 권한대행을 맡은 예가 있다.

2. 헌법재판관

(1) 자격 문제

1) 전제조건

헌법재판이 국민의 기본권을 보장하는 중요한 임무를 수행하는 재판이므로 다음과 같은 전제를 요한다.

ⅰ) 독립성 – 헌법재판은 헌법을 객관적으로 해석하여 헌법의 보호를 받아야 할 국민들의 기본권보장의 최후보루이므로 이를 담당하는 헌법재판관은 독립성을 가질 수 있는 자격요건이 요구된다. ⅱ) 다원성·전문성 – 헌법은 다양한 영역에 걸쳐 다양한 사람들의 권리를

보장하는 법규범이므로 다원적 판단을 하는 헌법재판부가 구성되어야 한다. 최고법인 헌법을 다각적이고 거시적인 해석을 할 수 있는 전문성을 가져야 한다. iii) 민주적 정당성 – 헌법재판관은 주권자인 국민이 제정한 헌법을 해석하는 임무를 수행하므로 국민적 · 민주적 정당성을 지녀야 그 재판에 대한 권위와 국민적 신뢰를 얻을 수 있다. 민주적 정당성은 국민의 대표자에 의해 정립된 법률의 위헌여부 판단을 국민으로부터 직선되지 않은 헌법재판관들이 행하는 데 대한 우려가 일찍이 제기되었기 때문에 더욱 요구되어 왔다.

2) 현행 제도

(가) 자격

헌재법은 아래와 같이 재판관임명 자격을 규정하고 있다.

헌재법 제5조(재판관의 자격) ① 재판관은 다음 각 호의 어느 하나에 해당하는 직(職)에 15년 이상 있던 40세 이상인 사람 중에서 임명한다. 다만, 다음 각 호 중 둘 이상의 직에 있던 사람의 재직기간은 합산한다. 1. 판사, 검사, 변호사 2. 변호사 자격이 있는 사람으로서 국가기관, 국영 · 공영 기업체, 「공공기관의 운영에 관한 법률」 제4조에 따른 공공기관 또는 그 밖의 법인에서 법률에 관한 사무에 종사한 사람 3. 변호사 자격이 있는 사람으로서 공인된 대학의 법률학 조교수 이상의 직에 있던 사람

법관의 자격을 가진 자만이 헌법재판관으로서의 자격을 가진다(제111조 2항). 이러한 폐쇄성은 다원화된 판단을 행하여야 할 헌법재판관의 구성을 폐쇄적으로 만든다. 다양한 경험을 가진 헌법재판관으로 구성될 수 있도록 문호를 넓혀야 한다. 다양화 방안을 찾는 노력의 일환으로 2014년 국회 헌법개정자문위의 개헌안은 법관 자격을 7명 이하까지만 허용하는 규정을 두자는 제안을 하고 있다.

(나) 결격

헌재법은 아래와 같이 재판관으로 임명될 수 없는 사람을 규정하고 있다.

헌재법 제5조 ② 다음 각 호의 어느 하나에 해당하는 사람은 재판관으로 임명할 수 없다. <개정 2020.6.9.> 1. 다른 법령에 따라 공무원으로 임용하지 못하는 사람 2. 금고 이상의 형을 선고받은 사람 3. 탄핵에 의하여 파면된 후 5년이 지나지 아니한 사람 4. 「정당법」 제22조에 따른 정당의 당원 또는 당원의 신분을 상실한 날부터 3년이 경과되지 아니한 사람 5. 「공직선거법」 제2조에 따른 선거에 후보자(예비후보자를 포함한다)로 등록한 날부터 5년이 경과되지 아니한 사람 6. 「공직선거법」 제2조에 따른 대통령선거에서 후보자의 당선을 위하여 자문이나 고문의 역할을 한 날부터 3년이 경과되지 아니한 사람 ③ 제2항 제6호에 따른 자문이나 고문의 역할을 한 사람의 구체적인 범위는 헌법재판소규칙으로 정한다. <신설 2020.6.9.>[시행일 : 2020.12.10.] 제5조

(2) 임명방식

1) 현행 제도

헌법재판소 재판관 9인 모두 대통령이 임명한다(제111조 2항). 9인 중 3인은 국회에서 선출하는 자를, 3인은 대법원장이 지명하는 자를 임명한다(제111조 3항).

2) 재판관 임명의 문제점 및 개선방안[1)]

(가) 문제점

i) **대통령의 재판관 지명에서의 문제점** 대통령에 의한 지명 자체는 대통령이 국민에 의해 직접선거되므로 민주적 정당성이 있다고 볼 것이나 대통령의 지명에 대한 국회의 동의가 없다는 점에서 대법원의 경우 모든 구성원(대법관)의 임명에 국회의 동의를 얻도록 하고 있는 것(헌법 제104조 1항·2항)과 비교하면 균형이 맞지 않고 정당성의 측면에서 상대적으로 취약하다고 보지 않을 수 없다는 지적이 있다.[2)]

ii) **대법원장의 지명권의 문제점 - 대법원장의 헌법재판관 3인 지명의 문제점** 대법원장의 독점적 지명권 행사가 문제이다. 그나마 대법관회의라는 합의체기관도 아니고 대법원장 독임기관이 지명할 수 있도록 하여 대법원과 헌법재판소 간의 권력견제·협력을 떠나 대법원의 우위를 가져오게 하는 것으로 체계부조화이다. 2014년 국회 헌법개정자문위의 개헌안은 대법원장 3인 헌법재판관 지명권을 폐지할 것을, 그리고 대통령의 3인 헌법재판관 단독 임명권도 폐지할 것을 제안하고 있다.

(나) 개선방안

3부 선출방식에 대해서 민주적 정당성의 면에서 근본적인 검토가 필요하다. 현재의 3부 선출방식을 없애고 국회에서 모두 선출하자는 의견, 국회에서 선출하는 재판관의 수를 확대하자는 의견, 국민이 참여하는 선출제도를 두자는 의견 등 여러 의견이 나올 수 있을 것이다. 현재처럼 3부 선출방식에 의한다고 하더라도 다음과 같은 보완이 필요하다. 대통령이 지명하는 3인의 재판관(후보자)[3)]에 대해서도 국회의 동의를 거치도록 하는 것이 필요하다. 민주적 정당성을 더욱 강화하고 대법원의 경우 모든 대법관들이 국회의 동의를 받도록 하고 있는 것과 균형을 이루기 위해서도 국회의 동의가 필요하다고 본다.[4)] 국회에서의 재판관선출의 방식과 절차에 있어서도 개선이 필요하다. 현재 헌법과 헌법재판소법이 재판관 3인을 국회에서 선출한다고 규정할 뿐이지 헌법이나 헌법재판소법에 국회에서의 재판관선출의 방식에 관하여 특별히 규정하고 있지 않다. 국회에서 충분한 자질검증을 거쳐 능력있는 재판관을 선출하기 위하여 국회에서의 선출절차를 헌법재판소법이나 국회법에 보다 구체적으로 규정되어야 한다. 국회에서의 선출과정에서 여야의 당파성을 벗어나 자질있는 재판관을 선출할 수 있도록 신중한 논의

1) 이에 관한 자세한 것은 정재황, 현행 헌법상 헌법재판제도의 문제점과 개선방안(김문현 외 공동연구, 헌법재판연구 제16권, 헌법재판소, 2005)에서 필자가 집필한 부분 참조.
2) 양건, 김문현, 남복현, 헌법재판소법의 개정방향에 관한 연구용역보고서, 헌법재판연구 제10권, 헌법재판소, 1999, 14면.
3) 앞으로 국회의 동의대상으로 변경된다면 국회동의를 앞 둔 피지명자들은 사실 재판관이라고 호칭하기보다 재판관 피지명자 또는 재판관후보자라고 부르는 것이 정확할 것이다.
4) 이시윤, 헌법재판 10년의 회고와 전망, 공법연구 제27집 제3호, 1999. 6, 114면; 양건, 김문현, 남복현, 헌재법 개정연구보고서, 16면; 김효전, 헌법재판소제도의 문제점과 그 개선책, 공법연구 제27집 제1호, 1998. 12, 72면.

와 타협이 이루어지도록 하는 제도적 방안이 필요하다.

헌법재판소의 구성에의 사법부의 관여는 민주적 정당성이 약하다는 점에서 근본적인 검토가 필요하나 사법부의 관여를 인정할 경우에도 민주적 정당성의 강화를 위하여 상당한 정도의 제도적 보완이 요구된다. 즉 대법원장에 의한 독임적 지명제도는 앞서 살펴본 대로 여러 가지 문제점들이 있고 사법부가 헌법재판소의 구성에 관여하는 유형의 국가에서도 그 예를 찾아보기 힘든 것이므로 폐지되어야 하고 사법부 전체의 의사가 모여지는 선출이 되도록 하여야 한다. 사법부는 그 구성원이 국민으로부터 직접선거되지 않았기에 취약한 민주적 정당성을 보완하기 위하여 사법부에서 선출된 재판관후보에 대해 국회의 동의를 거치도록 할 필요가 있다.

(3) 임명절차

재판관은 국회의 인사청문을 거쳐 임명·선출 또는 지명하여야 한다. 과거에는 국회에서 선출하는 재판관 후보에 대하여만 인사청문을 실시하였으나 대통령과 대법원장이 지명하는 재판관과의 사이에 균형이 맞지 않는다는 문제점이 지적되자 헌법재판소법이 개정되어 현재에는 대통령이 임명하는 3인 재판관 및 대법관이 지명하는 3인 재판관을 포함한 모든 재판관의 후보에 대하여 국회의 인사청문을 실시하도록 하였다. 국회에서의 인사청문은 대통령이 임명하는 3인의 재판관, 대법원장이 지명하는 3인의 재판관은 소관 상임위원회(법제사법위원회)에서 행하는데(국회법 제65조의2 2항) 대통령과 대법원장은 임명, 지명을 하기 전에 인사청문을 요청한다(법 제6조 2항). 국회가 선출하는 3인의 재판관은 인사청문특별위원회에서 행한다(국회법 제46조의3 1항).

(4) 임기와 연임, 정년

헌법재판소 재판관의 임기는 6년이며, 법률이 정하는 바에 의하여 연임할 수 있다(헌법 제112조 1항). 재판관의 정년은 70세이다(법 제7조 2항).

(5) 후임자 임명

1) 현행 규정과 그 검토

재판관의 임기가 만료되거나 정년이 도래하는 경우에는 임기만료일 또는 정년도래일까지 후임자를 임명하여야 한다(법 제6조 3항). 임기 중 재판관이 결원된 경우에는 결원된 날부터 30일 이내에 후임자를 임명하여야 한다(법 제6조 4항). 국회에서 선출한 재판관이 국회의 폐회 또는 휴회 중에 그 임기가 만료되거나 정년이 도래한 경우 또는 결원된 경우에는 국회는 다음 집회가 개시된 후 30일 이내에 후임자를 선출하여야 한다(법 제6조 5항).

(가) 헌재 판례

헌재는 위 조항들을 훈시규정이라고 본다.

판례 헌재 2014.4.24. 2012헌마2

[판시] 위 헌법재판소법 조항들의 법적 성격에 대하여는 이를 강행규정으로 보는 견해도 있을 수 있으

나, 헌법재판소법이 위 조항들을 위반한 피청구인의 재판관 선출행위를 무효로 하는 규정을 두고 있지 아니한 점, 피청구인에 의한 재판관 후보자의 전문성 및 도덕성 등에 대한 충분한 검증은 국가의 근본 질서와 국민의 기본권 수호의 측면에서 필수적인 점 등에 비추어 보면, 위 조항들의 법적 성격은 피청구인으로 하여금 일률적인 기간을 준수하도록 하기 위한 것이라기보다는 법률에 구체적인 기간을 명시하여 가급적 신속하게 재판관의 공석 상태를 해소하도록 하기 위한 훈시규정으로 보는 것이 타당하다.

위 입장의 표명은 국회가 임기만료로 퇴임한 재판관의 후임자를 선출하지 아니하여 재판관의 공석 상태를 방치하고 있는 부작위에 대해 그 위헌확인을 청구하는 헌법소원심판의 각하 결정에서였다. 이 결정에서 헌재는 이처럼 훈시규정을 보되 '상당한 기간' 내에 공석이 된 재판관의 후임자를 선출하여야 할 헌법상 작위의무를 부담한다고 할 것이다"라고 하고 있다.[1] 그리고 헌재는 이 사안의 경우 상당한 기간을 지체하였음을 인정하였다. 그러나 헌재는 2012.9.19. 국회 본회의에서 선출안을 가결하여 "공석인 재판관의 후임자를 선출하지 않고 있던 피청구인의 헌법상 작위의무 이행지체 상태가 해소"되었고 나아가, 헌재가 2013.11.28. 청구인이 제기한 헌법소원 심판청구에 대하여 "재판관 9인의 의견으로 각하결정을 선고함으로써, 9인의 재판관으로 구성된 헌법재판소 전원재판부의 판단을 받고자 하였던 청구인의 주관적 목적도 달성되었다"라고 하여 권리보호이익(이에 대해서는 뒤의 헌법소원심판 청구요건 부분 참조)이 소멸하였다고 보아 결국 각하결정을 하였다.[2]

(나) 비평

생각건대 위 사안은 1년이 넘게 끌어온 사안이라 헌재도 상당한 기간을 지체한 것이라고 판단했으나 헌재가 설정한 '상당한 기간'의 허용에 대해서는 검토가 필요하다고 본다. 그런데 임기 중 재판관이 결원된 경우에 헌법재판소법 제6조 제4항이 선출과정에서 소요되는 상당한 기간을 생각하여 30일의 기간을 부여한 것이라는 점을 비교·감안하여야 하지 않을까 한다. 더구나 임기만료나 정년도래의 경우 퇴임날자가 예측이 된다는 점에서 국회가 선출을 위한 절차를 미리 서둘러 진행할 수 있으므로 동조 제3항이 임기만료일, 정년도래일까지로 시한을 정하였다는 점에서 위 결정에서 헌재가 훈시규정이라고 보았으나 '상당한 기간'을 어떻게 볼 것인가가 여전히 논란이 될 수 있다고 할 것이다. 이 사안은 임기만료로 퇴임한 헌법재판관의 후임 선출의 문제였다. 한편 위 사안은 결국 재판관이 모두 충원된 뒤에 각하결정이 된 것이었지만 앞으로 유사한 사건에서 위 결정례의 헌재 자신의 입장 취지에 따른다면 상당한 기간이 지나도록 재판관 충원이 안되면 결국 인용결정을 해야 할 수밖에 없는 경우도 있을 것인데 그렇게 인용결정을 하더라도 국회에서 선출(임명동의)할 의무[3]를 이후에도 여전히 이행하지 않는다면 국회가 재판관 선출의무의 이행으로 나아가게 강제할 수 있느냐 하는 문제가 있다.[4]

---

1) 판례집 26-1하, 214-216면.
2) 판례집 26-1하, 217면.
3) 현재 국회의 경우 재판관을 3인 선출하고 대통령, 대법원장이 후보로 지명한 사람에 대해 인사청문을 하며 헌법재판소장을 임명동의하는 권한을 가지고 있다. 재판관 궐원시 그 궐원된 자리에 대통령, 대법원장이 지명하여야 할 경우에도 그 지명의무가 있는바 이의 이행을 지체하여서는 아니될 것이다.
4) 이 글은 정재황, 예비재판관 제도 및 그 도입 타당성에 대한 연구, 성균관법학, 제26권 제3호, 2014, 6-7면을 다듬어서 옮겨놓은 것이다.

2) 예비재판관 제도 검토

헌법재판은 9인에 의한 재판인데 비록 7인 이상 재판관으로 결정을 할 수 있도록 헌재법이 허용하고는 있지만 재판사건수가 늘어나고도 있지만 재판관의 퇴임 이후에도 재판관이 충원되지 않는 경우, 재판관의 제척, 기피 또는 재판관에 대한 탄핵결정 등으로 재판관이 한 명이라도 결원이 있으면 9인에 의한 재판이 아니어서 헌법재판의 충실성이 약화될 가능성은 사실 그만큼 크고 국민의 재판청구권을 침해할 소지가 있다. 헌법재판이 최고법인 헌법에 대한 해석작업이고 그 결과의 파급효과가 크다는 점에서 그 보완책이 요구되고 그 방안으로 예비재판관 제도가 논의되고 있고 또 2009년 국회의장 소속 국회의장 자문기구로서 활동한 헌법연구 자문위원회의 헌법연구 자문위원회 개헌에 예비재판관을 두자고 제안되기도[1] 하였다. 그러나 예비재판관도 결국 그 자격이나 선임절차가 정식재판과 차이가 없음에도 역할에서나 대우 등에서 차이가 있으면 결국 그 존재의의가 있을지 의문이다. 터키는 예비재판관 제도를 개헌시에 없앴고 현재 오스트리아가 그 제도를 유지하고 있다. 생각건대 예비재판관 제도는 적실성이 적어 이를 두는 것은 적절하지 않고[2] 그 대신에 재판부의 재판관 수는 9인으로 유지하여 사건마다 9인 재판관이 참여하도록 하되 정식 재판관의 정수를 늘려(예를 들어 12명 등으로) 재판부 9인 중에 결원이 생길 경우에 투입이 가능하도록 여유를 두는 방안이 제시될 수 있다.[3] 위 방안은 헌법개정을 요한다. 헌법재판은 국민의 기본권보장, 헌법질서의 유지라는 중요한 임무를 수행한다. 이러한 임무의 중요성, 그리고 이를 위한 최고법인 헌법을 해석하고 헌법재판이 다른 재판과 달리 여러 사람에 미치는 그 파급효과가 크다는 점을 염두에 두면, 헌법재판소의 재판부의 공백이 발생하는 것을 막아야 할 것이다. 가능한 재판관의 궐원이 예상되면 미리 선임을 하여 공백이 생기지 않도록 해야 한다. 그러한 공백이 발생하였더라도 신속히 보충을 하여야 할 것이다. 현행 헌법을 그대로 둔 채 모색해 본 보완책들이 그리 명쾌하지도 않고 충분하지도 못하다. 그동안 보완책으로 많이 제시되어 온 예비재판관 제도를 보면 우선 그 도입을 위해서는 헌법개정이 필요하고 예비재판관의 자격과 선임방법·절차, 신분보장 등도 정규의 재판관과 동일할 것이 요구된다. 그것은 보충인력이지만 예비재판관도 정규 재판관과 똑같은 헌법재판에 참여하므로 헌법재판의 전문성·독립성을 지니는 자격자로 임명되어야 하고 그 선

1) 2009 국회의장 소속 헌법연구 자문위원회, 헌법연구 자문위원회 결과보고서, 2009. 8, 293면.

2) 저자의 학설이 예비재판관을 찬성하는 것으로 호도될 우려가 있는 문헌 인용이 있을 수 있어 여기서 명백히 밝힌다. 그것은 김문현/정재황/한수웅/음선필 공동연구, 현행 헌법상 헌법재판제도의 문제점과 개선방안, 307-308면 부분은 예비재판관 제도를 지지하고 있으나 그 306-307면은 필자 정재황이 집필한 부분이 아니다(머리말에 밝힌 공동연구자들 각자의 집필부분 참조). 마치 필자가 예비재판관제도를 지지하는 것으로 오도할 수 있어서 여기서 명백히 밝혀두고자 한다. 필자는 "예비재판관 제도 및 그 도입 타당성에 대한 연구", 「성균관법학」 제26권 제3호(성균관대학교 법학연구원, 2014)에서 명백히 예비재판관의 타당성에 대해 그 문제점을 들어 부정하고 있다.

3) 이에 대한 자세한 것은 정재황, 예비재판관 제도 및 그 도입 타당성에 대한 연구, 성균관법학, 2014, 30면 이하 참조.

임에 있어서도 민주적·정당성을 갖추어야 하기 때문이다. 헌법재판이 가지는 중요성 때문에 예비재판관을 두는 것이 헌법에 근거가 없거나 그 자격, 선임방식 등을 완화한다면 헌법재판소 결정의 정당성에 대한 시비의 소지가 있을 것이다. 이처럼 정규 재판관과의 차이가 별로 없어야 하면서도 예비적이고 보충적이라는 지위에 대한 자의식이 위축될 여지, 정규 재판관과 동일한 선임절차를 거치면서도 신분적으로 예비적이고 보충적이라는 것이 적절한지, 일시적인 재판참여가 집중성 등에 있어서 정규 재판관에 비해 상대적으로 약화될 여지가 있지 않을까 하는 우려 등 검토가 되어야 할 한계점이 미리 논의될 필요가 있다. 이러한 점을 고려하면 재판관의 정수를 확대하여 9인 재판부에 재판관들을 여유있게 순환(순차)적으로 참여하게 하여 재판부 공백에 대비하는 또 다른 방안을 제안해 본다. 어차피 예비재판관 제도도 헌법개정을 요하고 결국 헌법개정으로 가야 한다면 여러 대안을 모색해 보는 것이 필요할 것이므로 위와 같은 제안을 하게 된 것이기도 하다. 한편으로는 이러한 순환(순차)식 재판부 보충제도가 도입되면 오히려 궐원이 있더라도 위 보충제도로 막을 수 있어 후임재판관 선임을 느긋하게 처리하여 지체를 가져오게 하지는 않을지 하는 기우(?)까지도 생각된다.

여하튼 헌법개정이 쉽지 않으므로 현재로서는 재판부의 공백이 없도록 무엇보다도 선출기관, 임명기관에서 법정기한 내에 후임재판관을 선출하고 임명을 해주는 합헌적 의무이행이 이루어져야 한다. 본 연구가 헌법재판의 공백을 메우는 방안을 모색하는 데 기여하여 우리 국민의 기본권을 최선으로 보장하는 보루로서 우리 헌법재판이 보다 충실하게 되도록 하기 위한 제도를 마련해야 한다.[1)]

(6) 정치적 중립성, 겸직금지, 신분보장, 대우

재판관은 정당에 가입하거나 정치에 관여할 수 없다(헌법 제112조 2항, 법 제9조). 재판관은 국회 또는 지방의회의 의원의 직, 국회·정부 또는 법원의 공무원의 직, 법인·단체 등의 고문·임원 또는 직원의 직에 해당하는 직을 겸하거나 영리를 목적으로 하는 사업을 할 수 없다(법 제14조).

헌법재판소 재판관은 탄핵 또는 금고 이상의 형의 선고에 의하지 아니하고는 파면되지 아니하도록 하여(헌법 제112조 3항, 법 제8조) 그 신분을 보장하고 있다.

재판관은 정무직(政務職)으로 하고 그 대우와 보수는 대법관의 예에 따른다(법 제15조 1항 후문).

(7) 재판관의 독립

재판관은 헌법과 법률에 의하여 양심에 따라 독립하여 심판한다(법 제4조). 우리나라에 있어 법관에 대해서는 "법관은 헌법과 법률에 의하여 그 양심에 따라 독립하여 심판한다"라는 직무상 독립에 관한 규정을 헌법 자체에 두고 있는데(헌법 제103조) 비해 재판관에 대해서는 헌

1) 이 글은 위 정재황, 예비재판관 제도 및 그 도입 타당성에 대한 연구, 성균관법학, 2014, 33-34면을 다듬어 옮겨놓은 것이다.

법 자체가 아니라 헌법재판소법에 직무상 독립에 대한 규정을 두고 있다(법 제4조). 재판관에게 요구되는 고도의 독립성을 생각하면 그리고 일반 법관에 대해서도 위와 같이 헌법에 규정을 두고 있는 것을 볼 때 앞으로 헌법에 규정을 두는 것이 필요하다. 헌법재판에서 의거하는 '법률'은 합헌적인 법률이어야 함은 물론이다. 더구나 헌법재판소가 법률의 위헌여부에 대한 최종적인 결정권을 가진다.[1] 권한쟁의심판과 탄핵심판의 경우에는 법률에 의한 재판 가능성이 직접적으로 규정되어 있다. 즉 권한쟁의심판의 경우 법률상 부여된 권한이 침해된 경우에도 심판이 이루어질 수 있고(법 제61조 2항), 탄핵심판의 경우에도 위헌성 판단뿐 아니라 위법성 판단도 이루어질 수 있다(제65조 1항).

3. 재판관회의

재판관회의는 재판관 전원으로 구성하며, 헌법재판소장이 의장이 된다(헌재법 제16조 1항). 재판관회의는 재판관 7명 이상의 출석과 출석인원 과반수의 찬성으로 의결한다(동법 동조 2항). 의장은 의결에서 표결권을 가진다(동법 동조 3항). 재판관회의의 의결을 거쳐야 하는 사항은 1. 헌법재판소규칙의 제정과 개정, 제10조의2에 따른 입법 의견의 제출에 관한 사항, 2. 예산 요구, 예비금 지출과 결산에 관한 사항, 3. 사무처장, 사무차장, 헌법재판연구원장, 헌법연구관 및 3급 이상 공무원의 임면(任免)에 관한 사항, 4. 특히 중요하다고 인정되는 사항으로서 헌법재판소장이 재판관회의에 부치는 사항 등 헌법재판소법(동조 4항)에 명시되어 있다. 재판관회의의 운영에 필요한 사항은 헌법재판소규칙으로 정한다(동법 동조 5항).

4. 사무처장·사무차장, 사무처

헌법재판소의 행정사무를 처리하기 위하여 헌법재판소에 사무처를 둔다(동법 제17조 1항). 사무처장은 헌법재판소장의 지휘를 받아 사무처의 사무를 관장하며, 소속공무원을 지휘·감독한다(동법 동조 3항). 헌법재판소장이 한 처분에 대한 행정소송의 피고는 헌법재판소 사무처장으로 한다(동법 동조 5항). 사무차장은 사무처장을 보좌한다(동법 동조 6항).

5. 헌법연구관·헌법연구관보·헌법연구위원

헌법연구관은 헌법재판소장의 명을 받아 사건의 심리 및 심판에 관한 조사·연구에 종사한다(동법 제19조 3항). 헌법연구관을 신규임용하는 경우에는 3년간 헌법연구관보(憲法研究官補)로 임용하여 근무하게 한 후 그 근무성적을 고려하여 헌법연구관으로 임용한다(동법 제19조의2 1항). 헌법연구위원은 사건의 심리 및 심판에 관한 전문적인 조사·연구에 종사한다(동법 제19조의3 1항).

---

1) 법원도 법률에 위헌성의 의심이 있으면 헌법재판소에 제청하여 그 판단에 따라야 한다.

6. 헌법재판연구원

헌법 및 헌법재판 연구와 헌법연구관, 사무처 공무원 등의 교육을 위하여 헌법재판소에 헌법재판연구원(憲法裁判研究院)을 둔다(동법 제19조의4 1항).

제2절 헌법재판소의 권한

Ⅰ. 헌법재판소의 관장사항

헌법재판소는 위헌법률심판, 탄핵심판, 정당해산심판, 권한쟁의심판, 헌법소원심판의 5가지 심판을 담당한다(제111조 1항). 각 권한에 대한 구체적인 내용에 대해서는 본서의 제3장 이하에서 다룰 것이므로 여기서 그것에 대한 서술은 생략한다. 다만, 규칙제정권 등에 대해 아래에 살펴본다.

Ⅱ. 규칙제정권

1. 의의

헌법 제113조 제2항은 "헌법재판소는 법률에 저촉되지 아니하는 범위 안에서 심판에 관한 절차, 내부규율과 사무처리에 관한 규칙을 제정할 수 있다"라고 규정하여 규칙제정권을 헌법재판소에 부여하고 있다. 이 규칙제정권은 헌법재판의 전문성을 지니는 헌법재판소로 하여금 헌법재판의 실무에 보다 적절한 규범들을 자율적으로 정할 수 있게 하고 재판의 독립성도 제고하게 하는 권한이다. 전문적이고 독립적인 헌법재판은 국민의 기본권 등의 보장을 위한 것이라는 점에서 규칙제정권은 종국적으로 국민의 기본권 등을 보다 충실히 보장하기 위한 기능을 가지기도 한다.

2. 대상과 한계 문제

(1) 대상

헌법과 헌재법은 심판에 관한 절차, 내부규율과 사무처리에 관한 사항을 규칙의 대상으로 규정하고 있다(제113조 2항, 헌재법 제10조 1항). 헌법재판소법은 규칙으로 정할 사항들을 규정하고 있다(동법 제12조 4항, 제16조 5항, 제17조 9항 등). 그런데 헌법재판소가 심판에 관한 절차, 내부규율, 사무처리에 관한 사항으로서 필요한 사항이라고 판단하는 경우에는 법률에 저촉되지 않는 한 제정대상이 되고 반드시 법률에서 제정사항을 둘 때에만 규칙을 정할 수 있는 것은 아니라고 볼 것이다.

(2) 한계

법률의 위임을 받아 헌법재판소규칙이 제정될 수 있을 것이기도 한데 그 때 위임은 포괄위임금지원칙을 준수해야 하는지 하는 문제가 제기될 수 있다. 대법원규칙에 대해서는 헌재의 판례가 긍정하는 것이 있다(헌재 2014.10.30. 2013헌바368; 2016.6.30. 2014헌바456 등; 2016.6.30. 2013헌바27). 생각건대 헌법재판소가 행하는 사무처리가 국민의 기본권보장과 관련될 수 있다는 점 등에서 헌법 제75조의 포괄위임금지원칙이 적용되어야 한다고 볼 것이다.

3. 규칙의 제정절차와 공포

헌법재판소법은 재판관회의의 의결을 거쳐서(동법 제16조 4항 1호) 제정된다. 헌법재판소규칙은 관보에 게재하여 이를 공포한다(동법 제10조 2항).

제3절 심판절차의 일반원칙

위헌법률심판, 권한쟁의심판, 헌법소원심판, 탄핵심판과 정당해산심판, 각각의 심판절차들(이를 헌법재판소법은 특별심판절차라고 규정하고 있다)에 대해서는 본서의 제3장 이하 장(章)별로 살펴보게 된다. 여기서는 이러한 개별 심판절차(審判節次)들에 공통적으로 적용될 원칙을 주로 살펴보고자 한다. 헌법재판소법은 제3장 일반심판절차, 제4장 특별심판절차로 나누어 규정하고 있다. 용례에 있어서 일반, 특별이라는 용어가 적합한지 하는 의문이 있다. 일반심판절차보다는 심판절차의 일반원칙, 공통원칙이라고 함이 그 의미가 보다 잘 표현, 전달될 것으로 보인다. 제4장 특별심판절차도 제1절 위헌법률심판부터 제5절 헌법소원심판까지 헌법재판소의 5개 심판절차에 대한 세부적 규정을 두고 있으므로 개별심판절차라고 함이 보다 적절하다. 여하튼 여기서 살펴볼 것은 헌법재판소법상으로는 바로 제3장의 일반심판절차이다. 다만, 개별 심판절차에 따라서 일반적 원칙과 달리 특수하게 운영되는 사항에 대해서도 필요한 경우에는 예외적으로 언급한다(예컨대, 헌법소원심판에서의 지정재판부, 변호사대리강제주의 등).

Ⅰ. 재판부의 구성, 제척·기피·회피 등

1. 전원재판부

헌법재판소의 심판은 헌법재판소법에 특별한 규정이 있는 경우를 제외하고는 재판관 전원으로 구성되는 재판부에서 관장한다(법 제22조 1항). 재판부의 재판장은 헌법재판소장이 된다(법 동조 2항).

2. 지정재판부

헌법소원심판에 있어서는 그 청구요건을 갖춘 적법한 심판청구인지를 사전에 심사하게 하기 위하여 헌법재판소장은 헌법재판소에 재판관 3명으로 구성되는 지정재판부를 두어 헌법소원심판의 사전심사를 담당하게 할 수 있다(법 제72조 1항). 지정재판부가 3명 전원의 일치된 의견으로 헌법소원심판의 청구가 부적법하다고 판단한 경우 결정으로 헌법소원의 심판청구를 각하한다. 각하결정을 하지 아니하는 경우에는 결정으로 9명 재판부의 심판에 회부하여야 하는데, 헌법소원심판의 청구 후 30일이 경과할 때까지 각하결정이 없는 때에는 심판에 회부하는 결정이 있는 것으로 본다(동법 제72조 3항·4항).

유의사항 : 다음과 같은 점들을 유의하여야 한다.
① 지정재판부 제도의 적용범위 – 헌재법 문언상으로는 '헌법소원심판'으로 규정되어 있는데 여기서의 헌법소원심판이란 본래의미의 헌법소원심판에 한정하는 의미인가 아니면 당사자의 위헌법률심판제청신청을 법원이 기각(또는 각하)하여 당사자가 헌재법 제68조 제2항에 따라 직접 그 위헌심판을 청구하는 이른바 위헌소원심판(이에 대한 자세한 것은 후술 위헌법률심판, 헌법소원심판 등 참조)도 포함하는 것인가 하는 문제가 있다. 헌재는 지정재판부가 본래의미의 헌법소원심판 외에 위헌소원심판에도 적용된다고 긍정하여 그 적용범위를 넓히고 있다. 생각건대 실질적인 위헌심판인 위헌소원심판이 가지는 객관적 규범통제기능을 고려하면 신중하게 검토되어야 할 실무법리이다.
② 변호사대리강제주의의 작용 – 아래 당사자, 대리인에 대해 살펴보는데 사인(私人)이 청구하는 헌법소원심판에는 변호사대리를 반드시 하도록 규정하고 있는데(헌법재판소법 제25조 3항) 이 규정이 본래의미의 헌법소원심판에만 적용되는가 아니면 위헌소원심판에도 적용되는가 하는 문제가 있다. 헌재는 긍정한다. 그러나 위헌소원심판이 객관적인 위헌성 여부를 가리는 심판이라는 점에서 타당하지 못하다.

3. 재판관의 제척·기피·회피

(1) 취지와 법규정

1) 헌법재판의 특수성과 적용상 엄격성

모든 재판절차에서 공정성을 확보하기 위해 공평무사하게 재판을 할 재판관에 의하여 재판을 받는 것이 무엇보다도 중요하다. 헌법재판의 경우는 당사자에게만 미치지 않고 그 파급효과가 크다는 점 등에서 재판관의 제척, 기피, 회피제도가 그만큼 더욱 중요한 필요성을 가진다고 하겠다. 한편 헌법재판소가 담당하는 헌법재판은 그 성격이 사인들 간 민사소송 등과 달리 객관적 규범통제나 권한통제를 다루므로 차이가 있다는 점이 고려되어야 한다. 특히 헌법재판소의 위헌결정이나 인용결정은 재판관 1명의 공백이 가져올 파장효과가 클 수 있다. 이는 당장 6인의 정족수규정으로 나올 수 있는 결과상 차이를 상정해보더라도 그러할 것이다. 1명이 없는 가운데 위헌(인용)의견 5인의견 합헌(기각)의견 3인의견인 결과를 가져왔지만 만약 1명이 더 참여하여 9인 전원합의체에서 위헌(인용)의견이 6인 의견이 될 수 있었더라면 결과는 차이가 크게 난다. 이러한 점들이 헌법재판에서 제척 · 기피 · 회피제도를 신중하게 엄격히 적용하도록 하게 하고 민사소송법을 준용하도록 되어 있지만 고려되어야 할 중요한 사항들이 있다.

2) 법규정

헌재법 제24조가 제척사유, 기피, 회피에 대해 규정하고 있다. 또한 당사자의 제척 및 기피신청에 관한 심판에는 민사소송법 제44조, 제45조, 제46조 제1항 · 제2항 및 제48조를 준용한다(동법 동조 6항).

(2) 제척

1) 개념

제척이란 법정의 사유가 있는 경우에는 당연히 그 재판직무를 담당할 수 없도록 하는 제도이다. 헌재는 "'제척'이라 함은 법관이 구체적인 사건에 관하여 법률이 정하는 특수한 관계가 있는 경우에 법률상 당연히 그 사건에 관한 직무집행으로부터 제외되는 제도"라고 정의한다(헌재 2006.7.27. 2005헌사819).

2) 직권제척과 신청제척

제척은 법정의 사유가 있으면 당연히 그 재판직무에서 배제되는 것이지만 두 가지 경우가 있다. 즉 재판부는 ① 직권 또는 ② 당사자의 신청에 의하여 제척의 결정을 한다(동법 제24조 2항). 신청자는 헌법재판의 당사자이다. 신청제척은 사실 제척사유는 그 사유가 사실이라면 당연히 그 심판에서 배제된다는 객관적 배척이라는 점에서 신청이라는 당사자 주관적 행위에 따라 제척이 결정된다는 것이 모순일 수 있다. 그래서 신청제척의 신청은 재판부가 제척사유가 있음을 인식하지 못한 사실을 당사자가 제척사유가 있음을 알리는 의미를 가진다고 할 것이다. 직권제척을 실효적으로 하는 의미도 가진다고 하겠다. 문제는 제척에 있어서 '당사자' 개념이 어떠한지가 문제이다. 예를 들어 위헌제청이 이루어진 위헌법률심판에서 그 심판 자체에서 당사자 개념을 찾기가 곤란하고 일반 소송과 다르다는 점에서 앞으로 좀더 분명히 법개정이 되어야 할 부분이다.

3) 제척사유

(가) 법규정

헌재법은 제척사유로, 재판관이 당사자이거나 당사자의 배우자 또는 배우자였던 경우 등 아래와 같이 명시적으로 규정하고 있다.

헌재법 제24조(제척 · 기피 및 회피) ① 재판관이 다음 각 호의 어느 하나에 해당하는 경우에는 그 직무집행에서 제척(除斥)된다.

1. 재판관이 당사자이거나 당사자의 배우자 또는 배우자였던 경우

2. 재판관과 당사자가 친족관계이거나 친족관계였던 경우
3. 재판관이 사건에 관하여 증언이나 감정(鑑定)을 하는 경우
4. 재판관이 사건에 관하여 당사자의 대리인이 되거나 되었던 경우
5. 그 밖에 재판관이 헌법재판소 외에서 직무상 또는 직업상의 이유로 사건에 관여한 경우

위 제5호 사유는 헌재 외에서 사건에 관여한 경우여야 한다.

(나) 결정례

위 제5호에 관한 아래와 같은 결정례가 있었다. 헌재는 제5호의 '기타(*당시규정. 현행 '그밖에') 재판관이 헌법재판소 외에서 직무상 또는 직업상의 이유로 사건에 관여하였던 경우' 중의 '사건'이라 함은 "'현재 계속 중인 당해 사건'을 의미하는 것이고, 다른 사건이라면 설사 그 쟁점이 같거나 중첩된다고 하더라도 그것만으로 제척이나 기피사유가 있다고 할 수 없다"라고 한다. 이는 대법원판례도 마찬가지이다.

판례 헌재 2006.7.27. 2005헌사819

[주문] 신청인의 신청을 각하한다. [이유] 신청인은 이공현 재판관이 헌법재판관이 되기 이전에 법관으로 ○○은행과 관련된 가처분 사건에 관여한 바 있으므로 헌법재판소법 제24조 제1항 제5호 '기타 재판관이 헌법재판소 외에서 직무상 또는 직업상의 이유로 사건에 관여하였던 경우'에 해당하여 제척되어야 한다고 주장하고 있다. '제척'이라 함은 법관이 구체적인 사건에 관하여 법률이 정하는 특수한 관계가 있는 경우에 법률상 당연히 그 사건에 관한 직무집행으로부터 제외되는 제도를 말하고, … 헌법재판소법 제24조 제1항 제5호 '기타 재판관이 헌법재판소 외에서 직무상 또는 직업상의 이유로 사건에 관여하였던 경우' 중의 '사건'이라 함은 '현재 계속 중인 당해 사건'을 의미하는 것이고, 다른 사건이라면 설사 그 쟁점이 같거나 중첩된다고 하더라도 그것만으로 제척이나 기피사유가 있다고 할 수 없다.(대법원 1984.5.15. 선고 83다카2009 판결 참조) 심판자료에 의하면 신청인이 이공현 재판관이 재판관으로 취임하기 전에 법관으로서 관여하였다고 주장하는 사건들의 내용은 다음과 같다. 복권발행및판매금지가처분신청 … 기각결정되었고, … 주주총회개최금지가처분신청을 하였다가 기각결정되었고, … 주주총회개최등방해금지가처분신청 … 합병업무에관한 직무정지등가처분도 기각되었다. 본건 심판자료 및 2005헌아30 사건 기록에 의하면 2005헌아30 불기소처분취소(재심) 사건의 내용은 신청인이 제기한 2005헌마697호 불기소처분취소사건을 항고기간 도과를 이유로 각하하자 항고기간 산정에 명백한 오류가 있다고 주장하면서 이를 재심하여 달라는 내용이다. 그렇다면 이공현 재판관이 재판관 취임 전에 법관으로 담당한 위 가처분사건들은 위 2005헌아30 불기소처분취소(재심) 사건과는 당사자 또는 사건내용이 다른 별개의 사건임이 기록상 분명하다. 신청인은 피고소인이 행장으로 있던 ○○은행에 관한 사건이므로 관련성이 있다고 주장하나 당사자 또는 내용이 전혀 다른 별개사건인 이상 그러한 사정만으로는 이공현 재판관이 위 가처분사건들에 관여하였다고 하여 헌법재판소법 제24조 제1항 제5호 소정의 '기타 재판관이 헌법재판소 외에서 직무상 또는 직업상의 이유로 사건에 관여하였던 경우'에 해당된다고 할 수 없으므로 부적법하다. 3. 결론 – 따라서 신청인의 제척신청은 부적법하여 이를 각하하기로 하여 주문과 같이 결정한다. 이 결정은 재판관 이공현을 제외한 관여재판관 전원의 일치된 의견에 의한 것이다.

4) 신청의 방식·절차와 신청의 효과 등

(가) 신청의 방식·절차

재판관에 대한 제척은 전원재판부에, 수명재판관에 대한 제척은 그 재판관에게 이유를 밝

혀 신청하여야 하고 제척하는 이유와 소명방법은 신청한 날부터 3일 이내에 서면으로 제출하여야 한다(헌재법 제24조 6항, 민사소송법 제44조). 헌법소원심판의 경우에 지정재판부의 사전심사제가 있으므로 지정재판부의 재판관에 대한 제척신청은 지정재판부에, 전원재판부에 회부된 이후에 제척신청은 전원재판부에 위와 같은 방식으로 하여야 한다.

(나) 제척신청 대상 재판관 수 제한의 문제

현재 제척신청의 경우 아래에서 보는 기피신청 대상 재판관 수를 1명으로 한정한 것(아래 참조)과 달리 대상 재판관 수를 한정하는 그런 법규정이 없다. 심판정족수를 7인으로 헌재법 제23조 제1항이 규정하고 있어서 조화적 해석이 필요하다는 견해(헌법재판실무제요 제2판, 25면)가 있다. 7명 이상의 재판관이 있어야 심리가 된다는 정족수와 이 제척대상 재판관 수 한정과는 관련이 있긴하다. 그러나 제척의 경우에는 법에 정한 위 사유들에 해당되는 사실이 진실이면 해당 재판관은 당연히 제척되는 것이고 제척사유를 가진 재판관이 여러 명 있더라도 몇 명 이상은 제척되지 않는다고 하는 것 자체가 모순이다(즉 공정한 재판이 문제될 제척사유가 있는 다음에야 제척되는 재판관이 많다고 하여 그중 몇 명까지 되고 나머지 제척대상 재판관을 그대로 재판에 참여하게 할 수는 없다는 의미이다). 제척사유를 가진 재판관이 3명이면 모두 제척될 수밖에 없는 것이다. 그 점에서 심판정족수를 7명 이상으로 하고 있는 규정과 조화를 모색할 수 없다. 3명 이상의 재판관이 제척되면 심판을 더 이상 할 수 없으므로 이러한 공백에 대한 대비책이 미리 마련되는 것이 필요하다. 그 대비책으로 예비재판관제도 도입이 거론되나 우리는 부정적이고 대신 9명에 더한 가령 3명의 정식재판관을 더 두고 9명씩의 순환 전원재판부제도가 바람직함을 제안한 바 있다(이에 대해서는 앞의 헌법재판소의 구성과 조직, 헌법재판관, 임명 부분; 정재황, 예비재판관 제도 및 그 도입 타당성에 대한 연구, 성균관법학, 2014 참조).

(다) 신청의 효과 - 재판절차의 정지

헌재는 제척신청이 있는 경우에는 그 재판이 확정될 때까지 심판절차를 정지하여야 한다. 다만, 제척신청이 각하된 경우 또는 종국판결을 선고하거나 긴급을 요하는 행위를 하는 경우에는 그러하지 아니하다(헌재법 제24조 6항, 민사소송법 제48조).

5) 제척신청에 대한 재판

i) **의견서제출** 제척을 당한 법관은(* 민사소송법 규정이 이와 같이 '당한'이라고 하나 제척'신청을 받은'이라고 하는 것이 정확할 것이다) 아래에서 보는 각하결정의 경우를 제외하고는 바로 제척신청에 대한 의견서를 제출하여야 한다(민사소송법 제45조 2항).

ii) **관할** 제척신청에 대한 재판은 그 신청을 받은 법관의 소속 법원 합의부에서 결정으로 하여야 하므로(민사소송법 제46조 1항) 3인 지정재판부에 의한 헌법소원심판에서 3인 지정재판부 재판관 1인에 대한 제척신청 재판은 지정재판부 자체에서 하는 것인지 아니면 전원합의체에서 하는 것인지 명확하지 않다. 헌재는 기피의 경우에 대해서는 "기피사유의 존부에 대한 판단은 재판관 9명 전원으로 구성되는 재판부(이하 '지정재판부'와의 구별을 위해 '전원재판부'라 칭한다)의 결정으로 한다. 지정재판부 재판관에 대한 기피신청 역시 마찬가지이다"라고 판시한 바 있다(헌재 2016.11.24. 2015헌마902).

iii) 헌재결정 중에는 지정재판부가 본안사건을 각하하면서 제척신청에 대해서는 신청을 유지할 이익이 없다고 하여 각하한 아래의 결정례가 있다.

판례 헌재제3지정재판부 2015.7.7. 2015헌사669
[주문] 이 사건 신청을 각하한다. [이유] 신청인이 제척을 구하고 있는 재판관들은 본안 사건에 관하여 직무를 집행하지 않게 되었으므로, 신청인의 이 사건 제척신청은 이를 유지할 이익이 없어 부적법하다. 따라서 이 사건 제척신청을 각하하기로 하여 관여 재판관 전원의 일치된 의견으로 주문과 같이 결정한다. <같은 날 본안사건 각하결정> 헌재 제3지정재판부 2015.7.7. 2015헌바214. [주문] 이 사건 심판청구를 모두 각하한다. [이유] 이 사건 심판청구는 한정위헌청구의 형식을 취하고 있지만, 청구인의 주장은 모두 개별·구체적 사건에서 법률조항들의 포섭·적용에 관한 문제를 다투는 것에 불과하다. 그렇다면 이 사건 심판청구는 부적법하므로 헌법재판소법 제72조 제3항 제1호 후단에 따라 이를 모두 각하하기로 결정한다.

* 이 사건에서 제척신청을 받은 재판관은 "신청인이 제척을 구하고 있는 재판관들은 본안 사건에 관하여 직무를 집행하지 않게 되었으므로"라고 하는 위 판시와 본안사건이 같은 지정재판부에서 각하된 것으로 미루어 볼 때 위 같은 지정재판부에 소속되지 않은 경우였던 것으로 파악된다.

iv) 제척신청을 받은 재판관은 자신의 제척신청에 대한 재판에 관여하지 못하는데(동법 동조 2항 본문. * 위 '헌재 2006.7.27. 2005헌사819' 결정에서도 제척신청된 재판관을 "제외한 관여재판관 전원의 일치된 의견에 의한 것이다"라고 판시한 것이 그 예이다), 다만, 의견을 진술할 수 있다(민사소송법 동법 동조 동항 단서).

6) 제척신청에 대한 결정

제척신청에 대한 재판이 마무리되면 결정을 재판부가 한다(동법 제24조 2항).

(가) 각하결정

i) **방식·절차 위배, 재판지연목적** 제척신청이 정해진 그 방식과 절차(민사소송법 제44조)의 규정에 어긋나거나 재판의 지연을 목적으로 하는 것이 분명한 경우에는 신청을 받은 재판부 또는 법관은 결정으로 이를 각하한다(민사소송법 제45조 1항).

ii) **신청이익 소멸** 재판관 퇴임 등으로 신청이익이 소멸되면 각하결정이 있게 된다.

판례 헌재 2000.9.21. 2000헌사353
[주문] 이 사건 신청을 각하한다. [이유] 신청인은 헌법소원심판청구를 하였다. 그런데 본안사건의 사전심사를 담당하는 제1지정재판부 재판관 김용준은 … 2000.9.14. 임기만료로 퇴임하였다. 제척신청은 그 신청원인사유가 있다고 주장하는 재판관이 현재 본안사건에 관여하고 있을 경우에는 이를 유지할 이익이 있으나, 이에 관여할 수 없게 된 경우에는 신청이익 또한 소멸하는 것이다. 따라서 이 사건 신청을 각하하기로 하여 관여한 재판관 전원(9인)의 일치된 의견으로 주문과 같이 결정한다. * 동지 : 헌재

2000.9.28. 2000헌사360.

(나) 제척결정, 기각결정

제척사유가 있다고 판단되면 제척결정(인용결정)을, 없다고 판단되면 기각결정을 한다.

판례 헌재 2002.4.25. 2002헌사154

[주문] 신청인의 신청을 기각한다. [이유] 신청인의 주장 자체에 의하더라도 재판관 윤영철은 신청인이 본안사건에 의하여 취소를 구하는 불기소처분에 관여하였다는 것이 아니다. 이와 같이 본안사건에 의하여 취소를 구하는 불기소처분과 직접 관계가 없는 다른 민사사건 또는 헌법소원 사건에 관여하였다는 사유는 헌법재판소법 제24조 제1항 제5호가 정하는 재판관의 제척사유에 해당하지 아니한다. 3. 결론 – 따라서 신청인의 신청은 이유 없으므로 이를 기각하기로 하여 관여재판관 전원의 일치된 의견으로 주문과 같이 결정한다. * 이 사건은 기피신청도 포함되어 있었다. * 그 외 기각결정례 : 헌재 2001.10.11. 2001헌사371; 2002.1.17. 2001헌사536; 2002.1.17. 2001헌사550; 2002.2.28. 2002헌사85; 2002.2.28. 2002헌사92.

기각의 구체적 이유설시가 없이 "신청인이 주장하는 제척 및 기피 사유는 헌법재판소법 제24조에 정한 사유에 해당하지 아니한다. 따라서 신청인의 제척 및 기피 신청은 이유 없으므로"라고 기각결정을 한 예도 있다.

판례 헌재 2018.3.29. 2017헌사881

[주문] 이 사건 신청을 기각한다. [이유] 신청인이 주장하는 제척 및 기피 사유는 헌법재판소법 제24조에 정한 사유에 해당하지 아니한다. 따라서 신청인의 제척 및 기피 신청은 이유 없으므로 관여 재판관 전원(9인)의 일치된 의견으로 이를 기각한다. * 이유설시가 제대로 없는 위 판시와 유사한 또 다른 결정례 : 헌재 2015.5.28. 2015헌사547.

다른 한편 헌재 결정례들로는 제척사유에 해당하지 아니하므로 신청이 부적법하다고 하면서 각하결정을 한 예들을 본다.

판례 헌재 2006.7.27. 2005헌사819

[주문] 신청인의 신청을 각하한다. [이유] 헌법재판소법 제24조 제1항 제5호 소정의 '기타 재판관이 헌법재판소 외에서 직무상 또는 직업상의 이유로 사건에 관여하였던 경우'에 해당된다고 할 수 없으므로 부적법하다.

판례 헌재 2005.11.24. 2005헌사738

[사건개요] 신청인은 2005헌마763 신행정수도후속대책을위한연기·공주지역행정중심복합도시건설을위한특별법(이하 '특별법') 위헌확인 사건과 관련하여 재판관 권성, 김효종, 전효숙, 조대현에 대해 2005.11.10. 이 사건 제척신청을 하였다. [주문] 이 사건 신청을 모두 각하한다. [판단] 가. 재판관 권성에 대한 판단 – 신청인의 주장에 의하면 재판관 권성은 충남 출신으로 위 위헌 대상 특별법에 의한 수혜자가 될 가능성이 높은데, ○○일보 기사에 의하면 충청권 일부 인사 등이 위 특별법에 대한 위헌 결정을 막기 위해 충청지역 출신 재판관과 접촉하여 설득 중이라고 하고 있는바, 이러한 사유들은 위 특별법 위헌 결정에 있어 제척 사유가 되기에 충분하다는 것이다. 그런데 신청인이 들고 있는 위 사유들은 위 헌법재판소법 제24조 제1항에서 정하고 있는 제척사유에 해당하지 아니하므로 이 부분 신청은 부적법

하다 할 것이다. 이러한 결론은 재판관 권성을 제외한 관여재판관 전원의 일치된 의견에 의한 것이다. 나. 재판관 김효종에 대한 판단 3. 결론 – 그렇다면 이 사건 제척신청은 모두 부적법하므로 각하하기로 하여 주문과 같이 결정한다. * 그 외 제척사유 없다고 하면서 각하결정을 한 예 : 헌재 2003. 12.2. 2003헌사549.

7) 제척결정의 효과, 직무대행 문제

제척결정이 있게 되면 당해 재판관은 직무집행에서 배제된다. 이렇게 배제되면 "지정재판부에서는 다른 지정재판부의 재판관이 그 직무를 대행할 수 있으나('지정재판부의 구성과 운영에 관한 규칙' 제5조[1]), 전원재판부의 경우 이를 보충할 수 있는 제도는 마련되어 있지 아니하다"라고 한다(헌재 2016.11.24. 2015헌마902).

(3) 기피

1) 개념

기피란 제척의 사유가 없다고 하더라도 재판관에게 심판의 공정을 기대하기 어려운 사정이 있는 경우에 당사자의 신청으로 그 재판관이 그 재판의 직무집행에서 제외되게 하는 제도이다(동법 제24조 3항). 당사자의 기피신청에 관한 심판에는 민사소송법 제44조, 제45조, 제46조 제1항·제2항 및 제48조를 준용한다(동법 제24조 6항). 문제는 제척의 경우에서 지적한 대로 당사자의 개념이다.

2) 기피의 사유 – 공정한 심판 기대불가

헌재법은 "재판관에게 공정한 심판을 기대하기 어려운 사정이 있는 경우"를 기피사유로 규정하고 있다(동법 제24조 3항). 신청인이 제기한 이전 헌법소원사건들이 기각 또는 각하의 결정들을 받았다고 하여 기피사유가 되는 것은 아님은 물론이다.

판례 헌재 2002.2.28. 2002헌사85

[주문] 이 사건 신청을 기각한다. [이유] 1. 이 사건 신청이유의 요지 – 신청인은 부산고등법원 1989. 6.1. 선고 88나1707 토지소유권이전등기말소등 사건을 계기로 하여 진행된 일련의 형사사건과 관련하여 헌법소원심판(2001헌마125)을 제기하였는데, 재판관 윤영철은 위88나1707 사건에 대한 상고허가신청기각결정(대법원 1989.9.29. 선고 89다카18754)에 직접 관여하였을 뿐만 아니라, 신청인이 이미 헌법재판소에 청구한 2000헌마484 불기소처분취소, 2000헌마518 불기소처분취소, 2001헌마56 불기소처분취소, 2000헌바71 형법 제234조 위헌소원, 2001헌바15 형법 제231조 등 위헌소원, 2001헌바21 형법 제231조 등 위헌소원 등 사건에 재판장으로 관여하여 모두 기각 또는 각하결정을 하였으므로 위 본안사건에서도 재판관 윤영철로부터는 공정한 심판을 기대할 수 없다 할 것이고, 이는 헌법재판소법 제24조 제1항 제5호, 제3항의 사유에 해당하므로 이 사건 기피신청을 한다는 것이다. 2. 판단 – 살피건대, 위 헌법소원 사건들에 재판장으로 관여하여 모두 기각 또는 각하결정을 하였다는 사유만으로는 본안사건의 심판

1) 지정재판부의 구성과 운영에 관한 규칙 제5조(재판관의 직무대행) 지정재판부의 재판관이 일시 궐위되거나 직무를 수행할 수 없을 때에는 제1지정재판부는 제2지정재판부의, 제2지정재판부는 제3지정재판부의, 제3지정재판부는 제1지정재판부의 같은 열에 속하는 재판관이 그 직무를 대행한다. 다만, 같은 열에 속하는 재판관이 대행할 수 없을 경우에는 바로 뒷열의 재판관이 대행하되, 다열의 재판관의 경우에는 가열의 재판관이 대행한다.

에 있어서 헌법재판소법 제24조 제3항 소정의 심판의 공정을 기대하기 어려운 사정이 있다고 볼 수 없다. 3. 결론 – 그렇다면 이 사건 기피신청은 이유없으므로 이를 기각하기로 하여 관여재판관 전원(8인)의 일치된 의견으로 주문과 같이 결정한다.

또한 헌재는 불기소처분 등과 같이 검찰의 처분을 다루는 심판사건에서 재판관들이 검사로 재직한 경력이 있다는 사실만으로 그러한 사건 심판의 공정을 기대하기 어려운 객관적 사정이 있다고 할 수는 없다고 본다.

판례 헌재 2001.8.23. 2001헌사309

[주문] 이 사건 신청을 기각한다. [사건개요] 청구인은 2001.7.9. 이 재판소에 불기소처분의 취소와 아울러 형법 제227조, 형사소송법 제249조 및 제251조 등의 위헌확인을 구하기 위하여 헌법재판소법 제68조 제1항에 의한 헌법소원심판청구를 하면서(2001헌마467) 2001.7.31. 재판관 송인준, 재판관 주선회에 대한 이 사건 기피신청을 하였다. [판단] 청구인은 기피신청 이유의 구체적 주장은 없이 단지 "검찰출신 주선회, 송인준 재판관 기피합니다"라고 기재하여 제출하였는바, 위 2001헌마467 사건의 심판청구 대상이 불기소처분 등이므로 검사의 경력을 가진 위 재판관들에게는 심판의 공정을 기대할 수 없다는 주장인 듯 하다. 살피건대, 재판관들이 검사로 재직한 경력이 있다는 사실만으로 검찰의 처분을 다투는 사건에 관하여 심판의 공정을 기대하기 어려운 객관적 사정이 있다고 할 수는 없는 것이므로, 재판관 송인준, 재판관 주선회에게 이 신청사건의 본안사건인 2001헌마467 사건에 관하여 기피의 원인이 있다고 인정할 수 없다. 그렇다면 이 사건 기피신청은 이유 없으므로 이를 기각하기로 하여 관여재판관 전원(7인)의 일치된 의견으로 주문과 같이 결정한다.

* 검토 – 위 결정문의 사건개요를 보면 재판관 2인에 대한 기피신청을 한 것으로 보이는데 위 사건 당시에도 존재하였던 헌재법 제24조 4항이 바로 아래 보듯이 2명 이상 재판관을 기피할 수 없게 규정하고 있(었)다는 점에서 각하결정이 되었어야 하지 않는지 하는 사실확인 문제가 남는다.

3) 기피의 제한

(가) 대상 재판관 수 제한 - 2명 이상 기피 금지

가) 법규정과 이에 대한 합헌성 인정

헌법재판소법은 당사자가 동일한 사건에 대하여 2명 이상의 재판관을 기피할 수 없도록 제한하고 있다(동법 제24조 4항). 헌재는 당사자 각각에 대해 1명씩 기피할 수 있다고 본다. "어느 당사자가 먼저 1명의 재판관을 기피한 경우 상대 당사자가 다른 재판관 1명을 추가로 기피할 수 없다고 해석한다면 당사자대등주의에 반하므로, 여기서 '당사자'는 한쪽 당사자 측을 말하는 것으로 해석하여야 할 것이므로, 각 당사자 측에서 1명씩의 재판관만을 기피할 수 있다"라고 한다(헌재 2016.11.24. 2015헌마902).

이 규정에 대해서 공정성을 기대하기 어려운 재판관을 1명만 기피할 수 있게 하여 공정한 헌법재판을 받을 권리가 침해되지 않느냐 하는 문제로 헌법소원심판이 제기되었다. 헌재는 이 규정에 대해 비례원칙을 준수하여 합헌성을 인정하는 기각결정을 하였다.

판례 헌재 2016.11.24. 2015헌마902, 헌법재판소법 제24조 제4항 위헌확인

[사건개요] 청구인은 2015.8.27. 변호사시험법 부칙 제1조 등의 위헌확인을 구하는 헌법소원심판을 청구하고(2015헌마873), 2015.9.7. 위 사건에 관하여 재판관 김○○, 재판관 안○○에 대한 기피신청을 하였다(2015헌사839). 청구인은 동일한 사건에 대하여 2명 이상의 재판관을 기피할 수 없도록 규정한 헌법재판소법 제24조 제4항이 청구인의 재판청구권 등을 침해한다고 주장하며, 2015.9.7. 이 사건 헌법소원심판을 청구하였다. [결정요지] 심판대상조항은 기피를 통해 특정 사건에서 공정한 심판을 기대하기 어려운 재판관을 직무집행에서 배제할 수 있도록 하면서도 심리정족수 부족으로 인하여 헌법재판소의 심판기능이 중단되는 사태를 방지하기 위한 것으로, 목적의 정당성과 수단의 적합성이 인정된다. 헌법재판은 일반재판과 달리 규범이나 국가작용에 대한 헌법적 판단이 주를 이루고, 재판관은 보다 엄격한 절차를 거쳐 임용되므로, 재판관이 특정 사건의 기초가 되는 상황과 관련하여 일정한 관계를 형성하고 있다 하더라도 그것이 헌법재판의 공정성이나 독립성에 영향을 줄 가능성은 일반재판에 비하여 상대적으로 낮다. 또한, 현행 헌법재판제도는 전원재판부의 재판관 결원을 보충할 수 있는 제도를 두고 있지 아니하여, 재판관의 결원은 곧 합헌 또는 기각의견이 확정되는 것과 같은 결과를 야기하게 되므로, 당사자가 1명의 재판관만 기피가 가능하도록 규정하고 있는 것은 청구인의 신청에 의하여 그 자체로 기피신청 당사자에게 불리한 재판결과를 초래하는 것을 최소화하기 위한 부득이한 조치이다. 한편, 기피제도 외에도 공정한 재판을 보장하기 위한 방법으로 제척과 회피제도가 마련되어 있어, 이를 통해 재판의 공정성에 대한 우려를 불식시킬 수 있다. 결국 심판대상조항은 침해의 최소성에 반한다고 보기 어렵다. 또한, 심판대상조항으로 인하여 청구인이 실제로 공정한 재판을 받지 못할 우려에 비하여, 심리정족수 부족으로 인하여 헌법재판기능이 중단되는 사태를 방지함으로써 달성할 수 있는 공익은 매우 크다고 할 것이므로, 법익 사이의 균형을 상실하였다고 보기도 어렵다. 따라서 심판대상조항은 과잉금지원칙을 위반하여 청구인의 공정한 헌법재판을 받을 권리를 침해하지 아니한다.

나) 취지와 개선방안

기피대상 재판관수 제한의 취지가 위 판시에도 심판기능중단 사태 방지라고 언급되고 있고 "재판부의 심판정족수를 고려하여 헌법재판소의 심판기능이 중단되는 것을 막기 위한 불가피한 규정이다"라는 설명(헌법재판실무제요 제2판, 26면)이 있다. 그러나 생각건대 아래 신청효과에서 언급하는 대로 기피신청이 있는 경우에는 그 기피신청에 대한 재판이 확정될 때까지 어차피 심판절차를 정지하여야 하므로(헌재법 제24조 6항, 민사소송법 제48조) 재판정지 면에서 제한의 의미는 없다. 또 기피되는 재판관 수가 3명 이상이어서 심리정족수(헌재법 제23조 1항)를 채우지 못하여 해당재판을 진행할 수 없는 경우 문제될 것인데 이에 대한 대비는 될 수 있겠다. 그러나 어떻게 보면 공정성에 문제가 있는지 여부를 헌재 자신이 판단하겠지만 그렇더라도 공정한 심판에 기대가능성 없음이 객관적인 사실로 나타난 재판관을 심리정족수 때문에 그대로 직무집행하도록 하는 것은 정의롭지 못함은 물론이다. 위와 같은 제한이 정당한지 의문이 들고 그래서 개헌논의에서 궐원에 대비한 예비재판관 제도 도입이 거론되나 우리는 부정적이고 대신 9명에 더한 가령 3명의 정식재판관을 더 두고 9명씩의 순환 전원재판부제도가 바람직함을 제안한 바 있다(이에 대해서는 앞의 헌법재판소의구성과 조직, 헌법재판관, 임명 부분; 졸고 예비재판관 제도 및 그 도입 타당성에 대한 연구, 성균관법학, 2014 참조).

(나) 변론기일 출석 본안에 관한 진술한 경우의 기피금지

헌재법은 변론기일에 출석하여 본안에 관한 진술을 한 때에는 기피할 수 없다고 규정하고 있다(동법 동조 3항 단서). 기피신청의 기한에 대해서는 규정이 없으나 본안심리가 종결되기 전에 할 수 있다고 볼 것이다.

한편 헌재법 제24조 제3항 때문에 심판결정 이후에 기피신청을 할 수 없게 되어 청구인의 공정한 재판을 받을 권리를 침해받고 있다는 주장에 대해 헌재는 "변론기일에 출석하여 본안에 관한 진술을 한 때에 기피신청을 제한하는 외에 기피신청의 시기에 대하여 특별히 제한하고 있지 않다"라고 하여 그 주장을 배척한다.

판례 헌재 2007.6.28. 2006헌마1482, 각하결정

[판시] 청구인은 헌법재판소법 제24조 제3항에 의하여 심판결정 이후에 기피신청을 할 수 없게 되어 청구인의 공정한 재판을 받을 권리를 침해받고 있다고 주장하고 있는바, 심판결정 이후에 기피신청을 할 수 없는 것은 기피신청의 대상이 되는 본안심판이 종결되었기 때문이지, 헌법재판소법 제24조 제3항에 기인한 것은 아니다. 헌법재판소법 제24조 제3항은 변론기일에 출석하여 본안에 관한 진술을 한 때에 기피신청을 제한하는 외에 기피신청의 시기에 대하여 특별히 제한하고 있지 않다. 따라서 헌법재판소법 제24조 제3항은 청구인의 공정한 재판을 받을 권리 등 기본권을 침해할 가능성이 없으므로 청구인의 위 심판청구 부분은 부적법하다.

4) 신청의 방식·절차와 신청의 효과

(가) 신청의 방식과 절차

재판관에 대한 기피는 전원재판부에, 수명재판관에 대한 기피는 그 재판관에게 이유를 밝혀 신청하여야 하고 기피하는 이유와 소명방법은 신청한 날부터 3일 이내에 서면으로 제출하여야 한다(헌재법 제24조 6항, 민사소송법 제44조). 헌법소원심판의 경우에 지정재판부의 사전심사제가 있으므로 지정재판부의 재판관에 대한 기피신청은 지정재판부에, 전원재판부에 회부된 이후에 기피신청은 전원재판부에 위와 같은 방식으로 하여야 한다.

(나) 신청의 효과 - 재판절차의 정지

헌재는 기피신청이 있는 경우에는 그 재판이 확정될 때까지 심판절차를 정지하여야 한다. 다만, 기피신청이 각하된 경우 또는 종국판결을 선고하거나 긴급을 요하는 행위를 하는 경우에는 그러하지 아니하다(민사소송법 제48조).

5) 기피신청에 대한 재판

기피를 당한 법관은(* 민사소송법 규정이 이와 같이 '당한'이라고 하나 기피'신청을 받은'이라고 하는 것이 정확할 것이다) 아래에서 보는 각하결정의 경우를 제외하고는 바로 기피신청에 대한 의견서를 제출하여야 한다(민사소송법 제45조 2항). 제척신청에 대한 재판은 그 신청을 받은 법관의 소속 법원 합의부에서 결정으로 하여야 한다(민사소송법 제46조 1항). 기피신청을 받은 재판관은 자신의

기피신청에 대한 재판에 관여하지 못하는데(동법 동조 2항 본문), 다만, 의견을 진술할 수 있다(민사소송법 동법 동조 동항 단서).

6) 기피신청에 대한 결정

기피신청에 대한 재판이 마무리되면 아래와 같은 결정들을 재판부가 한다(동법 제24조 2항).

(가) 각하결정

ⅰ) **방식·절차 위배, 재판지연목적** 기피신청이 정해진 그 방식과 절차(민사소송법 제44조)의 규정에 어긋나거나 재판의 지연을 목적으로 하는 것이 분명한 경우에는 신청을 받은 재판부 또는 법관은 결정으로 이를 각하한다(민사소송법 제45조 1항).

ⅱ) 2인 이상 기피신청한 경우

판례 헌재제2지정재판부 2003.10.31. 2003헌사520

[주문] 이 사건 신청을 각하한다. [이유] 이 사건 기피신청은 동일한 사건에서 2인의 재판관에 대하여 기피한 것이므로 위 법 제24조 제4항에 위배되어 부적법하고, 또 그 흠결을 보정할 수 없는 경우에 해당한다. 따라서 이 사건 신청은 부적법하므로 헌법재판소법 제72조 제3항 제4호에 의하여 각하하기로 하여 주문과 같이 결정한다.

ⅲ) **신청이익 소멸** 재판관 퇴임 등으로 신청이익이 소멸되면 각하결정이 있게 된다.

판례 헌재 2000.9.21. 2000헌사353

[주문] 이 사건 신청을 각하한다. [이유] 1. 신청인은 헌법소원심판청구(2000헌마484)를 하였다. 그런데 본안사건의 사전심사를 담당하는 제1지정재판부 재판관 김용준은 … 이와 같이 위 재판관에게는 심판의 공정을 기대하기 어려운 기피의 원인사유가 있으므로(같은 법 제24조 제3항), 본안사건의 심판에 위 재판관의 관여를 배제하는 것이 마땅하다고 함에 있다. 2. 재판관 김용준은 2000.9.14. 임기만료로 퇴임하였다. 제척 및 기피신청은 그 신청원인사유가 있다고 주장하는 재판관이 현재 본안사건에 관여하고 있을 경우에는 이를 유지할 이익이 있으나, 이에 관여할 수 없게 된 경우에는 신청이익 또한 소멸하는 것이다. 3. 따라서 이 사건 신청을 각하하기로 하여 관여한 재판관 전원(9인)의 일치된 의견으로 주문과 같이 결정한다.

(나) 인용결정, 기각결정

기피사유가 된다고 판단되면 인용결정을, 안 된다고 판단되면 기각결정을 하게 된다.

판례 헌재 1994.2.24. 94헌사10

[주문] 이 사건 신청을 기각한다. [이유] 이 사건 기피신청이유의 요지는 다음과 같다. 신청인은 헌법재판소에 헌법소원심판청구(92헌마53)를 한 바 있는데 1993.11.25. 선고되었다. 그런데 92헌마53 사건은 본안사건(94헌마7)의 전심재판이라고 할 수 있고, 재판관 한병채는 92헌마53 사건의 주심이었으므로 민사소송법 제37조 제5호(* 구법규정, 현 민소법 제41조 제5호)에서 전심재판에 관여한 경우를 제척사유로 규정하고 있는 취지에 비추어, 본안사건의 심판에 있어서 헌법재판소법 제24조 제3항 소정의 재판관에게 심판의 공정을 기대하기 어려운 사정이 있는 경우에 해당한다고 사료되어 본안사건에서 한병채 재판관의 관여를 배제하고자 이 사건 기피신청에 이르렀다는 것이다. 살피건대, 신청인이 주장하는 92헌마53 사건은 재판에 대한 헌법소원사건이고 본안사건(94헌마7)은 입법부작위 위헌확인 사건으로 위

92헌마53 사건이 본안사건의 전심재판이라고 할 수 없을 뿐만 아니라, 재판관 한병채가 위 92헌마53 사건의 주심으로 관여한 것은 사실이지만 그와 같은 사유만으로는 그에게 본안사건의 심판에 있어서 헌법재판소법 제24조 제3항 소정의 재판관에게 심판의 공정을 기대하기 어려운 사정이 있다고 볼 수 없다. 이 사건 기피신청은 이유 없으므로 이를 기각하기로 하여 관여재판관 전원(8인)의 일치된 의견으로 주문과 같이 결정한다.

판례 헌재 2002.4.25. 2002헌사154

[주문] 신청인의 신청을 기각한다. [이유] 신청인의 주장 자체에 의하더라도 재판관 윤영철은 신청인이 본안사건에 의하여 취소를 구하는 불기소처분에 관여하였다는 것이 아니다. 이와 같이 본안사건에 의하여 취소를 구하는 불기소처분과 직접 관계가 없는 다른 민사사건 또는 헌법소원 사건에 관여하였다는 사유는 헌법재판소법 제24조 제1항 제5호가 정하는 재판관의 제척사유에 해당하지 아니한다. 또한 재판관 윤영철이 위 민사사건 및 다른 헌법소원 사건의 결정에 관여하였다는 사유만으로는 헌법재판소법 제24조 제3항 소정의 심판의 공정을 기대하기 어려운 기피사유가 있다고 볼 수 없고, 달리 이를 인정할 주장 및 소명이 없다. 3. 결론 – 따라서 신청인의 신청은 이유 없으므로 이를 기각하기로 하여 관여재판관 전원(8인)의 일치된 의견으로 주문과 같이 결정한다. * 이 사건은 제척신청도 포함되어 있었다(그래서 위 제척 부분에서도 인용한 것이다). * 그 외 기각결정례 : 헌재 2001.10.11. 2001헌사371; 2002.1.17. 2001헌사536; 2002.1.17. 2001헌사550; 2002.2.28. 2002헌사85; 2002.2.28. 2002헌사92; 2016.9.29. 2015헌사839.

지정재판부에 의한 아래와 같은 기각결정도 볼 수 있는데 지정재판부는 전원일치의 각하결정 또는 전원재판부 회부결정만을 할 수 있다는 점에서 의아하게 한다.

판례 헌재지정재판부(* 결정문에 나오지 않으나 지재부임은 분명한 것으로 보임) 2002.4.11. 2002헌사128

[주문] 이 시간(*사건의 오타인 것으로 보임) 신청을 기각한다. [판단] 살피건대, 신청인이 주장하는 헌법재판소법 제24조 제1항 제5호는 "재판관이 헌법재판소 외에서 직무상 또는 직업상의 이유로 사건에 관여하였던 경우"를 말하는 것으로 재판관 윤○철이 위 본안사건에서 취소를 구하고 있는 불기소처분이 아닌 민사사건에 대한 상고허가신청기각결정에 관여한 일이 있다거나 위 헌법소원 사건들에서 재판장으로 관여하였다는 것만으로는 제척사유에 해당하지 아니하고, 위 헌법소원 사건들에 재판장으로 관여하여 모두 기각 또는 각하결정을 하였다는 사유만으로는 본안사건의 심판에 있어서 헌법재판소법 제24조 제3항 소정의 심판의 공정을 기대하기 어려운 사정이 있다고 볼 수 없다. 3. 결론 – 그렇다면 이 사건 기피신청은 이유없으므로 이를 기각하기로 하여 관여재판관 전원의 일치된 의견으로 주문과 같이 결정한다. * 헌재 판례사이트에서는 지정재판부라고 기재되어 있으나 몇 지재부인지 기재가 없어 알 수 없고 결정문 마지막에 재판관 3명의 성명이 기재되어 있는 것으로 보아 지정재판부 결정임은 분명한 것 같다.

7) 기피결정의 효과, 직무대행 문제

기피결정이 있게 되면 당해 재판관은 직무집행에서 배제된다. 이렇게 배제되면 "지정재판부에서는 다른 지정재판부의 재판관이 그 직무를 대행할 수 있으나('지정재판부의 구성과 운영에 관한 규칙' 제5조,[1]) 전원재판부의 경우 이를 보충할 수 있는 제도는 마련되어 있지 아니하다"라고

1) 지정재판부의 구성과 운영에 관한 규칙 제5조(재판관의 직무대행) 지정재판부의 재판관이 일시 궐위되거나 직무를 수행할 수 없을 때에는 제1지정재판부는 제2지정재판부의, 제2지정재판부는 제3지정재판부의, 제3지정재판부는 제1지정재판부의 같은 열에 속하는 재판관이 그 직무를 대행한다. 다만, 같은 열에 속하는 재판관이 대

한다(헌재 2016.11.24. 2015헌마902).

(4) 회피

1) 개념

회피는 재판관 스스로 그 심판업무에서 벗어나는 것을 말한다. 즉 회피제도는 재판관이 위에서 본 제척이나 기피사유가 있는 경우에는 재판장의 허가를 받아 스스로 재판의 직무에서 벗어나는 제도이다(동법 제24조 5항).

2) 회피사유

헌재법은 제척사유, 기피사유에 해당되는 사유로 규정하고 있다. 이처럼 제척사유가 회피사유라는 점은 제척사유는 그 사유가 사실이라면 당연히 그 심판에서 배제된다는 점에서 재판관이 회피한다는 것은 재판부가 인식하지 못한 제척사실을 재판관이 스스로 알리는 의미를 가진다고 할 것이다. 그 점에서 회피제도는 직권제척을 실효적으로 하는 의미도 가진다고 하겠다.

위헌법률심판이나 위헌소원심판 내지 법률에 대한 법령소원심판(이에 대해서는 후술 헌법소원심판 부분 참조)에서 심판대상인 법률규정을 제정·개정하는 입법에 관여한 재판관이(예를 들어 이전에 국회의원으로서 그러한 입법을 주도한 경우 등) 회피할 수 있는가 하는 문제가 외국에선 거론되고 있다. 가능하다고 보아야 할 것이다. 다른 공권력작용에서 그 작용을 주도한 경우에도 그럴 수 있겠지만 법령은 그 효과가 더욱 클 수 있고 지속적으로 존재할 수 있는 규범이라서 가령 법률 시행 후 그것에 해당하는 기본권침해가 발생한 경우에(후술 법령소원 부분 참조) 위 경력소지 재판관은 그 법률에 대한 심사자가 될 수 있다.

3) 회피 재판관 수의 제한 문제

회피의 경우에도 회피할 수 있는 재판관 수에 대한 제한이 명시되어 있지 않다. 3인 이상이 할 경우 심리정족수를 채우지 못하는 문제가 역시 있다. 위 제척제도에서 논의한 것이 그대로 적용될 것이다.

(5) 재판부 공백, 약화의 문제와 개선방안

헌법재판소 재판부는 9인에 의해 이루어지고 재판이 이루어지는데 재판관의 퇴임 이후에도 재판관이 충원되지 않는 경우, 재판관의 제척, 기피, 재판관에 대한 탄핵결정 등이 있으면 9인에 의한 재판이 아니어서 헌법재판의 충실성이 약화될 가능성은 사실 그만큼 크고 국민의 공정한 재판을 받을 청구권을 침해할 소지가 있다. 제척·기피·회피로 인한 이와 같은 재판부 약화 문제는 위 제척, 기피, 회피에서 각각 살펴보았다. 이러한 재판부 공백, 약화에 대한 대비책으로 예비재판관 제도를 두자는 방안도 제시되나 우리는 타당성이 없다고 보고 재판관 수를 증원하면서 순환(순차)식 재판부 제도에 의한 보충제도를 제안한 바 있다(앞의 헌법재판소 조직, 헌법재판관 부분, 필자의 예비재판관 제도 … 타당성에 대한 연구 등 참조). 이러한 방안은 헌법개정을 요

행할 수 없을 경우에는 바로 뒷열의 재판관이 대행하되, 다열의 재판관의 경우에는 가열의 재판관이 대행한다.

함은 물론이다.

(6) 헌법연구관, 사무관 등에 대한 제척·기피·회피 문제

민사소송법은 법원사무관등에 대해서도 같은 제척·기피·회피제도를 규정하고 있는데 헌재의 경우에도 준용해서 헌법연구관, 사무관 등에도 제척·기피·회피제도를 인정할 것인가 하는 문제가 있다. 제척·기피·회피에 관한 직접적 규정들을 두고 있는 제24조가 민소법규정의 준용을 명시하고 있는데 민소법 제50조는 직접 준용을 명시하는 규정이 아니라는 점에서 부정하는 견해도 있을 수 있다. 그러나 헌재 결정례 중에는 헌재법 제40조에 따라 위 민소법규정을 준용하여 긍정하는 아래의 결정례가 있었다.

판례 헌재제2지정재판부 2003.12.2. 2003헌사536

[설시] 헌법재판소 사무관등이 기피신청의 대상이 되는지 살피건대, 헌법재판소법 제40조 제1항 전문은 헌법재판소의 심판절차에 관하여 이 법에 특별한 규정이 있는 경우를 제외하고는 민사소송에 관한 법령의 규정을 준용한다고 규정하고 있고, 민사소송법 제50조는 법원사무관등에 대하여 제척·기피 및 회피제도를 인정하고 있으며, 위 법원사무관등이란, 법원서기관, 법원사무관, 법원주사(보), 법원서기(보) 등 직급에 관계없이 독자적으로 재판에 관하여 직무집행을 하는 법관 외의 법원공무원을 의미한다. 따라서 위 각 법조문에 따라 직급에 관계없이 독자적으로 헌법재판에 관하여 직무집행을 하는 재판관 외의 헌법재판소 공무원인 헌법재판소 사무관등은 기피신청의 대상이 된다고 봄이 상당하다.

* 헌법연구관에 대한 긍정으로 이해되게 하는 결정례

판례 헌재제2지정재판부 2003.12.2. 2003헌사535

[관련판시] … 제3지정재판부 소속 헌법연구관 전원에 대한 부분 – 헌법재판소법 제40조 제1항 전문은 헌법재판소의 심판절차에 관하여 이 법에 특별한 규정이 있는 경우를 제외하고는 민사소송에 관한 법령의 규정을 준용한다고 규정하고 있는바, … 살피건대, 신청인은 위 지정재판부 소속 헌법연구관 전원에 대하여 기피하는 이유를 전혀 제시하지 아니하였고, 나아가 기피하는 이유와 소명방법을 신청한 날로부터 3일 내에 서면으로 제출하지 아니하였음이 기록상 명백하므로 민사소송법 제44조에 위배되어 부적법하다.

* 해설 – 민사소송법 제44조에 위배된다는 것은 그것을 적용한 것이므로 헌법연구관에도 제척·기피·회피제도의 준용을 긍정하는 결정례라고 보는 것이다.

Ⅱ. 당사자, 대표자·대리인

헌재법 제25조(대표자·대리인) ① 각종 심판절차에서 정부가 당사자(참가인을 포함한다. 이하 같다)인 경우에는 법무부장관이 이를 대표한다.
② 각종 심판절차에서 당사자인 국가기관 또는 지방자치단체는 변호사 또는 변호사의 자격이 있는 소속 직원을 대리인으로 선임하여 심판을 수행하게 할 수 있다.
③ 각종 심판절차에서 당사자인 사인(私人)은 변호사를 대리인으로 선임하지 아니하면 심판청구를 하거나 심판 수행을 하지 못한다. 다만, 그가 변호사의 자격이 있는 경우에는 그러하지 아니하다. [전문개정 2011.4.5.]

1. 당사자

(1) 헌법재판과 당사자 개념

일반 민사재판에서 당사자와 같이 헌법재판소의 심판에서 당사자 개념이 있는지, 있더라도 일반 재판과는 다르지 않는지 등 여러 질문이 제기될 것이다. 헌법재판에서도 헌법소원심판과 권한쟁의심판과 같은 경우에는 통상 편의상 청구인, 피청구인이라고 부르면서 '당사자'는 그 양자를 아우르는 용어로 쓰이기도 한다. 헌재법 자체에 '당사자'라는 용어가 헌법재판소 심판에서 바로 그 심판에서 당사자라는 의미를 쓰는 경우는 탄핵심판에서 보인다(헌재법 제52조, 당사자의 불출석에 관한 규정). 헌재법 제5장 '전자정보처리조직을 통한 심판절차의 수행'에서는 당사자 용어를 많이 쓰고 있다.

(2) 개별 심판별 검토

1) 위헌법률심판

위헌법률심판은 그 심판의 목적이나 대상이 법률의 위헌성을 객관적으로 밝혀내는 것이다. 법률은 법원의 소송에서 원고나 피고에게만 그 위헌여부의 영향이 미치는 것은 아니다. 따라서 서로 대립되는 당사자라는 개념이 민사소송에 비해 적절하지 않다. 당사자라는 용어는 위헌법률심판이 이루어지는 계기가 된 법원의 당해재판에서 원고, 피고와 같은 대립구도에서의 그들을 지칭할 용어이다. 헌재법도 위헌법률심판에서 당사자란 법원의 당해 소송에서 당사자를 지칭하기 위해 쓰고 있다. 위헌소원의 경우에도 그러하다고 볼 것이다. 헌재도 비슷한 입장이다. 위헌법률심판의 제청신청인은 위헌법률심판사건 그 사건에서는 당사자가 아니라는 것이다. 사안은 위헌법률심판 제청신청인은 그 위헌법률심판결정에 대해 재심을 청구할 수 없다고 본 결정이었다.

판례 헌재 2004.9.23. 2003헌아61

[설시] 위헌법률심판의 제청은 법원이 헌법재판소에 대하여 하는 것이기 때문에 당해사건에서 법원으로 하여금 위헌법률심판을 제청하도록 신청을 한 사람 자신은 위헌법률심판사건의 당사자라고 할 수 없다.

대립구도도 없다. 제청을 한 법원을 원고라고 볼 수 없고, 법률을 제·개정하였다고 하여 국회를 피고로 보는 것도 문제이다. 이해관계인, 관련 가관들의 의견이 개진되는 도움을 받으면 피청구인이 없더라도 헌재가 객관적으로 위헌성 여부를 가려낼 수 있고 또 가려내어야 하므로 당사자의 관념이 필요하다는 실익도 사실 별로 찾을 수 없기도 하다.

2) 탄핵심판

탄핵심판에서는 소추하는 국회와 소추된 고위공직자 간에 대립되는 구도를 보여준다. 헌재법에서도 소추된 사람을 당사자라고 부르기도 한다(동법 제52조). 그런데 고위공직자 개인의 위헌·위법이란 문제가 공적인 문제로도 다루어질 수 있다.

3) 정당해산심판

정당해산심판에서 제소하는 정부와 제소되는 정당 간의 대립구도가 있다. 정당의 공적 활동의 지위가 문제될 수 있다.

4) 권한쟁의심판

권한을 침해당하였다고 주장하는 청구인과 심판에서의 상대가 되는 피청구인의 대립구도가 있다. 그러나 개인의 권익이나 권리의 구제가 아니라 기관의 권한을 객관적으로 획정받는다는 의미가 중요하다.

5) 헌법소원심판

본래의미의 헌법소원심판에서 기본권을 침해당하여 헌법소원심판을 청구한 청구인과 그 침해를 가져온 국가기관이 피청구인으로서 대립될 수 있다. 그러나 법령소원과 같이 입법자를 피청구인으로 설정하기가 간단치 않은 문제도 있다.

2. 대표자·대리인 - 정부, 국가기관이 당사자인 경우

각종 심판절차에서 정부가 당사자(참가인 포함)인 경우에는 법무부장관이 이를 대표하고 당사자인 국가기관 또는 지방자치단체는 변호사 또는 변호사의 자격이 있는 소속 직원을 대리인으로 선임하여 심판을 수행하게 할 수 있다(법 제25조 1항·2항). 정부의 정의가 어느 범위의 국가기관들을 포함하는지 분명하지 않다.

3. 사인, 변호사대리강제주의

(1) 원칙(법규정)과 합헌성 논란

1) 원칙(법규정)

각종 심판절차에서 당사자인 사인(私人)은 변호사를 대리인으로 선임하지 아니하면 심판청구를 하거나 심판 수행을 하지 못한다. 다만, 그가 변호사의 자격이 있는 경우에는 그러하지 아니하다(법 제25조 3항).

2) 합헌성 논란

(가) 학설

이 변호사대리강제주의는 국민의 헌법재판청구권을 침해하는 위헌이라는 주장이 학계에 많다.

(나) 판례 = 합헌성 인정

그러나 우리 헌법재판소는 아래와 같이 합헌으로 본다.

판례 헌재 2010.3.25. 2008헌마439

[판시사항] 1. 헌법소원심판에 있어 반드시 변호사를 대리인으로 선임하도록 규정하고 있는 헌법재판소법(1988.8.5. 법률 제4017호로 제정된 것) 제25조 제3항(이하 '이 사건 법률조항'이라 한다)이 과잉금지원칙에 위반하여 재판청구권을 침해하는지 여부(소극) 2. 이 사건 법률조항이 변호사 자격이 있는 자와 비교하여 변호사 자격이 없는 자를 불합리하게 차별하여 평등권을 침해하는지 여부(소극) [결정요지] 1. 변호사 강제주의는 다음과 같은 기능을 수행한다. 첫째, 법률지식이 불충분한 당사자가 스스로 심판을 청구하여 이를 수행할 경우 헌법재판에 특유한 절차적 요건을 흠결하거나 전문적인 주장과 자료를 제시하지 못하여, 침해된 기본권의 구제에 실패할 위험이 있다. 변호사 강제주의는 이러한 위험을 제거하거나 감소시켜 기본권의 침해에 대한 구제를 보장한다. 둘째, 변호사는 한편으로는 당사자를 설득하여 승소의 가망이 없는 헌법재판의 청구를 자제시키고 다른 한편으로는 헌법재판에서의 주장과 자료를 정리, 개발하고 객관화하는 기능을 수행한다. 이로써 재판소와 관계 당사자 모두가 시간, 노력, 비용을 절감할 수 있고 이렇게 하여 여축된 시간과 노력 등이 헌법재판의 질적 향상에 투입되게 된다. 셋째, 변호사는 헌법재판이 공정하게 진행되도록 감시하는 역할도 수행하는바, 이는 국가사법의 민주적 운영에 기여한다. 한편 변호사 강제주의 아래에서는 국민은 변호사에게 보수를 지급하여야 하는 경제적 부담을 지고, 자신의 재판청구권을 혼자서는 행사할 수 없게 되는 제약을 받는다. 그러나 이러한 부담과 제약은 개인의 사적 이익에 대한 제한임에 반하여 변호사가 헌법재판에서 수행하는 앞에서 본 기능은 모두 국가와 사회의 공공복리에 기여하는 것이다. 양자를 비교할 때 변호사의 강제를 통하여 얻게 되는 공공의 복리는 그로 인하여 제한되는 개인의 사익에 비하여 훨씬 크다고 하지 않을 수 없다. 더구나 헌법재판 중 헌법소원의 경우에는 당사자가 변호사를 대리인으로 선임할 자력이 없는 때 또는 공익상 필요한 때에는 국가의 비용으로 변호사를 대리인으로 선임하여 주는 광범위한 국선대리인제도가 마련되어 있다는 점(법 제70조), 변호사가 선임되어 있는 경우에도 당사자 본인이 스스로의 주장과 자료를 헌법재판소에 제출하여 재판청구권을 행사하는 것은 전혀 봉쇄되어 있지 않다는 점, 변호사는 본질적으로 당사자 본인의 재판청구권 행사를 도와주는 것이지 이를 막거나 제한하는 것이 아니라는 점 등을 고려하면 더욱 그렇다. 그렇다면 변호사 강제주의를 규정한 법 제25조 제3항은 공공복리를 위하여 필요한 합리적인 규정이므로 과잉금지원칙에 반하지 않고 헌법에 위반되지 아니한다. 2. 전문적인 법률지식과 윤리적 소양을 갖춘 변호사에게 법률사무를 맡김으로써 법률사무에 대한 전문성, 공정성 및 신뢰성을 확보하여 일반 국민의 기본권을 보호하고 사회정의를 실현하려는 입법목적과, 국가기관과 국민에 미치는 영향력이 큰 헌법재판에 있어서는 법률전문가인 변호사에게 소송을 수행하게 함으로써 얻을 수 있는 공익이 현저히 크다는 점을 고려할 때, 변호사에게만 대리인 자격을 부여하는 것에는 합리적 이유가 있으며, 변호사 자격을 갖추지 못한 법학전공자들이나 법학자에게 대리권을 부여하는 것이 반드시 변호사 선임비용의 절감이나 효율적인 심판수행을 가져올 수 있는지 여부도 분명치 않으므로, 이 사건 법률조항은 변호사 자격이 없는 자의 평등권을 침해하지 아니한다.

* 변호사대리강제주의의 합헌성을 인정한 선례로, 위 결정들 판시에도 나오지만 국선대리인 제도라는 대상(代償)조치를 그 합헌논거로 하는 결정이 헌재 출범 초기부터 있었다. 즉 "무자력자의 헌법재판을 받을 권리를 크게 제한하는 것이라 하여도 이와 같이 국선대리인 제도라는 대상조치가 별도로 마련되어 있는 이상 그러한 제한을 두고 재판을 받을 권리의 본질적 내용의 침해라고는 볼 수 없을 것이다. 그러므로 헌법재판소법 제25조 제3항은 헌법 제11조 및 제27조의 규정에 위배된다고 할 수 없으며 결국 청구인의 주장은 그 이유없다고 할 것이다"라고 판시한 결정례[1])가 있었다.[2])

1) 헌재 1990.9.3. 89헌마120, 판례집 2, 296.

2) 합헌성을 인정한 그 외 선례 : 헌재 2001.9.27. 2001헌마152; 2004.4.29. 2003헌마783; 2010. 3. 25. 2008헌마439 등.

3) 검토

이 원칙은 당사자가 법전문가로부터 조력을 받도록 하고 질서있는 헌법재판이 되도록 하기 위한 것이라고는 하나 헌법재판이 최종적인 기본권구제, 헌법수호제도라는 점에서, 그리고 이러한 변호사대리강제주의가 헌법재판을 억제하는 기능을 할 수도 있다는 점에서 그것을 강제하는 것은 문제가 있다. 변호사대리강제주의는 자력이 없는 국민의 헌법재판청구권을 제한하는 것이고 예를 들어 헌법소원심판이 최종적인 권리구제수단이라는 점, 헌법재판소가 내세우는 논거인 대상조치로서의 국선변호인 제도가 있다고 하더라도 그 선임신청 등을 거쳐야 하는 등의 점에서 보면 문제가 있다(변호사대리강제주의가 적용되는 빈번하고 대표적인 심판이 헌법소원심판이므로 변호사대리강제주의에 대해서는 뒤의 헌법소원심판 부분도 참조).

(2) 적용범위

1) 헌재법 제25조 제3항 본문에 대한 판례

(가) 헌법소원심판, 탄핵심판에 대한 인정이 나타난 판시

변호사대리강제주의가 일단 현행 헌재법에 규정되어 있어서 그 적용범위가 논의될 수밖에 없을 것인데 헌재의 판례 중에는 헌재법 제25조 제3항 본문에 의한 변호사강제주의는 탄핵심판과 헌법소원심판에서 적용된다고 본 것이 있다.

판례 헌재 1990.9.3. 89헌마120, 헌법재판소법 제25조 제3항에 관한 헌법소원, 판례집 2, 296면

[판시] "헌법재판소법 제25조 제3항에 의한 변호사강제주의의 규정은 여러 가지 헌법재판의 종류 가운데 사인이 당사자로 되는 심판청구인 탄핵심판청구와 헌법소원심판청구에 있어서 적용된다고 보아야 할 것인데 …"

(나) 모순되는 판시

헌재는 "탄핵소추절차는 국회와 대통령이라는 헌법기관 사이의 문제이고, 국회의 탄핵소추의결에 따라 사인으로서 대통령 개인의 기본권이 침해되는 것이 아니며 국가기관으로서 …"라고 판시하기도 하였는데(헌재 2017.3.10. 2016헌나1, 판례집 29-1, 18면), 이런 자신의 판시는 위 89헌마120등 결정의 자신의 판시와 모순된다.

2) 해석

(가) 판단기준

이 문제를 살피기 위해 먼저 헌재법 제25조 제3항 본문의 "당사자인 사인(私人)은 변호사를 대리인으로 선임하지 아니하면"이라는 문언에 따라 변호사대리강제주의가 적용되는 경우로 인정되기 위해서는 ① 당사자일 것, ② 사인일 것이라는 2요건을 갖추어야 한다.

(나) 심판별 검토

위와 같은 현행 법규정의 기준에 따라, 그리고 위에서 살펴본 개별심판별 당사자 개념에

비추어 사인이 당사자가 되는 경우로서 변호사대리강제주의가 적용되는지, 그 적용범위를 심판별로 본다. ① 위헌법률심판 – 위헌법률심판의 경우 문제되는 법률의 위헌여부심판이 핵심절차이고 이 심판은 법률의 위헌여부를 객관적으로 가리는 심판이며 이 심판 자체에 당사자 개념이 있다고 보기는 어렵고 위헌제청을 하게 된, 즉 위헌여부가 가려져야 할 법률이 적용되는 법원의 해당재판에서는 당사자가 있지만 그 당사자는 법원재판에서의 당사자이고 법원재판의 당사자를 위헌법률심판 자체의 당사자라고 할 수도 없다. 따라서 적용대상이 아니다. ② 탄핵심판 – 탄핵심판이 대상자 개인에 대한 징계절차라는 점에서는 사인성이 있다고 볼 수도 있으나 해당 고위공무원이 탄핵심판대상이 된 이유는 사인으로서가 아니라 공인으로 직무집행상 위헌 또는 위법성이 있다고 그 직에서 파면시키기 위한 심판이라는 점에서 사인성을 인정하기 어렵다. 따라서 적용대상이 아니라고 보는 것이 논리적이다. 다만, 공무원이 파면될 상황의 신분적인 문제가 사인의 입장에서 심각하므로 변호사의 대리를 강제하는 것이 필요한 면이 인정된다. 그리고 실제로는 고위 공무원이 가지는 지위가 탄핵심판의 희소성으로 변호인을 선임할 것이 대체로 예상된다. 그동안 두 건의 탄핵심판(헌재 2004.5.14. 2004헌나1, 2017.3.10. 2016헌나1)에서는 변호사 대리가 있었다. ③ 정당해산심판 – 이에도 적용되는 것으로 보는 견해(성낙인, 헌법소송론)도 있고 정당을 사법인으로 보는 견해를 취하면 적용되는 것으로 보는 것이 논리적일 것이다. 그러나 정당을 공법적 성격이 강한 특수한 형태의 정치적 의사 매개 결사체로서 헌법제도로 보호되는 단체로 보는 우리의 입장으로서는 적용이 되지 않는다고 본다. ④ 권한쟁의심판 – 권한쟁의심판을 주관적 재판이라고 보는 견해가 있으나 국가기관이나 지방자치단체를 사인으로 볼 수는 없다. 그리고 헌재법 제25조 제2항은 "각종 심판절차에서 당사자인 국가기관 또는 지방자치단체는 변호사 또는 변호사의 자격이 있는 소속 직원을 대리인으로 선임하여 심판을 수행하게 할 수 있다"라고 규정하고 있으므로 변호사대리가 임의적이라고 할 것이다. ⑤ 본래의미의 헌법소원심판의 경우 – 이는 사인이 자신의 기본권구제를 위해 제기하는 심판이므로 변호사대리강제주의가 심판청구요건이 된다. ⑥ 위헌소원심판 – 이는 위헌법률심판제청신청을 법원이 기각한 경우에 그 신청을 한 청구인이 헌재법 제68조 제2항에 따라 청구하는 심판이다. 헌재는 이 심판에 있어서도 변호사대리강제주의가 적용된다고 한다. 위헌소원의 경우에는 제청신청인이 청구인의 지위에 있다고 하여 그렇게 보는 것으로 이해된다. 그러나 위헌소원은 실질적으로 법률의 위헌심판을 받는 헌법재판이고 위헌법률심판에 있어서는 변호사대리강제주의가 적용되지 않기에 형평성에 문제가 있고 변호사대리강제주의가 가지는 문제점 때문에 그 적용범위를 넓게 보는 것은 타당하지 못하다는 점에서도 위헌소원심판에서도 변호사대리강제주의를 적용하는 것은 문제라고 본다.

	위헌법률심판	권한쟁의심판	정당해산심판	탄핵심판	본래의미 헌법소원심판	위헌소원심판
변호사강제주의 적용여부	×	×	×	○	○	○ (헌재 입장)

▌변호사강제주의 심판별 적용여부 – 판례입장 포함

(나) 검토의견

변호사대리강제주의가 헌법재판의 기회를 제한하거나 심판수행을 위축시킨다는 점에서 그 적용범위를 가능한 한 줄이는 해석이 요구된다. 가능한 한 적용하지 않거나 하더라도 그 적용범위를 최소한으로 좁히거나 아니면 이를 보완해주도록 하여야 한다.

(다) 입법론

이 조항은 무책임한 조항이다. 도대체 사인이 당사자인 심판이 어떤 경우인지, 즉 당사자에 대한 개념정의가 없이 규정되어 있다. 변호사 대리강제주의를 없애는 것이 바람직하고 부득이하더라도 가능한 한 최소한으로 줄여야 하고 적용되는 심판도 이를 직접 명시하는 것이 필요하다. 즉 이 조항은 적용되는 심판을 직접 열거하여 "○○심판, △△심판에서 당사자로서의 사인(私人)은 변호사를 대리인으로 선임하지 아니하면 심판청구를 하거나 심판 수행을 하지 못한다. 다만, 그가 변호사의 자격이 있는 경우에는 그러하지 아니하다"라고 바뀌어져야 한다.

(3) 효과

변호사대리강제주의는 사인이 청구인인 경우에는 심판청구의 요건이 되고 이를 준수하지 못하면 심판청구가 각하된다. 그리고 심판청구뿐 아니라 심판수행도 변호사가 대리하여야 한다(헌재법 제25조 3항 "심판청구를 하거나 심판 수행을 하지 못한다"). 따라서 청구단계에서뿐 아니라 청구 이후 심판이 진행되는 가운데 심판과 관련하여 행해져야 할 청구인, 피청구인의 행위에도 변호사에 의한 대리가 있어야 한다. 그런데 변호사의 자격이 없는 사인인 청구인이 한 헌법소원심판청구나 주장 등 심판수행은 변호사인 대리인이 추인한 경우 적법한 헌법소원심판청구와 심판수행으로서의 효력이 있다.[1] 또한 변호사인 대리인에 의한 헌법소원심판청구가 있었다면 그 이후 심리과정에서 대리인이 사임하고 다른 대리인을 선임하지 않았더라도 기왕의 대리인의 소송행위가 무효로 되는 것은 아니라고 본다. 이는 헌법재판소법 제25조 제3항의 취지가 당사자를 보호해 주며 사법적 정의의 실현에 기여하려는 데 있고 청구인의 헌법재판청구권을 제한하려는 데 그 본래의 목적이 있는 것이 아니기 때문이라고 한다.[2] 그 외 변호사대리강제주의의 자세한 것은 헌법소원심판, 변호사대리주의 부분도 참조.

---

1) 헌재 1992.6.26. 89헌마132, 판례집 4, 387.
2) 헌재 1992.1.14. 91헌마156, 판례집 4, 216.

Ⅲ. 심판의 청구, 사건번호, 청구보정, 답변서제출 등

1. 심판청구의 방식

헌법재판소에의 심판청구는 심판사항별로 정하여진 청구서를(이는 각 심판별 청구서 기재사항을 헌재법은 각 심판에 관한 구체적 규정을 두는 제4장 특별심판절차, 각 절에, 예를 들어 제1절 위헌법률심판에서 위헌법률심판 제청서의 기재사항을, 제5절 헌법소원심판에서 청구서 기재사항을 각각 규정하고 있음을 말한다. 따라서 본서에서 각 심판별로 각 심판 부분에서 살펴본다) 헌법재판소에 제출함으로써 한다. 다만, 위헌법률심판에 있어서는 법원의 제청서, 탄핵심판에 있어서는 국회의 소추의결서의 정본으로 청구서를 갈음한다(법 제26조 1항). 청구서에는 필요한 증거서류 또는 참고자료를 첨부할 수 있다(법 동조 2항).

2. 사건번호

예를 들어 '2020헌가7'과 같은 번호가 사건번호이고 가운데 '헌가'는 사건부호이다. 어떠한 사건, 어떠한 종류의 심판사건인지를 사건부호를 통하여 알 수 있다. 예를 들어 '헌가'라는 부호가 들어간 것은 위헌법률심판 사건이라는 것을 알게 한다.

사건번호의 구성에 대해서는 헌법재판소의 '헌법재판소사건의 접수에 관한 규칙'이 아래와 같이 규정하고 있다.

'헌법재판소 사건의 접수에 관한 규칙'(제정 2005 · 3 · 11 헌법재판소규칙 제170호, 개정 2015.12.3 규칙 제372호(아래 규정들은 개정이 안되고 제정시부터 유지되어 옴)

제 8 조(사건번호의 구성) ① 사건번호는 연도구분 · 사건부호 및 진행번호로 구성한다.

② 연도구분은 사건이 접수된 해의 서기연수의 아라비아숫자로 표시한다.

③ 사건부호는 다음표 기재와 같다.

사 건 부 호 표			
사 건 구 분	사건부호	사 건 구 분	사건부호
위헌법률심판사건	헌 가	제1종 헌법소원심판사건	헌 마
탄핵심판사건	헌 나	제2종 헌법소원심판사건	헌 바
정당해산심판사건	헌 다	각 종 신 청 사 건	헌 사
권한쟁의심판사건	헌 라	각 종 특 별 사 건	헌 아

④ 진행번호는 그 연도중에 사건을 접수한 순서에 따라 일련번호로 표시한다.

제 9 조(사건번호의 부여) ① 접수공무원은 사건을 접수하면 그 사건의 종류를 확실하게 파악하여 연도구분과 사건부호를 부여한다.

② 사건번호중의 진행번호는 접수공무원이 사건을 접수한 시간순서에 따라 전에 접수한 사건에 이은 일련번호로써 부여한다.

③ 위헌법률심판사건에 관하여 같은 법원으로부터 동시에 2건 이상의 제청서를 접수하는 경우에는 제청법원이 제청서에 붙인 사건번호의 순서에 따른다.
④ 위헌법률심판사건 이외의 사건이 동시에 2건 이상 접수된 경우에는 제3항의 예에 준하여 처리한다.

결국 헌법재판소결정의 사건부호는 다음과 같이 헌법 제111조 제1항이 헌법재판소의 권한으로 열거한 순서대로 가, 나, 다, 라, 마 등으로 분류되어 붙여진 것으로 파악하면 되겠다. 즉,

①「헌가」 – 헌법 제111조 제1항 제1호에 규정된 위헌법률심판사건, 즉 법원의 제청에 의한 법률의 위헌여부 심판사건.

②「헌나」 – 헌법 제111조 제1항 제2호에 규정된 탄핵의 심판사건.

③「헌다」 – 헌법 제111조 제1항 제3호에 규정된 정당의 해산심판사건.

④「헌라」 – 헌법 제111조 제1항 제4호에 규정된 국가기관 상호 간, 국가기관과 지방자치단체간 및 지방자치단체 상호 간의 권한쟁의에 관한 심판사건.

⑤「헌마」 – 헌법 제111조 제1항 제5호에 규정된 헌법소원에 관한 심판사건으로 본래 의미의 헌법소원인 헌법재판소법 제68조 제1항에 의한 헌법소원심판사건.

⑥「헌바」 – 법원이 위헌제청신청을 기각한 경우 당사자가 헌법재판소법 제68조 제2항에 따라 헌법소원을 통하여 위헌심사를 청구한 사건(앞의 헌법재판소규칙은 '제2종 헌법소원심판사건'으로 표기하고 있다. 이 헌법소원을 위헌소원이라고도 한다. 위헌소원에 대해서는 제3장 위헌법률심판, 제5장 헌법소원심판 부분 참조).

⑦「헌사」 – 각종 신청사건. 예를 들어 가처분신청, 재판관 기피신청 등 사건.

⑧「헌아」 – 각종 특별사건. 예를 들어 헌재결정에 대한 재심청구 등 사건.

위의 사건번호의 설명을 예를 들어 도시하면 아래와 같다.

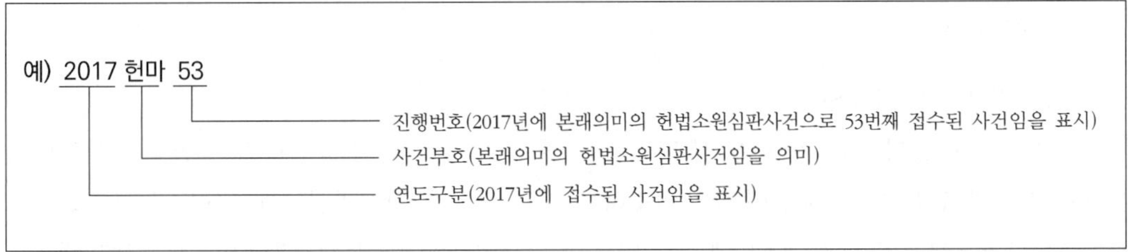

3. 청구서의 송달

헌법재판소가 청구서를 접수한 때에는 지체 없이 그 등본을 피청구기관 또는 피청구인에게 송달하여야 하고, 위헌법률심판의 제청이 있으면 법무부장관 및 당해 소송사건의 당사자에

게 그 제청서의 등본을 송달한다(법 제27조).

4. 심판청구의 보정

(1) 재판장(재판관)의 보정 요구

재판장은 심판청구가 부적법하나 보정(補正)할 수 있다고 인정되는 경우에는 상당한 기간을 정하여 보정을 요구하여야 한다(법 제28조 1항). 이처럼 보정요구는 의무이다. 재판장은 필요하다고 인정하는 경우에는 재판관 중 1명에게 제1항의 보정요구를 할 수 있는 권한을 부여할 수 있다(법 동조 5항).

(2) 보정 서면의 송달

헌법재판소가 보정을 요구한 때에는 지체 없이 그 보정 요구 서면 등본을 피청구기관 또는 피청구인에게 송달하여야 한다(법 동조 2항).

(3) 보정이 있는 경우의 효과

위 요구에 따른 보정이 있는 경우에는 처음부터 적법한 심판청구가 있은 것으로 본다(법 동조 3항). 보정요구에 따르지 않고 보정을 하지 않으면 부적법한 심판청구로서 각하된다.

(4) 보정기간의 심판기간 불산입

보정요구에 따른 보정기간은 헌재법 제38조의 심판기간에 산입하지 아니한다(법 제28조 4항).

5. 답변서의 제출

청구서 또는 보정 서면을 송달받은 피청구인은 헌법재판소에 답변서를 제출할 수 있는데 답변서에는 심판청구의 취지와 이유에 대응하는 답변을 적는다(법 제29조).

Ⅳ. 심리

1. 심리의 방식

(1) 구두변론과 서면심리

헌법재판에 있어서도 두 가지 심리방식인 구두변론과 서면심리의 방식이 있다. 그 장단점은 민사재판과 같은 다른 재판에서와 비슷하다. 구두변론은 당사자들에게 직접 질문하고 답변하게 함으로써 쟁점의 발견과 그 쟁점을 비롯한 의문점들에 대해 재판관들이 그때그때 해소하게 하고 석명이 서면심리에 비해 편하다. 반면에 심리시간이 더 소요되고 당사자의 협력이 부족할 때 심리가 지연된다는 등의 단점이 있다. 서면심리는 재판부의 질문에 대한 보다 이성적이고 차분한 가운데 정리된 답변을 기대할 수 있고 신중성 있다는 장점이 있는 반면에 재판부가 가지는 의문에 대해 석명하는 데 시간이 소요되어 심리가 지연될 수 있다.

(2) 심판별 심리원칙

1) 구두변론이 원칙인 심판들, 그 예외

탄핵심판, 정당해산심판 및 권한쟁의의 심판은 구두변론에 의한다(동법 제30조 1항). 적법요건을 갖추지 못한 경우들 중 그 흠을 보정할 수 없는 경우에는 민사소송법규정을 준용하여 구두변론을 거치지 아니하고 바로 각하결정을 할 수 있다고 본다(헌재법 제40조, 민사소송법 제219조). 그러나 이는 예를 들어 권한쟁의심판이 객관적인 권한획정이라는 기능을 수행한다는 점, 청구요건의 결여에 대해서도 변론을 거치면서 재판관들의 심증형성이 달리된다는 변경가능성을 고려한다면, 이렇게 민사소송법을 전적으로 준용하는 것이 타당한지 하는 의문이 든다.

2) 서면심리가 원칙인 심판들, 그 예외

위헌법률심판과 헌법소원에 관한 심판은 서면심리에 의하되, 재판부는 필요하다고 인정하는 경우에는 변론을 열어 당사자, 이해관계인, 그 밖의 참고인의 진술을 들을 수 있다(동조 2항).

구두변론	서면심리
탄핵심판	위헌법률심판
정당해산심판	헌법소원심판
권한쟁의심판	

▌심판별 심리원칙

(3) 구두변론 한정의 이유와 현황

탄핵심판, 정당해산심판 및 권한쟁의의 심판 세 가지 심판들에 대해서만 구두변론을 원칙으로 하도록 한 이유는 명시하지는 않으나 사건의 수 때문이다. 즉 구두변론은 심리시간이 소요되는데 위 세 심판은 그 사건 수가 위헌법률심판과 헌법소원심판에 비해 적기 때문이다. 반면 사건 수가 상대적으로 많을 것으로 예상되는 후 2자의 심판에 대해서는 서면심리를 원칙으로 하려는 것이다. 그런데 현재 헌재는 위헌법률심판·헌법소원심판 사건이라도 국민의 관심이 많이 집중되는 사건들에 대해서는 구두변론을 실시한다. 이는 국민의 알 권리를 위해서도 바람직하다.[1)]

2. 심리정족수

재판부는 재판관 7명 이상의 출석으로 사건을 심리한다(동법 제23조 1항).

---

1) 구두변론 목록과 그 동영상은 http://www.ccourt.go.kr/cckhome/kor/info/selectDiscussionScheduleList.do 참조. 2019년엔 그리 빈번한 것같지 않다.

3. 심판기간과 그 효과

(1) 심판기간

헌법재판소는 심판사건을 접수한 날로부터 180일 이내에 종국결정의 선고를 하여야 한다(동법 제38조 본문).

(2) 훈시규정(도과의 효과) - 판례 입장

헌법재판소는 이 180일 규정을 강제규정으로 보고 있지 않고 헌법재판 심판기간에 관하여 지침을 제시하는 훈시규정으로 보는 것이 재판청구권의 침해가 아니라고 본다. 헌재는 이 기간이 공정하고 적정한 헌법재판을 하는 데 충분한 기간이라고는 볼 수 없고, 심판기간의 준수를 강제하는 심판기간 경과시 제재 등 특별한 법률효과 부여의 규정을 두고 있지 않은 점을 훈시적 규정으로 보는 이유로 밝히고 있다.

판례 헌재 2009.7.30. 2007헌마732

[결정요지] 헌법재판이 국가작용 및 사회 전반에 미치는 파급효과 등의 중대성에 비추어 볼 때, 180일의 심판기간은 개별사건의 특수성 및 현실적인 제반여건을 불문하고 모든 사건에 있어서 공정하고 적정한 헌법재판을 하는 데 충분한 기간이라고는 볼 수 없고, 심판기간 경과 시의 제재 등 특별한 법률효과의 부여를 통하여 심판기간의 준수를 강제하는 규정을 두지 아니하므로, 심판대상조항은 헌법재판의 심판기간에 관하여 지침을 제시하는 훈시적 규정이라 할 것이다. 신속한 재판을 구현하는 심판기간은 구체적 사건의 개별적 특수성에 따라 달라질 수밖에 없는 것이므로, 종국결정을 하기까지의 심판기간의 일수를 획일적으로 한정하는 것이 신속한 재판을 받을 권리의 내용을 이룬다거나, 심판기간의 일수를 한정한 다음 이를 반드시 준수하도록 강제하는 것이 신속한 재판을 받을 권리의 실현을 위해 필수적인 제도라고 볼 수는 없다. 모든 헌법재판에 대하여 일정한 기간 내에 반드시 종국결정을 내리도록 일률적으로 강제하는 것은 공정한 절차에 따라 실체적으로 적정한 결론을 도출하는 데 필요한 심리를 과도하게 제한할 수 있어, 오히려 헌법상 재판청구권의 중요한 내용 중 하나인 공정하고 적정한 재판을 받을 권리를 침해할 수 있기 때문이다. 헌법재판의 심판기간을 180일로 하여 종국결정을 선고해야 할 지침을 제시한 것은 구체적 사건의 공정하고 적정한 재판에 필요한 기간을 넘어 부당하게 종국결정의 선고를 지연하는 것을 허용하는 취지는 아니라 할 것이다. 따라서 헌법 제27조 제3항이 보장하는 '신속한 재판'의 의미와 심판대상조항의 취지 및 효과 등을 종합하여 보면, 심판대상조항이 헌법상 '신속한 재판을 받을 권리'를 침해하는 것이라고는 볼 수 없다 할 것이다.

(3) 기간 불산입의 경우

헌재법 제38조 단서는 "재판관의 궐위로 7명의 출석이 불가능한 경우에는 그 궐위된 기간은 심판기간에 산입하지 아니한다"라고 이 180일 심판기간에 불산입하는 경우를 직접 인정하고 있다.

4. 증거조사, 자료제출요구 등

재판부는 증거조사를 사건심리를 위해 필요한 경우에 할 수 있는데 직권 또는 당사자 신청에 의하여 할 수 있다.

헌재법 제31조(증거조사) ① 재판부는 사건의 심리를 위하여 필요하다고 인정하는 경우에는 직권 또는 당사자의 신청에 의하여 다음 각 호의 증거조사를 할 수 있다.
1. 당사자 또는 증인을 신문(訊問)하는 일 2. 당사자 또는 관계인이 소지하는 문서·장부·물건 또는 그 밖의 증거자료의 제출을 요구하고 영치(領置)하는 일 3. 특별한 학식과 경험을 가진 자에게 감정을 명하는 일 4. 필요한 물건·사람·장소 또는 그 밖의 사물의 성상(性狀)이나 상황을 검증하는 일 ② 재판장은 필요하다고 인정하는 경우에는 재판관 중 1명을 지정하여 제1항의 증거조사를 하게 할 수 있다. [전문개정 2011.4.5.]

재판부는 아래와 같이 자료제출을 요구할 수 있다. 그 요구에 한계도 아래와 같이 있음에 유의해야 한다.

헌재법 제32조(자료제출 요구 등) 재판부는 결정으로 다른 국가기관 또는 공공단체의 기관에 심판에 필요한 사실을 조회하거나, 기록의 송부나 자료의 제출을 요구할 수 있다. 다만, 재판·소추 또는 범죄수사가 진행 중인 사건의 기록에 대하여는 송부를 요구할 수 없다. [전문개정 2011.4.5.]

5. 심판의 장소, 공개, 법정경찰, 변론지휘, 평의정리 등

심판의 변론, 선고는 심판정에서 행한다. 심판의 변론과 결정의 선고는 공개한다. 다만, 서면심리와 평의(評議)는 공개하지 아니한다. 심판정의 질서와 변론의 지휘 및 평의의 정리 등을 재판장이 담당한다.

헌재법 제33조(심판의 장소) 심판의 변론과 종국결정의 선고는 심판정에서 한다. 다만, 헌법재판소장이 필요하다고 인정하는 경우에는 심판정 외의 장소에서 변론 또는 종국결정의 선고를 할 수 있다. [전문개정 2011.4.5.]
제34조(심판의 공개) ① 심판의 변론과 결정의 선고는 공개한다. 다만, 서면심리와 평의(評議)는 공개하지 아니한다. ② 헌법재판소의 심판에 관하여는 「법원조직법」 제57조제1항 단서와 같은 조 제2항 및 제3항을 준용한다. [전문개정 2011.4.5.]
제35조(심판의 지휘와 법정경찰권) ① 재판장은 심판정의 질서와 변론의 지휘 및 평의의 정리(整理)를 담당한다. ② 헌법재판소 심판정의 질서유지와 용어의 사용에 관하여는 「법원조직법」 제58조부터 제63조까지의 규정을 준용한다.

6. 일사부재리

헌법재판소는 이미 심판을 거친 동일한 사건에 대하여는 다시 심판할 수 없다(동법 제39조). 이 원칙이 일사부재리(一事不再理)원칙이다. 일사부재리원칙에 대한 자세한 것은 그 원칙 문제가 많이 다루어지는 헌법소원심판 부분 참조.

V. 헌법재판의 기준

헌법재판에 적용되는 규범은 헌법임은 물론이다. 이 헌법에는 성문헌법전뿐 아니라 불문의 헌법(헌법조리법, 헌법관습법 등)도 포함된다. 유의할 점은 권한쟁의심판과 탄핵심판에 있어서는 적용되는 규범이 헌법뿐 아니라 법률도 포함된다는 점이다. 이는 탄핵심판의 소추는 문제의 직무집행에서 헌법을 위반한 경우뿐 아니라 법률을 위반한 경우에도 할 수 있으므로(헌법 제65조 1항, 법 제48조) 법률위반 여부를 판단하여야 할 경우가 있고, 권한쟁의심판은 피청구인의 처분 또는 부작위(不作爲)가 헌법에 의하여 부여받은 청구인의 권한뿐 아니라 법률에 의하여 부여받은 권한을 침해하였거나 침해할 현저한 위험이 있는 경우에도 청구할 수 있으므로(법 제61조 2항) 법률위반 여부를 판단하여야 할 경우가 있기 때문이다.

위헌법률심판의 기준에 대해서는 뒤의 위헌법률심판 부분 등에서 자세히 다룬다(후술, 제3장 제4절 참조).

VI. 평의

평의란 사건에 대해 재판관들의 의견을 개진하고 교환하는 과정을 말한다. 마지막으로 표결하는 행위를 평결이라고 한다.

1. 평의의 절차

먼저 주심재판관의 사건에 대한 검토내용 발표가 있은 후 평의(評議)가 이루어진 뒤 최종적으로 평결(評決)한다. 평결에 있어서 주심재판관이 제일 먼저 의견을 낸 뒤 후임재판관 순으로 의견을 제시하는데 재판장은 끝으로 의견을 제시하는 것이 관례라고 한다(헌법재판실무제요, 제1개정증보판, 헌법재판소, 2003(이하 '실무제요'라고 줄이기도 함), 61면).

2. 평결의 방식 – 합의제 방식

평의결과 최종적인 재판의 결론에 내리는 평결의 방식이 문제되는데 바로 합의제방식이 그것이다. 어떤 합의제방식을 취할 것인지에 따라 문제의 상황과 해결의 향방에도 차이가 나게 된다.

(1) 두 가지 방식

일반적으로 재판에서 평결방식으로는 ① '쟁점별 합의' 방식, ② '주문합의제' 방식 두 가지가 있다. ①의 '쟁점별 합의' 방식은 청구요건을 갖추었는지 여부에 대해 표결에 붙이고 다음으로 본안에 대해 표결에 붙이는 방식이라고 하여 쟁점별이라고 한다. ②의 '주문합의제' 방식[1]은 이렇게 나누지 않고 청구요건, 본안판단 다 묶어서 전체적으로 한번의 표결로 재판의 결론인 주문을 정하는 방식이다. 전체적으로 표결에 붙여 주문을 결정하여 결론을 내리는 방식을 말한다. 양자의 차이점은 쟁점별 방식에 따를 때 청구요건에 대한 판단과 본안판단에서의 결론이 분리되어 내려지므로 청구요건에 대한 판단에서 이를 갖추지 못하였다고 보는 의견을 가진 소수 재판관이 있더라도 청구요건을 갖춘 의견이 다수이므로 청구요건을 갖춘 것으로 되고 이어 다음 쟁점인 본안 쟁점의 표결에 들어가야 하는 반면에 일괄주문 방식은 그 경우 소수 재판관은 전체적으로도 청구요건을 갖추지 않은 것이라는 결론을 내리고 본안판단에 참여하지 않게 된다는 것이다.

(2) 문제상황

위와 같은 차이점이 나타나는 경우는 정족수 문제와도 결부된다. 즉 우리나라에서 합의제 방식은 재판관 6인 이상의 찬성이라는 위헌결정의 정족수가 본안판단에만 적용되느냐 아니면 재판의 전제성 등 요건[청구요건(적법요건, 본안전)]판단에도 적용되느냐 하는 문제와 연관되어 있다. 쟁점별 합의제로 하여야 한다고 보고 본안판단에는 재판관 6명 이상의 찬성이라는 정족수 규정이 적용되나 요건판단에는 6인 이상이 아니라 과반수의 찬성(재판관 9명 중 5명 이상 찬성)으로 결정되어야 한다고 본다면 요건판단에 있어서 요건충족의견과 요건결여의견이 '5 : 4'인 경우에도 본안판단에 들어가야 할 것이고 각하의견을 낸 재판관들 중에서도 본안의견을 낸다면 위헌결정 가능성 등 변화가능성도 생길 것이다. 반면에 주문합의제로 하여야 한다는 입장에서는 요건판단에서 이처럼 '5 : 4'의 경우에 본안판단에서의 변화가능성은 없게 되는 상황이 된다.

(3) 우리 헌법재판소의 방식(주문합의제)과 논란

1) 주문합의제

우리나라 헌법재판소 실무에서는 주문합의제로 평결하고 있다. 즉 청구요건과 본안문제에 대하여 이를 분리하여 평결하지 않고 전체적으로 평결하고 있다. 예를 들어 헌법재판관 6명 이상이 위헌의견이고 3인이 각하의견인 경우에 각하의견을 개진한 3인 재판관은 본안판단에 나아가지 않았던 결정례와 같은 결정이 그것을 말해 주고 있다.

판례 그러한 예로, 1994.6.30. 92헌가18, 국가보위에 관한 특별조치법 제5조 제4항 위헌결정
[결정요지] <6인 재판관 위헌의견> 위 특별조치법은 초헌법적인 국가긴급권을 대통령에게 부여하고 있다는 점에서 이는 헌법을 부정하고 파괴하는 반입헌주의, 반법치주의의 위헌법률이고, … 위 특별조치법 제5조 제4항은 재산권을 수용하는 경우 정당한 보상을 지급하도록 규정한 헌법 제23조 제3항에 위배된다. <3인 재판관 소수의견> 위 특별조치법이 사건의 경우 위헌 여부의 심판이 제청된 법률이 헌법에 위반되는지의 여부에 따라 관련사건을 담당한 법원이 다른 내용의 재판을 하게 되는 경우라고 할 수 없고, 따라서 이 사건 위헌심판제청은 재판의 전제성 요건을 갖추지 못한 것이어서 부적법하다.

---

1) '주문별 방식'이라고 부르기도 하나 사실 이는 쟁점별에 대비한 용어이긴 하나 마치 주문이 여러 개가 있고 그 주문을 각각 표결하는 것으로 생각되게 하는 용어라는 점에서 문제가 있다.

또 아래 논란 부분에 인용된 결정례에서 소수의견이 헌법재판소는 “발족 이래 오늘에 이르기까지 예외 없이 주문합의제를 취해 왔다”라고 밝히는 바에서도 나타난다.

2) 논란

한편 우리 헌법 제113조 제1항은 “헌법재판소에서 법률의 위헌결정, 탄핵의 결정, 정당해산의 결정 또는 헌법소원에 관한 인용결정을 할 때에는 재판관 6인 이상의 찬성이 있어야 한다”라고 규정하여 위헌결정, 탄핵결정, 해산결정, 인용결정이라는 본안결정에만 정족수 규정을 특별히 6인 이상 찬성으로 규정하고 있고 헌재법 제23조 제2항을 보면 청구(적법)요건충족인정에 대한 정족수는 일반적인 정족수인 과반수라고 할 것이다. 현재 실무에서 위헌의견 5인 : 각하의견 4인 의견일 때 각하를 하지 않고 합헌결정을(위헌의견 1인이 모자라 6인 정족수를 못채웠으므로 합헌결정) 한 점을 보더라도 6인이 청구요건구비가 아니라고 하더라도 각하결정 아닌 본안결정을 간 사실을 두고 보더라도 그러하다. 여하튼 그래서 위 문제상황에서 언급한 재판관들 간에 요건충족의견과 요건결여의견이 ‘5 : 4’인 경우에 같은 문제상황이 나타난다. 위와 같은 문제점이 실제로 논의된 예가 구 국세기본법 제42조 제1항 단서에 대한 위헌소원심판사건에서 재판관 4인은 청구요건(재판전제성요건)을 갖추지 못하였다고 하여 각하의견을, 재판관 5인은 본안판단까지 가서 위헌이라고 보는 의견을 내었는데 위헌결정 정족수 6인에 달하지 못하여 결국 위헌을 선언하지 못한다는 결정에 이르게 된 예가 있다. 이 결정에서 5인 재판관 의견은 재판관 5인이 재판전제성을 인정하였다면 이 헌법소원심판의 청구가 적법한 것이고 적법한 이상 재판전제성을 부정하는 재판관 4인도 본안결정에 참여하는 것이 마땅하다고 보았다. 재판관 5인의 의견은 결국 쟁점별 방식으로 하여 청구요건에 대해 먼저 판단하면 5 : 4로 적법한 것이므로(6인 찬성을 요하지 않음) 적법하니 재판관 4인 의견도 본안판단에 합류해야 한다는 것이다. 이에 반해 재판관 4인의 각하의견은 헌법재판소가 발족 이래 오늘에 이르기까지 주문합의제를 취해 왔다는 것을 내세우면서 결국 본안판단에 참여하지 않았다. 아래에 그 결정을 옮긴다.

판례 헌재 1994.6.30. 92헌바23, 판례집 6-1, 592 이하

[주문] “구 국세기본법(1990.12.31. 법률 제4277호로 개정되기 전의 것) 제42조 제1항 단서 중 ‘으로부터 1년’이라는 부분은 이 사건에 있어서 헌법에 위반된다고 선언할 수 없다.” [결정요지] <5인 재판관의 다수의견 − 위헌의견> … 이상과 같이 이 사건 헌법소원심판청구는 적법하고 이 사건 심판대상규정은 위 각 헌법규정(헌법 전문, 제1조, 제10조, 제11조 제1항, 제23조 제1항, 제37조 제2항 단서, 제38조, 제59조)에 위반되므로 위헌선언되어야 할 것이다. 그런데 위와 같은 결론에는 재판관 5인이 찬성하고 재판관 4인이 반대하여 위헌의견이 과반수이나, 헌법재판소법 제23조 제2항 제1호 소정의 위헌결정의 정족수에 미달하여 위헌선언을 할 수 없는 것이다(1989.12.22. 선고, 88헌가13 결정 및 1993.5.13. 선고, 90헌바22, 91헌바12,13, 92헌바3,4(병합) 결정 각 참조). 소수의견은 이 사건 헌법소원에 있어서 재판의 전제성을 인정할 수 없어서 부적법하다고 각하의견을 제시하고 있을 뿐, 이 사건 심판대상규정의 위헌 여부에 대한 의견을 개진하지 않고 있다. 그런데 헌법 제113조 제1항은 “헌법재판소에서 법률

의 위헌결정, 탄핵의 결정, 정당해산의 결정 또는 헌법소원에 관한 인용결정을 할 때에는 재판관 6인 이상의 찬성이 있어야 한다"고 규정하고 있으므로 위의 반대해석으로 여타의 사항은 재판관 과반수의 찬성으로 결정되어야 하는 것이다. 헌법이 재판의 정족수에 대하여 위와 같은 특칙을 둔 이유는 재판관이 재판을 함에 있어서 과반수로써 재판하여야 함은 재판의 기본원칙이기 때문에 헌법상 특칙규정이 없다면 헌법은 재판관의 과반수에 의한 재판이라는 일반원칙을 승인한 것이 되므로 법률로서는 재판의 합의정족수를 달리 규정할 수 없게 되기 때문일 것이다(대법원 1971.6.22. 선고, 70다1010 판결 참조). 그렇다면, 헌법의 위 규정에 따른 헌법재판소법 제23조 제2항 단서의 규정상 6인 이상의 찬성을 필요로 하는 경우 이외의 사항에 관한 재판에 있어서는 원래의 재판원칙대로 재판관 과반수의 찬성으로 결정되어야 하는 것이고 그에 대하여서는 이론의 여지가 있을 수 없는 것이다(헌법재판소 제23조 제2항 본문 및 법원조직법 제66조 제1항 참조). 즉, 본안재판의 전제로서 예컨대, 헌법재판소법 제41조 제1항의 '재판의 전제성'이라든가 헌법소원의 적법성의 유무에 관한 재판은 재판관 과반수의 찬성으로 족한 것이다. 따라서 이 사건에 있어서 재판관 5인이 '재판의 전제성'을 인정하였다면 이 사건 헌법소원은 일응 적법하다고 할 것이고 이 사건 헌법소원이 적법한 이상, 재판의 전제성을 부인하는 재판관 4인도 본안결정에 참여하는 것이 마땅하며 만일 본안에 대해 다수와 견해를 같이하는 경우 그 참여는 큰 의미를 갖는 것이라 할 것이다. 재판관의 의견이 과반수이면서도 정족수 미달이어서 위헌선언할수 없었던 사례가 과거에도 몇 건 있었다. 그 중 88헌가13 국토이용관리법 제31조의2에 대한 위헌심판의 경우는 소수의견이 각하의견이 아닌 합헌의견이었고, 90헌바22, 91헌바12,13, 92헌바3,4(병합) 1980년해직공무원의보상등에관한특별조치법 제2조, 제5조에 대한 경우는 소수의견이 각하의견이었지만 본안에 대하여서도 위헌의견이 아니었던 경우이다. 그리고 92헌가18 국가보위에관한특별조치법 제5조 제4항의 경우는 다수의견이 위헌결정 정족수에 이르러 소수의견의 향배가 문제되지 않았던 것이다. 이 사건에서 소수의견의 본안 참여를 특히 기대하는 것은 이 사건 심판대상규정과 밀접한 관련이 있는 저당권 또는 가등기담보와 국세의 우선순위, 저당권과 지방세의 우선순위에 관한 관계규정 중 "…으로부터 1년"이라는 부분이 위(3.나)에서 살펴본 바와 같이 이미 헌법재판소에서 위헌선고되어 소수의견도 본안에 관하여서는 위헌의견을 갖고 있음이 분명하기 때문이다. <4인 재판관의 소수의견(각하의견)> 위헌의견(다수의견)은 헌법재판의 합의방법에 관하여 쟁점별 합의를 하여야 한다는 이론을 펴고 있다. 그러나 우리 재판소는 발족 이래 오늘에 이르기까지 예외 없이 主文合議制를 취해 왔다(헌법재판소 1993.5.13. 90헌바22, 91헌바12 · 13, 92헌바3 · 4(병합) 결정 및 헌법재판소 1994.6.30. 92헌가18 결정 참조). 우리는 유독 이 사건에서 주문합의제에서 爭點別 合議制로 변경하여야 한다는 이유를 이해할 수 없고, 새삼 판례를 변경하여야 할 다른 사정이 생겼다고 판단되지 아니한다. 그렇다면 이 사건의 경우 헌법소원심판의 대상인 위 법률조항이 헌법에 위반되는지 여부에 따라 위 당해 사건을 담당한 법원이 다른 내용의 재판을 하게 되는 경우라 할 수 없으므로 결국 위 법률조항의 위헌여부는 재판의 전제성이 없다 할 것이므로 마땅히 각하되어야 한다. [결론] 이상과 같은 이유로 이 사건 헌법소원심판청구는 적법하고, 이 사건 심판대상규정은 헌법 전문, 제1조, 제10조, 제11조 제1항, 제23조 제1항, 제37조 제2항 단서, 제38조, 제59조에 위반된다는 의견이 과반수이나 헌법재판소법 소정의 위헌결정의 정족수 미달이어서 이 사건에서는 헌법에 위반된다고 선언할 수 없는 것이다.

* 검토 − ⅰ) 사실 위 소수의견이 각하결정을 해야 한다는 논거로 쟁점별 합의가 아닌 주문별 합의로 하는 것을 제시하고 있으나 이는 자가모순이다. 주문합의제로 가더라도 적법요건 판단의 정족수가 단순다수라면 5인 위헌의견은 적법요건을 갖춘 것이라고 보니 위헌결정을 하자는 것이므로 사실 적법요건 정족수 5인의 다수를 채웠으므로 각하결정을 할 수는 없는 것이고 따라서 위헌불선언(아래 설명하는 대로 판례변경하여 이후의 합헌결정 − 두 결정형식은 실질은 동일함)의 본안결정을 한 것이기 때문이다. 소수의견으로서는 쟁점별 합의가 아니니 우리의 각하의견은 그대로 유지되고 본안참여가능성은 없다는 언급정도가 논리적이었을 것이다. ⅱ) 그럼에도 다수의견이 쟁점별 합의를 하자는 주장에 의미가 있는

것은 각하결정을 주장하는 4인 재판관들 중에는 주문합의제가 아닌 쟁점별 합의로 가면 본안판단으로 와서는 위헌의견을 제시할 가능성이 있다고 보았기 때문이다. 이것이 쟁점별 합의제가 주문합의제와 차이가 날 수 있는 점이다.

3) 위 경우의 해결

위헌의견이 재판관 5인이고 각하의견이 재판관 4인 의견이어서 5 : 4인 경우였는데 당시에 위헌결정정족수 한 명이 부족할 경우에는 "위헌으로 선언할 수 없다"라고 주문에 표시를 하였는데(이를 이른바 위헌불선언결정이라 하였음) 위 결정 이후 1996년에 판례변경을 하여(헌재 1996.2.16. 96헌가2등결정) "헌법에 위반되지 아니한다"라는 단순합헌의 문언으로 주문 표시를 한다. 여하튼 위와 같이 5 : 4인 경우에는 단순합헌(본래의미 헌법소원의 경우 기각)결정을 내리는 것이 헌재의 실무입장이다. 위 결정 이후 4인 헌법불합치, 1인 위헌, 4인 각하의견으로 합헌결정이 내려진 예(예 A), 5인 인용의견, 4인 각하의견인 경우 기각 주문을 낸 예(예 B)도 있었다(아래 결정례들 참조).

판례 예 A : 헌재 2003.4.24. 99헌바110등. 예 B : 헌재 2000.2.24. 97헌마13등.

(4) 검토

4인 재판관이 각하의견을 취할 경우도 청구요건을 갖추지 못하였다고 보는 소수 재판관도 본안판단에 합류하여 위헌여부에 대한 내용적 판단이 더 풍부해질 가능성이 있다는 점에서, 그리고 이왕에 청구가 된 마당에 가능하면 본안판단에 들어가 위헌여부를 가리는 것이 국민의 기본권보장, 헌법적 해명, 헌법질서유지라는 헌법재판의 기능을 충실히 하게 된다는 점에서 쟁점별 합의가 바람직하다. 위 결정례에서 위헌의견이 5인 재판관으로 다수인데 위헌선언으로 갈 가능성을 가지지 못하는 것은 더구나 요건불비의 소수의견 때문에 위헌결정 가능성이 사라지게 한다는 것은 정당하지 못하다.[1] 쟁점별 합의제에 대해 평의과정이 다소 길어지고 복잡해진다는 단점을 지적하나 그렇더라도 그런 복잡성이 있고 시간이 더 소요되는 사안은 국민이나 국가에게 그만큼 중요한 쟁점이 담긴 법률조항임을 의미할 수 있고 그렇다면 더욱 논의와 논증의 설득력을 갖추도록 하는 신중한 과정이 필요하다는 점에서 그러하다. 한편 현실적으로 그러한 사건이 얼마나 많은지도 객관적으로 명백히 알 수 없다는 점에서 그러하다.

---

1) 이러한 취지의 지적을 이미 했다. 졸저, 판례헌법, 제1판, 길안사, 1994, 549-550면 참조.

Ⅶ. 종국결정·결정서의 형식

1. 종국결정의 정족수

재판부가 심리를 마친 때에는 종국결정을 한다(동법 제36조 1항). 재판부는 재판관 7명 이상의 출석으로 사건을 심리하여(동법 제23조 1항) 종국심리에 관여한 재판관의 과반수의 찬성으로 사건에 관한 결정을 하되, 법률의 위헌결정, 탄핵의 결정, 정당해산의 결정 또는 헌법소원에 관한 인용결정을 하는 경우, 종전에 헌법재판소가 판시한 헌법 또는 법률의 해석적용에 관한 의견을 변경하는 경우에는 재판관 6명 이상의 찬성이 있어야 한다(제113조 1항, 헌재법 제23조 2항)

2. 변형결정 등의 정족수 문제 및 재판관 의견 분립 경우의 결정형식

법률에 대한 위헌심판에서는 6명 이상 단순히 위헌의견을, 3명 이하가 단순히 합헌의견을 내는 결정만이 아니라 헌법불합치, 한정위헌과 같은 이른바 변형결정이 있을 수 있고 이는 법령소원(법령 자체를 직접 대상으로 한 헌법소원)의 경우에도 변형결정이 있을 수 있다. 이 변형결정의 경우에 정족수도 역시 단순위헌결정에서와 같이 6명 이상 찬성을 요구하는데 문제는 의견들이 분립되어 있는 경우이다. 예를 들어 단순위헌 5명 재판관 의견, 헌법불합치의견 1명 재판관 의견, 2명 재판관의견은 합헌의견, 1명 재판관은 각하 등으로 나뉠 경우에 어떤 결정을 해야 하는가 하는 것이다. 이에 관해서 뒤의 위헌법률심판에서 자세히 살펴본다(후술 참조),

3. 결정서

(1) 기재사항

종국결정을 할 때 결정서를 작성하고 아래 같은 법에 규정된 사항을 기재하여야 하며 심판에 관여한 재판관 전원 서명날인이 있어야 한다.

헌재법 제36조(종국결정) ① 생략
② 종국결정을 할 때에는 다음 각 호의 사항을 적은 결정서를 작성하고 심판에 관여한 재판관 전원이 이에 서명날인하여야 한다.
1. 사건번호와 사건명
2. 당사자와 심판수행자 또는 대리인의 표시
3. 주문(主文)
4. 이유
5. 결정일

(2) 재판관 의견의 필수적 표시

심판에 관여한 재판관은 결정서에 의견을 표시하여야 한다(법 동조 3항). 이 표시는 필수의무이다. 탄핵심판에 관해서는 이전의 위 법규정이 언급을 하지 않아 첫 번째 탄핵심판(2004헌나1) 당시 논란되었는데 이후 개정되어 모든 사건에 의견표시를 하여야 함을 명백히 규정하고 있다.

(3) 주문과 이유 - 결정서의 핵심내용

1) 주문과 이유의 형성, 법정의견

결정서의 내용적 핵심은 주문(主文)과 이유이다. 주문은 그 사건에 대한 헌법재판소의 판단의 결론이다. 위헌이면 위헌, 합헌이면 합헌이라는 결론이 담겨지게 되고 기속력이 인정된다. 이유는 결론인 주문에 이르게 된 근거와 사유들에 대하여 논리적으로 설명한 부분을 말한다. 재판관들의 의견이 갈려 소수의견들이 있는 경우에 이 소수의견들도 결정문에 기재된다(위법 제36조 3항). 이처럼 다수의견, 소수의견으로 의견들이 갈릴 때 주문을 이끌어내는 이유가 담긴 의견을 법정의견이라고 한다. 다수의견만이 법정의견이 되는 것은 아니다. 위헌법률심판이나 헌법소원심판에서 다수의견이 재판관 5명 의견으로서 위헌의견이더라도 주문은 4명의 합헌의견에 따라 작성된다. 법률의 위헌결정에는 재판관 6명 이상의 찬성이 있어야 하므로 4명 합헌의견에 따라 합헌의 주문을 내리는 결정을 하여야 하기 때문이다. 따라서 이와 같은 경우에 소수의견이 법정의견이 된다.

2) 이유의 기재순서

이유의 기재순서를 보면 대체적으로 통상 법정의견을 먼저 싣고 다음으로 소수의견들을 기재한다.

4. 결정서 정본의 송달

종국결정이 선고되면 서기는 지체 없이 결정서 정본을 작성하여 당사자에게 송달하여야 한다(법 제36조 4항).

5. 종국결정의 공시

이전에는 종국결정은 관보에 게재함으로써 이를 공시한다고 규정하고 있었으나 법을 개정하여 현재는 "종국결정은 헌법재판소규칙으로 정하는 바에 따라 관보에 게재하거나 그 밖의 방법으로 공시한다"라고 규정하고 있다(법 제36조 5항). 이 위임에 따라 제정된 '헌법재판소 심판 규칙'(이하 '심판규칙'으로 줄이기도 함. * '심판규칙'은 이 책 [부록]에 첨부되어 있음. 그 부분 참조)은 관보게재 공시대상 결정으로 모든 결정이 아니라 법률의 '위헌'결정, 탄핵심판과 정당해산심판에 관한 결정, 권한쟁의심판에 관한 '본안'결정, 헌법소원의 '인용'결정, 기타 헌법재판소가 필요하다고 인정한 결정으로 명시하고, 그 밖의 종국결정은 헌법재판소의 인터넷 홈페이지에 각 게재함으로써 공시하도록 하고 있다(심판규칙 제49조의2 제1항). 관보 공시대상 결정도 현재 인터넷 홈페이지에도 게재한다(동 규칙 동조 2항).

심판규칙 제49조의2 ① 다음 각 호의 종국결정은 관보에, 그 밖의 종국결정은 헌법재판소의 인터넷 홈페이지에 각 게재함으로써 공시한다.
1. 법률의 위헌결정 2. 탄핵심판에 관한 결정 3. 정당해산심판에 관한 결정 4. 권한쟁의심판에 관한 본안결정 5. 헌법소원의 인용결정 6. 기타 헌법재판소가 필요하다고 인정한 결정
② 관보에 게재함으로써 공시하는 종국결정은 헌법재판소의 인터넷 홈페이지에도 게재한다.

6. 헌법재판소판례 문헌과 검색

헌법재판소의 판례를 찾을 수 있는 문헌으로는, ① 헌법재판소판례집(1년에 2집씩 간행, 각 집이 결정례가 많은 경우 상, 하로 발행됨), ② 헌법재판소 공보(매달 간행), ③ 관보(위 심판규칙이 규정한 결정들 게재) 등이 있다.

헌법재판소의 판례는 인터넷에서도 찾을 수 있다(http://search.ccourt.go.kr/ths/pr/ths_pr0101_L1.do).

[판례] 이 규정이 정당해산심판의 경우 형사소송법을 준용할 수 있도록 하지 않아 공정한 재판을 받을 권리를 침해한다는 주장을 헌재는 배척하고 합헌이라고 본다(2014헌마7. 이에 대해서는 후술 정당해산심판 부분 참조).

Ⅷ. 다른 법령의 준용

헌법재판소의 심판절차에 관하여는 헌법재판소법에 특별한 규정이 있는 경우를 제외하고는 헌법재판의 성질에 반하지 아니하는 한도 내에서 민사소송에 관한 법령을 준용한다. 이 경우 탄핵심판의 경우에는 형사소송에 관한 법령을, 권한쟁의심판 및 헌법소원심판의 경우에는 행정소송법을 함께 준용하는데 형사소송에 관한 법령 또는 행정소송법이 민사소송에 관한 법령에 저촉될 때에는 민사소송에 관한 법령은 준용하지 아니한다(헌재법 제40조).

Ⅸ. 가처분

가처분이란 종국결정이 내려지기 전에 문제의 공권력작용이 이미 집행되어 종국결정에서 청구를 받아들이는 결정이 나더라도 권리구제가 이루어지지 못할 경우 등에 대비하여 심판도중에 종국결정 선고전까지 그 공권력작용의 효력을 정지하는 등의 조치를 말한다. 현재 헌법재판소법은 정당해산심판과 권한쟁의심판에서 가처분제도를 명시하고 있고 판례는 헌법소원심판의 경우에도 가처분을 인정한다. 가처분에 대해서는 뒤의 권한쟁의심판, 헌법소원심판 부분에서 자세히 다룬다(후술 참조). 헌법소원심판에서 비교적 빈번히 활용될 것이어서 그 곳에서 중점적으로 다루고 권한쟁의심판, 정당해산심판에서도 다루는데 헌법소원심판에서의 법리를 주로 인용한다.

X. 심판비용, 공탁금, 기록의 활용 등

1. 심판비용

헌법재판소의 심판비용은 국가부담으로 한다. 다만, 당사자의 신청에 의한 증거조사의 비용은 헌법재판소규칙('헌법재판소 증거조사비용 규칙')으로 정하는 바에 따라 그 신청인에게 부담시킬 수 있다(법 제37조 1항).

2. 공탁금과 그 국고귀속

헌법재판청구의 남용을 막기 위하여 공탁금과 공탁금의 국고 귀속에 관한 규정을 두고 있다. 유의할 점은 현행 헌법재판소법이 공탁금과 그 국고 귀속에 대해 헌법소원심판에 있어서만 명시하고 있다는 점이다. 즉 헌법재판소는 헌법소원심판의 청구인에 대하여 헌법재판소규칙으로 정하는 공탁금의 납부를 명할 수 있고, 헌법재판소는, 1. 헌법소원의 심판청구를 각하하는 경우, 2. 헌법소원의 심판청구를 기각하는 경우에 그 심판청구가 권리의 남용이라고 인정되는 경우에는 헌법재판소규칙으로 정하는 바에 따라 공탁금의 전부 또는 일부의 국고귀속을 명할 수 있다(법 제37조 2항·3항). 심판청구의 '각하' 결정은 심판청구가 그 요건을 갖추지 못하였을 경우 하는 결정이고 심판청구의 '기각' 결정은 청구에 이유가 없어 이를 받아들이지 않는 본안판단결정이다(각하와 기각의 결정에 대해서는 후술한다. 헌법소원심판의 결정부분 참조). 헌법소원심판에 한정하여 공탁금제를 규정한 이유는 헌법소원심판의 청구가 가장 빈번할 것이므로 이에 대한 남용방지가 요구된다고 보아 그리한 것으로 보인다.

3. 기록의 활용 - 심판확정기록의 열람·복사

심판이 확정된 사건기록은 다른 권리구제를 위하거나 학술연구 등 공익을 위해 제공되도록 아래와 같이 열람, 복사가 가능하도록 하고 있다. 다만 아래와 같이 법 소정의 제약도 있다.

> **헌재법 제39조의2(심판확정기록의 열람·복사)** ① 누구든지 권리구제, 학술연구 또는 공익 목적으로 심판이 확정된 사건기록의 열람 또는 복사를 신청할 수 있다. 다만, 헌법재판소장은 다음 각 호의 어느 하나에 해당하는 경우에는 사건기록을 열람하거나 복사하는 것을 제한할 수 있다. 1. 변론이 비공개로 진행된 경우 2. 사건기록의 공개로 인하여 국가의 안전보장, 선량한 풍속, 공공의 질서유지나 공공복리를 현저히 침해할 우려가 있는 경우 3. 사건기록의 공개로 인하여 관계인의 명예, 사생활의 비밀, 영업비밀(「부정경쟁방지 및 영업비밀보호에 관한 법률」 제2조제2호에 규정된 영업비밀을 말한다) 또는 생명·신체의 안전이나 생활의 평온을 현저히 침해할 우려가 있는 경우 ② 헌법재판소장은 제1항 단서에 따라 사건기록의 열람 또는 복사를 제한하는 경우에는 신청인에게 그 사유를 명시하여 통지하여야 한다. ③ 제1항에 따른 사건기록의 열람 또는 복사 등에 관하여 필요한 사항은 헌법재판소규칙으로 정한다. ④ 사건기록을 열람하거나 복사한 자는 열람 또는 복사를 통하여 알게 된 사항을 이용하여 공공의 질

서 또는 선량한 풍속을 침해하거나 관계인의 명예 또는 생활의 평온을 훼손하는 행위를 하여서는 아니 된다. [전문개정 2011.4.5.]

제4절 헌법재판소결정의 효력

현행 헌법재판소법에는 헌법재판소결정의 효력일반에 대한 체계적인 명시적 규정을 두지 않고 대체적으로 개별적인 효력을 규정하고 있다.1)

헌법재판소의 심판에는 위헌법률심판, 탄핵심판, 정당해산심판, 권한쟁의심판, 헌법소원심판 등 다섯 가지 심판이 있고 각 심판의 결정에 있어서도 여러 유형이 있다(예컨대 위헌법률심판 결정의 경우 합헌결정, 위헌결정, 변형결정 등이 있다). 헌법재판소의 심판에서 여러 결정들이 일률적으로 모두 동일한 효력들을 가지는 것은 아니다. 모든 결정들에 대해 일반적으로 공통적으로 가지는 효력도 있을 것이고 개별 결정들에 따라 각 결정이 가지는 특수한 효력이 있을 수도 있다.

이러한 점들을 고려하여 각 심판별 결정들의 효력에 대해서는 각 심판에 관하여 고찰하는 부분에서, 즉 위헌법률심판결정의 효력은 제3장, 권한쟁의심판결정의 효력은 제4장, 헌법소원심판결정의 효력에 대해서는 제5장에서 주로 살펴보기로 하고 여기서는 여러 결정들에 비교적 공통적인 효력에 대해 주로 살펴보고자 한다.

* 이 부분은 일반심판절차에서 결정효력 서술이라 사실 3절에 포함되어 서술되었으나 양이 너무 많고 절 이하로 할 때 넘버링이 작아져 이해도가 낮아질 수 있어서 별도의 절로 분리서술하게 되었다.

Ⅰ. 확정력

1. 개념과 법적 근거

확정력이란 헌법재판소의 결정이 있은 후에는 그 결정에 대해 다투거나 그 판단된 내용을 번복, 변경할 수 없게 하는 힘을 말한다.

우리 현행 헌법재판소법은 이 확정력에 대해 직접적으로 명시하고 있지는 않다. 그러나 헌법재판소의 상위 심급이 있는 것이 물론 아니므로 헌법재판소의 결정에 대해서는 다른 심급이나 다른 재판기관에 소송을 제기하여 다툴 수 없고 현행 헌법재판소법 제39조도 "헌법재판소는 이미 심판을 거친 동일한 사건에 대하여는 다시 심판할 수 없다"라고 일사부재리(一事不再

1) 우리는 일찍이 헌법재판소결정의 효력의 분류에 대하여 보다 명확히 할 필요성을 지적한 바 있다. 정재황, 헌법재판절차의 개선을 위한 입법론적 연구, 헌법재판소 의뢰 연구용역(공동연구), 헌법재판연구, 제4권, 1993, 177－178면 참조.

理)의 원칙을 명시하고 있으므로 헌법재판소의 결정에는 확정력이 인정된다. 또한 헌법재판소법 제40조에 따라 민사소송법이 준용되므로 민사소송에서의 기판력 등의 확정력이 헌법재판소의 결정에도 인정된다고 본다.

* 확정력과 '종국결정'이란 용어의 문제점 : 헌법재판소의 결정이 가지는 확정력에 비추어 볼 때 헌법재판소법이 사용하고 있는 '종국결정'이라는 용어(헌법재판소법 제36조 등 참조)가 적절한지 검토하는 것이 필요하다. 일반법원의 소송에 있어서는 하급심에 의해 내려진 판결로 상급심에 의한 상소로 깨트려질 수 있어 확정된 판결이 아니다. 다시 말해 종국결정이란 상급심에 의한 상소, 재판의 확정을 염두에 두고 사용될 용어이다. 반면 헌법재판소의 결정은 더 이상 그것을 다투기 위한 상급심이 없고 그 자체가 확정력을 가진다. 그 점에서 헌법재판소의 재판에 있어서 '종국결정'이란 용어를 사용하는 것이 적절한지 의문이 있다.

2. 내용

일반적으로 확정력으로는 헌법재판소에 대한 확정력으로서의 불가변력, 당사자에 대한 확정력으로서의 형식적 확정력(불가쟁력), 소송물에 대해 발생되는 실질적 확정력(기판력)이 있다고 본다.

(1) 헌법재판소에 대한 확정력(불가변력)

헌법재판소가 행한 결정은 헌법재판소 자신도 이를 취소하거나 변경, 번복할 수 없는 효력을 가지는데(헌재 1989.7.24. 89헌마141, 판례집 1, 155; 1993.2.19. 93헌마32, 판례집 5-1, 16) 이러한 효력을 불가변력(不可變力)이라고 한다. 헌재는 자기 기속력이라고 부르는 판례를 볼 수 있다.[1] i) 이는 헌법재판소 스스로에 대한 구속력이다. 현행 헌법재판소법 제39조는 "헌법재판소는 이미 심판을 거친 동일한 사건에 대하여는 다시 심판할 수 없다"(일사부재리(一事不再理)원칙)라고 규정하여 불가변력을 분명히 하고 있다. ii) 불가변력은 당해 결정을 번복할 수 없다는 효력으로서 후의 다른 사건에서의 효력인 기판력과 다르다. iii) 단순한 기재 등의 잘못이 있을 때에 경정은 가능하고 그 경정은 불가변력의 위반이 아니다(법 제40조, 민사소송법 제211조 1항).

(2) 형식적 확정력(불가쟁력)

1) 개념

헌법재판을 청구하였던 당사자가 그 헌법재판소의 결정에 대하여 다툴 수 없게 하는 효력을 말하고 이를 불가쟁력(不可爭力)이라고도 한다. 헌법재판소는 아래의 결정에서 헌법소원심판 결정에 있어서의 형식적 확정력을 명시적으로 밝히고 있다.

---

1) "살피건대, 청구인은 1989.3.28. 당 재판소에 89헌마55호로 본건과 동일한 내용의 헌법소원을 제기하여 같은 해 4.26. 당 재판소 제3지정 재판부에서 청구기간 경과를 이유로 각하된 사실이 있는바, 헌법재판소가 이미 행한 결정에 대해서는 자기 기속력 때문에 이를 취소, 변경할 수 없다 할 것이며, 이는 법적 안정성을 위하여 불가피한 일이라 할 것이다." 헌재 1989.7.24. 89헌마141, 판례집 1, 156면. 같은 취지로 헌재 1993.2.19. 93헌마32, 판례집5-1, 16면.

판례 헌법소원심판청구 각하결정에 대한 헌법소원, 헌재 제2지정재판부 1990.5.21. 고지, 90헌마78, 판례집 2, 129면

[관련판시] 살피건대, 헌법소원의 심판에 대한 결정은 형식적 확정력을 갖는 것이므로 취소할 수 없고, 이에 대해서는 헌법소원의 형식에 의하여서도 그 취소나 변경을 구하는 심판청구를 제기할 수 없다. 따라서 이 사건 헌법재판의 심판청구는 부적법하다. * 동지 : 헌재 제3지정재판부 1996.1.24. 96헌아1.

2) 내용

헌법재판소가 이미 행한 결정에 대하여 헌법재판소 외의 다른 재판기관이나 헌법재판소의 전원재판부는 물론 지정재판부의 경우에도 원래 결정을 한 지정재판부 아닌 다른 지정재판부 등에 다시 심판을 해줄 것을 청구할 수 없고 심판할 수도 없다(헌재 제1지정재판부 1990.10.12. 고지, 90헌마170, 판례집 2, 363면 등).

이처럼 이미 헌법재판소가 행한 결정에 대해 헌법소원심판이 청구된 경우 형식적 확정력(불가쟁력)에 위반된다고 하여 각하결정이 된 예들이 있다.[1] 헌법재판소 결정에 대한 즉시항고도 "그 실질에 있어서 각하결정에 대한 불복소원이라 할 것이며 헌법재판소의 결정에 대하여는 불복신청이 허용될 수 없는 것일 뿐만 아니라, 즉시항고는 헌법재판소법상 인정되지 아니하는 것"이라고 한다.[2] 한편 판시 중 '불복'이라는 용어는 기본권의 주체인 국민의 입장에서 적절하지 않은 용어라고 본다.

헌재의 각하결정의 경우, 즉 헌법소원심판의 청구요건 중 어느 하나를 결여하였다는 이유로 각하결정이 내려진 뒤 바로 그 각하결정 자체를 취소해달라는 청구를 하면 불가쟁력 위반으로 또다시 각하결정을 받게 된다. 다만, 그 청구요건이 보정이 가능한 것이어서 보정을 한 뒤 그 각하결정을 대상으로 하는 것이 아니라 새롭게 청구하는 경우에는 적법한 것이 된다.[3] 청구기간 도과와 같은 보정불가한 재청구에 대해 일사부재리 위반이라고 결정한 다른 예를 아래에 인용한다.

판례 헌재 2019.8.29. 2018헌마537

[판시] 청구인들은 이미 이 사건 심판대상 중 '가축분뇨의 관리 및 이용에 관한 법률'(2015.12.1. 법률 제13526호로 개정된 것) 제8조, 제11조, '가축분뇨의 관리 및 이용에 관한 법률' 부칙(2014.3.24. 법률 제12516호) 제9조 및 '가축분뇨의 관리 및 이용에 관한 법률' 부칙(2014.3.24. 법률 제12516호) 제10조

---

1) 헌재 제1지정재판부 1990.10.12. 고지, 90헌마170, 판례집 2, 363면; 1994.12.29. 92헌아1, 판례집 6, 538면; 2000.6.29. 99헌아18, 판례집 12-1, 978면.

2) 헌재 제1지정재판부 1990.10.12. 고지, 90헌마170, 판례집 2, 363면.

3) 헌법재판소가 청구요건을 갖추지 못하였다 하여 부적법한 것으로 각하한 뒤에, 그 하자가 보정이 가능하여 보정을 한 후에 다시 심판청구를 할 수는 있을지언정 그렇지 않은 경우에도 만연히 동일한 내용의 심판청구를 되풀이하여서는 아니 된다(헌재 제2지정재판부 1992.9.3. 고지, 92헌마197, 헌법소원각하결정취소, 판례집 4, 576면; 제3지정재판부 1992.12.8. 고지, 92헌마276, 판례집 4, 842면 이하 등 참조). 헌법소원심판청구가 부적법하다는 이유로 각하된 경우 그 결정에서 지적된 흠결을 보정하지 아니하고 다시 같은 내용의 심판청구를 되풀이하는 것은 허용되지 않는다(헌재 2001.6.28. 98헌마485 참조).

(2015.12.1. 법률 제13526호로 개정된 것)에 대하여 헌법소원심판을 청구하였다가 2018.3.7. 직접성 흠결 및 청구기간도과를 이유로 각하 결정을 받았는데(2018헌마121 제2지정재판부 결정), 이러한 사유는 그 성질상 보정될 수 없는 것이다. 한편 '가축분뇨의 관리 및 이용에 관한 법률' 부칙(2014.3.24. 법률 제12516호) 제10조(2015.12.1. 법률 제13526호로 개정된 것)는 가축분뇨법이 2018.3.20. 법률 제15510호로 개정되면서 부칙 제10조 제1항으로 조문의 위치만 변경되었을 뿐 내용의 변경 없이 유지되었다. 그렇다면 이 사건 심판대상 중 이 사건 부칙조항을 제외한 나머지 조항에 대한 심판청구는 이미 심판을 거친 동일한 사건에 대하여 다시 심판청구를 한 것으로서 일사부재리원칙에 위배되어 부적법하다.

3) 재심

재심은 형식적 확정력을 깨트린다. 이러한 재심이 헌법재판에서 인정되는가가 문제된다. 헌법소원심판에 있어서 헌법재판소는 부분적으로 재심을 인정하고 있다(후술, 헌법소원심판, 재심 부분 참조).

(3) 실질적 확정력(기판력)

1) 개념

일반적으로 재판절차법에서 기판력(旣判力)이라 함은 전소에서의 판단이 후소에서의 판단을 구속하는 힘을 의미한다. 따라서 이미 헌법재판소의 결정이 있었던 동일한 사항에 대하여 당사자는 재차 헌법재판소의 판단을 구할 수 없고 또 헌법재판소도 동일사항에 대해 앞선 심판에서 이미 확정적으로 이루어진 판단과 다른 내용의 판단을 후행 심판에서 할 수 없게 하는 확정력을 기판력이라 한다. 현행법상 실질적 확정력을 인정하는 근거는 역시 헌법재판소법 제39조가 "헌법재판소는 이미 심판을 거친 동일한 사건에 대하여는 다시 심판할 수 없다"라고 하여 일사부재리원칙을 규정하고 있는 데서 찾을 수 있다. 불가변력은 헌법재판소에 대한 효력이고, 불가쟁력은 당사자에 대한 효력인데 비하여 기판력은 헌법재판소와 당사자 모두에 대한 구속력이라는 점에서 차이가 있다.

2) 헌법재판에서의 기판력의 의미와 인정필요성

특히 위헌법률심판이나 법령소원 등 법규범에 대한 헌법재판에서의 기판력을 인정할 것인가 하는 문제에 대해 긍정설과 부정설로 견해가 대립한다. 만일 긍정한다 하더라도 헌법재판소의 재판과 법원의 재판 사이에는 차이가 있다는 점에서 헌법재판에서도 일반 재판에서의 판결이 가지는 기판력과 같은 효력으로서의 기판력을 인정하여야 하는가 하는 문제가 제기될 수 있다. 헌법재판 역시 앞에서 본 바와 같이 사법적(司法的) 작용에 해당한다는 점에서는 기판력을 인정하여야 할 것이지만 사인 간의 권익분쟁해결에 주된 목적이 있는 법원의 민사재판 등과 달리 법률이나 명령 등 법규범에 대한 헌법재판(규범통제)의 경우 헌법에 대한 객관적인 해석을 담당하는 기능에 그 중심이 있다. 헌법소원심판의 경우에는 개인의 기본권침해에 대한 권리구제기능의 성격이 강하나 우리 헌법재판소도 인정하고 있듯이 객관적 헌법질서의 유지기능을 가지기도 하므로 후자의 기능에 관련되어서는 같은 시각에서 바라볼 수 있을 것이다.

그러나 기판력을 인정한 근거가 법적 안정성에 있는데 이는 규범통제를 많이 하는 헌법재판에서도 필요한 것이고 헌법소원과 같은 구체적 사건을 판단하는 사건도 있다는 점에서 기판력을 인정하는 것이 필요할 것이다. 또한 후술하듯이 우리 헌법재판소법은 법률의 위헌결정과 권한쟁의심판의 결정, 헌법소원심판의 인용결정에 대해서는 기속력을 명시하고 있는데 만약 이러한 헌법재판소법의 명시적 규정만을 따라 법률의 위헌결정, 권한쟁의심판결정, 헌법소원 인용결정에만 기속력이 인정된다고 본다면 그 외 결정들의 구속력이 약하고 이의 공백을 보완하도록 하기 위해서라는 측면에서도 헌법재판의 경우에도 기판력을 일반적으로 인정할 필요성이 있다고 볼 것이다.

3) 효력의 범위

(가) 객관적 범위

일반적으로 기판력은 심판이 행해진 바 있는 대상에만 미친다. 또한 주문(主文)에 포함된 것에 한하여 기판력을 가지고(법 제40조, 민사소송법 제261조 1항) 원칙적으로 이유에는 기판력이 인정되지 않는다.

(나) 주관적 범위

헌법재판을 제기한 당사자는 기판력에 의하여 동일한 심판대상에 대한 헌법재판을 다시 청구할 수 없게 되는 구속력을 받는다. 기판력은 헌법재판소에도 미친다. 또한 위헌법률심판결정의 경우 당해 심판을 제청한 법원에도 기판력이 미친다고 본다.

(4) 합헌성 인정으로 결정된 법률규정에 대한 후행 심판 - 판례의 입장

1) 다른 위헌심판에서 다시 제청(청구)된 경우(본안판단, 사정변경)

앞선 심판에서 이미 합헌결정이 있었던 법률규정에 대해 다시 다른 사건에서 위헌심판이 제청된(또는 제청신청이 법원에서 기각된 경우 위헌소원이 청구된) 경우 헌법재판소는 각하결정을 하지 않고 본안판단을 하는데 선례에서 합헌이라고 판시한 것을 달리 판단하여야 할 사정변경이 인정되지 아니하면 결정주문을 "헌법에 위반되지 아니한다"라고 한다. 즉 재차 합헌결정을 하는 것이다.

판례 헌재 2018.12.27. 2017헌바248

[주문] 구 '공공단체등 위탁선거에 관한 법률'(2014.6.11. 법률 제12755호로 제정되고, 2015.12.24. 법률 제13619호로 개정되기 전의 것) 제24항 제1항 중 '후보자가 아닌 자에 관한 부분' 및 제66조 제1호 중 '제24조 제1항을 위반하여 후보자가 아닌 자가 선거운동을 하거나 부분'은 헌법에 위반되지 아니한다. [판시] 가. 쟁점 … 생략 나. 관련 선례 – 헌법재판소는 2017.6.29. 2016헌가1 결정에서 심판대상조항들에 대하여 합헌 결정을 하면서 아래와 같은 이유로 과잉금지원칙에 위배되지 아니한다고 결정한바 있다. 「(1) 입법목적의 정당성 및 수단의 적정성 … 생략 (2) 침해의 최소성 … 생략 (3) 법익의 균형성 … 생략 (4) 소결 – 심판대상조항들은 결사의 자유 등 기본권을 침해하지 아니하므로 헌법에 위반되지 아니한다.」 다. 선례 변경의 필요성 여부 – 선례의 판단 후 그 판단을 변경할 사정변경이나 필요성이 인정되지 않고, 위 선례의 판시 이유는 이 사건에서도 그대로 타당하다고 할 것이므로, 위 선례

의 견해를 그대로 유지하기로 한다.

한편 헌재는 이전에 합헌으로 결정한 법률규정이라도 이후 사정변경이 있었다면 위헌으로 판단될 수 있다고 보고 실제 과거에 합헌으로 결정한 법률규정에 대해 위헌으로 결정한 예들이 있다.[1] 이렇게 판례의 변경이 있을 수 있다. 헌법재판소의 재판관들이 교체되고 판례변경이 될 수도 있다.

2) 법령소원에서 동일 법률규정에 대한 동일 청구인의 재청구 - 일사부재리 위반

아래 결정의 사안은 헌법소원(이른바 '법령소원' 법령소원에 대해서는 후술 참조)에서 이미 합헌성을 인정하는 기각결정(2016헌마719)이 있었던 법률규정(구 노인장기요양보험법(2016.5.29. 법률 제14215호로 개정되고, 2019.1.15. 법률 제16244호로 개정되기 전의 것) 제38조(재가 및 시설 급여비용의 청구 및 지급 등) 제4항)인 바로 그 동일한 법률규정에 대해 바로 그 기각결정(2016헌마719)에서의 청구인이었던 동일 청구인이 다시 위헌확인을 청구한 사건이다. 이러한 사안에서는 일사부재리 위반의 각하결정을 한다.

판례 헌재 2019.11.28. 2017헌마791

[판시] 청구인은 2016.8.26. 이 사건 법률조항에 대해 헌법소원심판청구를 청구한 667명의 청구인 중 1인이었고, 해당 사건에 관하여 2017.6.29. 기각 결정이 선고되었다(헌재 2017.6.29. 2016헌마719). 헌법재판소는 이미 심판을 거친 동일한 사건에 대해서는 다시 심판할 수 없는바(헌법재판소법 제39조), 청구인은 이 사건 심판청구와 동일한 사건에 관하여 이미 헌법소원심판을 청구하여 헌법재판소로부터 2016헌마719 결정을 받았으므로, 이 사건 심판청구는 이미 심판을 거친 동일한 사건에 대해서 다시 심판을 청구한 것으로서 일사부재리 원칙에 위반된다. 따라서 이 사건 심판청구 중 이 사건 법률조항에 대한 부분은 부적법하여 각하한다.

* 또 다른 위반의 예

판례 헌재 2010.7.29. 2008헌마664등

[판시] 위 청구인들은 모두 『구 의료법(2006.9.27. 법률 제8007호로 개정되고 2007.4.11. 법률 제8366호로 전부 개정되기 전의 것) 제61조 제1항 중 "「장애인복지법」에 따른 시각장애인 중" 부분 및 의료법(2007.4.11. 법률 제8366호로 전부 개정된 것) 제82조 제1항 중 "「장애인복지법」에 따른 시각장애인 중" 부분에 대한 헌법소원심판청구 사건(2006헌마1098 · 1116 · 1117)』의 청구인 또는 공동심판참가인이었던 자들인바, 위 사건에 대하여 헌법재판소는 2008.10.30. 기각결정을 하였다. 그렇다면 위 청구인들의 이 사건 자격조항에 대한 심판청구는 이미 위 2006헌마1098등 사건에서 심판을 거친 동일한 사건에 대하여 다시 심판청구를 한 것이므로, 헌법재판소법 제39조의 일사부재리 원칙에 위배되어 부적법하다.

---

1) 일례로 혼인빙자간음죄규정에 대한 판례변경을 들 수 있다. 헌재 2009.11.26. 2008헌바58(판례집 21-2 하, 520)은 위헌이라고 결정하여 이전의 합헌결정(헌재 2002.10.31. 99헌바40, 2002헌바50)을 변경한 바 있다.

II. 기속력

1. 개념과 법적 근거

기속력이란 국가기관과 지방자치단체 등이 헌법재판소의 결정의 취지를 존중하고 이에 반하는 행위를 하여서는 아니 되는 구속을 받게 하는 힘을 말한다. 예컨대 법원은 위헌으로 결정된 법률을 적용해서 재판해서는 아니 되고 행정기관들도 위헌으로 결정된 법률에 근거하여 행정작용 등을 행할 수 없다. 기속력은 법원 기타 모든 국가기관, 지방자치단체에 대한 효력이므로 원칙적으로 당사자에만 미치는 기판력과는 구별된다. 기속력이 헌법재판에 직접 참여하지 않은 국가기관, 지방자치단체를 포함하여 모든 국가기관, 지방자치단체도 헌재의 결정을 따르도록 한다는 점에서 매우 중요한 효력이다.

헌법재판소법 제47조 제1항은 "법률의 위헌결정은 법원과 그 밖의 국가기관 및 지방자치단체를 기속(羈束)한다"라고 하여 법률의 위헌결정에 대하여, 동법 제67조 제1항은 "헌법재판소의 권한쟁의심판의 결정은 모든 국가기관과 지방자치단체를 기속한다"라고 하여 권한쟁의심판 결정에 대하여, 그리고 동법 제75조 제1항은 "헌법소원의 인용결정은 모든 국가기관과 지방자치단체를 기속한다"라고 하여 헌법소원심판에서의 인용결정에 대하여 기속력을 명시하고 있다.

또한 헌법재판소법 제75조 제6항은 "제68조 제2항에 따른 헌법소원을 인용하는 경우에는 제45조 및 제47조를 준용한다"라고 규정하여 위헌소원의 경우에도 기속력을 명시적으로 부여하고 있다.

그리고 이른바 부수적 규범통제, 즉 헌법소원심판에서 인용결정을 할 경우에 공권력의 행사 또는 불행사가 위헌인 법률 또는 법률의 조항에 기인한 것이라고 인정될 때에는 인용결정에서 헌법재판소가 해당 법률 또는 법률의 조항이 위헌임을 선고할 수 있다고 한 헌법재판소법 제75조 제5항의 규정에 따라 이루어지는 법률, 법률조항에 대한 위헌결정의 경우에도 동법 제75조 제6항은 마찬가지로 기속력을 명시하고 있다.

2. 기속력을 가지는 결정의 범위

[헌재법의 명시 범위] 이처럼 현행 헌법재판소법이 헌법재판소의 모든 결정에 대해 기속력을 가진다고 명시하고 있지 않고 법률의 위헌결정, 권한쟁의심판의 결정, 헌법소원의 인용결정에 대해서만 기속력을 가진다고 명시하고 있다(헌법재판소법 제47조 1항, 제67조 1항, 제75조 1항).

[논의] 이러한 문언에 그대로 따라 이들 결정들에만 기속력이 인정된다고 본다면 기속력은 한정적 효력이 될 것이다. 그런데 민사·형사재판에 있어서 그 효과가 주로 당사자에 미치는 것임에 비해 헌법재판은 최고법이자 추상적·개방적 성격을 지니는 헌법을 해석하고 그 해

석의 효과가 가지는 영향력이나 그 미치는 범위가 크고 넓다는 점에서 특수성을 가지고 있는 것은 사실이다. 또한 법률의 합헌결정 등에서도 위헌결정에 비해 그 중요도가 적지 않은 결정들을 볼 수 있다. 이러한 점 등을 고려하여 합헌결정 등의 중요이유에 대하여서도 기속력을 인정하자는 견해가 있다. 국가에 따라서는 위헌결정뿐 아니라 헌법재판소의 모든 결정, 즉 합헌결정 등에도 기속력을 인정하는 경우가 있다. 프랑스가 그 한 예이다. 프랑스 헌법 제62조 제3항이 헌법재판소의 결정은 "공권력과 모든 행정기관, 사법기관을 기속한다"라고 규정하고 있다. 구체적 규범통제를 도입한 뒤에도 마찬가지이다.

[유의 - 권한쟁의심판의 경우 모든 결정] 유의할 것은 권한쟁의심판의 경우 우리 헌법재판소법 제67조 제1항은 기속력이 있는 결정을 단순히 '권한쟁의심판의 결정'이라고 규정하여 인용결정이든 기각결정이든 모든 권한쟁의심판결정들은 기속력을 가지는 것으로 규정하고 있다는 점이다.

[변형결정에도 인정] 위헌법률심판결정의 경우 이 기속력은 단순 위헌결정뿐 아니라 변형결정(이에 대해서는 후술 위헌법률심판 참조)의 경우에도 인정된다는 것이 우리 헌법재판소의 판례이다. 따라서 헌법불합치결정의 경우 입법자는 헌법재판소의 위헌이라고 한 그 취지를 존중하면서 법률을 합헌적으로 개정할 의무를 진다. 그 적용을 중지하는 헌법불합치결정일 때에는 법원과 기타 국가기관 등은 그 개정시까지 심판대상의 법률(법률조항)을 적용하는 재판, 행정작용 등을 해서는 아니 된다. 오히려 계속 적용을 인정하는 헌법불합치결정도 있는데 이러한 결정인 때에는 법개정이 이루어져 시행되기 전까지 잠정 적용을 할 수 있게 된다. 또 법률에 대해 바로 헌법소원을 할 수도 있는데 이를 법령에 대한 '법령소원'이라고 한다(후술 헌법소원 부분 참조). 이 법령소원에서도 변형결정이 나올 수 있고 기속력이 인정된다고 헌재는 본다.

한정합헌결정과 한정위헌결정의 경우 모든 국가기관은 헌법재판소의 한정해석의 취지에 따라 당해 법률(조항)을 적용하여야 한다. 그런데 한정합헌결정, 한정위헌결정이 가지는 기속력의 확보에 대해서는 문제점이 있다(후술 참조).

3. 기속력의 내용

i) 법률(조항)에 대한 위헌결정의 경우 – 그 위헌선언된 법률(조항)과 같은 내용의 법률을 국회가 다시 제정할 수 없고 행정기관은 그 위헌선언된 법률(조항)을 적용하여 처분 등 행정작용을 해서는 아니 되며 법원도 그 법률(조항)을 적용하여 재판을 해서는 아니 되며 위헌결정된 법률조항에 대해 다시 위헌심판제청을 할 수도 없다(헌재 1994.8.31. 91헌가1, 판례집 6-2, 161).

ii) 권한쟁의심판결정의 경우 – 헌법재판소가 침해를 인정한 그 권한을 피청구인이 여전히 반복해서 행사해서는 아니 됨은 물론이고(반복금지효) 다른 국가기관, 지방자치단체가 그 권한을 행사해서도 아니 된다. 헌법재판소가 부작위(불행사)에 대한 권한쟁의심판청구를 인용하는 결정을 한 때에는 피청구인은 결정 취지에 따른 처분을 하여야 한다(처분의무, 법 제66조 2항).

iii) 헌법소원심판의 인용결정이 있은 경우 — 그 인용결정의 대상이 된 공권력작용을 다시 행하여서는 아니 되고(반복금지효) 그 인용결정의 대상이 부작위(공권력의 불행사)인 경우에는 작위로 나아가야 하는 의무(처분의무)가 주어진다(법 제75조 4항).

4. 기속력의 범위

(1) 주관적 범위

기속력이 미치는 주관적 범위, 즉 기속력을 준수하여야 할 자로서 위헌결정의 경우 헌법재판소법 제47조 제1항은 "법원 기타 국가기관 및 지방자치단체"를, 권한쟁의심판결정과 헌법소원의 인용결정의 경우 동법 제67조 제1항과 제75조 제1항은 "모든 국가기관과 지방자치단체"를 명시하고 있다. 후자의 두 경우에서는 전자에서와 달리 법원이 빠져 있으나 모든 국가기관에 법원이 포함되어 있다고 볼 것이다. 여하튼 이처럼 기속력의 주관적 범위가 "모든 국가기관과 지방자치단체"에만 명시되고 있는데 이 점에서 기속력은 그 어느 누구도 위헌결정된 법률의 효력을 주장할 수 없는 효력인 일반적 효력(대세적 효력, 아래의 Ⅲ. 참조)에 비해 그 효력 범위가 제한적이다.

기속력의 주관적 범위를 위와 같이 모든 국가기관과 지방자치단체 등 헌재 외부의 기관들에 미치는 것으로 보면 헌재 자신에 대한 구속력인 불가변력과 헌재에도 미치는 기판력과 구분된다. 그런데도 결정유형에 따른 기속력이란 제목하에 "합헌결정에도 기속력이 인정되느냐에 대하여는 논란이 있을 수 있다"라고 하면서 "그동안 헌법재판소는 이미 합헌으로 선언된 법령조항에 대하여 이를 달리 판단하여야 할 사정변경이 있다고 인정되지 아니한 경우 다시 합헌결정을 하여 왔다"라고 하며 "헌법재판소는 이미 한정합헌결정을 한 법률조항에 대하여 … 지금에 이르러 위와 달리 판단하여야 할 다른 사정변경이 있다고도 인정되지 아니한다는 이유로 다시 한정합헌결정을 하였다"라고 서술하는 문헌이 있다.[1] 이러한 서술은 헌재가 합헌결정, 한정합헌결정을 그대로 유지한다는, 헌재 자신에 대한 것이므로, 기속력을 타 국가기관에 대한 효력으로 보는 한에서는 헌재 외 국가기관들에 대한 구속력으로서의 기속력에서 언급할 것은 아니다. 헌재도 자기기속력(自己羈束力)이란 용어를 쓰는 예를 보여주고 있다(2010헌마48, 89헌마141).

(2) 객관적 범위

1) 논의

기속력이 결정의 주문(主文)에만 미치는가 아니면 결정의 중요한 이유에도 미치는가 하는

1) 헌법재판실무제요, 제1개정증보판, 헌법재판소, 2003, 84면.

것이 기속력의 객관적 범위의 문제이다. 기속력이 결정의 주문에 미치는 것에는 별다른 이견이 없다. 결정의 중요이유에 헌법재판소가 표명한 헌법적 기본법리에 대해서도 기속력이 미치는지에 대해서는 긍정론과 부정론이 있다.1)

2) 헌재결정례

① 헌재의 결정례 중에는 한정위헌결정에서 기속력을 가지려면 어느 범위가 위헌인지가 주문(主文)에 올려져야 한다고 판시한 예도 있다.

판례 보훈기금법 부칙 제5조 및 한국보훈복지공단법 부칙 제4조 제2항 후단에 관한 위헌심판, 헌재 1994.4.28. 92헌가3, 판례집 6-1, 203면

[관련설시] 헌법재판소가 한정위헌 또는 한정합헌선언을 한 경우에 위헌적인 것으로 배제된 해석가능성 또는 축소된 적용범위의 판단은 단지 법률해석의 지침을 제시하는 데 그치는 것이 아니라 본질적으로 부분적 위헌선언의 효과를 가지는 것이며, 헌법재판소법 제47조에 정한 기속력을 명백히 하기 위하여는 어떠한 부분이 위헌인지 여부가 그 결정의 주문(主文)에 포함되어야 하므로, 이러한 내용을 결정의 이유에 설시하는 것만으로서는 부족하고 결정의 주문에까지 등장시켜야 한다.

② 결정주문을 뒷받침하는 결정이유에 대한 기속력을 인정하기 위해서도 위헌결정 정족수(6인 이상 찬성) 충족이 필요하다고 본 결정례도 있다. 즉 앞선 위헌결정에서 재판관들이 위헌인 것을 뒷받침하는 이유가 기속력을 가지려면 6인 이상 찬성을 얻었어야 한다고 보아 이유 중 주문을 뒷받침하는 이유로서 6인 이상 찬성의 경우에 기속력을 부여한다는 입장을 보여준 바 있다. 그 사안은 이전의 헌재의 위헌결정(헌재 2006.5.25. 2003헌마715등)에서 7인의 위헌의견들 중 그 위헌(결정)이유로 과잉금지원칙을 위배한다는 의견이 5인의견이어서 6인 찬성을 받지 못하여 기속력이 없어서 위헌결정의 기속력에 저촉된다고 볼 수 없다는 판시를 한 것이다.

판례 헌재 2008.10.30. 2006헌마1098등, 판례집 20-2상, 1103-1104. * 안마사 관련 사건이었는데 본안판단결과 합헌성을 인정하는 기각결정이 내려졌다. [사건개요], [판시] 등 자세한 것은 뒤의 위헌법률심판 위헌결정의 기속력 부분 참조.

Ⅲ. 일반적 효력·대세적 효력·법규적 효력

이 효력도 헌법재판소의 모든 결정이 가지는 효력은 아니다. 법규범에 대한 심사가 이루어진 결과 그 법규범이 헌법에 위반된다는 결정이 내려진 경우, 즉 위헌법률심판, 위헌소원, 법령소원, 부수적 위헌결정(헌재법 제75조 5항, 후술 헌법소원심판 부분 참조)에서 법률이 헌법에 위반된다는 결정이 난 경우에 발생하는 효력이다.

구체적 규범통제를 행하는 위헌심사제도 하에서는 위헌결정이 당해 재판에서의 적용거부

1) 이에 관해서는 정재황, 헌법재판절차의 개선을 위한 입법론적 연구, 헌법재판소 의뢰 연구용역(공동연구), 헌법재판연구, 제4권, 1993, 179면 이하 참조.

라는 개별적인 효력을 가지는 데 그치는 것이 보통의 예인데(전술, 제1장 제2절 2. 참조) 우리나라의 경우 구체적 규범통제를 행하면서도 헌법재판소법 제47조 제2항은 위헌으로 결정된 법률 또는 법률의 조항은 "효력을 상실한다"라고 규정하고 있다. 그리하여 위헌결정이 된 법률(조항)은 일반적으로 그 효력이 없는 것으로 되고(일반적 효력 一般的 效力) 그 법률(조항)에 대해서는 그 어느 누구도 효력을 주장할 수 없게 되는 대세적 효력(대세적 효력 對世的 效力)이 생긴다. 기속력이 국가기관을 구속하는 효력인 데 비해 일반적 효력은 국가기관에 대한 구속력을 넘어서 모든 사람들, 즉 일반 사인들에게도 미치는 효력이다. 그래서 일반적 효력이다.

대세적 효력을 독일 등에서처럼 법규적 효력으로 보는 견해도 있다. 위헌결정으로 법률(조항)의 효력이 '상실'된다는 것은 법률을 폐지하는 법효과를 가져오므로 이를 두고 법규적 효력이라고 하는 것이다(법률을 폐지하는 것도 그 폐지하는 법률을 제정함으로써 한다는 점을 상기). 독일에서는 규범통제에 있어서 연방헌법재판소의 재판은 법률의 효력을 가진다고 연방헌법재판소법에서 명시하고 있다. 그러나 우리 헌법재판소법에는 법규적 효력을 직접적으로 명시하고 있지 않다. 우리 헌법재판소는 위헌결정의 효과에는 법률폐지의 법규적 효력이 따른다고 한다.[1] 그러나 법률규정을 폐지하는 법규를 헌법재판소가 가져올 수 있다고 보게 하는 것은 헌법재판소가 입법자가 아니라는 점에서 문제라고 보아 법규적 효력이라는 용어에 대해서는 적절하지 않다고 보기도 한다.

한편 헌법재판소법은 제68조 제2항에 의한 위헌소원, 동법 제75조 제5항에 의한 부수적 규범통제의 경우에는 "효력을 상실한다"라고 규정한 동법 제47조 제2항을 준용함을 직접 명시하고 있으나(동법 제75조 6항) 법령소원의 경우에는 직접 명시하지 않고 있는데 이를 명백히 하는 입법개선이 필요하다.

모든 사람에게(그 어느 누구에게)도 미치는 대세적 효력이므로 그 적용의 주관적 범위에 있어서, 당사자에만 미치는 기판력, 헌법재판소에 미치는 불가변력, 모든 국가기관에 미치는 기속력과 차이가 있다.

1) 헌재 1993.5.13, 92헌가10, 91헌바7, 92헌바24 · 50(병합), 판례집 5-1, 244면.

제3장 위헌법률심판

* 이하 편술 : 제3장 이하에서는 헌재의 중요한 심판들인 위헌법률심판(제3장), 권한쟁의심판(제4장), 헌법소원심판(제5장), 탄핵심판 및 정당해산심판(제6장)을 각 장별로 살펴본다.

* 유의점 : 위헌소원심판('헌바'사건)은 실질적으로 위헌법률심판이므로 이하 위헌법률심판에 관한 법리에 관한 서술에서 '헌바'결정들에서 나온 법리들도 당연히 함께 포함하여 살펴본다.

제1절 서설

Ⅰ. 위헌법률심판의 개념과 특성

1. 개념과 기능

(1) 개념과 헌법규정

위헌법률심판이란 어떠한 법률규정이 헌법규범에 위반되는지를 심사하고 위헌으로 판단되는 경우 그 법률규정을 적용하지 않거나 그 효력을 상실하게 하는 헌법재판을 말한다. 현재 우리나라의 위헌법률심판에서는 위헌결정으로 효력이 상실된다. 현행 우리 헌법은 "법률이 헌법에 위반되는 여부가 재판의 전제가 된 경우에는 법원은 헌법재판소에 제청하여 그 심판에 의하여 재판한다"라고 규정하고 있다(제107조 1항).

(2) 기능

위헌법률심판은 헌법에 위반되는 법률규정들을 소거시킴으로써 ⅰ) 헌법의 침해로부터 헌법을 보호하는 기능을 하고(헌법보호기능), ⅱ) 특히 헌법이 보장하는 기본권을 침해하는 법률규정을 헌법위반으로 결정함으로써 기본권보장의 기능(기본권보장기능)을 수행하게 된다.

2. 현행 위헌법률심판의 법적 특성과 한계

(1) 특성 - 구체적 규범통제·사후적 심사

ⅰ) 구체적 규범통제·사후적 심사 – 위헌법률심판은 이처럼 법률이 헌법에 위반되는지의 여부가 구체적 사건해결을 위한 법원재판의 전제가 된 경우에 비로소 심판이 이루어지므로 구체적 규범통제로서의 성격을 가진다. 법률이 시행에 들어간 이후에 위헌심사가 이루어

지는 사후적 규범통제이기도 하다. 헌법재판소라는 법원 외의 특별한 재판기관을 두고 거기서 위헌법률심판을 담당하고 있기도 하다. ii) 헌법재판소형, 법원의 협력 – 헌법재판소라는 법원 외의 특별한 재판기관을 두고 거기서 위헌법률심판을 담당하고 있기도 하다. 그런데 위헌법률심판 자체는 헌재가 담당하나 그 위헌법률심판은 법원의 제청으로 이루어지므로 법원의 협력이 공조하게 된다. iii) 객관적 규범통제 - 예외가 있으나 법률은 일단은 그 적용될 가능성이 있는 사람이나 사항이 불특정하여 일반성·추상성을 지니는데 이의 헌법 위반 여부를 가린다는 점에서 객관적인 규범통제라는 특성을 가진다. 심판대상이 기본권에 관한 법률규정만이 아니다(예를 들어 기본권과 무관하게 어느 국가기관의 권한에 관한 법률규정이 권력분립주의라는 헌법규범에 반하는지를 판단할 수 있다). 그런데 위헌심판의 대상이 되는 법률규정의 많은 경우가 기본권에 관한 내용이어서 실제 기본권보호를 위한 위헌법률심판이 많이 이루어진다.

(2) 한계

현재 우리 헌법재판소에 의해 이루어지고 있는 위헌법률심판은 구체적 규범통제이고 사후적 심사라는 점에서 한계가 없지 않다. 특히 사후심사로 시행중인 법률의 효력을 상실시킬 수 있기에 법적 안정성에 문제가 없지 않다. 또한 구체적인 재판에서 적용되는 법률규정을 심판대상으로 함이 원칙이므로 아직 구체적인 위헌문제가 재판에서 제기되지 않은 법률규정에 대한 추상적 규범통제가 이루어지지 않고 있다. 우리 헌법재판소도 아래의 결정에서 우리 헌법이 법률의 위헌여부심판에 있어서 구체적 규범통제를 채택하고 있음을 밝히면서 그와 같은 한계를 지적하고 있기도 하다. 프랑스에서처럼 법률시행 전에 행하는 사전적 심사도 설정되어 있지 않다. 추상적 규범통제나 사전적 심사제는 예방적 기본권구제의 기능을 할 수 있다.

판례 국세기본법 제35조 제1항 제3호의 위헌심판, 헌재 1990.9.3. 89헌가95, 판례집 2, 245면 이하
[관련설시] 이 사건 국세기본법의 규정을 위헌으로 선언하면 다른 종류의 담보권, 또는 다른 세법과의 사이에서 불평등이 발생하게 되어 혼란을 야기시키게 된다는 것이다. 즉 국세기본법 제35조 제2항, 같은 법 제42조 제1항, 지방세법 제31조 제1항 단서 및 제2항 제3호에서 이 사건 심판대상과 같은 내용의 우선규정을 두고 있는데, 이 사건의 경우에만 위헌으로 결정된다면 불합리한 차별이 생겨나서 오히려 혼란이 생긴다는 것이다. 그러나 그것은 헌법 제111조 제1항 제1호와 헌법재판소법 제41조 제1항, 제45조 본문이 법률의 위헌여부심판에 있어서 구체적 규범통제절차를 채택하고 있는 데서 비롯되는 부득이한 현상으로서, 관련성이 있는 다른 법률과 동시에 해결되어야 한다는 주장은 이론상으로는 비록 경청할 가치가 있고 또 장차 그러한 방향으로 법률이 개정될 수도 있다고 할 것이나, 현행 법제 하에서는 이에 관한 명문규정이 없어 일괄 처리하기에는 현재로는 문제가 있기 때문에 수긍하기 어려운 것이다.

(3) 다른 심판에 의한 법률심사 가능성, 사전심사 가능성

현행 위헌법률심판이 가지는 위와 같은 한계에 대한 보완을 모색하는 의미에서도 이에 대해 살펴본다.

1) 위헌법률심판 외의 다른 심판에 의한 법률심사의 가능성

현재 우리나라에서 법률에 대한 위헌여부의 심사는 위헌법률심판에 의해서만 이루어지는 것은 아니다. 위헌법률심판 외에 다음과 같은 심판에 의해 법률에 대한 위헌심사가 이루어질 수 있다. 여기서는 간략히 살펴보고 제7절에서 집중적으로 살펴본다(후술 참조).

i) 위헌소원에 의한 심사 – 우리의 위헌법률심판은 법원이 구체적 재판에서 적용될 법률의 위헌여부가 재판의 전제가 된 경우에 법원이 헌법재판소에 제청을 함으로써 이루어지는데 법원이 당사자의 신청을 기각하여 헌법재판소에 위헌여부심판을 제청하지 않은 경우에 우리나라의 독특한 구제책으로서 헌법재판소법(이하 줄여서 '헌재법'이라고도 함) 제68조 제2항은 당사자는 헌법재판소에 헌법소원을 통하여 법률의 위헌여부심판을 받을 수 있는 길을 열어두고 있다. 헌재법 제68조 제2항에 의한 헌법소원을 헌법재판소는 이른바 '위헌소원'('헌바'사건)이라고 부르면서 우리 헌재부터도 이 위헌소원을 실질적으로 위헌법률심판이라고 보는데 이에 따라 법률심사가 이루어짐은 당연하다. ii) 법률에 대한 법령소원에 의한 심사 – 어떤 법령이 직접 기본권을 침해하는 경우에 그 법령 자체에 대해 바로 헌법소원을 청구할 수 있고 이를 법령소원이라고 한다. 법률이 이러한 법령에 해당되면 바로 헌법소원을 할 수 있고 그 법령소원에서 법률에 대한 위헌심사가 이루어질 수 있다. 이 법령소원은 본래의 권리구제형 헌법소원의 하나이므로 그 사건부호도 '헌마'이다(법령소원에 대한 자세한 것은 뒤의 헌법소원심판, 대상 부분 참조). iii) 헌법소원에서의 부수적 규범통제 – 헌법재판소법 제75조 제 5 항은 헌법소원을 인용함에 있어서 "헌법재판소는 공권력의 행사 또는 불행사가 위헌인 법률 또는 법률의 조항에 기인한 것이라고 인정될 때에는 인용결정에서 당해 법률 또는 법률의 조항이 위헌임을 선고할 수 있다"라고 규정하고 있으므로 이렇게 부수적으로 법률규정에 대한 위헌심사가 있을 수 있다. iv) 권한쟁의심판 등에 의한 통제 – 권한쟁의심판의 경우 ① 국회의 법률제정행위가 다른 국가기관이나 지방자치단체의 권한을 침해하였다고 주장하여 제기되는 권한쟁의심판에서 법률에 대한 심사가 이루어질 수 있다(실제례 : 후술 제7절 참조). ② 우리 권한쟁의심판은 '헌법'에 의하여 부여받은 권한뿐 아니라 '법률'에 의하여 부여받은 권한의 침해에 대해서도 청구할 수 있다. 따라서 청구인이 주장하는 침해된 권한의 근거인 법률에 대한 심사가 전제적으로 이루어질 경우도 있다(선결문제, 실제례 : 후술 제7절 참조). ③ 법률의 제정, 개정 등 입법과정에서 국회의원 등의 권한인 토론권, 표결권 등을 침해한 경우 국가기관 간의 권한쟁의에 대한 심판인 권한쟁의심판으로 다툴 수 있다. 따라서 이러한 권한쟁의심판을 통하여 입법절차가 준수되었는지 여부, 입법과정상의 하자가 없는지 여부 등에 대한 판단이 이루어지게 되므로 권한쟁의심판이 법률에 대한 통제의 기능을 가질 수도 있다. 그동안 국회의원의 권한침해를 인정한 예가 있었으니 그로 인하여 법률안 가결행위에 대하여서까지도 취소결정이나 무효확인결정을 한 예는 아직까지 없다(따라서 권한쟁의심판결정으로 법률이 위헌으로 무효선언된 적은 없다). 탄핵심판의 경

우에도 탄핵사유가 헌법뿐 아니라 '법률'의 위배도 포함하므로 역시 그 심사가능성이 있다.

2) 사전적·예방적 위헌법률심사 가능성과 그 예

(가) 법령소원의 경우

앞서 언급한 바와 같이 현행 위헌법률심판은 사후적 심사제도이고 사전적 심사는 우리나라에 도입되어 있지 않다. 그런데 이른바 법령소원에서 공포된 후 시행 전에 위헌심사를 할 가능성과 그 실제의 예를 볼 수 있고 공포도 되기 전에 위헌심사를 한 예를 볼 수 있다. 이는 어디까지나 법령소원의 경우이고 법률에 대한 법령소원에서 청구요건 중의 하나인 기본권침해의 현재성요건을 완화하여(후술 헌법소원 부분 참조) 법률규정이 공포되기 전 또는 시행되기 전에 기본권침해의 예측이 가능한 경우 현재성이 있는 것으로 보고 그 법률규정에 대한 헌법소원심판을 인정함으로써 위헌심사가 이루어질 가능성이 있다. 현재성요건이란 헌법소원심판을 청구할 시점에 기본권침해가 있을 것을 요구하는 요건인데 법령은 시행 전에는 기본권침해가 없는 것이 당연하므로 원칙적으로 현재성이 없을 것이나 이처럼 현재성요건을 완화하여 위헌심사에 들어갈 수 있게 되는 것이다.

ⅰ) **공포 후 시행 전의 법률규정에 대한 법령소원의 예**

판례 경기도 남양주시 등 33개 도농복합형태의 시설치 등에 관한 법률 제4조 위헌확인, 헌재 1994.12.29. 94헌마201

[중요판시사항] ▷ 공포 후 시행 전의 법률 자체에 대한 헌법소원의 적법성(청구요건충족) 인정 효력발생 전(시행 전)인 현재시점에서 기본권침해가 충분히 예측가능한 경우(기본권침해의 현재성 인정) [관련설시] 법규범이 일반적 효력을 발생하기 전이라도 공포되어 있는 경우에 그 법규범에 대하여 헌법소원을 제기할 수 있는가. 이와 관련하여 우리 재판소는 서울대학교 신입생선발 입시안에 대한 헌법소원에서 "현재 고등학교에서 일본어를 배우고 있는 청구인들은 서울대학교 대학별 고사의 선택과목에서 일본어가 제외되어 있는 그 입시요강으로 인하여 94학년도 또는 95학년도에 서울대학교 일반계열 입학을 지원할 경우 불이익을 입게 될 수도 있다는 것을 현재의 시점에서 충분히 예측할 수 있는 이상 기본권침해의 현재성을 인정하여 헌법소원심판청구의 이익을 인정하는 것이 옳다"고 판시하였다(헌재 1992.10.1. 92헌마68·76(병합) 결정 참조). 이 사건 법률은 1994.8.3. 법률 제4774호로 공포되었고 1995.1.1. 부터 시행된다. 이 사건 법률이 시행되면 즉시 중원군은 폐지되고 충주시에 흡수되므로, 이 사건 법률이 효력발생하기 이전에 이미 청구인들의 권리관계가 침해될 수도 있다고 보여지고 현재의 시점에서 청구인들이 불이익을 입게 될 수도 있다는 것을 충분히 예측할 수 있으므로 기본권침해의 현재성이 인정된다. * 동지 : 헌재 1995.3.23. 94헌마175, 경기도 남양주시 등 33개 도농복합형태의 시설치 등에 관한 법률 제8조 위헌확인.

* 해설 – 본 결정은 법률이 공포된 후 시행 전에 심판이 이루어져 마치 사전적·예방적 위헌법률심사가 이루어진 효과를 가져왔다. 물론 추상적 규범통제로서의 프랑스식의 사전적 심사제와는 달리 이 사건은 기본권침해를 이유로 한 헌법소원에 의한 통제이다. 또한 프랑스식의 사전적·예방적 심사는 법률의 공포 전에 행하는 것인 반면에 본 결정에서의 심사는 공포 후·시행 전에 행한 것이라는 점에서 다소 차이가 있는 사전심사가 이루어진 셈이다. 우리는 그동안 사전적·예방적 위헌법률심사의 도입을 주장하여 왔고, 헌법소원청구요건으로서의 기본권침해의 현재성요건의 완화를 주장하여 왔는데, 이러한 완화가 법률 자체에 대한 직접적 헌법소원이 사전적·예방적 심사가 없는 현재의 공백에 대한 보충 내

지 그 대체효과로서 작용할 수 있지 않은가 한다. 프랑스식의 사전적·예방적 심사는 공포 전에 행하는 심사이어서 법률'안'에 대한 심사로 위헌'법률'심사가 아니라는 견해가 있으나 이는 잘못이다. 공포는 법률의 효력발생요건이지 확정요건이 아니고 공포 이전에도 법률로 존재한다. 프랑스학자들도 위헌법률심사로 부르고 있다. 또한 프랑스식 심사를 구체적 규범통제라고 보는 견해도 있으나, 시행도 되기 전인 공포 전 심사이므로 당연히 구체적 침해나 헌법위반이 나올 수도 없다는 점을 이해하지 못하는 견해이다. 프랑스식의 사전적·예방적 심사는 추상적 심사이다. 한편 프랑스에서는 사전적 규범통제뿐 아니라 사후적 규범통제도 하고 있다.

* 공포후 시행전 법령소원결정의 또 다른 예 – 헌재 2016. 7. 28. 2015헌마236등. '부정청탁 및 금품등 수수의 금지에 관한 법률'에 대한 법령소원심판결정이었는데 동법은 2015. 3. 27. 공포되었고 이 결정이 내려진 이후인 2016. 9. 28.부터 시행될 예정이었다. 이 결정은 기각결정이었다.

ii) **공포전 심사를 행한 예** 심지어 공포 전의 법률규정에 대해 위헌여부의 심사를 한 예가 있다. 이 경우도 법령소원에 의한 것이었다.

판례 헌재 2001.11.29. 99헌마494, 재외동포의출입국과법적지위에관한법률 제2조 제2호 위헌확인

(나) 검토

사실 위와 같이 법령소원에서 현재성 요건을 완화함으로써 거두고자 하는 사전심사의 효과는 한계가 있고 보다 예방적 차원에서의 엄밀한 의미의 프랑스식 사전심사라고 보기는 힘들다. 왜냐하면 법령소원을 청구할 시점에서는 공포나 시행 이전이므로 사전심사라 할 수 있을 경우라고 하더라도 그 공포나 시행 이전에 헌재의 결정이 신속히 내려지면 몰라도 그렇지 않고 법령소원결정이 내려지기 전까지 공포나 시행이 정지되지도 않아 심판도중에 이미 시행에 들어가는 경우가 많을 것이다. 그리하여 법률의 시행으로 이미 기본권침해, 위헌적 상태가 발생하면 예방의 기능은 수행할 수 없는 것이다(위 i)의 경우 1995.1.1. 시행되기 전인 1994.12.29.에 선고가 되어 상당히 사전심사의 의미를 가진 경우라고 평가될 수는 있겠다). 이러한 면에서 공포나 시행 전의 법률규정에 대한 법령소원심판의 청구가 있을 경우에 그 법률에 대한 공포나 시행을 유예하는 제도를 두거나 본격적인 사전심사제의 도입을 가져오지 않는다면 여전히 한계가 있음을 보여준다고 할 것이다.

Ⅱ. 현행 위헌법률심판 제도의 개관과 절차흐름(진행)

1. 개관

우리나라에서 행해지는 위헌법률심판절차를 개관하면, 어떠한 구체적 사건의 해결을 위한 재판(소송)이 법원에 제기된 후 어떠한 법률규정이 헌법에 위반되는지가 그 재판의 전제가 되어 법원이 그 위헌여부를 가리기 위한 심판을 헌법재판소에 제청하면 헌법재판소의 심판이 이

루어지게 된다. 예를 들어 어떤 불리한 행정작용으로 자신의 권리가 침해되었다고 주장하는 A가 먼저 행정심판을 거쳐(거치지 않을 경우도 있음) 법원에 행정재판을 청구하고 그 재판에서 문제의 행정작용이 근거한 S법률 제7조가 헌법에 위반된다고 주장하면서 법원에 위헌여부심판을 제청해 줄 것을 신청하고 법원이 이를 받아들여 헌법재판소에 제청을 하면 심판이 이루어지게 된다. 법원의 제청은 직권으로도 할 수 있다. 위헌심판제청신청을 법원이 기각(또는 각하)한 경우에도 헌법재판소법(줄여서 '헌재법'이라고도 함) 제68조 제2항에 의하여 헌법소원(이른바 '위헌소원', '헌바', '위헌소원'에 대해서는 후술 참조)을 청구함으로써 위헌심판을 받을 수 있다. 이것은 우리나라에서의 특징적 제도이다. 위의 예를 그림으로 정리하면 아래와 같다.

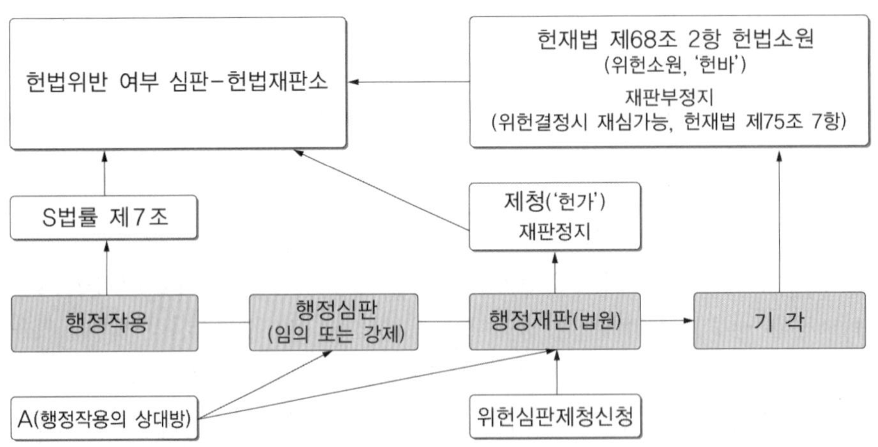

▌한국의 위헌법률심판제도의 도해. 출전 : 정재황, 헌법학, 박영사, 2021, 1876면; 신헌법입문, 제11판, 박영사, 2021, 886면

[법률에 대한 법령소원과의 비교] 혼동을 하지 말아야 할 것은 위헌법률심판('헌가') 또는 위헌소원심판('헌바')과 법률에 대한 법령소원이다. 위에서도 언급하였지만 법률규정이 직접 기본권침해를 가져오면 그 법률규정 자체를 대상으로 헌재에 헌법소원심판을 청구할 수 있고 그 경우에 '법령소원'(법령 + 소원)이라고 부른다. 아래 도해에서 보듯이 법률에 대한 헌법소원인 법령소원은 본래의미 헌법소원의 하나로서(하나라고 하기에는 실제 헌법소원의 많은 사건들이 법령소원사건들이다) 법률 그 자체에 대해 헌재에 바로 심사를 청구하는 것이다(사건번호도 그래서 일반 헌법소원과 같이 '헌마'이다). 법률이 공권력행사결과이므로 공권력의 행사로 인한 기본권침해 구제를 위한 헌법소원이기 때문이다. 위헌법률심판과 법령소원심판은 그 적법요건, 청구요건에서 차이가 있다. 위에 개관에서 본 대로 재판전제성이 중요한 요건인 위헌법률심판이나 위헌소원심판과 달리 법령소원에서는 어디까지나 헌법소원이므로 일반적인 헌법소원의 청구요건을 충족하여야 한다(보충성원칙과 같이 적용이 안 되는 요건이 있긴 하다).

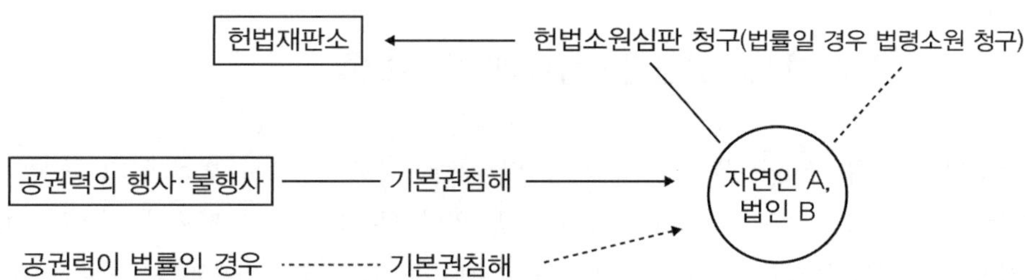

▮법률에 대한 법령소원과 위헌법률심판과의 비교를 위한 일반 헌법소원, 법령소원의 흐름 도해

* 유의 : '헌가'와의 혼동은 그래도 덜한데 헌법소원이란 말이 마찬가지로 쓰이는 '헌바'와 법률에 대한 법령소원인 '헌마'와 혼동이 안되도록 해야 한다. '헌바'의 경우 법원이 등장한다는 점에서 차이가 있다.

2. 절차흐름(진행)과 이하의 서술체계

위 도해에서 알 수 있듯이 다음과 같이 진행된다.

i) **제청신청** 먼저 구체적 사건의 당사자가 법원에 재판을 제기하면 그 재판에서 적용되는 법률조항이 헌법에 위반되는지 여부를 당해 사건을 담당하는 법원이 헌재에 제청해줄 것을 신청하는 단계로 시작된다.

ii) **법원의 신청에 대한 판단과 결정 단계** 이 신청에 대해 그 법원이 위헌심판을 받아야 할 이유가 있고 위헌법률심판제청에 요구되는 적법한 신청이라면 헌재에 제청하는 단계,

iii) **헌재의 적법요건 판단 단계** 헌재가 법원의 제청에 대해 그 적법성을 판단하는 단계,

iv) **본안판단과 결정 단계** 앞의 단계 iii)에서 헌재가 적법하다고 판단하면 본안판단에 들어가서 본안결정(위헌결정, 합헌결정, 변형결정 등)을 하는 단계로 진행된다.

위의 흐름에서 보는대로 따라서 본안판단에 들어가기까지의 과정에서 요구되는 조건이 적법성요건을 구성하여 이하 서술체계에서는 먼저 제청신청, 제청, 재판전제성, 이 모든 것 이전에 법률조항일 것이라는 대상성 이러한 것들을 적법성 문제로 다룬다. 다음으로 적법성을 갖추지 못하여 각하되거나 본안판단까지 가서 그 결과 내려지는 본안결정 등은 결정형식 문제로, 그리고 그 효력문제도 다루게 된다.

유의할 점은 단계 i)에서 당사자의 신청이 없어도 단계 ii)에서 법원의 직권제청이 있을 수 있고 법원이 제청신청을 기각(또는 각하)하여 제청하지 않으면 위헌소원심판을 청구할 수 있다는 점, 단계 iii)에서 헌재가 적법하지 않다고 보면 각하결정으로 마무리될 수도 있다는 점이다.

제2절 위헌법률심판의 적법요건

위헌법률심판이 적법하기 위한 요건으로는 위의 개관에서도 본 대로 법률이 그 대상이 되어야 한다는 대상성 요건, 문제의 법률규정의 헌법 위반여부가 재판의 전제가 되어야 하며 법원의 제청이 있어야 한다는 등의 적법요건을 갖추어야 하고 이 적법요건들 중 어느 하나라도 결여한 것이면 부적법하다고 각하된다. 이하에서 각 적법요건들을 각 항들로 나누어 살펴본다.

제1항 위헌법률심판의 대상 - 법률

Ⅰ. 대상성의 의미 - 위헌법률심판의 요건으로서의 대상성

위헌법률심판의 대상성을 가져야 하는 것도 위헌법률심판에서의 제청요건(적법요건)들 중의 하나이다. 대상이 되지 않는 경우에는 본안판단에 들어가지 않고 각하결정을 하게 된다. 위헌법률심판의 대상은 법률이다.

Ⅱ. 대상성이 인정되는 법규범

1. 서설

위헌법률심판은 법률이 헌법에 위반되는지 여부를 가리는 심판이므로 그 대상은 물론 법률이고 일단은 국회에서 제정된 형식적 의미의 법률이 이에 해당됨은 물론이다. 그런데 실질적 의미의 법률, 즉 형식은 법률이 아니나 그 실질적 효력이 법률과 같은 예를 들어 긴급명령, 조약과 같은 법규범도 위헌법률심판의 대상이 된다는 것이 일반적으로 인정되고 있다.

2. 형식적 의미의 법률

위헌법률심판의 대상인 법률은 먼저 국회에서 제정된 형식적 의미의 법률을 의미함은 물론이다. 우리 헌법재판소는 폐지된 법률에 대해서도 그 대상이 될 수 있음을 인정하고 있다.

(1) 국회에서 제정·개정된 법률규정

국회에서 제정·개정된 법률이란 이름의 법규범이 일반적으로 많이 위헌법률심판의 대상이 됨은 물론이다. 한국헌법에 의해 체결·공포된 조약, 일반적으로 승인된 국제법규 중 우리나라 법률과 같은 효력을 가지는(제6조 1항) 것은 아래에서 보듯이 대상이 될 수도 있으나 어느 특정 외국의 법률(조항)은 우리나라 국회에서 의결되지 않은 것이므로 대상이 아니다.

(2) 유효하게 시행중인 법률규정

국회에서 의결된 법률로서 적법한 절차에 따라 공포되고 지금 현재 시행되는 효력이 있는 법률규정이어야 대상이 된다. 더 이상 효력을 가지지 않는 법률조항은 원칙적으로 아래의 폐지된 법률규정에 대해서도 예외적으로 대상성을 인정하는 경우가 아닌 한은 대상이 되지 못한다. 그리고 뒤에서 보는 대로 공포되긴 하였으나 전혀 시행에 들어간 바 없는 법률조항에 대해서는 대상성이 부정된다.

(3) 폐지된 구 법률에 대한 심판 대상성 인정

1) 인정의 기본적 논거 - 재판전제성(심판이익)의 인정

폐지된 법률일지라도 당해 소송에서 적용이 되는 규범으로서 그 위헌여부가 당해 재판의 해결을 좌우하는, 즉 재판의 전제성, 심판의 이익이 인정되는 경우에는 위헌법률심판의 대상이 된다고 보아야 할 것이다. 따라서 재판전제성, 심판이익의 인정이 폐지된 구법규정의 대상성을 인정하는 논거의 기본을 이룬다고 할 것이다.

판례 헌재 1994.6.30. 92헌가18

[관련설시] 폐지된 법률도 그 위헌여부가 관련 소송사건의 재판의 전제가 되어 있다면 당연히 헌법재판소의 위헌심판의 대상이 된다; 헌재 1996.4.25. 92헌바47. [관련설시] 폐지된 법률이라고 할지라도 그 위헌 여부가 재판의 전제가 된다면 심판청구의 이익이 인정된다고 할 것이다(헌법재판소1994.6.30. 선고, 92헌가18 결정 참조). * 이 결정들에 대해서는 아래에 인용되는 바 참조.

2) 구체적 사유

(가) 폐지된 법률에 의한 법익침해상태의 계속

헌재는 폐지된 법률이라 할지라도 그 법률에 의한 법익의 침해가 계속되는 경우 등에는 그 구법에 대한 위헌심판의 필요성이 있기 때문에 그 대상성을 인정한다. 아래의 결정례가 그 예이다.

판례 헌재 1989.12.18. 89헌마32등

※ 이 결정은 헌마사건으로 표시되긴 하였으나 헌재법 제68조 제2항의 위헌소원사건의 결정이었다. 헌법재판소 출범 후 초기에는 현재처럼 위헌소원에 대해 '헌바'라는 사건부호를 따로 두지 않고 위헌소원사건에 대해서도 '헌마'의 사건부호로 표기하였었다. [관련판시] 국가보위입법회의법은 1980.10.27. 의결되어 같은 달 28. 법률 제3260호로 공포·시행되었고, 같은 법 부칙 제2항에 의거 1981.4.10. 폐지된 한시법이다. 그리하여 법률의 시적 효력범위 문제와 관련하여 폐지된 법률이 위헌여부심판의 대상이 될 수 있느냐가 문제된다. 그것은 법률의 위헌결정에 의하여 일반적으로 그 효력이 상실되는 우리나라의 법제하에서 이미 효력이 상실된 법률에 대하여서는 새삼스럽게 효력을 상실시킬 실익이 없다고 할 수

도 있기 때문이다. 그러나 폐지된 법률에 의한 권리침해가 있고 그것이 비록 과거의 것이라 할지라도 그 결과로 인하여 발생한 국민의 법익침해와 그로 인한 법률상태는 재판시까지 계속되고 있는 경우가 있을 수 있는 것이며, 그 경우에는 헌법소원의 권리보호이익은 존속한다고 하여야 할 것이다. 법률은 원칙적으로 발효시부터 실효시까지 효력이 있고 그 시행중에 발생한 사건에 적용되게 마련이므로, 법률이 폐지된 경우라 할지라도 그 법률의 시행 당시에 발생한 구체적 사건에 대하여서는 법률의 성질상 더 이상 적용될 수 없거나 특별한 규정이 없는 한, 폐지된 법률이 적용되어 재판이 행하여질 수밖에 없는 것이고, 이 때 폐지된 법률의 위헌여부가 문제로 제기되는 경우에는 그 위헌여부의 심판은 헌법재판소가 할 수밖에 없는 것이다. 만일 헌법재판소가 폐지된 법률이라는 이유로 위헌심사를 거부하거나 회피하면 구체적 사건에 대한 법적 분쟁을 해결하여야 하는 법원으로서는 법률에 대한 위헌여부결정권이 없다는 것을 이유로 하여 위헌문제가 제기된 법률을 그대로 적용할 수밖에 없는 불합리한 결과가 생겨나게 되기 때문이다. 위헌법률심판에 있어서 문제된 법률이 재판의 전제가 된다 함은 우선 그 법률이 당해 본안사건에 적용될 법률이어야 하고, 또 그 법률이 위헌일 때는 합헌일 때와는 다른 판단을 할 수밖에 없는 경우, 즉 판결주문이 달라지는 경우를 뜻한다고 할 것이고 그 법률이 현재 시행중인가 또는 이미 폐지된 것인가를 의미하는 것은 아니라 할 것이므로, 폐지된 법률이라는 이유로 위헌여부심판의 대상이 될 수 없다는 주장은 허용될 수 없는 것이다. 따라서 이미 폐지된 법률이라 할지라도 헌법소원심판청구인들의 침해된 법익을 보호하기 위하여 그 위헌여부가 가려져야 할 필요가 있는 경우, 즉 법률상 이익이 현존하는 경우에는 심판을 하여야 할 것이다(헌법재판소 1989.7.14. 88헌가5·8, 89헌가44(병합) 결정 참조).

(나) 구법의 위헌여부문제가 신법이 소급적용될 수 있기 위한 전제문제일 경우

헌재는 출범초기에 이러한 경우에 대상성을 인정하는 아래와 같은 결정례를 보여주었다.

판례 헌재 1989.7.14. 88헌가5등

[관련판시] 위헌여부의 심판이 제청되어 헌법재판소에서 심리하던 중 일부개정되어 심사대상이 되었던 법 제5조의 규정은 변경되었고, 신법(新法) 부칙 제1조에 따르면 신법은 공포한 날로부터 효력을 발생하고, 부칙 제4조에는 개정법률 시행 당시 재판이 계속 중인 감호사건에 대하여는 규정법률 규정을 적용하도록 되어 있다. 사회보호법이 규정하고 있는 보호감호처분이 보안처분의 하나이고, 보안처분은 행위자의 사회적 위험성에 근거하여 부과되는 것으로서 행위자의 책임에 근거하여 부과되는 형벌과 구별되는 것이기는 하지만, 상습범에 대한 보안처분인 보호감호처분은 그 처분이 행위자의 범죄행위를 요건으로 하여 형사소송절차에 따라 비로소 과해질 수 있는 것이고, 신체에 대한 자유의 박탈을 그 본질적 내용으로 하고 있는 점에서 역시 형사적 제재의 한 태양(態樣)이라고 볼 수밖에 없다. 헌법이 제12조 제1항 후문에서 "… 법률과 적법한 절차에 의하지 아니하고는 처벌·보안처분 또는 강제노역을 받지 아니한다"라고 규정하여 처벌과 보안처분을 나란히 열거하고 있는 점을 생각해 보면, 상습범 등에 대한 보호처분의 하나로서 신체에 대한 자유의 박탈을 그 내용으로 하는 보호감호처분은 형벌과 같은 차원에서의 적법한 절차와 헌법 제12조 제1항에 정한 죄형법정주의의 원칙에 따라 비로소 과해질 수 있는 것이라 할 수 있고, 따라서 그 요건이 되는 범죄에 관한 한 소급입법에 의한 보호감호처분은 허용될 수 없다고 할 것이다. 그렇다면 비록 신법이 그 부칙 제4조에서 신법 시행 당시 이미 재판이 계속 중인 감호사건에 대하여는 신법을 적용하여 처리하도록 규정하고 있지만, 이와 같이 신법이 구법(舊法) 당시 재판이 계속 중이었던 사건에까지 소급하여 적용될 수 있는 것은 실체적인 규정에 관한 한 오로지 구법이 합헌적이어서 유효하였다는 것을 전제로 하고, 다시 그 위에 신법이 보다 더 피감호청구인에게 유리하게 변경되었을 경우에 한하는 것이다. 신체의 자유는 자유민주주의 헌법 아래에서 가장 근본적인 국민의 기본권이기 때문에 이와 같은 자유권을 현저히 침해하는 법률에 대한 해석은 엄격히 하여야 할

것이며, 만일 이와 같은 법률에 위헌성이 있다고 인정된다면 비록 그 법률이 합헌적으로 개정되었다고 하더라도 이로써 종전의 위헌성이 치유되는 것은 아니라고 봄이 법치주의의 원칙상 마땅하다 하겠다. 헌법재판소는 법률의 위헌여부가 재판의 전제가 된 때에 법원의 제청에 따라 법률에 대한 위헌여부를 심판하게 된다. 그런데 법률이 개정된 결과 신법이 소급적용됨으로써 구법이 더 이상 적용될 소지가 없는 경우에는 구법에 대한 위헌제청은 제청대상의 소멸로 말미암아 부적법하게 되었다고 할 수 있다. 그러나 이 사건의 경우와 같이 비록 구법이 개정되었다고 하더라도 법원이 당해 소송사건을 재판함에 있어서는 행위시에도 처분의 적법한 근거 법률이 있어야 하므로, 구법이 위헌이었느냐의 문제와 신·구법 중 어느 법률의 조항이 더 피감호청구인에게 유리하느냐의 문제가 판단된 뒤에 비로소 결정될 수 있는 것이다. 따라서 이러한 경우에는 구법에 대한 위헌여부의 문제는 신법이 소급적용될 수 있기 위한 전제문제이기도 하거니와, 제청법원인 대법원이 신법이 시행된 1989.3.25.부터 상당한 기간이 경과한 지금까지 위 법률의 조항의 위헌제청에 대하여 철회의 의사를 밝히지 아니하고 제청신청을 계속 유지함으로써 아직도 심판을 구하고 있는 것으로 볼 수밖에 없는 이 사건에서 헌법재판소로서는 위 법률의 조항에 대한 위헌여부를 심판하지 않을 수 없는 것이다.

* 해설 – 이 사안에서의 위헌법률심판대상이 되었던 구법규정은 1989.3.25. 개정 전의 구 사회보호법(1980.12.18. 법률 제3286호) 제5조의 규정이었다. 구 사회보호법 제5조 제1항은 동항이 정한 전과나 감호처분을 선고받은 사실 등 소정의 요건에 해당되면 재범의 위험성 유무를 불문하고 반드시 그에 정한 보호감호를 선고하여야 할 의무를 부과하고 있었는데 헌재는 위에서 본 판시에서처럼 심판대상성을 인정한 뒤 본안판단에 들어가, 이러한 의무적 보호감호선고는 법관의 판단재량을 박탈하는 것이어서 헌법 제27조 제1항에 정한 정당한 재판을 받을 권리를 침해하고 과잉금지원칙 및 적법절차원칙에 위배된다고 보아 위헌으로 결정하였다.

(다) 폐지법률 부칙에 의한 효력지속 내지 구법적용의 경우

가) 부칙에 의한 효력지속의 경우 - 재판전제성 인정

판례 헌재 1994.6.30. 92헌가18

[판시] 폐지된 법률도 그 위헌여부가 관련 소송사건의 재판의 전제가 되어 있다면 당연히 헌법재판소의 위헌심판의 대상이 된다. 더구나 국가보위에 관한 특별조치법(이하 '특별조치법'이라 함)이 폐지되었다고는 하나 … 특별조치법 폐지법률 부칙 제2항(명령 등에 관한 경과조치)에 의하여 '국가보위에 관한 특별조치법 제5조 제4항에 의한 동원대상지역 내의 토지의 수용·사용에 관한 특별조치령'은 아직 그 효력을 지속하고 있고 그 한도에서 특별조치법도 살아 있는 법률이나 같다. 그리고 제청신청인은 특별조치법 제5조 제4항 및 특별조치령 제29조에 의하여 수용당한 원래의 자기소유 토지에 관하여 특별조치법 제5조 제4항의 위헌여부는 위 소송재판에서의 승패여부의 전제가 된다. 왜냐하면 상위법인 특별조치법 제5조 제4항의 위헌여부는 하위법인 특별조치령의 위헌여부 및 효력유무의 전제가 되고 특별조치법 제5조 제4항에 대하여 위헌결정이 되면 자동적으로 이 위헌법률조항에 근거한 특별조치령도 위헌·무효가 되고, 아울러 위헌·무효인 특별조치령에 근거한 수용처분도 위헌·무효가 될 수 있기 때문이다(위 헌법령에 기한 행정처분의 무효여부는 당해 사건을 재판하는 법원이 위헌성의 정도 등에 따라 판단할 사항이다). 따라서 특별조치법 제5조 제4항은 당연히 위헌여부심판의 대상이 되어야 한다. * 본안판단결과 위헌결정이 있었다.

나) 부칙에 의한 구법적용의 경우

사안은 구 영화법(1995.12.30. 법률 제5130호 영화진흥법에 의해 폐지된 법률) 제4조 제1항이 영화

제작업자에게 등록의무를 부과하는 것이 언론·출판의 자유를 침해한다고 위헌소원심판이 청구된 것인데 청구 후 심판 계속 중에 폐지된 것이다. 부칙 경과규정 때문에 재판전제성이 있어 대상성도 인정된다고 헌재는 보면서 본안판단에 들어갔다. 합헌결정이었다.

판례 헌재 1996.8.29. 94헌바15

[판시] 구 영화법은 1995.12.30. 법률 제5130호로 제정되어 1996.7.1.부터 시행된 영화진흥법에 의하여 폐지되었으나, 영화진흥법 부칙 제6조에 의하면 위 법 시행 전에 종전의 영화법에 위반한 행위에 대한 벌칙의 적용에 있어서는 종전의 영화법의 규정에 의하도록 규정하고 있다. 한편 청구인은 영화진흥법의 시행으로 영화법이 폐지되기 전에 영화법위반죄로 형사재판을 받았으므로 비록 지금은 영화법이 폐지되었다 하더라도 이 사건 심판대상인 구 영화법 제4조 제1항의 위헌 여부가 청구인에 대한 형사재판의 전제가 되므로 위 법률조항은 당연히 헌법소원심판의 대상이 될 수 있다.

(라) 처분시법주의 - 바로 아래의 행정처분의 경우 참조.

3) 행정처분의 근거법률이 행정처분 이후 폐지된 경우

(가) 인정근거 - 처분시법주의

처분시법주의란 행정처분이 위법한지를 판단할 때 처분할 당시의 근거법률에 비추어 판단하여야 한다는 것이다. 처분시법주의가 우리나라의 일반적인 학설이고 판례이다. 이에 따르면 행정처분이 있은 이후에 그 행정처분에 근거한 법률조항이 폐지되어 현재 효력이 없어졌다 하더라도 그 당해 처분에 관한 한은 그대로 살아있는 것이 된다. 그런데 행정처분을 취소하기 위해서는 위법하다고 주장하여야 하는데 그 근거법률이 헌법에 위반하면 그것에 근거한 행정처분도 위법한 것이 되고 취소될 수 있다. 그러한 상황에서 폐지된 법률조항이더라도 그 처분에 관한 한 근거법률로서 여전히 존재하는 것이고 그 근거법률이 헌법에 위배된다고 한다면 결국 행정처분도 위법하니 취소한다고 판결할 수 있으므로 그 위헌여부가 재판전제성(심판이익)을 가지고 그 위헌여부에 대한 심판의 필요가 있고 따라서 그 폐지된 법률조항도 심판대상이 될 수 있는 것이다. 위에서 살펴본 대로 헌재도 1994.6.30. 92헌가18 결정에서 "폐지된 법률도 그 위헌여부가 관련 소송사건의 재판의 전제가 되어 있다면 당연히 헌법재판소의 위헌심판의 대상이 된다"라고 한 바 있다.

* **유의** : 이 법리는 행정법에서 중요한 법리인 '처분시법주의'가 자리잡고 있는 법리이기도 하여 헌법과 행정법의 복합의 실무적으로도 중요하다. 아울러 변호사시험 공법형 문제로서 매우 유용한 문제로 출제될 소지를 제공하는 법리이다.

(나) 대표적 판례

위에서 밝힌 인정논거가 나타난 대표적인 판례가 아래의 결정이다. 행정처분 이후 그것의 근거된 법률조항이 폐지된 경우에 처분시법주의에 의해 재판전제성(심판의 이익(재판전제성))이 인정되는 한에서는 이 결정의 판시는 재판전제성(심판이익)이 있다는 취지의 내용이었으나, 위에서도 언급한 대로 재판전제성이 있음은 심판대상임을 전제로 또는 상호 연관되어 있다는 의미이고 따라서 심판대상성이 있는 것으로 인정한다고 볼 것이므로 여기에 정리하였다. 행정법의 중요법리가 관건이 된 결정이기도 하여 사건개요도 가능한 충분히 소개하고자 하였다.

[주요판시사항]

▷ 행정처분의 위법·부당 여부는 처분시의 법규에 비추어 판단
따라서 당시의 법률(폐지된 법률)에 대한 심판청구이익이 있음

판례 헌재 1996.4.25. 92헌바47

[사건개요] 청구인은 G도 E군에서 낙농업에 종사하는 자신 외 여러 사람들 △△명이 축산업협동조합법(이하 "축협법")에 의하여 E군을 조합구역으로 하여 설립절차를 밟아 설립중에 있는 업종별축산업협동조합(이하 "'업종별축협")으로서 1989.8.30. 축협법 제100조 소정의 설립요건을 갖추어 같은 조의 규정에 따라 주무부장관인 당시 농림수산부장관에 인가를 신청하였다. 그러나 농림수산부장관은 위 조합구역인 E군이 1962.2.27. 인가를 받은 'S우유협동조합'의 구역과 중복되므로 조합구역이 같은 경우 같은 업종조합의 복수설립을 금하는 취지의 축협법 제99조 제2항(1994.12.22. 법률 제4821호로 축협법이 개정되어 삭제되었다)에 반한다는 이유로 1989.12.14. 위 신청에 대한 거부처분을 하였다. 청구인은 1990.5.23. S고등법원에 위 거부처분취소의 소를 제기하였으나 농림수산부장관의 위 거부처분은 위 축협법 제99조 제2항에 의한 적법·정당한 처분이라는 이유로 패소하였고, 1992.5.16. 대법원에 상고를 한 후 제1심법원이 그 판단의 근거로 한 위 축협법 제99조 제2항이 헌법에 위반되었음을 지적하면서 헌법재판소에 위헌법률인지 여부의 제청을 하여 줄 것을 신청하였다. 대법원이 1992.10.23. 청구인의 상고와 위헌제청신청을 모두 기각하자 청구인은 같은 달 31. 위헌제청신청기각결정을 송달받고 같은 해 11.13. 헌법재판소법 제68조 제2항에 의하여 위 축협법 제99조 제2항의 위헌 여부 심판을 구하는 헌법소원심판을 청구한 것이다. [관련설시] 이 사건 심판청구 후인 1994.12.22. 법률 제4821호로 축협법이 개정되어 이 사건 심판대상조항이 삭제되었으며 위 개정법률은 공포 후 6월이 경과한 1995.6.23.부터 시행되었는바, 심판의 대상이 되는 법규는 심판 당시 유효한 것이어야 함이 원칙이겠지만 위헌제청신청기각결정에 대한 헌법소원심판은 실질상 헌법소원심판이라기보다는 위헌법률심판이라 할 것이므로 폐지된 법률이라고 할지라도 그 위헌여부가 재판의 전제가 된다면 심판청구의 이익이 인정된다고 할 것이다(헌법재판소 1994.6.30. 92헌가18 결정 참조). 이 사건의 경우 비록 이 사건 심판대상조항이 법률의 개정으로 삭제되기는 하였으나 농림수산부장관의 조합설립인가거부처분의 위법·부당 여부는 특별한 사정이 없는 한 위 처분시의 법규에 비추어 판단하여야 할 것이고, 위 처분 당시 유효한 법률조항이었던 이 사건 심판대상조항의 재판의 전제성이 위에서 본 바와 같이 인정되므로 이 사건 심판청구의 이익이 인정된다.

* 검토 – 헌재는 "재판의 전제가 된다면 심판청구의 이익이 인정된다"라는 판시를 하고 있는데 사실 재판전제성이 인정되면 당연 심판청구의 이익이 있는 것이다(폐지된 법률규정도 처분시법주의에 의해 당해 사건에서 살아있는 것이고 그 당해 사건에 적용되는 것이라고 하면 재판전제성 둘째 요건인 '적용될 것'을 갖춘 것이 된다고 보면 될 것이다). 사실 '심판(청구)이익'이란 말이 필요한 경우에는 재판전제성이 소멸된 뒤에라도 헌법해명중대성 등으로 인해 예외적으로 심판에 들어갈 이익이 있을 경우에 소멸된 재판전제성이란 말을 다시 쓸 수는 없어서 그 경우에 쓰임새가 있는 말이다(후술, 재판전제성의 소멸과 예외적 심판이익 참조).

4) 심판계속 중 재판전제성 소멸된 경우에도 구법조항에 대해 판단한 예

위헌법률심판 계속 중 신법이 나와 구법조항이 더 이상 재판전제성을 가지지 않는다고 보면서도 경과규정을 둔 부칙조항이 있어서 그 부칙조항의 위헌여부를 판단하기 위하여는 구법

조항의 위헌여부에 대한 판단을 하여야 한다고 보아 구법조항에 대해 실질적인 심사를 한 예를 볼 수 있다. 사안은 국적법의 부계혈통주의 문제였는데 헌법불합치결정이 있었다.

판례 헌재 2000.8.31. 97헌가12. * 이 결정에 대한 자세한 것은 뒤의 재판전제성, 심판계속 중 재판전제성 소멸된 구법조항의 위헌 여부 판단에 대한 판단 부분 참조

(4) 부진정입법부작위(법률의 경우)

1) 입법부작위의 유형구분과 위헌법률심판의 대상

헌재는 입법부작위를 전혀 입법이 없는 상태의 진정입법부작위와 불충분·불완전한 입법 상태의 부진정입법부작위로 구분한다. 헌재는 법률이 부진정입법부작위의 상태인 경우 불완전하긴 하나 법률이 있긴 있는 상태라고 보므로 법률이 그 대상이 되어야 하는 심판, 즉 위헌법률심판('헌가') 내지 헌재법 제68조 제2항의 위헌소원심판의 대상이 될 수 있다고 본다. 또 법령소원, 즉 법령 그 자체가 직접 기본권침해를 가져오는 경우에 법률인 법령에 대하여 직접 헌재법 제68조 제1항의 헌법소원심판을 제기할 수 있다고 본다. 반면 진정입법부작위는 법률이 없는 경우이므로 입법부작위 그 자체가 심판대상이 될 수밖에 없으므로 입법부작위 그 자체를 대상으로 하는 헌재법 제68조 제1항의 본래의미의 헌법소원심판을 청구하여야 한다고 본다. 요컨대 헌재는 위헌법률심판, 위헌소원심판의 대상이 될 수 있는 경우는 부진정입법부작위의 경우라고 본다. 물론 부진정입법부작위로서 대상성을 가지더라도 다른 적법요건인 재판전제성 등은 갖추어야 한다.

진정입법부작위와 부진정입법부작위 구분
*점선 : '없다'는 의미

부진정입법부작위 대상 헌법재판형식
A부분에 대한 3가지 가능성 = 1. 위헌법률심판('헌가', 헌재법 제41조 1항)
2. 위헌소원심판('헌바', 헌재법 제68조 2항)
=제청신청에 대한 법원의 기각(각하)시
3. 법령소원심판('헌마', 헌재법 제68조 1항)
=법령(여기서는 법률) 자체에 대한 본래의미 헌법소원심판

▮ 입법부작위의 유형과 부진정입법부작위에 대한 헌법재판형식

2) 헌재의 판시경향

아래 판시에서 보듯이 헌재가 어떤 부작위 상태가 부진정입법부작위로서 위헌심판의 대상이 된다고 직접적으로 적시하는 판시보다 문제되는 부진정입법부작위가 재판전제성을 가질 것을 언급하곤 한다. 재판전제성을 인정한다는 것은 대상성이 있음을 전제로 하는 것이긴 하다.

판례 헌재 2014.9.25. 2013헌바208

[설시] 헌법재판소법 제68조 제2항에 의한 헌법소원은 '법률'의 위헌성을 적극적으로 다투는 제도이므로 '법률의 부존재' 즉, 진정 입법부작위를 다투는 것은 그 자체로 허용되지 아니하고, 다만 법률이 불완전·불충분하게 규정되었음을 근거로 법률 자체의 위헌성을 다투는 취지, 즉 부진정 입법부작위를 다투는 것으로 이해될 경우에는 그 법률이 당해 사건의 재판의 전제가 된다는 것을 요건으로 허용될 수 있다(헌재 2010.2.25. 2008헌바67; 헌재 2005.12.22. 2005헌바50 참조). * 부진정입법부작위의 위헌여부에 대해 재판전성을 인정하여 대상성을 인정한 것으로 볼 수 있는 다른 결정례 : 헌재 1996.3.28. 93헌바27; 2010.6.24. 2008헌바128; 2018.6.28. 2011헌바379등; 2010.10.28. 2008헌바74; 2014.9.25. 2013헌바208 등. 이 외 결정례들이 많은데 그 결정례들에 대해서는 뒤의 재판전제성 부분 참조.

3) 판시에 대한 검토

헌재가 부진정입법부작위에 대해 위헌소원심판(위헌법률심판)이 허용된다고 하면서 "재판의 전제가 된다는 것을 요건으로 허용"이라고 판시하는 것을 위에서 보았다, 이는 '허용'의 의미가 무엇인가에 따라 검토를 요한다. 만약 '허용'이 대상마저도(대상조차도) 안 된다는 의미라면 받아들일 수 없다. 재판전제성과 대상성은 부진정입법부작위에 있어서 반드시 결부되는 것이 아니기 때문이다. '허용'을 본안판단으로 들어가는 적법한 것으로 본다는 의미라면 대상성이 인정되는 것은 적법한 면이지만 재판전제성이 인정되지 않으면 결국 부적법하여 본안판단으로 들어가는 것이 인정되지 않는 것을 의미하는 것이라면 받아들일 수 있다.

* 입법부작위의 유형과 각 유형에 따른 재판형식에 대한 자세한 것은 헌법소원심판의 부작위, 입법부작위 부분도 참조.

3. 실질적 법률에 대한 대상성 인정

(1) 학설, 헌재판례

학설이나 헌법재판소는 형식상으로는 법률이 아니나 실질적으로 법률의 효력을 가지는 긴급명령, 긴급재정경제명령이나 조약 등에 대해서 헌법재판의 대상으로 인정하고 있다.

(2) 헌재의 심사대상으로서의 실질적 법률의 인정기준

실질적 법률까지 대상을 인정하는 것은 헌재의 입장이 그러하나 문제는 실질적 법률이 무엇인지 하는 그 인정기준이 문제된다. 이에 대해서는 대법원과 헌재 간에 입장 차이가 있어서 논란이 되고 있다.

1) 대법원의 입장

대법원은 국회의 승인이나 동의를 요하는 등 국회의 입법권 행사라고 평가할 수 있는 실질을 갖춘 것이어야 헌재의 위헌심사의 대상이 되는 규범이라고 하면서 '유신'(제4공화국)헌법의 대통령 긴급조치는 국회의 동의 내지 승인 등을 얻도록 하는 규정을 두고 있지 아니하고 따라서 헌재의 위헌심판대상이 되는 '법률'에 해당한다고 할 수 없고, 긴급조치의 위헌여부에 대한 심사권은 최종적으로 대법원에 속한다고 한다. 관습법에 대해서도 마찬가지이다. 이에 대해서는 아래에서 살펴본다.

2) 헌재의 입장

헌재는 규범의 명칭이나 형식에 구애받지 않고 법률적 효력의 유무에 따라 판단하여야 한다는 입장이다. 이 입장은 유신헌법 하 긴급조치, 관습법에 대해 나타난 것인데 이에 대해서는 아래에서 자세히 살펴본다.

판례 헌재 2013.3.21. 2010헌바70·132등

[판시] 법원의 제청에 의한 위헌법률심판 또는 헌법재판소법 제68조 제2항에 의한 헌법소원심판의 대상이 되는 '법률'에는 국회의 의결을 거친 이른바 형식적 의미의 법률은 물론이고 그 밖에 조약 등 '형식적 의미의 법률과 동일한 효력'을 갖는 규범들도 모두 포함된다(헌재 1995.12.28. 95헌바3, 판례집 7-2, 841, 846; 헌재 1996.6.13. 94헌바20, 판례집 8-1, 475, 482; 헌재 2013.2.28. 2009헌바129 참조). 이때 '형식적 의미의 법률과 동일한 효력'이 있느냐 여부는 그 규범의 명칭이나 형식에 구애받지 않고 법률적 효력의 유무에 따라 판단하여야 한다.

(3) 실질적 법률에 대한 판례

1) 조약에 대한 대상성 인정

(가) 대상성 인정

가) 조약의 효력과 대상성

통치행위 이론으로 이의 대상성을 부정하는 견해도 있을 것이나, 통치행위를 이유로 조약의 위헌심판대상성을 부정하는 우리 판례를 찾기 어렵다. 다만, 우리 헌법 제6조는 헌법에 의하여 체결·공포된 조약이 국내의 법률이 아니라 '국내법'과 같은 효력을 가진다고 규정하여 조약이 어떠한 법적 효력을 가지는지에 따라 그 대상성 문제도 달라진다. 국내'법률'이 아니라 국내'법'이고 국내'법'에는 법률뿐 아니라 헌법, 명령, 규칙 등 다른 법들도 모두 포함되기 때문이다. 우리는 단계론을 취하는데 헌법적 효력의 조약(우리 헌법과 같은 내용을 담고 있는 조약), 법률적 효력의 조약(국회동의를 거친 경우), 명령적 효력의 조약으로 나누었고(이에 대해서는 뒤의 위헌법률심판의 기준 부분 참조), 헌재의 위헌심판의 대상은 법률적 효력의 조약임은 물론이다. 헌법적 효력의 조약은 오히려 위헌심사의 기준이 된다. * 의미 : 이것이 바로 실체법(조약의 효력)과 절차법(심판대상을 정하는 재판법리)이 연관되는 예이다.

나) 판례 - 인정

우리 헌법재판소는 형식적 의미의 법률과 동일한 효력을 갖는 조약은 위헌심사의 대상이 된다고 하여 조약에 대한 대상성을 인정한 바 있다.

[주요설시사항]

▷ 형식적 의미의 법률과 동일한 효력을 갖는 조약은 위헌심사의 대상이 됨

판례 헌재 1995.12.28. 95헌바3

[관련설시] 헌법 제111조 제1항 제1호 및 헌법재판소법 제41조 제1항은 위헌법률심판의 대상에 관하여, 헌법 제111조 제1항 제5호 및 헌법재판소법 제68조 제2항, 제41조 제1항은 헌법소원심판의 대상에 관하여 그것이 법률임을 명문으로 규정하고 있으며, 여기서 위헌심사의 대상이 되는 법률이 국회의 의결을 거친 이른바 형식적 의미의 법률을 의미하는 것에는 아무런 의문이 있을 수 없다. 따라서 형식적 의미의 법률과 동일한 효력을 갖는 조약 등은 포함된다고 볼 것 …

판례 헌재 2001.9.27. 2000헌바20

[심판대상 조약] 국제통화기금협정 제9조 제3항, 제8항(일부). [판시] 헌법재판소법 제68조 제2항은 심판대상을 "법률"로 규정하고 있으나, 여기서의 "법률"에는 "조약"이 포함된다. 헌법재판소는 국내법과 같은 효력을 가지는 조약이 헌법재판소의 위헌법률심판대상이 된다고 전제하여 그에 관한 본안판단을 한 바 있다(헌재 1999.4.29. 97헌가14, 판례집 11－1, 273 참조). 이 사건 조항은 각 국회의 동의를 얻어 체결된 것이므로 헌법 제6조 제1항에 따라 국내법적 효력을 가지며, 그 효력의 정도는 법률에 준하는 효력이라고 이해된다. 한편 이 사건 조항은 … 위헌법률심판의 대상이 된다. * 이처럼 대상성은 인정되었으나 그러나 한정위헌청구를 하는 것은 사안에서 부적법하다고 하여 결국 각하결정이 되었다.

다) 명칭보다 국회동의 대상성

국제조약에서 '협정'이란 말은 국회동의 없이 체결국의 행정청 간에 이루어진 국제조약으로 보이나 그 명칭보다 국회의 동의를 받을 대상(우리 헌법 제60조 1항)이고 국회의 동의를 받은 협정으로서 법률적 효력을 가진 것이면 위헌심판대상이 되고 그것이 중요할 것이다. 헌재도 그러한 입장이다.

판례 헌재 1999.4.29. 97헌가14

[판시] 이 사건 조약은 그 명칭이 "협정"으로 되어있어 국회의 관여없이 체결되는 행정협정처럼 보이기도 하나 우리나라의 입장에서 볼 때에는 외국군대의 지위에 관한 것이고, 국가에게 재정적 부담을 지우는 내용과 근로자의 지위, 미군에 대한 형사재판권, 민사청구권 등 입법사항을 포함하고 있으므로 국회의 동의를 요하는 조약으로 취급되어야 하는 것이고, 당시의 헌법(1962.12.26. 전면개정된 것) 제56조 제1항도 외국군대의 지위에 관한 조약, 국가나 국민에게 재정적 부담을 지우는 조약, 입법사항에 관한 조약의 체결·비준에 대하여는 국회가 동의권을 가진다고 규정하고 있는 것이다. 위헌제청 이유에 따르면 제청신청인들은 이 사건 조약이 국회의 동의를 얻지 않아 절차적 하자가 있다는 취지로도 다툰 것으로 보이나, 1967.2.9. 발행 관보(호외)에 의하면 이 사건 조약은 국회의 비준동의(1966.10.14.)와 대통령의 비준 및 공포를 거친 것으로 인정된다. 따라서 이 사건 조약이 국내법적 효력을 가짐에 있어서 성립절차상의 하자로 인하여 헌법에 위반되는 점은 없다. * 이 결정은 한미행정협정에 관한 것으로 이 결정에 대한 자세한 것은 아래 부분 참조.

라) 검토

조약의 경우 국회의 동의를 거친 것인지 여부가 대상성 판단의 중요준거로 본다면 앞의 실질적 법률인지 여부의 판단기준을 규범의 명칭이나 형식에 구애받지 않고 법률적 효력의 유무에 따라 판단하여야 한다는 헌재의 입장과 차이를 보여주는 것이라고 볼 수도 있다. 그런데 헌법이 국회동의를 받도록 한 조약을 명시하고 있으므로 조약은 달리 볼 수도 있다.

(나) 국내 시행을 위한 입법조치가 필요한 경우의 위헌심사 - 비자기집행적 조약 문제

조약이 위헌심사의 대상이 인정된다고 하더라도 조약이 국내에서 그 법적 효과를 바로 발생하는 경우와 그렇지 않고 조약만이 아니라 그것을 집행하기 위한 입법이 필요한 경우로 나누어 살펴볼 수 있다. 미국과 같은 국가에서 구분하는 자기집행적 조약(自己執行的 條約, self-executing treaties)과 비자기집행적 조약(非自己執行的 條約, non-self-executing treaties)의 구분과 같은 경우를 생각할 수 있다. 법논리적으로 비자기집행적 조약은 조약 자체로 법적 효과가 발생하지 않는다면 어떤 법적 분쟁의 발생원인이 될 수도 없어서 법원소송에서의 재판전제성이 인정되기 어려울 것이다. 다만, 추상적 규범통제가 이루어지는 경우라면 그것에 의해서나 다른 헌법재판인 권한쟁의심판(조약체결과정에서 비준동의를 요구하지 않은 정부가 입법부의 권한을 침해했다는 등의 이유로 하는 권한쟁의심판) 등 다른 헌법재판을 통해 심사될 가능성이 있다. 그 조약의 시행을 위한 구체적 입법이 이루어졌다면 그 입법인 법률에 대한 위헌심사를 구체적 규범통제를 통해서 할 수 있을 것이다.[1] 다만, 자기집행적인지 아닌지가 늘 명확할지 하는 문제가 없지 않겠다.

아래 헌재의 결정례에서는 국내에 바로 적용될 수 있는 조약이어서 위헌심판대상이 된다고 판시한 것이어서 위 구분법리의 입장에 서는 것으로 보인다. 그러나 헌재가 '자기집행적', '비자기집행적'이란 말을 직접 명시하여 사용하지는 않고, 실질적으로 이렇게 구분한다고 하더라도, 아래 결정에서 '성질상'이라고 하긴 하였으나 그 구분기준이 좀더 분명해져야 할 것이라는 점 등 앞으로 판례가 더 축적되어야 법리가 보다 명확해질 것이다.

판례 헌재 2001.9.27. 2000헌바20

[해당판시] 헌법재판소는 국내법과 같은 효력을 가지는 조약이 헌법재판소의 위헌법률심판대상이 된다고 전제하여 그에 관한 본안판단을 한 바 있다(헌재 1999.4.29. 97헌가14, 판례집 11-1, 273 참조). 이 사건 조항은 각 국회의 동의를 얻어 체결된 것이므로 헌법 제6조 제1항에 따라 국내법적 효력을 가지며, 그 효력의 정도는 법률에 준하는 효력이라고 이해된다. 한편 이 사건 조항은 재판권 면제에 관한 것이므로 성질상 국내에 바로 적용될 수 있는 법규범으로서 위헌법률심판의 대상이 된다고 할 것이다.

(다) 우리 헌재의 조약심사례

i) 조약에 대한 위헌제청 및 본안결정이 있었던 예 "대한민국과 아메리카합중국 간의 상

1) 조약에 대한 위헌심사 문제에 대해서는, 정재황, 조약에 대한 위헌심사의 문제, 법학연구, 창간호, 홍익대학교 법학연구소, 2000. 2. 참조.

호방위조약 제4조에 의한 시설과 구역 및 대한민국에서의 합중국군대의 지위에 관한 협정"에 대한 합헌결정 – 법원이 조약에 대한 위헌심판을 헌재에 제청한 사건으로서 헌재가 본안판단까지 들어가서 합헌결정을 한 예로 "대한민국과 아메리카합중국 간의 상호방위조약 제4조에 의한 시설과 구역 및 대한민국에서의 합중국군대의 지위에 관한 협정"(1967.2.9. 조약 제232호) 제2조 제1의 ㈏항에 대한 아래의 결정을 들 수 있다.

판례 헌재 1999.4.29. 97헌가14

[사건개요] 제청신청인들의 소유인 토지들은 1954.1.14.경부터 아메리카합중국 군대(이하 미군이라고 한다)에 의하여 사용되어왔던 것으로서, "대한민국과 아메리카합중국간의 상호방위조약 제4 조에 의한 시설과 구역 및 대한민국에서의 합중국군대의 지위에 관한 협정"(1967.2.9. 조약 제232호, 이하 '이 사건 조약'이라 함) 제2조 제1의 ㈏항에 규정되어 있는 "본 협정의 효력발생시에 합중국 군대가 사용하고 있는 시설과 구역"에 해당된다. 제청신청인들은 대한민국을 피고로 하여, 그 토지들에 관하여 미군의 전용사용권이 존재하지 아니한다는 확인 등을 청구하는 민사소송을 제기하여 소송계속중 위 협정 제2조 제1의 ㈏항의 위헌여부가 재판의 전제가 된다고 주장하며 위헌제청신청을 하였고, 법원은 그 신청을 받아들여 위 항에 대하여 위헌여부의 심판을 제청하였다.

[심판대상규정과 관련규정] 제청법원은 이 사건 조약(협정) 제2조 제1의 ㈏항 전부에 대하여 위헌여부의 심판을 제청하였으나, 위헌제청 이유를 살펴보면 위 조항 중 제청신청인들과 제청법원이 위헌의 의문을 제기한 부분으로서 당해 사건에 적용되는 것은 "본 협정의 효력발생시에 합중국군대가 사용하고 있는 시설과 구역은 … 전기 ㈎항에 따라 양정부간에 합의된 시설과 구역으로 간주한다"는 부분이므로 이 사건 심판의 대상은 위 부분(이하 '이 사건 조항'이라 함)의 위헌여부이다. 이 사건 조항 및 관련 조항의 내용은 다음과 같다.

제2조(시설과 구역 – 공여와 반환) 1. ㈎ 합중국은 상호방위조약 제4조에 따라 대한민국 안의 시설과 구역의 사용을 공여받는다. 개개의 시설과 구역에 관한 제협정은 본 협정 제28조에 규정된 합동위원회를 통하여 양 정부가 이를 체결하여야 한다. '시설과 구역'은 소재의 여하를 불문하고, 그 시설과 구역의 운영에 사용되는 현존의 설비, 비품 및 정착물을 포함한다.

㈏ 본 협정의 효력발생시에 합중국 군대가 사용하고 있는 시설과 구역 및 합중국 군대가 이러한 시설과 구역을 재사용할 때에 합중국 군대가 이를 재사용한다는 유보권을 가진 채 대한민국에 반환한 시설과 구역은 전기 ㈎항에 따라 양정부간에 합의된 시설과 구역으로 간주한다. 합중국 군대가 사용하고 있거나 재사용권을 가지고 있는 시설과 구역에 관한 기록은 본 협정의 효력발생 후에도 합동위원회를 통하여 이를 보존한다.

[제청법원의 위헌제청이유] 이 조약은 법률적 효력을 가진 국제법상의 규범에 해당된다. 그런데, 이 사건 조항은 공여대상인 시설과 구역에 대한 국민의 재산권을 침해하고 있으면서도, 그 소유자에 대한 보상기준이나 보상절차, 공여대상 시설과 구역의 범위 및 한계, 그 소유자에 대한 통지절차 등과 같은 최소한의 기본요건들을 결여하고 있어 재산권보장에 관한 헌법 제23조 제1항과 공공필요에 의한 재산권의 수용·사용 또는 제한의 경우 법률로써 보상하도록 규정한 같은 조 제3항에 위배된다.

[주문] 대한민국과 아메리카합중국간의 상호방위조약 제4조에 의한 시설과 구역 및 대한민국에서의 합중국군대의 지위에 관한 협정(1967.2.9. 조약 제232호) 제2조 제1의 ㈏항 중 "본협정의 효력발생시에 합중국 군대가 사용하고 있는 시설과 구역은 … 전기 ㈎항에 따라 양정부간에 합의된 시설과 구역으로 간주한다"는 부분은 헌법에 위반되지 아니한다.

[결정요지] ▷ 이 사건 조항의 의미·내용과 효과 : 이 사건 조항에 위헌여부의 의문이 제기된 주요한 이유는 이 사건 조항이 공여의 대상이 된 재산의 소유자인 국민의 재산권을 침해할 여지가 있다는 데 있으므로 이 사건 조항의 의미·내용과 그 효과에 관하여 살펴보기로 한다. 관련규정들과의 연관관계

속에서 볼 때, 이 사건 조항을 포함한 제2조 제1의 (가), (나)항은 "대한민국과 아메리카합중국간의 상호방위조약" 제4조에 근거한 미군의 대한민국 주둔에 필요한 시설과 구역의 사용공여 방법과 내용을 구체화하기 위한 규정으로서, 개개의 시설과 구역은 원칙적으로는 양국에 의하여 설치된 합동위원회에서 그 시설과 구역의 사용공여에 관한 협의를 거쳐 공여하도록 할 것이나, 이 사건 조약 발효 당시 미군이 사용중인 시설과 구역에 대하여는 그와 같은 절차를 생략하고 이미 공여합의한 것으로 간주한다는 뜻으로 해석된다. 그런데 이 사건 조항에서는 이 조약의 효력발생 당시 미군이 사용하고 있는 시설과 구역이 사유재산(私有財産)일 경우를 별도로 규정하고 있지 않으므로 사유재산일 경우에도 마찬가지로 양국가간에 공여합의된 것으로 간주하여 별도의 공여합의를 거치지 아니한다고 일단 해석된다. 그렇다면 이 사건 조항에 의한 공여합의간주가 당해 재산의 소유자에 대한 관계에서 공용수용·사용이나 제한을 한 경우와 같이 권리의 변동을 초래하는 것으로 해석할 수 있을 것인가가 문제되는데, 결론적으로 그와 같이 볼 수는 없고, 그 이유는 다음과 같다. 첫째, 규정의 문언상 대한민국이 소유권이나 사용권을 이미 취득한 바 없는 사유의 재산에 관하여 협의매수나 공용수용·사용 또는 제한 등의 별도 절차 없이 그 소유자(소유권 외의 권리를 가진 자도 마찬가지이다)에 대한 관계에서 바로 권리의 변동이 일어난다는 의미가 포함되어 있다고 볼 수 없으며, 조약체결 당사자들 사이에도 그러한 의도가 있었다고는 보이지 아니한다. 둘째, 조약체결의 사실상 당사자인 정부도 제2조 제1의 (나)항은 대한민국과 아메리카합중국간의 약정에 관한 규정일 뿐이며 국가가 소유권 등을 취득하지 못한 私人 소유의 재산에 관하여는 국가가 공여의무를 이행하기 위하여 별도의 법률, 즉 공공용지의 취득 및 손실보상에 관한 특례법, 토지수용법 등에 의한 권리취득을 하여야 한다는 입장을 취하고 있고, 실제로도 공여토지에 대하여는 그와 같은 절차를 밟고 있다고 주장하고 있다(외무부장관, 국방부장관, 법무부장관의 의견 참조). 셋째, 이 사건 조약은 원래 그 시행을 위하여 각종의 입법상, 예산상의 조치 등 국내법상의 조치를 예정하였던 것으로서, 그렇다면 국가가 소유권이나 사용권을 취득하지 못한 私人 소유의 재산이 공여합의 간주되는 시설·구역에 포함되었을 경우 이 사건 조항의 효력에 의하여 그 사인에 대한 관계에서 바로 권리의 변동이 일어난다고 해석하는 것은 더욱 부적절하다고 할 수 있다.

▷ 이 사건 조항의 위헌성 여부 : 위에서 본 바와 같이 이 사건 조항에 의한 사용공여의 합의간주가 당해 재산의 소유자에 대한 관계에서 공용수용·사용 또는 제한을 한 경우와 같이 권리의 변동을 초래하는 것으로 해석할 수는 없으므로, 이 사건 조항에 의한 법률효과로서 사인(私人)의 재산권에 법률적 제약이 가해짐으로 인한 침해가 발생할 여지는 없다(사용공여 합의간주의 대상이 되는 시설과 구역 중 국가가 아직 사용권, 소유권을 취득하지 못한 것은, 국가가 이 사건 조항에 따라 미합중국에 대하여 부담하는 의무의 이행을 위하여 그 소유자로부터 이를 협의매수하거나 공용수용·사용 또는 제한 등의 방법으로 소유권 또는 사용권을 취득하려고 할 가능성이 생겼다고 할 것이나, 이 단계에서는 아직 그 소유자 또는 그 재산에 대하여 소유권 외의 권리를 가지고 있는 자의 재산권에 대한 제약이 현실화되지 아니하였을 뿐 아니라 장래의 제약 여부도 유동적인 상태에 있어서 재산권침해여부를 논할 수 없다). 그러므로, 비록 국가가 미리 적법한 소유권 또는 사용권 취득을 마치지 않은 사인의 특정 재산을 사실상 공여된 시설과 구역으로 취급함으로써 국가(대한민국) 또는 미군이 그 재산을 권원 없이 사용하거나 그 밖의 방법으로 사인의 재산권을 침해하는 사태가 있다 하더라도, 그것은 이 사건 조항 자체에 내재된 위헌성에서 비롯된 결과라고는 볼 수 없는 것이다. 따라서, 이 사건 조항이 국민의 재산권을 침해한다고는 할 수 없고, 그 외에 이 사건 조항에 헌법에 위반된다고 할 만한 점이 발견되지 아니한다.

* 평석 − ① 이 결정에서 헌재가 "사인의 재산권을 침해하는 사태가 있다 하더라도, 그것은 이 사건 조항 자체에 내재된 위헌성에서 비롯된 결과라고는 볼 수 없는 것이다"라고 밝힌 부분이 사실 본 결정을 합헌결정으로 이끄는 중요한 헌재의 논거인데 이 부분이 이 협정의 위헌여부가 재산권의 침해여부와 무관하다는 것을 의미하는 것으로 이해하게 한다면 이 협정의 위헌여부가 제청법원의 당해 재판에서 전제성부터도 부정되는 결과를 가져온다. 그러면서 본안결정까지 간 것은 모순이다. ② 헌재는 위

조약의 시행을 위하여 각종 국내법상의 조치를 예정하였던 것으로 이 사건 조항에 의하여 바로 사인의 권리변동이 일어난다고 해석함은 부적절하다고 하면서도 본안판단으로 들어간 것은 위에서 살펴본 이른바 자기집행적 조약(self-executing treaties)과 비자기집행적 조약(non-self-executing treaties)의 구분을 조약의 위헌여부 심사에서 우리 헌재가 하지 않는다는 입장인 것으로 이해할 수 있게 한다.[1] 그러나 이후 위에서 인용한 대로 2001년 헌재는 국제통화기금조약 제9조 제3항 등 위헌소원에서 위 협정조항 등은 "재판권 면제에 관한 것이므로 성질상 국내에 바로 적용될 수 있는 법규범으로서 위헌법률심판의 대상이 된다"라고 판시한 바 있다(헌재 2001.9.27. 2000헌바20, 위에서 인용). 그러나 바로 적용될 수 없는 조약규정에 대한 대상성을 명시적으로 부인하는 판시도 아니므로 앞으로 좀더 뚜렷한 헌재의 판례이론이 주목된다.

ii) **조약에 대한 위헌소원의 본안판단이 있었던 예** 아래의 결정은 조약에 대한 위헌법률심판제청의 신청이 있었으나 법원에 의하여 신청이 기각되어 청구인들이 헌법재판소법 제68조 제2항의 헌법소원(위헌소원)을 제기한 사안이다. 헌법재판소는 조약이 대상성이 인정됨을 전제로 본안판단을 하였으나 헌법에 위반되지 아니한다는 판단을 하게 되었다. 사실 이 결정 이전에 한일어업협정에 대해서는 법령소원으로 본안판단에 들어가 그 합헌성을 인정하는 기각결정을 한 선례가 있다[아래 v) 참조].

판례 헌재 2009.2.26. 2007헌바35, 대한민국과 일본국간의 어업에 관한 협정 위헌소원

[심판대상] 대한민국과 일본국간의 어업에 관한 협정(1998.11.28. 조약 제1447호로 체결되고 1999.1.22. 발효된 것, 이하 '이 사건 협정'이라 함) 제8조 가목, 제9조 제1항, 부속서1의 제2항 가목 [주문] 대한민국과 일본국간의 어업에 관한 협정(1998.11.28. 조약 제1447호로 체결되고 1999.1.22. 발효된 것) 제8조 가목, 제9조 제1항 및 부속서1의 제2항 가목은 헌법에 위반되지 아니한다. [결정요지] 이 사건 협정으로 인하여 독도의 영해와 배타적경제수역에 대한 영토권, 직업선택의 자유, 재산권, 평등권 등이 침해되었다는 주장은 이유 없다.

iii) **조약이 직접 심판대상은 아니나 실질심사가 되었던 예** 조약이 직접 위헌법률심판의 대상이 된 것은 아니었으나 그 심판대상법률에 조약이 관련성을 가지는 경우 그 법률에 대한 심사가 이루어지는 가운데 그 조약에 대한 헌재의 실질적인 심사가 나타난 예로서 다음의 판례를 들 수 있다. 이 사건에서는 문제의 마라케쉬 협정이 직접 위헌심판의 대상이 되었던 것은 아니나 이 결정에서 헌재는 "마라케쉬 협정도 적법하게 체결되어 공포된 조약이므로 …"라고 판단한 점, 그리고 그 "협정에 의하여 가중된 처벌을 하게 된 구 특가법 제6조 제2항 제1호나 농안법 제10조의3이 죄형법정주의에 어긋나거나 청구인의 기본적 인권과 신체의 자유를 침해하는 것이라고 할 수 없다"라고 밝힌 판시부분을 보면 실질적으로 합헌성 판단을 받은 것으로 볼 수 있다.

판례 헌재 1998.11.26. 97헌바65

[사건경위와 청구인의 주장] "세계무역기구(WTO)설립을 위한 마라케쉬협정"에 따라 우리나라는 참깨에

1) 이러한 문제 등 조약에 대한 위헌심사에 관해서는 정재황, 조약에 대한 위헌심사의 문제, 법학연구, 창간호, 홍익대학교 법학연구소, 2000. 2. 참조.

대한 관세상당치를 700%로 정하여 최소시장접근에 해당하는 물량에 대하여는 종전의 관세율을 적용하여 40%의 관세를 부과하고, 그 이외의 물량에 대하여는 700%인 관세상당치를 기준세율로 하여 매년 7%씩 인하한 양허세율에 의하여 과세하도록 합의하였다. 그리고 최소시장접근에 해당하는 물량에 대하여는 '농수산물유통 및 가격안정에 관한 법률'('농안법'으로 약칭) 제10조의3에 따라 농림부장관이 지정하는 비영리법인인 농수산물유통공사가 수입에 대한 추천을 하고 있다. 그런데 중국으로부터 참깨를 밀수입하여 관세를 포탈하였다고 하여 기소된 이 사건의 청구인은 상고심에서 구 '특정범죄가중처벌 등에 관한 법률' 제6조 등에 관하여 위헌제청신청을 하였으나 기각되자, 헌재법 제68조 제2항에 의한 헌법소원심판(위헌소원심판)의 청구를 하였다(심판대상규정 자체는 조약 규정이 아니라 구 '특정범죄가중처벌 등에 관한 법률'(1997.8.22. 법률 제5341호로 개정되기 이전의 것. '특가법'으로 약칭) 제6조 제1항 제1호 등 법률규정들이었다). 청구인은 관세법위반범에 대한 처벌을 가중하려면 관세법이나 특가법을 개정하여야 함에도 불구하고, 관세법이나 특가법은 개정되지 아니한 상태에서 단지 새로운 조약에 의하여 40%의 관세율을 적용받던 사람이 686%의 관세율을 적용받게 되어 법정형이 10년 이상의 징역인 죄로 처벌받게 되는 것은 중대한 기본권의 침해이며 죄형법정주의에 위반되는 것이라고 주장하였다. [결정요지] 헌법 제12조 후문 후단은 "누구든지 … 법률과 적법한 절차에 의하지 아니하고는 처벌·보안처분 또는 강제노역을 받지 아니한다"고 규정하여 법률과 적법절차에 의한 형사처벌을 규정하고 있고, 헌법 제13조 제1항 전단은 "모든 국민은 행위시의 법률에 의하여 범죄를 구성하지 아니하는 행위로 소추되지 아니하며"라고 규정하여 행위시의 법률에 의하지 아니한 형사처벌의 금지를 규정하고 있으며, 헌법 제6조 제1항은 "헌법에 의하여 체결·공포된 조약과 일반적으로 승인된 국제법규는 국내법과 같은 효력을 가진다"고 규정하여 적법하게 체결되어 공포된 조약은 국내법과 같은 효력을 가진다고 규정하고 있다. 마라케쉬 협정도 적법하게 체결되어 공포된 조약이므로 국내법과 같은 효력을 갖는 것이어서 그로 인하여 새로운 범죄를 구성하거나 범죄자에 대한 처벌이 가중된다고 하더라도 이것은 국내법에 의하여 형사처벌을 가중한 것과 같은 효력을 갖게 되는 것이다. 따라서 마라케쉬 협정에 의하여 관세법위반자의 처벌이 가중된다고 하더라도 이를 들어 법률에 의하지 아니한 형사처벌이라거나 행위시의 법률에 의하지 아니한 형사처벌이라고 할 수 없으므로, 마라케쉬 협정에 의하여 가중된 처벌을 하게 된 구 특가법 제6조 제2항 제1호나 농안법 제10조의3이 죄형법정주의에 어긋나거나 청구인의 기본적 인권과 신체의 자유를 침해하는 것이라고 할 수 없다.

ⅳ) **각하결정례** 위에서도 이미 인용한 바 있는 결정례인데, 당해 조약이 대상성은 있으나 한정위헌청구로서 부적법하다고 하여 각하하고 본안판단을 하지 않은 아래의 결정례도 있었다.

판례 헌재 2001.9.27. 2000헌바20

[결정요지] 1. 이 사건 조항 {국제통화기금협정 제9조(지위, 면제 및 특권) 제3항 (사법절차의 면제) 및 제8항(직원 및 피용자의 면제와 특권), 전문기구의특권과면제에관한협약 제4절, 제19절(a)}은 각 국회의 동의를 얻어 체결된 것으로서, 헌법 제6조 제1항에 따라 국내법적, 법률적 효력을 가지는 바, 가입국의 재판권 면제에 관한 것이므로 성질상 국내에 바로 적용될 수 있는 법규범으로서 위헌법률심판의 대상이 된다. 2. 국제통화기금 임직원의 '공적(公的) 행위'에 대한 재판권 면제 등을 규정한 이 사건 조항에 대하여, 청구인은 "국제통화기금과 그 직원의 재판권 면제는 필요한 최소한에 그쳐야 하며, 불법행위를 원인으로 손해배상을 구하는 경우까지 면제되는 것으로 해석하면 위헌"이라는 한정위헌청구를 하고 있다. 그런데 규범통제제도에서 한정위헌 청구는 법조항 자체의 위헌성 문제로 볼 여지가 있는 경우에만 적법한 바, 청구인이 이 사건 조항의 규정이 불명확하다던가 자의적으로 해석될 소지가 있다는 주장을 한다거나, 이 사건 조항이 법해석상 구체화되었다고 볼 수 있을 정도로 사례군이 집적되었다고 볼 수 없고, 달리 법규범 자체에 대한 위헌성 다툼으로 볼만한 사정이 없다. 이 사건 조항의 합헌적 적용 범

위에 불법행위가 배제될 것인지, 배제된다면 어느 범위의 불법행위가 배제될 것인지는, 규범 자체에 내포된 구성요건 요소라기보다는 개별 사안에서 법원의 해석에 의하여 판단될 문제로 보인다. 즉, 개별 사안에서 국내법상의 불법행위를 구성하는 것인지, 또 그것이 위 '공적 행위'로 인하여 야기된 것인지, 나아가 우리나라 재판권의 면제대상이 될 것인지에 관한 법원의 해석에 의하여 결정될 문제라고 할 것이다.

v) **조약에 대한 법령소원의 본안판단이 있었던 예** 위헌심판을 살펴보는 여기에서 본래의미 헌법소원인 법령소원(법령을 대상으로 한다고 하여 부쳐진 이름, 후술 헌법소원 부분 참조)은 직접적인 것은 아니나 그 예가 있어서 살펴본다. 바로 아래의 결정인데 우리나라와 일본 간의 협정에 대해 법령소원의 대상성과 적법성을 인정하고 본안판단에 들어가 기각결정이 난 법령소원결정의 예이다.

판례 헌재 2001.3.21. 99헌마139등, 대한민국과 일본국간의 어업에 관한 협정비준 등 위헌확인
[심판대상] 대한민국과 일본국간의 어업에 관한 협정(1998.11.23. 조약 제1477호로 체결되고 1999.1.22. 발효된 것. 이하 '이 사건 협정'이라 함) [외교통상부장관의 의견요지] 이 사건 협정은 국민의 권리·의무관계가 아닌 국가간의 권리·의무 관계만을 내용으로 하는 조약에 해당되므로 헌법소원의 대상이 될 수 없다. 이 사건 협정이 헌법소원의 대상이 된다고 하더라도, 이를 심사함에 있어서는 헌법재판소의 결정에 따라 발생할 수 있는 국제법상의 여러 효과를 다차원적으로 고려할 필요가 있다. [관련판시, 결정요지] 1. 헌법소원심판의 대상이 되는 것은 헌법에 위반된 "공권력의 행사 또는 불행사"이다. 여기서 '공권력'이란 입법권·행정권·사법권을 행사하는 모든 국가기관·공공단체 등의 고권적 작용이라고 할 수 있는바, 이 사건 협정은 우리나라 정부가 일본 정부와의 사이에서 어업에 관해 체결·공포한 조약(조약 제1477호)으로서 헌법 제6조 제1항에 의하여 국내법과 같은 효력을 가지므로, 그 체결행위는 고권적 행위로서 '공권력의 행사'에 해당한다. 2. 이 사건 협정은 어업에 관한 한일 양국의 이해를 타협·절충함에 있어서 현저히 균형을 잃은 것으로는 보이지 않는다고 일응 평가할 수 있으므로, 청구인들의 헌법상 보장된 행복추구권, 직업선택의 자유, 재산권, 평등권, 보건권은 침해되었다고 볼 수 없다.

vi) **조약에 대한 법령소원의 각하결정이 있었던 예** 헌법소원심판의 청구요건인 기본권침해의 가능성, 기본권침해의 자기관련성, 직접성, 현재성 등(이에 관해서는 후술 제5장 헌법소원, 청구요건 부분 참조)을 갖추어야 하는데 헌법재판소는 미군기지이전에 관한 조약들에 대한 헌법소원심판의 청구가 이러한 청구요건을 갖추지 못하였다고 하여 각하결정을 한 바 있다.

판례 헌재 2008.10.30. 2005헌마268
[결정요지] 이 사건 조약들은 미군기지의 이전을 위한 것이고, 그 내용만으로는 장차 우리나라가 침략적 전쟁에 휩싸이게 된다는 것을 인정하기 곤란하므로 이 사건에서 평화적 생존권의 침해가능성이 있다고 할 수 없다. 이 사건 조약들에 의해서 청구인들의 환경권, 재판절차진술권, 행복추구권, 평등권, 재산권이 바로 침해되는 것이 아니고, 미군부대 이전 후에 청구인들이 권리침해를 받을 우려가 있다 하더라도 이는 장래에 잠재적으로 나타날 수 있는 것이므로 권리침해의 '직접성'이나 '현재성'을 인정할 수 없다. 따라서 청구인들의 이 사건 심판청구는 기본권 침해의 가능성 등 적법요건을 갖추지 못하여 모두 부적법하므로 이를 각하하기로 결정한다. * 또 다른 각하결정례로 '대한민국과 아메리카합중국 간의 상호방위조약 제4조에 의한 시설과 구역 및 대한민국에서의 합중국군대의지위에 관한 협정' 제3조 제1항 등에 대한 헌법소원사건결정이 있었다(헌재 2001.11.29, 2000헌마462).

2) 긴급재정경제명령의 헌법재판 대상성 인정

긴급재정경제명령에 대하여 위헌법률심판이나 위헌소원이 이루어진 직접적인 예는 없다. 그러나 본래의미의 법령소원의 대상이 된 예는 있었다. 바로 대통령의 '금융실명거래 및 비밀보장에 관한 긴급재정경제명령'이 그 예이다. 긴급재정경제명령의 발포행위는 이른바 통치행위의 영역에 속하여 헌법소원의 대상이 되지 아니한다는 법무부장관의 주장을 헌법재판소는 받아들이지 않고 "비록 고도의 정치적 결단에 의하여 행해지는 국가작용이라고 할지라도 그것이 국민의 기본권 침해와 직접 관련되는 경우에는 당연히 헌법재판소의 심판대상이 될 수 있는 것일 뿐만 아니라, 긴급재정경제명령은 법률의 효력을 갖는 것이므로 마땅히 헌법에 기속되어야 할 것이다"라고 판시하였다. 따라서 헌법재판소는 긴급재정경제명령을 위헌법률심판의 대상으로도 인정하는 입장이라고 보아야 할 것이다.

판례 헌재 1996.2.29. 93헌마186.
[판시] * [사건개요 및 청구인의 주장요지] [심판대상규정] 등 자세한 것은 아래의 이른바 통치행위의 문제 부분 판시 참조.

3) 제4공화국(유신)헌법의 긴급조치

(가) 헌재와 대법원의 판례차이

헌재는 긴급조치가 법률과 동일한 효력을 지니므로 자신이 심사권한을 가진다고 본다. 이에 대립하여 대법원은 아래 판결에서 긴급조치가 국회의 동의 내지 승인을 받지 않아 헌재의 위헌심판대상이 되는 법률이 아니라고 보아 자신의 전속관할을 주장하고 긴급조치 제1호가 위헌이라고 선언하였다.

판례 대법원 2010.12.16, 2010도5986 전원합의체. * 이 판결의 판시에 대해서는 후술 5. 부분 참조.

여하튼 양 기관의 입장, 판례들 등 더 자세한 것은 후술한다(5. 위헌법률심판대상에서의 헌재와 대법원 간 판례차이를 보여준 예 부분 참조). 여기서는 헌재가 긍정하는 결정례들을 간략히 인용한다.

(나) 헌재의 긍정하는 판례

헌재도 긴급조치에 대해 심판대상임을 인정하고 긴급조치 제1, 2, 9호에 대해 위헌결정을 하였다. 헌재는 이 결정에서 유신헌법 제53조는 긴급조치의 효력에 관하여 명시적으로 규정하고 있지 않으나 표현의 자유 등 국민의 기본권을 직접적으로 제한하는 내용이 포함된 긴급조치들의 효력을 법률보다 하위에 있는 것이라고 보기 어려워 최소한 법률과 동일한 효력을 가지는 것으로 보아야 하므로 그 위헌여부 심사권한도 헌법재판소에 전속하여 자신의 독점적 관할이라고 보았다.

판례 헌재 2013.3.21. 2010헌바132등

[판시] … 이 사건 긴급조치들에 대한 위헌심사권한 – 가. 일정한 규범이 위헌법률심판 또는 헌법재판소법 제68조 제2항에 의한 헌법소원심판의 대상이 되는 '법률'인지 여부는 그 제정 형식이나 명칭이 아니라 그 규범의 효력을 기준으로 판단하여야 한다. 나. 이 사건 긴급조치들의 효력과 위헌심사권한의 소재 (1) 유신헌법 제53조는 긴급조치의 효력에 관하여 명시적으로 규정하고 있지 않다. 그러나 긴급조치는 유신헌법 제53조에 근거한 것으로서 그에 정해진 요건과 한계를 준수해야 한다는 점에서 이를 헌법과 동일한 효력을 갖는 것으로 보기는 어렵다. (2) 한편 이 사건 긴급조치들은 표현의 자유 등 기본권을 제한하고, 형벌로 처벌하는 규정을 두고 있으며, 영장주의나 법원의 권한에 대한 특별한 규정 등을 두고 있다. 유신헌법이 규정하고 있던 적법절차의 원칙(제10조 제1항), 영장주의(제10조 제3항), 죄형법정주의(제11조 제1항), 기본권제한에 관한 법률유보원칙(제32조 제2항) 등을 배제하거나 제한하고, 표현의 자유 등 국민의 기본권을 직접적으로 제한하는 내용이 포함된 이 사건 긴급조치들의 효력을 법률보다 하위에 있는 것이라고 보기도 어렵다. (3) 결국 이 사건 긴급조치들은 최소한 법률과 동일한 효력을 가지는 것으로 보아야 하고, 따라서 그 위헌 여부 심사권한도 헌법재판소에 전속한다. * 이 결정에 대한 보다 자세한 것은 후술 5. 부분 참조.

4) 폐지된 재조선미국육군사령부군정청 법령

이에 대해서는 두 가지 점, ① 군정법령이 법률로서의 효력을 가진다는 점, ② 그런데 폐지된 법령인데 그것의 위헌 여부가 관련 소송사건의 재판의 전제가 되어 있다면 위헌심판의 대상이 된다는(전술 참조) 점이다. 아래 판시가 그 예인데 사안은 1945.8.9. 이후 성립된 거래를 전부 무효로 한 재조선미국육군사령부군정청 법령 제2호 제4조 본문과 1945.8.9. 이후 일본 국민이 소유하거나 관리하는 재산을 1945.9.25.자로 전부 미군정청이 취득하도록 정한 재조선미국육군사령부군정청 법령 제33호 제2조 전단 중 '일본 국민'에 관한 부분(이하 '심판대상조항'이라 한다)이 진정소급입법으로서 헌법 제13조 제2항에 반한다는 위헌소원사건이었다. 헌재는 이렇게 대상성, 재판전제성을 인정하여 본안판단에 들어가 합헌이라고 보았다.

판례 헌재 2021.1.28. 2018헌바88

[판시] … 4. 적법요건에 대한 판단 가. 미군정기의 법령체계 – 포고(Proclamation)는 태평양 미국육군사령부 최고지휘관인 맥아더의 이름으로 발하는 것으로 군사점령에 관한 국제법에 근거하여 한국 내 기본법으로서의 효력을 가진다. 미군정청 법령(Ordinance)은 미군정청이 군정장관의 이름으로 발하는 것으로 문서 말미에 담당자의 계급 및 성명을 밝히고 서명을 하는 형태로 공포되었다. 당시 군정장관이 제정한 법령 기타 법규의 공포방식에 관하여는 이를 규율하는 법규가 없었고, 그로 인하여 오늘날 법률로 제정되어야 할 사항 중 많은 부분이 '법령 기타 법규'의 형식으로 제정되었으며, 그 공표절차에 있어서는 관보 게재의 방식에 의하거나 관보게재 외의 방식에 의하기도 하였다. '법령 기타의 법규'의 형식을 가졌다고 하여 반드시 '법률'보다 하위의 규범인 것은 아니었고, 그 내용이 입법사항에 관한 것이라면 법률과 같은 효력을 가지는 것으로 이해되었다(헌법위원회 1954.2.27. 1953헌위1; 헌재 2001.4.26. 98헌바79등 참조). 나. 헌법소원대상성 및 재판의 전제성 (1) 이 사건 법령들은 1945.9.25., 1945.12.6. 각 군정장관의 명의로 공포된 것으로 법령(Ordinance)의 형식을 가졌지만, 각 '패전국 정부 등의 재산권 행사 등의 금지에 관한 사항', '재산권 이전 조치에 관한 사항'과 같이 오늘날 법률로 제정되어야 할 입법사항을 규율하고 있으므로 법률로서의 효력을 가진다고 볼 수 있다. 이 사건 법령들은 미군정이 공

식적으로 폐지되고 대한민국 정부가 수립된 1948.8.15.을 기준으로 그 효력을 상실하였으나, 1948.7.12. 제정된 제헌 헌법 제100조가 "현행 법령은 이 헌법에 저촉되지 아니하는 한 효력을 가진다."라고 규정함으로써 대한민국의 법질서 내로 편입되었다. 그 후 1961.7.15. 제정된 '구법령 정리에 관한 특별조치법'은 1948.7.16. 이전에 시행된 법령으로서 헌법 제100조의 규정에 의하여 그 효력이 존속되고 있는 구법령을 1961.12.31.까지 정리하여 이를 법률 또는 명령으로 대체하도록 하였고(제1조 및 제2조), 정리되지 아니한 구법령은 1962.1.20.로써 폐지한 것으로 간주하였다(제3조). 이에 따라 이 사건 법령들은 1962.1.20.로써 폐지되었다. (2) 폐지된 법률에 대한 헌법소원은 원칙적으로 부적법하나, 폐지된 법률의 위헌 여부가 관련 소송사건의 재판의 전제가 되어 있다면 위헌심판의 대상이 된다(헌재 1994.6.30. 92헌가18 참조). 당해사건에서는 한국인이 1945.8.10. 일본인으로부터 매수하여 1945.9.7. 소유권이전등기를 마친 이 사건 토지가 심판대상조항에 따라 귀속재산에 해당하는지 여부가 문제된다. 계쟁 토지가 귀속재산인지 여부와 관련하여, 대법원은 "1945.8.9. 현재 등기부상 일본인 소유 명의로 되어 있는 재산은 미군정청 법령 제33호 제 2 조에 의하여 미군정청이 취득하였다가 한·미간 최초협정 제5조에 의하여 대한민국 정부에 이양된 귀속재산이 되는 것이므로, 가사 그 이전에 이미 한국인이 일본인으로부터 매수 기타 원인으로 그 소유권을 취득하였다고 하더라도 소정 기간 내에 그 취득원인 사실을 들어 미군정청 법령 제103호와 1948.4.17.자, 1948.7.28.자 각 군정장관지령에 의한 재산소청위원회에서의 귀속해제의 재결 또는 간이소청절차에 의한 귀속해제결정 및 법률 제102호, 제230호에 의한 확인을 받거나 혹은 법원으로부터 확정판결에 의한 귀속해제를 받지 아니하는 한 그 소유권을 주장할 수 없고, 그 소유권은 국가에 귀속된다"(대법원 1996.11.15. 선고 96다32812 판결 등 참조)고 판시하여 오고 있다. 따라서 심판대상조항은 법률로서의 효력을 가지고 시행되었고 이후 폐지된 조항이지만 계쟁 토지가 귀속재산인지 여부와 관련하여 현재까지도 여전히 유효한 재판규범으로서 적용되고 있고, 당해사건 재판에서도 이 사건 토지가 심판대상조항에 따라 귀속재산에 해당하는지 여부가 당해 사건 재판의 결론에 결정적인 영향을 미치므로, 심판대상조항은 헌법소원대상성 및 재판의 전제성이 모두 인정된다.

5) 이른바 통치행위의 문제 – 고도의 정치적 국가작용의 헌법재판 대상성 인정

헌법재판소는 고도의 정치적 결단에 의하여 행해지는 국가작용일지라도 국민의 기본권 침해와 직접 관련되는 경우에는 당연히 헌법재판소의 심판대상이 될 수 있다고 하여 통치행위의 경우에도 헌법재판의 대상성을 인정한 예가 있다. 이는 바로 위에서 본 긴급재정명령인 대통령의 '금융실명거래 및 비밀보장에 관한 긴급재정경제명령'에 대한 헌법소원사건이었다. 사안은 헌법소원심판('헌마')사건이었으나 긴급재정경제명령도 법률의 효력을 가지는(제76조 1항) 실질적 의미의 법률이므로 여기 위헌법률심판의 대상에서도 다룬다. 이 사안에서 긴급재정명령의 발포행위는 이른바 통치행위의 영역에 속하여 헌법소원의 대상이 되지 아니한다는 법무부장관의 주장을 헌법재판소는 받아들이지 않고 위와 같이 헌법재판 대상이 된다고 보았다. 이 판례의 입장은 계속 유지되고 있다.

[주요판시사항]

▷ 고도의 정치적 결단에 의하여 행해지는 국가작용일지라도 국민의 기본권 침해와 직접 관련되는 경우에는 당연히 헌법재판소의 심판대상이 될 수 있음

판례 헌재 1996.2.29. 93헌마186

[사건개요 및 청구인의 주장요지] 대통령은 1993.8.12. 금융실명거래 및 비밀보장에 관한 긴급재정경제명

령(대통령 긴급재정경제명령 제16호)을 발하여 같은 날 20:00부터 이 사건 긴급명령이 시행되었고 같은 달 19. 국회의 승인을 받았다. 청구인은 대통령은 헌법 제76조 제1항에 규정한 요건을 갖추지 못하였음에도 이 사건 긴급명령을 발하였고, 이 긴급명령은 가사 그 내용이 합헌적이라 할지라도 그 절차에 위헌의 소지가 있어 헌법에 위반되고, 국회로서는 위와 같은 위헌적 행위를 한 대통령에 대하여 탄핵소추를 의결하여야 함에도 이를 하지 아니하였으며, 청구인은 국민의 한 사람으로서 금융실명제의 실시시기, 실시방법, 부작용 방지책 등을 숙고하고 의견이 있으면 정부에 청원할 권리를 가지는데 이러한 권리가 대통령의 이 사건 긴급명령 발포로 인하여 원천적으로 침해되었고, 또한 이 사건 긴급명령의 실시로 인하여 청구인의 소유 주식 11주의 시가가 하락함으로써 재산권도 침해되었다고 주장, 즉 청구인의 알권리와 청원권 및 재산권이 침해되었다고 주장하며 헌법소원심판을 청구하였다. [심판대상규정] 금융실명거래 및 비밀보장에 관한 긴급재정경제명령(1993.8.12. 대통령 긴급재정경제명령 제16호). 주요내용 : ① 이 긴급명령의 시행시부터 모든 금융거래시 실명 사용을 의무화하고(제2조, 제3조 제1항) ② 기존의 비실명예금에 대하여는 2개월간의 실명전환의무기간을 설정하여(제5조) ③ 비실명에 의한 자금의 인출을 금지하며(제3조 제3항) ④ 일정금액 이상의 실명전환된 비실명금융자산의 인출시 금융기관이 국세청에 대하여 거래내용을 통보하도록 하고(제6조, 제10조) ⑤ 실명전환의무기간 경과 후에는 이자, 배당소득 등에 대하여 고율의 소득세율을 적용하며, 최고 원금의 60%에 달하는 과징금을 부과하고(제7조, 제9조) ⑥ 금융거래의 비밀보장을 강화하며(제4조) ⑦ 이에 위반하는 자에 대하여는 형사처벌을 한다(제12조). [주문] 이 사건 심판청구 중 국회의 탄핵소추의결 부작위에 대한 부분을 각하하고, 금융실명거래 및 비밀보장에 관한 긴급재정경제명령(대통령 긴급재정경제명령 제16호)에 대한 부분을 기각한다. [법무부장관 의견] 대통령의 금융실명거래 및 비밀보장에 관한 긴급재정경제명령 발포행위는 이른바 통치행위의 영역에 속하여 헌법소원의 대상이 되지 아니한다. [판시] 통치행위란 고도의 정치적 결단에 의한 국가행위로서 사법적 심사의 대상으로 삼기에 적절하지 못한 행위라고 일반적으로 정의되고 있는바, 이 사건 긴급명령이 통치행위로서 헌법재판소의 심사 대상에서 제외되는지에 관하여 살피건대, 고도의 정치적 결단에 의한 행위로서 그 결단을 존중하여야 할 필요성이 있는 행위라는 의미에서 이른바 통치행위의 개념을 인정할 수 있고, 대통령의 긴급재정 경제명령은 중대한 재정 경제상의 위기에 처하여 국회의 집회를 기다릴 여유가 없을 때에 국가의 안전보장 또는 공공의 안녕질서를 유지하기 위하여 필요한 경우에 발동되는 일종의 국가긴급권으로서 대통령의 고도의 정치적 결단을 요하고 가급적 그 결단이 존중되어야 할 것임은 법무부장관의 의견과 같다. 그러나 이른바 통치행위를 포함하여 모든 국가작용은 국민의 기본권적 가치를 실현하기 위한 수단이라는 한계를 반드시 지켜야 하는 것이고, 헌법재판소는 헌법의 수호와 국민의 기본권 보장을 사명으로 하는 국가기관이므로 비록 고도의 정치적 결단에 의하여 행해지는 국가작용이라고 할지라도 그것이 국민의 기본권 침해와 직접 관련되는 경우에는 당연히 헌법재판소의 심판대상이 될 수 있는 것일 뿐만 아니라, 긴급재정경제명령은 법률의 효력을 갖는 것이므로 마땅히 헌법에 기속되어야 할 것이다. * 위에서 본 대로 위 긴급재정경제명령이 헌법소원의 대상성이 인정되어 본안판단에 들어갔으나 그 합헌성이 인정되어 위 [주문]에서 보듯이 기각결정으로 결론이 났다.

6) 관습법률

(가) 헌법재판소와 대법원의 견해대립

관습법이 헌재의 위헌법률심판의 대상이 되느냐 하는 문제에 대해 대법원과 헌재가 대립한다. 대법원은 위헌법률심판대상은 형식적 법률이어야 하고 민사관습법은 보충적 법원으로서 위헌일 경우 법원이 그 효력을 부인할 수 있다는 점을 근거로 부정한다. 반면 헌재는 실질적 법률도 위헌법률심판대상이 되고 해당 관습법이 실질적 법률이라면 대상이 된다는 입장에서 긍정하여 판례차이를 보여주고 있다.

(나) 후술 참조

관습법을 둘러싼 헌재와 대법원 간의 판례차이에 대해서는 양 기관의 입장, 판례들 등 더 자세한 것은 후술한다(5. 위헌법률심판대상에서의 헌재와 대법원 간 판례차이를 보여준 예 부분 참조). 여기서는 헌재가 긍정하는 결정례들을 간략히 인용한다.

(다) 헌법재판소의 긍정 결정례들

헌재의 위와 같은 긍정의 입장이 표명된 결정례들로는 아래와 같은 결정들이 있었다.

① 분재청구권 부인의 관습법 – 호주가 사망한 경우 딸에게 분재청구권을 인정하지 아니한 민법 시행 전 구 관습법이 헌재법 제68조 제2항에 의한 위헌소원심판의 대상이 된다고 본 예.

판례 헌재 2013.2.28. 2009헌바129

[판시] (1) 이 사건 관습법은 민법 시행 이전에 상속을 규율하는 법률이 없는 상황에서 재산상속에 관하여 적용된 규범으로서 비록 형식적 의미의 법률은 아니지만 실질적으로는 법률과 같은 효력을 갖는다. (2) 헌법 제111조 제1항 제1호, 제5호 및 헌법재판소법 제41조 제1항, 제68조 제2항에 의하면 위헌심판의 대상을 '법률'이라고 규정하고 있는데, 여기서 '법률'이라고 함은 국회의 의결을 거친 이른바 형식적 의미의 법률뿐만 아니라 법률과 동일한 효력을 갖는 조약 등도 포함된다. 이처럼 법률과 동일한 효력을 갖는 조약 등을 위헌심판의 대상으로 삼음으로써 헌법을 최고규범으로 하는 법질서의 통일성과 법적 안정성을 확보할 수 있을 뿐만 아니라, 합헌적인 법률에 의한 재판을 가능하게 하여 궁극적으로는 국민의 기본권 보장에 기여할 수 있게 된다. 그렇다면 법률과 같은 효력을 가지는 이 사건 관습법도 당연히 헌법소원심판의 대상이 되고, 단지 형식적인 의미의 법률이 아니라는 이유로 그 예외가 될 수는 없다. * 대상성은 이처럼 인정되었으나 재판전제성이 없다는 이유로 결국 각하결정이 되었다. * 이 결정에 대한 자세한 것은 후술 5. 참조.

② 절가상속의 관습법 – "여호주가 사망하거나 출가하여 호주상속이 없이 절가된 경우, 유산은 그 절가된 가(家)의 가족이 승계하고 가족이 없을 때는 출가녀(出家女)가 승계한다."는 구 관습법(이하 '이 사건 관습법'이라 한다)이 헌재법 제68조 제2항에 의한 위헌소원심판의 대상이 된다고 본 예.

판례 헌재 2016.4.28. 2013헌바396등

[판시] 이 사건 관습법은 민법 시행 이전에 상속 등을 규율하는 법률이 없는 상황에서 절가된 가(家)의 재산분배에 관하여 적용된 규범으로서, 비록 형식적 의미의 법률은 아니지만 실질적으로는 법률과 같은 효력을 갖는다. 그렇다면 법률과 같은 효력을 가지는 이 사건 관습법도 헌법소원심판의 대상이 된다. * 본안판단결과 합헌결정이 되었다. * 이 결정에 대해서도 자세한 것은 후술 5. 부분 참조.

③ 분묘기지권에 관한 관습법 중 "타인 소유의 토지에 소유자의 승낙 없이 분묘를 설치한 경우에는 20년간 평온·공연하게 그 분묘의 기지를 점유하면 지상권과 유사한 관습상의 물권인 분묘기지권을 시효로 취득하고, 이를 등기 없이 제3자에게 대항할 수 있다."는 부분 및 "분묘기지권의 존속기간에 관하여 당사자 사이에 약정이 있는 등 특별한 사정이 없는 경우에는 권리자가 분묘의 수호와 봉사를 계속하는 한 그 분묘가 존속하고 있는 동안은 분묘기지권은

존속한다."는 부분.

판례 헌재 2020.10.29. 2017헌바208

[판시] 가. 이 사건 관습법의 헌법소원 대상성 – 관습법은 사회의 거듭된 관행으로 생성된 사회생활규범이 사회의 법적 확신과 인식에 따라 법적 규범으로 승인되고 강행되기에 이르러 법원(法源)으로 기능하게 된 것이다. 법원(法院)은 여러 차례 심판대상인 분묘기지권의 시효취득 및 분묘기지권의 존속기간에 관한 관습이 우리 사회에서 관습법으로 성립하여 존재하고 있음을 확인하고 재판규범으로 적용하여 왔는바(대법원 1957.10.31. 선고 4290민상539 판결, 대법원 1982.1.26. 선고 81다1220 판결, 대법원 1996.6.14. 선고 96다14036 판결, 대법원 2007.6.28. 선고 2005다44114 판결 등 참조), 이 사건 관습법은 형식적 의미의 법률은 아니지만 실질적으로는 법률과 같은 효력을 갖는다. 그렇다면 법률과 같은 효력을 가지는 이 사건 관습법도 헌법소원심판의 대상이 되고, 단지 형식적 의미의 법률이 아니라는 이유로 그 예외가 될 수는 없다. * 본안판단결과 합헌결정이 되었다. * 이 결정에 대해서도 자세한 것은 후술 5. 부분 참조.

Ⅲ. 법률의 해석 내지 적용확정 문제의 헌법재판소 심판대상성 여부

법률의 해석, 적용은 당해 소송사건을 담당한 법원의 소관사항이다. 그런데 아래의 결정에서 보듯이 법률규정의 해석, 적용문제가 그 법률규정의 위헌성을 판단함에 있어서 선행문제가 될 때에는 헌법재판소가 심판할 수 있는 대상이 된다고 보는 것이 우리 헌법재판소의 입장이다. 즉 어느 법률규정을 대상으로 위헌소원심판을 청구하면서 그 법률규정에 대한 법원의 해석이 위헌인지 여부를 가려달라고 하는 청구에 대해 헌재는 "법률의 위헌성을 판단함에 있어서는 그 법률의 해석 내지 그 법률이 어느 경우에 적용되는가를 확정하는 것이 선행되어야 하므로 이 한도 내에서는 헌법재판소로서도 법률의 해석 내지 그 적용에 관여하지 않으면 안 되는 것"이라고 하여 법원의 해석이 헌법에 위반된다면 "결국 법원의 해석에 의하여 구체화된 이 사건 심판대상 규정이 위헌성을 지니고 있는 셈이 된다"라고 보아 그러한 해석은 "심판대상 규정의 위헌여부에 관한 문제로서 헌법재판소의 판단대상이 된다"라고 본다.

판례 헌재 1998.7.16. 97헌바23, 판례집 10-2, 251-252면

[청구인 주장의 핵심] 폭행협박 등 별도의 위법행위를 수반하지 않는 집단적 노무제공 거부행위를 대법원이 위력업무방해죄에 있어서 위력에 해당한다고 해석하여 정당행위로서 위법성이 조각되지 않는 한 형사처벌할 수 있다고 하는 것이 헌법에 위반된다. [헌재판시] 이는 이 사건 심판대상 규정의 해석과 적용의 문제로서 원칙적으로 헌법재판소의 심판대상이 될 수 없는 것이 아닌가 하는 의문이 들 수 있다. 그러나 법률의 위헌성을 판단함에 있어서는 그 법률의 해석 내지 그 법률이 어느 경우에 적용되는가를 확정하는 것이 선행되어야 하므로 이 한도 내에서는 헌법재판소로서도 법률의 해석 내지 그 적용에 관여하지 않으면 안되는 것이며, 정당행위로 인정되지 않는 집단적 노무제공 거부행위를 위력업무방해죄로 형사처벌하는 것이 헌법에 위반된다면 결국 법원의 해석에 의하여 구체화된 이 사건 심판대상 규정이 위헌성을 지니고 있는 셈이 된다. 따라서 집단적 노무제공 거부행위를 위력업무방해죄로 형사처벌하는 것이 헌법에 위반되는지 여부는 이 사건 심판대상 규정의 위헌여부에 관한 문제로서 헌법재판소의 판단대상이 된다고 할 것이다.

판례 헌재 2001.8.30. 2000헌바36

[본안쟁점] 민사소송법 제714조 제2항(1990.1.13. 법률 제4201호로 개정된 것)의 가처분에 방송프로그램의 방영금지가처분을 포함시키는 것이 언론의 자유를 침해하는 위헌인지 여부(합헌결정) [심판대상규정] 민사소송법 제714조(가처분의 목적) ② 가처분은 쟁의 있는 권리관계에 대하여 임시의 지위를 정하기 위하여도 할 수 있다. 다만, 이 처분은 특히 계속하는 권리관계에 현저한 손해를 피하거나 급박한 강폭을 방지하기 위하여 또는 기타 필요한 이유에 의하여야 한다. [관련판시] 법률의 위헌성을 판단함에 있어서는 그 법률의 해석 내지 그 법률이 어느 경우에 적용되는가를 확정하는 것이 선행되어야 하므로 이 한도 내에서는 헌법재판소로서도 법률의 해석 내지 그 적용에 관여하지 않으면 안 되는 것이며, 방영되기 전에 그 방영을 금지하는 가처분을 이 사건 법률조항에 의하여 허용하는 것이 헌법에 위반된다면 결국 법원의 해석에 의하여 구체화된 이 사건 심판대상 규정이 위헌성을 지니고 있는 셈이 된다. 따라서, 이 사건 법률조항의 가처분에 위와 같은 방영금지가처분을 포함시키는 것이 헌법에 위반되는지 여부는 이 사건 심판대상규정의 위헌여부에 관한 문제로서 헌법재판소의 판단대상이 된다고 할 것이다. * 법률해석·적용확정이 선행문제라 하여 심판대상성을 인정한 또 다른 결정례 : 헌재 2001.12.20. 2001헌바25, 구 상속세법 제4조 제2항 등 위헌소원, 헌재판례집 13-2, 870면. * 또 다른 예 : 헌재 1995.5.25. 91헌바20, 판례집 7-1, 615(군무이탈자 복귀명령을 정당한 명령에 포함되는 것으로 해석하는 것이 대법원판례인데 이처럼 복귀명령 위반행위를 명령위반죄로 처벌하는 것이 헌법에 위반되는지 여부가 심판대상이 된 것임) 등.

Ⅳ. 대상성이 부인되는 규범

1. 헌법규정에 대한 대상성 부인

헌법전의 규정들 간에도 효력상 우열의 차이가 있음을 전제로 하여 그 규정들 중에는 헌법개정으로도 변경할 수 없는 '헌법핵'이 있고 헌법개정으로 변경을 가할 수 있는 '헌법률'의 규정들이 있다고 볼 경우, 헌법핵에 위반되는 헌법률에 대한 위헌심판이 가능하다고 보는 이론들이 있다. 우리 헌법재판소의 판례는 아래의 사례들에서 헌법재판에 있어서 이러한 이론을 부정하고 있다.

[주요판시사항]

▷ 헌법규정 자체의 위헌법률심판 대상성 부인

① 헌법 제29조 제2항에 대한 위헌소원

판례 헌재 1995.12.28. 95헌바3

[본안쟁점] 군인 등의 국가배상청구금지규정인 헌법 제29조 제2항의 단서규정부분은 헌법 제10조, 제11조에 위반되는 위헌인지 여부(각하결정) [심판대상규정] 헌법(1987.10.29. 전문개정) 제29조(공무원의 불법행위와 배상책임) ① 생략. ② 군인·군무원·경찰공무원 기타 법률이 정하는 자가 전투·훈련 등 직무집행과 관련하여 받은 손해에 대하여는 법률이 정하는 보상 외에 국가 또는 공공단체에 공무원의 직무상 불법행위로 인한 배상은 청구할 수 없다. 국가배상법(1967.3.3. 법률 제1899호로 제정되어 1981.12.17. 법률 제3464호로 개정된 것) 제2조(배상책임) ① [본문 생략] 다만, 군인·군무원·경찰공무원 또는 향토예비군대원이 전투·훈련·기타 직무집행과 관련하거나 국방 또는 치안유지의 목적상 사용하는 시설

및 자동차·함선·항공기·기타 운반기구 안에서 전사· 순직 또는 공상을 입은 경우에 본인 또는 그 유족이 다른 법령의 규정에 의하여 재해보상금·유족연금·상이연금 등의 보상을 지급받을 수 있을 때에는 이 법 및 민법의 규정에 의한 손해배상을 청구할 수 없다. [청구인 주장] 헌법 제29조 제2항은 헌법의 근본적 가치체계인 인간의 존엄과 가치 및 국민의 불가침적 기본적 인권을 규정한 헌법 제10조, 평등의 원칙을 규정한 헌법 제11조에 위반되어 무효이다. 국가배상법 제2조 단서는 위와 같은 위헌적인 헌법 제29조 제2항에 근거한 것으로 헌법 제29조 제1항에서 보장하는 국민의 기본적 인권인 국가에 대한 손해배상청구권을 군인이라는 이유로 제한하여 헌법 제11조의 평등의 원칙에 위반하고, 또한 헌법 제37조 제2항의 한계를 벗어나 기본권의 본질적 내용을 침해한 것이므로 위헌 무효이다. [주문] "1. 이 사건 심판청구 중 헌법(1987.10.29. 전문개정) 제29조 제2항에 대한 부분은 이를 각하한다. 2. 국가배상법(1967.3.3. 법률 제1899호로 제정되어 1981.12.17. 법률 제3464호로 개정된 것) 제2조 제1항 단서는 헌법에 위반되지 아니한다." [결정요지] ▷ 헌법 제29조 제2항에 대한 부분 : 헌법 제111조 제1항 제1호 및 헌법재판소법 제41조 제1항은 위헌법률심판의 대상에 관하여, 헌법 제111조 제1항 제5호 및 헌법재판소법 제68조 제2항, 제41조 제1항은 헌법소원심판의 대상에 관하여 그것이 법률임을 명문으로 규정하고 있으며, 여기서 위헌심사의 대상이 되는 법률이 국회의 의결을 거친 이른바 형식적 의미의 법률을 의미하는 것에는 아무런 의문이 있을 수 없다. 따라서 형식적 의미의 법률과 동일한 효력을 갖는 조약 등은 포함된다고 볼 것이지만 헌법의 개별규정 자체는 그 대상이 아님이 명백하다. 그럼에도 불구하고, 이른바 헌법제정권력과 헌법개정권력을 준별하고, 헌법의 개별규정 상호 간의 효력의 차이를 인정하는 전제하에서 헌법제정규범에 위반한 헌법개정에 의한 규정, 상위의 헌법규정에 위배되는 하위의 헌법규정은 위헌으로 위헌심사의 대상이 된다거나, 혹은 헌법규정도 입법작용이라는 공권력 행사의 결과이므로 헌법재판소법 제68조 제1항에 의한 헌법소원의 대상이 된다는 견해가 있을 수는 있다. 그러나, 우리나라의 헌법은 제헌헌법이 초대국회에 의하여 제정된 반면 그 후의 제5차, 제7차, 제8차 및 현행의 제9차 헌법개정에 있어서는 국민투표를 거친 바 있고, 그간 각 헌법의 개정절차조항 자체가 여러 번 개정된 적이 있으며, 형식적으로도 부분개정이 아니라 전문까지를 포함한 전면개정이 이루어졌던 점과 우리의 현행 헌법이 독일기본법 제79조 제3항과 같은 헌법개정의 한계에 관한 규정을 두고 있지 아니하고, 독일기본법 제79조 제1항 제1문과 같이 헌법의 개정을 법률의 형식으로 하도록 규정하고 있지도 아니한 점 등을 감안할 때, 우리 헌법의 각 개별규정 가운데 무엇이 헌법제정규정이고 무엇이 헌법개정규정인지를 구분하는 것이 가능하지 아니할 뿐 아니라, 각 개별규정에 그 효력상의 차이를 인정하여야 할 형식적인 이유를 찾을 수 없다. 이러한 점과 앞에서 검토한 현행 헌법 및 헌법재판소법의 명문의 규정 취지에 비추어, 헌법제정권과 헌법개정권의 구별론이나 헌법개정한계론은 그 자체로서의 이론적 타당성 여부와 상관없이 우리 헌법재판소가 헌법의 개별규정에 대하여 위헌심사를 할 수 있다는 논거로 원용될 수 있는 것이 아니다. 또한 국민투표에 의하여 확정된 현행 헌법의 성립과정과 헌법 제130조 제2항이 헌법의 개정을 국민투표에 의하여 확정하도록 하고 있음에 비추어, 헌법은 그 전체로서 주권자인 국민의 결단 내지 국민적 합의의 결과라고 보아야 할 것으로, 헌법의 규정을 헌법재판소법 제68조 제1항 소정의 공권력 행사의 결과라고 볼 수도 없다. 물론 헌법은 전문과 단순한 개별조항의 상호관련성이 없는 집합에 지나지 않는 것이 아니고 하나의 통일된 가치체계를 이루고 있는 것이므로, 헌법의 전문과 각 개별규정은 서로 밀접한 관련을 맺고 있고, 따라서 헌법의 여러 규정 가운데는 헌법의 근본가치를 보다 추상적으로 선언한 것도 있고, 이를 보다 구체적으로 표현한 것도 있어서 이념적·논리적으로는 규범 상호 간의 우열을 인정할 수 있는 것이 사실이다. 그러나 그렇다 하더라도, 이때에 인정되는 규범 상호 간의 우열은 추상적 가치규범의 구체화에 따른 것으로 헌법의 통일적 해석에 있어서는 유용할 것이지만, 그것이 헌법의 어느 특정규정이 다른 규정의 효력을 전면 부인할 수 있는 정도의 개별적 헌법규정 상호 간에 효력상의 차등을 의미하는 것이라고는 볼 수 없다. 우리 헌법재판소가 이 사건의 심판대상이기도 한 국가배상법 제2조 제1항 단서에 대하여 동 규정이 "일반국민이 직무집행중인 군인과의 공동불법행위로 직무집행중인 다른 군인에게 공상을 입혀 그 피해자에게 공동의 불법행위로 인한 손해를 배상한 다음 공동불법행위자인 군인의 부담부분에 관하여 국가에 대하여 구상권을 행사하는 것을 허용하지 아니한다고 해석하는 한, 헌법에 위반된다"고 판시한 것(헌법재판소 1994.12.29. 93헌바21 결정)은 헌법상의 제규정을 가치통일적으로 조화롭게 해석·적용하기 위하여 개별 헌법규정의 의미를 제한적으로 해석하였던 대표적인 예라고 할 수 있는데, 이를 넘어서서 명시적으로 헌법의 개별규정 그 자체의 위헌여부를 판단하는 것은 헌법재판소의 관장사항에 속하는 것이 아니다. 따라서 이 사건 심판청구 중 헌법 제29조 제2항을 대상으로 한 부분은 부적법하다.▷ 국가배상법 제2조 제1항 단서에 대한 부분 : 국가배상법 제2조 제1항 단서는 헌법 제29조 제1항에 의하여 보장되는 국가배상청구권을 헌법 내재적으로 제한하는 헌법 제29조 제2항에 직접 근거하고, 실질적으로 그 내용을 같이하는 것이므로 헌법에 위반된다고 할 수 없다. * 동지 : 헌재 1996.6.13. 94헌바20; 1996.6.13. 94헌마118·95헌바39; 2001.2.22. 2000헌바38; 2005.5.26. 2005헌바28 등.

② 법관정년제에 관한 헌법 제105조 제4항의 위헌여부판단 대상성 부인

판례 헌재 2002.10.31. 2001헌마557

* 이 사건은 헌마사건이나 같은 법리를 담고 있어서 여기에 함께 살펴본다. [사건개요] 법관으로 재직해오던 사람이 퇴직 직전에 "대법원장의 정년은 70세, 대법관의 정년은 65세, 판사의 정년은 63세"로 규정하고 있는 법원조직법 제45조 제4항으로 인하여 자신의 의사와 관계없이 정년으로 퇴직하게 되므로, 이는 헌법 제10조의 기본적 인권보장, 제11조의 평등권, 제15조 직업선택의 자유를 침해하고 제106조의 법관의 신분보장 규정에 위배된다고 하여 그 위헌확인을 구하는 심판청구를 하였다. [청구인 주장] 가사 법원조직법 제45조 제4항이 헌법 제105조 제4항의 위임에 의한 것이라고 한다 하여도, 위 헌법규정은 법관 이외의 다른 공무원에 대하여서는 헌법상 일체 정년 위임입법 규정을 두지 아니하고 유독 법관의 정년에 관하여서만 규정을 두고 있다는 점에서도 헌법 제10조, 제11조, 제15조의 각 규정에 위반되는 것이다. [본안쟁점] 법관의 정년제를 두도록 한 헌법 제105조 제4항이 위헌여부의 판단대상이 되는지 여부(위헌판단의 대상성 부정) [관련판시] 우선, 헌법 제105조 제1항 내지 제3항에서는 대법원장·대법관 및 그 이외의 법관의 임기제를 규정하고 있고, 같은 조 제4항에서, "법관의 정년은 법률로 정한다"라고 규정하여 '법관정년제' 자체를 헌법에서 명시적으로 채택하고 있으며, 다만, 구체적인 정년연령을 법률로 정하도록 위임하고 있을 뿐이다. 따라서 '법관정년제' 자체의 위헌성 판단은 헌법규정에 대한 위헌주장으로, 종전 우리 헌법재판소 판례에 의하면, 위헌판단의 대상이 되지 아니한다(헌재 1995.12.28. 95헌바3, 판례집 7-2, 841면; 헌재 2001.2.22. 2000헌바38, 판례집 13-1, 289면 각 참조). 물론 이 경우에도 법관의 정년연령을 규정한 법률의 구체적인 내용에 대하여는 위헌판단의 대상이 될 수 있다.

2. 시행된 바 없이 폐지된 법률 – 공포 후 시행 전에 제청된 뒤 결정시 이미 폐지된 법률

앞서 본 대로 폐지된 법률도 위헌법률심판의 대상이 된다. 그러나 제청 당시에는 공포만 되었고 시행에 들어가지 않은 상태였고 위헌법률심판이 계속 중에 법률이 폐지된 경우 그 폐지된 법률은 심판대상이 될 수 없다는 것이 헌법재판소판례이다.

판례 헌재 1997.9.25. 97헌가4

[사건개요와 법원의 제청이유] 1996년말 제·개정된 노동관계법이 이른바 날치기통과된 위헌이라는 이유로 쟁의행위를 한 勞組를 상대로 회사가 지방법원에 쟁의행위금지가처분신청을 하자 법원은 1997.1.15. 職權으로 위헌제청을 한 사건이다. 법원의 제청이유를 보면 담당법원이 동법이 「위헌일 경우 그 시행을 저지하기 위한 쟁의행위는 憲法秩序 守護를 위한 抵抗權의 행사이므로 正當한 것」이라는 점과 야당의

원에 회의일시를 통지하지 않고 신한국당 소속 의원들만이 참석한 가운데 의결된 것이므로 회의 자체가 성립하지 못하였다는 의문이 있다는 것이다. [심판대상규정] 1996.12.31. 공포된 노동조합 및 노동관계조정법(법률 제5244호), 근로기준법 중 개정법률(법률 제5245호), 노동위원회법개정법률(법률 제5246호), 노사협의회법 중 개정법률〔법률 제5247호; 근로자참여 및 협력증진에 관한 법률로 제명 변경〕(이하 위의 법률들을 '노동관계법개정법'이라 함), 국가안전기획부법중개정법률(법률 제5252호)(이하 '안기부법개정법'이라 함) [결정요지] 노동관계법개정법은 1996.12.31. 공포되었으나 1997.3.1.부터 시행하기로 된 법률이었다. 그러나 이 심판 계속중인 1997.3.13. 공포된 근로기준법폐지법률(법률 제5305호), 노동조합 및 노동관계조정법폐지법률(법률 제5306호), 노동위원회법폐지법률(법률 제5307호), 근로자참여 및 협력증진에 관한 법률폐지법률(법률 제5308호)에 의하여 문제의 노동관계법개정법은 폐지되고, 근로기준법(법률 제5309호), 노동조합 및 노동관계조정법(법률 제5310호), 노동위원회법(법률 제5311호), 근로자참여 및 협력증진에 관한 법률(법률 제5312호)이 새로이 제정 시행되었다. 1997.3.13.자 관보는 노동관계법개정법은 1996.12.26. 국회 의결절차에 대하여 유·무효의 논란이 있으므로 이를 폐지하고 새로운 법을 마련하기 위한 것으로 이유 설명을 하고 있다. 그러므로 노동관계법개정법은 제청 당시에는 아직 시행되지 아니하였고 이 결정 당시에는 이미 폐지되어 효력이 상실된 법률인 것이다. 우리 헌법이 채택하고 있는 구체적 규범통제인 위헌법률심판은 최고규범인 헌법의 해석을 통하여 헌법에 위반되는 법률의 효력을 상실시키는 것이므로 이와 같은 위헌법률심판제도의 기능의 속성상 법률의 위헌여부심판의 제청대상 법률은 특별한 사정이 없는 한 현재 시행중이거나 과거에 시행되었던 것이어야 하기 때문에 제청 당시에 공포는 되었으나 시행되지 않았고 이 결정 당시에는 이미 폐지되어 효력이 상실된 법률은 위헌여부심판의 대상법률에서 제외되는 것으로 해석함이 상당하다. * 동지 : 헌재 1997.9.25. 97헌가5, 노동조합 및 근로관계조정법 등 위헌.

3. 법률이 아닌 법규범에 대한 대상성 부인

위헌법률심판이므로 법률이 아닌 법규범, 즉 대통령령, 부령, 장관지침, 조례, 법인의 정관 등은 대상성이 부정됨은 물론이다.

(1) 대통령령(시행령), 부령·총리령(시행규칙) 등에 대한 대상성 부인

1) 부정의 결정례들

판례 헌재 1996.10.4. 96헌가6

[관련판시] 법원의 위헌여부심판제청은 '법률'이 헌법에 위반되는 여부가 재판의 전제가 된 경우에 할 수 있는 것이고(헌법 제107조 제1항; 헌법재판소법 제41조 제1항), 명령이나 규칙이 헌법에 위반되는 여부는 법원 스스로 이를 판단할 수 있는 것인바(헌법 제107조 제2항), 이 사건 위헌여부심판제청 중 국민연금법시행령 제54조 제1항에 대한 부분은 '법률'이 아닌 '대통령령'에 대한 것으로서 부적법하다. * 동지 : 헌재 1992.10.31. 고지, 92헌바42, 국가유공자예우 등에 관한 법률시행령(대통령령) 제17조 제1항에 대한 헌법소원, 헌재판례집 4, 708면; 1995.7.27. 93헌바1등, 토지초과이득세법 제8조 등 위헌소원, 헌재판례집 7-2, 221면. 대통령령이나 부령에 대한 헌바사건이어서 각하결정이 있었던 또 다른 예 : 헌재 1997.10.30. 95헌바7, 도시공원법 제2조 제2호 자목 등 위헌소원, 헌재판례집 9-2, 437면; 1999.1.28. 97헌바90, 조세범처벌절차법 제16조 등 위헌소원, 헌재판례집 10-2, 19면; 2000.1.27. 96헌바95, 97헌바1·36·64(병합), 법인세법 제59조의2 제1항 등 위헌소원, 헌재공보 제42호, 123면; 2000.6.1. 99헌바73, 헌재공보 제46호, 465면; 2002.9.19. 2002헌바2, 판례집 14-2, 331, 338; 2003.6.26. 2001헌바54, 공무원연금법 제61조의2 등 위헌소원, 헌재공보 제82호, 569면; 2003.7.24. 2002헌바51;

2006.2.23. 2004헌바32등, 공보 113, 307, 320; 헌재 2006.2.23. 2004헌바71등, 공보 113, 331, 340 등.

2) 시행령의 위헌성과 수권법률의 위헌성의 무관성

헌재는 법률로부터 위임받은 행정입법이 위헌이더라도 위임한 모법이 그로 인해 위헌이 되는 것은 아니라는 법리를 취하고 있는데 위헌법률심판(위헌소원)에서 행정입법의 위헌판단 대상성을 부인하는 논거로, 아래의 판례에서 보듯이, 이러한 법리를 내세우기도 한다. 즉 각각의 위헌성은 별개의 것이므로 행정입법의 위헌여부를 따지는 것은 위임하는 법률규정을 심사함에 있어서 무관한 것이어서 행정입법에 대해 그 위헌성을 판단하지 않겠다는 입장이다.

판례 헌재 2002.10.31. 2000헌바14

[관련판시] 이 사건의 쟁점은, 이 사건 법률조항이 포괄위임금지의 원칙에 위반되는지 여부이다. 그 외에도 청구인의 주장 중에는, 이 사건 법률조항의 위임을 받은 시행령·시행규칙 조항의 위헌·위법성에 관한 부분이 포함되어 있다. 그러나 헌법재판소법 제68조 제2항의 규정에 의한 헌법소원은 형식적 의미의 법률만을 심판대상으로 하는 것이므로 이와 같은 시행령·시행규칙의 위헌·위법성에 관한 것은 이 사건의 심판대상으로 될 수 없다. 가사 위 시행령·시행규칙 조항의 내용이 헌법에 위반된다고 하더라도, 그 규정이 위헌으로 되는 것은 별론으로 하고, 그로 인하여 당연히 수권법률인 이 사건 법률조항까지 위헌으로 되는 것은 아니다(헌재 1996.6.26. 93헌바2, 판례집 8-1, 525면). 따라서 청구인의 이 부분 주장의 당부에 관하여는 판단하지 아니한다. * 동지 : 헌재 1997.9.25. 96헌바18등; 1999.2.25. 97헌바63; 1999.4.29. 96헌바22등; 2001.1.18. 98헌바75등; 2001.9.27. 2001헌바11; 2002.1.31. 2001헌바13; 2002.4.25. 2001헌바66등; 2010.3.25. 2009헌바130 등. 이에 관하 결정례는, 졸고, 헌법실무 제2판, 법영사 등 참조,

3) 결합의 경우

헌재 결정례들 중에는 사실 시행령규정이 포괄적으로 규정을 두지 않고 구체화되어 있으면 모법률의 합헌성을 인정하는 아래와 같은 예도 있다. 이 경우는 시행령 등이 법률과 결합하여 완결된 의미를 가질 경우로 이해된다. 이런 경우 헌재로서는 그 법률규정에 대한 심판에서 구체화하는 시행령규정 등도 검토할 수밖에 없는 경우가 나타날 것이고 그런 경우에는 적극적인 판단이 바람직하다고 본다.

판례 헌재 2011.11.24. 2011헌바18

[관련판시] … 이 사건 시행령조항은 이와 같은 취지에서 모의총포의 범위를 구체화한 것으로 보인다. (라) 그렇다면, 이 사건 법률조항은 법률에서 구체적으로 범위를 정하여 모의총포의 구체적 내용을 대통령령에 위임하고 있는 것이므로 포괄위임금지원칙이나 죄형법정주의의 명확성원칙에 위배되어 청구인들의 기본권을 침해한다고 볼 수 없다. * 시행령 규정의 내용을 보고 법률규정에 대해 한정위헌을 결정한 예로 음반제작시설 등을 자기소유로 보유할 것을 등록요건으로 함은 위헌이라는 결정례 : 구 '음반에 관한 법률' 제3조 등에 대한 헌법소원, 헌재 1993.5.13. 91헌바17.

(2) 장관지침에 대한 대상성 부인

판례 헌재 1992.11.12. 92헌바7

[관련판시] 주택건설촉진법 제32조 제1항에 의거한 건설부령인 주택공급에 관한 규칙 제13조 제1항에 근거하여 건설부장관이 정한 이 사건 영구임대주택입주자 선정기준 및 관리지침 제5조 제3호는 헌법재판소법 제41조 제1항 및 동법 제68조 제2항에서 규정한 법률에 해당하지 아니한다. 따라서 건설부장관이 정한 위 영구임대주택입주자 선정기준 및 관리지침 제5조 제3호에 대한 헌법재판소법 제68조 제2항에 의한 이 사건 헌법소원심판청구는 그 대상으로 할 수 없는 규범에 대하여 한 것으로 부적법하다. 그러므로 동 심판청구를 각하하기로 하여 주문과 같이 결정한다(각하결정).

(3) 조례에 대한 대상성 부인

판례 헌재 1998.10.15. 96헌바77

[관련판시] 헌법재판소법 제68조 제2항에 의한 헌법소원심판의 대상은 당해 사건의 재판의 전제가 되는 '법률'인 것이므로 지방자치단체의 조례는 그 대상이 될 수 없다.

(4) 사립학교법인 정관에 대한 위헌소원의 부적법성

판례 헌재 1998.7.16. 96헌바33등

[관련판시] 헌법재판소법 제68조 제2항에 의한 헌법소원심판을 청구하기 위하여는 국회의 의결을 거친 이른바 형식적 의미의 법률을 대상으로 하여야 할 것이므로, 법률이 아닌 학교법인 K대학교 정관 제43조 제2항을 대상으로 한 헌법소원 심판청구부분은 부적법하다.

4. 진정입법부작위에 대한 대상성 부인

있어야 할 법률이 없어서 기본권이 침해되거나 공권력행사가 이루어지지 않는 위헌적인 상태에서 그 입법부작위가 위헌법률심판의 대상이 되느냐가 문제될 수 있다. 뒤의 헌법소원심판대상에서 살펴보겠지만 우리 헌법재판소판례는 입법부작위를 전혀 입법이 없는 진정입법부작위(眞正立法不作爲)와 입법이 있긴 하나 불완전 입법인 부진정입법부작위(不眞正立法不作爲)로 구분하고 전자는 입법이 전혀 없기에 위헌법률심판의 대상이 될 수는 없다고 본다. 실질적 위헌법률심판인 위헌소원에서도 마찬가지이다. 진정입법부작위로 인하여 기본권침해가 있는 경우 헌법소원의 대상이 된다. 부진정입법부작위는 부족하긴 하나 입법이 있긴 하므로 위헌법률심판과 위헌소원의 대상이 된다고 본다. 이에 대해서는 위에서 서술하였다(전술, 대상성이 인정되는 규범 부분 참조).

[주요사항] 진정입법부작위의 위헌심판 대상성 부정

▷ 위헌법률심판(헌재법 제41조, '헌가')와 위헌소원(헌재법 제68조 제2항 헌법소원, '헌바')으로 입법부작위를 다투는 것은 허용되지 않음

판례 헌재 2007.12.27. 2005헌가9

[판시] 제청법원은 이 사건에서 법률에 대한 위헌심판을 구하면서 동시에 토지수용의 경우에 가압류가 소멸함에도 그에 대한 보상 방법과 절차를 전혀 규정하지 않아 가압류 채권자의 재산권을 침해하고 있다는 이른바 입법부작위로 인한 위헌청구를 위헌의 이유로 덧붙이고 있다. 그러나 헌법재판소법 제41조에 의한 법원의 위헌제청에 의한 위헌법률심판이나 헌법재판소법 제68조 제2항에 따른 헌법소원은 법률이나 법률조항이 헌법에 위반되는지 여부를 적극적으로 다투는 제도이므로 법률의 부존재, 즉 입법부작위를 그 심판의 대상으로 하는 것은 그 자체로서 허용될 수 없다. * 동지 : 헌재 2000.1.27. 98헌바12; 제2지정재판부 2004.9.7. 2004헌바63(* 이 결정에 대해서는 아래 인용 판시) 참조.

* 여기서의 입법부작위는 진정입법부작위를 의미한다고 볼 것이다. 부진정입법부작위는 불완전하나마 법률이 있긴 하므로 위헌소원의 대상이 된다고 보는 것이 헌재의 입장이기 때문이다. 아래 판시에서 분명해진다.

판례 헌재제2지정재판부 2004.9.7. 2004헌바63

[판시] 아울러 청구인은 평생교육법 제20조의 위헌확인을 구하면서 평생교육시설인 교육기관의 교사로서 사립학교법 제56조와 같은 교원 신분보장규정을 두지 아니한 것이 평등권, 교원지위법정주의에 위반된다고 주장하나 이는 같은 법률조항에 전혀 규정하지 아니한 것의 위헌을 구하는 이른바 진정입법부작위를 헌법재판소법 제68조 제2항에 의한 헌법소원심판으로 청구하는 것으로서 위헌법률심판제도나 헌법재판소법 제68조 제2항에 의한 헌법소원심판제도에서는 국회가 제정한 법률이 헌법에 위반되는지 여부를 심사하는 것이므로 이를 그 심판의 대상으로 허용할 수 없다.

5. 위헌법률심판대상에서의 헌재와 대법원 간 판례차이를 보여준 예

이에 대해 위에서 이미 서술한 바 있으나 아래에 보다 집중적으로 살펴본다.

(1) 관습법에 대한 위헌법률심판 대상성에 대한 판례차이

1) 견해대립

관습법이 헌법재판소의 위헌법률심판의 대상이 되는지에 대해 찬반의 대립이 있다. 긍정하는 견해는 관습법 중에 법률과 같은 내용을 가진 것은 실질적으로 법률과 같은 효력을 가진 것이고 헌재는 실질적 의미의 법률도 자신의 위헌심판대상으로 하고 있으므로 대상성을 가진다고 본다. 반면 부정설은 관습법은 민법의 보충적 법원(法源)에 불과하여 기존 법률을 폐지할 수도 없고 실질적인 법률의 효력을 형식적인 법률과 동등히 가질 수 없으며, 관습법의 존재 여부, 구체적 사실관계에 관련성이 있는지 여부, 법적 확신을 획득하였는지 여부 등에 대해서는 법원이 판단하여야 할 것이기 때문에 대상성을 인정할 수 없다고 본다. 대법원은 부정하고 헌재는 긍정하여 대립되어 판례차이를 보여주고 있다.

2) 대법원판례

(가) 부정의 논거

대법원은 헌재가 행하는 위헌심사의 대상은 국회 의결을 거친 이른바 형식적 의미의 법률을 의미한다고 본다. 대법원은 또한 민사에 관한 관습법은 법원에 의하여 발견되고 성문의 법률에 반하지 아니하는 경우에 한하여 보충적인 법원(法源)이 되는 것에 불과하여(민법 제1조) 관습법이 헌법에 위반되는 경우 법원이 그 관습법의 효력을 부인할 수 있다고 본다. 대법원은 위와 같은 이유로 결국 관습법은 헌재의 위헌법률심판의 대상이 아니라고 보는 것이다.

(나) 판결례

대법원의 부정적 입장의 위와 같은 논거는 바로 아래 판결례에서 나타난 것이다. 그런데 아래 판결은 헌재가 관습법의 심사대상성을 인정한 2009헌바129 결정(바로 아래 참조)이 나오게 한 계기가 된 각하결정이다. 즉 분재청구권을 둘러싼 법원소송에서 문제된 관습법에 대해 위헌제청신청을 대법원에 하였지만 대법원은 바로 아래 각하결정을 하였고 이후 위헌소원심판이 청구되어 아래 헌재의 2009헌바129 결정이 나오게 한 바로 그 각하결정인 것이다.

판례 대법원 2009.5.28. 2007카기134, 위헌법률심판제청

[주문] 이 사건 위헌법률심판 제청신청을 모두 각하한다. [이유] 헌법 제111조 제1항 제1호 및 헌법재판소법 제41조 제1항에서 규정하는 위헌심사의 대상이 되는 법률은 국회의 의결을 거친 이른바 형식적 의미의 법률을 의미하고(헌법재판소 1995.12.28. 선고 95헌바3 결정 등 참조), 또한 민사에 관한 관습법은 법원에 의하여 발견되고 성문의 법률에 반하지 아니하는 경우에 한하여 보충적인 법원(法源)이 되는 것에 불과하여(민법 제1조) 관습법이 헌법에 위반되는 경우 법원이 그 관습법의 효력을 부인할 수 있으므로(대법원 2003.7.24. 선고 2001다48781 전원합의체 판결 등 참조), 결국 관습법은 헌법재판소의 위헌법률심판의 대상이 아니라 할 것이다. 따라서 민법 시행 이전의 상속에 관한 구 관습법 중 '호주가 사망한 경우 여자에게는 상속권 및 분재청구권이 없다'는 부분에 대한 위헌법률심판의 제청을 구하는 신청인의 이 사건 신청은 부적법하다. 그러므로 이 사건 위헌법률심판 제청신청을 모두 각하하기로 하여 관여 대법관의 일치된 의견으로 주문과 같이 결정한다.

* 대법원은 위 판시 이전에 이미 헌법에 비추어 관습법을 심사하고 그 효력을 부정한 실제를 보여주었다. ① 종중 구성원의 자격을 성년 남자만으로 제한하는 종래의 관습법 – 헌법을 최상위 규범으로 하는 우리의 전체 법질서는 개인의 존엄과 양성의 평등을 기초로 한 가족생활을 보장하고, 가족 내의 실질적인 권리와 의무에 있어서 남녀의 차별을 두지 아니한다고 하여 그 관습법은 이제 더 이상 법적 효력을 가질 수 없다고 판결한 예(대법원 2005.7.21. 2002다1178 전원합의체 판결), ② '상속회복청구권은 상속이 개시된 날부터 20년이 경과하면 소멸한다.'는 관습 – "헌법을 최상위 규범으로 하는 법질서 전체의 이념에도 부합하지 아니하여 정당성이 없으므로, 위 관습에 법적 규범인 관습법으로서의 효력을 인정할 수 없다"라고 판결한 예(대법원 2003.7.24. 2001다48781 전원합의체 판결) 등이 있었다.

3) 헌재 판례

(가) 긍정의 논거

헌재는 규율하는 법률이 없는 사항에 관한 관습법은 내용적으로 실질적으로는 법률과 같은 효력을 갖는 것이어서 위헌법률심판의 대상이 된다고 본다. 헌재는 관습법에 대한 대상성 인정의 이 판시에서 실질적 법률에 대해 위헌심판 대상성이 인정되어야 할 이유로 "헌법을 최고규범으로 하는 법질서의 통일성과 법적 안정성을 확보할 수 있을 뿐만 아니라, 합헌적인 법률에 의한 재판을 가능하게 하여 궁극적으로는 국민의 기본권 보장에 기여할 수 있게 된다"라

고 한다(아래 (나)의 결정 ① 판시 부분).

(나) 긍정하는 결정례들

헌재는 다음의 결정들에서 그 심판대상성을 인정한 바 있다.

① **딸의 분재청구권 부정의 관습법** – 호주가 사망한 경우 딸에게 분재청구권을 인정하지 아니한 구 관습법에 대해 헌재는 헌재법 제68조 제2항에 의한 위헌소원심판의 대상이 된다고 본 결정례이다.

판례 헌재 2013.2.28. 2009헌바129

[결정요지] (가) 이 사건 관습법이 헌법소원심판의 대상이 되는지 여부 (1) 관습법은 사회의 거듭된 관행으로 생성된 사회생활규범이 사회의 법적 확신과 인식에 따라 법적 규범으로 승인되고 강행되기에 이르러 법원(法源)으로 기능하게 된 것이다. 법원(法院)은 여러 차례 위와 같은 분재청구권에 관한 관습이 우리 사회에서 관습법으로 성립하여 존재하고 있음을 확인하고(대법원 1969.11.25. 선고 67므25 판결; 대법원 1973.6.12. 선고 70다2575 판결; 대법원 1988.1.19. 선고 87다카1877 판결; 대법원 1996.10.25. 선고 96다27087, 27094 판결; 대법원 2007.1.25. 선고 2005다26284 판결 등) 상속 등에 관한 재판규범으로 적용하여 왔다. 그런데 이 사건 관습법은 민법 시행 이전에 상속을 규율하는 법률이 없는 상황에서 재산상속에 관하여 적용된 규범으로서 비록 형식적 의미의 법률은 아니지만 실질적으로는 법률과 같은 효력을 갖는다. (2) 헌법 제111조 제1항 제1호, 제5호 및 헌법재판소법 제41조 제1항, 제68조 제2항에 의하면 위헌심판의 대상을 '법률'이라고 규정하고 있는데, 여기서 '법률'이라고 함은 국회의 의결을 거친 이른바 형식적 의미의 법률뿐만 아니라 법률과 동일한 효력을 갖는 조약 등도 포함된다(헌재 1995.12.28. 95헌바3, 판례집 7-2, 841, 846; 헌재 1996.6.13. 94헌바20, 판례집 8-1, 475, 482; 헌재 2001.9.27. 2000헌바20, 판례집 13-2, 322, 327 참조). 이처럼 법률과 동일한 효력을 갖는 조약 등을 위헌심판의 대상으로 삼음으로써 헌법을 최고규범으로 하는 법질서의 통일성과 법적 안정성을 확보할 수 있을 뿐만 아니라, 합헌적인 법률에 의한 재판을 가능하게 하여 궁극적으로는 국민의 기본권 보장에 기여할 수 있게 된다. 그렇다면 법률과 같은 효력을 가지는 이 사건 관습법도 당연히 헌법소원심판의 대상이 되고, 단지 형식적인 의미의 법률이 아니라는 이유로 그 예외가 될 수는 없다. * 헌재는 이처럼 대상성은 인정하면서도 소멸시효의 완성으로 인한 재판의 전제성을 부정하여 결국 각하결정을 하였다(* 재판전제성이 있다고 본 이정미 재판관의 반대의견이 있음).

* **평가** – 소멸시효의 진행 권리행사가 가능한 상태에서만 인정되고 이 관습법이 위헌이라는 논란이 있어서 권리행사가 어려웠다는 점에서 재판전제성부정 의견은 타당성이 없다.

② **절가상속** – 헌재는 "여호주가 사망하거나 출가하여 호주상속이 없이 절가된 경우, 유산은 그 절가된 가(家)의 가족이 승계하고 가족이 없을 때는 출가녀(出家女)가 승계한다."는 구 관습법(이하 '이 사건 관습법'이라 한다)도 헌재법 제68조 제2항 위헌소원심판의 대상이 된다고 보았다. 이 사안에 있었어도 대상성을 인정하였으나 위 ①결정에서와 달리 대상성을 부정하는 소수의견이 있었다. 이 결정에서는 본안에 들어갔으나 합헌결정을 하였다.

판례 헌재 2016.4.28. 2013헌바396

[결정요지] (가) 이 사건 관습법이 헌법소원심판의 대상이 되는지 여부에 관한 판단 (1) 6인 재판관 다수 법정의견 – 관습법은 사회의 거듭된 관행으로 생성된 사회생활규범이 사회의 법적 확신과 인식에

따라 법적 규범으로 승인되고 강행되기에 이르러 법원(法源)으로 기능하게 된 것이다. 이 사건 관습법은 민법 시행 이전에 상속 등을 규율하는 법률이 없는 상황에서 절가된 가(家)의 재산분배에 관하여 적용된 규범으로서, 비록 형식적 의미의 법률은 아니지만 실질적으로는 법률과 같은 효력을 갖는다. 헌법 제111조 제1항 제1호, 제5호 및 헌법재판소법 제41조 제1항, 제68조 제2항에 따르면 위헌심판의 대상을 '법률'이라고 규정하고 있는데, 여기서 '법률'이라고 함은 국회의 의결을 거친 형식적 의미의 법률뿐만 아니라 법률과 같은 효력을 갖는 조약 등도 포함된다. 이처럼 법률과 동일한 효력을 갖는 조약 등을 위헌심판의 대상으로 삼음으로써 헌법을 최고규범으로 하는 법질서의 통일성과 법적 안정성을 확보할 수 있을 뿐만 아니라, 헌법에 합치하는 법률에 의한 재판을 가능하게 하여 국민의 기본권 보장에 기여할 수 있다. 그렇다면 법률과 같은 효력을 가지는 이 사건 관습법도 헌법소원심판의 대상이 되고, 단지 형식적 의미의 법률이 아니라는 이유로 그 예외가 될 수는 없다(헌재 2013. 2. 28. 2009헌바129). (2) 3인 재판관 소수 – 대상성 부정의 각하의견 – 위헌법률심판이나 헌법재판소법 제68조 제2항에 따른 헌법소원심판의 대상이 되는 '법률'이 국회의 의결을 거친 이른바 형식적 의미의 법률이나 국회의 동의를 얻어 체결되고 법률과 같은 효력을 가지는 조약 등 '형식적 의미의 법률과 동일한 효력'을 갖는 규범들이다. … 이 사건 관습법은 심판의 대상이 되지 않아 이 사건 헌법소원청구는 모두 각하하여야 한다.

③ 분묘기지권에 관한 관습법 중 "타인 소유의 토지에 소유자의 승낙 없이 분묘를 설치한 경우에는 20년간 평온·공연하게 그 분묘의 기지를 점유하면 지상권과 유사한 관습상의 물권인 분묘기지권을 시효로 취득하고, 이를 등기 없이 제3자에게 대항할 수 있다."는 부분 및 "분묘기지권의 존속기간에 관하여 당사자 사이에 약정이 있는 등 특별한 사정이 없는 경우에는 권리자가 분묘의 수호와 봉사를 계속하는 한 그 분묘가 존속하고 있는 동안은 분묘기지권은 존속한다."는 부분.

판례 헌재 2020.10.29. 2017헌바208

[판시] 가. 이 사건 관습법의 헌법소원 대상성 – 관습법은 사회의 거듭된 관행으로 생성된 사회생활규범이 사회의 법적 확신과 인식에 따라 법적 규범으로 승인되고 강행되기에 이르러 법원(法源)으로 기능하게 된 것이다. 법원(法院)은 여러 차례 심판대상인 분묘기지권의 시효취득 및 분묘기지권의 존속기간에 관한 관습이 우리 사회에서 관습법으로 성립하여 존재하고 있음을 확인하고 재판규범으로 적용하여 왔는바(대법원 1957.10.31. 4290민상539 판결, 대법원 1982.1.26. 81다1220 판결, 대법원 1996.6.14. 선고 96다14036 판결, 대법원 2007.6.28. 선고 2005다44114 판결 등 참조), 이 사건 관습법은 형식적 의미의 법률은 아니지만 실질적으로는 법률과 같은 효력을 갖는다. 한편 헌법 제111조 제1항 제1호, 제5호 및 헌법재판소법 제41조 제1항, 제68조 제2항은 위헌심판의 대상을 '법률'이라고 규정하고 있는데, 여기서 '법률'이라고 함은 국회의 의결을 거친 형식적 의미의 법률뿐만 아니라 법률과 같은 효력을 갖는 조약 등도 포함된다. 이처럼 법률과 동일한 효력을 갖는 조약 등을 위헌심판의 대상으로 삼음으로써 헌법을 최고규범으로 하는 법질서의 통일성과 법적 안정성을 확보할 수 있을 뿐만 아니라, 헌법에 합치하는 법률에 의한 재판을 가능하게 하여 국민의 기본권 보장에 기여할 수 있다. 그렇다면 법률과 같은 효력을 가지는 이 사건 관습법도 헌법소원심판의 대상이 되고, 단지 형식적 의미의 법률이 아니라는 이유로 그 예외가 될 수는 없다. * 본안판단결과 합헌결정이 되었다.

(2) 긴급조치에 대한 관할 대립

유신헌법하의 긴급조치 규정에 대해 그 위헌성을 헌재나 대법원이 모두 인정하였으나 그 관할은 각자의 것이라고 의견의 대립을 보여주었다.

1) 대법원 판례

대법원은, 헌법재판소에 의한 위헌심사의 대상이 되는 '법률'이란 '국회의 의결을 거친 이른바 형식적 의미의 법률'을 의미하고, 위헌심사의 대상이 되는 규범이 형식적 의미의 법률이 아닌 때에는 그와 동일한 효력을 갖는 데에 국회의 승인이나 동의를 요하는 등 국회의 입법권 행사라고 평가할 수 있는 실질을 갖춘 것이어야 하는데 구 대한민국헌법(1980.10.27. '유신헌법') 제53조 제3항은 사전적으로는 물론이거니와 사후적으로도 긴급조치가 그 효력을 발생 또는 유지하는 데 국회의 동의 내지 승인 등을 얻도록 하는 규정을 두고 있지 아니하고, 따라서 유신헌법에 근거한 긴급조치는 국회의 입법권 행사라는 실질을 전혀 가지지 못한 것으로서, 헌법재판소의 위헌심판대상이 되는 '법률'에 해당한다고 할 수 없고, 긴급조치의 위헌여부에 대한 심사권은 최종적으로 대법원에 속한다고 보았다.

판례 대법원 2010.12.16. 2010도5986 전원합의체 [대통령긴급조치위반·반공법위반]

[판시사항]

[1] 폐지 또는 실효된 형벌 관련 법령이 당초부터 위헌·무효인 경우 그 법령을 적용하여 공소가 제기된 피고사건에 대하여 법원이 취하여야 할 조치(=무죄의 선고) 및 이 경우 면소를 선고한 판결에 대하여 상소가 가능한지 여부(적극)

[2] 고도의 정치성을 띤 국가행위인 이른바 '통치행위'가 사법심사의 대상이 되는지 여부

[3] 헌법재판소의 위헌심판대상인 '법률'의 의미 및 소위 유신헌법 제53조에 근거한 '대통령 긴급조치' 위헌 여부의 최종적 심사기관(=대법원)

[4] 소위 유신헌법 제53조에 근거한 '대통령 긴급조치 제1호'가 헌법에 위배되어 무효인지 여부(=적극)

[5] 위헌·무효인 대통령 긴급조치 제1호 제5항, 제1항, 제3항을 적용하여 공소가 제기된 이 사건 공소사실 중 각 긴급조치 위반의 점에 대하여 면소를 선고한 '원심판결 중 유언비어 날조·유포로 인한 긴급조치 위반' 부분에 법리오해의 위법이 있다는 이유로, 원심판결 및 제1심판결 중 이 부분을 파기하고 직접 무죄를 선고한 사례

[판결요지]

[1] 재심이 개시된 사건에서 범죄사실에 대하여 적용하여야 할 법령은 재심판결 당시의 법령이므로, 법원은 재심대상판결 당시의 법령이 변경된 경우에는 그 범죄사실에 대하여 재심판결 당시의 법령을 적용하여야 하고, 폐지된 경우에는 형사소송법 제326조 제4호를 적용하여 그 범죄사실에 대하여 면소를 선고하는 것이 원칙이다. 그러나 법원은, 형벌에 관한 법령이 헌법재판소의 위헌결정으로 인하여 소급하여 그 효력을 상실하였거나 법원에서 위헌·무효로 선언된 경우, 당해 법령을 적용하여 공소가 제기된 피고사건에 대하여 같은 법 제325조에 따라 무죄를 선고하여야 한다. 나아가 형벌에 관한 법령이 재심판결 당시 폐지되었다 하더라도 그 '폐지'가 당초부터 헌법에 위배되어 효력이 없는 법령에 대한 것이었다면 같은 법 제325조 전단이 규정하는 '범죄로 되지 아니한 때'의 무죄사유에 해당하는 것이지, 같은 법 제326조 제4호의 면소사유에 해당한다고 할 수 없다. 따라서 면소판결에 대하여 무죄판결인 실체판결이 선고되어야 한다고 주장하면서 상고할 수 없는 것이 원칙이지만, 위와 같은 경우에는 이와 달리 면소를 할 수 없고 피고인에게 무죄의 선고를 하여야 하므로 면소를 선고한 판결에 대하여 상고가 가능하다.

[2] 입헌적 법치주의국가의 기본원칙은 어떠한 국가행위나 국가작용도 헌법과 법률에 근거하여 그 테두리 안에서 합헌적·합법적으로 행하여질 것을 요구하고, 이러한 합헌성과 합법성의 판단은 본질적으로

사법의 권능에 속한다. 다만 고도의 정치성을 띤 국가행위에 대하여는 이른바 통치행위라 하여 법원 스스로 사법심사권의 행사를 억제하여 그 심사대상에서 제외하는 영역이 있을 수 있으나, 이와 같이 통치행위의 개념을 인정하더라도 과도한 사법심사의 자제가 기본권을 보장하고 법치주의 이념을 구현하여야 할 법원의 책무를 태만히 하거나 포기하는 것이 되지 않도록 그 인정을 지극히 신중하게 하여야 한다.
[3] 헌법 제107조 제1항, 제111조 제1항 제1호의 규정에 의하면, 헌법재판소에 의한 위헌심사의 대상이 되는 '법률'이란 '국회의 의결을 거친 이른바 형식적 의미의 법률'을 의미하고, 위헌심사의 대상이 되는 규범이 형식적 의미의 법률이 아닌 때에는 그와 동일한 효력을 갖는 데에 국회의 승인이나 동의를 요하는 등 국회의 입법권 행사라고 평가할 수 있는 실질을 갖춘 것이어야 한다. 구 대한민국헌법(1980.10.27. 헌법 제9호로 전부 개정되기 전의 것, 이하 '유신헌법'이라 한다) 제53조 제3항은 대통령이 긴급조치를 한 때에는 지체 없이 국회에 통고하여야 한다고 규정하고 있을 뿐, 사전적으로는 물론이거니와 사후적으로도 긴급조치가 그 효력을 발생 또는 유지하는 데 국회의 동의 내지 승인 등을 얻도록 하는 규정을 두고 있지 아니하고, 실제로 국회에서 긴급조치를 승인하는 등의 조치가 취하여진 바도 없다. 따라서 유신헌법에 근거한 긴급조치는 국회의 입법권 행사라는 실질을 전혀 가지지 못한 것으로서, 헌법재판소의 위헌심판대상이 되는 '법률'에 해당한다고 할 수 없고, 긴급조치의 위헌 여부에 대한 심사권은 최종적으로 대법원에 속한다.
[4] 구 대한민국헌법(1980.10.27. 헌법 제9호로 전부 개정되기 전의 것, 이하 '유신헌법'이라 한다) 제53조에 근거하여 발령된 대통령 긴급조치(이하 '긴급조치'라 한다) 제1호는 그 발동 요건을 갖추지 못한 채 목적상 한계를 벗어나 국민의 자유와 권리를 지나치게 제한함으로써 헌법상 보장된 국민의 기본권을 침해한 것이므로, 긴급조치 제1호가 해제 내지 실효되기 이전부터 유신헌법에 위배되어 위헌이고, 나아가 긴급조치 제1호에 의하여 침해된 각 기본권의 보장 규정을 두고 있는 현행 헌법에 비추어 보더라도 위헌이다. 결국 이 사건 재판의 전제가 된 긴급조치 제1호 제1항, 제3항, 제5항을 포함하여 긴급조치 제1호는 헌법에 위배되어 무효이다. 이와 달리 유신헌법 제53조에 근거를 둔 긴급조치 제1호가 합헌이라는 취지로 판시한 대법원 1975.1.28. 선고 74도3492 판결, 대법원 1975.1.28. 선고 74도3498 판결, 대법원 1975.4.8. 선고 74도3323 판결과 그 밖에 이 판결의 견해와 다른 대법원판결들은 모두 폐기한다.
[5] 위헌·무효인 대통령 긴급조치(이하 '긴급조치'라 한다) 제1호 제5항, 제1항, 제3항을 적용하여 공소가 제기된 이 사건 공소사실 중 각 긴급조치 위반의 점은 형사소송법 제325조 전단의 '피고사건이 범죄로 되지 아니한 때'에 해당하므로 모두 무죄를 선고하였어야 함에도, 같은 법 제326조 제4호를 적용하여 면소를 선고한 원심판결 중 유언비어 날조·유포로 인한 긴급조치 위반 부분에 면소 및 무죄판결에 대한 법리와 긴급조치 제1호의 위헌 여부 판단에 대한 법리를 오해한 위법이 있다는 이유로, 원심판결 및 제1심판결 중 이 부분을 파기하고 직접 무죄를 선고한 사례.

* 검토 – 대법원의 적극적 입장은 바람직하나 유신헌법 당시 국정전반에 걸쳐 필요하면, 그리고 국민의 자유와 권리를 잠정적으로 정지하고, 정부나 법원의 권한에 관하여 할 수 있었던 강력한 긴급조치였던 점, "긴급조치는 사법적 심사의 대상이 되지 아니한다"라고 사법심사대상이 안 된다는 것을 직접 명시하고 있었던 점을 생각하면 명령적 차원의 것으로 규정된 것은 아니었다고 보는 것이 실질적이다.

2) 헌재 판례

헌재는 법률에 대한 위헌심사는 헌법재판소에, 명령·규칙에 대한 위헌 또는 위법 심사는 대법원에 그 권한을 분배할 필요성이 있고 위헌법률심판의 대상은 그 제정 형식이나 명칭이 아니라 그 규범의 효력을 기준으로 판단하여야 하며 따라서 헌법이 법률과 동일한 효력을 가진다고 규정한 긴급명령, 조약의 위헌여부의 심사권한도 헌법재판소에 전속된다고 본다. 그리하여 헌재는 유신헌법 제53조는 긴급조치의 효력에 관하여 명시적으로 규정하고 있지 않으나 표현의 자유 등 국민의 기본권을 직접적으로 제한하는 내용이 포함된 이 사건 긴급조치들의 효력을 법률보다 하위에 있는 것이라고 보기도 어려워 최소한 법률과 동일한 효력을 가지는 것으로 보아야 하고, 따라서 그 위헌여부 심사권한도 헌법재판소에 전속하여 자신의 독점적 관할이라고 보았다.

판례 헌재 2013.3.21. 2010헌바132

[판시] 이 사건 긴급조치들에 대한 위헌심사권한 (가) 구체적 규범통제제도의 이원화와 '법률'의 의미 (1)헌법은 당해 사건에 적용될 법률(조항)의 위헌 여부를 심사하는 구체적 규범통제의 경우에, '법률'의 위헌 여부는 헌법재판소가, 법률의 하위 규범인 '명령·규칙 또는 처분' 등의 위헌 또는 위법 여부는 대법원이 그 심사권한을 갖는 것으로 그 권한을 분배하고 있다(헌법 제107조 제1항, 제2항, 헌법재판소법 제111조 제1항 제1호 참조). 헌법재판소가 한 법률의 위헌결정은 법원 기타 모든 국가기관을 기속한다는 점에서(헌법재판소법 제47조 제1항), 한편으로 헌법질서의 수호·유지와 규범의 위헌심사의 통일성을 확보하고, 다른 한편으로 구체적인 법적 분쟁에서 합헌적 법률에 의한 재판을 통하여 법원재판의 합헌성을 확보하기 위해서는, 규범이 갖는 효력에 따라 법률에 대한 위헌심사는 헌법재판소에, 명령·규칙에 대한 위헌 또는 위법 심사는 대법원에 그 권한을 분배할 필요성이 있다. (2) 법원의 제청에 의한 위헌법률심판 또는 헌법재판소법 제68조 제2항에 의한 헌법소원심판의 대상이 되는 '법률'에는 국회의 의결을 거친 이른바 형식적 의미의 법률은 물론이고 그 밖에 조약 등 '형식적 의미의 법률과 동일한 효력'을 갖는 규범들도 모두 포함된다(헌재 1995.12.28. 95헌바3, 판례집 7－2, 841, 846; 헌재 1996.6.13. 94헌바20, 판례집 8－1, 475, 482; 헌재 2013.2.28. 2009헌바129 참조). 이때 '형식적 의미의 법률과 동일한 효력'이 있느냐 여부는 그 규범의 명칭이나 형식에 구애받지 않고 법률적 효력의 유무에 따라 판단하여야 한다. 현행헌법과 같이 법률의 위헌심사권과 명령, 규칙 등 하위 법령의 위헌(위법)심사권을 이원화하여 전자를 헌법위원회에, 후자를 대법원에 귀속시키고 있던 제헌헌법 제81조와 관련하여, 6·25 발발 당일 대통령이 제정, 공포한 긴급명령인 '비상사태하의범죄처벌에관한특별조치령'(대통령긴급명령 제1호)에 대한 법원의 위헌제청에 따라 헌법위원회가 그 위헌 여부를 심사하여 위헌으로 결정하였으며(헌법위원회 1952.9.9. 결정 4285년 헌위 제2호), 대법원도 헌법 제정 이전에 제정된 군정법령(제88호)에 대해 헌법위원회에 위헌제청하면서, 헌법위원회에 위헌제청할 수 있는 법률은 헌법 공포 이후에 제정된 법률은 물론이고 헌법 공포 이전에 시행된 법령이라도 소위 입법사항을 규정한 것은 법령, 규칙 등 형식과 명칭 여하에 불구하고 헌법위원회의 심사대상이라고 판시한 바 있다(대법원 1960.2.5. 자 4292행상110결정). 또한 헌법재판소는 '대한민국과 아메리카합중국 간의 상호방위조약 제4조에 의한 시설과 구역 및 대한민국에서의 합중국군대의 지위에 관한 협정'(1967.2.9. 조약 제232호)이 비록 그 명칭은 '협정'이지만 법률의 효력을 가지는 조약으로 보아 위헌법률심판을 제청한 당해 사건 법원의 판단이 옳다고 보고 본안판단을 하였다(헌재 1999.4.29. 97헌가14, 판례집 11－1, 273, 282). (3) 이처럼 일정한 규범이 위헌법률심판 또는 헌법재판소법 제68조 제2항에 의한 헌법소원심판의 대상이 되는 '법률'인지 여부는 그 제정 형식이나 명칭이 아니라 그 규범의 효력을 기준으로 판단하여야 한다. 따라서 헌법이 법률과 동일한 효력을 가진다고 규정한 긴급재정경제명령(제76조 제1항) 및 긴급명령(제76조 제2항)은 물론, 헌법상 형식적 의미의 법률은 아니지만 국내법과 동일한 효력이 인정되는 '헌법에 의하여 체결·공포된 조약과 일반적으로 승인된 국제법규'(제6조)의 위헌 여부의 심사권한도 헌법재판소에 전속된다고 보아야 한다. (나) 이 사건 긴급조치들의 효력과 위헌심사권한의 소재 (1) 유신헌법 제53조는 긴급조치의 효력에 관하여 명시적으로 규정하고 있지 않다. 그러나 긴급조치는 유신헌법 제53조에 근거한 것으로서 그에 정해진 요건과 한계를 준수해야 한다는 점에서 이를 헌법과 동일한 효력을 갖는 것

으로 보기는 어렵다. (2) 한편 이 사건 긴급조치들은 표현의 자유 등 기본권을 제한하고, 형벌로 처벌하는 규정을 두고 있으며, 영장주의나 법원의 권한에 대한 특별한 규정 등을 두고 있다. 유신헌법이 규정하고 있던 적법절차의 원칙(제10조 제1항), 영장주의(제10조 제3항), 죄형법정주의(제11조 제1항), 기본권제한에 관한 법률유보원칙(제32조 제2항) 등을 배제하거나 제한하고, 표현의 자유 등 국민의 기본권을 직접적으로 제한하는 내용이 포함된 이 사건 긴급조치들의 효력을 법률보다 하위에 있는 것이라고 보기도 어렵다. (3) 결국 이 사건 긴급조치들은 최소한 법률과 동일한 효력을 가지는 것으로 보아야 하고, 따라서 그 위헌 여부 심사권한도 헌법재판소에 전속한다.

(3) 검토

양 기관의 견해대립의 핵심적 원인은 헌재가 행하는 위헌법률심판의 대상인 '법률'의 개념과 그 범위가 어떠한지를 파악하는 입장에 차이가 있다는 점에서 찾을 수 있다. 헌재로서는 국회에서 의결된 법률만을 위헌심판대상으로 하지 않고 그동안 상당 범위의 실질적 의미의 법률에 대해 심판해오고 있기도 하므로 실질적 법률로서의 효력을 가지는 관습법을 심판대상에서 제외하기도 어렵다. 대법원으로서도 민법적 내용의 관습법을 당장 민사소송 등에 적용하여야 하고 적용될 법규범에 대해 해석을 하는 권한을 가지므로 이에 대한 판단이 필요할 것이다. 문제는 헌법재판절차 체계상 법률적 효력의 관습법은 법률의 위헌여부를 최종판단할 권한을 헌재에 부여한 우리 헌법체제상 헌재에 맡겨야 할 것인데 양 기관 간에 그 위헌여부에 차이를 보여준다면 그 부담은 결국 국민에게 옮겨갈 것이라는 점이다. 그 정리가 필요하다.

V. 위헌소원(헌재법 제68조 제2항 헌법소원)심판의 대상

이에 대해서는 뒤의 헌법소원심판 대상 부분에서 함께 다룬다.

VI. 헌재의 위헌심사를 이미 거친 법률조항

1. 문제의 성격

이 문제는 대상성이 있느냐의 문제이기도 하나 다른 한편으로는 헌재가 이미 내린 결정의 대상이 된 법률조항에 대해 다시 거론하는 것을 받아들일 것인가 하는 문제로서 헌재결정이 가지는 기속력의 문제이기도 하다. 다른 한편으로는 이미 심판이 이루어져 더 이상 심판필요성이 없다고 보는 입장도 있다. 아래에서 헌재가 보여준 판례들이 일관된 모습만을 보여준 것은 아니라는 점이 그러한 문제성격을 보여주는 것이기도 한데 앞으로 정리가 되어야 할 문제이고 우선은 대상성 문제에서 다루어 본다.

2. 헌재가 합헌결정을 한 법률조항의 경우

(1) 법리

이에 대해서는 다시 제청하거나 위헌소원심판을 청구하더라도 기속력에 반하지 않으므로 이를 받아들이게 된다. 위헌법률심판의 결정이 기속력을 가지는 경우는 헌재법 제47조 제1항, 제75조 제6항에 따라 위헌결정이라고 명시하고 있기 때문이다. 합헌결정의 중요이유 부분도 기속력을 가진다고 보는 입장에서는 그 부분에 대해서는 위헌확인을 구할 수 없다고 보게 될 것이다.

헌재는 그동안 합헌결정이 이전에 있었던 법률조항에 대해서도 그 대상성을 인정하여 다시 심판하고 다시 합헌결정을 하거나 위헌성 인정의 판례변경을 하는(묵시적으로 판례변경하는 경우도 있었다) 경우들을 보여주고 있다.

(2) 결정례

i) **다시 합헌결정을 한 경우**　몇 가지 예를 아래에 참고로 인용한다.

① **선고유예 실효 규정** - 선고유예기간 중 자격정지 이상의 형에 처한 판결이 확정되면 선고유예가 실효되는 것으로 규정하고 있는 형법 제61조 제1항이 평등원칙에 위반되지 않아 합헌이라고 결정한 선례 이후 또 합헌결정을 한 예.

판례 헌재 2019.9.26. 2017헌바265등

[판시] 헌법재판소는 2009.3.26. 2007헌가19 결정에서 심판대상조항이 평등원칙에 위반되지 않는다고 판단하였는바, 그 이유의 요지는 다음과 같다.「형법이 규정하고 있는 선고유예 등의 제도는 형사정책적인 목적을 실현하기 위한 것으로서, 그 실효사유를 어떻게 규정하느냐 하는 것 또한 입법자가 광범위한 재량을 바탕으로 범죄자에 대한 교정처우의 실태, 범죄발생의 추이 및 범죄억제를 위한 형사정책적 판단, 형벌법규에 규정된 법정형의 내용 등 여러 사정을 종합적으로 살펴 정할 사항이다. … 선고유예와 집행유예는 여러 가지 측면에서 근본적으로 차이가 있다. 이와 같이 선고유예의 입법취지, 실효의 효력발생시기·효과 등을 감안하여 선고유예의 실효사유를 집행유예와 다르게 규정한 것은 자의적인 차별이라고 보기 어렵다.」 심판대상조항의 평등원칙 위반 여부에 관한 선례의 결정 이유는 이 사건에서도 그대로 타당하고, 이후 형법 개정으로 500만 원 이하의 벌금형을 선고할 경우에 대하여도 집행유예가 가능해졌으나, 선고유예와 집행유예가 서로 다른 제도로 설계된 이상 집행유예의 요건이 이전보다 완화되었다는 것이 선고유예의 실효사유의 위헌성을 판단함에 있어 이전과 달리 판단해야 할 사정변경이라 보기 어렵다.

② **옥외집회 사전신고제조항에 대한 합헌결정들**

판례 헌재 2018.6.28. 2017헌바373

[결정요지] …나. 헌법재판소의 선례 - 헌법재판소는 2009.5.28. 2007헌바22 결정에서 심판대상조항과 동일한 내용의 구 집시법 조항, 즉 옥외집회에 대하여 사전신고의무를 부과하고 위반 시 형사처벌하도록 한 구 집시법 제6조 제1항 중 '옥외집회'에 관한 부분 및 제19조 제2항 중 '제6조 제1항의 옥외집회'에 관한 부분에 대하여 헌법상 사전허가금지와 과잉금지원칙 등에 위배되지 아니한다는 이유로 합헌 결정하였고, 2014.1.28. 2011헌바174등 결정과 2015.11.26. 2014헌바484 결정에서도 같은 취지의 합헌 결정을 하였다. 위 2011헌바174등 결정 및 2014헌바484 결정의 요지는 다음과 같다.『집시법의 사전신고제

도는 헌법 제21조 제2항의 사전허가금지에 위배되지 않는다.… 과잉금지원칙에 위배되어 집회의 자유를 침해하지 아니한다. … 그 법정형이 입법재량의 한계를 벗어난 과중한 처벌이라고 볼 수 없으므로, 과잉형벌에 해당하지 아니한다.』다. 선례 변경의 필요성 여부 – 헌법재판소의 위와 같은 견해는 여전히 타당하고, 달리 판단할 사정의 변경이나 필요성이 인정되지 않으므로, 이 사건에서도 위 견해를 유지한다.

③ **사형제** – 이를 규정한 형법 제41조(형의 종류) 제1호에 대해서 몇 차례 합헌결정이 있었다.

판례 헌재 2010.2.25. 2008헌가23
[결정요지] 사형제도가 헌법 제37조 제2항에 위반하는 생명권 침해가 아니고, 인간의 존엄과 가치를 규정한 헌법 제10조에 위반되지 않으며, 가석방이 불가능한 이른바 '절대적 종신형'이 아니라 가석방이 가능한 이른바 '상대적 종신형'만을 규정한 현행 무기징역형제도가 평등원칙이나 책임원칙에 위반되지 않아 합헌이다. * 이전 합헌결정 : 헌재 1996.11.28. 95헌바1.

* 그 외 선례를 유지하여 합헌결정을 한 예가 적지 않다. 헌재 2013.12.26. 2012헌바467(선례 : 헌재 2010.4.29. 2007헌바144); 헌재 1999.4.29. 97헌바7등(선례 : 헌재 1995.11.30. 91헌바1등); 헌재 2014.3.27. 2012헌가21(선례 : 헌재 2012.12.27. 2012헌바27등. 2012년에 개정된 법률규정에 대해서도 "실질적으로 동일한 내용이고, 이 사건도 선례와 달리 판단하여야 할 사정변경이 있다고 할 수 없으므로, 선례에서 표명된 합헌결정의 이유는 이 사건에 있어서도 여전히 타당하다. 따라서 부동의자 매도청구조항은 청구인 … 의 재산권을 침해한다고 볼 수 없다"라고 판시한 결정례 : 헌재 2017.10.26. 2016헌바301); 헌재 1999.6.24. 97헌바61(선례 : 1991.7.22. 선고한 89헌가106. 이 법률조항은 교원노조설립금지조항인데 이후 교원노조법이 제정되어 가능하게 변경되었다); 헌재 2016.9.29. 2016헌바44(선례 : 헌재 2012.5.31. 2011헌바15등); 헌재 2017.11.30. 2017헌바391(선례 : 헌재 2016.11.24. 2014헌바203등) 등.

ii) **개정된 법률조항이더라도 구법조항과 실질적으로 동일 내용이어서 합헌결정 선례를 그대로 유지한 합헌결정례** 이러한 경우도 적지않다. 대표적으로 아래에 하나의 결정례를 본다. 구 '성폭력범죄의 처벌 등에 관한 특례법'(2012.12.18. 법률 제11556호로 전부개정되고, 2018.12.18. 법률 제15977호로 개정되기 전의 것) 제14조 제1항 중 '카메라나 그 밖에 이와 유사한 기능을 갖춘 기계장치를 이용하여 성적 욕망 또는 수치심을 유발할 수 있는 다른 사람의 신체를 그 의사에 반하여 촬영한 자'에 관한 부분(이하 '카메라등이용촬영죄 조항')에 대한 합헌결정이다.

판례 [판시] … 나. 헌법재판소의 선례 – 헌법재판소는 2017.6.29. 2015헌바243 결정에서 카메라 등을 이용하여 성적 욕망 또는 수치심을 유발할 수 있는 다른 사람의 신체를 그 의사에 반하여 촬영한 자를 처벌하는 구 성폭력처벌법(2010.4.15. 법률 제10258호로 제정되고, 2012.12.18. 법률 제11556호로 전부개정되어 2013.6.19. 시행되기 전의 것) 제13조 제1항 중 '카메라나 그 밖에 이와 유사한 기능을 갖춘 기계장치를 이용하여 성적 욕망 또는 수치심을 유발할 수 있는 다른 사람의 신체를 그 의사에 반하여 촬영한 자'에 관한 부분이 헌법에 위반되지 않는다고 결정하였는바, 그 결정의 요지는 다음과 같다.『(1) 죄형법정주의의 명확성원칙 위배 여부 – '성적 욕망 또는 수치심을 유발할 수 있는 다른 사람의 신체'는 구체적, 개별적, 상대적으로 판단할 수밖에 없는 개념이고, 사회와 시대의 문화, 풍속 및 가치관의 변화에 따라 수시로 변화하는 개념이므로, 심판대상조항이 다소 개방적이거나 추상적인 표현을 사용하면서 그 의미를 법관의 보충적 해석에 맡긴 것은 어느 정도 불가피하다. … 따라서 심판대상조항은 죄형법정주의의 명확성원칙에 위배되지 아니한다. (2) 과잉금지원칙 위배 여부 … (3) 평등원칙 위배 여부 … 따라서 심판대상조항은 헌법상 평등원칙에 위배된다고 볼 수 없다.』 다. 선례 변경의 필요성 여부 – 카메라등이용촬영죄 조항은 위 선례의 심판대상과 실질적인 내용이 같다. 선례의 태도는 이 사건에서도 그대로 타당하고 그와 달리 판단해야 할 사정 변경이나 필요성이 있다고 할 수 없다. 따라서 카메라등이용촬영죄 조항은 헌법에 위반되지 아니한다.

iii) **판례변경을 한 예**

① **낙태죄** – 자기낙태죄조항에 대해 판례변경하여 헌법불합치결정을 하였다.

판례 헌재 2019.4.11, 2017헌바127

[판시] … 결론 – 자기낙태죄 조항과 의사낙태죄 조항이 헌법에 위반된다는 단순위헌의견이 3인이고, 헌법에 합치되지 아니한다는 헌법불합치의견이 4인이므로, 단순위헌의견에 헌법불합치의견을 합산하면 헌법재판소법 제23조 제2항 단서 제1호에 규정된 법률의 위헌결정을 함에 필요한 심판정족수에 이르게 된다. 따라서 위 조항들에 대하여 주문과 같이 헌법에 합치되지 아니한다고 선언하고, 입법자가 2020.12.31. 이전에 개선입법을 할 때까지 위 조항들을 계속 적용하되, 만일 위 일자까지 개선입법이 이루어지지 않는 경우 위 조항들은 2021.1.1.부터 그 효력을 상실한다. 아울러 종전에 헌법재판소가 이와 견해를 달리하여 자기낙태죄 조항과 형법(1995.12.29. 법률 제5057호로 개정된 것) 제270조 제1항 중 '조산사'에 관한 부분이 헌법에 위반되지 아니한다고 판시한 헌재 2012.8.23. 2010헌바402 결정은 이 결정과 저촉되는 범위 내에서 변경하기로 한다.

② **근로자가 사업주의 지배관리 아래 출퇴근하던 중 발생한 사고로 부상 등이 발생한 경우만 업무상 재해로 인정하는 구 산업재해보상보험법**(2007.12.14. 법률 제8694호로 전부개정된 것) **제37조 제1항 제1호 다목** – 이에 대해 판례변경하여 헌법불합치결정을 하였다.

판례 헌재 2016.9.29. 2014헌바254

[결정] 결론…심판대상조항은 헌법에 합치되지 아니하나 2017.12.31.을 시한으로 입법자의 개선입법이 이루어질 때까지 잠정적으로 적용하기로 하여 주문과 같이 결정한다. 종래 이와 견해를 달리하여 심판대상조항이 헌법에 위반되지 아니한다고 판시한 우리 재판소 결정들(헌재 2013.9.26. 2011헌바271; 헌재 2013.9.26. 2012헌가16)은 이 결정 취지와 저촉되는 범위 안에서 변경하기로 한다.

③ **실질적 내용 동일의 개정된 조문에 대한 위헌결정 : 건강기능식품광고의 사전심의제도** – 이전에 헌재 2010.7.29. 2006헌바75 결정에서 입법자가 국민의 표현의 자유와 보건·건강권 모두를 최대한 보장하여야 한다는 이유 등을 들어 사전검열금지원칙이 적용될 사안이 아니라는 취지를 표명하고 합헌으로 선언되었으나 이후 실질적 내용이 동일한 조문에 대해 2018년에 판례를 변경하여 사전검열로서 위헌이라고 결정하였다.

판례 헌재 2018.6.28, 2016헌가8

[판시] … 이 사건 건강기능식품 기능성광고 사전심의는 헌법이 금지하는 사전검열에 해당하므로 헌법에 위반된다. 종래 이와 견해를 달리하여 건강기능식품 기능성광고의 사전심의절차를 규정한 구 건강기능식품법 관련조항이 헌법상 사전검열금지원칙에 위반되지 않는다고 판단한 우리 재판소 결정(2006헌

바75)은, 이 결정 취지와 저촉되는 범위 안에서 변경하기로 한다.

* 그 외 실질적 내용 동일 개정조항에 대해 판례변경하여 위헌성을 인정한 결정례 : 국회의사당, 각급 법원의 청사 경계 지점으로부터 100미터 이내의 장소에서는 옥외집회 또는 시위를 하여서는 아니 된다고 규정한 구 '집회 및 시위에 관한 법률'(2007.5.11. 법률 제8424호로 전부개정된 것 등) 제11조에 대한 판례변경의 예 – 헌재 2010.9.30. 2009헌바2; 헌재 2018.5.31. 2013헌바322등; 헌재 2018.7.26. 2018헌바137.

④ **판례변경을 직접 명시하지 않은 결정례 : 간통죄 조항** – 배우자 있는 자의 간통행위 및 그와의 상간행위를 처벌하도록 규정한 형법(1953.9.18. 법률 제293호로 제정된 것) 제241조가 이전의 합헌결정들을 변경하여 성적 자기결정권 및 사생활의 비밀과 자유를 침해하여 헌법에 위반된다고 위헌결정이 되었다. 선례를 언급하긴 하였다.

판례 헌재 2015.2.26. 2009헌바17등

[주문] 형법(1953.9.18. 법률 제293호로 제정된 것) 제241조는 헌법에 위반된다. [판시] … 선례 – 헌법재판소는 1990.9.10. 89헌마82 결정에서 심판대상조항이 헌법에 위반되지 않는다고 결정하였는데, …, 1993.3.11. 90헌가70 결정에서는 위 89헌마82 결정이 그대로 유지되었다. 그 뒤 2001.10.25. 2000헌바60 결정에서는 … 법정의견은 위 89헌마82 결정의 판시를 그대로 유지하면서 간통죄 폐지 여부에 대하여 입법자가 진지하게 접근할 필요가 있다는 점을 지적하였다. 이어 2008.10.30. 2007헌가17등 결정에서는 … 헌법에 위반된다는 의견이 다수였으나, 위헌정족수 6인에는 이르지 못하였다. … 6. 결론 – 그 이유 구성은 다르지만 재판관 7인이 심판대상조항이 위헌이라는 데 의견을 같이 하였으므로 주문과 같이 결정한다.

3. 헌재가 위헌성을 인정하는 결정을 한 바 있는 법률조항의 경우

* 여기서 '위헌성을 인정하는 결정'이라는 말로 표제를 달은 이유는 헌재는 단순위헌결정뿐 아니라 헌법불합치결정, 한정위헌결정과 같은 변형결정의 경우에 대해서도 그 기속력을 인정하므로(뒤의 위헌법률심판결정의 효력 부분 참조) 그 결정들을 모두 포함하여 살펴보기 위함이다.

(1) 심판 도중 다른 사건에서 위헌성이 인정되는 결정이 있은 경우

1) 원인과 성격

이러한 경우가 나타나는 이유는 동일한 법률조항에 대해 하나만이 아니라 여러 구체적 사건들이 발생할 수도 있는데 이 구체적 사건들에서 여러 건의 위헌제청이, 또는 위헌소원심판의 청구와 위헌제청이 여러 건 헌재에 이루어져 사건들이 복수일 경우에 이를 병합처리하지 않는 경우에 발생할 수 있을 것이다.

심판 도중 다른 사건에서 위헌성이 인정되는 결정이 먼저 있은 경우에 당해 사건에서 헌재는 어떤 결정을 내려야 할 것인지 하는 이 문제는 먼저 내려진 헌재의 위헌성 인정 결정의 기속력이 관련되는 문제이다. 헌재법 제47조 제1항, 제75조 제6항에 따라 위헌결정에 기속력

이 명시적으로 인정되고 있는데 헌재는 변형결정에 대해서도 기속력을 인정한다.

2) 헌재 판례

헌재는 i) 대상성이 없다고 하여 제청을 각하하는 결정을 하거나 ii) 위헌확인결정을 하거나, iii) 심판이익결여를 이유로 하는 각하결정을 하기도 하였다.

(가) 대상성을 부정하여 각하결정을 한 예

헌재법 제47조 제2항은 "위헌으로 결정된 법률 또는 법률의 조항은 그 결정이 있는 날부터 효력을 상실한다"라고 규정하고 있다. 효력상실로 그 조항이 없어졌다고 본다면 대상성이 없다고도 볼 것이다. 헌재가 위헌심판의 계속중 위헌결정이 난 경우에는 대상성이 없다는 이유로 위헌심판제청각하결정을 한 아래의 결정례들을 참고로 인용한다.

판례 헌재 1989.9.29. 89헌가86, 사회보호법 제5조 및 같은 법 부칙 제2조의 위헌심판[법원의 제청일] 1989.3.16

[판시] 개정전 사회보호법 제5조 제1항에 관하여는 당 재판소가 1989.7.14. 선고한 88헌가5, 8, 89헌가44(병합)사건의 결정에서 위 법률의 조항이 헌법에 위반된다고 이미 판시한 바 있어 위 법률의 조항의 위헌 여부는 더 이상 심판의 대상이 될 수 없고, 따라서 이 사건 위헌심판제청중 위 법률의 조항에 관한 부분은 부적법하다.

판례 헌재 1994.8.31. 91헌가1, 지방세법 제31조에 대한 위헌심판. [법원의 제청일] 1990.12.18

[판시] 이 사건 법률조항의 본문 중 "으로부터 1년"이라는 부분에 관하여는 당재판소가 1991.11.25. 선고한 91헌가6 사건의 결정에서 그 부분은 헌법에 위반된다고 선고한 바 있으므로 헌법재판소법 제47조 제2항에 의하여 그 부분 법률규정은 그 날로부터 효력을 상실하였다 할 것이고 따라서 그 부분의 위헌 여부는 더 이상 위헌여부심판의 대상이 될 수 없다고 할 것이므로(당재판소 1989.9.29. 선고, 89헌가86 결정 참조) 이 부분에 대한 위헌여부심판의 제청은 부적법하다.

(나) 위헌확인결정을 한 예

가) 위헌결정이 심판계속 중 있은 경우의 위헌확인결정을 한 예

판례 헌재 1999.6.24. 96헌바67. [위헌소원심판 청구일] 1996.8.24

[주문] 구 상속세법 제9조 제1항(1993.12.31. 법률 제4662호로 개정되기 전의 것) 중 "상속재산의 가액에 가산할 증여의 가액은 … 상속개시 당시의 현황에 의한다"는 부분은 위헌임을 확인한다. [결정요지] 청구인들이 헌법재판소법 제68조 제2항에 따라 헌법소원심판청구를 한 이 사건 법률조항은 이미 헌법재판소가 1997.12.24. 96헌가19 등(병합) 사건에서 "구 상속세법 제9조 제1항(1993.12.31. 법률 제4662호로 개정되기 전의 것) 중 '상속재산의 가액에 가산할 증여의 가액은 … 상속개시 당시의 현황에 의한다'는 부분은 헌법에 위반된다"는 결정을 선고한 바가 있으므로(헌재판례집 9-2, 762면), 이 사건 법률조항에 대하여는 위헌임을 확인하는 결정을 하기로 한다.

나) 한정위헌결정이 심판계속 중에 있은 경우의 위헌확인결정을 한 예

판례 헌재 2012.7.26. 2009헌바35등 [위헌소원심판 청구일] 2009.5.8

[주문] 구 조세감면규제법(1993. 12. 31. 법률 제4666호로 전부 개정된 것)의 시행에도 불구하고 구 조세감면규제법(1990. 12. 31. 법률 제4285호) 부칙 제23조가 실효되지 않은 것으로 해석하는 것은 헌법

에 위반됨을 확인한다. [판시] 이 사건 부칙조항에 대하여 이미 헌법재판소가 2012.5.31. 2009헌바123·126(병합) 사건에서 아래와 같은 이유로 "구 조세감면규제법(1993.12.31. 법률 제4666호로 전부 개정된 것)의 시행에도 불구하고 구 조세감면규제법(1990.12.31. 법률 제4285호) 부칙 제23조가 실효되지 않은 것으로 해석하는 것은 헌법에 위반된다."는 다음의 결정을 선고하였다. 『가. 조세감면특별법은 1993.12.31. 법률 제4666호로 전부 개정(이하 '이 사건 전부개정법'이라 한다)되었는바, … 이 사건 부칙조항은 이 사건 전부개정법이 시행된 1994.1.1.자로 실효되었다고 보아야 할 것인바, 이와 달리, 이 사건 전부개정법의 시행에도 불구하고 이 사건 부칙조항과 관련된 규율을 하지 않음으로써 생긴 입법상의 흠결을 보완하기 위하여 '특별한 사정'을 근거로 이 사건 부칙조항이 실효되지 않은 것으로 해석하는 것은 헌법상의 권력분립원칙과 조세법률주의의 원칙에 위배된다고 할 것이다.』 그렇다면 헌법재판소가 이 사건 부칙조항에 대하여 위와 같은 결정을 이미 선고하였으므로 위 조항에 대하여는 위와 같은 취지로 위헌임을 확인하는 결정을 하기로 결정한다.

다) 위헌확인결정의 의미

위헌확인결정을 하는 것은 헌재법 제68조 제2항의 위헌소원의 경우에 청구가 인용된 경우에 해당 헌법소원과 관련된 소송사건이 이미 확정된 때에는 당사자는 재심을 청구할 수 있다고 규정하고 있는데(헌재법 제75조 7항), 위헌확인결정을 내려줌으로써 재심으로 가도록 권리구제의 실효성을 확보하도록 하게 하는 의미가 있다고 할 것이다.

(다) 심판이익 부정의 예

가) 단순위헌결정의 경우

한편 위헌소원의 경우 위의 1999년 결정 이전의 판례에서는 그 심판의 계속중에 다른 사건에서 헌재에 의해 이미 위헌이라고 결정된 때에 심판의 이익이 없다고 하여 각하결정한 예가 있다.

판례 헌재 1997.1.16. 93헌바54, 형사소송법 제221조의2 위헌확인. [위헌소원심판 청구일] 1993.11.23
[판시] 이 사건 법률조항들 가운데 형사소송법 제221조의2 제2항 및 제5항 중 동조 제2항에 관한 부분이 심판의 이익이 있는지에 관하여 보건대, 이미 헌법재판소가 1996.12.26. 94헌바1호 사건에서 위 법률조항들이 헌법에 위반된다는 결정을 선고한 바 있으므로 동 법률조항들은 헌법재판소법 제47조 제2항에 의하여 위 결정일로부터 효력이 상실되었다. 따라서 이 사건 심판청구중 제2항 및 제5항 중 동조 제2항에 관한 부분에 대한 청구는 심판의 이익이 없어 부적법하다.

나) 헌법불합치결정의 경우

헌재는 헌법불합치결정도 당연히 기속력을 가지므로 이미 헌법불합치결정이 선고된 이 사건 심판대상규정에 대한 심판청구는 심판의 이익이 없다고 그 부분 제청에 대해 각하결정을 한 바 있다. 사안은 국가유공자 가산점 결정이었다.

판례 헌재 2006.6.29. 2005헌가13
[판시] 헌법재판소는 2006.2.23. 선고한 2004헌마675등 결정(공보 113호, 373)에서 국가기관, 지방자치단체, 국·공립학교의 채용시험에 국가유공자와 그 가족이 응시하는 경우 만점의 10퍼센트를 가산하도

록 규정하고 있는 국가유공자등예우및지원에관한법률(2004.1.20. 법률 제7104호로 개정된 것) 제31조 제1항·제2항, 독립유공자예우에관한법률(2004.1.20. 법률 제7104호로 개정된 것) 제16조 제3항 중 국가유공자등예우및지원에관한법률 제31조 제1항·제2항 준용 부분, 5·18민주유공자예우에관한법률(2004.1.20. 법률 제7105호로 개정된 것) 제22조 제1항·제2항에 대하여 헌법불합치결정을 선고하면서 2007.6.30.을 시한으로 입법자가 개정할 때까지 잠정 적용을 명한 바 있다. 이 사건에서 제청신청인은 공립중등학교 채용시험에 응시한 자이고, 공립학교의 채용시험에 적용되는 이 사건 국가유공자 가산점 규정은 위 2004헌마675등 결정의 심판대상과 동일하다. 단순위헌결정 뿐만 아니라 헌법불합치결정의 경우에도 개정입법 시까지 심판의 대상인 법률조항은 법률문언의 변화없이 계속 존속하나 법률의 위헌성을 확인한 불합치결정은 당연히 기속력을 가지므로(헌재 1997.12.24. 96헌마172등, 판례집 9-2, 842, 864), 이미 헌법불합치결정이 선고된 이 사건 국가유공자 가산점 규정에 대한 심판청구는 심판의 이익이 없어 부적법하다.

* 검토 - i) 이 결정의 선행 결정은 헌법소원(법령소원)심판사건이었다. ii) 이 결정이 심판이익이 없다고 본 것은 아마도 선행의 헌법불합치결정에서 설정한 개정시한이 아직 남아 계속적용되도록 한 가운데 당해 사건을 심판하여야 하는 상황이었기 때문이었던 것으로 보인다. 두 결정은 위 선고날자를 보면 알 수 있듯이 넉달 정도의 짧은 간격을 두고 내려졌다.

* 위 2005헌가13 결정 직전 법령소원에서 같은 2004헌마675등 위헌결정이 있었다고 하여 역시 권리보호이익이 없다고 하여 해당 청구부분에 대해 각하결정이 내려진 예도 있었다. 헌재 2006.5.25. 2005헌마11, 판례집 18-1 하, 141. * 위 2005헌가13 결정과 같은 날 내려진 법령소원결정으로서 권리보호의 이익이 없어 부적법하다고 하여 각하결정이 내려진 예도 있었다. 헌재 2006.6.29. 2005헌마44.

3) 대법원 예규 - 제청의 취소·철회

대법원 예규는 제청 후 당해 사안에서가 아닌 다른 사안에서 위헌결정이 있은 경우 제청을 취소하고 헌재에 철회한다고 하도록 하고 있다['위헌법률심판제청사건의 처리에 관한 예규'(대법원예규, 재일 88-3, 이하 '제청예규'라고도 함) 제7조 4항].

제청예규 제7조 (위헌제청에 관한 재판) ④ 위헌제청결정을 한 후 헌법재판소가 당해 법률을 위헌이라고 결정하거나 그 법률이 폐지되거나 당사자의 소송종료를 초래하는 행위(소·항소·상고등의 취하, 화해, 청구포기·인낙 등) 등의 사유로 위헌제청의 사유가 소멸한 경우에는 위헌제청결정을 취소하고 그 취소결정정본을 헌법재판소에 송부함으로써 위헌여부심판제청을 철회한다.

(2) 위헌성 인정 결정 이후의 새로운 제청, 위헌소원심판 청구

헌재가 위헌성을 인정하는 결정을 한 이후에 새로이 법원의 제청이 있거나 위헌소원심판을 청구한 경우에 대상성이 없다고 하여 각하하거나 한정위헌결정을 한 이전의 결정과 동일한 결정을 한 결정례 등이 있었다.

1) 대상성 부정

① 제청한 경우

판례 헌재 2010.7.29. 2009헌가4

[주문] 1. … 2. 구 군인연금법(1982.12.28. 법률 제3587호로 개정되고, 1988.12.29. 법률 제4034호로 개

정되기 전의 것) 제21조 제5항 제3호에 대한 위헌법률심판제청을 각하한다. [심판대상조항] 구 군인연금법(1982.12.28. 법률 제3587호로 개정되고, 1988.12.29. 법률 제4034호로 개정되기 전의 것) 제21조(퇴역연금 또는 퇴역연금일시금) ⑤ 퇴역연금을 받을 권리가 있는 자가 다음 각 호의 1에 해당하는 기관으로부터 보수 기타 급여를 지급받고 있는 때에는 그 지급기간 중 대통령령이 정하는 바에 따라 퇴역연금의 전부 또는 일부의 지급을 정지할 수 있다. 3. 국가 또는 지방자치단체가 직접 또는 간접으로 출연금·보조금 등 재정지원을 하는 기관으로서 국방부령으로 정하는 기관. [법원의 제청일] 2009.6.10. [판시] … 4. 이 사건 제3조항에 대한 위헌법률심판제청의 적법 여부 – 가. 이 사건 제3조항에 대하여 이미 위헌결정이 있었는지 여부 – 앞서 본 바와 같이 헌법재판소는 2003.9.25. 선고한 2001헌가22 결정의 주문에서 "구 군인연금법(2000.12.30. 법률 제6327호로 개정되기 전의 것) 제21조 제5항 제2호 내지 제5호는 헌법에 위반된다."고 선언한 바 있다. 그런데 구 군인연금법의 개정 연혁에 의하면, 1982.12.28. 법률 제3587호로 개정된 제21조 제5항 본문 및 제3호는 그 후 2000.12.30. 법률 제6327호로 제21조 제5항 전부가 삭제될 때까지 전혀 개정된 바 없으므로 위 위헌결정에 의하여 위헌으로 선언된 구 군인연금법 제21조 제5항 제3호는 '1982.12.28. 법률 제3587호로 개정되고, 2000.12.30. 법률 제6327호로 개정되기 전의 것'을 말한다. 제청법원은 이 사건 제3조항을 "구 군인연금법(1982.12.28. 법률 제3587호로 개정되고, 1988.12.29. 법률 제4034호로 개정되기 전의 것) 제21조 제5항 제3호"로 특정하고 있는바, 그 연혁 표시 중 1988.12.29. 법률 제4034호에 의하여 개정된 것은 제21조 제5항 각 호 중 제1호일 뿐이고, 제21조 제5항 본문 및 제3호는 위 개정에 의하여 전혀 변경된 부분이 없다. 따라서 이 사건 제3조항에 대한 위헌법률심판제청은 위 2001헌가22 결정에 의하여 효력을 상실한 '1982.12.28. 법률 제3587호로 개정되고, 2000.12.30. 법률 제6327호로 개정되기 전'의 구 군인연금법 제21조 제5항 제3호 중 일부에 대한 것으로 보아야 할 것이다. 나. 이미 위헌결정이 선고된 법률조항에 대한 위헌법률심판제청의 적법 여부 – 위헌으로 결정된 법률조항은 그 결정이 있는 날로부터 효력을 상실하고, 법률의 위헌결정은 법원 기타 국기기관 및 지방자치단체를 기속하므로(헌법재판소법 제47조 제1항, 제2항), 헌법재판소에서 이미 위헌결정이 선고된 법률조항에 대하여 재차 위헌법률심판을 제청하는 것은 허용되지 아니한다(헌재 1994.8.31. 91헌가1, 판례집 6-2, 153, 161; 헌재 2009.3.26. 2007헌가5 등, 판례집 21-1상, 312, 319 참조). 따라서 이 사건 제3조항에 대한 위헌법률심판제청은 위 2001헌가22 결정에서 이미 위헌이 선언되어 효력이 상실된 법률조항을 대상으로 한 것이므로 부적법하다. * 이전에 헌재가 위헌으로 선언한 조항에 대해 제청하여 대상성이 없어 제청각하된 또 다른 결정례 : 헌재 2009.3.26. 2007헌가5등.

② 위헌소원심판청구의 경우

판례 헌재 2014.7.24. 2012헌바294등

[청구일] 위헌소원심판을 청구한 날은 2012.8.9. 등으로(2012헌바294 등) 위헌결정일 보다 늦은 시점이었음. [판시] 이 사건 정의조항에 대하여는 헌법재판소가 2011.6.30. 2008헌바166등 결정에서 체육시설의 구체적인 범위를 한정하지 않고 포괄적으로 대통령령에 위임하고 있어 포괄위임금지원칙에 위배된다는 이유로 헌법불합치결정을 선고한 바 있다. 따라서 이 사건 정의조항의 위헌 여부는 더 이상 심판의 대상이 될 수 없으므로 이 부분에 대한 심판청구는 부적법하다(헌재 1989.9.29. 89헌가86; 헌재 2010.7.29. 2009헌가4 참조) * 동지 : 헌재 2014.7.24. 2013헌바294.

* 검토 – 앞서 헌법불합치결정이 심판도중 다른 사안에서 내려진 경우 심판이익이 없다고 한 결정례가 있는데(위에 인용된 헌재 2006.6.29. 2005헌가13 결정 참조), 여기서는 대상성이 없다고 보았던 것은 2012헌바294 결정에서 계속적용의 헌법불합치결정을 내리면서 주문에서 그 개정시한을 2012.12.31.로 규정한 때문인 것으로 이해된다. 헌재는 개정시한을 넘기면 이후 효력을 상실한다고 본다.

2) 한정위헌결정을 다시 한 경우

아래 결정례는 이전의 동일한 법률조항에 대한 동일한 주문의 한정위헌결정이 다시 있었던 결정례이다.

판례 헌재 2003.12.18. 2002헌바99

[주문] 구 상속세법 제7조의2 제1항(1990.12.31. 법률 제4283호로 개정되고 1996.12.30. 법률 제5193호 상속세및증여세법으로 전문개정되기 전의 것) 중 "용도가 객관적으로 명백하지 아니한 것 중 대통령령으로 정하는 경우"를 추정규정으로 보지 아니하고 간주규정으로 해석하는 것은 헌법에 위반된다. [결정요지] 재판관 4인의 한정위헌의견 – (1) 헌법재판소는 이 사건 법률조항에 대하여 이미, 이 사건 법률조항 중 "용도가 객관적으로 명백하지 아니한 것 중 대통령령이 정하는 경우"를 추정규정으로 보지 아니하고 간주규정으로 해석하는 것은 헌법에 위반된다는 한정위헌결정을 선고한 바 있고, 그 이유의 요지는 다음과 같다(헌재 1995.9.28. 94헌바23, 판례집 7-2, 319, 325-329 참조). 『(가) 먼저 이 사건 법률조항 중 "용도가 객관적으로 명확하지 아니한 것"이라는 부분이 … 과세요건명확주의에 위반된다고 볼 수 없다. … 입법형성권의 범위 내에 속한다고 보아야 할 것이다.』 (2) 헌법재판소는 위 결정 이전에 … (3) 따라서, 금융실명제의 정착과정에 따른 이 사건 법률조항 이후의 개정법조항 내지 현행법조항에 대한 위헌논의는 별론으로 하더라도, 이 사건에서는 위 한정위헌결정(94헌바23)과 달리 판단하여야 할 특별한 사정변경이 있다고 할 수 없으므로, 위 판시이유를 그대로 유지하기로 한다. 나. 재판관 1인의 합헌의견 … 다. 재판관 4인의 단순위헌의견 – 이 사건 법률조항은 이를 추정규정으로 해석한다고 하더라도 상속인의 재산권을 침해하므로 헌법에 위반된다고 본다. … 4. 결론 – 한정위헌의견은 질적 일부위헌의견이기 때문에 단순위헌의견도 일부위헌의견의 범위 내에서는 한정위헌의견과 견해를 같이 한 것이라 할 것이어서 이를 합산하면 헌법재판소법 제23조 제2항 제1호 소정의 심판정족수에 이른다 할 것이므로 이에 주문과 같이 결정한다.

3) 위헌결정에 대한 불복의 의미인 위헌소원심판 청구 – 법규적 효력 위배

헌재가 이전에 일부 위헌으로 선언한 법률조항에 대해 위헌소원심판청구를 한 데 대해 이는 이 결정을 번복하여 합헌선언을 할 것을 구하는 것으로 보고 이 헌법소원심판청구는 종전의 위헌결정에 대한 불복이거나, 위헌으로 선언된 규범의 유효를 주장하는 것이어서 법률조항에 대한 위헌결정의 법규적 효력에 반하여 허용될 수 없다고 하여 각하결정을 한 아래의 결정례가 있다. 사안은 헌재가 이전에 구 "교통사고처리특례법(2003.5.29. 법률 제6891호로 개정된 것) 제4조 제1항 본문 중 업무상 과실 또는 중대한 과실로 인한 교통사고로 말미암아 피해자로 하여금 중상해에 이르게 한 경우에 공소를 제기할 수 없도록 규정한 부분은 헌법에 위반된다"라고 결정한(헌재 2009.2.26. 2005헌마764등) 후인 2009.6.16. 승용차를 운전하던 중 과실로 중상해 사고를 일으킨 청구인이 유죄판결을 받고 상고심 계속 중에 2012.2.15. 위 법조항에 대해 위헌소원심판을 청구한 것이다.

판례 헌재 2012.12.27. 2012헌바60

[심판대상조항] * 위헌결정이 있었던 바로 그 조항과 같다. 구 교통사고처리 특례법(2003.5.29. 법률 제6891호로 개정되고, 2010.1.25. 법률 제9941호로 개정되기 전의 것) 제4조(보험 등에 가입된 경우의 특례) ① 교통사고를 일으킨 차가 보험업법 제4조 및 제126조 내지 제128조, 육운진흥법 제8조 또는

화물자동차 운수사업법 제51조의 규정에 의하여 보험 또는 공제에 가입된 경우에는 제3조 제2항 본문에 규정된 죄를 범한 당해 차의 운전자에 대하여 공소를 제기할 수 없다. 단서 생략 [결정요지] 가. 구 '교통사고처리 특례법' 제4조 제1항에 대한 종전의 일부위헌 결정의 존재 – 헌법재판소는 2009.2.26. 선고된 2005헌마764, 2008헌마118(병합) 결정에서 구 '교통사고처리 특례법'(2003.5.29. 법률 제6891호로 개정된 것) 제4조 제1항 본문 중 업무상 과실 또는 중대한 과실로 인한 교통사고로 말미암아 피해자로 하여금 중상해에 이르게 한 경우에 공소를 제기할 수 없도록 규정한 부분은 헌법에 위반된다는 결정을 하였는바, 그 요지는 다음과 같다.『교통사고 피해자가 중상해를 입은 경우 … 종합보험 등에 가입하였다는 이유로 … 무조건 면책되도록 한 것은 기본권 침해의 최소성에 위반된다. … 따라서 심판대상조항은 과잉금지원칙에 위반하여 업무상 과실 또는 중대한 과실에 의한 교통사고로 중상해를 입은 피해자의 재판절차진술권을 침해한 것이다. … 교통사고로 중상해를 입은 피해자들의 평등권도 침해한다.』 나. 종전 결정으로 인한 심판대상조항의 축소 – 헌법재판소가 위헌으로 결정한 법률 또는 법률의 조항은 그 결정이 있는 날로부터 효력을 상실하는바(헌법재판소법 제47조 제2항, 제75조 제6항), 구 '교통사고처리 특례법'(2003.5.29. 법률 제6891호로 개정된 것) 제4조 제1항은 헌법재판소의 일부위헌 결정이 있었던 2009.2.26.로부터 2010.1.25. 법률 제9941호로 개정되기 전까지 "본문 중 업무상 과실 또는 중대한 과실로 인한 교통사고로 말미암아 피해자로 하여금 중상해에 이르게 한 경우에 공소를 제기할 수 없도록 규정한 부분"을 제외한 나머지 부분에 한하여 법률로서 유효한 효력을 가진다. … 다. 이 사건 심판청구의 성격과 재판의 전제성 … 청구인이 이 사건 심판청구에 이른 진정한 의도는, 헌법재판소가 종전 결정을 번복하여 심판대상조항에 존재하는 입법적 결함을 인정하도록 함으로써 당해 사건에서 청구인에 대하여 공소권이 없다는 판결을 선고받기 위한 것이라고 볼 수 있다. … 따라서 이 사건 심판청구는 종전 결정으로 발생한 입법의 흠결을 보충하기 위한 부진정입법부작위를 다투는 청구로 이해하고 판단하기로 한다. (3)부진정입법부작위의 위헌 확인 청구와 재판의 전제성 … 심판대상 법률조항의 적용에서 배제된 자가 부진정입법부작위를 다투는 경우, 심판대상 법률조항에 대한 위헌 결정만으로는 당해 사건 재판의 결과에 영향이 없다고 하더라도, 위헌 또는 헌법불합치 결정의 취지에 따라 당해 법률조항이 개정되는 때에는 당해 사건의 결과에 영향을 미칠 가능성이 있으므로 재판의 전제성이 인정될 수 있다. 라. 종전 결정의 효력과 이 사건 심판청구 – 이와 같이 이 사건 심판청구가 부진정입법부작위를 다투는 청구로서 재판의 전제성을 지니고 있다고 이해한다 하더라도, 이 사건에서 청구인이 입법의 결함이라 주장하고 있는 실질을 살펴보면, 헌법재판소의 2005헌마764, 2008헌마118(병합) 결정에서 위헌으로 결정되어 효력을 상실한 법률조항 부분과 일치하고, 이에 따라 청구인의 주장은 위 결정을 번복하여 합헌선언을 할 것을 구하는 것과 다름이 없다. 헌법재판소법은 위헌으로 결정된 법률 또는 법률조항은 원칙적으로 그 결정이 있는 날로부터 효력을 상실하도록 규정하고 있다(제47조 제2항, 제75조 제6항). 이에 따라 법률 또는 법률조항에 대한 위헌 결정은 일반적 기속력과 대세적·법규적 효력을 가진다. 즉 법규범에 대한 헌법재판소의 위헌결정은 소송 당사자나 국가기관 이외의 일반 사인에게도 그 효력이 미치고, 종전 위헌결정의 기초가 된 사실관계 등의 근본적인 변화에 따른 특별한 정당화 사유가 있어 반복입법이 이루어지는 경우가 아닌 한, 일반 국민은 헌법재판소가 위헌으로 선언한 법규범이 적용되지 않는 것을 수인해야 하고, 위헌으로 선언한 법규범에 더 이상 구속을 받지 않게 된다. 이러한 효력은 법원에서의 구체적·개별적 소송사건에서 확정된 판결이 그 기속력이나 확정력에 있어서 원칙적으로 소송 당사자에게만 한정하여 그 효력이 미치는 것과 크게 다른 것이다. 한편 법률에 대한 헌법재판소의 위헌결정에 대한 불복이 허용된다면, 종전에 헌법재판소의 위헌결정으로 효력이 상실된 법률 또는 법률조항에 대하여 새로이 합헌결정이 선고되어 그 효력이 되살아날 수 있게 되고, 이러한 결과는 그 문제된 법률 또는 법률조항과 관련되는 모든 국민의 법률관계에 이루 말할 수 없는 커다란 혼란을 초래하거나 그 법적 생활에 대한 불안을 가져오게 할 수도 있다(헌재 1992.6.26. 90헌아1, 판례집 4, 378, 384 참조). 그렇다면 종전 결정에서 이미 위헌 선언되어 효력이 상실된 법률조항 부분이 입법의 결함에 해당한다고 주장하는 이 사건 헌법소원심판청구는 종전의 위헌결정에 대한 불복이거나, 위헌으로 선언된 규범의 유효를 주장하는 것이어서 법률조항에 대한 위헌결정의 법규적 효력에 반하여 허용될 수 없다. 4. 결론 – 따라서 이 사건 심판청구는 부적법하므로 이를 각하하기로 결정한다.

* 검토 – i) 위헌결정된 법률조항에 대한 재청구이면서 그 청구취지가 위헌이 아니라는 데 있는 것으로 이해하게 하는 드문 사안이다. 여기서 다루어진 헌재의 결정이 부분적이긴 하나 단순위헌으로 선언된 결정이라서 바로 그 부분 효력이 상실된다는 점에서 특이한 사안이긴 하다. ii) 그런데 곰곰이 재고해보면 위 결정에서 재판전제성이 부진정입법부작위로 보아 인정된다고 하고 이어 뒤에 가서 위헌결정 불복('불복'이란 용어도 오늘날 적절하지 않은 용어이다)이라고 보았고 결국은 후자, 즉 불복에 헌재 자신의 논증대상의 핵심을 두고 있는데 과연 재판전제성 판단이 필요하였는지 의문이다. 위헌결정된 부분은 없어지게 되는데 불복이란 위헌과 효력상실을 받아들이지 않고 살아있는 것으로 보고 그 위헌결정된 부분이 살아서 당해 재판에서 적용된다고 주장하는 것이고 사실 위헌결정된 부분의 해당 여부는 당해 사안에서 업무상 또는 중대한 과실에 의한 중상해인지 여부의 결론에 달려있는데 그 여부의 판단은 사실인정의 문제로 법원의 판단몫이기 때문이다. 위헌결정된 법률조항에 대해 반대하는 취지의 청구가 가능한지를 중점적으로 헌재 위헌결정의 효력을 주로 다루면서 논증해주는 것이 선명했었다.

(3) 동일한 내용의 신법규정에 대한 후속 제청(청구)의 경우

1) 위헌성 인정 결정 후 동일 내용의 신법

헌재가 위헌성 인정결정을 내린 후 이루어진 개정의 신법인데도 헌재가 위헌이라고 밝힌 규정내용을 그대로 두거나 위헌인 규정을 반복하는 신법이라면 이는 헌재의 위헌성 인정 결정이 가지는 기속력을 침해하는 위헌이다. 이 경우에 헌재로서는 같은 위헌성 인정 결정을 재차하여 권리구제를 도모하도록 해야 할 것이다.

2) 구법의 위헌심판 도중 동일 내용의 개정 신법 – 신법 심판대상 포함하여 결정

다만 헌재가 위헌성 인정 결정을 하기 전에 신법이 그 심판계속 중인 구법과 동일한(즉 자구, 문언이 다소 바뀌어도 본질적 내용에 변화가 없다는 의미의 동일한) 내용일 수 있는데 이 경우에 신법에 대해서도 직권으로 함께 판단하는 것이 권리구제실효에 필요하다(이것은 엄밀한 의미에서 헌재의 위헌결정이 있은 후는 아니나 여기서 함께 살펴본다). 헌재도 구법에 대한 위헌결정의 효력은 현행법에는 미치지 못하여 위헌 상태는 여전히 계속될 것이므로 개정된 신법 규정도 법질서의 정합성과 소송경제 측면을 고려하여 구법 규정들과 함께 심판대상 규정에 포함시켜 함께 위헌성을 인정하는 결정들을 한 바 있다. 대표적으로 아래 몇 결정례들을 인용한다.

① **방송광고심의제에 대한 위헌결정**

판례 헌재 2008.6.26. 2005헌마506

[주문] 1. 구 방송법(2004.3.22. 법률 7213호로 개정되고, 2008.2.29. 법률 제8867호로 개정되기 전의 것) 제32조 제2항, 제3항…는 헌법에 위반된다. 2. 방송법(2008.2.29. 법률 제8867호로 개정된 것) 제32조 제2항, 제3항은 헌법에 위반된다. [판시] … 나. 심판의 대상 … 한편, 위에서 본 바와 같이 구 방송법 제32조는 2008.2.29. 법률 제8867호로 개정되어 방송광고 사전심의의 주체를 방송통신심의위원회로 변경하였다. 그런데 헌법재판소가 위 구 방송법 규정들에 대해서만 위헌 여부를 판단하고 위헌을 선언하는 경우, 그 위헌의 효력은 현행법에는 미치지 못할 것인바, 방송통신심의위원회의 사전심의 역

시 사전검열에 해당한다면, 방송광고 사전심의와 관련한 위헌 상태는 여전히 계속될 것이다. 따라서 개정된 방송법 규정도 법질서의 정합성과 소송경제 측면을 고려하여 구 방송법 규정들과 함께 심판대상 규정에 포함시키기로 한다. 이 사건 심판대상규정 및 관계 규정의 내용은 다음과 같다. [심판대상규정] 구 방송법(2004.3.22. 법률 7213호로 개정되고, 2008.2.29. 법률 제8867호로 개정되기 전의 것) 제32조(방송의 공정성 및 공공성 심의) ② 위원회는 제1항의 규정에 불구하고 대통령령이 정하는 방송광고에 대하여는 방송되기 전에 그 내용을 심의하여 방송여부를 심의·의결할 수 있다. ③ 방송사업자는 제2항의 규정에 의한 방송광고에 대해서 위원회의 심의·의결의 내용과 다르게 방송하거나 심의·의결을 받지 않은 방송광고를 방송하여서는 아니 된다. 방송법(2008.2.29. 법률 제8867호로 개정된 것, 이하 '방송법'이라 한다) 제32조(방송의 공정성 및 공공성 심의) ② 방송통신심의위원회는 제1항의 규정에 불구하고 대통령령이 정하는 방송광고에 대하여는 방송되기 전에 그 내용을 심의하여 방송여부를 심의·의결할 수 있다. ③ 방송사업자는 제2항의 규정에 의한 방송광고에 대해서 방송통신심의위원회의 심의·의결의 내용과 다르게 방송하거나 심의·의결을 받지 않은 방송광고를 방송하여서는 아니 된다.

② 양심적 병역거부에 대한 헌법불합치결정

판례 헌재 2018.6.28. 2011헌바379등

* 사건번호에 '등'이 붙어있는 대로 양심적 병역거부에 관련된 결정들은 많은 사건들이 병합되어 내려졌다. 이중 대표적으로 2012헌가17 결정을 중심으로 인용한다.

[주문] 1. 구 병역법(2000.12.26. 법률 제6290호로 개정되고, 2006.3.24. 법률 제7897호로 개정되기 전의 것) 제5조 제1항, … 구 병역법(2010.1.25. 법률 제9955호로 개정되고, 2013.6.4. 법률 제11849호로 개정되기 전의 것) 제5조 제1항, 구 병역법(2013.6.4. 법률 제11849호로 개정되고, 2016.1.19. 법률 제13778호로 개정되기 전의 것) 제5조 제1항, 구 병역법(2016.1.19. 법률 제13778호로 개정되고, 2016.5.29. 법률 제14183호로 개정되기 전의 것) 제5조 제1항, 병역법(2016.5.29. 법률 제14183호로 개정된 것) 제5조 제1항은 모두 헌법에 합치되지 아니한다. 위 조항들은 2019.12.31.을 시한으로 입법자가 개정할 때까지 계속 적용된다. [법원의 제청일] 2012.8.9. [판시] … 심판대상 가. 병역법 제3조 및 제5조의 경우 … (4) 2012헌가17 … 위 사건들의 심판대상조항은 구 병역법(2010.1.25. 법률 제9955호로 개정되고, 2013.6.4. 법률 제11849호로 개정되기 전의 것) 제5조 제1항이다. 한편, 구 병역법 제5조 제1항은 2013.6.4. 법률 제11849호로, 2016.1.19. 법률 제13778호로, 2016.5.29. 법률 제14183호로 각각 개정되었으나, 그 개정내용은 '제1국민역'을 '병역준비역'으로, '제2국민역'을 '전시근로역'으로, '공익근무요원'을 '사회복무요원'으로 바꾸는 등 용어를 변경하고, 국제협력 분야와 예술·체육 분야 공익근무요원을 각각 '국제협력봉사요원'과 '예술·체육요원'으로 구분하여 별도의 보충역 편입대상자로 분류하였다가 관련법의 폐지에 따라 보충역의 종류에서 '국제협력봉사요원' 및 '국제협력의사'를 삭제하는 등 경미한 것들일 뿐이고, 위 조항의 실질적 내용에는 변화가 없이 현재에 이르고 있다. 따라서 위 개정된 조항들도 그 위헌 여부에 관하여 2013.6.4. 법률 제11849호로 개정되기 전의 구 병역법 제5조 제1항과 결론을 같이 할 것이 명백하므로, 이를 심판대상에 포함시키기로 한다.

③ 심판 도중 개정 규정 포함하여 헌법불합치결정을 한 또 다른 예들

판례 헌재 2008.7.31. 2007헌가4; 2010.7.29. 2008헌가28; 2011.11.24. 2009헌바146; 2018.1.25. 2017헌가7등. '헌마'사건으로는 헌재 2008.7.31. 2004헌마1010등. * 이에 대해서는 뒤의 위헌법률심판의 결정형식 중 헌법불합치결정에서 '동일 내용 신법규정 일괄 헌법불합치결정의 예' 부분 참조.

3) 한정위헌결정

(가) 동일 내용 한정위헌결정의 반복의 예

한정위헌결정이 이전에 있었는데 그 이후 법개정이 되었으나 원래 그 한정위헌결정의 취지가 살려지지 않아 다시 한정위헌결정을 한 경우가 있었다. 한정위헌결정의 취지가 살려지지 않으면 다시 한정위헌결정을 할 수밖에 없을 것이다. 아래 결정례에서는 원래 한정위헌결정에서 그 사건 이전에 이미 개정된 신법규정(이것이 뒤에 다시 내려진 한정위헌결정의 대상이 된다)의 문제점이 지적되고 있었다(아래 판시 참조). 아래 사례는 헌재가 이전 결정에서 강조한 "과점주주의 범위를 실질적인 기준으로 제한적 해석을 하는 것이 상당하다"라고 한 부분이 개정 신법규정에도 없어서 문제된 것이다(주문에 '실질적'이 명기되어 있고 판시 부분에도 강조되고 있다).

판례 헌재 1998.5.28. 97헌가13

[주문] 1. 국세기본법 제39조 제1항 제2호 '가목' 중 주주에 관한 부분은 "당해 법인의 발행주식총액의 100분의 51 이상의 주식에 관한 권리를 실질적으로 행사하는 자" 이외의 과점주주에 대하여 제2차 납세의무를 부담하게 하는 범위 내에서 헌법에 위반된다. 2. … [판시] … 판단 – 가. (1) 헌법재판소는 1997.6.26. 93헌바49등 구 법조항에 대한 위헌소원사건에서, '구 법조항 중 주주에 관한 부분은 "법인의 경영을 사실상 지배하는 자" 또는 "당해 법인의 발행주식총액의 100분의 51 이상의 주식에 관한 권리를 실질적으로 행사하는 자" 이외의 과점주주에 대하여 제2차 납세의무를 부담하게 하는 범위내에서 헌법에 위반된다'라는 결정을 선고하였다(판례집 9–1, 611). 이 결정이 구법조항을 위헌으로 판단한 이유의 요지는 아래와 같다. 『과점주주에 대한 제2차 납세의무제도의 입법목적을 보면, … 회사의 수익은 자신에게 귀속시키고 그 손실은 회사에 떠넘김으로써 회사의 법인격을 악용하여 이를 형해화시킬 우려가 크므로 이를 방지하여 실질적인 조세평등을 이루려는데 있으므로, 그 합리성이 인정된다. 그러나 구 법조항이 과점주주 전원에 대하여 그 부담액에 관한 한도를 설정하지 않고 무제한의 책임을 지도록 하는 것은 입법목적을 위하여 그 방법이 적절하다고 할 수 없다. … 위 조항은 과점주주의 주식의 소유 정도 및 과점주주 소유의 주식에 대한 실질적인 권리의 행사 여부와 법인의 경영에 대한 사실상의 지배 여부 등 제2차 납세의무의 부과를 정당화시키는 실질적인 요소에 대하여는 고려함이 없이, 과점주주 전원에 대하여 일률적으로 법인의 체납세액 전부에 관하여 제2차 납세의무를 부담토록 함으로써 과점주주들간에 불합리한 차별을 하여 평등의 원칙과 그 조세분야에서의 실현형태인 조세평등주의에도 위반된다. … 따라서 제2차 납세의무를 부과함이 상당하다고 인정되는 과점주주의 범위는 입법목적에 비추어 이를 "주식회사를 실질적으로 운영하면서 이를 조세회피의 수단으로 이용할 수 있는 지위에 있는 자, 즉 법인의 경영을 사실상 지배하거나 과점주주로서의 요건 즉 당해 법인의 발행주식총액의 100분의 51 이상의 주식에 관한 권리를 실질적으로 행사하는 자"로 제한함이 상당하다. 그리고 이 법률조항의 각 목과 대비하여 보면, 나목을 제외한 가목·다목·라목은 모두 형식적인 기준으로 제2차 납세의무를 부담하는 과점주주를 규정하고 있어 위헌의 소지가 있으므로, 위와 같이 과점주주의 범위를 실질적인 기준으로 제한적 해석을 하는 것이 상당하다.』(2) 그런데 위 결정의 심판대상이 된 구법조항은 1993.12.31. 법률 제4672호로 이 법률조항으로 개정되었다. 이 구 법조항에 대한 위헌심판 당시 이미 이 법률조항인 가목·다목·라목이 모두 형식적인 기준으로 제2차 납세의무를 부담하게 하는 과점주주를 규정하고 있어 위헌의 소지가 있다는 이유를 밝힌 바가 있고(아래 참조), 이 결정을 선고한 이후에 사정변경이 생기지도 아니하였다. 나. 그러므로 이 법률조항의 위헌여부에 대하여 검토하기로 한다. 이미 우리재판소는 선례를 통하여 과점주주 중 "주식을 가장 많이 소유한 자"라도 "법인의 경영을 사실상 지배하는 자"가 아니거나 "당해 법인의 발행 주식총액의 100분의 51 이상의 주식에 관한 권리를 실질

적으로 행사하는 자"가 아닌 과점주주에게는 제2차 납세의무를 부담하게 할 수 없다는 견해를 밝힌 바가 있으므로, 이러한 과점주주에 대하여 제2차 납세의무를 지게 하는 것은 실질적 조세법률주의(헌법 제38조, 제59조)에 위배되고 과점주주의 재산권(헌법 제23조 제1항)을 침해하여 헌법 위반이 된다. (2) 위 조항의 '다목'에 관한 부분을 살피면, … 과점주주 자신이 법인의 경영을 사실상 지배하거나 당해 법인의 발행 주식총액의 100분의 51 이상의 주식에 관한 권리를 실질적으로 행사하는 자에 해당하는지 여부에 관계없이 … 제2차 납세의무를 지우는 것은 과점주주들 간에 불합리한 차별을 하여 조세평등주의와 실질적 조세법률주의(헌법 제11조 제1항, 제38조, 제59조)에 위반되고 과점주주의 재산권(헌법 제23조 제1항)을 침해하게 된다. 4. 결론 – 이상의 이유로 법 제39조 제1항 제2호 '가목' 중 주주에 관한 부분은 "당해 법인의 발행주식총액의 100분의 51 이상의 주식에 관한 권리를 실질적으로 행사하는 자" 이외의 과점주주에 대하여 제2차 납세의무를 부담하게 하는 범위내에서 헌법에 위반되고, 법 제39조 제1항 제2호 '다목 과 라목' 중 주주에 관한 부분은 모두 헌법에 위반되므로 관여한 재판관 전원의 일치된 의견으로 주문과 같이 결정한다.

* 이전 결정에서 지적된 사항 판시 부분 : 헌재 1997.6.26. 93헌바49등. [판시] 그리고 개정된 국세기본법 제39조 제1항 제2호의 각목과 대비하여 보더라도, 개정된 법규정 역시 나목을 제외한 가목, 다목, 라목은 모두 형식적인 기준으로 제2차 납세의무를 부담하는 과점주주를 규정하고 있어 위헌의 소지가 있다고 할 수 있으므로, 위와 같이 과점주주의 범위를 실질적인 기준으로 제한적 해석을 하는 것이 상당하다 할 것이다.

(나) 한정위헌 부분을 제외한 나머지 합헌선언을 한 결정례

한정위헌 부분을 제외한 나머지 부분은 합헌이라고 결정한 것은 주문형태는 합헌형식이나 이전의 한정위헌인 부분을 제외한 점에서 실질적인 한정위헌결정의 반복이라고 볼 것이다. 아래의 예가 그러하다. 헌재의 판례사이트에서는 아래 96헌바22등 결정을 '한정합헌'으로 분류하여 기재하고 있다. 한정위헌과 한정합헌은 동전의 양면과 같다고 보는 것이 헌재판례이다.

판례 헌재 1999.4.29. 96헌바22등

[주문] 1. … 2. 구 소득세법(1990.12.31. 법률 제4281호로 개정되어 1993.12.31. 법률 제4661호로 개정되기 전의 것) 제23조 제4항 제1호 단서, 제45조 제1항 제1호 가목 단서는 실지거래가액에 의할 경우를 그 실지거래가액에 의한 세액이 그 본문의 기준시가에 의한 세액을 초과하는 경우까지를 포함하여 대통령령에 위임한 부분 이외에는 헌법에 위반되지 아니한다.

* 이전의 한정위헌결정

판례 헌재 1995.11.30. 94헌바40등

[주문] 1. … 2. 구 소득세법 제23조 제4항 단서, 제45조 제1항 제1호 단서(각 1982.12.21. 법률 제3576호로 개정된 후 1990.12.31. 법률 제4281호로 개정되기 전의 것)는 실지거래가액에 의할 경우를 그 실지거래가액에 의한 세액이 그 본문의 기준시가에 의한 세액을 초과하는 경우까지를 포함하여 대통령령에 위임한 것으로 해석하는 한 헌법에 위반된다.

(다) * 대조 : 동일한 내용의 신법규정에 대해 먼저 한정위헌결정이 있은 후 구법규정에 대해 한정위헌결정을 한 예

구법규정에 대한 한정위헌결정 후 신법규정에 대한 한정위헌결정이 내려진 경우가 아니라 그 반대의 경우인 예도 있었는데 야간 시위금지에 대한 한정위헌결정이 그 예였다.

판례 선결정 : 헌재 2014.3.27. 2010헌가2등
[주문] 집회 및 시위에 관한 법률(2007.5.11. 법률 제8424호로 개정된 것) 제10조 본문 중 '시위'에 관한 부분 및 제23조 제3호 중 '제10조 본문' 가운데 '시위'에 관한 부분은 각 '해가 진 후부터 같은 날 24시까지의 시위'에 적용하는 한 헌법에 위반된다.

후결정
[주문] 구 '집회 및 시위에 관한 법률'(1989.3.29. 법률 제4095호로 개정되고, 2007.5.11. 법률 제8424호로 개정되기 전의 것) 제10조 및 구 '집회 및 시위에 관한 법률'(2004.1.29. 법률 제7123호로 개정되고, 2007.5.11. 법률 제8424호로 개정되기 전의 것) 제20조 제3호 중 '제10조 본문'에 관한 부분은 각 '일몰시간 후부터 같은 날 24시까지의 옥외집회 또는 시위'에 적용하는 한 헌법에 위반된다.

Ⅶ. 심판대상의 확정(직권변경 · 축소 · 확장)

헌법재판소는 제청된 심판대상을 직권으로 다른 조문으로 변경하기도 한다. 또는 제청된 규정들 중 당해 사건과 직접적인 관련이 없는 규정들을 직권으로 제외하여 심판대상을 축소하기도 한다. 또는 제청되지 않은 법률규정이더라도 제청된 법률조항에 대한 위헌성 판단에 있어서의 완전히 동일한 심사척도와 법리가 적용된다거나, 서로 필연적인 연관관계가 있다거나, 그 적용의 전제가 된다고 보는 경우에는 심판대상으로 인정하여 확장한다. 심판대상의 직권변경 · 축소 · 확장에 대한 자세한 것은 제5절, 심리의 범위와 정도 부분 참조.

제2항 재판의 전제성 요건

헌법 제107조 ① 법률이 헌법에 위반되는 여부가 재판의 전제가 된 경우에는 법원은 헌법재판소에 제청하여 그 심판에 의하여 재판한다.

헌재법 제41조(위헌여부 심판의 제청) ① 법률이 헌법에 위반되는지 여부가 재판의 전제가 된 경우에는 당해 사건을 담당하는 법원(군사법원을 포함한다. 이하 같다)은 직권 또는 당사자의 신청에 의한 결정으로 헌법재판소에 위헌여부 심판을 제청한다.

Ⅰ. 재판의 전제성의 개념과 인정기준(요건)

1. 재판의 전제성의 의의와 의미주어

(1) 의의

재판의 전제가 된다는 것은 재판의 결과를 좌우하고 결과에 영향을 미치는 것을 의미한다. 헌법 자체가 "법률이 헌법에 위반되는지 여부가 재판의 전제가 된 경우에는"이라고 명시하는(제107조 1항), 위헌법률심판에서 가장 관건이 되는 중요한 적법요건이다. 실제 '헌가'사건에서 재판전제성 위배 여부에 대해 빈번히 많이 판단되고 따라서 이에 관한 판례가 많이 축적되고 있다. 재판전제성요건은 이하에서 '헌바' 위헌소원에도 물론 적용되는 요건으로 '헌바'사건들에서의 재판전제성 문제도 많이 다루어지며 아래에서 함께 대상으로 하여 살펴본다.

(2) 재판전제성의 의미주어

재판의 전제가 되는 의미주어는 법원재판에서 적용되는 위헌여부가 논란되는 법률조항 자체가 아니고 그 위헌여부임에 유의해야 한다. 헌법 제107조 제1항은 "법률이 헌법에 위반되는 여부가 재판의 전제가 된 경우에는 법원은 헌법재판소에 제청하여 그 심판에 의하여 재판한다"라고 규정하여 "재판의 전제가 된"의 주어는 "헌법에 위반되는 여부"이다. '어느 조항의 재판전제성'을 '어느 조항의 위헌여부의 재판전제성'으로 선해할 일이다. 예를 들어 아래 결정의 판시 끝 부분 "이 사건 결격조항은 재판의 전제성이 인정되지 않으므로"라고 하는 표현은 "이 사건 결격조항의 위헌여부는 재판의 전제성이 인정되지 않으므로"라고 하는 뜻으로 이해된다.

판례 헌재 2019.8.29. 2018헌바4

[판시] 이 사건 결격조항은 사상후 미조치 등을 이유로 운전면허 취소처분을 받은 경우 그 면허취소일로부터 4년이 지나지 아니하면 운전면허를 받을 수 없다고 규정하고 있는바, … 그 위헌 여부에 따라 운전면허 취소처분 취소소송인 당해 사건의 주문 또는 재판의 내용과 효력에 영향을 미치지 아니한다. 그렇다면 이 사건 결격조항은 재판의 전제성이 인정되지 않으므로 이 부분 심판청구는 부적법하다.

2. 헌법재판소 판례의 법리

(1) 3가지 요건과 넓게 보는 입장

위헌법률심판을 제기하려면 당해 법률이 헌법에 위반되는 여부가 재판의 전제가 되는 경우이어야 한다(법 제41조). 헌법재판소는 재판 전제성의 인정기준으로 3요건을 확립하고 있다. 즉 1. 구체적 사건이 법원에 계속 중일 것, 2. 위헌여부가 문제되는 법률이 당해 소송사건의 재판과 관련하여 적용되는 것일 것, 3. 그 법률의 위헌여부에 따라 법원이 다른 내용의 재판을 하게 되는 경우일 것을 들고 있다. 3.의 "다른 내용의" 재판을 하게 되는 경우라 함은 "원칙적으로 제청법원이 심리 중인 당해 사건의 재판의 결론이나 주문에 어떠한 영향을 주는 것뿐만 아니라, 문제된 법률의 위헌여부가 비록 재판의 주문 자체에는 아무런 영향을 주지 않는다고 하더라도 재판의 결론을 이끌어내는 이유를 달리 하는 데 관련되어 있거나 또는 재판의 내용과 효력에 관한 법률적 의미가 전혀 달라지는 경우"도 포함한다. 헌재 1992.12.24. 92헌가8; 1993.5.13. 92헌가10등; 2011.8.30. 2009헌가10; 2012.7.26. 2011헌가40; 2016.7.28. 2015헌가34; 2018.5.31. 2016헌가18; 2018.6.28. 2017헌가19; 2019.8.29. 2016헌가16 등. 이를 천명하고 있는 판시를 담고 있는 결정례들은 많다.

헌재가 넓게 보려는 것으로 이해하게 하는 요체부분은 바로 이 세 번째 '다른 내용의 재판'을 이렇게 넓게 파악하는 데 있다.

헌재법 제68조 제2항에 따른 위헌소원의 경우에도 재판의 전제성 요건이 중요하고 마찬가지 법리가 적용된다. 헌재 1995.7.21. 93헌바46; 2008.7.31. 2004헌바28; 2010.5.27. 2009헌바49; 2014.1.28. 2012헌바298; 2020.2.27. 2019헌바310등. 이를 천명하고 있는 판시를 담고 있는 결정례들 역시 많다.

[헌재판례의 기본법리]

▷ 재판 전제성의 개념과 인정기준(요건)

1. 구체적 사건이 법원에 계속(係屬)중일 것
2. 위헌여부가 문제되는 법률이 당해 소송사건의 재판과 관련하여 적용되는 것일 것
3. 그 법률의 위헌여부에 따라 법원이 '다른 내용의' 재판을 하게 되는 경우
   - '다른 내용의' 재판의 의미 : ① 재판의 결론, 주문에 영향을 주는 경우뿐 아니라 ② 주문 자체에 영향을 주지 않더라도 재판의 결론을 이끌어내는 이유를 달리하는 데 관련되거나, ③ 재판의 내용과 효력에 관한 법률적 의미가 전혀 달라지는 경우도 포함.

초기의 리딩 케이스로 형사소송법 제331조 단서에 관한 결정을 아래에 인용한다.

<u>**판례**</u> 헌재 1992.12.24. 92헌가8, 판례집 4, 853면 이하 참조

[쟁점] 검사가 사형, 무기 또는 10년 이상의 징역이나 금고형에 해당한다는 취지의 의견 진술이 있는 사건의 경우에는 비록 법원이 무죄 등의 판결을 선고하더라도 구속영장(拘束令狀)의 효력을 잃지 않도록 규정한 형사소송법 제331조 단서는 적법절차원칙 등에 위배되는 위헌이라는 취지의 위헌제청사건에서 재판전제성을 가지는지 여부(재판전제성인정, 위헌결정) [심판대상규정] 구 형사소송법(1954.9.23. 제정, 법률 제341호. 이하 '법'이라 함) 제331조 단서 : 법 제331조 "무죄, 면소, 형의 면제, 형의 선고유예, 형의 집행유예, 공소기각 또는 벌금이나 과료를 과하는 판결"이 선고된 때에는 구속영장은 효력을 잃는다. 단 검사로부터 사형, 무기 또는 10년 이상의 징역이나 금고의 형에 해당한다는 취지의 의견진술이 있는 사건에 대하여는 예외로 한다. [제청법원의 위헌심판제청이유] 제청법원이 검사로부터 "사형, 무기 또는 10년 이상의 징역이나 금고의 형에 해당한다는 취지의 의견진술"이 있는 관련사건의 피고인들에 대한 판결을 함에 있어서, 이 사건 심판의 대상인 형사소송법 제331조 단서의 규정이 합헌이라고 한다면 피고인들에 대하여 "무죄, 면소, 형의 면제, 형의 선고유예, 형의 집행유예, 공소기각 또는 벌금이나 과료를 과하는 판결"을 선고하게 되는 경우에도 구속영장의 효력이 상실되는 것이 아니라는 예외규정

이 적용되어 구속영장의 효력을 상실시키는 효과가 있는 종국재판으로서의 무죄 등의 판결을 할 수 없으나, 이와는 달리 위 규정이 위헌이라고 한다면 법 제331조 본문 규정의 적용을 받아 구속영장의 효력을 상실시키는 효과가 있는 종국재판으로서 무죄 등의 판결을 할 수 있게 된다. 이와 같이 해당 법률규정의 위헌여부에 따라 비록 판결주문의 형식적 내용이 달라지는 것은 아니라 하더라도 그 판결의 실질적 효력에 차이가 있게 되는 것이므로, 이 법 제331조 단서 규정의 위헌여부는 제청법원이 관련사건에 대한 재판을 함에 있어서 재판의 전제가 되어 위헌법률심판제청의 적법요건으로서 재판의 전제성이 있다. [관련판시] 위헌법률심판제청이 적법하기 위하여는 문제된 법률의 위헌여부가 재판의 전제가 되어야 한다는 재판의 전제성이 있어야 하는데, 그 재판의 전제성이라 함은, 첫째 구체적인 사건이 법원에 계속(係屬) 중이어야 하고, 둘째 위헌여부가 문제되는 법률이 당해 소송사건의 재판과 관련하여 적용되는 것이어야 하며, 셋째 그 법률이 헌법에 위반되는지의 여부에 따라 당해 사건을 담당한 법원이 다른 내용의 재판을 하게 되는 경우를 말한다. 법률의 위헌여부에 따라 '다른 내용의' 재판을 하게 되는 경우라 함은, 원칙적으로 제청법원이 심리중인 당해 사건의 재판의 결론이나 主文에 어떠한 영향을 주는 것뿐만이 아니라, 문제된 법률의 위헌여부가 비록 재판의 주문 자체에는 아무런 영향을 주지 않는다고 하더라도 재판의 결론을 이끌어내는 이유를 달리하는 데 관련되어 있거나 또는 재판의 내용과 효력에 관한 법률적 의미가 전혀 달라지는 경우에는 재판의 전제성이 있는 것으로 보아야 한다. 이 법 제331조 단서의 규정에 대하여 이와 같은 재판의 전제성이 있는지의 여부를 살펴본다. 법 제331조 단서규정의 위헌여부에 따라 형사판결의 주문 성립과 내용 자체가 직접 달라지는 것은 아니지만 만약 위 규정이 위헌으로 법적 효력이 상실된다면 이 법 제331조 본문의 규정이 적용되어 제청법원이 무죄 등의 판결을 선고하게 될 경우에 그 판결의 선고와 동시에 구속영장의 효력을 상실시키는 재판의 효력을 가지게 되며, 이와는 달리 이 단서 규정이 합헌으로 선언되면 검사로부터 피고인들에 대하여 징역 장기 10년의 구형이 있는 위 피고사건에 있어서 당해사건을 담당하는 법원의 판결만으로는 구속영장의 효력을 상실시키는 효력을 갖지 못하게 되는 결과로 인하여 그 재판의 효력과 관련하여 전혀 다른 효과를 가져오는 재판이 될 것이다. 따라서 법 제331조 단서규정의 위헌여부는 제청법원이 검사로부터 장기 10년의 징역형 등에 해당한다는 취지의 의견진술이 있느냐 없느냐 여하에 따라 관련사건의 그 재판주문을 결정하고 기판력의 내용을 형성하는 그 자체에 직접 영향을 주는 것은 아니라 할지라도 그 재판의 밀접 불가결한 실질적 효력이 달라지는 구속영장의 효력에 관계되는 것이어서 재판의 내용이나 효력 중에 어느 하나라도 그에 관한 법률적 의미가 전혀 달라지는 경우에 해당하는 것이므로 재판의 전제성이 있다. 따라서 제청법원의 이 사건에 대한 위헌법률심판제청은 적법하다.

(2) 평가

헌재는 이처럼 다른 내용의 재판을 넓게 인정하는 입장이고 이는 재판전제성을 넓게 인정하여 가능한 한 위헌여부의 본안판단으로 들어가 위헌성을 객관적으로 밝힐 기회를 확대해주는 것으로 타당하다. 관건은 실제로 얼마나 넓게 인정하는 판단을 하느냐 하는 것이다. 사실 위 인정기준 중 3의 ② "재판의 결론을 이끌어내는 이유를 달리하는 데 관련되거나"에 해당된다고 본 결정례는 드물다.

3. 지속성의 요구

헌재는 재판전제성은 제청을 할 때뿐 아니라 헌재의 심판 중에도 또 심판종료시까지도 갖추어야 한다고 본다. 이러한 지속성 요구는 아래에 보듯이 구체적 사건이 법원에 계속 중일 것을 요하는, 즉 첫 번째 요건에 결부되는 것이도 하다.

판례 헌재 2016.4.28. 2013헌바196

[결정요지] 재판의 전제성은 위헌제청신청 당시뿐만 아니라 심판이 종료될 때까지 갖추어져야 함이 원칙이다. 그런데 당해 사건의 법원은 2007.3.7. 원고들의 청구를 인용하는 판결을 선고하였고, 이에 청구인은 2007.3.8. 항소하여 그 소송이 계속 중이던 2008.1.22. 당사자들 사이에 조정이 성립되어 그 사건이 종결되었다. 이와 같이 당해 사건의 당사자들에 의해 그 소송이 종결되었다면 구체적인 사건이 법원에 계속 중인 경우라 할 수 없을 뿐 아니라, 조정의 성립에 이 사건 법률조항이 적용된 바도 없으므로 위 법률조항에 대하여 위헌 결정이 있다 하더라도 청구인으로서는 당해 사건에 대하여 재심을 청구할 수 없어 종국적으로 당해 사건의 결과에 대하여 이를 다툴 수 없게 되었다 할 것이므로, 이 사건 법률조항이 헌법에 위반되는지 여부는 당해 사건과의 관계에서 재판의 전제가 되지 못한다.

*동지의 법리가 표명된 또 다른 결정례들 : 헌재 1993.12.23. 93헌가2; 1997.7.16. 96헌바51; 2016.4.28. 2013헌바196; 2016.5.26. 2014헌바417 등.

유의할 점은 심판도중에 재판전제성이 소멸되었더라도 "객관적인 헌법질서의 수호·유지를 위해 헌법적 해명이 필요한 긴요한 사안"인 경우에는 예외적으로 심판이익을 인정한다는 점이다. 이에 대해서는 뒤에 별도로 서술한다(후술 참조).

4. 이하의 서술

위 판례법리의 재판전제성 3요소 각각을 이하 Ⅱ, Ⅲ, Ⅳ 등으로 나누어 자세히 살펴본다.

Ⅱ. 구체적 사건이 법원에 계속 중일 것

1. 의미

(1) 제청시부터 계속이 유지될 것

구체적 규범통제로 이루어지는 우리의 위헌법률심판은 법원의 재판이 계속되는 가운데 진행되어야 함을 요구한다. 따라서 법원재판이 계속(繫屬)된 상태가 법원이 위헌심판을 제청할 때는 물론이고 이후에도 그대로 유지되고 재판이 종료되는 상태가 아니어야 한다. 법원이 제청을 하면 헌재의 위헌여부의 결정이 있을 때까지 법원재판이 정지되어 종료되지 않으므로 이 요건은 갖추어지는 것이다.

(2) '헌가'사건에서 설시의 태도

헌재는 '헌가'사건인 경우에는 이 요건에 대해 별도로 설시하지 않는 결정례들을 보여주기도 한다(예를 들어 헌재 2015.12.23. 2015헌가27; 2018.6.28. 2017헌가19; 2019.8.29. 2016헌가16 등). 이는 '헌가'사건이란 법원이 위헌심판을 제청한 사건이고 법원의 제청이 있었다는 것은 재판이 계속 중인 것을 의미하므로 이를 특별히 언급할 이유가 없기 때문이기도 한 것으로 이해된다.

판례 헌재 2018.5.31. 2016헌가18

[설시] 법률에 대한 위헌법률심판제청이 적법하기 위해서는 문제된 법률의 위헌여부가 당해사건 재판의 전제가 되어야 한다. 여기서 재판의 전제가 된다는 것은 그 법률이 당해사건에 적용되는 것이어야 하고, 그 법률의 위헌 여부에 따라 재판의 주문이 달라지거나 재판의 내용과 효력에 관한 법률적 의미가 달라지는 경우를 말한다.

그러나 이를 언급한 결정례도 있다(예를 들어 헌재 2018.2.22. 2017헌가17). 아래와 같이 재판이 종료되어 재판전제성이 없다고 할 경우에는 언급이 필요함이 자연스럽다.

판례 헌재 2012.7.26. 2011헌가40

[설시] 재판의 전제성이란, 첫째 구체적인 사건이 법원에 계속되어 있었거나 계속 중이어야 하고, 둘째 위헌 여부가 문제되는 법률이 당해소송사건의 재판에 적용되는 것이어야 하며, 셋째 그 법률이 헌법에 위반되는지의 여부에 따라 당해 소송사건을 담당한 법원이 다른 내용의 재판을 하게 되는 경우를 말한다(헌재 1993.5.13. 92헌가10등, 판례집 5－1, 226, 238; 헌재 2005.6.30. 2003헌가19, 판례집 17－1, 791, 794). 그런데 이 사건의 경우 당해사건 원고는 1심인 서울행정법원에서 승소판결을 받았고(2010구합46241), 피고가 항소하였으나(2011누18276), 2012.3.5. 항소를 취하함으로써 당해사건은 현재 더 이상 법원에 계속 중이지 아니하며, 원고의 승소로 종결되었다. 이와 같이 당해사건이 법원에 계속 중이지 않은 가운데, 원고에게 유리한 판결이 확정된 이상, 이 사건 규정에 대한 위헌결정은 당해사건 재판의 결론이나 주문에 전혀 영향을 미치지 못하게 된다(헌재 2000.7.20. 99헌바61, 판례집 12－2, 108, 113 참조). 따라서 이 사건 규정은 재판의 전제성이 인정되지 않는다. * 재판종료로 재판전제성이 소멸된 경우 법원계속성을 요건으로 설시한 또 다른 결정례 : 2016.7.28. 2015헌가34.

2. 법원 계속성 부정 사유

(1) 소취하 등

위에서 이미 밝힌 대로 제청 당시뿐 아니라 심판시에도 구체적 소송사건이 법원에 계속 중이어야 하는데 도중에 법원재판이 종료되면 재판전제성이 소멸된다. 법원이 제청을 한 사건에서는 그 법원재판이 정지되므로 원칙적으로 소송이 종료될 수 없다. 법원이 정지된 재판을 종료할 수도 없다. 그렇다면 종료되는 경우란 아래의 예처럼 당사자에 의한 소취하의 경우 등으로서 그러한 경우들이 많다.

판례 2016.7.28. 2015헌가34

[결정요지] 당해 소송사건이 소취하로 말미암아 종료된 경우(민사소송법 제267조 제1항 참조)에는 구체적인 사건이 법원에 계속 중인 경우라 할 수 없어 재판의 전제성이 인정되지 않는다. 이 사건 심판에서 당해 소송사건은 2016.7.7. 제청신청인의 소취하로 소송이 종료되었으므로 이 사건 위헌법률심판제청은 재판의 전제성을 흠결하였다. 5. 결론 － 그렇다면 이 사건 위헌법률심판제청은 부적법하므로 이를 각하하기로 결정한다.

판례 헌재 2014.6.26. 2013헌가16

[사건개요] 제청신청인은 먹는샘물 등의 증명표지의 제조자로 지정해줄 것을 신청하였는데, 환경부장관

은 2012.3.2. 제청신청인이 구 먹는물관리법 제35조 제1항이 정한 '영리를 목적으로 하지 아니는 자'에 해당하지 않는다는 이유로 그 신청을 거부하였다. 이에 대하여 제청신청인은 서울행정법원에 이 거부처분의 취소를 구하는 소를 제기하고, 그 소송 계속 중 구 먹는물관리법 제35조 제1항에 대하여 위헌법률심판제청신청을 하였으며, 제청법원은 위 제청신청을 받아들여 구 먹는물관리법 제35조 제1항 중 '영리를 목적으로 하지 아니하는 자로서' 부분이 제청신청인의 직업선택의 자유를 침해한다고 하여 2013.6.4. 이 사건 위헌법률심판을 제청하였다. 그 후 국회는 2014.1.21. 법률 제12318호로 먹는물관리법을 개정하여 먹는샘물등의 증명표지제도를 폐지하면서 구 먹는물관리법 제35조를 삭제하는 한편, 이를 공포 후 6개월이 경과한 날부터 시행한다고 정한 부칙 제1조를 두어 2014.7.22.부터 시행되도록 하였다. 이에 제청신청인은 2014.5.13. 당해 사건의 소를 취하하였고, 같은 해 5. 30. 소 취하로 당해 사건이 종료되었다. [결정요지] 위에서 본 바와 같이 당해 사건이 소 취하에 의하여 종료되었다면 소송이 처음부터 법원에 계속되지 아니한 것으로 되었으므로, 이 사건 법률조항이 헌법에 위반되는지 여부는 당해 사건 재판의 전제가 되지 못한다. 4. 결론 – 그렇다면 이 사건 위헌심판제청은 부적법하므로 이를 각하하기로 결정한다. * 소취하로 재판전제성 소멸된 것으로 결정한 그 외 예 : 헌재 2004.10.28. 2004헌가2; 2012.7.26. 2011헌가40; 2012.11.29. 2012헌가14 등.

그 외 소취하한다는 내용의 재판상 화해의 성립, 임의조정 성립, 인낙 등에 의한 재판이 종료된 경우에도 원칙적으로 재판전제성이 소멸된다고 볼 것이다.

판례 헌재 2012.2.23. 2009헌바222

[사건개요] 청구인은 친권부존재확인 등을 구하는 소를 제기하였으나 기각되자 항소를 제기하였는데, 항소심 계속 중이던 2011.11.11. 청구인과 임○미 사이에 청구인이 위 소를 취하한다는 내용의 화해가 성립하였다. 한편, 위 제1심 소송계속 중 청구인은 민법 제909조에 대하여 위헌법률심판제청신청을 하였고 위 신청이 기각되자 2009.9.2. 이 사건 헌법소원심판을 청구하였다. [판시] 항소 소송이 계속 중이던 2011.11.11. 청구인과 임○미 사이에 청구인이 당해 사건의 소를 취하한다는 내용의 화해가 성립되어 그 사건이 종결되었다. 이와 같이 청구인이 본안의 소를 취하한다는 내용의 화해가 성립되어 당해 사건이 종결되었다면, 구체적인 사건이 법원에 계속 중인 경우라 할 수 없어, 이 사건 법률조항이 헌법에 위반되는지 여부는 당해 사건과의 관계에서 재판의 전제가 되지 못한다 할 것이다.

판례 헌재 2010.2.25. 2007헌바34

[판시] 당해 사건의 법원은 2007.3.7. 원고들의 청구를 인용하는 판결을 선고하였고, 이에 청구인은 2007.3.8. 항소하여 그 소송이 계속 중이던 2008.1.22. 당사자들 사이에 조정이 성립되어 그 사건이 종결되었다. 이와 같이 당해 사건의 당사자들에 의해 그 소송이 종결되었다면 구체적인 사건이 법원에 계속 중인 경우라 할 수 없을 뿐 아니라, 조정의 성립에 이 사건 법률조항이 적용된 바도 없으므로 위 법률조항에 대하여 위헌 결정이 있다 하더라도 청구인으로서는 당해 사건에 대하여 재심을 청구할 수 없어 종국적으로 당해 사건의 결과에 대하여 이를 다툴 수 없게 되었다 할 것이므로, 이 사건 법률조항이 헌법에 위반되는지 여부는 당해 사건과의 관계에서 재판의 전제가 되지 못한다. * 동지 : 헌재 2012.02.23., 2009헌바222.

(2) 당해 소송의 적법성

1) 헌재의 입장 - 법원의 해당소송의 적법성 요구

헌재는 법원의 당해 소송사건이 그 요건을 구비하지 못하여 부적법하다는 이유로 소각하판결을 선고하고 그 판결이 확정되거나, 소각하판결이 확정되지 않았더라도 당해 소송사건이 부적법하여 각하될 수밖에 없는 경우에는 재판전제성이 결여되어 부적법하다고 본다.

판례 헌재 2005.3.31. 2003헌바113

[설시] 법원에서 당해 소송사건에 적용되는 재판규범 중 위헌제청신청대상이 아닌 관련 법률에서 규정한 소송요건을 구비하지 못하였기 때문에 부적법하다는 이유로 소각하 판결을 선고하고 그 판결이 확정되거나, 소각하판결이 확정되지 않았더라도 당해 소송사건이 부적법하여 각하될 수밖에 없는 경우에는 당해 소송사건에 관한 재판의 전제성 요건이 흠결되어 부적법하다(헌재 1992.8.19. 92헌바36, 판례집 4, 572, 574; 2000.11.30. 98헌바83, 판례집 12－2, 278, 284 참조).

2) 적법성 요구의 이유

헌재는 당해사건이 적법할 것을 요구하는 이유는 법원에 제기된 당해 소송이 부적법한 소송이라면 각하될 것이어서 위헌심판을 받을 필요가 없기 때문이라고 한다. 이는 법원의 당해 소송이 각하로 소멸되는 것으로 보는 결과로 이해된다.

판례 헌재 2008.10.30. 2007헌바66

[판시] … 나. 다음으로 법 제71조의15 제1항 제6호와 제70조의7에 관하여 본다. 헌법재판소법 제68조 제2항에 의한 헌법소원심판의 청구는 같은 법 제41조 제1항의 규정에 의한 적법한 위헌여부심판의 제청신청을 법원이 각하 또는 기각하였을 경우에만 제기할 수 있는 것이고, 위헌여부심판의 제청신청이 적법한 것이 되려면 제청신청된 법률의 위헌여부가 법원에 제기된 당해사건의 재판의 전제가 된 때라야 하므로 만약 당해사건이 부적법한 것이어서 법률의 위헌여부를 따져 볼 필요조차 없이 각하를 면할 수 없는 것일 때에는 위헌여부심판의 제청신청은 적법요건인 재판의 전제성을 흠결한 것으로서 각하될 수밖에 없고 이러한 경우에는 헌법재판소법 제68조 제2항에 의한 헌법소원심판을 청구할 수 없는 것이다. 그러므로 살피건대, 청구인들이 적법한 전심절차를 거침이 없이 당해사건인 행정소송을 제기하였고, 이미 행정심판 제기기간이 도과되었으므로, 당해 법원은 필요적 행정심판전치주의를 규정한 법 제101조의3을 적용하여 당해 소송사건을 부적법하다고 하여 각하하였는바, 법 제101조의3(* "이 법에 의한 처분으로서 당해 처분에 대한 행정소송은 행정심판의 재결을 거치지 아니하면 이를 제기할 수 없다")이 앞서 본 바와 같이 합헌으로 판단되는 이상, 청구인들이 위헌여부심판의 제청신청을 한 당해사건은 부적법한 소송이다. 따라서 청구인들의 법 제71조의15 제1항 제6호와 제70조의7에 관한 헌법소원심판청구는 결국 재판의 전제성을 갖추지 못하여 부적법하므로, 법 제71조의15 제1항 제6호와 제70조의7의 위헌 여부를 살펴볼 필요 없이 각하되어야 할 것이다.

3) 구체적 사유

(가) 행정쟁송(＝행정심판 + 행정소송)

가) 행정심판 제기기간의 도과

행정심판은 행정소송을 제기하기 전에 행정심판위원회라는 행정기관에 청구하는 구제제도이다. 1998년 이전에는 법원에 행정소송을 제기하기 위해서는 그 요건으로서 행정심판을 필요적·강제적으로(반드시) 거치도록 하였으나 현재는 임의적·선택적인 것으로 되어 있다. 그러나 현재에도 법률이 이를 필요적·강제적으로 규정한 경우에는 행정심판을 반드시 거쳐야 법원에 행정소송을 제기할 수 있다. 아래의 사안이 바로 이러한 강제적 전치를 해야 하는 행정심판을 그 청구기간을 지나버리고 거치지 않아서 법원의 해당 사건인 행정소송이 부적법하여 결국 재판전제성이 부정된 예이다. * 지금도 도로교통법에 따른 처분으로서 해당 처분에 대한 행정소송은 행정심판의 재결을 거치지 아니하면 제기할 수 없도록 하여 강제적 전치주의를 취하고 있다(동법 제142조). 이런 유형의 사례는 현행 법에 맞추어 출제되면 헌법, 행정법 복합의 공법 문제로 적절하다.

판례 헌재 2008.10.30. 2007헌바66

[판시] … 살피건대, 청구인들이 적법한 전심절차를 거침이 없이 당해사건인 행정소송을 제기하였고, 이미 행정심판 제기기간이 도과되었으므로, 당해 법원은 필요적 행정심판전치주의를 규정한 법 제101조의3을 적용하여 당해 소송사건을 부적법하다고 하여 각하하였는바, 법 제101조의3(* " 이 법에 의한 처분으로서 당해 처분에 대한 행정소송은 행정심판의 재결을 거치지 아니하면 이를 제기할 수 없다")이 앞서 본 바와 같이 합헌으로 판단되는 이상, 청구인들이 위헌여부심판의 제청신청을 한 당해사건은 부적법한 소송이다. 따라서 청구인들의 법 제71조의15 제1항 제6호와 제70조의7에 관한 헌법소원심판청구는 결국 재판의 전제성을 갖추지 못하여 부적법하므로, 법 제71조의15 제1항 제6호와 제70조의7의 위헌 여부를 살펴볼 필요 없이 각하되어야 할 것이다. * 같은 이유의 또 다른 각하결정례 : 헌재 제3지정재판부 2015.7.7. 2015헌바211.

나) 취소소송(행정소송) 제소기간의 도과

취소소송에는 행정소송법에 일정한 제소기간이 정해져 있다. 이 기간을 넘기면 취소소송을 제기하더라도 부적법하여 각하하게 되고 그러면 재판전제성도 부정된다. 한편 이렇게 취소소송의 제소시간을 넘겨서 이를 할 수 없을 경우에 무효확인소송을 제기하더라도 이 경우 헌재는 중대명백설을 적용하여 무효사유인 명백성을 헌재가 위헌결정을 하기 전까지는 인정할 수 없어 결국 다른 내용의 재판을 할 경우가 아니라는 이유로 재판전제성을 또 부정한다(이에 대해서는 후술 참조). 아래의 사안에서도 예비적 청구로 취소를 구하였으나 헌재는 취소소송 제소기간이 지나버렸다는 이유로 각하를 면할 수 없다고 하여 재판전제성이 없다고 보았다. 이 사안에서 청구인은 주위적 청구로 무효확인도 구하였는데 위에서 언급한 중대명백설에 입각한 재판전제성 부정의 논거로 이 부분 재판전제성도 부정하여 결국 전부 각하되었다. 사안은 구 '부동산 실권리자명의 등기에 관한 법률'(2002.3.30. 법률 제6683호로 개정된 것) 제11조 제1항에서 정한 실명등기 유예기간인 1996.6.30.까지 실명등기를 하지 않았다는 사유로 위 법률 제12조 제2항, 제5조, 위 법시행령 제3조의2에 의하여 과징금부과가 된 데 대해 이처럼 행정소송이 제기된 것이었다. * 이런 유형의 사례는 현행법에 맞추어 출제되면 헌법, 행정법 복합의 공법 문제로 적절하다.

판례 헌재 2007.10.4. 2005헌바71

[판시] 당해 사건 법원은 예비적 청구에 대하여 청구인이 이 사건 처분이 있음을 안 2003.5.12.경으로부

터 90일이 경과한 2005.1.19.에야 이 사건 처분의 취소를 구하였음을 들어 예비적 청구 부분의 소를 각하하였으며, 이 부분 판단은 날짜 계산상 명백하여 상급심에서 변경될 것으로 보이지 아니한다. 그렇다면 이 사건 처분에 대한 취소청구 부분은 제소기간이 경과하였기 때문에 부적법하여 각하를 면할 수 없으므로, 이 부분과 관련하여 이 사건 법률조항들에 대한 재판의 전제성을 인정할 수 없어 부적법하다. * 취소소송제기기간 도과로 부적법하여 재판전제성을 부정한 또 다른 결정례 : 헌재 2005.3.31. 2003헌바113.

다) 전심절차 불이행

위 행정심판을 주어진 청구기간 내에 청구하는 등 제대로 거쳐야 하는 것도 행정심판이 행정소송의 전심으로 강제적일 때 전심절차의 이행을 요하는 것이지만 행정심판 외에 이의신청(* 행정심판은 행정심판위원회에 청구하는 것이고 이의신청은 처분청에 대해 하는 점에서 차이가 있다)과 같은 전심절차의 이행도 요구되는데 이를 이행하지 않고 법원에 소송을 제기하여 부적법한 것으로 되면 그 소송에서 역시 재판전제성이 없는 것으로 된다. 아래의 결정이 그 예이다. 사안은 하천부지 무단점용에 따른 부당이득금부과 등의 처분에 대한 것이었다.

판례 헌재 2005.3.31. 2003헌바113

[판시] 지방자치법 제131조의 규정에 따른 이의신청을 하지 아니하고 행정심판을 거친 후 행정심판의 대상이 아니라는 이유로 각하재결을 받은 후 행정소송을 제기한 것이어서 적법한 전심절차를 밟지 않았으므로(2000.1.29.자 징수처분에 대하여) … 부적법하여 각하를 면할 수 없으므로, 이 부분에 대한 헌법소원은 재판의 전제성 요건을 흠결하여 부적법하다. * 이 결정의 [사건개요] 등에 대해서는 뒤의 행정재판과 재판전제성, 중대명백설 적용례 부분 참조.

라) 행정소송대상성결여

행정소송의 대상성을 결여하여 법원 행정소송에서 각하되면 위헌이라고 주장되는 그 법률규정의 위헌여부가 재판전제성을 가지지 못한다. 결정례로 거부처분과 단순한 행정안내에 관한 사안에 대한 결정이 있었다.

(a) 조리상 신청권 부정 거부처분이 법원의 행정소송의 대상이 되기 위해서는 그 거부된 처분을 하는 행위의 발동을 요구할 법규상 또는 조리상의 신청권이 있어야 한다는 것이 판례의 입장이다. 문제는 헌재는 아래 사안에서 제청법원의 입장과 달리 조리상 신청권을 부정하여 결국 당해 사건인 법원의 행정소송이 대상성 결여로 각하될 것이고 재판전제성도 부정된다는 결론을 내렸다. * 중요 : 거부행위의 행정소송의 대상성 요건으로 신청권이 있을 것이라는 판례법리, 그것과 연관되는 헌법재판 등 행정법, 헌법 복합적인 문제라 중요한 부분이다.

판례 헌재 2003.10.30. 2002헌가24

[사건개요] (1) 제청신청인은 초등학교 교감으로 재직중이던 1992.10.21. 특정범죄가중처벌등에관한법률위반(도주차량) 및 도로교통법위반(음주운전)의 혐의로 기소되었고, (2) 제청신청인은 1993.2.23. 위 죄로 징역 1년에 집행유예 2년을 선고받았고, 이에 항소하여 대전고등법원에서 선고유예(징역 6월)의 판

결을 받았으며, 1994.2.8. 대법원에서 이 판결에 대한 상고가 기각됨으로써 이 판결은 확정되었다. (3) 이에 충청남도 당진교육청 교육장은 국가공무원법 제69조 중 제33조 제1항 제5호에 의하여 청구인에게 당연퇴직된 사실을 통지하였다. (4) 그 후 제청신청인은 그 선고유예기간이 지난 후인 2001.11.경 충청북도 초등교사 임용시험에 다시 합격하여 2002. 3.1.임용되어 근무하던 중, 2002.6.19. 충청남도 교육감에게 위 국가공무원법 규정의 위헌성을 들어 신청인을 다시 교감직으로 발령해주거나 또는 교감으로 재임용해 줄 것을 내용으로 하는 신청을 하였으나, 위 충청남도 교육감은 2002.6.26. 제청신청인이 이미 임용결격사유에 해당하여 당연퇴직한 이상 교감으로의 복직발령 또는 교감의 재임용은 불가능하다는 통지를 하였다. (5) 이에 제청신청인은 2002.7.23. 대전지방법원에 충청남도 교육감을 상대로 임용복직발령 또는 임용신청거부처분취소를 구하는 소송을 제기하였다. (6) 제청신청인은 위 소송계속중 위 처분의 근거 법률인 구 국가공무원법 제69조 중 제33조 제1항 제5호 부분은 헌법 제25조의 공무담임권 등의 기본권을 침해하는 위헌이라고 주장하면서 위 법원에 위헌심판제청신청을 하였고 위 법원은 위 신청을 받아들여 2002.10.15. 위헌심판제청결정을 하였다. [심판대상] 구 국가공무원법 제69조 중 제33조 제1항 제5호 부분(2002.12.18. 법률 제6788호로 개정되기 전의 것, 이하 '이 사건 법률조항')의 위헌여부인바, 그 내용 및 관련규정의 내용을 살펴보면 다음과 같다. 구 국가공무원법 제69조(당연퇴직)공무원이 제33조 각 호의 1에 해당할 때에는 당연히 퇴직한다. 제33조(결격사유) ① 다음의 각 호의 1에 해당하는 자는 공무원에 임용될 수 없다. 5.금고 이상의 형의 선고유예를 받은 경우에 그 선고유예기간 중에 있는 자. [제청법원의 제청이유] 인정사실에 의하면 이 사건 법률조항이 위헌인 경우 제청신청인은 적어도 조리상의 복직신청권을 가진다고 할 것이고, 이 사건 법률규정의 위헌 여부에 따라 당해소송의 판결의 주문이 달라진다고 할 것이므로, 이 사건 법률 조항은 재판의 전제성을 갖추고 있다. [결정요지] * 당해사건은 국가공무원법상의 당연퇴직 규정(구 국가공무원법 제69조 중 제33조 제1항 제5호 부분, 이하 "이 사건 법률조항"이라 한다)에 의하여 공무원 신분을 잃은 제청신청인의 복직신청에 대한 행정청의 거부행위에서 비롯된 소송이다. 대법원 판례에 따르면 국민의 적극적 행위 신청에 대하여 행정청이 그 신청에 따른 행위를 하지 않겠다고 거부한 행위가 항고소송의 대상이 되는 행정처분에 해당하기 위해서는, 그 신청한 행위가 공권력의 행사 또는 이에 준하는 행정작용이어야 하고, 그 거부행위가 신청인의 법률관계에 어떤 변동을 일으키는 것이어야 하며, 그 국민에게 그 행위발동을 요구할 법규상 또는 조리상의 신청권이 있어야 한다. 국가공무원법상 당연퇴직은 법에 정한 결격사유가 있을 때 법률상 당연히 퇴직하는 것이지 공무원관계를 소멸시키기 위한 별도의 행정처분을 요하는 것이 아니며, 당연퇴직의 인사발령은 법률상 당연히 발생하는 퇴직사유를 공적으로 확인하여 알려주는 이른바 관념의 통지에 불과하다. 그렇다면, 과거에 이미 법률상 당연한 효과로서 당연퇴직 당한 제청신청인이 자신을 복직 또는 재임용시켜 줄 것을 요구하는 신청에 대하여 그와 같은 조치가 불가능하다는 통지를 보낸 이 사건 거부행위는 당연퇴직의 효과가 법률상 계속하여 존재하는 사실을 알려주는 일종의 안내에 불과한 것이므로 제청신청인의 실체상의 권리관계에 직접적인 변동을 일으키는 것으로 해석되기는 어렵다. 또한 이 사건 법률조항에 대하여 헌법재판소가 위헌결정을 선고함으로써 위 법률조항이 비록 규범으로서의 효력을 잃게 된다고 하더라도 제청신청인과 같이 당연퇴직된 이후 오랜 시간이 흘러 징계시효기간까지도 경과한 경우에 당연퇴직의 내용과 상반되는 처분을 해줄 것을 구하는 조리상의 신청권을 인정할 수 없다. 따라서 당해사건은 이 사건 제청법원이 이 사건 법률조항이 헌법에 위반되는지의 여부와 관계없이 각하를 하여야 할 사건이라고 할 것이므로 이 사건 법률조항의 재판의 전제성은 인정될 수 없다. * 위 심판대상조항에 대해서는 위 결정이 있던 같은 날 헌법소원('헌마')사건들인 다른 사건들, 즉 2003.10.30. 2002헌마684등결정으로 위헌결정이 났다.

(b) **단순한 행정안내** 아래 결정은 단순한 행정안내는 항고소송(행정소송)의 대상이 되는 행정처분이 아니라고 하여 그 당해 행정소송에서 문제의 법률규정의 위헌여부가 재판전제성이

없다고 본 것이다.

판례 헌재 2007.12.27. 2006헌바34

[판시] 만약 당해 사건이 부적법한 것이어서 법률의 위헌 여부를 따져 볼 필요조차 없이 각하를 면할 수 없는 것일 때에는 위헌여부심판의 제청신청은 적법요건인 재판의 전제성을 흠결한 것으로서 각하될 수밖에 없고 이러한 경우에는 헌법재판소법 제68조 제2항에 의한 헌법소원심판을 청구할 수 없다. … 청구인이 진주보훈지청에 연금지급을 신청하였으나, 이는 그 실질에 있어서 구체적인 권리행사로서의 성질을 가지는 것이 아니라 법률내용의 여하를 불문하고 연금을 지급하여 달라는 단순한 호소 내지 요청에 불과하며, 위 신청을 이첩받은 부산지방보훈청장의 반려통보 또한 독립유공자법의 내용을 확인해 주면서 청구인이 독립유공자법에서 정한 연금지급대상이 아니어서 청구인의 요망에 따른 보상금지급을 할 수 없음을 알리는 '안내'에 불과하다. 따라서 부산지방보훈청장이 청구인의 신청에 대하여 한 위 반려통보 행위는 청구인의 법률관계나 법적 지위에 아무런 영향을 미치지 않는 단순한 행정안내에 불과하므로 항고소송의 대상이 되는 행정처분이라 할 수 없다. 그리고 위 통보가 행정처분이 될 수 없어 항고소송의 대상이 되지 않는다는 것은 위 법률조항의 적용 이전의 문제이므로 이 사건 법률조항의 위헌여부에 따라서 그 법적 성질이 달라질 수 있는 것이 아니다. 그렇다면, 항고소송의 대상이 되지 아니하는 반려통보에 대하여 취소를 구하는 당해 사건은 부적법하여 각하되어야 할 것이므로, 이 사건 법률조항은 당해 사건에 적용될 여지가 없어 재판의 전제성이 인정되지 아니한다.

* 검토 – 위 판시에서 "이 사건 법률조항은 당해 사건에 적용될 여지가 없어"라는 언급은 왜 필요한지 이해가 안 된다. 당해 사건이 부적법하여 각하되면 소의 계속성이 부정되는 위 판시 서두로 일관성있게 간결히 판시하는 것이 보다 명쾌했을 것이다.

마) 피고적격 결여의 부적법한 행정소송의 경우

판례 헌재 2004.6.24. 2001헌바104

[사건개요] 자신의 토지가 포함된 지역 토지에 대한 도시계획시설결정무효확인 등의 소를 기초지방자치단체의 장인 시장을 상대로 제기한 소송에서 구 도시계획법(2000.1.28. 법률 제6243호로 개정된 것) 부칙 제10조 제3항이 헌법상 보장된 청구인들의 재산권을 침해한다고 주장하면서 위 법률조항에 대하여 위헌법률심판제청신청을 하였으나 당해사건과 함께 각하되자 위헌소원심판을 청구한 사건이었다. [판시] 이 사건을 보건대, 당해 법원이 위헌법률심판제청신청사건 결정이유에서 지적하고 있는 바와 같이, 구 도시계획법(1967.3.14. 법률 제1912호로 개정되기 전의 것) 제4조, 제3조, 구 도시계획법시행령(1965.4.20. 대통령령 제2106호로 개정되기 전의 것) 제2조의 각 규정에 의하면 이 사건 토지에 대한 도시계획시설결정 당시 도시계획시설결정권자는 건설부장관 또는 그 위임을 받은 도지사이었고, 청구인들이 이 사건 토지에 대한 도시계획시설결정이 실효되었다고 주장하는 1984.1.31. 당시 도시계획결정권자는 구 도시계획법(1984.12.15. 법률 제3755호로 개정되기 전의 것) 제10조 제1항, 제12조 제1항의 각 규정에 의하면 건설부장관 또는 건설부장관의 위임을 받은 도지사였으며, 구 도시계획법(2000.1.28. 법률 제6243호로 개정된 것) 제18조, 제23조, 제59조의 각 규정에 의하면 도시계획시설결정권은 특별시장·광역시장 또는 도지사에게 있고 시장이나 군수는 도시계획시설입안권자 또는 도시계획시설사업시행자에 불과하다. 따라서, 도시계획시설결정권한이 없는 청구외 정읍시장을 상대로 도시계획시설결정무효확인 또는 도시계획시설해제신청거부처분의 취소를 구한 당해사건은 주위적 청구에 관한 소 및 예비적 청구에 관한 소 모두 부적법하다. 그렇다면 청구인들이 위헌여부심판의 제청신청을 한 당해사건은 부적법한 소송이어서 이 사건 법률조항의 위헌여부를 살펴볼 필요 없이 각하되어야 할 것이고, 이 사건 기록에 의하면 당해사건의 소 각하 판결에 불복하여 제기된 상소에 대하여도 항소기각 판결이 선고, 확정

된 사실이 인정되므로, 청구인들의 이 사건 헌법소원심판청구는 결국 재판의 전제성을 갖추지 못하여 부적법하다.

바) 당선소송 제기 무자격자

공직선거의 선거소송은 후보자였던 사람, 후보자를 추천한 정당이 할 수 있다(공직선거법 제222조 1항 등). 따라서 후보자가 아니었던 사람은 제기할 수 없고 제기하면 부적법한 소송으로서 각하될 것이므로 당해소송에서의 해당 법률규정의 위헌여부가 재판전제성이 없다. 아래가 그러한 결정례이다.

판례 헌재 1992.8.19. 92헌바36

[판시] 이 사건을 보건대 청구인이 국회의원선거법 제133조 제1항에 관하여 위헌여부심판의 제청신청을 한 당해 사건(대법원 92수174)인 전국구의원당선무효확인소송은 같은 법 제146조 제1항의 당선소송이고 위 법률조항에 의하면 이러한 소송은, 당선에 이의가 있는 정당 또는 후보자만이 제기할 수 있게 되어 있으며 여기서 "후보자"란 당해 선거구에서 낙선한 후보자를 말하는 것이므로 전국구 후보자가 아니었던 것이 명백한 청구인은 전국구의원당선소송을 제기할 자격이 없는 사람이다. 그렇다면 청구인이 위헌여부심판의 제청신청을 한 당해사건은 부적법한 소송이어서 국회의원선거법 제133조 제1항의 위헌여부를 따져 볼 필요없이 각하되어야 할 것이고, 청구인의 위헌여부심판제청신청 또한 각하되어야 할 것 …

사) 검토

위에서 본 법원의 당해 소송의 부적법성이 계속성요건을 갖추지 못하여 재판전제성이 부정된다고 보는 그 부적법성 사유로 제소기간의 도과와 강제적으로 이행해야 할 전심절차의 결여와 같은 fact로서 보정될 수 없는 사유(물론 제소기간 도과 여부도 기간 계산을 잘못할 경우가 있을 것이긴 하지만)는 재판전제성이 없다고 확정하는 데 문제가 일단은 없어 보인다. 반면에 행정소송의 대상성과 같은 경우에는 1심의 판단이 상소심에서 달라진다면 대상성 결여를 이유로 한 재판전제성 부정에는 문제가 있다고 보인다. 신중을 기할 일이다.

(나) 전제가 되는 법률조항이 기본권침해가 아닌 경우

판례 헌재 2000.11.30. 98헌바83

[판시] (가) 청구인의 이 사건 상사중재판정에 대한 당해사건은 서울고등법원에서 1998.9.25. 소각하 판결을 하고, 이어서 2000.6.23. 대법원도 상고기각 판결을 하였다. 당해사건은 법원의 집행판결(법 제14조 제1항) 후의 중재판정취소를 구하는 것으로서 법 제15조에 규정된 사유를 이유로 내세우지 아니한 부적법한 청구라는 것이 패소이유의 요지였다. (나) 이 사건 심판대상인 중재법조항(중재인의 선정)이 재판의 전제성 요건을 갖추려면, 집행판결 후의 법 제13조 제1항 제1호 사유로 중재판정취소의 소를 제기할 수 없도록 제한하고 있는 법 제15조가 청구인의 재판청구권을 침해하는 것인지 여부를 판단하여야 하므로 이 점을 살피기로 한다. 중재판정으로 불이익을 받게 된 일방(또는 쌍방) 당사자는 중재판정 취소의 소에 의하거나(법 제13조 제1항), 또는 집행판결의 소에서 방어방법(법 제14조 제2항)으로 중재판정 취소사유를 주장할 수 있다(법 제13조 제1항 제1호 내지 제5호). 중재판정에 의한 강제집행은 법원이 집행판결로 그 적법함을 선고한 때에 한하고(법 제14조 제1항), 이 집행판결의 소는 적법한 중재

판정의 존재와 중재판정 취소사유의 유무(같은 조 제2항)가 심리대상이 되는 것이다. 그런데 집행판결 절차에서 이미 중재판정 취소사유를 주장할 수 있었는데도 불구하고 중재판정의 번복 가능성을 제한하지 않고 집행판결 후의 중재판정취소의 소에서 다시 동일한 취소사유를 주장할 수 있게 허용한다면 분쟁해결의 실효성은 거둘 수 없게 된다. 이에 법 제15조도 집행판결 후에는 취소사유 중 법 제13조 제1항 제5호가 규정한 민사소송법 제422조 제1항 제4호 내지 제9호에 해당하는 사유만 당사자가 과실없이 집행판결 절차에서 그 취소의 이유를 주장할 수 없었다는 것을 소명한 때에 한하여 집행판결 후의 중재판정취소의 소를 제기할 수 있게 한 것이다. 집행판결의 소에서 이미 한 차례 법관에 의하여 판단을 받을 기회가 보장되어 있던 중재판정 취소사유 중 법 제13조 제1항 제1호 내지 제4호로는 중재판정취소의 소를 제기할 수 없도록 제한하고 있는 법 제15조는, 당사자의 태만으로 인한 상대방 지위의 불안정을 방지하고 법원의 반복심리에 따른 소송경제의 낭비를 막는 등 공공복리를 위한 입법으로서 헌법상의 정당성과 합리성이 인정되므로 기본권제한의 한계를 벗어난 것이 아니다. (다) 따라서 법 제15조는 청구인의 재판청구권을 침해하는 조항이 아니므로 이 법률조항은 재판의 전제성의 요건을 갖추지 못한 부적법한 청구라고 볼 수밖에 없다.

(다) '법원계속성'요건(제1요건) 아닌 '다른 내용의 재판'요건(제3요건) 결여로 판시한 결정례

당해 소송이 부적법 각하되는 경우를 법원에 계속할 것의 제1요건이 아닌 제3요건 즉 재판의 주문이 달라지거나 재판의 내용과 효력에 관한 법률적 의미가 달라지는 것이 아니므로 재판전제성 요건을 갖추지 못한 것이라고 판시한 아래의 예가 있다.

판례 헌재 2016.4.28. 2013헌바196

[결정요지] 청구인이 이 사건 심판청구 후인 2014.4.25. 난민불인정처분 취소소송에서 승소하고, 2014.12.24. 그 판결이 확정되자, 청구인에 대한 보호가 완전히 해제되었는바, 이로써 위 보호명령으로 인하여 청구인이 입은 권리와 이익의 침해는 해소되었으므로, 설령 이 사건 법률조항에 대하여 위헌결정이 선고되어 이미 확정된 위 보호명령 취소청구사건에 대한 재심이 개시되더라도 그 소는 위 보호명령의 취소를 구할 이익이 없어 부적법하여 각하될 수밖에 없다(대법원 2005.5.13. 선고 2004두4369 판결 참조). 따라서 위헌심판대상인 이 사건 법률조항의 위헌 여부에 따라 당해 소송사건인 위 보호명령 취소청구사건에 관한 재판의 주문이 달라지거나 재판의 내용과 효력에 관한 법률적 의미가 달라지는 것이 아니므로, 이 사건 심판청구는 재판의 전제성 요건을 갖추지 못하여 부적법하다.

4) 법원의 부적법각하판결에도 재판전제성 인정한 예

그러나 헌재는 법원이 각하한 경우에도 재판전제성을 인정할 수 있다. 아래 결정례들과 같은 그 실제례들이 있었다.

(가) 원고적격 없어 각하한 사건에서의 재판전제성 인정

법원의 제2심에서 원고적격이 없어서 각하판결을 하고 제청신청도 각하하였으나 헌재가 재판전제성을 인정한 아래와 같은 예를 보여주고 있다.

판례 헌재 1999.7.22. 97헌바9

[사건개요] 청구인들은 1996.6.24. 위 내무부장관의 시설물기본설계변경승인처분과 국립공원관리공단 이사장의 공원사업시행허가처분이 자연공원법의 입법취지에 위배되고, 용화집단시설지구의 하류지점에서

생활하고 있는 청구인들의 환경권, 재산권, 행복추구권 등을 침해하는 것으로서 위법하다는 이유로 서울고등법원에 그 취소소송(96구20651)을 제기하면서 위 시설물기본설계변경승인처분의 근거가 된 자연공원법 제16조 제1항 제4호 및 제21조의2 제1항이 헌법에 위반된다며 위헌법률심판제청신청(96부1799)을 하였으나, 서울고등법원은 1997.1.14. 청구인들에게는 원고적격이 없다는 이유로 본안의 소를 각하하는 동시에 위헌제청신청에 대해서도 재판의 전제성이 없다는 이유로 각하결정을 하였다. 이에 청구인들은 1997.1.29. 이 사건 헌법소원심판을 청구하였다. [고등법원의 위헌제청신청 각하결정이유] 행정처분의 직접 상대방이 아닌 제3자라도 당해 처분의 취소를 구할 법률상 이익이 있는 경우에는 취소소송의 원고적격이 인정된다 할 것이나, 여기서 법률상 이익이라 함은 당해 처분의 근거가 되는 법규에 의하여 보호되는 직접적이고 구체적인 이익을 말하고, 단지 간접적이거나 사실적, 경제적 이해관계를 가지는데 불과한 경우에는 여기에 포함되지 아니한다고 할 것이다. 그런데 이 사건 각 처분의 근거가 되는 자연공원법은 자연공원의 지정, 이용 및 관리에 관한 사항을 규정함으로써 자연풍경지를 보호하고, 적정한 이용을 도모하여 국민의 보건, 휴양 및 정서생활의 향상에 기여함을 목적으로 하고 있고 이 사건 각 처분은 이와 같은 목적달성을 위하여 이루어진 것이므로 이로써 신청인들이 침해되었다고 주장하는 위 이익은 법규에 의하여 보호되는 직접적이고 구체적인 이익이라고는 보기 어렵고, 간접적이거나 사실적, 경제적인 이해관계에 불과하다고 봄이 상당하므로 신청인들이 제기한 본안소송은 원고적격이 없는 자들이 제기한 소로서 부적법하다. 본안판단결과 합헌결정을 하였다.

* 해설 – 헌재는 재판전제성요건에 대해 언급 없이 다른 요건충족 문제에 대해 살핀 다음 적법한 청구라고 하여 본안판단에 들어갔다. 법원의 제청각하가 있었으나 이처럼 헌재는 적법한 청구라고 판시하였으므로 재판전전제성을 인정한 것으로 볼 것이다.

(나) 행정소송 대상성이 없어 각하되는 경우에도 재판전제성이 인정된 예

처분성 없다고 보아 행정소송의 대상이 아니어서 각하되는 당해 법원소송사건이었는데도 재판전제성을 인정한 예가 있다. 사안은 계급정년이 정해진 규정에 따라 당연히 행해진 퇴직처분은 항고소송대상이 아니어서 법원이 각하한다고 하였지만 헌재는 그 계급정년규정이 위헌이라면 다툴 수 있는 여지가 인정되어 그 위헌여부가 재판의 결론을 이끌어내는 이유를 달리하는 데 관련되어 있으므로 그 계급정년규정의 위헌여부는 관련소송사건의 재판의 전제가 된다고 본 것이다. 행정법에서 법령에 따라 당연 행해지는 처분에 대해서 행정소송 대상성인 처분성을 가지지 않는다고 보는 경향이 있다. 한편 헌재의 적극적 판단 의지에도 불구하고 본안판단에서 국가보위입법회의에서 입법된 심판대상법률이 합헌적이라고 본 것 등은 문제였다.

판례 헌재 1994.4.28. 91헌바15등

[판시] 이 사건 관련소송사건들의 재판을 담당한 서울고등법원은 이 사건 관련사건들에 있어서 원고들이 무효확인을 구하는 이 사건 계급정년규정에 근거한 퇴직인사명령이 원고들(이 사건 청구인들)이 위 법률상 계급정년자에 해당하여 당연히 퇴직하였다는 것을 공적으로 확인하여 알려주는 사실의 통보에 불과하고 항고소송의 대상이 되는 행정처분에 해당되지 않는다고 판단하고 있다. 위 판결이유에서도 설시한 바와 같이 만일 이 사건 계급정년규정이 위헌이라면 위 규정에 근거한 청구인들에 대한 퇴직인사명령의 효력·청구인들의 공무원지위보유 여부에 관하여 다툴 여지가 있게 된다는 점에서 위와 같은 법적 분쟁에 관한 재판은 이 사건 계급정년규정의 위헌 여부에 따라 재판의 결론을 이끌어내는 이유를 달리하는 데 관련되어 있거나 재판의 내용과 효력에 관한 법률적 의미가 달라지는 경우에 해당된다고

할 것이므로 이 사건 계급정년규정의 위헌 여부는 이 사건 관련소송사건의 재판의 전제가 된다. * 보다 더 자세한 판시 등은 뒤의 재판의 결론을 이끌어내는 이유를 달리하는 부분에 인용된 바를 참조.

(다) 하급심에서의 판단이 상고심에서 유지될지 불분명한 경우

당해소송이 제1심과 항소심에서 소송요건이 결여되었다는 이유로 각하되었지만 상고심에서 그 각하판결이 유지될지 불분명한 경우에도 헌법재판소법 제68조 제2항의 헌법소원에 있어서 재판의 전제성이 인정될 수 있다고 본 아래와 같은 사례도 있다. 사안의 쟁점은 처분의 상대방인 회사가 아닌 그 회사의 주주나 이사가 가지는 이해관계가 행정소송법 제12조 소정의 법률상 이익인지 여부인데 이것이 불분명하다는 것이다.

판례 헌재 2004.10.28. 99헌바91

[판시] 일반법원의 재판규범인 법률이 위헌법률심판절차의 심판대상으로 헌법에 위반되는지 여부를 다투는 경우가 아닌 한, 단순히 법률의 해석·적용을 다투는 것은 우리 재판소의 심판대상이 될 수 없고 그 최종적인 사법적 해석권한은 법원에 있다. 그렇지만, 우리 재판소가 이 사건에서와 같이 헌법소원심판을 판단하기 위하여는 당해 소송사건이 행정소송법 제12조의 원고적격이라는 소송요건을 충족하였는지 여부에 관하여 법원의 최종적인 법률해석에 앞서 불가피하게 판단할 수밖에 없는 경우도 있다. 그렇다고 하더라도 우리 재판소의 사실인정이나 법률해석에 일반법원이 구속되는 것은 아니라 할 것이다. 이 사건 법률에 근거한 이 사건 처분과 관련하여, 원고적격을 가진 자가 주식회사인 경우에 그 회사의 '주주' 또는 '이사' 등이 가지는 이해관계를 행정소송법 제12조 소정의 '법률상 이익'으로 볼 수 있는지 여부에 관하여 당해소송의 제1심과 항소심 법원은 이를 부정하고 소를 각하하는 판결을 선고하였다. 그러나, 이 사건에 직접 원용할 만한 확립된 대법원의 판례는 아직까지 존재하지 않고, 해석에 따라서는 당해소송에서 청구인들의 원고적격이 인정될 여지도 충분히 있다. 따라서, 우리 재판소는 일단 청구인들이 당해소송에서 원고적격을 가질 수 있다는 전제하에 이 사건 법률조항에 대한 심판청구가 우선 재판의 전제성 요건을 갖춘 것으로 보고 본안에 대한 판단에 나아가기로 한다.

(3) 예외적 심판필요성

한편 재판전제성 소멸에도 불구하고 헌법적 해명의 중요성이 있거나 침해의 반복가능성이 있는 경우에는 예외적으로 본안심판을 할 수 있다는 것이 우리 헌법재판소의 판례이다. 이에 관해서는 후술한다(재판전제성 소멸과 심판필요성의 예외적 인정 부분 참조)

3. 위헌소원('헌바')에서의 "구체적 사건이 법원에 계속 중일 것"의 의미

(1) 위헌소원의 특수성(재판부정지)과 재판전제성의 의미

1) 재판의 부정지와 재심가능성

재판전제성은 구체적 사건이 법원에 계속 중일 것을 요구하므로 위헌법률심판에서의 재판전제성은 제청 당시만 아니라 심판시에도 갖추어져야 함이 원칙이다. 법원이 제청을 한 경우에는 재판이 정지되므로(헌재법 제42조 1항 본문) 재판이 확정되지 않고 따라서 헌법재판소의 결정시까지 사건이 법원에 계속 중일 것이다. 따라서 법원이 제청을 한 경우에는 재판전제성 인정의 첫째 기준인 '구체적 사건이 법원에 계속 중일 것'을 충족하는 데는 문제가 없다. 그러나 헌법재판소법 제68조 제2항의 위헌소원의 경우에는 재판이 정지되지 않으므로 심판도중에 재판이 확정되어 더 이상 법원에 구체적 사건이 계속 중이지 않을 경우가 생긴다. 이 경우에 대비하여 헌법재판소법은 위헌소원에서 인용결정이 난 경우 재심을 청구할 수 있게 하고 있다 (제75조 7항).

판례 헌재 1998.7.16. 96헌바33등

[판시] 헌법재판소법 제68조 제2항에 의한 헌법소원이 인용된 경우에 당해 헌법소원과 관련된 소송사건이 이미 확정된 때에는 당사자는 재심을 청구할 수 있으므로(헌법재판소법 제75조 제7항), 대법원이 1997.4.25. 청구인 현○○의 당해사건에 관하여 상고기각판결을 선고함으로써 원심판결이 확정되었더라도 재판의 전제성이 소멸된다고 볼 수는 없다.

판례 헌재 2020.6.25. 2018헌바278

[판시] … 신용협동조합법 제27조의2 제2항 내지 제4항이 헌법에 위반되는지 여부에 따라 당해사건에서 청구인의 범죄행위 인정 여부 및 판결의 주문이 달라질 가능성이 있다. 또한, 당해사건은 2018.11.29.에 확정되었으나, 이 사건에 적용되는 법률이 위헌으로 결정되면 확정된 판결에 대하여 재심청구가 가능하다(헌법재판소법 제75조 제7항). 따라서 당해사건이 확정되었다고 하더라도 심판대상조항에 대해서는 재판의 전제성이 인정된다.

2) 제청신청시의 계속성

따라서 위헌소원의 경우에는 위헌제청을 신청할 당시에 법원에 구체적 사건이 계속되어 있었느냐를 두고 재판전제성 인정의 첫째기준이 충족되었는지 여부를 판단하여야 할 것이다. 즉 재판의 확정으로 위헌소원의 결정시에 구체적 사건이 법원에 계속 중이지 않더라도 위헌제청신청이 있었던 당시에 구체적 사건이 법원에 계속 중이었다면 적법한 것으로 보아야 할 것이다. 요컨대 위헌소원도 실질적으로 위헌법률심판이고 따라서 법률의 위헌여부가 재판의 전제가 되어야 한다는 재판전제성 요건이 매우 중요한 청구요건이고 재판전제성 여부가 실제 심판에서 많이 따져지는데 '헌가' 사건에서 제1요건인 "구체적 사건이 법원에 계속 '중일' 것" 요건이 위헌소원 '헌바' 사건에서는 계속 '중일' 뿐만 아니라 계속 '중이었을' 것도 포함한다. 왜냐하면 위헌소원심판이 청구되었다고 하더라도 법원의 재판은 중지되지 않기 때문에 이후 법원재판이 확정될 수도 있고 그 경우에는 중'이었을' 것이 될 것이기 때문이다. "계속되어 있었거나"라는 표현이 나오는 결정례로 위에서도 인용한 바 있는 아래 헌재 2020.6.25. 2018헌바278 결정을 볼 수 있다.

판례 헌재 2020.6.25. 2018헌바278

[설시] 가. 재판의 전제성의 의미 – 이 사건은 헌법재판소법 제68조 제2항에 의한 헌법소원심판청구이므로 그 적법요건으로 문제된 법률조항의 위헌여부에 대한 재판의 전제성이 요구되며, 재판의 전제성이라 함은 구체적인 사건이 법원에 계속되어 있었거나 계속 중이어야 하고, 위헌여부가 문제되는 법률이

당해 소송사건의 재판에 적용되는 것이어야 하며, 그 법률이 헌법에 위반되는지의 여부에 따라 당해 사건을 담당한 법원이 다른 내용의 재판을 하게 되는 경우를 말한다. …

(2) 소취하 등으로 인한 재판종료

1) 재판전제성 부정

위에서 재판부정지로 인한 위헌소원의 특수성, 그리하여 법원재판 확정시에도 재판전제성이 인정된다고 하는 의미가 위에서 언급한 대로 당사자의 소취하, 재판상 화해의 성립, 임의조정 성립 등에 의한 재판이 종료된 경우에는 해당되지 않는다. 아래의 결정례들에서 보듯이 이처럼 소취하 등의 경우, 즉 청구인의사에 따른 소송 종료의 경우에는 원칙적으로 재판전제성이 소멸된다. 위에서 법원이 제청한 사건인 '헌가'에서도 그리 보았는데 이와 달리 볼 수 없다.

판례 헌재 2011.11.24., 2010헌바412

[결정요지] 이 사건 법률조항에 관하여 보면, 청구인들은 이 사건 헌법소원심판을 청구한 후 당해사건의 항소심에서 소를 취하하여 당해사건이 2011.4.14. 종결된 이상 이 사건 법률조항은 당해사건에 적용될 여지가 없게 되었으므로, 청구인들의 이 사건 심판청구는 재판의 전제성을 갖추지 못한 것이어서 부적법하다.

* 위헌소원 제기 후 소취하 등으로 인한 재판전제성 소멸된 것으로 보는 그 외 예들은 이미 위에서 재판전재성 부정 사유, 소취하 등에서 함께 보았다(전술 참조).

다만 이런 경우에도 위에서 언급한 예외적 심판필요성 인정의 경우가 있을 수 있다.

2) 상소포기 등으로 인한 소송의 확정 후에도 재판판전제성 인정을 한 결정례들

(가) 결정례

반면에 아래의 결정례와 같이 소송이 확정되었음에도 재판전제성을 인정한 예도 있어서 혼선을 준다. 사안은 상소포기된 경우이다.

판례 헌재2010.7.29. 2006헌바75

[사건개요] 청구인은 구 '건강기능식품에 관한 법률에 따른 사전심의결과 삭제 권고한 사항을 지키지 않은 채 광고하였다는 이유로 영업정지처분을 받고 이 처분에 대해 행정소송을 제기하였고, 이 소송계속 중에 건강기능식품의 기능성 표시·광고에 대한 사전심의제도는 헌법 제21조 제2항의 사전검열금지원칙에 위반하여 청구인의 헌법상 표현의 자유를 침해한다는 등의 이유로 위헌법률심판제청신청을 하였으나 서울행정법원은 2006.7.19. 청구인의 청구를 기각하는 판결을 선고하고, 위 위헌법률심판제청신청도 기각하였는바, 청구인은 위헌소원심판을 청구하였다. 다만, 위 1심판결에 대하여는 항소하지 아니하여 동 판결은 2006.8.15. 확정되었다. * 이 사안은 이후 헌재가 판례를 변경하여 건강기능식품 광고 사전심의제가 사전검열이라고 하여 위헌결정(헌재 2018.6.28. 2016헌가8등)을 하였는데 그 이전의 결정이었다. [판시] 청구인은 건강기능식품법 제18조 제1항 제5호, 제32조 제1항 3호에 근거하여 3월의 영업정지처분을 받았고, 그 처분의 취소를 구하는 소송을 제기하였다가 패소하여 동 판결이 이미 확정된 바 있으나, 청구인은 동 소송 계속 중에 동법 제16조 제1항, 제18조 제1항 제5호, 제32조 제1항 3호 등에 대하여 위헌법률심판제청신청을 하여 이 사건 헌법소원심판에 이르렀는바, 헌법재판소에 의하여 위 조항들에 대한 위헌결정이 있게 되면 당해 소송사건이 이미 확정된 때라도 당사자는 재심을 청구할 수

있으므로(헌법재판소법 제75조 제7항), 위 조항들에 대한 재판의 전제성은 인정된다. * 소송 확정 후에도 재판전제성 인정한 또 다른 예 : 헌재 2002.7.18. 2000헌바57.

(나) 분석

위의 혼선이 과연 혼선인지 아니면 헌재가 법원재판이 계속되지 않은 원인에서의 차이점 때문에 이를 구분하려는 것인지 분명하지 않다. 즉 판결이 확정되어 법원재판의 계속성이 없어진 경우에 그래도 재판전제성을 인정한 위 2006헌바75, 2000헌바57의 경우는 당사자의 명확한 소취하가 아니라 소극적 방치인 상소의 포기가 그 원인이라서 구별하는 것인가 하는 짐작을 해보게 한다. 그러나 소취하나 상소포기나 모두 여하튼 당사자 의사에 의해 소송을 더 이상 진행하지 않으려는 의사의 결과이다.

3) 근본적 검토

비록 법원의 제청이 없었던 사건이나 청구인이 위헌소원으로 위헌여부를 판단받고자 했던 의사를 존중하고 그런 노력에 따라 더구나 여러 사람들에게 영향을 미치는 중요한 법률의 위헌여부 문제를 판단할 기회가 있었음에도 재판전제성 결여로 본안으로 나아가지 않는 것에 대해서는 근본적인 검토가 필요하다. 본인의 소취하 등으로 법원재판이 종료된 경우라도 헌법적 판단이 필요한 경우, 더구나 그 법률규정이 앞으로도 적용상 위헌 논란이 나올 수 있는 경우에는 예외적으로 심판이익을 인정하여 적극적으로 본안판단에 들어가는 자세가 요구된다. 헌재 자신도 뒤에서 서술하는 대로 재판전제성이 소멸된 경우라도 반복가능성, 헌법적 해명 필요성을 긍정하는바 이러한 법리를 적극 적용하는 것이 필요하다.

4. 소취하 등으로 인한 재판전제성 결여 사유 명확성 요구 – '법원 계속 중일 것' 요건 결여

헌재의 아래와 같은 판시의 예는 소취하 등으로 인한 법원재판의 종결이 아래 'Ⅲ. 당해 법원소송에서 적용되는 법률(조항)일 것'의 요건을 결여한 것으로 보는 것으로 이해하게 한다. 그러나 법원재판의 종결이란 '법원에 계속 중일' 요건의 결여라고 위에서 언급해 왔는데 아래 판시는 불명확성, 혼동을 초래한다.

판례 헌재 2011.11.24. 2010헌바412

[판시] 청구인들은 이 사건 헌법소원심판을 청구한 후 당해사건의 항소심에서 소를 취하하여 당해사건이 2011.4.14. 종결되었으므로(서울고등법원 2010누34080), 이 사건 법률조항은 당해 사건에 적용될 여지가 없게 되었고, 따라서 청구인들의 이 사건 심판청구는 재판의 전제성을 갖추지 못한 것이어서 부적법하다.

Ⅲ. 당해 법원소송에서 적용되는 법률(조항)일 것

1. 의미

(1) 적용되지 않는 법률조항

법원의 소송에서 적용되지 않는 법률조항에 대해 재판전제성을 인정할 수 없다. 아래와 같이 '아무런 관련이 없는 조항'이라고 표현되기도 한다.

판례 헌재 2019.4.11. 2017헌바140등

[판시] 이 사건 재심청구 조항은 학교폭력 가해학생이 학교폭력예방법에 따른 징계조치를 받은 이후 그 불복 절차에 관하여 규율하고 있는 조항으로서, 징계조치 자체의 적법 여부와는 아무런 관련이 없으므로, 징계조치의 무효확인을 구하는 당해사건의 재판에 적용된다고 볼 수 없다. 이 사건 재심청구 조항에 대한 심판청구는 재판의 전제성이 인정되지 아니하여 부적법하다.

(2) 적용의 의미

재판전제성에서 말하는 법률조항이 적용될 것의 '적용'이란 법원재판에서 실제 적용되는 경우는 물론 적용가능성을 가지는 경우에도 인정할 수 있지 않을지 그 여지를 넓히는 것을 검토할 필요가 있다. 당해 법원재판에서 적용되고 있다면 당연히 재판전제성의 이 두 번째 요건인 '적용될 것'이라는 요건을 갖춘 것이다. 더 나아가 당해 재판에서 적용될지 여부가 확정적이지 않을 경우에도 이를 인정하여 널리 재판전제성 인정을 확대하는 것이 바람직하다고 본다. 위헌법률심판은 객관적 합헌성통제수단이고 많은 사람들에게 영향을 미치는 것이어서 재판전제성을 가능한 한 넓게 인정해 주어 가능한 한 위헌여부의 진실을 가려내는 것이 필요하다. 위헌인 법률로 헌법이 침식되고 다른 사람이 앞으로 피해를 입을 수 있는 상황을 짐작할 만하면 차제에 본안판단으로 들어가는 것이 헌법재판소나 법원의 소임을 적극적으로 다하는 길이다.

2. 판단형태

(1) 일반적 판단방식

적용가능성 여부를 공법인가 사법인가에 따라 행정소송에서 적용가능성, 민사소송에서 적용가능성 등을 판단할 수 있을 것이다. 문제는 그런 판단을 위한 공법, 사법의 구별 등이 어떤 경우에도 항상 명확하지는 않고 희미할 경우도 있을 것이라는 점이다. 결국 헌재가 사안을 검토하여 그 사안에서의 적용가능성을 가늠하여야 할 것이다.

(2) 헌재의 법령해석에 매이는 경우

문제의 법률조항이 당해 사안에 적용될 성격이나 내용의 것인지가 그 법률조항에 대한 그

동안의 해석이 없어서 명확하지 않을 경우에 적용가능성을 단번에 부정할 것은 아니다. 헌재는 재판전제성을 인정하는 데 주저할 것이 아니다. 그동안 해석이 없었던 사안이라 헌재가 적극적으로 재판전제성을 인정한 자세를 보여준 예를 아래의 결정례에서 볼 수 있다. 재판전제성을 적극적으로 인정하여 본안판단으로 가서 헌재가 법령해석을 하여 그 불명확성을 제거하는 것이 필요하다. 구체적인 사실관계, 법령해석이 당해재판을 담당하는 법원의 권한이라는 주장에 너무 형식적으로 얽매이지 말고 앞으로 구체적인 여러 사안들에 적용될 가능성이 있다면 적극적으로 재판전제성을 인정하는 자세가 필요하다.

판례 헌재 2002.4.25. 2001헌가27

[결정설명] '청소년의 성보호에 관한 법률'(2000.2.3. 법률 제6261호로 제정된 것) 제8조 제1항은 "청소년이용음란물을 제작·수입·수출한 자는 5년 이상의 유기징역에 처하도록 규정하고 있고 동법 제2조 제3호는 "'청소년이용음란물'이라 함은 청소년이 등장하여 제2호 각목의 1에 해당하는 행위를 하거나, 청소년의 수치심을 야기시키는 신체의 전부 또는 일부 등을 노골적으로 노출하여 음란한 내용을 표현한 것으로서, 필름·비디오물·게임물 또는 컴퓨터 기타 통신매체를 통한 영상 등의 형태로 된 것을 말한다"라고 규정하고 있다. 이 규정들이 실제 청소년이 등장하는 사안이어야 하는가 하는 문제가 논란되어 표현의 자유를 침해하는지 등에 대해 위헌제청이 되었다. 그런데 단지 만화로 청소년을 음란하게 묘사한 당해사건의 공소사실을 규율할 수 없는 것이어서 재판의 전제성이 없다고 청소년보호위원회위원장이 주장하였다. 이 주장에 따르면 공소사실에 적용될 수 없는 규정들이다. 그래서 재판전제성이 문제된 것이다. 헌재는 판례집에서 규정들이 당해 형사사건의 '공소사실에 적용될 수 없음에도'(* 이 표현은 헌재 자신의 판례집에서의 표현이다. 판례집)라고 하면서 법원의 판단이 아직 이루어진 바 없이 검사가 그 적용을 주장하며 공소장에 적용법조를 적시하였고, 법원도 헌재에 위헌법률심판제청을 하여 온 이상, 판단을 하여야 한다고 보아 재판의 전제성을 인정하였다. [사건개요] 만화의 주인공을 모델로 한 청소년이 성기가 발기된 채 양 주먹을 불끈 쥐고 있는 "남자라면 한번쯤 이런 삶을 꿈꾸지 않는가"라는 제하의 그림 영상 1개를 게시한 행위는 구 '청소년의 성보호에 관한 법률'(2000.2.3. 법률 제6261호로 제정된 것) 제2조 제3호 소정의 '청소년이용음란물' 제작행위를 처벌하는 같은 법률 제8조 제1항에 해당한다는 이유로, 2001.6.13. 김○○를 대전지방법원 □□지원 2001고합○○호로써 불구속 기소하였다. 같은 지원 재판부는 2001.10.11. 직권으로 위 '청소년의 성보호에 관한 법률' 제2조 제3호 및 제8조 제1항의 위헌 여부에 관하여 이 사건 위헌법률심판제청을 하였다. [판시] … 3. 적법요건에 관한 판단-재판의 전제성 (가) 형사사건과 재판의 전제성 – 형사사건에 있어서는, … 공소장의 변경 없이 법원이 직권으로 공소장 기재와는 다른 법조를 적용할 수 있는 경우가 있으므로 공소장에 적시되지 않은 법률조항이라 하더라도 법원이 공소장변경 없이 실제 적용한 법률조항은 재판의 전제성이 인정되는 반면, 비록 공소장에 적시된 법률조항이라 하더라도 법원이 적용하지 않은 법률조항은 재판의 전제성이 부인되는 것이다. (나) 본건에 있어서의 재판의 전제성 – 이 사건 법률 제2조 제3호 및 제8조 제1항이 당해사건의 공소장에 적용법조로 기재되어 있으나, 위 각 규정의 '청소년이용음란물'이란 실제인물인 청소년이 등장하는 음란물을 의미하므로 단지 만화로 청소년을 음란하게 묘사한 당해사건의 공소사실을 규율할 수 없는 것이어서 재판의 전제성이 없다고 청소년보호위원회위원장은 주장하는 바, 그렇다면 위 규정이 당해사건에 적용될 수 없고 그 위헌여부에 따라 재판의 주문이 달라지거나 재판의 내용과 효력에 관한 법률적 의미가 달라질 수 없으므로 일응 재판의 전제성을 부인하여야 할 것으로 보인다. 그러나, 청소년보호위원장의 주장과 같은 해석이 확립되어 있으면 몰라도 이 사건 법률의 위 각 규정에 대하여는 아직 법원에 의하여 그 해석이 확립된 바 없고, 따라서 당해 형사사건에의 적용 여부가 결정되지 않고 불명인

상태로 있다는 점에서 쉽게 전제성을 부인할 수는 없다 할 것이다. 법원이 일단 판단을 하여 해석을 하거나 당해사건에의 적용 여부를 결정한 바 있다면 헌법재판소로서는 그 판단에서 이루어진 해석 및 당해사건에의 적용 여부를 기준으로 재판의 전제성을 인정 또는 부인할 수도 있지만, 이 사건에서와 같이 그에 관한 법원의 판단이 아직 이루어진 바 없이 검사가 그 적용을 주장하며 공소장에 적용법조를 적시하였고, 법원도 재판에 임하면서 그 적용가능성을 전제로 재판의 전제성을 긍정하여 법령 해석의 불명을 이유로 헌법상 죄형법정주의 등에 위반된다는 문제점을 지적하면서 헌법재판소에 위헌법률심판제청을 하여 온 이상, 헌법재판소로서는 그 법령을 해석하여 죄형법정주의 위반 여부에 대한 판단을 하여야 하고 법원은 그 판단을 전제로 당해사건을 재판하게 되는 것이므로 이 사건 법률의 위 각 규정은 그 해석에 의하여 당해 형사사건에의 적용 여부가 결정된다는 측면에서 재판의 전제성을 인정하여야 한다고 본다.

* 분석 – 청소년보호위원회위원장의 주장을 받아들이는 해석을 법원이 하는지 명확하지 않고 법원의 판단이 아직 이루어진 바 없이 검사가 그 적용을 주장하며 공소장에 적용법조를 적시하였다는 이유 등을 헌재가 판시에서 밝히고 있는바 그렇다면 헌재가 판례집에서 '공소사실에 적용될 수 없음에도'라고 표현한 것은(판례집 14-1, 251면) 정확한 것이 아니다. 적용여부가 불확실한 사안이었기 때문이다.

3. 부정되는 경우

적용될 것이라는 요건을 충족하지 못하여(적용되는 법률조항이 아니라서) 재판전제성이 결여된 것이라고 본 경우들을 아래에 살펴본다.

(1) 민사재판 중 형사법의 위헌여부의 재판전제성 결여

법원의 당해소송이 민사소송인데 이 민사소송과 관련되지 않는 형사법 규정이라면 당연히 재판전제성요건 중 적용성이 결여된다. 아래의 결정례는 형사재판에 적용할 법률조항이 될 수 있을지는 몰라도 관련소송사건인 위 민사소송사건의 재판에 적용할 법률이 되지는 못한다고 판시한 예이다. 헌재는 형사법규정이 위헌결정이 나더라도 형사확정판결이 재심을 통한 취소, 변경되지 않는 한 민사법원 역시 그 효력을 부인할 수 없다는 점을 지적하고 있다.

판례 헌재 1993.7.29. 92헌바34

[사건개요와 결정] 청구외 김○욱은 1982.3.17. 서울형사지방법원에서 '반국가행위자의 처벌에 관한 특별조치법' 위반으로 궐석재판에 의하여 징역 및 자격정지 각 7년과 재산의 몰수형을 선고받았는데, 위 판결로 재산을 몰수당한 김○욱의 처와 아들은 1991.7.경 대한민국을 상대로 서울민사지방법원에 소유권이전등기말소청구소송을 제기하고 위 특별조치법 제5조, 제7조 내지 제11조, 제13조 등 7 개 조문이 헌법 헌법 제10조, 제11조, 제12조, 제13조 제3항, 제23조 제1항, 제27조 제1항 및 제37조 제2항에 반한다고 주장하면서 그 위헌여부가 그 재판의 전제가 된다고 하여 위 법원에 위헌심판제청을 신청하였으나, 기각되어 헌재법 제68조 제2항에 의한 위헌소원을 청구하였다. 그러나 헌재는 민사재판과 관련하여 형사법인 위 특별조치법 조항들에 대해 행한 위헌소원은 재판의 전제성 요건을 갖추지 못한 것이라는 이유로 부적법 각하결정을 내렸다. [관련판시] 이른바 위헌소원에 있어서는 일반 법원에 재판 계속중인 구체적 사건에 적용할 법률이 헌법에 위반되는지 여부가 재판의 전제로 되어야 하며, 이 경우 재판의 전제가 된다고 하려면, 우선 그 법률 또는 법률조항이 당해 소송사건에 적용할 법률이어야 하고 그 위헌여부에 따라 판결의 결론인 재판의 주문이 달라지거나 재판의 내용과 효력에 관한 법률적 의미가 달라질 경우를 말한다. 그러므로 청구인들이 위헌제청신청을 한 위 법률조항들은 궐석재판의 청구 및 재

산의 압류(제5조), 궐석재판의 절차(제7조), 재산몰수형의 병과(제8조), 판결문의 방식 및 공시(제9조), 몰수판결의 효력(제10조), 상소에 대한 특례(제11조) 및 형사소송법 규정의 적용배제(제13조)에 관한 것으로서 이 법률조항들이 청구외 김○욱에 대한 서울형사지방법원 82 고단 1049 반국가행위자의 처벌에 관한 특별조치법(이하 '특조법'이라 함) 위반 피고사건의 재판에 적용할 법률조항이 될 수 있을지는 몰라도 이 사건의 관련소송사건인 위 민사소송사건의 재판에 적용할 법률이 되지는 못한다. 왜냐하면 헌법재판소가 한 형벌에 관한 법률 또는 법률조항에 대한 위헌결정은 비록 소급하여 그 효력을 상실하지만, 위헌으로 결정된 법률 또는 법률조항에 근거한 유죄의 확정판결에 대하여는 재심을 청구할 수 있을 뿐이므로(헌법재판소법 제47조 제1·2·3항) 확정판결에 적용된 법률조항에 대한 위헌결정이 있다고 하더라도 바로 유죄의 확정판결이 당연무효로 되는 것이 아니기 때문이다. 다시 말하면 이 사건의 경우 위 특별조치법의 법률조항들이 비록 헌법재판소에서 위헌의 결정이 선고된다고 하더라도 청구외 김○욱에 대한 위 형사확정판결의 효력은 재심의 절차를 통하여 취소·변경되지 않는 한 위 확정판결의 효력을 다툴 수 없으므로 민사법원인 위 법원 역시 그 효력을 부인할 수 없는 이치이다. 그러므로 위 특별조치법의 법률조항들이 위헌이냐 아니냐의 여부는 위 민사법원이 그 결과에 따라서 다른 재판을 하게 되는 경우에 해당되지 아니하므로 청구인들의 이 사건 헌법소원심판청구는 재판의 전제성 요건을 갖추지 못한 것으로서 부적법한 것이다.

(2) 공소제기된 범죄에 관하여 적용되지 않는 조항의 위헌여부의 재판전제성 결여

청구인들에 대한 공소사실에 관하여 적용되지 아니한 법률이나 법률조항의 위헌여부는 다른 특별한 사정이 없는 한 청구인들이 재판을 받고 있는 당해 형사사건에 있어서 그 재판의 전제가 되었다고 할 수 없다(헌재 1989.9.29. 89헌마53; 1997.1.16. 89헌마240; 2006.2.23. 2003헌바84 등 참조).

– 그래서 예를 하나 보면 교육감 사전 선거운동행위로 공소제기된 경우 '지방교육자치에 관한 법률'(2000.1.28. 법률 제6216호로 개정된 것. 이하에서 이를 '법'이라 함)상 선거기간 중 금지행위 규정은 당해재판에서 적용되지 않는다고 보기 때문에 그 규정의 위헌여부는 재판전제성이 없다고 보았다.

판례 헌재 2006.2.23. 2003헌바84

[판시] 이 사건으로 돌아와 판단하면, 법 제78조와 법 제158조 제2항은 법문언에 비추어 선거운동기간의 개시시점을 기준으로 그 전후의 시기를 나누어 선거운동행위를 규제하고자 함이 명백하다. 즉, 법 제79조에 의하면 "선거운동기간" 중에만 선거운동이 허용된다. 그런데 법 제78조는 선거운동기간 중이라 할지라도 허용되는 선거운동행위들을 한정적으로 열거하고 있고, 또한 법 제158조는 제2항 및 제3항을 통해 선거운동기간 이전에 행해지는 선거운동행위를 포괄적으로 금지하고 있다. 이와 같이 법 제78조와 제158조 제2항·제3항은 선거운동기간의 개시시점을 기준으로 그 전후의 시기를 별도의 규정을 통해 규율하고자 하는 것임이 입법의도상 명백하다. 따라서 법 제78조가 선거운동기간 동안 일정한 선거운동만을 허용하고 있는 것이 지나치게 선거운동의 자유를 침해하는 것이라고 보아 이를 위헌으로 선언한다 할지라도, 법 제79조가 합헌인 한, 각종 인쇄물을 사용한 "사전선거운동"을 금지하고 있는 법 제158조 제2항 제1호까지 당연히 위헌으로 귀결되는 것으로 볼 수 없다. 즉 법 제78조에 대한 위헌선언이 있다고 하여 법원이 법 제158조 제2항 제1호를 적용법조로 하는 당해 사건에서 다른 내용의 재판을 하게 되는 경우에 해당하는 것으로 볼 수 없다. 그러므로 법 제78조 및 그 처벌규정인 제140조가 재판의 전제성을 갖추었다는 청구인의 주장은 이유 없다.

1) 공소장의 적용법조 아닌 조항의 위헌여부의 재판전제성 결여

이는 그 형사조항에 해당하는 행위로 공소제기된 것이 아니므로 그 형사재판에 적용되지 않아 재판전제성이 없다고 보는 것이다.

판례 헌재 1989.9.29. 89헌마53

(* 헌법재판소 출범 후 초기에는 위헌소원을 일반 헌법소원과 같이 '헌마'로 표시하였다). [관련판시] 먼저 이 사건 헌법소원 심판청구의 적법여부에 관하여 보건대, 헌법재판소법 제41조 제1항, 제68조 제2항의 각 규정에 의하면 법률의 위헌심사를 구하는 헌법소원은 법률이 헌법에 위반되는지 여부가 재판의 전제가 된 때에 한하여 청구할 수 있도록 되어 있는바, 청구인이 당해 법원에 위헌법률심판의 제청신청을 한 당해 사건의 공소장 등본의 내용에 의하면, 청구인은 폭력행위 등 처벌에 관한 법률 제2조 제1항의 상습공갈죄, 상습폭행죄, 상습상해죄 및 상습협박죄 그리고 형법 제314조의 업무방해죄, 형법 제329조의 절도죄로 공소제기된 것이지, 폭력행위 등 처벌에 관한 법률 제2조 제2항 · 제3항 및 제3조에 해당하는 범죄사실이나 적용법조로는 공소제기된 것이 아님을 알 수 있다. 그렇다면 폭력행위 등 처벌에 관한 법률의 목적을 규정한 제1조나 야간 또는 2인 이상 및 집단적 폭행 등에 대한 처벌규정인 제2조 제2항 · 제3항 및 제3조의 위헌여부는 청구인이 재판을 받고 있는 당해 사건 재판의 전제가 될 수 없으므로 그 부분에 대한 위헌법률심판의 헌법소원은 심판청구의 이익이 없어 부적법하고, 같은 법 제2조 제1항에 대한 위헌법률심판의 헌법소원만이 적법한 것이다.

2) 공소장 법률조항과 법원판결 적용 법률조항 불일치 경우

이 경우에 법원판결 적용 법률조항의 위헌여부에 대해서는 재판전제성이 인정되나 공소장 적시 규정의 위헌여부에 대한 재판전제성은 부인된다.

판례 헌재 1997.1.16. 89헌마240

(* 헌법재판소 출범 후 초기에는 위헌소원을 일반 헌법소원과 같이 '헌마'로 표시하였음. 이 결정은 1997년에 내려졌으나 그 청구는 1989년에 있었다). [관련판시요약] 공소장(公訴狀)의 '적용법조'란에 적시된 법률조항과 법원의 판결에서 적용된 법률조항이 일치하지 않는 경우에는 비록 공소장에 적시된 법률조항이라 하더라도 구체적 소송사건에서 법원이 적용하지 아니한 법률조항은 결국 재판의 전제성이 인정되지 않는다고 보아야 할 것이다. 왜냐하면 헌법재판소에서 그러한 법률조항에 대하여 위헌결정을 한다고 하더라도 다른 특별한 사정이 없는 한 그로 인하여 당해 소송사건의 재판의 주문이 달라지지 않을 뿐만 아니라 재판의 내용과 효력에 관한 법률적 의미가 달라지지도 않기 때문이다. 그렇다면 청구인에 대한 공소장에 적시된 구법 제4조 제1항 제2호, 형법 제98조 제1항(즉, 구법 제4조 제1항 제2호 전단 부분)은 재판의 전제성이 없는 반면, 법원이 판결에서 적용한 구법 제5조 제1항 중 제4조 제1항 제2호 중단(즉, "국가기밀을 탐지 · 수집 · 누설 · 전달 · 중개하거나"라는 부분)에 관한 부분 및 구법 제6조 제1항은 재판의 전제성이 인정된다).

(3) 법개정으로 인한 상실

법개정으로 인해 그 법원재판에 적용될 조문이 변경된 경우에 원래의 그 심판대상 법률조항의 위헌여부에 대한 재판전제성은 소멸된다.

1) 유리한 신법규정

(가) 상실

심판대상인 법률규정이 개정되어 보다 신법규정이 유리하게 된 상황에서는 이전의 그 심판대상규정의 위헌여부에 대해서는 재판전제성이 소멸된다고 본다. 특히 이와 같은 경우는 형사법에서 많이 보게 된다, 즉 형법과 같은 경우 범죄 후 형벌 법규가 개정되어 행위가 범죄를 구성하지 아니하거나 형이 구법보다 경하게 된 때에는 신법이 적용되어(형법 제1조 2항) 유리하므로 아래에서 보듯이 이러한 경우가 나타난다.

판례 헌재 2018.2.22. 2017헌가17

[사건개요] 가. 제청신청인은 2016.7.20. 실시된 ○○ 축협의 제11대 비상임 감사 선거에 후보로 출마하여 당선된 사람으로서 농업협동조합법을 위반하였다는 혐의로 기소되어 제1심 법원에서 유죄판결을 받고, 이에 불복하여 항소하였다. 나. 제청신청인은 위 항소심 계속 중 '감사 선거'에서 '전화(문자메시지를 포함한다)·컴퓨터통신(전자우편을 포함한다)을 이용한 지지 호소'를 할 수 없도록 규정한 농업협동조합법 제50조 제4항이 결사의 자유 등을 침해하여 위헌이라고 주장하면서 위헌법률심판제청신청을 하였고, 제청법원은 이를 받아들여 구 농업협동조합법 제50조 제4항 중 '감사 선거'에 관한 부분 및 제172조 제2항 제2호 가운데 제50조 제4항 중 '감사 선거'에 관한 부분에 대하여 위헌법률심판제청을 하였다. [판시] 법률에 대한 위헌제청이 적법하기 위해서는 법원에 계속 중인 구체적인 사건에 적용할 법률이 헌법에 위반되는지 여부가 재판의 전제가 되어야 한다. 한편, 범죄 후 형벌 법규가 개정되어 행위가 범죄를 구성하지 아니하거나 형이 구법보다 경하게 된 때에는 신법이 적용된다(형법 제1조 제2항, 제8조). 그런데 이 사건 심판대상이 된 구 농업협동조합법은 제청법원이 위헌 여부의 심판을 제청한 뒤인 2017.10.31. 법률 제14984호로 개정·공포되었는바, 개정 농업협동조합법에서는 구 농업협동조합법 제50조 제4항을 '감사 선거의 경우에는 제2호 또는 제4호에 한정한다'고 개정하여 제4호의 '전화(문자메세지를 포함한다)·컴퓨터통신(전자우편을 포함한다)을 이용한 지지 호소' 역시 감사 선거에 있어 허용되는 선거운동의 방법 중 하나로 규정하였다. 동시에 그 부칙에서는 개정 농업협동조합법을 공포일부터 시행되는 것으로 하였다. 그리고 다른 하나의 심판대상인 농업협동조합법(2014.6.11. 법률 제12755호로 개정된 것) 제172조 제2항 제2호 가운데 제50조 제4항 중 '감사 선거'에 관한 부분은 위 법 제50조 제4항을 전제로 하고 있는 것이다. 이는 전체적으로 보아 당해사건 피고인에게 유리한 법 개정이므로, 당해사건에 적용될 법률은 2017.10.31. 개정된 조항이고 개정 전의 조항인 이 사건 법률조항들은 당해사건에 적용되지 않아 재판의 전제성을 상실하였다고 할 것이다(헌재 2006.4.27. 2005헌가2 참조). 5. 결론 – 그렇다면 이 사건 위헌법률심판 제청은 부적법하므로 이를 각하하기로 결정한다.

* 유리한 법개정으로 재판전제성 상실되었다고 보는 다른 결정례 : 헌재 2006.4.27. 2005헌가2; 2006.4.27. 2005헌가18; 2006.4.27. 2005헌가19; 2006.4.27. 2005헌가23; 2010.9.2. 2009헌가9등; 2010. 9.2. 2009헌가15등; 2010.9.30. 2009헌가23등; 2010.9.30. 2010헌가3; 2010.11.25. 2010헌가8등; 2010.11.25. 2010헌가71등; 2010.12.28. 2010헌가51; 2010.12.28. 2010헌가73등; 2013.6.27. 2011헌가39등; 2015.6.25. 2014헌가17.

(나) 구법에 대한 예외적 인정

구법의 위헌여부가 신법을 적용하기 위한 전제인 경우에는 구법의 위헌여부가 재판전제성을 가진다. 구법하의 법위반행위에 대해 부칙에서 그 처벌은 구법에 의하도록 한다든지 하는 경우(이 경우에는 사실 헌법상 형벌불소급원칙과 그것의 표현인 형법상 "범죄의 성립과 처벌은 행위 시의 법률에 의한다"는 원칙(형법 제1조 1항)에 따른 것이다)에는 그 구법의 위헌여부가 재판전제성을 가진다. 이러한 경우의 인정에 대해서는 뒤의 재판전제성이 인정되는 특수한 경우들 부분에서 살펴본다(후술 참조)(형법의 신법적용 문제를 특별한 경우라고 볼 것인지는 또 검토가 필요하긴 하나 구법에 대한 재판전제성이 원칙적으로 부정된다는 관점에서 그 부분에서 다루기로 한다).

2) 전부개정으로 인한 부칙의 경과규정 실효

법률이 전부개정된 경우에는 기존 법률을 폐지하고 새로운 법률을 제정하는 것과 같아 특별한 사정이 없는 한 종전 법률 부칙의 경과규정도 실효된다고 보아(대법원 2012.3.29. 2011두27919 등 참조) 심판대상조항의 위헌여부가 재판전제성이 없다고 본다.

판례 헌재 2016.4.28. 2015헌가16

[사건개요] 제청신청인은 1981.10.31. '감정평가에 관한 법률'('감정평가법')에 따라 실시된 공인감정사 제1차시험에 합격하였다. 그런데 감정평가법은 1989.4.1. '지가공시 및 토지 등의 평가에 관한 법률'('지가공시법')이 제정되면서 폐지되었다. 지가공시법은 공인감정사 대신 감정평가사 제도를 도입하면서 그 부칙 제7조 제1항에 공인감정사 제1차시험에 합격한 사람은 이 법에 따른 첫 3회의 감정평가사 제1차시험에 합격한 것으로 본다는 경과규정을 두었다. 그 뒤 지가공시법은 2005.1.14. '부동산 가격공시 및 감정평가에 관한 법률'('부동산공시법')로 전부개정되었다. 제청신청인은 2014년 2월경 국토교통부장관에게 감정평가사 제1차시험 면제자격 부여 신청을 하였다. 이에 대해 국토교통부장관은 2014.3.12. 감정평가법에 따른 공인감정사 제1차시험에 합격한 사람에 대하여는 지가공시법 부칙 제7조 제1항에 따라 감정평가사 제1차시험 면제자격을 부여할 수 없다고 회신하였다. 제청신청인은 국토교통부장관의 위 회신을 감정평가사 제1차시험 면제자격 부여 신청에 대한 거부처분으로 보고 2014.5.26. 서울행정법원에 그 취소를 구하는 행정소송을 제기하였다. 제청신청인은 2014.7.1. 지가공시법 부칙 제7조 제1항에 대하여 위헌법률심판제청을 신청하였고, 제청법원은 그 신청을 받아들여 2015.4.15. 이 사건 위헌법률심판을 제청하였다. [결정요지] 법률이 전부개정된 경우에는 기존 법률을 폐지하고 새로운 법률을 제정하는 것과 같아 특별한 사정이 없는 한 종전 법률 부칙의 경과규정도 실효된다(대법원 2012.3.29. 선고 2011두27919 판결 등 참조). 따라서 당해사건에서 제청신청인에게 감정평가사 제1차시험 면제자격을 부여할 수 없다고 한 국토교통부장관의 회신을 행정소송의 대상이 되는 처분으로 본다 하더라도, 제청신청인이 현행 감정평가사 제1차시험 면제 대상이 되는지 여부는 부동산공시법에 따라 결정되고 심판대상조항이 적용되지 아니한다. 그렇다면 심판대상조항의 위헌 여부가 당해사건 재판에 영향을 미친다고 볼 수 없다.

* 평가 – 위 사안에서 지가공시법 제7조 제1항이 첫 3회만 제1차 시험 면제를 해준 것에 대해 다투는 것이라면 이는 결국 제1차 시험 면제를 더 이상 해주지 않는 이후 신법도 마찬가지(마찬가지가 아니라면 제1차시험 면제가 되어 이러한 행정소송도 제기하지 않을 것이라고 이해되기 때문임)로 문제삼는 것이고 국토교통부장관의 회신이 문제의 지가공시법 부칙 제7조 제1항에 따라 면제를 할 수 없다고 한(위 사건개요 참조) 점에서 재판전제성을 부정하는 것에 의문이 있다. 신법인 부동산공시법 부칙 제7조(시험 및 실무수습에 관한 경과조치)의 규정은 다음과 같았다 : "이 법 시행 당시 종전의 지가공시 및 토지 등의 평가에 관한 법률에 의하여 시행한 최후의 감정평가사 제1차시험에 합격한 자에 대하여는 이 법에 의한 최초의 감정평가사 제1차시험에 합격한 것으로 본다".

3) 면책조항의 추가

이 경우는 양벌규정의 사안에서 판시된 것이었다. 즉 헌재는 양벌규정에 면책조항이 추가되는 형식으로 법률이 개정되어, 구법조항의 위헌여부의 재판전제성이 인정되지 않는다고 보았다. 무과실책임에서 과실책임으로의 전환이 피고인에게 유리한 법개정이라는 점을 고려한 것이다.

판례 헌재 2010.9.2. 2009헌가15 등

[결정요지] 양벌규정에 면책조항이 추가되는 형식으로 법률이 개정된 경우, 행위자에 대한 선임감독상의 과실이 없는 영업주나 법인은 처벌의 대상에서 제외되게 되었으므로 이 점에 있어서 신법이 구법상의 구성요건 일부를 폐지한 것으로 볼 수 있고, 과실책임규정인 신법은 무과실책임규정인 구법에 비하여 전체적으로 보아 피고인에게 유리한 법 개정이라 할 것이므로, 구체적으로 각 당해 사건의 피고인에게 과실이 있는지 여부를 불문하고 당해 사건에는 형법 제1조 제2항에 의하여 신법이 적용된다고 보아야 할 것이다. 더욱이, 양벌규정에 대한 기존 헌법재판소 위헌결정(헌재 2009.7.30. 2008헌가14)의 취지는 아무런 면책사유도 규정하지 아니한 점이 책임주의원칙에 반한다는 것이었는바, 그 후 입법자가 이 사건 심판대상법률조항들을 개정한 것은 위 헌법재판소 결정의 취지에 맞추어 개정한 것으로 보이고, 나아가, 이 사건 각 심판대상법률을 개정하면서 경과규정을 두지 아니한 것은 영업주의 귀책사유를 불문하고 처벌하였던 종전의 조치가 부당하다는 반성적 고려에서 위와 같이 면책조항이 신설된 신법을 적용하도록 하기 위한 것으로 보아야 할 것이다. 이와 같이 당해 사건에 신법이 적용되는 이상, 당해 사건에 적용되지 않는 구법은 재판의 전제성을 상실하게 되었다 할 것이다. 헌법재판소의 위헌결정 전까지는 법률의 합헌성이 추정되므로, 법원과 헌법재판소는 구법이 합헌임을 전제로 하여 신법이 행위자에게 유리하게 변경된 것인지 여부만을 판단하여 신법을 적용하면 족하고, 구법의 위헌성이 매우 의심스럽다고 하여 구법이 위헌인 경우까지 가정하여 판단할 것은 아니다. 재판의 전제성 판단은 논리적으로 본안 판단에 앞서 이루어지는 것인데, 구법에 대한 본안 판단의 결과가 재판의 전제성 판단에 영향을 주는 것은 불합리하다는 점에서도 그러하다. 따라서, 법률이 개정되어 종전 규정보다 유리한 신법이 소급적용되게 되었다면, 당해 사건에 적용되지 않는 구법은 재판의 전제성을 상실하게 되었다고 할 것이다(헌재 2006.4.27. 2005헌가2, 판례집 18-1상, 478, 483-484 참조). * 동지 : 헌재 2010.9.2. 2009헌가9.

4) 헌법불합치결정으로 인한 법개정의 경우

헌법불합치결정을 받아 새로운 개정 법조항이 적용되면 이전의 헌법불합치결정된 법조항이 당해사건에서 더 이상 적용될 여지가 없으므로 그 위헌여부의 재판전제성이 소멸되는 것은 물론이다. 아래에 그 예들을 인용한다.

① 토지초과이득세법 제8조 등 위헌소원

판례 헌재 1995.7.27. 93헌바1등

[판시] … 그렇다면 위 92헌바49·52 사건에서의 헌법불합치결정의 효력과 이에 따라 국회가 위와 같이 개정한 법률의 시행으로 인하여, 이 사건 심판대상이 된 구 토초세법 조항들 중 제8조 제1항 제13호, 같은 항 제14호 가목, 제8조 제4항, 제12조 등은 이 사건 청구인들이 제기한 각 당해 행정소송에서는 더 이상 적용될 여지가 없게 되었다 할 것이므로, 위 각 구 토초세법의 법률조항들에 대한 위헌여부의 심판을 구하는 청구인들의 이 사건 헌법소원심판청구부분은 결국 재판의 전제성이 상실된 것으로서 권리보호의 이익이 없어 부적법하다.

② 구 지방세법 제187조 제1항 등 위헌소원

판례 헌재 2001.4.26. 99헌바99

[판시] 심판대상조항들 중 지방세법(1995.12.6. 법률 제4995호로 개정되고, 2000.2.3. 법률 제6260호로 개정되기 전의 것) 제111조 제2항 제2호에 대하여 우리 재판소는 조세법률주의 및 포괄위임입법금지원칙에 대한 위배를 이유로 이미 헌법불합치 결정을 내린 바 있다(헌재 1999.12.23. 99헌가2, 판례집 11－2, 686면). 이 결정에서 헌법재판소는 위 조항의 적용중지 및 입법적 개선을 명하였고, 동 조항은 2000.2.3. 법률 제6260호로 현재와 같은 내용으로 개정되었다(위 '심판의 대상' 부분 참조). 그리고 위 개정 및 같은 해 12. 29.자 법률 제6312호의 개정에 의한 부칙조항들을 통하여 이 사건 당해 사건의 과세처분과 같이 종전에 위 조항을 적용하여 행하여진 처분에 관하여도 현행법인 개정 후의 제111조 제2항 제2호가 적용되게 되었다. 그렇다면 심판대상조항인 개정 전 제111조 제2항 제2호는 헌법불합치결정과 개정법의 시행으로 그 효력을 상실하였을 뿐 아니라, 이 사건 당해 사건에 더 이상 적용될 여지가 없게 되었다. 따라서 그 위헌여부는 재판의 전제성이 인정되지 않으므로 이 부분에 대한 심판청구는 부적법하다.

(4) 재심청구심판에서 본안판결에 적용된 법률조항의 위헌여부의 재판전제성 문제

1) 형사재판 재심의 경우 - 재심청구심판에서 본안유죄판결에 적용된 법률조항의 위헌여부의 재판전제성 부정과 예외 인정

(가) 원칙적 부정

헌재는 재심의 절차는 이원적 구조라고 보아서 "재심의 청구에 대한 심판"과 "본안사건에 대한 심판"이라는 두 단계 절차로 구별되는데 본안사건에 대한 심판의 판결(원판결)에 적용된 법률조항을 심판대상으로 한 경우에 그 법률조항은 원판결에 적용된 것일 뿐 그 원판결에 대한 재심절차 중 "재심의 청구에 대한 심판"에 적용되는 법률조항이라고 할 수는 없어서 재심청구사건에서의 그 위헌여부의 재판전제성이 부정된다고 본다. 헌재는 이처럼 확정된 유죄판결(원판결)에서 처벌의 근거가 된 법률조항은 '본안사건에 대한 심판'에 있어서만 그 재판전제성이 인정되므로, 재심개시결정 없이 위헌제청이 되거나 재심의 개시 결정과 동시에 또는 그 이후에 위헌제청이 되었다고 하더라도 그 재심의 개시결정이 상급심에서 취소된 경우에는 원칙적으로 그 재판전제성이 인정되지 않는다고 한다. 재심개시결정이 확정된 이후의 '본안사건에 대한 심판'에 있어서만 그 재판전제성이 인정된다는 입장인 것이다. 위와 같은 헌재의 판례법리는 형사재판절차에서 법적 안정성을 위한 고려라는 측면이 작용하는 것으로 보인다.

판례 헌재 2010.11.25. 2010헌가22

[사건개요] 당해 사건의 재심청구인은, 그 사용인이 업무에 관하여 공유수면 점·사용허가를 받지 않고 공유수면을 점·사용하였다는 내용의 공유수면관리법위반죄로 2004.9.1. 벌금 500만 원을 선고받아 그 판결이 확정되었는데, 2009.12.11.에 이르러, 동종의 양벌규정에 대한 헌법재판소의 위헌결정이 있었으니 위 유죄확정판결의 근거가 된 공유수면관리법상의 양벌규정도 위헌임이 명백하다는 이유로, 위 유죄확정판결에 대하여 G지방법원에 재심을 청구하였다. 법원은 직권으로 구 공유수면관리법 제23조(2009.5.27. 법률 제9736호로 개정되기 전의 것) 중 "개인의 대리인·사용인 기타 종업원이 그 개인의

업무에 관하여 제21조 제1호의 위반행위를 한 때에는 그 개인에 대하여도 각 해당 조의 벌금형을 과한다." 부분(이하 "이 사건 법률조항")이 헌법에 위반된다고 의심할 상당한 이유가 있다며 위헌법률심판을 제청하였다. [결정요지] 형사소송법 제420조, 헌법재판소법 제47조 제3항 등에 의하면, 재심은 반드시 법률에서 정한 일정한 사유가 있는 경우에만 청구할 수 있고, 재심의 청구를 받은 법원은 재심의 심판에 들어가기 전에 먼저 재심의 청구가 이유 있는지 여부를 가려 형사소송법 제434조에 의하여 이를 기각하거나, 같은 법 제435조에 의하여 재심개시의 결정을 하여야 한다. 그리고 재심개시의 결정이 확정된 뒤에 비로소 법원은 같은 법 제438조에 의하여 재심대상인 사건에 대하여 그 심급에 따라 다시 심판을 하게 된다. 즉 형사소송법은 재심의 절차를 "재심의 청구에 대한 심판"과 "본안사건에 대한 심판"이라는 두 단계 절차로 구별하고 있다. 따라서 당해 재심사건에서 아직 재심개시결정이 확정된 바 없는 이 사건의 경우 위헌법률심판제청이 적법하기 위해서는, 이 사건 법률조항의 위헌 여부가 "본안사건에 대한 심판"에 앞서 "재심의 청구에 대한 심판"의 전제가 되어야 한다(헌재 1993.11.25. 92헌바39, 판례집 5-2, 410, 415-416 참조). 그리고 재판의 전제성이 인정되기 위해서는, 구체적인 사건이 법원에 계속 중일 것, 그 법률이 헌법에 위반되는지 여부에 따라 당해 사건을 담당하는 법원이 다른 내용의 재판을 하게 될 것 외에도 그 법률이 당해 사건의 재판에 적용될 것이 요구되는데, "재심의 청구에 대한 심판"은 원판결에 형사소송법 제420조, 헌법재판소법 제47조 제3항 등이 정한 재심사유가 있는지 여부만을 우선 결정하는 재판이므로, 이 사건 법률조항은 원판결에 적용된 법률조항일 뿐 그 원판결에 대한 재심절차 중 "재심의 청구에 대한 심판"에 적용되는 법률조항이라고 할 수는 없다. 결국 이 사건 법률조항은 당해 재심사건에 적용되는 법률조항이 아니므로 재판의 전제성이 인정되지 아니한다.

판례 헌재 2016.3.31. 2016헌가2

[사건개요] 당해사건 피고인 김○평은 2007.7.27. 인천지방법원에서 특정범죄가중처벌등에관한법률위반(절도)죄 등으로 징역 2년을 선고받아 2007. 8.4.그 판결이 확정되었다. 위 피고인은 위 판결에 대하여 2015.10.21. 재심을 청구하였고, 제청법원은 위 피고인에 대한 형사처벌 근거조항인 구 '특정범죄 가중처벌 등에 관한 법률'(2005.8.4. 법률 제7654호로 개정되고, 2010.3.31. 법률 제10210호로 개정되기 전의 것) 제5조의4 제1항 중 형법 제331조 제2항, 제330조, 제329조에 관한 부분이 재판의 전제가 되고 헌법에 위반된다고 의심할 상당한 이유가 있다고 보아 2016.1.6. 직권으로 이 사건 위헌법률심판을 제청하였다. [판시] (가) 제청법원은 당해사건인 재심사건에서 재심개시결정을 하지 아니한 채 심판대상조항에 대해 위헌법률심판제청을 하였으므로, 과연 재판의 전제성이 인정되는지 여부가 문제된다. (나) 형사소송법 제420조, 헌법재판소법 제47조 제4항 등에 의하면 재심은 반드시 법률에서 정한 일정한 사유가 있는 경우에만 청구할 수 있고, 재심의 청구를 받은 법원은 재심의 심판에 들어가기 전에 먼저 재심의 청구가 이유있는지의 여부를 가려 이를 기각하거나 재심개시의 결정을 하여야 하며(형사소송법 제434조, 제435조), 재심개시의 결정이 확정된 뒤에 비로소 법원은 재심대상인 사건에 대하여 그 심급에 따라 다시 심판을 하게 된다(형사소송법 제438조). 즉 형사소송법은 재심의 절차를 '재심의 청구에 대한 심판'과 '본안사건에 대한 심판'이라는 두 단계 절차로 구별하고 있다. 따라서 확정된 유죄판결에서 처벌의 근거가 된 법률조항은 '재심의 청구에 대한 심판' 즉, 재심의 개시 여부를 결정하는 재판에서는 재판의 전제성이 인정되지 않고, 재심의 개시 결정이 확정된 이후의 '본안사건에 대한 심판'에 있어서만 재판의 전제성이 인정되므로, 재심개시결정 없이 위헌제청이 되거나 재심의 개시 결정과 동시에 또는 그 이후에 위헌제청이 되었다고 하더라도 그 재심의 개시결정이 상급심에서 취소된 경우에는 원칙적으로 재판의 전제성이 인정되지 아니 한다(헌재 1993.11.25. 92헌바39; 헌재 2010.11.25. 2010헌가22; 헌재 2013.3.21. 2010헌바132등 참조). (다) 앞서 본 것처럼 제청법원은 당해사건인 재심사건에서 재심개시결정을 하지 아니한 채 심판대상조항에 대해 위헌제청을 하였으므로, 원칙적으로 이 사건 위헌법률심판제청은 재판의 전제성이 인정되지 아니한다. * 위에 인용된 결정들 외 위 원칙적 부정의 법리가 동지로 표명된 결정들 : 헌재 1999.3.10. 99헌바21; 2000.2.24. 98헌바73; 2016.3.31. 2015헌가36.

(나) 예외적 인정

가) 예외사유(규범적 장애)와 긍정례 - 긴급조치 사건

헌재는 "처벌조항의 위헌성을 다툴 수 없는 규범적 장애가 있는 특수한 상황"이었다면 재판의 전제성을 인정하여 예외적으로 위헌성을 다툴 수 있는 길을 열어줄 필요가 있다고 하여 위 법리에 예외를 인정한다. 아래 긴급조치에 대한 사안에서 밝힌 예외사유이다.

판례 헌재 2013.3.21. 2010헌바132등

[판시] … 긴급조치 제9호의 전제성 (1)형사소송법은 재심의 절차를 '재심의 청구에 대한 심판'과 '본안사건에 대한 심판'이라는 두 단계 절차로 구별하고 있다. 따라서 확정된 유죄판결에서 처벌의 근거가 된 법률조항은 원칙적으로 '재심의 청구에 대한 심판', 즉 재심의 개시 여부를 결정하는 재판에서는 재판의 전제성이 인정되지 않고, 재심의 개시 결정 이후의 '본안사건에 대한 심판'에 있어서만 재판의 전제성이 인정된다(헌재 1993.11.25. 92헌바39, 판례집 5-2, 410, 415-416; 헌재 2010.11.25. 2010헌가22, 공보 170, 2023, 2025 참조). (2) 긴급조치 제9호를 심판대상으로 하는 사건들(2010헌바132, 170)의 당해 사건 법원들은 재심사유가 없다는 이유로 청구인들의 재심청구를 기각하였다. 이 경우 재심의 대상이 된 유죄판결에서 처벌의 근거 조항인 긴급조치 제9호가 당해 사건에서 재판의 전제성이 인정되지 않아 이 부분 심판청구가 부적법한지 문제 된다. 확정된 유죄판결에서 처벌의 근거가 된 법률조항을 재심의 개시 여부를 결정하는 재판에서 재판의 전제성을 인정하지 않는 주된 이유는, 재심대상사건의 재판절차에서 처벌조항의 위헌성을 다툴 수 있었던 피고인이 이를 다투지 않고 유죄 판결이 확정된 뒤에야 비로소 형사소송법에 정한 재심사유가 없는데도 처벌조항의 위헌성을 들어 재심을 통하여 확정된 유죄판결을 다투는 것을 재판의 전제성이 없다고 차단함으로써 형사재판절차의 법적 안정성을 추구하자는 데 있다. 그러나 만약 피고인이 재심대상사건의 재판절차에서 그 처벌조항의 위헌성을 다툴 수 없는 규범적 장애가 있는 특수한 상황이었다면, 그에게 그 재판절차에서 처벌의 근거 조항에 대한 위헌 여부를 다투라고 요구하는 것은 규범상 불가능한 것을 요구하는 노릇이므로 이러한 경우에는 예외적으로 유죄판결이 확정된 후에라도 재판의 전제성을 인정하여 위헌성을 다툴 수 있는 길을 열어줄 필요가 있다. 그런데 유신헌법에도 법률이 헌법에 위반되는지 여부가 재판의 전제가 된 때에는 법원의 제청에 의하여 헌법위원회가 심판하도록 하는 위헌법률심판제도(제105조, 제109조 제1항)를 두고 있었으나, 유신헌법 제53조 제4항은 "긴급조치는 사법적 심사의 대상이 되지 아니한다."라고 규정함으로써 긴급조치의 위헌 여부에 대한 판단을 원천적으로 봉쇄하였고, 대법원도 긴급조치는 사법적 심사의 대상이 되지 않는다고 판시하면서(대법원 1977.3.22. 선고 74도3510 전원합의체 판결; 대법원 1977.5.13.자 77모19 전원합의체 결정 등 참조) 긴급조치에 대한 위헌법률심판제청신청을 기각하여 왔다. 그리고 유신헌법에서는 규범통제형 헌법소원제도(헌법재판소법 제68조 제2항)를 인정하지 않았다. 이와 같이 유신헌법 당시 긴급조치 위반으로 처벌을 받게 된 사람은 재심대상사건 재판절차에서 긴급조치의 위헌성을 다툴 수조차 없는 규범적 장애가 있었으므로, 그 재심청구에 대한 재판절차에서 긴급조치의 위헌성을 비로소 다툴 수밖에 없다. 더구나 긴급조치에 의한 수사와 재판이 종료한 지 30년도 더 지난 시점이어서 긴급조치 위반을 이유로 유죄판결을 받은 사람이 형사소송법 제420조가 규정하고 있는 재심사유를 통해 재심을 개시하기란 현실적으로 매우 어려운 상황까지 감안하면, 일반 형사재판에 대한 재심사건과는 달리 긴급조치 위반에 대한 재심사건에서는 예외적으로 형사재판 재심절차의 이원적 구조를 완화하여 재심 개시 여부에 관한 재판과 본안에 관한 재판 전체를 당해 사건으로 보아 재판의 전제성을 인정함이 타당하다.

나) 부정례 - 제5공화국 국보위 입법 관련 재심 사건

반면 제5공화국 국보위 입법 관련 재심 사건에서의 재판전제성 문제에 대해서는 규범적

장애를 인정하지 않고 예외를 부정하였다.

판례 헌재 2018.3.29. 2016헌바99

[판시사항] 제5공화국 헌법에 의하여 한시적으로 입법권을 부여받은 국가보위입법회의가 개정한 구 '집회 및 시위에 관한 법률'(1980.12.18. 법률 제3278호로 개정되고, 1989.3.29. 법률 제4095호로 전부개정되기 전의 것) 제3조 제2항 중 '제1항 제4호에 의하여 금지된 시위의 선동'에 관한 부분(이하 '심판대상조항'이라 한다)을 위반하였다는 이유로 유죄판결을 선고받아 확정된 청구인이 확정된 유죄판결에 대한 재심을 청구하였으나, 당해사건 법원이 재심의 개시 여부를 결정하는 재판에서 재심사유가 존재하지 아니한다는 이유로 재심청구를 기각하여 그 결정이 확정된 경우, 그 형사처벌의 근거조항인 심판대상조항에 대하여 재판의 전제성을 인정할 수 있는지 여부(부정) [결정요지] 심판대상조항은 확정된 유죄판결에서 처벌의 근거가 된 법률조항으로서 '본안사건에 대한 심판'에 있어서만 재판의 전제성이 인정되는데, 재심의 개시 여부를 결정하는 재판에서 재심사유가 존재하지 아니한다는 이유로 재심청구를 기각하는 결정이 고지되어 확정되었으므로, 원칙적으로는 재판의 전제성이 인정되지 아니한다. 그러므로 먼저 이 사건에 있어서 예외적으로 재판의 전제성을 인정할 수 있는 특수한 사항, 즉 청구인이 재심대상사건의 재판절차에서 그 처벌조항의 위헌성을 다툴 수 없는 규범적 장애가 있는 특수한 상황이었는지에 관하여 살펴본다. 1980.10.27. 개정된 제5공화국 헌법은 부칙 제6조 제1항에서 "국가보위입법회의는 이 헌법에 의한 국회의 최초의 집회일 전일까지 존속하며,… 국회의 권한을 대행한다."고 규정하여 국가보위입법회의에 한시적으로 입법권을 부여하면서, 부칙 제6조 제3항에서 "국가보위입법회의가 제정한 법률과 이에 따라 행하여진 재판 및 예산 기타 처분 등은 그 효력을 지속하며, 이 헌법 기타의 이유로 제소하거나 이의를 할 수 없다."고 규정하고 있었다. 이에 1980.10.28. 구성된 국가보위입법회의는 1981.4.10.까지 존속하면서 189건의 법률안을 통과시켰고, 심판대상조항도 그 중 하나이므로, 제5공화국 헌법 부칙 제6조 제3항에 의하여 청구인에게 재판절차에서 그 처벌조항의 위헌성을 다툴 수 없는 규범적 장애가 발생하였는지가 문제된다. 그러나 1980.10.27. 개정된 제5공화국 헌법에도 법률이 헌법에 위반되는지 여부가 재판의 전제가 된 때에는 법원의 제청에 의하여 헌법위원회가 심판하도록 하는 위헌법률심판제도를 두고 있었고(제108조 제1항, 제112조 제1항 제1호), 당시 대법원은 대통령긴급조치에 대해서는 사법적 심사 가능성이 봉쇄되었다는 이유로 그 위헌 여부에 대한 일체의 언급을 회피하였던 것과 달리(대법원 1977.3.22. 선고 74도3510 판결; 대법원 1977.5.13.자 77모19 결정 참조), 국가보위입법회의가 제정한 구 사회보호법, 구 국가보안법, 구 집회 및 시위에 관한 법률, 구 사회안전법 등의 법률 조항에 대해서는 헌법에 위반되지 아니한다고 판단함으로써(대법원 1982.2.9. 선고 81도2897 판결; 대법원 1986.5.27. 선고 86도456 판결; 대법원 1986.10.28. 선고 86도1784 판결; 대법원1987.8.18. 선고 87누64 판결 등 참조), 제한적으로나마 위헌 심사를 하였다. 그리고 헌법재판소가 2013.3.21. 2010헌바132등 결정에서 재판절차에서 그 처벌조항의 위헌성을 다툴 수 없는 규범적 장애에 해당한다고 본 1972.12.27. 개정된 유신헌법 제53조 제4항은 "긴급조치는 사법적 심사의 대상이 되지 아니한다."고 규정하고 있었음에 비하여, 위 제5공화국 헌법 부칙 제6조 제3항은 헌법 본문이 아니라 부칙에 위치하여 있었고, 그 문언도 명백히 달랐다. 이상의 사정들을 종합하여 보면, 제5공화국 헌법 부칙 제6조 제3항은 국가보위입법회의에서 제정한 법령의 위헌 여부에 대한 심사를 원천적으로 봉쇄하기 위한 조항이 아니라 국가보위입법회의의 활동에 대해 절차적 정당성을 부여하기 위한 조항으로 보인다. 즉 이는 국가보위입법회의에서 제정한 법령 내용의 위헌 여부를 일체 다툴 수 없다는 의미가 아니라 권한 없는 기관에 의한 입법행위라는 주장, 즉 절차적 위헌을 다툴 수 없다는 의미로 해석된다. 따라서 위 제5공화국 헌법 부칙 제6조 제3항에 의하여 청구인에게 재심대상사건의 재판절차에서 그 처벌조항의 위헌성을 다툴 수 없는 규범적 장애가 있는 특수한 상황이 발생하였다고 볼 수는 없으므로, 심판대상조항에 대해서는 예외적으로 재판의 전제성을 인정할 수 없다. 5. 결론 – 그렇다면 이 사건 심판청구는 부적법하므로 이를 각하하기로 결정한다. * 이 결정은 재판관 전원일치의 각하결정이었다.

(다) 재심사유 부존재임에도 재심개시결정 확정으로 인한 재판전제성 인정

구법조항으로 형벌이 확정된 후 대동소이한 내용의 신법에 대해 위헌결정이 있어서 재심청구를 하였는데 재심개시결정이 확정되었다면 재판전제성을 긍정해야 한다고 판시한 아래의 결정례가 있다. 헌재는 법원으로서는 비록 재심사유가 없었다 하더라도 그 사건에 대해 다시 심판을 하여야 하며 이후 위 재심개시결정의 효력은 상소심에서도 이를 다툴 수 없고 재심재판에 있어서 제청신청인들의 행위는 이 사건 법률조항의 위헌여부에 따라 무죄가 될 수도 있으므로 이 사건 법률조항의 위헌여부는 재판의 전제가 된다고 본 것이다.

판례 헌재 2000.1.27. 98헌가9, 구 건축법 제54조 제1항 중 제5조 제1항 규정에 의한 제48조 부분 위헌제청
[쟁점] 본 사안은 구 형벌조항에 의해 벌금형이 확정된 뒤 그 조항과 내용이 대동소이한 신법 조항에 대하여 헌재의 위헌결정이 있었기에 그 후 재심청구가 되었고 재심개시결정이 검사의 즉시항고의 기간의 도과로 확정되어 재심공판절차 진행 중에 위헌제청이 이루어진 경우이다. 그런데 헌재의 위헌결정으로 재심청구가 허용되는 것은 위헌결정된 당해 형벌조항에 근거한 유죄의 확정판결에 대해서만 가능하므로(헌재의 판례법리이다) 위 경우에는 재심사유가 없는 것으로 보아야 하고 따라서 그 재심개시결정이 확정되었더라도 구법 조항의 위헌여부는 재판의 전제성이 없는 것으로 보아야 하는지가 문제되었다(전제성 긍정, 위헌결정). [사건개요] 제청신청인은 근린생활시설 건물을 사무실로 용도변경한 행위로 공소제기되어 서울지방법원에서 건축법(1991.5.31. 법률 제4381호로 전문개정되기 전의 것, 이하 '구 건축법'이라 함) 제54조 제1항, 제5조 제1항, 제48조 위반으로 벌금 300만원을 선고받고 그 형이 확정되었다. 그 후 1997.5.29. 헌법재판소는 위 법률 제4381호로 개정된 건축법(이하 '신 건축법'이라 한다) 제78조 제1항 등 위헌소원사건(헌재 94헌바22)에서 신 건축법 제78조 제1항 중 제14조의 규정에 의한 제8조 제1항 부분은 백지위임으로서 헌법에 위반된다는 결정을 하였다. 그러자 제청신청인은 건축물의 무단 용도변경행위의 처벌에 관한 건축법의 개정 전후의 조문내용에 차이가 없으므로 구 건축법의 조항도 위헌이 된다는 이유로 재심청구를 하였고, 서울지방법원은 1997.12.4. 재심개시결정을 하였으며 검사가 제기할 수 있는 즉시항고의 기간이 도과되어 이 개시결정은 확정되었다. 그 후 위 법원에서 재심공판절차를 진행하는 과정에서 제청신청인은 구 건축법 제54조 제1항 중 제48조 규정에 의한 제5조 제1항 부분에 대한 위헌여부 심판의 제청신청을 하였고, 법원은 이를 받아들여 헌법재판소에 위헌여부의 심판을 제청하였다. [심판대상] 구 건축법 제54조 제1항 중 제48조 규정에 의한 제5조 제1항 부분의 위헌여부이며, 해당조항 및 관련조항의 내용은 아래와 같다. 구 건축법 제54조(벌칙) ① 도시계획구역 안에서 제5조 제1항 본문 … 에 위반하여 건축물을 건축하거나 대수선하는 건축주(법인인 경우에는 그 대표자를 말한다. 이하 같다)는 3년 이하의 징역 또는 5천만원 이하의 벌금에 처한다. 제5조(건축허가) ① … 건축물을 건축 … 하거나 대수선하고자 하는 자는 미리 시장 또는 군수의 허가를 받아야 한다. 제48조(용도변경) 건축물의 용도를 변경하는 행위는 대통령령이 정하는 바에 따라 이 법의 적용에 있어서는 이를 건축물의 건축으로 본다. [관련조항] 신 건축법 제78조(벌칙) ① 도시계획구역 안에서 제8조 제1항 … 의 규정에 위반하여 건축물을 건축 … 한 건축주 및 공사시공자(건축주 및 공사시공자가 법인인 경우에는 그 대표자를 말한다. 이하 같다)는 3년 이하의 징역 또는 5천만원 이하의 벌금에 처한다. 제8조(건축허가) ① … 건축물을 건축 … 하고자 하는 자는 미리 시장 또는 군수의 허가를 받아야 한다. 제14조(용도변경) ① 건축물의 용도를 변경하는 행위는 대통령령이 정하는 바에 의하여 이를 건축물의 건축으로 본다. [법무부장관의 의견] 헌법재판소법 제47조 제2항 단서 및 제3항에 의하여 위헌결정으로 소급효가 인정되고 그에 따른 유죄의 확정판결에 대한 재심청구가 허용되는 것은 어디까지나 위헌결정된 당해 형벌에 관한 법률 또는 법률의 조항이며, 그 법률 또는 법률의 조항과 내용이 유사하

다고 하더라도 당해 법률로 개정되기 이전의 법률이나 법률의 조항에는 위헌결정의 효력이 미치지 아니한다. 따라서 신 건축법 제78조 제1항 중 제14조의 규정에 의한 제8조 제1항 부분에 대한 헌법재판소의 위헌결정의 효력은 이 사건 법률조항에는 미치지 아니하며, 제청신청인들의 무단용도변경행위에 대한 유죄의 확정판결은 이 사건 법률조항에 근거한 것이므로 헌법재판소의 위 신 건축법 조항에 대한 위헌결정은 제청신청인들의 무단용도변경행위에 대한 유죄의 확정판결에 대한 재심사유가 될 수 없다. 따라서 이 위헌심판제청은 각하되어야 한다. [관련판시] 형벌에 관한 법률 또는 법률의 조항에 대한 위헌결정으로 유죄의 확정판결에 대해 재심이 청구되어 재심개시결정이 확정되면 법원은 그 사건에 대해 다시 심판을 하여야 하며(헌법재판소법 제47조 제4항; 형사소송법 제438조 제1항), 불복 없이 확정된 재심개시결정의 효력은 이후 이를 다툴 수 없는 것인데, 기록에 의하면 이 사건 재심개시결정에 대한 즉시항고기간의 도과로 재심개시결정이 확정된 사실이 인정되므로, 법원으로서는 비록 재심사유가 없었다 하더라도 그 사건에 대해 다시 심판을 하여야 하며 이후 위 재심개시결정의 효력은 상소심에서도 이를 다툴 수 없다. 그리고 재심재판에 있어서 제청신청인들의 무단용도변경행위는 이 사건 법률조항의 위헌여부에 따라 무죄가 될 수도 있으므로 이 사건 법률조항의 위헌여부는 재판의 전제가 된다. 따라서 이 사건 법률조항의 위헌여부가 재판의 전제가 된 이상 법원의 위헌심판제청은 적법하다.

2) 민사재판 재심의 경우

(가) 부정

민사의 경우에도 헌재는 마찬가지로 이원적 구조로 보고 위 형사사건 재심의 경우와 마찬가지로 본안사건에 적용될 법률조항의 위헌여부는 재심절차에서 재판전제성을 가지지 못한다고 본다. * 아래 결정을 자세히 소개하는 것은 그 이해 자체를 위함도 있지만 변호사시험에서 헌법이 행정법과 묶여 나올 것이 아니라 민사법과 결합해서 나올 수도 있기를 바라는 희망에서이고 그것이 바람직하며 real하고 시험을 떠나서도 앞으로 실무에서도 요구되는 그야말로 '법학전문대학원 설치·운영에 관한 법률'에서 말하는 "복잡다기한 법적 분쟁을 전문적·효율적으로 해결할 수 있는 지식 및 능력을 갖춘 법조인의 양성"에(법 제2조) 부응하는 것이다.

판례 헌재 2018.8.30. 2017헌바87

[사건개요] (가) 지방법원 S지원 20**타경**** 부동산강제경매 사건에서 청구인 소유의 '이 사건 부동산'에 관하여 매각절차가 진행되자, 청구인은 집행권원인 판결이 소송사기에 의한 것으로서 재심의 소를 제기하였다'는 이유로 매각허가에 대한 이의를 하였으나, 사법보좌관은 매각허가결정을 하였다. (나) 청구인은 위 지원에 2016.11.30. 위 매각허가에 대한 이의사유와 동일한 이유로 사법보좌관의 매각허가결정에 대하여 이의신청을 한 후, 2016. 12.5.'매각허가에 대한 이의신청사유'를 규정한 민사집행법 제121조와 '매각허가여부에 대한 항고절차'를 규정한 민사집행법 제130조 제3항, 제4항, 제6항에 대하여 위헌법률심판제청을 신청하였다. (다) S지원은 2016.12.12. 청구인이 보증으로 매각대금의 10분의 1에 해당하는 금전 또는 유가증권을 공탁하지 않았다는 이유로 민사집행법 제130조 제3항, 제4항을 적용하여 위 이의신청을 각하하는 결정을 하였다. 청구인은 위 이의신청 각하결정에 대하여 2016.12.19. 민사집행법 제130조 제5항에 따라 즉시항고를 하였으나 2017.5.12. 기각되어 그 무렵 확정되었다. (라) 한편 S지원이 2016.12.29. 청구인의 위 위헌법률심판제청신청을 기각하자 청구인은 2017.1.31. 헌법소원심판을 청구하였다. [심판대상조항] 민사집행법(2002.1.26. 법률 제6627호로 제정된 것) 제121조(매각허가에 대한 이의신청사유) 매각허가에 관한 이의는 다음 각호 가운데 어느 하나에 해당하는 이유가 있어야 신청할 수 있다. 1. 강제집행을 허가할 수 없거나 집행을 계속 진행할 수 없을 때 2. 최고가매수신

고인이 부동산을 매수할 능력이나 자격이 없는 때 3. 부동산을 매수할 자격이 없는 사람이 최고가매수신고인을 내세워 매수신고를 한 때 4.－7. 생략 * 사안에서 청구인이 소송사기라고 주장하는데 해당되는 호가 무엇인지 사건개요로는 알 수 없으니 이 결정의 이해를 위해 이정도로 인용하므로 필요시 직접 조문 참조. 동법 제130조(매각허가여부에 대한 항고) ③ 매각허가결정에 대하여 항고를 하고자 하는 사람은 보증으로 매각대금의 10분의 1에 해당하는 금전 또는 법원이 인정한 유가증권을 공탁하여야 한다. ④－⑥ 생략. [판시] 민사집행법 제121조에 대하여 … 당해 사건이 종결되어 사건이 법원에 계속 중이라고 할 수 없는 경우, 청구인이 구제를 받기 위해서는 당해 사건에 대하여 재심을 청구할 수 있어야 하는바, 민사소송법은 재심의 절차를 '재심청구 자체의 적법 여부에 대한 재판'과 '본안 사건에 대한 재판'이라는 두 단계 절차로 구별하고 있다. 그러므로 심판대상조항이 '재심청구 자체의 적법 여부에 대한 재판'에 적용되는 법률조항이 아니라 '본안 사건에 대한 재판'에 적용될 법률조항이라면, '재심청구가 적법하고 재심의 사유가 인정되는 경우'에 한하여 재판의 전제성이 인정될 수 있다. 당해 사건의 재심청구가 부적법하거나 재심사유가 인정되지 않으면 본안 판단에 나아갈 수가 없으며, 그 경우 심판대상조항은 본안 재판에 적용될 여지가 없으므로, 그 위헌 여부가 당해 사건 재판의 주문을 달라지게 하거나 재판의 내용이나 효력에 관한 법률적 의미를 달라지게 하는 데 아무런 영향을 미치지 못하기 때문이다(헌재 2000.2.24. 98헌바73; 헌재 2011.4.28. 2009헌바169 참조). 이 사건에 관하여 보건대, 당해 사건 법원은 당해 사건인 매각허가결정에 대한 이의신청사건에서 청구인이 보증으로 매각대금의 10분의 1에 해당하는 금전 또는 유가증권을 공탁하지 않았다는 이유로 구 사법보좌관규칙(2014.9.1. 대법원규칙 제2552호로 개정되고, 2017.3.31. 대법원규칙 제2732호로 개정되기 전의 것) 제4조 제10항에 의하여 준용되는 민사집행법 제130조 제3항, 제4항을 적용하여 이의신청을 각하하는 결정을 하여 그 결정이 확정되었음은 앞서 본 바와 같다. 사정이 이와 같다면, 당해 사건이 종결되어 사건이 법원에 계속 중인 경우라 할 수 없으므로, 청구인이 구제를 받기 위해서는 위 이의신청 각하결정에 대하여 헌법재판소법 제75조 제7항에 의하여 재심을 청구할 수 있어야 한다. 그런데 재심을 청구하기 위해서는 재심대상재판(이의신청 각하결정)에 적용된 법률조항에 대하여 위헌결정이 있어야 하는바, 재심대상재판에는 위와 같이 매각허가결정에 대한 이의사유에 관한 민사집행법 제121조는 적용된 바 없고, 보증공탁에 관한 민사집행법 제130조 제3항, 제4항만이 적용되었다. 민사집행법 제121조는 재심절차가 개시된 후 '본안 사건에 대한 재판'(매각허가결정의 위법 여부)에 적용되는 법률조항인 것이다. 따라서 이 사건에서 '재심청구 자체의 적법 여부에 대한 재판'에 적용된 법률조항인 민사집행법 제130조 제3항, 제4항에 대하여 합헌결정을 선고하는 이상, 가사 '본안 사건에 대한 재판'에 적용되는 법률조항인 민사집행법 제121조에 대하여 위헌결정이 선고되더라도, 당해 사건에서 재심사유가 인정되지 않아 본안 판단에 나아갈 수 없으므로, 민사집행법 제121조는 당해 사건의 재판에 적용될 여지가 없다. 결국 민사집행법 제121조의 위헌 여부가 당해 사건 재판의 주문을 달라지게 하거나 재판의 내용이나 효력에 관한 법률적 의미를 달라지게 할 수 없으므로, 이 조항에 대한 심판청구는 재판의 전제성이 인정되지 아니하여 부적법하다. * 민사집행법 제130조 제3항 및 제4항에 대해서는 본안판단에 들어갔고 동법 제121조의 위헌여부가 위와 같이 재판전제성이 없다고 본 것이다. 동법 제130조 제6항에 대해서도 재판전제성이 없다고 보았다.

- 준재심재판에 비적용된다는 이유로 재판전제성 부정

판례 헌재 2000.2.24. 98헌바73

[판시] 항고제기기간의 도과를 이유로 한 대법원의 특별항고각하결정에 대하여 대법원에 재심사유로 판단유탈을 주장하면서 준재심을 신청하는 한편, 특별항고의 제기기간과 관련한 회사정리법(1962.12.12. 법률 제1214호로 제정된 것) 제237조 제1항, 제4항, 민사소송법(1990.1.13. 법률 제4201호로 개정된 것) 제420조 제2항 및 특별항고이유의 판단과 관련한 회사정리법 제229조 단서에 대하여 위헌여부심판

의 제청신청을 하였다가 모두 기각되자 헌법재판소법 제68조 제2항에 의한 헌법소원심판을 청구한 경우에 특별항고의 적법요건이 흠결되었다 하여 각하하는 경우에는 본안에 관한 판단을 할 수 없는 것이므로 대법원이 특별항고를 각하하면서 특별항고이유에 대하여 판단하지 아니하였다 한들 판단유탈의 위법이 있는 것이 아니어서 위 법률조항들은 이 사건 심판청구의 당해사건인 준재심사건의 재판에 적용할 여지가 없음이 명백하므로 재판의 전제성을 갖추지 못한 것이다.

3) 행정재판 재심 결정례

아래 사안은 행정재판 관련에서 위 법리와 마찬가지 법리가 적용된 예이다. 헌법과 행정법의 복합적 문제로 다루어질 수 있겠다.

- 상고심불속행제도 관련 재심재판에서의 재판전제성 부정

판례 헌재 2011.4.28. 2009헌바169

[사건개요] (1) 청구인은 세무서장으로부터 양도소득세부과처분을 받았다. (2) 청구인은 이에 불복하여 위 부과처분의 취소를 구하는 행정소송을 제기하였으나 패소하였고, 항소하였으나 항소기각되었으며, 다시 상고하였으나 2009.3.12. '상고심절차에 관한 특례법' 제4조에 해당되어 이유 없음이 명백하다는 이유로 상고기각되었다. (3) 이에 청구인은 위 대법원 상고사건에 대하여 재심을 청구(대법원 2***재두***)하였고, 위 재심소송 계속중 '상고심절차에 관한 특례법' 제4조 제1항 제1호, 제2호가 재판청구권 등을 침해한다고 주장하며 위헌법률심판 제청신청을 하였으나 2009.6.25. 기각되자, 헌법소원심판을 청구하였다. [판시] 살피건대, 특례법 제4조 제1항 제1호, 제2호는 '재심청구 자체의 적법 여부에 대한 재판'에 적용되는 법률조항이 아니라 '본안 사건에 대한 재판'에 적용될 법률조항이므로, 위 법률조항들에 대한 재판의 전제성이 인정되기 위해서는 재심청구가 적법하고 재심의 사유가 인정되어야 한다. 그런데 당해 사건에서, 청구인은 판단유탈을 재심의 사유로 주장하였으나, 당해 법원은 '상고이유가 상고심절차에 관한 특례법 소정의 심리불속행사유에 해당한다고 보아 더 나아가 심리를 하지 아니하고 상고를 기각한 경우에는 상고이유에 관한 판단유탈이 있을 수 없다.'고 판단하여 재심청구를 기각하였고, 이는 곧바로 확정되었다. 이와 같이 당해사건에서 재심사유가 인정되지 아니하여 본안 판단에 나아갈 수 없는 이상, 위 법률조항들은 당해사건의 본안 재판에 적용될 여지가 없다 할 것이므로, 이 부분 심판청구는 재판의 전제성을 갖추지 못하여 부적법하다.

* 검토 – 이 사안에서 재심이 개시되느냐 하는 문제, 그 이전에 청구인이 재심을 청구하게 된 원인이 특례법 제4조 제1항 제1호, 제2호 때문이라고 볼 수도 있어서 위와 같은 결론이 타당한지 의문이 든다.

(5) 법원재판 관련 제재 등 재판결과에 따른 법적용과 재판전제성

1) 재판의 결론 및 그 확정 여부에 의하여 비로소 적용되는 법률조항

헌재는 신상등록 조항에 대해 당해 사건 재판의 결론 및 그 확정 여부에 의하여 비로소 적용되는 것일 뿐, 유죄판결이 확정되기 전 단계인 당해 사건 재판에서 적용된다고 볼 수 없다고 하여 그 위헌여부의 재판전제성을 부정한다.

판례 헌재 2015.12.23. 2015헌가27

[사건개요] (가) 당해사건 피고인은 강제추행하였다는 혐의로 약식기소되었고, 전주지방법원은 2014.9.29. 공판절차에 회부하였다. 피고인은 제1회 공판기일에 공소사실을 모두 자백하였고, 증거조사를 거친 후 변론이 종결되었다. (나) 제청법원은 '성폭력범죄의 처벌 등에 관한 특례법' 제42조 제1항

중 '제2조 제1항 제3호 가운데 형법 제298조(강제추행)의 범죄로 유죄판결이 확정된 자는 신상정보 등록대상자가 된다.'는 부분이 재판의 전제가 되고 헌법에 위반된다고 의심할 상당한 이유가 있다며 2015.7.31. 직권으로 위 조항에 대하여 위헌법률심판을 제청하였다. [심판대상조항] '성폭력범죄의 처벌 등에 관한 특례법'(2012.12.18. 법률 제11556호로 전부개정된 것) 제42조(신상정보 등록대상자) ① 제2조 제1항 제3호·제4호, 같은 조 제2항(제1항 제3호·제4호에 한정한다), 제3조부터 제15조까지의 범죄 및 「아동·청소년의 성보호에 관한 법률」제2조 제2호의 범죄(이하 "등록대상 성범죄"라 한다)로 유죄판결이 확정된 자 또는 같은 법 제49조 제1항 제4호에 따라 공개명령이 확정된 자는 신상정보 등록대상자(이하 "등록대상자"라 한다)가 된다. 다만, 「아동·청소년의 성보호에 관한 법률」제11조 제5항의 범죄로 벌금형을 선고받은 자는 제외한다. [판시] (가) … (나) 심판대상조항은 성폭력 특례법상 일정한 성폭력범죄로 유죄판결이 확정된 자를 신상정보 등록대상자로 정하고 있다. 즉 심판대상조항은 당해 사건 재판의 결론 및 그 확정 여부에 의하여 비로소 적용되는 것일 뿐, 유죄판결이 확정되기 전 단계인 당해 사건 재판에서 적용된다고 볼 수 없다. 성폭력 특례법에 의하면 법원은 신상정보 등록대상자가 된 자에게 등록대상자라는 사실과 신상정보 제출의무가 있음을 알려주어야 하고(성폭력 특례법 제42조 제2항), 성폭력 특례법상 그 방법이 특정되어 있지 아니하여 실무상 고지의 방법으로 당해 사건 판결 이유 가운데 신상정보 제출의무를 기재하는 경우가 있으나, 그 기재는 판결문의 필수적 기재사항도 아니고, 당해 사건 재판의 내용과 효력에 영향을 미치는 법률적 의미가 있는 것도 아니다. (다) 심판대상조항은 당해 사건 재판에 적용되지 아니하고, 그 위헌 여부에 따라 당해 사건 재판의 주문이나 내용, 효력에 관한 법률적 의미가 달라진다고 볼 수 없으므로, 재판의 전제성이 인정되지 아니한다. * 동지 : 헌재 2013.9.26. 2012헌바109; 2016.12.29. 2016헌바153.

2) 유죄판결에 기초한 새로운 제재의 근거조항

헌재는 유죄판결받은 그 형사재판 자체에서 적용되는 법률조항이 아니라 이후 유죄판결에 기초하여 새로이 부과되는 제재의 법률조항인 경우 그 형사재판에서 그 위헌여부의 재판전제성이 부정된다고 한다.

판례 헌재 2016.3.31. 2015헌가8

[사건개요] 제청신청인은 치과의사로서, 2014.2.5. '성폭력범죄의 처벌 등에 관한 특례법' 위반(업무상위력등에 의한 추행)으로 벌금 800만 원을 선고받아 이에 항소하였는데, 항소심 소송계속 중 '아동·청소년의 성보호에 관한 법률' 제56조 제1항 제12호가 직업의 자유를 침해한다는 이유로 위헌법률심판제청신청을 하였고, 제청법원이 그 제청신청을 받아들여 2015.2.12. 위헌법률심판을 제청하였다. [심판대상] 위 법 제56조 제1항 제12호 중 '성인대상 성범죄로 형을 선고받아 확정된 자'에 관한 부분으로 한정함이 상당하다 : '아동·청소년의 성보호에 관한 법률'(2012.12.18. 법률 제11572호로 전부개정된 것) 제56조(아동·청소년 관련기관 등에의 취업제한 등) ① 아동·청소년대상 성범죄 또는 성인대상 성범죄(이하 "성범죄"라 한다)로 형 또는 치료감호를 선고받아 확정된 자…는 그 형 또는 치료감호의 전부 또는 일부의 집행을 종료하거나 집행이 유예·면제된 날부터 10년 동안 가정을 방문하여 아동·청소년에게 직접교육서비스를 제공하는 업무에 종사할 수 없으며 다음 각 호에 따른 시설·기관 또는 사업장(이하 "아동·청소년 관련기관 등"이라 한다)을 운영하거나 아동·청소년 관련기관 등에 취업 또는 사실상 노무를 제공할 수 없다. 다만, … 12. 「의료법」제3조의 의료기관. [판시] 제청법원은 치과의사인 당해 사건의 피고인에게 유죄판결을 선고할 경우 피고인이 10년간 의사로 활동할 수 없게 되는데, 이와 같은 상황으로 인해 제청법원으로서는 선고형을 선택함에 있어서 상당한 제약을 받게 된다고 한다. 그러나 이 사건 심판대상조항은 형사소송인 당해 사건에서 형벌의 근거조항으로서 직접 적용되는 조항이 아니라, 당해 사건의 유죄판결이 확정되고 난 후 그 유죄판결에 기초하여 부과되는 새로운 제재의 근거조항

일 뿐이다. 따라서 이 사건 심판대상조항은 그 위헌 여부로 재판의 주문이 달라지거나 재판의 내용과 효력에 관한 법률적 의미가 달라지는 경우라고 보기 어렵고, 설사 제청법원이 선고형을 선택함에 있어서 이 사건 심판대상조항에 의해 영향을 받는다 하더라도, 이는 사실상 제약에 불과하다. 그렇다면 이 사건 심판대상조항의 위헌 여부에 따라 당해 사건 재판의 주문이 달라지거나 재판의 내용과 효력에 관한 법률적 의미가 달라지는 경우로 볼 수 없으므로, 이 사건 위헌여부심판제청은 재판의 전제성 요건을 충족하지 못하였다. * 위 심판대상조항은 결국 다른 결정에서 위헌결정이 내려졌다(헌재 2016.3.31. 2013헌마585등).

3) 재판결과에 따른 적용가능성과 재판전제성 - 가석방 불능 무기징역 부재와 사형제

헌재는 사형제도의 위헌성을 언급하면서 함께 사형을 대체할 '가석방이 불가능한 무기징역형'에 대하여 규정하지 않고 있는 것은 위헌이라는 취지의 위헌제청사건에서 가석방의 요건에 관한 규정은 사법부에 의하여 형이 선고·확정된 이후의 집행에 관한 문제일 뿐 이 사건 당해 재판 단계에서 문제될 이유는 없고, 달리 위 규정이 당해 사건에 적용될 법률조항임을 인정할 자료를 찾아볼 수 없어서 그 위헌여부의 재판전제성이 없다고 본다.

판례 헌재 2010.2.25. 2008헌가23

[판시] … 형법 제72조 제1항 중 '무기징역' 부분 – 형법 제72조 제1항의 가석방제도는 이미 법원으로부터 구체적인 범죄사실의 확정과 함께 제반 양형요소의 참작과정을 거쳐 그의 위법성 및 책임에 상응하는 형을 선고받은 수형자에 대하여 그 행상이 양호하여 개전의 정이 현저한 경우에 형기만료 전에 행정청의 행정처분으로 석방하는 제도인바, 위와 같은 가석방의 요건에 관한 규정은 사법부에 의하여 형이 선고·확정된 이후의 집행에 관한 문제일 뿐 이 사건 당해 재판 단계에서 문제될 이유는 없고, 달리 위 규정이 당해 사건에 적용될 법률조항임을 인정할 자료를 찾아볼 수 없다. 그렇다면 이 사건 위헌제청 중 형법 제72조 제1항 중 '무기징역' 부분은 재판의 전제성이 없어 부적법하다. * 제청법원주장 등 보다 더 자세한 것은 아래 다른 내용 재판을 할 경우 부분 참조.

4) 선거범죄 확정으로 인한 당선무효

당선인이 공직선거법이 금지하는 선거운동을 하여 처벌되면 그 형사처벌의 정도에 따라 당선무효가 되도록 규정하고 있다. 바로 공직선거법 제264조가 "당선인이 당해선거에 있어 이 법에 규정된 죄를 범함으로 인하여 징역 또는 100만원 이상의 벌금형의 선고를 받은 때에는 그 당선은 무효로 한다"라고 규정하고 있다. 그렇다면 당선무효는 공직선거법 금지행위를 위반한 사실로 위와 같은 형 이상의 선고를 받아야 이루어진다. 여기서 그 금지된 행위에 대한 형사처벌을 위한 재판에서 당선무효규정이 바로 적용되지 않는다. 아래 사안이 그 전형적 예인데 사안은 당해재판은 사전선거운동, 향응제공 및 기부행위 등의 사실로 기소된 형사재판이었다. 그런데 생각건대 여기서 해당 재판에 적용되는 기부행위를 금지하는 공직선거법 제113조의 위헌여부에 따라(특히 형량에 관련된다면) 동법 제264조도 영향을 받지 않을 수 없다고 보아 검토가 필요하다고 본다.

판례 헌재 1997.11.27. 96헌바60

[판시] 법 제264조는 당해소송사건의 재판에 적용되는 것도 아니고, 위 법률조항이 헌법에 위반되는지의 여부에 따라 당해소송사건을 담당한 법원이 다른 내용의 재판을 하게 되는 경우에 해당하지도 아니한다. 왜냐하면 위 법률조항은 당해소송사건의 결론이나 주문에 영향을 미치는 것이 아니라 당해소송사건의 결론이나 주문에 의하여 비로소 영향을 받는 것이며, 재판의 내용과 효력을 형성함에 있어 관련된 것이 아니라 별도의 구성요건(당선인이 당해선거에 있어 법에 규정된 죄를 범함으로 인하여 징역 또는 100만원 이상의 벌금형의 선고를 받은 때라는)에 의해서 비로소 형성되는 법률적 효과를 규정한 것이기 때문이다.

* 검토 – 대법원이 법 제264조에 대한 위헌심판제청신청을 기각한 날 상고도 기각하여 당선무효도 같은 날 확정되었다는 점에서 법논리적으로는 몰라도 현실적으로는 어색한 면이 있다.

5) 결격 - 변호사 결격사유

금고 이상의 형의 선고 내지 선고유예를 변호사의 결격사유로 규정한 변호사법(2008.3.28. 법률 제8991호로 개정된 것) 제5조 제1, 2, 3호(다음부터 '결격사유 조항')의 위헌여부가 당해사건에 대하여 재판의 전제성을 가지지 않는다고 본다. 당해 사건은 변호사가 아닌 사람으로부터 법률사건이나 법률사무의 수임을 알선받고 그 대가로 금품 또는 이익을 제공하거나 제공하기로 약속하였다는 공소사실로 기소된 형사재판이었다.

판례 헌재 2018.7.26. 2018헌바112

[판시] 결격사유 조항은 당해사건 재판이 확정된 뒤 그 결과에 따라 비로소 적용 여부가 결정되는 조항으로 당해사건 재판에 적용되는 법률조항이 아니다. 결격사유 조항의 위헌 여부에 따라 당해사건 재판의 주문이 달라지지 아니하고 재판의 내용과 효력에 관한 법률적 의미도 달라진다고 볼 수 없다. 따라서 결격사유 조항에 대해서는 재판의 전제성이 인정되지 아니하므로, 이에 대한 헌법소원심판청구는 부적법하다.

6) * 유의

적용되지 않는다는 표현을 하지 않고 그 "위헌여부에 따라 운전면허 취소처분 취소소송인 당해 사건의 주문 또는 재판의 내용과 효력에 영향을 미치지 아니한다. 그렇다면 이 사건 결격조항은 재판의 전제성이 인정되지 않으므로 … "라고 판시하는 예들도 있다. 이는 뒤 요건 3.에서도 서술하듯이 적용가능성 문제와 재판의 내용을 달리하는 문제는 견련되어 있기 때문이다(후술 참조). 여하튼 이러한 예에 해당되는 결정례로 헌재 2019.8.29. 2018헌바4 등을 들 수 있는데 그 결정들은 따라서 요건 3.에서 상세 인용하고 위에 인용된 재판결과에 따른 별도 제재효과 문제인 이 판례법리에 대한 결정례들은 요건 3.에서도 다룰 결정례들이기도 하다. 그런데 재판결과에 따른다는 재판전제성 결여사유보다는 당해 소송에서 적용될 것이라는 위 제2요건이 결여된다는 재판전제성 결여사유가 더 직접적이라고 할 것이다.

(6) 헌법불합치결정된 법률조항

헌재는 위헌심판제청된 법률조항이 헌재의 헌법불합치결정을 받은 것이라면 헌법불합치결정 당시에 이 사건 법률조항의 위헌여부가 쟁점이 되어 법원에 계속 중인 사건에 대하여는 위 헌법불합치결정의 소급효가 미친다고 할 것이므로, 종전의 법률조항을 그대로 적용할 수는 없고, 위헌성이 제거된 법의 규정이 적용되는 것으로 보아야 할 것이므로 그 위헌여부의 재판전제성이 없다고 본다.

판례 헌재 2006.6.29. 2004헌가3

[결정이유] 먼저 이 사건 심판제청의 적법 여부에 관하여 살펴본다. 헌법재판소는 2003.2.27. 이 사건 법률조항으로 개정되기 전의 규정인 구 사립학교법(1990.4.7. 법률 제4226호로 개정되고, 1997.1.13. 법률 제5274호로 개정되기 전의 것) 제53조의2 제3항에 대하여 헌법불합치결정을 선고한 바 있고(헌재 2000헌바26, 판례집 15－1, 176, 181), 2003.12.18. 이 사건 법률조항에 대하여도 헌법 제31조 제6항 소정의 교원지위법정주의에 위반된다고 보아 헌법불합치결정을 선고한 바 있다(헌재 2002헌바14등, 판례집 15－2하, 466, 474－476). 그 후 위 헌법불합치결정의 취지를 반영하여 2005.1.27. 개선입법이 이루어졌는데, 사립학교법 제53조의2는 제3항을 그대로 둔 채 제4항 내지 제8항에서 재임용이 거부된 경우의 불복절차 등에 관하여 규정하고 있다. 무릇 어떠한 법률조항에 대하여 헌법재판소가 헌법불합치결정을 하여 입법자에게 그 법률조항을 합헌적으로 개정 또는 폐지하는 임무를 입법자의 형성 재량에 맡긴 이상, 그 개선입법의 소급적용 여부와 소급적용의 범위는 원칙적으로 입법자의 재량에 달린 것이기는 하지만, 이 사건 법률조항에 대한 위 헌법불합치결정의 취지나 위헌심판에서의 구체적 규범통제의 실효성 보장이라는 측면을 고려할 때, 적어도 위 헌법불합치결정을 하게 된 당해 사건 및 위 헌법불합치결정 당시에 이 사건 법률조항의 위헌 여부가 쟁점이 되어 법원에 계속중인 사건에 대하여는 위 헌법불합치결정의 소급효가 미친다고 할 것이므로, 비록 현행 사립학교법 부칙(2005.1.27.) 제2항의 경과조치의 적용 범위에 이들 사건이 포함되어 있지 않더라도 이들 사건에 대하여는 종전의 법률조항을 그대로 적용할 수는 없고, 위헌성이 제거된 현행 사립학교법의 규정이 적용되는 것으로 보아야 할 것이다 [대법원 2006.3.9. 선고 2003다52647 판결(공2006상, 569)]. 그런데 이 사건에서 제청신청인은 2003.7.15. 위헌법률심판제청신청을 하였고 제청법원이 2004.1.15. 이 사건 법률조항에 대하여 위헌제청결정을 하였으나, 이미 그 이전인 2003.12.18. 이 사건 법률조항에 대하여 헌법불합치결정이 선고된 바 있다. 이 경우 위 헌법불합치결정의 소급효는 헌법불합치결정 당시에 이 사건 법률조항의 위헌 여부가 쟁점이 되어 법원에 계속중인 당해 사건에도 미친다고 할 것이므로, 종전의 법률조항인 이 사건 법률조항이 그대로 적용될 수는 없고, 위헌성이 제거된 현행 사립학교법의 규정이 적용되어야 할 것이다. 그렇다면 이 사건 위헌법률심판의 제청은 심판의 대상이 된 법률조항이 재판의 전제성을 잃게 됨으로써 결국 심판제청의 이익이 없게 되었다. 4. 결론 － 따라서 이 사건 심판제청은 부적법하므로 이를 각하한다.

(7) 처분사유 비해당 법률조항

행정청처분에 대한 행정소송에서 그 법률조항이 처분의 사유를 이루어 그 위헌여부가 그 처분의 취소 여부 등을 판가름짓게 되는 관계가 있어야 재판전제성이 인정될 것이다. 아래 결정은 재판전제성이 부정되는 이유가 처분사유에 해당되지 않는 법률조항이라는 데 있다고 보는 취지로 이해된다.

판례 헌재 2006.5.25. 2005헌가22

[결정요지] (가) 위헌제청법률조항 － 이 사건의 심판대상은 구 지방세법(1997.8.30. 법률 제5406호로 개정되고, 2003.5.29. 법률 제6916호로 개정되기 전의 것) 제110조 제1호 단서(이하 '이 사건 법률조항')가 헌법에 위반되는지 여부이며, 그 내용은 다음과 같다. 제110조(형식적인 소유권의 취득 등에 대

한 비과세) 다음 각 호의 1에 해당하는 것에 대하여는 취득세를 부과하지 아니한다. 1.신탁(신탁법에 의한 신탁으로서 신탁등기가 병행되는 것에 한한다)으로 인한 신탁재산의 취득으로서 다음 각 목의 1에 해당하는 취득. 다만, 주택건설촉진법 제44조의 규정에 의한 주택조합과 조합원 간의 신탁재산 취득을 제외한다. 가. 위탁자로부터 수탁자에게 신탁재산을 이전하는 경우의 취득 나.신탁의 종료 또는 해지로 인하여 수탁자로부터 위탁자에게 신탁재산을 이전하는 경우의 취득 다.수탁자의 경질로 인하여 신수탁자에게 신탁재산을 이전하는 경우의 취득 (나) 재판의 전제성 유무 (1) … (2) 제청법원은, 이 사건 법률조항이 위헌으로 무효일 경우에는 ○○조합의 이 사건 토지 취득은 신탁으로 인한 신탁재산의 취득으로서 위탁자로부터 수탁자에게 신탁재산을 이전하는 경우의 취득에 해당하여 취득세 등의 비과세대상이 되므로 이 사건 부과처분이 위법하게 되고, 따라서 위 조항의 위헌 여부에 따라 제청법원이 다른 판단을 하게 되어 위 조항의 위헌 여부는 이 사건 부과처분의 취소를 구하는 당해 사건의 소송에서 재판의 전제가 된다고 판단하였다. 그런데 기록에 의하면, 이 사건 과세처분의 처분사유에 관하여 처분청은 당초 '2002.7.9.~같은 해 12. 31.자 신탁등기에 의한 취득'이라고 하였다가, 당해 사건 소송중 '2003.7.5.자 실질적인 소유권의 취득'으로, 다시 '2003.7.5.자 신탁에 의한 취득'으로, 다시 '2003.7.5.자 실질적인 소유권의 취득'으로 처분사유를 순차 변경하였다. 위 최후 변경된 처분사유에 의하면, 처분청은 조합원용, 일반분양용 및 상가용 각 토지의 면적이 확정되어진 시점인 2003.7.5.에 ○○조합이 이 사건 토지에 대하여 실질적인 소유권을 취득하였다고 보아 이 사건 과세처분의 대상을 ○○조합의 '2003.7.5.자 실질적인 소유권의 취득'이라고 하고 있다. 즉 이 사건 과세처분의 대상은 '신탁으로 인한 신탁재산의 취득'이 아니고 '2003.7.5.(조합원용, 일반분양용 및 상가용 각 토지의 면적이 확정되어진 시점)에 이루어진 별도의 실질적인 소유권의 취득'이라는 것이다. 처분청의 보완의견서의 기재내용도 이와 같고, 행정자치부장관도 또한 이 사건 토지는 신탁등기가 병행된 신탁재산 중 ○○조합(수탁자)으로부터 조합원(위탁자)에게 신탁재산 범위 내에서 이전하고 남은 토지에 대하여 신탁의 종료 또는 해지로 인하여 ○○조합이 소유권을 사실상 새로이 취득한 토지(신탁해지로 신탁등기가 병행되지 아니한 토지)이므로 이에 대하여 취득세를 과세한 것이라고 하였다. 그리고 취득세재조사내역서 및 취득세부과분내역서의 각 기재도 이에 부합한다. 살피건대, 취소소송에 있어서 취소의 대상이 되는 처분의 기초적 사유는 특별한 사정이 없는 한 처분청의 주장 및 이를 뒷받침하는 자료에 의하여 결정된다고 할 것인데(헌재 2005.6.30. 2003헌가19, 판례집 17-1, 791, 795), 처분청은 이 사건 과세처분의 과세대상은 ○○조합의 이 사건 토지에 대한 별도의 실질적 소유권 취득행위라고 주장하고 있고 취득세재조사내역서와 취득세부과분내역서의 각 기재도 이와 배치되지 않으므로, 이 사건 과세처분은 이 사건 토지의 '새로운 취득'에 관한 것이라고 봄이 타당하다. 그렇다면 이 사건 토지에 대하여 신탁과 무관한 ○○조합의 새로운 취득행위가 존재하는 것인지, 만약 새로운 취득행위가 있다면 여기에 대한 취득세 부과가 가능한지 여부 등에 의하여 이 사건 과세처분의 적법성 여부가 결정될 것이고, 이는 모두 취득세에 관한 지방세법상의 일반조항의 해석에 의하여 해결될 문제로 보인다. (3) 따라서 이 사건 법률조항은 당해 사건의 재판에 적용되는 법률조항이라고 할 수 없다. 3. 결론 – 그렇다면, 이 사건 위헌법률제청신청은 재판의 전제성이 없어 부적법하므로 각하하기로 결정한다. * 동지 : 헌재 2005.6.30. 2003헌가19.

(8) 체계적 밀접불가분 관계의 부재

당해 법원재판에 적용될 재판전제성이 있는 법률조항과 밀접불가분의 관계에 있다면 몰라도 그렇지 않은 법률조항에 대해서는 적용성이 부정된다고 보고 그 위헌여부의 재판전제성을 부정한다. 그 예로 지금은 허용되고 있으나 과거 기초의회의원선거에서 정당으로부터 지지 또는 추천받음을 표방할 수 없도록 하고 있었는데 이 법규정과 아울러 기초의원선거에 정당이 후보자 추천을 못하도록 한 조항이 서로 체계적으로 밀접불가분한 관계가 아니라고 하여 후자의 조항의 위헌여부의 재판전제성을 부정한 아래의 결정례가 있다.

판례 헌재 2003.1.30. 2001헌가4

[사건개요] 기초의회의원 선거 후보자(당시는 정당추천이 안되어 당연히 무소속)가 어느 정당으로부터의 지지 또는 추천 받음을 표방하였다고 하여 이를 금지하고 있던 당시의 구 '공직선거 및 선거부정방지법' 제84조를 위반한 혐의로 기소된 사건에서 위 조항과 동법 제47조 제1항에 대해 위헌제청이 있었음. [판시] 법 제47조 제1항은 당해사건에 적용될 법률조항이 아니므로 원칙적으로 재판의 전제성을 인정할 수 없다. 나아가, 법 제84조는 후보자에 대해 정당으로부터의 지지 또는 추천 받음을 표방할 수 없게 한 조항인 데 반하여, 법 제47조 제1항은 정당에 대해 후보자를 공천하지 못하도록 한 조항으로서, 각그 수범자와 규율내용을 서로 달리하고, 또한 법 제47조 제1항은 그 문언상, 정당이 비공식적으로 후보자를 추천(이른바 '내천')하거나 특정 후보자에 대해 지지 또는 반대의 의사를 표명하는 것을 명시적으로 금지하고 있지는 아니하므로, 제47조 제1항의 위헌 여부가 제84조의 위헌 여부와 체계적으로 밀접불가분한 관계에 있다고 보기도 어렵다. 따라서, 제47조 제1항에까지 심판의 대상을 확장할 것은 아니다. 그렇다면, 제47조 제1항에 관한 부분은 재판의 전제성이 없어 부적법하다.

(9) 청구인의 주장을 배척하는 당해 사건판결이 확정된 경우

위헌소원의 대상인 법률조항이 당해 소송에서 위헌소원의 청구인이 주장한 사실이 존재하는 전제하에서 당해 소송에서 적용되는 것일 경우에, 법원이 청구인의 주장을 배척하고 기각하는 판결을 하고 그 판결이 확정되면 그 법률조항이 청구인의 주장을 전제로 한 당해 소송에서 더 이상 적용할 수 없게 된 것이므로 그 위헌여부의 재판전제성이 없다고 본다. 아래는 그러한 결정례이다.

판례 헌재 2000.6.1. 98헌바20

[심판대상규정과 청구인주장요지] "명의신탁약정은 무효로 한다"라고 규정한 '부동산실권리자명의 등기에 관한 법률'(1995.3.30. 법률 제4944호) 제4조 제1항 등. 명의신탁은 이 법의 시행 전까지 판례에 의하여 형성된 부동산거래의 한 유형이었다. 명의신탁약정과 이를 원인으로 한 등기이전을 무효로 한 이 법률조항은, 계약자유의 원칙을 내용으로 하는 헌법상 자본주의적 시장경제질서에 위배됨과 동시에 재산권보장을 규정한 헌법에 위반된다. [결정이유의 요지] 기록에 의하면, 당해 사건의 법원은 위 토지에 대하여 청구인이 ○○○ 앞으로 명의신탁 등기를 한 사실을 인정하였으나, 항소법원에서는 명의신탁 주장을 배척하고 ○○○이 원시취득한 사실을 인정한 다음 청구를 기각하였는데 그 판결은 상고기간의 도과로 확정된 사실을 알 수 있다. 따라서 명의신탁관계를 규율하고 있는 이 법률조항은, 청구인이 위 토지를 명의신탁한 것을 전제로 한 당해 소송에서 더 이상 적용할 수 없게 되었다. 이에 청구인의 이 심판청구는 부적법하므로 각하한다. * 비슷한 사안의 결정례로서, 헌재 2000.11.30. 2000헌바24.

(10) 구법규정과 실질적으로 동일한 내용의 신법규정에 대한 재판전제성 부인

구법규정과 내용상 실질적으로 동일한 신법규정에 대해 제청한 사안에서 헌재는 당해사건에 적용되는 구법조항이 아닌 신법조항은 그 위헌여부가 당해사건의 재판과 아무런 관련이 없다고 하여 재판전제성요건을 흠결하였다고 보았다.

판례 헌재 2001.4.26. 2000헌가4

[쟁점] 신법규정이 구법규정과 실질적으로 동일한 내용이고 문제의 행위의 근거가 구법규정인데 법원이 신법규정에 대해 위헌여부심판의 제청을 한 경우에 재판전제성이 있는지 여부(부정, 위헌심판제청각하결정) [사건개요] 제청신청인은 그의 자녀가 1995.3.1.부터 1998.2.경까지 서울특별시 소재 어느 중학교에 재학하는 동안 수업료를 납부하였는바, 헌법에 의할 때 6년의 초등교육 및 3년의 중등교육은 무상으로 실시하여야 함에도 서울특별시가 법률상의 원인 없이 수업료를 징수하였다면서 서울특별시 등을 상대로 이미 납부한 위 수업료 상당의 부당이득금의 반환을 구하는 소를 제기한 후, 그 재판계속 중에 교육기본법(1997.12.13. 법률 제5437호. 이하 "기본법"이라고 한다) 제8조 제1항 단서가 위헌이라고 주장하면서 위헌여부심판제청신청을 하였고, 법원은 그 신청을 받아들여 위 법률조항에 대한 위헌여부심판을 제청하였다. [심판대상규정] 교육기본법(1997.12.13. 법률 제5437호) 제8조 제1항 단서("기본법 제8조(의무교육) ① 의무교육은 6년의 초등교육 및 3년의 중등교육으로 한다. 다만, 3년의 중등교육에 대한 의무교육은 국가의 재정여건을 고려하여 대통령령이 정하는 바에 의하여 순차적으로 실시한다").
* 참고 : 구 교육법 제8조의2 "제8조의 규정에 의한 3년의 중등교육에 대한 의무교육은 대통령령이 정하는 바에 의하여 순차적으로 실시한다." [제청이유의 요지] 헌법이 국회의 전속적 입법사항으로 하고 있는 것에 관한 입법권은 행정부에 위임할 수 없다 할 것인바, "모든 국민은 그 보호하는 자녀에게 적어도 초등교육과 법률이 정하는 교육을 받게 할 의무를 진다"고 규정한 헌법 제31조 제2항 및 교육제도에 관한 기본적인 사항은 법률로 정한다고 규정한 헌법 제31조 제6항이 의무교육의 내용 및 범위를 국회가 제정한 법률에 의하여서만 정할 것을 강요하는 것으로 해석된다면, 의무교육의 순차적 실시를 대통령령에 위임하여 결과적으로 의무교육의 내용 및 범위를 대통령령이 정하는 바에 따르도록 한 이 사건 법률조항은 헌법 제31조 제2항·제6항 위반이 아닌가 하는 의심이 든다. 가사 의무교육의 범위와 내용을 대통령령에 위임할 수 있다 하더라도, 이 사건 법률조항은 구체적인 기준의 제시 없이 '순차적'이라는 막연한 기준하에 의무교육의 범위와 내용을 대통령령에 위임하고 있어 일반적·포괄적 위임에 해당하여 헌법이 정한 입법권위임의 한계를 일탈하였다고 볼 여지가 충분하다. 중학교 의무교육이 실시되는 지역에 거주하는 부유한 주민의 자녀는 의무교육의 혜택을 받게 되고, 중학교 의무교육이 실시되지 아니하는 지역에 거주하는 빈한한 주민의 자녀는 의무교육의 혜택을 받을 수 없게 되므로, 평등의 원칙에도 위배되는 것이 아닌가 하는 의심이 간다. [결정요지] 기본법은 1997.12.13. 법률 제5437호로 제정되어 1998.3.1.부터 시행되었으며, 이로써 교육법은 폐지되었다(법 부칙 제1조, 제2조). 그런데 제청신청인의 자녀는 1995.3.1.부터 1998.2.경까지 중학교에 재학하면서 수업료를 납부하였다는 것인바, 제청신청인이 당해 사건에서 반환을 구하는 부당이득금의 원인이 된 것은 수업료 징수행위인데, 그 수업료 징수의 근거가 된 것은 이 사건 법률조항이 아니라 제청신청인의 자녀가 중학교에 재학중일 당시 시행되던 구 교육법(1984.8.2. 법률 제3739호로 개정되고, 법에 의하여 폐지되기 전의 것) 제8조의2이다. 따라서 이 사건 법률조항(기본법 제8조 제1항 단서)은 당해 사건 재판에 적용될 법률이 아니며, 그 위헌여부는 당해 사건의 재판과 아무런 관련이 없으므로 재판의 전제성 요건을 흠결한 것임이 분명하다.[1)]

---

1) [김영일, 권성, 송인준 재판관의 반대의견(위헌의견)] (가) 본안판단의 필요성 – 우리는 이 사건 법률조항에 재판의 전제성이 없다는 점에는 다수의견과 견해를 같이 하나, 그렇다고 하더라도, 이 사건 위헌여부심판제청을 각하할 것이 아니라, 본안에 나아가 이 사건 법률조항의 위헌여부를 판단하여야 한다고 보는 것이다. 이 사건 법률조항인 기본법 제8조 제1항 단서는 형식상 별개의 법률조항이기는 하나, 그 실질적 내용에는 아무런 변화 없이 동일성이 유지되고 있다. 한편 이 사건 법률조항은 국민일반의 자녀교육상 매우 긴요한 중학교 의무교육의 실시에 관하여 대단히 중요한 의미를 지니고 있을 뿐만 아니라, 헌법 제31조 제2항, 제6항에서 천명하고 있는 의무교육의 무상원칙 및 교육제도의 법정주의와 관련하여 매우 중요한 헌법적 쟁점을 지니고 있으므로 그 위헌여부를 해명할 필요성이 대단히 큰 것이라 판단된다. 그렇다면, 헌법재판소로서는 형식적인 법률개정의 유무에 얽매여 구 교육법 조항을 제청의 대상으로 삼지 않았다 하여 이 사건 위헌여부심판제청을 각하할 것이 아니라, 구 교육법 조항과 실질적으로 내용이 동일한 이 사건 법률조항의 위헌여부를 판단함으로써 중학교 의무교육과

* 검토 – 신법조항이 구법조항(위 [심판대상규정]의 * 참고 부분 참조)과 실질적으로 차이가 없다는 점에서 '아무런 관련이 없으므로'라고까지 하면서 재판전제성을 부정하는 것이 위헌법률심판이 그 영향력이 크고 객관적 기능의 중요성을 고려할 때 정당한지 의문이다. 나아가 헌재는 헌법적 해명이 중요한 사안에서는 예외적 본안판필요성을 인정하는 입장을 보여주고 있고 사안은 중학교 의무교육의 실시에 관하여 매우 중요한 헌법적 의미를 지니는 사안이라서 또한 그러하다. 헌재는 위 결정 이전인 1991.2.11.에 *教育法* 제8조의2에 대하여 합헌결정을 한 바 있다(90헌가27, 교육법 제8조의2에 관한 위헌심판, 헌재판례집 3, 11면 이하). 우리는 일찍이 이 합헌결정에 대해서 문제점을 지적한 바 있고(졸고, 교육법 제8조의2에 관한 위헌심판결정에 대한 평석, 법률신문, 1991.3.25. 참조) 위 결정의 반대의견도 비슷한 취지를 밝히고 있다. 현행 교육기본법은 3년의 중등교육까지 의무교육으로 규정하고 있고 단서를 없앴다(동법 제8조 제1항). 고등학교 의무교육이 논의 중에 있다.

(11) 인지보정명령 등 인지 관련 재판에서 인지액 산정방법 규정의 민사비용법

사인(私人)에 대하여는 국가를 상대로 한 소송 등의 경우에도 예외없이 인지를 첩부하도록 하는 민사소송등인지법(1990.12.31. 법률 제4299호로 개정된 것) 제1조가 평등원칙에 반한다는 주장의 위헌소원심판 청구에서 인지액산정방법을 규정한 민사소송비용법(1970.6.18. 법률 제2201호로 개정된 것) 제2조에 대해서도 청구한 사안인데 헌재는 적용가능성을 부정하였다.

판례 헌재 1996.8.29. 93헌바57

[판시] 민사소송비용법 제2조에 대한 청구에 대하여 직권으로 판단하건대, 위 법률조항은 민사소송법의 규정에 의한 소송비용액을 산정함에 있어서 민사소송등인지법에 의하여 첩부한 인지액은 그 정액을 소송비용에 산정한다는 내용으로서(민사소송등인지법 제1조 참조) 소송비용 중 인지액의 산정방법을 규정한 것에 불과하여, 위 관련사건상의 인지보정명령이나 인지미보정으로 인한 재판장의 소장각하명령의 각 재판에 있어서 적용될 법률이 아닐 뿐만 아니라, 그 위헌 여부에 따라 위 각 재판의 결과가 달라지지 아니하므로 재판의 전제성이 없다.

(12) 당해 사건 해결에 불가결한 경우가 아닌 경우

이러한 경우로 이의신청 및 심사청구를 거치지 아니하고서는 지방세 부과처분에 대하여 행정소송을 제기할 수 없도록 한 구 지방세법(1998.12.31. 법률 제5615호로 개정되기 전의 것) 제78조 제2항 등의 위헌여부가 문제된 사안에서 그 전치해야(거쳐야) 하는 심사청구 자체 규정인 제74조 제1항 규정은 그 위헌여부가 재판전제성을 가지지 않는다고 본 아래 결정이 있다.

관련된 헌법적 문제를 적극적으로 해명하는 것이 헌법질서의 수호자로서의 책무를 다하는 것이 될 것이다. (나) 이 사건 법률조항의 위헌여부－헌법 제31조 제6항에 의할 때, 의무교육제도의 기본적인 사항은 국회가 반드시 형식적 의미의 법률로 스스로 정하여야 할 것이고, 이를 행정부 등에 위임하여서는 아니 된다. 중등의무교육을 부분적으로 실시하기로 한 이상 우선실시 및 단계적 확대실시의 분명한 기준을 정하는 것은 의무교육 실시의 범위·방법 및 시기에 관한 기본적 사항이 아닐 수 없다. 그런데도 이 사건 법률조항은 소득이든, 지역이든, 학년이든, 우선실시의 기준을 전혀 정하지 않고 있으며, 단계적인 확대실시를 보장하는 실체적·절차적 제도를 전혀 마련하고 있지 아니한 것이다. 결론적으로 이 사건 법률조항은 의무교육의 부분적 실시만을 예정하고 있을 뿐, 의무교육 실시의 범위와 방법, 연한 등 의무교육제도의 기본적 사항에 해당하는 것들을 스스로 규율하지 않은 채, 송두리째 대통령령의 임의에 맡기고 있으므로 명백히 헌법 제31조 제2항, 제6항에 위반된다.

판례 헌재 2001.6.28. 2000헌바30

[판시] … 지방세법 제74조 제1항에 대한 판단 – 이 조항은 심사청구제도를 규정하고 있을 뿐, 행정소송과의 관계에 관하여는 아무런 규율도 하고 있지 않다. 그런데 이 사건 헌법소원의 취지는 행정소송을 제기하기 전에 반드시 심사청구를 거치도록 하는 것이 위헌이라는 데에 있고, 당해사건 재판의 쟁점 또한 과연 청구인이 행정심판 전치 (前置) 의 요건을 적법하게 거쳤느냐에 있는바, 이에 관한 판단은 지방세 부과처분에 대한 행정소송을 제기하기 위하여는 반드시 심사청구를 하여 그 재결을 거치도록 규정하고 있는 지방세법 제78조 제2항의 위헌여부에 달려 있는 것이지, 제74조 제1항의 위헌여부에 달려 있는 것이 아니다. 또한 청구인은 제74조 제1항 고유의 위헌성은 전혀 다투고 있지 않다. 결국, 당해사건에 직접 적용되고 그 위헌여부에 따라 재판에 영향을 미치는 법률조항은 제78조 제2항이고, 제74조 제1항은 제78조 제2항의 규범적 작용을 위한 하나의 배경요소에 불과하여 그 위헌여부에 관한 판단은 당해사건의 해결에 불가결한 것이 아니다. 그렇다면 제74조 제1항에 대하여는 재판의 전제성을 인정할 수 없다. * 그러나 구 동법 제78조 제2항, 제81조에 대해서는 본안판단에 들어가 무익한 전심절차를 거치도록 강요한다는 점에서도 국민의 재판청구권을 침해한다고 하여 위헌결정을 하였다.

(13) 후행처분에 의한 선행처분 실효로 인한 후자 근거 법률조항 비적용(재판전제성 부정)

이러한 예로 직위해제처분 관련 법률조항("공무원으로서의 근무태도가 심히 불성실한 자" 사유로 직위직위해제된 자가 6월이 경과하여도 직위를 부여받지 못할 경우에는 6월이 경과한 날에 당연퇴직되도록 한 규정)의 위헌여부의 재판전제성이 후행 파면처분으로 부정되는 아래의 결정례를 볼 수 있다. 선행처분인 직위해제처분이 후행의 파면처분으로 실효하게 되어 적용가능성이 사라졌기 때문이라고 본다. 이는 재판의 내용을 달리하는 경우이기도 하여 그 부분에서도 인용한다.

판례 헌재 2005.12.22. 2003헌바76

[결정요지] 재판의 전제성에 관하여 본다. 이 사건에서 보면 청구인은 1일간 직장을 이탈하여 구 국가공무원법 제73조의2 제1항 제2호에 규정된 성실의무를 위반하였다는 이유로 1973.4.7. 직위해제되었는데 그 후 동일한 이유로 같은 해 5.12. 파면의 징계처분을 받았다. 그런데 직위해제처분은 공무원이 공무원의 신분관계를 그대로 존속시키면서 다만 그 직위를 부여하지 아니하는 처분이므로(*직위해제처분은 파면, 정직과 같은 징계처분과 다름) 만일 어떤 사유에 기하여 직위해제를 한 후 동일한 사유를 이유로 공무원의 신분관계를 박탈하는 파면처분을 하였을 경우에는 뒤에 이루어진 파면처분에 의하여 그전에 있었던 직위해제처분의 효력은 상실하게 된다(대법원 1985.3.26. 선고 84누677 판결 등 참조). 따라서 청구인에 대한 1973.4.7.자 직위해제처분은 그 뒤에 직위해제와 동일한 사유를 이유로 행하여진 1973.5.12.자 파면처분에 의하여 효력이 상실되었다. 또한 직위해제 상태의 일정기간 존속이라는 사실의 효과로 당연히 발생하는 당연퇴직의 효과도 발생하지 않게 되었다. 그렇다면 이 법률조항은 당해 사건에 적용되지 아니한다고 보아야 하고 따라서 재판의 전제성이 인정되지 않는다.

* 그런데 사건개요를 보면 문제의 파면처분은 이후 감봉처분으로 변경되었고 이후 직위가 여섯달 동안 부여되지 않아 당시 구 국가공무원법 제73조의2 제4항에 의하여 당연퇴직되었고 당해소송인 서울행정법원에 제기한 소송도 당연퇴직및직위해제무효확인의 소송이었다. 사실 관계의 확인이 필요한데 여하튼 후행 처분에 의해 선행처분에 적용될 법규정이 적용되지 않게 된다는 법리를 살펴보는 의미에서 인용한 것이다.

(14) 징수조항이 아닌 조항

학교운영지원비의 조성·운용 및 사용에 관한 사항을 학교운영위원회가 심의하도록 하는 구 초·중등교육법(1999.8.31. 법률 제6007호로 개정되고, 2012.3.21. 법률 제11384호로 개정되기 전의 것) 제32조 제1항 제7호 중 중학교에 관한 부분('이 사건 심의조항')은 그 징수 관련 심판청구에 적용되지 않아 그 위헌여부의 재판전제성이 부정된다.

판례 헌재 2012. 8. 23. 2010헌바220
[결정요지] 이 사건 심의조항은 학교운영지원비를 징수할 수 있는 근거가 되는 조항이 아니므로 당해사건의 재판에 적용되는 법률이라 할 수 없다. 따라서 청구인들의 이 사건 심의조항에 대한 심판청구는 재판의 전제성을 갖추지 못하여 부적법하다.

(15) 청구인이 적용대상자인지에 따른 판단

그 예로 사립학교에 적용되지 않는 조항에 대해 그 위헌여부가 재판전제성을 가지지 않는다고 부정된 사안을 본다. 아래 사안은 학교운영지원비를 학교회계 세입항목에 포함시키도록 하는 구 초·중등교육법(2000.1.28. 법률 제6209호로 개정되고, 2012.3.21. 법률 제11384호로 개정되기 전의 것) 제30조의2 제2항 제2호 중 중학교 학생으로부터 징수하는 것에 관한 부분(이하 '이 사건 세입조항'이라 한다)에 대한 사립중학교 학부모들의 헌법소원심판청구가 그 비적용으로 부적법하다고 본 예이다.

판례 헌재 2012.8. 3. 2010헌바220
[결정요지] 이 사건 세입조항은 '국·공립중학교'에만 적용되는 것이지, '사립중학교'에서 징수하는 학교운영지원비에 대해서는 적용되는 것이 아니므로 이에 대한 사립중학교 학부모들의 청구 부분은 재판의 전제성을 갖추지 못하여 부적법하다.

(16) 당해 소송에 적용할 법률조항이 아니라는 이유로 재판전제성 부정된 또 다른 결정례

헌재 1993.11.25. 90헌바47 내지 58(병합), 1980년 해직공무원의 보상 등에 관한 특별조치법 제2조에 대한 헌법소원, 헌재판례집 5-2, 378면 이하; 1993.11.25. 92헌바39, 형사소송법 제56조 위헌소원, 헌재판례집 5-2, 410면 이하; 1995.2.23. 93헌바43; 1995.5.25. 93헌바33, 구 산림법 제48조의2 위헌소원, 헌재판례집 7-1, 653면 이하; 1995.7.21. 93헌바46, 국세기본법 제35조 제1항 제3호 가목 등, 위헌소원, 헌재판례집 7-2, 48면; 1996.8.29. 93헌바57, 민사소송등 인지법 제1조 등 위헌소원; 1998.9.30. 96헌바88, 공공용지의 취득 및 손실보상에 관한 특례법 제9조 제1항 등 위헌소원, 헌재판례집 10-2, 517면; 2000.2.24. 98헌바73, 회사정리법 제237조 제4항 등 위헌소원, 헌재공보 제43호, 247면; 2000.3.30. 99헌바14, 구 교육법 제85조 제1항 등 위헌소원, 헌재판례집 12-1, 325면; 2000.10.25. 2000헌바32, 토지수용법 제5조 위헌소원, 헌재판례집 12-2, 264면; 헌재 2000.11.30. 2000헌바24, 부동산실권리자명의등기에 관한 법률 제4조 등 위헌소원, 헌재판례집 12－2, 318면; 제2 지정재판부 2000.6.21. 고지, 2000헌바47, 구 산림법 제40조 제1항 위헌소원, 헌재판례집 12－1, 785면; 2000.11.30. 99헌바22, 구 소득세법 제21조 제5항 등 위헌소원, 헌재공보 제51호, 818면; 2001.1.18. 99헌바112, 새마을금고법 제20조 제1항 제7호 위헌소원, 헌재판례집 13－1, 93면; 2001.3.21. 99헌바81·82·83·101·102·103, 2000헌바1·18(병합), 구 내수면어업개발촉진법 제10조 제2항 제1호(1990.8.1. 법률 제4252호로 개정되고, 2000.1.28. 법률 제6255호로 개정되기 전의 것), 수산업법(1995.12.30. 법률 제5131호로 개정되고, 2000.1.28. 법률 제6257호로 개정되기 전의 것) 제34조 제1항 위헌소원, 헌재판례집 13－1, 599면; 2001.11.29. 2000헌바49, 구 국세징수법 제47조 제2항 위헌소원, 헌재판례집 13－2, 639면; 2002.5.30. 2001헌바28, 민사소송법 제118조 제1항 등 위헌소원, 헌재판례집 14－1, 495면 등; 2001.5.31. 99헌가18등; 2002.5.30. 2000헌바58등; 2002.12.18. 2002헌바27; 2008.7.31. 2005헌가16; 2010.7.29. 2008헌가19등; 2014.1.28. 2012헌바298; 2015.5.28. 2013헌바29등; 2015.5.28. 2013헌바82등; 등 참조.

4. 간접적용되는 법률조항에 대한 재판전제성의 예외적 인용

헌재는 당해 소송에서 직접적용되지 않는 법률조항이더라도 내적 관련성이 있으면 그 간접적용되는 법률조항에 대해서도 그 위헌여부가 재판의 전제성을 가진다고 보는 예외를 인정하고 있다. 이에 대해서는, Ⅵ. 재판전제성이 인정되는 특수한 경우들 7. 직접 적용되지 않는 법률조항에 대한 재판전제성의 예외적 인정과 그 사유 부분 참조.

Ⅳ. 다른 내용의 재판을 할 경우

1. 의미

(1) 넓은 의미

여기서의 재판은 물론 법원의 재판이다. 앞서도 밝혔듯이 헌재는 '다른 내용의' 재판을 하게 되는 경우라 함은 "원칙적으로 제청법원이 심리 중인 당해 사건의 재판의 결론이나 주문에 어떠한 영향을 주는 것뿐만 아니라, 문제된 법률의 위헌여부가 비록 재판의 주문 자체에는 아무런 영향을 주지 않는다고 하더라도 재판의 결론을 이끌어내는 이유를 달리 하는 데 관련되어 있거나 또는 재판의 내용과 효력에 관한 법률적 의미가 전혀 달라지는 경우"도 포함한다고 넓게 본다(헌재 1992.12.24. 92헌가8 등. 확립된, 자주 나오는 판시이다). 결국 위헌심사의 대상이 된 법률조항의 위헌여부에 따라 그 법원재판에서 판결의 주문이나 결론의 차이뿐 아니라 그 주문, 결론에 이르게 되는 논증이나 재판의 내용이 달라질 경우도 넓게 포함된다.

(2) '적용될 것' 요건과의 관련

1) 견련성

문제의 법률조항이 해당 법원재판에서 적용되지 않는다는 것은 관련성이 없어서 그 법률조항이 위헌이든 아니든 재판의 내용에 영향을 미치지 않는다는 것을 의미하므로 위 '적용될 것' 요건과 여기의 '다른 내용의 재판을 할 경우'라는 요건은 연관되어 있다. * 아래에 구체적 경우에 인용된 결정례들인 헌재 2007.12.27. 2005헌가9; 2010.2.25. 2008헌가23; 2015.12.23. 2015헌가27; 2016.3.31. 2015헌가8 등이 그러한 예들인바 참조.

2) 구분성

그러나 전자와 무관하게 후자만 문제될 수도 있다. 즉 적용되는 법률조항이지만 그 위헌여부에 따라 법원재판의 내용이 달라질 수도 있는 것이다.

3) 정리

따라서 단계적으로 판단될 요건이라고 할 것이다. ⅰ) '적용되는 것일 것' 요건은 그 문제의 법률조항이 적용될 가능성이 있는가를 질문하여 부정적이면 재판전제성이 결여된 것이고 다음으로 적용가능성이 있다면 다음 단계로 ⅱ) 그 법률조항의 위헌여부에 따라 '다른 내용의 재판'을 할 것인가 하는 다음 단계의 심사로 이동하게 된다.

(3) 선행결정 판단에 영향을 미치는 경우

헌재는 제청된 법률이 위헌으로 심판되는 여부가 법원이 앞으로 진행될 소송절차와 관련한 중요한 문제점을 선행결정하여야 하는 여부의 판단에 영향을 주는 경우도 전제성이 있다고 본다.

판례 헌재 1994.2.24. 91헌가3

[판시] 재판의 전제성이라 함은 원칙적으로 (ㄱ) 구체적인 소송사건이 법원에 계속 중이어야 하고, (ㄴ) 위헌여부심판에 제청된 법률이 당해 소송사건의 재판에 적용되는 것이어야 하며, (ㄷ) 그 제청된 법률이 헌법에 위반되는 여부에 따라 당해 소송사건을 담당하는 법원이 다른 내용의 재판을 하게 되는 경우를 말한다. 다른 내용의 재판을 하게 되는 경우라 함은 원칙적으로 법원이 심리중인 당해 사건의 재판의 결론이나 주문에 어떤 영향을 주는 경우뿐만 아니라 제청된 법률의 위헌 여부가 비록 주문 자체에는 아무런 영향을 주지 않는다고 하더라도 재판의 결론을 이끌어 내는 이유를 달리하는 데 관계되어 있거나 또는 재판의 내용과 효력에 관한 법률적 의미가 달라지는 경우도 포함된다고 할 것이다(헌법재판소 1992.12.24. 선고, 92헌가8 결정; 1993.12.23. 선고, 93헌가2 결정 각 참조). 그리고 제청된 법률이 위헌으로 심판되는 여부가 법원이 앞으로 진행될 소송절차와 관련한 중요한 문제점을 선행결정하여야 하는 여부의 판단에 영향을 주는 경우도 전제성이 있다고 보아야 한다. 그런데 이 사건 법률규정이 위헌으로 심판되면 소송당사자인 대한민국은 항소장에 민사소송등인지법 제3조에 정한 인지를 첩부할 의무가 있어서 그 항소장을 심사한 원심법원인 제청법원(단독판사)은 민사소송법 제368조의2 제1항에 의하여 대한민국에 대하여 민사소송등인지법 제3조에 정한 인지를 첩부할 것을 명하는 보정명령을 내리는 재판을 하여야 하고, 만일 대한민국이 이 보정명령에 따른 보정을 하지 않을 경우에는 위 원심법원은 민사소송법 제368조의2 제2항에 의하여 그 항소장을 각하하여야 한다. 만일 이 사건 법률규정이 합헌이라면 위 원심법원은 위 보정명령을 내리는 재판을 할 수 없다. 그러므로 이 사건 법률규정의 위헌 여부는

앞으로 진행될 항고심절차에 관련하여 인지보정명령을 내릴 수 있는 여부의 중요한 문제를 선행결정하여야 하는 법원의 판단에 영향을 주는 것이다. 그러므로 이 사건 법률규정의 위헌 여부는 위 원심법원이 대한민국에 대하여 인지첩부를 명하는 보정명령을 내리는 재판 여부에 대하여 전제성이 있다고 할 것이다. * 동지 : 헌재 2011.12.29. 2010헌바459.

(4) 국가배상·손실보상청구의 경우

물론 이 경우는 국가가 손해·손실을 야기하게 한 관련 법률조항의 위헌여부에 따라 국가의 책임이 인정되는지 여부에 재판전제성이 결정된다. 그 손해배상·손실보상소송이 국가대상으로 한 것이 아닌 경우라든지 배상·보상 자체에 대한 것이 아닌 경우와 같은 경우들에서는 재판전제성이 인정되지 않는다(아래 2. 부정의 경우 부분에 인용된 결정례들이 그런 예들이다. 후술 참조). 그런데 어떤 법률규정이 손실을 야기하는 공권력작용을 할 수 있게 허용하면서 그 보상에 관한 규정을 두지 않는 경우는 어떠한지가 살펴볼 일인데 이는 공권력작용을 할 수 있도록 한 규정과 보상규정은 무관하다고도 볼 수 있기 때문이다. 그러나 생각건대 그 손실이 보상규정이 없어 위헌이라는 점에 기인하는 것이라면 보상으로 나아가게 헌법불합치결정 등을 할 수 있으므로 재판의 내용을 달리하게 할 것으로 보아 재판전제성을 인정할 수 있다. 아래 결정에서 헌재가 재판전제성을 인정한 판시의 논거취지도 그러하다고 본다.

- 자연공원지정의 경우

판례 헌재 2003.4.24. 99헌바110등

[사건개요] (1) 청구인은 자신 소유의 토지를 포함한 지역을 자연공원법(1982.12.31. 법률 제3644호) 제4조에 따라 북한산 국립공원으로 지정하는 처분이 있자 이 처분으로 인하여 청구인 소유의 위 토지에 대한 사권의 행사가 실질적으로 금지되었음에도 국립공원지정처분에 관하여 규정한 자연공원법 제4조와 일정한 사항에 관하여 손실보상을 규정한 제43조 제1항은 사유토지에 대한 국립공원지정처분으로 인한 손실에 대해 아무런 보상규정을 두지 아니함으로써 헌법 제23조 제3항의 정당보상원리에 위배되어 무효이고, 이에 따라 대한민국은 청구인에게 헌법 제23조 제3항에 기한 손실보상의 책임이 있다고 주장하면서 대한민국을 상대로 서울지방법원에 99가합84239호로 손실보상금의 지급을 구하는 소송을 제기하고, 동 소송 계속중 위 자연공원법 조항들에 대해 위헌제청신청을 하였으나 당해사건 법원이 이를 기각하자, 1999.12.9. 헌법재판소법 제68조 제2항에 따라 이 사건 헌법소원심판을 청구하였다. [심판대상] 자연공원법(2001.3.28. 법률 제6450호로 전문개정되기 전)제4조(국립공원의 지정) ①국립공원은 환경부장관이 지정한다. [판시] 이 사건 각 헌법소원의 당해사건들은 국립공원지정처분을 원인으로 하여 국가를 상대로 제기한 손실보상청구(99헌바110)와 부당이득반환·손해배상청구(2000헌바46) 사건인데, 심판대상인 구법 제4조는 국립공원지정의 근거조항일 뿐이므로 이 규정이 위헌으로 된다 하더라도 직접적으로 손실보상 또는 부당이득반환·손해배상 등 금전의 지급을 명하는 판결을 할 수 없다는 점에서 이론상 재판의 전제성을 인정하기 어려운 면이 없지 않다. 그러나, 헌법재판소는 소위 '그린벨트' 사건(헌재 1998.12.24. 89헌마214 등, 판례집 10-2, 927)과 '도시계획장기미집행' 사건(헌재 1999.10.21. 97헌바26, 판례집 11-2, 383)에서 수인범위를 넘는 과도한 재산권제한의 위헌성을 문제삼으며 제기한 금전보상(손실보상 또는 손해배상) 청구사건에 대하여 재산권제한 규정의 위헌 여부가 재판의 전제성이 있음을 인정한 바 있다. 이는 당사자의 의도가 반드시 보상금 지급을 구한다기보다는 토지소유권에 가해지는 제한이 과도함을 다투는 취지라는 데에 중점을 두고, 위헌결정 또는 헌법불합치결정에 따른 개

선입법에 의하여 당해사건에서 다른 내용의 재판을 할 여지가 있다고 보았기 때문이다. 이 사건에서도 청구인들의 주장은 이 사건 토지에 대한 국립공원지정처분으로 말미암은 청구인들의 손실 또는 손해는 "보상규정을 결여하여 위헌인" 이 사건 법률조항에 근거했기 때문이라는 취지로 이해할 수 있고, 그렇다면 이 사건에서도 재판의 전제성을 인정할 수 있다고 할 것이다.

2. 부정의 경우

(1) 목적조항인 경우의 부정

목적조항은 어느 법률의 존재이유, 그 법률의 해석·적용에 관한 추상적인 내용을 규정하기 때문에 그 위헌여부에 따라 다른 내용의 재판을 할 법률조항이 아니다. 이는 재판에 직접 적용되지 않는다는 점에서 위 Ⅲ.의 요건을 결여하는 것이기도 하다. 아래 결정은 그 취지를 판시하고 있는 예이다.

판례 헌재 2013.12.26. 2011헌바108

[심판대상조항] '아동·청소년의 성보호에 관한 법률(2009.6.9. 법률 제9765호로 개정된 것) 제3조(해석·적용상의 주의) 이 법을 해석·적용할 때에는 아동·청소년의 권익을 우선적으로 고려하여야 하며, 이해관계인과 그 가족의 권리가 부당하게 침해되지 아니하도록 주의하여야 한다. [판시] 목적조항은 위 법의 해석과 적용상의 일반적 주의사항을 추상적으로 규정하고 있을 뿐 당해 사건에 직접 적용되는 법률이 아니다. 또 위 법률조항이 헌법에 위반되는지 여부에 따라 당해 사건의 재판의 주문이 달라지거나 재판의 내용과 효력에 관한 법률적 의미가 달라진다고도 볼 수 없다. 따라서 위 조항에 관하여는 재판의 전제성을 인정할 수 없으므로 이 부분 심판청구는 부적법하다.

(2) 국가배상소송·손실보상청구소송에서 관련되지 않는 법률조항 위헌여부의 재판전제성 부인

국가배상청구는 국가를 상대로 한 것인데 국가를 상대로 하지 않은 손해배상청구소송의 경우라든지 국가배상청구소송에서라고 하더라도 그 원인행위가 불법임을 중대명백설에 따라 밝히기 불가한 경우라든지 손실에 대한 보상 그 자체에 관한 법률조항이 아닌 경우 등에는 그 손해배상소송, 손실보상청구소송의 재판내용에 영향을 미치지 못하여 그 위헌여부가 재판전제성을 가지지 못한다.

1) 손해배상

(가) 국가를 상대로 하는 국가배상소송이 아닌 경우

당해 소송이 국가배상청구소송이 아니라서 당해 소송에서 위헌이라고 주장되는 법률규정의 위헌여부가 그 당해 소송의 재판내용에 영향을 미치지 못하는 경우 재판전제성이 없음을 보여주는 아래의 결정례가 있었다.

판례 헌재 1996.3.28. 93헌바41, '1980년 해직공무원의 보상 등에 관한 특별조치법' 제2조 등 위헌소원

[사건개요] 1980년 정화계획에 의하여 해직된 단위농업협동조합장들이 농업협동조합중앙회를 상대로 이 해임이 불법행위를 구성함을 전제로, 해임되지 아니하였더라면 각 잔여임기 동안에 청구인들이 받게 되

었을 임금상당액 등의 손해배상청구소송을 제기하였고 그 항소심에서 문제의 '1980년 해직공무원의 보상 등에 관한 특별조치법' 제2조 제1항 및 제5조의 위헌여부가 위 재판의 전제가 된다고 하여 위헌법률심판제청의 신청을 하였는데 당해 항소심법원이 신청을 각하하자 헌재법 제68조 제2항에 의한 헌법소원심판을 제기하였다. [심판대상규정] '1980년 해직공무원의 보상 등에 관한 특별조치법' 제2조(보상) ① 이 법에 의한 보상대상자는 1980년 7월 1일부터 동년 9월 30일까지의 기간 중 정화계획에 의하여 해직된 공무원으로 한다. 다만, 정화계획에 의하여 해직된 공무원으로서 그 해직일이 위 기간 이외의 시기에 해당하는 자에 대하여는 대통령령이 정하는 절차에 따라 보상대상자로 한다. 동법 제5조(행정지도) 정부는 정부산하기관의 직원 중 정화계획에 의하여 해직된 자에 대하여 해직공무원과 상응한 조치가 이루어질 수 있도록 행정지도를 한다. [청구인주장] 청구인들이 정부산하기관인 농업협동중앙회에서 해직당하게 된 것도 1980.7.31. 소외 국가보위비상대책위원회의 정화계획의 일환으로 공무원과 마찬가지로 행하여진 것이다. 즉 그 해직의 경위에 있어서 공무원과 어떠한 차이도 없었다. 그럼에도 불구하고 이 사건 법률 제2조 제1항과 제5조는 그 해직과 관련한 보상 및 특별채용의 방법에 있어서 정부산하기관의 직원에 대하여는 공무원과 차별하여 그들의 보상 및 특별채용에 관하여 정부가 책임을 지지 아니하고 해직공무원과 상응한 조치가 이루어질 수 있도록 행정지도를 하는 데 그치고 그나마 정부산하기관의 임원에 대하여는 어떠한 보상과 조치도 규정하지 아니하고 있다. 이는 헌법 제11조 제1항의 평등의 원칙에 위반된다. [결정요지] 위 제2조 제1항은 국가가 그 의무를 지는 보상을 규정한 것이며, 그 제5조는 정부가 정부산하기관에게 위 정화계획에 의하여 해직된 정부산하기관 직원들에 대하여도 가급적 해직공무원과 상응한 조치가 이루어질 수 있도록 행정지도를 하라는 것이지 위 정화계획에 의하여 해직된 직원 등에 대한 정부산하기관의 보상의무를 규정한 것이 아니다. 기록에 의하면 당해 소송사건은 청구인들이 위 정화계획에 의하여 불법하게 해직되었다 하여 청구외 농업협동조합중앙회를 상대로 임금 상당액 등의 손해배상을 청구하는 소송일 뿐, 국가 또는 정부를 상대로 하는 소송이 아님을 알 수 있다. 그렇다면 이 사건 법률 제2조 및 제5조의 적용대상에 청구인들과 같은 정부산하기관의 임원 중 위 정화계획에 의하여 해직된 자들을 포함시키지 아니한 것이 헌법에 합치되지 아니한다는 결정이 선고된다고 하더라도 당해 법원이 청구인들에게 승소판결을 선고할 수 없고 위 법률조항들의 위헌여부가 당해 사건의 재판의 주문이나 재판의 내용과 효력에 관한 법률적 의미에 영향을 미칠 수 없으므로 재판의 전제성이 부인될 수밖에 없다. 따라서 이 사건 심판청구는 부적법한 것임을 면할 수 없다(각하결정).

(나) 중대명백설에 따른 부정

국가배상의 청구소송에서 그 손해를 야기한 원인이 불법행위임이 밝혀져야 국가책임이 인정되는데 그 원인행위(직무행위)가 근거한 법률조항의 위헌성을 헌재의 결정이 있기 전에는 알 수 없어서 중대하나 명백하지는 않아 행위자(공무원)의 고의, 과실을 인정할 수 없어서 결국 재판전제성이 없다고 보는 것이 헌재의 판례이다. 이에 대해서나 아래 결정에 대한 자세한 것은 뒤의 'Ⅷ. 민사소송에서의 선결문제(행정처분의 위법여부)와 재판전제성 2. (2) 1) 국가배상청구소송에서의 직무행위 근거 법률조항 위헌여부의 재판전제성 문제' – 중대명백설 적용에 따른 부정 부분 참조.

판례 헌재 2008.4.24. 2006헌바72

[판시] 일반적으로 법률이 헌법에 위반된다는 사정은 헌법재판소의 위헌결정이 있기 전에는 객관적으로 명백한 것이라고 할 수 없으므로, 법률이 헌법에 위반되는지 여부를 심사할 권한이 없는 공무원으로서는 그 법률을 적용할 수밖에 없는 것이고, 따라서 법률에 근거한 행정처분이 사후에 그 처분의 근거가

되는 법률에 대한 헌법재판소의 위헌결정으로 결과적으로 위법하게 집행된 처분이 될지라도, 이에 이르는 과정에 있어서 공무원의 고의, 과실을 인정할 수는 없다 할 것이다. 그러므로 이 사건 법률조항이 헌법에 위반되는지 여부는 당해 사건에 있어 그 재판의 결론이나 주문 또는 내용과 효력에 관한 법률적 의미에 아무런 영향을 미치지 못하므로 이 사건 법률조항에 대한 위헌심판청구는 재판의 전제성을 갖추지 못하였다. * 동지 : 헌재 2009.9.24. 2008헌바23; 2011.3.31. 2009헌바286; 2011.9.29. 2010헌바65; 2014.4.24. 2011헌바56 등.

2) 손실보상청구소송에서의 재판전제성이 부인된 경우

보상 그 자체에 관련된 법률조항이 아니라면 재판의 내용을 달리하지 않아 그 위헌여부가 재판전제성을 가지지 않는다. 아래의 예를 볼 수 있다.

판례 헌재 1998.7.16. 96헌바56, 구 하천법 제12조 단서 위헌소원

[사건개요] 청구인들 또는 청구인들의 피상속인의 소유로 등재되어 있었던 소위 '제외지'(堤外地)(이하 '이 사건 토지들'이라 함)가 구 하천법(1961.12.30. 법률 제892호로 제정되고 1963.12.5. 법률 제1475호로 일부개정된 것) 제12조 단서와 같은 법시행령(1963.12.16. 각령 제1753호) 제8조의2 에 근거하여 1964.6.1. 하천구역으로 고시되었는데, 이 사건 토지들은 모두 위 고시가 있기 전에 등기부가 멸실되었으나 회복등기가 이루어지지 않고 있다가 위 고시 이후인 1982.12.11.부터 1983.1.20.까지 사이에 각 국가 명의로 소유권보존등기가 이루어졌다. 청구인들은 1984.12.31. 개정된 하천법(법률 제3782호) 부칙 제2조 제1항 후단에 따라 서울특별시를 상대로 국유화로 인한 손실보상청구소송을 민사지방법원에 제기하여 승소판결을 받았으나 항소심인 서울고등법원은 이 사건 토지들은 1964. 6.1.건설부고시에 의하여 국유로 되었고, 따라서 1971.1.19. 개정 하천법에 따라 국유화된 것이 아니므로 1984.12.31. 개정 하천법 부칙 제2조 제1항 소정의 보상대상 토지에 해당하지 않으므로 이 사건 토지들이 위 1984.12.31. 개정 하천법 부칙 제2조 제1항 소정의 보상대상토지에 해당함을 전제로 보상금의 지급을 구하는 원고들의 청구는 이유 없다고 하여 원심판결을 취소하고 청구를 기각하는 판결을 선고하였다. 이에 청구인들은 대법원에 상고를 제기하는 한편, 그 소송 계속 중 위 하천법 제12조 단서조항에 대하여 대법원에 위헌여부심판의 제청신청을 하였으나, 대법원이 기각하자 헌법재판소법 제68조 제2항에 의한 헌법소원심판청구를 하였다. [심판대상규정] 구 하천법(1961.12.30. 법률 제892호로 제정되고 1963.12.5. 법률 제1475호로 일부개정된 것. 이하 '법'이라 한다) 제12조 단서 : 하천법(1963.12.5. 법률 제1475호) 제12조(구역의 결정) 관리청은 하천의 구역을 결정하였을 때에는 경제기획원장이 정하는 바에 의하여 이를 고시하고 그 도면을 일반에게 열람시켜야 한다. 하천의 구역을 변경하였을 때에도 또한 같다. 다만, 관리청이 하천의 구역을 결정한 관계도면이 정비될 때까지 하천의 구역은 각령으로 정하는 바에 따라 관리청이 인정하는 바에 의한다. [결정요지] 이 사건의 경우 청구인들은 이 사건 토지들이 1971.1.19. 개정된 하천법에 따라 국유화가 되었음을 전제로 1984.12.31. 개정 하천법 부칙 제2조 제1항 후단에 따라 서울특별시를 상대로 손실보상청구를 하여 제1심(서울민사지방법원)에서는 승소하였으나, 서울고등법원이 이 사건 토지들은 그 이전에 이 단서조항 및 이 법시행령 제8조의2, 위 건설부고시 제897호 등에 의하여 국유화된 것이라고 하여 원심판결을 취소하고 청구기각판결을 하자, 대법원에 상고를 제기하여 그 소송의 계속 중 이 단서조항에 대하여 위헌제청신청을 한 것이다. 따라서 만일 이 단서조항에 대하여 위헌결정을 선고하더라도 동 위헌결정에 의하여 위 시행령 제8조의2 및 건설부고시가 함께 무효가 되어 위와 같이 국가 앞으로 이루어진 소유권보존등기가 원인무효로 인한 등기로 돌아가는지 여부는 별론으로 하고, 당해 소송사건의 주문에 영향을 미치지 못하는 것은 물론, 그로 인하여 재판의 내용과 효력에 관한 법률적 의미가 달라진다고도 볼 수 없다. 왜냐하면 당해 사건은 이 사건 토지들이 국유화되었음을 전제로 한 손실보상청구이므로, 이 단서조항에 대한 위헌결정이 선고되어 당해 사건의 재심절차

가 개시되더라도(헌법재판소법 제75조 제7항 참조) 청구인들의 청구는 그 주장 자체에서 이유 없어 기각될 것이기 때문이다(당해 사건은 서울특별시를 상대로 한 손실보상청구사건이므로 청구인들은 위 재심절차에서 국가를 상대로 하는 소송으로 '청구의 변경'도 할 수 없다). 따라서, 이 사건 심판청구는 이 단서 조항의 위헌여부에 따라 당해 사건의 주문이 달라지거나 재판의 내용과 효력에 관한 법률적 의미가 달라지는 경우에 해당된다고 할 수 없으므로 이 사건 심판청구는 재판의 전제가 되는 요건을 갖추지 못하였다고 볼 수밖에 없다.

(3) 승소판결 확정의 경우

1) 유리한 판결

헌재는 당해사건에서 청구인에게 유리한 판결이 선고되고 확정된 이상 이 법률조항의 위헌여부에 따라 재판의 주문이 달라지는 경우에 해당하지 않는다고 본다, 그리하여 당해사건에서 이 법률조항의 위헌여부가 결정되지 아니한 채 다른 이유로 재판이 종결되었다 하여 그 재판의 법적 효력이 불명확한 상태로 남아 있는 것이 아니므로, 이 법률조항의 위헌여부에 따라 재판의 내용과 효력에 관한 법률적 의미가 달라지는 경우에도 해당하지 않는다고 보아 결국 재판전제성이 없다고 본다.

판례 헌재 2001.6.28. 2000헌바61

[판시] 당해사건은 2000.7.14. 청구인이 지정기간 안에 농지를 처분하지 못한 데 정당한 사유가 있었다는 이유로 청구인 승소판결이 선고되어 같은 해 8.11. 확정되었다. 이 헌법소원에 있어서는 당해사건에서 이와 같이 청구인에게 유리한 판결이 확정된 이상 이 법률조항의 위헌 여부에 따라 재판의 주문이 달라지는 경우에 해당하지 않고, 당해사건에서 이 법률조항의 위헌 여부가 결정되지 아니한 채 다른 이유로 재판이 종결되었다 하여 그 재판의 법적효력이 불명확한 상태로 남아 있는 것이 아니므로, 이 법률조항의 위헌 여부에 따라 재판의 내용과 효력에 관한 법률적 의미가 달라지는 경우에도 해당하지 않는다. 따라서, 이 심판청구는 이 결정 당시 재판의 전제성이 없어 부적법하므로 각하를 면할 수 없다.

2) 난민불인정처분 취소소송 승소확정로 보호해제

이 경우에 그리하여 보호명령으로 인한 권익침해해소가 완전히 되어 보호명령 취소청구 재판에서 구 출입국관리법 규정이 위헌여부가 재판전제성을 결여하였다고 보았다.

판례 헌재 2016.4.28. 2013헌바196, 출입국관리법 제63조 제1항 위헌소원

[심판대상규정] 강제퇴거명령을 받은 사람을 즉시 대한민국 밖으로 송환할 수 없으면 송환할 수 있을 때까지 보호시설에 보호할 수 있도록 규정한 구 출입국관리법(2010.5.14. 법률 제10282호로 개정되고, 2014.3.18. 법률 제12421호로 개정되기 전의 것) 제63조 제1항. [결정요지] 헌법재판소법 제68조 제2항의 헌법소원심판 청구가 적법하기 위해서는 당해 사건에 적용될 법률이 헌법에 위반되는지 여부가 재판의 전제가 되어야 하고, 여기에서 재판의 전제가 된다는 것은 그 법률이 당해 사건에 적용될 법률이어야 하며, 그 위헌 여부에 따라 재판의 주문이 달라지거나 재판의 내용과 효력에 관한 법률적 의미가 달라지는 것을 말하고, 이러한 재판의 전제성은 위헌제청신청 당시뿐만 아니라 심판이 종료될 때까지 갖추어져야 함이 원칙이다(헌재 2010.2.25. 2007헌바34 참조). 그러므로 법원에서 당해 소송사건에 적용되는 재판규범 중 위헌제청신청대상이 아닌 관련 법률에서 규정한 소송요건을 구비하지 못하였기 때문에 부적법하다는 이유로 소각하 판결을 선고하고 그 판결이 확정되거나, 소각하 판결이 확정되지 않

았더라도 당해 소송사건이 부적법하여 각하될 수밖에 없는 경우에는 위헌제청신청대상인 법률의 위헌 여부에 따라 재판의 주문이 달라지거나 재판의 내용과 효력에 관한 법률적 의미가 달라지는 것이 아니어서 당해 소송사건에 관한 재판의 전제성 요건이 흠결되어 부적법하다(헌재 2005.3.31. 2003헌바113 참조). 그런데 앞서 본 바와 같이 청구인이 이 사건 심판청구 후인 2014.4.25. 난민불인정처분 취소소송에서 승소하고, 2014.12.24. 그 판결이 확정되자, 청구인에 대한 보호가 완전히 해제되었는바, 이로써 위 보호명령으로 인하여 청구인이 입은 권리와 이익의 침해는 해소되었으므로, 설령 이 사건 법률조항에 대하여 위헌결정이 선고되어 이미 확정된 위 보호명령 취소청구사건에 대한 재심이 개시되더라도 그 소는 위 보호명령의 취소를 구할 이익이 없어 부적법하여 각하될 수밖에 없다(대법원 2005.5.13. 선고 2004두4369 판결 참조). 따라서 위헌심판대상인 이 사건 법률조항의 위헌 여부에 따라 당해 소송사건인 위 보호명령 취소청구사건에 관한 재판의 주문이 달라지거나 재판의 내용과 효력에 관한 법률적 의미가 달라지는 것이 아니므로, 이 사건 심판청구는 재판의 전제성 요건을 갖추지 못하여 부적법하다.

3) 재심불가

판례 헌재 2000.7.20. 99헌바61

[판시] 이 사건에서처럼 당해소송에서 승소한 당사자인 청구인은 재심을 청구할 수 없고(대법원 1998. 11.10. 98두11915, 공1998하, 2877 참조), 당해사건에서 청구인에게 유리한 판결이 확정된 마당에 이 법률조항에 대하여 헌법재판소가 위헌결정을 한다 하더라도 당해사건 재판의 결론이나 주문에 영향을 미치는 것도 아니므로, 결국 이 사건은 재판의 전제성이 부정되는 부적법한 청구가 된다고 할 것이다. * 비슷한 취지의 결정례 : 헌재 2008.10.30. 2006헌바80. * 위 2)의 결정례에서도 재심 각하가능성을 언급하고 있다.

(4) 해당 법원재판에서의 비적용과 재판결과에 따른 사후 적용가능성

위에서 언급한 대로 재판에 직접 적용되지 않는다는 것은 재판의 결과에 영향을 미치지 않는다는 것이기도 하다. 그런데 그 해당재판 자체는 아니나 그 재판의 결과에 따라 적용될 가능성을 가지는 법률조항도 있다. 그런 경우에도 재판전제성이 부정된다.

1) 재판의 결론 및 그 확정 여부에 의하여 비로소 적용되는 법률조항

헌재는 신상등록 조항에 대해 당해 사건 재판의 결론 및 그 확정 여부에 의하여 비로소 적용되는 것일 뿐, 유죄판결이 확정되기 전 단계인 당해 사건 재판에서 적용된다고 볼 수 없고 따라서 그 위헌여부에 따라 당해 사건 재판의 주문이나 내용, 효력에 관한 법률적 의미가 달라진다고 볼 수 없다고 하여 재판전제성을 부정한다.

판례 헌재 2015.12.23. 2015헌가27

[판시] (가) … (나) 심판대상조항은 성폭력 특례법상 일정한 성폭력범죄로 유죄판결이 확정된 자를 신상정보 등록대상자로 정하고 있다. 즉 심판대상조항은 당해 사건 재판의 결론 및 그 확정 여부에 의하여 비로소 적용되는 것일 뿐, 유죄판결이 확정되기 전 단계인 당해 사건 재판에서 적용된다고 볼 수 없다. (다) 심판대상조항은 당해 사건 재판에 적용되지 아니하고, 그 위헌 여부에 따라 당해 사건 재판의 주문이나 내용, 효력에 관한 법률적 의미가 달라진다고 볼 수 없으므로, 재판의 전제성이 인정되지 아니한다. * 위 결정의 자세한 것은 위 '적용되는 법률일 것' 요건 부분 참조.

2) 유죄판결에 기초한 새로운 제재의 근거조항

헌재는 유죄판결 받은 그 형사재판 자체에서 적용되는 법률조항이 아니라 이후 유죄판결에 기초하여 새로이 부과되는 제재의 법률조항인 경우 그 형사재판에서 재판전제성이 부정된다고 한다.

판례 헌재 2016.3.31. 2015헌가8

[판시] 이 사건 심판대상조항은 형사소송인 당해 사건에서 형벌의 근거조항으로서 직접 적용되는 조항이 아니라, 당해 사건의 유죄판결이 확정되고 난 후 그 유죄판결에 기초하여 부과되는 새로운 제재의 근거조항일 뿐이다. 따라서 이 사건 심판대상조항은 그 위헌 여부로 재판의 주문이 달라지거나 재판의 내용과 효력에 관한 법률적 의미가 달라지는 경우라고 보기 어렵고, 설사 제청법원이 선고형을 선택함에 있어서 이 사건 심판대상조항에 의해 영향을 받는다 하더라도, 이는 사실상 제약에 불과하다. 그렇다면 이 사건 심판대상조항의 위헌 여부에 따라 당해 사건 재판의 주문이 달라지거나 재판의 내용과 효력에 관한 법률적 의미가 달라지는 경우로 볼 수 없으므로, 이 사건 위헌여부심판제청은 재판의 전제성 요건을 충족하지 못하였다. * 위 결정의 자세한 것은 위 '적용되는 법률일 것' 요건 부분 참조.

3) 재판결과에 따른 적용가능성과 재판전제성 - 가석방 불능 무기징역 부재와 사형제

헌재는 가석방의 요건에 관한 규정은 사법부에 의하여 형이 선고·확정된 이후의 집행에 관한 문제일 뿐 이 사건 당해 재판 단계에서 문제될 이유는 없고, 달리 위 규정이 당해 사건에 적용될 법률조항임을 인정할 자료를 찾아볼 수 없어서 위헌여부에 따라 당해 사건 재판의 주문이 달라지거나 재판의 내용과 효력에 관한 법률적 의미가 달라지게 되는 경우가 아니라서 그 위헌여부의 재판전제성이 없다고 본다.

판례 헌재 2010.2.25. 2008헌가23

[제청법원주장의 관련부분] 사형을 대체할 '가석방이 불가능한 무기징역형'에 대하여 규정하지 않고 있는 것은 형벌체계상의 정당성과 균형을 상실한 것으로서 헌법 제11조의 평등원칙에 반하고, 형벌이 죄질과 책임에 상응하도록 적절한 비례성을 갖추어야 한다는 원칙에 반하며, 이에 따라 헌법 제10조의 인간으로서의 존엄과 가치를 보장하려는 국가의 의무 및 형법 제37조 제2항의 비례의 원칙 위반의 의심이 있다. [판시] … 형법 제72조 제1항 중 '무기징역' 부분 – 형법 제72조 제1항은 징역 또는 금고의 집행중에 있는 수형자 가운데 그 행상이 양호하여 개전의 정이 현저한 자에 대하여 무기징역형에 있어서 10년을 경과한 후 행정처분으로 가석방을 할 수 있도록 규정하고 있으며, 이에 관한 구체적 절차는 '형의 집행 및 수용자의 처우에 관한 법률' 제119조부터 제122조까지에서 규정하고 있다. 이러한 가석방제도는 이미 법원으로부터 구체적인 범죄사실의 확정과 함께 제반 양형요소의 참작과정을 거쳐 그의 위법성 및 책임에 상응하는 형을 선고받은 수형자에 대하여 그 행상이 양호하여 개전의 정이 현저한 경우에 형기만료 전에 행정청의 행정처분으로 석방하는 제도인바, 위와 같은 가석방의 요건에 관한 규정은 사법부에 의하여 형이 선고·확정된 이후의 집행에 관한 문제일 뿐 이 사건 당해 재판 단계에서 문제될 이유는 없고, 달리 위 규정이 당해 사건에 적용될 법률조항임을 인정할 자료를 찾아볼 수 없다. 그렇다면 위 규정의 위헌 여부에 따라 당해 사건 재판의 주문이 달라지거나 재판의 내용과 효력에 관한 법률적 의미가 달라지게 되는 경우라고 볼 수 없다 할 것이므로, 이 사건 위헌제청 중 형법 제72조 제1항 중 '무기징역' 부분은 재판의 전제성이 없어 부적법하다.

4) 결격

운전면허를 취소하는 처분의 취소를 구하는 항소심 계속 중 운전면허가 취소된 날부터 4년간 운전면허를 받을 수 없도록 한 사건 당시 도로교통법 제82조 제2항 제4호(이하 '이 사건 결격조항')에 대한 위헌소원사건에서 그 조항은 이 처분에 영향을 미치는 것이 아니라 그 재판내용에도 영향을 미치지 않는다고 보아 그 위헌여부의 재판전제성을 부정하였다.

판례 헌재 2019.8.29. 2018헌바4

[판시] 이 사건 결격조항은 사상후 미조치 등을 이유로 운전면허 취소처분을 받은 경우 그 면허취소일로부터 4년이 지나지 아니하면 운전면허를 받을 수 없다고 규정하고 있는바, 운전면허 취소처분인 이 사건 처분은 이 사건 결격조항을 근거법률로 하여 이루어진 것이 아니다. 또 위 조항이 위헌으로 선고된다 하더라도 운전면허 취소처분 이후의 법률효과가 달라질 뿐 운전면허 취소처분 자체의 효력에 어떠한 영향이 있는 것은 아니므로, 그 위헌 여부에 따라 운전면허 취소처분 취소소송인 당해 사건의 주문 또는 재판의 내용과 효력에 영향을 미치지 아니한다. 그렇다면 이 사건 결격조항은 재판의 전제성이 인정되지 않으므로 이 부분 심판청구는 부적법하다.

* 검토 – 여기서 재판의 내용에 영향을 미치지 않는다는 재판전제성 부정의 사유의 더 직접적 원인은 적용이 안되는 것("취소처분 자체의 효력에 어떠한 영향이 있는 것은 아니므로"가 그 점을 함의)이므로 앞의 제2요건인 "적용될 것"에서도 다루어야 할 결정례이다(전술 재판결과에 따라 적용되는 경우 부분 참조).

* 판시문언에 대한 검토 – 위 판시 끝 부분에 "이 사건 결격조항은 재판의 전제성이 인정되지 않으므로"라고 하였는데 재판의 전제성은 법률(조항)의 위헌 여부이다. 헌법 제107조 제1항은 "법률이 헌법에 위반되는 여부가 재판의 전제가 된 경우에는 법원은 헌법재판소에 제청하여 그 심판에 의하여 재판한다"라고 규정하여 "재판의 전제가 된"의 주어는 "헌법에 위반되는 여부"이다. 그래서 이 판시는 "이 사건 결격조항의 위헌 여부는 재판의 전제성이 인정되지 않으므로"라고 이해할 일이다.

(5) 별개 절차에서의 부정

법원의 소송이 담당하는 절차와 별개 절차에 적용될 법률조항에 대해서는 그 위헌여부의 재판전제성이 없다고 본다. 아래가 그 예이다.

판례 헌재 2007.12.27. 2005헌가9

[판시] (가) 당해 사건과 재판의 전제성 (1) … (2) 당해 사건은 제청신청인의 피수용 토지에 관한 약속어음금채권에 기한 가압류, 문○순의 피수용 토지 소유권 취득, ○○리스의 피수용 토지에 관한 근저당권 취득, 사업인정고시 및 피수용 토지의 수용재결, 문○순에 대한 수용보상금의 공탁, 기업자의 소유권 취득, 문○순의 공탁금출급청구권에 대하여 제청신청인의 부당이득반환청구권에 기한 가압류 및 근저당권자인 □□리스(○○리스 승계인)의 물상대위에 의한 압류, 공탁금출급청구권에 대한 채권배당절차 진행 및 배당표 작성, 배당이의 소송의 순서로 순차 진행되었다. 이런 과정 아래에서 배당이의 소송을 담당한 제청법원은 공탁금출급청구권에 관하여 가압류 집행을 한 가압류 채권자와 물상대위에 기한 압류 집행을 한 근저당권자 사이에서 배당순위와 배당액을 결정하면 되는 것이므로, 이 사건 법률조항들이 배당이의 소송에서 재판의 전제가 되려면 제청법원이 위 가압류 채권자와 근저당권자 사이의 배당순위와 배당액을 결정함에 있어 이 사건 법률조항들이 적용되어 그 위헌 여부가 재판의 주문을 바꾸거나 재판의 내용과 효력에 관한 법률적 의미를 달리 하여야 한다. (나) 재판의 전제성에 대한 판단 (1)

당해 사건에서 기업자는 수용재결에 따른 수용보상금을 피수용 토지의 소유자인 문○순에게 공탁함으로써 피보상자에 대한 보상을 하고 피수용 토지의 소유권을 원시취득 하였으며, 피수용 토지에 집행되었거나 설정되었던 가압류, 근저당권 등은 모두 그 효력이 소멸되었다(구 토지수용법 제67조 제1항). 이것으로써 토지수용절차는 마무리 되었다. 그 이후의 과정은 이미 지급된(공탁한) 수용보상금을 피보상자의 채권자들이 자신들의 채권을 실현하기 위하여 피보상자의 재산에 관하여 한 집행 절차로서 공익사업을 위한 토지의 수용에서 비롯해 보상금의 지급으로 끝나는 토지수용절차의 본래 모습과는 직접적 관련이 없는 것이다. 그러면 제청법원이 위헌이라 주장하는 이 사건 법률조항들이 과연 제청법원의 배당순위와 배당액을 결정하는 주문에 어떤 영향이 있는지를 차례대로 살펴본다. (2) 구 토지수용법 제45조 제2항은 "보상은 피보상자에게 개인별로 하되, 개인별로 산정할 수 없을 경우 예외로 한다."고 규정한다. 이 조항은 기업자가 피보상자에게 보상을 할 때 어떠한 원칙에 의하여야 하는가를 규율하고 있다. 당해 사건에서 제청법원은 기업자로부터 피보상자에게 보상이 된 것을 전제로 하여 그 보상금출급청구권을 압류하거나 가압류한 자 사이에서 배당순위와 배당액을 정하면 되는 것이지, 기업자가 한 보상이 이 조항이 규율하는 내용에 부합하는지 아닌지를 심사할 것은 아니다. 따라서 이 조항은 당해 사건에서 적용되지 않으며, 위헌으로서 그 효력을 잃는다고 하여도 재판의 주문이나 재판의 내용이나 효력에 관한 법률적 의미에 아무런 영향을 미치지 못한다. (3) 구 토지수용법 제69조는 "담보물권의 목적물이 수용 또는 사용되었을 경우에는 당해 담보물권은 구 목적물의 수용 또는 사용으로 인하여 채무자가 받을 보상금에 대하여 행사할 수 있다. 다만 그 지불 전에 압류하여야 한다."고 규정한다. 이 조항은 피수용 토지의 담보물권자에게 수용보상금에 대하여 물상대위를 할 수 있되, 물상대위를 위해 지불 전에 압류라는 요건을 갖출 것을 요구할 뿐, 제청신청인과 같은 가압류권자에 대하여 법상 지위를 정하거나 의무를 부과하는 규정이 아니다. 동 조항은 채권(공탁금출급청구권)을 가압류한 채권자와 지불 전에 압류라는 요건을 갖춘 근저당권자 사이의 배당 순위와 배당액에 대하여는 어떠한 규율도 하고 있지 않다. 따라서 제청법원이 당해 사건에서 결정하여야 할 내용은 공탁금출급청구권을 가압류한 채권자와 지불 전에 압류 요건을 갖춘 근저당권자 사이의 배당 순위와 배당액이므로 이 조항이 위헌으로서 그 효력을 잃는다고 하여도 당해 사건 재판의 주문이나 그 내용 및 효력에 관한 법률적 의미에 아무런 영향을 미치지 못한다.

(6) 행정재판에서 쟁송기간 도과 후 제기된 무효확인소송에서의 재판전제성 부인

이에 대해서는 뒤에 따로 다루지만 행정처분에 대한 쟁송기간이 경과한 후에 무효확인소송을 제기한 경우 문제의 법률조항의 위헌성이 헌법재판소의 위헌결정이 있기 전에는 객관적으로 명백한 것이라고 할 수는 없으므로 중대명백설에 따라 이러한 하자는 행정처분의 취소사유에 해당할 뿐 당연무효 사유는 아니라서 그 위헌여부의 재판전제성이 부정된다는 판례이론이다. 이 법리를 적용한 결정례는 이렇게 당연무효사유가 아니니 무효확인소송의 재판의 주문이 달라지거나 재판의 내용과 효력에 관한 법률적 의미가 달라지는 경우로 볼 수 없어서 재판전제성이 없다는 것으로 판시한다. 그래서 여기의 "재판의 내용과 효력에 관한 법률적 의미가 달라지는 경우로 볼 수 없는 경우"에 해당되는 것이다. 이에 대해서는 후술 행정재판에서의 재판전제성 부분 참조.

(7) 파기환송심과 재판전제성

파기환송의 경우 결정례들을 보면 재판전제성에 인정여부가 아래와 같이 나누어지는 것을 볼 수 있다.

1) 파기환송 전 항소심 승소판결의 비확정 - 재판전제성 인정

항소심에서 위헌심판제청신청을 하였고 승소판결을 받았는데 이후 대법원에 의해 파기환송된 경우 그 법률조항의 위헌여부가 재판전제성을 상실하는가 하는 문제에 대해 헌재는 승소판결이 확정되지 않아 앞으로 파기환송심에서 그 재판의 주문이 달라질 수 있으므로, 심판대상조항의 위헌여부에 관한 재판의 전제성이 인정된다고 본다.

판례 헌재 2013.6.27. 2011헌바247

[판시] 당해 사건에 관한 재판에서 승소판결을 받았다고 하더라도 그 판결이 확정되지 아니한 이상 상소절차에서 그 주문이 달라질 수 있으므로, 청구인이 파기환송 전 항소심에서 승소판결을 받았다는 사정만으로는 이 사건 법률조항의 위헌 여부에 관한 재판의 전제성이 부정된다고 할 수 없는바, 재판의 전제성이 없다는 것을 바탕으로 한 청구인의 주장은 더 나아가 살펴볼 필요없이 이유없다. * 그러나 이 사건에서 청구인은 동일 법률조항에 대해 다시 위헌소원심판을 청구한 사실로 인해 당해 사건의 소송절차에서 동일한 사유를 이유로 다시 위헌소원심판 신청을 할 수 없다고 규정하고 있는 헌재법 제68조 제2항 후문에 위배된다고 하여 결국 각하결정이 있었다.

2) 파기환송심의 재판내용이 달라지지 않는 경우 - 재판전제성 부정

대법원의 파기환송 이후 법원의 환송심 판단에서 이전의 기초가 된 사실관계에 변동이 없다면 문제의 법률조항의 위헌여부에 따라 재판의 주문이 달라지거나 재판의 내용과 효력에 관한 법률적 의미가 달라진다고 볼 수 없을 것이므로 재판전제성이 없다는 것이 헌재의 판례이다.

판례 헌재 2008.11.27. 2004헌바54

[판시] 앞서 보았듯이 대법원(2001다44086)은 청구인들의 당해 손해배상청구소송은 위 법률조항이 정한 3년의 단기소멸시효기간 내에 제기되었음이 기록상 명백하므로 청구인들의 손해배상청구권이 위 단기소멸시효의 완성으로 소멸하였다고 볼 수 없다고 판시하고 있고, 당해법원은 다시 변론을 거쳐 재판하여야 하되 대법원이 파기의 이유로 삼은 사실상 및 법률상 판단에 기속되고 기속적 판단의 기초가 된 사실관계에 변동이 없는 한 위 법률조항의 위헌 여부에 따라 재판의 주문이 달라지거나 재판의 내용과 효력에 관한 법률적 의미가 달라진다고 볼 수 없으므로 위 법률조항에 대한 헌법소원심판청구는 재판의 전제성이 인정되지 않아 부적법하다.

* 검토 – 사실 위 결정에서는 민법 제766조 제1항의 단기 소멸시효 규정이 문제되지 않아 결국 파기환송심 재판의 내용이 그 조항의 위헌 여부에 따라 달라지지 않는다는 점을 고려하면 재판에 적용되지 않는 경우라고도 볼 수 있다.

(8) 전소의 기판력에 의한 후소의 재판전제성 결여 - 선결문제 관계

앞서 이루어진 행정처분 등 행정작용으로 인하여 후행 행정처분 등 행정작용이 이루어질 수 있다. 이 경우에 전자의 행정처분 등에 대해 행정소송을 제기할 수 있고 후자의 행정작용에 대해서도 행정소송을 제기할 경우가 있을 것이다. 이 경우에 전자의 행정소송의 결과는 후자의 행정소송의 선결문제로 될 수 있다. 헌재는 전자의 행정작용에 대해 제기된, 앞서 내려진 행정재판,

즉 전소(前訴)에서의 기각판결이 확정되면 이후 후소(後訴)의 행정소송에서 그 처분이 근거한 법률조항의 위헌여부가 재판전제성을 가지지 못한다고 본다. 이는 전소의 기판력 때문이라고 한다.

① **취소소송**(전소), **무효확인소송**(후소)

판례 헌재 1998.3.26. 97헌바13

[사건개요와 쟁점] 이 사건에서 행정소소은 두 가지이었다. 하나는 과세처분에 대해 제기한 취소소송이고 또 다른 하나는 그 과세처분에도 불구하고 체납한 데 대한 압류처분에 대해 제기한 무효확인소송이었다. 전소인 과세처분에 대한 취소소송(* 전소라고는 하지만 확정이 먼저 되었고 소송제기는 후소 보다 뒤에 된 것으로 보여진다. 사건개요 부분 참조)은 대법원에 의해 상고기각되어 패소판결이 확정되었다. 그 뒤 후소(압류처분무효확인소송)에서 선행처분(과세처분)의 근거가 된 구 소득세법(1994.12.22. 법률 제4803호로 전면개정되기 전의 것, 이하 '법'이라 한다) 제82조 제2항 제2호 등 세법규정들에 대하여 위헌심판제청신청을 하였으나 법원이 기각하자 헌재법 제68조 제2항에 의해 위헌소원을 제기하였던바 헌재가 그 재판의 전제성에 대하여 판단하게 된 것이다. [결정요지] 청구인은 이 사건 과세처분에 관하여 취소청구소송을 제기하였으나 원고청구기각판결이 선고되어 확정되었고, 과세처분취소청구를 기각한 판결의 기판력(기판력)은 동일한 과세처분에 대하여 제기한 무효확인청구소송에도 미치는 것이며, 전소의 기판력 있는 법률효과가 후소의 선결문제로 되는 때에는 후소는 선결문제로서 전소의 기판력을 받게 되어 전소판결 내용에 어긋나는 판단을 할 수 없는 것인바, 청구인은 이 사건 심판청구의 당해 사건에서 이 사건 과세처분이 무효임을 이유로 그 후행처분인 압류처분이 무효라는 주장을 하고 있으므로 이 사건 과세처분이 무효인지 여부는 당해 사건에 있어서의 선결문제라 할 것이고, 따라서 이 사건 과세처분에 관한 전소인 앞의 원고청구기각판결의 기판력이 이 사건에도 미치게 되어 청구인은 당해 사건에서 이 사건 과세처분이 무효임을 주장할 수 없다 할 것이다. 그렇다면 이 사건 심판대상 조항이 위헌이어서 그에 기초한 이 사건 과세처분이 무효라고 하더라도 과세처분취소청구소송에서 원고청구기각판결이 선고되어 확정된 전소의 기판력에 의하여 당해 사건에서 이 사건 과세처분이 무효라고 판단할 수 없고, 따라서 이 사건 심판청구는 이 사건 심판대상 조항의 위헌여부에 따라 당해 사건의 주문이 달라지거나 재판의 내용과 효력에 관한 법률적 의미가 달라지는 경우에 해당한다고 할 수 없으므로 이 사건 심판청구는 재판의 전제성 요건을 갖추지 못하였다.

② **무효확인소송**(전소), **취소소송**(후소)

판례 헌재 2011.7.28. 2009헌바24

[소송대상과 소송} 재개발구역 지정처분에 대한 무효확인소송(전소 확정판결), 재개발구역에 관한 도시환경정비사업시행 인가처분에 대한 취소소송(후소) [결정요지] 청구인은 이미 서울특별시장을 상대로 하여 이 사건 재개발구역 지정처분이 이 사건 실효조항에 의해 그 효력을 상실하였음을 이유로 이 사건 재개발구역 지정처분의 무효확인을 구하는 소를 제기하였다가 원고 패소의 이 사건 확정판결을 받았으므로 이 사건 재개발구역 지정처분이 실효되지 아니하였다는 점에 대하여 기판력이 발생하였다. 그런데 전소의 기판력 있는 법률효과가 후소의 선결문제로 되는 때에는 후소는 전소의 기판력을 받게 되어 법원은 전소판결의 내용에 어긋나는 판단을 할 수 없는 것인데, 청구인은 이 사건 심판청구의 당해 사건에서 종로구청장을 상대로 이 사건 인가처분의 취소를 구하면서 그 선행처분인 이 사건 재개발구역 지정처분이 실효되었다고 주장하고 있으므로, 이 사건 재개발구역 지정처분이 실효되었는지 여부는 당해 사건에 있어서의 선결문제라고 할 것이다. 따라서 전소인 이 사건 확정판결의 기판력은 후소인 이 사건 심판청구의 당해 사건에도 미치게 되므로, 청구인이 당해 사건에서 이 사건 재개발구역 지정처분이 실효되었다고 주장하는 것은 이 사건 확정판결의 기판력에 저촉되어 허용될 수 없고, 이는 이 사건 확정판결의

피고와 당해 사건의 피고가 다르다고 하여 달리 볼 수 없다. 그렇다면, 청구인의 주장과 같이 이 사건 실효조항에 대응하는 규정 또는 그에 관한 경과규정을 두지 아니한 이 사건 각 부칙조항이 위헌이라고 하더라도 이 사건 확정판결의 기판력 때문에 당해 사건에서 이 사건 재개발구역 지정처분이 실효되었다고 판단할 수 없고, 결국 이 사건 심판청구는 이 사건 각 부칙조항의 위헌 여부에 따라 당해 사건의 주문이 달라지거나 재판의 내용과 효력에 관한 법률적 의미가 달라지는 경우에 해당한다고 할 수 없으므로, 이 사건 심판청구는 재판의 전제성 요건을 갖추지 못하였다.

③ **소유권확인소송**(전소), **대금반환청구소송**(후소)

판례 헌재 제2지정재판부 2000.6.21. 2000헌바47

[결정요지] 청구인은 이 사건 인공조림목에 대한 국가의 환수조치에 대하여 인공조림목의 소유권이 청구인에게 있음을 구하는 소유권확인소송을 제기하였으나 원고청구가 기각되어 판결이 확정되었음은 앞에서 본 바와 같고, 전소의 기판력 있는 법률효과가 후소의 선결문제로 되는 때에는 후소는 전소의 기판력을 받게 되어 법원은 전소판결의 내용에 어긋나는 판단을 할 수 없는 것인바, 청구인은 이 사건 심판청구의 당해 사건에서 인공조림목에 대한 국가의 환수조치가 무효임을 전제로 임목매각대금의 반환을 청구하고 있으므로 이 사건 인공조림목 소유권이 청구인에게 있는지 여부는 당해 사건에 있어서의 선결문제라 할 것이고, 따라서 전소인 인공조림목에 대한 소유권확인판결의 기판력은 이 사건에도 미친다 할 것이다. 그렇다면 이 사건 심판대상 조항이 위헌이어서 그에 기초한 이 사건 인공조림목 환수조치가 무효라고 하더라도 전소인 인공조림목에 대한 소유권확인판결의 기판력 때문에 당해 사건에서 이 사건 조림목 소유권이 청구인에게 있다고 판단할 수 없고, 결국 이 사건 심판청구는 이 사건 심판대상 조항의 위헌 여부에 따라 당해 사건의 주문이 달라지거나 재판의 내용과 효력에 관한 법률적 의미가 달라지는 경우에 해당한다고 할 수 없으므로 이 사건 심판청구는 재판의 전제성 요건을 갖추지 못하여 부적법하다고 할 것이다.

(9) 후행처분에 의한 선행처분 실효로 인한 후자 근거 법률조항 비적용(재판전제성 부정)

이러한 예로 직위해제처분 관련 법률조항("공무원으로서의 근무태도가 심히 불성실한 자" 사유로 직위직위해제된 자가 6월이 경과하여도 직위를 부여받지 못할 경우에는 6월이 경과한 날에 당연퇴직되도록 한 규정)의 위헌여부의 재판전제성이 후행 파면처분으로 부정되는 아래의 결정례를 볼 수 있다. 선행처분인 직위해제처분이 후행의 파면처분으로 실효하게 되기 때문이다.

판례 헌재 2005.12.22. 2003헌바76

[결정요지] 어떤 사유에 기하여 직위해제를 한 후 동일한 사유를 이유로 공무원의 신분관계를 박탈하는 파면처분을 하였을 경우에는 뒤에 이루어진 파면처분에 의하여 그전에 있었던 직위해제처분의 효력은 상실하게 된다(대법원 1985.3.26. 선고 84누677 판결 등 참조). 따라서 청구인에 대한 1973.4.7.자 직위해제처분은 그 뒤에 직위해제와 동일한 사유를 이유로 행하여진 1973.5.12.자 파면처분에 의하여 효력이 상실되었다. 또한 직위해제 상태의 일정기간 존속이라는 사실의 효과로 당연히 발생하는 당연퇴직의 효과도 발생하지 않게 되었다. 그렇다면 이 법률조항은 당해 사건에 적용되지 아니한다고 보아야 하고 따라서 재판의 전제성이 인정되지 않는다. * 이 사안은 앞의 '적용될 것' 요건에서도 인용된 것이다. 후행처분으로 더 이상 그 위헌 여부가 재판에 영향을 미치지 않는다고 보아 여기에서도 인용한다. * 그런데 사건개요를 보면 파면처분이 아니라 당연퇴직되었던 사안인데 이에 대한 사실 관계의 확인이 필요하나 그 법리를 살펴보는 의미에서 인용한 것이라고 앞서 언급한 바 있다.

(10) 위임근거가 아닌 법률조항에 대한 재판전제성 부정

법률이 하위 법령에 위임하는 경우에 그 위임이 한계를 벗어난 것(예를 들어 포괄위임, 위임의 필요성이 없는데도 위임)에 대해 위헌심판을 요구할 때 그 심판대상 법률조항이 문제의 그 위임의 근거가 되어야 한다. 그렇지 않으면 그 위임하는 법률조항의 위헌여부가 재판전제성을 가지지 못한다.

판례 헌재 2008.5.29. 2006헌바78

[판시] 가. 이 사건 법률 제23조 본문, 제24조 제1항에 대하여 – H구청장이 이 사건 처분을 한 근거는 이 사건 조례조항이고 위 조례조항은 이 사건 법률 제98조 제2항의 위임에 따른 것일 뿐 이 사건 법률 제23조나 제24조의 규정이나 그 해석이 이 사건 처분의 법률적 근거가 되었던 것은 아니다. 따라서 청구인이 주장하는 바와 같이 이 사건 법률 제23조와 제24조의 문언이나 그 해석에 따라 이 사건 재판의 결론이나 주문이 영향을 받거나 재판의 내용과 효력에 관한 법률적 의미가 달라진다고 할 수 없으므로, 위 각 법률조항은 재판의 전제성이 없다고 할 것이다.

3. 재판의 결론을 이끌어내는 이유를 달리 하는데 관련되어 있는 경우, 재판의 내용과 효력에 관한 법률적 의미가 전혀 달라지는 경우

(1) 고찰의 의미

여기 3번째 요건인 '법원이 다른 내용의 재판을 하게 되는 경우'란 앞서도 언급한 대로 또 다시 3가지 경우로 나누어진다. 즉 심판대상 법률조항의 위헌여부에 따라 법원이 "다른 내용의" 재판을 하게 되는 경우라 함은 ① 원칙적으로 제청법원이 심리 중인 당해 사건의 재판의 결론이나 주문에 어떠한 영향을 주는 것 뿐만이 아니라, ② 문제된 법률의 위헌여부가 비록 재판의 주문 자체에는 아무런 영향을 주지 않는다고 하더라도 재판의 결론을 이끌어내는 이유를 달리 하는데 관련되어 있거나 또는 ③ 재판의 내용과 효력에 관한 법률적 의미가 전혀 달라지는 경우를 의미한다.

그런데 다른 내용의 재판을 할 경우에 해당되는지 여부에 관련된 이미 살펴본 위 결정례들 중에는 ①의 경우들이 많았을 것이고 그러면서도 ①과 ②와 ③의 경우를 함께 판시하는 예들이 많았다. 한편 ①의 경우가 비교적 적용되는 법률조항의 위헌여부에 따라 주문과 결론이 달라지는 경우는 대체적으로 뚜렷하다. 반면 ②와 ③의 경우들은 어떤 경우들인지 덜 명확한 듯하고 ①의 경우가 비교적 뚜렷하다면 실무에서의 재판전제성 인정 경우의 판단을 위해서 ②와 ③의 경우가 어떠한지를 별도로 살펴보는 것이 의미가 있다. 이하에서 ②의 경우와 ③의 경우를 나누어 살펴본다.

(2) 재판의 결론을 이끌어내는 이유를 달리 하는데 관련되어 있는 경우

1) 희소성

위 ②가 재판전제성 인정사유로 근간에도 설시되고 있긴 하지만(아래 결정 판시) 정작 사실이 경우에 해당된다고 본 결정례는 찾기가 어렵다.

판례 헌재 2016.6.30. 2014헌바62

[설시] 셋째 그 법률이 헌법에 위반되는지의 여부에 따라 당해 소송사건을 담당한 법원이 다른 내용의 재판을 하게 되는 경우를 말한다. 여기서 법원이 "다른 내용의" 재판을 하게 되는 경우라 함은 원칙적으로 법원이 심리 중인 당해 사건의 재판의 결론이나 주문에 어떠한 영향을 주는 것뿐만이 아니라, 문제된 법률의 위헌 여부가 비록 재판의 주문 자체에는 아무런 영향을 주지 않는다고 하더라도 재판의 결론을 이끌어 내는 이유를 달리하는 데 관련되어 있거나 또는 재판의 내용과 효력에 관한 법률적 의미가 전혀 달라지는 경우도 포함된다(헌재 1993.5.13. 92헌가10등; 헌재 2010.5.27. 2009헌바49 참조). … 이 부분 심판청구는 재판의 전제성을 갖추지 못하여 부적법하다. * 이 설시가 나오는 또 다른 결정례 : 헌재 2007.11.29. 2006헌가13.

2) 헌재의 판례 : 위헌결정으로 법원판결 이유 조항이 달라질 경우라도 재판전제성 부정

가) 헌재는 예컨대 심판대상 법률조항인 A가 위헌이라고 할지라도 다른 법률조항인 B가 적용되어 법원재판의 결론은 동일한 경우에 그 결론을 이끌어내는 이유가 다른데 이 경우도 그것으로 바로 재판전제성이 인정되지 않고 나아가 ③요건인 '적어도 이유를 달리 함으로써 재판의 내용과 효력에 관한 법률적 의미가 전혀 달라지는 경우'여야 재판전제성이 인정된다고 하여 그 인정요건을 한정하는 입장을 보여주기도 한다. 이런 입장을 취하면 위 희소성이 더 생긴다. 헌재는 이렇게 보는 논거로 "재판의 전제성을 규정한 헌법재판소법 제41조 제1항 및 제68조 제2항의 취지에 비추어 볼 때"라고 한다.

이러한 입장이 뚜렷이 드러난 예로 아래 결정례를 들 수 있다. 사안은 특별행정심판의 청구기간이 일반행정심판보다 단기인 점을 두고 위헌주장이 제기된 것인데 법원에서 전자를 거치지 않았다고 하여 각하판결을 받았다. 헌재는 전자가 위헌일지라도 후자의 청구기간이 적용되어야 하는데 그것도 도과되어 각하될 것이고 이는 비록 각하판결의 결론은 동일하나 재판의 결론을 이끄는 이유를 달리하는 것이더라도 재판의 내용과 효력에 관한 법률적 의미가 달라지지 않아 재판전제성이 없다고 보았다.

판례 헌재 2007.1.17. 2005헌바86

[사건개요] 대학교수인 청구인이 2004.3.29. 징계처분을 받았는데 청구인은 교원징계재심위원회에 재심을 청구하지 아니한 채 2004.5.14. ○○지방법원 2004구합****호로 징계처분취소의 소를 제기하였고, 위 소송계속중인 2005.6.29. 국가공무원법 제16조 제2항, 교육공무원법 제53조 제1항, '교원지위향상을 위한 특별법' 제9조 제1항이 헌법에 위반된다는 이유로 위헌제청신청을 하였으나, 위 법원은 2005.8.18. 전심절차를 거치지 아니하였다 하여 당해 사건 소를 각하함과 동시에 위 제청신청 또한 기각하였다. 그러자 청구인은 당해 사건에 대하여 항소하면서 2005.9.30. 헌법소원심판을 청구하였다. [심판대상조항] *

다른 심판대상조항들도 있었으나 여기서는 재판전제성이 부정된 부분에 한정해서 인용함. '교원지위향상을 위한특별법(1991.5.31. 법률 제4376호로 제정된 것 및 2005.1.27. 법률 제7354호로 개정된 것) 제9조(재심의 청구등) ① 교원이 징계처분 그 밖에 그 의사에 반하는 불리한 처분에 대하여 불복이 있을 때에는 그 처분이 있은 것을 안 날부터 30일 이내에 재심위원회에 재심을 청구할 수 있다. … (이 중 "재심위원회에 재심을" 부분이 2005.1.27. 법률 제7354호로 "심사위원회에 소청심사를"로 개정됨) [청구인주장] … 30일 이내로 제한하고 있는바, 이는 결과적으로 행정소송의 제기를 사실상 불가능하게 하거나 매우 어렵게 하여 사실상의 재판의 거부에 해당할 정도일 뿐만 아니라 징계처분에 대한 법률관계를 신속하게 확정하여야 할 특별한 이유가 없는데도 일반행정심판의 청구기간인 90일보다 단기로 제한하여 청구인의 재판청구권 내지 평등권을 침해한다. [판시] 가. 교원지위법 제9조 제1항 전단 중 '그 처분이 있은 것을 안 날로부터 30일 이내' 부분에 관한 판단 (1) … 재심청구기간에 관한 위 법률조항(이하 '이 사건 청구기간조항')의 위헌 여부에 따라 법원이 다른 내용의 재판을 하게 될 것인지에 관하여 본다. 먼저 징계처분에 대한 불복청구기간에 관한 규정을 보면, 앞에서 본 바와 같이 교원지위법 제9조 제1항은 재심청구기간을 '처분이 있은 것을 안 날로부터 30일 이내'로 규정하고 있는데 반하여, 행정청의 위법부당한 처분에 대한 일반적 구제절차를 규율하고 있는 행정심판법 제18조 제1항 및 제3항은 행정심판의 청구기간을 '처분이 있음을 안 날로부터 90일 이내, 처분이 있은 날로부터 180일 이내(다만 정당한 사유가 있는 경우에는 그러하지 아니하다)'로 규정하고 있다. 한편 행정심판법 제3조 제1항은, '행정청의 처분 또는 부작위에 대하여 다른 법률에 특별한 규정이 있는 경우를 제외하고는 이 법에 의하여 행정심판을 제기할 수 있다'라고 규정하고 있고, 교원지위법에 교원의 징계처분에 대한 재심절차를 규정한 것은 위 제3조 제1항의 '다른 법률에 특별한 규정이 있는 경우', 즉 특별행정심판에 해당한다고 할 것이므로, 당해 사건에는 교원지위법상 재심절차에 관한 규정이 우선적으로 적용된다고 할 것이다. 그러므로 재심청구기간에 관한 이 사건 청구기간조항이 합헌이라면, 청구인의 재심청구는 위 청구기간조항에 따라 '징계처분이 있은 것을 안 날로부터 30일 이내'에 청구되어야 하는데, 이 사건 사실관계에 의하면 청구인은 위 기간 내에 재심청구를 하지 않았으므로 당해 사건은 위 재심청구기간 내에 재심을 청구하지 아니하여 전심절차를 거치지 않았다는 이유로 각하되어야 한다(실제로도 이와 같이 각하되었다). 반면 만일 이 사건 청구기간조항이 위헌으로 선고되어 실효된다면, 교원지위법상 재심절차에는 청구기간에 관한 규정이 없어지게 되는데, 행정심판법 제43조 제2항은 '행정심판에 관하여 다른 법률에서 특례를 정한 경우에도 그 법률에서 규정하지 아니한 사항에 관하여는 이 법이 정하는 바에 의한다'라고 규정하고 있으므로(*이 규정은 당시의 구 행정심판법규정이고 현행 규정은 동법 제4조 제3항에 유사한 규정이 있다), 결국 교원지위법상 재심절차에 있어서의 청구기간에 관하여는 행정심판법상 청구기간이 적용되어야 한다. 그런데 이 사건 사실관계에 의하면 청구인은 행정심판법 제18조 소정의 '처분이 있음을 안 날로부터 90일 이내, 처분이 있은 날로부터 180일 이내'에도 재심청구를 한 바 없으므로, 당해 사건에서 역시 적법한 청구기간 내에 재심청구를 하지 아니하여 전심절차를 거치지 않았다는 이유로 각하될 수밖에 없다. 따라서 이 사건 청구기간조항에 대한 위헌 여부에 따라 당해 사건의 재판의 주문이나 결론이 달라지지는 아니하고, 다만 위 조항의 위헌 여부에 따라 각하판결의 이유가 '교원지위법상 재심청구기간의 도과로 인한 전심절차 흠결'에서 '행정심판법상 청구기간 도과로 인한 전심절차 흠결'로 달라질 뿐이다. 물론 앞에서 본 바와 같이 재판의 결론에 영향이 없다 하더라도 재판의 이유를 달리하거나 재판의 내용과 효력에 관한 법률적 의미가 달라지는 경우에는 예외적으로 재판의 전제성을 인정할 수 있으나, 재판의 전제성을 규정한 헌법재판소법 제41조 제1항 및 제68조 제2항의 취지에 비추어 볼 때, 이는 적어도 이유를 달리 함으로써 재판의 내용과 효력에 관한 법률적 의미가 전혀 달라지는 경우를 말한다 할 것인데(헌재 1996.3.28. 93헌바41, 판례집 8-1, 190; 헌재 2002.5.30. 2000헌바58등, 판례집 14-1, 462), 당해 사건에서와 같이 각하이유 구성시 전심절차 흠결의 전제가 되는 청구기간의 근거조문이 달라지는 경우를 재판의 내용과 효력에 관한 법률적 의미가 달라지는 경우라고 보기는 어렵다. 그렇다면 재판의 전제성을 인정할 수 없으므로 부적법한 청구라 할 것이다.

나) 검토 – ⅰ) 무엇보다도 이 사안이 헌재의 결론과 달리 아래와 같은 이유로 재판의 주문이나 결론을 달리하는 것이라고 볼 수도 있다는 점이 지적되어야 할 것이다. 헌재는 위헌일 경우에 당연히 행정심판법의 일반행정심판을 청구하였어야 하고 이 일반행정심판 청구기간도 도과하여 법원의 그 각하이유 구성시 청구기간의 근거조문이 달라지는 경우라 재판내용에 관한 법률적 의미가 달라지는 경우가 아니라고 한다. 그러나 청구인은 먼저 행정심판을 임의전치가 아닌 것으로 한 것이 위헌이라는 주장이고 이에 대해서는 헌재가 국가공무원법 제16조 제2항의 위헌여부의 재판전제성이 있다고 판단하여 본안판단으로 들어간 다음에야 임의적인지 아닌지를 판단하게 되고 그 결과에 따라 청구기간도 문제되므로 청구기간 규정에 관하여서도 그 판단에 종속되므로 재판전제성이 없다고 본 것은 논리적이지 못했다. 무조건 일반행정심판 청구기간이 적용된다고 볼 것은 아니었다. 강제전치가 위헌으로 본다면 행정심판인 재심을 거치지 않아도 그 이유로 법원각하판결이 되지는 않을 것이고 따라서 이 경우에 청구기간이 운위될 수 없기 때문이다. 다음으로 강제전치가 합헌이라고 볼 경우에도 그 청구기간이 너무 짧다는 주장이었으므로(청구인의 주장은 그런 취지로 이해된다. 청구기간의 길고 짧음을 운위할 수 있는 것은 강제적 전치라고 하더라도 라고 하는 양보의 의미가 전제되지 않으면 그 청구기간이 너무 짧다는 주장은 모순이 될 것이다) 30일이라는 기간의 적정성에 대한 판단을 할 필요가 있게 된다. 기간이 너무 짧다면 친생부인소송기간의 단기성에 대해 헌법불합치결정(헌재 1997.3.27. 95헌가14 등)을 한 것처럼 헌법불합치결정을 할 수도 있었을 것이다. 비록 징계처분이 있은 후 적지않은 시간이 지나 이 사안 결정이 헌법불합치결정이 만약 나서 이후 입법개선으로 그 청구기간을 늘리더라도 구제가능성은 불확실한 사안이긴 하였지만 청구인으로서는 임의적 전치여야 합헌이라고 본 입장이었고 더구나 법원도 1년이 넘게 지난 시점에서야 전심절차를 거치지(전치하지) 않아 각하한다고 판결한 사안인데 헌재마저도 재판전제성조차 없다고 각하할 문제가 아니라고 본다. 위와 같은 점에서 법원판결은 동일할 것이고 단지 그 이유를 달리할 경우라고 단언한 점에 대해 검토가 필요한 결정이었다. ⅱ) 헌재는 법원판결이 그 이유를 달리 하게 되는 경우라도 그것에 더하여 "재판의 내용과 효력에 관한 법률적 의미가 전혀 달라지는 경우를 말한다"라고 하는데 이는 자신이 재판전제성을 '이유를 달리하는 경우'까지로 넓게 설정한 것의 의미와 실익에 의문을 가지게 한다. 헌재가 그렇게 보는 근거로 "재판의 전제성을 규정한 헌법재판소법 제41조 제1항 및 제68조 제2항의 취지에 비추어 볼 때"라고 하나 그 법조문들을 읽을 때 그러한 취지가 나타나지 않는다.

3) 인정하는 판시의 예

아주 드문 인정례로 아래의 결정들을 볼 수 있다.

① 선고유예 당연퇴직 조항 – 헌재는 "최소한 재판의 결론을 이끌어 내는 이유를 달리하게 될 것은 명백하다"라고 판시한 예를 보여주고 있다. 사안은 자격정지 이상의 선고유예

판결을 선고받으면 경찰공무원직에서 당연퇴직한다는 구 경찰공무원법 규정에 대한 위헌결정에서였다.

판례 헌재 2004.9.23. 2004헌가12

[사건개요] 자격정지 이상의 선고유예 판결을 선고받으면 경찰공무원직에서 당연퇴직한다는 구 경찰공무원법(2001.3.28. 법률 6436호로 개정되기 전의 것, 이하 '구법') 제21조 중 제7조 제2항 제5호 부분(이하 '이 사건 법률조항')에 의하여 당연퇴직되었다.[1)] 제청신청인은 2003.10.14. 이 사건 법률조항이 헌법에 위반되어 무효임을 전제로 자신이 경찰공무원 지위에 있다는 확인을 구하는 소를 제기하고 같은 해 12.3. 위헌심판제청신청을 하였는데, 서울행정법원은 위 신청을 받아들여 2004.5.31. 위헌심판제청결정을 하였다. [판시] (가) 공무원 관계법의 당연퇴직은 결격사유가 있을 때 법률상 당연히 퇴직하는 것이지 공무원관계를 소멸시키기 위한 별도의 행정처분을 요하는 것이 아니며, 당연퇴직의 인사발령은 법률상 당연히 발생하는 퇴직사유를 공적으로 확인하여 알려주는 이른바 관념의 통지에 불과할 뿐, 공무원의 신분을 상실시키는 새로운 형성적 행위가 아니므로 행정소송의 대상이 되는 독립한 행정처분이라고 할 수 없다(대법원 1995.11.14. 선고 95누2036 판결 참조). (나) 당사자소송의 의의 – 당사자소송은 "행정청의 처분등을 원인으로 하는 법률관계에 관한 소송, 그밖에 공법상의 법률관계에 관한 소송으로서, 그 법률관계의 일방 당사자를 피고로 하는 소송"(행정소송법 제3조 제2호)을 말한다. 항고소송은 행정청의 공권력 행사를 직접 소송물로 하여 행정청을 피고로 하는데 비하여, 당사자소송은 행정청의 처분을 원인으로 하는 법률관계 기타 공법상의 법률관계에 관한 대등한 당사자 사이의 법률상의 분쟁을 해결하기 위한 소송이다. 공무원, 지방의회의원, 국공립학교학생 등이 정년 또는 당연퇴직 사유에 해당하는지 여부에 관한 다툼이 있는 경우와 같이 처분이 개재되어 있지 아니한 때에는 당사자소송으로서 지위확인의 소를 제기할 수 있다. 따라서 경찰공무원인 제청신청인이 당연퇴직의 정당성에 의문을 품고 자신이 경찰공무원에 있는지 여부를 확인하여 달라는 이 사건 당해소송은 당사자소송에 해당한다. 한편, 당사자소송에 관하여는 법령에 특별히 제소기간을 제한하고 있지 않는 한 제소기간의 제한을 받지 않으나 제소기간이 정하여져 있는 때에는 그 기간은 불변기간인데(행정소송법 제41조), 구법에는 이 사건 법률조항에 대한 제소기간이 규정되어 있지 않다. (다) 판단 – 이 사건 법률조항에 의하여 당연퇴직된 제청신청인이 당연퇴직에 관한 헌법소원 심판 청구기간 도과 후 행정소송법상 제소기간의 제한이 없는 당사자소송을 제기하여 이 사건 제청에 이르렀다. 살피건대 제청신청인이 제기한 이 사건 당사자소송은 제소기간의 제한이 없고 달리 절차상의 하자를 발견할 수 없으므로 제청법원은 당해사건의 본안에 관하여 판단할 수밖에 없는데, 제청법원이 당해사건 본안을 판단함에 있어서 이 사건 법률조항의 위헌 여부에 따라 당해사건의 재판의 결론이나 주문, 더 나아가 최소한 재판의 결론을 이끌어 내는 이유를 달리하게 될 것은 명백하다. 그렇다면 제청법원이 이 사건 법률조항의 위헌 여부에 관계 없이 위 당사자소송을 각하하여야 할 법률상 하자를 달리 발견할 수 없으므로 이 사건 제청에 대하여는 재판의 전제성을 인정할 수 있다. 이는, 행정소송법이 당해사건과 같은 공무원지위확인을 구하는 당사자소송에 대하여 제소기간을 정하고 있지 않고 당사자소송 변론 중에 위헌법률심판제청이 적법하게 이루어진 이상, 헌법소원 심판 청구제도 또는 행정소송법상 항고소송이 각각 별도의 청구 및 제소기간을 규정하고 있다고 하여 달라질 수 있는 것이 아니다.

---

1) 한편 헌재는 2002.8.29. 금고 이상의 형의 선고유예를 받은 경우에는 공무원직에서 당연히 퇴직하는 것으로 규정한 구 지방공무원법의 규정(2001헌마788등), 나아가 2003.9.25. 자격정지 이상의 형의 선고유예를 받은 경우에는 당연히 제적되는 것으로 규정한 구 군인사법의 규정(2003헌마293등)이 위헌이라는 결정들을 하였다. 위 결정들 취지에 따라 2003.5.29. 구법 제21조에 같은 법 제7조 제2항 제5호에 해당하게 된 때를 당연퇴직 사유에서 제외하도록 하는 단서 규정을 신설하는 내용으로 구법이 개정되었다(법률 제6897호). 제청된 법률조항은 개정된 조항이 아니라 구법조항이다.

* 검토 – 이 사안에서 위헌결정이 났고 그리하여 법원재판의 주문, 결과가 달라진 것이라는 점에서 “최소한 재판의 결론을 이끌어 내는”이라는 판시가 필요했는지는 의문이 없지 않다.

② 정년(계급정년)조항에 따른 자동퇴직 – 위의 ①도 당연퇴직 사안이었는데 행정법에서 정년이 정해진 사유에 따라 이루어지는 등 퇴직처분이 법령 자체에 규정된 사유로 바로 이루어질 경우 그 퇴직처분 자체가 행정소송의 대상이 되지 않는다고 보고 그것을 대상으로 한 무효확인소송은 각하된다고 본다. 헌재는 그러나 정년규정이 위헌으로 결정된다면 그 퇴직처분(명령)을 다툴 여지가 생긴다고 보고 그 위헌여부가 재판의 결론을 이끌어내는 이유를 달리하는 데 관련되어 있는 경우에 해당된다고 보아 재판전제성을 인정하였다.

판례 헌재 1994.4.28. 91헌바15등

[심판대상조항] 국가안전기획부직원법(1980.12.31. 법률 제3314호로 제정되어 1990.4.7. 법률 제4236호로 개정되기 전의 것) 제22조(정년) ① 직원의 정년은 다음과 같다. 다만, 임용권자가 직무상 특히 필요하다고 인정할 때에는 그러하지 아니하다. 2.계급정년 1급직원 7년 2급직원 7년 … 이하 생략. [판시] 이 사건 관련소송사건들의 재판을 담당한 서울고등법원은 이 사건 관련사건(동 법원 90구*****, 91구***** 각 퇴직처분무효확인청구사건)들에 있어서 원고들이 무효확인을 구하는 이 사건 계급정년규정에 근거한 퇴직인사명령이 항고소송의 대상이 되는 행정처분에 해당하지 않는다고 하여 이 사건 관련사건들을 각 부적법하다고 각하하였다. 그러나 위 법원은 이 사건 계급정년규정에 대한 위헌제청신청을 기각함에 있어서 청구인의 위헌이라는 주장을 배척하는 판단으로 이 사건 법률이 국가보위입법회의에 의하여 제정되었다는 이유만으로 위헌이라고 할 수 없고, 또 이 사건 계급정년규정에 의하여 소급하여 참정권이 제한되거나 재산권이 박탈된 것은 아니라는 이유를 설시한 후 위 신청을 기각하였다. 또 이 사건 관련사건에 대한 각하판결이유에 있어서도 위에서 본 위헌제청신청기각이유와 마찬가지 이유에서 이 사건 계급정년규정이 위헌이라고 볼 만한 아무런 이유가 없는 이상 피고(국가안전기획부장)가 위 규정에 따라 원고들(이 사건 청구인들)에 대하여 계급정년으로 인한 퇴직인사명령을 한 것은 원고들이 위 법률상 계급정년자에 해당하여 당연히 퇴직하였다는 것을 공적으로 확인하여 알려주는 사실의 통보에 불과하고 항고소송의 대상이 되는 행정처분에 해당되지 않는다고 판단하고 있다. 위 판결이유에서도 설시한 바와 같이 만일 이 사건 계급정년규정이 위헌이라면 위 규정에 근거한 청구인들에 대한 퇴직인사명령의 효력·청구인들의 공무원지위보유 여부에 관하여 다툴 여지가 있게 된다는 점에서 위와 같은 법적 분쟁에 관한 재판은 이 사건 계급정년규정의 위헌 여부에 따라 재판의 결론을 이끌어내는 이유를 달리하는 데 관련되어 있거나 재판의 내용과 효력에 관한 법률적 의미가 달라지는 경우에 해당된다고 할 것이므로 이 사건 계급정년규정의 위헌 여부는 이 사건 관련소송사건의 재판의 전제가 된다고 할 것이다. * 본안판단결과 합헌으로 결정하였는데 국가보위입법회의에 의해 만들어진 법규정이라 위헌문제가 있었고 그 결론에는 동의하지 못할 부분이 있다.

4) 검토

이 사유로 재판전제성이 인정된 예를 찾기 힘든 것은 아마도 구체적 규범통제는 당해 사건 자체의 해결을 위한 범위에서 위헌여부를 가린다는 입장에 서 있기 때문인 것으로 추론된다. 그러나 구체적 규범통제도 어디까지나 그 목적이 다른 법규범도 아니고 객관적으로 많은 적용대상자들이 있는 법률조항의 위헌성의 소거이고 그 위헌성 소거는 많은 사람들에 영향을 미치는 것이며 더구나 우리나라의 경우에는 구체적 규범통제를 취하면서 일반적인 효력으로서 위헌선언되는 법률의 효력이 상실된다는 점에서 가능한 한 위헌심판의 계기가 된 사안은 재판전제성을 넓게 인정하여 그 위헌여부를 차제에 분명히 밝히는 것이 필요하다.

(3) 재판의 내용과 효력에 관한 법률적 의미가 달라지는 경우

1) 인정례

(가) 구속영장 효력 관련조항

사실 재판전제성 사유를 넓게 보는, 즉 3번째 사유를 포함하여 넓게 정립한 헌재의 입장이 명시적으로 나타난 첫 판결인 아래 구속영장의 효력에 관한 위헌결정이 '재판의 내용과 효력에 관한 법률적 의미가 전혀 달라지는 경우'라고 본 결정례였다.

판례 헌재 1992.12.24. 92헌가8

[심판대상조항] 구 형사소송법(1954.9.23. 제정, 법률 제341호) 제331조 단서. 동법 제331조 무죄, 면소, 형의 면제, 형의 선고유예, 형의 집행유예, 공소기각 또는 벌금이나 과료를 과하는 판결이 선고된 때에는 구속영장은 효력을 잃는다. 단 검사로부터 사형, 무기 또는 10년 이상의 징역이나 금고의 형에 해당한다는 취지의 의견진술이 있는 사건에 대하여는 예외로 한다. [판시] 구 형사소송법 제331조 단서는 "단 검사로부터 사형, 무기 또는 10년 이상의 징역이나 금고의 형에 해당한다는 취지의 의견진술이 있는 사건에 대하여는 예외로 한다."라고 본문에 대한 예외규정을 두어 법원의 무죄 등의 판결선고에도 불구하고 구속영장의 효력이 상실되지 않는 예외를 설정함으로써 구속취소의 법적 효과를 배제하는 또 다른 이중적 특별규정을 두고 있다. 이러한 경우 법 제331조 단서규정의 위헌여부에 따라 형사판결의 주문 성립과 내용 자체가 직접 달라지는 것은 아니지만 만약 위 규정이 위헌으로 법적 효력이 상실된다면 이 법 제331조 본문의 규정이 적용되어 제청법원이 무죄 등의 판결을 선고하게 될 경우에 그 판결의 선고와 동시에 구속영장의 효력을 상실시키는 재판의 효력을 가지게 되며, 이와는 달리 이 단서규정이 합헌으로 선언되면 검사로부터 피고인들에 대하여 징역 장기 10년의 구형이 있는 위 피고사건에 있어서 당해사건을 담당하는 법원의 판결만으로는 구속영장의 효력을 상실시키는 효력을 갖지 못하게 되는 결과로 인하여 그 재판의 효력과 관련하여 전혀 다른 효과를 가져오는 재판이 될 것이다. 따라서 법 제331조 단서규정의 위헌여부는 제청법원이 검사로부터 장기 10년의 징역형 등에 해당한다는 취지의 의견진술이 있느냐 없느냐 여하에 따라 관련사건의 그 재판주문을 결정하고 기판력의 내용을 형성하는 그 자체에 직접 영향을 주는 것은 아니라 할지라도 그 재판의 밀접 불가결한 실질적 효력이 달라지는 구속영장의 효력에 관계되는 것이어서 재판의 내용이나 효력 중에 어느 하나라도 그에 관한 법률적 의미가 전혀 달라지는 경우에 해당하는 것이므로 재판의 전제성이 있다고 할 것이다.

위 판시에서 전혀 달라지는 경우라고 하는데 '전혀'란 말이 개재되지 않은 판시도 있다.

(나) 일부승소의 경우

일부승소를 받은 경우라도 그 승소판결에 적용된 법률조항의 위헌결정이 나온다면 더 유리한 재판결과를 가져온다면 그 위헌결정으로 재판의 내용과 효력에 관한 법률적 의미가 달라질 경우로서 재판전제성이 인정된다. 아래의 결정례가 그것을 보여주고 있는데 사안은 유일한 증거가 아닌 한 당사자가 신청한 증거로서 법원이 필요하지 아니하다고 인정한 것은 조사하지 아니할 수 있다고 규정한 구 민사소송법(2002.1.26. 법률 제6626호로 전문개정되기 전의 것) 제263조(이

하 "이 사건 법률조항". 현행 민사소송법 제290조(증거신청의 채택여부)와 비슷함[1])가 위헌이라면 그런 경우에 해당할 수 있다고 보아 재판전제성을 인정한 예이다.

판례 헌재 2004.9.23. 2002헌바46

[사건개요] 청구인은 자신에게 교통사고를 발생하여 자신에게 우측족관절부 염좌 등의 상해를 입게 한 가해자를 상대로 B지방법원 D지원에 손해배상 청구소송을 제기하여 일부승소 판결을 받고 이에 불복하여 B고등법원에 ****나*****호로 항소를 제기한 후, 구 민사소송법(2002.1.26. 법률 제6626호로 전문개정되기 전의 것. 이하 "구법"이라 한다) 제263조(이하 "이 사건 법률조항"이라 한다)가 청구인의 헌법상 보장된 기본권인 인간의 존엄과 가치, 평등권, 정당한 재판을 받을 권리를 침해하는 위헌의 법률조항이라며 위헌법률심판제청신청을 하였으나 위 법원이 2002.4.25. 본안사건에 대하여 항소를 기각함과 동시에 이 위헌제청신청도 기각결정하자, 2002.5.15. 헌법재판소법 제68조 제2항에 따라 헌법소원심판을 청구하였다. [심판대상] 구 민사소송법 제263조(증거신청의 채부) 당사자가 신청한 증거로서 법원이 필요하지 아니하다고 인정한 것은 조사하지 아니할 수 있다. 다만, 당사자의 주장사실에 대한 유일한 증거는 그러하지 아니하다. [판시] 이 사건 법률조항의 위헌 여부에 따라 당해사건 재판의 주문이 달라지거나 재판의 내용과 효력에 관한 법률적 의미가 달라지는 경우인지 여부를 본다. 청구인은 당해사건 법원이 청구인의 증거신청을 받아들이지 않았기 때문에 자신이 원하는 전부승소판결이 아닌 일부승소판결이 내려진 것이라고 주장하고 있는바, 이 사건 법률조항이 위헌으로 결정되어 당해사건의 재심사건에서 청구인이 신청한 증거를 모두 받아들이게 된다면 손해배상의 인용금액이 인상되는 등 재판의 주문이 달라질 가능성을 배제할 수 없고, 설사 그렇지 않더라도 그 재판의 이유를 달리함으로써 재판의 내용과 효력에 관한 법률적 의미가 달라지는 경우라고 볼 수 있다. * 본안판단결과 합헌으로 결정되었다.

* 검토 – 이처럼 재판내용의 의미가 달라지는 경우에 주문변경가능성도 같이 언급하는 경우가 적지 않아 순수히 재판의 내용과 효력에 관한 법률적 의미가 달라지는 경우에만 해당하는 사례가 찾기가 쉽지는 않다.

(다) 헌재의 선판단에 의한 재판전제성 부정의 부적절성 – 한정승인 제한 관련

헌재는 법원의 당해 소송에서 청구인의 주장(항변)이 받아들여지지 않을 수 있다 하더라도 헌재 자신이 이를 미리 판단하여 재판의 전제성을 부정하는 것은 적절치 아니하다고 하면서 문제의 법률조항이 위헌으로 결정되면 재판의 결과나 그 내용과 효력에 관한 법률적 의미가 달라질 수 있다면 재판전제성을 인정한 아래 결정례가 있다. 재판에서의 구체적인 판단은 법원에 맡겨야 한다는 사고가 자리잡고 있다고 보겠다. 이러한 부적절성을 헌재가 지적하고 있는 다른 결정례들의 판시에서 그 점을 읽을 수 있다.[2]) 아래 사안은 헌재의 이전 헌법불합치결

---

1) 현행 민사사소송법 제290조 : 법원은 당사자가 신청한 증거를 필요하지 아니하다고 인정한 때에는 조사하지 아니할 수 있다. 다만, 그것이 당사자가 주장하는 사실에 대한 유일한 증거인 때에는 그러하지 아니하다. * 이 현행 민소법 제290조에 대해서도 위 2002헌바46 결정과 동지로 합헌결정이 있었다. 헌재 2011.10.25. 2010헌바64.

2) 헌재 2001.10.25. 2001헌바9. [판시] 가령 이 사건 법률조항이 위헌으로 결정된다고 하더라도 당해사건의 재판에서 앞에서 본 고소사건의 수사에 관여한 공무원이 당시로서는 위헌성이 확인된 바 없는 이 사건 법률조항에 근거해서 수사를 한 것이 불법행위를 구성하는 것으로는 인정되지 않거나, 청구인이 그로 인해 정신적 손해를 입었다고 인정되지 않을 수 있다. 이와 같은 경우 이 사건 법률조항의 위헌여부가 당해사건 재판의 주문이나 재판의 내용과 효력에 관한 법률적 의미에 아무런 영향을 미치지 않게 됨으로써 재판의 전제성을 결여할 가능성이 높다. 그러나, 위와 같은 것들은 당해사건 재판을 담당하는 법원이 판단할 사항으로서 이 재판소에서 이를

정이 있었고(헌재 1998.8.27. 96헌가22등) 이에 대한 개선입법으로 1998.5.27. 전에 상속개시 있음을 알고 위 일자 이후 상속채무초과사실을 안 상속인을 특별한정승인의 소급적용의 범위에서 제외한 것은, 합리적이지 않은 기준으로 서로 동일한 대상을 달리 취급하는 것으로써 평등의 원칙에 위반되고 사적자치권, 재산권을 침해하여 위헌이라는 헌법불합치결정이 다시 내려진 것이다.

판례 헌재 2004.1.29. 2002헌바40, 2003헌바46

[판시] 3. 적법요건에 관한 판단 – 2003헌바46 사건의 당해사건인 대여금 청구사건의 법원은(서울지방법원 2***나*****), 위 사건 청구인들이 이 사건 부칙조항에 의거하여 한정승인의 신고를 한 관할법원에서(수원지방법원 성남지원 2***느단***) 중대한 과실 없이 상속개시 있음을 안 날로부터 3월 내에 상속채무초과사실을 알지 못한 것이 아니라는 이유로 청구인들의 위 신고를 각하하였고, 한정승인신고가 수리되지 않은 이상 단순승인한 것으로 의제되었으므로, 이 사건 법률조항의 위헌 여부가 당해사건 재판의 전제성이 없다고 하나, 기록에 의하면 청구인들이 위 한정승인 신고 사건의 위 각하결정에 불복하여 위 사건이 법원에 계속 중이어서 청구인들이 중대한 과실 없이 상속개시 있음을 안 날로부터 3월 내에 상속채무초과사실을 알지 못하였는지의 여부가 확실하지 않은 상태임을 알 수 있는바, 이러한 경우에 이 사건 법률조항의 위헌 여부와 관계없이 청구인들의 위 한정승인신고가 위와 같은 이유로 부적법하여 당해 소송인 대여금 사건에서 한정승인의 항변이 받아들여지지 않을 수 있다 하더라도 헌법재판소가 이를 미리 판단하여 재판의 전제성을 부정하는 것은 적절치 아니하고(헌재 2001.10.25. 2001헌바9, 판례집 13–2, 491, 498 참조), 이 사건 법률조항이 위헌으로 결정되면 위 사건 청구인들의 망 홍○○의 대여금 채무에 대한 책임부담 여부가 달라질 수 있고 따라서 당해 소송인 대여금 청구소송의 재판의 결과나 그 내용과 효력에 관한 법률적 의미가 달라질 수 있다 할 것이므로 재판의 전제성을 인정하여 본안판단을 함이 적절하다.

(라) 수용재결처분 무효확인소송에서 인정된 예

사업시행자에게 수용권을 부여하는 구 '도시 및 주거환경정비법'(2012.2.1. 법률 제11293호로 개정되고, 2017.2.8. 법률 제14567호로 전부개정되기 전의 것, 이하 '도시정비법'이라 한다) 제38조 본문 '사업시행자' 부분 중 제8조 제1항에 따라 조합이 주택재개발사업을 시행하는 경우에 관한 부분, '공익사업을 위한 토지 등의 취득 및 보상에 관한 법률'(2015.12.29. 법률 제13677호로 개정된 것, 이하 '토지보상법'이라 한다)의 관련 규정 등의 위헌여부가 위 조항들에 근거한 수용재결처분에 대한 무효확인소송에서 아래와 같이 재판전제성을 가진다고 판시하고 본안판단까지 가서 합헌결정을 한 바 있다.

판례 헌재 2019.11.28. 2017헌바241

[판시] 구 도시정비법 제38조 본문 '사업시행자' 부분 중 제8조 제1항에 따라 조합이 주택재개발사업을

미리 판단함은 적절하지 않다(헌재 1996.10.4. 96헌가6, 판례집 8–2, 308, 322 참조). 그러므로, 일단 이 사건 법률조항에 대한 심판청구가 재판의 전제성 요건을 갖춘 것으로 보고 본안에 대한 판단에 나아가기로 한다.; 헌재 1996.10.4. 96헌가6. [판시] 당해 소송사건에서 원고들(제청신청인들)의 청구가 인용될 수 없음이 명백한지의 여부는 헌법재판소가 함부로 판단할 사항이 아니다.

시행하는 경우에 관한 부분과 토지보상법 제4조 제8호 중 [별표] 제36호 가운데 도시정비법 제38조에 따라 조합이 주택재개발사업을 시행하는 경우에 관한 부분(이하 총칭하여 '이 사건 수용조항'이라 한다)은 이 사건 토지수용재결처분의 근거조항으로 수용재결처분의 무효확인 내지 취소를 구하는 당해 사건 재판에 적용되고 그 위헌 여부에 따라 재판의 결론이나 내용과 효력에 관한 법률적 의미가 달라질 가능성이 있다. 또한, 당해사건은 2018.6.15.에 확정되었으나, 이 경우에도 당해사건에 적용되는 법률이 위헌으로 결정되면 재심청구가 가능하다(헌법재판소법 제75조 제7항). 따라서 위 조항들은 재판의 전제성이 인정되고, 그 밖의 적법요건도 모두 갖추었으며 달리 부적법하다고 볼 사정이 없다.

2) 부인례

몇 가지 예들을 본다.

(가) 특별법 규정 위헌성 여부의 재판전제성 부정례

이러한 예로 위에서 재판결론의 이유를 달리하는 부분에서 다룬 특별행정심판의 청구기간이 일반행정심판보다 단기인 점을 두고 위헌주장이 제기되어 나온 아래의 결정이 있었다. 특별행정심판을 거치지 않아 법원에서 각하결정을 받았는데 헌재는 그 특별행정심판의 청구기간에 관한 특별규정이 위헌이 되면 일반행정심판의 청구기간에 관한 일반규정이 적용되면 되는데 그 청구기간마저 도과되어 결국은 마찬가지로 각하결정이 되므로 특별행정심판 청구기간 규정의 위헌여부가 재판전제성이 없다고 본 것이다. 이 사례는 특별법규정과 일반법규정 간의 재판전제성 인정관계를 보여주어 여기에 인용하긴 하나 판결이유를 달리하더라도 제한의 내용과 효력에 관한 의미가 달라지는 경우여야 한다는 추가적 요건을 헌재가 요구하는 것의 문제점 등을 앞서 지적한 바 있다.

판례 헌재 2007.1.17. 2005헌바86. * 이 결정에 대해서는 위에 재판의 결론을 이끌어 내는 이유를 달리하는 부분에 인용된 것 참조.

(나) 제3자에 영향을 주는 법률조항

헌재는 재판의 결과가 제3자에 영향을 미치는 법률조항이라도 그 당해 재판 자체에 적용되지 않으므로 재판의 내용, 효력에 관한 법률적 의미가 달라지는 것이 아니므로 그 위헌여부의 재판전제성이 없다고 본다. 아래 결정례가 그런 판시를 담고 있는데 사안은 공직선거 당선자의 배우자가 '공직선거 및 선거부정방지법'(2004.3.12. 법률 제7189호로 개정된 것, 이하 '공선법')상의 매수 및 이해유도죄로 기소되어 받고 있는 그 당해 사건재판절차에서 당선자를 위하여 공직선거 당선자의 배우자가 위 선거범죄의 유죄판결을 선고받는 경우 당선이 무효가 되도록 규정한 공선법 제265조 본문 중 '배우자' 부분에 관하여 위헌소원심판을 청구한 사건이다.

판례 헌재 2005.7.21. 2005헌바21

[판시] 청구인은 공선법상의 매수 및 이해유도죄로 기소되었으므로 당해 사건 법원은 청구인의 행위가 공선법 제230조 제1항 제4호에 해당하는지 여부를 심리하여 청구인의 유·무죄를 판단할 뿐이다. 따라

서 공선법 제265조 본문의 '배우자' 부분이 위헌이라고 하더라도 당해 사건 법원이 청구인에 대하여 다른 판단을 할 수는 없으며 청구인에 대한 관계에서 당해 사건 재판의 내용과 효력에 관한 법률적 의미가 달라지는 것도 아니다. 물론 제3자인 청구인의 배우자에 대한 관계에서는 당해 사건 재판의 내용과 효력에 관한 법률적 의미가 달라진다고 볼 수 있으나 제3자의 기본권 침해는 제3자 자신이 기본권을 침해하는 법률을 대상으로 헌법재판소법 제68조 제1항에 의한 헌법소원을 제기함으로써 구제받으면 족한 것이고 … 이와 같이 공선법 제265조 본문의 '배우자' 부분은 당해 사건의 재판에 적용되는 법률도 아니고 그 위헌 여부에 따라 법원이 당해 사건에서 청구인에 대하여 다른 판단을 하거나 당해 사건 재판의 내용과 효력에 관한 법률적 의미가 달라지는 것도 아니므로 이 부분 심판청구는 재판의 전제성이 없어 부적법하다.

* 검토 – 재판의 내용과 효력에 영향을 미치는 것과 동시에 적용될 것 두 요건에 모두 해당된다(전술, '적용될 것' 요건의 양자 견련성 부분 참조).

(다) 소송절차

헌재는 판결내용 자체가 아니고 재판의 공개 등 소송절차가 법령에 위반되었음에 지나지 아니한 경우에는, 그로 인하여 피고인의 방어권 등이 본질적으로 침해되고 판결의 정당성마저 인정하기 어렵다고 보이는 정도에 이르지 아니하는 한, 그것 자체만으로는 판결에 영향을 미친 위법이라고 할 수 없는 경우에 당해 사건 재판의 내용과 효력에 관한 법률적 의미가 달라지는 경우에 해당하지 아니하므로, 위 법률조항에 대한 심판청구는 재판의 전제성이 없다고 본다.

판례 헌재 2012.4.24. 2010헌바379

[사건개요] (1) 청구인은 사기죄로 기소되어 제1심에서 징역형을 선고받고, 이에 불복하여 위 1심에서 유죄의 증거가 된 증인 ○○○의 법정진술이 기재되어 있는 공판조서가 사실과 다르게 작성되어 무고한 자신이 유죄로 인정되었다고 주장하며 항소하였으나 항소심에서는 그 주장이 받아들여지지 아니하고 다만 양형부당만을 이유로 제1심판결이 파기되어, 다시 위 공판조서의 증명력을 다투면서 상고하였으나 2010.9.9. 상고가 기각되었다. (2) 청구인은 위 상고심 계속 중에 형사소송법 제56조, 제56조의2 제1항, 형사소송규칙 제38조의2 제1항, 제39조에 대하여 각 위헌법률심판제청을 신청하였으나, 기각 및 각하 결정을 받고 헌법소원심판을 청구하였다. [심판대상조항] 형사소송법(1954.9.23. 법률 제341호로 제정된 것) 제56조(공판조서의 증명력) 생략. 형사소송법(2007.6.1. 법률 제8496호로 개정된 것) 제56조의2(공판정에서의 속기·녹음 및 영상녹화) ① 법원은 검사, 피고인 또는 변호인의 신청이 있는 때에는 특별한 사정이 없는 한 공판정에서의 심리의 전부 또는 일부를 속기사로 하여금 속기하게 하거나 녹음장치 또는 영상녹화장치를 사용하여 녹음 또는 영상녹화(녹음이 포함된 것을 말한다. 이하 같다)하여야 하며, 필요하다고 인정하는 때에는 직권으로 이를 명할 수 있다. [판시] 법 제56조의2 제1항에 대한 심판청구 (1) 판결내용 자체가 아니고, 피고인의 신병확보를 위한 구속 등 조치와 공판기일의 통지, 재판의 공개 등 소송절차가 법령에 위반되었음에 지나지 아니한 경우에는, 그로 인하여 피고인의 방어권, 변호인의 변호권이 본질적으로 침해되고 판결의 정당성마저 인정하기 어렵다고 보이는 정도에 이르지 아니하는 한, 그것 자체만으로는 판결에 영향을 미친 위법이라고 할 수 없다(대법원 2005.5.26. 선고 2004도1925 판결 참조). (2) 형사소송법은 공판조서의 정확성 및 신빙성을 담보하기 위해 공판기일의 소송절차에 관하여 참여한 법원사무관 등이 공판조서를 작성하여야 하고(제51조), 다음 회의 공판기일에 있어서는 전회의 공판심리에 관한 주요사항의 요지를 조서에 의하여 고지하여야 하며(제54조 제2항 본문), 피고인이나 변호인은 공판조서의 기재에 대하여 변경을 청구하거나 이의를 제기할 수 있고(제54

조 제3항), 그 경우 그 취지와 이에 대한 재판장의 의견을 기재한 조서를 당해 공판조서에 첨부하도록 규정하고 있다(제54조 제4항). 따라서 가사 청구인의 주장과 같이 법 제56조의2 제1항이 피고인의 신청이 없는 경우에도 공판정에서의 심리를 속기, 녹음 또는 녹화하도록 규정하지 아니하여 위헌이라고 하더라도, 그로 인하여 피고인의 방어권이나 변호인의 변호권이 본질적으로 침해되거나 판결의 정당성이 손상되는 것이라고 할 수 없다. (3) 그러므로 당해 사건에서 법원은 청구인에 대하여 다른 판단을 할 수 없으며, 청구인에 대한 관계에서 당해 사건 재판의 내용과 효력에 관한 법률적 의미가 달라지는 경우에 해당하지 아니하므로, 위 법률조항에 대한 심판청구는 재판의 전제성이 없어 부적법하다. * 동지 : 헌재 2012.5.31. 2010헌바403; 2013.8.29. 2011헌바253등. * 그 외 다른 내용의 재판을 할 경우가 아니어서 재판전제성 부정된 결정례들 : 헌재 2003.6.26. 2002헌가14 등. 적지 않다.

V. '재판의 전제성'에서의 '재판'의 개념·범위

1. 넓은 개념

위헌심판에서 재판전제성에서 말하는 '재판'이라 함은 넓은 개념이다. 따라서 판결·결정·명령 등 그 형식 여하와 본안에 관한 재판이거나 소송절차에 관한 재판이거나를 불문하며(헌재 1994.2.24. 91헌가3 결정 참조), 심급을 종국적으로 종결시키는 종국재판뿐만 아니라 중간재판도 이에 포함된다.

[주요사항]

▷ 판결·결정·명령 등 그 형식 여하 불문

▷ 본안에 관한 재판이거나 소송절차에 관한 재판이거나를 불문

▷ 종국재판뿐만 아니라 중간재판도 포함

판례 헌재 1994.2.24. 91헌가3

[설시] 여기서 "재판"이라 함은 원칙적으로 그 형식 여하와, 본안에 관한 재판이거나 소송절차에 관한 것이거나를 불문하며, 판결과 결정 그리고 명령이 여기에 포함된다.

판례 동지 : 헌재 2011.12.29. 2010헌바459등

[설시] 재판의 전제성에서 말하는 '재판'이란 원칙적으로 그 형식 여하와 본안에 관한 재판이거나 소송절차에 관한 것이거나를 불문하고, 판결과 결정 그리고 명령이 여기에 포함되며, 심급을 종국적으로 종결시키는 종국재판뿐만 아니라 중간재판도 이에 포함되고, 법률이 위헌으로 심판되는지 여부가 법원이 앞으로 진행될 소송절차와 관련한 중요한 문제점을 선행결정하여야 하는지 여부의 판단에 영향을 주는 경우에도 재판의 전제성이 있다고 보아야 한다(헌재 1994.2.24. 91헌가3).

판례 헌재 1996.12.26. 94헌바1

[관련판시] 헌법재판소법 제68조 제2항은 "제41조 제1항의 규정에 의한 법률의 위헌여부심판의 제청신청이 기각된 때에는 그 신청을 한 당사자는 헌법재판소에 헌법소원심판을 청구할 수 있다"라고 규정하고 있고, 헌법재판소법 제41조 제1항은 "법률이 헌법에 위반되는 여부가 재판의 전제가 된 때에는 당해 사건을 담당하는 법원은 직권 또는 당사자의 신청에 의한 결정으로 헌법재판소에 위헌여부의 심판을 제청한다"라고 규정하고 있으므로, 헌법재판소법 제68조 제2항에 의한 헌법소원심판은 심판대상이 된

법률조항이 헌법에 위반되는 여부가 관련사건에서 재판의 전제가 된 경우에 한하여 청구될 수 있다. 여기서 '재판'이라 함은 판결·결정·명령 등 그 형식 여하와 본안에 관한 재판이거나 소송절차에 관한 재판이거나를 불문하며(헌법재판소 1994.2.24. 선고, 91헌가3 결정 참조), 심급을 종국적으로 종결시키는 종국재판뿐만 아니라 중간재판도 이에 포함된다고 하겠다. 법관이 법원으로서 어떠한 의사결정을 하여야 하고 그 때 일정한 법률조항의 위헌여부에 따라 그 의사결정의 결론이 달라질 경우에는, 우선 헌법재판소에 그 법률에 대한 위헌여부의 심판을 제청한 뒤 헌법재판소의 심판에 의하여 재판하여야 한다는 것이 법치주의의 원칙과 헌법재판소에 위헌법률심판권을 부여하고 있는 헌법 제111조 제1항 제1호 및 헌법 제107조 제1항의 취지에 부합하기 때문이다.

2. 구체적 판례

넓게 인정된 예로 증거채부결정(헌재 1996.12.26. 94헌바1), 보정명령(헌재 1994.2.24. 91헌가3), 영장발부 여부에 관한 재판(헌재 1993.3.11. 90헌가70), 구속적부심사(헌재 1995.2.23. 92헌바18), 보석허가결정에 대한 검사의 즉시항고사건(헌재 1993.12.23. 93헌가2), 구속기간갱신결정(헌재 2001.6.28. 99헌가14) 등에서도 재판전제성이 인정된 바 있다.

(1) 증거채부결정

판례 헌재 1996.12.26. 94헌바1

[관련판시] 헌법재판소법 제68조 제2항에 의한 헌법소원심판은 심판대상이 된 법률조항이 헌법에 위반되는 여부가 관련사건에서 재판의 전제가 된 경우에 한하여 청구될 수 있다. 여기서 '재판'이라 함은 판결·결정·명령 등 그 형식 여하와 본안에 관한 재판이거나 소송절차에 관한 재판이거나를 불문하며, 심급을 종국적으로 종결시키는 종국재판뿐만 아니라 중간재판도 이에 포함된다. 그러므로 형사소송법 제295조에 의하여 법원이 행하는 증거채부결정(證據採否決定)도 당해 소송사건을 종국적으로 종결시키는 재판은 아니라고 하더라도, 그 자체가 법원의 의사결정으로서 헌법 제107조 제1항과 헌법재판소법 제41조 제1항 및 제68조 제2항에 규정된 재판에 해당된다.

(2) 선행결정 판단에 영향을 미치는 법원(재판장) 행위 - 보정명령

판례 헌재 1994.2.24. 91헌가3

[관련판시] 헌법 제107조 제1항과 헌법재판소법 제41조 제1항의 '재판'이라 함은 원칙적으로 그 형식 여하와, 본안에 관한 재판이거나 소송절차에 관한 것이거나를 불문하며, 판결과 결정 그리고 명령이 여기에 포함된다. 그러므로 민사소송법 제368조의2 에 의하여 제청법원 또는 그 재판장이 하고자 하는 인지첩부를 명하는 보정명령은 당해 소송사건의 본안에 관한 판결주문에 직접 관련된 것이 아니라고 하여도, 헌법 제107조 제1항과 헌법재판소법 제41조 제1항에 규정된 재판에 해당한다. * 재판장의 인지보정명령, 인지미보정으로 인한 재판장의 소장각하명령 재판의 경우 – 적용가능성 부정으로 각하되긴 하였으나 그 예로 헌재 1996.8.29. 93헌바57.

(3) 영장발부 여부에 관한 재판

판례 헌재 1993.3.11. 90헌가70

[사건개요] 간통죄의 피의자를 구속하기 위한 구속영장청구에 대한 재판을 담당한 판사가 간통죄를 규정한 형법 제241조 제1항이 헌법에 위반되는 여부가 재판의 전제가 된다고 하여 제청한 사건인데, 헌재는

재판전제성을 인정하였다. [판시] 헌법재판소법 제41조 제1항은 법률이 헌법에 위반되는 여부가 재판의 전제가 된 때에는 당해 사건을 담당하는 법원은 직권 또는 당사자의 신청에 의한 결정으로 헌법재판소에 위헌여부의 심판을 제청한다고 규정하고 있는데, 위 '재판'에는 종국판결뿐만 아니라 형사소송법 제201조에 의한 지방법원판사의 영장발부 여부(令狀發付 與否)에 관한 재판도 포함된다고 해석되므로 이 사건 위헌여부의 심판제청은 적법하다. * 그러나 본안판단에서 간통죄규정에 대한 이전의 합헌결정을 유지하였다. 그러나 이후 합헌결정이 더 나왔다가 결국 2015년에 위헌결정이 내려졌다(헌재 2015.2.26. 2009헌바17등).

(4) 구속적부심사

판례 헌재 1995.2.23. 92헌바18

[사건개요] 청구인은 무단이탈죄(군형법 제79조)위반혐의로 보통군사법원 관할관이 군사법원법(1994.1.5. 법률 제4704호로 개정되기 전의 법) 제238조에 의하여 발부한 사전구속영장에 의하여 구속되자 이후 구속적부심사청구를 하고 이 법 제238조, 제244조, 제250조 및 제252조의 위헌 여부에 대하여 위 군사법원에 위헌법률심판의 제청을 신청하였으나, 위 군사법원은 위헌여부심판의 제청신청에 대하여는 결정을 하지 아니한 채 먼저 구속적부심사청구를 기각한 다음 제청신청을 기각하자 청구인 대리인은 위 법률조항에 관하여 헌법재판소법 제68조 제2항에 의한 헌법소원심판을 청구하였다. 그 후 군검찰관은 청구인에 대하여 기소유예처분을 함과 동시에 청구인을 석방하였다. [청구인주장요지] 군사법원 관할관은 그 행정사무권만 있을 뿐 사법사무권한은 없으므로 구속영장 발부라는 사법사무에 관한 권한을 관할관에게 부여한 이 법 제238조, 제244조, 제250조의 규정은 헌법 제110조에 위반한 위헌규정이다. 구속적부심사청구를 군사법원이 아닌 관할관에게 할 수 있다고 규정한 이 법 제252조도 헌법에 보장된 정당한 재판을 받을 권리를 침해한 것이다. [결정요지] 위헌여부심판의 제청신청을 받은 법원은 법리상 늦어도 본안사건에 대한 재판을 마치기 전까지는 제청신청에 대한 재판을 하여야 할 것인데도 이 사건의 경우 위헌여부심판의 제청에 대하여는 결정을 하지 아니한 채 먼저 구속적부심사청구를 기각한 다음 제청신청을 기각하여 사건을 부당하게 처리하였을 뿐만 아니라 헌법소원심판청구를 할 당시 청구인이 계속 구속상태에 있었고 또한 새로이 구속적부심사청구를 할 수 있는 상태에 있었으므로, 헌법소원심판청구 당시 일단 구속적부심사청구가 기각되었다고 하더라도 재판의 전제성은 있다고 보아야 할 것이다. 그러나 한편 청구인은 이 사건 헌법소원심판청구 후 1992.4.14. 기소유예처분을 받고 석방되었을 뿐만 아니라 1994.1.5. 법률 제4705호로 이 법 제238조 제1항 · 제3항 · 제4항 및 제252조 제1항이 군판사가 구속영장을 발부하고, 군사법원에 직접 구속적부심사를 청구할 수 있도록 개정되어 1994.7.1.부터 시행되었으므로 결국 이 사건 헌법소원심판청구는 권리보호의 이익이 없어 부적법하다고 할 것이다.

* 해설 – 요컨대 위 사안은 재판전제성은 갖추었으나 위헌소원의 또 다른 청구요건인 권리보호이익이 결여되어 부적법하다고 보아 각하된 것이다(위헌소원에서의 권리보호이익요건에 대해서는 후술, 제5장 헌법소원심판 부분 참조).

(5) 보석허가결정에 대한 검사의 즉시항고사건(원심법원의 제청)

판례 헌재 1993.12.23. 93헌가2

[쟁점] 보석허가결정에 대하여 검사가 즉시항고한 사건에서 바로 그 보석허가결정을 한 원심법원이 형사소송법 제97조 제3항 중 보석허가결정에 대하여 검사가 즉시항고, 즉 보석결정의 집행을 정지하는 효과를 가지는 즉시항고를 할 수 있는 것으로 규정한 부분은 국민의 재판청구권을 침해하는 등 위헌이라고 하여 제청한 사건에서 재판전제성을 인정할 수 있는지 여부(재판전제성 인정, 위헌결정) [심판대상규정] 구 형사소송법(1954.9.23. 법률 제341호; 개정 1973.1.25. 법률 제2450호) 제97조 제3항 중 "보석을

허가하는 결정” 부분-법 제97조(보석·구속의 취소와 검사의 의견) ③ 보석을 허가하는 결정 및 구속을 취소하는 결정에 대하여는 검사는 즉시항고를 할 수 있다. [관련판시] 재판의 집행을 정지하는 효력이 없는 보통항고든 정지하는 효력이 있는 즉시항고든 간에 항고의 제기가 있는 경우에는 원심법원은 항고의 제기가 법률상의 방식에 위배하거나 항고권 소멸 후인 점이 명백한 때에는 같은 법 제407조 제1항에 의하여 그 항고를 기각하고, 항고가 이유 있다고 인정할 때에는 같은 법 제408조 제1항에 의하여 결정을 경정하여야 하며, 항고의 전부 또는 일부가 이유 없다고 인정한 때에는 같은 조 제2항에 의하여 항고장을 받은 날로부터 3일 이내에 의견서를 첨부하여 항고법원에 송부하여야 한다. 여기에서 같은 법 제408조 제2항에 의하여 원심법원이 항고의 전부 또는 일부가 이유 없다고 인정하는 것도 법관의 판단작용을 거친다는 뜻에서 실질에 있어 원심법원의 재판이라고 할 것이고 그 의견서는 실질에 있어 그 이유의 기재라고 할 것이다. 그리고 이 사건 규정이 위헌이라고 심판되는 경우는 원심법원은 이 사건 즉시항고를 같은 법 제404조 소정의 보통항고로 전환하여 처리하게 될 것이다. 이 사건 규정이 위헌으로 심판되면 위헌으로 심판되기 전과 비교할 때 절차법상으로 기본적인 법률관계를 달리함으로써 다른 내용의 재판을 하게 된다. 그러므로 이 사건 규정의 위헌여부는 제청법원이 이 사건 즉시항고에 대하여 원심법원으로서 할 재판 등의 조치의 전제가 됨이 분명하다고 할 것이다. 따라서 이 사건 규정의 위헌여부는 그 심판제청 당시 전제성이 있고, 또 정당한 제청권을 가진 법원에 의하여 제청된 것이라고 하겠다.

* 해설 – 본안판단에서 헌재는 이 사건 심판대상 규정이 보석허가결정을 받은 피고인이라도 검사의 즉시항고, 즉 재판집행정지의 효력이 있는 즉시항고에 의하여 즉시항고 제기기간 및 동 재판확정일까지 석방될 수 없도록 한 것은 당해 피고인에 대한 보석허가결정이 부당하다는 검사의 불복을 그 피고인에 대한 구속집행을 계속할 필요가 없다는 법원의 판단보다 우선시킨 것이며, 구속여부와 구속계속여부에 대한 판단을 법관에게만 맡기려는 영장주의에 위배되고 적법절차의 원칙, 과잉금지의 원칙에도 반한다는 등의 이유를 들어 위헌결정을 하였다.

(6) 구속기간갱신결정

판례 헌재 2001.6.28. 99헌가14

[심판대상규정] 형사소송법 제92조(구속기간과 갱신) ① 구속기간은 2월로 한다. 특히 계속할 필요가 있는 경우에는 심급마다 2차에 한하여 결정으로 갱신할 수 있다. [제청법원의 위헌제청이유] 이 사건 법률조항에 의하면 제1심에서의 구속기간은 허용된 2 차의 갱신을 모두 행하더라도 최장 6 개월에 불과하고, 항소심 및 상고심에서의 구속기간 역시 허용된 2 차의 갱신을 모두 행하더라도 각 최장 4 개월에 지나지 않는다. 그 결과 중죄로 공소제기되어 제1심에서 장기형을 선고받은 피고인의 경우에는 위와 같은 구속기간의 제한에 따라 항소심 법원이 피고인측의 증거신청을 충분히 받아들이기 어렵고, 직권증거조사 등 충분한 심리를 기하기가 곤란하다. 따라서 이 사건 법률조항은 중죄로 기소된 피고인, 특히 장기간의 금고 이상 실형을 선고받은 피고인의 경우에는 오히려 피고인의 재판청구권을 침해하고 인간으로서의 존엄성과 가치를 훼손하는 결과가 되어 헌법 제27조 제1항 및 헌법 제10조의 규정에 위반되는 의심이 있다. [관련판시] 이 사건 법률조항에 의하여 법원이 행하는 구속기간갱신결정도 당해 소송사건을 종국적으로 종결시키는 재판은 아니라고 하더라도, 그 자체가 소송절차에 관한 재판에 해당하는 법원의 의사결정으로서 헌법 제107조 제1항과 헌법재판소법 제41조 제1항에 규정된 재판에 해당된다고 할 것이다. 그런데 만약 이 사건 법률조항이 위헌이라면 법원은 위 횟수제한에 구애됨이 없이 3 회 이상의 구속기간갱신결정을 할 수 있게 되므로, 결국 이 사건 법률조항의 위헌여부에 따라 법원이 3 회 이상의 구속기간갱신결정을 할 수 있느냐 없느냐의 결론을 좌우하고 있다. 그렇다면 이 사건 법률조항을 심판대상으로 이 사건 위헌제청은 재판의 전제성을 갖춘 것으로서 적법하다(본안판단결과 합헌결정이 됨).

3. 재판전제성이 부정되는 경우 - 사법행정행위

(1) 헌재의 입장

헌재는 사법행정행위(司法行政行爲)는 재판전제성에서 말하는 재판이 아니라고 본다.

1) 소송지휘권 행사성 부인 - 법원조직법상 녹음허가조항에 따른 불허가

헌재는 법원조직법상 녹음(녹화)허가조항에 따른 재판장의 녹음불허가행위는 사법행정행위라고 본다. 소송지휘권 행사가 아니기 때문이라고 본다.

판례 헌재 2011.6.30. 2008헌바81

[심판대상조항] 법원조직법(1987.12.4. 법률 제3992호로 개정된 것) 제59조(녹화 등의 금지) 누구든지 법정 안에서는 재판장의 허가 없이 녹화·촬영·중계방송 등의 행위를 하지 못한다. [판시] 이 사건 법률조항 부분에 의하면, 누구든지 법정 안에서 녹음을 하려면 재판장의 허가를 받아야만 한다. 그런데 이 사건 법률조항 부분이 법원조직법에 규정되어 있는 입법취지와 위 법률조항 부분의 문언에 비추어 볼 때, 이 사건 법률조항 부분의 '재판장의 허가'는 재판장이 법정의 권위를 지키고 법정 내 질서를 유지하며 심리의 방해를 저지하기 위하여 법정 내 모든 사람들에 대하여 행하는 사법행정행위라고 볼 것이지, 법원이 소송의 심리를 신속·공평하고 충실하게 하기 위하여 소송당사자에 대하여 행하는 소송지휘권의 행사라고 할 수는 없으며, 이러한 법적 성격은 녹음허가신청인이 소송당사자의 지위를 겸하고 있다고 하여 달라지지 않는다. 이와 같이 이 사건 법률조항 부분에 기한 재판장의 녹음불허가는 사법행정행위로서 이에 대하여 이의를 신청하더라도 재판절차가 개시되는 것은 아니므로 이에 대한 불복은 행정소송이나 헌법재판소법 제68조 제1항의 헌법소원에 의하여야 한다(청구인은 이 사건 불허가에 대하여 이의신청을 하면서 위 법률조항 부분에 대한 위헌법률심판제청을 신청하였고, 재판장 역시 이 사건 불허가에 대한 이의신청이 재판절차라는 전제 아래 위 제청신청을 각하하였으나, 이는 청구인과 재판장 모두 이 사건 법률조항 부분의 '재판장의 불허가'의 법적 성격에 관한 법리를 오해한 데에서 비롯된 것으로 보인다). 그러나 청구인은 헌법재판소법 제68조 제2항의 헌법소원으로서 이 사건 심판청구를 하고 있는바, 이러한 헌법소원은 재판의 전제가 된 법률의 위헌 여부에 대하여 제기할 수 있는 것이므로, 위 이의신청이 재판절차임을 전제로 제기된 이 사건 심판청구는 위와 같은 헌법소원의 적법요건을 갖추지 못하였다고 할 것이다.

* 검토 - 헌재가 "법정 내 질서를 유지하며 심리의 방해를 저지하기 위하여" 행하는 사법행정행위라고 보는데 심리방해 저지와 같은 것은 소송에 있어서 중요한 재판장의 소임이 아닌가 한다.

동지 :

판례 헌재 2013.8.29. 2011헌바253등

[판시] 법원조직법 제59조에 의하면 누구든지 법정 안에서 녹음을 하기 위해서는 재판장의 허가를 받아야 한다. 그런데 위 법률조항에 기한 재판장의 녹음불허가는 사법행정행위로서 이에 대하여 이의를 신청하더라도 재판절차가 개시되는 것은 아니므로(헌재 2011.6.30. 2008헌바81, 판례집 23-1하, 278, 282-283 참조), 이의신청이 재판절차임을 전제로 헌법재판소법 제68조 제2항에 따라 제기된 청구인 ○○○의 위 법률조항 부분에 대한 심판청구는 부적법하다.

* 검토 - 위 결정에서 위 법원조직법상 녹음허가조항뿐 아니라 형사소송법상 녹음조항에 대해서도 그 위헌여부의 재판전제성 여부가 판단되었는데 헌재는 그 "위헌 여부에 따라 당해 사건 법원이 청구인에 대하여 다른 내용의 판단을 할 수 있는 것이 아니고 재판의 주문 또는 그 내용과 효력에 영향을

미칠 것으로 보이지 않으므로, 청구인들의 위 법률조항에 대한 심판청구는 재판의 전제성이 없어 부적법하다"라고 판시하여(* 동지 : 헌재 2012.4.24. 2010헌바379, * 이 결정에 대해서는 아래 검토에 인용; 헌재 2012.5.31. 2010헌바403) 사법행정행위로 규명하지는 않고 재판전제성을 부정하였다. 위 2008헌바81 결정에서도 헌재는 "민사소송법 제159조 제1항의 녹음허가신청으로 해석할 수도 있다"라고 하면서도 민사소송법 제159조 제1항은 심판대상으로 하지 않고 있는 것이어서, 그 위헌 여부는 당해 사건재판과 아무런 관련이 없으므로, 결국 이 사건 심판청구는 재판의 전제성을 갖추지 못하고 있다고 판시하였다.

2) 변리사 대리 불허

아래 결정례도 사법행정행위가 재판전제성에서 말하는 재판이 아니라고 헌재가 본다는 것을 명시적으로 밝히나 사법행정행위는 재판전제성에서의 재판이 아니라고 하는 것으로 더 이상 논의할 수도 없이 그냥 재판전제성이 없다고 할 것이고 더 나아갈 수 없을 것임에도 헌재는 재판전제성이 없다는 다른 이유를 제시하고 있어서 다소 혼란스럽게 한다.

판례 헌재 2011.12.29. 2010헌바459

[사건개요] 상표권 침해를 원인으로 한 침해금지 및 손해배상 청구를 내용으로 하는 당해사건에서 재판장이 변리사의 소송대리를 허용하지 아니하고 원고불출석으로 처리하였는데 청구인은 구 변리사법 제8조 중 '특허, 실용신안, 디자인 또는 상표에 관한 사항에 관한 것' 부분에 '특허, 실용신안, 디자인 또는 상표에 대한 침해소송'이 포함되지 아니하는 것으로 해석하는 범위에서 헌법에 위반되고, 민사소송법 제87조 중 '법률에 의하여 재판상의 행위를 할 수 있는 대리인' 부분에 '변리사법 제8조에 의하여 특허, 실용신안, 디자인 또는 상표에 관한 침해소송을 대리하는 변리사'가 포함되지 아니하는 것으로 해석하는 범위에서 헌법에 위반된다고 주장하면서 위 법규정들에 대해 위헌소원심판을 청구하였다. [결정요지] (가) 재판의 전제성 … (나) 변리사의 소송대리를 허용하지 아니한 행위의 성격 – 청구인은 변리사의 소송대리를 허용하지 아니하고 원고 불출석으로 처리한 재판장의 행위가 재판의 전제성에서 말하는 '재판'에 해당하고, 이 사건 법률조항들의 위헌 여부에 따라 위 재판의 결론이 달라지게 되므로, 이 사건 헌법소원심판청구는 재판의 전제성을 갖추었다고 주장하므로 살핀다. 민사소송법 제87조는 "법률에 따라 재판상 행위를 할 수 있는 대리인 외에는 변호사가 아니면 소송대리인이 될 수 없다."고 규정하여 민사소송에 있어 소송대리인의 자격을 정하고 있다. 한편 민사소송법 제88조 제1항은 그 예외로서 "단독판사가 심리·재판하는 사건 가운데 그 소송목적의 값이 일정한 금액 이하인 사건에서 … 사람이 법원의 허가를 받은 때에는 제87조를 적용하지 아니한다."라고 규정하고 있다. 즉, 민사소송법 제88조에 의한 소송대리가 법원의 허가사항인데 반하여, 민사소송법 제87조에 의한 소송대리를 할 자격은 법률에 의하여 정하여지므로 법원의 허가를 받을 대상이 아니다. 그러므로 당해 사건에서 재판장이 변리사의 소송대리를 허용하지 않고 원고불출석으로 처리한 것을 소송대리불허가 또는 불허명령이라는 재판이라고 할 법률상 근거가 없다. 오히려 당해 사건의 재판장은 민사소송법 제87조 및 변리사법 제8조의 해석상 변리사가 상표권 침해 등 소송에서 소송대리를 할 자격이 없다고 판단한 후, 출석한 변리사가 소송의 당사자도 적법한 소송대리인도 아니었으므로 소송과 무관한 제3자의 소송관여를 배제하여 법정질서를 유지하고자 한 것으로 볼 수 밖에 없다. 즉, 이는 재판장이 법원조직법 제58조에 의한 법정질서 유지권을 행사한 것으로서 그 법적 성격은 사법행정행위에 해당한다고 할 것이다. (다) 재판의 전제성 여부 – 이처럼 당해 사건에서 변리사의 소송대리를 허용하지 아니하고 원고 불출석으로 처리한 재판장의 행위는 사법행정행위일 뿐, 재판의 전제성에서 말하는 당해 사건의 '재판'이 아니다. 그러므로 이 사건 헌법소원심판청구의 당해 사건은 본안에 관한 재판이라고 할 것인데, 앞의 사건개요에서 본 바와 같이, 재단법인 G재단이 청구인을 상대로 제기한 심결취소소송(특허법원 2009허5028)에서, 청구인의 이

사건 등록상표가 비디오 아티스트로 저명한 백남준의 성명을 그의 동의 없이 무단으로 모방하여 출원한 것으로 등록무효사유가 있다는 이유로 승소하였고, 이에 대한 상고에 대하여 대법원이 2010.7.22. 상고를 기각함으로써, 청구인의 상표권은 그 시경 등록무효임이 확정되었다. 따라서 청구인이 상표권등록이 유효임을 전제로 재단법인 G재단에 대하여 그 침해를 원인으로 한 침해금지 및 손해배상을 청구하였던 당해 사건에서, 청구인의 청구는 이 사건 법률조항들의 위헌 여부에 상관없이 기각될 수 밖에 없다. (라) 소결 – 결국 이 사건 법률조항들의 위헌 여부에 따라 당해 재판의 주문이 달라지거나 재판의 내용과 효력에 관한 법률적 의미가 달라질 수 없으므로, 이 사건 심판청구는 재판의 전제성이 인정되지 아니하여 부적법하다. 4. 결론 – 그렇다면 이 사건 심판청구를 각하하기로 결정한다.

* 검토 – 이 결정에서 재판전제성이 없는 이유에 대한 논증이 일관적이지 않다. 재판전제성 요건에서 말하는 재판이 아니라는 것으로 판시하기도 하고 다른 내용의 재판을 가져오지 않는다는 이유인 것으로도 판시하고 있다. 법원재판장의 소송지휘(진행)권행사를 법원재판이어서 헌법소원대상으로 인정하지 않은 자신 판례[헌재 1992.6.26. 89헌마271; 2012.7.26. 2011헌바268([판시] 소송지휘 또는 재판진행에 관한 사항은 그 자체가 재판장의 결정이나 명령으로서 법원의 재판에 해당하거나, 또는 그것이 비록 재판의 형식이 아닌 사실행위로 행하여졌다고 하더라도 종국판결이 선고된 이후에는 종국판결에 흡수·포함되어 그 판결에 대한 상소에 의하여만 불복이 가능하므로, 헌법재판소법 제68조 제1항에서 규정한 '법원의 재판'은 소송법적 의미에 있어서의 재판뿐만 아니라 재판을 담당하는 법원이나 재판장이 소송절차의 파생적·부수적인 사항에 대하여 하는 공권적 판단, 사실행위 및 부작위 모두를 포함하는 포괄적 재판작용을 의미한다) 등]에 비추어 볼 때, 또 그 이전에 헌재 자신이 재판전제성 요건에서 말하는 재판을 넓게 보는 입장이라는 점, 위 판시에서 헌재도 "자격이 없다고 판단한 후"라고 하여 위 재판장의 행위가 판단작용임을 인정한 점 등에서 위 결정에서 청구인이 기각될 수밖에 없다고 헌재 자신이 판시한 대로 재판의 내용과 효력에 관한 법률적 의미가 달라질 수 없다는 점만을 들어 논증하는 것이 보다 명확한 판시였다.

(2) 검토

위 결정례들의 검토에서도 이미 언급했지만 헌재 자신이 스스로 재판전제성에서의 재판의 개념과 범위를 넓게 인정한다고 하고서는 사법행정행위에 관한 판단은 재판이 아니라고 보면서 또 법원조직법상의 그것과 형사소송법상의 그것을 달리 보는 등의 혼선을 보이고 있다. 사법행정행위가 무엇인지 그 구분도 간단치 않다. 그래서 정리하자면 법원의 본안판단이 아닌 소송절차에 관한 판단도 재판전제성에서 말하는 재판인데(이는 헌재 자신이 스스로 천명한 것이다) 그렇다면 1차적으로는 재판전제성을 갖는다. 그러나 제2차적으로 본안판단에 관련되지 않으므로 재판의 내용을 달리 가져오는 것이 아니라면 재판전제성을 인정할 수 없다고 보는 것으로 단계적으로 살펴보는 것이 정당하다. 소송절차와 관련하여 문제가 제기된 아래 헌재 결정례에서도 그런 가능성을 엿볼 수 있다.

판례 헌재 2012.4.24. 2010헌바379

[심판대상조항] 형사소송법(1954.9.23. 법률 제341호로 제정된 것) 제56조(공판조서의 증명력) 생략. 형사소송법(2007.6.1. 법률 제8496호로 개정된 것) 제56조의2(공판정에서의 속기·녹음 및 영상녹화) ① 법원은 검사, 피고인 또는 변호인의 신청이 있는 때에는 특별한 사정이 없는 한 공판정에서의 심리의 전부 또는 일부를 속기사로 하여금 속기하게 하거나 녹음장치 또는 영상녹화장치를 사용하여 녹음 또

는 영상녹화(녹음이 포함된 것을 말한다. 이하 같다)하여야 하며, 필요하다고 인정하는 때에는 직권으로 이를 명할 수 있다. [판시] 법 제56조의2 제1항에 대한 심판청구 (1) 판결내용 자체가 아니고 재판의 공개 등 소송절차가 법령에 위반되었음에 지나지 아니한 경우에는, 그로 인하여 피고인의 방어권, 변호인의 변호권이 본질적으로 침해되고 판결의 정당성마저 인정하기 어렵다고 보이는 정도에 이르지 아니하는 한, 그것 자체만으로는 판결에 영향을 미친 위법이라고 할 수 없다. (2) 형사소송법은 공판조서의 정확성 및 신빙성을 담보하기 위해 공판기일의 소송절차에 관하여 참여한 법원사무관 등이 공판조서를 작성하여야 하고(제51조), 다음 회의 공판기일에 있어서는 전회의 공판심리에 관한 주요사항의 요지를 조서에 의하여 고지하도록(제54조 제2항 본문), … 규정하고 있다(제54조 제4항). 따라서 가사 청구인의 주장과 같이 법 제56조의2 제1항이 피고인의 신청이 없는 경우에도 공판정에서의 심리를 속기, 녹음 또는 녹화하도록 규정하지 아니하여 위헌이라고 하더라도, 그로 인하여 피고인의 방어권이나 변호인의 변호권이 본질적으로 침해되거나 판결의 정당성이 손상되는 것이라고 할 수 없다. (3) 그러므로 당해 사건에서 법원은 청구인에 대하여 다른 판단을 할 수 없으며, 청구인에 대한 관계에서 당해 사건 재판의 내용과 효력에 관한 법률적 의미가 달라지는 경우에 해당하지 아니하므로, 위 법률조항에 대한 심판청구는 재판의 전제성이 없어 부적법하다. * 이 결정의 [사건개요], 보다 자세한 [판시]는 위의 재판의 내용과 효력에 관한 법률적 의미가 달라지는 경우가 아니라고 부인된, 소송절차 부분에 인용된 것 참조.

4. 재판전제성 요건에서 재판인지 여부를 판단하는 것의 실익 검토

헌재의 위 입장을 보건대 그리고 논리적으로 생각해도 법원이 소송절차에서 행하는 판단과정이 원칙적으로 모두 재판이다. 그런데 재판이라고 전제성 요건이 갖추어지는 것이 아니고 재판이란 사실보다 더 관건인 것은 해당 법원재판에서 적용되고 문제되는 법률규정의 위헌여부가 법원재판에 영향을 미쳐야 한다는 것이다. 그렇다면 결국 중요한 것은 후자의 문제이다.

Ⅵ. 재판전제성이 인정되는 예외적(또는 특수한) 경우들

1. 행정소송의 소의 이익이 잔존하는 경우 - 직위해제처분에 대한 취소소송 중 복직발령을 받은 경우의 재판전제성 인정 - 행정소송법과의 견련성

행정소송이 당해소송인데 그 행정소송의 소의 이익이 없으면 각하할 것이고 재판전제성을 인정하기 곤란한바 행정소송의 대상인 처분이 취소되지 않더라도 원고가 원하는 바가 성취된 경우 소의 이익이 없어서 재판전제성을 인정하기도 곤란해질 것이나 예외적으로 행정소송으로 문제의 처분을 취소해야 할 이익이 남아있다면 적용되는 법률규정에 대한 위헌심판이 재판전제성이 있다고 볼 것이다. 아래의 예가 그런 경우이다.

판례 헌재 1998.5.28. 96헌가12

[사건개요] 국가공무원(국립대학교수)인 제청신청인은 형사사건으로 기소되자 구 국가공무원법(1994.12.22. 법률 제4829호로 개정되기 이전의 것) 제73조의2 제1항 단서 및 제4호의 규정에 의거하여 직위해제되었고 이에 소속 대학 총장을 상대로 직위해제처분취소의 소송을 제기하고 법원에 위 직위해제의 근거

가 된 구 국가공무원법 제73조의2 제1항 단서 규정에 대하여 위헌심판제청신청을 하였는데 법원이 이를 받아들여 제청하였다. 당해 사건 진행중 구 국가공무원법은 1994.12.22. 법률 제4829호로 개정되어 위 단서규정은 삭제되었고, 소속 대학 총장은 제청신청인들을 복직발령하였다. [관련판시] 복직발령을 받았으나, 직위해제처분은 여전히 유효하기 때문에, 승진소요최저연수의 계산에 있어서 직위해제기간은 산입되지 않으며(공무원임용령 제31조 제2항) 직위해제기간중 봉급의 감액을 감수할 수밖에 없는(공무원보수규정 제29조) 등 제청신청인들에게 법적으로 불리한 효과가 그대로 남아 있다. 그러므로 제청신청인들에게는 승급이나 보수지급 등에 있어서의 불리함을 제거하기 위하여 직위해제처분의 취소를 구할 소의 이익이 인정되고, 이로써 제청법원은 당해 사건의 본안에 관하여 판단해야 할 필요성이 있다고 하겠다. 따라서 이 규정의 위헌여부에 따라 직위해제처분의 취소여부, 즉 재판의 결과가 달라지므로 재판의 전제성이 인정된다.

2. 간접적용(직접적용되지 않는) 법률조항에 대한 재판전제성의 예외적 인정과 그 사유

(1) 헌법재판소 판례의 법리 - 인정사유

당해 소송에서 직접 적용되지 않는(간접적용되는) 법률조항이더라도 예외적으로 재판의 전제성이 인정될 수 있는 경우가 있다고 본다. 우리 헌법재판소가 예외를 인정할 수 있는 사유로 들고 있는 사유들을 다음과 같이 정리할 수 있다.

[예외적 인정사유]

▷ 내적 관련성의 존재 : 그 위헌여부에 따라

① 당해 사건의 재판에 직접 적용되는 법률조항의 위헌여부가 결정되는 경우

② 당해 재판의 결과가 좌우되는 경우

③ 당해 사건의 재판에 직접적용되는 규범(예컨대, 시행령 등 하위규범)의 의미가 달라짐으로써 재판에 영향을 미치는 경우

* 위 예외 법리를 정리하여 판시하고 있는 결정례들은 많다. 헌재 1998.10.15. 96헌바77, 판례집 10-2, 573면; 2001.10.25. 2000 헌바5; 2002.11.28. 2000헌바70; 2008.6.26. 2006헌바62; 2010.2.25. 2007헌바131등; 2015.2.26. 2012헌바438 등.

(2) 전형적인 적용을 한 결정례

아래에 위 예외인정의 법리를 적용한 전형적인 결정례를 실제적 이해에 도움이 되도록 살펴본다.

1) 예외 인정 결정례

① 정치자금법상 후원회를 통하지 않은 정치자금 수수 처벌규정과 후원회 정의규정의 내적 관련성 인정

판례 헌재 2001.10.25. 2000헌바5

[사건개요와 쟁점] (1) 청구인은 1998.6.4. 지방선거 당시 광역시장에 출마하여 당선된 자로서, 위 선거운동기간 중인 1998.5. 하순경 청구인의 선거사무실에서 모 은행장으로부터 선거자금 명목으로 2,000만

원을 교부받았는바, 친족관계에 있지 아니한 경우에는 정당이나 후원회 등을 통하는 등 '정치자금에 관한 법률'(이하 '법'이라 한다)에서 정하는 방법에 의하지 아니하고는 정치자금을 받지 말아야 함에도 불구하고 위와 같이 법에 정하지 아니한 방법으로 정치자금을 수수하여 법 제30조 제1항을 위반한 죄로 인천지방법원에 공소가 제기되었다. 즉 위 법 제30조 제1항에 따르면 후원회를 통하지 않고 정치자금을 수수한 경우 처벌되므로 위 제30조 제1항의 위반을 이유로 공소가 제기된 것이다. 그런데 당시 법 제3조 제8호는 정당의 중앙당이나 시·도지부, 지구당·국회의원 또는 국회의원입후보등록을 한 사람만이 개인후원회를 둘 수 있고 이를 통해 정치자금 모금을 할 수 있게 하고 지방자치단체장에 입후보한 사람은 후원회를 둘 수 없게 하고 있었다. (2) 위 형사재판 계속 중에 위 법 제3조 제8호, 제30조 제1항 등에 대해 평등권, 공무담임권을 침해하는 법규정이라 하여 위헌심판제청신청을 하였으나 기각되자 위헌소원을 제기하였는데 공소에 적용한 제30조 제1항 외에 직접 적용되지 않는 법 제3조 제8호의 위헌여부가 재판의 전제성이 있는지가 문제되었다. [판시] … 나. 재판의 전제성 (1) 법 제3조 제8호 및 제30조 제1항 (가) 인천지방검찰청 검사는 청구인에 대하여 이 법 제30조 제1항을 적용하여 공소를 제기하였다. 따라서 법 제30조 제1항은 재판의 전제성이 있다. (나) 어떤 법률규정이 위헌의 의심이 있다고 하더라도 그것이 당해사건에 적용될 것이 아니라면 재판의 전제성 요건은 충족되지 않으므로, 공소가 제기되지 아니한 법률조항의 위헌여부는 당해 형사사건의 재판의 전제가 될 수 없다(헌재 1997.1.16. 89헌마240, 판례집 9-1, 45, 71). 그러나 제청 또는 청구된 법률조항이 법원의 당해사건의 재판에 직접 적용되지는 않더라도 그 위헌여부에 따라 당해사건의 재판에 직접 적용되는 법률조항의 위헌여부가 결정되거나, 당해재판의 결과가 좌우되는 경우 등과 같이 양 규범 사이에 내적 관련이 있는 경우에는 간접 적용되는 법률규정에 대하여도 재판의 전제성을 인정할 수 있다(헌재 2000.1.27. 99헌바23, 판례집 12-1, 62, 71). 법 제3조 제8호는 비록 위 당해사건에서 공소가 제기된 법률조항은 아니지만, '후원회에 관한 정의규정'으로서 정치자금을 주거나 받을 수 있는 주체를 정하고 있는 규정이므로 이 조항의 위헌여부에 따라 당해사건의 재판에 직접 적용되는 규범(법 제30조 제1항)의 의미가 달라짐으로써 재판에 영향을 미치는 경우에 해당한다. 따라서 법 제3조 제8호는 재판의 전제성이 있다. … * 두 조항 모두 본안판단이 되었고 모두 합헌으로 결정되었다.

② 비적용대상이나 적용범위 확대 가능성이 있어서 재판전제성이 인정되는 경우

판례 헌재 2000.8.31. 98헌바100, 구 개발이익환수에 관한 법률 제10조 제2항 위헌소원

[쟁점] 개발부담금은 개발사업완료시점의 부과대상토지의 가액에서 개발사업착수시점의 부과대상토지의 가액과 개발사업시행기간중의 정상지가상승분 및 개발비용을 뺀 금액을 기준으로 하여 부과하는데 이 두 시점에서의 부과대상토지의 가액은 주로 공시지가를 기준으로 하나 구 개발이익환수에 관한 법률 제10조 제2항은 그 예외로서 주택가격의 안정이나 기타 필요에 의해 관계법령의 규정에 의해 처분가격이 제한되어 있는 경우에는 대통령령이 정하는 바에 의하여 그 '실제의 처분가격'을 개발사업완료시점의 부과대상토지 가액으로 하도록 규정하고 있다. 주택조합인 청구인은 자신의 아파트부지조성사업으로 개발부담금을 부과받았으나 관계법령의 규정에 의하여 처분가격이 제한된 경우가 아니라고 하여 위 법 제10조 제2항의 적용을 받지 못하였다. 청구인은 개발부담금부과처분의 취소를 구하는 소송을 제기하고 그 계속중 주택조합의 경우도 분양가에 의하여 그 처분가격이 제한된 분양주택의 경우에 준하여 사실상 처분가격이 제한된 경우라고 하면서 위 법 제10조 제2항이 사실상 처분가격이 제한되는 경우를 그 적용대상에서 제외한 것은 재산권, 평등권의 보장규정 등에 위배되어 위헌이며 그 위헌여부는 당해사건 재판의 전제가 된다고 주장하여 위헌제청신청을 하였으나 법원이 기각하자 위헌소원을 제기하였다(재판전제성인정, 합헌결정). [심판대상규정] 구 '개발이익환수에 관한 법률'(1993.6.11. 법률 제4563호로 개정되기 전의 것) 제10조(지가의 산정) ② 부과대상토지를 분양 등 처분함에 있어서 관계법령의 규정에 의하여 처분가격이 제한된 경우에는 제1항의 규정에 불구하고 대통령령이 정하는 바에 의하여 그

처분가격을 개발사업완료시점의 부과대상토지의 가액으로 할 수 있다. [관련규정] 개발이익환수에 관한 법률 제10조(지가의 산정) ① 제8조의 규정에 의한 개발사업완료시점의 부과대상토지의 가격은 지가공시 및 토지 등의 평가에 관한 법률에 의한 공시지가(이하 '공시지가'라 한다)를 기준으로 둘 이상의 감정평가업자가 평가한 가액의 산술평균으로 한다.(단서 생략) [관련판시] 청구인의 경우에는 이 사건 조항의 요건에 해당되지 않아 그 적용대상이 되지 않으므로 이러한 점에서는 같은 조항의 위헌여부가 당해 사건 재판에 직접 영향을 미치지 않는다. 그런데, 청구인의 주장은 이 사건 조항이 그 적용범위를 지나치게 좁게 규정한 탓으로 말미암아 청구인의 평등권이 침해되었다는 주장을 포함하고 있다고 해석할 여지가 있다. 그렇다면, 이 사건 조항이 그와 같은 점에서 위헌이라고 결정되고, 그에 따라 사실상 처분가격이 제한된 경우에도 그 가격을 개발사업완료시점의 부과대상토지가액으로 인정하는 방향으로 개정이 될 경우 당해 사건의 재판의 결론 또는 내용과 효력에 관한 법률적 의미에 영향을 미칠 가능성이 있으므로 재판의 전제성이 없다고 단정짓기는 어렵다.

③ **의료보험 관련 편취 사기 혐의 형사재판에서 그 위반 근거인 의료보험법 조항에 대한 재판전제성 인정**

판례 헌재 2000.1.27. 99헌바23

[사건개요] 청구인은 ○○병원장으로 재직하면서 위 병원의 진료비수가결정 등 제반업무를 총괄하는 사람으로서, 1996.12.1.부터 1997.11.25.까지 구 의료보험법(1995.8.4. 법률 제4972호로 개정된 것) 제29조 제3항 및 이에 근거한 보건복지부의 '의료보험요양급여기준 및 진료수가기준, 지정진료에 관한 규칙'에 위반하여 금 2,266,022,098원을 편취하였다는 사실로 기소되어 지방법원에 사기 사건으로 재판에 계속중인 바, 1998.9.10. 위 법원에 의료보험법 제29조 제3항의 위헌여부가 재판의 전제가 된다고 하며 위헌여부심판의 제청신청을 하였으나 위 법원이 1999.2.6. 위 신청을 기각하자 1999.2.20. 헌법재판소법 제68조 제2항에 의하여 헌법소원심판을 청구하였다. 위 법 제29조 제3항은 "요양급여의 방법·절차·범위·상한기준 등 요양급여의 기준은 보건복지부장관이 정한다"라고 규정한 것이었고 그 규정에 근거하여 제정된 것이 바로 사기죄의 원인이 된 편취로 인정하게 하는 위 보건복지부 '의료보험요양급여기준 및 … 규칙'인 것이다. 따라서 위 법 제29조 제3항이 간접적용된다고 본 것이다. [판시] 청구인은 사기죄로 기소되어 서울지방법원에 재판계속중이고, 심판대상법조항이 위 당해사건의 재판에 간접적으로 적용되고 있으며, 심판대상 법조항의 위헌여부에 따라 당해사건을 담당하는 법원이 다른 내용의 재판을 하게 되는 사실이 인정되므로, 이 사건 심판청구는 재판의 전제성 요건을 갖춘 것이다.

④ **증거채부결정에서 직접적용되지 않는 제1회 공판기일전 증인신문제도 규정** – 피고인 등 참여 재량성 문제

판례 헌재 1996.12.26. 94헌바1

[판시] 구 형사소송법 제221조의2(1973.1.25. 법률 제2450호 신설) 제2항 및 제5항은 관련사건에서 법원의 증거채부결정에 직접 적용되는 법률조항은 아니나 증거채부결정의 대상이 된 조서의 증거능력에 영향을 미침으로써, 그 위헌여부에 따라 법원이 그 조서를 증거로 채택할 수 있느냐 없느냐의 증거채부결정의 결과를 좌우하고 있다 할 것이다. 그렇다면 이 사건 법률조항들을 심판대상으로 하는 이 사건 헌법소원심판은 적법하다. *본안판단결과 반대신문권 침해로 적법절차원칙 위반 등 위헌이라고 결정되었다.

⑤ 제4공화국 긴급조치의 경우

판례 헌재 2013.3.21. 2010헌바132등
[판시] 긴급조치 제2호는 대통령의 긴급조치를 위반한 자를 심판하기 위하여 설치하는 비상군법회의의 조직법으로 긴급조치 제2호에 따라 법원이 아닌 비상군법회의가 청구인에게 긴급조치 위반의 혐의로 유죄판결을 선고할 수 있었으므로, 비록 긴급조치 제2호가 처벌의 직접적인 근거 조항은 아니더라도 그것이 위헌이라면 청구인에 대한 유죄판결은 결국 재판권이 없는 기관에 의한 것이 된다. 그러므로 긴급조치 제2호도 당해 사건에서 재판의 전제성이 인정된다.

⑥ * **주목 : 내적 관련성이 인정되나 재판내용이 달라지지 않는다고 보아 재판전제성을 부정한 결정례** – 아래 결정은 실무상 행정법, 민법과 헌법이 교직하는 부분이라 변호사 시험의 공법영역에서 출제될 가능도 있어서 주목을 요한다. 일단 민사상 부당이득반환청구소송에서 문제이고 부당이득이기 위해 원인무효로 인정되는 행정작용(많은 경우 부당이득을 발생시킨 행정처분), 그 행정처분이 근거한 법률의 위헌성 제기, 그 위헌성 규명을 위한 위헌법률심판에서의 재판전제성 등이 거론되기 때문이다. 그런데 부당이득반환청구소송에서 직접 적용될 규정은 민법 제741조인데 무효라고 다투는 그 행정처분이 근거한 행정법의 법률조항이 위헌이라고 주장될 것인데 그 행정법적 법률조항은 간접적용된다고 보니 여기서 다루어지는 결정례가 되는 것이다. 한편 그 위헌성은 취소사유(헌재가 위헌결정하기 전까지는 명백하지 않아 취소사유)에 불과하다는 중대명백설의 적용결과 당해소송이 취소소송이 아닌 한 위헌이라 할지라도 당해 재판의 내용을 달리하지 못한다고 하여 결국 간접적용의 내적 관련성은 인정되나 재판내용을 달리 하지는 않아 재판전제성이 없다는 것이다. 이러한 절차법적 문제에 중대명백설이라는 실체법적 법리를 적용하는 모순의 결과로서 시정되어야 할 결론이다(이에 대한 자세한 것은 뒤의 행정재판과 민사재판에서의 선결문제와 재판전제성 부분 참조).

판례 헌재 2010.2.25. 2009헌바239(2007헌바131등
[판시] 2009헌바239 사건의 청구인은 당해 사건에서 서울 강남구청장이 2007.10.2.에 한 기반시설부담금 부과처분에 따라 납부한 기반시설부담금 상당액을 부당이득으로 반환청구하고 있다. 당해 소송사건의 재판에 직접 적용되는 법률은 민법 제741조라고 할 것이나, 당해 사건의 재판에 직접 적용되지는 않더라도 그 위헌 여부에 따라 당해 사건의 재판에 직접 적용되는 법률조항의 위헌 여부가 결정되거나 당해 사건 재판의 결과가 좌우되는 경우 등과 같이 양 규범 사이에 내적 관련이 있는 경우에는 간접 적용되는 법률규정에 대하여도 재판의 전제성을 인정할 수 있다(헌재 2000.1.27. 99헌바23, 판례집 12-1, 62, 71; 헌재 2001.10.25. 2000헌바5, 판례집 13-2, 465, 475 등). 법 제3조, 제10조는 서울 강남구청장의 위 기반시설부담금 부과처분의 근거법률이므로, 당해 사건에 직접 적용되는 법률인 민법 제741조와 내적 관련이 있다고 할 것이다. 따라서 재판 계속중일 것, 당해 사건 재판에 적용할 법률일 것 요건은 충족하고 있다. * 그러나 결국 재판전제성이 다른 이유로 부정되었다. 즉 당해사건은 부당이득반환청구소송이었고 부당이득이라고 인정되기 위헤서는 무효로 인정되어야 하는데 법률의 위헌성 문제가 그렇지 않다고 하여 그 법률의 “위헌 여부에 따라 주문이 달라지거나 재판의 내용과 효력에 관한 법률적 의미가 달라지는 경우에 해당한다고 할 수 없다”라고 하여 재판전제성이 부정되었다. 이에 대한

자세한 요지는 뒤의 민사소송에서의 선결문제(행정처분의 위법여부)와 재판전제성, 부당이득반환청구소송 부분 참조.

⑦ 허가의 요건을 구성하는 내용을 가진 법률조항 – 풍력발전사업허가 사건

판례 헌재 2014.1.28. 2010헌바251

[사건개요] 구 백두대간 보호에 관한 법률 제7조 제1항 제6호가 동법의 보호지역 중 핵심구역 안에서 건축물의 건축이나 공작물 그 밖의 시설물의 설치 등을 금지하면서도 .「신에너지 및 재생에너지 개발·이용·보급 촉진법」에 의한 신·재생에너지의 이용·보급을 위한 시설의 설치는 가능하도록 하여 풍력발전사업을 허가한 처분(이하 '이 사건 처분')이 문제된 것이었다. 이 사건 사업부지에 인접한 ○○리에 거주하는 주민, 그 곳에서 장뇌삼, 더덕, 개두릅 등을 재배하는 청구인들이 사건 사업이 환경정책기본법에서 정한 사전환경성 검토 및 전원개발촉진법에 의한 주민의견 청취절차 등을 거치지 않았으므로 그 하자가 중대·명백하다며 2009.1.9. 구 지식경제부 장관(구 산업자원부 장관)을 상대로 이 사건 처분의 무효확인을 구하는 소를 제기하였다. 청구인들은 위 소송 계속 중, 이 사건 사업부지는 백두대간 보호지역 핵심구역에 위치하고 있는데, '백두대간 보호에 관한 법률' 제7조 제1항 제6호에 의하여 신에너지 및 재생에너지 이용·보급을 위한 시설에 해당하기만 하면, 그 신에너지 및 재생에너지의 종류와 성질을 불문하고 백두대간 보호지역 중 핵심구역 안에서도 시설물 등의 건축 등이 가능하게 되어 청구인들의 행복추구권 및 환경권을 침해한다고 주장하며, 위 법률조항에 대한 위헌법률심판제청신청을 하였다. 제1심 법원이 위 신청을 각하하자 청구인들은 2010.6.23. '백두대간 보호에 관한 법률' 제7조 제1항 제6호가 위헌이라고 주장하며 헌법소원심판을 청구하였다. [심판대상조항] 구 백두대간 보호에 관한 법률(2005.5.31. 법률 제7548호로 개정되고, 2011.4.6. 법률 제10561호로 개정되기 전의 것) 제7조(보호지역 안에서의 행위제한) ① 누구든지 보호지역 중 핵심구역 안에서는 다음 각 호의 1에 해당하는 경우를 제외하고는 건축물의 건축이나 공작물 그 밖의 시설물의 설치, 토지의 형질변경, 토석의 채취 또는 이와 유사한 행위를 하여서는 아니 된다. 6. '신에너지 및 재생에너지 개발·이용·보급 촉진법'에 의한 신·재생에너지의 이용·보급을 위한 시설의 설치 [관련조항] 구 전기사업법(2000.12.23. 법률 제6283호로 개정되고, 2008.2.29. 법률 제8852호로 개정되기 전의 것) 제7조(사업의 허가) ① 전기사업을 하고자 하는 자는 전기사업의 종류별로 산업자원부장관의 허가를 받아야 한다. 허가받은 사항 중 산업자원부령이 정하는 중요사항을 변경하고자 하는 경우에도 또한 같다. 구 '신에너지 및 재생에너지 개발·이용·보급 촉진법'(2004.12.31. 법률 제7284호로 개정되고, 2010.4.12. 법률 제10253호로 개정되기 전의 것) 제2조(정의) 이 법에서 사용하는 용어의 정의는 다음과 같다. 1. "신에너지 및 재생에너지"(이하 "신·재생에너지"라 한다)라 함은 기존의 화석연료를 변환시켜 이용하거나 햇빛·물·지열·강수·생물유기체 등을 포함하는 재생가능한 에너지를 변환시켜 이용하는 에너지로서 다음 각 목의 어느 하나에 해당하는 것을 말한다. 다. 풍력 [판시] 이 사건 심판청구가 적법한지 여부를 살펴본다. 가. 재판의 전제성의 의미 – … 나. 간접 적용되는 법률조항과 재판의 전제성 (1) 당해 사건의 재판에 직접 적용되지 않는 법률조항이라 하더라도, 그것이 헌법에 위반되는지 여부에 따라 당해 사건의 재판에 직접 적용되는 법률조항이 헌법에 위반되는지 여부가 결정되거나 그 의미가 달라짐으로써 당해 사건 재판에 영향을 미치는 경우 등과 같이, 양 규범 사이에 내적인 관련이 있는 경우에는 간접적으로 적용되는 법률조항에 대해서도 재판의 전제성이 인정될 수 있다(헌재 2001.10.25. 2000헌바5; 헌재 2011.10.25. 2009헌바234 등 참조). (2) 이 사건 처분은 직접적으로는 전기사업의 허가에 관한 구 전기사업법 제7조 제1항에 근거한 것이어서 이 사건 법률조항이 당해 사건 재판에 적용되는 법률조항에 해당하는지 의문이 제기될 수 있다. 그러나 이 사건 처분에 의하여 허가된 이 사건 사업은 백두대간 보호지역 중 핵심구역 안에서 신·재생에너지에 속하는 풍력을 이용하여 전기를 생산하는 발전시설을 설치하는 것도 포함하고 있으므로, 이 사건 처분은 그 내용상 '백두대간 보호지역 중 핵심구역 안에서는 건축물의 건축이나 공

작물 그 밖의 시설물의 설치 등을 원칙적으로 금지하되, 다만 신·재생에너지의 이용·보급을 위한 시설의 설치 등의 경우에는 예외를 인정하는' 이 사건 법률조항의 요건을 충족하는 것을 당연한 전제조건으로 하는 것이다. 따라서 이 사건 법률조항은 적어도 구 전기사업법 제7조 제1항과 내적 관련이 있는 조항으로서 당해 사건의 재판에 간접 적용되는 법률조항이라고 볼 수 있다. * 이처럼 간접적용되나 내적 관련성이 있다고 하여 '적용될 것'의 요건은 갖추었다고 보았지만 연이어 헌재는 그 위헌 여부가 무효사유는 아니라고 하여 결국 무효확인소송인 당해 소송에서의 재판전제성을 부정한 것이다. 이에 관한 판시는 뒤의 행정재판과 재판전제성, 결정례 부분 참조.

⑧ 헌재는 양심적 병역거부 관련 판례를 변경하였는데 이전의 합헌결정을 하였다가 2018년 6월 28일에 헌재는 병역의 종류를 현역, 예비역, 보충역, 병역준비역, 전시근로역의 다섯 가지로 한정하여 규정하고 양심적 병역거부자에 대한 대체복무제를 규정하지 아니한 병역법 제5조 제1항(병역종류조항)이 과잉금지원칙을 위반하여 양심적 병역거부자의 양심의 자유를 침해하는 위헌이라고 보고 계속적용을 명하는 헌법불합치결정을 하였다. 이 결정에서 심판대상이 간접적용되나 그 위헌여부의 재판전제성이 인정된다고 보았다.

판례 헌재 2018.6.28. 2011헌바379등, 병역법 제88조 제1항 등 위헌소원 등

[심판대상조항] 병역법(2016.5.29. 법률 제14183호로 개정된 것) 제5조(병역의 종류) ① 병역은 다음 각 호와 같이 구분한다.

1. 현역 : 다음 각 목의 어느 하나에 해당하는 사람
   가. 징집이나 지원에 의하여 입영한 병(兵)
   나. 이 법 또는 「군인사법」에 따라 현역으로 임용 또는 선발된 장교(將校)·준사관(準士官)·부사관(副士官) 및 군간부후보생
2. 예비역 : 다음 각 목의 어느 하나에 해당하는 사람
   가. 현역을 마친 사람
   나. 그 밖에 이 법에 따라 예비역에 편입된 사람
3. 보충역 : 다음 각 목의 어느 하나에 해당하는 사람
   가. 병역판정검사 결과 현역 복무를 할 수 있다고 판정된 사람 중에서 병력수급(兵力需給) 사정에 의하여 현역병입영 대상자로 결정되지 아니한 사람
   나. 다음의 어느 하나에 해당하는 사람으로 복무하고 있거나 그 복무를 마친 사람
      1) 사회복무요원
      2) 삭제
      3) 예술·체육요원
      4) – 10) 생략
   다. 그 밖에 이 법에 따라 보충역에 편입된 사람

4.-5. 생략

[판시] 5. 적법요건에 대한 판단 (2) 재판의 전제성이 인정되는지 여부 – 당해사건은 형사사건으로서 공소장에 적용법조로 기재되지 않은 병역종류조항은 당해사건에 직접 적용되는 조항이 아니지만, 심판청구된 법률조항의 위헌 여부에 따라 당해사건 재판에 직접 적용되는 법률조항의 위헌 여부가 결정되거나 당해사건 재판의 결과가 좌우되는 경우 또는 당해사건의 재판에 직접 적용되는 규범의 의미가 달라짐으로써 재판에 영향을 미치는 경우 등에는 간접 적용되는 법률조항에 대하여도 재판의 전제성을 인정할 수 있다(헌재 2011.10.25. 2010헌바476 참조). 병역종류조항이 양심적 병역거부자에 대한 대체

복무제를 포함하고 있지 않다는 이유로 위헌으로 결정된다면, 양심적 병역거부자가 현역입영 또는 소집통지서를 받은 후 3일 내에 입영하지 아니하거나 소집에 불응하더라도 대체복무의 기회를 부여받지 않는 한 당해 형사사건을 담당하는 법원이 무죄를 선고할 가능성이 있으므로, 병역종류조항의 위헌 여부에 따라 당해사건 재판의 결과가 달라질 수 있다. 따라서 병역종류조항은 재판의 전제성이 인정된다.

2) 예외 부정 결정례

① **조례가 근거하는 법률조항이 아닌 경우** – 경기도립학교설치조례 중 개정조례 제2조 등 위헌소원

판례 헌재 1998.10.15. 96헌바77

[사건개요] 경기도립학교설치조례 중 개정조례에 의하여 폐교된 두밀분교에 재학중이던 학생들은 그 폐교처분의 취소와 그 조례의 무효확인을 구하는 행정소송을 제기하였으나 각하 및 기각의 판결을 받았고 상고하여 대법원에 계속중 '도서벽지교육진흥법' 제2조, 제3조에 대하여 위헌제청을 신청하였으나 기각되자 헌법재판소법 제68조 제2항에 의한 헌법소원심판을 청구하였다. 청구인들은 이 법률조항에 따라 '도서벽지'지역으로 지정되고 그에 따라 설치된 도서벽지학교를 지방자치단체의 조례에 의하여 임의로 폐교할 수 있다고 해석하는 한 이 법률조항은 헌법 제31조 제1항·제3항에 위배된다고 주장하였다. [심판대상규정] 구 도서·벽지교육진흥법(1990.12.27. 법률 제4268호로 개정된 것) 제2조(정의) 이 법에서 '도서벽지'라 함은 지리적·경제적·문화적·사회적 혜택을 받지 못하는 산간지·낙도·수복지구·접적지구 및 광산지구로서 교육부령이 정하는 지역을 말한다. 제3조(국가의 의무) 국가는 도서벽지의 의무교육의 진흥을 위하여 타에 우선하여 다음 각호의 조치를 하여야 하며, 이에 필요한 제경비는 타에 우선하여 지급하여야 한다. 1.－6. 생략. [결정요지] 이 사건의 당해 소송사건은 두밀분교를 폐교한 처분(그 형식은 위 '개정조례'이다)의 위법여부를 다투는 소송이다. 지방자치법 제9조 제2항 제5호 및 구 교육법 제8조 제4항, 제82조 제1항의 규정에 의하면 지방자치단체는 그 관할구역 안의 의무교육 학령대상아동 전원을 취학시킴에 필요한 초등학교(소위 공립초등학교)를 설치·경영하여야 한다. 한편, 공립초등학교는 지방자치법 제135조 제1항 소정의 '공공시설'에 해당하고, 그 설치 및 관리에 관하여 다른 법령에 규정이 없는 경우에는 조례로 정하도록 되어 있다(같은 조 제2항). 그런데 위 개정조례는 헌법 제117조 제1항 및 지방자치법 제9조, 제135조, 구 교육법 제8조 제4항, 제82조 제1항 등에 기하여 제정된 것이지 이 법률조항에 근거한 것이 아니므로, 이 법률조항은 위 폐교처분을 다투는 당해 소송사건에서 직접 적용된 법률(조항)이 아니라 위 개정조례가 헌법이나 다른 법률과 함께 이 법률조항에 위배되어 위헌·위법한지의 여부가 문제되었을 뿐이다. 한편 우리재판소의 판례에 의하면, 제청 또는 심판청구된 법률조항이 법원의 당해 사건의 재판에 직접 적용되지는 않더라도 그 위헌여부에 따라 당해 사건의 재판에 직접 적용되는 법률조항의 위헌여부가 결정되거나, 당해 재판의 결과가 좌우되는 경우 또는 당해 사건의 재판에 직접적용되는 규범(예컨대, 시행령 등 하위규범)의 의미가 달라짐으로써 재판에 영향을 미치는 경우 등에는 간접적용되는 법률규정에 대하여도 재판의 전제성을 인정할 수 있다고 하므로 이 점에 대하여 살펴본다. 두밀분교는 그 폐교 당시 이 법상의 의무교육 진흥대상인 도서벽지학교로 지정되어 있었던 사실이 인정된다. 그러나 이 법은 도서벽지의 의무교육을 진흥함을 목적으로 하고(제1조) 동법 제2조에 따라 교육부령으로 도서벽지학교를 지정하는 것일 뿐이고, 공립초등학교의 설립·폐지권은 위에서 본 바와 같이 지방자치단체에 있는 것이므로 이 법의 규정들을 종합하여 보면, 이 법의 취지는 "도서벽지지역에 학교가 존속함을 전제로" 그 학교에 그 시설설비와 교원을 타에 우선하여 조치하고 그 경비를 지원한다는 데 있다고 할 것이다. 따라서 이 법의 위헌여부에 따라 당해 사건의 재판에 직접 적용되는 법률조항(위 지방자치법 또는 구 교육법의 각 조항)의 위헌여부가 결정되는 등 양 규범 사이에 내적 관련이 있는 경우도 아니고, 또한 위 (개정)조례는 이 법률조항에 기해 제정(또는 개

정)된 것이 아니어서(헌재 1998.6.25. 95헌바24, 판례집 10－1, 756면 참조), 이 법률조항의 위헌여부에 따라 위 개정조례의 의미가 달라짐으로써 재판에 영향을 미치는 경우라고 할 수도 없다. 결국 이 법률조항은 당해 소송사건에 적용할 법률도 아니고, 그 위헌여부에 따라 재판의 주문이 달라지거나 재판의 내용과 효력에 관한 법률적 의미가 달라지는 경우도 아니어서 재판의 전제성을 결여하는 것이므로, 이 부분 심판청구는 부적법하다.

② 위헌결정으로도 적용을 주장하는 법률조항의 적용이 담보되지 않는 경우

판례 헌재 2003.6.26. 2001헌바54

[사건개요] (1)청구인은 국가공무원으로 근무하였고 퇴직시 공무원연금법에 의한 퇴직일시금과 퇴직수당을 지급받은 후, 국가공무원도 근로기준법 소정의 근로자에 해당한다는 이유를 들어 근로기준법 제34조 제1항에 의한 퇴직금(이 뒤에서는 퇴직금이라고 한다)의 지급을 구하는 소송을 제기하였고, 퇴직수당을 규정하고 있는 공무원연금법 제61조의2 등이 헌법에 위반된다고 주장하면서 그에 관한 위헌심판제청을 신청하였다(대구지방법원 ****카기****). (2) 당해법원은 2001.7.11. "국가공무원도 임금을 목적으로 근로를 제공하는 근로기준법 제14조 소정의 근로자이기는 하나, 그 퇴직금지급에 관하여는 근로기준법의 적용이 배제되고 공무원연금법이 적용된다 할 것이다"라고 판시하여 원고의 청구를 기각하였고, 청구인이 항소를 제기하지 않아 당해소송 사건은 확정되었다. (3) 당해법원이 2001.6.29. 위 위헌심판 제청신청에 대해서 위 제청신청대상 법률조항 및 시행령조항이 헌법에 위반되지 않는다는 이유로 이를 기각하는 결정을 하자 청구인은 2001.7.13. 이 사건 헌법소원심판을 청구하였다. [판시] 이 사건 법조항이 당해사건의 재판에 적용되는 것인지 여부에 관하여 보면, 이 사건 심판청구의 당해사건은 퇴직금 청구소송이고 그 재판에 직접 적용되는 법률조항은 근로기준법 제34조 제1항이므로 이 사건 법조항은 당해사건에 직접 적용되는 법률조항이 아니다. 그런데 헌법재판소는 간접 적용되는 법률규정에 대하여도 재판의 전제성을 인정하여 왔다. 따라서 헌법재판소가 이 사건 법조항에 대하여 위헌결정을 선고하는 경우에 당해사건의 재판결과가 좌우되는 경우 등과 같이 양 규범 사이에 내적 관련이 있어 간접적용될 수 있는지 여부가 문제된다. 공무원연금법은 공무원의 퇴직 또는 사망과 공무로 인한 부상·질병·폐질에 대하여 적절한 급여를 실시함으로써, 공무원 및 그 유족의 생활안정과 복리향상에 기여함을 그 목적으로 하는 법률이다(공무원연금법 제1조). 이러한 목적을 달성하기 위하여 공무원연금제도는 소득보장적 성격의 급여, 부조적 성격의 급여, 근로재해에 대한 보상, 민간의 퇴직금에 해당하는 급여 및 후생복지사업 등 다양한 사회보장방안을 마련하고 있다. 이와 같이 공무원에 대하여는 일반근로자들을 규율하는 근로기준법과는 전혀 다른 별개의 독립한 법체계를 지닌 공무원연금법을 적용하게 되므로 이 사건 법조항에 대한 위헌결정 또는 헌법불합치결정이 있다 하여 당해사건에서 퇴직금에 관한 근로기준법 조항이 곧바로 적용된다고 볼 수는 없다. 그러므로 이 사건 법조항은 당해사건에 적용되는 법조항으로 볼 수 없으므로 이 부분에 대한 헌법소원 심판청구 역시 부적법하다.

* 검토 – 이 사안에서 근기법 조항이 직접적용되는 조항인지도 의문이다. 헌재 자신도 판시에서 "당해법원은 "국가공무원도 임금을 목적으로 근로를 제공하는 근로기준법 제14조 소정의 근로자이기는 하나, 그 퇴직금지급에 관하여는 근로기준법의 적용이 배제되고 공무원연금법이 적용된다 할 것이다"라고 판시하여 원고의 청구를 기각하였고"라고 적시하고 있는데 이는 당해 소송에서 근기법 위 조항이 직접 적용되는 것도 아니었음을 의미한다.

* 내적 관련성이 부정되어 재판전제성이 없다고 본 또 다른 결정례 : 헌재 2002.11.28. 2000헌바70, 공무원연금법 제51조 제1항 위헌소원, 판례집 14－2, 630; 2008.6.26. 2006헌바62, 판례집 20－1하, 368 등.

3. 불가분적 관계에 있는 조항에 대한 재판전제성 인정

이 경우도 직접적으로 적용되지 않지만 불가분적 관계에 있어서 그 조항의 위헌여부의 재판전제성을 인정하는 것이어서 위 2.의 법리와 같은 맥락에서 볼 수 있겠다.

i) 전형적인 예 보기 – 아래와 같은 경우가 불가분적 관계로서 재판전제성이 인정되는 전형적 결정례이다. 허가필수규정(아래 법 제10조 1항)이 허가사항규정(아래 동법 동조 2항)과 불가분이다. 허가를 받아야 하는데 그 허가사항규정에 따른 허가를 받아야 하니 그렇다.

판례 헌재 1996.10.31. 93헌바14

[본안쟁점] 유료직업소개사업의 허가의 종류·요건·대상 등을 대통령령에 위임하는 것은 포괄적 위임으로서 위헌인지 여부(합헌결정) [사건개요] 청구인들은 노동부장관의 허가를 받지 않고 유료직업소개사업을 하였다고 하여 구 '직업안정 및 고용촉진에 관한 법률' 제30조, 제10조 제1항을 적용법조로 기소되어 그 사건이 지방법원에 계속 중 위 법률 제10조 제1항·제2항에 대하여 위헌제청신청을 하였으나 기각되자 위헌소원심판을 청구하였다. [심판대상규정] 구 '직업안정 및 고용촉진에 관한 법률'(1967.3.30. 법률 제1952호로 제정되고 1989.6.16. 법률 제4135호로 최종개정된 것, 이하 '직업안정법'이라 함. 현재 직업안정법이란 이름의 법률로 존재함) 제10조(유료직업소개사업) ① 유료직업소개사업을 하고자 하는 자는 노동부장관의 허가를 받아야 한다. ② 제1항의 규정에 의한 허가의 종류·요건·대상 기타 허가에 관하여 필요한 사항은 대통령령으로 정한다. [관련판시] 청구인들에 대한 공소장에는 적용법조로 직업안정법 제10조 제1항만 기재되어 있고 제10조 제2항은 기재되어 있지 아니하나, 청구인들은 제10조 제1항이 헌법에 위반된다는 중요한 이유로서 제10조 제2항에서 허가요건을 법률로 규정하지 않고 대통령령에 위임을 하고 있는 것이 위임입법의 한계를 벗어나 위헌이라고 주장하고 있으므로 이 사건에서 제10조 제1항의 위헌여부는 제10조 제2항의 위헌여부와 불가분적인 관계에 있다고 할 것이므로 제10조 제2항도 재판의 전제성이 있다고 할 것이다.

* 위 예는 공소장에 적용법조로 기재되지 않은 법률조항이라도 그 형사재판의 전제가 된다고 인정한 예이기도 하다.

ii) 또 다른 예 – 신용협동조합 이사장 선거에서 선거운동 방법 위임을 규정한 신용협동조합법 조항 – 헌재는 신용협동조합 이사장 선거에서 선거운동을 신용협동조합법 제27조의2 제2항에 정한 방법 외에 하였다고 하여 기소된 재판에서 그 선거운동의 구체적 방법의 정관에 위임을 규정한 동조 제4항이 적용법조로 기재되어 있지 않은데도 제2항과 제4항이 결합되어 구체적으로 선거운동 방법 등이 정해지게 되므로 불가분적으로 결합되어 있다고 인정하여 재판전제성을 인정하였다. 헌재는 본안판단결과 동조 제4항에 대해서도 위헌결정을 하였다.

판례 헌재 2020.6.25. 2018헌바278

[판시] 당해사건 법원은 청구인에 대한 적용법조로 신용협동조합법 제27조의2 제2항과 제3항만을 기재하고 있다. 그런데 신용협동조합법 제27조의2 제2항은 신용협동조합법상 허용되는 선거운동에 관하여 정하면서 제3항에서는 제2항 선거운동의 기간에 관하여, 제4항에서는 제2항 선거운동의 구체적인 방법 등에 관하여 각 정관에 위임하고 있다. 이와 같은 조문 구조에 의할 때 위 제2항과 제3항이 결합되어

구체적으로 선거운동 기간이 정해지고, 제2항과 제4항이 결합되어 구체적으로 선거운동 방법 등이 정해지게 된다. 그렇다면 위 조항들은 모두 선거운동에 관한 기간과 방법 등에 있어 불가분적으로 결합되어 있다고 볼 수 있으므로, 신용협동조합법 제27조의2 제2항 내지 제4항이 헌법에 위반되는지 여부에 따라 당해사건에서 청구인의 범죄행위 인정 여부 및 판결의 주문이 달라질 가능성이 있다. 이 조 제2항에서 4항까지 모두 위헌으로 결정되었다.

4. 병렬적 규정으로서 동일 심사척도가 적용될 규정에 대한 재판전제성 인정

(1) 비적용조문이나 병렬적 규정으로서 동일심사척도 적용시 인정

헌재는 관련사건의 재판에서 적용되지 않은 부분이긴 하나 그 재판에서 적용되는 부분과 병렬적으로 규정된 부분에 대해서는 그 조문전체가 같은 심사척도가 적용될 위헌심사대상인 경우 그 위헌여부의 재판전제성을 인정한다. 이 법리도 위 간접적용되는 경우의 예외적 인정에서 다룰 수도 있다.

판례 헌재 1995.11.30. 94헌가2, 공공용지의 취득 및 손실보상에 관한 특례법 제6조 위헌제청

[관련판시] 공공용지의 취득 및 손실보상에 관한 특례법(이하 '공특법'이라 함) 제6조의 적용대상인 재산은 '토지 등'인바 관련규정을 종합하면(공특법 제6조, 제2조 제1호, 토지수용법 제2조 제2항 제1호 내지 제4호) '토지 등'은 토지 외에 토지에 관한 소유권 이외의 권리, 입목, 건물 기타 토지에 정착한 물건, 광업권, 어업권, 土石 등을 말하고 있다. 그런데 관련사건은 소유권이전등기말소 사건이며, 제청법원은 제청이유에서 주로 토지와 관련하여 공특법 제6조의 위헌성을 의심하고 있다. 따라서 엄밀하게 따진다면 '토지 등'에서 관련사건의 재판에 적용되지 않는 내용은 제외시켜 재판의 전제성을 따져야 할 것이다. 그러나 공특법 제6조에는 '토지 등'이라고 병렬적으로 적용대상이 규정되어 있더라도 이는 공시송달에 의한 협의의제라는 같은 법리가 적용되는 같은 조문 내의 일체화된 내용이며 재산권 침해가 문제되는 이 사건에서 굳이 이들 재산들을 분리해내어 판단하는 것은 적절치 않으며, 이러한 상황(제청법원이 단일조문 전체를 위헌제청하였으며, 그 조문전체가 같은 심사척도가 적용될 위헌심사대상인 경우)이 구체적 규범통제제도의 취지를 벗어나는 것이라고는 보이지 아니한다. 또한 공특법 제6조는 토지 등의 '취득'뿐만 아니라 '사용'도 그 적용대상으로 하고 있다. 그러나 이에도 위와 같은 논리가 유추적용될 수 있는 것이다. 그렇다면 이 사건에서는 공특법 제6조 전체가 심판의 대상이 되는 것이라고 볼 것이다.

(2) 동지의 결정례

① 관세법 제182조 제2항 위헌제청

판례 헌재 1996.11.28. 96헌가13

[쟁점] 관세법 제182조 제2항은 관세포탈의 예비를 한 자와 미수범은 각각 해당하는 본죄에 준하여 처벌하도록 규정하고 있는데 이 규정에 대하여 위헌제청이 되었다. 법무부장관은 당해 사건의 공소사실이 미수사실뿐이므로 예비범에 대한 이 조항부분의 위헌여부심판의 제청부분은 재판의 전제성이 없다고 주장하였다. [관련판시] 관세법 제182조 제2항과 같이 병렬적으로 적용대상이 규정되어 있는 경우라도 그 내용이 서로 밀접한 관련이 있어 같은 심사척도가 적용될 위헌심사 대상인 경우 그 내용을 분리하여 따로 판단하는 것이 적절하지 아니하다고 할 것이다. 제청법원이 단일 조항 전체에 대하여 위헌제청을 한 취지도 위와 같다고 보이므로, 제청법원의 이와 같은 의견을 존중(헌법재판소 1993.5.13. 92헌가10 결정 참조)하고 헌법재판소가 규범통제의 역할을 수행하고 있는 점 등에 비추어 보면, 이 사건 단일

조항을 함께 판단하는 것은 구체적 규범통제 제도의 취지에 벗어나지 않는다고 할 것이다. 따라서 위 이해관계인(법무부장관)의 의견은 부당하여 받아들이지 아니한다.

② 보안관찰법 제27조 제2항 위헌제청, 보안관찰법 제27조 제2항 등 위헌소원

판례 헌재 2003.6.26. 2001헌가17, 2002헌바98(병합)

[쟁점] 보안관찰법(1991.11.22. 법률 4396호로 개정된 것) 제6조 제1항은 보안관찰대상자가 교도소 등을 출소한 후 7 일 이내에 출소사실을 신고하여야 하도록 규정하고 있고 동법 제27조 제2항은 정당한 이유 없이 이를 신고하지 아니하거나 허위의 신고를 한 자 또는 그 신고를 함에 있어서 거주예정지나 주거지를 명시하지 아니한 자는 형벌에 처하도록 규정하고 있는데 위 제27조 제2항이 적법절차 등을 위반한 위헌이라는 주장의 위헌제청신청을 받아들여 당해 법원이 위 제27조 제2항에 대해 제청을 하였는데 법무부장관은 당해 사건은 "피고인(제청신청인)이 출소 후 정당한 이유 없이 출소사실을 신고하지 않았다"는 내용의 형사재판이므로 보안관찰법 제27조 제2항의 규정 중 "정당한 이유 없이 제6조 제1항 제1문 후단의 규정에 의한 신고를 하지 아니하거나" 부분을 제외한 "…허위의 신고를 한 자 또는 그 신고를 함에 있어서 거주예정지나 주거를 명시하지 아니한 자" 부분은 재판의 전제성이 인정되지 않는다고 주장하여 쟁점이 되었다. [심판대상규정] 보안관찰법(1991.11.22. 법률 4396호로 개정된 것) (벌칙) ② 정당한 이유 없이 제6조 제1항·제2항 및 제18조 제1항 내지 제4항의 규정에 의한 신고를 하지 아니하거나 허위의 신고를 한 자 또는 그 신고를 함에 있어서 거주예정지나 주거지를 명시하지 아니한 자는 2년 이하의 징역 또는 100만원 이하의 벌금에 처한다. [관련판시] 이 건 보안관찰법 제27조 제2항 중 "… 신고를 하지 아니하거나 허위의 신고를 한 자 또는 그 신고를 함에 있어서 거주예정지나 주거지를 명시하지 아니한 자" 부분과 같이 병렬적으로 적용대상이 규정되어 있는 경우라도 그 내용이 밀접한 관련이 있어 같은 심사척도가 적용될 위헌심사대상인 경우에는 그 내용을 분리하여 따로 판단하는 것은 적절하지 아니하다고 할 것이다. 제청법원이 "… 허위의 신고를 한 자 또는 그 신고를 함에 있어서 거주예정지나 주거지를 명시하지 아니한 자" 부분까지 위헌제청한 취지도 위와 같다고 보이므로 제청법원의 이와 같은 의견을 존중(헌재 1993.5.13 92헌가10등)하고 헌법재판소가 규범통제의 역할을 수행하고 있는 점 등에 비추어 보면, 이 사건 제청법원이 위헌심판제청한 부분 전체를 함께 판단하는 것은 구체적 규범통제 제도의 취지에 어긋나지 않고 헌법재판의 합목적성에도 부합한다고 할 것이다.

③ '공익사업을 위한 토지 등의 취득 및 보상에 관한 법률' 제91조 제1항 '공용수용' 포함

판례 헌재 2020.11.26. 2019헌바131

[심판대상 부분 판시] 심판대상에 당해사건에서 문제된 협의취득뿐만 아니라 공용수용을 포함시킨 이유는 협의취득과 공용수용이 비슷한 공법적 기능을 수행하고 있고 각 경우에 규정된 환매권 인정요건이 같아서 동일한 심사척도가 적용되는 경우이기 때문이다.

(3) 법원의 제청이 없었던 규정이나 동일 심사척도의 적용이 있는 경우의 재판전제성 인정

법원의 제청이 없었던 규정이었으나 제청된 규정과 동일한 심사척도와 법리가 적용된다는 이유로 법원제청이 없었던 규정에 대하여서도 심판대상으로 인정한(그 위헌여부의 재판전제성도 그래서 인정한) 아래와 같은 결정례가 있다.

판례 헌재 1999.3.25. 98헌가11등

지방세법 제188조 제1항 제2호 (2) 목 중 '고급오락장용 건축물' 부분 등 위헌제청, 지방세법 제188조

제1항 제2호 (2) 목 중 '고급오락장' 부분 등 위헌제청, 지방세법 제234조의16 제3항 제2호 중 '기타 사치성 재산으로 사용되는 토지' 부분 위헌제청, 지방세법 제234조의16 제3항 제2호 위헌제청.
[심판대상에 대한 설시요약] 제청법원들이 제청법률조항으로 삼고 있지는 않지만, 종합토지세의 분리과세 대상토지의 종류와 그 과세표준을 정하고 있는 법 제234조의15 제2항 단서 제5호 중 "기타 사치성 재산으로 사용되는 토지로서 대통령령으로 정하는 토지"부분은 제청법률조항으로 제기된 법 제234조의16(분리과세대상토지의 세율) 제3항 제2호 중 "기타 사치성 재산으로 사용되는 토지"부분의 전제가 되므로, 양 법률조항들은 체계적으로 밀접하게 연관되어 있다. 따라서 이 법률조항들의 위헌여부를 판단함에 있어서는 동일한 심사척도와 법리가 적용된다. 그러므로 법 제234조의15 제2항 단서 제5호 중 "기타 사치성 재산으로 사용되는 토지로서 대통령령으로 정하는 토지"부분도 함께 심판대상으로 삼아서 한꺼번에 그 위헌여부를 판단하는 것이 법질서의 통일성과 소송경제의 측면에서 바람직하므로 이를 이 사건 심판대상에 포함시키기로 한다.

5. 간접적용, 불가분적 병렬적, 동일심사척도 등 이유로 재판전제성 확대인정과 위헌선언

이러한 조문들이 제청되지 않은 조문이더라도 위헌결정되는 제청된 조문과 함께 부수적으로 위헌선언을 하게 된다. 부수적 위헌선언에 대해서는 뒤의 결정형식 등을 참조.

6. 재항고재판에서 보통항고금지규정에 대하여 제기된 위헌소원에서의 재판전제성 인정

보통항고가 허용되지 않아 재항고를 하면서 보통항고금지에 대해 다투고자 한 것이므로 그 위헌여부의 재판전제성이 인정된다고 본 것이다.

판례 헌재 1996.10.31. 94헌바3, 형사소송법 제262조 제2항 위헌소원
[본안쟁점] 고등법원의 결정에 대하여는 재판에 영향을 미친 헌법·법률·명령 또는 규칙의 위반이 있는 때에 한하여 할 수 있는 재항고만을 할 수 있도록 함으로써 보통항고를 금지하고 있는 것이 재판청구권의 위헌적 침해인지 여부(합헌결정) [사건개요] 청구인은 1980.8.경부터 1981.1.25.경까지 집행된 삼청교육과 관련하여 형법상의 직권남용, 불법체포 등의 죄로 고소하였으나, 서울지방검찰청 검사는 1992.12.26. 공소권 없음 처분을 하였다. 이에 대하여 청구인은 서울고등법원에 재정신청을 하였던바, 서울고등법원은 1993.4.28. 고소사실이 공소시효가 만료되었거나 재정신청의 대상이 아니라는 이유로 위 재정신청을 기각하였다. 청구인은 위 결정에 대하여 대법원에 재항고를 하는 한편 고등법원의 재정결정에 대하여 항고할 수 없다고 규정한 형사소송법 제262조 제2항이 헌법에 위반된다고 주장하면서 위헌제청신청을 하였으나, 대법원이 기각하자 1994.1.8. 헌법재판소법 제68조 제2항에 의하여 이 사건 헌법소원심판을 청구하였다. [관련판시] 청구인은 서울고등법원의 재정신청기각결정에 대하여 보통항고를 제기하지 아니하고 형사소송법 제415조에 기한 재항고를 하면서 이 사건 심판청구를 하였다. 그러므로 이 사건 법률조항의 위헌여부가 재정신청기각결정에 대한 재항고사건에 대한 재판의 전제가 되지 않는 것으로 볼 수도 있다. 그러나 청구인은 법률이 재정신청기각결정에 대한 보통항고의 길을 막고 있기 때문에 보통항고를 하지 못하고 부득이 법령위반을 이유로만 할 수 있는 재항고를 택할 수밖에 없었던 것이어서 만일 이 사건 법률조항이 위헌이라고 확인되는 경우 그에 따른 법 개정 후 대법원이 청구인의 재항고 신청에 보통항고를 구하는 취지도 포함되었다고 선해하여 판단할 수도 있는 것이고, 그러한 경우 이 사건 법률조항의 위헌여부는 위 재항고사건의 재판결과에 영향을 미칠 수 있을 것이다. 대법원에서도 이 점을 감안하여 이 사건 법률조항의 재판의 전제성을 인정하여 청구인의 위헌제청신청을 각하하지 아니하고 기각한 것으로 풀이된다. 따라서 이 사건에서는 재판의 전제성을 인정하

는 것이 타당하다고 판단된다.

7. 수혜적(수익적) 법률의 평등원칙위반을 이유로 한 헌법불합치결정 선고의 가능성이 있는 경우의 재판전제성 인정

① 구 국가유공자예우 등에 관한 법률 제70조 등 위헌소원

판례 헌재 1999.12.23. 98헌바33

[본안쟁점] 장애인고용촉진법 제34조 제2항은 장애인이 비장애인보다 불리하게 경쟁할 수 있게 하는 공개경쟁임용시험을 시행해도 되는 것으로 해석되고, 공개경쟁임용시험을 실시함에 있어서 장애인과 비장애인을 분리하여 선발하면서 장애인에 대하여 별도의 기준에 따라 선발할 수 있도록 하고 있으며, 공개경쟁임용시험에 있어서 장애인 채용비율만을 규정하고 장애인에 대하여 제대군인 가산점만큼의 불이익을 받지 아니하도록 하는 내용을 규정하지 않음으로써 헌법에 위배되는 조항인지 여부, 또한 동 조항은 실질적으로 장애인을 채용할 수 있도록 시험을 실시할 것을 요구하는 것이 아니라 다만 장애인의 채용비율만을 규정하고 있어 평등의 원칙에 위배되는지 여부 등(합헌결정) [사건개요] 청구인은 장애인복지법 제2조 등에 정해진 지체장애인 3급 3호에 해당하는 장애인으로서, 지방공무원 공개경쟁임용시험 7급 행정직시험에 응시하였으나 불합격되었다. 한편 위 필기시험에서는 구 국가유공자예우 등에 관한 법률 제70조 등에 의하여 병역법 또는 군인사법의 규정에 의한 소정의 복무기간을 마치고 전역된 제대군인에 대하여는 3~5퍼센트의 가산점을 주었는바, 위와 같은 가산점을 합산하지 아니할 경우 제대군인이 아닌 청구인이 합격될 수 있는 상황이었다. 청구인은 대전고등법원에 지방공무원채용시험불합격처분의 취소를 구하는 행정소송을 제기하여 승소판결을 선고받았으나, 피고가 상고하여 대법원이 파기환송하였고, 대전고등법원에서 환송재판이 계속되던 중 청구인은 구 국가유공자법 제70조 등이 헌법에 위반된다는 이유로 위헌심판제청신청을 하였으나 기각결정되자 헌법소원심판을 청구하였다. [심판대상규정] 장애인고용촉진 등에 관한 법률(1990.1.13. 법률 제4219호로 제정. 이하 '고용촉진법') 제34조(국가 및 지방자치단체의 장애인 고용의무) ② 각 시험실시기관의 장은 장애인이 공개채용인원의 100분의 2 이상 채용되도록 시험을 실시하여야 한다. [관련설시] 법원은 위헌제청신청 기각결정이유에서 장애인고용촉진 등에 관한 법률 제34조 제2항이 위헌이 된다 하여 그 고용비율을 높여야 하는 것은 아니므로 재판의 전제성이 없다고 하였다. 그러나 만일 위 법률조항이 평등의 원칙 등에 위배된다면 그에 관하여 헌법불합치결정이 선고될 가능성이 있고, 이에 따라 청구인에게 유리한 내용으로 법률이 개정되어 적용됨으로써 이 사건 당해 사건의 결론이 달라질 수 있다. 따라서 위 법률조항의 위헌 여부에 따라 이 사건 당해 사건의 결과에 영향을 미칠 수 있으므로 위 법률조항은 이 사건 당해 사건 재판의 전제가 된다고 할 것이다. * 위 심판에서 장애인고용촉진 등에 관한 법률 제34조 제2항에 대해서는 합헌결정이 내려졌다.

② 공업배치 및 공장설립에 관한 법률 부칙 제3조 위헌소원

판례 헌재 1999.7.22. 98헌바14

[관련판시] 청구인은 당해 소송에서 심판대상조항이 평등권, 재산권 등을 침해하여 위헌이라고 하여 이미 납부한 관리비의 반환을 청구하였는데, 심판대상조항이 청구인과 같은 경우를 관리비 반환대상에서 제외하는 것이 평등권 침해로서 위헌이라는 이유로 헌법불합치결정을 하고 입법자가 그 결정취지에 따라 시혜대상을 확대하여 청구인과 같은 경우에도 관리비를 반환하도록 법을 개정할 경우, 법원은 당해 사건에 관한 판결을 달리하여야 할 것이다. 따라서, 심판대상조항의 위헌여부는 당해 사건 재판의 주문 또는 내용과 효력에 관한 법률적 의미에 영향을 미치는 것으로서 재판의 전제성이 있다.

③ '퇴직 이후 폐질상태 확정된 군인'의 경우를 상이연금 수급 대상에서 제외

판례 헌재 2010.6.24. 2008헌바128
[판시] 이 사건 심판청구는 이른바 '부진정 입법부작위'의 경우에 해당하고,헌법재판소가 이 사건 법률조항이 청구인과 같은 경우를 상이연금 수급대상에서 제외하는 것이 평등권의 침해로서 헌법에 위반된다는 이유로 헌법불합치 결정을 하고 입법자가 그 결정취지에 따라 수혜대상을 확대하여 청구인과 같은 경우에도 상이연금을 지급하도록 법을 개정할 경우, 법원은 당해 사건에 관하여 판결을 달리하여야 할 것이므로, 이 사건 법률조항이 헌법에 위반되는지 여부는 당해 사건 재판의 결론 또는 주문에 영향을 미치는 것으로서 재판의 전제성이 인정된다. * 본안판단결과 실제 헌법불합치결정이 있었다. * 이 결정의 사건개요, 보다 더 자세한 요지는 뒤의 부진정입법부작위에 대한 위헌소원에서 재판전제성을 인정한 예 부분 참조.

④ 개발부담금 산정에서 실제 처분가격에 의한 경우의 한정

판례 헌재 2000.8.31. 98헌바100
* 이 결정에 대해서는 재판전제성이 인정되는 예외적 경우, 간접적용되는 법률조항 부분 참조.

8. 재심사유 부존재라도 재심개시결정 확정으로 인한 재판전제성 인정한 예

구법조항으로 형벌이 확정된 후 대동소이한 내용의 신법에 대해 위헌결정이 있어서 재심청구를 하였는데 헌재는 재심개시결정이 확정되면 법원으로서는 비록 재심사유가 없었다 하더라도 그 사건에 대해 다시 심판을 하여야 하며 이후 위 재심개시결정의 효력은 상소심에서도 이를 다툴 수 없고 재심재판에 있어서 제청신청인들의 행위는 그 사건 법률조항의 위헌여부에 따라 무죄가 될 수도 있으므로 그 사건 법률조항의 위헌여부는 재판의 전제가 된다고 본 것이다.

판례 헌재 2000.1.27. 98헌가9,
[판시] 형벌에 관한 법률 또는 법률의 조항에 대한 위헌결정으로 유죄의 확정판결에 대해 재심이 청구되어 재심개시결정이 확정되면 법원은 그 사건에 대해 다시 심판을 하여야 하며(헌법재판소법 제47조 제4항; 형사소송법 제438조 제1항), 불복 없이 확정된 재심개시결정의 효력은 이후 이를 다툴 수 없는 것인데, 기록에 의하면 이 사건 재심개시결정에 대한 즉시항고기간의 도과로 재심개시결정이 확정된 사실이 인정되므로, 법원으로서는 비록 재심사유가 없었다 하더라도 그 사건에 대해 다시 심판을 하여야 하며 이후 위 재심개시결정의 효력은 상소심에서도 이를 다툴 수 없다. 그리고 재심재판에 있어서 제청신청인들의 무단용도변경행위는 이 사건 법률조항의 위헌여부에 따라 무죄가 될 수도 있으므로 이 사건 법률조항의 위헌여부는 재판의 전제가 된다. 따라서 이 사건 법률조항의 위헌여부가 재판의 전제가 된 이상 법원의 위헌심판제청은 적법하다. * 이 결정에 대한 사건개요, 심판대상 등 보다 자세한 것은 앞의 당해 법원소송에서 적용되는 법률(조항)일 것, 부정되는 경우들, 재심의 경우 부분 참조.

9. 법률의 개정 · 폐지와 재판전제성

(1) 논의의 의미

법률의 개정 · 폐지로 인해 재판전제성은 원칙적으로 상실된다고 앞서 '적용될 것' 요건에서 보았다. 그러나 예외를 인정할 수 있다. 이 예외 인정 문제에는 먼저 다음을 유의해야 한다. 즉 그 위헌여부의 재판전제성 인정 문제가 심판대상인 법률규정이 개정 · 폐지되었는데 그 심판대상인 구법 규정, 즉 개정 · 폐지되어진 구법 규정 자체의 재판전제성 문제와 구법이 아니라 그것을 개정 · 폐지한 법률규정 자체의 위헌여부의 재판전제성 문제는 구별된다는 점이다. 따라서 구분해서 아래에 살펴본다.

(2) 심판대상인 개정 · 폐지된 구법 법률규정

헌재는 개정 · 폐지된 법률도 위헌법률심판의 대상이 될 수 있고 그 위헌여부가 재판의 전제성이 인정되는 경우가 있다고 본다.

1) 폐지법에 의한 법익침해 지속

폐지된 법률에 의해 법익침해의 상태가 계속될 때 재판전제성이 폐지된 구법의 위헌여부에 대해 인정된다.

판례 헌재 1989.12.18. 89헌마32등, 국가보위입법회의법 등의 위헌여부에 관한 헌법소원

* 이 결정은 헌마사건으로 표시되긴 하였으나 헌재법 제68조 제2항의 위헌소원사건의 결정이었다. 헌법재판소 출범 후 초기에는 위헌소원사건에 대해서도 '헌마'의 사건부호로 표기하였었다. [관련판시] 국가보위입법회의법은 1980.10.27. 의결되어 같은 달 28. 법률 제3260호로 공포 · 시행되었고, 같은 법 부칙 제2항에 의거 1981.4.10. 폐지된 한시법이다. 그리하여 법률의 시적 효력범위 문제와 관련하여 폐지된 법률이 위헌여부심판의 대상이 될 수 있느냐가 문제된다. … 위헌법률심판에 있어서 문제된 법률이 재판의 전제가 된다 함은 우선 그 법률이 당해 본안사건에 적용될 법률이어야 하고, 또 그 법률이 위헌일 때는 합헌일 때와는 다른 판단을 할 수밖에 없는 경우, 즉 판결주문이 달라지는 경우를 뜻한다고 할 것이고 그 법률이 현재 시행중인가 또는 이미 폐지된 것인가를 의미하는 것은 아니라 할 것이므로, 폐지된 법률이라는 이유로 위헌여부심판의 대상이 될 수 없다는 주장은 허용될 수 없는 것이다. 따라서 이미 폐지된 법률이라 할지라도 헌법소원심판청구인들의 침해된 법익을 보호하기 위하여 그 위헌여부가 가려져야 할 필요가 있는 경우, 즉 법률상 이익이 현존하는 경우에는 심판을 하여야 할 것이다(헌법재판소 1989.7.14. 88헌가5등 결정 참조. * 이 결정에 대해서는 바로 아래에 인용함). * 이 결정의 자세한 요지는 앞의 대상 부분 참조.

2) 구법의 위헌여부문제가 신법 소급적용될 수 있기 위한 전제문제일 경우

이러한 경우로 아래 구 사회보호법 제5조의 위헌심판 결정이 있었다.

판례 헌재 1989.7.14. 88헌가5등

[관련판시] 위헌여부의 심판이 제청되어 헌법재판소에서 심리하던 중 일부개정되어 심사대상이 되었던 법 제5조의 규정은 변경되었고, 신법(新法) 부칙 제1조에 따르면 신법은 공포한 날로부터 효력을

발생하고, 부칙 제4조에는 개정법률 시행 당시 재판이 계속중인 감호사건에 대하여는 규정법률 규정을 적용하도록 되어 있다. 사회보호법이 규정하고 있는 보호감호처분이 보안처분의 하나이고, 보호감호처분은 형벌과 같은 차원에서의 적법한 절차와 헌법 제12조 제1항에 정한 죄형법정주의의 원칙에 따라 비로소 과해질 수 있는 것이라 할 수 있고, 따라서 그 요건이 되는 범죄에 관한 한 소급입법에 의한 보호감호처분은 허용될 수 없다고 할 것이다. 그렇다면 비록 新法이 그 부칙 제4조에서 신법 시행 당시 이미 재판이 계속중인 감호사건에 대하여는 신법을 적용하여 처리하도록 규정하고 있지만, 이와 같이 신법이 구법(舊法) 당시 재판이 계속 중이었던 사건에까지 소급하여 적용될 수 있는 것은 실체적인 규정에 관한 한 오로지 구법이 합헌적이어서 유효하였다는 것을 전제로 하고, 다시 그 위에 신법이 보다 더 피감호청구인에게 유리하게 변경되었을 경우에 한하는 것이다. 그런데 법률이 개정된 결과 신법이 소급적용됨으로써 구법이 더 이상 적용될 소지가 없는 경우에는 구법에 대한 위헌제청은 제청대상의 소멸로 말미암아 부적법하게 되었다고 할 수 있다. 그러나 이 사건의 경우와 같이 비록 구법이 개정되었다고 하더라도 법원이 당해 소송사건을 재판함에 있어서는 행위시에도 처분의 적법한 근거 법률이 있어야 하므로, 구법이 위헌이었느냐의 문제와 신·구법 중 어느 법률의 조항이 더 피감호청구인에게 유리하느냐의 문제가 판단된 뒤에 비로소 결정될 수 있는 것이다. 따라서 이러한 경우에는 구법에 대한 위헌여부의 문제는 신법이 소급적용될 수 있기 위한 전제문제이기도 하거니와, 제청법원인 대법원이 신법이 시행된 1989.3.25.부터 상당한 기간이 경과한 지금까지 위 법률의 조항의 위헌제청에 대하여 철회의 의사를 밝히지 아니하고 제청신청을 계속 유지함으로써 아직도 심판을 구하고 있는 것으로 볼 수밖에 없는 이 사건에서 헌법재판소로서는 위 법률의 조항에 대한 위헌여부를 심판하지 않을 수 없는 것이다. * 이 결정에 대한 자세한 요지는 앞의 대상 부분 참조. * 본안판단결과 위헌결정이 있었다.

3) 폐지법률 부칙에 의한 효력지속 내지 구법적용의 경우

(가) 부칙에 의한 효력지속의 경우

판례 헌재 1994.6.30. 92헌가18, 국가보위에 관한 특별조치법 제5조 제4항에 대한 위헌 제청

[관련판시] 폐지된 법률도 그 위헌여부가 관련 소송사건의 재판의 전제가 되어 있다면 당연히 헌법재판소의 위헌심판의 대상이 된다. 더구나 국가보위에 관한 특별조치법(이하 '특별조치법'이라 함)이 폐지되었다고는 하나 … 특별조치법 폐지법률 부칙 제2항(명령 등에 관한 경과조치)에 의하여 '국가보위에 관한 특별조치법 제5조 제4항에 의한 동원대상지역 내의 토지의 수용·사용에 관한 특별조치령'은 아직 그 효력을 지속하고 있고 그 한도에서 특별조치법도 살아 있는 법률이나 같다. 그리고 제청신청인은 특별조치법 제5조 제4항 및 특별조치령 제29조에 의하여 수용당한 원래의 자기소유 토지에 관하여 특별조치법 제5조 제4항의 위헌여부는 위 소송재판에서의 승패여부의 전제가 된다. 왜냐하면 상위법인 특별조치법 제5조 제4항의 위헌여부는 하위법인 특별조치령의 위헌여부 및 효력유무의 전제가 되고 특별조치법 제5조 제4항에 대하여 위헌결정이 되면 자동적으로 이 위헌법률조항에 근거한 특별조치령도 위헌·무효가 되고, 아울러 위헌·무효인 특별조치령에 근거한 수용처분도 위헌·무효가 될 수 있기 때문이다(위 헌법령에 기한 행정처분의 무효여부는 당해 사건을 재판하는 법원이 위헌성의 정도 등에 따라 판단할 사항이다). 따라서 특별조치법 제5조 제4항은 당연히 위헌여부심판의 대상이 되어야 한다.

(나) 부칙에 의한 구법적용의 경우

판례 헌재 1996.8.29. 94헌바15, 영화법 제4조 제1항 등 위헌소원

[관련판시] 구 영화법은 1995.12.30. 법률 제5130호로 제정되어 1996.7.1.부터 시행된 영화진흥법에 의하여 폐지되었으나, 영화진흥법 부칙 제6조에 의하면 위 법 시행 전에 종전의 영화법에 위반한 행위에 대한 벌칙의 적용에 있어서는 종전의 영화법의 규정에 의하도록 규정하고 있다. 한편 청구인은 영화진흥

법의 시행으로 영화법이 폐지되기 전에 영화법위반죄로 형사재판을 받았으므로 비록 지금은 영화법이 폐지되었다 하더라도 이 사건 심판대상인 구 영화법 제4조 제1항의 위헌 여부가 청구인에 대한 형사재판의 전제가 되므로 위 법률조항은 당연히 헌법소원심판의 대상이 될 수 있다. * 이 판시는 대상이 된다는 것으로 결론을 적고 있지만 판시 중에 "형사재판의 전제가 되므로"라고 하듯이 이러한 경우에 재판전제성을 인정할 수 있는 예로 인용한 것이다.

4) 행정처분의 경우

(가) 처분시법주의 - 처분시 법규에 의한 행정처분의 위법성판단에 따른 구법의 심판 필요성 인정

행정처분의 위법성 여부는 처분 당시의 법률에 의하여야 한다는 것이 우리나라의 일반적인 학설이고 판례이므로 이에 따르면 행정처분이 근거한 법률이 그 행정처분이 있은 후 폐지되었더라도 그 폐지된 근거법률이 위헌인지 여부에 따라 행정처분의 위법여부가 결정된다. 따라서 행정처분에 대한 행정소송에서 폐지된 법률에 대한 위헌심판의 필요가 있고 폐지된 법률이 위헌심판의 대상이 될 수 있고 그 위헌여부가 재판의 전제성을 가질 수 있다. 아래의 결정은 권리보호이익에 관한 판시에서 처분시법규 언급을 하지만 사실 재판전제성 인정과 연관지은 점에서 위 법리를 반영한 것이라고 그러한 점을 보여주는 결정례라고 할 것이다.

[주요판시사항]

▷ 행정처분의 위법·부당 여부는 처분시의 법규에 비추어 판단 :
따라서 당시의 법률(폐지된 법률)에 대한 심판청구이익이 있음

판례 헌재 1996.4.25. 92헌바47

[사건개요] 청구인은 구 축산업협동조합법(이하 "축협법"이라 한다) 제100조 소정의 설립요건을 갖추어 인가신청을 하였으나 농림수산부장관은 조합구역이 같은 경우 같은 업종조합의 복수설립을 금하는 취지의 축협법 제99조 제2항(1994.12.22. 법률 제4821호로 축협법이 개정되어 삭제되었다)에 반한다는 이유로 1989.12.14. 위 신청에 대한 거부처분을 하였다. 청구인은 1990.5.23. 서울고등법원에 위 거부처분 취소의 소를 제기하였으나 패소하여 대법원에 상고하여 그 상고심에서 위 축협법 제99조 제2항의 위헌확인을 구하는 이 사건 헌법소원심판을 청구하였다. [심판대상] 구 축협법(1994.12.22. 법률 제4821호로 개정되기 전의 것) 제99조 제2항이 헌법에 위반되는지 여부인바, 위 조항의 내용은 다음과 같다. 제99조(구역) ② 조합의 구역 내에서는 같은 업종의 조합을 2개 이상 설립할 수 없다. [관련판시] 가. 적법요건에 대한 직권 판단 (1) 재판의 전제성 - 위 관련사건의 재판을 담당한 서울고등법원과 대법원은 농림수산부장관으로서는 조합의 설립요건이 갖추어진 이상 설립신청에 대하여 이를 인가하여야 할 것이나 위와 같은 요건이 갖추어졌다 하더라도 이 사건 심판대상조항이 정하는 사유가 있는 경우에는 축협법 제13조 제2항에 의한 경우 외에는 이를 인가할 수 없다고 전제한 다음, 농림수산부장관이 한 거부처분은 이 사건 심판대상조항에 근거한 적법·정당한 처분이라고 판시하고 있는바, 만약 이 사건 심판대상조항이 위헌이라면 이에 근거한 농림수산부장관의 거부처분의 효력을 다툴 여지가 있어 이 사건 심판대상조항의 위헌 여부에 따라 재판의 결론인 주문에 영향을 줄 수 있다 할 것이므로 이 사건 심판대상조항의 위헌 여부는 위 관련사건의 재판의 전제가 된다고 할 것이다. (2) 심판청구의 이익 (가) 위 관련사건은 1992.10.23. 대법원의 상고기각으로 이미 확정되었으나, 헌법재판소법 제75조 제7항은 위헌제청신청기각결정에 대한 헌법소원이 인용된 경우에 당해 헌법소원과 관련된 소송사건이 이미 확정된 때에는 당사자는 재심을 청구할 수 있는 것으로 규정하고 있으므로, 위 관련사건이 이미 확정되었다는 이

유만으로 헌법소원심판청구의 이익을 부정할 수 없다(헌법재판소 1994.12.29. 선고, 90헌바13 결정 참조). (나) 이 사건 심판청구 후인 1994.12.22. 법률 제4821호로 축협법이 개정되어 이 사건 심판대상조항이 삭제되었으며 위 개정법률은 공포후 6월이 경과한 1995.6.23.부터 시행되었는바, 심판의 대상이 되는 법규는 심판당시 유효한 것이어야 함이 원칙이겠지만 위헌제청신청기각결정에 대한 헌법소원심판은 실질상 헌법소원심판이라기보다는 위헌법률심판이라 할 것이므로 폐지된 법률이라고 할지라도 그 위헌 여부가 재판의 전제가 된다면 심판청구의 이익이 인정된다고 할 것이다(헌법재판소 1994.6.30. 선고, 92헌가18 결정 참조). 이 사건의 경우 비록 이 사건 심판대상조항이 법률의 개정으로 삭제되기는 하였으나 농림수산부장관의 조합설립인가거부처분의 위법·부당 여부는 특별한 사정이 없는 한 위 처분시의 법규에 비추어 판단하여야 할 것이고, 위 처분 당시 유효한 법률조항이었던 이 사건 심판대상조항의 재판의 전제성이 위에서 본 바와 같이 인정되므로 이 사건 심판청구의 이익이 인정된다.

(나) 평가

주목 : 변호사시험의 공법영역 복합형으로 출제되기 적절한 사례이다. 행정법의 처분시법주의가 헌법재판의 재판전제성 요건과 결부되어 행정법과 헌법재판법이 결부되어 나올 수 있기 때문이다.

학리적으로 분석하면 이런 경우는 사실 행정처분의 위법성 여부는 처분시법주의에 따라 처분 당시 법률규정에 비추어 판단하게 되어(달리 말하면 행정처분은 그 근거 법률이 개정·폐지되더라도 그 이후에도 계속 유효한 것으로 존속한다) 그 행정처분에 관한 한 개정·폐지되지 않은 법률규정이 되고 살아있는 것이고 사실 예외가 아니라고 하는 것이 정확할 것이다.

* 폐지된 법률(규정)의 위헌여부에 관한 본안판단을 한 다른 예 : 헌재 992.1.28. 89헌가8(구 '집회 및 시위에 관한 법률' 제3조 1항 4호, 제14조 1항에 대한 위헌심판결정).

(3) 개정·폐지하는 법률규정 - 간접적용되는 경우

1) 인정필요성

위 (1)과 반대로 개정·폐지하는 법률규정 자체에 대한 그 위헌여부의 재판전제성을 긍정해야 하는 것은 개정·폐지하는 법률규정이 위헌이라면 구법이 되살아날 수 있기 때문이다. 이런 경우에 개정·폐지하는 법률규정은 간접적용되는 법률규정으로 볼 수도 있겠다.

2) 결정례

아래의 예가 그 전형적인 예이다. 그러나 아래의 예가 엄밀히 간접적용인지 의문이다(아래 * 검토 부분 참조).

판례 헌재 2001.1.18. 2000헌바7, 구 이자제한법중개정법률 등 위헌소원

[사건개요] 신용카드를 사용한 후 그 이용대금, 수수료 및 연체료 등을 제때에 납부하지 아니한 청구인을 상대로 카드주식회사가 위 금원 및 이용대금원금에 대한 연 2 할 9 푼의 약정연체이자율에 의한 지연손해금의 지급을 구하는 지급명령을 법원에 신청하였고, 여기에 청구인이 이의신청함으로써 소송으로 이행되었다. 위 소송사건에서 청구인은 위 약정연체이자율이 지나치게 높다고 다투면서, 이러한 고율의 이자율 중 연 2 할을 초과하는 부분은 이자제한법(1962.1.15. 법률 제971호)에 따라 무효로 되어야 할

것인데, 정부가 이자제한법중개정법률(1965.9.24. 법률 제1710호, 이하 '개정법률'이라 한다)로 최고이자율을 연 4 할 범위 내에서 대통령이 정하도록 하여 한도를 상향조정하고, 다시 이자제한법폐지법률(1998.1.13. 법률 제5507호, 이하 '폐지법률'이라 한다)로써 이자제한법 자체를 폐지하여 최고이자율의 제한을 철폐함으로써 가능하게 된 것인바, 이러한 개정법률과 폐지법률은 금융업자들을 위하여 일반국민을 희생하는 것으로 헌법 제23조 제1항의 재산권보장규정에 위배된다는 등의 이유를 들어, 위 개정법률 및 폐지법률에 대한 위헌법률심판제청신청을 하였으나 기각되자, 헌법소원심판을 청구하였다. [관련판시] 당해 사건에서 원고는 그 소구 당시인 1999년의 약정연체이율인 연 2 할 9 푼의 비율에 따른 지연손해금을 청구인에게 구하고 있는바, 만약 청구인의 주장이 받아들여져 폐지법률과 개정법률이 무효로 선언된다면 1962년 제정 당시의 이자제한법이 되살아나 당해 사건에 적용될 것이므로 개정법률과 폐지법률은 위 제정 당시의 이자제한법이 적용되는 것을 막고 있다는 의미에서 간접적으로나마 당해 사건에 적용된다고 볼 수 있고, 또 그리하여 위 약정연체이율 중 연 2할을 초과하는 부분이 무효가 된다면 당해 사건의 재판 주문도 달라지게 될 것이므로, 재판의 전제성은 인정된다.

* 검토 – 사실 위 사안에서 카드가입시 적용된 법률인 이자제한율이 4할로 인상된 개정법률에 대해 위헌 여부를 심판하면 될 일이었다. 이전의 2할보다 강한 이자가 가능한 한 4할로 상한이 바뀐 그 개정법률이 위헌인지에 따라 소송결과가 좌우되기 때문이다. 그 점에서 위 판시에서 개정법률이 간접적용된다는 것도 이해가 어렵다.

10. 입법부작위와 재판전제성 문제

(1) 입법부작위의 유형과 부진정입법부작위 위헌여부에 해당된다는 법리

헌재는 입법부작위를 전혀 입법이 없는 상태의 진정입법부작위와 불충분·불완전한 입법상태의 부진정입법부작위로 구분한다. 헌재는 후자, 즉 부진정입법부작위의 경우 불완전하긴 하나 법률이 있긴 있는 상태라고 보므로 법률이 그 대상이 되어야 하는 심판, 즉 위헌법률심판 내지 헌재법 제68조 제2항의 위헌소원심판의 대상이 될 수 있고 또 법령소원, 즉 법령 그 자체가 직접 기본권침해를 가져오는 경우에 법령에 대하여 직접 제기하는 헌재법 제68조 제1항의 헌법소원심판의 대상이 될 수 있다고 본다. 반면 전자는 법률이 없는 경우이므로 입법부작위 그 자체가 심판대상이 될 수밖에 없으므로 입법부작위 그 자체를 대상으로 하는 헌재법 제68조 제1항의 본래의미의 헌법소원심판을 청구하여야 한다고 보는 것이다(입법부작위에 대한 구분과 그 헌법재판의 문제에 대한 자세한 것은 제5장 헌법소원심판 제2절 제3항 Ⅱ. 부분을 참조). 따라서 재판전제성이 논의되고 인정될 여지가 있는 경우는 헌재의 입장에 따르면 부진정입법부작위의 경우이고 진정입법부작위의 경우에는 아예 대상이 되지 않으므로 재판전제성이 인정될 여지가 없다고 본다.

(2) 부진정입법부작위에 대한 위헌소원에서 재판전제성을 인정한 예

다음과 같은 결정례들을 볼 수 있다.

① 재심사유 비포함

판례 헌재 1996.3.28. 93헌바27, 민사소송법 제431조에 대한 헌법(위헌)소원

[사건개요와 쟁점] 본 사건 청구인이 제기한 소유권보존등기말소 등 청구소송이 계속 중 당사자 사이에 재판상화해가 성립된 것으로 화해조서가 작성되었다. 그 후 청구인은 계쟁 부동산은 청구인과 청구외인들의 공동소유인데 청구인이 위 청구외인들로부터 처분권이나 대리권을 수여받은 바 없이 청구외인들의 소유지분에 대하여도 화해를 한 하자가 있다고 하면서, 민사소송법 제431조의 규정은 준재심사유(準再審事由)를 이 법 제422조 제1항에 기재한 사유에 한정하여 위와 같은 하자를 준재심사유로 인정하지 아니하고 있고 이는 중대한 하자를 재판에서 다툴 기회를 박탈하는 것으로서 재판청구권을 보장한 헌법 제27조 제1항 등에 위배된다고 주장하는 위헌소원(헌재법 제68조 제2항의 헌법소원)을 제기하였다. 헌재는 먼저 재판전제성을 판단하고 있다(합헌결정). [심판대상규정] "제206조의 조서 또는 즉시 항고로 불복을 신청할 수 있는 결정이나 명령이 확정한 경우에 제422조 제1항에 기재한 사유가 있는 때에는 확정판결에 대한 제422조 내지 제430조의 규정에 준하여 재심을 제기할 수 있다"라고 규정하고 있는 민사소송법(1960.4.4. 제정 법률 제547호, 최종개정 1995.1.5. 법률 제4931호, 이하 '이 법'이라 한다) 제431조(1990.1.13. 법률 제4201호로 개정된 것) 중 "제206조의 조서가 … 확정한 경우에 제422조 제1항에 기재한 사유가 있는 때에는 확정판결에 대한 제422조 내지 제430조의 규정에 준하여 재심을 제기할 수 있다" 부분(이하 '이 사건 법률조항'이라 함) [관련판시] 이 사건 법률조항은 재판상 화해에 대하여 민사소송법 제422조 제1항에 기재한 사유(재심사유)가 있는 때에만 준재심을 청구할 수 있도록 허용하고 그 이외의 경우에는 준재심을 청구할 수 없도록 제한하는 규정이다. 그런데 우리 재판소에서 청구인의 주장을 받아들여 이 사건 법률조항이 재심사유를 정하면서 "화해의 합의가 없는 경우"와 같이 중대한 하자를 재심사유에서 제외하여 불완전, 불충분하게 규정함으로써(이른바 부진정 입법부작위) 청구인의 헌법상 보장된 기본권을 침해한 것으로 판단하는 경우에는 당해 사건의 재판의 주문이나 이유가 달라질 것이므로 이 사건 법률조항의 위헌여부는 당해 사건에 있어서 그 재판의 전제가 된다고 보아야 할 것이다.

② 문화재 발굴조사비용의 국가·지자체 부담 규정의 대규모 사업시행자 비포함

판례 헌재 2010.10.28. 2008헌바74

[판시] 이 사건 법률조항 중 제3문 부분의 경우, 청구인의 평등원칙 위반 주장은 궁극적으로 청구인과 같은 대규모 사업시행자도 위 조항의 적용대상에 포함시켜 달라는 것으로 그 내용상 부진정입법부작위에 관한 헌법소원이라 할 것인바, 청구인과 같은 대규모 사업시행자까지 포함되는 입법개선 결과를 가져오는 헌법불합치결정을 상정한다면 당해 사건 판결의 주문이 달라질 수 있으므로, 이 또한 재판의 전제성이 인정된다.

③ '퇴직 이후 폐질상태 확정된 군인'의 경우를 상이연금 수급 대상에서 제외

판례 헌재 2010.6.24. 2008헌바128

[사건개요] (1) 청구인은 군 복무 중 가혹행위로 외상후성정신장애를 입고, 2003.1.경 만기 전역한 이후 그 증세가 더욱 악화되었다. (2) 해군본부 전공상심사위원회는 국가인권위원회의 전공상 판정 권고 결정에 따라 '군복무시 구타를 당한 사실이 있고, 정신과적 증상이 제대 직후부터 나타났으며, … 이를 고려할 때 공상으로 인정된다.'고 의결하였고, 서울지방보훈청장은 2006.3.30. 청구인을 '국가유공자 등 예우 및 지원에 관한 법률'(이하 '국가유공자법') 제4조 제1항 제6호 소정의 국가유공자(공상군경)로 결정하였다. (3) 청구인은 국방부장관에게 상이연금의 지급을 청구하였으나, 2007.2.23. '군복무 중 폐질이 발생하였음을 인정할 증거가 없어 군인연금법 제23조 제1항 소정의 상이연금의 지급요건인 공무상 질병 또는 부상으로 인하여 폐질상태로 되어 퇴직한 때에 해당하지 않는다.'는 이유로 거부되었다. (4)

이에 청구인은 위 거부처분의 취소를 구하는 소송을 제기하였으나 '퇴직 당시 외상후성 정신장애로 폐질상태에 있었다고 보기 어렵다.'는 이유로 기각되었고, 항소 제기 후 그 소송이 계속중이던 2008.7.30. 군인연금법(2000.12.30. 법률 제6327호로 개정된 것) 제23조 제1항에 대하여 위헌법률심판 제청신청을 하였다가 2008.9.24. 모두 기각되자, 2008.10.28. 헌법소원심판을 청구하였다. [판시] 이 사건 심판청구는 입법자가 어떤 사항에 관하여 입법은 하였으나 그 내용·범위·절차 등을 불완전·불충분 또는 불공정하게 규율함으로써 입법행위에 결함이 있는 이른바 '부진정 입법부작위'의 경우에 해당하고, 이에 대해 청구인은 이 사건 법률조항 자체를 대상으로 그것이 평등원칙에 위배된다는 등의 헌법위반의 점을 지적하며 그 위헌 확인을 구하는 헌법소원을 제기하였는바, 헌법재판소가 이 사건 법률조항이 청구인과 같은 경우를 상이연금 수급대상에서 제외하는 것이 평등권의 침해로서 헌법에 위반된다는 이유로 헌법불합치 결정을 하고 입법자가 그 결정취지에 따라 수혜대상을 확대하여 청구인과 같은 경우에도 상이연금을 지급하도록 법을 개정할 경우, 법원은 당해 사건에 관하여 판결을 달리하여야 할 것이므로, 이 사건 법률조항이 헌법에 위반되는지 여부는 당해 사건 재판의 결론 또는 주문에 영향을 미치는 것으로서 재판의 전제성이 인정된다. * 본안판단결과 실제 헌법불합치결정이 있었다.

④ 선거범죄 분리 선고 규정이 없는 부작위

판례 헌재 2014.9.25. 2013헌바208

[판시] 청구인은 이 사건 법률조항이 선거범죄와 다른 죄의 경합범에 대하여 분리 선고 규정을 두지 않은 것은 명확성원칙, 과잉금지원칙, 평등원칙에 위반되어 위헌이라고 주장하고 있다. 이는 위 법률조항이 새마을금고법상 '선거범죄를 범하여' 징역형 또는 100만 원 이상의 벌금형을 선고받은 사람에 대하여 임원의 자격을 제한하도록 규정하면서도, 선거범죄와 다른 죄의 경합범인 경우에 분리 선고 규정은 두지 않음으로써 불완전, 불충분 또는 불공정한 입법을 한 것임을, 즉 부진정 입법부작위를 다투는 것이라 할 것이다. 또한 이 사건 법률조항은 형사재판인 당해 사건에 직접 적용되는 처벌조항은 아니지만, 이 사건 법률조항에 대하여 선거범죄와 다른 죄의 경합범에 대하여 분리 선고 규정을 두지 않은 점의 위헌성이 인정될 경우 이 사건 법률조항에 분리 선고 규정이 새로이 마련되어 그 개정 법률이 소급하여 당해 사건에 적용된다면 그 재판의 주문이 달라지거나 재판의 내용과 효력에 관한 법률적 의미가 달라질 가능성이 있으므로, 재판의 전제성을 갖추었다고 할 것이다.

⑤ 양심적 병역거부 사건 – 대체복무제 불포함의 불완전 입법 결국 헌법불합치결정을 내린 양심적 병역거부 관련 사건에서 헌재는 입법자가 병역의 종류에 관하여 입법은 하였으나 그 내용이 양심적 병역거부자를 위한 비군사적 내용의 대체복무제를 포함하지 아니하여 불완전·불충분하다는 부진정입법부작위를 다투는 것으로 보고 그 병역종류조항의 위헌여부에 따라 당해사건 재판의 결과가 달라질 수 있어서 재판전제성이 인정된다고 보았다.

판례 헌재 2018.6.28. 2011헌바379등

[판시] 청구인들의 위 주장은 입법자가 아무런 입법을 하지 않은 진정입법부작위를 다투는 것이 아니라, 입법자가 병역의 종류에 관하여 입법은 하였으나 그 내용이 양심적 병역거부자를 위한 비군사적 내용의 대체복무제를 포함하지 아니하여 불완전·불충분하다는 부진정입법부작위를 다투는 것이라고 봄이 상당하다. (2) 재판의 전제성이 인정되는지 여부 – 병역종류조항이 양심적 병역거부자에 대한 대체복무제를 포함하고 있지 않다는 이유로 위헌으로 결정된다면, 양심적 병역거부자가 현역입영 또는 소집통지서를 받은 후 3일 내에 입영하지 아니하거나 소집에 불응하더라도 대체복무의 기회를 부여받지 않는 한 당해 형사사건을 담당하는 법원이 무죄를 선고할 가능성이 있으므로, 병역종류조항의 위헌 여부

에 따라 당해사건 재판의 결과가 달라질 수 있다. 따라서 병역종류조항은 재판의 전제성이 인정된다.

* 부진정입법부작위의 위헌여부에 대한 재판전제성을 인정한 다른 결정례 : 헌재 1993.5.13. 90 헌바22, 91헌바12 · 13, 92헌바3 · 4(병합), 1980년 해직공무원의 보상 등에 관한 특별조치법 제2조 및 제5조에 대한 헌법소원, 판례집 5－1, 261－262면; 1999.7.22. 98헌바14, 공업배치 및 공장설립에 관한 법률 부칙 제3조 위헌소원, 판례집 11－2, 216면; 2003.4.24. 2002헌바71 · 86(병합), 지방세법 제111조 제5항 위헌소원, 헌재공보 제80호, 399면; 헌재 2003.5.15. 2001헌바90, 집단에너지사업법 제18조 위헌소원 등, 헌재공보 제81호, 472－473면 등.

Ⅶ. 행정재판에서의 재판전제성 문제 — 행정법(행정처분의 하자) 이론과의 견련성

1. 취소소송 제기기간 경과 후 무효확인소송에서의 재판전제성 문제

(1) 행정법에 대한 선행 이해와 문제소재

이 문제는 다음과 같은 행정법이론에 의해 발생하는 것이어서 이에 대한 선행 서술이 필요하다. ⅰ) 행정행위(행정처분)의 하자이론 － 행정법에서 행정처분에 대한 하자이론은 무효와 취소가 주축이 되는데 이의 구별은 전자가 심각한 경우로서 우리 대법원은 이른바 중대명백설에 따른다. 중대하고도 명백한 경우에 무효이고 그렇지 않은 경우에 취소사유가 된다. ⅱ) 두 가지 중요 행정소송 형식(무효확인소송과 취소소송) － 이 하자이론에 따라 행정처분을 깨트리기 위한 이른바 항고소송의 중요한 두 종류가 무효확인소송과 취소소송이다.

위와 같은 법리를 두고 당해 재판이 행정소송일 경우에 다음과 같은 문제가 있다. 즉 행정소송(항고소송)의 중요 소송으로는 위에서 언급한 대로 행정처분을 취소해달라는 취소소송과 무효임을 확인해달라는 무효확인소송이 있는데 취소소송에는 제소기간이 있고 무효확인소송에는 제소기간이 없다. 그래서 취소소송의 제소기간이 지난 뒤 제소기간 제약이 없어서 제기될 수 있는 무효확인소송에서 처분의 근거법률규정이 위헌이라고 주장하면서 제청신청을 하는 경우 재판의 전제성이 있는지가 논란된다. 그것은 무효확인소송이니 무효사유가 있어야 재판전제성이 있어야 한다는 견지에서 대법원이 취하는 위 중대명백설에 따라 위헌주장이 과연 중대하고도 명백하여 무효사유에 해당되는지, 그리하여 무효확인소송에서 재판전제성을 가지는지가 논란되게 된 것이다.

(2) 판례이론

1) 중대명백설에 따른 판단

(가) 헌법재판소 판례

이러한 문제에 대해 헌재는 자신의 위헌결정이 있기 전에는 그 위헌성이 객관적으로 명백한 것이라고 할 수 없으므로 특별한 사정이 없는 한 이러한 하자는 행정처분의 취소사유에 해당할 뿐(중대하고도 명백해야 무효인데 그렇지 않아 위 중대명백설에 따라) 당연무효 사유는 아니라고 하여 무효확인소송에서 재판전제성을 부정한다(헌재 2005.3.31. 2003헌바113; 2014.1.28. 2010헌바251; 2015.7.30. 2014헌바420등; 2014.1.28. 2010헌바251; 2015.12.23. 2015헌바66 등).

판례 헌재 2014.1.28. 2010헌바251

[판시] 대법원은 행정청이 법률에 근거하여 행정처분을 한 후에 헌법재판소가 그 행정처분의 근거가 된 법률을 위헌으로 결정하였다면 결과적으로 그 처분은 법률의 근거가 없이 행하여진 것과 마찬가지가 되어 하자가 있는 것이 된다고 할 것이나, 특별한 사정이 없는 한 이러한 하자는 단지 행정처분의 취소사유에 해당할 뿐이라는 입장이다. 이에 따라, 헌법재판소는 법률이 헌법에 위반된다는 사정은 헌법재판소의 위헌결정이 있기 전에는 객관적으로 명백한 것이라고 할 수는 없으므로 특별한 사정이 없는 한 그러한 하자는 행정처분의 취소사유에 해당할 뿐 당연무효사유는 아니라고 전제한 다음, 제소기간이 경과한 뒤에는 행정처분의 근거 법률이 위헌임을 이유로 무효확인소송 등을 제기하더라도 행정처분의 효력에는 영향이 없음이 원칙이므로, 이미 제소기간이 경과하여 불가쟁력이 발생한 행정처분의 근거 법률의 위헌 여부에 따라 당해 사건 재판의 주문이 달라지거나 재판의 내용과 효력에 관한 법률적 의미가 달라진다고 볼 수 없어, 이 경우는 재판의 전제성을 인정할 수 없다고 판단하여 왔다(헌재 2001.9.27. 2001헌바38; 헌재 2005.3.31. 2003헌바113; 헌재 2006.11.30. 2005헌바55; 헌재 2007. 10.4. 2005헌바71; 헌재 2010.9.30. 2009헌바101 등 참조). * 이 결정의 보다 더 자세한 요지는 아래 결정례 부분 참조.

[판례법리 설명]

○ 무효확인소송 – 무효사유 있어야 재판전제성 인정
 * 무효확인소송이 문제되는 이유 – 취소소송 제소기간 도과, 무효확인소송에는 제소기간 없음. 따라서 무효확인소송 제기

○ 중대명백설 : 무효사유 – '중대 and 명백', 취소사유 – '중대 and 명백'이 아닌(중대 but 비명백) 경우

○ 대법원 입장 – "위헌으로 결정하였다면 결과적으로 그 처분은 법률의 근거가 없이 행하여진 것과 마찬가지가 되어 하자가 있는 것이 된다고 할 것이나, 특별한 사정이 없는 한 이러한 하자는 단지 행정처분의 취소사유에 해당할 뿐"

∴ 위헌주장 – 객관적으로 명백하지 않음 (헌재 위헌결정 전에는) – 따라서 무효사유가 아니어서 무효확인소송에서의 재판전제성이 없음.

(나) 대법원 판례

가) 중대명백설 원칙기조

대법원 판례도 중대명백설을 취한다.

대법원판례 대법원 1994.10.28. 92누9463

[판시] 법률에 근거하여 행정처분이 발하여진 후에 헌법재판소가 그 행정처분의 근거가 된 법률을 위헌으로 결정하였다면 결과적으로 행정처분은 법률의 근거가 없이 행하여진 것과 마찬가지가 되어 하자가 있는 것이 되나, 하자 있는 행정처분이 당연무효가 되기 위하여는 그 하자가 중대할 뿐만 아니라 명백한 것이어야 하는데, 일반적으로 법률이 헌법에 위반된다는 사정이 헌법재판소의 위헌결정이 있기 전에는 객관적으로 명백한 것이라고 할 수는 없으므로 헌법재판소의 위헌결정 전에 행정처분의 근거되는 당해 법률이 헌법에 위반된다는 사유는 특별한 사정이 없는 한 그 행정처분의 취소소송의 전제가 될 수 있을 뿐 당연무효사유는 아니라고 봄이 상당하다. * 동지 : 대법원 2019.5.30. 2017다289569; 2013.10.31. 2012두17803; 2012.11.15. 2011두16124; 2009.5.14. 2007두16202; 2002.11.8. 2001두3181.

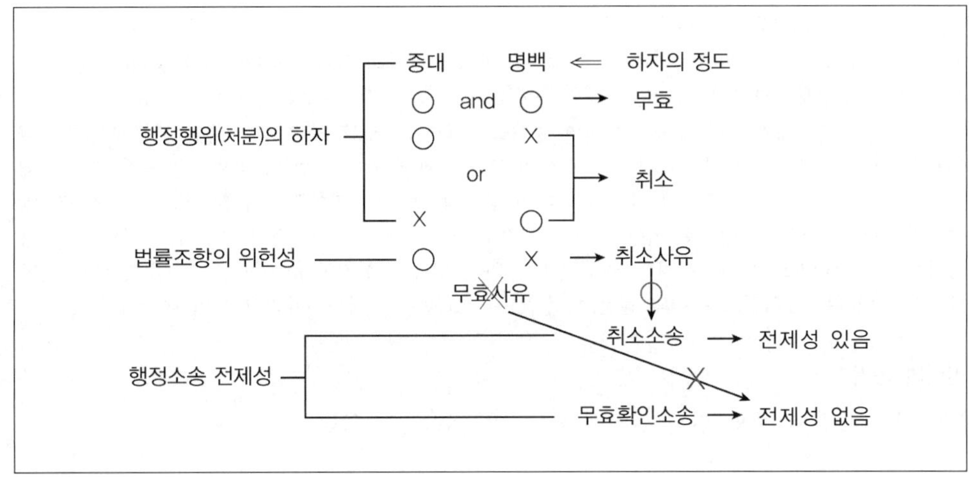

▌행정소송에서의 재판전제성 도해

나) 판단기준

대법원은 하자가 중대하고 명백한 것인지 여부를 판별함에 있어서는 그 법규의 목적, 의미, 기능 등을 목적론적으로 고찰함과 동시에 구체적 사안 자체의 특수성에 관하여도 합리적으로 고찰함을 요한다고 한다.

대법원판례 대법원 1995.7.11. 94누4615 전원합의체

[판결요지] 하자 있는 행정처분이 당연무효가 되기 위하여는 그 하자가 법규의 중요한 부분을 위반한 중대한 것으로서 객관적으로 명백한 것이어야 하며 하자가 중대하고 명백한 것인지 여부를 판별함에 있어서는 그 법규의 목적, 의미, 기능 등을 목적론적으로 고찰함과동시에 구체적 사안 자체의 특수성에 관하여도 합리적으로 고찰함을 요한다. 정의 원활한 수행을 도모하는 한편 그 행정처분을 유효한 것으로 믿은 제3자나 공공의 신뢰를 보호하여야 할 필요가 있는 경우에 보충적으로 요구되는 것으로서, 그와 같은 필요가 없거나 하자가 워낙 중대하여 그와 같은 필요에 비하여 처분 상대방의 권익을 구제하고 위법한 결과를 시정할 필요가 훨씬 더 큰 경우라면 그 하자가 명백하지 않더라도 그와 같이 중대한 하자를 가진 행정처분은 당연무효라고 보아야 한다.

다) 예외

중대명백설에 따라 중대하지만 명백하지 않은 하자가 있은 경우에 당연무효라고 할 수 있는 예외를 대법원은 인정하기도 한다. 즉 당연무효로 보더라도 법적 안정성이 크게 저해되지 않는 반면, 중대한 하자가 있고 상대방에 불이익을 감수시키는 것이 행정의 안정과 그 원활한 운영의 요청을 참작하더라도 상대방의 권익구제 등의 측면에서 현저하게 부당하다고 볼 만한 특별한 사정이 있는 때에는 예외적으로 당연무효라고 함이 타당하다고 본다. 그런데 이렇게 예외을 인정하는 예가 드물게 보인다.

대법원판례 대법원 2009.2.12. 2008두11716

[판시사항] 신고납부방식의 조세인 취득세 납세의무자의 신고행위의 하자가 중대하지만 명백하지는 않은 때 예외적으로 당연무효라고 할 수 있는 경우 [판결요지] 취득세 신고행위는 납세의무자와 과세관청 사이에 이루어지는 것으로서 취득세 신고행위의 존재를 신뢰하는 제3자의 보호가 특별히 문제되지 않아 그 신고행위를 당연무효로 보더라도 법적 안정성이 크게 저해되지 않는 반면, 과세요건 등에 관한 중대한 하자가 있고 그 법적 구제수단이 국세에 비하여 상대적으로 미비함에도 위법한 결과를 시정하지 않고 납세의무자에게 그 신고행위로 인한 불이익을 감수시키는 것이 과세행정의 안정과 그 원활한 운영의 요청을 참작하더라도 납세의무자의 권익구제 등의 측면에서 현저하게 부당하다고 볼 만한 특별한 사정이 있는 때에는 예외적으로 이와 같은 하자 있는 신고행위가 당연무효라고 함이 타당하다.

2) 판례의 논거

헌재는 아래와 같이 주로 법적 안정성을 그 이유로 들고 있다.

판례 헌재 2014.1.28. 2010헌바251

[설시] 제소기간이 경과함으로써 그 행정처분을 더 이상 다툴 수 없게 된 뒤에도 당사자 또는 이해관계인이 그 처분의 무효확인소송이나 처분의 효력 유무를 선결문제로서 다투는 민사소송 등에서 언제든지 그 처분의 근거 법률이 위헌이라는 이유를 들어 그 처분의 효력을 부인할 수 있도록 한다면, 그 처분으로 불이익을 받은 개인의 권리구제에는 더없는 장점이 되기는 하겠지만, 이로 말미암아 제소기간의 규정을 두고 있는 현행의 행정쟁송제도가 뿌리째 흔들리게 됨은 물론, 기존의 법질서에 의하여 형성된 법률관계와 이에 기초한 다른 개인의 법적 지위에 심각한 불안정을 초래할 수 있다. 이러한 결과는 헌법재판소법 제47조 제2항이 법률의 위헌결정의 효력을 장래에 미치도록 규정함으로써 법적 안정성을 도모하는 취지에 반하는 것일 뿐만 아니라, 비록 위헌인 법률이라 하더라도 헌법재판소의 위헌결정에 의하여 비로소 형성적으로 그 효력을 잃게 되는 것이므로 헌법재판소의 위헌결정이 있기 전에는 어느 누구도 그 법률의 효력을 부인할 수는 없다는 이치에도 어긋나는 것이다.

3) 행정재판 무효확인소송에서 재판전제성 부정의 의미 - 재판내용을 달리하지 않는 경우

위와 같이 쟁송기간이 지나간 후 제기된 행정재판 무효확인소송에서 재판전제성이 부정된다는 의미는 재판전제성의 3가지 요건들 중 어디에 해당할 것인가 하는 점을 살펴보면 판례의 입장은 세 번째 요건의 결여라고 본다. 즉 위헌결정이 있더라도 결국 무효라고 선언할 수 없어서 무효임을 선언해달라고 소구하는 무효확인소송인 법원재판에서 법률조항의 위헌결정이 있더라도 그 재판의 결론, 주문에 영향을 주지 않고 재판의 내용과 효력에 관한 법률적 의미가 달라진다고 볼 수 없는 경우에 해당하지 않는다는 세 번째 요건에 해당된다는 것이다(요건 3. 앞의 Ⅳ. 부분 참조).

(3) 헌법재판소 판례

1) 전형적인 헌재 결정례

위와 같이 행정처분에 대한 쟁송기간이 경과한 후에 무효확인소송을 제기한 경우 문제의 법률조항의 위헌성이 중대명백설에 따라 행정처분의 취소사유에 해당할 뿐 당연무효 사유는 아니라서 재판전제성이 부정되는 것은 앞서 3가지 재판전제성 요건 중 "재판의 내용과 효력에

관한 법률적 의미가 달라지는 경우로 볼 수 없는 경우"에 해당된다는 것이다. 이를 위 결정례들에서도 밝히고 있는데 전형적인 판시의 예로 아래 판시를 인용한다.

판례 헌재 2007.10.4. 2005헌바71

[판시] 이 사건에서 당해 사건의 주위적 청구는 행정처분에 대한 쟁송기간이 경과한 후에 무효확인소송을 제기한 것인바, 위 대법원 및 헌법재판소의 판례에 비추어 볼 때, 이 사건 법률조항들이 위헌이라고 섣불리 단정할 수 없을 뿐만 아니라, 설사 위헌이라고 하더라도 국회에서 헌법과 법률이 정한 절차에 의하여 제정·공포된 법률이 헌법에 위반된다는 사정은 헌법재판소의 위헌결정이 있기 전에는 객관적으로 명백한 것이라고 할 수는 없으므로 특별한 사정이 없는 한 이러한 하자는 행정처분의 취소사유에 해당할 뿐 당연무효 사유는 아니라 할 것이다. 따라서 이 사건 법률조항들의 위헌 여부에 따라 당해 사건의 주위적 청구와 관련하여 재판의 주문이 달라지거나 재판의 내용과 효력에 관한 법률적 의미가 달라지는 경우로 볼 수 없으므로, 이 사건 심판청구는 재판의 전제성 요건을 충족하지 아니하였다.

2) 구체적인 결정례

실제적인 판례법리 적용을 보기 위해 아래의 결정례들을 인용한다.

① **운전면허정지처분과 운전면허취소처분** – 운전면허정지처분을 받고 정지기간 중에 운전행위를 하였음을 이유로 운전면허취소처분을 받은 경우 후자의 취소(* 취소소송의 '취소'와 혼동될 수 있는데 '행정청'의 처분으로서 취소이다)처분에 대한 취소소송에서 운전면허정지처분의 근거법률조항에 대해 위헌소원심판을 청구한 사건이다. 그 운전면허정지처분에 대한 취소소송의 제기기간이 이미 지나 다툴 수 없다는 것이다.

판례 헌재 2003.11.27. 2002헌바106

[판시] … 이 사건 운전면허정지처분에 쟁송기간경과 후에도 무효확인을 구할 수 있는 예외적 사정이 있다고 보기 어렵다. 그렇다면 헌법재판소가 이 사건 법률조항을 위헌으로 결정한다고 하더라도, 그 위헌 결정은 이 사건 운전면허정지처분을 당연무효로 하는 사유가 아니고 다만 취소할 수 있는 사유에 불과하게 되고, 이 사건 운전면허정지처분은 취소를 구할 수 있는 쟁송기간이 이미 도과되어 더 이상 다툴 수 없어 그대로 유효하므로, 유효한 이 사건 운전면허정지처분을 전제로 하여 이루어진 이 사건 운전면허취소처분도 적법하다. 따라서 이 사건 법률조항의 위헌여부에 따라 당해사건 재판의 주문이 달라지거나 재판의 내용과 효력에 관한 법률적 의미가 달라지는 경우에 해당한다고 할 수 없다.

② **하천점용 부당이득** – 아래 결정은 헌법재판과 조례 문제를 복합적으로 묶어서 공법형 시험으로 출제하기 좋은 사례이다. 조례의 제정범위에 대해서는 지방자치법, 행정법에서 중요하게 다루는 문제인데 대법원은 자치사무(고유사무)와 단체자체에 위임된 단체위임사무에 조례 제정이 한정되고 기관(지방자치단체장)에 위임된 기관위임사무는 개별법령이 조례로 정하도록 한 경우에만 조례가 제정될 수 있다고 본다. 헌재는 포괄위임을 허용하기도 한다. 여하튼 이처럼 대법원과 헌재의 판례를 보면 문제의 법률조항을 섣불리 위헌이라 할 수 없어서 헌재결정이 나기 전에는 명백성이 결여되어 중대명백설에 입각할 때 재판전제성이 없다고 보아야 한다는 것이다.

판례 헌재 2005.3.31. 2003헌바113

[사건개요] (1) 당해사건 피고인 하남시장은, 청구인이 1995.7.1.부터 1996.6.30.까지 직할하천인 한강의 하천구역에 속하는 하남시 하천부지 24,594㎡를 무단 점용하였다는 이유로 1999.2.6. 구 하천법(1999.2.8. 법률 제5893호로 전문개정되기 전의 것, 이하 '법'이라 한다) 제33조 제3항·제4항, '경기도하천·공유수면점용료및사용료징수조례'(이하 '이 사건 조례'), '경기도하천·공유수면점용료및사용료징수조례시행규칙'(이하 '이 사건 규칙') 등의 규정에 따라 청구인에 부당이득금 부과처분 등('이 사건 처분')을 하였다. (3) 이에 청구인은 2000.7.25. 하남시장을 상대로 수원지방법원에 2000구4385호로 주위적으로는 이 사건 처분의 무효확인을 구하고, 예비적으로는 동 처분의 취소를 구하는 소송을 제기하였다. 위 법원은 2002.5.29. 청구인의 위 주위적 청구를 기각하고 예비적 청구를 인용하는 판결을 선고하였고, 동 판결에 대하여 하남시장이 서울고등법원에 2002누9867호로 항소를 제기하자 청구인도 부대항소를 제기하여 동 소송계속 중 청구인은 법 제33조 제4항(이하 '이 사건 법률조항')이 구체적으로 범위를 정하거나 한계를 설정하지 아니하고 포괄적으로 조례에 모든 권한을 위임하고 있으므로 명확성의 원칙에 위반된다는 이유 등으로 위헌제청신청을 하였다. (4) 그러나 동 법원이 2003.11.27. 주위적 청구에 대한 청구인의 부대항소를 기각하고, 제1심판결 중 피고 패소부분을 취소하고 그 부분에 해당하는 청구인의 예비적 청구를 각하하면서 위 위헌제청신청도 기각하자, 청구인은 같은 해 12. 24. 헌법재판소법 제68조 제2항에 따라 헌법소원심판을 청구하였다. [심판대상 및 관련규정] 심판의 대상은 법 제33조 제4항의 위헌 여부이며, 그 규정 및 관련규정의 내용은 다음과 같다. 법 제33조(점용료등의 징수) ① 관리청은 제25조에 의한 허가를 받은 자로부터 유수 및 토지의 점용료, 토석·사력 등 하천산출물의 채취료, 기타의 하천사용료(이하 "점용료등"이라 한다)를 징수할 수 있다. ② 제1항에 의한 점용료등의 징수에 있어서 직할하천의 경우에는 제16조 제1항의 단서에 의하여 그 하천을 유지관리하는 도지사를 당해 하천의 관리청으로 본다. ③ 관리청은 제25조의 규정에 위반하여 허가를 받지 아니하고 하천을 점용 또는 사용한 자로부터 당해 점용료등에 상당하는 금액을 부당이득금으로 징수할 수 있다. ④ 제1항 내지 제3항에 의한 점용료등의 금액과 징수방법 등은 특별시·광역시 또는 도(이하 '도'라 한다)의 조례로 정한다. [판시] … 나. 이 사건 법률조항의 위헌 여부에 따라 당해사건 재판의 주문이 달라지거나 재판의 내용과 효력에 관한 법률적 의미가 달라지는 경우인지 여부 (1) 먼저 예비적 청구 부분에 대하여 본다. … * 이 부분 판시에 대해서는 앞의 법원의 당해 소송의 적법성 요구 부분 참조. (2) 다음으로 주위적 청구 부분에 대하여 본다. 살피건대, 기관위임사무를 조례로 정할 수 있는지 또는 법률에서 기관위임사무를 조례로 정하도록 바로 위임할 수 있는지 여부에 관하여 대법원은, "국가사무가 지방자치단체의 장에게 위임된 기관위임사무는 원칙적으로 자치조례의 제정범위에 속하지 않는다 할 것이나, 다만 기관위임사무에 있어서도 그에 관한 개별 법령에서 일정한 사항을 조례로 정하도록 위임하고 있는 경우에는 위임받은 사항에 관하여 개별 법령의 취지에 부합하는 범위 내에서 이른바 '위임조례'를 정할 수 있다."고 판시하고 있고[대법원 1999.9.17. 선고 99추30 판결; 2000.5.30. 선고 99추85 판결(공2000하, 1547)], 한편 법률에서 조례로 위임하는 경우에 헌법 제75조에서 정하는 포괄위임금지원칙이 적용되는지 여부에 관하여 헌법재판소는, "조례의 제정권자인 지방의회는 선거를 통해서 지역적인 민주적 정당성을 지니고 있는 주민의 대표기관이고 헌법이 지방자치단체에 포괄적인 자치권을 보장하고 있는 취지로 볼 때, 조례에 대한 법률의 위임은 법규명령에 대한 법률의 위임과 같이 반드시 구체적으로 범위를 정하여 할 필요가 없으며 포괄적인 것으로 족하다."고 판시하였다(헌재 1995.4.20. 92헌마264등, 판례집 7-1, 564, 572). 그러므로, 위 대법원 및 헌법재판소의 판례에 비추어 볼 때 이 사건 법률조항이 위헌이라고 선불리 단정할 수 없을 뿐만 아니라, 설사 위헌이라고 하더라도 국회에서 헌법과 법률이 정한 절차에 의하여 제정·공포된 법률이 헌법에 위반된다는 사정은 헌법재판소의 위헌결정이 있기 전에는 객관적으로 명백한 것이라고 할 수는 없으므로 특별한 사정이 없는 한 이러한 하자는 행정처분의 취소사유에 해당할 뿐 당연무효 사유는 아니라 할 것이고, 이는 이 사건의 당해사건에서도 마찬가지라

고 보아야 할 것이다. (3) 요컨대, 이 사건 법률조항의 위헌 여부는 이 사건 처분의 무효사유가 될 수 없고 취소사유에 해당할 뿐이므로 이 사건 헌법소원은 재판의 전제성 요건을 충족하지 못한다고 보아야 할 것이다.

③ 풍력발전사업허가처분에 대한 무효확인 소송

판례 헌재 2014.1.28. 2010헌바251

[사건개요와 심판대상조항] 구 백두대간 보호에 관한 법률(2005.5.31. 법률 제7548호로 개정되고, 2011.4.6. 법률 제10561호로 개정되기 전의 것) 제7조 제1항 제6호가 동법의 보호지역 중 핵심구역 안에서 건축물의 건축이나 공작물 그 밖의 시설물의 설치 등을 금지하면서도 .「신에너지 및 재생에너지 개발·이용·보급 촉진법」에 의한 신·재생에너지의 이용·보급을 위한 시설의 설치는 가능하도록 하여 풍력발전사업을 허가한 처분에 대해 무효확인소송을 제기하고 위 법규정에 대해 위헌제청신청을 하였으나 기각되자 헌법소원심판을 청구한 사건이었다. * 더 자세한 사건개요와 심판대상조항, 관련조항에 대해서는 앞에 나온, 재판전제성이 인정되는 예외적 경우, 간접적용되는 경우 부분 참조. [판시] 위헌인 법률에 근거한 행정처분의 효력과 재판의 전제성 (1) 근거 법률에 대한 위헌결정이 행정처분의 효력에 영향을 미칠 여지가 없는 경우에는 그 법률의 위헌 여부에 따라 당해 사건 재판의 주문이 달라지거나 재판의 내용과 효력에 관한 법률적 의미가 달라질 수 없는 것이므로 재판의 전제성을 인정할 수 없게 된다. 물론 위헌인 법률에 기한 행정처분이 무효인지 여부는 당해 사건을 재판하는 법원이 판단할 사항이다. 앞서 살핀 바와 같이 대법원은 행정청이 법률에 근거하여 행정처분을 한 후에 헌법재판소가 그 행정처분의 근거가 된 법률을 위헌으로 결정하였다면 결과적으로 그 처분은 법률의 근거가 없이 행하여진 것과 마찬가지가 되어 하자가 있는 것이 된다고 할 것이나, 특별한 사정이 없는 한 이러한 하자는 단지 행정처분의 취소사유에 해당할 뿐이라는 입장이다. 이에 따라, 헌법재판소는 법률이 헌법에 위반된다는 사정은 헌법재판소의 위헌결정이 있기 전에는 객관적으로 명백한 것이라고 할 수는 없으므로 특별한 사정이 없는 한 그러한 하자는 행정처분의 취소사유에 해당할 뿐 당연무효사유는 아니라고 전제한 다음, 제소기간이 경과한 뒤에는 행정처분의 근거 법률이 위헌임을 이유로 무효확인소송 등을 제기하더라도 행정처분의 효력에는 영향이 없음이 원칙이므로, 이미 제소기간이 경과하여 불가쟁력이 발생한 행정처분의 근거 법률의 위헌 여부에 따라 당해 사건 재판의 주문이 달라지거나 재판의 내용과 효력에 관한 법률적 의미가 달라진다고 볼 수 없어, 이 경우는 재판의 전제성을 인정할 수 없다고 판단하여 왔다(헌재 2001.9.27. 2001헌바38; 헌재 2005.3.31. 2003헌바113; 헌재 2006.11.30. 2005헌바55; 헌재 2007.10.4. 2005헌바71; 헌재 2010.9.30. 2009헌바101 등 참조). (2) 헌법재판소법 제68조 제2항에 의한 헌법소원심판에 있어 요구되는 재판의 전제성은 헌법재판소법 제41조에 의한 위헌법률심판절차와 마찬가지로 '구체적' 규범통제절차로서의 본질을 드러내 주는 요건이다. 행정처분에 대한 제소기간이 경과한 후 무효확인소송을 제기한 경우, 앞서 살핀 바와 같이 근거 법률의 위헌 여부가 당해 사건 재판의 주문 등에 영향을 미칠 수 없음에도 불구하고 재판의 전제성을 인정한다면, 구체적 사건의 해결과 관계없이 근거 법률의 위헌 여부를 판단하는 것이 되어 구체적 규범통제제도에 근거한 현행 헌법재판제도와 조화되기 어렵다. 설령 구체적 규범통제제도로 인한 규범적 공백에서 발생하는 문제가 있다고 하더라도 이를 메우는 것은 헌법재판소에 주어진 역할이 아니다. 또한 본안 판단의 결과 법률의 위헌결정을 통하여 달성할 수 있는 헌법의 최고규범성 확보 역시 구체적 규범통제를 위한 적법요건 판단 단계에서 고려할 사항은 아니라고 할 것이다. 그리고 헌법재판소법 제47조 제2항은 "위헌으로 결정된 법률은 그 결정이 있는 날부터 효력을 상실한다. 다만 형벌에 관한 법률은 소급하여 그 효력을 상실한다."라고 규정하고 있다. 위 법률규정에도 불구하고, 헌법재판소는 구체적 규범통제의 실효성을 보장하기 위하여 법원의 제청·헌법소원의 청구 등을 통하여 헌법재판소에 법률의 위헌결정을 위한 계기를 부여한 당해 사건 등에 대하여 형벌에 관한 법률 이외에도 소급효가 인정된다고 본다(헌재 2000.8.31.

2000헌바6 참조). 위와 같은 예외적인 소급효 인정과 관련하여, 재판의 전제성 부인이 재심청구를 통해 확정판결의 효력을 부인할 수 있도록 규정한 헌법재판소법 제75조 제7항 취지에 부합하지 아니한다는 의문이 제기될 수 있다. 그러나 헌법재판소법 제68조 제2항의 헌법소원절차에서는, 행정처분의 근거 법률이 위헌으로 결정된 경우 그 행정처분의 근거 법률이 소급하여 효력을 상실한다는 전제에서, 그 처분의 효력을 판단하여 당해 사건 재판의 주문 등이 달라지는지 여부에 따라 재판의 전제성 인정 여부를 결정한다. 결국 제소기간이 경과한 행정처분의 근거 법률에 대한 재판의 전제성의 부인은 법률의 위헌결정에 대한 소급효 인정과 서로 조화될 수 없는 것이 아니고 헌법재판소법의 체계에 부합하는 것이다. 그렇다면 앞서 살펴본 헌법재판소의 견해는 여전히 타당하고, 이와 달리 판단할 사정의 변경이나 필요성이 있다고 인정되지 않는다. (3) 이러한 입장에서 이 사건 심판청구를 살펴보면, 먼저 당해 사건은 이 사건 처분에 대한 제소기간이 경과한 후에 제기되었으므로 설령 이 사건 법률조항에 대하여 위헌결정이 있다 하더라도 이 사건 처분이 취소될 수 없다. 또한 이 사건 처분을 할 당시 이미 이 사건 법률조항의 위헌성이 명백하였다고 볼 만한 특별한 사정도 없다. 결국 이 사건 심판청구는 이 사건 법률조항의 위헌 여부에 따라 당해 사건 재판의 주문이 달라지거나 재판의 내용과 효력에 관한 법률적 의미가 달라지는 경우로 볼 수 없고, 따라서 재판의 전제성을 갖추지 못하였다. * 이 사안에서 위 허가처분의 직접적 근거는 구 전기사업법 제7조 제1항이어서 직접적용되는 것이고 심판대상은 구 '백두대간 보호에 관한 법률'(2005.5.31. 법률 제7548호로 개정되고, 2011.4.6. 법률 제10561호로 개정되기 전의 것) 제7조 제1항 제6호로서 간접적용되나 내적 관련성이 있다고 하여 '적용될 것'의 요건은 갖추었다고 보았다. 그런 뒤 위 판시와 같이 그 위헌 여부가 무효사유는 아니라고 하여 결국 재판전제성을 부정한 것이다. 이 간접적용된다는 판시는 앞에 나온, 재판전제성이 인정되는 예외적 경우 부분 참조.

④ 양도세부과처분에 대한 동지의 각하결정례

판례 헌재 2014.1.28. 2010헌바295

[사건개요] 청구인은 조세심판원에 자신에 대한 양도소득세부과처분('이 사건 부과처분')의 취소를 구하는 심판청구를 제기하였으나 2009.4.7. 기각되고, 그 결정이 같은 달 9. 청구인에게 송달되었다. 청구인은 2009.10.19. 이 사건 부과처분의 무효확인을 구하는 소를 제기하고, 그 소송 계속 중 구 소득세법(2000.12.29. 법률 제6292호로 개정되고, 2008.12.26. 법률 제9270호로 개정되기 전의 것) 제94조 제1항 제2호 가목 중 "부동산을 취득할 수 있는 권리" 부분(*양도소득은 당해연도에 발생한 부동산을 취득할 수 있는 권리의 양도로 인하여 발생하는 소득으로 한다는 의미의 규정)에 대하여 위헌법률심판제청을 신청하였으나, 2010.6.3. 위 청구 및 제청신청이 모두 기각되자, 2010.7.16. 이 사건 헌법소원심판을 청구하였다. [결정요지] (1) 헌법재판소는 법률이 헌법에 위반된다는 사정은 헌법재판소의 위헌 결정이 있기 전에는 객관적으로 명백한 것이라고 할 수는 없으므로 특별한 사정이 없는 한 그러한 하자는 행정처분의 취소사유에 해당할 뿐 당연무효사유는 아니라고 전제한 다음, 제소기간이 경과한 뒤에는 행정처분의 근거 법률이 위헌임을 이유로 무효확인소송 등을 제기하더라도 행정처분의 효력에는 영향이 없음이 원칙이므로, 이미 제소기간이 경과하여 불가쟁력이 발생한 행정처분의 근거 법률의 위헌 여부에 따라 당해 사건 재판의 주문이 달라지거나 재판의 내용과 효력에 관한 법률적 의미가 달라진다고 볼 수 없어, 이 경우는 재판의 전제성을 인정할 수 없다고 판단하여 왔다. (2) 이러한 입장에서 이 사건 심판청구를 살펴보면, 먼저 당해 사건은 이 사건 처분에 대한 제소기간이 경과한 후에 제기되었으므로 설령 이 사건 법률조항에 대하여 위헌 결정이 있다 하더라도 이 사건 처분이 취소될 수 없다. 또한 이 사건 처분을 할 당시 이미 이 사건 법률조항의 위헌성이 명백하였다고 볼 만한 특별한 사정도 없다. 결국 이 사건 심판청구는 이 사건 법률조항의 위헌여부에 따라 당해 사건 재판의 주문이 달라지거나 재판의 내용과 효력에 관한 법률적 의미가 달라지는 경우로 볼 수 없고, 따라서 재판의 전제성을 갖추지 못하였다.

⑤ 농지보전부담금부과처분 무효확인소송

판례 헌재 2014.1.28. 2010헌바475

[결정요지] 이러한 입장에서(* 위 판시들에서 나온 법리를 그대로 따르는 입장) 이 사건 심판청구를 살펴보면, 먼저 당해 사건은 이 사건 처분에 대한 제소기간이 경과한 후에 제기되었으므로 설령 이 사건 법률조항에 대하여 위헌 결정이 있다 하더라도 이 사건 처분이 취소될 수 없다. 또한 이 사건 처분을 할 당시 이미 이 사건 법률조항의 위헌성이 명백하였다고 볼 만한 특별한 사정도 없다. 결국 이 사건 심판청구는 이 사건 법률조항의 위헌 여부에 따라 당해 사건 재판의 주문이 달라지거나 재판의 내용과 효력에 관한 법률적 의미가 달라지는 경우로 볼 수 없고, 따라서 재판의 전제성을 갖추지 못하였다.

⑥ 도시환경정비법에 의한 주택재개발정비사업 인가 관련 무효확인소송

판례 헌재 2015.12.23. 2015헌바66

[사건개요] 가. 청구인들은 △△광역지방자치단체 H구 ○○동 ○○ 일원의 ○○ 주택재개발정비구역의 토지 등 소유자들로서 분양신청기간 내에 분양신청을 하지 아니한 현금청산대상자들이다. 나. 청구인들은 이 정비사업의 시행자인 '○○ 주택재개발정비사업조합'(이하 '이 사건 조합')이 H구청장으로부터 2012.5.7. 인가받은 사업시행계획, 이후의 인가받은 사업시행계획변경, 2013.6.28. 인가받은 관리처분계획의 무효확인을 구하는 소를 제기하고, 그 소송계속 중 관리처분계획 인가에 관한 '도시 및 주거환경정비법'(2012.2.1. 법률 제11293호로 개정되고, 2015.9.1. 법률 제13508호로 개정되기 전의 것) 제48조 제1항에 대하여 위헌법률심판 제청신청을 하였다. 법원이 이 신청을 기각하자 헌법소원심판을 청구하였다. [심판대상조항] * 사안에서 재판전제성이 인정된 조항도 있으나 여기서는 재판전제성이 부정된 부분만 살펴본다. 위 사건개요, 아래 판시도 그러하다. 도시 및 주거환경정비법(2012.2.1. 법률 제11293호로 개정되고, 2015.9.1. 법률 제13508호로 개정되기 전의 것) 제48조(관리처분계획의 인가 등) ① 사업시행자…는 제46조에 따른 분양신청기간이 종료된 때에는 제46조에 따른 분양신청의 현황을 기초로 1. 분양설계 2. 분양대상자의 주소 및 성명 3.분양대상자별 분양예정인 대지 또는 건축물의 추산액 등의 사항이 포함된 관리처분계획을 수립하여 시장·군수의 인가를 받아야 하며, 관리처분계획을 변경·중지 또는 폐지하고자 하는 경우에도 같으며… [판시] 청구인들의 위 각 처분에 대한 무효확인의 소 제기는 취소소송의 제소기간이 도과한 이후에 이루어진 것이다. 헌법재판소는, 행정처분에 대한 제소기간이 지난 뒤 그 처분에 대한 무효확인소송이나 그 처분의 효력 유무를 선결문제로 하는 민사소송에서 당해 행정처분의 근거 법률이 위헌인지 여부가 재판의 전제가 되는지에 관하여, "행정처분의 근거 법률이 헌법에 위반된다는 사정은 헌법재판소의 위헌결정이 있기 전에는 객관적으로 명백한 것이라고 할 수 없으므로 특별한 사정이 없는 한 그러한 하자는 행정처분의 취소사유에 해당할 뿐 당연무효사유는 아니고, 제소기간이 경과한 뒤에는 행정처분의 효력 유무를 선결문제로 하는 민사소송 등을 제기하더라도 행정처분의 효력에는 영향이 없음이 원칙이다. 따라서 이미 제소기간이 경과하여 불가쟁력이 발생한 행정처분의 근거 법률의 위헌 여부에 따라 당해 사건 재판의 주문이 달라지거나 재판의 내용과 효력에 관한 법률적 의미가 달라진다고 볼 수 없으므로 재판의 전제성이 인정되지 아니한다."고 판단하였다(헌재 2014.1.28. 2010헌바251). 이 사건에서 이와 달리 판단할 사정의 변경이나 필요성이 있다고 인정되지 아니한다. 따라서 설령 심판대상조항들이 위헌이라 하더라도 다른 특별한 사정이 없는 한 위 각 처분의 효력에 영향이 없으므로, 심판대상조항들의 위헌 여부가 위 각 처분의 무효확인소송의 전제가 된다고 볼 수 없다.

⑦ 택지개발촉진법에 의한 택지개발사업 관련 처분

판례 헌재 2006.11.30. 2005헌바55

[판시] 청구인들은 2001.10.9.과 2002.7.10. 및 2002.7.12.에 이루어진 이 사건 각 처분에 대한 쟁송기간이 경과된 뒤에 그에 대한 무효확인소송을 제기하였다. 이와 같이 쟁송기간이 경과된 뒤에는 행정처분의 근거법규가 위헌임을 이유로 무효확인소송 등을 제기하더라도 행정처분의 효력에는 영향이 없음이 원칙이라 할 것이므로, 이미 쟁송기간이 경과되어 불가쟁력이 발생한 이 사건 각 처분의 근거법률인 이 사건 법률조항의 위헌 여부에 따라 당해 사건 재판의 주문이 달라지거나 재판의 내용과 효력에 관한 법률적 의미가 달라진다고 볼 수 없다. 그렇다면 이 사건 법률조항의 위헌 여부는 당해 사건의 재판의 전제로 되지 아니한다.

3) 선행 행정처분, 후행 행정처분의 하자 승계 문제에 적용

위와 같은 중대명백설에 근거한 재판전제성 부정 법리가 행정행위 하자의 승계 문제에도 영향을 미치고 있다. 이 문제에 대해서는 두 가지가 먼저 정리되어야 한다. ⓐ 두 개 이상의 행정처분이 연속적으로 행하여지는 경우 선행처분과 후행처분이 서로 결합하여 1개의 법률효과를 완성하는 때에는 선행처분에 하자가 있으면 그 하자는 후행처분에 승계되므로 선행처분에 불가쟁력이 생겨 그 효력을 다툴 수 없게 된 경우에도 선행처분의 하자를 이유로 후행처분의 효력을 다툴 수 있는 반면, 선행처분과 후행처분이 서로 독립하여 별개의 법률효과를 목적으로 하는 때에는 선행처분에 불가쟁력이 생겨 그 효력을 다툴 수 없게 된 경우에는 선행처분의 하자가 중대하고 명백하여 당연무효인 경우를 제외하고는 선행처분의 하자를 이유로 후행처분의 효력을 다툴 수 없는 것이 원칙이다(대법원 2005.4.15. 2004두14915; 대법원 2009.4.23. 2007두13159 등 참조)[1] ⓑ 선행 행정처분의 당연무효는 그것에 대한 취소소송의 제소기간이 지나간 다음에는 인정하기 곤란하다 – 이는 물론 이는 중대명백설 기반의 판례이론이다. 이 ⓐ, ⓑ의 결합 법리에 따라 결국 선행 행정처분에 대한 취소소송 제기기간이 도과되어 무효확인소송을 제기해 본들 중대명백설에 따라 당연무효로 인정되는 것은 아니고 그렇다면 후행 행정처분에 그 하자가 승계될 수 없고 따라서 후자에 대한 소송의 내용과 효력에 관한 법률적 의미가 달라진다고 볼 수 있는 경우가 아니라 그 위헌여부의 재판전제성이 부정된다는 것이 판례이다. 아래가 그런 취지의 결정례이다. 사안은 단계적으로 진행되는 도시계획 관련 사건이었다.

* 이러한 하자승계이론 등은 행정법이론이어서 이 문제는 헌법과 행정법의 복합적 문제로 변호사시험 출제에도 적격하다고 볼 것이다. 그 이론의 찬반의견을 떠나서 판례이론지식, 논증·비판능력 등을 테스트해보기 위한 문제로도 출제되면 의미가 있겠다.

판례 헌재 2010.12.28. 2009헌바429

[사건개요] (1) 주식회사 ○○은 S광역시 N구 S동 일대에 주택건설사업을 시행하기 위하여 2006.9.27.

---

1) 이 대법원판례 정리는 바로 아래 볼 헌재 2010.12.28. 2009헌바429 결정의 판시에서 그대로 끌고 온 것인데 행정법에서 일반적으로 판례경향으로 이렇게 소개해 오고 있다.

N구 구청장에게 주택건설사업계획승인신청을 하여, 2007.7.10. 주택건설사업계획승인을 받았다. (2) ○○예건은 2008.4.14. 위 건축예정 주택 주변의 기반시설 설치를 위하여 청구인들 소유의 토지가 사업부지로 편입되는 도시계획시설사업 시행자지정 및 실시계획인가 신청을 하였고, N구 구청장은 2008.4.24. ○○을 시행자로 하는 도시계획시설사업 시행자지정고시처분(이하 '이 사건 사업시행자지정고시처분'이라 한다)을 한 후, 2008.5.22. 도시계획시설사업 실시계획인가고시처분(이하 '이 사건 인가고시처분'이라 한다)을 하였다. (3) 청구인들은 2009.1.5. 이 사건 인가고시처분의 취소를 구하는 행정소송을 제기하였고, 그 소송계속중 이 사건 사업시행자지정고시처분의 근거조항인 '국토의 계획 및 이용에 관한 법률'(이하 '국토계획법'이라 한다) 제86조 제5항 등이 청구인들의 재산권을 침해한다고 주장하며 위헌법률심판제청신청을 하였으나 2009.12.2. 기각되자 같은 달 30. 헌법소원심판을 청구하였다. [판시] (1) 이 사건 사업시행자지정고시처분에 대해서는 이미 제소기간이 경과하였다. (2) … 법률이 헌법에 위반된다는 사정은 헌법재판소의 위헌결정이 있기 전에는 객관적으로 명백한 것이라고 할 수는 없으므로 특별한 사정이 없는 한 이러한 하자는 이 사건 사업시행자지정고시처분의 취소사유에 해당할 뿐 당연무효사유는 아니라 할 것이므로, 선행처분의 취소사유인 하자가 후행처분에 승계되지 않는 한 이 사건 법률조항의 위헌 여부가 당해 재판에 영향을 미칠 여지는 없다고 할 것이다. (3) 마지막으로, 이 사건 사업시행자지정고시처분의 취소사유인 하자가 이 사건 인가고시처분에 승계된다면, 재판의 전제성을 인정할 여지가 있으므로, 이에 대하여 살펴본다. 두 개 이상의 행정처분이 연속적으로 행하여지는 경우 선행처분과 후행처분이 서로 결합하여 1개의 법률효과를 완성하는 때에는 선행처분에 하자가 있으면 그 하자는 후행처분에 승계되므로 선행처분에 불가쟁력이 생겨 그 효력을 다툴 수 없게 된 경우에도 선행처분의 하자를 이유로 후행처분의 효력을 다툴 수 있는 반면, 선행처분과 후행처분이 서로 독립하여 별개의 법률효과를 목적으로 하는 때에는 선행처분에 불가쟁력이 생겨 그 효력을 다툴 수 없게 된 경우에는 선행처분의 하자가 중대하고 명백하여 당연무효인 경우를 제외하고는 선행처분의 하자를 이유로 후행처분의 효력을 다툴 수 없는 것이 원칙이다(대법원 2005.4.15. 선고 2004두14915 판결; 대법원 2009.4.23. 선고 2007두13159 판결 등 참조). 어느 경우에 선행처분과 후행처분이 서로 결합하여 1개의 법률효과를 완성하는 것으로 보아 선행처분의 하자가 후행처분에 승계되는 것으로 볼 것인지 여부는 구체적 사안에 따라 판단하여야 할 것이다. 다만 대법원은 도시계획결정 및 사업시행인가단계와 수용재결 단계(대법원 1990.1.23. 선고 87누947 판결), 택지개발예정지구지정과 시행자에 대한 택지개발계획의 승인(대법원 1996.3.22. 선고 95누10075 판결), 택지개발예정지구의 지정과 택지개발계획의 승인, 그리고 이에 기한 수용재결(대법원 1996.12.6. 선고 95누8409 판결), 사업시행자지정처분과 도로구역결정처분(대법원 2009.4.23. 선고 2007두13159 판결) 등의 사례에서 각각 하자의 승계를 부정하고 있다. 위 대법원 판례들의 취지에 비추어 볼 때 도시관리계획의 결정 및 고시, 사업시행자지정고시, 사업실시계획인가고시, 수용재결 등의 순서로 진행되는 도시계획시설사업의 경우, 위 각각의 처분은 이전의 처분을 전제로 한 것이기는 하나, 단계적으로 별개의 법률효과가 발생되는 독립한 행정처분이어서 선행처분인 이 사건 사업시행자지정고시처분에 불가쟁력이 생겨 그 효력을 다툴 수 없게 되었다면, 그 처분에 하자가 있다고 하더라도 그것이 당연무효의 사유가 아닌 한 후행처분인 이 사건 인가고시처분에 승계되는 것은 아니라고 할 것이다. (4) 그렇다면, 이 사건 법률조항의 위헌 여부에 따라 당해 사건 재판의 주문이 달라지거나 재판의 내용과 효력에 관한 법률적 의미가 달라지는 경우로 볼 수 없으므로, 이 사건 심판청구는 재판의 전제성 요건을 충족하지 아니하였다. * 같은 취지의 결정례 : 헌재 2014.3.27. 2011헌바232. 역시 도시계획에 관한 사안이다. 하수도원인자부담금 체납처분(압류처분) 취소소송에 관한 사안 : 헌재 2004.1.29. 2002헌바73.

4) 비판

(가) 주요 모순점

위 법리는 행정법이론을 헌법재판에 적용한 결과이나 다음과 같은 문제가 있다. ⅰ) 중대명백설이라는 실체법적 법리를 헌법재판 절차법에 적용하는 우를 범하고 있다. ii) 행정재판에서 위헌적 법률규정을 제거하여 기본권보장과 입헌주의에 기여할 기회를 헌재 스스로 박차버리는 결과를 가져온다. 대법원의 입장이 그러하더라도 헌재로서는 자신이 위헌여부를 판단하는 주체이므로 이 법리를 그대로 인정하는 것은 책임포기이다. iii) 자신이 재판전제성을 넓게 인정해오던 입장(전술 기준 참조)에 일관되지 못하다. iv) 헌재나 대법원의 명백성에 입각한 위와 같은 재판전제성 부정의 판례입장은 법적 안정성을 주로 염두에 둔 것으로 보인다. 그러나 법적 안정성을 위하여야 한다는 이유라면 변형결정 등을 헌재 자신이 인정하고 있으니 그러한 결정방식을 통하여 그 결정효력의 제한을 가할 수 있는 길이 있으므로 재판전제성 단계에서 이를 차단할 것이 아니라고 본다. 그래야 위헌법률심판의 존재가치뿐 아니라 위헌성이 있는 법률을 가려냄으로써 헌법수호와 국민의 권리구제에 예방적 기능도 할 수 있을 것이다. 위헌적인 법률을 버젓이 그냥 둘 여지가 있어서는 아니 되고 되도록 적극적으로 제거하여야 하는 것이다. v) 특히 위헌법률심판은 헌법소원과 달리 주관적 권리침해에 대한 구제 문제보다는 객관적 규범통제가 주안인 심판이어서 위헌성을 적극적으로 제거할 필요성이 보다 더 크기 때문에 더욱 그러한 요청이 있게 된다.

(나) 법원에 의한 무효판단

헌재는 위와 같이 중대명백설을 취하여 재판전제성을 부정하는 결정들에서도 "행정처분이 무효인지 여부는 당해 사건을 재판하는 법원이 판단할 사항이다"라는 판시를 덧붙이곤 하는 결정례들을 보여준다.

판례 헌재 2014.1.28. 2010헌바251. 판례집 26-1상, 7면

[관련판시] 근거 법률에 대한 위헌결정이 행정처분의 효력에 영향을 미칠 여지가 없는 경우에는 그 법률의 위헌 여부에 따라 당해 사건 재판의 주문이 달라지거나 재판의 내용과 효력에 관한 법률적 의미가 달라질 수 없는 것이므로 재판의 전제성을 인정할 수 없게 된다. 물론 위헌인 법률에 기한 행정처분이 무효인지 여부는 당해 사건을 재판하는 법원이 판단할 사항이다. …

판례 헌재 2010.9.30. 2009헌바101, 판례집 22-2상, 656-657면

[관련설시] 법률의 위헌 여부에 대한 심판청구를 한 경우에는 당해 사건을 담당하는 법원이 그 법률에 대한 위헌결정이 있는 경우 다른 내용의 재판을 할 예외적인 사정이 있는지 여부에 따라 재판의 전제성 유무가 달라진다고 할 것이다. 즉, 그 법률에 대한 위헌결정이 행정처분의 효력에 영향을 미칠 여지가 없는 경우에는 그 법률의 위헌 여부에 따라 당해 사건에 대한 재판의 주문이 달라지거나 재판의 내용과 효력에 관한 법률적 의미가 달라질 수 없는 것이므로 재판의 전제성을 인정할 수 없게 된다. 한편, 위와 같은 경우 행정처분이 무효인지 여부는 당해 사건을 재판하는 법원이 판단할 사항이다(헌재 1999.9.16. 92헌바9, 판례집 11-2, 262, 270면; 2004.1.29. 2002헌바73, 판례집 16-1, 103, 109-110면; 헌재 2005.3.31. 2003헌바113, 판례집 17-1, 413, 420면; 헌재 2007.10.4. 2005헌바71, 판례집 19-2, 377, 387면 참조).

판례 헌재 1999.9.16. 92헌바9, 자연공원법 제4조, 제43조 제1항에 대한 헌법소원, 판례집 11-2, 262면 [쟁점] 쟁송(취소쟁송)기간의 경과 후 행정처분의 무효확인소송을 제기하고 그 행정처분이 근거한 법률에 대하여 위헌소원을 청구한 경우의 재판전제성 인정여부(각하결정례) [사건개요] 청구인 소유의 부동산을 포함한 북한산 일원 지역에 대하여 1983.4.2. 자연공원법 제4조에 근거하여 북한산 국립공원으로 지정하는 처분이 있자 내무부장관을 상대로 서울고등법원에 국립공원지정처분무효확인소송을 제기하였다. 위 소송 계속중 위헌제청신청을 하였으나 기각되자 헌법소원심판의 청구를 하였다. [심판대상규정] 자연공원법(1980.1.4. 법률 제3243호로 제정되고, 1998.2.28. 법률 제5529호로 개정되기 전의 것) 제4조(국립공원의 지정) ① 국립공원은 내무부장관이 지정한다. ② 내무부장관이 제1항의 규정에 의한 지정을 하고자 할 때에는 관계중앙행정기관의 장과 협의하고 관할 도지사의 의견을 들은 후 국립공원위원회와 국토건설종합계획법 제7조의 규정에 의한 국토건설종합계획심의회의 심의를 거쳐야 한다. [결정요지] 원칙적으로, 행정처분의 근거가 된 법률이 헌법재판소에서 위헌으로 선고된다고 하더라도 그 전에 이미 집행이 종료된 행정처분이 당연무효가 되지는 않으므로 행정처분에 대한 쟁송기간 내에 그 취소를 구하는 소를 제기한 경우는 별론으로 하고 쟁송기간이 경과한 후에는 행정처분의 근거법률이 위헌임을 이유로 무효확인소송 등을 제기하더라도 행정처분의 효력에는 영향이 없다(헌재 1994.6.30. 92헌바23, 위《헌결 1111-3-44》). 그러므로 행정처분에 대한 쟁송기간이 경과된 후에 그 행정처분의 근거가 된 법률에 대한 위헌여부에 대한 심판청구를 한 경우에는 당해 사건을 담당하는 법원이 그 법률에 대한 위헌결정이 있는 경우 다른 내용의 재판을 할 예외적인 사정이 있는지 여부에 따라 재판의 전제성 유무가 달라지게 된다고 할 것인데, 그 법률에 대한 위헌결정이 행정처분의 효력에 영향을 미칠 여지가 없는 경우에는 그 법률의 위헌여부에 따라 당해 사건에 대한 재판의 주문이 달라지거나 재판의 내용과 효력에 관한 법률적 의미가 달라질 수 없는 것이므로 재판의 전제성을 인정할 수 없게 된다. 한편, 위와 같은 경우 행정처분이 무효인지 여부는 당해 사건을 재판하는 법원이 판단할 사항이다(헌재 1998.4.30. 95 헌마 93 등, 헌재판례집 10-1, 452, 462면 참조). 이 사건의 당해 사건에 관하여 서울고등법원은 1991.12.27. 원고(이 사건 청구인)의 청구를 기각한다는 판결을 선고하였고, 원고는 상고하였는데, 대법원은 상고를 기각하면서 다음과 같이 판시하였다. "피고가 자연공원법 제4조에 근거하여 1983. 4.2.원고 소유의 이 사건 토지를 포함한 북한산 일원의 지역에 대하여 북한산국립공원으로 지정한 처분이 소론과 같은 이유로 당연무효라고 볼 수는 없다. 논지는 이 사건 토지가 국립공원으로 지정됨으로써 사실상 그 사용 수익이 전면적으로 제한되어 손실보상이 필요한 특별한 희생에 해당하는데, 같은 법 제43조 제1항은 이와 같은 경우에 대한 손실보상을 규정하지 아니하여 헌법상의 정당한 보상의 원리에 위반되는 것이고, 원고는 이에 대하여 헌법소원을 제기하였음을 이유로 위의 지정처분이 당연무효라는 것이나, 이 사건과 같이 국립공원의 지정처분을 한 경우에 손실보상을 하도록 규정하지 아니한 같은 법의 규정이 장차 헌법에 위반되는 것으로 결정될 것인지 여부와는 관계없이, 1983.4.2.에 한 이 사건 국립공원지정처분 그 자체가 당연무효라고 할 수는 없을 것이므로, 받아들일 수 없다." 법원의 위 판단에 따르면 이 사건 법률조항의 위헌여부는 당해 사건 재판의 전제가 되지 않는다고 할 것인데, 이러한 법원의 법률적 견해에는 명백히 유지되지 않을 사유가 보이지 아니한다. 그렇다면, 이 사건 법률조항의 위헌여부는 재판의 전제성이 없어 부적법하다.

* 검토 – 위와 같이 법원의 판단에 무효여부를 맡긴다면 헌재는 위헌심판사건에서 일단 재판전제성을 인정하고(위헌결정을 만약 한다면 이 위헌결정 후 법원이 어떤 판단을 할지는 헌재도 모르기도 한다) 법원이 무효인지 여부를 판단하게 하면 될 일이지 왜 재판전제성 판단에서 이미 무효사유는 아니라고 단정해버리는지 자기모순이다.

5) 보완책

위와 같은 판례법리의 한계를 보완하기 위해 헌재 자신이 재판전제성이 없다고 하더라도 예외적으로 심판이익을 인정하는 법리를 활용할 필요가 있다. 다음에 보는 대로 헌재는 반복가능성, 헌법적 해명필요성이 있을 때 예외적 심판이익을 인정하는데 이러한 예외인정을 적극적으로 해서 문제점을 보완하려는 노력이 필요하다. 헌재도 아래의 법정의견 설시에서 그 점을 지적하고 있긴 하다. 그런데 이 노력 역시 결국 헌재에게 주어진 것이다.

판례 헌재 2014.1.28. 2010헌바251

[법정의견 일부] 그렇다면 앞서 살펴본 헌법재판소의 견해는 여전히 타당하고, 이와 달리 판단할 사정의 변경이나 필요성이 있다고 인정되지 않는다. 다만 헌법재판소는 행정처분의 근거가 된 법률에 의해 침해되는 기본권이 중요하며 그 법률에 대한 헌법적 해명이 긴요히 필요한 경우에는 근거 법률에 대한 위헌결정이 행정처분의 효력에 영향을 미칠 여지가 없는 때에도 헌법질서의 수호자로서의 사명을 다하기 위하여 예외적으로 본안판단에 나아갈 수 있을 것이다(헌재 1993.12.23. 93헌가2; 헌재 2013.7.25. 2012헌바63 참조).

(4) 후행 행정처분의 필요시 예외 인정 시도

어디까지나 중대명백설을 기조로 하는 입장을 바꾸는 것은 아니나 그 예외를 인정하자는 헌재의 초기 결정례가 있었다. 이는 1994년 아래의 결정인데 이 판례에서 5인 재판관은 행정처분 자체의 효력이 쟁송기간 경과 후에도 존속 중인 경우, 특히 그 처분이 위헌법률에 근거하여 내려진 것이고 그 행정처분의 목적달성을 위하여서는 후행(後行) 행정처분이 필요한데 후행행정처분은 아직 이루어지지 않은 경우, 그 행정처분을 무효로 하더라도 법적 안정성을 크게 해치지 않는 반면에 그 하자가 중대하여 그 구제가 필요한 경우에 대하여서는 그 예외를 인정하여 이를 당연무효사유로 보아서 쟁송기간 경과 후에라도 무효확인을 구할 수 있는 것이라고 봐야 할 것이라고 하여 예외적으로 그 재판전제성을 인정하자는 의견을 주장하였다. 이 5인 재판관의견은 위헌의견이었으나 법률의 위헌결정에는 재판관 6인 이상의 찬성이 있어야 하기에(헌법 제113조 1항) 위헌으로 선언되지는 못하였다. 앞서 우리는 선행 행정처분의 하자가 당연무효가 아닌 한 후행 행정처분에 영향을 미치지 않고 선행 행정처분의 당연무효는 그것에 대한 취소소송의 제소기간이 지나간 다음에는 인정하기 곤란하다는 중대명백설 기반의 판례에 따라 결국 재판전제성이 부정되는 것이 판례임을 보았는데 이러한 판례의 보완을 위하여서라도 하는 의미에서 아래에 좀더 자세히 인용한다. * 행정법의 하자승계이론과도 연관되어 있다.

[다수의견의 예외시도]

▷ 행정처분의 취소쟁송 제기기간이 경과한 후 그 처분의 근거법규가 위헌임을 이유로 제기한 무효확인소송에서의 그 위헌여부는 재판의 전제가 되지 않음이 원칙이다(근거법규가 위헌이라는 하자는 중대하기는 하나 명백한 것이라고는 할 수 없어 그 행정처분이 당연무효가 되지는 않는다는 중대·명백설에 따라). 그러나 행정처분의 효력이 쟁송기간 경과 후에도 존속중인 경우 그 행정처분을 무효로 하더라도 법적 안정성을 크

게 해치지 않는 반면에 그 하자가 중대하여 그 구제가 필요한 경우에 대하여서는 예외적으로 재판전제성을 인정(5인 재판관 다수의견)

판례 헌재 1994.6.30. 92헌바23, 구 국세기본법 제42조 제1항 단서에 대한 헌법소원

[주문] "구 국세기본법(1990.12.31. 법률 제4277호로 개정되기 전의 것) 제42조 제1항 단서 중 '으로부터 1년'이라는 부분은 이 사건에 있어서 헌법에 위반된다고 선언할 수 없다." [관련판시] <5인 재판관의 다수의견> 일반적으로 행정처분의 집행이 이미 종료되었고 그것이 번복될 경우 법적 안정성을 크게 해치게 되는 경우에는 후에 행정처분의 근거가 된 법규가 헌법재판소에서 위헌으로 선고된다고 하더라도(처분의 근거법규가 위헌이었다는 하자는 중대하기는 하나 명백한 것이라고는 할 수 없다는 의미에서) 그 행정처분이 당연무효가 되지는 않는다. … 따라서 행정처분에 대한 쟁송기간 내에 그 취소를 구하는 소를 제기한 경우는 별론으로 하고 쟁송기간이 경과한 후에는 처분의 근거법규가 위헌임을 이유로 무효확인소송 등을 제기하더라도 행정처분의 효력에 영향이 없음이 원칙이라고 할 것이다. … 그러나 행정처분 자체의 효력이 쟁송기간 경과 후에도 존속중인 경우, 특히 그 처분이 위헌법률에 근거하여 내려진 것이고 그 행정처분의 목적달성을 위하여서는 후행 행정처분이 필요한데 후행행정처분은 아직 이루어지지 않은 경우, 그 행정처분을 무효로 하더라도 법적 안정성을 크게 해치지 않는 반면에 그 하자가 중대하여 그 구제가 필요한 경우에 대하여서는 그 예외를 인정하여 이를 당연무효사유로 보아서 쟁송기간 경과 후에도 무효확인을 구할 수 있는 것이라고 봐야 할 것이다. … 위와 같은 예외를 인정한다면 행정처분이 근거 법규의 위헌의 정도가 심각하여 그 하자가 중대하다고 보여지는 경우, 그리고 그 때문에 국민의 기본권 구제의 필요성이 큰 반면에 법적 안정성의 요구는 비교적 적은 경우에까지 그 구제를 외면하게 되는 불합리를 제거할 수 있게 될 것이다. 위헌법률에 근거한 행정처분이라 할지라도 그것이 당연무효는 아니라고 보는 가장 기본적인 논리는 그 하자가 명백한가의 여부를 제쳐놓더라도 이 경우를 무효라고 본다면 법적 안정성을 해칠 우려가 크다는 데 있는 것이므로 그 우려가 적은 경우에까지 확장하는 것은 온당하지 못하다고 할 것이며 그 경우에는 마땅히 그 예외가 인정되어야 할 것이다. 그렇다면 이 사건 심판대상규정과 관련된 규정이 이미 헌법재판소에 의하여 위헌선고가 되어 있는 터이고 계쟁사건의 행정처분의 진행정도를 보더라도 마포세무서장의 압류만 있는 상태이고 압류처분의 만족을 위한 환가 및 청산이라는 후행처분은 아직 집행되지 않고 있는 경우이므로 위 예외에 해당되는 사례로 볼 여지가 있다고 할 것이다. 이상과 같은 이유로 이 사건 심판대상규정의 위헌여부는 관련사건 재판의 전제가 된다. <4인 재판관의 소수의견> 비록 위헌인 법률에 기한 행정처분이라고 하더라도 그 행정처분에 대하여 법령에 정한 불복기간이 모두 경과하는 등 더 이상의 취소소송을 제기하여 다툴 수 없게 된 때에는 그 뒤에 한 위헌결정의 효력이 이에 미치지 않는다. … 불복기간이 경과함으로써 그 행정처분을 더 이상 다툴 수 없게 된 뒤에도 당사자 또는 이해관계인이 그 처분의 무효확인소송이나 처분의 효력 유무를 선결문제로서 다투는 민사소송 등에서 언제든지 그 처분의 근거 법률이 위헌이라는 이유를 들어 그 처분의 효력을 부인할 수 있도록 한다면 그 처분으로 불이익을 받은 개인의 권리구제에는 더없는 장점이 되기는 하겠지만, 이로 말미암아 제소기간의 규정을 두고 있는 현행의 행정쟁송제도가 뿌리째 흔들리게 됨은 물론, 기존의 법질서에 의하여 형성된 법률관계와 이에 기초한 다른 개인의 법적 지위에 심각한 불안정을 초래할 수 있다. 이러한 결과는 우리 헌법재판소법이 위헌결정의 효력을 원칙적으로 장래에 미치도록 규정한 것에 반하는 것일 뿐만 아니라 위헌적 법률이라 하더라도 헌법재판소의 위헌결정이 있기 전에는 어느 누구도 그 법률의 효력을 부인할 수 없다는 이치에도 어긋나는 것이다. 이렇게 본다고 하여 위헌법률심판에 의한 구체적 규범통제의 실효성확보나 개인의 권리구제에 심각한 지장이 생긴다고 단정할 수 없다. 행정처분의 당사자 또는 이해관계인은 그 처분에 대한 법령상의 불복기간이 경과하기 전에 적법한 소송을 제기하고 그 사건에서 그 처분의 근거가 된 법률이 위헌이라고 주장하여 법원에 이에 대하여 위헌여부심판의 제청신청을 하거나 그 제청신청이 기각되는 경우 헌법재판소법 제68조 제2항에 따라 헌법소원심판을 청구하여 위헌법률 및 이에 근거한

행정처분의 효력을 당해 사건에서 소급적으로 제거할 수 있는 길이 열려 있기 때문이다. … 기록에 의하면 청구인이 서울고등법원에 제소한 물적 납세의무부과처분과 압류처분의 각 무효확인청구는 청구인이 위 소송을 제기하기 이전에 이미 그 효력을 다툴 수 있는 출소기간이 모두 도과된 것으로 인정된다. 따라서 위 각 처분은 당연 무효의 사유가 있는 경우에만 인용될 수 있다. 그런데 … 위 법률조항이 비록 위헌적인 것이라고 하더라도 헌법재판소의 위헌결정에 의하여 취소됨으로써 비로소 형성적으로 그 효력을 잃게 되는 것이므로 헌법재판소의 위헌결정이 있기 이전에는 어느 누구도 위 법률조항의 효력을 부인할 수 없고, 위 법률조항에 따른 처분이라는 사유만으로 그 처분이 당연 무효가 되는 것으로 볼 수 없다. 그러므로 위 법률조항의 위헌여부는 관련 사건인 압류처분 등 무효확인사건의 결론인 주문을 달리하게 할 수 없다 할 것이다. 결국 위 법률조항의 위헌여부는 재판의 전제성이 없다 할 것이므로 마땅히 각하되어야 한다.

* 본 결정은 과거에 있었던 결정형식인 '위헌불선언'결정이었다. 6인 위헌의견이어야 하는 위헌결정정족수 때문에 5인 다수의견임에도 위헌선언할 수 없음을 주문에 표기한 것이다. 그러나 판례변경을 하여 5인 위헌의견의 경우에도 단순합헌결정을 내리고 있다.

* 검토 – 본 결정에서 헌재의 다수의견이나 소수의견 모두 중대·명백설에 따라, 취소쟁송기간의 경과 후 위헌법률을 이유로 제기된 무효확인소송에서의 법률의 위헌여부의 재판전제성을 원칙적으로 부인하는 입장은 마찬가지이다. 다만, 다수의견은 예외적으로 재판전제성을 인정하자는 입장이나 본 헌재결정에서 위헌불선언결정으로 그 입장이 받아들여지지 않은 결과가 되었다. 헌재는 당해사건이 민사사건이긴 하였으나 수용처분이 문제된 사안의 결정인, 이 사건 직전에 선고된 '국가보위에 관한 특별조치법' 제5조 제4항 위헌제청사건의 결정에서 3인 소수의견은 무효확인소송에서의 재판전제성을 부인하자는 입장이었음에도 불구하고 6인의 위헌의견이 나와 본안판단을 한 바도 있다.[1)]

* 위 결정은 5명 의견으로 정족수부족으로 합헌결정이 되었는데 위 5명 재판관의견은 그뒤 계속 판례에서 인용되고 있다. 예를 들어 헌재 2003.11.27. 2002헌바106.

(5) 무효확인소송에서 중대명백설 언급없이 재판전제성을 인정한 예

수용재결처분에 대한 무효확인소송에서의 근거 법률조항 위헌여부의 재판전제성 인정례 – 수용재결처분에 대한 무효확인소송에서 재판전제성을 인정한 아래 결정과 같은 헌재결정례도 있다. 이 결정에서 헌재는 단순히, 간단히 '무효확인 내지 취소를 구하는 당해 사건 재판에 적용되고'라고 그 이유를 밝히고 있을 뿐이다.

판례 헌재 2019.11.28. 2017헌바241

[판시] 구 도시정비법 제38조 본문 '사업시행자' 부분 중 제8조 제1항에 따라 조합이 주택재개발사업을 시행하는 경우에 관한 부분…은 이 사건 토지수용재결처분의 근거조항으로 수용재결처분의 무효확인 내지 취소를 구하는 당해 사건 재판에 적용되고… * 이 결정에 대한 보다 더 자세한 판시는 앞의 '재판의 결론이나 내용과 효력에 관한 법률적 의미가 달라지는 경우' 인정례 부분 참조.

---

1) 헌재 1994.6.30. 92헌가18. * 이 결정에 대해서는 뒤의 민사소송에서의 선결문제 부분 참조.

2. 행정소송대상성(처분성)과 재판전제성

(1) 문제의 중요성

* 이 문제는 헌법과 행정법의 복합성 문제이다. 행정소송의 대상성인 처분의 개념, 행정행위의 개념 등과 헌법재판의 재판전제성과 결부되어 있다.

행정소송에서 적용되는 법률조항의 위헌여부가 재판의 전제성을 가지려면 그 법원에서의 행정소송이 적법하여야 한다. 이 점 앞의 재판전제성에서 살펴보았다. 그런데 그 행정소송의 적법요건 중에 많이 따져지는 것이 행정소송의 대상성, 즉 처분성을 가지는 것이냐 하는 문제이다. 그래서 행정소송의 대상인 처분성이 없는 대상인 경우에 행정소송 자체가 각하되어야 할 상황이라면 재판전제성이 없다는 것이므로 중요한 문제를 이루고 있다.

(2) 권력적 요소가 없는 대상인 경우

행정소송법 제2조 제1항 제1호는 "처분등"이라 함은 행정청이 행하는 구체적 사실에 관한 법집행으로서의 공권력의 행사 또는 그 거부와 그 밖에 이에 준하는 행정작용(이하 "處分"이라 한다) 및 행정심판에 대한 재결을 말한다"라고 규정하고 있다. 권력적 요소가 없는 행정지도 등은 처분성이 없다고 보아 왔다. 그러나 오늘날 행정지도에도 구속적·강제적·규제적 행정지도가 있고 그러한 행정지도(작용)에 대해서는 처분성을 인정하고 있다. 바로 아래의 예가 그것을 인정한 우리 헌재의 실제 결정례이다. 이 결정에서는 법원이 제청한 점을 존중하여야 한다는 것도 설시하고 있어 법원의 제청에 관한 견해를 헌재가 존중(이에 대해서는 뒤에서 다룬다. 후술 참조) 한 예로서 의미도 있다. 아래 사안에서는 또 행정지도의 수신인은 정보통신서비스제공자인데 이용자가 제기한 행정소송에서 재판전제성이 인정되느냐 하는 문제도 긍정적으로 다루어졌다는 의미를 가진다. 여하튼 헌재는 처분성의 인정을 시정요구의 성격, 표현의 자유에 대한 위축효과 가능성 등을 들어 공권력행사성을 인정하여 그 위헌여부의 재판전제성도 인정한 사안이다.

판례 헌재 2012.2.23. 2011헌가13

[사건개요] (1) 제청신청인은 포털사이트인 주식회사 ○○커뮤니케이션(이하 '주식회사 ○○'이라 한다)의 블로그에 국내산 시멘트의 유독성에 관한 글(이하 '이 사건 게시글'이라 한다)을 게재하였다. (2) 방송통신심의위원회(이하 '심의위원회'라 한다)는 한국□□공업협회 등으로부터 이 사건 게시글에 대한 심의신청이 제기되자, 이를 심의한 후 이 사건 게시글이 '정보통신망 이용촉진 및 정보보호 등에 관한 법률'(이하 '정보통신망법'이라 한다) 제44조의7 제1항 제2호 소정의 불법정보인 '비방 목적의 명예훼손 정보'에 해당한다는 이유로, 2009.4.24. '방송통신위원회의 설치 및 운영에 관한 법률'(이하 '방송통신위원회법'이라 한다) 제21조 제4호, 같은 법 시행령 제8조 제1항, 제2항에 근거하여 주식회사 ○○에 대하여 이 사건 게시글의 삭제를 요구하였다(이하 '이 사건 시정요구'라 한다). (3) 제청신청인은 이 사건 시정요구에 대하여 이의신청을 제기하였으나 심의위원회가 2009.6.23. 이의신청을 기각하자, 2009.8.31. 심의위원회를 상대로 서울행정법원 2009구합35924호로 이 사건 시정요구의 취소를 구하는 소를 제기하였으며, 서울행정법원은 2010.2.11. 제청신청인의 청구를 인용하는 판결을 선고하였다. (4) 이에 심의위

원회가 항소하여 당해 사건으로 항소심 계속 중이던 2010.6.8. 제청신청인은 방송통신위원회법 제21조 제4호, 정보통신망법 제44조의7 제1항 제2호에 대하여 서울고등법원 2010아189호 위헌법률심판제청 신청을 하였고, 당해 법원은 2011.2.14. 그 중 방송통신위원회법 제21조 제4호에 대한 신청을 받아들여 이 사건 위헌법률심판제청을 하였다. [심판대상조항] 방송통신위원회의 설치 및 운영에 관한 법률(2008.2.29. 법률 제8867호로 제정된 것) 제21조(심의위원회의 직무) 심의위원회의 직무는 다음 각 호와 같다. 4. 전기통신회선을 통하여 일반에게 공개되어 유통되는 정보 중 건전한 통신윤리의 함양을 위하여 필요한 사항으로서 대통령령이 정하는 정보의 심의 및 시정요구 [재판의 전제성에 대한 판단] 가. 쟁점 – 심판대상 법률조항이 재판의 전제가 되는 요건을 갖추고 있는지의 여부는 제청법원의 견해를 존중하는 것이 원칙이며, 재판의 전제와 관련된 법률적 견해가 명백히 유지될 수 없는 것으로 보이는 경우에만 예외적으로 이를 부인할 수 있다. 당해 사건은 이 사건 법률조항에 기한 심의위원회의 시정요구를 취소해달라는 소송이다. 만일 법원이 시정요구를 항고소송의 대상이 되는 '처분'이 아니라 단순한 권고적·비권력적 행위라고 판단하여 각하할 것이라면, 이 사건 법률조항의 위헌 여부에 따라 당해 사건의 결론이나 법률적 의미가 달라지지 않으므로 재판의 전제성을 부인될 수밖에 없다. 그런데 당해 사건의 제1심 법원은 그 처분성을 인정하여 원고의 청구를 받아들이는 판결을 선고하였고, 그 항소심인 제청법원도 재판의 전제성이 인정됨을 전제로 위헌법률심판제청을 하였는바, 이러한 제청법원의 법률적 견해는 아래에서 보는 바와 같이 수긍할 만하다. 나. 시정요구의 성격 (1) 심의위원회가 행정기관인지 여부 – 심의위원회의 설립, 운영, 직무에 관한 내용을 종합하면, 심의위원회를 공권력 행사의 주체인 국가행정기관이라 인정할 수 있다. (2) 시정요구의 종류 및 효과 – (가) 시정요구의 종류는 해당 정보의 삭제 또는 접속차단, 이용자에 대한 이용 – 정지 또는 이용해지, 청소년유해정보의 표시의무 이행 또는 표시방법 변경 등과 그 밖에 필요하다고 인정하는 사항이다(방송통신위원회법 시행령 제8조 제2항). (나) 정보통신서비스제공자 또는 게시판 관리·운영자는 시정요구를 받은 경우 그 조치결과를 심의위원회에 지체 없이 통보하여야 한다(방송통신위원회법 시행령 제8조 제3항). 정보통신서비스제공자 등이 시정요구에 따르지 아니하는 경우, 해당 정보가 정보통신망법 제44조의7 제1항 제1호부터 제6호까지의 규정에 따른 불법정보인 때에는, 심의위원회는 방송통신위원회에 정보통신서비스제공자 등으로 하여금 그 취급거부·정지 또는 제한을 하도록 하는 명령을 하여 줄 것을 요청할 수 있고(방송통신위원회법 시행령 제8조 제4항), 방송통신위원회는 이에 따라 정보통신서비스제공자 등으로 하여금 그 취급을 거부·정지 또는 제한하도록 명할 수 있다. 다만, 정보통신위원회법 제44조의7 제1항 제2, 3호에 해당하는 '사람을 비방할 목적으로 공공연하게 사실이나 거짓의 사실을 드러내어 타인의 명예를 훼손하는 내용 의 정보'나 '공포심이나 불안감을 유발하는 부호·문언· 음향·화상 또는 영상을 반복적으로 상대방에게 도달하도록 하는 내용의 정보'의 경우에는 해당 정보로 인하여 피해를 받은 자가 구체적으로 밝힌 의사에 반하여 그 취급의 거부·정지 또는 제한을 명할 수 없다(정보통신망법 제44조의7 제2항). 또한 해당 정보가 정보통신망법 제44조의7 제1항 제7호부터 제9호까지의 정보에 해당하는 경우에는 관계중앙행정기관의 장의 요청이 있고, 심의위원회가 시정요구를 하였지만 정보통신서비스제공자 등이 시정요구에 따르지 아니하였을 것을 요건으로 방송통신위원회는 정보통신서비스제공자 등에게 해당 정보의 취급을 거부·정지 또는 제한하도록 명하여야 한다(정보통신망법 제44조의7 제3항). 정보통신망법 제44조의7 제2항 및 제3항에 따른 방송통신위원회의 명령을 이행하지 아니한 자는 2년 이하의 징역 또는 1천만 원 이하의 벌금에 처한다(정보통신망법 제73조 제5호). (다) 한편 시정요구에 대하여 정보통신서비스제공자 등과 이용자는 그 시정요구를 받은 날부터 15일 이내에 심의위원회에 이의신청을 할 수 있다(방송통신위원회법 시행령 제8조 제5항). (3) 표현의 자유와의 관련성 (가) 우리 헌법은 모든 국민에게 표현의 자유를 보장하고 있는바(헌법 제21조), 그 중요성을 고려할 때 형사처벌 등 법적 제재가 수반되지 않더라도 만일 해당 공권력의 행사가 표현의 자유를 위축시켜 상대방으로 하여금 스스로 표현행위를 자제하게 만든다면, 그 공권력 작용은 그 정도에 따라 표현의 자유를 제한하는 것이라고 볼 수도 있다. (나) 이 사건 시정요구는 행정지도 내지 권고의 외관을 띠고 있지만, 그 요구의 상대방은 표현의 자유를 침해당하는 해당 정보의 게시자가 아니라 사실상 제3자인 서비스제공자 등이고, 서비스제공자 등은 게시글의 유지보다는 사업상의 감독기관인 방송통신위원회 및 심의위원회와의 원활한 협조관계에 월등한 이해관계를 갖고 있으므로, 정보의 삭제 등 시정이 정보게시자의 의사나 동의에 의해서가 아니라 행정기관의 개입과 이에 따르는 서비스제공자 등의 이행에 의하여 이루어질 가능성이 높다. 또한 시정요구는 해당 정보의 삭제 또는 접속차단을 넘어 이용자에 대한 이용정지 또는 이용해지에까지 이를 수 있으므로, 정보통신망의 이용자의 표현의 자유를 위축시켜 스스로 표현행위를 자제하게 만드는 위축효과가 결코 작다고 할 수 없다. (4) 소결 (가) 이상에서 본 바와 같이, 행정기관인 심의위원회의 시정요구는 정보통신서비스제공자 등에게 조치결과 통지의무를 부과하고 있고, 정보통신서비스제공자 등이 이에 따르지 않는 경우 방송통신위원회의 해당 정보의 취급거부·정지 또는 제한명령이라는 법적 조치가 예정되어 있으며, 행정기관인 심의위원회가 표현의 자유를 제한하게 되는 결과의 발생을 의도하거나 또는 적어도 예상하였다 할 것이므로, 이는 단순한 행정지도로서의 한계를 넘어 규제적·구속적 성격을 갖는 것으로서 헌법소원 또는 항고소송의 대상이 되는 공권력의 행사라고 봄이 상당하다. (나) 따라서 이 사건 법률조항의 재판의 전제성이 인정된다. * 본안판단결과 합헌결정이 내려졌다.

Ⅷ. 민사소송에서의 선결문제(행정처분의 위법여부)와 재판전제성

1. 문제의 의미, 적용의 이유

행정처분의 효력 유무를 선결문제로 하는 민사소송 등의 경우에도 적용 – 어떠한 행정처분을 원인으로 하여 민사상 법률관계가 형성될 경우 그 행정처분의 위법성 여부의 문제가 민사상 법률관계에도 영향을 줄 수 있으므로 행정처분의 위법성 여부와 그 행정처분이 근거한 법률의 위헌성 여부가 선결문제로서 재판의 전제가 될 수 있다. 그리하여 위 행정재판에서의 재판전제성 법리가 민사적 분쟁에 행정처분의 효력 유무를 선결문제로 하는 민사소송에서 당해 행정처분의 근거 법률이 위헌인지 여부가 재판의 전제가 되는지에 관해서도 마찬가지로 적용되고 있다. 즉 예컨대 수용처분(행정처분)의 위법여부가 소유권이전 등기의 문제에 영향을 미칠 수 있는 경우를 생각할 수 있다. 그런데 선결문제의 판단에 있어서 그 행정처분이 근거한 법률규정이 위헌인지 여부가 문제될 수 있고 그 경우에 재판의 전제성문제가 발생한다.

2. 판례법리와 결정례

(1) 판례법리 - 중대명백설

헌재나 대법원은 민사사건에서의 선결문제인 행정작용을 취소소송으로 다툴 수 있는 기간이 지난 경우에 그 근거 법률의 위헌성 여부에 대해 위 중대명백설을 그대로 적용한다는 입장이다. 그리하여 헌재는 그 경우에 행정처분의 근거가 된 법률조항의 위헌여부에 따라 당해 행정처분의 효력을 선결문제로 하는 민사소송의 주문이 달라지거나 재판의 내용과 효력에 관한 법률적 의미가 달라지는 것은 아니므로 재판의 전제성이 인정되지 아니한다고 본다(아래 결정례들 참조).

대법원도 "법률이 헌법에 위반된다는 사정은 헌법재판소의 위헌결정이 있기 전에는 객관적으로 명백한 것이라고 할 수는 없고, 특별한 사정이 없는 한 이러한 하자는 행정처분의 취소사유에 해당할 뿐 당연무효 사유는 아니라고 할 것"이라는 입장을 취하고 당연무효라고 보지 않는 경우에는 재판전제성이 없다고 본다. 우리 헌법재판소는 재판전제성에 대한 법원의 판단을 존중하는 입장이다.

헌재와 대법원의 이러한 입장은 앞서 행정재판에서의 재판전제성 문제에서 본 대로 역시 행정처분의 무효에 관한 중대명백설을 근저에 두는 논리이다.

(2) 헌법재판소 결정례

1) 소유권이전청구 관련 소송 - 재판전제성 부정한 결정례

강제적 소유권이전의 행정작용이 위헌인 법률에 근거하였다는 주장의 소유권 관련 민사소송에서 그 위헌여부의 재판전제성을 부정한 예가 있다.

판례 헌재 2013.7.25. 2012헌가1

[판시사항] 종전의 '친일반민족행위자 재산의 국가귀속에 관한 특별법'(이하 '친일재산귀속법')에 따라 이루어진 친일반민족행위자재산조사위원회(이하 '재산조사위원회')의 친일반민족행위자 결정을 개정된 친일재산귀속법에 의하여 이루어진 것으로 보도록 한 친일재산귀속법(2011.5.19. 법률 제10646호) 부칙 제2항(이하 '이 사건 부칙조항')의 재판의 전제성이 인정되는지 여부 [판시] (1) 친일재산귀속법에 정한 친일재산은 재산조사위원회가 국가귀속결정을 하여야 비로소 국가의 소유로 되는 것이 아니라 친일재산귀속법의 시행에 따라 그 취득·증여 등 원인행위 시에 소급하여 당연히 국가의 소유로 되는 것이다(대법원 2008.11.13. 선고 2008두13491 판결 참조). 따라서 제청법원은 당해 사건의 본안판단에 있어서 국가귀속결정의 효력 유무를 먼저 판단할 필요는 없고 재산조사위원회의 국가귀속결정뿐만 아니라 다른 증거자료까지 포함한 제반 소송자료에 기초하여 이 사건 토지에 관한 소유권이전등기가 원인무효인지 여부를 판단하게 될 것이다. (2) 한편, 행정처분이 아무리 위법하다고 하더라도 당연무효라고 보아야 할 사유가 있는 경우를 제외하고는 아무도 그 하자를 이유로 무단히 그 효과를 부정하지 못한다. 행정청이 어떤 법률관계나 사실관계에 대하여 특정 법률의 규정을 적용하여 행정처분을 한 경우, 행정처분의 대상이 되지 아니하는 다른 법률관계나 사실관계에 대하여 이를 처분의 대상이 되는 것으로 오인할 만한 객관적인 사정이 있는 경우로서 그것이 처분대상이 되는지의 여부가 그 사실관계를 정확히 조사하여야 비로소 밝혀질 수 있는 때에는 비록 이를 오인한 하자가 중대하다고 할지라도 외관상 명백하다고 할 수 없는 것이다(대법원 2007.3.16. 선고 2006다83802 판결 참조). 또한 행정처분의 하자가 단지 취소할 수 있는 정도에 불과한 때에는 행정소송 등의 절차에 의하여 그 행정처분이 취소되지 않는 이상 해당 민사소송에서 선결문제가 된 행정처분의 효력이 부인될 수는 없다(대법원 2010.4.8. 선고 2009다90092 판결; 대법원 2001.1.16. 선고 98다58511 판결 등 참조). 위와 같은 사정에 비추어 볼 때 어떤 사람이 친일반민족행위자에 해당하는지 여부는 사실관계를 정확히 조사하여야 비로소 밝혀질 수 있는 것으로서 재산조사위원회의 2009.5.22. 이○승에 대한 친일반민족행위자 결정이 사실 오인에 의한 것이라고 하더라도 이를 당연무효라고 하기는 어렵고, 위 결정을 대상으로 하는 취소소송의 제소기간이 이미 도과하여 위 결정이 취소될 여지도 없는 이상, 위 결정의 하자를 소급적으로 치유하고자 하는 이 사건 부칙조항이 존재하지 아니한다고 하더라도 제청법원은 위 결정의 효력을 부인할 수 없다. (3) 이와 같은 점을 종합하면, 이 사건 부칙조항이 당해 사건 재판에 곧바로 적용된다고 보기 어렵고, 이 사건 부칙조항의 위헌 여부에 따라 당해 사건 재판의 주문이 달라지거나 재판의 내용과 효력에 관한 법

률적 의미가 달라진다고 할 수도 없다.

* 해설, 검토 – 위 결정은 친일반민족행위자 결정으로 국가에 귀속된 재산의 소유권이전의 등기, 즉 국가로의 이전등기를 말소해달라고 청구한 민사소송에서 종전의 정의규정에 따라 '친일반민족행위자'로 인정한 결정은 새로 개정된 정의규정에 따라서도 그리 결정된 것으로 본다는 개정된 '친일반민족행위자 재산의 국가귀속에 관한 특별법' 부칙조항의 위헌여부가 그 소송에서 재판전제성이 없다고 본 결정이다. 헌재는 "위 결정을 대상으로 하는 취소소송의 제소기간이 이미 도과하여 위 결정이 취소될 여지도 없는 이상, 위 결정의 하자를 소급적으로 치유하고자 하는 이 사건 부칙조항이 존재하지 아니한다고 하더라도 제청법원은 위 결정의 효력을 부인할 수 없다"라고 판시하고, "이 사건 부칙조항이 당해 사건 재판에 곧바로 적용된다고 보기 어렵고"라고 판시하기도 하였다.

2) 부당이득반환청구소송

(가) 적용상황 – 선결문제

부당이득반환청구소송에서 부당이득의 근거가 된 행정처분의 무효 여부, 그리고 그 무효원인으로서 근거 법률조항의 위헌성이 선결문제로 될 수 있다. 그 경우에 위 중대명백설이 역시 적용된다. 예를 들어 일정한 금전납부의무(사용료, 점용료, 조세, 아래에 보는 부담금 등)를 부과하는 행정처분에 따라 금전을 납부한 뒤 그 부담금부과가 위헌인 법률규정에 따른 무효인 것이라고 주장하고 납부한 그 금전을 부당이득금으로 반환해달라고 청구하는 소송을 제기하는 경우가 있다. 그 소송에서 그 법률규정에 대해 위헌심판제청을 신청하였으나 그 행정처분(부과처분)에 대한 취소소송의 제기기간이 도과한 경우 위 법리에 따라 재판전제성이 부정된다.

(나) 결정례

① **부담금부과처분으로 인한 부당이득주장 청구의 경우** – 위 법리가 적용된 전형적인 예로 행정처분인 기반시설부담금 부과처분의 근거법률인 구 '기반시설부담금에 관한 법률'(2006.1.11. 법률 제7848호로 제정되고, 2007.10.17. 법률 제8663호로 개정되기 전의 것, 이하 '법'이라고 한다) 제3조, 제10조[1]가 위헌임을 전제로 부과처분에 대한 취소소송 제소기간이 경과한 뒤 납부한 부담금을 부당이득으로 반환청구하는 소송에서 위 법률조항들의 위헌여부가 재판의 전제성을 가지지 않는다고 본 아래의 사안을 본다.

판례 헌재 2010.2.25. 2009헌바239

[사건개요] (가) 청구인은 2007.6.14. 서울 강남구청장으로부터 서울 강남구 신사동 위에 제1종, 제2종 근린생활시설, 업무시설을 건축하는 건축허가를 받았다. 서울 강남구청장은 2007.10.2. 위 청구인에게 납부기한을 2007.12.4.로 하여 기반시설부담금 650,506,400원을 부과하는 처분을 하였다. 위 청구인은 납부기한 연기신청을 하여, 2007.11.9. 서울 강남구청장으로부터 2008.12.4.까지 금 683,041,540원을 납

1) 구 '기반시설부담금에 관한 법률'(2006.1.11. 법률 제7848호로 제정되고, 2007.10.17. 법률 제8663호로 개정되기 전의 것) 제3조(기반시설부담금의 부과·징수) 건설교통부장관은 이 법이 정하는 바에 의하여 기반시설부담금을 부과·징수하여야 한다. 동법 제10조(부과기준시점) 기반시설부담금 부과기준시점은 납부의무자가 국가 또는 지방자치단체로부터 건축허가(다른 법률에 의한 사업승인 등 건축허가가 의제되는 경우에는 그 사업승인)를 받은 날로 한다.

부하라는 고지를 받고, 2008.12.4. 이를 납부하였다. (나) 위 청구인은 2009.1.12. 서울 강남구를 상대로 납부한 기반시설부담금을 반환하여 줄 것을 구하는 소(서울중앙지방법원 2009가합3291)를 제기하고, 위헌법률심판제청을 신청하였으나, 당해 사건 법원은 2009.8.14. 위 부당이득금반환청구 및 위헌법률제청신청을 각 기각하였다. 이에 위 청구인은 2009.9.17. 구 '기반시설부담금에 관한 법률' 제3조, 제10조, '기반시설부담금에 관한 법률 폐지법률'(2008.3.28. 법률 제9051호) 부칙 제2조에 대하여 이 사건 헌법소원심판을 청구하였다. [결정요지] 행정처분이 위법하더라도 하자가 중대하고 명백하여 당연무효라고 보아야 할 사유가 있는 경우를 제외하고는 그 하자를 이유로 무단히 그 효과를 부정하지 못한다. 행정처분의 하자가 취소사유에 불과한 때에는 취소되지 않는 한 그 행정처분이 계속 유효하다고 할 것이므로 민사소송절차에서 부당이득반환청구를 심리하는 법원이 행정처분의 효력을 부인하고 행정처분에 따라 부과·징수한 조세나 부담금 등의 금원을 법률상 원인 없는 이득이라고 판단할 수 없다. 행정청이 행정처분을 한 후에 헌법재판소가 그 근거법률을 위헌으로 결정한 경우에도, 결과적으로 그 행정처분은 법률의 근거가 없이 행하여진 것과 마찬가지가 되어 하자 있는 것이 되기는 하지만, 일반적으로 법률이 헌법에 위반된다는 사정이 헌법재판소의 위헌결정이 있기 전에는 객관적으로 명백한 것이라고 할 수는 없으므로 특별한 사정이 없는 한 이러한 하자는 행정처분의 취소사유에 해당할 뿐 당연무효사유는 아니다. 따라서 법 제3조, 제10조에 대하여 위헌결정이 선고된다 하더라도, 이는 특별한 사정이 없는 한 서울 강남구청장의 위 기반시설부담금 부과처분을 당연무효로 하는 사유가 아니고 다만 취소할 수 있는 사유에 해당한다고 보아야 할 것인데, 위 기반시설부담금 부과처분의 취소소송을 제기할 수 있는 기간은 이미 도과되어 더 이상 이를 다툴 수 없다. 그렇다면 청구인이 심판청구한 2009헌바239 사건의 당해 사건 법원은 법 제3조, 제10조에 대하여 위헌결정이 선고되더라도 기반시설부담금 부과처분의 효력을 부인하고 이미 납부된 기반시설부담금 상당액을 법률상 원인 없는 이득이라고 판단할 수 없으므로, 2009헌바239 사건의 당해 사건은 법 제3조, 제10조의 위헌 여부에 따라 주문이 달라지거나 재판의 내용과 효력에 관한 법률적 의미가 달라지는 경우에 해당한다고 할 수 없다. 따라서 청구인의 심판청구 중 구 '기반시설부담금에 관한 법률'(2006.1.11. 법률 제7848호로 제정되고, 2007.10.17. 법률 제8663호로 개정되기 전의 것) 제3조, 제10조 부분은 재판의 전제성 요건을 갖추지 못하였으므로 부적법하다(헌재 2001.9.27. 2001헌바38, 공보 61, 930, 932－933면; 헌재 2005.2.24. 2004헌바24, 공보 102, 393, 396－397면).

② 수용재결로 인한 부당이득 주장

판례 헌재 2001.9.27. 2001헌바38

[판시] 당해 사건에서 청구인의 부당이득 반환청구가 인용되기 위해서는 이 사건 심판대상규정들에 대한 위헌 결정이 이 사건 토지의 수용재결처분을 무효로 할 수 있어야 하는데, 판례나 통설은 행정처분이 당연무효인가의 여부는 그 행정처분의 하자가 중대하고 명백한가의 여부에 따라 결정된다고 보고 있으므로 이 사건 토지수용재결처분이 당연무효가 되기 위해서는 헌법재판소의 위헌 결정이 토지수용재결처분을 중대하고 명백한 하자있는 행정처분으로 할 수 있어야 한다. … 행정처분의 근거가 되는 법규범이 상위법 규범에 위반되어 무효인가 하는 점은 그것이 헌법재판소 또는 대법원에 의하여 유권적으로 확정되기 전에는 어느 누구에게도 명백한 것이라고 할 수 없기 때문에 원칙적으로 당연무효사유에는 해당할 수 없게 되는 것이다. 따라서 행정처분에 대한 쟁송기간이 경과한 후에는 처분의 근거법규가 위헌임을 이유로 무효확인소송 등을 제기하더라도 행정처분의 효력에 영향이 없음이 원칙이다. 이 사건 토지수용재결처분은 1986.4.14.에 이루어져 1993.9.10.에 대법원의 판결로서 최종 완결되었고, 토지수용재결처분의 취소를 구할 수 있는 쟁송기간도 이미 도과되어 더 이상 다툴 수 없음이 명백하므로, 이 사건의 당해 사건은 이 사건 심판대상규정들의 위헌 여부에 따라 주문이 달라지거나 재판의 내용과 효력에 관한 법률적 의미가 달라지는 경우에 해당한다고 할 수 없을 것이어서 이 사건 심판청구는 재

판의 전제성 요건을 갖추지 못하였다 할 것이다.

* 위 사안과 반대로 수용재결에 의한 소유권취득자가 그 수용된 토지를 청구인이 점유·사용함으로써 부당이득이 있었다고 하여 이의 반환을 청구하는 소송을 제기해오면서 청구인이 수용재결에 대해 다투는 경우 역시 같은 법리를 적용한 결정례도 있었다(헌재 2016.11.24. 2015헌바207).

③ 과태료부과에 대한 부당이득반환소송에서의 동지의 결정례

판례 헌재 2015.7.30. 2014헌바420 등

[사건개요] 청구인들은 현금영수증 의무발행업종 사업자로서 현금영수증 발급의무를 위반하였는데 그 위반시 현금영수증을 발급하지 아니한 거래대금의 100분의 50에 상당하는 과태료를 부과하도록 규정한 조세범 처벌법 제15조 제1항에 따라 과태료를 납부하였다. 이후 청구인들은 이 법 제15조 제1항이 위헌으로 무효이므로 위 과태료부과처분도 그 하자가 중대·명백하여 무효라고 주장하면서 국가를 상대로 이미 납부한 과태료의 반환을 구하는 소송을 제기하였다. 청구인들은 위 법 제15조 제1항에 대하여 위헌심판제청신청을 하였으나 기각되자 헌법소원심판을 청구하였다. [판시] 헌법재판소는 … 제소기간이 경과한 뒤에는 행정처분의 효력 유무를 선결문제로 하는 민사소송 등을 제기하더라도 행정처분의 효력에는 영향이 없음이 원칙이다. 따라서 이미 제소기간이 경과하여 불가쟁력이 발생한 행정처분의 근거 법률의 위헌 여부에 따라 당해 사건 재판의 주문이 달라지거나 재판의 내용과 효력에 관한 법률적 의미가 달라진다고 볼 수 없으므로 재판의 전제성이 인정되지 아니한다."고 판단하였다(헌재 2014.1. 28. 2010헌바251). 한편, 헌법재판소는 "과태료 부과처분의 당부는 질서위반행위규제법에 정해진 절차에 따라 해당 행정청에 대한 이의제기를 거쳐 과태료 재판절차에서 판단되어야 하므로, 과태료 부과처분은 행정소송의 대상이 되는 행정처분이라고 할 수 없다."고 판시한 바 있다(헌재 2012.11.29. 2011헌바251 참조). 하지만 이는 과태료 부과처분에 대하여 별도의 권리구제절차가 있으므로 행정소송의 대상이 아니라고 본 것일 뿐, 과태료 부과처분의 처분성 그 자체를 부정한 것이 아니다. 따라서 앞서 본 선례(2010헌바251)의 취지는 이 사건에서도 그대로 타당하다. 결국, 청구인들은 과태료를 자진납부함으로써 해당 질서위반행위에 대한 과태료 부과 및 징수절차는 종료하였고(질서위반행위규제법 제18조 제2항) 행정소송 그 밖에 다른 권리구제절차를 통하여 과태료 부과처분을 다툴 수 없게 되었다. 따라서 설령 청구인들에 대한 과태료 부과처분의 근거 법률인 심판대상조항이 위헌이라 하더라도, 다른 특별한 사정이 없는 한 위 과태료 부과처분의 효력에 영향이 없어 재판의 전제성이 인정되지 아니한다.

3) 국가배상청구소송에서의 직무행위 근거 법률조항 위헌여부의 재판전제성 문제

(가) 적용이유와 재판전제성 부정의 헌재 결정례들

국가배상청구소송은 민사소송으로 이루어진다. 그래서 여기서 본다. 헌법 제29조 제1항 본문은 "공무원의 직무상 불법행위로 손해를 받은 국민은 법률이 정하는 바에 의하여 국가 또는 공공단체에 정당한 배상을 청구할 수 있다"라고 그 성립요건을 규정하고 있다. 따라서 국가배상청구소송에서 중요한 관건은 불법행위, 즉 직무행위(행정처분)의 위법성이 인정되느냐 하는 데에 있다. 그런데 그 행정처분이 근거하는 법률조항이 위헌이라면 직무행위도 불법행위로 위법성이 인정될 터인데 문제는 위 중대명백설에 따르면 헌재의 위헌결정이 있기 있기 전에는 이를 인정할 수 없으므로 설령 헌재의 위헌결정이 사후에 내려진다고 하더라도 담당 직무행위자(공무원)는 그 사실을 알고 한 것이 아니어서 고의, 과실을 인정하기도 어려워 위법성 인정도

어렵고 따라서 배상책임도 인정하기 어려워 국가배상청구소송에서 문제의 법률조항의 위헌여부가 결국 재판전제성을 가지지 못한다고 본다. 아래의 결정들이 그 대표적인 예들이다.

① 민주화운동 판사 재임명 제외행위에 대한 국가배상청구소송에서 부정

판례 헌재 2014.4.24. 2011헌바56

[사건개요] 청구인은 1977.1.4. 판사로 임명되어 그때부터 법원에 근무하였는데, 대한민국 헌법이 1980.10.27. 전부개정되어(헌법 제9호, 이하 '1980년 개정헌법'이라 한다) 대법원장과 대법원판사가 아닌 판사의 임명권자가 대통령에서 대법원장으로 바뀌었다. 당시 대법원장은 1981.4.21. 1980년 개정헌법 부칙 제8조 제1항 및 법원조직법 부칙 제3항에 근거하여, 판사로 재직하고 있던 563명 중 청구인을 포함한 37명을 판사로 임명하지 아니하였다(이하 대법원장이 청구인을 재임명하지 아니한 행위를 '이 사건 재임명 제외행위'라 한다). 한편, '민주화운동관련자 명예회복 및 보상 등에 관한 법률'(이하 '민주화보상법'이라 한다)에 근거하여 설치된 '민주화운동관련자 명예회복 및 보상심의위원회'는 2005.9.12. 청구인이 5·18 광주민주화운동에 참가한 사실을 이유로 합동수사본부의 내사와 감시를 받다가 판사직에서 해임되었다고 판단하고, 청구인을 민주화보상법 제2조 제2호 라목에 정해진 '민주화운동을 이유로 해직을 당한 자'로 인정하는 의결을 하였다. 이에 청구인은 2008.1.29. 이 사건 재임명 제외행위는 민주화운동을 하였다는 이유로 헌법상 신분이 보장된 법관의 독립을 침해하는 위헌, 위법행위라고 주장하면서, 대한민국을 피고로 하여 불법행위로 인한 손해배상청구의 소를 제기하였으나 2009.10.15. 기각되었고, 이에 항소한 후 법원조직법 부칙 제3항이 법관의 임기와 신분을 보장하고 있는 헌법규정에 반한다고 주장하면서 위헌법률심판제청신청을 하였으나 2011.2.16. 위 신청이 기각되자, 2011.3.17. 이 사건 헌법소원심판을 청구하였다. [심판대상조항] 법원조직법 부칙(1981.1.29. 법률 제3362호) ③ 헌법 부칙 제8조 제1항의 규정에 의한 법관의 임명은 1981년 9월 1일까지 하여야 한다. 이 경우 새로이 임명을 받지 아니한 법관은 후임자의 임명이 있은 날의 전일까지 그 직을 가진다. [결정요지] 가. 당해 사건에서 청구인은 이 사건 재임명 제외행위가 헌법상의 법관 신분 보장을 위반하여 위법한 행위라고 주장하면서 불법행위를 청구원인으로 한 국가배상을 구하고 있는데, 이 경우 재판의 전제성이 인정되는지 여부를 살펴본다. 나. 공무원의 고의 또는 과실에 의한 위법행위를 이유로 대한민국을 상대로 손해배상을 구하는 당해 사건과 관련하여, 헌법재판소는, 일반적으로 법률이 헌법에 위반된다는 사정은 헌법재판소의 위헌결정이 있기 전에는 객관적으로 명백한 것이라고 할 수 없어 법률이 헌법에 위반되는지 여부를 심사할 권한이 없는 공무원으로서는 행위 당시의 법률에 따를 수밖에 없다 할 것이므로, 행위의 근거가 된 법률조항에 대하여 위헌결정이 선고된다 하더라도 위 법률조항에 따라 행위한 당해 공무원에게는 고의 또는 과실이 있다 할 수 없어 국가배상책임은 성립되지 아니하고, 이러한 경우 위 법률조항이 헌법에 위반되는지 여부에 따라 당해 사건 재판의 주문이 달라지거나 재판의 내용과 효력에 관한 법률적 의미가 달라진다고 볼 수 없으므로 재판의 전제성을 인정할 수 없다고 판단하여 왔다(헌재 2008.4.24. 2006헌바72; 헌재 2009.9.24. 2008헌바23; 헌재 2011.3.31. 2009헌바286; 헌재 2011.9.29. 2010헌바65 등 참조). 이 사건 재임명 제외행위는 심판대상조항에 따른 것으로서, 심판대상조항이 위헌이라는 사정이 그 당시 객관적으로 명백하였다고 볼 수 없다. 1980년 개정헌법은, 법률이 헌법에 위반되는 여부가 재판의 전제가 된 경우에 법원은 법률이 헌법에 위반되는 것으로 인정할 때에는 헌법위원회에 제청하여 그 결정에 의하여 재판하도록 하였으나(제108조 제1항), 이 사건 재임명 제외행위 당시 심판대상조항의 위헌여부가 재판의 전제가 되지는 않았으므로 위헌심사가 가능한 경우는 아니었다. 더욱이 심판대상조항은 1980년 개정헌법 부칙 제8조 제1항에 근거한 것으로, 이 사건 재임명 제외행위 당시 위 헌법 부칙의 내용과 동일하게 규정된 심판대상조항의 합헌성에 대하여 합리적 의심이 가능하였다고 볼 수도 없으므로, 심판대상조항에 근거한 이 사건 재임명 제외행위에 고의 또는 과실이 있었다고 볼 수는 없다. 따라서 당해 사건 법원은 심판대상조항의 위헌 여부와 무관하게 불법행위의 성립 여부를 판단하여야 할 것

이어서, 심판대상조항의 위헌 여부에 따라 재판의 주문이 달라지거나 재판의 내용과 효력에 관한 법률적 의미가 달라지는 경우로 볼 수 없어 재판의 전제성을 갖추지 못하였다.

② 잘못된 조세부과처분에 대한 국가배상청구소송에서 부정

판례 헌재 2008.4.24. 2006헌바72

[사건개요] (1) 청구인은 주식을 증여받았으므로 증여세를 납부하였다. (2) 그 후 청구인은 이 증여세에 대한 부과처분의 취소소송을 제기하였고 법원은 증여세 부과처분에 있어 주식가액의 평가에 잘못이 있다며 그 중 일정 액을 초과하는 부분을 취소하였으며, 그 판결은 고등법원을 거쳐 대법원의 상고기각 판결로 확정되었다. (3) 이에 세무서장은 2005.5.2. 위 증여세 부과처분을 직권으로 경정하여 청구인에게 환급금 6,***,***원 및 이에 대하여 국세기본법 제52조와 대통령령 및 시행규칙으로 순차 위임된 국세청 고시에 정한 연 3.**%의 비율에 의하여 계산한 환급가산금 7**,***원을 합한 6,***,***원을 지급하였다. (4) 그러자 청구인은 국세환급 가산금의 이율을 규정하고 있는 국세기본법 제52조가 헌법에 위반되고, 세무공무원이 그와 같은 법률조항을 적용하여 청구인이 정당하게 지급받을 수 있는 것보다 적은 액수를 환급해준 것은 불법행위에 해당한다고 주장하며, 국가를 상대로 손해배상 청구소송을 제기하고(서울중앙지방법원 ***가소******), 그 사건이 항소심 계속중(서울중앙지방법원 2005나*****) 국세기본법 제52조가 헌법에 위반된다며 위헌법률심판 제청신청을 하였으나 기각되자(2006카기***호), 2006.8.7. 헌법재판소법 제68조 제2항에 따라 헌법소원심판을 청구하였다. [심판대상] 국세기본법(2003.12.30. 법률 7008호로 개정되고, 2006.12.30. 법률 제8139호로 개정되기 전의 것) 제52조(국세환급가산금) 세무서장은 국세환급금을 제51조의 규정에 의하여 충당 또는 지급하는 때에는 다음 각 호에 게기하는 날의 다음 날부터 충당하는 날 또는 지급결정을 하는 날까지의 기간과 금융기관의 예금이자율 등을 참작하여 대통령령이 정하는 이율에 따라 계산한 금액(이하 “국세환급가산금”이라 한다)을 국세환급금에 가산하여야 한다. 이 경우 … [판시] 가. … 나. 법률에 근거하여 행정처분이 발하여진 후 헌법재판소가 그 행정처분의 근거가 된 법률을 위헌으로 결정하였다면 결과적으로 행정처분은 법률의 근거가 없이 행하여진 것과 마찬가지가 되어 하자가 있는 것으로 되지만(헌재 2004.1.29. 2002헌바73, 판례집 16-1, 103, 109 참조), 일반적으로 법률이 헌법에 위반된다는 사정은 헌법재판소의 위헌결정이 있기 전에는 객관적으로 명백한 것이라고 할 수 없으므로, 법률이 헌법에 위반되는지 여부를 심사할 권한이 없는 공무원으로서는 그 법률을 적용할 수밖에 없는 것이고, 따라서 법률에 근거한 행정처분이 사후에 그 처분의 근거가 되는 법률에 대한 헌법재판소의 위헌결정으로 결과적으로 위법하게 집행된 처분이 될지라도, 이에 이르는 과정에 있어서 공무원의 고의, 과실을 인정할 수는 없다 할 것이다. 다. 헌법재판소가 이 사건 법률조항을 위헌으로 결정하여 당해사건에서 위헌법률에 근거하여 행한 세무공무원의 직무집행 행위인 국세가산금 환급처분이 결과적으로 위법한 것으로 된다하더라도, 세무공무원이 국세가산금을 청구인에게 환급해 줄 당시에는 법률을 집행하는 세무공무원으로서 법률이 헌법에 위반되는지 여부를 심사할 권한이 없고, 이 사건 법률조항 및 그 위임을 받은 하위 법규의 취지에 따라 계산된 국세가산금 환급액을 지급하기만 할 뿐이어서 당해 세무공무원에게 고의 또는 과실이 있다 할 수 없으므로, 국가의 청구인에 대한 손해배상책임은 성립되지 아니한다 할 것이다. 그러므로 이 사건 법률조항이 헌법에 위반되는지 여부는 당해 사건에 있어 그 재판의 결론이나 주문 또는 내용과 효력에 관한 법률적 의미에 아무런 영향을 미치지 못하므로 이 사건 법률조항에 대한 위헌심판청구는 재판의 전제성을 갖추지 못하였다.

③ 징발재산 관련 국가배상청구소송에서의 부정

판례 헌재 2011.9.29. 2010헌바65등

[결정요지] 국가가 군사상 필요 없게 된 징발매수재산의 피징발자 또는 그 상속인에게 수의계약에 의한

매각을 할 수 있게 하는 '징발재산정리에 관한 특별조치법'(1989.12.21. 법률 제4144호로 개정된 것) 제20조의2 제1항(이하 '이 사건 법률조항'이라 한다)의 위헌 여부가 수의매각 요청을 거절한 공무원의 행위에 대한 손해배상청구소송에서 재판의 전제성을 가지지 못한다(그 논거는 위 ①, ②와 비슷함).

④ 변호사법 위반 수사행위에 대한 국가배상청구소송에서의 부정

판례 헌재 2011.3.31. 2009헌바286

[결정요지] 변호사법 위반으로 유죄확정판결을 받은 청구인이 수사검사의 불법행위를 이유로 검사와 국가에 대하여 손해배상을 구하는 당해 사건에서, 유죄판결의 근거가 된 법률조항이 재판의 전제성을 가지지 않는다(그 논거는 위 ①, ②와 비슷함).

⑤ 행정심판 당사자의 증거서류 제출 등 관련 국가배상청구소송에서의 부정

판례 헌재 2009.9.24. 2008헌바23

[결정요지] 행정심판 당사자의 증거서류 제출 및 그 송달에 관한 행정심판법(1984.12.15. 법률 제3755호로 제정된 것) 제27조가 위헌임을 전제로 국가를 상대로 제기한 손해배상청구소송에서 위 법률조항이 재판의 전제성을 가지지 못한다(그 논거는 위 ①, ②와 비슷함).

* 국가배상청구소송에서 재판전제성 부정한 또 다른 예들 : 헌재 2003.11.27. 2002헌바102등(* 이 결정에 대한 자세한 것은 뒤의 법원의 재판전제성 존중, '재판전제성은 인정하면서 위헌이 아니라고 보아 기각하였으나 헌재가 재판전제성을 부인한 예' 부분 참조); 2011.11.24. 2010헌바353; 2015.2.26. 2012헌바466; 제3지정재판부 2015.12.2. 2015헌바374 등.

(나) 재판전제성 인정의 헌재 결정례

부정하는 위와 같은 판례들이 많긴 하나 아래와 같이 긍정하는 결정례도 있어서 혼란을 준다. 위 결정들과의 차이는 아래 결정은 법원이 제청한 '헌가' 사건이어서 "법원의 위헌법률심판제청에 있어 재판의 전제성 요건을 갖추고 있는지 여부는 되도록 제청법원의 이에 관한 법률적 견해를 존중해야 할 것"이라고 한 것에서 짐작할 수 있을지 모르겠다.

판례 헌재 2012.12.27. 2011헌가5

[본안쟁점] 국가보안법위반죄 등 일부 범죄혐의자를 법관의 영장 없이 구속, 압수, 수색할 수 있도록 규정하고 있던 구 '인신구속 등에 관한 임시 특례법'(1961.8.7. 법률 제674호로 개정되고, 1963.9.30. 법률 제1410호로 폐지되기 전의 것) 제2조 제1항(이하 '이 사건 법률조항')이 영장주의에 위배되는지 여부(적극) [판시] 법원의 위헌법률심판제청에 있어 재판의 전제성 요건을 갖추고 있는지 여부는 되도록 제청법원의 이에 관한 법률적 견해를 존중해야 할 것이며, 다만 그 전제성에 관한 법률적 견해가 명백히 유지될 수 없을 때에만 헌법재판소가 그 제청을 부적법하다 하여 각하할 수 있다고 할 것이다. 중앙정보부 소속 공무원이 위헌성이 확인되지 않은 이 사건 법률조항에 근거하여 망인을 구속한 것이 불법행위에 해당하는지 여부는 당해 사건 재판을 담당하는 법원이 판단할 사항으로서 헌법재판소에서 이 사건 심판대상이 된 법률조항의 위헌 여부와 관계없이 당해 사건에서 청구가 인용될 수 없음이 명백한지의 여부를 미리 판단함은 적절하지 아니하다(헌재 1996.10.4. 96헌가6, 판례집 8-2, 308, 321-322; 헌재 2001.10.25. 2001헌바9, 판례집 13-2, 491, 498 참조). 따라서 이 사건 법률조항이 재판의 전제성 요건을 갖춘 것으로 보고 본안에 대한 판단에 나아가기로 한다. * 본안으로 들어가 결국 위헌결정이 있었다.

3. 비판

위 민사재판에서의 적용은 앞서 행정재판에서의 재판전제성의 문제점들을 비판한 것이 논리적으로 그대로 지적될 수 있겠다. 즉 i) 중대명백설이라는 실체법적 법리를 헌법재판 절차법에 적용하는 우를 범하고 있다. ii) 위헌적 법률규정을 제거하여 기본권보장과 입헌주의에 기여할 기회를 헌재 스스로 박차버리는 결과를 가져온다. 대법원의 입장이 그러하더라도 헌재로서는 자신이 위헌여부를 판단하는 주체이므로 이 법리를 그대로 인정하는 것은 책임포기이다. iii) 자신이 재판전제성을 넓게 인정해오던 입장(전술 기준 참조)에 일관되지 못하다. iv) 위 국가배상청구에서의 고의, 과실을 인정할 수 없다는 이론도 오늘날 무과실책임을 인정한다거나 사실상 보상으로 가야 한다거나 하는 적극적인 자세를 보여야 할 것인데도 너무나 소극적이다. 사실 위헌성을 인정받으려는 경우는 그 위헌성을 원인으로 한 국가책임을 묻기 위한 것인데 그러한 경로를 헌재가 막는 것은 헌재가 존재해야 할 이유를 스스로 부정하는 것이다. 국가배상책임의 인정 여부와 배상 정도는 법원의 판단에 맡기더라도 문제되는 법률의 규정이 헌법에 합치되는가 여부를 객관적으로 가려서 정의를 구현하는 헌재의 소임을 다해야 한다.

Ⅸ. 고도의 공권적 행위로서, 국제관습법상 재판권이 면제되는 주권적 행위에 대한 소송에서의 재판전제성

헌재는 이러한 소송에서의 위헌제청신청은 소송 자체가 부적법하다고 하여 재판전제성을 부정한다. 그 사안은 제2차 세계대전 직후 남한 내 일본화폐 등을 금융기관에 예입하도록 한 미군정법령 제57조가 위헌임을 전제로 한 미합중국에 대하여 한국법원에 제기한 손해배상 등 청구소송에서의 위헌제청신청사건이었는데 헌재는 미합중국 소속 미군정청이 이 군정법령을 제정한 행위는, 제2차 세계대전 직후 일본은행권을 기초로 한 구 화폐질서를 폐지하고 북위 38도선 이남의 한반도 일대에서 새로운 화폐질서를 형성한다는 목적으로 행한 고도의 공권적 행위로서, 국제관습법상 재판권이 면제되는 주권적 행위에 해당한다. 따라서 이 사건 법령이 위헌임을 근거로 한 미합중국에 대한 손해배상 또는 부당이득반환 청구는 그 자체로 부적법하여 이 사건 법령의 위헌여부를 따져 볼 필요 없이 각하를 면할 수 없으므로, 이 사건 심판청구는 재판의 전제성이 없어 부적법하다고 판시하였다.

판례 헌재 2017.5.25. 2016헌바388.

X. 재판전제성 유무에 대한 법원판단의 존중과 헌재의 직권조사

1. 헌재 입장의 원칙

(1) 법원판단 존중, 명백히 유지될 수 없을 때 직권조사

헌재는 제청여부를 결정하는 법원이 행한 재판의 전제성 유무에 대한 법원의 판단에 대해 존중한다는 입장이고 법원의 그 전제성에 관한 법률적 견해가 명백히 유지될 수 없을 때에만 헌재는 이를 부차적으로 직권조사할 수 있다는 입장이다.

판례 헌재 1993.5.13. 92헌가10등

[관련설시] 문제되는 법률이 재판의 전제성 요건을 갖추고 있는지의 여부는 헌법재판소가 별도로 독자적인 심사를 하기보다는 되도록 법원의 이에 관한 법률적 견해를 존중해야 할 것이며, 다만 그 전제성에 관한 법률적 견해가 명백히 유지될 수 없을 때에만 헌법재판소는 이를 직권으로 조사할 수 있다 할 것이다. 왜냐하면 문제되는 법률의 위헌여부가 재판의 전제가 되느냐 않느냐는 사건기록 없이 위헌여부의 쟁점만 판단하게 되어 있는 헌법재판소보다는 기록을 갖고 있는 당해 사건의 종국적 해결을 하는 법원이 더 잘 알 것이며, 또 헌법재판소가 위헌여부의 실체판단 보다는 형식적 요건인 재판의 전제성에 관하여 치중하여 나름대로 철저히 규명하려고 든다면 결과적으로 본안사건의 종국적 해결에 커다란 지연요인이 될 것이기 때문이다. * 동지 : 헌재 1995.11.30. 94헌가2; 1999.9.16. 98헌가6; 1996.10.4. 96헌가6; 1999.6.24. 98헌바42; 1999.9.16. 98헌가6; 2007.6.28. 2006헌가14; 2011.8.30. 2009헌가10; 2017헌가22 등 많음.

(2) 법원판단 존중의 이유와 헌재의 한계

헌재는 법원판단존중의 이유를 위 92헌가10등 결정에서 ① 헌재보다는 기록을 갖고 있는 당해 사건의 종국적 해결을 하는 법원이 더 잘 알 것이며, ② 헌재가 위헌여부의 실체판단보다는 형식적 요건인 재판의 전제성에 관하여 치중하면 결과적으로 본안사건의 종국적 해결에 커다란 지연요인이 될 것이라는 점을 들고 있는데 그 외 아래 결정에서 ③ 사실관계의 인정, 그에 대한 일반법률의 해석·적용은 헌재보다 당해 사건을 직접 재판하고 있는 제청법원이 보다 정확하게 할 수 있다는 고려(* 헌재의 일관된 입장은 '사실관계의 인정, 그에 대한 일반법률의 해석·적용에 관한 권한은 법원에 속한다고 본다. 이 점 본서 여러 군데서 언급되고 있다. 위헌법률심판의 대상 부분 등 참조), ④ 일반법률의 해석·적용과 그를 토대로 한 위헌여부 심사의 기능을 나누어 전자는 법원이 후자는 헌법재판소가 각각 중심적으로 담당한다는 우리 헌법의 권력분립적 기능분담까지 고려하기 때문이라고 한다. 헌재는 자신이 먼저 나서서 일반법률의 해석·적용을 확정하는 일을 가급적 삼가는 것이 바람직하다는 한계도 설정하고 있다.

판례 헌재 2007.4.26. 2004헌가29등

[설시] 헌법재판소가 법률이 재판의 전제가 되는 요건을 갖추고 있는지의 여부를 심판함에 있어서 제청법원의 견해가 명백하게 불합리하여 유지될 수 없는 경우가 아닌 한 그것을 존중하는 이유는 사실관계

의 인정, 그에 대한 일반법률의 해석·적용은 헌법재판소보다 당해 사건을 직접 재판하고 있는 제청법원이 보다 정확하게 할 수 있다는 고려뿐만 아니라 일반법률의 해석·적용과 그를 토대로 한 위헌 여부 심사의 기능을 나누어 전자는 법원이 후자는 헌법재판소가 각각 중심적으로 담당한다는 우리 헌법의 권력분립적 기능분담까지 고려한 것이다. 따라서 헌법재판소는 법원이 일반법률의 해석·적용을 충실히 수행한다는 것을 전제하고, 합헌적 법률해석의 요청에 의하여 위헌심사의 관점이 법률해석에 바로 투입되는 경우가 아닌 한 먼저 나서서 일반법률의 해석·적용을 확정하는 일을 가급적 삼가는 것이 바람직하다.

(3) 법원판단 존중의 한계 - 선결문제가 헌법문제인 경우

법원이 재판전제성에 대해 판단한 바를 헌재가 존중한다는 것은 어디까지나 사실관계의 인정, 그에 대한 일반법률의 해석·적용이 법원관할이라는 점 때문이므로 재판에 있어서 선결되어야 할 문제가 헌법적 문제가 내포되어 헌법해석, 헌법적 해명이 필요한 경우에는 법원의 판단에 매이지 않고 헌재가 독자적으로 판단할 수 있을 뿐 아니라 적극적으로 판단해 주어야 한다.

2. 개별 경우들

(1) '헌가'(위헌제청) 사건

'헌가' 부호는 법원이 제청하였다는 것은 말하고 이는 제청하였으므로 법원이 재판전제성이 있다고 판단한 경우임을 의미한다.

1) 명백히 유지곤란이 아닌 경우

헌재는 법원판단을 존중하여 명백히 유지곤란이 아닌 경우에는 재판전제성을 인정한다. 아래에 전형적인 그러한 예의 하나를 본다. 예비적 공소사실(아래 사건개요 참조)의 적용 법조의 위헌여부의 재판전제성이 있다고 본 법원판단을 존중한 예이다.

판례 헌재 2007.7.26. 2006헌가4

[사건개요] 당해 사건 피고인은 ○○정형외과를 운영하는 의사인바, 2004.9.일자 미상경부터 2005.5.16.경까지 사이에 위 정형외과 인터넷 홈페이지 '관절클리닉 – 관절경 수술란'에 '진단적 관절 내시경술 – 관절경에 의한 확진율은 99%까지 가능, 최근 의학이 발달, 최첨단의료장비 개발로 관절경 검사와 동시에 관절경 수술로 치료가능, 관절의 상처가 거의 남지 않고 정확한 진단과 동시에 수술가능' 등의 내용 및 수술장면 사진을 게재하였다. 당해 사건에서 검사는 주위적 공소사실로서 위 의료광고행위가 과대광고라며 의료법 제69조, 제46조 제1항에 의하여 기소함과 아울러, 예비적 공소사실로서, 피고인은, 의료법인·의료기관 및 의료인은 보건복지부령에 정한 의료업무에 관한 광고의 범위 이외의 사항에 대하여는 광고할 수 없음에도 앞에서와 같은 내용의 광고를 함으로써 의료법 제69조, 제46조 제4항을 위반하였다고 기소하였다. 제청법원은 예비적 공소사실에 적용될 의료법 제69조, 제46조 제4항에 대하여 헌재에 위헌 여부 심판을 제청하였다. [심판대상과 관련조항] 심판대상은 의료법(2002.3.30. 법률 제6686호로 개정되고, 2007.1.3. 법률 제8203호로 개정되기 전의 것, 이하 '법') 제69조 중 제46조 제4항 부분"(이하 '이 사건 조항')의 위헌 여부이다. 이 사건 조항 및 관련조항은 다음과 같다. 법 제69조(벌칙) … 제46조 … 제4항 …에 위반한 자 …는 300만 원 이하의 벌금에 처한다. 제46조(과대광고 등의 금지) ① 의료법인·의료기관 또는 의료인은 의료업무 또는 의료인의 경력에 관하여 허위 또는 과대한 광고를 하지 못한다. ②, ③ 생략 ④ 의료업무에 관한 광고의 범위 기타 의료광고에 필요한 사항은 보

건복지부령으로 정한다. [판시] (1) … (2) 이 사건 조항에 대한 재판의 전제성이 인정되려면 우선 예비적 공소사실의 적용 법조인 이 사건 조항이 당해 사건에 적용되어야 하는바, 이에 대하여 제청법원은 주위적 공소사실이 무죄로 선고될 가능성이 높아 예비적 공소사실이 판단의 대상이 될 수 있기 때문에 이 사건 조항은 재판의 전제성이 있다고 본다. (3) 위헌 여부가 문제되는 법률이 재판의 전제성 요건을 갖추고 있는지 여부에 대하여는 헌법재판소가 별도로 독자적인 심사를 하기보다는 가능한 한 법원의 법률적 견해를 존중해야 할 것이고, 다만 그 전제성에 관한 법률적 견해가 명백히 유지될 수 없을 때에는 헌법재판소가 이를 직권으로 조사할 수 있다(헌재 1993.5.13. 92헌가10등, 판례집 5－1, 226, 239; 헌재 1997.9.25. 97헌가4, 판례집 9－2, 332, 351). 제청법원은 해당 광고행위가 허위 또는 과장광고가 아닐 수 있다고 보았는데, 법원의 그러한 사실판단 내지 단순한 법률적용상 견해는 존중되어야 할 것이고, 이 사건에서 그것이 명백히 유지될 수 없는 경우라고 보기 어렵다. 그렇다면 이 사건 조항의 위헌 여부에 따라 당해 사건의 결론이 달라질 수 있으므로 재판의 전제성이 인정된다. * 제청법원의 견해를 존중한 또 다른 예 : 2017헌가25.

2) 명백히 유지곤란인 경우

법원견해가 명백히 유지곤란한 경우에는 위에서 언급한 대로 ① 직권조사할 수 있고, ② 제청을 각하할 것이다. 아래에 제청각하한 예를 본다.

판례 헌재 2019.4.11. 2017헌가34

[법원제청] 제청법원은 '금융회사의 지배구조에 관한 법률' 제32조 제6항이 같은 조 제1항에서 규정한 "금융과 관련하여 대통령령으로 정하는 법령" 위반죄를 포함한 수개의 죄를 저지른 모든 사람에 대하여 분리 심리하고 별도 선고 하도록 정한 것이 평등원칙 및 과잉금지원칙에 위반된다고 주장하면서, '금융회사의 지배구조에 관한 법률' 제32조 제1항과 제6항 전부에 대하여 위헌법률심판제청을 하였다. [결정요지] (가) 법원이 위헌법률심판제청을 한 경우 위헌 여부가 문제되는 법률조항이 재판의 전제성 요건을 갖추었는지 여부는 되도록 제청법원의 견해를 존중하는 것이 원칙이다. 하지만 재판의 전제성에 관한 제청법원의 견해를 유지하는 것이 명백히 곤란한 때에는 그 제청을 각하할 수밖에 없다. (나) … (다) 제청법원은, 심판대상조항이 금융관계법령을 포함한 수개의 죄를 저지른 모든 사람에 대하여 적용됨을 전제로 당해사건의 재판의 전제성이 인정된다고 판단하였다. 그러나 대법원은, 금융사지배구조법 제32조 제1항이 적격성 심사대상에 대한 주기적인 적격성 심사를 통하여 건전한 금융질서와 금융회사의 경영건전성을 유지하는 것을 입법목적으로 하는 것을 고려하면, 같은 조 제6항은 피고인이 같은 조 제1항의 적격성 심사대상에 해당하는 경우에만 적용되는 규정이라고 판시하여, 심판대상조항의 적용대상을 금융사지배구조법 제32조 제1항에서 정한 적격성 심사대상으로 한정하였다(대법원 2018.3.15. 선고 2017도21120 판결 참조). (라) 이 사건 기록에 비추어 보면, 당해사건 피고인이 금융사지배구조법 제32조 제1항에 따른 적격성 심사대상인 금융회사의 최대주주 중 최다출자자에 해당되지 않는 것은 분명하므로 심판대상조항은 당해사건에 적용되지 않는다. 따라서 심판대상조항의 위헌 여부가 당해사건 재판에 영향을 미친다고 볼 수 없다. 5. 결론 － 이 사건 위헌여부심판제청은 재판의 전제성 요건을 갖추지 못하여 부적법하므로 이를 각하하기로 결정한다.

* 검토 － 위 판시 중 "심판대상조항이 … 당해사건의 재판의 전제성이 인정된다고"라는 부분에서 재판의 전제는 법률(조항)의 위헌여부이므로 "심판대상조항의 위헌 여부가 … 당해사건에서의 재판의 전제성이 인정된다고"라고 이해할 일이다.

- 직권조사를 할 수 있음을 명시적으로 밝히면서 각하한 예

판례 헌재 1999.9.16. 99헌가1
[사건개요] 한국공연예술진흥협의회의 심의를 받지 아니한 비디오물을 시청제공하여서는 아니됨에도, 위 협의회의 심의를 받지 아니한 비디오물들을 불특정 다수인이 참석한 가운데 상영함으로써 이를 시청제공한 공소사실로 기소되어 재판진행 중 '음반 및 비디오물에 관한법률'(1997.4.10. 법률 제5322호로 개정되고, 1999.2.8. 법률 제5925호 부칙 제2조로 폐지되기 이전의 것, 이하 "음반법") 제17조 제1항 등이 헌법에 위배된다는 이유로 위헌제청신청을 하자 당해 사건 재판을 담당하는 지방법원은 1999.2.2. 음반법 제17조 제1항, 제17조 제3항 후단, 제25조 제1항 제3호 중 제17조 제3항 후단에 관한 부분, 제25조 제2항 제3호의 위헌여부에 관하여 의문이 있다는 이유로 위헌여부심판제청결정을 하였다. [심판대상조항] 음반법 제17조 (심의) ① 판매 · 배포 · 대여 · 시청제공 등의 목적으로 비디오물을 제작하거나 수입 또는 반입추천을 받고자 하는 자는 당해 비디오물의 내용에 관하여 대통령령이 정하는 바에 의하여 미리 한국공연예술진흥협의회의 심의를 받아야 한다. 다만, 대통령령이 정하는 경우에는 그러하지 아니하다. ③ 누구든지 제1항의 규정에 의하여 심의를 받지 아니하거나 심의결과와 다른 내용의 비디오물을 판매 · 배포 · 대여 또는 시청제공하거나 판매 · 배포 · 대여 또는 시청제공할 목적으로 진열 또는 보관하거나 불특정다수인이 출입하는 장소에서 상영하여서는 아니 되며, 제18조 제2항의 규정에 의한 시청등급을 위반하여 연소자(18세 미만의 자를 말한다. 이하 같다) 에게 판매 · 배포 · 대여 또는 시청하게 하여서는 아니 된다. 음반법 제25조 (벌칙) ① 다음 각 호의 1에 해당하는 자는 3년 이하의 징역 또는 2천만원 이하의 벌금에 처한다. 3. 제17조 제3항의 규정에 위반한 자 ② 제1항의 규정에 해당하는 자가 소유 또는 점유하는 다음 각 호의 음반 · 비디오물과 그 제작에 직접 사용된 기자재 및 제작에 사용할 수 있는 인쇄물은 이를 몰수하고, 몰수할 수 없는 때에는 그 가액을 추징한다. 3. 제17조 제1항의 규정에 의하여 심의를 받지 아니한 비디오물 [상황설명] 여기서 적용되는 조문은 협의사실 심의받지 않고 시청제공한 것이므로 위 음반법 제17조 제3항의 '심의를 받지 아니하거나'라는 전단 부분이지 동항의 '심의결과와 다른 내용'이라는 후단 후단 부분은 아니다. 그런데 제청은 제17조 제2항 전체에 대해 했으므로 헌재가 직권조사 및 동항 후단(그리고 그것을 포함하는 다른 조항들)에 대해서는 각하결정을 한 것이다. [판시] 법률이 재판의 전제가 되는 요건을 갖추고 있는지의 여부는 제청법원의 견해를 존중하는 것이 원칙이나, 재판의 전제와 관련된 법률적 견해가 유지될 수 없는 것으로 보이면 헌법재판소가 직권으로 조사할 수도 있는 것이다. 그런데 이 사건 위헌제청결정에 기재된 당해사건의 공소사실의 내용을 살펴보면 당해사건에 적용될 법률조항은 음반법 제17조 제3항 전단 및 제25조 제1항 제3호 중 제17조 제3항 전단에 관한 부분이고, 음반법 제17조 제3항 후단 및 제25조 제1항 제3호 중 제17조 제3항 후단에 관한 부분은 당해사건에 적용될 법률조항이 아님이 명백하며, 달리 음반법 제17조 제3항 후단 및 제25조 제1항 제3호 중 제17조 제3항 후단에 관한 부분이 당해사건에 적용될 법률조항임을 인정할 자료를 전혀 찾아볼 수 없다. 그렇다면 이 사건 위헌제청 중 음반법 제17조 제3항 후단 및 제25조 제1항 제3호 중 제17조 제3항 후단에 관한 부분에 대한 위헌제청은 재판의 전제성을 결여한 것으로서 부적법하다고 본다. * 제청법원의 법률적 견해가 유지될 수 없어 직권으로 재판의 전제성을 부인한 동지의 또 다른 결정례들 : 헌재 1997.9.25. 97헌가4; 2009.9.24. 2007헌가15; 2011.8.30. 2009헌가10; 2018.6.28. 2017헌가19; 2019.8.29. 2016헌가16 등.

(2) '헌바'(위헌소원) 사건

'헌바' 사건은 법원이 제청신청을 기각 또는 각하하여 당사자가 위헌소원심판을 청구한 사건으로 기각이나 각하의 사유는 여러 가지이다. 즉 법원이 재판전제성이 없다고 판단하면

신청이 부적법한 것으로 보는 것이므로 각하할 것이고 그 경우 외에도 예를 들어 법원이 위헌이 아니라고 보아 제청하지 않겠다면 기각결정을 한다.

판례 헌재 2019.4.11. 2017헌바140등
[사건개요] … 법원이 2017.1.20. 제17조의2 제2항 부분은 재판의 전제성이 인정되지 않는다는 이유로 각하하고 제17조 제1항 부분은 기각하자, 2017.2.22. 이 사건 헌법소원심판을 청구하였다.

그리하여 아래에서 법원이 재판전제성이 없다고 판단하여 각하결정을 한 경우와 다른 이유로 기각결정한 경우로 나누어 살펴본다.

1) 법원이 재판전제성 결여라고 판단하여 각하한 경우

법원의 재판전제성 결여를 이유로 한 각하결정을 받고 당사자가 위헌소원심판을 청구하면 헌재의 판단은 아래와 같이 갈린다.

(가) 명백히 유지곤란이 아닌 경우 - 재판전제성 부정

재판전제성 결여로 각하한 것이면 그 법원의 판단을 헌재가 명백히 유지되지 않은 사유가 없다고 보면 법원의 판단대로 재판전제성이 부정될 것이다.

* 재판의 전제성이 없다는 법원의 견해에 명백히 유지되지 않을 사유가 보이지 아니하므로 재판의 전제성이 없다고 한 예 : 헌재 1998.12.24. 98헌바30등, 국가보위에 관한 특별조치법 제5조 제4항에 의한 동원대상지역 내의 토지의 수용·사용에 관한 특별조치령에 의하여 수용·사용된 토지의 정리에 관한 특별조치법 제2조 등 위헌소원 등; 2000.7.20. 98헌바77, 주택건설촉진법 제33조 제4항 등 위헌소원; 2001.11.29. 99헌바15, 구 예산회계법 제93조 위헌소원 등 참조.

(나) 명백히 유지곤란인 경우 - 재판전제성 인정하는 경우

반대로 재판전제성을 부정하는 법원판단과 달리 헌재가 재판전제성이 있다고 볼 수도 있다. 아래와 같은 예를 볼 수 있다. 사안은 장애인 고용촉진에 관한 규정의 위헌여부가 재판전제성을 가지는가 하는 것인데 법원의 부정하는 판단과 달리 헌재는 긍정하였다.

판례 헌재 1999.12.23. 98헌바33
[심판대상조항] '장애인고용촉진 등에 관한 법률'(1990.1.13. 법률 제4219호로 제정) 제34조 ② 각 시험실시기관의 장은 장애인이 공개채용인원의 100분의 2 이상 채용되도록 시험을 실시하여야 한다. [판시] 청구인의 위헌제청신청에 대하여 법원은 이 사건 심판대상조항 중 고용촉진법 제34조 제2항에 관하여 재판의 전제성이 없다는 이유로 각하결정을 하였다. 그러므로 위 법률조항이 재판의 전제성이 있는지 여부에 관하여 보기로 한다. 법률이 재판의 전제가 되는 요건을 갖추고 있는지의 여부는 법원의 견해를 존중하는 것이 원칙이나, 재판의 전제와 관련된 법률적 견해가 유지될 수 없는 것으로 보이면 헌법재판소가 직권으로 조사할 수도 있는 것이다. 법원은 위헌제청신청 기각결정이유에서 고용촉진법 제34조 제2항이 위헌이 된다 하여 그 고용비율을 높여야 하는 것은 아니므로 재판의 전제성이 없다고 하였다. 그러나 만일 위 법률조항이 평등의 원칙 등에 위배된다면 그에 관하여 헌법불합치결정이 선고될 가능성이 있고, 이에 따라 청구인에게 유리한 내용으로 법률이 개정되어 적용됨으로써 이 사건 당해사건의 결론이 달라질 수 있다. 따라서 위 법률조항의 위헌 여부에 따라 이 사건 당해사건의 결과에 영향을 미칠

수 있으므로 위 법률조항은 이 사건 당해사건 재판의 전제가 된다고 할 것이다. * 본안판단결과 합헌선언이 되었다, 그러나 다른 심판대상인 국가유공자법의 제대군인가산점 규정에 대해서는 위헌으로 결정되었다.

2) 법원이 재판전제성 인정하면서 위헌이 아니라고 보아 기각하였으나 헌재가 재판전제성을 부인한 예

법원이 재판전제성은 인정하되 다른 이유로 기각(위헌이 아니라는 이유로 기각)의 결정을 한 경우에 헌재가 재판전제성이 없다고 판단하는 경우도 있다. 그 예로 아래와 같은 결정례가 있었다.

판례 헌재 2003.11.27. 2002헌바102등

[사건개요] 어업허가를 갱신한 청구인들이 갱신 전의 어업허가기간중 공공사업의 시행으로 인하여 발생한 조업권의 침해를 원인으로 손해배상을 구한 당해사건에서, 어업허가의 유효기간을 5년 이내로 한다고 규정한 구 수산업법(1990.8.1. 법률 제4252호로 전문개정되기 전의 것) 제14조 제1항(이하 '이 사건 법률조항')에 대해 위헌심판제청신청을 하여 법원의 각하 아닌 기각결정을 받고 위헌소원심판을 청구하였는데 그 위헌 여부가 당해사건의 재판의 전제가 되는지 여부가 문제된 것이었다. [판시] 가. 재판의 전제성 (1) 일반론 … (2) 당해법원의 견해 – 당해법원은 아래와 같은 근거를 들어 재판의 전제성을 인정하였다. "이 사건 공공사업의 시행이 종료된 1983.12.31. 이전 어업허가를 받았다가 유효기간의 만료로 1986.4.29. 이후 위 허가를 갱신한 청구인들은 당해사건에서, 이 사건 공공사업의 시행으로 인하여 1991.경 이후 청구인들이 영위하던 어업이 침해되었다며 그로 인한 어업상 피해에 대한 손해배상을 구하고 있다. … 즉, 당해소송은 '청구인들이 1991.경 보유하고 있던 이 사건 어업허가는 이 사건 공공사업의 시행 등에 의한 제한이 전제되지 않은 종전의 어업허가가 그대로 연장된 것으로서 그 기간만 갱신되었을 뿐 그 권리 내지 자격의 성질, 즉 사업권은 계속되는 것이므로, 그 사업권의 계속여부(이 사건에서는 청구인들의 어업허가가 공공사업의 제한이 있는 상태에서 부여된 것인가 여부)는 종전의 어업허가를 기준으로 하여야 한다'는 것을 전제로 하고 있다. 따라서 어업허가의 유효기간을 5년 이내로 정한 이 사건 법률조항이 위헌이라고 한다면 청구인들의 종전의 어업허가는 갱신여부에도 불구하고 그대로 연장되는 것으로 보아야 할 것이고, 종전의 어업허가를 취득한 이후 공공사업의 시행이 이루어진 경우에는 그 공공사업으로 인한 제한이 있기 이전의 상태, 즉 종전의 어업허가 당시를 기준으로 하여 피해보상을 받을 수 있게 될 것이므로 그 법률조항의 위헌여부에 따라 당해소송에서의 판결주문이 달라질 가능성이 있다. 그러므로 이 사건 법률조항의 위헌여부는 당해소송의 재판의 전제가 된다." (3) 판단 (가) … (나) 당해법원은 재판의 전제성을 인정하고 본안판단에 들어가 위헌제청신청을 기각하였으나, 과연 이러한 견해가 유지될 수 있는지 아래에서 살펴보기로 한다. 이 사건 법률조항은 이 법 제11조 내지 제13조 및 제23조에 해당하는 어업허가의 유효기간을 5년 이내로 한다는 내용으로, 구체적인 어업허가의 유효기간은 관할 관청이 어업허가라는 행정처분을 하면서 정하여진다. 즉 이 사건 법률조항이 직접 구체적 어업허가의 유효기간이 되는 것은 아니다. 따라서 당해사건에서 청구인들의 손해배상청구가 인용되기 위해서는 이 사건 법률조항에 대한 위헌결정이 종전의 어업허가가 정한 허가기간을 무효로 할 수 있어야 한다. 그런데 법률에 근거하여 행정청이 행정처분을 한 후에 헌법재판소가 그 법률을 위헌으로 결정하였다면 결과적으로 그 행정처분은 법률의 근거가 없이 행하여진 것과 마찬가지가 되어 하자 있는 것이 된다고 할 것이나, 하자있는 행정처분이 당연 무효가 되기 위해서는 그 하자가 중대할 뿐만 아니라 명백한 것이어야 하는바, 일반적으로 법률이 헌법에 위반된다는 사정이 헌법재판소의 위헌결정이 있기 전에는 객관적으로 명백한 것이라고 할 수는 없으므로 특별한 사정이 없는 한 이러한 하자는 위 행정처분의 취소사유에 해당할 뿐 당연 무효사유는 아니며(헌재 2001.2.22. 99헌마605, 판례집 13-1, 356, 362), 이미 취소소송의 제기기간을 경과하여 확정력이 발생한 행정처분에는 위헌결정의

소급효가 미치지 않는다고 보아야 할 것이다(헌재 2002.5.30. 2001헌바65등; 대법원 1994.10.28. 선고, 92누9463 판결). 한편 종전의 어업허가처분에 대한 취소소송의 제기기간이 이미 도과한 것은 기록상 명백하고, 종전의 어업허가처분에 대하여 확정력이 발생한 이상 위헌결정의 소급효가 미치지 아니하며 기록상 이미 그 허가기간이 경과하였음이 명백하여 이 사건 법률조항에 대하여 위헌결정이 선고된다고 하더라도 종전의 어업허가가 기간부분만 실효되어 기간의 정함이 없는 어업허가로 되살아날 수는 없으므로, 이 사건 법률조항의 위헌여부에 따라 당해사건 재판의 주문이 달라지거나 재판의 내용과 효력에 관한 법률적 의미가 달라지지 아니한다(헌재 2002.6.27. 2001헌바81 참조). 또한 헌법 제120조에 따라 국가는 자연자원에 관한 강력한 규제권한을 가지는 한편 자연자원에 대한 보호의무를 지게 되었다(헌재 1998.12.24. 98헌가1, 판례집 10－2, 819, 835). 이러한 헌법규정에 비추어 보면 어업허가의 성질은 일반적인 허가와는 다르다고 할 것이다. 즉, 어업허가는 허가권자에게 권리·능력을 설정해 주는 형성적 행위에 보다 가까우므로, 어업허가의 경우에는 행정청이 관계법상의 요건이 충족되면 허가를 하여야 할 기속을 받는 일반적인 허가와는 달리 어업허가를 함에 있어서나 또는 허가기간을 정함에 있어서 공익적 관점에서 보다 넓은 재량을 갖는다고 할 것이다. 그렇다면 종전의 어업허가는 그 기간인 5년이 경과하면 당연히 소멸하는 것으로 보아야 할 것이지 당해법원의 견해처럼 이 사건 어업허가가 종전의 어업허가의 기간만 갱신된 것으로 그 권리의 성질이 계속된다거나, 이 사건 법률조항에 대한 위헌결정이 있다고 하여 종전의 어업허가가 갱신여부에도 불구하고 그 기간이 그대로 연장된다고 볼 수는 없을 것이다. 결국 당해사건은 이 사건 법률조항의 위헌여부에 따라 주문이 달라지거나 재판의 내용과 효력에 관한 법률적 의미가 달라지는 경우에 해당한다고 할 수 없으므로 이 사건 법률조항에 대한 심판청구는 재판의 전제성 요건을 갖추지 못하여 부적법하다.

(3) 대법원의 확립된 해석의 부재

제청법원의 재판전제성 판단을 존중해주어야 할 필요성은 문제의 그 법률조항 해석이 대법원에서 확립이 안 된 경우라면 더욱 강화된다고 볼 것이다. 아래 판시는 그런 함의를 지니는 것으로 보인다.

판례 헌재 2010.9.30. 2008헌가

[판시] … 결국 이 사건 법률조항의 위헌 여부는 당해 사건에 있어 재판의 주문 및 내용에 영향을 미치는 것으로서 재판의 전제성이 인정된다. 한편, 심판대상 법률조항이 재판의 전제가 되는 요건을 갖추고 있는지의 여부는 제청법원의 견해를 존중하는 것이 원칙이며, 재판의 전제와 관련된 법률적 견해가 명백히 유지될 수 없는 것으로 보이는 경우에만 예외적으로 이를 부인할 수 있다. 그런데 이 사건 법률조항의 해석과 관련하여 아직 대법원에 의하여 그 해석이 확립된 바 없고, 제청법원은 재판의 전제성이 인정됨을 전제로 하여 위헌법률심판제청을 하였으며, 이러한 제청법원의 법률적 견해가 명백히 잘못되었다고 볼 수 없으므로 재판의 전제성 요건은 충족된다고 할 것이다.

XI. 재판전제성의 소멸과 심판필요성의 예외적 인정

1. 원칙

(1) 소멸의 경우와 의미

재판전제성은 구체적 사건이 법원에 계속 중일 것을 요구하므로 앞서 언급한 대로 또 아래의 결정에서도 명시적으로 언급하고 있듯이 위헌법률심판에서의 재판전제성은 제청 당시만 아니라 심판시에도 갖추어져야 함이 원칙이다. 그리하여 법원의 재판절차가 헌재의 심판계속 중 종료된 경우에 재판전제성이 소멸된다. 그런데 법원의 제청이 있었던 경우에는 재판이 정지될 뿐 종료되는 것은 아니므로 이 종료는, 법원에 의한 원인이 아닌 원인인, 즉 당사자의 소송취하 등으로 인한 종료를 의미한다.

* 위와 같이 재판전제성의 소멸이 재판의 종료로 오게 된 경우 재판전제성 요소의 첫째 요소인 "법원에 계속 중일 것"을 결여하는 것이고 이에 대해서는 앞의 재판전제성 각 요소 설명 부분 참조.

그리고 아래 예외적 심판필요성 인정에서 보는 대로 즉시항고사건이 종료된 경우, 형집행이 종료되어 판단할 소의 이익이 소멸된 경우, 법원이 본안재판에 영향이 없다고 보아 본안재판을 진행하여 형사소송사건이 종료된 경우, 국회의원 임기가 만료된 경우 등에서 재판전제성 인정이 문제되었는데 헌재가 예외적 심판필요성을 인정한 예들을 볼 수 있다.

(2) 법원의 처리와 헌재의 대응

재판전제성을 애초에 갖추지 못한 것이 아니라 법원이 제청을 한 후에 사정이 변화되어 재판전제성이 소멸된 경우에 법원은 자신의 제청결정을 취소하고 헌재에 그 취소결정의 정본을 송부하여 제청을 철회하게 된다['위헌법률심판제청사건의 처리에 관한 예규'(대법원 예규) 제7조 4항, 이 취소, 철회에 관해서는 후술 법원의 제청 부분 참조]. 이 철회가 있게 되면 헌재로서도 더 이상 위헌심판절차를 속행하지 않고 그 시점에서 종료하게 된다. 제청을 한 법원이 스스로 철회하지 않더라도 헌재가 재판전제성 상실을 이유로 제청을 각하하는 결정을 할 수 있다. 그러나 헌재는 그 철회가 있더라도 아래에서 보듯이 헌법해석, 헌법적 판단과 규명이 필요한 경우에는 예외적인 심판이익을 인정하여 본안판단에 들어갈 수 있다.

2. 예외적 심판필요성 인정

그러나 심판도중에 재판전제성이 소멸한 경우에도 아래와 같이 우리 헌재는 예외적으로 심판필요성을 인정하는 법리를 설정하고 있다.

[원칙과 예외적 심판필요성 인정]

▷ 원칙 : 제청시 존재하였으나 심판시 소멸 - 재판전제성 부인

▷ 예외적 심판필요성 인정 : 제청 후 헌재의 심리 중 재판사건의 종료 등으로 재판전제성이 소멸되었더라도 다음의 경우에는 심판필요성을 인정 - 위헌여부의 해명이 헌법적으로 중요하거나, 문제의 법률조항으로 인한 기본권침해의 반복위험성이 있는 경우

* 용어에 관한 유의점 : 예외인정이 '심판필요성'의 예외인정이라는 것이고 재판전제성의 예외적 인정은 아님을 유의. 소멸된 재판전제성은 소멸되었을 뿐이고 그럼에도 심판에 들어간다는 의미의 예외인정이기 때문에 '심판필요성의 예외적 인정'이라고 하는 것이다.

위 법리가 나온 판례 : **판례** 헌재 1993.12.23. 93헌가2, 형사소송법 제97조 제3항 위헌제청

[쟁점] 보석허가결정에 대하여 검사가 즉시항고한 사건에서 원심법원이 구 형사소송법(1954.9.23. 법률 제341호; 개정 1973.1.25. 법률 제2450호) 제97조 제3항 중 보석허가결정에 대하여 검사가 즉시항고(卽時抗告), 즉 보석결정의 집행을 정지하는 효과를 가지는 즉시항고를 할 수 있는 것으로 규정한 부분은 국민의 재판청구권을 침해하는 등 위헌이라고 하여 제청한 사건에서 재판전제성을 인정할 수 있는지 여부(소멸됨. 그러나 예외적 심판필요성 긍정) [사건개요] 서울지방법원 ○○지원은 뇌물공여 등 혐의로 구속, 기소된 피고인에 대하여 심리하던 중, 보석을 청구함에 따라 1993.1.9. 보석허가결정을 하였다. 검사는 같은 달 11. 위 보석허가결정에 대하여 형사소송법 제97조 제3항에 의하여 즉시항고를 하였다. 이에 위 법원은 보석허가결정에 대한 검사의 즉시항고권을 규정하고 있는 형사소송법 제97조 제3항에 관하여 위헌의 의심이 있다 하여 같은 달 15. 직권으로 위헌심판제청을 하였다. [관련판시] 제청법원이 이 사건 위헌심판제청을 한 후 그 즉시항고사건의 기록을 항고법원에 송부하였고, 항고법원은 항고기각결정을 함으로써 헌법재판소에서 이 사건 규정의 위헌여부에 관한 심판을 하기 전에 이 사건 즉시항고사건은 종료되었다. 그러므로 이 사건은 심판 당시에는 재판의 전제성이 소멸되었다고 하겠으므로 이와 관련하여 이 사건 심판의 적법성을 살펴본다. 일찍이 당재판소는 법률에 대한 헌법소원심판에 있어서 "침해행위가 이미 종료되어서 이를 취소할 여지가 없기 때문에 헌법소원이 주관적 권리구제에 별 도움이 안 되는 경우라도 그러한 침해행위가 앞으로도 반복될 위험이 있거나 당해 분쟁의 해결이 헌법질서의 수호·유지를 위하여 긴요한 사항이어서 그 해명이 헌법적으로 중대한 의미를 지니고 있는 경우에는 헌법소원의 이익을 인정하여야 할 것이다"(헌법재판소 1992.4.14. 90헌마82 결정 등 참조)라고 판시한 바 있다. 이러한 법리는 구체적 규범통제로서의 법원의 제청에 의한 법률의 위헌여부심판절차에서도 존중되어야 할 것이다. 따라서 위헌여부심판이 제청된 법률조항에 의하여 침해된다는 기본권이 중요하여 동 법률조항의 위헌여부의 해명이 헌법적으로 중요성이 있는데도 그 해명이 없거나, 동 법률조항으로 인한 기본권의 침해가 반복될 위험성이 있는데도 좀처럼 그 법률조항에 대한 위헌여부심판의 기회를 갖기 어려운 경우에는, 설사 그 심리기간 중 그 후의 사태진행으로 당해 소송이 종료되었더라도 헌법재판소로서는 제청 당시 전제성이 인정되는 한 예외적으로 객관적인 헌법질서의 수호·유지를 위하여 심판의 필요성을 인정하여 적극적으로 그 위헌 여부에 대한 판단을 하는 것이 헌법재판소의 존재이유에도 부합하고 그 임무를 다하는 것이 될 것이다. 이 사건 규정은 국민의 인신구속에 관련된 사항인 법원의 보석허가결정에 대한 집행정지의 효력이 있는 검사의 즉시항고권을 규정한 것으로서 그 규정의 위헌여부는 기본권 중의 기본권이라 할 수 있는 국민의 신체의 자유와 관계되는 중요한 헌법문제라 아니할 수 없는데 그 문제에 관하여 헌법재판소에서 해명이 이루어진 바도 없다. 그리고 이 사건 규정이 위헌으로 심판되지 않는 한 법원의 보석이 있을 때마다 이 사건 규정에 의하여 이렇게 중요한 기본권인 신체의 자유의 침해가 반복될 것은 법문상 명백하다. 또한 이 사건 규정에 대한 위헌여부심판절차를 밟지 않고 원심법원 또는 항고법원의 재판을 받는 기간이, 위헌여부심판절차를 밟아 그 심판결정을 기다린 연후에 위 법원의 재판을 받는 기간보다 짧은 것이 통상이므로, 보석허가를 받았으나 검사의 즉시항고로 피고인의 구속상태가 계속 중인 상황에서 법원이나 피고인이 이 사건 규정의 위헌여부심판제청 또는 그 신청을 한다는 것은 좀처럼 기대하기 어려워서, 이 사건 규정에 대한 위헌여부심판의 기회가 다시 있기 어려운 경우이다. 그리고 이 사건 규정은 형사소송법상 피고인의 구속여부에 관한 소송절차규정으로서 법원은 종국판결 자체에는 영향이 없는 것으로 보아 구체적인 본안판결 자체는 그대로 진행하여 이미 종료되었지만 위헌여부심판제청 당시에 있어서는 이 사건 규정의 위헌여부가 제청법원에 계속중이던 당해 안건인 보석허가결정에 대한 즉시항고사건에 관한 원심법원의 재판의 전제성이 있었던 점은 위에서 본 바와 같다. 그러므로 객관적인 헌법질서의 수호·유지를 그 임무의 하나로 하고 있는 헌법재판소로서는 제청받은 이 사건 규정에 대한 법률의 위헌여부심판의 필요성이 있다고 인정하여 이를 심판함은 그 임무를 다하는 것이고 그 심판은 적법성이 있다고 할 것이다. [본안결정] 보석허가결정을 받은 피고인이라도 검사의 즉시항고에 의하여 즉

시항고 제기기간 및 동 재판확정일까지 석방될 수 없도록 한 것은 당해 피고인에 대한 보석허가결정이 부당하다는 검사의 불복을 그 피고인에 대한 구속집행을 계속할 필요가 없다는 법원의 판단보다 우선시킨 것이며, 구속여부와 구속계속여부에 대한 판단을 법관에게만 맡기려는 영장주의에 위배되고 보석허가결정에 대한 검사의 즉시항고를 허용하는 것이 영장주의와 적법절차의 원칙에 반하고 과잉금지원칙에 위반된다고 하여 위헌결정이 되었다. 이 본안결정에 대해서는 앞의 신체의 자유, 영장주의 부분 참조.

* 위 사안은 법원의 제청이 있었음에도 재판이 정지되지 않고 종료된 것은 위헌심판제청이 된 법률규정이 종국재판에 영향을 주지 않는 소송절차인 즉시항고재판사건에 관한 것이어서 법원이 재판정지를 하지 않아 그리된 것으로 보여진다(헌재법 제42조 1항 단서).

3. 예외 인정의 예

① **미결구금일수의 산입에 관한 위헌심판사건에서 위 법리가 적용된 예 : 집행형기 계산에 대한 위헌제청 후 형집행이 종료된 경우** – 상소제기기간 등의 법정산입 대상 제외의 헌법불합치성 – 헌재는 피고인의 상소제기기간 등을 법정산입 대상에 포함하지 않고 있는 형사소송법 제482조 제1항이(검사가 상소제기를 한 때 산입하는 반면 피고인의 상소제기기간을 산입하지 않음. 검사의 상소가 피고인의 상소보다 늦게 이루어진 경우 불산입이 나타남. 사안에서도 피고인의 항소제기일인 1993.7.7.부터 검사의 항소제기일 전날인 1993.7.12.까지의 미결구금일수 6일은 산입하지 아니하였음) 신체의 자유를 침해한다고 하여 헌법불합치결정을 하였는데 이 사안에서 이미 형집행이 완료되어 소의 이익이 소멸된 상태였다. 헌재는 헌법적 해명가능성, 반복가능성을 들어 예외로 보아 본안판단에 들어갔다.

판례 헌재 2000.7.20. 99헌가7. 헌법불합치

[심판대상조문] 구 형사소송법(1954.9.23. 법률 제341호로 제정된 것) 제482조 (상소제기후 판결전 구금일수의 산입) ① 상소제기후의 판결선고전 구금일수는 다음 경우에는 전부를 본형에 산입한다. 1. 검사가 상소를 제기한 때, 2. 피고인 또는 피고인 아닌 자가 상소를 제기한 경우에 원심판결이 파기된 때
[판시] 위헌제청이유는 성질상 법정통산대상이 되어야 할 것을 법정통산대상으로 규정하지 않음으로써 그 기간만큼 더 구금되어 신체의 자유가 침해되고, 평등원칙에도 위배되는 등이 문제된다는 주장을 포함하고 있고, 이 사건 법률조항에서 '상소제기후'의 구금일수를 통산하게 한 것은 원심판결선고후 '상소제기전'의 구금일수는 제외한다는 의미를 담고 있다고 볼 수 있다. 검사와 피고인측 쌍방이 상소한 경우 상소시기의 선후에 따른 불공평의 문제는 이 사건 법률조항에 직접 연관되는 것인데 당해사건은 이와 같은 경우로서, 이 사건 법률조항이 위헌으로 결정되어 제청법원의 의견과 같이 시정될 경우 당해사건 재판의 주문 또는 이유에 영향을 미친다. 그러므로 이 사건 법률조항의 위헌여부는 당해사건 재판의 전제가 된다. 다만, 당해사건 신청인 겸 피고인의 집행형기를 검사의 형집행지휘대로 계산한다 하더라도, 이미 피고인에 대한 형집행은 종료한 것으로 보인다. 따라서 이 결정시점에는 이 사건 법률조항에 대한 위헌여부를 판단할 소의 이익은 소멸되었다. 그러나 위헌여부심판이 제청된 법률조항에 의하여 침해되는 기본권이 중요하여 그 법률조항의 위헌여부의 해명이 헌법적으로 중요성이 있는데도 그 해명이 없거나, 그 법률조항으로 인한 기본권의 침해가 반복될 위험성이 있는데도 좀처럼 그 법률조항에 대한 위헌여부심판의 기회를 갖기 어려운 경우에는 설사 심리기간 중 사태진행으로 "소의 이익"이 소멸되었더라도 헌법재판소로서는 제청당시 전제성이 인정되는 한 예외적으로 객관적인 헌법질서의 수호·유지를 위하여 그 위헌 여부에 대한 판단을 할 수 있다는 것이 우리 재판소의 확립된 판례이다. 이 사건 법률조항은 형집행에 관한 것으로서 국민의 신체의 자유에 관련된 문제이고, 그 문제에 관하여 아직 헌법

재판소에서 해명이 이루어진 바도 없다. 그리고 이 사건 법률조항으로 말미암아 많은 피고인들의 형집행에 있어서 기본권침해가 반복될 것 또한 명백하므로 이에 대한 위헌여부심판을 하기로 한다.

② 보안처분에 대한 가처분신청과 보안처분기간 만료 경우에 위 법리가 적용된 예

판례 헌재 2001.4.26. 98헌바79·86, 99헌바36(병합), 보안관찰법 부칙 제2조 제2호 등 위헌소원, 구 국방경비법 위헌소원

[쟁점] 보안관찰처분의 취소 등을 구하는 행정소송에서는 행정소송법상의 집행정지제도와 민사소송법상의 가처분제도를 준용하지 않는다고 규정하여 가처분제도를 전면 배제하고 있는 보안관찰법(1989.6.16. 법률 제4132호로 전문개정된 것) 제24조 단서 중 "제23조와 동법 제8조 제2항에 의하여 준용되는 민사소송법 중 가처분에 관한 규정"부분[1](이하 "이 사건 제2 법률조항"이라 한다)에 대하여 적법절차원칙에 위배된다고 하여 제기된 위헌소원에 있어서 이미 보안처분기간이 만료되었으므로 그 재판전제성이 부정되어야 하는 것인지 여부(재판전제성 부정, 그러나 예외적 판단필요성 인정, 위헌결정) [관련판시] 청구인들은 각 1997.10.28., 1997.12.30. 기간갱신처분을 받았고, 각 그 처분에 대하여 효력정지를 구하는 가처분신청을 하면서 이 사건 제2 법률조항에 대한 위헌제청신청을 하였다. 그런데, 위 각 기간갱신처분은 이 헌법소원의 결정시에는 2년의 처분기간이 만료되었을 것이므로 이 사건 제2 법률조항에 대한 헌법소원이 인용된다 하더라도 당해 가처분신청사건에 영향을 미칠 수 없는 것이어서 재판의 전제성이 없다. 그러나, 헌법소원제도는 개인의 주관적 권리구제에만 그 목적이 있는 것이 아니고 객관적인 헌법질서의 유지·수호에도 있다 할 것인바, 이 사건 제2 법률조항에 의한 기본권침해 문제는 앞으로도 많은 사람에 관하여, 그리고 여러 차례 일어날 수 있는 성질의 것이어서 그 헌법적 해명이 긴요한 사안이라 할 것이므로, 이에 대하여 위헌여부의 본안판단을 할 필요가 있다고 본다(헌재 1993.9.27. 92헌바21, 판례집 5-2, 267, 273면 참조).

③ 법원의 구속집행정지결정에 대하여 검사가 즉시항고할 수 있도록 한 형사소송법(1973.1.25. 법률 제2450호로 개정된 것) **제101조 제3항에 대한 위헌심판에서 위 법리가 적용된 예**

판례 헌재 2012.6.27. 2011헌가36

[관련판시] 이 사건 법률조항은 형사소송법상 피고인의 구속에 관한 소송절차 규정으로서, 법원은 본안재판 자체에는 영향이 없는 것으로 보아 본안재판을 진행하여 당해 형사소송사건이 종료되었으며, 피고인에 대한 형이 확정됨으로써 구속집행정지결정의 당부를 심사할 실익이 없게 되었다. 그러나 설사 심리기간 중 소의 이익이 소멸되었더라도 헌법재판소로서는 제청당시 전제성이 인정되는 한 예외적으로 헌법질서의 수호·유지를 위하여 그 위헌 여부에 대한 판단을 할 수 있다는 것이 우리 재판소의 확립된 판례이다(헌재 1993.12.23. 93헌가2, 판례집 5-2, 578, 590-591; 헌재 2004.10.28. 2003헌가18, 판례집 16-2하, 86, 94). 이 사건 위헌법률심판 제청 당시에 재판의 전제성이 있었던 점은 앞에서 본 바와 같고, 이 사건 법률조항은 국민의 인신구속에 관한 사항인 구속집행정지결정에 대한 검사의 즉시항고권을 규정한 것으로서 그 위헌 여부는 국민의 신체의 자유와 관계되는 중요한 헌법문제라고 할 수 있다. 또한 이 문제에 대하여 아직 우리 재판소에서 해명이 이루어진 바가 없고, 앞으로도 법원의 구속집행정지결정에 대하여 검사가 즉시항고를 제기함으로써 피고인에 대한 기본권침해의 논란이 반복될 수 있으므로 이에 대한 위헌 여부의 심판이익이 인정된다.

---

1) 보안관찰법 제24조(행정소송법의 준용) 제23조의 소송에 관하여 이 법에 규정한 것을 제외하고는 행정소송법을 준용한다. 다만, 행정소송법 제18조 및 제23조와 동법 제8조 제2항에 의하여 준용되는 민사소송법 중 가처분에 관한 규정은 준용하지 아니한다.

④ 백지신탁제도의 국회의원 임기 만료로 인한 적용가능성 상실 경우 위 법리 적용된 예

판례 헌재 2012.8.23. 2010헌가65

[사건개요] (1)당해사건의 원고 배○식(이하 '당해사건 원고'라 한다)은 2012.5.29. 그 임기를 마친 제18대 국회의원으로서, 그 임기 중 주식백지신탁심사위원회에 자신과 처 등이 보유하고 있는 주식(이하 '이 사건 주식'이라 한다)의 직무관련성 여부에 관하여 심사청구를 하였는바, 주식백지신탁심사위원회는 2008.10.8. 당해사건 원고가 국회 기획재정위원회 소속으로서 보유주식 발행기업에 대한 정보접근 및 영향력 행사의 가능성이 있다는 이유로 이 사건 주식의 직무관련성이 인정된다는 결정을 하였다(이하 '이 사건 처분'). (2)당해사건 원고는 이 사건 처분의 취소를 구하는 행정소송을 제기한 후 그 항소심에서(서울고등법원 2009누16536), 구 공직자윤리법 제14조의4 제1항 제1호, 제2호가 공개대상자 등의 소유주식을 매각하거나 또는 백지신탁한 후 수탁기관으로 하여금 60일 이내에 전부 처분하도록 규정하고 있는 것은 과잉금지원칙에 위배된다고 주장하였다. 이에 제청법원은 2010.4.28. 직권으로 이 사건 위헌법률심판을 제청하였다. [결정요지] 적법요건에 대한 판단 – 법률에 대한 법원의 위헌심판 제청이 적법하기 위해서는 법원에 계속 중인 구체적인 사건에 적용할 법률이 헌법에 위반되는지 여부가 재판의 전제가 되어야 하고, 이러한 재판의 전제성은 위헌제청시 만이 아니라 위헌법률 심판시에도 갖추어져야 함이 원칙인바(헌재 1993.12.23. 93헌가2, 판례집 5－2, 578, 588), 제청법원의 위헌심판 제청 당시 당해사건 원고는 제18대 국회의원으로서 이 사건 법률조항의 적용대상이었고 그 위헌 여부에 따라 당해사건 판결의 주문이 달라질 여지가 있었으나, 2012.5.29. 국회의원 임기가 만료되어 더 이상 이 사건 법률조항의 적용을 받지 않게 되었으므로, 이 사건 법률조항은 현재 재판의 전제성을 잃었다고 볼 수도 있다. 그러나 헌법재판소는 재판의 전제성이 없는 경우에도 헌법적 해명이 긴요히 필요하거나 당해 조항으로 인한 기본권 침해가 반복될 우려가 있는 경우에는 헌법질서의 수호자로서의 사명을 다하기 위하여 예외적으로 본안판단에 나아갈 수 있는바(헌재 1993.12.23. 93헌가2, 판례집 5－2, 578, 591 참조), 이 사건에서 문제되는 주식백지신탁제도의 위헌 여부는 최근 우리사회에서 강조되고 있는 국회의원을 포함한 고위공직자의 직무공정성 내지 염결성과 그 재산권 보호의 헌법적 요구가 첨예하게 대립하는 중대한 헌법적 문제라는 점, 최근 제19대 국회가 개원하면서 동일한 분쟁이 다시 발생할 가능성이 높다는 점 등을 감안할 때 그 헌법적 해명의 필요성 등을 인정하여 본안 판단에 나아가기로 한다.

4. 예외 부정의 예

헌법적 해명필요성, 반복침해성이 부정된 예를 하나 아래에 본다.

판례 헌재 2009.10.29. 2008헌바73

[결정요지] 이 사건의 당해 사건에서 소 각하의 판결이 선고되어 확정되었다면, 이 사건 심판대상조항의 위헌 여부가 당해 사건 재판의 전제가 될 수 없음이 명백하고, 따라서 이 사건 심판청구는 적법요건인 재판의 전제성을 흠결하였다. 예외적인 심판필요성이 있는지를 보면, 우리 헌법재판소는 이미 구 국민건강보험법(2008.2.29. 법률 제8852호로 개정되기 전의 것) 제5조 제1항 등의 위헌 여부를 심사한 사건들에서 국민건강보험 강제가입의무 부과 및 보험료 부과에 대하여 여러 차례 합헌으로 판시한 바 있고(헌재 2000.6.29. 99헌마289, 판례집 12－1, 913 등 참조), 따라서 이 사건의 경우는 이미 충분한 헌법적 해명이 이루어진 사안이라 할 것이며, 그 밖에 특별히 달리 판단할 사정변경이 있다고도 보이지 아니하므로, 예외적으로 본안판단에 나아갈 경우에 해당한다고 볼 수 없다. 결국 청구인의 이 사건 심판청구는 적법요건인 재판의 전제성을 갖추지 못한 것으로서 부적법하다.

5. 위헌심판 중 법원소송에서의 권리보호요건의 결여발생

(1) 재판전제성, 심판필요성 부인

소의 이익 결여의 경우 재판전제성이 소멸된 상황에서 헌법적 해명필요성, 반복가능성이 없다고 보면 심판필요성도 없다고 보게 되어 각하하게 된다. 아래가 그러한 결정례이다.

판례 헌재 1997.7.16. 96헌바51

[결정요지] 기록에 따르면, 우리재판소의 심리 중에 위 ○○ 총장의 임기만료일이 다가옴에 따라 위 학교법인은 청구외 △△△를 새로 총장으로 선임하였고, 위 △△△는 현재 위 대학교의 총장으로 재직중인 사실을 인정할 수 있다. 위와 같은 경위로 청구인이 당해 사건에서 위 학교법인의 이사회가 1992.7.14. 위 ○○을 위 대학교 총장으로 선임한 결의의 무효확인을 구하는 부분에 대한 청구는 결국 현재의 권리관계 내지 법률관계가 아닌 과거의 권리관계 내지 법률관계의 확인을 구하는 것으로 되어 확인의 소로서의 권리보호의 요건을 결여하게 되었고, 따라서 위 법률조항의 위헌여부에 따라 당해 사건에서의 재판의 결론이나 주문에 어떠한 영향을 줄 수 없게 되었을 뿐만 아니라 그 재판의 내용과 효력에 관한 법률적 의미가 달라지는 경우에도 해당하지 아니하게 되었다. 그러므로 위 법률조항의 위헌여부는 당해 사건에 있어서 더 이상 재판의 전제가 되지 아니한다고 할 것이므로 법 제53조 제1항에 대한 이 사건 심판청구부분은 비록 그 재판의 전제성이 심판청구시에는 갖추어져 있었으나 심판시에 갖추어져 있지 아니하므로 재판의 전제성을 인정할 수 없게 된 것이다. 우리 재판소의 결정례에 따르면, 심판청구된 법률 또는 법률조항에 의하여 침해되는 기본권이 중요하여 그 법률 또는 법률조항의 위헌여부에 대한 해명이 헌법적으로 중요성이 있음에도 그 해명이 없거나, 그 법률 또는 법률조항으로 인한 기본권의 침해가 반복될 위험성이 있음에도 좀처럼 그 법률 또는 법률조항에 대한 위헌여부심판의 기회를 갖기 어려운 경우, 심판청구 당시에는 재판의 전제성이 인정되었다가 그 심리기간중에 사정변경으로 인하여 재판의 전제성이 상실되었더라도 헌법재판소로서는 예외적으로 그 위헌여부에 대한 판단을 할 수 있다는 것이지만 위 법률조항의 경우는 그러한 예외의 경우에 해당하는 것도 아니다.

– 심판청구시에 재판전제성이 있었으나 심판시에 재판전제성이 없어졌다고 본 결정례 : 구치소 미결수용 중에 전화사용신청에 대한 거부처분 등에 대한 소송에서 전화통화 허가범위에 관한 '형의 집행 및 수용자의 처우에 관한 법률'(2007.12.21. 법률 제8728호로 전부개정된 것) 제44조(전화통화) 제5항의 위헌여부가 위헌소원심판 제기시에는 재판전제성이 있었으나 심판 중에 권리보호이익(법률상 이익)이 소멸되었다고 보아 심판시에 재판전제성이 소멸되었다고 보는 아래의 예가 있다.

판례 헌재 2016.5.26. 2014헌바417

[결정요지] 재판의 전제성은 심판청구시뿐만 아니라 심판시에도 갖추어져야 함이 원칙이다. 이 사건 심판청구 당시에는 당해사건 재판이 계속중이었고 청구인이 수용중이어서 위 조항이 위헌으로 결정될 경우 당해사건 재판의 주문이 달라질 수 있어 재판의 전제성이 인정되었다. 그런데 이 사건 심판청구 전후의 사정을 살펴보면, 이 사건 각 거부처분에 대한 취소청구를 기각한 부분이 확정되었다. 한편, 청구인은 자신이 ○○구치소에 미결수용된 계기가 되었던 마약류관리에관한법률위반(향정) 사건도 2014.11.13. 대법원에서 상고기각 판결을 선고받아 위 징역형이 확정됨에 따라 ○○교도소에 계속 수용되었다가 2015.4.6. 형기종료로 출소하였다. 그렇다면 심판대상조항들이 위헌으로 결정되어 청구인이 당해사건에

관하여 재심을 청구하더라도 ○○구치소장의 이 사건 각 거부처분의 취소를 구하는 당해사건에서 이를 다툴 법률상 이익이 인정되지 않는다(이 사건 각 거부처분은 이미 종료되어 원상회복이 불가능하고, 청구인이 ○○교도소로 이송된 후 형기종료로 출소한 상태에서는 더 이상 ○○구치소장과의 사이에 이 사건 각 거부처분과 동일한 사유로 거부처분이 반복될 위험성이 없다). 결국 심판대상조항들의 위헌 여부는 당해사건에서 더 이상 재판의 전제가 되지 아니하는바, 이 사건 심판청구는 재판의 전제성이 심판청구시에는 갖추어져 있었으나 심판시에는 갖추어져 있지 아니하여 재판의 전제성을 인정할 수 없게 되었다.

(2) 반복가능성, 헌법적 해명의 긴요성

헌재는 위와 같이 소익의 결여로 재판전제성이 소멸된 경우라 할지라도 위에서 서술한 대로 침해의 반복가능성, 헌법적 해명의 긴요성이 있을 경우에는 심판필요성을 인정하여 본안판단에 들어간다.

① **효력기간이 정해진 행정처분에 대한 취소소송에서 효력기간 도과로 재판전제성 소멸, 그러나 예외적 심판필요성을 인정한 예** – 기간이 정해진 영업정지처분 등과 같이 효력기간이 정해진 행정처분에 대해 취소소송, 무효확인소송 등의 행정소송이 제기된 뒤 그 행정처분의 근거가 되는 법률규정에 대해 위헌제청이나 위헌소원이 제기되더라도 행정소송 도중에 그 효력기간이 이미 도과하는 경우에 그 행정소송에서의 권리보호이익(소의 이익)이 없어 소각하판결을 받을 것이어서 그 근거 법률규정의 위헌여부가 재판전제성을 가지지 못한다고 볼 것이다. 그러나 헌법적 해명이 중요하거나 반복될 위험이 있을 경우에 심판필요성을 인정한다. 아래가 그 결정례이다.

판례 헌재 2003.6.26. 2002헌바3, 법무사법 제19조 위헌소원

[사건개요와 쟁점] 대한법무사회 회칙에 위반한 경우에 업무정지 등의 징계가 있게 되는바 법무사법(1996.12.12. 법률 제5180호로 전문개정된 것) 제19조는 그 업무에 관하여 위임인으로부터 소정의 보수외에는 금품을 받지 못하고 그 보수의 기준에 관한 사항을 대한법무사회 회칙으로 정하도록 규정하고 있는데 이 규정을 위반하여 대한법무사협회가 회칙으로 정한 법무사보수산정기준에 의한 금액보다 훨씬 더 많은 보수를 수수하였다는 이유로 2001.10.8.부터 업무정지 1 개월에 처하는 내용의 징계처분을 받은 청구인이 지방법원에 위 업무정지처분의 취소를 구하는 소송을 제기함과 동시에 위 법무사법 제19조가 평등원칙 등에 위반된다는 이유로 위헌제청신청을 하였으나, 2001.12.5. 법원은 본안소송 변론종결시에 이미 위 제재(업무정지)기간이 도과되어 소의 이익이 없다고 하여 위 신청을 각하하자 2002.1.10. 위헌소원심판을 청구하였다. [심판대상규정] 법무사법 제19조(보수) ① 법무사는 그 업무에 관하여 위임인으로부터 소정의 보수를 받는다. ② 법무사는 그 업무에 관하여 제1항의 규정에 의한 보수 외에는 명목의 여하를 불문하고 위임인으로부터 금품을 받지 못한다. ③ 제1항의 규정에 의한 보수의 기준에 관한 사항은 대한법무사협회 회칙으로 정한다. [결정요지] 청구인은 2001. 10.8.1 개월간의 법무사업무정지처분을 받았고, 그 처분의 취소를 구하는 소송을 제기하면서 이 사건 법률조항에 대한 위헌제청신청을 하였다. 그런데, 위 법무사업무정지처분은 위 취소소송의 변론종결 이전인 2001. 11.7.기간이 만료되어 그 효력이 상실되었으므로 위 취소소송은 소 각하의 판결을 면할 수 없게 되었고 따라서 이 사건 법률조항에 대한 헌법소원은 재판의 전제성이 결여되어 부적법하다. 그러나 살피건대, 청구인과 같은 법무사들이 이 사건 법률조항의 위헌여부를 다툴 수 있는 방법은 이 사건 법률조항 자체를 대상으로 하여 헌법소원을 제기하거나 이 사건 법률조항 위반의 제재로써 가해지는 징계나 벌칙에 대

한 불복절차에서 법원에 위헌심판제청을 신청하는 것인데, 전자에 의한 방법, 즉 법률조항에 대한 직접적인 헌법소원은 직접성, 현재성, 보충성, 청구기간 등의 적법요건을 충족하기가 쉽지 않다. 다음으로 후자의 방법, 즉 이 사건과 같이 청구인이 법무사업무정지처분의 불복절차를 통한 방법은 통상 그 처분의 효력기간이 그 처분의 취소를 구하는 당해 소송의 변론종결 이전에 도과되거나 그렇지 않으면 위헌법률소원을 제기하여 헌법재판소가 본안을 판단하기 전에 종료됨으로써 재판의 전제성 내지 권리보호이익이 없다는 이유로 각하될 것이어서 좀처럼 이 사건 법률조항에 대한 위헌여부를 심판받을 기회를 갖기 어렵다. 그렇다면 이 사건 법률조항이 재판의 전제성이 없어 당해 소송사건에 영향을 미치지는 않지만, 이 사건 법무사 보수제한 문제는 비단 청구인 한 사람에게만 국한된 것이 아니고 모든 법무사에게 이해관계가 있고 앞으로도 법무사들의 직업활동의 자유의 제한과 관련하여 계속적으로 문제되는 중요한 사안임에도 아직까지 이에 대한 헌법적 해명이 없어 이를 해명할 필요가 있다.

② **선고유예 실효 규정에 대한 위헌심판제청사건에서 선고유예기간 경과된 경우** - 이러한 경우 재판전제성이 소멸되었으나 아래와 같이 헌법해명필요성을 인정하여 예외적 심판이익을 인정하였다.

판례 헌재 2009.3.26. 2007헌가19

[사안] 범행의 시기는 불문하고 선고유예기간 중 자격정지 이상의 형에 처한 판결이 확정되면 선고유예가 실효되는 것으로 규정하고 있는 형법 제61조 제1항(이하 '이 사건 법률조항'이라 한다)이 평등원칙 등에 위반되는지 여부(소극) [사건개요] 제청신청인은 2006.8.23. 인천지방법원에서 외국환거래법위반으로 벌금 400만 원의 선고유예를 받아 같은 달 31. 확정되고(2005고정2645), 다시 2006.9.8. 서울북부지방법원에서 조세범처벌법위반으로 징역 8월에 집행유예 2년을 선고받아 같은 달 16. 확정되었다. 이에 검사가 선고유예 기간 중 자격정지 이상의 형에 처한 판결이 확정되었음을 이유로 2006.12.28. 제청법원에 제청신청인에 대한 선고유예의 실효를 청구하자, 제청신청인은 2007.1.18. 형법 제61조 제1항에 대하여 위헌심판제청 신청을 하였고, 법원은 이를 받아들여 이 사건 위헌제청을 하였다(2007초기671). [심판대상조문] 형법(1995.12.29. 법률 제5057호로 개정된 것) 제61조(선고유예의 실효) ① 형의 선고유예를 받은 자가 유예기간 중 자격정지 이상의 형에 처한 판결이 확정되거나 자격정지 이상의 형에 처한 전과가 발견된 때에는 유예한 형을 선고한다. [판시] 4. 적법요건에 대한 판단 : 이 사건의 경우 당해 사건이 제청법원에 적법하게 계속중이고, 이 사건 법률조항은 선고유예를 실효시키는 조항으로서 당해 사건에 직접 적용되며, 이 사건 법률조항이 위헌이라면 제청신청인에 대하여 선고유예의 실효를 선고할 근거규정이 없어지게 되어 그 판단 결과에 따라 당해 사건의 재판의 주문이 달라질 것이므로 재판의 전제가 되는 것이 분명하다. 그런데 제청신청인에 대한 외국환관리법위반의 범죄는 그 선고유예가 확정된 2006.8.31.부터 2년이 경과하였음이 역수상 명백하여 면소된 것으로 간주되므로, 제청신청인이 선고유예의 실효 결정을 받을 가능성은 이로써 소멸되고, 따라서 이 사건 법률조항에 대한 위헌제청이 인용된다 하더라도 당해 사건의 결론에 아무런 영향을 미칠 수 없게 되었으므로 제청신청인에게는 주관적인 권리보호의 이익이 더 이상 존재하지 아니한다 할 것이다. 그러나 이와 같이 심리기간 중 소의 이익이 소멸되었다 하더라도 헌법재판소로서는 제청 당시 전제성이 인정되는 한 예외적으로 객관적인 헌법질서의 수호·유지를 위하여 긴요한 사항에 대하여는 그 위헌 여부에 대한 판단을 할 수 있는 것이고(헌재 2000.7.20. 99헌가7, 판례집 12-2, 17, 25; 헌재 2004.10.28. 2003헌가18, 판례집 16-2하, 86, 94 참조), 이 사건 법률조항의 위헌 여부는 집행유예와 비교하여 평등권 침해가 문제되는 등 중요한 헌법적인 사항이라 할 수 있으며, 이 문제에 대하여 우리 재판소가 아직 헌법적 해명을 한 바 없을 뿐만 아니라, 이 사건과 관련하여 또는 이 사건과 무관하게 심판대상 법률조항에 따른 선고유예의 실효 청구가 재차 이루어져 평등권 등에 대한 기본권 침해의 논란이 반복될 여지가 있음이 분명하여, 이에 대한

위헌 여부의 심판이익이 있으므로, 객관적인 권리보호의 이익은 여전히 존재한다 할 것이다.

6. 무죄판결이 확정된 경우의 재판전제성 부정과 예외 인정

(1) 재판전제성 부정

위헌소원의 경우 법원재판의 정지가 안되어 형사재판판결이 확정될 수 있는데 무죄판결로 확정될 경우 재심청구도 안되어 적용되는 형사법규정의 위헌여부에 따라 당해 사건 재판의 주문이 달라지는 경우에 해당하지 않으므로 재판전제성이 부정된다고 헌재는 본다.

판례 헌재 2009.5.28. 2006헌바109

[판시] 헌법재판소법 제75조 제7항은 '제68조 제2항의 규정에 의한 헌법소원이 인용된 경우에 당해 헌법소원과 관련된 소송사건이 이미 확정된 때에는 당사자는 재심을 청구할 수 있다'고 규정하면서 같은 조 제8항에서 위 조항에 의한 재심에 있어 형사사건에 대하여는 형사소송법의 규정을 준용하도록 하고 있다. 그런데 형사소송법 제420조, 제421조는 '유죄의 확정판결에 대하여 그 선고를 받은 자의 이익을 위하여', '항소 또는 상고기각판결에 대하여는 그 선고를 받은 자의 이익을 위하여' 재심을 청구할 수 있다고 각 규정하고 있다. 따라서 헌법재판소법 제68조 제2항에 의한 헌법소원심판 청구인이 당해 사건인 형사사건에서 무죄의 확정판결을 받은 때에는 처벌조항의 위헌확인을 구하는 헌법소원이 인용되더라도 재심을 청구할 수 없고, 청구인에 대한 무죄판결은 종국적으로 다툴 수 없게 되므로 법률의 위헌 여부에 따라 당해 사건 재판의 주문이 달라지거나 재판의 내용과 효력에 관한 법률적 의미가 달라지는 경우에 해당한다고 볼 수 없으므로 더 이상 재판의 전제성이 인정되지 아니하는 것으로 보아야 할 것이다.

* 무죄판결 확정의 경우로서 동지의 결정례 : 헌재 2012.12.27. 2012헌바47. [판시] 청구인은 서울특별시 교육감 선거의 후보자였던 사람에게 후보자를 사퇴한 데 대한 대가를 목적으로 금전과 공직을 제공한 혐의로 기소되었으나, 이 중 공직 제공 부분에 대하여는 무죄판결이 확정되었다. 그러므로 이 사건 심판대상조항 중 '공사의 직을 제공하는 행위'에 관한 부분은 그 위헌 여부에 따라 당해 사건 재판의 주문이 달라지는 경우에 해당하지 않으므로 이 부분에 대한 심판청구는 결국 재판의 전제성이 인정되지 아니하여 부적법하다.

판례 헌재 2015.9.24. 2014헌바258

[결정요지] 이 사건 법률조항들을 적용한 공소사실에 관하여 청구인에게 무죄판결이 확정된 이상, 이 사건 법률조항들의 위헌 여부에 따라 당해 사건 재판의 주문이 달라지는 경우에 해당하지 않으므로 청구인의 이 사건 심판청구는 결국 재판의 전제성이 인정되지 아니하여 부적법하다.

(2) 예외적 심판필요성 인정 - 긴급조치위반의 점에 대한 무죄판결과 재심개시

헌재는 긴급조치 위반에 대해 무죄판결이 확정되었더라도 재심사건에서 헌법질서의 수호·유지 및 관련 당사자의 권리구제를 위하여 위헌심판의 필요성을 인정한다. 이 사안은 유신헌법하의 긴급조치에 대한 위헌결정이 있었던 사안이다.

판례 헌재 2013.3.21. 2010헌바132등, 유신헌법하 긴급조치 제1호에 대한 위헌소원사건

[판시] 2010헌바70 사건의 당해 사건 법원은 2009.12.31. 형사소송법 제420조 제7호의 재심사유에 해당한다고 보아 재심개시결정을 하였다. 그러므로 위 사건의 당해 사건에서 청구인에 대한 처벌 근거 조항인 긴급조치 제1호는 '본안사건에 대한 심판'의 절차에 있는 당해 사건에서 일응 재판의 전제성을 인정

할 수 있다. 그런데 대법원이 위 당해 사건에서 긴급조치 제1호 위반의 점에 대하여 무죄판결을 선고하였으므로, 이 경우에도 과연 재판의 전제성이 인정되는지 여부가 문제 된다. 헌법재판소법 제68조 제2항에 의한 헌법소원심판 청구인이 당해 사건인 형사사건에서 무죄의 확정판결을 받은 때에는 처벌조항의 위헌확인을 구하는 헌법소원이 인용되더라도 재심을 청구할 수 없고, … 원칙적으로 더 이상 재판의 전제성이 인정되지 아니한다. 그러나 앞에서 본 바와 같이 법률과 같은 효력이 있는 유신헌법에 따른 긴급조치의 위헌 여부를 심사할 권한은 본래 헌법재판소의 전속적 관할 사항인 점, 법률과 같은 효력이 있는 규범인 긴급조치의 위헌 여부에 대한 헌법적 해명의 필요성이 있는 점, 당해 사건의 대법원판결은 대세적 효력이 없는 데 비하여 형벌조항에 대한 헌법재판소의 위헌결정은 대세적 기속력을 가지고 유죄 확정판결에 대한 재심사유가 되는 점(헌법재판소법 제47조 제1항, 제3항) 등에 비추어 볼 때, 이 사건에서는 긴급조치 제1호, 제2호에 대하여 예외적으로 객관적인 헌법질서의 수호·유지 및 관련 당사자의 권리구제를 위하여 심판의 필요성을 인정하여 적극적으로 그 위헌 여부를 판단하는 것이 헌법재판소의 존재이유에도 부합하고 그 임무를 다하는 것이 되므로, 당해 사건에서 재판의 전제성을 인정함이 타당하다.

7. 심판계속 중 재판전제성이 소멸된 구법조항의 위헌 여부에 대한 판단을 한 예

위헌법률심판이 계속 중에 신법이 나와 구법조항이 더 이상 재판전제성을 가지지 않는다고 보아야 하나 경과규정을 둔 부칙조항이 있는 경우에 그 부칙조항의 위헌여부를 판단하기 위하여는 구법조항의 위헌여부에 대한 판단이 전제가 된다고 하여 구법조항에 대해 실질적인 심사를 한 아래의 예를 볼 수 있다.

판례 헌재 2000.8.31. 97헌가12

[본안쟁점] 출생에 의한 국적취득에서의 부계혈통주의(父系血統主義)가 남녀차별의 위헌인지 여부(위헌성 인정) [사건의 개요와 경위] 제청신청인은 1955.9.3.에 조선인이었던 부와 모로부터 태어났으며 중국에서 성장하였고 1995. 11.4.한국에 밀입국하여 귀순의사를 밝혔으나 서울외국인보호소에 수감되었고 같은 달 24. 강제퇴거명령을 받았다. 이에 제청신청인은 자신이 강제퇴거명령의 대상인 '외국인'이 아니고 대한민국 국민이라는 이유로 위 강제퇴거명령의 무효확인 등을 구하는 이 사건 본안소송을 제기하였다. 제청신청인은 자신의 아버지의 아버지가 조선인이었으므로 국적에 관한 임시조례(1948.5.11. 공포. 남조선과도정부 법률 제11호) 제2조 제1항 및 제헌헌법 제3조, 제100조에 따라 자신의 아버지도 제헌헌법의 공포와 동시에 대한민국의 국적을 취득하였으므로 자신도 구 국적법 제2조 제1항 제1호에 따라 대한민국의 국적을 취득하였다는 것인바, 기록에 나타난 각 증거들을 종합하여 볼 때 제청신청인의 아버지는 위 국적에 관한 임시조례가 시행되기 이전에 이미 중국에 거주하면서 중국국적을 취득한 것으로 인정되고 제청신청인 출생 당시 대한민국의 국민이었다고 보기는 어렵다. 이에 제청신청인은 새로운 근거로, 자신의 어머니의 아버지가 조선인이었으므로 위 임시조례와 제헌헌법의 위 규정들에 따라 어머니가 제헌헌법의 공포와 동시에 대한민국의 국적을 취득하였으므로 자신도 대한민국의 국적을 취득함이 당연할 것임에도 불구하고, 1948.12.20. 법률 제16호로 제정된 국적법 제2조 제1항 제1호는 부계혈통주의(父系血統主義)에 입각하여 아버지가 대한민국의 국민인 경우만 그 子가 대한민국의 국적을 취득하도록 하고 있으므로 자신이 대한민국의 국적을 취득하지 못한 것이라고 주장하면서, 위 국적법 제2조 제1항 제1호에 대해 위헌심판제청을 신청하였고 법원이 1997.8.20. 이를 받아들여 헌재에 제청을 하였다. 그런데 심판사건 계속중 제청대상 구법조항은 1997.12.13. 법률 제5431호로 국적법을 전문개정(이하 '신법'이라 한다)하면서 부모양계혈통주의(父母兩系血統主義)로 개정되었다. 그러나 신법 부칙 제7조 제1항(이하 '부칙조항'이라 한다)에서 신법 시행 이전 10년 동안에 대한민국 국민을 모로 하여 출생한

자에 대하여 대한민국 국적을 취득할 수 있도록 하는 경과규정을 두었고 이 부칙규정 때문에 1955.9.3. 생인 제청신청인은 개정된 신법에 의해서도 대한민국 국적을 취득할 수 없었다. 헌재는 "만일 헌법재판소의 부칙조항에 대한 위헌 내지 헌법불합치결정과 개선입법을 한다면 국적취득을 할 수 있기 때문에, 부칙조항도 같이 위헌여부 심판을 해주는 것이 법질서의 정합성과 소송경제 측면에서도 바람직하므로 이를 심판대상에 포함시키기로 한다"라고 하면서 구 국적법 제2조 제1항 제1호와 함께 신 국적법 부칙 제7조 제1항을 심판대상으로 하였다. [심판대상규정] 구 국적법 제2조 제1항 제1호(이하 '구법조항'이라 함) 및 신법 부칙 제7조 제1항(이하 '부칙조항'이라 함) 중 "… 10년 동안에" 부분 구 국적법 제2조 ① 다음 각 호의 1 에 해당하는 자는 대한민국의 국민이다. 1. 출생한 당시에 부가 대한민국의 국민인 자. 국적법(1997.12.13. 법률 제5431호로 전문개정된 것) 제2조(출생에 의한 국적취득) ① 다음 각호의 1 에 해당하는 자는 출생과 동시에 대한민국의 국적을 취득한다. 1. 출생한 당시에 부 또는 모가 대한민국의 국민인 자. 부칙 제7조(부모양계혈통주의 채택에 따른 모계출생자에 대한 국적취득의 특례) ① 이 법 시행 전 10년 동안에 대한민국의 국민을 모로 하여 출생한 자로서 다음 각호의 1 에 해당하는 자는 이 법의 시행일부터 3년 내에 대통령령이 정하는 바에 의하여 법무부장관에게 신고함으로써 대한민국의 국적을 취득할 수 있다. 1. 모가 현재 대한민국의 국민인 자 2. 모가 사망한 때에는 그 사망 당시에 모가 대한민국의 국민이었던 자. [주문] 1. 구 국적법(1948.12.20. 법률 제16호로 제정되고, 1997.12.13. 법률 제5431호로 전문개정되기 전의 것) 제2조 제1항 제1호에 대한 위헌여부심판제청을 각하한다. 2. 국적법(1997.12.13. 법률 제5431호로 전문개정된 것) 부칙 제7조 제1항 중 "… 10년 동안에" 부분은 헌법에 합치하지 아니한다. 이 법률조항은 입법자가 개정할 때까지 계속 적용된다. [판시] 가. 구법조항의 재판전제성 법원이 이 사건 위헌여부심판을 제청할 당시, 구법조항이 위헌이라면 대한민국 국민을 모로 하여 출생한 제청신청인은 대한민국 국적을 취득할 수 있기 때문에 제청신청인이 외국인임을 전제로 한 강제퇴거명령은 이를 집행할 수 없게 되므로 구법조항의 위헌 여부는 당해 사건의 재판에 전제성이 있었다. 그러나 1997.12.13. 개정된 신법에서는 부모양계혈통주의로 개정하였고(제2조 제1항 제1호), 당해 사건에서도 1998.6.14.부터는 신법을 적용하여야 한다(부칙 제1조). 따라서 구법조항은 이 심판 계속중 재판의 전제성을 상실하여 부적법하므로 주문 1 항과 같이 각하결정을 하기로 한다. 나. 부칙조항에 대한 판단 부칙조항은 신법 시행 전 10년 동안에 태어난 자에게 신고 등 일정한 절차를 거쳐 대한민국 국적을 취득하도록 하는 경과규정이므로 부칙조항의 위헌여부를 판단하기 위하여는 부계혈통주의를 규정한 구법조항의 위헌여부에 대한 판단이 전제가 된다.

* 해설 – 이 결정은 구법조항의 재판전제성을 부정하면서도 결국 신법의 부칙조항에 대한 판단에 있어서 구법조항의 위헌여부가 전제가 된다고 하여 구법조항에 대하여 위헌여부판단을 하였고 헌재는 구법조항이 남녀평등원칙에 어긋난다는 등의 이유를 들어 헌법에 위반되는 규정이었음을 인정하였다. 그런데 1997.12.13. 부모양계혈통주의로 바꿈으로써 구법조항의 위헌성은 제거되었으나 부칙조항은 신법 시행 10년 이전에 출생한 자에게는 국적을 부여하지 아니하였는바, 구법조항의 위헌적인 차별을 받은 자를 구제하는 데 신법 시행 당시의 연령이 10세가 되는지 여부는 헌법상 적정한 기준이 아닌 또 다른 차별취급이므로 이 부칙조항은 헌법 제11조 제1항의 평등원칙에 위배된다고 헌재는 보았다. 그러나 위헌결정 또는 단순한 헌법불합치결정만을 선고할 경우 그나마 신법 시행 전 10년 동안에 태어난 자녀에게 국적취득의 길을 열어 놓고 있는 근거규정이 효력을 잃게 되는 법적 공백상태를 야기한다는 이유로, 결국 헌재는 부칙조항을 입법자가 새로운 입법을 할 때까지 이를 잠정적으로 적용하도록 명하는 헌법불합치결정을 하였다.

* 검토 – 위 사안에서 과연 구법조항의 위헌여부가 재판의 전제성을 가지지 않는지 의문이다. 부칙조항에 의해 신법적용이 배제된 사실뿐 아니라 당해 사건의 소송대상인 행정처분(강제퇴거명령)의 위법성 여부는 처분시법주의에 따른다는 점을 고려하면 재판전제성이 인정된다고 하겠다.

8. 제청 후 대법원 판례에 따른 법원의 구체적 판단의 문제로 남게 된 경우

이러한 예는 양심적 예비군훈련거부자에 대한 처벌규정인 예비군법(이전의 '향토예비군설치법') 제15조 제9항 제1호 중 '제6조 제1항에 따른 훈련을 정당한 사유 없이 받지 아니한 사람'에 관한 부분에 대한 법원의 위헌심판제청 사건에서 있었다. 헌재는 제청 후 대법원이 진정한 양심에 따른 예비군 훈련 거부의 경우에도 위 예비군법 제15조 제9항 제1호에서 정한 '정당한 사유'에 해당한다고 보아야 한다고(진정한 양심에 따른 병역거부는 병역법 제88조 제1항의 '정당한 사유'에 해당한다고 판단한 것과 같이) 판단하였다는 점을 먼저 들었다(대법원 2021.1.28. 2018도4708, 대법원 2021.1.28. 2018도8716 판결 참조). 그리고 헌재는 "그렇다면 제청법원들이 문제 삼고 있는 상황, 즉 진지한 양심의 결정에 따라 예비군 훈련을 거부하는 사람에 대한 처벌 문제는 심판대상조항의 위헌 여부가 아니라 제청신청인들과 같이 양심의 자유를 주장하며 예비군 훈련을 받지 아니한 사람이 진정한 양심에 따른 예비군 훈련 거부자에 해당하는지 여부에 대한 법원의 구체적 판단의 문제, 즉 심판대상조항의 '정당한 사유'의 포섭 문제로 남게 되었다"라고 하여 "심판대상조항이 헌법에 위반되는지 여부에 따라 당해 사건을 담당하는 법원이 다른 내용의 재판을 하게 되는 경우에 해당한다고 볼 수 없다"라고 하여 재판전제성을 부정하였다. "제청법원들은 제청신청인들이 진정한 양심에 따른 예비군 훈련 거부자에 해당하는지 여부를 심리하고 이를 바탕으로 정당한 사유의 존부를 가려 유·무죄 판결을 하면 되므로"라고 그 이유를 밝히고 있다(헌재 2021.2.25. 2013헌가13).

판례 헌재 2021.2.25. 2013헌가13등

[결정요지] … 대법원은 진정한 양심에 따른 병역거부는 병역법 제88조 제1항의 '정당한 사유'에 해당한다고 판단하였고(대법원 2018.11.1. 선고 2016도10912 전원합의체 판결 참조), 예비군법 제15조 제9항 제1호 내지 구 향토예비군설치법(2016.5.29. 법률 제14184호 예비군법으로 개정되어 2016.11.30. 시행되기 전의 것) 제15조 제9항 제1호는 병역법 제88조 제1항과 마찬가지로 국민의 국방의 의무를 구체화하기 위하여 마련된 것이고, 예비군훈련도 집총이나 군사훈련을 수반하는 병역의무의 이행이라는 점에서 병역법 제88조 제1항에서 정한 '정당한 사유'에 관한 위 전원합의체 판결의 법리에 따라 예비군법 제15조 제9항 제1호에서 정한 '정당한 사유'를 해석함이 타당하므로, 진정한 양심에 따른 예비군 훈련 거부의 경우에도 예비군법 제15조 제9항 제1호 내지 구 향토예비군설치법(2016.5.29. 법률 제14184호 예비군법으로 개정되어 2016.11.30. 시행되기 전의 것) 제15조 제9항 제1호에서 정한 '정당한 사유'에 해당한다고 보아야 한다고 판단하였다(대법원 2021.1.28. 선고 2018도4708 판결, 대법원 2021.1.28. 선고 2018도8716 판결 참조). 그렇다면 제청법원들이 문제 삼고 있는 상황, 즉 진지한 양심의 결정에 따라 예비군 훈련을 거부하는 사람에 대한 처벌 문제는 심판대상조항의 위헌 여부가 아니라 제청신청인들과 같이 양심의 자유를 주장하며 예비군 훈련을 받지 아니한 사람이 진정한 양심에 따른 예비군 훈련 거부자에 해당하는지 여부에 대한 법원의 구체적 판단의 문제, 즉 심판대상조항의 '정당한 사유'의 포섭 문제로 남게 되었다. 제청법원들은 제청신청인들이 진정한 양심에 따른 예비군 훈련 거부자에 해당하는지 여부를 심리하고 이를 바탕으로 정당한 사유의 존부를 가려 유·무죄 판결을 하면 되므로, 이 사건 위헌법률심판제청은 '심판대상조항이 헌법에 위반되는지 여부에 따라 당해 사건을 담당하는 법원

이 다른 내용의 재판을 하게 되는 경우'에 해당한다고 볼 수 없다. 따라서 이 사건 위헌법률심판제청은 재판의 전제성 요건을 충족하지 못하여 부적법하다.

제3항 법원의 제청

헌재법 제41조(위헌 여부 심판의 제청) ① 법률이 헌법에 위반되는지 여부가 재판의 전제가 된 경우에는 당해 사건을 담당하는 법원(군사법원을 포함한다. 이하 같다)은 직권 또는 당사자의 신청에 의한 결정으로 헌법재판소에 위헌 여부 심판을 제청한다.
② 제1항의 당사자의 신청은 제43조 제2호부터 제4호까지의 사항을 적은 서면으로 한다.
③ 제2항의 신청서면의 심사에 관하여는 「민사소송법」 제254조를 준용한다.
④ 위헌 여부 심판의 제청에 관한 결정에 대하여는 항고할 수 없다.
⑤ 대법원 외의 법원이 제1항의 제청을 할 때에는 대법원을 거쳐야 한다.
[전문개정 2011.4.5.]
제42조(재판의 정지 등) ① 법원이 법률의 위헌 여부 심판을 헌법재판소에 제청한 때에는 당해 소송사건의 재판은 헌법재판소의 위헌 여부의 결정이 있을 때까지 정지된다. 다만, 법원이 긴급하다고 인정하는 경우에는 종국재판 외의 소송절차를 진행할 수 있다.
② 제1항 본문에 따른 재판정지기간은 「형사소송법」 제92조 제1항·제2항 및 「군사법원법」 제132조 제1항·제2항의 구속기간과 「민사소송법」 제199조의 판결 선고기간에 산입하지 아니한다.

Ⅰ. 당사자의 제청신청과 법원의 직권제청

법원이 직권 또는 당사자의 신청에 의한 결정으로 제청을 하여야 위헌법률심판이 이루어질 수 있다(헌재법 제41조 1항).

1. 제청신청과 법원의 결정

(1) 신청권자

1) 당사자

위헌제청을 신청할 수 있는 주체는 법원의 당해 재판의 당사자임은 당연하다. 당사자로는 주로 원고가 신청을 많이 할 것이나 피고도 적용되는 법률조항이 위헌임을 자신의 방어를 위해 주장할 필요가 있을 것이기도 하므로 신청할 수 있다.

2) 보조참가인

보조참가인도 제청신청의 주체가 될 수 있다. 헌재법 제40조에 따라 준용되는 민사소송법 제76조에 따라 보조참가인은 소송에 관하여 피참가인의 소송행위에 어긋나지 않는 한 공격·방어·이의·상소, 그 밖의 모든 소송행위를 할 수 있기 때문이다. 판례도 그러하다.

판례 헌재 2003.5.15. 2001헌바98
[판시] 헌법재판소법 제68조 제2항, 제41조 제1항은 보조참가인이 위헌심판제청신청의 당사자라고 명시하

고 있지는 않다. 그러나 헌법재판소법 제40조에 의하여 준용되는 민사소송법에 의하면 보조참가인은 피참가인의 소송행위와 저촉되지 아니하는 한 소송에 관하여 공격·방어·이의·상소, 기타 일체의 소송행위를 할 수 있는 자(민사소송법 제76조 제1항 본문)이므로 헌법재판소법 소정의 위헌심판제청신청의 '당사자'에 해당한다고 할 것이고, 이와 같이 해석하는 것이 구체적 규범통제형 위헌심사제의 입법취지 및 기능에도 부합한다고 할 것이다. 따라서 이 사건 청구인은 법 제68조 제2항의 헌법소원의 당사자 적격이 있다.

헌재법 제25조 1항은 "정부가 당사자(참가인을 포함한다. 이하 같다)인…"라고 규정하고 있기도 하다.

〈위헌제청신청서 서식례〉

위헌법률심판제청신청

사　건 : 2013가합0000　분담금
원　고 : 교통안전공단
피　고 : ㅇㅇ해운(주)
위 사건에 관하여 피고는 아래와 같이 위헌법률심판제청을 신청합니다.

신 청 취 지

교통안전공단법 제13조 제2항 제1호·제2호, 제17조, 제18조, 제19조 및 제21조의 위헌 여부에 관한 심판을 제청한다.

신 청 이 유

1. 교통안전기금에 관한 교통안전공단법 관련규정의 개요
2. 재판의 전제성
   …… 따라서 위 법률의 위헌 여부는 현재 ㅇㅇ지방법원 2013가합0000호로 계속 중인 분담금 사건에서 재판의 전제가 된다고 판단됩니다.
3. 교통안전분담금제도의 위헌성에 관하여
   가. 헌법 제11조 제1항의 평등원칙 위배 여부
   나. 헌법 제23조 제1항의 재산권 침해 여부
4. 결 어
   이상의 이유로 …… 위헌이라고 판단되므로, 신청인의 소송대리인은 귀원에 위헌법률심판을 제청해줄 것을 신청하기에 이르렀습니다.

20 . . .

위 피고 ㅇ ㅇ ㅇ (인)

ㅇㅇ지방법원 귀중

▌위헌법률제청신청서 예시, 출처 : 전자헌법전자센터 관련양식 및 작성례

(2) 신청방식 - 서면주의

당사자의 제청신청은 서면에 의하여야 하는데 그 서면에는 사건 및 당사자의 표시, 위헌이라고 해석되는 법률 또는 법률의 조항, 위헌이라고 해석되는 이유를 기재하여야 한다(동법 동조 2항). 위헌제청의 신청서에는 민사소송등인지법의 규정에 의한 인지를 첨부하지 아니한다['위헌법률심판제청사건의 처리에 관한 예규'(대법원 예규, 재일 88-3, 이하 '제청예규'라고도 함) 제3조].

(3) 법원의 심사와 제청에 관한 결정

당사자 신청의 서면의 심사에 관하여는 민사소송법 제254조(재판장등의 소장심사권)를 준용한다(동법 제41조 3항).

위헌제청신청을 받은 법원은 특별한 사정이 없는 한 사건이 접수된 날로부터 180일 이내에 결정한다(제청예규 제7조 5항). 위헌여부 심판의 제청에 관한 결정에 대하여는 항고할 수 없다(헌재법 제41조 4항).

2. 법원의 직권제청

법원은 위헌제청을 직권으로 할 수 있다.

Ⅱ. 제청의 주체, 판단, 방식과 절차

1. 제청권의 주체

(1) 법관이 아닌 법원(군사법원 포함)

당사자 신청에 의한 경우이든 직권으로 하는 것이든 제청권을 가지는 주체는 법원이다. 제청의 주체가 법관이 아니라 법원임에 유의해야 한다. 군사법원도 제청주체가 될 수 있다(헌재법 제41조 1항 본문 괄호). 군사법원에는 보통군사법원과 고등군사법원이 있는데(군사법원법 제5조) 두 군사법원 모두 제청권을 가진다. 아래의 결정은 군사법원이 제청한 예이다.

판례 헌재 2011.3.31. 2008헌가21

[제청] "계간 기타 추행한 자는 1년 이하의 징역에 처한다."라고 규정한 구 군형법(1962.1.20. 법률 제1003호로 제정되고, 2009.11.2. 법률 제9820호로 개정되기 전의 것) 제92조 중 "기타 추행"에 관한 부분(이하 '이 사건 법률조항'이라 한다)이 과잉금지원칙에 위반하여 성적자기결정권 및 사생활의 비밀과 자유, 평등권을 침해한다는 의견으로 육군 제22사단 보통군사법원이 1심 재판 계속중 직권으로 구 군형법 제92조에 대하여 이 사건 위헌법률심판제청을 하였다.

(2) 헌법재판소 직권제청권 인정 여부 문제

1) 문제의 구분

이 문제는 헌재가 법원의 제청이나 위헌소원심판청구가 없는데도 직권으로 위헌심사를 어느 법률조항에 대해 할 수 있는가 하는 문제이다. 다음의 경우들을 두고 생각해 볼 수 있다. ① 현재 어느 법률규정이 직접적인 심판대상이 된 사건이 전혀 없고 관련사건도 없는 경우이다. 이 경우에 헌재가 위헌심판을 할 기회를 가질 수는 없다. ② 현재 어느 사건에서 관련되는 법률조항이나 제청이 안 된 경우에 헌재가 직권으로 판단대상을 넓히거나 변경하여 제청이 안 된 그 법률조항에 대해서 심판하는 경우이다. 이런 경우는 그동안 더러 헌재 직권으로 행한다(예를 들어 재판전제성에서 간접적용되는 법률조항에 대한 인정). ③ 부수적 위헌선언의 예이다. 이는 헌재법 제75조 제5항이 본래의미 헌법소원 인용결정을 할 때 "헌법재판소는 공권력의 행사 또는 불행사가 위헌인 법률 또는 법률의 조항에 기인한 것이라고 인정될 때에는 인용결정에서 해당 법률 또는 법률의 조항이 위헌임을 선고할 수 있다"라고 규정하여 현행 법에서 명시적으로 인정되고 있다. 이에 따라 부수적 위헌선언을 한 예가 실제 있었다(헌재 1992.1.28. 91헌마111; 1995.7.21. 92헌마144). 이러한 부수적 위헌결정 외에 헌재는 제청되지 않은 조항이나 위헌결정되는 조항과 밀접한 경우에 함께 위헌선언하는 경우도 부수적 위헌선언이라고 한다(그 예로 헌재 2001.6.28. 2000헌바30; 2001.7.19. 2000헌마91등; 2001헌바82 등)(부수적 위헌선언과 그 구체적 결정례들에 대해서는 후술, 위헌법률심판의 결정범위, 위헌결정의 유형(형식) 부분 참조). ④ 다른 종류의 심판에서 가능성 여부의 문제이다. 위헌법률심판, 한법소원의 부수심판이 아니라 예를 들어 권한쟁의심판에서 적용되어야 할 법률조항이 문제되는 경우이다. 이하에서 이에 대해 살펴본다.

2) 다른 종류의 심판에서의 심사 문제

위의 경우들 중에 결국 ②, ③의 경우는 헌재 직권에 의하여 행할 수 있는 가능성이 인정되고 ④의 경우를 살펴보아야 하겠다.

(가) 가능성

가) 선결문제

우리는 앞서 법률에 대한 위헌판단의 기회가 '헌가' 심판 외에도 권한쟁의심판인 '헌라', 탄핵심판, 위헌정당심판 등에서도 그 사건에 적용되는 법률규정이 헌법에 반하는지 여부를 판단할 다른 계기들이 있다고 하였다. 이런 계기는 그 당해 심판에 적용되는 법률조항의 위헌여부가 가려져야 그 사건을 해결할 수 있는, 즉 선결문제가 되는 경우이다.

(a) **결정례** 이에 관한 결정례들로 다음과 같은 결정들이 있다.

① **자치사무에 대한 합목적성 감사 근거법률의 합헌성 인정** – 헌재는 지방자치단체의 자치사무에 대한 합목적성 감사가 지방자치단체 권한을 침해한다고 주장하여 청구된 권한쟁의심판에서 그 합목적성 감사의 근거가 되는 감사원법 제24조 제1항 제2호 등 관련규정(이하 '이 사건 관련규정'이라 한다) 자체가 청구인들의 지방자치권의 본질을 침해하여 위헌인지를 심사하여 합헌성을 인정한 다음 감사원의 합목적 감사가 권한침해가 아니라고 하여 아래와 같은 기각결정을 하였다. 이는 권한쟁의심판에서의 사실상 선결문제로서 법률규정에 대한 위헌여부 판단을 한

예라고 할 것이다.

판례 헌재 2008.5.29. 2005헌라3
[주문] … 심판청구를 기각한다. [판시] … 4. 본안에 관한 판단 가. … 위와 같이 지방자치단체의 자치사무에 대한 합목적성 감사의 근거가 되는 감사원법 규정(제24조 제1항 제2호, 제32조, 제33조, 제34조, 제34조의2, 이하 "이 사건 관련규정"이라 한다) 자체가 청구인들의 방자치권의 본질을 침해하여 위헌인지 여부가 문제된다. (2) 이 사건 관련규정이 지방자치권의 본질을 침해하는지 여부 … 따라서 이 사건 관련규정이 지방자치단체의 고유한 권한을 유명무실하게 할 정도로 지나친 제한을 함으로써 지방자치권의 본질적 내용을 침해하였다고는 볼 수 없다. 다. … 라. 소결 − 결국 이 사건 관련규정에 근거한 피청구인의 이 사건 감사가 헌법에 위반하여 청구인들의 지방자치권의 본질적 내용을 침해하였다고는 볼 수 없으므로, 청인들의 이 사건 심판청구는 이유 없다. * 좀더 자세한 요지는 후술 제7절 참조.

② **지방자치단체 조정교부금의 배분에 관한 권한쟁의심판** − 우선조정교부금 제도를 폐지하는 지방재정법 시행령 개정으로 권한이 침해된다고 주장하는 지방자치단체가 권한쟁의심판을 청구한 사건인데 그 시행령이 근거한 모법인 지방재정법 제29조 제2항의 위헌여부를 선결문제로서 부수적 규범통제를 청구한 사안이다. 헌재는 그러한 심판을 구하는 "취지가 위 법률조항에 대한 부수적 규범통제를 촉구하는 것으로 파악된다. 그러므로 지방재정법 제29조 제2항에 대해서는 선결문제로서 그 위헌여부를 검토한다"라고 하면서 검토한 결과 의회유보원칙, 포괄위임금지원칙에 반하지 않아 합헌이라고 판단하고 기각결정을 하였다.

판례 헌재 2019.4.11. 2016헌라7
[판시] (1) 의회유보원칙 위배 여부 − … 법률(의회)유보원칙을 위반한다고 보기는 어렵다. (2) 포괄위임금지원칙 위배 여부 − … 그러므로 지방재정법 제29조 제2항이 추구하는 입법목적 및 관련 법조항을 유기적·체계적으로 종합하여 보면, 결국 지방재정법 제29조 제2항에 의하여 대통령령에 규정될 내용은 조정교부금의 배분기준인 인구, 징수실적, 각 시·군의 재정사정을 구체적으로 어떻게 반영할 것인가에 관한 것이고, 이는 지방정부의 수직적·수평적 재정불균형을 가장 효율적으로 시정할 수 있는 개별 요소간의 반영 정도가 될 것임을 충분히 예측할 수 있다. (3) 소결 − 이상과 같이 이 사건 시행령조항의 근거 규정인 지방재정법 제29조 제2항은 헌법에 위반되지 아니한다. * 좀더 자세한 요지는 후술 제7절 참조.

(b) **결정 - 주문에의 포함** 선결문제로서 위헌여부를 심사한 결과 그 법률조항의 위헌성이 인정되면 주문에 그 사실을 밝혀야 할 것이다. 위에서 권한쟁의심판에서 이루어진 선결적 판단에서 합헌성이 모두 인정되어 그런 문제가 나타나지는 않았다. 주문에 위헌임을 밝히는 것은 현재 헌재법에 근거조항이 헌법소원의 경우 제75조 제5항이 있는데 다른 권한쟁의심판, 위헌정당해산심판, 탄핵심판의 경우에는 명시되어 있지 않다. 명시조항이 없더라도 밝혀야 할 의무가 있다고 보여지는데 앞으로 헌재법 개정을 통해 명시하는 것이 필요하다. 보다 나은 입법론은 앞의 일반절차에서 헌재가 심판함에 있어서 그 사건의 해결에 전제가 되는 위헌여부 심사를 할 수 있음을 통칙으로 두는 것이라고 본다.

나) 법률제정행위

권한쟁의심판에서 국회의 법률제정행위로 권한이 침해되었다고 주장하는 다른 국가기관이나 지방자치단체가 그 심판을 청구하면 헌재가 법률제정행위에 대한 판단은 사실상 그 제정 결과인 법률규정의 위헌여부 판단으로 이어질 수 있을 것이다. 아래는 의무교육경비를 지자체에 부담지우는 관련 법률규정들을 제정한 국회의 행위에 대해 합헌성을 인정하고 권한침해가 없다고 보아 기각결정을 한 예이다.

판례 헌재 2005.12.22. 2004헌라3

[판시] … 4. 본안에 관한 판단 가. … 라. 권한침해 여부 – 권한쟁의심판의 심판대상은 '피청구인의 처분 또는 부작위로 인하여 청구인의 헌법상 또는 법률상의 권한이 침해되었는지 여부'인바(헌법재판소법 제61조 제2항), 이 사건 본안판단의 대상으로 된 것은 피청구인 국회의 법률제정행위로서 그 위헌여부가 문제되는데, 앞에서 본바와 같이 거기에 교육 및 지방자치에 관한 헌법규정에 위반되는 점이 없으므로 그로 인한 청구인의 권한침해는 인정되지 않는다. 5. 결론 … 피청구인 국회에 대한 심판청구는 이유 없으므로 이를 기각하기로 결정한다. * 좀더 자세한 요지는 후술 제7절 참조.

(나) 검토

헌재가 헌법의 최후해석기관이고 그 해석을 통해 국민의 기본권보장에 긍정적 효과를 가져오면 보다 적극적인 자세로 개입하는 것은 바람직하다. 재판기관으로서 사건성이 있어야 한다는 한계는 부정할 수 없다. 그렇지만 당해 심판이나 관련사건에서 필요하면 적극적으로 심판을 행하여 위헌요소는 소거하는 것이 필요하다.

2. 법원의 제청 여부 판단

(1) 판단과정

법원이 당사자의 신청에 의해서이든 자신의 직권에 의한 것이든 헌법재판소에 그 위헌여부 심판을 제청할 것인지 아니할 것인지 그 여부를 정할 때에는 적법요건인 대상성 여부, 재판전제성 등 위에서 살펴본 요건들을 구비하였는지를 살피고, 본안으로는 위헌이라고 볼 것인지 여부를 판단하고 그 판단결과에 따라 제청여부를 결정하게 된다.

(2) 위헌 의심의 정도와 법원의 제청의무 유무 문제

1) 문제의 의미와 성격

문제는 법원이 위헌이라고 보여지는 농도가 어느 정도일 것을 요구하는 것인지 아니면 조금이라도 위헌의 의심이 들면 제청하여야 할 것인지 하는 문제가 있다. 이 문제는 법원의 제청의무가 존재하는지 하는 문제와 연관된다.

2) 합리적 위헌의심이 있으면 제청

(가) 판례입장

헌재는 "제청한다"라는 의미는 "법원은 문제되는 법률조항이 담당법관 스스로의 법적 견해에 의하여 단순한 양심을 넘어선 합리적인 위헌의 의심이 있으면 위헌여부심판을 제청하라는 취지"라고 본다.

판례 헌재 1993.12.23. 93헌가2

[관련설시] 헌법 제107조 제1항과 헌법재판소법 제41조(위헌여부심판의 제청), 제43조(제청서의 기재사항) 등의 각 규정의 취지는, 법원은 문제되는 법률조항이 담당법관 스스로의 법적 견해에 의하여 단순한 의심을 넘어선 합리적인 위헌의 의심이 있으면 위헌여부심판을 제청하라는 취지이다. 그리고 헌법재판소로서는 제청법원의 이 고유판단을 될 수 있는 대로 존중하여 제청신청을 받아들여 헌법판단을 하는 것이므로 이 사건 제청을 부적법한 것이라고 할 수는 없다.

(나) 검토

합리적 의심이 어느 정도인지 여전히 그 판단기준이 명확하지는 않다. 구체적 규범통제를 하는 법원으로서는 자신이 담당하는 구체적·개별적 분쟁사건의 해결에 주력하게 된다고 하더라도 법원이 국민의 기본권보장의무를 지고 있으므로 적극적으로 제청하는 자세가 타당하다. 법률이 그 당해 사건의 당사자만이 아니라 많은 사람들에게 영향을 미치는 법규범임을 고려할 때 객관적인 위헌여부가 확인되는 기회가 가능한 한 열리도록 해야 할 것이다. 헌재의 입장에 따라 합리적 위헌의심이 있으면 제청하는 것이 요구되는데도 제청하지 않으면 현재 당사자가 위헌소원심판을 청구할 수 있으므로 문제해소의 여지를 상당히 주고 있다고 하겠다.

(3) 법원의 제청여부와 법원의 합헌판단권 유무 문제

1) 논의 취지

헌재법 제41조 제4항은 "위헌여부심판의 제청에 관한 결정에 대하여는 항고할 수 없다" 라고 규정하고 있고 동법 제68조 제2항은 "제41조 제1항의 규정에 의한 법률의 위헌여부심판의 제청신청이 기각된 때에는 그 신청을 한 당사자는 헌법재판소에 헌법소원심판을 청구할 수 있다"라고 규정하고 있다. 이 규정들이 법원의 합헌판단권을 인정하는 근거가 아닌지에 대해 긍정하는 견해가 있고 초기에 논란이 있었다. 항고금지, 헌법소원을 통한 이의제기가 법원의 합헌판단을 전제로 한 것이라는 취지였다.

2) 판례 - 부정

그러나 헌재는 부정한다.

판례 헌재 1993.7.29. 90헌바35

[관련판시] … 그런데 여기서는 무엇보다도 청구인이 주장하는 위 헌재법 조항들이 과연 법원의 합헌판단권을 인정하는 근거조항이 되는 것인가 하는 것이 문제된다. 먼저 헌재법 제41조 제4항은 위헌여부심판

의 제청에 관한 결정에 대하여는 항고할 수 없다는 것으로서, 합헌판단권의 인정여부와는 직접 관계가 없는 조항이므로, 그 조항이 바로 법원의 합헌판단권을 인정하는 근거가 된다고 할 수 없다. 또한 헌재법 제68조 제2항은 위헌제청신청이 기각된 때에는 그 신청인이 바로 헌법재판소에 법률의 위헌여부에 관한 헌법소원을 제기할 수 있다는 것으로서, 그 경우에 "위헌제청신청이 기각된 때"라는 것은 반드시 합헌판단에 의한 기각결정만을 의미하는 것이 아니라 재판의 전제성을 인정할 수 없어 내리는 기각결정도 포함하는 것으로 해석되므로, 그 조항(헌재법 제68조 제2항) 역시 법원의 합헌판단권을 인정하는 근거가 된다고 볼 수 없다. 그렇다면 청구인이 거론하는 헌재법 조항은 바로 법원의 합헌판단권이나 그에 따른 위헌제청 기각결정의 근거가 되는 법률조항이 아니므로, 청구인이 그로 말미암아 재판청구권 기타 기본권이 침해되었다고 주장하여 그 헌재법 조항에 대한 법령소원을 제기할 수는 없다고 본다. 따라서 이 부분에 대한 이 사건 심판청구는 본안심리에 의한 위헌여부의 판단을 할 것도 없이 부적법하다고 하여야 할 것이다.

3) 검토

헌법이 헌법재판소의 심판에 의하여 재판한다고 규정하고 있으므로(제107조 1항) 부정설이 타당하다.

3. 제청의 방식

(1) 제청서

법원의 위헌여부심판 제청은 헌법재판소에 제청서를 작성하여 제출함으로써 한다(헌재법 제26조 1항).

(2) 제청서 기재사항, 첨부

1) 제청서 기재사항

아래와 같은 사항들을 기재하여야 한다(동법 제43조).

헌재법 제43조(제청서의 기재사항) 법원이 법률의 위헌 여부 심판을 헌법재판소에 제청할 때에는 제청서에 다음 각 호의 사항을 적어야 한다.
1. 제청법원의 표시
2. 사건 및 당사자의 표시
3. 위헌이라고 해석되는 법률 또는 법률의 조항
4. 위헌이라고 해석되는 이유
5. 그 밖에 필요한 사항
[전문개정 2011.4.5.]

헌법재판소 심판 규칙은 아래 조문에서 보듯이 위 헌재법에 규정된 기재사항 외에 더 요구하고 있다. 이는 구속기간, 행정처분 집행의 시급 정도를 보고 심판을 가능한 한 신속하고도 적정하게 하기 위한 참고를 하는 의미를 가진다고도 보겠다.

헌법재판소 심판 규칙(이하 '심판규칙'으로 줄이기도 함) 제54조(제청서의 기재사항) 제청서에는 법 제43조의 기재사항 외에 다음 각 호의 사항을 기재하여야 한다.

1. 당해사건이 형사사건인 경우 피고인의 구속 여부 및 그 기간
2. 당해사건이 행정사건인 경우 행정처분의 집행정지 여부

2) 첨부

헌재법 제26조(심판청구의 방식) ② 헌재는 제청서에 필요한 증거서류 또는 참고자료를 첨부할 수 있다.

(3) 제청서의 예시

<위헌제청서 예시(당사자의 신청에 의한 경우)>

○ ○ 법 원

위 헌 제 청 결 정

사 건 2003카101 위헌제청신청
신청인 ○○○ (-)
서울 ○○구

주 문

아래 사건에 관하여 ○○법 제○조 제○항의 위헌 여부에 관한 심판을 제청한다.

(예시) 사건 2003가단1000 대여금
원고 ○○○ (서울 ○○구)
피고 ○○○ (서울 ○○구)

이 유

(예시) 주문 기재 법률 제○조 제○항은 별지 기재와 같이 그 위헌 여부가 주문 기재 사건 재판의 전제가 될 뿐만 아니라 이를 위헌이라고 인정할 만한 상당한 이유가 있으므로 주문과 같이 결정한다.

20 . . .

판 사 ○ ○ ○ (인)

▌위헌제청서 예시(당사자의 신청에 의한 경우)
출처 : https://ecourt.ccourt.go.kr/coelec/files/form/lawbad_1.pdf

4. 제청절차

대법원 외의 법원이 제청을 할 때에는 대법원을 거쳐야 한다(동법 동조 5항). 이는 경유에 그치는 것이고 과거 제5공화국하에서처럼 대법원이 헌법재판소에 불송부할 수 있는 것이 아님은 물론이다. 따라서 대법원은 지방법원, 고등법원 등에서 보내온 제청서 정본을 그대로 헌재에 송부하여야 하고 이 송부로 제청절차 자체는 마무리된다.

Ⅲ. 제청의 효과

1. 제청

(1) 재판의 정지

1) 정지기간

법원이 법률의 위헌여부의 심판을 헌법재판소에 제청한 때에는 당해 소송사건의 재판은 헌법재판소의 위헌여부의 결정이 있을 때까지 정지된다(동법 제42조 1항 본문). 다만, 법원이 긴급하다고 인정하는 경우에는 종국재판 외의 소송절차를 진행할 수 있다(동법 동조 동항 단서).

2) 기산점과 만료점

대법원 예규는 재판정지기간의 기산점과 만료점을 아래와 같이 규정하고 있다.

'위헌법률심판제청사건의 처리에 관한 예규' 제9조의2(재판정지기간) 헌법재판소법 제42조 제1항 본문의 규정에 의한 재판정지기간의 기산점은 법원이 위헌제청의 결정을 한 때, 그 만료점은 헌법재판소의 위헌여부결정서 정본이 위헌제청법원에 송달된 때로 본다. 제7조 제4항의 경우(* 법원의 제청취소·철회의 경우를 말함. 후술 참조)에는 위헌제청결정에 대한 취소결정을 한 때에 재판정지기간이 만료한 것으로 본다.

3) 비산입 기간

이 재판정지기간은 형사소송법 제92조 제1항·제2항 및 군사법원법 제132조 제1항·제2항의 구속기간과 민사소송법 제199조의 판결 선고기간에 이를 산입하지 아니한다(헌재법 제42조 2항).

(2) 제청서의 송달, 의견서 제출, 자료·기록·의견 송부·제출요구 등

1) 제청서의 송달

위헌법률심판의 제청이 있으면 법무부장관 및 당해 소송사건의 당사자에게 그 제청서의 등본을 송달한다(동법 제27조 2항). 법무부장관에 송달하도록 한 것은 정부에서 법무부장관은 검찰·행형·인권옹호·출입국관리 그 밖에 법무에 관한 사무를 관장하기(정부조직법 제32조 1항) 때문에 사건에 대한 파악을 하도록 하여 정부의 입장을 정하여 제시하도록 하기 위함이다.

2) 추후 의견서 등 제출

제청 이후에 제청법원, 당사자, 참가인, 법무부장관은 의견서 등을 제출할 수 있다.

심판규칙 제55조(제청법원의 의견서 등 제출) 제청법원은 위헌법률심판을 제청한 후에도 심판에 필요한 의견서나 자료 등을 헌법재판소에 제출할 수 있다.
제56조(당해사건 참가인의 의견서 제출) 당해사건의 참가인은 헌법재판소에 법률이나 법률조항의 위헌 여부에 관한 의견서를 제출할 수 있다.

헌재법 제44조(소송사건 당사자 등의 의견) 당해 소송사건의 당사자 및 법무부장관은 헌법재판소에 법률의 위헌 여부에 대한 의견서를 제출할 수 있다

당사자, 참가인은 자신의 위헌주장을 뒷받침하거나 이해관계에 유리한 주장을 펴도록 하기 위한 것임은 물론이고 법원으로서도 자신이 위헌이라고 제청한 결정을 보강하고 설득하는 의견을 제시할 필요가 있기 때문에 위와 같이 의견제출의 기회를 부여하는 것이다. 법무부장관도 위에서 언급한 대로 정부의 법무를 관장하기 때문에 의견제시의 기회를 가지는 것이 필요하고 법률이 여러 국민들에 미치는 영향을 고려하더라도 정부의 입장이 표명되는 것이 필요하다.

이해관계를 가지는 국가기관(공공기관)이나 공공단체의 의견을 청취할 필요도 있다. 실제 실무에서 이 기관들의 의견제시가 사건의 파악이나 나중에 내려질 헌재판결의 객관성을 더 많이 담보하게 하여 유용하다. 헌재 심판규칙은 이해관계인의 의견제출을 규정하여 의견제출자의 범위를 넓히고 있다.

심판규칙 제10조(이해관계기관 등의 의견서 제출 등) ① 헌법재판소의 심판에 이해관계가 있는 국가기관 또는 공공단체와 법무부장관은 헌법재판소에 의견서를 제출할 수 있고, 헌법재판소는 이들에게 의견서를 제출할 것을 요청할 수 있다. ② 헌법재판소는 필요하다고 인정하면 당해심판에 이해관계가 있는 사람에게 의견서를 제출할 수 있음을 통지할 수 있다. ③ 헌법재판소는 제1항 후단 및 제2항의 경우에 당해심판의 제청서 또는 청구서의 등본을 송달한다.

3) 사실조회 자료·기록·의견 등 송부·제출 요구

재판부는 아래 규정에 따라 다른 국가기관, 공공단체의 기관에 사실을 조회하거나, 기록의 송부나 자료의 제출을 요구할 수 있는데 아래 단서와 같은 한계도 있다.

헌재법 제32조(자료제출 요구 등) 재판부는 결정으로 다른 국가기관 또는 공공단체의 기관에 심판에 필요한 사실을 조회하거나, 기록의 송부나 자료의 제출을 요구할 수 있다. 다만, 재판·소추 또는 범죄수사가 진행 중인 사건의 기록에 대하여는 송부를 요구할 수 없다.

한편 위에서 살펴본 의견제출제도에서 이러한 의견제출이 '할 수 있다'라고 임의적 사항으로 규정되어 있으나 이러한 필요성을 감안하여 헌재가 적극적으로 요청할 수도 있어야 할 것이 요구된다. 헌재 심판규칙은 위와 같이 요청할 수 있음을 규정하고 통지와 송달제도를 규정하고 있다(심판규칙 제10조).

2. 제청기각시 위헌소원 청구 가능성

당사자의 제청신청이 기각(또는 각하)되면 이 기각결정에 대하여는 항고할 수 없고(제41조 4항), 당사자가 헌법재판소에 헌법소원심판을 청구하여 위헌심판을 받을 수 있을 뿐이다(동법 제68조 2항). 이를 이때까지 불러온 대로 위헌소원이라고 한다(실질적인 위헌심사이므로 여기 위헌법률심판에서도 다루지만 헌법소원이기도 하므로 헌법소원심판에서도 다룬다. 후술 헌법소원 부분도 참조). 위헌소원심판이 청구되더라도 재판이 정지되지 않는다. 따라서 법원재판이 확정되고 나서 헌법재판소가 위헌결정을 하는 경우를 대비하여 재심제도가 마련되어 있다(동법 제75조 7항).

3. 법원의 위헌제청결정의 취소, 제청철회

이는 법원이 제청을 한 후에 헌재가 심판도중에 있는데 아래 예규에 규정된 사정의 변화가 발생한 경우에는 법원이 제청결정 자체로 취소하고 헌재에 철회 의사표시를 하는 것이다.

> **'위헌법률심판제청사건의 처리에 관한 예규' 제7조** ④ 위헌제청결정을 한 후 헌법재판소가 당해 법률을 위헌이라고 결정하거나 그 법률이 폐지되거나 당사자의 소송종료를 초래하는 행위(소 · 항소 · 상고등의 취하, 화해, 청구포기 · 인낙 등) 등의 사유로 위헌제청의 사유가 소멸한 경우에는 위헌제청결정을 취소하고 그 취소결정정본을 헌법재판소에 송부함으로써 위헌여부심판제청을 철회한다.

제3절 위헌법률심판의 기준

법률이 헌법에 위반되는지의 심사에 있어서 물론 현행 헌법전의 규정들이 그 기준이 된다. 성문헌법의 규정뿐 아니라 성문헌법에서 파생되어 나오는 헌법규범, 그리고 헌법관습법 등 불문헌법규범도 기준이 된다고 보는 견해가 많다. 조약 등도 논란이 없지 않으나 그 기준이 된다고 본다.[1)]

Ⅰ. 헌법전

성문헌법 국가에서는 헌법전 규정들이 주되는 기준이 된다. 우리나라도 그러한 예에 해당된다.

---

1) 위헌법률심판 등에서의 기준에 대해서는, 정재황, 헌법재판의 기준, 공법연구(한국공법학회), 제25집 제4호, 1997년 6월 참조.

1. 내용적 범위

(1) 전문

오늘날 헌법전문도 헌법재판규범으로서 기능한다. 헌법전문에는 헌법의 기본이념, 기본원칙 등이 내포되어 있기도 하다. 우리 헌재는 헌법전문을 적용하여 판단한 아래의 결정례들을 보여주고 있다. * 아래 결정례들은 정재황, 신헌법입문, 제11판, 2021, 21－22면에서 옮긴 것임.

판례 * 헌법전문을 적용하여 판단한 헌법재판소 결정례 ① 선거운동상 무소속후보자에 대한 차별에 관한 결정례 : 헌재는 정당추천후보자에게 별도로 정당연설회를 할 수 있도록 한 구 국회의원선거법 규정이 무소속후보자를 차별하여 헌법전문에 위반된다고 보고 무소속후보자에게도 이에 준하는 선거운동의 기회를 균등하게 허용하지 아니하는 한 위헌이라고 판시한 바 있다(헌재 1992.3.13, 92헌마37). ② 시·도의회의원 선거 후보자의 기탁금(700만원) 규정에 대한 헌법불합치결정례 : 헌재는 구 지방의회의원선거법의 이 규정이 자유민주주의 원리에도 합치되지 않고 헌법 전문의 규정취지에도 반한다고 하면서 헌법불합치결정을 했다(헌재 1991.3.11, 91헌마21). ③ "3·1운동으로 건립된 대한민국임시정부의 법통"에 관한 위헌확인결정례 : 일본군 위안부, 일제강제징병(용)원폭 피해자에 대한 국가보호의무 확인결정 － 헌재는 우리 헌법은 전문에서 "3·1운동으로 건립된 대한민국임시정부의 법통"의 계승을 천명하고 있는바, 비록 우리 헌법이 제정되기 전의 일이라 할지라도 국가가 국민의 안전과 생명을 보호하여야 할 가장 기본적인 의무를 수행하지 못한 일제강점기에 일본군위 안부로 강제 동원되었던, 그리고 징병(징용)되어 전쟁수행의 도구로 활용되다가 원폭피해를 당한 청구인들의 인간으로서의 존엄과 가치를 회복시켜야 할 의무는 대한민국임시정부의 법통을 계승한 지금의 정부가 국민에 대하여 부담하는 가장 근본적인 보호의무에 속한다고 하고 이 의무를 이행하지 아니하고 있는 피청구인(당시의 외교통상부장관)의 부작위가 위헌이라고 확인하였다(헌재 2011.8.30, 2006헌마788; 헌재 2011.8.30, 2008헌마648). 그러나 헌재는 이 결정 이후 일제의 사할린 강제징용자 등이 청구한 같은 성격의 청구에 대해 우리 정부는 2013. 한·일 외교당국 간 협의를 개최할 것을 제안했고, 2014.－2015. 몇 차례 각 국장급 면담, 2016.1.21.자 실무 협의 등을 했고 설사 그에 따른 가시적인 성과가 충분하지 않다고 하더라도 피청구인(당시 외교통상부장관)이 자신에게 부여된 작위의무를 이행하지 않고 있다고 볼 수는 없다고 하여 작위의무 불이행을 전제로 그것이 위헌임을 주장하는 이 사건 심판청구는 부적법하다고 하여 각하결정하다(헌재 2019.12.27, 2012헌마939). 과연 위 노력이 2011년의 위헌확인한 부작위를 넘어서는 노력이었는지, 2011년 결정에서 '기본권 침해 구제의 절박성' 등을 언급한 것이 지금에 와서 해소되었다는 것인지 등 의문이 있고 2019년 대법원 강제징용판결로 불거진 한·일 간 대립을 고려하지 않을 수 없다는 점에서 설득력이 약하다. ④ "정의·인도와 동포애로써 민족의 단결을 공고히"에 관한 합헌결정례 : 사할린 지역 강제동원 피해자의 경우 '대일항쟁기 강제동원 피해조사 및 국외강제동원 희생자 등 지원에 관한 특별법'이 1938.4.1.부터 1990.9.30.까지의 기간 중 또는 국내로 돌아오는 과정에서 사망하거나 행방불명된 사람에 한하여 국외강제동원 희생자에 포함된다고 규정한 데 대해 헌재는 구소련에 의하여 강제억류되어 국내로의 귀환이 사실상 어려웠던 사정을 감안하여 한·소 수교가 이루어진 1990.9.30. 이전으로 정한 것이고 이를 현저히 자의적이거나 불합리한 것이라고 볼 수 없으므로 "정의·인 도와 동포애로써 민족의 단결을 공고히" 할 것을 규정한 헌법 전문의 정신에 위반된다고 할 수 없다고 판시하였다(2013헌바11). ⑤ "모든 사회적 폐습과 불의를 타파"에 관한 합헌결정례 : '공직선거 및 선거부정방지법'상의 문서·도화의 배부·게시 등 금지조항(동법 제93조 제1항)이 헌법전문의 이 문언에 반한다는 주장이 있었다. 그러나 헌재는 제93조 제1항은 탈법적인 선거 운동행위를 규제하여 선거의 공정성을 확보하는 데에 그 입법목적이 있으므로 위 헌법전문 문언에 부합하는 법 조항이라고 보았다(헌재 2001.8.30, 99헌바92).

(2) 본문

우리 헌법은 제1장 총강, 제2항 국민의 권리와 의무, 제3장 국회, 제4장 정부, 제5장 법원, 제6장 헌법재판소, 제7장 선거관리, 제8정 지방자치, 제9장 경제, 제10장 헌법개정 모두 130개조의 본문이 있는바 위헌심판의 기준이 될 수 있다.

2. 시적 범위

그동안 여러 역대 헌법들이 제정, 개정으로 있어 왔다. 따라서 위헌심판의 기준이 되는 헌법은 심판대상인 법규범이 나타난 그 시점의 헌법인가 아니면 현행 헌법인가 하는 문제가 있다. 유신헌법 하 발령된 긴급조치 제1호 등에 대한 위헌심판 사건에서 헌재는 위헌심판의 기준은 현행 헌법이 된다고 한다. 헌재는 우리 헌법은 제헌헌법 이래 개정으로 이어져 헌법의 동일성, 연속성을 가지므로 현행헌법만 규범적 효력을 가진다고 하면서 이 점을 논거로 한다. 그러면서도 유신헌법이 헌법의 핵심가치를 훼손한 것이었고 폐지된 것이라고 하는데 그러면 연속성을 언급하는 것이 모순이 아닌가 한다. 위헌적인 상태가 입헌주의 규정으로 이루어진 현행 헌법에서도 계속되어 그것의 지적과 시정을 위한 위헌심판은 현행 헌법에 의해 판단하는 것으로 논증하는 것이 타당하다. 더욱이 유신헌법, 그리고 이후 권위주의 헌법하에서 위헌성을 가리기가 어려웠던 점도 고려해야 한다.

판례 헌재 2013.3.21. 2010헌바132등

[판시] 이 사건 긴급조치들의 위헌 여부를 심사하는 기준은 유신헌법이 아니라 현행헌법이라 할 것이다. 현행헌법은 전문에서 '1948.7.12.에 제정되고 8차에 걸쳐 개정된 헌법을 이제 국회의 의결을 거쳐 국민투표에 의하여 개정한다.'라고 하여, 제헌헌법 이래 현행헌법에 이르기까지 헌법의 동일성과 연속성을 선언하고 있으므로 헌법으로서의 규범적 효력을 가지고 있는 것은 오로지 현행헌법뿐이라고 할 것이다. 유신헌법도 그 시행 당시에는 헌법으로서 규범적 효력을 갖고 있었음을 부정할 수 없다. 그러나 유신헌법에는 권력분립의 원리에 어긋나고 기본권을 과도하게 제한하는 등 제헌헌법으로부터 현행헌법까지 일관하여 유지되고 있는 헌법의 핵심 가치인 '자유민주적 기본질서'를 훼손하는 일부 규정이 포함되어 있었고, 주권자인 국민은 이러한 규정들을 제8차 및 제9차 개헌을 통하여 모두 폐지하였다. 유신헌법 제53조에 의한 긴급조치는 뒤에서 보는 것처럼 국민의 기본권을 침해하는 위헌적인 내용으로 남용되었고, 이에 대한 반성으로 제8차 개헌에서 이를 폐지하고 비상조치 권한(제51조)으로 대체하였으며, 제9차 개헌에서는 비상조치 권한도 폐지하고 그 대신 국가긴급권의 또 다른 형태인 긴급재정경제명령·긴급명령에 관한 규정(제76조)만을 두었다. 이 사건에서는 유신헌법 제53조에 따른 긴급조치라는 공권력의 행사가 예외적으로 재심과 같은 특수한 구제절차를 통해 그 위헌 여부가 다투어지고 있는바, 이 사건 긴급조치들이 유신헌법을 근거로 하여 발령된 것이긴 하나 그렇다고 하여 이미 폐기된 유신헌법에 따라 이 사건 긴급조치들의 위헌 여부를 판단하는 것은, 유신헌법 일부 조항과 긴급조치 등이 기본권을

지나치게 침해하고 자유민주적 기본질서를 훼손하는 데에 대한 반성에 기초하여 헌법 개정을 결단한 주권자인 국민의 의사와 기본권 강화와 확대라는 헌법의 역사성에 반하는 것으로 허용할 수 없다.한편 헌법재판소의 헌법 해석은 헌법이 내포하고 있는 특정한 가치를 탐색·확인하고 이를 규범적으로 관철하는 작업이므로, 헌법재판소가 행하는 구체적 규범통제의 심사기준은 원칙적으로 헌법재판을 할 당시에 규범적 효력을 가지는 헌법이라 할 것이다. 그러므로 이 사건 긴급조치들의 위헌성을 심사하는 준거규범은 유신헌법이 아니라 현행헌법이라고 봄이 타당하다.

Ⅱ. 기본권규범

1. 헌법에 명시된 기본권규정

헌법에 명시된 기본권규정들이 그 구속성의 정도에 있어서는 차이가 있다고 해석되기도 하지만 그 규정들이 위헌법률심판의 기준이 됨은 물론이다.

2. 파생적·포괄적 기본권 – 기본권의 파생(도출)

헌법에 명시된 기본권만이 헌법이 보호하는 권리가 아니다. 헌법이 명시적으로 규정하고 있지 않은 기본권들도 있는데 이러한 기본권들을 우리 헌법재판소는 헌법 제10조의 인간의 존엄과 가치 및 행복추구권에서 파생(도출)시키고 있다. 예를 들어 행복추구권에서 일반적 행동자유권이 나온다고 보고 이 일반적 행동자유권에서 여러 자유권들이 또 파생되어 나온다고 보는 것이 그 예이다. 따라서 이러한 파생되는 기본권의 경우에도 위헌심판의 기준이 될 수 있다.

헌법 제10조에서 기본권이 도출 내지 파생된다는 의미는 헌법 제10조의 인간의 존엄과 가치 및 행복추구권이 헌법에 명시되어 있지 않은 기본권들을 포함하고 있고 이는 곧 인간의 존엄과 가치·행복추구권이 포괄적 기본권임을 의미한다. 따라서 헌법 제10조의 인간의 존엄과 가치·행복추구권에서 여러 기본권들을 끌어내어 국민의 기본권보장을 더욱 확대, 강화할 수 있으므로 이러한 기본권의 파생은 국민의 기본권보장에 매우 중요하다. 또한 헌법재판의 기준이 되는 규범들이 확대된다.

그동안 헌법재판소가 파생시키고 인정한 바 있는 기본권들과 그것에 관한 판례들을 여기에서 모두 살펴보기는 힘들고[1] 아래의 도표로 간단히 정리하고자 한다.

---

1) 기본권의 파생에 관해서는 정재황, 기본권연구Ⅰ, 길안사, 1999, 233면 이하; 정재황, 헌법판례와 행정실무, 법영사, 2001, 43면 이하 참조.

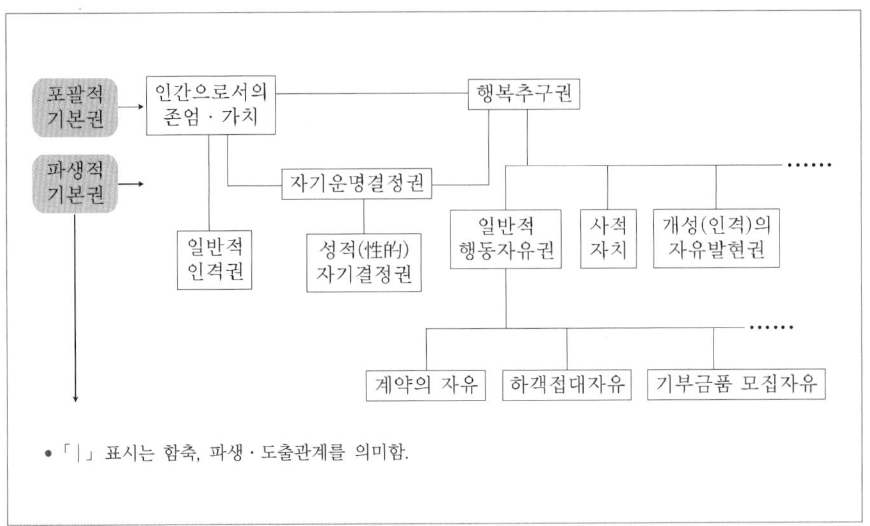

* 위 도표는 정재황, 헌법학, 박영사, 2021, 460; 신 헌법입문, 제11판, 박영사, 2021, 236면의 것을 그대로 옮긴 것임.

3. 침해되는 기본권에 대한 직권심사

헌법재판소는 위헌법률심판절차상 침해되는 기본권은 제청신청인의 주장에 한하지 않고 직권으로 위헌심사의 기준이 되는 기본권을 파악하고 그러한 파악에 있어서 제청신청인의 관점에 매이지 않고 심판대상인 법률규정에 의해 제한되는 국민의 기본권을 전반적으로 고려하여야 한다는 입장이다.

판례 헌재 2002.8.29. 2000헌가 5·6등

[관련판시] 헌법재판소법 제41조에 의한 위헌법률심판절차와 위 법 제68조에 의한 헌법소원심판절차에서 심판대상인 법률의 위헌성을 판단하는 경우, 위헌제청신청인이나 청구인이 주장한 기본권의 침해여부에 관한 심사에 한정하지 아니하고 모든 헌법적 관점에서 심판대상인 법률조항이 헌법에 부합하는가를 심사해야 한다(헌재 1989.9.4. 88헌마22, 판례집 1, 176, 188면; 1997.12.24. 96헌마172 등, 판례집 9-2, 842, 862면 참조). 그러므로 이 사건 법률조항의 위헌성심사의 기준이 되는 기본권을 파악함에 있어서, '임원과 과점주주'의 관점에 얽매이지 아니하고 '이 사건 법률조항에 의하여 국민의 어떠한 기본권이 제한되는가' 하는 것을 전반적으로 고려하여야 한다.

4. 보충적 기본권

헌재는 개별 기본권이 제한된다고 볼 경우에는 보충적 기본권의 제한에 대한 고려(심사)를 하지 않는 입장이다.

(1) 행복추구권

헌재는 다른 개별 기본권들이 적용되지 않는 경우에 보충적으로 적용되는 기본권으로서 행복추구권을 들고 보충적 기본권은 다른 개별 기본권들이 고려되는 경우에는 그 적용이 배제된다고 본다. 즉 그러한 경우에 행복추구권의 제한에 대해서는 심사하지 않는 입장이다.

판례 헌재 2002.8.29. 2000헌가 5등

[본안쟁점] 상호신용금고의 임원과 과점주주는 상호신용금고의 예금 등과 관련된 채무에 대하여 상호신용금고와 연대하여 변제할 책임을 지도록 규정한 상호신용금고법(1995.1.5. 법률 제4867호로 개정된 것) 제37조의3(임원 등의 연대책임) 제1항과 퇴임한 임원은 퇴임 전에 생긴 상호신용금고의 예금 등과 관련된 채무에 대하여 퇴임 후 3년 내에는 제1항의 임원과 동일한 책임을 지도록 규정한 동법 동조 제2항의 위헌여부(한정위헌결정) [관련판시] 행복추구권은 다른 개별적 기본권이 적용되지 않는 경우에 한하여 보충적으로 적용되는 기본권으로서, 이 사건에서 제한된 기본권으로서 결사의 자유나 재산권이 고려되는 경우에는 그 적용이 배제된다고 보아야 한다. 헌법 제10조의 보장내용인 '일반적 행동의 자유'나, 사적자치의 원리, 계약의 자유 등이 결사의 영역과 재산권의 영역에서 구체화된 것이 바로 '결사의 자유'와 '재산권보장'이므로, 행복추구권이 보충적으로 보장하고자 하는 내용은 이미 그와 특별관계에 있는 헌법 제21조 제2항의 결사의 자유와 헌법 제23조의 재산권보장에 의하여 보호된다고 보아야 한다.

(2) 일반적 행동자유권

헌재는 '행복추구권에서 파생되는 일반적 행동자유권도 보충적 자유권'이라고 보고 사안에서 제한된다고 주장되는 일반적 행동자유권이 다른 개별 자유권들에 의해 보호되고 있는 것이라고 판단될 경우에는 위헌심사에서 일반적 행동자유권을 제한되는 기본권으로 고려되지 않는다고 보는 입장이다.

판례 헌재 2002.10.31. 99헌바76등

[본안쟁점] 의료보험요양기관 강제지정제를 규정한 구 의료보험법(1994.1.7. 법률 제4728호로 제정되어 1999.2.8. 법률 제5857호로 개정되기 전의 것) 제32조 제1항·제4항·제5항과 국민건강보험법(1999.2.28. 법률 제5854호로 제정되어 1999.12.31. 법률 제6093호로 개정된 것) 제40조 제1항이 의료기관의 직업의 자유, 요양기관지정을 원하지 않는 경우에 비요양기관으로서 의료행위를 할 일반적 행동의 자유, 평등권을 위헌적으로 침해하는 것인지 여부(합헌, 기각결정) [관련판시] '일반적 행동의 자유'는 이른바 보충적 자유권이다. 청구인들은 강제지정제에 의하여 '비요양기관으로서 의료행위를 할' 청구인의 일반적 행동의 자유가 제한된다고 주장하나, 이러한 내용의 자유는 직업의 자유에 의하여 보호되는 내용이다. 따라서 직업의 자유와 같은 개별 기본권이 적용되는 경우에는 일반적 행동의 자유는 제한되는 기본권으로서 고려되지 아니한다. 그렇다면 이 사건 조항에 의하여 제한되는 기본권은 의료인의 직업의 자유, 의료소비자의 자기결정권 및 평등권이다.

Ⅲ. 헌법의 기본원리

헌법의 중요한 기본원칙인 민주주의원칙, 자유민주주의, 사회민주적 기본원리, 국민주권

주의, 국민대표주의(대의제) 등도 위헌법률심판에서 심사기준으로 적용된다. 특히나 기본권에 많이 적용되는 헌법원칙들인 과잉금지(비례)원칙, 법률유보원칙, 명확성원칙, 신뢰보호원칙, 소급효금지원칙, 포괄위임금지원칙 등은 중요한 심사기준이다. 실제 헌재가 이에 위배 여부를 판단하고 있다. 아래의 결정에서 헌재는 헌법의 기본원리는 구체적 기본권을 도출하는 근거가 될 수는 없으나 법률의 합헌성심사에서의 해석기준으로 작용한다고 보는데 이는 헌법규정들 중에는 기본권들에 관한 헌법규정들뿐 아니라 헌법의 원칙, 기본원리들을 담고 있는 헌법규정들도 있고 그 원리도 심사기준이 된다는 입장인 것으로 이해된다.

판례 헌재 1996.4.25. 92헌바47, 축산업협동조합법 제99조 제2항 위헌소원

[관련설시] 헌법의 기본원리는 헌법의 이념적 기초인 동시에 헌법을 지배하는 지도원리로서 입법이나 정책결정의 방향을 제시하며 공무원을 비롯한 모든 국민·국가기관이 헌법을 존중하고 수호하도록 하는 지침이 되며, 구체적 기본권을 도출하는 근거로 될 수는 없으나 기본권의 해석 및 기본권제한입법의 합헌성 심사에 있어 해석기준의 하나로서 작용한다. 그러므로 이 사건 심판대상조항의 위헌 여부를 심사함에 있어서도 우리 헌법의 기본원리를 그 기준으로 삼아야 할 것이다.

Ⅳ. 자연법·정의

자연법을 인정하는 입장에서는 자연법도 위헌법률심판에서의 준거가 될 수 있고 정의의 원리 등도 기준이 될 수 있다고 본다. 이를 위헌법률심판의 기준으로 보는 데 회의적인 견해도 있으나 자연적 정의, 자연법적 기본권의 기초 등에 비추어 받아들여야 한다.

Ⅴ. 조약·일반적으로 승인된 국제법규의 기준성 문제

1. 문제의 논점 - 전제적 고려

조약이나 일반적으로 승인된 국제법규가 법률의 위헌여부의 심사에서 기준이 될 수 있는가 하는 문제가 있다. 이 문제는 먼저 위헌법률심판이 법률적 규범이 헌법에 위배되는지를 판단하는 헌법에 비춘 판단작용이므로 위헌법률심판의 기준은 당연히 헌법적 효력을 가지는 규범이어야 하는데 따라서 위헌심판의 기준으로서 국제법규는 헌법적 차원의 효력을 가지는 것이어야 한다는 논리가 전제적으로 고려되어야 한다.

2. 학설과 판례

(1) 문제의 소재

우리 헌법은 "헌법에 의하여 체결·공포된 조약과 일반적으로 승인된 국제법규는 국내법과

같은 효력을 가진다"라고 규정하고 있다(제6조 1항). 국내 '법률'이 아니라 국내'법'의 효력을 가지고 국내법에는 법률뿐 아니라 헌법, 명령 등 여러 규범이 있다. 여기에 문제의 소재가 있다.

(2) 학설

우리나라의 다수설은 국회의 동의를 받은 조약은 '법률'과 같은 효력을 가지고 동의를 받지 않은 조약은 명령적 효력을 가진다고 본다. 반면에 법률적 효력의 조약, 명령적 효력의 조약 외에도 헌법적 효력의 조약이 있다고 보는 견해도 있다. 위 우리나라 다수설에 따르면 조약은 적어도 법률과 같은 효력을 가질 뿐이어서 위헌법률심판대상은 될지언정(그것도 통치행위이론 등에 따라 부정할 학설이 있을 것이긴 하다) 법률보다 상위의 헌법적 효력의 조약은 없다고 보게 되어 조약이 위헌심사의 기준이 될 경우는 없다고 볼 것이다.

(3) 판례

우리 헌재의 판례는 헌법적 효력의 조약의 존재를 부정하면서 심사기준, 심사척도가 될 수 없다는 부정적 경향을 보여준다. 그러면서도 실질적으로 우리 헌법과 동일한 내용의 국제조약을 인정하는 예도 보여주고 있다.

1) 헌법적 효력 조약 존재 부정의 결정례

판례의 부정적 입장은 헌법적 효력의 조약을 부정하는 입장에서 나온다고 볼 것이다. '헌마'사건의 결정례이긴 하나 우리 헌재는 아래 결정례에서 헌법의 조약 우위설을 취하여 헌법적 효력의 조약을 부정하는 입장을 취하는 판시를 한 바 있다. 그리하여 법률적 효력을 가지는 조약의 체결로 헌법개정절차에서 요구되는 국민투표권이 침해된 것은 아니라고 하여 헌법소원심판에서 요구하는 침해가능성 요건을 부정하여 청구를 각하한 예가 앞서 본 '대한민국과 미합중국 간의 자유무역협정'(2012.3.12. 조약 제2081호, 이하 '한미무역협정')이 대한민국의 입법권의 범위, 사법권의 주체와 범위를 변경하고, 헌법상 경제조항(제119조 및 제123조)에 변경을 가져오는 등 실질적으로 헌법 개정에 해당함에도, 국민투표 절차를 거치지 않은 것은 대한민국 국민인 청구인의 국민투표권을 침해하고 평등권 등도 침해한다는 주장의 헌법소원심판 청구에 대해 각하한 결정이다.

판례 헌재 2013.11.28. 2012헌마166

[판시] 우리 헌법 제6조 제1항은 "헌법에 의하여 체결·공포된 조약과 일반적으로 승인된 국제법규는 국내법과 같은 효력을 가진다."고 규정하고, 헌법 부칙 제5조는 "이 헌법 시행 당시의 법령과 조약은 이 헌법에 위배되지 않는 한 그 효력을 지속한다."고 규정하는바, 우리 헌법은 조약에 대한 헌법의 우위를 전제하고 있으며, 헌법과 동일한 효력을 가지는 이른바 헌법적 조약을 인정하지 아니한다고 볼 것이다. 한미무역협정의 경우, 헌법 제60조 제1항에 의하여 국회의 동의를 필요로 하는 우호통상항해조약의 하나로서 법률적 효력이 인정되므로, 규범통제의 대상이 됨은 별론으로 하고, 그에 의하여 성문헌법이 개정될 수는 없다. 이같이 한미무역협정이 성문헌법을 개정하는 효력이 없는 이상, 한미무역협정의 체결로 헌법 개정 절차에서의 국민투표권이 행사될 수 있을 정도로 헌법이 개정된 것이라고 할 수 없으므로 그 침해의 가능성은 인정되지 않는다.

* 검토 – ⅰ) 헌재가 헌법적 효력의 조약을 부정하게 하는 논거가 명확하지 않다. 일단 "우리 헌법은 조약에 대한 헌법의 우위를 전제하고 있으며"라고 하는데 왜 우위인지 이유를 직접 명백히 밝히지는 않고 있다. 그런데 아마도 헌법의 조약에 대한 우위를 전제한다고 언급하면서 그 이전에 "우리 헌법 제6조 제1항은 "헌법에 의하여 체결·공포된 조약과 일반적으로 승인된 국제법규는 국내법과 같은 효력을 가진다."고 규정하고, 헌법 부칙 제5조는 "이 헌법 시행 당시의 법령과 조약은 이 헌법에 위배되지 않는 한 그 효력을 지속한다."고 규정하는 것을 보면 그 헌법 제6조 제1항의 '국내법과 같은' 부분과 부칙의 위 부분을 이유로 제시하려 하지 않았나 짐작된다. 그러나 만약 그러하다면 헌법 제6조 제1항이 말하는 '국내법' 안에는 헌법도 있다는 점에서, 그리고 위 부칙 제5조에서 말하는 헌법에 위배되지 아니하는 조약이라고 법률적 효력만을 가지고 헌법적 효력을 가질 수 없는 것은 아니므로 그 논거라고 볼 수 없다. 여하튼 이 점을 차치하더라도 ⅱ) 사안은 더구나 '대한민국과 미합중국 간의 자유무역협정'(2012.3.12. 조약 제2081호)이 심판대상이고 이 협정을 헌재 자신이 헌법 제60조 제1항에 의한 국회 동의를 필요로 하는 우호통상항해조약의 하나로서 법률적 효력을 가진 것이라고 보면서 굳이 위와 같은 설시를 할 이유가 있었는지 그 실익도 의문이다. 다시 말하면 헌법우위설을 취하지 않아도 해결될 사안이었다. ⅲ) 헌재는 위 결정 이전에 우리 헌법과 '실질적으로 동일한 내용을 규정'한 조약을 인정한 예를 보여주고 있는데(강제노역 금지를 규정한 '시민적 및 정치적 권리에 관한 국제규약' 제8조 제3항은 역시 강제노역의 금지를 규정한 우리 헌법 제12조 제1항 후문과 같은 취지라고 할 수 있어 위 규약과 우리 헌법은 실질적으로 동일한 내용을 규정하고 있다 할 것이라고 판시한 결정례(헌재 1998.7.16., 97헌바23. 아래 인용된 것 참조)가 그것이다), 이러한 결정례는 헌법과 실질적으로 같은 내용의 조약을 인정하는 것이어서 이에 위 결정은 모순된다.

2) 부정적 결정례

(가) 위헌심사기준 부정 명시한 결정례

우리 헌재는 국제협약이 위헌심사 기준이 안 된다는 기본입장을 밝힌 결정례도 보여주었다. 즉 "국내법과 동일한 효력을 가지는 국제협약은 위헌심사의 기준이 되지 못한다"라고 판시하기도 하였다. 아래가 그러한 부정적 판시가 나온 결정례이다. 이 결정에서 위와 같이 헌법적 효력의 조약을 부정한다는 입장을 그 논거로 직접 제시하지는 않았으나 '국내법과 동일한 효력을 가지는'이란 말은 국내법 안에 헌법은 배제하지 않고서 그럴 수 없다고 이해되므로 헌법적 효력의 조약을 부정하는 입장을 기초로 하고 있는 것이라고 짐작할 수 있게 하는 판시라고 할 것이다.

판례 헌재 2016.3.31. 2013헌가2, 공보 제234호, 514면

[본안쟁점] 성매매를 한 자를 형사처벌 하도록 규정한 '성매매알선 등 행위의 처벌에 관한 법률'(2011.5.23. 법률 제10697호로 개정된 것, 이하 성매매처벌법이라 한다) 제21조 제1항이 개인의 성적 자기결정권, 사생활의 비밀과 자유, 성판매자의 직업선택의 자유, 진술거부권을 침해하는지 여부(부정, 합헌결정) [법원의 해당부분 제청이유] 자발적 성매매와 성매매피해자를 구분하는 차별적 범죄화는 성판매자로 하여금 성매매피해자로 구제받기 위하여 성매매 사실을 스스로 진술하게 하므로 이들의 진술거부권을 형해화시킨다. [판시] 그 밖에 제청법원은 심판대상조항이 진술거부권을 침해하고 국제협약에 위반된다고 주장하나, 심판대상조항은 성판매자에게 형사상 불이익한 진술의무를 부과하는 조항이라 볼 수 없으므로 진술거부권을 제한하지 아니하며, 국내법과 동일한 효력을 가지는 국제협약은 위헌심사의 기준이 되지 못한다는 점에서 위 주장은 모두 이유 없다.

(나) 위헌심사 척도 부정의 예

헌재는 국제법규의 위헌심사기준을 부정하는 판시를 "위헌심사의 척도가 될 수 없다"라고 판시하기도 했다.

가) 조약의 경우

수입신고가 수리된 물품이 그 수리 후 계속 지정보세구역에 장치되어 있는 중에 재해로 인하여 멸실되거나 변질 또는 손상으로 인하여 그 가치가 감소된 때에는 관세의 전부 또는 일부를 환급할 수 있도록 한 구 관세법(2000.12.29. 법률 제6305호로 전부개정되고, 2010.12.30. 법률 제10424호로 개정되기 전의 것) 제106조 제4항이 대한민국이 2003.2. 가입한 '세관절차의 간소화 및 조화에 관한 국제협약 개정의정서'(이하 '개정교토협약'이라 한다) 특별부속서 디(D) 제13조에 반한다는 주장이 있었다. 헌재는 "개정교토협약이 국내법과 같은 효력을 가진다고 하더라도, 곧 헌법적 효력을 갖는 것이라고 볼 만한 근거는 없는바, 이 사건 법률조항의 위헌성 심사의 척도가 될 수는 없다"라고 한다.

판례 헌재 2015.6.25. 2013헌바193

[판시] … 다. 이 사건 법률조항의 국제법 존중주의 원칙 위배 여부 – 청구인은 이 사건 법률조항이 개정교토협약 특별부속서 디(D) 제13조에 반하여 국제법 존중주의 원칙에 반한다고 주장한다. 우리 헌법은 헌법에 의하여 체결·공포된 조약과 일반적으로 승인된 국제법규를 국내법과 마찬가지로 준수하고 성실히 이행함으로써 국제질서를 존중하여 항구적 세계평화와 인류공영에 이바지함을 기본이념의 하나로 하고 있으므로(헌법 전문 및 제6조 제1항 참조), 국제적 협력의 정신을 존중하여 될 수 있는 한 국제법규의 취지를 살릴 수 있도록 노력할 것이 요청된다(헌재 2014.5.29. 2010헌마606). 우리나라는 2003.2. 개정교토협약에 가입하였고, 2006.2.부터 개정교토협약이 발효된 이상 국내법과 마찬가지로 이를 준수할 의무가 있다고 할 것이다. 그러나 개정교토협약이 국내법과 같은 효력을 가진다고 하더라도, 곧 헌법적 효력을 갖는 것이라고 볼 만한 근거는 없는바, 이 사건 법률조항의 위헌성 심사의 척도가 될 수는 없다(헌재 2005.10.27. 2003헌바50등).

나) 일반적으로 승인된 국제법규

일반적으로 승인된 국제법규란 많은 국가들이 이를 인정하여 국제사회에서 보편타당한 국제법규범으로서 그 효력이 받아들여지고 있는 국제법규를 의미한다. 이에는 2가지 경우가 있다. ① 국제관습법과 같은 불문법이 포함된다. ② 우리나라가 가입하지 않았으나 많은 국가들이 가입한 조약으로서 널리 일반적이고 보편적인 효력을 가지는 것으로 볼 수 있는 조약도 포함된다. 우리나라가 당사국인 조약의 경우는 앞에서 살펴본 헌법에 의하여 체결·공포된 조약에 해당할 것이므로 우리나라가 당사국이 아닌 조약이긴 하나 많은 국가들이 가입하여 일반적인 법규범으로서의 효력을 가지는 것으로 인정되고 있는 국제조약들이 우리나라의 입장에서는 일반적으로 승인된 국제법규가 된다(이상 정재황, 신헌법입문, 제10판, 박영사 2020, 199면 일부를 옮긴 것임).

일반적으로 승인된 국제법규로서 헌법적 효력을 가져 위헌심사기준이 되는지가 논란이 되었던 판례들로 국제노동기구 조약에 대한 것들이 많았다. 헌재는 아래 결정들에서 국제노동기구(ILO)의 제105호 조약(강제노동의 폐지에 관한 조약), 제87호 협약(결사의 자유 및 단결권 보장에 관한 협약), 제98호 협약(단결권 및 단체교섭권에 대한 원칙의 적용에 관한 협약), 제151호 협약(공공부문에서의 단결권 보호 및 고용조건의 결정을 위한 절차에 관한 협약)은 "우리나라가 비준한 바가 없고, 헌법 제6조 제1항에서 말하는 일반적으로 승인된 국제법규로서 헌법적 효력을 갖는 것이라고 볼 만한 근거도 없으므로 이 사건 심판대상 규정의 위헌성 심사의 척도가 될 수 없다"라고 결정한 바 있다.

판례 헌재 1998.7.16. 97헌바23

[관련판시] 청구인들의 주장은 이 사건 심판대상 규정의 법정형으로 규정된 징역형의 집행 자체가 강제노역에 해당한다는 것은 아니고, 노무제공의 거부에 대하여 이 사건 심판 대상 조항을 적용함으로써 결과적으로 형사처벌의 위협 하에 노무제공을 강요하는 것이 되므로 강제노역을 금지하고 있는 국제법규에 위배된다는 취지이다. 그러나 강제노동의 폐지에 관한 국제노동기구(ILO)의 제105호 조약은 우리나라가 비준한 바가 없고, 헌법 제6조 제1항에서 말하는 일반적으로 승인된 국제법규로서 헌법적 효력을 갖는 것이라고 볼 만한 근거도 없으므로 이 사건 심판대상 규정의 위헌성 심사의 척도가 될 수 없다.

판례 헌재 2005.10.27. 2003헌바50, 판례집 17-2, 258면

[관련판시] 청구인들이 드는 국제노동기구의 제87호 협약(결사의 자유 및 단결권 보장에 관한 협약), 제98호 협약(단결권 및 단체교섭권에 대한 원칙의 적용에 관한 협약), 제151호 협약(공공부문에서의 단결권 보호 및 고용조건의 결정을 위한 절차에 관한 협약)은 우리나라가 비준한 바가 없고, 헌법 제6조 제1항에서 말하는 일반적으로 승인된 국제법규로서 헌법적 효력을 갖는 것이라고 볼 만한 근거도 없으므로, 이 사건 심판대상 규정의 위헌성 심사의 척도가 될 수 없다. 동지의 판례 : 헌재 2007.8.30. 2003헌바51등; 2008.4.24. 2004헌바47; 2008.12.26. 2005헌마97.

국제노동기구 가입 이후에도 국제노동기구의 위 제87호 조약, 제98호 조약에 대해 동 조약들을 위헌심판 당시 우리나라가 비준한 바 없다고 하여 그 효력을 부정하는 것이 우리 헌재의 입장이다.[1]

3) 국내 헌법과 실질적으로 동일한 내용의 조약 규정

헌재의 위와 같은 결정례와 달리 헌법과 실질적으로 동일한 내용의 조약을 인정한다. 바로 국제인권규약규정이다. 국제인권규약이란 바로 중요한 기본권을 담고 있는 규약이므로 우리 헌법의 기본권과 같은 내용을 담을 수 있다. 헌재는 이러한 규약에 대한 위반의 소지는 동일한 내용의 우리 헌법 규정에 위반되지 않으면 없다고 본다. 그 점을 밝히고 있는 다음과 같은 헌재 결정례가 있었다. '시민적 및 정치적 권리에 관한 국제규약' 제8조 제3항은 법원의 재판에 의한 형의 선고 등의 경우를 제외하고 어느 누구도 강제노동을 하도록 요구되지 아니한다고 규정하고 있다. 그런데 폭행·협박 등의 위법행위를 수반하지 않는 단순한 집단적 노무제공의 거부행위를 구 형법 제314조가 규정하는 위력에 해당한다고 보아 정당행위로서 위법성이 조각되지 않는 한 형사처벌할 수 있다는 대법원 판례의 해석방법이 위 규약규정에 위배되는지

1) 헌재 2007.8.30. 2003헌바51, 판례집 19-2, 235면.

여부가 논란이 되었다. 헌재는 위 규약의 조항이 법률과 적법절차에 의하지 않은 강제노역의 금지를 규정한 우리 헌법 제12조 제1항 후문과 같은 취지라고 할 수 있어 위 규약과 우리 헌법은 실질적으로 동일한 내용을 규정하고 있다 할 것이므로 그 해석이 우리 헌법에 위반되지 않는다고 판단하는 이상 위 규약 조항 위반의 소지도 없다고 아래와 같이 보았다.

판례 헌재 1998.7.16., 97헌바23

[판시요약] 1966년 제21회 국제연합(UN) 총회에서 채택된 시민적 및 정치적 권리에 관한 국제규약(1990.6.13. 조약 1007호, 이른바 B규약) 제8조 제3항은 법원의 재판에 의한 형의 선고 등의 경우를 제외하고 어느 누구도 강제노동을 하도록 요구되지 아니한다는 취지로 규정하고 있고, 여기서 강제노동이라 함은 본인의 의사에 반하여 과해지는 노동을 의미한다고 할 수 있는데, 이는 범죄에 대한 처벌로서 노역을 정당하게 부과하는 경우와 같이 법률과 적법한 절차에 의한 경우를 제외하고는 본인의 의사에 반하는 노역은 과할 수 없다는 의미라고 할 수 있는 우리 헌법 제12조 제1항 후문과 같은 취지라고 할 수 있다. 그렇다면 강제노역금지에 관한 위 규약과 우리 헌법은 실질적으로 동일한 내용을 규정하고 있다 할 것이므로, 이 사건 심판대상 규정 또는 그에 관한 대법원의 해석이 우리 헌법에 위반되지 않는다고 판단하는 이상 위 규약 위반의 소지는 없다.

위와 같은 헌재의 입장은 헌법적 효력을 가지는 조약이 없다고 본 희귀하긴 하나 자신의 결정례(헌재 2013.11.28. 2012헌마166, 위에서 본 결정례)와 모순되는데 이 2012헌마166 결정보다 위 결정이 타당하다.

* 시민적 및 정치적 권리에 관한 국제인권규약(B규약) 제11조 – 이에 대한 위반이라는 제청사건이 있었으나 우리 헌법재판소는 그 주장을 받아들이지 않는 아래와 같은 결정례가 있었다.

판례 부정수표단속법 제2조 제2항 위헌제청, 헌재 2001.4.26. 99헌가13

[심판대상규정] 수표를 발행하거나 작성한 자가 수표를 발행한 후에 예금부족 거래정지처분이나 수표계약의 해제 또는 해지로 인하여 제시기일에 지급되지 아니하게 한 때(수표의 부도를 낸 때)에는 5년 이하의 징역 또는 수표금액의 10배 이하의 벌금에 처하는 부정수표단속법 제2조 제2항. [제청법원의 위헌심판제청이유] 백지수표나 선일자수표는 사실상 대여금채권의 담보나 장래에 발생하는 손해배상의 담보를 위하여 신용증권의 용도로 널리 변칙적으로 사용되고 있다. 이와 같이 수표가 어음과 같은 역할을 하고 있음에도 수표는 부도시 형사처벌이라는 강제성을 띠고 있다. 이는 대한민국이 1990.7.10. 가입하여 조약 1007호로 발효된 국제연합의 '시민적 및 정치적 권리에 관한 국제규약' 제11조, 즉 "어느 누구도 계약상 의무의 이행불능만을 이유로 구금되지 아니한다"는 명문에 정면으로 배치되어 헌법 제6조 제1항의 국제법존중주의에 위반된다. [관련판시요약] 이 사건 법률조항에서 규정하고 있는 부정수표 발행행위는 지급제시될 때에 지급거절될 것을 예견하면서도 수표를 발행하여 지급거절에 이르게 하는 것이다. 따라서 이 사건 법률조항은 수표의 지급증권성에 대한 일반공중의 신뢰를 배반하는 행위를 처벌하는 것으로 그 보호법익은 수표거래의 공정성인 것이고 나아가 소지인 내지 일반 공중의 신뢰를 이용하여 수표를 발행한다는 점에서 그 죄질에 있어 사기의 요소도 있다 하여 처벌하는 것이다. 결코 '계약상 의무의 이행불능만을 이유로 구금' 되는 것이 아니므로 국제법 존중주의에 입각한다 하더라도 위 규약 제11조의 명문에 정면으로 배치되는 것이 아니다.

4) 유보적 조약 – 노동조합 결성·가입에 관한 국제인권규약조항의 국내법적 효력

이러한 예로 지금은 허용이 되고 있지만 과거 금지된 교원노조 문제에 관한 국제인권규약조항의 위배 여부가 논란되었다. 헌재는 국제인권규약(A규약과 B규약)의 적용이 한국이 유보한 부분에 있어서 국내법률에 의해 제약을 받을 수 있음을 판시하여 당시 교원노조를 금지한 우리나라 법률규정이 그 규약에 위배되지 아니한다고 하여 결과적으로는 그 규약의 심사기준성을 인정할 기회가 상실되었었다.

판례 헌재 1991.7.22. 89헌가106

[판시경위] 사립학교 교원에 대한 '노동운동'을 금지한 사립학교법 제55조의 규정과 위를 위반하여 노동운동을 한 경우를 면직사유로 규정한 사립학교법 제58조 제1항 제4호의 규정은 근로3권을 규정한 헌법 제31조 제1항에 위반되는 것이라고 하여 위헌심판제청이 되었으나, 헌법재판소는 교원의 근로의 특수성 때문에 근로3권을 제한할 수 있고 또 교원의 지위에 관해 법률로 정하도록 한 헌법 제31조 제6항(교원지위의 법정주의)이 근로3권을 규정한 헌법 제33조 제1항에 우선 적용되므로 위헌이 아닌 합헌이라고 보았다. 이 사건에서 제청신청인들은 심판대상 법률조항이 국제인권규약에 위반된다고 주장하였기에 헌법재판소는 국제인권규약 등의 헌법적 효력에 대한 설시와 관련되는 판시를 하게 되었다. [관련판시] 실천적 의미를 갖는 것은 위 선언(세계인권선언)의 실효성을 뒷받침하기 위하여 마련된 "경제적·사회적 및 문화적 권리에 관한 국제규약"(이른바 A규약)과 "시민적 및 정치적 권리에 관한 국제규약"(이른바 B규약)이다. 전자의 규약 제4조는 법률에 의하여 정해지는 제한을 인정하여 법률유보조항을 두고 있고 제8조 제1항 A호에서 국가안보 또는 공공질서를 위하여 또는 타인의 권리와 자유를 보호하기 위하여 민주사회에서 필요한 범위 내에서는 법률에 의하여 노동조합을 결성하고 그가 선택한 노동조합에 가입하는 권리의 행사를 제한할 수 있다는 것을 예정하고 있다. B규약 제22조 제1항도 노동조합의 결성·가입권을 규정하고 있으나 같은 조 제2항은 그와 같은 권리의 행사에 대하여는 법률에 의하여 규정하고, 국가안보 또는 공공의 안전, 공공질서 … 타인의 권리 및 자유의 보호를 위하여 민주사회에서 필요한 범위 내에서는 합법적인 제한을 가하는 것을 용인하는 유보조항을 두고 있을 뿐 아니라, 특히 위 제22조는 우리의 국내법적인 수정의 필요에 따라 가입 당시 유보되었기 때문에 직접적으로 국내법적 효력을 가지는 것도 아니다. 따라서 위 규약 역시 권리의 본질을 침해하지 아니하는 한 국내의 민주적인 대의절차(代議節次)에 따라 필요한 범위 안에서 근로기본권의 법률에 의한 제한은 용인하고 있는 것으로서 위에서 본 교원의 지위에 관한 법정주의와 정면으로 배치되는 것은 아니라고 할 것이다.

5) 일반적으로 승인된 국제법규

(가) 심사척도가 아니라고 본 국제노동기구협약 등

일반적으로 승인된 국제법규로서 위헌심판 기준성이 부정된 예들을 이미 위의 심사척도 부정 부분에서 살펴보았다(전술 참조). 그 외 부정적인 예들을 아래에 살펴본다.

(나) 세계인권선언

우리 헌재는 사립학교 교원의 근로3권 금지규정에 대한 합헌결정에서 세계인권선언의 법적 구속력을 부인하였다.

판례 헌재 1991.7.22. 89헌가106.

[관련판시] 국제연합의 '인권에 관한 세계선언'에 관하여 보면, 이는 그 전문에 나타나 있듯이 "인권 및

기본적 자유의 보편적인 존중과 준수의 촉진을 위하여 … 또한 그러한 보편적·효과적인 승인과 준수를 국내적·국제적인 점진적 조치에 따라 확보할 것을 노력하도록, 모든 국민과 모든 나라가 달성하여야 할 공동의 기준"으로 선언하는 의미는 있으나 그 선언내용인 각 조항이 바로 보편적인 법적 구속력을 가지거나 국내법적 효력을 갖는 것으로 볼 것은 아니다.

(다) 국제노동기구(I.L.O.)의 조약, UNESCO권고

I.L.O. 협약에 관해서는 위에서 본 심사척도 부정의 결정례 외에 아래 결정도 있었다. 역시 사립학교 교원의 노조금지(지금은 허용)에 대한 결정이었는데 UNESCO권고도 함께 거론되었다.

- **사립학교 교원의 근로3권에 관한 합헌결정에서의 입장 : UNESCO와 I.L.O.가 채택한 '교원의 지위에 관한 권고'**(국내법적 효력 부인)

판례 헌재 1991.7.22. 89헌가106

[제청신청인의 의견] 1948년 체결된 국제노동기구(I.L.O.) 제87호 조약(결사의 자유와 단체조직의 권리보장에 관한 협약)은 "근로자는 사기업 고용인이든 공무원이든 직업·성별·인종·신념·국적의 차별 없이 사전에 당국의 허가를 얻지 아니하고 스스로 선택한 조직을 설립할 불가침의 권리를 가져야 한다"라고 규정하고, 1949년 체결된 국제노동기구 제98호 조약(단체조직과 단체교섭권에 관한 협약)은 이를 다시 확인하고 있다. 국제연합교육과학문화기구(UNESCO)와 국제노동기구는 1966. 10.5."교원의 지위에 관한 권고"를 채택하였다. 위 권고는 기본원칙, 제79조, 제80조 제82조, 제83조에서 국·공립 또는 사립을 가리지 아니하고 교원이 그들의 노조를 통하여 사용자와 교섭할 수 있는 법적 또는 자발적 장치가 설치되어야 하며 교원의 봉급과 근무조건은 교원조직과 교원들의 사용주간의 교섭절차를 거쳐 결정되어야 한다고 규정하고 있다. 우리나라는 아직 국제노동기구에 가입하고 있지 않으나 국제연합교육과학문화기구에 가입하고 있는바, 국제연합교육과학문화기구의 회원국으로서 "교원의 지위에 관한 권고"를 준수할 의무가 있으며, 이 점에서 사립학교 교원에 대한 '노동운동'을 금지한 사립학교법 제55조의 규정과 위를 위반하여 노동운동을 한 경우를 면직사유로 규정한 사립학교법 제58조 제1항 제4호의 규정은 국제법 존중의 원칙을 규정한 헌법 제6조 제1항에도 위반된다. [헌재의 판단요지] 이 결정에서 헌재는 "우리나라가 아직 국제노동기구의 정식회원국은 아니기 때문에[1] 이 기구의 제87호 조약 및 제98호 조약이 국내법적 효력을 갖는 것은 아니지만(헌법 제6조 제1항, 위 87호 조약 제15조 제1항, 98호 조약 제8조 제1항 참조) …"이라고 하여 I.L.O.조약의 국내법적 효력을 부인하였다. 그러나 헌재는 "다년간 국제연합교육과학문학기구의 회원국으로 활동하여 오고 있으며, 국회의 동의를 얻어 국제연합의 인권규약의 대부분을 수락한 체약국으로서 위 각 선언이나 조약 또는 권고에 나타나 있는 국제적 협력의 정신을 존중하여 되도록 그 취지를 살릴 수 있도록 노력하여야 함은 말할 나위도 없다"라고 하면서 "그러나 그의 현실적 적용과 관련한 우리 헌법의 해석과 운용에 있어서 우리 사회의 전통과 현실 및 국민의 법감정과 조화를 이루도록 노력을 기울여야 한다는 것 또한 당연한 요청이다"라고 전제한 뒤, 결국 위 권고의 국내법적 효력을 인정하지 않았다. 즉 헌재는 1960.10.5. 국제연합교육과학문화기구와 국제노동기구가 채택한 '교원의 지위에 관한 권고'는 "그 전문에서 교육의 형태와 조직을 결정하는 법규와 관습이 나라에 따라 심히 다양성을 띠고 있어 나라마다 교원에게 적용되는 인사제도가 한결같지 아니함을 시인하고 있듯이 우리사회의 교육적 전통과 현실, 그리고 국민의 법감정과의 조화를 이룩하면서 국민적 합의에 의하여 우리 현실에 적합한 교육제도를 단계적으로 실시·발전시켜 나갈 것을 그 취지로 하는

1) 이 결정 당시에는 우리나라가 I.L.O.의 회원국이 아니었으나 1991.11.20. 국회의 동의를 거쳐 1991.12.9.에 회원국이 되었다.

교육제도의 법정주의와 반드시 배치되는 것이 아니고, 또한 직접적으로 국내법적인 효력을 가지는 것이 라고도 할 수 없다"라고 판단하였다.

6) 법률적 효력임을 명시적으로 밝히고 부정한 결정례

법률적 효력의 조약은 그 조약도 하위의 명령, 처분 등의 심사에서는 기준이 되겠지만 위 헌법률심판의 기준은 아니다. 아래 결정례는 실제의 예이다.

- 아시아·태평양지역에서의 고등교육의 수학, 졸업증서 및 학위인정에 관한 협약

판례 헌재 2003.4.24. 2002헌마611

[쟁점] 우리나라도 가입한 "아시아·태평양지역에서의 고등교육의 수학, 졸업증서 및 학위인정에 관한 협약"은 한 당사국에서 취득한 학력 등을 다른 체약당사국이 인정하는 것을 목적으로 한 것인데, 위 심판대상규정은 외국에서의 학위 취득에 추가하여 예비시험까지 치르도록 강요함으로써 위 협약에 위반되는지 여부(부정, 기각결정) [심판대상규정] 보건복지부장관이 인정하는 외국의 의과대학, 치과대학, 한의과대학을 졸업하고 외국의 의사·치과의사 또는 한의사의 면허를 받은 우리 국민이 국내의 의사·치과의사 및 한의사의 면허시험에 응시하기 위해서는 기존의 응시요건 외에 예비시험을 거치도록 한 의료법(2002.3.30. 법률 제6686호로 개정된 것) 제5조 본문 중 "예비시험" 부분 규정 [관련판시] 위 협약은 우리나라도 가입하고 있으나(조약 제990호. 발효일 1989.9.29.), 그 법적 지위가 헌법적인 것은 아니며 법률적 효력을 갖는 것이라 할 것이므로 예비시험 조항의 유무효에 대한 심사척도가 될 수는 없고, 한편 동 조약은 국내법으로 "관련전문직 종사의 조건"을 규정할 수 있는 여지를 주고 있다(제1조 제1항 나호 참조).

3. 헌법적 효력 조약의 기준성 부정에 대한 검토

생각건대 ⅰ) 우리는 헌법 제6조 제1항에 따라 '국내법과 같은 효력'을 가지는 '헌법에 의하여 체결·공포된 조약과 일반적으로 승인된 국제법규' 중에 '헌법적' 효력을 가지는 국제조약이 있다고 본다. 예를 들어 대표적으로 국제인권규약과 같은 조약이다. 위 헌재결정례에서 거론된 진술거부권도 그러하다. 이러한 조약은 헌법과 같은 효력을 가진다고 보아 헌법재판의 기준이 될 수 있다고 본다. 우리 헌법에도 있는 기본권규정과 같은 내용의 국제인권규약규정이 단순히 법률적 효력만을 가진다고 보아 위헌심사의 기준이 될 수 없다면 이는 모순이다. ⅱ) 논거의 불분명성 – 위에서 헌법적 효력의 조약을 부정하는 결정례에 대한 검토에서 밝힌 대로 자신의 논거가 무엇인지 불분명하고 그 결정에서 언급하는 것은 설득력이 없다. 헌법적 효력의 조약을 부정하는 논거가 불명확하다면 헌법적 효력의 조약의 위헌심사기준성을 배제하는 논거도 불분명하다. ⅲ) 선례와의 모순 – 헌재 자신이 헌법과 실질적으로 동일한 내용의 인권규약 규정을 인정한 선례(1998.7.16. 97헌바23 * 이에 대해서는 위에서 인용함)와 모순이 된다. ⅳ) 국제법존중주의, 국제협조주의를 취하는 우리 헌법의 기본이념에 부합되지 못한다. 오늘날 Global화된 국제적 법환경에도 부합되지 못한다.

Ⅵ. 헌법관습법

우리 헌법재판소는 '신행정수도의 건설을 위한 특별조치법' 위헌확인결정에서 '실질적 헌법사항'으로서 헌법관습법을 인정하여 실질적 의미의 헌법을 인정하고 있다.

판례 '신행정수도의 건설을 위한 특별조치법' 위헌확인 결정, 헌재 2004.10.21. 2004헌마554, 위헌결정. 이 결정에 대한 자세한 것은 앞의 헌법서설 부분 참조.

Ⅶ. 위헌심판의 기준에 관한 직권주의

헌재는 법원의 제청에서 제시된 기준에 구속되지 않고 직권으로 기준을 적용하여 판단한다. 헌재는 "법원의 위헌제청을 통하여 제한되는 것은 오로지 심판의 대상인 법률조항이지 위헌심사의 기준이 아니다"라고 하여 그런 입장을 보여주고 있다.

판례 헌재 1996.12.26. 96헌가18, 주세법 제38조의7 등에 대한 위헌제청
[관련설시] 헌법재판소는 헌법 제107조 제1항, 제111조 제1항 제1호에 의한 위헌법률심판절차에 있어서 규범의 위헌성을 제청법원이나 제청신청인이 주장하는 법적 관점에서만이 아니라 심판대상규범의 법적 효과를 고려하여 모든 헌법적인 관점에서 심사한다. 법원의 위헌제청을 통하여 제한되는 것은 오로지 심판의 대상인 법률조항이지 위헌심사의 기준이 아니다. 따라서 이 사건에서의 헌법적 심사는 심판대상인 주세법규정이 주류판매업자에 미치는 기본권제한적 효과에 한하지 아니하고, 그 외의 관련자인 주류제조업자나 소비자에 대한 심판대상규범의 효과까지 헌법적 관점에서 심사하여야 한다. * 동지 : 헌재 2000.4.27. 98헌가16등; 2011.11.24. 2009헌바146 등.

제4절 위헌법률심판의 심리와 결정범위

제1항 심리

Ⅰ. 심리의 원칙과 방식

1. 직권주의

위헌법률심판은 여러 사안과 사람들에 영향을 미칠 수 있는 법규범인 법률이 헌법에 위배되는지 여부를 심사하는 것이므로 그 여부를 객관적으로 명확히 밝혀야 하므로 헌법재판소에 의한 직권판단이 더욱 요구된다. 헌재 스스로도 헌법재판소가 제청법원이나 제청신청인이 주

장하는 법적 관점에서만 아니라 심판대상규범의 법적 효과를 고려하여 모든 헌법적인 관점에서 심사하여야 한다는 점을 밝히고 있어서 이러한 요구에 부응하고 있다고 볼 것이다.

판례 헌재 1996.12.26. 96헌가18, 주세법 제38조의7 등에 대한 위헌제청

[관련설시] 헌법재판소는 헌법 제107조 제1항, 제111조 제1항 제1호에 의한 위헌법률심판절차에 있어서 규범의 위헌성을 제청법원이나 제청신청인이 주장하는 법적 관점에서만이 아니라 심판대상규범의 법적 효과를 고려하여 모든 헌법적인 관점에서 심사한다. 법원의 위헌제청을 통하여 제한되는 것은 오로지 심판의 대상인 법률조항이지 위헌심사의 기준이 아니다. 따라서 이 사건에서의 헌법적 심사는 심판대상인 주세법규정이 주류판매업자에 미치는 기본권제한적 효과에 한하지 아니하고, 그 외의 관련자인 주류제조업자나 소비자에 대한 심판대상규범의 효과까지 헌법적 관점에서 심사하여야 한다. * 동지 : 헌재 2000.4.27. 98헌가16, 98헌마429(병합), 학원의 설립·운영에 관한 법률 제22조 제1항 제1호 등 위헌제청 등.

2. 서면심리주의

위헌법률심판에서는 사건이 많을 것을 예상하여 서면심리주의를 택하고 있다. 서면심리는 공개하지 않도록 하고 있다.

헌재법 제30조(심리의 방식) ② 위헌법률의 심판과 헌법소원에 관한 심판은 서면심리에 의한다. 다만, 재판부는 필요하다고 인정하는 경우에는 변론을 열어 당사자, 이해관계인, 그 밖의 참고인의 진술을 들을 수 있다. ③ 재판부가 변론을 열 때에는 기일을 정하여 당사자와 관계인을 소환하여야 한다.

제34조(심판의 공개) ① 심판의 변론과 결정의 선고는 공개한다. 다만, 서면심리와 평의(評議)는 공개하지 아니한다. ② 헌법재판소의 심판에 관하여는 「법원조직법」 제57조제1항 단서와 같은 조 제2항 및 제3항을 준용한다.

Ⅱ. 심리의 범위와 정도

1. 법률의 위헌여부에 대한 심사

위헌법률심판에서 헌법재판소는 헌법을 해석하고, 그 법률이 헌법에 위반되는 것으로 해석되는지 등의 문제에 대해 심리한다. 법원의 당해 사건에서의 사실문제에 대하여는 헌법재판소가 심리하거나, 그 사건의 결론 등을 헌법재판소가 내릴 수는 없고 이러한 사실문제 판단 등은 당해 사건의 법원에서 담당하여야 한다.

판례 헌재 1989.9.8. 88헌가6

[관련설시] 헌법재판소법 제45조 본문의 "헌법재판소는 제청된 법률 또는 법률조항의 위헌여부만을 결정한다"라는 뜻은 헌법재판소는 법률의 위헌여부만을 심사하는 것이지, 결코 위헌제청된 전제사건에 관하여 사실적·법률적 판단을 내려 그 당부를 심판하는 것은 아니라는 것으로 해석하여야 한다. 전제사건에 관한 재판은 법원의 고유권한에 속하기 때문이다.

2. 심판대상 확정에 관한 심리범위

헌재는 직권으로 심판대상을 확장하기도 한다. 법원제청이 없어도 심판대상으로 하는 것이 그 예이다. 헌재는 반대로 심판대상을 축소하거나 다른 법률규정으로 변경할 수도 있다.

(1) 구체적 규범통제와 위헌법률심판 대상 확정에 관한 헌재 권한

헌재는 이러한 확장이 구체적 규범통제제도 취지를 벗어나지 않는다고 본다.

판례 헌재 1995.11.30. 94헌가2

[관련판시] 공공용지의 취득 및 손실보상에 관한 특례법(이하 '공특법'이라 함) 제6조의 적용대상인 재산은 '토지 등'인바, 관련규정을 종합하면(공특법 제6조, 제2조 제1호, 토지수용법 제2조 제2항 제1호 내지 제4호), '토지 등'은 토지 외에 토지에 관한 소유권 이외의 권리, 입목, 건물, 기타 토지에 정착한 물건, 광업권, 토석 등을 말하고 있다. 그런데 관련사건은 소유권이전등기말소사건이며, 제청법원은 제청이유에서 주로 토지와 관련하여 공특법 제6조의 위헌성을 의심하고 있다. 따라서 엄밀하게 따진다면 '토지 등'에서 관련사건의 재판에 적용되지 않는 내용은 제외시켜 재판의 전제성을 따져야 할 것이다. 그러나 공특법 제6조에는 '토지 등'이라고 병렬적으로 적용대상이 규정되어 있더라도 이는 공시송달에 의한 협의의제라는 같은 법리가 적용되는 같은 조문 내의 일체화된 내용이며 재산권 침해가 문제되는 이 사건에서 굳이 이들 재산들을 분리해내어 판단하는 것은 적절치 않으며, 이러한 상황(제청법원이 단일 조문 전체를 위헌제청하였으며, 그 조문 전체가 같은 심사척도가 적용될 위헌심사대상인 경우)이 구체적 규범통제제도의 취지를 벗어나는 것이라고는 보이지 아니한다. 또한 공특법 제6조는 토지 등의 '취득'뿐만 아니라 '사용'도 그 적용대상으로 하고 있다. 그러나 이에도 위와 같은 논리가 유추적용될 수 있는 것이다. 그렇다면 이 사건에서는 공특법 제6조 전체가 심판의 대상이 되는 것이라고 볼 것이다.

(2) 심판대상 직권변경한 예

헌법재판소는 직권으로 심판대상을 다른 법률규정으로 바꾸거나, 축소 또는 확대하기도 한다.

1) 직권으로 심판대상을 다른 규정으로 변경한 예

이러한 변경은 "청구인들의 심판청구이유, 위헌여부심판제청신청사건의 경과, 당해 사건 재판과의 관련성의 정도, 이해관계기관의 의견 등 여러 가지 사정을 종합하여" 직권으로 결정한다는 것이 헌재의 판례이다.

판례 헌재 1998.3.26. 93헌바12

[사건개요] 하천법(1971.1.19. 법률 제2292호로 전문개정된 것) 제2조 제1항 제2호 다목에서 정하는 이른바 제외지로서 동법 제3조에 따라 국유화된 토지에 대하여 사유의 제외지를 국유로 하는 것은 위헌이라고 주장하면서 소유권확인소송을 제기한 뒤 그 소송 계속중에 당해 사건의 재판에 있어서 그 전제가 되는 위 하천법 제2조 제1항 제2호 다목 전단의 규정, 즉 "제방(하천관리청이나 그 허가 또는 위임을 받은 자가 설치한 것에 한한다)이 있는 곳에서는 그 제외지"라는 부분에 대한 위헌여부심판제청의 신청을 하였으나 기각되자 위헌소원을 제기하였다. [심판대상 확정에 관한 판시] 심판기록에 의하건대, 법원에 의하여 그 신청이 기각당한 법률조항은 위 하천법 제2조 제1항 제2호 다목임이 분명하고, 이 사건 심판청구를 통하여 청구인들이 위헌확인을 구하는 것도 역시 위 하천법 제2조 제1항 제2호 다목이

다. 그러나 헌법재판소는 심판청구서에 기재된 피청구인이나 청구취지에 구애됨이 없이 청구인의 주장요지를 종합적으로 판단하여야 하며, 청구인이 주장하는 침해된 기본권과 침해의 원인이 되는 공권력을 직권으로 조사하여 피청구인과 심판대상을 확정하여 판단하여야 한다(헌재 1993.5.13. 91헌마190 참조). 그러므로 살피건대, 청구인들이 위헌여부심판제청을 구한 이유의 요지는 결국 이 사건 토지들과 같은 사유의 제외지를 국유로 하는 것이 위헌이라는 것이고, 이에 대하여 위 법원이 그 제청신청을 기각한 것도 요컨대 위 하천법 제2조와 제3조에 의하여 사유토지인 제외지를 하천구역에 편입시켜 국유로 귀속시킨다 하더라도 위헌이라고 할 수 없다는 데에 있다. 그렇다면 비록 묵시적이긴 하나 제외지를 포함하여 하천을 국유로 한다는 법률조항인 위 하천법 제3조에 대하여도 위헌여부심판제청신청과 그에 대한 기각결정이 있었다고 볼 수 있다. 그런데 당해 사건에서의 청구인들의 청구취지는 이 사건 토지들이 국유가 아니라 청구인들의 사유토지임을 전제로 대한민국과 서울특별시를 상대로 소유권확인을 구하는 것이므로 당해 사건의 재판에 보다 직접적으로 관련을 맺고 있는, 다시 말해서 그 위헌여부에 따라 법원이 다른 내용의 재판을 하게 되는 법률조항은 제외지를 하천구역에 편입시키고 있는 위 하천법 제2조 제1항 제2호 다목이라기보다 오히려 하천구역을 포함하여 하천을 국유로 한다고 규정함으로써 직접 제외지의 소유권귀속을 정하고 있는 동법 제3조라 할 것이다. 따라서 청구인들의 심판청구이유, 위헌여부심판제청신청사건의 경과, 당해 사건재판과의 관련성의 정도, 이해관계기관의 의견 등 여러 가지 사정을 종합하여 직권으로 이 사건 심판의 대상을 위 하천법 제2조 제1항 제2호 다목에서 동법 제3조로 변경하기로 한다. 한편 이 사건 심판청구에서는 하천 중 이 사건 토지들과 같은 제외지를 국유화하는 것의 위헌여부만이 문제될 뿐인 반면, 위 하천법 제3조는 이 사건에서 문제되지도 아니하는 유수지, 하천부속물의 부지 등 하천 전부를 국유로 한다는 규정이다. 따라서 동법 제3조 중 제외지 이외의 나머지 하천에 관한 부분은 이 사건 심판의 대상에서 제외하기로 한다. 그렇다면 결국 이 사건 심판의 대상은 동법 제3조 중 제2조 제1항 제2호 다목 전단 소정의 제외지에 관한 부분이 헌법에 위반되는지의 여부이다. [심판대상규정과 관련규정] 하천법(1971.1.19. 법률 제2292호로 전문개정된 것) 제3조(하천의 귀속) 하천은 이를 국유로 한다. 제2조(용어의 정의) ① 이 법에서 사용하는 용어의 정의는 다음과 같다. 1. '하천'이라 함은 공공의 이해에 밀접한 관계가 있는 하천으로서 대통령령으로 그 명칭과 구간이 지정된 것을 말한다. 2. '하천구역'이라 함은 다음 각목에 게기하는 구역을 말한다. 가. 하천의 유수가 계속하여 흐르고 있는 토지 및 지형과 당해 토지에 있어서의 초목생무의 상황 기타의 상황이 하천의 유수가 미치는 부분으로서 매년 1회 이상 상당한 유속으로 흐른 형적을 나타내고 있는 토지(대홍수 기타 이상한 천연현상에 의하여 일시적으로 그 상황을 나타내고 있는 토지를 제외한다)의 구역 나. 하천부속물의 부지인 토지의 구역 다. 제방(하천관리청이나 그 허가 또는 위임을 받은 자가 설치한 것에 한한다)이 있는 곳에 있어서는 그 제외지(제방으로부터 하심측의 토지를 말한다) 또는 관리청이 지정하는 이와 유사한 토지의 구역. * 직권으로 심판대상규정을 변경한 또 다른 예 : 헌재 1999.10.21. 97헌바26, 도시계획법 제6조 위헌소원, 헌재판례집 11−2, 395−396면; 2000.8.31. 98헌바27, 99헌바13(병합), 파산법 제298조 제2항 위헌소원, 헌재판례집 12−2, 190면 등.

2) 직권으로 심판대상을 축소한정한 예

헌재는 제청된 규정들 중 당해 사건과 직접적인 관련이 없는 규정들을 직권으로 제외하여 심판대상을 축소한정하기도 한다. 아래의 예들이 그러한 경우들이다.

(가) 구 청소년보호법 제2조 제3호 가목 등 위헌제청

판례 헌재 2000.6.29. 99헌가16

[심판대상] "제청법원은 청소년보호법(1999.2.5. 법률 제5817호로 개정되기 전의 것. 이하 '법'이라 한다) 제2조 제3호 가목, 제8조, 제12조에 대하여 제청하였다. 그러나 법 제2조 제3호 가목은 청소년유해

매체물의 정의규정에 불과하고, 법 제12조는 유해매체물의 자율규제에 관한 조항이며, 법 제8조 제2항 내지 제4항은 청소년유해매체물의 심의·결정에 관한 부수적인 절차와 방법 등을 정한 것으로서, 매체물의 청소년에 대한 유해여부를 청소년보호위원회 등이 결정하도록 한 것이 위헌인지가 문제되는 당해 사건과는 직접적인 관련이 없으므로 직권으로 법 제8조 제1항만을 심판대상으로 삼기로 한다."

(나) 구 지방공무원법 제2조 제3항 제2호 나목 등 위헌소원

판례 헌재 1997.4.24. 95헌바48

[사건개요] 지방공무원법이 동장을 동법의 신분보장을 받는 일반직 공무원으로 정하지 아니하고 특수경력직공무원 중 별정직공무원으로 정한 탓으로 공무원관계법의 위임을 받은 서울특별시노원구동장임용등에관한규칙(조례)이 동장의 근무상한기간을 정함에 따라 서울특별시 노원구청장은 위 규칙이 정한 근무상한기간인 5년과 그 연장근무기간이 각 만료되었다는 이유로 청구인들을 동장의 직무에서 각 배제하였다. 이에 청구인들은 동장의 근무상한기간을 규정한 위 규칙 제정의 근거가 된 지방공무원법(1991.5.31. 법률 제4370호로 개정되고, 1994.12.22. 법률 제4797호로 개정되기 전의 것) 제2조 제3항 제2호 나목 및 지방공무원법 제2조 제4항, 제3조 본문이 헌법에 위반되므로 청구인들이 여전히 동장의 신분을 보유하고 있다고 주장하면서 서울특별시 노원구청장을 상대로 서울고등법원에 동장지위확인을 구하는 소송을 제기하고, 그 사건 계속중, 위 법원에 위 법률조항들에 대하여 위헌제청신청을 하였으나 위 법원이 기각하자 위헌소원심판을 청구하였다. [심판대상] "이 사건 심판의 대상은 구 지방공무원법 제2조 제3항 제2호 나목 중 동장부분(다만, 청구인들은 같은 호 나목 전부에 대하여 헌법소원심판을 청구하였으나 청구인들은 동장으로 재직중 동장의 직무에서 배제된 자들이므로 위 나목 중 '동장'부분에 대하여만 헌법소원심판을 청구한 것이라고 해석되므로 이 부분 심판의 대상을 '동장'부분으로 한정한다)" [심판대상 중 구 지방공무원법(1991.5.31. 법률 제4370호로 개정되고 1994.12.22. 법률 제4797호로 개정되기 전의 것) 제2조 제3항 제2호 나목 중 동장부분이 규정된 부분] 구 지방공무원법 제2조(공무원의 구분) ③ 특수경력직공무원이라 함은 경력직공무원 외의 공무원을 말하며 그 종류는 다음 각호와 같다. 1. 생략 2. 별정직공무원 가. 생략 나. 읍장·면장·동장, 다만, 조례로 일반직공무원으로 정한 경우에는 그러하지 아니하다. 다. 생략 3. 4. 생략.

* 직권으로 심판대상을 축소한 또 다른 예 : 헌재 2001.3.21. 99헌바72, 2000헌바12(병합), 특정경제범죄가중처벌 등에 관한 법률 제5조 제1항 등 위헌소원, 헌재판례집 13-1, 555면; 2001.3.21. 2000헌바25, 통신비밀보호법 제10조 제1항 등 위헌소원, 헌재판례집 13-1, 655면; 2001.5.31. 99헌바94, 소방법 제18조 제4항 제2호 등 위헌소원, 헌재판례집 13-1, 1153면; 2001.7.19. 99헌바9·26·84, 2000헌바11, 2000헌가3, 2001헌가23(병합), 민법 제999조 제2항 위헌소원, 구 민법 제999조가 준용하는 제982조 제2항 부분 위헌제청, 민법 제999조 제2항 위헌제청, 헌재판례집 13-2, 3면; 2001.11.29. 2000헌바23, 수도권정비계획법 제2조 제3호 등 위헌소원, 헌재판례집 13-2, 613면; 2001.11.29. 2000헌바78, 수도권정비계획법 제18조 위헌소원, 헌재판례집 13-2, 649면; 2001.11.29. 2001헌바4, 지방공기업법 제83조 위헌소원, 헌재판례집 13-2, 681면; 2001.12.20. 2000헌바54, 구 소득세법 제17조 제2항 등 위헌소원, 헌재판례집 13-2, 822면; 2001.12.20. 2000헌바96, 2001헌바57(병합), 공직선거 및 선거부정방지법 제90조 등 위헌소원, 헌재판례집 13-2, 837면; 2002.5.30. 99헌바41, 개발이익환수에 관한 법률 제9조 제1항 등 위헌소원, 헌재판례집 14-1, 445면; 2002.5.30. 2001헌바65, 2001헌마602(병합), 구 소득세법 제45조 위헌소원, 구 소득세법시행령 제94조 등 위헌확인, 헌재판례집 14-1, 514면; 2002.8.29. 2000헌바50, 2002헌바56(병합), 구 부가가치세법 제17조 제2항 제1호 위헌소원, 부가가치세법 제17조 제2항 제1의2호 위헌소원, 헌재판례집 14-2, 159면; 2002.9.19. 2000헌바84, 약사법 제16조 제1항 등 위헌소원, 헌재판례집 14-2, 274면; 2002.9.19. 2002헌바2, 구 조세감면규제법 제55조 제1항 위헌소원, 헌재판례집 14-2, 333면; 2002.10.31. 99헌바40, 2002헌바50(병합), 형법 제304조 위헌소원, 헌재판례집 14-2,

394면; 2002.10.31. 2001헌바88, 농업·농촌기본법 제41조 등 위헌소원, 헌재판례집 14－2, 522면; 2002.10.31. 2002헌바43, 구 상속세법 제4조 제1항 위헌소원, 헌재판례집 14－2, 532면; 2002.12.18. 2002헌바27, 구 국세기본법 제26조의2 제1항 위헌소원 등, 헌재판례집 14－2, 843면 등.

3) 직권으로 심판대상을 확대한 예

(가) 당해 법률조항의 위헌결정으로 인하여 법률 전부의 시행이 불가능한 경우

헌법재판소법 제45조 단서는 "법률조항의 위헌결정으로 인하여 당해 법률 전부를 시행할 수 없다고 인정될 때에는 그 전부에 대하여 위헌의 결정을 할 수 있다"라고 규정하고 있다. 이 단서규정에 따라 법률전체를 위헌 또는 헌법불합치결정을 한 예들이 있다.

* 이 결정들에 대해서는 뒤의 제2항 참조.

(나) 위헌인 법률조항과 밀접한 관계에 있어서 전체적·종합적으로 양자가 분리될 수 없는 일체를 형성하고 있는 다른 법률조항

* 이에 대해서는 뒤의 제2항 참조.

(다) 법적 명확성·통일성·정합성 및 소송경제 등을 위한 확대

헌법재판소는 제청되지 아니한 법률조항이라도 법적 명확성(안정성)·통일성이나 법질서의 정합성의 측면에서나 소송경제를 위하여서도 제청된 법률조항과 함께 심사하여 일거에 해결하는 것이 바람직한 경우에는 제청되지 아니한 법률조항도 그 대상으로 하고 있다.

* 이러한 판례이론에 대해서는 뒤의 제2항 참조.

(라) 제청대상 조항의 내용을 확정하기 위하여 전제가 되는 조항

판례 헌재 1994.6.30. 93헌가15등

[판단의 범위] "제청법원은 수산업법 제52조 제2항 및 같은 법 제79조 제2항의 위헌 여부를 제청하였다. 그런데 같은 법 제52조 제2항의 내용을 확정하기 위해서는 같은 조 제1항의 규정이 전제로 되며, 또한 같은 법 제79조 제2항의 내용을 확정하기 위해서는 마찬가지로 같은 조 제1항이 전제가 된다."

(마) 동일한 심사척도와 법리가 적용될 법률조항

법원의 제청이 없었던 규정이었으나 제청된 규정과 동일한 심사척도와 법리가 적용된다는 이유로 법원제청이 없었던 규정에 대하여서도 심판대상으로 인정한 아래와 같은 결정례가 있다.

판례 헌재 1999.3.25. 98헌가11등

[심판대상에 대한 설시] 제청법원들이 제청법률조항으로 삼고 있지는 않지만, 종합토지세의 분리과세대상 토지의 종류와 그 과세표준을 정하고 있는 법 제234조의15 제2항 단서 제5호 중 "기타 사치성 재산으로 사용되는 토지로서 대통령령으로 정하는 토지"부분은 제청법률조항으로 제기된 법 제234조의16(분

리과세대상토지의 세율) 제3항 제2호 중 "기타 사치성 재산으로 사용되는 토지"부분의 전제가 되므로, 양 법률조항들은 체계적으로 밀접하게 연관되어 있다. 따라서 이 법률조항들의 위헌여부를 판단함에 있어서는 동일한 심사척도와 법리가 적용된다. 그러므로 법 제234조의15 제2항 단서 제5호 중 "기타 사치성 재산으로 사용되는 토지로서 대통령령으로 정하는 토지"부분도 함께 심판대상으로 삼아서 한꺼번에 그 위헌여부를 판단하는 것이 법질서의 통일성과 소송경제의 측면에서 바람직하므로 이를 이 사건 심판대상에 포함시키기로 한다.

* 동일한 심사척도와 법리가 적용되지 않는다고 보는 경우에는 법원이 제청한 심판대상을 오히려 한정한다. 그러한 예 : 헌재 2002.11.28. 2002헌가5, 국가보안법 제13조 위헌제청, 헌재판례집 14-2, 602면 참조.

(바) 필연적 연관관계여서 묵시적 위헌제청신청이 있었다고 볼 경우

판례 헌재 2001.1.18. 2000헌바29

[심판대상에 관한 판시] 이 사건의 심판대상은 원칙적으로 청구인이 위헌제청신청을 하고 법원에서 기각당한 법률조항인 수표법(1962.1.20. 법률 제1002호) 제28조 제2항과 제29조 제1항의 위헌여부가 될 것이다. 그러나 청구인은 선일자수표의 경우 그 지급제시기간을 수표에 기재된 발행일자가 아닌 실제발행일로부터 기산하여야 한다는 주장을 하면서 위헌제청신청 및 이 사건 심판청구에 이른 것인데, 수표법 제29조 제1항은 국내수표의 지급제시기간은 10일간이라는 것으로, 이것만으로는 청구인이 다투는 선일자수표의 기산일에 관한 아무런 규율이 되지 않을 뿐 아니라, 여기에 반드시 기산일에 관한 규정인 같은 조 제4항을 보태어 보아야만 비로소 의미를 갖게 된다. 즉 수표법 제29조 제4항은 같은 조 제1항을 보충하는 규정으로서 이 두 규정은 이 사건에서 서로 필연적 연관관계에 있다고 할 것이므로, 비록 묵시적으로나마 선일자수표의 기산일에 관한 법률조항인 같은 조 제4항에 대하여도 위헌제청신청이 있었고, 그에 대한 법원의 기각결정도 있었다고 못 볼 바 아니므로 이를 심판대상에 포함시켜 함께 판단하기로 한다. 이들 조항의 내용은 다음과 같다. 제28조(수표의 일람출급성) ② 기재된 발행일자의 도래전에 지급을 위하여 제시된 수표는 그 제시한 날에 이를 지급하여야 한다. 제29조(지급제시기간) ① 국내에서 발행하고 지급할 수표는 10일 이내에 지급을 위한 제시를 하여야 한다. (② 및 ③ 각 생략) ④ 전 3 항의 기간은 수표에 기재된 발행일자로부터 기산한다.

(사) 제재조항에 대한 확장

의무규정의 위헌성은 그 의무위반에 대한 제재를 두고 있는 규정의 위헌성을 초래하므로 의무규정에 대하여서만 위헌소원이 된 경우에도 제재규정까지 확장하여 모두 심판대상으로 보는 것이 헌재의 판례이다(헌재 2001.5.31. 2000헌바43·52(병합), 구 유선방송관리법 제22조 2항 6호 중 제15조 1항 1호 부분 위헌소원, 구 유선방송관리법 제22조 2항 8호 중 제17조 4호 부분 위헌소원, 헌재판례집 13-1, 1172면).

(아) 그 외 확장한 예

헌재 2001.6.28. 99헌바34, 의료법 제5조 제3호 등 위헌소원, 헌재판례집 13-1, 1259면 등 참조.

3. 입법재량심사 - 현저성의 원칙

헌법재판기관은 입법에 대한 통제기관이긴 하지만, 예컨대 국가의 재정상황, 경제적 여건 등을 고려하여 입법을 해야 할 필요성이 있는 경우 등에는 입법자의 형성의 자유나 입법재량을 허용한다. 재량을 인정하는 면에서 심사의 범위가 제약된다고 본다. 그러나 그러한 입법재량이 인정된다 하더라도 그 한계가 있고 헌법재판에서 입법재량의 일탈, 남용 여부를 심사한다. 우리 헌재도 입법형성의 자유, 입법재량이 인정되는 경우에 아래와 같이 그러한 입법이 현저하게 불합리하고 불공정한 것인지 여부를 심사하곤 한다.

판례 헌재 1996.4.25. 92헌바47

[판시] 입법목적을 달성하기 위하여 가능한 여러 수단들 가운데 구체적으로 어느 것을 선택할 것인가의 문제가 기본적으로 입법재량에 속하는 것이기는 하다. 그러나 위 입법재량이라는 것도 자유재량을 말하는 것은 아니므로 입법목적을 달성하기 위한 수단으로서 반드시 가장 합리적이며 효율적인 수단을 선택하여야 하는 것은 아니라고 할지라도 적어도 현저하게 불합리하고 불공정한 수단의 선택은 피하여야 할 것인바, …

프랑스와 같은 국가에서도 이른바 '명백한 판단오류'(l'erreur manifeste d'appréciation)의 심사를 하고 있는데 이러한 심사는 우리 헌재의 입법재량(형성의 자유)에 관한 심사와 비슷한 취지의 심사라고 하겠다.[1)]

헌법재판의 역사가 사실 입법재량에 대한 통제의 발달이라고 본다면 그리고 우리의 입법현실을 보건대 서구에서와 같은 입장을 취하거나 입법재량을 너무 넓게 인정하는 것은 문제이다.

4. 기본권경합에 있어서의 주된 기본권 중심의 심사

기본권경합, 즉 하나의 규제로 인해 여러 기본권, 예컨대 직업의 자유와 공무담임권 등이 동시에 제약을 받는다고 주장하는 경우, 헌재는 "기본권침해를 주장하는 제청신청인과 제청법원의 의도 및 기본권을 제한하는 입법자의 객관적 동기 등을 참작하여 사안과 가장 밀접한 관계에 있고 또 침해의 정도가 큰 주된 기본권을 중심으로 해서 그 제한의 한계를 따져 보아야 할 것이다"라고 한다. 아래에 그 한 가지 대표적 예를 본다.

판례 헌재 1998.4.30. 95헌가16, 출판사 및 인쇄소의 등록에 관한 법률 제5조의2 제5호 등 위헌제청

[사건개요] 출판사 또는 인쇄소의 등록을 한 자가 "음란 또는 저속한 간행물이나 아동에 유해한 만화 등을 출판하여 공중도덕이나 사회윤리를 침해하였다고 인정되는 경우"에는 그 등록을 취소할 수 있도록 규정한 출판사 및 인쇄소의 등록에 관한 법률(1972.12.26. 법률 제2393호로 개정된 것) 제5조의2에 따라 출판사등록을 취소하는 처분을 받았는데 이 처분에 대한 행정소송에서 위 규정에 대한 법원의 위헌심판제청이 있었다. [관련판시] 출판사등록취소제와 제한되는 기본권 ○ 등록취소라는 규제는 당해 출판사의 합헌적인 표현에 대한 언론 출판의 자유를 제약할 뿐만 아니라 당해 출판사에 대해 재등록에 소

---

1) 프랑스의 명백한 판단오류심사에 대해서는 졸고, 사전적·예방적 위헌법률심사제도의 도입에 관한 입법론, 금랑 김철수 교수 화갑기념논문집, 박영사, 1993, 360-361면 참조.

요되는 일정기간 동안 출판업을 못하게 함으로써 직업선택의 자유를 제약하고, 또 그 출판사의 상호를 사용할 수 없게 함으로써 상호권이라는 재산권을 제약한다고 하겠다. 그러므로 이 사건 법률조항은 언론 출판의 자유, 직업선택의 자유 및 재산권을 경합적으로 제약하고 있다. 이처럼 하나의 규제로 인해 여러 기본권이 동시에 제약을 받는 기본권경합의 경우에는 기본권침해를 주장하는 제청신청인과 제청법원의 의도 및 기본권을 제한하는 입법자의 객관적 동기 등을 참작하여 사안과 가장 밀접한 관계에 있고 또 침해의 정도가 큰 주된 기본권을 중심으로 해서 그 제한의 한계를 따져 보아야 할 것이다. 이 사건에서는 제청신청인과 제청법원이 언론·출판의 자유의 침해를 주장하고 있고, 입법의 일차적 의도도 출판내용을 규율하고자 하는 데 있으며, 규제수단도 언론·출판의 자유를 더 제약하는 것으로 보이므로 언론·출판의 자유를 중심으로 해서 이 사건 법률조항이 그 헌법적 한계를 지키고 있는지를 판단하기로 한다. * 본안판단에서 헌법재판소는 위 법률 제5조의2 제5호의 "음란 또는 저속한 간행물"에 관한 부분 중 "음란한 간행물"에 관한 부분은 헌법에 위반되지 아니하고, "저속한 간행물"에 관한 부분은 헌법에 위반된다고 결정하였다. * 동지의 판시를 하고 있는 또 다른 결정례는 많다. 이에 관한 결정례들은, 정재황, 기본권총론, 박영사, 2020, 기본권경합 부분 참조.

* '헌바'사건의 경우에도 위 법리가 적용된다. 그 예로 직업선택의 자유와 결사의 자유를 제한하며, 자기책임의 원칙 및 사적자치의 원칙의 경합에서 재산권을 침해하는지 여부를 중심으로 판단한 예 – 사안은 법무법인 구성원변호사에게 상법의 합명회사 사원의 무한연대책임 규정을 준용하도록 한 변호사법규정의 위헌 여부에 관한 심판사건이었다.

판례 헌재 2016.11.24. 2014헌바203 등

[쟁점] 변호사법(2008.3.28. 법률 제8991호로 개정된 것) 제58조 제1항 중 법무법인에 관하여 합명회사 사원의 무한연대책임을 정한 상법 제212조, 신입사원에게 동일한 책임을 부과하는 상법 제213조, 퇴사한 사원에게 퇴사등기 후 2년 내에 동일한 책임을 부과하는 상법 제225조 제1항을 준용하는 부분(이하, '심판대상조항'이라 한다)이 청구인들의 재산권을 침해하는지 여부 [결정요지] 심판대상조항은 법무법인 구성원변호사의 재산을 법무법인 채무를 위한 책임재산에 제공하게 한다는 점에서 재산권을 제한하고, 이러한 무한연대책임의 부과는 법무법인 구성원변호사로서 변호사 업무를 수행하거나 법무법인을 결성함에 실질적인 제약이 되기 때문에 직업선택의 자유와 결사의 자유를 제한하며, 자기책임의 원칙 및 사적자치의 원칙에도 위반될 소지가 있다. 하나의 규제로 인하여 여러 기본권이 동시에 제약을 받는 기본권 경합의 경우에는 기본권 침해를 주장하는 청구인들의 의도 및 기본권을 제한하는 입법자의 객관적 동기 등을 참작하여 사안과 가장 밀접한 관계가 있고 또 침해의 정도가 큰 주된 기본권을 중심으로 해서 그 제한의 한계를 따져 보아야 하는바, 이 사건의 주된 쟁점은 무한연대책임의 부과로 인하여 청구인들의 재산권이 침해되는지 여부이므로 심판대상조항이 청구인들의 재산권을 침해하는지 여부를 중심으로 판단한다(헌재 2016.3.31. 2014헌마1046 참조).

5. 입법절차준수여부에 대한 심사[1)]

(1) 논의와 중요성

법률의 내용상의 위헌여부뿐 아니라 법률의 제정·개정상 절차에 있어서 위헌여부에 대한 심사, 즉 국회의 입법절차상의 하자에 대한 위헌심사가 가능한지에 대해서는 논란이 있어 왔다. 통치행위나 국회의 자율성을 들어 반대하는 견해도 있다. 그러나 우리는 이에 대한 심사도

1) 이에 관한 자세한 것은, 정재황, 국회입법절차에 대한 헌법상 통제, 고시계, 1998년 2월 참조.

이루어져야 한다고 본다. 국민이 기본권이 관련되는 중요한 법률안이 심의절차를 제대로 거치지 않고 우리 국회사의 치욕인 이른바 날치기통과(변칙처리) 등에 대한 단호한 제재가 필요하고 헌법의 적법절차 원리를 구현하기 위해서도 그러하며 입법절차 준수 여부는 사실입증의 문제라 더욱 그러하다. 입법절차의 준수는 충실한 입법을 담보한다.

(2) 헌재의 결정례

위헌법률심판에 의해서는 2건의 제청이 있었음에도 재판전제성의 결여를 이유로 각하되어 입법절차준수여부에 대한 심사가 이루어지지 못했다. 반면에 헌재는 권한쟁의심판과 헌법소원심판에 의해 입법절차준수여부에 대한 심사를 행한 바 있다. 또한 위헌제청신청에 대한 법원의 기각결정이 있는 경우 헌재법 제68조 2항에 따라 위헌심판을 위하여 제기하는 헌법소원인 소위 '위헌소원'('헌바'사건)에 의한 심사는 있었다. 위헌법률심판에 관하여 다루는 본 장이긴 하지만 법률에 대한 심사가 이루어지는 경우를 모두 포함하여 볼 필요가 있기에 헌법소원심판과 권한쟁의심판에 의한 경우도 함께 살펴본다.

i) **'헌가' 심판** 법원이 입법절차 위반 주장의 2건의 제청을 하였으나 재판전제성의 결여를 이유로 각하되어 입법절차준수여부에 대한 심사가 이루어지지 못했다. 즉 1996년 말에 제·개정된 노동관계법에 대해서 입법절차·과정의 하자를 이유로 1997년 1월에 법원에 의하여 두 건의 위헌제청이 있었다. 그러나 모두 "심판대상 법률은 헌법에 위반되는지 여부가 재판의 전제가 되는 법률의 요건을 갖추지 못한 부적법한 제청"이라는 이유로 아래에서 보듯이 각하결정을 하였다.

판례 헌재 1997.9.25. 97헌가4, 노동조합 및 노동관계조정법 등 위헌제청

[사건개요] 문제의 노동관계법의 국회통과절차가 위헌이라고 하면서 쟁의행위를 한 노조를 상대로 회사가 지방법원에 쟁의행위금지가처분신청을 하자 법원은 1997.1.15. 직권으로 위헌제청을 함. [제청이유] 야당의원에 회의일시를 통지하지 않고 신한국당 소속 의원들만이 참석한 가운데 의결된 것이므로 회의 자체가 성립하지 못하였다는 의문이 있다. [결정요지] 문제의 노동관계법개정법은 1997.3.1.부터 시행하기로 된 것이나 이 심판계속중 97.3.13. 폐지되고 새 법들이 제정되었는바 노동관계법개정법은 제청 당시에는 아직 시행되지 않았고 이 결정 당시에는 이미 폐지되어 효력이 상실된 법률이다. 법률의 위헌여부심판의 제청대상 법률은 특별한 사정이 없는 한 현재 시행중이거나 과거에 시행되었던 것이어야 하기 때문에 제청 당시에 공포는 되었으나 시행되지 않았고 이 결정 당시에는 이미 폐지되어 효력이 상실된 법률은 위헌여부심판의 대상법률에서 제외되는 것으로 해석함이 상당하다. 더욱이 노동관계법개정법은 당해 사건 재판에 적용되는 법률이 아닐 뿐만 아니라 피신청인 조합원들이 쟁의행위를 하게 된 계기가 된 것에 불과한 것으로 동 개정법의 위헌여부는 다른 내용의 재판을 하게 되는 관계에 있지도 아니하므로 재판의 전제가 되는 법률이라고 볼 수 없다.

* 노동관계법 제정·개정을 둘러싼 유사한 사안과 결정요지 : 헌재 1997.9.25. 97헌가5 결정, 노동조합 및 노동관계조정법 등 위헌제청.

ii) **'위헌소원'**('헌바') **심판** 위헌소원심판에 의해서 입법절차준수여부심사가 이루어진 아

래의 예들이 있다. 그 위배를 인정한 것은 아니나 본안판단으로 입법절차에 관하여 판단한 예들이다.

① **국가보안법 위헌소원**

판례 헌재 1997.1.16. 92헌바6등

[사건개요] 1991년 5월 31일에 개정공포된 신 국가보안법이 날치기로 통과된 것이어서 위헌이라는 주장으로 신 국가보안법에 대한 위헌법률제청신청이 있었으나 법원이 이를 기각하자 헌재법 제68조 제2항에 의해 헌법재판소에 위헌소원심판이 청구된 사건이었다. [관련판시] 관계자료에 의하면, 1991.5.10. 속개된 제154회 임시국회 본회의는 당시 의장이 야당의원들의 거듭된 실력저지로 정상적인 의사진행에 의한 표결이 사실상 불가능한 상황이었음을 확인한 후 본회의장 내에서 헌법 및 국회법 소정의 의결정족수를 넘는 다수 의원들이 당해 안건에 대하여 찬성의사를 표시함을 확인하고 "국가보안법 중 개정법률안"이 가결되었음을 선포하였던 것으로 인정된다. 그렇다면 신법의 개정절차에 헌법 제40조 및 제49조 등을 위반한 위헌적 요소가 있었다고는 볼 수 없으므로 이 부분에 관한 청구인들의 주장은 이를 받아들일 수 없다.

② **보안관찰법 부칙 제2조 제2호 등 위헌소원, 구 국방경비법 위헌소원**

판례 헌재 2001.4.26. 98헌바79등

[심판대상규정과 본안쟁점] 적에 대한 구원, 통신연락 또는 방조를 사형 또는 다른 형벌에 처하는 구 국방경비법(법률 제1003호로 제정된 군형법과 같은 날 법률 제1004호로 제정된 군법회의법에 의하여 폐지되기 전의 것) 제32조, 간첩행위를 사형에 처하도록 한 동법 제33조와 이 규정들에 대한 위반으로 재판을 받고 복역한 사람을 보안관찰처분대상자로 규정하고 있는 보안관찰법 부칙(1989.6.16. 법률 제4132호 사회안전법개정법률 부칙. 이 개정으로 사회안전법이 보안관찰법으로 개칭되었다) 제2조 제2호 중 "구 국방경비법 제32조 및 제33조" 부분. 위 심판대상규정들이 인간의 존엄과 기본적 인권의 보장에 관한 헌법 제10조, 신체의 자유에 관한 헌법 제12조 제1항에 위반되는지 여부(합헌결정) [청구인들 주장] 구 국방경비법은 미군정 당시 남조선과도입법의원이나 미군정청에 의해서 제정·공포된 일이 없다. 따라서 이 사건 제4 법률조항은 무효 또는 부존재이며 이에 근거한 재판 역시 무효이고 이에 근거한 청구인들에 대한 수감도 법률상 근거가 없다. [결정요지] 미군정기의 법령체계나 제정, 공포방식은 지금과는 차이가 많은 과도기적인 것으로서 "법령 기타 법규"의 형식을 가진 법령이 반드시 "법률"보다 하위의 규범이라 할 수 없고 그 공포방식도 정형화되어 있지 않았던바, 구 국방경비법은 군정장관이 직권에 의하여 "법령"으로 제정한 것이거나 "조선경비청에 대한 규정"을 개정하는 "기타 법규"로서 군정청 관보에의 게재가 아닌 다른 방법에 의하여 공포한 것이거나 특히 구 국방경비법 제32조, 제33조는 1946.6.15. 당시 이미 존재하고 있었다고 볼 수 있는 점, 대한민국 정부수립 후 구 국방경비법은 1962.1.20. 폐지될 때까지 아무런 의심 없이 국민들에 의해 유효한 법률로 취급받았고 유효한 법률이었음을 전제로 입법이 되는 등 실질적으로 규범력을 갖춘 법률로 승인된 점 등을 종합하여 볼 때, 비록 구 국방경비법의 제정, 공포경위가 명백히 밝혀지지 않기는 하나 그 유효한 성립을 인정함이 합리적이다. 그렇다면, 구 국방경비법 제32조와 제33조의 성립절차상의 하자를 인정하기 어려우므로 헌법 제12조 제1항 후문의 적법절차원칙에 위배되거나 다른 기본권을 침해한다고 볼 수는 없다.

iii) **권한쟁의심판** 위헌법률심판은 아니나 입법절차준수여부의 한 방식으로 살펴보면 권한쟁의심판에서 입법절차 위배 여부가 판단되기도 한다. 그동안 주로 야당 국회의원들이 날치기로 법률을 통과하였기에 자신들의 권한을 침해하였다고 제기한 권한쟁의심판이 그 예이었다. 헌재는 초기에는 국회의원이 권한쟁의심판을 청구할 수는 없다는 이유로 각하하였다가(헌재 1995.2.23. 90헌라1), 이후 국회의원도 권한쟁의심판을 청구할 수 있다고 판례변경을 하여 이에 의한 입법절차준수여부심사를 행한 바 있다. 판례변경이 있었던 그 결정례는 1997.7.16. 96헌라2 결정이었다. 그러나 그 결정에서 국회의원의 권한침해를 인정하였으나 법률안가결행위를 무효로 선언하지는 않아 한계를 보여주었다. 아후에 국회 운영위원회에서 있었던 국회법 중 개정법률안의 변칙처리에 대한 권한쟁의심판에서 최종 평결결과 법률안가결선포행위에 대한 무효확인청구를 인용하자는 재판관 7인의 의견이 있었다. 그러나 선고기일 이틀 전에 청구인이 청구취하를 하여 헌법재판소가 심판절차를 종료함으로써 인용결정이 무산되었다(헌재 2001.6.28. 2000헌라1). 이후에도 날치기처리를 이유로 한 권한쟁의심판이 청구된 사안들이 있었고 헌재는 권한침해를 인정하는데 문제는 가결선포행위를 무효로 하지 않아 제재의 효과가 없다.

* 이에 관한 것은 정재황, 국가권력규범론, 박영사, 2020 참조. 또 뒤의 권한쟁의심판 부분 참조.

ⅳ) **본래의미의 헌법소원심판** 법률에 대한 법령소원의 경우 입법절차를 위배한 법률로 인해 기본권이 침해되었다고 주장하면 이에 대한 판단이 있을 수 있다. 기각결정례들과 각하결정례가 있었다.

(a) **입법절차준수인정례**(기각결정례) 입법절차준수 위반 주장에 대해 준수하여 합헌성을 인정하고 기각결정을 한 다음의 결정례들이 있다.

① **경기도 남양주시 등 33개 도농복합형태의 시 설치 등에 관한 법률 제4조 위헌확인** – 지방자치단체 폐치·분합에 관한 법률에 대한 헌법소원심판에서 헌재는 이 법률의 '제정절차와 관련한 적법절차는 청문절차'라고 하면서 그 적법절차의 준수여부에 대한 심사를 함으로써 결국 헌재가 입법절차준수여부에 대한 위헌심사를 행한 바 있다. 그런데 헌재는 결론적으로 적법절차를 위반한 것은 아니라고 판시하여 합헌으로 보고 기각결정을 하였다.

판례 헌재 1994.12.29. 94헌마201

[판시] 지방자치법 제4조 제2항은 지방자치단체를 폐치·분합할 때 관계 지방자치단체의 의회의 의견을 들어야 한다고 규정하고 있고 국회는 위 법률을 제정함에 있어서 중원군 의회의 의견을 들었으므로 위 규정에 의한 절차는 준수된 것이고 그 결과는 국회가 입법할 때 판단의 자료로 기능하는 데 불과하며, 주민투표 실시에 관한 지방자치법 제13조의2는 규정문언상 임의규정으로 되어 있고 아직 주민투표법이 제정되지도 아니하였으며(*당시는 제정되지 않은 상태였음) 주민투표절차는 청문절차의 일환이고 그 결과에 구속적 효력이 없으므로, 이 사건 법률의 제정과정에서 주민투표를 실시하지 아니하였다 하여 적법절차원칙을 위반하였다고 할 수 없다. * 동지 : 헌재 1995.3.23. 94헌마175.

② **세무대학설치법폐지법률 위헌확인**

판례 헌재 2001.2.22. 99헌마61

[쟁점] 세무대학설치법폐지법률(1999.8.31. 법률 제5995호로 제정된 것)은 폐지목적의 법률이므로 입법

절차에 있어서 청구인들의 의견을 조사하는 등 청문절차를 거쳐서 제정되어야 함에도 그러하지 않고 일반적인 입법예고절차만을 통해 제정되어 헌법 제12조 소정의 적법절차에 위배되는지 여부(부정) [관련판시] 정부는 정부조직 경영진단과정에서 세무대학 폐지와 관련한 이해관계인들의 의견을 수렴하였으며, 공청회를 개최하는 등 각계의 의견을 수렴하였고 입법예고를 통해 이해당사자는 물론 전 국민에게 폐지의 의사를 미리 공표하였으며 국회 제출에 앞서 국무회의의 심의를 거치는 등 헌법과 법률이 정한 절차와 방법을 준수하였다. 따라서 별도의 청문절차를 거치지 않았다고 해서 그것만으로 곧 헌법 제12조의 적법절차를 위반하였다고 볼 수는 없다.

(b) 기본권침해의 현재성, 직접성의 결여를 이유로 각하한 결정의 예 헌법소원심판의 경우 기본권침해의 직접성, 현재성 등을 갖추어야 적법한 청구로 인정된다(뒤의 헌법소원심판 부분 참조). 변칙처리된 법률이라는 주장의 헌법소원에서 이러한 직접성, 현재성을 갖추지 않았다고 하여 청구가 각하된 예가 있다. 즉 야당소속 국회의원들에게 변경된 개의시간을 통지하지도 아니한 채 비공개로 개의하는 등 헌법과 국회법이 정한 입법절차를 위반하여 의결된 법률들이 공포, 시행됨으로써 헌법상 보장된 일반적 행동자유권 등 기본권을 침해받았다고 주장하며 청구된 헌법소원심판에서 헌법재판소는 그러한 입법절차상 하자가 있었다는 사유만으로는 청구인의 기본권이 현재, 직접 침해되었다고 볼 수 없다고 보아 청구를 각하한 예가 있다. 아래의 판례가 그 예이다.

판례 헌재 1998.8.27. 97헌마8등, 노동조합 및 노동관계조정법 등 위헌확인

[결정요지] 청구인들 주장과 같이 이 사건 법률의 입법절차가 헌법이나 국회법에 위반된다고 하더라도 그와 같은 사유만으로는 이 사건 법률로 인하여 청구인들이 현재, 직접적으로 기본권을 침해받은 것으로 볼 수는 없다. 청구인들이 주장하는 이 사건 법률의 입법절차의 하자로 인하여 직접 침해되는 것은 청구인들의 기본권이 아니라 이 사건 법률의 심의 표결에 참여하지 못한 국회의원의 법률안 심의·표결 등 권한이라고 할 것이다. 따라서 청구인들은 이 사건 법률의 실체적 내용으로 인하여 현재, 직접적으로 기본권을 침해받은 경우에 헌법소원심판을 청구하거나 이 사건 법률이 구체적 소송사건에서 재판의 전제가 된 경우에 위헌여부심판의 제청신청을 하여 그 심판절차에서 입법절차에 하자가 있음을 이유로 이 사건 법률이 위헌임을 주장하는 것은 별론으로 하고 단순히 입법절차의 하자로 인하여 기본권을 현재, 직접적으로 침해받았다고 주장하여 헌법소원심판을 청구할 수는 없다고 할 것이다. 입법절차의 하자를 둘러싼 분쟁은 본질적으로 국회의장이 국회의원의 권한을 침해한 것인가 그렇지 않은가에 관한 다툼으로서 이 사건 법률의 심의 표결에 참여하지 못한 국회의원이 국회의장을 상대로 권한쟁의에 관한 심판을 청구하여 해결하여야 할 사항이라고 할 것이다. 청구인들은 이 사건 법률의 입법절차의 하자로 인하여 그 기본권을 현재, 직접적으로 침해받았다고 할 수 없으므로 이 사건 법률의 입법절차의 하자로 인하여 기본권을 침해받았음을 전제로 한 청구인들의 이 사건 심판청구는 기본권침해의 현재성, 직접성을 갖추지 못한 것으로서 부적법하여 심판청구를 각하하기로 결정한다.

6. 법률의 합헌적 해석의 한계

법률은 국민의 대표자인 국회의 산물이므로 가능한 한 헌법에 합치되도록 해석하여야 한다는 이론이 있다. 그러나 이 합헌적 해석에는 한계가 있다. 우리 헌법재판소도 그 한계를 설

정하고 있다.

1) 허용한계

헌재는 아래와 같이 법문의 의미가 변질되지 않는 범위라는 한계를 설정하고 있다.

[주요판시사항]

▷ 법률의 합헌적 해석의 허용한계 :
법문의 의미가 변질되지 아니하는 범위 내에서 허용
입법자의 명백한 의지·입법목적을 상실시키는 합헌적 해석은 금지

판례 헌재 1989.7.14. 88헌가5등

[결정요지] 구 사회보호법(1980.12.18. 법률 제3286호) 제5조 제1항은 이 조항이 정한 전과나 감호처분을 선고받은 사실 등 소정의 그 요건에 해당되면 재범의 위험성 유무를 불문하고 반드시 그에 정한 보호감호를 선고하여야 할 의무를 부과하고 있는데 이러한 의무적 보호감호선고는 법관의 판단재량을 박탈하는 것이어서 이 조항은 헌법 제27조 제1항에 정한 정당한 재판을 받을 권리를 침해하고 과잉금지원칙 및 적법절차원칙에 위배된다. [관련설시] 법무부장관은 법 제5조 제1항의 규정취지는 재범의 위험성 없이도 동 조항의 요건에 해당하면 반드시 보호감호를 선고하도록 한 것으로는 볼 수 없고, 동 조항의 요건에 해당되면 일응 재범의 위험성이 의제된다는 것에 불과하므로 법원은 동 조항의 요건에 해당된다고 하더라도 재범의 위험성이 인정되지 아니한 때에는 감호청구를 기각할 수 있다고 하는 합헌적 해석이 가능한 것이라고 주장한다. 법률의 합헌적 해석은 헌법의 최고규범성에서 나오는 법질서의 통일성에 바탕을 두고, 법률이 헌법에 조화하여 해석될 수 있는 경우에는 위헌으로 판단하여서는 아니 된다는 것을 뜻하는 것으로서, 권력분립과 입법권을 존중하는 정신에 그 뿌리를 두고 있다. 따라서, 법률 또는 법률의 위 조항은 원칙적으로 가능한 범위 안에서 합헌적으로 해석함이 마땅하나 그 해석은 법의 문구와 목적에 따른 한계가 있다. 즉, 법률의 조항의 문구가 간직하고 있는 말의 뜻을 넘어서 말의 뜻이 완전히 다른 의미로 변질되지 아니하는 범위 내여야 한다는 문의적 한계와, 입법권자가 그 법률의 제정으로써 추구하고자 하는 입법자의 명백한 의지와 입법의 목적을 헛되게 하는 내용으로 해석할 수 없다는 법목적에 따른 한계가 바로 그것이다. 왜냐하면, 그러한 범위를 벗어난 합헌적 해석은 그것이 바로 실질적 의미에서의 입법작용을 뜻하게 되어 결과적으로 입법권자의 입법권을 침해하는 것이 되기 때문이다. 그런데 법 제5조 제1항은 재범의 위험성을 보호감호의 명문의 요건으로 하지 않는 보호감호를 규정하고 있고, 법 제20조 제1항은 다만 이하 부분은 법원에게 법 제5조 제1항 각호의 요건에 해당하는 한 보호감호를 선고하도록 규정하고 있다. 이에 반하여, 법 제5조 제2항은 재범의 위험성을 보호감호의 법정요건으로 명문화하고 있고, 법 제20조 제1항 본문에서는 이유 없다고 인정할 때에는 판결로써 청구기각을 선고하여야 한다고 규정하고 있을 뿐이다. 따라서 법 제5조 제1항의 요건에 해당되는 경우에는 법원으로 하여금 감호청구의 이유유무, 즉 재범의 위험성의 유무를 불문하고 반드시 감호의 선고를 하도록 강제한 것임이 위 법률의 조항의 문의임은 물론 입법권자의 의지임을 알 수 있으므로 위 조항에 대한 합헌적 해석은 문의의 한계를 벗어난 것이라 할 것이다.

2) 위헌결정례

양벌규정에서 지적되고 있다. 아래와 같은 결정례들이 있다. 아래 사안은 '사행행위 등 규제 및 처벌특례법'(2006.3.24. 법률 제7901호로 개정된 것) 제31조 중 "법인의 대리인·사용인 기타 종업원이 그 법인의 업무에 관하여 제30조 제2항 제1호의 위반행위(무허가 사행행위영업)를 한 때에는 그 법인에 대하여도 동조의 벌금형을 과한다"는 부분(이하 '이 사건 법률조항'이라 한다)이 책

임주의에 반한다고 보았던 것이다, 그런데 여기서 '영업주(법인)가 종업원 등에 대한 선임·감독상의 주의의무를 위반한 과실 기타 영업주의 귀책사유가 있는 경우에만 처벌하도록 규정한 것'으로 합헌적 법률해석의 가능성에 대해 헌재는 이는 문언상 가능한 범위를 넘어서 합헌적 해석을 넘어선 것으로 허용되지 않는다고 보았다.

판례 헌재 2009.7.30. 2008헌가14

[판시] 이 사건 법률조항을 '영업주가 종업원 등에 대한 선임·감독상의 주의의무를 위반한 과실 기타 영업주의 귀책사유가 있는 경우에만 처벌하도록 규정한 것'으로 해석함으로써 책임주의에 합치되도록 합헌적 법률해석을 할 수 있는지가 문제될 수 있으나, 합헌적 법률해석은 어디까지나 법률조항의 문언과 목적에 비추어 가능한 범위 안에서의 해석을 전제로 하는 것이므로 위와 같은 해석은 문언상 가능한 범위를 넘어서는 해석으로서 허용되지 않는다고 보아야 한다(헌재 2007.11.29. 2005헌가10, 판례집 19-2, 520). 그 결과 이 사건 법률조항에 의할 경우 법인이 종업원 등의 위반행위와 관련하여 선임·감독상의 주의의무를 다하여 아무런 잘못이 없는 경우까지도 법인에게 형벌을 부과될 수밖에 없게 된다. (2) 이처럼 이 사건 법률조항은 종업원 등의 범죄행위에 관하여 비난할 근거가 되는 법인의 의사결정 및 행위구조, 즉 종업원 등이 저지른 행위의 결과에 대한 법인의 독자적인 책임에 관하여 전혀 규정하지 않은 채, 단순히 법인이 고용한 종업원 등이 업무에 관하여 범죄행위를 하였다는 이유만으로 법인에 대하여 형사처벌을 과하고 있는바, 이는 아무런 비난받을 만한 행위를 하지 않은 자에 대하여 다른 사람의 범죄행위를 이유로 처벌하는 것으로서 형벌에 관한 책임주의에 반한다고 하지 않을 수 없다. * 본안판단결과 위헌결정이 내려졌다. * 동지 : 헌재 2007.11.29. 2005헌가10; 2009.7.30. 2008헌가10.

제2항 결정범위

헌재법 제45조(위헌결정) 헌법재판소는 제청된 법률 또는 법률 조항의 위헌 여부만을 결정한다. 다만, 법률 조항의 위헌결정으로 인하여 해당 법률 전부를 시행할 수 없다고 인정될 때에는 그 전부에 대하여 위헌결정을 할 수 있다.

Ⅰ. 결정범위의 확장

헌재가 위헌결정을 어느 범위에 걸쳐 할 수 있는지, 제청된 법률(조항)에 대해서만 할 수 있는지 아니면 더 확장될 수 있는지 하는 문제이다. 원칙적으로는 헌재는 제청된 법률, 법률조항에 대해서만 위헌결정을 할 수 있다고 볼 것이다. 그러나 헌재법 제45조의 본문은 제청된 법률 또는 법률 조항의 위헌여부만을 결정한다고 하면서도 그 단서에서 법률 전부에 대해서도 할 수 있다고 규정하고 있다. 이 단서규정의 직접적인 문언에 직접적으로 명시된 법률 전부만인지 아니면 그 의미를 넓혀 제청되지 않은 개별 법률조항에 대해서도 가능한지가 살펴볼 일이다. 후자도 포함되는 의미라고 볼 것이다. 헌재는 법률전체에 대해 위헌결정을 한 예를 보여주었고 또 개별 법률조항에 대해서도 위헌결정을 아울러 한 예를 보여주어 긍정적이다. 위헌적인 법률조항은 적극적으로 소거되어야 하고 더구나 객관적 법규범인 법률의 위헌여부를 가리는 위헌심판이고 그래서 직권주의가 작동한다는 점에서 긍정하는 해석이 타당하다.

Ⅱ. 다른 법률조항에 대한 위헌결정

1. 확장사유

(1) 사유 개관

헌재는 위헌결정되는 조항과 독립하여 존속할 의미가 없는 경우, 위헌인 법률조항이 나머지 법률조항과 극히 밀접한 관계에 있어서 전체적·종합적으로 양자가 분리될 수 없는 일체를 형성하고 있는 경우, 위헌인 법률조항만을 위헌선언하게 되면 전체규정의 의미와 정당성이 상실되는 경우, 법적 명확성·안정성·통일성 및 소송경제 등의 관점에서 일거에 해결하는 것이 바람직한 경우, 동일한 심사척도와 법리가 적용되는 경우 등에는 그 다른 조문에 대해서도 위헌결정을 한 아래의 예들을 보여주고 있다.

그리고 앞서 심리범위에서 본 대로 직권으로 심판대상을 확장한 경우에 위헌성이 그 확장된 대상 법률조항에도 인정되면 위헌결정 범위에 들어가게 된다.

(2) '부수적 위헌선언'

헌재는 위와 같이 다른 조항들, 즉 제청되지 않거나 위헌선언되는 심판대상 조항들과 관련이 있어서 위헌결정을 확장하는 경우 '부수적 위헌선언'이라고 부르면서 함께 주문에 위헌선언을 한다. 여하튼 아래에서 그러한 결정례들을 구체적으로 본다.

2. 구체적 결정례

i) 위헌결정되는 조항과 독립하여 존속할 의미가 없는 다른 조항에 대한 위헌결정

① 구 변호사법 제10조 제2항에 대한 위헌심판

판례 헌재 1989.11.20. 89헌가102

[사건개요] 제청신청인은 1983년 사법시험에 합격, 1985.12.31. 사법연수원을 수료하여 변호사의 자격을 취득한 후, 군법무관으로 육군에 입대하여 1989.1.31. 병역의무를 마치고 전역하였다. 제청신청은 대한변호사협회에 변호사자격등록신청과 개업신고를 하였으나, 대한변호사협회는 제청신청인이 그 개업신고 전 2년 이내에 서울지방법원의 관할구역안에 소재하는 육군본부 법무감실에서 송무장교로 근무한 사실을 들어 1989.3.경 변호사법 제10조 제2항에 의하여 그 등록 및 신고를 거부하였다. 이에 제청신청인은 대한변호사협회를 상대로 서울민사지방법원에 변호사자격등록이행청구의 소를 제기하였다가 각하되자 다시 서울고등법원에 항소하였는데, 서울고등법원은 1989.7.18. 헌법재판소법 제41조 제1항에 따라 법 제10조 제2항의 위헌여부에 대한 심판을 제청하였다. [제청된 법률조항] 구 변호사법 제10조 제2항(1982.12.31. 법률 제3594호) "판사·검사·군법무관 또는 변호사의 자격이 있는 경찰공무원으로서 판사·검사·군법무관 또는 경찰공무원의 재직기간이 통산하여 15년에 달하지 아니한 자는 변호사의 개업

신고전 2년이내의 근무지가 속하는 지방법원의 관할구역안에서는 퇴직한 날로부터 3년간 개업할 수 없다. 다만, 정년으로 퇴직하거나 대법원장 또는 대법관(1987.12.4. 법률 제3992호, 종전의 대법원판사를 대법관으로 개정)이 퇴직하는 경우에는 그러하지 아니하다" [동법 제10조 제3항] "제2항의 지방법원의 관할구역은 각급법원의설치와관할구역에관한법률 제4조의 규정에 불구하고 그 지방법원에 설치된 각 지원의 관할구역을 포함한다" [주문] "변호사법 제10조 제2항 · 제3항은 헌법에 위반된다." [관련판시요약] … 6. 결론 – 따라서 법 제10조 제2항은 헌법 제11조 제1항, 제15조, 제37조 제2항, 제39조 제2항에 각 위반되고, 한편 법 제10조 제3항은 제2항이 규정한 지방법원의 관할범위를 규정한 것으로서 법 제10조 제2항이 헌법에 위반된다고 인정되는 마당에 독립하여 존속할 의미가 없으므로 헌법재판소법 제45조 단서에 의하여 아울러 헌법에 위반되는 것으로 인정하여 주문과 같이 결정한다.

② 구 지방세법 제74조 제1항 등 위헌소원

판례 헌재 2001.6.28. 2000헌바30

[결정요지] 지방세 부과처분에 대하여 행정소송을 제기하기 위해서는 반드시 이의신청 및 심사청구를 거치도록 규정한 지방세법 제78조 제2항은 행정심판에 사법절차를 준용하도록 하고 있는 헌법 제107조 제3항에 위배되고 불필요한 전심절차를 강요하여 국민의 재판청구권을 침해하는 위헌이다. [위헌규정] 지방세법 제78조(1998.12.31. 법률 제5615호로 개정되기 전의 것) ② 제72조 제1항에 규정된 위법한 처분 등에 대한 행정소송은 행정소송법 제18조 제1항 본문 · 제 2항 및 제3항의 규정에 불구하고 이 법에 의한 심사청구와 그에 대한 결정을 거치지 아니하면 이를 제기할 수 없다. [부수적 위헌선언이 된 규정] 동법 제81조(행정소송) ① 제72조 제1항에 규정된 위법한 처분 등에 대한 행정소송을 제기하고자 할 때에는 제74조 및 제80조의 규정에 의한 심사결정의 통지를 받은 날부터 90일 이내에 처분청을 당사자로 하여 행정소송을 제기하여야 한다. ② 제77조의 규정에 의한 결정기간 내에 결정의 통지를 받지 못한 경우에는 결정의 통지를 받기 전이라도 제1항의 규정에 불구하고 그 결정기간이 경과한 날부터 행정소송을 제기할 수 있다. [주문] 2. 지방세법 제78조 제2항 및 제81조는 헌법에 위반된다. [관련판시] 합헌으로 남아 있는 어떤 법률조항이 위헌선언되는 법률조항과 밀접한 관계에 있어 그 조항만으로는 법적으로 독립된 의미를 가지지 못하는 경우에는 예외적으로 그 법률조항에 대하여 위헌선언을 할 수 있다. 지방세법 제81조는 이 사건 법률조항의 규정에 의한 필요적 행정심판전치를 전제로 하여 지방세 부과처분에 대하여는 심사결정의 통지를 받은 날부터 90일 이내에 행정소송을 제기하도록 하고 있다. 그런데 이 사건 법률조항이 위헌선언으로 그 효력을 상실하게 되면 지방세법 제81조는 독립하여 존속할 아무런 의미가 없을 뿐만 아니라, 그 문언해석상 이 사건 법률조항의 효력 유무와 관계없이 여전히 심사결정의 통지를 받지 않고서는 행정소송을 제기할 수 없는 것으로 이해할 소지가 전혀 없는 것이 아니어서 지방세 부과처분의 불복방법에 관하여 불필요한 법적 혼란을 야기할 수도 있다. 그러므로 지방세법 제81조에 대하여도 아울러 위헌선언을 하는 바이다. 그 결과 지방세 부과처분에 대하여 불복이 있는 자는 곧바로 행정소송을 청구할 수도 있고, 임의로 행정심판을 거칠 수도 있으며, 이 경우 행정소송의 제소기간에 관하여는 행정소송법 제20조가 적용되게 된다.

③ 구 소득세법 제61조 위헌소원

판례 헌재 2002.8.29. 2001헌바82

[결정에 대한 설명] 심판대상은 부부의 자산소득을 합산하여 과세하도록 규정하고 있는 소득세법 제61조 제1항(1994.12.22. 법률 제4803호로 전문 개정된 것)이다. 헌재는 "혼인과 가족생활은 개인의 존엄과 양성의 평등을 기초로 성립되고 유지되어야 하며, 국가는 이를 보장한다"라고 규정하고 있는 헌법 제36조 제1항이 소극적으로는 불이익을 야기하는 제한조치를 통해서 혼인과 가족을 차별하는 것을 금지해

야 할 국가의 의무를 포함하는데 이 법률조항이 자산소득합산과세제도를 통하여 합산대상 자산소득을 가진 혼인한 부부를 소득세부과에서 차별취급하는 것은 중대한 합리적 근거가 존재하지 아니하므로 헌법상 정당화되지 아니하여 이 헌법 제36조 제1항에 위반된다고 판단하였다. 그리고 아울러 심판대상이 아니었던 위 소득세법 제61조 제2항 내지 제4항에 대해서도 부수적 위헌결정을 하였다. [주문] 소득세법 제61조(1994.12.22. 법률 제4803호로 전문 개정된 것)는 헌법에 위반된다. [관련판시] 이 사건 법률조항인 소득세법 제61조 제1항은 거주자 또는 그 배우자가 자산소득이 있는 경우에 자산합산대상배우자의 자산소득을 주된 소득자의 종합소득에 합산하여 세액을 계산하도록 정하는 자산소득합산과세제도의 근간을 이루는 핵심적 요소이다. 그런데 같은 조 제2항은 주된 소득자의 판정은 당해연도 과세기간 종료일 현재의 상황에 의하도록 규정하고 있고, 같은 조 제3항은 자산소득을 주된 소득자의 종합소득에 합산하여 세액을 계산하는 경우에 자산합산대상배우자에 대하여는 그 자산소득 외의 소득에 한하여 세액을 계산한다고 규정하고 있으며, 같은 조 제4항은 주된 소득자의 종합소득금액에 대한 세액의 계산에 있어서는 주된 소득자의 종합소득금액과 자산합산대상배우자의 자산소득금액의 합계액을 주된 소득자의 종합소득금액으로 보고 계산한 세액에서 주된 소득자의 종합소득금액과 자산합산대상배우자의 자산소득금액에 대하여 이미 납부한 세액의 합계액을 공제한 금액을 그 세액으로 한다고 규정하고 있다. 따라서 자산합산과세제도의 근간이 되는 소득세법 제61조 제1항이 위헌이라면, 그에 부수되는 같은 조 제2항 내지 제4항은 같은 조 제1항과 전체적·종합적으로 양자가 분리될 수 없는 밀접한 일체를 형성하고 있으므로 독자적인 규범적 존재로서의 의미를 잃게 된다. 그렇다면 소득세법 제61조 제2항 내지 제4항이 비록 심판대상이 아니지만 같은 조 제1항과 함께 위헌선언을 함으로써 법적 명확성을 기하는 것이 타당하므로 그에 대하여도 아울러 위헌선언을 한다.

④ 지방세를 우선징수(지방세와 가산금 납기한으로부터 1년 전에 설정한 전세권·질권 또는 저당권에 우선하여 징수)한다는 구 지방세법 규정에 대한 위헌결정에서 지방세와 가산금의 납기한으로부터 1년 전에 설정된 사실을 공정증서로서 증명하여야 한다는 규정에서 "으로부터 1년"이라는 부분이 독립하여 존속될 의미가 없다고 보아 부수적 위헌선언을 한 예도 있었다.

판례 헌재 1991.11.25. 91헌가6
[주문] 지방세법(1961.12.8. 법률 제827호) 제31조 제2항 제3호 및 같은 조 제3항 중 각 "으로부터 1년"이라는 부분은 헌법에 위반된다.

⑤ 비례대표국회의원의석의 배분규정에 부수한 독립존속 의미없는 조항들

판례 헌재 2001.7.19. 2000헌마91등
* 아래 결정은 헌법소원(법령소원)결정이나 여기에 함께 살펴본다.

[판시] 합헌으로 남아 있는 어떤 법률조항이 위헌선언되는 법률조항과 밀접한 관계에 있어 그 조항만으로는 법적으로 독립된 의미를 가지지 못하는 경우에는 예외적으로 그 법률조항에 대하여 위헌선언을 할 수 있다. 공선법 제189조 제1항은 요컨대, 저지조항의 기준을 넘는 의석할당정당이 지역구국회의원선거에서 얻은 "득표비율"에 따라 비례대표국회의원의석을 배분한다는 것으로서, 비례대표국회의원선거제도의 근간을 이루는 핵심적 요소이다. 동조 제2항은 그 "득표비율"을 어떻게 산출할 것인지에 관하여, 동조 제3항, 제4항은 그렇게 산출된 "득표비율"을 기초로 하여 의석을 각 정당에 어떻게 배분할 것인지에 관하여 상세한 방법을 보충한 규정에 불과하며, 동조 제5항, 제6항은 그와 같이 결정된 의석배분을 전제로 당선을 결정하거나 공석처리한다는 규정이고, 동조 제7항은 일정한 사유가 있어 국회의원지역구의 선거가 모두 종결되지 아니한 경우에도 역시 위 제1항 내지 제6항의 규정에 따라 비례대표국

회의원의 의석을 배분하고 당선인을 결정할 수 있도록 하기 위한 조항이다. 따라서 비례대표국회의원선거의 근간이 되는 공선법 제189조 제1항이 위헌이라면 그에 부수되는 동조 제2항 내지 제7항은 독자적인 규범적 존재로서의 의미를 잃게 된다. 그렇다면 이 조항들이 비록 심판대상이 아니지만 함께 위헌선언을 함으로써 법적 명확성을 기하는 것이 상당하므로 그에 대하여도 아울러 위헌선언을 하는 것이다.

* 독립 존속의 의미가 없는 다른 조항에 대한 위헌결정이 있었던 또 다른 결정례들 : 헌재 1996.12.26. 94헌바1, 형사소송법 제221조의2 위헌소원; 2003.9.25. 2001헌가22, 군인연금법 제21조 제5항 제3호, 제4호 및 제5호에 대한 부수위헌결정 등.

ii) 위헌규정이 제도의 핵심인 경우

판례 헌재 1996.12.26. 94헌바1, 형사소송법 제221조의2 위헌소원

[심판대상규정] 형사소송법(이하 '법') 제221조의2(1973.1.25. 법률 제2450호 신설) 제2항(이하 '이 사건 제2항'이라 한다) 및 제5항 중 제2항에 관한 부분(이하 '이 사건 제5항'이라 한다)의 위헌여부 : 법 제221조의2(증인신문의 청구) ② 전조의 규정에 의하여 검사 또는 사법경찰관에게 임의의 진술을 한 자가 공판기일에 전의 진술과 다른 진술을 할 염려가 있고 그의 진술이 범죄의 증명에 없어서는 아니될 것으로 인정될 경우에는 검사는 제1 회 공판기일전에 한하여 판사에게 그에 대한 증인신문을 청구할 수 있다. ⑤ 판사는 수사에 지장이 없다고 인정할 때에는 피고인·피의자 또는 변호인을 제1항 또는 제2항의 청구에 의한 증인신문에 참여하게 할 수 있다. [결정에 대한 설명] 법 제221조의2 제2항은 제1 회 공판기일 전 증인신문제도를 두고 있고 동조 제5항은 그 제1 회 공판기일 전의 증인신문절차에서의 피고인·피의자 또는 변호인의 참여권에 관하여 규정하면서 "수사에 지장이 없다고 인정할 때에는" 피고인·피의자 또는 변호인을 제1항 또는 제2항의 청구에 의한 증인신문에 "참여하게 할 수 있다"라고 하여 피고인 등이 그 증인신문절차에 참여할 수 있는지 여부를 재량사항으로 정하고 있는데 이는 증언의 증명력을 탄핵할 수 있게 하는 반대신문의 기회가 배제될 가능성이 존재하여 피고인들의 공격· 방어권을 과다히 제한하고, 그러한 반대신문의 기회가 주어지지 아니한 채 행해진 증인신문절차에서의 증언 및 그 조서에 대하여 증거능력을 인정함으로써 적법절차원칙에 위배되며, 공정한 재판을 받을 권리를 침해한다는 취지로 헌재는 문제의 법 제221조의2 제5항을 위헌으로 인정하였다. 헌재는 나아가 제1 회 공판기일 전 증인신문제도 자체를 규정한 동조 제2항도 위헌으로 결정하였다. [관련판시] 헌법심판의 대상이 된 법률조항 중 일정한 법률조항이 위헌선언된 경우 같은 법률의 그렇지 아니한 다른 법률조항들은 효력을 그대로 유지하는 것이 원칙이다. 그러나 예외적으로 위헌으로 선언된 법률조항을 넘어서 다른 법률조항 내지 법률 전체를 위헌선언하여야 할 경우가 있다. 합헌으로 남아 있는 나머지 법률조항만으로는 법적으로 독립된 의미를 가지지 못하거나, 위헌인 법률조항이 나머지 법률조항과 극히 밀접한 관계에 있어서 전체적·종합적으로 양자가 분리될 수 없는 일체를 형성하고 있는 경우, 위헌인 법률조항만을 위헌선언하게 되면 전체규정의 의미와 정당성이 상실되는 때가 이에 해당된다고 할 것이다. 일정한 법률조항이 제도의 핵심적 구성부분이어서 그에 대하여 위헌선언하는 경우 제도전체의 내적인 평형을 무너뜨리는 결과를 가져와 입법자의 의도가 왜곡되기에 이른 때에는 위헌인 법률조항 이외의 나머지 부분도 함께 위헌선언하는 것이 마땅하기 때문이다. 생각건대, 진술증거에 대한 반대신문권은 형사소송절차에서 공정한 재판을 받을 권리의 핵심적 내용을 이루는 것이다. 이 사건 제2항의 증인신문절차가 진술증거를 강제적으로 수집할 수 있는 절차를 규정하는 것임은 위에서 살펴본 바와 같으므로, 그 증인신문절차의 참여권 및 반대신문권을 규정하고 있는 이 사건 제5항은 이 사건 제2항의 증인신문절차의 핵심적 구성부분이라고 보아야 한다. 이 사건 제5항이 위헌으로 인정될 경우에는 이 사건 제2항의 증인신문절차 전체의 내적 평형이 무너짐으로써 그 제도를 만든 입법자의 의도가 왜곡되기에 이른다고 보아야 하기 때문이다. 따라서 이 사건 제5항을 위헌선언하면서 이 사건 제2항을 유효한 것으로 남겨둘 필요성은 없다고 할 것이므로 이 사건 제5항과 함께 이 사건 제2항도 위헌선언함이 타당하다.

iii) **법적 명확성·안정성·통일성 및 소송경제 등의 관점에서의 필요성** 일거에 해결하는 것이 바람직한 경우라고 보아 위헌결정을 함께 하였다.

판례 헌재 1999.9.16. 99헌가1

[주문] "1. 음반 및 비디오물에 관한 법률(1997.4.10. 법률 제5322호로 개정되고, 1999.2.8. 법률 제5925호 음반·비디오물 및 게임물에 관한 법률 부칙 제2조로 폐지되기 이전의 것) 제17조 제1항·제3항 전단, 제25조 제1항 제3호 중 제17조 제3항 전단에 관한 부분, 제25조 제2항 제3호는 헌법에 위반된다."
[관련판시] 위헌제청법원은 당해 사건에서 적용될 법률이 음반법 제17조 제3항 전단 및 제25조 제1항 제3호 중 제17조 제3항 전단에 관한 부분(이하 '착오법률조항'이라 한다)임에도 불구하고 착오로 음반법 제17조 제3항 후단 및 제25조 제1항 제3호 중 제17조 제3항 후단에 관한 부분에 대해서만 위헌제청 신청을 하였다. 헌법재판소법 제45조는 헌법재판소가 제청된 법률 또는 법률조항의 위헌여부만을 결정한다고 규정하고 있다. 따라서 위 규정을 문리해석하면 위헌제청되지 아니한 법률조항에 대하여는 헌법재판소가 나서서 위헌결정을 할 수 없다는 결론에 이르게 된다. 그러나 이와 같이 위헌법률심판의 대상을 제한하는 경우 법적 명확성· 안정성·통일성 및 소송경제 등의 관점에서 불합리한 결과가 발생할 수 있다. 우리 재판소의 1996.12.26. 선고한 94헌바1 결정(위에 인용된 결정 참조)에 따르면 위헌제청되지 아니한 법률조항이라고 하더라도 위헌제청된 법률조항과 일체를 형성하고 있는 경우에는 판단을 할 수 있다고 할 것인바, 음반법 제17조 제1항 및 제25조 제2항 제3호와 착오법률조항은 일체를 형성하고 있어 착오법률조항을 제외한 나머지 법률조항에 대해서 위헌결정을 하게 되면 착오법률조항의 의미와 정당성이 상실된다고 할 것이므로 비록 착오법률조항에 대하여 위헌제청이 되지 아니하였다고 하더라도 그 부분에 대하여 판단하는 것이 타당하다. 그리고 이 사건 위헌법률심판에서 음반법 제17조 제1항과 제25조 제2항 제3호에 대하여서만 위헌결정을 하게 된다면 위헌제청의 목적을 달성할 수 없게 되므로 위 법률조항에 대하여서만 위헌결정을 하는 것은 소송목적의 달성을 위하여 적절한 것이라고 할 수 없다. 헌법재판소에서 위 법률조항에 대하여서만 위헌결정을 한다면 법원으로서는 다시 착오법률조항에 대하여 위헌제청을 하여 그에 대한 위헌결정을 선고받은 후 당해 사건을 처리하여야 하는 번거로운 절차를 거쳐야 하기 때문이다. 이와 같이 번거로운 절차를 다시 밟도록 하기보다는 착오법률조항에 대하여도 위헌결정을 함으로써 당해 사건과 관련된 법률문제를 일거에 해결하는 것이 바람직하다고 판단된다. 따라서 이 사건 결정을 함에 있어서 착오법률조항에 관하여도 함께 위헌결정을 함이 상당하다고 판단된다.

* 위 판례 이전에 법질서의 통일성, 소송경제의 측면에서 심판대상을 확대한 예 : 헌재 1999.1.28. 98헌가17, 지방세법 제112조 제2항 전단 중 '고급주택' 부분 위헌제정; 2000.8.31. 97헌가12, 국적법 제2조 제1항 제1호 위헌제청.

* 병합사건에서 제청법원들과 일부 청구인들의 제청, 청구가 없으나 소송경제, 권리구제를 위하여 바람직하고 핵심쟁점인 법률규정도 함께 심판한 예

판례 헌재 2018.6.28. 2011헌바379등, 병역법 제88조 제1항 등 위헌소원 등

[판시] 제청법원들과 일부 청구인들은 병역법 제88조 제1항에 대하여만 위헌법률심판을 제청하거나 헌법소원심판을 청구하였을 뿐, 병역법 제5조 제1항에 대하여는 그러한 심판제청이나 심판청구를 하지 아니하였다. 그러나 앞서 보았듯이 청구인들 중 일부가 병역법 제5조 제1항의 위헌확인을 구하여 해당 사건들에서 이를 심판대상으로 삼는 이상, 나머지 사건들에 대하여도 병역법 제5조 제1항을 심판대상으로 삼는 것이 소송경제 및 당사자의 권리 구제를 위하여 바람직할 뿐만 아니라, 이 사건은 양심적 병역거부자에 대한 대체복무제를 도입하지 아니하고 그들을 처벌하는 것이 헌법에 위반되는지가 핵심 쟁점인 사건으로서, 병역의 종류를 정하고 있는 병역법 제5조 제1항은 위 핵심쟁점과 밀접한 관련이 있으므로, 병역

법 제5조 제1항의 위헌확인을 구하지 않은 사건들에 대하여도 이를 심판대상으로 삼아 판단하기로 한다.

ⅳ) **동일한 심사척도와 법리가 적용되는 경우** 제청은 되지 않았으나 제청된 규정과 동일한 심사척도와 법리가 적용된다는 이유로 법원의 제청이 없었던 규정에 대하여서도 심판이 됨을 인정하여 본안판단에 들어가 그 규정에 대해 위헌으로 결정한 예가 있다(그 예에 대해서는 앞의 재판전제성, 심리 부분 등 참조).

ⅴ) **선거구 불가분원칙** 우리 헌재는 선거구인구 편차가 허용범위를 넘는 어느 지역구 규정이 청구인의 선거권, 평등권을 침해하여 위헌이라고 인정하는 경우 그 지역구뿐 아니라 선거구 전부(선거구 구역표 전부)를 위헌으로 결정한다.

판례 헌재 2014.10.30. 2012헌마192

[판시] … 선거구구역표의 불가분성과 위헌선언의 범위 – 앞에서 본 바와 같이, 청구인들의 선거권 및 평등권을 침해하는 것은 심판대상 선거구구역표 중 인구편차 33⅓%, 인구비례 2:1의 기준을 벗어난 "경기도 용인시 갑선거구", "경기도 용인시 을선거구", "충청남도 천안시 갑선거구", "충청남도 천안시 을선거구", "서울특별시 강남구 갑선거구" 및 "인천광역시 남동구 갑선거구" 부분이지만, 선거구구역표는 각 선거구가 서로 유기적으로 관련을 가짐으로써 한 부분에서의 변동은 다른 부분에서도 연쇄적으로 영향을 미치는 성질을 가진다. 이러한 의미에서 선거구구역표는 전체가 불가분의 일체를 이루는 것으로서 어느 한 부분에 위헌적인 요소가 있다면, 선거구구역표 전체가 위헌의 하자를 갖는 것이라고 보아야 할 뿐만 아니라, 당해 선거구에 대하여만 인구과다를 이유로 위헌선언을 할 경우에는 헌법소원의 청구기간의 적용 때문에 당해 선거구보다 인구의 불균형이 더 심한 선거구의 선거구획정이 그대로 효력을 유지하게 되는 불공평한 결과를 초래할 수도 있으므로, 일부 선거구의 선거구획정에 위헌성이 있다면, 선거구구역표의 전부에 관하여 위헌선언을 하는 것이 상당하다(헌재 1995.12.27. 95헌마224등; 헌재 2001.10.25. 2000헌마92등 참조).

Ⅲ. 법률전부에 대한 위헌성 선언

1. 해당사유

헌재는 법률의 핵심적 규정(제도의 기본요소)에 대한 위헌결정으로 법률전체의 시행이 불가능해진 경우에는 법률전체에 대하여 위헌결정을 하는데 아래의 예들이 그것이다.

2. 결정례

(1) 핵심적 규정의 위헌결정으로 법률전체의 시행이 불가능해지는 경우

헌재는 궐석재판을 허용하여 재판청구권을 침해하는 '반국가행위자의 처벌에 관한 특별조치법' 규정이 위헌인데 핵심인 그 규정의 위헌으로 법 전체가 시행할 수 없다고 하여 그 특별조치법 전부를 위헌으로 선언하였다.

판례 헌재 1996.1.25. 95헌가5, 반국가행위자의 처벌에 관한 특별조치법 제2조 제1항 제2호 등 위헌제청
[주문] "반국가행위자의 처벌에 관한 특별조치법(최종개정 1994.12.31. 법률 제4856호. 이하 '특조법'이라 함)은 헌법에 위반된다." [관련판시] 헌법재판소법은 위헌법률심판의 대상에 관하여 원칙적으로 제청법원으로부터 제청된 법률조항에 대하여서만 결정하도록 하되, 예외적으로 제청된 법률조항의 위헌결정으로 인하여 당해 법률 전부를 시행할 수 없다고 인정될 때에는 그 법률 전부에 대하여도 위헌결정을 할 수 있도록 동법 제45조 단서에 규정하고 있다. '반국가행위자의 처벌에 관한 특별조치법'(이하 '특조법'이라 함) 특유의 재판절차를 규정한 특조법 제7조 제5항·제6항·제7항 본문은 모두 헌법에 위반되므로 위헌선언으로 모두 효력을 상실함으로써 특조법 특유의 재판절차에 관한 규정들의 시행이 불가능하게 된다. 또 특조법상 상소(上訴)에 관한 특례규정인 제11조 제1항과 제13조 제1항 중 "제345조 내지 제348조에 관한 부분"이 이미 헌법재판소에 의하여 위헌선언되었다(1993.7.29. 헌바35 결정). 특조법 제8조가 위헌으로 선언되면 특조법 특유의 처벌규정이 없어지게 되고, 이 경우 반국가행위범죄를 특별히 규정한 취지, 즉 제2조 제1항에 규정된 범죄행위에 부과하여 새로운 구성요건을 부과한 취지도 형해화(形骸化)되는 것이므로, 특조법 특유의 과형은 그 시행이 불가능해진다. 그렇다면 특조법 특유의 소송절차나 처벌규정인 위 제7조 제5항·제6항·제7항 본문, 제8조가 모두 위헌으로 실효된다 할 것이고, 이들 법률조항들이 이미 실효된 제11조와 함께 특조법의 핵심적 규정들이라고 할 것인데, 그 핵심적인 규정들의 시행이 불가능하므로 특조법 전체가 그 존재 의미를 상실하게 되고 그 전체가 시행할 수 없는 경우라고 할 것이다. 그러므로 헌법재판소법 제45조 단서 규정에 의하여 특조법 전체에 대하여 위헌의 결정을 함이 타당하다.

(2) 제도의 기본적 요소인 규정의 위헌결정으로 법률전부를 시행할 수 없는 경우

이에 따른 대표적인 예로 구 '택지소유상한에 관한 법률'(지금은 폐지된 법률)에 대한 위헌결정이 있었다.

판례 헌재 1999.4.29. 94헌바37등
[심판대상] 1998.9.19. 법률 제5571호로 폐지되기 전의 '택지소유상한에 관한 법률'(제정 1989.12.30. 법률 제4174호, 개정 1994.12.22. 법률 제4796호, 1995.12.29. 법률 제5108호, 1995.12.29. 법률 제5109호, 1997.8.30. 법률 제5410호) 제2조 제1호·제2호, 제4조, 제7조 제1항 제1호, 제8조, 제9조, 제11조 제1항 제5호, 제16조 제1항 등. [주문] 1998.9.19. 법률 제5571호로 폐지되기 전의 택지소유상한에관한 법률(제정 1989.12.30. 법률 제4174호, 개정 1994.12.22. 법률 제4796호, 1995.12.29. 법률 제5108호, 1995.12.29. 법률 제5109호, 1997.8.30. 법률 제5410호)은 헌법에 위반된다. [관련판시] 위헌으로 판단된 위 조항들 중 법 제7조 제1항은 택지소유의 상한을 정하는 규정이고, 부칙(1989.12.30. 법률 제4174호) 제2조는 법 시행 이전부터 이미 택지를 소유하고 있는 택지소유자에 대하여도 택지소유 상한을 적용하고 그에 따른 처분 또는 이용·개발의무를 부과하는 규정으로서, 사실상 택지소유 상한제도의 가장 기본적인 요소라고 할 수 있다. 따라서 이들 규정이 위헌결정으로 인하여 그 효력이 상실된다면 택지소유 상한제도 전체의 효력이 상실되는 것과 마찬가지의 결과를 가져온다 할 것이다. 또한 이 사건의 당해 사건들은 부담금 부과처분의 취소를 구하는 사건들이 대부분인데, 부담금의 부과율을 정한 제24조 제1항이 위헌결정으로 인하여 그 효력이 상실된다면 위 사건들에 있어서는 법 전체의 효력이 상실되는 것과 마찬가지라고 할 수 있다. 따라서 이 사건에 있어서는 위와 같은 조항들이 위헌으로 결정된다면 법 전부를 시행할 수 없다고 인정되므로, 헌법재판소법 제45조 단서의 규정취지에 따라 법 전부에 대하여 위헌결정을 하는 것이 보다 더 합리적이다.

(3) 법률 전부에 대하여 헌법불합치결정을 내린 예

판례 헌재 1994.7.29. 92헌바49등, 토지초과이득세법 제10조 등 위헌소원, 토지초과이득세법 제8조 등 위헌소원

[주문] "토지초과이득세법은 헌법에 합치되지 아니한다." [관련판시] 위 각 위헌적 규정들 중 제11조 제2항은 토초세의 과세표준을 정하는 지가에 관한 규정이고 제12조는 토초세의 세률에 관한 규정인데, 이들 두 규정은 모두 토초세제도의 기본요소로서, 그 중 한 조항이라도 위헌 또는 헌법불합치결정으로 인하여 효력을 상실한다면 토초세법 전부를 시행할 수 없게 될 것이다. 헌법재판소법은 위헌법률심판의 대상에 관하여 원칙적으로 제청법원으로부터 제청된 법률조항에 대하여서만 결정하도록 하되, 예외적으로 제청된 법률조항의 위헌결정으로 인하여 당해 법률 전부를 시행할 수 없다고 인정될 때에는 그 법률 전부에 대하여도 결정할 수 있도록 하고(제45조), 이 규정은 같은 법 제68조 제2항에 의한 헌법소원심판의 대상에도 이를 준용한다고 규정하고 있다(제75조 제6항). 뿐만 아니라 우리 재판소의 확립된 판례에 의하여 인정되고 있는 '헌법불합치결정'은 성질상 위헌결정의 일종으로서 대상 법률 또는 법률조항의 효력상실만을 잠정적으로 유보하는 변형결정이므로 심판대상의 확대에 관한 헌법재판소법 제45조 및 제75조 제6항의 법리는 헌법불합치결정에도 그대로 적용된다고 보아야 할 것이다. 따라서 이 사건에 관하여는 나머지 심판대상 조문들에 대하여 더 따져볼 것도 없이 헌법재판소법 제45조 단서의 규정취지에 따라 토초세법 전부에 대하여 위헌 또는 헌법불합치결정을 선고하여야 할 경우라고 본다

제3항 정족수

헌법 제113조 ① 헌법재판소에서 법률의 위헌결정, 탄핵의 결정, 정당해산의 결정 또는 헌법소원에 관한 인용결정을 할 때에는 재판관 6 인 이상의 찬성이 있어야 한다.

헌재법 제23조(심판정족수) ① 재판부는 재판관 7명 이상의 출석으로 사건을 심리한다.
② 재판부는 종국심리(終局審理)에 관여한 재판관 과반수의 찬성으로 사건에 관한 결정을 한다. 다만, 다음 각 호의 어느 하나에 해당하는 경우에는 재판관 6명 이상의 찬성이 있어야 한다.
1. 법률의 위헌결정, 탄핵의 결정, 정당해산의 결정 또는 헌법소원에 관한 인용결정(認容決定)을 하는 경우
2. 종전에 헌법재판소가 판시한 헌법 또는 법률의 해석 적용에 관한 의견을 변경하는 경우
[전문개정 2011.4.5.]

Ⅰ. 심리정족수

헌재법 제23조는 재판관 7명 이상의 출석으로 사건을 심리한다고 규정하여 심리에 필요한 정족수를 7명 이상으로 하고 있다.

헌법재판소판례집에는 재판관 8명의 서명이 되어 있는 종국결정의 예(헌재 1996.8.29. 93헌바6; 1996.8.29. 94헌마113 등)를 볼 수 있고, 재판관 7명의 서명이 되어 있는 종국결정의 예(헌재 1996.8.29. 95헌바41)도 볼 수 있다.

Ⅱ. 결정정족수

법률의 위헌결정에는 재판관 6명 이상의 찬성이 있어야 한다.

1. 5인 재판관 위헌의견 : 과거의 '위헌불선언'결정의 폐기 – 현행 단순 합헌결정

위헌의견이 5명인 경우에 위헌결정을 할 수 없다. 그래서 과거에는 '위헌이라고 선언할 수 없다'라고 주문을 기재하였다. 1996년 판례변경(판례변경을 한 결정 : 헌재 1996.2.16. 96헌가2, 96헌바7등, 5·18민주화운동 등에 관한 특별법 제2조 위헌제청 등 결정)으로 '헌법에 위반되지 아니한다'라는 단순합헌의 주문으로 변경되었다.

2. '변형결정'의 정족수

(1) 가중정족수의 요구

헌법재판소는 헌법불합치결정, 한정합헌결정 등 이른바 '변형결정'도 위헌결정의 일종이라고 보고(변형결정에 대해서는 후술 참조), 변형결정에 대해서도 재판관 6명 이상의 찬성이라는 가중정족수가 요구된다고 본다.

(2) 5인 이하 의견의 한정합헌·한정위헌·헌법불합치결정(의견분립, 단순위헌의견의 합산)

헌재는 변형결정에도 위와 같이 가중정족수를 요구하는 점도 그 점을 가중하지만 예컨대 헌법불합치나 한정합헌이나 한정위헌 등 변형결정의견이 헌법재판관 6인 이상의 의견이 아닌 경우인데도 단순위헌의견을 합쳐서 그 변형결정을 하기도 한다. 이는 여러 의견이 갈린 경우인데 이에 대해서는 바로 아래 '재판관 의견 분립 경우의 합의결정방식'에서 함께 살펴본다(후술 참조).

3. 재판관 의견 분립 경우의 합의결정방식

법률에 대한 위헌심판에서는 6인 이상 단순히 위헌의견을, 3인 이하가 단순히 합헌의견을 내는 결정만이 아니라 헌법불합치, 한정위헌과 같은 바로 위에서 언급한 이른바 변형결정이 있을 수 있고 이는 법령소원(법령 자체를 직접 대상으로 한 헌법소원)의 경우에도 변형결정이 있을 수 있다. 이 변형결정의 경우에 정족수도 역시 단순위헌결정에서와 같이 6인 이상 찬성을 요구하는데 문제는 의견들이 분립되어 있는 경우이다. 예를 들어 단순위헌 5인 재판관 의견, 헌법불합치의견 1인 재판관 의견, 2인 재판관의견은 합헌의견, 1인 재판관은 각하 등으로 나뉠 경우에 어떤 결정을 해야 하는가 하는 것이다. 바로 위에서 단순위헌 외에 다양한 변형결정을 하자는 재판관 의견들이 세분되어 분립될 경우에 그 결정형식을 보았는데 다음과 같은 원칙을 고려해야 하겠다. 그리고 나아가 변형결정뿐 아니라 각하의견이 본안의견과 대립될 경우 우리 헌법재판소는 쟁점별 합의제가 아니라 주문합의제라서(전술 심판절차의 일반원칙, 평의 부분 참조) 또 문제가 된다.

(1) 원칙

의견이 갈라질 때 다음과 같은 결정요인들이 원칙을 이룬다. i) 먼저 심판대상이 위헌성을 가지는데 그 위헌성 정도에 차이가 있다. 단순위헌이 제일 강한 위헌인 것은 물론이다. 헌법불합치, 한정위헌, 한정합헌이 있다. 일부위헌도 있다. ii) 법원의 합의재판의 경우 법원조직법 제66조 제2항이 "합의에 관한 의견이 3개 이상의 설(說)로 나뉘어 각각 과반수에 이르지 못할 때에는 다음 각 호의 의견에 따른다"라고 규정하고 있는데 각 호는 "1. 액수의 경우 : 과반수에 이르기까지 최다액(最多額)의 의견의 수에 차례로 소액의 의견의 수를 더하여 그 중 최소액의 의견, 2. 형사(刑事)의 경우 : 과반수에 이르기까지 피고인에게 가장 불리한 의견의 수에 차례로 유리한 의견의 수를 더하여 그 중 가장 유리한 의견"에 따른다고 규정하고 있다. 이 법원조직법규정에 따르면 가장 심각한 위헌성의견의 수가 정족수를 채우지 못하면 그 다음 심각한 위헌성의견의 수를 더해 가면서 6인 의견에 이르거나 넘어서면(더하기 전 6인이 안되었는데 그 다음 의견을 더하면 6인으로 그치는 것이 아니라 7인, 8인 등이 될 수도 있음) 거기까지의 가장 낮은 위헌성상태의 결정을 하라는 것이 된다. 예를 들어 단순위헌의견이 3인 재판관 의견, 헌법불합치의견이 2인 재판관 의견, 한정위헌의견이 2인 재판관 의견일 경우에 3인 + 2인 + 2인 = 7인이 되고 6인 정족수를 넘어서는 의견은 바로 한정위헌결정이 되겠다. 위 법원조직법규정은 3개 이상 의견으로 갈린 경우이다. 준용규정인 헌재법 제40조는 준용대상으로 법원조직법을 직접 명시하지 않고 있다. 간접준용을 할 것인지를 명백히 할 문제이긴 한데 민사소송에 관련되는 규정이긴 하다(헌재결정례 중 법원조직법 제66조 2항을 인용하고 있는 결정례로는 헌재 2002.8.29. 2000헌가5등; 2007.5.31. 2005헌마1139 등을 들 수 있다). iii) 위헌성이 큰 것이 작은 것을 포함한다고 본다. 청구인에게 유리한 결정이 6인 정족수규정을 채우지 못했을 때 위와 같이 위헌성이 작은 것을 포함할 때 채운다면 후자의 결정형식이 채택된다. 예를 들어 단순위헌의견이 5인 재판관 의견이어서 정족수를 채우지 못하는데 위헌성이 보다 작은 한정위헌의견이 3인 재판관의견이라면 위헌성이 작은 한정위헌의견을 포함하면 정족수를 채우고 한정위헌결정이 단순위헌결정보다 약하나 한정위헌결정이 채택된다.

(2) 실제례 : 변형결정-5인 이하 의견의 한정합헌·한정위헌·헌법불합치결정

실제 우리 헌재는 한정합헌이나 한정위헌 또는 헌법불합치의 의견이 헌법재판관 6인 이상의 의견이 아닌 경우인데도 단순위헌의견을 합산하여 한정합헌 내지 한정위헌의 결정을 하기도 한다. 이는 뒤의 변형결정 부분에 가서 보게 되겠지만, 우리 헌재는 한정위헌이나 한정합헌을 일부위헌이라고 보는바 단순위헌의견은 전부위헌으로서 일부위헌을 포함하기 때문에 일부위헌의 의견으로도 볼 수 있다는 것을 그 논거로 내세우고 있다. 그리고 위 원칙에서 본 결

정요인들에 비추어 보면서 아래에 그 실제례들을 살펴본다.

(a) **단순위헌**(1인) **의견 + 한정합헌**(5인) **의견 = 한정합헌결정** 관여재판관의 평의의 결과는 단순합헌의견 3, 한정합헌의견 5, 전부위헌의견 1의 비율이었는데 헌재는 한정합헌의견은 질적인 일부위헌, 전부위헌의견도 일부위헌의 범위 내에서는 견해를 같이한다고 하여 두 의견을 합산하여 6인 한정합헌결정 6인 정족수에 도달했다고 보아 한정합헌결정을 하였다.

[주요판시사항]

▷ 한정합헌결정에도 6인 찬성의 정족수규정이 적용됨.

▷ 위헌의견도 한정합헌의견에 포함시켜 한정합헌결정의 정족수 인정

* 논거 : 한정합헌의견은 질적인 일부위헌, 전부위헌의견도 일부위헌의 범위 내에서는 같은 견해라고 할 것임

판례 헌재 1992.2.25. 89헌가104

[주문] 군사기밀보호법(1972.12.26. 법률 제2387호) 제6조, 제7조, 제10조는 같은 법 제2조 제1항 소정의 군사상의 기밀이 비공지의 사실로서 적법절차에 따라 군사기밀로서의 표지를 갖추고 그 누설이 국가의 안전보장에 명백한 위험을 초래한다고 볼 만큼의 실질가치를 지닌 경우에 한하여 적용된다고 할 것이므로 그러한 해석하에 헌법에 위반되지 아니한다. [관련판시] 이 사건에 있어서 관여재판관의 평의의 결과는 단순합헌의견 3, 한정합헌의견 5, 전부위헌의견 1 의 비율로 나타났는데, 한정합헌의견은 질적인 일부위헌이기 때문에 전부위헌의견(1)도 일부위헌의견의 범위 내에서는 한정합헌의 의견과 견해를 같이 한 것이라 할 것이므로 이를 합산하면 헌법재판소법 제23조 제2항 제1호 소정의 위헌결정정족수(6)에 도달하였다고 할 것이며, 그것이 주문의 의견이 되는 것이다.

(b) **헌법불합치**(1인)**의견 + 한정위헌**(5인)**의견 = 한정위헌결정, 단순위헌**(3인)**의견 +헌법불합치**(1인)**의견 + 한정위헌**(5인)**의견 = 한정위헌결정** 아래 결정례는 한정위헌결정이 5인 의견이었는데 1인 헌법불합치의견에 이를 합산하여, 또 3인 단순위헌의견, 1인 헌법불합치의견에 이를 합산하여 결국 모두 한정위헌결정을 내린 예이다.

판례 헌재 2002.8.29. 2000헌가5등

[주문] 1. 상호신용금고법(1995.1.5. 법률 제4867호로 개정된 것) 제37조의3 제1항 중 임원에 관한 부분 및 제2항은 "상호신용금고의 부실경영에 책임이 없는 임원"에 대하여도 연대하여 변제할 책임을 부담케 하는 범위 내에서 헌법에 위반된다. 2. 위 같은 조 제1항 중 과점주주에 관한 부분은 "상호신용금고의 경영에 영향력을 행사하여 부실의 결과를 초래한 자 이외의 과점주주"에 대하여도 연대하여 변제할 책임을 부담케 하는 범위 내에서 헌법에 위반된다. [판시] … 4. 결론 – (1) 이 사건 법률조항 중 "과점주주"에 관한 부분에 대하여는 재판관 5인이 한정위헌의견, 재판관 1인이 헌법불합치의견, 재판관 3인이 합헌의견인데, 한정위헌의견은 질적인 일부위헌의견이기 때문에 위헌결정의 일종인 헌법불합치의견도 일부위헌의견의 범위 내에서는 한정위헌의견과 견해를 같이 한 것이라 할 것이므로, 이를 합산하면 헌법재판소법 제23조 제2항 제1호에 규정된 위헌결정의 정족수에 도달하여 한정위헌결정을 선고하기로 한다. (2) 이 사건 법률조항 중 "임원"에 관한 부분에 대하여는 재판관 5인이 한정위헌의견, 재판관 1인이 헌법불합치의견이고, 재판관 3인이 단순위헌의견인바, 어느 쪽도 독자적으로는 위헌결정의 정족수에 이르지 못하였으나, 단순위헌의견과 헌법불합치의견도 일부위헌의견의 범위내에서는 한정위헌의견과 견해를 같이 한 것이라 할 것이므로, 이를 합산하면 헌법재판소법 제23조 제2항 제1호에 규정된

위헌결정의 정족수에 도달하여 한정위헌결정을 선고하기로 한다(헌법재판소법 제40조, 법원조직법 제66조 제2항 참조). 이에 주문과 같이 결정한다.

(c) **단순위헌의견 + 헌법불합치의견 = 헌법불합치결정**

① **단순위헌**(5인)**의견 + 헌법불합치**(2인)**의견 = 헌법불합치결정** 동성동본금혼규정(민법 제809조 1항)에 관한 위헌심판에서 재판관 5명이 단순위헌의견을, 재판관 2인이 헌법불합치의견을 개진하였는데 헌재는 헌법불합치결정을 선고하였다.

판례 헌재 1997.7.16. 95헌가6등

[판시] … 재판관 김용준, 재판관 김문희, 재판관 황도연, 재판관 신창언, 재판관 이영모는 단순위헌결정을 선고함이 상당하다는 의견이고 재판관 정경식, 재판관 고중석은 헌법불합치결정을 선고함이 상당하다는 의견으로서, 위 재판관 5명의 의견이 다수의견이기는 하나 헌법재판소법 제23조 제2항 제1호에 규정된 "법률의 위헌결정"을 함에 필요한 심판정족수에 이르지 못하였으므로 이에 헌법불합치의 결정을 선고하기로 하는바 …

* 또 다른 단순위헌(5인)의견 + 헌법불합치(2인)의견의 헌법불합치결정의 예 : 헌재 2009.9.24. 2008헌가25.

② **단순위헌(2인)의견 + 헌법불합치(4인)의견 = 헌법불합치결정** 약사들이 법인을 구성하여 약국을 개설하는 것을 금지되도록 규정한 약사법(2000.1.12. 법률 제6153호로 개정된 것) 제16조 제1항에 대해 2인 재판관이 단순위헌의견을, 4인 재판관이 헌법불합치의견을 개진하였는데 헌재는 헌법불합치결정을 하였다.

판례 헌재 2002.9.19. 2000헌바84

[판시] 위헌의견을 헌법불합치의견에 합산하면 헌법재판소법 제23조 제2항 제1호에 규정된 법률의 위헌결정을 함에 필요한 심판정족수에 이르게 되므로 이에 헌법불합치의 결정을 선고하기로 한다.

③ **'일부 단순위헌, 일부 헌법불합치'**(1인)**의견 + '전부 헌법불합치'**(5인)**의견 = 헌법불합치결정**

공무원 또는 공무원이었던 자가 재직중의 사유로 금고 이상의 형을 받은 때에는 대통령령이 정하는 바에 의하여 퇴직급여 및 퇴직수당의 일부를 감액하여 지급하도록 한 공무원연금법 제64조 제1항 제1호에 대한 헌법불합치결정이 그 예이다.

판례 헌재 2007.3.29. 2005헌바33.

(d) **헌법불합치결정들 간에 강약 대비**

a) **논리적 판단** 뒤의 헌법불합치결정에서 보겠지만 헌법불합치결정에도 적용중지의 헌법불합치결정과 계속적용 헌법불합치결정이 있고 전자가 보다 위헌성이 강하다고(당장 중지시켜야 한다고 보므로) 볼 것이다. 이 경우 재판관의견대립에서 전자의 의견 수가 정족수에 부족하면 후자의 의견 수를 합산하게 될 것이다.

b) **분석대상례** 아래의 예를 보자.

『단순위헌(1인) + 일부위헌(1인)의견 + 적용중지 헌법불합치(2인)의견 + 계속적용 헌법불합치(5인)의견 적용 = 계속적용 헌법불합치결정』

판례 헌재 2007.5.31. 2005헌마1139

[주문] 1. '공직자등의 병역사항 신고 및 공개에 관한 법률'(2004.12.31. 법률 제7268호로 개정된 것) 제8조 제1항 본문 가운데 '4급 이상의 공무원 본인의 질병명에 관한 부분'은 헌법에 합치하지 아니한다. 이 법률조항 부분은 입법자가 2007.12.31.을 시한으로 개정할 때까지 계속 적용된다. [결정이유] … 5인 법정의견 – 이 사건 법률조항에 대하여 헌법불합치결정을 선고하되, 다만 입법자의 개선입법이 있을 때까지 계속적용을 명하기로 한다. … 5. 결론 – 이 사건 법률조항에 대하여는 아래와 같은 재판관 4인의 다른 의견이 있다(재판관 이공현의 단순위헌의견, 재판관 조대현의 일부위헌의견, 재판관 이동흡, 재판관 송두환의 적용중지 헌법불합치의견). 그리하여 어느 의견도 독자적으로는 헌법재판소법 제23조 제2항 제1호에 규정된 법률의 위헌결정을 함에 필요한 심판정족수에 이르지 못하였으나 단순위헌의견과 적용중지 헌법불합치의견을 계속적용 헌법불합치의견에 합산하면 법률의 위헌결정을 함에 필요한 심판정족수에 이르게 되므로(헌법재판소법 제40조, 법원조직법 제66조 제2항 참조) 이에 계속적용을 명하는 헌법불합치결정을 하기로 한다.

위 결정례에서는 판시에서 명확히 밝히고 있지는 않으나 "단순위헌의견과 적용중지 헌법불합치의견을 계속적용 헌법불합치의견에 합산하면 법률의 위헌결정을 함에 필요한 심판정족수에 이르게 되므로(헌법재판소법 제40조, 법원조직법 제66조 2항 참조) 이에 계속적용을 명하는 헌법불합치결정을 하기로 한다"라고 한 부분을 두고 보면 강한 적용중지 헌법불합치결정의견이 정족수에 부족하여 그것보다 약한 계속적용 헌법불합치결정의견 수가 더해져 그리 결정이 내려졌다는 점에서 위의 예에 해당한다고 볼 것이다. 4급 이상 공무원들의 병역 면제사유인 질병명을 관보와 인터넷을 통해 공개하도록 하는 구 '공직자등의 병역사항 신고 및 공개에 관한 법률'(2004.12.31. 법률 제7268호로 개정된 것) 제8조 제1항 본문 가운데 '4급 이상의 공무원 본인의 질병명에 관한 부분'에 대한 계속적용의 헌법불합치결정이었다. 정리하면 단순위헌의견이 제일 강한 의견인데 정족수에 미달되고 또 일부위헌의견과 적용중지 헌법불합치의견을 보태어도 부족하다. 그래서 계속적용의 헌법불합치의견을 보태어 결국 계속적용의 헌법불합치결정이 된 법령소원사건이었다. 이 결정의 사안은 법령소원사건이었으나 참조가 되므로 여기서 살펴본 것이다.

(3) 각하결정과의 관계

각하결정의 의견이 다수라면, 즉 9인 재판관 중 5인 이상이라면 각하결정을 해야 할 것이다(헌재법 제23조 2항 본문). 재판관 4인이 위헌의견이라도 5인이 적법요건을 갖추지 못한 부적법한 제청이라 각하해야 한다고 의견이 모여지면 각하결정을 해야 할 것이다. 반대로 5인이 적법요건을 갖추었다고 보고 4인이 적법요건을 갖추지 못하여 각하하여야 한다고 한다면 5인의 다수의견에 따라 각하가 아니라 본안결정이 내려져야 하는데 그 5인 의견이 위헌의견이라도 6

인에 못미치므로 합헌결정을 하게 된다. 3인 이하 재판관이 각하의견이고 6인 이상 재판관이 본안판단으로 들어가야 한다는 의견이라면 합헌결정, 단순위헌결정이 나오거나 또는 '단순위헌 + 변형결정'이 6인 이상인데 의견이 갈리면 위의 의견분립에 따라 결정될 것이다.

4. 판례변경을 위한 정족수

헌재법 제23조 제2항 제2호는 종전의 헌법재판소가 판시한 헌법 또는 법률의 해석적용에 관한 의견을 변경하는 경우에 재판관 6명 이상의 찬성이 있어야 한다고 규정하여 판례변경의 경우에도 정족수를 가중하고 있다.

(1) 위헌법률심판에서 판례변경이 된 예

'헌가'결정에서 더러 판례변경이 이루어진다. 대표적인 한 예로 기초지방의회의원선거 후보자로 하여금 특정 정당으로부터의 지지 또는 추천받음을 표방할 수 없도록 한 '공직선거 및 선거부정방지법' 제84조의 일부규정에 대해 종전에는 합헌으로 보았으나 헌재 2003.1.30. 2001헌가4 결정에서 위헌으로 판례변경을 하였다.

(2) 판례변경의견이 5명 다수의견임에도 불구하고 판례변경이 안 된 예들

다음의 예들은 판례를 변경하자는 의견이 재판관 5명의 다수의견이었음에도 불구하고 위 규정의 6명을 넘지 못하여 판례변경이 안 되었던 예들이다. 이 결정들은 헌법소원심판의 것이긴 하나 위헌법률심판에서도 판례변경의 가능성이 있기에 여기에 소개하는 것이다.

판례 헌재 1995.5.25. 94헌마185; 1998.8.27. 97헌마79; 2003.1.30. 2002헌마516.

제5절 위헌법률심판결정의 형식

Ⅰ. 개관

위헌법률심판의 심리 결과 내려지는 결정에는 여러 가지가 있다. 헌법재판소판례집이 결정형식들을 분류해서 게재하고 있다. 이에 따르면 위헌법률심판의 결정형식에는 합헌결정, 헌법불합치결정, 한정합헌결정, 한정위헌결정, 일부위헌결정, 일부합헌결정, 단순위헌결정 등이 있다. 또한 헌법재판소는 심판대상이 될 수 없는 법률(조항)에 대한 제청이나 재판전제성이 없는 경우에는 위헌심판제청각하결정을 한다.

헌법불합치결정, 한정합헌결정, 한정위헌결정 등을 변형결정이라고 한다.

결정의 유형은 主文의 문언을 보고 판단한다는 것이 일반적 견해이고 헌재의 입장이다.

Ⅱ. 위헌심판제청각하결정

1. 개념과 주문의 문언

(1) 개념

재판절차(소송)법에 있어서 일반적으로 재판청구(제소)요건을 결여한 경우에는 그 청구(제소)는 부적법하고 각하결정을 하게 된다. 청구(제소)요건은 그 재판절차를 유효하게 성립시키고 진행시키는 적법요건이다(*일반적으로 재판절차에서 재판을 제기하기 위하여 갖추어야 할 요건을 '적법요건'이라 말하고 이를 갖추지 못하면 '부적법하다'라고 하고 본안판단에 들어가지 않고 각하한다. 실체법에서의 적법, 예를 들어 어떤 행정처분이 실체법적으로 위법이 아님을 의미하는 적법과 다른 의미이다). 헌법재판에서도 그러하다. 따라서 위헌법률심판에 있어서도 제청에 있어서 적법요건인 심판의 대상성을 결여하거나(예를 들어 조례에 대한 제청), 재판전제성 등을 결여하면 적법요건을 갖추지 못한 것이어서 각하결정을 한다. 본안에 들어가기 전에 판단하여 내리는 결정이라서 제청각하결정을 본안전 결정이라고도 한다.

(2) 주문의 문언

제청각하결정의 주문은 아래와 같다.

[예시] 헌재 2019.4.11. 2017헌가34

"이 사건 위헌법률심판제청을 각하한다"

2. 구체적 예

(1) 대상성 결여를 이유로 한 제청각하결정

① 폐지된 법률에 대한 심판제청각하결정 – 폐지된 법률조항에 대해서는 심판대상성이 원칙적으로 없으므로 제청이 되었다면 각하를 하게 된다. 그러나 재판전제성(심판이익)이 있는 법률조항에 대해서는 재판전제성, 대상성을 인정하여 본안에 들어간다(이러한 예에 대해서는 폐지된 법률조항에 대한 대상성을 인정하는 앞의 대상성 부분 참조).

② 시행된 바 없이 폐지된 법률에 대한 제청각하결정한 예

판례 헌재 1997.9.25. 97헌가4

[관련판시] 노동관계법개정법은 제청 당시에는 아직 시행되지 아니하였고 이 결정 당시에는 이미 폐지되어 효력이 상실된 법률인 것이다. 우리 헌법이 채택하고 있는 구체적 규범통제인 위헌법률심판은 최고규범인 헌법의 해석을 통하여 헌법에 위반되는 법률의 효력을 상실시키는 것이므로 이와 같은 위헌법률심판 제도의 기능의 속성상 법률의 위헌여부심판의 제청대상 법률은 특별한 사정이 없는 한 현재 시행중이거나 과거에 시행되었던 것이어야 하기 때문에 제청 당시에 공포는 되었으나 시행되지 않았고 이 결정 당시에는 이미 폐지되어 효력이 상실된 법률은 위헌여부심판의 대상법률에서 제외되는 것으로

해석함이 상당하다. 더욱이 노동관계법개정법은 당해 사건 재판에 적용되는 법률이 아닐 뿐만 아니라 피신청인 조합원들이 쟁의행위를 하게 된 계기가 된 것에 불과한 것으로 동 개정법의 위헌여부는 다른 내용의 재판을 하게 되는 관계에 있지도 아니하므로 재판의 전제가 되는 법률이라고 볼 수 없다. * 동지 : 헌재 1997.9.25. 97헌가5, 노동조합 및 노동관계조정법 등 위헌제청, 헌재판례집 9－2, 344면, 제청각하결정.

③ **위헌결정된 법률조항에 대한 제청이라는 이유로 내려진 제청각하의 예** － 이 경우 대상성결여의 이유로 각하결정한 예만 있었던 것은 아니나 아래에 대상성결여로 제청각하한 예를 본다.

- 사회보호법 제5조 및 같은 법 부칙 제2조의 위헌심판

판례 헌재 1989.9.29. 89헌가86

[주문] "1. 이 사건 위헌심판제청 중 1989.3.25. 개정 전 사회보호법(1980.12.18. 법률 제3286호) 제5조 제1항에 관한 부분은 이를 각하한다." [결정요지] "개정 전 사회보호법 제5조 제1항에 관하여는 당 재판소가 1989.7.14. 선고한 88헌가5 · 8, 89헌가44(병합) 사건의 결정에서 위 법률의 조항이 헌법에 위반된다고 이미 판시한 바 있어 위 법률의 조항의 위헌여부는 더 이상 심판의 대상이 될 수 없고, 따라서 이 사건 위헌심판제청 중 위 법률의 조항에 관한 부분은 부적법하다.

- 지방세법 제31조에 대한 위헌심판

판례 헌재 1994.8.31. 91헌가1

[관련판시] 이 사건 법률조항의 본문 중 '으로부터 1년'이라는 부분에 관하여는 당 재판소가 1991년 11월 25일 선고한 91헌가6 사건의 결정에서 그 부분은 헌법에 위반된다고 선고한 바 있으므로 헌법재판소법 제47조 제2항에 의하여 그 부분 법률규정은 그날로부터 효력을 상실하였다 할 것이고, 따라서 그 부분의 위헌여부는 더 이상 위헌여부심판의 대상이 될 수 없다고 할 것이므로(당재판소 1989.9.29. 89헌가86 결정 참조), 이 부분에 대한 위헌여부심판의 제청은 부적법하다.

(2) 재판전제성 결여를 이유로 한 제청각하결정

판례 헌재 2019.8.29. 2016헌가16

[주문] 1. 생략 2. 나머지 위헌법률심판제청을 각하한다. [판시] 이 사건 취소조항은 당해사건 재판에 적용될 법률이 아니며, 그 위헌여부에 따라 당해사건 재판의 주문이 달라지거나 재판의 내용과 효력에 관한 법률적 의미가 달라지는 경우라고 볼 수 없으므로, 이 사건 취소조항에 대한 위헌법률심판제청은 재판의 전제성이 없어 부적법하다.

판례 헌재 2019.4.11. 2017헌가34

[주문] 이 사건 위헌법률심판제청을 각하한다. [판시] … 이 사건 기록에 비추어 보면, 당해사건 피고인이 금융사지배구조법 제32조 제1항에 따른 적격성 심사대상인 금융회사의 최대주주 중 최다출자자에 해당되지 않는 것은 분명하므로 심판대상조항은 당해사건에 적용되지 않는다. 따라서 심판대상조항의 위헌 여부가 당해사건 재판에 영향을 미친다고 볼 수 없다. 5. 결론 … 이 사건 위헌여부심판제청은 재판의 전제성 요건을 갖추지 못하여 부적법하므로 이를 각하한다.

* 그 외 재판전제성 결여로 제청각하결정된 예 : 헌재 2018.6.28. 2017헌가19; 2018.5.31. 2016헌가18; 2018.2.22. 2017헌가17; 2016.7.28. 2015헌가34; 2016.4.28. 2015헌가16; 2016.3.31. 2016헌가2; 2016.3.31.

2015헌가8; 2016.3.31. 2015헌가36; 2015.12.23. 2015헌가27; 2015.6.25. 2014헌가17 등.

* 심판계속중의 법개정으로 재판의 전제성이 상실되어 제청을 각하한 결정례

판례 헌재 2000.8.31. 97헌가12.

3. 위헌소원(헌재법 제68조 2항의 헌법소원)의 경우

위헌소원심판의 경우에 대상성, 재판의 전제성, 변호사 대리 등이 결여되어 또는 청구기간을 도과한 경우 등으로 청구가 부적법한 경우에는 헌재는 '심판청구를 각하한다'라는 문언의 주문으로 결정하고 있다.

[예시] 헌재 2020.8.28. 2019헌바162

"이 사건 심판청구를 각하한다."

판례 예컨대, 헌재 1996.3.28. 93헌바41, 1980년 해직공무원의 보상 등에 관한 특별조치법 제2조 등 위헌소원, 헌재판례집 8-1, 191면; 1999.9.16. 92헌바9, 자연공원법 제4조, 제43조 제1항에 대한 헌법소원, 헌재판례집 11-2, 264면; 2000.11.30. 99헌바22, 구 소득세법 제21조 제5항 등 위헌소원, 헌재공보 제51호, 818면; 2013.12.26. 2012헌바257; 2014.11.27. 2014헌바265; 2015.12.23. 2013헌바194; 2016.11.24. 2015헌바413등; 2017.11.30. 2016헌바101; 2018.12.27. 2017헌바473; 2019.11.28. 2017헌바375; 2020.6.25. 2019헌바109 등 참조.

Ⅲ. 심판절차종료선언결정

심판도중에 청구인이 사망한 경우와 같은 변화로 심판을 더 이상 진행하지 않고 마침을 선언하는 것이 심판절차종료선언결정이다. 이 결정은 본안전 요건불비의 각하결정과 다르다.

실질적 위헌법률심판인 위헌소원에서도 헌재는 심판절차종료선언을 한 바 있다. 즉 위헌소원의 청구인이 사망한 경우에 受繼할 당사자가 없거나 受繼意思가 없는 경우에는 심판절차를 종료하는 결정을 하게 된다는 것이 헌재의 판례이다. 다만, 수계의사표시가 없는 경우에도 이미 결정을 할 수 있을 정도로 사건이 성숙되어 있고 그 결정에 의하여 유죄판결의 흠이 제거될 수 있음이 명백한 경우 등 특히 유죄판결을 받은 사람의 이익을 위하여 결정의 필요성이 있는 경우에는 종국결정이 가능하다고 한다(헌재 1994.12.29. 90헌바13, 형법 제338조 등에 대한 헌법소원, 헌재판례집 6-2, 351면; 2016.6.30. 2014헌바300 참조). 이 위헌소원심판에서의 심판절차종료결정에 대해서는 뒤의 헌법소원심판의 결정형식 부분도 참조.

Ⅳ. 본안결정

본안결정은 심판대상인 법률조항이 헌법에 위반되는지 아닌지 하는 내용적인 판단을 하여 내리는 결정이다. 이에는 단순위헌, 단순합헌의 결정이 있고 나아가 변형결정도 우리 헌재는 하고 있다. 이하에서 차례로 본다.

Ⅴ. 단순위헌, 단순합헌결정

1. 개념, 주문의 문언

아무런 제한이나 조건 없이 위헌이라고 하거나 합헌이라고 하는 결정이다. 즉 단순위헌결정은 주문이 예를 들어 "A법률 제9조는 헌법에 위반된다"라고 하고, 단순합헌결정은 주문이 "A법률 제9조는 헌법에 위반되지 아니한다"라고 하는 결정이다. 법률의 위헌결정에는 재판관 6인 이상의 찬성이 있어야 한다(제113조 1항과 헌재법 제23조 2항 1호).

단순합헌, 단순위헌결정의 주문 - 예시
단순합헌결정 "A법률 제9조는 헌법에 위반되지 아니한다"
* "합헌이다"라고 하지 않고 위와 같은 문언을 사용
단순위헌결정 : "A법률 제9조는 헌법에 위반된다"

2. 5인 위헌의견의 합헌결정

위헌의견이 5인 의견으로서 다수임에도 위헌결정에 6인 이상의 찬성이 필요하므로 위헌결정 정족수에 도달하지 못한 경우에는 합헌으로 결정된다. 과거에 위헌으로 선언될 수 없다는 이른바 '위헌불선언' 결정을 하였으나 1996년에 판례를 변경하여 이제 단순합헌의 주문이 선고되어 단순합헌결정이 내려지고 있다.

(1) 과거의 위헌불선언결정

① 개념 – 출범초기부터, 위헌의견이 재판관 5명의 의견으로 다수이나 6명 의견에 달하지 않는 경우에 위헌결정에는 재판관 6인 이상의 찬성이 있어야 한다는 헌법 제113조 제1항과 헌법재판소법 제23조 제2항 제1호의 규정 때문에 위헌으로 선언할 수 없음을 나타내는 주문을 담아 하는 형식의 결정이다. '위헌불선언'이라는 용어는 헌법재판소판례집 제1권(1989), 421면에서 명시하고 있는 용어이다. ② 위헌불선언결정의 예 : 헌재 1989.12.22. 88헌가3, 국토이용관리법 제31조의2의 위헌심판([주문] "2. 같은 법률(1989.4.1. 개정법률 제4120호) 제31조의2는 헌법에 위반된다고 선언할 수 없다. [관련판시] 위헌의견이 과반수이나 헌법재판소법 제23조 제2항

제1호 소정의 위헌결정의 정족수에 미달이어서 헌법에 위반된다고 선언할 수 없는 것이다; 1993.5.13. 90헌바22, 1980년 해직공무원의 보상 등에 관한 특별조치법 제2조 및 제5조에 대한 헌법소원; 1994.6.30. 92헌바23, 구 국세기본법 제42조 제1항 단서에 대한 헌법소원. ③ 판례변경 – 위헌불선언결정형식의 폐기 – 헌재는 5·18민주화운동 등에 관한 특별법 제2조에 대한 위헌심판결정(헌재 1996.2.16. 96헌가2)에서 한정위헌의견이 5명으로서 다수이고 합헌의견이 4명으로 5 : 4의 경우인데도 "… 헌법에 위반되지 아니한다"라는 단순합헌의 문언으로 선고하기 시작하여 이제 "위반된다고 선언할 수 없다"라는 주문의 결정은 하지 않고 위헌불선언결정형식을 폐기하였다.

(2) 5인 위헌의견의 합헌결정례

i) 몇 가지 예를 본다.

① 5·18민주화운동 등에 관한 특별법 제2조 위헌제청, 위의 판례.

② 노동쟁의조정법 제4조, 제30조 제3호, 제31조, 제47조에 대한 헌법소원

헌재 1996.12.26. 90헌바19등, 헌재판례집 8-2, 729면.

③ 특정경제범죄가중처벌 등에 관한 법률 제9조 제1항 등 위헌제청

헌재 1999.7.22. 98헌가3, 헌재판례집 1-2, 1면.

④ 주세법 제5조 제3항 위헌제청

헌재 1999.7.22. 98헌가5, 헌재판례집 11-2, 26면.

⑤ 수산업법 제81조 제1항 등 위헌소원

헌재 2001.3.21. 99헌바81등, 헌재판례집 13-1, 584면.

⑥ 구 상속세법 제34조의2 제2항 위헌소원

헌재 2001.8.30. 99헌바90, 헌재판례집 13-2, 168면.

⑦ 자연공원법 제4조 등 위헌소원

헌재 2003.4.24. 99헌바110등, 헌재공보 제80호, 377면.

⑧ 청소년의 성보호에 관한 법률 제20조의 제2항 제1호 등 위헌제청

헌재 2003.6.26. 2002헌가14, 헌재공보 제82호, 547면.

⑨ 구 의료법 제67조 등 위헌제청

헌재 2003.6.26. 2002헌가16, 헌재공보 제82호, 548면.

ii) 위의 예들 외에도 그 예가 있다. 근간(2020년-2021년 7월)에 나온 결정례로, 금융회사 등 임직원의 금품약속행위 처벌 사건(2019헌가15, 특정경제범죄 가중처벌 등에 관한 법률 제5조 제4항 제2호 위헌제청) 결정이 있었다.

iii) 재판관 4(합헌) : 2(일부위헌) : 3(위헌)의 의견의 합헌결정도 있었다(2016헌바96, 국기모독 행위 처벌 사건, 형법 제105조 위헌소원).

ⅳ) 재판관 4(합헌) : 5(헌법불합치)의 합헌결정의 예도 있다(2017헌가31, 구 의료기사 등에 관한 법률 제12조 제1항 등 위헌제청, 안경사가 아닌 사람의 안경업소 개설 등 금지 사건).

(3) 법률에 대한 헌법소원(법령소원)에서의 5인 재판관 위헌의견의 기각결정

ⅰ) 헌재는 법률에 대한 직접적 헌법소원(이른바 법령소원)을 인정하는데 이러한 헌법소원에서 위헌의견이 5인 다수의견인데도 불구하고 헌법소원의 인용결정에는 6명 이상의 찬성이 있어야 한다는 정족수 규정(헌법 제113조 1항) 때문에 기각결정을 한 경우가 있었다. 몇 가지 예를 본다.

① 중상해를 입힌 경우에도 그 차량이 단순히 자동차종합보험 등에 가입하였다는 이유만으로 공소제기조차 하지 못하도록 규정한 교통사고처리특례법 제4조 제1항에 대한 헌법소원결정[헌재 1997.1.16. 90헌마110등, 헌재판례집 9-1, 90면 이하 참조. [관련판시] 위헌론에 찬성한 재판관은 5명이어서 다수의견이기는 하지만 헌법재판소법 제23조 2항 단서 제1호에 정한 헌법소원의 인용결정의 정족수에 이르지 못하여 이 부분에 대한 청구인들의 각 심판청구를 모두 기각할 수밖에 없다]

② 선거범과 다른 죄의 경합범은 선거범으로 본다는 구 공직선거 및 선거부정방지법 제18조 제3항에 대한 헌법소원결정(헌재 1997.12.24. 97헌마16, 헌재판례집 9-2, 881면)

③ 지방교육위원선거에서 다수득표자 중 교육경력자가 선출인원의 2분의 1 미만인 경우에는 득표율에 관계없이 경력자 중 다수득표자 순으로 선출인원의 2분의 1까지 우선당선시키도록 규정한 지방교육자치에 관한 법률 제115조 제2항에 대한 위헌확인결정(헌재 2003.3.27. 2002헌마573, 헌재공보 제79호, 335면)

ⅱ) 위의 예들 외에도 적지 않게 그 예가 있다. 근간(2020년-2021년 7월)에 나온 결정례로, ① 변호사시험 합격자 명단 공고 사건(2018헌마77, 변호사시험법 제11조 위헌 여부 확인) 결정, ② 공중보건의사의 군사교육 소집기간 보수 미지급 사건(2017헌마643, 군인보수법 제2조 제1항 위헌 여부 확인) 결정 등이 있다. 법령소원이 아닌 예로는 장애인시험용 이륜자동차 미비치 사건(2016헌마86, 신체장애인 운전면허시험용 이륜자동차 사건) 결정이 있었다.

Ⅵ. 변형결정

1. 의의와 필요성

변형결정이란 단순히 위헌결정 또는 합헌결정이 아니라 위헌심판의 대상이 된 법률규정에 대하여 위헌성을 인정하면서도 일정기간 효력을 지속하게 하거나 일정한 해석하에 위헌이라거나 하는 형식의 결정이다. 헌재가 행하였거나 행하는 변형결정으로는 헌법불합치결정, 한정합헌결정, 한정위헌결정 등이 있다.

헌재는 이러한 변형결정을 하는 이유로, 국회의 입법권과 권위를 존중할 필요가 있다는 점, 헌법재판소의 유연·신축성 있는 적절한 판단을 위해 위헌 아니면 합헌이라는 양자택일에만 그치는 것이 아니라 그 성질상 사안에 따라 위 양자의 사이에 개제하는 중간영역으로서의 여러 가지 변형결정이 필수적으로 요청된다는 점, 단순위헌결정을 할 경우 법적 공백으로 인한 혼란이 생길 수 있다는 점 등을 들고 있다(헌재 1989.9.8. 88헌가6, 판례집 1, 199면).

그러나 소수반대의견은 변형결정에 대한 거부입장을 밝히고 있다. 반대의견의 주요 논거를 보면, 위헌결정의 효력은 헌법재판소법 제47조 제2항이 명시한 대로 '위헌결정일'로부터 효력이 상실되는 것이지 헌법재판소가 그 효력발생을 유보할 수는 없다고 보고, 또 위헌결정만이 그 기속력이 있다고 명시한 헌법재판소법 제47조 제1항에 따라 변형결정은 기속력이 없기 때문에 반대한다는 것이다.

생각건대 헌법의 다양성, 개방성, 추상성 등과 일반 민·형사재판과는 다른 헌법재판의 특수성(당사자에만 효과가 미치는 것이 아니다) 등을 고려하면 일도양단적인 단순한 위헌, 합헌만이 아니라 변형 내지 중간적인 효과의 결정이 필요하긴 하다. 그러나 변형결정은 그 기속력의 확보 등에 있어서 문제가 없지 않다.

헌법재판소의 한정해석은 그 한정해석하의 결정이 된 법률규정을 적용하는 행정청과 법원의 재판에서 구현될 것이 요구될 것인바, 헌법재판소의 한정해석의 취지준수의 담보를 위해서, 헌법소원제도의 강화가 이루어지고 법원의 재판에 대한 헌법소원이 허용되어야 한다고 본다.

2. 변형결정의 유형

변형결정의 분류 내지 유형에 대해서는 학자들에 따라 약간의 차이를 보여주고 있기도 하다. 또한 헌재가 내린 결정들 중에는 분류된 유형들 중 어느 유형에 해당하는지를 두고 견해를 달리할 수 있는 결정들도 있다. 헌법재판소 판례집에서 분류하고 있는 바에 따르면 위헌법률심판의 결정형식 중 변형결정으로는 헌법불합치결정, 한정합헌결정, 한정위헌결정을 들 수 있다.

한편 제청신청이 기각되어 당사자가 헌법재판소법 제68조 제2항에 따라 헌법재판소에 위헌여부심판을 위하여 제기하는 헌법소원('헌바'사건, '위헌소원')은 실질적으로 위헌법률심판이므로 이에 의해서 나오는 결정들은 물론이고, 또 법률을 직접 대상으로 하는 헌법소원('헌마'사건, 이른바 '법령소원', '위헌확인소원')에 의해서도 변형결정이 나올 수 있는바 아래에서의 결정례들에는 그러한 헌법소원에 의한 결정례들도 포함하여 살펴본다.

헌재는 변형결정도 위헌결정의 일종이라고 하고 변형결정에도 재판관 6명 이상의 찬성이라는 정족수 규정을 적용한다.

3. 헌법불합치결정

(1) 개념과 주문형식

1) 개념

헌법불합치결정은 심판대상이 된 법률의 위헌성을 인정하면서도 단순위헌결정을 할 경우에 즉시 효력이 상실되어 법적 공백이 생기므로 이로 인한 문제점이 발생할 것을 막기 위하여 입법자가 개정할 때까지 또는 일정기간 동안은 그 형식적으로만 존속을 인정하고 그 적용을 중지하게 하거나 아니면 그 기간 동안 잠정적으로 계속적용하도록 하는 변형된 결정을 말한다. 한편 위헌성이 인정되는 법률이 헌법에 합치되게 하는 개정이 있었지만 개정법이 아직 시행에 들어가지 않은 경우 그 개정법이 시행될 때까지 그 제도를 유지하도록 하는 헌법불합치결정도 있다.

계속적용의 헌법불합치결정 주문 예시

"A법률 제9조는 … 헌법에 합치되지 아니한다. 위 법률조항은 2021.12.31.을 시한으로 입법자가 개정할 때까지 계속 적용된다."

적용중지의 헌법불합치결정 주문 예시

"1. A법률 제9조는 … 헌법에 합치되지 아니한다. 2. 법원 기타 국가기관 및 지방자치단체는 입법자가 개정할 때까지 위 법률조항의 적용을 중지하여야 한다. 3. 입법자는 2020.12.31.까지 위 법률조항을 개정하여야 한다."

2) 주문형식

헌법불합치결정의 주문은 기본적으로 "헌법에 합치되지 아니한다"라는 문언을 담고 있다. 즉 "'A법률' 제9조는 헌법에 합치되지 아니한다"라는 것이다. 그러한 문언과 더불어 경우에 따라서는 개정시한을 主文에서 설정하는 헌법불합치결정도 있고(예를 들어 "2020년 12월 31일까지"라고 일시를 못박거나 "입법자가 개정할 때까지"라고 하는 시한), 그러한 개정시한을 못 박고 있지 않은 헌법불합치결정도 있었다. 최근에는 입법시한을 설정하는 경우가 많은 경향이다.

또는 법원 · 기타 국가기관 · 지방자치단체에 의한 적용의 중지를 主文에 명시한 헌법불합치결정도 있고 오히려 헌법불합치선언된 조항을 계속적용할 것과 그 적용시한이 주문에 명시된 법불합치결정도 있다.

* 이러한 각 주문의 결정례에 대해서는 아래의 결정례들 참조.

(2) 필요성과 대상

1) 필요성(근거 · 이유)

법적 안정성, 국회의 권위존중, 헌법합치적 개정법이 시행되고 있는 경우 등에 헌법불합치결정이 필요하다고 본다. 수혜적인 법률조항에 대해 단순위헌결정할 경우 그동안 누리던 사람도 그 법률조항의 전면폐기로 인하여 그나마 이익을 누릴 수 없는 상황이 온다고 헌법불합치결정을 하여야 할 필요가 있다.

(가) 법적 공백 방지, 법적 안정성

가) 필요성

단순위헌을 결정할 때의 법적 공백을 막기 위하여 헌법불합치결정을 하는 경우가 많다. 아래는 그 한 예이다.

판례 헌재 1999.10.21. 97헌바26

[결정요지] 도시계획시설지정으로 더 이상 토지를 종래 허용된 용도(건축)대로 사용할 수 없게 된 경우(나대지의 경우)인데도 도시계획이 시행되는 구역 내의 토지소유자들에게 시장이나 군수의 허가를 받지 아니하고는 원칙적으로 토지의 형질변경이나 건축 등을 금지하면서 도시계획시설결정의 집행을 장기간 하지 않고 방치(지연)하는 경우에 아무런 보상규정을 두고 있지 않는 것은 공익실현의 관점에서도 정당화될 수 없는 과도한 제한으로서 헌법상의 재산권보장에 위배된다고 할 것이어서 도시계획법 제4조(1971.1.19. 법률 제2291호로 전문개정되어 1991.12.14. 법률 4427호로 최종개정된 것)는 헌법에 합치되지 아니한다. [헌법불합치결정의 이유] 법률이 헌법에 위반되는 경우 헌법의 규범성을 보장하기 위하여 원칙적으로 그 법률에 대하여 위헌결정을 하여야 하는 것이지만, 위헌결정을 통하여 법률조항을 법질서에서 제거하는 것이 법적 공백이나 혼란을 초래할 우려가 있는 경우에는 위헌조항의 잠정적 적용을 명하는 헌법불합치결정을 할 수 있다. 즉 위헌적인 법률조항을 잠정적으로 적용하는 위헌적인 상태가 위헌결정으로 말미암아 발생하는 법이 없어 규율 없는 합헌적인 상태보다 오히려 헌법적으로 더욱 바람직하다고 판단되는 경우에는, 헌법재판소는 법적 안정성의 관점에서 법치국가적으로 용인하기 어려운 법적 공백과 그로 인한 혼란을 방지하기 위하여 입법자가 합헌적인 방향으로 법률을 개선할 때까지 일정 기간 동안 위헌적인 법규정을 존속케 하고 또한 잠정적으로 적용하게 할 필요가 있다. 물론 도시계획시설결정으로 말미암아 토지재산권이 입게 되는 특별한 손해의 보상에 관하여 난시일 내에 보상 법률을 제정하는 데에는 여러 가지 어려움이 많으리라 생각된다. 그러나 최초의 도시계획시설의 결정이 이루어진 때로부터 20, 30년이 넘게 일부 토지소유자에 대한 가혹한 부담이 아무런 보상 없이 그대로 방치되어 온 과거의 상황과 위헌적인 법규정이 잠정적으로 계속 적용된다는 점을 감안한다면, 입법자는 되도록 빠른 시일 내에, 늦어도 2001.12.31.까지 보상입법을 마련함으로써 이 사건 법률조항의 위헌적 상태를 제거하여야 할 것이다. * 동지 : 헌재 2000.8.31. 97헌가12, 국적법 제2조 제1항 제1호 위헌제청 등.

* 법적 공백을 우려한 헌법불합치결정의 또 다른 예들은 많다 : 헌재 1999.5.27. 98헌바70, 한국방송공사법 제35조 등 위헌소원; 2000.8.31. 97헌가12, 국적법 제2조 제1항 제1호 위헌제청 등; 헌재 2010.12.28. 2009헌가30, 통신비밀보호법 제6조 제7항 단서 위헌제청; 헌재 2011.9.29. 2010헌가93; 2019.12.27. 2018헌마301등, 광역지방자치단체장의 후원회를 금지한 정치자금법 제6조 위헌확인 등 뒤의 결정례들 참조.

나) 한계와 부정되는 경우

앞서 위헌법률심판의 심리 부분에서도 지적한 대로 합헌적 법률해석은 한계가 있고 변형결정을 자제하여 가능한 한 명료한 결정을 내려야 하는 점에 그 한계가 있다. 아울러 헌법불합치결정을 할 사유가 없는 경우, 즉 법적 공백이나 혼란을 초래하지 않는 경우에는 헌법불합치결정을 할 특별한 필요성이 인정되지 않고 이러한 경우에는 단순위헌결정을 해야 할 것이다. 예를 들어 수혜적 법률인데 그 수혜제도 자체는 존속하면서 그 수혜자 범위를 한정한 부분만 위헌이고 별도의 조문이면 후자에 대해 단순위헌을 하더라도 그 수혜제도는 유지될 것이므로 헌법불합치결정을 할 이유가 없는 것이다. 아래가 그 점을 보여준 예이다.

판례 헌재 2011.6.30. 2008헌마715

[주문] '고엽제후유의증 환자지원 등에 관한 법률' 일부개정법률(2007.12.21. 법률 제8793호) 부칙 제2조는 헌법에 위반된다. [판시] 이 사건에서 고엽제후유의증환자가 사망한 경우에도 유족에게 교육지원과 취업지원을 한다는 내용은 2007.12.21. 개정된 '고엽제후유의증 환자지원 등에 관한 법률' 제7조 제9항에서 규정한 것이고, 이 사건의 심판대상인 이 사건 부칙조항은 위 조항을 2007.12.21. 이후 사망한 환자의 유족에게만 적용한다고 규정하여 그 수혜자의 범위를 한정하는 내용일 뿐이다. 그러므로 이 사건 부칙조항에 대하여 위헌선언을 한다고 하더라도 여전히 위 법률 제7조 제9항이 효력을 갖고 있는 이상 기존의 수혜자들에 대해서까지 수혜의 근거가 사라지는 것이 아니고, 어떠한 법적 공백이나 혼란을 초래하게 된다고 할 수도 없으며, 달리 헌법불합치결정을 할 특별한 필요성이 인정되지 않는다. 따라서 이 사건에서는 청구인들의 평등권 침해 상태를 바로 회복시킬 수 있는 단순위헌의 주문을 취하는 것이 옳다.

(나) 평등, 형평을 위한 경우

가) 수혜적 법률의 경우

수혜적인 법률조항에 대해 단순위헌결정할 경우 그동안 이익을 누리던 사람도 그 법률조항의 전면폐기로 인하여 그나마 이익을 누릴 수 없는 상황이 온다고 보고 헌법불합치결정을 하여야 할 필요가 있다고 한다. 우리 헌법재판소는 사회보장적 급여의 적정한 범위를 정하는 것은 입법자의 입법정책적 판단에 맡기는 것이 옳다고 보아 헌법불합치결정을 하는 아래의 예를 보여주고 있다.

- 퇴직금 우선변제의 위헌성

판례 헌재 1997.8.21. 94헌바19등

[관련판시] 이 사건 법률조항 중 '퇴직금'부분은 질권 또는 저당권의 본질적 내용을 침해할 소지가 있고 그 담보물권들의 효력제한에 있어서 입법자가 준수하여야 할 과잉금지의 원칙에 위배되는 것으로서 위헌성이 있다. 그러나 퇴직금의 전액이 아니고 근로자의 최저생활을 보장하고 사회정의를 실현할 수 있는 적정한 범위 내의 퇴직금채권을 다른 채권들보다 우선변제함은 퇴직금의 후불임금적 성격 및 사회보장적 급여로서의 성격에 비추어 상당하다고 할 것인데 이 '적정한 범위'의 결정은 그 성질상 입법자의 입법정책적 판단에 맡기는 것이 옳다고 생각되는 점과 근로자의 퇴직금보장을 위한 각종 사회보험제도의 활용, 그 제도에 의한 대체 내지 보완이나 그 제도들과의 조화 등도 제반사정을 감안해야 하는 입법자의 사회정책적 판단영역인 점 등을 종합해 보면, 헌법재판소로서는 이 사건 법률조항 중 '퇴직금

'부분에 대하여 바로 위헌선언을 할 것이 아니라 헌법불합치의 선언을 한 다음, 입법자로 하여금 조속한 시일 내에 담보물권제도의 근간을 해치지 아니하는 범위 내에서 질권 또는 저당권에 의하여 담보된 채권에 우선하여 변제받을 수 있는 근로자의 퇴직금채권의 '적정한 범위'를 확정하도록 하여 근로자를 보호하는 한편 그 때까지는 위에서 본 이 사건 법률조항 중 '퇴직금'부분의 위헌성 때문에 그 부분의 적용을 중지하도록 함이 상당하다고 판단된다.

나) 형평을 위한 헌법불합치결정의 필요성

헌법재판소는 조세법 등의 경우 이미 그 법에 따라 조세를 납부한 납세자와 미납자 간의 형평을 고려하여 헌법불합치결정을 하기도 한다.

(a) 토지초과이득세법 제10조 등 위헌소원 등

판례 헌재 1994.7.29. 92헌바49등

[헌법불합치결정선택의 이유요지] 토초세법은 개발이익환수에 관한 법률 및 여타 세법과의 사이에 구조적·내용적인 연계를 가지고 있어 이를 당장 무효로 한다면 법제 및 재정 양면에 걸쳐 국정상 적지 않은 법적 혼란 내지 공백을 초래할 우려가 있고, 위헌적 규정들을 합헌적으로 조정하는 임무는 입법자의 형성재량에 속하는 사항이다. 또한 입법자는 이 결정의 취지에 따라 앞으로 위헌으로 선고된 세법구조를 합헌적인 범위 내에서 다시 조정하여 토초세법을 계속 시행할 수도 있고 폐지할 수도 있을 것이다. 헌법재판의 한계성으로 인하여 이 사건에서 특히 논점으로 부각되지는 아니하였으나 내용이 방대한 토초세법의 기타 여러 가지 점에 대하여 많은 시비논의가 일고 있는 부분도 입법자로 하여금 일괄 해결토록 함이 상당한 것으로 보여진다. 여기서 당장 토초세법에 대한 단순위헌결정을 선고한다면 이 사건 청구인들 기타 토초세부과와 관련한 소송을 제기하고 있거나 하려는 사람들은 이른바 '당해 사건' 당사자로서 이 결정의 효력이 미치게 되는 결과로 위헌결정의 이익을 받게 될 것이나, 상대적으로 현행법에 따른 기발생 토초세를 전부 납부하고도 이에 대해 아무런 이의를 제기하지 아니한 다수의 납세자에 대한 관계에 있어서 형평의 문제를 심화시키는 결과를 초래하는 것이다. 이와 같은 결과는 위헌결정의 장래효 원칙상 부득이한 것이라고 치부하면 그만이지만, 일률적·장기적으로 다수의 국민을 대상으로 하는 세법규정에 있어서 입법자로 하여금 정책적 판단을 숙고할 수 있는 여유를 줌이 옳다고 본다. 그러므로 우리 재판소로서는 국민의 기본권 보장이라는 헌법재판의 기본적인 사명과 배치되지 않는 범위 내에서, 단순위헌으로 선고할 경우 발생할 수 있는 위와 같은 부정적인 결과의 발생을 최소화하지 않을 수 없다. 바로 이러한 관점에서 우리 재판소는, 이 사건에 관하여 입법자가 토초세법을 적어도 이 결정에서 밝힌 위헌이유에 맞추어 새로이 개정 또는 폐지할 때까지는 법원, 행정청, 기타 모든 국가기관은 현행 토초세법을 더 이상 적용·시행할 수 없도록 중지하되, 그 형식적 존속만을 잠정적으로 유지하게 하기 위하여 이 사건에서 토초세법에 대한 단순위헌무효결정을 선고하지 아니하고 헌법재판소법 제47조 제2항 본문의 '효력상실'을 제한적으로 적용하는 변형결정으로서의 헌법불합치결정을 선택하지 아니할 수 없다.

(b) 한시적 계속적용이 정의·형평 등 헌법적 이념에 심히 배치되지 않는 경우

판례 헌재 1995.11.30. 91헌바1등

[결정요지] 양도소득세 과세표준의 산출기초가 되는 기준시가의 결정을 대통령령에 위임한 구 소득세법 제60조는 과세표준 산정의 포괄적 위임으로서 헌법 제59조의 조세법률주의에 위반된다. [헌법불합치로 결정된 조항] 구 소득세법 제60조(1978.12.5. 법률 제3098호로 개정된 후 1994.12.22. 법률 제4803호로 개정되기 전의 것)(기준시가의 결정) ① 제23조 제4항과 제45조 제1항 제1호에 규정하는 기준시가의

결정은 대통령령이 정하는 바에 의한다. [주문] 2. 구 소득세법 제60조(1978.12.5. 법률 제3098호로 개정된 후 1994.12.22. 법률 제4803호로 개정되기 전의 것)는 헌법에 합치하지 아니한다. [관련판시] 위와 같이 이 사건 위임조항은 헌법에 위반되므로 원칙으로 위헌결정을 하여야 할 것이나 이에 대하여 단순위헌결정을 선고하여 당장 그 효력을 상실시킬 경우에는 기준시가에 의한 양도소득세를 부과할 수 없게 됨은 물론, 이 법률 조항의 위임에 근거한 소득세법시행령 제115조를 인용하고 있는 구 법인세법시행령 제124조의2 제8항(1978.12.30. 대통령령 제9230호로 개정된 후 1994.12.31. 대통령령 제14468호로 삭제되기 전의 것) 등도 이를 시행할 수 없게 되는 등, 법적 공백 상태를 야기하게 되고 이에 따라 조세수입을 감소시키고 국가재정에 상당한 영향을 줌과 아울러 이미 이 조항에 따른 양도소득세를 납부한 납세의무자들과 사이에 형평에 어긋나는 결과를 초래하는데다가, 이 사건 위임조항의 위헌성은 국회에서 법률로 제정하지 아니한 단지 입법형식의 잘못에 기인하는 것으로서 이를 한시적으로 계속 적용한다고 하더라도 그것이 반드시 구체적 타당성을 크게 해쳐 정의와 형평 등 헌법적 이념에 심히 배치되는 것이라고는 생각되지 아니하고, 더욱이 이 사건의 경우에는 1994년 12월 22일 법률 제4803호로 헌법에 합치하는 내용의 개정입법이 이미 행하여져 위헌조항이 합헌적으로 개정되어 시행되고 있으므로 당 재판소는 단순위헌결정을 하지 아니하고 이 사건 위임조항을 적용하여 행한 양도소득세 부과처분 중 확정되지 아니한 모든 사건과 앞으로 행할 양도소득세 부과처분 모두에 대하여 위 개정법률을 적용할 것을 내용으로 하는 헌법불합치결정을 하기로 한다.

(다) 국회의 권위존중

이러한 필요성이 표명된 대표적인 결정례가 구 국회의원선거법 제33조, 제34조의 기탁금과 그 반환에 관한 규정을 위헌심판하여 헌법불합치결정을 한 아래의 예이다.

[주요판시사항]

▷ 헌법불합치결정의 근거 · 필요성
　국회의 권위존중 및 국민대표기능 확보
　국회구성의 동질성·평등성 확보
　개정을 위한 시간적 여유 필요

▷ 변형결정의 필요성
　유연 · 신축성 있는 적절한 판단의 필요성
　법적 안정성 확보
　헌법재판소법 제45조 본문에 근거
　헌법재판소법 제47조 제2항 본문에 대한 해석

판례 헌재 1989.9.8. 88헌가6

[주문] 1. 국회의원선거법(1988년 3월 17일 법률 제4003호 전문개정) 제33조 및 제34조는 헌법에 합치되지 아니한다. 2. 위 법률 조항은 1991년 5월 말을 시한으로 입법자가 개정할 때까지 그 효력을 지속한다. [결정요지] 무소속후보 2,000만원, 정당후보 1,000만원이라는 고액의 기탁금과 그 국고귀속을 규정한 국회의원선거법(1988년 3월 17일 법률 제4003호로 전문개정된 것. 1994.3.16. 공직선거 및 선거부정방지법의 제정으로 국회의원선거법은 폐지됨) 제33조, 제34조는 평등권과 참정권의 침해로 위헌이다. [변형판결을 하는 이유] 다음과 같은 이유로 이 법조항을 개정할, 늦어도 1991년 5월 말까지 계속 적용될 수 있게 불합치판결을 하는 것이 타당하다고 판단되어 주문과 같은 변형판결을 하는 것이다. 첫째, 국회의 권위를 존중하고 국민대표기관으로서의 본질적 기능을 보장하기 위해서이다. 법률의 개폐는 원칙적으로 국회의 입법형성권에 의해 이루어지는 것이 헌법상의 권력분립원칙에 합치된다. 따라서 국회

스스로가 보통, 평등 선거제도와 참정권의 본질에 반하는 선거법을 헌법정신과 사회현실을 종합하여 합리적으로 개정하여, 국민의 기본권을 수호하는 국민의 진정한 대변자로서의 기능을 수행할 수 있게 국회의 권위와 지위가 보장되어야 한다. 국회가 스스로 위헌성을 제거하고 국민주권행사의 실질적 보장과 보다 민주적인 선거가 되도록 관계조문을 체계적으로 조정하는 것이 동법의 기본성격과 국회의 본질적 기능에 맞다. 둘째, 국회의 동질성을 보장하고 선출조건에 있어 평등성을 확보하기 위해서이다. 1988년 4월 26일의 총선거에 의한 제13대 국회는 이 국선법 제33조와 제34조의 기탁금제도하에서 선출된 의원들로 구성되어 있다. 만약 이 사건 위헌심판 대상이 된 기탁금제도에 대해 당재판소에서 단순 위헌 결정을 선고하면 그 결정이 있는 날로부터 그 효력이 상실되기 때문에, 이후에 재선거나 보궐선거 등에 의해 새로이 당선되어 등원하는 의원은, 기왕에 당선되어 국회의원의 직에 있는 다른 의원들과는 달리 위 기탁금의 제한을 받지 아니하고 선출되게 되어, 제13대 국회의 구성원간에 동질성이 문제가 되고, 그 선출조건에 있어 다른 의원들간에 차별이 생기게 된다. 국회의원들간의 동질성을 확보하기 위하여는, 재선거나 보궐선거의 가능성이 사실상 없어지는 시점까지 위 국선법 조항의 효력이 적용될 수 있도록 하여야 할 것이다. 현행 선거법상 재선거나 보궐선거의 가능성이 없어지는 시점을 살펴보면 국선법 제144조는 "재선거 … 보궐선거는 그 선거 또는 투표에 의하여 당선되는 의원의 잔여 임기가 1년 미만인 경우에는 실시하지 아니할 수 있다"고 규정되어 있으므로, 제13대 국회의 임기만료일인 1992년 5월 29일로부터 사실상 재선거, 보궐선거 등의 가능성이 없어지는 1년 전이 되는 시기는 1991년 5월 말일이 된다. 그러므로 위 법률조항은 1991년 5월 말까지 위 개정이 이루어질 경우, 그 개정시로부터 재선거나 보궐선거의 가능성이 없기 때문이며, 그 외의 특단의 사정은 개정시 경과규정을 두어 해결될 수 있을 것이다. 셋째, 늦어도 1991년 5월 말까지는 위 국선법의 기탁금 조항이 개정되어야만 하고 차기 국회의원 총선거에 있어서는 새로운 국선법에 따라 민주적 선거를 실시하기 위한 시간적 여유가 필요하기 때문이다. 넷째, 위헌심판 결정의 주문에 헌법에 합치하지 아니한다고 선고하면서 일정기한까지 그 법률의 효력을 지속시키는 법적 이유는 다음과 같다. 헌법재판소법 제45조 본문의 "헌법재판소는 제청된 법률 또는 법률조항의 위헌 여부만을 결정한다"라는 뜻은 헌법재판소는 법률의 위헌여부만을 심사하는 것이지 결코 위헌제청된 전체 사건에 관하여 사실적·법률적 판단을 내려 그 당부를 심판하는 것은 아니라는 것으로 해석하여야 한다. 전체 사건에 관한 재판은 법원의 고유권한에 속하기 때문이다. 현대의 복잡다양한 사회현상, 헌법상황에 비추어 볼 때 헌법재판은 심사대상 법률의 위헌 또는 합헌이라는 양자택일 판단만을 능사로 할 수 없다. 양자택일 판단만이 가능하다고 본다면 다양한 정치·경제·사회현상을 규율하는 법률에 대한 합헌성을 확보하기 위한 헌법재판소의 유연·신축성 있는 적절한 판단을 가로막아 오히려 법적 공백, 법적 혼란 등 법적 안정성을 해치고, 입법자의 건전한 형성자유를 제약하는 등, 나아가 국가사회의 질서와 국민의 기본권마저 침해할 사태를 초래할 수도 있다. 이리하여 헌법재판소가 행하는 위헌여부 판단이란 위헌 아니면 합헌이라는 양자택일에만 그치는 것이 아니라 그 성질상 사안에 따라 위 양자의 사이에 개재하는 중간영역으로서의 여러 가지 변형재판이 필수적으로 요청된다. 제45조에 근거하여 한 변형재판에 대응하여 위헌법률의 실효여부 또는 그 시기도 헌법재판소가 재량으로 정할 수 있는 것으로 보아야 하며, 이렇게 함으로써 비로소 헌법재판의 본질에 적합한 통일적·조화적인 해석을 얻을 수 있는 것이다.

* 검토 – i) 제13대 국회의 국회의원들 간의 동질성과 평등성을 위하여 헌법불합치결정을 한다는 논거에는 문제가 없지 않다(김진우 재판관도 문제제기를 반대의견에서 하고 있다). 왜냐하면 기왕에 총선에서 당선된 의원들은 당선되었기 때문에 기탁금 중 선거경비를 제외하고는 기탁금을 반환받았다는 점에서 개정된 법 아래에서 앞으로 재선거, 보궐선거에서 당선될 의원들과 얼마나 차등이 있을 것인지 의문이기 때문이다. 더구나 기탁금제도 자체가 위헌이어서 완전히 소멸되지 않고 적정의 합헌적 액수를 요구하는 기탁금제도로 존치될 경우 더욱 동질성 문제를 논하는 것에 문제가 있다. ii) 또한 5월 말까지 효력유지한다는 헌법불합치결정을 하는 이유로서 재선거, 보궐선거의 가능성이 없는 시점이 그 때이기

때문이라는 이유를 제시하고 있으나 논리에 맞지 않다. 왜냐하면 헌법재판소가 일정시기까지 효력이 있다고 본 법률조항에 대해서도 국회는 그 시기의 도래 이전에도 개정을 할 수 있는 것이고, 그리하여 만약 1991년 5월 이전에 개정한다면 그리고 만약 1991년 5월 이전에 개정되고 또 개정법률에 의거 보궐선거 등이 이루어질 경우 결국 헌법재판소가 본 결정에서 생각한 그 동질성은 유지될 수 없을 것이기 때문이다. 다시 말해서 본 결정이 내세우는 논거, 즉 재선거 등의 가능성 소멸로 인한 동질성 유지라는 목적이 달성되기 위해서는 국회의 개정허용 시기(始期)가 1991년 5월 말부터 개정이 허용된다고 보아야 할텐데도 본 결정의 주문은 "1991년 5월 말을 시한으로 입법자가 개정할 때까지 그 효력을 지속한다"라고 하여 효력상실 시점과 더불어 오히려 개정시한의 종기(終期)를 설정하여 1991년 5월 말 이전에도 개정이 가능하게 하고 있어서 논리적으로 모순이다.

(라) 이미 헌법합치적 입법이 있은 경우의 헌법불합치결정의 필요성

다음과 같은 경우의 결정들이 있었다.

가) 헌법불합치적 개정법이 시행되고 있지 않은 경우의 헌법불합치결정

특허소송을 특허법원에서부터 제기할 수 있게 한 개정이 있었던 사안이다.

판례 헌재 1995.9.28. 92헌가11, 93헌가8등, 특허법 제186조 제1항 등 위헌제청

[헌법불합치결정을 하는 이유] 1. 오랜 기간 지속되어 온 제도이므로 위헌선언으로 인한 충격과 혼란이 매우 심각하고 또 광범위할 것으로 예상된다. 2. 이미 헌법합치적인 입법이 있었던 경우 유효하게 그 제도가 시행될 때까지 현행제도를 유지하는 것이 오히려 여러 가지 충격과 혼란을 방지하고 과학기술자들의 권리를 두텁게 보호하는 효과적인 방안이 될 것이라고 판단되기 때문이다.

* 이미 헌법합치적 입법이 있은 경우의 헌법불합치결정필요성을 인정한 또 다른 예 : 소득세법 제60조, 구 소득세법 제23조 제4항 등에 대한 헌법소원, 헌재 1995.11.30. 91헌바1등, 위 (나) 형평성에 인용된 결정 참조).

나) 헌법합치적 개정법이 시행되고 있는 경우의 헌법불합치결정

이미 헌법합치적 개정이 있었고 위헌심판이 행해지고 있는 시점에 개정법이 시행되고 있는 경우에도 그 개정법이 시행되기 전의 사안에 대해서는 위헌인 법규정이 적용되므로 이를 시정하기 위한 대체입법을 하기 위하여 헌법불합치결정이 필요하다고 보는 헌법재판소의 아래와 같은 결정이 있다.

판례 헌재 2001.6.28. 99헌바54, 구 상속세법 제9조 제1항 위헌소원

[주문] 구 상속세법(1993.12.31. 법률 제4662호로 개정되기 전의 것) 제9조 제1항 중 "상속재산의 가액 … 는 상속개시 당시의 현황에 의한다"는 부분은 헌법에 합치하지 아니한다. 이 법률조항은 입법자가 개정할 때까지 계속 적용된다. [본안쟁점] 상속재산의 가액평가에 관한 구 상속세법(1993.12.31. 법률 제4662호로 개정되기 전의 것) 제9조 제1항 중 "상속재산의 가액 … 는 상속개시 당시의 현황에 의한다"라는 부분은 그 평가시점을 상속개시 당시의 현황에 의한다고 규정하였을 뿐 그 원칙이나 평가 방법에 대한 내용이 없을 뿐만 아니라, 이에 관한 사항을 하위법규인 대통령령에 위임한다는 내용조차 규정한 바 없이 시행령 제5조에서 평가 방법에 관한 규정을 함으로써 조세법률주의에 반하는지 여부 [결정요지] 결국 이 사건 법률조항의 적용을 그대로 유지하는 것이 위헌결정으로 말미암아 발생하는 법적 공백의 합헌적인 상태보다 오히려 여러 가지 충격과 혼란을 방지하는 등 헌법적으로 더욱 바람직하다고 판단

되므로, 결국, 입법자가 위 헌법합치적 개정법률이 시행되기 이전에 적용되는 이 사건 법률조항을 대체할 합헌적 법률을 입법할 때까지 일정기간 동안 위헌적인 법규정을 존속케 하고 또한 잠정적으로 적용하게 할 필요가 있는 것이다.

2) 대상

법률조항이 대상이 되는데 대상에서 논란이 된 것은 형벌조항에 대해서도 헌법불합치결정이 가능한지에 대한 것인데 이에 대해서는 부정하는 견해가 강하다. 그러나 헌재는 야간옥외집회금지 규정에 대해 헌법불합치결정을 함으로써(헌재 2009.9.24. 2008헌가25) 그 예를 보여주었다.

(3) 성격과 효력, 결정정족수

1) 성격과 효력

(가) 위헌결정의 일종, 기속력 인정

헌재는 "변형재판은 헌법재판소법 제47조 제1항에 정한 위헌결정의 일종이며 타 국가기관에 대한 기속력이 있음은 당연한 것"이라고 한다.

판례 헌재 1989.9.8. 88헌가6.

(나) 시한 도과의 헌법불합치 조항의 효력

이에 대해 효력유지설도 있으나 헌재는 '주문'에서 자신이 정해준 입법시한을 넘기면 그 법률조항은 효력을 상실한다고 판시에서 명백히 밝히곤 한다.

판시보기 : **판례** 헌재 2019.4.11. 2017헌바127

[주문] 형법(1995. 12. 29. 법률 제5057호로 개정된 것) 제269조 제1항, 제270조 제1항 중 '의사'에 관한 부분은 모두 헌법에 합치되지 아니한다. 위 조항들은 2020. 12. 31.을 시한으로 입법자가 개정할 때까지 계속 적용된다.

[판시] 자기낙태죄 조항과 의사낙태죄 조항에 대하여 단순위헌결정을 하는 대신 각각 헌법불합치결정을 선고하되, 다만 입법자의 개선입법이 이루어질 때까지 계속적용을 명하는 것이 타당하다. 입법자는 가능한 한 빠른 시일 내에 개선입법을 해야 할 의무가 있으므로, 늦어도 2020.12.31.까지는 개선입법을 이행하여야 하고, 그때까지 개선입법이 이루어지지 않으면 위 조항들은 2021.1.1.부터 효력을 상실한다.

2) 정족수

헌법불합치결정에도 위헌결정에 필요한 재판관 6명 이상의 찬성이라는 정족수규정이 적용된다고 본다. 헌법불합치의견이 소수의견이나 단순위헌의견을 합쳐 재판관 6명 이상의 의견이 되는 경우에는 헌법불합치결정을 헌법재판소가 한 예들이 있다. 2명의 헌법불합치의견과 5명의 단순위헌의견이 개진된 경우[예를 들어 민법 제809조 1항(동성동본금혼) 위헌제청, 헌재 1997.7.16. 95헌가6등 참조]가 있다.

(4) 유형 - 계속적용과 적용정지

유형으로는 헌법불합치선언되는 법률조항의 잠정적 효력이 어떤가에 따라 개념에서 설명한 대로 계속적용의 것과 적용중지의 것이 있다. 침익적 법률규정의 경우 적용중지를 하고 수익적 법률규정의 경우 잠정적용을 함이 이상적이나 헌법재판소의 판례경향이 반드시 그러한 것은 아니라고 보여진다.

1) 최근 경향

* 최근 4년간(2016－2019년) － 아래 결정례에서 보듯이 계속적용이 많다.

적용중지 － 헌재 2016.12.29. 2015헌마509등; 2019.9.26. 2018헌바218등

계속적용 － 헌재 2015.4.30. 2013헌마623; 2015.12.23. 2013헌바68등; 2016.2.25. 2015헌가15; 2016.12.29. 2015헌바208등; 2017.9.28. 2015헌마653; 2018.1.25. 2016헌마541; 2018.4.26. 2015헌바370등; 2018.5.31. 2012헌바90; 2018.5.31. 2013헌바322등; 2018.6.28. 2011헌바379등; 2018.7.26. 2018헌바137; 헌재 2018.12.27. 2015헌바77등; 2019.4.11. 2017헌바127 등 많다.

2) 계속적용 헌법불합치결정

(가) 필요성

앞서 헌법불합치결정의 필요성에 대해 살펴보았으나 헌법불합치결정의 두 유형 중 하나인 계속적용 헌법불합치결정은 사실 위헌이라고 명백히 헌재 자신이 밝힌 위헌의 법조항을 계속적용하도록 하는 것은 정당하지 못한 점이 있다. 그럼에도 헌재는 법적 공백을 막고 법적 안정성을 유지하도록 하기 위해, 적용중지가 계속적용보다 더 위헌적인 상태가 될 경우에 계속적용을 할 필요성이 있다고 아래와 같이 설명하고 있다.

판례 헌재 2013.7.25. 2011헌가32

[설시] 헌법재판소가 위헌결정을 선고하여 이 사건 법률조항의 효력을 당장 상실시킨다면, 주택재건축사업에서 '기존 거주자와 토지 및 건축물의 소유자에게 분양하는 경우'의 개발사업분은 학교시설 확보의 필요성을 유발하지 않으므로 학교용지부담금을 부과하지 않도록 한 근거 규정까지 효력을 잃게 됨으로써 그 입법목적을 달성하기 어려운 법적 공백 상태가 발생한다. 따라서 이 사건 법률조항의 효력을 당장 상실하게 하거나 적용을 중지하도록 하는 것은 잠정적용을 명하는 것보다 더 위헌적인 상황을 초래하므로, 입법자가 합헌적인 방향으로 법률을 개선할 때까지 그 효력을 존속하게 하여 이를 적용하게 할 필요가 있다.

판례 헌재 2010.6.24. 2008헌바128

[판시] 위헌적인 법률조항을 잠정적으로 적용하는 상태가 위헌 결정으로 말미암아 발생하는 법적 규율이 없는 상태보다 오히려 헌법적으로 더욱 바람직하다고 판단되는 경우에는, 헌법재판소는 법적 안정성의 관점에서 법치국가적으로 용인하기 어려운 법적 공백과 그로 인한 혼란을 방지하기 위하여 입법자가 합헌적인 방향으로 법률을 개선할 때까지 일정기간 동안 위헌적인 법규정을 존속케 하고 또한 잠정적으로 적용하게 할 필요가 있는 것이다(헌재 2008.11.13. 2006헌바112, 판례집 20－2하, 1, 75; 헌재 2007.6.28. 2004헌마644등, 판례집 19－1, 859, 886 등 참조). 만약 이 사건 법률조항을 단순위헌으로

선언하여 즉시 그 효력을 상실하게 하는 경우에는, 이미 군인연금과 관련된 연간 국가예산 및 기금운용계획이 확정된 상태에서 군복무 중 이미 폐질상태가 확정되어 퇴직한 군인에 대한 상이연금 지급의 근거 규정마저 없어지는 등 법적 공백 상태와 부작용이 초래될 우려가 있다. 또한 퇴직 후 폐질상태가 확정된 군인에 대해서도 상이연금수급권이 인정되어야 한다는 것이 헌법적 요청이라고 하더라도 그 상이연금수급권의 요건 및 수준을 결정하는 것은 종국적으로 … 입법자가 결정해야 할 사항이며 … 따라서 이 사건 법률조항에 대하여 헌법불합치 결정을 선고하되, 다만 입법자의 개선입법이 있을 때까지 계속 적용을 명하기로 한다.

잠정적용 필요성을 인정하는 몇 가지 예를 더 보면 헌재는 신분관계 공백 발생을 막기 위한 예(헌재 2005.2.3. 2001헌가9등), 도시계획의 계속추진필요성(헌재 1999.10.21. 97헌바260), 가산점 수혜대상자가 겪을 법적 혼란의 방지필요(헌재 2006.2.23. 2004헌마675등) 등을 볼 수 있다. 그외 계속적용필요성의 여러 경우들은 아래 결정례들을 참조할 수 있다.

(나) 제한

헌재는 다음의 경우 잠정(계속)적용을 할 수 없고 적용중지를 해야 한다고 본다. 사안은 형사처벌조항을 이루는 조항의 경우이다.

판례 헌재 2004.5.27. 2003헌가1등

[판시] 이 사건 법률조항은 학교보건법 제19조와 결합하여 형사처벌조항을 이루고 있으므로 잠정적으로 적용하게 할 경우 위헌성을 담고 있는 이 사건 법률조항에 기하여 형사처벌절차가 진행될 가능성을 부인하기 어려우며 이와 같은 사태가 바람직하지 아니함은 물론이다. 따라서 입법자가 새로운 입법에 의하여 위헌성을 제거할 때까지 법원 기타 국가기관 및 지방자치단체는 헌법불합치결정이 내려진 이 부분 법률조항의 적용을 중지하여야 한다.

헌재의 위 결정은 형사처벌조항의 경우에는 잠정적용의 헌법불합치결정을 할 수 없다는 입장인 것으로 이해된다. 그러나 헌재는 야간옥외집회금지 규정과 그 위반시 처벌하는 규정들에 대해서도 잠정적용의 헌법불합치결정을 한 바 있다(헌재 2009.9.24. 2008헌가25).

3) 적용중지 헌법불합치결정

(가) 적용중지의 의미

헌재가 헌법불합치결정으로 비록 법적 공백의 우려 때문에 그 존속은 인정하지만 그 적용은 대상자의 기본권침해를 즉각 막기 위해 개선입법이 이루어질 때까지 중지되어야 한다는 결정이다. 따라서 법원은 그 법조항을 적용해야 할 재판을 정지하여야 하고 국가나 지방자치단체의 행정기관도 그 법조항에 근거한 행정처분의 발동 등을 하여서는 아니 된다. 중지하고 입법자의 입법개선을 기다려 개정된 법률을 적용하여야 한다.

판례 헌재 2004.1.29. 2002헌바40등

[설시] 헌법불합치결정이 있는 경우 법적용기관은 개선입법이 있을 때까지 계속된 절차를 중지하여야 하고 입법자의 입법개선을 기다려 개정된 법률을 적용하여야 한다.

(나) 적용중지의 법원 기타 국가기관·지방자치단체에 대한 의무를 '주문'에 올리는 경향

가) 이전 상태

이전에는 올린 것도 있고 아닌 것도 있었다. 각각 하나씩 그 결정례를 본다.

(a) '주문'에 명시적으로 올린 결정례

판례 민법 제809조 제1항(동성동본금혼 同姓同本禁婚) 위헌제청사건, 헌재 1997.7.16. 95헌가6등

[주문] 1. 민법 제809조 제1항(1958.2.22. 법률 제471호로 제정된 것)은 헌법에 합치되지 아니한다. 2. 위 법률조항은 입법자가 1998.12.31.까지 개정하지 아니하면 1999.1.1. 그 효력을 상실한다. 법원 기타 국가기관 및 지방자치단체는 입법자가 개정할 때까지 위 법률조항의 적용을 중지하여야 한다.

(b) '주문'에 올리지 않은 결정례('이유' 부분에서는 기재함)

판례 헌재 2010.7.29. 2008헌가15

[주문] 구 '사립학교교직원 연금법' 제42조 제1항 전문(2006.3.24. 법률 제7889호로 개정되고 2009.12.31. 법률 제9908호로 개정되기 전의 것) 중 구 공무원연금법 제64조 제1항 제1호(1995.12.29. 법률 제5117호로 개정되고 2009.12.31. 법률 제9905호로 개정되기 전의 것) 준용 부분은 헌법에 합치되지 아니한다. [이유] … 이 사건 법률조항에 대하여는 그 위헌성을 확인하되 형식적인 존속은 유지하도록 하고, 입법자는 되도록 빠른 시일 내에 이 사건 법률조항의 위헌적 상태를 제거하여야 할 것이며, 법원 기타 국가기관 및 지방자치단체는 개선입법이 시행될 때까지 이 사건 법률조항의 적용을 중지하여야 한다.

나) 최근 경향

근간에는 적용중지의 헌법불합치결정의 경우에 법원 기타 국가기관 및 지방자치단체에 대한 적용중지의무를 명시적으로 주문에 올리고 있는 경향을 볼 수 있다.

판례 헌재 2020.11.26. 2019헌바131

[결정주문] 1. 공익사업을 위한 토지 등의 취득 및 보상에 관한 법률(2011.8.4. 법률 제11017호로 개정된 것) 제91조 제1항 중 '토지의 협의취득일 또는 수용의 개시일(이하 이 조에서 "취득일"이라 한다)부터 10년 이내에' 부분은 헌법에 합치되지 아니한다. 2. 법원 기타 국가기관 및 지방자치단체는 입법자가 개정할 때까지 위 법률조항의 적용을 중지하여야 한다.

판례 헌재 2019.9.26. 2018헌바218 등

[주문] 1. 산업재해보상보험법 부칙(2017.10.24. 법률 제14933호) 제2조 중 '제37조의 개정규정'에 관한 부분은 헌법에 합치되지 아니한다. 2. 법원 기타 국가기관 및 지방자치단체는 입법자가 개정할 때까지 위 법률조항의 적용을 중지하여야 한다. 3. 입법자는 2020.12.31.까지 위 법률조항을 개정하여야 한다.

판례 헌재 2018.1.25. 2017헌가7등

[주문] 1. 구 소년법(1988.12.31. 법률 제4057호로 전부개정되고, 2007.12.21. 법률 제8722호로 개정되기 전의 것) 제67조는 헌법에 합치되지 아니한다. 법원 기타 국가기관 및 지방자치단체는 위 법률조항의 적용을 중지하여야 한다. * 그 외 최근 판례 : 헌재 2016.12.29. 2015헌마509등.

4) 시한명시 여부

개정시한을 설정하지 않은 예들로 아래와 같은 헌법불합치결정도 있었다.

판례 헌재 2014.9.25. 2013헌바208

[주문] 1. 새마을금고법(2011.3.8. 법률 제10437호로 개정된 것) 제21조는 헌법에 합치되지 아니한다. 2. 위 법률조항은 입법자가 개정할 때까지 계속 적용된다. ② 헌재 2014.10.30. 2011헌바172등. [주문] 1. 구 '지역균형개발 및 지방중소기업 육성에 관한 법률'(2005.11.8. 법률 제7695호로 개정되고, 2011.5.30. 법률 제10762호로 개정되기 전의 것) 제19조 제1항의 '시행자' 부분 중 '제16조 제1항 제4호'에 관한 부분은 헌법에 합치되지 아니한다. 2. 위 법률조항은 입법자가 개정할 때까지 계속 적용한다. ③ 헌재 2015.4.30. 2013헌마623. [주문] 1. 민법(1958.2.22. 법률 제471호로 제정된 것) 제844조 제2항 중 "혼인관계종료의 날로부터 300일 내에 출생한 자"에 관한 부분은 헌법에 합치되지 아니한다. 2. 위 법률조항 부분은 입법자가 개정할 때까지 계속 적용된다. ④ 헌재 2016.9.29. 2014헌가9. [주문] 1. 정신보건법(2011.8.4. 법률 제11005호로 개정된 것) 제24조 제1항, 제2항은 헌법에 합치되지 아니한다. 2. 위 법률조항들은 입법자가 개정할 때까지 계속 적용된다.

그러나 근래에는 대부분 주문에 시한을 설정하여 명시하는 경향이다.

5) 구법조항에 대한 적용중지, 신법조항에 대한 계속적용의 헌법불합치결정의 예

구법조항에 대해서는 적용중지를 구법조항과 같은 문제점을 가진 신법조항에 대해서는 계속적용을 명한 아래와 같은 결정례도 있다.

판례 헌재 2021.6.24. 2018헌가2

[판시] 이 사건 구법 조항은 이미 개정되어 향후 적용될 여지가 없지만 당해사건과 관련하여서는 여전히 적용되고 있으므로, 계속적용을 명하는 경우에는 이에 대한 위헌선언의 효력이 당해사건에 미치지 못할 우려가 있다. 따라서 이 사건 구법 조항에 대하여 헌법불합치 결정을 선고하되 그 적용을 중지한다. 다만, 이 사건 현행법 조항은 2021.3.16. 법률 제17937호로 개정된 것이나 이 사건에서 문제되는 법원이 불처분결정한 소년부송치 사건에 대한 수사경력자료의 삭제와 보존기간에 대하여 규정하지 않은 것은 변함이 없이 현재에 이르고 있다. 따라서 현행법 하에서도 여전히 법원이 불처분결정한 소년부송치 사건에 대한 수사경력자료는 당사자의 사망 시까지 삭제되지 않고 보존되는 문제가 그대로 발생하고 있어, 이 사건 구법 조항에 대하여 위헌을 선언하면서 이 사건 현행법 조항의 효력을 그대로 유지한다면 이는 위헌적인 상태를 방치하는 것과 같은 결과가 될 것이므로, 법질서의 정합성과 소송경제의 측면에서 이 사건 현행법 조항에 대해서도 위헌을 선언할 필요가 있다. 그러나 이 사건 현행법 조항에 대하여 단순위헌결정을 하여 당장 그 효력을 상실시킬 경우, 법적 공백으로 인하여 수사경력자료의 삭제 및 소년에 대한 수사경력자료의 보존기간에 대한 근거규정이 사라지게 되는 불합리한 결과가 발생하므로 단순위헌결정을 하는 대신 헌법불합치 결정을 선고하되, 입법자의 개선입법이 이루어질 때까지 계속적용을 명하기로 한다. 입법자는 가능한 한 빠른 시일 내에, 늦어도 2023.6.30.까지는 개선입법을 이행하여야 한다(개선입법을 하는 마당에 당해사건 원고의 구제를 위하여 소급적용할 수 있도록 경과규정을 함께 입법할 것을 권고한다).

(5) '주문' 명시적 포함의 의미, 그 외

1) 의미

위에서 법원 기타 국기관·지방자치단체에 중지의무나 입법시한을 주문에 직접 명시한 경우들이 있었다. 변형결정도 위헌결정과 같이 기속력을 가지고 헌법불합치결정도 그러한데 기속력의 객관적 범위가 주문에 미치고 이유에 미치지 않는다고 보는 경향이 주문포함을 강조한다.

2) 그 외 : 법률전체에 대한 헌법불합치선언이 있었던 결정례

이러한 결정례로 토지초과이득세법 제10조 등 위헌소원심판의 결정이 있었다.

판례 헌재 1994.7.29. 92헌바49등.

(6) 결정례

헌법불합치결정례는 많이 나오는 경향이다. 이 결정례들 중에는 법률에 대한 법령소원심판에 의한 것들도 있다. 헌법불합치결정은 그동안 헌재 판례 집적의 시간도 짧지 않은 가운데 많이 나왔으므로 구간을 정해 아래에 살펴본다. [1] 출범때부터~2002년까지, 이 기간 동안 결정례들은 주문, 이유, 헌법불합치결정을 하는 이유 등도 옮긴다. [2] 2003년부터~2014년까지. 사건번호, 사건명, 종국결정일자만 옮긴다(이것조차 양이 많아서 헌재의 판례목록을 캡쳐하여 옮김). [3] 2015년부터~2021년 6월 30일까지, 사건번호, 주문을 옮긴다. 비교적 근래 결정들이라 주문도 포함하여 옮기고자 한 것이다. 이 결정례들에는 법령소원에 의한 결정례들도 포함되어 있다.

* 이러한 구분에 특별한 의미가 있어서가 아니라 [1]로 구간설정한 것은 필자의 '헌법재판개론 제2판'이 그 시점까지 주로 다루었기 때문에 그 원고를 그대로 활용하기 위한 것이었다. 이후 구간 [2]를 둔 것은 주문, 이유도 모두 옮기면 정말 페이지 감당이 안되어서 사건번호만 옮긴 것이고 [3]은 그래도 최근의 결정들은 주문이라도 보면서 사건 파악을 바로 여기서 어느 정도 하도록 하기 위해 주문은 옮긴 것이다.

판례 [1] 출범 때부터 ~ 2002년까지

1) 국회의원선거법 제33조, 제34조의 위헌심판, 헌재 1989.9.8. 88헌가6, 헌재판례집 1, 199면 이하 참조

[주문] "1. 국회의원선거법(1988년 3월 17일 법률 제4003호 전문개정) 제33조 및 제34조는 헌법에 합치되지 아니한다. 2. 위 법률 조항은 1991년 5월 말을 시한으로 입법자가 개정할 때까지 그 효력을 지속한다." * [결정요지], [변형판결을 하는 이유] 앞의 헌법불합치결정의 필요성 부분 참조.

2) 지방의회의원선거법 제36조 제1항에 대한 헌법소원, 헌재 1991.3.11. 91헌마21, 헌재판례집 3, 91면 이하 참조

[주문] "2. 같은 법률 제36조 제1항의 "시·도의회의원 후보자는 700만원의 기탁금" 부분은 헌법에 합치되지 아니한다. 3. 위 제2항의 법률조항 부분은 위 법률시행 후 최초로 실시하는 시·도의회의원선거일 공고일을 시한으로 입법자가 개정할 때까지 그 효력을 지속한다." [결정요지] 시·도의회의원 후보자가 되려고 하는 사람은 700만원의 기탁금을 기탁하도록 한 지방의회의원선거법(1990.12.31. 법률 제4311호. 1994.3.16. 공직선거 및 선거부정방지법의 제정·공포로 지방의회의원선거법은 폐지됨) 제36조 제1항 부분은 과다한 고액 기탁금을 규정한 것으로서 헌법에 합치되지 아니한다.

3) 노동쟁의조정법에 관한 헌법소원, 헌재 1993.3.11. 88헌마5, 헌재판례집 5-1, 59면

[주문] "1. 노동쟁의조정법 제12조 제2항(1963.4.17. 법률 제1327호 제정, 1987.11.28. 법률 제3967호 개정) 중 '국가·지방자치단체에 종사하는 근로자'에 관한 부분은 헌법에 합치되지 아니한다. 2. 위 법률조항 부분은 1995년 12월말을 시한으로 입법자가 개정할 때까지 그 효력을 지속한다." [결정요지] 헌법 제33조 제2항은 법률이 정하는 공무원은 근로3권을 가진다고 규정하고, 국가공무원법·지방공무원법 등은 사실상 노무 종사자인 공무원에 대한 근로3권을 규정하고 있음에도 불구하고, 모든 공무원에 대해 전면적으로 단체행동권(쟁의행위권)을 금지한 노동쟁의조정법(1987.11.28. 법률 제3967호로 개정된 것. 그뒤 1996.12.31. 법률 제5244호로 공포된 노동조합 및 노동관계조정법의 시행으로 폐지됨) 제12조(쟁

의행위의 제한) 제2항은 헌법에 합치되지 아니한다.

4) 토지초과이득세법 제10조 등 위헌소원, 토지초과이득세법 제8조 등 위헌소원(병합), 헌재 1994.7.29. 92헌바49등, 판례집 6-2, 64면

[주문] "토지초과이득세법(제정 1989.12.30. 법률 제4177호, 개정 1993.6.11. 법률 제4561호, 1991.6.11. 법률 제4563호)은 헌법에 합치되지 아니한다"(* 법률 전체에 대한 헌법불합치결정). * [헌법불합치결정 선택의 이유요지] 앞의 헌법불합치결정의 필요성 부분 참조.

5) 특허법 제186조 제1항 등 위헌제청, 헌재 1995.9.28. 92헌가11등, 헌재판례집 7-2, 264면

[주문] "특허법(1995.1.5. 법률 제4892호로 개정되기 전의 것) 제186조 제1항 및 의장법(1995.1.5. 법률 제4894호로 개정되기 전의 것) 제75조 중 특허법 제186조 제1항을 준용하는 부분은 헌법에 합치되지 아니한다. 다만, 위 두 법률조항은 특허법 중 개정법률(1995.1.5. 개정, 법률 제4892호) 및 의장법 중 개정법률(1995.1.5. 개정, 법률 제4894호)이 시행되는 1998년 3월 1일 전일까지 이 사건 위헌여부심판 제청의 각 당해 사건을 포함한 모든 특허 및 의장쟁송사건에 대하여 그대로 적용된다." * [결정요지], [헌법불합치결정의 이유] 앞의 헌법불합치결정의 필요성 부분 참조.

6) 소득세법 제60조, 구 소득세법 제23조 제4항 등에 대한 헌법소원, 헌재 1995.11.30. 91헌바1등, 헌재판례집 7-2, 562면

[주문] "2. 구(舊) 소득세법 제60조(1978.12.5. 법률 제3098호로 개정된 후 1994.12.22. 법률 제4803호로 개정되기 전의 것)는 헌법에 합치하지 아니한다." * [결정요지], [관련판시] 앞의 헌법불합치결정의 필요성 부분 참조.

7) 민법 제847조 제1항 위헌제청 등, 헌재 1997.3.27. 95헌가14등, 헌재판례집 9-1, 193면

[주문] "민법(1958.2.22. 법률 제471호로 제정되고 1990.1.13. 법률 제4199호로 최종개정된 것) 제847조 제1항 중 '그 출생을 안 날로부터 1년내' 부분은 헌법에 합치되지 아니한다." [결정요지] 친생부인(親生否認)의 소(訴)의 제소기간을 '그 출생을 안 날로부터 1년내'라고 규정한 민법 제847조 제1항 부분은 그 제소기간이 지나치게 짧아 부(父)가 자(子)의 친생자 여부에 대한 의심도 가지기 전에 그 제척기간이 경과하여 버려 결과적으로 부로 하여금 혈연관계가 없는 친자관계를 부인할 수 있는 기회를 극단적으로 제한하고 또 자의 출생 후 1년이 지나서 비로소 그의 자가 아님을 알게 된 부로 하여금 당사자의 의사에 반하면서까지 친생부인권을 상실하게 하는 것이다. 이는 인간이 가지는 보편적 감정에도 반할 뿐 아니라 자유로운 의사에 따라 친자관계를 부인하고자 하는 부의 가정생활과 신분관계에서 누려야 할 인격권 및 행복추구권을 침해하는 위헌이다. [헌법불합치결정이유 요지] 민법 제847조 제1항은 헌법에 위반되는 규정이나 이는 친생부인의 소에 제척기간을 설정한 것 자체가 잘못이라는 것은 아니고 단지 일률적으로 그 '출생을 안 날로부터 1년내'라고 규정함으로써 친생부인권의 행사를 현저히 곤란하게 하여 헌법에 위반된다는 취지인 것이다. 그런데 단순위헌선언을 한다면 친생부인의 소의 제척기간의 제한이 일시적으로 전혀 없게 되는 법적 공백상태가 되고 이로 인하여 출생 후 상당기간이 경과되어 이미 번복할 수 없는 신분관계로서 받아들여지고 있던 부자관계에 대하여도 개정입법이 행하여지기까지는 언제든지 다시 재론할 수 있게 됨으로써 법적 혼란을 초래할 우려가 있을 뿐만 아니라 위헌규정에 대해 합헌적으로 조정하는 임무는 원칙적으로 입법자의 형성재량에 속하는 것이므로, 우리 재판소는 입법자가 새로이 개정할 때까지는 법원 기타 국가기관은 문제의 규정부분을 더 이상 적용·시행할 수 없도록 중지하되 그 형식적 존속만을 잠정적으로 유지하게 하기 위하여 변형위헌결정으로서의 헌법불합치결정을 선고하는 것이다.

8) 민법 제809조 제1항(동성동본금혼) 위헌제청, 헌재 1997.7.16. 95헌가6등, 헌재판례집 9-2, 1면

[주문] "1. 민법 제809조 제1항(1958.2.22. 법률 제471호로 제정된 것)은 헌법에 합치되지 아니한다. 2. 위 법률조항은 입법자가 1998.12.31.까지 개정하지 아니하면 1999.1.1. 그 효력을 상실한다. 법원 기타 국가기관 및 지방자치단체는 입법자가 개정할 때까지 위 법률조항의 적용을 중지하여야 한다." * 이 결

정은 단순위헌결정의 의견이 5인 다수의견이고 헌법불합치결정의견은 2인 소수의견이었음에도 헌법불합치결정을 한 것이다. [2인 재판관의 헌법불합치결정의견요지] 동성동본제도는 수백년간 이어져 내려오면서 우리민족의 혼인풍속이 되었을 뿐만 아니라 윤리규범으로 터잡게 되었고 혼인제도는 입법부가 우리민족의 전통, 관습, 윤리의식, 친족관념, 우생학적 문제 등 여러 가지 사정을 고려하여 입법정책적으로 결정하여야 할 입법재량사항이다. 따라서 비록 위헌성이 있다고 하여도 헌재가 곧바로 위헌결정을 할 것이 아니라 국회가 국민의 혼인윤리의식이나 친족관념이 어떻게 얼마나 변화하였는지, 동성동본금혼제도가 과연 사회적 타당성이나 합리성을 안전히 상실하였는지, 동성동본금혼제도의 친족범위를 제한하여 합헌적으로 개선할 방법은 없는지 등을 충분히 고려하여 새로이 혼인제도를 결정할 수 있도록 헌법불합치결정을 하여야 한다.

9) 근로기준법 제30조의2 제2항 위헌소원 근로기준법 제30조의2 제2항 등 위헌제, 헌재 1997.8.21. 94헌바19등, 헌재공보 제23호, 608면

[주문] “1. 구(舊) 근로기준법(1953.5.10. 법률 제286호로 제정되고 1989.3.29. 법률 제4099호로 개정되어 1997.3.13. 법률 제5305호로 폐지된 것) 제30조의2 제2항 및 근로기준법(1997.3.13. 법률 제5309호로 제정된 것) 제37조 제2항 중 각 ‘퇴직금’부분은 헌법에 합치되지 아니한다. 2. 위 법률조항 중 각 ‘퇴직금’부분은 입법자가 1997.12.31.까지 개정하지 아니하면 1998.1.1. 그 효력을 상실한다. 법원 기타 국가기관 및 지방자치단체는 입법자가 개정할 때까지 위 법률조항 중 각 ‘퇴직금’부분의 적용을 중지하여야 한다.” [결정요지] 구 근로기준법(1953.5.10. 법률 제286호로 제정되고 1989.3.29. 법률 제4099호로 개정되어 1997.3.13. 법률 제5305호로 폐지된 것) 제30조의2 제2항 및 근로기준법(1997.3.13. 법률 제5309호로 제정된 것) 제37조 제2항 중 각 ‘퇴직금’부분은 근로자에게 그 퇴직금 전액에 대하여 질권자나 저당권자에 우선하는 변제수령권을 인정함으로써 결과적으로 질권자나 저당권자가 그 권리의 목적물로부터 거의 또는 전혀 변제를 받지 못하게 되는 경우에는, 그 질권이나 저당권의 본질적 내용을 이루는 우선변제수령권이 형해화하게 되므로 질권이나 저당권의 본질적 내용을 침해할 소지가 생기게 되고, 근로자의 생활보장 내지 복지증진이라는 공공복리를 위하여 담보권자의 담보권을 제한함에 있어서 그 방법의 적정성을 그르친 것이며 침해의 최소성 및 법익의 균형성 요청에도 저촉되는 것이므로 과잉금지의 원칙에도 위배된다. [헌법불합치선언의 필요성] 퇴직금의 전액이 아니고 근로자의 최저생활을 보장하고 사회정의를 실현할 수 있고 담보물권제도의 근간을 해치지 아니하는 적정한 범위 내의 퇴직금채권을 우선변제함은 퇴직금의 후불임금적 성격 및 사회보장적 급여로서의 성격에 비추어 상당하다고 할 것인데 이 ‘적정한 범위’의 결정은 그 성질상 입법자의 입법정책적 판단에 맡기는 것이 옳으므로 개정 때까지는 위에서 본 이 사건 법률조항 중 ‘퇴직금’부분의 위헌성 때문에 그 부분이 적용을 중지하도록 함이 상당하다.

10) 민법 제1026조 제2호 위헌제청, 민법 제1026조 제2호 위헌소원, 헌재 1998.8.27. 96헌가22, 97헌가2·3·9, 96헌바81등, 헌재판례집 10-2, 339면

[주문] 1. 민법 제1026조 제2호(1958.2.22. 법률 제471호)는 헌법에 합치되지 아니한다. 2. 위 법률조항은 입법자가 1999.12.31.까지 개정하지 아니하면 2000.1.1.부터 그 효력을 상실한다. 법원 기타 국가기관 및 지방자치단체는 입법자가 개정할 때까지 위 법률조항의 적용을 중지하여야 한다. [결정요지] 상속인이 상속개시 있음을 안 날로부터 3월 내에 취득할 재산의 한도에서 피상속인의 채무와 유증을 변제할 것을 조건으로 상속을 승인하는 한정승인이나 포기를 하지 아니한 때에는 피상속인의 권리의무를 전부 승계하는 단순승인을 한 것으로 보는 민법 제1026조 제2호는 상속인이 귀책사유 없이 상속채무가 적극재산을 초과하는 사실을 알지 못하여 고려기간 내에 한정승인이나 포기를 하지 못한 경우에도 상속인으로 하여금 피상속인의 채무를 전부 부담하게 하여 상속채권자만을 보호한 것은 입법목적달성에 필요한 정도 이상으로 상속인의 기본권을 제한한 것으로서 기본권제한의 입법한계인 피해의 최소성, 공공필요와 침해되는 상속인의 기본권 사이의 균형성을 갖추었다고 볼 수 없다. [헌법불합치결정의 이유] 위에서 살펴본 바와 같이 이 사건 법률조항은 원칙으로 위헌결정을 하여야 할 것이나, 이에 대하여 단순위헌결정을

하여 당장 그 효력을 상실시킬 경우에는 법적 공백상태가 되고, 이로 말미암아 특히 상속채무가 적극재산을 초과하지 아니하는 경우나 상속인이 그 귀책사유로 인하여 고려기간을 도과한 경우에도 상속으로 인한 법률관계를 확정할 수 없게 되는 법적 혼란을 초래할 우려가 있다. 그리고 위헌적인 규정을 합헌적으로 조정하는 임무는 원칙적으로 입법자의 형성재량에 속하는 사항이라고 할 것인데, 이 사건 법률조항의 위헌성을 어떤 방법으로 제거하여 새로운 입법을 할 것인가에 관하여는 여러 가지 방안이 있을 수 있고, 그 중에서 어떤 방안을 채택할 것인가는 입법자가 우리의 상속제도, 상속인과 상속채권자 등 이해관계인들의 이익, 법적 안정성 등 여러 가지 사정을 고려하여 입법정책적으로 결정할 사항이라고 할 것이므로, 이 사건 법률조항에 대하여 단순위헌결정을 할 것이 아니라 헌법불합치 결정을 선고하여야 할 것이다.

11) 도시계획법 제21조에 대한 위헌소원, 헌재 1998.12.24. 89헌마214, 90헌바16등, 헌재판례집 10-2, 927면

[주문] 도시계획법(1971.1.19. 법률 제2291호로 제정되어 1972.12.30. 법률 제2435호로 개정된 것) 제21조는 헌법에 합치되지 아니한다. [결정요지] 개발제한구역지정 후 토지를 종래의 목적으로도 사용할 수 없거나 또는 토지를 전혀 이용할 수 있는 방법이 없는 예외적인 경우에는 재산권의 사회적 기속성으로도 정당화될 수 없는 가혹한 부담을 토지소유자에게 부과하는 것이므로 입법자가 그 부담을 완화하는 보상규정을 두어야만 비로소 헌법상으로 허용될 수 있기 때문에 토지소유자가 수인해야 할 사회적 제약의 정도를 넘는 경우에도 아무런 보상 없이 재산권의 과도한 제한을 감수해야 하는 의무를 부과하는 점에서 이 법률조항은 위헌이다. [헌법불합치결정을 하는 이유] 첫째, 이 법률조항이 규정한 개발제한구역의 지정이라는 제도 그 자체는 토지재산권에 내재하는 사회적 기속성을 구체화한 것으로서 원칙적으로 합헌적인 규정인데, 다만 구역지정으로 말미암아 일부 토지소유자에게 사회적 제약의 범위를 넘는 가혹한 부담이 발생하는 예외적인 경우에도 보상규정을 두지 않은 것에 위헌성이 있는 것이므로, 불합치결정을 선고함으로써 입법자가 이 법률조항을 헌법에 적합하게 개정할 때까지 그대로 유지해야 할 필요성과 당위성이 있다. 둘째, 개발제한구역의 지정에 따른 보상의 구체적인 기준과 방법은 앞서 본 바와 같이 헌법재판소가 일률적으로 확정할 수 없고 개개의 토지에 대하여 구체적이고 객관적인 사정을 종합하여 입법자가 판단하여야 할 사항이다. 또한 보상입법의 형태, 보상대상과 방법 등도 다양하여 어느 것이 가장 바람직하고 합리적인 것인가의 선택은 광범위한 입법형성권을 가진 입법자의 과제로서 입법정책적으로 해결되어야 할 문제이지 헌법재판소가 결정할 성질의 것이 아니다. 그러므로 이 법률조항은 헌법에 위반되나 보상에 관한 새로운 입법이 이루어질 때까지 그 효력을 형식적으로 존속하도록 함이 상당하여 주문과 같이 결정한다.

12) 한국방송공사법 제35조 등 위헌소원, 헌재 1999.5.27. 98헌바70, 헌재판례집 11-1, 633면

[주문] "2. 한국방송공사법(1990.8.1. 법률 제4264호로 개정된 것) 제36조 제1항은 헌법에 합치되지 아니한다. 3. 위 제2항의 법률조항은 1999.12.31.을 시한으로 입법자가 개정할 때까지 그 효력을 지속한다." [결정요지] 텔레비전방송수신료의 금액을 국회 자체가 결정하거나 결정에 관여함이 없이 전적으로 한국방송공사가 결정하여 부과·징수하도록 한 한국방송공사법(1990.8.1. 법률 제4264호로 개정된 것) 제35조는 법률유보의 원칙에 반한다. [헌법불합치결정을 하는 이유] 수신료가 공사의 재정에서 차지하고 있는 비중은 절대적인 것이어서 단순위헌결정을 하여 당장 그 효력을 상실시켜 수신료 수입이 끊어진다면 공사의 방송사업은 당장 존폐의 위기에 처하게 될 것이고, 방송의 자유와 국민의 알 권리도 사실상 심각한 훼손을 입게 될 것이다. 반면, 위헌성이 있는 위 조항의 잠정적 적용으로 인한 기본권침해의 정도는 상대적으로 크다고 할 수 없다. 현재의 국회는 그 입법활동이 사실상 종료되는 1999.12.31.까지는 헌법위반의 상태를 제거하여야 할 입법의무가 있고 그 때까지는 부득이 이 법 제36조 제1항의 효력은 지속되어야 할 것이다.

13) 도시계획법 제6조 위헌소원, 헌재 1999.10.21. 97헌바26, 헌재판례집 11-2, 383면

[주문] "1. 도시계획법 제4 조(1971.1.19. 법률 제2291호로 전문개정되어 1991.12.14. 법률 4427호로 최

종개정된 것)는 헌법에 합치되지 아니한다. 2. 위 법률조항은 2001.12.31.을 시한으로 입법자가 개정할 때까지 계속 적용된다. * [결정요지] 앞의 헌법불합치결정의 필요성 부분 참조.

14) 지방세법 제111조 제2항 위헌제청, 헌재 1999.12.23. 99헌가2, 헌재판례집 11-2, 686면

[주문] “2. 같은 법[지방세법(1995.12.6. 법률 제4995호로 개정된 것)] 제111조 제2항 제2호는 헌법에 합치되지 아니한다. 3. 위 제2항(주문의 제2항 ○ 저자 주)의 법률조항은 입법자가 2000.12.31.까지 개정하지 아니하면 2001.1.1. 그 효력을 상실한다.” * 주문의 제1항은 다른 심판대상규정인 지방세법 제111조 제2항 본문과 같은 조항 단서 중 “그 신고가액이 다음 각호에 정하는 시가표준액에 미달하는 때에는” 부분에 대한 단순합헌을 선고하는 내용임. [결정요지] 지방세법상의 취득세의 과세표준을 취득자가 신고한 취득 당시 가액에 의하도록 하되 취득당시 가액이 시가표준액에 미달하는 때에는 시가표준액에 의하도록 하면서 토지 외의 과세대상의 경우 이러한 시가표준액을 대통령령이 정하는 가액으로 하도록 규정하고 있는 지방세법(1995.12.6. 법률 제4995호로 개정된 것) 제111조 제2항 제2호는 포괄위임금지원칙에 반하고 조세법률주의에 위배되는 위헌이다.

15) 법인세법 제59조의2 제1항 등 위헌소원, 헌재 2000.1.27 96헌바95등, 헌재판례집 12-1, 16면

[주문] “1. 구 법인세법(1978.12.5. 법률 제3099호로 개정되어 1990.12.31. 법률 제4282호로 개정되기 전의 것) 제59조의2 제1항과 구 법인세법(1990.12.31. 법률 제4282호로 개정되어 1998.12.28. 법률 제5581호로 전문개정되기 전의 것) 제59조의2 제1항은 모두 헌법에 합치되지 아니한다. 법원 기타 국가기관 및 지방자치단체는 위 법률조항들의 적용을 중지하여야 한다.” [결정요지] 법인세의 세율은 개인양도소득세의 세율보다 낮으므로 조세부담의 형평을 위하여 법인의 양도차익에 대하여 법인세를 과세하는 것과 별도로 부과하는 특별부가세의 과세표준을 대통령령이 정하는 토지·건물 등에 관한 권리의 양도차익으로 하도록 규정한 것은 이 특별부가세의 부과대상이 되는 토지, 건물 등의 범위를 대통령령에 포괄적으로 위임함으로써, 특별부가세 납세의무자로 하여금 과세대상의 범위를 전혀 예측할 수 없게 하므로 헌법 제75조와 헌법 제59조에 위반된다. [헌법불합치결정을 하는 이유] 단순위헌결정을 선고하여 당장 그 효력을 실시킬 경우에는 이 사건 법률조항에 의한 특별부가세를 부과할 수 없게 되는 법적 공백상태가 되고, 이에 따라 조세수입을 감소시켜 국가재정에 막대한 영향을 줄 뿐 아니라, 이미 이 사건 법률조항에 따른 특별부가세를 납부한 납세의무자들과 사이에 형평에 어긋나는 결과를 초래하는 데다가, 이 사건 법률조항의 위헌성은 국회에서 법률로 제정하지 아니한 입법형식의 잘못에 기인하는 것이므로, 우리 재판소는 단순위헌결정을 하지 아니하고 헌법불합치결정을 하면서 법원 기타 국가기관 및 지방자치단체에 대하여 이 사건 법률조항의 적용중지를 명하는 것이다.

16) 형사소송법 제482조 제1항 위헌제청, 헌재 2000.7.20. 99헌가7, 헌재판례집 12-2, 17면

[주문] 1. 형사소송법 제482조 제1항(1954.9.23. 법률 제341호로 제정된 것)은 헌법에 합치되지 아니한다. 2. 위 법률조항은 입법자가 개정할 때까지 계속 적용된다. [결정요지] 검사가 상소한 경우와 피고의 상소로 원심판결이 파기된 때에 상소제기 후 판결선고 전의 구금일수를 당연히 본형에 산입하도록(법정통산) 규정한 형사소송법 제482조 제1항은 이처럼 상소제기 ‘후’ 판결선고전 구금일수만 본형에 산입하도록 규정하고 상소제기 ‘전’의 구금일수는 본형에 산입하지 않도록 규정하고 있으므로 이는 상소제기시기, 상소포기시기에 따라 법정통산되는 구금일수에 차이가 생기게 하는바 신체의 자유, 평등권을 위헌적으로 침해한다. [헌법불합치결정을 하는 이유] 이 법률조항의 위헌성은 법정 사유가 있는 경우에 이를 법정통산을 하는 것 자체에 있는 것이 아니라 이 법률조항이 그 적용대상에 포함하지 않고 있는 상소제기기간 등에 대하여 법정통산을 하지 않는 것이 평등원칙 등에 위배된다는 것이다. 따라서 입법자는 이 위헌성을 제거하기 위하여 이 법률조항 자체를 개정하여 법정통산의 사유를 추가할 수도 있지만, 이 법률조항은 그대로 두고 근거를 새로이 마련할 수도 있고, 나아가 이 법률조항과 형법 제57조를 모두 개정대상으로 삼아 미결구금산입에 관련되는 여러 문제점을 통일적으로 해결할 수도 있다. 뿐만 아니라 위헌결정으로 이 법률조항의 효력을 상실시키거나 그 적용을 중지할 경우에는 이 법률조항에서

규정하고 있는 사유가 있는 형사사건에 적용할 법정통산의 근거조항이 없어지게 되어 법적 안정성의 관점에서 법치국가적으로 용인하기 어려운 법적 공백이 생기게 되므로 이 법률조항의 잠정적용를 명하는 경우와 비교할 때 더 위헌적인 상황을 초래할 것이므로 입법자가 합헌적인 방향으로 법률을 개선할 때까지 이 법률조항을 존속하게 하여 이를 적용하게 할 필요가 있다고 판단된다.

17) 국적법 제2조 제1항 제1호 위헌제청, 헌재 2000.8.31. 97헌가12, 헌재판례집 12-2, 167면

[주문] 1. 생략. 2. 국적법(1997.12.13. 법률 제5431호로 전문개정된 것) 부칙 제7조 제1항 중 '… 10년 동안에' 부분은 헌법에 합치하지 아니한다. 이 법률조항은 입법자가 개정할 때까지 계속 적용된다. [헌법불합치결정을 하는 이유] 헌법재판소가 위헌결정 또는 단순한 헌법불합치결정만을 선고할 경우 부칙조항은 헌법재판소가 결정을 선고한 때부터 더 이상 적용할 수 없게 된다. 이 경우 그나마 신법 시행 전 10년 동안에 태어난 자녀에게 국적취득의 길을 열어 놓고 있는 근거규정이 효력을 잃게 됨으로써 이 규정으로 혜택을 입을 국적에 관련된 자에 대하여 법을 다시 개정할 때까지 일시적이나마 법치국가적으로 용인하기 어려운 법적 공백상태를 야기하거나 관련 행정기관 및 해당 가족에 대하여 법적 불안정이라는 새 불씨를 만들고 이를 방치하는 것은 또 다른 위헌 사태에 다름 아니므로, 이 규정은 법률이 개정될 때까지 그 요건에 맞아 한국국적을 취득할 수 있는 자에게는 그대로 적용할 수 있게 하여야 한다. 따라서 부칙조항은 헌법에 합치하지 아니하나 입법자가 새로운 입법을 할 때까지 이를 잠정적으로 적용하도록 명하는 것이다. * 이 결정의 자세한 사건개요 등에 대해서는 앞의 재판전제성 부분, 부정하면서도 본안판단 들어간 예 부분 참조.

18) 지방세법 제233조의9 제1항 제2호 위헌소원, 헌재 2001.4.26. 2000헌바59, 헌재판례집 13-1, 945면

[쟁점] 제조담배가 포장 또는 품질의 불량 등의 사유로 제조장 또는 수입판매업자의 제조담배의 보관장소로 반입된 경우에만 담배소비세의 환급을 허용하는 지방세법(1988.12.26. 법률 제4028호로 개정된 것) 제233조의9 제1항 제2호는 조세평등주의, 실질과세원칙에 위반되는지 여부 [주문] 지방세법(1988.12.26. 법률 제4028호로 개정된 것) 제233조의9 제1항 제2호는 헌법에 합치하지 아니한다. 이 법률조항은 입법자가 개정할 때까지 계속 적용한다. [결정요지] 담배소비세는 담배의 소비를 과세물건으로 하는 간접소비세이고 소비자에게 만일 담배가 공급되지 않고 보세구역 등으로 재반입된다면 재반입사유의 여하를 불문하고 당해 세액을 납부자에게 환급하는 것이 담배의 소비행위를 과세물건으로 하는 담배소비세의 본질에 비추어 볼 때 당연한 것이다. 제조담배가 포장 또는 품질의 불량 등의 사유 외의 그 밖의 경우(즉 판매되지 않고 남아 있던 제조담배의 재반입의 경우 등)에는, 담배의 소비행위라는 과세물건이 없음에도 불구하고, 일체 환급을 불허하는 지방세법 제233조의9 제1항 제2호는 포장 또는 품질의 불량이라는 사유 이외의 사유로 재반입한 납세자를 합리적인 이유 없이 차별하는 것이 되어 조세평등주의에 반하고, 종국적으로는 담배의 소비행위라는 과세물건이 없음에도 불구하고 담배소비세를 부과한 셈이 되어 결과에 있어 실질과세의 원칙에도 어긋난다. 이 사건의 경우 헌법재판소가 위헌결정 또는 단순한 헌법불합치결정만을 선고할 경우 그나마 포장 또는 품질의 불량으로 제조담배를 재반입하는 경우에 담배소비세의 공제 및 환급을 인정하고 있는 근거규정이 효력을 잃게 됨으로써 법치국가적으로 용인하기 어려운 법적 공백이 생기게 된다. 그러므로 이 사건 법률조항의 효력을 당장 상실하게 하거나 적용을 중지하도록 하는 것은 이 사건 법률조항의 잠정적용을 명하는 경우와 비교할 때 더 위헌적인 상황을 초래한다 할 것이므로 입법자가 합헌적인 방향으로 법률을 개선할 때까지 이 사건 법률조항을 존속하게 하여 이를 적용하게 할 필요가 있다고 판단된다. 따라서 입법자는 이 결정에 따라 조속한 시일 내에 이 사건 법률조항을 헌법에 합치하는 내용으로 개정하여야 하고 그 개정시까지 이 사건 법률조항의 효력은, 담배소비세의 공제 및 환급의 근거규정이 되는 범위 내에서, 잠정적으로 존속한다.

19) '부동산실권리자명의등기에 관한 법률' 제10조 제1항 위헌제청 등, 헌재 2001.5.31. 99헌가18, 99헌바71등, 헌재판례집 13-1, 1030면

[쟁점] 부동산실권리자명의등기에 관한 법률의 시행 전의 명의신탁자에 대하여서도 동법시행일로부터 1

년이라는 유예기간 내에 실명등기를 하지 않은 경우에 부동산가액의 100분의 30에 해당하는 과징금을 부과하도록 규정하고 있는 동법 제5조 제1항, 제12조 제2항의 제5조 제1항 적용부분과, 일정시점(계약당사자가 서로 대가적인 채무를 부담하는 경우에는 반대급부의 이행이 사실상 완료된 날 등)부터 3년 이내에 소유권이전등기를 신청하지 않은 이른바 長期의 미등기자에 대하여 부동산 평가액의 100분의 30에 해당하는 과징금을 부과하도록 규정한 동법 제10조 제1항 본문, 동법 시행일부터 1년 내에 기존의 양도담보권자가 채무자·채권금액 및 채무변제를 위한 담보라는 뜻이 기재된 서면을 등기관에게 제출하지 않은 경우에 부동산 평가액의 100분의 30에 해당하는 과징금을 부과하도록 규정한 동법 제14조 제2항은 과잉금지원칙에 반하는 재산권의 침해이고 평등원칙에 반하는 위헌인지 여부 [주문] 3. 부동산실권리자명의등기에관한법률(1995.3.30. 법률 제4944호) 제5조 제1항, 제10조 제1항 본문, 제12조 제2항 중 제5조 제1항 적용부분, 제14조 제2항은 모두 헌법에 합치되지 아니한다. 위 각 법률조항은 입법자가 2002.6.30.까지 개정하지 아니하면 2002. 7.1. 그 효력을 상실한다. 법원 기타 국가기관 및 지방자치단체는 입법자가 개정할 때까지 위 각 법률조항의 적용을 중지하여야 한다. [결정요지] 부동산실권리자명의등기에 관한 법률이 제정되기 전까지 명의신탁은 위법한 법률행위가 아니라 판례에 의하여 확립되어 빈번히 이용되는 적법한 법률행위로서 확립되어 있었다는 점에서, 단순한 편의를 위하여 명의신탁을 이용하는 경우도 적지 않았다고 보여지므로, 일률적 비율로 정한 것은 명의신탁이 탈세 등을 위한 방편으로 이용되었는지, 실명등기의무 지체의 기간이 얼마나 되는지 등의 다양한 요소들을 고려하여 과징금을 차등적으로 부과할 수 있는 가능성을 전혀 배제하여 과잉금지원칙은 물론 평등의 원칙에도 반할 소지가 크다. 반사회적 의도 없이 단순한 무지, 무관심, 등기에 따르는 각종 비용을 대기 어려운 사정 때문에 장기간 미등기 상태로 방치하는 권리자도 상당수 있다. 정해진 기간 내에 소유권이전등기신청을 하지 않는 것은 행정상 의무 위반이라는 측면이 강하다는 점을 감안할 때, 제재의 정도에 있어서, 특별히 조세의 포탈 등 반사회적 의도나 목적을 가지지 않은 경우에까지 일률적으로 부동산 평가액의 30%에 해당하는 과징금을 부과한다는 것은 법익균형성을 갖추었다고 보기 어려울 뿐 아니라 평등의 원칙에도 위반된다. 양도담보는 적법한 법률행위로서 채무담보의 많은 사례로 이용되고 있는 점 등에 비추어 위와 같은 서면제출의무나 신고의무를 이행하지 않았다고 하여 진정한 양도담보임이 명백한 경우까지 포함하여 일률적으로 부동산 평가액의 100분의 30에 달하는 고율의 과징금을 부과하도록 한 것은 법익균형성을 잃은 과잉의 제재이고 평등원칙을 위반하였다. 만일 위 각 법률조항에 대하여 단순위헌결정을 선고하여 당장 그 효력을 상실시킬 경우에는 입법자가 일정 기간이 지난 후 위헌의 취지에 맞추어 위 규정들을 개정하게 될 때까지 위 규정 위반자들에 대한 법적 규제의 공백상태가 되어 법 집행상의 혼란과 형평의 문제가 발생할 수 있고, 위와 같은 위헌적인 규정들을 합헌적으로 조정하는 임무는 원칙적으로 입법자의 형성재량에 속하는 사항이라는 점 등을 고려하여 헌법불합치결정을 선고하기로 하되, 위 각 법률조항은 입법자가 2002.6.30.까지 개정하지 아니하면 2002.7.1. 그 효력을 상실하고, 법원 기타 국가기관 및 지방자치단체는 입법자가 개정할 때까지 위 각 법률조항의 적용을 중지하여야 한다.

20) 구 상속세법 제9조 제1항 위헌소원, 헌재 2001.6.28. 99헌바54, 헌재판례집 13-1, 1279면

[주문] 구 상속세법(1993.12.31. 법률 제4662호로 개정되기 전의 것) 제9조 제1항 중 "상속재산의 가액 … 는 상속개시 당시의 현황에 의한다"는 부분은 헌법에 합치하지 아니한다. 이 법률조항은 입법자가 개정할 때까지 계속 적용된다. * [본안쟁점]·[결정요지] 앞의 헌법불합치결정의 필요성 부분 참조.

21) '고엽제후유의증환자지원 등에 관한 법률' 제8조 제1항 제1호 등 위헌확인, 헌재 2001.6.28. 99헌마516, 헌재판례집 13-1, 1393면

[쟁점] 고엽제후유의증환자지원 등에 관한 법률(1997.12.24. 법률 제5479호로 전문개정되고, 1999.12.28. 법률 제6042호에 의해 개정되기 전의 것)이 시행되기 전에 고엽제후유증환자로 등록신청을 하지 않은 채 사망하였더라도 유족등록신청자격을 부여하나 동법이 시행된 이후에는 등록신청을 하지 아니하고 사망한 경우에 그 유족에게 그 신청자격을 부여하지 않는 동법 제8 조 제1항 제2호는 합리적 이유 없

이 유족을 자의적으로 구별하여 차별하는 위헌인지 여부 [주문] 2. 고엽제후유의증환자지원 등에 관한 법률(1997.12.24. 법률 제5479호로 전문개정되고, 1999.12.28. 법률 제6042호에 의해 개정되기 전의 것) 제8 조 제1항 제2호는 헌법에 합치하지 아니한다. 위 규정부분은 입법자가 개정할 때까지 계속 적용된다. [결정요지] 고엽제후유증환자의 유족에 대한 보상을 행함에 있어서는 환자 본인의 사망원인이 된 질병이 월남전의 참전중에 고엽제 살포에 노출되어 이환된 질병인지 여부를 가리는 것이 가장 본질적인 문제가 되는 것이지 환자가 죽기 전에 등록신청을 하였는지 여부는 본질적인 문제가 아니다. 그렇다면 이 사건 법률조항은 월남전에 참전하여 고엽제후유증에 이환되었다가 그로 인하여 사망하였다는 점에서 본질적으로 동일한 사람들 중 생전에 등록신청을 하지 않은 일부 사람에 대하여는 그들이 고엽제후유증으로 사망한 것인지 여부를 판정받을 기회마저 배제하는 것이 되고 이는 우연한 사정에 의하여 좌우되는 환자의 사망 시기 또는 사망 전에 등록신청을 하였는지 여부 등에 의하여 보상을 위한 등록신청의 자격유무를 구별하는 중요한 차별을 행하는 것이 되어 불합리하다고 할 것이다. 위헌결정 또는 단순한 헌법불합치결정만을 선고할 경우 그나마 일정한 범위의 유족에게 유족등록신청의 길을 열어 놓고 있는 근거규정이 효력을 잃게 됨으로써 상당한 법적 공백이 생기게 된다. 그러므로 이 사건 법률조항의 요건에 맞아 유족등록신청을 할 수 있는 자에게는 잠정적으로 적용할 수 있게 하여야 한다.

22) 세무사법중개정법률 중 제3조 제2호를 삭제한다는 부분 등 위헌확인, 헌재 2001.9.27. 2000헌마152, 헌재판례집 13-2, 341면

[주문] 2. 위 세무사법(1999.12.31. 법률 제6080호로 개정된 것) 부칙 제3항 은 헌법에 합치되지 아니한다. 다만 이 부칙조항은 입법자가 개정할 때까지 계속 적용한다. [사건개요] 청구인들은 국세청 등에서 5급 이상 공무원으로서 국세에 관한 행정사무에 종사하고 있는바, 구 세무사법(1999.12.31. 법률 제6080호로 개정되기 전의 것) 제3조 제2호에 따르면 국세에 관한 행정사무 종사경력이 10년 이상이고, 일반직 5급 이상 공무원으로서 5년 이상 재직한 경력이 있는 경우에는 당연히 세무사자격이 부여되었다. 그러나 개정된 세무사법(1999.12.31. 법률 제6080호로 개정된 것) 제3조는 위 제2호를 삭제하였고, 개정법 부칙 제3항은 2000년 12월 31일 현재 종전의 제3조 제2호의 규정에 해당하는 자에 대하여만 구법 규정을 적용하도록 규정하고 있다. 그에 따라 2000.12.31. 현재 구법 규정상의 자격부여요건을 갖추지 못한 청구인들의 경우에는 구법 규정이 적용될 수 없어 당연히, 즉 세무사자격시험을 거치지 않고도 세무사자격이 부여되는 지위를 상실하였다. 이에 청구인들은 개정법 제3조 및 부칙 제3 항이 세무사로 종사할 수 있는 직업선택의 자유를 침해하였거나 신뢰의 원칙 및 평등의 원칙에 위반된다고 주장하면서 헌법소원심판을 청구하였다. [결정요지] (가) 개정법 제3조의 직업선택의 자유 및 행복추구권 침해여부 이 법률조항에 의하여 국세관련 경력공무원에 대한 세무사자격 부여제도를 폐지한 것은 경력공무원에 대한 특혜시비를 완화하면서 아울러 일반응시자들과의 형평을 도모하려는 공익적인 목적을 갖는 것으로서 그 목적의 정당성은 인정되는 등 위헌이 아니다. (나) 개정법 부칙 제3항의 위헌여부(헌법불합치) – 위에서 판단한 바와 같이 이 부칙조항은 청구인들의 신뢰이익을 침해하고 나아가 평등의 원칙에 위반된 것으로서 헌법에 위반된다. 다만 이 사건의 경우 헌법재판소가 이 부칙조항에 대하여 단순한 위헌결정을 선고하거나 그 적용중지를 명하는 헌법불합치결정을 선고할 경우 이 부칙조항은 결정을 선고한 때부터 더 이상 적용할 수 없게 된다. 그 결과 그나마 이 부칙조항에 의하여 세무사자격을 취득할 수 있는 자들마저도 그 근거규정의 실효 또는 적용중지로 당장 세무사자격을 취득할 수 없게 되어 법치국가적으로 용인하기 어려운 법적 공백이 초래된다. 따라서 이 부칙조항에 대하여는 입법자가 합헌적인 방향으로 법률을 개선할 때까지 이를 존속하게 하여 그 개정시까지 이를 계속 적용하게 할 필요가 있다. 입법자가 이 부칙조항을 개정하는 경우에는 개정법의 시행 이전에 이미 국세관서에서 5 급 이상의 공무원으로서 재직하고 있어서 통산 근무기간의 요건만 충족하면 세무사자격이 부여될 수 있었던 자들에 대하여는 세무사자격이 부여될 수 있도록 규정함으로써 그들의 신뢰이익을 보호하는 입법적 배려를 하여야 함을 밝힌다.

23) 변리사법 부칙 제4항 위헌확인, 변리사법중개정법률 중 '제3조 제1항 제3호를 삭제한다'는 부분 등 위헌확인, 헌재 2001.9.27. 2000헌마208등, 헌재판례집 13-2, 366면

[주문] 2. 위 변리사법(2000.1.28. 법률 제6225호로 개정된 것) 부칙 제3 항은 헌법에 합치되지 아니한다. 다만 이 부칙조항은 입법자가 개정할 때까지 계속 적용한다. [사건개요] 구 변리사법(2000.1.28. 법률 제6225호로 개정되기 전의 것) 제3조 제1항 제3 호에 따르면 특허청소속 5급 이상 공무원으로서 5년 이상 심판 및 심사사무에 종사한 사람은 그 통산 근무기간만 충족하면 당연히 변리사자격이 부여될 수 있었는데 개정된 변리사법(2000.1.28. 법률 제6225호로 개정된 것) 제3조는 위 제3 호를 삭제하였고, 부칙 제3항은 2001년 1월 1일 전에 종전의 제3조 제1항 제3호의 규정에 해당하는 자에 대하여만 구법 규정을 적용하도록 규정하고 있다. 그에 따라 2001.1.1. 전에 아직 통산 근무기간을 충족하지 못한 청구인들의 경우에는 구법 규정이 적용될 수 없어 당연히 변리사자격이 부여되는 지위를 상실하였기에 위 개정법 제3조 제1항, 부칙 제3 항 등이 신뢰의 원칙 및 평등의 원칙 등에 위반된다고 주장하면서 헌법소원심판을 청구하였다. * [결정요지] 위의 "22) 세무사법중개정법률 중 제3조 제2호를 삭제한다는 부분 등 위헌확인"에서의 [결정요지]와 동지.

24) 공직선거 및 선거부정방지법 [별표 1] '국회의원지역선거구구역표' 위헌확인, 헌재 2001.10.25. 2000헌마92등, 헌재판례집 13-2, 506면

[주문] 1. 공직선거 및 선거부정방지법 제25조 제2항에 의한 [별표 1] 「국회의원지역선거구구역표」(2000.2.16. 법률 제6265호로 개정된 것)는 헌법에 합치되지 아니한다. 2. 위 선거구구역표는 2003.12.31.을 시한으로 입법자가 개정할 때까지 계속 적용된다. [사건개요와 본안쟁점] 청구인은 공직선거 및 선거부정방지법(2000.2.16. 법률 제6265호로 개정된 것) 제25조 제2항에 의한 [별표 1] 「국회의원지역선거구구역표」상의 "경기 안양시 동안구 선거구"에 주소를 두고, 2000.4.13.에 실시될 예정인 제16대 국회의원선거에서 선거권을 행사하려는 사람인데 1999. 12.말 현재 위 선거구의 인구수는 331,458명으로서, 전국선거구의 평균인구수 208,502명(총인구 47,330,000명÷지역구 227개)과 비교하여 +59%의 편차를 보이고 있고, 위 선거구구역표상의 최소선거구인 "경북 고령군·성주군 선거구"의 인구수 90,656명에 비하여 3.65 : 1의 편차를 보이고 있어서 자신의 투표가치가 "경북 고령군·성주군 선거구"의 선거권자의 그것에 비하여 3.65분의 1밖에 되지 않게 되어 평등권 및 선거권이 침해되었다고 주장하면서, 2000.2.10. 헌법소원심판을 청구하였다. [결정요지] (가) 우선 인구편차의 허용기준을 제시함에 있어 최소선거구의 인구수를 기준으로 할 것인가, 아니면, 전국 선거구의 평균인구수를 기준으로 할 것인가의 문제가 있으나, 우리 재판소는 이미 1995.12.27. 선고, 95헌마224등 결정에서 전국 선거구의 평균인구수[1]를 기준으로 하여 인구편차의 허용기준을 제시한 바 있으므로, 이에 따라 인구편차의 허용기준을 검토하기로 한다. 인구편차의 허용한계에 관한 다양한 견해 중 인구편차가 상하 $33\frac{1}{3}$%(이 경우 상한 인구수와 하한 인구수의 비율은 2 : 1) 편차를 기준으로 하는 방안, 또는 상하 50% 편차(이 경우 상한 인구수와 하한 인구수의 비율은 3 : 1)를 기준으로 하는 방안이 고려될 수 있을 것이다. 위 두 가지 기준 중 상하 $33\frac{1}{3}$% 편차 기준이 선거권 평등의 이상에 보다 접근하는 안임은 말할 필요도 없으나, 현실적으로 행정구역의 일부를 분할하여 다른 선거구에 속하게 하거나 국회의원정수를 늘리는 일은 국민여론에 비추어 결코 쉽지 않은 일이고, 평균인구수로부터 상하 $33\frac{1}{3}$%의 편차를 벗어나는 선거구는 모두 81개에 이르고 있는 상황이므로, 선거구를 재조정함에 있어서 상하 $33\frac{1}{3}$% 편차 기준을 채택하는 경우 예기치 않은 어려움에 봉착할 가능성이 매우 크다는 점은 쉽게 예상할 수 있다. 그렇다면, 우리 재판소가 선거구획정에 따른 선거구간의 인구편차의 문제를 다루기 시작한 지 겨우 5년여가 지난 현재의 시점에

---

1) 헌재는 "엄밀하게는 선거인수를 기준으로 하여야 할 것이나, 선거인수와 인구수는 대체로 비례한다고 볼 수 있으므로," '인구수'를 기준으로 하여 평균인구수를 산출한 다음 그 평균인구수를 기준으로 상하 편차허용범위를 설정하였다. 즉 상하 편차허용범위를 "최대선거구인구/최소선거구인구"가 아니라 "전국인구수/선거구수"를 기준으로 설정한 것이다.

서 너무 이상에 치우친 나머지 현실적인 문제를 전적으로 도외시하기는 어렵다고 할 것이므로, 이번에는 평균인구수 기준 상하 50%의 편차를 기준으로 위헌여부를 판단하기로 한다. 그렇다면, 위 선거구의 경우 전국 선거구의 평균인구수로부터 +57%의 편차를 보이고 있으므로, 그 선거구의 획정은 국회의 재량의 범위를 일탈한 것으로서 청구인의 헌법상 보장된 선거권 및 평등권을 침해하는 것임이 분명하다. 우리 재판소는 위 95헌마224등 결정에서 "일부 선거구의 선거구획정에 위헌성이 있다면, 선거구구역표의 전부에 관하여 위헌선언을 하는 것이 상당하다."는 취지의 판시를 함으로써 불가분설을 취하였는바, 이는 객관적 헌법질서의 보장이라는 측면이나 적극적인 기본권 보장의 측면에서 보더라도 타당한 것으로 보이므로 이러한 입장을 계속 유지하기로 한다. (나) 헌법불합치 – 원칙적으로 이 사건 선거구구역표 전부에 대하여 위헌결정을 하여야 할 것이나, 이미 이 사건 선거구구역표에 기한 국회의원선거가 실시된 상황에서 단순위헌의 결정을 하게 되면, 정치세력간의 이해관계가 첨예하게 대립하고 수많은 고려요소를 조정하여야 하는 선거구구역표의 성격상 그 개정입법이 빠른 시일 내에 이루어지기 어렵다고 할 것이어서, 추후 재선거 또는 보궐선거가 실시될 경우 국회의원지역선거구 구역표가 존재하지 아니하게 되는 법의 공백이 생기게 될 우려가 큰 점 및 국회의 동질성 유지나 선거구구역표의 변경으로 인한 혼란을 방지하기 위하여도 재선거, 보궐선거 등이 치러지는 경우에는 이 사건 선거구구역표에 의하여 이를 시행하는 것이 바람직한 점 등에 비추어, 입법자가 2003.12.31.을 시한으로 이 사건 선거구구역표를 개정할 때까지 이 사건 선거구구역표의 잠정적 적용을 명하는 헌법불합치결정을 하기로 한다.

* 참고 : 선거구인구편차허용한계에 관해서 위 결정 이전에 1995.12.27. 95헌마224등 결정에서는 편차허용범위를 평균인구수의 상하 60%의 편차(최대선거구인구수 : 최소선거구인구수=4 : 1)로 하면서 향후 그 범위를 좁혀 기준을 엄격히 해야 할 것이라고 하였는데 위 2001년 2000헌마92 결정에서는 상하 50%로 그 범위를 좁힌 것이다. 1995년의 결정은 단순위헌결정이었는데 2001년의 위 결정은 헌법불합치결정이었다. 이후 상하 33⅓%로 편차허용범위를 더 줄였다(헌재 2014.10.30. 2012헌마192).

25) 재외동포의 출입국과 법적 지위에 관한 법률 제2조 제2호 위헌확인, 헌재 2001.11.29. 99헌마494, 헌재판례집 13-2, 718면

[사건개요] 재외동포의 출입국과 법적 지위에 관한 법률은 외국국적동포(재외동포)에게 한국에서의 체류, 경제활동의 자유, 의료보험적용 등 광범위한 혜택을 부여하는데 위 법률 제2조 제2호 및 그 위임을 받아 제정된 동법시행령 제3조는 대한민국 정부수립 이전에 해외로 이주하여 외국국적을 취득한 사람 및 그 직계비속(주로 중국국적동포, 구소련동포)을 재외동포의 범주에서 제외함에 따라, 위 법률이 부여하는 혜택을 받지 못하게 된 사람들이 평등권 등을 침해당하였다고 주장하면서 위 법률규정들에 대해 헌법소원심판을 청구하였다. [주문] 1. 재외동포의 출입국과 법적 지위에 관한 법률(1999.9.2. 법률 제6015호로 제정된 것) 제2조 제2호, 재외동포의 출입국과 법적 지위에 관한 법률시행령(1999.11.27. 대통령령 제16602호로 제정된 것) 제3조는 헌법에 합치하지 아니한다. 2. 이들 조항은 2003.12.31.을 시한으로 입법자가 개정할 때까지 계속 적용된다. [결정요지] 요컨대, 이 사건 심판대상규정이 청구인들과 같은 정부수립이전이주동포를 재외동포법의 적용대상에서 제외하는 차별취급은 그 차별의 기준이 목적의 실현을 위하여 실질적인 관계가 있다고 할 수 없고, 차별의 정도 또한 적정한 것이라고는 도저히 볼 수 없으므로, 이 사건 심판대상규정은 합리적 이유 없이 정부수립이전이주동포를 차별하는 자의적인 입법이어서 헌법 제11조의 평등원칙에 위배되고, 이로 인하여 청구인들의 평등권을 침해하는 것이다. 재외동포의 출입국과 법적 지위에 관한 법률은 이미 1999.12.3.부터 시행되었고, 법무부 자료에 의하면 2001.8.30. 현재 동법 제6 조 소정의 국내거소신고를 한 자가 23,664명에 이르렀다. 이들은 재외동포법에서 보장하는 여러 가지 혜택을 누리고 있는바, 이 심판대상규정에 대하여 단순위헌결정을 선고하면 이들 중 외국국적동포의 경우는 재외동포법이 부여하는 지위가 그 순간부터 상실되어 당장 출국을 해야 하고 이들이 그동안 국내에서 행한 취업 기타 경제활동, 부동산의 취득, 국내 금융기관의 이용, 의료보험혜택 등이 일시에 정지되게 된다. 이와 같은 상태는 법적 안정성의 관점에서 법치국가적으로 용인하기 어려운 법적 공백과 그

로 인한 혼란을 야기할 수 있으므로, 입법자가 합헌적인 방향으로 법률을 개선할 때까지 일정 기간 동안 위헌적인 법규정을 존속케 하고 또한 잠정적으로 적용하게 할 필요가 있는 것이다. 그러나 앞에서 본 바와 같은 이 사건 심판대상규정의 위헌성을 고려할 때 입법자는 되도록 빠른 시일 내에, 늦어도 2003.12.31.까지 개선입법을 마련함으로써 이 사건 심판대상규정의 위헌적 상태를 제거하여야 할 것이다.

26) 지적법 제28조 제2항 위헌확인, 헌재 2002.5.30. 2000헌마81, 헌재판례집 14-1, 546면

[쟁점] 지적측량을 주된 업무로 하여 설립된 비영리법인에게만 지적측량의 대행을 허용하는 지적법(2001.1.26. 법률 제6389호로 전문개정된 것) 제41조 제1항은 개인이나 영리법인에게는 그 대행을 금지하여 직업선택의 자유를 침해하는지 여부 [주문] 1. 지적법(2001.1.26. 법률 제6389호로 전문개정된 것) 제41조 제1항은 헌법에 합치하지 아니한다. 2. 이 조항은 2003.12.31.을 시한으로 입법자가 개정할 때까지 계속 적용된다. [헌법불합치결정의 이유요지] 이 사건의 경우 이른바 초벌측량의 대행을 비영리법인(사실상 재단법인 대한지적공사)에게만 대행하는 전담대행체제가 위헌이라는 것이지 비영리법인에게 초벌측량의 대행을 할 수 없다는 것이 아니다. 또한 초벌측량의 대행을 모든 지적기술자에게 허용하는 이른바 경쟁체제를 택하는 경우에 대행자가 법인인지 또는 개인인지 여부에 따라, 같은 법인인 경우에도 소속 지적기술자의 수나 자본금의 크기, 개인의 경우에는 그 자격의 차이 등 합리적인 기준에 따라 대행할 수 있는 초벌측량의 범위를 제한할 수는 있다 할 것이고 이는 입법자가 입법형성의 범위 내에서 자유롭게 정할 수 있는 것이다. 그러므로 입법자가 합헌적인 방향으로 법률을 개선할 때까지 일정 기간 동안 위헌적인 법규정을 존속케 하고 또한 잠정적으로 적용하게 할 필요가 있는 것이다. 그러나 앞에서 본 바와 같은 이 법률조항의 위헌성을 고려할 때 입법자는 되도록 빠른 시일 내에, 늦어도 2003.12.31.까지 개선입법을 마련함으로써 이 법률조항의 위헌적 상태를 제거하여야 할 것이다.

27) 약사법 제16조 제1항 등 위헌소원, 헌재 2002.9.19. 2000헌바84, 헌재판례집 14-2, 268면

[주문] 약사법(2000.1.12. 법률 제6153호로 개정된 것) 제16조 제1항은 헌법에 합치하지 아니한다. 이 법률조항은 입법자가 개정할 때까지 계속 적용된다. [결정요지] 약사 또는 한약사가 아니면 약국을 개설할 수 없다고 규정하여 자연인인 약사에게만 약국의 개설을 허용하고 약사들만으로 구성된 법인의 약국 개설을 금지하는 약사법 제16조 제1항은 과잉금지원칙에 위배되어 직업선택의 자유의 본질적 내용을 침해하고 합리성 없는 자의적 차별로서 평등원칙에 반하며 결사의 자유를 침해하는 위헌이다. [헌법불합치결정을 할 필요성] 한편 이 사건 법률조항에는 약사가 아닌 일반인이나 일반인으로 구성된(구성원 중 일부가 일반인인 경우를 포함한다) 법인의 약국설립을 금지하는 부분이 포함되어 있는데, 이 부분은 입법자가 입법형성권의 범위 내에서 합헌적으로 규정한 부분이므로 이 사건 법률조항에 대하여 전면적으로 단순위헌결정을 선고할 수는 없다. 또한 위헌적인 요소를 제거하고 합헌적으로 조정하는 데에는 여러 가지 선택가능성이 있을 수 있다. 약사들만으로 구성되는 법인의 형태로 합명회사나 유한회사를 취할 수도 있고, 주주의 자격을 약사로 제한하는 주식회사의 형태로 하는 것도 가능하며, 이러한 선택의 문제는 입법형성권을 갖고 있는 입법자가 제반사정을 고려하여 결정하여야 할 문제이다. 결국 입법자가 이 사건 법률조항을 대체할 합헌적 법률을 입법할 때까지는 일정 기간 동안 위헌적인 법규정을 존속케 하고, 또한 잠정적으로 적용하게 할 필요가 있다.

28) 국가정보원직원법 제17조 제2항 위헌제청, 헌재 2002.11.28. 2001헌가28, 헌재판례집 14-2, 590면

[주문] 1. 국가정보원직원법 제17조 제2항(1999.1.21. 법률 제5682호로 개정된 것) 중 "직원(퇴직한 자를 포함한다)이 사건당사자로서 직무상의 비밀에 속한 사항을 진술하고자 할 때에는 미리 원장의 허가를 받아야 한다"는 부분은 헌법에 합치되지 아니한다. 2. 위 법률조항 부분은 2003.12.31.을 시한으로 입법자가 개정할 때까지 계속 적용된다. [본안쟁점] 국가정보원직원법(1999.1.21. 법률 제5682호로 개정된 것) 제17조 제2항 중 "직원(퇴직한 자를 포함한다)이 사건당사자로서 직무상의 비밀에 속한 사항을 진술하고자 할 때에는 미리 원장의 허가를 받아야 한다"는 부분이 과잉금지의 원칙에 위배하여 소송당사자의 재판청구권을 침해하는 위헌인지 여부 [결정요지와 헌법불합치결정의 이유] 직원이 사건당사자로

서의 진술에 대하여 국가정보원장이 이 사건 법률조항에 따라 심사하여 그 허가를 거부하기 위하여는 일반적인 증언을 할 경우에 요청되는 요건인 '국가의 중대한 이익을 침해하는 경우'에 해당하여야 함은 물론이고 나아가 사건 당사자의 재판청구권의 제한을 정당화하기에 충분한 정도가 되기 위하여 '직무상 고려에 의하여 불가피하게 요청되는 경우'에도 해당되어야만 할 것이다. 이와 같은 허가요건이 설정되지 아니하고 단지 국가정보원장의 재량에 의하여 위 허가여부를 판단할 수 있도록 한 이 사건 법률조항의 내용은 비록 국가비밀의 보호라는 입법목적에는 부합하는 것이라고 하더라도 기본권에 대한 침해가 불합리하게 과도한 것으로써 기본권 침해의 최소성의 요건을 충족하였다고 할 수 없다. – 헌법불합치결정과 잠정적용명령 : 위에서 살펴본 바와 같이 이 사건 법률조항은 헌법에 위반되므로 원칙으로 위헌결정을 하여야 할 것이나, 이에 대하여 위헌결정을 하여 당장 그 효력을 상실시킬 경우에는 국가정보원 직원이 사건당사자로서 직무상의 비밀을 진술할 때에 사전에 이를 통제할 법적 근거가 상실되는 법적 공백상태가 발생하고, 이로 말미암아 특히 소송당사자로 진술하는 내용 중에서 중대한 국가비밀사항이 공개되어 국가이익을 침해하는 경우가 발생하는 등 법적 혼란을 초래할 우려가 있다. 그리고 위헌적인 규정을 합헌적으로 조정하는 임무는 원칙적으로 입법자의 형성재량에 속하는 사항이라고 할 것인데, 이 사건 법률조항의 위헌성을 어떤 방법으로 제거하여 새로운 입법을 할 것인가에 관하여는 여러 가지 방안이 있을 수 있다. 그 중에서 어떤 방안을 채택할 것인가는 입법자가 우리의 국가비밀보호제도, 정보기관인 국가정보원 및 나아가 보다 일반적으로 공무원이 소송당사자로서 국가기밀을 진술하여야 할 경우 이들 이해관계인들의 이익, 법적 안정성 등 여러 가지 사정을 고려하여 입법정책적으로 결정할 사항이라고 할 것이다. 이러한 사정들을 감안한다면 이 사건 법률조항은 헌법에 합치되지 아니하나 입법개선시까지 잠정적으로 적용하는 것이 바람직하다고 할 것이며, 입법자는 되도록 빠른 시일 내에, 늦어도 2003.12.31.까지는 새 입법을 마련함으로써 이 사건 법률조항의 위헌적 상태를 제거하도록 함이 상당하다.

판례 [2] 2003년부터~2014년까지. 사건번호, 사건명, 종국결정일자만 옮기는데 양이 많아서 본서 페이지를 줄이기 위해 헌재의 판례목록을 옮긴다. http://search.ccourt.go.kr/ths/pr/ selectThsPr0101List.do (방문일 : 2020.8.1.)

번호	사건번호	사건명	종국결과	종국일자
1	2001헌바64	구 전통사찰보존법 제6조 제1항 제2호 등 위헌소원 (동 제5호) [판례집15권 1집 48~68] [전원재판부]	헌법불합치	2003.01.30
2	2000헌바26	구 사립학교법 제53조의2 제3항 위헌소원 [판례집15권 1집 176~195] [전원재판부]	헌법불합치	2003.02.27
3	2000헌바28	구 소득세법 제101조 제2항 위헌소원 [판례집15권 2집 38~57] [전원재판부]	헌법불합치	2003.07.24
4	2003헌바16	지방세법 제121조 제1항 위헌소원 [판례집15권 2집 291~305] [전원재판부]	헌법불합치	2003.09.25
5	2002헌바14 2002헌바32	교원지위향상을위한특별법 제9조 제1항 등 위헌소원 (구 사립학교법 제53조의2 제3항) [판례집15권 2집 466~486] [전원재판부]	헌법불합치	2003.12.18
6	2002헌바40 2002헌가22 2003헌바19 2003헌바46	민법 부칙 제3항 위헌소원 [판례집16권 1집 29~68] [전원재판부]	헌법불합치, 각하	2004.01.29
7	2002헌바104	형사소송법 제214조의2 제1항 위헌소원 [판례집16권 1집 386~410] [전원재판부]	헌법불합치	2004.03.25
8	2003헌가1 2004헌가4	학교보건법 제6조 제1항 제2호 위헌제청 [판례집16권 1집 670~698] [전원재판부]	위헌, 헌법불합치	2004.05.27
9	2001헌가9 2001헌가10 2001헌가11	민법 제781조 제1항 본문 후단 부분 위헌제청 [판례집17권 1집 1~50] [전원재판부]	헌법불합치	2005.02.03

	2001헌가12 2001헌가13 2001헌가14 2001헌가15 2004헌가5			
10	2003헌바40	정부투자기관관리기본법 제20조 제2항 등 위헌소원 (제3항) [판례집17권 1집 508~527] [전원재판부]	헌법불합치	2005.04.28
11	2005헌가1	국가를당사자로하는계약에관한법률 제27조 제1항 위헌제청 [판례집17권 1집 796~811] [전원재판부]	헌법불합치	2005.06.30
12	2003헌가5 2003헌가6	민법 제781조 제1항 위헌제청 [판례집17권 2집 544~576] [전원재판부]	헌법불합치	2005.12.22
13	2004헌마675 2004헌마981 2004헌마1022	국가유공자등예우및지원에관한법률 제31조 제1항 등 위헌확인 (제29조 제1항 각호1,각호3) [판례집18권 1집 269~297] [전원재판부]	헌법불합치	2006.02.23
14	2005헌가17 2006헌바17	부동산실권리자명의등기에관한법률 제5조 제2항 위헌제청 [판례집18권 1집 1~27] [전원재판부]	헌법불합치	2006.05.25
15	2005헌마165 2005헌마314 2005헌마555 2005헌마807 2006헌가3	신문등의자유와기능보장에관한법률 제16조 등 위헌확인 (제17조,제33조,제34조 제2항,제37조 제5항) [판례집18권 1집 337~486] [전원재판부]	위헌, 헌법불합치, 기각, 각하, 합헌	2006.06.29
16	2005헌마985 2006헌마11 2005헌마1037	공직선거법 제26조 제1항에 의한 별표2 위헌확인 [판례집19권 1집 287~334] [전원재판부]	헌법불합치	2007.03.29
17	2005헌바33	공무원연금법 제64조 제1항 제1호 위헌소원 [판례집19권 1집 211~239] [전원재판부]	헌법불합치	2007.03.29
18	2005헌마1139	공직자등의병역사항신고및공개에관한법률 제3조 등 위헌확인 (제8조, 제9조, 공직선거법 제65조) [판례집19권 1집 711~735] [전원재판부]	헌법불합치, 각하	2007.05.31
19	2004헌마644 2005헌마360	공직선거및선거부정방지법 제15조 제2항 등 위헌확인 (제16조 제3항,제37조 제1항) [판례집19권 1집 859~893] [전원재판부]	헌법불합치	2007.06.28
20	2005헌마772	공직선거및선거부정방지법 제38조 등 위헌확인 (158조) [판례집19권 1집 899~912] [전원재판부]	헌법불합치	2007.06.28
21	2004헌마643	주민투표법 제5조 위헌확인 [판례집19권 1집 843~858] [전원재판부]	헌법불합치, 각하	2007.06.28
22	2004헌가25	실화책임에관한법률 위헌제청 [판례집19권 2집 203~214] [전원재판부]	헌법불합치	2007.08.30
23	2004헌마1021	의료법 제2조 등 위헌확인 (제3조,제25조 제2항,제30조 제2항 내지 제4항) [판례집19권 2집 795~813] [전원재판부]	헌법불합치	2007.12.27
24	2007헌마1105	국가공무원법 제36조 등 위헌확인 [판례집20권 1집 329~339] [전원재판부]	헌법불합치, 각하	2008.05.29
25	2006헌바5	우체국예금·보험에관한법률 제45조 위헌소원 [판례집20권 1집 91~114] [전원재판부]	헌법불합치	2008.05.29
26	2004헌마1010 2005헌바90	의료법 제19조의2 제2항 위헌확인 [판례집20권 2집 236~268] [전원재판부]	헌법불합치	2008.07.31
27	2007헌가4	영화진흥법 제21조 제3항 제5호 등 위헌제청 [판례집20권 2집 20~47] [전원재판부]	헌법불합치	2008.07.31
28	2007헌가9	학교용지확보 등에 관한 특례법 제2조 제2호 등 위헌제청 [판례집20권 2집 424~451] [전원재판부]	헌법불합치, 합헌	2008.09.25
29	2006헌바112	구 종합부동산세법 제5조 등 위헌소원	위헌,	2008.11.13

	2007헌바71 2007헌바88 2007헌바94 2008헌가12 2008헌바3 2008헌바62	[판례집20권 2집 1~117] [전원재판부]	헌법불합치, 합헌	
30	2006헌마352	방송법 제73조 제5항 등 위헌확인 (시행령 제59조 제3항) [판례집20권 2집 367~396] [전원재판부]	헌법불합치	2008.11.27
31	2007헌마1024	공직선거법 제56조 제1항 제1호 위헌확인 [판례집20권 2집 477~499] [전원재판부]	헌법불합치	2008.11.27
32	2006헌마240 2006헌마371	충청남도 시·군의회 의원선거구와 선거구별 의원정수에 관한 조례 중 별표2 위헌확인 [판례집21권 1집 592~621] [전원재판부]	헌법불합치, 기각	2009.03.26
33	2007헌가22	공직선거법 제261조 제5항 제1호 위헌제청 [판례집21권 1집 337~355] [전원재판부]	헌법불합치	2009.03.26
34	2006헌마67	경상북도 시·군의회의원 선거구와 선거구별 의원정수에 관한 조례 별표 위헌확인 [판례집21권 1집 512~541] [전원재판부]	헌법불합치, 기각	2009.03.26
35	2007헌가8	국세징수법 제78조 제2항 후문 위헌제청 [판례집21권 1집 1~22] [전원재판부]	헌법불합치	2009.04.30
36	2008헌마413	공직선거법 제200조 제2항 단서 위헌확인 [판례집21권 1집 928~947] [전원재판부]	헌법불합치	2009.06.25
37	2008헌가1 2009헌바21	군인연금법 제33조 제1항 제1호 위헌제청 [판례집21권 2집 18~45] [전원재판부]	헌법불합치	2009.07.30
38	2008헌가25	집회 및 시위에 관한 법률 제10조 등 위헌제청 [판례집21권 2집 427~469] [전원재판부]	헌법불합치	2009.09.24
39	2008헌가13 2009헌가5	형사소송법 제482조 제1항 등 위헌제청 [판례집21권 2집 710~728] [전원재판부]	헌법불합치	2009.12.29
40	2008헌바128	군인연금법 제23조 제1항 위헌소원 [판례집22권 1집 473~496] [전원재판부]	헌법불합치	2010.06.24
41	2008헌가15	사립학교교직원 연금법 제42조 제1항 위헌제청 [판례집22권 2집 16~36] [전원재판부]	헌법불합치	2010.07.29
42	2008헌가28	병역법 제35조 제2항 등 위헌제청 [판례집22권 2집 74~94] [전원재판부]	헌법불합치	2010.07.29
43	2008헌가4	형사보상법 제7조 위헌제청 [판례집22권 2집 1~15] [전원재판부]	헌법불합치	2010.07.29
44	2009헌가8	민법 제818조 위헌제청 [판례집22권 2집 113~123] [전원재판부]	헌법불합치	2010.07.29
45	2010헌마418	지방자치법 제111조 제1항 제3호 위헌확인 [판례집22권 2집 526~563] [전원재판부]	헌법불합치	2010.09.02
46	2009헌가30	통신비밀보호법 제6조 제7항 단서 위헌제청 [판례집22권 2집 545~567] [전원재판부]	헌법불합치	2010.12.28
47	2008헌바166 2011헌바35	국토의 계획 및 이용에 관한 법률 제2조 제6호 등 위헌소원 [판례집23권 1집 288~323] [전원재판부]	헌법불합치, 합헌	2011.06.30
48	2010헌가86	농업협동조합법 제174조 제4항 위헌제청 [판례집23권 1집 268~277] [전원재판부]	헌법불합치	2011.06.30
49	2010헌가93	의료기기법 제32조 제1항 제5호 등 위헌제청 [판례집23권 2집 501~512] [전원재판부]	헌법불합치	2011.09.29
50	2009헌바146	구 소득세법 제89조 제3호 등 위헌소원 [판례집23권 2집 222~245] [전원재판부]	헌법불합치	2011.11.24
51	2010헌마601	공직선거법 제155조 제2항 등 위헌확인 [판례집24권 1집 320~336] [전원재판부]	헌법불합치, 기각, 각하	2012.02.23

52	2010헌마278	경찰공무원임용령 제39조 제1항 등 위헌확인 [판례집24권 1집 626~651] [전원재판부]	헌법불합치, 각하	2012.05.31
53	2009헌바190	상속세 및 증여세법 제19조 제2항 위헌소원 [판례집24권 1집 347~363] [전원재판부]	헌법불합치	2012.05.31
54	2010헌바28	구 토양환경보전법 제2조 제3호 등 위헌소원 [판례집24권 2집 420~437] [전원재판부]	헌법불합치, 합헌	2012.08.23
55	2010헌바167	토양환경보전법 제2조 제3호 등 위헌소원 [판례집24권 2집 438~454] [전원재판부]	헌법불합치, 합헌	2012.08.23
56	2011헌가32	학교용지 확보 등에 관한 특례법 제5조 제1항 제5호 위헌제청 [판례집25권 2집 9~20] [전원재판부]	헌법불합치	2013.07.25
57	2011헌마122	형의 집행 및 수용자의 처우에 관한 법률 제41조 등 위헌확인 [판례집25권 2집 494~519] [전원재판부]	헌법불합치, 각하	2013.08.29
58	2011헌마724	독립유공자예우에 관한 법률 제12조 제2항 등 위헌확인 [판례집25권 2집 263~275] [전원재판부]	헌법불합치	2013.10.24
59	2012헌마409 2012헌마510 2013헌마167	공직선거법 제18조 제1항 제2호 위헌확인 [판례집26권 1집 136~154] [전원재판부]	위헌, 헌법불합치	2014.01.28
60	2013헌가28	학교용지 확보 등에 관한 특례법 제5조 제1항 단서 제5호 위헌제청 [판례집26권 1집 610~620] [전원재판부]	헌법불합치	2014.04.24
61	2009헌마256 2010헌마394	공직선거법 제218조의4 제1항 등 위헌확인 [판례집26권 2집 173~202] [전원재판부]	헌법불합치, 기각, 각하	2014.07.24
62	2013헌바208	새마을금고법 제21조 제1항 제8호 등 위헌소원 [판례집26권 2집 505~523] [전원재판부]	헌법불합치	2014.09.25
63	2012헌마190 2012헌마192 2012헌마211 2012헌마262 2012헌마325 2013헌마781 2014헌마53	공직선거법 제25조 제2항 별표1 위헌확인 [판례집26권 2집 668~697] [전원재판부]	헌법불합치, 각하	2014.10.30
64	2011헌바129 2011헌바172	지역균형개발 및 지방중소기업 육성에 관한 법률 제16조 제1항 제4호 등 위헌소원 [판례집26권 2집 639~657] [전원재판부]	헌법불합치	2014.10.30

판례 [3] 2015년부터~2021년 6월 30까지 사건번호, 주문을 옮긴다. 비교적 근래 결정들이라 주문도 포함하여 옮기고자 한 것이다.

1) 헌재 2015.4.30. 2013헌마623

[주문] 1. 민법(1958.2.22. 법률 제471호로 제정된 것) 제844조 제2항 중 "혼인관계종료의 날로부터 300일 내에 출생한 자"에 관한 부분은 헌법에 합치되지 아니한다. 2. 위 법률조항 부분은 입법자가 개정할 때까지 계속 적용된다.

2) 헌재 2015.5.28. 2013헌바129

[주문] 1. 형법(1953.9.18. 법률 제293호로 제정된 것) 제7조는 헌법에 합치되지 아니한다. 2. 위 법률조항은 2016.12.31.을 시한으로 입법자가 개정할 때까지 계속 적용된다.

3) 헌재 2015.7.30. 2014헌마340, 2014헌마672, 2015헌마9

[주문] 1. '성폭력범죄의 처벌 등에 관한 특례법'(2012.12.18. 법률 제11556호로 전부개정된 것) 제45조 제1항은 헌법에 합치되지 아니한다. 위 조항은 2016.12.31.을 시한으로 입법자가 개정할 때까지 계속 적용된다.

4) 헌재 2015.9.24. 2013헌마197

[주문] 1. '치과의사전문의의 수련 및 자격 인정 등에 관한 규정'(2010.3.15. 대통령령 제22075호로 개정된 것)

제18조 제1항은 헌법에 합치되지 아니한다. 2. 위 조항은 2016.12.31.을 시한으로 행정입법자가 개정할 때까지 계속 적용된다.

5) 헌재 2015.10.21. 2013헌마757

[주문] 1. 숙련기술장려법 시행령(2010.12.31. 대통령령 제22604호로 전부개정된 것) 제27조 제1항, 제2항 중 각 '전국기능경기대회에 참가하여 입상한 사실이 없는 사람에게만 참가자격을 부여한 부분'은 헌법에 합치되지 아니한다. 2. 위 각 조항 부분은 2016.6.30.을 시한으로 개정될 때까지 계속 적용된다.

6) 헌재 2015.11.26. 2012헌마858

[주문] 1. 구 '형의 집행 및 수용자의 처우에 관한 법률 시행령'(2008.10.29. 대통령령 제21095호로 전부개정되고, 2014.6.25. 대통령령 제25397호로 개정되기 전의 것) 제58조 제2항, '형의 집행 및 수용자의 처우에 관한 법률 시행령'(2014.6.25. 대통령령 제25397호로 개정된 것) 제58조 제2항 중 각 '수형자'에 관한 부분 및 '형의 집행 및 수용자의 처우에 관한 법률 시행령'(2008.10.29. 대통령령 제21095호로 전부개정된 것) 제58조 제3항은 모두 헌법에 합치되지 아니한다. 2. 위 시행령 조항들은 2016.6.30.을 시한으로 개정될 때까지 계속 적용된다.

7) 헌재 2015.12.23. 2013헌마575, 2014헌바446

[주문] 1. 여객자동차 운수사업법(2012.2.1. 법률 제11295호로 개정된 것) 제24조 제4항 제1호 가목 중 제3항 제1호 다목에 관한 부분 및 여객자동차 운수사업법 시행령(2012.7.31. 대통령령 제24010호로 개정된 것) 제16조는 헌법에 합치되지 아니한다. 2. 구 여객자동차 운수사업법(2012.2.1. 법률 제11295호로 개정되고, 2014.1.28. 법률 제12377호로 개정되기 전의 것) 제87조 제1항 단서 제3호의 제24조 제4항 제1호 가목 중 제3항 제1호 다목에 관한 부분 및 여객자동차 운수사업법(2014.1.28. 법률 제12377호로 개정된 것) 제87조 제1항 단서 제3호의 제24조 제4항 제1호 가목 중 제3항 제1호 다목에 관한 부분은 헌법에 합치되지 아니한다. 3. 위 각 조항은 2017.6.30.을 시한으로 입법자가 이를 개정할 때까지 계속 적용된다.

8) 헌재 2015.12.23. 2014헌마449, 2013헌바68등

[주문] 1. 주민등록법(2007.5.11. 법률 제8422호로 전부개정된 것) 제7조는 헌법에 합치되지 아니한다. 2. 위 조항은 2017.12.31.을 시한으로 입법자가 개정할 때까지 계속 적용된다.

9) 헌재 2015.12.23. 2013헌바168

[주문] 1. 구 정치자금법(2008.2.29. 법률 제8880호로 개정되고, 2010.1.25. 법률 제9975호로 개정되기 전의 것) 제6조, 정치자금법(2010.1.25. 법률 제9975호로 개정된 것) 제6조 및 정치자금법(2008.2.29. 법률 제8880호로 개정된 것) 제45조 제1항 본문의 '이 법에 정하지 아니한 방법' 중 제6조에 관한 부분은 헌법에 합치되지 아니한다. 2. 위 각 조항 부분은 2017.6.30.을 시한으로 입법자가 개정할 때까지 계속 적용된다.

10) 헌재 2015.12.23. 2013헌가9

[주문] 2. '성폭력범죄자의 성충동 약물치료에 관한 법률'(2010.7.23. 법률 제10371호로 제정된 것) 제8조 제1항은 헌법에 합치되지 아니한다. 이 법률조항은 2017.12.31.을 시한으로 입법자가 개정할 때까지 계속 적용된다.

11) 헌재 2015.12.23. 2013헌마712

[주문] 1. 형의 집행 및 수용자의 처우에 관한 법률(2008.12.11. 법률 제9136호로 개정된 것) 제88조가 형사재판의 피고인으로 출석하는 수형자에 대하여 같은 법 제82조를 준용하지 아니한 것은 헌법에 합치되지 아니한다. 위 제88조는 2016.12.31.을 시한으로 개정될 때까지 계속 적용한다.

12) 헌재 2016.2.25. 2015헌가15

[주문] 1. '사립학교교직원 연금법'(2009.12.31. 법률 제9908호로 개정된 것) 제31조 제2항은 헌법에 합치되지 아니한다. 2. 위 법률조항은 2017.6.30.을 시한으로 개정될 때까지 계속 적용된다.

13) 헌재 2016.7.28. 2015헌바20

[주문] 1. 군인연금법(2013.3.22. 법률 제11632호로 개정된 것) 제33조 제2항은 헌법에 합치되지 아니한다. 2. 위 법률조항은 2017.12.31.을 시한으로 입법자가 개정할 때까지 계속 적용된다.

14) 헌재 2016.9.29. 2014헌바254

[주문] 1. 산업재해보상보험법(2007.12.14. 법률 제8694호로 전부개정된 것) 제37조 제1항 제1호 다목은 헌법에 합치되지 아니한다. 2. 위 법률조항은 2017.12.31.을 시한으로 입법자가 개정할 때까지 계속 적용한다.

15) 헌재 2016.9.29. 2014헌가9

[주문] 1. 정신보건법(2011.8.4. 법률 제11005호로 개정된 것) 제24조 제1항, 제2항은 헌법에 합치되지 아니한다. 2. 위 법률조항들은 입법자가 개정할 때까지 계속 적용된다.

16) 헌재 2016.12.29. 2015헌마509, 1160

[주문] 1. 공직선거법(2010.1.25. 법률 제9974호로 개정된 것) 제56조 제1항 제2호 중 '비례대표국회의원선거'에 관한 부분은 헌법에 합치되지 아니한다. 2. 위 법률조항은 입법자가 2018.6.30.까지 개정하지 아니하면 2018.7.1.부터 그 효력을 상실한다. 법원 기타 국가기관 및 지방자치단체는 입법자가 개정할 때까지 위 법률조항의 적용을 중지하여야 한다.

17) 헌재 2016.12.29. 2015헌바208, 2016헌바145

[주문] 1. 군인연금법 부칙(2011.5.19. 법률 제10649호) 중 구 군인연금법(2011.5.19. 법률 제10649호로 개정되고, 2013.3.22. 법률 제11632호로 개정되기 전의 것) 제23조 제1항에 관한 부분 및 군인연금법 부칙(2013.3.22. 법률 제11632호) 제1조 중 군인연금법(2013.3.22. 법률 제11632호로 개정된 것) 제23조 제1항에 관한 부분은 헌법에 합치되지 아니한다. 2. 위 법률조항은 2018.6.30.을 시한으로 입법자가 개정할 때까지 계속 적용된다.

18) 헌재 2016.12.29. 2015헌바182

[주문] 1. 국민연금법(2011.12.31. 법률 제11143호로 개정된 것) 제64조 제1항은 헌법에 합치되지 아니한다. 2. 위 법률조항은 2018.6.30.을 시한으로 입법자가 개정할 때까지 계속 적용된다.

19) 헌재 2017.9.28. 2015헌마653

[주문] 1. 청원경찰법(2010.2.4. 법률 제10013호로 개정된 것) 제5조 제4항 중 국가공무원법 제66조 제1항 가운데 '노동운동' 부분을 준용하는 부분은 헌법에 합치되지 아니한다. 위 법률조항은 2018.12.31.을 시한으로 개정될 때까지 계속 적용한다.

20) 헌재 2018.1.25. 2017헌가7, 2017헌가12, 2017헌가13

[주문] 1.구 소년법(1988.12.31. 법률 제4057호로 전부개정되고, 2007.12.21. 법률 제8722호로 개정되기 전의 것) 제67조는 헌법에 합치되지 아니한다. 법원 기타 국가기관 및 지방자치단체는 위 법률조항의 적용을 중지하여야 한다. 2.소년법(2007.12.21. 법률 제8722호로 개정된 것) 제67조는 헌법에 합치되지 아니한다. 위 법률조항은 2018.12.31.을 시한으로 개정될 때까지 계속 적용된다.

21) 헌재 2018.1.25. 2016헌마541

[주문] 1. 공직선거법(2010.1.25. 법률 제9974호로 개정된 것) 제57조 제1항 제1호 다목 중 지역구국회의원선거와 관련된 부분은 헌법에 합치되지 아니한다. 2. 위 법률조항은 2019.6.30.을 시한으로 개정될 때까지 계속 적용한다.

22) 헌재 2018.4.26. 2015헌바370, 2016헌가7

[주문] 1. 형사소송법(1995.12.29. 법률 제5054호로 개정된 것) 제216조 제1항 제1호 중 제200조의2에 관한 부분은 헌법에 합치되지 아니한다. 2. 위 법률조항은 2020.3.31.을 시한으로 입법자가 개정할 때까지 계속 적용된다.

23) 헌재 2018.4.26. 2016헌마116

[주문] 1. 법인세법(2015.12.15. 법률 제13555호로 개정된 것) 제60조 제9항 제3호 및 소득세법(2015.12.15. 법률 제13558호로 개정된 것) 제70조 제6항 제3호는 모두 헌법에 합치되지 아니한다. 위 각 법률조항은 2019.12.31.을 시한으로 개정될 때까지 계속 적용된다.

24) 헌재 2018.4.26. 2015헌가19

[주문] 세무사법(2013.1.1. 법률 제11610호로 개정된 것) 제6조 제1항 및 세무사법(2009.1.30. 법률 제9348호로 개정된 것) 제20조 제1항 본문 중 '변호사'에 관한 부분은 모두 헌법에 합치되지 아니한다. 위 각 법률조항은 2019.12.31.을 시한으로 개정될 때까지 계속 적용된다.

25) 헌재 2018.5.31. 2013헌바322, 2016헌바354, 2018헌가9, 2018헌가3, 2018헌가4, 2017헌바360, 2017헌바398, 2017헌바471.

[주문] 1. 집회 및 시위에 관한 법률(2007.5.11. 법률 제8424호로 전부개정된 것) 제11조 제1호 중 '국회의사당'에 관한 부분 및 제23조 중 제11조 제1호 가운데 '국회의사당'에 관한 부분은 모두 헌법에 합치되지 아니한다. 2. 위 법률조항은 2019.12.31.을 시한으로 개정될 때까지 계속 적용한다.

26) 헌재 2018.5.31. 2012헌바90

[주문] 1. '노동조합 및 노동관계조정법'(2010.1.1. 법률 제9930호로 개정된 것) 제81조 제4호 중 '노동조합의 운영비를 원조하는 행위'에 관한 부분은 헌법에 합치되지 아니한다. 위 법률조항은 2019.12.31.을 시한으로 개정될 때까지 계속 적용된다.

27) 헌재 2018.6.28. 2011헌바379, 2012헌가17, 2013헌가5. 2013헌가23, 2013헌가27, 2014헌가8, 2015헌가5, 2011헌바383, 2012헌바15, 2012헌바32, 2012헌바86, 2012헌바129, 2012헌바181, 2012헌바182, 2012헌바193, 2012헌바227, 2012헌바228, 2012헌바250, 2012헌바271, 2012헌바281, 2012헌바282, 2012헌바283, 2012헌바287, 2012헌바324, 2013헌바273, 2015헌바73, 2016헌바360, 2017헌바225

[주문] 1. 구 병역법(2000.12.26. 법률 제6290호로 개정되고, 2006.3.24. 법률 제7897호로 개정되기 전의 것) 제5조 제1항, 구 병역법(2006.3.24. 법률 제7897호로 개정되고, 2009.6.9. 법률 제9754호로 개정되기 전의 것) 제5조 제1항, 구 병역법(2009.6.9. 법률 제9754호로 개정되고, 2010.1.25. 법률 제9955호로 개정되기 전의 것) 제5조 제1항, 구 병역법(2010.1.25. 법률 제9955호로 개정되고, 2013.6.4. 법률 제11849호로 개정되기 전의 것) 제5조 제1항, 구 병역법(2013.6.4. 법률 제11849호로 개정되고, 2016.1.19. 법률 제13778호로 개정되기 전의 것) 제5조 제1항, 구 병역법(2016.1.19. 법률 제13778호로 개정되고, 2016.5.29. 법률 제14183호로 개정되기 전의 것) 제5조 제1항, 병역법(2016.5.29. 법률 제14183호로 개정된 것) 제5조 제1항은 모두 헌법에 합치되지 아니한다. 위 조항들은 2019.12.31.을 시한으로 입법자가 개정할 때까지 계속 적용된다.

28) 헌재 2018.6.28. 2015헌가28, 2016헌가5

[주문] 1. 집회 및 시위에 관한 법률(2007.5.11. 법률 제8424호로 전부개정된 것) 제11조 제3호, 제23조 제1호 중 제11조 제3호에 관한 부분, 제24조 제5호 중 제20조 제2항 가운데 '제11조 제3호를 위반한 집회 또는 시위'에 관한 부분은 헌법에 합치되지 아니한다. 2. 위 법률조항들은 2019.12.31.을 시한으로 개정될 때까지 계속 적용한다.

29) 헌재 2018.6.28. 2012헌마191, 2012헌마550, 2014헌마357

[주문] 1. 통신비밀보호법(2005.5.26. 법률 제7503호로 개정된 것) 제13조 제1항 중 '검사 또는 사법경찰관은 수사를 위하여 필요한 경우 전기통신사업법에 의한 전기통신사업자에게 제2조 제11호 바목, 사목의 통신사실 확인자료의 열람이나 제출을 요청할 수 있다' 부분, 제13조의3 제1항 중 제2조 제11호 바목, 사목의 통신사실 확인자료에 관한 부분은 헌법에 합치되지 아니한다. 위 법률조항들은 2020.3.31.을 시한으로 개정될 때까지 계속 적용한다.

30) 헌재 2018.6.28. 2016헌가14

[주문] 1. '보훈보상대상자 지원에 관한 법률'(2011.9.15. 법률 제11042호로 제정된 것) 제11조 제1항 제2호 중 '부모 중 선순위자 1명에 한정하여 보상금을 지급하는 부분', 같은 법 제12조 제2항 제1호 중 '부모 중 나이가 많은 사람을 우선하는 부분'은 헌법에 합치되지 아니한다. 2. 위 법률조항은 2019.12.31.을 시한으로 입법자가 개정할 때까지 계속 적용된다.

31) 헌재 2018.6.28. 2012헌마538등

[주문] 1. 통신비밀보호법(2005.5.26. 법률 제7503호로 개정된 것) 제13조 제1항 중 '검사 또는 사법경찰관은

수사를 위하여 필요한 경우 전기통신사업법에 의한 전기통신사업자에게 제2조 제11호 가목 내지 라목의 통신사실 확인자료의 열람이나 제출을 요청할 수 있다' 부분은 헌법에 합치되지 아니한다. 위 법률조항은 2020.3.31.을 시한으로 개정될 때까지 계속 적용한다.

32) 헌재 2018.7.26. 2018헌바137

[주문] 1. '집회 및 시위에 관한 법률'(2007.5.11. 법률 제8424호로 전부개정된 것) 제11조 제1호 중 '각급 법원' 부분 및 제23조 제1호 중 제11조 제1호 가운데 '각급 법원'에 관한 부분은 모두 헌법에 합치되지 아니한다. 2. 위 법률조항은 2019.12.31.을 시한으로 개정될 때까지 계속 적용한다.

33) 헌재 2018.8.30. 2016헌마344, 2017헌마630

[주문] 2. '디엔에이신원확인정보의 이용 및 보호에 관한 법률'(2010.1.25. 법률 제9944호로 제정된 것) 제8조는 헌법에 합치되지 아니한다. 위 법률조항은 2019.12.31.을 시한으로 입법자가 개정할 때까지 계속 적용된다.

34) 헌재 2018.8.30. 2015헌가38

[주문] 교원의 노동조합 설립 및 운영 등에 관한 법률(2010.3.17. 법률 제10132호로 개정된 것) 제2조 본문은 헌법에 합치되지 아니한다. 위 법률조항은 2020.3.31.을 시한으로 개정될 때까지 계속 적용한다.

35) 헌재 2018.8.30. 2016헌마263

[주문] 1.통신비밀보호법(1993.12.27. 법률 제4650호로 제정된 것) 제5조 제2항 중 '인터넷회선을 통하여 송·수신하는 전기통신'에 관한 부분은 헌법에 합치되지 아니한다. 위 법률조항은 2020.3.31.을 시한으로 개정될 때까지 계속 적용한다.

36) 헌재 2018.12.27. 2015헌바77, 2015헌마832

[주문] 형사소송법(1954.9.23. 법률 제341호로 제정된 것) 제405조는 헌법에 합치되지 아니한다. 위 법률조항은 2019.12.31.을 시한으로 입법자가 개정할 때까지 계속 적용된다.

37) 헌재 2019.2.28. 2018헌마415·919

[주문] 2. 공직선거법(2018.3.9. 법률 제15424호로 개정된 것) 제26조 제1항 [별표 2] 시·도의회의원지역선거구구역표 중 인천광역시의회의원지역선거구들 부분과 경상북도의회의원지역선거구들 부분은 헌법에 합치되지 아니한다. 3. 공직선거법(2018.3.9. 법률 제15424호로 개정된 것) 제26조 제1항 [별표 2] 시·도의회의원지역선거구구역표 중 인천광역시의회의원지역선거구들 부분과 경상북도의회의원지역선거구들 부분은 2021.12.31.을 시한으로 입법자가 개정할 때까지 계속 적용된다.

38) 헌재 2019.4.11. 2017헌바127

[주문] 형법(1995.12.29. 법률 제5057호로 개정된 것) 제269조 제1항, 제270조 제1항 중 '의사'에 관한 부분은 모두 헌법에 합치되지 아니한다. 위 조항들은 2020.12.31.을 시한으로 입법자가 개정할 때까지 계속 적용된다.

39) 헌재 2019.9.26. 2018헌바218, 2018헌가13

[주문] 1. 산업재해보상보험법 부칙(2017.10.24. 법률 제14933호) 제2조 중 '제37조의 개정규정'에 관한 부분은 헌법에 합치되지 아니한다. 2. 법원 기타 국가기관 및 지방자치단체는 입법자가 개정할 때까지 위 법률조항의 적용을 중지하여야 한다. 3. 입법자는 2020.12.31.까지 위 법률조항을 개정하여야 한다.

40) 헌재 2019.12.27. 2018헌마301·430

[주문] 1. 정치자금법(2010.1.25. 법률 제9975호로 개정된 것) 제6조 제6호 중 '특별시장·광역시장·특별자치시장·도지사·특별자치도지사 선거의 예비후보자'에 관한 부분은 헌법에 합치되지 아니한다. 위 법률조항은 2021.12.31.을 시한으로 입법자가 개정할 때까지 계속 적용된다.

41) 헌재 2019.12.27. 2018헌마730

[주문] 공직선거법(2010.1.25. 법률 제9974호로 개정된 것) 제79조 제3항 제2호 중 '시·도지사 선거' 부분, 같은 항 제3호 및 공직선거법(2005.8.4. 법률 제7681호로 개정된 것) 제216조 제1항은 모두 헌법에 합치되지 아니한다. 위 법률조항들은 2021.12.31.을 시한으로 입법자가 개정할 때까지 계속 적용된다.

42) 헌재 2020.9.24. 2016헌마889, 병역준비역에 편입된 복수국적자 국적이탈 제한 사건

[주문] 1. 국적법(2016.5.29. 법률 제14183호로 개정된 것) 제12조 제2항 본문 및 국적법(2010.5.4. 법률 제10275호로 개정된 것) 제14조 제1항 단서 중 제12조 제2항 본문에 관한 부분은 헌법에 합치되지 아니한다. 위 법률조항은 2022.9.30.을 시한으로 개정될 때까지 계속 적용된다.

43) 헌재 2020.11.26. 2019헌바131, 환매권 발생기간 제한 사건

[주문] 1. 공익사업을 위한 토지 등의 취득 및 보상에 관한 법률(2011.8.4. 법률 제11017호로 개정된 것) 제91조 제1항 중 '토지의 협의취득일 또는 수용의 개시일(이하 이 조에서 "취득일"이라 한다)부터 10년 이내에' 부분은 헌법에 합치되지 아니한다. 2. 법원 기타 국가기관 및 지방자치단체는 입법자가 개정할 때까지 위 법률조항의 적용을 중지하여야 한다.

44) 헌재 2020.12.23. 2017헌가22 등, 65세 미만 노인성 질병이 있는 사람의 장애인활동지원급여 신청 제한 사건

[주문] 1. 장애인활동 지원에 관한 법률(2011.1.4. 법률 제10426호로 제정된 것) 제5조 제2호 본문 중 '노인장기요양보험법 제2조 제1호에 따른 노인 등' 가운데 '65세 미만의 자로서 치매·뇌혈관성질환 등 대통령령으로 정하는 노인성 질병을 가진 자'에 관한 부분은 헌법에 합치되지 아니한다. 2. 위 법률조항은 2022.12.31.을 시한으로 입법자가 개정할 때까지 계속 적용된다.

45) 헌재 2021.3.25. 2018헌가6, 6·25전몰군경자녀수당 수급권자 1인 한정 및 연장자 우선 사건

[주문] 1. 구 국가유공자 등 예우 및 지원에 관한 법률(2015. 12. 29. 법률 제13697호로 개정되고, 2019. 11.26. 법률 제16659호로 개정되기 전의 것) 제16조의3 제1항 본문 중 '자녀 중 1명'에 한정하여 6·25전몰군경자녀수당을 지급하도록 한 부분 및 '제13조 제2항 제1호에 따른 선순위인 사람' 부분 가운데 '나이가 많은' 자녀에게 6·25전몰군경자녀수당을 지급하도록 한 부분은 헌법에 합치되지 아니한다. 2. * 위 1. 주문 법규정과 내용 동일한 현행법의 규정에 대한 같은 취지의 주문임－저자 주. 3. 위 각 법률조항은 2022.12.31.을 시한으로 입법자가 개정할 때까지 계속 적용된다.

46) 헌재 2021.6.24. 2018헌가2, 법원에서 불처분결정된 소년부송치 사건에 대한 수사경력자료의 보존기간 및 삭제에 관하여 규정하지 않은 형실효법 조항에 관한 위헌제청 사건

[주문] 1. 구 '형의 실효 등에 관한 법률'(2010.3.31. 법률 제10211호로 개정되고, 2021.3.16. 법률 제17937호로 개정되기 전의 것) 제8조의2 제1항 및 제3항은 헌법에 합치되지 아니한다. 법원 기타 국가기관 및 지방자치단체는 위 법률조항의 적용을 중지하여야 한다. 2. '형의 실효 등에 관한 법률'(2021.3.16. 법률 제17937호로 개정된 것) 제8조의2 제1항 및 제3항은 헌법에 합치되지 아니한다. 위 법률조항은 2023. 6. 30.을 시한으로 개정될 때까지 계속 적용된다.

47) 헌재 2021.6.24. 2017헌바479, 보안관찰처분대상자에 대한 신고의무 부과 사건

[주문] 1. 보안관찰법(1989.6.16. 법률 제4132호로 전부개정된 것) 제6조 제2항 전문 및 제27조 제2항 중 제6조 제2항 전문에 관한 부분은 각 헌법에 합치되지 아니한다. 2. 위 법률조항들은 2023.6.30.을 시한으로 개정될 때까지 계속 적용한다.

48) 헌재 2020.8.28. 2018헌마927, 가족관계의 등록 등에 관한 법률 제14조 제1항 본문 부진정입법부작위 위헌확인 사건

[주문] 가족관계의 등록 등에 관한 법률(2017.10.31. 법률 제14963호로 개정된 것) 제14조 제1항 본문 중 '직계혈족이 제15조에 규정된 증명서 가운데 가족관계증명서 및 기본증명서의 교부를 청구'하는 부분은 헌법에 합치되지 아니한다. 위 조항은 2021.12.31.을 시한으로 입법자가 개정할 때까지 계속 적용된다.

49) 헌재 2021.6.24. 2018헌마405, 서울특별시 자치구의회의원 선거구의 인구편차 허용기준 사건

[주문] 2. 서울특별시 자치구의회의원 선거구와 선거구별 의원정수에 관한 조례(2018.3.23. 서울특별시조례 제6852호로 개정된 것) [별표] 서울특별시 자치구의회의원 선거구와 선거구별 의원정수 중 마포구 부분, 강서구 부분 및 강남구 부분은 헌법에 합치되지 아니한다. 3. … 2021.12.31.을 시한으로 입법자가 개정할 때까지 계

속 적용된다.

50) 헌재 2020.9.24. 2018헌가15 등, 지방자치단체의 장선거의 예비후보자에 대한 기탁금 반환 사유에 관한 구 공직선거법 조항에 관한 위헌제청 사건

[주문] 구 공직선거법(2010.1.25. 법률 제9974호로 개정되고, 2020.3.25. 법률 제17127호로 개정되기 전의 것) 제57조 제1항 중 제1호 다목의 '지방자치단체의 장선거'에 관한 부분은 헌법에 합치되지 아니한다.

(7) 동일 내용 신법규정 일괄 헌법불합치결정의 예

헌재는 제청(청구)된 심판대상규정이 개정되었는데 그 개정 신법규정이 실질적으로 내용에 변화가 없는 경우(자구, 문언의 경미한 변경, 조문위치 변경)에 그 신법규정도 일괄하여 심판대상 구 법규정과 더불어 헌법불합치결정을 하는 예들을 보여주고 있다.

1) 결정례

① **양심적 병역거부에 대한 헌법불합치결정**

판례 헌재 2018.6.28. 2011헌바379등

* 사건번호에 '등'이 붙어있는 대로 양심적 병역거부에 관련된 결정들은 많은 사건들이 병합되어 내려졌다. 이 중 대표적으로 2012헌가17 결정을 중심으로 인용한다. [주문] 1. 구 병역법(2000.12.26. 법률 제6290호로 개정되고, 2006.3.24. 법률 제7897호로 개정되기 전의 것) 제5조 제1항, … 구 병역법(2010.1.25. 법률 제9955호로 개정되고, 2013.6.4. 법률 제11849호로 개정되기 전의 것) 제5조 제1항, … 구 병역법(2016.1.19. 법률 제13778호로 개정되고, 2016.5.29. 법률 제14183호로 개정되기 전의 것) 제5조 제1항, 병역법(2016.5.29. 법률 제14183호로 개정된 것) 제5조 제1항은 모두 헌법에 합치되지 아니한다. 위 조항들은 2019.12.31.을 시한으로 입법자가 개정할 때까지 계속 적용된다. [법원의 제청일] 2012.8.9. [판시] … 심판대상 가. 병역법 제3조 및 제5조의 경우 … (4) 2012헌가17 … 위 사건들의 심판대상조항은 구 병역법(2010.1.25. 법률 제9955호로 개정되고, 2013.6.4. 법률 제11849호로 개정되기 전의 것) 제5조 제1항이다. 한편, 구 병역법 제5조 제1항은 2013.6.4. 법률 제11849호로, 2016.1.19. 법률 제13778호로, 2016.5.29. 법률 제14183호로 각각 개정되었으나, 그 개정내용은 '제1국민역'을 '병역준비역'으로, '제2국민역'을 '전시근로역'으로, '공익근무요원'을 '사회복무요원'으로 바꾸는 등 용어를 변경하고, … 경미한 것들일 뿐이고, 위 조항의 실질적 내용에는 변화가 없이 현재에 이르고 있다. 따라서 위 개정된 조항들도 그 위헌 여부에 관하여 2013.6.4. 법률 제11849호로 개정되기 전의 구 병역법 제5조 제1항과 결론을 같이할 것이 명백하므로, 이를 심판대상에 포함시키기로 한다.

② **소년법조항**(집행유예자에 대한 공무원 등 자격 제한)

판례 헌재 2018.1.25. 2017헌가7등

[주문] 1.구 소년법(1988.12.31. 법률 제4057호로 전부개정되고, 2007.12.21. 법률 제8722호로 개정되기 전의 것) 제67조는 헌법에 합치되지 아니한다. 법원 기타 국가기관 및 지방자치단체는 위 법률조항의 적용을 중지하여야 한다. 2. 소년법(2007.12.21. 법률 제8722호로 개정된 것) 제67조는 헌법에 합치되지 아니한다. 위 법률조항은 2018.12.31.을 시한으로 개정될 때까지 계속 적용된다. [판시] … 2. 심판대상 – 이 사건 심판대상은 구 소년법(1988.12.31. 법률 제4057호로 전부개정되고, 2007.12.21. 법률 제8722호로 개정되기 전의 것) 제67조(이하 '이 사건 구법 조항'이라 한다)가 헌법에 위반되는지 여부이다. 한편, 위 조항은 2007.12.21. 법률 제8722호로 개정되었으나 일부 자구상의 표현만 다를 뿐 그 실질적 내용에는 변함이 없이 현재에 이르고 있다. 따라서 소년법(2007.12.21. 법률 제8722호로 개정된 것) 제67조(이하 '이 사건 현행법 조항'이라 한다) 또한 그 위헌 여부에 관하여 이 사건 구법 조항과 결론을

같이 할 것이 명백하므로, 이 사건 현행법 조항도 심판대상에 포함시키기로 한다(헌재 2008.7.31. 2004헌마1010등; 헌재 2011.11.24. 2009헌바146 등 참조). 심판대상조항 및 관련조항의 내용은 다음과 같다. …

③ 공중보건의 편입취소자에 대한 복무기간 비반영

판례 헌재 2010.7.29. 2008헌가28

[주문] 1. 구 병역법(1999.2.5. 법률 제5757호로 개정되고, 2009.6.9. 법률 제9754호로 개정되기 전의 것) 제35조 제3항 중 "제1항 제6호에 해당하여 제2항의 규정에 의하여 공중보건의사의 편입이 취소된 사람은 편입되기 전의 신분으로 복귀하여 현역병으로 입영하게 하거나 공익근무요원으로 소집하여야 한다."는 부분은 헌법에 합치되지 아니한다. 법원 기타 국가기관 및 지방자치단체는 위 법률조항 부분의 적용을 중지하여야 한다. 2. 병역법(2009.6.9. 법률 제9754호로 개정된 것) 제35조 제3항 중 "제1항 제6호에 해당하여 제2항에 따라 공중보건의사로의 편입이 취소된 사람은 편입되기 전의 신분으로 복귀하여 현역병으로 입영하게 하거나 공익근무요원으로 소집하여야 한다."는 부분은 헌법에 합치되지 아니한다. 위 법률조항 부분은 2011.6.30.을 시한으로 입법자가 개정할 때까지 계속 적용된다. [판시] 이 사건 위헌제청이 있은 이후 개정되어 현재 시행 중인 병역법(2009.6.9. 법률 제9754호로 개정된 것, 이하 '병역법'이라고 한다) 제35조 제3항은 일부 자구상의 표현만 다를 뿐 그 내용은 구 병역법 제35조 제3항과 동일한바, 그 중 "제1항 제6호에 해당하여 제2항에 따라 공중보건의사로의 편입이 취소된 사람은 편입되기 전의 신분으로 복귀하여 현역병으로 입영하게 하거나 공익근무요원으로 소집하여야 한다."는 부분(이하 '이 사건 현행법 조항'이라고 한다) 또한 그 위헌 여부에 관하여 이 사건 구법 조항과 결론을 같이할 것이 명백하다 할 것이므로, 법질서의 정합성과 소송경제를 위하여 이 사건 현행법 조항도 이 사건 심판대상에 포함시키기로 한다(이하 이 사건 구법 조항과 이 사건 현행법 조항을 합쳐 '이 사건 심판대상조항'이라고 한다). * 심판 도중 개정 신법규정 포함하여 헌법불합치결정을 한 또 다른 예들 : 헌재 2008.7.31. 2007헌가4; 2011.11.24. 2009헌바146 등. '헌마'사건으로는 헌재 2008.7.31. 2004헌마1010등.

2) 효력

위 경우에 구법조항에 대해서는 적용중지를, 개정 신법조항에 대해서는 계속적용을 명하고 있다. 그런데 위 양심적 병역거부 결정에서와 같이 모두 계속적용을 명한 결정도 있다.

(8) 헌법불합치상태제거방법 선택의 입법재량성

헌법불합치상태의 제거를 위한 방법 선택은 입법재량에 속한다는 아래의 헌재 판시가 있다.

판례 헌재 1997.3.27. 95헌가14등

[관련설시] 헌법 불합치상태는 하루빨리 법개정을 통하여 제거되어야 할 것이며, 불합치상태를 제거하기 위한 여러 가지 가능한 방법 중 어느 것을 선택할 것인가는 입법권자의 재량에 속한다 할 것 … * 동지 : 헌재 2008.5.29. 2006헌바5; 2009.4.30. 2007헌가8; 2012.8.23. 2010헌바28 등.

(9) 헌법불합치결정의 효력

형식적 존속, 계속적용효, 소급효(신법적용효) 등, 헌법불합치결정의 여러 유형의 효력에 대해서는 뒤 절 위헌법률심판결정의 효력, 헌법불합치결정의 효력 부분 참조.

(10) 헌법불합치결정의 현실적 한계

헌법불합치결정에서 정해진 개정시한을 국회가 잘 지키지 않아 문제되고 있다. 대표적으로 옥외집회금지 조항, 방송광고 독점조항에 대한 헌법불합치결정 등에 대한 헌법불합치결정

이후 오래 개정이 안되어 비판이 많았다. 낙태죄 조항에 대한 헌법불합치결정 이후 개정입법 등이 많은 논의를 기다리고 있기도 하였다.

4. 한정합헌결정

(1) 한정합헌결정의 개념과 주문의 형식

한정합헌결정이란 심판대상인 법률조항이 여러 해석의 가능성을 가지고 있고(다의적 多義的) 그 적용범위가 광범위할 때 그 해석들 중 합헌적인 해석을 택하고 적용범위를 한정하여 그 해석 하에서 합헌이라고 선언하는 결정이다. 그 주문(主文)의 형식은 주로 예를 들어 “A법률 제9조는 … 라고 해석하는 한(… 이러한 해석하에) 헌법에 위반되지 아니한다”라는 문언을 담고 있다.

(2) 한정합헌결정의 필요성

1) 여러 해석의 가능성과 합헌해석의 필요성

헌재는 여러 해석이 가능할 경우에 법질서 통일을 위해 최고법규인 헌법에 합치되는 해석이 필요하고 그 합헌해석을 취하여 헌법위반 소지를 없앨 수 있다고 본다.

- 상속세법 제32조의2의 위헌여부에 관한 헌법소원

판례 헌재 1989.7.21. 89헌마38

[본안쟁점] 조세회피 방지를 위해 증여의제(贈與擬制)를 규정한 상속세법 제32조의2 는 조세회피 목적 없는 진정한 명의신탁 등의 경우에도 무차별적으로 증여세를 부과하게 함으로써 과세요건이 불명확하여 조세법률주의에 위반되는 위헌인지 여부(한정합헌결정) [주문] 상속세법 제32조의2 제1항(1981.12.31. 법률 제3474호 개정)은, 조세회피의 목적이 없이 실질소유자와 명의자를 다르게 등기 등을 한 경우에는 적용되지 아니하는 것으로 해석하는 한, 헌법에 위반되지 아니한다. [관련판시] <합헌해석의 필요성> 일반적으로 어떤 법률에 대한 여러 갈래의 해석이 가능할 때에는 원칙적으로 헌법에 합치되는 해석, 즉 合憲解釋을 하여야 한다. 왜냐하면 국가의 법질서는 헌법을 최고법규로 하여 그 가치질서에 의하여 지배되는 통일체를 형성하는 것이며 그러한 통일체 내에서 상위규범은 하위규범의 효력근거가 되는 동시에 해석근거가 될 뿐만 아니라 내용적인 합치를 요구하고 있기 때문이다. 그러한 관점에서 볼 때 이 사건 심판의 대상인 위 법률조항은 조세법률주의와 조세평등주의를 규정한 헌법정신에 위배될 소지도 없지 않지만, 명의신탁을 이용한 조세회피를 방지하여야 한다는 당위성과 실질과세의 원칙에 대한 특례설정의 가능성을 고려하여 합헌해석을 할 필요가 있다고 판단된다. 그렇다면 위 법률조항은 원칙적으로 권리의 이전이나 행사에 등기 등을 요하는 재산에 있어서, 실질소유자와 명의자를 다르게 한 경우에는 그 등기 등을 한 날에 실질소유자가 명의자에게 그 재산을 증여한 것으로 해석하되, 예외적으로 조세회피의 목적이 없이 실정법상의 제약이나 제3자의 협력거부 기타 사정으로 인하여 실질소유자와 명의자를 다르게 한 것이 명백한 경우에는 이를 증여로 보지 않는다고 해석하여야 할 것이다. … 위 법률조항을 위와 같이 합헌적으로 해석하게 하면, 명의신탁을 이용한 조세회피 행위를 효과적으로 방지함으로써 조세정의를 실현하려는 입법목적도 달성할 수 있을 뿐만 아니라, 명의신탁 등으로 인한 실질소유자와 명의자의 불일치에 대하여 증여의제제도를 무차별적으로 적용함으로써 생길 수 있는 헌법위반의 소지도 말끔히 해소할 수 있을 것으로 판단된다.

2) 다의적이고 적용범위가 광범한 법문의 합헌(한정축소)해석의 필요성

헌재는 여러 가지 뜻으로 해석이 가능한(多義的) 법문이어서 그 적용범위가 광범위할 경우에 한정축소해석하기 위해 필요하다고 본다.

- 국가보안법 제7조에 대한 위헌심판

판례 헌재 1990.4.2. 89헌가113

[주문] 국가보안법 제7조 제1항 및 제5항(1980.12.31. 법률 제3318호)은 각 그 소정행위가 국가의 존립·안전을 위태롭게 하거나 자유민주적 기본질서에 위해를 줄 경우에 적용된다고 할 것이므로 이러한 해석 하에 헌법에 위반되지 아니한다. [관련판시] 1. 제7조 제1항의 찬양·고무죄는 '구성원', '활동', '동조', '기타의 방법', '이롭게 한' 등 무려 다섯 군데의 용어가 지나치게 다의적이고 그 적용범위가 광범위하고 문언을 그대로 해석·운영한다면 다음과 같은 문제가 생긴다. 첫째로 만일 문리(文理) 그대로 해석·운영한다면 헌법상의 언론·출판, 학문·예술의 자유를 위축시킬 염려가 있다. 둘째로 문리 그대로 적용범위가 과도하게 광범위하고 다의적인 것이 되면 법운영 당국의 의한 자의적 집행을 허용할 소지가 생길 것이다. 셋째로 제7조 제1항의 찬양·고무죄를 문언 그대로 해석한다면 헌법 전문의 "평화적 통일의 사명에 입각하여 정의·인도와 동포애로써 민족의 단결을 공고히 하고"의 부분과 헌법 제4조의 평화적 통일지향의 규정에 양립하기 어려운 문제점이 생길 수도 있다. 2. 이상 본 바 문제의 소재는 법문의 다의성과 그 적용범위의 광범성에 있으며 이 때문에 국가존립·안전을 위태롭게 하거나 자유민주적 기본질서에 해악을 줄 구체적인 위험이 없는 경우까지도 형사처벌이 확대될 위헌적 요소가 생기게 되어 있는 점이며, 이는 단순한 입법정책의 문제를 떠난 것이다. 그러나 제7조 제1항의 그 다의성 때문에 위헌문제가 생길 수 있다고 해서 전면 위헌으로 완전 폐기되어야 할 규정으로는 보지 않으며 완전 폐기에서 오는 법의 공백과 혼란도 문제지만, 남북간에 일찍이 전쟁이 있었고 아직도 휴전 상태에서 남북이 막강한 군사력으로 대치하여 긴장상태가 계속되고 있는 마당에서는 완전폐기함에서 오는 국가적 불이익이 폐기함으로써 오는 이익보다는 이익형량상 더 클 것이다. 어떤 법률의 개념이 다의적이고 그 어의의 테두리 안에서 여러 가지 해석이 가능할 때 헌법을 그 최고 법규로 하는 통일적인 법질서의 형성을 위하여 헌법에 합치되는 해석, 즉 합헌적인 해석을 택하여야 하며, 이에 의하여 위헌적인 결과가 될 해석을 배제하면서 합헌적이고 긍정적인 면은 살려야 한다는 것이 헌법의 일반 법리이다. 그렇다면 그 가운데서 국가의 존립·안전이나 자유민주적 기본질서에 무해한 행위는 처벌에서 배제하고, 이에 실질적 해악을 미칠 명백한 위험성이 있는 경우로 처벌을 축소·제한하는 것이 헌법 전문, 제4조, 제8조 제4항, 제37조 제2항에 합치되는 해석일 것이다. 위 다의적인 규정을 한정적 제한해석을 할 때 제7조 제1항의 보호법익을 살리면서도 전면 위헌의 문제를 피할 길이 열릴 것이며 이로써 언론·출판의 자유나 학문·예술 또는 양심의 자유의 위축문제나 이와 같은 기본권이 본질적 침해의 우려는 해소될 것이고, 허용될 행위와 금지되는 행위의 기준제시로 법운영 당국이 제도 외적 오용 내지 남용으로 인한 기본권침해의 사태는 피해질 것이며, 이 정도의 기준제시로 처벌범위를 좁히면 처벌범위의 불명확성 때문에 생기는 죄형법정주의 위배의 소지는 없어지고, 나아가 국가의 존립·안전을 저해함이 없이 자유민주적 기본질서에 입각한 평화적 통일정책추진의 헌법적 과제는 이룩할 수 있을 것이다. 그러므로 제7조 제1항이 헌법의 규정에 전면 위배된다는 주장은 받아들이기 어렵다고 할 것이다. 결론적으로 국가보안법 제7조 제1항 및 제5항은 각 그 소정 행위가 국가의 존립·안전을 위태롭게 하거나 자유민주적 기본질서에 위해를 줄 명백한 위험성이 있는 경우에 적용된다고 할 것이므로 이와 같은 해석하에서는 헌법에 위반되지 아니한다고 할 것이다. * 동지의 결정례들 : ① 국가보안법 제7조 제5항의 위헌심판(헌재 1990.6.25. 90헌가11) ② 국가보안법 제7조 등에 관한 위헌심판(헌재 1992.1.28. 89헌가8).

(3) 한정합헌결정의 법적 성격과 정족수

1) 법적 성격

헌법재판소는 한정합헌결정은 질적 일부위헌의 성격을 가진 결정이고 한정위헌결정과 동질성을 가진다고 본다.

(가) '질적 일부위헌'으로서의 성격

판례 헌재 1992.2.25. 89헌가104

[관련판시] 이 사건에 있어서 관여재판관의 평의의 결과는 단순합헌의견 3, 한정합헌의견 5, 전부위헌의견 1의 비율로 나타났는데, 한정합헌의견은 질적인 일부위헌(質的인 一部違憲)이기 때문에 전부위헌의견(1)도 일부위헌의견의 범위 내에서는 한정합헌의 의견과 견해를 같이한 것이라 할 것이므로, 이를 합산하면 헌법재판소법 제23조 제2항 제1호 소정의 위헌결정정족수(6)에 도달하였다고 할 것이며 그것이 주문의 의견이 되는 것이다.

(나) 한정'위헌'결정과의 동질성

판례 헌재 1994.4.28. 92헌가3

[관련설시] 법률의 다의적(多義的)인 해석가능성이나 다기적(多岐的)인 적용범위가 문제될 때 위헌적인 것을 배제하여 합헌적인 의미 혹은 적용범위를 확정하기 위하여 한정적으로 합헌 또는 위헌을 선언할 수 있다. 양자는 다같이 질적(質的)인 부분위헌선언이며 실제적인 면에서 그 효과를 달리하는 것은 아니다. 다만 양자는 법문의미가 미치는 사정거리를 파악하는 관점, 합헌적인 의미 또는 범위를 확정하는 방법 그리고 개개 헌법재판사건에서의 실무적인 적의성(適宜性) 등에 따라 그 중 한 가지 방법을 선호할 수 있을 따름이다.

* 검토 – 헌재의 입장은 어느 부분이 합헌이라고 하면 다른 부분은 전부 위헌이라고 볼 것인지 하는 점에서 의문이 있다. 헌재의 위 설시가 설득력이 있기 위해서는 구체적 당해사건에 적용될 쟁점 외에 다른 위헌 여부 쟁점이 발생할 수 없고 헌재가 직권에 의해 모든 쟁점을 검토하였다는 것을 전제하여야 할 것이다.

2) 정족수

한정합헌결정에도 재판관 6인 이상의 찬성을 요한다고 보는 것이 우리 헌재의 입장이다. 헌재는 한정합헌의견이 6인에 미치지 못한 경우에 다른 단순위헌의견이 있는 경우에는 단순위헌의견이 일부위헌의견의 범위 내에서는 한정합헌의 의견을 포함하는 것이라고 보아 합산하여 결국 한정합헌의 결정을 한 예를 남기고 있다(이 결정례에 대해서는 앞의 재판관 의견분립 부분 참조).

(4) 한정합헌결정의 기속력

우리 헌법재판소는 앞서 언급한 대로 한정합헌결정도 일부 위헌결정으로 보고 따라서 위헌결정으로서의 기속력을 가진다고 한다.

우리 헌법재판소는 변형결정의 주문의 기속력은 명백히 인정하고 있으나 이유 부분에 대한 기속력에 대해서는 소극적인 입장으로 보인다. 그런데 우리 헌법재판소는 주문은 합헌결정이나 이유 부분에서 한정합헌의 해석을 취하는 결정례(헌재 2002.11.28. 98헌바101, 99헌바8(병합), 지방공무원법 제29조의3 위헌소원, 헌재판례집 14-2, 609면)도 보여주고 있는바 이러한 결정에 있어서는 기속력의 문제가 논란이 될 수 있다.

(5) 법률의 합헌적 해석의 한계 – 허용한계

한정합헌해석 등 법률의 합헌적 해석에도 한계가 있다. 우리 헌법재판소도 그 한계를 설정하고 있다. 헌재는 법문의 의미가 변질되지 않는 범위라는 한계를 그리하여 입법자의 명백한 의지, 입법목적을 상실시키는 합헌적 해석은 금지된다고 본다.

판례 헌재 1989.7.14. 88헌가5등. [결정요지] * 위헌법률심판의 심리 부분 참조.

(6) 한정합헌결정례

판례 ① 상속세법 제32조의2 의 위헌여부에 관한 헌법소원, 1989.7.21. 89헌마38 [주문] 상속세법 제32조의2 제1항(1981.12.31. 법률 제3474호 개정)은, 조세회피의 목적없이 실질소유자와 명의자를 다르게 登記 등을 한 경우에는 적용되지 아니하는 것으로 해석하는 한, 헌법에 위반되지 아니한다. ② 국가보안법 제7조 등에 관한 위헌심판, 헌재 1990.4.2. 89헌가113. [주문] 국가보안법 제7조 제1항 및 제5항(1980.12.31. 법률 제3318호)은 각 그 소정행위가 국가의 존립·안전을 위태롭게 하거나 자유민주적 기본질서에 위해를 줄 경우에 적용된다고 할 것이므로 이러한 해석하에 헌법에 위반되지 아니한다[* 동지의 결정례들 : ⓐ 국가보안법 제7조 제5항의 위헌심판(헌재 1990.6.25. 90헌가11), ⓑ 국가보안법 제7조 등에 관한 위헌심판(헌재 1992.1.28. 89헌가8), ⓒ 헌재 1997.1.16. 92헌바6등, ⓓ 헌재 1997.1.16. 89헌마240.

* **유의** : 신 국가보안법 제7조에 대한 단순합헌결정 – 위 결정들은 구 국가보안법 제7조 제1항 등에 대한 한정합헌결정들인데 1991.5.31.에 개정된 신 국가보안법 제7조 제1항 등에 대해서는 한정합헌결정이 아니라 "단순합헌결정"이 되었음에 유의하여야 한다. 헌법재판소는 신법규정이 "국가의 존립·안전이나 자유민주적 기본질서를 위태롭게 한다는 정을 알면서"라는 규정을 추가하여 구법규정에 대한 자신의 한정합헌의 취지를 담고 있다는 점 등을 들어 단순합헌결정을 한 것이다(헌재 1996.10.4. 95헌가2; 1997.1.16. 92헌바6등, 국가보안법 위헌소원; 2002.4.25. 99헌바27등, 국가보안법 위헌소원]. ③ 도로교통법 제50조 제2항 등에 관한 위헌심판, 헌재 1990.8.8. 89헌가118. [주문] 도로교통법(1984.8.4. 법률 제3744호) 제50조 제2항 및 동법 제111조 제3호는 피해자의 구호 및 교통질서의 회복을 위한 조치가 필요한 상황에만 적용되는 것이고 형사책임과 관련되는 사항에는 적용되지 아니하는 것으로 해석하는 한 헌법에 위반되지 아니한다. ④ 구 '집회 및 시위에 관한 법률' 제3조 제1항 제4호, 제14조 제1항에 대한 위헌심판, 헌재 1992.1.28. 89헌가8. [주문] 2. 1989년 3월 29일 전문개정 전의 집회 및 시위에 관한 법률(1980.12.18. 법률 제3278호) 제3조 제1항 제4호, 제14조 제1항은 각 그 소정행위가 공공의 안녕과 질서에 직접적인 위협을 가할 것이 명백한 경우에 적용된다고 할 것이므로 이러한 해석하에 헌법에 위반되지 아니한다. ⑤ 군사기밀보호법 제6조 등에 대한 위헌심판, 헌재 1992.2.25. 89헌가104. [주문] 군사기밀보호법(1972.12.26. 법률 제2387호) 제6조, 제7조, 제10조는 같은 법 제2조 제1항 소정의 군사상의 기밀이 비공지의 사실로서 적법절차에 따라 군사기밀로서의 표지를 갖추고 그 누설이 국가의 안전보장에 명백한 위험을 초래한다고 볼만큼의 실질가치를 지닌 경우에 한하여 적용된다고 할 것이므로 그러한 해석하에 헌법에 위반되지 아니한다. ⑥ 국가보안법 제9조 제2항에 대한 헌법소원, 헌재 1992.4.14. 90헌바23. [주문] 개정 전 국가보안법(1980.12.31. 법률 제3318호) 제9조 제2항은 그 소정행위가 국가의 존립·안전을 위태롭게 하거나 자유민주적 기본질서에 위해를 줄 명백한 위험이 있을 경우에 한하여 적용된다고 할 것이므로 이러한 해석하에 헌법에 위반되지 아니한다. ⑦ 한국보훈복지공단법 부칙 제4조 제2항 후단에 관한 위헌심판, 헌재 1994.4.28. 92헌가3. [주문] 2. 한국보훈복지공단법(1981.4.4. 법률 제3419호, 구 한국원호복지공단법) 부칙 제4조 제2항 중 구원호기금법 부칙 제5조에

관한 부분은, '원호대상자 정착 직업재활조합 서울목공분조합'으로부터 '원호기금'(현재의 보훈기금)에로의 자산 및 부채 귀속이 정당한 한, 헌법에 위반되지 아니한다. ⑧ 지방세법 제31조에 대한 위헌심판, 헌재 1994.8.31. 91헌가1. [주문] 위 법률 제31조 제2항 제3호 단서는, 당해 재산의 소유 그 자체를 과세의 대상으로 하여 부과하는 지방세와 가산금에 한하여 적용되는 것으로 해석하는 한, 헌법에 위반되지 아니한다. ⑨ 구 증권거래법 제197조 제1항, 구 주식회사의 외부감사에 관한 법률 제2항 전단 위헌제청, 헌재 1996.10.4. 94헌가8. [주문] 1. 구 증권거래법(1991.12.31. 법률 제4469호로 개정되기 전의 것) 제197조 제1항 및 구 주식회사의 외부감사에 관한 법률(1993.12.31. 법률 제4680호로 개정되기 전의 것) 제17조 제2항 전단은 회계법인인 감사인이 당해 감사에 참여한 공인회계사가 그 임무를 해태하지 아니하였음을 증명하는 경우에는 위 구 주식회사의 외부감사에 관한 법률 제17조 제2항 전단에 의한 손해배상책임을 지지 아니하는 것으로 해석하는 한 각 헌법에 위반되지 아니한다. 2. 위 구 증권거래법 제197조 제2항은 같은 법 제15조의 규정 중 "… 금액으로 한다"라는 부분을 추정규정으로 해석하는 한 헌법에 위반되지 아니한다. ⑩ 구 국가보안법의 회합·통신죄규정(제8조 제1항)에 대한 한정합헌결정, 헌재 1997.1.16. 92헌바6등. [주문] 1. 1991.5.31. 개정 전의 국가보안법(1980.12.31. 법률 제3318호로 전문개정된 것으로서, 1991.5.31. 법률 제4373호로 일부개정되기 전의 것) 제8조 제1항은, 각 그 소정의 행위가 국가의 존립·안전이나 자유민주적 기본질서에 해악을 끼칠 명백한 위험이 있는 경우에 적용된다 할 것이므로, 그러한 해석하에 헌법에 위반되지 아니한다.

* **유의** : 신 국가보안법 제8조 1항에 대한 단순합헌결정 – 국가보안법 제8조 제1항은 1991.5.31. 법률 제4373호로 개정되었는데 개정된 신 국가보안법 제8조 제1항에 대해서는 한정합헌결정이 아니라 "단순합헌결정"이 되었음에 유의하여야 한다. 개정규정은 "이익이 된다는 정을 알면서"라는 부분을 삭제하고 그 대신 "국가의 존립·안전이나 자유민주적 기본질서를 위태롭게 한다는 정을 알면서"라는 주관적 구성요건을 추가하였는데 이는 헌법재판소의 한정합헌결정의 취지에 따라 구법규정의 위헌적 요소를 제거한 것이라고 하여 "단순합헌결정"을 바로 위 92헌바6 결정에서 아울러 하였다. 이후 2002.4.25. 99헌바27등, 국가보안법 위헌소원결정에서도 개정된 제8조 제1항에 대한 단순합헌결정이 있었다. ⑪ 구 국가보안법의 자진지원·금품수수죄규정(제5조 2항)에 대한 한정합헌결정, 헌재 1997.1.16. 89헌마240. [주문] 1991.5.31. 개정 전의 국가보안법 제5조 2항은, 각 그 소정의 행위가 국가의 존립·안전이나 자유민주적 기본질서에 해악을 끼칠 명백한 위험이 있는 경우에 적용된다 할 것이므로, 그러한 해석하에 헌법에 위반되지 아니한다. ⑫ 구 국가보안법의 잠입·탈출죄규정(제6조)에 대한 한정합헌결정, 헌재 1997.1.16. 89헌마240. [주문] 1991.5.31. 개정 전의 국가보안법 제5조 2항, 제6조 1항·2항, 제7조 1항 및 제8조 1항은, 각 그 소정의 행위가 국가의 존립·안전이나 자유민주적 기본질서에 해악을 끼칠 명백한 위험이 있는 경우에 적용된다 할 것이므로, 그러한 해석하에 헌법에 위반되지 아니한다(* 동지 : 헌재 1998.8.27. 97헌바85). ⑬ 자진하여 국가기밀을 탐지·수집·누설·전달·중개한 행위에 대한 처벌규정인 구 국가보안법 제5조 제1항 중 제4조 제1항 제2호 중단에 관한 부분에 대한 한정합헌결정, 헌재 1997.1.16. 89헌마240. [주문] 1991.5.31. 개정 전의 국가보안법 제5조 제1항 중 제4조 제1항 제2호 中段에 관한 부분은, 그 소정의 '국가기밀'을 일반인에게 알려지지 아니한 것으로서 그 내용이 누설되는 경우 국가의 안전에 명백한 위험을 초래한다고 볼 만큼의 실질가치를 지닌 사실, 물건 또는 지식이라고 해석하는 한, 헌법에 위반되지 아니한다. ⑭ 반국가단체구성원 또는 그 지령을 받은 자가 그 목적수행을 위한 행위로 국가기밀 탐지·수집·누설·전달·중개한 행위에 대한 처벌규정인 신국가보안법의 제4조 1항 2호 '나'목에 대한 한정합헌결정, 헌재 1997.1.16. 92헌바6등. [주문] 1991.5.31. 개정 후의 국가보안법(1991.5.31. 법률 제4373호로 일부개정된 것) 제4조 1항 2호 '나'목은 그 소정의 '군사상 기밀 또는 국가기밀'을 일반인에게 알려지지 아니한 것으로서 그 내용이 누설되는 경우 국가의 안전에 명백한 위험을 초래한다고 볼 만큼의 실질가치를 지닌 사실, 물건 또는 지식이라고 해석하는 한 헌법에 위반되지 아니한다. ⑮ 구 소득세법 제23조 제4항 제1호 단서 등 위헌소원, 구 소득세법 제23조 제4항 제1호

등 위헌소원, 헌재 1999.4.29. 96헌바22등. [주문] 2. 구 소득세법(1990.12.31. 법률 제4281호로 개정되어 1993.12.31. 법률 제4661호로 개정되기 전의 것) 제23조 제4항 제1호 단서, 제45조 제1항 제1호 가목 단서는 실지거래가액에 의할 경우를 그 실지거래가액에 의한 세액이 그 본문의 기준시가에 의한 세액을 초과하는 경우까지를 포함하여 대통령령에 위임한 부분 이외에는 헌법에 위반되지 아니한다. ⑯ 국세기본법 제35조 제1항 제3호 위헌소원, 헌재 1999.5.27. 97헌바8등. [주문] 국세기본법(1990.12.31. 법률 제4277호로 개정된 것) 제35조 제1항 제3호의 "(그 재산에 대하여 부과된 국세와 가산금을 제외한다)"는 부분 중 당해 재산의 소유 그 자체를 과세의 대상으로 하여 부과하는 국세와 가산금을 제외하는 부분은 헌법에 위반되지 아니한다. ⑰ 구 지방세법 제31조 제2항 제3호 위헌소원, 헌재 2000.7.20. 98헌바91. [주문] 구 지방세법 제31조 제2항 제3호 단서(1991.12.14. 법률 제4415호로 개정되기 전의 것)는, 당해 재산의 소유 그 자체를 과세의 대상으로 하여 부과하는 지방세와 가산금에 한하여 적용되는 것으로 해석하는 한, 헌법에 위반되지 아니한다. ⑱ 신 국가보안법 제6조 제2항 위헌소원, 헌재 2002.4.25. 99헌바27등, 국가보안법 위헌소원. [주문] 1. 국가보안법(1980.12.31. 법률 제3318호로 전문 개정되고, 1991.5.31. 법률 제4373호로 개정된 것) 제6조 제2항은 그 소정의 행위가 국가의 존립·안전이나 자유민주적 기본질서에 해악을 끼칠 명백한 위험이 있는 경우에 적용된다 할 것이므로, 그러한 해석하에 헌법에 위반되지 아니한다.

(7) 부분 한정의 한정합헌결정 형식례

"… 부분 이외에는 헌법에 위반되지 아니한다"라는 형식의 한정합헌결정례[이러한 예로 위 (6)의 15) 구 소득세법 제23조 제4항 제1호 단서 등 위헌소원, 구 소득세법 제23조 제4항 제1호 등 위헌소원심판결정의 경우], "… 부분은 헌법에 위반되지 아니한다"라는 형식의 한정합헌결정례[이러한 예로 위 (6)의 16) 국세기본법 제35조 제1항 제3호 위헌소원심판결정의 경우]도 볼 수 있다.

그러나 헌재판례집은 아래의 결정에 대해서는 "단순합헌으로 결정된 법령조항"에 속하는 것으로 분류하고 있다(헌재판례집 11－2, 831면 참조).

판례 헌재 1999.10.21. 96헌마61등
[주문] "1. 헌법재판소법 제68조 제1항은 그 본문의 '법원의 재판'에 헌법재판소가 위헌으로 결정한 법령을 적용함으로써 국민의 기본권을 침해한 재판을 포함하는 부분 이외에는 헌법에 위반되지 아니한다."

(8) 이유 부분에 한정해석을 담은 합헌결정

우리 헌법재판소는 이유(理由) 부분에서는 한정합헌의 해석을 판시하면서도 주문은 "헌법에 위반되지 아니한다"라는 합헌결정의 문언을 취하여 결국 결정형식은 합헌결정의 형식을 취하는 아래와 같은 결정례를 보여주고 있다.

판례 ① 헌재 2002.11.28. 98헌바101등
[본안쟁점] "지방자치단체의 장은 다른 지방자치단체의 장의 동의를 얻어 그 소속 공무원을 전입할 수 있다"라고 규정한 구 지방공무원법 제29조의3는 지방자치단체의 장 사이의 의사일치만으로 지방공무원 본인의 동의 없이 전출·전입될 수 있게 하는 규정으로서 헌법이 정한 공무원의 신분보장의 원칙은 물론 그 직업선택의 자유, 신체의 자유, 거주·이전의 자유, 행복추구권 등을 침해하는지 여부 * 현행 규정도 비슷하다("동의를 받아 그 소속 공무원을 전입하도록 할 수 있다"라고 문구가 바뀐 정도이다) [주문] 지방공무원법 제29조의3은 헌법에 위반되지 아니한다. [결정이유] 일반적으로 어떤 법률에 대한 여

러 갈래의 해석이 가능할 때에는 원칙적으로 헌법에 합치되는 해석을 하여야 한다. 왜냐하면 국가의 법질서는 헌법을 최고법규로 하여 그 가치질서에 의하여 지배되는 통일체를 형성하는 것이며 그러한 통일체 내에서 상위규범은 하위규범의 효력근거가 되는 동시에 해석근거가 되기 때문이다(헌재 1989.7.21. 89헌마38, 판례집 1, 131, 145면). 이 법률조항을, 해당 지방공무원의 동의 없이도 지방자치단체의 장 사이의 동의만으로 지방공무원에 대한 전출 및 전입명령이 가능하다고 풀이하는 것은 헌법적으로 용인되지 아니한다. 헌법 제7조에 규정된 공무원의 신분보장 및 헌법 제15조에서 보장하는 직업선택의 자유의 의미와 효력에 비추어 볼 때, 이 법률조항은 해당 지방공무원의 동의가 있을 것을 당연한 전제로 하여 그 공무원이 소속된 지방자치단체의 장의 동의를 얻어서만 그 공무원을 전입할 수 있음을 규정하고 있는 것으로 보는 것이 올바른 해석이다. 이렇게 본다면 인사교류를 통한 행정의 능률성이라는 입법목적도 적절히 달성할 수 있을 뿐만 아니라 지방공무원의 신분보장이라는 헌법적 요청도 충족할 수 있게 된다. 대법원은 이 법률조항에 관하여, '지방자치단체의 장이 소속 공무원을 전출하는 것은 임명권자를 달리하는 지방자치단체로의 이동인 점에 비추어 반드시 당해 공무원 본인의 동의를 전제로 하는 것'이라고 해석하고 있는데(대법원 2001.12.11. 선고 99 두 1823 판결; 대법원 2001.12.28. 선고 98 두 19704 판결), 이는 지방공무원 본인의 동의라는 요건이 이 법률조항에 의한 전출·전입의 당연한 전제임을 잘 보여주고 있다 하겠다. 이 법률조항을 이와 같이 해석하는 것은 이 법률조항의 내용을 왜곡하거나 변경하는 것이 아니라, 법률의 본래의미를 헌법정신에 비추어 분명히 하는 것이므로 법률해석의 한계를 벗어나는 것이라 할 수 없다. 결론적으로 이 법률조항은, 지방자치단체의 장은 소속 지방공무원의 전출·전입에 서로 동의하였더라도 해당 지방공무원 본인의 동의를 얻어야만 그를 전출·전입할 수 있다는 것으로 해석하는 것이 타당하고, 따라서 이 법률조항은 헌법에 위반되지 아니한다 할 것이다. * 한정위헌결정을 해야 한다는 3인 반대의견이 있었음.

판례 ② * 아래의 예는 법령소원의 경우이다. 헌재 2012.5.31. 2009헌마705

[쟁점] 공무원은 직무를 수행할 때 제3조에 따른 근무기강을 해치는 정치적 주장을 표시 또는 상징하는 복장을 하거나 관련 물품을 착용해서는 아니 된다고 금지한 동 규정 제8조의2 제2항이 명확성원칙 및 과잉금지원칙에 반하여 공무원의 정치적 표현의 자유를 침해하는지 여부(부정) [심판대상규정] 국가공무원 복무규정(2009.11.30. 대통령령 제21861호로 개정되고, 2011.7.4. 대통령령 제23010호로 개정되기 전의 것) 제8조의2 (복장 및 복제등) ① 생략 ② 공무원은 직무를 수행할 때 제3조에 따른 근무기강을 해치는 정치적 주장을 표시 또는 상징하는 복장을 하거나 관련 물품을 착용해서는 아니 된다. [주문] 1. 청구인 공무원노동조합총연맹의 심판청구를 각하한다. 2. 나머지 청구인들의 심판청구를 모두 기각한다. [판시] 한편, 현대국가에 있어 표현되는 모든 의견은 그 정치성의 강약에 차이가 있을 뿐 일정 부분 정치적 주장이 될 수밖에 없다. 따라서 '정치적 주장'의 범위를 한정하지 않는다면 이 사건 규정에 의해 금지되는 행위는 무한정 확장될 가능성이 있는바, 위 규정에 의해 금지되는 '정치적 주장을 표시 또는 상징하는 행위'란 정당활동이나 선거와 직접적으로 관련되거나 특정 정당과의 밀접한 연계성을 인정할 수 있는 경우 등 공무원의 정치적 중립성을 훼손할 가능성이 높은 주장을 표시 또는 상징하는 행위에 한정된다고 해석하여야 하며, 그러한 해석 하에서 위 규정은 명확성원칙에 위반되지 않는다고 할 것이다. … 5. 결론 – 그렇다면, 청구인 공무원노동조합총연맹의 심판청구는 부적법하여 이를 각하하고, 나머지 청구인들의 심판청구는 이유 없으므로 이를 모두 기각하기로 하여 주문과 같이 결정한다.

(9) 현황과 잠정적 정리

위 2002.4.25. 99헌바27등 결정 이후 헌재사이트에 한정합헌결정으로 분류되는 결정을 찾기가 어렵다. 즉 근래에 한정합헌결정을 찾아볼 수 없다. 반면 아래의 한정위헌결정은 내려지고 있다.

5. 한정위헌결정

(1) 한정위헌결정의 개념과 주문의 형식 및 필요성

1) 개념과 주문형식

한정위헌결정이란 법률에 대한 여러 해석의 가능성을 가지고 있을 때 그 해석들 중 위헌적인 해석을 택하여 그 해석하에서 위헌이라고 선언하는 결정이다. 그 주문(主文)의 형식은 주로 "… 라고(으로) 해석하는 한(…인 것으로 해석하는 한, … 인 것으로 해석하는 것은, … 하는 범위 내에서) 헌법에 위반된다"라는 문언을 담고 있다. 또는 主文이 "… 적용되는(하는) 것은 헌법에 위반된다"라는 문언으로 이루어지는 경우도 있다.

한정위헌결정 주문 예시

"A법률 제9조는 … 라고(으로) 해석하는 한(…인 것으로 해석하는 한, …인 것으로 해석하는 것은, …하는 범위 내에서) 헌법에 위반된다".
또는 "A법률 제9조는… 적용되는(하는) 것은 헌법에 위반된다"

2) 필요성

헌재는 법률의 다의적인 해석가능성이나 다기적(多岐的)인 적용범위가 문제될 때 위헌적인 것을 배제하여 합헌적인 의미 혹은 적용범위를 확정하기 위해 필요하다고 본다(92헌가3).

(2) 한정위헌결정의 법적 성격과 정족수

1) 법적 성격

헌법재판소는 한정위헌결정도 질적 부분위헌의 결정이라고 보고 한정합헌결정과 동질성을 가진다고 본다.

(가) '질적' 부분 위헌결정

판례 헌재 1994.4.28. 92헌가3

[관련설시] 법률의 다의적인 해석가능성이나 다기적(多岐的)인 적용범위가 문제될 때 위헌적인 것을 배제하여 합헌적인 의미 혹은 적용범위를 확정하기 위하여 한정적으로 합헌 또는 위헌을 선언할 수 있다. 양자는 다같이 질적(質的)인 부분위헌선언이며 실제적인 면에서 그 효과를 달리하는 것은 아니다. 다만 양자는 법문의미가 미치는 사정거리를 파악하는 관점, 합헌적인 의미 또는 범위를 확정하는 방법, 그리고 개개 헌법재판사건에서의 실무적인 적의성(適宜性) 등에 따라 그 중 한 가지 방법을 선호할 수 있을 따름이다.

(나) 한정위헌결정과 한정 '합헌'결정의 표리관계(동질성)

판례 헌재 1997.12.24. 96헌마172등

[관련설시] 헌법재판소의 법률에 대한 위헌결정에는 단순위헌결정은 물론, 한정합헌, 한정위헌결정과 헌

법불합치결정도 포함되고 이들은 모두 당연히 기속력을 가진다. 즉, 헌법재판소는 법률의 위헌여부가 심판의 대상이 되었을 경우, 재판의 전제가 된 사건과의 관계에서 법률의 문언, 의미, 목적 등을 살펴 한편으로 보면 합헌으로, 다른 한편으로 보면 위헌으로 판단될 수 있는 등 다의적인 해석가능성이 있을 때 일반적인 해석작용이 용인되는 범위 내에서 종국적으로 어느 쪽이 가장 헌법에 합치되는가를 가려, 한정축소적 해석을 통하여 합헌적인 일정한 범위 내의 의미내용을 확정하여 이것이 그 법률의 본래적인 의미이며 그 의미 범위 내에 있어서는 합헌이라고 결정할 수도 있고, 또 하나의 방법으로는 위와 같은 합헌적인 한정축소 해석의 타당영역밖에 있는 경우에까지 법률의 적용범위를 넓히는 것은 위헌이라는 취지로 법률의 문언 자체는 그대로 둔 채 위헌의 범위를 정하여 한정위헌의 결정을 선고할 수도 있다. 위 두 가지 방법은 서로 표리관계에 있는 것이어서 실제적으로는 차이가 있는 것이 아니다. 합헌적인 한정축소해석은 위헌적인 해석 가능성과 그에 따른 법적용을 소극적으로 배제한 것이고, 적용범위의 축소에 의한 한정적 위헌선언은 위헌적인 법적용 영역과 그에 상응하는 해석 가능성을 적극적으로 배제한다는 뜻에서 차이가 있을 뿐, 본질적으로는 다 같은 부분위헌결정이다(헌법재판소 1992.2.25. 89헌가104 결정).

* 검토 – 헌재의 입장은 어느 조문의 위헌성이 있는 외에 나머지 부분이 전부 위헌인 것을 전제하는 것인지, 아니면 그 구체적 법원재판에서 쟁점이 된 그 문제에 국한하여 한정합헌과 한정위헌은 표리관계라고 하는 건지 분명하지 않다. 헌재의 입장이 설득력을 가지기 위해서는 구체적 당해사건에서 제기되는 위헌 여부에 관한 쟁점이 유일한 것이고 다른 위헌 여부 쟁점이 발생할 수 없고 헌재가 직권에 의해 모든 쟁점을 검토하였다는 것을 전제하여야 할 것이다.

2) 정족수

(가) 6명 가중 정족수 요구

한정위헌결정에도 재판관 6인 이상의 찬성을 요한다고 보는 것이 우리 헌재의 입장이다(헌재 2002.8.29. 2000헌가5등, 상호신용금고법 제37조의3 1항 등 위헌제청, 상호신용금고법 제37조의3 1항 중 "과점주주" 부분 위헌제청, 상호신용금고법 제37조의3 1항 위헌제청, 상호신용금고법 제37조의3 위헌소원).

(나) 5인 이하 의견의 한정위헌결정례

헌법재판소는 한정위헌의견이 6인에 미치지 못한 경우에 다른 단순위헌의견(또는 헌법불합치의견)이 있는 경우에는 단순위헌의견이 일부위헌의견의 범위 내에서는 한정위헌의 의견을 포함하는 것이라고 보아 합산하여 결국 한정위헌의 결정을 한 예들을 남기고 있다(바로 위의 헌재 2002.8.29. 2000헌가5등이 그 대표적인 결정례이다. 그 외 결정례들도 있는데 앞의 재판관 의견분립의 경우 합의결정방식 부분 참조).

(3) 한정위헌결정의 기속력

우리 헌법재판소는 앞서 언급한 대로 한정위헌결정도 일부 위헌결정으로 보고 따라서 위헌결정으로서의 기속력(羈束力)을 가진다고 한다.

한정위헌결정에 대해서는 대법원이 그 기속력을 부정하여 논란이 계속되고 있다. 이런 문제와 함께 한정위헌결정의 기속력에 대해서는 뒤의 위헌심판결정의 효력에서 다룬다(후술 부분 참조).

(4) 한정위헌결정례

판례 ① 신문인쇄시설이 자기소유여야 하는 것으로 해석할 경우 위헌이라는 결정례 : 구 '정기간행물등록 등에 관한 법률' 제7조 제1항에 대한 위헌법률심판, 헌재 1992.6.26. 90헌가23. [주문] 정기간행물등록 등에 관한 법률 제7조 제1항은 제9호 소정의 제6조 제3항 제1호 및 제2호의 규정에 의한 해당시설을 자기 소유이어야 하는 것으로 해석하는 한 헌법에 위반된다. ② 음반제작시설 등을 자기소유로 보유할 것을 등록요건으로 함은 위헌이라는 결정례 : 구 '음반에 관한 법률' 제3조 등에 대한 헌법소원, 헌재 1993.5.13. 91헌바17. [주문] 구 음반에 관한 법률(1967.3.30. 법률 제1944호, 최종개정 1989.12.30. 법률 제4183호, 폐지 1991.3.8.) 제3조 제1항 및 제13조 제1항 제1호는 제3조 제1항 각호에 규정한 시설을 자기소유이어야 하는 것으로 해석하는 한 헌법에 위반된다. ③ 보훈기금법 부칙에 대한 한정위헌결정례 : 보훈기금법 부칙 제5조에 관한 위헌심판, 헌재 1994.4.28. 92헌가3. [주문] 1. 보훈기금법(1981.3.27. 법률 제3400호, 구 원호기금법) 부칙 제5조는, 이를 자산 및 부채 귀속의 근거규정으로 해석하는 한, 헌법에 위반된다. ④ 퇴역연금지급정지액에 관한 한정위헌결정례 : 군인연금법 제21조 제5항 위헌제청, 헌재 1994.6.30. 92헌가9. [주문] 군인연금법 제21조 제5항 제2호의 규정 중 지급정지되는 퇴역연금액이 퇴역연금액의 2 분의 1을 초과하는 부분은 헌법에 위반된다. ⑤ 조세법규정의 간주해석의 한정위헌결정례 : 구 상속세법 제7조의2 제1항 위헌소원, 헌재 1994.6.30. 93헌바9. [주문] 구 상속세법(1990.12.31. 법 제4283호로 개정되기 전의 법) 제7조의2 제1항 중 "용도가 객관적으로 명백하지 아니한 것 중 대통령령으로 정하는 경우"를 추정규정으로 보지 아니하고 간주규정으로 해석하는 것은 헌법에 위반된다. ⑥ 대통령선거운동을 일반 국민에 대하여 포괄적으로 금지한 구 대통령선거법 규정에 대한 한정위헌결정례 : 구 대통령선거법 제36조 제1항 위헌제청, 헌재 1994.7.29. 93헌가4등. [주문] 구 대통령선거법(제정 1987.11.7. 법률 제3937호, 개정 1992.11.11. 법률 제4495호, 폐지 1994.3.16. 법률 제4739호) 제36조 제1항 본문과 제162조 제1항 제1호의 제36조 제1항 본문부분 중 별지목록에 적은 자 이외의 자들에까지 선거운동을 금지하고 이를 위반한 자를 처벌하는 것은 헌법에 위반된다. ⑦ 국가배상법의 이른바 이중배상금지규정에 대한 한정위헌결정례 : 국가배상법 제2조 제1항 단서 위헌소원, 헌재 1994.12.29. 93헌바21. [주문] 국가배상법 제2조 제1항 단서 중 "군인 … 이 … 직무집행과 관련하여 … 공상(公傷)을 입은 경우에 본인 또는 그 유족이 다른 법령의 규정에 의하여 재해보상금·유족연금·상이연금 등의 보상을 지급받을 수 있을 때에는 이 법 및 민법의 규정에 의한 손해배상을 청구할 수 없다"는 부분은 일반 국민이 직무집행중인 군인과의 공동불법행위로 직무집행중인 다른 군인에게 공상을 입혀 그 피해자에게 공동의 불법행위로 인한 손해를 배상한 다음 공동불법행위자인 군인의 부담부분에 관하여 국가에 대하여 구상권(求償權)을 행사하는 것을 허용하지 아니한다고 해석하는 한, 헌법에 위반된다. ⑧ 미결수용자와 변호인간의 서신의 검열에 대한 한정위헌해석 : 서신검열 등 위헌확인, 헌재 1995.7.21. 92헌마144. [주문] 구 행형법(1995.1.5. 법률 제4936호로 개정되기 전의 것) 제62조의 준용규정 중 같은 법 제18조 제3항 및 같은 법 시행령 제62조를 미결수용자와 그 변호인 또는 변호인이 되려는 자 사이의 서신으로서 그 서신에 마약 등 소지금지품이 포함되어 있거나 그 내용에 도주·증거인멸·수용시설의 규율과 질서의 파괴·기타 형벌법령에 저촉되는 내용이 기재되어 있다고 의심할 만한 합리적인 이유가 없는 경우에도 준용하는 것은 헌법에 위반된다. ⑨ 조세법규정의 간주해석의 한정위헌결정례 : 상속세법 제7조의2 위헌소원, 헌재 1995.9.28. 94헌바23. [주문] 상속세법(1990.12.31. 법 제4283호로 개정된 법) 제7조의2 제1항 중 "용도가 객관적으로 명백하지 아니한 것 중 대통령령으로 정하는 경우"를 추정규정으로 보지 아니하고 간주규정으로 해석하는 것은 헌법에 위반된다(* 이 결정은 앞의 ⑤와 동지의 결정이다. 또 이후의 동지결정으로 : 헌재 2003.12.18. 2002헌바99). ⑩ 부진정소급효입법에서의 신뢰보호를 위한 한정위헌결정례 : 조세감면규제법 부칙 제13조 등 위헌소원, 헌재 1995.10.26. 94헌바12. [주문] 조세감면규제법(1990.12.31. 개정 법률 제4285호) 부칙 제13조 및 제21조는 법인의 사업연도중 이 법 시행일 이전의 당해 자본증가액의 잔존증자소득 공제기간에 대하여 적용하는 한 헌법에 위반된다. ⑪ 양도세의 실지거래가액에 의한 세액이 기준시가에 의한 세액을 초과하는 경우까지를 포함하여 대통령령에 위임한 것으로 해석함은 위헌이라는 한정위헌결정례 : 소득세법 제23조 제4항 제1호 단서 등 위헌소원, 헌재 1995.11.30. 94헌바40등. [주문] 구 소득세법 제23조 제4항 단서, 제45조 제1항 제1호 단서(각 1982.12.21. 법률 제3576호로 개정된 후 1990.12.31. 법률 제4281호로 개정되기 전의 것)는 실지거래가액에 의할 경우를 그 실지거래가액에 의한 세액이 그 본문의 기준시가에 의한 세액을 초과하는 경우까지를 포함하여 대통령령에 위임한 것으로 해석하는 한 헌법에 위반된다. ⑫ 과점주주의 2차 납세의무에 관한 한정위헌결정례 : 구 국세기본법 제39조 위헌소원, 구 국세기본법 제39조 제2호 위헌소원, 헌재 1997.6.26. 93헌바49등. [주문] 구 국세기본법 제39조 제2호(1993.12.31. 법률 제4672호로 개정되기 전의 것) 중 주주에 관한 부분은 "법인의 경영을 사실상 지배하는 자" 또는 "당해 법인의 발행주식총액의 100분의 51 이상의 주식에 관한 권리를 실질적으로 행사하는 자" 이외의 과점주주에 대하여 제2 차 납세의무를 부담하게 하는 범위 내에서 헌법에 위반된다. ⑬ 사업양수인에 대한 제2 차 납세의무에 관한 한정위헌결정례 : 구 국세기본법 제41조 위헌소원, 헌재 1997.11.27. 95헌바38. [주문] 구 국세기본법(1974.12.21. 법률 제2679호로 제정되고, 1993.12.31. 법률 제4672호로 개정되기 전의 것) 제41조는 사업양수인으로 하여금 양수한 재산의 가액을 초과하여 제2 차 납세의무를 지게 하는 범위 내에서 헌법에 위반된다. ⑭ 법원재판의 헌법소원대상제외에 관한 한정위헌결정례 : 헌법재판소법 제68조 제1항 위헌확인 등, 헌재 1997.12.24. 96헌마172등. [주문] 헌법재판소법 제68조 제1항 본문의 '법원의 재판'에 헌법재판소가 위헌으로 결정한 법령을 적용함으로써 국민의 기본권을 침해한 재판도 포함되는 것으로 해석하는 한도 내에서, 헌법재판소법 제68조 제1항은 헌법에 위반된다. ⑮ 과점주주의 2차 납세의무에 관한 한정위헌결정례 : 국세기본법 제39조 제1항 제2호 가목 등 위헌제청, 헌재 1998.5.28. 97헌가13. [주문] 국세기본법 제39조 제1항 제2호 '가목' 중 주주에 관한 부분은 "당해 법인의 발행주식총액의 100분의 51 이상의 주식에 관한 권리를 실질적으로 행사하는 자" 이외의 과점주주에 대하여 제2차 납세의무를 부담하게 하는 범위 내에서 헌법에 위반된다. ⑯ 비례대표(전국구)국회의원선거에서의 1인 1표제(정당투표의 不在)에 관한 한정위헌결정례 : 구 '공직선거 및 선거부정방지법' 제146조 제2항 위헌확인, 헌재 2001.7.19. 2000헌마91등. [주문] 2. 공직선거 및 선거부정방지법 제146조 제2항 중 "1인 1표로 한다" 부분은 국회의원선거에 있어 지역구국회의원선거와 병행하여 정당명부식 비례대표제를 실시하면서도 별도의 정당투표를 허용하지 않는 범위에서 헌법에 위반된다. ⑰ 퇴직 후 사유도 공무원연금법상의 급여제한사유로 하는 것의 한정위헌성 : 구 공무원연금법 제64조 제3항 위헌소원, 헌재 2002.7.18. 2000헌바57. [주문] 공무원연금법 제64조 제3항은 퇴직 후의 사유를 적용하여 공무원연금법상의 급여를 제한하는 범위 내에서 헌법에 위반된다. ⑱ 상호신용금고의 임원과 과점주주의 상호신용금고의 예금 등과 관련된 채무에 대한 연대변제책임에 관한 한정위헌결정례 : 구 상호신용금고법 제37조의3 제1항 등 위헌제청, 상호신용금고법 제37조의3 제1항 중 "과점주주" 부분 위헌제청, 상호신용금고법 제37조의3 제1항 위헌제청, 상호신용금고법 제37조의3 위헌소원, 헌재 2002.8.29. 2000헌가5등. [주문] 1. 상호신용금고법(1995.1.5. 법률 제4867호로 개정된 것) 제37조의3 제1항 중 임원에 관한 부분 및 제2항은 "상호신용금고의 부실경영에 책임이 없는 임원"에 대하여도 연대하여 변제할 책임을 부담케 하는 범위 내에서 헌법에 위반된다. 2. 위 같은 조 제1항 중 과점주주에 관한 부분은 "상호신용금고의 경영에 영향력을 행사하여 부실의 결과를 초래한 자 이외의 과점주주"에 대하여도 연대하여 변제할 책임을 부담케 하는 범위 내에서 헌법에 위반된다. [심판대상] 구 상호신용금고법(1995.1.5. 법률 제4867호로 개정된 것) 제37조의3(임원 등의 연대책임) ① 상호신용금고의 임원(감사를 제외한다)과 과점주주(국세기본법 제39조 제2항에 규정된 과점주주에 해당하는 자를 말한다. 이하 같다)는 상호신용금고의 예금 등과 관련된 채무에 대하여 상호신용금고와 연대하여 변제할 책임을 진다. ② 퇴임한 임원(감사를 제외한다)은 퇴임 전에 생긴 상호신용금고의 예금 등과 관련된 채무에 대하여 퇴임 후 3년 내에는 제1항의 임원과 동일한 책임을 진다. ⑲ 시행령에 법률의 처벌조항을 적용하는 것의 한정위헌성 : 새마을금고법 제66조 제2항 제1호 위헌소원, 헌재 2003.3.27. 2001헌바39. [주문] 구 새마을금고법(1997.12.17. 법률 제5462호로 개정되고, 2001.7.24. 법률 제6493호로 개정되기 전의 것) 제66조 제2항 제1호의 '승인'에 관한 부분은 새마을금고법시행령(1998.2.24. 대통령령 제15684호로 개정된 것) 제23조의 '승인'에 대하여 적용하는 한, 헌법에 위반된다. [심판대상] 구 새마을금고법(1997.12.17. 법률 제5462호로 개정되고, 2001.7.24. 법률 제6493호로 개정되기 전의 것) 제66조 제2항 제1호 중 '승인'에 관한 부분－법 제66조(벌칙) ① 생략 ② 금고 또는 연합회의 임·직원 또는 청산인이 다음 각호의 1에 해당하는 행위를 한 때에는 3년 이하의 징역 또는 500만원 이하의 벌금에 처한다. 1. 감독기관의 인가 또는 승인을 얻어야 할 사항에 관하여 인가 또는 승인을 얻지 아니한 때 [결정요지] 법 자체에 '대출의 한도'란 규율대상이 감독기관의 승인을 받아야 할 사항이라는 점이 명시적으로 규정되지 않은 채 법시행령 제23조에서 비로소 승인사항으로 규정된 사항들에 대하여서도 처벌조항인 이 사건 법률조항을 적용하는 것은 범죄와 형벌에 대하여 수범자의 예견가능성을 보장하고자 하는 죄형법정주의의 명확성원칙에 위배된다고 할 것이고, 또한 그러한 경우 이 사건 법률조항이 금지하고자 하는 행위의 유형, 즉 금지의 실질이 관련법률조항이 아닌 하위법령 등에서야 비로소 나타나게 된다는 점에서 죄와 형을 법률로 규정하도록 한 죄형법정주의의 이념과도 조화되기 어렵다. 따라서 모법의 위임이 없이 독자적으로 승인사항을 규정함으로써 결과적으로 범죄구성요건을 신설하는 법시행령 제23조에 대하여 처벌조항인 이 사건 법률조항을 적용하는 한, 이 사건 법률조항은 죄형법정주의에 위배되므로 주문과 같이 결정한다. ⑳ 새마을금고법 제66조 제2항 제1호 위헌소원, 헌재 2003.3.27. 2001헌바39. [주문] 구 새마을금고법(1997.12.17. 법률 제5462호로 개정되고, 2001.7.24. 법률 제6493호로 개정되기 전의 것) 제66조 제2항 제1호의 '승인'에 관한 부분은 새마을금고법시행령(1998.2.24. 대통령령 제15684호로 개정된 것) 제23조의 '승인'에 대하여 적용하는 한, 헌법에 위반된다. [판시사항] 1. 감독기관의 승인을 얻어야 할 사항에 대하여 승인을 얻지 아니한 행위를 처벌하고 있는 구 새마을금고법(2001.7.24. 법률 제6493호로 개정되기 전의 것) 제66조 제2항 제1호(이하, "이 사건 법률조항"이라 한다)와 관련하여 법률이 아닌 시행령에서 규정하는 승인사항이 이에 포함되는지 여부(한정적극) 2. 위 법률 제26조 제3항에 기초하여 새마을금고법시행령 제23조에서 정한 승인사항을 위반한 경우에도 이사건 법률조항을 적용하는 것이 죄형법정주의에 위배되는지 여부(적극) [결정요지] 이 사건 법률조항의 승인사항에는 법에 규정된 승인사항 뿐만 아니라 법의 위임에 따라 법시행령에서 구체화된 승인사항도 그것이 포괄위임금지의 원칙에 반하지 않는 한 해당될 것이나, 죄형법정주의의 관점에서 볼 때, 위임입법의 필요성에 의하여 새마을금고 또는 새마을금고연합회의 업무와 관련된 사항의 구체적 내용들을 하위법령으로 위임할 수 있다고 하더라도, 적어도 법 자체에서 그 위임사항이 승인사항임을 분명히 한 다음 위임한 경우에 한하여, 하위법령에서 정한 구체적 승인사항이 처벌규정인 이 사건 법률조항에서 말하는 '승인'의 범위에 포섭될 수 있다. 2. 위 법률 제26조 제3항은 "제1항 제1호의 신용사업에 관련되는 소요자금의 차입한도, 대출의 한도, 여유자금의 운용 및 제1항 제6호의 위탁사업의 범위, 기타 필요한 사항은 대통령령으로 정한다."라고 하여 단지 '대출의 한도'를 시행령을 통하여 구체화할 것을 위임할 뿐 이를 감독기관의 승인사항이라고 규정한 바 없음에도, 하위법규인 법시행령 제23조에서 '대출의 한도'에 관한 구체적 내용을 정하면서 비로소 당해사항을 감독기관의 승인을 얻어야 할 사항으로 규정하고 있다. 그런데 이러한 경우, 수범자의 입장에서는 처벌조항인 이 사건 법률조항 및 관련법률조항의 유기적·체계적 해석을 통해서도 어떠한 사항이 처벌을 수반하는 승인사항인지를 예견하기 어렵다고 할 것이다. 그렇다면 모법의 위임이 없이 독자적으로 승인사항을 규정한 법시행령 제23조에 대하여 처벌조항인 이 사건 법률조항을 적용하는 것은, 범죄와 형벌에 대하여 수범자의 예견가능성을 보장하고자 하는 죄형법정주의의 명확성원칙에 위배되고, 또한 그러한 경우 이 사건 법률조항이 금지하고자 하는 행위의 유형, 즉 금지의 실질이 관련법률조항이 아닌 하위법령 등에서야 비로소 나타나게 된다는 점에서 죄와 형을 법률로 규정하도록 한 죄형법정주의의 이념과도 조화되기 어렵다. 따라서 법시행령 제23조에 대하여 처벌조항인 이 사건 법률조항을 적용하는 한, 이 사건 법률조항은 죄형법정주의에 위배된다. ㉑ 구 국민의료보험법 제41조 제1항의 보험급여 제한 사유에 고의와 중과실에 의한 범죄행위 이외에 경과실에 의한 범죄행위까지 포함되는 것으로 해석하는 것이 재산권에 대한 과도한 제한으로서 재산권을 침해한다는 한정위헌 결정 : 헌재 2003.12.18. 2002헌바1. [주문] 구 국민의료보험법(1999.12.31. 법률 제6093호로 개정된 국민건강보험법 부칙 제2조에 의하여 2000.7.1.자로 폐지되기 전의 것) 제41조 제1항의 "범죄행위"에 고의와 중과실에 의한 범죄행위 이외에 경과실에 의한 범죄행위가 포함되는 것으로 해석하는 한 이는 헌법에 위반된다. ㉒ 화물자동차운수사업법시행규칙 제3조의2 제1항 제1호 등 위헌확인·화물자동차운수사업법 제2조 제3호 등 위헌확인, 헌재 2004.12.16. 2003헌마226. [주문] 1.화물자동차운수사업법시행규칙(2001.11.30. 건설교통부령 제304호로 개정된 것) 제3조 후단 제2호, 화물자동차운수사업법(2002.8.26. 법률 제6731호로 개정된 것) 제2조 제3호 후문, 화물자동차운수사업법시행규칙(2003.2.27. 건설교통부령 제352호로 개정된 것) 제3조의2 제1항, 제2항은 2001.11.30. 전에 화물자동차운송사업의 등록을 한 6인승 밴형화물자동차운송사업자에게 적용되는 한 헌법에 위반된다. ㉓ 공직선거법 제86조 제1항 제2호의 '공무원이 선거운동의 기획에 참여하거나 그 기획의 실시에 관여하는 행위' 규정이 모든 공무원에 대해 '선거운동의 기획에 참여하거나 그 기획의 실시에 관여하는 행위'를 금지하는 것이 정치적 표현의 자유, 평등권을 침해한다는 결정 : 헌재 2008.5.29. 2006헌마1096. [주문] 공직선거법(2005.8.4. 법률 제7681호로 개정된 것) 제86조 제1항 제2호, 제255조 제1항 제10호 중 '제86조 제1항 제2호' 부분은 공무원의 지위를 이용하지 아니한 행위에 대하여 적용하는 한 헌법에 위반된다. ㉔ 구 상속세법 제18조 제1항 본문 중 "상속인"의 범위에 "상속개시 전에 피상속인으로부터 상속재산가액에 가산되는 재산을 증여받고 상속을 포기한 자"를 포함하지 않는 것이 상속을 승인한 자의 헌법상 재산권을 침해한다는 결정 : 헌재 2008.10.30. 2003헌바10. [주문] 2. 구 상속세법(1991.11.30. 법률 제4410호로 개정된 후 1993.12.31. 법률 제4662호로 개정되기 전의 것) 제18조 제1항 본문 중 "상속인" 부분은 위 "상속인"의 범위에 "상속개시 전에 피상속인으로부터 상속재산가액에 가산되는 재산을 증여받고 상속을 포기한 자"가 포함되지 않는 것으로 해석하는 한 헌법에 위반된다. ㉕ '축산물의 소비 촉진 등에 관한 법률'(2002.5.13. 법률 제6698호로 제정되고, 2006.12.28. 법률 제8107호 '축산자조금의 조성 및 운용에 관한 법률'로 개정되기 전의 것, 이하 '구 법'이라 한다) 제11조 제1항 전단, 제3항, 제5항, 제22조 제1항 제4호(이하 '이 사건 규정들'이라 한다)에 대한 한정해석 결정 : 헌재 2008.10.30. 2006헌바1. [주문] '축산물의 소비 촉진 등에 관한 법률'(2002.5.13. 법률 제6698호로 제정되고, 2006.12.28. 법률 제8107호 '축산자조금의 조성 및 운용에 관한 법률'로 개정되기 전의 것) 제11조 제1항 전단, 제3항, 제5항, 제22조 제1항 제4호를 도축업자에게 거출금 징수의무가 있는 것으로 해석하는 한 헌법에 위반된다. ㉖ 헌재 2009.9.24. 2007헌바87. [주문] 구 지방세법(2005.1.5. 법률 제7332호로 개정되고, 2005.12.31. 법률 제7843호로 개정되기 전의 것) 제112조 제2항 제4호는 고급오락장으로 사용할 목적이 없는 취득의 경우에도 적용되는 한 헌법에 위반된다. ㉗ 헌재 2011.11.24. 2008헌마578. [주문] 1. 형사소송법(2007.6.1. 법률 제8496호로 개정된 것) 제262조 제4항의 "불복할 수 없다."는 부분은, 재정신청 기각결정에 대한 '불복'에 형사소송법(1963.12.13. 법률 제1500호로 개정된 것) 제415조의 '재항고'가 포함되는 것으로 해석하는 한 헌법에 위반된다. ㉘ 헌재 2011.12.29. 2007헌마1001등. [주문] 구 공직선거법(2005.8.4. 법률 제7681호로 개정되고 2010.1.25. 법률 제9974호로 개정되기 전의 것) 제93조 제1항 및 공직선거법(2005.8.4. 법률 제7681호로 개정된 것) 제255조 제2항 제5호 중 제93조 제1항의 각 '기타 이와 유사한 것'과 공직선거법(2010.1.25. 법률 제9974호로 개정된 것) 제93조 제1항 및 공직선거법(2005.8.4. 법률 제7681호로 개정된 것) 제255조 제2항 제5호 중 제93조 제1항의 각 '그 밖에 이와 유사한 것'에, '정보통신망을 이용하여 인터넷 홈페이지 또는 그 게시판·대화방 등에 글이나 동영상 등 정보를 게시하거나 전자우편을 전송하는 방법'이 포함되는 것으로 해석하는 한 헌법에 위반된다. ㉙ 헌재 2012.5.31. 2009헌바123등. [주문] 구 조세감면규제법(1993.12.31. 법률 제4666호로 전부 개정된 것)의 시행에도 불구하고 구 조세감면규제법(1990.12.31. 법률 제4285호) 부칙 제23조가 실효되지 않은 것으로 해석하는 것은 헌법에 위반된다. ㉚ 헌재 2012.7.26. 2009헌바35등. [주문] 구 조세감면규제법(1993.12.31. 법률 제4666호로 전부 개정된 것)의 시행에도 불구하고 구 조세감면규제법(1990.12.31. 법률 제4285호) 부칙 제23조가 실효되지 않은 것으로 해석하는 것은 헌법에 위반됨을 확인한다. ㉛ 헌재 2012.11.29. 2011헌마786등. [주문] 법원조직법(2011.7.18. 법률 제10861호) 부칙 제1조 단서 중 제42조 제2항에 관한 부분 및 제2조는 2011.7.18. 당시 사법연수생의 신분을 가지고 있었던 자가 사법연수원을 수료하는 해의 판사임용에 지원하는 경우에 적용되는 한 헌법에 위반된다. ㉜ 헌재 2012.12.27. 2011헌바117. [주문] 형법(1953.9.18. 법률 제293호로 제정된 것) 제129조 제1항의 '공무원'에 구 '제주특별자치도 설치 및 국제자유도시 조성을 위한 특별법'(2007.7.27. 법률 제8566호로 개정되기 전의 것) 제299조 제2항의 제주특별자치도통합영향평가심의위원회 심의위원 중 위촉위원이 포함되는 것으로 해석하는 한 헌법에 위반된다. ㉝ 헌재 2014.3.27. 2010헌가2등. [주문] 집회 및 시위에 관한 법률(2007.5.11. 법률 제8424호로 개정된 것) 제10조 본문 중 '시위'에 관한 부분 및 제23조 제3호 중 '제10조 본문' 가운데 '시위'에 관한 부분은 각 '해가 진 후부터 같은 날 24시까지의 시위'에 적용하는 한 헌법에 위반된다. ㉞ 헌재 2014.4.24. 2011헌가29. [주문] 구 '집회 및 시위에 관한 법률'(1989.3.29. 법률 제4095호로 개정되고, 2007.5.11. 법률 제8424호로 개정되기 전의 것) 제10조 및 구 '집회 및 시위에 관한 법률'(2004.1.29. 법률 제7123호로 개정되고, 2007.5.11. 법률 제8424호로 개정되기 전의 것) 제20조 제3호 중 '제10조 본문'에 관한 부분은 각 '일몰시간 후부터 같은 날 24시까지의 옥외집회 또는 시위'에 적용하는 한 헌법에 위반된다. ㉟ 헌재 2016.4.28. 2016헌마33. [주문] 헌법재판소법(2011.4.5. 법률 제10546호로 개정된 것) 제68조 제1항 본문 중 "법원의 재판을 제외하고는" 부분은, 헌법재판소가 위헌으로 결정한 법령을 적용함으로써 국민의 기본권을 침해한 재판이 포함되는 것으로 해석하는 한 헌법에 위반된다.

(5) 한정위헌결정으로 분류가 변경된 결정례들

헌재가 이전에 '일부위헌결정'이라고 스스로 분류하였다가 현재는 한정위헌결정으로 그 분류를 변경하여 www.ccourt.go.kr에 탑재한 아래의 결정례들이 있다. 이에 대해서는 아래 일부위헌결정에서 다시 분석한다(아래 일부위헌결정 부분 참조).

이전의 헌재 자신의 판례집들에서 '일부위헌결정'이라는 분류하였던 결정들인데 현재는 한정위헌결정이라고 변경 분류된 결정례들(이하 법률에 대한 법령소원에 의한 것도 포함) :

판례 ① 국유재산법 제5조 제2항의 위헌심판, 헌재 1991.5.13. 89헌가97. [주문] 국유재산법(1976.12.31. 법률 제2950호) 제5조 제2항을 동법의 국유재산 중 잡종재산에 대하여 적용하는 것은 헌법에 위반된다.
② 민법 제764조의 위헌여부에 관한 헌법소원, 헌재 1991.4.1. 89헌마160 [주문] 민법 제764조(1958.2.22. 법률 제471호)의 '명예회복에 적당한 처분'에 사죄광고를 포함시키는 것은 헌법에 위반된다.
③ '화재로 인한 재해보상 및 보험가입에 관한 법률' 제5조 제1항의 위헌여부에 관한 헌법소원, 헌재 1991.6.3. 89헌마204. [주문] 화재로 인한 재해보상 및 보험가입에 관한 법률(1973.2.6. 법률 제2482호) 제5조의 '특수건물' 부분에 동법 제2조 제3호 가목 소정의 '4층 이상의 건물'을 포함시키는 것은 헌법에 위반된다.
④ 국회의원선거법 제55조의3 등에 대한 헌법소원, 헌재 1992.3.13. 92헌마37등. [주문] 국회의원선거법(1988.3.17. 법률 제4003호, 개정 1991.12.31. 법률 제4462호) 제55조의3(정당연설회)의 규정 중 "정당연설회에 당해 지역구후보자를 연설원으로 포함시킨 부분"과 같은 법 제56조(소형인쇄물의 배부 등)의 규정 중 "정당이 후보자를 추천한 지역구마다 2종의 소형인쇄물을 따로 더 배부할 수 있도록 한 부분"은, 당해 지역구에서 정당이 그와 같은 정당연설회를 개최하거나 소형인쇄물을 제작 배부하는 경우에는, 무소속후보자에게도 각 그에 준하는 선거운동의 기회를 균등하게 허용하지 아니하는 한 헌법에 위반된다.
⑤ 1980년 해직공무원의 보상 등에 관한 특별조치법 제12조에 대한 위헌심판, 헌재 1992.11.12. 91헌가

2, [주문] 1980년 해직공무원의 보상 등에 관한 특별조치법(1989.3.29. 법률 제4101호) 제2조 제2항 제1호의 '차관급 상당 이상의 보수를 받은 자'에 법관을 포함시키는 것은 헌법에 위반된다.
⑥ 지방재정법 제74조 제2항에 대한 위헌심판, 헌재 1992.10.1. 92헌가6등. [주문] 지방재정법 제74조 제2항은 같은 법 제72조 제2항에 정한 '잡종재산'에 대하여도 이를 적용하는 것이 헌법에 위반된다.
⑦ 금융기관의 연체대출금에 관한 특별조치법 제3조 위헌제청, 금융기관의 연체대출금에 관한 특별조치법 제3조 위헌소원, 헌재 1998.9.30. 98헌가7등. [주문] 금융기관의 연체대출금에 관한 특별조치법 제3조 전단 중, 강제경매에 관한 부분은 헌법에 위반되고 … .

* 유의 : 위 한정위헌결정례에 포함시키지 않은 결정이 있는데 그 결정은 이전에 종이판례집에서 한정위헌결정으로 분류하지 않은 것이다. 그런데 현재는 헌재가 자신의 인터넷사이트 판례 메뉴에서 '한정위헌'으로 분류해 놓았다. 아래 결정이 그것인데 정부투자기관의 집행간부 아닌 직원에 대하여도 임원이나 집행간부들과 마찬가지로 지방의회의원직에 입후보하지 못하도록 규정한 구 지방의회의원선거법 제35조 제1항 제6호에 대한 결정이었다.

- 지방의회의원선거법 제35조등에 대한 헌법소원

판례 헌재 1995.5.25. 91헌마67
[주문] 1. 구 지방의회의원선거법(1990.12.31. 법률 제4311호로 전문개정, 1994.3.16. 법률 제4739호 공직선거및선거부정방지법으로 폐지되기 전의 것) 제35조 제1항 제6호의 "정부투자기관의 임·직원" 중 "직원" 부분에 "정부투자기관관리기본법시행령(1984.3.20. 공포 대통령령 제11395호) 제13조 제1항에서 정하는 집행간부"가 아닌 직원을 포함시키는 것은 헌법에 위반된다. * 현재는 이 헌재 1995.5.25. 91헌마67결정을 현재는 헌재가 웹사이트에 '한정위헌결정'으로 분류하고 있다.

(6) 한정위헌결정을 구하는 위헌소원심판청구의 적법성요건

헌재는 이전에는 한정위헌결정을 구하는 청구는 헌재법 제68조 제2항의 청구로 원칙적으로 부적합하다고 하면서도 단순히 법률조항의 해석을 다투는 것이 아니라, 그러한 해석의 여지를 주는 법률조항 자체의 불명확성을 다투는 경우로 이해되는 경우에는 적법한 청구로 받아들일 수 있다고 하여 왔다(그 한 예로 헌재 1999.3.25. 98헌바2. 헌재가 한정위헌 청구를 받아들여 판단한 경우들의 분류에 대해서는, 헌재 2001.9.27. 2000헌바20 등 참조). 그러나 2012년에 판례를 변경하여 한정위헌청구의 적법성을 원칙적으로 인정하는 결정을 하였다(헌재 2012.12.27. 2011헌바117). 그런데 이 결정에서 헌재가 '법원의 해석을 대상으로 한 것이 아닌가 하여 논란이 없지 않았다, 다만, 헌재는 한정위헌청구의 형식을 취하고 있으면서도 실제로는 당해 사건 재판의 기초가 되는 사실관계의 인정이나 평가 또는 개별적 · 구체적 사건에서의 법률조항의 단순한 포섭 · 적용에 관한 문제를 다투거나, 의미 있는 헌법문제를 주장하지 않으면서 법원의 법률해석이나 재판결과를 다투는 경우 등은 모두 현행의 규범통제제도에 어긋나는 것으로서 허용될 수 없다고 하여(위 2011헌바117, 이 법리에 따라 부정된 예 : 헌재 2015.12.23. 2013헌바194; 2017.10.26 2015헌바223, 2018.1.25. 2016헌바357) 한계를 설정하고 있다. 이는 재판소원을 금지하고 있는 헌법재판소법 제68조 제1항의 취지 때문이라고 한다.

(7) 한계

1) 법률의 합헌적 해석의 한계

한정합헌해석 등 법률의 합헌적 해석에도 한계가 있다. 한정위헌결정은 법률문언을 그대로 둔채 해석으로 위헌성을 지적하는 결정이므로 그 문면의 의미를 벗어날 경우에는 할 수 없는 결정이다. 우리 헌재도 그 한계를 설정하고 있다. 아래의 결정은 한정합헌결정은 아니었고 단순위헌결정이었으나 그 설시 속에 합헌해석의 한계를 밝히고 있으므로 인용한다.

판례 헌재 1989.7.14. 88헌가5등, 사회보호법 제5조의 위헌심판

[주요판시사항] ▷ 법률의 합헌적 해석의 허용한계 : 법문의 의미가 변질되지 아니하는 범위 내에서 허용, 입법자의 명백한 의지·입법목적을 상실시키는 합헌적 해석은 금지 * 자세한 요지는 앞의 심리 부분에 인용된 요지 참조.

2) 실제의 구체적 예 : 한정위헌결정불가 → 헌법불합치결정

위와 같은 한정위헌결정의 한계를 인식한 헌재가 한정위헌결정을 하지 못하고 헌법불합치결정을 한다고 밝힌 그 구체적 실제의 예로서 아래의 예를 볼 수 있다.

판례 헌재 2006.5.25. 2005헌가17

[결정설명] 과징금을 부과하는 날 현재의 부동산가액을 기준으로 과징금을 산정하도록 규정한 구 '부동산실권리자명의 등기에 관한 법률'(부동산투기 등을 막기 위해 실명등기를 강제하는 법률이다) 제5조 제2항 본문이 과징금을 부과할 당시에도 명의신탁 관계가 존속하는 경우에는 합헌이지만 그렇지 않고 부과 당시에 법위반자의 명의신탁 관계가 이미 종료된 경우에도 그렇게 과징금부과시 부동산가액기준 부과를 하면 비례(과잉금지)원칙을 위반하여 재산권을 침해하고 그 차별(명의신탁 관계 존속자와 종료자 간의 차별)에 합리적 사유가 없어 평등권을 침해한다고 보아 헌법불합치결정을 하였다. 사안에서는 명의신탁관계 종료시점부터 과징금 부과시점까지의 사이에 일반적으로 부동산가액이 상승하게 되고 이에 따라 과징금도 증가하게 되어 종료자가 더 많은 재산상의 부담을 지게 되며 행정청의 부과시점 선택에 따라 달라져 자의가 개입할 수 있다는 문제가 있었다. [판시] 위에서 본 바와 같이, 이 사건 법률조항은 과징금 부과시점에 명의신탁관계가 종료된 경우에는 헌법에 위반되지만, 과징금 부과시점에 명의신탁관계가 존재하는 경우에는 헌법에 위반되지 아니한다. 그런데 이 사건 법률조항 전체에 대하여 단순위헌결정을 하게 되면, 과징금 산정의 기초가 되는 부동산가액을 평가하는 기준이 없게 되어 과징금 부과시점에 명의신탁관계가 존재하는 경우에도 부동산실명법 위반사실에 대하여 과징금을 부과할 수 없게 되는 법적 공백이 발생하게 되고, 그리고 이 사건 법률조항의 위헌적인 부분만을 명시하여, 명의신탁관계가 종료된 경우에도 과징금 부과시점의 부동산가액을 기준으로 과징금을 산정하도록 하는 것은 위헌이라고 한정위헌결정을 하게 되면, 이 사건 법률조항이 과징금 부과 당시에 명의신탁관계가 종료된 것인지 여부와 상관없이 "과징금을 부과하는 날 현재"의 부동산가액을 과징금 산정기준으로 한다고 규정하고 있어서, 한정위헌결정의 문언상 및 법목적상 한계를 넘어서게 되므로, 입법자가 이 사건 법률조항을 위헌이유에 맞추어 새로이 개정할 때까지 그 형식적 존속만을 잠정적으로 유지하는 헌법불합치결정을 하기로 한다.

6. 입법촉구결정

(1) 개념과 본래의미 입법촉구결정 부존재

변형결정의 하나로서 위헌이라고 선언하지는 않으나 입법을 개선해줄 것을 촉구하는 결정이다. 지금까지 우리 헌재가 결정주문에 입법촉구의 문언을 담거나 순수한 좁은 의미의 '입법촉구결정'을 내린 예는 없다. 아래 (2)에 인용한 결정례들에서 '헌법불합치결정'이 입법촉구의 의미를 포함하는 것으로 볼 수도 있고 결정이유에서 "조속히 개정되어야 할 것"이라고 판시한 예도 있긴 한데 이러한 결정들도 넓은 의미의 '입법촉구결정'이라고 본다면 우리 헌재는 넓은 의미의 '입법촉구결정'은 한 바가 있다고 볼 수도 있을 것이다. 그러나 헌법불합치결정은 법률개선의무를 명령한다는 점에서 원래의 입법촉구결정과는 다르다.

(2) 넓은 의미의 입법촉구의 예

- 헌법재판소 판례집에서 '판시사항'으로 '입법촉구결정의 의미'라는 용어가 보이는 결정례

판례 ① 국회의원선거법 제33조·제34조의 위헌심판, 헌재 1989.9.8. 88헌가6, 헌재판례집 1, 199면 이하 참조. [주문] 1. 국회의원선거법(1988년 3월 17일 법률 제4003호 전문개정) 제33조 및 제34조는 헌법에 합치되지 아니한다. 2. 위 법률 조항은 1991년 5월 말을 시한으로 입법자가 개정할 때까지 그 효력을 지속한다. * 본 결정은 '헌법불합치결정'으로만 소개되어 온 듯하나, 헌법재판소에서 발간한「헌법재판소판례집 제1권(1989)」, 199면에는 본 결정의 " '판시사항' … 3. 헌법불합치결정과 입법촉구결정의 의미"라고 기재되어 있어서 본 결정을 '헌법불합치+입법촉구'의 결정으로 보는 것 같다. ② 지방의회의원선거법 제36조 제1항에 대한 헌법소원, 헌재 1991.3.11. 91헌마21, 헌재판례집 3, 91면 이하 참조. [주문] 2. 같은 법률 제36조 제1항의 "시·도의회의원 후보자는 700만원의 기탁금" 부분은 헌법에 합치되지 아니한다. 3. 위 제2항의 법률조항 부분은 위 법률시행 후 최초로 실시하는 시·도의회의원선거일 공고일을 시한으로 입법자가 개정할 때까지 그 효력을 지속한다. [관련설시] 헌법불합치선언은 이 사건의 경우에 있어서는 당해 법률규정이 전체적으로는 헌법규정에 저촉되지만 부분적으로는 합헌적인 부분도 혼재하고 있기 때문에 그 효력은 일응 존속시키면서 헌법합치적인 상태로 개정할 것을 촉구하는 변형결정의 일종으로서 전부부정(위헌)결정권은 일부부정(헌법불합치)결정권을 포함한다는 논리에 터잡은 것이다.

* 검토 - 이 결정을 순전한 좁은 의미의 '입법촉구결정'으로 볼 수 있을까 하는 의문이 있으나 이 결정의 다수의견은 위에서 인용한 판시, 즉 '헌법불합치선언은 이 사건의 경우에 있어서는 … 그 효력은 일응 존속시키면서 헌법합치적인 상태로 개정할 것을 촉구하는 변형결정의 일부로서 …'라는 판시부분에 비추어 본다면 이 결정은 '입법촉구'의 결정으로도 내린 것이라고 볼 수도 있겠다. 헌법재판소판례집 제3권 91면에는 본 결정의 '판시사항'의 하나로서 "5. 헌법부합치결정과 입법촉구결정의 의미"라고 명시되어 있다.

- 이유에서 '입법촉구'라는 제목하에 헌법불합치의 판시를 한 판례 : 노동쟁의조정법에 관한 헌법소원심판결정, 헌재 1993.3.11. 88헌마5, 헌재판례집 5-1, 76면 이하 참조.

- 이유에서 '촉구한다'라는 문구가 나오는 판례 : 토지초과이득세법 제10조 등 위헌소원, 토지초과리득세법 제8조 등 위헌소원, 헌재 1994.7.29. 92헌바49등, 헌재판례집 6-2, 64면 이하 참조.

7. 일부위헌결정 - 이전의 일부위헌결정으로 분류되던 것에서 현재 한정위헌결정, 단순위헌으로 분류의 변경, 현재 부재(不在)

*** 유의** : 일부위헌결정은 그것이 조문의 일부, 양적인 일부인 경우에는 사실 그 부분에 대해서는 단순한 위헌의 결정이라고도 할 수 있어서 변형결정에 분류하기가 곤란하다. 그래서 필자도 헌법재판개론 제2판까지 변형결정 외에 별도의 본안결정으로 다루었다(정재황, 헌법재판개론 제2판, 박영사, 2003, 314면 이하 참조). 그러나 아래에서 보듯이 헌재 자신이 일부위헌결정으로 분류했던 결정들을 대부분 한정위헌결정으로 그 분류를 변경하여 이제는 일부위헌결정의 분류를 헌재 판례 사이트에서 찾을 수 없다. 그래서 한정위헌결정을 다루는 여기서 살펴보게 된 것이다.

(1) 의미와 분류변경

헌법재판소는 법률규정의 일부내용에 대하여 위헌으로 선언하기도 하는데 이전에 이를 '일부위헌결정'이라고 스스로 분류하였다가 현재는 한정위헌결정과 단순위헌결정으로 바꾸어 분류하고 있다. 아래에 그 예들이 있다.

1) 종전의 '일부위헌결정'으로 분류된 결정들

일단 변경전 종전의 일부위헌결정례들을 아래에 정리한다. 이 일부위헌결정례들은 이전에 헌재가 분류한 것이다. 즉 헌법재판소 판례집을 보고 분류한 것인데 아래 결정들이 일부위헌결정들이라고 분류한 판례집 문헌은 "헌법재판소판례집 제3권(1991년) 621면, 제4권(1992년) 987면, 제10권 2집(1998년) 1014－1015면"이다. 필자는 2001년에 처음 필자가 발간한 헌법재판개론 초판(2001), 2003년 개정판에 모두 헌법재판소의 위 판례집 그 면들에 기재된바 그대로 따라서 일부위헌결정으로 분류해왔는데 현재는 헌법재판소 홈페이지 사이트에 탑재되어 있는 판례집의 위 부분은 잘려나가 있다. 종이 판례집은 남아있어서 찾아보면 그렇게 되어 있다. 이전에 일부위헌결정이라고 헌재가 분류하였던 결정례들은 아래에 모두 모았다(넘버링이 ①에서 ⑨까지. 여기에는 법률에 대한 법령소원도 포함된 것이다).

－ 이전의 일부위헌결정례들 : 아래의 아홉 결정들이다.

판례 ① 국유재산법 제5조 제2항의 위헌심판, 헌재 1991.5.13. 89헌가97. [주문] 국유재산법(1976.12.31. 법률 제2950호) 제5조 제2항을 동법의 국유재산 중 잡종재산에 대하여 적용하는 것은 헌법에 위반된다.
② 민법 제764조의 위헌여부에 관한 헌법소원, 헌재 1991.4.1. 89헌마160 [주문] 민법 제764조(1958.2.22. 법률 제471호)의 '명예회복에 적당한 처분'에 사죄광고를 포함시키는 것은 헌법에 위반된다.
③ '화재로 인한 재해보상 및 보험가입에 관한 법률' 제5조 제1항의 위헌여부에 관한 헌법소원, 헌재 1991.6.3. 89헌마204. [주문] 화재로 인한 재해보상 및 보험가입에 관한 법률(1973.2.6. 법률 제2482호) 제5 조의 '특수건물' 부분에 동법 제2조 제3호 가목 소정의 '4층 이상의 건물'을 포함시키는 것은 헌법에 위반된다.
④ 국가보안법 제19조에 대한 헌법소원, 헌재 1992.4.14. 90헌마82. [주문] 국가보안법(1980.12.31. 법률 제3318호, 개정 1991.5.31. 법률 제4373호) 제19조 중 제7 조 및 제10조의 죄에 관한 구속기간연장 부분은 헌법에 위반된다.
⑤ 국회의원선거법 제55조의3 등에 대한 헌법소원, 헌재 1992.3.13. 92헌마37등. [주문] 국회의원선거법

(1988.3.17. 법률 제4003호, 개정 1991.12.31. 법률 제4462호) 제55조의3(정당연설회)의 규정 중 "정당연설회에 당해 지역구후보자를 연설원으로 포함시킨 부분"과 같은 법 제56조(소형인쇄물의 배부 등)의 규정 중 "정당이 후보자를 추천한 지역구마다 2종의 소형인쇄물을 따로 더 배부할 수 있도록 한 부분"은, 당해 지역구에서 정당이 그와 같은 정당연설회를 개최하거나 소형인쇄물을 제작 배부하는 경우에는, 무소속후보자에게도 각 그에 준하는 선거운동의 기회를 균등하게 허용하지 아니하는 한 헌법에 위반된다.
⑥ 1980년 해직공무원의 보상 등에 관한 특별조치법 제12조에 대한 위헌심판, 헌재 1992.11.12. 91헌가2, [주문] 1980년 해직공무원의 보상 등에 관한 특별조치법(1989.3.29. 법률 제4101호) 제2조 제2항 제1호의 '차관급 상당 이상의 보수를 받은 자'에 법관을 포함시키는 것은 헌법에 위반된다.
⑦ 지방재정법 제74조 제2항에 대한 위헌심판, 헌재 1992.10.1. 92헌가6등. [주문] 지방재정법 제74조 제2항은 같은 법 제72조 제2항에 정한 '잡종재산'에 대하여도 이를 적용하는 것이 헌법에 위반된다.
⑧ 구 지방세법 제112조 제2항 위헌소원, 지방세법 제112조의2 제1항 등 위헌소원, 지방세법 제112조 제2항 후단 위헌소원, 헌재 1998.7.16. 96헌바52등. [주문] 1. 구 지방세법(1974.12.27. 법률 제2743호로 개정되고, 1994.12.22. 법률 제4794호로 개정되기 전의 것) 제112조 제2항 전단 중 '고급주택' 부분 및 '고급오락장' 부분, 동항 후단 중 고급주택에 관한 부분과 제112조의2 제1항 중 '고급오락장' 부분은 헌법에 위반된다. 2. 지방세법(1994.12.22. 법률 제4794호로 개정된 것) 제112조 제2항 전단 및 제112조의2 제1항 중 각 '고급오락장' 부분은 헌법에 위반된다.
⑨ 금융기관의 연체대출금에 관한 특별조치법 제3조 위헌제청, 금융기관의 연체대출금에 관한 특별조치법 제3조 위헌소원, 헌재 1998.9.30. 98헌가7등. [주문] 금융기관의 연체대출금에 관한 특별조치법 제3조 전단 중, 강제경매에 관한 부분은 헌법에 위반되고 … .

* 유의 : 위 아홉 결정례들은 다시 밝히지만 저자가 종이판례집을 보고 헌재가 직접 '일부위헌'이라고 명시한 것만을 추린 것이다. 그 외 위 일부위헌결정례들을 보면 일부위헌결정으로 분류될 수도 있는 결정례가 있다. 예를 들어 아래 정부투자기관의 집행간부 아닌 직원에 대하여도 임원이나 집행간부들과 마찬가지로 지방의회의원직에 입후보하지 못하도록 규정한 구 지방의회의원선거법 제35조 제1항 제6호에 대한 결정과 같은 결정도 위의 결정례들에 비추어 보면 일부위헌결정으로 볼 수 있다.

판례 헌재 1995.5.25. 91헌마67

[주문] 1. 구 지방의회의원선거법(1990.12.31. 법률 제4311호로 전문개정, 1994.3.16. 법률 제4739호 공직선거및선거부정방지법으로 폐지되기 전의 것) 제35조 제1항 제6호의 "정부투자기관의 임·직원" 중 "직원" 부분에 "정부투자기관관리기본법시행령(1984.3.20. 공포 대통령령 제11395호) 제13조 제1항에서 정하는 집행간부"가 아닌 직원을 포함시키는 것은 헌법에 위반된다. * 헌재는 이 헌재 1995.5.25. 91헌마67결정을 현재는 헌재가 웹사이트에 '한정위헌결정'으로 분류하고 있다.

2) 변경된 분류

지금의 헌재 홈페이지에 판례검색을 해서 위 결정례들에 대한 분류를 보면 결정례 ①, ②, ③, ⑤, ⑥, ⑦, ⑨는 한정위헌결정으로 변경하여 분류해놓고 있다. 단순위헌으로 변경하여 분류된 결정도 있는데 결정례 ④, ⑧이 그것이다.

일부위헌결정이라는 분류에서 한정위헌결정, 단순위헌결정이라고 변경 분류된 결정례들(이하 법률에 대한 법령소원에 의한 것도 포함) :

일부위헌결정에서 한정위헌결정으로 : 결정례 ①, ②, ③, ⑤, ⑥, ⑦, ⑨

일부위헌결정에서 단순위헌결정으로 : 결정례 ④, ⑧

3) 어떤 변경분류기준?

그 분류변경을 받아들인다고 하더라도 그 변경에서 한정위헌결정, 단순위헌으로 각각 변경하여 정한 기준을 알 수 없다. 결정례 ④ 90헌마82 결정은 법령소원심판결정이었다. 만약 법령소원심판사건이라서 단순위헌으로 변경된 것이라면 또 다른 법령소원심판사건결정이었던 결정례 ⑤ 92헌마37등도 단순위헌으로 분류되었어야 했는데 그렇지 않고 한정위헌결정으로 분류하고 있어서 법령소원인지 여부는 분류변경기준이 아니다. 이렇게 분류를 변경하였으면 그 변경사실과 변경이유와 기준 등을 공지하는 것이 헌법기관으로서 도리이다.

(2) 분류변경으로 인한 현재 일부위헌결정 부재

헌재가 위 ⑨결정을 일부위헌결정으로 분류한 이후 판례집에서 더 이상 일부위헌결정으로 분류하는 결정은 없다. 그리고 그 ⑨결정도 이제 한정위헌결정으로 분류하고 있고 일부위헌결정으로 분류하지 않고 있다. 그리하여 이제 일부위헌결정은 헌재 자신의 분류상으로는 사라진 분류라고 보여진다.

(3) 헌재 입장의 정리

헌재의 입장을 정리하여 보면,

i) **법조항 문언 자체에 나타나는 문장 일부에 대한 위헌성 인정** 법규정에 직접 나타나는 단어들에 대해 부분적으로 위헌선언을 하는 것은 단순위헌으로 본다. 예컨대 양적으로 일부위헌인 경우를 예를 들어 "초등학교, 중학교, 고등학교에 대해서 … 한 조치를 취한다"라고 하였을 때 법문언에 나와 있는 세 학교 중에서 초등학교에 대한 그 조치가 위헌이라고 하는 것을 의미한다면 그러한 경우는 많고 그러한 경우에 우리 헌재가 일부위헌결정이라고 분류하지 않고 그냥 단순위헌으로 분류한다. 한 가지 전형적인 예로 아래의 경우가 그런 경우인데 헌재 자신이 단순위헌으로 분류한 것이다(판례집 18-2, 661면). 외국음반 수입과 제작 둘다 규정되어 있는데 제작부분을 위헌으로 선언한 것이다.

판례 헌재 2006.10.26. 2005헌가1

[주문] '음반·비디오물 및 게임물에 관한 법률'(2001.5.24. 법률 제6473호로 전문개정된 것) 제35조 제1항 중 외국음반의 국내제작에 관한 부분, 제50조 제6호 중 외국음반의 국내제작에 관한 부분은 헌법에 위반된다.

ii) **해석상 일부 위헌성 인정** 문언에 나타나지 않으나 해석상 질적인 부분을 찾아 위헌성을 인정하는 결정은 한정위헌결정으로 파악된다. 이는 헌재 자신이 한정결정이 '질적인 부분위헌결정'이라고 보는(헌재 1994.4.28. 92헌가3) 입장을 감안하여서 그러기도 하다. 심판대상 법률조항 자체에 나타나지 않으나 그 법률의 다른 조문이나 다른 법률의 조문과 관련짓는 해석이 위헌성을 가진다고 볼 때 하는 결정도 이에 속한다. * 사실 이 기준에 따르더라도 위 결정례들 중 위 (1), 1)의 ④를 단순위헌결정으로 변경, 분류한 것은 이 기준에 맞지 않는다.

* 사실 양적인지 질적인지의 구분도 항상 명확하지만 않을 수도 있다는 점에서 그 구분기준이 여전히 뚜렷하지 못한 점이 있다.

(4) 법적 성격

과거에 일부위헌으로 본 결정들은 현재는 단순위헌결정들로서 변형결정들이 아니다. 물론 위헌결정으로서 기속력, 장래효 등 위헌결정이 가지는 효력을 그대로 지니는 위헌결정이었다.

8. 논의되어야 할 결정형식

(1) 적용위헌결정

문제의 법률조항의 적용에 있어서 위헌성이 인정될 때 내리는 결정이다. 사실 위 한정위헌결정으로 분류된 결정들 중에는 적용위헌의 문언이 포함된 것들도 있다(예를 들어 위 5. (5)의 결정례들 중 ①, ⑥). 한정해석은 해석이 적용을 위한 전제작업이므로 적용상 위헌을 배제하는 것은 마찬가지이므로 적용위헌의 의미를 포함하기도 한다.

(2) 논의점

한정위헌결정, 적용위헌결정의 구분이 논란될 수 있고 아울러 적용위헌결정과 단순위헌결정의 구분도 논란될 수 있다. 사실 '한정'의 의미 속에는 적용을 한정한다는 의미를 가질 수도 있고 그렇다면 양자를 구분할 실익이 없다. 더구나 우리 헌재는 위에서 언급한 대로 "적용하는(되는) 것은(이) 헌법에 위반된다"라는 주문의 결정들(위 5. (5)의 결정례 ①, ⑥)도 한정위헌결정으로 분류하는 예를 보여주고 한정위헌을 질적인 것으로 보는 입장에서는 그러하다. 적용위헌의 문언을 가진 결정들을 한정위헌결정들로 분류한다면 그 형식도 변형결정형식이라고 볼 것이다.[1]

문제는 적용위헌의 주문으로 내린 결정을 단순위헌결정으로 분류하여 혼돈을 가져오는 예가 있다. "적용되는 부분은 헌법에 위반된다"라는 주문의 문언을 담은 아래의 결정을 헌재가 자신의 판례집에서는 '단순위헌으로 결정된 법령조항'으로 분류한 경우이다(판례집 30-2, 748면).

판례 헌재 2018.8.30. 2014헌바148등

[주문] 민법(1958.2.22. 법률 제471호로 제정된 것) 제166조 제1항, 제766조 제2항 중 '진실·화해를 위한 과거사정리 기본법' 제2조 제1항 제3호, 제4호에 규정된 사건에 적용되는 부분은 헌법에 위반된다.
[심판대상조항] 민법(1958.2.22. 법률 제471호로 제정된 것) 제166조(소멸시효의 기산점) ① 소멸시효는 권리를 행사할 수 있는 때로부터 진행한다. 제766조(손해배상청구권의 소멸시효) ① 불법행위로 인한 손해배상의 청구권은 피해자나 그 법정대리인이 그 손해 및 가해자를 안 날로부터 3년간 이를 행사하지 아니하면 시효로 인하여 소멸한다. ② 불법행위를 한 날로부터 10년을 경과한 때에도 전항과 같다.

---

1) 적용위헌결정을 한정위헌결정에 포함되는 결정이라고 보는 견해로, 허완중, 헌법소송법, 박영사, 2019, 221면.

* 비평 – 생각건대 위 결정은 헌재 자신이 어디까지나 단순위헌으로 분류하고 있으나 위 7.의 (3) 헌재 입장에 대한 우리의 정리에 따르면 ii)에 해당되어 한정위헌결정에 해당된다(심판대상규정인 민법 제166조 제1항 등의 문언 자체에 '진실·화해를 위한 과거사정리 기본법' 제2조 제1항 제3호' 등이 명시되어 있지는 않기 때문이다). 이렇게 헌재 자신의 기준을 알 수 없도록 자꾸 흔들리게 하는 것은 문제이다.[1)]

아래 결정도 위 결정과 같은 날 선고된 결정인데 심판대상규정인 구 '민주화운동 관련자 명예회복 및 보상 등에 관한 법률'(2000.1.12. 법률 제6123호로 제정되고, 2015.5.18. 법률 제13289호로 개정되기 전의 것) 제18조 제2항에 주문에서 위헌이라고 지목하는 '불법행위로 인한 정신적 손해에 관한'이라는 부분은 명시되어 있지 않은데 헌재가 '단순위헌으로 결정된 법령조항'으로 분류한 경우이다(판례집 30－2, 748면).

판례 헌재 2018.8.30. 2014헌바180등

[주문] 1. 구 '민주화운동 관련자 명예회복 및 보상 등에 관한 법률'(2000.1.12. 법률 제6123호로 제정되고, 2015.5.18. 법률 제13289호로 개정되기 전의 것) 제18조 제2항의 '민주화운동과 관련하여 입은 피해' 중 불법행위로 인한 정신적 손해에 관한 부분은 헌법에 위반된다. [심판대상조항] 구 '민주화운동 관련자 명예회복 및 보상 등에 관한 법률'(2000.1.12. 법률 제6123호로 제정되고, 2015.5.18. 법률 제13289호로 개정되기 전의 것) 제18조(다른 법률에 의한 보상 등과의 관계 등) ② 이 법에 의한 보상금 등의 지급결정은 신청인이 동의한 때에는 민주화운동과 관련하여 입은 피해에 대하여 민사소송법의 규정에 의한 재판상 화해가 성립된 것으로 본다.

이후에도 같은 성격 유형의 아래 결정례를 보여 주고 있다.

판례 헌재 2021.5.27. 2019헌가17

[주문] 구 '광주민주화운동 관련자 보상 등에 관한 법률'(1990.8.6. 법률 제4266호로 제정되고, 2006.3.24. 법률 제7911호로 개정되기 전의 것) 제16조 제2항 가운데 '광주민주화운동과 관련하여 입은 피해' 중 '정신적 손해'에 관한 부분 및 구 '5·18민주화운동 관련자 보상 등에 관한 법률'(2006.3.24. 법률 제7911호로 개정되고, 2014.12.30. 법률 제12910호로 개정되기 전의 것) 제16조 제2항 가운데 '5·18민주화운동과 관련하여 입은 피해' 중 '정신적 손해'에 관한 부분은 헌법에 위반된다.
[심판대상] '구 광주민주화운동 관련자 보상 등에 관한 법률' 제16조 제2항과 '구 5·18민주화운동 관련자 보상 등에 관한 법률' 제16조 제2항("이 법에 의한 보상금 등의 지급결정은 신청인이 동의한 때에는 광주민주화운동(5·18민주화운동)과 관련하여 입은 피해에 대하여 민사소송법의 규정에 의한 재판상 화해가 성립된 것으로 본다").

(3) 소결론과 평가

위 논의점에 대해 그나마 헌재 입장에 대해 최종정리하면 ① 과거의 일부위헌결정은 없

---

1) 위 결정은 일부위헌결정이라고 보고 헌재가 다시 일부위헌결정을 내린 것이라고 보면서 한정위헌결정 중 해석위헌이 아닌 적용위헌에 대해서는 기속력을 인정하여 온 "대법원을 의식한" 헌재가(이에 대해서는 후술, 위헌결정의 효력, 변형결정의 효력, 검토점 – 적용위헌인 한정위헌결정에 대한 대법원의 기속력 인정(?) 부분 참조) "한정위헌결정의 기속력인정 여부에 관한 논란을 피하고자 일부위헌결정을 다시 내린 것"이라고 보는 견해가 있다. 허완중, 위의 책, 224면.

어졌다. ② 심판대상규정의 문언에 나타나는 부분적인 문장, 단어에 대해 헌재가 위헌이라고 보면 단순위헌결정으로 분류한다(이는 양적인 것으로 보자). ③ 적용위헌결정은 한정위헌결정으로 볼 수 있다. 그런데 최근에 이러한 적용위헌을 위 ②와 같이 분류하는 예를 보여주어 혼돈을 초래하고 있다.

> [헌재 입장의 정리 - 잠정적]
> 양적 일부위헌 → 단순위헌
> 해석, 적용위헌 → 한정위헌

대법원이 한정위헌결정에 대해 기속력을 인정하지 않는 데 대해[1] 이를 의식해 헌재가 이런 혼돈을 감수하면서도 단순위헌결정으로 가려고 애를 쓴다면 이는 정도(正道)가 아니다. 대법원이 기속력을 부인하는 것이 시정되어야 하고 국민들이 양 기관들 사이에서 혼란을 느끼고 자신의 기본권보장에 고충이 생긴다면 이는 진정 잘못된 것이고 양 기관이 그 본분을 다시 생각해서 정리를 해야 한다. 위 사안들은 과거사, 민주화운동에 대한 소멸시효에 대해 대법원이 소극적으로 판시한 데 대한 것이어서 더욱 명쾌한 헌재결정이 필요했던 사안들이었다.

9. 경계적 결어

변형결정에 대한 변형결정의 구분기준이 명확하지 않다는 점에서, 그리고 변형결정이 법률의 합헌적 해석노력을 뒷받침하기 위해서 나온 결정형식인데 이를 남용하여 위헌성이 명백한 법률규정을 존속시켜서는 아니 된다는 점, 대법원이 한정위헌결정과 같은 변형결정에 대해서 기속력을 부여하지 않고 있는 점에서 신중해야 한다. 기본권 최후 구제수단으로 헌법재판을 받는 국민들로서는 명쾌한 결정을 받아볼 권리가 있다. 결국 위와 같은 논의점이 있으나 중요한 것은 위헌적인 요소를 소거해내는 것이고 그 소거를 위해 단순위헌결정과 같은 기속력을 부여하여 가능한 최대한 위헌적 요소를 법규범영역에서 명백히 축출해 내고 그렇게 함으로써 위헌적 요소를 담고 있는 조항을 아예 입법할 수 없도록 예방하여야 한다.

Ⅶ. '부수적 위헌선언'

1. 의미와 성격

(1) 의미

헌재는 "헌법심판의 대상이 된 법률조항 중 일정한 법률조항이 위헌선언된 경우 같은 법

---

1) 대법원은 위 헌재 2018.8.30. 2014헌바148등 결정을 그대로 적용하여 판결한 예를 보여주었다(대법원 2019.11.14. 2018다233686 판결 [손해배상(기)]). * 이 판결에 대해서는 뒤의 소급효 부분에 인용한다. 후술 참조.

률의 그렇지 아니한 다른 법률조항들은 효력을 그대로 유지하는 것이 원칙이나, 다음과 같은 예외적인 경우에는 위헌인 법률조항 이외의 나머지 법률조항들도 함께 위헌선언할 수가 있다. 즉, 합헌으로 남아 있는 나머지 법률조항만으로는 법적으로 독립된 의미를 가지지 못하거나, 위헌인 법률조항이 나머지 법률조항과 극히 밀접한 관계에 있어서 전체적·종합적으로 양자가 분리될 수 없는 일체를 형성하고 있는 경우, 위헌인 법률조항만을 위헌선언하게 되면 전체규정의 의미와 정당성이 상실되는 때가 이에 해당된다"라고 한다(헌재 1989.11.20. 89헌가102, 판례집 1, 329, 342면; 1996.12.26. 94헌바1, 판례집 8-2, 808, 829면; 2001.7.19. 2000헌마91·112·134(병합), 판례집 13-2, 77, 100면; 헌재 2002.8.29. 2001헌바82).

(2) 성격

위 부수적 위헌선언의 결정은 위헌결정의 종류라기보다 헌재가 위헌심판에서 위헌으로 결정하는 범위의 문제이다. 즉 연관된 부수적 법률조항에 대한 위헌선언에서 단순위헌, 변형위헌 등이 나올 수 있을 것이나 부수적이라는 것은 결정형식의 문제는 아닌 것이다.

한편 헌재법 제75조 제5항은 헌법소원을 인용할 때 "헌법재판소는 공권력의 행사 또는 불행사가 위헌인 법률 또는 법률의 조항에 기인한 것이라고 인정될 때에는 인용결정에서 해당 법률 또는 법률의 조항이 위헌임을 선고할 수 있다."라고 규정하고 있고 헌재는 이를 '부수적 규범통제'라고 부르고 구별하는 경향을 보여준다. 이는 하나의 법률조항이 위헌일 때 다른 법률조항을 부수하여 위헌선언하는 경우와 달리 어떤 공권력작용(공권력행사)·불행사가 근거한 법률조항이 위헌일 때 하는 결정이라고 보아 구별된다고 보는 것 같다. 그런데 부수적이란 말은 공동이고 위헌법률심판도 규범통제라서 그와 같은 용어로 구분이 될 것인지 의문이다. 그리고 법령소원의 경우는 그 구분이 모호하다. 법령도 공권력행사작용이기 때문이다.

2. 부수적 위헌선언의 예

이에 관한 결정례들은 앞의 위헌법률심판의 결정범위에서 구체적인 것들을 살펴보았다. 전술 참조.

Ⅷ. 그 외

1. 위헌확인결정

헌법재판소는 헌법재판소법 제68조 제2항의 헌법소원(위헌소원)심판의 대상이 된 법률조항이 그 심판의 계속 중에 다른 사건에서 헌재 자신에 의해 이미 위헌이라고 결정된 경우 그 법률조항에 대하여 위헌임을 확인하는 아래와 같은 결정을 한 예를 보여주기도 하였다. 이와 같은 경우에 대상성이 없다고 하는 각하결정, 심판이익이 없다고 하는 각하결정도 한 바 있다(이에 대해서는 앞의 대상성 부분에 '3. 헌재가 위헌성을 인정하는 결정을 한 바 있는 법률조항의 경우' 부분 참조).

판례 헌재 1999.6.24. 96헌바67

[주문] 구 상속세법 제9조 제1항(1993.12.31. 법률 제4662호로 개정되기 전의 것) 중 "상속재산의 가액에 가산할 증여의 가액은 … 상속개시 당시의 현황에 의한다"는 부분은 위헌임을 확인한다. [결정요지] 청구인들이 헌법재판소법 제68조 제2항에 따라 헌법소원심판청구를 한 이 사건 법률조항은 이미 헌법재판소가 1997.12.24. 96헌가19 등(병합) 사건에서 "구 상속세법 제9조 제1항(1993.12.31. 법률 제4662호로 개정되기 전의 것) 중 '상속재산의 가액에 가산할 증여의 가액은 … 상속개시 당시의 현황에 의한다'는 부분은 헌법에 위반된다"는 결정을 선고한 바가 있으므로(헌재판례집 9-2, 762면), 이 사건 법률조항에 대하여는 위헌임을 확인하는 결정을 하기로 한다.

2. 일부합헌결정

(1) 과거 분류가 있었던 예

헌법재판소가 발간하는 판례집에는 "'일부합헌'으로 결정된 법령조항"이라는 항목도 분류의 하나로 구분하면서 그러한 이전의 결정례로 다음을 들고 있다(판례집 10-2, 1018면 참조).

판례 **금융기관의 연체대출금에 관한 특별조치법 제3조 위헌제청, 금융기관의 연체대출금에 관한 특별조치법 제3조 위헌소원, 헌재 1998.9.30. 98헌가7, 96헌바93(병합), 판례집 10-2, 484면**

[주문] 아래 주문 중 후반 부분 "금융기관의 연체대출금에 관한 특별조치법 제3조 전단 중, 강제경매에 관한 부분은 헌법에 위반되고, 담보권실행을 위한 경매에 관한 부분은 헌법에 위반되지 아니한다."

* 결국 위 결정은 일부위헌결정과 일부합헌결정이 동시에 이루어진 결정례이었다.

(2) 분류는 단순합헌이나 주문에 일부합헌이 들어간 예

의무교육 대상인 중학생의 학부모에게 급식관련비용 일부를 부담하도록 하는 구 학교급식법(1996.12.30. 법률 제5236호로 개정되고, 2006.7.19. 법률 제7962호로 개정되기 전의 것) 제8조 제1항 후단 및 제2항 전단 중 초·중등교육법 제2조의 중학교에 관한 부분이 의무교육의 무상원칙을 위반하지 않았다고 판단한 바 있다. 심판대상규정에는 중학교란 말이 나오지 않는데 아래에 보듯이 주문에 넣어 결정한 것이다. 헌재 판례집(24-1 하, 811면)은 단순합헌으로 분류하고 있다.

판례 헌재 헌재 2012.4.24. 2010헌바164

[주문] 구 학교급식법(1996.12.30. 법률 제5236호로 개정되고, 2006.7.19. 법률 제7962호로 개정되기 전의 것) 제8조 제1항 후단 및 제2항 전단 중 초·중등교육법 제2조의 중학교에 관한 부분은 헌법에 위반되지 아니한다.

제6절 위헌법률심판결정의 효력

헌재법 제47조(위헌결정의 효력) ① 법률의 위헌결정은 법원과 그 밖의 국가기관 및 지방자치단체를 기속(羈束)한다.

② 위헌으로 결정된 법률 또는 법률의 조항은 그 결정이 있는 날부터 효력을 상실한다. <개정 2014.5.20.>
③ 제2항에도 불구하고 형벌에 관한 법률 또는 법률의 조항은 소급하여 그 효력을 상실한다. 다만, 해당 법률 또는 법률의 조항에 대하여 종전에 합헌으로 결정한 사건이 있는 경우에는 그 결정이 있는 날의 다음 날로 소급하여 효력을 상실한다. <신설 2014.5.20.>
④ 제3항의 경우에 위헌으로 결정된 법률 또는 법률의 조항에 근거한 유죄의 확정판결에 대하여는 재심을 청구할 수 있다. <개정 2014.5.20.>
⑤ 제4항의 재심에 대하여는 「형사소송법」을 준용한다. <개정 2014.5.20.>

Ⅰ. 효력일반

위헌법률심판결정에도 다른 심판의 결정들과 공통적으로는 불가변력, 불가쟁력 등의 효력을 가질 것이다. 이러한 효력들에 대해서는 앞의 제2장에서 살펴본 바 있으므로 여기서는 생략한다(전술, 제2장 참조).

위헌법률심판의 심리결과 헌법재판소가 내리는 결정들에는 합헌결정, 위헌결정, 변형결정 등 여러 유형이 있고 이 결정들에 따라 효력이 달리 주어질 수 있을 것이다. 이하에서는 위헌결정과 변형결정이 가지는 효력을 중심으로 살펴보는데 위헌결정이 가지는 기속력, 소급효 문제 등을 중점적으로 다루고 변형결정도 위헌성이 인정되는 점에서 그것에 준한 효력을 중심으로 살펴본다.

Ⅱ. 위헌결정의 효력

1. 기속력

(1) 기속력의 개념과 법적 근거

기속력이란 국가기관과 지방자치단체 등이 헌법재판소의 결정의 취지를 존중하고 이에 위배되는 행위를 하여서는 아니 되는 구속을 받게 하는 힘을 말한다. 예컨대 위헌으로 결정된 법률을 적용해서 법원이 재판하거나 행정기관들이 행정작용 등을 행할 수 없다. 기속력은 법원 기타 모든 국가기관, 지방자치단체에 대한 효력이므로 원칙적으로 당사자에만 미치는 기판력과는 구별된다.

헌법재판소법 제47조 제1항은 "법률의 위헌결정은 법원 기타 국가기관 및 지방자치단체를 기속한다"라고 규정하여 법률의 위헌결정의 기속력을 명시하고 있고, 동법 제75조 제6항은 "제68조 제2항의 규정에 의한 헌법소원을 인용하는 경우에는 제45조 및 제47조의 규정을 준용한다"라고 규정하여 위헌소원을 통한 법률의 위헌결정의 경우에도 기속력을 부여하고 있다. 또한 이른바 부수적 규범통제, 즉 본래의미의 헌법소원심판에서 인용결정을 할 경우에 공권력의 행사 또는 불행사가 위헌인 법률 또는 법률의 조항에 기인한 것이라고 인정될 때에는 인용결정에서 헌법재판소가 당해 법률 또는 법률의 조항이 위헌임을 선고할 수 있다고 한 동법 동조 제5항의 규정에 따라 이루어지는 법률, 법률조항에 대한 위헌결정의 경우에도 동법 제75조 제6항은 마찬가지로 기속력을 인정하고 있다.

(2) 기속력을 가지는 결정들의 범위

헌법재판소법 제47조 제1항은 기속력을 '위헌결정'에만 명시하고 있다. 후술하는 대로 이 기속력은 단순 위헌결정뿐 아니라 변형결정의 경우에도 인정된다는 것이 우리 헌법재판소의 판례이다. 한정위헌결정이 가지는 기속력의 확보에 대해서는 문제점이 있다.

(3) 기속력의 내용

기속력이 모든 국가기관, 지방자치단체가 위헌결정을 존중하여야 한다는 효력이므로 국가기관들과 지방자치단체에 다음의 구속력을 가진다. 즉 위헌으로 결정된 법률(조항)과 같은 내용의 법률을 국회가 다시 제정할 수 없다. 행정기관은 그 위헌선언된 법률(조항)을 적용하여 행정처분 등 행정작용을 해서는 아니 된다. 법원도 위헌결정된 법률(조항)을 적용하여 재판을 해서는 아니 된다. 지방자치단체도 위헌으로 결정된 법률조항을 적용해서도 아니 되고 그 법률조항을 근거로 조례를 제정해서도 아니 된다.

(4) 기속력의 범위

1) 주관적 범위

헌재법 제47조 제1항은 기속력이 미치는 주관적 범위, 즉 기속력을 준수하여야 할 자로서 '법원과 그 밖의 국가기관 및 지방자치단체'를 명시하고 있다. 뒤에서 보게 될 일반적 효력(법규적 효력)이 법원과 그 밖의 국가기관 및 지방자치단체뿐 아니라 그 어느 누구도 그 효력을 주장할 수 없게 하는바(그래서 이를 '대세적 효력'이라고 부른다) 헌법재판소법 제47조 제1항 자체에서 명시한 법원과 그 밖의 국가기관 및 지방자치단체에만 기속력이 미친다고 본다면 기속력은 그 범위가 그 밖에 어느 누구에도 효력을 가지는 법규적 효력보다 제한된다.

2) 객관적 범위

(가) 주문 부분의 기속력 인정

기속력이 결정의 주문(主文)에만 미치는가 아니면 결정의 중요한 이유에도 미치는가 하는 것이 기속력의 객관적 범위의 문제이다. 결정의 주문에 미치는 것에는 별다른 이견이 없다.

(나) 이유 부분의 기속력 문제

결정의 중요이유에 헌법재판소가 표명한 헌법적 기본법리에 대해서도 기속력이 미치는지에 대해서는 긍정론과 부정론이 있다.[1)]

---

1) 이에 관해서는 정재황, 헌법재판절차의 개선을 위한 입법론적 연구, 헌법재판소 연구용역, 헌법재판연구, 제4권, 1993, 179면 이하 참조.

가) 주문에 올리는 조건의 기속력

헌법재판소는 아래의 결정에서 보듯이 한정합헌결정, 한정위헌결정의 기속력을 명백히 하기 위해 그 한정되는 부분의 내용이 이유설시만으로 부족하고 主文에까지 등장시켜야 한다고 보는바 이는 이유부분의 기속력에 대해서는 소극적으로 보는 입장이라 이해하게 한다.

판례 보훈기금법 부칙 제5조 및 한국보훈복지공단법 부칙 제4조 제2항 후단에 관한 위헌심판, 헌재 1994.4.28. 92헌가3, 판례집 6-1, 203면

[관련설시] 헌법재판소가 한정위헌 또는 한정합헌선언을 한 경우에 위헌적인 것으로 배제된 해석가능성 또는 축소된 적용범위의 판단은 단지 법률해석의 지침을 제시하는 데 그치는 것이 아니라 본질적으로 부분적 위헌선언의 효과를 가지는 것이며, 헌법재판소법 제47조에 정한 기속력을 명백히 하기 위하여는 어떠한 부분이 위헌인지 여부가 그 결정의 주문(主文)에 포함되어야 하므로, 이러한 내용을 결정의 이유에 설시하는 것만으로서는 부족하고 결정의 주문에까지 등장시켜야 한다.

나) 결정주문을 뒷받침하는 결정이유에 대한 기속력 요건 - 위헌결정 정족수(6인 이상 찬성) 필요

한편 헌재는 앞선 위헌결정에서 재판관들이 위헌인 것을 뒷받침하는 이유가 기속력을 가지려면 6인 이상 찬성을 얻었어야 한다고 보아 이유 중 주문을 뒷받침하는 이유로서 6인 이상 찬성의 경우에 기속력을 부여한다는 입장을 아래 결정에서 내보인 예도 있다. 사안은 이전의 헌재결정이 시각장애인에 한하여 안마사 자격인정을 받을 수 있도록 하는, 이른바 비맹제외기준(非盲除外基準)을 설정하고 있는 '안마사에 관한 규칙'(2000.6.16. 보건복지부령 제153호로 개정된 것) 규정에 대한 위헌결정(헌재 2006.5.25. 2003헌마715등)이 있었는데 이를 마찬가지로 규정한 의료법(법률) 규정은 위헌결정의 기속력을 침해한 것인지 여부가 쟁점이 된 것이다. 위 2003헌마715 등 위헌결정에서는 7인의 위헌의견들 중 법률유보원칙을 위배한다는 견해가 5인 의견, 과잉금지원칙을 위배한다는 의견이 5인 의견이었다. 과잉금지원칙 위배 의견이 6인 의견이 아니라 기속력이 없고 따라서 위헌결정의 기속력에 저촉된다고 볼 수 없다는 것이다. * 이 결정은 법령소원인 헌법소원이나 위헌결정의 기속력에 대한 이론으로 여기에도 해당되어 분석하여 옮긴 것이다. * 본안판단결과 합헌성을 인정하는 기각결정을 하였다.

판례 헌재 2008.10.30. 2006헌마1098등, 판례집 20-2상, 1103-1104면

[사건개요] (1) 청구인들은 안마, 마사지 또는 지압을 업으로 하려는 사람들이다. 헌법재판소가 2006.5.25. 시각장애인만 안마사자격을 취득할 수 있도록 한 '안마사에 관한 규칙'(2000.6.16. 보건복지부령 제153호로 개정된 것) 제3조 제1항 제1호와 제2호 중 각 "앞을 보지 못하는" 부분이 법률유보원칙 또는 과잉금지원칙에 위배된다는 이유로 위헌선언을 하였으나 국회는 2006.9.27. 시각장애인만 안마사 자격을 취득할 수 있도록 의료법 제61조 제1항을 새로 개정함으로써 비시각장애인의 안마사 자격취득제한을 그대로 유지하였다. (2) … (3) 그러자 다시 청구인들은 개정 의료법(2006.9.27. 법률 제8007호로 개정된 것) 제61조 제1항 일부규정이 일반인은 안마사 자격인정을 받을 수 없도록 규정함으로써 청구인들의 직업선택의 자유 등 기본권을 침해하고 있다고 주장하면서 2006.9.27. 및 9.29. 이 사건 헌법소원심판을 청구하였다. [청구인들 주장] (1) 이 사건 법률조항은 … 공공복리의 목적을 달성하지 못

하고, … 적절한 수단이 아니며, … 침해의 최소성원칙을 위반하고 있고, … 법익균형성원칙에도 위반된다. 결국 … 직업선택의 자유를 본질적인 내용까지 침해할 뿐 아니라 평등권도 침해한다. (2) 헌법재판소가 2006.5.25. 안마사자격 인정에 있어서 비맹제외기준을 규정한 「안마사에 관한 규칙」에 대하여 위헌결정을 했음에도 국회에서 비시각장애인의 안마사 자격인정을 원천적으로 부인하는 내용을 법률에 도입한 것은 위헌결정의 기속력에 반하는 것으로서 헌법에 위반된다. [판시] 헌법재판소법 제47조 제1항은 "법률의 위헌결정은 법원 기타 국가기관 및 지방자치단체를 기속한다."고 규정하고, 같은 법 제75조 제1항은 "헌법소원의 인용결정은 모든 국가기관과 지방자치단체를 기속한다."고 규정함으로써 헌법재판소가 내린 법률의 위헌결정 및 헌법소원의 인용결정의 효력을 담보하기 위해서 기속력을 부여하고 있는바, 이와 관련하여 입법자인 국회에게 기속력이 미치는지 여부, 나아가 결정주문뿐 아니라 결정이유에까지 기속력을 인정할지 여부 등이 문제될 수 있는데, 이에 대하여는 헌법재판소의 헌법재판권 내지 사법권의 범위와 한계, 국회의 입법권의 범위와 한계 등을 고려하여 신중하게 접근할 필요가 있을 것이다. 이 사건에서 청구인들은, 헌법재판소가 2003헌마715등 사건에서 시각장애인에게만 안마사 자격을 인정하는 이른바 비맹제외기준이 과잉금지원칙에 위반하여 비시각장애인의 직업선택의 자유를 침해한다는 이유로 위헌결정을 하였음에도 불구하고 국회가 다시 비맹제외기준과 본질적으로 동일한 내용의 이 사건 법률조항을 개정한 것은 비맹제외기준이 과잉금지원칙에 위반한다고 한 위헌결정의 기속력에 저촉된다는 취지로 주장하는바, 이는 기본적으로 위 위헌결정의 이유 중 비맹제외기준이 과잉금지원칙에 위반한다는 점에 대하여 기속력을 인정하는 전제에 선 것이라고 할 것이다. 앞서 본 바와 같이 결정이유에까지 기속력을 인정할지 여부 등에 대하여는 신중하게 접근할 필요가 있을 것이나 설령 결정이유에까지 기속력을 인정한다고 하더라도, 이 사건의 경우 위헌결정 이유 중 비맹제외기준이 과잉금지원칙에 위반한다는 점에 대하여 기속력을 인정할 수 있으려면, 결정주문을 뒷받침하는 결정이유에 대하여 적어도 위헌결정의 정족수인 재판관 6인 이상의 찬성이 있어야 할 것이고(헌법 제113조 제1항 및 헌법재판소법 제23조 제2항 참조), 이에 미달할 경우에는 결정이유에 대하여 기속력을 인정할 여지가 없다고 할 것인바, 앞서 본 바와 같이 2003헌마715등 사건의 경우 재판관 7인의 의견으로 주문에서 비맹제외기준이 헌법에 위반된다는 결정을 선고하였으나, 그 이유를 보면 비맹제외기준이 법률유보원칙에 위반한다는 의견과 과잉금지원칙에 위반한다는 의견으로 나뉘면서 비맹제외기준이 과잉금지원칙에 위반한다는 점과 관련하여서는 재판관 5인만이 찬성하였을 뿐이므로 위 과잉금지원칙 위반의 점에 대하여 기속력이 인정될 여지가 없다고 할 것이다. 그렇다면, 국회에서 2003헌마715등 사건의 위헌결정 이후 비맹제외기준을 거의 그대로 유지하는 이 사건 법률조항을 개정하였다고 하더라도, 위와 같이 비맹제외기준이 과잉금지원칙에 위반한다는 점과 관련하여 기속력을 인정할 여지가 없는 이상 입법자인 국회에게 기속력이 미치는지 여부 및 결정주문뿐 아니라 결정이유에까지 기속력을 인정할지 여부 등에 대하여 나아가 살펴 볼 필요 없이 이 사건 법률조항이 위 위헌결정의 기속력에 저촉된다고 볼 수는 없을 것이다.

(5) 위헌결정의 기속력에 반하는 반복입법인지 여부에 대한 판단기준

헌재의 위헌성인정결정(위헌결정, 변형결정) 이후 같은 내용의 입법이라고 하여 기속력 위반의 위헌이라는 주장, 즉 반복입법이어서 기속력 위반이라는 주장이 혹간 있어 왔다. 위 안마사 결정도 그렇고 사실 이 문제는 기속력의 범위와도 연관되어 있다. 여하튼 헌재는 위헌결정의 기속력에 반하는 반복입법인지 여부는 "단지 위헌결정된 법률조항의 내용이 일부라도 내포되어 있는지 여부에 의하여 판단할 것이 아니라, 입법목적이나 입법동기, 입법당시의 시대적 배경 및 관련조항들의 체계 등을 종합하여 실질적 동일성이 있는지 여부에 따라 판단하여야 한다"라고 한다.

① 금고 이상 형 선고유예시 공무원 자동퇴직규정 위헌결정 후 입법된 수뢰죄 선고유예시 자동퇴직 규정이 반복입법인지 여부 – 부정

판례 헌재 2013.7.25. 2012헌바409, 공보 제202호, 993면

[사실관계] 금고 이상의 형의 선고유예(경미한 범죄의 경우)를 받은 때에도 범죄의 종류와 내용을 가리지 않고 모두 당연퇴직되도록 한 공무원 관련 법규정들이 많았는데 최소침해원칙 위반이라는 이유로 위헌결정되었다(2002.8.29. 2001헌마788등; 2003.10.30. 2002헌마684, 2003.09.25. 2003헌마293; 2004.9.23. 2004헌가12; 2005.12.22. 2004헌마947). 후일 개정된 국가공무원법 제69조 단서는 수뢰죄(형법 제129조 제1항)를 범하여 금고 이상의 형의 선고유예를 받은 국가공무원은 당연퇴직하도록 하고 있는데 이 조항에 대해 헌법소원심판이 청구된 것이다. [청구인 주장] 심판대상조항은 2003.10.30. 2002헌마684등 결정에서 위헌으로 선고되어 효력을 상실한 구 국가공무원법(2002.12.18. 법률 제6788호로 개정되기 전의 것) 제69조 중 제33조 제1항 제5호 부분의 반복입법에 해당하여, 위헌결정의 기속력에 저촉된다. [판시] 청구인은 심판대상조항이 2002헌마684등 결정에서 위헌으로 선언된 내용을 포함하도록 개정됨으로써 위 결정의 기속력에 저촉되는 반복입법이라고 주장한다. 그런데 위헌결정의 기속력에 반하는 반복입법인지 여부는 단지 위헌결정된 법률조항의 내용이 일부라도 내포되어 있는지 여부에 의하여 판단할 것이 아니라, 입법목적이나 입법동기, 입법당시의 시대적 배경 및 관련조항들의 체계 등을 종합하여 실질적 동일성이 있는지 여부에 따라 판단하여야 한다(헌재 2010.12.28. 2008헌바89, 판례집 22−2, 659, 668 참조). 심판대상조항은 선고유예의 대상이 되는 범죄를 직무관련성을 요건으로 하는 형법 제129조 제1항의 수뢰죄로 그 종류를 한정하고 있는 점, 심판대상조항으로 인하여 당연퇴직사유의 범위가 이전보다 다소 넓어지긴 하였지만 당연퇴직사유가 여전히 임용결격사유보다 한정적으로 규정되어 있다는 점 등을 고려할 때 심판대상조항이 위헌결정된 구 국가공무원법 조항에 대한 단순한 반복입법으로 볼 수 없으므로, 이 부분 주장에 대해서는 더 나아가 살피지 아니한다. *심판결과 과잉금지원칙을 준수하였다고 하여 합헌결정이 내려졌다.

② 이전에 위헌결정된 노동조합 정치자금 기부금지 규정의 반복입법인지 여부 - 부정

판례 헌재 2010.12.28. 2008헌바89, 판례집 22-2, 668면

[이 사건 이전의 위헌결정인 헌재 1999.11.25. 95헌마154결정에서의 위헌결정된 심판대상규정] 구 '정치자금에 관한 법률'(1980.12.31. 법률 제3302호로 제정) 제12조 제5호 : 이 법 제12조(기부의 제한) 다음 각호의 1에 해당하는 자는 정치자금을 기부할 수 없다. 1.호 내지 4.호 생략 5. 노동단체 6. 이하 생략. [이 사건의 심판대상규정] 구 '정치자금에 관한 법률'(2004.3.12. 법률 제7191호로 개정되고, 2005.8.4. 법률 제7682호로 '정치자금법'으로 전부개정되기 전의 것) 제12조 제2항 중 '국내의 단체와 관련된 자금' 부분 및 제30조 제2항 제5호 중 '제12조 제2항 중 국내의 단체와 관련된 자금 부분에 위반하여 정치자금을 기부한 자' 부분. 이 법 제12조(기부의 제한) ② 누구든지 국내·외의 법인 또는 단체와 관련된 자금으로 정치자금을 기부할 수 없다. 제30조(정치자금 부정수수죄) ② 다음 각 호의 1에 해당하는 자는 5년 이하의 징역 또는 1천만 원 이하의 벌금에 처한다. 5. 제12조(기부의 제한) 또는 제13조(특정행위와 관련한 기부의 제한)의 규정에 위반하여 정치자금을 기부하거나 받은 자 [이 사건에서의 판시] … 이 사건 기부금지 조항이 위헌결정된 법률조항의 반복입법인지 여부 – 청구인들은, 이 사건 기부금지 조항이 1999.11.25. 헌법재판소의 95헌마154 결정으로 위헌선언된 구 '정치자금에 관한 법률'(1980.12.31. 법률 제3302호로 개정된 것) 제12조 제5호의 반복입법으로서 위 위헌결정의 기속력에 저촉된다고 주장하는바, 이 사건 기부금지 조항이 노동단체를 포함하는 모든 단체의 정치자금 기부금지 규정에 관한 탈법행위 방지 규정이라는 점에 비추어 보면, 내용상으로는 위헌결정된 법률조항의 내용을 일부분 전제하고 있는 것으로 보일 수 있다. 그러나 위헌결정된 법률조항의 반복입법에 해당하는지 여

부는 단지 위헌결정된 법률조항의 내용이 일부라도 내포되어 있는지 여부에 의하여 판단할 것이 아니라, 입법목적이나 입법동기, 입법당시의 시대적 배경 및 관련조항들의 체계 등을 종합하여 실질적 동일성이 있는지 여부에 따라 판단하여야 할 것이다. 살피건대, 이 사건 기부금지 조항은 ① 직접적인 규율영역이 단체의 행위가 아닌 자연인의 행위라는 점에서 종전에 위헌결정된 법률조항과 문언적으로 구별되고, ② 그 전제가 되는 법률조항을 살피더라도, 구 정치자금법 제12조 제1항은 노동단체 이외의 단체의 정치자금 기부까지도 포괄하는 것이라는 점에서 종전에 위헌결정된 법률조항과 전적으로 동일한 경우에 해당하지 않으며, ③ 종전에 위헌결정된 법률조항이 연혁적으로 노동단체의 정치활동을 금지하기 위한 여러 법률들의 규제조치의 일환을 이루고 있었던 것으로서, 다른 법률에 의한 노동단체의 정치활동 금지가 해제된 이후에도 여전히 남아서 다른 단체와 차별적으로 노동단체의 정치자금 기부를 금지하는 것이었던 반면, 이 사건 기부금지 조항이 전제하고 있는 단체의 정치자금 기부금지 규정(구 정치자금법 제12조 제1항)에는 노동단체에 대한 차별적 규제의 의도가 전혀 존재하지 않는다는 점에서 종전의 위헌결정된 법률조항과 실질적으로 동일하거나 본질적으로 유사한 것으로 보기 어렵다. 따라서 이 사건 기부금지 조항이 위 95헌마154 결정에 의하여 위헌선언된 법률조항의 반복입법에 해당한다고 볼 수 없고, 반복입법에 해당하지 않는다고 판단하는 이상 입법자인 국회에 대하여도 헌법재판소의 위헌결정의 기속력이 미치는지 여부 및 결정주문 뿐만 아니라 결정이유에까지 기속력을 인정할지 여부 등에 대하여 더 나아가 살펴볼 필요 없이 이 사건 기부금지조항이 위 95헌마154 결정으로 위헌선언된 구 '정치자금에 관한 법률' 제12조 제5호의 반복입법으로서 위 위헌결정의 기속력에 저촉된다는 주장은 이유없다 할 것이다.

* 평가 – 그런데 사안은 전국언론노동조합 위원장 등이 선거자금 모금·기부로 기소된 형사재판에서 이루어진 위헌소원심판 청구사건이었다. 즉 헌재는 판시에서 이 사건 기부금지조항이 노동조합만이 아니라 노동조합을 포함한 모든 단체에 대한 규율입법임을 위헌결정된 노동조합 정치자금 기부금지규정과의 차이점으로 들고 있으나 사안은 이처럼 노동조합 관련 사건이었던 것이다. 위 판시가 그렇게 설득력이 있는 것으로 이해되지는 않는다.

2. 일반적 효력·대세적 효력·법규적 효력

(1) 개념

헌법재판소법 제47조 제2항은 위헌으로 결정된 법률 또는 법률의 조항은 "효력을 상실한다"라고 규정하고 있다. 구체적 규범통제를 행하는 위헌심사제에서는 위헌결정이 당해 재판에서 위헌결정된 법률의 적용이 거부되게 하는 데 그치는 개별적인 효력을 가지는 것이 원칙인데(전술, 제1장 제2절 2. 참조) 우리의 경우 구체적 규범통제를 행하면서도 헌법재판소법 제47조 제2항은 이처럼 위헌으로 결정된 법률(조항)이 효력을 상실하는 효과를 부여하고 있다. 그리하여 위헌결정이 된 법률(조항)은 일반적으로 그 효력이 없는 것으로 되고[일반적 효력(一般的 效力)] 그 법률(조항)에 대해서는 그 어느 누구도 효력을 주장할 수 없게 되는 대세적 효력(對世的 效力)이 생긴다.

위헌결정으로 법률의 효력이 상실되는 효과를 두고 독일 등에서처럼 법규적 효력(法規的 效力)으로 보는 견해도 있다. 위헌결정으로 법률(조항)의 효력이 '상실'된다는 것은 법률을 폐지하는 법효과를 가져오므로 이를 두고 법규적 효력이라고 하는 것이다. 우리 헌법재판소법에는 법규적 효력을 직접적으로 명시하고 있지 않다. 우리 헌법재판소는 아래의 결정례들에서 보듯이 위헌결정의 효과에는 법률폐지의 법규적 효력이 따른다고 하면서 법규적 효력이라는 용어를 사용하고 있다. 헌법재판소가 입법자가 아니라는 점을 들어 법규적 효력이라는 용어에 대해서는 문제가 있다는 지적도 있다.

판례 ① 헌재 1993.5.13. 92헌가10, 91헌바7등, 판례집 5－1, 244면. [관련설시] … 나아가 원래 위헌결정의 효과에는 법률폐지의 법규적 효력이 따르는 것이므로 위헌결정에 함부로 소급효를 인정하게 된다면 소급입법에 의하여 기히 취득한 재산권이 박탈당하는 결과가 되어 헌법 제13조 제2항의 규정에 저촉될 수도 있다. ② 헌재 1992.6.26. 90헌아1, 판례집 4, 383면, 각하결정. [관련설시] 헌법재판소법 제68조 제2항에 의한 헌법소원에 있어서 인용결정은 위헌법률심판의 경우와 마찬가지로 이른바 일반적 기속력과 대세적·법규적 효력을 가진다. 이러한 효력은 법원에서의 구체적·개별적 소송사건에서 확정된 판결이 그 기속력이나 확정력에 있어서 원칙적으로 소송당사자에게만 한정하여 그 효력이 미치는 것과 크게 다른 것이다.

(2) 실제례

선행 결정에서 위헌으로 선언된 법률규정은 위헌결정이 가지는 대세적, 일반적 효력으로 특별한 조치 없이 당연히 효력이 없다고 보고 그 위헌결정 이후 위헌심판이 되는 경우 헌재는 당연히 효력이 없다고 판단해주어야 한다. 그리고 그 누구도 유효함을 주장할 수 없다. 이러한 경우가 생기는 경우는 헌재의 선행 위헌결정이 이미 위헌이라고 선언한 부분이 내포되어 있는 조문에 대해 위헌심판이 청구된 경우이다. 실제로 그러한 예를 아래의 결정이 보여주었다. 사안에서 당해사건에 적용된 법률조항은 '특정범죄 가중처벌 등에 관한 법률'(2010. 3. 31. 법률 제10210호로 개정된 것) 제5조의4 제6항이고, 그 중에서도 청구인의 상습절도 범행에 대하여 같은 조 제1항 중 형법 제329조에 관한 부분이 적용되었는데 바로 이 제6항이 위헌결정된 동조 제1항 중 형법 제329조 부분을 포함하고 있어 문제가 된 것이었다.

판례 헌재 2015.11.26. 2013헌바343, 위헌결정

[심판대상조항] 특가법 제5조의4(상습 강도·절도죄 등의 가중처벌) ⑥ 제1항 또는 제2항의 죄로 두 번 이상 실형을 선고받고 그 집행이 끝나거나 면제된 후 3년 이내에 다시 제1항 또는 제2항의 죄를 범한 경우에는 그 죄에 대하여 정한 형의 단기의 2배까지 가중한다. * 관련조항 － 동법 제5조의4(상습 강도·절도죄 등의 가중처벌) ① 상습적으로 형법 제329조부터 제331조까지의 죄 또는 그 미수죄를 범한 사람은 무기 또는 3년 이상의 징역에 처한다. [판시] (가) 헌법재판소는 2015.2.26. 2014헌가16등 사건에서 "특가법 제5조의4 제1항 중 형법 제329조에 관한 부분, 같은 법률 제5조의4 제1항 중 형법 제329조의 미수죄에 관한 부분, 같은 법률 제5조의4 제4항 중 형법 제363조 가운데 형법 제362조 제1항의 '취득'에 관한 부분은 헌법에 위반된다."라고 결정하였다. 특가법 제5조의4 제1항 중 위헌으로 결정된 부분은 형벌에 관한 법률조항이므로 2014헌가16등 결정에 의해 소급하여 그 효력을 상실하였다(헌법재판소법 제47조 제3항 참조). (2) 위헌으로 결정된 법률은 별도의 절차 없이 효력을 상실하기 때문에 그 법률에 근거한 어떠한 행위도 할 수 없다. 법률의 폐지와 달리 위헌결정으로 인한 법률의 효력 상실은

입법절차나 공포절차를 거치지 않으며 법전에서 외형적으로 삭제되지 않는다. 그러나 실질적으로는 법률폐지와 유사한 법적 효과를 가진다. 위헌결정이 내려진 법률조항은 법질서에서 더 이상 아무런 작용과 기능을 할 수 없고, 누구도 그 법률이 유효함을 주장할 수 없다. 국가기관은 그 법률조항이 유효함을 전제로 계속 적용할 수 없다. 특가법 제5조의4 제1항 중 헌재 2014헌가16등 결정에서 위헌으로 선고된 부분은 위헌결정으로 인하여 그 부분의 효력이 상실되었기 때문에 이 부분이 유효하다는 주장을 할 수 없게 되었다. (나) 죄형법정주의의 명확성원칙 – 죄형법정주의 원칙은 구성요건을 명확하게 규정할 것을 요구한다. (다) 심판대상조항의 구성요건이 죄형법정주의의 명확성원칙에 위반되는지 여부 – 심판대상조항은 특가법 제5조의4 제1항과는 별도의 구성요건을 규정하고 있으나, 그 구성요건 및 법정형을 정하면서 특가법 제5조의4 제1항을 인용하는 문장구조를 취하고 있다. 그 중 먼저 심판대상조항의 구성요건, 즉 '제1항 중 형법 제329조에 관한 부분의 죄를 범한 경우'에 대하여 본다. 또한, 특가법 제5조의4 제6항이 제1항의 문언을 인용하여 간결하게 구성요건을 표현하였다고 새기더라도, 제1항 중 형법 제329조에 관한 부분에 대하여 이미 위헌결정이 선고됨으로써 문언 인용의 기초가 상실된 상태이므로, 심판대상조항의 '특가법 제5조의4 제1항의 죄'라는 구성요건 중 형법 제329조에 관한 부분을 '상습적으로 형법 제329조의 죄'로 해석할 근거가 사라져버린 셈이다. 만약 국회가 특가법 제5조의4를 개정하면서 제6항은 그대로 두고 2014헌가16등 결정의 취지에 따라 제1항 중 위헌으로 선고된 부분만 단순히 삭제하는데 그치는 개정을 한다면, 특가법 제5조의4 제6항의 '제1항의 죄를 범한 경우'에 '제1항 중 형법 제329조에 관한 부분의 죄'를 범한 경우가 포함된다고 볼 여지는 전혀 없을 것이다. 특가법 제5조의4 제1항이 위 위헌결정의 취지에 따라 형식적으로 개정되기 전이라고 하여 이와 달리 볼 것은 아니다. 위헌으로 결정된 조항에 대한 후속입법절차의 유무에 따라 위헌결정의 의미 내지 효력이 달라지는 것은 아니기 때문이다. 결국, 수범자의 입장에서는 '상습적으로 형법 제329조의 죄'를 범한 경우에 심판대상조항에 따라 처벌받는지 여부를 명확하게 알 수 없게 되어 버렸다. 실무에서도 특가법 제5조의4 제1항 중 형법 제329조에 관한 부분에 대하여 위헌결정이 선고된 이후, 특가법 제5조의4 제6항을 여전히 적용할 수 있는지에 관하여 하급심 판결이 엇갈렸고, … 법률조항의 올바른 해석을 위하여 입법연혁이나 그 취지까지 참작해야 한다면 이는 법률전문가에게도 결코 쉽지 않은 일이다. 즉 통상의 판단능력을 가진 일반인은 물론 법률전문가에게조차 법해석상 혼란을 야기할 수 있을 정도라면, 이는 적어도 형벌법규에는 적합하지 아니한 것으로서 죄형법정주의의 명확성원칙에 위반된다고 할 것이다(헌재 1997.9.25. 96헌가16 참조). 따라서 심판대상조항의 구성요건은 죄형법정주의의 명확성원칙에 위반된다. …

3. 위헌결정의 장래효(일반 법률조항)와 소급효(형벌조항)

(1) 일반 법률조항의 장래효

1) 위헌결정의 소급효여부에 관한 입법례

위헌결정이 법률(조항)의 효력을 언제부터 상실시키는 것인지에 대해서는 크게 두 가지의 입장, 즉 ① 소급하여 효력이 상실하도록 하거나 ② 장래에 향하여서만 효력이 상실하도록 하는 두 가지의 입장에 서거나 아니면 양자를 절충하는 입장을 취할 수도 있다. 소급효에 무게를 두는 입장은 위헌인 상태를 정상적인 합헌의 상태로 돌려놓으려는 법적 정의에 강조점을 두는 입장이다. 반면 장래효는 소급시 그동안 그 법률로 형성된 법률관계가 흔들림으로써 법적 불안정이 오는 것을 꺼려하는, 즉 법적 안정성에 강조점을 두는 입장이다. 이 양자가 어느 한쪽으로만 고정되어야 하는 것은 아니고 절충과 예외를 인정할 수도 있다. 외국의 입법례로,

우리 헌법재판소의 설명에 따르면 "1) 첫째로 위헌결정에 소급효(ex tunc)를 원칙적으로 인정하면서 이를 부분적으로 제한하는 예로서는 독일, 스페인, 포르투갈 등이 있다. … 2) 둘째로, 위헌결정에 장래효(ex nunc)를 원칙으로 하면서 부분적으로 소급효를 인정하는 입법례로는 오스트리아, 터키 등이 있다. … 3) 셋째로, 위헌결정에 소급효를 인정할 것인가를 구체적인 사건마다 결정하는 예로는 미합중국, 독일의 일부 주 등이 있다"라고 한다.[1)]

2) 문제의 소재

헌재법 제47조 제2항은 "위헌으로 결정된 법률 또는 법률의 조항은 그 결정이 있는 날부터 효력을 상실한다"라고 규정하고 동조 제3항 본문은 "형벌에 관한 법률 또는 법률의 조항은 소급하여 그 효력을 상실한다"라고 규정하여 형벌에 관한 법률 또는 법률의 조항이 아닌 일반 법률조항에 대하여는 이른바 장래효를 원칙으로 규정하고 있다(동항 단서로 형벌조항의 경우에도 소급효가 일부 제한되기도 하지만 원칙적으로 소급효가 인정된다). 이렇게 형벌조항이 아닌 한 장래효를 원칙으로 한 이유는 소급효를 인정하였을 때 법적 불안정이 초래된다는 점을 고려한 때문이다. 그러나 장래효만 인정하고 소급효를 부정하면 자신의 기본권을 침해하는 공권력작용의 근거법률조항에 대한 위헌결정을 얻어낸 당사자라도 기본권을 침해하는 공권력작용이 있었던 당시에는 소급적으로 위헌이 아니니 그 문제의 근거법률조항과 공권력작용이 유효했던 것으로 되어 구제가 되지 못하고 결국 위헌결정을 끌어낸 노력이 의미가 없게 되는 문제가 생긴다. 따라서 법적 안정성 때문에 장래효를 원칙으로 하였으나 이에 대해서는 논란이 적지 않았다.

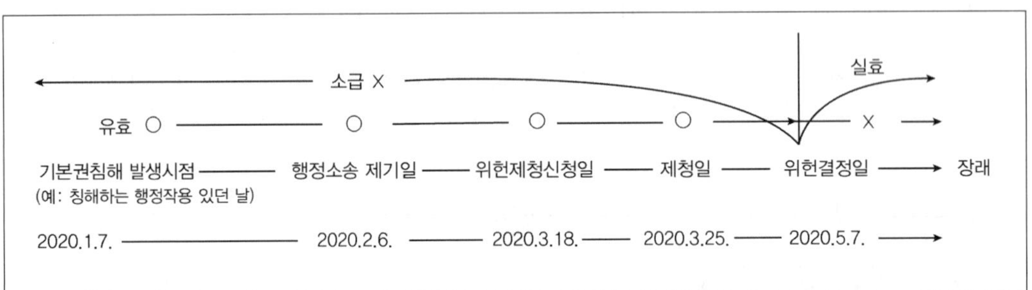

▌장래효의 문제점 : * 기본권침해 시점에는 유효한 것으로 인정되어 위헌결정에도 불구하고 구제가 안됨

3) 한국 헌재와 대법원의 입장 - 원칙적 장래효, 예외적 소급효

(가) 헌재의 입장

가) 헌재법 제47조 제2항 합헌결정

헌재는 헌재법 제47조 제2항(당시는 본문)에 대해 합헌이라고 결정한 아래의 결정에서 장래효 원칙과 소급효의 예외적 인정 법리를 집중적으로 밝혔다. 이에 관한 대표적인 판례이다. 따

1) 헌재 1993.5.13. 92헌가10등, 판례집 5-1, 246-248면.

라서 일단 아래 결정례를 살펴보고 아래에 이를 정리하여 분석한다.

[주요사항]

▷ 1. 원칙 : 위헌결정의 소급효의 부인
= 원칙적으로 장래효만 가지고 소급효는 없음

▷ 2. 예외적으로 소급효 인정은 가능
예외적 소급효 인정의 기준 → 아래 예외적 소급효인정에 정리된 바 참조.

▷ 3. 소급효인정 여부의 판단권자
헌재가 밝혀야 하나, 밝히지 않은 경우 법원이 판단

▷ 4. 결론 : 예외적 소급효를 인정하나 원칙적으로 불소급. 합헌

판례 헌재 1993.5.13. 92헌가10등

[사건개요] 본 사안은 법원의 직권에 의한 위헌법률심판제청과 위헌소원심판청구들로 이루어졌다. (가) 먼저 법원의 제청사건을 보면, 국유재산에 대한 시효취득을 금지한 국유재산법 제5조 제2항을 잡종재산에 대해 적용하는 것은 위헌이라는 헌법재판소의 결정이 1991.5.13.에 있었는데, 1945.8.9. 국가에 귀속된 재산을 1962.4.16.에 종전 소유자로부터 매수 인도받아 20년 이상 점유하여 시효취득하였다고 주장하면서 국가를 상대로 한 소유권이전등기절차의 이행청구소송이 1991년 8월경 제기되었다. 담당 법원은 이 사건에 대한 판결을 함에 있어서 헌재법 제47조 제2항 본문의 규정이 헌법에 위반되는지 여부가 재판의 전제가 된다고 보아 헌법재판소에 위헌심판을 직권으로 제청하였다. (나) 다음으로 위헌소원사건들을 보면, 헌법소원 청구인 중 일부는 헌법재판소의 위헌결정을 받은 법률조항들의 적용을 위헌결정일 이전에 이미 받음으로써 권리가 침해된 자들로서 헌법재판소의 위헌결정 후 법원에 소송을 제기하였고, 또 일부의 청구인은 아직 위헌결정된 바 없는 법률규정이나 자신에 대한 불리한 처분의 근거가 된 그 법률규정이 위헌이라고 주장하면서 법원에 소송을 제기하였는데, 청구인들은 헌법재판소법 제47조 제2항 본문규정이 형벌법규 외의 법률(법률조항)이 위헌결정을 받았을 때에는 위헌결정일로부터 효력을 상실한다고 규정하고 있기 때문에 위헌결정일 이전 권리침해에 대해서는 회복이 안 되어 이는 재판을 받을 권리규정인 헌법 제27조 제1항, 재산권보장규정인 헌법 제23조 제1항 등에 위반된다고 보고, 따라서 헌법재판소법 제47조 제2항 본문규정의 위헌여부가 재판의 전제가 된다고 보아 법원에 위헌법률심판제청을 신청했으나 신청이 기각되었고, 이에 헌재법 제68조 제2항의 헌법소원심판을 청구하게 되었다. [결정요지] 1. 1) 우리나라 헌법은 헌법재판소의 법조항에 대한 위헌결정의 효력에 관하여 직접적으로 규정하고 있지 않으며, 법(헌법재판소법) 제47조가 원칙적으로 헌법재판소의 위헌결정에 장래효만을 인정하면서도 위헌결정이 난 형벌법규에 한하여서는 소급효를 인정하고 있고 … 2) 어떤 법률이 헌법에 위반되는 경우 그 모습에는 여러 가지가 있을 수 있다. 첫째, 제정 당시에는 합헌이었으나 후발적인 사정변경으로 인하여 위헌인 법률로 되는 경우가 있다. … 후발적 위헌법률의 경우는 위헌선언을 하여도 장래에 향하여 효력을 잃는 장래효를 가질 수밖에 없을 것이며, 성질상 제정 당시로 소급효를 인정해서는 안 될 것은 물론, 인정할 필요도 없을 것이다. 둘째, 법률의 조항 자체에는 위헌성이 없으나 평등의 원칙 위반이나 체계부조화 등으로 말미암아 재조정하지 않으면 위헌을 면할 수 없는 경우가 있다. 예컨대 특정집단에게만 특별한 이익을 베푼 이른바 수혜법률에 대해 있을 수 있는 일로, … 평등원칙을 어겼다는 이유로 위헌이 되는 경우이다. 이러한 경우까지 모두 그 법률의 제정 당시로 소급하여 효력을 상실시킨다면 법의 공백으로 인하여 일반 법률사건까지도 혜택을 박탈하는 부당한 결과를 낳지 않을 수 없다. 따라서 이와 같은 경우에 외국의 헌법재판례에서는 소급적 법률폐지가 아니라 오히려 평등의 원칙 위반이나 체계부조화 등을 제거하는 입법을 할 것을 촉구하고 새로 법을 제정하기까지 경과적 조치로서 그 법률의 효력을 지속시키고 있다. 셋째, 제정 당시부터 원시적으로 위헌인 법률 또는 법률의 조항의 경우 … 인데, 이와 같은 경우라 하여도 일률적으로 쉽사리 소급효를 관철시킬 수 없다.

먼저 당사자의 권리구제보다도 법적 안정성에 치명적인 침해를 주는 경우를 상정할 수 있다. 다음으로 원시적 위헌법률이라 하여도 소급효로 말미암아, 합헌추정의 원칙에 의하여 제대로 된 법률로 믿은 선의의 국민의 신뢰 내지 기득권을 동요시키고 이미 형성된 법률관계의 안정을 해치는 경우가 생길 수 있다. … 나아가 원래 위헌결정의 효과에는 법률폐지의 법규적 효력이 따르는 것이므로 위헌결정에 함부로 소급효를 인정하게 된다면 소급입법에 의하여 기히 취득한 재산권이 박탈당하는 결과가 되어 헌법 제13조 제2항의 규정에 저촉될 수도 있다. 3) 헌법재판제도의 기능과 본질을 생각하여 볼 때 헌법재판이란 법률의 위헌결정에 의하여 *舊法秩序*를 송두리째 뒤집어 과거를 백지화하는 사회혁명적인 파장을 일으키는 것이 아니고, 하위법규를 국가의 최고규범인 헌법질서에 맞추는 전향적인 법체계의 형성이 원칙이고, 다만 정의와 형평상 도저히 묵과되어서는 안 될 경우에 최소한도로 기존의 질서를 허무는 것으로 이해된다. 새로운 사법적(*司法的*) 선언에 의하여 과거지사가 어느 때나 뒤집혀질 수 없는 것이고 뒤집혀서도 안 될 것이라면 위헌결정에 소급효의 원칙적 제한은 헌법재판제도의 본질적 속성이라고도 할 수 있다. 생각건대 장래 무효시키는 법 제47조 제2항의 규정은 미래지향적인 법규정의 재정비라는 헌법재판의 본질적 기능과 무관하지 않다. 4) 여기에서 법률에 대한 위헌결정의 효력에 관련된 외국의 입법례를 살펴본다면 다음 세 가지 형태로 요약된다[* 이하는 앞의 (1) '1) 위헌결정의 소급효여부에 관한 입법례'에서 이미 인용함. 전술 참조] … 5) 생각건대, 우리나라 헌법은 헌법재판소에서 위헌으로 선고된 법률 또는 법률의 조항의 시적 효력 범위에 관하여 직접적으로 아무런 규정을 두지 아니하고 하위법규에 맡겨 놓고 있는바, 그렇다면 헌법재판소에 의하여 위헌으로 선고된 법률이 제정 당시로 소급하여 효력을 상실하는가 아니면 장래에 향하여 효력을 상실하는가의 문제는 특단의 사정이 없는 한, 헌법적합성의 문제라기보다는 입법자가 법적 안정성과 개인의 권리구제 등 제반이익을 비교형량하여 가면서 결정할 입법정책의 문제인 것으로 보인다. 다시 말하면 위헌결정에 소급효를 인정할 것인가를 정함에 있어 '법적 안정성 내지 신뢰보호의 원칙'과 '개별적 사건에 있어서의 정의 내지 평등의 원칙'이라는 서로 상충되는 두 가지 원칙이 대립하게 되는데, 개별적 사건에서의 정의 내지 평등의 원칙이 헌법상의 원칙임은 물론 법적 안정성 내지 신뢰보호의 원칙도 법치주의의 본질적 구성요소로서 수호되어야 할 헌법적 가치이므로 …, 이 중 어느 원칙을 더 중요시할 것인가에 관하여는 법의 연혁·성질·보호법익 등을 고려하여 입법자가 자유롭게 선택할 수 있도록 일임된 사항으로 보여진다. 결국 우리 입법자는 법 제47조 제2항 본문의 규정을 통하여 형벌법규를 제외하고는 법적 안정성을 더 높이 평가하는 방안을 선택하였는바, 이에 의하여 구체적 타당성이나 평등의 원칙이 완벽하게 실현되지 않는다고 하더라도 헌법상 법치주의의 원칙의 파생인 법적 안정성 내지는 신뢰보호의 원칙에 의하여 정당화된다고 할 것이고, 특단의 사정이 없는 한 이로써 헌법이 침해되는 것은 아니라 할 것이다. 2. 다만 위에서 본 바 효력이 다양할 수밖에 없는 위헌결정의 특수성 때문에 예외적으로 그 적용을 배제시켜 부분적인 소급효의 인정을 부인해서는 안 될 것이다. 우선 생각할 수 있는 것은, 구체적 규범통제의 실효성의 보장의 견지에서 법원의 제청·헌법소원의 청구 등을 통하여 헌법재판소에 법률의 위헌결정을 위한 계기를 부여한 당해 사건, 위헌결정이 있기 전에 이와 동종의 위헌여부에 관하여 헌법재판소에 위헌제청을 하였거나 법원에 위헌제청신청을 한 경우의 당해 사건, 그리고 따로 위헌제청신청을 아니하였지만 당해 법률 또는 법률의 조항이 재판의 전제가 되어 법원에 계속중인 사건에 대하여는 소급효를 인정하여야 할 것이다. 또 다른 한 가지의 불소급의 원칙의 예외로 볼 것은, 당사자의 권리구제를 위한 구체적 타당성의 요청이 현저한 반면에 소급효를 인정하여도 법적 안정성을 침해할 우려가 없고 나아가 구법에 의하여 형성된 기득권자의 이득이 해쳐질 사안이 아닌 경우로서 소급효의 부인이 오히려 정의와 형평 등 헌법적 이념에 심히 배치되는 때라고 할 것으로, 이 때에 소급효의 인정은 법 제47조 제2항 본문의 근본취지에 반하지 않을 것으로 생각한다. 3. 어떤 사안이 후자와 같은 테두리에 들어가는가에 관하여는 다른 나라의 입법례에서 보듯이 본래적으로 규범통제를 담당하는 헌법재판소가 위헌선언을 하면서 직접 그 결정주문에서 밝혀야 할 것이나, 직접 밝힌 바 없으면 그와 같은 경우에 해당하는가의 여부는, 일반 법원이 구체적 사건에서 해당 법률의 연혁·성질·보호법익 등을 검토하고 제반이익을 형량해서 합리적·합목적적으로 정하여 대처할 수밖에 없을 것으로 본다. 4. 결론적으로 법 제47조 제2항 본문의 규정을 특별한 예외를 허용하는 원칙규정으로 이해 해석하는 한 헌법에 위반되지 아니하며, 따라서 일률적 소급효를 인정하여야 합헌이 된다는 전제하에 법 제47조 제2항 본문의 규정이 헌법위반이 된다는 주장은 그 이유 없다. * 동지 : 헌재 2000.8.31. 2000헌바6; 2001.12.20. 2001헌바7등; 2008.9.25. 2006헌바108; 2013.6.27. 2010헌마535 등.

나) 헌재 판례법리의 정리

(a) 원칙적 장래효 헌재는 우리 헌재법의 장래효원칙을 합헌으로 보았다. 우리 헌재는 위에서 인용한 대로 행한 비교법적 고찰에 의하여 헌법재판소법 제47조 제2항은 "결코 세계에 유래가 없는 특수입법례가 아니고 위헌결정에 장래효만을 인정하면서 부분적으로 소급효를 인정하는 두 번째 형태의 입법례에 속하는 것임을 알 수 있다"라고 본다.[1)]

(b) 예외적 소급효 인정 헌재는 다만, 이처럼 장래효 원칙이 합헌이라고 보면서도 예외적으로 소급효의 인정이 가능하다고 본다.

(c) 헌재의 예외적 소급효 인정기준

[주요사항]
소급효 인정의 3가지 경우 = ① 당해사건, ② 동종사건, ③ 병행사건
그리고 구체적 타당성 요청이 현저한 반면에 소급효를 인정하여도 법적 안정성을 침해할 우려가 없고 기득권자의 이득이 해쳐질 사안이 아닌 경우로서 소급효의 부인이 오히려 정의와 형평 등 헌법적 이념에 심히 배치되는 때

헌재는 다음과 같이 당해사건, 동종사건, 병행사건 세 가지 경우를 소급효 예외 인정기준으로 설정하고 구체적 타당성이 중요한 경우도 소급효 인정 경우로 한다. 즉, "법원의 제청·헌법소원의 청구 등을 통하여 헌법재판소에 법률의 위헌결정을 위한 계기를 부여한 당해 사건(① 당해사건), 위헌결정이 있기 전에 이와 동종의 위헌여부에 관하여 헌법재판소에 위헌제청을 하였거나 법원에 위헌제청신청을 한 경우의 당해 사건(② 동종사건), 그리고 따로 위헌제청신청을 아니하였지만 당해 법률 또는 법률의 조항이 재판의 전제가 되어 법원에 계속 중인 사건(③ 병행사건)에 대해서는 소급효를 인정하여야 할 것"이라고 본다(헌재 1993.5.13. 92헌가10등, 판례집 5-1, 226면 이하).

그리고 헌법재판소는 "당사자의 권리구제를 위한 구체적 타당성의 요청이 현저한 반면에 소급효를 인정하여도 법적 안정성을 침해할 우려가 없고 나아가 구법에 의하여 형성된 기득권자의 이득이 해쳐질 사안이 아닌 경우로서 소급효의 부인(否認)이 오히려 정의와 형평 등 헌법적 이념에 심히 배치되는 때"에는 소급효가 인정될 수 있다고 본다(헌재 1993.5.13. 92헌가10, 91헌바7등 위 결정)(* 동지 : 헌재 2000.8.31. 2000헌바6; 2001.12.20. 2001헌바7등; 2008.9.25. 2006헌바108; 2013.6.27. 2010헌마535 등).

---

1) 헌재 1993.5.13. 92헌가10등, 판례집 5-1, 248면.

한편 이러한 예외적 소급효의 인정은 누구의 판단에 의할 것인가가 문제될 수 있는데 우리 헌법재판소는 "규범통제를 담당하는 헌법재판소가 위헌선언을 하면서 직접 그 결정주문에서 밝혀야 할 것이나, 직접 밝힌 바 없으면 그와 같은 경우에 해당하는가의 여부는, 일반 법원이 구체적 사건에서 해당 법률의 연혁·성질·보호법익 등을 검토하고 제반이익을 형량해서 합리적·합목적적으로 정하여 대처할 수밖에 없을 것"이라고 본다(헌재 1993.5.13. 92헌가10등; 2000.8.31. 2000헌바6; 2001.12.20. 2001헌바7등; 2008.9.25. 2006헌바108; 2013.6.27. 2010헌마535 등).

(d) **당해사건, 동종사건, 병행사건, 일반사건의 용어정리** 이즈음에서 소급효가 예외적으로 인정될 사건에 대해 당해사건, 동종사건, 병행사건, 일반사건의 용어가 정리되어야 할 것 같다. 이는 대법원 판례법리에 대한 설명의 경우에도 마찬가지로 쓰이는 용어인데 대법원판결들 중에는 아래에 서술하듯이 그 설시 문언에 차이를 보여주기도 하여 의문이 없지 않아서이기도 하다. 당해사건은 위헌결정을 이끌어내 그 사건임이라는 점에 분명한 의미를 가지는 용어이다. 동종사건과 병행사건의 구분이 모호하다. 위헌제청(신청) 여부에 따라 있으면 동종사건이고 없는 경우에는 병행사건이라고 일단 보도록 한다. 문제는 일반사건이란 용어인데 아래 대법원의 판례 중에는 "헌법재판소 위헌결정의 효력은 위헌제청을 한 당해 사건은 물론이고 위헌결정이 있기 전에 이와 동종의 위헌여부에 관하여 헌법재판소에 위헌여부심판제청이 되어 있거나 법원에 위헌여부심판제청신청이 되어 있는 경우의 당해 사건과 별도의 위헌제청신청 등은 하지 않았지만 당해 법률 또는 법조항이 재판의 전제가 되어 법원에 계속된 모든 일반 사건에까지 미친다"라고 판시한 판례(대법원 2019.12.24. 2019다231625; 1992.2.14. 91누1462)가 있다. 반면에 "위헌결정이 있기 전에 … 법원에 계속 중인 사건뿐만 아니라 위헌결정 이후에 위와 같은 이유로 제소된 일반사건에도 미친다고 봄이 타당하다"라고 하는 판례(대법원 1993.1.15. 92다12377)도 있어 혼선이 온다. 2017년에 나온 대법원판결로 심지어 "헌법재판소의 위헌결정의 효력은 위헌제청을 한 '당해사건', … '동종사건'과 … 법원에 계속 중인 '병행사건'뿐만 아니라, 위헌결정 이후 같은 이유로 제소된 '일반사건'에도 미친다"라고 하여(대법원 2017.3.9. 2015다233982) 병행사건, 일반사건 호칭을 직접 하면서 이 둘을 구분하여 위헌결정 후 사건을 일반사건으로 달리 부르는 판결도 있다. 혼선이 있는 부분은 바로 이처럼 '위헌결정 이후' 사건 부분이다. 앞의 '위헌결정 이후'란 말이 없는 판결들도 '모든 일반사건'이라고 설시하는 것은 그것을 포함하는 뜻으로 새길 수도 있을 것이다(이는 '위헌결정이 있기 전'이란 말이 뒷 문구 전체를 지배하는 것으로 볼 것인지 아닌지 하는 문제와도 결부되는 국문법 문제를 내포하는 것으로도 보인다). 여하튼 위헌결정이 있기 전에 법원에 계속된 제청(신청)되지 않은 사건을 병행사건이라고 하고 위헌결정 이후 사건을 일반사건이라고 하되 병행사건을 포함하여 나머지 모두를 일반사건이라고 보기도 해야 할 수밖에 없다.

(e) **법원판단의 존중** 따라서 헌재는 위헌결정 이후에 제소될 일반사건에 대하여도 예외적으로 소급효를 인정할 것인지 여부 및 소급효의 인정 범위에 관하여 밝힌 바 없는 경우에는

법원이 위와 같이 해당 법률의 연혁 · 성질 · 보호법익 등을 검토하고 제반이익을 형량해서 합리적 · 합목적적으로 정한 법원의 판단은 최대한 존중되어야 한다고 본다.

판례 헌재 2013.6.27. 2010헌마535

[판시] 헌법재판소는 2차 위헌결정에서 위헌결정 이후에 제소될 일반사건에 대하여도 예외적으로 소급효를 인정할 것인지 여부 및 소급효의 인정 범위에 관하여 밝힌 바 없으므로, 2차 위헌결정 이후에 제소된 이 사건 청구 부분에 대하여 예외적으로 소급효를 인정할 것인지 여부는 법원이 공무원연금법의 연혁 · 성질 · 보호법익 등을 검토하고 제반이익을 형량해서 합리적 · 합목적적으로 정해야 하는 사항이고, 이러한 법원의 판단은 최대한 존중되어야 한다.

(나) 대법원

가) 원칙적 장래효, 예외적 소급효

대법원도 원칙적으로 장래효라고 하면서 예외적 소급효를 인정한다.

나) 예외적 소급효 인정기준

(a) 당해사건, 동종사건, 병행사건 대법원도 예외적 소급효를 당해사건, 동종사건, 병행사건에 대해 인정한다. 대표적으로 최근의 예를 하나 아래에 보기판결로 인용하는데 이 판결은 앞의 적용위헌 논의에서 살펴본 '진실 · 화해를 위한 과거사정리 기본법' 소멸시효 관련 부분위헌을 인정한 헌재 2018.8.30. 2014헌바148등 결정을 적용한 대법원판결이다.

대법원판례 대법원 2019.11.14. 2018다233686

[손해배상(기)] [판결요지] … 3. 피고의 소멸시효 항변이 권리남용에 해당하는지에 관한 상고이유 주장(상고이유 제3점)에 관한 판단 가. 헌법재판소의 위헌결정에 따른 법리 1) 국가배상법 제8조, 민법 제166조 제1항, 제766조 제1항, 제2항, 국가재정법 제96조 제2항, 제1항(구 예산회계법 제96조 제2항, 제1항)에 따르면, 국가배상청구권에 대해서는 피해자나 법정대리인이 그 손해와 가해자를 안 날(민법 제166조 제1항, 제766조 제1항에 따른 주관적 기산점)로부터 3년 또는 불법행위를 한 날(민법 제166조 제1항, 제766조 제2항에 따른 객관적 기산점)로부터 5년의 소멸시효가 적용됨이 원칙이다. 2) 그런데 헌법재판소는 2018.8.30. 민법 제166조 제1항, 제766조 제2항 중 진실 · 화해를 위한 과거사정리 기본법(이하 '과거사정리법'이라 한다) 제2조 제1항 제3호의 '민간인 집단 희생사건', 같은 항 제4호의 '중대한 인권침해사건 · 조작의혹사건'에 적용되는 부분은 헌법에 위반된다는 결정을 선고하였다(헌법재판소 2014헌바148 등 전원재판부 결정, 이하 '이 사건 위헌결정'이라 한다). 3) 헌법재판소 위헌결정의 효력은 위헌제청을 한 당해 사건만 아니라 위헌결정이 있기 전에 이와 동종의 위헌 여부에 관하여 헌법재판소에 위헌여부심판제청이 되어 있거나 법원에 위헌여부심판제청신청이 되어 있는 경우의 당해 사건과 별도의 위헌제청신청 등은 하지 않았지만 당해 법률 또는 법조항이 재판의 전제가 되어 법원에 계속된 모든 일반 사건에까지 미친다(대법원 1992.2.14. 선고 91누1462 판결, 대법원 1996.4.26. 선고 96누1627 판결 등 참조). 4) 따라서 이 사건 위헌결정의 효력은 과거사정리법 제2조 제1항 제3호의 '민간인 집단 희생사건'이나 같은 항 제4호의 '중대한 인권침해사건 · 조작의혹사건'에서 공무원의 위법한 직무집행으로 입은 손해에 대한 배상을 청구하는 소송이 위헌결정 당시까지 법원에 계속되어 있는 경우에도 미친다고 할 것이어서, 그 손해배상청구권에 대해서는 민법 제166조 제1항, 제766조 제2항에 따른 '객관적 기산점을 기준으로 하는 소멸시효'(이하 '장기소멸시효'라 한다)는 적용되지 않고, 국가에 대한 금전 급부를 목적으로 하는 권리의 소멸시효기간을 5년으로 규정한 국가재정법 제96조 제2항(구 예산

회계법 제96조 제2항) 역시 이러한 객관적 기산점을 전제로 하는 경우에는 적용되지 않는다. 나. 원심 판결 이유와 기록에 따르면 다음 사실을 알 수 있다. … 다. 원고들의 손해배상청구는 과거사정리법 제2조 제1항 제4호에서 말하는 중대한 인권침해·조작의혹사건에서 공무원의 위법한 직무집행으로 인하여 입은 재산상 손해에 대한 국가배상청구에 해당하고, 이 사건 위헌결정의 효력에 따라 원고들의 손해배상청구권에 대해서는 민법 제166조 제1항, 제766조 제2항, 구 예산회계법 제96조 제2항, 제1항에 따른 장기소멸시효가 적용되지 않는다. 원심은, 원고들의 손해배상청구가 민법 제766조 제2항에 따른 소멸시효 기산점(늦어도 1999.1.1.)으로부터 5년이 지난 후에 제기되었으므로 소멸시효가 완성되었다는 피고의 항변에 대해, 원고들의 손해가 구 농지법 부칙 제3조에서 정한 1998.12.31. 이 지남으로써 현실적인 것으로 되었고 그 손해배상을 구하는 원고들의 이 사건 소가 그로부터 5년이 지난 후인 2013.5.22.에야 제기되었다고 인정하는 한편, 다만 원고들이 그동안 손해배상청구를 할 수 없는 객관적인 장애사유가 있었고 그 장애사유가 해소된 때로부터 상당한 기간 내에 이 사건 소를 제기했으므로 피고의 소멸시효 항변이 신의성실 원칙에 반하는 권리남용으로 허용될 수 없다고 하였다. 이러한 원심의 판단에는 원고들의 손해배상청구권의 소멸시효에 관하여 헌법재판소의 위헌결정에 따라 효력이 없게 된 규정을 적용한 잘못이 있다. 그러나 앞서 본 바와 같이 이 사건 위헌결정에 따라 원고들의 손해배상청구권에 대해서는 장기소멸시효가 적용되지 않으므로, 피고의 소멸시효 항변을 배척한 원심은 결론에 있어서는 정당하다. 그렇다면 원심의 판단에는 상고이유 주장과 같이 소멸시효에 관한 법리를 오해하거나 필요한 심리를 하지 않음으로써 판결에 영향을 미친 잘못이 없다. 4. … 5. 결론 − 그러므로 상고를 모두 기각한다. * 위 판결에 인용된 판례 외에도 동지인 판결례 : 대법원 1996.4.26. 96누1627 판결; 2019.12.24. 2019다231625 판결 등.

(b) 위헌결정 이후 일반사건 위에서도 언급한 대로 대법원 판례 중에는 "헌법재판소의 위헌결정의 효력은 위헌제청을 한 당해 사건, 위헌결정이 있기 전에 이와 동종의 … 법원에 계속중인 사건뿐만 아니라 위헌결정 이후에 위와 같은 이유로 제소된 일반사건에도 미친다고 봄이 상당하다고 밝혀 위헌결정 이후의 일반사건까지 넓게 본다는 점을 명확히 밝히는 아래와 같은 판례들이 있었다.

대법원판례 대법원 2017.3.9. 2015다233982 [부당이득반환]

[설시] 헌법재판소의 위헌결정의 효력은 위헌제청을 한 '당해사건', 위헌결정이 있기 전에 이와 동종의 위헌 여부에 관하여 헌법재판소에 위헌여부심판제청을 하였거나 법원에 위헌여부심판제청신청을 한 '동종사건'과 따로 위헌제청신청은 아니하였지만 당해 법률 또는 법률 조항이 재판의 전제가 되어 법원에 계속 중인 '병행사건'뿐만 아니라, 위헌결정 이후 같은 이유로 제소된 '일반사건'에도 미친다. * 동지 : 대법원 1993.1.15. 92다12377; 1994.10.25. 93다42740; 2005.11.10. 2005두5628; 2009.6.11. 2008두21577; 2009.7.9. 2006다73966; 2010.10.14. 2010두11016 등.

위 '위헌결정 이후'란 설시가 없었던 결정도 그것을 배척한다고 보는 것은 아니라고 볼 수 있으므로 대법원이 '위헌결정 이후' 사건까지 소급효확대를 하려는 경향을 보인 것은 사실이다.

다) 소급효의 제한

여하튼 대법원이 당해사건, 동종사건, 병행사건에서 나아가 위헌결정 이후에 위헌결정을 이유로 제소된 사건(일반사건)에 대해서도 소급효를 확대하는데 그러면서도 소급효를 제한하기도 한다. 대법원판례는 다음과 같은 제한사유들을 설정하여 판단하고 있다.

(a) **법적 안정성, 신뢰보호를 위한 제한** 이 제한은 헌재가 위 92헌가10 결정에서 설정한 것과 비슷하다. 이를 적용한 아래의 대법원 판결들이 있었다.

대법원판례 대법원 2017.3.9. 2015다233982, 부당이득반환

[판결요지] 가. 헌법재판소의 위헌결정의 효력은 위헌제청을 한 '당해사건', 위헌결정이 있기 전에 이와 동종의 위헌 여부에 관하여 헌법재판소에 위헌여부심판제청을 하였거나 법원에 위헌여부심판제청신청을 한 '동종사건'과 따로 위헌제청신청은 아니하였지만 당해 법률 또는 법률 조항이 재판의 전제가 되어 법원에 계속 중인 '병행사건'뿐만 아니라, 위헌결정 이후 같은 이유로 제소된 '일반사건'에도 미친다. 하지만 위헌결정의 효력이 미치는 범위가 무한정일 수는 없고, 다른 법리에 의하여 그 소급효를 제한하는 것까지 부정되는 것은 아니며, 법적 안정성의 유지나 당사자의 신뢰보호를 위하여 불가피한 경우에 위헌결정의 소급효를 제한하는 것은 오히려 법치주의의 원칙상 요청된다(대법원 2010.10.14. 선고 2010두11016 판결 참조). 나. 원심은 아래와 같은 사실을 인정하였다. 1) 원고는 사립학교 교원으로 재직하다가 집행유예의 형을 선고받았고, 2009.8.31. 의원면직으로 퇴직하였다. 2) 사립학교교직원 연금법 제42조 제1항에는 급여의 제한 등에 관한 사항은 공무원연금법을 준용한다고 규정되어 있다. 헌법재판소는 2007.3.29. 선고 2005헌바33 전원재판부 결정으로 '재직 중의 사유로 금고 이상의 형을 받은 경우' 퇴직급여와 퇴직수당의 지급을 제한하는 구 공무원연금법(2009.12.31. 법률 제9905호로 개정되기 전의 것, 이하 같다) 제64조 제1항 제1호는 헌법에 합치되지 아니하고, 위 법률 조항은 2008.12.31.을 시한으로 입법자가 개정할 때까지 그 효력을 지속한다는 취지의 헌법불합치결정을 하였다. 3) 그런데 구 공무원연금법이 2008.12.31.까지도 개정되지 않았고, 피고는 원고에게 구 공무원연금법이 개정되지 않은 상황에서 2009.9.경 퇴직수당과 퇴직일시금을 지급하였다. … 5) 피고는 2010.8.9. 사립학교교직원 연금법에 의하여 준용되는 개정 공무원연금법과 이 사건 부칙조항에 따라 원고에 대하여, 2009.9.경 이미 지급한 퇴직수당과 퇴직일시금 중 반액을 환수하기로 하였고, 원고는 피고에게 위 환수금 중 3,500만 원을 지급하였다. … 다. 원심은 위와 같은 사실을 인정한 다음, 그 판시와 같은 사정을 들어 이 사건은 원고의 권리구제를 위한 구체적 타당성의 요청이 현저한 반면 소급효를 인정하여도 법적 안정성을 침해할 우려가 없고, 소급효를 부인하면 오히려 정의와 평등 등 헌법적 이념에 심히 배치된다는 이유로, 이 사건 위헌결정은 그 후에 같은 이유로 제소된 일반 사건인 이 사건에 대해서도 소급하여 그 효력을 미친다고 판단하고, 이 사건 환수결정은 법률상 근거 없이 이루어져서 무효이므로, 피고는 원고로부터 환수한 돈을 부당이득으로 반환하여야 한다고 판단하였다. 라. 그러나 이러한 원심의 판단은 다음과 같은 이유로 수긍하기 어렵다. 즉, ① 헌법재판소 2007.3.29. 선고 2005헌바33 전원재판부 결정은 재직 중의 사유로 금고 이상의 형을 받은 경우 퇴직급여와 퇴직수당의 지급을 제한하는 구 공무원연금법 제64조 제1항 제1호에 대하여 그 지급제한 자체가 위헌이라고 판단한 것이 아니라 '공무원의 신분이나 직무상 의무와 관련이 없는 범죄, 특히 과실범의 경우에도 퇴직급여 등을 제한하는 것은 공무원범죄를 예방하고 공무원이 재직 중 성실히 근무하도록 유도하는 입법 목적을 달성하는 데 적합한 수단이라고 볼 수 없다'는 이유로 헌법불합치결정을 하면서 2008.12.31.까지는 그 효력이 유지된다고 하였던 점, ② 구 공무원연금법의 효력이 지속될 때까지는 공무원이나 사립학교 교원이 재직 중의 사유로 금고 이상의 형을 받은 때 퇴직급여 및 퇴직수당의 일부를 감액하여 지급하는 것이 일반적으로 받아들여졌던 점, ③ 위 헌법불합치결정의 취지를 반영한 개정 공무원연금법에서도 직무와 관련이 없는 과실로 인한 경우 및 소속상관의 정당한 직무상의 명령에 따르다가 과실로 인한 경우를 제외하고는 재직 중의 사유로 금고 이상의 형을 받은 경우 여전히 퇴직급여 및 퇴직수당의 지급을 제한하고 있는데, 원고는 재직 중 고의범으로 유죄판결이 확정된 점, ④ 반환을 인정할 경우 현실적으로 사립학교

교직원 연금에 상당한 재정적 부담을 초래할 우려가 있는 점 등을 종합하여 보면, 일반사건에 대해서까지 위헌결정의 소급효를 인정함으로써 보호되는 원고의 권리구제라는 구체적 타당성 등의 요청이 이미 형성된 법률관계에 관한 법적 안정성의 유지와 당사자의 신뢰보호의 요청보다 현저히 우월하다고 단정하기 어렵다. 덧붙여 사립학교 교원은 구 사립학교법(2012.1.26. 법률 제11216호로 개정되기 전의 것) 제57조에 따라 금고 이상의 형을 선고받으면 의원면직 여부와 관계없이 당연 퇴직되는 점을 지적해둔다. 마. 따라서 이와 결론을 달리 한 원심판결에는 필요한 심리를 다하지 아니하고 위헌결정의 소급효에 관한 법리를 오해하여 판결에 영향을 미친 잘못이 있다. 3. 결론 – 그러므로 원심판결을 파기하고, 사건을 다시 심리·판단하도록 원심법원에 환송하기로 하여, 관여 대법관의 일치된 의견으로 주문과 같이 판결한다.

대법원판례 대법원 2010.10.14. 2010두11016, 미지급퇴직연금지급청구

[판결요지] 위 2003.9.25.자 위헌결정 이후 제소된 일반사건에 대해서까지 위헌결정의 소급효를 인정함으로써 보호되는 퇴역연금수급자들의 권리구제라는 구체적 타당성 등의 요청에 비하여 종래의 법령에 의하여 형성된 군인연금제도에 관한 법적 안정성의 유지와 신뢰보호의 요청이 현저하게 우월하므로 위 2003.9.25.자 위헌결정의 소급효는 제한되어 일반사건에는 미치지 아니한다 할 것인바, 원고의 이 사건 청구 중 위와 같이 한국국제협력단 근무기간 동안 지급정지된 퇴역연금의 지급을 구하는 부분은 위 2003.9.25.자 위헌결정 이후에 제소된 일반사건에 해당하여 위 위헌결정의 소급효는 원고의 위 청구부분에 대해서는 미치지 아니한다.

* 법적 안정성, 신뢰보호를 위한 제한에 따라 판단한 그 외 판결례들 : 대법원 1994.10.25. 93다42740; 2005.11.10. 2005두5628; 2005.11.10. 2003두14963; 2006.6.9. 2006두1296; 2009.6.11. 2008두21577 등.

(b) **취소소송 제기기간 경과로 확정력이 발생한 행정처분** 대법원은 중대명백설에 입론한 것으로 보이는 다음의 법리로 그 취소소송 제기기간이 도과한 행정처분에 대한 위헌결정소급효를 부정한다. 즉 대법원은 법률에 근거한 행정처분이 당연무효인지의 여부는 위헌결정의 소급효와는 별개의 문제로서, 위헌결정의 소급효가 인정된다고 하여 위헌인 법률에 근거한 행정처분이 당연무효가 된다고는 할 수 없고 오히려 이미 취소소송의 제기기간을 경과하여 확정력이 발생한 행정처분에는 위헌결정의 소급효가 미치지 않는다고 보아야 할 것이라고 한다.

대법원판례 대법원 2014.3.27. 2011두24057, 관리처분계획취소등

[판결요지] 법률에 근거하여 행정처분이 발하여진 후에 헌법재판소가 그 행정처분의 근거가 된 법률을 위헌으로 결정하였다면 결과적으로 위 행정처분은 법률의 근거가 없이 행하여진 것과 마찬가지가 되어 하자가 있는 것이 된다고 할 것이다. 그러나 하자 있는 행정처분이 당연무효가 되기 위하여는 그 하자가 중대할 뿐만 아니라 명백한 것이어야 하는데, 일반적으로 법률이 헌법에 위반된다는 사정이 헌법재판소의 위헌결정이 있기 전에는 객관적으로 명백한 것이라고 할 수는 없으므로 헌법재판소의 위헌결정 전에 행정처분의 근거되는 당해 법률이 헌법에 위반된다는 사유는 특별한 사정이 없는 한 그 행정처분의 취소소송의 전제가 될 수 있을 뿐 당연무효사유는 아니라고 봄이 상당하다. 그리고 이처럼 위헌인 법률에 근거한 행정처분이 당연무효인지의 여부는 위헌결정의 소급효와는 별개의 문제로서, 위헌결정의 소급효가 인정된다고 하여 위헌인 법률에 근거한 행정처분이 당연무효가 된다고는 할 수 없고 오히려 이미 취소소송의 제기기간을 경과하여 확정력이 발생한 행정처분에는 위헌결정의 소급효가 미치지 않는다고 보아야 할 것이다(대법원 1994.10.28. 선고 92누9463 판결, 대법원 2002.11.8. 선고 2001두3181

판결 등 참조). 이러한 법리에 비추어 보면, 이 사건 사업시행인가처분 후 그 근거 규정인 구 도시 및 주거환경정비법(2009.2.6. 법률 제9444호로 개정되기 전의 것) 제28조 제5항 본문의 '사업시행자' 중 제8조 제3항에 따라 도시환경정비사업을 토지등소유자가 시행하는 경우 '정관등이 정하는 바에 따라' 부분에 대하여 헌법에 위반된다는 위헌결정이 있었다고 하더라도(헌법재판소 2012.4.24. 선고 2010헌바1 결정 참조), 그와 같이 헌법에 위반된다는 사유는 특별한 사정이 없는 한 이 사건 사업시행인가처분의 취소소송의 전제가 될 수 있을 뿐 당연무효사유가 될 수는 없고, 이 사건 사업시행인가처분에 대하여 취소소송의 제기기간이 경과하여 확정력이 발생한 이상 위헌결정의 소급효가 미치지 않는다고 할 것이므로, 결국 위와 같은 위헌결정이 이 사건 관리처분계획에 대한 취소사유가 될 수는 없다고 할 것이다. 따라서 원고의 청구를 기각한 원심판결에 상고이유의 주장과 같이 위헌결정으로 인한 피고의 사업시행자 지위에 관한 법리를 오해한 위법이 없다. * 위 법리와 동지의 설시가 있었던 판결 : 대법원 2019.5.30. 2017다289569 판결.

대법원판례 대법원 2000.6.9. 2000다16329

[판결요지] 원심은 원고가 이 사건 1995.10.31.자 초과소유부담금 부과처분(제1처분)에 대한 취소소송을 제기하고 그 사건과 관련하여 헌법소원심판을 청구하여 1999.4.29. 헌법재판소로부터 위 처분의 근거가 된 '택지소유상한에 관한 법률'이 위헌이라는 결정이 내려지자, 이 사건 1996.8.29.자 초과소유부담금 부과처분(제2처분)도 당연무효이므로 제2처분에 따라 납부한 초과소유부담금은 법률상 원인 없는 것으로 반환되어야 한다고 주장하면서 이 사건으로 반환을 청구함에 대하여 … 제2처분은 제1처분과는 별개의 처분으로 그에 대한 취소소송 제기기간이 이미 경과하였으므로 확정력이 발생하여 위헌결정의 소급효가 미치지도 않는다고 판단하면서 원고의 청구를 배척하였는바, 원심의 판단은 앞서 든 법리에 비추어 정당하고 … 위헌결정의 소급효에 관한 법리를 오해한 위법이 있다고 할 수 없다. * 위 법리를 적용하여 판단하였던 또 다른 판결들 : 대법원 1994.10.28. 92누9463; 2002. 11.8. 2001두3181; 2013.10.31. 2012두17803 등.

(c) **기판력** 취소소송에 대한 청구기각의 확정판결이 가지는 기판력이 소급효를 제한한다는 것이 대법원의 입장이라고 보면서 그 대표적인 예로 아래 판결을 든다.

대법원판례 대법원1993.4.27. 92누9777

[판시] 원고가 앞서 제기한 이 사건 과세처분의 취소소송에서 원고의 청구가 기각된 확정판결의 기판력은 같은 원고가 또 다시 그 과세처분의 무효확인을 구하는 이 사건 소송에도 미친다 고 볼 것이다(당원 1992.12.8. 선고 92누6891 판결 참조). 따라서 원심으로서는 이 사건 과세처분의 무효확인청구가 기판력에 저촉된다는 당사자의 주장이 없더라도 직권으로 이를 심리판단하여 기각하여야 할 것이고 이와 같은 경우에는 그 과세처분의 근거가 된 상속세법 제29조의4 제2항이 위헌인지의 여부는 이 사건 재판의 전제가 될 수도 없는 것이므로 위 조항에 대한 원고의 위헌제청신청이 있더라도 이를 기각하고 이 사건 재판이 기판력에 저촉됨을 들어 원고의 청구를 기각하였어야 할 것이다.

라) 선행처분 근거법률의 위헌성과 후속처분

대법원 전원합의체는 후속처분이 있는 경우에 그 선행처분이 근거한 법률조항에 대해 헌재가 위헌결정을 하였다면 위헌결정 전에 이미 형성된 법률관계에 기한 후속처분이라도 그것이 새로운 위헌적 법률관계를 생성·확대하는 경우라면 이를 허용할 수 없고 이러한 위헌결정의 효력에 위배하여 이루어진 처분은 그 사유만으로 하자가 중대하고 객관적으로 명백하여 당연무효라고 보아야 한다고 판시한 바 있다. 사안은 제2차 납세의무자에 해당한다는 이유로 행한 과세처분이 있은 뒤 헌재가 과점주주의 제2차 납세의무에 관한 규정인 구 국세기본법 제39조 제1항 제2호 (다)목에 대한 위헌결정(헌재 1998.5.28. 97헌가13)이 있었는데 그 위헌결정 후 국세징수법을 근거로 행한 압류처분을 이러한 논리로 당연무효라고 본 대법원판결이었다. 선행처분의 효력을 건드리지 않았다는 점을 두고 보면 소급효가 제한되는 의미를 가질 수 있고 그 점에서선행처분의 근거법률에 대한 위헌결정이 가지는 효과가 문제라서 여기서 다루었지만, 국가기관인 세무서장이 위헌결정이 있었음에도 압류처분에 나아간 것은 기속력에 반하는 것이라고 볼 것이어서 이 판결은 사실 위헌결정이 가지는 기속력의 문제로 보는 것이 더 직접적일 수도 있을 것이다. 아래 판시에서도 대법원은 헌재법 제47조 제1항을 들고 기속력을 거론하고 있기도 하다.

대법원판례 대법원 2012.2.16. 2010두10907 전원합의체, 압류등처분무효확인

[판결요지] 구 헌법재판소법(2011.4.5. 법률 제10546호로 개정되기 전의 것, 이하 '구 헌법재판소법'이라고 한다) 제47조 제1항은 "법률의 위헌결정은 법원 기타 국가기관 및 지방자치단체를 기속한다."고 규정하고 있는데, 이러한 위헌결정의 기속력과 헌법을 최고규범으로 하는 법질서의 체계적 요청에 비추어 국가기관 및 지방자치단체는 위헌으로 선언된 법률규정에 근거하여 새로운 행정처분을 할 수 없음은 물론이고, 위헌결정 전에 이미 형성된 법률관계에 기한 후속처분이라도 그것이 새로운 위헌적 법률관계를 생성·확대하는 경우라면 이를 허용할 수 없다고 봄이 타당하다. 따라서 조세 부과의 근거가 되었던 법률규정이 위헌으로 선언된 경우, 비록 그에 기한 과세처분이 위헌결정 전에 이루어졌고, 그 과세처분에 대한 제소기간이 이미 경과하여 조세채권이 확정되었으며, 그 조세채권의 집행을 위한 체납처분의 근거규정 자체에 대하여는 따로 위헌결정이 내려진 바 없다고 하더라도, 위와 같은 위헌결정 이후에 조세채권의 집행을 위한 새로운 체납처분에 착수하거나 이를 속행하는 것은 더 이상 허용되지 않고, 나아가 이러한 위헌결정의 효력에 위배하여 이루어진 체납처분은 그 사유만으로 하자가 중대하고 객관적으로 명백하여 당연무효라고 보아야 한다. 원심이 일부 인용한 제1심판결 이유에 의하면, 피고는 1997.10.22. 원고가 구 국세기본법(1998.12.28. 법률 제5579호로 개정되기 전의 것, 이하 '구 국세기본법'이라고 한다) 제39조 제1항 제2호 (다)목에 규정된 제2차 납세의무자에 해당한다는 이유로 원고에게 주식회사 경성의 체납국세에 대한 과세처분(이하 '이 사건 과세처분'이라고 한다)을 한 사실, 그런데 헌법재판소는 1998.5.28. 선고 97헌가13 결정을 통하여 구 국세기본법 제39조 제1항 제2호 (다)목이 헌법에 위반된다고 선언한 사실, 그 후 피고는 이 사건 과세처분에 따라 당시 유효하게 시행 중이던 국세징수법을 근거로 원고가 체납 중이던 체납액 및 결손액(가산세 포함)을 징수하기 위하여 2005.10.11. 원고 명의의 예금채권을 압류(이하 '이 사건 압류처분'이라고 한다)한 사실을 알 수 있다. 위 법리 및 기록에 비추어 보면, … 위헌결정 이후에는 위헌법률의 종국적인 집행을 위한 국가기관의 추가적인 행위를 용납하여서는 아니 된다는 전제하에 이 사건 압류처분을 당연무효로 본 원심의 결론은 정당하다.

4) 헌법불합치결정에의 적용

헌재는 위에서 본 장래효 원칙, 소급효 예외의 법리가 헌법불합치결정에도 적용된다는 입장이다. 이에 대해서는 헌법불합치결정의 효력에서 살펴본다.

판례 헌재 2011.8.30. 2008헌마343. [판시] * 뒤의 헌법불합치결정의 효력 부분 참조.

5) 위헌소원(68조 ② 소원)의 경우의 재심

법률의 위헌여부 심판의 제청신청을 법원이 기각한 때에 그 신청을 한 당사자가 헌재법 제68조 제2항에 따라 청구할 수 있는 이른바 위헌소원심판의 경우 법원의 재판이 정지되지 않아 확정된 뒤 헌재의 인용결정(위헌결정)이 내려지면 권리구제가 안되는데 이를 구제하기 위하여 재심제도를 두고 있다. 즉 헌재법 제75조 제7항은 "제68조 제2항에 따른 헌법소원이 인용된 경우에 해당 헌법소원과 관련된 소송사건이 이미 확정된 때에는 당사자는 재심을 청구할 수 있다"라고 규정하고 있다. 이는 '해당 헌법소원과 관련된 소송사건'에 대해서는 재심이 받아들여지는 경우에는 결국 소급효를 인정한 결과를 가져온다. 그런데 우리 헌재(헌재 2000.6.29. 99헌바66등)와 대법원(대법원 1993.7.27. 92누13400)은 '해당 헌법소원과 관련된 소송사건'이란 문면상 당해 헌법소원의 전제가 된 당해 소송사건만을 가리키는 것이고 인용된 당해 헌법소원의 전제가 되는 확정된 당해 소송사건의 당사자만 재심을 청구할 수 있고, 위헌소원을 제기한 바는 없으나 위헌선언된 법률조항의 적용을 받았던 다른 사건의 당사자는 재심을 청구할 수 없다고 한다. 이는 위 헌재나 대법원이 위헌법률심판의 위헌결정은 예외적으로 소급효를 가지는데 그 범위가 당해사건, 동종사건, 병행사건이라고 한 것에 비교하면 균형이 맞지 않다.

(2) 형벌에 관한 법률(조항)의 소급효

헌재법 제47조(위헌결정의 효력) ③ 제2항에도 불구하고 형벌에 관한 법률 또는 법률의 조항은 소급하여 그 효력을 상실한다. 다만, 해당 법률 또는 법률의 조항에 대하여 종전에 합헌으로 결정한 사건이 있는 경우에는 그 결정이 있는 날의 다음 날로 소급하여 효력을 상실한다. <신설 2014.5.20.>
④ 제3항의 경우에 위헌으로 결정된 법률 또는 법률의 조항에 근거한 유죄의 확정판결에 대하여는 재심을 청구할 수 있다. <개정 2014.5.20.>
⑤ 제4항의 재심에 대하여는 「형사소송법」을 준용한다. <개정 2014.5.20.>

1) 소급효의 원칙

(가) 법규정

헌재법은 형벌에 관한 법률 또는 법률조항에 대해서는 그 위헌결정이 소급효를 가진다고 규정하고 있다. 즉 "형벌에 관한 법률 또는 법률의 조항은 소급하여 그 효력을 상실한다"라고 규정하고 있다(동법 제47조 3항 본문).

(나) 원칙의 적용범위에서 제외되는 경우 – 불처벌의 특례를 규정한 조항의 경우

불처벌의 특례를 두는 법률조항은 형벌에 관한 법률조항이긴 하나 그 위헌결정이 있더라도 소급효 원칙이 적용되지 않는다. 처벌하지 않는다는 특례규정을 위헌결정한 데 대해 소급효를 인정하면 처벌로 가게 되므로 불처벌 대상자에 대한 법적 안정과 신뢰를 침해하는 것이므로 소급효원칙이 적용되지 않는다고 보는 것이 아래 판례의 입장이다.

[주요판시사항] ▷ 불처벌의 특례조항에 대한 위헌결정의 경우에 소급적 효력상실이 안 됨.

판례 헌재 2009.2.26. 2005헌마764, 교통사고처리특례법 제4조 등에 대한 헌법소원 등

[관련판시] (1) 헌법재판소법 제47조 제2항은 "위헌으로 결정된 법률 또는 법률조항은 그 결정이 있는 날로부터 효력을 상실한다. 다만, 형벌에 관한 법률 또는 법률의 조항은 소급하여 그 효력을 상실한다." 라고 규정하고 있다. 그런데 이 사건 법률조항은 비록 형벌에 관한 것이기는 하지만 불처벌의 특례를 규정한 것이어서 위헌결정의 소급효를 인정할 경우 오히려 그 조항에 의거하여 형사처벌을 받지 않았던 자들에게 형사상의 불이익이 미치게 되므로 이와 같은 경우까지 헌법재판소법 제47조 제2항 단서의 적용범위에 포함시키는 것은 법적 안정성과 이미 면책받은 가해자의 신뢰보호의 이익을 크게 해치게 되므로 그 규정취지에 반한다. 따라서 이 사건 법률조항에 대하여 위헌선언을 하더라도 그 소급효는 인정되지 아니하므로, 가해자인 피의자들에 대한 불기소처분을 취소하고 그들을 처벌할 수는 없어 이 사건 심판청구는 주관적인 권리보호이익을 결여하고 있다. (2) 그러나 헌법소원은 개인의 주관적 권리구제 기능뿐 아니라 객관적인 헌법질서의 보장기능도 수행하기 때문에 주관적 권리구제에 도움이 되지 않는 경우에도 그러한 침해행위가 앞으로도 반복될 위험이 있거나 당해분쟁의 해결이 헌법질서의 수호·유지를 위하여 긴요한 사항이어서 그 해명이 헌법적으로 중대한 의미를 지니고 있는 경우에는 헌법소원의 이익을 인정할 수 있는바, 이 사건 법률조항에 대하여 위헌성이 엿보이는 경우에도 주관적 권리보호이익이 없다는 이유로 헌법적 해명을 하지 아니한다면 향후 교통사고 피해자는 헌법소원을 제기할 수 없고, 위헌적인 법률조항에 의한 불기소처분이 반복될 우려가 있으므로 헌법재판소로서는 이 사건 법률조항에 대하여 예외적으로 심판을 할 이익 내지는 필요성이 인정된다.

* 해설 – ① 위 사안은 본래의미의 헌법소원심판으로 청구된 사건인데 그 청구요건의 하나인 권리보호이익을 이처럼 불처벌 특례조항에 대한 위헌결정이 있더라도 공소제기를 할 수 없어서 이를 인정할 수 없다고 보게 되나 헌재는 침해행위의 반복위험성, 해명의 헌법적 중대성이 있어서 예외적으로 심판이익이 있다고 보아 본안판단에 들어갔다. 이러한 권리보호이익, 예외적 심판이익에 대해서는 뒤의 헌법소원심판, 청구요건 중 권리보호이익 부분 참조. ② 그리하여 동조항에 대해 과잉금지원칙을 위반한 재판절차진술권의 침해로 위헌이라고 결정하였는데(이 결정에 대해서는 앞의 청구권 부분 참조) 위 결정은 이전에 합헌성을 인정한 헌재 1997.1.16. 90헌마110등 결정을 변경한 것이다. 이전의 위 결정은 이전에 합헌성을 인정한 헌재 1997.1.16. 90헌마110등 결정도 불처벌특례조항에 대한 위헌결정에서의 소급효부정, 권리보호이익, 예외적 심판이익에 대한 인정은 위 결정과 같았다.

* 검토 – 위와 같이 불처벌 특례조항에 대하여 위헌선언을 하더라도 그 소급효는 인정되지 아니한다는 법리에는 문제점이 있다. 불처벌되는 가해행위로 인한 피해자는 가해행위에 대한 처벌이 이루어지지 않아 그 피해를 구제받지 못하게 되는 모순이 발생하게 되는 것이다. 그 보호가 이루어져야 한다.

2) 소급효의 제한 – 종전 합헌결정이 있었던 경우의 제한

(가) 법개정과 개정취지

헌재법은 2014년 개정을 하여 "다만, 해당 법률 또는 법률의 조항에 대하여 종전에 합헌으로 결정한 사건이 있는 경우에는 그 결정이 있는 날의 다음 날로 소급하여 효력을 상실한다"라고 규정하여(동법 동조 동항 단서) 합헌결정이 있었던 형벌법률(조항)에 대해서는 그 소급효에 제한을 가하고 있다. 이러한 제한을 두는 이유를 법제처는 아래와 같이 밝히고 있다.

현행 「헌법재판소법」 제47조 제2항은 형벌법규에 대한 위헌결정의 소급효를 인정하고 있으나, 위헌인 형벌법규에 대하여 일률적으로 해당 조항의 제정 시점까지 소급효를 인정할 경우, 헌법재판소가 기존에

합헌결정을 하였다가 시대 상황, 국민 법감정 등 사정변경으로 위헌결정을 한 경우에도 종전의 합헌결정에 관계없이 해당 조항이 제정 시점까지 소급하여 효력을 상실하는 문제가 있는바, 헌법재판소가 형벌법규에 대하여 위헌결정을 한 경우에 소급하여 그 효력이 상실되는 현행 규정을 유지하면서, 헌법재판소가 이미 합헌으로 결정하였던 경우에는 그 합헌결정 이후에 한하여 소급효가 미치도록 하여 종래의 합헌결정 이전의 확정판결에 대한 무분별한 재심청구를 방지하고 합헌결정에 실린 당대의 법감정과 시대상황에 대한 고려를 존중하려는 것임." http://www.law.go.kr/lsInfoP.do?lsiSeq=153986&lsId==&viewCls=lsRvsDocInfoR&chrClsCd=010102#0000

(나) 위 제한규정에 대한 합헌결정

위 헌재법 제47조 제3항 단서의 소급효제한 규정에 대해서 주로 평등원칙의 위반을 내세워 위헌주장이 있었으나 헌재는 사회적인 신뢰와 법적 안정성을 확보하기 위한 것이라는 입법자의 판단에 합리성이 있다고 하여 합헌결정을 하였다.

판례 헌재 2016.4.28. 2015헌바216

[결정요지] 헌법재판소가 당대의 법 감정과 시대상황을 고려하여 합헌이라는 유권적 확인을 하였다면, 그러한 사실 자체에 대하여 법적 의미를 부여하고 그것을 존중할 필요가 있다. 헌법재판소가 특정 형벌법규에 대하여 과거에 합헌결정을 하였다는 것은, 적어도 그 당시에는 당해 행위를 처벌할 필요성에 대한 사회구성원의 합의가 유효하다는 것을 확인한 것이므로, 합헌결정이 있었던 시점 이전까지로 위헌결정의 소급효를 인정할 근거가 없다. 해당 형벌조항이 성립될 당시에는 합헌적인 내용이었다고 하더라도 시대 상황이 변하게 되면 더 이상 효력을 유지하기 어렵거나 새로운 내용으로 변경되지 않으면 안 되는 경우가 발생할 수 있다. 그런데 합헌으로 평가되던 법률이 사후에 시대적 정의의 요청을 담아내지 못하게 되었다고 하여 그동안의 효력을 전부 부인해 버린다면, 법집행의 지속성과 안정성이 깨지고 국가형벌권에 대한 신뢰가 무너져 버릴 우려가 있다. 그러므로 심판대상조항은 현재의 상황에서는 위헌이더라도 과거의 어느 시점에서 합헌결정이 있었던 형벌조항에 대하여는 위헌결정의 소급효를 제한함으로써 그동안 쌓아 온 규범에 대한 사회적인 신뢰와 법적 안정성을 확보하는 것이 중요하다는 입법자의 결단에 따라 위헌결정의 소급효를 제한한 것이므로, 이러한 소급효 제한이 불합리하다고 보기는 어렵다. 결국 심판대상조항이 종전에 합헌결정이 있었던 형벌법규의 경우 위헌결정의 소급효를 제한하여 합헌결정이 없었던 경우와 달리 취급하는 것에는 합리적 이유가 있으므로 평등원칙에 위배된다고 보기 어렵다.

(다) 효과

종전에 합헌의 결정이 있는 날의 다음 날까지만 소급하여 효력을 상실하므로 그 사이에 있었던 유죄 확정판결에 대해서는 재심을 청구할 수 있다(아래 재심청구 참조). 기소유예처분이 그 사이에 있었다면 아래와 같은 예에서 보듯이 그 취소가 이루어진다.

판례 헌재 2015.4.30. 2013헌마873

[결정요지] 형법 제241조 제1항은 헌법재판소법 제47조 제3항 본문에 따라 헌법재판소 2015.2.26. 2009헌바17등 위헌결정에 의하여 위 조항에 대한 마지막으로 합헌결정(2007헌가17등)이 있었던 날인 2008.10.30.의 다음 날인 2008.10.31.로 소급하여 그 효력을 상실하였고, 2009.2.9.경 발생한 상간행위에 위 조항을 적용한 이 사건 기소유예처분(2013.9.27.)은 결국 범죄를 구성하지 않는 행위를 대상으로 한 처분이므로 청구인의 평등권과 행복추구권을 침해하였다. 그렇다면 이 사건 심판청구는 이유 있

으므로 이 사건 기소유예처분을 취소하기로 하여 관여 재판관 전원의 일치된 의견으로 주문과 같이 결정한다.

3) 재심의 청구

위헌으로 결정된 법률 또는 법률의 조항에 근거한 유죄의 확정판결에 대하여는 재심을 청구할 수 있다(헌재법 제47조 4항). 재심을 청구할 수 있다는 의미는 유죄로 확정된 판결을 당연히 무죄로 인정한다든가 그 형의 집행이 당장 정지된다는 것이 아니라 재심을 통해서 그 유죄의 확정판결을 다툴 수 있다는 것을 의미하는 것이고 재심재판을 통해 시정을 받아야 한다.

이 재심에 대하여는 형사소송법을 준용한다(동법 동조 5항).

Ⅲ. 변형결정

1. 기속력

우리 헌법재판소는 헌법불합치결정, 한정합헌결정, 한정위헌결정 등 변형결정들도 위헌결정에 포함되고 따라서 모두 당연히 기속력을 가진다고 한다.

판례 헌재 1997.12.24. 96헌마172·173

[관련설시] 헌법재판소의 법률에 대한 위헌결정에는 단순위헌결정은 물론, 한정합헌, 한정위헌결정과 헌법불합치결정도 포함되고 이들은 모두 당연히 기속력을 가진다.

2. 헌법불합치결정

(1) 형식적 존속 그리고 적용중지 또는 계속적용효

1) 형식적 존속, 입법자의 개선의무

헌법불합치결정은 법적 공백 등을 우려하면서도 그 직접적인 치유는 헌재가 아니라 입법자가 하여야 하기 때문에(헌재가 하면 권력분립주의에서 입법권을 침해하게 됨은 물론이다) 입법자에게 개정권행사를 하도록 주기 위하여 위헌성이 있더라도 이를 형식적으로나마 유지시켜야 한다는 것이다. 이러한 형식적 존속이 위헌결정이 있으면 효력을 상실하여 사라지게 되는 단순위헌과는 다른 것이다. 헌법불합치결정도 위헌결정의 하나로서 기속력을 가지고 법적 공백을 막기 위한 잠정적인 존속이긴 하나 위헌성이 치유되어야 함이 명백하므로 입법자는 헌법재판소의 위헌이라고 한 그 내용을 고치기 위해 그 결정취지를 존중하면서 법률을 가능한 한 조속하게 합헌적으로 개정할 의무를 진다.

판례 헌재 2010.7.29. 2008헌가15

[설시] 이 사건 법률조항에 대하여는 그 위헌성을 확인하되 형식적인 존속은 유지하도록 하고, 입법자는 되도록 빠른 시일 내에 이 사건 법률조항의 위헌적 상태를 제거하여야 할 것이며, 법원 기타 국가기관

및 지방자치단체는 개선입법이 시행될 때까지 이 사건 법률조항의 적용을 중지하여야 한다.

2) 적용중지 또는 계속적용

형식적 존속과 더불어 헌법불합치결정에는 적용을 중지하라는 결정도 있고 계속적용을 하라는 결정도 있다.

(가) 적용중지효의 경우

헌재는 적용중지효 헌법불합치결정의 기속력을 다음과 같이 설시하고 있다.

판례 헌재 2013.9.26. 2012헌마806.

[설시] 법률에 대한 헌법재판소의 위헌결정에는 단순위헌결정은 물론, 한정합헌, 한정위헌결정과 헌법불합치결정도 포함되고 이들은 모두 당연히 기속력을 가진다(헌재 1997.12.24. 96헌마172등). 헌법재판소가 위헌으로 판단한 법률의 적용을 중지하는 헌법불합치결정을 하는 경우, 위헌적 법률은 효력을 상실하여 법질서에서 소멸하는 것이 아니라 형식적으로 존속하게 되나 원칙적으로 위헌적 법률의 적용이 금지되고, 헌법심판의 계기를 부여한 당해 사건은 물론 심판대상 법률이 적용되어 법원에 계속 중인 모든 사건의 재판절차가 정지된다. 이는 입법자가 위헌법률을 합헌적인 상태로 개정할 때까지 법원의 판단이 보류되어야 하며 법원이 개정된 법률에 의하여 판단을 함으로써 사건의 당사자가 개정 법률의 결과에 따른 혜택을 받을 수 있는 기회를 그 때까지 열어 놓아야 한다는 것을 뜻한다(헌재 1999.10.21. 96헌마61등, 판례집 11-2, 461, 469 참조).

그 적용을 중지하는 헌법불합치결정일 때에는 법원과 기타 국가기관 등은 그 개정시까지 심판대상의 법률조항의 적용을 중지하여야 하는데 법원은 그 조항을 적용한 재판, 행정청은 그 조항이 적용되는 행정작용 등을 해서는 아니 되고 개선입법이 있을 때까지 계속된 절차를 중지하여야 하고 입법자의 입법개선을 기다려 개정된 법률을 적용하여야 한다.

판례 헌재 2004.1.29. 2002헌바40등

[설시] 헌법불합치결정이 있는 경우 법적용기관은 개선입법이 있을 때까지 계속된 절차를 중지하여야 하고 입법자의 입법개선을 기다려 개정된 법률을 적용하여야 한다.

(나) 계속적용효의 경우

오히려 계속(잠정) 적용을 인정하는 헌법불합치결정도 있는데 이러한 결정인 때에는 법개정이 이루어져 시행되기 전까지 잠정 적용을 하게 된다.

법원은 계속적용의 헌법불합치결정을 받은 법률조항을 적용하여 재판을 할 수 있다. 아래의 결정례가 그 예이다. 그렇게 이루어진 법원재판은 헌법소원의 대상이 예외적으로 되는 헌재결정 기속력 위반의 법원재판이 아니라는 것이다.

판례 헌재 2013.9.26. 2012헌마806

[판시] … 나. 헌법불합치결정의 기속력 헌법재판소가 헌법불합치결정을 하면서 예외적으로 위헌으로 판단한 법률을 계속 적용할 것을 명하는 경우가 있다. 헌법재판소는 위헌결정을 통하여 위헌법률을 법

질서에서 제거하는 것이 법적 공백이나 혼란을 초래할 우려가 있는 경우, 즉 위헌법률을 잠정적으로 적용하는 위헌적인 상태가 오히려 위헌결정으로 인하여 초래되는 법적 공백 또는 혼란이라는 합헌적인 상태보다 예외적으로 헌법적으로 더욱 바람직하다고 판단되는 경우에, 법적 안정성의 관점에서 법치국가적으로 용인하기 어려운 법적 공백과 그로 인한 혼란을 방지하기 위하여 입법자가 합헌적인 방향으로 법률을 개선할 때까지 일정 기간 동안 위헌법률을 잠정적으로 적용할 것을 명할 수 있고, 이와 같이 헌법불합치결정을 하면서 계속 적용을 명하는 경우 모든 국가기관은 그에 기속되고, 법원은 이러한 예외적인 경우에 위헌법률을 계속 적용하여 재판을 할 수 있다(헌재 1999.10.21. 96헌마61등, 판례집 11-2, 461, 481 참조). 다. 이 사건의 경우 – 헌법재판소는 도시계획시설사업의 대상이 되는 기반시설의 한 종류를 정한 이 사건 체육시설조항에 대하여, 만약 헌법재판소가 이 사건 체육시설조항에 대해 위헌결정을 선고한다면 헌법재판소가 결정을 선고한 때부터 위 조항은 그 효력을 상실하게 되어 국민의 건강 증진과 여가 선용을 위해 도시계획시설사업에 꼭 포함되어야 할 체육시설까지 그 대상에서 제외되는 법적 공백과 혼란이 예상된다는 이유로, 헌법불합치결정을 하면서 "2012.12.31.을 시한으로 입법자가 개정할 때까지 계속 적용한다."고 명하였다(헌재 2011.6.30. 2008헌바166등, 판례집 23-1하, 288, 301, 310-311 참조). 이 사건 판결들은 이 사건 불합치결정 당시 이 사건 불합치결정의 대상과 동일한 이 사건 체육시설조항의 위헌 여부가 재판의 전제가 되어 법원에 그 위헌여부심판의 제청신청이 되어 있었던 사건에 대한 판결들이나, 모두 이 사건 불합치결정 이후 그리고 헌법재판소가 정한 개정 시한인 2012.12.31. 이전에 선고되었고, 이 사건 불합치결정에 따라 이 사건 체육시설조항을 적용하여 재판한 것이므로 헌법재판소 결정의 기속력에 반하는 재판이라고 할 수 없다. 라. 소결 – 따라서 이 사건 판결들은 헌법재판소가 위헌으로 결정한 법률조항을 적용함으로써 국민의 기본권을 침해한 법원의 재판에 해당한다고 볼 수 없다.

(2) 개정시한일자 도과시의 효력상실

헌법불합치결정 자체가 설정한 개정시한일자를 국회가 도과하여 입법을 하지 않고 있다면 그 시한일자를 도과한 시일부터 헌법불합치결정된 법률규정의 효력이 상실하는지 여부에 대해 학설 중에는 부정하는 견해도 있으나 우리는 일찍이 상실무효임을 지적하였고[1)] 헌재도 상실한다고 본다(예를 들어 헌재 2016.12.29. 2015헌마509등; 2019.4.11. 2017헌바127결정 * 아래 인용된 결정례들 참조). 이에 관해서는 이미 전술하기도 하였다(앞의 결정형식, 변형결정 중 헌법불합치결정 부분). '주문'에서 입법시한을 정해 주고 그 시한이 지나는, 즉 시한일자 그 다음 날부터 "효력을 상실한다"라는 명시적 문언을 포함시키곤 한다.

적용중지 헌법불합치 결정의 경우

판례 헌재 2016.12.29. 2015헌마509등

[주문] 1. 공직선거법(2010.1.25. 법률 제9974호로 개정된 것) 제56조 제1항 제2호 중 '비례대표국회의원선거'에 관한 부분은 헌법에 합치되지 아니한다. 2. 위 법률조항은 입법자가 2018.6.30.까지 개정하지 아니하면 2018.7.1.부터 그 효력을 상실한다. 법원 기타 국가기관 및 지방자치단체는 입법자가 개정할 때까지 위 법률조항의 적용을 중지하여야 한다.

---

1) "헌법불합치결정에서 정해준 입법시한이 지난 경우 물론 무효라는 제재가 따를 것." 김철용, 김문현, 정재황, 헌법재판절차의 개선을 위한 입법론적 연구, 헌법재판연구 제4권, 헌법재판소, 1993. 6, 202-203면.

계속적용 헌법불합치 결정의 경우

판례 헌재 2019.4.11. 2017헌바127

[판시] 자기낙태죄 조항과 의사낙태죄 조항에 대하여 단순위헌결정을 하는 대신 각각 헌법불합치결정을 선고하되, 다만 입법자의 개선입법이 이루어질 때까지 계속적용을 명하는 것이 타당하다. 입법자는 가능한 한 빠른 시일 내에 개선입법을 해야 할 의무가 있으므로, 늦어도 2020.12.31.까지는 개선입법을 이행하여야 하고, 그때까지 개선입법이 이루어지지 않으면 위 조항들은 2021.1.1.부터 효력을 상실한다.

아래에서 보겠지만 계속적용 헌법불합치결정에서 시한까지 개정이 되지 않는 경우가 나타나 이 경우에 논란이 있다.

(3) 헌법불합치결정의 장래효, 소급효

1) 기본법리

헌법불합치결정을 위헌결정의 하나로 본다면 우리 헌재법하에서는 원칙적으로 장래효를 가질 것이다. 그러나 해석을 통해 구체적 형평성을 갖추기 위해서(헌법불합치결정 자체가 그런 목적을 가지기도 한다) 소급효를 예외적으로 인정해야 할 것이다. 그러한 원칙과 예외는 말하자면 단순위헌결정이나 같다는 것이다. 우리 헌재도 위에서 일반적으로 본 장래효 원칙, 소급효 예외의 법리가 헌법불합치결정에도 적용된다는 입장이다.

2) 예외적 소급효에서의 '소급효'의 의미

여기서 소급효란 헌법불합치결정이 심판대상조항이 개정될 것을 요구하고 개정되면 신법을 적용하라는 것이므로 헌법불합치선언된 법률조항을 이전 사건에도 적용하지 않는 것, 그리하여 신법을 적용하는 것을 의미한다.

판례 헌재 2000.1.27. 96헌바95등

[설시] 헌법재판소가 헌법불합치라는 변형결정주문을 선택하여 위헌적 요소가 있는 조항들을 합헌적으로 개정 혹은 폐지하는 임무를 입법자의 형성재량에 맡긴 경우에는, 이 결정의 효력이 <u>소급적으로 미치게 되는</u> 모든 사건이나 앞으로 이 사건 법률조항을 적용하여 행할 부과처분에 대하여는 법리상 이 결정 이후 입법자에 의하여 <u>위헌성이 제거된 새로운 법률조항</u>을 적용하여야 할 것임을 밝혀두는 것이다.

위 의미에 따르면 적용중지의 헌법불합치결정의 경우에는 헌법불합치결정 이전의 사건에도 개정 신법이 나올 때까지 정지되므로 달리 볼 것이 없는데 계속적용 헌법불합치결정의 경우에는 신법이 나올 때까지 구법이 적용되므로 신법이 나온 뒤 적용할 때에는 신법적용의 소급효 문제가 있다. 이상이 논리적인 법리의 설명이 되겠다.

3) 예외적 소급효 인정범위

(가) 헌법불합치결정의 특수성

헌법불합치결정은 입법자가 새로이 법을 개정할 수 있도록 길을 터주는, 또 그리할 필요가 있어서 존속을 인정하는 데서 나온 결정이므로 입법자가 형성(재량)권을 가진다는 점에서 그 형성에 있어서 소급효 인정범위나 정도 등이 정해질 수도 있을 것이다. 입법자는 경과규정 등을 두게 되는 것도 그러하다.

판례 헌재 2004.1.29. 2002헌바40등

[설시] 한편 헌법불합치결정은 위헌결정과 달리 입법개선을 기다려 개선된 입법을 소급적으로 적용함으로써 합헌적 상태를 회복할 수 있으나, 헌법불합치결정도 위헌결정의 일종이므로 그 결정의 효력은 결정이 있는 날로부터 발생하고, 위헌결정의 경우와 같은 범위에서 소급효가 인정된다. 따라서 헌법불합치결정에 따른 개선입법이 소급적용되는 범위도 위헌결정에서 소급효가 인정되는 범위와 같으므로, 특별한 사정이 없는 한 헌법불합치결정 당시의 시점까지 소급되는 것이 원칙이라 할 것이다. 요컨대 헌법불합치결정에 의한 입법자의 입법개선의무에 따라 입법자가 개선입법을 함에 있어 소급적용 규정을 둘 의무가 있다면 그 소급적용의 범위는 원칙적으로 헌법불합치결정의 시점까지로 될 것이나, 구체적 사안마다 헌법불합치결정의 취지, 헌법불합치결정이 선고된 법률조항의 위헌성의 내용과 정도, 개선입법의 내용과 그 소급적용이 다른 보호법익에 미치는 영향 정도 등 제반 사정을 고려하여 헌법상 보호법익을 비교형량하여 도출되어야 할 것이고, 입법자는 이러한 의무에 반하지 않는 범위 내에서 입법형성의 재량을 갖는다 할 것이다.

(나) 당해사건, 계속중 사건 등에 대한 예외적 소급효 인정

가) 헌재

입법자가 예외적으로 인정되는 소급효 인정범위에 포함시키지 않은 경우에 위 위헌결정에서 해석으로 소급효 예외 인정범위를 정한 것처럼 그리고 그것에 따라 판단해야 할 것이다. 헌재는 그러한 입장인데 헌법불합치결정의 예외적 소급효 인정범위도 단순위헌결정과 마찬가지로 적어도 헌법불합치결정을 하게 된 당해 사건 및 위 헌법불합치결정 당시에 이 사건 법률조항의 위헌여부가 쟁점이 되어 법원에 계속 중인 사건에 대하여는 위 헌법불합치결정의 소급효가 미친다고 본다. 아래 결정례가 그 점을 보여주는데 사안은 헌법소원심판 도중에 그 대상 법률조항이 헌법불합치결정을 받고 그 잠정적용시한을 지나 개정 신법이 시행에 들어간 상황에서 그 헌법소원심판 사건에도 그 헌법불합치결정의 소급효가 적용되고 신법(개선입법)이 적용되어 결과적으로 구법을 대상으로 한 헌법소원심판의 권리보호이익(이에 대해서는 후술 헌법소원심판의 청구요건 부분 참조)이 없어졌다고 본 것이다.

판례 헌재 2011.8.30. 2008헌마343

[사건개요] (1) 청구인은 군인으로 복무하던 중 군무이탈죄로 징역 6월을 선고받고 그 판결이 확정되었으며, 그 판결의 확정으로 군인사법 규정에 따라 당연 제적되었다. (2) 청구인은 2008.1.24. 국방부장관에게 퇴직급여를 청구하였는데, 국방부장관은 2008.2.5. 구 군인연금법 제33조 제1항 제1호 등에 따라 청구인이 위 형벌을 선고받지 않았다면 받을 수 있었던 퇴직급여액 중 1/2을 감액한 나머지를 지급하였다. (3) 이에 청구인은 2008.4.15. 국방부장관의 퇴직급여 감액처분 및 그 근거가 된 위 조항들에 대하여 재산권 및 평등권 침해를 이유로 헌법소원심판청구를 하였다. * 이 사건 헌재 계속 중이던 2009.7.30. 아래 심판대상규정에 대해 헌법불합치결정(2008헌가1)이 있었다. [심판대상조항] 구 군인연금법(1995.12.29. 법률 제5063호로 개정되고, 2009.12.31. 법률 제9904호로 개정되기 전의 것) 제33조(형벌 등에 의한 급여제한) ① 군인 또는 군인이었던 자가 다음 각 호의 1에 해당하는 경우에는 대통령령이 정하는 바에 의하여 퇴직급여 및 퇴직수당의 일부를 감액하여 지급한다. 1. 복무 중의 사유로 금고

이상의 형을 받은 때 [판시] (1) 헌법불합치결정의 소급효의 범위 – 어떠한 법률조항에 대하여 헌법재판소가 헌법불합치결정을 하여 입법자에게 그 법률조항을 합헌적으로 개정 또는 폐지하는 임무를 입법자의 형성 재량에 맡긴 이상, 그 개선입법의 소급적용 여부와 소급적용의 범위는 원칙적으로 입법자의 재량에 달린 것이다. 하지만 이 사건 법률조항에 대한 위 헌법불합치결정의 취지나 위헌심판에서의 구체적 규범통제의 실효성 보장이라는 측면을 고려할 때, 적어도 위 헌법불합치결정을 하게 된 당해 사건 및 위 헌법불합치결정 당시에 이 사건 법률조항의 위헌 여부가 쟁점이 되어 법원에 계속 중인 사건에 대하여는 위 헌법불합치결정의 소급효가 미친다고 할 것이다(헌재 2006.6.29. 2004헌가3, 공보 제117호, 872, 875 등 참조). 이 사건 헌법소원심판청구는 헌법불합치결정 당시 법원에 계속 중인 사건이 아니고, 이 사건 법률조항의 위헌 여부가 쟁점이 되어 '헌법재판소에 계속 중인 사건'이다. 그런데 이 사건 청구와 같이 헌법불합치 당시 헌법재판소에 계속 중인 사건은 이 사건 법률조항에 대한 위헌 여부가 헌법재판의 쟁점이 되어 있으므로 구체적 규범통제의 필요성이 법원에 계속 중인 사건보다 더 클 뿐 아니라 헌법불합치결정 이전에 또는 결정과 동시에 선고되었다면 당연히 헌법불합치결정이 내려졌을 것이라는 점을 고려할 때, 2008헌가1등 사건의 헌법불합치결정의 소급효가 이 사건 헌법소원심판청구에도 미치는 것은 당연하다고 할 것이다. (2) 소급효의 효과 – 2008헌가1 등 사건의 헌법불합치결정은 위헌법률의 잠정적 적용을 명하였으므로, 그에 따라 이 사건 법률조항은 잠정적용시한인 2009.12.31.까지는 헌법불합치상태로 잠정적으로 유효하다가 개선입법이 시행된 2010.1.1.부터 효력을 상실하였다고 할 것이다. 그러므로 개선입법이 시행된 2010.1.1.부터는 이 사건 법률조항이 더 이상 청구인에게 적용되지 않고, 개선입법만이 청구인에게 적용되게 된다. (3) 권리보호이익 – 헌법소원제도는 국민의 기본권침해를 구제하기 위한 제도이므로 그 제도의 목적에 비추어 권리보호의 이익이 있는 경우에만 이를 제기할 수 있다고 보아야 한다. 헌법소원이 비록 적법하게 제기되었더라도 권리보호의 이익은 헌법소원심판청구 당시에 있어야 할뿐만 아니라 결정 당시에도 있어야 한다. 따라서 심판계속 중에 사실관계 또는 법률관계의 변동으로 말미암아 청구인이 주장하는 기본권의 침해가 종료된 경우에는 원칙적으로 권리보호이익이 없으므로 헌법소원심판청구는 부적법한 것으로 되어 각하를 면할 수 없다(헌재 1999.11.25. 95헌마154, 판례집 11−2, 555, 571 등 참조). 청구인은 '이 사건 법률조항에 의한 기본권 침해'를 심판청구사유로 들고 있으나, 앞에서 본 바와 같이 2010.1.1.부터는 청구인에게 개선입법만이 적용될 뿐 이 사건 법률조항은 적용되지 않으므로, 이 사건 법률조항에 의한 기본권침해는 더 이상 존재하지 않게 되었다. 따라서 청구인은 이 사건 법률조항에 의하여 기본권을 침해받을 여지가 없으므로, 청구인에게는 위 법률조항의 위헌심판을 받을 주관적 권리보호이익이 없다고 할 것이다. * 위에 인용된 2004헌가3 결정 외에도 동지 : 헌재 2007.1.17. 2005헌바41.

나) 대법원

대법원도 같은 입장의 판례를 보여주고 있다. 사안은 별거나 가출 등으로 실질적인 혼인관계가 존재하지 아니하여 연금 형성에 기여가 없는 이혼배우자에 대해서까지 법률혼 기간을 기준으로 분할연금 수급권을 인정하는 국민연금법 제64조 제1항이 재산권을 침해하여 위헌이어서 계속적용을 명한 헌법불합치결정(헌재 2016.12.29. 2015헌바182)이 있었고 이후 개선입법이 되어 그것을 소급적용한 예이다.

대법원판례 대법원 2018.7.11. 2016두47697, 분할연금지급에따른연금액변경처분취소

[판시] … 이 사건 헌법불합치결정에 따라 2017.12.19. 법률 제15267호로 개정된 국민연금법은, 제64조 제1항에서 별거, 가출 등의 사유로 인하여 실질적인 혼인관계가 존재하지 아니하였던 기간을 분할연금 산정을 위한 혼인 기간에서 제외하였고, 제4항을 신설하여 "제1항에 따른 혼인 기간의 인정 기준 및 방

법 등에 필요한 사항은 대통령령으로 정한다."라고 규정하였다. 한편 개정 국민연금법 부칙(2017.12.19.) 제2조는, 위 조항들을 이 법 시행 후 최초로 분할연금 지급 사유가 발생한 경우부터 적용한다고 규정함으로써 개선입법의 소급적용을 인정하지 않고 있다. 어떠한 법률조항에 대하여 헌법재판소가 헌법불합치결정을 하여 입법자에게 그 법률조항을 합헌적으로 개정 또는 폐지하는 임무를 입법자의 형성 재량에 맡긴 이상, 그 개선입법의 소급적용 여부와 소급적용의 범위는 원칙적으로 입법자의 재량에 달린 것이다. 그러나 구법 조항에 대한 이 사건 헌법불합치결정의 취지나 위헌심판에서의 구체적 규범통제의 실효성 보장이라는 측면을 고려할 때, 적어도 이 사건 헌법불합치결정을 하게 된 당해 사건 및 이 사건 헌법불합치결정 당시에 구법 조항의 위헌 여부가 쟁점이 되어 법원에 계속 중인 사건에 대하여는 이 사건 헌법불합치결정의 소급효가 미친다고 하여야 할 것이다. 그러므로 비록 이들 사건이 개정 국민연금법 부칙(2017.12.19.) 제2조의 경과조치의 적용범위에 포함되어 있지 않더라도 이들 사건에 대하여는 구법 조항이 그대로 적용될 수는 없고, 위헌성이 제거된 개정 국민연금법 규정이 적용되는 것으로 보아야 한다(대법원 2002. 4.2. 선고 99다3358 판결, 대법원 2006.3.9. 선고 2003다52647 판결, 대법원 2011.9.29. 선고 2008두18885 판결 등 참조).

(4) 계속적용 헌법불합치결정의 개정시한 도과시 효력 문제

계속적용의 헌법불합치결정이 내려진 법률조항에 대해 이의 적용 여부가 법원에서 문제될 경우에 개정시한이 도과되는 경우 법원재판에서 잠정적용하라고 한 그 구법조항을 계속 적용해야 하는가 아니면 달리 해야 할 것인가 하는 논란이 있다.

(가) 개정시한 도과에도 개선입법 부재한 경우

대법원은 위의 경우 잠정적용 헌법불합치결정 취지를 보아야 하고 그 효과는 장래에 향하여만 미칠 뿐이므로 그 이전에 헌법불합치된 법률조항에 따라 이루어진 제한조치기간 연장의 적법성이나 효력에는 영향을 미치지 아니한다고 볼 것이라고 하여 구법조항에 의하고 있다. 이는 당해 사건이라 하더라도 그러하다고 한다. 이런 입장이 나타난 결정을 아래에 인용한다. 사안은 통신제한조치기간의 연장을 허가함에 있어 총연장기간 또는 총연장횟수의 제한을 두지 아니하였다는 이유로 구 통신비밀보호법(2001.12.29 법률 제6546호로 개정된 것) 제6조 제7항 단서 중 전기통신에 관한 '통신제한조치기간의 연장'에 관한 부분이 통신의 비밀을 침해하여 위헌성이 인정되어 잠정적용 헌법불합치결정(헌재 2010.12.28. 2009헌가30)이 있은 후 통신제한조치 연장허가로 증거능력이 있는지가 문제된 것이었다. 재판 자체는 형사재판이었다. 대법원의 이러한 입장은 개선입법이 없는 한 잠정적용 헌법불합치결정에서 위헌성 범위를 설정한 그것이 해당되지 않으면 헌법불합치결정을 받은 그 구법조항을 적용한다는 취지로 이해될 수 있겠다.

대법원판례 대법원 2012.10.11. 2012도7455

[판시] … 헌법재판소는 2010.12.28. 통신비밀보호법 제6조 제7항 단서 중 전기통신에 관한 '통신제한조치기간의 연장'에 관한 부분(이하 '이 사건 법률조항'이라고 한다)이 통신제한조치의 총연장기간이나 총연장횟수를 제한하지 아니하고 계속해서 통신제한조치가 연장될 수 있도록 한 것은 과잉금지원칙에 위배하여 통신의 비밀을 침해한다는 이유로 헌법에 합치하지 아니한다고 선언하면서, 이 사건 법률조항은 입법자가 2011.12.31.을 시한으로 개정할 때까지 계속 적용한다고 결정하였다(이하 '이 사건 헌법불합

치결정'이라고 한다). 이 사건 헌법불합치결정의 내용 및 그 주된 이유 등에 비추어 보면, 헌법재판소가 이 사건 법률조항이 위헌임에도 불구하고 굳이 그 잠정 적용을 명하는 내용의 헌법불합치결정을 한 것은 다음과 같은 취지임이 분명하다. 즉, 단순위헌결정을 하는 경우 그 결정의 효력이 당해 사건 등에 광범위하게 미치는 결과 이미 이 사건 법률조항에 근거하여 받은 통신제한조치의 연장허가나 그에 따른 증거취득의 효력이 전면적으로 재검토되어야 함은 물론 수사목적상 필요한 정당한 통신제한조치의 연장허가도 가능하지 아니하게 되는 등 법적 공백이나 혼란을 초래할 우려가 있으므로 이를 피하기 위하여 이 사건 법률조항의 위헌성이 제거된 개선입법이 이루어지기까지는 이 사건 법률조항을 그대로 잠정 적용한다는 것이다. 그렇다면 이 사건 법률조항의 위헌성이 제거된 개선입법이 이루어지지 아니한 채 위 개정시한이 도과함으로써 이 사건 법률조항의 효력이 상실되었다고 하더라도 그 효과는 장래에 향하여만 미칠 뿐이며 그 이전에 이 사건 법률조항에 따라 이루어진 통신제한조치기간 연장의 적법성이나 효력에는 영향을 미치지 아니한다고 볼 것이고, 이른바 당해 사건이라고 하여 달리 취급하여야 할 이유는 없다(대법원 2009.1.15. 선고 2008두15596 판결 등 참조). 원심이 같은 취지에서 이 사건 헌법불합치결정에 따른 개정시한 안에 개선입법이 이루어지지 않았다고 하더라도 이 사건 법률조항의 효력상실은 당해 사건인 이 사건에 미치지 않는다고 보아 이 사건 법률조항에 따라 통신제한조치기간 연장허가를 받아 취득한 증거들의 증거능력을 인정한 조치는 정당하고, 거기에 상고이유 주장과 같은 헌법불합치결정의 기속력에 관한 법리오해의 위법이 없다

(나) 개선입법이 있었는데 법원판결이 개정시한 도과 후 내려진 경우 – 시행불소급의 개선입법

이 경우는 개선입법에 따르면 될 것이라고 보일지 모르나 개선입법이 시행을 소급시키지 않고 대법원은 잠정적용 취지를 보아 구법을 적용한다는 아래와 같은 판결을 내린 바 있다. 사안은 국·공립학교의 채용시험에 국가유공자와 그 가족에 만점의 10%를 가산하도록 규정한 구 '국가유공자등 예우 및 지원에 관한 법률'(2004.1.20. 법률 제7104호로 개정된 것) 제31조 제1항·제2항 등에 대한 헌재 2006.2.23. 2004헌마675등 헌법불합치결정 이전에 가산점을 부여한 합격자사정처분함으로써 불합격처분을 받은 데 대한 취소소송이었다.

대법원판례 대법원 2009.1.15. 2008두15596, 공립중등학교교사임용후보자선정경쟁시험불합격처분취소

[판시] [가] (1) … (4) 헌법재판소는 이 사건 소송이 계속중이던 2006.2.23.에 2004헌마675, 981, 1022(병합) 사건에서 "국·공립학교의 채용시험에 국가유공자와 그 가족이 응시하는 경우 만점의 10%를 가산하도록 규정하고 있는 이 사건 개정 전 규정이 기타 응시자들의 평등권과 공무담임권을 침해한다"는 이유로 헌법불합치결정을 하면서, 이 사건 개정 전 규정은 2007.6.30.을 시한으로 입법자에 의하여 개정될 때까지 계속 적용된다고 결정하였다(이하 '이 사건 헌법불합치결정'이라고 한다). 헌법재판소는 이 사건 헌법불합치결정과 관련하여 그 이유 부분에서, "이 사건 개정 전 규정의 위헌성은 국가유공자 등과 그 가족에 대한 가산점제도 자체가 입법정책상 전혀 허용될 수 없다는 것이 아니고, 그 차별의 효과가 지나치다는 것에 기인한다. 그렇다면 입법자는 공무원시험에서 국가유공자의 가족에게 부여되는 가산점의 수치를, 그 차별효과가 일반 응시자의 공무담임권 행사를 지나치게 제약하지 않는 범위 내로 낮추고, 동시에 가산점 수혜 대상자의 범위를 재조정하는 등의 방법으로 그 위헌성을 치유하는 방법을 택할 수 있을 것이다. 따라서 이 사건 개정 전 규정의 위헌성의 제거는 입법부가 행하여야 할 것이므로 이 사건 개정 전 규정에 대하여는 헌법불합치결정을 하기로 한다. 한편, 입법자가 이 사건 개정 전 규정을 개정할 때까지 가산점 수혜대상자가 겪을 법적 혼란을 방지할 필요가 있으므로, 그 때까지 이 사건 개정 전 규정의 잠정적용을 명한다. 입법자는 되도록 빠른 시일 내에, 늦어도 2007.6.30.까지 대체입

법을 마련함으로써 이 사건 개정 전 규정의 위헌적인 상태를 제거하여야 할 것이며, 그 때까지 대체입법이 마련되지 않는다면 2007.7.1.부터 이 사건 개정 전 규정은 효력을 잃는다"는 취지의 판시를 하였다. (5) 이 사건 헌법불합치결정에 따라 2007.3.29. 법률 제8326, 8327, 8328호로 개정된 국가유공자 등 예우 및 지원에 관한 법률 제31조 제1항, 독립유공자 예우에 관한 법률 제16조 제3항, 5.18민주유공자 예우에 관한 법률 제22조 제1항 등(이하 '이 사건 개정 규정'이라고 한다)에 의하면, 이 사건 개정 규정에 따른 취업보호(지원)대상자 중 전상군경 자신 등에 대하여는 만점의 10%를 가점하고 그 외의 자에게는 만점의 5%를 가산하도록 되어 있고, 그 부칙에 의하면 이 사건 개정 규정은 2007.7.1. 이후에 실시하는 시험부터 적용하도록 되어 있다. [나] 이 사건 가산점 제도의 목적, 이 사건 헌법불합치결정의 내용 및 그 주된 이유, 이 사건 개정 규정의 내용 및 그 시행시기 등에 비추어 보면, 헌법재판소가 이 사건 개정 전 규정이 위헌임에도 불구하고 굳이 위와 같은 내용의 이 사건 헌법불합치결정을 한 것은, 단순위헌 결정을 하는 경우 그 결정의 효력이 당해 사건 등에 광범위하게 미치는 결과 이 사건 개정 전 규정에 근거하여 이 사건 가산점 제도와 동일 또는 유사한 내용이 적용되어 합격자사정이 이루어진 종전의 각종 공무원 임용시험의 합격자결정 결과가 재검토되어야 하고, 이미 합격처분을 받은 가산점 수혜대상자들과의 관계에서 법적 혼란 내지 불합리를 초래하게 되는 등 많은 부작용이 발생될 우려가 있고, 이러한 부작용을 회피하기 위하여 이 사건 개정 규정의 시행일 이전에 이 사건 개정 전 규정을 적용하여 한 합격자결정 처분의 효력을 그대로 유지함이 옳다는 판단에서 나온 것임이 분명하다 할 것이므로, 결국 이 사건 헌법불합치결정은 이 사건 개정 전 규정의 위헌성이 제거된 이 사건 개정 규정이 시행되기 이전까지는 이 사건 개정 전 규정을 그대로 잠정 적용하는 것을 허용하는 취지의 결정이라고 이해할 수밖에 없고, 그것이 당해 사건이나 이른바 병행 사건이라고 하여 달리 취급하여야 할 이유는 없다(대법원 1998.9.4. 선고 97누19687 판결 등 참조). [다] 위와 같은 법리를 기초로 앞서 본 바와 같은 사실관계에 비추어 살펴보면, 이 사건 헌법불합치결정 및 그에 따른 관련 법령의 개정에 의하여, 이 사건 개정 규정은 2007.7.1. 이후에 실시하는 공무원 임용시험부터 적용되는 것이고, 그 이전에 실시한 공무원 임용시험의 경우에는 이 사건 개정 규정이 소급 적용될 것이 아니라 이 사건 개정 전 규정이 그대로 적용되어야 할 것이다. 같은 취지에서, 2007.7.1. 이전에 실시된 이 사건 시험에 있어서 피고가 이 사건 개정 전 규정에 근거한 이 사건 가산점 제도를 적용하여 합격자사정을 함으로써 원고들에 대하여 각 불합격처분을 한 것은 적법하다고 판단한 원심판결은 정당하여 수긍할 수 있고, 거기에 상고이유에서 주장하는 바와 같은 이 사건 헌법불합치결정의 해석 내지 이 사건 개정 규정의 적용이나 이 사건 가산점 제도에 관한 법리오해 등의 위법이 있다고 할 수 없다.

* 검토 – 위 사안에서 비록 개정시한 이내에 개정입법이 되었으나 개정법 시행일이 이후로 되어 있어서 개정법이 사안에 적용되지 않으므로 대법원판결은 법원재판에 적용될 부분이 잠정적용 헌법불합치결정에서 설정한 위헌적 내용에 관한 것이 아니라면 개정시한 내 개선입법이 있었더라도 구법이 적용된다는 입장이라고 이해된다.

(다) 잠정적용 부분 아닌 적용중지 상태 부분의 효력이 미치는 사안

잠정적용 헌법불합치결정도 사실 위헌성이 있는 부분이 있음에도 법적 공백을 방지하기 위해 계속적용을 명하는 것이므로 그 위헌성이 있는 부분이 위헌심판을 구한 당사자의 기본권을 침해하는 것이라면 헌재가 적용중지를 언급하지 않았더라도 그 부분은 적용이 중지되어야 할 것이다. 아래에서 보는 대법원 판례의 사안에서 그런 점이 관건이 되었다. 대법원은 헌법불합치결정의 잠정적용을 명한 부분의 효력이 미치는 사안이 아니라 적용중지 상태에 있는 부분의 효력이 미치는 사안이라면, 그 법률조항 중 적용중지 상태에 있는 부분은 헌법불합치결정이 있었던 때로 소급하여 효력을 상실한다고 본다. 이 결정은 적용중지 헌법불합치결정의 경우 소급효인정을 원칙으로 하겠다는 대법원의 입장을 엿볼 수 있게 한다. 사안은 세무사 자격보유 변호사로 하여금 세무사로서 세무사의 업무를 할 수 없도록 규정한 당시의 세무사법(2013.1.1. 법률 제11610호로 개정된 것) 제6조 제1항 및 세무사법(2009.1.30. 법률 제9348호로 개정된 것) 제20조 제1항 본문 중 변호사에 관한 부분에 대해 세무대리업무등록취소처분취소소송의 원고의 제청신청으로 법원이 제청하였는데 헌재가 직업의 자유를 침해한 위헌으로서 잠정적용을 하도록 하는 헌법불합치결정이 있었고 이 결정의 소급적용으로 위 처분이 위법하다는 원심판결을 유지한 사건이다(* 사건개요는 아래 판결요지 1.의 '나.' '다.' 부분 참조). 이 사안에서 대법원은 "이 사건 법률조항 가운데 세무사 자격 보유 변호사의 세무대리를 전면적·일률적으로 금지한 부분은 여전히 그 적용이 중지된다고 보아야 한다"라고 하여 적용중지를 언급하나 헌재는 이 결정에서 적용중지라는 말을 쓴적이 없다. 그러나 헌재는 "헌법에 위반되므로 원칙적으로 위헌결정을 하여야 할 것이지만, 심판대상조항에 대하여 단순위헌결정을 하게 되면 일반 세무사의 세무사등록에 관한 근거규정마저 사라지게 되는 법적 공백상태가 발생한다. 그리고 심판대상조항의 위헌성은 세무사 자격 보유 변호사의 세무대리를 제한하는 것 자체에 있는 것이 아니라, 이들로 하여금 세무사로서 세무대리를 일체 할 수 없도록 전면적·일률적으로 금지하는 데에 있고"라고 하여(헌재 2018.4.26. 2015헌가19) 결국 같은 취지를 판시하였다고 볼 것이다.

대법원판례 대법원 2020.1.30. 2018두49154, 세무대리업무등록취소처분취소등

[판결요지] 1. 관련 법률과 이 사건 경위 가. … 나. 세무사 자격을 보유하고 있는 변호사(2003.12.31.부터 2017.12.31.까지 사이에 변호사 자격을 취득한 자 중 2003.12.31. 당시 사법시험에 합격하였거나 사법연수생이었던 자를 제외한 자를 뜻한다)인 원고는 국세청장에게 세무대리업무등록 갱신을 신청하였는데, 피고는 2014.5.21. 이 사건 법률조항에 따라 원고의 신청을 반려하는 이 사건 처분을 하였다. 원고는 이 사건 처분의 취소를 구하는 소송 계속 중 원심법원에 이 사건 법률조항에 대하여 위헌법률심판제청을 신청하였고, 원심법원은 이를 받아들여 위헌법률심판제청을 하였다. 다. 헌법재판소는 2018.4.26. 이 사건 법률조항이 세무사 자격 보유 변호사의 직업선택의 자유를 침해한다고 판단하여, 이 사건 법률조항에 대하여 헌법불합치를 선언하면서 이 사건 법률조항은 2019.12.31.을 시한으로 입법자가 개정할 때까지 계속 적용된다고 결정하였다(헌법재판소 2018.4.26. 선고 2015헌가19 전원재판부 결정, 이하 '이 사건 헌법불합치결정'이라 한다). 그러나 국회는 2019.12.31.까지 세무사법의 이 사건 법률조항을 개정하지 않았다. 2. 이 사건 처분의 적법 여부 가. 비형벌조항에 대해 잠정적용 헌법불합치결정이 선고되었으나 위헌성이 제거된 개선입법이 이루어지지 않은 채 개정시한이 지남으로써 그 법률조항의 효력이 상실되었다고 하더라도 그 효과는 장래에 향해서만 미칠 뿐이고, 당해 사건이라고 하여 이와 달리 취급할 이유는 없다(대법원 2012.10.11. 선고 2012도7455 판결 참조). 한편 비형벌조항에 대한 적용중지 헌법불합치결정이 선고되었으나 위헌성이 제거된 개선입법이 이루어지지 않은 채 개정시한이 지난 때에는 헌법불합치결정 시점과 법률조항의 효력이 상실되는 시점 사이에 아무런 규율도 존재하지 않는 법적 공백을 방지할 필요가 있으므로, 그 법률조항은 헌법불합치결정이 있었던 때로 소급하여 효력을 상실한다. 비형벌조항에 대해 잠정적용 헌법불합치결정이 선고된 경우라도 해당 법률조항의 잠정적용을 명한 부분의 효력이 미치는 사안이 아니라 적용중지 상태에 있는 부분의 효력이 미치는

사안이라면, 그 법률조항 중 적용중지 상태에 있는 부분은 헌법불합치결정이 있었던 때로 소급하여 효력을 상실한다고 보아야 한다. 나. 이 사건 헌법불합치결정에 나타난 이 사건 법률조항의 위헌성, 이 사건 법률조항에 대한 헌법불합치결정과 잠정적용의 이유 등에 따르면, 헌법재판소가 이 사건 법률조항의 위헌성을 확인하였는데도 2019.12.31.까지 이 사건 법률조항의 계속 적용을 명한 것은 일반 세무사의 세무사등록을 계속 허용할 필요성이 있기 때문이다. 세무사 자격 보유 변호사에게 허용할 세무대리의 범위, 대리 권한을 부여하기 위하여 필요한 구체적인 절차와 내용 등에 관한 입법형성권의 존중이라는 사유는, 이 사건 법률조항에 대하여 단순 위헌결정을 하는 대신 입법개선을 촉구하는 취지가 담긴 헌법불합치결정을 할 필요성에 관한 것일 뿐, 이 사건 법률조항으로 인한 기본권 침해 상태를 개선입법 시행 시까지 계속 유지할 근거로 볼 수는 없다. 이 사건 헌법불합치결정에서 이 사건 법률조항의 계속 적용을 명한 부분의 효력은 일반 세무사의 세무사등록을 계속 허용하는 근거 규정이라는 점에 미친다. 이와 달리 이 사건 법률조항 가운데 세무사 자격 보유 변호사의 세무대리를 전면적·일률적으로 금지한 부분은 여전히 그 적용이 중지된다고 보아야 한다. 다. 위에서 본 법리에 비추어 보면, 이 사건 법률조항 가운데 세무사 자격 보유 변호사의 세무대리를 전면적·일률적으로 금지한 부분은 헌법불합치결정이 있었던 때로 소급하여 효력을 상실하였으므로 이 사건 헌법불합치결정을 하게 된 당해 사건인 이 사건에 대해서는 이 사건 법률조항이 그대로 적용될 수 없다. 따라서 이 사건에 이 사건 법률조항이 적용됨을 전제로 원고의 세무대리업무등록 갱신 신청을 반려한 피고의 이 사건 처분은 위법하다.

(라) 형벌조항인 경우

형벌조항인 경우 대법원은 계속적용의 헌법불합치결정이라도 헌법불합치결정이 위헌결정이라는 점에서 소급효를 가져 개정시한을 넘겨 개정입법이 안 된 경우 그 형사처벌조항은 소급적으로 효력을 상실하여(현행 제47조 3항 본문) 무죄가 선고되어야 한다고 본다(소수의견은 면소판결 의견). 사안은 야간옥외집회 금지 및 그 위반에 대한 처벌의 규정에 대한 계속적용의 헌법불합치결정(헌재 2009.9.24. 2008헌가25) 이후 개정입법이 없는 가운데 내려진 대법원 전원합의체판결이다.

대법원판례 대법원 2011.6.23. 2008도7562 전원합의체, 업무방해·집회및시위에관한법률위반

[판결] 원심은 피고인 1에 대한 이 사건 공소사실 중 위 피고인이 야간옥외집회를 주최하였다는 취지의 각 공소사실을 집회 및 시위에 관한 법률(2007.5.11. 법률 제8424호로 전부 개정된 것, 이하 '집시법'이라 한다) 제23조 제1호, 제10조 본문을 적용하여 유죄로 인정한 제1심판결을 그대로 유지하였다. 그런데 원심판결 선고 후 헌법재판소는, 주문에서 "집시법 제10조 중 '옥외집회' 부분 및 제23조 제1호 중 '제10조 본문의 옥외집회' 부분은 헌법에 합치되지 아니한다. 위 조항들은 2010.6.30.을 시한으로 입법자가 개정할 때까지 계속 적용된다.", 이유 중 결론에서 "만일 위 일자까지 개선입법이 이루어지지 않는 경우 위 법률조항들은 2010.7.1.부터 그 효력을 상실하도록 한다."라는 내용의 헌법불합치결정을 선고하였고(헌법재판소 2009.9.24. 선고 2008헌가25 전원재판부 결정, 이하 '이 사건 헌법불합치결정'이라 한다), 국회는 2010.6.30.까지 집시법의 위 조항들을 개정하지 아니하였다. 나. 헌법재판소의 헌법불합치결정은 헌법과 헌법재판소법이 규정하고 있지 않은 변형된 형태이지만 법률조항에 대한 위헌결정에 해당하고[대법원 2009.1.15. 선고 2004도7111 판결, 헌법재판소 2004.5.27. 선고 2003헌가1, 2004헌가4(병합) 전원재판부 결정 등 참조], 집시법 제23조 제1호는 집회 주최자가 집시법 제10조 본문을 위반할 것을 구성요건으로 삼고 있어 집시법 제10조 본문은 집시법 제23조 제1호와 결합하여 형벌에 관한 법률조항을 이루게 되므로, 집시법의 위 조항들(이하 '이 사건 법률조항'이라 한다)에 대하여 선고된 이

사건 헌법불합치결정은 형벌에 관한 법률조항에 대한 위헌결정이라 할 것이다. 그리고 헌법재판소법 제47조 제2항 단서는 형벌에 관한 법률조항에 대하여 위헌결정이 선고된 경우 그 조항이 소급하여 효력을 상실한다고 규정하고 있으므로, 형벌에 관한 법률조항이 소급하여 효력을 상실한 경우에 당해 조항을 적용하여 공소가 제기된 피고사건은 범죄로 되지 아니한 때에 해당한다 할 것이고, 법원은 그 피고사건에 대하여 형사소송법 제325조 전단에 따라 무죄를 선고하여야 한다(대법원 1992.5.8. 선고 91도2825 판결, 대법원 2010.12.16. 선고 2010도5986 전원합의체 판결 등 참조). 또한 헌법 제111조 제1항과 헌법재판소법 제45조 본문에 의하면 헌법재판소는 법률 또는 법률조항의 위헌 여부만을 심판·결정할 수 있으므로, 형벌에 관한 법률조항이 위헌으로 결정된 이상 그 조항은 헌법재판소법 제47조 제2항 단서(* 현행 제47조 제3항 본문)에 정해진 대로 효력이 상실된다 할 것이다. 그러므로 헌법재판소가 이 사건 헌법불합치결정의 주문에서 이 사건 법률조항이 개정될 때까지 계속 적용되고, 이유 중 결론에서 개정시한까지 개선입법이 이루어지지 않는 경우 그 다음날부터 이 사건 법률조항이 효력을 상실하도록 하였더라도, 이 사건 헌법불합치결정을 위헌결정으로 보는 이상 이와 달리 해석할 여지가 없다. 따라서 이 사건 헌법불합치결정에 의하여 헌법에 합치되지 아니한다고 선언되고 그 결정에서 정한 개정시한까지 법률 개정이 이루어지지 않은 이 사건 법률조항은 소급하여 그 효력을 상실한다 할 것이므로 이 사건 법률조항을 적용하여 공소가 제기된 야간옥외집회 주최의 피고사건에 대하여 형사소송법 제325조 전단에 따라 무죄가 선고되어야 할 것이다. [3인 소수의견] 개정시한 만료 다음날부터 효력이 상실됨에 따라 '범죄 후 법령 개폐로 형이 폐지되었을 때'에 해당한다고 볼 수 있으므로, 형사소송법 제326조 제4호에 따라 면소를 선고하여야 한다

(마) 검토

대법원이 개정시한을 넘긴 경우에도 구법을 적용한 판결례들을 보여주고 있는데 이 판결례들은 그 법원재판에 적용될 부분이 잠정적용 헌법불합치결정에서 위헌이라고 보는 부분에 해당되지 않으면 구법을 그대로 적용하겠다는 것이다. 개정시한 내 개선입법이 나온 경우에도 시행일이 소급효를 주지 않고 있으면 마찬가지 취지의 판결을 보여주었다. 또 반대로 잠정적용 취지가 아닌 적용중지 취지의 부분에 대해서는 소급적으로 효력을 상실한다고 본 판례도 있다. 법원판결에서 적용될 부분에 관한 한 시한을 넘겨 무효가 된 구법 부분이 헌재의 헌법합치결정인 설정한 위헌성 범위에 들어가지 않고 그 점에서 개정법이나 구법에서 변함이 없을 것인 경우에는 이는 일응 이해가 되긴 한다. 생각건대 헌법불합치결정이 법공백을 메우기 위해 입법권을 존중하는 취지라는 점에서 시한을 넘기지 않는 개정이 조속히 이루어지고 시한 내 개정이 이루어진 경우 구법과 차이가 없더라도 개정법을 적용하면서 구법의 무효화선언을 지키는 선명성이 바람직하고 헌법불합치결정의 개정시한 도과는 그 법조항을 무효화하고 이 무효를 일종의 입법지체에 대한 제재라고도 하는 법감정에 보다 부합된다.

(5) 이전 헌법불합치결정들이 부과한 입법개선의무 취지 위배 여부 판단 기준

헌법불합치결정은 개선입법을 요구하는데 이후 개선입법이 이루어졌을 때 또다시 그 개선입법에 대해 이의가 제기되어 헌법소원심판이 청구될 수도 있다. 이는 종전 헌법불합치결정들이 부과한 입법개선의무 취지에 반하여 위헌인지 여부 판단의 문제로서 헌재는 그 판단기준을 다음과 같이 설시하고 있다.

판례 헌재 2008.10.30. 2005헌마723 등
[설시] … 가. 이 사건 부칙 조항이 종전 헌법불합치결정들에서 부과한 입법개선의무의 취지에 반하여 헌법에 위반되는지 여부 (1) 종전 결정에서 지적된 입법형성의무의 내용을 이행하는 개선입법에 대한 위헌성을 심사하기 위해서는 먼저 헌법재판소의 종전 결정 등으로 인하여 입법자에게 부과된 입법형성의무의 구체적 내용이 어떠한지의 여부를 검토하고, 개정법이 적용되는 모든 영역에 관련하여 입법자가 종전 결정의 취지에 따른 입법형성의무의 내용을 제대로 이행하였는지의 여부를 검토해야 하며, 마지막으로 심판대상조항으로 인하여 종전결정에서 심리·검토되지 아니하였던 새로운 기본권에 대한 침해 등이 발생하였는지의 여부를 검토해야 한다(헌재 2003.12.18. 2002헌마91등, 판례집 15-2하, 530, 536-537). …

3. 한정위헌결정

(1) 기속력 - 한정해석의 존중

한정위헌결정은 위헌결정의 하나로서 기속력이 인정되므로 입법자는 한정적인 위헌이지만 그 위헌인 내용을 담은 입법을 해서는 아니 되고 행정부도 법집행에 있어서 헌재의 한정해석의 취지에 따라 당해 법률(조항)의 위헌적 요소를 배제하고 적용하여야 한다. 문제는 아래에 보듯이 대법원이 부정적 입장을 취하고 있다는 점이다.

(2) 기속력을 둘러싼 헌재와 대법원의 입장차이

* 한정위헌결정의 효력을 둘러싼 헌재와 대법원의 판례차이에 대해서는 앞의 제2장 헌법재판소의 지위 및 구성과 운영, 법원과의 관계, 법리차이가 있던 예 부분, 뒤의 헌법원심판의 결정효력, 재심사유 부분에 자세한 결정례들 참조.

1) 헌재의 입장 - 한정위헌결정의 기속력을 부인한 법원재판에 대한 헌법소원

앞서 언급한 대로 우리 헌법재판소는 한정위헌결정도 위헌결정으로서 기속력을 가진다고 한다. 그리하여 원칙적으로 법원재판은 헌법소원의 대상이 되지 않으나 "헌법재판소가 위헌으로 결정한 법령을 적용함으로써 국민의 기본권을 침해한 재판"은 대상이 된다고 하면서 헌법재판소의 한정해석과 다른 해석을 취한 대법원의 재판을 취소하는 결정을 한 바 있다.

판례 헌재 1997.12.24. 96헌마172·173, 헌법재판소법 제68조 제1항 위헌확인 등, 판례집 9-2, 842면. 이 결정에 대한 자세한 것은 뒤의 헌법소원 부분 참조.

2) 대법원판례의 부정적 입장

반면에 대법원은 헌법재판소의 한정위헌결정은 법원에 대한 기속력을 가지지 않는다는 입장을 분명히하고 있다. 대법원의 논거는 첫째, "한정위헌결정의 경우에는 헌법재판소의 결정에 불구하고 법률이나 법률조항은 <u>그 문언이 전혀 달라지지 않은 채 효력을 상실하지 않고 존속하게 되므로</u>, 이러한 한정위헌결정은 유효하게 존속하는 법률이나 법률조항의 의미·내용과

그 적용 범위에 관한 해석기준을 제시하는 법률해석"인데 "만일 이러한 한정위헌결정에 기속력을 부여한다면, 법원이 구체적 분쟁사건을 처리하는 사법권의 행사에 관하여 헌법재판소의 법률해석에 따를 수밖에 없게 되어 법원에 속하는 법률의 해석·적용 권한이 침해되고, 또한 헌법재판소가 헌법 제101조에 규정된 사법권을 행사하는 법원이 아니면서 사실상 최고법원의 지위에 들어서는 결과가 됨으로써, 이는 사법권을 법원에 전속시킴과 아울러 사법권의 독립성과 대법원의 최고법원성을 선언한 헌법에 위배된다"라는 것이다.

둘째, 헌법재판소법 제45조와 제47조 제1항의 문언상 "법률 또는 법률조항 자체의 효력을 상실시키는 위헌결정은 기속력이 있지만, 한정위헌결정과 같은 해석기준을 제시하는 형태의 헌법재판소 결정은 기속력을 인정할 근거가 없다"라는 것이다(대법원 2001.4.27. 95재다14 구상금, 법원공보 2001.6.15, 1220면. * 한정위헌결정의 기속력을 부인하는 선행 판례 : 대법원 1996.4.9. 95누11405).

3) 대법원의 한정위헌결정에 대한 재심사유 부정

헌재법 제75조 제7항은 "제68조 제2항에 따른 헌법소원이 인용된 경우에 해당 헌법소원과 관련된 소송사건이 이미 확정된 때에는 당사자는 재심을 청구할 수 있다"라고 규정하고 있는데 대법원은 여기의 '헌법소원이 인용된 경우'라 함은 법원에 대하여 기속력이 있는 위헌결정이 선고된 경우를 말한다고 보고 헌법재판소의 한정위헌결정이 있는 경우는 이러한 재심사유에 해당하지 않는다고 본다(대법원 2001.4.27. 95재다14, 위에 인용한 대법원판결; 2013.3.28. 2012재두299). 바로 위에서 본 대로 대법원은 헌법재판소의 한정위헌결정이 법원의 법령 해석·적용의 권한에 대하여 기속력을 가지지 않는다고 보기 때문이다.

4) 대법원의 부정적 입장에 대한 헌재의 부정적 입장 표명의 불발

위 대법원의 부정적 입장이 표명된 95재다14 판결을 취소해달라는 헌법소원심판을 그 재심의 원고가 청구하였다. 이 헌법소원심판의 최종 평결 결과 위 대법원의 입장과 달리 한정위헌결정도 재심사유가 된다는 헌법재판관 전원일치의 의견을 보여주었다. 그러나 청구인이 청구를 취하하였고 헌법재판소가 심판절차를 종료함으로써 헌재의 공식적인 입장의 결정이 되지 못하고 불발된 바 있었다(헌재 2003.4.24. 2001헌마386).

5) 검토점 - 적용위헌인 한정위헌결정에 대한 대법원의 기속력 인정(?)

한정위헌결정 기속력을 둘러싼 헌재와 대법원의 갈등이 표출된 양도소득세 부과처분 사건의 한정위헌결정(헌재 1997.12.24. 96헌마172·173)은 대법원판결도 취소하고 부과처분도 취소한 사건인데 그 결말은 국세청이 헌재결정에 따르는 취지의 입장을 취함으로써 위 96헌마172의 한정위헌결정을 대법원이 따르느냐 여부에 대한 판결은 나오지 않았다. 그러나 그뒤 다른 한정위헌결정들에 대해 대법원이 재심사건 등에서 명백히 한정위헌결정이 기속력이 없으므로 따르지 않는다는 입장을 밝히는 판례들이 나왔다. 그런데 한정위헌결정들 중에 적용위헌("…에 대하여 적용하는 것은 헌법에 반한다"라는 등의 주문의 결정, 앞의 결정형식, 적용위헌 부분 참조)의 경우에는 사

실상 따라왔다는 분석[예를 들어 국유재산 중 잡종재산에 대해 취득시효 적용이 안 된다고 본 결정(헌재 1991.5.13. 89헌가97), 민법 제764조의 '명예회복에 적당한 처분'에 사죄광고를 포함시키는 것은 헌법에 위반된다는 결정(1991.4.1. 89헌마160) 등의 결정들은 대법원이 따랐다는 분석]도 있다. 최근에 이전 같으면 적용위헌의 한정위헌이 선언되었을 것으로 보여지는 결정인 헌재 2018.8.30. 2014헌바148등 결정의 소급효를 인정한 대법원판결도 보인다. 이 헌재결정은 "민법(1958.2.22. 법률 제471호로 제정된 것) 제166조 제1항, 제766조 제2항 중 '진실·화해를 위한 과거사정리 기본법' 제2조 제1항 제3호, 제4호에 규정된 사건에 적용되는 부분은 헌법에 위반된다"라는 주문의 결정으로서 헌재 자신은 '위헌결정'으로 분류하고 있다. 여하튼 대법원은 이 결정 소급효가 위헌결정 당시까지 법원에 계속되어 있는 경우에도 미친다고 판결한 바 있다.

대법원판례 대법원 2019.11.14. 2018다233686 판결, 손해배상(기). * 이 결정에 대해서는 앞의 위헌결정의 소급효의 예외적 인정 범위 부분 참조.

(3) 한정위헌결정의 기속력의 범위 문제 - 한정해석의 '주문'에의 포함 요구

헌법재판소는 한정위헌선언을 한 경우에 헌법재판소법 제47조에 정한 기속력을 명백히 하기 위하여는 어떠한 부분이 위헌인지 여부가 그 결정의 주문(主文)에 포함되어야 하므로, 이러한 내용을 결정의 이유에 설시하는 것만으로서는 부족하고 "결정의 주문에까지 등장시켜야 한다"고 본다(헌재 1994.4.28. 92헌가3, 보훈기금법 부칙 제5조 및 한국보훈복지공단법 부칙 제4조 2항 후단에 관한 위헌심판. * 이 결정판시는 앞의 기속력 부분 등 참조).

4. 변형결정의 효력에 대한 개선방안

헌법불합치결정의 효력에 대해서는 우선 그 결정형식부터 인정하는 명문의 규정이 있으면 비록 지금 오랜 시간 확립되어 오긴 했지만 보다 명료하고 힘을 더 받을 수 있을 것이다. 다음으로 단순위헌결정의 경우에도 해석론과 판례이론으로 형성된 것이지만 소급효의 인정을 어느 정도로 할 것인가 하는 것을 더구나 헌법불합치결정에서 좀더 명시적인 법적 근거가 있었으면 하는 바람이다. 다른 한편으로는 헌법불합치결정의 계속적용시 국회가 개선입법을 하지 않아 곤란한 상황이 되는 경우에도 대비하여 법규정을 두는 것이 필요하다. 헌법불합치결정으로 가게 된 주된 동기가 위헌상태의 시정을 국회(입법)에 맡겨야 한다는 권력분립원리 때문이라면 이러한 입법이 헌법재판소법 자체에 두는 것만으로 논란이 없어질지 의문이 있을 수 있다. 프랑스에서처럼 헌법 자체에 헌법재판소가 위헌결정의 효과를 정할 수 있다는 수권규정을 두는 것이(프랑스 헌법 제62조 2항) 필요할 것 같다. 헌법에서 그리 수권을 하여 구체적인 것을 헌재법이라는 법률로 정할 수 있다면 더욱 정당성과 주지성이 강화될 것이다. 한정위헌결정의 기속력 문제도 마찬가지로 정리되는 것이 필요하다.

Ⅳ. 위헌법률심판결정 · 위헌소원심판결정에 대한 재심 부정

헌재는 위헌법률심판, 위헌소원심판에서의 자신의 결정에 대한 재심을 인정하지 않는다. 위헌법률심판의 경우 제청신청인은 당사자가 아니라 재심청구능력을 가지지 못하고 위헌소원심판의 경우 인용결정의 일반효, 대세효, 그리고 법적 안정성 때문에 부정된다고 한다. 아래 '헌가' 사건결정에 대한 재심청구사건을 본다. '헌바'사건에 대해서는 뒤의 헌법소원심판의 효력 부분 참조.

판례 헌재 2004.9.23. 2003헌아61

[결정요지] 위헌법률심판의 제청은 법원이 헌법재판소에 대하여 하는 것이기 때문에 당해사건에서 법원으로 하여금 위헌법률심판을 제청하도록 신청을 한 사람 자신은 위헌법률심판사건의 당사자라고 할 수 없다. 원래 재심은 재판을 받은 당사자에게 이를 인정하는 특별한 불복절차이므로 청구인처럼 위헌법률심판이라는 재판의 당사자가 아닌 사람은 그 재판에 대하여 재심을 청구할 수 있는 지위 내지 적격을 갖지 못한다. 그렇다면 청구인의 이 사건 심판청구는 청구인적격을 결한 사람이 제기한 것이어서 부적법하고 그 흠결을 보정할 수 없는 경우에 해당하므로 이를 각하하기로 결정한다.

* 위 사건에서 법원이 제청한 사건이고 재심대상결정은 헌재 2003.10.30. 2002헌가24 결정(재판전제성 결여 이유의 각하결정)이었다.

제7절 위헌법률심판 외의 다른 심판에 의한 법률심사의 가능성

현재 우리나라에서 법률에 대한 위헌여부의 심사는 위헌법률심판에 의해서만 이루어질 수 있는 것은 아니다. 위헌법률심판 외에 다음과 같은 심판에 의해 법률에 대한 위헌심사가 이루어질 수 있다.

(1) 위헌소원에 의한 심사

우리 헌법재판제도에 독특한 심판제도인 헌재법 제68조 제2항에 의한 위헌소원심판('헌바' 사건)은 우리 헌재도 밝히고 있듯이 실질적인 위헌법률심판이고 이에 따라 법률에 대한 위헌심사가 이루어짐은 당연하다. '헌가'사건인 위헌법률심판 제청사건과 재판전제성, 대상성 등에 큰 차이가 없고 실제 위헌소원심판으로 많은 위헌법률심판들이 있었고 헌재 출범 초기부터 위헌심판의 활성화에 기여하여 왔다.

(2) 법률에 대한 법령소원에 의한 심사

원칙적으로 법령은 일반성과 추상성을 가져야 하고 그 자체에 의해 구체적 효과가 나오는 것이 아니라 집행행위가 있을 때 비로소 구체적 효과가 나오는 것이므로 법령 그 자체로 기본권이 침해되지는 않는다. 그러나 어떤 법령은 이러한 구체적 효과가 자체로 곧바로 나오는, 법령일 경우가 있는데 이 법령이 바로 기본권침해의 효과를 가질 경우에는 그 침해에 대한 구제수단으로서 그 법령을 바로 대상으로 하는 헌법소원이 인정되어야 할 것이다. 우리 헌법재판소도 이러한 헌법소원을 인정하고 있고 이를 법령소원이라고 부른다.

대상이 법률인 법령소원의 경우 위헌법률심사가 이루어지게 된다. 이 법령소원도 대상(침해하는 공권력행사)이 법령이라는 것이지 어디까지나 기본권을 침해한 데 대한 구제책인 본래의미의 헌법소원이다. 따라서 그 사건부호도 '헌마'이다(법령소원에 대한 자세한 것은 뒤의 헌법소원심판 부분 참조).

(3) 헌법소원에서의 부수적 규범통제

헌법재판소법 제75조 제5항은 헌법소원을 인용함에 있어서 "헌법재판소는 공권력의 행사 또는 불행사가 위헌인 법률 또는 법률의 조항에 기인한 것이라고 인정될 때에는 인용결정에서 당해 법률 또는 법률의 조항이 위헌임을 선고할 수 있다"라고 규정하고 있으므로 이러한 경우에도 법률규정에 대한 위헌선언이 있을 수 있다. 이러한 위헌선언은 심판대상인 공권력행사 또는 불행사에 대한 심판에 부수하여 이루어지는 규범심사라고 할 수 있다.

(4) 권한쟁의심판에 의한 통제 가능성

권한쟁의심판에 의한 법률(안)에 대한 심사가능성의 경우들로는 다음과 같은 경우들이 있다.

1) 권한쟁의심판대상으로서 법률제정행위

어느 국가기관이나 지방자치단체가 국회가 제정한 법률이 자신의 권한을 침해한다고 주장하면서 권한쟁의심판을 청구할 수 있고 이 경우에 청구인이 그 법률이 헌법에 위반된다는 주장을 하면 법률제정행위에 대해 위헌여부 심사가 이루어진다. 이런 심사가능성이 나타나는 권한쟁의심판은 따라서 주로 국회를 피청구인으로 하는 권한쟁의심판이 될 것이다. 아래가 그 실제의 예이다. 사안은 의무교육경비를 지자체에 부담지우는 관련 법률규정들을 제정한 국회의 행위에 대해 합헌성을 인정하고 권한침해가 없다고 보아 기각결정을 한 예이다.

판례 헌재 2005.12.22. 2004헌라3

[판시] … 4. 본안에 관한 판단 가. 의무교육 경비 부담에 관련된 헌법규정의 해석 – 헌법 제31조 제3항은 "의무교육은 무상으로 한다."고 규정하고 있을 뿐이어서, 위 헌법 문언들로부터 직접 의무교육 경비를 중앙정부로서의 국가가 부담하여야 한다는 결론은 도출되지 않는다. 그렇다고 하여 의무교육의 성질상 중앙정부로서의 국가가 모든 비용을 부담하여야 하는 것도 아니다. 나. 개정된 의무교육비 부담방식에 대한 평가 (1) 평가의 관점 – … 문제는 지방정부의 재정이 불충분한 현실을 전제로 어떻게 중앙과 지방의 부담과 권한을 분배하는 것이 공교육의 기회를 충실하게 보장하는 길이 될 것인지에 있다. (2) 교육자치법 제39조 제1항 – … 헌법 제117조 제1항으로부터 직접 의무교육 경비를 중앙정부로서의 국가가 전부 부담하여야 한다는 결론은 도출되지 않는다. 따라서 교육자치법 제39조 제1항이 지방자치단체의 부담 가능성을 예정하고 있는 점만으로는 위 헌법조항들에 위반되지 않는다. (3) 교부금법 제11조 제1항·제2항 제3호 … 그렇다면 결론적으로 교부금법 제11조 제1항·제2항 제3호는 교육재정의 안정적 확보의 관점에서나 전국적 평균성 보장의 관점에서나 헌법위반을 운위할 정도에는 크게 미치지 못한다. 다. … 라. 권한침해 여부 – 권한쟁의심판의 심판대상은 '피청구인의 처분 또는 부작위로 인하여 청구인의 헌법상 또는 법률상의 권한이 침해되었는지 여부'인바(헌법재판소법 제61조 제2항), 이 사

건 본안판단의 대상으로 된 것은 피청구인 국회의 법률제정행위로서 그 위헌 여부가 문제되는데, 앞에서 본바와 같이 거기에 교육 및 지방자치에 관한 헌법규정에 위반되는 점이 없으므로 그로 인한 청구인의 권한침해는 인정되지 않는다. 5. 결론 … 피청구인 국회에 대한 심판청구는 이유 없으므로 이를 기각하기로 결정한다.

* 유의 및 검토 : 헌재는 "법률에 대한 권한쟁의심판은 '법률' 그 자체가 아니라 '법률의 제·개정행위'를 그 심판대상으로 해야 할 것"이라고 한다(헌재 2005.12.22. 2004헌라3; 2006.5.25. 2005헌라4; 2010.6.24. 2005헌라9등; 2016.5.26. 2015헌라1 등 참조). 그 이유로 "법률에 대한 권한쟁의심판도 허용된다고 봄이 일반적이다. 다만 권한쟁의심판과 위헌법률심판은 원칙적으로 구분되어야 한다는 점에서, 법률에 대한 권한쟁의심판은 '법률 그 자체'가 아니라, '법률의 제정행위'를 그 심판대상으로 해야 할 것"이라고 한다. 그러나 위 결정례에서부터 교육자치법, 교부금법 등 법률의 헌법위배 여부를 헌재 자신이 살피고 있다. 이 문제에 대해서는 권한쟁의심판에서도 언급한다.

2) 입법과정에서의 국회의원 권한침해 심사를 통한 가능성

법률의 제정, 개정 등 입법과정에서 국회의원 등의 권한인 토론권, 표결권 등을 침해한 경우 국가기관 간의 권한쟁의에 대한 심판인 권한쟁의심판으로 다툴 수 있다. 따라서 이러한 권한쟁의심판을 통하여 입법절차가 준수되었는지 여부, 입법과정상의 하자가 없는지 여부 등에 대한 판단이 이루어지게 되므로 권한쟁의심판이 법률에 대한 통제의 기능을 가질 수도 있다. 그동안 국회의원의 권한침해를 인정한 예가 있었다. 그러나 그로 인하여 법률안 가결행위에 대하여서까지도 취소결정이나 무효확인결정을 한 예는 아직까지 없다(후술, 권한쟁의심판 부분 참조). 따라서 권한쟁의심판결정으로 법률이 위헌으로 무효선언된 적은 없다.

3) 선결문제로서 심사가능성

(가) 가능성

우리나라의 권한쟁의심판은 헌법상 부여된 권한뿐 아니라 법률에 의해 부여된 권한의 침해에 대해서도 청구할 수 있는데 이 법률상 권한을 침해한 것인지를 판단하기 위해 그 전제로 그 권한을 부여한 법률이 헌법에 위반되는 것인지 여부가 가려져야 할 경우가 있을 것이다. 바로 선결문제 판단의 필요성이다. 이 선결문제 판단에서 법률의 위헌여부가 심사될 수 있다.

(나) 실제례

실제 다음과 같은 결정례들이 있었다.

① **자치사무에 대한 합목적성 감사 근거법률의 합헌성 인정** – 헌재는 지방자치단체의 자치사무에 대한 합목적성 감사가 지방자치단체 권한을 침해한다고 주장하여 청구된 권한쟁의심판에서 그 합목적성 감사의 근거가 되는 감사원법 제24조 제1항 제2호 등 관련규정(이하 '이 사건 관련규정'이라 한다) 자체가 청구인들의 지방자치권의 본질을 침해하여 위헌인지를 심사하여 합헌성을 인정한 다음 감사원의 합목적 감사가 권한침해가 아니라고 하여 아래와 같은 기각결정을 하였다. 이는 권한쟁의심판에서의 사실상 선결문제로서 법률규정에 대한 위헌 여부 판단을 한

예라고 할 것이다.

판례 헌재 2008. 5. 29. 2005헌라3

[주문] … 심판청구를 기각한다. [판시] … 4. 본안에 관한 판단 가. 헌법상 보장된 청구인들의 지방자치권 … 이 사건 감사에 의한 지방자치권의 제한이 지방자치권의 본질을 훼손하는 정도로 불합리한 것인지를 검토한다. 나. 이 사건 감사에 대한 검토(1) 이 사건 감사가 법률상 근거 없이 행하여진 것인지 여부 … 위임사무나 자치사무의 구별 없이 합법성 감사뿐만 아니라 합목적성 감사도 포함한 이 사건 감사는 감사원법에 근거한 것으로서, 법률상 권한 없이 이루어진 것으로 보이지는 않는다. 그렇다면 위와 같이 지방자치단체의 자치사무에 대한 합목적성 감사의 근거가 되는 감사원법 규정(제24조 제1항 제2호, 제32조, 제33조, 제34조, 제34조의2, 이하 "이 사건 관련규정"이라 한다) 자체가 청구인들의 지방자치권의 본질을 침해하여 위헌인지 여부가 문제된다. (2) 이 사건 관련규정이 지방자치권의 본질을 침해하는지 여부 … 따라서 이 사건 관련규정이 지방자치단체의 고유한 권한을 유명무실하게 할 정도로 지나친 제한을 함으로써 지방자치권의 본질적 내용을 침해하였다고는 볼 수 없다. 다. … 라. 소결 – 결국 이 사건 관련규정에 근거한 피청구인의 이 사건 감사가 헌법에 위반하여 청구인들의 지방자치권의 본질적 내용을 침해하였다고는 볼 수 없으므로, 청구인들의 이 사건 심판청구는 이유 없다.

② **지방자치단체 조정교부금의 배분에 관한 권한쟁의심판** – 이 결정례에서는 아예 선결문제, 부수적 규범통제라고 하면서 판시하고 있다. 사안은 피청구인(대통령)이 2016.8.29. 대통령령 제27463호로 지방재정법 시행령 제36조 제3항, 제4항(이하 '이 사건 시행령조항'이라 한다)을 개정한 행위(이하 '이 사건 개정행위'라 한다)로 인하여 경과규정을 거쳐 우선조정교부금을 지급받을 수 없게 되고, 그에 따라 청구인들이 자치사무에 가용할 수 있는 재원의 50% 이상이 감소하는 결과가 초래되며 이러한 재원감소는 직접적으로 청구인들의 자치사무의 축소 또는 폐지로 이어질 수밖에 없어, 결과적으로 청구인들의 자치권한인 자치재정권을 침해하고, 나아가 무효라고 주장하여 제기된 권한쟁의심판사건이다. 청구인들은 위 시행령조항의 모법인 지방재정법(2014.5.28. 법률 제12687호로 개정된 것) 제29조 제2항이 청구인들의 지방자치권을 침해하여 위헌이라고 주장하며 그 위헌심판을 구하였다. 헌재는 그러한 심판을 구하는 "취지가 위 법률조항에 대한 부수적 규범통제를 촉구하는 것으로 파악된다. 그러므로 지방재정법 제29조 제2항에 대해서는 선결문제로서 그 위헌여부를 검토한다"라고 하면서 검토한 결과 의회유보원칙, 포괄위임금지원칙(* 이 원칙들에 대해서는 정재황, 기본권총론, 박영사, 2020, 기본권 제한 부분 참조)에 반하지 않아 합헌이라고 아래와 같이 판시하였다.

판례 헌재 2019.4.11. 2016헌라7

[판시] (1) 의회유보원칙 위배 여부 – 오늘날의 법률유보원칙은 단순히 법률에 근거를 두기만 하면 충분한 것이 아니라, 국가공동체와 그 구성원에게 기본적이고도 중요한 의미를 갖는 영역, 특히 국민의 기본권실현에 관련된 영역은 행정에 맡길 것이 아니라 국민의 대표자인 입법자 스스로 그 본질적 사항에 대하여 결정하여야 한다는 요구, 즉 의회유보원칙까지 내포하는 것으로 이해되고 있다. 이 법률에서 열거하고 있는 조정교부금 배분 요소들을 포함하여 모든 배분기준을 법률에서 직접 정하여야 하는지가 문제된다. 그런데 조정교부금은 지역 간 세원 편재와 재정 불균형을 해소하고 모든 지방자치단체가 일

정한 행정수준을 확보할 수 있도록 재원을 보장하기 위한 지방재정 조정제도의 하나로서, 교부자인 광역지방자치단체의 재정 상태나 수급자인 기초지방자치단체의 재정자립도, 지역별 격차 등 다양한 요소에 의해 정해질 것이므로 그 배분기준을 모두 법률에서 직접 정해야 할 사항이라고 보기는 어렵다. 지방재정법 제29조 제2항은 조정교부금 배분기준의 중요 요소인 인구, 징수실적, 각 시·군의 재정사정을 법률에서 직접 예시하고, 그 이외에도 경우에 따라 고려해야 할 사정들이 있음을 감안하여 일부 세부기준을 대통령령에 위임하고 있는바, 법률(의회)유보원칙을 위반한다고 보기는 어렵다. (2) 포괄위임금지원칙 위배 여부 ― 헌법 제75조는 "대통령은 법률에서 구체적인 범위를 정하여 위임받은 사항과 법률을 집행하기 위하여 필요한 사항에 관하여 대통령령을 발할 수 있다."고 규정하여 위임 법률은 대통령령 등 하위법규에 규정될 내용 및 범위의 기본사항을 구체적으로 정하여 당해 법률로부터 하위법규에 규정될 내용의 대강을 예측할 수 있도록 하여야 한다. 지방재정법 제29조에서 규정하는 조정교부금의 목적은 모든 지방자치단체로 하여금 필수불가결한 기본적 공공 서비스에 대해 최저 표준 수준의 공급이 가능하도록 지방자치단체 간 수직적·수평적 재정불균형을 시정하는 데 있으며, 이를 달성하기 위한 조정교부금의 배분기준은 제도의 목적이나 취지, 귀속주체인 시·군 지방자치단체의 재정적 상태 등을 고려하여 정책적으로 정할 문제이다. 그러므로 조정교부금의 배분기준이 되는 모든 요소를 법률에 규정하기 곤란한 측면이 있으며, 법률로 모두 정해 놓을 경우 인구, 징수실적, 각 시·군의 재정사정의 변화에도 불구하고 조정교부금이 조정 기능을 제대로 수행하지 못하여 재정불균형 격차의 해소라는 제도의 취지를 형해화할 우려가 있다. 그러므로 조정교부금의 목적인 지방정부 간 수직적·수평적 재정불균형을 효율적으로 시정하기 위하여 조정교부금의 세부적인 배분기준을 행정입법에 위임할 필요성이 인정된다. 한편 지방재정법 제29조 제2항은 조정교부금 배분기준이 되는 기본적 요소로서 인구, 징수실적, 각 시·군의 재정사정을 명시적으로 규정하고 있다. 그러므로 지방재정법 제29조 제2항이 추구하는 입법목적 및 관련 법조항을 유기적·체계적으로 종합하여 보면, 결국 지방재정법 제29조 제2항에 의하여 대통령령에 규정될 내용은 조정교부금의 배분기준인 인구, 징수실적, 각 시·군의 재정사정을 구체적으로 어떻게 반영할 것인가에 관한 것이고, 이는 지방정부의 수직적·수평적 재정불균형을 가장 효율적으로 시정할 수 있는 개별 요소간의 반영 정도가 될 것임을 충분히 예측할 수 있다. (3) 소결 ― 이상과 같이 이 사건 시행령조항의 근거 규정인 지방재정법 제29조 제2항은 헌법에 위반되지 아니한다.

(5) 그 외

그 외 탄핵심판의 경우에도 탄핵사유가 헌법뿐 아니라 '법률'의 위배도 포함하므로 그 법률이 위헌인지 여부가 선결문제로 쟁점이 될 수 있고 그 경우에 역시 그 심사가능성이 있다.

제4장 권한쟁의심판

제1절 서설

Ⅰ. 권한쟁의심판의 개념과 기능 및 법적 성격

1. 권한쟁의심판의 개념

(1) 법규정을 통한 개념정의

권한쟁의심판이란 국가기관 상호 간, 국가기관과 지방자치단체 간 및 지방자치단체 상호 간에 권한의 존부(존재 여부) 또는 범위에 관하여 다툼이 있을 때 이를 해결하는 헌법재판을 말한다. 현행 헌법 제111조 제1항 제4호와 헌법재판소법 제2조 제4호는 "국가기관 상호 간, 국가기관과 지방자치단체 간 및 지방자치단체 상호 간의 권한쟁의(權限爭議)에 관한 심판"을 헌법재판소가 관장한다고 규정하고 있고, 현행 헌법재판소법 제61조 제1항은 "국가기관 상호 간, 국가기관과 지방자치단체 간 및 지방자치단체 상호 간에 권한의 유무 또는 범위에 관하여 다툼이 있을 때에는 해당 국가기관 또는 지방자치단체는 헌법재판소에 권한쟁의심판을 청구할 수 있다"라고 규정하고 있다. 따라서 현재의 권한쟁의심판제도는 국가기관들 상호 간이나 국가기관과 지방자치단체 간 또는 지방자치단체들 서로 사이에 어떤 권한이 존재하느냐 여부, 그 범위가 어떻게 되느냐, 어느 주체에게 그 권한이 주어져 있느냐, 각 주체에 따라 권한이 어떻게 분배되어 있느냐 하는 문제 등을 두고 분쟁이 발생한 경우에 이를 해결하는 심판을 의미한다.

(2) 좁은 개념과 넓은 개념 - 당사자의 법주체 한정 여부에 따른 개념

현행 헌법 제111조 제1항 제4호와 헌법재판소법 제2조 제4호의 규정을 떠나 일반적으로 보면 권한쟁의심판이 권리(한)·의무의 주체가 되는, 법인격을 가지는 법주체들 간의 권한쟁의를 심판하는 것으로 볼 수도 있고 아니면 법주체가 아니라 법주체에 속하는 기관들 간의 권한쟁의를 심판하는 것으로 볼 수도 있을 것이고 아니면 그 양자를 모두 포함하는 것으로 볼 수도 있을 것이다. 물론 마지막의 개념이 가장 넓은 개념일 것이다. 우리의 현행 헌법 제111조 제1항 제4호는 법주체가 아닌 국가기관이 당사자가 되는 권한쟁의심판도 포함하고 있다.

예시 : 예를 들어 산업통상자원부가 외국과 통상교섭을 통해 일정한 외국 재산에 변화가 오게 하면 그 재산에 대한 권리는 대한민국이라는 법주체 자체에 속하게 되는 것이지 국가의 기관인 산업통상자원부에 속하는 것이 아니다. 그래서 산업통상자원부가 법주체가 아니다. 그러나 권한쟁의심판은 청구할 수 있다.

(3) 기관소송과의 차이

기관 간의 권한에 다툼이 있는 경우에 해결하는 재판제도로는 행정소송으로서의 기관소송도 있다. 현행 행정소송법 제3조 제4호는 "국가 또는 공공단체의 기관 상호 간에 있어서의 권한의 존부 또는 그 행사에 관한 다툼이 있을 때에 이에 대하여 제기하는 소송"을 기관소송으로 정의하면서 그 단서는 헌법재판소법 제2조의 규정에 의하여 헌법재판소의 관장사항으로 되는 소송은 기관소송에서 제외한다고 규정하고 있다. 따라서 국가기관 상호 간의 권한의 다툼에 관한 소송에 있어서 헌법재판소의 권한이 원칙적인 것으로 되어 있다. 또한 현행 행정소송법 제45조는 기관소송은 법률이 정한 경우에 법률에 정한 자에 한하여 제기할 수 있다고 규정하고 있다.

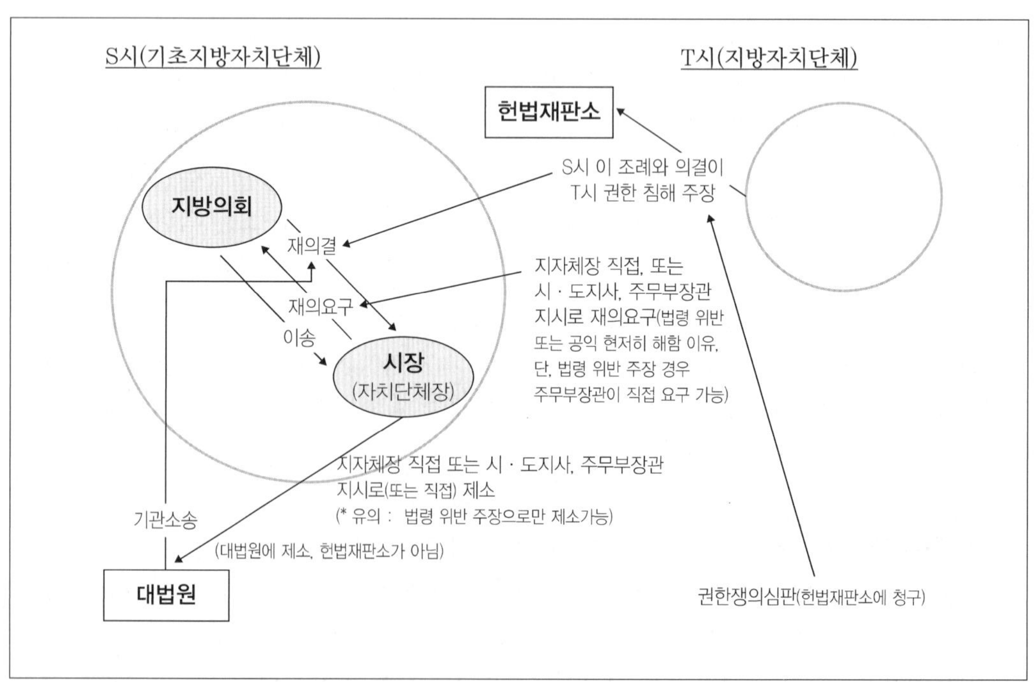

▌권한쟁의심판과 기관소송의 차이 도해표

지방자치단체가 관련되는 권한쟁의심판의 경우로는 헌법 제111조 제1항 제4호와 위 법 제61조 제1항이 '지방자치단체'라고 규정하였지 '지방자치단체 기관'이라고 규정한 것이 아니므로 지방자치단체 자체가 당사자가 되는, 즉 국가기관과 지방자치단체자체 간 또는 지방자치단체자체들 상호 간의 권한쟁의심판사건들만이 헌법재판소의 권한쟁의심판의 관할에 속한다. 따라서 하나의 지방자치단체 내에서의 기관들 간의 권한 다툼(즉 지방의회와 지방자치단체장 간의 다툼)은 행정소송으로서의 기관소송의 대상이 될 것이다. 현재 행정소송으로서의 기관소송으로 법률이 정한 예로는 지방자치법상 지방자치단체장이 지방의회를 상대로 대법원에 제기하는 소송(지방자치법 제107조 3항, 제172조 3항(신 지방자치법(2021년 시행) 제120조, 제192조) 참조. 위 도해 참조)과 교육감이 시·도의회를 상대로 대법원에 제기하는 소송 등을 들 수 있다('지방교육자치에 관한 법률' 제28조 3항 참조)(기관소송에 대해서는 앞의 제2장 제1절, Ⅱ, 3. 법원과의 관계, (5) 판례상이의 문제 1) 판례차이의 가능성의 원인 부분, 더 자세한 것은 정재황, 헌법학, 박영사, 2021, 1853 이하 참조).

2. 권한쟁의심판의 기능

i) **국가·지방자치기능의 정상작동, 권력분립, 권한분배 실현** 권한쟁의심판은 국가기관들 간이나 국가기관이나 지방자단체들 간, 지방자치단체들 서로간의 권한다툼을 해결함으로써 권력분립의 원리를 실현하는 기능을 수행하고 또한 권력에 대한 법적 통제를 수행하며 이로써 헌법을 수호하는 기능을 가진다고 하겠다. 또한 권한분배의 기능도 한다. 서구에서는 오늘날 고전적 권력분립론에서 말하는 국가권력 간의 견제는 의회의 다수파의 지지를 행정부가 받고 있는 상황에서는 제대로 기능하지 못한다는 지적이 있고, 의회에 의한 국정통제기능이 약화되는 것에 대한 대체 내지 보완수단으로서 권한쟁의심판의 기능을 강조하는 경향도 있다.

ii) **정치의 평화화** 또한 소수파의 존중과 정치의 평화화의 기능도 가진다고 본다.[1] 의회 소수파가 입법과정에서 소외되고 정당한 주장이 받아들여지지 않을 때 장외투쟁 등 물리적 수단이 아닌 헌법재판에 권한쟁의심판을 청구하는 길을 택하고 다수파도 헌법재판의 결정에 승복하는 것을 전제로 이러한 평화화 기능이 작동될 수 있다.

iii) **지방분권, 지방자치 보장 수단** 지방자치단체와의 권한의 분쟁을 해결하는 심판은 지방분권주의의 실현과 지방자치권의 적정한 보장을 위한 수단이 될 수 있고 반면에 지방자치에 대한 통제의 기능도 수행할 수 있을 것이다. 또한 행정업무 등에서 여러 지방자치단체들 간에 통일성을 유지하여 국가 전반의 통일적이고 체계적인 행정수행이 가능하도록 하는 조절의 기능도 가진다고 볼 것이다.

iv) **기본권의 보장** 권한쟁의심판은 직접적으로는 국가와 지방조직의 권한을 획정하는

---

1) 이러한 기능들과 넓게 헌법재판이 정치적 영역에서 가지는 기능들에 대해서는, 졸고, 헌법재판과 정치, 헌법규범과 헌법현실, 권영성 교수 정년기념논문집, 법문사, 1999, 400면 이하; 본편, 제1장 참조.

기능을 하지만 그 권한의 행사로 인하여 국민이나 주민의 기본권에 영향을 미치는 경우 그 권한에 대한 존부, 범위 등에 관한 심판을 통하여 적정한 권한행사를 가능하게 함으로써 국민이나 주민의 기본권보장에도 기여할 것이다.

[판례의 설명] : **판례** 헌재 2010.12.28. 2009헌라2, 헌재 2011.8.30. 2011헌라1
[설시] 권한쟁의심판은 국가기관 상호 간 또는 국가기관과 지방자치단체 간 그리고 지방자치단체 상호 간에 헌법과 법률에 의한 권한과 의무의 범위와 내용에 관하여 다툼이 있는 경우 헌법소송을 통하여 이를 유권적으로 심판함으로써 국가기능의 수행을 원활히 하고, 국가기관 및 지방자치단체 상호 간의 견제와 균형을 유지시켜 헌법이 정한 권능질서의 규범적 효력을 보호하기 위한 제도이다.

* 검토 – '헌법소송'이란 말은 부적절하다. 개인의 권리, 책임 문제를 따지는 민사소송, 형사소송처럼 헌법재판에도 이를 쓰는 것은 헌법재판 본질에 대한 근본적 이해의 부족을 드러낸다. 더구나 권한쟁의 심판결정의 설시로서는 더욱 부적절하다.

3. 권한쟁의심판의 법적 성격

(1) 객관적 성격

1) 논의

권한쟁의심판을 주관적 소송이라고 하는 견해들이 있다. 어느 개인의 주관적 권리구제기능이 아닌 위에 기능에서도 살펴보았지만 권력분립적 기능 등 국가기관 등의 권한과 조직상의 객관적 질서를 유지하기 위한 것이고 그 권한은 결코 어느 개인의 권리가 아니라는 점에서 이러한 견해는 받아들이기 힘들다. 다른 국가기관과의 획정된 권한을 주장한다는 점에서 주관적이니 권리구제니 하는 말을 쓴다고 하더라도 이는 적절하지 않고 굳이 그렇게 해야 할 이유도 없다. 청구인, 피청구인의 대립구도가 다른 헌법재판과 차이가 난다는 점을 강조하겠다는 취지라고 한다면 이는 사인들 간 주관적 권리구제가 주기능인 민사소송적 관념에서 완전히 벗어나지 못한 것이다.

2) 한국 헌재의 판례

우리 헌재도 권한쟁의심판의 성격에 대해 객관적 권한질서 유지 수단이라고 본다. 대립구도를 두고 주관성을 완전히 떨쳐내지는 못한 판시이긴 하나 강조점은 객관성에 두고 있다.

판례 헌재 2010.12.28. 2009헌라2, 서울특별시 은평구와 기획재정부장관 간의 권한쟁의
[판시] 권한쟁의심판은 권한이 침해되었다고 주장하는 청구인과 청구인의 권한행사에 부정적인 영향을 미친 것으로 추정되는 피청구인 간에 대립적인 소송구조를 취하기 때문에 주관적 쟁송으로서의 성격을 띨 수밖에 없으나, 이는 분쟁 당사자 간의 권한의 존부 또는 범위에 대한 다툼을 대상으로 하고(헌법재판소법 제61조 제1항), 그 결정 또한 심판의 대상이 된 국가기관 또는 지방자치단체의 권한의 존부 또는 그 범위를 내용으로 하고 있으므로, 궁극적으로는 수평적 또는 수직적 권력분립주의에 입각해 헌법과 법률이 설정한 객관적 권한질서를 유지하기 위한 법적 수단으로 이해되고 있다. 그리고 여기에서 권한이란 주관적 권리의무가 아니라 국가나 지방자치단체 등 공법인 또는 그 기관이 헌법 또는 법률에 의하여 부여되어 법적으로 유효한 행위를 할 수 있는 능력 또는 그 범위를 말한다.

(2) 권한의 성격

권한쟁의심판으로 확인, 보장받으려는 권한, 조직에서의 객관적인 그 획정이 있어야 하는 권한은 개인의 권리가 아니다. 당연하지만 헌재도 권한쟁의심판에서 문제되는 "권한이란 주관적 권리의무가 아니라 국가나 지방자치단체 등 공법인 또는 그 기관이 헌법 또는 법률에 의하여 부여되어 법적으로 유효한 행위를 할 수 있는 능력 또는 그 범위를 말한다"라고 한다.

판례 헌재 2010.12.28. 2009헌라2, 서울특별시 은평구와 기획재정부장관 간의 권한쟁의. * 바로 위 인용된 결정과 같은 결정임.

II. 권한쟁의심판의 유형

권한쟁의심판은 어떤 기준에 따르느냐에 따라 각 유형으로 구분된다.

1. 당사자에 따른 분류

권한의 침해여부를 둘러싼 당사자가 누구인가에 따른 분류가 가능할 것이다. 즉 법인격을 가지는 주체들 간의 권한쟁의의 심판과 법인격을 가지는 주체에 속하는 기관들 간의 권한쟁의의 심판, 법인격을 가지는 주체와 기관 간의 권한쟁의의 심판 등으로 나눌 수 있을 것이다. 또한 연방국가의 경우에 연방과 지방간의 권한쟁의에 대한 심판 등도 있을 것이다. 지방자치단체 상호 간의 권한쟁의심판도 있다.

2. 적극적 권한쟁의의 심판과 소극적 권한쟁의의 심판

권한쟁의에는 양쪽 국가기관이나 단체가 모두 어떠한 권한이 자신의 권한이라고 주장하여 생기는 분쟁이 있는 반면, 오히려 어떠한 권한이 자신에게는 속하지 아니한다고 주장하여 생기는 분쟁도 있을 수 있다. 전자를 적극적 권한쟁의, 후자를 소극적 권한쟁의로 부른다. 후자는 주로 권한에 따른 사무를 수행할 경우 비용부담 등의 책임이 수반하는 경우에 발생할 가능성이 있을 것이다. 우리의 경우에 현재 후자의 소극적 권한쟁의도 헌법재판소의 심판대상이 된다고 볼 것인지에 대하여는 견해의 대립이 있다. 부정설은 소극적 권한쟁의는 그로 인한 어느 국민의 권리침해가 있으면 법원의 행정소송 등으로 해결하면 되고 또한 소극적 권한쟁의가 어느 한 기관이 자신의 권한이 아니라고 하면서 부작위로 있는 결과 어느 기관의 권한침해로 나타나는 경우에는 이를 침해받는 기관이 적극적인 권한쟁의로 보아 심판을 받게 할 수 있으므로 소극적 권한쟁의를 별도로 인정할 필요가 없다고 본다. 반면에 긍정설은 현행 헌법재판소법 제61조 제2항은 피청구인의 부작위가 청구인의 권한을 "침해하였거나 침해할 현저한 위험이 있는 때"라고 그 청구요건을 규정하고 있는데 이러한 침해라는 요건을 엄격하게 보면 소극적 권한쟁의 중 적극적 권한쟁의로 받아들여지지 않을 경우도 있다는 이유 등으로 소극적 권한쟁의에 대한 심판을 인정하여야 한다고 본다.

생각건대 소극적 권한쟁의의 인정 문제는 두 가지를 혼돈하는 점이 먼저 제거되어야 한다. 대상성과 침해성 요건이 그 두 가지이다. 일단 헌재법 제61조 제1항은 "권한의 유무 또는 범위에 관하여 다툼이 있을 때에는 … 헌법재판소에 권한쟁의심판을 청구할 수 있다"라고 규정하고 있으므로 권한의 '유'뿐 아니라 '무'에 대해서도 권한쟁의 대상으로 해서 청구할 수 있다. 따라서 권한이 자신에게 없다는 소극적 권한쟁의 청구는 가능하고 대상성이 인정된다. 두 번째 요건인 침해성 요건을 보면, 제61조 제2항은 "제1항의 심판청구는 피청구인의 처분 또는 부작위(不作爲)가 헌법 또는 법률에 의하여 부여받은 청구인의 권한을 침해하였거나 침해할 현저한 위험이 있는 경우에만 할 수 있다"라고 규정하고 있는데 여기서 '청구인의 권한을 침해'라고 되어 있는데 청구인은 소극적 권한(즉 권한 '무')상태로 아예 권한 없다고 주장하는데 권한이 침해되었다고 하여 청구를 할 수도 있다고 보는 것은 어불성설이다. 또 제61조 제2항에서 규정하는 부작위에 의한 권한침해를 보면, 이 경우란 청구인이 자신에 속한다고 주장하는 권한을 피청구인의 부작위로 침해되었거나 행사되지 못한 경우(예컨대 A라는 기관의 권한행사에 B라는 기관의 협력이 필요할 경우 A기관이 당해 권한은 어디까지나 자신에 속함을 인정하면서 B기관의 협력이 없는 부작위로 자신의 그 권한을 행사하지 못하는 침해를 받고 있다고 주장하는 경우)인데 이 경우 소극적 권한쟁의가 아니다. 왜냐하면 이 경우는 다만 그 침해가 피청구인의 부작위에 의한 것이라는 것일 뿐 어디까지나 그 침해되는 권한이 청구인에 속한다고 주장하고 있는 경우이므로 소극적 권한쟁의가 아니라고 보아야 하기 때문이다.

결국 소극적 권한쟁의의 실익이 무엇인지, 그것을 인정하지 않으면 생길 사각지대가 있는지를 살펴보아야 한다. 소극적 권한쟁의는 어떤 공권력작용이 이루어져야 할 상태인데도 그 공권력작용의 권한이 속한다고 보이는 기관들 간에 서로 자신의 권한이 아니라고 할 때 분쟁으로 떠오르게 될 것이다. 문제는 그 공권력행사가 국민의 생활과 기본권실현에 필수적인 경우이다. 이 경우에 국민이 그 공권력불행사에 대해 소송을 통해 시정하는 길이 있긴 하겠으나 국민으로서는 행정기관이 응당 해야 할 일을 하지 않아 오는 권익침해인데 소송제기까지 나아가야 한다면 이는 정당하지 못하다. 이처럼 국민의 권익에 관한 사무나 공익의 보장이나 질서유지를 위한 사무를 서로 자신의 권한에 속하지 않는다고 방치할 경우를 막기 위해서는 소극적 권한쟁의에 대한 심판이 필요하다고 하겠다. 따라서 헌법재판소법 제61조 제2항 소정의 요건을 완화하여 해석할 필요가 있다는 주장이 설득력을 가진다고 보겠다. 어느 기관의 부작위가 어느 다른 기관의 권한을 침해하였거나 침해할 현저한 위험이 있는 것이 아닐지라도 국민의 권리나 공익 등의 실현을 위하여는 어느 기관이든 그 권한에 따른 업무수행이 당장 필요한 경우에 어느 기관이 그 권한이 속하는 기관을 가려줄 것을 요구할 경우에 그 심판이 이루어져야 할 것이다. 이 점에서는 소극적 권한쟁의에 대한 심판은 관할을 확정한다는 의미를 가진다.

시화공단의 관리책임의 문제를 두고 시흥시(청구인)와 정부(피청구인) 간에 그 관리권한이 자신에게 속하지 않고 관리업무가 서로 상대방의 권한에 속한다고 주장하여 발생하였던 권한쟁의가 있었는데 우리 헌법재판소의 다수의견은 그 사안에서 소극적 권한쟁의인지에 대하여 언급하지 않고 청구인의 권한이 침해된 바 없어 이유가 없다고 하면서 기각한 바 있다(헌재 1998.8.27. 96헌라1, 시흥시와 정부 간의 권한쟁의, 판례집 10-2, 364면, 이 결정에 대해서는 뒤의 청구요건 중 권한침해가능성을 부정하면서도 각하 아닌 기각을 한 예 부분 참조).

Ⅲ. 우리나라 권한쟁의심판제도의 역사와 특색

1. 역사

제2공화국 헌법하에서도 권한쟁의심판제도를 두었으나 당시에는 국가기관 간의 권한쟁의심판만을 두었다. 현행 헌법하에서는 국가기관 간의 권한쟁의심판뿐 아니라 국가기관과 지방자치단체 간, 지방자치단체 상호 간의 권한쟁의심판도 행한다는 점에서 제2공화국 헌법 때와 차이가 있고 범위가 확대된 것이다.

2. 특색

우리나라의 권한쟁의심판제도는 다음과 같은 특색을 가진다고 하겠다.

i) **담당기관상 특색** 먼저 권한쟁의심판을 헌법재판소라는 독립된 재판기관에서 담당하도록 하면서 대법원이 담당하는 행정소송으로서의 기관소송도 두고 있다.

ii) **당사자 관련 특성** 법인격을 가지는 주체들 간의 권한쟁의심판뿐 아니라 기관이 당사자가 되는, 그리고 기관들 간(국가기관들)의 권한쟁의심판도 이루어지고 있다. 지방자치단체도 당사자가 될 수 있다. 다만, 지방자치단체는 단체 그 자체만이 권한쟁의심판을 청구할 수 있고 소속 기간인 지방의회나 지방자치단체가 청구할 수는 없다.

iii) **권한상 특색** ① 법률상 권한의 분쟁도 포함 – 우리 헌법재판소법 제61조 제2항은 헌법뿐 아니라 법률에 의하여 부여받은 청구인의 권한이 침해된 경우에도 권한쟁의심판을 청구할 수 있도록 하고 있다. ② 부작위에 의한 권한 침해 – 헌재법 제61조 제2항은 피청구인의 적극적인 처분만이 아니라 부작위(不作爲)가 헌법 또는 법률에 의하여 부여받은 청구인의 권한을 침해하였거나 침해할 현저한 위험이 있는 경우에도 권한쟁의심판을 청구할 수 있다고 인정하고 있다.

Ⅳ. 준용과 심사 기준

1. 권한쟁의심판절차에 관한 다른 법령의 준용

헌재법 제40조(준용규정) ① 헌법재판소의 심판절차에 관하여는 이 법에 특별한 규정이 있는 경우를 제외하고는 헌법재판의 성질에 반하지 아니하는 한도에서 민사소송에 관한 법령을 준용한다. 이 경우 … 권한쟁의심판 …의 경우에는 「행정소송법」을 함께 준용한다. ② 제1항 후단의 경우에 … 「행정소송법」이 민사소송에 관한 법령에 저촉될 때에는 민사소송에 관한 법령은 준용하지 아니한다.

2. 심사기준 법령 - 헌법, 법률, 행정관습법, 행정판례법

우리나라의 권한쟁의심판은 헌법상 부여된 권한뿐 아니라 법률상 부여된 권한의 침해에 대해서도 청구할 수 있으므로 헌법뿐 아니라 법률도 심사기준의 법규범이 된다. 나아가 우리 헌재는 행정관습법을 적용한 예도 보여주었는데 그 대표적인 예들은 공유수면에 대한 지방자치단체의 관할구역 경계 및 그 기준에서 적용한 예들이다(이에 대해서는 뒤의 권한쟁의심판의 결정 부분 참조. 헌재 2009.7.30. 2005헌라2, 옹진군과 태안군 등 간의 권한쟁의; 2011.9.29. 2009헌라3, 인천광역시 중구와 인천광역시 등 간의 권한쟁의; 2011.9.29. 2009헌라4; 2011.9.29. 2009헌라5; 2015.7.30. 2010헌라2; 2019.4.11. 2015헌라2, 경상남도 사천시와 경상남도 고성군 간의 권한쟁의 등). 행정판례법에 대해서는 그 법원성(法源性)에 대해 견해가 갈릴 수 있을 것이다. 그런데 행정관습법을 인정하는 것은 결국 헌재와 법원이라고 할 것이므로 행정관습법을 인정하는 판례는 적어도 법원으로서의 기능을 하고 심사의 기준으로도 적용될 수 있을 것이라고 볼 것이다.

제2절 권한쟁의심판의 종류(범위)와 당사자

제1항 우리나라 권한쟁의심판의 종류와 범위

Ⅰ. 현행법 규정

헌법 제111조 ①헌법재판소는 다음 사항을 관장한다.
1. - 3. 생략
4. 국가기관 상호 간, 국가기관과 지방자치단체 간 및 지방자치단체 상호 간의 권한쟁의에 관한 심판
5. 생략

헌재법 제62조(권한쟁의심판의 종류) ① 권한쟁의심판의 종류는 다음 각 호와 같다. <개정 2018.3.20.>
1. 국가기관 상호 간의 권한쟁의심판

국회, 정부, 법원 및 중앙선거관리위원회 상호 간의 권한쟁의심판
2. 국가기관과 지방자치단체 간의 권한쟁의심판
가. 정부와 특별시·광역시·특별자치시·도 또는 특별자치도 간의 권한쟁의심판
나. 정부와 시·군 또는 지방자치단체인 구(이하 "자치구"라 한다) 간의 권한쟁의심판
3. 지방자치단체 상호 간의 권한쟁의심판
가. 특별시·광역시·특별자치시·도 또는 특별자치도 상호 간의 권한쟁의심판
나. 시·군 또는 자치구 상호 간의 권한쟁의심판
다. 특별시·광역시·특별자치시·도 또는 특별자치도와 시·군 또는 자치구 간의 권한쟁의심판
② 권한쟁의가 「지방교육자치에 관한 법률」 제2조에 따른 교육·학예에 관한 지방자치단체의 사무에 관한 것인 경우에는 교육감이 제1항제2호 및 제3호의 당사자가 된다.

Ⅱ. 개관

위 법규정은 바로 위에서 본 분류중 당사자를 중심으로 한 것이라고 할 수 있다.

1. 국가기관 상호 간

헌법 제111조 제1항 제4호는 '국가기관 상호 간'이라고만 규정하고 있고 어떤 국가기관들인지를 직접 규정하고 있지 않은데 이를 구체화한 현행 헌재법 제62조 제1항 제1호는 '국가기관 상호 간의 권한쟁의심판'을 국회, 정부, 법원 및 중앙선거관리위원회 상호 간의 권한쟁의심판으로 규정하고 있다. 그동안 국회의원이 권한쟁의심판을 행할 수 있느냐 하는 문제에 대해 아래의 당사자능력에서 보겠지만 헌재는 이 조항을 처음에는 열거적(한정적) 조항으로 보았다가 이후 판례변경을 하여 예시적인 것으로 보아 국회의원이 국회의장 등을 상대로 행하는 권한쟁의심판도 인정하고 있고 실제 사건도 적지 않다.

예시적인 것으로 보므로 권한쟁의심판을 할 수 있는 국가기관을 어떻게 보는가에 따라 권한쟁의심판 범위가 정해질 것이다. 뒤의 당사자능력에서 보겠지만 헌재는 "헌법 제111조 제1항 제4호 소정의 '국가기관'에 해당하는지 아닌지를 판별함에 있어서는 그 국가기관이 헌법에 의하여 설치되고 헌법과 법률에 의하여 독자적인 권한을 부여받고 있는지 여부, 헌법에 의하여 설치된 국가기관 상호 간의 권한쟁의를 해결할 수 있는 적당한 기관이나 방법이 있는지 여부 등을 종합적으로 고려하여야 할 것"이라는 기준을 설정하여 판단하고 있다(1997.7.16. 96헌라2).

2. 지방자치단체가 당사자가 되는 권한쟁의심판

앞서 우리나라 권한쟁의심판의 특색으로도 지적하였지만 지방자치단체도 권한쟁의심판을 청구할 수 있는데 현행 헌법 제111조 제1항 제4호는 국가기관과 지방자치단체 간 권한쟁의심판과 지방자치단체 상호 간 권한쟁의심판을 규정하고 있다. 현재 우리나라에는 지방자치단체

도 두 종류, 즉 광역지방자치단체(특별시 · 광역시 · 특별자치시 · 도 또는 특별자치도)와 기초지방자치단체(시 · 군 또는 지방자치단체인 구)가 있으므로 이에 따라 지방자치단체가 당사자가 되는 권한쟁의심판은 또 세분된다. 이하 각각 범위에 대해 살펴본다.

(1) 국가기관과 지방자치단체 간의 권한쟁의심판

헌법 제111조 제1항 제4호를 구체화한 현행 헌재법 제62조 제1항 제2호는 국가기관과 지방자치단체 간의 권한쟁의심판을 "가. 정부와 특별시 · 광역시 · 특별자치시 · 도 또는 특별자치도 간의 권한쟁의심판, 나. 정부와 시 · 군 또는 지방자치단체인 구(이하 "자치구"라 한다) 간의 권한쟁의심판"으로 규정하고 있다. 국가기관과 지방자치단체 자체 간의 권한쟁의심판일 뿐이지 가령 국가기관인 행정안전부와 지방자치단체의 장인 S시의 시장 간 권한쟁의심판은 인정되지 않는다.

(2) 지방자치단체 상호 간의 권한쟁의심판

헌법 제111조 제1항 제4호를 구체화한 현행 헌재법 제62조 제1항 제3호는 지방자치단체 상호 간의 권한쟁의심판을 세 가지로 나누는데 위에서 언급한 대로 지금 지방자치단체에는 기초지방자치단체와 광역지방자치단체 두 종류가 있기 때문에 그 상호 간에 그리고 각 종류 내에서, 즉 기초지방자치단체들 간, 광역지방자치단체들 간으로 또 구분되는 것이다. 그리하여 동호는 "가. 특별시 · 광역시 · 특별자치시 · 도 또는 특별자치도 상호 간의 권한쟁의심판, 나. 시 · 군 또는 자치구 상호 간의 권한쟁의심판, 다. 특별시 · 광역시 · 특별자치시 · 도 또는 특별자치도와 시 · 군 또는 자치구 간의 권한쟁의심판"으로 규정하고 있다.

Ⅲ. 지방자치단체의 권한쟁의심판

위 개관을 했지만 지방자치단체의 권한쟁의심판의 경우 법적인 특이성이 있으므로 여기서 별도 항목으로 살펴본다.

1. 지방자치단체 자체의 당사자성

위에서도 언급한 대로 지방자치단체의 경우 권한쟁의심판을 단체 자체가 하여야 하고 소속 기관들인 지방자치단체의 장이나 지방의회는 권한쟁의심판을 청구할 수 없다. 또 반대로 권한쟁의심판을 청구받을 수도 없다. 가령 보건복지부가 S시를 상대로 권한쟁의심판을 청구하고 S시가 피청구인이 될 수는 있으나 내부의 S시의 의회나 시장을 피청구인으로 하여 청구할 수는 없다.

2. 지방자치단체(기관) 내부적 쟁의의 비해당성

(1) 문제의 파악

지방자치단체 내부적 쟁의에 대한 해결도 권한쟁의심판으로 할 수 있느냐 하는 문제에 대해서는 2가지 관점에서 정리할 수 있고 그렇게 정리하는 것이 필요하다. 그 두 관점으로 첫째는 권한쟁의심판의 범위 내에 들어가느냐 하는 문제인 점, 둘째는 내부의 기관인 지방의회와 지방자치단체의 장은 당사자능력을 가지느냐 하는 문제인 점이다. 이 둘째 관점으로 이 문제가 뒤의 권한쟁의심판의 당사자능력 문제에서도 다루게 된다. 이러한 점을 명확하게 하는 것은 혼동을 초래하지 않도록 하기 위한 것이기도 하다.

지방자치단체의 내부적 쟁의도 다시 다음의 경우들로 나누어진다. 지방의회(의결기관) 자체와 지방자치단체의 장(집행기관) 간의 쟁의도 있고 지방의회 내에서 지방의회의원과 지방의회의 장 간의 쟁의도 있다. 결국 지방자치단체(기관) 내부적 쟁의의 문제가 되겠다.

(2) 헌재의 판례

우리 헌재는 지방자치단체의 내부적 쟁의에 관한 해결은 헌법 제111조 제1항 제4호와 이를 구체화한 헌재법 제62조 제1항 제3호에 따라 헌재가 관장하도록 한 지방자치단체 상호 간의 권한쟁의에 관한 심판의 범위에 들어가지 않는다는 부정설을 취한다.

1) 권한주체 간만을 의미, 예시설의 부정

헌재법 제62조 제1항 제3호는 지방자치단체 상호 간의 권한쟁의심판으로 특별시·광역시·특별자치시·도 또는 특별자치도 그리고 시·군 또는 자치구만을 들고 있어서 지방자치단체만이 당사자가 될 수 있다고 보는데 이를 예시규정으로 보면 지방자치단체 내부 간 쟁의, 즉 내부기관들도 당사자가 될 수 있지 않은가 하는 의문이 제기될 수도 있다. 그러나 우리 헌재는 위 규정의 '상호 간'은 '서로 상이한 권리주체 간'을 의미한다고 보고 '지방자치단체'의 경우에는 지방자치단체 상호 간의 권한쟁의심판을 규정하고 있는 헌법재판소법 제62조 제1항 제3호를 예시적으로 해석할 필요성 및 법적 근거가 없다고 한다.

판례 헌재 2010.4.29. 2009헌라11

[사건개요] (1) 안산시는 안산 문화복합돔구장(이하 '돔구장'이라 한다) 건설을 위하여 안산도시공사를 설립한 후 안산시 소유의 토지인 안산시 단원구 ○○동 일대 등을 위 공사에게 현물출자하기 위하여, 안산시장은 2009.6.11. 피청구인(안산시의회 의장)에게 위와 같은 내용이 포함된 2009년도 공유재산 관리계획 변경안을 제출하였다. 그 후 이 사건 변경안은 안산시의회 회기 중인 2009.7.4. 소관 상임위원회인 기획행정위원회에서 의결되었고, 피청구인은 2009.7.11. 제167회 안산시의회 본회의에서 이 사건 변경안을 가결된 것으로 선포하였다. (2) 이에 안산시의회 의원인 청구인들은 2009.8.6. 피청구인이 이 사건 변경안을 위와 같이 가결·선포한 행위는 다수결의 원칙과 적법절차원칙을 위배하여 청구인들의 표결권을 침해한 것으로서 청구인들의 의안 심의·표결권 등을 침해하여 무효라는 이유로 헌법재판소에 이 사건 권한쟁의심판을 청구하였다. [결정요지] (가) 이 사건 청구인들은 안산시의회 의원으로서, 그 법

적 지위는 '안산시'라는 지방자치단체를 구성하는 의결기관인 '안산시의회'의 구성원들에 해당하고, 피청구인인 안산시의회 의장 역시 동일한 지방자치단체의 의결기관인 '안산시의회'를 대표하는 자에 해당한다(지방자치법 제49조). 따라서 이 사건은 지방자치단체를 구성하는 의결기관 내부에서 그 구성원들이 대표자를 상대로 권한쟁의심판을 청구한 것이다. (나) 이 사건 심판청구가 헌법재판소가 관장하는 권한쟁의심판에 속하는지 여부 (1) 헌법 제111조 제1항 제4호는 지방자치단체 상호 간의 권한쟁의에 관한 심판을 헌법재판소가 관장하도록 규정하고 있고, 헌법재판소법 제62조 제1항 제3호는 이를 구체화하여 헌법재판소가 관장하는 지방자치단체 상호 간의 권한쟁의심판의 종류를, ① 특별시·광역시 또는 도 상호 간의 권한쟁의심판, ② 시·군 또는 자치구 상호 간의 권한쟁의심판, ③ 특별시·광역시 또는 도와 시·군 또는 자치구간의 권한쟁의심판 등으로 규정하고 있으므로, 헌법재판소가 담당하는 지방자치단체 상호 간의 권한쟁의심판의 종류는 헌법 및 법률에 의하여 명확하게 규정되어 있다. 또한 헌법 및 헌법재판소법은 명시적으로 지방자치단체 '상호 간'의 권한쟁의에 관한 심판을 헌법재판소가 관장하는 것으로 규정하고 있는바, 위 규정의 '상호 간'은 '서로 상이한 권리주체 간'을 의미한다고 할 것이다. 위와 같은 규정에 비추어 보면, 이 사건과 같이 지방자치단체의 의결기관인 지방의회를 구성하는 지방의회 의원과 그 지방의회의 대표자인 지방의회 의장 간의 권한쟁의심판은 헌법 및 헌법재판소법에 의하여 헌법재판소가 관장하는 지방자치단체 상호 간의 권한쟁의심판의 범위에 속한다고 볼 수 없다. (2) 청구인들은 헌법재판소법 제62조 제1항 제3호가 정하는 지방자치단체 상호 간의 권한쟁의심판의 종류도 예시적인 것으로 보아, 이 사건 심판청구와 같이 지방자치단체의 기관 구성원과 그 기관 대표자 간의 권한쟁의심판도 헌법재판소가 관장하는 권한쟁의심판에 포함되어야 한다고 주장한다. 그러나 헌법은 '국가기관'과는 달리 '지방자치단체'의 경우에는 그 종류를 법률로 정하도록 규정하고 있고(제117조 제2항), 지방자치법은 위와 같은 헌법의 위임에 따라 지방자치단체의 종류를 특별시, 광역시, 도, 특별자치도와 시, 군, 구로 정하고 있으며(지방자치법 제2조 제1항), 헌법재판소법은 지방자치법이 규정하고 있는 지방자치단체의 종류를 감안하여 권한쟁의심판의 종류를 정하고 있다. 즉, 지방자치법은 헌법의 위임을 받아 지방자치단체의 종류를 규정하고 있으므로 헌법재판소가 헌법해석을 통하여 권한쟁의심판의 당사자가 될 지방자치단체의 범위를 새로이 확정하여야 할 필요가 없다. 따라서 헌법 자체에 의하여 국가기관의 종류나 그 범위를 확정할 수 없고 달리 헌법이 이를 법률로 정하도록 위임하지도 않은 상황에서, 헌법재판소가 헌법재판소법 제62조 제1항 제1호가 규정하는 '국회, 정부, 법원 및 중앙선거관리위원회 등'은 국가기관의 예시에 불과한 것이라고 해석할 필요가 있었던 것과는 달리, 지방자치단체 상호 간의 권한쟁의심판을 규정하고 있는 헌법재판소법 제62조 제1항 제3호의 경우에는 이를 예시적으로 해석할 필요성 및 법적 근거가 없는 것이다. (3) 결국 지방자치단체의 의결기관을 구성하는 지방의회 의원과 그 기관의 대표자인 지방의회 의장 사이의 내부적 분쟁에 관련된 이 사건 심판청구는, 헌법재판소가 관장하는 지방자치단체 상호 간의 권한쟁의심판에 속하지 아니하고, 달리 헌법재판소법 제62조 제1항 제1호의 국가기관 상호 간의 권한쟁의심판이나 제62조 제1항 제2호의 국가기관과 지방자치단체 상호 간의 권한쟁의심판에 해당한다고 볼 수도 없으므로, 위 심판청구는 헌법재판소법 제62조 제1항의 권한쟁의심판에 해당하지 않는다고 할 것이다. 4. 결론 − 그렇다면 청구인들의 이 사건 심판청구는 헌법재판소가 관장하는 권한쟁의심판에 속하지 아니하여 부적법하므로 주문과 같이 각하한다. * 동지 : 헌재 2016.6.30. 2014헌라1.

결국 지방자치단체에 관해서 헌재는 열거설을 취하고 현재 한국에서 지방자치단체에 관한 권한쟁의심판은 하나의 지방자치단체의 내부에 분쟁이 아니라 하나의 지방자치단체가 다른 지방자치단체와 서로 권한다툼이 있을 때여야 적법한 심판청구가 된다.

* 비평 – 이 법리를 판시하는 헌재가 '서로 상이한 권리주체 간'이라고 하나 앞서 권한쟁의심판의 성격에서 밝힌 대로 '권리'가 아니라 '권한'이란 용어가 적확하다.

2) 내부적 분쟁의 비해당성의 실제의 예

따라서 헌재는 ① 지방자치단체의 의결기관과 지방자치단체의 집행기관 사이의 내부적 분쟁, ② 지방의회 의원과 그 기관의 대표자인 지방의회 의장 사이의 내부적 분쟁에 관련된 심판청구, ③ 시·도의 교육·학예에 관한 집행기관인 교육감과 해당 지방자치단체 사이의 내부적 분쟁과 관련된 심판청구 등에 대해 모두 그것과 관련한 권한쟁의심판청구는 헌법 제111조 제1항 제4호 및 헌법재판소법 제62조 제1항 제3호의 지방자치단체 상호 간의 권한쟁의심판청구에 해당하지 않아 자신이 관장하는 권한쟁의심판에 헌법재판소가 관장하는 지방자치단체 상호 간의 권한쟁의심판의 범위에 속하지 않아 부적법한 청구라고 하여 각하결정을 한 바 있었다. 아래 결정들이 그 예이다.

① 지방자치단체의 의결기관과 지방자치단체의 집행기관 사이의 내부적 분쟁과 관련한 권한쟁의 심판청구의 부적법성

판례 헌재 2018.7.26. 2018헌라1, 거제시의회와 거제시장 간의 권한쟁의

[사건개요] 피청구인(거제시장)은 2014.11.경 거제시종합사회복지관 등에 관하여 재단법인 거제시 희망복지재단과 운영위탁 계약을 체결하였다. 위탁기간 만료가 임박하자 피청구인은 2017. 9.6. 위 위탁 동의안을 청구인(거제시의회)에 제출하였으나 총무사회위원회가 본회의에 부의하지 않기로 결정하여 결국 청구인의 동의를 받지 못하였다. 그럼에도 불구하고 피청구인은 2017.11.27. 위 위탁갱신 계약을 체결하였다. 이에 청구인은 피청구인이 청구인의 동의 없이 위와 같은 위탁갱신 계약을 체결함으로써 청구인의 동의권 및 의결권을 침해한 것이라고 주장하며, 피청구인이 체결한 위 위탁갱신 계약의 무효 확인을 구하는 이 사건 권한쟁의심판을 청구하였다. [결정요지] 이 사건에서 지방자치단체인 거제시의 의결기관인 청구인은 같은 지방자치단체의 집행기관인 피청구인을 상대로 내부적 분쟁의 해결을 위해 권한쟁의심판을 청구하고 있다. 헌법 제111조 제1항 제4호는 지방자치단체 상호 간의 권한쟁의에 관한 심판을 헌법재판소가 관장하도록 규정하고 있고, 헌법재판소법 제62조 제1항 제3호는 이를 구체화하여 헌법재판소가 관장하는 지방자치단체 상호 간의 권한쟁의심판을 ① 특별시·광역시·도 또는 특별자치도 상호 간의 권한쟁의심판, ② 시·군 또는 자치구 상호 간의 권한쟁의심판, ③ 특별시·광역시·도 또는 특별자치도와 시·군 또는 자치구 간의 권한쟁의심판 등으로 규정하고 있다. 이처럼 헌법재판소가 담당하는 지방자치단체 상호 간의 권한쟁의심판의 종류는 헌법 및 법률에 의하여 명확하게 규정되어 있는바, 지방자치단체 '상호 간'의 권한쟁의심판에서 말하는 '상호 간'이란 '서로 상이한 권리주체 간'을 의미한다(헌재 2010.4.29. 2009헌라11; 2016.6.30. 2014헌라1). 위와 같은 규정에 비추어 보면, 이 사건과 같이 지방자치단체의 의결기관인 지방의회와 지방자치단체의 집행기관인 지방자치단체장 간의 내부적 분쟁은 헌법재판소법에 의하여 헌법재판소가 관장하는 지방자치단체 상호 간의 권한쟁의심판의 범위에 속하지 아니하고, 달리 헌법재판소법 제62조 제1항 제1호의 국가기관 상호 간의 권한쟁의심판이나 같은 법 제62조 제1항 2호의 국가기관과 지방자치단체 상호 간의 권한쟁의심판에 해당한다고 볼 수도 없다. 5. 결론 – 그렇다면 이 사건 심판청구는 헌법재판소가 관장하는 권한쟁의심판에 속하지 아니하여 부적법하므로 각하한다.

② 지방의회 의원과 그 기관의 대표자인 지방의회 의장 사이의 내부적 분쟁에 관련된 심판청구의

부적법성

판례 헌재 2010.4.29. 2009헌라11. * 위 ① 결정과 같은 취지. [사건개요] [결정요지] 앞의 예시설 부정 부분 참조.

③ 시·도의 교육·학예에 관한 집행기관인 교육감과 해당 지방자치단체 사이의 내부적 분쟁의 부적법성

판례 헌재 2016.06.30. 2014헌라1

[사건개요] 피청구인(경상남도)은 2014.10.21. 경상남도 교육청 소속 학교들을 대상으로 급식재료 계약의 적정성과 우수 식자재 위법사용 여부 등에 대한 '무상급식 지원실태' 감사를 실시하겠다고 언론에 보도하였다. 청구인(경상남도 교육감)은 상급식 지원금의 집행방법과 내역에 대한 감사는 교육감의 권한이지 지방자치단체장의 권한이 아니라는 이유로 피청구인에게 감사 재검토를 요구하였으나, 피청구인은 감사계획을 통보하고 각 학교에 수감자료 제출을 요구하였다. 이에 청구인은 피청구인의 위 감사계획 통보 행위가 청구인의 학교급식에 대한 감사 권한을 침해하였다고 주장하며, 2014.11.14. 이 사건 권한쟁의심판을 청구하였다. [결정요지] 이 사건 심판청구는 경상남도 교육감이 청구인이 되어 피청구인 경상남도를 상대로 청구인의 권한이 침해당하였음을 다투고 있는 사안인바, … 시·도의 교육·학예에 관한 집행기관인 교육감과 해당 지방자치단체 사이의 내부적 분쟁과 관련된 이 사건 심판청구는 헌법 제111조 제1항 제4호 및 헌법재판소법 제62조 제1항 제3호의 지방자치단체 상호 간의 권한쟁의심판에 해당한다고 볼 수 없다. 5. 결론 – 그렇다면 이 사건 심판청구는 헌법재판소가 관장하는 권한쟁의심판에 속하지 아니하여 부적법하므로 각하한다.

3) 시정되어야 할 판시

이전에 "이 사건에서 청구인들이 주장하는 부산광역시의회 의장이 위 전부개정조례안에 대하여 절차를 위반한 채 상정하여 가결·선포하였다는 입법절차의 하자를 둘러싼 분쟁은, 본질적으로 시의회의장이 시의회의원의 권한을 침해한 것인가 그렇지 않은가에 관한 다툼으로서 위 전부개정조례안의 심의·표결에 참여하지 못한 시의회의원이 시의회의장을 상대로 권한쟁의에 관한 심판을 청구하여 해결하여야 할 사항인 것이다"라고 잘못 판시한 결정(헌재 2009.3.26. 2006헌마188)이 있었다. 이 결정은 민주노동당이 기초의회의원선거구 인구편차가 문제된다고 하여 부산광역시의회 의장에 대해 헌법소원을 청구한 사건이었다. 이 결정에서 헌재는 일반 국민이 입법절차상 문제로 기본권침해를 이유로 한 헌법소원심판을 청구할 수 없다고 하면서 "심의·표결에 참여하지 못한 국회의원이 국회의장을 상대로 권한쟁의에 관한 심판을 청구하여 해결하여야 할 사항"이라고 하는 이전의 헌재 1998.8.27. 97헌마8등 결정을 인용하고 있으나 국회의원의 경우와는 다르다.

4) 기관소송 등에 의한 해결

하나의 지방자치단체 내부에서 기관들 간, 즉 지방의회와 지방자치단체의 장 간의 분쟁은 현재 기관소송에 의해 해결할 수 있다. 물론 기관소송으로서 청구요건을 갖추어야 한다. 기관

소송의 관할은 대법원이다. 그런데 이 기관소송은 “법률이 정한 경우에 법률에 정한 자에 한하여 제기할 수” 있다는(행정소송법 제45조) 한계, 지방의회 의원이 기관소송을 청구할 길은 열려있지 않은 한계가 있다. 이 기관소송에 대해서는 앞의 권한쟁의심판의 개념에 대해 서술하면서 기관소송과 차이점을 대조하면서 살펴보았다(앞의 도표 등도 참조). 이것은 어디까지나 현행 제도 하에서의 해결책이고 앞으로 권한쟁의심판의 범위를 어떻게 넓혀가느냐에 따라 달라질 것이다.

제2항 권한쟁의심판의 당사자

권한쟁의심판의 당사자를 앞 절의 Ⅱ.에서 본, 즉 현행 헌재법 제62조 제1항이 규정하고 있는 권한쟁의심판의 종류에 따라 살펴본다.

Ⅰ. 국가기관 상호 간 권한쟁의심판의 경우

헌법재판소법 제62조 제1항 제1호는 국가기관 간의 권한쟁의심판을 “국회, 정부, 법원 및 중앙선거관리위원회 상호 간의 권한쟁의심판”이라고 규정하고 있다. 국가가 법인격을 가지는 것이고 국가에 소속된 국가기관은 법인격을 가지지 않는바, 국가라는 하나의 법 주체 내의 법인격을 가지지 않는 기관들이 당사자가 된다는 점이 특징이다. 또 이는 뒤에서 보게 될 지방자치단체와의 권한쟁의심판에서 법인격을 가지는 지방자치단체 자체가 당사자가 되는 것과 차이를 보여주는 것이라고 하겠다.

1. 당사자가 되는 국가기관의 범위 - 헌재법 제62조 제1항 제1호의 예시규정성

국가기관 간의 권한쟁의심판사건에서의 당사자가 될 수 있는 국가기관은 헌재법 제62조 제1항 제1호에 명시된 기관들만인가 아니면 그 외의 국가기관들도 당사자가 될 수 있을 것인가, 즉 위 제1호의 규정이 열거규정인가 아니면 예시규정인가가 논란이 되었다. 이러한 문제가 제기된 것은 국회의원과 국회의장 간의 권한쟁의심판사건에서였다. 헌법재판소는 헌법재판소법 제62조 제1항 제1호의 규정에 대하여 처음에는 열거규정으로 보아 국회, 정부, 법원, 중앙선거관리위원회만이 국가기간 상호 간의 권한쟁의심판의 당사자로 되고 따라서 국회의원·교섭단체의 당사자능력은 부인된다고 보았다. 그러나 그 뒤 판례를 변경하여 헌법재판소법 제62조 제1항 제1호의 규정을 예시규정으로 보아 국회의원이나 국회의장 등 그 외의 국가기관의 경우에도 당사자가 될 수 있다고 보고 있다.

(1) 구 판례 : 헌재법 제62조 1항 1호의 열거규정성 - 국회의원·국회의장·교섭단체 등의 당사자 지위 부인

헌재는 이전에 구 판례에서 헌재법 제62조 1항 1호가 "국가기관 상호 간의 권한쟁의심판"을 "국회, 정부, 법원 및 중앙선거관리위원회 상호 간의 권한쟁의심판"이라고 규정한 것을 열거규정으로 보아 헌재가 관장하는 국가기관 상호 간의 권한쟁의심판을 국회, 정부, 법원 및 중앙선거관리위원회 상호 간의 권한쟁의심판으로 한정된다고 보았고 그에 열거되지 아니한 기관이나 또는 열거된 국가기관 내의 각급기관은 권한쟁의심판의 당사자가 될 수 없으며 또 위에 열거된 국가기관 내부의 권한에 관한 다툼은 권한쟁의심판의 대상이 되지 않는다고 볼 수 밖에 없다. 따라서 국회의 경우, 국회의 구성원이거나 국회 내의 일부기관인 국회의원 및 교섭단체 등이 국회 내의 다른 기관인 국회의장을 상대로 권한쟁의심판을 청구할 수는 없다고 보았다.

구 판례 국회의원과 국회의장간의 권한쟁의, 헌재 1995.2.23. 90헌라1.

(2) 판례변경 : 헌재법 제62조 1항 1호의 예시규정성 - 국회의원·국회의장의 당사자능력 인정

위 구 판례에 대해서는 강한 비판이 제기되었다. 헌재는 헌재법 제62조 제1항 제1호를 구 판례에서 열거한정규정으로 보았던 것을 예시규정으로 본다고 판례를 변경하였고 그리하여 국회의원과 국회의장도 헌법 제111조 제1항 제4호의 권한쟁의심판의 당사자가 될 수 있다고 판례를 변경을 하였다.

판례 국회의원과 국회의장간의 권한쟁의 헌재 1997.7.16. 96헌라2

[주요판시사항] ▷ 권한쟁의심판의 당사자가 될 수 있는 국가기관의 종류나 범위에는 이에 관한 입법형성의 자유가 없고, 결국 헌법해석을 통하여 확정하여야 할 문제 : 예시규정. [관련판시] 헌법 제111조 제1항 제4호는 권한쟁의심판의 당사자가 될 수 있는 국가기관의 종류나 범위에 관하여는 아무런 규정을 두고 있지 않고, 이에 관하여 특별히 법률로 정하도록 위임하고 있지도 않아서 입법자인 국회는 이에 관한 입법형성의 자유가 없고, 권한쟁의심판의 당사자가 될 수 있는 국가기관의 범위는 결국 헌법해석을 통하여 확정하여야 할 문제이다. 그렇다면 헌재법 제62조 1항 1호가 국가기관 상호 간의 권한쟁의심판을 "국회, 정부, 법원 및 중앙선거관리위원회 상호 간의 권한쟁의심판"이라고 규정하고 있더라도 이들 기관 외에는 권한쟁의심판의 당사자가 될 수 없다고 단정할 수는 없다. 그런데 헌법이 특별히 권한쟁의심판의 권한을 법원의 권한에 속하는 기관소송과 달리 헌법의 최고 해석·판단기관인 헌법재판소에 맡기고 있는 취지에 비추어 보면, 헌법 제111조 1항 4호의 '국가기관 상호 간'의 권한쟁의심판은 헌법상의 국가기관 상호 간에 권한의 존부나 범위에 관한 다툼이 있고 이를 해결할 수 있는 적당한 기관이나 방법이 없는 경우에 헌법재판소가 헌법해석을 통하여 그 분쟁을 해결함으로써 국가기능의 원활한 수행을 도모하고 국가권력 간의 균형을 유지하여 헌법질서를 수호·유지하고자 하는 제도이다. 따라서 헌법 제111조 제1항 제4호의 '국가기관'에 해당하는지를 판별함에 있어서는 그 국가기관이 헌법에 의하여 설치되고 헌법과 법률에 의하여 독자적인 권한을 부여받고 있는지 여부, 헌법에 의하여 설치된 국가기관 상호 간의 권한쟁의를 해결할 수 있는 적당한 기관이나 방법이 있는지 여부 등을 종합적으로 고려하여야 할 것이다. 국회의원은 헌법 제41조 1항에 따라 국민의 선거에 의하여 선출된 헌법상의 국가

기관으로서 헌법과 법률에 의하여 법률안 제출·심의·표결권 등 독자적인 권한을 부여받고 있으며, 국회의장도 헌법 제48조에 따라 국회에서 선출되는 헌법상의 국가기관으로서 헌법과 법률에 의하여 국회대표, 의사정리, 사무감독, 본회의 개의시변경, 의안상정, 가결선포 등의 권한을 행사한다. 따라서 국회의원과 국회의장 사이에 권한의 존부 및 범위와 행사를 둘러싼 분쟁은 단순히 국가기관 내부의 분쟁이 아니라 각각 별개의 헌법상의 국가기관으로서의 권한을 둘러싸고 발생하는 분쟁이라고 할 것인데, 이와 같은 분쟁을 행정소송법상의 기관소송으로 해결할 수 없고 권한쟁의심판 이외에 달리 해결할 적당한 기관이나 방법이 없으므로 국회의원과 국회의장은 헌법 제111조 1항 4호의 권한쟁의심판의 당사자가 될 수 있다고 보아야 할 것이다. 따라서 헌재법 제62조 1항 1호의 규정도 한정적, 열거적인 조항이 아니라 예시적인 조항으로 해석하는 것이 헌법에 합치되고 우리 재판소가 종전에 1995.2.23. 90헌라1 결정에서 헌재법 제62조 1항 1호를 한정적, 열거적인 조항으로 보아 국회의원은 권한쟁의심판의 청구인이 될 수 없다고 판시한 의견은 3인 재판관을 제외한 나머지 재판관 6인의 찬성으로 이를 변경하기로 한다. * 동지 : 헌재 2000.2.24. 99헌라1, 국회의장과 국회의원 간의 권한쟁의, 판례집 12-1, 115면; 헌재 2000.2.24. 99헌라2, 국회의장과 국회의원 간의 권한쟁의.

2. 당사자가 되는 국가기관인지의 판단기준과 결정례

(1) 판단기준

판례변경을 한 위 결정례를 다시 정리하면, 헌법재판소는 헌법 제111조 제1항 제4호의 권한쟁의심판의 당사자가 될 수 있는 국가기관의 범위의 확정은 헌법해석의 문제라고 보고 그 판별의 기준은 "① 헌법에 의하여 설치되고 ② 헌법과 법률에 의하여 독자적인 권한을 부여받고 있는 국가기관인지 여부, ③ 그 권한쟁의를 해결할 수 있는 적당한 기관이나 방법이 있는지 여부 등"을 종합적으로 고려하여야 한다는 것이다.

* 검토 – 헌법에 의하여 설치된 기관만이 해당되어야 할 이유를 잘 이해할 수 없다.

(2) 결정례

1) 긍정례

(가) 국회의원, 국회의장에 대한 적용과 인정

위 판시에도 나오는 대로 위 기준에 따라 위 국회의원과 국회의장의 청구인능력을 다음과 같이 인정한다.

위 기준적용례 : **위 판례에서 해당 판시** "① 국회의원은 헌법 제41조 1항에 따라 국민의 선거에 의하여 선출된 헌법상의 국가기관으로서 ② 헌법과 법률에 의하여 법률안 제출·심의·표결권 등 독자적인 권한을 부여받고 있으며, 국회의장도 헌법 제48조에 따라 국회에서 선출되는 헌법상의 국가기관으로서 헌법과 법률에 의하여 국회대표, 의사정리, 사무감독, 본회의 개의시변경, 의안상정, 가결선포 등의 권한을 행사한다. 따라서 국회의원과 국회의장 사이에 권한의 존부 및 범위와 행사를 둘러싼 분쟁은 단순히 국가기관 내부의 분쟁이 아니라 각각 별개의 헌법상의 국가기관으로서의 권한을 둘러싸고 발생하는 분쟁이라고 할 것인데, 이와 같은 분쟁을 행정소송법상의 기관소송으로 해결할 수 없고 ③ 권한쟁의심판 이외에 달리 해결할 적당한 기관이나 방법이 없으므로 국회의원과 국회의장은 헌법 제111조 1항 4호의

권한쟁의심판의 당사자가 될 수 있다고 보아야 할 것이다." * ①②③넘버링은 필자가 한 것임.

(나) 구·시·군(각급)선거관리위원회에 대한 인정

헌재법 제62조 제1항 제1호는 '중앙선거관리위원회'라고 명시되어 있으나 구·시·군 선거관리위원회도 당사자가 될 수 있다고 본다. 각급 선거관리위원회에 대해서도 헌법 114조 제7항에 설치근거가 있어 헌법상 기관이다.

판례 헌재 2008.6.26. 2005헌라7. [판시] * 자세한 요지는 뒤의 피청구인능력 부분 참조.

2) 부정례

(가) 국회

가) 국회의 소위원회 위원장

헌재는 국회의 소위원회 및 그 위원장은 헌법에 의하여 설치된 국가기관에 해당한다고 볼 수 없다고 하여 당사자능력을 부정한다.

판례 헌재 2020.5.27. 2019헌라4

[결정요지] (1) 헌법 제62조는 '국회의 위원회'(이하 '위원회'라 한다)를 명시하고 있으나 '국회의 소위원회'(이하 '소위원회'라 한다)는 명시하지 않고 있다. 소위원회는 국회법에 설치근거를 두고 있는데, 국회법 제57조 제1항은 위원회로 하여금 '소관 사항을 분담·심사하기 위하여' 또는 '필요한 경우 특정한 안건의 심사를 위하여' 소위원회를 둘 수 있도록 하고 있고, 같은 조 제4항은 소위원회의 활동을 위원회가 의결로 정하는 범위로 한정하고 있다. 이처럼 국회법 제57조를 설치근거로 하고, 또한 그 설치·폐지 및 권한이 원칙적으로 위원회의 의결에 따라 결정될 뿐인 소위원회는 위원회의 부분기관에 불과하여 헌법에 의하여 설치된 국가기관에 해당한다고 볼 수 없다. 따라서 소위원회가 설치된 뒤에야 비로소 존재할 수 있는 그 소위원회 위원장 또한 헌법에 의하여 설치된 국가기관에 해당한다고 볼 수 없다. (2) 소위원회에 관하여는 국회법 제57조 제8항에 따라 위원회에 관한 조항이 준용되지만, 이에 따라 소위원회 위원장에게 인정되는 권한은 주로 소위원회 내에서의 권한일 뿐이고, 소위원회 위원장이 그 소위원회를 설치한 위원회의 위원장과의 관계에서 어떠한 법률상 권한을 가진다고 보기도 어렵다. (3) 앞서 본 바와 같이 소위원회는 그 설치·폐지 및 권한이 위원회의 의결에 따라 결정되는 위원회의 부분기관에 불과하므로, 위원회와 그 부분기관인 소위원회 사이의 쟁의 또는 위원회 위원장과 소속 소위원회 위원장과의 쟁의가 발생하더라도 이는 위원회에서 해결될 수 있다. 따라서 위와 같은 쟁의를 해결할 적당한 기관이나 방법이 없다고 할 수 없다. (4) 이상과 같은 점들을 종합하면, 소위원회 위원장은 헌법 제111조 제1항 제4호 및 헌법재판소법 제62조 제1항 제1호의 '국가기관'에 해당한다고 볼 수 없으므로, 권한쟁의심판에서의 청구인능력이 인정되지 않는다. 그렇다면 이 사건 소위원회 위원장으로서 청구인이 제기한 이 사건 심판청구는 청구인능력이 없는 자가 제기한 것으로서 부적법하다.

나) 원내교섭단체

헌재는 아래 결정에서 헌법은 권한쟁의심판청구의 당사자로 국회의원들의 모임인 교섭단체에 대해서 규정하고 있지 않다는 이유로 원내교섭단체에 대한 당사자능력을 부정한다.

판례 헌재 2020.5.27. 2019헌라6등

[사건개요] * 2020년 초 공직직선거법 개정안 등에 대한 신속처리(이른바 Fast Track)안건 조정, 지정, 회기에 관한 무제한 토론이 가능한지 등을 둘러싸고 권한쟁의심판을 야당이 국회의원들과 더불어 청구한 사건이다. [판시] … 4. 청구인 자유한국당의 승계인 미래통합당의 청구에 관한 판단 (가) 청구인 자유한국당의 승계인 미래통합당은 정당도 권한쟁의심판의 청구인능력이 인정되어야 한다고 주장한다. 자유한국당은 정당으로서의 지위와 국회 내의 교섭단체로서의 지위를 모두 가졌으므로, 이에 대해서 나누어 판단한다. (나) … 헌법이 특별히 권한쟁의심판의 권한을 법원의 권한에 속하는 기관소송과 달리 헌법의 최고 해석·판단기관인 헌법재판소에 맡기고 있는 취지에 비추어 보면, 헌법 제111조 제1항 제4호가 규정하고 있는 '국가기관 상호 간'의 권한쟁의심판은 헌법상의 국가기관 상호 간에 권한의 존부나 범위에 관한 다툼이 있고 이를 해결할 수 있는 적당한 기관이나 방법이 없는 경우에 헌법재판소가 헌법해석을 통하여 그 분쟁을 해결함으로써 국가기능의 원활한 수행을 도모하고 국가권력 간의 균형을 유지하여 헌법질서를 수호·유지하고자 하는 제도라고 할 것이다. 따라서 헌법 제111조 제1항 제4호의 '국가기관'에 해당하는지 아닌지를 판별함에 있어서는 그 국가기관이 헌법에 의하여 설치되고 헌법과 법률에 의하여 독자적인 권한을 부여받고 있는지 여부, 헌법에 의하여 설치된 국가기관 상호 간의 권한쟁의를 해결할 수 있는 적당한 기관이나 방법이 있는지 여부 등을 종합적으로 고려하여야 할 것이다. (다) * 정당에 대한 판단 – 아래 참조. (라. 한편, 국회법 제33조 제1항 본문은 정당이 교섭단체가 될 수 있다고 규정하고 있다. 교섭단체는 국회의 원활한 운영을 위하여 소속의원의 의사를 수렴·집약하여 의견을 조정하는 교섭창구의 역할을 하는 조직이다. 국회법상 교섭단체의 대표의원은 국회 내부의 기관구성에 참여하거나, 의사와 관련하여 합의권이나 협의권 등 각종 권한을 부여받는바, 이는 교섭단체의 권한을 대표의원을 통해서 행사하는 것으로 볼 수 있다. 그러나 헌법은 권한쟁의심판청구의 당사자로 국회의원들의 모임인 교섭단체에 대해서 규정하고 있지 않다. 국회는 교섭단체와 같이 국회의 내부 조직을 자율적으로 구성하고 그에 일정한 권한을 부여할 수 있으나(헌재 2003.10.30. 2002헌라1 참조), 헌법은 국회의원들이 교섭단체를 구성하여 활동하는 것까지 예정하고 있지 아니하다. 교섭단체가 갖는 권한은 원활한 국회 의사진행을 위하여 국회법에서 인정하고 있는 권한일 뿐이다. 또한 교섭단체의 권한 침해는 교섭단체에 속한 국회의원 개개인의 심의·표결권 등 권한 침해로 이어질 가능성이 높은바, 교섭단체와 국회의장 등 사이에 분쟁이 발생하더라도 국회의원과 국회의장 등 사이의 권한쟁의심판으로 해결할 수 있다. 따라서 위와 같은 분쟁을 해결할 적당한 기관이나 방법이 없다고 할 수 없다. 이러한 점을 종합하면, 교섭단체는 그 권한침해를 이유로 권한쟁의심판을 청구할 수 없다.

(나) 정당의 당사자능력부정

판례 헌재 2020.5.27. 2019헌라6등

[사건개요] * 위 인용된 바 참조. [판시] … (나) 헌법은 제111조 제1항 제4호에서 헌법재판소의 관장사항의 하나로 "국가기관 상호 간, 국가기관과 지방자치단체 간 및 지방자치단체 상호 간의 권한쟁의에 관한 심판"이라고 규정하고 있을 뿐 권한쟁의심판의 당사자가 될 수 있는 국가기관의 종류나 범위에 관하여는 아무런 규정을 두고 있지 않고, 이에 관하여 특별히 법률로 정하도록 위임하고 있지도 않다. 따라서 헌법재판소법 제62조 제1항 제1호가 비록 국가기관 상호 간의 권한쟁의심판을 "국회, 정부, 법원 및 중앙선거관리위원회 상호 간의 권한쟁의심판"이라고 규정하고 있다고 할지라도 이 조항의 문언에 얽매여 곧바로 이들 기관 외에는 권한쟁의심판의 당사자가 될 수 없다고 단정할 수는 없고, 헌법 제111조 제1항 제4호에서 말하는 국가기관의 의미와 권한쟁의심판의 당사자가 될 수 있는 국가기관의 범위는 결국 헌법해석을 통하여 확정하여야 할 문제이다. 헌법이 특별히 권한쟁의심판의 권한을 법원의 권한에 속하는 기관소송과 달리 헌법의 최고 해석·판단기관인 헌법재판소에 맡기고 있는 취지에 비추

어 보면, 헌법 제111조 제1항 제4호가 규정하고 있는 '국가기관 상호 간'의 권한쟁의심판은 헌법상의 국가기관 상호 간에 권한의 존부나 범위에 관한 다툼이 있고 이를 해결할 수 있는 적당한 기관이나 방법이 없는 경우에 헌법재판소가 헌법해석을 통하여 그 분쟁을 해결함으로써 국가기능의 원활한 수행을 도모하고 국가권력 간의 균형을 유지하여 헌법질서를 수호·유지하고자 하는 제도라고 할 것이다. 따라서 헌법 제111조 제1항 제4호의 '국가기관'에 해당하는지 아닌지를 판별함에 있어서는 그 국가기관이 헌법에 의하여 설치되고 헌법과 법률에 의하여 독자적인 권한을 부여받고 있는지 여부, 헌법에 의하여 설치된 국가기관 상호 간의 권한쟁의를 해결할 수 있는 적당한 기관이나 방법이 있는지 여부 등을 종합적으로 고려하여야 할 것이다(헌재 1997.7.16. 96헌라2; 2010.10.28. 2009헌라6 참조). (다) 정당은 국민의 이익을 위하여 책임 있는 정치적 주장이나 정책을 추진하고 공직선거의 후보자를 추천 또는 지지함으로써 국민의 정치적 의사형성에 참여함을 목적으로 하는 정치적 결사로서, 국민의 정치적 의사를 적극적으로 형성하고 각계각층의 이익을 대변하며 정부를 비판하고 정책적 대안을 제시할 뿐만 아니라, 국민 일반이 정치나 국가작용에 영향력을 행사하는 매개체의 역할을 수행하는 등 현대의 대의제 민주주의에 없어서는 안 될 중요한 공적 기능을 수행하고 있다. 이에 헌법은 정당제 민주주의를 채택하여 정당설립의 자유와 국가의 보호를 규정함으로써(제8조 제1항, 제3항) 정당활동의 자유를 포함한 정당의 자유를 광범위하게 보장하고 있다(헌재 2015.12.23. 2013헌바168 참조). 그러나 정당은 국민의 자발적 조직으로, 그 법적 성격은 일반적으로 사적·정치적 결사 내지는 법인격 없는 사단으로 파악된다(헌재 2007.10.30. 2007헌마1128 참조). 비록 헌법이 특별히 정당설립의 자유와 복수정당제를 보장하고, 정당의 해산을 엄격한 요건하에서 인정하는 등 정당을 특별히 보호하고 있으나, 이는 정당이 공권력의 행사 주체로서 국가기관의 지위를 갖는다는 의미가 아니고 사인에 의해서 자유로이 설립될 수 있다는 것을 의미한다. 따라서 정당은 특별한 사정이 없는 한 권한쟁의심판절차의 당사자가 될 수는 없다. (라) * 원내교섭단체에 대한 부정적 판시 : 바로 위 인용한 판시 참조. 마. 위에서 본 바와 같이, 정당은 사적 결사와 국회 교섭단체로서의 이중적 지위를 가지나, 어떠한 지위에서든 헌법 제111조 제1항 제4호 및 헌법재판소법 제62조 제1항 제1호의 '국가기관'에 해당한다고 볼 수 없으므로, 권한쟁의심판의 당사자능력이 인정되지 아니한다.

* 따라서 정당과 원내교섭단체는 가처분신청을 위한 당사자능력도 없다고 헌재는 본다. 위 각하결정과 같은 날 내려진 가처분신청사건에서도 그러한 각하결정을 내렸다.

판례 헌재 2020.5.27. 2019헌사1121. [결정요지] * 뒤의 가처분 결정례 부분 참조.

(다) 법률상 위원회

가) 국가인권위원회에 대한 부정

헌재는 아래와 같이 국가인권위원회는 법률에 의하여 설치된 기관이어서 당사자능력이 인정되지 아니한다고 한다.

판례 헌재 2010.10.28. 2009헌라6

[사건개요] (1) 청구인은 2001.5.24. 법률 제6481호로 제정된 국가인권위원회법에 의하여 인권침해행위에 대한 조사와 구제 등의 업무를 수행하기 위하여 설립된 국가기관이다. (2) 국가인권위원회법 제18조에 의하면 국가인권위원회법에 규정된 사항 외에 국가인권위원회의 조직에 관하여 필요한 사항은 대통령령으로 정하도록 하고 있는바, 이에 관한 대통령령이「국가인권위원회와 그 소속기관 직제」(이하 '직제령'이라고 한다)이다. (3) 행정안전부장관은 정부조직과 정원 등에 관한 사무를 관장하는 중앙행정기관으로서 2009.3.30. 국가인권위원회 직제령에 대한 전부 개정안(이하 '이 사건 직제령 개정안'이라고

한다.)을 국무회의 안건으로 상정하였고, 국무회의는 같은 날 이를 의결하였다. 이 사건 직제령 개정안의 주요 내용은 청구인 조직을 종전 5본부 22팀 4소속기관에서 유사기능을 통합하고 하부조직을 대과(大課) 체제로 전환하여 1관 2국 11과 3소속기관으로 개편하면서 정원을 208명에서 164명으로 21.2% 감축하는 것이다. (4) 청구인은 2009.3.30. 이 사건 직제령 개정안이 헌법 및 국가인권위원회법에 의하여 부여된 청구인의 독립적 업무수행권한을 침해하고 있다고 주장하면서, 피청구인을 상대방으로 그 권한침해 확인 및 위 직제령 개정안의 무효확인을 구하는 이 사건 권한쟁의심판을 청구하였다. [결정요지] 헌법상 국가에게 부여된 임무 또는 의무를 수행하고 그 독립성이 보장된 국가기관이라고 하더라도, 오로지 법률에 설치근거를 둔 국가기관이라면 국회의 입법행위에 의하여 존폐 및 권한범위가 결정될 수 있으므로, 이러한 국가기관은 '헌법에 의하여 설치되고 헌법과 법률에 의하여 독자적인 권한을 부여받은 국가기관'이라고 할 수 없다. 즉, 청구인이 수행하는 업무의 헌법적 중요성, 기관의 독립성 등을 고려한다고 하더라도, 국회가 제정한 국가인권위원회법에 의하여 비로소 설립된 청구인은 국회의 위 법률 개정행위에 의하여 존폐 및 권한범위 등이 좌우되므로, 헌법 제111조 제1항 제4호 소정의 헌법에 의하여 설치된 국가기관에 해당한다고 할 수 없다. 법률에 의하여 설치된 기관의 경우는 그 권한을 둘러싼 분쟁이 헌법문제가 아니라 단순한 법률문제에 불과하다. 따라서 권한쟁의심판의 당사자능력을 법률에 의하여 설치된 국가기관으로까지 넓게 인정한다면 헌법해석을 통하여 중요한 헌법상의 문제를 심판하는 헌법수호기관으로서의 헌법재판소의 지위와 기능에도 맞지 아니하고 헌법재판소와 법원의 관할을 나누어 놓고 있는 헌법체계에도 반한다. 또한, 청구인은 중앙행정기관에 해당하고 타 부처와의 갈등이 생길 우려가 있는 경우에는 피청구인의 명을 받아 행정 각부를 통할하는 국무총리나 피청구인에 의해 분쟁이 해결될 수 있고, 청구인의 대표자가 국무회의에 출석해 국무위원들과 토론을 통하여 문제를 해결할 수 있는 점에 비추어서도 청구인이 헌법 제111조 제1항 제4호 소정의 "국가기관"에 해당한다고 보기 어렵다. 그리고 행정소송법상 기관소송이 그 관할범위가 협소하여 국가기관의 권한분쟁에 대한 해결수단으로 미흡하다면, 이는 입법적으로 기관소송의 범위를 확대하는 등의 방법으로 해결해야지, 헌법상 권한쟁의심판의 대상 범위를 확장하여 해결할 것은 아니다. 결국, 권한쟁의심판의 당사자능력은 헌법에 의하여 설치된 국가기관에 한정하여 인정하는 것이 타당하므로, 법률에 의하여 설치된 청구인에게는 권한쟁의심판의 당사자능력이 인정되지 아니한다. 각하하기로 결정한다.

* 검토 – 국가인권위가 독립성을 가지는 점, 권한쟁의심판에서는 법률상 권한침해도 판단대상이 된다는 점 등에서 이러한 판례를 받아들이기 어렵다.

나) 원자력위원회 등 법률상 위원회

법률규정으로 설치되어 헌법상 기관이 아니라고 하여 당사자능력이 부정되고 있다. 뒤의 피청구인능력 부정 부분 참조.

(3) 당사자 능력 인정 대상 정리

1) 입법부

국회의원, 국회 자체, 국회 상임위원회 위원장은 당사자능력이 인정된다. 국회자체, 국회 상임위원회 위원장 인정에 대해서는 뒤의 피청구인능력 부분에서 그것을 인정한 결정례들을 살펴보면 정리가 되겠다. 반면 소위원회 위원장은 당사자능력이 부정된다.

2) 정부

정부도 당사자능력을 가진다(헌재법 제62조 1항 1호). 전체로서의 정부뿐 아니라 대통령, 국무총리, 행정각부 장관, 감사원 등도 당사자능력을 가진다. 문제는 국무총리, 국무위원은 대통령을 보좌하고(제86조 2항, 제87조 2항) 행정각부 장관들도 정부조직 내에서 위계질서 속에 권한을 행사하므로 쟁의가 있어도 청구가 간단치는 않을 것이다. 상호 조정이 국무회의, 국무조정실 등을 통해 이루어지는 것이 현실적이다. 정부기관들은 지방자치단체와의 권한쟁의에서는 청구인이나 피청구인이 될 수 있다. 각종 심판절차에서 정부가 당사자(참가인을 포함한다)인 경우에는 법무부장관이 이를 대표한다(헌재법 제25조 1항). 정부기관들은 청구인보다는 주로 피청구인으로서 지방자치단체로부터 권한쟁의심판을 청구받는 경우가 그동안 대부분이었다. 뒤의 피청구인능력 부분에 몇 개 결정례가 인용되어 있다(후술 참조).

3) 사법부

법원도 당사자능력을 가진다. 헌재법에 명시되어 있기도 하다(동법 제62조 1항 1호). 각급법원도 당사자능력을 가진다고 볼 것인데 서울남부지방법원 제51민사부를 피청구인으로 한 권한쟁의심판사건이 있었는바 헌재는 피청구인능력 문제를 언급하지 않고 권한침해가능성이 없다고 하여 각하결정을 하였다(헌재 2010.7.29. 2010헌라1. 이 결정에 대해서는 뒤의 피청구인능력 부분과 권한침해 요건 부분 참조).

4) 원내교섭단체, 정당

원내교섭단체와 정당에 대해 헌재는 역시 국가기관 기준에 맞지 않다고 보아 당사자능력을 헌재는 부정하고 있다. 앞서 보았다(전술 참조).

5) 법률상 위원회

법률에 근거를 두고 설치되는 위원회에 대해서도 당사자능력을 부정하고 있다. 위에서 본 대로 ① 국가인권위원회도 당사자능력이 부정되었고(이에 대해서는 전술 참조), ② 원자력위원회도 '헌법이 아닌 법률('원자력안전위원회의 설치 및 운영에 관한 법률')에 설치 근거를 두고 있는 국가기관은 '헌법에 의하여 설치된 국가기관'에 해당하지 아니하여 권한쟁의심판의 피청구인능력을 인정할 수 없다고 본다.

판례 헌재 2020.5.27. 2019헌사1121. [판시] 뒤의 피청구인능력 부분 참조.

(4) 피청구인능력

위에서 당사자능력 문제를 청구인, 피청구인 양 당사자능력에 대한 것으로 이해하면 되겠는데 위에서는 주로 청구인능력 관점에서 많이 살펴보았다. 그 이유는 청구인능력이 없는 결정례들을 우선 살펴보았기 때문이다. 피청구인능력 문제도 같은 준거로 보면 되겠는데 피청구인능력 문제에 대해서는 다시 별도의 항목으로 아래에 정리하여 살펴보는데(V. 부분) 이는 결정례들을 중심으로 살펴보기 위해서 그렇게 서술하다가 보니 그렇게 정리된 것이다.

Ⅱ. 국가기관과 지방자치단체 간의 권한쟁의의 경우

국가기관과 지방자치단체가 당사자가 된다. 전자는 법인격을 가지지 않은 자(법인격은 국가가 가질 뿐이다)가 당사자로 되는 반면에 후자는 법인격을 가진다는 점이 특색이라고 할 것이다.

(1) 당사자가 되는 국가기관의 범위

헌재법 제62조 제1항 제2호는 국가기관과 지방자치단체 간의 권한쟁의의 당사자인 국가기관으로는 '정부'라고만 명시하고 있다. 정부의 개념이 무엇인가 하는 문제가 지방자치단체와의 권한쟁의심판의 당사자인 국가기관의 범위가 어떠한가 하는 문제와 연결되어 있다고 볼 것이다.

우리 헌법 제4장은 '정부'라는 제하에 대통령, 행정부(국무총리, 국무위원, 국무회의, 행정각부, 감사원)에 대해 규정하고 있다. 헌재법 제62조 제1항 제2호의 규정이 열거규정이고 소정의 '정부'라는 용어가 헌법 제4장의 용어와 같다고 본다면 지방자치단체와의 권한쟁의심판의 당사자인 국가기관의 범위를 좁게 보게 된다. 그러나 헌법 제111조 제1항 제4호 자체가 "국가기관'과 지방자치단체 간"이라고 규정하여 '국가기관'으로 명시하고 있으므로 예시규정으로 보아 정부의 기관들뿐 아니라 국회 법원 등의 국가기관도 포함된다고 할 것이다. 앞서 본대로 국가기관 간의 권한쟁의심판에 관한 헌재법 제62조 제1항 제1호의 규정을 예시규정으로 보는 헌재의 판례를 보더라도 그러하다고 할 것이다.

(2) 당사자인 지방자치단체 자체

지방자치단체 자체(예컨대 서울특별시장이 아니라 서울특별시 자체)가 당사자가 된다. 헌재법 제62조 제1항 제2호는 국가기관과 지방자치단체간의 권한쟁의심판도 "정부와 특별시·광역시 또는 도간의 권한쟁의심판"과 "정부와 시·군 또는 지방자치단체인 구(자치구) 간의 권한쟁의심판" 두 경우로 규정하고 있는데, 각각의 심판에 따라 특별시, 광역시, 도, 시, 군, 자치구 자체가 당사자가 될 수 있다. 특별시장, 도지사, 시장 등 지방자치단체의 장은 당사자가 될 수 없다.

(3) 정부와 지방자치단체간의 권한쟁의사건

정부와 지방자치단체 간의 권한쟁의심판으로는 그동안 다음의 사건들이 있었다.

판례 영일군과 정부 간의 권한쟁의 시흥시와 정부 간의 권한쟁의, 헌재 1998.6.25. 94헌라1; 헌재 1998.8.27. 96헌라1; 강남구청과 행정자치부장관 간의 권한쟁의, 헌재 2001.10.25. 2000헌라3; 강남구청과 대통령 간의 권한쟁의, 헌재 2002.10.31. 2001헌라1; 강남구와 행정자치부장관 간의 권한쟁의, 헌재 2002.10.31. 2002헌라2; 제주시등과 행정자치부장관 등 간의 권한쟁의, 헌재 2005.12.22. 2005헌라5; 서울특별시와 정부 간의 권한쟁의, 헌재 2005.12.22. 2004헌라3; 울산광역시 동구 등과 행정자치부장관 간의 권한쟁의, 헌재 2006.3.30. 2005헌라1; 아산시와 건설교통부장관 간의 권한쟁의, 헌재 2006.3.30. 2003헌라2; 동래구청장과 건설교통부장관 간의 권한쟁의, 헌재 2007.3.29. 2006헌라7; 경상남도 등과 정부 간의 권한쟁의, 헌재 2008.3.27. 2006헌라1; 경상남도 등과 정부 등 간의 권한쟁의 등, 헌재 2010.6.24. 2005헌라9등; 서울특별시 은평구와 기획재정부장관 간의 권한쟁의, 헌재 2010.12.28. 2009헌라2; 경상남도와 정부 간의 권한쟁의, 헌재 2011.8.30. 2011헌라1; 서울특별시와 행정안전부장관 간의 권한쟁의, 헌재 2014.3.27. 2012헌라4; 화성시와 국방부장관 간의 권한쟁의, 헌재 2017.12.28. 2017헌라2; 성남시 등과 대통령 등 간의 권한쟁의, 헌재 2019.4.11. 2016헌라7; 서울특별시와 대통령 간의 권한쟁의, 헌재 2019.4.11. 2016헌라3; 충청남도 등과 행정자치부장관 등 간의 권한쟁의, 헌재 2020.7.16. 2015헌라3.

(4) 국가기관으로서의 도지사(재결청)와 지방자치단체(시) 간의 권한쟁의사건

지방자치단체장이 권한쟁의심판에서 국가기관으로서의 당사자의 지위를 가지는 경우를 인정하였던 판례가 있었다. 즉 기초지방자치단체의 처분에 대하여 주민(처분 상대방인 私人)이 제기한 행정심판에 있어서 당시의 구 행정심판법에 따르면 광역지방자치단체장이 재결청이었는데, 이 경우의 광역지방자치단체장을 헌법재판소는 국가기관으로 보아 그 재결을 둘러싸고 제기되는 권한쟁의심판은 (기초)지방자치단체와 국가기관 간의 권한쟁의심판으로 보았다. 아래의 결정이 그것이다.

* **유의** : 2008.2.29. 행정심판법 개정 이전에는 행정심판기관이 사건을 심리, 의결을 하는 행정심판위원회와 행정심판위원회의 이 심리, 의결에 따라서 재결만을 하는 재결청으로 나누어져 있었다. 2008년 2월 29일에 개정된 행정심판법은 재결청 제도를 없애고 행정심판위원회가 심리·의결과 재결을 모두 하도록 일원화하고 있다. 아래의 판례는 행정심판위원회와 재결청을 분리하고 있었던 그 개정 이전의 구 행정심판법 당시의 판례이다. 재결업무는 국가사무이다. 그리고 당시에는 재결청이 기초 지방자치단체에 의한 행정처분에 대한 행정심판의 경우 광역 지방자치단체의 장(그래서 사안에서 경기도의 도지사가 피청구인이 된 것임)이었다. 이처럼 당시의 상황은 현재와 달랐다. 그러나 어느 지방자치단체의 장이 어떤 국가사무를 위임받아 수행할 경우에 지방자치단체의 장으로서가 아니라 국가기관으로서 당사자가 될 수 있다는 법리를 보여주는 모델케이스로 여전히 중요한 판례이다.

판례 성남시와 경기도 간의 권한쟁의, 헌재 1999.7.22. 98헌라4, 판례집 11-2, 51면

[사건개요] 이 사건은 사건명이 "성남시와 경기도간의 권한쟁의"라고 되어 있으나 지방자치단체와 국가기관 간의 권한쟁의심판으로 헌재가 본 사안이다. 본 사안은 행정심판의 결과 이행재결이 이루어졌음에도 당해 행정청이 처분을 하지 아니하는 때에는 재결청이 기간을 정하여 시정을 명하고 그 기간 내에 이행하지 아니하는 경우에는 당해 처분을 할 수 있도록 규정한 행정심판법 제37조 제2항에 따른 직접처분제도에 관한 것이었다. 즉 시장의 불허가처분에 대하여 행정심판이 제기되어 이행재결이 이루어졌음에도 시장이 처분을 하지 않자 이 직접처분제도에 따라 재결청인 도지사가 직접 처분을 한 데 대해 당해 기초지방자치단체인 시가 그 직접 처분으로 자신의 권한이 침해되었다고 하여 심판을 제기한 사건이었다. [당사자] 청구인－성남시, 피청구인－경기도지사(* 위에서 설명한 대로 행정심판의 재결청인 경우의 광역지방자치단체장을 국가기관으로 보고 헌재는 이 사건을 지방자치단체와 국가기관 간의 권한쟁의심판으로 보아 피청구인도 경기도가 아닌 경기도지사로 되었다). [관련판시] 먼저 이 사건 당사자에 관하여 본다. 앞에서 본 바와 같이 이 사건의 쟁점은 피청구인이 재결청의 지위에서 행정심판법 제37조 제2항의 규정에 따라 행한 직접처분이 청구인의 권한을 침해하는가 여부이다. 따라서 이 사건은 지방자치단체인 청구인(성남시)과 국가기관인 재결청으로서의 피청구인(경기도지사) 사이의 권한쟁의사건이라고 할 것이다.

(5) 교육·학예에 관한 지방자치단체사무에 관한 권한쟁의의 경우

1) 교육감 당사자

국가기관과 지방자치단체 간의 권한쟁의가 지방교육자치에 관한 법률 제2조의 규정에 의한 교육·학예에 관한 지방자치단체의 사무에 관한 것인 때에는 교육감이 당사자가 된다(헌재법 제62조 2항).

2) 실제 예

이에 관한 예로서 교육부장관과 서울특별시교육감 간에 학생인권조례안 의결을 둘러싼 다음과 같은 사안의 사건이 있었다. 서울특별시의회는 2011.12.19. 서울특별시 학생인권 조례안을 의결하였는데 서울특별시교육감 권한대행이 이에 대한 재의요구를 하였으나 업무에 복귀한 서울특별시교육감이 그 재의요구를 철회하였고 이 철회 직후 교육부장관은 재의요구를 하도록 요청하였으나 서울특별시교육감은 그 재의요구 요청을 따르지 아니하고, 2012.1.26. '서울특별시 학생인권 조례'(서울특별시조례 제5247호)를 공포하였다. 이에 교육부장관은, 위 재의요구 철회 행위, 위 재의요구 요청을 받고도 재의요구를 하지 아니한 부작위, 위 조례 공포 행위가 교육·학예에 관한 시·도의회 의결에 대한 교육부장관의 재의요구 요청 권한을 침해하였다고 주장하며 권한쟁의심판을 청구하였다. 헌재는 기각결정을 하였다.

판례 헌재 2013.9.26. 2012헌라1

[결정요지] 1. 지방교육자치에 관한 법률 제28조 제1항 제1문이 규정한 교육·학예에 관한 시·도의회의 의결사항에 대한 교육감의 재의요구 권한과, 같은 항 제2문이 규정한 교육부장관의 재의요구 요청 권한은 중복하여 행사될 수 있는 별개의 독립된 권한이다. 지방의회의 조례안 의결에 대하여 재의요구를 한 교육감은 지방의회가 재의결을 하기 전까지 재의요구를 철회할 수 있다. 그렇다면, 서울특별시교육감의 재의요구 철회가 교육부장관의 재의요구 요청권한을 침해하지 아니한다. 2. 지방교육자치에 관한 법률 제28조 제1항과 헌법이 지방자치를 보장하는 취지 등을 종합하여 보면, 교육부장관의 재의요구 요청과 관계없이 교육감이 재의요구를 할 수 있는 기간은 '시·도의회의 의결사항을 이송받은 날부터 20일 이내'이다. 이 기간이 지난 뒤의 재의요구 요청은 부적법하므로, 부적법한 재의요구 요청이 있다고 하여 서울특별시교육감이 조례안에 대하여 재의요구를 하여야 할 헌법이나 법률상의 작위의무가 있다고 볼 수 없다. 또한 재의요구가 철회된 이상, 처음부터 재의요구가 없었던 것과 같게 되므로, 서울특별시교육감은 조례안을 공포할 권한이 있다. 그렇다면 서울특별시교육감이 조례안 재의요구를 하지 않은 부작위 및 서울특별시교육감이 조례를 공포한 행위는 교육부장관의 재의요구 요청권한을 침해하지 아니한다. * 이 결정에 대한 자세한 판시는 앞의 교육감과 지방의회와의 관계 부분, 뒤의 피청구인의 부작위, 기각결정례 부분 참조.

Ⅲ. 지방자치단체 상호 간의 권한쟁의의 경우

1. 성격

(1) 법주체들 간 쟁의

지방자치단체는 법인격을 가진다(지방자치법 제3조 1항). 따라서 지방자치단체 상호 간 권한쟁의는 법주체들 간의 권한쟁의로서 성격을 가진다.

(2) 지방자치단체 자체

별개의 법인격을 가지는 지방자치단체들이 당사자가 됨은 물론이다. 현재 지방자치단체 상호 간의 권한쟁의심판에는 "특별시·광역시 또는 도 상호 간의 권한쟁의심판", "시·군 또는 자치구 상호 간의 권한쟁의심판", "특별시·광역시 또는 도와 시·군 또는 자치구 간의 권한쟁의심판", 세 경우가 있으므로(헌재법 제62조 1항 3호), 각각의 심판에 따라 특별시, 광역시, 도, 시, 군, 자치구 자체가 당사자가 될 것이다.

* 시장이 청구한 사건, 시장을 피청구인으로 청구한 사건이 각하된 사례 보기

판례 헌재 2006.8.31. 2003헌라1

[판시] 청구인 광양시장의 피청구인들에 대한 심판청구와 청구인 광양시의 피청구인 순천시장에 대한 청구의 적법 여부 – 권한쟁의 심판청구는 헌법과 법률에 의하여 권한을 부여받은 자가 그 권한의 침해를 다투는 헌법소송이다. 이러한 권한쟁의심판을 청구할 수 있는 자에 대하여는 헌법과 헌법재판소법이 정하고 있는바, 헌법 제111조 제1항 제4호는 국가기관 상호 간, 국가기관과 지방자치단체 간 및 지방자치단체 상호 간의 권한쟁의심판에 관하여 정하고 있으며, 헌법재판소법 제62조 제1항 제3호는 지방자치단체 상호 간의 권한쟁의심판 종류로 가. 특별시·광역시 또는 도 상호 간의 권한쟁의심판, 나. 시·군 또는 자치구 상호 간의 권한쟁의심판, 다. 특별시·광역시 또는 도와 시·군 또는 자치구 간의 권한쟁의심판만을 정하고 있다. 따라서 지방자치단체의 장은 원칙적으로 권한쟁의 심판청구의 당사자가 될 수 없다.

2. * 유의 : 지방자치단체(기관) 내부적 쟁의의 비해당성

이는 지방자치단체(기관) 내부적 쟁의에 대한 해결도 권한쟁의심판으로 할 수 있느냐 하는 문제로 다루어진다. 그래서 앞서 권한쟁의심판의 범위 문제로 이미 다루었고 우리 헌재는 이를 부정한 입장이다(앞의 권한쟁의심판의 종류와 범위, 지방자치단체의 권한쟁의심판 부분 참조). 다른 한편 이 문제는 내부의 기관인 지방자치단체의 장, 지방의회(또는 소속 의원)는 당사자능력을 가지느냐 하는 문제이기도 하다. 그래서 권한쟁의심판의 당사자능력 문제에서도 다루게 된다. 이러한 점을 명확히 하여 혼동을 초래하지 않도록 해야 한다. 요컨대 지방자치단체 내부의 장, 지방의회, 지방의회의원 등은 당사자 능력도 가지지 않는다. 사건이 내부적이 아니라도, 예를 들어 어느 지방자치단체의 장이 국가기관에 대해 청구하거나 다른 지방자치단체(또는 그 지방자

치단체의 장 등)에게 청구하는 것은 전부 당사자능력이 없다고 보아야 한다(시장이 외부에 대해 행한 청구, 시장이 피청구인이 된 경우 전부 당사자능력이 없다고 본 결정례를 바로 위에서 보았다).

헌재는 지방자치단체(기관) 내부적 쟁의사건에 대해서는 범위의 비해당성으로 각하한다고 주로 언급하는 경향이다.

3. 교육·학예에 관한 지방자치단체사무에 관한 권한쟁의의 경우

지방자치단체 상호 간의 권한쟁의가 지방교육자치에 관한 법률 제2조의 규정에 의한 교육·학예에 관한 지방자치단체의 사무에 관한 것인 때에는 교육감이 당사자가 된다(헌재법 제62조 2항).

Ⅳ. '제3자 소송담당'의 문제

1. 개념과 문제소재

자신의 권한이 침해되지 않은 국가기관이나 단체가 다른 기관이나 단체의 권한침해의 구제를 위해 권한쟁의심판을 청구할 수 있는가 하는 문제가 제3자 소송담당의 문제이다. 즉 어떤 권리의 주체가 아닌 제3자가 그 권리의 주체를 위하여 소송을 수행하는 경우라 하여 소위 '제3자 소송담당'이라 부른다. 민사소송 등 사적 분쟁에서는 원칙적으로 제3자가 소송을 담당할 수는 없고 예외적으로 인정되고 있다. 문제는 권한쟁의심판에서도 이 법리를 적용할 것인가 하는 것이다.

2. 헌재판례 법리

(1) 변화

우리 헌법재판소는 초기에는 제3자 소송담당의 이론을 거론하지 않는 경향이었는데 대통령과 국회의원 간의 권한쟁의 사건에서 제3자 소송담당을 인정할 수 없으므로 당사자적격이 없다는 1인 재판관의 의견이 있었다(헌재 1998.7.14. 98헌라1, 98헌라2, 대통령과 국회의원 간의 권한쟁의, 각하결정. <사건 및 결정에 대한 설명> 이 권한쟁의사건들은 국무총리와 감사원장의 임명동의를 둘러싼 사건, 즉 국무총리 및 감사원장에 대한 국회동의가 표결 도중 중단되었고 대통령이 국무총리 서리를 임명한 데 대해 야당의원들이 제기한 대통령과 국회의원 간의 권한쟁의사건들이다. 이 결정들은 5인의 재판관 의견들이 각하의견들이었고 4인의 재판관 의견이 본안결정의 의견으로 결국 이 결정들은 5인 재판관의 각하의견들이 다수였으므로 각하결정들로 결말이 났다. <이 5인 각하의견 중 '제3자소송담당'의 부인에 따른 각하의견> : 국무총리의 임명동의권은 국회의 권한이므로 그 권한이 침해되었다고 하는 경우에는 국회의 이름으로 권한쟁의심판을 청구하는 것이 원칙이나 다만, 국회가 청구하지 않고 있는 경우에 국회의 부분기관인 개개 국회의원이 국회를 위하여 이른바 '제3자소송담당'의 한 형태로서 권한쟁의심판을 청구할 수 있는지의 여부가 문제로 제기될 수 있다. "국회의 부분기관에게 국회를 위한 '제3자소송담당'을 허용하는 것은 소수자를 보호하기 위한 것이므로, 일정 수 이상의 소수의원이나 소수의원으로 구성된 교섭단체에게만 국회를 위하여 권한쟁의심판을 청구할 적격이 인정되는 것이지, 재적의원 과반수를 이루는 다수의원이나 그들 의원으로 구성된 교섭단체의 경우에는 그들 스스로 국회의 의결을 거쳐 침해된 국회의 권한을 회복하기 위한 방법을 강구할 수 있으므로, 이들에게까지 굳이 법률에 규정되어 있지도 아니한 '제3자소송담당'을 허용할 필요성은 없는 것이다). 이후 이제는 이를 적용하여 각하하는 입장을 취하고 있다.

(2) 현 판례 - '제3자 소송담당'의 부정

현재 헌재는 권한쟁의심판에서 '제3자 소송담당' 이론을 적용하여 제3자 소송담당을 부인(否認)하고 이 경우 각하하는 결정들을 하고 있다. 대표적인 두 가지 영역의 사안들이 있었는데 그것은 입법권의 침해와 조약에 대한 체결·비준 동의권의 침해를 국회의원이 주장하는 사안들이었다. 입법권, 조약 체결·비준 동의권은 국회 자체의 권한인데 이의 침해를 국회의원이 청구한 것이어서 제3자 소송담당이고 따라서 각하되어야 한다는 것이다.

1) 헌재의 논거

헌재가 제3자 소송을 부정하는 논거들은 아래와 같은데 정리하면 조약 체결·비준에 대한 동의권과 같은 권한은 국회 자체의 권한이고, 헌재법 제61조 제2항이 권한쟁의심판에서 청구인 자신의 권한침해만을 주장할 수 있도록 하고 있으며 헌재법 제40조 제1항에 의해 준용될 수 있는 민사소송법, 행정소송법을 해석해도 이를 인정할 수 없고 현행법상 '제3자 소송담당'을 허용하는 명문의 규정이 없으며 헌법 제49조 다수결절차를 거친 결정에 반대하는 소수의 국회의원에게 권한쟁의심판을 청구할 수 있게 하는 것은 다수결의 원리와 의회주의의 본질에 어긋날 뿐만 아니라, 모든 문제를 사법적 수단에 의해 해결하려는 방향으로 남용될 우려도 있다는 것이다.

판례 헌재 2015.11.26. 2013헌라3

[판시] 나. 제3자 소송담당의 인정 여부 (1) 헌법 제60조 제1항은 "국회는 … 입법사항에 관한 조약의 체결·비준에 대한 동의권을 가진다."고 규정하므로, 조약의 체결·비준에 대한 동의권은 국회에 속한다. 따라서 조약의 체결·비준의 주체인 피청구인이 국회의 동의를 필요로 하는 조약에 대하여 국회의 동의 절차를 거치지 아니한 채 체결·비준하는 경우 국회의 조약에 대한 체결·비준 동의권이 침해되는 것이므로, 이를 다투는 권한쟁의심판의 당사자는 국회의원이 아닌 '국회'가 되어야 한다(헌재 2007.7.26. 2005헌라8 참조). (2) 헌법재판소법 제61조 제2항은 "청구인의 권한을 침해하였거나 침해할 현저한 위험이 있는 때에 한하여" 권한쟁의심판청구를 할 수 있다고 규정함으로써 권한쟁의심판의 청구인은 청구인 자신의 권한침해만을 주장할 수 있도록 하고 있다. 즉 헌법재판소법은 국가기관의 부분기관이 자신의 이름으로 소속기관의 권한을 주장할 수 있는 '제3자 소송담당'의 가능성을 명시적으로 규정하고 있지 않다(헌재 2007.7.26. 2005헌라8 참조). 한편, 헌법재판소법 제40조 제1항은 "헌법재판소의 심판절차에 관하여는 이 법에 특별한 규정이 있는 경우를 제외하고 헌법재판의 성질에 반하지 아니하는 한도에

서 민사소송에 관한 법령을 준용한다. 이 경우 탄핵심판의 경우에는 형사소송에 관한 법령을 준용하고, 권한쟁의심판 및 헌법소원심판의 경우에는 「행정소송법」을 함께 준용한다."고 규정하므로, 민사소송법이나 행정소송법의 준용을 통하여 '제3자 소송담당'을 인정할 수 있는지 살펴본다. 민사소송법상 '제3자 소송담당'은 법률관계의 신속한 확정 내지 법률관계의 공정한 처리를 위하여 실체법상 권리귀속주체를 배제하거나 혹은 권리귀속주체와 병행하여 제3자에게 소송수행권을 인정하여, 제3자가 소송을 수행하여 받은 판결의 효력이 권리귀속주체에게도 미치게 하는 것으로(민사소송법 제218조 제3항 참조), 법정소송담당과 임의적 소송담당으로 분류된다. 먼저, 당사자의 소송물인 '권한이나 처분의 행사나 불행사'에 관한 임의적 처분권이 존재하지 않는 권한쟁의심판에서는 임의적 소송담당을 인정할 여지는 없다. 그리고 실체법상 권리는 권리귀속주체가 주장하여 소송수행을 하도록 하는 것이 자기책임의 원칙에 부합하므로, 제3자 소송담당은 법률의 명시적 규정이 있는 경우에 한하여 예외적으로 인정될 뿐이라는 것이 민사소송법상의 확립된 법리이다. 또한 행정소송법상으로도 '제3자 소송담당'을 인정할 수 있는 근거가 없다. 그러므로 현행법상으로는 권한쟁의심판절차에 있어서 '제3자 소송담당'을 인정하기 어렵다. 헌법재판소법상 '제3자 소송담당'을 인정하는 명문의 규정이 없고, '제3자 소송담당'의 인정 여부가 권한쟁의심판에서 계속적으로 쟁점화되었음에도 불구하고 헌법재판소법을 이를 허용하는 방향으로 개정하지 않고 있는 것은 입법의 흠결이라기보다는 오히려 '국가기관 자체'에게만 권한쟁의심판의 청구인적격을 인정하겠다는 입법자의 의사가 반영된 것으로 볼 것이다. (3) 청구인들은 정부와 국회가 다수정당에 의하여 주도되는 오늘날의 정당국가적 권력분립구조 하에서 소수정당으로 하여금 권한쟁의심판을 통하여 침해된 국회의 권한을 회복시킬 수 있도록 '제3자 소송담당'이 인정되어야 하고, 적어도 국회법 제33조 제1항의 교섭단체를 구성하는 국회의원의 집단에게는 '제3자 소송담당'의 방식으로 권한쟁의심판을 제기할 수 있는 지위가 인정되어야 한다고 주장한다. 헌법 제49조는 "국회는 헌법 또는 법률에 특별한 규정이 없는 한 재적의원 과반수의 출석과 출석의원 과반수의 찬성으로 의결한다."고 규정한다. 헌법이 예정하는 절차에 따르면 국회의 의사는 토론을 거친 다수결에 의하여 결정되어야 하는데, 국회의 의사가 위 절차를 거쳐 결정되었음에도 다수결의 결과에 반대하는 소수의 국회의원에게 권한쟁의심판을 청구할 수 있게 하는 것은 다수결의 원리와 의회주의의 본질에 어긋날 뿐만 아니라, 국가기관이 기관 내부에서 민주적인 방법으로 토론과 대화에 의하여 기관의 의사를 결정하려는 노력 대신 모든 문제를 사법적 수단에 의해 해결하려는 방향으로 남용될 우려도 있다(헌재 2007.7.26. 2005헌라8 참조). 나아가 우리 헌법이 채택한 대통령제 하에서는 의원내각제의 경우처럼 정부와 국회 다수정당의 이해관계가 항상 일치하는 것으로 단정하기도 어렵다. 이에 비추어 볼 때 소수정당에게 제3자 소송담당을 인정할 필요가 있다는 주장은 선뜻 수긍하기 어렵다. 나아가 국회의 권한과 권능을 수호하고 국회 내 소수자를 보호한다는 명목에 제대로 부합하려면 교섭단체에 이르지 못한 국회의원의 일부에게까지 '제3자 소송담당'을 인정해야 할 것이다. 교섭단체를 구성하지 못하더라도 상당한 수의 의원들이 결합하여 일정한 가치를 공유하고 공동의 목표를 추구하는 의원 집단이 '제3자 소송담당'을 원하는 경우가 있을 수 있음에도 불구하고, 이러한 법적 지위를 가지는 주체를 교섭단체를 구성하는 국회의원의 집단으로 한정할 근거도 없고 그럴 명분도 없기 때문이다. 그러나 이와 같이 '제3자 소송담당'의 요건과 범위를 무한히 확대해 나간다면 국회 내 소수자 보호라는 목적에는 충실할 수 있을지 모르지만, 그로 인한 폐해를 막기는 어렵다는 비판을 피할 수 없다. (4) 다른 국가기관, 지방자치단체가 당사자가 되는 권한쟁의심판에서 권한의 유무 또는 범위에 관한 다툼은 국회와는 다른 양상으로 발생할 수 있고, 이 경우 어떠한 요건과 기준으로 기관 또는 단체의 부분기관 또는 구성원에게 '제3자 소송담당'을 인정할 수 있을지에 대해서 면밀한 검토가 필요하다는 점에서도 국회의원에게만 제3자 소송담당을 인정하기는 어렵고, 이 문제는 입법자가 헌법재판소법에 제3자 소송담당을 명시적으로 인정하는 입법을 통하여 해결할 수밖에 없다고 판단된다. (5) 이러한 사정을 종합하여 볼 때 권한쟁의심판에 있어 '제3자 소송담당'을 허용하는 명문의 규정이 없는 현행법 체계 하에서 국회의 구성원인 국회의원이 국회의 권한침해를 이유로 권한쟁의심판을 청구할 수 있다고 보기는 어려우므로, 청구인들의 이 부분 심판청구는 청구인적격이 없어 부적법하다.

2) 구체적 판례 사례

(가) 입법권 침해 주장의 권한쟁의에서의 제3자 소송 담당이라고 하여 각하한 결정례

그 예로 행정자치부장관이 2015.10.16. 행정자치부고시 제2015－37호로 '중앙행정기관 등의 이전계획'을 변경하였는데, 그 내용은 국민안전처와 인사혁신처를 세종시 이전대상 기관에 포함시켜 2015년 내 이전을 시작하여 2016. 3.까지 이전을 마무리하도록 하는 것이었던바 이 변경행위가 국회의 입법권을 침해한다고 하여 국회의원들이 청구한 권한쟁의심판사건에서 제3자 소송담당이라는 이유로 각하한 아래의 결정례가 있었다.

판례 헌재 2016.4.28. 2015헌라5

[결정요지] 헌법재판소는 2015.11.26. 2013헌라3 결정(* 바로 위 헌재의 논거에 인용된 결정)에서, "권한쟁의심판에 있어 '제3자 소송담당'을 허용하는 명문의 규정이 없는 현행법 체계 하에서 국회의 구성원인 국회의원이 국회의 권한침해를 이유로 권한쟁의심판을 청구할 수 없다"는 취지로 판단한 바 있다. 살피건대, 이 사건에서 위 쟁점에 대하여 위 선례와 달리 판단하여야 할 사정변경이 있다고 볼 수 없으므로, 선례의 판단을 그대로 유지하기로 한다. 그런데 조약의 체결·비준에 대한 국회의 동의권이나 국회의 입법권이나 모두 국회의 권한인 점에서는 동일하므로, 국회의원인 나머지 청구인들은 해양경비안전본부를 포함하는 국민안전처 등을 세종시로 이전하는 내용의 피청구인의 이 사건 처분이 국회의 입법권을 침해하였음을 이유로 하여 권한쟁의심판을 청구할 수는 없다. 따라서 나머지 청구인들의 이 부분 심판청구는 청구인적격이 없어 모두 부적법하다.

(나) 조약 체결·비준 동의권 침해 주장의 권한쟁의에서의 제3자 소송 담당이라고 하여 각하한 결정례

판례 국회의원과 정부 간의 권한쟁의, 헌재 2007.7.26. 2005헌라8

[사건개요] * 이 사안은 WTO 쌀 협상과 관련한 것이었음. (1) 대한민국 정부는 1995년부터 2004년까지 10년간 쌀에 대한 관세화를 유예받았던 특별대우를 2014년까지 10년간 추가로 연장하기 위하여 세계무역기구(WTO) 회원국들과 사이에 소위 쌀협상을 하였고, 그 결과 다시 10년간 쌀에 대한 관세화를 유예하기로 하는 내용의 "세계무역기구 설립을 위한 마라케쉬 협정 부속서 1가 중 1994년도 관세 및 무역에 관한 일반협정에 대한 마라케쉬 의정서에 부속된 대한민국 양허표 일부개정안"을 채택하게 되었다. (2) 정부는 위 쌀협상 과정에서 이해관계국인 미국, 인도, 이집트와 사이에 쌀에 대한 관세화 유예기간을 연장하는 대가로 위 나라들의 요구사항을 일부 수용하는 내용의 각 합의문(이하 '이 사건 합의문'이라고 한다)을 작성하였다. (3) 정부가 2005.6.7.경 국회에 위 양허표 개정안에 대한 비준동의안을 제출하면서 이 사건 합의문을 포함시키지 아니하자, 국회의원인 청구인들은 이 사건 합의문을 포함하여 비준동의안을 제출할 것을 요구하였고, 정부는 이를 거부하였다. (4) 이에 청구인들은 2005.10.31. 위 양허표 개정안에 대한 비준동의안 제출행위와 이 사건 합의문에 대한 비준동의안 제출거부행위로 인하여 국회의 조약 체결·비준 동의권이 침해되었다고 권한쟁의심판을 청구하였다. [결정요지] 가. 국회의 의사가 다수결에 의하여 결정되었음에도 다수결의 결과에 반대하는 소수의 국회의원에게 권한쟁의심판을 청구할 수 있게 하는 것은 다수결의 원리와 의회주의의 본질에 어긋날 뿐만 아니라, 국가기관이 기관 내부에서 민주적인 방법으로 토론과 대화에 의하여 기관의 의사를 결정하려는 노력 대신 모든 문제를 사법적 수단에 의해 해결하려는 방향으로 남용될 우려도 있으므로, 국가기관의 부분 기관이 자신의 이름으로 소속기관의 권한을 주장할 수 있는 '제3자 소송담당'을 명시적으로 허용하는 법률의 규정이 없는 현행법 체계하에서는 국회의 구성원인 국회의원이 국회의 조약에 대한 체결·비준 동의권의 침해를 주장하는 권한쟁의심판을 청구할 수 없다.

* 조약 체결 · 비준 동의에 관한 동지 결정례 : 헌재 2007.10.25. 2006헌라5 결정([심판대상] ① 피청구인들이 한 · 미 FTA 협상에 대한 국회의 동의를 받지 않고 전권대표를 임명하고 협상개시선언을 한 후 진행한 일련의 협상행위와 ② 국회 및 국회의원에 대하여 한 · 미 FTA 협상의 정보를 제공하지 아니한 부작위가 국회의 동의권을 침해하여 헌법에 위반되는지 여부); 2011.8.30. 2011헌라2([심판대상] ① 대한민국 국군에 대한 작전지휘권과 작전통제권을 이양하는 조약에 대한 비준동의안을 국회에 제출하지 않고 있는 행위와 ③ 미국과의 사이에 대한민국의 전시 작전통제권을 대한민국 합동참모부로 전환하는 시기를 2015년으로 연기하는 "전략동맹 2015" 합의문을 통해 전시 작전통제권의 전환일정을 2015년으로 연기한 행위가 국회의 조약 체결 · 비준에 대한 동의권을 침해하여 헌법에 위반되는지 여부); 2015.11.26. 2013헌라3 결정([심판대상] 'WTO 정부조달협정' 제24조 제7항에서 정한 협상의무에 따라 회원국들은 위 협정의 범위를 확대하기 위한 협상을 진행하였으며, 2011.12.15. 개정 협상이 타결되어 2012.3.30. 'WTO 정부조달협정 개정의정서'(이하 '이 사건 의정서'라 한다)가 공식적으로 채택되었는데 대통령이 이 의정서의 체결 · 비준에 대한 국회의 동의를 요구하지 않고 있는 부작위가 국회의 조약 체결 · 비준 동의권을 침해하는지 여부).

(다) '예산 외에 국가의 부담이 될 계약'에 대한 국회의 의결권 침해 주장의 권한쟁의에서의 제3자 소송 담당이라고 하여 각하한 결정례

헌법 제58조는 '예산외에 국가의 부담이 될 계약'을 체결하려 할 때에는 정부는 미리 국회의 의결을 얻어야 한다고 규정하고 있다. 이 의결권에 관해서도 아래와 같은 제3자소송 담당을 이유로 각하한 예가 있다. 사안은 사회간접자본시설에 대한 민간투자사업의 추진방식에 있어 민간사업자가 자본을 투자하여 건설을 담당하고 주무관청이 완공된 시설을 임차하여 운영하는 이른바 BTL(Build Transfer Lease)에 관해 국회의결을 거치지 않았다고 하여 제기된 권한쟁의사건이었다.

판례 헌재 2008.1.17. 2005헌라10

[청구인주장] 정부가 '사회기반시설에 대한 민간투자법' 제4조 제2호에 규정한 방식인 민간투자사업(BTL)의 실시계획에 대하여 승인하게 되면 그 자체로 이미 국가가 그 사회기반시설을 임차하여 사용하여야 하는 의무를 부담한다고 할 것이므로, 이는 헌법 제58조의 미리 국회의 의결을 거쳐야 하는 예산 외에 국가의 부담이 될 계약을 체결하는 행위에 해당된다. 그럼에도 불구하고 정부는 국회의 의결을 거치지 않고 '사회기반시설에 대한 민간투자법' 제7조의2에 의거 단지「2006년도에 실시할 BTL 방식 민간투자법 한도액」을 국회에 제출하여 보고만 하였으므로, 피청구인들의 위 제출행위는 국회의 동의권과 국회의원의 심의 · 표결권을 침해하여 헌법에 위반된다. [결정요지] 권한쟁의심판에 있어 '제3자 소송담당'을 허용하는 법률의 규정이 없는 현행법 체계 하에서 국회의 구성원인 청구인들은 국회의 '예산 외에 국가의 부담이 될 계약'의 체결에 있어 동의권의 침해를 주장하는 권한쟁의심판을 청구할 수 없다고 할 것이다. 따라서 청구인들의 이 부분 심판청구는 청구인적격이 없어 부적법하다.

3. 비판

제3자 소송담당에 대한 판례의 입장은 권한쟁의심판에 대해서는 다음과 같은 비판이 가능할 것이다. i) 권한의 문제 – 이제까지 제3자 소송 담당 문제가 불거져 판시되었던 대표적 사안들인 국회의원이 행정부 등 국회 외부 기관들을 상대로 제기한 권한쟁의심판을 중심으로 보면 이 문제를 보다 근본적으로 파악되어야 함을 지적하는 것이 가장 중요함을 알 수 있다. 근본적으로 이는 제3자의 문제가 아니다. 헌재는 국회의원이 제3자인 근거로 헌법 제40조가 입법권은 '국회'에 속한다고 명시하고 헌법 제60조 제1항이 중요조약에 관한 조약의 체결·비준에 대한 동의권을 '국회'는 가진다고 명시하고 있어서 이러한 문언표현을 들고 있다. 그러나 이는 국회의 권한파악에 있어서 형식적 관점에 서는 입장을 취하더라도(국회 권한의 형식설에 대해서는 정재황, 국가권력규범론, 박영사, 2020의 국회, 입법권 부분 참조) 이는 타당한 헌법해석이 아니다. 국회라는 기관이 어떻게 의사를 집약하고 결정하여 법률을 만들고 조약의 체결·비준에 대해 동의할 수 있는가? 기관 자신은 할 수 없고 그 구성원이자 한 명 한 명 각자 국민의 대표자인 국회의원의 활동(심의·표결)에 의해 그 입법권, 동의권 등 국회의 권한이 행사되는 것이다. 입법권, 동의권은 심의표결권의 행사를 내포하는데 동의권이 국회의 권한일 뿐이고 국회의원의 권한은 아니어서 국회의원이 입법권, 동의권 등 국회의 권한에 관해 제3자라면 국회의원은 자신의 권한이 아닌 권한을 심의·표결 등의 행위를 통해 행사한다는 이상한 위헌을 저지르게 된다는 결론에 이르게 한다. 이는 받아들일 수 없음은 물론이다. 국회의원이 청구인인 사안들에 있어서 보면 국회의 권한행사는 결국 구성원인 국회의원의 활동(심의·표결)을 전제하여 내포하는 것이고 그렇기 때문에 그것에 의해 이루어진다는 점에서 국회의 권한에 대해 국회의원이 제3자의 지위에 있다고 보는 것부터 근본적으로 잘못된 법 이론이다. 제3자가 아니라 자신의 입장에서 주장하는 것이다. 이처럼 국회의원이 국회의 권한(입법권, 조약동의권)침해를 이유로 제기한 권한쟁의심판에서 제3자소송이론을 적용하여 각하하는 데 이에 대해서는 제3자소송담당론이 적용될 성격의 사안인지부터 검토가 필요하다. 입법권이 국회 자체에 속하는 것으로 헌법이 규정하고 있다는 것은 행정권, 사법권도 정부, 법원에 속한다고 규정하고 있고 그렇다면 그동안 행정권을 둘러싼 권한쟁의심판도 전부 제3자소송이었다고 할 것이라는 웃지못할 헌재 자신의 모순의 결과를 가져온다. 예를 들어 행정안전부장관이 피청구인이 된 사건 같은 경우는 잘못된 것이다. 예를 들어 기획재정부장관이 자신의 권한행사로 행한 행정작용의 효과가 장관이 아닌 대한민국에 귀속되는 것이니 그러면 기획재정부장관이 권한쟁의심판의 당사자가 되는 것은 잘못이 아닌가. 요컨대 국회의 권한이라도 그 행사가 결국 국회의원의 심의권·표결권의 행사에 의한 것이므로 국회의원은 국회의 권한에 관련하여 결코 제3자가 될 수 없다. ii) 설령 제3자 문제로 보더라도 제3자 소송담당 이론이 민사소송법이론인데 이를 헌법재판절차에 당연히 적용된다고 보는 것은 적절하지 못하다. iii) 헌법재판이 소수파의 보호, 그 보호를 통한 다원주의의 실현이라는 기능(앞의 제1장 제1절, Ⅱ. 헌법재판의 정당성과 기능 부분 참조)을 가지므로 소수자에 의한 헌법재판청구의 기회를 인정하는 것이 바람직하다(프랑스의 경우 소수의 의회의원에게 위헌제청권을 부여하고 있다). 이는 정치의 평화화 기능(앞의 헌법재판의 기능 참조)을 실현하는 것이기도 하다. 헌재는 위 2005헌라8 결정의 위에 인용된 판시 중에 "국회의 의사가 다수결에 의하여 결정되었음에도 다수결의 결과에 반대하는 소수의 국회의원에게 권한쟁의심판을 청구할 수 있게 하는 것은 다수결의 원리와 의회주의의 본질에 어긋날 뿐만 아니라, 국가기관이 기관 내부에서 민주적인 방법으로 토론과 대화에 의하여 기관의 의사를 결정하려는 노력 대신 모든 문제를 사법적 수단에 의해 해결하려는 방향으로 남용될 우려도 있으므로"라고 그 부정의 논거를 제시한다. 그러나 소수파가 권한쟁의심판을 청구하는 경우란 제대로 지켜진 다수결원리를 무시하려는 것이 아니라 다수결원리를 준수하지 않아 권한을 침해한다고 하여 청구하는 경우이다. 사법수단의 남용 운운도 이해가 안 된다. 정치적 과정으로 입헌적 의정활동이 담보되지 않으니 최후의 보루로서 헌법재판에 기대는 것이 남용의 우려로 치부될 것인지 의아스럽게 한다. 헌재의 위 입장은 국회의 소수가 청구한 권한쟁의심판에서 다수결의 원리에 따라 국회가 해결하면 될 일을 왜 심판청구를 하였는가 하는 논리인데 이는 개인들 간의 분쟁도 사적 자치로 해결하면 될 걸 왜 법원의 민사소송을 청구하였는가 하는 주장(그런 주장을 할 리 없겠지만 한다면)과 다를 바 없다. 분쟁이 발생하고 그 해결을 재판, 소송으로 청구한 다음에야 그것을 법적으로 해결하여야 하는 것이 재판기관의 의무이다. 특히 헌법재판의 중요한 기능이 소수의 보호에 있다는 점에서도 헌법재판의 본지에 철저하지 못한 판례이론이다. 다수결원리를 그토록 내세운다면 국회에서 다수결로 통과시킨 법률에 대해 위헌심판하는 것은 있을 수 없는 결과를 가져온다.

V. 피청구인

1. 피청구인 요건

(1) 원칙

피청구인은 처분 또는 부작위를 통해 권한침해의 법적 책임을 질 수 있는 지위에 있는 기관이 된다(2008헌라7등).

(2) '국가기관'의 피청구인능력 판단준거

국가기관에 대한 피청구인능력도 앞서 본 국가기관 청구인능력과 같은 기준으로 판단된다. 즉 "'국가기관'에 해당하는지 여부를 판별함에 있어서는, 그 국가기관이 헌법에 의하여 설치되고 헌법과 법률에 의하여 독자적인 권한을 부여받고 있는지 여부, 헌법에 의하여 설치된 국가기관 상호 간의 권한쟁의를 해결할 수 있는 적당한 기관이나 방법이 있는지 여부 등을 종합적으로 고려하여" 판단한다는 것이다.

판례 헌재 2020.5.27. 2019헌라5

[설시] 헌법 제111조 제1항 제4호 소정의 '국가기관'에 해당하는지 아닌지를 판별함에 있어서는 그 국가

기관이 헌법에 의하여 설치되고 헌법과 법률에 의하여 독자적인 권한을 부여받고 있는지 여부, 헌법에 의하여 설치된 국가기관 상호 간의 권한쟁의를 해결할 수 있는 적당한 기관이나 방법이 있는지 여부 등을 종합적으로 고려하여야 한다(헌재 1997.7.16. 96헌라2; 헌재 2010.10.28. 2009헌라6 참조). … 안건조정위원회의 위원장은 국회법 제57조의 소위원회 위원장과 마찬가지로 헌법에 의하여 설치된 국가기관에 해당한다고 볼 수 없다. … 이상과 같은 점들을 종합하면, 국회법 제57조의2에 근거한 안건조정위원회 위원장은 국회법상 소위원회의 위원장으로서 헌법 제111조 제1항 제4호 및 헌법재판소법 제62조 제1항 제1호의 '국가기관'에 해당한다고 볼 수 없으므로, 권한쟁의심판에서의 당사자능력이 인정되지 않는다. * 이 결정에 대한 자세한 것은 아래 입법부, 국회 위원회 위원장 부분 참조.

2. 구체적 사안

(1) 입법부

1) 국회 자체의 피청구인능력 인정

(가) 법률의 제·개정 행위를 다투는 권한쟁의심판의 경우

헌재는 법률의 제·개정 행위를 다투는 권한쟁의심판의 경우에는 국회가 피청구인적격을 가지므로, 청구인들이 국회의장 및 기획재정위원회 위원장에 대하여 제기한 이른바 국회선진화법이라고 불리는 국회법 개정행위에 대한 심판청구는 피청구인적격이 없는 자를 상대로 한 청구로서 부적법하다고 한다.

판례 헌재 2016.5.26. 2015헌라1

[판시] 권한쟁의심판에 있어서는 처분 또는 부작위를 야기한 기관으로서 법적 책임을 지는 기관만이 피청구인적격을 가지므로 권한쟁의심판청구는 이들 기관을 상대로 제기하여야 하고(헌재 2010.12.28. 2008헌라7등 참조), 법률의 제·개정 행위를 다투는 권한쟁의심판의 경우에는 국회가 피청구인적격을 가진다(헌재 2005.12.22. 2004헌라3; 헌재 2008.6.26. 2005헌라7 등 참조). 따라서 청구인들이 국회의장 및 기재위 위원장에 대하여 제기한 이 사건 국회법 개정행위에 대한 심판청구는 피청구인적격이 없는 자를 상대로 한 청구로서 부적법하다.

(나) 국가기관과 지방자치단체 간 권한쟁의심판의 당사자로서의 국회

사안은 국회가 2005.8.4. 법률 제7681호로 공직선거법 제122조의2를 개정하여 지방선거비용을 해당지방자치단체에게 부담시킨 행위가 지방자치단체인 청구인들의 지방자치권을 침해하는 것인지 여부에 대한 것인데 국회를 피청구인으로 인정하여 본안판단에 들어가 권한침해가 아니라는 기각결정을 하였다.

판례 헌재 2008.6.26. 2005헌라7

[판시] 피청구인 국회 – 헌법재판소법 제62조 제1항 제2호는 국가기관과 지방자치단체 간의 권한쟁의심판에 대한 국가기관측 당사자로 '정부'만을 규정하고 있지만, 이 규정의 '정부'는 예시적인 것이므로 대통령이나 행정각부의 장 등과 같은 정부의 부분기관뿐 아니라 국회도 국가기관과 지방자치단체 간 권한쟁의심판의 당사자가 될 수 있다(헌재 2003.10.30. 2002헌라1, 판례집 15–2하, 17, 27; 헌재 2005.12.22. 2004헌라3, 판례집 17–2, 650, 658 참조). 따라서 피청구인 국회는 당사자 능력이 인정된다. 한

편, 피청구인 국회는 선거비용의 부담주체를 정함에 있어 지방선거의 경우에는 원칙적으로 지방자치단체가 그 비용을 부담하도록 공직선거법 규정을 개정하였는바, 지방선거비용부담 문제를 둘러싼 이 사건 다툼은 바로 이로 인해 비롯된 것이므로 피청구인으로서의 당사자 적격도 인정된다.

* 검토 – 이 결정에서는 적격이란 용어를 정확히 쓴 것이다. 당사자능력과 당사자적격의 용어구분 문제에 대해서는 후술 제3절 권한쟁의심판의 청구요건, 당사자 요건 부분 참조.

2) 국회의장

(가) 본회의 의사활동 관련 권한쟁의심판에서 피청구인 지위 인정, 부의장에 대한 부인

국회의장은 본회의에서의 의사활동에 관련된 권한쟁의심판, 대표적으로 이른바 변칙처리 사건에서의 권한쟁의심판의 피청구인으로 인정되어 왔다. 부의장에 대해서는 부정한다.

판례 헌재 2009.10.29. 2009헌라8등

[판시] 권한쟁의심판에 있어서는 처분 또는 부작위를 야기한 기관으로서 법적 책임을 지는 기관만이 피청구인 적격을 가지므로, 권한쟁의심판청구는 이들 기관을 상대로 제기하여야 한다. 그런데 피청구인 국회의장은 헌법 제48조에 따라 국회에서 선출되는 헌법상의 국가기관으로서 헌법과 법률에 의하여 국회를 대표하고 의사를 정리하며, 질서를 유지하고 사무를 감독할 지위에 있고, 이러한 지위에서 의안의 상정, 의안의 가결선포 등의 권한(국회법 제10조, 제110조, 제113조 등 참조)을 갖는 주체이므로 피청구인 적격이 인정된다. 이와 달리, 피청구인 국회부의장은 국회의장의 위임에 따라 그 직무를 대리하여 법률안 가결선포행위를 할 수 있을 뿐(국회법 제12조 제1항 참조), 법률안 가결선포행위에 따른 법적 책임을 지는 주체가 될 수 없으므로 권한쟁의심판청구의 피청구인 적격이 인정되지 아니한다(헌재 1997.7.16. 96헌라2, 판례집 9-2, 154, 163; 헌재 2000.2.24. 99헌라1, 판례집 12-1, 115, 126 참조). 따라서 피청구인 국회부의장에 대한 이 사건 심판청구는 피청구인 적격이 인정되지 아니하는 자를 상대로 제기된 것으로 부적법하다.

* 검토 – 피청구인적격이란 용어는 적절하지 않다. 당사자능력과 당사자적격의 용어구분 문제에 대해서는 후술 제3절 권한쟁의심판의 청구요건, 당사자 요건 부분 참조.

(나) 상임위원회 활동 관련 피청구인 지위 부정

상임위원회에서의 사안은 국회 외교통상통일위원회 위원장이 동 위원회 회의실 출입문을 폐쇄한 상태로 동 위원회 전체회의를 개의하여 '대한민국과 미합중국 간의 자유무역협정' 비준동의안을 상정한 행위 및 위 비준동의안을 법안심사소위원회로 회부한 행위에 대해 국회의원들이 심의권침해라는 주장의 권한쟁의심판을 청구하였는데 이 청구에서 상임위원회 위원장이 위원회를 대표해서 의안을 심의하는 권한은 국회의장의 권한을 위임받은 것이므로, 국회의장도 피청구인적격이 있다고 주장하였다. 헌재는 상임위 심사권은 상임위 고유권이란 이유로 주장을 배척하고 국회의장의 피청구인으로서 지위를 부정하여 그 부분 청구를 각하하였다.

판례 헌재 2010.12.28. 2008헌라7등

[판시] 피청구인 국회의장에 대한 심판청구의 적법 여부 (1) 권한쟁의심판에 있어서는 처분 또는 부작위를 야기한 기관으로서 법적 책임을 지는 기관만이 피청구인적격을 가지므로, 권한쟁의심판청구는 이들

기관을 상대로 제기하여야 한다. 피청구인 외통위 위원장은 외통위 의사절차의 주재자로서 질서유지권(국회법 제49조 제1항, 제145조), 의사정리권(국회법 제49조 제1항, 제2항, 제52조, 제53조 제4항 등)의 귀속주체이므로 이 사건 심판청구의 피청구인적격이 인정될 것이나, 피청구인 국회의장에게 피청구인적격이 있다고 인정할 것인지는 따로 검토할 필요가 있다. (2) 생략 (3) 살피건대, 우리나라 국회의 의안 심의는 본회의 중심이 아닌 소관 상임위원회 중심으로 이루어지며, 이른바 '위원회 중심주의'를 채택하고 있다(헌재 2003.10.30. 2002헌라1, 판례집 15-2하, 17, 30 참조). 위원회의 역할은 국회의 예비적 심사기관으로서 회부된 안건을 심사하고 그 결과를 본회의에 보고하여 본회의의 판단자료를 제공하는 데 있다. 국회의 의결을 요하는 안건에 대하여 의장이 본회의 의결에 앞서 소관위원회에 안건을 회부하는 것은 국회의 심의권을 위원회에 위양하는 것이 아니고, 그 안건이 본회의에 최종적으로 부의되기 이전의 한 단계로서, 소관위원회가 발의 또는 제출된 의안에 대한 심사권한을 행사하여 사전 심사를 할 수 있도록 소관위원회에 송부하는 행위라 할 수 있다. 상임위원회는 그 소관에 속하는 의안, 청원 등을 심사하므로, 국회의장이 안건을 위원회에 회부함으로써 상임위원회에 심사권이 부여되는 것이 아니고, 심사권 자체는 법률상 부여된 위원회의 고유한 권한으로 볼 수 있다(국회법 제36조, 제37조 참조). 따라서 국회 상임위원회 위원장이 위원회를 대표해서 의안을 심사하는 권한이 국회의장으로부터 위임된 것임을 전제로 한 국회의장에 대한 이 사건 심판청구는 피청구인적격이 없는 자를 상대로 한 청구로서 부적법하다. (4) 생략 (5) 결국, 청구인들의 국회의장에 대한 이 사건 심판청구는 부적법하므로, 관여 재판관 전원의 일치된 의견으로 이를 모두 각하하기로 한다(이하, 단순히 '피청구인'이라 함은 '피청구인 외통위 위원장'을 가리키는 것이다).

* 검토 – 피청구인적격이란 용어는 적절하지 않다.

3) 국회 위원회 위원장

(가) 상임위원회 위원장

국회의 상임위원회 활동과 관련한 권한쟁의심판에서 상임위 위원장은 피청구인이 될 수 있다. 바로 위 국회의장에 대해 피청구인 지위를 부정한 외교통상통일위원회(이하 '외통위') 사건 결정이 그것을 인정하여 본안판결과 국회의원의 심의권을 침해하였음을 인정하여 인용결정이 난 예이다(사안은 위에서 이미 서술함).

판례 헌재 2010.12.28. 2008헌라7등

[판시] 권한쟁의심판에 있어서는 처분 또는 부작위를 야기한 기관으로서 법적 책임을 지는 기관만이 피청구인적격을 가지므로, 권한쟁의심판청구는 이들 기관을 상대로 제기하여야 한다. 피청구인 외통위 위원장은 외통위 의사절차의 주재자로서 질서유지권(국회법 제49조 제1항, 제145조), 의사정리권(국회법 제49조 제1항, 제2항, 제52조, 제53조 제4항 등)의 귀속주체이므로 이 사건 심판청구의 피청구인적격이 인정될 것…

(나) 국회 정치개혁특별위원회 위원장

아래 (라)에서 볼 안건조정위원회 관련 헌재 20205.27. 2019헌라5 결정에서 국회 정치개혁특별위원회 위원장에 대한 청구는 본안판단에 들어가 기각결정을 하였다. 이는 명시적으로 피청구인능력을 인정하는 판시는 없었으나 본안판단에 들어갔다는 것은 이를 인정하는 것을 전제로 한 것이라고 보겠다.

(다) 국회 소위원회 위원장, 위원

헌재는 국회의 소위원회 및 그 위원장은 헌법에 의하여 설치된 국가기관에 해당한다고 볼 수 없다고 하여 당사자능력을 부정한다. 따라서 피청구인능력도 부정될 것이다.

판례 헌재 2020.5.27. 2019헌라4. [결정요지] * 앞의 당사자능력 부분 참조.

(라) 안건조정위원회 위원장의 피청구능력 부정

국회법 제57조의2에 근거한 안건조정위원회 위원장은 국회법상 소위원회의 위원장으로서 권한쟁의심판의 당사자인 '국가기관'에 해당하지 않는다고 본다. 헌재는 바로 위에서 밝힌 대로 소위원회 위원장에 대해서는 당사자능력을 부정하는 입장이다.

판례 헌재 2020.5.27. 2019헌라5

[결정요지] (가) 헌법 제111조 제1항 제4호 소정의 '국가기관'에 해당하는지 아닌지를 판별함에 있어서는 그 국가기관이 헌법에 의하여 설치되고 헌법과 법률에 의하여 독자적인 권한을 부여받고 있는지 여부, 헌법에 의하여 설치된 국가기관 상호 간의 권한쟁의를 해결할 수 있는 적당한 기관이나 방법이 있는지 여부 등을 종합적으로 고려하여야 한다(헌재 1997.7.16. 96헌라2; 헌재 2010.10.28. 2009헌라6 참조). (나) 안건조정위원회 위원장에게 당사자능력이 인정되는지 여부 – 안건조정위원회의 위원장은 국회법 제57조의 소위원회 위원장과 마찬가지로 헌법에 의하여 설치된 국가기관에 해당한다고 볼 수 없다. 안건조정위원회의 활동은 그 소속된 위원회 활동의 일부가 되는 것으로 그 권한이 위원회로부터 독자적인 것이라고 보기 어렵다. 소위원회 위원장과 그 위원인 국회의원 사이에 권한 분쟁이 생기는 경우 이는 상이한 권한 주체 사이의 분쟁이 아니라 위원회 내부 기관들 사이의 분쟁으로서 위원회의 심사절차 내에서 해결할 수 있고, 해결이 안 되면 위원회의 위원장과 그 위원인 국회의원 사이의 권한쟁의심판으로 해결할 수 있어, 그 쟁의를 해결할 적당한 기관이나 방법이 없다고 할 수 없다. 국회법 제57조의2에 근거한 안건조정위원회 위원장은 국회법상 소위원회의 위원장으로서 헌법 제111조 제1항 제4호 및 헌법재판소법 제62조 제1항 제1호의 '국가기관'에 해당한다고 볼 수 없으므로, 청구인들의 피청구인 조정위원장의 가결선포행위에 대한 청구는 권한쟁의심판의 당사자가 될 수 없는 피청구인을 대상으로 하는 청구로서 부적법하다.

4) 부정례

피청구인능력이 부정된 예만 보자. ① 위에서 이미 살펴본 대로 국회의장에 대해 '상임위원회 활동 관련 피청구인 지위를 부정'한 예가 있다.

판례 헌재 2010.12.28. 2008헌라7등. [판시] * 위 인용된 부분 참조.

② 안건조정위원회 위원장의 피청구능력을 부정한 예도 바로 위에서 살펴보았다.

판례 헌재 2020.5.27. 2019헌라5. [결정요지] * 위 인용된 부분 참조.

(2) 정부

정부도 그 자체로 또는 대통령, 국무총리, 행정각부, 감사원 등이 당사자능력을 가지는데 실제로 피청구인이 된 사건들이 적지 않다. 감사원도 피청구인 될 수 있다. 정부기관은 특히 지방자치단체로부터 권한쟁의심판을 청구받는 경우가 많았다. 몇 가지만 예로 인용한다.

– 지방자치단체(서울특별시)와 대통령 간의 권한쟁의심판 : 헌재 2019.4.11. 2016헌라3.
– 지방자치단체(군산시)와 행정자치부장관(*당시, 현재 행정안전부) 장관 간의 권한쟁의심판 : 헌재 2020. 9. 24. 2016헌라1.
– 강남구청 등과 감사원 간의 권한쟁의심판 : 헌재 2008.5.29. 2005헌라3.

(3) 법원

법원도 피청구인능력을 가진다(헌재법 제62조 1항 1호). 서울남부지방법원 제51민사부를 피청구인으로 한 권한쟁의심판사건이 있었으나 헌재는 피청구인능력 문제를 언급하지 않고 권한침해가능성이 없다고 하여 각하결정을 하였다. 사안은 국회의원이 교원들의 교원단체 가입현황을 자신의 인터넷 홈페이지에 게시하여 공개하려 하였으나, 법원이 그 공개로 인한 기본권침해를 주장하는 교원들의 신청을 받아들여 그 공개의 금지를 명하는 가처분 및 그 가처분에 따른 의무이행을 위한 간접강제 결정을 한 것에 대해 국회의원이 법원을 상대로 제기한 권한쟁의심판청구사건이었다.

판례 헌재 2010.7.29. 2010헌라1

[피청구인 관련 부분 답변] 국가의사 형성에 적극적, 능동적으로 참여하는 기관이 아니라 분쟁을 수동적, 독립적으로 해결하는 사법기관인 법원은 권한쟁의심판의 당사자가 되는 국가기관으로 보기 어려울 뿐 아니라, 특히 1심법원은 헌법에 의하여 설치된 국가기관으로 보기도 어렵고 그 판단은 상급심 법원에 의해 교정될 수 있으므로 권한쟁의심판의 당사자가 되는 국가기관으로 볼 수 없다. [결정요지] … 이 사건 가처분재판과 이 사건 간접강제재판은 국정감사 또는 조사와 관련된 국회의원의 권한에 대해서도 아무런 제한을 가하지 않고 있어, 국정감사 또는 조사와 관련된 국회의원으로서의 권한이 침해될 가능성 또한 없다. 따라서 이 사건 권한쟁의심판청구는 청구인의 권한을 침해할 가능성이 없어 부적법하다.

(4) 각급 선거구관리위원회의 피청구인 지위 인정

중앙선거관리위원회는 헌재법에 당사자능력이 직접 명시되어 있다(헌재법 제62조 1항 1호). 각급 선거관리위원회도 헌법 제114조 제7항에 설치근거가 규정되어 있어서 당사자능력이 있다. 아래 결정이 그 점을 밝히고 있다. 사안은 지방선거의 실시비용 등을 당해 지방자치단체에게 부담시키고 있는바, 이는 지방자치단체의 자치재정권을 침해하는 것이므로 강남구선거관리위원회의 서울특별시 강남구에 대한 지방자치단체 선거관리경비 산출 통보행위가 무효라는 주장의 권한쟁의심판이었다. 헌재는 각급 선거관리위원회는 헌법적 근거가 있는 기관이고 헌법과 법률에 의하여 독자적인 권한을 부여받은 기관에 해당한다고 하여 피청구인으로서 지위를 인정하였다. 그러나 그 통보행위의 처분성을 부정하여 결국 강남구선거관리위원회에 대한 심판청구는 각하하였다.

판례 헌재 2008.6.26. 2005헌라7

[판시] 헌법재판소법 제62조는 권한쟁의심판청구의 당사자로 국가기관과 지방자치단체를 규정하고 있으므로 청구인 서울특별시 강남구가 피청구인 강남구선거관리위원회를 상대로 한 이 사건 권한쟁의 심판청구가 적법하려면 피청구인 강남구선거관리위원회가 이에 해당하여야 한다. 그런데 각급 선거관리위원회는 권한쟁의 심판청구의 당사자가 될 수 있는 지방자치단체에는 포함되지 않는다. 한편, 위에서 본 것처럼 헌법재판소는 헌법재판소법 제62조 제1항 제2호의 '정부'를 예시적인 것으로 보고 있으므로 위 규정에서 구체적으로 나열하고 있지 않은 기관이라 하더라도 지방자치단체의 자치권을 침해할 가능성이 있는 국가기관은 권한쟁의 심판청구의 피청구인으로서 당사자 능력이 인정된다고 할 것이다. 권한쟁의 심판에 있어서 당사자가 될 수 있는 국가기관이란 국가의사 형성에 참여하여 국법질서에 대하여 일정한 권한을 누리는 헌법상의 지위와 조직이라고 할 수 있다. 이러한 '국가기관'에 해당하는지 여부를 판별함에 있어서는, 그 국가기관이 헌법에 의하여 설치되고 헌법과 법률에 의하여 독자적인 권한을 부여받고 있는지 여부, 헌법에 의하여 설치된 국가기관 상호 간의 권한쟁의를 해결할 수 있는 적당한 기관이나 방법이 있는지 여부 등을 종합적으로 고려하여야 할 것이다(헌재 1997.7.16. 96헌라2, 판례집 9-2, 154, 163). 그런데 우리 헌법은 제114조 제1항에서 선거와 국민투표의 공정한 관리 및 정당에 관한 사무를 처리하기 위하여 선거관리위원회를 둔다고 하면서, 제2항에서 제5항까지 중앙선거관리위원회에 대해 규정하고 있는 외에 제6항(* 제7항의 오타로 보인다)에서 각급 선거관리위원회의 조직·직무범위 기타 필요한 사항은 법률로 정한다고 규정하여 각급 선거관리위원회의 헌법적 근거 규정을 마련하고 있다. 또한 헌법 제115조 제1항은 각급 선거관리위원회는 선거인명부의 작성 등 선거사무와 국민투표사무에 관하여 관계 행정기관에 필요한 지시를 할 수 있다고 규정하고 있으며, 제2항은 제1항의 지시를 받은 당해 행정기관은 이에 응하여야 한다고 규정하고, 제116조 제1항은 선거운동은 각급 선거관리위원회의 관리하에 법률이 정하는 범위 안에서 하되 균등한 기회가 보장되어야 한다고 규정하여 각급 선거관리위원회의 직무 등을 정하고 있다. 우리 헌법은 중앙선거관리위원회와 각급 선거관리위원회를 통치구조의 당위적인 기구로 전제하고, 각급 선거관리위원회의 조직, 직무범위 기타 필요한 사항을 법률로 정하도록 하고 있는 것이다. 그리고 위 헌법 규정에 따라 제정된 선거관리위원회법은 각각 9인 또는 7인의 위원으로 구성되는 네 종류의 선거관리위원회를 두고 있고, 공직선거법 제13조 제1항 제3호에 의하면, 이 사건 구·시·군 선거관리위원회는 지역선거구 국회의원 선거, 지역선거구 시·도의회의원 선거, 지역선거구 자치구·시·군 의회의원 선거, 비례대표선거구 자치구·시·군 의회의원 선거 및 자치구의 구청장·시장·군수 선거의 선거구선거사무를 담당한다. 그렇다면 중앙선거관리위원회 외에 각급 구·시·군 선거관리위원회도 헌법에 의하여 설치된 기관으로서 헌법과 법률에 의하여 독자적인 권한을 부여받은 기관에 해당하고, 따라서 피청구인 강남구선거관리위원회도 당사자 능력이 인정된다.

(5) 법률상 근거로 설치된 위원회에 대한 부정

역시 헌법상 기관이 아닌 법률로 설치된 위원회에 대해서는 당사자능력, 피청구인능력을 부정한다. ① 국가인권위원회도 당사자능력이 부정되었고(이에 대해서는 전술 당사자능력 부분 참조), ② 아래 원자력위원회도 그 예이다.

즉 원자력안전위원회는 '헌법이 아닌 법률('원자력안전위원회의 설치 및 운영에 관한 법률')에 설치 근거를 두고 있는 국가기관은 '헌법에 의하여 설치된 국가기관'에 해당하지 아니하여 권한쟁의심판의 당사자능력, 피청구인능력을 인정할 수 없다고 보고 따라서 가처분에서 피신청인 능력도 없다고 본다.

판례 헌재 2020.5.27. 2019헌사1121
[판시] 나아가 권한쟁의심판의 당사자가 될 수 있는 국가기관의 범위에 관해 위에서 본 기준에 비추어 볼 때, 헌법이 아닌 '원자력안전위원회의 설치 및 운영에 관한 법률'에 설치 근거를 두고 있는 국가기관인 피신청인은 '헌법에 의하여 설치된 국가기관'에 해당하지 아니하여 권한쟁의심판의 당사자능력을 인정할 수 없다. 따라서 이 사건 신청은 당사자능력이 없는 자를 상대로 제기된 것으로서 부적법하다.

제3절 권한쟁의심판의 청구요건

Ⅰ. 당사자능력, 당사자적격의 문제

1. 의미 - 청구요건의 하나로서 당사자능력

재판청구에서 당사자능력 내지 당사자적격의 문제도 청구요건 중의 하나이다. 당사자능력이란 재판을 청구하거나 청구받는 지위에 있을 수 있는 일반적인 능력을 말한다. 권한쟁의심판의 당사자능력, 당사자적격의 문제에 관해서는 앞서 제2절에서 이미 다룬 바 있다.

2. 용어의 문제 - 당사자능력=당사자적격?

헌재는 당사자능력과 당사자적격이란 말을 함께 쓰는 판시를 하여 혼란을 주기도 하였다. 위에서 서술한 대로 당사자능력이란 재판을 청구하거나 청구받는 지위에 있을 수 있는 일반적인 능력을 말한다. 반면 당사자적격이란 실제 어떤 사건으로 인해 권리 등이 침해받거나 받을 상태에 있어서 그 사안과 관련하여 재판을 청구할 자격이 있음을 의미하는 것이므로 일단 청구인능력이 있는 청구인이 그 다음으로 그 사건에서 문제되는 권한을 가질 것, 그 권한이 침해될 가능성, 그 침해를 가져오는 피청구인의 처분 등이 있을 것이 적격요건이다. 헌재의 이러한 혼용이 잘못이고 명확성을 기하여야 한다는 지적을 우리는 아래와 같이 지적하여 오고 있다. "헌재는 당사자'적격'이란 말을 쓰는데, 일반적으로 재판절차법상 '적격'이란 자신의 권리의 침해가 해당 사안에 관련하여 발생할 수 있을 가능성을 의미한다면 뒤에서 보는 또 다른 요건인 권한 침해성과 구별이 어려워 당사자적격의 문제를 별도로 볼 것인지에 의문이 있고 만약 그렇다면 당사자능력과의 구분이 앞으로 명확해져야 한다."(정재황, 신헌법입문, 제7판, 2017, 816면. 신헌법입문 이전에도 지적해왔지만 이후 계속 지적해왔고 2019년 판인 제10판, 2019, 854면에도 지적되어 있다).

이 지적 이후 헌재가 "청구인 및 피청구인은 지방자치단체들로서 권한쟁의심판의 당사자능력이 있고, 이 사건 신고수리 및 이 사건 부과처분으로 인해 제1쟁송해역에 대한 관할권한이 침해되었다고 주장하는 청구인에게는 청구인적격이 인정되며 … "라고 판시한 예들이 나오고 있다(헌재 2019.4.11. 2016헌라8 등, 판례집 31-1, 337면). 그런데 당사자능력과 당사자적격은 구별하는 것으로 보이나 '청구인적격'과 '권한침해가능성'을 별도로 따져 당사자적격과 권한침해가능성은 별개의 것으로 보게 하는 혼란을 주는 결정례가 있다. 즉 위 지적이 나오기 이전 결정으로 "청구인과 피청구인은 지방자치단체들로서 권한쟁의심판의 당사자능력이 있고, 이 사건 어업면허처분들로 인해 이 사건 쟁송해역에 대한 관할권한이 침해되었다고 주장하는 청구인에게는 청구인적격이, 이 사건 쟁송해역에 대한 관할권한이 자신에게 있으므로 위 어업면허처분들은 정당하다고 주장하는 피청구인에게는 피청구인적격이 각 인정된다"라고 판시한 것이 있으나(헌재 2015.7.30. 2010헌라2, 판례집 27-2상, 64면 이하) 그 판시는 '(1) 당사자적격'이란 제목으로 기재되어 있고 이어 '(2) 권한 침해의 가능성'을 또 판시하고 있어서 이러한 혼란을 주었다. 요컨대 당사자능력이란 해당 사건과 관련없이 일반적으로 권한쟁의심판을 청구할 수 있는 법적 주체가 되느냐 하는 문제로 그치고 당사자적격은 청구인의 침해되는 권한이 존재하느냐 그 권한침해의 가능성은 있느냐 하는 등등의 청구요건이 바로 그 해당 사건에서 갖추고 있는지를 따지는 문제로 일컫는 용어가 되어야 한다.

Ⅱ. 피청구인의 처분 또는 부작위의 존재

헌재법 제61조 제2항은 피청구인의 처분 또는 부작위가 헌법 또는 법률에 의하여 부여받은 청구인의 권한을 침해하였거나 침해할 현저한 위험이 있는 때에 한하여 권한쟁의심판을 할 수 있다고 규정하고 있다.

1. 이 요건의 의미

(1) 피청구인에 대한 요건

이 요건은 피청구인에 대해 요구되는 요건이다.

(2) 대상성 요건?

헌재는 어떠한 처분이나 부작위가 권한쟁의심판의 대상이라고 기재하면서도 [심판대상]에서는 그러한 처분이나 부작위가 "청구인들의 권한들을 침해하는지 여부이다"라고도 기재한다. 침해여부를 가리는 것이 종국적 소임이므로 심판대상이라고 할 것인데 문제의 처분이나 부작위를 두고 그 권한침해의 원인인지가 따져지는 것이기도 하므로 그래서 대상이라고 부르는 것으로 선해된다. 여기서는 그러한 이해 아래 그냥 처분 또는 부작위 요건으로 서술한다.

2. 처분

(1) 개념과 범위

1) 넓은 의미의 공권력처분

여기의 처분은 행정청의 행정행위로서의 처분만 해당되는 것은 아니고 행정처분의 개념보다 넓은 개념이다. 예컨대 법률안 변칙처리사건 결정례에서 법률안의 가결선포행위 등에 대하여 권한쟁의심판이 제기되고 본안판단이 된 바 있다(헌재 1997.7.16. 96헌라2, 국회의원과 국회의장 간의 권한쟁의, 판례집 9-2, 154면). 우리 헌법재판소 판례는 "헌법재판소법 제61조 제2항에 따라 권한쟁의심판을 청구하려면, 피청구인의 처분 또는 부작위가 존재하여야 한다. 여기서의 처분은 입법행위와 같은 법률의 제정과 관련된 권한의 존부 및 행사상의 다툼, 행정처분은 물론 행정입법과 같은 모든 행정작용 그리고 법원의 재판 및 사법행정작용 등을 포함하는 넓은 의미의 공권력처분을 의미하는 것으로 보아야 할 것이다"라고 한다(헌재 2006.5.25. 2005헌라4, 판례집 18-1하, 35면).

2) 청구인의 법적 지위에 구체적 영향

또한 청구인의 법적 지위에 구체적으로 영향을 미칠 가능성이 없는 행위, 즉 사전준비행위는 제외된다는 것이 판례의 입장이다. 즉 헌재는 "여기서 '처분'이란 법적 중요성을 지닌 것에 한하므로, 청구인의 법적 지위에 구체적으로 영향을 미칠 가능성이 없는 행위는 '처분'이라 할 수 없어 이를 대상으로 하는 권한쟁의심판청구는 허용되지 않는다"고 본다. 헌재는 피청구인의 행위가 법적 구속력 있는 것이 아니어서, 그로 말미암아 청구인들의 헌법상·법률상 보장된 권한들이 박탈되거나 권한행사에 제약을 받는 것이 아니며, 청구인들의 법적 지위가 구체적으로 영향을 받는 것도 아니어서 단지 간접적, 사실적인 영향력만을 지닐 뿐이면 헌재법 제61조 제2항에 규정된 '처분'이 아니라고 한다.

판례 헌재 2006.3.30. 2005헌라1

[판시] 헌재법 제62조 제2항의 '처분'이란 법적 중요성을 지닌 것에 한하므로, 청구인의 법적 지위에 구체적으로 영향을 미칠 가능성이 없는 행위는 '처분'이라 할 수 없어 이를 대상으로 하는 권한쟁의심판청구는 허용되지 않는다. 이 사건에서 문제되는 피청구인(행정자치부장관)의 행위는 어느 것이나 모두 법적 구속력 있는 것이 아니어서, 그로 말미암아 청구인들의 헌법상·법률상 보장된 권한들이 박탈되거나 권한행사에 제약을 받는 것이 아니며, 청구인들의 법적 지위가 구체적으로 영향을 받는 것도 아니다. 시정명령이나 취소·정지 등 권력적·규제적인 지방자치법상의 후속조치가 행사되지 않은 이상 피청구인의 위 행위들은 단지 간접적, 사실적인 영향력만을 지닐 뿐이다. 그렇다면 피청구인의 위 행위들은 헌법재판소법 제61조 제2항에 규정된 '처분'이라 할 수 없어 권한쟁의심판의 독자적 심판대상이 될 수 없다. * 사안은 행정안전부장관의 기초자치단체에 대한 복무조례의 표준안 제시 등에 대한 것이었는데 이 결정의 [결정요지]는 아래의 부정된 예에 인용된 것 참조. * 청구인의 법적 지위에 구체적 영향이라는 법리를 마찬가지로 밝히고 있는 동지 결정 : 헌재 2018.7.26. 2015헌라4. 아래 인용 참조.

3) 법적으로 문제되는 사실행위나 내부적 행위

헌재는 권한쟁의심판의 대상이 되는 처분에는 청구인의 권한에 부정적인 영향을 주어서 법적으로 문제되는 경우에는 사실행위나 내부적인 행위도 포함된다고 본다(헌재 2006.3.30. 2003헌라2).

(2) 긍정된 예

위 기준에 따라 처분성이 긍정되는 작용들을 구분하면 될 것이므로 특별히 긍정례들을 들자면 그 예도 많은데 아래와 같은 예들은 주목할 만한 것이거나 법리적용의 예로서 보기 위해 인용한다.

① **국회의원 상임위 강제적 사보임행위** – 헌재심사 불가의 국회내부 자율 문제성 부정

판례 헌재 2003.10.30. 2002헌라1

[판시] 국회는 국민의 대표기관이자 입법기관으로서 폭넓은 자율권을 가지고 있다. 그러나 이 사건은 국회의장인 피청구인이 국회의원인 청구인의 헌법 및 법률상 보장된 법률안 심의·표결권을 침해하였다는 이유로 권한쟁의심판이 청구된 사건이므로, 피청구인의 이 사건 사·보임행위는 헌법재판소가 심사할 수 없는 국회내부의 자율에 관한 문제라고 할 수 없다(헌재 1997.7.16. 96헌라2, 판례집 9-2, 154, 165 참조). 한편, 이 사건에서 피청구인은 2001.12.24. 한나라당 교섭단체대표의원이 요청한, 같은 한나라당 의원으로서 국회 보건복지위원회 소속이던 청구인과 환경노동위원회 소속이던 위 박○○을 서로 맞바꾸는 내용의 상임위원회 위원 사·보임 요청서에 결재를 하였고, 이는 법 제48조 제1항에 규정된 바와 같이 교섭단체대표의원의 요청에 따른 상임위원 개선행위이다. 위와 같은 피청구인의 개선행위에 따라 청구인은 같은 날부터 보건복지위원회에서 사임되고, 위 박○○ 의원이 동 위원회에 보임되었다. 따라서, 청구인의 상임위원 신분의 변경을 가져온 피청구인의 이 사건 사·보임 결재행위는 권한쟁의심판의 대상이 되는 처분이라고 할 것이다.

② **감사원 감사** – 강남구 등 전국 250개 지방자치단체를 대상으로 "예산집행실태 등에 대한 일제점검을 실시할 예정"이라고 밝힌 후, 2005.6.13.부터 2005.8.30.까지 청구인들을 상대로 감사를 실시하였고, 감사결과 일부 지방공무원에 대하여 주의처분을 내리고 검찰수사를 요청하거나 고발, 징계를 요구하였는데 강남구 등이 위 감사는 자치사무에 대한 합목적성 감사까지 포함한 것으로 청구인들의 헌법 및 지방자치법에 의하여 부여된 지방자치권의 본질적 내용을 침해하였다고 주장하며 청구인들의 자치사무에 대한 피청구인의 감사권의 존부 또는 범위 확인을 구하는 권한쟁의심판을 청구하였다. 여기서 감사가 처분성을 가지는가에 대해 헌재는 이 사건 감사는 청구인들의 법적 지위에 구체적으로 영향을 미칠 가능성이 있는 법적 중요성 있는 행위라고 보이므로 처분에 해당한다고 판시하였고 본안판단에 들어갔다. 기각결정이 되었다.

판례 헌재 2008.5.29. 2005헌라3

[판시] 피청구인은 이 사건 감사가 처분에 해당하지 아니하여 권한쟁의심판의 청구대상적격을 갖추지 못하였다고 주장하나, 이 사건 감사는 청구인들의 법적 지위에 구체적으로 영향을 미칠 가능성이 있는

법적 중요성 있는 행위라고 보이므로 권한쟁의심판의 대상이 되는 처분에 해당한다.

(3) 부정된 예

① **정부의 법률안제출행위** – 법률안을 받아들일지 여부는 전적으로 헌법상 입법권을 독점하고 있는 의회의 권한이므로 정부가 법률안을 제출하는 행위는 입법을 위한 하나의 사전 준비행위에 불과하고, 권한쟁의심판의 독자적 대상이 되기 위한 법적 중요성을 지닌 행위로 볼 수 없고 청구인의 법적 지위에 구체적으로 영향을 미칠 가능성이 없다고 하여 정부의 법률안제출행위에 대해 '처분'성을 부정한다. 사안은 지방자치단체의 의무교육경비 부담을 늘리려고 하는 지방교육재정교부금법중개정법률안을 정부가 제출한 데 대해 권한쟁의심판이 청구된 것인데 정부에 대한 청구는 이처럼 처분성 결여로 각하결정을 했고, 국회의 법률제정행위에 대한 청구는 의무교육의 성질상 중앙정부로서의 국가가 모든 비용을 부담하여야 하는 것도 아니고 교육 및 지방자치에 관한 헌법규정에 위반되는 점이 없으므로 그로 인한 청구인의 권한침해는 인정되지 않는다고 하여 기각한 결정이었다.

판례 헌재 2005.12.22. 2004헌라3, 판례집 17-2, 658면

[결정요지] 헌재법 제62조 제2항의 '처분'이란 법적 중요성을 지닌 것에 한하므로, 청구인의 법적 지위에 구체적으로 영향을 미칠 가능성이 없는 행위는 '처분'이라 할 수 없어 이를 대상으로 하는 권한쟁의 심판청구는 허용되지 않는다. 정부가 법률안을 제출하였다 하더라도 그것이 법률로 성립되기 위해서는 국회의 많은 절차를 거쳐야 하고, 법률안을 받아들일지 여부는 전적으로 헌법상 입법권을 독점하고 있는 의회의 권한이다. 따라서 정부가 법률안을 제출하는 행위는 입법을 위한 하나의 사전 준비행위에 불과하고, 권한쟁의심판의 독자적 대상이 되기 위한 법적 중요성을 지닌 행위로 볼 수 없다. 그렇다면 피청구인 정부가 2004.11.12. 자치법안과 교부금법안을 제250회 국회(정기회)에 제출한 행위를 다투는 심판청구 부분은 부적법하다.

② **국회의 '법률' 자체, 시행령 등 행정입법 자체**(자체는 부정되고 제정 · 개정행위가 대상임) – 헌재는 "법률에 대한 권한쟁의심판은 '법률' 그 자체가 아니라 '법률의 제 · 개정행위'를 그 심판대상으로 해야 할 것"이라고 한다(헌재 2005.12.22. 2004헌라3; 2006.5.25. 2005헌라4; 2010.6.24. 2005헌라9 등; 2016.5.26. 2015헌라1 등 참조). 그 이유로 "법률에 대한 권한쟁의심판도 허용된다고 봄이 일반적이다. 다만 권한쟁의심판과 위헌법률심판은 원칙적으로 구분되어야 한다는 점에서, 법률에 대한 권한쟁의심판은 '법률 그 자체'가 아니라, '법률의 제정행위'를 그 심판대상으로 해야 할 것"이라고 한다(헌재 2006.5.25. 2005헌라4. 이 결정은 구 종합부동산세법(2005.1.5. 법률 제7328호로 제정되고, 2005.12.31. 법률 제7836호로 개정되기 전의 것)에 대해 강남구 등이 자치재정권 침해라고 하여 청구한 권한쟁의심판결정인데 동법의 제정행위가 처분성은 가진다고 보았으나 청구기간을 도과하여 각하로 결정된 것임).

행정입법도 대상이 되나 시행령, 시행규칙과 같은 법령 자체가 아니라 이를 제정, 개정하는 행위이다.

판례 헌재 2010.6.24. 2005헌라9등

[판시] 피청구인 대통령이 항만법 시행령(1998.2.24. 대통령령 제15677호로 개정된 것) 제2조 [별표 1] 지정항만의 명칭·위치 및 구역(제2조 관련) 중 부산항의 위치 및 해상구역 부분(이하 '이 사건 시행령 부분'이라 한다)을 개정한 행위는 행정입법으로서 헌법재판소법 제61조 제2항의 처분에 해당하고, 따라서 권한쟁의심판의 대상이 될 수 있다. * 그러나 항만지정사항은 국가사무라는 이유로 권한침해가능성이 없어 결국 각하결정이 되었다.

③ **국무총리 소속 사회보장위원회가 '지방자치단체 유사·중복 사회보장사업 정비 추진방안'을 의결한 행위 등 – 내부 행위, 업무협조 요청 취지의 통보행위** – 국무총리 소속 사회보장위원회가 '지방자치단체 유사·중복 사회보장사업 정비 추진방안'을 의결한 행위는 내부 행위로 대외적 효력이 없어 처분성이 부정되었고 보건복지부장관이 광역지방자치단체의 장에게 '지방자치단체 유사·중복 사회보장사업 정비지침'에 따라 정비를 추진하고 정비계획(실적) 등을 제출해주기 바란다는 취지의 통보를 한 행위도 업무협조 요청에 불과하여 헌법상·법률상 보장된 지방자치단체 권한들이 박탈되거나 권한행사에 제약을 준다고 할 수 없어 처분성이 부정되어 나온 아래의 각하결정이 있었다.

판례 헌재 2018.7.26. 2015헌라4

[결정요지] 가. 이 사건 의결행위는 보건복지부장관이 광역지방자치단체의 장에게 통보한 '지방자치단체 유사·중복 사회보장사업 정비지침'의 근거가 되는 '지방자치단체 유사·중복 사회보장사업 정비 추진방안'을 사회보장위원회가 내부적으로 의결한 행위에 불과하므로, 이 사건 의결행위가 청구인들의 법적 지위에 직접 영향을 미친다고 보기 어렵다. 따라서 이 사건 의결행위는 권한쟁의심판의 대상이 되는 '처분'이라고 볼 수 없으므로, 이 부분 심판청구는 부적법하다. 나. 위 정비지침은 각 지방자치단체가 자율적으로 사회보장사업을 정비·개선하도록 한 것이고, 이 사건 통보행위상 정비계획 제출은 각 지방자치단체가 정비가 필요하고 가능하다고 판단한 사업에 대하여만 정비계획 및 결과를 제출하라는 의미이며, 실제로 각 지방자치단체들은 자율적으로 사회보장사업의 정비를 추진하였다. 이 사건 통보행위를 강제하기 위한 권력적·규제적인 후속조치가 예정되어 있지 않고, 이 사건 통보행위에 따르지 않은 지방자치단체에 대하여 이를 강제하거나 불이익을 준 사례도 없다. 따라서 이 사건 통보행위는 권한쟁의심판의 대상이 되는 '처분'이라고 볼 수 없으므로, 이 부분 심판청구는 부적법하다.

④ **업무연락 또는 단순한 견해의 표명 등, 이에 해당하는 통보행위 등**

㉠ 행정안전부장관의 기초자치단체에 대한 복무조례의 표준안 제시 등

판례 헌재 2006.3.30. 2005헌라1

[결정요지] 이 사건에서 문제되는 피청구인(행정자치부장관)의 행위는 어느 것이나 위와 같은 의미의 '처분'에 해당하지 않는다. 피청구인이 '행정부시장·부지사 회의'를 개최하여 행정자치부에서 작성한 표준안대로 복무조례를 개정할 것을 요청한 것은 각 지방자치단체가 참고할 수 있도록 표준안을 제시한 것에 불과하여 단순한 업무협조 요청에 불과하다. 「전공노 총파업관련징계업무처리지침」 및 「전공노 대책 관련 긴급 지시」를 통보한 것도 상호 협력의 차원에서 조언·권고한 것이거나 단순히 '업무연락'을 한 것이지, 청구인들을 법적으로 규제하는 강제적·명령적 조치를 취한 것이라 보기 어렵다. 기자

회견을 통해 '총파업가담자에 대한 처벌'과 '정부의 방침에 소극적으로 대처하는 지방자치단체에 대하여 특별교부세 지원중단 등의 행정적·재정적 불이익 조치를 취할 것'이라는 것을 주된 내용으로 하는 담화문을 발표한 것 또한 단지 파업의 대응방침을 천명한 것으로 단순한 견해의 표명에 지나지 않는다. 피청구인의 이러한 행위들은 모두 법적 구속력 있는 것이 아니어서, 그로 말미암아 청구인들의 헌법상·법률상 보장된 권한들이 박탈되거나 권한행사에 제약을 받는 것이 아니며, 청구인들의 법적 지위가 구체적으로 영향을 받는 것도 아니다. 시정명령이나 취소·정지 등 권력적·규제적인 지방자치법상의 후속조치가 행사되지 않은 이상 피청구인의 위 행위들은 단지 간접적, 사실적인 영향력만을 지닐 뿐이다. 그렇다면 피청구인의 위 행위들은 헌법재판소법 제61조 제2항에 규정된 '처분'이라 할 수 없어 권한쟁의심판의 독자적 심판대상이 될 수 없다 할 것이므로, 이를 대상으로 한 청구인들의 권한쟁의심판은 모두 부적법하다.

㉡ 보건복지부장관이 광역지방자치단체의 장에게 '지방자치단체 유사·중복 사회보장사업 정비지침'에 따라 정비를 추진하고 정비계획(실적) 등을 제출해주기 바란다는 취지의 통보를 한 행위도 업무협조 요청에 불과하여 헌법상·법률상 보장된 지방자치단체 권한들이 박탈되거나 권한행사에 제약을 준다고 할 수 없어 처분성이 부정되어 나온 각하결정이 있었다(헌재 2018.7.26. 2015헌라4).

㉢ 구선거관리위원회의 지방선거 소요 예상 비용 통보행위 – 헌재는 공직선거법 제277조 제2항에 따라 지방선거를 원활하게 치르도록 하기 위해 지방의회가 다음해 예산을 편성할 때 지방선거에 소요되는 비용을 산입할 수 있도록 예상되는 비용을 미리 통보한 행위가 권한쟁의심판청구의 대상이 되는 처분이 아니라고 보았다. 강남구의 선거비용 부담은 공직선거법에서 그렇게 정하고 있기 때문에 발생하는 것이지 피청구인 강남구선거관리위원회가 이 사건 통보행위를 하였기 때문에 새롭게 발생한 것은 아니고 그 통보행위는 미래에 발생할 선거비용을 다음 연도 예산에 반영하도록 하기 위해 미리 안내한 것에 불과하며, 법적 구속력이 없어서 청구인 서울특별시 강남구의 법적 지위에 어떤 변화도 가져오지 않아 권한쟁의심판의 대상이 되는 처분이 아니고, 청구인 강남구의 지방재정권을 침해하거나 침해할 가능성도 없다고 보아 이 부분 청구에 대해서는 각하결정을 하였다.

판례 헌재 2008.6.26. 2005헌라7

[판시] 피청구인 강남구선거관리위원회의 통보행위 – 위에서 살펴본 바와 같이 권한쟁의심판청구의 대상이 되는 '처분'에 해당하려면 처분이라고 주장된 행위가 청구인의 법적 지위에 구체적으로 영향을 미칠 가능성이 있는 것이어야 한다. 그런데 위에서 살펴본 바와 같이 피청구인 강남구선거관리위원회는 공직선거법 제277조 제2항에 따라 2006년 지방선거를 앞두고 지방선거를 원활하게 치르도록 하기 위해 강남구의회가 다음해 예산을 편성할 때 지방선거에 소요되는 비용을 산입할 수 있도록 예상되는 비용을 미리 통보하였다. 이러한 통보행위가 권한쟁의심판청구의 대상이 되는 처분에 해당하기 위해서는 이것이 청구인 서울특별시 강남구에 새로운 의무를 부과한다거나 법적 지위에 어떤 변화를 초래하여야 한다. 그런데 청구인 서울특별시 강남구의 선거비용 부담은 공직선거법에서 그렇게 정하고 있기 때문에 발생하는 것이지 피청구인 강남구선거관리위원회가 이 사건 통보행위를 하였기 때문에 새롭게 발생한 것은 아니다. 또한 피청구인 강남구선거관리위원회의 선거비용 통보행위는 미래에 발생할 선거비용을

다음 연도 예산에 반영하도록 하기 위해 미리 안내한 것에 불과하며, 이 통보행위 자체만으로 청구인 서울특별시 강남구가 2006년 예산편성 권한을 행사하는데 법적 구속을 받게 된 것은 아니다. 따라서 청구인 서울특별시 강남구의 법적 지위에 어떤 변화도 가져오지 않는 피청구인 강남구선거관리위원회의 이 사건 통보행위는 권한쟁의 심판의 대상이 되는 처분에 해당한다고 볼 수 없고, 청구인 서울특별시 강남구의 지방재정권을 침해하거나 침해할 가능성도 없다.

⑤ **사실행위** - 요건을 갖춘 신고인지 여부만 확인하는 사실행위 - 헌재는 부안군(피청구인)이 정부의 서남해 해상에 해상풍력발전단지 종합추진계획에 따라 (주)○○이 설립되었고 산업통상자원부장관의 전원개발사업 실시계획 승인 고시에 따라 해상풍력발전기의 위치를 포함하는 해역에 관한 위 (주)○○의 2016.3.4.자 공유수면 점용·사용 신고를 수리하였는데 고양군(청구인)은 피청구인의 이 신고수리가 자신의 관할구역에 대해 이루어진 것이므로 무효라고 주장하면서 청구한 권한쟁의심판에서 이러한 확인 성격의 사실행위에 대한 처분성을 부정하였다.

판례 헌재 2019.4.11. 2016헌라8등

[판시] 공유수면 점용·사용 허가는 산업통상자원부장관이 발전소의 위치를 피청구인의 관할구역으로 보아 이 사건 사업실시계획을 승인함에 따라 그 법적 효과가 발생한 것이고, (주)○○이 산업통상자원부장관의 이 사건 사업실시계획의 실행을 위해 피청구인에게 공유수면 점용·사용 신고를 한 것은 이 사건 사업실시계획 승인 절차에서 이미 점용·사용 허가가 의제된 공유수면의 점용·사용을 위해 형식적으로 해당 관리청에 그에 관한 신고를 한 것에 불과하다고 봄이 상당하다. 따라서 피청구인의 이 사건 신고수리는 형식적 요건을 갖춘 신고인지 여부만 확인하는 사실행위에 불과하므로, 권한쟁의심판의 대상이 되는 '처분'에 해당한다고 볼 수 없다.

(4) 장래의 처분

1) 원칙적 부정, 예외적 인정

헌재는 "피청구인의 장래처분에 의해서 청구인의 권한침해가 예상되는 경우에도 청구인은 원칙적으로 이러한 장래처분이 행사되기를 기다린 이후에 이에 대한 권한쟁의심판청구를 통해서 침해된 권한의 구제를 받을 수 있으므로" 장래처분을 대상으로 하는 심판청구는 원칙적으로 허용되지 아니한다고 본다.

그러나 헌재는 다음과 같은 예외적 요건이 충족되면 장래처분이라도 대상성을 인정한다. 헌재는 그 인정이유로 "왜냐하면 권한의 존부와 범위에 대한 다툼이 이미 발생한 경우에는 피청구인의 장래처분이 내려지기를 기다렸다가 권한쟁의심판을 청구하게 하는 것보다는 사전에 권한쟁의심판을 청구하여 권한쟁의심판을 통하여 권한다툼을 사전에 해결하는 것이 권한쟁의심판제도의 목적에 더 부합되기 때문이다"라고 한다(헌재 2010.6.24. 2005헌라9 등, 판례집 22-1하, 398면).

2) 예외인정요건

피청구인의 장래처분에 대해서도 아래 2요건을 갖춘 경우에는 청구할 수 있다고 본다(헌재 2004.9.23. 2000헌라2, 판례집 16-2상, 404, 420-421면; 2009.7.30. 2005헌라2, 판례집 21-2상, 116, 136-137면; 2010.6.24. 2005헌라9등, 판례집 22-1하, 398, 399면; 2011.9.29. 2009헌라5 등 참조).

요건 : ① 피청구인의 장래처분이 확실하게 예정되어 있고, ② 피청구인의 장래처분에 의해서 청구인의 권한이 침해될 위험성이 있어서 청구인의 권한을 사전에 보호해 주어야 할 필요성이 매우 큰 예외적인 경우

3) 인정례

장래처분의 대상성을 인정한 예를 아래에 하나 보는데 사안은 계쟁지역에 대해서 피청구인이 재산세 부과 등 장래처분을 통해 관할권을 행사할 것이 확실히 예상되고, 그러한 장래처분에 의하여 이 사건 계쟁지역에 대한 청구인의 자치권한이 침해될 명백한 위험성이 존재한다고 주장하는 청구인이 심판청구를 한 사건이다.

판례 헌재 2019.4.11. 2015헌라2, 경상남도 사천시와 경상남도 고성군 간의 권한쟁의, 판례집 31-1, 283-284면
[판시] 피청구인은 이 사건 쟁송매립지 중 제1회사장 토지가 피청구인의 관할로 지적등록된 1984년 무렵부터 현재에 이르기까지 매년 재산세 등 지방세를 부과하고 있고, 별다른 사정이 없는 한 앞으로도 위 토지에 대한 지방세 부과 처분의 권한을 행사할 가능성이 높다. 따라서 이 사건에서 청구인이 이 사건 쟁송매립지에 대한 헌법상 및 법률상 자치권한을 가지고 있다고 인정할 가능성이 있다면 앞으로 피청구인이 행사할 장래처분으로 인해 이 사건 쟁송매립지에 대한 청구인의 자치권한이 침해될 현저한 위험성이 존재한다고 할 수 있다. * 본안판단결과 관할권한이 청구인(사천시)에게 귀속되지 않는다고 보아 기각결정을 함. * 장래처분 대상성 인정의 동지 결정례 : 2011.9.29. 2009헌라3, 인천광역시 중구와 인천광역시 등 간의 권한쟁의; 2011.9.29. 2009헌라4, 인천광역시 남구와 인천광역시 연수구 등 간의 권한쟁의; 2011.9.29. 2009헌라5, 인천광역시 남동구와 인천광역시 연수구 등 간의 권한쟁의, 2021.2.25. 2015헌라7, 경상남도와 전라남도 사이의 해상경계 획정에 관한 권한쟁의 등.

3. 부작위

(1) 부작위의 경우에서의 요건 - 작위의무의 전제

헌법재판소는 부작위(不作爲)의 경우에는 일정한 요건을 설정하고 있다. 즉, 아래의 결정에서 보듯이 "피청구인의 부작위에 의하여 청구인의 권한이 침해당하였다고 주장하는 권한쟁의 심판은 피청구인에게 헌법상 또는 법률상 유래하는 작위의무가 있음에도 불구하고 피청구인이 그러한 의무를 다하지 아니한 경우에 허용된다"고 하여 그 요건에 작위의무의 존재를 전제요건으로 하고 있다.

(2) 작위의무 없어 각하된 결정례

① **국무총리 임명동의안에 대한 개표절차 진행, 표결 결과를 선포하지 아니한 부작위** - 국회의장이 본회의에서 국무총리 임명동의안에 대한 국회의원들의 투표에 관하여 개표절차를 진행하여 표결 결과를 선포하지 아니한 부작위에 의하여 그들의 표결 권한을 침해하였는지 여부가 문제된 사건에서 헌재는 그런 작위의무가 국회의장에게 없다고 하여 각하하였다.

판례 국회의장과 국회의원간의 권한쟁의, 헌재 1998.7.14. 98헌라3

[결정요지] 이 사건의 경우 심판의 대상은 피청구인(국회의장)이 이 사건 본회의에서 국무총리 임명동의안에 대한 국회의원들의 투표에 관하여 개표절차를 진행하여 표결 결과를 선포하지 아니한 부작위에 의하여 청구인들의 표결 권한을 침해하였는지 여부이므로, 피청구인에게 과연 위와 같이 개표절차를 진행하여 표결결과를 선포하여야 할 작위의무가 있는지 살펴본다. 개표절차를 진행하고 표결결과를 선포하여야 할 국회의장의 의무는 표결이 정상적으로 종결되었을 것을 전제로 한다. 표결이 표결방법에 관한 국회법의 규정에 명백히 위반하여 불법적으로 진행되었거나 기타 표결이 정상적으로 종결된 것이라고 볼 수 없는 경우에도 국회의장에게 위와 같은 의무가 인정된다고는 볼 수 없다. 임명동의안에 대한 투표절차의 적법여부 등에 관하여 국회법에 분명한 규정이 없어 논란의 여지가 많으므로 그 투표절차를 둘러싼 여러 문제를 어떻게 처리할 것인지는 국회의 자율권의 범위 내에 속하는 문제라 할 것이고, 따라서 대립당사자인 여·야의 타협과 절충을 통하여 자율적으로 해결할 수 있었다. 그러나 이를 위하여 열린 3당 총무회담마저 위에서 본 바와 같이 결렬되고 말았다. 이러한 사정 하에서라면 이 사건 투표절차에 관한 최종적 판단권은 결국 국회의 대표자로서 의사진행에 관한 전반적이고 포괄적인 권한과 책임이 부여된 국회의장, 즉 피청구인에게 유보되어 있다고 하여야 한다(국회법 제76조 제2항 참조). 피청구인으로서는 이미 행해진 투표의 효력을 어떻게 볼 것인지, 투표가 중단된 것으로 볼 것인지, 그렇지 않고 투표가 종결된 것으로 보아 개표절차를 진행할 것인지, 재투표를 실시할 것인지, 아니면 이러한 판단 일체를 미루고 계속 여·야간의 대화와 타협을 촉구할 것인지 등 가능한 여러 방안에 대한 선택권을 가진다. 피청구인에게 인정되는 이러한 자율적 의사진행권한은 넓게 보아 국회의 자율권의 일종이고, 피청구인이 이처럼 논란의 여지가 많은 사실관계 하에서 개표절차를 진행하여 표결 결과를 선포하지 아니하였다 하여 그것이 헌법이나 법률에 명백히 위배되는 행위라고는 인정되지 않으므로 다른 국가기관은 이를 존중하여야 한다. 따라서 이 사건 본회의의 투표가 정상적으로 종결되었는지에 관하여 헌법재판소가 독자적으로 판단하는 것은 바람직하지 않고, 그 결과 피청구인에게 개표절차를 진행하여 표결 결과를 선포할 의무가 있음을 인정할 수도 없다. 이를 인정한다면 헌법재판소의 법적 판단으로 피청구인의 자율적 판단을 배척하는 것이 되어 국회의 자율권을 존중하지 않는 것이 되기 때문이다. 그렇다면 피청구인에게 임명동의안에 대한 투표에 관하여 개표절차를 진행하여 표결 결과를 선포하여야 할 작위의무가 있다고 할 수 없고, 그러한 작위의무가 인정되지 않는 이상 피청구인의 부작위에 의한 권한침해를 다투는 권한쟁의심판은 허용되지 않으므로 이 사건 심판청구는 부적법하여 각하하기로 결정한다.

② **국회 상임위 질서유지조치를 취할 국회의장의 구체적 작위의무 부인** – 국회 외교통상통일위원회 위원장이 동 위원회 회의실 출입문을 폐쇄한 상태로 동 위원회 전체회의를 개의하여 '대한민국과 미합중국 간의 자유무역협정' 비준동의안을 상정한 행위 및 위 비준동의안을 법안심사소위원회로 회부한 행위에 대해 국회의원들이 심의권침해라는 주장의 권한쟁의심판을 청구하였는데 이 청구에서 국회의장도 이 사건 당일 폭력사태에 대응하여 상임위원회 회의의 원만한 진행을 위한 질서유지조치를 취하지 아니한 부작위로 청구인들의 권한을 침해하였으므로, 국회의장도 피청구인적격이 있다고 주장하였다. 헌재는 구체적 작위의무가 없다고 보아 피청구인적격을 부정하고 그 부분 청구를 각하하였다.

판례 헌재 2010.12.28. 2008헌라7등

[판시] 사건 당일 오전의 외통위 폭력사태는 급작스럽게 벌어진 상황으로서, 당시 피청구인 외통위 위원장이나 청구인들, 혹은 다른 외통위 위원들이 국회의장에게 사태를 고지하며 국회의장의 질서유지조치

를 요청하였다거나, 그 밖에 국회의장이 사태를 인식하고 그에 대처하여 외통위 차원을 넘어 국회 차원의 특별한 질서유지조치를 취할 것이 요구되는 상황이었다고는 인정하기 어렵다. 그러므로, 이 사건 당시 국회의장에게 특별한 질서유지조치를 하여야 할 구체적 작위의무가 있었다는 것을 전제로 하여 국회의장의 피청구인적격이 있다는 주장은 받아들일 수 없다.

③ **침해확인된 법률안 심의·표결권을 회복할 수 있는 조치를 국회의장이 취하지 아니하는 부작위에 대한 국회의원의 권한쟁의심판 청구** – 헌재는 이른바 변칙처리가 국회의원의 법률안 심의·표결권을 침해한 것임을 확인하는 결정을 몇 건 하였다. 그런데 이 권한침해를 인정하는 경우에도 문제의 그 법률안의 가결선포행위를 무효로 선언하지 않는 입장을 줄곧 유지하여 왔다. 그리하여 침해확인된 법률안 심의·표결권을 회복할 수 있는 조치를 국회의장이 취하지 아니하는 부작위가 다시 국회의원의 심의·표결권을 침해한다는 주장의 권한쟁의심판이 청구된 예가 있다. 그러나 헌재는 작위의무가 없다고 하여 기각결정하였다.

판례 헌재 2010.11.25. 2009헌라12. * 이 결정에 대해서는 뒤의 권한침해인정결정의 기속력 부분 참조.

④ **국가위임사무의 부작위 경우** – 부작위에 대한 권한쟁의심판을 청구한 사건에서 그 부작위상태에 있는 사무가 국가사무로서 도지사에게 위임된 기관위임사무란 이유로 각하되어 실질적으로 의무가 없는 것과 같은 효과의 결론이 난 결정례이다. 사안은 피청구인 인천광역시장이 이 사건 계쟁지역에 대하여 '인천광역시 연수구 송도동' 지번으로 2009.1.22. 신규 등록한 토지대장을 말소하지 아니한 부작위에 대한 것이었다(헌재 2011.9.29. 2009헌라5. 이 결정에 대한 자세한 요지는 뒤의 침해되는 권한의 존재 요건 중 국가사무 부분 참조).

(3) 작위의무가 없다고 보면서도 기각결정을 한 예

이러한 예로서 다음과 같은 사안이 있었다. 서울특별시의회의 학생인권 조례안 의결에 대한 서울특별시교육감 권한대행의 재의요구, 업무복귀한 서울특별시교육감의 재의요구 철회, 이 철회 직후 교육부장관의 서울특별시교육감에 대한 재의요구 요청이 있었으나 서울특별시교육감이 그 재의요구 요청을 따르지 아니하고, 그 조례를 공포하였다. 교육부장관은 이렇게 따르지 아니한 부작위, 위 조례 공포 행위가 교육·학예에 관한 시·도의회 의결에 대한 자신의 재의요구 요청 권한을 침해하였다고 주장하며 권한쟁의심판을 청구하였다. 이 사건에서 헌재는 교육감의 재의요구 권한과 청구인의 재의요구 요청 권한은 중복하여 행사될 수 있는 별개의 독립된 권한이라고 보고, 교육부장관이 교육감이 재의요구를 할 수 있는 기간 내(의회로부터 의결사항을 이송받은 날부터 20일 이내)에만 교육감에게 재의요구 요청을 할 수 있고 이 기간이 지난 후의 요청에 재의요구를 하여야 할 헌법이나 법률상의 작위의무가 교육감에게 없다고 보았다. 작위의무없다고 판단했으면서 기각결정을 한 것이다.

판례 헌재 2013.9.26. 2012헌라1

[결정요지] 청구인의 재의요구 요청에도 불구하고 피청구인이 조례를 공포한 행위에 대한 청구 부분 – '지방교육자치에 관한 법률' 제28조 제1항은 제1문에서 교육감의 재의요구 권한의 행사기간을 '시·도의회의 의결사항을 이송받은 날부터 20일 이내'로 규정하고 있다. 그런데 그 제2문에서는 별도의 요건을 규정하지 아니하고, 청구인의 재의요구 요청 권한의 행사에 관하여만 규정하고 있다. 교육감이 재의요구를 할 수 없다면 교육감에 대한 청구인의 재의요구 요청도 무의미하므로, 청구인도 교육감이 재의요구를 할 수 있는 기간 내에만 교육감에게 재의요구 요청을 할 수 있다고 해석하여야 한다. 이 사건에서 서울특별시교육감 권한대행이 이 사건 조례안을 2011.12.20. 서울특별시의회로부터 이송받았으므로, 청구인은 그로부터 20일 이내인 2012.1.9.까지 서울특별시교육감 권한대행에게 재의요구를 요청할 수 있었다. 서울특별시교육감 권한대행이 재의요구를 하였다고 하여, 청구인이 자신의 독립된 권한인 재의요구 요청을 하지 못할 법률상 장애가 있다고 볼 수 없다. 별개의 권한에 근거한 서울특별시교육감의 재의요구와 철회가 청구인이 재의요구 요청 권한을 행사할 수 있는 기간의 진행을 중단시킨다고 볼 수 없는 것이다. 그렇다면 청구인이 권한행사기간이 지난 뒤인 2012.1.20. 서울특별시교육감에게 이 사건 조례안에 대한 재의요구를 요청한 것은 이미 소멸한 권한을 행사한 것으로 부적법하다. 따라서 그 요청에 따라 서울특별시교육감이 이 사건 조례안에 대하여 재의요구를 하여야 할 헌법이나 법률상의 작위의무가 있다고 볼 수 없다. 그러므로 "피청구인이 2012.1.20. 청구인으로부터 이 사건 조례안에 대한 재의요구 요청을 받고도 서울특별시의회에 재의요구를 하지 아니한 부작위" 및 "피청구인이 2012.1.26. 이 사건 조례안을 공포한 행위"가 헌법과 '지방교육자치에 관한 법률'에 따른 청구인의 재의요구 요청 권한을 침해하였거나 침해할 현저한 위험이 있다고 볼 수 없다. [결론] 그렇다면 청구인의 이 사건 심판청구는 모두 이유 없으므로, 관여 재판관 전원의 일치된 의견으로 주문과 같이 기각결정한다. * 이 결정에 대한 더 자세한 것은 뒤의 지방교육자치, 교육감과 지방의회와의 관계 부분 참조.

Ⅲ. 권한의 존부 또는 범위에 관한 다툼의 존재

1. 의미와 검토

(1) 의미

권한의 존부 및 범위 자체에 관한 청구인과 피청구인 사이의 다툼이 있어야만 권한쟁의심판이 적법하게 제기된 것으로 본다.

(2) 검토

우리는 근본적으로 이 요건의 중점이 어디에 있는 것인가 하는 그 의미에 대해 다시 검토하고 그 검토에 따라 과연 하나의 독립된 청구요건으로서 필요한 것인지에 대해 재고해보고자 한다. 이 "권한의 유무 또는 범위에 관하여 다툼이 있을"이라는 요건(이하 "'다툼' 존재 요건"이라고 줄이기도 함)에서의 중점은 '권한'이 아니라 '다툼'이라고 할 것이다. 왜냐하면 권한 문제는 다음의 또 다른 요건으로 "권한을 침해하였거나 침해할 현저한 위험이 있는"이란 요건에서 다루게 되기 때문이다.

헌재가 "권한의 존부와 범위에 관한 다툼을 대상으로 하는 권한쟁의심판에서의 '권한'이란 주관적 권리의무가 아니라 국가나 지방자치단체 등 공법인 또는 그 기관이 헌법 또는 법률에 의하여 부여되어 법적으로 유효한 행위를 할 수 있는 능력 또는 그 범위를 말한다"라고 하는 판시를 한 결정들(헌재 2010.12.28. 2009헌라2, 판례집 22－2하, 619면; 헌재 2011.8.30. 2011헌라1, 판례집 23－2상, 267면)을 보면, 그리고 아래에 '다툼'이 없어 부정된 예들도 그 '다툼'이 '권한'에 관한 다툼이 아니어서 부정된 것이라는 이유를 내세우는데 그렇다면 그것 또한 다음 요건인 "권한을 침해하였거나 침해할 현저한 위험이 있는" 요건(이하 '권한침해성 요건')으로 다루면 될 일이었고 이 점에서 과연 여기의 '다툼'의 존재라는 이 요건이 얼마나 필요한지 하는 회의가 들게 된다. 아래에 다툼이 없다고 부정하는 결론도 다툼이 있었기에 권한쟁의심판을 청구하였지 안그러면 왜 했겠느냐 하는 회의적인 입장에서는 역시 '다툼' 존재 요건의 실익이 줄어든다는 생각을 많이 가지게 한다.

2. 부인되어 각하된 결정례

아래의 판례는 분쟁의 본질이 권한의 존부 및 범위 자체에 관한 청구인과 피청구인 사이의 직접적인 다툼이 아니라는 이유로 각하된 결정이다.

① **손실보상금 채무에 관한 다툼**

판례 영일군과 정부 간의 권한쟁의, 헌재 1998.6.25. 94헌라1

[당사자] 청구인－포항시(당사자표시 변경 전－영일군 : 영일군은 이 사건 권한쟁의심판을 청구한 후 '경기도 남양주시 등 33개 도농복합형태의 시설치 등에 관한 법률'에 의하여 1995.1.1.자로 폐지되어 포항시에 통합되었음); 피청구인－ 대한민국 정부 [주문] 이 사건 심판청구를 각하한다. [사건개요] 경상북도지사로부터 포항시 항계 내에 정치망어업면허를 받고 어업을 해 오던 어업인들이 어업면허기한이 임박하자, 경상북도 영일군수(도지사의 어업면허 유효기간연장 허가권한은 경상북도 조례에 의하여 군수에게 위임되었다)에게 구 수산업법 제14조 제2항에 따라 그 어업면허의 유효기간연장 허가신청을 하였다. 영일군수는 같은 법 제4조 제2항에 따라 포항지방해운항만청장에게 그 유효기간연장에 관한 협의를 요청하였는데 포항지방해운항만청장은 위 면허에 따른 정치망 설치위치는 포항항 입출항 및 항내 운행선박의 교통에 방해가 될 우려가 있다는 등의 이유로 그 연장에 동의하지 않아 영일군수는 그 연장을 불허가하는 처분을 하였다. 위 어업인들은 경상북도지사에게 같은 법 제81조 제1항에 의하여 이 사건 어업면허의 유효기간연장 불허가처분에 따른 손실보상을 청구하였고, 경상북도지사는 보상금을 결정하여 통지하였다. 경상북도지사는 1994.3.10. 포항지방해운항만청장에게 유효기간연장에 부동의한 피청구인이 위 보상금을 지급해 줄 것을 요청하였으나, 포항지방해운항만청장은 같은 달 17. 보상금의 지급을 거부한다는 내용의 통보서를 보냈다. 이에 영일군은 1994.5.16. 위 보상금 지급업무는 피청구인의 직무범위에 속하고 피청구인이 그 지급의무를 이행하지 아니하고 있는 것은 청구인의 권한을 침해한다고 주장하면서 이 사건 권한쟁의심판을 청구하였다. [심판대상] 피청구인이 이 사건 어업면허의 유효기간연장 불허가처분에 따른 손실보상금을 위 어업인들에게 지급하지 아니하고 있는 것이 청구인의 권한을 침해하였는지 여부 [관련조문] (1) 구 수산업법(1990.8.1. 법률 4252호로 전문개정되어 1995.12.30. 법률 제5131호로 개정되기 전의 것) 제 4 조(어장이용개발계획) ② 시·도지사는 제1항의 규정에 의한 어장이용개발계획을 수립하고자 하는 수면이 다른 법령의 규정에 의하여 어업행위가 제한 또는 금지되고 있는 수면인 경우에는 미리 관계 행정기관의 장의 승인을 얻거나 협의를 하여야 한다. 제 8 조(어업면허)

① 다음 각호의 1에 해당하는 어업을 하고자 하는 자는 시·도지사의 면허를 받아야 한다. 1.∼2. 생략. 3. 정치망어업(이하 생략). 4. 생략. ②, ③ 생략. 제14조(어업면허의 유효기간) ① 제8조의 규정에 의한 어업면허의 유효기간은 10년으로 한다. 다만, 제4조 제2항의 경우에는 그 유효기간을 10년 이내로 할 수 있다. ② 시·도지사는 제1항 단서 및 제34조 제1항 각 호의 1에 해당하는 사유가 있는 경우를 제외하고는 어업권자의 신청에 의하여 면허기간이 만료한 날부터 10년의 범위 안에서 유효기간의 연장을 허가하여야 한다. 이 경우 수차에 걸쳐 연장허가를 한 때에는 그 총연장허가기간은 10년을 초과할 수 없다. ③, ④ 생략 제81조(보상) ① 다음 각 호의 1에 해당하는 사유로 인한 처분에 의하여 손실을 입은 자는 그 처분을 행한 행정관청에 대하여 보상을 청구할 수 있다. 1. 제34조 제1항 제1호 내지 5호와 제35조 제8호(제34조 제1항 제1호 내지 5호에 해당하는 경우에 한한다)의 규정에 해당하는 사유로 인하여 면허·허가 또는 신고한 어업에 대한 처분을 받았거나 당해 사유로 인하여 제14조의 규정에 의한 어업면허의 유효기간의 연장이 허가되지 아니한 때(단서 생략) 2. 3. 생략. ② 제1항의 보상의 원인이 된 처분으로 인하여 이익을 받은 자(이하 "수익자"라 한다)가 있을 때에는 당해 처분을 한 행정관청은 그 수익자로 하여금 그 받은 이익의 범위 안에서 보상액의 전부 또는 일부를 부담하게 할 수 있다. 이 경우 수익자가 부담하도록 결정된 금액을 납부하지 아니한 때에는 국세체납처분의 예에 의하여 이를 징수한다. ③, ④ 생략 (2) 구 수산업법 시행령(1991.2.18. 대통령령 제13308호로 전문개정되어 1995.7.14. 대통령령 제14735호로 개정되기 전의 것) 제64조(보상금의 교부) ① 제63조의 규정에 의하여 결정된 보상금은 그 금액의 결정일로부터 1년 이내에 당해 처분을 행한 행정관청(다른 행정관청의 요청에 의하여 처분을 한 경우에는 이를 요청한 행정관청)이 이를 지급한다. ②∼⑦ 생략. [결정요지] 헌법재판소법 제61조 제1항과 제2항에 의하면 지방자치단체인 청구인이 국가기관인 피청구인을 상대로 권한쟁의심판을 청구하려면 청구인과 피청구인 상호 간에 권한의 존부 또는 범위에 관하여 다툼이 있어야 하고, 피청구인의 처분 또는 부작위가 헌법 또는 법률에 의하여 부여받은 청구인의 권한을 침해하였거나 침해할 현저한 위험이 있는 경우이어야 한다. 이 사건 권한쟁의심판 청구의 요지는 청구인은 국가기관인 포항지방해운항만청장의 요청에 따라 선박의 항행, 포항항광역개발사업 등에 필요하다는 사유로 이 사건 어업면허의 유효기간연장을 허가하지 아니한 것이므로 피청구인은 수익자로서 불허가에 따른 손실보상금을 지급할 의무가 있을 뿐만 아니라 불허가를 요청한 행정관청으로서 그 손실보상금을 지급할 의무가 있는데 피청구인이 이를 다투면서 그 의무를 이행하지 않고 있고 만일 피청구인이 그 의무를 이행하지 아니하여 청구인이 이를 부담하게 된다면 재정파탄에 이르게 되므로 그 손실보상금의 지급사무에 관한 권한이 청구인과 피청구인 중 누구에게 속하는가를 확정해 달라는 것이다. 그런데 이 사건 분쟁의 본질은 이 사건 어업면허의 유효기간연장의 불허가처분으로 인한 어업권자에 대한 손실보상금 채무가 처분을 행한 청구인이 부담할 것인가, 그렇지 않고 그 기간연장에 동의하지 아니한 피청구인이 구 수산업법 제81조 제2항 소정의 불허가처분의 수익자나 같은 법 시행령 제64조 제1항 소정의 불허가 처분을 요청한 행정관청으로서 부담할 것인가의 문제로서, 결국 이와 같은 다툼은 청구인이 주장하는 바와 같이 유효기간연장의 불허가처분으로 인한 손실보상금 지급 권한의 존부 및 범위 자체에 관한 청구인과 피청구인 사이의 직접적인 다툼이 아니라(손실보상금 지급 권한이 처분을 행한 행정관청인 청구인에게 있음은 구 수산업법 제81조 제1항에 의하여 명백하다) 그 손실보상금 채무를 둘러싸고 어업권자와 청구인, 어업권자와 피청구인 사이의 단순한 채권채무관계의 분쟁에 불과한 것으로 보인다. 따라서 이 사건 심판청구는 청구인이 피청구인을 상대로 권한쟁의심판을 청구할 수 있는 요건을 갖추지 못한 것으로서 부적법하므로 각하하기로 결정한다.

② **국유의 경사지 암반 긴급복구 및 안전시설공사 비용 예산배정 요청에 대한 기획재정부장관의 거부처분** — 헌재는 이 문제도 권한의 존부 또는 범위에 관한 다툼이 아니라 관리비용 부담을 둘러싼 청구인과 피청구인 사이의 단순한 채권채무관계에 관한 다툼에 불과하다고 하여 '다툼'

의 존재 요건을 갖추지 못하여 각하한 것이다.

판례 헌재 2010.12.28. 2009헌라2

[결정요지] (가) 이 사건 심판청구의 성격 (1) 관리권한의 존부 또는 범위에 관한 다툼인지 여부 – 이 사건 토지는 국유재산 중 행정재산 또는 보존재산이 아닌 일반재산에 속하고(국유재산법 제6조 제3항), 이 사건 공사는 일반재산에 대한 관리사무로서 서울특별시장에게 위임되었다가 다시 피청구인에게 위임된 것으로, 이는 기관위임사무에 해당된다. 그렇다면 이 사건 토지에 대한 관리권한이 수임관청인 청구인에게 있음이 법률상 명백하므로, 이 사건 심판청구는 청구인과 피청구인 간에 이 사건 토지에 대한 관리권한의 존부 및 범위 자체에 관한 다툼이라고 할 수 없다. (2) 자치재정권 기타 자치권한의 존부 및 범위에 관한 다툼인지 여부 – 여기에서 권한이란 주관적 권리의무가 아니라 국가나 지방자치단체 등 공법인 또는 그 기관이 헌법 또는 법률에 의하여 부여되어 법적으로 유효한 행위를 할 수 있는 능력 또는 그 범위를 말한다. 이 사건 분쟁의 본질은, 이 사건 토지를 관리하면서 발생한 비용의 최종 부담자가 직접 관리행위를 한 청구인인지 아니면 그 권한을 위임한 피청구인인지의 문제이고, 궁극적으로는 피청구인을 대신하여 비용을 부담한 청구인이 피청구인에게 그 비용 상당액을 구상금 내지 교부금 명목으로 청구할 수 있는지의 문제이다. 그런데 이와 같은 문제는 주관적인 권리·의무에 관한 다툼에 해당될 뿐, 자치재정권이라는 권한의 존부 또는 범위에 관한 다툼이라고 보기 어렵고, 설령 청구인이 주장하는 것처럼 이 사건 공사비용을 피청구인이 부담하고 피청구인이 청구인에게 그 상당액을 지급하여야 한다 하더라도, 이는 권한의 존부 또는 범위에 관한 다툼이 아니라 관리비용 부담을 둘러싼 청구인과 피청구인 사이의 단순한 채권채무관계에 관한 다툼에 불과하다. (3) 그렇다면 이 사건 심판청구는 이 사건 토지에 대한 관리권한이나 자치재정권 등 권한의 존부 또는 범위에 관한 다툼이라고 할 수 없다. (나) 권한침해의 가능성이 있는지 여부 (1) 기관위임사무에 관한 경비는 이를 위임한 국가가 부담하고, 그 소요되는 경비 전부를 당해 지방자치단체에 교부하여야 하므로(지방재정법 제21조 제2항, 지방자치법 제141조 단서), 국가는 청구인이 이 사건 토지를 관리하면서 지출한 경비 전부를 청구인에게 교부하여야 한다. 다만, 청구인은 국유재산의 관리와 관련하여 발생한 귀속금이 있으면 국유재산의 관리에 필요한 경비에 우선적으로 사용하여야 한다(국유재산법 제42조 제6항 및 그시행령 제39조 제4항). (2) 따라서 청구인이 주장하는 바와 같이 귀속금이 없이 청구인의 비용으로 이 사건 공사를 하였다면, 국가는 청구인에게 그 비용 상당의 교부금을 지급할 의무가 있으므로, 청구인은 공법상의 비용상환청구소송 등 소정의 권리구제절차를 통하여 국가로부터 이를 보전받을 수 있고, 따라서 청구인이 그 비용을 최종적으로 부담하게 되는 것이 아니므로, 이 사건 공사비용의 성격 및 귀속금의 충당방법에 대한 입장의 차이에서 비롯된 이 사건 거부처분으로 말미암아 청구인의 자치재정권 등 자치권한이 침해될 가능성이 있다 할 수 없으며, 그 밖에 그 침해가능성이 인정될 만한 청구인의 권한도 보이지 않는다. (3) 결국, 이 사건 거부처분으로 인하여 헌법 또는 법률이 부여한 청구인의 권한이 침해될 가능성은 인정되지 아니한다.

* 검토 – i) 판시 (가) (1)에서 "관리권한이 수임관청인 청구인에게 있음이 법률상 명백하므로, 이 사건 심판청구는 청구인과 피청구인 간에 이 사건 토지에 대한 관리권한의 존부 및 범위 자체에 관한 다툼이라고 할 수 없다"라고 하는데 청구인의 주장을 보더라도 이러한 다툼을 하고 있다는 사실은 없다. 따라서 왜 이런 판시를 불필요하게 하는지 모르겠다. ii) '다툼 존재 요건에 대한 판단에서 채권채무관계에 관한 다툼에 불과하다는 점을 내세워 부정하고 있는데 '권한침해가능성' 판단에서도 "비용상환청구소송 등 소정의 권리구제절차를 통하여 국가로부터 이를 보전받을 수 있고, …이 사건 거부처분으로 말미암아 … 자치권한이 침해될 가능성이 있다 할 수 없으며"라고 하여 결국 채무관계로 해결할 것이어서 권한침해가 없다고 보는 것이어서 '다툼' 요건을 '권한침해성 요건'과 혼동케 하거나 '다툼' 요건의 실익을 의심케 하는데 이러한 지적은 아래 결정례 ③에 대한 검토에서 상설한다(바로 아래 검토 참조).

③ **4대강 사업의 하천 '유지 · 보수공사'** – 4대강 살리기 사업에 관한 사안이었다. 국토해양부장관이 낙동강 사업에 관한 포괄적 시행권을 대행계약 형태로 경상남도지사에게 대행시킨 후 계약상 채무불이행을 이유로 위 대행계약을 해제하고 낙동강 사업의 시행권을 회수한 행위가 청구인인 경상남도에게 헌법과 법률에 의하여 부여된 권한을 침해한 것이라고 주장하면서 권한쟁의심판을 청구한 사안이다. 헌재는 이 '살리기' 사업에 관한 사무가 국가사무에 해당하고, 유지 · 보수 권한 침해 주장 부분은 청구인과 피청구인의 다툼이 권한쟁의심판이 대상으로 하는 '권한의 존부와 범위에 관한 다툼'에 해당되지 않아 부적법하다고 각하결정을 한 것이다.

판례 헌재 2011.8.30. 2011헌라1

[결정요지] '낙동강 유지 · 보수'에 관한 사무가 과연 청구인의 권한범위에 속하는지에 관하여 살펴 본다. 권한의 존부와 범위에 관한 다툼을 대상으로 하는 권한쟁의심판에서의 '권한'이란 주관적 권리의무가 아니라 국가나 지방자치단체 등 공법인 또는 그 기관이 헌법 또는 법률에 의하여 부여되어 법적으로 유효한 행위를 할 수 있는 능력 또는 그 범위를 말한다(헌재 2010.12.28. 2009헌라2, 판례집 22－2하, 612, 619). 그런데 '국가하천의 유지 · 보수'는 사무수행의 편의와 능률 그리고 지방자치단체가 담당하는 업무와의 연관성을 고려해 국가가 지방자치단체의 장에게 위임한 기관위임사무에 불과하여 '낙동강 유지 · 보수' 권한 역시 법령의 의할 때 기본적으로 '국가사무'일 뿐 지방자치단체인 청구인의 권한이라고 할 수 없다. 그러므로 이와 같이 헌법과 법률에 의하여 지방자치단체에게 부여된 권한이 아닌 것을 자신의 권한인 자치사무라고 주장하면서 제기한 권한쟁의심판청구는 '청구인의 권한'이 침해될 개연성이 전혀 없어 부적법하다(헌재 2008.3.27. 2006헌라1, 판례집 20－1상, 332, 352; 헌재 2006.3.30. 2003헌라2, 공보 제114호, 523, 525 등 참조). 그렇다면 결국, 청구인이 이 사건 청구에서 다투는 사유는 피청구인이 국가사무의 일부인 낙동강 사업에 대한 시행권을 이 사건 대행계약을 통하여 청구인에게 대행시켰다가 위 계약을 해제하고 사업시행권을 회수해 간 것이 부당하다는 취지에 불과하므로, 이와 같은 문제는 공법상 계약에 의하여 당사자인 청구인과 피청구인에게 귀속된 권리 · 의무가 이 사건 대행계약에 의하여 유효하게 해제되었는지를 둘러싼 공법상 법률관계에 관한 다툼에 불과할 뿐, 헌법과 법률이 설정한 객관적 권한질서를 유지하기 위한 법적 수단으로서 권한쟁의심판이 대상으로 하는 '권한의 존부 또는 범위'에 관한 다툼은 아니라 할 것이다. 따라서 청구인의 이 사건 청구 중 낙동강 유지 · 보수 권한 침해 주장 부분은, '청구인의 권한이 침해될 가능성'도 없고 '권한의 존부 또는 범위에 관한 다툼'으로 볼 수도 없어, 부적법하다.

* 검토 – 여기서 헌재가 "'낙동강 유지 · 보수'에 관한 사무가 과연 청구인의 권한범위에 속하는지에 관하여 살펴본다"라고 하여 여기의 '다툼'의 존재 요건이 아니라 '권한침해성 요건'으로 판단하는 것으로 보였는데 연이어 "권한의 존부와 범위에 관한 다툼을 대상으로 하는 권한쟁의심판에서의 '권한'이란 주관적 권리의무가 아니라 국가나 지방자치단체 등 공법인 또는 그 기관이 헌법 또는 법률에 의하여 부여되어 법적으로 유효한 행위를 할 수 있는 능력 또는 그 범위를 말한다"라고 판시하고 이어 "그런데 '국가하천의 유지 · 보수'는 사무수행의 편의와 능률 그리고 지방자치단체가 담당하는 업무와의 연관성을 고려해 국가가 지방자치단체의 장에게 위임한 기관위임사무에 불과하여 '낙동강 유지 · 보수' 권한 역시 법령의 의할 때 기본적으로 '국가사무'일 뿐 지방자치단체인 청구인의 권한이라고 할 수 없다. 그러므로 이와 같이 헌법과 법률에 의하여 지방자치단체에게 부여된 권한이 아닌 것을 자신의 권한인 자치사무라고 주장하면서 제기한 권한쟁의심판청구는 '청구인의 권한'이 침해될 개연성이 전혀 없어 부적법하다"라고 판시하여 '권한침해가능성 요건' 판단으로 갔다가 "그렇다면 결국, 청구인이 이 사건 청구에서 다투는 사유는 … 공법상 계약에 의하여 당사자인 청구인과 피청구인에게 귀속된 권리 · 의무가 이 사건 대행계약에 의하여 유효하게 해제되었는지를 둘러싼 공법상 법률관계에 관한 다툼에 불과할 뿐,

… '권한의 존부 또는 범위'에 관한 다툼은 아니라 할 것이다. … 따라서 청구인의 이 사건 청구 중 낙동강 유지·보수 권한 침해 주장 부분은, '청구인의 권한이 침해될 가능성'도 없고 '권한의 존부 또는 범위에 관한 다툼'으로 볼 수도 없어, 부적법하다"라고 판시하여 또 '다툼' 요건 문제의 판단으로 갔다. 이러한 태도는 위 검토에서 우리가 지적한 문제점을 근본적으로 인식하지 못한 것, 아니면 그러한 문제점을 드러내 주는 실제 예이다.

Ⅳ. 청구인의 권한을 침해하였거나 침해할 현저한 위험이 있을 것

1. 이 요건의 의미

(1) 2가지 요소 의미

"청구인의 권한을 침해하였거나 침해할 현저한 위험이 있는 때"라는 요건은 다음의 2가지 요소의 요건을 의미한다.

2요소 = 청구인의 권한 요소 + 침해성 요소

(2) 청구요건만인지 본안판단대상이기도 한지 여부

1) 논점 설명

헌법재판소법 제61조 제2항은 피청구인의 처분 또는 부작위가 청구인의 권한을 침해하였거나 침해할 현저한 위험이 있는 경우에만 권한쟁의심판을 청구할 수 있도록 하여 권한의 침해나 침해의 현저한 위험이 있을 것을 청구사유로 규정하고 있다. 그런데 권한을 "침해한" 것이라면 뒤의 제5절에서 보듯이 권한침해의 인정이라는 인용결정, 즉 본안결정을 한다. 따라서 권한을 침해한 것인지 여부는 본안의 문제가 아닌가 하는 의문이 생길 수 있다. 그동안의 헌법재판소의 판례에서도 청구인의 권한을 침해하였거나 침해할 현저한 위험이 있는 때가 아니라고 보는 경우에 각하결정을 한 예도 있고 기각결정을 한 예도 있다(아래 참조).

이러한 판례들의 입장은 청구요건 문제로서의 권한침해의 문제는 침해의 가능성, 즉 일반적으로 피청구인의 문제되는 처분이 행해진 경우 침해의 가능성이 있는지 여부의 문제로 보고 구체적이고 특정한 사안에서 실제로 침해가 있었는지 하는 문제는 본안판단의 문제로 보려는 것으로 이해된다.

2) 권한침해가능성을 부정하면서도 각하 아닌 기각을 한 예

① **공공시설의 관리권자의 확정에 관한 다툼** – 시흥시와 정부 간의 권한쟁의

판례 헌재 1998.8.27. 96헌라1

[주문] 청구인의 심판청구를 기각한다. [사건개요] '시화공단'이 1988.2.16. 국가공업단지로 지정되었고 시화공단 내의 도로, 하천 및 각종 구조물(상·하수도시설, 포장, 교량, 조경)이 청구인에게 귀속되었다.

그 후 이 사건 공공시설의 관리비가 문제되어 청구인과 피청구인 및 한국수자원공사 사이에 이 사건 공공시설의 관리권한이 누구에게 귀속하는가에 관한 다툼이 발생하자, 청구인 시흥시가 정부를 상대로 권한쟁의심판청구를 하였다. [청구인주장요지] 청구인은 피청구인의 부작위로 인하여 이 사건 공공시설을 관리하여야 함으로써 중대한 재정적 손실을 입을 현저한 위험에 처하게 되어 지방자치권(특히 자치재정권), 재산권, 헌법에 열거되지 아니한 권리 등을 침해하였거나 침해할 우려가 생기게 되었다. 예상되는 재정적 부담은 감당하기 어려운 실정이다. [결정요지] 구 산업입지 및 개발에 관한 법률(1995.12.29. 개정되기 이전의 것, 이하 '산입법'이라 한다)과 구 공업배치 및 공장설립에 관한 법률(1995.12.29. 법률 제5091호로 개정되기 이전의 것, 이하 '공배법'이라 한다)의 입법취지 및 관련조항을 종합하여 판단하면, 국가공업단지도 일반 행정구역과 마찬가지로 그 관할 지방자치단체가 일반적인 행정을 관할하여야 하고, 공업단지관리공단은 공업단지로서의 기능을 유지하도록 하는 범위 내에서 공업단지를 관리하여야 한다고 해석하여야 할 것이다. 이 사건 공공시설은 특별히 공업단지의 기능을 유지하기 위하여 설치된 것이 아니라 일반 행정구역에서도 설치되어 사용되고 있는 것으로서 불특정 다수의 사용에 제공되고 있는 공공시설이므로 이를 관리하는 것은 공업단지의 기능을 유지하기 위한 업무라기보다는 일반적인 행정업무라고 하여야 할 것이다. 따라서 이 사건 공공시설의 관리권자는 일반 행정구역의 공공시설에 적용되는 관련 법규를 적용하여 결정하여야 할 것이므로, 청구인은 도로법, 하천법, 하수도법, 수도법 등에 따라 이 사건 공공시설을 관리하여야 할 것이다. 그렇다면 청구인이 이 사건 공공시설의 관리권자이므로 피청구인이 이 사건 공공시설을 관리하지 아니하고 있다고 하여 청구인의 권한이 침해되거나 침해될 위험이 있다고 할 수 없을 것이다. 가사 청구인의 주장과 같이 이 사건 공공시설의 관리권한이 피청구인에게 있음에도 불구하고 피청구인이 이를 관리하지 않고 있다고 하더라도, 피청구인이 이 사건 공공시설을 관리하지 아니함으로 인하여 발생하는 책임을 부담하는 것은 별론으로 하고 그로 인하여 청구인에게 이 사건 공공시설을 관리할 책임이 발생하거나 그러한 위험이 발생하는 것은 아니다. 즉 관련법규의 해석에 의하여 피청구인이 이 사건 공공시설의 관리권자라고 판단된다면 청구인은 이 사건 공공시설을 관리하지 않으면 되는 것이지, 피청구인이 그 권한을 행사하지 아니하고 있다고 하여 청구인이 이 사건 공공시설을 관리하여야 하는 것은 아닌 것이다. 따라서 청구인의 주장에 따른다고 하더라도 피청구인의 부작위로 인하여 청구인의 어떠한 권한도 침해될 우려가 없다고 할 것이다. 결국 이 사건은 이 사건 공공시설의 관리권한이 누구에게 있는가에 관계없이 피청구인의 부작위에 의하여 청구인의 권한이 침해되었거나 침해될 현저한 위험이 있다고 할 수 없는 사건이므로 이 사건 심판청구는 헌법재판소법 제61조 제2항 소정의 요건을 갖추지 못한 것이라고 할 것이다. 그렇다면 청구인의 심판청구는 그 권한이 침해된 바 없어 이유 없으므로 이를 기각하기로 하여 주문과 같이 결정한다.

* 검토 – 이 결정은 "침해될 우려가 없다"라고 하고 심지어 "헌법재판소법 제61조 제2항의 소정의 요건을 갖추지 못한 것"이라고 하면서도 요건결정인 각하결정이 아니라 본안결정인 '기각결정'으로 갔다. 요건뿐 아니라 침해나 위험이 실제로 존재하지 않는다고 보아 본안결정을 한 것으로 이해는 되나 "심판청구는 … 위험이 있는 경우에만 할 수 있다"라고 요건의 문언으로 규정되어 있는 헌재법 제61조 제2항의 위반을 헌재 자신이 직접 명시한 다음에야 부적법 각하로 결정하는 것이 더 논리적이고 어색하지 않다.

② **계쟁지역(공유수면 매립지)에 대한 관할권한이 청구인에 귀속되지 않음을 이유로 자치권한이 침해될 현저한 위험성을 부정하면서 기각한 예** – * 이 사건은 공유수면 매립지에 대한 관할구역 경계 결정에 관한 사안이다. 헌재는 이런 사안에서 있어서 매립 전 공유수면의 해상경계선을 매립지의 관할구역 경계선으로 보아온 아래와 같은 선례를 변경하여 이를 별도로 보아야 한다고 판례변경(헌재 2019.4.11. 2015헌라2)을 하였다. 그래서 변경된 판례법리에 따라서는 달라질 수도 있을 것이나 여기서는 현저한 위험성 인정에 대한 기각결정례로서는 그 보기가 되어 아래에

그대로 인용함.

판례 헌재 2011.9.29. 2009헌라5, 인천광역시 남동구와 인천광역시 연수구 등 간의 권한쟁의
[주문] 청구인의 피청구인 인천광역시 연수구에 대한 심판청구를 기각한다. [결정요지] 1. 적법요건에 관한 판단 – 피청구인 연수구에 대한 심판청구의 적법 여부 … 적법하다. 2. 본안에 대한 판단 … 라. 이 사건 계쟁지역에서의 해상경계선에 관한 판단 – … 달리 이 사건 계쟁지역을 청구인의 관할구역으로 볼 수 있는 실정법적 근거 또는 행정관습법의 성립을 찾아 볼 수 없다. 그렇다면 이 사건 계쟁지역에 대한 관할권한이 청구인에게 귀속된다고 볼 수 없다. 마. 소결 – 이 사건 계쟁지역에 대한 관할권한이 청구인에게 귀속된다고 볼 수 없는 이상, 피청구인 연수구가 이 사건 계쟁지역에서 행사할 지방세 부과 등 장래처분으로 인하여 헌법상 및 법률상 부여받은 청구인의 자치권한이 침해될 현저한 위험성이 존재한다고 볼 수 없다. 3. 결론 – 결국 피청구인 연수구에 대한 심판청구는 이유 없으므로 기각하기로 하여 주문과 같이 결정한다. * 비슷한 사안의 비슷한 결정례 : 헌재 2011.9.29. 2009헌라3; 2011.9.29. 2009헌라4.

③ 교육감의 조례안 재의요구 철회행위, 철회 후 조례안을 이송받고 20일이 경과한 이후 교육부장관이 조례안 재의요구 요청을 한 데 대해 교육감이 재의요구를 하지 않은 부작위, 교육감이 조례를 공포한 행위가 교육부장관의 재의요구 요청권한을 침해할 가능성을 부정하면서도 각하 아닌 기각을 한 예 : 헌재 2013.9.26. 2012헌라1 등.

2. 침해되는 청구인의 권한의 존재(제1요소)

(1) 의미 - 청구인에 대한 요건

권한의 침해가능성 요건은 침해되는 청구인의 권한이 존재할 것을 전제로 한다는 점에서 이 요건은 먼저 청구인에 관한 요건임은 물론이다.

(2) 침해되는 권한의 범위 - 법률에 의하여 부여받은 권한도 포함

피청구인의 처분 또는 부작위가 청구인의 권한을 침해하였거나 침해할 현저한 위험이 있는 때에 한하여 권한쟁의심판을 청구할 수 있다는 것은 피청구인의 처분 또는 부작위로 인하여 침해되는 청구인의 권한이 법적으로 존재할 것을 전제하여야 한다. 여기의 권한은 헌재법 제61조 제2항이 “헌법 또는 법률에 의하여 부여받은 청구인의 권한을 침해하였거나”라고 규정하고 있으므로 헌법뿐 아니라 법률에 의하여 부여된 권한도 포함된다.

3. 지방자치단체가 당사자인 경우(제1요소 계속)

(1) 국가사무의 제외

1) 제외

국가사무에 속하는 권한사무는 물론 제외된다. 지방자치법 제11조(신법 제15조)는 법률에 이와 다른 규정이 있는 경우 외에는 ‘지방자치단체가 처리할 수 없는 국가사무’를 규정하고 있다.

지방자치법 제11조(국가사무의 처리제한) 지방자치단체는 다음 각 호에 해당하는 국가사무를 처리할 수 없다. 다만, 법률에 이와 다른 규정이 있는 경우에는 국가사무를 처리할 수 있다.
1. 외교, 국방, 사법(司法), 국세 등 국가의 존립에 필요한 사무
2. 물가정책, 금융정책, 수출입정책 등 전국적으로 통일적 처리를 요하는 사무
3. 농산물 · 임산물 · 축산물 · 수산물 및 양곡의 수급조절과 수출입 등 전국적 규모의 사무
4. 국가종합경제개발계획, 국가하천, 국유림, 국토종합개발계획, 지정항만, 고속국도 · 일반국도, 국립공원 등 전국적 규모나 이와 비슷한 규모의 사무
5. 근로기준, 측량단위 등 전국적으로 기준을 통일하고 조정하여야 할 필요가 있는 사무
6. 우편, 철도 등 전국적 규모나 이와 비슷한 규모의 사무
7. 고도의 기술을 요하는 검사 · 시험 · 연구, 항공관리, 기상행정, 원자력개발 등 지방자치단체의 기술과 재정능력으로 감당하기 어려운 사무

2) 판례

헌재는 주로 국가적 이익에 관한 것으로서 전국적인 통일을 기할 필요성이 있는 사무는 국가사무로 본다는 입장이다(헌재 2017.12.28. 2017헌라2 등 참조). 대표적인 판례사안들은 다음과 같다.

① 대학설립에 관한 권한 결정

판례 헌재 2012.7.26. 2010헌라3

[결정요지] 고등교육법 및 같은 법 시행령, 사립학교법, 지방자치법의 관련 규정을 종합하면, 청구인의 학교 설치, 운영 및 지도에 관한 사무는 지역적 특성에 따라 달리 다루어야 할 필요성이 있는 사무로서 유아원부터 고등학교 및 이에 준하는 학교에 관한 사무에 한하여 이를 자치사무로 보아야 할 것이고, 대학의 설립 및 대학생정원 증원 등 운영에 관한 사무는 국가적 이익에 관한 것으로서 전국적인 통일을 기할 필요성이 있는 국가사무로 보아야 할 것이다. 따라서 국가사무인 사립대학의 신설이나 학생정원 증원에 관한 이 사건 수도권 사립대학 정원규제(교육과학기술부장관의 '2011학년도 대학 및 산업대학 학생정원 조정계획')는 청구인의 권한을 침해하거나 침해할 현저한 위험이 있다고 할 수 없으므로, 이 사건 심판청구는 부적법하다.

② 신항만의 명칭결정

판례 헌재 2008.3.27. 2006헌라1, 경상남도 등과 정부 간의 권한쟁의

[사안] 해양수산부장관이 부산광역시와 경상남도 일대에 건설되는 신항만의 명칭을 '신항'(영문명칭 : Busan New Port)이라고 결정한 것이 경상남도와 경상남도 진해시의 자치권한을 침해하였거나 침해할 가능성이 있는지 여부(소극) [결정요지] 지방자치법 제11조는 지방자치단체가 처리할 수 없는 국가사무를 규정하고 있는바, 이에는 외교 등 국가의 존립에 필요한 사무(제1호), … 지정항만, 고속국도 · 일반국도, 국립공원 등 전국적 규모나 이와 비슷한 규모의 사무(제4호)도 포함되어 있다. 지방자치법이 위와 같은 사무들을 국가사무로 하고 있는 이유는 그 사무들이 특정 지방자치단체의 주민복리나 주민자치에만 관련되어 있는 것이 아니라 전국적 또는 국가적 차원에서 다루어져야 할 사무이기 때문이다. 따라서 지정항만에 관한 사무도 그것이 소재하는 특정 지방자치단체의 이익을 위해서가 아니라 국가 전체의 공동 이익을 도모하는 차원에서 이루어져야 할 것이다. 이와 같이 지방자치법 제11조에 의하면 지정항만에 관한 사무는 국가사무이므로 국가가 신항만을 지정항만의 하위항만으로 하기로 결정한 이상,

그 항만구역의 명칭을 무엇이라 할 것인지 역시 국가에게 결정할 권한이 있다고 할 것이다. 이에 이 사건 신항만이 21세기를 대비한 동북아 물류 중심 항만을 만들기 위해 설치된 국가목적의 거대 항만인 점과 함께, 국가경쟁력, 국제적 인지도, 항만 이용자들의 선호도 등을 고려하여 피청구인 해양수산부장관이 그 소속 중앙항만정책심의회의 심의를 거친 후, 2005.12.19. 이 사건 신항만을 지정항만인 부산항의 하위항만으로 두되, 무역항인 '부산항'의 명칭은 그대로 유지하면서, 신항만의 공식명칭을 '신항'(영문명칭 : Busan New Port)으로 하기로 결정한 것은 청구인들의 권한을 침해하였다거나 침해할 현저한 위험이 있다고 볼 수 없다.

③ 고속철도의 건설이나 고속철도역의 명칭 결정

판례 헌재 2006.3.30. 2003헌라2. 아래 * 영토고권의 주장의 결정례 참조.

④ 4대강 살리기 사업에 관한 사무

판례 헌재 2011.8.30. 2011헌라1
[결정요지] 낙동강 사업을 포함한 4대강 사업의 대상인 하천들은 하천법 제8조, 제27조 제5항에 의거하면 '국토해양부장관'(피청구인)이 하천관리청으로서 시행책임을 지고 관리하는 '국가하천'에 해당하고, 4대강 사업 및 낙동강 사업은 그 사업내용에 비추어 볼 때 하천의 기능이 정상적으로 유지될 수 있도록 실시하는 점검 · 정비 등의 활동을 의미하는 '하천의 유지 · 보수' 차원을 넘어서 하천의 보수 · 개량 · 증설 · 신설까지 의도하고 있는 '하천공사'에 해당하므로, 4대강 사업 및 낙동강 사업은 국가하천에 관한 전국적 규모의 개발사업으로서 '국가사무'에 해당하고, 그 사업내용도 '하천공사', '하천의 유지 · 보수공사', 하천 주변의 기타 '부대공사' 등을 포괄하고 있어 국가하천을 둘러싼 복합적, 불가분적 공사구조를 취하고 있는 사업이다.

⑤ 군 공항의 예비이전후보지로 선정

판례 헌재 2017. 12. 28. 2017헌라2
[결정요지] 국방과 같이 국가의 존립에 필요한 사무는 국가사무에 해당하는데(지방자치법 제11조 제1호), 이 사건 공항의 예비이전후보지 선정사업(혹은 더 나아가 군 공항 이전 사업)도 국방에 관한 사무이므로 그 성격상 국가사무임이 분명하다. 군공항이전법도 피청구인에게 군 공항 예비이전후보지를 선정할 수 있는 권한을 부여하여(군공항이전법 제4조 제2항 참조) 그 사무의 권한과 책임을 피청구인에게 귀속시키고 있으므로, 이 사건 공항의 예비이전후보지 선정사업(혹은 더 나아가 군 공항 이전사업)이 국가사무임을 전제로 하고 있다. 따라서 국가사무인 군 공항 이전사업이 청구인의 의사를 고려하지 않고 진행된다고 하더라도 이로써 지방자치단체인 청구인의 자치권한을 침해하였다거나 침해할 현저한 위험이 있다고 보기 어렵다.

* 영토고권의 주장 – 지방자치권에 포함되지 않는 권한으로서 영토고권을 주장하여 침해개연성이 없다고 하여 각하된 예가 있는데 건설교통부장관의 고속철도역 명칭에 대한 결정을 둘러싼 사안이었다.

판례 헌재 2006.3.30. 2003헌라2
[청구인 주장] 이 사건 고속철도역 주변의 철도노선을 보더라도 아산시 행정구역구간은 약 15km인 반면 천안시 행정구역구간은 약 2km에 불과한 점 등에 비추어 볼 때, 이 사건 역사의 명칭을 "천안아산역(온양온천)"으로 정한 피청구인의 이 사건 결정은 재량권을 일탈, 남용하여 청구인에게 헌법상 보장된 지방자치권의 한 내용인 영토고권을 침해하였다. [결정요지] 지방자치법 제11조 제6호는 지방자치단체가

처리할 수 없는 국가사무로 "우편, 철도 등 전국적 규모 또는 이와 비슷한 규모의 사무"를 열거하고 있으므로, 고속철도의 건설이나 고속철도역의 명칭 결정과 같은 일은 국가의 사무이고 지방자치단체인 청구인의 사무가 아님이 명백하다. 따라서 이 사건에서 청구인 권한이 침해될 개연성이 있는지 여부는 우선 청구인이 주장하는 바와 같은 영토고권이라는 자치권이 헌법 또는 법률에 의하여 청구인에게 부여되어 있는지 여부에 따라 결정된다고 할 것이다. 지방자치제도의 보장은 지방자치단체에 의한 자치행정을 일반적으로 보장한다는 것뿐이고, 마치 국가가 영토고권을 가지는 것과 마찬가지로 지방자치단체에게 자신의 관할구역 내에 속하는 영토·영해·영공을 자유로이 관리하고 관할구역 내의 사람과 물건을 독점적·배타적으로 지배할 수 있는 권리가 부여되어 있다고 할 수는 없다. 청구인이 주장하는 지방자치단체의 영토고권은 우리나라 헌법과 법률상 인정되지 아니한다. 따라서 이 사건 결정이 청구인의 영토고권을 침해한다는 주장은 가지고 있지도 않은 권한을 침해받았다는 것에 불과하여 본안에 들어가 따져볼 필요가 없다.

* 검토 – "고속철도역의 명칭 결정과 같은 일은 국가의 사무"라고 하면서도 영토고권에 관해서도 따지고 있다. 국가사무라고 하면 자치권에 속하지 않는 사무이므로 국가사무에 속하는 것이지만 자치사무에 해당되는가를 본다는 논증구조가 되어 모순을 보여준다. 영토고권이 지자체가 아니라 국가에 속하는 것이고 그래서 국가사무라고 규정한 지방자치법 제11조 제6호가 합헌이라는 것을 밝히겠다는 취지라면 이해가 되나 그러한 논증필요성을 언급하지 않고 있어서 결론에는 수긍이 가나 다소 당황스러운 판단이다.

(2) 지방사무에서의 구분기준

현행 헌법과 헌재법 규정상 지방자치단체가 관련되는 권한쟁의심판의 경우에는 지방자치단체 자체가 당사자가 되어야 하므로 지방자치단체 자신이 가지는 권한이 침해되거나 침해될 위험이 있을 때 청구가 가능하다.

(3) 구분기준에 비춘 지방자치단체의 사무구분별 해당여부

1) 지방자치단체의 사무

지방자치단체의 사무에는 자치(고유)사무, 위임사무로 크게 나누어지고 후자의 위임사무는 위임받는 주체가 누구인가에 따라 지방자치단체 자체가 위임받는 위임사무인 단체위임사무와, 지방자치단체 기관, 즉 집행기관인 특별시장·광역시장·특별자치시장, 도지사·특별자치도지사, 시장, 군수, 구청장이 위임받는 위임사무인 기관위임사무가 있다. 이 사무의 구분에 따라 그리고 위 구분 기준에 비추어 보면 지방자치단체 자체의 사무가 분명한 고유사무는 물론이고 단체위임사무도 위임된 것이긴 하나 어디까지나 위임이 된 이상에는 이제 지방자치단체 자체에 귀속되어 지방자치단체 자체의 권한이 되었으므로 그 두 사무들과 관련된 권한침해가 있을 때에는 권한쟁의심판을 청구할 수 있다. 이를 도해하면 아래와 같고 이하 각각에 대해 살펴본다.

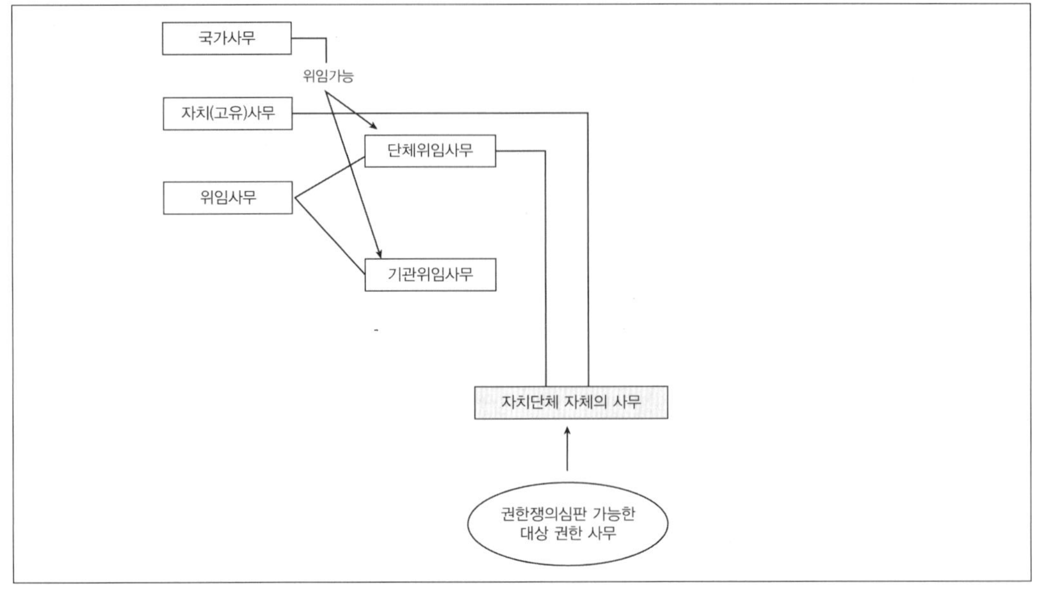

▌권한쟁의심판 대상이 되는 지방사무 도해

2) 자치(고유)사무에 속하는 사무

(가) 긍정

관할 구역의 자치사무에 관한 권한쟁의에 대해 해당 지방자치단체는 권한쟁의심판을 청구할 수 있다. 헌법 제117조 제1항이 '주민의 복리에 관한 사무'라고 규정하고 있고 지방자치법 제9조 제1항(신법 제13조 제1항)은 "지방자치단체는 관할 구역의 자치사무와 법령에 따라 지방자치단체에 속하는 사무를 처리한다"라고 규정하고 있다. 헌재는 위에서 본 지방자치법 제9조 제1항의 "'법령에 따라 지방자치단체에 속하는 사무'란 보통 후술하는 단체위임사무를 말한다"라고 한다.[1)]

동조 제2항은 자치사무를 예시하고 있는데 "제1항에 따른 지방자치단체의 사무를 예시하면 다음 각 호와 같다"라고 하고 1. 지방자치단체의 구역, 조직, 행정관리 등에 관한 사무, 2. 주민의 복지증진에 관한 사무, 3. 농림·상공업 등 산업 진흥에 관한 사무, 4. 지역개발과 주민의 생활환경시설의 설치·관리에 관한 사무, 5. 교육·체육·문화·예술의 진흥에 관한 사무, 6. 지역민방위 및 지방소방에 관한 사무라고 예시하는 규정을 두고 있다.

(나) 구체적 판례

① **지방세 부과 처분권한** – 자신이 관할권을 가지는 해역 매립지의 회사에 대해 피청구인이 부과한 도시계획세, 공동시설세 등의 부과처분이 자신의 지방자치권(지방재정권)을 침해하는

1) 헌재 2011.8.30. 2011헌라1, 판례집 23-2상, 264면.

것으로 위법, 무효라는 주장의 권한쟁의심판사건에서 헌재는 지방세 부과처분권이 지방자치권(지방재정권)의 침해가능성을 가진다고 보고 본안판단을 한 결과 무효임을 확인하는 결정을 한 바 있다. * 이 사건은 공유수면 매립지에 대한 관할구역 경계 결정에 관한 사안이다. 헌재는 이런 사안에서 있어서 매립 전 공유수면의 해상경계선을 매립지의 관할구역 경계선으로 보아온 아래와 같은 선례를 변경하여 이를 별도로 보아야 한다고 판례변경(헌재 2019.4.11. 2015헌라2)을 하였다. 그래서 변경된 판례법리에 따라서는 달라질 수도 있을 것이나 여기서는 지방세 부과의 자치사무성을 인정한 판례로 의미를 가지므로 인용함.

판례 헌재 2006.8.31. 2003헌라1

[판시] 지방세법 제2조는 '지방자치단체는 이 법에 정하는 바에 의하여 지방세로서 보통세와 목적세를 부과 징수할 수 있다'고 규정하고 있고,도시계획세와 공동시설세는 지방세법 제5조 제3항 제1호·제2호의 목적세에 속하는 지방세이다. 그런데 피청구인 순천시는 2003.7.1. 피청구인 순천시장을 통하여 ○○ 주식회사의 건물에 도시계획세, 공동시설세 등을 부과하면서 이 사건 계쟁지역 위의 건물에 대해서도 일괄하여 도시계획세 등을 부과하였다. 이에 청구인 광양시는 이 사건 계쟁지역에 관한 과세권은 청구인 광양시에 속한다고 하면서 피청구인 순천시의 위와 같은 과세처분이 청구인 광양시의 지방자치권을 침해하고 있다고 주장하고 있다. 결국 청구인 광양시와 피청구인 순천시 사이의 위와 같은 분쟁은 지방자치단체의 과세권, 즉 지방재정권을 둘러싼 다툼으로서 헌법(헌법 제117조 제1항)과 법률(지방자치법 제9조 제1항, 지방세법 제2조)이 지방자치단체에게 부여하고 있는 사무에 관한 권한의 침해를 다투는 것이다. 그런데 이 사건에서 본안심리의 결과, 특히 관할구역의 범위 여하에 따라서는 청구인 광양시가 이 사건 계쟁지역에 대한 헌법상 및 법률상 자치권한을 가지고 있다고 인정될 가능성이 존재하고, 이 경우 청구인 광양시의 자치권한을 침해하게 되는 피청구인 순천시의 위 과세처분이 이 사건 계쟁지역에 대하여 청구인 광양시의 자치권한을 침해할 현저한 위험이 존재한다. 따라서 청구인 광양시의 피청구인 순천시에 대한 심판청구는 적법하다.

② 공유수면 점용·사용료 부과처분, 어업면허처분권한

판례 헌재 2019.4.11. 2016헌라8

[판시] 바다 등 공유수면에 대하여도 지방자치단체의 자치권한이 존재하고, 공유수면 점용·사용료 부과처분 또는 어업면허처분은 해당 공유수면의 관리청인 지방자치단체의 자치사무에 해당하므로('공유수면 관리 및 매립에 관한 법률' 제4조, 제8조, 제13조, 수산업법 제8조), 제1쟁송해역 또는 제2쟁송해역에서의 피청구인의 이 사건 부과처분과 청구인의 이 사건 면허처분은 모두 권한쟁의심판의 대상인 '처분'에 해당한다. * 어업면허사무가 자치사무라고 본 동지의 결정 : 헌재 2015.7.30. 2010헌라2.

* 검토 – 헌재가 "권한쟁의심판의 대상인 '처분'에 해당한다"라고 하여 대상성 문제에 결론을 내리면서 그 논증으로 그 결론을 내리기 이전의 판시에서 "지방자치단체의 자치사무에 해당하므로"라고 설시하고 있다. 따라서 이 부분 판시의 주쟁점은 대상성으로서 처분성 인정 문제가 아니라 자치사무로 청구인의 권한에 속하는가 하는 문제가 주쟁점이라 이해가 안 되는 결론이다. 처분성요건은 '청구인의 법적 지위에 구체적 영향'을 미치는 공권력작용'이어야 한다는 것이다(전술, 피청구인의 처분의 존재 부분 참조).

③ 지방선거사무

판례 헌재 2008.6.26. 2005헌라7

[판시] 지방의회의원은 일정한 지역을 기반으로 당선되어 그 지역의 이익을 대변하고 지방자치단체의

기관인 지방의회를 구성하는 구성원이고, 이러한 지방의회의원으로 구성된 지방의회는 지역주민을 대표하고 지방행정사무와 법령의 범위 안에서의 지방자치단체의 의사를 결정하며, 지방행정사무에 관한 조례를 제정하고, 주민의 대표로서 집행기관의 업무를 감시, 감독하는 역할을 한다. 지방자치단체의 장은 지방자치단체의 최고집행기관으로서 자치단체의 사무를 통할하고 집행할 권한을 가지는 독임제(獨任制) 행정기관이다. 위와 같은 지방의회의원과 지방자치단체장을 선출하는 지방선거는 지방자치단체의 기관을 구성하고 그 기관의 각종 행위에 정당성을 부여하는 행위라 할 것이므로 지방선거사무는 지방자치단체의 존립을 위한 자치사무에 해당한다.

* 본안판단결과 기각결정을 하였다([본안결정요지] 지방선거의 선거사무를 구·시·군 선거관리위원회가 담당하는 경우에도 그 비용은 지방자치단체가 부담하여야 하고, 이에 피청구인 대한민국국회가 지방선거의 선거비용을 지방자치단체가 부담하도록 공직선거법을 개정한 것은 지방자치단체의 자치권한을 침해한 것이라고 볼 수 없다).

④ **국가정책에 관한 주민투표 실시 사무의 성격** — 주민투표법 제8조에 따라 중앙행정기관의 장이 국가정책에 관한 주민투표 요구를 하면 지방자치단체 장이 실시하는 주민투표 사무의 성격에 대해 이를 자치사무로 볼 것인가 아니면 국가위임사무로 볼 것인가 논란된 바 있다. 이 문제가 제기된 사안은 제주도 전역을 하나의 지방자치단체로 할 것인지 아니면 점진적 변화를 전제로 우선 현행대로 유지할 것인지에 대한 의견을 구하는 주민투표요구를 행정자치부장관이 하면서 전자의 안으로 할 때 폐지될 제주시, 남제주군 등 기초자치단체가 제기한 권한쟁의심판사건에서였다. 자치사무나 단체에 위임된 사무가 아니라면 권한쟁의심판을 청구할 수 없어 각하가 될 것이므로 그 문제가 먼저 부각된 것이다. 헌재는 자치사무로서의 성격이 없다고 단정할 수 없다는 입장에서 이 문제에 관한 한 행정자치부장관의 그 주장을 배척하였다. 그러나 권한침해의 여지가 없다는 이유로 결국 아래 각하결정을 하였다.

판례 헌재 2005.12.22. 2005헌라5

[판시] 제8조의 투표실시사무가 지방자치단체의 자치사무인지 국가가 위임하는 기관위임사무인지에 관해서는 다음과 같은 상반된 측면이 있다. (1) 먼저 지방자치단체의 폐치·분합이라는 국가정책 수립에 참고하기 위한 투표이고, 중앙행정기관장의 요구에 의해 비로소 실시계기가 부여되며, 시행 여부와 투표구역에 관해서도 중앙행정기관장에게 재량이 있는 점, 비용을 국가가 부담하는 점(주민투표법 제27조 제1항 참조)은 이 투표사무가 국가사무라는 주장을 뒷받침한다고 할 수 있는 측면이다. 그러나 한편 투표할 사안이 국가정책으로서 국가사무에 대한 것이라 해서 주민의 의견수렴인 투표실시 자체까지 반드시 국가사무라고 볼 필연성은 없다. 주민투표법 제8조에서 국가정책에 관해서 주민의 의견을 참고하도록 하는 이유도 그 국가정책이 지방자치단체의 자치권 및 주민의 복리에 긴밀한 연관이 있어서 주민투표제도를 활용하여 주민의 의견을 듣고 또 지방의회의 의견도 반영할 수 있도록 하려는 것이므로 지방자치단체와 주민으로서도 이러한 제도를 통해 정확한 의사를 전달하는 데 깊은 이해관계를 가지고 있는 점, 그리고 지방자치단체의 폐치·분합에 관한 주민투표에 관련된 규정들의 위와 같은 연혁이나 주민투표법의 목적에 비추어보면 제8조의 주민투표 실시사무도 자치사무의 성격을 가질 수 있다고 판단된다. 또한 같은 조항은 중앙행정기관장의 투표요구가 있더라도 지방자치단체 장이 무조건 이를 따르도록 되어 있는 것이 아니라 발의 여부에 재량이 있고, 지방의회의 의견도 듣게 되어 있는 점도 위와 같은 판단을 뒷받침할 수 있는 측면들이다. (2) 제8조의 주민투표 실시사무에 자치사무로서의 성격이 없다고 단정할 수 없고, 또 자치사무인 경우 구체적으로는 지방자치단체 장이 수행하는 사무라도 지방자

치단체 장이 아닌 지방자치단체가 권한쟁의의 당사자로서 그 침해 여부를 다투어야 하므로 이 점에 관해 적법성을 다투는 피청구인들의 주장은 받아들이지 않는다.

3) 단체위임사무의 경우

(가) 개념과 범위

단체위임사무란 지방자치단체 자체가 국가나 다른 지방자치단체로부터 위임받은 사무를 말한다. 헌재는 위에서 본 지방자치법 제9조 제1항의 "'법령에 따라 지방자치단체에 속하는 사무'란 보통 단체위임사무를 말한다"라고 한다[1]. 동조 제2항은 "제1항에 따른 지방자치단체의 사무를 예시하면 다음 각 호와 같다"라고 하고 1. 지방자치단체의 구역, 조직, 행정관리 등에 관한 사무, 2. 주민의 복지증진에 관한 사무, 3. 농림·상공업 등 산업 진흥에 관한 사무, 4. 지역개발과 주민의 생활환경시설의 설치·관리에 관한 사무, 5. 교육·체육·문화·예술의 진흥에 관한 사무, 6. 지역민방위 및 지방소방에 관한 사무라고 예시하는 규정을 두고 있다.

(나) 대상성 긍정

지방자치단체 자체에 위임된 사무에 관하여 지방자치단체가 행한 권한쟁의심판청구의 적법하다고 보아야 한다. 지방자치단체 자체의 권한으로 위임되었고 이의 침해 문제도 지방자치단체의 권한의 침해 문제가 될 것이기 때문이다.

4) 기관위임사무에 관한 지방자치단체의 권한쟁의심판

기관위임사무를 둘러싼 권한쟁의심판은 그 기관위임사무권한이 침해되었다고 주장하는 경우[아래 (가)]와 그 기관위임사무권한행사로 인해 지방자치단체의 권한이 침해되었다고 주장하는 경우[아래 (나)]를 구별해야 한다.

(가) 기관위임사무권한 침해 주장의 지방자치단체 청구의 부적법성

위임사무 중 지방자치단체가 아닌 그 소속기관에게 위임된 사무인 기관위임사무에 관한 권한이 침해되었다고 지방자치단체 자체가 권한쟁의심판을 청구할 수 없다. 기관위임사무는 지방자치단체 자체에 속하는 사무가 아니기 때문이다. 기관에 대한 위임이란 집행기관(특별시장·광역시장·특별자치시장, 도지사·특별자치도지사, 시장, 군수, 구청장)에 대한 위임이다.

가) 헌재의 판례법리

헌재판례의 법리는 "기관위임사무의 집행권한의 존부 및 범위에 관하여 지방자치단체가 청구한 권한쟁의심판 청구는 지방자치단체의 권한에 속하지 아니하는 사무에 관한 심판청구로서 그 청구가 부적법하다"는 것인데 그 판시는 아래와 같다.

헌재판례법리 : 판례 "지방자치단체의 사무 중 국가가 지방자치단체의 장 등에게 위임한 기관위임사무는 그 처리의 효과가 국가에 귀속되는 국가의 사무로서 지방자치단체의 사무라 할 수 없고, 지방자치단체의 장 등은 기관위임사무의 집행권한과 관련된 범위에서는 그 사무를 위임한 국가기관의 지위에 서게 될 뿐 지방자치단체의 기관이 아니므로, 지방자치단체는 기관위임사무의 집행에 관한 권한의 존부 및

1) 헌재 2011.8.30. 2011헌라1, 판례집 23-2상, 264면.

범위에 관한 권한분쟁을 이유로 기관위임사무를 집행하는 국가기관 또는 다른 지방자치단체의 장을 상대로 권한쟁의심판을 청구할 수 없다 할 것이다. 결국 국가사무로서의 성격을 가지고 있는 기관위임사무의 집행권한의 존부 및 범위에 관하여 지방자치단체가 청구한 권한쟁의심판 청구는 지방자치단체의 권한에 속하지 아니하는 사무에 관한 심판청구로서 그 청구가 부적법하다고 할 것이다"(헌재 2004.9.23. 2000헌라2, 판례집 16-2상, 404, 418; 헌재 2008.12.26. 2005헌라11, 판례집 20-2하, 547, 552; 헌재 2011.9.29. 2009헌라5 등 참조).

나) 보기 결정례

관련 결정례들 중 아래에 대표적인 결정례를 살펴본다.

① **도시계획관련 위임사무** - 사안은 도시계획인가처분권 문제인데 지방자치단체의 장에게 위임된 국가위임사무이고 지방자치단체 자체의 권한이 아니어서 그 부분 침해주장의 청구에 대해서는 각하결정이 내려진 것이었다.

판례 성남시와 경기도간의 권한쟁의, 헌재 1999.7.22. 98헌라4

[청구인의 청구이유] 피청구인이 행한 공원구역외의 이 사건 진입도로에 대한 도시계획입안과 지정·인가처분은 청구인의 권한에 속하는 것이고, 인용재결내용에 포함된 것도 아니므로 청구인의 권한을 침해한 것으로서 무효이다. [관련판시] 지방자치단체는 헌법 또는 법률에 의하여 부여받은 그의 권한, 즉 지방자치단체의 사무에 관한 권한이 침해되거나 침해될 우려가 있는 때에 한하여 권한쟁의심판을 청구할 수 있다(헌법재판소법 제61조 제2항). 도시계획법 제25조 제1항은 "도시계획사업의 시행자는 대통령령이 정하는 바에 따라 그 사업의 실시계획을 작성하여 건설교통부장관의 인가를 받아야 한다."고 규정하고 있으므로, 도시계획사업실시계획인가처분(이하 "인가처분"이라 한다)의 권한은 도시계획법의 위 조항에 의하여 건설교통부장관에게 속하는 것임이 명백하다. 다만 동 권한은 같은 법 제10조 제1항, 같은 법 시행령 제6조 제1항 제10호에 의하여 시·도지사에게 위임되었고, 1993.4.13. 공포·시행된 경기도 사무위임규칙 중 개정규칙(규칙 제2394호)에 의하여 시장·군수에게 재위임되었을 뿐이다. 따라서 도시계획사업실시계획 인가사무는 시장·군수에게 위임된 기관위임사무로서 국가사무라고 할 것이므로, 청구인의 이 사건 심판청구 중 인가처분에 대한 부분은 지방자치단체의 권한에 속하지 아니하는 사무에 관한 것으로서 부적법하다.

② **지적공부의 등록·비치·보관·보존 등의 등록 관련 집행행위** - 헌재는 지적공부의 등록·비치·보관·보존 등의 등록 관련 집행행위는 국가사무라고 본다. 따라서 국가로부터 위임받아 이를 수행하는 지방자치단체의 장은 국가기관이고 이 공부의 사항으로 등록해달라거나 반대로 말소해달라는 심판청구는 지방자치단체인 청구인의 권한에 속하지 아니하는 사무에 관한 권한쟁의심판청구라고 할 것이므로, 청구인이 지방자치단체로서 헌법 또는 법률에 의하여 부여받은 권한을 침해받은 경우에 해당한다고 할 수 없어서 부적법하다고 본다. 이에 관한 결정례들은 적지 않다. 아래에 대표적으로 하나를 보면, 북제주군(청구인, 2006.7.1. '제주도 행정체제 등에 관한 특별법'이 시행됨에 따라 폐지되면서 제주특별자치도가 그 권한을 포괄적으로 승계)이 완도군(피청구인)에 대해 동경 126° 38′, 북위 33° 55′에 위치한 섬에 대한 관할권한이 청구인에게 있음을 확인하고 완도군수(피청구인)를 상대로 그 임야대장 등록말소를 하지 않는 부작위가 위법하다는 확인을 구하는 권한쟁의심판을 청구하였다. 헌재는 아래와 같이 이 말소업무가 국가사무라고 보고

위와 같은 법리로 위 부작위에 대한 청구를 각하하였다. 한편 헌재는 그러면서도 그 관할권한은 청구인에게 있음을 확인하는 결정을 하였다.

판례 헌재 2008.12.26. 2005헌라11

[주문] 1. 청구인의 피청구인 완도군수에 대한 심판청구를 각하한다. 2. 동경 126° 38′, 북위 33° 55′에 위치한 섬에 대한 관할권한이 청구인에게 있음을 확인한다.[판시] 다. 피청구인 완도군수에 대한 심판청구의 적법 여부 (1) 지방자치단체의 사무 중 국가가 지방자치단체의 장에게 위임한 기관위임사무는 그 처리의 효과가 국가에 귀속되는 국가의 사무로서 지방자치단체의 사무라 할 수 없고, 지방자치단체의 장은 기관위임사무의 집행권한과 관련된 범위에서는 그 사무를 위임한 국가기관의 지위에 서게 될 뿐 지방자치단체의 기관이 아니므로, 지방자치단체는 기관위임사무의 집행에 관한 권한의 존부 및 범위에 관한 권한분쟁을 이유로 기관위임사무를 집행하는 국가기관 또는 다른 지방자치단체의 장을 상대로 권한쟁의심판을 청구할 수 없다 할 것이다. 결국 국가사무로서의 성격을 가지고 있는 기관위임사무의 집행권한의 존부 및 범위에 관하여 지방자치단체가 청구한 권한쟁의심판 청구는 지방자치단체의 권한에 속하지 아니하는 사무에 관한 심판청구로서 그 청구가 부적법하다고 할 것이다(헌재 1999.7.22. 98헌라4, 판례집 11－2, 51, 64－65l; 헌재 2004.9.23. 2000헌라2, 판례집 16－2상, 404, 418 참조). 이와 관련하여 지적법은 임야대장 등 지적공부의 등록을 국가사무(제3조 제1항)로 규정하고, 지적공부의 등록·비치·보관·보존 등 집행행위를 소관청인 시장·군수가 담당하도록 하여(제2조 제2호, 제3조 제2항, 제8조 제1항 등 참조), 지적공부의 등록이라는 국가사무를 법률 그 자체에 의해서 시장·군수에게 위임하고 있으므로, 지적공부의 등록·비치·보관·보존 등 집행행위는 기관위임사무에 속하며, 지적공부의 등록사무를 관장하는 소관청인 시장·군수는 그 권한과 관련하여 국가기관으로서의 지위를 갖는다 할 것이다. 이 사건에 있어 청구인은 피청구인 완도군수의 이 사건 섬에 대한 임야대장 등록행위가 청구인의 지방자치권한을 침해한다는 전제 아래 이 사건 섬에 대한 관할권한의 확인과 그 임야대장 등록의 말소에 대한 부작위가 위법하다는 확인을 구하고 있으나, 지적법상 임야대장 등록 등에 관한 규정 내용에서 보듯이 이 부분 심판청구의 본질은 이 사건 섬의 임야대장 등록사무에 관한 권한의 존부 및 범위에 관한 다툼이라고 할 것이므로, 결국 지방자치단체인 청구인이 국가사무인 지적공부의 등록사무에 관한 권한의 존부 및 범위에 관하여 다투고 있다고 봄이 상당하다. 그렇다면 청구인의 피청구인 완도군수에 대한 심판청구는 지방자치단체인 청구인의 권한에 속하지 아니하는 사무에 관한 권한쟁의심판 청구로 볼 것이므로, 청구인이 지방자치단체로서 헌법 또는 법률에 의하여 부여받은 권한을 침해받은 경우에 해당하지 않는다. (2) 임야대장 등록사무 등 기관위임사무를 집행하는 국가기관으로서의 피청구인 완도군수는 해당 임야의 등록사무를 담당할 뿐 지방자치단체인 청구인 및 피청구인 완도군과 같이 자치권한을 행사하거나 다른 지방자치단체의 자치권한을 침해할 지위에 있지 아니하므로, 청구인과 피청구인 완도군수 사이에 이 사건 섬과 관련하여 지방자치권 자체에 관한 분쟁이 존재한다고 보기도 어렵고, 설령 청구인과 피청구인 완도군수 상호 간에 청구인의 지방자치권의 침해를 이유로 한 분쟁이 존재한다 하여도 이는 피청구인 완도군의 장래의 처분 또는 부작위를 매개로 하는 잠재적이며 간접적인 분쟁에 불과하다. (3) 위와 같이 청구인의 피청구인 완도군수에 대한 심판청구는 지방자치단체인 청구인이 국가사무인 지적공부의 등록사무에 관한 권한의 존부 및 범위에 관하여 국가기관의 지위에서 국가로부터 사무를 위임받은 피청구인 완도군수를 상대로 다투고 있는 것임이 분명하므로, 이 부분 심판청구는 그 다툼의 본질을 지방자치권의 침해로 보기 어렵고, 따라서 청구인의 권한에 속하지 아니하는 사무에 관한 권한쟁의심판 청구로서 부적법하다.

판례 헌재 2011.9.29. 2009헌라5

[판시] 이 사건에서 청구인은 피청구인 인천광역시장의 토지대장의 등록말소를 하지 아니한 부작위가 위법하다는 확인을 구하고 있는데, 이 부분 심판청구의 본질은 이 사건 계쟁지역의 지번 부여 및 토지등록

사무에 관한 권한의 존부 및 범위에 관한 다툼이라고 할 것이고, 지번 부여 및 토지등록 등 기관위임사무를 집행하는 국가기관으로서의 피청구인 인천광역시장은 이 사건 계쟁지역 토지의 등록사무를 담당할 뿐 지방자치단체인 청구인과 피청구인 연수구와 같이 자치권한을 행사하거나 다른 지방자치단체의 자치권한을 침해할 지위에 있지 아니하므로 청구인과 피청구인 인천광역시장 사이에 청구인의 지방자치권에 대한 실질적이며 직접적인 다툼이 있는 경우라고 보기도 어려우므로, 결국 이 사건에서 지방자치단체인 청구인이 국가사무인 지적공부의 등록사무에 관한 권한의 존부 및 범위에 관하여 다투고 있다고 봄이 상당하다. 그렇다면 청구인의 피청구인 인천광역시장에 대한 심판청구는 지방자치단체인 청구인의 권한에 속하지 아니하는 사무에 관한 권한쟁의심판청구라고 할 것이므로, 청구인이 지방자치단체로서 헌법 또는 법률에 의하여 부여받은 권한을 침해받은 경우에 해당한다고 할 수 없어서 부적법하다. * 동지 : 헌재 2004.9.23. 2000헌라2; 2008.12.26. 2005헌라11, 2011.9.29. 2009헌라3; 2011.9.29. 2009헌라4 등.

다) ②의 판례법리에 대한 검토

i) 문제의 본질에 대한 검토 – 위 판례 ②의 법리의 경우 문제의 본질이 잘못 파악되었고 따라서 그 판례들에서 판시가 정확하지 않다. 청구인이 지적공부에 관한 권한이 자신의 권한이라고 주장한 것이 아니고 피청구인이 말소하지 않은 부작위로 인해 청구인의 관할권 행사를 막는 자치권한의 침해라고 주장한 것이기 때문이다(2009헌라5의 청구인 주장 : "피청구인 인천광역시장은 청구인의 자치권한을 침해하는 이 사건 계쟁지역에 대한 토지등록을 말소할 의무가 있음에도 이를 이행하지 아니함으로써 청구인의 자치권한을 계속적으로 침해하고 있다"). 청구인이 자신의 권한이라고 주장도 하지 않은 지적공부에 관한 권한침해라고 보는 것은 잘못된 것이다. 이 사안은 지적공부업무를 기관위임받아 하는 지방자치단체장이 국가기관으로서 그의 부작위로 인해 청구인의 자치권이란 권한을 침해하는지가 문제되는 권한쟁의사건인 것이다. ii) 요건의 성격 – 그렇다면 위 ②의 경우는 여기 'Ⅳ. 청구인의 권한을 침해하였거나 침해할 현재한 위험이 있을 것'이라는 요건보다 앞서 본 'Ⅱ. 피청구인의 처분 또는 부작위'요건의 결여에 해당한다고 볼 것이다. iii) 주목 – 최근 헌재 2020.9.24. 2016헌라1(새만금 사건) 결정에서 국토교통부장관이 방조제에 대하여 지적공부에 할 신규등록이 청구인의 자치권한을 침해한다는 주장에 대해, 헌재는 "매립지의 매립 전 공유수면에 대한 관할권을 가졌을 뿐인 지방자치단체가 새로이 형성된 매립지에 대해서까지 어떠한 권한을 보유하고 있다고 볼 수 없으므로" 신규 매립지 자치권한 침해성이 없고(신규 매립지에 대한 이런 판례법리에 대해서는 뒤의 권한침해가능성 부분 참조) "따라서 이 사건 심판청구는 모두 부적법하다"라고 하여 지적공부 부분 청구도 부적법하다고 판시하여 국가사무의 기관위임법리에 따른 판시가 아니라고 보여져(신규 매립지에 대한 자치권한의 침해가능성이 없어 한꺼번에 모든 청구를 각하하였다는 점에서 그리 보여져) 판례의 변경이 이루어졌는지에 대한 검토가 필요하다고 하겠다. 만약 그렇다면 자치권한과 결부한 점에서는 위 우리의 지적에 부응된다 하겠다.

헌재 결정례 중에 아래와 같은 판시는 우리의 위 검토의견을 앞으로 헌재가 받아들일 가능성도 엿보이게 한다.

판례 헌재 2006.8.31. 2003헌라1

[판시] ○○ 주식회사에 대한 피청구인 순천시장의 과세처분이 국가위임 사무에 해당하고 피청구인 순천시장이 국가기관의 지위에서 이 사건 세금에 대한 부과처분을 한 것이라면, 이것은 지방자치단체와 국가기관 사이에 발생한 권한의 다툼으로 볼 수도 있을 것이다. 그러나 피청구인 순천시장의 ○○ 주식회사에 대한 세금 부과는 아래에서 보는 바와 같이 국가사무가 아닌 지방자치단체의 권한에 속하는 사항으로,… * 이하 판시에서는 결국 시장들이 청구하고 피청구인이 되어 부적법하여 각하한다는 이유로 마무리하긴 했으나 "국가기관의 지위에서 이 사건 세금에 대한 부과처분을 한 것이라면, 이것은 지방자치단체와 국가기관 사이에 발생한 권한의 다툼으로 볼 수"라는 부분이 주목을 끈다.

(나) 기관위임사무권한행사로 인한 지방자치단체 권한 침해 주장의 지방자치단체 청구의 경우

가) 문제의 파악 – 이 경우는 위 (가)와 구별된다. 이 경우는 기관위임사무가 침해당했다는 것이 아니라 기관위임사무로 인해 어느 지방자치단체의 권한이 침해된다고 주장하여 권한쟁의심판을 청구하는 경우이다. 위임된 그 국가사무를 어느 지방자치단체 집행기관이 수행함으로써 어떤 지방지단체의 권한이 침해된 경우에 권한쟁의는 지방자치단체 간의 권한쟁의가 아니고 국가기관과 지방자치단체 간의 권한쟁의가 되고 그 상대는 국가기관이 된다. 국가의 사무가 지방자치단체 집행기관에 위임된 경우 그 국가사무를 수행하는 수임 지방자치단체 집행기관은 국가기관으로서 이를 수행하는 것이다.

예시 : 예를 들어 S도의 도지사가 어떤 국가위임사무를 수행하는데 그 국가위임사무로 인해 기초지방자치단체인 Y시의 권한의 침해 문제가 발생하여 Y시가 권한쟁의심판을 S도 도지사를 상대로 청구하면 그 권한쟁의심판은 기초지방자치단체와 국가기관 간의 권한쟁의심판이 된다.

실제 예 : 그 실제례로 앞의 국가기관과 국가기관으로서 지방자치단체장 간의 권한쟁의부분에서 성남시와 재결청인 경기도지사와의 골프장 설립 문제를 둘러싼 다툼에 대해 살펴본 바 있다. 이 사안에서 도지사는 지방자치단체의 장이 아니라 재결사무라는 국가사무를 위임받은 국가기관이고 이 국가기관의 재결로 기초지방자치단체인 성남시의 권한을 침해하였다고 하여 인용결정까지 난 사안이다(헌재 1999.7.22. 98헌라4). 전술 참조. 이 결정에 대해서는 후술하기도 한다. 결국 이 사건은 지방자치단체와 국가기관 간의 권한쟁의사건이었던 것이다.

나) 요건의 성격 – 이 (나)의 경우는 여기 'Ⅳ. 청구인의 권한을 침해하였거나 침해할 현재한 위험이 있을 것'이라는 요건보다 앞서 본 'Ⅱ. 피청구인의 처분 또는 부작위'요건의 결여에 해당한다고 볼 것이다. 피청구인의 국가사무 수행인 재결처분에 의한 것이기 때문이다.

(다) 기관위임사무인지의 판단기준

헌재와 대법원은 "법령상 지방자치단체의 장이 처리하도록 규정하고 있는 사무가 자치사무인지 기관위임사무에 해당하는지 여부를 판단함에 있어서는 그에 관한 법령의 규정 형식과 취지를 우선 고려하여야 할 것이지만 그 외에도 그 사무의 성질이 전국적으로 통일적 처리가 요구되는 사무인지 여부나 그에 관한 경비부담과 최종적인 책임귀속의 주체 등도 아울러 고려하여 판단하여야 할 것이다"라고 한다(헌재 2009.7.30. 2005헌라2; 대법원 2001.11.27. 2001추57; 2004.6.11.

2004추34; 2006.7.28. 2004다759 등 참조).

5) 명칭 문제

(가) 동명(洞名) - 배타적 사용의 부정으로 인한 권한침해가능성 부정

피청구인(관악구)이 서울시의 동 통·폐합 및 기능개편계획에 따라 행정동을 통·폐합하면서 기존의 '신림4동'이라는 행정동(동주민센터) 명칭을 '신사동'으로, 기존의 '신림6동', '신림10동'이라는 행정동 명칭을 '삼성동'으로 각 변경하는 조례를 개정한 것이 청구인(강남구)의 행정동 명칭에 관한 권한을 침해한다는 주장에 대해 어느 지방자치단체가 특정한 행정동 명칭을 독점적·배타적으로 사용할 권한이 있다고 볼 수 없어 행정동 명칭에 관한 권한이 침해될 가능성이 없다고 보았다.

판례 서울특별시 강남구와 관악구간의 권한쟁의, 헌재 2009.11.26. 2008헌라4

[결정요지] 시와 구(자치구를 포함한다)의 관할구역 내에 있는 동의 명칭은 지적제도, 도로교통 등 공익과 관련성을 갖긴 하지만, 이와 같은 동의 명칭은 특정 지방자치단체의 명칭과는 구분되는 것으로서, 그 동 명칭이 지방자치단체의 정체성과 불가분의 관계를 이루는 것으로 보기는 어렵다. 더욱이 행정동은 행정사무를 원활히 하기 위해 조례로 정한 동으로 주민들의 거주 지역을 행정상의 편의에 의하여 설정한 행정구역의 단위를 뜻하므로, 행정동의 명칭이 당해 지방자치단체의 동일성·정체성과 직접 연관되어 있다고 보기 어려울 뿐만 아니라 이러한 행정동 명칭이 변경된다 하더라도, 주민등록주소나 등기부등본, 토지대장, 건축물대장 등 각종 공부상의 동(법정동) 주소가 변경되는 것도 아니어서, 행정동의 명칭 변경이 공익에 미치는 영향도 상대적으로 미약하다고 할 것이다. 행정동 명칭의 변경은 지방자치단체의 관할구역 안 행정구역의 명칭에 관한 사무로서 지방자치단체의 자치사무에 속하는 것이므로 그 지방자치단체의 조례로 정할 수 있다고 할 것이고, 지방자치단체가 행정동의 명칭을 정함에 있어 관계법령에서 내용상의 한계를 규정하거나 인접 지방자치단체 및 그 관할구역 내 주민의 이익을 보호하기 위한 특별한 제한규정을 두고 있지도 아니하다. 이와 같은 점 등을 종합해 보면, 지방자치단체와 견련성이 인정되는 명칭이 거래시장에서 상표 등에 해당하여 상표법 또는 부정경쟁방지법 등에 의하여 구체적, 개별적으로 보호될 수 있는지의 여부는 별론으로 하고, 적어도 지방자치단체와 다른 지방자치단체의 관계에서 어느 지방자치단체가 특정한 행정동 명칭을 독점적·배타적으로 사용할 권한이 있다고 볼 수는 없다. * 비슷한 사안의 동지의 결정 : 헌재 2009.11.26. 2008헌라3, 서울특별시 동작구와 관악구간의 권한쟁의([판시사항] 피청구인(관악구)이 서울시의 동 통·폐합 및 기능개편계획에 따라 행정동을 통·폐합하면서 기존의 '봉천제1동'이라는 행정동(동주민센터) 명칭을 '보라매동'으로 변경하는 내용으로 조례를 개정한 것이 청구인(동작구)의 행정동 명칭에 관한 권한을 침해할 가능성이 있는지 여부(소극)).

(나) 지정항만의 명칭 사용과 관할

판례 헌재 2008.3.27. 2006헌라1; 2010.6.24. 2005헌라9등

[판시] 특정 지방자치단체의 일부 구역이 다른 지방자치단체의 명칭을 사용하는 지정항만의 구역으로 지정되었다 하더라도 해당 지방자치단체의 구역 변경을 위한 별도의 법령 개정 등이 없는 한 그 관할 주체가 변경되지 않을 뿐 아니라(지방자치법 제4조 제1항), 그와 같이 지정항만의 구역으로 지정된 부분이 특정 지방자치단체의 관할구역에서 제외된다고 볼 수도 없으므로, 이 점에서도 이 사건 시행령 부분의 개정행위가 청구인들의 자치권한을 침해하였다거나 침해할 현저한 위험이 있다고 볼 수 없다.

4. 국회의원 심의·표결권 무관한 침해주장

헌재는 아래의 결정에서 선거권자의 연령을 낮추고, 국회의원선거와 관련하여 부분적으로 준연동형 비례대표제를 도입하여 비례대표국회의원의 선출방식을 변경하는 등 선거와 관련된 내용만을 담고 있어, 국회의원을 선출하는 방법과 관련되어 문제될 뿐이고, 청구인 국회의원들이 침해되었다고 주장하는 법률안 심의·표결권과는 아무런 관련이 없다고 하여 피청구인 국회의 이 사건 공직선거법 개정행위로 인하여 청구인 국회의원들의 법률안 심의·표결권이 침해될 가능성은 없다고 할 것이므로, 이 부분 심판청구는 부적법하다고 보았다.

판례 헌재 2020.5.27. 2019헌라6등

[판시] 청구인 국회의원들의 피청구인 국회의 이 사건 공직선거법 개정행위에 대한 청구에 관한 판단 – 청구인 국회의원들은 피청구인 국회의 이 사건 공직선거법 개정행위가 청구인 국회의원들의 법률안 심의·표결권을 침해하였다고 주장한다. – 권한쟁의심판은 피청구인의 처분 또는 부작위가 청구인의 권한을 침해하였거나 침해할 현저한 위험이 있는 경우에만 청구할 수 있다(헌법재판소법 제61조 제2항 참조). 피청구인 국회가 이 사건 공직선거법을 개정한 행위는 국회입법으로서 헌법재판소법 제61조 제2항의 처분에 해당하고, 따라서 권한쟁의심판의 대상이 될 수 있다. 그러나 국회의 위와 같은 입법이 권한쟁의심판의 대상이 되는 처분에 해당하더라도 이러한 처분에 대한 권한쟁의심판이 적법하기 위해서는 이것이 청구인의 권한을 침해하였거나 침해할 현저한 위험성이 있어야 한다. 그런데 이 사건 공직선거법 개정행위로 개정된 공직선거법(2020.1.14. 법률 제16864호)의 내용은 선거권자의 연령을 낮추고, 국회의원선거와 관련하여 부분적으로 준연동형 비례대표제를 도입하여 비례대표국회의원의 선출방식을 변경하는 등 선거와 관련된 내용만을 담고 있어, 국회의원을 선출하는 방법과 관련되어 문제될 뿐이고, 청구인 국회의원들이 침해되었다고 주장하는 법률안 심의·표결권과는 아무런 관련이 없다. 그렇다면 피청구인 국회의 이 사건 공직선거법 개정행위로 인하여 청구인 국회의원들의 법률안 심의·표결권이 침해될 가능성은 없다고 할 것이므로, 이 부분 심판청구는 부적법하다.

5. “권한을 침해하였거나 침해할 현저한 위험이 있는 경우” 요건(제2요소)

(1) 의미와 판단기준

현재시점에서 권한의 침해는 이미 침해의 사실이 있는 경우이고 ‘침해할 현저한 위험이 있는 경우’란 침해의 개연성이 강하여 아직 침해발생이 없어도 발생가능성이 농후한 상태를 의미한다. 현저성도 요건으로 부가되고 있음을 유의하여야 하고 그로써 농후성, 구체성을 요구하는 것이다. 이 판단은 객관적 관점에서 이루어져야 한다. 권한획정이라는 권한쟁의심판의 객관적 성격을 고려해야 한다.

헌재는 그 의미와 판단기준을 아래와 같이 판시하고 있다.

판례 헌재 2019.4.11. 2016헌라3

[판시] 여기서 ‘권한의 침해’란 피청구인의 처분 또는 부작위로 인한 청구인의 권한침해가 과거에 발생

하였거나 현재까지 지속되는 경우를 의미하고, '권한을 침해할 현저한 위험'이란 아직 침해라고는 할 수 없으나 조만간 권한침해에 이르게 될 개연성이 상당히 높은 상황, 즉 현재와 같은 상황의 발전이 중단되지 않는다면 조만간에 권한침해가 발생할 것이 거의 확실하게 예상되며, 이미 구체적인 법적 분쟁의 존재를 인정할 수 있을 정도로 권한침해가 그 내용에 있어서나 시간적으로 충분히 구체화된 경우를 말한다.

헌재가 자신이 설정한 위 기준에 따라 어떻게 판단하는지를 보기 위해 위 판시가 있은 위 결정의 요지를 계속해서 아래에 인용한다. 사안은 지방자치단체가 사회보장기본법상의 협의·조정을 거치지 아니하거나 그 결과를 따르지 아니하고 사회보장제도를 신설 또는 변경하여 경비를 지출한 경우 행정안전부장관이 교부세를 감액하거나 반환을 명할 수 있는 것으로 피청구인(대통령)이 2015.12.10. 대통령령 제26697호로 지방교부세법시행령 제12조 제1항 제9호(이하 '이 사건 시행령조항')를 개정한 행위(이하 '이 사건 개정행위')가 청구인의 자치권한을 침해 또는 침해할 현저한 위험성이 있다고 하여 청구된 사안인데 헌재는 부정하여 각하결정을 한 것이다.

판례 헌재 2019.4.11. 2016헌라3

[결정요지] (1) 이 사건에서 문제되는 청구인의 권한 – 이 사건 시행령조항에 의하면, 지방자치단체가 주민의 복지증진을 위하여 사회보장제도를 신설하거나 변경할 경우 사회보장기본법 제26조 제2항 및 제3항에 따른 협의·조정을 거치지 아니하고 경비를 지출하거나 협의·조정 결과를 따르지 아니하고 경비를 지출한 경우 교부세의 반환 또는 감액 조치를 받을 수 있다. 따라서 이 사건 개정행위로 인한 침해 여부가 문제되는 권한은 지방자치단체의 주민복지사무에 관한 자치행정권 및 그와 관련된 자치재정권을 내용으로 하는 자치권한이라 할 수 있다. (2) 권한 침해의 현저한 위험 인정 여부 – 그런데 이 사건 시행령조항 및 모법인 지방교부세법 제11조 제2항에서는 '지방자치단체가 협의·조정을 거치지 않거나 그 결과를 따르지 아니하고 경비를 지출한 경우 지방교부세를 감액하거나 반환하도록 명할 수 있다.'고 정하고 있을 뿐이므로 실제로 지방교부세가 감액되거나 반환되지 않는 이상 권한침해가 현실화되었다고 보기는 어렵다. 이 사건 개정행위 이후에도 사회보장제도를 신설 또는 변경하는 상황이 발생하지 않을 수도 있고, 협의가 원만하게 이루어져 아무런 분쟁이 발생하지 않을 수도 있으며, 협의가 이루어지지 않았으나 지방자치단체가 경비지출을 스스로 포기할 수도 있고, 지방자치단체가 임의로 경비를 지출하였으나 지방교부세가 감액되지 않을 수도 있다. 지방교부세 감액 여부도 행정안전부장관의 재량사항이기 때문이다. 또한, 지방자치단체로 하여금 사회보장제도를 신설 또는 변경할 때 중앙정부와의 협의·조정 절차를 거치도록 한 것은 사회보장기본법 제26조 제2항 및 제3항에서 이미 정하고 있던 사항으로서 이 사건 시행령조항과는 직접적인 관련이 없고, 이 사건 시행령조항이 지방자치단체의 주민복지사무 수행에 직접 어떠한 제재를 가하는 것도 아니다. 결국, 이 사건 개정행위에도 불구하고 지방자치단체도 행정안전부장관도 아무런 행동을 취하지 않을 경우에는 해당 지방자치단체의 자치권한에 아무런 침해상황이 발생하지 않고, 협의 결렬과 경비 지출, 지방교부세 감액이라는 일련의 조건이 모두 성립하여야만 비로소 권한침해가 구체적으로 발생하는 것이다. 그 전에는 조건 성립 자체가 유동적이므로 권한침해의 현저한 위험, 즉 조만간에 권한침해에 이르게 될 개연성이 현저하게 높은 상황이라고 보기도 어렵다. 따라서 이 사건 시행령조항 자체로써 지방자치단체의 자치권한의 침해가 확정적으로 현실화되었다거나 자치권한을 침해할 현저한 위험이 인정된다고 보기는 어렵다.

* 검토 – 장관의 재량이라고 하면 언제 그 권한을 행사할지 모를 상황인데 장관의 재량이라는 점, 당시에 감액결정이 없었다는 점을 내세워 그 침해위험이 없다고 결론짓는 것은 타당하지 못하다. 재량성

이란 언제든지 장관의 감액결정이 가능함을 의미하므로 위험성이 없다고 단정지을 수 없고 그러한 재량성을 주는 것이 지방자치제도에 부합하는지 등에 대해 객관적인 판단이 필요하다. 지방자치권의 중요성을 고려하더라도 그러하다.

(2) 권한의 침해, 침해할 현저한 위험이 부인되어 각하된 예

1) 채무불이행

판례 영일군과 정부 간의 권한쟁의, 헌재 1998.6.25. 94헌라1

[결정요지] 헌법재판소법 제61조 제2항에 의하면 지방자치단체인 청구인이 국가기관인 피청구인을 상대로 권한쟁의심판을 청구하려면 피청구인의 처분 또는 부작위가 헌법 또는 법률에 의하여 부여받은 청구인의 권한을 침해하였거나 침해할 현저한 위험이 있는 경우이어야 한다. 그런데 이 사건 분쟁의 본질은 이 사건 어업면허의 유효기간연장의 불허가처분으로 인한 어업권자에 대한 손실보상금 채무가 처분을 행한 청구인이 부담할 것인가, 그렇지 않고 그 기간연장에 동의하지 아니한 피청구인이 구 수산업법 제81조 제2항 소정의 불허가처분의 수익자나 같은 법 시행령 제64조 제1항 소정의 불허가처분을 요청한 행정관청으로서 부담할 것인가의 문제로서, 결국 이와 같은 다툼은 청구인이 주장하는 바와 같이 유효기간연장의 불허가처분으로 인한 손실보상금 지급 권한의 존부 및 범위 자체에 관한 청구인과 피청구인 사이의 직접적인 다툼이 아니라(손실보상금 지급 권한이 처분을 행한 행정관청인 청구인에게 있음은 구 수산업법 제81조 제1항에 의하여 명백하다) 그 손실보상금 채무를 둘러싸고 어업권자와 청구인, 어업권자와 피청구인 사이의 단순한 채권채무관계의 분쟁에 불과한 것으로 보인다. … 가사 피청구인이 이 사건 불허가처분으로 인한 손실보상금 채무의 채무자로서 그 채무를 이행하지 않고 있다고 하더라도 피청구인이 그 채무를 이행하지 않는 것과 청구인이 그 채무를 이행하는 것과는 법률상 전혀 별개의 문제로 직접적인 관련이 있다고 할 수 없으므로 청구인이 주장하는 피청구인의 부작위인 채무불이행이 헌법 또는 법률에 의하여 부여받은 청구인의 권한을 침해하였거나 침해할 현저한 위험이 있는 경우에 해당한다고 할 수도 없다. 따라서 이 사건 심판청구는 청구인이 피청구인을 상대로 권한쟁의심판을 청구할 수 있는 요건을 갖추지 못한 것으로서 부적법하므로 각하하기로 결정한다.

2) '부수적으로 발생하는 사실상의 간접적인 불이익'

헌재는 '부수적으로 발생하는 사실상의 간접적인 불이익'이 있는 경우에 권한침해가능성을 인정하지 않는다. 이러한 법리가 나타난 결정의 사안은 4대강 살리기 사업에 관한 것이었다. 헌재는 국토해양부장관이 낙동강 사업에 관한 포괄적 시행권을 대행계약 형태로 경상남도지사에게 대행시킨 후 계약상 채무불이행을 이유로 위 대행계약을 해제하고 낙동강 사업의 시행권을 회수한 행위가 청구인인 경상남도의 권한을 침해한다는 주장의 권한쟁의심판사건이었다. 헌재는 이 회수행위로 경제적·복지적 이익을 추구할 수 없게 되었지만, 이는 사업시행권 회수로 인하여 부수적으로 발생하는 사실상의 간접적인 불이익에 지나지 않으므로 '권한을 침해하였거나 침해할 현저한 위험'이 없다고 보아 각하결정을 한 것이다.

판례 헌재 2011.8.30. 2011헌라1

[결정요지] 주민복리에 관한 자치권한 침해 주장에 대한 판단 – 청구인은 피청구인이 낙동강 사업에 관한 시행권을 부당하게 회수해 감으로써 낙동강 유역을 중심으로 지역경제를 활성화시키고 주민의 복리

에 관한 사무를 처리할 수 있는 '자치권한'을 침해당하였다고 주장한다. 살피건대, 지방자치단체로서 청구인이 낙동강 유역을 포함한 지역 전체에 걸쳐 경상남도 주민들이 쾌적한 환경에서 인간다운 생활을 할 권리를 보장하고 보호해 주어야 할 책무를 가지고, 또한 경제적인 면에서나 문화·사회적인 면을 비롯한 전반적인 생활영역에서 이들 주민의 복리를 증진시키기 위한 사무를 처리할 '자치권한'을 갖는다는 사실은 헌법과 법률의 규정에 비추어 명백하다. 그러나, 피청구인이 낙동강 사업의 시행권을 이 사건 대행계약을 통하여 청구인에게 위임하는 과정 또는 계약을 해제하면서 회수해 가는 과정에서는 물론, 시행되는 낙동강 사업의 내용 자체에서도, 낙동강 유역을 포함한 경상남도 전역에 걸쳐 지역주민의 복리를 증진시키기 위하여 청구인이 행사하는 '자치권한'에 어떠한 제약을 가하거나 조건 내지 부담을 부과한 적이 없으므로, 피청구인의 이 사건 처분으로 말미암아 청구인의 일반적인 '자치권한'이 직접 제약받을 가능성은 없다고 할 것이다. 물론 낙동강 사업을 시행하는 과정에서 청구인은 각종 계약이나 행정행위를 통하여 지역경제의 이익과 주민의 복리를 도모할 수 있는 많은 기회를 가지게 될 터인데 사업시행권이 회수됨으로 말미암아 더 이상 이러한 경제적·복지적 이익을 추구할 수 없게 되었지만, 이는 사업시행권 회수로 인하여 부수적으로 발생하는 사실상의 간접적인 불이익에 지나지 않으므로, 위 사업시행권 회수로 말미암아 발생할 이러한 사실상의 경제적 불이익을 이유로 적법한 계약해제를 중지시킬 아무런 법적 권리가 청구인에게는 없다. 따라서 청구인의 주민복리에 관한 '자치권한' 침해 주장 부분 역시 청구인의 '권한이 침해될 가능성'이 없어 부적법하다.

3) 대외적 관계에서의 침해성 부정 - 국회의원의 심의·표결권의 경우

(가) 판례논거

헌재는 국회의원의 심의·표결권은 국회의 대내적인 관계에서 행사되고 침해될 수 있을 뿐 다른 국가기관과의 대외적인 관계에서는 침해될 수 없는 것이므로 대통령 등 국회 이외의 국가기관과 사이에서는 권한침해의 직접적인 법적 효과를 발생시키지 아니한다. 따라서 피청구인인 대통령이 국회의 동의 없이 조약을 체결·비준하였다 하더라도 국회의 체결·비준 동의권이 침해될 수는 있어도 국회의원인 청구인들의 심의·표결권이 침해될 가능성은 없다고 한다.

판례 헌재 2007.7.26. 2005헌라8

[사건개요] * 이 사안은 WTO 쌀 협상과 관련한 것이었는데 앞의 제3자소송 담당 문제 부분 참조. [결정요지] 국회 외의 국가기관에 의한 국회의원의 심의·표결권의 침해가능성 여부 – 국회가 헌법 제60조 제1항에 따라서 조약의 체결·비준에 대한 동의권한을 행사하는 경우에, 국회의원은 헌법 제40조 및 제41조 제1항과 국회법 제93조 및 제109조 내지 제112조에 따라서 조약의 체결·비준 동의안에 대하여 심의·표결할 권한을 가진다. 그런데 국회의 동의권과 국회의원의 심의·표결권은 비록 국회의 동의권이 개별 국회의원의 심의·표결절차를 거쳐 행사되기는 하지만 그 권한의 귀속주체가 다르고, 또 심의·표결권의 행사는 국회의 의사를 형성하기 위한 국회 내부의 행위로서 구체적인 의안 처리와 관련하여 각 국회의원에게 부여되는데 비하여, 동의권의 행사는 국회가 그 의결을 통하여 다른 국가기관에 대한 의사표시로서 행해지며 대외적인 법적 효과가 발생한다는 점에서 구분된다. 따라서 국회의 동의권이 침해되었다고 하여 동시에 국회의원의 심의·표결권이 침해된다고 할 수 없고, 또 국회의원의 심의·표결권은 국회의 대내적인 관계에서 행사되고 침해될 수 있을 뿐 다른 국가기관과의 대외적인 관계에서는 침해될 수 없는 것이므로, 국회의원들 상호 간 또는 국회의원과 국회의장 사이와 같이 국회 내부적으로만 직접적인 법적 연관성을 발생시킬 수 있을 뿐이고 대통령 등 국회 이외의 국가기관과 사이에서는 권한침해의 직접적인 법적 효과를 발생시키지 아니한다. 따라서 피청구인 대통령이 국회의 동의 없이 조약

을 체결·비준하였다 하더라도 국회의 체결·비준 동의권이 침해될 수는 있어도 국회의원인 청구인들의 심의·표결권이 침해될 가능성은 없다고 할 것이므로, 청구인들의 이 부분 심판청구 역시 부적법하다. * 동지 : 헌재 2007.10.25. 2006헌라5; 2008.1.17. 2005헌라10; 2011.8.30. 2011헌라2; 2015.11.26. 2013헌라3; 2016.4.28. 2015헌라5 등.

(나) 구체적 사안 판례

가) 입법권 침해 주장의 권한쟁의에서의 권한침해가능성부정의 각하결정

그 예로 행정자치부장관이 2015.10.16. 행정자치부고시 제2015-37호로 '중앙행정기관 등의 이전계획'을 변경하였는데, 그 내용은 국민안전처와 인사혁신처를 세종시 이전대상 기관에 포함시켜 2015년 내 이전을 시작하여 2016. 3.까지 이전을 마무리하도록 하는 것이었던바 이 변경행위가 국회의 입법권을 침해한다고 하여 행정자치부장관이 국회의원들의 국회의원의 심의·표결권을 침해하는 것이라고 주장하면서 국회의원들이 청구한 권한쟁의심판사건에서 국회의원의 심의·표결권은 국회의 대내적인 관계에서 행사되고 침해될 수 있을 뿐이라는 이유로 각하한 아래의 결정례가 있었다.

판례 헌재 2016.4.28. 2015헌라5

[결정요지] 헌법재판소는 2015.11.26. 2013헌라3 결정(* 바로 위 (가) 판례논거에서 동지로 인용한 결정)에서 헌법재판소는 2015.11.26. 2013헌라3 결정에서, "국회의원의 심의·표결권은 국회의 대내적인 관계에서 행사되고 침해될 수 있을 뿐 다른 국가기관과의 대외적인 관계에서는 침해될 수 없다"는 취지로 판단한 바 있다. 살피건대, 이 사건에서 위 쟁점에 대하여 위 선례와 달리 판단하여야 할 사정변경이 있다고 볼 수 없으므로, 선례의 판단을 그대로 유지하기로 한다. 그런데 조약의 체결·비준 동의안에 대한 것이든, 법률안에 대한 것이든 모두 국회의원의 심의·표결권이라는 점에서는 동일하므로, 나머지 청구인들이 국민안전처 등을 이전대상 제외 기관으로 명시할 것인지에 관한 법률안에 대하여 심의를 하던 중에 피청구인이 국민안전처 등을 세종시로 이전하는 내용의 이 사건 처분을 하였다고 하더라도, 국회의원인 나머지 청구인들의 위 법률안에 대한 심의·표결권이 침해될 가능성은 없다. 따라서 나머지 청구인들의 이 부분 심판청구 역시 모두 부적법하다.

나) 조약안 심의·표결권 침해 주장의 권한쟁의에서의 권한침해가능성부정의 각하결정례

판례 국회의원과 정부간의 권한쟁의, 헌재 2007.7.26. 2005헌라8

[사건개요] * 이 사안은 WTO 쌀 협상과 관련한 것이었음. (1) 대한민국 정부는 1995년부터 2004년까지 10년간 쌀에 대한 관세화를 유예받았던 특별대우를 2014년까지 10년간 추가로 연장하기 위하여 세계무역기구(WTO) 회원국들과 사이에 소위 쌀협상을 하였고, 그 결과 다시 10년간 쌀에 대한 관세화를 유예하기로 하는 내용의 "세계무역기구 설립을 위한 마라케쉬 협정 부속서 1가 중 1994년도 관세 및 무역에 관한 일반협정에 대한 마라케쉬 의정서에 부속된 대한민국 양허표 일부개정안"을 채택하게 되었다. (2) 정부는 위 쌀협상 과정에서 이해관계국인 미국, 인도, 이집트와 사이에 쌀에 대한 관세화 유예기간을 연장하는 대가로 위 나라들의 요구사항을 일부 수용하는 내용의 각 합의문(이하 '이 사건 합의문'이라고 한다)을 작성하였다. (3) 정부가 2005.6.7.경 국회에 위 양허표 개정안에 대한 비준동의안을 제출하면서 이 사건 합의문을 포함시키지 아니하자, 국회의원인 청구인들은 이 사건 합의문을 포함하여 비준동의안을 제출할 것을 요구하였고, 정부는 이를 거부하였다. (4) 이에 청구인들은 2005.10.31. 위 양허표 개정

안에 대한 비준동의안 제출행위와 이 사건 합의문에 대한 비준동의안 제출거부행위로 인하여 청구인들의 조약안 심의·표결권이 침해되었다고 권한쟁의심판을 청구하였다. [결정요지] 국회의원의 심의·표결권은 국회의 대내적인 관계에서 행사되고 침해될 수 있을 뿐 다른 국가기관과의 대외적인 관계에서는 침해될 수 없는 것이므로, 국회의원들 상호 간 또는 국회의원과 국회의장 사이와 같이 국회 내부적으로만 직접적인 법적 연관성을 발생시킬 수 있을 뿐이고 대통령 등 국회 이외의 국가기관과 사이에서는 권한침해의 직접적인 법적 효과를 발생시키지 아니한다. 따라서 피청구인인 대통령이 국회의 동의 없이 조약을 체결·비준하였다 하더라도 국회의원인 청구인들의 심의·표결권이 침해될 가능성은 없다.

* 조약 체결·비준 동의에 관한 동지 결정례 : 헌재 2007.10.25. 2006헌라5(사안은 한·미 FTA 협상에 대한 국회의 동의 문제였는데 [심판대상]은 앞의 제3자소송담당 문제 부분 참조); 2011.8.30. 2011헌라2{[심판대상] ① 대한민국 국군에 대한 작전지휘권과 작전통제권을 이양하는 조약에 대한 비준동의안을 국회에 제출하지 않고 있는 행위와 ② 미국과의 사이에 대한민국의 전시 작전통제권을 대한민국 합동참모부로 전환하는 시기를 2015년으로 연기하는 "전략동맹 2015" 합의문을 통해 전시 작전통제권의 전환일정을 2015년으로 연기한 행위가 청구인들의 조약비준동의안에 대한 심의·표결권을 각 침해하여 헌법에 위반되는지 여부); 2015.11.26. 2013헌라3([심판대상] 'WTO 정부조달협정' 제24조 제7항에서 정한 협상의무에 따라 회원국들은 위 협정의 범위를 확대하기 위한 협상을 진행하였으며, 2011.12.15. 개정 협상이 타결되어 2012.3.30. 'WTO 정부조달협정 개정의정서'(이하 '이 사건 의정서'라 한다)가 공식적으로 채택되었는데 대통령이 이 의정서의 체결·비준에 대한 국회의 동의를 요구하지 않고 있는 부작위가 국회의원의 조약 체결·비준 동의안 심의·표결권을 침해하는지 여부).

다) '예산 외에 국가의 부담이 될 계약'에 대한 국회의 의결권 침해 주장의 권한쟁의에서의 권한침해가능성부정의 각하결정례

판례 헌재 2008.1.17. 2005헌라10

[사건개요] * 이른바 BTL(Build Transfer Lease)방식 민간투자사업을 정부가 승인하는 것은 '예산 외에 국가의 부담이 될 계약'인데 이를 추진함에 있어서 국회에 2006년도 동 사업의 총한도액과 시설별 한도액 제출하여 보고만 하고 국회의 의결을 구하지 않았다고 하여 대통령·국무총리·기획예산처장관을 상대로 국회의원의 심의표결권한을 침해하였다고 청구한 권한쟁의심판. [청구인주장] * 앞의 제3자소송 담당 문제 부분 참조. [결정요지] 국회의원의 심의·표결권은 국회의 대내적인 관계에서 행사되고 침해될 수 있을 뿐 다른 국가기관과의 대외적인 관계에서는 침해될 수 없는 것이므로, 국회의원들 상호 간 또는 국회의원과 국회의장 사이와 같이 국회 내부적으로만 직접적인 법적 연관성을 발생시킬 수 있을 뿐이고 대통령 등 국회 이외의 국가기관과 사이에서는 권한침해의 직접적인 법적 효과를 발생시키지 아니한다. 그렇다면 정부가 국회의 동의 없이 예산 외에 국가의 부담이 될 계약을 체결하였다 하더라도 국회의 동의권이 침해될 수는 있어도 국회의원인 청구인들 자신의 심의·표결권이 침해될 가능성은 없다. 따라서 청구인들의 이 부분 심판청구도 부적법하다.

라) 구분점

위와 같은 사안에서 청구인인 국회의원들은 대부분 두 가지 침해, 즉 ① 국회 자체의 입법권이나 조약 체결·비준 동의권 침해와 ② 국회의원의 심의·표결권 침해를 주장하였는데 헌재는 ①에 대해서는 앞서 당사자 부분에서 본 대로 제3자소송담당이라고 하여 각하하고 ②에 대해서는 여기 권한침해가능성 부정을 이유로 각하하는 것이다.

(다) 비판

위 법리에 대해서는 국회의 권한인 입법권, 조약체결비준동의권 같은 권한도 국회의원의 심의·표결권에 의해 행사될 수 있다는 점에서 후자의 권한이 국회 내부에만 머무르는 효과를 가지는 것만은 아니라서 받아들이기 곤란하다.

4) 국회 특별위원회 위원의 개선행위

의안에 관한 심의·표결절차에 들어갈 때 비로소 침해(침해위험성)가 있다는 이유로 청구시 위험성이 부정된다고 하여 각하한 아래 결정이 있다. 사안은 국회 사법개혁특별위원회('사개특위') 위원인 바른미래당 의원 2명을 국회의장이 강제 개선(교체)한 행위에 대해 자유한국당 의원들이 권한쟁의심판을 청구한 것이다.

판례 헌재 2020.5.27. 2019헌라3, 2019헌라2(병합)

[판시] 사개특위 위원이 아닌 청구인들은 사개특위에서 이루어진 이 사건 각 개선(改選. 위원을 교체하는 것)행위에 의하여 그 권한을 침해받았거나 침해받을 현저한 위험성이 있다고 보기 어렵다. 사개특위 위원인 청구인들의 경우에도 이 사건 각 개선행위만으로는 권한의 침해나 침해의 위험성이 발생한다고 보기 어렵고, 사개특위가 개회되어 신속처리안건 지정동의안에 관한 심의·표결 절차에 들어갔을 때 비로소 그 권한의 침해 또는 침해의 위험성이 존재한다. 이 부분 심판청구는 모두 부적법하다.

5) 국회 입안지원시스템(전산정보시스템)을 통한 의원입법발의 접수

국회의장이 전산정보시스템인 국회 입안지원시스템을 통한 의원 입법의 발의를 접수한 것이 국회의원의 법률안 심의·표결권의 침해라는 주장에 대해 헌재는 그 침해될 가능성 또는 위험은 각 국회의원이 해당 법률안을 심의할 수 있는 상태가 되었을 때 비로소 현실화될 수 있으므로 안건 상정, 본회의 부의 등과는 별도로 오로지 전자정보시스템으로 제출된 법률안을 접수하는 수리행위만으로는 사개특위 및 정개특위 위원인 청구인들의 법률안 심의·표결권이 침해될 가능성이나 위험성이 없다고 보아 그 부분 청구를 각하하였다.

판례 헌재 2020.5.27. 2019헌라3

[판시] 사개특위 및 정개특위 위원인 청구인들은 피청구인 국회의장의 이 사건 법률안 수리행위는 국회법 제79조 제2항을 위반하였고, 그 중 2019.4.26. '고위공직자범죄수사처 설치 및 운영에 관한 법률안(의안번호 제2020029호)'을 수리한 행위는 국회법 제90조도 위반하였으므로, 자신들의 법률안 심의·표결권을 침해하여 무효라고 주장한다. 법률안에 대한 국회의원의 심의·표결권이 침해될 가능성 또는 위험은 각 국회의원이 해당 법률안을 심의할 수 있는 상태가 되었을 때 비로소 현실화될 수 있다. 따라서 국회의장의 이 사건 법률안 수리행위에 대한 권한쟁의심판청구가 법률안에 대한 위원회 회부나 안건 상정, 본회의 부의 등과는 별도로 오로지 전자정보시스템으로 제출된 법률안을 접수하는 수리행위만을 대상으로 하는 한, 그러한 법률안 수리행위만으로는 사개특위 및 정개특위 위원인 청구인들의 법률안 심의·표결권이 침해될 가능성이나 위험성이 없다. 따라서 이 부분 심판청구도 모두 부적법하다.

6) 장관의 재량

장관의 재량을 부여하는 시행령일 경우 그 시행령으로 인한 권한침해위험성을 부정한 예가 있다.

판례 헌재 2019.4.11. 2016헌라3. * 이 결정에 대해서는 위 '(1) 의미와 판단기준' 부분 참조.

7) 법원 재판의 국회의원 권한 침해가능성 부정

국회의원이 교원들의 교원단체 가입현황을 자신의 인터넷 홈페이지에 게시하여 공개하려 하였으나, 법원이 그 공개로 인한 기본권침해를 주장하는 교원들의 신청을 받아들여 그 공개의 금지를 명하는 가처분 및 그 가처분에 따른 의무이행을 위한 간접강제 결정을 한 것에 대해 국회의원이 법원을 상대로 제기한 권한쟁의심판청구 사건에서 권한침해가능성을 부정하여 각하 결정을 하였다. 헌재는 청구인이 헌법 제40조, 제46조 제2항, 제61조에 의하여 부여받은 국회의원으로서의 권한을 침해하였다는 주장에 대해 입법권, 국정감사·조사권은 국회의원이 아니라 국회 자체에 속하는 것이고 헌법 제46조 제2항은 국회의원의 의무 또는 직무수행에 있어 지켜야 할 원칙에 관한 규정으로서, 그로부터 곧바로 국회의원의 구체적인 권한이 인정된다고 보기는 어렵다고 보아 침해되는 권한 자체를 부정하는 것으로 이해하게 한다. 나아가 헌재는 국회의원의 입법작용, 국정감사·조사관련 권한인 심의권·표결권·의결권 침해가능성에 대해서도 살펴보았는데 가처분재판과 이 사건 간접강제재판으로 인해 그 침해가능성 또한 없다고 보았다.

판례 헌재 2010.7.29. 2010헌라1

[결정요지] 가. 권한쟁의심판청구의 요건 – (1) 생략 (2) 권한쟁의심판에서 다툼의 대상이 되는 권한이란 헌법 또는 법률이 특정한 국가기관(이하 지방자치단체를 포함한다)에 대하여 부여한 독자적인 권능을 의미하는바, 국가기관의 모든 행위가 권한쟁의심판에서 의미하는 권한의 행사가 될 수는 없으며, 국가기관의 행위라 할지라도 헌법과 법률에 의해 그 국가기관에게 부여된 독자적인 권능을 행사하는 경우가 아닌 때에는 비록 국가기관의 행위가 제한을 받더라도 권한쟁의심판에서 말하는 권한이 침해될 가능성은 없는 것이다. 나. 청구인의 국회의원으로서의 권한에 대한 침해가능성 (1) 청구인은 이 사건 가처분재판과 이 사건 간접강제재판이 헌법 제40조, 제46조 제2항, 제61조에 의하여 부여받은 국회의원으로서의 권한을 침해하였다고 주장한다. 그런데 헌법 제40조는 "입법권은 국회에 속한다."고 규정하고 있는바, 국회의원은 국회의원의 권한이 아닌 국회의 권한 침해를 주장하며 권한쟁의심판을 청구할 수 없으므로, 청구인은 국회의 권한인 입법권 자체의 침해를 주장하며 권한쟁의심판을 청구할 수는 없다. 그리고 헌법 제46조 제2항은 국회의원의 의무 또는 직무수행에 있어 지켜야 할 원칙에 관한 규정으로서, 그로부터 곧바로 국회의원의 구체적인 권한이 인정된다고 보기는 어렵다. 또한 청구인은 헌법 제61조에 의해 부여받은 권한의 침해도 주장하고 있으나, 헌법 제61조는 제1항에서 "국회는 국정을 감사하거나 특정한 국정사안에 대하여 조사할 수 있으며, 이에 필요한 서류의 제출 또는 증인의 출석과 증언이나 의견의 진술을 요구할 수 있다."고 규정하고, 제2항에서 "국정감사 및 조사에 관한 절차 기타 필요한 사항은 법률로 정한다."고 규정하고 있는바, "국정감사권"과 "국정조사권"은 국회의 권한이고, 국회의원의 권한이라 할 수 없으므로 국회의원인 청구인으로서는 국정감사권 또는 국정조사권 자체에 관한 침해를 들어 권한쟁의심판을 청구할 수 없다. (2) 다만, 헌법 제40조, 제46조 제2항, 제61조에 의하여 부여받은 국회의원으로서의 권한이 침해되었다는 청구인의 주장은, 국회의 입법작용이나 국정감사 또는 국정조사와 관련하여 국회의원에게 부여된 권한의 침해를 주장하는 것으로 이해할 수 있는바, 그와 같은 국회의원의 권한이 침해될 가능성이 있는지에 대해 살펴본다. (가) 먼저 국회의 입법작용과 관련된 국회의원의 권한으로는, 비록 헌법에 명문의 근거는 없지만 의회민주주의 원리와 입법권을 국회에 귀속시키고 있는 헌법 제40조, 국민에 의하여 선출되는 국회의원으로 국회를 구성한다고 규정한 헌법 제

41조 제1항으로부터 도출되는 법률안 심의·표결권과 헌법 제52조가 명문으로 규정하고 있는 법률안 제출권이 있다. 그런데 국회의원의 심의·표결권은 국회의 대내적인 관계에서 행사되고 침해될 수 있을 뿐 다른 국가기관과의 대외적인 관계에서는 침해될 수 없는 것이어서(헌재 2007.7.26. 2005헌라8 등) 이 사건 가처분재판과 이 사건 간접강제재판이 청구인의 법률안에 대한 심의·표결권을 침해할 수 없음은 명백하다. 뿐만 아니라, 이 사건 가처분재판과 이 사건 간접강제재판에도 불구하고 청구인으로서는 얼마든지 법률안을 만들어 국회에 제출할 수 있고 국회에 제출된 법률안을 심의하고 표결할 수 있으므로, 이 사건 가처분재판과 이 사건 간접강제재판으로 인해 청구인의 법률안 제출권이나 심의·표결권이 침해될 가능성은 없다. (나) 한편 국회의 국정감사 또는 조사와 관련된 국회의원의 권한으로는, '국정감사 및 조사에 관한 법률'이 규정하고 있는, 재적 국회의원 4분의 1이상에 의한 국정조사요구권(제3조), 감사 또는 조사를 행하는 위원회에 속한 국회의원의 3분의 1 이상의 요구에 의한 서류제출요구권(제10조 제1항), 본회의 의결권(제16조)을 비롯한 각 위원회와 본회의에서의 감사 또는 조사결과에 대한 심의·의결권 등을 상정할 수 있으나, 이 사건 가처분재판과 이 사건 간접강제재판은 위와 같은 국회의원의 권한에 대해서는 아무런 제한을 가하고 있지 않으므로, 이 사건 가처분재판과 이 사건 간접강제재판으로 인해 국회의 국정감사 또는 조사와 관련된 청구인의 국회의원으로서의 권한이 침해될 가능성 또한 없다. (3) 나아가 청구인은, 국회의원의 직무는 국정 전반에 걸치고 그 직무 수행의 형태도 비전형적이고 매우 포괄적이므로 이 사건 가입현황을 <u>인터넷에 공개하는 행위</u>를 제한하는 것은 곧 국회의원의 직무를 침해하는 것이라고 주장하나, 국가기관의 행위라 할지라도 헌법과 법률이 그 국가기관에 독자적으로 부여한 권능을 행사하는 경우가 아니라면, 비록 그 행위가 제한된다 하더라도 권한쟁의심판에서 의미하는 권한이 침해된다고 할 수는 없는바, 자신이 취득하고 보유한 특정 정보를 <u>인터넷 홈페이지에 게시</u>하거나 언론에 알리는 것과 같은 행위는 헌법과 법률이 특별히 국회의원에게 부여한 국회의원의 독자적인 권능이라고 할 수 없고 국회의원 이외의 다른 국가기관은 물론 일반 개인들도 누구든지 할 수 있는 행위로서, 그러한 행위가 제한된다고 해서 국회의원의 권한이 침해될 가능성은 없다. … 이 사건 가처분재판이나 이 사건 간접강제재판이 청구인으로 하여금 특정 법률안의 발의를 금지하거나 특정 법률안에 대한 심의와 표결을 금지하지 않고 있음은 명백하므로 청구인이 주장하는 바와 같은 권한침해의 가능성은 존재하지 않는다. (4) 결국 이 사건 가처분재판과 이 사건 간접강제재판은 청구인의 국회의원으로서의 권한을 침해할 가능성이 없다. 다. 소결 – 청구인의 권한을 침해할 가능성이 없는 경우에 해당하므로 부적법하다.

* 검토 – 판시가 좀더 뚜렷하게 되었어야 했다. 인터넷 공개하는 것이 국회의원의 권한에 속하는지를 보는 것이 중점적 쟁점이라고 앞서 정리하고(인터넷 공개 문제에 대해서 말미 무렵에 언급함) 그 점을 중심으로 먼저 판단하여 국회의원에게 부여한 국회의원의 독자적인 권능이라고 할 수 없는 것을 우선 판시하는 것이 보다 뚜렷한 판시를 보여주는 것이 되었을 것이다. 침해가능성까지도 따질 필요가 있었나 하고 그렇게 침해가능성까지도 따질 것은 아닌 것이라면 요건 1에서 이 판례가 정리되어도 될 성격의 사안이었다.

(3) 피청구인 주장의 청구인 심의·표결권 포기의 권한침해가능성 부인 불가성(가능성 인정)

국회의원의 심의·표결권 침해를 이유로 한 권한쟁의심판(*이른바 미디어법 파동사건이었다)에서 피청구인들은 청구인들이 법률안의 심의·표결권을 행사하지 않은 정도에서 더 나아가 피청구인 국회의장의 직무를 대리한 국회부의장의 의사진행을 방해하고 다른 국회의원들의 투표를 방해하는 등 이 사건 각 법률안에 대한 심의·표결권을 포기하였으므로 그 권한침해가능성조차 없다고 주장하였다. 심의·표결권을 침해당했다고 청구한 청구인들이 오히려 의사진행방해 등 자신들의 심의·표결권을 포기하였으니 권한침해가능성이 아예 없다는 주장인 것이다.

그러나 헌재는 국회의원의 법률안 심의·표결권은 포기할 수 없는 것이라는 이유로 주장을 배척하였다.

판례 헌재 2009.10.29. 2009헌라8등

[판시] 피청구인들 및 그 보조참가인들은, 청구인들이 법률안의 심의·표결권을 행사하지 않은 정도에서 더 나아가 피청구인 국회의장의 직무를 대리한 국회부의장의 의사진행을 방해하고 다른 국회의원들의 투표를 방해하는 등 이 사건 각 법률안에 대한 심의·표결권을 포기하였으므로 그 권한의 침해 가능성조차 없어 이 사건 심판 청구는 부적법하다는 취지로 주장한다. 살피건대, 위 주장의 전제는 국회의원의 심의·표결권이 포기의 대상이 될 수 있다는 취지인바, 국회의원의 법률안 심의·표결권은 국민에 의하여 선출된 국가기관으로서 국회의원이 그 본질적인 임무인 입법에 관한 직무를 수행하기 위하여 보유하는 권한으로서의 성격을 갖고 있으므로 국회의원의 개별적인 의사에 따라 이를 포기할 수 있는 것은 아니다. 따라서 이와 다른 전제 위에 선 피청구인들 및 그 보조참가인들의 위 주장은 이유 없다.

(4) 공유수면 매립지 - 새로 매립된 지역에 대한 관할과 권한침해가능성

공유수면이 매립된 지역을 둘러싼 지방자치단체들 간의 권한쟁의심판이 제기된다. 문제는 새로 매립된 지역에 대해 지방자치법 제4조가 아래와 같이 행정안전부장관이 결정하고 그 결정에 대해 대법원에 제소할 수 있게 하고 있는바 헌재의 관할은 어떠한가 하는 점이 명확하지 않았다.

지방자치법 제4조(지방자치단체의 명칭과 구역) ① 지방자치단체의 명칭과 구역은 종전과 같이 하고, 명칭과 구역을 바꾸거나 지방자치단체를 폐지하거나 설치하거나 나누거나 합칠 때에는 법률로 정한다. 다만, 지방자치단체의 관할 구역 경계변경과 한자 명칭의 변경은 대통령령으로 정한다. <개정 2009.4.1.>

② 제1항에 따라 지방자치단체를 폐지하거나 설치하거나 나누거나 합칠 때 또는 그 명칭이나 구역을 변경할 때에는 관계 지방자치단체의 의회(이하 "지방의회"라 한다)의 의견을 들어야 한다. 다만, 「주민투표법」 제8조에 따라 주민투표를 한 경우에는 그러하지 아니하다.

③ 제1항에도 불구하고 다음 각 호의 지역이 속할 지방자치단체는 제4항부터 제7항까지의 규정에 따라 행정안전부장관이 결정한다. <개정 2009.4.1., 2010.4.15., 2011.7.14., 2013.3.23., 2014.6.3., 2014.11.19., 2017.7.26.>

1. 「공유수면 관리 및 매립에 관한 법률」에 따른 매립지
2. 「공간정보의 구축 및 관리 등에 관한 법률」 제2조제19호의 지적공부(이하 "지적공부"라 한다)에 등록이 누락되어 있는 토지

④ 제3항 제1호의 경우에는 「공유수면 관리 및 매립에 관한 법률」 제28조에 따른 면허관청 또는 관련 지방자치단체의 장이 같은 법 제45조에 따른 준공검사 전에, 제3항 제2호의 경우에는 「공간정보의 구축 및 관리 등에 관한 법률」 제2조 제18호에 따른 소관청(이하 "지적소관청"이라 한다)이 지적공부에 등록하기 전에 각각 행정안전부장관에게 해당 지역이 속할 지방자치단체의 결정을 신청하여야 한다. 이 경우 제3항 제1호에 따른 매립지의 매립면허를 받은 자는 면허관청에 해당 매립지가 속할 지방자치단체의 결정 신청을 요구할 수 있다. <개정 2009.4.1., 2010.4.15., 2011.7.14., 2013.3.23., 2014.6.3., 2014.11.19., 2017.7.26.>

⑤ 행정안전부장관은 제4항에 따른 신청을 받은 후 지체 없이 그 사실을 20일 이상 관보나 인터넷 등의 방법으로 널리 알려야 한다. 이 경우 알리는 방법, 의견의 제출 등에 관하여는 「행정절차법」 제42조·제44조 및 제45조를 준용한다. <개정 2009.4.1., 2013.3.23., 2014.11.19., 2017.7.26.>

⑥ 행정안전부장관은 제5항에 따른 기간이 끝난 후 제149조에 따른 지방자치단체중앙분쟁조정위원회(이하 이 조에서 "위원회"라 한다)의 심의·의결에 따라 제3항 각 호의 지역이 속할 지방자치단체를 결정하고, 그 결과를 면허관청이나 지적소관청, 관계 지방자치단체의 장 등에게 통보하고 공고하여야 한다. <개정 2009.4.1., 2013.3.23., 2014.11.19., 2017.7.26.>
⑦ 위원회의 위원장은 제6항에 따른 심의과정에서 필요하다고 인정되면 관계 중앙행정기관 및 지방자치단체의 공무원 또는 관련 전문가를 출석시켜 의견을 듣거나 관계 기관이나 단체에 자료 및 의견 제출 등을 요구할 수 있다. 이 경우 관계 지방자치단체의 장에게는 의견을 진술할 기회를 주어야 한다. <신설 2009.4.1.>
⑧ 관계 지방자치단체의 장은 제3항부터 제7항까지의 규정에 따른 행정안전부장관의 결정에 이의가 있으면 그 결과를 통보받은 날부터 15일 이내에 대법원에 소송을 제기할 수 있다. <신설 2009.4.1., 2013.3.23., 2014.11.19., 2017.7.26.>
⑨ 행정안전부장관은 제8항에 따라 대법원의 인용결정이 있으면 그 취지에 따라 다시 결정하여야 한다. <신설 2009.4.1., 2013.3.23., 2014.11.19., 2017.7.26.>

헌재는 "행정안전부장관의 결정이 확정됨으로써 비로소 관할 지방자치단체가 정해지며, 그 전까지 해당 매립지는 어느 지방자치단체에도 속하지 않는다 할 것이다. 그렇다면 이 사건 매립지의 매립 전 공유수면에 대한 관할권을 가졌을 뿐인 청구인들이, 그 후 새로이 형성된 이 사건 매립지에 대해서까지 어떠한 권한을 보유하고 있다고 볼 수 없으므로, 이 사건에서 청구인들의 자치권한이 침해되거나 침해될 현저한 위험이 있다고 보기는 어렵다"라고 하여 각하결정을 하였다.

판례 헌재 2020.7.16. 2015헌라3

[결정이유] … 나. 청구인들의 자치권한을 침해하거나 침해할 현저한 위험의 인정 여부 (1) 지방자치단체의 관할구역은 인적요건으로서의 주민 및 자치를 위한 권능으로서 자치권한과 더불어 지방자치의 3요소를 이루는 것으로, '지방자치단체가 자치권한을 행사할 수 있는 장소적 범위'를 뜻한다(. 헌법 제118조 제2항은 '지방자치단체의 조직과 운영에 관한 사항'을 법률로 정하도록 하고 있는바, 이에는 지방자치단체의 관할구역이 포함된다. (2) 구 지방자치법(2009.4.1. 법률 제9577호로 개정되기 전의 것) 제4조 제1항에서는 "지방자치단체의 명칭과 구역은 종전과 같이 하고, 명칭과 구역을 바꾸거나 지방자치단체를 폐지하거나 설치하거나 나누거나 합칠 때에는 법률로 정하되, 시·군 및 자치구의 관할 구역 경계변경은 대통령령으로 정한다."고 규정하였고, 이에 공유수면 매립지의 경계 획정이 문제된 경우 종래에는 헌법재판소가 위 '종전'이 무엇인지 살펴본 후 공유수면 해상경계선을 기준으로 매립지가 속할 지방자치단체를 결정하여 왔다. 그런데 개정 지방자치법에서는 제4조 제1항을 "지방자치단체의 명칭과 구역은 종전과 같이 하고, 명칭과 구역을 바꾸거나 지방자치단체를 폐지하거나 설치하거나 나누거나 합칠 때에는 법률로 정한다. 다만, 지방자치단체의 관할 구역 경계변경과 한자 명칭의 변경은 대통령령으로 정한다."고 개정하고, 같은 조 제3항도 개정하여 공유수면 매립지가 속할 지방자치단체는 위 제1항에도 불구하고 행정안전부장관이 결정하는 것으로 정하였다(제1호). … 그렇다면 개정 지방자치법 제4조 제3항은, 매립지의 관할에 대하여는 앞으로 같은 조 제1항이 처음부터 배제되고, 행정안전부장관의 결정에 의하여 비로소 관할 지방자치단체가 정해지며, 그 전까지 해당 매립지는 어느 지방자치단체에도 속하지 않는다는 의미로 해석함이 타당하다. (3) 한편, 공유수면의 관할 귀속과 매립지의 관할 귀속은 그 성질상 달리 보아야 한다. 매립공사를 거쳐 종전에 존재하지 않았던 토지가 새로이 생겨난 경우 동일성을 유지하면서 단순히 바다에서 토지로 그 형상이 변경된 것에 불과하다고 보기는 어렵다. 일반적으로 공유수면 상의 해

상경계선은, 연안 해역을 중심으로 오랜 기간에 걸쳐 형성되고 인근 어민들의 생활터전이 되어 온 연안어장 등을 중심으로 바다에 인접한 지방자치단체 간의 공평하고 합리적인 어업활동을 규율하기 위한 목적으로 이용되었던 것인데, 공유수면 상의 어장 부분뿐 아니라 그에 접한 다른 공유수면까지 함께 매립된 경우 위 해상경계선은 목적상 및 기능상의 한계로 인하여 매립지에 대한 행정관할구역을 획정하는 기준으로는 적합하지 않게 된다. 바다를 매립하여 육지를 조성하는 경우 매립의 주체와 목적이 명확하게 정해져 있고 매립을 위하여 막대한 비용과 노력이 투입되는 것이 불가피한데, 종전 공유수면에 대한 해상경계선만을 기준으로 매립지에 대한 관할 지방자치단체를 정하여 매립지를 조성한 주체와 목적, 비용부담관계, 매립지의 이용 상황, 인접지와의 연결관계, 행정관할의 효율성 등의 사정이 고려될 여지를 막아버리는 것은, 매립 목적을 달성하기 어렵게 하거나 동일한 토지이용계획 구역을 2개 이상의 지방자치단체 관할구역으로 분리하여 토지이용의 비효율을 초래할 수 있다(헌재 2019.4.11. 2015헌라2 참조). 또한, 공유수면이 매립됨으로써 상실되는 어업권 등은 보상 등을 통해 보전되었으므로, 공유수면의 관할권을 가지고 있던 지방자치단체이든 그 외의 경쟁 지방자치단체이든 새로 생긴 매립지에 대하여는 중립적이고 동등한 지위에 있다 할 것이다. 공유수면의 매립은 막대한 사업비와 장기간의 시간 등이 투입될 뿐 아니라 해당 해안지역의 갯벌 등 가치 있는 자연자원의 상실 내지 환경의 파괴를 동반하는 등 국가 전체적으로 중대한 영향을 미치는 사업이고(헌재 2019.4.11. 2015헌라2), 공유수면의 이용과 매립지의 이용은 그 구체적인 내용에 있어서도 상당히 다르므로, 공유수면의 경계를 그대로 매립지의 '종전' 경계로 인정하기는 어렵다. 헌법재판소 역시 2015.7.30. 2010헌라2 결정을 통하여 국가기본도상의 해상경계선을 공유수면의 불문법상 해상경계선으로 인정해 온 헌법재판소의 기존법리(헌재 2004.9.23. 2000헌라2 결정 등)를 변경하고, 2019.4.11. 2015헌라2 결정을 통하여는 공유수면의 해상경계선을 매립지의 관할경계선으로 인정해 온 헌법재판소의 기존법리(헌재 2011.9.29. 2009헌라3 결정 등)를 변경하여, 기존의 해상경계선에 따른 공유수면의 경계기준을 매립지에까지 그대로 적용할 수는 없고, 여러 가지 요소를 종합하여 형평의 원칙에 따라 합리적이고 공평하게 매립지의 경계를 획정하여야 한다고 보았다. (4) 이와 같이 개정 지방자치법의 취지와 공유수면과 매립지의 성질상 차이 등을 종합하여 볼 때, 신생 매립지는 개정 지방자치법 제4조 제3항에 따라 같은 조 제1항이 처음부터 배제되어 종전의 관할구역과의 연관성이 단절되고, 행정안전부장관의 결정이 확정됨으로써 비로소 관할 지방자치단체가 정해지며, 그 전까지 해당 매립지는 어느 지방자치단체에도 속하지 않는다 할 것이다. 그렇다면 이 사건 매립지의 매립 전 공유수면에 대한 관할권을 가졌을 뿐인 청구인들이, 그 후 새로이 형성된 이 사건 매립지에 대해서까지 어떠한 권한을 보유하고 있다고 볼 수 없으므로, 이 사건에서 청구인들의 자치권한이 침해되거나 침해될 현저한 위험이 있다고 보기는 어렵다. 5. 결론 − 그렇다면 이 사건 심판청구는 모두 부적법하므로 이를 각하하기로 하여 주문과 같이 결정한다. * 동지 : 헌재 2020. 9.24. 2016헌라4; 2020.9.24. 2016헌라1.

* 검토 − 이 사안에서 청구인들은 대법원에도 제소를 하였고 그 청구에 대한 대법원의 기각판결도 있었다(대법원 2021.2.4. 2015추528). 생각건대 헌법 제111조 제4호가 '국가기관과 지방자치단체간 및 지방자치단체 상호간의 권한쟁의'에 관한 심판이라고 명시하고 관할에 관한 예외도 두지 않은 점에서 새로 매립된 구역이라 할지라도 예외적으로 대법원관할로 인정할 것인가 하는 점에 대해서는 명확한 헌법적 규명이 있어야 할 것이고 그 관할이 분명해져야 할 것이다. * 위 2015추528 판결 이전에 대법원은 이미 새만금방조제일부구간귀속지방자치단체결정취소청구사건도 기각으로 판결한 바 있다(대법원 2021.1.14. 2015추566). 이 결정에서도 대법원은 헌재의 위 2015헌라3 결정을 인용하며 판단을 전개하고 있다.

* 위 대법원의 2015추528 판결에서 대법원은 "헌법재판소도 충청남도, 당진시, 아산시가 피고, 평택시, 국토교통부장관을 상대로 제기한 권한쟁의심판 사건에 관한 2020.7.16. 선고 2015헌라3 전원재판부 결정에서 2009.4.1. 개정된 지방자치법 제4조가 합헌임을 전제로, 개정된 지방자치법 제4조가 시행된 이후로는 공유수면 매립지의 관할 귀속 문제는 헌법재판소가 관장하는 권한쟁의심판의 대상에 속하지 않는다고 판단하였다"라고 설시하고 있다.

V. 권리보호이익 요건[심판(청구)의 이익]

1. 개념과 그 요건부과의 정당성

(1) 개념

권한쟁의심판을 통하여 권한침해가 제거되고 권한이 회복되는 등의 효과가 있어야 한다는 요건을 말한다. 따라서 이미 권한침해상태가 종료되어 피청구인의 권한행사를 취소할 여지가 없어진 경우 등에는 설령 청구가 받아들여지는(인용되는) 결정이 있더라도 권한회복에 도움이 되지 아니하므로 권리보호이익이 없다고 한다. 헌재는 권한쟁의심판청구에 의하여 달성하고자 하는 목적이 청구 후 이루어진 경우에도 권리보호이익이 소멸한다고 본다. 권리보호이익은 심판청구시부터 결정시까지도 존속해야 한다.

(2) 요건부과의 정당성 검토

권리보호이익은 주로 재판이 분쟁의 해결을 가져오는 실효성이 없다면 소송의 본안으로 들어가는 것은 무익하다는 관념에서 나온 것이다. 그런데 권한쟁의심판은 권한이 어느 지방자치단체에 있느냐 하는 권한의 객관적 확인과 획정이라는 성격을 가진다는 점에서 권리보호이익을 그 청구요건의 하나로 요구하는 것이 정당한가 하는 근본적인 질문이 제기될 수 있다. 헌재는 "권한쟁의심판은 비록 객관소송이라 하더라도 국가기관과 지방자치단체 간의 권한쟁의로써 해결해야 할 구체적인 보호이익이 있어야 하고"라고[1] 하고 그 필요성의 이유에 대해서는 밝히지 않고 있다. 객관소송이지만 요구한다는 점은 인식하고 있는 것 같다. 생각건대 효과 없는 무익한 권한쟁의심판으로 헌법재판자원을 낭비하지 말아야 한다는 헌법재판의 경제성을 위한 요건이라고 볼 것이다. 따라서 헌법질서, 권력분립의 확립, 공무수행기능 등의 정상화, 이를 통한 국민 기본권보장이라는 필요성이 있다면 적극적으로 심판을 해야 할 것이 요구되므로 이 요건을 너무 강하게 요구할 수는 없다. 아래의 예외적 심판이익 인정도 그러한 맥락에서 이해된다.

2. 예외적 심판이익의 인정

(1) 예외적 심판이익 인정의 요건

헌재는 권리보호이익이 없는 경우에도 같은 유형의 침해행위가 앞으로도 반복될 위험이 있고, 헌법질서의 수호·유지를 위하여 그에 대한 헌법적 해명이 긴요한 사항에 대하여는 예외적으로 심판의 이익을 인정한다.

---

1) 헌재 2011.8.30. 2010헌라4, 판례집 23-2상, 245면.

예외요건 : 1. 침해행위가 앞으로도 반복될 위험성, 2. 헌법적 해명의 필요성

용어 문제 : 1. 예외적이라는 것은 '심판(청구)의 이익'이 예외적이라는 것이므로 '권리보호이익의 예외'란 용어는 부적절하다. 권리보호이익은 기간의 종료 등으로 이미 사라진 것이므로 예외적으로도 있을 수 없고 그렇게 권리보호이익이 사라져도 심판에 들어갈 이익은 예외적으로 있다고 하여야 하므로 예외의 인정대상은 심판인 것이다. 2. 헌재가 '심판청구'의 이익이라는 말도 사용하는데 그 예외의 이익을 인정하는 판단기관이 헌재이지 청구인이 아니므로 그냥 '심판'이익이라고 하는 것이 더 적절한 용어로 보인다.

(2) 예외 요건 판단의 객관성

이러한 예외적 요건인 반복성이나 헌법해명성은 청구인의 개인적이고 주관적인 것이 아니라 일반적으로 객관성이 인정되는 관점에서 그 인정 여부가 판단되어져야 한다.

판례 헌재 2011.8.30. 2010헌라4

[판시] 이 사건과 같이 지방자치단체가 이미 이루어진 자율형 사립고등학교 지정·고시 처분을 취소하고, 이에 대하여 국가기관이 재량권의 일탈·남용을 이유로 시정명령을 하는 경우가 반복될 것이라고 예상하기는 어려울 뿐 아니라, 그런 경우가 다시 발생한다 하더라도 구체적인 사안마다 국가기관과 지방자치단체 간의 권한침해의 사실관계에 대한 판단 역시 동일하게 이루어질 수 없으므로, 청구인에게 뿐만 아니라 일반적으로도 다시 반복될 수 있는 사안으로서 헌법적 해명이 필요한 경우라고 볼 수 없다. * 이 결정에 대한 자세한 것은 아래 2) 참조.

(3) 결정례

1) 예외적 심판이익 인정례

① **국회의원 위원회 강제사임** – 국회 위원회 위원에서 소신활동을 하려는 의원들에 대해 당론에 위배되는 활동이라고 하여 강제사임시켜서 문제된 사건들에서 상임위원 임기가 종료되거나 특별위원회 활동기한이 종료되는 경우에 권리보호이익이 없다고 한 뒤 반복가능성, 헌법적 해명필요성을 들어 예외적 심판이익을 인정한 예들이 아래 결정례들이다.

㉠ 상임위원회에서의 위원 강제사임 – 국회의장(피청구인)이 국회의원인 청구인을 그 의사에 반하여 국회 보건복지위원회에서 사임시키고 환경노동위원회로 보임한 행위(이하 "이 사건 사·보임행위")가 그 국회의원의 법률안 심의·표결 권한을 침해한 것이라고 청구된 사건이다. 헌재는 그 심판청구 후 제16대 국회의 제2기 원구성이 완료되고 청구인이 보건복지위원회에 다시 배정되어 청구인이 이 권한쟁의심판청구에 의하여 달성하고자 하는 목적은 이미 이루어져 권리보호이익이 소멸된 상태이지만 반복위험성이 있고 헌법적 해명의 필요성이 있어 심판의 이익이 있다고 판시하였다. * 본안판단에서 기각결정되었다.

판례 헌재 2003.10.30. 2002헌라1

[판시] 권리보호이익과 헌법적 해명 – 상임위원회 위원의 임기는 2년이다(법 제40조). 그리고 현재의

제16대 국회는 2000.4.13. 실시된 총선거에 의하여 선출된 국회의원으로 구성되어 4년 임기중 전반기를 이미 마쳤고, 후반기 들어 2002.7.경 새로이 각 상임위원회의 위원배정이 이루어졌다. 국회사무처에서 보내온 2002.9.30.자 '상임위원회 위원명단'을 보면, 청구인은 다시 보건복지위원회에 배정되어 현재까지 동 위원회에서 활동하고 있다. 그러므로 청구인이 이 사건 권한쟁의심판청구에 의하여 달성하고자 하는 목적은 이미 이루어져 청구인이 주장하는 권리보호이익이 소멸하였다. 그러나 헌법소원심판과 마찬가지로 권한쟁의심판도 주관적 권리구제뿐만 아니라 객관적인 헌법질서 보장의 기능도 겸하고 있으므로, 청구인에 대한 권한침해 상태가 이미 종료하여 이를 취소할 여지가 없어졌다 하더라도 같은 유형의 침해행위가 앞으로도 반복될 위험이 있고, 헌법질서의 수호·유지를 위하여 그에 대한 헌법적 해명이 긴요한 사항에 대하여는 심판청구의 이익을 인정할 수 있다고 할 것이다(헌재 1997.11.27. 94헌마60, 판례집 9－2, 675, 688 참조). 이 사건과 같이 상임위원회 위원의 개선, 즉 사·보임행위는 국회법 규정의 근거하에 국회관행상 빈번하게 행해지고 있고 그 과정에서 당해 위원의 의사에 반하는 사·보임이 이루어지는 경우도 얼마든지 예상할 수 있으므로 청구인에게 뿐만 아니라 일반적으로도 다시 반복될 수 있는 사안이어서 헌법적 해명의 필요성이 있으므로 이 사건은 심판의 이익이 있다고 할 것이다.

* 검토 － 심판이익을 인정하여 본안판단에 들어간 것은 타당하다. 그러나 "청구인은 다시 보건복지위원회에 배정되어 현재까지 동 위원회에서 활동하고 있다. 그러므로 청구인이 이 사건 권한쟁의심판청구에 의하여 달성하고자 하는 목적은 이미 이루어져 청구인이 주장하는 권리보호이익이 소멸하였다"라고 하는 권리보호이익 소멸의 이유는 타당하지 못하다. 청구인은 강제 사임당하여 자신이 반대하던 "건강보험재정분리법안"의 심의·표결을 하지 못하였으므로 그 심의·표결에 임하려 했던 그 목적을 이루지 못했으므로 목적달성이 된 것이 아니었기 때문이었다. 사실관계를 보면 이후 비록 2003.7.1.부터 재정이 통합·운영되었다 하더라도 이전에 강제 사임되어 그 상임위에서 그 법안에 대해 심의·표결하지 못한 사실은 되돌이킬 수 없는 것이고 그 점에서 권리보호이익이 없다고 하여야 논증이 맞다.

㉡ 특별위원회 위원 강제사임에 대한 심판청구 후 위원회 활동기한 종료

판례 헌재 2020.5.27. 2019헌라1

[판시] (가) 사개특위는 2019.8.31. 그 활동기한이 종료되었다. 따라서 이 사건 권한쟁의심판청구가 인용되더라도 청구인이 사개특위 위원 신분을 회복할 수는 없게 되었으므로, 권한쟁의로써 해결해야 할 구체적인 보호이익은 소멸하였다. (나) 그러나 구체적인 보호이익이 소멸한 경우에도 같은 유형의 침해행위가 앞으로도 반복될 위험이 있고, 헌법질서의 수호·유지를 위하여 그에 대한 헌법적 해명이 긴요한 사항에 대하여는 예외적으로 심판청구의 이익을 인정할 수 있다(헌재 2003.10.30. 2002헌라1; 헌재 2011.8.30. 2010헌라4 참조). 위원회 위원의 개선은 국회법 제48조에 따라 빈번하게 행해지고 있고 앞으로도 당해 위원의 의사에 반하는 개선이 이루어질 가능성이 있다(헌재 2003.10.30. 2002헌라1 참조). 헌재 2003.10.30. 2002헌라1 결정은 국회의장인 피청구인이 국회의원인 청구인을 그 의사에 반하여 국회 보건복지위원회에서 사임시키고 환경노동위원회로 보임한 행위가 헌법이나 법률의 규정을 위배하여 청구인의 법률안 심의·표결권을 침해한 것으로 볼 수 없다고 판단하였으나, 위원 개선행위가 2003.2.4. 법률 제6855호로 신설된 국회법 제48조 제6항에 위배되는지 여부에 관하여는 아직 그 해명이 이루어진 바가 없다. 따라서 이 사건 심판청구는 예외적으로 심판청구의 이익을 인정할 수 있다. * 본안판단에서 기각결정되었다.

② **지방자치단체에 대한 합동감사** － 감사가 이미 끝나 침해상태가 종료되었으나 반복위험성, 중앙행정기관 장의 자치단체에 대한 자치사무 감사에 관한 헌법적 해명의 긴요성을 들어

예외를 인정하였다.

판례 헌재 2009.5.28. 2006헌라6

[관련판시] 이 사건 합동감사는 2006.9.29. 이미 끝났으므로 권한침해상태가 종료되었다고 볼 수 있어 심판계속중의 사정변경으로 권한침해상태가 이미 종료한 지금에 이르러서는 이 사건 심판청구가 인용된다 하더라도 청구인의 주관적 권리구제에는 도움이 되지 아니하여 원칙적으로 심판의 이익이 없다고 할 것이나, 헌법소원심판과 마찬가지로 권한쟁의심판도 주관적 권리구제뿐만 아니라 객관적인 헌법질서 보장의 기능도 겸하고 있으므로, 청구인에 대한 권한침해상태가 이미 종료하여 이를 취소할 여지가 없어졌다 하더라도 같은 유형의 침해행위가 앞으로도 반복될 위험이 있고 중앙행정기관의 장의 자치단체에 대한 자치사무 감사권의 존부, 감사범위, 감사의 방법 등에 관하여는 헌법적 해명이 긴요하다고 할 것이므로 예외적으로 심판청구의 이익을 인정할 수 있다.

2) 반복위험성, 헌법적 해명 필요성을 부인하여 각하한 예

그러한 예로서 전라북도교육감의 자율형 사립고등학교 지정·고시 처분 취소를 취소하라는 교육과학기술부장관의 시정명령은 헌법상 지방자치단체의 자치권, 헌법상 자주적·전문적 교육을 실현하기 위한 교육감의 권한, 초·중등교육법에 의한 자율형 사립고등학교 지정 권한 등을 침해하는 것으로 무효라며 권한쟁의심판을 청구하였는데 이후 자율형 사립고등학교 법인이 전라북도교육감을 상대로 위 지정·고시 처분 취소처분의 취소를 구한 소에서, 1심에서 취소처분을 취소하는 판결이 선고되고(전주지방법원), 이에 대한 전라북도교육감의 항소가 기각된 후[광주고등법원(전주)] 상고하지 않아 2011.2.9. 확정되었던 사안을 들 수 있다. 헌재는 위 교과부장관의 위와 같은 경우의 시정명령의 반복을 예상하기는 어려울 뿐 아니라, 다시 발생한다 하더라도 구체적인 사안마다 국가기관과 지방자치단체 간의 권한침해의 사실관계 등이 달라 재량권의 일탈·남용 여부에 대한 판단 역시 동일하게 이루어질 수 없으므로, 청구인에게 뿐만 아니라 일반적으로도 다시 반복될 수 있는 사안으로서 헌법적 해명이 필요한 경우라고 볼 수 없다고 보았다.

판례 헌재 2011.8.30. 2010헌라4

[판시] 피청구인의 이 사건 각 시정명령으로 청구인의 권한행사에 진지한 장애가 초래되거나 법적 지위가 불리하게 되었다고 볼 수는 있으나, 앞서 본 바와 같이 각 학교법인이 제기한 이 사건 각 취소처분의 취소 등을 구하는 소에서 전라북도교육감이 한 이 사건 각 취소처분의 취소를 명하는 판결이 확정되었으므로, 이로써 이 사건 각 취소처분의 효력이 소멸되었고, 따라서 이를 시정 대상으로 하던 이 사건 각 시정명령 또한 그 효력을 상실하였다고 보아야 한다. 그렇다면, 청구인은 더 이상 이 사건 각 시정명령에 따를 법적인 의무, 즉 이 사건 각 취소처분을 시정할 의무나 각 시정명령에 불응할 경우 이 사건 각 취소처분이 취소·정지될 위험을 부담하지 않게 되었으므로, 이 사건 심판청구는 청구인에 대한 권한침해의 상태가 이미 종료된 경우에 해당하여 권리보호의 이익을 인정할 수 없다. (2) 다만, 청구인에 대한 권한침해의 상태가 이미 종료하여 권리보호의 이익을 인정할 수 없다 하더라도, 같은 유형의 침해행위가 앞으로도 계속 반복될 위험이 있고, 헌법질서의 수호·유지를 위해 그에 대한 헌법적 해명이 긴요한 사항에 대해서는 심판청구의 이익을 인정할 수는 있다. 그러나 이 사건과 같이 지방자치단

체가 이미 이루어진 자율형 사립고등학교 지정·고시 처분을 취소하고, 이에 대하여 국가기관이 재량권의 일탈·남용을 이유로 시정명령을 하는 경우가 반복될 것이라고 예상하기는 어려울 뿐 아니라, 그런 경우가 다시 발생한다 하더라도 구체적인 사안마다 국가기관과 지방자치단체 간의 권한침해의 사실관계, 즉, 각 자율형 사립고등학교의 지정·고시 및 그 취소의 경위와 사유 등이 달라 재량권의 일탈·남용 여부에 대한 판단 역시 동일하게 이루어질 수 없으므로, 청구인에게 뿐만 아니라 일반적으로도 다시 반복될 수 있는 사안으로서 헌법적 해명이 필요한 경우라고 볼 수 없다. * 이 결정에서 헌재는 헌법적 해명 필요성을 부인하는 또 다른 이유로 "헌법재판소에 대법원의 위와 같은 법령해석의 당부나 위헌성의 판단을 구한다는 취지라 할 것인데, 이는 기관 상호 간의 분쟁해결을 목적으로 하는 권한쟁의 심판에서 헌법적으로 해명할 필요가 긴요한 사항이라 할 수도 없다"라고 하였는데 이에 대해서는 바로 아래 3) 참조).

3) 대법원 법령해석의 당부나 위헌성판단을 구하는 취지의 청구에 대한 헌법해명성 부정

위 각하결정의 예에서 함께 판시된 내용이다.

판례 헌재 2011.8.30. 2010헌라4

[관련판시] 또한, 청구인은 '재량권의 일탈·남용'은 지방자치법 제169조 소정의 '법령위반'에 해당되지 않으므로, 이를 이유로 국가기관이 지방자치단체장에 대하여 시정명령을 하는 것은 청구인의 권한을 침해하는 것이라고 주장하나, 대법원은 지방자치법 제169조 소정의 '법령위반'에 '재량권의 일탈·남용'이 포함된다고 판시한 바 있어(대법원 2007.3.22. 선고 2005추62 전원합의체 판결 참조), 결국 청구인의 그와 같은 주장은 이에 불복하여 헌법재판소에 대법원의 위와 같은 법령해석의 당부나 위헌성의 판단을 구한다는 취지라 할 것인데, 이는 기관 상호 간의 분쟁해결을 목적으로 하는 권한쟁의 심판에서 헌법적으로 해명할 필요가 긴요한 사항이라 할 수도 없다.

* 기타 – 소수의견으로서 권리보호이익의 결여로 각하하자는 의견이 있었던 예 : 대통령과 국회의원 간의 권한쟁의심판에서 5인 재판관의 다수의견이 각하의견이어서 각하결정이 되었는데 그 5인 각하의견 중 2인 재판관의 의견이 권리보호이익의 결여를 이유로 각하하여야 한다고 주장한 예[1]가 있었다. 권리보호이익의 결여라고 본 2인 재판관의 각하의견 : "이 사건의 경우 국회는 대통령이 이미 국회에 제출한 국무총리 임명동의안에 대한 표결을 하여 가부를 결정할 수 있는 상태에 있고 특히 청구인들은 국회의 다수당인 한나라당 소속 국회의원들로서 그들만으로도 국무총리 임명동의안에 대한 가부를 결정하여 분쟁을 스스로 해결할 수 있는 방법이 있음에도 불구하고 그 동의안에 대한 의결절차를 마치지도 아니한 채 미리 헌법재판소에 권한쟁의심판을 청구한 것이므로 청구인들의 이 사건 심판청구는 모두 권리보호이익이 없다."

3. 피청구인 주장의 청구인 투표방해(소권남용)의 심판이익 부인 불가성(이익인정)

국회의원의 심의·표결권 침해를 이유로 한 권한쟁의심판(*이른바 미디어법 파동사건이었다)에서 피청구인은 청구인들이 다른 국회의원들의 투표를 방해하는 등 권한 침해를 유도한 측면이 있으므로 심판을 청구한 것은 소권의 남용에 해당하여 심판청구의 이익이 없다고 주장하였다. 청구인들이 자신들의 심의·표결권을 침해한다고 주장하면서 제기한 것인데 그 침해를 유도해놓

1) 헌재 1998.7.14. 98헌라1, 대통령과 국회의원간의 권한쟁의, 판례집 10-2, 1면 이하; 1998.7.14. 98헌라2, 대통령과 국회의원 간의 권한쟁의, 위의 판례집, 39면 이하 참조.

고 청구한 것이어서 소권남용이고 따라서 심판청구이익이 없다는 주장이었다. 그러나 헌재는 권한쟁의심판의 헌법적 가치질서 보호라는 객관적 기능(취지)를 논거로 이를 받아들이지 않았다.

판례 2009.10.29. 2009헌라8등

피청구인들 및 그 보조참가인들은, 청구인들이 이 사건 당일 본회의의 개의 자체를 방해하고자 물리력을 행사하고, 회의가 진행되는 동안에도 국회부의장의 의사진행을 방해하며 다른 국회의원들의 투표를 방해하는 등 자신들의 권한 침해를 유도한 측면이 있음에도 불구하고 이 사건 각 법률안이 가결 선포되자 이제 와서 자신들의 심의·표결권이 침해되었다고 주장하면서 이 사건 심판을 청구한 것은 소권의 남용에 해당하여 심판청구의 이익이 없다는 취지로 주장한다. 국가기관의 권한쟁의심판 청구를 소권의 남용이라고 평가하기 위해서는, 그것이 권한쟁의심판 제도의 취지와 전혀 부합되지 않는다고 볼 극히 예외적인 사정이 인정되어야 할 것인바, 권한쟁의심판 제도 자체가 헌법적 가치질서를 보호하는 객관적 기능을 수행하는 것이고, 특히 국회의원의 법률안 심의·표결권의 침해 여부가 문제되는 권한쟁의심판의 경우는 국회의원의 객관적 권한을 보호함으로써 헌법상의 권한질서 및 국회의 의사결정체제와 기능을 수호·유지하기 위한 공익적 쟁송으로서의 성격이 강하므로, 설령 청구인들 중 일부가 자신들의 정치적 의사를 관철하려는 과정에서 위 주장과 같은 행위를 하였다고 하더라도, 그러한 사정만으로 이 사건 심판청구 자체가 권한쟁의심판 제도의 취지와 전혀 부합되지 않는 소권의 남용에 해당하여 부적법하다고 볼 수는 없다.

Ⅵ. 청구기간

1. 처분에 대한 심판청구에서의 2가지 기간 요건('안' 날, '있은 날')

(1) 불변기간, 2가지 기간의 의미 및 모두 충족요구와 그 이유, '안' 날의 의미

권한쟁의심판은 그 사유가 있음을 안 날로부터 60일, 그 사유가 있은 날로부터 180일 이내에 청구하여야 한다(헌재법 제63조 1항). i) 불변기간 – 이 기간은 불변기간이어서(동법 동조 2항) 도과되면(넘기면) 각하된다. ii) 2가지 기간의 의미, 모두 충족요구와 그 이유 – 두 기간 중 어느 하나만이라도 도과하면 부적법하여 각하결정이 있게 된다. 기간은 '안' 날 이라는 주관적 기간뿐 아니라 '있은' 날이라는 객관적 기간도 설정하고 있는데 후자는 법적 안정성을 위한 요건이다. 문제의 처분이 집행되고 그 처분과 관련된 여러 법률관계가 형성된 먼 훗날 비로소 알았다고 하여 권한쟁의심판을 통하여 이를 깨뜨리면 법적 안정성이 무너지기 때문에 있은 날로부터 180일이 지나면 비록 '안'지가 청구시점에서 60일 이내라고 할지라도 청구를 할 수 없게 한 것이다(예를 들어 2008년 9월 7일에 권한을 침해하는 피청구인의 어떤 행정작용이 있었는데 2010년 8월 12일에 알게 되어 2010년 9월 2일에 권한쟁의심판을 청구하면 '안 날'로부터는 도과하지 않았으나 '있은 날'부터 180일의 청구기간이 지났으므로 이 경우 각하가 된다). 헌법재판소는 '안 날'은 다른 국가기관 등의 처분에 의하여 자신의 권한이 침해되었다는 사실을 특정할 수 있을 정도로 현실적으로 인식하고 이에 대하여 심판청구를 할 수 있게 된 때를 말하고, 그 처분의 내용이 확정적으로 변경될 수 없게 된 것까지를 요하는 것은 아니라고 한다(동래구청장과 건설교통부장관간의 권한쟁의, 헌재 2007.3.29. 2006헌라7, 공보 제126호, 276, 각하).

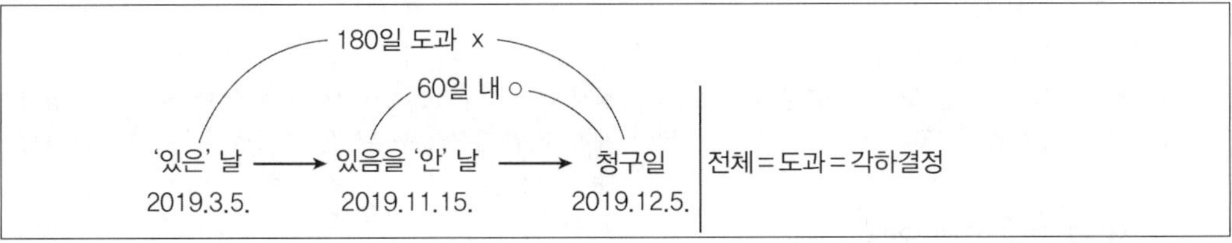

▮ 청구기간 도해

* 청구기간 도과의 또 다른 각하결정례 : 헌재 2009.9.24. 2008헌라5, 화성시와 서울특별시 종로구 등 간의 권한쟁의

(2) 기산점의 문제

권한쟁의심판에서의 청구기간의 기산점은 그 사유가 있음을 안 날부터, 그 사유가 있은 날이다. 한편 앞서 처분에는 행정처분뿐 아니라 법률, 시행령과 같은 법령의 제정·개정행위도 포함된다고 했는데 제정행위로 인한 경우에는 그 제정된 법령이 처음 시행에 들어간 사실이 기산점이 되어야 할 것이나 개정행위의 경우에 이미 그 법령이 존재해온 것인데 그 기산점은 개정행위가 있음을 안 날, 있은 날로 해야 할 것이다. 실제 침해가능성이 개정행위가 있어서 나타나는 것이기도 하고 법령으로 인한 권한쟁의심판의 청구에서는 법령 그 자체가 아니라 법령의 제정·개정행위가 대상이기 때문이기도 하다. 개정행위가 있은 날이란 개정절차진행 중 어느 일자인지를 명확히 할 수 없을 수 있으므로 현실적으로는 늦어도 개정된 법령이 시행되는 시점으로 볼 가능성이 있다고 볼 것이다. 아래의 판례가 그러한 점을 보여주는 예이다.

판례 헌재 2010.6.24. 2005헌라9등

[판시] 이 사건 시행령 부분은 1991.10.14. 대통령령 제13487호에 의하여 부산항의 구역에 이 사건 계쟁지역 중 일부를 포함시키는 내용으로 개정되었고, 1998.2.24. 대통령령 제15677호(부칙 제1조에 의하여 같은 날부터 시행되었다)에 의하여 이 사건 계쟁지역을 포함한 부산 신항만 건설 지역 전부가 부산항의 항만구역에 포함되는 것으로 개정되었으므로, 청구인들로서는 설령 이 사건 시행령 부분의 개정행위로 인하여 청구인들의 자치권한이 침해되었다고 하더라도 늦어도 위 대통령령 제15677호의 시행일로부터 180일 이내에 권한쟁의심판을 청구하여야 하는데, 청구인들은 2009.7.7.자 '청구취지의 변경 및 추가서'에 의하여 비로소 이 사건 시행령 부분의 개정에 대한 권한쟁의심판을 청구하였는바, 이는 그 사유가 있은 날로부터 180일이 경과한 후에 제기된 것임이 명백하므로, 이 부분 심판청구는 청구기간을 준수하지 못하였다.

(3) 추가청구 경우의 기준점

판례 성남시와 경기도간의 권한쟁의, 헌재 1999.7.22. 98헌라4, 판례집 11-2, 51면

[주요판시사항]

▷ 청구를 추가하는 심판청구서 정정신청의 경우의 청구기간 계산 : 신청서의 제출일을 기준으로 도과여부를 판단함

[관련판시] 청구인은 1998.11.2. 심판청구서 정정신청서에서 이 사건 진입도로에 대한 도시계획입안 부

분의 청구를 추가하였다. 그러나 변경에 의한 새로운 청구는 정정신청서를 제출한 때 제기한 것으로 보아야 할 것인데(헌재 1992.6.26. 91헌마134, 판례집 4, 457, 459), 위 도시계획입안이 이 사건 진입도로에 관한 도시계획시설(도로, 공공공지)결정 및 변경결정이 있은 1997.12.22. 이전에 행해진 것이 명백한 이 사건에 있어서, 그로부터 180일이 지난 뒤에 제기한 위 추가청구부분은 부적법하다고 할 것이다.

2. 청구기간 적용이 없는 경우

(1) 장래처분의 경우

헌재는 장래처분에 대해서도 일정한 요건하에서 심판대상성을 인정하는데(앞의 피청구의 처분이 있을 것. 요건 부분 참조), 이 장래처분에 대한 권한쟁의심판에서는 청구기간의 제한이 없다고 본다.

판례 헌재 2010.6.24. 2005헌라9등

[판시] 장래처분에 의한 권한침해를 청구원인으로 하는 권한쟁의심판에서는 아직 장래처분이 현실화되지 않은 상태이므로 청구기간의 제한이 없다고 보아야 한다. 따라서 이 사건 계쟁지역에 대한 쌍방의 관할권한 행사가 예정되어 있으나 아직 그 처분이 행해진 바 없는 이 사건에서도 청구기간의 준수 여부는 문제되지 아니한다. * 동지 : 헌재 2011.9.29. 2009헌라3; 2011.9.29. 2009헌라4; 2011.9. 29. 2009헌라5; 2021.2.25. 2015헌라7.

(2) 부작위에 대한 청구의 경우

부작위로 인한 권한침해의 경우 헌재법 제63조의 규정에 불구하고 부작위에 대한 헌법소원에서처럼 청구기간의 제약이 없다고 보아야 하고 부작위인 상태에 있는 한 언제든지 심판청구를 할 수 있다. 부작위인 상태가 계속되는 한 권한의 침해가 계속된다고 보아야 하기 때문이다(2004헌라2). 이 점 입법으로 앞으로 보다 명확해져야 할 것이다.

Ⅶ. 청구서

헌재법 제64조(청구서의 기재사항) 권한쟁의심판의 청구서에는 다음 각 호의 사항을 적어야 한다. 1. 청구인 또는 청구인이 속한 기관 및 심판수행자 또는 대리인의 표시 2. 피청구인의 표시 3. 심판 대상이 되는 피청구인의 처분 또는 부작위 4. 청구 이유 5. 그 밖에 필요한 사항

1. 기재사항

헌재법 제64조는 권한쟁의심판의 청구서에 기재할 사항으로, 청구인 또는 청구인이 속한 기관 및 심판수행자 또는 대리인의 표시, 피청구인의 표시, 심판 대상이 되는 피청구인의 처분 또는 부작위, 청구 이유, 그 밖에 필요한 사항을 열거하여 규정하고 있다. 이 기재는 헌재법이 "적어야 한다"라고 규정하여 청구요건을 이루는 것이므로 그 사항을 누락할 수 없다. 침해되는 청구인의 권한은 기재사항으로 동 제64조가 명시하고 있지 않다. 침해가능성은 청구요건의 하나이긴 하다(전술 참조). 아래 예시에서는, 그리고 헌재의 공식 서식에는 기재되고 있다.

2. 예시

〈권한쟁의심판청구서 예시 2〉

권한쟁의심판청구서

청 구 인 서울특별시 ○○구
대표자 구청장 ○ ○ ○
대리인 변호사 ○ ○ ○
피청구인 ○ ○ ○ 부 장관

심판대상이 되는 피청구인의 처분 또는 부작위

피청구인이 20 . . . 자 ○○○업무처리지침 중에서 ………라고 규정한 것

침해된 청구인의 권한

헌법 및 국회법에 의하여 부여된 청구인의 예산편성 및 집행권

청 구 취 지

피청구인이 20 . . .자 ○○○업무처리지침 중에서 ………라고 규정한 것은 헌법 및 국회법에 의하여 부여된 청구인의 ○○에 대한 예산편성 및 집행의 권한을 침해한 것이라는 확인을 구하며, 또한 피청구인의 위 행위가 무효임을 확인하여 줄 것을 구합니다.

청 구 이 유

1. 헌법 또는 법률에 의하여 부여된 청구인의 권한의 유무 또는 범위
2. 권한다툼이 발생하여 심판청구에 이르게 된 경위
3. 피청구인의 행위에 의한 청구인의 권한의 침해
4. 피청구인의 처분이 무효로 되어야 하는 이유
5. 청구기간의 준수 여부 등

첨 부 서 류

1. 각종 입증서류
2. 소송위임장

20 . . .

청구인 대리인 변호사 ○ ○ ○ (인)

헌법재판소 귀중

▌권한쟁의심판청구서의 예시, 출처 : 전자헌법전자센터 관련양식 및 작성례

제4절 권한쟁의심판에서의 가처분제도

헌재법 제65조(가처분) 헌법재판소가 권한쟁의심판의 청구를 받았을 때에는 직권 또는 청구인의 신청에 의하여 종국결정의 선고 시까지 심판 대상이 된 피청구인의 처분의 효력을 정지하는 결정을 할 수 있다. [전문개정 2011.4.5.]

Ⅰ. 가처분제도의 필요성

권한쟁의심판의 본안결정이 내려지기까지는 상당한 시일이 요구될 것인데 그 결정이 있기 전에 권한을 침해하는 처분이 집행부정지원칙(처분에 대해 소송이 제기되더라도 그 "효력이나 그 집행 또는 절차의 속행에 영향을 주지 아니한다"라고 행정소송법 제23조 1항이 규정, 헌재법 제40조 1항이 권한쟁의심판에 이를 준용)에 따라 집행이 완료되는 등의 경우에 회복하기 힘든 손해가 발생할 수 있다. 그리하여 이후에 권한침해 등을 인정하는 헌법재판소의 인용결정이 내려지더라도 그 결정이 청구인의 권한의 실효성있는 보장의 기능을 하지 못하고 국민이나 주민의 권리의 구제도 이루어지지 못하므로 이를 막기 위해 종국결정을 선고할 때까지 피청구인의 처분의 효력을 정지할 필요가 있다.

Ⅱ. 가처분의 적법요건과 신청절차 등

1. 가처분의 적법요건

(1) 당사자

1) 본안사건의 당사자

가처분의 신청인은 권한이 침해된다는 본안사건의 청구인이다. 피신청인은 본안사건의 피청구인이 된다. 그런데 그 권한의 행사가 가처분으로 인해 정지될 지위를 가진 사람도 피신청인이 되는 예를 볼 수 있었다. 그 예는 대통령의 국무총리서리임명행위에 대한 권한쟁의심판에서 서리로 임명된 사람의 직무를 정지하기 위한 가처분 신청의 경우였다(헌재 1998.7.14. 98헌사31).

2) 부정된 예

가처분신청의 당사자는 본안사건 당사자와 같다고 보므로 그 능력 역시 앞서 살펴본 본안사건 당사자의 능력에서 본대로 적용하면 된다.

(가) 국가기관의 준거에 맞지 않는 경우 가처분신청능력 부정

헌재 판례에 따르면 권한쟁의심판에서 당사자로서 국가기관이 될 수 있는 준거로 "그 국가기관이 헌법에 의하여 설치되고 헌법과 법률에 의하여 독자적인 권한을 부여받고 있는지 여부, 헌법에 의하여 설치된 국가기관 상호 간의 권한쟁의를 해결할 수 있는 적당한 기관이나 방법이 있는지 여부 등을 종합적으로 고려하여야 할 것"이라고 하는데(헌재 1997.7.16. 96헌라2) 이 기준을 갖추지 못하면 가처분신청능력도 없다. 그런 경우로 국회 소위원회, 법률상 설치된 위원회(국가인권위원회, 원자력위원회), 정당 등이 있다. 이 기관들이 가처분신청을 하면 각하결정이 내려질 것이다.

(나) 정당(政黨), 원내교섭단체

정당에 대해서는 당사자능력 부정으로 가처분신청도 부적법한 것이 되는데 실제 가처분 신청을 한 바 있고 각하된 예가 있어서 아래에 옮겨본다. 헌재는 "정당은 사적 결사와 국회 교섭단체로서의 이중적 지위를 가지나, 어떠한 지위에서든 헌법 제111조 제1항 제4호 및 헌법재판소법 제62조 제1항 제1호의 '국가기관'에 해당한다고 볼 수 없으므로, 권한쟁의심판의 당사자능력이 인정되지 아니한다"고 하고 가처분신청 능력도 부정한다.

헌재는 아래 결정에서 헌법은 권한쟁의심판청구의 당사자로 국회의원들의 모임인 교섭단체에 대해서 규정하고 있지 않고, 교섭단체가 갖는 권한은 원활한 국회 의사진행을 위하여 국회법에서 인정하고 있는 권한일 뿐이라는 이유로 원내교섭단체에 대해서도 역시 당사자능력을 부정하였다.

판례 헌재 2020.5.27. 2019헌사1121

[사건개요] 가. 신청인은 제20대 국회에서 교섭단체를 구성한 정당이고, 피신청인은 2011.7.25. 법률 제10912호로 제정되어 2011.10.26.부터 시행된 '원자력안전위원회의 설치 및 운영에 관한 법률'에 근거하여 원자력안전관리 등의 업무를 수행하기 위하여 설립된 국가기관이다. 나. 월성원자력발전소 1호기 등을 비롯한 원자로를 운영하는 한국수력원자력 주식회사(이하 '한국수력원자력')는 월성 1호기에 대한 계속운전 허가를 신청하였고, 피신청인은 2015.2.26. 월성 1호기에 대하여 2022.11.20.까지 계속운전을 허가하는 의결을 한 바 있다. 다. 그런데 산업통상자원부장관은 2017.12.29. '신규원전 백지화 및 월성 1호기 조기폐쇄 관련 사항' 등이 포함된 제8차 전력수급기본계획을 확정·공고하는 한편, 2018.2.20. 한국수력원자력에 '향후 전기사업법과 전원개발촉진법 등에 따른 행정처분에 상기 제8차 전력수급계획에서 확정된 내용이 연계된다는 점을 고려하여 귀사 차원에서 필요한 조치들을 해주기 바란다'는 내용의 협조 요청 공문을 송부하였다. 이후 한국수력원자력은 2019.2.28. 피신청인에게 월성 1호기 영구정지를 위한 운영변경 허가를 신청하였다. 라. 국회 산업통상자원중소벤처기업위원회 위원장은 '2018년도 국정감사 결과, 한국수력원자력의 월성 1호기 조기 폐쇄 결정의 타당성 및 한국수력원자력 이사회 이사들의 배임행위 여부에 대한 감사가 필요하다'는 이유로 감사원에 대한 감사요구안을 국회에 제출하였고, 2019.9.30. 제371회 국회본회의에서 위 감사요구안이 가결됨에 따라 국회는 그 무렵 감사원에 위 사안에 관한 감사를 요구하였다. 마. 위와 같은 상황에서 피신청인은 2019.12.24. 한국수력원자력이 신청한 월성 1호기 영구정지를 위한 운영변경안을 허가하는 의결(이하 '이 사건 의결')을 하였다. 그러자 신청인은 이 사건 의결로 인하여 국회의 국정감사권한 또는 국정조사권한이 침해되었다고 주장하면서 향후 피신청인을 상대로 권한쟁의심판을 청구할 것을 전제로 이 사건 의결의 효력 정지를 구하는 이 사건 신청을 하였다. [신청인] ○○당 대표자 황○○ [피신청인] 원자력안전위원회 [결정이유] (가) 가처분의 적법요건으로서의 당사자능력 – 이미 계속 중이거나 장래 계속될 본안사건의 당사자는 가처분 신청을 할 수 있는데, 이때 당사자능력이 있어야 함은 물론이다. 신청인은 권한쟁의심판을 이 사건 신청의 본안사건으로 전제하고 있으므로, 신청인과 피신청인에게 권한쟁의심판의 당사자능력이 있는지 여부를 면

저 검토한다. (나) 헌법 제111조 제1항 제4호의 '국가기관'에 해당하는지 여부의 판별 기준 – 헌법은 제111조 제1항 제4호에서 헌법재판소의 관장사항의 하나로 "국가기관 상호 간, 국가기관과 지방자치단체 간 및 지방자치단체 상호 간의 권한쟁의에 관한 심판"이라고 규정하고 있을 뿐 권한쟁의심판의 당사자가 될 수 있는 국가기관의 종류나 범위에 관하여는 아무런 규정을 두고 있지 않고, 이에 관하여 특별히 법률로 정하도록 위임하고 있지도 않다. 따라서 헌법재판소법 제62조 제1항 제1호가 비록 국가기관 상호 간의 권한쟁의심판을 "국회, 정부, 법원 및 중앙선거관리위원회 상호 간의 권한쟁의심판"이라고 규정하고 있다고 할지라도 이 조항의 문언에 얽매여 곧바로 이들 기관 외에는 권한쟁의심판의 당사자가 될 수 없다고 단정할 수는 없고, 헌법 제111조 제1항 제4호에서 말하는 국가기관의 의미와 권한쟁의심판의 당사자가 될 수 있는 국가기관의 범위는 결국 헌법해석을 통하여 확정하여야 할 문제이다. 헌법이 특별히 권한쟁의심판의 권한을 법원의 권한에 속하는 기관소송과 달리 헌법의 최고 해석·판단기관인 헌법재판소에 맡기고 있는 취지에 비추어 보면, 헌법 제111조 제1항 제4호가 규정하고 있는 '국가기관 상호 간'의 권한쟁의심판은 헌법상의 국가기관 상호 간에 권한의 존부나 범위에 관한 다툼이 있고 이를 해결할 수 있는 적당한 기관이나 방법이 없는 경우에 헌법재판소가 헌법해석을 통하여 그 분쟁을 해결함으로써 국가기능의 원활한 수행을 도모하고 국가권력 간의 균형을 유지하여 헌법질서를 수호·유지하고자 하는 제도라고 할 것이다. 따라서 헌법 제111조 제1항 제4호의 '국가기관'에 해당하는지 아닌지를 판별함에 있어서는 그 국가기관이 헌법에 의하여 설치되고 헌법과 법률에 의하여 독자적인 권한을 부여받고 있는지 여부, 헌법에 의하여 설치된 국가기관 상호 간의 권한쟁의를 해결할 수 있는 적당한 기관이나 방법이 있는지 여부 등을 종합적으로 고려하여야 할 것이다(헌재 1997.7.16. 96헌라2; 헌재 2010.10.28. 2009헌라6 참조). (다) 신청인의 당사자능력에 관한 판단 (1) 신청인은 정당으로서의 지위와 국회 내 교섭단체로서의 지위를 모두 가졌으므로, 이에 대해서 나누어 판단한다. (2) 정당은 국민의 이익을 위하여 책임 있는 정치적 주장이나 정책을 추진하고 공직선거의 후보자를 추천 또는 지지함으로써 국민의 정치적 의사형성에 참여함을 목적으로 하는 정치적 결사인바, 헌법은 정당제 민주주의를 채택하여 정당설립의 자유와 국가의 보호를 규정함으로써(제8조 제1항, 제3항) 정당활동의 자유를 포함한 정당의 자유를 광범위하게 보장하고 있다(헌재 2015.12.23. 2013헌바168 참조). 그러나 정당은 국민의 자발적 조직으로, 그 법적 성격은 일반적으로 사적·정치적 결사 내지는 법인격 없는 사단으로 파악된다(헌재 2007.10.30. 2007헌마1128 참조). 비록 헌법이 정당설립의 자유와 복수정당제를 보장하고, 정당의 해산을 엄격한 요건하에서 인정하는 등 정당을 특별히 보호하고 있으나, 이는 정당이 공권력의 행사 주체로서 국가기관의 지위를 갖는다는 의미가 아니고 사인에 의해서 자유로이 설립될 수 있다는 것을 의미한다. 따라서 정당은 특별한 사정이 없는 한 권한쟁의심판절차의 당사자가 될 수는 없다. (3) 한편, 국회법 제33조 제1항 본문은 정당이 교섭단체가 될 수 있다고 규정하고 있다. 교섭단체는 국회의 원활한 운영을 위하여 소속의원의 의사를 수렴·집약하여 의견을 조정하는 교섭창구의 역할을 하는 조직이다. 그러나 헌법은 권한쟁의심판청구의 당사자로 국회의원들의 모임인 교섭단체에 대해서 규정하고 있지 않다. 국회는 교섭단체와 같이 국회의 내부 조직을 자율적으로 구성하고 그에 일정한 권한을 부여할 수 있으나(헌재 2003.10.30. 2002헌라1 참조), 교섭단체가 갖는 권한은 원활한 국회 의사진행을 위하여 국회법에서 인정하고 있는 권한일 뿐이다. 이러한 점을 종합하면, 교섭단체는 그 권한침해를 이유로 권한쟁의심판을 청구할 수 없다. (4) 위에서 본 바와 같이, 정당은 사적 결사와 국회 교섭단체로서의 이중적 지위를 가지나, 어떠한 지위에서든 헌법 제111조 제1항 제4호 및 헌법재판소법 제62조 제1항 제1호의 '국가기관'에 해당한다고 볼 수 없으므로, 권한쟁의심판의 당사자능력이 인정되지 아니한다. 따라서 권한쟁의심판을 본안사건으로 전제하고 있는 이 사건 신청은 당사자능력이 없는 자가 제기한 것으로서 부적법하다. (라) 피신청인의 당사자능력에 관한 판단 – 나아가 권한쟁의심판의 당사자가 될 수 있는 국가기관의 범위에 관해 위에서 본 기준에 비추어 볼 때, 헌법이 아닌 '원자력안전위원회의 설치 및 운영에 관한 법률'에 설치 근거를 두고 있는 국가기관인 피신청인은 '헌법에 의하여 설치된 국가기관'에 해당하지 아니하여 권한쟁의심판의 당사자능력을 인정할 수 없다. 따라서 이 사건 신청은 당사자능력이 없는 자를 상대로 제기된 것으로서 부적법하다. 4. 결론 – 그렇다면 이 사건 신청은 부적법하므로 이를 각하하기로 하여, 관여 재판관 전원의 일치된 의견으로 주문과 같이 결정한다.

(다) 법률상 근거로 설치된 위원회의 예로서 원자력안전위원회

이 위원회를 상대로 제기한 가처분신청은 이 위원회가 헌법이 아닌 '원자력안전위원회의 설치 및 운영에 관한 법률'에 설치 근거를 두고 있는 국가기관이고 '헌법에 의하여 설치된 국가기관'에 해당하지 아니하여 권한쟁의심판의 당사자능력을 인정할 수 없고 따라서 당사자능력이 없는 자를 상대로 제기된 것으로서 부적법하다는 것이 헌재판례이다.

판례 헌재 2020.5.27. 2019헌사1121
[판시] 나아가 권한쟁의심판의 당사자가 될 수 있는 국가기관의 범위에 관해 위에서 본 기준에 비추어 볼 때, 헌법이 아닌 '원자력안전위원회의 설치 및 운영에 관한 법률'에 설치 근거를 두고 있는 국가기관인 피신청인은 '헌법에 의하여 설치된 국가기관'에 해당하지 아니하여 권한쟁의심판의 당사자능력을 인정할 수 없다. 따라서 이 사건 신청은 당사자능력이 없는 자를 상대로 제기된 것으로서 부적법하다.

(2) 신청기간, 본안사건의 계속

가처분을 신청할 수 있는 기간상의 제한은 없다. 그러나 분명한 것은 본안사건이 존재하지 않는데 가처분을 신청한다는 것은 모순이다. 따라서 가처분신청은 본안심판이 적법하게 계속(繫屬) 중임을 전제로 한다.

본안사건이 계속 중일 것이어야(본안청구 이전에도 신청은 할 수 있으나 이후 본안사건이 청구되어 계속되어야) 한다.

판례 헌재 2020.5.27. 2019헌사1121
[사건개요] … 향후 피신청인을 상대로 권한쟁의심판을 청구할 것을 전제로 이 사건 의결의 효력 정지를 구하는 이 사건 신청을 하였다. … 3. 판단 – 가. 가처분의 적법요건으로서의 당사자능력 – 이미 계속 중이거나 장래 계속될 본안사건의 당사자는 가처분 신청을 할 수 있는데, 이때 당사자능력이 있어야 함은 물론이다. * 이하 당사자능력부분에 대한 판시가 본격적으로 서술되는데 이에 대해서는 위에서 인용한 바 참조.

헌법재판소 심판 규칙(바로 아래 인용)은 "가처분의 신청이 있는 때에는 신청서의 등본을 피신청인에게 바로 송달하여야 한다. 다만, 본안사건이 헌법소원심판사건인 경우로서 그 심판청구가 명백히 부적법하거나 권리의 남용이라고 인정되는 경우에는 송달하지 아니할 수 있다"라고 규정하고 있다(동 규칙 제50조 3항).

본안사건이 청구되기 전에도 신청이 가능하나 이후 청구가 되어야 하고 안되면 물론 가처분신청이 각하된다.

판례 헌재 2020.5.27. 2019헌사1121. [설시] 이미 계속 중이거나 장래 계속될 본안사건의 당사자는 가처분 신청을 할 수 있는데 …

반대로 본안사건에 대한 종국결정이 내려진 경우는 물론 신청할 수 없다. 또 본안판단이 상당히 진전되어 종국결정을 내리기에 충분한 정도의 심리가 된 경우에 가처분신청을 받아줄 이유는 없다고 본다.

(3) 본안심판 범위 내. 권리보호이익 등

본안사건이 계속중이어야 함은 위에서 언급하였고 그 적법히 계속적인 본안사건의 범위를 가처분신청이 벗어나면 안 된다. 가처분의 성격에 맞지 않기 때문이다. 가처분이 이루어져서 긴급상황에 예방적 구제가 가능하게 될 가능성, 즉 권리보호이익이 있어야 한다.

(4) 신청의 형식과 절차

가처분신청이 일정한 형식을 갖추고 절차를 거쳐 이루어져야 한다는 것도 요건이다. 이에 대해 아래 별도로 본다.

2. 가처분신청의 방식(형식)과 절차

가처분신청의 방식과 절차는 헌재의 심판 규칙에 구체적으로 규정되어 있는데 아래와 같다.

> **헌법재판소 심판 규칙(헌법재판소 규칙, 이하 '심판규칙'이라고도 함) 제50조(가처분의 신청과 취하)** ① 가처분의 신청 및 가처분신청의 취하는 서면으로 하여야 한다. 다만, 변론기일 또는 심문기일에서는 가처분신청의 취하를 말로 할 수 있다.
> ② 가처분신청서에는 신청의 취지와 이유를 기재하여야 하며, 주장을 소명하기 위한 증거나 자료를 첨부하여야 한다.
> ③ 가처분의 신청이 있는 때에는 신청서의 등본을 피신청인에게 바로 송달하여야 한다. 다만, 본안사건이 헌법소원심판사건인 경우로서 그 심판청구가 명백히 부적법하거나 권리의 남용이라고 인정되는 경우에는 송달하지 아니할 수 있다. <개정 2014.6.9>

(1) 직권, 신청에 의한 시작

위에서 언급한 대로 가처분 신청권자는 청구인인데 헌재법 제65조는 "직권 또는 청구인의 신청에 의하여 … 정지하는 결정을 할 수 있다"라고 하고 헌재법 제40조 제1항 후문으로 준용되는 행정소송법 제23조 제2항도 "당사자의 신청 또는 직권에 의하여" 정지를 결정할 수 있다고 규정하고 있다. 따라서 청구인의 신청이 없더라도 헌재가 직권에 의해서도 가처분이 이루어질 수 있다.

(2) 신청방식

1) 서면주의

가처분의 신청은 서면에 의하여야 한다(심판규칙 제50조 1항 본문). 명확성을 기하고 신청인에게도 신중을 기하라는 의미이다. 다만, 변론기일 또는 심문기일에서는 가처분신청의 취하를 말로 할 수 있다(심판규칙 동조 동항 단서).

이 신청서에 기재사항으로 주장을 소명하기 위한 증거나 자료를 첨부하여야 하는데 이러한 형식들을 준수하지 않으면 역시 부적법 각하된다.

2) 신청서 기재사항

가처분신청서에는 신청의 취지와 이유를 기재하여야 하며, 주장을 소명하기 위한 증거나 자료를 첨부하여야 한다(심판규칙 제50조 2항).

가 처 분 신 청 서

신 청 인 ○ ○ ○
피신청인 △ △ △
본안사건

신 청 취 지

"피신청인의 20**. **. **.자 ㅁ ㅁ ㅁ 처분은 헌법재판소 20**헌라**사건의 종국결정 선고시까지 그 집행을 정지한다."라는 결정을 구합니다.

신 청 이 유

1. 본안사건의 개요
2. 보전처분의 필요성

첨 부 서 류

20**. **.
신청인 대리인 변호사 ◎ ◎ ◎ (인)

헌법재판소 귀중

▌권한쟁의심판에서 가처분신청서 예시

3) 피신청인 통지

가처분의 신청이 있는 때에는 신청서의 등본을 피신청인에게 바로 송달하여야 한다(심판규칙 제50조 3항 본문).

4) 취하

가처분신청을 취하할 수도 있는데 명확히 하기 위해 서면으로 하여야 한다. 다만, 변론기일 또는 심문기일에서는 말로 할 수 있다(심판규칙 제50조 1항 단서).

3. 신청내용

(1) 공권력행사의 효력·집행정지

가처분신청에서 다음과 같은 내용을 청구할 수 있다. 헌재법 제65조는 "종국결정의 선고시까지 심판 대상이 된 피청구인의 처분의 효력을 정지하는 결정"이라고 규정하고 있다. 그런데 이에 더하여 집행정지도 가능하다. 헌재법 제40조 제1항 후문으로 준용되는 행정소송법 제23조 제2항은 오히려 집행정지를 원칙으로 하고 있고 효력정지도 규정하고 있다. ⅰ) 효력정지 – 피청구인의 처분의 효력을 정지시키는 가처분이다. ⅱ) 집행정지 – 그 집행 또는 절차의 속행의 전부 또는 일부를 정지시키는 가처분이다.

(2) 검토 – 부작위, 거부행위에 대한 권한쟁의심판의 경우

우리나라 권한쟁의심판제도의 특색 중 하나로 처분뿐 아니라 부작위에 대한 청구도 명문으로 규정하고 있는데 처분의 경우 공권력의 적극적인 행사이므로 위에서 말한 효력정지, 집행정지가 있는 처분에 대해 하는 것이므로 위와 같은 억제로서 정지가 적실하다. 반면에 소극적 불행사(부작위)의 경우에는 그 신청내용이 어떠할 것이며 그것이 허용될 것인가가 논의되어야 한다. 피청구인의 부작위로 청구인의 권한행사가 되지 못하면 본안심판의 종국결정에서 부작위의 위헌확인결정이 있더라도 청구인의 권한행사가 실제로는 불가능해지고 회복할 수 없는 손해가 발생할 경우를 대비한 가처분신청은 그 내용이 어떠할 것이며 그것이 가능할 것인가 하는 문제가 제기된다. 청구인의 권한행사가 국민의 기본권과 관련되는 경우(예를 들어 국민의 영업의 자유행사에 필요한 인가를 할 권한의 행사를 위한 다른 기관의 작위가 필요한 경우)도 있으므로 이는 중요한 문제이다. 생각건대 소극적인 부작위이므로 적극적인 작위로 나아갈 것을 요구하는 것이 필요할 것이다. 이는 가구제('가구제' 용어에 대해 자세한 것은 후술 헌법소원심판 참조)라고 할 것이다. 문제는 현행 행정소송법에는 집행정지만 명시되어 있고 가구제에 관한 규정이 없다는 점이다. 민사집행법 제300조 제2항을 준용하는 방안 등 대책을 강구하는 것이 필요하다. 거부행위의 경우에는 거부의사가 표시된 공권력행사로 보아 정지로 나아가면 될 것이나 이후에도 거부상태일 때 이를 강제할 수 있는 절차나 수단이 역시 필요하다고 할 것이다.

* 위에서 본 권한쟁의심판의 가처분의 적법요건과 신청절차 등에 대해서는 여기서 서술된 것 외에 더 자세한 것은 뒤의 헌법소원심판에서의 가처분 부분 내용도 참조.

Ⅲ. 권한쟁의심판에서의 가처분의 요건(실체적 요건)

* 가처분의 적법요건은 위 신청단계에서 살펴보았다. 여기서는 신청이 적법하게 이루어진 것으로 판단되어 가처분사건의 본문제, 즉 잠정적 조치를 취하는 가처분을 허용할 것인지 가처분 자체의 요건을 아래에서 살펴본다.
* 가처분 실체적 요건에 대해서도 권한쟁의심판의 경우보다도 헌법소원심판에서 많은 결정례들이 나왔으므로 자세한 것은 헌법소원심판 부분을 참조.

1. 본안사건에서의 인용가능성의 요건 여부

(1) 논의

가처분의 허용을 인정하기 위한 실체적 요건으로서 먼저 본안사건에서 인용가능성(이를 흔히 '승소가능성'이라고 부르나 헌법재판은 민사소송과 같은 소송이라고 하기 적절하지 않으므로 '인용가능성'이란 용어가 더 적절하다)이 그 요건의 하나로 요구되는 것인가가 논의된다. 본안사건의 청구가 인용되지 않는다면 가처분도 불필요한(했던) 것이므로 이것이 실체적 요건의 하나라고 생각할 수 있지 않느냐 하는 것이다. 그러나 권한쟁의심판을 청구하거나 하려는 시점에서 그 심판의 결과를 알 수 없는 것이고, 권한쟁의의 가처분은 인용 여부가 불확실한 상황에서 인용이 될 경우에 인용임에도 불구하고 권한구제가 되지 않아 발생할 수 있을 중대한 불이익을 미리 방지하고자 하는 목적으로 인정되는 것이므로 인용가능성 여부를 요건으로 할 수 없고 그것을 요건으로 하는 것은 가처분제도의 존재이유에 반한다.

(2) 소극적 요건으로서의 의미 - 불명백성의 요구

다만, 위의 결론은 불명확한 경우이고 명백하게 본안심판의 청구가 부적법하여 각하될 것이거나 그 청구에 이유가 명백히 없어서 기각될 경우에는 가처분 결정을 할 수 없다고 보는 것이 논리적이다. 이 경우에 가처분을 통한 긴급한 예방조치라는 것도 본안심판의 각하결정, 기각결정으로 의미가 없는 것이기 때문이다. 헌재도 "본안심판이 부적법하거나 이유없음이 명백하지 않는 한, 위와 같은 가처분의 요건을 갖춘 것으로 인정되고 … 가처분을 인용할 수 있는 것"이라고 한다. 요컨대 본안심판의 명백한 부적법성, 이유없음이 없어야 한다는 소극적 요건으로는 작용된다고 본다.

판례 헌재 2000.12.8. 2000헌사471

[설시] 본안심판이 부적법하거나 이유없음이 명백하지 않는 한, 위와 같은 가처분의 요건을 갖춘 것으로 인정되고, 이에 덧붙여 가처분을 인용한 뒤 종국결정에서 청구가 기각되었을 때 발생하게 될 불이익과 가처분을 기각한 뒤 청구가 인용되었을 때 발생하게 될 불이익에 대한 비교형량을 하여 후자의 불이익이 전자의 불이익보다 크다면 가처분을 인용할 수 있는 것이다.

(3) 유의점 - 본안심판청구 부적법성·이유없음의 명백성이 있는 경우의 가처분신청에 대한 결정형식

위 법리에 따르면 본안심판의 청구가 명백히 부적법하거나 심판청구의 이유가 명백히 없는 경우에는 가처분을 인용할 수 없다는 것인데 그 경우에 가처분신청에 대한 헌재의 결정은 어떠하여야 하는가 하는, 즉 신청각하결정을 할 것인가 아니면 신청기각결정을 할 것인가 하는 문제가 있다.

1) 논의의 취지(문제 소재)

이러한 논의는 명백성 때문에 제기된다. 본안심판의 청구에 대한 명백성이 가처분신청에도 직결되는 것인가 하는 문제이다. 위 사유는 두 가지, 즉 본안심판청구가 부적법함이 명백한 경우와 본안심판청구의 이유없음이 명백한 경우로 나누어 볼 수 있을 것이다.

2) 본안심판청구의 부적법함이 명백한 경우

(가) 판례

헌재는 본안심판청구가 부적법한 것이 명백하다고 판시하면서 가처분신청도 부적법하다고 각하하는 결정례이다. 이에도 여러 유형을 볼 수 있다.

(나) 검토 및 결론

다음과 같이 검토될 수 있다. i) 양자의 견련성 인정 – 본안심판청구의 부적법성이 명백하다면 가처분신청도 각하되는 것이 논리적으로나 현실적으로도 타당하다. ii) '가처분의 인용요건'이란 용어의 부적절성 – 실무에서 헌재가 확립된 법리라고 보게 할 정도로 반복되뇌이는 전형적 판시인, '가처분 인용 여부'라는 제목으로 "본안심판이 부적법하지 않(음)이 명백하지 않으면 가처분을 인용할 수 있다"라고 하는 판시에 따라 가처분신청요건이 아니라 인용요건이므로 가처분 허용 여부를 가리는 본문제이고 따라서 '기각'으로 가야 한다고 생각할지 모르나 이는 타당하지 않고 각하결정이 정확한 것이다.

결론적으로 본안심판청구가 명백히 부적법하다면 본안사건의 청구가 각하되는 경우이다. 이 경우는 위의 가처분신청의 적법요건에서 본안사건이 적법하지 않으면 본안심판이 계속되지 않고 신청도 부적법하게 된다고 지적하는 바에 따르면 가처분신청도 그 부적법성으로 신청에 대한 각하의 결정이 있게 된다고 보는 것이 논리적일 것이다.

헌법재판소 심판 규칙은 "본안사건이 권한쟁의심판사건인 경우로서 그 심판청구가 명백히 부적법하거나 권리의 남용이라고 인정되는 경우에는 송달하지 아니할 수 있다"라고 규정하고 있다(동 규칙 제50조 3항).

3) 본안심판청구의 이유없음이 명백한 경우

본안심판청구의 이유없음이 명백하다면(명백한 것으로 보인다면) 가처분신청도 인용할 수는 없다. 그렇다고 당연히 각하할 것은 아니다. 다른 신청요건을 갖추지 못하여 각하하는 경우이

면 몰라도 당연히 그러할 수는 없다. 그렇긴 하나 결국 본안청구의 이유없음이 명백할 경우에는 가처분도 기각하게 될 부담을 많이 안게 될 것이다.

2. 실체적 인용요건

이는 가처분을 받아들일 수 있는(인용할 수 있는) 요건을 말한다.

[기본법리]

▷ 가처분 인용요건 :

◦본안심판이 부적법하거나 이유없음이 명백하지 않는 한 가처분 요건을 갖춘 것으로 인정

◦중대 불이익, 긴급성·필요성 요건 – '공권력 행사 또는 불행사'의 현상을 그대로 유지시킴으로 인하여 생길 회복하기 어려운 손해를 예방할 필요가 있어야 하고 그 효력을 정지시켜야 할 긴급한 필요가 있어야 함

◦비교형량 요건 – 가처분을 인용한 뒤 종국결정에서 청구가 기각되었을 때 발생하게 될 불이익과 가처분을 기각한 뒤 청구가 인용되었을 때 발생하게 될 불이익에 대한 비교형량을 하여 후자의 불이익이 전자의 불이익보다 크다면 가처분을 인용할 수 있음

◦소극적 요건 – 공공복리 관련 부재요건 – 공공복리에 중대한 영향을 미칠 우려가 없을 것

(1) 법규정과 판례법리

가처분 인용관련 법규정은 아래와 같다. 헌재법 제40조 제1항 후문에 따라 행정소송법, 민사집행법의 규정들이 준용된다.

1) 법규정

헌재법 제65조(가처분) 헌법재판소가 권한쟁의심판의 청구를 받았을 때에는 직권 또는 청구인의 신청에 의하여 종국결정의 선고 시까지 심판 대상이 된 피청구인의 처분의 효력을 정지하는 결정을 할 수 있다.

헌재법 제40조(준용규정) ① 헌법재판소의 심판절차에 관하여는 이 법에 특별한 규정이 있는 경우를 제외하고는 헌법재판의 성질에 반하지 아니하는 한도에서 민사소송에 관한 법령을 준용한다. 이 경우 탄핵심판의 경우에는 형사소송에 관한 법령을 준용하고, 권한쟁의심판 및 헌법소원심판의 경우에는 「행정소송법」을 함께 준용한다. ② 제1항 후단의 경우에 형사소송에 관한 법령 또는 「행정소송법」이 민사소송에 관한 법령에 저촉될 때에는 민사소송에 관한 법령은 준용하지 아니한다.

행정소송법 제23조(집행정지) ② 취소소송이 제기된 경우에 처분등이나 그 집행 또는 절차의 속행으로 인하여 생길 회복하기 어려운 손해를 예방하기 위하여 긴급한 필요가 있다고 인정할 때에는 본안이 계속되고 있는 법원은 당사자의 신청 또는 직권에 의하여 처분등의 효력이나 그 집행 또는 절차의 속행의 전부 또는 일부의 정지(이하 "집행정지"라 한다)를 결정할 수 있다. 다만, 처분의 효력정지는 처분등의 집행 또는 절차의 속행을 정지함으로써 목적을 달성할 수 있는 경우에는 허용되지 아니한다.
③ 집행정지는 공공복리에 중대한 영향을 미칠 우려가 있을 때에는 허용되지 아니한다.

민사집행법 제300조(가처분의 목적) ① 다툼의 대상에 관한 가처분은 현상이 바뀌면 당사자가 권리를 실행하지 못하거나 이를 실행하는 것이 매우 곤란할 염려가 있을 경우에 한다.
② 가처분은 다툼이 있는 권리관계에 대하여 임시의 지위를 정하기 위하여도 할 수 있다. 이 경우 가처분은 특히 계속하는 권리관계에 끼칠 현저한 손해를 피하거나 급박한 위험을 막기 위하여, 또는 그 밖의 필요한 이유가 있을 경우에 하여야 한다.

2) 판례법리

판례법리도 위 1.의 [기본법리] 속에 정리한 요건들을 중심으로 하고 있다.

판례 헌재 2018.4.6. 2018헌사242등

[설시] … 가처분 인용 요건 – 헌법재판소법 제40조 제1항이 준용하는 행정소송법 제23조 제2항의 집행정지규정과 민사집행법 제300조의 가처분규정에 따를 때, 본안심판이 부적법하거나 이유 없음이 명백하지 않고, 헌법소원심판에서 문제된 '공권력 행사 또는 불행사'를 그대로 유지할 경우 발생할 회복하기 어려운 손해를 예방할 필요와 그 효력을 정지시켜야 할 긴급한 필요가 있으며, 가처분을 인용한 뒤 종국결정에서 청구가 기각되었을 때 발생하게 될 불이익과 가처분을 기각한 뒤 청구가 인용되었을 때 발생하게 될 불이익을 비교형량 하여 후자의 불이익이 전자의 불이익보다 클 경우 가처분을 인용할 수 있다(헌재 2000.12.8. 2000헌사471; 헌재 1999.3.25. 98헌사98 참조).

(2) 개별 서술

위 요건들을 아래에서 나누어 상술한다.

1) 본안심판청구 부적법성·이유없음의 불명백성

본안심판의 청구가 명백히 부적법하지 않거나 이유없음이 명백하지 않아야 한다. 이에 대해서는 바로 위에서 서술하였다.

(가) 본안심판청구 부적법성의 불명백성

위에서 언급한 대로 이 요건은 신청의 적법성요건으로서 의미를 가진다. 다만, 이 요건의 결여(즉 본안심판청구가 부적법함이 명백한 경우) 본안심판청구의 부적법성으로 인해 신청 자체가 부적법하면 아예 가처분 허용 여부라는 본문제에 들어가지 못한다는 점에서 가처분 실체적 요건에 결부되고 그 전제요건이 된다.

헌재는 본안심판청구의 부적법성이 불명백하다는 판단준거로 "본안심판은 헌법재판소의 사전심사를 거쳐 전원재판부에 계속 중이므로, 이 사건 가처분신청은 본안심판이 명백히 부적법한 경우에는 해당하지 아니한다"라고 하여 전원재판부 회부 후 계속 중인 사실을 드는 판시가 많다. 예를 들어 헌재 2018.4.6. 2018헌사242등.

(나) 본안심판 청구의 이유없음의 불명백성 판단준거

헌재는 그 판단준거로 신청인의 권한을 침해하는지 여부는 "본안심판에서 심리를 거쳐 판단할 필요가 있어, 이 사건 가처분신청은 본안심판이 명백히 이유 없는 경우에도 해당하지 아니한다"라는 판시를 한다.

2) 손해예방(중대한 불이익 방지)

헌법소원심판의 결정이 공권력행사를 취소하는 인용결정으로서 내려질 것일지라도 그 결정이 있기 전에 문제의 공권력행사가 집행 내지 속행되면 돌이킬 수(회복할 수) 없는 손해가 발생할 수 있어서 이를 예방할 필요가 있을 것을 그 요건으로 한다(행정소송법 제23조 2항). 민사집

행법은 "가처분은 현상이 바뀌면 당사자가 권리를 실행하지 못하거나 이를 실행하는 것이 매우 곤란할 염려가 있을 경우에 한다"라고 하고 "가처분은 다툼이 있는 권리관계에 대하여 임시의 지위를 정하기 위하여도 할 수 있다. 이 경우 가처분은 특히 계속하는 권리관계에 끼칠 현저한 손해를 피하거나 급박한 위험을 막기 위하여, 또는 그 밖의 필요한 이유가 있을 경우에 하여야 한다"라고 규정하고 있다(민사집행법 제300조).

결국 회복불능의, 중대한 불이익으로서, 현저한 손해를 방지할 필요성으로 정리할 수 있다.

회복 어려운 손해 우려가 없다고 하여 그 신청부분을 기각한 예 : 헌법소원심판의 경우이긴 하나 아래에 인용한다.

판례 헌재 2002.4.25. 2002헌사129

[판시] … 가. 군사법원법 제242조 제1항 중 제239조 부분 – 위 규정에 의한 신청인 조○형에 대한 1차 연장 구속기간은 2002.3.28.에 이미 끝났고, 위 규정은 1차에 한하여 구속기간의 연장을 허가하는 내용의 것이므로 이제 위 신청인은 더 이상 군사법경찰관의 조사단계에서 구속기간이 연장될 위험은 없다. 그렇다면 위 규정으로 인하여 위 신청인이 새로이 무슨 회복하기 어려운 손해를 입을 우려가 있다고 할 수 없다. 그러므로 위 규정의 효력을 가처분으로 당장 정지시켜야 할 필요성은 인정되지 않는다. …

3) 긴급성 – 방지의 긴급한 필요성

그 예방을 긴급히 하여야 할 필요가 있는 상황에 있을 것을 요건으로 한다. 이는 본안심판의 결정이 내려질 때를 기다려서는 회복불능의 손해가 발생할 수 있고, 권리실행의 곤란성, 급박한 위험을 막을 수 없는 상황을 의미하고 필요한 예방조치를 본안심판 결정이 내려질 때까지 더 이상 미룰 수 없음을 의미한다. 그만큼 집행의 시기가 임박하고 근접한 시점에 있음을 말한다.

4) 비교형량

(가) 판례이론

가처분요건의 정리 : 권한쟁의심판에서의 가처분의 요건으로서 헌법재판소가 설정한 요건을 정리하면 다음과 같다.

▷ 행정소송법 제23조 제2항·제3항의 준용 : 피청구인의 처분 등이나 그 집행 또는 절차의 속행으로 인하여 생길 회복하기 어려운 손해를 예방할 필요가 있거나 기타 공공복리상의 중대한 사유가 있어야 하고 그 처분의 효력을 정지시켜야 할 긴급한 필요가 있는 경우

▷ 이익형량 : 가처분신청의 기각·인용에 따른 각각의 불이익간의 비교교량 – '본안사건이 부적법하거나 이유없음이 명백하지 않는 한', 가처분을 인용한 뒤 종국결정에서 청구가 기각되었을 때 발생하게 될 불이익과 가처분을 기각한 뒤 청구가 인용되었을 때 발생하게 될 불이익에 대한 비교형량의 결과 후자의 불이익이 전자의 불이익보다 큰 때에 한하여 가처분결정을 허용할 수 있음.

아래는 위에 정리한 헌법재판소의 요건이 제시된 판례이다.

판례 직접처분 효력정지 가처분신청, 헌재 1999.3.25. 98헌사98

[관련설시] 헌법재판소가 이 가처분결정을 함에 있어서는 행정소송법과 민사소송법 소정의 가처분에 관계되는 규정이 준용되므로(같은 법 제40조), 권한쟁의심판에서의 가처분결정은 피청구기관의 처분 등이나 그 집행 또는 절차의 속행으로 인하여 생길 회복하기 어려운 손해를 예방할 필요가 있거나 기타 공공복리상의 중대한 사유가 있어야 하고 그 처분의 효력을 정지시켜야 할 긴급한 필요가 있는 경우 등이 그 요건이 된다(행정소송법 제23조 제2항·제3항, 민사소송법 제714조 참조). 그러나 권한쟁의심판은 심판정에서 구두 변론기일에 당사자·이해관계인 기타 참고인의 진술을 듣고 증거조사를 하여 사실적인 측면과 헌법 또는 법률적인 견해에 대한 변론을 하게 된다(헌법재판소법 제30조·제31조). 재판부는 쟁점을 판단하는 데 필요한 사실확정을 한 다음 이를 바탕으로 피청구인의 처분 또는 부작위가 헌법 또는 법률에 의하여 부여받은 청구인의 권한을 침해하였거나 침해할 현저한 위험이 있는지 여부, 즉 청구인과 피청구인 상호 간의 권한의 존부 또는 범위에 대한 평의를 거쳐 종국결정에 이르게 되고 이러한 과정을 밟는 데는 상당한 시일을 요한다. 이와 같은 이유 때문에 헌법재판소가 직권 또는 청구인의 신청에 따라 심판대상이 된 피청구기관의 처분의 효력을 정지하는 가처분신청은 본안사건이 부적법하거나 이유없음이 명백하지 않는 한, 가처분을 인용한 뒤 종국결정에서 청구가 기각되었을 때 발생하게 될 불이익과 가처분을 기각한 뒤 청구가 인용되었을 때 발생하게 될 불이익에 대한 비교형량을 하는 것이 가장 중요한 요건이 될 수밖에 없고 이 비교형량의 결과 후자의 불이익이 전자의 불이익보다 큰 때에 한하여 가처분결정을 허용할 수 있는 것이다.

(나) 판례이론에 대한 이해

위의 판례이론은 아래의 도표와 더불어 다음과 같이 이해될 수 있을 것이다.

	가처분결정	본안결정
①	O	O
②	X	X
③	O	X
④	X	O

O : 인용 X : 기각

위의 도표에서 ①과 ②의 경우는 가처분결정과 본안결정이 일치하니 문제가 없다. ③과 ④의 경우가 문제인데 ④의 경우가 가져올 불이익이 ③의 경우가 가져올 불이익보다 더 클 때 가처분을 받아들여야 한다는 것이 판례의 입장이다. 그것은 ④의 경우가 더 심각하기 때문이다. 즉 가처분을 받아주지(인용) 않아 그 처분이 그대로 집행된 뒤 본안결정에서 그 처분이 청구인의 권한을 침해한 것으로 결론이 나면 앞으로 청구인이 그 처분권한행사를 못하게 되는 중대한 불이익이 오기 때문이다.

(다) 이익형량에 의한 인용결정을 한 예

아래의 예는 바로 위에서 소개한 헌법재판소의 법리가 적용된 판례로서 이익형량론에 따라 인용결정이 이루어진 예이다.

* 2008.2.29. 행정심판법 개정으로 재결청이 없어졌지만 이전에는 행정심판기관이 사건을 심리, 의결을 하는 행정심판위원회와 행정심판위원회의 이 심리, 의결에 따라서 재결만을 하는 재결청으로 나누어져 있었고 기초 지방자치단체가 행한 행정처분에 대한 행정심판의 재결청은 광역 지방자치단체의 장(사안에선 도지사)이었는데 당시 재결청이 직접처분을 하여 기초 자방자치단체의 권한을 침해한다고 하여 제기된 권한쟁의심판에서 가처분이 신청되어 나오게 된 결정이었다. 행정심판위원회가 재결청인 지금과 사건 당시 상황이 달랐으나 가처분 판단이 전형적으로 이루어진 예이어서 중요한 leading case로서 살펴본다. 행정심판의 경우는 위와 같이 상황이 달라졌으나 직접처분(행정심판법 제50조)제도가 여전히 있기도 하고 앞으로도 행정심판의 재결을 둘러싼 권한쟁의가 발생할 수도 있으므로 중요한 모델 판례로 참고가 필수적인 것이다.

* 본안사안은 행정심판의 결과 이행재결이 있었음에도 당해 행정청이 처분을 하지 아니하는 때에는 일정 절차를 거쳐 재결청(현재는 행정심판위원회)이 직접처분을 할 수 있는데, 당시 재결청인 도지사가 이러한 직접처분을 하였는데 그 직접처분 중 이행재결의 주문(主文)에서 명하는 처분의 범위를 벗어난 진입도로 도시계획사업시행자지정까지도 직접처분하여 그 지정처분 부분이 그 청구인 기초 지방자치단체 권한을 침해하는 것이라고 주장하여 제기된 권한쟁의심판이다. 이 심판청구에서 청구인은 위 직접처분이 집행되어 이 사건 진입도로를 개설하게 되면 회복하기 어려운 손해를 입게 된다는 이유를 들어 그 효력정지 가처분신청을 한 것이다.

판례 **직접처분 효력정지 가처분신청, 헌재 1999.3.25. 98헌사98. 바로 위의 판례**

[당사자] 신청인－성남시, 피신청인－경기도지사 [주문] 피신청인이 1998.4.16. 경기도고시 제1998－142호로 행한 성남도시계획시설(서현근린공원 내 골프연습장·도시계획도로)에 대한 도시계획사업시행자지정 및 실시계획인가처분 중, 동 공원구역 외의 도시계획도로(등급 : 소로, 류별 : 3, 번호 : 200, 폭원 : 6m, 기능 : 골프연습장 진입도로, 연장 : 21m, 면적 : 149㎡, 기점 및 종점 : 성남시 분당구 이매동 128의 11 일원)에 대한 도시계획사업시행자지정 및 실시계획인가처분과 그 선행절차로서 행한 도시계획입안의 효력은 헌법재판소 98헌라4 권한의심판청구사건에 대한 종국결정의 선고시까지 이를 정지한다. [사건개요] 주민 ○○○은 이 사건 가처분의 신청인(성남시)의 도시계획시설 중의 하나인 근린공원 내에 골프연습장을 설치·관리하기 위한 도시계획사업시행자지정신청 및 실시계획인가신청을 하였으나 성남시장은 “이매동 128의 11 일원의 진입도로(이하 “이 사건 진입도로”라 한다)는 公共空地를 통과하는 것으로서 불가하니 변경할 것” 등 9개 항목의 보완요구를 하고 이를 이행하지 않는다는 이유로 반려처분을 하였다. 이 후 행정심판이 제기되었고 인용재결이 있었으나 처분이 없자 다시 행정심판이 제기되었고 이 행정심판에서 재결청인 이 사건 가처분의 피신청인(경기도지사)은 위 불허가처분의 취소와 도시계획사업시행자지정처분 및 실시계획인가처분(이하 “지정·인가처분”이라 한다)의 이행을 인용하는 재결을 하였다. 성남시장이 이 인용재결에도 불구하고 인가·지정처분을 하지 아니하자 ○○○은 인용재결의 이행신청을 하였고 피신청인은 성남시장에게 시정명령을 하였으나 이에 응하지 아니하였기에 피신청인은 ① 골프연습장 ② 공원구역 내의 진입도로 ③ 공원구역 외의 이 사건 진입도로에 관한 지정·인가처분을 하였다. 이 직접처분은 구 행정심판법 제37조 제2항에 따른 것이었다. 신청인은 피신청인의 위와 같은 직접처분 중 이 사건 진입도로에 관한 지정·인가처분이 신청인의 권한을 침해하였다고 주장하면서 그 권한침해의 확인과 아울러 위 처분들에 대한 무효확인을 구하는 권한쟁의심판(98헌라4)을 청구함과 동시에 ○○○이 피신청인의 직접처분에 의하여 이 사건 진입도로를 개설하게 되면 회복하기 어려운 손해를 입게 된다는 이유를 들어 본안사건 결정선고시까지 피신청인의 직접처분과 그 선행절차로서 행한 도시계획입안에 대한 효력정지 가처분신청을 하였다. [피신청인의 답변요지] 피신청인은 성남시장이 재결청의 인용결정에 따르지 아니하여 행정심판법 제37조 제2항에 의한 직접처분을 할 수 밖에 없었고 이것은 행정청의 위법·부당한 처분으로 인하여 권익이 침해된 자를 구제하기 위한 것으로 당연무효라고 볼 수 없다. 이 사건 직접처분에 취소사유에 해당하는 하자가 있다고 하더라도 헌법재판

소법 제67조 제2항은 "국가기관 또는 지방자치단체의 처분을 취소하는 결정은 그 처분의 상대방에 대하여 이미 생긴 효력에는 영향을 미치지 아니한다"고 규정하고 있으므로 신청인의 이 가처분신청은 실효가 없다. [결정요지] ▸ 가. 가처분의 요건에 대한 설시 : 바로 위의 4)의 (가) 판례의 [관련설시] 참조. ▸ 나. 피신청인이 직접처분을 한 ① 골프연습장 ② 공원구역 내의 진입도로 ③ 공원구역외의 이 사건 진입도로 중 쟁점이 된 진입도로는 골프연습장을 설치할 서현근린공원과 폭 50m인 왕복 10차선 도로의 경계인 公共空地에 해당된다(도시계획법 제2조 제1항 제1호 나목). 이러한 공공공지는 도시 내의 주요시설물 또는 환경의 보호, 경관의 유지, 재해대책 및 보행자의 통행과 시민의 일시적 휴양공간의 확보를 위하여 설치하는 것이다(도시계획시설 기준에 관한 규칙 제52조). 피신청인의 이 사건 진입도로에 관한 도시계획입안과 지정·인가처분의 효력을 정지시키는 가처분결정을 하였다가 피신청인의 위 입안행위와 지정·인가처분 등이 신청인의 권한을 침해하지 아니한 것으로 종국결정을 하였을 경우에는, 처분의 상대방인 ○○○에게는 공사지연으로 인한 손해가 발생하고 또 골프연습장의 완공이 지연되어 이를 이용하려는 잠재적 수요자의 불편이 예상된다는 점 외에 다른 불이익은 없어 보인다. 이에 반하여 가처분신청을 기각하였다가 종국결정에서 피신청인의 위 입안행위와 지정·인가처분 등이 신청인의 권한을 침해한 것으로 인정되는 경우에는 피신청인의 직접처분에 따른 ○○○의 공사진행으로 교통불편을 초래하고 공공공지를 훼손함과 동시에 이의 원상회복을 위한 비용이 소요되는 등의 불이익이 생기게 된다. 이 사건 가처분신청을 인용한 뒤 종국결정이 기각되었을 경우의 불이익과 이 가처분신청을 기각한 뒤 결정이 인용되었을 경우의 불이익을 비교형량하고 또 처분의 상대방인 ○○○는 아직 골프연습장 공사를 착수하지 않고 있는 사정을 헤아려 보면 신청인의 이 가처분신청은 허용함이 상당하다. 피신청인은 이 사건 직접처분에 대한 위법은 당연무효가 아닌 취소사유에 불과하고 "국가기관 또는 지방자치단체의 처분을 취소하는 결정은 그 처분의 상대방에 대하여 이미 생긴 효력에는 영향을 미치지 아니한다"고 규정한 헌법재판소법 제67조 제2항에 비추어 신청인의 가처분신청은 그 실효가 없다고 주장한다. 그러나 피신청인의 이 사건 직접처분이 무효사유인지 또는 취소사유인지는 이 가처분사건에서 가려야 할 성질의 것이 아니다. 따라서 신청인의 이 가처분신청은 이유 있으므로 주문과 같이 결정한다. * 이 결정 후 권한침해의 인정과 처분의 무효를 확인하는 주문의 본안(종국)결정이 내려졌다. 성남시와 경기도간의 권한쟁의, 헌재 1999.7.22. 98헌라4, 이 본안결정에 대해서는 뒤의 '행정심판 이행재결의 주문의 내용을 벗어난 재결청의 직접처분에 의한 권한침해의 인정례' 참조.

* 해설 – 위 밑줄친 부분이 핵심적 판단인데 판시부분은 바로 위 '판례이론에 대한 이해'에서의 도표의 ③과 ④의 경우를 이익형량한 것이다. 즉 가처분을 기각하고 본안결정에서 인용할 때(④)의 불이익이 더 크므로 가처분을 받아들여야 한다는 것이다.

[위 결정례에서 법리적용]

비교형량

③경우의 불이익 : 처분 상대방에 공사지연으로 인한 손해가 발생, 골프연습장의 완공이 지연되어 이를 이용하려는 잠재적 이용수요자의 불편이 예상된다는 점 외에 다른 불이익은 없어 보임

④경우의 불이익 : 직접처분에 따른 공사진행으로 교통불편 초래, 공공공지를 훼손함과 이의 원상회복을 위한 비용이 소요되는 등의 불이익이 생김

∴ 결론 : ④불이익 〉 ③불이익 → 가처분 허용

5) 소극적 요건 – 공공복리 관련 부재요건 – 공공복리에 중대 영향 미칠 우려가 없을 것

(가) 행소법 규정과 적용판례

행정소송법 제23조 제3항은 "집행정지는 공공복리에 중대한 영향을 미칠 우려가 있을 때

에는 허용되지 아니한다"라고 규정하고 있고 권한쟁의의 가처분에 있어서도 이 요건이 언급되고 있다. 이 요건은 없어야 할 소극적 요건이다. 아래의 결정은 법령소원에서 내려진 것이고 헌재는 법령소원의 경우 이 요건이 더 고려되어야 한다는 입장이다.

판례 헌재 2002.4.25. 2002헌사129

[관련설시] 법령의 효력을 정지시키는 가처분은 비록 일반적인 보전의 필요성이 인정된다고 하더라도 행정소송법 제23조 제3항이 규정하는 바와 같이 공공복리에 중대한 영향을 미칠 우려가 있을 때에는 인용되어서는 안 될 것이다. * 이 결정에 대해서는 뒤의 헌법소원심판의 가처분의 결정례, 인용결정 부분 참조.

(나) 검토

헌재가 설정한 비교형량 요건 테스트에서 공공복리에 미치는 영향을 측량하여 이를 비교한다는 점에서 이를 별도의 요건으로 설정할 필요가 있을지 그 실익이 의문이다. 아니면 역으로 이 공공복리 요건에 입각해서도 비교형량 요건이 요구된다고 하는 비교형량 요건의 근거로서 제시될 수 있겠다.

Ⅳ. 가처분의 결정

1. 심리정족수와 결정정족수

가처분 신청을 각하할 것인지 여부에 대한 결정, 가처분을 허용할 것인지에 대해 인용할 것인지 기각할 것인지 하는 등의 심리와 결정에서 재판부는 재판관 7명 이상의 출석으로 사건을 심리한다(헌재법 제23조 1항). 재판부는 종국심리에 관여한 재판관 과반수의 찬성으로 사건에 관한 결정을 한다(동법 동조 2항).

2. 결정형식

(1) 각하결정

가처분신청의 적법요건을 갖추지 못한 경우에는 각하결정을 한다. 앞서 정당, 원내교섭단체, 법률로 설치된 원자력안전위원회 등에 대한 당사자능력을 부정하여 각하결정을 한 예가 대표적이다.

판례 헌재 2020.5.27. 2019헌사1121

[신청인] ○○당 대표자 황○○ [피신청인] 원자력안전위원회 [사건개요] * 앞의 당사자 부분 참조. [결정이유] (가) 가처분의 적법요건으로서의 당사자능력 – … (4) 위에서 본 바와 같이, 정당은 사적 결사와 국회 교섭단체로서의 이중적 지위를 가지나, 어떠한 지위에서든 헌법 제111조 제1항 제4호 및 헌법재판소법 제62조 제1항 제1호의 '국가기관'에 해당한다고 볼 수 없으므로, 권한쟁의심판의 당사자능력이 인정되지 아니한다. 따라서 권한쟁의심판을 본안사건으로 전제하고 있는 이 사건 신청은 당사자능력이

없는 자가 제기한 것으로서 부적법하다. (라) 피신청인의 당사자능력에 관한 판단 – 나아가 권한쟁의 심판의 당사자가 될 수 있는 국가기관의 범위에 관해 위에서 본 기준에 비추어 볼 때, 헌법이 아닌 '원자력안전위원회의 설치 및 운영에 관한 법률'에 설치 근거를 두고 있는 국가기관인 피신청인은 '헌법에 의하여 설치된 국가기관'에 해당하지 아니하여 권한쟁의심판의 당사자능력을 인정할 수 없다. 따라서 이 사건 신청은 당사자능력이 없는 자를 상대로 제기된 것으로서 부적법하다. 4. 결론 – 그렇다면 이 사건 신청은 부적법하므로 이를 각하하기로 하여, 관여 재판관 전원의 일치된 의견으로 주문과 같이 결정한다. * 보다 더 자세한 결정요지는 가처분 적법요건, 당사자 부분 참조.

(2) 인용결정

가처분을 받아들이는(인용하는) 결정에는 다음과 같은 것들이 있다.

1) 집행·효력정지의 결정

공권력의 적극적 행사로 인해 기본권이 침해된다고 하여 청구된 헌법소원심판에서 신청된 가처분신청을 인용하는 결정으로 그 공권행사에 대해 다음과 같은 가처분 결정을 할 수 있다.

ⅰ) 집행정지 – 피청구인의 처분의 집행 또는 절차의 속행의 전부 또는 일부를 종국결정 선고시까지 정지시키는 가처분이다(행정소송법 제23조 2항 본문). ⅱ) 효력정지결정 – 피청구인의 처분의 효력을 본안심판의 종국결정 선고시까지 정지시키는 결정이다. 다만, 처분의 효력정지는 처분 등의 집행 또는 절차의 속행을 정지함으로써 목적을 달성할 수 있는 경우에는 허용되지 아니한다(행정소송법 제23조 2항 단서).

2) 부작위, 거부행위에 대한 헌법소원의 경우 – '임시 지위를 정하기 위한 가처분 인용'

피청구인의 처분이 가처분대상이 된 경우에는 적극적 공권력행사가 있으므로 위와 같이 집행(효력)정지가 적실하나 이와 달리 소극적 권한불행사(부작위, 거부행위)로 인한 청구인의 권한행사가 이루어지지 않아 침해받고 있는 경우에는 가처분신청인은 그 불행사상태가 본안심판 도중에 회복할 수 없는 중대한 침해를 가져오는 것을 잠정적으로 막기 위해서는 정지가 아니라 민사집행법 제300조 제2항이 '임시의 지위를 정하기 위하여' 하는 가처분을 생각할 수 있다. 정지가 아니라 적극적인 가구제인 것이다. 거부행위의 경우에도 거부의사가 표시된 공권력행사가 있으므로 그 거부의 효력을 정지하거나 집행'을 정지할 수도 있겠다. 그러나 거부가 결국 요구된 행위를 하지 않겠다는 것이므로 잠정구제에 의미가 없다. 따라서 거부된 기본권구제로 나아가도록 강제하는 가구제를 인정하여야 할 것이다.

(3) 기각결정

가처분의 신청이유가 없어서 이를 받아들이지 않아야 한다고 판단되면 헌재는 기각결정을 한다. 그런데 그동안 헌재가 가처분에 대한 기각결정을 한 예를 보면 각하의 경우와 별로 구별없이 행한 경우도 볼 수 있다. 그리고 기각이유를 명확히 밝히지 않고 그냥 "신청은 이유 없으므로 주문과 같이 결정한다"라고 기각결정을 한 예들을 많이 볼 수 있다. 여러 기각결정의 예들은 아래 가처분 결정례 참조.

3. 결정서의 송달

가처분 결정을 한 때에는 결정서 정본을 아래와 같이 송달하여야 한다.

헌법재판소 심판 규칙(헌법재판소 규칙, 이하 '심판규칙'이라고도 함) 제51조(신청에 대한 결정서 정본의 송달)
① 가처분신청에 대한 결정을 한 때에는 결정서 정본을 신청인에게 바로 송달하여야 한다. 가처분신청에 대하여 답변서를 제출한 피신청인, 의견서를 제출한 이해관계기관이 있을 때에는 이들에게도 결정서 정본을 송달하여야 한다.

V. 권한쟁의심판에서의 가처분신청에 대한 결정례

1. 각하결정례

신청인(청구인)능력을 갖추지 못하는 등 신청요건이 결여되어 각하된 결정례들이 있다. 대표적인 예로 위 헌재 2020.5.27. 2019헌사112 결정이 있다(전술, 결정형식, 당사자능력 부분 참조).

2. 인용결정례

위 헌재 1999.3.25. 98헌사98 결정이 대표적인 것이다.

3. 기각결정례

헌법재판소는 많은 기각결정례들에서 "이 사건 신청을 기각한다"라는 주문의 기각결정을 선고하면서 자세한 기각결정이유를 밝히지는 않고 간단히 "이 사건 가처분신청은 이유 없으므로, 관여 재판관의 일치된 의견으로 주문과 같이 결정한다"라고만 하였다.

(a) 이유 없다는 간단한 판시의 결정례

① **헌재 2020.5.27. 2019헌사327** – 피청구인 국회의장이 2019.4.25. 사법개혁 특별위원회의 바른미래당 소속 위원을 청구인 국회의원에서 같은 당 소속 다른 국회의원으로 개선한 행위(이하 '이 사건 개선행위'라 한다)가 청구인의 법률안 심의·표결권을 침해하는지 여부 및 이 사건 개선행위가 무효인지 여부에 대한 권한쟁의심판과 더불어 제기한 가처분신청을 기각한 사례. 별 다른 이유를 헌재는 밝히지 않고 있다.

판례 헌재 2020.5.27. 2019헌사327
[주문] 이 사건 신청을 모두 기각한다. [이유] 이 사건 가처분신청은 모두 이유 없으므로 관여 재판관 전원의 일치된 의견으로 주문과 같이 결정한다.

② **헌재 1998.7.14. 98헌사31** – 국무총리서리 임명과 관련하여 제기된 권한쟁의심판에서 청구인들이 국무총리서리 임명행위의 효력정지 및 직무집행정지를 구하는 가처분신청에 대하

여 기각한 사례.

판례 헌재 1998.7.14. 98헌사31
[주문] 이 사건 신청을 기각한다. [이유] 이 사건 가처분신청은 이유 없으므로, 관여 재판관의 일치된 의견으로 주문과 같이 결정한다.

③ **헌재 1998.7.14. 98헌사43** – 감사원장서리 임명과 관련하여 제기된 감사원장서리 임명행위의 효력정지 및 직무집행정지를 구하는 가처분신청을 기각한 사례.

판례 헌재 헌재 1998.7.14. 98헌사43
[주문] 이 사건 신청을 기각한다. [이유] 이 사건 가처분신청은 이유 없으므로, 관여 재판관의 일치된 의견으로 주문과 같이 결정한다.

(b) 사실상 본안사건 되풀이의 이유없음 판시

① **헌재 2008.1.17. 2005헌사740** – 국회의원들이 2005헌라10 국회의원과 대통령 등 간의 권한쟁의심판과 관련하여 제기한 2005.1.27. 법률 제7386호로 공포된 '사회기반시설에 대한 민간투자법'의 효력정지 및 2006년도에 실시할 '사회기반시설에 대한 민간투자법' 제4조 제2호에 의한 민간투자사업의 집행정지를 구하는 가처분신청을 기각한 사례. 이 예도 사실 본안사건을 다시 되뇌는 수준의 판시였다.

판례 헌재 2008.1.17. 2005헌사740
[주문] 신청인들의 신청을 기각한다. [이유] 2005헌라10 국회의원과 대통령 등 간의 권한쟁의심판과 관련하여 신청인들이 제기한 2005.1.27. 법률 제7386호로 공포된 '사회기반시설에 대한 민간투자법'의 효력정지 및 2006년도에 실시할 '사회기반시설에 대한 민간투자법' 제4조 제2호에 의한 민간투자사업의 집행정지를 구하는 가처분신청은 이유 없으므로 이를 기각하기로 하여 관여 재판관의 일치된 의견으로 주문과 같이 결정한다.

② **헌재 2004.9.23. 2003헌사649, 효력정지가처분신청, 관련사건 2003헌라3 강남구와 서울특별시간의 권한쟁의** – 이유에 사건을 넣은 예의 보기로 주문, 이유를 인용한다.

판례 헌재 2004.9.23. 2003헌사649
[주문] 신청인의 신청을 기각한다. [이유] 신청인은 2003헌라3 강남구와 서울특별시간의 권한쟁의심판과 관련하여 주위적으로 구 서울특별시자원회수시설설치촉진및주변지역지원등에관한조례(2004.5.25. 서울특별시 조례 제4192호로 개정되기 전의 것) 및 구 서울특별시자원회수시설주변영향지역주민지원기금조례(2004.5.25. 서울특별시조례 제4193호로 개정되기 전의 것)의 각 조례개정안에 대한 피신청인 의회의 2003.12.15.자 환경수자원위원회의 심의의결절차, 본회의 심의·의결절차 및 공포절차 등의 속행을 정지하라는 가처분신청을, 예비적으로 그 개정 서울특별시자원회수시설설치촉진및주변지역지원등에관한조례 및 개정 서울특별시자원회수시설주변영향지역주민지원기금조례의 효력을 정지하는 가처분신청을 하였는바 위 가처분신청은 모두 이유 없으므로 이를 기각하기로 하여 관여 재판관 전원의 일치된 의견으로 주문과 같이 결정한다.

제5절 권한쟁의심판의 심리

Ⅰ. 심리의 원칙

1. 구두변론의 원칙

(1) 원칙인 구두변론

권한쟁의심판은 구두변론이 원칙이다(헌재법 제30조 1항).

헌재법 제30조(심리의 방식) ① 탄핵의 심판, 정당해산의 심판 및 권한쟁의의 심판은 구두변론에 의한다.

(2) 구두변론 없는 각하결정

1) 헌재 판례

헌재는 그러나 권한쟁의심판에서 헌법재판소법 제40조에 따라 민사소송법 제219조를 준용하여 변론 없이 청구를 각하하기도 한다.

민사소송법 제219조(변론 없이 하는 소의 각하) 부적법한 소로서 그 흠을 보정할 수 없는 경우에는 변론 없이 판결로 소를 각하할 수 있다.

이 각하는 위 민소법규정에 따라 청구요건을 갖추지 못하였고 그 결여가 보정될 수 없는 경우여야 할 수 있다고 한다. 아래에 그 적용 결정례를 본다.

판례 헌재 2014.3.27. 2012헌라4

[결정요지] … 이 사건 과세권 귀속 결정은 지방세 과세권의 귀속 여부 등에 대하여 관계 지방자치단체의 장의 의견이 서로 다른 경우 피청구인의 행정적 관여 내지 공적인 견해 표명에 불과할 뿐, 그 결정에 법적 구속력이 있다고 보기 어렵다. 청구인은 피청구인의 이 사건 과세권 귀속 결정에도 불구하고, 이 사건 리스회사에 대하여 과세처분을 할 수 있으며, 이미 한 과세처분의 효력에도 아무런 영향이 없다. 따라서 피청구인의 이 사건 과세권 귀속 결정으로 말미암아 청구인의 자치재정권 등 자치권한이 침해될 가능성이 없으므로 이 사건 권한쟁의심판청구는 부적법하다. 5. 결론 – 이 사건 심판청구는 부적법한 청구로서 그 흠을 보정할 수 없으므로, 헌법재판소법 제40조, 민사소송법 제219조에 따라 변론 없이 이를 각하하기로 하여, 관여 재판관 전원의 일치된 의견으로 주문과 같이 결정한다. * 이전의 변론없이 각하한 다른 결정례 : 헌재 2006. 3. 30. 2003헌라2; 2011.8.30. 2011헌라1.

2) 검토

청구요건의 결여에 대해서도 의견이 갈릴 수 있다는 점에서 변론을 거치면서 재판관들의 심증형성이 달리된다는 변경가능성을 고려한다면, 그리고 권한쟁의심판이 객관적인 권한획정이라는 기능을 수행한다는 점을 고려한다면 전적으로 타당한 준용인지 하는 의문이 든다. 이 준용을 실제로 한 위 2012헌라4 결정의 예의 사안도 지방자치단체의 과세권을 둘러싼 문제인데 전원일치의견이긴 하였지만 변론을 거치면 그 논증에는 이견이 있을 수 있었을 가능성을 배제할 수 없는 사안이었다.

2. 직권주의

권한쟁의심판은 개인의 권리구제수단이 아니라 국가기관이나 지방자치단체의 객관적 권한의 존재여부, 권한의 범위, 그 침해 여부 등을 객관적으로 규명하는 심판이므로 헌법소원심판 등에 비해 직권주의가 더 강하게 작동될 수 있다.

Ⅱ. 심리정족수

권한쟁의심판의 사건에서도 다른 심판사건들에서와 같이 재판관 7명 이상의 출석으로 심리한다(헌재법 제23조 1항).

第6절 권한쟁의심판의 결정

제1항 결정정족수

Ⅰ. 권한쟁의심판결정에서의 정족수

권한쟁의심판의 종국결정은 재판관 7인 이상의 출석으로 심리한다(헌재법 제23조 1항). 권한쟁의심판에서는 종국심리에 관여한 재판관의 과반수의 찬성으로 사건에 관한 결정을 한다(동법 제23조 2항). 헌법 제113조와 헌법재판소법 제23조 제2항 단서, 제1호는 재판관 6명 이상의 찬성으로 결정해야 할 경우로 법률의 위헌결정, 탄핵의 결정, 정당해산의 결정, 헌법소원에 관한 인용결정을 규정하고 있고 권한쟁의심판의 결정의 경우는 제외하고 있어서 일반정족수인 과반수에 의하는 것이다. 따라서 청구를 받아들이는 인용결정은 9명 재판관 중 5명이 찬성해도 이루어질 수 있다. 가중정족수가 요구되지 않는다는 이 점이 다른 심판들과 차이를 보여주고 있다.

Ⅱ. 기각결정 정족수, 특수 경우

1. 재판관 의견분립의 경우

단순히 인용의견, 기각의견으로만 갈리지 않고 각하의견도 있고 각 의견들이 전부 과반수에 이르지 못하면 어떠한 결정을 내려야 할지 논의가 되어야 하는 문제가 있다.

2. 기각, 각하 의견분립

(1) 문제, 경향

주로 문제는 인용의견이 과반수 의견이 안되는 가운데 기각의견과 각하의견이 갈리는 경우이다. 이 경우에 헌재는 아래 결정례들에서 보면 각하의견 수를 기각의견 수에 보태어 판단하는 결정들을 하는 경향을 보여 주는 것으로 파악될 수 있다.

(2) 구체적 예

i) 3명 인용의견 + 4명 기각의견 + 2명 각하의견 = 기각결정

판례 헌재 2000.2.24. 99헌라1

[판시] … 4. 결론 – 이 결정에 관하여는 재판관 4인은 기각의견, 재판관 3인은 인용의견, 재판관 2인은 각하의견이므로 청구인들의 이 심판청구를 기각하기로 하여 주문과 같이 결정한다. * 위와 같은 재판관의견분립과 같은 또 다른 기각결정례 : 한재 2000.2.24. 99헌라2.

ii) 3명 인용의견 + 3명 기각의견 + 3명 각하의견 = 기각결정

판례 헌재 1997.7.16. 96헌라2.

iii) 4명 인용의견 + 1명 기각의견 + 4명 각하의견 = 기각결정

헌재는 이 결정에서 각하의견을 기각의견과 견해를 같이 하여 보태어 본다는 설시를 명시적으로 하고 있다. 즉 "심판청구를 받아들일 수 없다는 기각의견의 결론 부분에 한하여는 기각의견과 견해를 같이 하는 것으로 볼 수 있으므로"라고 설시하여 각하의견을 기각의견과 합쳐 기각결정을 아래와 같이 하였다.

판례 헌재 2010.11.25. 2009헌라12

[판시] 소결 – 나머지 청구인들의 이 사건 심판청구에 대하여는 각하의견이 재판관 이공현, 재판관 민형기, 재판관 이동흡, 재판관 목영준의 4인, 기각의견이 재판관 김종대의 1인, 인용의견이 재판관 이강국, 재판관 조대현, 재판관 김희옥, 재판관 송두환의 4인으로 어느 의견도 독자적으로는 헌법재판소법 제23조 제2항이 정한 권한쟁의심판의 심판정족수를 충족하지 못한다. 그런데 각하의견은 종전 권한침해확인 결정의 기속력으로 피청구인이 구체적으로 특정한 조치를 취할 의무를 부담한다고는 볼 수 없어 이 사건 심판청구를 받아들일 수 없다는 기각의견의 결론 부분에 한하여는 기각의견과 견해를 같이 하는 것으로 볼 수 있으므로 이 부분 심판청구를 모두 기각함이 상당하다.

Ⅲ. 판례변경 정족수

권한쟁의심판에 있어서도 종전에 헌법재판소가 판시한 헌법 또는 법률의 해석적용에 관한 의견을 변경하는 경우, 즉 판례변경에는 재판관 6인 이상의 찬성이 있어야 한다(동법 제23조 2항). 권한쟁의심판의 정족수가 과반수라는 점을 들어 재판관 9인 참여의 심리 후 5인 찬성으로도 판례변경이 가능하다고 보는 견해로 논란이 있을 수도 있다는 지적이 있으나 헌재법 제23조 제2항 단서는 6인 가중정족수 규정이고 가중정족수는 명시적인 경우에만 인정된다면, 그리고 동 단서 제2호는 권한쟁의심판이 제외되어 있지 않다는 점에서 권한쟁의심판의 판례변경에도 6인 정족수가 요구된다고 볼 것이다. 헌재가 이 단서 제2호를 위헌으로 결정하면 과반수로도 될 것이긴 하다(단서 2호는 헌법에 규정되어 있는 것이 아니다). 여하튼 현행 헌재법하에서 권한쟁의심판에서 판례변경이 있었던 경우에는 재판관 6인의 의견으로 판례변경이 있었던 실제의 예로, 헌재법 제62조 제1항 제1호의 규정을 열거규정으로 보아 국회의원, 국회의장의 권한쟁의심판 당사자능력을 부인하였던 구판례를 동규정을 예시규정으로 보아 국회의원, 국회의장에게 당사자능력을 인정하는 것으로 변경한 예가 있다.

판례 헌재 1997.7.16. 96헌라2

[관련판시] … 우리재판소가 종전에 1995.2.23. 선고, 90헌라1 결정에서 이와 견해를 달리하여 헌법재판소법 제62조 제1항 제1호를 한정적, 열거적인 조항으로 보아 국회의원은 권한쟁의심판의 청구인이 될 수 없다고 판시한 의견은 재판관 황도연, 재판관 정경식, 재판관 신창언을 제외한 나머지 재판관 6인의 찬성으로 이를 변경하기로 한다. * 이 결정에 대해서는 앞의 제2절 권한쟁의심판의 당사자 Ⅰ.1. 부분 참조. * 그 외 판례변경이 권한쟁의심판에서 있었던 예들은 전부 6인 이상의 찬성을 얻었다. 헌재 2015.7.30. 2010헌라2; 헌재 2019.4.11. 2015헌라2.

제2항 결정형식과 그 주요 결정례

Ⅰ. 개관

권한쟁의심판의 결과 나오게 되는 결정으로는 청구요건을 결여한 경우의 각하결정, 청구인의 청구취하로 인한 심판절차종료선언의 결정, 헌법 또는 법률에 의하여 부여받은 청구인의 권한을 실제로 침해했는지 등의 여부에 대한 결정인 본안결정 등이 있다. 본안결정에는 청구인의 주장을 받아들이는 인용결정과 청구인의 주장을 배척하는 기각결정이 있다. 인용결정에는 권한침해를 인정하는 결정뿐 아니라 취소결정, 무효확인결정 등도 있다.

청구인의 청구취하로 인한 심판절차종료선언의 결정에 대해서는 논란이 있다.

Ⅱ. 각하결정

1. 개념과 사유, 몇 가지 실제례

ⅰ) 개념과 각하사유 − 위에서 살펴본 권한쟁의심판의 청구요건들을 결여한 경우(어느 하나라도 결여한 경우)에 각하결정을 한다. 즉 당사자능력 결여, 피청구인의 처분 또는 부작위의 부

재(不在), 권한의 존부 및 범위에 관한 다툼이 아닌(없는) 경우, 청구인 권한을 침해하였거나 침해할 현저한 위험이 있는 경우가 아닌 경우, 권리보호이익이 없거나 청구기간을 도과한 경우 등에 각하결정을 하게 된다.

ii) 몇 가지 실제례 – 각하결정의 예들은 적지 않다. 몇몇 예를 여기서 인용하는 것은 이해를 위한 보기일 뿐이다. 여하튼 당사자능력을 갖추지 못하여 각하된 예들도 있다. 정당(政黨), 원내교섭단체 등 당사자능력이 없다고 각하된 경우들이 그러한 경우들이다(전술 당사자능력 부분 참조).

앞에서 인용된 대통령과 국회의원 간의 권한쟁의심판, 국회의장과 국회의원간의 권한쟁의심판 등에서 각하결정이 있었다.[1]

또한 지방자치단체가 제기한 권한쟁의심판에서 분쟁의 본질이 권한의 존부 및 범위 자체에 관한 청구인과 피청구인 사이의 직접적인 다툼이 아니고 청구인의 권한을 침해하였거나 침해할 현저한 위험이 있는 경우에 해당한다고 할 수 없다고 보아 각하한 결정,[2] 기관위임사무라는 이유로 그 관련 청구부분에 대하여 각하한 결정,[3] 청구기간을 도과하였다는 이유로 각하한 결정[4] 등이 있었다.

위의 심리 부분에서 본 대로 권한쟁의심판에서 청구요건이 흠결되고 그것을 보정할 수 없는 경우에는 변론없는 각하결정도 한다.

2. 각하결정의 효력

헌재법은 "헌법재판소의 권한쟁의심판의 '결정'은 모든 국가기관과 지방자치단체를 기속한다"라고 규정하여(동법 제67조 1항) 그 기속력이 미치는 결정을 인용결정에 한정하고 있지 않다. 따라서 기각결정과 각하결정에도 기속력이 인정된다.

Ⅲ. 심판절차종료선언

1. 개념과 성격

이는 권한쟁의심판을 진행 중에 심판을 계속 할 수 없는 어떠한 사유가 발생하여 그 심판절차를 중도에 종료하는 결정을 말한다.

이 결정은 본안에 관해서뿐 아니라 청구요건에 관해서도 헌법재판소의 어떠한 공식적 결정을 행하지 않고 절차를 마침을 의미하는 선언으로서의 성격을 가진다. 따라서 청구요건을

1) 헌재 1998.7.14. 98헌라1, 판례집 10－2, 1면 이하; 1998.7.14. 98헌라2, 같은 판례집, 39면 이하; 1998.7.14. 98헌라3, 같은 판례집, 74면.
2) 헌재 1998.6.25. 94헌라1, 영일군과 정부간의 권한쟁의, 판례집 10－1, 739면.
3) 결정례들 : 앞의 권한침해가능성, 지방자치단체, 기관위임사무 부분 참조.
4) 헌재 1999.7.22. 98헌라4, 성남시와 경기도간의 권한쟁의, 판례집 11－2, 51면.

구비하였는지에 대해서나 본안문제에 대한 어떠한 결정도 담고 있지 않은 결정이다. 그리하여 본안전 청구요건을 살피는 단계에서이건 본안심리단계에 들어가서라도 판결 확정 전이면 내려질 수 있고 그 점에서 각하결정과 다르고 물론 본안에 대한 판단도 담고 있지 않고 단순히 절차를 마친다는 점에서 본안결정과도 다른 성격을 가진다.

2. 사유와 결정례

(1) 헌재의 인정사유

권한쟁의심판에서 우리 헌재가 내리는 심판절차종료선언결정으로 ① 일신전속적 권한의 침해를 이유로 청구된 권한쟁의심판에서 청구인이 사망하였으나 그 권한이 주어지는 자격이 상실되면 권한쟁의심판절차가 이어받을(수계) 성질의 것이 아니라고 하여 절차종료결정을 하는 경우와 ② 청구인이 그 청구를 취하하여 심판절차를 종료하는 경우가 있었다.

* 관련 조문

민사소송법 제233조(당사자의 사망으로 말미암은 중단) ① 당사자가 죽은 때에 소송절차는 중단된다. 이 경우 상속인·상속재산관리인, 그 밖에 법률에 의하여 소송을 계속하여 수행할 사람이 소송절차를 수계(受繼)하여야 한다.

제266조(소의 취하) ① 소는 판결이 확정될 때까지 그 전부나 일부를 취하할 수 있다.

② 소의 취하는 상대방이 본안에 관하여 준비서면을 제출하거나 변론준비기일에서 진술하거나 변론을 한 뒤에는 상대방의 동의를 받아야 효력을 가진다.

③, ④, ⑤ 생략

⑥ 소취하의 서면이 송달된 날부터 2주 이내에 상대방이 이의를 제기하지 아니한 경우에는 소취하에 동의한 것으로 본다. 이하 생략

제267조(소취하의 효과) ① 취하된 부분에 대하여는 소가 처음부터 계속되지 아니한 것으로 본다.

② 생략

(2) 결정례

1) 일신전속적 권한으로서 수계불능의 경우

이러한 경우로는 국회의원인 청구인이 심판 계속 중에 사망하거나 국회의원직이 상실되어 심판절차종료선언결정이 있었던 예들이었다. 침해되었다고 주장하는 권한이 국회의원으로서의 심의·표결권이라서 일신전속적 권한이라서 그 수계가 안 된다고 본 것이다.

(가) 사망의 경우

판례 헌재 2010.11.25. 2009헌라12

[결정요지] 청구인은 법률안 심의·표결권의 주체인 국가기관으로서의 국회의원 자격으로 이 사건 권한쟁의심판을 청구한 것인바, 국회의원의 법률안 심의·표결권은 성질상 일신전속적인 것으로 당사자가 사망한 경우 승계되거나 상속될 수 있는 것이 아니다. 따라서 그에 관련된 이 사건 권한쟁의심판절차 또한 수계될 수 있는 성질의 것이 아니므로, 위 청구인의 이 사건 심판청구는 위 청구인의 사망과 동시에 당연히 그 심판절차가 종료되었다.

(나) 자격의 상실

판례 헌재 2016.4.28. 2015헌라5

[판시] 청구인 박○○의 심판청구에 대한 판단 – 직권으로 살피건대, 청구인 박○○이 헌법재판소에 이 사건 권한쟁의심판절차가 계속 중이던 2015.12.24. 징역 6월에 집행유예 1년 등의 형이 확정됨으로써 국회의원직을 상실하였음은 당 재판소에 현저한 사실이다. 위 청구인은 입법권의 주체인 국회의 구성원으로서, 또한 법률안 심의·표결권의 주체인 국회의원 자격으로서 이 사건 권한쟁의심판을 청구한 것인바, 국회의원의 법률안 심의·표결권은 성질상 일신전속적인 것으로서 국회의원직을 상실한 경우 승계되거나 상속될 수 있는 것이 아니다. 따라서 그에 관련된 이 사건 권한쟁의심판절차 또한 수계될 수 있는 성질의 것이 아니므로, 위 청구인의 이 사건 심판청구는 위 청구인의 국회의원직 상실과 동시에 당연히 그 심판절차가 종료되었다.

* 검토 – 심판절차종료라고 할 것이 아니라 국회의원직 상실로 인한 당사자능력의 상실이라고 보아 각하되어야 할 것이었다.

2) 청구취하로 인한 심판절차종료선언

청구취하는 청구인이 청구를 스스로 포기하는 것인데 이 포기를 피청구인이 동의하면 절차를 더 이상 진행하지 않고 그 시점에서 절차를 종료하는 결정을 한다.

판례 국회의장 등과 국회의원간의 권한쟁의, 헌재 2001.6.28. 2000헌라1

[주문] 이 사건 권한쟁의심판절차는 청구인들의 심판청구의 취하로 2001.5.8. 종료되었다. [청구요지] 이 사건 법률안의 의결과정에서 성원의 확인·보고, 제안설명, 대체토론, 이의유무의 확인 내지 표결 등 국회법이 정한 심사절차를 전혀 밟지 아니하였으므로, 이 사건 가결선포행위는 국회의원으로서 독립된 헌법기관인 청구인들의 법률안 심의·표결권을 침해한 것이며, 또 위와 같은 의결과정에서의 흠에 비추어 볼 때 위 가결선포행위는 헌법 제40조, 제41조, 제49조의 규정을 위반한 것으로서 부존재이거나 당연무효이다. [심판대상] ① 2000.7.24. 14:28경 개의된 운영위원회에서 국회법 중 개정법률안을 가결선포한 행위가 헌법 또는 법률에 의하여 부여받은 청구인들의 법률안 심의·표결의 권한을 침해한 것인지 여부와 ② 그로 인하여 이 사건 가결선포행위가 위헌으로서 무효인지 여부 [결정요지] 헌법재판소법이나 행정소송법에 권한쟁의심판청구의 취하와 이에 대한 피청구인의 동의나 그 효력에 관하여 특별한 규정이 없으므로, 소의 취하에 관한 민사소송법 제239조(* 현행 제266조)는 이 사건과 같은 권한쟁의심판절차에 준용된다고 보아야 한다(헌법재판소법 제40조 제1항). 비록 권한쟁의심판이 개인의 주관적 권리구제를 목적으로 삼는 것이 아니라 헌법적 가치질서를 보호하는 객관적 기능을 수행하는 것이고, 특히 국회의원의 법률안에 대한 심의·표결권의 침해여부가 다투어진 이 사건 권한쟁의심판의 경우에는 국회의원의 객관적 권한을 보호함으로써 헌법적 가치질서를 수호·유지하기 위한 쟁송으로서 공익적 성격이 강하다고는 할 것이다. 그렇지만 법률안에 대한 심의·표결권 자체의 행사여부가 국회의원 스스로의 판단에 맡겨져 있는 사항일 뿐만 아니라, 그러한 심의·표결권이 침해당한 경우에 권한쟁의심판을 청구할 것인지 여부 또한 국회의원의 판단에 맡겨져 있어서 심판청구의 자유가 인정되고 있는 만큼, 위에서 본 권한쟁의심판의 공익적 성격만을 이유로 이미 제기한 심판청구를 스스로의 의사에 기하여 자유롭게 철회할 수 있는 심판청구의 취하를 배제하는 것은 타당하지 않다. 기록에 의하면 청구인들의 대리인인 변호사들이 2001.4.24. 서면으로 이 사건 권한쟁의심판청구를 모두 취하하였고, 이미 본안에 관하여 답변서를 제출한 피청구인들의 대리인들이 같은 달 25. 위 심판청구의 취하에 모두 동의하였음이 명백하다. 그렇다면 이 사건 권한쟁의심판절차는 청구인들의 심판청구의 취하로 2001.5.8. 종료되었음이 명백하므로, 헌법재

판소로서는 이 사건 권한쟁의심판청구가 적법한 것인지 여부와 이유가 있는 것인지 여부에 대하여 더 이상 판단할 수 없게 되었다. 다만, 다수의견에 대하여 반대의견이 있으므로, 이 사건 권한쟁의심판절차가 이미 종료되었음을 명확하게 선언하기로 하여 주문과 같이 결정한다. <권성, 주선회 재판관의 반대의견> 민사소송과 권한쟁의심판을 법적 성질의 측면에서 비교하면, 첫째, 민사소송은 사적자치의 원칙이 지배하는 재산관계를 주된 대상으로 삼아 개인의 권리관계에 대한 분쟁을 해결하는 절차로서 결국 개인의 주관적 권리구제를 목적으로 삼고 있는 반면, 권한쟁의심판은 국가기관 또는 지방자치단체의 권한의 존부 또는 범위를 대상으로 삼아 이에 관한 분쟁을 해결하는 절차로서 궁극적으로는 헌법적 가치질서 및 헌법의 규범적 효력을 보호하는 객관적인 기능을 수행한다. 둘째, 민사소송에 있어서는 개인의 권리관계에 대한 분쟁을 해결하는 쟁송절차라는 점에서 판결의 기판력은 소송수행상의 결과에 대하여 책임을 지는 당사자에게만 미치는 것이 원칙인 반면(민사소송법 제204조 제1항), 권한쟁의심판에 있어서는 헌법적 가치질서 및 헌법의 규범적 효력을 보호하는 객관적 기능을 수행한다는 점에서 권한쟁의심판청구를 인용하는 결정은 모든 국가기관과 지방자치단체를 기속한다(헌법재판소법 제67조 제1항). 민사소송법상 소의 취하를 인정하는 이유는 사적자치의 원칙이 적용되는 재산관계의 해결을 위한 소송절차에서 원칙적으로 처분권주의가 인정된다는 데에서 찾을 수 있다. 그런데 권한쟁의심판의 경우에 있어서는 국가기관 또는 지방자치단체의 권한의 존부 또는 범위가 분쟁의 대상이고, 그러한 분쟁은 우리가 수호·유지하여야 할 헌법적 가치질서의 틀 아래에서 해결되어야 할 것이므로 그 심판절차에서 반드시 민사소송에서 인정되는 것과 같은 내용과 정도의 처분권주의를 인정하여야만 한다고 볼 것은 아니다. 또한 권한쟁의심판에 있어서는 인용결정이 모든 국가기관과 지방자치단체를 기속하는 일반적 기속력을 가지게 되므로 민사소송의 경우와 반드시 같게 볼 이유가 없는 것이다. 특히 당해 권한쟁의심판 사건에 대한 실체적 심리가 이미 종결되어 더 이상의 심리가 필요하지 아니한 단계에 이르고, 그 때까지 심리한 내용을 토대로 당해 사건이 헌법질서의 수호·유지를 위하여 긴요한 사항으로서 그 해명이 헌법적으로 특히 중대한 의미를 가지고 있는 경우에 해당한다고 판단되는 경우라면, 헌법재판소는 소의 취하에 관한 규정의 준용을 배제하여 심판청구의 취하에도 불구하고 심판절차가 종료되지 않은 것으로 보아야 할 것이다. 한편, 이 사건에 관한 우리 재판소의 최종 평결결과는 재판관 7인의 찬성으로 피청구인 국회 운영위원회 위원장에 대한 권한침해확인청구 및 무효확인청구를 모두 인용하고, 나머지 당사자들 사이의 심판청구 부분은 각하하는 것이었다. 이 사건은 국회 상임위원회의 하나인 운영위원회에서의 의사절차가 문제된 최초의 권한쟁의사건으로서 운영위원회 의사절차가 권한쟁의심판의 대상이 되는지 여부와 함께 그러한 권한쟁의심판에 있어서 당사자 적격의 문제가 처음으로 대두된 사건이고, 그 평결결과에 있어서도 법률안 심의·표결권의 침해를 확인하고, 나아가 권한쟁의심판 사상 처음으로 의안에 대한 가결선포행위가 헌법상 다수결원리를 위반하였다는 이유로 그 무효를 확인하는 내용이었다. 그렇다면, 이 사건 권한쟁의심판에 대하여는 이미 실체적 심리가 다 마쳐져 더 이상의 심리가 필요하지 아니한 단계에 이른 이후에야 비로소 이 사건 심판청구가 취하되었으며, 그 때까지 심리한 내용만을 토대로 판단하더라도 이 사건 권한쟁의심판은 향후 우리나라 국회, 특히 상임위원회가 준수하여야 할 의사절차의 기준과 한계를 구체적으로 밝히는 것으로서 헌법질서의 수호·유지를 위하여 긴요한 사항일 뿐만 아니라, 그 해명이 헌법적으로 특히 중대한 의미를 지닌다고 하지 않을 수 없다. 그러므로 이 사건의 경우에는 비록 청구인들이 심판청구를 취하하였다 하더라도 소의 취하에 관한 민사소송법 제239조의 규정의 준용은 예외적으로 배제되어야 하고, 따라서 위 심판청구의 취하에도 불구하고 이 사건 심판절차는 종료되지 않는다고 보아야 하므로, 헌법재판소로서는 재판부에서 평의한 대로 결정을 선고함이 마땅하다고 생각한다.

* 비평 – 위 소수의견에 나타난 사실을 보면, 평결결과 법률안 심의·표결권의 침해를 확인하고, 나아가 그 법률안의 가결선포행위가 헌법상 다수결원리를 위반하였다는 이유로 그 무효를 확인하는 내용의 결정을 할 기회가 있었던 사건이었다. 청구가 취하되었고 청구취하의 경우 헌재가 심판절차종료를 인정한다는 자신의 판례법리 때문에 결국 심판이 종료되어 의회주의에 관한 헌법이론의 중요한 정립을 위

한 판례형성이 좌절되었고 더구나 이미 더 이상 심리가 필요하지 아니한 단계에까지 이른 이후인데도 심판청구를 취하하였음에도 심판절차를 종료했다는 점에서 더욱 안타깝고 받아들이기 곤란한 절차종료 결정이었다. 이런 부당함은 아래 검토의견에서 권한쟁의심판에서의 절차종료결정이 가지는 문제점들을 짚어보면 더욱 그러하다.

3. 검토

권한쟁의심판에서 심판절차종료결정을 인정하는 것은 다음과 같은 점에서 재고(再考)를 요한다. ⅰ) 권한쟁의심판의 기능과 성격 – 권한쟁의심판은 국가기관, 지방자치단체의 권한을 명확히 하여 권력분립, 권한분배원칙을 지키게 함으로써 입헌주의의 구현과 아울러 공무수행 기능이 원활하게 이루어지도록 하는 것이고 이는 권한을 획정하여 제자리를 찾게 하는 객관적 성격으로서의 성격을 가짐을 의미하는 것이기도 하다. 그런데 개인의 신상변화인 사망이나 청구인의 주관적 의사인 취하(포기)로 객관적 헌법질서의 확립을 좌절시키는 것이 타당하지 못하다. 이러한 개인적 사정이 발생하였다고 하더라도 객관적 기능수행을 포기하는 것은 타당하지 않다. 위 (2) 결정례 1) 사망의 경우 다른 청구인들 덕분에(?) 결국 본안판단으로 갔지만 그 사안은 국회기능에 관한 것이었다. ⅱ) 성질에 반하는 준용 – 이러한 ⅰ)의 지적과 맞닿은 문제로 2003.3.12. 개정된 현행 헌법재판소법은 "헌법재판의 성질에 반하지 아니하는 한도에서" 헌법재판소의 심판절차에 관하여는 이 법에 특별한 규정이 있는 경우를 제외하고는 민사소송에 관한 법령을 준용한다고 규정하고 있는데(헌재법 제40조 1항) 심판절차종료 관련 민사소송법 규정들이 권한쟁의심판의 성질에 부합하는지 의문이라는 점에서도 문제이다. ⅲ) 위 (2) 결정례 2)의 문제점 – 이미 더 이상 심리가 필요하지 아니한 단계에 이른 이후에야 심판청구를 취하하였고 그 평결결과도 법률안 심의·표결권의 침해를 확인하고, 나아가 권한쟁의심판 사상 처음으로 의안에 대한 가결선포행위가 헌법상 다수결원리를 위반하였다는 이유로 그 무효를 확인하는 내용이었다는 점에서 취하로 인한 심판절차종료를 인정함으로써 의회주의에 관한 헌법이론의 중요한 정립을 위한 판례형성이 좌절된 점부터 문제이다. 국회의원의 심의·표결권은 권리가 아니라 권한이고 권한은 책무를 수반하며 그 권한은 국회의원의 경우 더구나 국민대표자로서 부여되는 권한이다. 개인의 주관적 권리구제수단이 아닌 객관적 권한의 존부와 그 침해여부를 판단하여 권한배분 및 존중에 관한 헌법적 원리 등의 준수를 담당하는 권한쟁의심판에서 사인 간의 분쟁해결절차인 민사소송법을 준용하여 쉽사리 심판절차를 종료하는 결정을 한다는 것은 타당하지 않다. 특히 위 사안은 소송절차에 그 해결을 구한 뒤에 여야 간 정치적인 합의가 있었기에 청구가 취하된 것인데 이로써 헌법재판이 정치적 고려의 영향을 받게 된 결과를 가져온 것은 헌법재판에 대한 정치적 판단의 비긍정적 영향성, 그로 인한 헌법재판 유용성 등에 대한 회의 등 부정적 인식을 가지게 하는 전례가 될 수도 있다. 더구나 사안은 우리 국회의 근절되지 않은, 의회주의에 대한 명백한 위반인 법률안에 대한 변칙처리라는 사건에 관한 것이었다. ⅳ) 헌재판례법리상 불균형 – 헌재는 예컨대 권리보호이익요건과 같은 경우에 그것이 소멸되었다고 해도 헌법적 해명 필요성이 있으면 심판이익을 인정한다(앞의 청구요건, 권리보호요건 부분 참조). 이러한 자신의 판례법리와 균형이 맞지 않다.

Ⅳ. 본안결정

청구요건을 모두 갖춘 사건은 내용적인 본 문제들인 헌법 또는 법률에 의하여 부여받은 청구인의 권한을 실제로 침해했는지 등의 여부에 대한 판단인 본안판단에 들어가서 본안결정을 하게 된다. 본안결정에는 ① 인용결정과(아래 Ⅴ) ② 기각결정(아래 Ⅵ)이 있다.

Ⅴ. 인용결정

1. 의의

청구인의 청구가 이유있다고 받아들이는 결정이 인용결정이다. 따라서 이에는 권한침해를 인정하는 결정, 무효확인결정, 취소결정, 위헌확인결정 · 위법확인결정 등이 있다.

2. 권한존부 · 범위확인결정, 권한침해 인정의 결정

(1) 근거와 내용

헌법재판소법 제66조 제1항은 "헌법재판소는 심판의 대상이 된 국가기관 또는 지방자치단체의 권한의 존부 또는 범위에 관하여 판단한다"라고 규정하고 있다. 헌법재판소는 문제된 권한이 헌법상, 법률상 존재하는지 여부, 존재한다면 어느 기관이나 단체에 속하는지 여부, 그리고 그 권한의 범위가 어느 정도인지를 확인하는 결정을 한다. 나아가 피청구인의 처분 또는 부작위로 인하여 청구인의 권한이 침해된 것으로 판단될 때에는 권한침해를 인정하는 결정을 한다.

(2) 권한존부 · 범위확인결정(관할권한의 확인결정)

1) 주문

헌법재판소는 문제된 권한이 존재하는지 여부, 어느 기관이나 단체에 속하는지 여부를 판단한다. 이러한 유형에 속하는 결정들로서 그동안 헌법재판소는 지방자치단체의 구역의 관할권한이 어느 지방자치단체에 속하는지에 대해 확인하는 결정들을 한 바 있다. 이러한 결정들에 있어 헌법재판소는 "관할권한은 청구인 ○○시에게 있음을 확인한다"라는 주문으로 결정한 예들도 있고,

판례 헌재 2004.9.23. 2000헌라2, 당진군과 평택시간의 권한쟁의, 판례집 16-2, 상, 404면

([주문] 2.별지도면 표시 "가, 나, 다, 라, 마, 바, 사, 아, 자, 차, 카, 타, 가" 각 점을 순차적으로 연결한

선내 부분에 해당하는 면적 32,834.8㎡의 제방에 대한 관할권한은 청구인에게 있음을 확인한다); 2006.08.31, 2003헌라1, 광양시등과 순천시등간의 권한쟁의, 판례집 18－2, 319면([주문] 2. 전라남도 광양시, 순천시 및 여수시 소재 율촌제1지방산업단지 매립지 중 ○○ 주식회사가 전라남도로부터 분양받은 산업단지 446,283㎡(135,000평)와 위 산업단지 블럭 1－1 구역의 공장 연면적 231,192.92㎡, 사무실 등 연면적 10,171.85㎡ 중 제1별지 도면 표시 가, 나, 다, 라, 마, 바, 사, 아, 자의 각 점을 순차 연결한 선의 오른쪽(동쪽) 부분에 대한 관할권한은 청구인 광양시에게 있음을 확인한다).

"청구인의 관할구역에 속함을 확인한다"라는 주문으로 결정한 예도 있다.

판례 헌재 2006.8.31. 2004헌라2, 판례집 18-2, 356면

[주문] 1. 진해시 용원동 1307 도로 32,094.3㎡ 중 별지 도면 표시 1 내지 6, 1의 각 점을 순차로 연결한 선 안쪽 '가'부분 3,323.1㎡[서울특별시광진구등9개자치구설치및특별시 · 광역시 · 도간관할구역변경등에관한법률(1994.12.22. 법률 제4802호로 제정된 것) 제8조 제1항에 규정된 진해시 용원동 1142의 3 도로 1,983.8㎡, 1143의 1 구거 50.4㎡, 1145의 2 도로 1,288.9㎡가 1999.8.31. 환지된 부분], 같은 동 1145 도로 1,432.3㎡, 같은 동 1146 제방 117.9㎡, 같은 동 산 222 임야 1,289㎡ 및 같은 동 산 223 임야 198㎡는 청구인의 관할구역에 속함을 확인한다.

2) 그동안 많았던 헌재판례 : 지방자치단체의 관할구역 결정

지방자치단체의 관할구역 획정에 관한 헌재의 결정례들 중에는 인용결정례들만 있었던 것은 물론 아니나 그 결정에 관한 판례법리를 살펴보기 위해 먼저 일반적 법리(인용이든 기각이든 결정에 나타난 법리)를 아래 (가)에서 살펴본다.

(가) 지방자치단체의 관할구역 결정의 기준

관할권한의 존부에 대한 결정례들로는 그동안 지방자치단체의 관할구역을 둘러싼 권한쟁의심판사건들의 결정들이 많았다. 헌재판례가 설정하는 그 기준이 따라서 중요하다.

가) 토지(육지)에 대한 지방자치단체의 관할구역 결정의 기준

헌재는 "원칙적으로 '지적공부상의 기재'를 기준으로 하되 지적공부상 기재에 명백한 오류가 있거나 그 기재내용을 신뢰하기 어려운 특별한 사정이 있는 경우에는 지형도, 기타 역사적, 행정적 관련 자료 등을 종합하여 판단하여야 할 것"이라고 한다(헌재 2008.12.26. 2005헌라11).

나) 공유수면

[결정기준 판례법리의 설명과 정리] 헌재는 바다 등 공유수면에 대한 행정구역 경계에 관한 관한 명시적인 법령상의 규정이 존재한다면 그 법령에 의해야 할 것이라고 본다. 그러나 그런 명시적인 법령상의 규정이 존재한 바 없으므로, 공유수면에 대한 행정구역 경계가 불문법상으로 존재한다면 그에 따라야 한다고 하면서, 그런데 만약 해상경계에 관한 불문법도 존재하지 않으면, 권한쟁의심판권을 가지고 있는 헌법재판소가 지리상의 자연적 조건, 관련 법령의 현황, 연혁적인 상황, 행정권한 행사 내용, 사무 처리의 실상, 주민의 사회 · 경제적 편익 등을 종합하여 형평의 원칙에 따라 합리적이고 공평하게 해상경계선을 획정할 수밖에 없다고 한

다(헌재 2015.7.30. 2010헌라2).

헌재의 위 판례법리는 아래와 같이 정리된다

[결정기준 판례법리의 정리] 헌재판례의 결정기준에 관한 법리는 결국 단계적인데 위 서술 내용은 다음과 같이 정리된다. ① 1단계 : 법령 기준 → 법령 부재시(* 현재까지 우리 법체계에서는 공유수면의 행정구역 경계에 관한 명시적인 법령상의 규정이 존재한 바가 없음) → ② 2단계 : 불문법(따라서 불문법의 존재부터 살펴보는 것이 일반적일 것임) → 불문법 부재시 → ③ 3단계 : 형평의 원칙(불문법조차 없으면 결국 형평 원칙으로).

▮공유수면 경계선 확정에 관한 판례법리

[판례변경 – 위 2단계에서 국가기본도 원칙 폐기] 이 판례변경은 2단계, 즉 위 네모 속 불문법을 기준으로 할 때에 관한 것이다. 즉 헌재는 이전에 국가기본도상의 해상경계선을 공유수면에 대한 불문법상 해상경계선으로 보아왔는데(헌재 2004.9.23. 2000헌라2; 2006.8.31. 2003헌라1 등) 이 법리를 폐기하는 판례변경을 하였다(헌재 2015.7.30. 2010헌라2). 유의할 점은 국가기본도를 기준으로 하는 법리를 폐기했다는 의미는 불문법으로서 기준이란 자동으로 국가기본도의 경계선이라고 보는 입장을 폐기했음을 의미하는 것으로 이해된다는 점이다. 왜냐하면 이 판례변경 이후에도 헌재는 국가기본도의 기준성을 전혀 부정하는 것이 아니라 그것에 따르는 행정관습법이 형성된 경우에는 국가기본도 경계선에 의한 기준도 인정될 수 있다고 보는 결정을 보여주기 때문이다. 아래 판시가 그런 입장을 보여주고 있다. 헌재는 특히 "도"간의 경계는 군계 등과는 달리 "조선총독부 육지측량부가 간행한 지형도와 국토지리정보원이 작성한 국가기본도에 표시된 경계선이 대체로 일관되는 경우를 드물지 않게 발견할 수 있는바, 국가기본도상 "도"간의 해상경계선 표시는 1948.8.15. 당시 존재하던 불문법상 해상경계선을 확인할 수 있는 유의미한 자료가 될 수 있다"라고 본다.

판례 헌재 2021.2.25. 2015헌라7

[판시] … 그러나 위 2010헌라2 결정은 국가기본도에 표시된 해상경계선을 그 자체로 불문법상 해상경계선으로 인정하지 않는다는 것일 뿐, 관할 행정청이 국가기본도에 표시된 해상경계선을 기준으로 하여 과거부터 현재에 이르기까지 반복적으로 처분을 내리고, 지방자치단체가 허가, 면허 및 단속 등의 업무를 지속적으로 수행하여 왔다면 국가기본도상의 해상경계선은 여전히 지방자치단체 관할 경계에 관하여 불문법으로서 그 기준이 될 수 있다. 특히 "도"간의 경계는 군계 등과는 달리 이 사건 쟁송해역에서뿐만 아니라 다른 해역에서도 조선총독부 육지측량부가 간행한 지형도와 국토지리정보원이 작성한 국가기본도에 표시된 경계선이 대체로 일관되는 경우를 드물지 않게 발견할 수 있는바, 국가기본도상 "도"간의 해상경계선 표시는 1948.8.15. 당시 존재하던 불문법상 해상경계선을 확인할 수 있는 유의미한 자료가 될 수 있다.

[불문법 기준] 여하튼 헌재는 국가기본도에 따른 당연한 불문법상 경계선 인정이 아니라 여러 해상경계를 정하는 불문법, 행정관습법이 존재하는지를 살펴보고 존재하면 그것에 따른다. [형평의 원칙(등거리 중간선 원칙 등)] 헌재는 불분법이 존재하지 않으면 마지막으로 위에

서 언급한 대로 "헌법재판소로서는 그 지리상의 자연적 조건, 관련 법령의 현황, 연혁적인 상황, 행정권한 행사 내용, 사무 처리의 실상, 주민의 사회·경제적 편익 등을 종합하여 형평의 원칙에 따라 합리적이고 공평하게 이 사건 쟁송해역에서의 해상경계선을 획정할 수밖에 없다고 한다(헌재 2015.7.30. 2010헌라2). 그리하여 이 형평원칙 법리를 적용한 결정례들을 보여주고 있는데 형평원칙 법리의 첫째 기준으로 등거리 중간선 원칙을 적용하고 그 외 다른 고려기준도 다음과 같이 설정하여 판단하고 있다. 즉 "첫째, 등거리 중간선 원칙이 고려되어야 한다. 둘째, 이 사건 공유수면의 지리적 특성상 일정한 도서들의 존재를 고려해야 한다. 셋째, 관련 행정구역의 관할 변경도 고려되어야 한다. 넷째, 이 사건 쟁송해역에 대한 행정권한의 행사 연혁이나 사무 처리의 실상, 주민들의 편익도 함께 살펴보아야 한다"라고 한다. 그리하여 다른 고려요소를 살펴본 뒤 결정요소에 넣지 않고 등거리 중간선 원칙 적용대로 한 것(헌재 2015.7.30. 2010헌라2), 다른 요소들(도서들 존재, 관할변경, 주민편익 등)도 고려한 것(헌재 2019.4.11. 2016헌라8등)도 있다.

다) 공유수면 매립지

(a) **선례와 선례의 변경** 헌재는 공유수면 매립지에 대한 관할구역 경계 결정에 있어서 매립 전 공유수면의 해상경계선을 당연히 매립지의 관할구역 경계선으로 보아온 선례를 변경하여 이를 별도로 보아야 한다고 판례변경을 하였다.

판례 헌재 2019.4.11. 2015헌라2

[판시] (1) 매립의 목적은 공유수면의 매립계획에서부터 면허취득, 매립 공사, 소유권 취득, 준공 이후 이용단계에서도 가장 중요하게 여겨지는 핵심요소로서, 매립 이후에도 그 목적에 맞는 이용에 대한 관리·감독이 지속적으로 이루어지고 있다. 또한, 공유수면의 매립은 막대한 사업비와 장기간의 시간 등이 투입될 뿐 아니라 해당 해안지역의 갯벌 등 가치 있는 자연자원의 상실 내지 환경의 파괴를 동반하는 등 국가 전체적으로 중대한 영향을 미치는 사업이다. 그러한 사업으로 새로이 확보된 매립지는 그 본래 사업목적에 적합하도록 최선의 활용계획을 세워 잘 이용될 수 있도록 하여야 할 것이어서, 매립지의 귀속 주체 내지 행정관할 등을 획정함에 있어서도 사업목적의 효과적 달성이 우선적으로 고려되어야 한다. 인접 지방자치단체가 매립 전 해상에서 누렸던 관할권한과 관련하여서는 매립절차를 진행하는 과정에서 충분히 보상될 필요가 있지만, 매립 전 공유수면을 청구인이 관할하였다 하여 매립지에 대한 관할권한을 인정하여야 한다고 볼 수는 없다. (2) 이에 헌법재판소가 이 결정과 견해를 달리하여, 이미 소멸되어 사라진 종전 공유수면의 해상경계선을 매립지의 관할경계선으로 인정해 온 헌재 2011.9.29. 2009헌라3 결정 등은 이 결정의 견해와 저촉되는 범위 내에서 이를 변경하기로 한다.

(b) **헌재의 공유수면 매립지에 대한 관할구역 경계 결정 기준** 위와 같이 판례가 변경되었는데 헌재는 그 기준설정은 위에서 살펴본 공유수면 해상경계선 결정기준 법리의 구조와 비슷하게 정하고 있다. 즉 공유수면 매립지의 경계에 관한 명시적인 법령상의 규정이 있으면 이에 따르고, 법령상의 그런 규정이 존재하지 않는다면 불문법에 따라야 하며 행정관습법과 같은 불문법마저 존재하지 않으면 형평의 원칙에 따라야 한다고 본다.

판례 헌재 2019.4.11. 2015헌라2

[판시] 공유수면 매립지에 대한 지방자치단체의 관할구역 경계 역시 위와 같은 기준에 따라 1948.8.15. 당시 존재하던 경계가 먼저 확인되어야 할 것인데, 이에 관한 명시적인 법령상의 규정이 있으면 이에 따르고, 법령상의 규정이 존재하지 않는다면 불문법에 따라야 한다. 그런데 공유수면 매립지의 경계에 관한 불문법마저 존재하지 않는 경우에는, 주민, 구역과 자치권을 구성요소로 하는 지방자치단체의 본질에 비추어 지방자치단체의 관할구역에 경계가 없는 부분이 있다는 것은 상정할 수 없으므로, 권한쟁의심판권을 가지고 있는 헌법재판소로서는 공유수면의 매립 목적, 그 사업목적의 효과적 달성, 매립지와 인근 지방자치단체의 교통관계나 외부로부터의 접근성 등 지리상의 조건, 행정권한의 행사 내용, 사무 처리의 실상, 매립 전 공유수면에 대한 행정권한의 행사 연혁이나, 주민들의 사회적·경제적 편익 등을 모두 종합하여 형평의 원칙에 따라 합리적이고 공평하게 그 경계를 획정할 수밖에 없다. * 이 결정은 기각결정이었으나 공유수면 매립지 관할분쟁사건에서 헌재의 기준법리가 판례변경된 것이어서 그 기준의 변경을 유의하여 볼 필요가 있어서 인용결정을 서술하는 여기서도 다룬 것임.

라) 이러한 공유수면 매립지 관할인정 결정기준에 대한 자세한 것은 국가권력규범론의 지방자치 부분, 지방자치단체 구역 문제에서 많이 살펴보는 문제이다(자세한 것은 정재황, 국가권력규범론, 박영사 2020 참조).

(나) 인용결정례

헌재 2004.9.23. 2000헌라2, 당진군과 평택시간의 권한쟁의; 헌재 2006.8.31. 2004헌라2, 강서구와 진해시 간의 권한쟁의; 헌재 2006.8.31. 2003헌라1, 광양시등과 순천시등 간의 권한쟁의; 헌재 2008.12.26. 2005헌라11, 북제주군과 완도군 등 간의 권한쟁의; 헌재 2009.7.30. 2005헌라2, 옹진군과 태안군 등 간의 권한쟁의; 헌재 2010.6.24. 2005헌라9등, 경상남도 등과 정부 등 간의 권한쟁의 등; 헌재 2015.7.30. 2010헌라2, 홍성군과 태안군 등 간의 권한쟁의; 헌재 2019.4.11. 2016헌라8등, 고창군과 부안군 간의 권한쟁의 등.

* 위 결정례들 중 2000헌라2, 2003헌라1, 2005헌라9등은 공유수면 매립지에 대한 관할구역 경계 결정에 관한 사안이다. 헌재는 이런 사안에 있어서 위에서 언급한 대로 매립 전 공유수면의 해상경계선을 매립지의 관할구역 경계선으로 보아온 선례를 변경하여 이를 별도로 보아야 한다고 판례변경(헌재 2019.4.11. 2015헌라2)을 하였다. 그래서 변경된 판례법리에 따라서는 관할인정구도가 달라질 수도 있었을 것이나 여기서는 관할권한 인정을 한 결정들을 보기로서 인용한다. * 기각결정들도 있었다. 여기서는 인용결정들만 보기 때문에 기각결정례들은 뒤의 기각결정 부분 참조.

(3) 권한침해 인정의 결정례

1) 국회의원의 권한의 침해 인정례

(가) 본회의 의사절차에서의 권한침해

① **개의일시 불통지, 비공개에 의한 표결권 침해** – 헌재는 권한침해는 인정하였으나 가결선포행위 자체에 대한 무효선언은 하지 않았다.

판례 국회의원과 국회의장간의 권한쟁의, 헌재 1997.7.16. 96헌라2

[심판대상] 심판대상은 두 가지 사항이었는데, ㉠ 피청구인(국회의장, 당시 부의장이 대리)이 1996.12.26.

06:00경 제182회 임시국회 제1차 본회의를 개의하고 5개 법률안을 상정하여 가결선포한 행위가 헌법 또는 법률에 의하여 부여받은 청구인들의 법률안 심의·표결의 권한을 침해한 것인지의 여부(인용, 아래 [결정요지]), ㉡ 그로 인하여 위 가결선포행위가 위헌인지의 여부(기각, 뒤의 기각결정례 참조)이었다. [주문] 1. 피청구인이 1996.12.26. 06:00경 제182회 임시회 제1차 본회의를 개의하고 국가안전기획부법 중 개정법률안, 노동조합 및 노동관계조정법안, 근로기준법 중 개정법률안, 노동위원회법 중 개정법률안, 노사협의회법 중 개정법률안을 상정하여 가결선포한 것은 청구인들의 법률안 심의·표결의 권한을 침해한 것이다. 2. 청구인들의 나머지 청구를 기각한다. [결정요지] 국회의장이 야당의원들에게 본회의 개의일시를 국회법에 규정된 대로 적법하게 통지하지 않음으로써 그들이 본회의에 출석할 기회를 잃게 되었고, 그 결과 법률안의 심의·표결과정에 참여하지 못하게 되었다면 이로써 야당의원들의 헌법에 의하여 부여된 법률안 심의·표결의 권한이 침해된 것이다.

② **이른바 '미디어법' 사건** – 이 결정에서 국회의원의 심의·표결권의 침해가 인정되었다. 헌재는 다음의 2가지 법률안의 가결선포행위로 인한 권한 침해를 인정하면서 가결선포행위 자체에 대한 무효선언은 하지 않았다.

판례 헌재 2009.10.29. 2009헌라8등. * 이 결정에 대해, 특히 아래 침해사유에 대해서는 정재황, 국가권력규범론, 박영사, 2020, 국회, 입법절차, 본회의 부분 참조.

㉠ '신문 등의 자유와 기능보장에 관한 법률 전부 개정법률안'(줄여 '신문법안') : 이에 대한 입법절차에서는 다시 2가지 침해사유가 인정되었다. ⓐ 토론신청 불능의 질의·토론권 침해 인정 – 위원회 심사를 거치지 않은 법률안에 대한 질의·토론절차를 생략할 수 없는데 '신문법안' 수정안에 대한 표결선포 후 약 11분 가량이 지난 후에야 신문법 수정안이 회의진행시스템에 입력되고, 그로부터 약 30초 후에 투표가 시작되어 표결선포 전에 질의나 토론 신청을 준비하는 것은 물리적으로 불가능하였고 질의 및 토론 신청의 기회는 실질적으로 봉쇄되어 심의·표결권을 침해한 것으로 보았다. ⓑ 표결과정의 현저한 무질서와 불합리 내지 불공정 – 헌재는 신문법안의 표결과정에서 권한 없는 자에 의한 임의의 투표행위, 위법한 무권 또는 대리투표행위로 의심받을 만한 여러 행위, 투표방해 또는 반대 투표행위 등 그 표결 절차는 자유와 공정이 현저히 저해되어 헌법 제49조 및 국회법 제109조가 규정한 다수결 원칙에 위배된다고 보아 권한침해를 인정하였다.

㉡ '방송법 일부개정법률안'(줄여 '방송법안') : 표결 절차에서 '일사부재의의 원칙'에 위배하여 국회의원의 심의·표결권을 침해하였다고 보았다.

③ **반대토론 신청에도 불구하고 이를 허가하지 않고 표결한 예** – 국회의원의 법률안 심의·표결권을 침해한 것이라고 결정한 바 있다. 그러나 헌재는 법률안 가결선포행위를 무효로 선언하지는 않았다.

판례 헌재 2011.8.30. 2009헌라7. [결정요지] * 이 결정에 대해서는, 정재황, 국가권력규범론, 박영사, 2020, 국회, 입법절차, 본회의 부분 참조.

(나) 국회 상임위원회 의사절차에서의 권한침해

판례 헌재 2010.12.28. 2008헌라7등

[주문] 1. 생략. 2. 피청구인 국회 외교통상통일위원회 위원장이 2008.12.18. 14:00경 국회 본청 401호 외교통상통일위원회 회의실 출입문을 폐쇄한 상태로 위 회의실에서 제279회 국회임시회 제2차 외교통상통일위원회 전체회의를 개의하여 '대한민국과 미합중국 간의 자유무역협정' 비준동의안을 상정한 행위 및 위 비준동의안을 법안심사소위원회로 회부한 행위는 청구인들의 위 비준동의안 심의권을 침해한 것이다.

(다) 국회의사절차와 관련한 권한침해인정결정에서의 가결행위 무효선언 부정 경향

위의 결정례들에서 보았듯이 국회의 의사절차에서 국회의원의 심의·표결권을 침해하였음을 인정하는 결정을 하면서도 그 침해로 인한 가결선포행위 무효확인에 대해서는 받아들이지 않는 것이 지금껏 헌재의 태도이다. 이 문제에 대해서는 아래 (4)에서 다룬다.

2) 행정심판 이행재결 주문 내용을 벗어난 재결청의 직접처분에 의한 권한침해의 인정례

행정심판의 결과 이행재결(履行裁決)이 이루어졌음에도 당해 행정청이 처분을 하지 아니하는 때에는 행정심판위원회가 기간을 정하여 시정을 명하고 그 기간 내에 이행하지 아니하는 경우에는 당해 처분을 할 수 있도록 규정한 행정심판법 제50조 제1항에 따라 행정심판위원회가 직접처분을 할 수 있다. 앞에서 언급한 바가 있는 대로 2008년 2월 29일 행정심판법 개정 이전에는 행정심판위원회 외에 재결청이 있었고 직접처분을 하는 기관은 이 재결청이었다. 구법 당시에 이러한 직접처분 중 이행재결의 주문(主文)에서 명하는 처분의 범위를 벗어난 직접처분 부분은 그 당해 행정청(시장) 소속의 지방자치단체(기초)의 권한을 재결청(도지사)이 침해하는 것이라고 보았던 헌법재판소의 판례가 아래의 결정례이다.

*** 행정심판제도의 직접처분제도** − * 헌법, 행정법 병존 − 아래 사안을 이해하기 위해 먼저 직접처분제도를 이해해야 한다. 이는 이행재결이 있었음에도 불구하고 당해 행정청(행정심판의 피청구인)이 처분을 하지 아니하는 경우에는 당사자가 신청하면 기간을 정하여 서면으로 시정을 명하고 그 기간에 이행하지 아니하면 직접 처분을 하는 제도를 말한다. 그리고 그 직접처분을 할 수 있는 기관이 현재 행정심판위원회인데 2008.2.29. 행정심판법 개정 이전에는 행정심판기관이 사건을 심리, 의결을 하는 행정심판위원회와 행정심판위원회의 이 심리, 의결에 따라서 재결만을 하는 재결청으로 나누어져 있었는데 이 개정으로 재결청 제도를 없애고 행정심판위원회가 심리·의결과 재결을 모두 하도록 일원화하고 있었고 당시 직접처분권자는 재결청이었다. 아래의 판례는 행정심판위원회와 재결청을 분리하고 있었던 구 행정심판법 당시의 판례이고 당시 기초 지방자치단체의 처분에 대한 행정심판의 재결청은 광역 지방자치단체의 장인 도지사였다.

현행 행정심판법의 직접처분에 관한 규정 : 제50조(위원회의 직접 처분) ① 위원회는 피청구인이 제49조 제3항에도 불구하고 처분을 하지 아니하는 경우에는 당사자가 신청하면 기간을 정하여 서면으로 시정을 명하고 그 기간에 이행하지 아니하면 직접 처분을 할 수 있다. 다만, 그 처분의 성질이나 그 밖의 불가피한 사유로 위원회가 직접 처분을 할 수 없는 경우에는 그러하지 아니하다. <개정 2017.4.18.>
* 여기의 피청구인이란 권한쟁의심판이 아니라 행정심판의 피청구인, 즉 행정심판의 대상이 된 행정처

분을 행한 해당 행정청을 말한다(저자주).

제49조(재결의 기속력 등) ③ 당사자의 신청을 거부하거나 부작위로 방치한 처분의 이행을 명하는 재결이 있으면 행정청은 지체 없이 이전의 신청에 대하여 재결의 취지에 따라 처분을 하여야 한다. <개정 2017.4.18.>

판례 성남시와 경기도간의 권한쟁의, 헌재 1999.7.22. 98헌라4.

[당사자] 청구인－성남시, 피청구인－경기도지사(* "성남시와 경기도간의 권한쟁의"라는 사건명에도 불구하고 피청구인이 경기도지사로 된 이유는 기초자치단체의 처분에 대하여 주민(처분의 상대방인 ㅅ인(私人))이 제기한 행정심판의 재결청인 경우 광역 지방자치단체장을 국가기관으로 보고 헌재는 이 사건을 지방자치단체와 국가기관 간의 권한쟁의심판으로 보아 피청구인도 경기도가 아닌 경기도지사로 되었다). [주문] 1. 피청구인이 1998.4.16. 경기도고시 제1998－142호로 행한 성남도시계획시설(서현근린공원 내 골프연습장·도시계획도로)에 대한 도시계획사업시행자지정 및 실시계획인가처분 중, 동 공원구역 외의 도시계획도로(등급 : 소로, 류별 : 3, 번호 : 200, 폭원 : 6m, 기능 : 골프연습장 진입도로, 연장 : 21m, 면적 : 149㎡, 기점 및 종점 : 성남시 분당구 이매동 128의 11 일원)에 대한 도시계획사업시행자지정처분은 도시계획법 제23조 제5항에 의한 청구인의 권한을 침해한 것이다. 2. 피청구인의 위 처분은 무효임을 확인한다. 3. 청구인의 나머지 청구를 각하한다. [사건개요] 주민 ○○○은 청구인(성남시)의 도시계획시설 중의 하나인 서현근린공원 내에 골프연습장을 설치·관리하기 위한 도시계획사업시행자지정신청 및 실시계획인가신청(이하 "지정·인가신청"이라 한다)을 하였으나 성남시장은 "이매동 128의 11 일원의 진입도로(이하 "이 사건 진입도로"라 한다)는 公共空地를 통과하는 것으로서 불가하니 변경할 것" 등 9개 항목의 보완요구를 하고 이를 이행하지 않는다는 이유로 반려처분을 하였고 이에 그 취소를 구하는 행정심판 청구를 하여 피청구인(경기도지사)은 인용재결을 하였다. 이 재결 후 다시 지정·인가신청을 하였으나, 성남시장은 불허통보를 하였고, 이에 위 불허가처분의 취소와 도시계획사업시행자지정처분 및 실시계획인가처분(이하 "지정·인가처분"이라 한다)의 이행을 구하는 행정심판을 제기하고, 피청구인은 불허가처분의 취소와 지정·인가처분의 이행을 인용하는 재결을 하였다. 그러나 성남시장이 위와 같은 인용재결이 있었음에도 불구하고 여전히 인가·지정처분을 하지 아니하자 ○○○은 행정심판법 제37조 제2항에 의한 인용재결의 이행신청을 하였다. 재결청인 피청구인은 성남시장에게 두 차례에 걸쳐 시정명령을 하였으나 이에 응하지 아니하였다. 피청구인은 ① 골프연습장 ② 공원구역 내의 진입도로 ③ 공원구역 외의 이 사건 진입도로의 세 부분에 대하여 직접처분을 하기로 하고 이 사건 진입도로에 관하여는 도시계획법 제11조에 따른 도시계획의 입안을 한 다음 경기도 도시계획위원회의 의결을 거쳐 1997.12.22. 경기도고시 제1997－459호로 도시계획법 제12조에 의한 도시계획시설(도로, 공공공지) 결정 및 변경결정과 같은 법 제13조에 의한 지적승인 고시를 하였다. 피청구인은 위와 같이 도시계획시설결정 및 변경결정 절차를 거친 다음 1998.4.16. 경기도고시 제1998－142호로 ① 골프연습장 ② 공원구역 내의 진입도로 ③ 공원구역 외의 이 사건 진입도로에 관한 지정·인가처분을 하였다. 청구인은 1998.5.29. 피청구인의 위와 같은 직접처분 중 이 사건 진입도로에 관한 지정·인가처분이 청구인의 권한을 침해하였다고 주장하면서 그 권한침해의 확인과 아울러 위 처분들의 무효확인을 구하는 권한쟁의심판을 청구하였다. 이와 동시에 ○○○이 피청구인의 직접처분에 의하여 이 사건 진입도로를 개설하게 되면 회복하기 어려운 손해를 입게 된다는 이유를 들어 본안사건 결정선고시까지 피청구인의 직접처분에 대한 효력정지 가처분신청을 하였다. 또 청구인은 1998.11.2. 피청구인의 이 사건 진입도로에 대한 도시계획입안의 무효확인을 구하는 취지를 추가하는 내용의 심판청구 정정신청과 동시에 위 입안행위의 효력을 정지시켜 달라는 취지의 가처분신청도 하였다(* 이 가처분신청은 받아들여져 효력정지가 되었다. 이 가처분결정에 대해서는 앞의 가처분 부분 참조). [심판대상] 피청구인이 1998.4.16. 경기도고시 제1998－142호로 행한 성남도시계획시설(서현근린공원 내 골프연습장·도시계획도로)에 대한 도시계획사업시행자지정처분 및 실시계획인가처분(이하 "지정·인가처분"이라 한다)

중, 공원구역 외의 이 사건 진입도로에 대한 부분과 그 선행절차로서 행한 도시계획입안이 청구인의 권한을 침해하였는지 여부와 그로 인하여 위 처분들 및 입안행위가 무효인지의 여부. [청구인주장요지] 피청구인이 행한 공원구역 외의 이 사건 진입도로에 대한 도시계획입안과 지정·인가처분은 청구인의 권한에 속하는 것이고, 인용재결내용에 포함된 것도 아니므로 청구인의 권한을 침해한 것으로서 무효이다. [결정요지] Ⅰ. 적법요건에 대한 판단 : 먼저 이 사건 당사자에 관하여 본다. 앞에서 본 바와 같이 이 사건의 쟁점은 피청구인이 재결청의 지위에서 행정심판법 제37조 제2항의 규정에 따라 행한 직접처분이 청구인의 권한을 침해하는가 여부이다. 따라서 이 사건은 지방자치단체인 청구인(성남시)과 국가기관인 재결청으로서의 피청구인(경기도지사) 사이의 권한쟁의 사건이라고 할 것이다. 청구인의 이 사건 심판청구 중 도시계획입안에 관한 부분은 청구기간을 도과하였고, 도시계획사업실시계획인가처분에 관한 부분은 청구인에게 이에 관하여 헌법 또는 법률에 의하여 부여받은 권한이 존재하지 아니하여 부적법하므로, 이하에서는 도시계획사업시행자지정처분(이하 "지정처분"이라 한다)에 관한 부분에 한정하여 살펴보기로 한다. Ⅱ. 본안에 대한 판단 ▸ 1. 권한침해확인청구에 대한 판단 : (가) 도시계획법 제23조 제5항은 "제1항 내지 제4항의 규정에 의하여 시행자가 될 수 있는 자외의 자는 대통령령이 정하는 바에 의하여 관할시장 또는 군수로부터 시행자 지정을 받아 도시계획사업을 시행할 수 있다"고 규정하고 있으므로, 지정처분의 권한이 청구인에게 있음은 명백하다. 피청구인도 이 점에 관하여는 다투지 않고, 다만 인용재결이 있었음에도 청구인이 이를 이행하지 아니하여 피청구인이 행정심판법 제37조 제2항의 규정에 따라 직접처분을 한 것이라고 주장하고 있고, 청구인은 피청구인이 행한 이 사건 진입도로에 대한 지정처분은 인용재결의 범위를 벗어난 것으로서 청구인의 권한을 침해하였다고 주장하고 있다. 행정심판청구가 인용되더라도 행정청이 재결의 취지에 반하는 태도를 취한다면 청구인의 권리구제를 달성할 수 없으므로, 행정심판법 제37조 제1항은 "재결은 피청구인인 행정청과 그 밖의 관계행정청을 기속한다"고 규정하고, 같은 조 제2항은 "당사자의 신청을 거부하거나 부작위로 방치한 처분의 이행을 명하는 재결이 있는 경우에는 행정청은 지체없이 그 재결의 취지에 따라 다시 이전의 신청에 대한 처분을 하여야 한다. 이 경우 재결청은 당해 행정청이 처분을 하지 아니하는 때에는 당사자의 신청에 따라 기간을 정하여 서면으로 시정을 명하고 그 기간 내에 이행하지 아니하는 경우에는 당해 처분을 할 수 있다"고 규정하여 이행재결의 실효성을 확보하고 있는 바, 위와 같은 피청구인의 이 사건 진입도로에 관한 지정처분이 인용재결의 취지에 따른 것인지 여부가 문제된다. (나) 이 사건 기록에 의하여 살펴보면, 1995.6.26.자 도시계획사업시행자지정신청을 반려한 청구인의 1995.9.20.자 반려처분의 취소를 구하는 행정심판청구에 대하여 피청구인이 1996.3.13. 행한 제1차 인용재결의 주문은 '청구인이 1995.9.20. ○○○(위 지정신청의 신청인 : 저자 주)에 대하여 한 도시계획사업(서현근린공원 내 골프장)시행자지정신청 반려처분을 취소하라'는 취지이고, ○○○의 1996.4.19.자 신청에 대한 청구인의 1996.5.6.자 불허가처분의 취소와 지정처분의 이행을 구하는 행정심판청구에 대하여 피청구인이 1996.12.31. 행한 제2차 인용재결의 주문은 '청구인이 1996.5.6. ○○○에 대하여 한 도시계획사업(서현근린공원 내 골프연습장)시행자지정신청 불허가처분을 취소하고, 지정처분을 이행하라'는 취지이다. 따라서 두 차례의 인용재결 모두 재결의 주문에 포함된 것은 골프연습장에 관한 것뿐이고, 이 사건 진입도로에 관한 판단은 포함되어 있지 아니함이 명백하다. 피청구인은, 이에 대하여, ○○○이 1995.6.26. 신청한 지정·인가신청서에 붙은 「진입로구적도」에 이 사건 진입도로의 지번, 지목, 편입면적 등이 표시되어 있고, 이 신청에 대한 청구인의 1995.9.20.자 반려처분 사유의 하나로 이 사건 진입도로가 공공공지를 통과하여 불가하다는 이유를 들고 있으며, ○○○이 제기한 행정심판에 대한 피청구인의 1996.3.13.자 제1차 인용재결에도 이 사건 진입도로에 관한 위와 같은 성남시장의 반려이유가 부당하다는 판단이 들어 있어 위 인용재결에는 이 사건 진입도로에 관한 판단도 포함되어 있다고 주장한다. 그러나 이 사건 기록에 의하면, ○○○의 1995.6.26.자 및 1996.4.19.자 신청은 공원구역 내의 골프연습장에 관한 것이었음이 분명하고, 이 사건 진입도로부분에 대하여 지정처분의 전제가 되는 도시계획시설(공공공지·도로)결정 및 변경결정이 되어 있지도 아니한 상태에서 신청서에 위와 같은 「진입로구적도」

가 첨부되었다는 사실만으로 이 부분에 관하여도 신청이 있는 것으로는 볼 수 없을 뿐만 아니라, 기속력의 객관적 범위는 그 재결의 주문에 포함된 법률적 판단에 한정되는 것이고 재결이유에 설시된 법률적 판단에까지 미치는 것은 아니므로(대법원 1987.6.9. 선고 86다카2756 판결, 공1987, 1141 참조), 설사 재결이유에 이 사건 진입도로부분에 관한 판단이 포함되어 있다고 하더라도 이 부분에까지 기속력이 미치는 것은 아니다. 그렇다면 청구인은 인용재결내용에 포함되어 있지 아니한 이 사건 진입도로에 대한 지정처분을 할 의무는 없으므로, 피청구인이 이 사건 진입도로에 대하여까지 청구인의 불이행을 이유로 지정처분을 한 것은 인용재결의 범위를 넘어 청구인의 권한을 침해한 것이라고 하지 않을 수 없다. ▸ 2. 무효확인청구에 대한 판단 : 이 사건 지정처분의 권한은 청구인에게 있음이 명백하고, 앞에서 본 바와 같이 이 사건 진입도로부분에 대하여는 ○○○의 신청이 없었으므로 청구인의 반려 및 거부처분이 있을 수 없으며, 나아가 피청구인의 인용재결이 있을 여지가 없다. 그러함에도 피청구인이 청구인이 인용재결의 취지에 따른 처분을 하지 않았다는 이유로 이 사건 진입도로에 대하여 지정처분을 한 것은 그 처분에 중대하고도 명백한 흠이 있어 무효라고 할 것이다. Ⅲ. 결론 : 그러므로 피청구인이 행한 이 사건 진입도로에 대한 지정처분은 도시계획법 제23조 제5항에 의한 청구인의 권한을 침해한 것으로서 무효라고 할 것이므로, 그 권한침해 및 무효의 확인을 구하는 심판청구는 이유있어 이를 받아들이고, 청구인의 나머지 청구는 부적법하므로 이를 각하하기로 하여 주문과 같이 결정한다.

3) 지방자치단체 자치사무에 대한 정부합동감사의 지방자치권 침해 인정

구체적으로 어떠한 자치사무가 어떤 법령에 위반되는지 여부를 밝히지 아니한 채 개시한 행정안전부장관 등의 합동감사가 구 지방자치법 제158조 단서 규정상의 감사개시요건을 전혀 충족하지 못하여 헌법 및 지방자치법에 의하여 부여된 지방자치권을 침해한 것이라고 본 것이다.

판례 헌재 2009.5.28. 2006헌라6

[주문] 피청구인이 2006.9.14.부터 2006.9.29.까지 청구인의 [별지] 목록 기재의 자치사무에 대하여 실시한 정부합동감사는 헌법 및 지방자치법에 의하여 부여된 청구인의 지방자치권을 침해한 것이다. * 이 결정에 대한 자세한 것은 정재황, 국가권력규범론, 박영사, 2020, 지방자치 부분 참조.

4) 지방자치단체(시)와 국가기관인 재결청으로서의 도지사 간의 권한쟁의사건에서의 권한침해 인정례

결정례 : 위 2)의 판례 참조.

(4) 권한침해인정결정의 효력

1) 헌재법 규정

권한침해인정결정은 모든 국가기관과 지방자치단체를 기속하고 헌법재판소는 권한침해의 원인이 된 피청구인의 처분을 취소하거나 그 무효를 확인할 수 있고, 헌법재판소가 부작위에 대한 심판청구를 인용하는 결정을 한 때에는 피청구인은 결정 취지에 따른 처분을 하여야 한다(헌재법 제67조 1항, 제66조 2항).

2) 국회의원의 법률안 심의·표결권을 침해한 것임을 확인한 권한침해확인결정의 기속력 문제

(가) 헌재의 지속적 입장

헌재는 이른바 변칙처리가 국회의원의 법률안 심의·표결권을 침해한 것임을 확인하는 결정을 몇 건 하였다. 헌재는 그 결정을 하는 경우에도 문제의 그 법률안의 가결선포행위를 무효로 선언하지 않는 입장을 줄곧 유지하여 왔다. 그리하여 아래와 같은 권한쟁의심판도 제기되었으나 기각결정을 하였다.

(나) 침해확인된 법률안 심의·표결권을 회복할 수 있는 조치를 국회의장이 취하지 아니하는 부작위에 대한 국회의원의 권한쟁의심판 청구 - 기각

국회의장(피청구인)의 법률안 가결선포행위가 국회의원(청구인)들의 법률안 심의·표결권을 침해한 것임을 확인한 권한침해확인결정(헌재 2009.10.29. 2009헌라8등, 이른바 미디어법 파동)의 기속력에 따라 청구인들의 심의·표결권을 침해한 행위에 대하여 이를 바로잡도록 시정할 의무가 있는바 가결선포된 신문법안, 방송법안에 내재된 위헌·위법을 제거하고 재입법 절차를 취할 의무 자체를 부인하면서 그에 필요한 어떠한 조치도 취하지 않고 있어 청구인들은 신문법안 및 방송법안의 심의·표결권을 행사하지 못하고 있는데, 이러한 부작위는 결국 청구인들의 신문법안 및 방송법안 심의·표결권을 다시 침해하는 것이라는 주장의 국회의원의 권한쟁의심판 청구가 있었다. 헌재 재판관들의 의견이 다음과 같이 분립되었다. 권한침해확인결정의 기속력으로 피청구인에게 종전 권한침해행위에 내재하는 위헌·위법성을 제거할 적극적 조치를 취할 법적 의무가 발생한다고 볼 수 없다는 4명의 각하의견, 법률안 가결선포행위에 내재하는 위헌·위법성을 어떤 방법으로 제거할 것인지는 전적으로 국회의 자율에 맡겨져 있는 권한침해확인결정의 기속력의 한계로 인하여 기각함이 상당하다는 1명 기각의견, 기속력에 의하여 국회는 이 사건 각 법률안에 대한 심의·표결절차 중 위법한 사항을 시정하여 청구인들의 침해된 심의·표결권한을 회복시켜줄 의무를 부담한다는 3명의 인용의견, 권한침해처분의 위헌·위법 상태를 제거할 법적 작위의무를 부담하는데 구체적 방법은 국회나 국회를 대표하는 피청구인의 자율적 처리에 맡겨져야 한다는 1명 인용의견이 있었다. 결론은 각하의견은 기각의견의 결론에 한하여는 기각의견과 견해를 같이 하는 것으로 볼 수 있다고 하여 기각결정을 하였다. 더 많은 수의 각하의견에 1명의 기각의견을 합쳐 기각결정을 한 독특한 예이었다.

판례 헌재 2010.11.25. 2009헌라12

[결정요지] [재판관 이공현, 재판관 민형기, 재판관 이동흡, 재판관 목영준의 각하의견] 헌법재판소의 권한쟁의심판의 결정은 모든 국가기관과 지방자치단체를 기속하는바, 권한침해의 확인결정에도 기속력이 인정된다. 그러나 그 내용은 장래에 어떤 처분을 행할 때 그 결정의 내용을 존중하고 동일한 사정 하에서 동일한 내용의 행위를 하여서는 아니 되는 의무를 부과하는 것에 그치고, 적극적인 재처분 의무나 결과제거 의무를 포함하는 것은 아니다. 재처분 의무나 결과제거 의무는 처분 자체가 위헌·위법하여 그 효력을 상실하는 것을 전제하는데, 이는 처분의 취소결정이나 무효확인 결정에 달린 것이기 때문이다. 헌법재판소법은 헌법재판소가 피청구인이나 제3자에 대하여 적극적으로 의무를 부과할 권한을 부여하고 있지 않고, 부작위에 대한 심판청구를 인용하는 결정을 한 때에 피청구인에게 결정의 취지에 따른 처분의무가 있음을 규정할 뿐이다. 따라서 헌법재판소가 권한의 존부 및 범위에 관한 판단을 하면서 피청구인이나 제3자인 국회에게 직접 어떠한 작위의무를 부과할 수는 없고, 권한의 존부 및 범위에 관한 판단 자체의 효력으로 권한침해행위에 내재하는 위헌·위법상태를 적극적으로 제거할 의무가 발생한다고 보기도 어렵다. 그러므로 2009헌라8등 사건에서 헌법재판소가 권한침해만을 확인하고 권한침해의 원인이

된 처분의 무효확인이나 취소를 선언하지 아니한 이상, 종전 권한침해확인결정의 기속력으로 피청구인에게 종전 권한침해행위에 내재하는 위헌·위법성을 제거할 적극적 조치를 취할 법적 의무가 발생한다고 볼 수 없으므로, 이 사건 심판청구는 부적법하다. [재판관 김종대의 기각의견] 모든 국가기관과 지방자치단체는 헌법재판소의 권한쟁의심판에 관한 결정에 기속되는바, 헌법재판소가 국가기관 상호 간의 권한쟁의심판을 관장하는 점, 권한쟁의심판의 제도적 취지, 국가작용의 합헌적 행사를 통제하는 헌법재판소의 기능을 종합하면, 권한침해확인결정의 기속력을 직접 받는 피청구인은 그 결정을 존중하고 헌법재판소가 그 결정에서 명시한 위헌·위법성을 제거할 헌법상의 의무를 부담한다. 그러나 권한쟁의심판은 본래 청구인의 「권한의 존부 또는 범위」에 관하여 판단하는 것이므로, 입법절차상의 하자에 대한 종전 권한침해확인결정이 갖는 기속력의 본래적 효력은 피청구인의 이 사건 각 법률안 가결선포행위가 청구인들의 법률안 심의·표결권을 위헌·위법하게 침해하였음을 확인하는 데 그친다. 그 결정의 기속력에 의하여 법률안 가결선포행위에 내재하는 위헌·위법성을 어떤 방법으로 제거할 것인지는 전적으로 국회의 자율에 맡겨져 있다. 따라서 헌법재판소가 「권한의 존부 또는 범위」의 확인을 넘어 그 구체적 실현방법까지 임의로 선택하여 가결선포행위의 효력을 무효확인 또는 취소하거나 부작위의 위법을 확인하는 등 기속력의 구체적 실현을 직접 도모할 수는 없다. 일반적인 권한쟁의심판과는 달리, 국회나 국회의장을 상대로 국회의 입법과정에서의 의사절차의 하자를 다투는 이 사건과 같은 특수한 유형의 권한쟁의심판에 있어서는, 「처분」이 본래 행정행위의 범주에 속하는 개념으로 입법행위를 포함하지 아니하는 점, 권한침해확인결정의 구체적 실현방법에 관하여 국회법이나 국회규칙에 국회의 자율권을 제한하는 규정이 없는 점, 법률안 가결선포행위를 무효확인하거나 취소하는 것은 해당 법률 전체를 무효화하여 헌법 제113조 제1항의 취지에도 반하는 점 때문에 헌법재판소법 제66조 제2항을 적용할 수 없다. 청구인들이 2009헌라8등 사건 권한침해확인결정의 기속력으로 단순히 피청구인에게 이 사건 각 법률안 가결선포행위의 위헌·위법성을 제거할 의무가 있다는 확인을 구하는 취지라면, 그러한 의무는 종전 권한침해확인결정의 기속력에 의하여 이미 발생한 것이므로 이 사건 권한쟁의심판청구를 통하여 거듭 구할 필요성이 없다. 이러한 권한침해확인결정의 기속력의 한계로 인하여 이 사건 심판청구는 이를 기각함이 상당하다. [재판관 조대현, 재판관 김희옥, 재판관 송두환의 인용의견] 2009헌라8등 권한침해확인결정의 기속력에 의하여 국회는 이 사건 각 법률안에 대한 심의·표결절차 중 위법한 사항을 시정하여 청구인들의 침해된 심의·표결권한을 회복시켜줄 의무를 부담한다. 따라서 국회는 이 사건 각 법률안을 다시 적법하게 심의·표결하여야 한다. 이를 위하여 필요한 경우에는 이 사건 각 법률안에 대한 종전 가결선포행위를 스스로 취소하거나 무효확인할 수도 있고, 신문법과 방송법의 폐지법률안이나 개정법률안을 상정하여 적법하게 심의할 수도 있고, 적법한 재심의·표결의 결과에 따라 종전의 심의·표결절차나 가결선포행위를 추인할 수도 있을 것이다. 2009헌라8등 결정이 신문법안과 방송법안에 대한 가결선포행위의 무효확인청구를 기각하였지만, 그것이 권한침해확인 결정의 기속력을 실효시키거나 배제하는 것은 아니고, 위법한 심의·표결절차를 시정하는 구체적인 절차와 방법은 국회의 자율에 맡기는 것이 바람직하다고 본 것일 뿐이다. 결국 2009헌라8등 권한침해확인결정에도 불구하고, 국회가 이 사건 각 법률안에 대한 심의·표결절차의 위법성을 바로잡고 침해된 청구인들의 심의·표결권을 회복시켜줄 의무를 이행하지 않는 것은 헌법재판소의 종전 결정의 기속력을 무시하고 청구인들의 심의·표결권 침해상태를 계속 존속시키는 것이므로, 이 사건 심판청구를 받아들여야 한다. [재판관 이강국의 인용의견] 헌법재판소법 제66조 제1항에 의한 권한침해확인 결정의 기속력은 모든 국가기관으로 하여금 헌법재판소의 판단에 저촉되는 다른 판단이나 행위를 할 수 없게 하고, 헌법재판소의 결정 내용을 자신의 판단 및 조치의 기초로 삼도록 하는 것이며, 특히 피청구인에게는 위헌·위법성이 확인된 행위를 반복하여서는 안 될 뿐만 아니라 나아가 헌법재판소가 별도로 취소 또는 무효확인 결정을 하지 않더라도 법적·사실적으로 가능한 범위 내에서 자신이 야기한 위헌·위법 상태를 제거하여 합헌·합법 상태를 회복하여야 할 의무를 부여하는 것으로 보아야 한다. 국회의 헌법적 위상과 지위, 자율권을 고려하여 헌법재판소는 국회의 입법과정에서 발생하는 구성원 간의 권한침해에 관하여는 원칙적으로 피청구인의 처분이나 부작위가 헌법과 법률에 위반되는지 여부만을 밝혀서 그 결정의 기속력 자체에 의하여 피청구인으로 하여금 스스로 합헌적인 상태를 구현하도록 함으로써 손상된 헌법상의 권한질서를 다시 회복시키는 데에 그쳐야 하고, 이를 넘어 법 제66조 제2항 전문에 의한 취소나 무효확인의 방법으로 처분의 효력에 관한 형성적 결정을 함으로써 국가의 정치적 과정에 적극적으로 개입하는 것은 바람직하지 않다. 2009헌라8 등 사건의 주문 제2항에서 피청구인이 청구인들의 위 법률안에 대한 심의·표결권을 침해하였음이 확인된 이상, 주문 제4항에서 위 법률안 가결선포행위에 대한 무효확인 청구가 기각되었다고 하더라도, 피청구인은 위 권한침해확인 결정의 기속력에 의하여 권한침해처분의 위헌·위법 상태를 제거할 법적 작위의무를 부담하고, 그 위헌·위법 상태를 제거하는 구체적 방법은 국회나 국회를 대표하는 피청구인의 자율적 처리에 맡겨져야 한다. 그런데 피청구인은 위 주문 제2항의 기속력에 따른 법적 작위의무를 이행하지 아니할 뿐만 아니라 위 주문 제4항에서 무효확인 청구가 기각되었음을 이유로 법적 작위의무가 없다는 취지로 적극적으로 다투고 있으므로, 이 사건 청구는 인용되어야 한다.

(다) 무효선언하자는 평결결과가 있었던 예 - 판례법리 수정의 좌절

평결결과 법률안 심의·표결권의 침해를 확인하고, 나아가 그 법률안의 가결선포행위가 헌법상 다수결원리를 위반하였다는 이유로 그 무효를 확인하는 내용의 결정을 할 기회가 있었으나 청구가 취하되었고 청구취하의 경우 헌재가 심판절차종료를 인정한다는 자신의 판례법리 때문에 결국 심판이 종료되어 의회주의에 관한 헌법이론의 중요한 정립을 위한 판례형성이 좌절된 바 있다(헌재 2001.6.28. 2000헌라1, 이 결정에 대한 자세한 것은 앞의 Ⅲ. 심판절차종료선언, 2. (2)의 2) 청구취하로 인한 심판절차종료선언 부분 참조). 이미 더 이상 심리가 필요하지 아니한 단계에 이른 이후에야 심판청구를 취하하였다는 점에서 더욱 아쉬운 결정이었다. 문제는 이 결정 이후에 청구취하가 없었음에도 이 무효선언을 하지 않는 헌재 입장은 지속되고 있다는 현실이다.

(라) 검토

권한침해를 인정하면서도 무효확인을 하지 않은 경우[위의 가)의 ①와 ②의 경우]라도 그 권한침해의 인정 부분에 대해서는 기속력을 인정하여야 한다. 왜냐하면 헌법재판소법 제67조 제1항은 "헌법재판소의 권한쟁의심판의 결정은 모든 국가기관과 지방자치단체를 기속한다"라고 하여 무효확인결정 아닌 모든 결정들에 기속력을 인정하는 것으로 명시하고 있기 때문이다. 따라서 위 (3)의 1), (가), (나)에서 국회의원 권한침해라는 의사절차상 하자가 인정된다면 그것에 대한 기속력으로 적법한 절차의 의사절차를 거쳐야 할 의무가 국회에 주어진다. 우리는 위 (3)의 1), (가), (나)에서 무효확인에 가지 않은 결론을 받아들일 수 없다고 본다(이에 관해서는 ①의 결정에 대한 평석이 담긴 졸고, 고시계, 1998년 참조). 따라서 백보양보하여 헌재가 무효확인까지 하지 않는 것을 받아들인다고 하더라도 국회로서는 다시 적법절차의 의사절차를 밟아야 한다는 의미이다.

3. 무효확인결정·취소결정

이하에서 대상, 근거, 구별 등을 살펴보고 각각 4, 5에서 살펴본다.

(1) 대상과 근거

권한침해인정의 결정 권한존부·범위확인 결정 등을 위에서 보았는데 이러한 결정들에서 침해의 원인이 된 문제의 처분에 대해서 무효확인이나 취소를 청구할 수 있고 헌재도 직권으로 그리할 수 있다. 이는 어떻게 보면 권한침해의 열매, 결과물도 제거한다는 의미이다.

헌재법은 아래에 보듯이 그 근거를 두고 있다.

> **헌재법 제66조(결정의 내용)** ① 헌법재판소는 심판의 대상이 된 국가기관 또는 지방자치단체의 권한의 유무 또는 범위에 관하여 판단한다. ② 제1항의 경우에 헌법재판소는 권한침해의 원인이 된 피청구인의 처분을 <u>취소하거나 그 무효를 확인</u>할 수 있고, …

(2) 무효확인결정과 취소결정의 구분과 양자의 사유

이는 권한침해로 이루어지거나 자신의 권한이 아닌데도 행사하여 이루어진 행정처분 등 행정작용은 흠(하자)을 가지는 것이고 그 하자의 정도에 따라 무효라고 선언될 수도 있고 그 정도 하자가 아니면 취소할 수도 있다. 이러한 구분은 행정법 실무, 이론의 통설이라고 할 수 있는 중대명백설, 즉 중대하고도 명백한 하자인 경우에는 무효사유로 하고 있고 그렇지 않은 정도는 취소사유로 하고 있는 확립된 기준에 따를 수 있다.

중대 & 명백 ← 무효 ‖ 중대 or 명백 ← 취소

* 행정법과의 연관 영역 – 행정법이론과 행정법판례법리는 행정행위의 하자 구분 기준으로 '중대명백설'(중대하고도 명백한 하자일 때 무효이고 그렇지 않을 경우는 취소사유라고 보는 이론)에 따라 무효와 취소를 구별하는 데 그 이론을 헌법재판에서도 적용하고 있다. 따라서 권한쟁의심판에서의 무효확인결정과 취소결정의 구분 문제는 헌법과 행정법과의 연관 속에 다루어지는 문제로 나올 수 있다고 하겠다. 그래서 중요하다.

4. 무효확인결정

(1) 사유

헌재법 제66조 제2항은 헌재는 권한침해의 원인이 된 피청구인의 처분의 무효를 확인할 수 있다고 규정하고 있다. 헌법재판소는 권한의 존부 또는 범위에 대한 판단과 권한침해인정의 결정에서 나아가 피청구인의 처분이 무효임을 확인할 수 있다.

(ㄱ) '중대하고도 명백한 흠' – 헌법재판소는 위의 성남시 결정례에서처럼 문제의 처분에 "중대하고도 명백한 흠이 있어" 무효라고 결정하였다. 따라서 헌법재판소는 청구인의 권한을 침해하는 처분에 중대하고도 명백한 흠이 있는 경우를 무효확인의 결정의 사유로 본다(98헌라4. 바로 아래 (2)의 i)에 인용하는 결정).

(ㄴ) 권한 없는 자에 의한 처분 – 헌재는 무효라고 본다. 그 예로서 많은 예들로 해역이나 해역 매립지의 관할을 둘러싼 권한쟁의에서 그 해역이나 매립지의 관할권한이 없는 지방자치단체가 그 곳에 대해 행한 어업면허처분, 공유수면 점용·사용료 부과처분, 조세부과처분 등에 대

해 헌재가 그 처분은 "권한 없는 자에 의하여 이루어진 것으로서" "청구인의 지방자치권을 침해하므로" "효력이 없다"라고 판시한 예들이 있다(아래 (나) 무효확인결정례 ii)에 인용된 결정례들 참조).

(2) 무효확인 결정례

i) **재결주문 범위를 벗어난 직접처분의 무효** − 골프연습장 외부 진입도로 사건 − 이 사안은 행정심판의 이행재결의 범위를 벗어난 재결청(지금은 행정심판위원회)의 직접처분이 무효라는 결정이었다. 문제된 처분이 그 대상으로 한 것은 ⓐ 골프연습장 ⓑ 공원구역 내의 진입도로 ⓒ 공원구역 외의 이 사건 진입도로인데 이 중 ⓒ에 대한 도시계획사업시행자지정처분까지도 직접처분을 한 것이 무효라는 것이다.

판례 헌재 1999.7.22. 98헌라4

[사건개요] * 행정심판 이행재결 주문 내용을 벗어난 재결청의 직접처분에 의한 권한침해의 인정례 부분 참조. [결정요지] 무효확인청구에 대한 판단 − 이 사건 지정처분의 권한은 청구인에게 있음이 명백하고, 앞에서 본 바와 같이 이 사건 진입도로부분에 대하여는 ○○○의 신청이 없었으므로 청구인의 반려 및 거부처분이 있을 수 없으며, 나아가 피청구인의 인용재결이 있을 여지가 없다. 그러함에도 피청구인이 청구인이 인용재결의 취지에 따른 처분을 하지 않았다는 이유로 이 사건 진입도로에 대하여 지정처분을 한 것은 그 처분에 중대하고도 명백한 흠이 있어 무효라고 할 것이다.

ii) **무권한자 처분에 대한 무효확인결정례**

① **매립지 비관할 지역 내 회사에 대한 과세의 무효**

판례 헌재 2006.8.31. 2003헌라1

[주문] 2. 전라남도 광양시, 순천시 및 여수시 소재 율촌제1지방산업단지 매립지 중 ○○ 주식회사가 전라남도로부터 분양받은 산업단지 446,283㎡(135,000평)와 위 산업단지 블럭 1−1 구역의 공장 연면적 231,192.92㎡, 사무실 등 연면적 10,171.85㎡ 중 제1별지 도면 표시 가, 나, 다, 라, 마, 바, 사, 아, 자의 각 점을 순차 연결한 선의 오른쪽(동쪽) 부분에 대한 관할권한은 청구인 광양시에게 있음을 확인한다. 3. 피청구인 순천시가 2003.7.1. 위 회사에 부과한 도시계획세, 공동시설세 등의 부과처분 중 위 제2항 기재 청구인 광양시의 관할권한에 속하는 목적물에 대한 부분은 무효임을 확인한다. [결정요지] 피청구인 순천시의 과세처분의 무효 여부 − 그리고 피청구인 순천시가 2003.7.1. ○○ 주식회사에 대하여 부과한 도시계획세, 공동시설세 등의 부과처분 중 위와 같은 청구인 광양시의 관할권한에 속하는 목적물에 대하여 이루어진 부분은 청구인 광양시의 지방자치권(자치재정권)을 침해하여 권한이 없는 자에 의하여 이루어진 과세처분으로서 그 효력이 없다.

* 이 사건은 공유수면 매립지에 대한 관할구역 경계 결정에 관한 사안이다. 헌재는 이런 사안에서 있어서 앞서 본 대로 매립 전 공유수면의 해상경계선을 매립지의 관할구역 경계선으로 보아온 선례를 변경하여 이를 별도로 보아야 한다고 판례변경(헌재 2019.4.11. 2015헌라2)을 하였다. 그래서 변경된 판례법리에 따라서는 달라질 수도 있을 것이나 여기서는 관할구역 아닌데 처분을 하여 무효가 확인된 예라는 점에서 인용한다.

② **천수만 내 해역의 청구인 관할권한에 속하는 영역에 대한 어업면허처분 무효확인**

판례 헌재 2015.7.30. 2010헌라2

[주문] 1. 이 사건 심판청구 중 태안양식 제192호 및 제193호의 어업면허처분에 대한 심판청구 부분을

각하한다. 2. 충청남도 천수만 해역 중 [별지 1] 도면 표시 가, 나 사이의 각 점을 순차적으로 연결한 선의 우측(남동쪽) 부분에 대한 관할권한은 청구인에게 있고, 위 선의 좌측(북서쪽) 부분에 대한 관할권한은 피청구인에게 있음을 확인한다. 3. 태안마을 제136호 및 제137호의 어업면허처분 중 위 제2항 기재 청구인의 관할권한에 속하는 영역에 대한 부분은 무효임을 확인한다. 4. 청구인의 나머지 청구를 기각한다. [결정요지] 어업면허처분의 무효 여부 – 태안군수가 2010.1.22. 안면도수산업협동조합에 대하여 행한 태안마을 제136호, 제137호의 어업면허처분 중 위에서 본 청구인의 관할권한에 속하는 구역에 대해서 이루어진 부분은 청구인의 지방자치권을 침해하여 권한이 없는 자에 의하여 이루어진 것이므로 그 효력이 없다.

③ **비관할 해역 공유수면 점용·사용료 부과처분에 대한 무효확인** – 헌재는 부안군(피청구인)이 정부의 서남해 해상에 해상풍력발전단지 종합추진계획에 따라 (주)○○이 설립되었고 산업통상자원부장관의 전원개발사업 실시계획 승인 고시에 따라 해상풍력발전기의 위치를 포함하는 해역에 관해 위 (주)○○에 대해 2017.1.9.자, 2018.1.16.자, 2018.6.26.자 공유수면 점용·사용료 부과처분을 하였는데 고양군(청구인)은 피청구인의 이 부과처분이 자신의 관할구역에 대해 이루어진 것이므로 무효라고 주장하면서 청구한 권한쟁의심판에서 무효확인결정을 하였다.

판례 헌재 2019.4.11. 2016헌라8등

[주문] 2. 전라북도 고창군 및 부안군 해역 중 [별지1] 도면 표시 1 부터 477 사이의 각 점을 순차적으로 연결한 선의 아래쪽(남쪽) 부분에 대한 관할권한은 청구인 겸 피청구인 고창군에게 있고, 위 선의 위쪽(북쪽) 부분에 대한 관할권한은 피청구인 겸 청구인 부안군에게 있음을 확인한다. 3. 피청구인 겸 청구인 부안군의 2017.1.9.자, 2018.1.16.자, 2018.6.26.자 각 공유수면 점용·사용료 부과처분 중 위 제2항 기재 청구인 겸 피청구인 고창군의 관할권한에 속하는 해역에 대한 부분은 모두 무효임을 확인한다. [결정요지] 이 사건 부과처분의 무효 여부 – 피청구인의 이 사건 부과처분 중 위에서 본 청구인의 관할권한에 속하는 구역에 대해서 이루어진 부분은 권한 없는 자에 의하여 이루어진 것으로서 청구인의 지방자치권을 침해하므로 모두 그 효력이 없다.

(3) 권한침해를 인정하면서도 무효확인은 하지 않은 결정례

헌법재판소는 권한침해를 인정하면서도 무효확인으로 나아가지 않은 결정례를 보여주기도 하였다. 바로 국회에서의 이른바 '변칙'처리에 대한 권한쟁의심판결정들이 그러한 결정례들이다. 위의 권한침해인정결정례, 아래의 기각결정례 부분 참조.

5. 취소결정

(1) 사유

헌재법 제66조 제2항은 헌재는 권한침해의 원인이 된 피청구인의 처분을 취소할 수 있다고 규정하고 있다.

헌법재판소는 위의 성남시 결정례에서 보듯이 권한을 침해하는 처분이 중대하고 명백한 흠을 가진다고 판단하는 때에 무효확인결정을 하고 있으므로 취소결정은 중대·명백하지 않은 정도, 즉 중대하나 명백하지 않거나, 명백하나 중대하지 않은 등의 하자로서 취소사유가 있는 처분에 대하여 하게 될 것이다.

(2) 취소결정례

취소결정이 나왔던 사안은 지방자치단체들인 A시와 B구 간의 권한쟁의사건이었다. '서울특별시광진구등9개자치구설치및특별시 · 광역시 · 도간관할구역변경등에관한법률(1994.12.22. 법률 제4802호 제정) 제8조에 따라 A시 일부가 B구 관할로 변경되었는데 A시가 그 일부지역에 대한 도로점용료부과처분을 하여 B구의 자치권을 침해하였고 따라서 그 부과처분도 취소하는 결정을 한 결정례이다.

판례 헌재 2006.8.31. 2004헌라2

[주문] 3. 피청구인이 2004.3.10. 진해시 용원동 1307 도로에 대한 점용을 이유로 청구외 박○원, 황○규, 김○균, 이○화, 유○옥에게 행한 각 점용료부과처분은 이를 취소한다. [청구인 주장] 피청구인이 이 사건 점용료부과처분을 한 것은 처분권한 없는 자가 한 처분으로서 위법하다. [판시] 다. 이 사건 부작위와 점용료부과처분이 청구인의 권한을 침해하는지 여부 (1) 이 사건 부작위 – 생략. (2) 이 사건 점용료부과처분 – 피청구인은 이 사건 1307도로가 자신의 관할구역에 속하는 도로법상의 시도로 보아 관리청으로서 도로법 제43조에 근거하여 1995.3.1. 이 사건 법률이 시행된 이후인 2004.3.10. 이 사건 점용료부과처분을 하였다(을 제53호증의 1 내지 7). 앞서 본 바와 같이 이 사건 1307 도로는 이 사건 법률조항에 의하여 청구인의 관할구역으로 변경되었고, 위 도로는 총길이가 463.9m 정도인 보도(步道)로서 부산광역시 강서구청장이 2002.10.24. 도로법 제17조의2, 제19조에 의하여 노선을 인정한 구도(노선명 : 대로1–21호선, 기점 : 녹산공단 동측구역계, 종점; 녹산 부산시 행정구역계)의 부속물인 사실이 인정된다(갑 제18호증 내지 제22호증). 그렇다면, 이 사건 점용료부과처분은 피청구인이 자신의 관할구역이 아닌 청구인의 관할구역에 대하여 권한 없이 행한 것으로서 위법할 뿐만 아니라 청구인의 자치권한을 침해한 것이다. (3) 소결 – 따라서 이 사건 부작위 및 점용료부과처분은 위법하고, 또한 청구인의 관할구역인 이 사건 도로, 제방, 섬들에 대한 자치권한을 침해하고 있다. 그러므로 피청구인의 이 사건 부작위는 위법함을 확인하고, 이 사건 점용료부과처분은 청구인이 주장하는 청구취지에 따라 취소되어야 한다. * 이 결정에서 부작위 부분에 대한 판시는 아래 위법확인결정 부분 참조.

* 검토 – ⅰ) 위 결정에서 취소결정의 이유를 헌재가 명확히 하지 않은 것은 문제이다. 헌재는 "이 사건 점용료부과처분은 피청구인이 자신의 관할구역이 아닌 청구인의 관할구역에 대하여 권한 없이 행한 것으로서 위법할 뿐만 아니라 청구인의 자치권한을 침해한 것이다. (3) 소결 – 따라서 … 점용료부과처분은 위법하고, … 자치권한을 침해하고 있다. 그러므로 피청구인의 이 사건 부작위는 위법함을 확인하고, 이 사건 점용료부과처분은 청구인이 주장하는 청구취지에 따라 취소되어야 한다"라고 하고 청구취지는 "피청구인이 이 사건 점용료부과처분을 한 것은 처분권한 없는 자가 한 처분으로서 위법하다"라는 것이다(위 청구인주장 부분 참조). 결국 취소의 사유는 권한없다는 점에 있는데 이는 위 무효확인결정들에서 무효사유로 판시한 "권한이 없는 자에 의하여 이루어진 것이므로 그 효력이 없다"라는 것과 차이가 없다. ⅱ) 아래의 권한쟁의심판의 효력에서 살펴보겠지만 헌재법 제67조 제2항은 취소결정의 대상인 처분의 상대방에 대해 이미 생긴 효력에 영향을 미치지 않는데 위 취소결정례에서 취소되는 점용료부과처분의 상대방에 대하여 이미 생긴 효력에 영향을 미치지 아니하므로 그 처분에 따라 이미 점용료를 납부한 상대방은 다시 납부할 필요가 없다. 그 점에서 편리한 면이 있다. 그러나 본 사안을 떠나서 피청구인의 처분에 비해 청구인에 의해 새로 행해지는 처분이 주민에게 더 나은 효과를 가져오는 것인지는 분명하지 않아 논란이 될 수도 있겠다. 이는 위 결정례에서 제시하는 취소사유가 다른 무효확인결정들에서와 같은 것이라는 점에서 위 결정례의 취소결정의 이유가 모호해지면서 더 그러할 수 있

다. 위 결정례 이후 취소결정례를 잘 볼 수 없다.

6. 위헌확인결정 · 위법확인결정

(1) 개념과 이들 결정이 내려지는 경우

1) 개념

위헌확인결정이란 "헌법에 위반됨을 확인한다"라는 주문의 결정을 말하고 위법확인결정이란 "위법함을 확인한다"라는 주문의 결정을 말한다.

2) 이들 결정이 내려지는 경우 - 부작위, 집행종료의 경우

위헌확인결정, 위법확인결정이 내려지는 경우는 부작위나 처분의 집행이 종료된 경우에 아무런 행위(작위)가 없어 취소하거나 무효로 확인할 대상이 없거나 없어졌으므로 위헌 또는 위법이라고 확인하는 결정이다.

(2) 관련 헌재법 규정 개정의 역사

구 헌법재판소법 제66조 제2항은 "피청구기관의 처분 또는 부작위가 이미 청구인의 권한을 침해한 때에는 이를 취소하거나 그 무효를 확인할 수 있다"라고 하여 아무런 행위가 없어 취소나 무효확인을 대상이 없는 부작위의 경우인데도 그렇게 대상인 것으로 규정하고 있었기에 문제였고 우리는 이를 지적하였다(이에 관한 지적으로, 헌법재판개론 초판, 2001, 박영사, 325면 참조). 이후 2003년 3월 12일에 개정된 헌법재판소법 제66조 제2항 전문은 "부작위"를 삭제하여 문제점을 해소하였고 나아가 개정된 동법 동조 동항 후문은 "헌법재판소가 부작위에 대한 심판청구를 인용하는 결정을 한 때에는 피청구인은 결정취지에 따른 처분을 하여야 한다"라고 하여 처분의무를 명시하고 있다. 그러나 여전히 부작위나 집행종료의 경우 위헌이나 위법임을 확인한다는 규정은 두고 있지 않다.

(3) '위헌'확인뿐 아니라 '위법'확인의 결정도 있는 이유

헌법재판이면서도 '위헌'확인결정뿐 아니라 '위법'확인의 결정도 있는 까닭은 우리나라의 권한쟁의심판의 특색으로 앞서 밝힌 대로 권한쟁의심판은 법률상 부여된 권한침해에도 청구할 수 있기에 부작위나 침해종료의 경우인데 법률상 권한이 침해된 것으로 판단되는 경우에는 위헌이 아니라 '위법'으로 확인하는 것이다.

> 헌법상 권한 침해 → '위헌'확인결정
> 법률상 권한 침해 → '위법'확인결정

(4) 위법확인결정의 예

위법확인결정이 나왔던 사안은 지방자치단체들인 A시와 B구 간의 권한쟁의사건이었다. '서울특별시광진구등9개자치구설치및특별시 · 광역시 · 도간관할구역변경등에관한법률(1994.12.22.

법률 제4802호 제정) 제8조에 따라 A시 일부가 B구 관할로 변경되어 B구가 A시에게 지방자치법 제5조에 따라 위 토지들에 대한 사무와 재산을 자신에게 인계할 것을 요청하였다. 그러나, 피청구인은 위 지역 내 도로들, 제방, 섬들은 이 사건 법률조항에 의하여 관할구역 변경대상에 해당하지 않고 여전히 자신의 관할구역에 해당한다고 주장하면서 B구에게 그 사무 및 재산의 인계를 하지 아니하였고(이하 '이 사건 부작위') A시는 위 도로 중 일부를 점용하고 있음을 이유로 청구외 박○○ 등에게 도로점용료를 각 부과하는 처분을 하였다(이하 '이 사건 점용료부과처분' * 바로 이 부분 사안이 위 취소결정례의 사안임). 이에 B구는 2004.9.1. 이 사건 도로들, 제방, 섬들이 자신의 관할구역에 속하고, 이 사건 부작위가 위법함을 확인해 줄 것과 이 사건 점용료부과처분의 취소를 구하는 이 사건 권한쟁의심판을 청구하였다. 헌재는 B구의 관할구역에 속함을 확인하고 위 부작위에 대해 위법확인결정을 하였다. 이는 위 사무·재산 인계는 지방자치법 제5조라는 법률규정에서 부여한 권한이고 의무인데도 이를 이행하지 않은 부작위이므로 이 부작위는 이를 (법률규정을) 위반한 것이므로 '위법'이라고 확인한 것이다.

판례 헌재 2006.8.31. 2004헌라2

[주문] 1. 진해시 용원동 1307 도로 32,094.3㎡ 중 별지 도면 표시 1 내지 6, 1의 각 점을 순차로 연결한 선 안쪽 '가'부분 3,323.1㎡[서울특별시광진구등9개자치구설치및특별시·광역시·도간관할구역변경등에관한법률(1994.12.22. 법률 제4802호로 제정된 것) 제8조 제1항에 규정된 진해시 용원동 1142의 3 도로 1,983.8㎡, 1143의 1 구거 50.4㎡, 1145의 2 도로 1,288.9㎡가 1999.8.31. 환지된 부분], 같은 동 1145 도로 1,432.3㎡, 같은 동 1146 제방 117.9㎡, 같은 동 산 222 임야 1,289㎡ 및 같은 동 산 223 임야 198㎡는 청구인의 관할구역에 속함을 확인한다. 2. 피청구인이 위 각 토지에 관하여 지방자치법 제5조에 의한 사무와 재산의 인계를 청구인에게 행하지 아니하는 부작위는 위법함을 확인한다. 3. 피청구인이 2004.3.10. 진해시 용원동 1307 도로에 대한 점용을 이유로 청구외 박○원, 황○규, 김○균, 이○화, 유○옥에게 행한 각 점용료부과처분은 이를 취소한다. [결정요지] (1) 이 사건 부작위가 청구인의 권한을 침해하는지 여부 – 이 사건 도로들, 제방, 섬들은 청구인의 관할구역으로 변경되었으므로, 피청구인은 지방자치법 제5조에 따라 새로 그 지역을 관할하게 된 지방자치단체인 청구인에게 그 사무와 재산을 인계할 의무(법률상 작위의무)가 있다. 지방자치법 제5조 소정의 의무는 관할구역 변경으로 인한 행정의 공백이나 혼란을 제거하고 행정의 안정성과 지속성을 유지함으로써 주민을 위한 행정에 소홀하지 않도록 하는데 그 목적이 있는 것이다. 따라서, 피청구인이 청구인에게 현재까지 위 토지들에 대한 사무와 재산을 인계하지 않고 있는 이 사건 부작위는 지방자치법 제5조를 위반한 위법이 있고, 이러한 위법한 부작위는 위 토지들을 관할구역으로 하는 청구인의 자치권한을 침해하는 것이다. (2) 소결 – 따라서 이 사건 부작위는 위법하고, 또한 청구인의 관할구역인 이 사건 도로, 제방, 섬들에 대한 자치권한을 침해하고 있다. 그러므로 피청구인의 이 사건 부작위는 위법함을 확인하고, …

Ⅵ. 기각결정

1. 의의

청구인의 청구가 이유없다고 인정할 때에는 기각결정을 하게 된다. 즉 헌법재판소는 관할

권한이 청구인에게 속하지 않는다고 보는 경우, 권한침해가 없다고 판단하는 경우, 무효사유나 취소사유가 없다고 보는 경우 등에 청구를 기각하는 결정을 한다. 부작위가 위헌, 위법이 아니라고 판단할 때에도 기각결정을 한다.

2. 기각결정례

모든 기각결정례들을 망라해서 볼 수는 없을 뿐 아니라 상당수의 기각결정례들은 위에서도 살펴본 바 있다. 이하에서는 헌법실체법으로 검토되어야 할 문제있는 기각결정례나 반복이 많았던 기각결정례들(이런 결정례들로 국회의 구성, 의사절차와 관련된 것이 적지 않아 헌법의 국가권력규범론과 연관되는 판례들로 살펴볼 필요도 있다) 중심으로 살펴본다.

(1) 권한침해 및 무효확인 청구 모두를 기각한 예

1) 국회 위원회 위원 강제사임의 권한침해·무효확인 청구 기각

'기속위임금지'라는 중요한 국민대표주의의 헌법원칙에 위배 여부가 문제된 사안으로서 국회의 위원회에서 의원이 소신에 따라 활동하려고 함에 있어서 당론에 따라 강제사임시켜 논안이 된 사건들이 있다. 아래 사건들이 그러한 예의 사건들인데 권한침해확인 청구에 대한 기각뿐 아니라 무효확인청구에 대해서도 기각의 결정을 하였다.

(가) 상임위 위원 강제사임

판례 헌재 2003.10.30. 2002헌라1

[결정요지] (가) 정당은 국민과 국가의 중개자로서 정치적 도관(導管)의 기능을 수행하여 주체적·능동적으로 국민의 다원적 정치의사를 유도·통합함으로써 국가정책의 결정에 직접 영향을 미칠 수 있는 규모의 정치적 의사를 형성하고 있다. 이와 같은 정당의 기능을 수행하기 위해서는 무엇보다도 먼저 정당의 자유로운 지위가 전제되지 않으면 안 된다. 즉, 정당의 자유는 민주정치의 전제인 자유롭고 공개적인 정치적 의사형성을 가능하게 하는 것이므로 그 자유는 최대한 보장되지 않으면 안 되는 것이다. (나) 현대의 민주주의가 종래의 순수한 대의제 민주주의에서 정당국가적 민주주의의 경향으로 변화하고 있음은 주지하는 바와 같다. 다만, 국회의원의 국민대표성보다는 오늘날 복수정당제하에서 실제적으로 정당에 의하여 국회가 운영되고 있는 점을 강조하려는 견해와, 반대로 대의제 민주주의 원리를 중시하고 정당국가적 현실은 기본적으로 국회의원의 전체국민대표성을 침해하지 않는 범위내에서 인정하려는 입장이 서로 맞서고 있다. 국회의원의 원내활동을 기본적으로 각자에 맡기는 자유위임은 자유로운 토론과 의사형성을 가능하게 함으로써 당내민주주의를 구현하고 정당의 독재화 또는 과두화를 막아주는 순기능을 갖는다. 그러나 자유위임은 의회내에서의 정치의사형성에 정당의 협력을 배척하는 것이 아니며, 의원이 정당과 교섭단체의 지시에 기속되는 것을 배제하는 근거가 되는 것도 아니다. 또한 국회의원의 국민대표성을 중시하는 입장에서도 특정 정당에 소속된 국회의원이 정당기속 내지는 교섭단체의 결정(소위 '당론')에 위반하는 정치활동을 한 이유로 제재를 받는 경우, 국회의원 신분을 상실하게 할 수는 없으나 "정당내부의 사실상의 강제" 또는 소속 "정당으로부터의 제명"은 가능하다고 보고 있다. 그렇다면, 당론과 다른 견해를 가진 소속 국회의원을 당해 교섭단체의 필요에 따라 다른 상임위원회로 전임(사·보임)하는 조치는 특별한 사정이 없는 한 헌법상 용인될 수 있는 "정당내부의 사실상 강제"의 범위내에 해당한다고 할 것이다. (다) 또한 오늘날 교섭단체가 정당국가에서 의원의 정당기속을 강화하는

하나의 수단으로 기능할 뿐만 아니라 정당소속 의원들의 원내 행동통일을 기함으로써 정당의 정책을 의안심의에서 최대한으로 반영하기 위한 기능도 갖는다는 점에 비추어 볼 때, 국회의장이 국회의 의사(議事)를 원활히 운영하기 위하여 상임위원회의 구성원인 위원의 선임 및 개선에 있어 교섭단체대표의원과 협의하고 그의 "요청"에 응하는 것은 국회운영에 있어 본질적인 요소라고 아니할 수 없다. 피청구인은 국회법 제48조 제1항에 규정된 바에 따라 청구인이 소속된 한나라당 "교섭단체대표의원의 요청"을 서면으로 받고 이 사건 사·보임행위를 한 것으로서 하등 헌법이나 법률에 위반되는 행위를 한 바가 없다. (라) 요컨대, 피청구인의 이 사건 사·보임행위는 청구인이 소속된 정당내부의 사실상 강제에 터잡아 교섭단체대표의원이 상임위원회 사·보임 요청을 하고 이에 따라 이른바 의사정리권한의 일환으로 이를 받아들인 것으로서, 그 절차·과정에 헌법이나 법률의 규정을 명백하게 위반하여 재량권의 한계를 현저히 벗어나 청구인의 권한을 침해한 것으로는 볼 수 없다고 할 것이다.

(나) 임시회 회기 중 특별위원회 위원 강제사임

아래 사건은 임시회 회기 중 강제사임으로서 "위원을 개선할 때 임시회의 경우에는 회기 중에 개선될 수 없고"라는 국회법 제48조 제6항 전문의 본문에 위배되는 강제사임이 아닌가가 논란이 된 것인데 헌재는 부정한다.

판례 헌재 2020.5.27. 2019헌라1

* 이 결정에는 4인 재판관의 인용의견이 있었다. 이종석 재판관은 무효확인청구까지 인용하여야 한다는 의견이었다. [사건개요] (가) 2018.7.26. 제362회 국회(임시회)에서 법원·법조 개혁, 검찰·경찰 인사 독립성 및 수사 중립성 강화 등 사법 전반에 걸친 개혁방안의 마련 및 검찰청법, 경찰법, 형사소송법 등 관련 법안의 심사·처리를 위하여 위원장 포함 18인의 위원으로 구성되고, 2018.12.31.을 활동기한으로 하는 사법개혁 특별위원회(이하 '사개특위'라 한다)가 구성되었다. 청구인은 바른미래당 소속 국회의원으로서 2018.10.18. 제364회 국회(정기회)에서 사개특위 위원으로 선임되었다. 2018.12.27. 제365회 국회(임시회)에서 사개특위의 활동기한은 2019.6.30.로 연장되었고, 2019.6.28. 제369회 국회(임시회)에서 다시 그 활동기한이 2019.8.31.로 연장되었다. (나) 더불어민주당의 교섭단체 대표의원인 홍영표 의원, 바른미래당의 교섭단체 대표의원, 민주평화당의 원내대표, 정의당의 원내대표는 2019.4.22. '고위공직자범죄수사처 설치 및 운영에 관한 법률안' 및 '검경수사권 조정에 관한 형사소송법·검찰청법 개정안'(이하 '이 사건 법안'이라 한다)을 국회법 제85조의2에 따라 신속처리대상안건으로 지정하여 처리하기로 하는 내용의 합의안(이하 '이 사건 합의안'이라 한다)을 발표하였다. 신속처리대상안건으로 지정되기 위해서는 안건의 소관 위원회 재적위원 과반수가 서명한 신속처리대상안건 지정요구 동의를 소관 위원회 위원장에게 제출하고, 소관 위원회 재적위원 5분의 3 이상의 찬성으로 이를 의결하여야 한다(국회법 제85조의2 제1항 참조). 이 사건 법안의 소관 위원회인 사개특위는 2019.4.22. 현재 더불어민주당 소속 위원 8명, 자유한국당 소속 위원 7명, 바른미래당 소속 위원 2명, 어느 교섭단체에도 속하지 아니하는 위원 1명, 총 18명으로 구성되어 있었다. (다) 바른미래당은 2019.4.23. 의원총회를 개최하고 찬성 12명, 반대 11명으로 이 사건 합의안을 추인하였다. 사개특위의 바른미래당 소속 위원인 청구인은 2019.4.24. 이 사건 법안의 신속처리대상안건 지정에 반대하겠다는 의사를 표명하였다. (라) 바른미래당의 교섭단체 대표의원은 제368회 국회(임시회) 회기 중이었던 2019.4.25. 피청구인에게 사개특위의 바른미래당 소속 위원을 청구인에서 국회의원 채○○로 개선할 것을 요청하였고, 피청구인은 같은 날 사개특위의 바른미래당 소속 위원을 청구인에서 국회의원 채○○로 개선하였다. (마) 이에 청구인은 2019.4.25. 위 피청구인의 개선행위로 인하여 법률안 심의·표결권 등을 침해받았다고 주장하면서 그 권한의 침해확인과 위 개선행위의 무효확인을 구하는 이 사건 권한쟁의심판을 청구하였다. [청구인 주장] (1) 이 사건 개선행위는 국회의원이 국민의 대표자로서 갖는 지위보다 특정 정당의 당원으로서 갖

는 지위를 우선순위에 둠으로써 의회주의와 대의제라는 헌법원리를 위반하였다. (2) 이 사건 개선행위는 임시회의 회기 중에 청구인에 대하여 질병 등 부득이한 사유가 인정되지 않음에도 불구하고 청구인의 의사에 반하여 이루어졌으므로 국회법 제48조 제6항에 위배된다. (3) 이 사건 개선행위는 위와 같이 헌법 및 국회법을 위배하여 청구인의 사개특위 위원 권한 및 법률안 심의·표결권을 침해하였으므로 무효이다. [관련조항] 국회법 제48조(위원의 선임 및 개선) ⑥ 제1항부터 제4항까지에 따라 위원을 개선할 때 임시회의 경우에는 회기 중에 개선될 수 없고, 정기회의 경우에는 선임 또는 개선 후 30일 이내에는 개선될 수 없다. 다만, 위원이 질병 등 부득이한 사유로 의장의 허가를 받은 경우에는 그러하지 아니하다. [판시] … 나. 이 사건 개선행위로 인한 청구인 권한 침해 여부 (1) 국회의 자율권의 의의 및 이 사건 개선행위의 법적 성격 – '국회의 내부조직에 관한 자율권'이란 국회가 외부의 간섭 없이 스스로 내부조직을 구성할 수 있는 자율권을 의미하고, 교섭단체와 위원회를 구성하는 것도 이에 포함된다(헌재 2003.10.30. 2002헌라1 참조). 그렇다면 국회의장이 위원회의 위원을 선임·개선하는 행위는 국회가 그 자율권에 근거하여 내부적으로 회의체 기관을 구성·조직하는 행위로서, 국회가 그 기능을 민주적이고 효율적으로 수행하기 위해서 다른 국가기관의 간섭을 받지 아니하고 광범위한 재량에 의하여 자율적으로 정할 수 있는 고유한 영역에 속한다. 그러므로 이 사건 개선행위가 청구인의 권한을 침해하는지 여부를 판단할 때 헌법이나 법률을 명백히 위반한 흠이 있는지를 심사하는 것으로 충분하다(헌재 1997.7.16. 96헌라2; 헌재 2003.10.30. 2002헌라1; 헌재 2006.2.23. 2005헌라6; 헌재 2008.4.24. 2006헌라2; 헌재 2011.8.30. 2009헌라7 참조). (2) 자유위임원칙 위배 여부 (가) 자유위임원칙의 구체적 실현과 제한 – 권력분립의 원칙 및 국회의 위상과 기능에 비추어 볼 때, 자유위임원칙을 제한하는 정도가 명백히 국회의 기능 수행을 위하여 필요한 정도를 넘어서는 경우가 아닌 한, 국회의 의사절차 및 내부조직의 구성은 국회가 다른 국가기관의 간섭을 받지 아니하고 광범위한 재량에 의하여 자율적으로 정할 수 있는 영역으로 보는 것이 타당하다. (나) 교섭단체 의사에 따른 위원 개선의 필요성 … 6) 소결 가) 국회의 의사는 타협과 조정을 통한 원만한 운영이 요체이므로, 국회의장이 그 권한에 속하는 사항에 관하여 교섭단체 대표의원과 협의하고 교섭단체의 의사를 존중하는 것은 국회운영에서 본질적인 요소이다(헌재 2003.10.30. 2002헌라1 참조). 이 사건 개선행위는 사개특위의 의사를 원활하게 운영하고, 각 정당의 의사를 반영한 사법개혁안을 도출함으로써 궁극적으로는 사법개혁에 관한 국가정책결정의 가능성을 높이기 위한 것으로서 그 정당성을 인정할 수 있다. 나) 권한침해확인청구에 대한 반대의견은 바른미래당의 교섭단체 대표의원이 사개특위에서 특정 법률안에 대한 신속처리대상안건지정동의안을 가결시키기 위한 목적으로 이에 반대하는 청구인을 사개특위의 해당 법률안 관련 심의·표결 절차에서 배제시키기 위해서 청구인의 개선을 요청하였고, 피청구인은 이 사건 개선행위를 통하여 교섭단체의 추인의결에 반대하는 청구인의 사개특위 위원 지위를 강제로 박탈하였으므로, 이 사건 개선행위가 자유위임원칙에 위배된다고 한다. 그러나 이 사건 개선행위의 본질은 국회의장인 피청구인이 바른미래당에 할당된 위원을 개선해 달라는 바른미래당의 교섭단체 대표의원의 요청에 따른 것에 있다. 국회는 사개특위를 구성하면서 18명의 위원을 여·야 동수로 구성하기로 의결하였고, 이에 따라 각 교섭단체 별로 사개특위 위원이 할당되어 있었다. 바른미래당의 교섭단체 대표의원은 사개특위의 바른미래당 소속 위원에 대한 개선을 요청하고, 바른미래당 소속 사개특위 위원인 청구인은 개선에 반대하는 상황에서, 피청구인은 사개특위의 의사를 원활하게 운영하고, 사법 전반에 걸친 개혁방안을 도출할 수 있는 가능성을 높이기 위하여 바른미래당의 교섭단체 대표의원의 요청에 따른 것에 불과하다. 국회의장인 피청구인이 사개특위에서 특정 법률안에 대한 신속처리대상안건지정동의안을 가결시키기 위한 목적으로 이에 반대하는 청구인을 사개특위의 해당 법률안 관련 심의·표결 절차에서 배제시키기 위해 이 사건 개선행위를 한 것은 아니다. 다) 또한 권한침해확인청구에 대한 반대의견은 이 사건과 같이 자유위임원칙과 정당기속성이 상충하는 사안에서는 헌법규범인 자유위임원칙이 정치현실에 불과한 정당기속성에 우선한다고 한다. 그러나 이 사건 개선행위는 바른미래당의 정당기속을 강화하기 위해서 이루어진 것이 아니다. 이 사건 개선행위의 궁극적인 목적은 국회가 헌법이 예정한 의사결정 방식, 즉 다수결의 원리에 따라 헌법상 권한을 행사하는 것을 가능하게 하는 것이고, 앞서 본 바와 같이 국회 내 다수형성의 가능성을 높이고 의사결정의 능률성을 확보하는 것은 헌법의 요청이다. 그러므로 이 사건을 단순히 자유위임원칙과 정당기속성이 상충하는 사안으로만 보는 것은 국회 전체의 운영 원리라는 다른 헌법적 가치를 간과한 것이다. 특히 권한침해확인청구에 대한 반대의견은 국회법 제48조 제6항에 따라 폐회 중이거나 정기회의 경우 선임 또는 개선 후 30일이 지나면 위원 개선이 가능하다고 보고 있다. 권한침해확인청구에 대한 반대의견과 같이 이 사건을 자유위임원칙과 정당기속성이 상충하는 문제로 본다면, 국회법 제48조 제6항에 의하여 허용되는 위원 개선이 개선되는 위원의 의사에 반할 경우 이를 어떻게 정당화할 수 있을지 의문이다. (다) 자유위임에 기한 권한의 제한 정도 – 1)은 교섭단체 내부에서 이루어진 일련의 정치적 의사의 형성 과정을 고려할 때, 교섭단체 내부적으로 소속 국회의원들의 의사를 수렴하고 의견이 대립되는 경우 이를 민주적으로 해결하기 위한 절차가 마련되어 있고, 교섭단체 내부의 민주성이 실질적으로 구현되고 있는 것으로 평가할 수 있다. 2) 이 사건 개선행위로 인하여 청구인은 위원으로서는 사개특위의 심사 절차에 참여하지 못하게 되었으나, 사개특위 심사 절차에 전혀 참여할 수 없게 된 것은 아니다. 위원이 아닌 경우에도 그 위원회 소관 법률안을 제출하여 발의자로서 해당 위원회에서 그 취지를 설명할 수 있고(헌법 제52조, 국회법 제58조, 제79조 내지 제79조의3 참조), 위원이나 발의자가 아니더라도 위원회 소관 법률안을 배부받아(국회법 제81조, 제82조 참조), 위원회에서 발언할 수 있다(국회법 제61조 참조). 3) 그렇다면 이 사건 개선행위로 인하여 청구인의 자유위임에 기한 권한이 제한되는 정도가 크다고 볼 수 없다. (라) 소결 이 사건 개선행위는 사개특위의 의사를 원활하게 운영하고, 사법개혁에 관한 국가정책결정의 가능성을 높이기 위하여 국회가 자율권을 행사한 것으로서, 앞서 살펴본 제반 사정을 종합적으로 고려하면, 이 사건 개선행위로 인하여 자유위임원칙이 제한되는 정도가 위와 같은 헌법적 이익을 명백히 넘어선다고 단정하기 어렵다. 따라서 이 사건 개선행위는 자유위임원칙에 위배되지 않는다. (3) 국회법 제48조 제6항 위배 여부 (가) 국회법 제48조 제6항의 입법경과 및 입법취지 … (나) 국회법 제48조 제6항 본문 중 임시회 부분의 내용 1) '임시회의 경우에는 회기 중에 개선될 수 없고'의 의미 가) 국회법 제48조 제6항의 입법목적은 '위원이 일정 기간 재임하도록 함으로써 위원회의 전문성을 강화'하는 것이므로, 국회법 제48조 제6항은 '위원이 된(선임 또는 보임된) 때'로부터 일정 기간 동안 '위원이 아니게 되는(사임되는) 것'을 금지하는 형태로 규정되어야 한다. 따라서 국회법 제48조 제6항 본문 중 "위원을 개선할 때 임시회의 경우에는 회기 중에 개선될 수 없고" 부분은 개선의 대상이 되는 해당 위원이 '위원이 된(선임 또는 보임된) 임시회의 회기 중'에 개선을 금지하는 것이다. 이는 국회법 제48조 제6항 본문 중 "정기회의 경우에는 선임 또는 개선 후 30일 이내에는 개선될 수 없다." 부분이 '선임 또는 개선된 때로부터' '30일' 동안 개선을 금지하는 것과 마찬가지이다. 그러므로 국회법 제48조 제6항 본문 중 "임시회의 경우에는 회기 중에 개선될 수 없고"라는 문언에서 개선될 수 없는 '회기'는 '개선의 대상이 되는 해당 위원이 선임 또는 개선된 임시회의 회기'를 의미하는 것으로 해석된다. (다) 이 사건 개선행위의 국회법 제48조 제6항 위배 여부 – 청구인은 제364회 국회(정기회) 회기 중이었던 2018.10.18. 사개특위 위원으로 선임되었으므로, 그로부터 30일이 지난 2018.11.17. 이후에는 국회법 제48조 제6항 본문 중 '정기회의 경우에는 선임 또는 개선 후 30일 이내에는 개선될 수 없다.' 부분이 적용되지 않아 개선될 수 있었다. 2019.4.8.을 집회일로 하는 제368회 국회(임시회) 소집요구가 있은 후 본회의에서 회기가 결정되지 않은 상태에서 2019.4.25. 이 사건 개선행위가 이루어졌다. 앞서 본 바와 같이 국회법 제48조 제6항 본문 중 '위원을 개선할 때 임시회의 경우에는 회기 중에 개선될 수 없고' 부분은 '개선의 대상이 되는 해당 위원이 선임 또는 개선된 임시회의 회기 중에 개선하는 것'만을 금지하므로, 위 조항이 제368회 국회(임시회)의 회기 중에 개선될 수 없도록 제한하는 위원은 제368회 국회(임시회)에서 선임 또는 개선된 위원에 한정된다. 따라서 그 이전의 정기회에서 선임된 청구인에 대하여는 제368회 국회(임시회)의 회기 중이더라도 위 조항이 적용되지 않는다. 그렇다면 국회법 제48조 제6항 단서가 규정한 예외 사유에 해당하는지 여부를 살펴볼 필요 없이, 이 사건 개선행위는 국회법 제48조 제6항에 위배되지 않는다. (4) 소결 – 국회법 제48조는 국회가 그 기능을 민주적이고 효율적으로 수행하기 위하여 위원회의 목적, 전문성, 효율성, 국회의원의 위원회에서 활동할 권한, 위원회 배정의 형평성, 교섭단체의 기능과 역할 등을 종합적으로 고려하여 스스로 내부조직의 구성방법을 정한 것이다. 당해 위원의 의사에 반하는 개선을 제한하는 취지의 국회법 개정안이 발의된 적이 있으나, 모두 국회법에 반영되지 못하였다. 앞서 본 바와 같이 이 사건 개선행위는 명백히 자유위임원칙에 위배된다고 보기 어렵고, 국회법 규정에도 위배되지 않으므로, 청구인의 법률안 심의·표결권을 침해하였다고 볼 수 없다. 6. 이 사건 개선행위에 대한 무효확인청구에 관한 판단 – 이 사건 개선행위는 청구인의 법률안 심의·표결권을 침해하지 않으므로, 더 나아가 살펴볼 필요 없이 이 사건 개선행위는 무효로 볼 수 없다. 7. 결론 – 그렇다면 청구인의 이 사건 심판청구는 이유 없으므로 이를 모두 기각하기로 하여 주문과 같이 결정한다. * 동지 : 헌재 2020.5.27. 2019헌라3등. 이 결정에서는 정작 강제사임행위 자체에 대해서는 각하하면서 그 강제사임행위로 새로 개선된 의원들이 참여하여 투표한 결과에 따라 신속처리안건 지정동의안의 가결을 선포한 행위는 헌법 및 국회법을 위반하여 자신들의 법률안 심의·표결권을 침해하였다고 주장한 데 대해서는 판단하여 위와 같은 동지의 판시를 한 것이다.

* 평가 – '자유위임'이라는 말부터도 국민의사조차 떠날 수 있는 자유로 오해소지가 있어서 적절한 용어가 아니다. 헌재 자신이 위에서 언급하듯 오늘날 위원회 중심주의라면 국회에서 위원회구성은 매우 중요한데 이를 정당의 내부기속으로 제약받을 수 있도록 하여 정당이 국회보다 더 우선적으로 보게 하는 것도 문제이다(이러한 지적은 이미 2002헌라1 결정 때 했고 이에 대해서는 정재황, 국가권력규범론, 박영사, 2020 참조).

2) 이의유무를 묻는 방식의 표결에서의 국회의원 심의·표결권 침해의 문제

판례 국회의장과 국회의원 간의 권한쟁의, 헌재 2000.2.24. 99헌라1, 판례집 12-1, 115면

[사건개요] 국회의장(피청구인)을 대리한 국회부의장은 1999.1.6. 제199회 임시회 제6차 본회의와 1.7. 임시회 제7차 본회의에서, 일부 의원들이 의사진행을 방해하는 가운데, 남녀차별금지 및 구제에 관한 법률안(대안) 등을 상정하여 각 안건에 대한 이의유무를 물어 각 '이의없습니다'하는 의원이 있자 가결되었음을 선포하였는데 청구인들(야당 국회의원들)은 각 안건에 대하여 이의유무를 물었을 때에 "이의 있습니다"라고 반대의사를 분명히 하였음에도 불구하고 피청구인이 이를 무시하고 전원찬성으로 가결·선포한 데 대해 권한쟁의심판청구를 하였다. [심판대상 및 본안쟁점] ① 위와 같은 가결·선포한 행위가 헌법 또는 법률에 의한 청구인들의 법률안 심의·표결권을 침해하고, ② 그로 인하여 이 사건 법률안에 대한 가결·선포행위가 무효가 되는지 여부(기각결정). [주문] 청구인들의 심판청구를 기각한다. [결정요지] <4인 재판관(이재화, 고중석, 이영모, 하경철 재판관)의 기각의견> (1) 우리 국회의 법률안 심의는 본회의 중심주의가 아닌 소관 상임위원회에서 이루어진다. 소관 상임위원회에서 심사·의결된 내용을 본회의에서는 거의 그대로 통과시키는 이른바 위원회 중심주의를 채택하고 있다. 따라서 대부분의 법률안에 대한 표결은 이의유무에 의한 국회법 제112조 제3항에 따른 '전원일치'의 방법으로 행하여진다. 이러한 전원일치는 출석의원 모두가 찬성할 때에 사용하는 약식의 방법으로, 안건에 대하여 반대하는 의원이 없다고 인정되는 경우에 의장이 의사운영의 신속성과 표결의 명확성을 기하기 위하여 일반적으로 널리 사용하고 있는 방법이다. 이러한 이의유무를 묻는 표결방식에서는 이의가 있거나 토론에서 반대발언이 있거나 수정안이 있을 때는 다른 정식의 방법(기립, 거수, 기명, 무기명 투표 등)으로 표결하여야 하므로 국회법 제112조 제3항에 의한 표결방식은 안건에 대하여 이의가 없어야 한다는 것이 전제가 된다. (2) 국회 본회의의 의사절차와 관련하여 헌법재판소가 내린 권한쟁의심판 청구사건의 선례인 1996.12.26. 국가안전기획부법중개정법률안 등 5개 법률안의 가결·선포행위(헌재 1997.7.16. 96헌라2, 판례집 9-2, 154, 165, 170)와 1998.3.2. 국무총리 임명동의안의 처리에 관한 다툼(헌재 1998.7.14. 98헌라3, 판례집 10-2, 74, 84)에 관한 권한쟁의심판 청구사건의 선례를 보면 한마디로, 국회의장은

의사진행과 의사결정에 관한 폭넓은 재량권이 있고 이것은 국회의 자율권의 영역에 속하므로 존중하여야 하나, 예외적으로 헌법이나 법률의 규정을 명백하게 위반한 의사진행이나 결정으로 재량권의 한계를 현저히 벗어난 흠이 있는 경우에는 권한쟁의심판이라는 구제수단에 의하여 이를 시정할 수 있다는 것이다. (3) 돌이켜, 이 사건의 쟁점인 피청구인이 이 사건 법률안을 가결·선포한 의사진행이나 결정이 적법한 것인지 여부, 즉 청구인들이 이의제기를 한 사실이 있는지에 대한 사실인정의 문제에 관하여 살피기로 한다. 이 사건에 제출된 증거를 보건대, 먼저 제199회국회 국회본회의 회의록 제6호와 제7호에는, 피청구인이 의사일정 각 항에 대하여 '이의없으십니까'라고 물었을 때(「없습니다」하는 의원 있음)의 항목과(「없습니다」하는 의원 있음) (장내소란)의 항목으로 나누어지고 이어서 피청구인이 '가결되었음을 선포합니다'라고 하여 의사일정을 처리한 것으로 되어 있다. 회의록에 (장내소란)으로 된 것을 이의를 한 것으로 인정할 수는 없다. 다음, 방송사의 보도내용을 담은 비디오테이프 또한 본회의장 내에서 일어난 소란을 청구인들이 "이의있습니다"라고 한 것으로 인정할 증거가 되지 아니한다. 청구인들은 이 사건에서 회의록에 기재한 사항에 관하여 이의신청도 하지 아니하였다. 회의록은 회의에 관한 공적 기록이며 회의와 관련하여 문제가 생겼을 때에는 유력한 증거가 된다. 회의에서의 의결, 결정, 선거 그밖의 효력은 회의록의 기재에 의하여 입증되는 것이다. 국회의 자율권을 존중하여야 하는 헌법재판소로서는 이 사건 법률안 가결·선포행위와 관련된 사실인정은 국회본회의 회의록의 기재내용에 의존할 수밖에 없고 그밖에 이를 뒤집을 만한 다른 증거는 없다. (4) 이상의 이유로, 피청구인의 이 사건 법률안 가결·선포행위는 헌법 제49조, 국회법 제112조 제3항 위반으로 인정할 수 있는 증거가 없으므로, 청구인들의 법률안 심의·표결권을 침해하는 위법이 있다는 이 사건 권한쟁의심판청구는 기각을 면할 수 없다. <3인 재판관(김용준, 김문희, 한대현 재판관)의 인용의견> 헌법재판소가 권한쟁의심판사건의 심리와 관련하여 국회의 회의절차에 관한 사실인정을 함에 있어서, 국회본회의 회의록의 기재내용을 일차적인 자료로 삼아야 한다는 것은 원칙적으로 타당하다. 그러나 이 사건과 같이 위 회의록이 사실대로 정확히 작성된 것인지 그 자체에 관하여 청구인들과 피청구인 사이에 다툼이 있는 등 위 회의록의 기재내용을 객관적으로 신빙할 수 없는 사정이 있는 경우라면, 헌법재판소로서는 위 회의록에 기재된 내용에 얽매일 것이 아니라, 변론에 현출된 모든 자료와 정황을 종합하여 건전한 상식과 경험칙에 따라 객관적·합리적으로 판단하여야 한다. 만약 심판의 관건이 되는 사실관계에 관하여 일방 당사자는 회의록에 기재된 대로의 사실관계를, 다른 당사자는 회의록이 잘못 작성되었음을 이유로 다른 사실관계를 각기 주장하는 경우에 헌법재판소가 국회의 자율권을 존중한다는 이유로 회의록에 기재된 대로 형식적으로 사실인정을 할 수밖에 없다고 한다면, 이는 그 자체로 일방 당사자에게 유리한 결과를 초래하는 것이어서 대립당사자 사이의 권한분쟁을 중립적으로 공정하게 판단하여야 할 권한쟁의심판의 근본취지에 반하게 된다. 이러한 법리에 따라, 그 당시 '장내소란'이 있었다는 위 회의록의 기재 등 변론에 현출된 모든 자료와 이 사건을 둘러싼 여러 정황을 종합하여 건전한 상식과 경험칙에 따라 객관적·합리적으로 판단하여 보면, 피청구인이 이의의 유무를 의원들에게 물었을 때 일부 청구인들이 '이의 있습니다'는 취지의 의사를 표명한 사실을 인정하기에 충분하다고 판단된다. 그러므로 피청구인으로서는 국회법 제112조 제1항 또는 제2항의 방법으로 표결하였어야 하였다. 그럼에도 불구하고 피청구인은 이의가 없다고 인정하여 곧바로 이 사건 법률안이 가결되었음을 선포하였으니, 이는 국회법 제112조를 명백히 위반하였을 뿐만 아니라, 그로 인하여 국회의원인 청구인들이 이 사건 법률안에 대하여 표결할 헌법상의 권한을 침해한 것이다. 피청구인이 주장하는 바와 같이 이 사건 법률안의 의결처리 과정에서 청구인들의 일부가 포함된 야당의원들이 위력을 행사하여 정상적인 의사진행을 방해하였다고 하더라도, 그러한 이유만으로 피청구인의 위와 같은 위법행위가 정당화될 수는 없다(헌재 1997.7.16. 96헌라2 판례집 9-2, 154, 171 참조). 그렇다면, 피청구인의 이 사건 가결선포행위는 국회법 제112조를 위반하여 청구인들의 이 사건 법률안에 대한 헌법상 권한인 법률안 표결권을 침해한 것임이 분명하므로 그 확인을 구하는 심판청구는 이유 있어 이를 받아들여야 한다. <2인 재판관(정경식, 신창언 재판관)의 각하의견> 우리는 국회의원이 국회의장을 상대로 적법하게 권한쟁의심판을 청구할 수 없다고 본다. <결

론> 이 결정에 관하여는 재판관 이재화, 재판관 고중석, 재판관 이영모, 재판관 하경철은 기각의견, 재판관 김용준, 재판관 김문희, 재판관 한대현은 인용의견, 재판관 정경식, 재판관 신창언은 각하의견이므로 청구인들의 이 심판청구를 기각하기로 하여 주문과 같이 결정한다.

3) 이의유무를 묻는 방식 표결에서의 국회의원 조약비준동의안 심의·표결권 침해 여부

판례 국회의장과 국회의원 간의 권한쟁의, 헌재 2000.2.24. 99헌라2

[사건개요와 본안쟁점] 피청구인(국회의원)을 대리한 국회부의장은 1999.1.6. 제199회 임시회 제6차 본회의에서 '대한민국과 일본국 간의 어업에 관한 협정비준동의안'(이하 '이 사건 어업협정안'이라고 한다)을 상정한 뒤, 안건에 대한 이의유무를 물어 '이의없습니다'하는 의원이 있자 이 사건 어업협정안이 가결되었음을 선포하였다. 청구인들(국회의원들)은 위 안건에 대하여 이의유무를 물었을 때에 "이의있습니다"라고 반대의사를 분명히 하였음에도 불구하고 피청구인이 이를 무시하고 전원찬성으로 가결·선포한 것은, 청구인들의 이 사건 어업협정안 심의·표결권을 침해한 위법이 있다는 이유로 권한쟁의심판청구를 하였다. [심판대상] 피청구인이 이 사건 어업협정안을 가결·선포한 행위가 ① 헌법 또는 법률에 의한 청구인들의 조약비준동의안 심의·표결권을 침해하고, ② 그로 인하여 이 사건 어업협정안에 대한 가결·선포행위가 무효가 되는지 여부(기각결정) [결정요지] * 위 99헌라1 결정의 것과 동지.

4) 교섭단체 대표의원과 직접 협의하지 않고 의사일정의 순서를 변경한 것

이러한 변경이 국회법 제77조에 위반되는지에 대해 헌재는 장내소란으로 국회법에 따른 정상적인 의사진행을 기대하기 어려운 상황에서 효율적인 회의 진행을 위하여 변경한 것이어서 위반이 아니라고 보았다.

판례 헌재 2008.4.24. 2006헌라2. 이 결정에 대해서는 정재황, 국가권력규범론, 박영사, 2020, 국회, 입법절차 부분에서 관련되는 부분들 참조.

5) 제안자 취지설명, 질의, 토론절차를 거치지 않은 채 표결절차를 진행한 국회의장 행위

헌재는 국회의장이 취지설명을 컴퓨터 단말기로 대체하도록 한 것, 의사진행 방해로 의안상정·제안설명 등 의사진행이 정상적으로 이루어지지 못하고 질의신청을 하는 의원도 없는 상황에서 '질의신청 유무'에 대한 언급 없이 단지 '토론신청이 없으므로 바로 표결하겠다'라고 한 행위가 위원회 심의를 거치지 않은 안건에 대하여 질의, 토론을 거치도록 정한 국회법 제93조에 위반하여 청구인 국회의원들의 심의·표결권을 침해할 정도에 이르렀다고는 보기 어렵다고 하여 기각결정을 하였다.

판례 헌재 2008.4.24. 2006헌라2. 이 결정에 대해서는 정재황, 국가권력규범론, 박영사, 2020, 국회, 입법절차 부분에서 관련되는 부분들 참조.

6) 국회 위원회 심사기간 지정, 본회의상정에서의 '협의' 요건, 예산안 표결 전 질의·토론절차 준수 여부

국회법의 위와 같은 여러 입법절차들의 위배 여부가 판단된 아래의 결정례가 있었다. 헌재는 청구인들의 심의·표결권을 침해하지 않았고 가결선포행위 또한 무효라고 할 수도 없다는 기각결정을 하였다.

판례 헌재 2012.2.23. 2010헌라6등

[이 사건의 쟁점] 피청구인이 이 사건 가결선포행위에 이르기까지 국회법을 위반하였는지 여부가 문제되는 것은, 이 사건 의안들의 상정과정에서 국회법에 정한 절차를 준수하였는지, 이 사건 의안들의 심의·표결과정에서 국회법에 정한 절차를 준수하였는지의 2단계로 나누어 논의할 수 있는데, 그 중 먼저 상정과정과 관련해서는, ① 위원회에 회부된 이 사건 의안들에 대하여 심사기간을 지정함에 있어 각 교섭단체대표의원과 협의를 거쳤는지(국회법 제85조 위반 여부), ② 위원회가 심사를 마치지 아니한 이 사건 법률안들을 본회의에 직권상정하면서 각 교섭단체대표의원과의 협의를 거쳤는지(국회법 제93조의2 제1항 위반 여부), ③ 예산부수법안이 아니어서 정기회 기간 중 본회의에 원칙적으로 상정할 수 없는 이 사건 법률안들을 본회의에 상정하여야 할 긴급하고 불가피한 사유가 있었는지(국회법 제93조의2 제2항 위반 여부)가 문제되고(* ①, ③ 절차는 2012년 이른바 국회선진화법 도입의 국회법개정으로 현재와 사건당시 법규정과 상황은 다른 것임－필자 주), 다음 심의·표결과정과 관련해서는, ① 이 사건 예산안에 대하여 표결하기 전에 질의·토론절차를 거쳤는지(국회법 제93조 본문 위반 여부), ② 위원회의 심의를 거치지 아니한 이 사건 파견 동의안, 법률안들을 이 사건 본회의에서 심의하려면 제안자의 취지설명 절차 및 질의·토론절차가 반드시 필요한데, 컴퓨터 단말기로 취지 설명을 대체하고 곧바로 표결에 들어간 것을 두고 그러한 절차를 거쳤다고 할 수 있는지(국회법 제93조 단서 위반 여부)가 문제된다(쟁점②는 바로 아래에서 서술). [결정요지] * 이 결정에 대해서는 정재황, 국가권력규범론, 박영사, 2020, 국회, 입법절차 부분에서 관련되는 부분들 참조.

7) 제안자의 취지설명 - 컴퓨터 단말기에 의한 제안자의 취지설명 대체의 합법성 인정

헌재는 이를 여러번 인정하여 왔다. 2005년 사립학교법개정법률안, 2009년 미디어법안, 2010년 국립대학법인 서울대학교 설립·운영에 관한 법률안 등에 관한 권한쟁의사건결정 등의 경우가 그 예이다. 헌재는 취지설명의 방식에는 제한이 없으므로 위와 같은 대체가 위 국회법 제93조 단서를 위반하였다고 할 수 없다고 하여 청구를 기각한 것이다.

판례 헌재 2008.4.24. 2006헌라2; 2009.10.29, 2009헌라8; 2012.2.23, 2010헌라6등) 등. * 이 결정에 대해서는, 정재황, 국가권력규범론, 박영사, 2020, 국회, 입법절차, 본회의 부분 참조.

8) 질의신청이 없는 것으로 보여진다고 하여 생략한 경우

위원회의 심사를 거치지 않은 안건의 경우에 국회법 제93조 단서 후문에 문언 그 자체를 보면 본회의에서의 질의·토론은 본회의 의결이 있더라도 생략할 수 없도록 되어 있다. 그러나 헌재는 실제 운영상 질의신청이 없는 경우에는 질의 부분을 생략해도 무방하다고 하면서 장내소란으로 정상적인 의사진행이 이루어지지 못하고 질의신청을 하는 의원도 없는 상황에서 이루어진 가결선포행위가 국회의원의 심의·표결권을 침해할 정도에 이르렀다고는 보기 어렵다는 입장이다.

판례 헌재 2008.4.24. 2006헌라2. * 이 결정에 대해서는, 정재황, 국가권력규범론, 박영사, 2020, 국회, 입법절차, 본회의 부분 참조.

9) 수정동의의 경우

① 위원회에서 폐기된 법률안의 일부를 본회의에 제출하였는데 의장이 이를 표결에 부쳐 가결하고 원래 법률안에 대해서는 표결을 하지 않고 이 수정안에 대한 가결로 원래 법률안도 가결된 것으로 의장이 선포한 데 대해 야당의원들이 이는 자신들의 심의·표결권을 침해한 것이라고 하여 권한쟁의심판이 청구된 사건이었다. 헌재는 수정안의 개념을 넓게 보는 입장을 취하여 기각결정을 한 것이다.

판례 헌재 2006.2.23. 2005헌라6.

② **금융지주회사법 수정안** – 헌재는 금융지주회사법 수정안이 별개의 법률안이고 위원회에서 심사 중인 안건과 유사한 내용이어서 본회의에 바로 제출된 것은 위원회에서 위 정부 제안 개정법률안을 심사할 기회를 박탈하여 그들의 위 개정법률안 심의·표결권을 침해하였다는 주장에 대해서도 수정안 개념을 넓게 보는 입장을 유지하면서 기각결정을 하였다.

판례 헌재 2009.10.29. 2009헌라8등. * 이 결정에 대해서는, 앞의 국가권력규범론, 국회, 입법절차, 본회의 부분 참조.

10) 안건조정 사건, 이른바 패스트 트랙 사건

공직선거법 등에 대한 이른바 '패스트 트랙'(Fast Track)이라고 불리는 신속처리대상안건의 지정과 심사를 둘러싼 권한쟁의심판도 아래 결정례들에서 보듯이 권한침해확인과 무효확인의 청구 모두를 기각하였다.

① **정개특위 안건조정위원회 위원장의 조정안 가결·선포**

판례 헌재 2020.5.27. 2019헌라5

[결정요지] (1) 국회법상 안건조정위원회의 활동기한은 그 활동할 수 있는 기간의 상한을 의미한다고 보는 것이 타당하고, 안건조정위원회의 활동기한이 만료되기 전이라고 하더라도 안건조정위원회가 안건에 대한 조정 심사를 마치면 조정안을 의결할 수 있다. 이 사건에서 국회법상 90일 또는 신속처리대상안건의 심사기간과 같은 안건조정위원회의 활동기한이 도래하지 않았음에도 피청구인 조정위원장이 이 사건 조정안의 가결을 선포하였다는 사정만으로 국회법을 위반하였다고 볼 수는 없다. (2) 안건조정제도의 취지상 조정안의 의결은 당연히 안건조정위원회에서 안건에 대하여 조정하는 심사를 전제로 한다. 다만, 안건조정위원회가 구성되어 개회되고, 재적 조정위원들 전원이 출석한 가운데 표결한 사실이 인정된다면, 특별한 사정이 없는 한 조정위원들의 구체적인 심사를 거쳐 조정안이 의결된 것으로 보는 것이 합리적이다. 이 사건 안건조정위원회에서 안건을 심사한 회의가 비공개로 진행된 것은 국회법 제57조의2 제10항에 의하여 준용되는 제57조 제5항 단서에 근거를 둔 안건조정위원회의 의결에 따른 것이다. 그리고 이 사건 안건조정위원회에서 조정 대상 안건을 비공개회의로 심사한 약 4시간 51분 정도의 시간이 안건에 대한 실질적 조정이 불가능할 정도로 짧은 시간이라고 단정하기는 어렵다. 위원회에서 안건을 안건조정위원회에 회부할 수 있는 것은 안건에 대한 대체토론(大體討論)이 끝난 후이며(국회법 제57조의2 제1항 본문 참조), 이 사건 안건조정위원회의 조정 대상이 된 법률안들은 이 사건 조정위원회가 구성되기 전인 2019.6.25.부터 8.26.까지 정개특위에 소속된 정치개혁 제1소위원회 제17차부터 제22차까

지의 회의에서 심사를 하였다는 사정도 확인할 수 있다. 이 사건 안건조정위원회의 경우 비록 조정 안건에 대한 정치세력 사이의 대립이 심했고, 그 구성이 요구된 날부터 단 이틀이 지난 후에 의결했다고 하더라도, 이러한 사정만으로 실질적인 조정 과정이 없었다고 보기는 어렵다. 피청구인 조정위원장이 이 사건 안건조정위원회에서 안건에 대한 실질적 조정 심사 없이 이 사건 조정안의 가결을 선포함으로써 국회법을 위반하였다고 볼 수는 없다. (3) 피청구인 조정위원장의 가결선포행위는 위법하지 않으므로, 이 점에서 피청구인 정개특위 위원장이 의결된 조정안을 위원회 심사 법률안으로 가결 선포한 행위도 위법하지 않고, 다른 위법사유도 인정되지 않는다. 따라서 피청구인 정개특위 위원장의 가결선포행위는 정개특위 위원인 청구인의 법률안 심의·표결권을 침해하였다고 볼 수 없고, 따라서 무효로 볼 수 없다.

② 신속처리안건 지정동의안의 가결

판례 헌재 2020.5.27. 2019헌라3등

* 4인 재판관의 인용의견이 있었던 결정이었다.

[판시사항] 가. 생략.

나. 피청구인 국회의장이 2019.4.26. 국회 입안지원시스템을 통해 발의된 '고위공직자범죄수사처 설치 및 운영에 관한 법률안(의안번호 제2020029호)', '형사소송법 일부개정법률안(의안번호 제2020030호)'을 수리한 행위(이하 '이 사건 법률안 수리행위'라 한다)에 대한 권한쟁의심판청구의 적법 여부(소극)

다. 피청구인 사개특위 위원장이 2019.4.29. 사개특위 회의에서 사개특위 소관 법률안들에 대한 신속처리안건 지정동의안의 가결을 선포한 행위가 사개특위 위원인 청구인들의 법률안 심의·표결권을 침해하였는지 여부(소극)

(1) 개회 전 위원장과 간사 간 협의에 관한 국회법 제49조 제2항 위반 여부(소극)

(2) 국회 입안지원시스템을 통해 발의된 법률안에 대하여 신속처리안건 지정동의안을 상정한 것이 국회법 제79조 제2항 및 제90조 위반하여 절차상 위법한지 여부(소극)

(3) 신속처리안건 지정동의안 표결 전 별도의 질의·토론 절차를 거치지 않아 표결이 절차상 위법한지 여부(소극)

(4) 사개특위 위원이 오○○, 권○○ 의원에서 채○○, 임재훈 의원으로 개선되어 참여한 표결로 의결정족수가 충족됨에 위헌·위법 사유가 있어 사개특위 위원인 청구인들의 법률안 심의·표결권이 침해되었는지 여부(소극)

라. 피청구인 국회의장의 2019.4.30. 사개특위 소관 법률안들에 대한 신속처리대상안건 지정행위가 사개특위 위원인 청구인들의 법률안 심의·표결권을 침해하였는지 여부(소극)

마. 피청구인 국회 정치개혁특별위원회(이하 '정개특위'라 한다) 위원장이 2019.4.29. 및 30.의 정개특위 회의에서 정개특위 소관 법률안에 대한 신속처리안건 지정동의안의 가결을 선포한 행위가 정개특위 위원인 청구인들의 법률안 심의·표결권을 침해하였는지 여부(소극)

(1) 개회 전 위원장과 간사 간 협의에 관한 국회법 제49조 제2항을 위반하였는지 여부(소극)

(2) 신속처리안건 지정동의안 표결 전 별도의 질의·토론 절차를 거치지 않아 표결이 절차상 위법한지 여부(소극)

바. 피청구인 국회의장의 2019.4.30. 정개특위 소관 법률안에 대한 신속처리대상안건 지정행위가 정개특위 위원인 청구인들의 법률안 심의·표결권을 침해하였는지 여부(소극)

[결정요지] 가. 생략

나. 이 사건 법률안 수리행위에 대한 권한쟁의심판청구가 법률안에 대한 위원회 회부나 안건 상정, 본회의 부의 등과는 별도로 오로지 전자정보시스템으로 제출된 법률안을 접수하는 수리행위만을 대상으로 하는 한, 그러한 법률안 수리행위만으로는 사개특위 및 정개특위 위원인 청구인들의 법률안 심의·표결권이 침해될 가능성이나 위험성이 없다. 이 부분 심판청구는 모두 부적법하다.

다. (1) 국회법 제49조 제2항이 정하는 위원장과 간사 간 '협의의 대상'은 위원회의 '의사일정'과 '개회일시'이고 이에 관하여 '의견을 교환하고 수렴하는 절차'라는 협의의 의미에 비추어 볼 때, 위원장과 간사 간 협의 절차가 준수되었는지 여부는, 위원장이 의사일정으로 상정될 안건 및 개회일시에 대하여 어느 시점에 어떤 방법으로 연락을 하였는지, 그로 인해 소속 위원들이 회의에 참석하지 못하는 등 심의·표결권 행사에 제한이 발생하였는지 등을 고려하여 판단하여야 할 것이다. 이 사건 사개특위의 개회 전 협의는 성질상 다양한 방식으로 할 수 있고 그 종국적 판단과 결정은 사개특위 위원장에게 맡겨져 있으므로, 전화 통화나 문자메시지, 이메일 통보에 의한 이 사건 사개특위의 개회 전 협의의 방식에 위법한 점은 없다. 더불어민주당과 자유한국당의 사개특위 간사 사이에 개회일시에 관하여 문자메시지와 전화 통화가 있은 후, 피청구인 사개특위 위원장은 개회 예정 시각부터 약 2시간 10분 전에 간사들을 포함한 소속 위원들에게 개회일시와 장소를 문자메시지로 알리고, 의사일정으로서 신속처리안건 지정동의안이 상정될 것임을 그 대상 법률안의 대표발의자와 의안번호를 특정하여 이메일로 안내함으로써, 의사일정과 개회일시를 협의의 대상으로 삼았으므로 이에 관해서도 위법한 점이 없다. 이후에도 개회 시각 및 장소가 매우 긴급하게 변경되어 통보되었으나, 이는 사실상 사전 협의를 통해 의사일정으로서 상정될 안건과 개회일시를 알고 있던 자유한국당 소속 관계자들과 다른 정당 관계자들의 대립에 기인한 것이고, 실제로 개회 시각에 임박한 변경 통보에도 사개특위 위원인 청구인들 전원이 회의에 참석하여 안건에 대한 심의권 행사가 불가능하지 않았다는 점에서, 피청구인 사개특위 위원장은 국회법 제49조 제2항의 협의 절차를 위반하지 않았다.

(2) 국회의원의 법률안 등 의안의 발의는 국회 내부의 의사절차이므로, 그 방식을 어떻게 정하는지는 헌법 제64조 제1항에 따라 법률에 저촉되지 않는 범위 안에서 국회의 규칙으로 정하여 할 수 있는 '의사와 내부 규율', 즉 국회의 의사자율권의 영역에 있다. 국회사무관리규정 제8조의2에서는 문서의 전자적 처리에 관하여, 제21조 제6항에서는 정보통신망을 이용한 문서의 접수·처리에 관하여 일반적으로 정하고 있고, 국회사무처 정보화업무 내규 제3조 제2호에서는 국회사무총장이 원활한 의정활동을 지원하기 위하여 구축하고 운영할 수 있는 정보시스템의 하나로 '입안지원시스템'을 규정하고 있으며, 이러한 국회사무처 정보화업무 내규는 그 부칙에 의하여 이 사건 당시로부터 약 3년 전인 2016.1.15. 이후 제정되어 시행되었다. 전자문서에 의한 개별 국회의원의 법률안 제출 방식은 국회의 자율권의 범위 내에서 허용되고 국회규칙 및 내규에 근거를 둔 제출 방식으로 국회법 제79조 제2항에 반하지 않는다. 피청구인 사개특위 위원장이 국회 입안지원시스템을 통하여 발의된 법률안들에 대한 신속처리안건 지정동의안을 상정한 것은, 국회법 제79조 제2항을 위반한 것이라고 볼 수 없다. 의안의 발의와 접수의 세부적인 절차는 국회의 의사자율권의 영역에 있으므로, 발의된 법률안이 철회의 대상이 될 수 있는 시점에 대해서도 국회가 의사자율의 영역에서 규칙 또는 자율적인 법해석으로 정할 수 있다. 따라서 팩스로 제출이 시도되었던 법률안의 접수가 완료되지 않아 동일한 법률안을 제출하기 전에 철회 절차가 필요 없다고 보는 것은 국회법 제90조에 반하지 않는다. 또한, 국회법 제90조는 발의된 법률안을 철회하는 요건을 정한 것일 뿐, 동일한 내용의 법률안을 중복하여 발의하는 것 자체를 금지하는 조항은 아니며, 국회법에 이에 대한 별도의 금지조항은 없다. 이 사건에서 팩스로 먼저 제출이 시도된 법률안을 철회하지 않고 동일한 내용으로 제출된 법률안을 접수한 것은 국회법 제90조를 위반한 것으로 볼 수 없고, 이와 같이 발의된 '고위공직자범죄수사처 설치 및 운영에 관한 법률안(의안번호 제2020029호)'에 대한 신속처리안건 지정동의안을 상정한 피청구인 사개특위 위원장의 행위도 절차상 위법하다고 할 수 없다.

(3) 신속처리안건 지정동의안의 심의는 그 대상이 된 위원회 회부 안건 자체의 심의가 아니라, 이를 신속처리대상안건으로 지정하여 의사절차의 단계별 심사기간을 설정할 것인지 여부를 심의하는 것이다. 국회법 제85조의2 제1항에서 요건을 갖춘 지정동의가 제출된 경우 의장 또는 위원장은 '지체 없이' 무기명투표로 표결하도록 규정하고 있고, 이 밖에 신속처리안건 지정동의안의 표결 전에 국회법상 질의나 토론이 필요하다는 규정은 없다. 이 사건 사개특위의 신속처리안건 지정동의안에 대한 표결 전에 그 대상이 되는 법안의 배포나 별도의 질의·토론 절차를 거치지 않았다는 이유로 그 표결이 절차상 위법하

다고 볼 수 없다.
(4) 피청구인 국회의장의 오신환, 권은희 의원에 대한 각 개선행위는 명백히 자유위임원칙에 위배된다고 보기 어렵고, 국회법 규정에도 위배되지 않는다(2019헌라1 결정의 법정의견 참조).
피청구인 국회의장의 이 사건 각 개선행위는 헌법 또는 법률에 반하지 않으므로, 이에 따라 개선된 국회의원 채이배, 임재훈은 사개특위의 신속처리안건 지정동의안 표결 절차에 적법하게 참여하였다. 이러한 표결의 결과에 따라 피청구인 사개특위 위원장이 안건에 대한 의결정족수 충족을 인정하여 신속처리안건 지정동의안에 대하여 가결을 선포한 행위에는 절차적 위법 사유가 인정되지 않으므로, 사개특위 위원인 청구인들의 법률안 심의·표결권도 침해되지 않았다.
라. 피청구인 국회의장의 사개특위 소관 법률안 신속처리대상안건 지정행위는 국회법 제85조의2 제2항에 의하여 사개특위에서 신속처리안건 지정동의가 가결된 데에 따라 적법하게 행해진 것으로, 사개특위 위원인 청구인들의 법률안 심의·표결권을 침해하지 않았다.
마. (1) 이 사건 정개특위의 개회 전 협의는 성질상 다양한 방식으로 할 수 있고 그 종국적 판단과 결정은 위원장에게 맡겨져 있으므로, 전화 통화, 문자메시지에 의한 이 사건 정개특위의 개회 전 협의의 방식에 위법한 점은 없다. 피청구인 정개특위 위원장과 자유한국당 소속 간사 사이에 신속처리안건 지정동의안을 상정한다는 의사일정과 정개특위 회의의 개회일시를 협의의 대상으로 삼았다는 점에서도 위법한 점이 없다. 피청구인 정개특위 위원장이 예정된 정개특위의 개회 시각에 이르러 다시 개회를 20분 연기하면서 그 장소도 변경하여 문자메시지로 통보한 점에 대해서도, 그로 인하여 정개특위 위원인 청구인들이 회의에 참석하지 못하여 심의권을 행사하지 못한 사정은 없다는 점 등에 비추어 보면, 피청구인 정개특위 위원장은 국회법 제49조 제2항의 협의 절차를 위반하지 않았다.
(2) 신속처리안건 지정동의안의 심의는 그 대상이 된 위원회 회부 안건 자체의 심의가 아니라, 이를 신속처리대상안건으로 지정하여 의사절차의 단계별 심사기간을 설정할 것인지 여부를 심의하는 것이다. 국회법 제85조의2 제1항에서 요건을 갖춘 지정동의가 제출된 경우 의장 또는 위원장은 '지체 없이' 무기명투표로 표결하도록 규정하고 있고, 이 밖에 신속처리안건 지정동의안의 표결 전에 국회법상 질의나 토론이 필요하다는 규정은 없다. 이 사건 정개특위의 신속처리안건 지정동의안에 대한 표결 전에 그 대상이 되는 법안의 배포나 별도의 질의·토론 절차를 거치지 않았다는 이유로 그 표결이 절차상 위법하다고 볼 수 없다.
바. 피청구인 국회의장의 정개특위 소관 법률안 신속처리대상안건 지정행위는 국회법 제85조의2 제2항에 의하여 정개특위에서 신속처리안건 지정동의가 가결된 데에 따라 적법하게 행해진 것으로, 정개특위 위원인 청구인들의 법률안 심의·표결권을 침해하지 않았다.

③ **수정안** – 피청구인 국회의장이 2019.12.27. '공직선거법 일부개정법률안' 원안에 대한 '수정안'을 가결선포한 행위가 청구인 국회의원들의 법률안 심의·표결권을 침해하였고 따라서 무효라는 주장에 대해 헌재는 부정하고 기각결정을 하였다. 수정안에 관련된 권한쟁의심판은 위에서도 나왔다.

판례 헌재 2020.5.27. 2019헌라6
[판시] … 라. 국회법 제95조가 본회의에서 수정동의를 제출할 수 있도록 한 취지는 일정한 범위 내에서 국회의원이 본회의에 상정된 의안에 대한 수정의 의사를 위원회의 심사절차를 거치지 아니하고 곧바로 본회의의 심의과정에서 표시할 수 있도록 허용함으로써 의안 심의의 효율성을 제고하기 위한 것이다. 그런데 수정동의를 지나치게 넓은 범위에서 인정할 경우 국회가 의안 심의에 관한 국회운영의 원리로 채택하고 있는 위원회 중심주의를 저해할 우려가 있다. 국회법 제95조 제5항의 입법취지는 원안에 대한 위원회의 심사절차에서 심사가 이루어질 여지가 없는 경우에는 수정동의의 제출을 제한함으로써 위원

회 중심주의를 공고히 하는 것이다. 국회법 제95조 제5항 본문의 문언, 입법취지, 입법경과를 종합적으로 고려하면, 위원회의 심사를 거쳐 본회의에 부의된 법률안의 취지 및 내용과 직접 관련이 있는지 여부는 '원안에서 개정하고자 하는 조문에 관한 추가, 삭제 또는 변경으로서, 원안에 대한 위원회의 심사절차에서 수정안의 내용까지 심사할 수 있었는지 여부'를 기준으로 판단하는 것이 타당하다. 이 사건 원안과 이 사건 수정안의 개정취지는 '사표를 줄이고, 정당득표율과 의석점유율 사이의 불일치를 줄이며, 지역주의 정당체제를 극복'하는 것으로 동일하다. 이 사건 수정안 제21조 제1항은 국회의 의원정수를 변경하는 내용의 이 사건 원안 제21조 제1항을 당시 공직선거법 그대로 두는 내용으로 수정한 것이다. 이 사건 원안에 대한 위원회 심사절차에서 국회의 의원정수를 당시 공직선거법 그대로 둘 것인지, 변경할 것인지에 관하여 심사가 이루어질 수 있었다. 이 사건 수정안 중 석패율제·권역별 비례대표제 삭제 관련 조항들은 석패율제·권역별 비례대표제를 도입하기 위하여 이 사건 원안이 개정·신설한 조항들을 당시 공직선거법 그대로 두는 내용으로 수정한 것이다. 이는 실질적으로 이 사건 원안 중 일부인 석패율제·권역별 비례대표제에 대한 반대의 의사를 표시한 것인데, 원안에 대한 위원회의 심사 절차에 찬반토론이 포함되어 있으므로, 이 사건 원안에 대한 위원회의 심사절차에서 심사가 이루어질 수 있었다. 이 사건 수정안 부칙 제3조는 이 사건 원안 부칙 제3조가 정한 당헌 등의 제출 기간을 수정한 것으로, 위 제출 기간을 어떻게 정하는 것이 적정한지에 관하여 이 사건 원안에 대한 위원회 심사절차에서 심사가 이루어질 수 있었다. 이 사건 수정안 부칙 제4조는 이 사건 원안 제189조 제2항(준연동형 비례대표제)에 관하여 2020.4.15. 실시하는 비례대표국회의원선거에 한하여 적용되는 특례를 정한 것이다. 이 사건 원안에 대한 위원회의 심사절차에서 준연동형 비례대표제를 적용하는 범위에 관하여 심사가 이루어질 수 있었다. 앞서 살펴본 내용을 종합하여 보면, 이 사건 수정안은 이 사건 원안의 개정취지에 변화를 초래한 것이 아니고 이 사건 원안이 개정취지 달성을 위해 제시한 여러 입법수단 중 일부만 채택한 것에 불과한 것으로서, 이 사건 원안에 대한 위원회의 심사절차에서 이 사건 수정안의 내용까지 심사할 수도 있었으므로, 이 사건 원안의 취지 및 내용과 직접 관련성이 인정된다. 따라서 이 사건 수정안 가결선포행위는 국회법 제95조 제5항 본문에 위배되지 않는다. 결국 피청구인 국회의장의 이 사건 수정안 가결선포행위는 국회법 제95조 제5항 본문에 위배되지 아니하고, 그 밖의 청구인들의 주장 또한 이유 없으므로, 청구인 국회의원들의 심의·표결권을 침해하지 않는다. 따라서 더 나아가 살펴볼 필요 없이 피청구인 국회의장의 이 사건 수정안 가결선포행위는 무효로 볼 수 없다.

(2) 권한침해는 인정하나 법률안 가결선포행위(의결행위) 무효확인 청구는 기각한 예

1) 국회 본회의 의사절차에서의 예

① **개의일시 불통지, 비공개에 의한 표결권 침해** – 헌재는 권한침해는 인정하였으나 가결선포행위 자체에 대한 무효선언은 하지 않았다.

판례 헌재 1997.7.16. 96헌라2.

② **이른바 '미디어법' 사건**

판례 헌재 2009.10.29. 2009헌라8등.

③ **반대토론권을 인정하지 않아 심의·표결의 권한을 침해한 것으로 인정된 예** – 국회의장이 적법한 반대토론 신청이 있었음에도 반대토론을 허가하지 않고 토론절차를 생략하기 위한 의결을 거치지도 않은 채 법률안들에 대한 표결절차를 진행한 것(그 법률안들은 위원회 심사를 거친 것들

이었음)이 국회의원의 법률안 심의·표결권을 침해한 것이라고 결정한 바 있다(헌재 2011.8.30. 2009헌라7). 그러나 헌재는 법률안 가결선포행위를 무효로 선언하지는 않았다.

판례 헌재 2011.8.30. 2009헌라7.

2) 국회 상임위원회 의사절차

판례 헌재 2010.12.28. 2008헌라7등

[주문] 1. 생략. 2. 피청구인 국회 외교통상통일위원회 위원장이 2008.12.18. 14:00경 국회 본청 401호 외교통상통일위원회 회의실 출입문을 폐쇄한 상태로 위 회의실에서 제279회 국회임시회 제2차 외교통상통일위원회 전체회의를 개의하여 '대한민국과 미합중국 간의 자유무역협정' 비준동의안을 상정한 행위 및 위 비준동의안을 법안심사소위원회로 회부한 행위는 청구인들의 위 비준동의안 심의권을 침해한 것이다. 3. 청구인들의 피청구인 국회 외교통상통일위원회 위원장에 대한 위 비준동의안 상정행위 및 법안심사소위원회로의 회부행위에 관한 무효확인청구를 모두 기각한다(* 이처럼 권한침해는 인정해도 무효확인은 기각한다).

(3) "청구인의 권한이 침해되었거나 침해될 현저한 위험이 있다고 할 수 없는 사건"이라고 하여 기각결정을 한 예 : 공공시설의 관리권자의 확정에 관한 다툼

판례 시흥시와 정부간의 권한쟁의, 헌재 1998.8.27. 96헌라1. * 이 결정에 대해서는 앞의 청구요건 중 권한침해가능성을 부정하면서도 각하 아닌 기각을 한 예 부분 참조.

(4) 지방자치권 관련 기각결정례들

1) 지방자치단체 관할권한 부정의 기각결정례

판례 헌재 2011.9.29. 2009헌라3, 인천광역시 중구와 인천광역시 등 간의 권한쟁의; 헌재 2011.9.29. 2009헌라4, 인천광역시 남구와 인천광역시 연수구 등 간의 권한쟁의; 헌재 2011.9.29. 2009헌라5, 인천광역시 남동구와 인천광역시 연수구 등 간의 권한쟁의; 헌재 2019.4.11. 2015헌라2, 경상남도 사천시와 경상남도 고성군 간의 권한쟁의 등.

2) 감사원의 지방자치단체 자치사무에 대한 감사

이와 관련하여 ① 자치사무에 대한 감사원의 감사에서 합법성뿐 아니라 합목적성 감사도 법률상 권한 없이 이루어진 것인지 여부, ② 지방자치단체의 자치사무에 대한 합목적성 감사의 근거가 되는 감사원법 제24조 제1항 제2호 등 관련규정 자체가 지방자치권의 본질을 침해하여 위헌인지 여부가 논란되었다. 헌재는 감사원법의 근거가 있고 지방자치단체의 고유한 권한을 유명무실하게 할 정도로 지나친 제한을 한 것이 아니어서 지방자치권의 본질적 내용을 침해하지 않는다고 보아 기각결정을 하였다.

판례 헌재 2008.5.29. 2005헌라3. [결정요지] * 이 결정에 대한 자세한 것은 앞의 지방자치 부분 참조.

3) 특별시, 구의 재산세에 관한 국회의 제정행위

특별시의 관할구역 안에 있는 구(區)의 재산세를 '특별시 및 구세'로 하여 특별시와 자치구가 100분의 50씩 공동과세하도록 하는 지방세법(2007.7.20. 법률 제8540호로 신설된 것) 제6조의2와 특별시분 재산세 전액을 관할구역 안의 자치구에 교부하도록 하는 같은 법 제6조의3(이하, '이 사건 법률조항들'이라 한다)을 국회가 제정한 행위가 청구인들의 세수 감소 및 특별시로의 종속 가능성을 높여 헌법이 보장하는 청구인들의 지방자치권 내지 지방재정권의 본질을 침해한다고 주장하여 제기한 권한쟁의심판에서 기각결정이 된 바 있다.

판례 헌재 2010.10.28. 2007헌라4

[결정요지] 이 사건 법률조항들은 종래 구세였던 재산세를 구와 특별시의 공동세로 변경하였는데, 재산세를 반드시 기초자치단체에 귀속시켜야 할 헌법적 근거나 논리적 당위성이 있다고 할 수 없다. 그리고 이 사건 법률조항들로 인해 구의 재산세 수입이 종전보다 50% 감소하게 되지만 이 사건 법률조항들 및 서울특별시세조례에 의하여 특별시분 재산세가 각 자치구에 배분되므로 이를 감안하면 종전에 비하여 실질적으로 감소되는 청구인들의 재산세 수입 비율은 50% 미만이 될 것이다. 이 사건 법률조항들로 인하여 청구인들의 자치재정권이 유명무실하게 될 정도로 지나치게 침해되었다고는 할 수 없다. 따라서 피청구인 국회가 이 사건 법률조항들을 제정한 행위는 헌법상 보장된 청구인들의 지방자치권의 본질적 내용을 침해하였다고 할 수 없다.

4) 공무원의 시간외근무수당의 지급기준·지급방법 등에 관한 장관의 행정규칙

이에 관하여 필요한 사항은 행정자치부장관의 지침(훈령이 아니라)이 정하는 범위에 따라 지방자치단체장이 정하도록 한 대통령령 규정 제정행위가 지방자치단체로서 강남구의 자치입법권, 인적고권 및 재정고권의 헌법상의 지방자치권한을 침해하였다고 제기된 권한쟁의심판사건에서 헌재는 헌법 제117조 제1항에서 자치규정이 그 범위 안에서 제정되고 따라야 하는 한계로 규정하는 '법령'에는 법규명령으로서 기능하는 행정규칙(* 이른바 법령보충규칙)이 포함된다고 하여 청구를 기각하였다.

판례 헌재 2002.10.31. 2001헌라1. * 동지 : 헌재 2002.10.31. 2002헌라2.

5) 자원회수시설(소각장)의 반입수수료 산정방식과 그 시설 주변영향지역 주민 지원방식 변경

이러한 변경을 한 서울특별시의 조례개정(2004.5.25. 서울특별시 조례 제4192호·제4193호, 이하 '이 사건 조례개정'이라 한다)이 강남구의 폐기물처리시설 설치·운영권한, 종량제폐기물 규격봉투가격 결정권한 및 예산편성권한을 침해하지 않는다고 기각한 결정례 : 헌재 2004.9.23. 2003헌라3.

6) 우선조정교부금 폐지

보통교부세가 교부되지 아니하는 시·군(이하 '불교부단체')에 대한 우선조정교부금을 점차적으로 폐지하는 피청구인(대통령)의 지방재정법 시행령 제36조 제3항, 제4항 개정행위(2016.8.29. 대통령령 제27463호)로 인하여 청구인들이 우선조정교부금을 지급받을 수 없게 되어 자치사무에 가용할 수 있는 재원이 감소되어 청구인들의 자치권한인 자치재정권을 침해하고, 나아가 무효라고 주장하여 제기된 권한쟁의심판사건이다. 헌재는 이 개정행위는 광역지방자치단체 내에서

재정자립도가 상대적으로 높은 보통교부세 불교부단체에 대하여 조정교부금을 우선 배분하는 특례를 삭제함으로써 재정력이 상대적으로 약한 다른 시·군에 대하여 조정교부금을 확대하여 공정하고 합리적인 지방재정 조정을 통한 재정균형을 도모하기 위한 것으로 청구인들의 자치재정권이 다소 제한을 받는다 하더라도, 청구인들의 고유한 자치권한을 유명무실하게 할 정도의 지나친 제한이라고 보기는 어렵다고 하여 기각결정을 하였다.

판례 헌재 2019.4.11. 2016헌라7

[결정요지] * 이 결정에서는 법률의 위헌여부 심사도 선결문제로 있었다. 즉 위 시행령조항들의 모법인 지방재정법 제29조 제2항의 위헌여부에 대해 헌재가 선결문제로 판단한 바 있다. 이에 대해서는 앞의 위헌법률심판, 제7절 위헌법률심판 외의 다른 심판에 의한 법률심사의 가능성 부분 참조.

(5) 국가기관(교육부장관)과 교육감 간의 권한쟁의심판에서의 기각결정례

판례 헌재 2013.9.26. 2012헌라1

[주문] 청구인의 심판청구를 기각한다. [결정요지] * 이 결정에 대한 자세한 요지는 앞의 교육감과 지방의회와의 관계 부분 등 참조.

제3항 권한쟁의심판에서의 선결문제로서 법률의 위헌심사

우리나라의 권한쟁의심판은 헌법상 부여된 권한뿐 아니라 법률에 의해 부여된 권한의 침해에 대해서도 청구할 수 있는데 이 법률상 권한을 침해한 것인지를 판단하기 위해 그 전제로 그 권한을 부여한 법률이 헌법에 위반되는 것인지 여부가 부수적 규범통제로서 가려져야 할 경우가 있을 것이다. 바로 선결문제 판단의 필요성이다. 실제의 결정례들로는 ① 자치사무에 대한 합목적성 감사의 근거법률에 대해 합헌성을 인정한 결정(헌재 2008.5.29. 2005헌라3). ② 지방자치단체 조정교부금의 배분에 관한 근거법률인 지방재정법 제29조 제2항에 대한 합헌성을 인정한 결정례(헌재 2019.4.11. 2016헌라7) 등이 있었다. 이 선결문제와 이 결정례들에 대해서는 앞의 위헌법률심판, 위헌법률심판 외의 다른 심판에 의한 법률심사의 가능성 부분에서 다루었다. 전술 참조.

제7절 권한쟁의심판 결정의 효력

헌재법 제66조(결정의 내용) ① 헌법재판소는 심판의 대상이 된 국가기관 또는 지방자치단체의 권한의 유무 또는 범위에 관하여 판단한다.

② 제1항의 경우에 헌법재판소는 권한침해의 원인이 된 피청구인의 처분을 취소하거나 그 무효를 확인할 수 있고, 헌법재판소가 부작위에 대한 심판청구를 인용하는 결정을 한 때에는 피청구인은 결정 취지

에 따른 처분을 하여야 한다. [전문개정 2011.4.5.]
제67조(결정의 효력) ① 헌법재판소의 권한쟁의심판의 결정은 모든 국가기관과 지방자치단체를 기속한다.
② 국가기관 또는 지방자치단체의 처분을 취소하는 결정은 그 처분의 상대방에 대하여 이미 생긴 효력에 영향을 미치지 아니한다. [전문개정 2011.4.5.]

Ⅰ. 기속력

1. 기속력의 범위

(1) 기속력을 가지는 결정의 범위

헌재법 제67조 제1항은 "헌법재판소의 권한쟁의심판의 결정은 모든 국가기관과 지방자치단체를 기속한다"라고 하여 권한쟁의심판의 결정의 기속력을 규정하고 있다. 이 제67조 제1항의 문언은 권한침해의 결정이나 인용결정이라고만 명시한 것이 아니라 그냥 '권한쟁의심판의 결정'이라고만 명시하고 있으므로 권한쟁의심판의 결과 나오는 모든 결정에 기속력을 가지는 것으로 되어 있다. 따라서 권한쟁의심판에 있어서는 인용결정만이 아니라 기각결정 등 다른 모든 결정이 기속력을 가진다. 이 점 위헌법률심판의 경우 '위헌결정', 헌법소원심판의 경우 '인용결정'에 대해 기속력을 명시하고 있는 것과 차이가 있다. 이는 권한쟁의심판은 권한획정의 의미를 가지고 권한을 획정하는 결과를 가져오는데 청구인의 권한이 아니라 피청구인의 권한임을 인정하는 기각결정의 경우에도 청구인과 피청구인의 각 권한을 획정하는 효과를 가지므로 권한획정에 관한 이러한 판단이 모든 기관들에 의해 존중되어져야 하기 때문이다.

(2) 기속력의 주관적·객관적 범위

1) 주관적 범위

권한쟁의심판결정의 기속력은 "모든 국가기관과 지방자치단체"에 미친다. 당사자가 아닌 다른 국가기관이나 지방자치단체도 헌법재판소 결정의 취지에 따르고 이를 존중하여야 하며 청구인의 권한으로 확인된 권한을 행사해서는 아니 된다. 법원도 헌법재판소의 결정의 취지를 존중하여 재판을 하여야 한다.

2) 객관적 범위

기속력이 결정의 主文에 미치는 것은 물론이다. 결정의 중요이유 중에서 헌법재판소가 표명한 헌법적 기본법리에 대해서도 기속력이 미치는지에 대해서는 견해가 나누어지고 있다.

2. 기속력의 내용

(1) 반복금지효 - 적극적 처분에 의한 침해에 대한 인용결정의 경우

처분에 의해 권한이 침해되었음을 인용하는 결정이 있으면 피청구인은 다시 그 처분을 하여서는 아니 되고 더 이상 청구인의 그 권한을 다시 행사하여서는 안 된다(반복금지효).

(2) 처분의무 – 처분이 없는 부작위에 대한 인용결정의 경우

반면 부작위에 대한 위헌확인·위법확인의 인용결정을 한 때에는 기속력의 결과 피청구인은 처분으로 나아가야 한다. 2002년 3월 12일에 개정된 헌법재판소법 제66조 제2항 후문은 "헌법재판소가 부작위에 대한 심판청구를 인용하는 결정을 한 때에는 피청구인은 결정취지에 따른 처분을 하여야 한다"라고 규정하여 처분의무를 명시하고 있다. * 국회의장(피청구인)의 법률안 가결선포행위가 국회의원(청구인)들의 법률안 심의·표결권을 침해한 것임을 확인한 권한침해확인결정(헌재 2009.10.29. 2009헌라8등, 이른바 미디어법 파동)이 있었다. 이 결정에서 권한침해는 인정했으나 가결행위의 무효선언은 하지 않았다. 이후 이 결정의 기속력에 따라 청구인들의 심의·표결권을 침해한 행위에 대하여 이를 바로잡도록 시정할 의무가 있는바 가결선포된 신문법안, 방송법안에 내재된 위헌·위법을 제거하고 재입법 절차를 취할 의무 자체를 부인하면서 그에 필요한 어떠한 조치도 취하지 않고 있어 청구인들은 신문법안 및 방송법안의 심의·표결권을 행사하지 못하고 있는바, 이러한 부작위는 결국 청구인들의 신문법안 및 방송법안 심의·표결권을 다시 침해하는 것이라는 주장의 국회의원의 권한쟁의심판 청구가 재차 있었다. 그러나 헌재는 기각결정을 하였다(2009헌라12. 이 결정에 대해서는 앞의 절, V. 인용결정, 2. (4) 권한침해인정결정의 효력, 2) (나) 부분 참조).

(3) 기각결정 등

위에서 언급한 대로 권한쟁의심판의 경우에는 모든 결정이 기속력을 가지는 것으로 규정되어 있으므로 기각결정의 경우에도 기속력을 가지는바 청구인의 권한이 침해됨이 없고 피청구인의 권한으로 인정하는 취지는 기각결정이 청구인과 피청구인의 각 권한을 획정하는 효과를 가지는 것이라고 볼 것이고 권한획정에 관한 이러한 판단이 존중되어 각 기관의 권한들을 인정하여야 할 것이다.

Ⅱ. 취소결정에서의 소급효배제

1. 법규정

헌재법 제67조 제2항은 "국가기관 또는 지방자치단체의 처분을 취소하는 결정은 그 처분의 상대방에 대하여 이미 생긴 효력에 영향을 미치지 아니한다"라고 규정하고 있다.

2. 배제의 범위(취소결정, 처분상대방에 한정된 배제)와 그 취지

이러한 소급효배제는 물론 법적 안정성, 그리고 처분의 상대방의 권익을 보호하기 위한

것이다. 권한을 둘러싼 다툼, 권한없는 상태에서의 권한행사에 있어서 귀책사유 없이 자신에 행해진 처분이 취소된다는 점에서 처분상대방에 대한 법적 불안정과 부당함이 더 강하게 가해질 수 있다는 취지에서도 상대방의 권익보호는 더욱 필요할 것이다. 이러한 소급효배제는 취소결정에만 인정되고 무효확인결정에서는 인정되지 않는다. 무효는 중대하고도 명백한 하자이어서 그 심각성 때문에 처분의 상대방이 잘못한 것이 아니라고 할지라도 소급효를 배제하기가 정도(正道)를 벗어나 곤란하다는 점을 고려한 결과라고 이해된다. 반면 취소의 경우 그 하자가 상대적으로 약한 상태이기에 공익의 보호보다는 처분의 상대방의 보호가 중요하다고 보는 것으로 이해될 수 있을 것이다. 그러나 아래와 같은 문제점이 있다.

3. 문제점과 개선방안

(1) 일률적 배제의 문제점

사실 위와 같은 입법취지가 처분이 이익행정적인 것인지 아니면 침익적인 것인지에 따라 달리 나타난다는 점을 위 규정은 간과하고 있다. 이익적 처분의 경우에는 그 처분의 효력이 유지되길 상대방은 바랄 것이기 때문에 위와 같은 소급효배제는 입법취지를 살리는 것이 된다. 그러나 불이익을 주는 침익처분의 경우에는 상대방이 오히려 그 취소를 바랄 것이다. 이 점에서 상대방 보호에 충실하지 못한 입법이다. 또한 취소가 있더라도 새로운 처분이 나올 수 밖에 없는 경우에도 그 새로운 처분이 여전히 불이익이나 부담을 부여하는 처분이지만 그 불이익이나 부담의 정도가 달라질 수 있는 경우에는 그 취소의 소급효배제의 유·불리가 달라질 것이다.

(2) 상대방 한정의 문제점

소급효배제는 처분의 상대방에 대해서만 인정된다는 점과 관련하여 상대방 외에도 영향을 받는 제3자가 있는 이른바 복효적(제3자효적) 행정처분 등에서는 이 규정이 전혀 대응하지 못한다는 문제점이 있다. 즉 처분의 상대방에게는 이익을 부여하는 처분이어서 그 취소의 소급효배제가 이익이 될 것이나 복효적 처분이 제3자(제3자란 처분을 한 행정청, 처분 상대방이 아닌 주체를 의미한다)에게는 불이익을 주는 것인데 처분의 상대방에 대한 처분효력의 유지가 제3자에게는 불이익으로 그대로 남게 된다면 그것에 대한 구제책이 마련되지 않는 한 형평에 맞지 않다. 예를 들어 환경에 영향을 미치는 공장설립 인가가 인가를 받은 상대방에게 생긴 건설인가의 효력이 그대로 인정되면 그 환경에 미치는 영향으로 불이익을 받는 제3자들은 보호되지 못하는 결과를 가져온다.

(3) 개선책

생각건대 취소결정에서의 소급효배제규정은 먼저 그 본지를 다시 새겨야 한다. 사실 국가기관이나 지방자치단체의 잘못된 권한행사로 인한 국민의 권익이 침해되지 않아야 한다는 점과 그렇더라도 국가권력이나 자치권으로 행해지는 처분은 공익을 위한 것이므로 그 공익에 대한 보장도 이루어져야 한다는 점이 함께 고려되어야 한다. 결국 취소의 효력을 배제하느냐 어느 정도로 배제하느냐 하는 것을 처분의 상대방에 한정하여 판단하도록 할 것이 아니라 제3자의 이익, 공익도 고려한 비교형량에 의한 조절이 필요할 것이다. 앞으로 법개정이 필요하다.

제5장 헌법소원심판

제1절 서설

Ⅰ. 헌법소원심판의 개념과 성격

1. 개념

헌법소원심판이란 어느 공권력작용으로 인해 기본권을 침해받은 사람이 그 구제를 위해 청구하면 그 공권력작용 등이 위헌성이 있는지를 헌법재판기관이 판단하여 위헌성이 인정될 경우에 그 공권력작용 등을 취소하거나 위헌임을 인정하여 무력화함으로써 구제를 받을 수 있게 하는 재판제도로서 헌법재판의 하나이다. 헌재법 제68조 제1항 본문이 "공권력의 행사 또는 불행사로 인하여 헌법상 보장된 기본권을 침해받은 자"는 헌법재판소에 헌법소원심판을 청구할 수 있다고 규정하고 있다.

2. 기능과 본질적 성격

헌법소원이 기본권구제제도로서 개인이 가지는 기본권에 대한 침해로부터 기본권을 보호하기 위한 제도라고 하여 주관적 재판으로서의 성격과 기능만을 가지는 것은 아니라는 것이 일반적인 견해이다. 우리 헌재도 헌법소원의 본질은 개인의 주관적 권리구제뿐 아니라 객관적인 헌법질서의 보장도 겸하고 있다고 본다.[1)]

개인의 주관적 권리구제 + 객관적 헌법질서 보장

1) 이러한 입장이 표명된 판례들은 많다. 헌재 1992.1.28. 91헌마111, 변호인의 조력을 받을 권리에 대한 헌법소원, 헌재판례집 4, 51면 이하; 1991.3.11. 91헌마21, 지방의회의원선거법 제36조 제1항에 대한 헌법소원(헌재판례집 3, 91면); 헌재 1992.10.1. 90헌마5, 면직처분 등에 대한 헌법소원(헌재판례집 4, 607면); 헌재 1993.9.27. 92헌바21, 1980년 해직공무원의 보상 등에 관한 특별조치법 제4조에 대한 헌법소원(헌재판례집 5-2, 267면) 등 참조.

3. 객관적 헌법질서유지기능의 의미·중요성 - 청구요건의 완화

헌법소원의 이러한 객관적 기능은 중요한 의미를 가지는데, 이는 어느 한 개인의 주관적 권리를 위한 것이 아니더라도, 또는 어느 특정 개인의 권리구제에는 의미가 없더라도, 필요한 경우에는 헌법소원의 객관적 기능을 고려하여 가능한 한 헌법소원심판이 이루어져야 하고, 따라서 헌법소원심판의 청구요건이 완화되어야 할 필요가 바로 헌법소원의 이 객관적 헌법질서 보장기능에서 나오기 때문이다. 실제 후술하는 대로 대표적으로 청구기간의 완화, 권리보호이익이 없는 경우에도 심판이익을 인정하는 등의 헌법소원심판 청구요건이 완화되고 있다.

판례 헌재 1992.1.28. 91헌마111
[관련판시] 헌법소원의 본질은 개인의 주관적 권리구제뿐 아니라 객관적인 헌법질서의 보장도 겸하고 있으므로 헌법소원에 있어서의 권리보호의 이익은 일반법원의 소송사건에서처럼 주관적 권리를 기준으로 엄격하게 해석하여서는 아니 된다.

Ⅱ. 헌법소원심판의 유형

1. 본래의미의 헌법소원(권리구제형 헌법소원)

이는 헌법소원의 원래의 기능, 즉 기본권침해에 대한 구제의 기능을 하는 본래 모습의 헌법소원을 말한다. 헌재법 제68조 제1항이 규정하는 대로 “공권력의 행사 또는 불행사로 인하여 헌법상 보장된 기본권을 침해받은” 경우에 그 구제를 위한 헌법소원이다. 이를 권리구제형 헌법소원이라고도 한다. 사건부호는 ‘헌마’이다.

2. 위헌소원(헌법재판소법 제68조 2항의 헌법소원)

이는 위헌법률심판을 제청해 줄 것을 법원에 신청하였으나 법원이 그 신청을 기각하였을 때 위헌법률심판을 받기 위하여 당사자가 헌법재판소에 청구하는 헌법소원심판을 말한다. 헌재법 제68조 제2항에 따른 헌법소원이다. 헌법재판소는 이를 위헌소원이라 부르고 그 사건부호는 ‘헌바’로 붙이고 있다. 헌법재판소는 출범 후 초기에는 이 헌법소원도 본래의미의 헌법소원과 같이 헌법재판소법의 제5절 헌법소원심판에서 규정되고 있다는 점에서 사건부호를 ‘헌마’라고 붙여오다가 1990년에 들어와 구분하여 ‘헌바’라는 사건부호를 붙이기 시작하였다. 헌법재판소는 이를 위헌제청형 헌법소원이라고 부르기도 하였고 이를 실질적으로 위헌법률심판으로 보고 있다. 따라서 앞서 제2장에서 본 위헌법률심판의 청구요건인 재판의 전제성 등을 갖추어야 하고 법률만을 그 대상으로 한다.

후술하겠지만 우리 헌법재판소법은 법원의 재판을 헌법소원의 대상에서 제외하고 있는바 이 위헌소원은 법원의 제청신청기각결정에 대한 당사자의 헌법소원이라는 점에서 그 법원재판을 헌법소원의 대상에서 제외한 데 대한 부분적인 것이긴 하나 이 제외에 대한 보완적 절차 내지 대상절차(代償節次)라고 할 것이다.

3. '법령소원'과 '위헌소원'

서로 구별되어야 할 것은 법률에 대한 법령소원과 위헌소원이다. 법령소원이란 법령에 대한 위헌여부를 판단하는 헌법소원이다. 이는 법률, 명령, 조례 등이 직접 기본권을 침해하는 경우 그 법령들을 직접 대상으로 하는 헌법소원이다(후술 참조). 보통 법령은 일반성과 추상성을 가져야 하고 그 자체에 의해 구체적 효과가 나오는 것이 아니라 집행행위가 있을 때 비로소 구체적 효과가 나오는 것이므로 그 자체로 기본권이 침해되지는 않는다. 그런데 어떤 법령들은 이러한 구체적 효과가 법령 자체로 곧바로 나오는바 이러한 법령이 바로 기본권침해의 효과를 가질 경우에는 그 침해에 대한 구제수단으로서 이러한 헌법소원이 필요한 것이다. 이 헌법소원도 법령이 직접 기본권을 침해하는 경우에 그 구제를 위하여 인정되는 것이므로 본래의 권리구제형 헌법소원이고 따라서 사건부호도 '헌마'이다. 이를 '법령소원'이라고도 부른다.

법령소원 중에서 법률을 대상으로 하는 법령소원은 위헌소원과 구별된다. 양자 모두 법률을 대상으로 하는 것이나 위헌소원의 심판은 위헌법률심판제청신청이 기각되었을 때 청구하는 것으로 실질적으로 위헌법률심판인 반면에 법률에 대한 법령소원은 법률을 직접 대상으로 하는 헌법소원이다. 따라서 양자는 각 청구요건 등에 있어서 차이가 있다.

재정리 : 우리나라에서의 법률에 대한 헌법재판소의 통제방식 – 앞의 제3장에서 위헌법률심판에 대해서 살펴보았고 헌법소원을 다루는 이 장에서 법률에 대한 위헌소원, 법령소원 등을 언급하였으므로 이즈음에서 우리 헌법재판소가 '법률'에 대하여 행하여질 수 있는 통제방식, 즉 심판들을 아래와 같이 다시 정리할 수 있겠다.
① 위헌법률심판, ② 위헌소원, ③ 법률에 대한 법령소원, ④ 헌법소원에서의 부수적 규범통제(부수적 위헌결정), ⑤ 권한쟁의심판 ⑥ 그 외 심판

제2절 헌법소원심판의 대상(대상성 요건)

헌재법 제68조(청구 사유) ① 공권력의 행사 또는 불행사(不行使)로 인하여 헌법상 보장된 기본권을 침해받은 자는 법원의 재판을 제외하고는 헌법재판소에 헌법소원심판을 청구할 수 있다. 다만, 다른 법률에 구제절차가 있는 경우에는 그 절차를 모두 거친 후에 청구할 수 있다.
② 제41조 제1항에 따른 법률의 위헌 여부 심판의 제청신청이 기각된 때에는 그 신청을 한 당사자는

헌법재판소에 헌법소원심판을 청구할 수 있다. 이 경우 그 당사자는 당해 사건의 소송절차에서 동일한 사유를 이유로 다시 위헌 여부 심판의 제청을 신청할 수 없다.

개관 : 헌법소원심판의 대상을 헌법재판소법 제68조 제1항은 '공권력의 행사·불행사'로 규정하고 있다. 공권력의 행사·불행사에는 행정권뿐 아니라 입법권의 행사·불행사가 포함된다. 법원의 재판은 헌재법 제68조 제1항이 명시적으로 헌법소원의 대상에서 제외하고 있다. 헌법재판소는 종래 행정소송의 대상이 되는지에 대하여 확실하지 않은 행정작용들, 예를 들어 행정계획안, 권력적 사실행위 등에 대해서 헌법소원의 대상으로 인정하여 적극성을 보여주었고, 입법에 관해서는 법률, 법규명령 등을 직접대상으로 하는 헌법소원을 인정하고 있다. 그리고 검찰의 기소유예처분 등도 헌법소원의 대상으로 되고 있는바 이에 대한 헌법소원사건들이 많다. 그러나 그동안 헌법소원 대상성이 부인된 작용들도 적지 않다. 아래에서 중요한 대상들, 그리고 대상성이 부인되는 작용, 경우들을 살펴본다.

제1항 헌법소원심판 대상성의 의미와 기준

Ⅰ. 대상성의 의미 - 헌법소원심판의 청구요건으로서의 대상성

헌법소원심판이 청구된 어떠한 작용이 헌법소원심판의 대상으로서 인정되어야 한다는 것도 헌법소원심판에서의 여러 청구요건들 중의 하나이다. 따라서 대상이 되지 않는 경우에는 본안판단에 들어가지 않고 각하결정을 하게 된다.

Ⅱ. 대상성(공권력행사·불행사 여부)판단의 기준

1. 공권력, 공권력의 행사·불행사의 개념

헌법소원심판의 대상을 헌법재판소법 제68조 제1항은 '공권력의 행사·불행사'로 규정하고 있는데 공권력의 개념이 문제이다. 공권력이라 함은 따르지 않을 수 없는 강제적인 힘을 말한다. 적극적인 공권력행사뿐 아니라 공권력의 불행사(부작위)도 대상이 된다. 그렇다면 헌법소원심판의 대상은 이러한 강제적 요소가 포함된 국가나 지방자치단체의 작용이거나(공권력행사) 이러한 작용이 행해지지 않은 경우(공권력불행사)이다.

2. 공권력행사·불행사 판단기준

공권력행사·불행사 여부의 기준

여기에서 '공권력'이란 입법권·행정권·사법권을 행사하는 모든 국가기관·공공단체 등의 고권적 작용을 말하고, 그 행사 또는 불행사로 국민의 권리와 의무에 대하여 직접적인 법률효과를 발생시켜 청구인의 법률관계 내지 법적 지위를 불리하게 변화시키는 것이어야 함

(1) 판례법리 - 영향성이론

헌재는 헌법소원의 대상으로서의 '공권력의 행사·불행사'에 해당하는지 여부의 판단기준을 법적 구속력이 있는 작용이냐 아니냐, 국민의 권리·의무 내지 법적 지위에 직접 영향을 가져온 작용이냐 아니냐 하는 점에 두는 경향을 보이고 있다. 아래와 같은 판시가 많다.

판례 헌법재판소법 제68조 제1항은 '공권력의 행사 또는 불행사로 인하여 기본권을 침해받은 자'가 헌법소원을 제기할 수 있다고 규정하고 있는바, 여기에서 '공권력'이란 입법권·행정권·사법권을 행사하는 모든 국가기관·공공단체 등의 고권적 작용을 말하고, 그 행사 또는 불행사로 국민의 권리와 의무에 대하여 직접적인 법률효과를 발생시켜 청구인의 법률관계 내지 법적 지위를 불리하게 변화시키는 것이어야 한다. * 이런 판시를 담고 있는 결정례들 : 헌재 2008.1.17. 2007헌마700; 2012.2.23. 2008헌마500; 2012.8.23. 2010헌마439 등.

(2) 결정례

① **초기부터의 판례** - 이러한 헌재의 입장이 일찍이 나타난 대표적인 판례 몇 가지를 보면, 정부투자기관에 대한 예산편성공통지침의 통보행위는 "정부의 그 투자기관에 대한 내부적 감독작용에 해당할 뿐이고, 국민에 대하여 구체적으로 어떤 권리를 설정하거나 의무를 명하는 법률적 규제작용으로서의 공권력 작용에 해당한다고 할 수는 없다"라고 하였고,[1] 중앙행정기관의 지방행정기관에 대한 대책지시 등은 "행정기관 내부의 행위로서, 개개의 국민에 대하여는 직접 효력을 가지는 것이 아니어서" "대책지시만으로는 아직 국민의 권리의무를 변동시킬 수 없다"라는 이유로 헌법소원의 대상이 될 수 없다고 보았으며,[2] 교육공무원법에 의한 고충심사의 결정은 "청구인에 대한 법률관계의 변동이나 이익의 침해가 생기지 아니하므로" 헌법소원의 대상이 되는 공권력의 행사·불행사가 아니라고[3] 본 판례들이 있었다.

② **근간의 판례** - 협조 전제적 요청행위 - 활동지원급여 부정 수급 사건의 수사를 위하여 필요하다는 사유로 K경찰서장이 2015.6.26. K시의 시장에게 K시장애인복지관, K시장애인주간보호센터 등에 소속된 활동보조인과 그 수급자의 인적사항, 휴대전화번호 등을 확인할 수 있는 자료를 요청한 행위(이하 '이 사건 사실조회행위')에 대해 공권력성을 부정하였다.

판례 헌재 2018.8.30. 2016헌마483

[판시] 이 사건 사실조회행위는 K경찰서장이 K시장에게 활동보조인과 그 수급자의 인적사항, 휴대전화번호 등을 확인할 수 있는 자료를 요청한 것이다. 그런데 이 사건 사실조회행위의 근거조항인 이 사건 사실조회조항은 수사기관이 공사단체 등에 대하여 범죄수사에 관련된 사실을 조회할 수 있다고 규정하여 수사기관에 사실조회의 권한을 부여하고 있을 뿐이고, 이 사건 정보제공조항은 범죄의 수사를 위하여 필요한 경우 정보주체 또는 제3자의 이익을 부당하게 침해할 우려가 있을 때를 제외하고는 개인정보처리자가 개인정보를 목적 외의 용도로 제3자에게 제공할 수 있다고 규정하여 개인정보의 수사기관

1) 헌재 1993.11.25. 92헌마293.
2) 헌재 1994.4.28. 91헌마55, 집유질서 유지대책에 대한 헌법소원.
3) 헌재 1996.12.26. 96헌마51, 교육부교원징계재심위원회결정 위헌확인.

제공 여부를 개인정보처리자의 재량사항으로 규정하고 있으므로, K시장은 K경찰서장의 사실조회에 응하거나 협조하여야 할 의무를 부담하지 않는다. 또한 K경찰서장과 K시장 사이에는 어떠한 상하관계도 없고, K시장이 K경찰서장의 개인정보 제공 요청을 거절한다고 하여 어떠한 형태의 사실상의 불이익을 받는 것도 아니다. 따라서 이 사건 사실조회행위만으로는 청구인들의 법률관계 내지 법적 지위를 불리하게 변화시킨다고 볼 수 없고 K시장의 자발적인 협조가 있어야만 비로소 청구인들의 개인정보자기결정권이 제한되는 것이므로(헌재 2012.8.23. 2010헌마439 참조), 이 사건 사실조회행위는 헌법재판소법 제68조 제1항에 의한 헌법소원의 대상이 되는 공권력의 행사에 해당하지 않는다.

(3) 문제점 - 행정소송 대상과의 관계

1) 문제의 소재

헌재가 아닌 법원은 공권력작용에 대해 아무런 소송이나 재판을 담당할 수 없는 것이 아니다. 법원도 행정소송을 담당한다. 행정소송의 하나로 가장 빈번히 활용되는 것이 항고소송이다. 현행 행정소송법은 항고소송의 대상을 처분등이나 부작위로 규정하고(동법 제3조 1호) '처분등'이라 함은 "행정청이 행하는 구체적 사실에 관한 법집행으로서의 공권력의 행사 또는 그 거부와 그 밖에 이에 준하는 행정작용(이하 "처분"이라 한다) 및 행정심판에 대한 재결을 말한다"라고 정의하고 있다(동법 제2조 1항 1호). 여기서 공권력의 행사 또는 거부가 나오고 대법원은 처분의 개념을 "국민의 권리의무에 직접 관계가 있는 또는 직접 영향을 미치는" 행정청의 행위라고 본다.

대법원판례 대법원 2008.4.24. 2008두3500

[판시] 항고소송의 대상이 되는 행정처분이라 함은 행정청의 공법상의 행위로서 특정사항에 대하여 법규에 의한 권리의 설정 또는 의무의 부담을 명하거나 기타 법률상 효과를 발생하게 하는 등 국민의 구체적인 권리의무에 직접적 변동을 초래하는 행위를 말하는 것이고, 행정권 내부에서의 행위나 알선, 권유, 사실상의 통지 등과 같이 상대방 또는 기타 관계자들의 법률상 지위에 직접적인 법률적 변동을 일으키지 아니하는 행위 등은 항고소송의 대상이 될 수 없다. 동지 : 대법원 1995.11.21. 95누9099; 1998.7.10. 96누6202; 1999.10.22. 98두18435; 2019.2.14. 2016두41729 등.

위와 같은 판례입장을 두고 보면 항고소송대상성이 위 헌법소원대상성으로서 공권력행사·불행사성의 판단기준인 "국민의 권리·의무 내지 법적 지위에 직접 영향을 가져온 작용"과 유사하다. 이 점을 우리는 헌재 출범초기부터 지적해 왔다.[1] 실제 헌법재판실무에서 그런 경우가 나타났다. 아래의 결정이 그러한 점을 보여주는 예이다.

판례 헌재 2012.2.23. 2008헌마500, 방송통신위원회의 설치 및 운영에 관한 법률 제21조 제4호 위헌확인 등

[사건개요] (1) 청구인들은 '주식회사 ○○'이라 한다)이 운영하고 있는 인터넷 포털 사이트(www.○○.net) 내 게시판 등에 조선일보, 중앙일보, 동아일보에 광고를 게재한 회사들의 이름과 전화번호 목록을 작성하고, 위 회사들에게 전화를 걸어 위 각 신문사에 대한 광고 게재를 중단할 것을 요구하자는 취지

---

1) 정재황, 헌법재판소의 권한과 일반소송, 한·독 국제학술대회, 한국공법학회 발표, 공법연구, 제24집 제1호, 1996, 162면 참조.

의 게시글을 작성하여 등록을 하였다. (2) 주식회사 ○○ 은 자신 게시글 중 청구인 □□□의 일부 게시글 등에 대하여 2008.6.2.과 같은 달 20.에 방송통신심의원회(피청구인)에 심의를 신청하였다. 피청구인은 심의신청한 위 청구인 □□□의 일부 게시글이 정보통신윤리위원회 정보통신윤리심의규정 제7조 제4호, 제8조 제4호 마목에 위배된다고 판단하고, 주식회사 ○○에 대해 '해당 정보의 삭제'라는 시정요구(이하 '이 사건 시정요구'라고 한다)를 하기로 결정하였고 이를 통지하였다. (3) 주식회사 ○○은 2008.7.2.부터 이를 삭제하였다. (4) 청구인들은, 이 사건 시정요구는 청구인들의 표현의 자유 등을 침해한다고 주장하면서, 2008.7.16. 이 사건 시정요구의 취소 및 '정보통신망 이용촉진 및 정보보호 등에 관한 법률' 제44조의7 제1항 제9호, '방송통신위원회의 설치 및 운영에 관한 법률' 제21조 제4호, 같은 법 시행령 제8조, 정보통신윤리위원회 정보통신윤리심의규정 제7조, 제8조 제4호의 각 위헌확인을 구하는 헌법소원심판을 청구하였다. [이 사건 시정요구의 적법성 관련판시] 적법요건에 대한 판단 – 가. 나. 생략 다. 이 사건 시정요구 부분 (1) 기본권 침해 가능성 있는 공권력의 행사인지 여부 (가) 쟁점 – 헌법재판소법 제68조 제1항은 '공권력의 행사 또는 불행사로 인하여 기본권을 침해받은 자'가 헌법소원을 제기할 수 있다고 규정하고 있는바, 여기에서 '공권력'이란 입법권·행정권·사법권을 행사하는 모든 국가기관·공공단체 등의 고권적 작용을 말하고, 그 행사 또는 불행사로 국민의 권리와 의무에 대하여 직접적인 법률효과를 발생시켜 청구인의 법률관계 내지 법적 지위를 불리하게 변화시키는 것이어야 한다(헌재 2008. 1.17. 2007헌마700, 판례집 20－1상, 139, 154－155 등). 피청구인은, 이 사건 시정요구는 게시글이 건전한 통신윤리에 저해되는 정보임을 확인하고 서비스제공자 등에게 해당 정보를 삭제하도록 권고하는 것으로서 단순한 권고적·비권력적 행위에 불과하여 헌법소원의 대상이 되는 공권력 행사에 해당하지 않는다고 주장하므로 이를 살핀다. (나) 피청구인이 행정기관인지 여부 – 피청구인은 방송 내용의 공공성 및 공정성을 보장하고 정보통신에서의 건전한 문화를 창달하며 정보통신의 올바른 이용환경 조성을 위하여 방송통신위원회법에 의하여 설립된 기관으로 이 사건 방송통신위원회법조항에서 정한 정보의 심의 및 시정요구 외에 방송법 제100조에 따른 제재조치 등에 대한 심의·의결 등을 할 수 있고, 심의규정의 제정 및 공표를 하며, 심의규정에 위반되는 경우에는 그 제재조치를 결정할 수 있다(제21조, 제24조, 제25조). 이와 같이 피청구인의 설립, 운영, 직무에 관한 내용을 종합하면, 피청구인이 공권력 행사의 주체인 국가행정기관임을 인정할 수 있다. (다) 시정요구의 종류 및 효과 – 시정요구의 종류는 해당 정보의 삭제 또는 접속차단, 이용자에 대한 이용정지 또는 이용해지, 청소년유해정보의 표시의무 이행 또는 표시방법 변경 등과 그 밖에 필요하다고 인정하는 사항이다(방송통신위원회법 시행령 제8조 제2항). … (라) 청구인들의 표현의 자유와의 관련성 – 우리 헌법은 모든 국민에게 표현의 자유를 보장하고 있는바(헌법 제21조), 그 중요성을 고려할 때 형사처벌 등 법적 제재가 수반되지 않더라도 만일 해당 공권력의 행사가 표현의 자유를 위축시켜 상대방으로 하여금 스스로 표현행위를 자제하게 만든다면, 그 공권력 작용은 그 정도에 따라 표현의 자유를 제한하는 것이라고 볼 수도 있다. 이 사건 시정요구는 행정지도 내지 권고의 외관을 띠고 있지만, 그 상대방은 표현의 자유를 침해당하는 해당 정보의 게시자가 아니라 사실상 제3자인 서비스제공자 등이고, 서비스제공자 등은 게시글의 유지보다는 사업상의 감독기관인 방송통신위원회 및 피청구인과의 원활한 협조관계에 월등한 이해관계를 갖고 있으므로, 정보의 삭제 등 시정이 정보게시자의 의사나 동의에 의해서가 아니라 행정기관의 개입과 이에 따르는 서비스제공자 등의 이행에 의하여 이루어지게 된다. 또한 시정요구는 해당 정보의 삭제 또는 접속차단을 넘어 이용자에 대한 이용정지 또는 이용해지에까지 이를 수 있으므로, 정보통신망 이용자의 표현의 자유를 위축시켜 스스로 표현행위를 자제하게 만드는 위축효과가 결코 작다고 할 수 없다. (마) 판단 – 이상에서 본 바와 같이, 행정기관인 피청구인의 시정요구는 서비스제공자 등에게 조치결과 통지의무를 부과하고 있고, 서비스제공자 등이 이에 따르지 않는 경우 방송통신위원회의 해당 정보의 취급거부·정지 또는 제한명령이라는 법적 조치가 내려질 수 있으며, 행정기관인 피청구인이 표현의 자유를 제한하게 되는 결과의 발생을 의도하거나 또는 적어도 예상하였다 할 것이므로, 이는 단순한 행정지도로서의 한계를 넘어 규제적·구속적 성격을 상당히 강하게 갖는 것으로서 헌법소원 또는 항고소송의 대상이 되는 공권력의 행사라고 봄이 상당하다. (2) 보충성원칙의 충족 여부 – 헌법재판소법 제68조 제1항에 의하면, 공권력의 행사 또는 불행사로 인하여 헌법상 보장된 기본권을 침해받은 자는 다른 법률에 구제절차가 있는 경우에는 그 절차를 모두 거친 후가 아니면 헌법소원 심판을 청구할 수 없다. 앞서 본 바와 같이 이 사건 시정요구를 공권력의 행사라고 보는 이상 이는 항고소송의 대상에 해당하는 행정처분이라 할 것이고, 청구인들은 이 사건 시정요구에 의하여 표현의 자유를 침해받을 우려가 있으며, 이 사건 시행령도 이용자인 청구인들의 이의신청권을 규정하고 있는 점(제8조 제5항) 등에 비추어 보면, 청구인들의 원고적격도 인정할 수 있으므로, 청구인들은 이 사건 시정요구에 대하여 행정소송을 제기할 수 있다. 따라서 이러한 권리구제절차를 거치지 아니하고 제기된 이 부분 심판청구는 보충성을 결여하여 부적법하다.

* 헌법소원, 항고소송 모두 대상이 된다고 보는 것으로 이해하게 하는 설시가 나오는 또 다른 예.

판례 헌재 2012.2.23. 2011헌가13, 판례집 24-1- 상, 35면

[설시] 이상에서 본 바와 같이, 행정기관인 심의위원회의 시정요구는 정보통신서비스제공자 등에게 조치결과 통지의무를 부과하고 있고, 정보통신서비스제공자 등이 이에 따르지 않는 경우 방송통신위원회의 해당 정보의 취급거부·정지 또는 제한명령이라는 법적 조치가 예정되어 있으며, 행정기관인 심의위원회가 표현의 자유를 제한하게 되는 결과의 발생을 의도하거나 또는 적어도 예상하였다 할 것이므로, 이는 단순한 행정지도로서의 한계를 넘어 규제적·구속적 성격을 갖는 것으로서 헌법소원 또는 항고소송의 대상이 되는 공권력의 행사라고 봄이 상당하다.

2) 사견

헌법소원의 기능이 단순히 개인의 권리구제만의 수단이 아니라는 점을 고려할 때 헌법소원의 대상성을 보다 넓혀야 한다. 행정소송도 객관적 소송의 기능, 즉 객관적으로 위법성을 가려내어 앞으로 예방한다는 기능이 없는 것이 아니어서 헌법소원대상성과 항고소송대상성이 겹치는 부분이 나올 수 있다. 문제는 국민에게 중요한 기본권 등에 대한 헌법적 쟁점에 대해 헌법소원을 통해 최종적인 해석이 이루어져 많은 국민들의 기본권신장을 가져오게 해야 할 필요가 있는 사안일 경우 보충성원칙에 따라 법원의 행정소송으로 마무리될 수 있다는 점이다. 보충성원칙의 적용이 있다고 하더라도 이후 원래의 그 행정처분(원행정처분이라고 부른다. 후술 참조)이나 법원재판에 대한 헌법소원제기가 가능하면 문제가 없겠으나(물론 당사자는 부담일 수 있다) 현재 헌재 스스로 원행정처분은 헌법소원대상이 아니라고 하고 헌재법이 법원재판을 명시적으로 헌법소원대상에서 제외하고 있어서 문제인 것이다.

결국 헌재가 공권력행사성의 의미를 가능한 한 넓혀 인정하고 현재 대법원이 처분에 포함시키지 않은 공권력작용을 가능한 한 헌법소원대상으로서의 공권력작용으로 적극 포함시켜 헌법소원을 비켜가는 사각지대, 공백을 가능한 한 줄여 기본권의 최대보장을 가져와야 한다. 그것이 기본권침해 구체 수단인 헌법소원이 필요한 이유이다.

3. 또 다른 청구요건인 기본권침해가능성 등과의 구별 문제

(1) 문제점

영향성이론은 대상성 문제와 또 다른 청구요건인 기본권침해의 관련성, 기본권침해가능성 요건 문제를 혼동하게 한다. i) 기본권침해의 관련성이란 헌법소원심판을 청구한 청구인 자기의 기본권이 직접적으로 현재 침해되어야 한다는 것인데(후술 청구요건, 자기관련성 요건, 직접성 요건 부분 등 참조) 영향성이론에서 권리의무에 직접적인 법률효과를 발생시킬 것을 요구하므로 여기의 직접성 등과 혼동이 온다. 아래의 판시가 이 점을 보여준다. 사안은 국회 보건복지위원회 위원으로서의 직무와 직접적인 이해관계가 있는 국회의원들임에도 불구하고, 이들을 보건복지위원회 위원으로 선임하는 국회의장의 처분을 대상으로 일반 시민이 공정한 의료보장 및 의료서비스를 받을 권리를 그 내용으로 포함하고 있는 인간다운 생활을 할 권리를 침해당하였다며 헌법소원심판을 청구한 것이었다(교육위원회 위원선임행위에 대한 비슷한 취지로 한 청구가 병합되었다). 헌재는 각하결정을 하였다.

판례 헌재 1999.6.24. 98헌마472등

[결정요지] 헌법소원심판의 대상이 되는 공권력의 행사 또는 불행사는 반드시 국민의 권리의무에 대하여 직접적인 법률효과를 발생시키는 행위가 있어야 한다. 이 사건 헌법소원의 경우, 피청구인(국회의장)은 1998.8.23. 국회의원 김병태와 그 밖의 9인의 국회의원을 국회 보건복지위원회 위원으로, 같은 날 국회의원 김허남을, 같은 해 9.11. 국회의원 정희경을 국회 교육위원회 위원으로 각 선임하였던바, 이러한 선임행위는 국회법 제48조에 근거한 행위로서 국회 내부의 조직을 구성하는 행위에 불과할 뿐 국민의 권리의무에 대하여 직접적인 법률효과를 발생시키는 행위라고 할 수 없다. 즉, 피청구인이 지적하고 있듯이 국회의원을 위원으로 선임하는 행위는 국민의 대표자로 구성된 국회가 그 자율권에 근거하여 내부적으로 회의체 기관을 구성 · 조직하는 '기관내부의 행위'에 불과한 것이다. 따라서 피청구인의 이 사건 선임행위는 그 자체가 국회 내부의 조직구성행위로서 국민에 대하여 어떠한 직접적인 법률효과를 발생시키지 않기 때문에 이로 인하여 청구인들의 기본권이 현재 직접 침해되고 있다고 할 수 없다. 4. 결론 – 그렇다면 청구인들의 이 사건 심판청구는 결국 청구인들의 기본권을 직접 침해한 공권력의 행사를 대상으로 한 것이 아니어서 기본권 관련성이 결여되어 부적법하다 할 것이므로 이를 각하하기로 한다.

* 검토 – 헌재는 "헌법소원심판의 대상이 되는 공권력의 행사 또는 불행사는 반드시 국민의 권리의무에 대하여 직접적인 법률효과를 발생시키는 행위가 있어야 한다. … 이러한 선임행위는 국회법 제48조에 근거한 행위로서 국회 내부의 조직을 구성하는 행위에 불과할 뿐 국민의 권리의무에 대하여 직접적인 법률효과를 발생시키는 행위라고 할 수 없다"라고 하여 대상성 문제로 판시하다가 "청구인들의 이 사건 심판청구는 결국 청구인들의 기본권을 직접 침해한 공권력의 행사를 대상으로 한 것이 아니어서 기본권 관련성이 결여되어 부적법하다 할 것이므로 이를 각하하기로 한다"라고 하여 자기관련성, 직접성 등이 결여되었다고 하여 혼동을 보여주고 있다.

ii) 또 다른 문제는 공권력행사가 국민의 권리 · 의무 내지 법적 지위에 직접 영향을 가져온 작용이어야 한다고 하는데 뒤의 기본권침해가능성 요건(후술 청구요건, 기본권침해가능성 또는 침해되는 기본권의 존재 요건 부분 참조)과 혼동되는 문제가 발생한다. 아래의 결정이 그 예이다. 사안은 활동지원급여 부정 수급 사건의 수사를 위하여 필요하다는 사유로 K경찰서장이 2015.6.26. K시의 시장에게 K시장애인복지관, K시장애인주간보호센터 등에 소속된 활동보조인과 그 수급자의 인적사항, 휴대전화번호 등을 확인할 수 있는 자료를 요청한 행위(이하 '이 사건 사실조회행위')와 그 근거인 형사소송법(1954.9.23. 법률 제341호로 제정된 것) 제199조 제2항("수사에 관하여는 공무소 기타 공사단체에 조회하여 필요한 사항의 보고를 요구할 수 있다."), '경찰관 직무집행법'(2014.5.20. 법률 제12600호로 개정된 것) 제8조 제1항("경찰관서의 장은 직무 수행에 필요하다고 인정되는 상당한 이유가 있을 때에는 국가기관이나 공사(公私) 단체 등에 직무 수행에 관련된 사실을 조회할 수 있다. 다만, 긴급한 경우에는 소속 경찰관으로 하여금 현장에 나가 해당 기관 또는 단체의 장의 협조를 받아 그 사실을 확인하게 할 수 있다.") (이하 위 두 조항을 합하여 '이 사건 사실조회조항')에 대한 헌법소원심판 청구사건이었다. 사실조회행위에 대해서는 공권력성을 부정(ⓐ)하였고 사실조회조항에 대해서는 기본권침해의 가능성이 부정(ⓑ)되었다. 그런데 ⓐ의 부정 이유로 "청구인들의 법률관계 내지 법적 지위를 불리하게 변화시킨다고 볼 수 없고"라고 하고, ⓑ의 부정 이유로 "청구인들의 법적 지위에 어떠한 영향을 미친다고 보기 어렵다"라고 하여 위와 같은 혼동을 보여주는 결정례이다. 공권력성이 부정된다는 대상요건의 부정인 ⓐ의 논거인 법적 지위 무변화나 기본권침해가능성이 부정된다는 ⓑ의 논거인 법적 지위에 무영향이 차이가 없는 것이다.

판례 헌재 2018.8.30. 2016헌마483

[판시] 가. 이 사건 사실조회행위 – 이 사건 사실조회행위만으로는 청구인들의 법률관계 내지 법적 지위를 불리하게 변화시킨다고 볼 수 없고 K시장의 자발적인 협조가 있어야만 비로소 청구인들의 개인정보자기결정권이 제한되는 것이므로(헌재 2012.8.23. 2010헌마439 참조), 이 사건 사실조회행위는 헌법재판소법 제68조 제1항에 의한 헌법소원의 대상이 되는 공권력의 행사에 해당하지 않는다(이 '사실조회행위'에 대한 자세한 판시는 위에서 인용한 바 참조) 나. 이 사건 사실조회조항 – 이 사건 사실조회조항은 수사기관이 공사단체 등에 대하여 범죄수사에 관련된 사실을 조회할 수 있다고 규정하여 수사기관에 사실조회의 권한을 부여하는 것에 불과하고, 공사단체 등이 수사기관의 사실조회에 응하거나 협조하여야 할 의무를 부담하는 것도 아니므로, 이 사건 사실조회조항만으로는 청구인들의 법적 지위에 어떠한 영향을 미친다고 보기 어렵다. 따라서 이 사건 사실조회조항은 기본권침해의 가능성이 인정되지 않는다.

(2) 검토

생각건대 다음과 같이 구분하여야 한다. 대상성 판단기준에 적용하는 영향성은 어떠한 종류의 국가작용이 어떤 특정의 국민이 아니라 '일반적으로' 국민의 권리의무에 영향을 미칠 그러한 가능성을 가지는 성격의 작용인가 하는가를 판단하는 기준이다. 이에 비해 청구인적격문제로서의 기본권관련성 문제는 헌법소원심판을 청구한 어느 특정한 사람 그 자신에게 어느 특정 사건에서 어떠한 기본권이 자신의 기본권으로서 그 침해가 실제 구체적으로 일어났느냐 하는 문제이다. 아래의 판례는 그 판시문언 중 '애당초'라는 용어를 쓰고 있어서 그러한 의미를 나타내고 있다고 본다.

판례 헌재 1999.6.24. 97헌마315, 지목변경신청서반려처분취소, 판례집 11-1, 817면

[관련설시] 헌법재판소법 제68조 제1항 본문은 "공권력의 행사 또는 불행사로 인하여 헌법상 보장된 기본권을 침해받은 자는 … 헌법재판소에 헌법소원심판을 청구할 수 있다"고 규정하고 있는바, 이는 공권력의 행사 또는 불행사로 인하여 헌법상 보장된 자신의 기본권을 현재 직접적으로 침해당한 자만이 헌법소원심판을 청구할 수 있다는 뜻이므로, 공권력의 행사로 인하여 헌법소원을 청구하고자 하는 자의 법적 지위에 아무런 영향이 미치지 않는다면 '애당초' 기본권침해의 가능성이나 위험성이 없으므로 그 공권력의 행사를 대상으로 헌법소원을 청구하는 것은 허용되지 아니한다 할 것이다. * 동지 : 헌재 1999.5.27. 97헌마368, 청원경찰법시행령 제19조 위헌확인, 판례집 11－1, 667면. * 위 지목변경신청서 반려처분은 위 헌법소원심판결정 이후 대법원이 행정소송대상으로 인정하자 헌재는 보충성원칙이 요구된다고 자신의 판례를 변경하여(헌재 2004.6.24. 2003헌마723) 이제는 바로 헌법소원심판대상이 되기 어렵다.

우리는 일찍이 "헌법소원의 기본권 침해요건의 판단에 있어서는 청구인 개인의 권리문제에 그 초점이 맞추어지므로, 대상성 판단에서는 가능한 한 일반적으로 국민의 권리가 침해될 가능성을 판단하는 넓은 입장이 바람직하다고 본다"라는 견해를 제시한 바 있다.[1] 결국 대상성과 기본권침해가능성과도 마찬가지로 일반성과 구체적 실제성이라는 차이로 구분된다고 볼 것이다.

Ⅲ. 공권력주체에 의한 작용

헌법소원의 대상은 공권력의 행사·불행사이므로 헌법소원심판이 청구된 대상인 작용, 부작위 등은 공권력을 행사할 수 있는 지위에 있는 기관에 의한 것이어야 한다. 헌법재판소는 이를 공권력의 주체라는 용어로 표현하기에 우리도 표제에서 그 용어를 사용하였으나, 통상 "법인격을 가지는 법주체"라고 하는바 국가나 지방자치단체 등 공공단체(공법인)가 법주체인 것이고 그 소속기관들인 국가기관이나 행정기관, 지방자치단체기관 등은 법인격을 가지지 않아 '주체'라는 용어로 포괄하기에는 적절하지 않다. 그럼에도 기본권의 침해를 가져오는 공권력의 행사는 법주체 자체의 이름으로 행해질 경우도 있겠지만 그 소속기관들에 의해 이루어지는 경우가 많다. 이 점을 고려하건대 공권력의 '주체' 내지 공권력의 '행사기관'이라고 함이 낫지 않을까 한다.

1. 공법인, 영조물 등에 대한 긍정

공권력을 보유하는 기관이란 반드시 일반 행정조직 속의 국가기관만을 의미하는 것은 아

1) 정재황, 헌법재판소의 권한과 일반소송, 한·독 국제학술대회, 한국공법학회 발표, 공법연구, 제24집 제1호, 1996, 162－163면 참조.

니라고 볼 것이다. 헌재도 “헌법소원의 대상이 되는 행위는 국가기관의 공권력작용에 속하여야 한다”라고 하면서 “여기서의 국가기관은 입법·행정·사법 등의 모든 기관을 포함하며, 간접적인 국가행정, 예를 들어 공법상의 사단, 재단 등의 공법인, 국립대학교와 같은 영조물 등의 작용도 헌법소원의 대상이 된다”라고 밝히고 있다(헌재 1998.8.27. 97헌마372등, 방송토론회진행사항결정행위 등 취소, 판례집 10-2, 470면).

① **국립대학교** – 국립 서울대학교가 공법상 영조물로서 공권력주체임을 인정하고 입학시험의 제2외국어과목 중 일본어를 제외한 '94학년도 대학입학고사 주요요강을 제정하여 발표한 것이 헌법소원의 대상이 되는 공권력의 행사라고 보았다.

판례 헌재 1992.10.1. 92헌마68등, 신입생선발입시안에 대한 헌법소원

[판시] 국립대학인 서울대학교는 특정한 국가목적(대학교육)에 제공된 인적·물적 종합시설로서 공법상의 영조물이다. 그리고 서울대학교와 학생과의 관계는 공법상의 영조물이용관계로서 공법관계이며, 서울대학교가 대학입학고사시행방안을 정하는 것은 공법상의 영조물이용관계설정을 위한 방법, 요령과 조건 등을 정하는 것이어서 서울대학교 입학고사에 응시하고자 하는 사람들에 대하여 그 시행방안에 따르지 않을 수 없는 요건·의무 등을 제한설정하는 것이기 때문에 그것을 제정·발표하는 것은 공권력의 행사에 해당된다. * 심판대상성이 인정되긴 하였으나 본안판단에서는 청구인의 주장을 받아들이지 않는 기각결정을 하였다.

② **대통령선거방송토론위원회와 공영방송사** – 구 '공직선거 및 선거부정방지법'에 의해 공영방송사에 설립된 대통령선거방송토론위원회와 공영방송사가 공권력주체이고 따라서 후보자대담·토론회에 참석할 후보자의 선정기준에 관하여 위 토론위원회가 정한 결정 및 그 공표행위가 공권력의 행사라고 보았다.

판례 헌재 1998.8.27. 97헌마372등

[관련판시] 토론위원회의 이 사건 결정 및 공표행위가 공권력의 행사에 해당하여 헌법소원의 대상이 될 수 있느냐 하는 점은 공직선거법에 의하여 방송토론회의 개최·보도의무를 부담하고 있는 공영방송사를 공권력의 주체로 볼 수 있느냐 하는 문제와 불가분의 관계에 있다. 공영방송사는 공직선거법에 의하여 이러한 방송토론회를 공동으로 3 회 이상 개최하여 보도할 법적 의무를 부담하고 있으며(제82조의 2 제1항), 중앙선거관리위원회에 방송토론회의 개최신고를 하도록 되어 있다(제82조의 2 제6 항). 즉 중앙선거관리위원회는 방송토론회와 관련하여 공영방송사의 감독기관적 지위에 있다고 할 수 있다. 그렇다면 공영방송사는 가장 중요한 선거운동방법인 방송토론회의 개최기관으로서 선거관리업무의 일환으로 볼 수 있는 작용을 하고 있다고 보아야 할 것이므로 공권력의 주체라고 하지 않을 수 없다. 한편 공직선거법은, 방송토론회의 형식, 주제, 시간의 설정 등 그 진행에 관하여 필요한 구체적 사항을 정하여 이를 주관하는 토론위원회를 공영방송사로 하여금 설치하도록 규정하면서, 아울러 그 위원의 수와 자격, 위원의 정당가입금지의무 등에 관하여도 규정하고 있다. 이러한 관계규정에 비추어 보면 방송토론회의 주관자인 토론위원회는 공영방송사와 일체가 되어 공직선거법에 따른 업무를 수행하는 공권력의 주체라고 하지 않을 수 없다. 그렇다면 피청구인인 토론위원회의 이 사건 결정 및 공표행위는 헌법소원의 대상이 되는 공권력의 행사라고 할 것이다. * 심판대상성이 인정되긴 하였으나 본안판단에서는 청구인의 주장을 받아들이지 않는 기각결정을 하였다.

③ **법학적성시험의 시행기관인 법학전문대학원협의회** — 이 협의회가 행한 '2010학년도 법학적성시험(LEET) 시행계획 공고'(이하 '적성시험 시행공고'라 한다)가 헌법소원심판의 대상이 되는 공권력 행사에 해당하는지 여부를 판단함에 있어서 법학전문대학원협의회가 공권력 행사의 주체임을 인정하고 그 공고가 헌법소원대상이 됨을 인정하였다.

판례 헌재 2010.4.29. 2009헌마399, 2010학년도 법학적성시험 시행일자 공고 등 위헌확인

[사건개요와 본안쟁점] 피청구인 법학전문대학원협의회는 2009.4.23. '2010학년도 법학적성시험 시행계획'을 공고하면서 일요일인 2009.8.23.을 시험의 시행일로 지정하였는데, 청구인이 믿는 종교가 일요일에는 교회에 출석하여 예배행사에 참석하는 것을 신앙적 의무로 하고 있어 이 법학적성시험에 응시하지 아니하였다. 따라서 이 공고가 종교의 자유 및 평등권을 침해하는지 여부가 쟁점이다. [판시] (1) 공권력 행사성 (가) 법학전문대학원협의회가 공권력 행사의 주체인지 여부 — 헌법재판소법 제68조 제1항에 의한 헌법소원의 대상이 되는 행위는 국가기관의 공권력 작용에 속하여야 한다. 여기서 국가기관은 입법·행정·사법 등의 모든 기관을 포함하며, 간접적인 국가행정, 예를 들어 공법상의 사단, 재단 등의 공법인, 국립대학교와 같은 영조물 등의 작용도 헌법소원의 대상이 된다. 법학전문대학원협의회(이하 '협의회'라 한다)는 법학전문대학원법 시행령 제16조 제1항 제1호에 해당하는 법인으로 민법 제32조 및 '공익법인의 설립·운영에 관한 법률' 제4조에 따라 설립된 공익법인인바, 법학전문대학원 제도 및 운영에 관한 학술연구, 법학적성시험의 주관·시행 및 제도·운영에 관한 연구, 변호사자격시험제도에 관한 학술연구 지원 사업, 국내·외 법학전문대학원 정보교환 및 상호 협력증진 등의 사업을 수행하고 있다(협의회 정관 제4조 제1호 내지 제4호). 특히 법학적성시험의 주관 및 시행업무는 법학전문대학원법 제24조 제1항, 같은 법 시행령 제16조 제1항에 의하여 교육과학기술부장관으로부터 위임받은 업무로, 협의회는 매년 1회 이상의 적성시험을 실시하고 그 실시계획을 공고하여야 하며(법학전문대학원법 시행령 제16조 제3항) 교육과학기술부장관이 정하는 적성시험의 응시수수료의 납부방법을 정할 수 있는 등(법학전문대학원법 제24조 제2항, 제5항, 법학전문대학원법 시행령 제16조 제4항) 적성시험의 실시에 관하여 일정한 권한을 가짐과 동시에, 교육과학기술부장관으로부터 적성시험의 시행과 관련된 보고 또는 자료의 제출을 요구받기도 하는(동법 제24조 제3항) 등 적성시험의 시행과 관련하여 국가의 관리·감독을 받고 있다. 이와 같은 점을 고려할 때 협의회는 최소한 적성시험의 주관 및 시행에 관해서는 교육과학기술부장관의 지정 및 권한의 위탁에 의해 관련 업무를 수행하는 공권력 행사의 주체라고 할 것이다.… (나) 적성시험 시행공고가 공권력의 행사에 해당하는지 여부 — * 긍정 — 이에 대한 판시는 뒤의 공고의 대상성 인정 부분 참조.

④ **한국산업인력공단**

판례 헌재 2019.5.30. 2018헌마1208등

[판시] 헌법재판소법 제68조 제1항에 의한 헌법소원의 대상이 되는 행위는 국가기관의 공권력 작용에 속하여야 한다. 여기서 국가기관은 입법·행정·사법 등의 모든 기관을 포함하며, 간접적인 국가행정, 예를 들어 공법상의 사단, 재단 등의 공법인, 국립대학교와 같은 영조물 등의 작용도 헌법소원의 대상이 된다(헌재 2010.4.29. 2009헌마399). 피청구인은 한국산업인력공단법에 근거하여 설립된 공법인으로, '행정권한의 위임 및 위탁에 관한 규정' 제51조 제1항에 따라 변리사자격시험의 관리에 관한 사무를 특허청장으로부터 위탁받아 변리사시험의 실시를 주관하고 있으므로, 변리사시험 관리사무에 관하여 공권력 행사의 주체가 된다.

2. 독립된 국가기관 – 국가인권위원회

입법부, 행정각부, 사법부 등에 속하지 않으나 국가기관인 독립된 국가기관도 공권력을 행사하는 작용을 하는 주체가 될 수 있고 그 공권력작용이 헌법소원심판의 대상이 될 수 있다. 아래 사안은 국가인권위원회에 관하여 그 진정각하·기각결정을 헌법소원대상으로 인정하면서 그 점을 밝힌 것이다. 문제는 대상성은 인정되나 아래 결정 이후 헌재 2015.3.26. 2013헌마214등 결정으로 그 진정각하·기각결정이 법원의 행정소송 대상이 되어 보충성원칙의 적용으로 곧바로 헌법소원을 제기할 수는 없다고 판례변경을 함으로써 현재로서는 사실상 대상성 인정이 의미가 없어진 변화가 있었다.

판례 헌재 2008.11.27. 2006헌마440

[판시] 국가인권위원회는 국가인권위원회법에 따라서 설립된 인권보호기구이자 독립된 국가기관으로서 공권력을 행사하는 주체에 해당하므로, 피청구인의 국가인권위원회의 진정각하·기각결정은 헌법재판소법 제68조 제1항에서 규정하는 공권력의 행사로서 헌법소원심판의 대상이 된다. * 이후 판례변경으로 현재는 곧바로 헌법소원대상을 할 수 없음.

3. 외국기관·국제기관의 공권력작용의 대상성 부인

우리 헌법재판소의 관할에 속하는 헌법소원심판의 대상은 물론 우리나라의 기관의 공권력행사 등이다. 헌재도 "헌법소원심판의 대상이 되는 공권력의 행사 또는 불행사는 헌법소원의 본질상 대한민국 국가기관의 공권력 작용을 의미하고 외국이나 국제기관의 공권력 작용은 이에 포함되지 아니한다" 할 것이므로, 그 부분 심판청구는 헌법소원심판청구의 대상이 될 수 없어 부적법하다고 아래와 같이 판시한다. 사안은 외국경찰이 대한민국 국민 청구인을 체포·구금한 행위에 대해 헌법소원심판이 청구된 것이다.

판례 헌재 1997.9.25. 96헌마159

[관련판시] 인도네시아국 경찰에 의하여 청구인의 기본권이 침해되었으므로 이의 위헌확인을 구한다는 청구에 관하여 본다. 헌법소원심판의 대상이 되는 공권력의 행사 또는 불행사는 헌법소원의 본질상 대한민국 국가기관의 공권력 작용을 의미하고 외국이나 국제기관의 공권력 작용은 이에 포함되지 아니한다 할 것이므로, 이 부분 심판청구는 헌법소원심판청구의 대상이 될 수 없어 부적법하다.

Ⅳ. 한국에서의 헌법소원대상성에 대한 문제상황 내지 전제적 이해

헌법소원의 대상성의 문제는, 논란되고 있는 그 작용의 성격이 공권력성을 가지느냐 기본권침해의 가능성이 있느냐 하는 문제, 즉 그 작용 자체의 성격에 의한 대상여부 판단의 문제이다. 그런데 현재 우리나라에서는 대상성문제를 따지면서 기본권을 침해한다는 그 작용이 '곧바로' 헌법소원의 대상이 되느냐 아니냐 하는 문제가 더 부각된다.

이러한 상황은 다음의 두 가지 사실이 그 원인이 되어 나타난 것으로 파악된다. 첫째는 보충성원칙의 요구로 다른 권리구제절차가 있다면 그 절차를 먼저 거쳐야 한다는 것이다. 둘째는 이렇게 다른 권리구제절차로서 법원재판을 모두 거쳤는데도 구제가 되지 않을 경우 법원재판에 대한 헌법소원은 헌법재판소법 제68조 제1항에 의해 원칙적으로 금지되고 있어 법원재판이 아니라 그 법원재판의 대상이 되었던 원래의 그 행정처분(원행정처분)에 대한 헌법소원을 생각할 수 있으나 우리 헌법재판소는 원칙적으로 원행정처분도 헌법소원의 대상이 아니라고 본다. 결국 행정처분의 경우 다른 권리구제절차인 법원의 행정소송의 대상이 되므로 헌법소원의 대상이 될 경우는 애초에도 없고 행정소송이 끝난 뒤에도 원칙적으로 없다. 이 때문에 곧바로 헌법소원의 대상이 되느냐 하는, 그 직접적인 1차적 대상가능성이 헌법소원의 대상성을 판가름하는 의미를 가지게 되었다. 헌법소원의 대상이 공권력작용이고 그 공권력작용의 중요한 비중을 행정작용이 차지할 것이고 행정처분은 그 행정작용의 중요한 부분임은 물론이다. 그렇다면 상당한 공권력작용들이 현재 우리나라에서는 헌법소원을 비켜갈 수 있다.

V. 이하 서술 체계

이하에서 먼저 공권력행사를 보고 다음에 공권력불행사에 대해 살펴본다.

제2항 공권력의 행사

I. 이른바 통치행위의 문제

1. 고도의 정치적 국가작용의 헌법재판 대상성 인정

종래 고도의 정치적 판단작용은 재판의 대상이 되지 않는다고 하면서 이를 이른바 '통치행위'라고 불러왔다. 그러나 우리 헌법재판소는 고도의 정치적 결단에 의하여 행해지는 국가작용일지라도 국민의 기본권 침해와 직접 관련되는 경우에는 헌법소원심판의 대상이 될 수 있음을 인정하고 있다. 즉 대통령의 금융실명거래 및 비밀보장에 관한 긴급재정경제명령 발포행위는 이른바 통치행위의 영역에 속하여 헌법소원의 대상이 되지 아니한다는 법무부장관의 주장을 헌법재판소는 받아들이지 않고 "비록 고도의 정치적 결단에 의하여 행해지는 국가작용이라고 할지라도 그것이 국민의 기본권 침해와 직접 관련되는 경우에는 당연히 헌법재판소의 심판 대상이 될 수 있는 것일 뿐만 아니라, 긴급재정경제명령은 법률의 효력을 갖는 것이므로 마땅히 헌법에 기속되어야 할 것이다"라고 판시한 바 있다. 아래의 결정례가 그것이다. 이러한 판례법리는 여러 차례 확인되어 확립되어가고 있다고 할 수 있다.

[주요판시사항]

▷ 고도의 정치적 결단에 의하여 행해지는 국가작용일지라도 국민의 기본권 침해와 직접 관련되는 경우에는 당연히 헌법재판소의 심판대상이 될 수 있음.

판례 헌재 1996.2.29. 93헌마186, 긴급재정명령 등 위헌확인. * 헌재는 본안판단으로 나아가 합헌성을 인정하여 기각결정을 하였다. 이 결정에 대해서는 아래 결정례와 본서 사법권의 한계 부분 등 참조.

2. 결정례

(1) 심판대상성인정, 통치행위성 부정의 결정례들

주로 국민의 기본권 관련성을 강조하여 헌법소원심판의 대상이 된다고 보는 일관된 입장을 보인 결정례들, 통치행위가 아니라고 본 결정을 아래에 인용한다.

① **긴급재정경제명령** – '금융실명거래 및 비밀보장에 관한 긴급재정경제명령'(대통령 긴급재정경제명령 제16호)

판례 헌재 1996.2.29. 93헌마186

[판시] 통치행위란 고도의 정치적 결단에 의한 국가행위로서 사법적 심사의 대상으로 삼기에 적절하지 못한 행위라고 일반적으로 정의되고 있는바, 이 사건 긴급명령이 통치행위로서 헌법재판소의 심사 대상에서 제외되는지에 관하여 살피건대, 고도의 정치적 결단에 의한 행위로서 그 결단을 존중하여야 할 필요성이 있는 행위라는 의미에서 이른바 통치행위의 개념을 인정할 수 있고, 대통령의 긴급재정경제명령은 중대한 재정 경제상의 위기에 처하여 국회의 집회를 기다릴 여유가 없을 때에 국가의 안전보장 또는 공공의 안녕질서를 유지하기 위하여 필요한 경우에 발동되는 일종의 국가긴급권으로서 대통령이 고도의 정치적 결단을 요하고 가급적 그 결단이 존중되어야 할 것임은 법무부장관의 의견과 같다. 그러나 이른바 통치행위를 포함하여 모든 국가작용은 국민의 기본권적 가치를 실현하기 위한 수단이라는 한계를 반드시 지켜야 하는 것이고, 헌법재판소는 헌법의 수호와 국민의 기본권 보장을 사명으로 하는 국가기관이므로 비록 고도의 정치적 결단에 의하여 행해지는 국가작용이라고 할지라도 그것이 국민의 기본권 침해와 직접 관련되는 경우에는 당연히 헌법재판소의 심판대상이 될 수 있는 것일 뿐만 아니라, 긴급재정경제명령은 법률의 효력을 갖는 것이므로 마땅히 헌법에 기속되어야 할 것이다. 따라서 이 사건 긴급명령이 통치행위이므로 헌법재판의 대상이 될 수 없다는 법무부장관의 주장은 받아들일 수 없다.

② **'신행정수도의 건설을 위한 특별조치법'**

판례 헌재 2004.10.21. 2004헌마554등

[판시] 신행정수도를 건설하는 문제 또는 수도를 이전하는 문제는 고도의 정치적인 문제로서 이에 관한 대통령이나 국회의 결정은 사법심사의 대상이 되지 않는다는 이유로 이 사건 헌법소원심판청구가 부적

법한 것인지 여부에 관하여 본다. (1) 국가긴급권의 발동, 국군의 해외파견 등과 같이 대통령이나 국회에 의한 고도의 정치적 결단이 요구되고, 이러한 결단은 가급적 존중되어야 한다는 요청에서 사법심사를 자제할 필요가 있는 국가작용이 우리 헌법상 존재하는 것은 이를 인정할 수 있다. 그러나 우리 헌법의 기본원리인 법치주의의 원리상 대통령, 국회 기타 어떠한 공권력도 법의 지배를 받아야 하고, 모든 국가작용은 국민의 기본권적 가치를 실현하기 위한 수단이라는 데에서 나오는 한계를 반드시 지켜야 하는 것이며, 헌법재판소는 헌법의 수호와 국민의 기본권보장을 사명으로 하는 국가기관이므로, 비록 고도의 정치적 결단에 의하여 행해지는 국가작용이라고 할지라도 그것이 국민의 기본권침해와 직접 관련되는 경우에는 당연히 헌법재판소의 심판대상이 될 수 있다(헌재 1996.2.29. 93헌마186). (2) 신행정수도건설이나 수도이전의 문제가 정치적 성격을 가지고 있는 것은 인정할 수 있지만, 그 자체로 고도의 정치적 결단을 요하여 사법심사의 대상으로 하기에는 부적절한 문제라고까지는 할 수 없다. 더구나 이 사건 심판의 대상은 이 사건 법률의 위헌여부이고 대통령의 행위의 위헌여부가 아닌바, 법률의 위헌여부가 헌법재판의 대상으로 된 경우 당해법률이 정치적인 문제를 포함한다는 이유만으로 사법심사의 대상에서 제외된다고 할 수는 없다. (3) 다만, 이 사건 법률의 위헌여부를 판단하기 위한 선결문제로서 신행정수도건설이나 수도이전의 문제를 국민투표에 붙일지 여부에 관한 대통령의 의사결정이 사법심사의 대상이 될 경우 위 의사결정은 고도의 정치적 결단을 요하는 문제여서 사법심사를 자제함이 바람직하다고는 할 수 있고, 이에 따라 그 의사결정에 관련된 흠을 들어 위헌성이 주장되는 법률에 대한 사법심사 또한 자제함이 바람직하다고는 할 수 있다. 그러나 대통령의 위 의사결정이 국민의 기본권침해와 직접 관련되는 경우에는 헌법재판소의 심판대상이 될 수 있고, 이에 따라 위 의사결정과 관련된 법률도 헌법재판소의 심판대상이 될 수 있다. 우리 헌법은 선거권(헌법 제24조)과 같은 간접적인 참정권과 함께 직접적인 참정권으로서 국민투표권(헌법 제72조, 제130조)을 규정하고 있으므로 국민투표권은 헌법상 보장되는 기본권의 하나이다(헌재 2001.6.28. 2000헌마735, 판례집 13－1, 1431, 1439 참조). 그러므로 대통령의 의사결정이 국민의 국민투표권을 침해한다면, 가사 위 의사결정이 고도의 정치적 결단을 요하는 행위라고 하더라도 이는 국민의 기본권침해와 직접 관련되는 것으로서 헌법재판소의 심판대상이 될 수 있고, 따라서 이 사건 법률의 위헌성이 대통령의 의사결정과 관련하여 문제되는 경우라도 헌법소원의 대상이 될 수 있다. (4) 그렇다면 이 사건 법률의 위헌성을 판단하기 위한 선결문제로서 국민투표권에 관한 대통령의 의사결정의 위헌성여부를 판단하는 경우라도 청구인들의 국민투표권이 침해되었는지 여부에 관한 판단을 위한 한도에서는 이 사건 법률이 헌법재판소의 심판대상이 될 수 있고, 따라서 이에 대한 헌법소원이 가능하다. 그러므로 이 사건 헌법소원심판청구가 헌법소원의 대상이 되지 아니하는 것을 대상으로 한 것이어서 부적법하다고는 할 수 없다.

* 검토 － 결론은 기본권이 관련되는 한 통치행위성을 부정하는 것임을 이해할 수 있으나 헌재의 판시가 뚜렷하지 못한 면이 있다. “신행정수도건설이나 수도이전의 문제가 … 그 자체로 고도의 정치적 결단을 요하여 사법심사의 대상으로 하기에는 부적절한 문제라고까지는 할 수 없다. … (3) 다만, 이 사건 법률의 위헌여부를 판단하기 위한 선결문제로서 신행정수도건설이나 수도이전의 문제를 국민투표에 부칠지 여부에 관한 대통령의 의사결정이 사법심사의 대상이 될 경우 위 의사결정은 고도의 정치적 결단을 요하는 문제여서 …”라고 하여 고도의 정치성 인정 문제에서 아니다, 이다 일관되지 못한 판시를 보여준다.

③ 2007년 전시증원연습을 하기로 한 대통령의 결정

판례 헌재 2009.5.28. 2007헌마369

[판시] 통치행위에 해당하는지 여부 － 통치행위란 고도의 정치적 결단에 의한 국가행위로서 그 결단을 존중하여야 할 필요성이 있어 사법적 심사의 대상으로 삼기에 적절하지 못한 행위라고 일반적으로 정

의되고 있는바, 궁극적으로 국민 내지 국익에 영향을 미치는 복잡하고도 중요한 문제로서 국내 및 국제 정치관계 등 제반 상황을 고려하여 미래를 예측하고 목표를 설정하는 등 고도의 정치적 결단이 요구되는 사안에 관하여, 현행 헌법이 채택하고 있는 대의민주제 통치구조하에서 대의기관인 대통령과 국회가 내린 결정은 가급적 존중되어야 할 것이다. 그러나 한미연합 군사훈련은 1978. 한미연합사령부의 창설 및 1979.2.15. 한미연합연습 양해각서의 체결 이후 연례적으로 실시되어 왔고, 특히 이 사건 연습은 대표적인 한미연합 군사훈련으로서, 피청구인이 2007.3.경에 한 이 사건 연습결정이 새삼 국방에 관련되는 고도의 정치적 결단에 해당하여 사법심사를 자제하여야 하는 통치행위에 해당된다고 보기 어렵다.

* 검토 – 통치행위일지라도 심판대상이 된다는 것인지 통치행위가 아니므로 그것만으로 대상이 된다는 것인지 명확하지 않다.

④ **긴급조치에 대한 통치행위성 부정** – 이 결정은 사건은 위헌소원사건결정이었다. 이 결정에서 헌재가 직접 '통치행위'란 용어를 명시하지는 않았으나 '고도의 정치적 결단'이란 말을 쓰고 있어서 여기에 인용한다. 헌재는 "비록 고도의 정치적 결단에 의하여 행해지는 국가긴급권의 행사라고 할지라도 그것이 국민의 기본권침해와 직접 관련되는 경우에는 헌법재판소의 심판대상이 될 수 있다는 점"을 들고 유신헌법 제53조 제4항("긴급조치는 사법적 심사의 대상이 되지 아니한다") 사법심사 배제조항은 근대입헌주의에 대한 중대한 예외이고 기본권보장 규정이나 위헌법률심판제도에 관한 규정 등 다른 헌법 조항들과 정면으로 모순·충돌되는 점, 현행헌법에서는 그 반성적 견지에서 사법심사 배제 규정을 삭제하여 제소금지조항을 승계하지 아니한 점(현 헌법 제76조) 등의 논거를 제시하여 유신헌법 당시 긴급조치들의 위헌성을 다툴 수 있다고 본다.

판례 헌재 2013.3.21. 2010헌바132등

[관련판시] 유신헌법 제53조 제4항은 '긴급조치는 사법적 심사의 대상이 되지 아니한다.'라고 규정하고 있었다. 그러나 비록 고도의 정치적 결단에 의하여 행해지는 국가긴급권의 행사라고 할지라도 그것이 국민의 기본권침해와 직접 관련되는 경우에는 헌법재판소의 심판대상이 될 수 있다는 점(헌재 1996.2.29. 93헌마186, 판례집 8-1, 111, 116), 이러한 사법심사 배제조항은 근대입헌주의에 대한 중대한 예외가 될 뿐 아니라 기본권보장 규정이나 위헌법률심판제도에 관한 규정 등 다른 헌법 조항들과 정면으로 모순·충돌되는 점, 현행헌법에서는 그 반성적 견지에서 긴급재정경제명령·긴급명령에 관한 규정(제76조)에서 사법심사 배제 규정을 삭제하여 제소금지조항을 승계하지 아니한 점 및 긴급조치의 위헌 여부는 원칙적으로 현행헌법을 기준으로 판단하여야 하는 점에 비추어 보면, 이 사건에서 유신헌법 제53조 제4항 규정의 적용은 배제되고, 모든 국민은 현행헌법에 따라 이 사건 긴급조치들의 위헌성을 다툴 수 있다고 보아야 한다(헌재 1989.12.18. 89헌마32등, 판례집 1, 343, 351 참조).

⑤ **대한민국과 일본국 간의 재산 및 청구권에 관한 문제의 해결과 경제협력에 관한 협정 제3조 부작위 위헌확인** – 이 결정례에서는 '통치행위'나 '고도의 정치적 행위'라는 말을 사용하지는 않았으나 외교행위는 "정책결정을 함에 있어 폭넓은 재량이 허용되는 영역임을 부인할 수 없다"라고 하고 있어서 여기에 인용한다. 일반적으로 외교행위에 통치행위이론이 인정된다는 견해들이 있기도 하다.

판례 헌재 2011.8.30. 2006헌마788

[판시] 외교행위는 가치와 법률을 공유하는 하나의 국가 내에 존재하는 국가와 국민과의 관계를 넘어 가치와 법률을 서로 달리하는 국제환경에서 국가와 국가 간의 관계를 다루는 것이므로, 정부가 분쟁의 상황과 성질, 국내외 정세, 국제법과 보편적으로 통용되는 관행 등을 감안하여 정책결정을 함에 있어 폭넓은 재량이 허용되는 영역임을 부인할 수 없다. 그러나, 헌법상의 기본권은 모든 국가권력을 기속하므로 행정권력 역시 이러한 기본권 보호의무에 따라 기본권이 실효적으로 보장될 수 있도록 행사되어야 하고, 외교행위라는 영역도 사법심사의 대상에서 완전히 배제되는 것으로는 볼 수 없다. 특정 국민의 기본권이 관련되는 외교행위에 있어서, 앞서 본 바와 같이 법령에 규정된 구체적 작위의무의 불이행이 헌법상 기본권 보호의무에 대한 명백한 위반이라고 판단되는 경우에는 기본권 침해행위로서 위헌이라고 선언되어야 한다. 결국 피청구인의 재량은 침해되는 기본권의 중대성, 기본권침해 위험의 절박성, 기본권의 구제가능성, 진정한 국익에 반하는지 여부 등을 종합적으로 고려하여 국가기관의 기본권 기속성에 합당한 범위 내로 제한될 수밖에 없다. * 동지 : 헌재 2011.8.30. 2008헌마648.

(2) 통치행위성 인정, 심판대상성 부정의 결정례

대통령의 국군(자이툰 부대 이라크)파견결정에 대한 헌법소원에서 헌재는 "이 사건 파견결정은 그 성격상 국방 및 외교에 관련된 고도의 정치적 결단을 요하는 문제로서, 헌법과 법률이 정한 절차를 지켜 이루어진 것임이 명백하므로, 대통령과 국회의 판단은 존중되어야 하고 우리 재판소가 사법적 기준만으로 이를 심판하는 것은 자제되어야 한다"라고 하여 통치행위를 긍정하고 심판대상으로 하지 않은 바 있다.

판례 헌재 2004.4.29. 2003헌마814

[결정요지] 헌법은 대통령에게 다른 나라와의 외교관계에 대한 권한과 함께 선전포고와 강화를 할 수 있는 권한을 부여하고 있고(제73조) 헌법과 법률이 정하는 바에 따라 국군을 통수하는 권한을 부여하면서도(제74조 제1항) 선전포고 및 국군의 외국에의 파견의 경우 국회의 동의를 받도록 하여(제60조 제2항) 대통령의 국군통수권 행사에 신중을 기하게 함으로써 자의적인 전쟁수행이나 해외파병을 방지하도록 하고 있다. 이 사건과 같은 외국에의 국군의 파견결정은 파견군인의 생명과 신체의 안전뿐만 아니라 국제사회에서의 우리나라의 지위와 역할, 동맹국과의 관계, 국가안보문제 등 궁극적으로 국민 내지 국익에 영향을 미치는 복잡하고도 중요한 문제로서 국내 및 국제정치관계 등 제반상황을 고려하여 향후 우리나라의 바람직한 위치, 앞으로 나아가야 할 방향 등 미래를 예측하고 목표를 설정하는 등 고도의 정치적 결단이 요구되는 사안이다. 따라서 그와 같은 결정은 그 문제에 대해 정치적 책임을 질 수 있는 국민의 대의기관이 관계분야의 전문가들과 광범위하고 심도 있는 논의를 거쳐 신중히 결정하는 것이 바람직하며 우리 헌법도 그 권한을 국민으로부터 직접 선출되고 국민에게 직접 책임을 지는 대통령에게 부여하고 그 권한행사에 신중을 기하도록 하기 위해 국회로 하여금 파병에 대한 동의여부를 결정할 수 있도록 하고 있는바, 현행 헌법이 채택하고 있는 대의민주제 통치구조하에서 대의기관인 대통령과 국회의 그와 같은 고도의 정치적 결단은 가급적 존중되어야 한다. 따라서 이 사건과 같은 파견결정이 헌법에 위반되는지의 여부 즉 세계평화와 인류공영에 이바지하는 것인지 여부, 국가안보에 보탬이 됨으로써 궁극적으로는 국민과 국익에 이로운 것이 될 것인지 여부 및 이른바 이라크전쟁이 국제규범에 어긋나는 침략전쟁인지 여부 등에 대한 판단은 대의기관인 대통령과 국회의 몫이고, 성질상 한정된 자료만을 가지고 있는 우리 재판소가 판단하는 것은 바람직하지 않다고 할 것이며, 우리 재판소의 판단이 대통령과 국회의 그것보다 더 옳다거나 정확하다고 단정짓기 어려움은 물론 재판결과에 대하여 국민들의 신뢰를 확보하기도 어렵다고 하지 않을 수 없다. 기록에 의하면 이 사건 파병은 대통령이 파병의 정

당성뿐만 아니라 북한 핵 사태의 원만한 해결을 위한 동맹국과의 관계, 우리나라의 안보문제, 국·내외 정치관계 등 국익과 관련한 여러 가지 사정을 고려하여 파병부대의 성격과 규모, 그리고 파병기간을 국가안전보장회의의 자문을 거쳐 결정한 것으로, 그 후 국무회의 심의·의결을 거쳐 국회의 동의를 얻음으로써 헌법과 법률에 따른 절차적 정당성을 확보했음을 알 수 있다. 살피건대, 이 사건 파견결정은 그 성격상 국방 및 외교에 관련된 고도의 정치적 결단을 요하는 문제로서, 헌법과 법률이 정한 절차를 지켜 이루어진 것임이 명백하므로, 대통령과 국회의 판단은 존중되어야 하고 우리 재판소가 사법적 기준만으로 이를 심판하는 것은 자제되어야 한다. 오랜 민주주의 전통을 가진 외국에서도 외교 및 국방에 관련된 것으로서 고도의 정치적 결단을 요하는 사안에 대하여는 줄곧 사법심사를 자제하고 있는 것도 바로 이러한 취지에서 나온 것이라 할 것이다. 이에 대하여는 설혹 사법적 심사의 회피로 자의적 결정이 방치될 수도 있다는 우려가 있을 수 있으나 그러한 대통령과 국회의 판단은 궁극적으로는 선거를 통해 국민에 의한 평가와 심판을 받게 될 것이다. 그렇다면 이 사건 파견결정에 대한 사법적 판단을 자제함이 타당하므로 아래와 같은 4인 재판관의 별개의견이 있는 외에는 나머지 재판관들의 일치된 의견으로 주문과 같이 결정한다. [4인 재판관 소수 별개의견] 이 사건 파견결정으로 인해 파견될 당사자가 아님은 청구인 스스로 인정하는 바와 같고 현재 군복무중이거나 군입대 예정자도 아니다. 그렇다면, 청구인은 이 사건 파견결정에 관하여 일반 국민의 지위에서 사실상 또는 간접적인 이해관계를 가진다고 할 수는 있으나, 이 사건 파견결정으로 인하여 청구인이 주장하는 바와 같은 행복추구권 등 헌법상 보장된 청구인 자신의 기본권을 현재 그리고 직접적으로 침해받는다고는 할 수 없다. 결론적으로 이 사건 심판청구를 각하하여야 한다는 다수의견에 동의하나 청구인은 이 사건 파견결정에 대해 적법하게 헌법소원을 제기할 수 있는 자기관련성이 없다는 것을 그 이유로 하는 점에서 다수의견과 견해를 달리한다.

* 검토 – 이 사건에서 의무파병되는 군인이 아니라 일반 국민이 제기한, 자신의 기본권이 관련되지 아니한 청구였던 점을 감안하여 별개의견이 피력한 대로 자기관련성의 결여를 내세우는 것이 같은 결론인 각하에 이른다고 하더라도 더 나은 결정이었고 그리 했어야 했다. 사실 이 결정 이전에 아래의 국군의 이라크 전쟁 파견결정에 대한 헌법소원심판청구를 자기관련성을 부정하여 각하결정한 예(헌재 2003.12.18. 2003헌마255등)도 있었다. 그렇게 보는 이유는 주지하는 대로 통치행위에 대해서는 이를 실제적 이유에서 나온 관념인 것이지 헌법학이론적으로 근거가 없는 부정해야 할 이론이라고 보는 것이 오늘날 일반적인 경향이기 때문이다. 더구나 통치행위라고 각하하면 이후 자기관련성을 가지는 사람이 청구인이 되어 파병행위에 대해 다시 청구해봤자 각하될 것이다.

판례 헌재 2003.12.18. 2003헌마255등

[판시사항] 시민단체, 정당의 간부들 및 일반시민들인 청구인들이 국군의 이라크 전쟁 파견결정에 의하여 기본권이 제한됨으로써 자기관련성이 존재하는지 여부(소극) [결정요지] 청구인들은 시민단체나 정당의 간부 및 일반 국민들로서 이 사건 파견결정으로 인해 파견될 당사자가 아님은 청구인들 스스로 인정하는 바와 같다. 그렇다면, 청구인들은 이 사건 파견결정에 관하여 일반 국민의 지위에서 사실상의 또는 간접적인 이해관계를 가진다고 할 수는 있으나, 이 사건 파견결정으로 인하여 청구인들이 주장하는 바와 같은 인간의 존엄과 가치, 행복추구권 등 헌법상 보장된 청구인들 자신의 기본권을 현재 그리고 직접적으로 침해받는다고는 할 수 없다. 또한 청구인들은 '이 사건 파견결정으로 인해 타인의 생명을 존중하고 타인과 공존하는데서 자신의 인간다움을 확인하려는 양심과 인간성에 심각한 타격을 받게 되고 앞으로 한반도에서의 부시행정부의 부적절한 대응으로 긴장이 고조되면 피해자로서 무력충돌에 휘말리게 될 위험성도 배제할 수 없게 됨으로써 헌법상 보장된 청구인들의 평화적 생존권을 침해받는다'는 취지의 주장을 하고 있으나 그러한 내용의 피해는 국민의, 또는 인류의 일원으로서 입는 사실상의, 또는 간접적인 성격을 지닌 것이거나 하나의 가설을 들고 있는 것이어서 이 사건 파병으로 인하여 청구인들의 기본권이 현재, 직접 침해되었다고 볼 근거가 될 수 없다. 따라서 청구인들은 이 사건 파견

결정에 대해 적법하게 헌법소원을 제기할 수 있는 자기관련성이 있다고 할 수 없어 이 사건 헌법소원 심판청구는 모두 부적법하다.

* 고도의 '정치적 성격을 지닌'이라고 하면서 결국 권리보호이익이 없다고 하여 각하결정을 한 예도 있었다. 지방자치단체장 선거일 불공고에 대한 헌법소원 제기 후 법개정되어 권리보호이익이 없다고 본 아래의 결정례가 그 예이다.

판례 헌재 1994.8.31. 92헌마126

[판시] 이 사건의 심판대상인 단체장선거시기의 연기문제는, 여야간의 이해관계가 첨예하게 대립되는, 고도의 정치적 성격을 지닌 사안이라고 할 수 있다. … 뿐만 아니라 신 선거법에서는 선거일이 법정화됨으로써 선거일 공고제도 자체가 필요없게 되어 이를 폐지하였고, … 피청구인(대통령)에 의한 동종행위의 반복 위험이 없음은 물론, 이 사건은 불분명한 헌법문제의 해명이 중대한 의미를 지니고 있는 경우에도 해당하지 아니한다. 그러므로 이 사건은 예외적으로 심판청구의 이익이 있는 경우에도 해당하지 않는다고 할 것이다. 그렇다면 이 사건 헌법소원심판청구는 권리보호의 이익이 없는 경우에 해당하여 부적법하다고 할 것이므로, 이를 모두 각하결정한다.

3. 검토

i) 통치행위의 개념을 어떻게 잡느냐에 따라 논리전개가 달라질 것이다. 고도의 정치적 성격을 띠는 행위로만 개념정의하느냐 아니면 고도의 정치적 성격을 띠는 행위라서 헌법재판대상이 아닌 행위라고까지 개념정의할 것인가에 따라 달라질 것이다. 전자로 개념정의할 경우에는 통치행위라고 한다고 바로 헌법소원심판대상이 아닌 것으로 직결될 것이 아니다. 후자로 개념정의한다면 그럴 것이다. ii) 위에서 이미 지적한 대로 통치행위론은 실제의 필요성 때문에 나온 사실상의 현실적 관념인 것이지 헌법학이론적으로 정당한 이론이 아니고 이 점 기본권관련사항에서는 더욱 그러하므로 헌법소원심판에서 이를 받아들여 헌법재판을 회피하는 것은 반헌법적인 것이다(통치행위에 대한 자세한 것은 본서 참조).

Ⅱ. 법령 자체에 대한 헌법소원(법령소원)의 인정

1. 법령소원의 개념, 사건부호 등

법률 · 긴급명령 · 긴급재정경제명령 · 법규명령 · 조약 등의 법령과 조례의 규정이 직접 기본권을 침해하는 경우에 그 법령의 규정 자체가 직접 헌법소원심판의 대상이 될 수 있다. 법령규정은 추상성과 일반성을 가지므로 집행작용이 없이 그 자체가 곧바로 법적 효과를 발생시킬 수는 없으므로 법령규정 자체로 인하여 바로 기본권침해가 있을 수는 없는 것이 원칙이나 예외적으로 어떠한 법령규정은 그 자체로 바로 법적 효과가 발생하는 법령의 규정일 경우가 있고 이러한 법령규정이 기본권침해를 가져올 경우 그 문제의 법령규정이 헌법을 위반하여 기본권을 침해하는지 여부에 대하여 판단하는 헌법소원이 가능하다. 우리 헌법재판소도 이러한 헌법소원을 인정하여 '법령소원'이라고도 부른다. 법령소원도 어디까지나 기본권구제를 위한 본래의미의 헌법소원이므로 사건부호가 '헌마'이다.

이는 법원이 위헌법률심판제청신청을 기각하였을 때 헌법재판소법 제68조 제2항에 따라 당사자가 청구하는 헌법소원심판인 위헌소원심판과는 구별된다. 위헌소원에는 '헌마'가 아니라 '헌바'라는 사건부호가 붙는다.

2. 법령소원의 법적 성격과 인정근거

(1) 법적 성격

법령소원은 법원재판을 계기로 이루어지는 것이 아니고 법령규정 자체를 바로 대상으로 하는 헌법소원이므로 추상적 규범통제가 아닌가 하는 의문이 제기될 수 있다. 구체적 규범통제 내지 추상적 규범통제의 기준을 어떻게 잡느냐에 따라 달라질 수 있을 것이나 법원의 재판이 없더라도 기본권침해가 구체적으로 침해되는 경우에 행하는 심사도 구체적 규범통제라고 본다면 법령소원은 추상적 규범통제가 아니라고 볼 것이다. 우리 헌법재판소도 추상적 규범통제가 아니라고 본다.

판례 헌재 1991.3.11. 90헌마28

[관련판시] 이 사건과 같이 법규 때문에 기본권의 침해를 받았다고 하여 헌법소원의 형태로서 그 위헌여부의 심판을 구하는 법규에 대한 헌법소원은, 구체적인 소송사건에서 전제된 경우도 아니고 법규 때문에 직접적인 기본권의 침해가 있는 경우도 아닌데 단순히 어느 법규가 위헌인가의 여부에 대한 의문이 있어 제기하는 외국의 추상적 규범통제제도와는 근본적으로 다른 별개의 제도인 것이다. 이러한 법규 헌법소원은 자기관련성, 현재성 그리고 직접성을 갖추게 되면 그것만으로 적법한 소원심판청구로 되어 허용이 된다.

(2) 법령소원의 인정근거

1) 판례의 판시경향

법령소원의 인정근거는 법령도 입법작용으로서 공권력행사라는 점에 있다. 또 법령 자체에 대하여 곧바로 헌법소원이 가능한 것은 현재 법령 자체를 직접 대상으로 하여 행정소송 등에 의해 다툴 수 있는 기회가 부여되고 있지 않은 점 등을 그 근거로 한다. 후자의 논거는 헌법소원에서 요구되는 보충성의 원칙이 적용되지 않음을 의미한다.

① **법률에 대한 법령소원**

[주요판시사항]

▷ 법률 자체에 대한 헌법소원 인정의 근거

- 입법도 공권력행사의 일종
- 우회적인 해결책인 행정소송을 먼저 제기할 것을 요구함은 기대가능성 없음

- 일반법원에 법령 자체의 효력을 직접 다투는 것을 소송물로 하여 제소하는 길이 없음

판례 헌재 1989.3.17. 88헌마1

[관련판시] 헌법재판소가 신설된 이제(당 재판소 설치 전에 청구인이 행정소송을 제기한 바가 있음은 앞서 본 바이다) 법률에 대한 헌법소원으로 사법서사법의 위헌성을 직접 다투는 문제의 해결책을 시도하지 않고, 위 거부행위를 놓고 법률에 관한 직접적인 위헌판단이 허용되지 아니하며 우회적인 해결책밖에 될 수 없는 행정소송을 먼저 제기할 것을 요구함은 기대가능성이 없는 일이거니와, 이 사건처럼 공권력행사의 일종이라고 할 입법, 즉 법률 자체에 의한 기본권침해가 문제가 될 때에는 일반법원에 법령 자체의 효력을 직접 다투는 것을 소송물로 하여 제소하는 길은 없어 구제절차가 있는 경우가 아니므로, 헌법재판소법 제68조 제1항 단서 소정의 구제절차를 모두 거친 후에 헌법소원을 내야 하는 제약이 따르지 않는 이른바 보충성의 예외적인 경우라고 볼 것이다.

② 법규명령과 조례에 대한 법령소원의 경우에서도 동지의 입장

법규명령에 대해서도 헌재는 위와 같은 취지의 논거를 제시하고 있다. 헌재는 1990년 10월 15일의 법무사법시행규칙에 대한 결정에서 "법령 자체에 의한 직접적인 기본권침해여부가 문제되었을 경우 그 법령의 효력을 직접 다투는 것을 소송물로 하여 일반 법원에 구제를 할 수 있는 절차는 존재하지 않으므로(일반법원에 명령·규칙을 직접 대상으로 하여 행정소송을 제기한 경우에 이것이 허용되어 구제된 예를 발견할 수 없다) 이 경우에는 다른 구제절차를 거칠 것이 없이 바로 헌법소원심판을 청구할 수 있는 것이다"라고 판시하였다(헌재 1990.10.15. 89헌마178. * 이 결정에 대해서는 후술, 법규명령 자체에 대한 헌법소원심판 부분 참조).

조례에 대해서도 마찬가지로, 헌법재판소는 "조례 자체에 의한 직접적인 기본권침해가 문제될 때에는 그 조례 자체의 효력을 직접 다투는 것을 소송물로 하여 일반법원에 구제를 구할 수 있는 절차가 있는 경우가 아니어서 다른 구제절차를 거칠 것 없이 바로 헌법소원심판을 청구할 수 있는 것"이라고 판시하고 있다(헌재 1995.4.20. 92헌마264등, 부천시담배자동판매기설치금지조례 제4조 등 위헌확인).

2) 검토

법령소원이 기본권을 직접 침해할 경우 헌법소원의 대상이 된다고 서술해 오고 있는데 이 설명에 대해서 근본적 검토가 필요하다. 검토하건대 직접 침해한다는 것은 헌법소원심판의 또 다른 청구요건인 직접성 요건으로 다룰 문제이다. 따라서 대상성 문제에서는 공권력의 행사이면 대상이 되므로 입법권이란 공권력이 행사된 결과가 법령이므로 법령도 공권력행사이므로 기본권에 영향이 있는 것이라면 대상성이 있다는 점만 언급하는 것으로 그쳐야 할 것이다. 기본권에 영향을 주어야 한다는 점은 필요한데 이것도 사실은 기본권 침해가능성 요건으로 따지면 될 일이다.

3. 법령소원의 청구요건

* 여기서 법률에 대한 법령소원과 법률에 대한 위헌소원의 구분을 다시 정리해 보고 특히 그 청구요건에 있어서의 차이를 잘 구분해 두도록 한다. * 변호사시험에서 빈번히 출제되는 양자의 청구요건을 혼동하기도 하는데 이는 실무에서도 빈번한 사건들이므로 잘 파악해두어야 한다.

구분	법률에 대한 법령소원	위헌소원
사건부호, 성격	'헌마', 본래의미의 헌법소원	'헌바', 위헌법률심판
청구요건	헌법소원 청구요건 대부분 그대로= 대상성(공권력행사·불행사일 것) 기본권침해가능성 관련성(자기관련성, 직접성, 현재성) 권리보호이익 청구기간 * 배제 – 보충성원칙	위헌법률심판 적법요건 대부분 그대로= 대상성(법률일 것) 재판전제성 * 법령소원과의 구별지표의 제1표지 : 위헌소원은 법원의 개재가 있음

▌법률에 대한 법령소원과 위헌소원의 비교

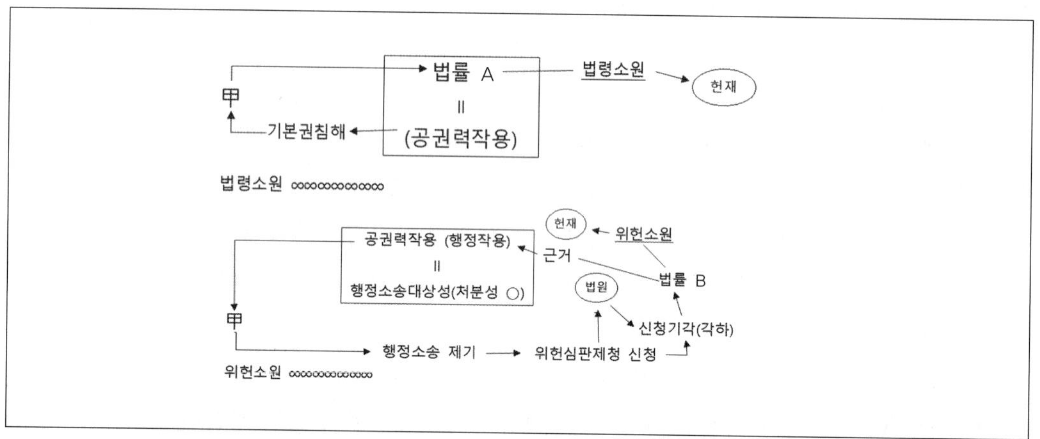

▌법률에 대한 법령소원과 위헌소원의 구별 도해

법령소원도 헌법소원이므로 뒤에 볼 헌법소원심판의 청구요건들, 즉 청구인능력, 청구인적격요건(기본권침해의 자기관련성, 직접성, 현재성), 권리보호이익, 청구기간, 변호사강제주의 등의 요건(후술 제4절 이하 참조)을 요구한다. 따라서 법령소원의 청구요건에 대해서는 후술하는 헌법소원의 일반적 청구요건을 볼 때 함께 살펴보기로 하고 여기서는 법령소원의 특수성이 나타나는 기본권침해의 직접성의 요건에 대해서 본다. 한편 법령소원의 경우 일반적인 헌법소원의 또 다른 청구요건인 보충성원칙의 요건은 요구되지 아니한다.

(1) 기본권침해의 직접성

기본권침해의 직접성 요건은 법령소원이 법령 자체에 의하여 기본권침해가 직접 나타나는 경우에 제기할 수 있는 것이므로 법령소원이기 위해서는 당연히 갖추어야 하는 것이고 따라서 가장 중요한 요건이라고 할 수 있다.

1) 구체적 집행행위(매개) 없이 직접 기본권이 침해될 것

법령소원의 대상은 법령이 별도의 구체적 집행행위를 기다리지 않고 직접적으로, 현재적으로 기본권을 침해한 경우이어야 한다(헌재 1990.6.25. 89헌마220; 1990.10.8. 89헌마89; 1991.3.11. 91헌마21 등).

2) 직접성 인정의 판단기준

어떠한 경우에 법령 자체로 인하여 기본권침해가 있다고 인정할 것인지 그 기준이 문제된다. 헌법재판소는 "여기서 말하는 기본권침해의 직접성이란 법령 그 자체에 의하여 자유의 제한, 의무의 부과, 법적 지위의 박탈이 발생하는 경우를" 말한다고 한다. 이러한 판례법리는 현재 확고하고 법령소원에서 빈번히 적용되고 있다. 법령소원의 직접성요건도 뒤의 헌법소원의 청구요건으로서의 직접성요건을 다룰 때 아울러 살펴보게 되는데 이러한 기준 등 직접성에 관한 보다 자세한 것은 거기서 살펴보고자 한다[후술 직접성 요건 부분 참조].

(2) 보충성원칙의 배제

후술하겠지만 헌법소원의 또 다른 청구요건인 보충성원칙의 요건은 헌법소원을 제기하기 전에 다른 권리구제절차가 있는 경우 이를 미리 거쳐야 한다는 원칙인데 이러한 보충성원칙의 요건은 위에서 언급한 대로 법령에 대하여 곧바로 헌법소원을 제기할 수 있음을 인정하는 근거가 법령 자체의 효력을 직접 다루는 것을 소송물로 하여 일반법원에 구제를 구할 수 있는 절차가 있는 경우가 아니라는 점에 있으므로 이를 요구할 수 없는 것은 당연하다. 따라서 보충성원칙의 준수는 그 청구요건이 아니다.

4. 법률 자체에 대한 법령소원

(1) 헌법재판의 활성화

그동안 법률 자체에 대한 법령소원은 많이 이루어졌고 또 이루어지고 있으며 헌법재판의 활성화에 중요한 기여를 하였다.

(2) 직접성있는 법률, 처분적 법률, 개별사건법률

어느 법률이 그 집행작용 없이 법률규정 자체로 인해 바로 직접 기본권침해의 효과가 오는 법률규정이 법령소원대상이다. 이런 법률규정들을 법령소원대상으로 하면서 헌재가 그런 법률규정들로서 처분적 법률 또는 특정 개별사건법률이라 지목하면서 법령소원의 대상으로 심사한 예들을 볼 수 있다. 사실 처분성에 대해서는 앞으로 행정소송 대상성과 관련하여 검토적

연구가 요구된다고 하겠다(이곳은 법률소원이지만 이런 고민은 후술하는 법령보충규칙의 일반성 문제 부분을 참조하면 시사하는 바가 있을 것이다).

* 개별적, 처분적 법률이라 보면서 법령소원결정을 한 예들 : 헌재 2001.2.22. 99헌마613, 세무대학설치법폐지법률 위헌확인결정; 2005.6.30. 2003헌마841, 뉴스통신진흥에 관한 법률 사건; 2008.1.10. 2007헌마1468, 이른바 BBK특검법 사건; 2011.5.26. 2010헌마183, '태권도 진흥 및 태권도공원 조성 등에 관한 법률' 부칙에 관한 사건 등 참조.

* 참고 : 한편 헌재가 처분적, 개별적 법률이라 보면서 법령소원이 아닌 위헌법률심판과 위헌소원심판의 대상으로 받아들여 심사한 예들도 있다. 헌재 1996.2.16. 96헌가2, 96헌바7·13(병합), 5·18민주화운동 등에 관한 특례법 제2조 위헌제청 등. a. 위헌소원심판에서 대상법률, 처분적 법률로 인정되고 그 법률규정에 대한 위헌결정이 있었던 예 : 헌재 1989.12.18, 89헌마32, 국가보위입법회의법 등의 위헌여부에 관한 헌법소원(이 결정은 헌마사건으로 표시되긴 하였으나 헌재법 제68조 제2항의 위헌소원사건의 결정이었음. 헌재 출범 후 초기에는 현재처럼 위헌소원에 대해 '헌바'라는 사건부호를 따로 두지 않고 '헌마'의 사건부호로 표기하였음). b. 위헌법률심판에서 처분적 법률로 인정되고 그 법률규정내용에 대한 한정위헌결정이 있었던 예 : 헌재 1994.4.28, 92헌가3, 보훈기금법 부칙 제5조에 대한 한정위헌결정.

* 위 결정례들에 대해서는 정재황, 기본권 총론, 박영사, 2020, 기본권제한, 처분적 법률·개별사건법률 부분 참조.

(3) 공포 전의 법률규정과 공포 후 시행 전인 법률의 규정에 대한 헌법소원심판청구의 적법성 인정례

시행은 물론이고 공포도 되지 않은 법률규정에 대해 법령소원의 대상성을 인정한 결정례(헌재 2001.11.29. 99헌마494, '재외동포의 출입국과 법적 지위에 관한 법률' 제2조 2호 위헌확인'), 법률이 공포는 되었으나 아직 시행되지 않은 경우라고 할지라도 기본권침해의 충분한 예측가능성이 있는 경우에는 시행 전이라도 법령소원의 대상으로 인정하는 결정례(헌재 1994.12.29. 94헌마201, '경기도 남양주시 등 33개 도농복합형태의 시설치 등에 관한 법률' 제4조 위헌확인. 이는 헌법소원심판의 청구요건인 현재성요건이 완화되어 인정되는 결과이다. 동지 : 헌재 1995.3.23. 94헌마175, 경기도 남양주시 등 33개 도농복합형태의 시설치 등에 관한 법률 제8조 위헌확인)가 있었다. 이러한 결정례는 법률에 대한 사전심사의 가능성을 보여준다고 할 것이다(이 문제에 대해서는 전술, 위헌법률심판 부분 참조).

(4) 폐지된 법률(규정)

심판대상 법률조항이 폐지된 경우라고 하더라도 그것에 대한 심판청구의 이익이 인정되는 경우에는 대상이 된다고 한다(헌재 1995.5.25. 91헌마44, 지방의회의원선거법 제36조 1항에 대한 헌법소원. * 동지 : 헌재 1995.5.25. 92헌마269등; 1995.5.25. 91헌마67; 1995.7.21. 92헌마177).

5. 긴급재정명령의 헌법소원 대상성 인정

우리 헌법재판소는 긴급재정경제명령이 국민의 기본권을 직접 침해할 경우에는 헌법소원의 대상이 됨을 인정하고 있다. 즉 전술한 대로 대통령의 '금융실명거래 및 비밀보장에 관한 긴급재정경제명령' 발포행위는 이른바 통치행위의 영역에 속하여 헌법소원의 대상이 되지 아니한다는 법무부장관의 주장을 헌법재판소는 받아들이지 않고 "비록 고도의 정치적 결단에 의하여 행해지는 국가작용이라고 할지라도 그것이 국민의 기본권 침해와 직접 관련되는 경우에는 당연히 헌법재판소의 심판대상이 될 수 있는 것일 뿐만 아니라, 긴급재정경제명령은 법률의 효력을 갖는 것이므로 마땅히 헌법에 기속되어야 할 것이다"라고 판시함으로써 긴급재정경제명령이 헌법소원의 대상이 될 수 있음을 인정하고 있다(헌재 1996.2.29. 93헌마186. * 이 사건에서 헌법재판소는 본안판단으로 나아가 합헌성을 인정하여 기각결정을 하였다).

6. 법규명령 자체에 대한 헌법소원심판

[행정입법 개관] ⓐ 개념 – 오늘날 행정이 복잡다단하고 변화가 빈번한데 구체적 사항을 법률 자체에 규정하게 되면 변경필요가 있을 때 탄력적으로 법률개정이 이루어지면 몰라도 그것이 어려우므로 법률을 집행하는 행정부가 법률이 위임하거나 법률시행에 필요하여 행정부가 구체적 사항을 정할 때 성립되는 규범을 행정입법이라고 한다.

ⓑ 종류 – 이에는 내용적으로 다시 두 가지로 나누어진다. 국민의 권리의무에 영향을 미치는 사항(이를 '법규'라고 한다)을 정하는 법규명령과 행정기관의 사무처리나 질서유지 등을 위하여 행정기관 내부에서만 효력을 가진다고 일반적으로 보는 행정규칙으로 나누어진다. 법규명령은 다시 법률이나 상위 법규명령의 위임을 받아 제정되는 위임명령과 그러한 위임이 없이 법률이나 상위 행정입법을 시행하기 위해 필요하여 제정되는 집행명령으로 나누어진다. 현재 헌법이 명시하는 대통령, 총리령, 부령은 법규명령이고(제75조, 제95조) 실제 법령의 명칭으로는 대통령령은 시행령, 총리령과 부령은 시행규칙으로 불린다. 대법원규칙, 헌법재판소규칙(제108조, 제113조 제2항), 중앙선거관리위원회규칙(제114조 제6항)도 법규명령으로 보는 견해가 많고 그 견해에 따르면 기본권사항을 위임받을 수 있다. 국회규칙(제64조 제1항)으로서 법규성이 있는 규칙들이 있고(예 : 국회방청규칙, 국회정보공개규칙, '국회 입법예고에 관한 규칙', 국회청원심사규칙 등), 기본권 사항을 위임받을 수 있다 감사원규칙에 대해서는 논란이 있다.

행정규칙은 그 명칭이 고시, 훈령, 예규, 내규 등으로 불리워지고 일반적으로 행정내부적 효과를 가지므로 법규성이 없다고 본다.

□ 행정입법
- 명령 - 법규명령(위임명령, 집행명령, 헌법 제75조, 제95조)
  대통령령(시행령), 총리령, 부령(시행규칙)
  * 대법원규칙, 헌법재판소규칙, 중앙선거관리위원회규칙, 국회규칙
  (헌법 제108, 113조 제2항, 제114조 제6항, 제64조 제1항)
- 행정규칙 - 고시, 훈령, 예규, 내규, 지침 등

▌행정입법의 종류

여기서는 법규명령에 대해서 살펴보고, 7.에서 행정규칙에 대해 살펴본다.

(1) 법규명령에 대한 헌법소원 대상성 인정 여부를 둘러싼 논쟁[1)]

법규명령에 대해서 헌법소원의 대상으로 인정할 것인지에 대해서는 논란이 있었다. 헌재는 이를 긍정한다.

1) 부정론의 논거

부정론들을 정리해 보면 대개 다음과 같은 논거를 들고 있다. 첫째, 헌법 제107조 제2항이 "명령·규칙 또는 처분이 헌법이나 법률에 위반되는 여부가 재판의 전제가 된 경우에는 대법원은 이를 최종적으로 심사할 권한을 가진다"라고 규정하고 있고 반면 헌법재판소의 관장사항을 규정하고 있는 헌법 제111조 제1항에는 명령에 대한 위헌심사권을 명시하고 있지 않다. 둘째, 직접 기본권침해를 가져오는 명령이라는 것은 처분성을 인정할 수 있는 것이므로 행정쟁송의 대상이 되고(이를 인정한 판례로 대법원 1954.8.19. 4286행상37 판결을 들고 있다), 현행 행정소송법은 구법에 비해 행정쟁송의 대상인 처분 등의 개념을 넓게 잡고 있으므로 기본권침해의 직접성이 인정되는 명령이라면 행정쟁송의 대상에 당연히 포함된다. 셋째, 명령에 대한 다른 권리구제수단이 우회적이어서 보충성원칙이 적용되지 않고 바로 헌법소원의 대상이 될 수 있다고 하나 우회적이라는 개념은 모호하고, 행정쟁송의 대상이 된다고 보면 보충성원칙이 지켜져야 하므로 곧바로 헌법소원의 대상이 될 수 없다.

2) 헌법재판소의 긍정론의 논거 - 법무사법시행규칙에 대한 헌법소원결정

반면 헌법재판소는 법규명령에 대한 헌법소원도 가능하다고 하면서 법무사법시행규칙에 대한 헌법소원결정에서 그 논거를 밝히고 있다.

[주요판시사항]
▷ 법규명령에 대한 헌법소원 대상성 인정
▷ 대법원규칙에 대한 헌법소원의 예

판례 헌재 1990.10.15. 89헌마178

[본안쟁점] 법무사시험을 반드시 정기적으로 실시하도록 규정한 법무사법 제4조 제1항 제2호의 취지에도 불구하고 법무사법시행규칙 제3조 제1항은 법무사시험 실시여부를 전적으로 법원행정처장의 자유재량에 맡겨 상위법인 법무사법 제4조 제1항 제2호에 의하여 법무사 희망자에게 부여된 법무사시험 응시기회를 박탈함으로써 평등권과 직업선택의 자유를 침해하여 위헌인지 여부(위헌결정) [심판대상규정 및

1) 부정론 : 법원행정처 헌법재판연구반, 명령·규칙에 대한 위헌심사권, 연구보고서, 1990; 이상규, 명령·규칙의 위헌심사권, 저스티스, 1991, 229면; 박일환, 법규범에 대한 헌법소원과 제소요건, 한국공법학회 제12회 월례발표회, 1990, 발표문 등. 긍정론 : 김철수, 한국헌법소송제도의 문제점과 개선방안, 성계 이규석교수 정년기념논문집; 김남신, 헌재 89헌마178 결정에 대한 관견, 저스티스, 1991, 239면; 이시윤, 헌법재판개관(하), 판례월보, 1989. 6, 14－15면; 허영, 신판 한국헌법론, 박영사, 2001, 824면; 김학성, 헌법소원에 관한 연구, 서울대학교 법학박사학위논문, 1989, 216면; 홍성방, 헌법 제107조와 헌법소원, 한국공법학회 제12회 월례발표회, 1990, 발표문; 이석연, 헌법소원의 대상으로서의 명령, 규칙에 대한 위헌여부심사, 동 학회, 동 발표회 발표문, 헌법재판자료 제4집, 1991, 112면, 인권과 정의, 91. 4; 박승호, 헌법재판연구, 경인, 1998, 51－52면 등.

참조조문] <심판대상규정> 법무사법시행규○(1990.2.26. 대법원규○ 제1108호) 제3조(법무사시험) ① 법원행정처장은 법무사를 보충할 필요가 있다고 인정되는 경우에는 대법원장의 승인을 얻어 법무사시험(이하 '시험'이라 한다)을 실시할 수 있다. <참조조문> 법무사법 제4조(자격) ① 7년 이상 법원·헌법재판소·검찰청에서 법원주사보나 검찰주사보 이상의 직에 있던 자 또는 5년 이상 법원·헌법재판소·검찰청에서 법원사무관이나 검찰사무관(검찰수사관을 포함한다) 이상의 직에 있던 자로서 법무사업무의 수행에 필요한 법률지식과 능력이 있다고 대법원장이 인정한 자 ② 법무사시험에 합격한 자 [주문] "법무사법시행규○(1990.2.26. 대법원규○ 제1108호) 제3조 제1항은 평등권과 직업선택의 자유를 침해한 것이므로 헌법에 위반된다." [결정요지] 헌법 제107조 제2항은 "명령·규칙 또는 처분이 헌법이나 법률에 위반되는 여부가 재판의 전제가 된 경우에는 대법원은 이를 최종적으로 심사할 권한을 가진다"라고 규정하고 있고, 법원행정처장이나 법무부장관은 이 규정을 들어 명령·규칙의 위헌여부는 대법원에 최종적 심사권이 있으므로 법무사법시행규○의 위헌성 여부를 묻는 헌법소원은 위 헌법규정에 반하여 부적법하다고 주장한다. 그러나, 헌법 제107조 제2항이 규정한 명령·규칙에 대한 대법원의 최종심사권이란 구체적인 소송사건에서 명령·규칙의 위헌여부가 재판의 전제가 되었을 경우 법률의 경우와는 달리 헌법재판소에 제청할 것 없이 대법원이 최종적으로 심사할 수 있다는 의미이며, 헌법 제111조 제1항 제1호에서 법률의 위헌여부심사권을 헌법재판소에 부여한 이상 통일적인 헌법해석과 규범통제를 위하여 공권력에 의한 기본권침해를 이유로 하는 헌법소원심판청구 사건에 있어서 법률의 하위규범인 명령·규칙의 위헌여부심사권이 헌법재판소의 관할에 속함은 당연한 것으로서 헌법 제107조 제2항의 규정이 이를 배제한 것이라고는 볼 수 없다. 그러므로 법률의 경우와 마찬가지로 명령·규칙 그 자체에 의하여 직접 기본권이 침해되었음을 이유로 하여 헌법소원심판을 청구하는 것은 위 헌법 규정과는 아무런 상관이 없는 문제이다. 그리고 헌법재판소법 제68조 제1항이 규정하고 있는 헌법소원심판의 대상으로서의 '공권력'이란 입법·사법·행정 등 모든 공권력을 말하는 것이므로 입법부에서 제정한 법률, 행정부에서 제정한 시행령이나 시행규칙 및 사법부에서 제정한 규칙 등은 그것들이 별도의 집행행위를 기다리지 않고 직접 기본권을 침해하는 것일 때에는 모두 헌법소원심판의 대상이 될 수 있는 것이다. 법원행정처장과 법무부장관은, 청구인 주장과 같이 법무사법 제4조 제2항에 의하여 직접 대법원에 법무사시험 실시의무가 부과된 것이라면 청구인은 먼저 행정심판법과 행정소송법에 따라 법원행정처장의 작위의무 위배에 대한 행정쟁송구제절차를 밟아야지 그러한 절차를 거치지 아니하고 막바로 헌법소원심판을 청구할 것이 아니라고 주장한다. 그러나, 이 사건에서 심판청구의 대상으로 하는 것은 법원행정처장의 법무사시험 불실시, 즉 공권력의 불행사가 아니라 법원행정청장으로 하여금 그 재량에 따라 법무사시험을 실시하지 아니해도 괜찮다고 규정한 법무사법시행규칙 제3조 제1항이고, 이 사건에서 청구인으로서는 법원행정처장에게 법무사시험 실시를 요구하고 그 결과(거부처분이나 부작위)에 대하여 불복청구하는 행정심판이나 행정소송을 제기할 수 있을는지도 모르나 가사 그러한 구제절차가 인정된다고 하더라도 그러한 것은 우회적인 절차여서 신속한 권리구제를 받기란 기대하기 어려운 것이므로 이는 헌법재판소법 제68조 제1항 후단 소정의 구제절차에 해당되지 아니하고, 법령 자체에 의한 직접적인 기본권침해여부가 문제되었을 경우 그 법령의 효력을 직접 다투는 것을 소송물로 하여 일반 법원에 구제를 구할 수 있는 절차는 존재하지 아니하므로(일반법원에 명령·규칙을 직접 대상으로 하여 행정소송을 제기한 경우에 이것이 허용되어 구제된 예를 발견할 수 없다) 이 경우에는 다른 구제절차를 거칠 것 없이 바로 헌법소원심판을 청구할 수 있는 것이다. 법무사법 제4조 제1항 제2호에서 법무사시험에 합격한 자에게 법무사의 자격을 인정하는 것은 법무사시험이 합리적인 방법으로 반드시 실시되어야 함을 전제로 하는 것이고, 따라서 법무사법 제4조 제2항이 대법원 규칙으로 정하도록 위임한 이른바 "법무사시험의 실시에 관하여 필요한 사항"이란 시험과목·시험실시방법·시험실시시기·실시횟수 등 시험실시에 관한 구체적인 방법과 절차를 말하는 것이지, 시험의 실시여부까지도 대법원 규칙으로 정하라는 말은 아니다. 그럼에도 불구하고 법무사법시행규칙 제3조 제1항은 "법원행정처장은 법무사를 보충할 필요가 있다고 인정되는 경우에는 대법원장의 승인을 얻어 법무사시험을 실시할 수 있다"라고 규정하였는바, 이는 법원행정처장이 법무사를 보충할 필요가 없다고 인정하면 법무사시험을 실시하지 아니해도 된다는 것으로서 상위법인 법무사법 제4조 제1항에 의하여 청구인을 비롯한 모든 국민에게 부여된 법무사자격 취득의 기회를 하위법인 시행규칙으로 박탈하고 법무사업을 법원·검찰청 등의 퇴직공무원에게 독점시키는 것이 되며, 이는 결국 대법원이 규칙제정권을 행사함에 있어 위임입법권의 한계를 일탈하여 청구인이나 기타 법무사자격을 취득하고자 하는 모든 국민의 헌법 제11조 제1항의 평등권과 헌법 제15조의 직업선택의 자유를 침해한 것이다.

3) 사견

부정론의 입장은 헌법 제107조 제2항을 들고 있으나 헌법 제107조 제2항은 명령의 위헌, 위법여부 자체를 직접 다투는 소송의 경우가 아니라 그 위헌, 위법여부가 다른 재판의 전제가 된 경우에 대법원이 최종적으로 심사할 권한을 가진다는 이른바 선결판단권을 규정한 것이므로 법규명령 자체를 대상으로 한 헌법소원을 부정할 논거가 되지 못한다.

(2) 법규명령에 관련된 헌법재판소의 통제

* 이에 관한 것은 여기 것 외에도, 정재황, 기본권총론, 박영사, 2020, 284면 이하; 정재황, 국가권력규범론, 박영사, 2020, 633면 이하도 참조.

1) 한계의 의미와 재판대상, 재판형식

법규명령을 둘러싸고 헌법재판소에서 심사가 이루어지는 것은 구체적 위임, 즉 헌법 제75조가 "대통령은 법률에서 구체적으로 범위를 정하여 위임받은 사항과 법률을 집행하기 위하여 필요한 사항에 관하여 대통령령을 발할 수 있다"라고 규정한 헌법적 한계 문제를 두고 주장되는 헌법재판에서이다. 그러나 종래 헌법 제75조의 구체적 위임에 대해 교과서에서는 이를 '행정입법의 한계'로 설명해 왔으나 정작 헌법 제75조의 이 한계는 행정입법 자체 이전에 위임하는 법률이 가지는(모법률에 향해진) 한계이다. 헌법 제75조는 '법률에서 구체적으로 범위를 정하여 위임받은'이라고 규정하여 구체적으로 범위를 정하는 주체는 '법률'이기 때문이다. 위임받는 행정입법인 법규명령도 위임받은 범위를 벗어나면 안되는 것은 물론이지만 그 한계는 법률이 정해주는 데 따른 것이고 구체적 범위를 정하여 위임하여야 하는 것은 어디까지나 법률 자체에서이다. 요컨대 구체적 위임이라는 것의 한계는 법규명령(행정입법) 자체에 대한 것이라기보다 법률 자체에 대한, 위임하는 모법률 자체를 향한 한계를 의미한다. 그리고 위임을 받는 법규명령의 한계는 그 위임받은 범위 내 사항을 정하여야 하고 그 범위를 벗어난 내용을 담아서는 아니된다는 것이다. 위 한계의 의미와 향해지는 방향이 법규명령에 대한 헌법재판소의 통제의 방식에도 연관된다.

2) 한계의 방향에 따른 헌법재판소 통제의 방식과 대상

위와 같은 한계의 의미와 방향에 따라 헌재의 통제방식과 그 대상에도 차이가 있다.

i) 위임하는 모법률규정 : ① 모법률규정이 법률규정이므로 법률규정을 대상으로 하는 위헌법률심판 또는 위헌소원심판으로 심사되어진다. 그 심사에서는 주로 포괄위임금지원칙 등이 행정입법 관련 심사 내용이고 법령보충규칙이 논란될 때에는 전문성·기술성 등을 가지는 사항이라고 본 법률의 판단이 맞는지도 살펴본다. 그러면서 법률규정 자체가 과잉금지원칙, 신뢰보호원칙을 위배하거나 평등권을 침해하지는 않는지 하는 심사도 행해진다. ② 법률규정 자체를 바로 대상으로 하는 법령소원심판도 그 대상이 될 수 있으나 문제는 다른 청구요건들을 갖추어야 본안판단에 들어간다. 문제는 특히 헌재는 행정입법에 의한 구체화가 예정된 경우(바로 여기의 행정입법에의 위임의 경우)에는 직접성요건을 갖추지 못하였다고 하여 모법률규정에 대한 청구 부분에 대해서는 각하결정을 한다는(불가분의 관계와 같은 예외로 인정하는 경우가 있긴 하다) 점이다(이에 대해서는 뒤의 직접성 청구요건 부분 참조). 이상의 상황은 재위임을 하는 행정입법(예를 들어 법률의 위임을 받은 대통령령이 다시 부령에 위임하는 경우의 대통령령)에 대해서도 마찬가지이다.

ii) 위임받은 행정입법 규정 : 법률규정이 아니므로 위헌법률심판, 헌법소원심판의 대상은 될 수 없고 법령소원심판의 대상이 되고 실제 사건이 적지 않다. 이 법령소원심판에서는 법률유보적 문제로서 구체적으로 위임된 것인지 여부, 모법(률)이 위임해준 범위 내를 벗어난 것인지 벗어나지 않은 것인지 여부에 대해 심사하고 나아가 행정입법 자체가 과잉금지원칙, 평등원칙 등을 위배하지는 않았는지에 대해서도 심사한다.

	위헌법률(소원)심판	법령소원심판
S법(모법률) 제9조	– 대상성 ○ 본안판단내용 – ① 위임가능성, 포괄위임성 여부 → ② 기본권제한 한계원칙 준수 여부 (과잉금지원칙, 신뢰보호원칙, 평등권 등) 위배 여부	– 대상성 ○ – 그 외 모든 청구요건 구비하면 본안판단대상 ※ 문제는 위임으로 구체적 하위 행정입법 시행되는 경우 헌재가 직접성을 부정함 (단, 불가분관계 등 인정예외 있음)
↓ 위임		
S법시행령(대통령령)	– 대상성 ×	– 대상성 ○ – 직접성 ○일 수 있음. 그 외 모든 청구요건 갖추면 본안판단 본안판단 내용 – ① 위임범위 내인지 여부 → ② 기본권제한 한계원칙 준수 여부 (과잉금지원칙, 신뢰 보호 원칙, 평등권 등) 위배 여부

▮행정입법(법규명령) 관련 한계 문제 판단에 대한 헌법재판

3) 여기서의 고찰 중심

헌법소원심판(법령소원심판)에 대해 살펴보는 여기에서는 물론 행정입법(법규명령)을 그 주대상으로 하는 부분을 고찰의 중심으로 한다. 참고로, 필요하면 법규명령에 관련하여 다루어진 내용이 있는 위헌법률심판이나 위헌소원심판 결정례들도 인용하긴 한다.

(3) 법규명령에 관련된 헌법재판소의 통제

그동안 법규명령으로서 대법원규칙, 대통령령, 총리령, 부령 등이 법령소원의 대상이 된 바 있다.

1) 대법원규칙에 대한 헌법소원심판

(가) 대법원규칙에 대한 헌법소원의 정당성

대법원규칙에 대한 헌법소원심판을 부정하는 견해의 논거도 앞의 (1)에서 본 것과 같다. 우리는 그 어느 누구도 자신의 사건에 있어서 판관이 될 수 없다는 자연적 정의(natural justice)의 명제가 고려될 수 있는 경우라고 본다. 우리는 헌법 제107조 제2항이 법규명령에 대한 헌법소원심판을 부정하게 하는 근거가 될 수 없다고 이미 지적하였는데 설령 헌법 제107조 제2항에 따라야 할 경우라고 하더라도 대법원이 '최종적으로' 심사한다는 것은 하급법원들에게도 대법원이 제정한 대법원규칙에 대한 심사권이 있음을 인정하여야 할 것인바 과연 최고법원의 규칙을 하급법원에서 심사하는 것이 체계상 어떠한지 하는 문제도 없지 않을 것이다.

대법원규칙에 대해 그동안 있었던 헌법소원심판의 본안결정들로 1건의 위헌결정과 몇 건의 기각결정들을 아래에서 정리하되 주로 그 본안쟁점, 심판대상규정 등에 대해서만 간단히 인용해 두고자 한다.

(나) 위헌결정례 : 법무사법시행규칙에 대한 헌법소원

이는 대법원규칙에 대한 헌법소원심판대상성을 인정한 결정이자 대법원규칙에 대한 첫번째 위헌결정이기도 하다. 헌재 1990.10.15. 89헌마178. 이 결정에 대해서는 위의 (1) 2)에서 살펴본 바 있다.

(다) 기각결정례

① 공탁금의 이자에 관한 규칙에 대한 헌법소원

판례 헌재 1995.2.23. 90헌마214

[본안쟁점] 연 1% 저리률의 이자만 붙이고, 1만원 미만의 단수에 대해서는 이자를 붙이지 않고 있는 공탁금의 이자에 관한 규칙(대법원규칙) 제2조·제4조가 재산권침해로서 위헌인지 여부(기각결정).

② 형사소송규칙 제40조에 대한 헌법소원

판례 헌재 1995.12.28. 91헌마114

[심판대상규정과 참조조문] <심판대상규정> 형사소송규칙(1982.12.31. 대법원규칙 제828호 이하 '규칙'이라 한다) 제40조(속기·녹취의 허가) 검사, 피고인 또는 변호인이 법 제56조의2 제2항의 규정에 의하여 속기 또는 녹취를 하고자 할 때에는 미리 법원의 허가를 받아야 한다. <참조조문> 형사소송법 제56조의2 제2항 피고인, 변호인 또는 검사는 각자의 비용부담으로 전항의 필기 또는 녹취를 할 수 있다.

③ **법무사법시행규칙 제35조 제4항 위헌확인**

판례 헌재 1996.4.25. 95헌마331
[본안쟁점] 법무사의 사무원의 총수는 합동사무소 구성원인 법무사를 포함하여 5인을 초과할 수 없도록 규정한 법무사법시행규칙(1994.12.30. 대법원규칙 제1327호) 제35조의 규정은 이 규정에 의거하여 해고된 사무원의 평등권, 직업의 자유, 행복추구권을 침해하는 위헌인지 여부(기각결정). * 본안판단결과 기각결정을 합헌성을 인정받았다. * 이 결정에 대해서 직접성이 논란되기도 하였는데 이에 관해서는 후술 법령소원의 직접성 요건 부분 참조.

2) 대통령령에 대한 헌법소원심판의 예

대통령령(시행령)에 대한 헌법소원심판의 본안결정례로 아래에 위헌결정과 기각결정의 예를 보되 주로 본안쟁점, 심판대상규정만을 정리해 둔다.

(가) 위헌결정례

① **제대군인지원에 관한 법률 제8조 제1항 등 위헌확인** – 유명한 제대군인가산점 위헌결정례이다. 당해 법률규정뿐 아니라 시행령의 규정도 위헌결정된 것이었다.

판례 헌재 1999.12.23. 98헌마363
[본안쟁점] 제대군인이 6급 이하의 공무원 또는 공·사기업체의 채용시험에 응시한 때에 필기시험의 각 과목별 득점에 각 과목별 만점의 5퍼센트 또는 3퍼센트를 가산하도록 규정하고 있는 제대군인지원에 관한 법률 시행령 규정이 시험을 준비중인 신체장애인과 여성들의 평등권, 공무담임권을 위헌적으로 침해하는 것인지 여부(위헌결정) [심판대상규정] 제대군인지원에 관한 법률시행령(1998.8.21. 대통령령 제15870호로 제정된 것. 이하 '이 시행령'이라 한다) 제9조(채용시험의 가점비율 등) ① 법 제8조 제1항의 규정에 의하여 제대군인이 채용시험에 응시하는 경우의 시험만점에 대한 가점비율은 다음 각호의 1과 같다. 1. 2년 이상의 복무기간을 마치고 전역한 제대군인 : 5퍼센트 2. 2년 미만의 복무기간을 마치고 전역한 제대군인 : 3퍼센트 ② 법 제8조 제3항의 규정에 의한 채용시험의 가점대상직급은 다음 각호와 같다. 1. 국가공무원법 제2조 및 지방공무원법 제2조에 규정된 공무원 중 6급 이하 공무원 및 기능직공무원의 모든 직급 2. 국가유공자 등 예우 및 지원에 관한 법률 제30조 제2호에 규정된 취업보호실시기관의 신규채용 사원의 모든 직급.

② **전기통신사업법 제53조 등**

판례 헌재 2002.6.27. 99헌마480
[본안쟁점] 전기통신사업법(1991.8.10. 법률 제4394호로 전문개정된 것) 제53조(불온통신의 단속) 제1항은 전기통신을 이용하는 자는 공공의 안녕질서 또는 미풍양속을 해하는 내용의 통신을 하여서는 아니된다고 금지하고 동조 제2 항은 공공의 안녕질서 또는 미풍양속을 해하는 것으로 인정되는 이러한 통신의 대상 등은 대통령령으로 정하도록 위임하였는데 이러한 '공공의 안녕질서', '미풍양속'이라는 불온통신의 개념이 불명확하고 표현의 자유를 지나치게 광범위하게 제한함으로써 과잉금지원칙에 위배되어 이를 근거로 하는 동법시행령 제16조도 위헌인지 여부(위헌결정) [심판대상규정] 전기통신사업법시행령(1991.12.31. 대통령령 제13558호로 전문개정된 것) 제16조(불온통신) 법 제53조 제2항의 규정에 의한 공공의 안녕질서 또는 미풍양속을 해하는 것으로 인정되는 전기통신은 다음 각호와 같다. 1. 범죄행위를 목적으로 하거나 범죄행위를 교사하는 내용의 전기통신 2. 반국가적 행위의 수행을 목적으로 하는

내용의 전기통신 3. 선량한 풍속 기타 사회질서를 해하는 내용의 전기통신.

③ **행정사법 시행령 제4조 제3항** – 행정사시험 재량 비실시의 위헌성

판례 헌재 2010.4.29. 2007헌마910
[심판대상규정] 행정사법 시행령(2008.2.29. 대통령령 제20741호로 일부 개정된 것) 제4조 제3항 중 '행정사의 수급상황을 조사하여 시험의 실시가 필요하다고 인정하는 때 시험실시계획을 수립하도록 한 부분' [결정요지] 시·도지사가 행정사를 보충할 필요가 없다고 인정하면 행정사 자격시험을 실시하지 아니해도 되게 규정한 이 시행령 조항은 법률상 근거 없이 기본권을 제한하여 법률유보원칙에 위반하여 청구인의 직업선택의 자유를 침해한다.

(나) 헌법불합치결정례

① **'재외동포의 출입국과 법적 지위에 관한 법률 시행령' 제3조**

판례 헌재 2001.11.29. 99헌마494
[본안쟁점] 재외동포들의 출입국에서의 혜택을 부여하고 한국 내에서의 법적 지위를 보장하는 것을 내용으로 하는 재외동포의 출입국과 법적 지위에 관한 법률(1999.9.2. 법률 제6015호로 제정된 것)의 적용대상에서 대한민국 정부수립 이전의 해외이주동포(대부분의 중국동포와 구 소련동포 등)을 제외한 위 법률 제2조 제2호와 동법시행령(1999.11.27. 대통령령 제16602호로 제정된 것) 제3조가 평등원칙에 위배되는지 여부(헌법불합치결정) [심판대상규정] 동법시행령(1999.11.27. 대통령령 제16602호로 제정된 것) 제3조(외국국적동포의 정의) 법 제2조 제2호에서 "대한민국의 국적을 보유하였던 자 또는 그 직계비속으로서 외국국적을 취득한 자 중 대통령령이 정하는 자"라 함은 다음 각호의 1에 해당하는 자를 말한다. 1. 대한민국 정부수립 이후에 국외로 이주한 자 중 대한민국의 국적을 상실한 자와 그 직계비속 2. 대한민국 정부수립 이전에 국외로 이주한 자 중 외국국적 취득 이전에 대한민국의 국적을 명시적으로 확인받은 자와 그 직계비속 [주문] 1. 재외동포의 출입국과 법적 지위에 관한 법률(1999.9.2. 법률 제6015호로 제정된 것) 제2조 제2호, 재외동포의 출입국과 법적 지위에 관한 법률시행령(1999.11.27. 대통령령 제16602호로 제정된 것) 제3조는 헌법에 합치하지 아니한다. 2. 이들 조항은 2003.12.31.을 시한으로 입법자가 개정할 때까지 계속 적용된다. [결정요지] 청구인들과 같은 정부수립 이전 이주동포를 재외동포법의 적용대상에서 제외하는 차별취급은 그 차별의 기준이 목적의 실현을 위하여 실질적인 관계가 있다고 할 수 없고, 차별의 정도 또한 적정한 것이라고는 도저히 볼 수 없으므로, 이 사건 심판대상규정은 합리적 이유 없이 정부수립 이전 이주동포를 차별하는 자의적인 입법이어서 헌법 제11조의 평등원칙에 위배되고, 이로 인하여 청구인들의 평등권을 침해하는 것이다.

② **심판대상을 시행령규정까지 확장하고 헌법불합치결정을 한 예** – 헌재는 모법규정과 시행령규정이 일체를 이루고 있는 경우에 시행령규정까지 확정하여 심판한다. 그 예로 '마약류 관리에 관한 법률'을 위반하여 금고 이상의 실형을 선고받고 그 집행이 끝나거나 면제된 날부터 20년이 지나지 아니한 것을 택시운송사업의 운전업무 종사자격의 결격사유 및 취소사유로 정한 여객자동차 운수사업법(2012.2.1. 법률 제11295호로 개정된 것) 제24조 제4항 제1호 가목 중 제3항 제1호 다목에 관한 부분, 여객자동차 운수사업법 시행령(2012.7.31. 대통령령 제24010호로 개정된 것) 제16조, 구 여객자동차 운수사업법(2012.2.1. 법률 제11295호로 개정되고, 2014.1.28. 법률 제12377호로

개정되기 전의 것) 제87조 제1항 단서 제3호의 제24조 제4항 제1호 가목 중 제3항 제1호 다목에 관한 부분 및 여객자동차 운수사업법(2014.1.28. 법률 제12377호로 개정된 것) 제87조 제1항 단서 제3호의 제24조 제4항 제1호 가목 중 제3항 제1호 다목에 관한 부분이 피해최소성, 법익균형성이 없어 과잉금지원칙을 위배하여 직업선택의 자유를 침해하는 위헌이라고 보고 헌법불합치결정을 한 결정례를 들 수 있다. 이 결정에서 위에서 언급한 대로 여객자동자 운수사업법 시행령 제16조도 아래와 같이 판시하면서 함께 심판하여 헌법불합치로 결정한 것이다.

판례 헌재 2015.12.23. 2013헌마575등

[주문] 1. 여객자동차 운수사업법(2012.2.1. 법률 제11295호로 개정된 것) 제24조 제4항 제1호 가목 중 제3항 제1호 다목에 관한 부분 및 여객자동차 운수사업법 시행령(2012.7.31. 대통령령 제24010호로 개정된 것) 제16조는 헌법에 합치되지 아니한다. 2. 생략. 3. 위 각 조항은 2017.6.30.을 시한으로 입법자가 이를 개정할 때까지 계속 적용된다. [판시] 한편 여객자동차법 제24조 제4항의 적용을 받는 자는 "구역 여객자동차운송사업 중 대통령령으로 정하는 여객자동차운송사업의 운전자격을 취득하려는 사람"이며, 이의 위임에 따라 제정된 여객자동차법 시행령 제16조에서는 위 법률조항이 적용되는 구역 여객자동차운송사업으로 일반택시운송사업 또는 개인택시운송사업을 규정하고 있다. 이처럼 여객자동차법 시행령 제16조는 여객자동차법 제24조 제4항의 규정을 구체화하는 것으로서 양자가 일체를 이루어 동일한 법률관계를 규율대상으로 하고 있고, 시행령규정은 모법규정을 떠나 존재할 수 없으므로 심판대상을 동 시행령규정까지 확장함이 상당하다(헌재 2001.11.29. 99헌마494 참조).

(다) 기각결정례

① 주택임대차보호법시행령 제3조 제1항 등

판례 헌재 2000.6.29. 98헌마36

[본안쟁점] 주택임대차보호법시행령(1995.10.19. 대통령령 제14785호로 개정된 것) 제3조 제1항이 우선변제받을 소액임차인의 보증금의 범위를 특별시 및 광역시(군지역 제외)에서는 1,200만원, 기타 지역에서는 800만원으로 규정하고 있는데 광역시 내의 지역 중 유독 군지역만을 제외한 것은 지역에 따른 불합리한 차별로서 위헌인지 여부(기각결정)

② 도시계획법시행령 제51조 제1항 제3호 등

판례 헌재 2002.8.29. 2000헌마556

[심판대상 및 본안쟁점] 일반주거지역, 준주거지역, 준공업지역 안에서 단란주점을 건축할 수 없도록 규정하고 있는 구 도시계획법시행령(2001.1.27. 대통령령 제17111호로 개정되기 전의 것) 제51조 제1항 제3호 내지 제6호 및 제13호 중 각 '단란주점'에 관한 부분. 이 규정이 단란주점을 경영하고자 하는 사람들의 직업선택의 자유를 지나치게 침해하여(과잉금지원칙에 위배하여) 위헌인지 여부(기각)

③ 옥외광고물 등 관리법시행령 제13조 제9항 본문

판례 헌재 2002.12.18. 2000헌마764

[심판대상 및 본안쟁점] 교통수단을 이용한 광고를 교통수단 소유자에 관한 광고에 제한하고 있는 구 옥외광고물 등 관리법시행령(2000.7.1. 대통령령 제16891호로 개정되고 2001.11.22. 대통령령 제17412호

로 개정되기 전의 것) 제13조 제9항 본문이 직업선택의 자유를 과도하게 제한하고 표현의 자유에 대한 본질적인 제약을 의미하는 등 위헌인지 여부(기각)

④ 도로교통법시행령의 제1종 운전면허 적성기준으로서 시력규정 부분

판례 헌재 2003.6.26. 2002헌마677

[본안쟁점] 도로교통법시행령(2002.6.29. 대통령령 제17650호로 일부 개정된 것) 제45조 제1항 제1호 가목 중 제1종 운전면허 적성 기준으로 양쪽 눈의 시력이 각각 0.5 이상일 것을 규정한 부분은 이 시력기준에 미달하는 사람이 제1 종 운전면허대상 차량을 운전하는 직업에 종사할 수 없게 되는 제한을 하여 그 사람의 직업선택의 자유를 과도하게 침해하는 위헌인지 여부(기각)

* 그 외 대통령령에 대한 헌법소원의 기각결정례들 : 헌재 2001.3.15. 선고, 2000헌마96등, 한의사전문의의 수련 및 자격인정 등에 관한 규정 제18조 등; 2001.11.29. 2000헌마278, 초·중등교육법 제31조 등; 2003.5.15. 2002헌마90, '국가유공자 등 예우 및 지원에 관한 법률 시행령' 제22조; 2008.5.29. 2006헌마170, 공무원보수규정(2006.1.12. 대통령령 제19268호로 개정된 것) 제5조 등 참조.

3) 총리령에 대한 헌법소원의 예

① 엔지니어링 기술진흥법시행규칙(총리령) 제3조 제1항 제2호 위헌확인

판례 헌재 1997.3.27. 93헌마159, 기각결정

[본안쟁점] 기술사 이외의 자, 즉 기사 1급 등 일반기술자 등에 대하여도 엔지니어링 활동주체가 될 수 있도록 허용한 엔지니어링기술진흥법시행규(총리령) 제3조 제1항 제2호 규정이 위임입법의 한계를 벗어난 것인지 여부(기각결정) [심판대상규정] 가. 엔지니어링기술진흥법시행규칙(총리령 1993.5.26. 전문개정된 것) 제3조 제1항 제2호. 이 규정과 모법령의 관계규정들은 다음과 같다. 엔지니어링기술진흥법시행규칙 제3조(엔지니어링활동주체의 신고기준) ① 영 제3조 제2항 및 동조 제3항 제2호의 규정에 의한 자본금(개인의 경우에는 자산평가액) 및 기술인력은 다음 각호와 같다. 2. 기술인력은 국가기술자격법에 의한 기술사, 기사 1급 또는 과학기술분야(정보처리분야의 경우에는 과학기술분야외의 분야를 포함한다)의 학사 이상의 학위를 가진 자 10인 이상일 것. 나. 엔지니어링기술진흥법시행령(대통령령 1993.5.26. 전문 개정된 것) 제3조(엔지니어링활동주체의 신고대상 등) ② 법 제4조 제1항 제1호의 규정에 의한 엔지니어링 활동주체의 신고대상에 해당하는 자는 총리령이 정하는 자본금(개인의 경우에는 자산평가액) 및 기술인력을 갖춘 자로 한다. 다만, 건설기술관리법에 의한 품질시험대상자 및 감리전문회사로서 동법의 규정에 의한 업무만을 수행하는 자를 제외한다.

② 국가유공자로 인정받기 위한 상이등급 기준 중 이명에 관한 상이등급 판정기준

판례 헌재 2012.5.31. 2011헌마241

[본안쟁점] 이를 정하고 있는 구 '국가유공자 등 예우 및 지원에 관한 법률 시행규칙'(2009.8.25. 총리령 제909호로 개정되고, 2012.1.30. 총리령 제969호로 개정되기 전의 것) 제8조의3 [별표 4] 신체부위별 상이등급 결정(이하 '이 사건 별표'라 한다) 2. 귀의 장애 다. 준용등급의 결정 중 2) 부분이 사회보장수급권, 평등권, 인간의 존엄과 가치 및 행복추구권을 침해하는지 여부(기각결정). * 동지 : 헌재 2015.6.25. 2013헌마128.

③ 국가유공자로 인정받기 위한 상이등급 기준 중 청력 6분법 판정 규정

판례 헌재 2015.6.25. 2013헌마128
[본안쟁점] 국가유공자로 인정받기 위한 상이등급 기준 중 구 '국가유공자 등 예우 및 지원에 관한 법률' 시행규칙(2012.6.29. 총리령 제984호로 개정되고, 2014.4.29. 총리령 제1077호로 개정되기 전의 것) 제8조의3 [별표 4] 신체부위별 상이등급 결정 2. 귀, 코 및 입의 장애 가. 귀의 장애 1) 청력의 측정 가) 중 전문 부분이 사회보장수급권을 침해하는지 여부(기각결정)

4) 부령에 대한 헌법소원의 예

(가) 위헌결정례 - 당구장 출입금지표시사건

판례 헌재 1993.5.13. 92헌마80
체육시설의 설치·이용에 관한 법률시행규칙(문화체육부령) 제5조에 대한 헌법소원. [본안쟁점] 당구장 출입문에 18세 미만자의 출입금지표시를 하도록 규정한 체육시설의 설치·이용에 관한 법률시행규칙(1992.2.27. 문화체육부령 제20호) 제5조는 직업선택의 자유를 침해하는 위헌인지 여부(위헌결정) [관련판시] 이 사건 심판대상규정은 체육시설의 설치·이용에 관한 법률 제5 조의 위임에 의거 문화체육부령(정부조직법 중 개정법률 1993.3.6. 법률 제4,541호에 의하여 '체육청소년부령'에서 '문화체육부령'으로 변경되었다)인 동 시행규칙 제5조에 규정되어 있으므로 이는 행정기관에 의하여 제정된 전형적인 위임입법의 하나로서 그 법적 성격은 법규명령의 일종인 위임명령에 속한다고 할 것이다. 명령·규칙이라 할지라도 그 자체에 의하여 직접 국민의 기본권이 침해되었을 경우에는 그것을 대상으로 하여 헌법소원심판을 청구할 수 있음은 당재판소가 일찍이 확립하고 있는 판례인데 … 체육시설의 설치·이용에 관한 법률시행규칙(1992.2.27. 문화체육부령 제20호) 제5조 중 별표 1. 체육시설업의 시설, 설비, 안전관리 및 위생기준 2. (2). 자, 3)은 문화체육부장관이 규칙제정권을 행사함에 있어서 위임입법권의 한계를 일탈하여 청구인의 헌법 제11조 제1항의 평등권과 헌법 제15조의 직업선택의 자유를 침해하여 위헌인 것이다.

(나) 기각결정례 - 폐기물관리법시행규칙 별표 6 제1호 가목의 제목 중 괄호부분 등

판례 헌재 2002.8.29. 2001헌마159
[본안쟁점] 사업장일반폐기물 수집·운반업의 업무범위가 종전에는 사업장생활계폐기물이든 사업장배출시설계폐기물이든 모두 포함되어 행할 수 있었던 것을 전자를 제외하여 그 업무범위를 사업장배출시설계폐기물만의 수집·운반으로 축소한 폐기물관리법시행규칙(2000.12.30. 환경부령 제104호로 개정된 것) 별표 6 제1호 가목과 나목의 제목 중 각 괄호부분이 위 영업을 하고 있는 사람의 직업의 자유와 재산권을 침해하고 신뢰보호의 원칙에 위배되는지 여부(기각결정)

5) 국회규칙에 대한 헌법소원

이에 관한 것으로는 국회상임위원회의 방청을 불허한 행위에 대한 헌법소원심판에서 국회방청규칙에 대한 헌법소원심판청구에 관한 아래의 판례를 들 수 있다. 그러나 이 결정에서 헌재는 문제의 국회방청규칙이 이 불허행위의 근거가 되지 않으므로 기본권침해의 자기관련성이 없다고 하여 국회방청규칙에 대한 심판청구를 각하하여 본안판단이 이루어지지 못하였고 나머지 심판청구에 대해서는 모두 기각하였다.

판례 헌재 2000.6.29. 98헌마443, 99헌마583
국회예산결산특별위원회 계수조정소위원회 방청허가불허 위헌확인, 국회상임위원회 방청불허행위 위헌확인 등, 각하ㄹ정, 기각결정. [본안쟁점] 국회 상임위원회의 국정감사활동에 대한 시민단체의 방청을 불허한 행위와 그 불허행위의 근거가 된다고 청구인(시민단체)이 주장한 국회법 제55조 제1항, 국회방청규칙 제3조 제2항, 제6조가 알 권리 등을 위헌적으로 침해하는 것인지 여부(위 국회방청규칙규정에 대한 심판청구는 각하되었다). [심판대상행위 및 규정] 피청구인들(대한민국 국회의장 외 1 인, 국회법제사법위원장 외 6 인)의 이 사건 국감방청불허행위, 그리고 국회법 제55조 제1항, 국회방청규칙 제3조 제2항, 제6조로 인하여 각 청구인들의 헌법상 보장된 기본권이 침해되었는지의 여부. 위 법령규정의 내용은 다음과 같다. 가. 국회법 제55조(위원회에서의 방청 등) ① 위원회에서는 의원이 아닌 자는 위원장의 허가를 받아 방청할 수 있다. 나. 국회방청규칙 제3조(방청권의 교부) ② 방청권은 의장의 지휘를 받아 사무총장이 그 장수를 정하여 이를 교부한다. [관련판시] 국회방청규칙 제3조 제2항이나 제6조는 방청권의 교부에 관한 절차적 규정인데, 이 사건 국감방청불허행위는 국정감사 및 조사에 관한 법률 제12조와 국회법 제55조에 터잡은 것이고 위 규칙조항들에 근거한 것이 아니므로 그로 인하여 기본권침해를 받았다고는 할 수 없다. 따라서 위 규칙조항들에 대한 심판청구는 기본권침해의 관련성이 없어 부적법하므로 각하한다. * 국회규칙에 대한 심판청구 외의 심판청구에 대해서는 기각결정을 하였다.

6) 중앙선거관리위원회 규칙

이에 대한 기각결정례가 있다.

판례 헌재 2012.3.29. 2010헌마97, 선거관리위원회 공무원규칙 제233조 제3항 등 위헌확인, 기각결정.

7. 형식적 행정규칙(실질적 법규명령)에 대한 헌법소원 인정

행정입법에는 그 이름이 대통령령(시행령), 총리령, 부령(시행규칙) 등인 것이고 행정규칙은 그 이름이 훈령, 고시, 내규, 예규, 지침 등으로 불리는 것이다. 고전적 행정법이론에서는 행정규칙의 '법규성'이 부정되었다. 즉 행정규칙은 공포절차도 없고 국민의 권리의무에 영향을 미치는 효력을 가지지 않아서 법규성이 없다고 보는 것이다. 그러나 오늘날 행정규칙의 '법규성'에 대하여 논란이 있다. 이러한 문제와 관련하여 행정규칙이 기본권침해의 구제수단인 헌법소원의 대상이 되느냐 하는 문제가 있다.

(1) 대상이 되기 위한 요건 내지 대상성인정의 기준

1) 법률(법령)보충적 행정규칙

중요! 법령보충규칙은 행정법에서도 많이 거론하므로 변호사시험에서 공법 복합형 문제로 출제될 가능성이 많으므로 특히 유의하고 숙지하여야 함.

(가) 법령보충규칙의 헌법소원대상성 포함의 판례논거

가) 법령보충규칙에 의한 기본권제한가능성 인정

우리 판례는 앞서 본 법규명령 외에도 이름이 고시, 예규, 지침 등 행정규칙의 이름을 가지더라도 상위법령의 위임을 받아 제정된 것은 이른바 '법령보충규칙'이라고 하여 그것에 의한 기본권제한가능성을 인정한다. 즉 이름이 행정규칙이더라도 법령보충규칙의 경우에는 기본권제한을 할 수 있는 행정입법이고 따라서 기본권구제수단인 헌법소원의 대상성을 가진다는 것이다.

나) 예시설

이러한 판례법리가 터잡을 수 있는 것은 우리 헌재는 우리 헌법 제75조, 제95조 등에서 헌법이 인정하고 있는 위임입법의 형식(즉 대통령령, 총리령, 부령)은 예시적인 것으로 보기 때문이다(예시설, 2015헌마161 등). 즉 대통령령, 총리령, 부령이 헌법 제75조, 제95조에 명시되어 있어 이 법규명령들에만 기본권제한사항이 위임한 것으로 열거적으로 볼 것인가에 대해 부정하고 이 헌법규정들은 예시적이므로 법령보충규칙으로 기본권제한사항을 정할 수 있고 따라서 기본권을 제한하는 법령보충규칙도 헌법소원대상이 될 수 있다고 보는 것이다(이러한 예시설과 법령보충규칙에 의한 기본권제한 문제에 대한 자세한 것은, 정재황, 헌법학, 2021, 박영사, 604면 이하 참조). 따라서 헌법소원대상이 되는 행정규칙으로서 법령보충규칙에 대해 아래에 살펴본다.

(나) 법률보충규칙의 핵심개념과 인정요건

가) 법률보충규칙의 핵심개념

우리 헌재 판례에 따르면 '법률(법령)보충규칙'은 이름은 훈령, 고시, 내규, 예규, 지침이어서 법규명령이 아니나 그 규칙이 나오게 된 연유가 법률(법령)의 위임(법률의 위임을 받은 대통령령 등의 법령에 의한 재위임)을 받아 제정된 데 있는 행정규칙을 말한다. 그 핵심적 개념요소와 다른 일반적 행정규칙과의 차이점이 바로 상위 법률(법령)이 직접 정하도록 위임해주어 상위 법률(법령)의 근거가 있는 행정규칙이라는 점이다. 그 점에서 법규명령인 부령과 차이가 없는데 그와 같이 명칭상 차이가 있고 그 제정경위에 차이가 있다.

	부령	법령보충규칙
법률(령)의 문언	'ㅇㅇ부령으로 정한다' '부령으로 정하는' '부령(이)으로 정하는 바에 따라'	'ㅇㅇ부장관(△△처장)은 고시한다(하여야 한다)' '장관이 고시하는' '장관이 정하여 고시하는 것'

예시

* ○○ → 행정각부, 예를 들어 교육부, 문화체육관광부 등. △△ → 예를 들어 식품의약품안전처, 법제처

▌부령과 법령보충규칙의 법문언 차이

나) 법률보충규칙의 인정요건

우리 헌재는 이러한 법률(법령)보충적 행정규칙이 헌법소원의 대상이 된다고 하고 그 요건 내지 인정기준을 아래와 같이 설정하고 있다. 그리고 아래에 한계에서 언급하겠지만 헌재는 전문적·기술적 사항에 한정된다고 한다.

[행정규칙의 헌법소원대상성 요건(인정기준) : 판례의 기본입장]
▷ 법령의 직접적인 위임을 받아 이를 구체화하거나(그리하여 행정규칙이더라도 그것이 상위법령의 위임한계를 벗어나지 아니하는 한, 상위법령과 결합하여 대외적인 구속력을 갖는 법규명령으로서 기능하게 될 경우) 법령의 내용을 구체적으로 보충하는(법률보충적) 행정규칙은 헌법소원의 대상이 됨
▷ 위 행정규칙은 일반·추상적 성격을 가질 것

a) 상위법령 결합·구체화·보충하여 대외적인 구속력을 가질 것 이러한 법리가 표명된 판례들 중 대표적인 결정례를 아래에 인용한다.

① 공무원임용령 제35조의2 등에 대한 헌법소원

판례 헌재 1992.6.26. 91헌마25
[관련판시] 법령의 직접적인 위임에 따라 수임행정기관이 그 법령을 시행하는 데 필요한 구체적 사항을 정한 것이면, 그 제정 형식이 비록 법규명령이 아닌 고시·훈령·예규 등과 같은 행정규칙이더라도 그것이 상위법령의 위임한계를 벗어나지 아니하는 한, 상위법령과 결합하여 대외적인 구속력을 갖는 법규명령으로서 기능하게 된다고 보아야 한다. 위에서 인정한 사실에 의하면, 위 공무원임용령 제35조의2는 1990.1.30. 공포·시행되었고, 총무처 예규는 위 공무원임용령 제35조의2 제3항의 위임에 따라 같은 해 6.7. 제정되어 같은 해 7.1.부터 시행되었으며, 위 법령과 예규의 시행에 따라 같은 날 제1차 대우공무원 선발이 있었음을 알 수 있다. 따라서 청구인이 위 법령과 예규의 관계규정으로 말미암아 직접 기본권을 침해받았다면, 이에 대하여 바로 헌법소원심판을 청구할 수 있다고 보아야 할 것이다. * 그리하여 이 결정에서 대상성은 인정되었다. 그러나 청구기간의 도과를 이유로 청구가 각하되었다.

② 1996학년도대학입시기본계획 등 위헌확인

판례 헌재 1997.7.16. 97헌마70
[관련설시] 행정기관 내부를 규율하는 행정규칙도 법령의 직접적인 위임을 받아 이를 구체화하거나 법령의 내용을 구체적으로 보충하는 경우에는 공권력의 행사에 해당한다고 볼 것이므로 …

* 위와 같이 법령보충규칙을 인정하는 이러한 헌재의 판례입장은 행정소송에 관한 대법원의 판례의 입장과 유사하다.

b) 일반·추상적 성격을 가질 것

[주요판시사항]
▷ 고시가 일반·추상적 성격을 가질 때에는 법규명령 또는 행정규칙에 해당하지만, 고시가 구체적인 규율의 성격을 갖는다면 행정처분에 해당됨

▷ 행정처분의 통지수단으로서의 고시의 경우 고시 자체가 아니라 고시의 실질적 내용을 이루는 행위(처분)에 대한 행정쟁송을 거친 후에야 헌법소원을 제기하여야 함 - 보충성원칙 적용

헌재는 법령보충규칙으로 많이 분류되는 '고시'가 언제나 명령이나 규칙의 성격을 가지는 것은 아니고, 그 법적 성질은 "일률적으로 판단될 것이 아니라 고시에 담겨진 내용에 따라 구체적인 경우마다 달리 결정된다고 보아야 한다. 즉, 고시가 일반·추상적 성격을 가질 때에는 법규명령 또는 행정규칙에 해당하지만, 고시가 구체적인 규율의 성격을 갖는다면 행정처분에 해당한다"라고 한다. 그리하여 일반·추상적 성격을 가지는 고시가 법령보충규칙이 되고 구체적인 규율의 성격을 갖는 고시는 행정처분으로서 행정쟁송의 대상이 되어 헌법소원의 보충성원칙의 적용결과 먼저 행정쟁송을 거쳐 헌법소원을 제기하여야 한다고 보고 바로 헌법소원을 제기할 수는 없다고 본다. 이러한 법리가 표명된 판례들 중 대표적인 결정례를 아래에 인용한다.

판례 헌재 1998.4.30. 97헌마141

[사건개요] 청구인인 ○○주식회사는 플라스틱 병마개 제조업을 영위할 목적으로 1997.3.17. 설립된 회사이다. 그런데 국세청장은 특별소비세법시행령 제37조 제3항, 주세법시행령 제62조 제4항과 위 규정들에 근거한 국세청고시 제1997-2호(1997.2.5.)에 의하여 특별소비세법 및 주세법 관련규정상 납세증명표지의 첩부와 동일한 효력이 인정되는 납세병마개의 제조자로 청구인 외의 다른 두 회사만을 지정하였다. 이에 따라 국세청장에 의하여 납세병마개 제조자로 지정을 받지 못한 청구인은 기업의 활동을 크게 제한받게 되었다. 이에 청구인은 특정업체를 납세병마개 제조자로 지정토록 규정하고 있는 특별소비세법시행령 제37조 제3항, 주세법시행령 제62조 제4항 및 국세청고시 제1997-2호의 위헌확인을 구하고자 헌법소원심판을 청구하였다. [결정요지] 이 사건 국세청고시에 대한 심판청구의 적법성 (1) 청구인은 이 사건 국세청고시가 이 사건 조항들과 결합하여 국민의 권리와 의무에 관한 사항을 규율하는 하나의 법규명령을 구성한다고 주장한다. 그러나, 고시 또는 공고가 언제나 명령이나 규칙의 성격을 가지는 것은 아니다. 고시 또는 공고의 법적 성질은 일률적으로 판단될 것이 아니라 고시에 담겨진 내용에 따라 구체적인 경우마다 달리 결정된다고 보아야 한다. 즉, 고시가 일반·추상적 성격을 가질 때에는 법규명령 또는 행정규칙에 해당하지만, 고시가 구체적인 규율의 성격을 갖는다면 행정처분에 해당한다. 헌법재판소도 "법령의 직접적인 위임에 따라 수임행정기관이 그 법령을 시행하는데 필요한 구체적인 사항을 정한 것이면, 그 제정형식은 비록 법규명령이 아닌 고시, 훈령, 예규 등과 같은 행정규칙이더라도, 그것이 상위법령의 위임한계를 벗어나지 않는 한 상위법령과 결합하여 대외적 구속력을 갖는 법규명령으로서 기능하게 된다고 보아야 한다"고 판시함으로써, 고시가 그 실질적 내용에 있어서 일반·추상적 성격을 가질 때에는 이를 법규명령으로 판단하였다. 그러나 이와는 달리, 관보 등에의 고시의 방법으로 효력이 발생하도록 되어 있는 행정처분은 외부에 그 의사를 표시함으로써 효력이 불특정 다수인에 대하여 동시에 발생하고 제소기간 또한 일률적으로 진행하게 된다. 이 사건 국세청고시 또한 이러한 성격을 갖는 것으로서 특정 사업자를 납세병마개 제조자로 지정하였다는 행정처분의 내용을 모든 병마개 제조자에게 알리는 통지수단에 불과하므로, 청구인은 이 사건 고시 자체를 다툴 것이 아니라 이 사건 고시를 통하여 국세청장이 행한 납세병마개 제조자의 지정행위라는 행정처분을 법적 쟁송의 대상으로 삼아야 한다(* 이 고시는 국세청장에 의해 납세병마개 제조자로 결정, 지정된 제조업자들을 직접 거명하는 내용이다 - 저자 주). 따라서 청구인의 이 사건 국세청고시에 대한 헌법소원심판청구는 고시 그 자체가 아니라 고시의 실질적 내용을 이루는 국세청장의 위 납세병마개 제조자 지정처분에 대한

것으로 해석함이 타당하다. (2) 국세청장의 지정행위는 공권력의 행사로서 헌법소원의 대상이 될 수 있다. 그러나 헌법소원심판은 다른 법률에 구제절차가 있는 경우에는 그 절차를 모두 거친 후에 청구를 해야 한다(헌법재판소법 제68조 제1항 단서). 행정소송법 제12조는 "취소소송은 처분 등의 취소를 구할 법률상 이익이 있는 자가 제기할 수 있다"고 규정하고 있는데, 대법원판례와 학계의 다수설이 취하는 '법률상 보호이익설'에 의하면 여기서의 '법률상의 이익'이란 법에 의하여 보호되는 이익(대법원 1992.12.8. 선고, 91누13700 판결; 1993.7.27. 93누8139 판결 등), 즉, 실정법을 근거로 하여 성립하는 공권을 뜻하므로, 비록 행정처분의 직접 상대방이 아닌 제3자라도 당해처분의 취소를 구할 법률상 이익이 있는 경우에는 행정소송을 제기할 수 있다고 하겠다. 위와 같이 '법률상 보호이익설'은 행정처분의 직접 상대방이 아닌 제3자의 원고적격을 판단함에 있어서 주관적 공권의 성립여부를 그 기준으로 삼고 있는데, 여기서 공권이란 행정청의 특정 의무를 규정하는 객관적인 법규범이 존재하고 그 법규범이 공익뿐만 아니라 사익의 보호도 의도하고 있는 경우에 비로소 인정된다 하겠다. 이 사건에서 보건대, 설사 국세청장의 지정행위의 근거규범인 이 사건 조항들이 단지 공익만을 추구할 뿐 청구인 개인의 이익을 보호하려는 것이 아니라는 이유로 청구인에게 취소소송을 제기할 법률상 이익을 부정한다고 하더라도, 국세청장의 지정행위는 행정청이 병마개 제조업자들 사이에 특혜에 따른 차별을 통하여 사경제 주체간의 경쟁조건에 영향을 미치고 이로써 기업의 경쟁의 자유를 제한하는 것임이 명백한 경우에는 국세청장의 지정행위로 말미암아 기업의 경쟁의 자유를 제한받게 된 자들은 적어도 보충적으로 기본권에 의한 보호가 필요하다. 따라서 일반법규에서 경쟁자를 보호하는 규정을 별도로 두고 있지 않은 경우에도 기본권인 경쟁의 자유가 바로 행정청의 지정행위의 취소를 구할 법률상의 이익이 된다 할 것이다. (3) 그러므로 청구인은 국세청장의 지정처분의 취소를 구하는 행정소송을 제기할 수 있고, 이러한 행정소송절차는 청구인이 침해되었다고 주장하는 기본권을 효율적으로 구제할 수 있는 권리구제절차라 할 것이다. 따라서 그러한 구제절차를 거치지 아니하고 제기된 이 사건 국세청고시에 대한 헌법소원 심판청구는 보충성요건이 결여되어 부적법하다.

* 일반·추상적 성격을 가져야 한다고 본 동지의 다른 결정례들 : 2004.1.29. 2001헌마894; 2008.11.27. 2005헌마161등; 2009.2.26. 2005헌마837; 2009.4.30, 2007헌마106 등.

* 검토 – ⅰ) 앞서 법령보충규칙이 헌법소원대상이 되기 위한 요건으로서 ⅰ)에서 상위법령을 구체화·보충하는 것이어야 한다고 한 것에서의 구체화와 행정처분으로서의 고시가 구체적인 규율이라고 하는 구체적인 것의 혼동이 온다. 이를 어떻게 풀 것인가 하는 점이 문제된다. 선해하면 법령보충규칙인 고시의 경우 상위법령의 구체화란 그 상위법령의 내용을 구체화한다는 것이고 어느 특정인 ○○아무개에게 어떤 법적 효과가 바로 나오는 것은 아니어서 일반적이고 추상적이라는 의미이다. 헌법소원에서 청구요건의 하나인 '기본권침해성'은 특정된 ○○아무개 청구인에 침해가 온다는 구체성이 아니라 그러한 행정작용이라면 일반적으로 침해가능성이 있다고 볼 수 있을 것을 의미한다. 특정된 ○○아무개 청구인에 침해가 오는 것인지 여부에 대해 판단하는 것은 헌법소원의 본안에서 판단할 바로 그것이 본안판단의 과제인 것이다. 그러나 법령소원과 같은 규범통제에 있어서는 본안판단에서도 이런 구체적인 것을 넘어서서 일반적인 판단이 요구된다. 규범은 청구인에게만 영향을 주는 것이 아니기 때문이다(법령소원에서의 위헌성이 인정되면 결정주문에서 그 법령에 대한 위헌선언을 하는 것도 그러한 의미이다). 일단은 법령보충규칙에 대한 법령소원에서의 대상성요건으로서 일반성·추상성은 그러한 의미이고 행정처분으로서 고시의 경우 고시의 규율이 구체적으로 한정된 특정인에게 법적 효과(의무나 권리 등의 부여)를 바로 가져오게 한다는(이 사안의 지정처분의 고시) 의미의 구체적임을 의미한다고 할 것이다.

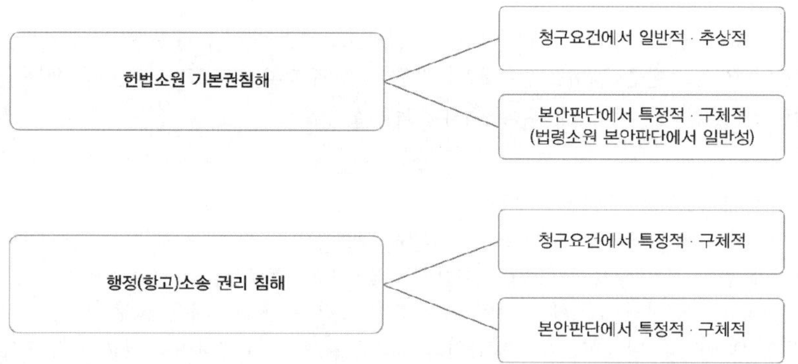

ii) 여하튼 법령보충규칙의 경우에는 직접성요건 등 법령소원으로서 다른 청구요건이 문제되나 보충성원칙의 적용은 없고, 행정처분적 고시의 경우에는 행정처분에 대한 법원의 행정소송의 길이 열려있으므로 특히 보충성원칙요건이 다음 단계에서 문제되는데 위 사안이 바로 행정처분적 고시로서 행정쟁송대상이 되어 보충성원칙적용결과 행정쟁송을 거쳐야 하는데 그렇지 못하여 각하된 것이다(* 반면에 일반·추상적 성격의 고시로서 보충성원칙 적용없이 바로 헌법소원을 제기할 수 있다는 전형적인 예는 아래 (나)에 인용된 결정례 참조). iii) 위 사안에서 헌재 스스로가 "고시를 통하여 국세청장이 행한 납세병마개 제조자의 지정행위라는 행정처분"이라고 하고 고시는 통지행위로서 운운하면서 고시와 지정처분을 별개 대상으로 하여 판시하고 있는 것은 판시를 읽는 국민에게 혼선을 준다. iv) 위 사안은 지정처분을 받은 상대방이 아닌 제3자가 청구한 사안이다. 행정소송에서 이른바 경쟁, 경원의 소송이라 할 수 있다. 행정법에서 말하는 행정소송에서의 제3자의 법률상 이익을 헌재가 인정한 사안이라 헌법과 행정법이 복합되는 문제로서 다루어질 수 있어서 중요한 사례이다.

(다) 법령보충규칙 여부에 관련된 중요 청구요건 문제 - 보충성원칙 불요 여부

법령보충규칙으로 인정되면 일반·추상적인 성격을 가진 다른 청구요건을 갖추는 한 법원의 행정소송 대상이 아니라서 보충성원칙의 적용이 없게 된다. 구체성을 가진 고시는 법령보충규칙이 아니라 행정처분이며 보충성원칙의 적용을 받아 바로 헌법소원심판을 청구할 수는 없다. 이는 위 요건 중 ii)에 대해 설명하면서 이미 언급한 것인데 다시 정리하면서 아래 결정례가 그 점을 보다 분명히 해준다. 사안은 중복처방시 요양급여의 인정기준을 정한 '요양급여의 적용기준 및 방법에 관한 세부사항(약제) 중 개정'(2009.4.22. 보건복지가족부 고시 제2009-71호. 이하 '이 사건 고시'라 한다)에 대해 요양기관을 개설한 의사들이자, 국민건강보험법 제5조에 의한 국민건강보험 가입자들인 사람들이 의사들의 진료권, 환자들의 진료받을 권리를 침해한다고 하여 헌법소원심판을 청구한 사건이었는데 이 사건 고시 자체를 헌법소원심판으로 직접 다툴 수 있는지 여부가 논란되었으나 헌재는 일반성·추상성을 가진 고시로서 보충성원칙 적용없이 바로 헌법소원을 제기할 수 있다고 본 것이다.

주목할 점 : 아래 결정은 법령보충규칙에 대한 헌법소원도 법령소원으로서 보충성원칙의 적용이 없지만 법령소원도 어디까지나 헌법소원이므로 본래의미의 헌법소원의 다른 청구요건인 기본권침해가능성, 직접성 등은 요구한다는 점을 분명히 해 준 결정이어서 주목을 요한다.

판례 헌재 2010.9.30. 2008헌마758

[결정요지] 3. 적법요건에 관한 판단 가. 기본권침해 가능성 – 이 사건 고시는 의사인 청구인들의 처방전 발급에 관한 진료행위를 일정하게 제한하는 것이므로 청구인들의 직업수행의 자유 침해와 관련된다. 나. 직접성 – 이 사건 고시에 의하여 요양기관으로서는 일정한 사유에 해당되지 아니하면 국민건강보험공단에 대하여 그 약제비용을 요양급여로 청구할 수 없고 요양급여를 받은 환자 본인에게만 약제비용을 청구할 수 있게 되므로, 요양급여의 실시·요양급여비용 청구 등과 같은 사실행위나 법률행위 이전에 이미 요양기관의 중복처방이 일정하게 제한되는 효과가 발생하게 된다. 이처럼 이 사건 고시에 의하여 바로 청구인들의 중복처방에 관한 법률관계에 변동을 가져오기 때문에 그 자체로서 요양기관과 국민건강보험공단 사이의 권리관계를 직접 규율한다고 할 것이므로, 이 사건 고시는 기본권침해의 직접성 요건도 갖추었다. 다. 보충성 (1) 보충성과 관련하여 법령보충적 행정규칙인 이 사건 고시에 대한 항고소송이 허용되는지 문제된다. 만약 이 사건 고시의 처분성이 인정된다면 행정소송법 제2조 제1항 제1호에 의하여 행정법원에 항고소송을 제기하여야 하는 것이고, 이에 대하여 헌법소원을 제기한다면 다른 법률에 구제절차가 있는 경우에 해당되어 보충성원칙 위반으로 각하될 것이기 때문이다. (2) 행정소송의 대상이 되는 처분이란 구체적 사실에 관한 공권력행사로서(행정소송법 제2조 제1항 제1호) 그 처분의 '관련자가 개별적'이고, '규율대상이 구체적'인 것을 의미하는바, 먼저 이 사건 고시의 '관련자의 개별성'을 검토해 본다. 이 사건 고시의 경우 '중복처방 시 요양급여가 인정되는 기준을 정한 것'이다. 즉, 일정한 사유가 있는 경우 요양급여가 인정되는 중복처방이 가능하고 그 사유에 해당하지 아니하면 환자 전액 부담으로 중복처방이 가능하다는 것이다. 이러한 규정의 '관련자'는 주로 요양기관과 보험가입자라 할 것인데, 보험가입자는 특정되지 아니한 일반 국민을 의미하는 것이므로 개별성 요건을 충족시키지 못함은 명백하다. (3) 다음으로 이 사건 고시의 '규율대상의 구체성' 여부를 검토한다. 구 국민건강보험법 제39조 제2항은 요양급여의 방법·절차·범위·상한 등 요양급여의 기준을 보건복지가족부령으로 정하도록 하고 있고, 보건복지가족부령인 구 '국민건강보험 요양급여의 기준에 관한 규칙' 제5조 제2항은 요양급여의 적용기준 및 방법에 관한 세부사항을 보건복지가족부 고시로서 정하도록 하고 있다. 이 사건 고시는 이러한 위임에 따라 요양급여의 기준의 세부사항 중 중복처방의 경우 요양급여를 받을 수 있는 일정한 기준을 정하고 있는 것으로서, 중복처방의 경우 원칙적으로 요양급여를 인정하지 아니하고 환자의 전액부담으로 하되, 일정한 사유가 있는 경우는 요양급여를 인정한다는 것이다. 따라서 이는 요양기관과 국민건강보험공단 및 건강보험가입자 사이에 시간과 공간이 특정된 구체적 사건을 규율하는 것이 아니고, 중복처방 시 요양급여로 인정할 것인지 말 것인지 하는 장래의 불특정하고 추상적이며 반복되는 요양급여 인정 기준을 정한 것이다. (4) 위와 같이 이 사건 고시의 개별성 및 구체성의 정도를 종합하여 보면, 이 사건 고시는 처분의 성격을 지닌 것이라기보다는 행정규칙 형식의 법규명령으로서 일반적·추상적인 규정의 성격을 지닌 것이라 봄이 상당하다. 이처럼 이 사건 고시는 처분성이 결여된 법규명령인바, 법령자체에 의한 직접적인 기본권침해가 문제될 때에는 그 법령 자체의 효력을 직접 다투는 것을 소송물로 하여 일반법원에 그 소송을 제기하는 길이 없어 구제절차가 있는 경우가 아니므로, 다른 구제절차를 거치지 아니한 채 바로 이 사건 고시에 대하여 헌법소원심판을 청구할 수 있다.

* 법령보충규칙에 대해서는 정재황, 기본권총론, 박영사, 2020, 기본권제한, 법률유보, 행정입법에의 위임 부분에서도 상설하고 있다.

(라) 법령보충규칙의 한계

헌재는 다만, 행정규칙은 법규명령과 같은 엄격한 제정 및 개정절차를 요하지 아니하므로, 기본권을 제한하는 작용을 하는 법률이 입법위임을 할 때에는 대통령령, 총리령, 부령 등 법규명령에 위임함이 바람직하고, 고시와 같은 형식에 입법위임을 부득이 인정할 필요가 있을 때라고 하더라도 다음과 같은 한계가 있다고 한다. ㉠ 전문적·기술적 사항에 한정(적어도 행정규제기본법 제4조 2항 단서에서 정한 바와 같이 법령이 전문적·기술적 사항이나 경미한 사항으로서 업무의 성질상 위임이 불가피한 사항에 한정)되고, ㉡ 포괄위임금지(그러한 사항이라 하더라도 포괄위임금지의 원칙상 법률의 위임은 반드시 구체적·개별적으로 한정된 사항에 대하여 행하여져야 할 것)가 요구된다(헌재 2006.12.28. 2005헌바59; 2008.7.31. 2005헌마667; 2012.2.23. 2009헌마318; 2014.7.24. 2013헌바183 등).

(마) 법령보충규칙에 관련된 헌법재판의 대상성과 그 재판형식

기본권사항을 담을 수 있는 법령보충규칙을 인정하는 다음에야 그것에 대한 헌법재판의 통제가 중요하다. 법령보충규칙과 관련한 헌법재판의 방식, 대상 등이 정리되어야 할 것이다. 판례법리는 다음과 같이 정리된다. ① 헌법재판 중 위헌법률심판의 경우에는 법령보충규칙에 위임하는 그 법률규정만이 대상이고 그 위임이 적정하였는지를 심사하게 되고 법령보충규칙은 대상이 되지 않는다(위헌법률심판, 위헌소원심판의 대상은 어디까지나 법률이다). ② 법령보충규칙은 법령소원의 대상이 된다. * 따라서 법령보충규칙 자체가 대상인 사건은 '헌가', '헌바'에는 없고 '헌마'에만 있다. ③ 법령보충규칙을 제정하도록 위임해주는 법률(또는 법률의 위임을 받은 대통령령 등이 재위임을 법령보충규칙에 한 경우 그 대통령령(시행령) 등)은 법령소원의 대상이 된다. 그러나 헌재는 법률규정이 구체적 사항을 대통령령(시행령), 총리령, 부령(시행규칙) 등 행정입법에 위임하는 경우(즉 그 규범의 구체화를 위하여 하위규범의 시행을 예정하고 있는 경우)에는 그 위임받아 구체적 사항을 정하는 행정입법에 대해서는 직접성을 인정하나 위임하는 법률(령)규정 자체에 대해서는 직접성을 인정하지 않는다. 대통령령이 총리령, 부령 등에 재위임하는 경우에도 마찬가지 법리가 적용된다(예 : 헌재 2018.5.31. 2015헌마853). 이런 법리를 표명한 결정례들은 많다(전형적인 것으로 헌재 2012. 7. 26. 2010헌마7등; 헌재 2019.4.11. 2018헌마920 등 참조). 다만, 예외적으로 위임하는 법률조항과 시행령조항이 서로 불가분의 관계에 있거나(헌재 2009.9.24. 2007헌마949) 법률 자체에 기본권제한을 가져오는 의무가 이미 규정되어 있는 경우(헌재 2004.1.29. 2001헌마894), 법률조항에 의하여 시원적으로 발생하는 문제의 판단 필요성이 있는 경우(헌재 2012.11.29. 2011헌마827) 등은 수권 법률조항에 대해서도 직접성을 예외적으로 인정한다(*이에 대한 자세한 것은, 뒤의 제4절 헌법소원심판의 청구요건, 직접성요건, 법령소원 직접성 부정의 중요사유 구체화를 위한 하위규범시행 예정 경우 부분 참조).

(바) 법령보충규칙에 대한 헌법소원심판 심사의 논증구조(논증단계)

다음 두 단계로 나누어 논증구조를 정리해볼 수 있다. i) 적법요건 판단 단계 : ① 법령보충규칙으로서 대상이 되는지 여부(일반성·추상성을 가지는지 여부(구체적인 경우 처분이 되어 대상이 안

되고 보충성원칙에도 문제됨. 전술 참조), 모법조항의 위임에 의하여 제정된 것으로서 국민의 기본권을 제한하는 내용을 담고 상위법령과 결합하여 대외적 구속력을 갖는 법규명령으로 기능하고 있는지 여부 등을 판단) 판단 → ② 다른 청구요건(자기관련성, 직접성, 현재성, 권리보호이익 등)에 대해 판단, ii) 본안 판단 단계 : ① 법령보충규칙의 내용이 위임범위를 벗어난 것이 아닌지 여부 ② 법령보충규칙이 정한 내용이 헌법의 기본권제한한계를 벗어난 것이 아닌지 여부(예를 들어 과잉금지원칙에 위배되는 것은 아닌지 여부). * 위 논증순서는 반드시 위와 같아야 할 것은 아니고 약간 바뀔 수 있을 것이고 어떤 논증부분은 결정문에 나타나지 않을 수도 있을 것이다. * 한편 위 논증구조를 보면서 다음을 인지하게 된다. 사실 '헌가', '헌바' 사건에서 위임해주는 법률에 대한 심사에서 법령보충규칙에의 위임이 가능한가 하는 문제를 따지면서 법령보충규칙이 논의될 수 있다. 반대로 법령보충규칙에 대한 헌법소원심판 '헌마' 사건에서도 법령보충규칙이 법률유보원칙을 지킨 것인지, 위임 범위 내에 제정된 것인지를 심사하면서(위 본안판단의 논증에 있어서 ①의 판단) 위임해준 모법(률)에 대해 실질적으로 판단이 이루어지는 결과를 가져올 수 있다. 실제 헌재가 '헌마' 법령소

	위헌법률(소원)심판('헌가', '헌바')	법령소원심판('헌마')
S법(모법률) 제9조	– 대상성 ○ 본안판단내용 – ① 위임가능성(위임 불가피성, 전문적 · 기술적 경미한 사항인지) 여부 → ② 포괄위임성 여부 → ③ 기본권제한 한계원칙 준수 여부 (과잉금지원칙, 신뢰보호원칙 등) 위배 여부	– 대상성 ○ – 그 외 모든 청구요건 구비하면 본안판단대상 ※ 문제는 위임으로 구체적 하위 행정입법 시행되는 경우 헌재가 직접성을 부정함 (단, 불가분관계 등 인정예외 있음)
↓ 위임		
S법시행령(대통령령)	– 대상성 ×	– 대상성 ○ – 그 외 모든 청구요건 구비하면 본안판단대상 ※ 직접성 부정과 그 예외 – 위 법률의 경우와 논리적으로 같음
↓ 재위임		
장관의 고시 (법령보충규칙)	– 대상성 ×	– 대상성 ○ – 직접성 ○일 수 있음. 그리고 그 외 모든 청구요건 갖추면 본안판단 본안판단 내용 – ① 위임 불가피성, 전문적 · 기술적 경미한 사항인지 여부 → ② 위임범위 내 것인지 여부 → ③ 기본권제한 한계원칙 준수 여부 (과잉금지원칙, 신뢰보호원칙, 평등권) 등 위배 여부

▌법령보충규칙에 대한 헌법재판

* 위 도해는 재위임 경우라 중간에 대통령령에의 위임이 들어갔으나 법률이 바로 장관의 고시, 예규 등 행정규칙에 위임할 경우가 많다. 재위임의 경우도 있음을 보여주기 위해 위와 같이 도해해본 것이다.

원에서 법령보충규칙의 법률유보 위배 여부, 위임범위를 벗어난 것인지 여부를 심사한다고 하면서 "이 사건 모법조항이 "문화관광부장관이 고시하는"이라고 한 것이 포괄위임입법금지 원칙에 위배되는지"를 판단한 예가 있다(헌재 2008.11.27. 2005헌마161등. 또 다른 그러한 예 : 헌재 2008. 7.31. 2005헌마667등).

(사) 법률보충규칙에 대한 검토

법령보충규칙에 대해서는 비판적 의견이 있다. 그런데 여하튼 행정법판례가 이를 인정하고 있고 행정법학에서도 '실질적 법규명령'이란 항목으로 이론적으로 다루고 있으며 실제 실무에서 많이 활용되고 있다. 그렇더라도 법제처 심사가 없고 공포가 되지 않는 점 등을 감안할 때 신속한 대처필요성이 있어서 인정되는 경우 등에 대비해 법규명령인 장관의 부령의 신속입법을 도모하는 방안 등이 마련되는 것이 더 바람직하다.

2) 재량준칙의 반복시행 - 평등원칙, 신뢰보호원칙에 따른 자기구속의 경우

헌재는 "재량권 행사의 준칙인 규칙이 그 정한 바에 따라 되풀이 시행되어 행정관행이 이룩되게 되면, 평등의 원칙이나 신뢰보호의 원칙에 따라 행정기관은 그 상대방에 대한 관계에서 그 규칙에 따라야 할 자기구속을 당하게 되는 경우에는 대외적인 구속력을 가지게 된다"고 하여 이러한 경우의 규칙은 헌법소원심판의 대상이 된다고 본다.

판례 헌재 1990. 9.3.90헌마13

전라남도 교육위원회의 1990학년도 인사원칙(중등)에 대한 헌법소원, 각하결정(* 이 결정에 대해서는 아래의 (2)의 4)의 (가) 참조)

* 반복되는 재량준칙의 헌법소원 대상성을 인정한다는 판시가 있었던 또 다른 결정례들 : 헌재 2002.7. 18. 2001헌마605; 2005.5.26. 2004헌마49; 2007.8.30. 2004헌마670; 2011.10.25. 2009헌마588 등.

(2) 구체적 예

위의 법리에 따라 우리 헌법재판소가 그 대상성을 인정하거나 또는 부정한 구체적인 결정례들을 아래에 살펴본다. 그동안 장관의 고시나 지침, 기본계획 등에 대한 헌법소원 대상성 문제가 많이 논란되었다. 그리고 재량준칙보다 대부분 법령보충규칙들에 관한 것들이 많았다.

1) 대상성이 인정된 예

(가) 대상성 인정의 행정규칙들

주로 법령보충규칙들에 대해서 인정된 예들이었다.

① **보건복지부장관의 식품접객업소영업제한기준고시** - 헌재는 이 기준은 그 제정형식이 비록 보건복지부장관의 고시라는 행정규칙이지만, 식품위생법 제30조의 위임에 따라 식품접객업소의 영업행위에 대하여 제한대상 및 제한시간을 정한 것으로서 상위법령과 결합하여 대외적인 구속력을 갖는 법규명령의 성격을 가지고 있다고 판시하였다.

판례 헌재 2000.7.20. 99헌마455

[심판대상규정] 보건복지부장관은 공익상 또는 선량한 풍속을 유지하기 위하여 필요하다고 인정하는 때에는 영업시간 및 영업행위에 관한 필요한 제한을 할 수 있도록 규정한 식품위생법 제30조에 근거하여 1999.7.20. 보건복지부장관이 보건복지부고시 제1999－20호로 제정 · 고시한 식품접객업소영업행위제한기준. 이 기준은 유흥주점영업행위 중 "무도장을 갖추고 손님으로 하여금 춤을 추게 하는 행위"를 09:00~17:00 사이에 제한(즉 주로 카바레의 주간무도영업행위를 금지)하는 것이다. [관련판시] 이 사건 기준은 그 제정형식이 비록 보건복지부장관의 고시라는 행정규칙이지만, 식품위생법 제30조의 위임에 따라 식품접객업소의 영업행위에 대하여 제한대상 및 제한시간을 정한 것으로서 상위법령과 결합하여 대외적인 구속력을 갖는 법규명령의 성격을 가지고 있다. 따라서 이 사건은 법령 자체에 의한 직접적인 기본권침해 여부가 문제된다고 할 것인데, 법령 자체의 효력을 직접 다투는 것을 소송물로 하여 일반법원에 소송을 제기하는 길이 없어 구제절차가 있는 경우가 아니므로 바로 헌법소원심판을 청구할 수 있다.

* 해설 – 이 결정은 보충성원칙의 문제로 다루고 있으나 위와 같이 판시 자체에도 위와 같이 대상성을 인정하는 판시가 있고 보충성원칙 문제도 대상성이 인정됨을 전제로 하는 것이기도 하여 헌법소원심판 대상성을 인정한 예로 볼 수 있기에 여기에 인용한 것이다.

② **보건복지부장관이 고시한 1994년 생활보호사업지침상의 '생계보호기준'** – 헌재는 이러한 생활보호기준은 청구인들에 대해 직접적 대외적 효력을 가진다고 하여 그것에 의한 기본권침해의 직접성을 인정함으로써 헌법소원 대상이라고 본다.

판례 헌재 1997.5.29. 94헌마33, 기각결정

[사건개요] 청구인들은 부부이고 생활보호법 제6조 제1항 및 동법시행령 제6조 제1호 소정의 '거택보호대상자'로서, 1994.1.경 보건복지부장관이 고시한 1994년 생활보호사업지침상의 '94년 생계보호기준'에 의하여 생계보호급여를 받고 있는바, 이 보호급여수준은 최저생계비에도 훨씬 미치지 못하여 헌법상 보장된 청구인들의 행복추구권과 인간다운 생활을 할 권리를 침해하고 있다는 이유로 1994.2.25. 위 '94년 생계보호기준'에 대한 헌법소원심판을 청구하였다. [본안쟁점과 청구인주장요지] 보건복지부장관이 생활보호법 제5조 제2항의 위임에 따라 정한 '94년 생계보호기준'은 94년 현재 65,000원 정도 수준으로서 93년의 최저생계비에에도 훨씬 미치지 못하여 인간다운 생활을 할 권리를 침해하는 위헌인 것이다. [관련판시] 직접성요건에 관하여 – 이 사건 생계보호기준은 생활보호법 제5조 제2항의 위임에 따라 보건복지부장관이 보호의 기준으로서 일단 보호대상자로 지정이 되면 그 구분에 따른 각 그 보호기준에 따라 일정한 생계보호를 받게 된다는 점에서 직접 대외적 효력을 가지며, 공무원의 생계보호급여 지급이라는 집행행위는 위 생계보호기준에 따른 단순한 사실적 집행행위에 불과하므로, 위 생계보호기준은 그 지급대상자인 청구인들에 대하여 직접적인 효력을 갖는 규정이다.

* 해설 – 위에 인용한 [관련판시] 부분은 헌법소원의 직접성요건에 관한 판단이었고 이 결정에서 헌법소원의 '대상'문제를 판단하는 판시는 없었다. 그러나 생계보호기준이 직접적 효력을 가짐을 인정한 것은 이 기준이 헌법소원 대상성을 가짐을 전제로 하는 것이기에 여기에 정리하였다. 헌재는 본안판단의 결과 기각결정을 하였다(* 본안판단에 대해서는 정재황, 신헌법입문, 제10판, 박영사, 2020, 생존권적 기본권 부분 참조).

③ **교육부장관의 1995학년도 대학입시기본계획 일부보완사항의 통보** – 헌재는 이러한 통보는 고교 내신성적에 관하여 구체적 내용을 보충하는 것이어서 헌법소원심판의 대상이 된다고 보

았다.

판례 헌재 1996.4.25. 94헌마119, 기각결정

[관련설시] 이 사건 보완통보는 교육법 제111조의2(대학입학방법) 및 교육법시행령 제71조의2(대학의 학생선발방법)에서 정하고 있는 고등학교 내신성적에 관하여 그 구체적인 내용을 보충하는 것으로서 헌법소원심판의 대상이 되는 공권력의 행사에 해당된다고 할 것이고, ….

④ **교육부장관의 종합생활기록부제도개선보완시행지침**

판례 헌재 1997.7.16. 97헌마38, 기각결정

[관련판시] 이 사건 제도개산 시행지침에 의하여 학생부에 대하여 절대평가와 상대평가를 병행·활용하여야 하므로, 그 상대평가에 의하여 불이익을 입을 수 있는 청구인들이 국·공립대학에 진학할 경우 이 사건 제도개선 시행지침에 의하여 바로 영향을 받을 수 있다. 따라서 이 사건 제도개선 시행지침은 기본권침해의 직접성이 인정된다.

* 해설 – 본 결정에서 헌법소원의 '대상'문제에 대해 언급하는 판시는 없었으나 권리침해의 직접성이 있는 지침에 대한 헌법소원심판 청구는 적법하다는 것은 이 지침이 대상성을 가짐을 전제로 하는 것이기에 여기에 정리하였다.

⑤ **공정거래위원회의 신문업에 있어서의 불공정거래행위 및 시장지배적 지위남용행위의 유형 및 기준**

판례 헌재 2002.7.18. 2001헌마605

[심판대상조문] '신문업에 있어서의 불공정거래행위 및 시장지배적 지위남용행위의 유형 및 기준'(공정거래위원회 고시 제2001–7호, 이하 '신문고시')의 제3조 제1항 제1호·제2호·제3호, 제10조 제1항·제2항. 위 규정들은 신문발행 및 판매업자가 거래상대방에게 제공할 수 있는 무가지와 경품의 범위를 유료 신문대금의 20% 이하로 제한하고, 시장지배적 신문판매업자가 신문판매가격을 현저히 높게 혹은 낮게 하여 공급하는 행위 등을 금지하는 것을 내용으로 하고 있다. [관련판시] 헌법소원에 있어서는 기본권 침해의 원인이 되는 행위가 공권력의 행사에 해당하여야 한다. 이 사건 신문고시는 공정거래위원회가 신문업에 있어서 발생할 가능성이 높은 불공정거래행위의 유형과 기준을 공정거래법 제23조 제2항, 제3조의2 제2항, 동법 시행령 제36조 제2항, 제5조 제6항에 따라 보다 구체화하여 불특정의 국민에게 이를 알리는 것으로 행정규칙에 해당한다고 할 것이다. 이 사건 심판대상인 신문고시는 공정거래법과 동 시행령 규정의 위임에 따라 수임행정기관인 공정거래위원회가 법령 내용을 보충하는 데 필요한 구체적 사항을 정한 경우에 해당하고, 신문업에 있어서의 불공정거래행위의 유형과 기준을 한계지움으로써 상위법령인 공정거래법과 동 시행령과 결합하여 일반 국민에 대한 대외적 구속력을 가지는 일종의 법규명령적 성격을 함께 갖는다고 할 수 있다. 그렇다면 이 사건 고시는 행정조직인 공정거래위원회 내부에서만 효력을 가지는 것이라고는 볼 수 없으며, 이로 말미암아 직접 기본권을 침해받았다면 이에 대하여 바로 헌법소원심판을 청구할 수 있다.

⑥ **게임제공업소의 경품취급기준**

판례 헌재 2008.11.27. 2005헌마161등

[결정요지 문화관광부고시 제2004–14호 "게임제공업소의 경품취급기준" 중 '사행성 간주 게임물'의 개

념을 설정하고 이에 해당하는 경우 경품제공 등을 금지한 규정(이하 '이 사건 심판대상규정'이라 한다) 이 모법조항의 위임에 의하여 제정된 것으로서 국민의 기본권을 제한하는 내용을 담고 있어 상위법령과 결합하여 대외적 구속력을 갖는 법규명령으로 기능하고 있는 것이라 볼 수 있으므로 헌법소원의 대상이 된다. * 게임 경품취급기준에 관한 고시의 헌법소원대상성을 인정한 또 다른 결정례 : 헌재 2009.2.26. 2005헌마837; 2009.4.30. 2007헌마106 등.

⑦ **'중요한 표시 · 광고사항'**(공정거래위원회 고시)

판례 헌재 2012.2.23. 2009헌마318.

⑧ **'한약처방의 종류 및 조제방법에 관한 규정'**(1995.3.15. 보건복지부 고시 제1995-15호) **제4조 제2항**

판례 헌재 2008. 7.31. 2005헌마667

⑨ **'요양급여의 적용기준 및 방법에 관한 세부사항**(약제) **중 개정'**(2009.4.22. 보건복지가족부 고시 제2009-71호)

판례 헌재 2010.9.30. 2008헌마758. * 이 결정에 대해서는 위의 법령보충규칙 인정 여부의 중요 청구요건 문제 부분 참조.

⑩ **요양급여비용 심사청구소프트웨어의 검사 등에 관한 기준**(2007.12.17. 보건복지부 고시 제2007-120호로 개정된 것) **제3조**

판례 헌재 2010.10.28. 2008헌마408.

⑪ **일정한 한약서에 수재된 처방에 해당하는 품목의 한약제제를 의약품 품목허가·신고를 위한 안전성·유효성 심사대상에서 제외하고 있는 '한약**(생약)**제제 등의 품목허가·신고에 관한 규정'**(2015.9.21. 식품의약품안전처고시 제2015-62호) **제24조 제1항 제4호, 제5호**

판례 헌재 2018.5.31. 2015헌마1181.

⑫ **인터넷상의 청소년유해매체물 정보의 경우 18세 이용금지 표시 외에 추가로 '전자적 표시'를 하도록 하여 차단소프트웨어 설치시 동 정보를 볼 수 없게 한 정보통신부고시**(2001.10.12. 제2001-89호. 청소년유해매체물의 표시방법)**의 내용 중 '2.의 나. 전자적 표시방법' 부분**

판례 헌재 2004.1.29. 2001헌마894
[판시] 고시 또는 공고의 법적 성질은 일률적으로 판단될 것이 아니라 고시에 담겨진 내용에 따라 구체적인 경우마다 달리 결정된다. 즉, 고시가 일반·추상적 성격을 가질 때에는 법규명령 또는 행정규칙에 해당하지만, 고시가 구체적인 규율의 성격을 갖는다면 행정처분에 해당한다. 이 사건 고시는 청소년유해매체물을 제공하려는 자가 하여야 할 전자적 표시의 내용을 정하고 있는데, 이는 특정인에 대한 개별

적·구체적인 처분의 성격을 지닌 것이라기보다는 청소년유해매체물의 전자적 표시 일반에 관한 일반적·추상적인 규정의 성격을 지닌 것이라 봄이 상당하다. 나아가 이 사건 고시는 법 제42조 및 시행령 제21조 제2항, 제3항의 위임규정에 의하여 제정된 것으로서 국민의 기본권을 제한하는 내용을 담고 있으므로 상위법령과 결합하여 대외적 구속력을 갖는 법규명령으로 기능하고 있는 것이라 볼 수 있으므로 헌법소원의 대상이 된다.

⑬ 초·중등교육법 제23조 제3항의 위임에 따라 동법 시행령 제43조 제1항 제1호가 규정한 초등학교의 교과에 '외국어(영어)'가 포함되어 있음에도 불구하고, 초등학교 1, 2학년의 교과에서 영어 과목을 배제한, 동법 제23조 제2항의 위임에 따라 제정된 '초·중등학교 교육과정'(교육과학기술부 고시 제2012－31호) － 합헌성 인정결정.

판례 헌재 2016.2.25. 2013헌마838

[결정요지] 1. 초등학교의 교육과정은 교육을 둘러싼 여러 여건에 따라 적절히 대처할 필요성이 있기 때문에 이에 관한 모든 사항을 법률에 규정하는 것은 입법기술상 매우 어렵다. 특히, 초등학교 교육과정의 편제와 수업시간은 교육여건의 변화에 따른 시의적절한 대처가 필요하므로 교육현장을 가장 잘 파악하고 교육과정에 대해 적절한 수요 예측을 할 수 있는 해당 부처에서 정하도록 할 필요가 있다. 따라서 초·중등교육법 제23조 제2항이 교육과정의 기준과 내용에 관한 기본적인 사항을 교육부장관이 정하도록 위임한 것 자체가 교육제도 법정주의에 반한다고 보기 어렵다. 이 사건 고시 부분에서 초등학교 1, 2학년의 교과에 영어를 배제하였다 하더라도, 이는 초·중등교육법 제23조 제2항 및 제3항의 위임에 따라 초·중등교육법 시행령 제43조 제1항 제1호가 규정한 교과의 범위 내에서 그 내용을 구체화한 것이므로, 위임 범위를 벗어났다고 볼 수 없다. 2. 이 사건 고시 부분은 청구인들의 인격의 자유로운 발현권과 자녀교육권을 침해하지 않는다.

⑭ **예규에 대한 인정례** － 계약의 체결·이행 등과 관련한 금품 제공 등으로 부정당업자 제재 처분을 받은 자를 일정 기간 위와 같은 수의계약의 계약상대자에서 배제하도록 규정한 구 '지방자치단체 입찰 및 계약 집행기준'(2016.11.14. 행정자치부예규 제70호로 개정되고, 2017.7.26. 행정안전부예규 1호로 개정되기 전의 것) 제5장 ＜별표 1＞ ③ 중 '지방자치단체를 당사자로 하는 계약에 관한 법률 시행령 제92조 제1항 제10호에 따라 부정당업자 제재 처분을 받고 그 종료일로부터 6개월이 지나지 아니한 자'에 관한 부분(이하 '이 사건 예규조항')

판례 헌재 2018.5.31. 2015헌마853

[판시] '지방자치단체를 당사자로 하는 계약에 관한 법률'(이하 '지방계약법') 제9조 제1항은 본문에서 지방자치단체의 장 또는 계약담당자는 계약을 체결하려는 경우 이를 공고하여 일반입찰에 부쳐야 한다고 규정하고, 단서에서 계약의 목적·성질·규모 및 지역특수성 등을 고려하여 필요하다고 인정되면 지명입찰에 부치거나 수의계약을 할 수 있다고 규정하고 있으며, 같은 조 제3항은 수의계약의 대상범위 및 수의계약상대자의 선정절차, 그 밖에 필요한 사항은 대통령령으로 정하도록 규정하고 있다. 그리고 구 '지방자치단체를 당사자로 하는 계약에 관한 법률 시행령'(2014.11.19. 대통령령 제25751호로 개정되고, 2017.7.26. 대통령령 제28211호로 개정되기 전의 것) 제30조 제5항(이하 '이 사건 시행령조항')은 지방계약법 제9조 제3항의 위임에 따라 '견적제출자의 견적가격과 계약이행능력 등 행정자치부장관이 정하는 기준'에 따라 지방계약법상 수의계약의 계약상대자를 결정하도록 규정함으로써 행정자치부장관

에게 '수의계약상대자의 선정에 필요한 사항'을 정하도록 재위임하고 있고, 이 사건 예규는 제5장 제1절 통칙에서 지방계약법 시행령 제25조 내지 제27조, 제29조 내지 제31조 및 지방계약법 시행규칙 제33조에 따라 지방자치단체가 수의계약을 체결하는 경우에 계약상대자의 선정방법 등 필요한 사항을 정함을 목적으로 한다고 규정하고 있다. 그렇다면 이 사건 예규조항은 지방계약법 제9조 제3항 및 이 사건 시행령조항의 위임에 따라 지방계약법상 수의계약의 계약상대자 선정 기준을 구체화한 것으로 볼 수 있다. 또한, 이 사건 예규조항은 '지방계약법 시행령 제92조 제1항 제10호에 따라 부정당업자 제재처분을 받고 그 종료일로부터 6개월이 지나지 아니한 자'를 지방계약법상 수의계약의 계약상대자에서 배제하고 있다. 이와 같이 국가가 일방적으로 결정한 기준에 따라 지방자치단체와 수의계약을 체결할 자격 내지 기회를 박탈하는 불이익을 주는 것은 단순한 간접적·사실적·경제적 불이익이 아닌 법적 불이익으로 평가될 수 있고, 이는 지방자치단체가 사경제의 주체로서 수의계약을 체결하는 행위 자체와는 별개로 지방자치단체와 수의계약을 체결하고자 하는 상대방의 법적 지위에 영향을 미치는 것이다. 따라서 이 사건 예규조항은 헌법소원의 대상이 되는 공권력의 행사에 해당된다.

(나) 전문적·기술적 사항, 경미한 사항으로서 법령보충규칙에 위임 가능성을 인정한 그 외 '헌바'사건 결정례

법률이 전문적·기술적 사항, 경미한 사항이라서 법령보충규칙으로의 위임하는 것이 가능하지 하는 문제의 판단은 법률에 대한 판단문제이므로 위헌법률심판이나 위헌소원심판에서도 이루어지는데 그 경우 심판대상은 위임하는 그 법률규정이다(위 '(마) 법령보충에 관련된 헌법재판의 대상성과 그 재판형식' 부분 및 정재황, 기본권총론, 박영사, 2020, 271면 참조). 그래서 법률보충규칙 그 자체가 대상이었던 헌법소원사건은 아니어서 앞 부분에서와 별도로 '헌바'사건의 결정례들로서 전문적·기술적, 경미한 사항이라 법령보충규칙으로서 행정규칙에 위임할 수 있는 가능성을 인정한 아래의 결정례들을 주목할 필요가 있어서 여기에 추기한다. 즉 ① 금융감독위원회 고시(헌재 2004.10.28. 99헌바91. '금융산업의 구조개선에 관한 법률' 규정이 부실금융기관을 결정할 때 '부채와 자산의 평가 및 산정'의 기준과 적기시정조치의 기준과 내용에 관하여 금융감독위원회의 고시에 위임하고 있는데 헌재는 이는 전문적·기술적 사항으로서 불가피성이 인정되어 위임가능하다고 보았다), ② 통계청장의 조세감면 대상 업종 분류 고시(헌재 2006.12.28. 2005헌바59), ③ 특수 유형 온라인서비스(P2P, peer to peer 등과 같은 서비스) 제공자 범위의 장관 고시에 위임(헌재 2011.2.24. 2009헌바13), ④ 시공자 선정을 위한 경쟁입찰방법의 고시에의 위임 : 구 도시 및 주거환경정비법 규정이 "조합은 제16조에 따른 조합설립인가를 받은 후 조합총회에서 국토해양부장관이 정하는 경쟁입찰의 방법으로 건설업자 또는 등록사업자를 시공자로 선정하여야 한다"라고 규정한 것(헌재 2016.3.31. 2014헌바382. 시공자 선정에 관한 내용, 공정경쟁을 위한 절차 등은 사회 현상에 대응하여 변화할 필요가 있으며, 그 내용은 전문적, 기술적일 수밖에 없다고 봄), ⑤ 학교환경위생 정화구역에서 금지되는 행위 및 시설 중 하나로 '청소년 보호법 제2조 제5호 가목 8)에 따라 여성가족부장관이 고시한 영업에 해당하는 업소'라고 규정한 학교보건법 조항(헌재 2016.10.27. 2015헌바360. 신·변종 성매매업소는 다양한 형태로 나타나고 있어 이를 일률적으로 규정하기 곤란하다는 점에서 전문적·기술적인 성격 인정), ⑥ 기초연금법상 '선정기준액'을 법규명령이 아닌 보건복지부장관 고시로 정하도록 위임하는 것(헌재 2016.2.25. 2015헌바191. 전체 노인가구의 소득·재산 수준과 생활실태를 다양한 자료에 의해 파악, 통계화하여 분석하는 등 전문적·기술적으로 판단할 수밖에 없음), ⑦ 식품의약품안전처장이 공중위생상 필요한 경우 고시하는 축산물 가공방법의 기준을 준수하도록 규정한 '축산물 위생관리법'(축산업 및 이와 관련된 식품공학에 관한 전문적·기술적 지식이 요구됨) 규정(헌재 2017.9.28. 2016헌바140) 등 결정례들이 있다.

(다) 재량준칙(반복시행)으로서 대외 구속력 지닌 행정규칙으로서 대상성이 인정된 예

i) 위헌성 인정결정례 – 재량준칙으로 반복시행 등 위 요건을 갖추어 헌법소원대상성을 인정하고 위헌성까지 인정한 아래의 결정들이 있었다.

① **계호근무준칙** – 구 계호근무준칙(2000.3.29. 법무부훈령 제422호로 개정된 것) 제298조 제1호·제2호("검사조사실 계호근무자는 다음 사항에 유의하여야 한다. 1. 계구를 사용한 채 조사실 안에서 근접계호를 하여야 한다. 2. 검사로부터 조사상 필요에 따라 계호근무자의 퇴실 또는 계구의 해제를 요청받았을 때에는 이를 거절하여야 한다. 다만, 상관으로부터 지시를 받았을 때에는 예외로 한다")에 대해 헌법소원대상성을 인정한 바 있다.

판례 헌재 2005.5.26. 2004헌마49

[판시] 행정조직 내부에서만 효력을 갖는 행정규칙이라 하더라도 재량권행사의 준칙인 행정규칙이 그 정한 바에 따라 되풀이 시행되어 행정관행이 이룩되어 평등의 원칙 등에 따라 행정기관이 그 규칙에 따라야 할 자기구속을 당하게 되는 경우에는 대외적 구속력을 가지게 되어 헌법소원의 대상이 되는 경우가 있고, 한편 헌법소원심판의 대상이 되는 법령은 그 법령에 기한 다른 집행행위를 기다리지 않고 직접 국민의 기본권을 침해하는 법령이어야 하지만 예외적으로 법령이 일의적이고 명백한 것이어서 집행기관이 심사와 재량의 여지없이 그 법령에 따라 일정한 집행행위를 하여야 하는 때에는 당해 법령을 헌법소원의 직접대상으로 삼을 수 있다. 이 사건 준칙조항은 행정규칙이기는 하나 검사 조사실에서의 계구사용에 관한 재량권 행사의 준칙으로서 오랫동안 반복적으로 시행되어 그 내용이 관행으로 확립되었다 할 수 있는 것으로, 이 사건 준칙조항을 따라야 하는 검사조사실 계호근무자로서는 검사조사실에서 수용자가 조사를 받는 동안에는 그때그때 개별적으로 상관에게 요청하여 그 지시를 받아 계구사용의 해제 여부를 결정할 여유가 사실상 없기 때문에 일단은 재량의 여지없이 원칙적, 일률적으로 계구를 사용하여 수용자를 결박한 상태에서 계호해야 한다. 그렇다면 이 사건 준칙조항은 이와 같은 재량 없는 집행행위를 통하여 계호대상이 되는 수용자에게 직접적으로 계구사용으로 인한 기본권제한의 효력을 미치게 된다고 볼 수 있고 이러한 상황은 청구인의 경우에도 실제로 동일하게 발생하였다. * 본안판단 결과 위 계호근무준칙 규정에 대한 위헌결정, 계구사용행위에 대한 위헌확인결정이 있었다. 본안판단의 판시에 대해서는 본서, 기본권론 신체의 자유 부분 참조.

② **'외국인산업기술연수생의 보호 및 관리에 관한 지침'**(1995.2.14. 노동부 예규 제258호로 제정되고 1998.2.23. 노동부 예규 제369호로 개정된 것)

판례 헌재 2007.8.30. 2004헌마670

[판시] 이 사건 노동부 예규는, 연수생의 적용범위, 연수생의 지위, 연수계약, 연수생의 보호, 안전보건관리, 산업재해보상의 지원, 연수생 교육, 노동관서장의 지도감독과 그에 따른 제재 등을 정하고 있는

행정규칙이므로 원칙적으로 헌법소원의 대상이 되는 '공권력의 행사'에 해당하지 않는다. 다만 행정규칙이 재량권행사의 준칙으로서 그 정한 바에 따라 되풀이 시행되어 행정관행을 이루게 되어 평등의 원칙이나 신뢰보호의 원칙에 따라 행정기관이 그 상대방에 대한 관계에서 그 규칙에 따라야 할 자기구속을 당하게 되는 경우에는 대외적인 구속력을 갖게 되어 헌법소원의 대상이 된다. 살피건대, 행정규칙이라도 재량권행사의 준칙으로서 그 정한 바에 따라 되풀이 시행되어 행정관행을 이루게 되면, 행정기관은 평등의 원칙이나 신뢰보호의 원칙에 따라 상대방에 대한 관계에서 그 규칙에 따라야 할 자기구속을 당하게 되는바, 이 경우에는 대외적 구속력을 가진 공권력의 행사가 된다. 지방노동관서의 장은, 사업주가 이 사건 노동부 예규 제8조 제1항의 사항을 준수하도록 행정지도를 하고, 만일 이러한 행정지도에 위반하는 경우에는 연수추천단체에 필요한 조치를 요구하며, 사업주가 계속 이를 위반한 때에는 특별감독을 실시하여 제8조 제1항의 위반사항에 대하여 관계 법령에 따라 조치하여야 하는 반면, 사업주가 근로기준법상 보호대상이지만 제8조 제1항에 규정되지 않은 사항을 위반한다 하더라도 행정지도, 연수추천단체에 대한 요구 및 관계 법령에 따른 조치 중 어느 것도 하지 않게 되는바, 지방노동관서의 장은 평등 및 신뢰의 원칙상 모든 사업주에 대하여 이러한 행정관행을 반복할 수밖에 없으므로, 결국 위 예규는 대외적 구속력을 가진 공권력의 행사가 된다. 나아가 위 예규 제4조와 제8조 제1항이 근로기준법 소정 일부 사항만을 보호대상으로 삼고 있으므로 청구인이 주장하는 평등권 등 기본권을 침해할 가능성도 있다. 그렇다면 이 사건 노동부 예규는 대외적인 구속력을 갖는 공권력행사로서 기본권침해의 가능성도 있으므로 헌법소원의 대상이 된다 할 것이다. * 이 예규 규정들에 대해 본안판단에서 평등원칙에 반한다고 보아 결국 위헌결정이 있었다.

ii) 기각결정례 – 합헌성을 인정하는 기각결정을 한 예로 헌재는 국토해양부 2009.4.1. 자 '저소득가구 전세자금 지원기준' 2. 나(대출대상에서 제외). (4)가 행정규칙이나 대외적 구속력을 가져 헌법소원대상성이 인정된다고 본다.

판례 헌재 2011.10.25. 2009헌마588

[판시] 적법요건에 대한 판단 – 이 사건 전세자금 지원기준은 국토해양부장관이 국민주택기금 중 저소득세입자의 주거안정을 위한 저소득가구 전세자금 대출제도의 운용을 위하여 그 대출대상 및 대출 절차 등을 정하고 있는 행정규칙이므로 원칙적으로 헌법소원의 대상이 되는 '공권력의 행사'에 해당하지 않는다. 다만 행정규칙이 재량권행사의 준칙으로서 그 정한 바에 따라 되풀이 시행되어 행정관행을 이루게 되어 평등의 원칙이나 신뢰보호의 원칙에 따라 행정기관이 그 상대방에 대한 관계에서 그 규칙에 따라야 할 자기구속을 당하게 되는 경우에는 대외적인 구속력을 갖게 되어 헌법소원의 대상이 된다(헌재 2005.5.26. 2004헌마49, 판례집 17-1, 754, 761 참조). 이 사건 전세자금 지원기준 역시 그 직접적인 상대방은 기금수탁자인 농협중앙회와 우리은행이지, 기금의 운용에 따라 지원을 받는 국민은 아니다. 그러나 국민주택기금의 기금수탁자인 농협중앙회와 우리은행은 실질적으로 이러한 지원기준에 따라 전세자금 지원에 관한 사무를 처리할 수밖에 없고, 이 사건에서도 농협중앙회와 우리은행이 청구인들에게 각 대출자격이 없다고 결정한 것은 이들이 파산면책자로서 이 사건 심판대상조항에서 정한 신용관리대상자와 여신취급 제한대상자에 해당하기 때문이다. 그렇다면, 이 사건 심판대상조항은 대외적 구속력이 있는 공권력의 행사로서 헌법소원의 대상이 되는 공권력의 행사라고 보아야 할 것이다.* 본안판단 결과 기각결정이 있었다.

(라) 행정규칙이나 내부기준이라고 보면서 결국 직접성이 없다고 판시한 예

헌재가 명백히 법령보충규칙은 아니라고 보나 행정 내부기준이라고만 하면서 헌법소원대

상성요건 구비 여부에 대해서는 언급하지 않고 결국 집행행위(촬영행위)가 있어야 기본권제한이 있다고 보아 직접성이 없다고 결론내린 아래 결정례도 볼 수 있다. 법률로부터 위임받은 것이 아니라서 법령보충규칙이 아니라면 재량준칙으로서는 대상성이 인정되는지를 살펴서 이를 인정한다면 위와 같이 직접성이 없다고 본 논증이 이해가 된다. 그러나 재량준칙이 아니라고 본다면 헌법소원의 대상성요건부터 부정되어 직접성으로 나아갈 것도 아닐 것이다. 결국 이 결정은 명확성이 없다는 점에서 이해할 수 없다. 사안은 집회 참가자들이 신고장소를 벗어난 다음 경찰의 경고 등의 조치가 있을 무렵부터 채증카메라 등을 이용하여 집회참가자들의 행위, 경고장면과 해산절차장면 등을 촬영할 수 있게 한 근거가 된 구 채증활동규칙(2012.9.26. 경찰청 예규 제472호)에 대한 청구였다.

판례 [판시] 이 사건 채증규칙(경찰청 예규)은 법률로부터 구체적인 위임을 받아 제정한 것이 아니며, 집회·시위 현장에서 불법행위의 증거자료를 확보하기 위해 행정조직의 내부에서 상급행정기관이 하급행정기관에 대하여 발령한 내부기준으로 행정규칙이다. 청구인들을 포함한 이 사건 집회 참가자는 이 사건 채증규칙에 의해 직접 기본권을 제한받는 것이 아니라, 경찰의 이 사건 촬영행위에 의해 비로소 기본권을 제한받게 된다. 따라서 청구인들의 이 사건 채증규칙에 대한 심판청구는 헌법재판소법 제68조 제1항이 정한 기본권 침해의 직접성 요건을 충족하지 못하였으므로 부적법하다. * 이 사건청구에서 청구인들이 재량준칙성을 주장하였으나 받아들여지지 않았다.

2) 고시에 대한 위헌결정이 있었던 예

이러한 예로 아래의 결정례를 들 수 있다.

– 식품 등의 표시기준 제7조 [별지 1] 식품 등의 세부표시기준 1. 가. 10) 카) 위헌확인

판례 헌재 2000.3.30. 99헌마143

[사건개요와 본안쟁점] '숙취해소용 천연차'에 관하여 특허권을 획득한 청구인들은 식품의약품안전청의 고시인 식품 등의 표시기준이 "음주전후, 숙취해소 등 음주를 조장하는 내용을 표시하여서는 아니 된다"고 규정하고 있음으로 인하여 그 특허표시인 '숙취해소용 천연차'라는 표시를 하지 못하게 되자, 위 고시의 규정 중 '음주전후, 숙취해소'라는 부분이 청구인들의 재산권, 발명가의 권리, 직업행사의 자유를 침해한다고 주장하면서 헌법소원심판을 청구하였다(위헌결정). [심판대상규정] (1) '식품 등의 표시기준'(1998. 10.7.식품의약품안전청고시 제1998-96호로 제정) 제7조『별지 1』식품 등의 세부표시기준 1. 가. 10) 카) 중 '음주전후' 및 '숙취해소' 표시를 금지하는 부분. 식품 등의 표시기준 제7조(식품 등의 세부표시기준) 식품 등의 세부표시기준은『별지 1』과 같다. (2)『별지 1』식품 등의 세부표시기준 (제7 조 관련) 1. 식품 등의 일반기준 가. 식품(수입식품을 포함한다) 10) 기타 표시사항 카) 음주전후, 숙취해소 등 음주를 조장하는 내용을 표시하여서는 아니 된다. [결정요지] 음주의 여부 및 그 정도는 개인의 음주에 대한 선호도, 경제적 여건, 분위기 등 여러 가지 사정에 따라 결정되는 것이고, 숙취해소용 식품은 음주의 기회에 주취완화 내지 숙취해소의 효과를 기대하여 섭취하거나 음용하는 것이므로, 식품 등에 이러한 표시가 있다고 하여 그것이 음주를 조장하는 작용을 하거나 기능을 한다고 보기 어렵다. 다만, 숙취해소용 식품을 과신한 나머지 과음을 하게 되는 부작용이 발생할 수도 있다. 그러나 숙취해소용 식품을 과신하여 과음하면 건강을 해친다는 내용의 경고문구를 의무적으로 병기하도록 하는 정도의 정책수단을 취할 수는 있다고 하겠으나, 이를 넘어 숙취해소용 식품임을 나타내는 표시를 일

체 금지하는 것은 교각살우의 과잉제한이라고 아니할 수 없다. 따라서 이 사건 규정은 기본권제한입법이 갖추어야 할 피해의 최소성, 법익균형성 등의 요건을 갖추지 못한 것이어서 숙취해소용 식품의 제조·판매에 관한 영업의 자유 및 광고표현의 자유를 과잉금지원칙에 위반하여 침해하는 것이라고 하지 아니할 수 없다.

3) 방송위원회 규칙에 대한 위헌결정례

사안은 방송위원회로부터 위탁을 받은 한국광고자율심의기구로 하여금 텔레비전 방송광고의 사전심의를 담당하도록 한 것이 헌법이 금지하는 사전검열에 해당한다고 하여 구 방송법, 구 방송법시행령과 더불어 규칙도 단순위헌으로 결정한 것이다.

판례 헌재 2008.6.26. 2005헌마506, 판례집 20－1하, 397. [주문] '방송심의에 관한 규정'(2000.8.28. 방송위원회규칙 제22호로 제정된 것) 제59조는 헌법에 위반된다.

4) 대상성이 부인된 예

(가) 비신뢰형성적 재량준칙 － 교육위원회의 인사원칙

아래의 판례는 당해 행정규칙(재량준칙)으로 인하여 법적으로 보호하여야 할 정도에 이른 신뢰가 형성된 경우가 아니라면 그 행정규칙은 헌법소원의 대상이 안 된다고 본 판례이다. 재량준칙에 대한 헌법소원 대상 가능성 및 그 인정요건에 대해 언급하기 시작한 첫 결정인데 결론은 정작 대상성이 부정된 것이다.

－ 전라남도 교육위원회의 1990학년도 인사원칙(중등)에 대한 헌법소원

판례 헌재 1990. 9.3.90헌마13

[사건개요 및 본안쟁점] 청구인은 1987.3.1. 전남 담양군 소재 담양고등학교의 교사로 전보되었다. 전라남도 교육위원회의 1990학년도 인사관리원칙(중등) 제10조는 교원의 인사구역 중 경합지역의 근속가능연한을 종전 2년 이상 10년 이하로 되어 있었던 것을 1990.3.1.부터 2년 이상 8년 이하로 변경하였다. 이에 이 개정규정이 개정 이전에 이미 경합지역에서 근무하고 있던 청구인의 기득권을 침해한다고 하여 헌법소원이 제기된 것이다. [결정요지] 이른바 행정규칙은 일반적으로 행정조직 내부에서만 효력을 가지는 것이고 대외적인 구속력을 갖는 것이 아니다. 다만, 행정규칙이 법령의 규정에 의하여 행정관청에 법령의 구체적 내용을 보충할 권한을 부여한 경우, 또는 재량권 행사의 준칙인 규칙이 그 정한 바에 따라 되풀이 시행되어 행정관행이 이룩되게 되면, 평등의 원칙이나 신뢰보호의 원칙에 따라 행정기관은 그 상대방에 대한 관계에서 그 규칙에 따라야 할 자기구속을 당하게 되는 경우에는 대외적인 구속력을 가지게 된다. 그러나 위 인사관리원칙은 피청구인이 그 소속 중등학교 교원 등에 대한 임용권을 적정하게 행사하기 위하여 그 기준을 미리 일반적·추상적 형태로 제정한 조직 내부의 사무지침에 불과하다. 즉 이 사건 소원심판의 대상인 인사관리원칙의 조항은 피청구인이 행사하는 임용권 중 전보권에 관한 규정이고, 전보권은 관할구역내·교육구역 내 교육기관의 신설 및 폐지 등으로 말미암아 교육공무원의 인력수요의 증감 등 교육환경이 바뀔 때마다 때맞게 적절히 대응할 수 있도록 행사되어야 할 성질의 것이므로 그 행사에 광범위한 재량이 허용되어야 한다. 특히 이 사건의 경우에서와 같이 관할 내 경합지역의 교직이 현저하게 줄어드는 등 사정변경이 생긴 때에는 공익과 그 대상자에 대한 신뢰보호를 교량하여 당해 행정관청은 스스로 그 규칙의 내용을 그 대상자에게 불이익하게 변경할 수도 있다 할 것이다. 위 인사관리원칙이 당초 경합지역에서의 근속가능연한을 특정하지 아니하고 2년 이상 10년 이하

로 폭넓게 규정하여 그 범위 내에서 전보권을 행사하도록 한 것도 위와 같은 전보권의 특수성을 참작한 것이라 할 것이다. 따라서 전보대상자인 청구인이 경합지역에서 근속할 수 있는 기간에 관하여 어떤 이익을 누릴 수 있다면 그것은 하한인 2년일 뿐 결코 그 기간의 상한은 아니며, 비록 청구인이 근속가능연한의 상한인 10년간을 경합지역인 담양군에서 근무할 수 있을 것이라는 점에 대하여 주관적으로 신뢰나 기대를 가졌다고 하더라도 객관적으로 보아 이는 법적으로 보호하여야 할 정도에 이른 신뢰라고는 볼 수 없다. 그러므로 피청구인의 위 인사관리원칙의 조항은 헌법소원심판청구의 대상이 될 수 없다(각하결정).

(나) 업무처리지침(사무처리준칙)

① **중앙선관위 예규에 대한 대상성 부정** – 헌재는 공직선거관리규칙은 중앙선거관리위원회가 헌법 제114조 제6항 소정의 규칙제정권에 의하여 제정한 법규명령이나 중앙선거관리위원회의 예규는 각급 선거관리위원회 직원 등에 대한 업무처리지침 내지 사무처리준칙에 불과할 뿐 국민이나 법원을 구속하는 효력이 없는 행정규칙이어서 헌법소원 심판대상이 되지 아니하는 행정규칙이라고 본다.

판례 헌재 2000.6.29. 2000헌마325, 공직선거 및 선거부정방지법 제179조 제3항 제3호 등 위헌확인
[쟁점] 기표란 외에 기표되었거나 후보자란의 구분선상에 기표된 투표를 무효처리하지 않는 지침을 규정한 중앙선거관리위원회의 예규가 헌법소원의 대상이 되는지 여부(부인, 각하결정) [사건개요] 청구인들은 제16대 국회의원 총선거에 S당 소속으로 입후보하였다가 3표, 11표, 146표, 260표차로 각 낙선하였는데 위 예규가 위와 같은 선거결과에 이르게 된 원인이 되어 청구인들의 헌법상 보장된 평등권, 선거권 및 공무담임권을 침해하였다고 주장하며 헌법소원심판을 청구하였다. [심판대상규정] 공직선거에 관한 사무처리예규(2000.2.19. 중앙선거관리위원회예규 제18호) 제8장 개표 제3절 개표관리 3. 투표의 효력 – 공통사항 나. (3) 기표란 외에 기표된 것으로서 어느 후보자에게 기표한 것인지가 명확한 것(공선법 §179③ 3.) (4) 두 후보자란의 구분선상에 기표된 것으로서 어느 후보자에게 기표한 것인지가 명확한 것(공선법 §179③ 4.). [청구인주장] 이 예규는 법령의 범위 안에서 만들어진 것으로 볼 수 없는 새로운 입법이고, 뿐만 아니라 중간기호의 후보자들과 비교하여 첫번째 기호와 마지막 기호의 후보자가 유효로 판정받게 될 범위가 넓어 득표결과에 영향을 주고 있다. 따라서 위 예규 부분은 헌법 제114조 제6항에 위배되고, 헌법 제11조의 평등권 및 제25조의 공무담임권을 침해하고 있다. [결정요지] 공직선거관리규칙은 중앙선거관리위원회가 헌법 제114조 제6항 소정의 규칙제정권에 의하여 공선법에서 위임된 사항과 대통령·국회의원·지방의회의원 및 지방자치단체의 장의 선거의 관리에 필요한 세부사항을 규정함을 목적으로 하여 제정된 법규명령이라고 할 것이다. 그러나 이 사건에서 쟁점이 된 예규는, 각급선거관리위원회와 그 위원 및 직원이 공직선거에 관한 사무를 표준화·정형화하고, 관련법규의 구체적인 운용기준을 마련하는 등 선거사무의 처리에 관한 통일적 기준과 지침을 제공함으로써 공정하고 원활한 선거관리를 기함을 목적으로 하는 것(공직선거에 관한 사무처리예규집 1면 참조)이므로 개표관리 및 투표용지의 유·무효를 가리는 업무에 종사하는 각급 선거관리위원회 직원 등에 대한 업무처리지침 내지 사무처리준칙에 불과할 뿐 국민이나 법원을 구속하는 효력이 없는 행정규칙이라고 할 것이다(대법원 1996.7.12. 96우16, 공1996하, 2527면). 따라서 이 예규부분은 헌법소원 심판대상이 되지 아니하는 행정규칙에 불과한 것이다.

* 검토 – 득표결과가 좌우되는 중요한 문제인데 이를 예규에 담을 사항인지부터 검토가 필요하다는 점에서 수긍이 되지 않는 결정이다. 예규에 있다고 하더라도 실질적인 법규성이 인정될 수 있어서 문

제이다.

② **교원자격검정 실무편람** – "교육대학원 초등교육전공의 교육과정은 초등학교 교사양성과정(전 교과 지도)으로 편성되지 않고, 초등교육 전문과정으로 편성되어 있어, 일반대학 졸업자가 교육대학원에서 초등교육을 전공하여 초등교사 자격증을 취득하는 것은 불가능함"이라는 부분에 대한 청구였는데 편람의 성격이 내부 업무처리지침에 불과하다고 하여 대상성을 부정하였다.

판례 헌재 2013.2.28. 2010헌마438

[판시] 행정규칙이 법령의 규정에 의하여 행정관청에 법령의 구체적인 내용을 보충할 권한을 부여한 경우, 또는 재량권행사의 준칙인 행정규칙이 그 정한 바에 따라 되풀이 시행되어 행정관행이 성립되어 평등원칙이나 신뢰보호의 원칙에 따라 행정기관이 그 상대방에 대한 관계에서 그 규칙에 따라야 할 자기구속을 당하게 되는 경우에는 대외적인 구속력을 갖게 되어 헌법소원의 대상이 될 수도 있다. 그런데 자격검정 실무편람은 교원자격검정 관련 법령과 고시의 내용을 종합하여 체계적으로 정리하고 민원문의가 많은 사항에 대한 답변을 제시할 목적으로 만들어진 교육과학기술부의 내부 업무처리지침 내지 사무처리준칙에 불과하다. 더구나 이 사건 실무편람 부분은 교원자격검정령 관련 규정 및 우리나라 교육대학원 등의 초등교육 석사학위과정 운용상 교육대학이나 대학의 초등교육과에서 초등교육을 전공하지 않는 한 교육대학원등에서의 초등교육 석사학위과정만으로는 초등학교 정교사(2급)의 자격취득이 불가능하다는 사실을 설명 내지 안내해 주고 있는 것에 불과하다. 따라서 이 사건 실무편람 부분이 그 자체로 국민에 대해 어떤 권리를 설정하거나 의무를 부과하고 있다고 볼 수 없다. 그렇다면 이 사건 실무편람 부분은 헌법소원의 대상이 되는 공권력의 행사에 해당한다고 볼 수 없으므로 그 위헌확인을 구하는 헌법소원 심판청구는 부적법하다.

(다) 해석지침

① **'한약관련과목의 범위 및 이수인정기준'**

판례 헌재 2001.2.22. 2000헌마29

[사건개요와 쟁점] 약학대학을 졸업하여 한약사국가시험에 응시하기 위하여 한국보건의료인국가시험원장에게 원서를 제출하였으나 동 원장은 보건복지부장관으로부터 1999.11.16. 문서번호 한약65600-59로 통보받은 '한약관련과목의 범위 및 이수인정기준'에 따라 응시자격을 심사한 결과 위 기준에서 정한 과목을 이수하지 못하였다는 이유로 응시원서를 반려하는 처분을 하자, 보건복지부장관을 피청구인으로 하여 위 기준을 대상으로 헌법소원심판을 청구하였다. 쟁점 – 위 기준이 헌법소원의 대상이 되는지 여부(부정, 각하결정) [결정요지] 위 이수인정기준은 형식적으로 보면 보건복지부장관이 한약사국가시험 응시자격과 관련한 개정 전 약사법시행령 제3조의2의 한약관련과목 규정을 구체적으로 해석하기 위한 기준으로서 위 원장에게 발한 훈령·통첩에 해당한다. 위 원장이 응시원서 접수시 그 응시자격 여부 판정을 원활하게 하기 위한 내부기준으로서 보건복지부장관이 위 이수인정기준을 작성하여 시달한 것이다. 그러므로 일종의 내부기준에 불과할 뿐 그것이 국민이나 법원을 구속하는 효력은 없다. 위 시험원장으로서는 필수과목 이외의 과목이 객관적으로 위 시행령 제3조의2 소정의 5개 영역에 해당하는 과목이라면 위 이수인정기준에 들어 있지 않은 과목이라고 한약관련과목으로 인정하여야 할 것이다. 그렇다면 위 이수인정기준은 행정관청 내부의 해석지침에 불과하여 대외적 구속력이 없다 할 것이므로 헌법소원심판청구의 대상이 될 수 없다.

② 최저임금 고시 중 '월 환산액' 부분

판례 헌재 2019.12.27. 2017헌마1366

[판시] 2018년 적용 최저임금 고시 중 "월 환산액 1,573,770원 : 주 소정근로 40시간을 근무할 경우, 월 환산 기준시간 수 209시간(주당 유급주휴 8시간 포함) 기준" 부분 및 2019년 적용 최저임금 고시 중 "월 환산액 1,745,150원 : 주 소정근로 40시간을 근무할 경우, 월 환산 기준시간 수 209시간(주당 유급주휴 8시간 포함) 기준" 부분(이하 '각 월 환산액 부분'이라 한다)은 시간을 단위로 정해진 각 해당 연도 최저임금액에 법정근로시간과 유급으로 처리되는 주휴시간을 합한 근로시간 수를 곱하여 산정한 것으로 최저임금위원회 및 피청구인의 행정해석 내지 행정지침에 불과할 뿐 국민이나 법원을 구속하는 법규적 효력을 가진 것으로 볼 수 없다. 따라서 이 사건 각 고시의 각 월 환산액 부분은 국민의 권리·의무에 직접 영향을 미치는 것이 아니므로 헌법소원의 대상이 되는 '공권력의 행사'에 해당하지 아니하여 이 부분에 대한 심판청구는 부적법하다.

(라) 교육부장관이 대학에 권고하는 내용의 1996학년도대학입시기본계획

헌재는 이러한 기본계획은 법령보충적 행정규칙이 아니어서 헌법소원의 대상이 안 된다고 보았다.

판례 헌재 1997.7.16. 97헌마70

[결정요지] 교육부장관이 매년 발표하는 대학입시기본계획은 교육법 제84조에 규정된 교육부장관의 공·사립 대학에 대한 지휘·감독권의 행사로서 이 사건 기본계획 발표 후인(1996.8.23. 대통령령 제15141호로 제정된 교육법시행령에 제71조의5를 신설하여 교육부장관이 대학입학전형기본계획을 수립하여 고시하는 직접적인 근거를 마련하였다), 그 내용에 따라 법령의 범위 내에서 대학입시제도의 내용을 구체화하거나 보충하는 행정규칙의 성질의 것도 있고, 대학입시제도에 관한 국가의 기본방침을 천명하는 행정계획의 성질을 가지고 있는 것도 있다. 그런데 이 사건 심판대상부분은 피청구인이 발표한 1996학년도 대학입시기본계획 중 전국의 대학에 대하여 대학별고사에서 국·영·수 위주의 필답고사 실시에 신중을 기하여 줄 것을 권고하고, 그 세부사항으로 계열별·학과별 특성에 따라 대학수학능력시험이나 고등학교 내신성적을 보완하는 선에서 교과목을 최소화하도록 권고하는 내용으로서 이는 법령의 위임을 받아 그 내용을 구체화하거나 법령의 구체적인 내용을 보충하는 것으로 볼 수 없어 청구인들의 기본권을 침해하는 공권력의 행사에 해당한다고 할 수 없다(각하결정).

(마) '98학년도 대입전형시의 '예술고학생에 대한 학생부성적반영지침'

헌재는 이러한 지침은 앞서 나온 대학입학전형 기본계획과 실질적으로 동일한 내용이어서 새로이 기본권을 침해하는 작용이 아니라는 이유로 헌법소원심판의 대상이 안 된다고 보았다.

판례 헌재 1997.12.19. 97헌마317

[결정요지] 1997.4.16. 발하여진 이 사건 지침은 1997.2.24. '1998학년도 대학입학전형 기본계획'과 실질적으로 동일한 내용으로서 그에 대한 확인적 의미만을 갖고 있을 뿐 기본계획에 정하여진 대학입학전형방법에 아무런 변경도 가져오는 것이 아니다. 그러므로 이 사건 지침은 청구인들의 기본권을 새로이 침해하는 헌법재판소법 제68조 제1항 소정의 공권력의 행사에 해당한다고 볼 수 없어 헌법소원의 대상이 될 수 없는 것이라 할 것이다(각하결정).

(바) 법령보충규칙성, 재량준칙성 모두 부정된 예

2007년 정부포상업무지침 2. 나. 6) 다)가 이 두 가지 성격이 모두 없다고 보아 헌법소원 대상성이 부정된 예이다.

판례 헌재 2009.7.30. 2008헌마367

[판시] 이 사건 정부포상업무지침은 상훈법 및 같은 법 시행령에 의한 훈장 및 포장 등 개인이나 단체에 대하여 행하는 정부포상의 운용준칙을 정한 것으로서(이 사건 정보포상업무지침의 I. 목적), 행정안전부가 훈장수여대상자의 추천이라는 업무처리 지침으로서 마련한 내부기준이다. 그런데 정부포상업무지침은 통보의 형식으로 각 부처에 전달되어 행정조직 내부에서만 효력이 있을 뿐이며, 공포나 고시를 통하여 일반 국민에게 발표되지 않는다. 또한, 이 사건 정부포상업무지침은 상훈법 등 상위법령의 직접적인 위임 없이 제정된 것으로서 법령의 규정에 의하여 행정관청에 법령의 구체적 내용을 보충할 권한을 부여한 경우라고 할 수 없으므로, 예외적으로 대외적인 구속력이 인정되는 경우로 보기도 어렵다. 한편, 행정안전부가 매년 제도·운영상의 개선방안을 반영한 새로운 정부포상업무지침을 게시하고 통보한다는 점 및 각 부에 통보할 때에도 정부포상업무지침을 '참고'하여 포상의 영예성 제고 및 운영의 적정을 기할 것을 주문할 뿐, 서훈추천권자로 하여금 이를 준수할 명시적인 의무를 부과하는 것으로 보기 어렵다는 점에서, 서훈추천권자가 평등 및 신뢰의 원칙상 행정관행을 반복할 수밖에 없는 사정이 있다고 보기 어렵다. 더구나 이 사건 정부포상업무지침은 다음에서 보는 바와 같이 청구인(서훈을 받고자 하는 국민)의 기본권 기타 법률상 지위를 변동시키거나 청구인의 법적 지위에 영향을 주는 것으로 볼 수 없다. 헌법 제80조 및 상훈법령에 따른 서훈은 대통령의 권한으로서, 이 사건 정부포상업무지침의 적용을 받는 각부 장관은 서훈에 관한 추천의 권한만을 가질 뿐이다(상훈법 제5조). 나아가 영전의 수여는 기본적으로 대통령이 국가원수의 지위에서 행하는 고도의 정치성을 지닌 국가작용이며, 서훈 여부는 대통령이 그 재량에 의하여 국무회의의 심의를 거쳐 독자적으로 결정하는 것이다. 따라서 개인 혹은 단체에게 훈장을 요구할 수 있는 법규상 또는 조리상 권리가 있는 것으로 볼 수 없다. 달리 헌법은 국민에게 영전을 수여할 것을 요구할 권리를 부여하고 있지 않다. 따라서 이 사건 정부포상업무지침은 행정기관 내부의 업무처리지침 내지 사무처리준칙에 해당할 뿐, 국민이나 법원을 구속하는 법규적 효력을 가진 것이 아니다. 그렇다면, 이 사건 정부포상업무지침은 국민의 권리·의무에 직접 영향을 미치는 것이 아니므로 헌법소원의 대상이 되는 '공권력의 행사'에 해당하지 아니한다.

(3) 구체적 규율의 고시·공고, 통지수단으로서의 고시의 경우

헌재는 구체적 규율의 고시나 공고는 행정규칙이 아니라 행정처분에 해당한다고 본다. 또 행정처분의 통지수단으로서의 고시의 경우 고시 그 자체가 아니라 고시를 통하여 행정청이 행한 행위(처분), 즉 고시의 실질적 내용을 이루는 행위(처분)가 헌법소원심판의 대상이 된다고 본다. 그러나 그러한 행위(처분)는 행정쟁송의 대상이 되므로 행정쟁송으로 이의 취소를 구할 법률상 이익이 있는 한 행정쟁송을 거쳐야 하고 따라서 이를 거치지 않고 제기된 헌법소원심판의 청구는 보충성원칙을 준수하지 않은 것으로 부적법하다고 한다. 아래의 결정례가 그러한 취지의 판례이다. 그러나 후술하는 대로 헌재는 원행정처분에 대한 헌법소원을 인정하지 않으므로 행정쟁송을 거친 후에도 헌법소원심판에 의하여 기본권침해와 그 위헌여부를 심사받을 길이 열리지 않아 문제가 있다.

판례 헌재 1998.4.30. 97헌마141, 특별소비세법시행령 제37조 제3항 등 위헌확인, 각하결정. * 이 결정에 대한 자세한 것은 앞의 법령보충규칙, 요건 부분 참조.

(4) 조례의 효력을 가지는 고시

이에 대한 심판청구가 적법하다고 본 사례가 아래 결정이다. 이 결정에 대해서는 바로 아래의 조례 자체에 대한 헌법소원 참조.

판례 헌재 2016.3.31. 2014헌마794, 옥외광고물 표시제한 특정구역 지정고시 위헌확인.

8. 조례 자체에 대한 헌법소원

* 조례에 대한 헌법소원심판 − 조례의 경우 법령소원의 호칭이 적절한지 검토가 필요하다. 헌법 제117조가 '법령의 범위 안에서' 자치법규(조례)를 정할 수 있다고 규정한 것은 조례가 법령 안에 포함되지 않는다고 보는 헌법의 입장이 나타난 것이므로 조례를 대상으로 하는 헌법소원심판을 법령소원심판이라고 할 수는 없지 않느냐 하는 의문이 있는 것이다. 조례가 법규범인 것은 맞으므로 법령소원에서 다루는 것이 필요하지만 용어상 검토를 하자는 것이다. 따라서 조례소원심판이라고 달리 부르는 것이 더욱 정확할 것도 같다.

(1) 대상성 인정과 그 논거

1) 대상성 인정

헌재는 "조례 자체로 인하여 기본권을 침해받은 자는 그 권리구제의 수단으로서 조례에 대한 헌법소원을 제기할 수 있다"라고 그 대상성을 인정한다.

판례 헌재 2016.3.31. 2014헌마794. *그 외 조례의 헌법소원대상성을 인정한 결정례들 : 1994.12.29. 92헌마216; 1995.4.20. 92헌마264등; 1995.10.26. 94헌마242; 2009.3.26. 2006헌마240등; 2009.10.29. 2008헌마454; 2009.3.26. 2006헌마203; 2009.3.26. 2006헌마188; 2010.7.29. 2010헌마208 등 참조.

2) 인정논거

헌재는 조례 자체의 헌법소원 대상성 인정 논거를 공권력작용에 해당되는 입법작용이라는 데 두고 있다.

판례 헌재 1994.12.29. 92헌마216, 학원의 설립·운영에 관한 법률 제8조 등 위헌확인

[관련판시] 헌법재판소법 제68조 제1항에서 말하는 '공권력'에는 입법작용이 포함되며, 입법작용에는 형식적 의미의 법률을 제정하는 행위뿐 아니라 법규명령·규칙을 제정하는 행위도 포함된다. 지방자치단체에서 제정하는 조례(Satzung)도 불특정다수인에 대해 구속력을 가지는 법규이므로 조례제정행위도 입법작용의 일종이라고 보아 헌법소원의 대상이 된다. … * 동지 헌재 1995.4.20. 92헌마264등, 부천시 담배자동판매기설치 금지조례 제4조 등 위헌확인, 강남구 담배자동판매기설치 금지조례 제4조 등 위헌확인. 조례에 대하여 헌법소원심판이 이루어진 예로는 그 밖에도, 헌재 1995.10.26. 94헌마242, 부산직할시 검인계약서제도 실시에 따른 시세불균일과세에 관한 조례 제2조 등 위헌확인 등 적지 않다.

(2) 조례 자체에 대한 헌법소원심판의 청구요건

조례 자체에 대한 헌법소원심판의 청구요건도 법령소원의 청구요건과 같고 보충성원칙의 적용이 없다.

[주요판시사항] : 조례 자체에 대한 헌법소원의 요건

▷ 자기관련성·직접성·현재성요건 : 조례가 별도의 구체적인 집행행위를 기다리지 아니하고 직접 그리고 현재 자기의 기본권을 침해하는 것이어야 함

▷ 보충성원칙의 비적용 : 조례 자체의 효력을 직접 다투는 것을 소송물로 하여 일반법원에 구제를 구할 수 있는 절차가 있는 경우가 아니어서 다른 구제절차를 거칠 것 없이 바로 헌법소원심판청구 가능

판례 헌재 1995.4.20. 92헌마264등, 부천시 담배자동판매기설치 금지조례 제4조 등 위헌확인, 강남구 담배자동판매기설치 금지조례 제4조 등 위헌확인

[판시] 조례는 지방자치단체가 그 자치입법권에 근거하여 자주적으로 지방의회의 의결을 거쳐 제정한 법규이기 때문에 조례 자체로 인하여 기본권을 침해받은 자는 그 권리구제의 수단으로서 조례에 대한 헌법소원을 제기할 수 있다고 할 것이다(헌법재판소 1994.12.29. 선고, 92헌마216 결정 참조). 다만 이 경우에 그 적법요건으로서 조례가 별도의 구체적인 집행행위를 기다리지 아니하고 직접 그리고 현재 자기의 기본권을 침해하는 것이어야 함을 요한다. 이 사건 심판대상규정은 담배소매인 지정신청인에게 적용되는 기준일 뿐만 아니라 현재 담배소매업을 하고 있는 청구인들에게도 추가적인 자판기 설치를 금지하고 이미 설치한 자판기마저 철거하도록 하고 있으므로 집행행위를 기다리지 아니하고 바로 자유를 제한하고 의무를 부과하는 규정이어서 자기관련성, 현재성 및 직접성의 요건을 모두 갖추고 있다고 할 것이다. 그리고 이 사건의 경우와 같이 조례 자체에 의한 직접적인 기본권침해가 문제될 때에는 그 조례 자체의 효력을 직접 다투는 것을 소송물로 하여 일반법원에 구제를 구할 수 있는 절차가 있는 경우가 아니어서 다른 구제절차를 거칠 것 없이 바로 헌법소원심판을 청구할 수 있는 것이므로 이 사건 헌법소원심판청구는 보충성의 원칙에 반하지 아니하는 적법한 소원심판청구라 할 것이다.

(3) 처분적 조례에 대한 헌법소원의 문제 – 보충성원칙의 문제

중요 : 이 문제는 지방자치제도를 둘러싼 헌법과 행정법(행정소송법)의 복합적 문제로서 출제예상 대상이다.

1) 처분적 조례의 개념과 그것의 인정으로 인한 문제소재

처분적 조례란 그 조례를 집행하는 행위가 없이 그 조례 자체로 어느 특정한 사람에 대해 직접 권리나 의무에 영향을 미치는 효력을 가진 조례를 말한다. 처분적 조례는 처분성이 인정되는 것이므로 법원의 행정(항고)소송의 대상이 될 수 있고 그런 경우에는 보충성의 원칙이 적용되어야 한다. 위에서 언급한 대로 조례에 대하여 바로 헌법소원을 제기할 수 있는, 즉 보충성의 원칙이 배제되는 중요한 논거의 하나로서 헌법재판소가 내세우는 점은 조례 자체에 의한 직접적인 기본권침해가 문제될 때에는 그 조례의 효력을 직접 다투는 것을 소송물로 하여 일반법원에 구제를 구할 수 있는 절차가 없기 때문이라는 것을 되짚어 보아도 처분적 조례가 법원

의 항고소송대상으로서 인정되면 처분적 조례에 대해 곧바로 헌법소원의 대상이 될 수는 없다.

2) 판례

(가) 대법원 판례 - 처분적 조례를 인정하는 판례

처분적 조례에 대해서는 학설상 견해의 대립이 있어 왔고 항고소송의 대상성이 명확하지 않았다. 그런데 대법원은 1996년 9월 20일의 '두밀분교' 사건 판결에서 "조례가 집행행위의 개입 없이도 그 자체로서 직접 국민의 구체적인 권리의무나 법적 이익에 영향을 미치는 등의 법률상의 효과를 발생하는 경우 그 조례는 항고소송의 대상이 되는 행정처분에 해당하고 …" 라고 밝혀[1] 이 판시에 따르면 처분적 조례의 경우 그 자체에 대해 직접 항고소송이 이루어질 수 있고 그 처분적인 효과를 가지는 조례에 대하여 곧바로 헌법소원심판이 이루어지기는 어렵다고 할 것이고 그렇다면 사실 헌법소원은 조례에 대한 직접적 통제의 수단이 될 가능성이 별로 없을 것이다. 물론 그러한 상황이 되더라도 헌법소원의 이른바 보충성원칙에 따라 행정소송 이후 헌법소원심판을 제기할 수 있을 것이나 우리 헌법재판소는 뒤에서 언급하듯이 이른바 원(原)행정처분에 대한 헌법소원을 부인하고 있으므로 처분적 조례에 대하여 바로 헌법소원으로 통제가 이루어지기 힘들다.

(나) 헌법재판소 판례 - 처분적 조례의 관념을 인정하는 판례

헌재는 처분적 조례의 관념을 인정하는 판례들을 내놓았다. 다음과 같은 결정례에서 처분적 조례가 아니라고 보았지만 그 관념을 인정하고 처분적 조례의 경우 보충성원칙이 적용된다고 보고 그렇지 않은 해당 사안들에서는 예외가 인정된다고 본 것이었다.

① **학교교과교습학원 및 교습소의 심야교습 제한 조례** 사안은 학교교과교습학원 및 교습소의 교습시간을 05:00부터 22:00까지(고등학생의 경우 05:00부터 23:00까지) 규정하고 있는 '부산광역시 학원의 설립·운영 및 과외교습에 관한 조례'(2008.4.2. 조례 제4258호로 개정된 것) 제9조 본문이 청구인들의 인격의 자유로운 발현권, 자녀교육권, 직업의 자유를 평등권을 침해한다는 주장의 헌법소원심판사건이었는데 헌재는 처분적 조례 성격을 부정하고 보충성원칙 적용의 예외로 보아 본안판단에 들어갔는데 기각결정을 한 것이다.

판례 헌재 2009.10.29. 2008헌마454, 부산광역시 학원의 설립·운영 및 과외교습에 관한 조례 제9조 위헌확인, 기각결정

[판시] 보충성 인정 여부 - 이 사건 조항은 학교교과교습학원 및 교습소의 교습시간을 제한하고 있을 뿐이므로 비록 그로 인하여 학원 운영자 등이 교습시간을 제한받는다고 하여도 위 조항을 그 상대방과 적용사건이 특정되는 처분적 조례로서 항고소송의 대상이 된다고 볼 수 있을지는 의문이다. 그렇다면 이 사건 조항에 대한 소송을 일반 법원에 제기하더라도 이 사건 조항이 항고소송의 대상이 되는 행정처분에 해당하는지 여부가 객관적으로 불확실하고 이 사건 조항에 대하여 법원에서 항고소송의 대상으로 인정받은 적도 없는바, 청구인들에게 항고소송에 의한 권리구제절차를 거치도록 요구하거나 기대할

1) 대법원 1996.9.20. 95누8003, 조례무효확인, 판례공보, 1996.11.1, 3210면.

수 없으므로 보충성의 예외를 인정하여 헌법소원을 허용함이 상당하다. 동지 : 헌재 2009.10.29. 2008헌마635, 서울특별시 학원의 설립·운영 및 과외교습에 관한 조례 제5조 제1항 전문 위헌확인, 기각결정.

② **옥외광고물 표시제한 특정구역 지정고시** 사안은 특정구역 안에서 업소별로 표시할 수 있는 광고물의 총 수량을 1개로 제한하는 등 '옥외광고물 표시제한 특정구역 지정고시'(2013.12.31. 행정중심복합도시건설청 고시 제2013-33호, 이하 '이 사건 고시'라 한다) 제2조 제1항 제1호 본문 등의 규정들이 법률유보원칙에 위배되어 청구인들의 표현의 자유 및 직업수행의 자유, 평등권을 침해한다는 주장에 대해 헌재는 먼저 위 고시의 성격이 조례라고 본 뒤 그 조례가 처분적 성격이 아니므로 보충성원칙의 예외를 인정한다고 하고 본안판단에 들어가 기각결정을 한 것이다.

판례 헌재 2016.3.31. 2014헌마794

[판시] 적법요건에 관한 판단 (1) 헌법소원의 대상성 인정 여부 - 조례 자체로 인하여 기본권을 침해받은 자는 그 권리구제의 수단으로서 조례에 대한 헌법소원을 제기할 수 있다고 할 것이므로(헌재 1995.4.20. 92헌마264등 참조), 심판대상조항들은 헌법소원의 대상이 되는 공권력 행사에 해당한다. (2) 보충성 인정 여부 - 조례가 일반적·추상적인 규정의 성격을 가지거나 항고소송의 대상이 되는 행정처분인지 여부가 불분명한 경우에는 바로 헌법소원심판을 청구할 수 있다. 심판대상조항들은 이 사건 특정구역 내에 표시·설치되는 모든 옥외광고물에 대하여 일률적으로 적용되므로 이를 두고 그 상대방이나 적용사건이 특정되는 처분적 조례에 해당한다고 보기 어려울 뿐만 아니라, 항고소송의 대상이 되는 행정처분에 해당하는지 여부 또한 불확실하다. 이와 같이 청구인들에게 항고소송에 의한 권리구제절차를 거치도록 요구하거나 기대할 수 없는 이상 보충성의 예외를 인정하여 헌법소원을 허용함이 상당하다. (3) 권리보호이익 인정 여부 - 고시개정으로 소멸하였나 동종의 기본권 침해 문제가 제기될 수 있으며, 아직 이루어지지 않은 헌법적 해명은 중대한 의미를 지니고 있으므로, 이 사건 심판청구는 예외적으로 심판의 이익을 인정함(이에 대한 판시는 뒤의 권리보호이익, 예외적 심판이익 부분 참조).

3) 분석·검토와 정리(앞으로의 동향)

(가) 분석·검토

가) 처분적 조례와 헌법소원 직접대상으로서의 조례의 구분 - 특정성의 의미

처분적 조례가 행정(항고)소송의 대상이 된다면 바로 헌법소원의 대상이 되는 조례는 어떤 조례인가 하는 양자의 구분이 문제이다. 일단 위 헌재결정례의 판시를 두고 볼 때 '상대방과 적용사건이 특정되는' 조례가 처분적 조례이다. 그러면 바로 헌법소원대상이 되는 조례는 특정되지 않은 일반적·추상적인 효과의 조례여야 할 것이다. 바로 위 결정례 ②의 판시 중 "조례가 일반적·추상적인 규정의 성격을 가지거나 항고소송의 대상이 되는 행정처분인지 여부가 불분명한 경우에는 바로 헌법소원심판을 청구할 수 있다"라고 한 것도 그것을 보여주는 것이라고 하겠다.

나) 기본권구제수단인 헌법소원, 권리보호이익요건 등 주관적 청구요건요구의 모순성

조례에 한해서만의 문제는 아니나 헌법소원제도가 어느 개인의 기본권이 침해되었을 때 이를 구제하기 위한 제도인데 일반적·추상적 성격을 가져야 한다면, 그리고 어느 개인의 기본권침해로 특정될 것이 아니라고 한다면 헌법소원제도와 모순을 보이는 것이 아닌가 하는 의문이 생긴다. 나아가 헌법소원의 주관적 청구요건인 권리보호이익요건 등을 따지는 것은 그래서 논리적으로 맞지 않다는 생각이 들게 된다.

다) 검토

그러나 생각건대 선해하면 조례적 처분은 특정인 ○○아무개에게 그 조례로 인해 구체적인 특정화된 기본권침해사실이 구체적으로 바로 오게 하고 그 경우에 행정(항고)소송으로 바로 다툴 수 있다는 것이고 헌법소원으로 바로 갈 수 있는 조례는 일반적·추상적 효과가 있는 것이라 함은 어느 특정인 △△아무개에게 바로 어떤 법적 효과가 바로 나오는 것이 아니라는 점에서 일반적·추상적이라는 의미이다. 헌법소원에서 청구요건의 하나인 '기본권침해성'은 특정된 △△아무개 청구인에 침해가 온다는 구체성이 아니라 그러한 행정작용이라면 일반적으로 침해가능성이 있다고 볼 수 있을 것을 의미한다. 그러면 어느 특정된 △△아무개 청구인의 기본권구제라는 헌법소원으로서의 기능과 권리보호요건과 같은 주관적 청구요건은 특정되고 구체적인 것인데 이를 어떻게 설명할 것인가 하는 문제가 있다. 바로 이러한 구체적 문제는 본안에서 판단하는 것이다. 정말 문제의 조례로 △△아무개에게 어떤 특정한 구체적인 침해가 온 것인지에 대해서 판단하는 것은 헌법소원의 본안에서 판단할 바로 그 과제인 것이다. 그러나 법령소원과 같은 규범통제에 있어서는 본안판단에서도 이런 구체적인 것을 넘어서서 일반적인 판단이 요구된다. 규범은 청구인에게만 영향을 주는 것이 아니기 때문이다. 이에 대해서는 앞의 법령보충규칙에서 살핀 것과 같다.

(나) 정리(현황과 앞으로의 동향)

위와 같이 법원이 1996년 처분적 조례를 인정하는 판시를 한 이래 처분적 조례가 직접적이고 구체적으로 법원판례에 나타나고 있는 예를 찾기 어렵다. 위의 대법원판례를 나오게 한 바로 당해 조례에 대해서는 헌법재판소에 헌법소원심판이 청구되었는데 헌재는 헌법소원의 청구기간을 넘겼다는 이유로 본안판단으로 나아가지 않았다(헌재 1998.10.15. 96헌바77, 경기도립학교설치조례 중 개정조례 제2조 등 위헌소원). 위 대법원판례 이후에도 조례에 대한 헌법소원심판의 예들이 나오고 있다.

여하튼 헌재도 처분적 조례의 관념을 인정하는 마당에는 처분적 조례가 행정(항고)소송의 대상이 된다고 보고 보충성원칙의 적용에 따라 바로 헌법소원의 대상이 되지는 않는다고 볼 것이다. 결국 다음과 같이 정리한 바를 도해할 수 있겠다.

상대방·적용사건이 특정되는 구체적 효과 조례 → 항고소송 대상
일반적·추상적인 규정 성격 조례 → 헌법소원의 직접 대상

(4) 조례에 대한 헌법소원심판의 결정례

조례에 대한 결정례들로는 기초의회의원선거구의 획정은 조례로 정하도록 함에 따라 이에 관한 결정례들이 적지 않았다.

1) 헌법불합치결정

판례 ① 헌재 2009.3.26. 2006헌마240등

충청남도 시·군의회의원 선거구와 선거구의원정수에 관한 조례 [별표 2] 위헌확인 등. [판시사항] 1. 자치구·시·군 선거구의 인구편차 비교방식(해당 선거구의 의원 1인당 인구수를 그 선거구가 속한 자치구·시·군의회의원 1인당 평균인구수와 비교) 2. 자치구·시·군의회의원 선거구 획정에서 요구되는 인구편차의 헌법상 허용한계(평균인구수로부터 상하 60%의 편차 범위 내 * 2018년 판례변경으로 50%로 강화됨) 3. 이 사건 각 선거구란 획정의 위헌 여부(일부 적극, 일부 소극) 4. 홍성군의회의원, 예산군의회의원의 각 선거구들 부분 전체에 대하여 위헌선언을 할 것인지 여부(적극) 5. 위헌인 선거구가 속한 군의회의원의 선거구들 부분을 2009.12.31.을 시한으로 입법자가 개정할 때까지 계속 적용하도록 하는 내용의 헌법불합치결정을 한 사례 [주문] 1. '충청남도 시·군의회의원 지역구의 명칭·구역 및 의원정수에 관한 조례'(2005.12.30. 조례 제3174호로 전부 개정된 것) 제3조의 [별표 2] 중 홍성군의회의원 지역선거구들 부분, 예산군의회의원 지역선거구들 부분은 헌법에 합치되지 아니한다. 2. 위 [별표 2] 중 홍성군의회의원 지역선거구들 부분, 예산군의회의원 지역선거구들 부분은 2009.12.31.을 시한으로 입법자가 개정할 때까지 계속 적용된다. 3. 청구인 ○○○의 심판청구를 기각한다.

② 헌재 2009.3.26. 2006헌마67, 경상북도 시·군의회의원 선거구와 선거구별 의원정수에 관한 조례 [별표] 위헌확인

[판시사항] 1, 2. 위 결정과 같음. 3. 이 사건 심판대상인 선거구 획정의 위헌 여부(일부 적극, 일부 소극) 4. 자치구·시·군 의회의원 선거구 획정에서 일부 선거구 획정의 불평등을 이유로 해당 시의 의회의원 선거구 전체에 대하여 위헌선언을 할 것인지 여부(적극) 5. 위헌인 선거구가 속한 시의회의원의 선거구들 부분을 2009.12.31.을 시한으로 입법자가 개정할 때까지 계속 적용하도록 하는 내용의 헌법불합치결정을 한 사례 [주문] 1. '경상북도 시·군의회의원 선거구와 선거구별 의원정수에 관한 조례'(2006.1.12. 조례 제2902호로 전부 개정된 것) 제2조의 [별표] 중 상주시의회의원 지역선거구들 부분, 영천시의회의원 지역선거구들 부분, 김천시의회의원 지역선거구들 부분은 헌법에 합치되지 아니한다. 2. 위 [별표] 중 상주시의회의원 지역선거구들 부분, 영천시의회의원 지역선거구들 부분, 김천시의회의원 지역선거구들 부분은 2009.12.31.을 시한으로 입법자가 개정할 때까지 계속 적용된다. 3. 청구인 ○○○의 심판청구를 기각한다.

2) 기각결정례

① 중선거구제로의 변경에 따른 의원수 변경

판례 헌재 2009.3.26. 2006헌마203, 강원도 시·군의회 의원정수 및 선거구 등에 관한 조례 제3조 [별표 2] 중 철원군 부분 위헌확인

[사건개요] 자치구·시·군의원('기초의회의원')은 인구 1,000인 이상의 읍·면·동마다 1인씩 선출하다가, 2005.8.4. 법률 제7681호로 개정·시행된 공직선거법에 의하여 하나의 지역선거구에서 기초의회의원 2인 이상 4인 이하를 선출하는 중선거구제로 변경되었다. 이에 따라 2005.12.30. 공포된 강원도조례 제3099호 '강원도 시·군의회의원 선거구와 선거구별 의원정수에 관한 조례' [별표 2] '강원도 시·군의원 지역선거구 의원정수 및 구역표에 의하여 철원군의회의원 나선거구는 5개 읍·면에서 의원 4인을 선출하

였는데 3인으로 줄게 되어 철원군 나선거구의 주민이 헌법소원심판을 청구한 사건이다. 기각결정되었다.

② 선거구획정

판례 헌재 2010.7.29. 2010헌마208, 서울특별시자치구의원선거구와 선거구별 의원정수에 관한 조례 일부 개정조례 중 별표 위헌확인

[판시사항] '서울특별시자치구의회의원선거구와 선거구별 의원정수에 관한 조례' [별표] 중 "구로구 가선거구란"(이하 '이 사건 [별표]'라 한다)이 헌법상 허용된 인구편차의 허용한계를 넘어 투표가치의 불평등을 초래하여 유권자인 청구인들의 평등권과 선거권을 침해하는지 여부(소극, 기각결정)

판례 헌재 2009.3.26. 2006헌마188, 부산광역시 구·군의회의원 선거구와 선거구별 의원정수 조례 등 위헌확인, 기각결정

③ 시세불균일 과세 – '부산직할시검인계약서제도실시에따른시세불균일과세에관한조례'

판례 헌재 1995.10.26. 94헌마242

[판시사항] 이 조례 제2조, 제3조의 조세평등주의, 조세법률주의나 자치입법의 한계를 위반하는지 여부(기각결정).

④ 학교교과교습학원 및 교습소의 심야교습 제한 조례

판례 헌재 2009.10.29. 2008헌마454, 부산광역시 학원의 설립·운영 및 과외교습에 관한 조례 제9조 위헌확인, 기각결정

[판시] 위 인용 참조. * 동지 : 헌재 2009.10.29. 2008헌마635, 서울특별시 학원의 설립·운영 및 과외교습에 관한 조례 제5조 제1항 전문 위헌확인, 기각결정.

⑤ 옥외광고물 표시제한 특정구역 지정고시

판례 헌재 2016.3.31. 2014헌마794. [판시] 위 인용 참조.

9. 조약에 대한 법령소원

(1) 직접성 가지는 조약에 대한 대상성 인정

조약이 직접 국민의 기본권을 침해할 가능성이 있는 경우 그 조약을 대상으로 바로 헌법소원심판을 청구할 수 있다. 우리 헌재도 조약의 헌법소원대상성을 인정하는데 아래 판시는 직접성 언급은 하고 있지 않지만 대상성을 인정한다.

판례 헌재 2001.3.21. 99헌마139등

[심판대상] 이 사건의 심판대상은 대한민국과 일본국간의 어업에 관한 협정(1998.11.23. 조약 제1477호로 체결되고 1999.1.22. 발효된 것. 이하 '이 사건 협정') [청구인주장] 이 사건 협정이 헌법상 보장된 자신들 및 후손들의 영토에 관한 권리·행복추구권·평등권, 자신들의 직업선택의 자유·재산권 등을 침해

하여 헌법에 위반된다. [외교통상부장관의 의견] 이 사건 협정은 국민의 권리·의무관계가 아닌 국가 간의 권리·의무 관계만을 내용으로 하는 조약에 해당되므로 헌법소원의 대상이 될 수 없다. [관련판시] 헌법소원심판의 대상이 되는 것은 헌법에 위반된 '공권력의 행사 또는 불행사'이다. 여기서 '공권력'이란 입법권·행정권·사법권을 행사하는 모든 국가기관·공공단체 등의 고권적 작용이라고 할 수 있는바, 이 사건 협정은 우리나라 정부가 일본 정부와의 사이에서 어업에 관해 체결·공포한 조약(조약 제1477호)으로서 헌법 제6 조 제1항에 의하여 국내법과 같은 효력을 가지므로, 그 체결행위는 고권적 행위로서 '공권력의 행사'에 해당한다. * 본안판단결과 헌재는 "청구인들이 주장하는 바와 같이 이 사건 협정으로 인해 조업수역이 극히 제한되어 어획량이 감소되고 65년협정에 비하여 우리 어민들에게 엄청난 불이익을 야기하여 헌법상 보장하는 행복추구권, 직업선택의 자유, 재산권, 평등권, 보건권이 침해되었다는 주장은 사실에 반하므로 그 이유 없다"라고 하면서 청구를 기각하는 결정을 하였다.

(2) 조약이 아닌 비구속적 합의의 대상성 부정

헌재는 조약과 비구속적 합의는 구별된다고 보면서 후자에 대해 헌법소원심판의 대상이 아니 된다고 대상성을 부정하였다. 이러한 입장을 명시적으로 보여준 결정은 대한민국 외교부장관과 일본국 외무부대신이 2015.12.28. 공동발표한 일본군 위안부 피해자 문제 관련 합의가 헌법소원심판 청구의 대상이 아니라고 본 결정이다. 먼저 헌재가 설정한 조약과 비구속적 합의의 구분기준을 보고 비구속적 합의로서 대상이 아니라고 하여 각하한 판시를 차례로 본다.

1) 조약이 아닌 비구속합의인지 여부에 대한 판단기준

헌재는 위 사건에서 "합의의 명칭, 합의가 서면으로 이루어졌는지 여부, 국내법상 요구되는 절차를 거쳤는지 여부와 같은 형식적 측면 외에도 합의의 과정과 내용·표현에 비추어 법적 구속력을 부여하려는 당사자의 의도가 인정되는지 여부, 법적 효력을 부여할 수 있는 구체적인 권리·의무를 창설하는지 여부 등 실체적 측면을 종합적으로 고려하여야 한다"라고 한다.

판례 헌재 2019.12.27. 2016헌마253

[설시] … 국제법적으로, 조약은 국제법 주체들이 일정한 법률효과를 발생시키기 위하여 체결한 국제법의 규율을 받는 국제적 합의를 말하며 서면에 의한 경우가 대부분이지만 예외적으로 구두합의도 조약의 성격을 가질 수 있다. 국가는 경우에 따라 조약과는 달리 법적 효력 내지 구속력이 없는 합의도 하는데, 이러한 합의는 많은 경우 일정한 공동 목표의 확인이나 원칙의 선언과 같이 구속력을 부여하기에는 너무 추상적이거나 구체성이 없는 내용을 담고 있으며, 대체로 조약체결의 형식적 절차를 거치지 않는다. 이러한 합의도 합의 내용이 상호 준수되리라는 기대 하에 체결되므로 합의를 이행하지 않는 국가에 대해 항의나 비판의 근거가 될 수는 있으나, 이는 법적 구속력과는 구분된다. 조약과 비구속적 합의를 구분함에 있어서는 합의의 명칭, 합의가 서면으로 이루어졌는지 여부, 국내법상 요구되는 절차를 거쳤는지 여부와 같은 형식적 측면 외에도 합의의 과정과 내용·표현에 비추어 법적 구속력을 부여하려는 당사자의 의도가 인정되는지 여부, 법적 효력을 부여할 수 있는 구체적인 권리·의무를 창설하는지 여부 등 실체적 측면을 종합적으로 고려하여야 한다. 이에 따라 비구속적 합의로 인정되는 때에는 그로 인하여 국민의 법적 지위가 영향을 받지 않는다고 할 것이므로, 이를 대상으로 한 헌법소원 심판청구는 허용되지 않는다.

2) '일본군 위안부 피해자 문제 관련 2015년 합의'의 비구속적 합의성과 헌법소원 대상성 부정

헌재는 이 사건 합의는 일본군 '위안부' 피해자 문제의 해결을 위한 외교적 협의 과정에서의 정치적 합의이며, 피해자들의 손해배상청구권 등 기본권을 침해할 가능성이 있다고 보기 어려워 이 사건 합의를 대상으로 한 헌법소원심판청구는 허용되지 않는다고 하여 각하결정을 하였다.

판례 헌재 2019.12.27. 2016헌마253

[결정요지] 이 사건 합의는 양국 외교장관의 공동발표와 정상의 추인을 거친 공식적인 약속이지만, 서면으로 이루어지지 않았고, 통상적으로 조약에 부여되는 명칭이나 주로 쓰이는 조문 형식을 사용하지 않았으며, 헌법이 규정한 조약체결 절차를 거치지 않았다. 또한 합의 내용상 합의의 효력에 관한 양 당사자의 의사가 표시되어 있지 않을 뿐만 아니라, 구체적인 법적 권리·의무를 창설하는 내용을 포함하고 있지도 않다. 이 사건 합의는 일본군 '위안부' 피해자 문제의 해결을 위한 외교적 협의 과정에서의 정치적 합의이며, 과거사 문제의 해결과 한·일 양국 간 협력관계의 지속을 위한 외교정책적 판단으로서 이에 대한 다양한 평가는 정치의 영역에 속한다. 이 사건 합의를 통해 일본군 '위안부' 피해자들의 권리가 처분되었다거나 대한민국 정부의 외교적 보호권한이 소멸하였다고 볼 수 없는 이상 이 사건 합의가 일본군 '위안부' 피해자들의 법적 지위에 영향을 미친다고 볼 수 없으므로 위 피해자들의 배상청구권 등 기본권을 침해할 가능성이 있다고 보기 어렵고, 따라서 이 사건 합의를 대상으로 한 헌법소원심판청구는 허용되지 않는다.

* 검토 – "비구속적 합의로 인정되는 때에는 그로 인하여 국민의 법적 지위가 영향을 받지 않는다고 할 것이므로, 이를 대상으로 한 헌법소원 심판청구는 허용되지 않는다. … 이 사건 합의로 인하여 일본군 '위안부' 피해자들의 법적 지위가 영향을 받는다고 볼 수 없으므로 위 피해자들의 배상청구권 등 기본권을 침해할 가능성이 있다고 보기 어렵다. 따라서 이 사건 합의를 대상으로 한 헌법소원심판청구는 허용되지 않는다"라는 판시는 대상성과 기본권침해가능성을 섞어 판시하고 있다. 대상성 요건으로 법적 지위에 영향이 있을 것을(전술 헌법소원 대상성요건 참조) 넣어 둔 터라 대상성과 침해가능성이 뒤섞여 나온 것이다.

10. 헌법규정에 대한 법령소원 대상성 부인

헌법규범들 간에도 우열관계가 있다고 보는 이론에 따르면 하위 헌법규범이 상위 헌법규범에 반하는지를 심사할 수 있고 헌법규정을 심판대상으로 하는 법령소원을 상정할 수 있을 것이다. 그러나 우리 헌법재판소는 헌법규정 자체는 위헌판단의 대상이 되지 않는다고 본다(헌재 1995.12.28. 95헌바3등). 군인·군무원 등에 대한 국가배상청구를 금지하고 있는 헌법 제29조 제2항에 대하여 헌법소원대상성을 부인하였다. 이에 관한 자세한 것은 전술한 바 있다(앞의 위헌법률심판, 헌법규정에 대한 대상성 부인 부분 참조).

11. 위헌소원과 법령소원의 병합사건

하나의 법률규정을 두고 위헌소원사건과 법령소원사건이 병합되어 심판될 수도 있다. 이러한 사건은 예를 들어 형사처벌을 가져오는 금지규정에 대한 경우를 볼 수 있다. 이는 금지

규정의 위반행위에 대한 형사소송 도중에서 위헌소원이 이루어질 수 있고 다른 한편으로 후술하겠지만 금지의무를 부과하는 법률규정은 그 자체로 기본권침해의 직접성이 인정되어(뒤의 헌법소원심판 청구요건 3항 청구인적격, 기본권침해의 직접성 부분 참조) 바로 법령소원의 대상이 될 수 있기 때문이다. 이러한 병합의 예는 물론 법률규정이 심판대상일 경우이다. 위헌소원은 법률이나 이에 준하는 실질적 법률효력의 법령의 규정에 대한 위헌심판이기 때문이다. 실제 우리 헌법재판소의 심판이 있었던 위와 같은 병합사건의 예로서는, 공인중개사의 부동산중개수수료의 한도를 건설교통부령이 정하는 범위 내에서 특별시·광역시 또는 도의 조례로 정하도록 규정한 부동산중개업법(1997.12.13. 법률 제5454호로 개정된 것) 제20조(중개수수료 등) 제3항이 건설교통부령과 조례에의 포괄위임으로서 위헌이라고 하면서 헌법소원이 제기된 사건과 위 법위반으로 기소된 후 항소심에서 위 규정에 대해 마찬가지 이유로 위헌소원이 제기된 사건을 들 수 있다(아래 주문에서 보듯이 기각결정과 합헌결정이 함께 선고됨).

판례 헌재 2002.6.27. 2000헌마642, 2001헌바12(병합)

[사건개요] (1) 2000헌마642 사건 – 부동산중개업을 영위하고 있는 ○○○이 부동산중개수수료를 법정하고 이를 초과하여 수령하면 행정상의 제재와 형사처벌을 가하는 관련법규들은 계약체결의 자유, 평등권, 신체의 자유, 직업선택의 자유 등을 침해한다고 주장하면서 헌법소원심판을 청구하였다. (2) 2001헌바12 사건 – 공인중개사인 △△△는 법정 부동산중개수수료를 넘은 액수의 중개수수료를 받았다는 이유로 부동산중개업법위반혐의로 기소된 후 그 항소심에서 부동산중개업법 제20조 제3항이 헌법에 위반된다는 이유로 위헌제청신청을 하였으나, 법원은 벌금 1,500,000원을 선고하면서, 위헌제청신청을 기각하였다. 이에 위 위헌소원심판을 청구하였다. [주문] 1. 청구인 ○○○의 심판청구를 기각한다(2000헌마642). 2. 부동산중개업법 제20조 제3항(1997.12.13. 법률 제5454호로 개정된 것)은 헌법에 위반되지 아니한다(2001헌바12).

12. 헌법재판소 위헌결정이 있었던 법령규정에 대한 대상성 부정

헌재는 자신이 위헌결정, 즉 헌법에 위반된다고 이미 판시한 바 있는 법규정은 더 이상 심판의 대상이 될 수 없어 부적법하여 그것에 대한 심판청구를 각하한다.

판례 헌재 2016.10.27. 2014헌마709

[판시] 헌법재판소는 2016.3.31. '아동·청소년의 성보호에 관한 법률'(2012.12.18. 법률 제11572호로 전부개정된 것) 제56조 제1항 제12호 중 '성인대상 성범죄로 형을 선고받아 확정된 자'에 관한 부분이 헌법에 위반된다는 결정을 선고하였고(헌재 2016.3.31. 2013헌마585등), 위 조항은 헌법재판소법 제47조 제2항에 따라 효력을 상실하였다. 따라서 이 사건 의료기관 취업제한조항의 위헌 여부는 심판대상이 될 수 없으므로 이 부분 심판청구는 부적법하다. * 동지 : 헌재 1989.9.29. 89헌가86; 1994.4.28. 92헌마280 등.

* 헌법불합치결정이 있었던 법조항에 대한 동지의 결정례

판례 헌재 2017.10.26. 2016헌마656

[판시] 헌법재판소는 2015.7.30. 이 사건 관리조항이 헌법에 합치되지 아니하며, 2016.12.31.을 시한으로 입법자가 개정할 때까지 계속 적용된다는 취지의 헌법불합치결정을 선고하였는데(헌재 2015.7.30. 2014헌마340등 참조), 헌법불합치결정도 위헌결정의 일종이므로 이 사건 관리조항은 이미 위헌으로 결정된 것이다(헌재 2016.3.31. 2014헌마785 참조). 따라서 이 사건 관리조항의 위헌 여부는 심판대상이 될 수 없으므로 이 부분 심판청구는 부적법하다(헌재 2016.10.27. 2014헌마709 참조).

Ⅲ. 행정계획

행정계획이란 행정청이 장래 실행하려는 행정작용의 예정을 의미한다. 계획으로서 예정이라고 하더라도 오늘날 모든 행정계획이 국민을 구속하지 않는 임의적인 것이 아니라 행정계획들 중에는 구속력이 있는 것도 있고 비구속적인 것도 있다. 구속적 행정계획은 헌법소원대상성을 가진다. 비구속적 행정계획은 예외적으로 일정한 요건하에 인정된다고 본다.

중요 : 행정계획에 대한 헌법소원 문제는 헌법과 행정법의 복합적 문제로서 출제예상 대상이다.

1. 구속적 행정계획

(1) 대표적 예

구속적 행정계획은 국민에게 구속력을 가지므로 국민의 권리·의무에 영향력을 가져 기본권침해의 위험성·가능성을 가지는 공권력행사로서 헌법소원의 대상이 된다.

중요 : 구속적 행정계획으로서 심판대상으로 인정하여 본안판단까지 한 아래와 같은 예가 행정법과 헌법의 복합적 문제의 예로 참고할 리딩케이스이다.

- 시장(市長)의 도시설계(건축기준)의 규정 : 고양일산지구도시설계시행지침 제33조 제3항 위헌확인

판례 헌재 2003.6.26. 2002헌마402

[심판대상규정 및 본안쟁점] 고양시 일산지구에서는 다가구 주택을 건설하고자 하는 경우에는 1필지당 총 가구수는 3가구를 초과할 수 없도록 규정한 「고양일산지구단독, 상업등단지(단독, 근린생활, 상업, 업무, 공공건축물)도시설계」(1993.1.8. 고양시 공고 제3호, 이하 "일산도시설계"라고 한다) 제33조 제3항. 이 규정이 적용되는 일산도시설계지구에서는 4가구 이상이 거주할 수 있도록 건축물을 건축하는 행위 등이 금지되어 일산도시설계지구 내에 다가구주택을 소유하고 있는 사람들로서는 재산권보장의 대상으로서 다가구주택에 대한 사용·수익권능의 행사에 제한을 받게 되는 것인바 그러한 제한이 기본권제한의 한계

를 벗어난 것인지 여부(기각결정) [관련판시] 도시설계의 목적은 도시의 기능과 미관을 증진하는 것에 있다고 할 것이므로 비록 도시설계의 법적 근거와 그 목적 및 구체적인 작성절차가 건축법에 자세히 규정되어 있다고 하더라도, 도시설계에 의한 건축물에 대한 규제는 도시계획법상의 건축물에 대한 규제로서의 성격을 갖는다고 할 것이다. 따라서, 이러한 도시설계에 의한 건축물규제의 성격과 그 입법적 경과에 비추어 볼 때, 도시설계는 도시계획구역의 일부분을 그 대상으로 하여 토지의 이용을 합리화하고, 도시의 기능 및 미관을 증진시키며 양호한 도시환경을 확보하기 위하여 수립하는 도시계획의 한 종류로서 도시설계지구 내의 모든 건축물에 대하여 구속력을 가지는 구속적 행정계획의 법적 성격을 갖는다. 일산도시설계는 구 건축법 제60조 및 제62조에 근거하여 고양시장이 그 계획형성의 범위 내에서 작성한 것으로 위 구 건축법조항과 결합하여 고양일산지구내 단독주택용지의 모든 다가구주택에 적용되는 법규적 효력을 가지는 구속적 행정계획이라 할 것이다. * 위 결정에서 헌법재판소가 심판대상성 문제를 명시적으로 거론하지는 않았으나 심판대상규정이 일산도시설계 규정이었고, 그리고 본안판단으로 들어가 기각결정을 한 것은 그러한 도시설계규정이 심판대상성을 가짐을 전제로 한 것이었기에 여기에 정리한 것이다. * 본안판단의 결과 비례원칙의 위반이 아니라는 이유로 헌재는 기각결정을 하였다.

(2) 법원의 항고소송대상성 인정으로 인한 직접적 헌법소원 부정

구속적 행정계획으로 인정하면서도 행정(항고)소송 대상이 된다는 대법원판례에 따라 보충성원칙을 요구하여 바로 대상이 되지 않는다고 본 아래의 결정례가 있다. 사안은 뉴타운 주택재개발정비사업조합은 관리처분계획을 수립하여 S구의 구청장의 인가를 받았고, 사업시행구역 내에 있는 지상 무허가 건물을 소유한 조합원이 그에 따르면 위 정비사업으로 신축되는 공동주택의 분양권을 얻지 못하는 현금청산대상자로 분류되었고 이에 청구인은 피청구인들이 공모하여 자신의 분양권을 박탈한 것은 위헌적 공권력행사에 의한 재산권침해라고 주장하며 그러한 공권력행사의 위헌확인을 구하는 취지의 헌법소원심판청구를 한 것이다. 헌재는 구속적 행정계획인데 대법원판례에 따라 항고소송대상이고 보충성원칙을 결여한 것이라고 보아 각하결정을 하였다.

판례 헌재 2012.3.20. 2012헌마186

[판시] 헌법재판소법 제68조 제1항에 의하면 공권력의 행사 또는 불행사로 인하여 헌법상 보장된 기본권을 침해받은 자는 다른 법률에 구제절차가 있는 경우에는 그 절차를 모두 거친 후가 아니면 헌법소원심판을 청구할 수 없다. 그런데, 이 사건 관리처분계획은 이른바 '구속적 행정계획'으로서 항고소송의 대상이 되는 것인바(대법원 2009.9.17. 선고 2007다2428 전원합의체 판결 참조), 기록에 의하면 청구인은 이 사건 관리처분계획에 대한 항고소송을 제소기간 내에 제기한 바 없으므로(서울행정법원 2011.3.18. 선고 2010구합42027 판결문 참조) 이 사건 헌법소원은 보충성 요건을 흠결하여 부적법하다. * 동지 : 헌재 2010.4.13. 2010헌마154.

2. 비구속적 행정계획

헌재는 국민에 대한 비구속적 행정계획은 원칙적으로 헌법소원심판의 대상이 안 된다고 보면서도 예외적으로 일정한 요건하에서 헌법소원의 대상이 됨을 인정하고 있다.

(1) 예외적 인정의 요건

헌재는 비구속적 행정계획안일지라도 국민의 "기본권에 직접 영향을 끼치고 그 실시가 확실한 것으로 예상되는" 행정계획안(사실상의 준비행위 · 사전안내)은 헌법소원의 대상이 됨을 인정하고 있다(헌재 1992.10.1. 92헌마68등; 2000.6.1. 99헌마538등; 2007.8.30. 2004헌마670 등).

[비구속적 행정계획에 대한 예외적 대상성 인정의 요건]

▷ 국민의 기본권에 직접적으로 영향을 끼치고, 앞으로 법령의 뒷받침에 의하여 그대로 실시될 것이 틀림없을 것으로 예상될 수 있을 때

(2) 대상성 긍정례

① 1994학년도 신입생선발입시안에 대한 헌법소원

판례 헌재 1992.10.1. 92헌마68등

[사건개요] 모 외국어고등학교 일본어과 1학년과 2학년에 재학중이어서 94학년도 대학입학고사와 95학년도 대학입학고사에 각각 응시예정인 청구인들은 서울대학교가 '94학년도 대학입학고사 주요요강'에서 일본어를 인문계열 대학별고사의 선택과목에서 제외한 것은 헌법 제11조의 평등원칙과 헌법 제31조 제1항의 균등하게 교육을 받을 권리를 침해한 것이라고 주장하면서 헌법소원을 제기한 것이다. [관련판시] 서울대학교의 '94학년도 대학입학고사 주요요강'은 교육부의 입시제도개선안에 따른 것으로서 대학입학방법을 규정한 교육법시행령 제71조의2 규정이 교육부의 개선안을 뒷받침할 수 있는 내용으로 개정될 것을 전제로 하여 제정된 것이고, 위 시행령이 아직 개정되지 아니한 현 시점에서는 법적 효력이 없는 행정계획안이어서 이를 제정한 것은 사실상의 준비행위에 불과하고 이를 발표한 행위는 앞으로 그와 같이 시행될 것이니 미리 그에 대비하라는 일종의 사전안내에 불과하므로, 위와 같은 사실상의 준비행위나 사전안내는 행정심판이나 행정쟁송의 대상이 될 수 있는 행정처분이나 공권력의 행사가 될 수 없다. 그러나 이러한 사실상의 준비행위나 사전안내라도 그 내용이 국민의 기본권에 직접 영향을 끼치는 내용이고 앞으로 법령의 뒷받침에 의하여 그대로 실시될 것임이 틀림없을 것으로 예상될 수 있는 것일 때에는, 그로 인하여 직접적으로 기본권침해를 받게 되는 사람에게는 사실상의 규범작용으로 인한 위험성이 이미 발생하였다고 볼 것이므로 헌법소원의 대상이 될 수 있다고 보아야 하고, 서울대학교의 '94학년도 대학입학고사 주요요강'은 교육법시행령 제71조의2의 규정이 개정되어 그대로 시행될 수 있을 것이 그것을 제정·발표된 경위에 비추어 틀림없을 것으로 예상되므로 이를 제정·발표한 행위는 헌법재판소법 제68조 제1항 소정의 공권력의 행사에 해당된다고 할 것이며 헌법소원 외에 달리 구제방법도 없다. * 이 사건에서 헌법재판소는 본안판단을 한 결과 청구를 기각하는 결정을 하였다.

② **공무원시험실시계획 공고** – 위 ①도 시험계획공고라서 마찬가지인데 공무원시험의 실시계획을 공고하는 것은 행정계획의 내용을 담고 있는 행정작용으로서의 성격도 가지므로 그 두 가지 헌법소원대상성요건, 즉 그 내용이 국민의 기본권에 직접 영향을 끼치는 내용이고 앞으로 법령의 뒷받침에 의하여 그대로 실시될 것이 틀림없을 것으로 예상될 수 있는 것이라는 행정계획으로서의 대상성요건과 구체적 내용의 확정이라는 공고의 대상성요건이 복합적으로 요구된다.

㉠ 제42회 사법시험 제1차 시험 시행일자 위헌확인

판례 헌재 2001.9.27. 2000헌마159

[관련판시] 피청구인의 이 사건 공고는 사법시험 등의 시험실시계획을 일반에게 알리는 것을 내용으로 하는 통지행위로서 일반적으로는 행정심판이나 행정쟁송의 대상이 될 수 있는 행정처분이나 공권력의 행사는 될 수 없지만 사전안내의 성격을 갖는 통지행위라도 그 내용이 국민의 기본권에 직접 영향을 끼치는 내용이고 앞으로 법령의 뒷받침에 의하여 그대로 실시될 것이 틀림없을 것으로 예상될 수 있는 것일 때에는 그로 인하여 직접적으로 기본권침해를 받게 되는 사람에게는 사실상의 규범작용으로 인한 위험성이 이미 발생하였다고 보아야 할 것이므로 이러한 것도 헌법소원의 대상이 될 수 있다. 그런데 구체적인 시험일정과 장소는 위 공고에 따라 비로소 확정되는 것이다. 따라서 이 사건 공고는 헌법소원의 대상이 되는 공권력의 행사에 해당한다. * 본안판단결과 기각결정이 있었다. * 이 결정에 대해서는 앞의 행정계획을 담은 공고 부분 참조.

㉡ 군미필자 응시자격 제한

판례 헌재 2007.5.31. 2006헌마627

[판시] 피청구인의 이 사건 채용공고는 국가정보원의 시험실시계획을 일반에게 알리는 것을 내용으로 하는 사전안내로서 이러한 사전안내는 원칙적으로 행정심판이나 행정쟁송의 대상이 될 수 있는 행정처분이나 공권력의 행사는 될 수 없다. 그러나 사전안내라도 그 내용이 국민의 기본권에 직접 영향을 미치는 내용이고 앞으로 법령의 뒷받침에 의하여 그대로 실시될 것이 틀림없을 것으로 예상될 수 있는 것일 때에는 그로 인하여 직접적으로 기본권침해를 받게 되는 사람에게는 사실상의 규범작용으로 인한 위험성이 이미 발생하였다고 보아야 할 것이므로 이러한 것도 헌법소원의 대상이 될 수 있다. 공고가 어떠한 법률효과를 가지는지에 대해서는 일률적으로 말할 수 없고 개별 공고의 내용과 관련 법령의 규정에 따라 개별적·구체적으로 판단하여야 한다. 군미필자 자격제한에 관련한 사항은 법률상 명시적으로 정해져있지 않으나, 국가공무원법 제36조는 각종시험에 있어서 담당할 직무수행에 필요한 최소한도의 학력·경력·연령 기타 필요한 자격요건은 대통령령으로 정한다고 하고, 이에 따라 공무원임용시험령 제19조 제3항은 시험실시기관의 장은 제한경쟁특별채용의 경우 임용 예정 직위의 직무 수행상 특히 필요하다고 인정되는 때에 한하여 연령·학력 및 거주요건 등 응시자격을 제한하여 시험을 실시할 수 있다고 하며, 국가정보원직원법 시행령 제3조는 신규채용경쟁시험을 실시함에 있어서 국가공무원법 제36조의 규정에 의하여 시험실시기관의 장이 직무수행에 필요한 최소한도의 경력 기타 필요한 자격요건을 정할 수 있다고 한다. 그렇다면 이 사건 공고는 법령의 내용을 바탕으로 응시자격을 구체적으로 결정하여 알리는 것이므로 헌법소원의 대상이 되는 공권력의 행사에 해당한다고 보아야 할 것이다. * 본안판단결과 기각결정이 있었다.

(3) 대상성 부정례

① 개발제한구역제도개선방안 확정발표 위헌확인

판례 헌재 2000.6.1. 99헌마538등

[쟁점] 건설교통부장관이 개발제한구역지정의 실효성이 적은 7개 중소도시권에서의 구역지정을 해제하도록 하고 구역지정이 필요한 7개 대도시권에서는 그 구역을 부분조정하도록 하는 '개발제한구역제도개선방안'을 1999.7.22. 발표한 것이 헌법소원의 대상인 공권력행사에 해당하는지 여부(부인, 각하결정)
[사건개요] 청구인들은 피청구인(건설교통부장관)이 발표한 이 사건 개선방안에 따르면 개발제한구역이

대폭 해제될 것으로 예상되는 지역에 거주하고 있어서, 위 개선방안의 발표로 인해서 장차 자신들의 환경권이 침해당할 것이 예상된다고 하면서, 위 개선방안의 발표는 헌법 제35조 제1항상의 환경권과 헌법 제10조에 의한 행복추구권을 침해하므로 이를 취소해달라고 주장하며 헌법소원심판을 청구하였다. [결정요지] 이 사건 개선방안은 개발제한구역의 해제 내지 조정방침을 국민들에게 알리는 피청구인의 정책계획안에 불과하므로, 대외적 효력이 없는 비구속적 행정계획안에 속한다. 그리고 이 개선방안은 법령의 뒷받침에 의하여 구체화되지 아니한 단계에서의 추상적이고 일반적인 행정기관의 구상과 의지를 담은 행정계획안에 불과하므로, 아직은 지방자치단체에 미치는 대내적 효력도 가지지 아니하는 도시계획 업무용 참조자료 내지 대 국민 홍보용 정책자료에 그친다. 이와 같이 법령이 아직 개정되지 아니한 현 시점에서는 이 개선방안은 법적 효력이 없는 행정계획안이어서 이를 입안한 것은 사실상의 준비행위에 불과하고 이를 발표한 행위는 장차 도시계획결정을 통해 그와 같이 개발제한구역의 해제나 조정을 할 계획임을 미리 알려주는 일종의 사전안내로서 행정기관의 단순한 사실행위일 뿐이므로 공권력의 행사라고 할 수 없다. 그렇지만 이 사건 개선방안이 예외적으로 헌법소원의 대상이 될 수도 있는 것인지 여부를 검토하기로 한다. 헌법재판소 92헌마68등(서울대학교 입시요강발표)의 결정(위 참조)에 따르면, 비구속적 행정계획안이나 행정지침이라도 국민의 기본권에 직접적으로 영향을 끼치고, 앞으로 법령의 뒷받침에 의하여 그대로 실시될 것이 틀림없을 것으로 예상될 수 있을 때에는, 공권력행위로서 예외적으로 헌법소원의 대상이 된다고 할 것이다. 살피건대 이 개선방안은 7개 중소도시권과 7개 대도시권에서 개발제한구역을 해제하거나 조정하기 위한 일반적인 기준들만을 담고 있을 뿐, 개발제한구역의 해제범위나 해제지역 등이 구체적으로 확정되어 있지 않다. 이 개선방안에 따라서 개발제한구역이 해제 내지 조정되는 지역은 앞으로 지방자치단체의 입안 및 의견청취, 관계부처 협의 등을 거쳐 각 개발제한구역별로 도시계획결정이라는 구체적인 행정처분을 통하여 비로소 확정된다. 그렇다면 개발제한구역의 해제나 조정을 하기 위한 추상적이고 일반적인 내용만을 담고 있는 이 개선방안은 청구인들의 기본권에 직접적으로 영향을 끼칠 가능성이 없다고 할 것이다. 위에서 본 바와 같이 이 개선방안의 내용이 추상적이고 일반적이어서 이를 구체화하는 과정에서 과연 어느 지역이 개발제한구역에서 해제될 가능성이 존재하는 4~5등급으로 평가, 분류될 것이며, 여기서 예정하고 있는 4~5등급 지역이 어느 정도로 해제될 것인지, 그리고 어느 지역이 구체적으로 해제될 것인지는 사전에 예상할 수 없다. 또 구체적인 도시계획의 입안이나 결정과정에서 변동의 여지도 상존하고 있다. 그러므로 이 개선방안은 피청구인의 후속 행정지침들에 반영되고 이에 따른 도시계획결정을 통하여 실시될 예정이기는 하지만, 예고된 내용이 그대로 틀림없이 실시될 것으로 예상할 수는 없다. 그렇다면 이 개선방안은 아직 청구인들의 기본권에 직접적으로 영향을 끼친다고 할 수 없고, 장차 도시계획법령에 의거한 도시계획결정을 통하여 그대로 실시될 것이 틀림없다고 예상되는 경우도 아니기 때문에 그 발표가 예외적으로 헌법소원의 대상이 되는 공권력의 행사에도 해당되지 아니한다.

② **외국인산업인력정책심의위원회의 대책** — 헌재는 외국인 산업연수 및 연수취업제도 등에 관한 중요사항을 심의·조정하기 위한 외국인산업인력정책심의위원회의 대책은 정책계획안으로서 행정기관 내부의 행동지침에 지나지 않아 비구속적 행정계획안으로 공권력성이 없다고 보았다.

판례 헌재 2007.8.30. 2004헌마670

[결정요지] 이 사건 심의위원회 대책은, 위 시행령 제24조의3에 의하여 외국인 산업연수생의 도입규모 결정과 모집 관리에 관한 중요사항 등을 심의·조정하는 권한을 가진 심의위원회가 관여·작성한 외국인 산업연수생의 정원조정과 산업연수생제도 관리·운영체계 개선에 관한 정책계획안으로서 행정기관 내부의 행동지침에 지나지 않는다고 할 것이고, 달리 기본권에 직접적으로 영향을 끼치거나 앞으로 법

령의 뒷받침에 의하여 그대로 실시될 것이 틀림없을 것으로 예상되는 경우에 해당하지 않는다. 따라서 이 사건 심의위원회 대책은 대외적 효력이 없는 비구속적 행정계획안으로 공권력의 행사로 볼 수 없다.

③ 기획재정부장관의 공공기관 선진화 추진계획

판례 헌재 2011.12.29. 2009헌마330등

[결정요지] 기획재정부장관이 2008.8.11.부터 2009.3.31.까지 사이에 6차에 걸쳐 공공기관 선진화 추진계획을 확정, 공표한 행위는 그 법적 성격이 행정계획이라고 할 것인바, 국민의 기본권에 직접적인 영향을 미친다고 볼 수 없고, 장차 법령의 뒷받침에 의하여 그대로 실시될 것이 틀림없을 것으로 예상된다고 보기도 어려우므로, 헌법소원의 대상이 되는 공권력의 행사에 해당한다고 할 수 없다.

④ 국토해양부장관이 언론을 통해 발표한 '한국토지주택공사 이전방안'

판례 헌재 2014.3.27. 2011헌마291

[결정요지] '공공기관 지방이전에 따른 혁신도시 건설 및 지원에 관한 특별법'에 따르면, 지방이전계획을 수립하는 주체는 이전공공기관의 장이고(제4조 제1항), 그 제출받은 계획을 검토·조정하여 국토해양부장관에게 제출하는 주체는 소관 행정기관의 장이며(제4조 제3항, 제4항), 그에 따라 지역발전위원회의 심의를 거친 후 승인하는 주체가 국토해양부장관일 뿐이다. 따라서 피청구인이 발표한 이 사건 이전방안은 한국토지주택공사와 각 광역시 · 도, 관련 행정부처 사이의 의견 조율 과정에서 행정청으로서의 내부 의사를 밝힌 행정계획안 정도에 불과하고, 법적 구속력을 가진 행정행위라고 보기는 어렵다. 그리고 이 사건 이전방안에 따라 한국토지주택공사가 경남혁신도시로의 이전계획을 제출하고 지역발전위원회의 심의를 거치는 과정에서 이전대상 지역 및 대상, 범위 등에 관한 변동이 있을 여지도 배제할 수 없다. 그러므로 한국토지주택공사의 지방이전 과정에서 행정청으로서의 피청구인의 의사가 결정적이라는 점을 인정한다 하더라도, 아직은 행정계획안에 불과한 이 사건 이전방안에서 밝힌 내용들이 그대로 틀림없이 실시될 것이라고 단정할 수도 없다. 어디까지나 한국토지주택공사의 지방이전계획은 지역발전위원회의 심의를 거쳐 피청구인의 최종 승인에 의하여 확정되는 것이며, 그 이전 단계에서 발표된 이 사건 이전방안이 국민의 권리의무 또는 법적지위에 어떠한 변동을 가져온다고 할 수는 없다. 더구나 이 사건 이전방안이 위헌으로 취소된다고 하더라도, 그 뒤에 이어진 2011.7.29.자 피청구인의 최종 승인이 취소되거나 무효가 되지 않으면 아무런 실효를 거둘 수도 없다 할 것이다. 위와 같은 제반 사정을 종합하면 보면, 이 사건 이전방안은 행정청의 기본방침을 밝히는 비구속적 행정계획안에 불과하여 직접 국민의 권리의무에 영향을 미치지 아니하므로 헌법재판소법 제68조 제1항의 공권력의 행사에 해당한다 할 수 없다.

⑤ **2012년도 대학교육역량강화사업 기본계획** – 2012년도 이 사업 기본계획 중 총장직선제 개선을 국공립대 선진화 지표로 규정한 부분, 2013년도 이 사업 기본계획 중 총장직선제 개선 규정을 유지하지 않는 경우 지원금 전액을 삭감 또는 환수하도록 규정한 부분이 헌법소원대상이 안 된다고 보았다.

판례 헌재 2016.10.27. 2013헌마576

[결정요지] 구속력 없는 행정계획안이나 행정지침이라도 국민의 기본권에 직접적으로 영향을 끼치고 법령의 뒷받침에 의하여 그대로 실시될 것이 틀림없을 것으로 예상되는 때에도 예외적으로 헌법소원의

대상이 된다. 이 사건에서 2012년도와 2013년도 계획은 이 사건 사업을 추진하기 위한 국가의 기본방침을 밝히고 국가가 제시한 일정 요건을 충족하여 높은 점수를 획득한 대학에 대하여 지원금을 배분하는 것을 내용으로 하는 행정계획일 뿐, 2012년도와 2013년도 계획 부분에 따를 의무를 부과하는 것은 아니다. 먼저 2012년도 계획 부분에 대하여 보면, 이 계획은 총장직선제 개선 여부를 이 사건 사업 지원 대학 선정을 위한 여러 평가요소 중 하나로 삼고 있으며, 이 요소가 전체 점수에서 차지하는 비율은 5%에 불과하다. 따라서 반드시 총장직선제를 개선하여야만 지원 대학으로 선정된다고 볼 수 없으며, 실제 ××대학교와 ◇◇대학교는 총장직선제를 개선하지 않았지만 다른 지표의 점수가 높아 이 사건 사업 지원 대상으로 선정되었다. 총장직선제를 개선하지 않을 경우 지원금을 받지 못하게 될 가능성이 있어 대학들이 이 계획에 구속될 여지가 있다 하더라도, 이는 어디까지나 사실상의 구속에 불과하고 이에 따를지 여부는 전적으로 대학의 자율에 맡겨져 있다. 더구나 총장직선제를 개선하려면 학칙이 변경되어야 하므로, 대학의 구성원인 청구인들에게 2012년도 계획 부분은 아무런 직접적 구속력이 없다. 총장선출과 관련한 청구인들의 지위 변동은 2012년도 계획 부분에 의해서가 아니라 학칙이 개정되었을 때 비로소 발생한다. 2013년도 계획 부분 역시 총장직선제 개선 관련 규정을 유지하지 않을 경우 이 사건 사업에 따른 재정지원을 하지 않겠다는 내부계획일 뿐이지 국공립대학으로 하여금 총장직선제 개선 규정을 유지하도록 직접적으로 의무를 부과하는 것은 아니다. 이 계획에도 불구하고 각 대학은 자유롭게 학칙을 개정하여 총장직선제를 부활시킬 수 있다. 실제 △△대학교는 2015년 9월 학칙을 개정하여 다시 총장직선제 방식으로 총장임용후보자를 선정하도록 하였다. 그렇다면 2012년도와 2013년도 계획 부분은 법적 구속력을 갖지 않는 행정계획으로서 총장직선제를 폐지하는 내용의 학칙이 매개되지 않는 이상 그 자체만으로는 청구인들의 법적 지위나 권리의무에 어떠한 영향도 미친다고 보기 어렵다. 따라서 이들은 헌법소원의 대상이 되는 공권력의 행사에 해당하지 아니한다.

* 검토 – 2013년 계획이 어떠한 영향도 미치지 않는다고 하면서 헌재는 그 이유로 2015년 총장직선제 부활을 들고 있다. 그러나 헌재의 위 판시에 나타난 사실만을 두고 보면 2012년, 2013년 위 계획으로 총장직선제를 폐지했다가 부활한 기간 동안 총장직선제를 하지 못하게 된 강제성은 살피지 않아 논증이 제대로 안 된 판시이다.

3. 검토

헌재가 비구속적 행정계획이 헌법소원의 대상이 되는 요건으로 설정한 국민의 "기본권에 직접 영향을 끼치고 그 실시가 확실한 것으로 예상"된다는 것은 비구속적이라고 말할 수 있는 성격의 것인지 하는 의문이 있다. 기본권에 직접 영향을 미친다는 것은 앞의 대상성 판단기준으로 헌재 자신도 설정한 공권력행사성 인정요건과 같은 것이므로 결국 공권력성이 있는 행정계획을 말하는 것이어서 '비'구속적이라고 부르는 것 자체가 자기 모순을 보여준다. 국민에게 기본권제한의 직접적 영향을 미칠 예상이 확실하면 이미 구속적인 것이다. 사실 위 부정례들을 보면 따르지 않으면 불이익이 올 뿐이라고 보았을 수 있는 행정계획도 실제 따르지 않을 수 없는 상황이 될 수도 있게 하는 구속력을 가진 것들도 기본권주체의 입장에서 보면 있을 수 있다. 결국 비구속적이라면서 예외적으로 공권력행사성을 인정하는 위와 같은 예외 요건은 불필요하다. 또 이 구속적, 비구속적의 구분기준이 명확하지 않고 주관적일 수 있다는 점도 경계되어야 한다.

Ⅳ. 공고

1. 인정기준 - 구체적 효과 발생의 개별 공고

[인정기준]

▷ 구체적 효과 발생의 개별 공고 : 법령에 이미 확정적으로 규정되어 있는 것을 단순히 알리는 데 불과한 것이 아니라 세부적 내용을 구체적으로 확정하는 효과가 있는 공고

일정한 사실을 불특정 다수인에게 널리 알리는 행위가 공고이다. 법령 등에 규정되어 있는 사실 등을 그저 알리는 의미의 공고는 헌법소원의 대상이 아니라고 본다. 이러한 공고는 법령 등이 확정한 것을 단순히 알리는 것일 뿐이고 어떠한 법적 효과가 발생하더라도 그 효과의 내용은 법령 등에서 정한 데 따른 것일 뿐이기 때문이라고 본다. 그러나 행정청이 어떤 구체적 사안에 대해 결정한 바를 알리는 것으로서 그 공고에 따라 확정이 되고 어떠한 구체적 효과가 발생하는 경우(공고를 통해 세부 내용들이 비로소 확정되는 경우)에는 그 공고는 헌법소원의 대상이 된다는 것이, 아래의 결정례들에서 보듯이, 헌법재판소 판례의 입장이다(헌재 2000.1.27. 99헌마123; 2001.2.22. 2000헌마29; 2004.3.25. 2001헌마882; 2007.5.31. 2004헌마243; 2010.4.29. 2009헌마399; 2018.8.30. 2018헌마46; 2019.5.30. 2018헌마1208등 등).

2. 결정례

(1) 인정례

① **시험 응시자격에 관한 공고**

㉠ 공무원임용시험 응시자 자격제한효과의 시행계획공고

판례 헌재 2000.1.27. 99헌마123

[사건개요와 본안쟁점] 청구인은 제4회 지방고등고시 경기도지역 농업직렬에 응시하여 제1차 시험에 합격하였다. 그런데 1차 시험이 면제되는 그 다음 회의(* 1차시험 한번 합격으로 2번의 2차시험을 볼 수 있음) 시험인 1999년도 제5회 지방고등고시의 시행계획에서는 응시연령을 "지방고등고시, 20세 이상 33세 이하, 기준일 12.14., 해당 생년월일 1965.12.15.~1979.12.14."로 정하고 있었기에 청구인은 1965.12.10. 생으로서 제5회 지방고등고시의 응시연령 기준일 현재 응시연령 상한을 5일 초과하였다. 청구인은 이후 시행될 지방고등고시 제2차 시험에 응시하지 못하게 되어 헌법상 보장된 청구인의 공무담임권이 침해되었다는 이유로 헌법소원심판을 청구하였다. 결국 이 사건에서는 응시상한연령의 기준일을 최종시험시행일로 잡고 또 최종시험시행일(1999.12.14)을 예년과 달리 이를 보다 늦추어 연도 말에 잡음으로써 제2차 시험 응시자격이 박탈된 것이 위헌인지 여부가 주되는 쟁점이다(위헌성 인정, 공고에 대한 취소결정). [주문] 피청구인이 1998.12.26. 행정자치부공고 제1998-147호 1999년도 공무원 임용시험 시행계획 제4항 나호에서 1999년도 제5회 지방고등고시의 응시연령을 "지방고등고시, 20세 이상 33세 이하, 기준일 12.14, 해당 생년월일 1965.12.15.~1979.12.14."로 공고함으로써 청구인이 지방고등고시 농업직렬 제2차 시험에 응시할 자격을 박탈한 조치는 청구인의 공무담임권을 침해한 것이므로 이를 취소한다.

[관련판시] 이 심판청구의 대상은 공고이며, 일반적으로 공고는 특정의 사실을 불특정 다수에게 알리는 행위이다. 따라서 이러한 공고가 공권력의 행사에 해당하는지가 문제이며, 피청구인도 이 점을 다투고 있다. 그러나 공고가 어떠한 법률효과를 가지는지에 대해서는 일률적으로 말할 수 없고 개별 공고의 내용과 관련 법령의 규정에 따라 구체적으로 판단하여야 한다. 이 사건 공고에는 1999년도 제5회 지방고등고시의 시험일정·시험과목·응시연령 등과 직렬·지역별 모집인원 및 응시연령의 기준일 등이 포함되어 있다. 그 중 시험과목·응시연령 등은 지방공무원임용령, 행정자치부의 지방공무원인사규칙과 각 지방자치단체의 지방공무원인사규칙에 확정적으로 규정되어 있는 것을 단순히 알리는 데에 지나지 않으나, 직렬 및 지역별 모집인원과 응시연령의 기준일(최종시험시행일) 등은 시험실시기관인 피청구인이 구체적으로 결정하여 알리는 것으로, 이 공고에 따라 해당 시험의 모집인원과 응시자격의 상한연령 및 하한연령의 세부적인 범위 등이 비로소 확정되고, 이에 따라 응시자의 자격을 제한하는 등의 구체적 효과가 발생하므로 이는 바로 공권력의 행사에 해당하는 것이다. * 본안판단결과 '기준일 12.14., 해당 생년월일 1965.12.15.~1979.12.14.로 공고'하여 제2차시험에 응시할 자격을 박탈한 조치는 청구인의 공무담임권을 침해한 것이므로 취소하는 결정(위 [주문] 참조)이 있었다.

ⓛ 고등학교 입학 자격 검정고시, 고등학교 졸업 학력 검정고시의 응시자격 제한의 공고

판례 헌재 2012.5.31. 2010헌마139등

[본안쟁점] 고졸검정고시 또는 '고등학교 입학자격 검정고시'(이하 '고입검정고시'라 한다)에 합격했던 자는 해당 검정고시에 다시 응시할 수 없도록 응시자격을 제한한 전라남도 교육청 공고 제2010-67호(2010.2.1.) 및 제2010-155호(2010.6.2) 중 해당 검정고시 합격자 응시자격 제한 부분(이하 '이 사건 응시제한'이라 한다)이 법률유보원칙과 과잉금지원칙을 위반하여 청구인들의 교육을 받을 권리를 침해하는지 여부(적극) [판시] 이 사건 고졸(입)검정고시 시행계획 공고의 근거가 되는 고졸(입) 검정고시 규칙은 고시의 시행 전에 고시의 기일·장소·원서접수 기타 고시시행에 관한 사항을 공고하여야 한다고만 각각 정하고 있을 뿐, 구체적인 고시의 시행에 대하여는 정하고 있지 아니하고, 2010년도 제1회, 제2회 고졸(입)검정고시의 구체적인 시행은 이 사건 공고에 따라 비로소 확정되므로, 이 사건 공고 및 그 일부분인 이 사건 응시제한은 헌법소원의 대상이 되는 공권력의 행사에 해당한다. * 본안판단결과 위헌성이 인정되었는데 이 사건 공고에 따른 검정고시가 이미 시행, 종료되어 동일 또는 유사한 기본권 침해의 반복을 방지하기 위한 선언적 의미에서 그에 대한 위헌확인결정을 하였다.

ⓒ 행정5급 일반임기제공무원 경력경쟁채용시험 응시자격요건으로 '변호사 자격 등록'을 요구한 부분

판례 헌재 2019.8.29. 2019헌마616, 방위사업청 공고 2019-25호 [별지] 채용예정직위 응시자격요건 중 일부 위헌확인, 기각결정

[판시] 피청구인이 행정5급 일반임기제공무원에 관한 경력경쟁채용시험에서 '변호사 자격 등록'을 응시자격요건으로 하는 것은 국가공무원법령 등에 의하여 이미 구체적으로 확정된 것이 아니고, 피청구인이 이 사건 공고를 함으로써 비로소 구체적으로 확정되므로, 이 사건 공고는 헌법소원의 대상이 되는 공권력의 행사에 해당한다.

② **수험 요일 공고**(일요일 수험일 공고)

㉠ 제42회 사법시험 제1차 시험 일요일 시행 공고

판례 헌재 2001.9.27. 선고, 2000헌마159

[판시사항] 행정자치부장관이 제42회 사법시험 제1차시험의 시행일자를 일요일로 정하여 공고한 2000년도 공무원임용시험시행계획 공고가 헌법소원의 대상이 되는 공권력의 행사에 해당하는지 여부(적극) [판시] 응시자격은 구 사법시험령 제4조에, 시험방법과 과목은 구 사법시험령 제5조와 제7조에 이미 규정되어 있으므로 그에 대한 공고는 이미 확정되어 있는 것을 단순히 알리는 데에 지나지 않는다 할 것이나 구체적인 시험일정과 장소는 위 공고에 따라 비로소 확정되는 것이다. 따라서 이 사건 공고는 헌법소원의 대상이 되는 공권력의 행사에 해당한다. * 본안판단결과 기각결정이 되었다.

㉡ 법학적성시험 일요일 시행 공고

판례 헌재 2010.4.29. 2009헌마399, 2010학년도 법학적성시험 시행일자 공고 등 위헌확인, 판례집 22-1 하, 155-156면

[사건개요와 본안쟁점] 법학전문대학원의 입학전형자료로 활용되는 법학적성시험(LEET)의 시행기관으로 지정된 피청구인 법학전문대학원협의회는 2009.4.23. '2010학년도 법학적성시험 시행계획'을 공고하면서 2009.8.23.을 시험의 시행일로 지정하였는데, 위 시행일은 일요일이다. 청구인은 법학전문대학원 입학을 위하여 2010학년도 법학적성시험에 응시원서를 접수하였으나, 청구인이 믿는 종교가 일요일에는 교회에 출석하여 예배행사에 참석하는 것을 신앙적 의무로 하고 있어 이 법학적성시험에 응시하지 아니하였다. 따라서 이 공고가 종교의 자유 및 평등권을 침해하는지 여부가 쟁점이다. [판시] (1) 공권력 행사성 (가) 법학전문대학원협의회가 공권력 행사의 주체인지 여부 – 협의회는 최소한 적성시험의 주관 및 시행에 관해서는 교육과학기술부장관의 지정 및 권한의 위탁에 의해 관련 업무를 수행하는 공권력 행사의 주체라고 할 것이다. * 이에 대한 판시는 앞의 공권력주체에 의한 작용 부분 참조. (나) 적성시험 시행공고가 공권력의 행사에 해당하는지 여부 – 적성시험 시행공고의 근거가 되는 법학전문대학원법 시행령 제16조 제3항은 교육과학기술부장관에 의해 적성시험을 시행하는 기관으로 지정된 기관은 매년 1회 이상 적성시험을 실시하고 그 실시계획을 공고하여야 한다고만 정하고 있을 뿐, 구체적인 시험일시에 대해서는 정하고 있지 아니하다. 따라서 2010학년도 적성시험의 구체적인 시험 일시는 위 공고에 따라 비로소 확정되는 것이므로, 이 사건 공고는 헌법소원의 대상이 되는 공권력의 행사에 해당한다. * 본안판단결과 기각결정이 되었다.

③ **가산점 공고**　　대전광역시 교육감이 가산점 항목에 관하여 한 '2002학년도 대전광역시 공립중등학교 교사임용후보자 선정경쟁시험 시행요강'의 공고를 통해 세부내용의 구체적 확정이 있다는 점에서 공권력행사로서 헌법소원대상이 된다고 보았다.

판례 헌재 2004.3.25. 2001헌마882

[판시] 공고는 특정한 사실을 불특정 다수에게 알리는 행위로서, 그것이 어떠한 법률효과를 가지는지는 일률적으로 말할 수 없고 개별 공고의 내용과 관련 법령의 규정에 따라 구체적으로 판단하여야 한다. 그런데 교육공무원임용후보자선정경쟁시험규칙 제8조 제3항은 가산점의 부여 여부와 그 대상자 및 배점에 관한 세부적 내용을 시험실시기관으로 하여금 정하도록 하고 있기 때문에 이 사건 가산점 항목의 공고는 법령에 이미 확정적으로 규정되어 있는 것을 단순히 알리는 데 불과한 것이 아니라 위와 같은 세부적 내용을 구체적으로 확정하는 효과가 있다. 그러므로 이는 국민의 기본권 상황에 변동을 초래하

는 공권력의 행사로 볼 수 있다.

④ **한국산업인력공단의 "2019년도 제56회 변리사 국가자격시험 시행계획 공고**(공고 제2018-151호)**" 가운데 '2019년 제2차 시험과목 중 특허법과 상표법 과목에 실무형 문제를 각 1개씩 출제' 부분** - 법령내용 보충의 대외적 구속력을 가져 헌법소원대상성을 가진다고 보았다.

판례 헌재 2019.5.30. 2018헌마1208등

[판시] 이 사건 공고의 근거가 되는 변리사법 제4조의2 제5항, 변리사법 시행령 제2조의2 및 '행정권한의 위임 및 위탁에 관한 규정' 제51조 제1항은 피청구인으로 하여금 변리사시험을 매년 1회 실시하도록 하면서, 시험 실시 90일 전까지 시험의 일시 및 방법, 시험과목 및 시험과목에 포함되는 조약, 합격자 발표의 일시 및 방법, 응시원서의 교부 및 접수장소와 기간, 제2차 시험의 최소합격인원, 그 밖에 시험의 시행에 필요한 사항을 공고하도록 하고 있고, 변리사법 시행령 제3조 제2항은 제1차 시험은 객관식 필기시험으로, 제2차 시험은 주관식 논술시험으로 하도록 하고 있다. 그런데 위 법령만으로는 변리사 제2차 시험에서 주관식 논술시험의 유형으로 이른바 '실무형 문제'가 출제되는지 여부가 정해져 있다고 볼 수 없고, 이 사건 공고에 의하여 비로소 2019년 제56회 변리사 제2차 시험에 '실무형 문제'가 출제되는 것이 확정된다. 따라서 이 사건 공고는 법령의 내용을 구체적으로 보충하고 세부적인 사항을 확정함으로써 대외적 구속력을 가진다고 할 것이므로, 헌법소원의 대상이 되는 공권력의 행사에 해당한다.

⑤ **행정계획을 담은 공고, 법령보충규칙과 같은 공고** - 이에 대한 대상성을 인정하고 있다. 아래 3, 4 참조.

(2) 사전안내의 대상성 인정의 경우

공고 문제와 더불어 살펴보아야 할 것으로 사전안내 문제가 있다. 단순히 사실을 알리는 안내는 공권력성이 부정될 것이다. 반면 헌재는 사전안내라도 국민의 기본권에 직접 영향을 끼치는 내용이고 앞으로 그대로 실시될 것이 틀림없을 것으로 예상될 수 있는 것일 때에는 그로 인하여 직접적으로 기본권침해를 받게 되는 사람에게는 사실상의 규범작용으로 인한 위험성이 이미 발생하였다고 보아야 할 것이므로 이러한 것도 헌법소원의 대상은 될 수 있다고 한다. 아래의 결정이 그 예이다.

① **특별전형 지원자격 확대 안내** - 서울대학교 총장의 "2009학년도 대학 신입학생 입학전형 안내(이하 '이 사건 안내') 중 농·어촌학생특별전형에 있어서 2008년도 제2기 '신활력지역'으로 선정된 시 지역을 2009학년도부터 2011학년도 지원자에 한하여 농·어촌지역으로 인정한 부분(이하 '농·어촌학생특별전형 지원자격 확대 부분')

판례 헌재 2008.9.25. 2008헌마456

[판시] 사전안내라도 그 내용이 국민의 기본권에 직접 영향을 끼치는 내용이고 앞으로 그대로 실시될 것이 틀림없을 것으로 예상될 수 있는 것일 때에는 그로 인하여 직접적으로 기본권침해를 받게 되는 사람에게는 사실상의 규범작용으로 인한 위험성이 이미 발생하였다고 보아야 할 것이므로 이러한 것도 헌법소원의 대상은 될 수 있다고 보아야 할 것이다(헌재 1992.10.1. 92헌마68). 이 사건 안내 중 '농·어촌학생특별전형 지원자격 확대 부분'의 내용을 살펴보면 2008년도 제2기 '신활력지역'으로 선정된 시 지역은

2009학년도부터 2011학년도 지원자에 한하여 농·어촌 지역으로 인정하고, 단, '신활력지역'의 시 지역에 대한 농·어촌 학생특별전형 지원자격 인정여부는 추후 '신활력선정지역' 재평가 결과 등을 전면 재검토하여 결정하도록 하고 있는바, 이에 의하면 비록 입학전형의 세부 일정 및 내용이 '모집안내'에서 최종 확정된다고 할지라도 적어도 2009학년도 농·어촌학생특별전형에 있어서 '신활력지역'의 시 지역을 농·어촌 지역으로 인정하는 내용은 이 사건 안내에 따라 확정되었다 할 것이므로 이 사건 안내 중 '농·어촌 학생특별전형 지원자격 확대 부분'은 헌법소원의 대상이 되는 공권력의 행사에 해당된다고 할 것이다.

② **서울대 입시안결정** – 서울대 입시과목에서 일본어를 제외한 "'94학년도 대학입학고사 주요요강"

판례 헌재 1992.10.1. 92헌마68등

[판시] 서울대학교의 "'94학년도 대학입학고사 주요요강"은 교육부가 마련한 대학입시제도 개선안에 따른 것으로서 일종의 사전안내에 불과하므로 위와 같은 사실상의 준비행위나 사전안내는 행정심판이나 행정쟁송의 대상이 될 수 있는 행정처분이나 공권력의 행사는 될 수 없다. 그러나 이러한 사실상의 준비행위나 사전안내라도 그 내용이 국민의 기본권에 직접 영향을 끼치는 내용이고 앞으로 법령의 뒷받침에 의하여 그대로 실시될 것이 틀림없을 것으로 예상될 수 있는 것일 때에는 그로 인하여 직접적으로 기본권침해를 받게되는 사람에게는 사실상의 규범작용으로 인한 위험성이 이미 발생하였다고 보아야 할 것이므로 이러한 것도 헌법소원의 대상은 될 수 있다고 보아야 하고 서울대학교의 "'94학년도 대학입학고사 주요요강"은 교육법시행령 제71조의2의 규정이 개정되어 그대로 시행될 수 있을 것이, 그것을 제정하여 발표하게 된 경위에 비추어 틀림없을 것으로 예상되므로 이를 제정·발표한 행위는 헌법소원의 대상이 되는 헌법재판소법 제68조 제1항 소정의 공권력의 행사에 해당된다고 할 것이며 헌법소원 외에 달리 구제방법도 없다는 말이 된다.

(3) 부정례 - 법령에서 규정하고 있는 사항에 대한 아무런 변경을 가져오지 않는 공고

① 구 사법시험에서의 '영어대체시험공고', 법학과목이수제도의 '학점인정기준공고'

판례 헌재 2007.4.26. 2003헌마947

[관련판시] (1) 먼저 이 사건 영어대체시험공고 부분에 관하여 본다. 이 사건 영어대체시험공고는 법무부장관이 법 제3조의 위임에 따라 사법시험 제1차시험의 영어대체시험 관련 사항을 불특정 다수에게 사전에 안내하는 통지행위로서 그 내용은 법 제9조 제1항, 세2항 및 시행령에 이미 규정되어 있는 사항과 실질적으로 동일하여 그에 대한 확인적인 의미만을 갖고 있을 뿐이며, 위 법령에서 규정하고 있는 사항에 대한 아무런 변경을 가져오는 것이 아니므로 청구인들의 기본권을 새로이 침해하는 공권력의 행사에 해당하지 아니한다. 따라서 이 사건 영어대체시험공고에 대한 헌법소원 심판청구는 부적법하다. (2) 다음으로 이 사건 학점인정기준공고에 관하여 본다. 법 제5조 제1항은 일정한 학점 이상의 법학과목을 이수한 자만이 사법시험을 볼 수 있다고 정하고 있고, 시행령 제3조 제1항 전문은 법학과목의 종류와 학점인정의 기준은 법학학위과정이 개설되어 있는 학교의 경우에는 그 학교의 학칙에 의하고, 그 밖의 경우에는 '학점인정 등에 관한 법률'에 의한다고 정하고 있는데, '학점인정 등에 관한 법률' 시행규칙 제5조 제1항 [별표]는 대학에서 학점을 취득한 과목에 대하여 중복하여 '독학에 의한 학위취득에 관한 법률'에 의한 시험에 합격하여 학점을 취득한 경우에 있어서는 학점인정을 신청하는 자가 선택한 하나의 과정 또는 시험에 대한 학점만을 인정함을 밝히고 있다. 그러므로, 이 사건 학점인정기준공고는 사법시험응시예정자의 이해를 돕기 위하여 법령의 내용을 확인한 것에 불과하고, 이 사건 학점인정기준공고가 위 법령에서 규정하고 있는 사항에 대해 아무런 변경을 가져오는 것이 아니어서 청구인들의 기

본권을 새로이 침해하는 공권력의 행사에 해당한다고 볼 수 없다. 따라서, 이 사건 학점인정기준공고를 대상으로 한 헌법소원심판청구는 부적법하다.

② **인사혁신처 2018년도 국가공무원 공개경쟁채용시험 등 계획 공고 중 가산점 부분** – 이 공고 부분은 공무원임용시험령(2014.10.8. 대통령령 제25648호로 개정된 것) 제31조 제2항, 공무원임용시험령(2014.10.8. 대통령령 제25648호로 개정된 것) 별표 11 및 공무원임용시험령(2017.1.31. 대통령령 제27823호로 개정된 것) 별표 12에서 '고용노동 및 직업상담 직류를 채용하는 경우 직업상담사 자격증 보유자에게 만점의 3% 또는 5%의 가산점을 부여한다'고 명시한 내용과 같은 내용을 공고한 것이어서 대상성이 없다고 본 것이다.

판례 헌재 2018.8.30. 2018헌마46

[판시] 청구인들이 심판대상으로 삼은 이 사건 공고의 내용과 공무원임용시험령 제31조 제2항, 별표 11 및 별표 12가 규정한 가산대상 자격증 및 가산비율의 내용은 실질적으로 동일하며, 이 사건 공고에 의하여 이 사건 가산점 관련 내용이 새로이 결정되거나 확정되는 것이 아니다. 따라서, 이 사건 공고는 규율 내용을 변경하거나 청구인들의 법적 지위에 영향을 미친다고 볼 수 없어 헌법소원의 대상이 되는 공권력행사에 해당하지 않으므로 이 사건 공고에 대한 심판청구는 부적법하다.

③ **이동전화 식별번호 통합정책 및 번호이동제도에 관한 방송통신위원회 홈페이지 게시**

판례 헌재 2013.7.25. 2011헌마63등

[판시] 이 사건에서 홈페이지 게시는 피청구인이 그 동안 추진 내지 시행해 온 번호 통합정책 및 번호이동제도를 국민들에게 널리 알리고자 한 것으로 보이고, 달리 관련 법령의 위임을 받아 그 내용을 구체화하거나 법령의 구체적인 내용을 보충하는 것에 해당한다고 보이지 않는다. 또 홈페이지 게시 중 '010 번호통합정책을 지속적으로 추진하고, 번호통합은 최종적으로 2세대 서비스를 종료하는 시점(2018년경으로 예상)에 완료하기로 한 부분'은 번호통합정책의 방향을 확인한 것에 불과하여 그 자체로서 대외적 구속력을 가지거나 청구인들의 법적 지위에 영향을 미친다고 보기 어렵다.

④ **변호사시험 합격자 결정기준** – 법무부장관의 2013.4.26.자 "2014년 제3회 변호사시험 합격자는 원칙적으로 입학정원 대비 75%(1,500명) 이상 합격시키는 것으로 한다"라는 공표(이하 '합격기준 공표'라 한다)가 공권력행사에 해당하지 않는다고 보았다.

판례 헌재 2014.3.27. 2013헌마523

[판시] 합격기준 공표는 앞으로 실시될 제3회 변호사시험의 합격자 결정에 대하여 최소한의 합격자수 기준이라는 행정관청 내부의 지침을 대외적으로 공표하는 것에 불과하고, 그 자체로 인하여 청구인들의 법적 지위에 영향을 미친다고 보기 어려우므로, 헌법소원심판의 대상이 되는 공권력의 행사에 해당하지 않는다.

⑤ **선거일 공고**

판례 헌재 2016.4.28. 2016헌마17

[판시] 국회의원선거일은 이 사건 선거일조항에 의하여 이미 정해진 것이므로, 중앙선관위의 홈페이지 사이트에서 "투표일 2016.4.13.(수)"로 공고한 것은 이 사건 선거일조항이 정한 선거일을 구체적으로

계산하여 그 날짜를 확인한 것에 불과하다. 따라서 이 사건 공고가 새로이 위 청구인들의 권리·의무에 영향을 미치거나 청구인들의 법적 지위에 변동을 가하는 것이라고 볼 수 없으므로, 이 사건 공고는 헌법재판소법 제68조 제1항 소정의 공권력의 행사에 해당하지 아니한다.

3. 행정계획을 담은 공고

공고는 행정계획의 내용을 담고 있는 행정작용으로서의 성격을 가질 수도 있는데 그 경우에는 공고의 헌법소원대상성 문제는 행정계획의 그것에 가까울 수 있을 것이다. 결정례 중에는 위의 '비구속적 행정계획에 대한 헌법소원대상성의 예외적 인정'에서, 그리고 위 (2) 사전안내의 대상성 인정의 경우에서도 살펴본 서울대 입시안 결정에서 그런 점을 볼 수 있다. 또 같은 취지의 판시("이 사건 공고는 사법시험 등의 시험실시계획을 일반에게 알리는 것을 내용으로 하는 통지행위로서 … 사전안내의 성격을 갖는 통지행위라도 그 내용이 국민의 기본권에 직접 영향을 끼치는 내용이고 앞으로 법령의 뒷받침에 의하여 그대로 실시될 것이 틀림없을 것으로 예상될 수 있는 것일 때에는 … 위험성이 이미 발생하였다고 보아야 할 것이므로"라는 부분의 판시)를 하고 있는 아래와 같은 결정례가 있다. 공고의 대상성 문제로 보아 여기에 인용하였으나 사실 공고는 시험실시계획을 알리는 것이므로 행정계획적 성격을 가진다고 볼 것이기도 하다.

- 제42회 사법시험 제1차 시험 시행일자 위헌확인

판례 헌재 2001.9.27. 2000헌마159

[심판대상] 피청구인(행정자치부장관)이 2000.1.3. 행정자치부공고 제2000－1호로 공고한 2000년도 공무원 임용시험 시행계획공고 중 제42회 사법시험(* 이전에 있었고 현재는 폐지) 제1차 시험을 일요일인 2000.2.20.로 정하여 공고한 것이 청구인의 기본권을 침해하였는지 여부(기각결정) [사건개요와 본안쟁점] 청구인은 제42회 사법시험 제1차 시험에 응시원서를 접수하였으나 청구인이 신봉하는 기독교의 교리상 일요일에는 교회에 출석하여 예배행사에 참석하는 것이 신앙적 의무이기 때문에 일요일에 시행하는 위 사법시험 제1차 시험에 응시할 수 없었다. 이에 위 공고가 기독교 신자인 청구인의 헌법상 보장된 종교의 자유, 공무담임권, 휴식권 등의 기본권을 침해하는 공권력의 행사에 해당한다는 이유로 헌법소원심판을 청구하였다. [관련판시] 공고가 어떠한 법률효과를 가지는지는 일률적으로 말할 수 없고 개별 공고의 내용과 관련 법령의 규정에 따라 구체적으로 판단하여야 할 것이다. 피청구인의 이 사건 공고는 사법시험 등의 시험실시계획을 일반에게 알리는 것을 내용으로 하는 통지행위로서 일반적으로는 행정심판이나 행정쟁송의 대상이 될 수 있는 행정처분이나 공권력의 행사는 될 수 없지만 사전안내의 성격을 갖는 통지행위라도 그 내용이 국민의 기본권에 직접 영향을 끼치는 내용이고 앞으로 법령의 뒷받침에 의하여 그대로 실시될 것이 틀림없을 것으로 예상될 수 있는 것일 때에는 그로 인하여 직접적으로 기본권침해를 받게 되는 사람에게는 사실상의 규범작용으로 인한 위험성이 이미 발생하였다고 보아야 할 것이므로 이러한 것도 헌법소원의 대상이 될 수 있다(헌재 1992.10.1. 92헌마68등; 2000.1.27. 99헌마123). 그런데 응시자격은 구 사법시험령 제4조에, 시험방법과 과목은 구 사법시험령 제5조와 제7조에 이미 규정되어 있으므로 그에 대한 공고는 이미 확정되어 있는 것을 단순히 알리는 데에 지나지 않는다 할 것이나 구체적인 시험일정과 장소는 위 공고에 따라 비로소 확정되는 것이다. 따라서 이 사건 공고는 헌법소원의 대상이 되는 공권력의 행사에 해당한다. * 본안판단결과 기각결정이 있었다.

4. 법령보충규칙으로 인정된 공고로서 대상성 긍정된 예

헌재는 상위 법률, 시행령의 명시적 위임에 따라 발하여진 공고는 "상위법령과 결합하여 대외적 구속력을 가진다고 할 것이므로 '공고'의 형식에 불구하고 법규명령으로서의 기능을 가진다"라고 하여(법령보충규칙) 헌법소원의 대상성을 가진다고 본다. 아래 결정이 그 예로서 사안은 신규카지노업 허가에 앞서 문화관광부장관이 행한 '외국인전용 신규카지노업 허가계획' 공고(2004.9.11. 문화관광부 제2004-48호 공고)에서 허가대상기관을 한국관광공사로 한정한 것이 기존 카지노업자들인 청구인들의 직업선택의 자유, 평등권을 침해한다는 주장의 헌법소원심판사건이었다. 헌재는 본안결정으로 기각결정을 하였다.

판례 헌재 2006.7.27. 2004헌마924

[판시] 가. 이 사건 공고의 성격 (1) 이 사건 공고는 관광진흥법 제5조 제5항, 제20조 제1항 제1호, 제2항, 법시행령 제28조 제2항, 제4항의 명시적 위임에 따라 발하여진 것으로서 그 내용은 [별지]와 같은데, 이에는 1. 허가대상지역, 2. 허가개소 수, 3. 허가대상기관, 4. 2003년도 외래관광객 유치기준, 5. 허가신청기간 및 허가계획, 6. 허가신청요령을 포함하고 있고, 3. 허가대상기관을 제외한 사항은 법 제5조, 제20조, 시행령 제28조가 위임한 범위 내에 있음이 명백하고, "3. 허가대상기관 : 한국관광공사(자회사 포함)" 부분은 아래에서 보는 바와 같이 '기타 카지노업의 건전한 육성을 위하여 필요한 세부기준'에 포섭됨에 따라 법과 시행령의 위임범위 내에 있게 된다. (2) 법령의 직접적인 위임에 따라 수임행정기관이 그 법령을 시행하는데 필요한 구체적인 사항을 정한 것이면, 그 제정형식은 비록 법규명령이 아닌 고시, 훈령, 예규 등과 같은 행정규칙이더라도, 그것이 상위법령의 위임한계를 벗어나지 않는 한 상위법령과 결합하여 대외적 구속력을 갖는 법규명령으로서 기능하게 된다고 보아야 한다. 그러므로 보건대, 이 사건 공고에 포함된 1. 허가대상지역, 2. 허가개소 수, 3. 허가대상기관, 4. 2003년도 외래관광객 유치기준, 5. 허가신청기간 및 허가계획, 6. 허가신청요령은 신규카지노업의 허가 요건, 허가신청절차 등을 정한 것이고 그 상위법령인 관광진흥법 제5조 제1항·제5항, 제20조 제1항 제1호, 제2항, 법시행령 제28조 제2항의 위임범위 내에 있어 위 상위법령과 결합하여 대외적 구속력을 가진다고 할 것이므로 '공고'의 형식에 불구하고 법규명령으로서의 기능을 가진다고 할 것이다. 나. 헌법소원의 대상성 – 이 사건 공고는 신규카지노업의 허가요건, 허가신청절차 등을 정하여 대외적 구속력을 가지는 법규명령으로서 기능을 함은 앞에서 본 바와 같고(바로 앞 판시 가.), 허가대상기관을 한국관광공사로 한정하여 청구인들을 포함한 다른 기본권주체들에 대하여 신규허가를 신청할 수 있는 기회를 배제하였다는 점에서도 헌법소원의 대상이 되는 공권력 행사에 해당한다.

V. 행정기관 상호 간의 행정내부적 의사결정에 대한 헌법소원대상성 인정례

행정기관들 내부에서의 상호 의사결정은 사실 국민에게 영향을 미치지 않는다고 보아 헌법소원대상성이 부정될 것이나 아래의 예는 이를 인정한다. 생각건대 내부결정이 외부 국민에게 영향을 미친다면 달라질 것으로 볼 것이다.

– 교수재임용에 있어서 학장의 추천거부행위 : 헌법재판소는 국립대학장이 교수재임용추

천을 하지 아니한 공권력 불행사를 대상으로 청구된 헌법소원심판에서 국립대학장의 재임용추천거부행위와 같은 총·학장의 임용제청이나 그 철회는 '행정기관 상호 간의 내부적인 의사결정과정'일 뿐 행정소송의 대상이 되는 행정처분이라고 볼 수 없다(대법원 1989.6.27. 88누9640 등)는 대법원의 일관된 판례를 이유로 들어 곧바로 위와 같은 헌법소원심판을 청구할 수 있다고 보았다. 이러한 판시가 있었던 아래의 결정에서 보듯이 헌재는 보충성의 원칙에 반하지 않는다고 하고 대상성 문제에 대해 직접 언급하지 않았으나 보충성원칙에 대한 언급은 헌법소원의 대상성이 있음을 전제로 하는 것이라고 볼 것이다.

[주요관련사항]

▷ 행정소송 대상성이 부인되어 온 행위에 대한 헌법소원 인정 – 행정기관 내부적 의사결정에 대한 헌법소원 인정

판례 헌재 1993.5.13. 91헌마190

[사건개요] 세무대학설치법 제15조에 근거한 대통령령(세무대학의 조직과 운영에 관한 규정) 제16조의 교수(재)임용절차에 의하면 교수·부교수 및 조교수는 학장이 인사위원회의 동의를 얻어 재무부장관에게 추천하고 재무부장관의 제청으로 대통령이 임명하도록 되어 있는데 이에 따라 세무대학장은 1991.8.19. 세무대학 인사위원회의 동의를 얻어 재무부장관에게 동 대학에 재직중이던 청구인의 재임용을 추천하였다가 1991.8.29. 위 추천을 철회함으로써 결국 청구인은 교수재임용에서 탈락하게 되었다. [심판대상] 세무대학장이 청구인의 조교수 재임용추천을 하지 아니한 공권력 불행사의 위헌여부 [관련판시] 이 사건 청구인이 주장하는 세무대학장의 재임용추천거부행위와 같은 총·학장의 임용제청이나 그 철회는 "행정기관 상호 간의 내부적인 의사결정 과정일 뿐 행정소송의 대상이 되는 행정처분이라고 볼 수 없다"(1989.6.27. 선고, 88누9640 등)는 것이 대법원의 일관된 판례이므로, 이 사건의 경우에는 다른 법률에 구제절차가 있는 경우에 해당하지 아니하여 청구인의 행정소송을 거치지 아니하고 바로 헌법소원심판을 청구하였다고 하더라도 소원심판청구의 적법요건인 보충성의 원칙에 반하는 것이라고 볼 수 없다.

Ⅵ. 권력적 사실행위

중요 : 권력적 사실행위에 대한 헌법소원 문제는 헌법과 행정법의 복합적 문제로서 출제예상 대상이다.

1. 사실행위의 개념과 권력적 사실행위에 대한 직접적 헌법소원의 인정근거

사실행위란 그 행위를 하는 행정청이 어떤 특정한 법적 효과를 발생시킬 것을 목적하고 의욕하는 의사로 행하는 행위(그것은 법률행위로서 행정행위임)가 아니라 사실상의 결과로서의 행위이다. 따라서 사실행위 자체가 공권력행사로서의 헌법소원대상성을 가지지는 않는다. 그러나 단순한 사실행위가 아닌 권력적 사실행위는 공권력이 수반되는 것이므로 헌법소원의 대상이 된다. 헌재는 행정상의 사실행위는 경고, 권고, 시사와 같은 정보제공행위나 단순한 행정지도

와 같이 대외적 구속력이 없는 '비권력적 사실행위'와 행정청이 우월적 지위에서 일방적으로 강제하는 '권력적 사실행위'로 나눌 수 있고, 이 중에서 권력적 사실행위는 헌법소원의 대상이 되는 공권력의 행사에 해당한다고 한다(헌재 2012.10.25. 2011헌마429; 2014.5.29. 2013헌마280). 헌재는 권력적 사실행위에 대해 행정쟁송 등을 거치지 않고 직접(곧바로) 헌법소원을 제기할 수 있다고 보는데 그 이유로, 행정심판, 행정소송의 대상이 된다고 단정하기 어렵다거나 또는 행정심판이나 행정소송의 대상이 될 수 있는 경우라고 보더라도 그 권력적 사실행위가 이미 종료되어 행정심판이나 법원의 소송에서 소의 이익(권리보호이익)이 없다고 볼 가능성이 있다는 점 등을 들고 있다(헌재 1995.7.21. 92헌마144. 이 결정에 대해서는 아래 대상성 인정 결정례 부분). 뒤의 권리보호이익 요건에서 살펴보겠지만 종료된 권력적 사실행위에 대한 헌법소원에서도 권리보호이익이 없는 것이 원칙이나 헌재는 예외적인 심판이익을 인정하는데 이 법리에 따라 헌법소원이 가능하다고 보기 때문이다. 한국의 많은 행정법학자들은 사실 대부분 권력적 사실행위가 행정쟁송의 대상이 된다고 보고 있다.

2. 권력적 사실행위의 헌법소원대상성 인정기준

헌재는 헌법소원의 대상이 되는 권력적 사실행위인지 여부에 대한 판단기준을 아래와 같이 설정하고 있다.

[주요사항]

▷ 헌법소원 대상으로서 '권력적' 사실행위인지 여부의 판단방법 · 기준

= 당해 행정주체와 상대방과의 관계, 그 사실행위에 대한 상대방의 의사 · 관여정도 · 태도, 사실행위의 목적 · 강제수단의 발동가부 등, 구체적 사정을 종합적으로 고려하여 개별적으로 판단

판례 헌재 1994.5.6. 89헌마35. * 이 결정에 대해서는 뒤의 해운산업 부실기업정리상 대주주권 · 경영권 양도 과정에서의 정부의 개입에 인용된 결정례 참조(그런데 권력적 사실행위가 아니라고 대상성이 부정되었다).

3. 권력적 사실행위로 인정된 결정례

(1) 결정례

① 기업해체를 위한 지시

판례 헌재 1993.7.29. 89헌마31, 공권력행사로 인한 재산권침해에 대한 헌법소원

[사건개요] 청구인은 주식회사 국제상사를 주력기업으로 하여 20여개 회사를 계열기업으로 한 세칭 국제그룹의 창업자로서 국제그룹 계열사들의 주식을 소유하고 있었는데, 1985년 2월 21일 국제그룹의 주거래은행인 주식회사 제일은행의 국제그룹 해체방침 발표에 따른 후속조치로 그 무렵부터 위 주식을 모두 제3자에게 매도하게 되었던바, 청구인은 국제그룹 해체가 공권력에 의하여 결정된 것이고 그 공권력의 행사로 인하여 헌법상 기본권을 침해받았다고 주장하면서 재무부장관을 피청구인으로 하여 그 공권력의 취소를 구하는 헌법소원을 제기하였다. [주문] "피청구인이 대통령에 보고하여 그 지시를 받아

1985년 2월 7일 청구인 경영의 국제그룹을 해체키로 기본방침을 정하고 같은 달 11일 그 인수업체를 정하는 한편, 이의 실행을 위하여 제일은행장 등에 지시하여 같은 달 13일부터 국제그룹 계열사에 대한 은행자금관리에 착수하게 하고 청구인으로부터 처분위임장 등으로 계열사의 처분권을 위임받게 하며 피청구인이 만든 보도자료에 의거하여 같은 달 21일 제일은행의 이름으로 해체를 언론에 발표하게 하는 등, 국제그룹 해체를 위하여 한 일련의 공권력의 행사는 청구인의 기업활동의 자유와 평등권을 침해한 것이므로 위헌임을 확인한다." [관련판시] 먼저 피청구인의 이 사건 공권력의 행사가 헌법재판소법 제68조 제1항 소정의 공권력의 행사에 해당하지 아니한다는 주장에 관하여 본다. 이 사건 공권력의 행사 중 대통령의 재무부장관에 대한 국제그룹 전면해체와 제3자인수의 결재지시는 대외적 효력이 없는 상급관청의 하급관청에 대한 내부지시임이 분명하며 행정청 상호 간의 행위라 볼진대 독자적인 헌법소원의 대상적격을 갖추었다고 보기 어려울 것이고, 이 점에 있어서는 재무부장관의 은행감독원장에 대한 지시부분 역시 그 궤를 같이한다 할 것으로, 다만 이들에 관해서는 1985년 2월 7일과 2월 11일에 있었던 재무부장관 주도의 국제그룹 해체와 인수업체 결정이라는 일련의 공권력 행사과정의 일부인 것으로 보고 여기에 흡수시켜 판단한다. 다음 재무부장관이 제일은행장에 대하여 한 해체준비착수 지시와 언론발표 지시를 보면 이는 상급관청이 하급관청에 대하여 한 지시가 아님은 물론 위 인정사실에 의할 때 제일은행측의 임의적 협력을 기대하여 행하는 비권력적인 권고, 조언 따위의 단순한 행정지도로서의 한계도 이미 넘어선 것이라 할 것이고, 오히려 위와 같은 공권력의 뜻대로 순응케 하여 그 이름으로 제3자인수식의 국제그룹 해체라는 결과를 사실상 실현시키는 행위라고 할 것으로, 이와 같은 유형의 행위는 형식적으로는 사법인인 주거래은행의 행위였던 점에서 행정행위는 될 수 없더라도 그 실질이 공권력의 힘으로 재벌기업의 해체라는 사태변동을 일으키는 경우인 점에서 일종의 권력적 사실행위로 볼 것이며, 헌법재판소법 제68조 제1항 소정의 헌법소원의 대상이 되는 공권력의 행사에 해당되는 것으로 파악할 것이다.

② **언론통폐합행위** – 이른바 신군부세력에 의한 언론통폐합행위가 동아일보사의 청구인의 언론의 자유, 재산권 등을 침해하여 위헌이라고 청구된 헌법소원심판사건에서 권력적 사실행위로서 헌법소원대상이 된다고 보았다. 그러나 청구기간을 도과하였다고 하여 결국 그 부분 청구에 대해 각하하였다.

판례 헌재 2003.3.27. 2001헌마116

[판시] 이른바 신군부세력이 신문사, 잡지사의 통합 또는 폐쇄와 민간방송의 공영화 및 민간상업방송의 경영권 장악 등을 내용으로 하는 언론통폐합계획을 수립한 후 그 실행을 위하여 청구인의 대표이사 회장 김○만과 대표이사 사장 이○욱을 보안사에 연행하여 청구인으로 하여금 위 동아방송의 허가와 관련된 일체의 권한과 방송의 기자재 일체를 포기하고 이를 한국방송공사에 양도한다는 내용의 각서를 작성하게 한 행위, 방송국 폐업신고서 및 무선국 폐지신고서를 관계기관에 제출케 한 행위 및 한국방송공사와의 사이에 송신소의 부지, 건물 등 부동산과 음반, 방송용 기계기구 등의 유체동산 등을 양도하는 재산양도계약을 체결하여 한국방송공사에게 동아방송의 재산일체를 양도케 한 행위 등은 그 실질이 공권력의 힘으로 동아방송을 폐쇄하고 그 재산을 한국방송공사에 흡수, 통합시키는 결과를 실현시키는 행위로서 일종의 권력적 사실행위라 할 것이므로 이는 헌법재판소법 제68조 제1항 소정의 헌법소원의 대상이 되는 공권력의 행사에 해당된다(헌재 1993.7.29. 89헌바31, 판례집 5-2, 87, 105-106 참조). 그러나 헌법재판소법이 시행되기 전에 있었던 이 사건에서의 공권력 행사와 같은 것에 대하여는 헌법재판소가 구성된 1988.9.19.부터 기산하여 위의 청구기간을 준수하면 될 것인데(헌재 1995.3.23. 91헌마143, 판례집 7-1, 398, 414) 이 청구는 위 1988.9.19.로부터 180일이 지난 2001.2.17. 제기됨으로써 청구기간을 도과하였다. * 위 판시에서 주목을 많이 끌었던 국제그룹해체지시결정을 인용함에 있어서 '89

헌바31'이라고 기재하고 있으나 오류이고 '89헌마31'이 맞다.

* 위 사안의 결정 전부 – 위와 같이 통폐합행위에 대한 청구 부분은 청구기간 도과로 각하되었고, 또 다른 청구부분인 언론통폐합계획으로 인한 피해자들에게 국회가 원상회복 및 손해배상에 관한 법률을 제정하지 않고 있는 입법부작위가 위헌이라는 주장에 대해서는 민법, 국가배상법규정이 있음을 들어 입법부작위에 대한 헌법소원의 요건을 충족시키지 못하여 부적법하다고 각하하였다. 또 대법원판결에 대한 청구에 대해서도 재판소원금지 입장에 따른 각하결정을, 그리고 헌법재판소법 제68조 제1항 중 "법원의 재판을 제외하고는"에 대한 청구는 기각결정을 하였다. 결국 기각과 각하의 결정이 있었다.

③ 수용자 서신 검열행위 등

㉠ 미결수용자의 서신에 대한 검열행위와 동 서신의 지연발송 · 지연교부행위

판례 헌재 1995.7.21. 92헌마144

[관련판시] 피청구인(교도소장)의 서신검열과 서신의 지연발송 및 지연교부행위를 대상으로 한 심판청구부분이 적법한지 여부에 관하여 살펴본다. 이에 관하여 피청구인은 사전구제절차를 거치지 아니하였다거나 또는 이미 청구인이 출소하여 권리보호이익이 소멸하였다고 주장한다. 그러나 위 각 행위는 이른바 권력적 사실행위로서 행정심판이나 행정소송의 대상이 된다고 단정하기도 어려울 뿐 아니라 설사 그 대상이 된다고 하더라도 이미 종료된 행위로서 訴의 이익이 부정될 가능성이 많아 헌법소원심판을 청구하는 외에 달리 효과적인 구제방법이 있다고 보기 어려우므로 보충성의 원칙에 대한 예외에 해당한다고 할 것이고 … 따라서 피청구인의 주장은 이유 없고 그 심판청구는 적법하다.

㉡ (기결) 수형자의 서신에 대한 검열행위 : 권력적 사실행위가 항고소송대상임을 헌재가 인정한 예

판례 헌재 1998.8.27. 96헌마398

[관련판시] 위 서신검열행위는 이른바 <u>권력적 사실행위로서 행정심판이나 행정소송의 대상이 되는 행정처분으로 볼 수 있으나</u>, 위 검열행위가 이미 완료되어 행정심판이나 행정소송을 제기하더라도 소의 이익이 부정될 수밖에 없으므로 헌법소원심판을 청구하는 외에 다른 효과적인 구제방법이 있다고 보기 어렵기 때문에 보충성의 원칙에 대한 예외에 해당한다고 보는 것이 상당하다.

* 이 결정은 권력적 사실행위가 법원의 행정소송 대상임을 헌재가 명시적으로 인정한 예인데 보충성원칙 적용의 예외로 봄으로써 헌법소원대상성이 인정되게 된 사안이다. 검열행위는 짧은 시간 종료되므로 소익을 인정하기 힘든 경우이어서 위와 같은 결론에 이를 수 있을 것이다. 그런데 법원의 행정소송에서도 헌법소원에서처럼 확인판결을 하지 못하라는 금지는 없으므로 기본권침해행위 종료시 위헌확인결정을 하는 헌법소원이라고 하여 위와 같은 결론에 반드시 이르는 것은 논리상 아니다. 법원의 적극성 여부에 따라 상황이 상당히 바뀔 수 있다.

* 본안결정 – 이 사안에서 문제된 서신은, 미결수용자와 변호인 간의 서신이 문제된 위 (2)의 사안에서와는 달리 기결 수형자와 변호사간의 서신이었다. 본안판단의 결과 헌재는 "형사절차가 종료되어 교정시설에 수용중인 수형자는 원칙적으로 변호인의 조력을 받을 권리의 주체가 될 수 없다"는 입장에서 기결 "수형자의 서신수발에 대한 검열은 구금의 목적상 필요한 최소한의 제한이고, 이 사건의 경우에는 청구인이 변호인의 조력을 받을 권리를 보장받을 수 있는 경우에 해당하지 아니하므로, 이 사건 서신검열 행위로 인하여 통신의 자유나 변호인의 조력을 받을 권리 등 청구인의 기본권이 침해되었다고 볼 수 없다"라고 판시하여 기각결정을 하였다.

④ 변호인접견방해행위

판례 헌재 1992.1.28. 91헌마111

[관련판시] 형사소송법 제417조는 "검사 또는 사법경찰관의 구금·압수 또는 압수물의 환부에 관한 처분에 대하여 불복이 있으면 그 직무집행지의 관할 법원 또는 검사의 소속 검찰청에 대응한 법원에 그 처분의 취소 또는 변경을 청구할 수 있다"라고 규정하고 있으므로 수사관이 구속당한 사람의 변호인 접견에 참여 하여 대화내용을 듣는 등 자유로운 접견방해를 하는 것을 사법경찰관의 구금에 관한 처분으로 보아 위 법률조항에 따라 그 처분의 취소 또는 변경을 법원에 청구할 수 있을 것처럼도 보인다. 그러나 가사 그러한 청구를 하더라도 취소·변경 청구의 대상이 되어야 할 접견방해행위는 계속 중인 것이 아니라, 이미 종료된 사실행위여서 취소·변경할 여지가 없기 때문에 법원으로서는 재판할 이익이 없다고 하여 청구를 각하할 수밖에 없을 것이므로 형사소송법 제417조 소정의 불복방법은 이 사건의 경우와 같은 수사기관에 의한 접견방해에 대한 구제방법이 될 수 없고 헌법소원의 심판청구 이외에 달리 효과 있는 구제방법을 발견할 수 없다.

* 해설 – 이 사안에서는 본안판단에 들어가 결국 위헌확인결정이 내려졌다. 본 결정에서는 '권력적 사실행위'가 아니라 단순히 '사실행위'라고만 적기하고 있다.

⑤ 소송기록송부행위라는 '사실행위'의 헌법소원 대상성 인정

판례 헌재 1995.11.30. 92헌마44, 소송기록 송부지연 등에 대한 헌법소원

[관련판시] 청구인에 대한 제1심 소송기록이 이 사건 법률조항에 따라 검사를 거쳐 항소법원에 송부된 이상 이 사건 심판청구에는 자기성, 현재성이 있으며, 이 사건 법률조항은 일의적이고 명백한 것으로 집행기관이 심사와 재량의 여지 없이 소송기록 등을 송부할 것을 규정하고 있을 뿐만 아니라 기록송부행위는 일종의 사실행위로서 형사소송법상 이를 대상으로 하는 구제절차가 없고 또한 행정쟁송의 대상도 되지 않는 것이어서 기본권침해의 직접성이 있다.

* 해설 – 이 사안에서 주위적 청구인 형사소송법 제361조의 위헌여부판단에서 헌재는 신속한 재판을 받을 권리 등을 침해한다는 이유로 형사소송법 제361조에 대한 위헌결정을 하였다. 본 결정에서도 '권력적 사실행위'가 아니라 단순히 '사실행위'라고만 적기하고 있다.

⑥ 미결수용자 재소자용의류착용처분

판례 헌재 1999.5.27. 97헌마137등

[관련판시] 이 사건 행위(청구인들이 구치소 수용시와 수사 또는 재판을 받을 때 구치소장이 사복을 입지 못하게 하고 재소자용 의류를 입게 한 행위)는 이미 종료된 권력적 사실행위로서 행정심판이나 행정소송의 대상으로 인정되기 어려울 뿐만 아니라 소의 이익이 부정될 가능성이 많아 헌법소원심판을 청구하는 외에 달리 효과적인 구제방법이 없으므로 보충성의 원칙에 대한 예외에 해당되는 것이다.

* 해설 – 대상성 판단에 대한 판시는 없었으나 보충성원칙의 예외에 해당된다는 판시는 헌법소원의 대상이 됨을 전제로 하는 것이므로 여기에 소개하게 되었다. 헌재는 본안판단에 들어가 미결수용자에 대해 구치소장이 "수용하는 동안 재소자용 의류를 입게 하여 수사 또는 재판을 받게 한 행위는 무죄추정의 원칙에 반하고 청구인들의 인격권, 행복추구권, 공정한 재판을 받을 권리를 침해한 것으로 위헌임을 확인한다"라는 주문의 결정을 하였다.

⑦ **유치장내 불충분한 차폐시설의 화장실사용강제행위**

판례 헌재 2001.7.19. 2000헌마546

[심판대상] 피청구인(경찰서장)이 청구인들로 하여금 이들이 2000.6.18. 09 : 00경부터 같은 달 20. 02 : 00경까지 서울 영등포구 당산동 3가 2의 11 소재 영등포경찰서 유치장에 수용되어 있는 동안 차폐시설이 불충분하여 사용과정에서 신체부위가 다른 유치인들 및 경찰관들에게 관찰될 수 있고 냄새가 직접 유출되는 실내화장실을 사용하도록 강제함으로써 청구인들의 기본권을 침해하였는지 여부(위헌확인결정) [관련판시] 이 사건 심판대상행위는 피청구인이 우월적 지위에서 일방적으로 강제하는 성격을 가진 것으로서 권력적 사실행위라 할 것이며, 이는 헌법소원심판청구의 대상이 되는 헌법재판소법 제68조 제1항의 공권력의 행사에 포함된다. * 본안결정 : 본안판단결과 헌법재판소는 위 행위가 헌법 제10조의 인간의 존엄과 가치로부터 유래하는 인격권을 침해한 것이라고 하여 위헌확인결정을 하였다.

⑧ **빈번한 증인 소환행위**

판례 헌재 2001.8.30. 99헌마496

[심판대상 및 본안쟁점] 본 헌법소원의 청구인이 피고인인 형사사건에서 검찰측 증인으로 채택된 수용자를 피청구인(검사)이, 검찰진술을 번복시키려고 청구인측에서 증인에게 접근하는 것을 예방·차단하기 위하여, 또는 증인에게 면회, 전화 등 편의를 제공하기 위하여 그 증언에 이르기까지 거의 매일(145회) 검사실로 빈번히 소환한 행위. 이러한 행위가 청구인의 공정한 재판을 받을 권리를 침해한 것인지 여부(긍정, 위헌확인결정) [관련판시] 피청구인이 구치소에 수용 중인 ○○○(검찰측 증인으로 채택된 수용자)을 소환하여 검사실에 유치한 행위는 '권력적 사실행위'로서 헌법재판소법 제68조 제1항 소정의 헌법소원의 대상이 되는 공권력의 행사라 할 것이다.

⑨ **신체과잉수색행위**

판례 헌재 2002.7.18. 2000헌마327

[사건개요와 쟁점] 현행범으로 체포되어 유치장에 재수용되는 과정에서 유치장 담당 여자경찰관으로부터 흉기 등 위험물 및 반입금지물품의 소지·은닉여부 등의 확인을 위한 자세한 검사를 요구받고 경찰관에게 등을 보인 채 뒤로 돌아서서 상의를 속옷과 함께 겨드랑이까지 올리고 하의를 속옷과 함께 무릎까지 내린 상태에서 3 회에 걸쳐 앉았다 일어서는 방법으로 정밀신체수색(이하 '이 사건 신체수색'이라 한다)을 받았는데 이러한 신체수색이 헌법소원의 대상이 되는지 여부(긍정, 위헌확인결정) [관련판시] 청구인들에 대하여 실시된 이 사건 신체수색은 피의자 등의 범죄혐의에 대한 증거수집을 목적으로 하는 수사의 강제처분인 수색 내지 검색의 일종으로서의 신체검사가 아니다. 이 사건 신체수색은 유치장의 관리주체로서 경찰이 피의자 등을 유치함에 있어 피의자 등의 생명·신체에 대한 위해를 방지하고, 유치장 내의 안전과 질서유지를 위하여 실시하는 신체검사로서 그 우월적 지위에서 피의자 등에게 일방적으로 강제하는 성격을 가진 것이므로 권력적 사실행위라 할 것이며, 따라서 헌법소원심판청구의 대상이 되는 공권력행사에 포함된다.

⑩ **계구사용행위**(상시적으로 양팔을 사용할 수 없도록 하는 계구를 착용하게 한 행위)

판례 헌재 2003.12.18. 2001헌마163

[판시] 이 사건 계구사용행위는 수용자의 도주·폭행·소요 또는 자살의 방지 기타 교도소 등의 안전과 질서유지를 위하여 실시된 것으로 교도소 측이 그 우월적 지위에서 수용자에게 일방적으로 강제하는

성격을 가진 권력적 사실행위로서 헌법재판소법 제68조 제1항의 공권력행사에 해당한다. * 본안판단결과 위헌확인결정이 있었다.

⑪ 경찰청장이 개인정보의 하나인 지문정보의 보관·처리·이용하는 행위

판례 헌재 2005.5.26. 99헌마513등

[판시] (1) 헌법소원의 대상성 여부 – 경찰청장이 지문정보를 보관·전산화하여 이를 경찰행정목적에 사용하는 것은 개인정보의 하나인 지문정보의 보관·처리·이용을 의미하고, 이는 후술하는 바와 같이 헌법상 기본권의 하나로 인정되는 이른바 개인정보자기결정권을 제한하는 공권력의 행사로 보아야 할 것이므로, 경찰청장의 보관 등 행위가 헌법소원의 대상이 되는 공권력의 행사에 해당되지 아니한다는 행정자치부장관과 경찰청장의 위 주장은 받아들일 수 없다. (2) 청구기간의 준수 여부 – 경찰청장의 보관 등 행위는 위와 같이 각 보관 또는 전산화한 날 이후 청구인 ○○○ 등의 헌법소원심판 청구시점까지 계속되고 있었다고 할 것이므로, 이와 같이 계속되는 권력적 사실행위를 대상으로 하는 이 부분 심판청구의 경우 청구기간 도과의 문제는 발생하지 아니한다.

* 검토 – 헌재가 (1) 헌법소원의 대상성 여부에서는 정작 권력적 사실행위란 말을 쓰지 않고 (2) 청구기간 준수 여부에서 쓰고 있다.

⑫ 포승·수갑 사용 상태에서의 피의자조사를 받게 한 행위 – 피의자로서 검사조사실에서 조사를 받는 동안 구치소 계호교도관이 포승으로 청구인의 팔과 상반신을 묶고 양손에 수갑을 채운 상태에서 피의자조사를 받게 한 행위가 위헌으로 확인된 사건이었다.

판례 헌재 2005.5.26. 2001헌마728

[판시] 이 사건 수갑 및 포승 사용행위는 이미 종료된 권력적 사실행위로서 행정심판이나 행정소송의 대상으로 인정되기 어려울 뿐만 아니라 소의 이익이 부정될 가능성이 많아 … 보충성의 원칙에 대한 예외에 해당된다고 보아야 한다. * 본안판단결과 위헌확인결정이 있었다. * 동지 : 헌재 2005.5.26. 2004헌마49(이 결정에서는 계호근무준칙(2000.3.29. 법무부훈령 제422호로 개정된 것) 제298조 제1호·제2호에 대한 위헌결정도 있었다).

⑬ 정밀신체검사 – 구치소에 수용되면서 '담당교도관 앞에서 속옷까지 탈의한 상태로 돌아서서 상체를 숙인 후 양손으로 둔부를 벌려 항문을 보이는 방법'으로 실시된 정밀신체검사였다.

판례 헌재 2006.6.29. 2004헌마826

[판시] 이 사건 정밀신체검사는 구치소의 관리주체인 구치소장이 수용자를 유치함에 있어 수용자의 생명·신체에 대한 위해를 방지하고 구치소 내의 안전과 질서유지를 위하여 실시하는 것으로서 그 우월적 지위에 기하여 수용자에게 일방적으로 강제하는 성격을 가지는 권력적 사실행위로서 헌법재판소법 제68조 제1항의 '공권력의 행사'에 해당한다. * 본안판단결과 기각결정이 있었다.

⑭ 마약류 관련 수형자에 대한 마약류반응검사를 위한 소변강제채취 위헌확인

판례 헌재 2006.7.27. 2005헌마277

[판시] 마약류 수용자에 대한 소변채취는 청구인 등 검사대상자의 협력행위를 통하여 이루어질 수밖에 없는 것이고, 이를 거부하였다고 하여 징벌이나 다른 제재가 이루어지지 않으나, 피청구인 대구교도소장은 교정시설의 관리주체로서 청구인에 대하여 형을 집행하는 우월적인 지위에 있고, 청구인 등 수용자들은 외부와 격리된 채 피청구인의 형의 집행에 관한 지시, 명령에 복종하여야 할 관계에 있으며, 소변채취의 목적이 수용자들의 마약류 음용 등의 방지와 조기 발견을 통한 교정시설의 안전과 질서유지를 위한 것이고, 소변을 채취하여 제출할 것으로 일방적으로 강제하는 측면이 존재하는 것 또한 사실이며, 소변채취에 응하지 않을 경우 무엇인가 불리한 처우를 받을 수 있다는 심리적 압박이 존재하리라 예상할 수 있고, 실제로 거부하는 경우가 극히 미미한 점에 비추어, 헌법소원심판의 대상이 되는 권력적 사실행위로서 헌법재판소법 제68조 제1항의 심판대상이 되는 공권력행사에 해당한다. * 본안판단결과 기각결정이 있었다.

⑮ 구치소장의 구치소 내 종교의식 또는 행사에 미결수용자의 참석을 금지한 행위

판례 헌재 2011.12.29. 2009헌마527

[판시] 이 사건 종교행사 등 참석불허 처우는 이른바 권력적 사실행위에 해당하므로 … * 본안판단결과 위헌확인결정이 있었다.

⑯ 사법경찰관의 압수물 폐기행위

판례 헌재 2012.12.27. 2011헌마351

[사건개요] * 아래의 임치물 압수행위 부분 참조. [주문] 피청구인(사법경찰관) 이 2010.12.20. 청구인으로부터 압수하여 보관하고 있던 플라스틱 생수병 1개, 과도 1개, 책가방 1개, 일회용라이터 1개를 폐기한 행위는 적법절차의 원칙에 반하고 청구인의 공정한 재판을 받을 권리를 침해한 것으로서 위헌임을 확인한다. * 이 결정에서 권력적 사실행위란 말이 나오지는 않으나 본안판단대상이 되었으므로 권력적 사실행위로 본 것으로 이해할 수 있다.

⑰ 사법경찰관의 청구인에 관한 보도자료 기자들 배포행위 및 조사과정 '촬영허용행위'

판례 헌재 2014.3.27. 2012헌마652

[판시] 수사기관이 촬영에 협조하지 않는 이상 기자들이 수사관서 내에서 피의자의 조사장면을 촬영하는 것은 불가능하고, 수사기관이 피의자 개인보다 훨씬 더 우월적 지위에 있어 취재 및 촬영과정에서 사실상 피의자의 의사가 반영되기 어렵다. 피청구인이 청구인의 의사에 관계없이 언론사의 취재 요청에 응하여 청구인의 모습을 촬영할 수 있도록 허용한 이상, 이미 청구인으로서는 수갑을 차고 얼굴을 드러낸 상태에서 조사받는 모습을 언론사에 공개당하는 불이익을 입게 된 것이다. 결국 심판대상 행위들은 권력적 사실행위로서 헌법소원심판청구의 대상이 되는 공권력의 행사에 해당한다. * 이 결정에서는 보도자료 배포행위 부분에 대해서는 보충성원칙 불준수로 각하결정이 있었고 촬영허용행위 부분에 대해서는 위헌확인결정이 있었다.

⑱ **수용자의 행정소송 출정을 제한한 교도소장의 행위** – 교도소장이 출정비용납부거부 또는 상계동의거부를 이유로 수용자의 행정소송 변론기일인 2010.2.26., 2010.3.26., 2010.4.20.에 출정을 각 제한한 행위에 대해 청구된 사건으로 재판청구권 침해로 위헌임이 확인되었다.

판례 헌재 2012.3.29. 2010헌마475

[판시] 이 사건 각 출정제한행위는 교도소장이 우월적 지위에서 수형자인 청구인의 출정을 제한한 것으로서 일종의 권력적 사실행위에 해당하므로 공권력 행사성이 인정된다.

⑲ **폐기물 활용 벽돌 등 제조·판매 회사에 대한 감사**

판례 헌재 2003.12.18. 2001헌마754, 과다감사 확인

[판시] 이 사건 감사는 피청구인이 폐기물관리법 제43조 제1항에 따라 폐기물의 적정 처리 여부 등을 확인하기 위한 목적으로 청구인들의 의사에 상관없이 일방적으로 행하는 사실적 업무행위이고, 청구인들이 이를 거부·방해하거나 기피하는 경우에는 과태료에 처해지는 점으로 볼 때(폐기물관리법 제63조 제1항 제10호) 청구인들도 이를 수인해야 할 법적 의무가 있다할 것인바, 그렇다면 이 사건 감사는 피청구인이 우월적 지위에서 일방적으로 강제하는 권력적 사실행위라 할 것이고 이는 헌법소원의 대상이 되는 헌법재판소법 제68조 제1항의 '공권력의 행사'에 해당된다. * 기각결정되었다.

⑳ **구치소 내 과밀수용행위**

판례 헌재 2016.12.29. 2013헌마142

[사건개요] 업무방해죄 등으로 기소되어 벌금 70만원 및 위 벌금을 납입하지 않는 경우 노역장에 유치한다는 판결을 선고받은 청구인은 벌금의 납입을 거부하여 노역장 유치명령에 따라 2012. 12.8.16:00경부터 2012.12.18. 13:00경까지 ○○구치소 13동 하층 14실(면적 8.96㎡, 정원 6명, 이하 '이 사건 방실')에 수용되었다가 형기만료로 석방되었는데 청구인은 2013.3.7. 피청구인(구치소장)이 청구인을 이 사건 방실에 수용한 위 행위가 청구인의 인간의 존엄과 가치 등 기본권을 침해한다고 주장하면서 그 위헌확인을 구하는 헌법소원심판을 청구하였다. [판시] 이 사건 수용행위는 피청구인이 우월적 지위에서 청구인의 의사와 상관없이 일방적으로 행한 권력적 사실행위로서 헌법소원심판의 대상이 되는 공권력 행사에 해당한다. * 본안판단결과 위헌확인결정이 있었다.

㉑ **법원의 수사서류 열람·등사 허용 결정에도 불구하고 검사가 등사를 거부한 행위** – 헌재는 형사소송법 제266조의4 소정의 불복절차는 행정처분에 대한 항고소송과 유사하며, 형사소송법 제417조의 준항고와 같은 성질의 것으로 볼 것이나, 위와 같은 법원결정에 불구하고 검사가 거부한 행위는 권력적 사실행위로서 보충성원칙의 예외가 되는 경우라고 본다.

판례 헌재 2017.12.28. 2015헌마632

[판시] (1) 피청구인의 2014.11.25.자 거부통보는 변호인이 형사소송법 제266조의3 제1항 소정의 수사서류 열람·등사 신청권에 근거하여 신청한 것을 피청구인이 받아들이지 않고 거부함으로써 변호인의 열람·등사권의 실현을 방해하여 이에 영향을 미치는 것이므로, 항고소송의 대상이 되는 행정처분이라 할 것이고, 따라서 형사소송법 제266조의4 소정의 불복절차는 행정처분에 대한 항고소송과 유사하며, 형사소송법 제417조의 준항고와 같은 성질의 것으로 볼 것이다(헌재 2010.6.24. 2009헌마257 참조). 그리고

① 법원의 이 사건 열람·등사 허용 결정은 법원이 피청구인의 2014.11.25.자 거부통보에 대한 형사소송법 제266조의4 소정의 불복절차에서, 열람·등사를 허용할 경우 생길 폐해의 유형·정도, 피고인의 방어 또는 재판의 신속한 진행을 위한 필요성 및 해당 서류 등의 중요성 등을 고려해 볼 때, 피청구인의 거부통보에 정당한 사유가 없다고 판단하고, 법률에 따라 피청구인에게 이 사건 수사서류에 대한 열람·등사를 허용하도록 명한 것이고, ② 이 사건 열람·등사 허용 결정에 따른 변호인의 피청구인에 대한 이 사건 수사서류 열람·등사 요청은 종전 신청에 대한 거부처분이 있은 후 다시 형사소송법 제266조의3 제1항 소정의 열람·등사 신청권을 행사한 것이 아니라 이 사건 열람·등사 허용 결정의 이행을 촉구하는 의미에 불과하며, ③ 피청구인의 이 사건 등사 거부행위는 이 사건 열람·등사 허용 결정의 이행을 일부 거절하고 있는 것이라 할 것이다. 따라서 피청구인의 이 사건 등사 거부행위는 이 사건 열람·등사 허용 결정상의 의무 중 일부를 이행하지 않음으로써 수사서류에 대한 열람·등사권의 완전한 행사를 방해하는 권력적 사실행위로서의 공권력 행사에 해당할 뿐, 종전의 피청구인의 거부처분과는 별도로 어떤 권리의 설정 또는 의무의 부담을 명하거나 기타 법률상 효과를 발생하게 하는 등 국민의 구체적인 권리의무에 직접적 변동을 초래하는 행위라고 보기는 어려워 항고소송의 대상이 되는 행정처분이라고 볼 수 없다(헌재 2010.6.24. 2009헌마257 참조). 결국 행정쟁송 절차는 이 사건 등사 거부행위에 대한 구제절차로 볼 수 없고, 보충성원칙에 위배된다고 볼 수 없다. (2) 이와 달리 피청구인의 이 사건 등사 거부행위를 항고소송의 대상이 되는 행정처분으로 보더라도, 법원으로부터 이 사건 열람·등사 허용 결정을 받았음에도 피청구인이 거부하고 있는 상황에서, 청구인들로 하여금 재차 행정쟁송 절차를 거치게 하는 것은 권리구제의 실익이 없는 반복적인 절차의 이행을 요구하는 것에 지나지 아니하고 바로 이 사건 헌법소원심판을 청구하였다고 하더라도 이는 보충성원칙의 예외로서 허용된다. * 보충성원칙에 관한 보다 자세한 판시는 뒤의 보충성원칙의 비적용과 예외 부분 참조. * 본안판단결과 "청구인들의 신속하고 공정한 재판을 받을 권리와 변호인의 조력을 받을 권리를 침해한 것이므로 헌법에 위반됨을 확인한다"라는 주문의 위헌확인결정이 있었다.

* 검토 – 헌재는 "권력적 사실행위로서의 공권력 행사에 해당할 뿐, 종전의 피청구인의 거부처분과는 별도로 어떤 권리의 설정 또는 의무의 부담을 명하거나 기타 법률상 효과를 발생하게 하는 등 국민의 구체적인 권리의무에 직접적 변동을 초래하는 행위라고 보기는 어려워"라고 판시하고 있는데 이는 자가모순이다. 헌재 자신이 이 사안에서 '공정한 재판을 받을 권리' 등 기본권침해를 인정하고 있는 것과 모순된다. '별도로'라고 하나 거부행위가 지속되고 있는 기본권침해였다. 항고소송의 대상일 수 있는데 법원이 아직 대상으로 한 바가 없다든지 좀더 정확해야 한다. 앞서 우리는 항고소송대상과 헌법소원대상의 중복성에 대해 언급한 바 있다. 한국에서는 보충성원칙으로 판가름이 나는 현실이라는 것도 ….

* 이전의 동지의 결정 : 위 결정 이전에 2010년에 법원이 행한 열람·등사 허용의 결정을 검사가 따르지 않은 사안(용산참사(소위)사건)에서 마찬가지로 권력적 사실행위라고 보고 청구인의 신속하고 공정한 재판을 받을 권리와 변호인의 조력을 받을 권리를 침해한 것이므로 헌법에 위반됨을 확인한다고 결정한 동지의 결정이 있었다. 아래 결정이 그것인데 그 동지의 2010년 결정은 2017년 위 결정에서 열람은 허용하고 등사만을 거부하여 등사부분에 대해 위헌확인한 것과 달리 열람·등사 모두 위헌확인한 차이가 있다.

판례 헌재 2010.6.24. 2009헌마257

[주문] 서울중앙지방법원 2009고합153, 168(병합) 특수공무집행방해치사 등 사건에 관하여 2009.4.14. 법원이 한 열람·등사 허용 결정에 따라 청구인들의 변호인들이 [별지 1] 기재 서류에 대하여 한 열람·등사 신청 중 비고란 기재 1, 2차 교부본을 제외한 나머지 부분에 대하여 2009.4.16. 피청구인이 이를 거부한 것은, 청구인들의 신속하고 공정한 재판을 받을 권리와 변호인의 조력을 받을 권리를 침해한 것이므로 헌법에 위반됨을 확인한다.

㉒ **문화계 블랙리스트 지원배제 지시** – 피청구인 대통령이 피청구인 비서실장에게, 피청구인 비서실장이 비서관들, 문체부장관에게 각 야당 소속 후보를 지지하였거나 정부에 비판적 활동을 한 문화예술인을 지원 대상에서 배제하라고 지시한 행위, 정무수석과 소통비서관이 문체부 공무원들에게, 문체부 ○○과 소속 사무관이 예술위 소속 직원들에게, 문체부장관이 영진위 소속 직원들에게, 문체부 □□과 소속 사무관이 출판진흥원 소속 직원들에게 지원배제를 지시한 행위 – 지원배제 방침이 관철될 때까지 공모사업 진행 절차를 중단하고, 청와대 및 문체부의 지원배제 방침을 심의위원들에게 전달하여 지원배제 대상자의 탈락을 종용하는 등 사실을 두고 헌재는 우월한 지위에서 개입한 권력적 사실행위임을 인정할 수 있다고 하였다.

판례 헌재2020.12.23. 2017헌마416

[판시] 예술위와 영진위는 문체부 산하기관이고, 이 사건 지원배제 지시를 관철시키기 위하여 예술위 등의 직원들이 지원사업 심의과정에 강구한 조치들을 살펴보면, 청와대와 문체부의 지시에 따라 지원배제 방침이 관철될 때까지 공모사업 진행 절차를 중단하고, 청와대 및 문체부의 지원배제 방침을 심의위원들에게 전달하여 지원배제 대상자의 탈락을 종용하였으며, 지원배제 대상자에게 불리한 사정을 심의위원들에게 부각되게 전달하는 등의 방법을 사용하였다. 나아가 … 이러한 행위들로 비추어 볼 때, 이 사건 지원배제 지시를 예술위 등의 임의적 협력을 기대하여 행한 비권력적인 권고·조언 정도의 단순한 행정지도라고 보기 어렵고, 예술위 등이 자율적이거나 주도적으로 청구인들을 지원 대상에서 제외한 것이라고 볼 수도 없다. 또한 이 사건 지원배제 지시는 대통령의 지시에 따라 대통령비서실 및 문체부 전담부(TF)에서 기획하여 운영한 '문제단체 조치내역 및 관리방안'과 '건전 문화예술 생태계 진흥 및 지원방안'을 이행하는 과정에서 장기간 반복적이고 조직적으로 실행된 행위로서, … 위와 같은 사정들을 종합적으로 고려할 때, 이 사건 지원배제 지시는 예술위 등으로 하여금 피청구인들의 뜻대로 순응케 하여 그 이름으로 청구인들에 대한 지원을 배제하는 결과를 사실상 실현시킨 행위이며, 그 자체로 청구인들의 법적 지위를 결정짓는 구체화되고 특정된 지시로서, 청구인들에 대한 문화예술 지원배제라는 일정한 사실상의 결과발생을 목적으로 우월한 지위에서 개입한 권력적 사실행위임을 인정할 수 있다. 따라서 이 사건 지원배제 지시는 헌법소원의 대상이 되는 공권력의 행사에 해당한다.

(2) 총괄적 분석

i) 위 결정례들 사안들은 이미 지나간 권력적 사실행위라는 점에서 헌법소원의 직접적인 대상으로 인정한 것들이다. 법원이 권력적 사실행위에 대해 종료행위라도 소의 이익이 인정된다고(행정소송법 제12조 후문은 "처분등의 효과가 기간의 경과, 처분등의 집행 그 밖의 사유로 인하여 소멸된 뒤에도 그 처분등의 취소로 인하여 회복되는 법률상 이익이 있는" 경우에 원고적격을 인정함) 하고 지나간 위헌·위법을 '확인'하는 판결을 한다면 상황이 달라질 것이다. ii) 권력적 사실행위들에 대한 헌법소원의 직접적 대상성 인정은 곧 보충성원칙의 예외를 인정하는 것과 같이 한다.

4. 권력적 사실행위성이 부정된 예(단순한 사실행위)

① 해운산업 부실기업정리상 대주주권·경영권 양도 과정에서의 정부의 개입

판례 헌재 1994.5.6. 89헌마35
[쟁점] 부실기업정리로 청구인의 대주주권 및 경영권이 넘어가는 과정에서 관련 금융기관의 담보권 실행 및 주식양도행위에 개입하였다는 피청구인(재무부장관)의 행정상 사실행위가 권력적 사실행위로서 공권력행사에 해당하는가 여부(부정, 각하결정) [결정요지] 일반적으로 사실행위가 권력적 사실행위에 해당하는지 여부는, 당해 행정주체와 상대방과의 관계, 그 사실행위에 대한 상대방의 의사·관여정도·태도, 그 사실행위의 목적·강제수단의 발동가부 등 그 행위가 행하여질 당시의 구체적 사정을 종합적으로 고려하여 개별적으로 판단하여야 할 것이다. 부실기업인 ○○선주의 제3자인수는 주거래은행으로서 ○○선주의 도산 또는 정상화 여부에 대하여 가장 큰 경제적 이해관계를 가진 외환은행이 보다 적극적으로 이를 의욕하여 추진하였고, 여기에 피청구인이 정부의 입장을 대표하여 호응·지원하였다고 보는 것이 상당하다. 이 과정에서 이루어진 피청구인의 위와 같은 일련의 행위는 그 상대방인 외환은행의 의사를 무시한 채 일방적으로 결정·통고된 것이 아니다. 또한 외환은행이 그 자율성을 빼앗긴 채 피청구인의 지시를 거부할 기대가능성이 없어서 그저 순응하기만 한 것이라고도 볼 수 없다. 그러므로 피청구인의 위 지시 또는 요구가 상대방인 외환은행에 대하여 권력적인 것이었다고 단정하기는 어렵다. 오히려 총체적으로 보아서는 외환은행이 이를 적극적으로 의욕하였거나, 적어도 이에 호응할 것인지 여부가 외환은행의 자유의사에 달려 있었던 비권력적인 사실행위에 해당하는 것으로 봄이 상당하다. 그렇다면 청구인들의 이 사건 심판청구 중 청구취지 제1항 부분은 헌법소원의 대상인 공권력의 행사에 해당하지 아니하는 비권력적 사실행위를 대상으로 한 것이므로 부적법하여 각하한다.

② 중학교 공납금 미납시 졸업증교부를 하지 않겠다는 통고행위

판례 헌재 2001.10.25. 2001헌마113
[관련판시] 청구인은 학교당국이 미납공납금을 완납하지 아니할 경우에 졸업증의 교부와 증명서를 발급하지 않겠다고 한 것이 헌법에 위반된다고 주장하나, 학교당국의 이러한 통고는 일종의 비권력적 사실행위로서 법 제68조 제1항에서 헌법소원심판의 청구대상으로서의 '공권력'에는 해당된다고 볼 수 없으므로 부적법하다.

③ **교도소장 사동순시 중 인사하게 한 행위** – 피청구인(교도소장)이 사동 순시 중 청구인을 비롯한 수형자들을 정렬시킨 후 거실 내 봉사원의 구호에 따라 "안녕하십니까"라고 인사하도록 한 행위를 비권력적인 것으로 판단하였다.

판례 헌재 2012.7.26. 2011헌마332
[결정요지] 기록상 이 사건 인사행위에 불복하는 경우 수형자가 무엇인가 불리한 처우를 받을 수 있다는 점을 인정할 만한 자료가 없고, 청구인 또한 이에 대하여 어떠한 입증도 하고 있지 않다. 반면에, 법무부장관은 각 교정기관에 소장 등 순시 시 강제로 인사하게 하는 행위를 금지한다는 취지의 지시를 한 바 있고, 피청구인은 그 지시내용에 따르고 있는 사실이 인정된다. 더욱이, 이 사건 인사행위를 거부하더라도 징벌대상행위에 해당하지 아니하고, 최근 10년간 인사를 하지 아니하였다는 이유로 징벌을 받은 사례를 찾아 볼 수 없다. 그렇다면 이 사건 인사행위는 단순한 비권력적 사실행위에 불과하여 헌법소원의 대상이 되는 공권력의 행사에 해당하지 아니한다.

④ 국가인권위원회의 일반서신에 의한 진정사건결과 통보행위

판례 헌재 2015.3.26. 2013헌마134

[판시] 피청구인이 관련 법령에 따라 진정 사건의 결과를 진정인에게 통지하는 행위는 진정사건의 결과를 알려주는 것일 뿐 청구인에게 어떠한 기본권의 제한이나 법률상의 지위의 변동 또는 기타 불이익한 영향을 주는 것이 아니므로 대외적 구속력이 없는 비권력적 사실행위에 해당한다(헌재 2009.12.29. 2008헌마617; 헌재 2012.10.25. 2011헌마429 참조). 따라서 피청구인이 청구인의 진정 사건 결과를 열람금지서신으로 통지하지 아니하고 일반서신으로 통지한 행위는 헌법소원의 대상인 공권력의 행사나 불행사에 해당한다고 볼 수 없다.

⑤ **청구인 신청에 의한 외부의료시설 진료에 이미 예정되어 있던 부수적 행위** – 사안은 교도관들이 외부병원 진료 후 구치소 환소 과정에 있는 수형자에게 환소차 탑승을 위하여 병원 밖 주차장 의자에 앉아 있을 것을 지시한 행위(이하 '이 사건 지시행위')가 구치소에 수형자라는 사정이 그 의사에 반하여 외부인들에게 노출되었으므로 그로 인하여 자신의 사생활의 비밀과 자유, 인격권 등이 침해되었다고 주장으로 청구된 헌법소원심판사건이다.

판례 헌재 2012.10.25. 2011헌마429

[판시] 가. 일반적으로 어떤 행정청의 사실행위가 권력적 사실행위인지 또는 비권력적 사실행위인지 여부는, 당해 행정주체와 상대방과의 관계, 그 사실행위에 대한 상대방의 의사·관여정도·태도, 그 사실행위의 목적·경위, 법령에 의한 명령·강제수단의 발동가부 등 그 행위가 행하여질 당시의 구체적 사정을 종합적으로 고려하여 개별적으로 판단하여야 한다. 나. 이 사건 기록에 의하면, 청구인의 경우 이미 외부병원 진료가 종료한 상황이었으므로 더 이상 병원 안에 머무를 이유가 없었고, 청구인이 구치소 환소차에 탑승하기 위하여는 주차장으로 이동할 필요가 있었으며, 이는 외부병원 진료 시 예정된 자연스러운 절차로서 그로 인한 새로운 기본권 침해행위가 있었다고 보기 어려운 점, 청구인도 외부병원 진료를 신청하였을 때 그 진료 후 환소차 탑승 과정에서 주차장으로 이동할 것을 당연히 예상할 수 있었던 점, 외부병원은 안팎에 일반인의 출입이 빈번하여 외부인과의 접촉가능성을 완벽하게 차단하는 것이 사실상 곤란한 점, 피청구인은 청구인에게 주차장으로 이동하여 환소차가 도착할 때까지 잠시 동안 앉아 있을 것을 지시한 외에 달리 강제력을 행사하지 아니하였고 청구인도 이에 응하여 주차장으로 이동하였던 사실이 인정된다. 다. 이러한 당시의 구체적 사정을 종합적으로 고려하면, 이 사건 지시행위는 청구인의 신청에 의한 외부의료시설 진료에 이미 예정되어 있던 부수적 행위로서 강제성의 정도가 미약한 단순한 비권력적 사실행위에 불과하다 할 것이다. 따라서 청구인의 이 사건 심판청구는 헌법소원의 대상이 되는 공권력의 행사에 해당한다고 보기 어려우므로 부적법하다.

⑥ **내부적 업무처리 행위** – 사안은 수용시설에서의 (교도소장)의 소포 반송행위(ⓐ), 소송서류복사 지연교부 행위(ⓑ)에 대해 비권력적이라고 본 것이다.

판례 ⓐ 헌재 2009.12.29. 2008헌마617

[판시] 다수인이 구금되어 있는 수용시설에서는 필연적으로 내부의 규율과 절차가 마련될 수밖에 없는 것이고, 이 사건에서 피청구인(교도소장)은 진정한 수신인이 누구인지를 명확히 알 수 없어 이를 확인하기 위해 소포를 반송한 것으로 볼 수 있으며, 그 후 외형상 수신인을 확인하는 데 필요한 요건이 갖춰진 소포가 배송되어 이를 청구인에게 전달하였다는 것이므로, 피청구인의 반송행위로 인하여 청구인

이 우편물을 다소 늦게 수령하게 되었다 하더라도, 이는 잘못 배송되는 것으로 인한 불이익을 방지하기 위해 감수해야 할 만한 약간의 불편에 불과하고, 이로 인해 청구인에게 어떠한 기본권이나 법률상 지위를 변동시키거나 기타 불이익한 영향을 주었다고 보기도 어렵다 할 것이다. 결국 피청구인이 수용자번호가 기재되지 않은 소포를 반송한 것은 교도소나 구치소와 같이 다수의 수용자들이 구금되어 있는 곳에서 신속하고 정확하게 우편물을 관리하기 위한 내부적 업무처리 행위에 불과한 것으로서, 헌법소원의 대상이 되는 공권력의 행사에 해당한다고 보기 어려우므로, 이 부분에 대한 심판청구는 부적법하다.

ⓑ 헌재 2009.12.29. 2008헌마617

[판시] 피청구인이 청구인을 비롯한 수용자들로부터 복사신청을 받아 이를 제공하는 것은 급증하는 복사업무의 효율적 관리를 통한 업무처리의 신속성과 통일을 기하기 위한 조치의 일환으로 피청구인이 자율적으로 '주 1회 일괄신청 및 제공'을 실시하여 온 것이며, 더욱이 피청구인의 소송서류복사 지연교부 행위로 말미암아 청구인이 입은 불이익은 복사신청한 날부터 사흘 정도 늦게 복사물을 받은 불이익에 불과하므로, 이로 인하여 청구인의 기본권이 제한되거나 권리관계에 변동이 생길 위험성이 있다고 할 수는 없을 것이다. 그렇다면 소송서류복사 지연교부 행위는 내부적 업무처리 행위에 불과한 것으로서, 헌법소원의 대상이 되는 공권력의 행사에 해당한다고 보기 어려우므로, 이 부분에 대한 심판청구도 부적법하다.

ⓒ 내부적 업무처리 행위로서의 구치소에서의 반송행위, 헌재 2014.5.29. 2013헌마280

[판시] … 이 사건 택배에 '보내는 사람'이 구치소에 수용되어 있는 청구인의 이름으로 기재되어 있어 외형상 보내는 사람이 누구인지를 알 수 없는 우송품으로 보아 이를 반송한 것이고, 다만 실제로 보내는 사람의 인적 사항 등을 확인할 수 없어 우송품의 내용을 확인하지 아니한채 바로 이를 택배회사로 반송하고 그 사유를 청구인에게 고지하는 한편, 기관 홈페이지에 이 사실을 게시하였다는 것이므로, 청구인은 우송품을 받을 기회를 잃었다는 사실상의 불이익을 받게 되었을 뿐이다. 결국 이 사건 반송행위는 교도소나 구치소와 같이 다수의 수용자들이 구금되어 있는 곳에서 신속하고 정확하게 우편물을 관리하기 위한 내부적 업무처리 행위로서(헌재 2009.12.29. 2008헌마617 참조), 헌법소원의 대상이 되는 공권력의 행사에 해당한다고 보기 어렵다. 따라서 이 부분 심판청구는 부적법하다.

⑦ 검찰수사관의 변호인 참여신청서 작성 요구 행위

판례 헌재 2017.11.30. 2016헌마503

[판시] 청구인은 이 사건 참여신청서요구행위에 따라 수사관이 출력해 준 신청서에 인적사항을 기재하여 제출하였는데, 이는 청구인이 피의자의 변호인임을 밝혀 피의자신문에 참여할 수 있도록 하기 위한 검찰 내부 절차를 수행하는 과정에서 이루어진 비권력적 사실행위에 불과하므로, 헌법소원의 대상이 되는 공권력의 행사에 해당하지 않는다.

⑧ **방송통신심의위원회의 방송사업자에 대한 '의견제시'**(보도의 심의규정 위반 및 준수요구) – 방송통신심의위원회(피청구인)가 방송사업자인 청구인에 대하여 한, '청구인의 보도가 심의규정을 위반한 것으로 판단되며, 향후 관련 규정을 준수할 것'을 내용으로 하는 '의견제시'가 비권력적 성격의 것이고 규제적·구속적 성격을 가지지 않는다고 보았다.

판례 헌재 2018.4.26. 2016헌마46

[사건개요] M지상파방송사의 어느 보도에 대한 민원이 제기되자 방송통신심의회가 이를 심의한 후,

2015.10.22. 위 보도가 이해관계가 첨예하게 대립되는 사안을 다룸에 있어 관련 당사자의 의견을 균형 있게 반영하였다고 보기 어려워 '방송심의에 관한 규정'(이하 '심의규정'이라 한다) 제9조 제2항(공정성)을 위반한 것으로 판단되나, 그 위반의 정도가 경미하고 여러 가지 사정을 감안하여 구 방송법 제100조 제1항에 따라 향후 관련 규정을 준수할 것을 내용으로 하는 의견제시를 하였다. 이에 위 방송사는 2016.1.19. 이 사건 의견제시와 그 근거가 된 구 방송법 제100조 제1항이 자신의 방송의 자유 등 기본권을 침해하였다고 주장하면서 헌법소원심판을 청구하였다. [결정요지] (1) 이 사건 의견제시의 근거 법률인 이 사건 법률조항은 방송사업자의 방송내용이 방송법 제33조의 심의규정에 위반되나 그 위반정도가 경미하여 구 방송법 제100조 제1항 각 호에 정한 제재조치를 명할 정도에 이르지 아니한 경우에는 방송통신위원회가 아닌 피청구인이 해당방송사업자에 대하여 의견제시를 할 수 있다고 규정하고 있을 뿐, 의견제시를 받은 방송사업자에 대하여 취할 수 있는 후속조치나 그 이행을 확보하기 위한 강제수단에 관하여 전혀 규정하고 있지 않다. 또한 방송법의 다른 규정이나 '방송통신위원회의 설치 및 운영에 관한 법률'(이하 '방송통신위원회법'이라 한다)에서도 의견제시를 받은 방송사업자가 제시된 의견에 따르지 않을 경우 과태료나 형사처벌 등 제재나 불이익을 부과하는 규정을 두고 있지 않다. 이는 구 방송법 제100조 제1항 본문에서 규정하고 있는 과징금처분이나 제재조치와는 확연히 구별된다. (2) 청구인은 이 사건 의견제시가 방송사업자에게 방송보도에 관한 위축효과를 초래하여 규제적·구속적 성격을 강하게 가지므로, 헌법소원의 대상이 되는 '공권력의 행사'에 해당한다고 주장한다. 우리 헌법은 모든 국민에게 표현의 자유를 보장하고 있는바(헌법 제21조), 그 중요성을 고려할 때 형사처벌 등 법적 제재가 수반되지 않더라도 만일 해당 공권력의 행사가 표현의 자유를 위축시켜 상대방으로 하여금 스스로 표현행위를 자제하게 만드는 결과, 이른바 위축효과(chilling effect)를 초래한다면 그 공권력 작용은 그 정도에 따라 표현의 자유를 제한하는 것이라고 볼 수도 있다(헌재 2008.1.17. 2007헌마700 참조). 그러나 위에서 본 바와 같은 이 사건 의견제시의 법적 성질 등에 비추어 보면, 이 사건 의견제시가 청구인의 표현의 자유를 제한하는 정도의 위축효과를 초래하였다고 보기는 어려우므로 청구인의 위 주장은 받아들이지 않는다. (4) 결국 이 사건 의견제시는 청구인의 권리와 의무에 영향을 미치는 것이라고 보기는 어려우므로, 헌법소원의 대상이 되는 '공권력 행사'에 해당한다고 볼 수 없어 이 부분 심판청구는 부적법하다.

⑨ 사법경찰관의 임치물 폐기행위

판례 헌재 2012.12.27. 2011헌마351

[사건개요] (1) 청구인은 2010.11.20. 부천 원미구 ○○동 355-1에 있는 ○○ 점포 내에서, 강도예비 및 현주건조물방화예비 혐의로 현행범 체포되면서 소지하고 있던 플라스틱 생수병 1개, 과도 1개, 책가방 1개, 일회용라이터 1개(이하 '이 사건 압수물'이라 한다)를 경기부천원미경찰서 소속 경찰관에게 임의제출하여 경찰관이 이를 압수하였다. 이 과정에서 경찰관은 청구인으로부터 청구인이 소지하고 있던 정신과치료제(수량미상)와 태권도교본 1권(이하 '이 사건 임치물'이라 한다)도 함께 제출받아 이를 보관하게 되었다. (2) 청구인은 인천지방법원 부천지원 2011고합36, 2011감고4(병합)로 강도예비 및 현주건조물방화예비죄로 기소됨과 아울러 치료감호가 청구되었는데, 심리결과 2011.7.22. 강도예비죄에 대하여는 범죄의 증명이 없는 경우에 해당하여, 현주건조물방화예비죄에 대하여는 형법 제10조 제1항에 의하여 벌할 수 없는 경우에 해당하여 각 무죄가 선고되었고, 다만 재범의 위험성이 있다고 판단되어 청구인을 치료감호에 처한다는 판결이 선고되었다. 이에 대하여 검사가 항소(서울고등법원 2011노2195)하였으나 항소기각으로 위 판결이 확정되었다. (3) 청구인은 제1심 공판 도중인 2011.4.22.경 강도예비 혐의에 대해 무죄를 다투기 위해 이 사건 압수물 중 과도에 대한 검증신청을 하였는데, 피청구인(사법경찰관)이 2010.12.20.경 수사검사의 지휘 아래 이 사건 압수물을 모두 폐기하였고, 그때 이 사건 임치

물도 함께 폐기하였다는 것을 알게 되었다. (4) 이에 청구인은 2011.5.18. 이 사건 헌법소원심판을 청구하기 위한 국선대리인 선임신청을 하였고, 이에 따라 선임된 국선대리인은 2011.7.5. 피청구인이 이 사건 압수물을 폐기한 행위가 청구인의 공정한 재판을 받을 권리 등을 침해하였다며 그 취소를 구하고, 이 사건 임치물을 제대로 보관하지 못한 부작위로 말미암아 재산권을 침해받았다며 부작위위헌확인을 구하는 이 사건 헌법소원심판을 청구하였다. [결정요지] 적법 여부에 관한 판단 (가) 이 사건 임치물 폐기행위에 대한 심판청구 – 어떤 행정행위가 헌법소원의 대상이 되는 권력적 사실행위에 해당하는지의 여부는 당해 행정주체와 상대방과의 관계, 그 사실행위에 대한 상대방의 의사·관여정도·태도, 그 사실행위의 목적·경위, 법령에 의한 명령·강제수단의 발동 가부 등 그 행위가 행하여질 당시의 구체적 사정을 종합적으로 고려하여 개별적으로 판단하여야 한다. 이 사건 기록에 의하면, 이 사건 임치물은 범행과는 아무런 관련이 없고 이에 대해서 압수조서나 압수물목록이 작성된 바도 없으며, 피청구인도 이를 압수할 의사가 없었다고 주장하고 있는바, 위와 같은 사정에 비추어 보면, 이 사건 임치물은 경찰관의 압수의사에 기하여 압수된 물건이 아니라, 단지 경찰관의 권유에 의해 청구인이 임의로 제출하여 피청구인이 이를 보관하게 된 단순한 임치물에 해당하므로, 이 사건 임치물의 폐기행위를 피청구인이 우월적 지위에서 일방적으로 행한 권력적 사실행위로 볼 수는 없다. 따라서 이 사건 임치물 폐기행위는 단순한 비권력적 사실행위에 불과할 뿐 헌법소원의 대상이 되는 공권력의 행사에 해당한다고 볼 수 없으므로, 이 부분 심판청구는 부적법하다. (나) 이 사건 압수물 폐기행위에 대한 심판청구 – 적법한 청구이다. * 결국 임치물 폐기행위에 대해서는 각하결정을 하였는데 압수물 폐기행위에 대하여서는 본안판단결과 위헌확인결정을 하였다(아래 주문 2 참조). [주문] 1. 피청구인이 2010.12.20. 청구인으로부터 제출받아 보관하고 있던 정신과치료제(수량미상), 태권도교본 1권을 폐기한 행위에 대한 심판청구를 각하한다. 2. 피청구인이 2010.12.20. 청구인으로부터 압수하여 보관하고 있던 플라스틱 생수병 1개, 과도 1개, 책가방 1개, 일회용라이터 1개를 폐기한 행위는 적법절차의 원칙에 반하고 청구인의 공정한 재판을 받을 권리를 침해한 것으로서 위헌임을 확인한다. * 위 결정은 압수물 폐기행위는 본안판단대상이 되었으므로 권력적 사실행위로 본 것으로 이해할 수 있다.

⑩ **단순한 사무집행 - 구체적·직접적 불이익을 내포하지 않는 사실행위 - 공판정심리의 녹음물을 폐기한 행위** – 헌재는 공판정심리의 녹음물을 폐기한 행위는 청구인에 대한 구체적이고 직접적인 법적 불이익을 내포하지 않는 비권력적 사실행위라고 보아 헌법소원심판의 대상인 '공권력의 행사'에 해당하지 않는다고 보았다.

판례 헌재 2012.3.29. 2010헌마599

[결정요지] 피청구인이 청구인에 대한 형사재판이 확정된 후 그 중 제1심 공판정 심리의 녹음물을 폐기한 행위는, 규칙 제39조에 따른 단순한 사무집행으로서 법원행정상의 구체적인 사실행위에 불과할 뿐이고, 청구인에 대한 형사판결이 확정된 후에는 녹음물의 내용과 공판조서의 내용이 서로 다르더라도 재심사유에 해당하지 아니하여 이를 이유로 재심을 통하여 구제받을 수 없는 이상 청구인이 처한 현재의 사실관계나 법률관계를 적극적으로 변경시키거나 특별한 부담이나 의무를 부여하는 것이 아니어서 청구인에 대한 구체적이고 직접적인 법적 불이익을 내포한다고 할 수 없으므로, 행정청이 우월적 지위에서 일방적으로 강제하는 권력적 사실행위로서 헌법소원의 대상이 되는 공권력의 행사에 해당한다고 볼 수 없다.

⑪ 국회의원 선거, 대통령 선거에서 투표지분류기 등을 이용하는 행위

판례 헌재 2016.3.31. 2015헌마1056등
[결정요지] 이 사건 개표 행위는 선거일의 지정, 선거인명부의 작성, 후보자 등록, 투·개표 관리, 당선인 결정 등 여러 행위를 포괄하는 집합적 행위인 선거관리라는 일련의 과정에서 하나의 행위에 불과하고, 그 자체로는 국민의 권리의무에 영향을 미치지 아니하는 공권력 작용의 준비행위 또는 부수적 행위이다. 따라서 이 사건 개표 행위는 투표 결과를 집계하기 위한 단순한 사실행위에 불과하여 그 자체로 헌법소원심판의 대상이 되는 공권력행사에 해당한다고 볼 수 없으므로 이에 대한 심판청구는 부적법하다.

Ⅶ. 규제적·구속적 행정지도

중요 : 행정지도에 대한 헌법소원 문제는 헌법과 행정법의 복합적 문제로서 출제예상 대상이다.

1. 행정지도의 개념과 헌법소원대상성 인정의 기준

(1) 개념

행정법이론에 따르면 행정지도는 사실행위이다. 행정지도는 상대방의 자의로 행정청의 요구나 지도, 권고·조언 등 따르게 하는 행정작용을 말한다. 이전에는 비권력적 사실행위로 보아왔으나 오늘날 상대방이 따르지 않을 수 없는 구속적인 효력을 지닌 행정지도도 나타나고 있다. 행정절차법은 다음과 같이 '행정지도'를 정의하고 있다.

행정절차법 제2조(정의) 이 법에서 사용하는 용어의 뜻은 다음과 같다.
1. 2. 생략
3. "행정지도"란 행정기관이 그 소관 사무의 범위에서 일정한 행정목적을 실현하기 위하여 특정인에게 일정한 행위를 하거나 하지 아니하도록 지도, 권고, 조언 등을 하는 행정작용을 말한다.
4. 이하 생략.

(2) 대상성 인정기준

헌재는 따르지 않을 경우 행·재정상 불이익이 따를 것이라고 경고하는 등 요구에 따를 수밖에 없는 사실상의 강제를 받게 되는 행정지도는 임의적 협력을 기대하여 행하는 비권력적·유도적인 권고·조언 등의 단순한 행정지도로서의 한계를 넘어 규제적·구속적 성격을 상당히 강하게 갖는 것이라고 보고 헌법소원대상성을 인정한다(헌재 2003.6.26. 2002헌마337등. 이 결정에 대해서는 바로 아래 인용 참조).

기준 : 규제적·구속적 성격의 행정지도

2. 결정례

(1) 대상성 긍정례

① 학칙시정요구

판례 헌재 2003.6.26. 2002헌마337등

[관련판시] 이 사건 학칙시정요구의 법적 성격에 대하여는 그 자체로 일정한 법적 효과의 발생을 목적으로 하는 것이 아니고, 다만, 대학총장의 임의적인 협력을 통하여 사실상의 효과를 발생시키는 사실행위로서 일종의 행정지도라고 할 수 있다. 그러나 행정지도라 하더라도 그에 따르지 않을 경우 일정한 불이익조치를 예정하고 있는 경우에는 사실상 상대방에게 그에 따를 의무를 부과하는 것과 다를 바 없는 것인데, 이 사건 학칙시정요구의 경우 대학총장들이 그에 따르지 않을 경우 행·재정상 불이익이 따를 것이라고 경고하고 있어, 학교의 장으로서는 피청구인의 학칙시정요구에 따를 수밖에 없는 사실상의 강제를 받게 되므로, 이러한 시정요구는 임의적 협력을 기대하여 행하는 비권력적·유도적인 권고·조언 등의 단순한 행정지도로서의 한계를 넘어 규제적·구속적 성격을 상당히 강하게 갖는 것으로서 헌법소원의 대상이 되는 공권력의 행사라고 봄이 상당하다 할 것이다. * 이 결정에서 헌법소원대상성은 인정되었으나, 기본권침해의 자기관련성이 없다는 이유로, 즉 위 학칙시정요구는 각 해당대학의 총장들을 상대로 한 공권력의 행사이므로 원칙적으로 그 위헌확인을 구할 자기관련성을 가지는 자는 시정요구를 받은 대학의 총장들이라 할 것인바, 대학의 교수회, 또는 교수겸 교수회의 회장들인 청구인들에게는 자기관련성이 인정될 수 없다는 이유로 결국 각하결정이 났다.

② 구 방송위원회의 방송사·제작책임자에 대한 '경고 및 관계자 경고'

판례 헌재 2007.11.29, 2004헌마290

[사건개요] 주식회사 ○○방송은 시사고발프로그램인 '○○수첩'에서 '친일파는 살아있다 2'라는 제목의 텔레비전 프로그램을 방송하였는데, 선거방송심의위원회는 위 방송이 "그 내용의 구성에 있어 특정한 입후보예정자에게 유리하거나 불리하도록 한 것이며 해당 입후보자가 출마할 지역구내 타 후보와의 형평성을 지키지 아니한 것"이라며 '경고 및 관계자 경고'를 하는 심의결정을 하여 방송위원회에 통보하였고, 방송위원회는 청구인들에게 '경고 및 관계자 경고'를 하였다. ○○방송과 제작책임자 프로듀서는 언론의 자유를 침해한 것이라고 하여 헌법소원심판을 청구하였다. [관련판시] (가) 공직선거법 제8조의2 제1항은 선거방송의 공정성을 위하여 임기만료에 의한 선거의 선거일 전 120일부터 선거일 후 30일까지 방송위원회로 하여금 선거방송심의위원회(이하 '심의위원회'라 한다)를 설치하여 운영하도록 하였으며, 심의위원회는 선거방송의 공정 여부를 조사하고 그 결과 불공정이 인정되는 경우에는 방송법 제100조 제1항 각 호의 규정에 의한 제재조치 등을 정하여 이를 방송위원회에 통보하여야 하고, 방송위원회는 불공정한 선거방송을 한 방송사에 대하여 그 제재조치 등을 지체 없이 명하도록 하였다(같은 조 제5항). 한편 2006.1.24. 개정되기 전의 구 '선거방송심의위원회의 구성과 운영에 관한 규칙'(방송위원회규칙. 이하 '이 사건 규칙'이라 한다) 제11조 제2항은 "심의위원회는 심의기준을 위반한 정도가 경미하다고 판단되는 경우 주의 또는 경고를 정할 수 있다"고 하였다. 그러한 '주의 또는 경고'는 2006.10.27. 개정되기 전 구 방송법 제100조 제1항에 규정된 제재조치에는 포함되지 아니한 것이었고(2006.10.27. 개정된 방송법에서 비로소 제재조치의 하나로 포함되었다) 이에 대한 벌칙조항도 없었다. 그런데 방송법 제31조는 방송평가위원회가 방송사업자의 방송프로그램 내용 및 편성과 운영 등에 관하여 평가를 할 수 있도록 하고, 그러한 평가는 방송사업자가 허가를 갱신할 때(현재 허가기간은 3년이다) 방송위원회의 재허가 추천(방송법 제17조 제1항, 제3항 참조)을 위한 평가자료로 사용된다. 한편 구 '방송평가에

관한 규칙'(2005.12.9. 방송위원회규칙 제84호로 개정되기 전의 것)은 제12조에서 방송평가대상기간을 원칙적으로 매년 1.1.에서 12.31.까지로 하고, 별표 중 '평가항목 및 배점'(만점 1,000점)에서 방송내용(350점), 편성(350점), 운영(300점)에 대한 각 점수배점을 정하였는데, 지상파 방송사업자가 '경고 및 관계자 경고'를 받았을 때에는 1건당 2점을 총 점수에서 감점하도록 규정하였다. 그러므로 청구인 주식회사 ○○방송(이하 '청구인 ○○방송'이라고 한다)이 피청구인으로부터 받은 '경고 및 관계자 경고'는 방송평가에서 2점의 감점을 초래하고, 이는 ○○방송에 대한 재허가 추천 여부에 영향을 주는 평가자료가 되는 것이다. 방송사업자에게 있어서 방송사업의 재허가 추천 여부는 매우 본질적인 문제라고 볼 것인바, 이 사건 경고가 방송평가에 위와 같은 불이익을 주고 그 불이익이 방송사업자의 재허가 심사절차에 반영되는 것이라면 사실상 방송사업자에 대한 제재수단으로 작용하고, 단순한 행정지도의 범위를 넘어서는 것으로서 규제적·구속적 성격을 가지고 있으며 청구인 ○○방송의 방송의 자유에 직접적으로 효과를 미치고 있다고 볼 것이므로, 헌법소원의 대상이 되는 권력적 사실행위에 해당한다고 할 것이다. * 본안판단결과 이 사건 경고는 법률유보의 원칙에 위반된다는 결정이 내려짐.

③ **방송통신심의위원회의 시정요구** – '방송통신위원회의 설치 및 운영에 관한 법률' 제21조 제4호에 근거한 이 요구에 대해 헌재는 규제적·구속적 성격이 강하여 헌법소원대상이라고 보았다. 그러면서도 헌재는 행정(항고)소송의 대상도 된다고 하면서 행정소송을 거치지 않아 보충성원칙의 위반이라고 보아 대상성은 인정하면서도 결국은 청구요건 결여로 이 요구에 대한 청구부분은 각하하였다.

판례 헌재 2012.2.23. 2008헌마500

[판시] 적법요건에 대한 판단 – 가. 나. 생략 다. 이 사건 시정요구 부분 (1) 기본권 침해 가능성 있는 공권력의 행사인지 여부 – 이상에서 본 바와 같이, 행정기관인 피청구인의 시정요구는 서비스제공자 등에게 조치결과 통지의무를 부과하고 있고, 서비스제공자 등이 이에 따르지 않는 경우 방송통신위원회의 해당 정보의 취급거부·정지 또는 제한명령이라는 법적 조치가 내려질 수 있으며, 행정기관인 피청구인이 표현의 자유를 제한하게 되는 결과의 발생을 의도하거나 또는 적어도 예상하였다 할 것이므로, 이는 단순한 행정지도로서의 한계를 넘어 규제적·구속적 성격을 상당히 강하게 갖는 것으로서 헌법소원 또는 항고소송의 대상이 되는 공권력의 행사라고 봄이 상당하다. (2) 보충성원칙의 충족 여부 – 헌법재판소법 제68조 제1항에 의하면 기본권을 침해받은 자는 다른 법률에 구제절차가 있는 경우에는 그 절차를 모두 거친 후가 아니면 헌법소원 심판을 청구할 수 없다. 앞서 본 바와 같이 이 사건 시정요구를 공권력의 행사라고 보는 이상 이는 항고소송의 대상에 해당하는 행정처분이라 할 것이고, 청구인들은 이 사건 시정요구에 의하여 표현의 자유를 침해받을 우려가 있으며, 이 사건 시행령도 이용자인 청구인들의 이의신청권을 규정하고 있는 점(제8조 제5항) 등에 비추어 보면, 청구인들의 원고적격도 인정할 수 있으므로, 청구인들은 이 사건 시정요구에 대하여 행정소송을 제기할 수 있다. 따라서 이러한 권리구제절차를 거치지 아니하고 제기된 이 부분 심판청구는 보충성을 결여하여 부적법하다. * 이 사건은 이른바 조중동 광고중단 압력 사건이었다. 이 사안은 헌법소원의 대상이 동시에 항고소송의 대상이 될 때 문제가 제기되는 전형적인 경우로 앞에서 다루었다. 따라서 사건개요 등 보다 자세한 것은 앞의 공권력행사의 개념 부분에 참조.

(2) 대상성 부정례

① **노동부장관의 산하 7개 공공기관의 단체협약내용 개선요구** – 헌재는 노동부장관이 2009.4. 노동부 산하 7개 공공기관의 단체협약내용을 분석하여 2009.5.1.경 불합리한 요소를

개선하라고 요구한 행위가 규제적·구속적 성격을 강하게 가지지 않아 헌법소원대상성이 없다고 보았다.

판례 헌재 2011.12.29. 2009헌마330등

[판시] (1) 이 사건 개선요구의 법적 성격 – 이 사건 개선요구는 그 자체로 일정한 법적 효과의 발생을 목적으로 하는 것은 아니고, 노동부가 그 소관사무의 범위 안에서 이 사건 선진화 계획을 실현하기 위하여 관련 공공기관에게 단체협약에 대하여 개선을 요구하여, 각 해당 공공기관의 장의 임의적 협력을 통하여 사실상의 효과를 발생시키고자 하는 것이므로, 그 법적 성질은 행정지도에 해당한다고 할 것이다. 헌법재판소는 행정지도를 따르지 않을 경우 일정한 불이익조치를 예정하고 있어 사실상 상대방에게 그에 따를 의무를 부과하는 것과 다를 바 없어 단순한 행정지도로서의 한계를 넘어 규제적·구속적 성격을 상당히 강하게 갖게 되는 경우에는 헌법소원의 대상이 되는 공권력의 행사로 볼 수 있다고 설시한 바 있다. (2) 이 사건 개선요구의 공권력행사 해당 여부 – 이 사건 개선요구는 앞서 본 바와 같이 단체협약의 내용을 분석한 결과를 기재한 부분과 자율적인 협의를 통해 불합리한 요소의 개선을 바란다고 기재한 부분으로 구성되어 있다. 다만, 단체협약의 분석기준 등을 공공기관 경영실적 평가 및 기관장 평가기준으로 활용한다고 기재한 부분이 있으나, 그와 같이 평가 기준으로 활용한다는 것만으로 이 사건 개선요구를 따르지 않을 경우의 불이익을 명시적으로 예정하고 있다고는 보기 어렵고, 달리 단체교섭에 직접 개입하거나 이를 강제하는 내용은 없으며, 그 개선요구의 시행문에서도 '법과 원칙의 테두리 내에서' 개선하라는 일반적, 추상적 표현을 하고 있을 뿐이다. 그렇다면, 이 사건 개선요구가 행정지도로서의 한계를 넘어 규제적·구속적 성격을 강하게 갖는다고 보기 어려우므로, 헌법소원의 대상이 되는 공권력의 행사에 해당한다고 볼 수 없고, 따라서 이 사건 개선요구에 대한 심판청구는 부적법하다.

* 검토 – 규제적·구속적 성격을 강하게 가지지 않는다고 판시하면서 대상성을 부정하는 것은 모호하다.

② **감사원장의 공공기관 선진화 계획 점검 및 개선 제시** – 감사원장이 60개 공공기관에 대하여 공공기관 선진화 계획의 이행실태, 노사관계 선진화 추진실태 등을 점검하고, 2009.6.30. 공공기관 감사책임자회의에서 자율시정하도록 개선방향을 제시한 행위도 규제적·구속적 성격을 강하게 가지지 않아 헌법소원대상성이 없다고 보았다.

판례 헌재 2011.12.29. 2009헌마330등

[판시] (1) 이 사건 점검·개선 제시의 법적 성격 – 이 사건 점검·개선 제시는 그 자체로 일정한 법적 효과의 발생을 목적으로 하는 것은 아니고, 감사원장이 그 소관사무의 범위 안에서 이 사건 선진화 계획을 실현하기 위하여 관련 공공기관의 이 사건 선진화 계획의 추진실태를 점검하기 위한 자료수집과 개선방향을 제시한 것이므로, 그 법적 성질은 행정지도에 해당한다. (2) 이 사건 점검·개선 제시의 공권력행사 해당 여부 – 이 사건 점검·개선 제시 중, 점검행위는 감사원 내부의 자료수집에 불과하다고 할 것이므로, 헌법소원의 대상이 되는 공권력행사로 보기 어렵다. 이 사건 점검·개선 제시 중, 개선 제시는 점검을 한 60개 공공기관의 감사책임자들에게 공공기관을 구체적으로 거명하지 않은 채 문제점의 유형을 설명하고 자율시정토록 개선방향을 제시하는 한편, 향후 점검결과 자료를 감사자료로 계속 유지, 관리하고 감사시 체크리스트로 사용하겠다는 향후 처리지침을 밝힌 것으로서, 이러한 내용만으로 위 개선 제시를 따르지 않을 경우의 불이익을 명시적으로 예정하고 있다고는 보기 어려우므로, 이 사건 개선 제시가 행정지도로서의 한계를 넘어 규제적·구속적 성격을 강하게 갖는다고 볼 수 없다. 그렇다면, 이 사건 점검·개선 제시는 헌법소원의 대상이 되는 공권력의 행사라고 보기 어렵고, 따라서 이 사건 점검·개선 제시에 대한 심판청구 역시 부적법하다.

③ **방송통신심의원회의 방송사업자에 대한 '의견제시'**(보도의 심의규정 위반 및 준수요구) — 이 '의견제시'가 비권력적 성격의 것이고 규제적·구속적 성격을 가지지 않는다고 보았다.

판례 헌재 2018.4.26. 2016헌마46. * 이 결정에 대해서는 앞의 권력적 사실행위, 부정례 부분 참조.

Ⅷ. 행정청의 거부행위

1. 행정청의 거부행위가 헌법소원대상이 되기 위한 요건

(1) 판례이론

국민이 행정청에 대해 일정한 행위를 해줄 것을 신청하였으나 거부함으로써 기본권이 침해된 경우에 그 구제를 위하여 그 거부가 헌법소원의 대상이 되어야 할 것이다. 그런데 우리 헌법재판소는 행정청의 거부행위가 헌법소원의 대상으로 인정되기 위해서는 아래와 같은 요건을 갖출 것을 요구한다.

[주요판시사항]

▷ 행정청의 거부행위가 헌법소원심판의 대상이 되기 위한 요건 :
　국민이 행정청에 대하여 신청에 따른 행위를 해줄 것을 요구할 수 있는 권리가 있어야 함

* 이 결정례는 지목변경신청반려처분에 대해 2004.4.22. 대법원판례로 행정소송의 대상이 된다고 하여 이 결정이 있은 이후에는 보충성원칙이 적용되어 바로 헌법소원대상이 될 수 없는 사실상의 판례변경이 있었던 사안이다. 그러나 행정청의 거부행위에 대한 헌법소원대상성 요건에 관한 법리 자체에 변경이 있은 것은 아니라는 점에서 살펴본다.

판례 헌재 1999.6.24. 97헌마315, 지목변경신청서반려처분취소

[관련설시요약] 국민의 신청에 대한 행정청의 거부행위가 헌법소원심판의 대상인 공권력의 행사가 되기 위해서는 국민이 행정청에 대하여 신청에 따른 행위를 해 줄 것을 요구할 수 있는 권리가 있어야 한다.

* 위 지목변경신청서반려처분은 위 헌법소원심판결정 이후 대법원이 행정소송대상으로 인정하자 헌재는 보충성원칙이 요구된다고 자신의 판례를 변경하여(헌재 2004.6.24. 2003헌마723) 이제는 바로 헌법소원심판대상이 되기 어렵다(아래 설명이 나옴, 참조).

(2) 평가

위와 같은 법리는 행정소송의 대상으로서의 '거부처분'이기 위한 요건으로 우리 대법원판례가 설정하고 있는 것과 유사하다. 즉 대법원판례는 "행정청이 국민의 신청에 대하여 한 거부행위가 항고소송의 대상이 되는 행정처분이 된다고 하기 위하여는 국민이 그 신청에 따른 행정행위를 요구할 수 있는 법규상 또는 조리상 권리가 있어야 한다"라고 하여(대법원 1997.5.9. 96누5933; 1999.12.7. 97누17568 등) 비슷하게 그 요건을 설정하고 있다. 그렇다면 헌재가 헌법소원의 대상으로 인정하는 거부처분은 법원이 취소소송(행정소송)의 대상으로도 인정할 가능성이 있

는데 그럴 경우 보충성의 원칙 때문에 사실 거부처분이 바로 헌법소원의 대상이 되기 어려울 것이다. 실제로 이러한 현상으로 바로 위에서 언급한 사실상 판례변경이 나온 것이 그 예이고 다른 예도 아래에 보듯이 나타나고 있다. 나아가 후술하듯이 우리 헌재는 원행정처분을 헌법소원의 대상으로 할 수 없다고 하므로 행정쟁송을 거친 후 거부처분에 대한 헌법소원도 이루어질 수 없는 것이 현상황이다.

2. 결정례

(1) 대상성이 인정된 거부행위의 예

1) 지목변경신청반려처분

이 결정은 이후 대법원의 판례변경으로 보충성원칙이 적용되는 것으로 변경된 예이나 거부행위의 헌법소원대상성요건의 법리를 이해하기 위해 살펴본다.

판례 헌재 1999.6.24. 97헌마315, 지목변경신청서반려처분취소

[쟁점] 지적공부상의 지목을 '田'에서 '垈'로 정정하여 달라는 청구인의 신청을 구청장이 반려한 처분이 헌법소원심판의 대상이 되는지 여부(긍정), 그 반려처분이 재산권을 침해하여 위헌인지 여부(취소결정)

[결정요지] 국민의 신청에 대한 행정청의 거부행위가 헌법소원심판의 대상인 공권력의 행사가 되기 위해서는 국민이 행정청에 대하여 신청에 따른 행위를 해 줄 것을 요구할 수 있는 권리가 있어야 한다. 지적법 제38조 제2항은 "토지소유자는 지적공부의 등록사항에 오류가 있음을 발견한 때에는 소관청에 그 정정을 신청할 수 있다"고 규정하고 있으므로 토지소유자에게는 정정신청의 권리가 부여되어 있고, 이에 대응하여 소관청은 정정신청이 있으면 조사한 다음 오류가 있을 경우에는 등록사항을 정정하여야 할 의무가 있다. 이 사건 반려처분은 지적관리업무를 담당하고 있는 행정청의 지위에서 청구인의 등록사항 정정신청을 확정적으로 거부하는 의사를 밝힌 것으로서 공권력의 행사인 거부처분이라 할 것이고, 피청구인이 주장하는 바와 같이 청구인에게 적법한 증빙서류를 갖추어 신청하도록 안내 내지 지도하는 성격의 단순한 사실행위에 불과한 것으로는 볼 수 없다. 따라서 이 사건 반려처분은 헌법재판소법 제68조 제1항 소정의 '공권력의 행사'에 해당한다. 통상 토지거래는 지적공부상의 지목을 기준으로 이루어지고, 지목의 종류에 따라 토지의 재산적 가치가 다르게 평가되며, 거래가격도 큰 편차를 보이는 등 지목이 결정적 요인으로 작용한다는 것은 경험칙상 부인할 수 없는 사실이다. 지목은 토지에 대한 공법상의 규제, 공시지가의 산정, 손실보상가액의 산정 등 각종 토지행정의 기초로서 공법상의 법률관계에 법률상·사실상의 영향을 미치고 있으며, 토지소유자는 지목을 토대로 한 각종 토지행정으로 인하여 토지의 사용·수익·처분에 일정한 제한을 받게 된다. 그러므로 지목은 단순히 토지에 관한 사실적·경제적 이해관계에만 영향을 미치는 것이 아니라, 토지의 사용·수익·처분을 내용으로 하는 토지소유권을 제대로 행사하기 위한 전제요건으로서 토지소유자의 실체적 권리관계에 밀접히 관련되어 있다고 할 것이다. 그렇다면 지목에 관한 등록이나 등록변경 또는 등록의 정정은 단순히 토지행정의 편의나 사실증명의 자료로 삼기 위한 것에 그치는 것이 아니고, 해당 토지소유자의 재산권에 크건 작건 영향을 미친다고 볼 것이며, 정당한 지목을 등록함으로써 토지소유자가 누리게 될 이익은 국가가 헌법 제23조에 따라 보장하여 주어야 할 재산권의 한 내포로 봄이 상당하다. 지적법 제38조 제2항에 기하여 소관청에 그 정정을 요구하는 것은 헌법 제23조에 의하여 보장된 토지재산권행사의 일환이며, 소관청이 그 정정을 거부하였다면 재산권침해를 주장하며 그 거부행위의 취소 내지 위헌확인을 구하는 헌법소원을 청구할 수 있다 할 것이다. 지적에 관한 사항을 권리관계로서 직접 다툴 수 없게 되면 다른 공법상의 규제를 직접

받는 단계에 이르러 비로소 또 매번 그러한 규제를 받을 때마다 행정소송과 같은 구제절차를 통하여 정당한 지목을 주장할 수밖에 없게 된다. 예컨대, 지목이 '전'으로 잘못 등록된 대지상에 건축을 하고자 하는 경우, 관할 행정청이 지목이 '전'임을 이유로 건축을 허가하지 않는다면 그 불허가를 다투는 취소소송에서 당해 토지의 정당한 지목이 '대'임을 주장할 수밖에 없다. 이는 국민에게 우회적이고 불편한 권리구제방법을 강요하는 것으로서 지목 자체를 변경·정정하는 것이 근원적이고 간편한 해결방법이다. 이 사건으로 돌아와서 보건대, 청구인은 애초부터 현재까지 '대(垈)'임에 변함이 없는 이 사건 토지에 대하여 '전(田)'으로 등록된 것은 원인무효의 하자가 있다고 주장하며 '垈'로 정정하여 줄 것을 신청하였는바, 이는 지적법 제38조 제2항에 규정된 지적등록사항 정정신청의 요건을 갖춘 것임에도 불구하고 이를 거부한 피청구인의 이 사건 반려처분은 청구인의 재산권을 침해할 가능성이 있는 공권력의 행사라 할 것이므로, 이를 헌법소원의 대상으로 삼아 취소를 구하는 것은 허용된다. 이 사건 토지는 1971. 8.5.'垈'로 지목변경된 이래 그 주된 사용목적이 변경된 바 없음에도 불구하고 피청구인이 아무런 원인 없이 '전'으로 변경등록하였던 것이므로 원래의 지목대로 '대'로 환원하기만 하면 되는 것이다. 따라서 토지형질변경이 불가능하다는 점은 청구인의 신청을 거부할 만한 정당한 사유가 되지 못한다. 결론적으로 이 사건 반려처분은 청구인의 적법한 신청을 아무런 정당한 이유없이 거부한 것으로서, 이 사건 토지의 정당한 등록을 통하여 토지소유자인 청구인이 누리게 될 재산권을 침해하였으므로 헌법재판소법 제75조 제3항에 따라 취소됨이 마땅하다. * 대상성인정 동지 결정례 : 헌재 2001.1.18. 99헌마703, 지목변경신청서 반려처분취소; 2002.1.31. 99헌마563, 지목변경신청거부처분취소(이 두 개의 결정에서는 지목변경신청거부가 헌법소원의 대상이 됨을 인정하긴 했으나 본안판단에서 대상 처분들이 재산권침해가 아니라는 이유로 모두 기각결정이 된 것이다).

* 위 헌재판례는 이후 대법원이 지목변경신청반려처분을 행정소송대상으로 보는 판례변경을 하여 보충성원칙에 따라 바로 헌법소원을 제기할 수 없게 되어 사실상 변경(폐기)되었다고 볼 것이다. 아래 사안은 그러한 변경을 인정한 결정례인데 다만, 청구된 사건은 지목변경신청 반려행위의 처분성을 부인하던 종래의 확고한 대법원 판례가 변경되기 전에 제기된 것으로서 심판청구 제기 당시에는 보충성의 요건을 요하지 아니하고 본안판단의 대상이 되었던 것이어서 "심판청구는 헌법상 보장된 실질적인 재판청구권의 형해화를 막기 위하여 허용되어야 할 것이고, 이렇게 해석하는 것은 헌법소원이 기본권 침해에 대한 마지막 구제수단으로서 허용된다는 보충성의 원칙에 어긋나는 것도 아니므로, 이 사건 심판청구에 보충성 요건의 흠결이 있다고 할 수 없다"라고 하여 결국 본안판단에는 들어갔다.

판례 헌재 2004.6.24. 2003헌마723

[판시] 종래 대법원이 토지대장 등 지적공부에 일정한 사항을 등록하거나 등록된 사항을 변경하는 행위는 당해 토지의 실체상의 권리관계에 어떤 변동을 가져오는 것은 아니라는 이유로, 소관청이 그 등록사항을 직권으로 정정하는 행위나, 등록사항에 대한 변경신청을 거부(반려)하는 행위는 행정소송의 대상이 되는 행정처분이 아니라는 견해를 취하고 있었으므로, 지목변경신청 반려 내지 거부처분에 대하여는 달리 다른 법률에 구제절차가 있다고 볼 수 없어 바로 헌법소원심판청구를 하더라도 보충성의 요건에 반하지 않는다는 것이 헌법재판소의 판례였다(헌재 1999.6.24. 97헌마315; 2002.1.31. 99헌마563 등). 그런데 대법원은 2004.4.22. "지적법(2001.1.26. 법률 제6389호로 전문 개정되기 전의 것) 제20조, 제38조 제2항의 규정은 토지소유자에게 지목변경신청권과 지목정정신청권을 부여한 것이고, 한편 지목은 토지에 대한 공법상의 규제, 개발부담금의 부과대상, 지방세의 과세대상, 공시지가의 산정, 손실보상가액의 산정 등 토지행정의 기초로서 공법상의 법률관계에 영향을 미치고, 토지소유자는 지목을 토대로 토지의 사용·수익·처분에 일정한 제한을 받게 되는 점 등을 고려하면, 지목은 토지소유권을 제대로 행사하기 위한 전제요건으로서 토지소유자의 실체적 권리관계에 밀접하게 관련되어 있으므로 지적공부 소관청의 지목변경신청 반려행위는 국민의 권리관계에 영향을 미치는 것으로서 항고소송의 대상이 되는 행정처분에 해당한다"고 판시하여 종전의 대법원 판례를 변경하였다. 따라서 변경된 위 대법원 판결

에 따르면, 청구인은 피청구인의 이 사건 반려행위에 대하여 행정소송을 제기하여 재판절차에서 그 권리를 구제를 받을 수 있으므로, 위 구제절차를 거치지 않고 제기한 청구인의 이 사건 심판청구는 일응 보충성의 요건을 흠결하였다고 할 수 있다. 그러나 이 사건 심판청구는, 지목변경신청 반려행위의 처분성을 부인하던 종래의 확고한 대법원 판례가 변경되기 전에 제기된 것으로서 심판청구 제기 당시에는 보충성의 요건을 요하지 아니하고 본안판단의 대상이 되었다. 그런데 변경된 대법원 판례에 따라 보충성의 요건을 판례변경 전까지 소급하여 이 사건 반려행위에 대하여도 엄격하게 적용하면 헌법재판소로서는 이 사건 심판청구를 각하해야 될 뿐만 아니라, 청구인이 별도로 제기할 이 사건 반려행위의 취소를 구하는 행정소송에서도 그 청구는 제소기간 도과로 각하될 것이 분명하므로 청구인으로서는 적어도 이 사건 반려행위에 대하여는 더 이상 다툴 수 없게 되고, 따라서 청구인의 권리를 구제받을 길이 없게 된다. 이와 같이 종전의 대법원 판례를 신뢰하여 헌법소원의 방법으로 권리구제를 구하던 중 대법원 판례가 변경되고, 변경된 대법원 판례에 따를 경우 제소기간의 도과로 법원에 의한 권리구제를 받을 수 없게 되는 예외적인 경우라면, 그 이전에 미리 제기된 권리구제의 요청 즉, 이 사건 심판청구는 헌법상 보장된 실질적인 재판청구권의 형해화를 막기 위하여 허용되어야 할 것이고, 이렇게 해석하는 것은 헌법소원이 기본권 침해에 대한 마지막 구제수단으로서 허용된다는 보충성의 원칙에 어긋나는 것도 아니므로, 이 사건 심판청구에 보충성 요건의 흠결이 있다고 할 수 없다. * 본안판단결과 기각결정이 있었다.

2) 신청권 명시적 언급 없이 불허(거부)를 대상으로 인정한 예

아래의 변호인 접견불허행위를 그 예로 들 수 있다. 이는 헌법상 변호인 조력권, 형사소송법 등 법령의 보장규정이 있으므로 신청권이 있는 것과 같아 명시적 언급이 없었다고 할 수도 있다.

판례 헌재 2019.2.28. 2015헌마1204

[판시] 피청구인 검사는 청구인의 접견신청 사실을 교도관에게 알렸을 뿐이고, 담당교도관이 청구인과 피의자 윤○현의 접견을 거부한 이후 청구인이 위 피의자와 접견하기 위해 검사실에서 계속 머물렀음에도 불구하고, 검사실이나 별도로 마련된 변호인 접견실에서 접견이 이루어질 수 있도록 하는 등의 조치를 취하지 않았다. 이와 같이 담당교도관의 접견 불허 통보 이후 피청구인 검사가 별다른 조치를 취하지 아니한 것은 실질적으로 청구인의 접견신청을 불허한 것과 동일하게 평가할 수 있으므로(헌재 1991.7.8. 89헌마181; 대법원 1990.2.13.자 89모37 결정; 대법원 1991.3.28.자 91모24 결정 참조), 이 사건 검사의 접견불허행위는 헌법소원의 대상이 되는 공권력의 행사로서 존재한다.

(2) 신청권 부재(不在)로 인한 대상성이 부인된 예

대표적인 몇 가지 예를 보자.

① 도시계획폐지신청 내지 도시계획결정으로 인한 보상청구에 대한 행정청의 거부행위

판례 헌재 1999.10.21. 98헌마407

[관련판시] 국민의 신청에 대한 행정청의 거부행위가 헌법소원심판의 대상인 공권력의 행사가 되기 위해서는 국민이 행정청에 대하여 신청에 따른 행위를 해 줄 것을 요구할 수 있는 권리가 있어야 하는바(헌재 1999.6.24. 97헌마315, 위에 인용), 헌법이나 도시계획법 어디에서도 행정청에 대하여 도시계획의 폐지를 신청하거나 도시계획결정으로 인한 보상을 청구할 수 있는 권리를 규정하고 있지 않다. 그러므로 피청구인의 이 사건 거부행위는 헌법재판소법 제68조 제1항 소정의 공권력행사에 해당한다고 볼 수 없어 이 부분 심판청구는 대상적격을 결하였다.

② 국립대학교 운동장사용금지결정

판례 헌재 2001.9.27. 2000헌마260
[쟁점] 국립대학인 서울교육대학교 총장이 동교의 운동장사용을 신청한 데 대해 이를 거부한 결정이 헌법소원의 대상이 되는지 여부(부정, 각하결정) [결정요지] 헌법이나 고등교육법 또는 동법시행령상 피청구인에게 그가 통할하는 서울교육대학교 운동장을 국민들에게 사용하게 할 작위의무가 구체적으로 규정되어 있거나 청구인이 직접 위 운동장의 사용을 신청할 수 있는 권리가 있다고 볼 근거가 없다(서울교육대학교 학칙에도 운동장을 포함한 학교시설물 이용에 관한 규정이 없다). 따라서 청구인에게는 법규상은 물론 조리상으로도 서울교육대학교 운동장 사용에 대한 신청권이 없다고 판단된다. 그러므로, 이 사건 심판청구는 헌법소원의 대상이 되는 공권력의 행사에 해당하지 아니하는 행위를 대상으로 한 것이어서 부적법하다.

③ **청구인들이 토요일 일몰 후 별도로 시험을 볼 수 있는지 여부를 묻는 질의에 대하여 법무부 법조인력과에서 2010.1.7.경 받아들일 수 없는 제안이라는 취지로 답변한 행위**(이하 '이 사건 거부행위')

판례 2010.6.24. 2010헌마41
[판시] 청구인이 토요일에 사법시험을 실시하더라도 일몰 후 청구인들만 따로 모아서 별도로 시험을 치르게 해 줄 수 있는지 질의한 것은 법적인 신청권에 근거한 것이 아니라 단순한 질의 내지 민원성 요청에 불과한 것이고, 이를 받아들일 수 없는 제안이라는 취지로 답변한 것은 청구인들의 요청이 허용될 수 없다는 사정을 알려준 것에 불과하며, 그와 같이 알려준 행위로 인하여 청구인들의 법률상 지위에 불리한 변동이나 이익의 침해가 생기는 것이 아니므로 그 자체가 독립하여 헌법소원의 대상이 되는 공권력의 행사에 해당한다고 볼 수 없다.

④ 교도소장의 우표제공 거부행위

판례 헌재 2009.12.29. 2008헌마617
[판시] 헌법이나 행형법 어디에도 청구인으로 하여금 구치소장에 대하여 우표를 제공할 것을 요구할 수 있는 권리를 규정하고 있지 않으며, 관련 법규정(구 행형법시행령 제69조, 수용자서신업무 처리지침 제13조, 영치금품 관리규정 제14조)에 따르면 청구인은 자신의 영치금으로써 우표를 구입할 수 있고, 다만 그 우표구입 방법의 요건 내지 절차로 '영치금 사용신청 및 교부서'를 작성하도록 되어 있을 뿐이어서, 피청구인의 우표제공 거부행위는 단순한 비권력적 사실행위에 불과하여 헌법소원의 대상이 되는 공권력의 행사에 해당한다고 보기는 어려우므로, 이 부분에 대한 심판청구 또한 부적법하다.

(3) 조리상의 신청권 대상성에 논란이 있는 예 : 조세경정거부처분의 헌법소원 대상성 여부

거부처분의 헌법소원대상성의 요건으로서 신청권이 요구된다는 헌재의 이론을 따른다고 하더라도 이 신청권은 법규상 인정되는 것 외에도 조리상 인정되는 것도 포함된다고 보는 것이 기본권구제에 바람직할 것임은 물론이다. 위에서 본 대로 대법원판례는 거부처분이 행정소송의 대상이 되기 위해서는 신청권이 있음을 전제로 하여야 하는데 이 신청권은 법규상의 것뿐 아니라 조리상의 것이라도 인정된다는 입장이다. 헌재의 판례로 재판관 5인이 조리상의 신청권을 인정하여야 한다고 보았으나 4인 재판관이 각하하자는 의견을 제시하여 기각된 아래의 결정이 있었다. 사안은 상속세경정청구거부처분에 대한 것이었다.

판례 헌재 2000.2.24. 97헌마13등

[쟁점] 국세의 경정청구제도가 신설되어 시행되기 전(시행일 1995.1.1.)에 과세표준신고서를 제출한 자 등에 대한 경정거부처분은 헌법소원의 대상이 되는지 여부. 즉 거부처분의 헌법소원 대상성요건인 신청권으로서 국세경정청구권을 세법에 명시적인 규정이 없더라도 조리상의 권리로서 인정할 수 있는지 여부 [사건개요] 청구인은 상속세 부과의 제척기간이 만료된 후 제3자의 민사소송 제기로 당초 상속세 과세가액에 포함된 재산의 소유권이 상속일 이전에 소급하여 상실됨에 따라 이미 납부한 세액의 환급을 구하는 경정청구를 하였는데 세무서장은 이 경우, 1994.12.31. 이전에 개시된 과세기간분에 대하여는 신설된 국세기본법 제45조의2를 적용할 수 없다는 이유로 이를 거부하자, 헌법소원을 청구하였다. [결정요지] [5인 재판관의 인용의견] (1) 적법성에 관한 판단 (가) 이 사건 거부처분들이 헌법소원의 대상이 되는 공권력의 행사인지 본다. 1) 국민의 신청에 대한 행정청의 거부행위가 헌법소원심판의 대상인 공권력의 행사가 되기 위해서는 국민이 행정청에 대하여 신청에 따른 행위를 해줄 것을 요구할 수 있는 권리가 있어야 한다(헌재 1999.6.24. 97헌마315). 경정청구제도는 국세기본법이 1994.12.22. 법률 제4810호로 개정되면서 신설된 것으로서 그 시행일인 1995.1.1. 이후 최초로 개시되는 과세기간분부터 적용되고(부칙 제5조), 그 개정 전의 구 국세기본법 제45조는 후발적 사유에 의한 경정청구제도 없이, 증액수정 및 감액수정을 포괄하는 수정신고제도만을 두고 있었다. 따라서 경정청구제도가 시행되기 전에 과세표준신고서를 제출한 자 또는 과세표준 및 세액의 결정을 받은 자는 후발적 사유가 발생하였더라도 현행 국세기본법 제45조의2에 근거하여 경정청구를 할 수는 없다. 그러나 조세법규에서 정한 과세요건이 충족됨으로써 일단 조세채무가 성립·확정되어 납세자가 세액을 납부하였다 하더라도 후발적 사유의 발생으로 과세의 기초가 해소되거나 감축되었다면 결과적으로 조세채무의 전부 또는 일부가 실체적으로 존재하지 않은 것으로 되고 이미 납부된 세액은 아무런 근거 없는 것이 되므로 국가는 그러한 납부세액을 납세자에게 반환할 의무가 있다고 보아야 하고, 이에 대응하여 납세자로서는 그 납부세액의 반환을 청구할 권리가 있다고 하여야 한다. 이를 부인한다면 실체적으로 존재하지도 않는 납세의무를 국민에게 부담시키는 결과가 되고, 이는 결국 아무런 근거 없이 국민의 재산을 빼앗는 것이 되어 조세법률주의 및 재산권을 보장하고 있는 헌법규정에 위배되기 때문이다. … 그리고 후발적 사유의 발생에 기초한 납세자의 이러한 경정청구권은 법률상 명문의 규정이 있는지의 여부에 따라 좌우되는 것이 아니라, 조세법률주의 및 재산권을 보장하고 있는 헌법의 정신에 비추어 볼 때 조리상 당연히 인정되는 권리이다. 국세기본법이 수정신고제도만을 두고 있다가 제45조의2를 신설하여 후발적 사유에 의한 경정제도를 신설한 것은 위와 같은 조리상의 법리를 확인한 것이라 할 것이다. 2) 이 사건들로 돌아와서 본다. 청구인들이 주장하는 이러한 사유는 모두 조세채무의 기초를 이루는 사정에 관한 근본적 변경이 후발적으로 발생한 경우에 해당하고, 이러한 사유가 진실로 발생하였다면 그러한 상태를 그대로 방치하는 것은 현저히 조세정의에 반하는 것으로 인정될 수 있다. 따라서 조리상 경정청구를 할 수 있는 사유를 갖추었다고 할 것이다. 3) 그러므로 97헌마13 사건의 거부처분은 청구인이 위와 같이 조리상의 경정청구권에 근거하여 경정을 청구하였음에도 불구하고 이를 거부한 것이어서 헌법재판소법 제68조 제1항 소정의 '공권력의 행사'에 해당하여 헌법소원의 대상이 된다. (2) 본안판단 – 위 청구인의 경우 조세채무의 기초를 이루는 사정에 관한 근본적 변경이 후발적으로 발생하였고, 그 결과 상속세의 과세요건이 없는데도 상속세를 부과·징수한 것이 되었으며 이를 직접 시정할 수 있는 다른 방도도 없다. 이러한 결과를 그대로 방치하는 것은 조세정의와 조세법률주의의 기본정신에 현저히 반한다. 그러므로 위 청구인의 이 사건 경정청구는 이유를 갖춘 것이라 할 것이다. 결론적으로 피청구인의 거부처분은 청구인의 적법한 경정청구를 정당한 이유 없이 거부함으로써 위 청구인의 재산권을 침해하였으므로 헌법재판소법 제75조 제3항에 따라 취소함이 마땅하다. [결론] 청구인 ○○○의 주위적 심판청구에 관하여는 재판관 과반수의 의견이 이유 있으므로 이를 인용하여야 한다는 것이나, 재판관 4인의 의견[1]은 이 또한 부

1) 2인 재판관의 각하의견은 부당이득반환청구소송에 따라 권리구제가 가능하므로, 굳이 조리상의 경정청구권을

적법하므로 각하하여야 한다는 것이어서 헌법재판소법 제23조 제2항 제1호에 규정된 헌법소원 인용결정의 정족수에 미달하므로 위 청구인의 주위적 청구를 기각할 수밖에 없어 주문과 같이 결정한다.

(4) 신청권을 전제로 한 거부처분이나 행정쟁송 대상이 되는 경우 – 보충성원칙을 이유로 각하 결정이 있었던 예들

앞서 언급한 대로 대법원판례도 신청권을 전제요건으로 하여 거부처분이 취소소송(행정소송)의 대상이 된다고 하고 있으므로 사실 헌재가 헌법소원의 대상으로 인정하는 거부처분은 법원이 취소소송의 대상으로도 인정할 것이므로 보충성의 원칙상 결국 거부처분이 바로 헌법소원의 대상이 되기 어려울 것이다. 바로 이는 실제상황으로도 나타나고 있는데 이러한 예들로는 주로 검찰의 수사기록의 등사신청에 대한 거부처분 등을 대상으로 한 아래와 같은 헌법소원심판사건들을 들 수 있다.

1) 검찰의 진정사건기록등사신청거부처분에 대한 헌법소원에서 행정쟁송절차 전치 요구

판례 헌재 1998.2.27. 94헌마77

[결정요지] (1) 쟁점의 정리 – 이 사건 심판청구의 적법여부에 관하여는 우선 이 사건 등사거부처분이 공권력의 행사 또는 불행사로 볼 수 있는 행정처분인지, 다음으로, 행정처분일 경우 다른 법률상의 사전 구제절차를 거쳐야 하는지를 살펴보아야 할 것이므로 이를 차례로 검토하여 보기로 한다. (2) 이 사건 등사거부처분의 행정처분성 (가) 우리재판소는 형사확정소송기록등사신청에 대한 헌법소원심판에서 형사확정소송기록에 대한 국민의 열람·복사신청이 있는 경우, 기록보관 검찰청이 일정한 처분을 하여야 한다고 규정하고 있는 실정법상의 규정은 현재로서는 찾아 볼 수 없어 행정쟁송으로 다툴 수 있는 성질의 처분행위라고 할 수 있는지 단정하기도 어려울 뿐 아니라 이를 직접적으로 인정하고 있는 대법원의 판례나 학설상의 논의 또한 찾아보기 힘들다고 하면서 확정된 형사소송기록의 복사신청에 대하여 한 거부행위에 대한 헌법소원심판청구에는 예외적으로 헌재법 제68조 제1항 단서 소정의 전심절차이전 요건은 배제된다고 판시한 바 있다(헌재 1991.5.13. 90헌마133 참조). (다) 그러나 이 사건 등사거부처분은 다음의 두 가지 점에서 취소소송의 대상이 되는 행정처분이라고 봄이 상당하다. 첫째, 1994.1.1.부터 시행되고 있는 개정 검찰보존사무규칙(1993.12.10. 개정, 법무부령 제378호)에서 사건관계인 등이 재판확정기록, 불기소사건기록 및 진정, 내사사건기록 등에 대하여 일정 범위의 열람·등사를 청구할 수 있도록 규정하고(검찰보존사무규칙 제20조), 위와 같은 청구가 있는 경우 검사는 그 허가여부를 결정하여 서면으로 통지할 의무를 지도록 규정함으로써(동 규칙 제21조), 국민의 열람·등사청구가 있는 경우, 기록보관 검찰청이 일정한 처분을 하여야 한다고 규정한 실정법상의 근거가 명백히 마련되어 굳이 정부공문서규정에 의하지 않더라도 그 처분성이 분명하게 되었고 국민에게 진정사건기록의 열람·등사를 청구할 권리 내지 법에 정하여진 절차에 따라 그 허부의 처분을 행할 것을 요구할 수 있는 법규상의 지위가 부여되었다. … 둘째, 법원에서도 열람·등사거부처분에 대한 취소소송을 인정하기 시작하였기 때문이다. 즉 서울고등법원은 1998.1.14. 선고, 97구19986호 판결로 수사기록에 대한 열람·등사청

인정할 만한 아무런 필요성이나 이유가 없을 뿐만 아니라, 더욱이 후발적 사유에 의한 경정청구권을 조리상 인정하는 경우에는, 경정청구권에 관하여 법률상 아무런 규정이 없기 때문에 그 청구사유·청구기간을 특정할 수 없게 되는 실무상 여러 가지 난점이 있을 뿐만 아니라, … 따라서, 과세관청이 위 청구인들의 경정청구를 거부하였다고 하여 이를 헌법소원의 대상이 되는 공권력 행사에 해당한다고 볼 수 없으므로 그 취소를 구하는 위 청구인들의 심판청구는 모두 각하되어야 한다는 것이었고 또 다른 2인 재판관의 각하의견은 보충성원칙의 위반을 이유로 한 각하의견이었다.

구권은 자기에게 정당한 이해관계가 있는 정부보유 정보에 대한 청구권으로서 헌법에 의하여 보장되고 있는 알 권리에 포함된다고 하면서 공개를 거부하는 정당한 사유를 밝히지 아니한 채 청구를 거부한 것은 부당하다며 무혐의처분된 기록에 대한 열람·등사거부처분의 취소를 명하는 재판을 함으로써 열람·등사 거부행위가 항고소송의 대상이 되는 행정처분임을 명백히 하였다. (3) 이 사건 심판청구에 대한 보충성의 예외 인정 여부 — 이 사건의 경우 일건기록에 의하더라도 청구인이 자신의 불이익으로 돌릴 수 없는 정당한 이유 있는 착오로 전심절차를 밟지 않았다고 볼 사유도 없고, 이 사건 등사거부처분은 위에서 본 바와 같이 행정처분성이 명백히 인정되므로 권리구제절차가 허용되는지 여부가 객관적으로 불확실하여 전심절차이행의 기대가능성이 없는 경우도 아니며, 열람·등사거부처분의 취소를 구하는 행정쟁송을 통하여 전심절차로 권리가 구제될 수 있는 길도 열려 있기 때문에 보충성의 원칙에 대한 예외(* 후술 보충성원칙과 그 예외 부분 참조)를 인정할 특단의 사정이 있다고 볼 수 없다고 판단될 뿐 아니라, 이 사건은 이미 내사종결되어 보존중인 진정사건의 등사신청에 관한 것이므로 공소제기되어 공판진행중인 사건에 대한 수사기록과 달리 행정쟁송이 실익이 없어 각하되는 사례가 발생할 염려도 없어 행정쟁송절차에 의해 불복하게 하는 것이 청구인에게 불필요한 우회절차를 강요하는 것이 되는 것도 아니다. 따라서 이 부분에 대한 이 사건 심판청구는 다른 법률에 구제절차가 있음에도 그 절차를 거치지 아니한 것으로서 부적법하다.[1)]

유의 : 위 판시에 언급된 대로 위 결정 이전에 1991년의 90헌마133 결정은 형사확정소송기록의 열람·복사에 대한 신청을 거부한 검찰의 행위에 대해 곧바로 헌법소원을 제기할 수 있다고 보았다(헌재 1991.5.13. 90헌마133). 따라서 위 1998년의 94헌마77 결정은 1991년의 결정에서와 달리 그 거부처분에 대해 행정소송의 대상이 될 수 있는 처분성을 인정하여 곧바로 헌법소원을 제기할 수 없다고 보아 판례가 변경된 것이다.

2) 동지(同旨) 결정례

① 청구인에 대한 확정재판기록 중 피해자의 법정증언 및 탄원서에 대한 등사신청을 거부한 처분에 대한 헌법소원의 경우의 동지의 결정(헌재 1999.9.16. 98헌마246), ② 법원의 인증등본송부촉탁에 따른 불기소사건기록 열람·등사청구의 거부처분에 대한 헌법소원의 경우의 동지의 결정(헌재 1998.2.27. 97헌마101), ③ 서증으로 법원에 제출하기 위한 수사기록의 등사신청을 거부한 처분에 대한 헌법소원의 경우의 동지의 결정(헌재 2000.2.24. 99헌마96).

3) 지목변경신청반려처분

이 거부행위도 판례의 변경으로 이제 법원의 행정소송 대상으로 인정되어 보충성원칙의 적용으로 바로 헌법소원의 대상이 되지 않는 경우이다(97헌마315). 이에 대해서는 앞서 보았다 (전술 2. (1) 1) 참조).

3. 검토

위에서 판례가 변경된 예들을 보면서 거부처분(행위)에 대한 헌법소원의 대상성에 대해서는 신청권의 존재를 전제로 하는 행정소송 대상성을 따라 행정소송대상으로 넘겨주는 경향이

---

1) 이 결정에 대한 평석으로, 졸고, 행정처분과 헌법소원심판–등사신청거부처분취소, 헌법학연구(한국헌법학회), 제4집 제3호, 1998년 10월 참조.

없지 않다. 그러나 거부처분도 다양하고 국민이 행정청과의 관계에서 불만을 가질 경우들이란 거부(신청반려)의 경우일 가능성이 클 것이라는(신청인이 원하는 대로 이루어지지 않는 반려처분인 것을 생각함) 점에서 법원이 다루지 않은 영역의 거부처분이라든지 그 공백이 있을 부분을 헌법소원이 막아주어야 한다. 가능한 한 거부처분의 헌법소원대상성 요건도 법원판례의 그것보다 완화되어 헌법소원가능성이 넓어야 할 것이다. 그것 때문에 헌법소원이 필요한 것이다.

Ⅸ. 기타

그 외 헌재가 판례에서 인정한 다음과 같은 헌법소원 대상들이 있다. 그 중에 변화가 있었던 부분도 있다.

1. 실질적 처분성이 인정되는 민원회신

형식이 그러하더라도 그 내용이 실질적으로 국민의 권리에 영향을 미치는 것이라면 공권력행사성을 가지는 헌법소원대상이라고 본다. 사안은 법원행정처 송무국장이 민원에 대한 단순한 회신을 보낸 것이지만 그 실질은 청구인의 재심청구에 대한 반려처분의 성격을 가져 헌법소원대상성을 인정한 것이다.

판례 헌재 2007.2.22. 2005헌마645

[판시] 이 사건에서 피청구인 명의의 '민원에 대한 회신'은 제목이 민원에 대한 단순한 질의회신의 형식을 띠고 있어 공권력행사성이 부정될 소지가 있으나, 실질적으로는 청구인의 재심청구에 대한 반려처분의 성격을 가지며 청구인이 재심을 청구할 수 있는 법적 지위 및 권리관계에 직접적인 영향을 미친다고 보아야 할 것이므로 공권력행사성이 인정된다고 할 것이다. * 그러나 대상성이 인정되었으나 또 다른 헌법소원 청구요건의 결여로, 즉 피청구인의 재심소장에 대한 반려처분은 이후 대법원의 재심사건 접수로 인하여 이미 그 효력이 상실되어 권리보호이익이 인정되지 않다고 하여 결국 부적법 각하결정이 되었다.

2. 국가인권위원회의 진정각하·기각결정

(1) 대상성 인정

국가인권위원회에 차별의 시정을 요구하는 내용의 진정을 제기한 것에 대하여 국가인권위원회가 진정을 각하 또는 기각하는 결정을 한 것이 헌법소원의 대상이 된다.

판례 헌재 2008.11.27. 2006헌마440

[판시] 국가인권위원회는 국가인권위원회법에 따라서 설립된 인권보호기구이자 독립된 국가기관으로서 공권력을 행사하는 주체에 해당하므로, 피청구인의 이 사건 결정은 헌법재판소법 제68조 제1항에서 규정하는 공권력의 행사로서 헌법소원심판의 대상이 된다. 우리 재판소는 국가인권위원회의 진정 각하 혹은 기각 결정에 대한 헌법소원심판청구에 대하여, 국가인권위원회의 결정도 헌법소원의 대상이 된다는 전

제 하에 본안판단을 한 다음 심판청구를 기각해 오고 있다(헌재 2004.2.26. 2003헌마207; 2004.4.29. 2003헌마538, 판례집 16-1, 589, 592; 2005.10.27. 2005헌마358). * 이후 그 외 동지결정들 : 헌재 2009.9.24. 2009헌마63.

(2) 보충성원칙 준수를 요구하는 판례변경에 따른 변화

1) 이전의 보충성원칙을 요구하지 않던 결정례

헌재는 이전에는 진정각하·기각결정의 행정처분성을 부정하여 보충성원칙을 요구하지 않는다고 보았다.

판례 헌재 2008.11.27. 2006헌마440

[판시] 한편 국가인권위원회법은 국가인권위원회의 진정 각하 또는 기각 결정에 대한 불복수단으로 어떠한 구제절차도 마련해 놓고 있지 않으며, 법원의 확립된 판례에 의하여 국가인권위원회의 진정 각하 또는 기각 결정의 행정처분성이 인정되고 있다고 보기는 어렵다. 그러므로 청구인에게 행정심판이나 행정소송 등의 사전 구제절차를 모두 경료하고 헌법소원을 청구할 것을 기대할 수는 없다고 할 것이므로, 이 사건 심판청구는 보충성 요건도 충족한 것이다. * 동지 : 헌재 2004.2.26. 2003헌마207; 2004.4.29. 2003헌마538; 2005.10.27. 2005헌마358; 2009.9.24. 2009헌마63; 2011.3.31. 2010헌마13; 2012.7.26. 2011헌마829 등.

2) 판례변경

그러나 위 이전의 결정들에서 판례를 헌재는 아래 2015.3.26. 2013헌마214등 결정에서 변경하였다. 즉 그 진정각하·기각결정이 법원의 행정소송 대상이 되어 보충성원칙이 적용되어야 한다고 보는 판례변경을 하여 이후로는 곧바로 헌법소원을 제기할 수는 없게 됨으로써 현재로서는 사실상 대상성 인정이 의미가 없어졌다.

판례 헌재 2015.3.26. 2013헌마214등

[판시] 가. 피청구인의 진정 각하 또는 기각결정이 항고소송의 대상이 되는지 여부 – 피청구인은 법률상의 독립된 국가기관으로, 위에서 본 바와 같이 인권침해 등을 당한 피해자의 진정이 있으면, 각하사유 등 특별한 사정이 없는 한 진정내용에 대해 조사할 의무가 있고, 피청구인의 결정은 각하, 인용, 기각결정을 불문하고 진정권이라는 피해자 등의 법률상의 권리(제30조) 행사에 따른 진정의 수리·검토, 조사 등 일련의 법률상 권한을 행사한 결과를 대내외적으로 공표하는 것으로 법률에 근거한 고권적 작용이라 할 것이다. 또한, 피해자인 진정인에게는 국가인권위원회법이 정하고 있는 구제조치를 신청할 법률상 신청권이 있는데, 피청구인이 진정을 각하 또는 기각할 경우 피해자로서는 자신의 인격권 등을 침해하는 인권침해 또는 차별행위 등이 시정되고 그에 따른 구제조치를 받을 권리를 박탈당하게 되므로, 각하 또는 기각결정을 받지 아니하였다면 피청구인의 권고조치 등을 통해 침해된 권리에 대해 구제받을 가능성이 있었을 것이라는 이익은 단순한 간접적인 이익이 아니라 국가인권위원회법이 정한 절차 및 그에 따른 효과를 향유할 수 있는 법률상 이익이다. 그러므로 진정에 대한 피청구인의 각하 및 기각결정은 법률상 신청권이 있는 피해자인 진정인의 권리행사에 중대한 지장을 초래하는 것으로서 항고소송의 대상이 되는 행정처분에 해당하므로, 그에 대한 다툼은 우선 행정심판이나 행정소송에 의하여야 할 것이다(대법원 2009.4.9. 선고 2008두16070 판결; 대법원 2015.1.29. 선고 2014두42711 판결 등 참조). 나. 소결 – 결국 이 사건 심판청구는 행정심판이나 행정소송 등의 사전 구제절차를 모두 거친 후

제기된 것이 아니므로 보충성 요건을 충족하지 못하였다. * 동지의 헌재결정례 : 헌재 2015.3.26. 2013헌마565; 2015.3.26. 2014헌마191 등.

3. 감사원장의 국민감사청구에 대한 기각결정

부패방지법(제40조)에 따른 국민감사청구에 대한 감사원장의 기각결정이 헌법소원의 대상이 된다고 보았다. 사안은 ○○증권 주식회사 소액주주들이 금융감독위원회·금융감독원·공적자금관리위원회·재정경제부에 대하여 감사를 실시할 것을 요구하는 국민감사청구였다.

판례 헌재 2006.2.23. 2004헌마414

[판시] 국민감사청구제도는 부패방지법(* 현행 '부패방지 및 국민권익위원회의 설치와 운영에 관한 법률') 제40조(감사청구권)의 표제에서 보는 바와 같이 일정한 요건을 갖춘 국민들이 감사청구를 한 경우에 감사원장으로 하여금 감사청구된 사항에 대하여 감사실시 여부를 결정하고 그 결과를 감사청구인에게 통보하도록 의무를 지운 것이므로(동법 제42조, 제43조), 지방자치법(제13조의4)상의 주민감사청구권과 같은 유형의 권리를 창설한 것으로 보아야 할 것이다. 따라서 이러한 국민감사청구에 대한 기각결정은 공권력의 주체인 감사원의 고권적 처분이라는 점에서 헌법소원의 대상이 될 수 있는 공권력행사라고 보아야 할 것이다. * 본안판단결과 국민감사청구기각결정이 청구인들의 헌법상 보장된 기본권을 침해하는 자의적인 공권력행사에 해당하지 않는다고 하여 기각결정이 있었다.

4. 공정거래위원회의 처분, 결정

(1) 무혐의처분

사안은 불공정거래행위를 조사하여 달라는 취지의 청구인의 신고를 접수한 공정거래위원회가 이를 심사한 후 위 행위가 '공정거래위원회회의운영 및 사건절차 등에 관한 규칙' 제47조(공정거래법 위반행위로 인정되지 아니하거나 위반행위에 대한 증거가 없는 경우)에 해당되어 무혐의 처분한 것이 대상성을 가진다고 판단된 것이다.

판례 헌재 2002.6.27. 2001헌마381

[판시] 불공정거래혐의에 대한 공정거래위원회의 무혐의 조치는 혐의가 인정될 경우에 행하여지는 중지명령 등 시정조치에 대응되는 조치로서 공정거래위원회의 공권력 행사의 한 태양에 속하여 헌법재판소법 제68조 제1항 소정의 '공권력의 행사'에 해당하고, 따라서 공정거래위원회의 자의적인 조사 또는 판단에 의하여 결과된 무혐의 조치는 헌법 제11조의 법 앞에서의 평등권을 침해하게 되므로 헌법소원의 대상이 된다. * 그러나 본안판단결과 기각결정이 있었다. * 무혐의처분을 대상으로 한 헌법소원에서 기각결정이 난 다른 결정례 : 헌재 2005.10.27. 2004헌마800.

(2) 심의절차종료결정

아래 결정은 본안판단까지 가서 기각결정을 한 것인데 대상성 인정이 전제된 것이다.

판례 헌재 2011.9.29. 2010헌마539. 기각결정

[본안판단] 결혼중개업을 영위하는 청구인이 다른 경쟁업체의 "회원수 No.1, 성혼 커플수 No.1" 광고에

대하여 표시·광고의 공정화에 관한 법률위반으로 신고한 사건과 관련하여, 공정거래위원회(피청구인)는 그것을 판단하기 위해서는 동종업계 2위인 청구인의 회원수, 성혼 커플수 등에 관한 자료가 반드시 필요한데 청구인이 자료를 제출하지 아니하므로, '사실관계에 대한 확인이 곤란하여 법위반 여부에 대한 판단이 불가능하다.'는 이유로 심의절차종료결정을 하였는바, 피청구인이 이러한 결정을 함에 있어 현저히 정의와 형평에 반하는 조사를 하였거나, 헌법의 해석, 법률의 적용 또는 증거판단에 있어서 결정에 영향을 미친 중대한 잘못을 저지른 것으로 보이지 아니하며, 달리 피청구인의 심의절차종료결정이 헌법재판소가 관여할 정도의 자의적인 처분이라고 볼 수도 없다.

(3) 심사불개시결정

판례 헌재 2004.3.25. 2003헌마404

[판시] 공정거래위원회의 심사불개시결정 및 심의절차종료결정 역시 공권력의 행사에 해당되고, 그것이 자의적일 경우 피해자(신고인)의 평등권을 침해할 수 있으므로, 헌법소원의 대상이 된다고 할 것이다. 동지 : 헌재 2011.9.29. 2010헌마539; 2011.12.29. 2011헌마100. 그 외 심사불개시결정에 대해 대상성 인정이란 판시 없이도 바로 본안판단 들어가 기각결정을 한 예 : 헌재 2004.8.26. 2004헌마80.

5. 검사의 불기소처분, 기소유예처분, 기소중지처분, 기소결정 등

검사의 처분 중에 헌법소원심판대상성이 인정되는 처분들이 있다. 검사의 처분들이 공권력성을 가지기 때문임은 물론이다. 특히 '혐의없음'(범죄인정안됨), '혐의없음'(증거불충분), '죄가안됨', '공소권없음' 등의 불기소(不起訴)처분(결정), 기소유예 등(검찰사건사무규칙 제69조 1항)이 문제된다. 그런데 법원의 재정신청 대상의 확대로 불기소처분에 대한 변화가 왔다.

(1) 불기소처분에 대한 헌법소원의 의의와 근거

검사는 공익수호를 위하여 국가의 형벌권을 행사하는 작용을 하는데 그 작용이 국민의 신체의 자유와 같은 기본권의 제한에 중요한 영향을 미치므로 그 통제가 필요하다. 그리고 기소독점주의, 기소편의주의를 원칙으로 하고 있는 우리 법제하에서 검사의 판단으로 불기소처분 등이 이루어졌으나 이 처분에 자의성이 있을 때 평등권이 침해되고 기소가 안되어 재판이 이루어지지 않음으로써 재판절차진술권을 행사할 수 없는 기본권침해에 대한 구제방도로 헌법소원심판의 대상으로 할 필요성이 있다. 바로 이처럼 평등권과 재판절차진술권의 침해라는 기본권침해라는 점, 그리고 그것에 대한 구제수단으로서의 헌법소원이라는 점에 검사의 불기소처분에 대한 헌법소원심판의 근거를 두고 있는 것이다.

[불기소처분 등에 대한 헌법소원의 필요성, 그 헌법적 근거로서 침해되는 기본권]
▷ 기소독점주의·기소편의주의에 대한 통제 필요성
▷ 근거되는 기본권 : 평등권·재판절차진술권

(2) 상황의 변화

검사의 불기소처분에 대해서는 검찰청법의 항고, 재항고, 그리고 법원의 재정신청을 통하여 구제될 수 있다. 그런데 2008년 이전에는 법원에 재정신청을 할 수 있는 대상이 극히 한정되어 있어서 불기소처분에 대해 재정신청으로 구제받지 못하는 경우가 많아 결국 헌법소원심판이 바로 청구될 수 있었고 또 될 수밖에 없었으며 실제 헌법소원심판이 많이 청구되었다. 그런데 2007년 6월 1일 형사소송법 개정으로 재정신청이 확대되었고 그 개정규정은 2008년 1월 1일부터 시행에 들어갔는데 이 시행으로 상황이 달라졌다. 즉 모든 형사범죄의 피해자는 고소권자로서 검찰에의 항고를 거쳐 재정신청을 할 수 있게 되었다(고발자도 제한적으로 가능하게 되었다. 즉 형법 제123조부터 제126조까지의 죄에 대하여는 피해자가 아니나 고발을 한 사람들도 재정신청을 할 수 있게 되었다).

법원의 재정신청이 가능해졌다는 것은 보충성원칙에 따라 헌법소원을 바로 제기할 수 없게 되었고 더구나 우리 헌재는 원행정처분에 대한 헌법소원(법원의 소송제도 등 모든 다른 권리구제절차를 거친 뒤 법원의 소송의 대상이 되었던 그 원래의 처분을 원행정처분이라고 하고 그것을 헌법소원대상으로 함을 의미함)도 부정하고 있어서(후술 참조) 결국 헌법소원 가능성이 없어졌음을 의미하고 법원의 재정신청이 가능한지에 따라 헌법소원대상성도 달라지게 되는 상황이 된 것이다.

(3) 관련 조문

위 변화를 아래 해당 조문들을 보면서 재파악할 수 있다. 중요한 것은 재정신청이 전체로 확대되었는데 그 확대는 고소를 한 고소권자(형사피해자)에 대해 인정되는 것이고 이 점에서 불기소처분에 대한 고소권자의 헌법소원가능성을 찾기 힘들게 되었다는 것이다.

> <u>형사소송법</u> 제260조(재정신청) ① <u>고소권자로서 고소를 한</u> 자(「형법」 제123조부터 제126조까지의 죄에 대하여는 고발을 한 자를 포함한다. 이하 이 조에서 같다)는 검사로부터 공소를 제기하지 아니한다는 통지를 받은 때에는 그 검사 소속의 지방검찰청 소재지를 관할하는 고등법원(이하 "관할 고등법원"이라 한다)에 그 당부에 관한 재정을 신청할 수 있다. 다만, 「형법」 제126조의 죄에 대하여는 피공표자의 명시한 의사에 반하여 재정을 신청할 수 없다. <개정 2011.7.18.>
> ② 제1항에 따른 재정신청을 하려면 「검찰청법」 제10조에 따른 항고를 거쳐야 한다. 다만, 다음 각 호의 어느 하나에 해당하는 경우에는 그러하지 아니하다.
> 1. 항고 이후 재기수사가 이루어진 다음에 다시 공소를 제기하지 아니한다는 통지를 받은 경우
> 2. 항고 신청 후 항고에 대한 처분이 행하여지지 아니하고 3개월이 경과한 경우
> 3. 검사가 공소시효 만료일 30일 전까지 공소를 제기하지 아니하는 경우
>
> ③ 제1항에 따른 재정신청을 하려는 자는 항고기각 결정을 통지받은 날 또는 제2항 각 호의 사유가 발생한 날부터 10일 이내에 지방검찰청검사장 또는 지청장에게 재정신청서를 제출하여야 한다. 다만, 제2항제3호의 경우에는 공소시효 만료일 전날까지 재정신청서를 제출할 수 있다.
> ④ 재정신청서에는 재정신청의 대상이 되는 사건의 범죄사실 및 증거 등 재정신청을 이유있게 하는 사유를 기재하여야 한다. [전문개정 2007.6.1.]
>
> <u>검찰청법</u> 제10조(항고 및 재항고) ① 검사의 불기소처분에 불복하는 고소인이나 고발인은 그 검사가 속

한 지방검찰청 또는 지청을 거쳐 서면으로 관할 고등검찰청 검사장에게 항고할 수 있다. 이 경우 해당 지방검찰청 또는 지청의 검사는 항고가 이유 있다고 인정하면 그 처분을 경정(更正)하여야 한다.
② 고등검찰청 검사장은 제1항의 항고가 이유 있다고 인정하면 소속 검사로 하여금 지방검찰청 또는 지청 검사의 불기소처분을 직접 경정하게 할 수 있다. 이 경우 고등검찰청 검사는 지방검찰청 또는 지청의 검사로서 직무를 수행하는 것으로 본다.
③ 제1항에 따라 항고를 한 자[「형사소송법」 제260조에 따라 재정신청(裁定申請)을 할 수 있는 자는 제외한다. 이하 이 조에서 같다]는 그 항고를 기각하는 처분에 불복하거나 항고를 한 날부터 항고에 대한 처분이 이루어지지 아니하고 3개월이 지났을 때에는 그 검사가 속한 고등검찰청을 거쳐 서면으로 검찰총장에게 재항고할 수 있다. 이 경우 해당 고등검찰청의 검사는 재항고가 이유 있다고 인정하면 그 처분을 경정하여야 한다.
④-⑦ 생략

(4) 개별 고찰

불기소처분, 기소유예처분, 기소중지처분 등의 경우에 헌법소원 가능 여부에 대해 아래에 여러 경우를 살펴보는데 고소인의 경우와 고발인의 경우, 피의자의 경우를 구별하여 보는 것에 유의해서 살펴볼 일이다.

1) 범죄피해자인 고소인의 경우

이 경우에는 자신이 고소를 하였음에도 불기소처분을 하면 위에서 언급한 대로 불기소처분에 대해 재정신청이 가능하므로 보충성원칙 때문에 바로 헌법소원심판을 청구할 수 없고 보충성원칙에 따라 재정신청까지 거친 불기소처분은 헌재가 법원재판(재정신청재판) 이후 원행정처분이라고 보아 그것에 대한 헌법소원대상성을 부정하므로 결국 사실상의 헌법소원심판청구의 가능성은 없어졌다. 기소유예처분이 내려진 범죄혐의사실의 피해자도 재정신청이 가능하므로 헌법소원 가능성이 사실상 어려운, 마찬가지의 상황이 되었다.[1)]

2) 범죄피해자가 고소하지 않은 경우

이 경우에는 범죄피해자가 고소를 하지 않았으므로 불기소처분에 대한 검찰청법상의 항고, 재항고 또는 형사소송법상의 재정신청제도에 의한 구제를 받을 길이 없기 때문에 범죄피해자는 헌법소원심판을 청구할 수 있다. 결국 재정신청제도 확대 이후에도 고소, 고발을 하지 않아 재정신청제도로 구제가 불가한 이러한 공백상태일 때에는 헌법소원이 가능하다(헌재 2010.6.24. 2008헌마716). 기소유예가 행해진 사건의 범죄피해자가 고소하지 않은 경우에도 헌법소원을 할

1) 헌법재판실무제요는 "검사의 재량권 행사에는 스스로 합리적인 한계가 있어야 하므로 기소하여 법원의 심판을 받도록 함이 마땅한 사안을 자의적으로 기소유예처분하는 것은 형사피해자의 재판절차진술권과 평등권을 침해한다고 볼 수 있다(헌재 1999.3.25. 98헌마303, 판례집 11-1, 251, 258면)(헌법재판소, 헌법재판실무제요 제2개정판, 2015, 264면)"라고 서술하고 있다. 그러나 기소유예처분의 경우에도 혐의없음의 불기소처분과 마찬가지로 공소를 제기하지 않는 결정이므로 형사피해자가 재정신청을 이제는 할 수 있으므로 바로 헌법소원심판을 청구할 수 없어서 이 설명과 이 결정례는 2008년 이후로는 더 이상 적절하지 않다. 더구나 이 설명을 '3) 피의자가 청구하는 헌법소원'이라는 제목의 부분에서 하고 있어서(위 제요 264-265면) 형사피해자에 관한 그 설시의 위 결정례를 인용하는 것도 부정확하다.

수 있다(헌재 2003.3.27. 2003헌마21).

3) 고발인의 경우

고발인은 위에 인용한 대로 형법 제123조부터 제126조까지의 죄가 아닌 한에는 재정신청을 할 수 없으므로 검찰청법상의 항고·재항고를 거친다면 헌법소원심판을 청구할 수 있다(헌재 2013.8.29. 2011헌마613 등 참조). 형사피해자가 아닌 사람은 고소인이 될 수 없는데 그가 고소를 한 경우에는 고발로 보아야 하므로 그가 항고, 재항고를 거친다면 헌법소원심판을 청구할 수 있다(헌재 2014.3.27. 2013헌마750; 2014.6.26. 2014헌마14 등 참조). 다만, 고발인들의 경우에도 기본권침해의 자기관련성, 보충성원칙(위 검찰의 항고, 재항고를 거쳐야 하는 것이 바로 여기의 보충성원칙 요구의 결과이다), 청구기간 등 헌법소원의 다른 청구요건이 요구된다(헌재 2014.3.27. 2013헌마750). * 유의 : 이처럼 고발인의 경우 불기소처분에 대해 헌법소원 대상성이 인정되는 것은 법원의 재판(재정신청)을 거치지 않는 것이어서 원행정처분이 아니기 때문이다(법원재판이 예정되어 있는 경우에는 보충성원칙에 따라 법원재판을 거쳐야 하고 그것을 거친 행정처분을 원행정처분이라고 한다. 원행정처분에 대해서는 제4항 대상성이 부정되는 경우, V. 원행정처분에 대한 부정 부분 참조).

4) 피의자의 경우 - 기소유예처분

피의자의 경우에는 기소유예처분에 대한 헌법소원심판청구가 많이 이루어진다. 기소유예처분이라 함은 검사가 1년 이하의 징역이나 금고, 자격정지 또는 벌금의 형을 선고할 유죄라고 인정되지만 범인의 연령, 성행, 지능과 환경, 피해자에 대한 관계, 범행의 동기, 수단과 결과, 범행 후의 정황 등을 참작하여 공소를 제기하지 않는다는 결정을 하는 것을 말한다(형법 제59조, 제51조). 결국 기소유예처분은 유죄라고 보되 기소를 하지 않는 처분이므로 억울한 누명이고 무죄라고 주장하는 피의자가 그 시정을 하기 위한 절차를 제기할 수 있게 할 필요가 있다. 그런데 기소유예처분에 대한 피의자는 재정신청이 인정되지 않으므로 피의자는 헌법소원심판을 할 수 있다. 헌재 출범초기부터 기소유예처분에 대한 피의자의 헌법소원이 인정되어 왔고(헌재 1989.10.27. 89헌마56; 1992.6.26. 92헌마7; 1992.11.12. 91헌마146 등 헌재 출범초기부터 현재까지 계속 인정되어 오고 있고) 이에 관한 헌법소원심판사건이 많다(근간에 기소유예처분에 대한 헌법소원으로서 기소유예처분이 취소된 예들로, 헌재 2020.3.26. 2018헌마589; 2020.3.26. 2017헌마1179 등 적지 않다). 기소중지처분에 대해서도 마찬가지이다(헌재 2009.9.24. 2008헌마210).

		불기소처분	기소유예처분
피해자	고소한 경우	×*	×*
	고소하지 않은 경우	○	○
피의자		×**	○
고발인 (형법 제123조부터 제126조까지의 죄에 대한 고발인 제외)		○	○

▌불기소, 기소유예의 처분에 대한 헌법소원 제기가능성 도해

* : ×표시는 사실상 헌법소원이 어렵다는 의미(보충성원칙으로 인한 재정신청경유 요구 및 원행정처분에 대한 헌법소원부정이라는 헌재의 법리에 따라 어렵다는 의미)

** : ×표시는 피의자가 고소, 고발을 한 것도 아니고 범죄혐의가 없음 등의 불기소처분에 대해 헌법소원을 이성적으로는 제기할리 없음을 의미함

(5) 기소처분

검사가 형사재판(공소)을 제기하는 기소처분은 헌법소원심판의 대상이 아니다(헌재 2012.7.26. 2011헌바268). 당해 형사재판절차에 의하여 권리구제가 가능하기 때문임은 물론이다.

제3항 공권력의 불행사(부작위)

Ⅰ. 요건

1. 헌재판례 법리의 중요 전제 - 작위의무의 존재

공권력이 행사되지 않은 데 대한 헌법소원에서 그 대상성의 인정에 있어서 헌재의 판례법리의 주축이 되는 전제조건은 그 불행사 상태인 공권력이 행사되어야 할 의무가 작위의무로서 존재하여야 한다는 것이다. 즉 해야 할 구체적 작위의무가 있음에도 이를 행하지 않아 기본권이 침해될 수 있는 상태에서 헌법소원의 대상성이 인정된다.

2. 논의의 과제

위에서 작위의무의 존재를 전제로 한다는 법리가 단순해 보이나 부작위에 대한 헌법소원에서 제기되는 논점들이 있고 그 논점들이 그리 간단하지만은 않다. 그 논점들은 부작위 헌법소원에서의 세 가지 요소라 할까 또는 세 가지 국면이라고 할 수 있는 ① 작위의무 자체 존재 문제, ② 작위의무가 인정되는데도 의무이행이 없는 상태, ③ 상당기간 지체(의무이행이 없는 상태)에 결부되어 나타난다.

이상의 논점들에 대해서는 부작위 헌법소원으로 빈번히 사건이 되어 와서 대표적인 사건군을 이루고 있는 입법부작위에 대해 살펴보면서 논의하고자 한다.

3. '부작위'의 개념

사실 헌법소원심판의 대상으로서 여기의 부작위의 개념을 어떻게 정의할 것인가부터 문제된다. 일단은 위 세 국면 중 ①과 ②, 즉 작위의무가 존재함에도 의무이행이 없는 상태까지 개념에 들어가는 것은 분명할 것이다. 작위의무 없는 부작위는 재판대상으로 할 수도 없다. 그렇지 않으면 이 세상의 부작위상태나 부작위상태로 만든 다음에 그 부작위 모든 경우에 헌법소원심판을 청구할 수 있다고 할 것인데 그것은 받아들이기 곤란하다. ③, 즉 지체의 문제는 이를 부작위 개념 자체에 넣을 것인지(작위의무 있음에도 상당기간 지체하여 의무이행이 없는 경우라는 세 국면 모두 포함), 그것이 아니고 ①과 ②의 국면까지만 개념에 넣을 것인지 하는 문제가 있는데 이는 ③이 부작위에 대한 대상성 문제에 들어가는지 아니면 본안판단의 문제로 넘어가는 것인지 하는 문제이다. 입법부작위 부분에서 검토한다.

4. 부작위에 대한 헌법소원 외 헌법재판의 다른 심판에 의한 통제가능성

이러한 가능성은 권한쟁의심판의 경우를 생각할 수 있겠다. 어느 국가기관이나 지방자치단체가 자신이 해야 할 작위의무가 있음에도 이를 부작위 상태로 방치하여 다른 국가기관이나 지방자치단체의 권한을 침해한 경우 권한쟁의심판을 통해 통제할 수 있다. 현행 헌법재판소법 제61조 제2항은 피청구인의 "부작위(不作爲)"가 헌법 또는 법률에 의하여 부여받은 청구인의 권한을 침해하였거나 침해할 현저한 위험이 있는 경우에 권한쟁의심판을 청구할 수 있음을 명시하고 있다.

Ⅱ. 입법부작위

1. 유형과 재판형식

헌재는 입법부작위를 ① 진정입법부작위(입법이 전혀 없는 경우)와 ② 부진정입법부작위(입법이 있긴 하나 불완전·불충분한 경우)로 나누어 달리 다루고 있다. 진정입법부작위의 경우는 법령이 전혀 없는 경우이므로 입법부작위 그 자체를 대상으로 하는 본래의미의 헌법소원심판을 제기할 수 있다고 한다. 부진정입법부작위의 경우 불완전하긴 하나 법령이 있는 상태이므로 입법부작위 자체를 대상으로 하는 헌법소원심판을 제기할 수 없고 법령소원(또는 법률의 부진정입법부작위의 경우에는 위헌법률심판이나 위헌소원심판)을 제기하여야 한다고 한다. 요컨대 부작위소원의 대상으로서는 진정입법부작위만이라는 것이다.

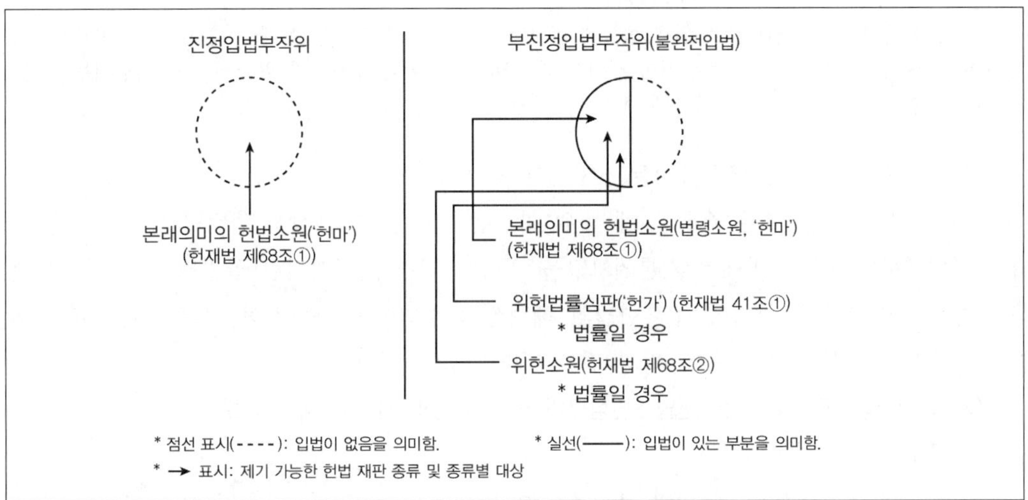

▮ 입법부작위의 형태와 헌법재판 형식

2. 진정입법부작위

(1) 진정입법부작위의 헌법소원대상성요건(주로 법률 진정부작위 경우) - 판례법리

진정입법부작위라고 하여 모두 대상이 되는 것은 아니고 헌재는 다음과 같은 요건하에 대상성을 인정하고 있다.

1) 요건

아래 요건은 헌재 초기부터 형성되어 이제 확립된 판례법리이다.

[주요판례법리]

▷ 진정입법부작위가 헌법소원의 대상이 되기 위한 요건

1. 헌법에서 기본권보장을 위하여 법령에 명시적인 입법위임을 하였음에도 이를 이행하지 아니한 경우
2. 헌법의 해석상 특정인에게 구체적인 기본권이 생겨 이를 보장하기 위한 국가의 행위의무 내지 보호의무가 발생하였음이 명백함에도 불구하고 입법자가 아무런 입법조치를 취하지 아니한 경우

판례 헌재 2014.6.26. 2012헌마459. * 동지 : 위와 같은 취지의 판시를 한 결정례들은 많다. 헌재 1989.3.17. 88헌마1; 1989.9.29. 89헌마13; 1994.12.29. 89헌마2; 2007.11.29. 2006헌마876; 2010.7.29. 2008헌가19등; 2016.4.28. 2015헌마1177등 참조)

* **문언검토** : 위 요건 2.에서 '구체적인 기본권이 생겨'라는 부분은 적절한 표현이 아니다. 기본권을 헌법해석상 '생겨'나게 하는 것은 기본권을 실정권으로 보는 것으로 이해하게 할 소지가 있다. '구체적인 기본권이 인정되어'라고 하는 것이 정확한 표현이라고 본다.

* 동지이면서 아래와 같은 설시의 예도 있다. "구체적 기본권이 생겨"라는 표현 대신에 "국가의 입법의

무가 발생하였음"이라고 표현한 것이다.

판례 헌재 2016.4.28. 2015헌마1177등

[설시] 헌법에서 기본권보장을 위해 법률에 명시적으로 입법위임을 하였음에도 불구하고 입법자가 이를 이행하지 않고 있는 경우, 또는 헌법 해석상 특정인의 기본권을 보호하기 위한 국가의 입법의무가 발생하였음에도 불구하고 입법자가 아무런 입법조치를 취하지 않고 있는 경우이어야 하므로 …

2) 두 가지 경우 - 헌법명시적 의무 + 헌법해석적 의무

특히 주목해야 할 점은 우리 헌재의 위 확립된 법리는 그 대상성 인정의 전제가 되는 헌법상 입법의무는 ① "헌법에서 기본권보장을 위하여 법령에 명시적인 입법위임을 하였다"는, 즉 헌법명시적 의무뿐 아니라 ② "헌법의 해석상 특정인에게 구체적인 기본권"이라고 하여, 즉 헌법해석을 통한 입법의무 두 가지 경우를 따진다는 점이다.

(2) 진정입법부작위에 대한 헌법소원심판의 판단 내용과 과정에 대한 검토

1) 문제제기

이는 위의 Ⅰ. 요건, 2. 논의의 과제에서 이미 예고한 바 있다. 부작위 헌법소원으로 많이 제기되는 진정입법부작위에 대한 헌법소원심판에서 그 과제들을 논의해 보자. 그 논점들은 세 가지 국면이라고 할 수 있는 ① 작위의무 자체 존재 문제, ② 작위의무가 인정되는데도 의무이행이 없는 상태, ③ 상당기간 지체(의무이행이 없는 상태)에 결부되어 나타난다고 했다. 그런데 명확하지 않은 문제들이 제기된다. 먼저 ①, ② 국면을 보면, 일단 ② 국면에서는 부작위인 상태이어서 헌법소원을 제기한 것이므로 현실적으로 부작위인 상태에 대해서는 별반 문제가 없을 것이고 ① 국면을 보면 헌재판례에 따르면 먼저 진정입법부작위인지 부진정입법부작위인지를 판단하고 전자로 인정되면 입법의무가 있는지 여부를 가리는 순서로 심리가 진행된다. 입법의무가 부정되면 헌법소원대상성요건으로서 입법의무의 존재를 요구하므로 입법의무가 없어 대상성이 없으므로 청구요건을 결여한 각하결정으로 갈 것이지만 입법의무가 있다고 한다면 뒤이어 ③ 국면과 결부하여 다음과 같은 문제가 제기된다.

a) 그 하나는 이제 입법의무가 있고 그런데도 입법이 없는 상태로 판명났다면 그것으로 당연히 위헌성을 인정하는 결정으로 갈 것인가 아니면 ③ 국면에 관한 판단으로 나아갈 것인가 하는 문제가 있다. 이를 긍정할 경우에 ③ 국면에 관한 판단을 적법요건 판단으로 포함하여 상당한 지체에 정당한 사유가 있는 경우라면 진정입법부작위에 대한 헌법소원심판으로서의 대상성이 없다고 보아 청구를 각하하여야 할 것인지 하는 문제가 있다. 아니면 그 판단에서 정당성 없는 상당한 지체라면 비로소 본안판단으로 들어가야 할 것인가 아니면 그것 자체로 위헌으로 인정해야 할 것인가 하는 문제가 제기된다.

b) 위 a)에서 제기된 문제들과 결부하여 제기되는 문제들이다. 그것은 입법의무가 인정되면 그 인정만으로 위헌이 될 것이라고 본다면 결국 적법요건 판단과 본안판단이 함께 이루어

지는 것이 아닌가 하는 문제이다. 이는 ③ 국면에 관한 판단까지 적법요건으로 판단한다고 보더라도 그 판단에서 지체에 정당성이 없다고 결론이 나면 바로 위헌성이 인정된다고 보는 경우에도 마찬가지로 제기되는 문제이다.

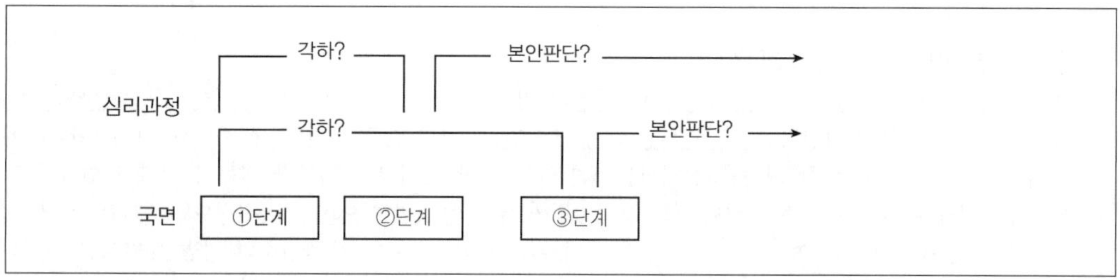

▌위 논점 도해

2) 논점정리

위 논점들은 결국 다음과 같이 정리된다. i) 입법의무가 인정될 경우 정당한 지체인지 여부에 대한 판단까지 나아갈 것인지 여부, ii) 나아갈 때 그 판단을 대상성요건이라는 적법요건 판단에 포함하여 볼 것인가 아니면 본안판단으로 볼 것인가 하는 문제, iii) 입법의무가 인정되는 경우에 바로 위헌으로 인정된다고 볼 것인가 하는 문제, iv) 그렇게 볼 때 본안판단도 함께 한 것으로 볼 것인가 하는 문제. v) 정당성이 없는 지체이면 위헌이 된다고 본다면 본안판단도 함께 한 것으로 볼 것인가 하는 문제 등이다.

3) 판례

판례의 입장을 보자. 예전의 결정 중 "입법자가 상당한 기간내에 이를 이행하지 아니하거나"라는 제기요건을 제시한 결정이 있긴 했는데(헌재 1996.10.31. 94헌마108) 이런 결정판시에 따르면 입법지체가 대상성 문제로 적법요건판단 내에 들어갈 것이다, 그러나 지금은 그 요건을 제시하지 않는 것이 판례이다. 그러면서 판례입장이 명확하지 않다. 일단 위 논점 i)에 대해 보면, 헌재는 입법부의 재량, 입법정책성을 내세워 ③ 국면까지 판단한다. 그러므로 논점 iii), iv)에 대해서는 부정한다고 이해된다. 그러면 논점 ii)와 v)가 남는다. ii)에 관한 판례의 입장은 입법의무는 일단 인정한 결정례를 찾아 판례입장을 살펴보아야 할 것이다. 먼저 우리 헌재가 최초로 진정입법부작위에 대하여 입법의무를 인정하고 지체에 정당성을 부정하여 위헌확인을 한 결정인 '조선철도(주) 주식의 보상금청구에 관한 헌법소원'사건의 결정을 본다. 이 결정에서 헌재는 아래에 옮긴 판시내용대로 적법성 판단의 판시 부분에서 "본안에 대한 판단에서 보는 바와 같이 대상적격이 있다"라고 하였다. 그리고 '나. 본안판단'에서 '(1) 보상입법의 헌법상 입법의무 유무에 관하여'라는 항목으로 입법의무에 대해 판단하였고 입법의무가 있음을 인정한 뒤 의무를 이행하지 아니하고 있음을 인정하였다. 헌재는 나아가 입법의무가 인정되더라도 입법의무 불이행이 곧바로 위헌으로 판단되는 것이 아니라고 보고 '(2) 이 사건 입법부작위가 위헌인지 여부에 관하여'라는 항목으로 지체의 정당성 여부를 본안문제로 판단하였다. 이는 결국 지체의 정당성 여부판단을 본안판단으로 행한 것이었다. 그리고 방치(입법지체)를 위헌이라고 본안결정하였다.

판례 헌재 1994.12.29. 89헌마2

[판시] 가. 적법성 판단 (1) 대상적격 – 이 사건의 입법부작위는 본안에 대한 판단에서 보는 바와 같이 대상적격이 있다고 해석된다. … 나. 본안에 대한 판단 … 대한민국이 헌법 제23조 제3항에 따라 수용 등을 할 경우에 그에 대한 보상을 실시하는 법률을 제정할 헌법상의 의무가 있는지 여부와 있다면 그 입법부작위가 위헌인지 여부에 있다. (1) 보상입법의 헌법상 입법의무 유무에 관하여 … 대한민국의 법률에 근거한 수용에 대하여는 그 보상에 관한 법률을 제정하여야 하는 입법자의 헌법상 명시된 입법의무가 발생하였고 대한민국은 그 의무를 이행하지 아니하고 있다 할 것이다. (2) 이 사건 입법부작위가 위헌인지 여부에 관하여 ㈎ 입법자가 입법의무를 지고 있다고 하여서 그 불이행의 모든 경우가 바로 헌법을 위반한 경우라고는 단정할 수 없다. 즉 입법자에게는 형성의 자유 또는 입법재량이 인정되므로 입법의 시기 역시 입법자가 자유로이 결정할 수 있음이 원칙이라 할 것이다. 그러나 입법자는 헌법에서 구체적으로 위임받은 입법을 거부하거나 자의적으로 입법을 지연시킬 수는 없는 것이므로, 가령 입법자가 입법을 하지 않기로 결의하거나 상당한 기간 내에 입법을 하지 않는 경우에는 입법재량의 한계를 넘는 것이 된다. 따라서 입법부작위는 이와 같이 입법재량의 한계를 넘는 경우에 한하여 위헌으로 인정되는 것이다. … 30여년이 지나도록 그 보상을 위한 아무런 입법조치를 취하지 않고 있는 것은 입법자의 형성의 자유를 고려하더라도 그 한계를 벗어나는 것이라고 보아야 할 것이다. 따라서 이 사건 입법부작위는 입법자가 헌법에서 위임받은 손실보상에 관한 법률제정의무를 자의적으로 방치하고 있고 이로 인하여 사설철도회사 재산관계권리자 중 그의 손실보상청구권이 확정된 자의 재산권을 침해하기에 이르렀으므로 위헌이라 할 것이다. …

결국 위 결정에서 헌재는 논점 ii)에서 본안판단으로 행하였고, 논점 v)에 관해서 긍정하는 입장을 보였다. 다만, 헌재는 이 결정에서 입법의무의 존재 여부를 적법요건만이 아니라 본안판단으로서도 행하였다는 점이 독특하다.

이와 대조하여 선거구 획정을 위한 공직선거법 개정이 지체된 사안에 대한 헌재의 각하결정을 아래에 살펴본다. 이 결정에서 헌재는 입법의무와 정당한 사유없는 그 이행지체의 인정을 하고서도 권리보호이익이 소멸되었다고 하여 이 부분 청구를 각하하였다. 전체가 각하결정을 받았으므로 결국 입법지체의 정당성 여부 판단도 적법요건 판단으로 다룬 것으로 이해된다. 그 점에서 위 논점 ii)에서 적법요건 판단으로 다루었다고 할 것이다. 그러나 그러면서도 결론적으로 각하결정을 하는 이유로는 권리보호이익 결여라는 다른 청구요건의 결여를 들고 있다는 점에서는 논점 v)에 대해서는 평가를 할 수 없는 결정례가 되었다. 결국 이 결정례는 위 조선철도(주) 사건결정과 달리 모호하다.

판례 헌재 2016.4.28. 2015헌마1177등

[판시] … 4. 이 사건 입법부작위 심판청구에 관한 판단. 가. 진정입법부작위의 적법요건 … 진정입법

부작위가 헌법소원심판의 대상이 되려면 헌법에서 기본권보장을 위해 법률에 명시적으로 입법위임을 하였음에도 불구하고 입법자가 이를 이행하지 않고 있는 … 경우이어야 하므로, 이하에서는 피청구인(국회)에게 국회의원의 선거구를 입법할 헌법상의 입법의무가 존재하는지 여부를 살펴본다. 나. 헌법상 입법의무의 존재 – … 피청구인에게는 국회의원의 선거구를 입법할 명시적인 헌법상 입법의무가 존재한다. … 다. 헌법상 입법의무의 이행지체 – 입법자가 헌법상 입법의무를 지고 있다고 하여서 그 의무 불이행의 모든 경우가 바로 헌법을 위반한 경우라고는 단정할 수 없다. 그러나 입법자는 헌법에서 구체적으로 위임받은 입법을 자의적으로 지연시킬 수는 없으므로, 헌법이 위임한 선거구에 관한 입법의무를 상당한 기간을 넘어 정당한 사유 없이 해태하였다면, 입법자는 선거구에 관한 법률을 제정하여야 할 입법의무의 이행을 지체하였다고 보아야 할 것이다. 살피건대, 헌법재판소는 2014.10.30. 이 사건 헌법불합치결정을 하면서, … 피청구인에게 2015.12.31.까지 개선입법을 하도록 입법개선의무를 부여하였고, 이는 … 입법을 하기에 불충분한 시간이었다고 볼 수 없다. 그럼에도 불구하고 … 선거구 공백 상태가 입법개선시한 도과 후 2달여의 기간 동안 계속되어 제20대 국회의원선거가 불과 40여 일 앞으로 다가올 때까지도 피청구인은 여전히 선거구에 관한 법률을 제정하지 아니하였는바, 이는 … 합리적인 기간 내의 입법지체라고 볼 수 없다. … 그렇다면 피청구인은 선거구에 관한 법률을 제정하여야 할 헌법상 작위의무를 상당 기간 정당한 사유 없이 이행하지 아니함으로써, 헌법상 입법의무의 이행을 지체하였다. 라. 권리보호이익의 소멸 – … 그런데 … 피청구인이 제20대 국회의원선거를 위한 국회의원지역구의 명칭과 그 구역이 담긴 공직선거법 개정안을 가결함에 따라, … 청구인들에 대한 권리보호이익은 소멸되었다. 결국 청구인들의 이 사건 입법부작위에 대한 심판청구는 권리보호이익이 없어 부적법하다.

결국 헌재의 판례입장은 명확히 확립된 것을 파악하기 현재로서는 어렵다. 근간에 내려진 위 선거구 획정 사건 결정을 보면 그렇다.

4) 검토

i) 우리 헌재는 입법의무의 존재는 대상성 문제로 본다. 생각건대 논리적으로는 기본권의 존재와 국가의 그 보장의무를 인정하는 것이 입법의무의 확인이라면 입법의무가 있는데도 부작위라면 그 사실 위헌이라고 결론이 나야 할 것이다. 어떤 기본권이 보장되어야 하는데 지금 입법의무가 존재함에도 입법이 안되어 침해된다든지 하는 것은 본안의 문제이기도 하다. 다만, 사후 통제기관이자 입법기관이 아닌 헌법재판소로서는 입법재량이나 입법정책성, 입법을 위하여 소요되는 시간 등을 고려하여 입법의무 인정 자체로 바로 위헌인 것은 아니라고 볼 수도 있을 것이다. 그러나 그렇더라도 너무 장시간의 입법지체를 인정하는 것은 위에서 명백히 밝힌 국가의 보장의무를 고려하더라도 받아들일 수 없다. 입법시기를 자유로이 정할 수 있는 것을 입법재량인 것으로 이해되게 하는 위 판시가 입법자의 재량에 전적으로 놓이게 하는 것으로 이해되게 해서는 곤란하다. 입법이 어느 정도의 시간이 소요되므로 그 시간 정도를 넘기지 않으면 안 된다는 것으로 이해해야 하고 그것은 곧 그 시한 내 입법할 의무이므로 그 시간 또한 입법의무의 내용이 된다고 볼 것이다. 그런 점에서라면 입법지체의 정당성 여부 판단 문제는 본안판단 문제로도 볼 수 있을 것이다. 그 점에서 위 선거구 획정 지체 사건 결정에서 입법지체의 부당성을 인정하고서도 본안결정으로 가지 않고 다른 사유로 각하한 비논리성, 모호성을 보여준다.

ⅱ) 결론 - 문제의 주안점은 입법지체의 정당성 여부 판단까지 나아가는 입장에서 그 판단이 적법요건판단으로 볼 것인지 아니면 본안판단으로서의 성격도 가지는 것으로 볼 것인지 하는 데에 있다. 그러한 문제제기를 위에서 했고 이에 대한 검토와 판례법리의 보다 체계화된 정립이 필요하다는 것이다. 그것은 아래의 결정형식 문제와도 결부된다.

(3) 진정입법부작위 헌법소원심판의 결정형식과 위헌확인결정의 효력

1) 결정형식

ⅰ) 헌재가 입법의무의 존재 여부가 적법요건 문제라고 보는 것은 입법의무가 인정되지 않으면 각하결정을 하는 것을 보아도 그러하다. 따라서 현재로서는 입법의무의 부정은 각하결정을 하게 한다. ⅱ) 입법의무를 인정한 다음에 헌재는 입법지체의 정당성 여부에 판단하는데 그 판단에 따라 내리는 결정은 입법지체 여부의 판단이 본안판단으로 작동한다고 보면 그 입법지체가 정당하지 못하면 위헌성이 인정되는 결정을 할 것이다. 바로 조선철도주식회사 보상문제 결정이 그러했다. 그러나 선거구 획정 지체 사건과 같이 반드시 그렇지 않은 결정례도 있었다. 입법지체에 정당성이 있다고 본다면 역시 본안판단이라는 입장에서는 기각결정을 할 것이다. ⅲ) 여하튼 입법지체의 정당성 여부판단에서 그 판단을 본안판단으로서 보고, 그리고 그 판단에서 정당성이 부정될 경우 위헌성으로 인정할 때에는(인용결정을 할 때에는) 아무것도 없는 부작위가 위헌이라는 것이어서 취소하거나 무효라고 선언할 대상도 없으므로 "헌법에 위반됨을 확인한다"라는 결정을 하게 된다. 바로 위헌확인결정이 그것이다(이에 대해서는 후술 헌법소원심판의 결정형식 부분의 위헌확인결정례들 참조. 법률의 입법부작위보다 행정입법의 부작위의 위헌확인결정례들이 많았다).

2) 위헌확인결정의 효력

위 결정형식들 중에 인용결정인 입법부작위에 대한 위헌확인결정이 심각한 경우이므로 위헌확인결정의 효력에 대한 검토가 필요하다. 현행 헌법재판소법 제75조 제1항은 "헌법소원의 인용결정은 모든 국가기관과 지방자치단체를 기속한다"라고 규정하고 있으므로 위헌확인결정이 있는 경우 입법부작위에서 입법으로 나아가야 하는 입법의무가 이 기속력에 따라 주어진다고 볼 것이다. 또한 헌법재판소법 제75조 제4항은 "헌법재판소가 공권력의 불행사에 대한 헌법소원을 인용하는 결정을 한 때에는 피청구인은 결정 취지에 따라 새로운 처분을 하여야 한다"라고 규정하고 있다. '처분' 외에 입법을 할 의무도 명시하여 보다 명확하게 하는 것이 바람직하다고 할 것이다.

문제는 위헌확인결정이 있었음에도 불구하고 입법으로 나아가지 않을 경우 이를 강제하는 효력, 즉 집행력을 어떻게 확보하여야 할 것인가 하는 것이다. 실제 우리 헌법재판소의 최초의 입법부작위 위헌확인결정이었던 조선철도(주) 주식의 보상금청구에 관한 헌법소원결정이 1994년에 있었으나 정작 입법은 2001년에 이루어져(사설철도주식회사주식소유자에 대한 보상에 관한

법률. 2001.1.16. 법률 제6365호로 제정) 위헌확인결정 이후 오랜 동안 입법이 안 된 예가 있다. 현행 헌법재판소법 제40조 제1항은 헌법재판소법에 특별한 규정이 있는 경우를 제외하고는 헌법소원심판의 경우에 행정소송법을 준용한다고 규정하고 있으므로 이에 따라 행정소송법상의 간접강제제도를 준용할 수 있다고 본다. 즉 행정소송법 제34조 제1항은 거부처분을 취소하는 판결의 취지에 따라 이전의 신청에 대한 처분을 하지 아니하는 때에는 제1심수소법원은 당사자의 신청에 의하여 결정으로써 상당한 기간을 정하고 행정청이 그 기간 내에 이행하지 아니하는 때에는 그 지연기간에 따라 일정한 배상을 할 것을 명하거나 즉시 손해배상을 할 것을 명할 수 있다고 규정하고 행정소송법 제38조 제2항은 이 규정을 부작위위법확인소송의 경우에 준용하고 있다. '처분'에 입법이 포함되느냐를 두고 논란이 있을 수도 있다는 점을 고려하면 준용보다는 헌법재판소법에 강제제도를 직접 명시하는 것이 보다 바람직하다고 본다.

입법의무자가 누구냐 하는 문제도 있다. 국회뿐 아니라 법률안제출권을 가지는 정부도 의무를 진다고 보는 것이 "헌법소원의 인용결정은 모든 국가기관과 지방자치단체를 기속한다"라고 규정하고 있는 헌법재판소법 제75조 제1항에 부합된다. 판례로는 선거구획정에 관한 공직선거법개정은 국회가 담당한다고 보기 때문인지는 명확히 밝히지 않고 있으나 – 현행 공직선거법 제24조의2 제1항은 "국회는 국회의원지역구를 …확정하여야 한다"라고 규정하고 있다 – 그 공직선거법을 개정하지 않은 입법부작위에 대한 헌법소원사건에서 헌재가 피청구인을 국회로 한 결정례가 있었다(헌재 2016.4.28. 2015헌마1177등. [당사자] 청구인 별지1 명단과 같음. 피청구인 대한민국 국회). 선거구획정에 관한 입법이 아닌 경우에는 여전히 위와 같은 문제가 있는 것이다. 입법부작위에 대한 인용결정의 경우 이러한 입법의무, 입법의무의 주체 등에 대하여 앞으로 헌법재판소법 자체에서 좀더 명확히 규정되는 것이 바람직하다고 본다.

(4) 결정례

진정입법부작위에 대한 결정례들로는 입법의무가 부정되는 사례들이 많아 따라서 각하결정들이 많았다.

1) 각하결정례

대상성이 없어서 청구요건을 갖추지 못하였다고 하여 각하하는 결정인데 우리 헌재가 입법부작위의 종류를 '진정'과 '부진정'으로 구분하는 데 따라 각하결정도 두 가지로 나누어진다.

(가) 두 단계의 각하결정

위 판단과정에서 설명한 대로 헌재는 먼저 진정입법부작위인지 부진정입법부작위인지를 가린다(바로 진정입법부작위라고 판시하는 경우도 물론 있다). i) 진정입법부작위가 아니라고 보면 부작위 헌법소원으로서는 대상성이 없다고 하는 각하결정을 먼저 하게 된다. ii) 진정입법부작위라고 판단하면 입법의무가 있는지를 살피고 살핀 결과 없으면 각하결정을 한다. 이 법리의 이해를 위해 헌재의 각하결정례 하나를 아래에 인용한다. 사안의 심판대상은 약사법 등에 한약조제의 안전성·유효성에 관한 검토방법 및 절차를 규정하지 아니한 입법부작위가 청구인들의 기본권을 침해하는지 여부였다. 아래 [판시]의 가.와 나. 부분이 그 두 단계이다.

판례 헌재 2018.5.31. 2015헌마1181

[판시] 가. 이 사건 입법부작위의 유형 – 한의사 등이 조제하는 약제에 대하여 별도의 안전성·유효성을 검토하는 방법과 절차는 규정하고 있지 아니하다. 그렇다면 한의사 등이 조제한 한약에 대하여 안전성·유효성에 관한 검토방법 및 절차를 마련하지 아니한 이 사건 입법부작위는 진정입법부작위에 해당한다. 나. 이 사건 입법부작위에 대한 심판청구의 적법 여부 – 약사법과 그 시행규칙, 의약품 안전규칙, 그 위임에 따라 제정된 여러 고시 및 의료법, 그 시행규칙, 한의약육성법 등의 관련법령은, ① '한약조제행위를 할 수 있는 사람'을 한의사·한약사·한약조제자격이 있는 약사로 한정하고, ② 한의사·한약사·한약조제자격이 있는 약사의 '조제방법'을 의료법에 따른 처방 또는 한약조제지침서에 따른 조제로 제한하며, ③ '한약조제의 재료가 되는 한약재'의 성상·품질 등에 대한 기준을 마련하고, 약사법에 규정된 허가를 받거나 자격을 가진 자만이 한약재를 제조·판매·수입·유통할 수 있도록 제한하면서, 대한민국약전 등에 품질관리기준이 마련된 한약재에 대하여서는 기준에 적합한 규격품만이 유통·판매되어 한약조제에 사용될 수 있도록 규제함으로써 한약조제와 관련하여 국민의 건강을 보호하기 위한 정책을 수립하여 시행하고 있다. 이러한 사정들에 비추어 볼 때, 헌법 제36조 제3항의 보건권의 보장을 위하여 위와 같은 규제방법에서 더 나아가 사전에 '한의사 등이 조제한 한약'의 안전성·유효성에 관한 검토방법과 절차를 별도로 규정할 의무가 발생한다고는 보기 어렵다. 따라서 한의사 등이 조제한 한약에 관하여 사전에 안전성과 유효성에 관한 검토방법과 절차를 규정하는 법률을 만들어야 할 헌법상 명시적인 입법위임이 존재하지 아니할 뿐만 아니라, 헌법해석상으로도 위와 같은 입법을 마련할 의무가 도출된다고 볼 수 없다. 그러므로 이 사건 입법부작위에 대한 심판청구는 헌법소원의 대상이 될 수 없는 입법부작위를 심판대상으로 한 것으로서 부적법하다.

* 판례분석 – 입법부작위 부분 판단에서 헌재는 관련 법령상의 규제들을 쭉 열거한 뒤 "위와 같은 규제방법에서 더 나아가 사전에 '한의사 등이 조제한 한약의 안전성·유효성에 관한 검토방법과 절차'를 별도로 규정할 의무가 발생한다고는 보기 어렵다"라고 한다. 그러나 위와 같은 규제가 이미 '한의사 등이 조제한 한약'의 안전성·유효성'을 보장하기 위한 입법이고 이 입법은 그 '안전성·유효성보장을 위한 국가의 의무를 전제로 하고 있는 것이라면 그 검토방법과 절차를 별도로 규정할 의무가 없는 것이 아니라 그 의무가 있는데 그것을 대체하거나 그것과 같은 효과를 가져오게 하는 위와 같은 다른 규제들이 그 의무를 이행하고 있는 것이라고 판시하는 것이 실질적으로 논리적이다. 결론적으로 헌재가 그러므로 "헌법소원의 대상이 될 수 없는 입법부작위를 심판대상으로 한 것으로서 부적법하다"라고 선언한 것은 형식논리적이다('검토방법과 절차'라는 이름 자체를 가진 의무를 인정하지 않는다는 점에서 '형식적'이라는 것). 입법의무조차 없다는 것은 기본권수호기관으로서 의지가 강하다고 보게는 하지 않는다.

(나) 판례의 판단과정에 대한 검토

위와 같이 단계적으로 판단되어야 한다는 점에서 각하결정도 두 가지 경우로 나누어진다. 그러나 위 ⅰ)의 경우는 진정입법부작위가 아니라 부진정입법부작위라고 본다면 아래의 부진정입법부작위, 양자 구분의 문제점에서 지적하는 대로 부진정입법부작위에 대한 청구로서의 법령소원으로 판단하면 될 일이지 진정입법부작위가 아니라는 이유로 바로 각하할 것은 아니다(자세한 것은 그 검토 부분 참조).

(다) 진정입법부작위인데 입법의무가 부인되어 각하된 또 다른 예

① 지방자치단체장을 위한 별도의 퇴직급여제도를 마련하지 않은 입법부작위

판례 헌재 2014.6.26. 2012헌마459

[판시] 지방자치단체장을 위한 별도의 퇴직급여제도를 마련하지 않은 것은 진정입법부작위에 해당하는데, 헌법상 지방자치단체장을 위한 퇴직급여제도에 관한 사항을 법률로 정하도록 위임하고 있는 조항은 존재하지 않는다. 나아가 … 헌법 제7조의 해석상 지방자치단체장을 위한 퇴직급여제도를 마련하여야 할 입법적 의무가 도출된다고 볼 수 없고, 그 외에 헌법 제34조나 공무담임권 보장에 관한 헌법 제25조로부터 위와 같은 입법의무가 도출되지 않는다. 따라서 이 사건 입법부작위는 헌법소원의 대상이 될 수 없는 입법부작위를 그 심판대상으로 한 것으로 부적법하다.

② 독서실과 같이 정온을 요하는 사업장의 실내소음 규제기준을 규정하지 아니한 진정입법부작위

판례 헌재 2017.12.28. 2016헌마45

[결정요지] 헌법 제35조 제1항, 제2항만으로는 헌법이 독서실과 같이 정온을 요하는 사업장의 실내소음 규제기준을 마련하여야 할 구체적이고 명시적인 입법의무를 부과하였다고 볼 수 없고, 다른 헌법조항을 살펴보아도 위와 같은 사항에 대한 명시적인 입법위임은 존재하지 아니한다. 환경권의 내용과 행사는 법률에 의해 구체적으로 정해지므로(헌법 제35조 제2항), 입법자는 환경권의 구체적인 실현에 있어 광범위한 형성의 자유를 가진다. 정온을 요하는 사업장의 실내소음 규제기준을 마련할 것인지 여부나 소음을 제거·방지할 수 있는 다양한 수단과 방법 중 어떠한 방법을 채택하고 결합할 것인지 여부는 당시의 기술 수준이나 경제적·사회적·지역적 여건 등을 종합적으로 고려하지 않을 수 없으므로, 독서실과 같이 정온을 요하는 사업장의 실내소음 규제기준을 만들어야 할 입법의무가 헌법의 해석상 곧바로 도출된다고 보기도 어렵다. 결국 독서실과 같이 정온을 요하는 사업장의 실내소음 규제기준을 제정하여야 할 입법자의 입법의무를 인정할 수 없으므로, 이 사건 심판청구는 헌법소원의 대상이 될 수 없는 입법부작위를 대상으로 한 것으로서 부적법하다.

2) 입법지체의 정당성 여부 심사 결정

(가) 세 번째 단계 심사

우리 헌재는 입법부작위의 진정성 여부 심사, 진정입법부작위라고 볼 때의 입법의무의 존재 여부 심사 그리고 입법의무의 존재를 인정하면 나아가 입법지체가 정당성을 가지는지 여부에 대한 심사를 하는데 이 마지막 심사는 세 번째 심사로 이 경우에 심사구조가 세 단계를 이룬다고 볼 것이다.

(나) 성격과 결정형식

이 입법지체의 정당성 여부 심사가 본안심사인지에 대해 명확하지 않다는 지적을 앞서 한 바 있다. 그리고 입법지체에 정당성이 인정될 때 본안결정으로서 기각결정을 할 것인지 아니면 적법요건 문제로 각하결정을 할 것인지 뚜렷하지 않다. 아래의 결정은 모호성을 역시 보여준다.

(다) 입법지체의 정당성 부정까지 인정한 경우로서 모호성을 보여준 결정례

진정입법부작위 헌법소원심판에서 입법의무, 비정당한 상당 기간 입법지체를 인정하면서

도 이후 결국 입법되었다 하여 권리보호이익 소멸 인정하여 각하한 예.

헌재는 위 (2)에서 논점 정리를 하고 논의도 했지만 입법의무가 인정된다고 보고 입법지체도 정당하지 못하다고 보면서 다른 청구요건(권리보호이익)의 결여를 들어 각하하여 그 모호성이 나타난다. 우리는 이 경우에 지체의 정당성 여부 판단은 본안판단으로 보아 본안결정이 있어야 한다고 본다. 그런데 헌재는 모호성을 보여주었는데 헌법상 입법의무의 존재를 인정하고 상당 기간 정당한 사유 없이 이행하지 아니함으로써 헌법상 입법의무의 이행을 지체하였다고 보면서도 이후 입법이 이루어져 입법부작위 상태는 해소되었고, 이 입법으로 청구인들의 주관적 목적도 달성되었다고 하여 권리보호이익이 소멸되었다고 본 아래의 결정례가 그 예이다. 사안은 바로 선거구획정 입법지체사건이었다.

판례 헌재 2016.4.28. 2015헌마1177등

[판시] 가. 진정입법부작위의 적법요건 – 헌법재판소는 2014.10.30. '공직선거법(2012.2.29. 법률 제11374호로 개정된 것) 제25조 제2항 별표 1 국회의원지역선거구구역표는 투표가치의 평등을 침해하여 헌법에 합치되지 아니한다. 위 국회의원지역선거구구역표는 2015.12.31.을 시한으로 입법자가 개정할 때까지 계속 적용된다.'라는 취지의 결정을 하였으나, 피청구인은 위 입법개선시한까지 구 선거구구역표에 관한 입법개선의무를 이행하지 아니하였다. 이하에서는 피청구인에게 국회의원의 선거구를 입법할 헌법상의 입법의무가 존재하는지 여부를 살펴본다. 나. 헌법상 입법의무의 존재 – 헌법 제41조 제3항은 국회의원선거에 있어 필수적인 요소라고 할 수 있는 선거구에 관하여 직접 법률로 정하도록 규정하고 있으므로, 피청구인에게는 국회의원의 선거구를 입법할 명시적인 헌법상 입법의무가 존재한다. 나아가 헌법이 국민주권의 실현 방법으로 대의민주주의를 채택하고 있고 선거구는 이를 구현하기 위한 기초가 된다는 점에 비추어 보면, 헌법 해석상으로도 피청구인에게 국회의원의 선거구를 입법할 의무가 인정된다. 다. 헌법상 입법의무의 이행지체 – 헌법재판소는 2014.10.30. 이 사건 헌법불합치결정을 하면서, 선거구 획정에는 정치세력간의 이해관계가 첨예하게 대립하고 투표가치의 평등을 보장하면서도 지역대표성도 도모해야 하는 등 수많은 요소의 조정이 요구되는 특성이 있으므로, 선거구 획정에 필요한 기간을 고려하여 피청구인에게 2015.12.31.까지 개선입법을 하도록 입법개선의무를 부여하였고, 이는 위 헌법불합치결정 이후 1년 2개월에 이르는 기간으로 피청구인이 선거구 획정에 대하여 진지하게 논의하고 그에 따른 입법을 하기에 불충분한 시간이었다고 볼 수 없다. 그럼에도 불구하고 피청구인은 이 사건 헌법불합치결정에서 정한 입법개선의무를 이행하지 아니한 채 입법개선시한을 도과하여 선거구 공백 상태를 초래하였다. 그로 인하여 국회의원선거에 출마하고자 하는 사람, 특히 예비후보자로 등록한 사람은 자신이 출마하고자 하는 지역이 어느 선거구에 속하게 될지를 전혀 확정할 수 없어 선거운동의 지역적 범위 또한 확정할 수 없게 되었고, 선거운동을 위한 선거사무소의 위치조차 확정하기 어려운 상황에 처하게 되었다. … 이와 같이 선거운동의 자유가 온전히 보장되지 못하고 선거정보의 원활한 취득이 어려운 선거구 공백 상태가 입법개선시한 도과 후 2달여의 기간 동안 계속되어 제20대 국회의원선거가 불과 40여 일 앞으로 다가올 때까지도 피청구인은 여전히 선거구에 관한 법률을 제정하지 아니하였는바, 이는 엄격해진 인구비례 기준에 따라 선거구를 분구하거나 통합하면서 지역구국회의원의 수를 조정하는 등 여러 어려움이 있을 수 있다는 점을 고려하더라도 합리적인 기간 내의 입법지체라고 볼 수 없다. 또한 선거구는 헌법이 직접 법률에 위임한 입법사항이고, 국민주권의 원리와 대의민주주의 원리를 구현하고 국민의 선거권을 보장함에 있어 막중한 의미를 지니고 있다는 점 등에 비추어보면, 여당과 야당이 첨예하게 대립하는 쟁점법안이 산재하여 있었다는 정치적 상황과 같은 사유는 그 지체를 정당화하는 사유가 될 수 없다. 그렇다면 피청구인은 선거구에 관한 법률을 제정하여야 할 헌법상 작위

의무를 상당 기간 정당한 사유 없이 이행하지 아니함으로써, 헌법상 입법의무의 이행을 지체하였다고 보아야 할 것이다. 라. 권리보호이익의 소멸 – 다만, 헌법소원심판은 국민의 기본권 침해를 구제하는 제도이므로 헌법소원심판청구가 적법하려면 심판청구 당시는 물론 결정 당시에도 권리보호이익이 있어야 함이 원칙이다. 그런데 여당과 야당은 2016.2.23. 선거구획정기준에 최종 합의하였고, 이어 획정위는 2016.2.28. 선거구획정안을 의결하여 국회의장에게 제출하였으며, 2016.3.2. 피청구인이 제20대 국회의원선거를 위한 국회의원지역구의 명칭과 그 구역이 담긴 공직선거법 개정안을 가결함에 따라, 위 개정 공직선거법은 그 다음 날 공포되어 시행되었다(법률 제14073호). 이로써 선거구에 관한 법률을 제정하지 아니하고 있던 피청구인의 입법부작위 상태는 해소되었고, 획정된 선거구에서 국회의원후보자로 출마하거나 선거권자로서 투표하고자 하였던 청구인들의 주관적 목적도 달성되었다 할 것이므로, 청구인들에 대한 권리보호이익은 소멸되었다. 결국 청구인들의 이 사건 입법부작위에 대한 심판청구는 권리보호이익이 없어 부적법하다.

* 검토 – i) 예외적 심판이익 존재 여부에 대한 판단 결여 – 이 결정의 결론은, 뒤의 권리보호이익 요건에서 다루겠지만(후술 참조) 권리보호이익이 없어졌더라도 헌재 자신은 예외적으로 심판의 이익이 있는 경우를 인정하고 그 경우를 반복침해가능성, 헌법적 해명필요성을 들고 있는데(이에 대해서는 뒤의 권리보호이익 부분 참조) 이에 대한 판단이 결여되어 받아들이기 어렵다. 선거구 획정이 시한 내에 이루어지지 않는 사태는 위 사안 이후로도 앞으로도 있을 수 있다. 당장 이 사안에서 위 20대 국회의원 총선거를 위한 선거구획정이 시한을 넘겼는데 바로 위 결정 이후 2020년 21대 국회의원 총선을 위한 선거구 획정이 또 시한을 넘겼다. 선거구획정과 같은 국가기관, 그것도 국민대표기관인 국회를 조직하는 문제라 그것의 획정과 획정 지체에 대한 방지 등은 헌법적으로 중요한 문제이다. 그러므로 침해의 반복가능성, 헌법적 해명 필요성 등을 살펴서 예외적인 심판이익을 따져보았어야 한다. 시간이 지났고 입법부가 할 일을 안하다가 뒤늦게 하고나니 입법이 있었다는 것을 두고 권리보호이익 없어 각하 … 이러면 헌법재판소가 왜 필요한지 의문을 들게 한다. 이런 반복을 되풀이하지 않게 하는 데 조금이라도 헌재가 역할을 하여야 한다. ii) 위 i)의 지적대로 만약 헌재가 심판이익을 받아들였다면 지체의 정당화 여부를 위헌 여부 문제로 보는 자신의 판례입장(앞의 조선철도(주) 사건결정과 같은 판례의 입장)에 따르면 입법지체에 정당성을 부정한 위 자신의 판시에 따라 위헌확인결정이 났을 것이다. iii) 주관적 목적달성도 사실이 아니다. 청구인 중에는 예비후보로 선거운동을 하고자 했으나 선거구획정이 지체되는 동안 예비후보자에게 인정되는 합법적 선거운동을 못한 지나버린 시간이 있는데도(위 판시에도 "선거운동을 위한 선거사무소의 위치조차 확정하기 어려운 상황에 처하게 되었다"라고 하여 그 점 인지(?)하고 있었다) 목적이 달성되었다고 할 것이 아니다. iv) 위 판시 중 "지역대표성도 도모해야 하는 등"은 정치현실을 떠나 헌법법리상 기속위임금지 법리에 맞지 않다.

3) 인용결정례 – 위헌성확인의 예 – 입법의무 존재와 과도한 입법지체의 위헌 인정례

진정입법부작위에 대한 헌법소원에서 인용결정은 드물었다. 이하에서 그 인용결정례를 본다.

(가) 법률의 부작위에 대한 위헌확인결정의 예

- 손실보상입법의 부작위 법률이 제정되지 않은 입법부작위에 대하여 그 입법의무를 인정한 뒤 그 입법부작위를 위헌으로 확인한 예가 아래에서 보는 손실보상입법의 부작위에 관한 결정이었다. 이는 우리 헌법재판소가 최초로 법률의 입법부작위에 대하여 행한 위헌확인결정이었다. 조선철도(주) 보상에 관한 결정으로 입법의무의 인정 및 위헌성(입법재량 한계 넘는 입법지체)을 인정한 예이다.

[주요판시사항]
▷ 입법부작위에 대한 최초의 위헌확인결정
▷ 손실보상금지급절차에 관한 법률을 제정하지 아니하는 입법부작위의 위헌성

판례 헌재 1994.12.29. 89헌마2, 조선철도(주) 주식의 보상금청구에 관한 헌법소원
[본안쟁점] 수용법령의 폐지로 보상김의 확정·지급절차의 법령이 없어졌다고 하여 보상금을 지급하지 아니함은 재산권을 침해하는 입법부작위로서 위헌인지 여부(위헌확인결정) [사건개요] 1946.5.7. 공포된 재조선 미국육군사령부 군정청법령 제75호 조선철도의 통일에 의하여 조선철도주식회사 등의 사설철도회사의 전재산이 고용(公用)을 위하여 수용(收用)되자 조선철도주식회사의 주식을 소유하고 있던 대한금융조합연합회는 군정법령이 정한 손실보상을 받기 위하여 군정법령 제3조 소정의 기한 내인 1946.6.30. 미군정청 운수부장에게 위 주식에 관한 보상청구서를 제출하였다. 그러나 6·25 사변으로 보상관계서류가 소실됨으로써 대한민국 교통부장관이 사설철도회사 주주의 등록을 하도록 공고하였으므로, 구 농업협동조합법에 의하여 위 대한금융조합연합회를 인수한 농업협동조합중앙회는 1961.2.17. 이에 따른 등록을 마쳤다. 위 농업협동조합중앙회는 1961.10.20. 위 주식을 공매처분하고, 위 주식에 따른 보상청구권도 역시 양도하였는데, 청구 외 ○○○이 그 중 주식 59,176주를 매수하면서 이 주식에 따른 보상청구권을 승계취득하였고, 농업협동조합중앙회는 1971.5.11.경 교통부장관에게 이 사건 주식 및 이에 따른 보상청구권의 양도사실을 통지하였다. 1961.12.30. 법률 제922호로 공포된 조선철도의 통일폐지법률에 의하여 군정법령이 폐지된 이후 이 사건 주식에 관한 보상절차가 중단되자 위 ○○○은 대한민국을 상대로 이 사건 주식에 관한 보상청구권확인청구소송을 제기하여 서울고등법원(1972.6.28. 선고, 70나73 판결) 및 대법원(1973.3.13. 선고, 72다1525 판결)에서 위 ○○○에게 손실보상청구권이 있음을 확인하는 내용의 승소판결이 확정되었다. 그러나 대한민국 정부는 위 손실보상금의 확정·지급을 가능하게 하는 근거 법령이 없다는 이유 등으로 손실보상금의 지급을 거절하여 왔다. 청구인은 1977.12.28. 위 ○○○로부터 이 사건 주식 및 이에 따른 보상청구권을 양수하였으나 지금까지 대한민국으로부터 보상금을 지급받지 못하여 헌법상 보장된 재산권을 침해당하고 있다는 이유로 1989.1.11.에 선택적 청구, 즉 폐지법률에 의하여 군정법령을 폐지한 후 사설철도회사 재산의 수용으로 인한 손실보상절차를 규정하는 법률을 제정하지 아니하는 입법부작위의 위헌확인 또는 이 사건 주식과 이에 따른 손실보상청구권을 취득한 청구인에 대하여 군정법령 제4조, 제5조에 따른 보상금의 사정·확정절차를 취하지 아니하는 행정부작위의 위헌확인, 또는 폐지법률 위헌확인을 구하는 헌법소원심판을 청구하였다. [심판대상규정] 심판의 대상은 선택적으로 위 입법부작위 또는 위 행정부작위의, 폐지 법률의 각 위헌 여부이다. 폐지법률의 내용은 다음과 같다. 단기 4279년 5월 군정법령 제75호 조선철도의 통일은 이를 폐지한다. <부칙> (1) (시행일) 본법은 공포한 날로부터 시행한다. (2) (보상청구권의 효력) 본법 시행 전에 확정된 사설철도 수용으로 인한 보상청구권은 본법의 시행에 의하여 영향을 받지 아니한다. [주문] "재조선 미국육군사령부 군정청법령 제75호 조선철도의 통일(1946.5.7. 제정)을 폐지한 조선철도의 통일폐지법률(1961.12.30. 법률 제922호)이 시행되기 전에 같은 군정청법령 제2조에 의하여 수용된 조선철도주식회사, 경남철도주식회사 및 경춘철도주식회사 재산의 재산관계권리자로서 같은 법령 제3조에 따라 같은 군정청 운수부장에게 보상청구서면을 제출하여 위 수용으로 인한 보상청구권을 포기하지 않은 것으로 확정된 자 또는 그 보상청구권을 승계취득한 자에 대하여 위 수용으로 인한 손실보상금을 지급하는 절차에 관한 법률을 제정하지 아니하는 입법부작위는 위헌임을 확인한다." [결정요지] 헌법재판소법 제68조 제1항에서 공권력의 불행사에 대한 헌법소원심판의 청구를 허용하고 있으며, 위 규정의 공권력 중에는 입법권도 당연히 포함되므로 입법부작위에 대한 헌법소원이 허용되나, 헌법에서 기본권보장을 위해 법령에 명시적으로 입법위임을 하였음에도 불구하고 입법자가 이를 이행하지 않고 있는 경우 또는 헌법해석상 특정인의 기본권을 보호하기 위한 국가의 입법의무가 발생하였음이 명백함에도 불구하고 입법자가 전혀 아무런 입법조치를 취하지 않고 있는 경우에 한하여 그 입법부작위가 헌법소원의 대

상이 된다 함이 우리 헌법재판소의 판례(헌법재판소 1989.3.17. 선고, 88헌마1 결정; 1989.9.29. 선고, 89헌마13 결정; 1991.9.16. 선고, 89헌마163 결정 등 참조)이므로, 이 사건의 입법부작위는 본안에 대한 판단에서 보는 바와 같이 대상적격이 있다고 해석된다. 이 사건의 쟁점은 대한민국이 헌법 제23조 제3항에 따라 수용 등을 할 경우에 그에 대한 보상을 실시하는 법률을 제정할 헌법상의 의무가 있는지 여부와 있다면 그 입법부작위가 위헌인지 여부에 있다. 우리 헌법은 제헌 이래 현재까지 일관하여 재산의 수용·사용 또는 제한에 대한 보상을 지급하도록 규정하면서 이를 법률이 정하도록 위임하고 있다. 즉, 국가에게 명시적으로 그 입법의무를 부과하여 왔다고 보인다. 제헌헌법 부칙 제100조는 "현행법령은 이 헌법에 저촉되지 아니하는 한 효력을 가진다"라고 규정함으로써 미군정법령도 제헌헌법에 저촉되지 않는 한 효력을 가지게 하였는바, 공용을 위하여 사설(私設)철도회사의 재산을 수용하면서 그 수용에 대한 보상규정을 둔 군정법령이 제헌헌법의 재산권보장 조항 등에 저촉되는 것이라고는 할 수 없으므로, 이 사건 수용은 헌법 제23조 제3항에서 말하는 '수용'에 해당된다고 보아야 할 것이다. 그러나 군정법령 제4조, 제5조(이 조항들은 보상액결정과 지급절차규정이었음 : 저자 주)에 따른 보상절차가 이루어지지 않은 단계에서 폐지 법률에 의하여 군정법령이 폐지됨으로써 대한민국의 법령에 의한 수용은 있었으나 그에 대한 보상을 실시할 수 있는 절차를 규정하는 법률이 없는 상태가 현재까지 계속되고 있다. 따라서 대한민국의 법률에 근거한 수용에 대하여는 그 보상에 관한 법률을 제정하여야 하는 입법자의 헌법상 명시된 입법의무가 발생하였고 대한민국은 그 의무를 이행하지 아니하고 있다. 입법자가 입법의무를 지고 있다고 하여서 그 불이행의 모든 경우가 바로 헌법을 위반한 경우라고 단정할 수 없다. 즉, 입법자에게는 형성의 자유 또는 입법재량이 인정되므로 입법의 시기 역시 입법자가 자유로이 결정할 수 있음이 원칙이다. 그러나 입법자는 헌법에서 구체적으로 위임받은 입법을 거부하거나 자의적으로 입법을 지연시킬 수는 없는 것이므로, 가령 입법자가 입법을 하지 않기로 결의하거나 상당한 기간 내에 입법을 하지 않는 경우에는 입법재량의 한계를 넘는 것이 된다. 따라서 입법부작위는 이와 같이 입법재량의 한계를 넘는 경우에 한하여 위헌으로 인정되는 것이다. 군정법령은 위 수용으로 인한 손실보상절차를 규정하고 있었고 조선철도주식회사의 주주이던 대한금융조합연합회는 위 재산관계권리자로서 군정법령 제3조가 정한 대로 보상청구서를 제출함으로써 손실보상청구권을 포기하지 않는 것으로 확정되었으며, 청구인은 위 손실보상청구권을 승계취득한 것이다. 그런데 폐지법률은 군정법령을 폐지하면서 이미 확정된 보상청구권의 존속만을 부칙에 정하였을 뿐 보상금의 심사(査定)·확정 및 지급절차에 관하여 아무런 규정을 두지 않음으로써 그 청구권이 확정된 자 또는 승계취득한 자라 하더라도 보상금을 지급받을 수 없는 결과가 초래되었다. 수용된 사설철도회사의 재산관계권리자의 확정된 손실보상청구권은 폐지법률 시행 당시의 헌법(1962.12.26. 제5차 개정 전의 것)하에서나 현행 헌법하에서나 헌법상 보장된 재산권으로서 군정법령에 의하여 구체화되었고 군정법령을 폐지한 폐지법률도 그 존속을 보장하고 있는 권리임에도 불구하고 그 보상액의 확정 등 보상절차에 관한 법률을 제정하지 않음으로써 헌법상 재산권을 실질적으로 실현불가능하게 내버려두는 것은 제헌헌법 이래 재산권을 보장하는 헌법규정에 명백히 반하는 것이다. 따라서 폐지법률이 시행된 이후에는 대한민국에 군정법령에서 인정하였던 보상의 기준과 내용에 따라 보상청구권의 실현절차를 규정하는 법률을 제정할 행위의무가 발생하였다고 보아야 한다. 그럼에도 불구하고 폐지법률이 시행된 지 30년이 지나도록 입법자가 전혀 아무런 입법조치를 취하지 않고 있는 것은 입법재량의 한계를 넘는 입법의무불이행으로서 위 보상청구권이 확정된 자의 헌법상 보장된 재산권을 침해하는 것이므로 위헌이다.

* 참고 : 후속 사건 – 위 위헌확인결정에도 불구하고 이후 오랜 기간 보상입법이 이루어지지 않았다. 위 위헌확인결정 이후에도 위 손실보상금 지급을 위한 입법을 지연하자, 위 결정에서의 청구인은 보상근거법령을 마련할 의무가 있음에도 불구하고 위헌확인결정일로부터 1년 이상이 경과하였는데도 그 의무이행을 해태하고 이를 입법하지 않았으므로 불법행위가 성립하였다고 주장하면서 1996.4.25. 서울지방법원에 손실보상금 상당액의 지급을 구하는 조정신청을 하였고, 조정이 성립되지 아니하여 본안소송

으로 이행되었다. 위 본안소송의 계속중인 2001.1.16. 위 군정법령에 의하여 수용된 사설철도에 관한 보상청구권자의 범위, 보상금액의 산정방법 및 보상금의 지급절차 등을 규정한 사설철도주식회사주식소유자에 대한 보상에 관한 법률(법률 제6365호, 이하 '법'이라 한다)이 제정·공포되어, 2001.7.1.부터 시행되었다. 그러나 위 위헌확인결정에서의 청구인은 위 법이 규정하고 있는 보상은 보상청구권자들의 보상청구권을 정당하게 평가하여 피수용재산의 객관적 재산가치를 완전하게 보상하지 아니하고 그에 훨씬 못 미치는 보상내용을 규정하고 있으므로, 헌법상의 평등원칙(헌법 제11조 제1항) 및 재산권 수용시의 정당보상의 원칙(헌법 제23조 제3항)에 위배된다고 주장하면서 위헌여부심판의 제청신청을 하였고, 서울고등법원은 그 신청을 받아들여 2002.4.9. 헌법재판소에 위 법 제4조 제2항 제1호, 제3항, 제4항에 대하여 위헌여부의 심판을 제청하였다. 그러나 헌법재판소는 헌법 제23조의 정당보상의 원칙이나 헌법 제11조의 평등의 원칙에 위반되지 아니한다고 보고 합헌결정을 하였다(헌재 2002.12.18. 2002헌가4, 사설철도주식회사주식소유자에 대한 보상에 관한 법률 제4조 제2항 제1호 등 위헌제청).

(나) 진정행정입법부작위에 대한 위헌확인결정의 예

이러한 결정례들에 대해서는 행정의 입법부작위 문제라는 점에서 뒤의 행정부작위 부분에서 자세히 살펴보고자 한다(후술, 행정입법부작위 부분 참조).

3. 부진정입법부작위

(1) 판단과정과 대상

1) 판단과정의 유형

헌재는 청구된 헌법소원심판의 대상의 입법부작위의 유형이 진정입법부작위인지 부진정입법부작위인지를 먼저 판단하고 후자로 판단되면 다음과 같은 결정례 등을 보여주었다. 먼저 ① 진정입법부작위에 대한 헌법소원으로서는 그 대상성이 없다고 하여 각하결정을 한 예들이 있었다(헌재 1989.7.28. 89헌마1; 1997.3.27. 94헌마235; 2001.3.21. 2000헌마37 등 적지 않았다). 또는 ② 부진정입법부작위로서의 청구요건 결여로(청구기간 도과가 많았음) 각하한다고 판시한 예들(헌재 1996.10.31. 94헌마108; 1996.11.28. 95헌마161 등), 아니면 부진정입법부작위이므로 진정입법부작위로서의 헌법소원대상성 결여라는 이유와 더불어 부진정입법부작위에 대한 헌법소원으로서의 청구요건 결여로(청구기간 도과가 많았음) 각하하는 결정례들(헌재 2000.4.27. 99헌마76; 2018.5.31. 2016헌마626 등)도 볼 수 있었다. 또는 ③ 부진정입법부작위로 보아야 하나 가사 진정입법부작위로 보더라도 입법의무가 없는 경우라고 하여 각하하는 아래의 예도 있다.

판례 헌재 2018.12.27. 2017헌마1266

[판시] … 2. 심판대상 – 청구인이 주장하는 기본권 침해의 원인이 되는 공권력행사는 진정입법부작위가 아니라 부진정입법부작위에 해당한다. … 4. 판단 가. 2013.9.16.경에는 기본권 침해를 알게 되었다고 할 수 있다. 그럼에도 청구인은 2013.5.17.경으로부터 1년, 2013.9.16.경으로부터 90일을 각각 도과한 2017.11.17. 이 사건 헌법소원심판을 청구하였으므로 청구기간을 준수하지 못하였다. 나. 가사 전후납북자법이 납북피해자의 복지과 관련된 사항을 전혀 입법하지 않은 것으로 보고 이 사건 심판청구를 진정입법부작위에 관한 것으로 이해한다고 하더라도, … 헌법 제7조 제2항, 제13조 제3항, 제25조, 제

29조 제1항 제1문을 거론할 수 있으나, 위 조항들은 위와 같은 사람의 복직에 관한 조항을 제정해야 할 입법의무를 명시적으로 규정하였다고 보기 어렵다. 나아가 … 입법의무가 헌법 해석상 새로이 발생하였다고 볼 수도 없다. 다. 따라서 이 사건 심판청구는 부진정입법부작위에 관한 것으로서 청구기간을 도과하여 부적법하고, 가사 이 사건 심판청구를 진정입법부작위에 관한 것으로 보더라도 헌법소원대상성이 인정되지 아니하여 부적법하다.

2) 검토

진정입법부작위라고 판단되지 않고 부진정입법부작위로 판단된다면 부진정입법부작위를 가진 법령(헌재 표현에 따르면 '불완전 입법')을 대상으로 하는 법령소원으로서 청구요건을 갖추었는지 판단하고 구비여부에 따라 본안으로 들어가든지 아니면 각하할 일이지 진정입법부작위가 아니어서 바로 각하한다고 판시하는 것은 논증이 불충분한 결과를 가져온다. 요컨대 아래서 검토하겠지만 '진정', '부진정'의 구분에 문제가 있지만 그 구분을 받아들인다고 하더라도 부진정입법부작위로 판명되면 진정입법부작위 헌법소원으로서 부적법하다고 바로 각하할 것이 아니라 부진정입법부작위 헌법소원으로서의 청구가 적법한지 여부도 살펴서 적법하면 법령소원으로 보아 본안판단을 할 일이다. 바로 아래 결정례도 그러한 예를 보여준다.

판례 헌재 2013.8.29. 2012헌마326

[판시] 심판의 대상 – 청구인들은 개표참관인들의 실질적 참관권을 보장함으로써 공정한 개표가 이루어질 수 있도록 동시계표 투표함 수에 대한 제한 규정이 있어야 하는데도 공직선거법이 그러한 제한규정을 두지 않은 입법부작위의 위헌성을 다투고 있다. 공직선거법 제178조 제1항은 그 문언이나 개정 경위에 비추어 볼 때 동시에 계표하는 투표함의 수에 대한 제한이 없는 계표 방식을 입법한 것이다. 그러므로 청구인들은 공직선거법 제178조 제1항의 입법에 결함이 있음을 다투는 것으로서 이른바 부진정입법부작위가 위헌임을 다투는 것으로 보아야 한다. 결국 이 사건 심판대상은 개표절차 중 투표수 계산방식에 대하여 규정하고 있는 공직선거법(2002.3.7. 법률 제6663호로 개정된 것) 제178조 제1항이 청구인들의 기본권을 침해하는지 여부로서, 심판대상조항의 내용은 다음과 같다. …

3) 대상

부진정입법부작위는 불완전한 법규정 그 자체가 심판대상이 된다.

(2) 부진정입법부작위라고 본 뒤 헌법불합치로 결정한 예

i) 법령소원심판의 예

① 재외동포들의 출입국에서의 혜택을 부여하고 한국 내에서의 법적 지위를 보장하는 것을 내용으로 하는 '재외동포의 출입국과 법적 지위에 관한 법률'(1999.9.2. 법률 제6015호로 제정된 것)의 적용대상에서 대한민국 정부수립 이전의 해외이주동포(대부분의 중국동포와 구 소련동포 등)를 제외한 위 법률 제2조 제2호와 동법시행령(1999.11.27. 대통령령 제16602호로 제정된 것) 제3조가 부진정입법부작위이고 이 심판대상규정들에 대해 평등원칙의 위반이라고 보아 계속적용의 헌법불합치결정을 한 결정례이다.

판례 헌재 2001.11.29. 99헌마494, 위헌확인

[대상성에 관한 적법성판단] 이 사건 심판대상규정은 재외동포, 특히 외국국적동포에 대하여 아무런 규정을 두지 아니한 것이 아니라 그 중 일부에 대한 혜택을 주도록 규정하면서도 정부수립 이전 이주동포를 제외시켜 불완전·불충분하게 규율하고 있는 부진정입법부작위에 해당하고, 따라서 이 헌법소원은 이 사건 심판대상규정이 평등원칙에 위배되는가 여부에 관한 것이므로 적법하다. [본안결정요지] 청구인들과 같은 정부수립 이전 이주동포를 재외동포법의 적용대상에서 제외하는 차별취급은 그 차별의 기준이 목적의 실현을 위하여 실질적인 관계가 있다고 할 수 없고, 차별의 정도 또한 적정한 것이라고는 도저히 볼 수 없으므로, 이 사건 심판대상규정은 합리적 이유 없이 정부수립 이전 이주동포를 차별하는 자의적인 입법이어서 헌법 제11조의 평등원칙에 위배되고, 이로 인하여 청구인들의 평등권을 침해하는 위헌인 것이다. 그러나 재외동포법은 이미 시행되어 그 혜택을 누리고 있는 재외국민들이 있는데 이 사건심판대상규정에 대하여 단순위헌결정을 하며 그 지위가 그 순간부터 상실되어 법적 안정성의 관점에서 법치국가적으로 용인하기 어려운 법적 공백이 야기할 수 있으므로 잠정적으로 적용하게 하는 헌법불합치결정을 한다. [주문] 1. 재외동포의 출입국과 법적 지위에 관한 법률(1999.9.2. 법률 제6015호로 제정된 것) 제2조 제2호, 재외동포의 출입국과 법적 지위에 관한 법률시행령(1999.11.27. 대통령령 제16602호로 제정된 것) 제3조는 헌법에 합치하지 아니한다. 2. 이들 조항은 2003.12.31.을 시한으로 입법자가 개정할 때까지 계속 적용된다.

② '주민등록번호 변경'에 대한 규정을 두고 있지 않은 것

판례 헌재 2015.12.23. 2014헌마449 등

[심판대상에 관한 판시] 청구인들이 주장하는 것은 위 조항들의 내용이 위헌이라는 것이 아니라, 주민등록번호의 잘못된 이용에 대비한 '주민등록번호 변경'에 대하여 아무런 규정을 두고 있지 않은 것이 헌법에 위반된다는 것이므로, 이는 주민등록번호 부여제도에 대하여 입법을 하였으나 주민등록번호의 변경에 대하여는 아무런 규정을 두지 아니한 부진정 입법부작위가 위헌이라는 것이다. 따라서 청구인들의 이러한 주장과 가장 밀접하게 관련되는 조항인 주민등록법 제7조 전체를 심판대상으로 삼고, 나머지 조항들은 심판대상에서 제외하기로 한다. [본안결정요지] 1. 주민등록번호 변경에 관한 규정을 두고 있지 않은 심판대상조항은 과잉금지원칙에 위배되어 개인정보자기결정권을 침해한다. 2. 심판대상조항의 위헌성은 주민등록번호 변경에 관하여 규정하지 아니한 부작위에 있는바, 단순위헌결정을 할 경우 주민등록번호제도 자체에 관한 근거규정이 사라지게 되어 용인하기 어려운 법적 공백이 생기게 되므로, 심판대상조항에 대하여는 헌법불합치결정을 선고하되, 2017.12.31.을 시한으로 입법자가 개선입법을 할 때까지 계속 적용하기로 한다. * 이 사안은 위헌소원심판('헌바')사건(2013헌바68)도 병합된 사건이었다.

③ **'디엔에이신원확인정보의 이용 및 보호에 관한 법률'**(2010.1.25. 법률 제9944호로 제정된 것) **제8조** – 이 제8조가 디엔에이감식시료채취영장 발부 과정에서 채취대상자에게 자신의 의견을 밝히거나 영장 발부 후 불복할 수 있는 절차 등에 관하여 규정하지 아니한 것은 부진정입법부작위라고 보고 재판청구권을 침해한다고 하여 계속적용의 헌법불합치결정을 하였다.

판례 헌재 2018.8.30. 2016헌마344등

[심판대상 판시] 가. 2016헌마344 – 청구인들은 디엔에이감식시료채취영장 발부 과정에서 자신들의 입장을 밝히거나 그 위법성을 다툴 기회가 봉쇄되어 있다는 이유로, 디엔에이법(2010.1.25. 법률 제9944호로 제정된 것) 제8조가 자신들의 기본권을 침해한다고 주장한다. 청구인들의 위 주장은 입법자가 어떤 사항에 관하여 입법은 하였으나 그 입법의 내용, 범위, 절차 등이 당해 사항을 불완전·불충분하게

규율함으로써 입법행위에 결함이 있다는 의미이다(이른바 '부진정입법부작위'). 이러한 경우 헌법소원을 청구하려면 결함이 있는 당해 입법규정 그 자체를 대상으로 하여 적극적인 헌법소원을 청구하여야 한다. 나. 2017헌마630 – 디엔에이법(2010.1.25. 법률 제9944호로 제정된 것) 제8조에 관한 청구인들의 주장은, 영장 발부 과정에 심문절차가 없고 이에 대하여 불복하는 절차가 마련되어 있지 않다는 것이다. 이는 입법자가 어떤 사항에 관하여 입법은 하였으나 그 입법의 내용, 범위, 절차 등이 당해 사항을 불완전·불충분하게 규율함으로써 입법행위에 결함이 있다는 의미이므로(이른바 '부진정입법부작위'), 위에서 본 바와 같은 이유로 위 법률조항 전부로 심판대상을 확장한다.

④ **구 '형의 집행 및 수용자의 처우에 관한 법률 시행령'**(2008.10.29. 대통령령 제21095호로 개정된 것) **제58조 제4항** – 이 조항은 수용자가 변호사와 접견하는 경우에도 원칙적으로 접촉차단시설이 설치된 장소에서 하도록 규정하고 있어서 부진정입법부작위로 재판청구권을 침해하여 헌법불합치결정을 했다.

판례 헌재 203.8.29. 2011헌마122

[결정요지] 이 사건 접견조항에 대한 판단 가. 나. 생략. 다. 과잉금지원칙 위반 여부 – 이처럼 원칙적으로 수용자가 접촉차단시설이 없는 장소에서 변호사와 접견을 하도록 하고 특별한 사정이 있는 경우에는 예외를 둠으로써 수용자의 재판청구권을 충분히 보장할 수 있음에도, 일률적으로 수용자로 하여금 접촉차단시설이 설치된 장소에서 변호사와 접견하도록 한 이 사건 접견조항은 피해최소성의 원칙에 위배된다. 라. 헌법불합치결정과 잠정적용명령 (1) 이 사건 접견조항은 재판청구권의 한 내용인 변호사의 도움을 받을 권리를 과도하게 제한하여 헌법에 위반되므로 원칙적으로 위헌결정을 하여야 할 것이나 위 조항의 위헌성은 조항 자체에 있는 것이 아니라, 그 조항이 '수용자가 소송을 위하여 변호사와 접견하는 경우'를 단서의 적용대상으로 규정하지 아니한 불충분한 행정입법(부진정입법부작위)에 있다. 따라서 행정입법자는 이러한 위헌성을 제거하기 위하여 위 조항을 개정하여 수용자가 변호사와 접견하는 경우도 단서의 적용대상이 되도록 추가하여야 할 것이다. (2) 한편, 위헌결정으로 위 조항의 효력을 즉시 상실시키거나 그 적용을 중지할 경우에는 수용자 일반을 접촉차단시설이 설치된 장소에서 접견하게 하는 장소 제한의 일반적 근거조항 및 미결수용자가 변호인을 접견하는 경우의 예외 근거조항마저 없어지게 되어 법적 안정성의 관점에서 문제가 될 수 있다. 따라서 행정입법자가 합헌적인 내용으로 위 조항을 개정할 때까지 위 조항을 계속 존속하게 하여 적용되도록 할 필요가 있다.

* 이 결정은 행정입법(시행령)의 부진정입법부작위에 대한 헌법불합치결정의 예이다.

⑤ **특허청 경력공무원 변리사자격 자동부여의 폐지** – 기존 특허청 경력공무원 중 일부에게만(2001.1.1.을 기준일로 설정한 다음, 기준일 전에 통산 근무기간을 충족한 자에게만) 구법 규정을 적용하여 변리사자격이 자동부여되도록 규정한 구 변리사법 부칙 제3항이 부진정입법부작위로서 신뢰이익을 침해하고 평등원칙을 위반한 것으로 보고 헌법불합치결정을 하였다.

판례 헌재 2001.9.27. 2000헌마208등.

⑥ **국세관련 경력공무원 세무사자격 자동부여의 폐지** – 기존 국세관련 경력공무원 중 일부에게만(2000.12.31. 현재 구법 규정상의 자격부여요건을 충족한 자들에게만) 구법 규정을 적용하여 세무사자격이 자동부여되도록 규정한 위 세무사법 부칙 제3항이 부진정입법부작위로서 신뢰이익을 침

해하고 평등의 원칙에 위반된다는 헌법불합치결정을 하였다.

판례 헌재 2001.9.27. 2000헌마152.

⑦ 직계혈족에 대한 가족관계증명서 및 기본증명서 교부 청구제도에서의 가정폭력 피해자의 개인정보를 보호하기 위한 구체적 방안을 마련하지 아니한 것 – 헌재는 부진정입법부작위라고 보고 개인정보자기결정권의 침해라고 하고 헌법불합치결정을 하였다.

판례 헌재 2020.8.28. 2018헌마927.

ii) **위헌소원심판의 예**

① **'분리 선고 규정'** – 선거범죄로 인하여 100만 원 이상의 벌금형이 선고되면 임원의 결격사유가 됨에도, 새마을금고법(2011.3.8. 법률 제10437호로 개정된 것) 제21조(이하 '이 사건 법률조항'이라 한다)가 선거범죄와 다른 죄가 병합되어 경합범으로 재판하게 되는 경우 선거범죄를 분리 심리하여 따로 선고하는 규정을 두지 않은 것을 다투는 것이 부진정 입법부작위이고 위헌소원의 대상으로 인정되어 위 제21조 전체를 헌법불합치결정한 예이다.

판례 헌재 2014.9.25. 2013헌바208

[결정요지] 1. 이 사건 심판청구는, 새마을금고법상 '선거범죄를 범하여' 징역형 또는 100만 원 이상의 벌금형을 선고받은 사람에 대하여 임원의 자격을 제한하도록 규정하면서도, 이 사건 법률조항이 선거범죄와 다른 죄의 경합범인 경우에 분리 선고하도록 하는 규정을 두지 않음으로써 불완전, 불충분 또는 불공정한 입법을 한 것임을 다투고 있으므로 부진정 입법부작위를 다투는 헌법소원에 해당한다. 2. 이 사건 법률조항은 명확성원칙에는 위배되지 아니한다. 3. 이 사건 법률조항은 과잉금지원칙에 반하여 새마을금고 임원이나 임원이 되고자 하는 사람의 직업선택의 자유를 침해한다. 4. 이 사건 법률조항은 헌법상 평등원칙에도 위반된다. 5. 입법자가 합헌적인 내용으로 법률을 개정할 때까지 이 사건 법률조항을 계속 존속하게 하여 적용되도록 할 필요가 있다.

② **양심적 병역거부자에 대한 대체복무제를 규정하지 아니한 병역종류조항** – 이른바 양심적 병역거부 사건에 대한 헌법불합치결정의 예이다.

판례 헌재 2018.6.28. 2011헌바379등

[적법요건에 대한 판단의 판시] 심판대상인 구 병역법(2000.12.26. 법률 제6290호로 개정되고, 2006.3.24. 법률 제7897호로 개정되기 전의 것) 제5조 제1항 등 병역종류조항은 그 내용이 양심적 병역거부자를 위한 비군사적 내용의 대체복무제를 포함하지 아니하여 불완전·불충분하다는 부진정입법부작위를 다투는 것이라고 봄이 상당하다. [본안판단] … 그렇다면 병역종류조항은 헌법에 합치되지 아니하나 2019.12.31.을 시한으로 입법자의 개선입법이 이루어질 때까지 잠정적으로 적용되도록 한다.

③ '수사가 진행 중이거나 형사재판이 계속 중이었다가 그 사유가 소멸한 경우'에는 잔여퇴직급여 등에 대해 이자를 가산하는 규정을 두면서, '형이 확정되었다가 그 사유가 소멸한 경우'(즉 재심으로 무죄판결을 선고받아 그 사유가 소멸한 경우)에는 이자 가산 규정을 두지 않은 군인연금

법(2013.3.22. 법률 제11632호로 개정된 것) 제33조 제2항이 부진정입법부작위로서 평등원칙을 위반하여 계속적용의 헌법불합치결정을 했다.

판례 헌재 2016.7.28. 2015헌바20

[심판대상 판시] 청구인들은 군인연금법 제33조 제2항의 '수사가 진행 중이거나 형사재판이 계속 중'인 사유에 '형을 받거나 파면된 경우'가 포함되지 않는다고 해석하는 한 헌법에 위반된다는 취지의 청구를 하였으나, '형을 받거나 파면'된 자가 '수사가 진행 중이거나 형사재판이 계속 중'인 자에 해당하지 않는다는 점은 군인연금법 제33조 제2항 자체에 의해 명백하게 정해진 내용이지 해석에 따라 달라진다고 볼 수 없으므로, 청구인들의 청구는 법률조항 자체를 다투는 것으로 볼 것이다. 또한 청구인들은, 군인연금법 제33조 제2항이 '수사가 진행 중이거나 형사재판이 계속 중'이어서 퇴직급여 등이 지급정지되었다가 이후 사유가 소멸한 경우에는 잔여 퇴직급여 등에 대해 이자를 가산하는 규정을 두면서, 재심으로 무죄판결을 선고받아 그 사유가 소멸한 경우에는 이자 가산 규정을 두지 않은 입법의 불완전, 불충분성을 다투고 있으므로, 이는 부진정입법부작위의 위헌성을 다투는 것이다. 그러므로 이 사건 심판대상은 군인연금법(2013.3.22. 법률 제11632호로 개정된 것) 제33조 제2항이 헌법에 위반되는지 여부이다. * 본안판단에서 평등원칙 위반으로 계속적용의 헌법불합치결정이 있었다.

(3) 부진정입법부작위의 위헌판단시 결정형식

부진정입법부작위 상태가 위헌이라고 판단되더라도 불완전한 법령규정이긴 하나 있긴 한 부분이 있으므로 전체를 단순위헌으로 결정하면 있는 부분도 무효로 없어져 공백이 발생할 수 있고 이 공백을 메우기 위하여 헌법불합치결정 가능성이 있다. 위의 헌법불합치결정례를 보아도 그러함을 파악할 수 있다.

4. 검토 - '진정', '부진정' 구별의 모호성과 문제점

(1) 구분기준의 하나 - 제정되어야 할 법령의 대체나 보완이 아닌 전무의 경우

헌재가 양자의 구분으로 전부가 없는 진정부작위와 일부가 없는 불완전한 부진정부작위라고 하고 그 구분기준을 체계적으로 밝히는 판시를 볼 수 없으나 그 기준에 관해 밝힌 한 예로 볼 수 있는 아래와 같은 경우가 있었다. 사안은 구 군법무관임용법 제5조 제3항 및 '군법무관임용 등에 관한 법률' 제6조가 군법무관의 봉급과 그 밖의 보수를 법관 및 검사의 예에 준하여 지급하도록 하는 대통령령을 제정할 것을 규정하였는데, 대통령령이 제정되지 않은 부작위가 진정입법부작위(따라서 사안의 부작위는 행정입법부작위이다)로서 군법무관들의 재산권을 침해한다고 하여 위헌으로 확인한 결정이다.

판례 헌재 2004.2.26. 2001헌마718

[판시] 국방부장관은 공무원보수규정 별표 13, '공무원수당 등에 관한 규정' 제14조에 근거한 별표 11에 따른 보수 규정을 들어 법 제6조에 따른 입법의무는 상당 부분 이행되고 있으므로, 이 사건은 입법은 있으나 불완전한 경우(부진정 입법부작위)에 해당된다고 답변한다. 그런데 위 별표 13은 군인의 계급과 호봉에 따른 봉급표이므로 군법무관에 특수한 규정은 아니고, 위 별표 11은 월 60만 원 이하의 범위 내에서 군법무관 등에 대한 수당의 구체적인 지급대상, 지급기준 등을 소속 장관이 정하도록 하고 있으

나, 그러한 수당 규정들의 명시적 근거에 군법무관임용법이나 군법무관임용등에관한법률이 포함되어 있지 않고, 동 수당이 군법무관에만 한정된 것도 아니며, 또 3년 이상의 군법무관 경력자에게만 지급되고 있고, 한편 법관 및 검사의 경우에도 현재 특정 수당이 지급되고 있는 점을 감안하면, 위 규정들이 법 제6조 내지 구법 제5조 제3항에 따라 제정되어야 할 대통령령을 대체하거나 보완하는 것이라고 단정하기 어렵다. 그렇다면 이 사건에서 문제되는 것은 부진정 입법부작위가 아니라 진정 입법부작위에 해당되는 것이다. * 이 결정에 대한 자세한 것은 뒤의 행정입법부작위의 위헌확인결정례 부분 참조.

(2) 검토

i) 헌재의 판례법리에 대해서는 '진정'과 '부진정'의 구별이 선명한지 그 기준이 문제된다. 헌재가 전부 무(無)의 경우 진정부작위로, 일부 무의 경우 부진정부작위로 보는 것은 양적인 것인지 아니면 질적으로 그렇게 구분해야 하는지 하는 일단 의문이다. 또 그 기준을 어떤 관점에서 잡느냐에 따라 벌써 그 구별이 흔들린다. 예를 들어 교육관련 어느 사항에 관한 법률이 초등학교, 중학교, 고등학교에 대해서는 규정하고 있으나 고등교육기관(대학교 등)에 대해서 전혀 규정을 두고 있지 않다면 학교(교육기관)라는 관점에서 볼 때 고등교육기관만 빠져서 없으니 불완전 입법(부진정 입법)이지만 고등교육이라는 관점에서는 완전히 빠져 있는 진정입법부작위가 된다. 우리는 진정입법부작위와 부진정입법부작위의 구분이 항상 명확하게 이루어질 수 있을지에 대한 문제를 지적한 바 있다.[1] 위의 결정례도 군법무관의 입장에서 보느냐 공무원 전체 관점에서 보느냐에 따라 진정, 부진정으로 가려질 수 있다. 보다 근본적으로 아래 ii) 에서 보듯이 그 구분이 필요한가 하는 의문이 있다는 것이다.

ii) 부진정입법부작위의 경우에도 불완전한 입법을 완전하게 나아가도록 할 의무가 있음에 그렇지 않은 부작위를 대상으로 한다고 볼 때 결국 진정입법부작위와 부진정입법부작위 양자를 구분하더라도 부진정입법부작위의 경우에도 그 헌법재판 대상은 일부 무(一部 無)일 것이고 일부의 무도 없는 부분이므로 전부 무의 없는 것과 다를 것이 없다는 점에서도 구분이 필요한지 의문이다. 헌법재판방식도 부진정입법부작위 경우에도 결국 법령소원으로서 다투면서 그 부진정 부분을 다룰 수 있다. 헌재가 "부진정입법부작위를 다투기 위해서는 그 불완전한 법규 자체를 대상으로 한 헌법소원이 가능함은 별론으로 하고, 입법부작위로서 헌법소원의 대상으로 삼을 수는 없다(헌재 1996.6.13. 94헌마118등 참조)"라고 하나(헌재 2018.5.31. 2016헌마626), 입법부작위를 대상으로 하지 않으나 불완전입법을 대상으로 하면서 불완전의 현상인 부진정입법부작위를 따질 것이 아닌가 하는 점에서 위 같은 판시가 헌법재판실무상 무슨 논리성을 가지는 것인지 의문이다. 다시 말하면 불완전 부분, 부진정입법부작위 부분을 대상으로 입법부작위소원을 할 수 없다고 하여 그 부진정, 불완전 부분으로 인해 기본권침해의 위헌이라고 주장할 수 없다고 보는 것은 권리구제 필요의 면에서나 논리적으로도 타당하지 않다는 것이다. 더구나 헌재는 대

1) 졸저, 제2판 판례헌법, 길안사, 1996년 4월, 982면. 이 지적 이후 문제점을 지적하는 헌재결정에서의 소수의견을 볼 수 있었다(헌재 1996.10.31. 94헌마108 결정에서의 김진우, 이재화, 조승형 재판관의 반대 소수의견).

상성 판단에서 직권주의를 인정하고 있다. 아래의 행정부작위의 경우에는 '진정'과 '부진정'의 구분을 하고 있지 않다. 그리고 오히려 부진정입법부작위의 경우 위헌심판, 위헌소원심판 대상이 되어 헌법재판의 범위가 확대된다. 위와 같은 점들에서 양자의 구분의 실익이 그리 없다.

iii) 구분의 실익이 있다면 진정입법부작위에 대한 헌법소원에서는 부진정입법부작위에 대한 법령소원, 위헌소원 등에서와 달리 청구기간이 없다는 점인데 이 점도 부진정 부분에 대한 청구에 있어서 청구기간을 요구하지 않는다면 차이가 없어질 것이다. 그러나 우리 헌재는 부진정입법부작위라고 판단되면 그 불완전하나 존재하는 법규정에 대한 헌법소원으로서 청구기간 요건이 적용된다고 보아 그 청구기간 도과시 각하결정을 한다(예를 들어, 헌재 2018.12.27. 2017헌마1266 참조). 진정입법부작위(전부 무)에 대한 헌법소원의 경우 청구기간을 요구하지 않은 이유가 부작위 상태가 계속되는 한은 기본권침해도 계속된다는 사실 때문인데 이러한 근거의 사실은 부진정입법부작위도 일부의 무이긴 하나 마찬가지라는, 즉 그 일부의 무의 상태가 계속되는 한 기본권침해도 계속되는 사실이 있고 그 점에서 다를 바 없다. 그러므로 헌재가 부작위 부분에 대한 헌법재판에서 청구기간 적용이 없다고 입장을 변경하면 달라질 일이다.

Ⅲ. 행정부작위

1. 행정부작위의 헌법소원 대상성요건

(1) 작위의무의 전제

행정이 이루어지지 않은 행정부작위의 경우에도 작위의무가 있음을 전제로 대상성이 인정된다.

(2) 대상이 되기 위한 요건

[행정부작위 헌법소원대상성요건]

- 행정권력의 부작위에 대한 헌법소원은 공권력의 주체에게 헌법에서 유래하는 작위의무가 특별히 구체적으로 규정되어 있음에도 공권력의 주체가 그 의무를 해태하는 경우에만 허용된다.
- 여기에서 말하는 "공권력의 주체에게 헌법에서 유래하는 작위의무가 특별히 구체적으로 규정되어"가 의미하는 바는, 첫째, 헌법상 명문으로 공권력 주체의 작위의무가 규정되어 있는 경우, 둘째, 헌법의 해석상 공권력 주체의 작위의무가 도출되는 경우, 셋째, 공권력 주체의 작위의무가 법령에 구체적으로 규정되어 있는 경우 등을 포괄하고 있는 것

* 위 판시 결정례들 : 헌재 2004.10.28. 2003헌마898; 2011.8.30. 2006헌마788; 2016.5.26. 2014헌마1002 등.

1) 2단계 요건

헌재는 "행정권력의 부작위에 대한 헌법소원은 공권력의 주체에게 헌법에서 유래하는 작위의무가 특별히 구체적으로 규정되어 있음에도 공권력의 주체가 그 의무를 해태하는 경우에

만 허용된다"라고 요건을 설정하여 요건을 1단계로 작위의무가 규정되어 있느냐, 작위의무가 인정된다면 2단계로 부작위(의무해태) 상태에 있을 것을 헌법소원대상성 요건으로 하고 있다. 따라서 첫 번째 단계에서 작위의무가 존재하지 않으면 당장 각하가 되고 작위의무가 존재함이 인정되더라도 부작위상태에 있지 않으면 결국 각하된다는 2단계의 각하의 경우가 있게 된다. 아래 이 두 요건에 대해 각각 구체적으로 살펴보자[아래 2), 3)].

2) 작위의무

(가) 의무의 의미(구체성)와 출처

i) 구체적 의무 – 헌재는 구체적 의무여야 한다고 본다. ii) 의무의 출처 – 헌법명문상, 헌법해석상, 법령상 의무 – 헌재는 "첫째, 헌법상 명문으로 공권력 주체의 작위의무가 규정되어 있는 경우, 둘째, 헌법의 해석상 공권력 주체의 작위의무가 도출되는 경우, 셋째, 공권력 주체의 작위의무가 법령에 구체적으로 규정되어 있는 경우 등을 포괄하고 있는 것"이라고 하여 이 세 경우에서 작위의무가 도출되는 것으로 이해하게 하는 판시를 하고 있다.

(나) 판례이론에 대한 검토

i) 셋째 경우(법령에 규정되어 있는 경우)의 의미(헌법과의 무관성 ? 유관성) – 위 헌재판례의 법리에서 설정한 작위의무 출처가 위 세 경우인 점에서 다음의 의문이 생긴다. 즉 헌법적 기본권을 구제하기 위한 헌법소원이라는 점에서 작위의무가 헌법에서 나온다는 점은 물론 이해가 되는데 셋째의 경우는 법령에 규정되어 있는 경우인데 이는 헌법과 무관하게 법령에 규정되어도 작위의무로 인정되는가 하는 것이다. 법령에 규정된 것이란 헌법의 위임으로 법령에 규정되는 것이란 것으로 볼 수 있고 여기서 법령이란 헌법 외 법률, 명령 등이며 이 법률, 명령 등이 헌법의 지시에 따라 규정하는 것을 의미한다고 보여진다. 왜냐하면 헌재가 "여기에서 말하는 "공권력의 주체에게 헌법에서 유래하는 작위의무가 특별히 구체적으로 규정되어"가 의미하는 바는"이라고 하면서 세 경우를 들고 있는데 '명백히 헌법에서 유래하는 작위의무'라고 하고 있기 때문이다. 그렇더라도 앞으로 좀더 명백히 판시되어져야 할 것이다.

ii) '헌법에서 유래하는'의 의미 – 헌법판단과 법률(명령)판단의 연관성 – 헌법규범에는 구체적이고 직접적인 내용을 담고 있는 것도 있을 것이지만 그 많은 규율대상을 생각하더라도 대부분은 추상적일 수밖에 없고 추상적인 것이 이상적일 수 있다(헌법의 유연성, 개방성). 따라서 헌법에서 유래하는 작위의무란 특별히 헌법이 명문으로 또는 헌법해석으로 구체적인 것으로 인정될 경우가 아닌 한 헌법규범에서 유래하는 작위의무 자체는 추상적이고 그 내용이 법률이나 명령으로 구체화되어 행정이 그 작위의무를 실현하게 된다. 헌재가 "헌법에서 유래하는 작위의무가 특별히 구체적으로 규정되어"라고 하는데 헌법에서 유래하는 의무는 구체적이면 바로, 구체적이지 않으나 요구하는 의무가 있다면 법률이나 명령으로 이를 구체화하라는 것이므로 이 법리문언 자체는 문제가 없다. 그러나 헌재는 그러면서도 헌법에서 의무가 나오는가와 법률에서 의무가 나오는가를 따로 따지는 판시들을 하고 있다(예를 들어 아래 대상성 부정 결정례들, 헌재 2018.3.29. 2016헌마795 등 참조). 헌법해석상 판단에서는 의무가 나오는지 여부를 보고 구체성이 없더라도 그 다음 법률이나 명령의 규정을 보고 살펴볼 일이다. 사실 법률이나 명령도 법규범인지라 원칙적으로 추상성·일반성을 지녀야 한다는 점에서 '구체화'라는 말이 모순일지 모른다. 생각건대 특정사건·특정인 법인 처분법규가 아니라 사안별·영역별로 구체화된다는 의미로 새겨야 할 것이다.

iii) 분리판단의 모순(법률·명령에 비춘 위헌판단의 우(愚)) – 위와 같이 보지 않고 헌법상 추상적 의무만 인정될 경우 의무가 없다고 보면서 헌법해석상 판단과 법률, 명령상 의무존재여부 판단을 분리하여 보게 되면 헌법에서 추상적이나 그래도 유래하는 작위의무가 있어서 헌법이 그것을 법률, 명령에 위임하는 것으로 보아야 하는데도 법률, 명령이 그 작위의무를 구체화하지 않은 경우라면 작위의무의 존재를 부정하게 될 것이다. 이는 헌법의 위임을 무시하는 것이고 나아가 작위의무의 존재와 헌법상 기본권구제제도인 헌법소원의 대상성이라는 헌법문제를 법률이나 명령의 규정에 따라 결론이 달라지게 하는 것으로 문제이다(법률, 명령에 비춘 위헌여부 판단이 되어 받아들일 수 없음은 물론이다). 헌법이 법률, 명령에 구체적으로 정하도록 지시한 작위의무를 구체적으로 정하지 않은 법률이나 명령은 그것 자체로 헌법지시를 따르지 않은 헌법위반이다. 헌법소원의 대상이 되고 안 되고에 그치는 문제가 아니다. 요컨대 중요한 것은 헌법 자체가 작위의무를 법률, 명령에 구체적으로 정하도록 한 것인지가 관건이지 법률, 명령이 구체화하고 있는지 하는 것이 아니다. 한편 법률, 명령이 구체적이지 못하나 규정을 두고 있다면 불완전입법으로 부진정입법부작위로 남을 수 있을 것이다.

iv) 헌법적 판단결과 명문이나 헌법해석으로 작위의무가 추상적·일반적으로 나올 뿐이라고 보더라도 바로 대상성이 없다고 할 것이 아니라 국가의 기본권보장의무의 이행 여부, 이행 정도 등에 대해 본안문제로 판단해 들어가는 것이 요구된다.

v) 행정소송인 부작위위법확인소송과의 대상성 관계 – 현행 행정소송법 제4조 제3호는 항고소송의 하나로서 행정청의 부작위가 위법하다는 것을 확인하는 소송(부작위위법확인소송)을 두고 있고, 동법 제2조 제1항 제2호는 "부작위라 함은 행정청이 당사자의 신청에 대하여 상당한 기간 내에 일정한 처분을 하여야 할 법률상 의무가 있음에도 불구하고 이를 하지 아니하는 것을 말한다"라고 정의하고 있다. 따라서 행정부작위에 대한 헌법소원 대상과 구별이 모호해지는 문제가 있다. 헌법소원이 헌법상 기본권구제라는 점에 차이가 있긴 하다. 그러나 여하튼 행정청에 작위의무가 있음에도 부작위인 경우에 법원이 부작위위법확인소송의 대상으로 받아들이는 행정부작위라면 보충성원칙에 따라 법원의 부작위위법확인소송을 먼저 거쳐야 한다. 이후 법원의 부작위위법확인소송의 재판이 확정된 이후 그 행정부작위가 헌법소원의 대상이 되는지 하는 문제가 제기된다. 이는 원행정처분에 대한 헌법소원 인정 여부 문제가 되는데 헌

재가 부정하고 있는바 행정부작위의 경우에도 같은 취지로 부정할 가능성이 있다.

(다) 작위의무 부인례

이 결정례들은 뒤의 결정례들 중 각하결정례들로 인용할 것이기도 하여 여기서는 하나의 예, 독도 '대피시설 등' 설치 의무의 부정으로 각하된 아래 결정례를 법리이해를 위해 인용한다.

판례 헌재 2016.5.26. 2014헌마1002

[판시사항] 독도에 대피시설이나 의무시설, 관리사무소, 방파제 등(이하 '대피시설 등'이라 한다)을 설치하지 아니한 피청구인의 부작위가 헌법소원 대상이 될 수 있는지 여부(소극) [청구인의 주장 요지] 해마다 독도를 방문하는 관광객이 크게 증가하고 있으므로 국가로서는 헌법 제10조, 제12조 제1항에 의거하여 독도에 방문객의 안전사고를 예방하고 관리하기 위한 대피시설이나 의무시설, 관리사무소, 방파제 등을 설치할 의무가 있다. 그럼에도 현재 독도에는 서도에 주민숙소로 사용되는 4층짜리 건물이 있을 뿐 위와 같은 시설들은 전혀 없어, 독도를 방문하고 여행하는 국민의 생명·신체의 안전이 보호받지 못하고 있다. 결국, 피청구인의 이 사건 부작위로 인하여 헌법 제10조, 제12조에서 유래하는 청구인의 행복추구권, 생명권, 신체를 훼손당하지 아니할 권리 등이 침해되었다. [판시] 1. 행정권력의 부작위에 대한 헌법소원은 공권력의 주체에게 헌법에서 유래하는 작위의무가 특별히 구체적으로 규정되어 있음에도 공권력의 주체가 그 의무를 해태하는 경우에만 허용된다. 여기에서 말하는 "공권력의 주체에게 헌법에서 유래하는 작위의무가 특별히 구체적으로 규정되어"가 의미하는 바는, 첫째, 헌법상 명문으로 공권력 주체의 작위의무가 규정되어 있는 경우, 둘째, 헌법의 해석상 공권력 주체의 작위의무가 도출되는 경우, 셋째, 공권력 주체의 작위의무가 법령에 구체적으로 규정되어 있는 경우 등을 포괄하고 있는 것으로 볼 수 있다(헌재 2011.8.30. 2006헌마788). 따라서 이 사건에서는, 헌법과 법령에서 '독도에 대피시설이나 의무시설, 관리사무소, 방파제 등을 설치할 작위의무'를 정하고 있는지가 문제 된다. 2. 결론 – 결국, 헌법 제10조 및 제12조 제1항 전문의 해석상, 그리고 '독도의 지속가능한 이용에 관한 법률' 등의 법령에 기하여서는 피청구인에게 독도에 대피시설 등의 특정 시설을 설치하여야 할 구체적인 작위의무가 있다고 보기 어려우므로, 이 사건 부작위가 있다 하더라도 이는 헌법소원의 대상이 될 수 없다.

(라) 작위의무 인정례

대표적으로 한 결정례를 보면, "3·1운동으로 건립된 대한민국임시정부의 법통"을 근거로 일본군위안부, 일제강제징병(용)원폭 피해자에 대한 국가보호의무를 확인한 아래 결정을 들 수 있다.

판례 헌재 2011.8.30, 2006헌마788; 헌재 2011.8.30, 2008헌마648

[판시] 4. 적법요건에 대한 판단 (가) 행정부작위에 대한 헌법소원 … (나) 피청구인의 작위의무 – 우리 헌법은 전문에서 "3·1운동으로 건립된 대한민국임시정부의 법통"의 계승을 천명하고 있는바, 비록 우리 헌법이 제정되기 전의 일이라 할지라도 국가가 국민의 안전과 생명을 보호하여야 할 가장 기본적인 의무를 수행하지 못한 일제강점기에 일본군위안부로 강제 동원되어 인간의 존엄과 가치가 말살된 상태에서 장기간 비극적인 삶을 영위하였던 피해자들의 훼손된 인간의 존엄과 가치를 회복시켜야 할 의무는 대한민국임시정부의 법통을 계승한 지금의 정부가 국민에 대하여 부담하는 가장 근본적인 보호의무에 속한다고 할 것이다. 위와 같은 헌법 규정들 및 이 사건 협정 제3조의 문언에 비추어 볼 때, 피청구인이 위 제3조에 따라 분쟁해결의 절차로 나아갈 의무는 일본국에 의해 자행된 조직적이고 지속적인 불법행위에 의하여 인간의 존엄과 가치를 심각하게 훼손당한 자국민들이 배상청구권을 실현할 수 있도록 협력하고 보호하여야 할 헌법적 요청에 의한 것으로서, 그 의무의 이행이 없으면 청구인들의 기

본권이 중대하게 침해될 가능성이 있으므로, 피청구인의 작위의무는 헌법에서 유래하는 작위의무로서 그것이 법령에 구체적으로 규정되어 있는 경우라고 할 것이다. 나아가 특히, 우리 정부가 직접 일본군 위안부 피해자들의 기본권을 침해하는 행위를 한 것은 아니지만, 위 피해자들의 일본에 대한 배상청구권의 실현 및 인간으로서의 존엄과 가치의 회복을 하는 데 있어서 현재의 장애상태가 초래된 것은 우리 정부가 청구권의 내용을 명확히 하지 않고 '모든 청구권'이라는 포괄적 개념을 사용하여 이 사건 협정을 체결한 것에도 책임이 있다는 점에 주목한다면, 피청구인에게 그 장애상태를 제거하는 행위로 나아가야 할 구체적 작위의무가 있음을 부인하기 어렵다. … 5. 본안에 대한 판단 – 이 의무를 이행하지 아니하고 있는 피청구인(외교통상부장관)의 부작위가 위헌이다.

3) 부작위 상태

(가) 의미 - 의무 불이행

헌재는 "행정권력의 부작위에 대한 헌법소원은 공권력의 주체에게 헌법에서 유래하는 작위의무가 특별히 구체적으로 규정되어 있음에도 공권력의 주체가 그 의무를 해태하는 경우에만 허용된다"라고 한다.

* 용어 문제 – 헌재는 쓰고 있는 '해태'(懈怠)란 일상적으로 잘 안 쓰이는 용어를 쓸 이유가 없다. '불이행' '게을리하는" 등으로 쓰면 될 일이다.

(나) 결정례

아래 한 결정을 예로 보면 ① 서울 ○○동 도로에 소재한 방사성 폐아스콘에 대하여 수거·폐기 등 조치를 하지 아니한 원자력안전위원회 위원장의 부작위가 없었고, ② 일본산 수산물에 대하여 전면 수입금지조치를 하지 아니한 식품의약품안전청장의 부작위가 없었다고 하여 청구를 각하한 결정이다.

판례 헌재 2015.10.21. 2012헌마89등

[판시] (가) 생략. (나) 원자력안전위원회 위원장의 부작위에 대한 판단 – '원자력안전위원회의 설치 및 운영에 관한 법률' 제1조 규정을 보면 원자력안전위원회는 방사선재해가 발생할 경우 국민을 보호하기 위한 적절한 조치를 하여야 할 의무가 있다. 원자력안전위원회 위원장은 연간 최대 개인피폭 예상량이 일반인 선량한도에 미치지 아니하고 긴급 이전이 필요하지 아니하다는 이유로 서울 노원구 ○○동 도로의 아스콘을 철거 후 임시 보관하여 일반인 접근 방지조치를 취하고, 종국적으로 경주방사성폐기물처분시설로 이전하였다. 그렇다면 폐아스콘을 즉시 수거·이전하지 않았다고 하여 위 작위의무를 위반하였다고 볼 수 없다. (다) 식품의약품안전청장의 부작위에 대한 판단 – 식품위생법상 규정들을 종합하면, 식품의약품안전청장은 수입 대상 식품이 방사성물질에 오염되어 위해가 발생할 우려가 있을 경우 수입금지 등 적절한 조치를 할 의무가 있으며, 이는 수입 대상 식품의 위해 우려를 불문하고 전면 수입금지조치를 할 의무를 의미하는 것은 아니다. 식품의약품안전청장은 일본의 출하정지대상품목에 대하여 잠정 수입중단조치를 하고 방사성물질 검사 결과를 공개하였으며 일본산 수입식품에 대한 방사성 세슘 기준을 강화하여 후쿠시마주변 8개현의 수산물 수입을 전면 금지하였다. (라) 그렇다면 원자력안전위원회 위원장이나 식품의약품안전청장은 청구인들이 주장하는 바와 같이 작위의무를 위반하였다고 볼 수 없고, 따라서 헌법소원의 대상이 되는 공권력의 불행사가 있었다고 할 수 없으므로 이에 대한 심판청구는 모두 부적법하다.

(다) 판례분석 및 검토

위 결정례를 두고 볼 때 헌재가 2단계심사를 행정부작위의 헌법소원대상성 판단에서 한다는 것은 결국 실질적인 본안판단을 하게 되는 결과를 가져오지 않는가 하는 검토의견을 제시하게 한다. 위 사례와 반대로 작위의무를 이행하지 않은 것으로 판단되는 사안의 경우 본안결정인 위헌확인결정을 하는 예를 보면(아래 인용결정례 참조) 작위의무의 이행 여부가 본안문제와 관련성을 가지는 것으로 보게 한다. 앞으로 검토되어야 할 문제이다.

2. 행정부작위 헌법소원의 결정형식과 결정례

(1) 결정형식들

행정부작위에 대한 헌법소원심판의 결정에는 작위의무가 없거나 부작위가 없어서 대상성이 없다고 하거나 자기관련성 등 그 외 일반적인 헌법소원 청구요건을 구비하지 않았다고 하는 경우에는(청구기간 요건은 없다) 각하결정을 한다. 대상성 등 청구요건을 갖추었다고 판단되면 본안결정이 내려지는데 청구인의 주장이 이유가 있으면(즉 위헌성이 인정되면) 인용결정을 하고 이유가 없으면(즉 위헌이 아니면) 기각결정을 한다.

(2) 대상성 인정 및 인용결정

1) 인용결정 - 위헌확인결정

행정부작위에 대한 헌법소원에서의 인용결정은 아무것도 없는 부작위에 대한 것이므로 취소나 무효확인을 대상이 없어 못하므로 그 없는 상태의 부작위가 헌법에 위반된다는 위헌확인결정을 하게 된다.

2) 대상성 인정 및 위헌확인결정례

아래에서 대상성 인정의 예로도 함께 보는 것은 인용결정이 났다는 것은 대상성이 인정됨을 전제로 한 것이기 때문이다.

① 임야조사서 또는 토지조사부의 열람·복사 신청 불응의 부작위

헌재는 위와 같은 헌법소원대상성요건을 설정하여 판단하지는 않았으나 보충성원칙의 예외로 직접 헌법소원심판대상이 된다고 보았고 본안판단에서 알 권리 침해의 위헌확인결정을 한 바 있다.

판례 헌재 1989.9.4. 88헌마22.

② 대한민국과 일본국 간의 재산 및 청구권에 관한 문제의 해결과 경제협력에 관한 협정 제3조 부작위 – 대상성을 인정하고 위헌확인결정을 하였다.

판례 헌재 2011.8.30. 2008헌마648

[판시] 적법요건에 대한 판단 가. 행정부작위에 대한 헌법소원 – 행정권력의 부작위에 대한 헌법소원은

공권력의 주체에게 헌법에서 유래하는 작위의무가 특별히 구체적으로 규정되어 이에 의거하여 기본권의 주체가 행정행위 내지 공권력의 행사를 청구할 수 있음에도 공권력의 주체가 그 의무를 해태하는 경우에만 허용된다. 위에서 말하는 "공권력의 주체에게 헌법에서 유래하는 작위의무가 특별히 구체적으로 규정되어"가 의미하는 바는, 첫째, 헌법상 명문으로 공권력 주체의 작위의무가 규정되어 있는 경우, 둘째, 헌법의 해석상 공권력 주체의 작위의무가 도출되는 경우, 셋째, 공권력 주체의 작위의무가 법령에 구체적으로 규정되어 있는 경우 등을 포괄하고 있는 것으로 볼 수 있다. 나. 피청구인의 작위의무 — 이 사건 협정은 헌법에 의하여 체결·공포된 조약으로서 헌법 제6조 제1항에 따라 국내법과 같은 효력을 가진다. 그런데 위 협정 분쟁해결조항(제3조 제1항 제2항)에 의하면, 이 사건 협정의 해석에 관하여 우리나라와 일본 간에 분쟁이 발생한 경우, 정부는 이에 따라 1차적으로는 외교상 경로를 통하여, 2차적으로는 중재에 의하여 해결하도록 하고 있는데, 이것이 앞에서 본 '공권력 주체의 작위의무가 법령에 구체적으로 규정되어 있는 경우'에 해당하는지를 본다. 청구인들은 일제강점기 징병·징용에 의해 강제로 일본에 체류하게 되었다가 히로시마와 나가사키에 투하된 원자 폭탄에 의해 피폭을 당한 한국인 원폭피해자들로서, 일본국에 대하여 그로 인한 손해배상을 청구하였으나, 일본국은 이 사건 협정에 의하여 배상청구권이 모두 소멸되었다며 청구인들에 대한 배상을 거부하고 있는 반면, 우리 정부는 앞에서 본 바와 같이 청구인들의 위 배상청구권은 이 사건 협정에 의하여 해결된 것이 아니어서 아직까지 존속한다는 입장이므로, 결국 이 사건 협정의 해석에 관하여 한·일간에 분쟁이 발생한 상태이다. 우리 헌법은 제10조에서 "모든 국민은 인간으로서의 존엄과 가치를 가지며, 행복을 추구할 권리를 가진다. 국가는 개인이 가지는 불가침의 기본적 인권을 확인하고 이를 보장할 의무를 진다."고 규정하고 있는데, 이 때 인간의 존엄성은 최고의 헌법적 가치이자 국가목표규범으로서 모든 국가기관을 구속하며, 그리하여 국가는 인간존엄성을 실현해야 할 의무와 과제를 안게 됨을 의미한다. 따라서 인간의 존엄성은 '국가권력의 한계'로서 국가에 의한 침해로부터 보호받을 개인의 방어권일 뿐 아니라, '국가권력의 과제'로서 국민이 제3자에 의하여 인간존엄성을 위협받을 때 국가는 이를 보호할 의무를 부담한다. 또한 헌법 제2조 제2항은 "국가는 법률이 정하는 바에 의하여 재외국민을 보호할 의무를 진다."라고 규정하고 있는바, 이러한 재외국민 보호의무에 관하여 헌법재판소는 "헌법 제2조 제2항에서 규정한 재외국민을 보호할 국가의 의무에 의하여 재외국민이 거류국에 있는 동안 받는 보호는 조약 기타 일반적으로 승인된 국제법규와 당해 거류국의 법령에 의하여 누릴 수 있는 모든 분야에서의 정당한 대우를 받도록 거류국과의 관계에서 국가가 하는 외교적 보호와 국외거주 국민에 대하여 정치적인 고려에서 특별히 법률로써 정하여 베푸는 법률·문화·교육 기타 제반영역에서의 지원을 뜻하는 것이다."라고 판시함으로써, 국가의 재외국민에 대한 보호의무가 헌법에서 도출되는 것임을 인정한 바 있다. 한편, 우리 헌법은 전문에서 "3·1운동으로 건립된 대한민국임시정부의 법통"의 계승을 천명하고 있는바, 비록 우리 헌법이 제정되기 전의 일이라 할지라도 국가가 국민의 안전과 생명을 보호하여야 할 가장 기본적인 의무를 수행하지 못한 일제강점기에 징병과 징용으로 일제에 의해 강제이주 당하여 전쟁수행의 도구로 활용되다가 원폭피해를 당한 상태에서 장기간 방치됨으로써 심각하게 훼손된 청구인들의 인간으로서의 존엄과 가치를 회복시켜야 할 의무는 대한민국임시정부의 법통을 계승한 지금의 정부가 국민에 대하여 부담하는 가장 근본적인 보호의무에 속한다고 할 것이다. 위와 같은 헌법 규정들 및 이 사건 협정 제3조의 문언에 비추어 볼 때, 피청구인이 위 제3조에 따라 분쟁해결의 절차로 나아갈 의무는 일본국에 의해 자행된 일련의 불법행위에 의하여 인간의 존엄과 가치를 심각하게 훼손당한 자국민들이 배상청구권을 실현할 수 있도록 협력하고 보호하여야 할 헌법적 요청에 의한 것으로서, 그 의무의 이행이 없으면 청구인들의 기본권이 중대하게 침해될 가능성이 있으므로, 피청구인의 작위의무는 헌법에서 유래하는 작위의무로서 그것이 법령에 구체적으로 규정되어 있는 경우라고 할 것이다. 다. 공권력의 불행사 — 이 사건 기록에 의하면, 피청구인은 위와 같은 작위의무의 이행으로서 원폭피해자들의 일본국에 대한 배상청구권이 이 사건 협정에 의하여 소멸된 것인지 여부에 관한 한·일 양국간 해석상의 분쟁을 해결하기 위하여 이 사건 협정 제3조에 의한 분쟁해결절차로서의 조치를 특별히 취한 바 없는 것으로 보인다. 피청구인은 이에 대하여, 우리 정부가 청구인들의 피해구제를 위하여 일본 정부에 대해 지속적으로 문제제기를 함으로써 일본 정부로부터 원폭피해자들에 대한 지원금을 받았고, 이를 기초로 기금을 마련하여 원폭피해자들에 대한 지원서비스를 제공하여 왔으며, 일본 내의 차별적인 법령 개정 및 합리적인 법 적용을 촉구하는 등 청구인들의 지위향상 및 실질적인 경제적 지원을 위해 노력해 오고 있는바, 이는 우리 정부에 폭넓게 인정되는 외교적 재량권을 정당하게 행사한 것으로서 이 사건 협정 제3조 제1항의 '외교상의 경로'를 통한 분쟁해결조치에 당연히 포함되는 것이므로 공권력의 불행사가 아니라고 주장한다. 그러나 이 사건에서 문제되는 공권력의 불행사는 이 사건 협정에 의하여 원폭피해자들의 일본에 대한 배상청구권이 소멸되었는지 여부에 관한 해석상의 분쟁을 해결하기 위하여 이 사건 협정 제3조의 분쟁해결절차로 나아갈 의무의 불이행을 가리키는 것이므로, 이를 제외한 그 밖의 외교적 조치는 이 사건 작위의무의 이행에 포함되지 않는다 할 것이다. 라. 소결 – 그렇다면 피청구인은 헌법에서 유래하는 작위의무가 있음에도 이를 이행하지 아니하여 청구인들의 기본권을 침해하였을 가능성이 있다. 따라서, 이하에서는 본안에 나아가 피청구인이 위와 같은 작위의무의 이행을 거부 또는 해태하고 있는 것이 청구인들의 기본권을 침해하여 위헌인지 여부에 관하여 살펴보기로 한다. * 본안판단결과 위헌확인결정을 하였다. * 그러나 몇 년 뒤 헌재는 2019.12.27.에 비슷한 성격의 사안인 사할린 강제징용사건에서는 작위의무는 위 결과 같이 존재한다고 보면서도 외교부가 작위의무를 다하여 부작위가 존재하지 않아 각하하는 이해하기 어려운 결정(2012헌마939)을 내린다(아래 부작위가 아니어서 각하된 예 부분 참조).

③ 대한민국과 일본국 간의 재산 및 청구권에 관한 문제의 해결과 경제협력에 관한 협정 제3조 부작위 위헌확인 – 이는 일본군 위안부사건 결정인데 위 ② 강제징용사건과 비슷한 취지로 대상성을 인정하고 위헌확인결정을 하였다.

판례 헌재 2011.8.30. 2006헌마788. * 이 결정에 대해서는 전술 작위의무 인정례 부분을 비롯한 여러 부분에서 인용한 것을 참조.

3) 행정부작위에 대한 인용결정의 효력

* 이에 대한 자세한 것은 뒤의 부작위에 대한 인용결정 참조.

(3) 대상성 부정례

1) 작위의무 자체의 부정

작위의무 자체를 인정할 수 없다고 본 결정례들이 적지 않은데 몇 가지만 대표적으로 살펴본다.

① 전국구국회의원 의석승계 작위의무의 부정

판례 헌재 1994.4.28. 92헌마153, 미결정 위헌확인

[사안] 이 사건은 통일국민당이, 소속 전국구국회의원이 탈당하여 자당의 차순위 전국구후보가 의석을 승계하도록 중앙선거관리위원회가 결정하여야 함에도 하지 않았다 하여 제기된 헌법소원인데 헌재는 중선위의 승계결정의무가 없다 하여 각하결정하였다. [판시] (가) 행정권력의 부작위에 대한 헌법소원의 경우에는, 공권력의 주체에게 헌법에서 유래하는 작위의무가 특별히 구체적으로 규정되어 이에 의거하여 기본권의 주체가 행정행위를 청구할 수 있음에도 공권력의 주체가 그 의무를 해태하는 경우에 허용되는 것이다. (2) 이에 이 사건의 경우 전국구의원 조○형이 청구인정당을 탈당함으로써 전국구의원에 결원이 생기고 피청구인이 청구인 강○○에 대하여 의원직승계결정을 하여야 할 의무가 있었는가에 관

하여 본다. 전국구의원이 그를 공천한 정당을 탈당할 때 의원직을 상실하는 여부는 그 나라의 헌법과 법률이 국회의원을 이른바 자유위임(또는 무기속위임하에 두었는가, 명령적 위임(委任)(또는 기속위임하에 두었는가, 양제도를 병존하게 하였는가에 달려있는데, 자유위임 하의 국회의원의 지위는 그 의원직을 얻은 방법 즉 전국구로 얻었는가, 지역구로 얻었는가에 의하여 차이가 없으며, 전국구의원도 그를 공천한 정당을 탈당하였다고 하여도 별도의 법률규정이 있는 경우는 별론으로 하고 당연히 국회의원직을 상실하지는 않는다. 헌법 제7조 제1항, 제45조, 제46조 제2항의 규정들을 종합하면 헌법은 국회의원을 자유위임의 원칙 하에 두었다고 할 것이고, 청구인정당 소속 전국구의원이던 조○○이 청구인정당을 탈당할 당시 시행되던 구 국회의원선거법이나 국회법에는 전국구의원이 그를 공천한 정당을 탈당한 경우에 의원직을 상실한다는 규정을 두고 있지 않았다. 따라서 위 조○○이 청구인 정당을 탈당하였어도 이로 인하여 전국구의원의 궐원이 생기는 것은 아니므로 피청구인(중앙선거관리위원회)에게 위 조○○이 청구인 정당을 탈당하였음을 원인으로 하여 청구인 강○○에 대하여 전국구의원 승계결정을 할 작위의무가 존재하지 않았다고 할 것이고, 헌법에서 유래하는 작위의무가 없는 공권력의 불행사에 대한 위헌확인을 구하는 이 사건 주된 헌법소원심판청구는 부적법하다.

② 독도 '대피시설 등' 설치 의무 부정

판례 헌재 2016.5.26. 2014헌마1002. * 앞에 인용 참조.

③ 환경부장관의 자동차 제작자에 자동차교체명령을 해야 할 작위의무 부정

판례 헌재 2018.3.29. 2016헌마795

[심판대상] 이 사건 심판대상은 피청구인 환경부장관이 폭스바겐 아게(Volkswagen AG), 아우디 아게(Audi AG) 및 아우디폭스바겐코리아 주식회사에게 청구인들 소유 자동차들에 대한 자동차교체명령을 하지 않은 부작위(이하 '이 사건 행정부작위'라 한다)가 청구인들의 기본권을 침해하는지 여부 [결정요지] 가. 생략 나. 헌법 명문상, 헌법 해석상 작위의무가 인정되는지 여부 – 헌법 명문상 피청구인이 아우디폭스바겐코리아 주식회사 등에게 청구인들 소유 자동차들에 대한 자동차교체명령을 해야 한다는 구체적인 작위의무가 규정되어 있지 않다. 한편, 헌법 제35조 제1항은 "모든 국민은 건강하고 쾌적한 환경에서 생활할 권리를 가지며, 국가와 국민은 환경보전을 위하여 노력하여야 한다."라고 규정하여, 국민의 환경권을 보장함과 아울러 국가와 국민에게 환경보전을 위하여 노력할 의무를 부과하고 있다. 이 헌법조항은 환경정책에 관한 국가적 규제와 조정을 뒷받침하는 헌법적 근거가 되고(헌재 2007.12.27. 2006헌바25), 따라서 이 규정으로부터 대기오염으로 인한 국민건강 및 환경에 대한 위해를 방지하여야 할 국가의 추상적인 의무는 도출될 수 있다. 그러나 이와 같은 국가의 추상적인 의무로부터 청구인들이 주장하는 바와 같이 피청구인이 아우디폭스바겐코리아 주식회사 등에게 자동차교체명령을 하여야 할 구체적이고 특정한 작위의무가 도출된다고는 볼 수 없다. 따라서 헌법 명문상, 그리고 헌법 해석상 피청구인이 아우디폭스바겐코리아 주식회사 등에게 자동차교체명령을 하여야 할 작위의무는 인정되지 않는다. 다. 법령에 작위의무가 구체적으로 규정되어 있는지 여부 – 구 대기환경보전법(2012.2.1. 법률 제11256호로 개정되고, 2016.12.27. 법률 제14487호로 개정되기 전의 것) 제50조 제7항은 판매된 자동차의 배출가스가 제작차배출허용기준에 맞지 않는 경우 피청구인으로 하여금 배출가스 관련 부품 및 자동차의 교체를 명할 수 있도록 함으로써 부품교체명령과 자동차교체명령을 피청구인의 재량행위로 정하고 있었는바, 피청구인으로서는 구체적 사실관계에 따라 적절하다고 판단되는 조치를 취할 수 있었다. 그리고 이 사건 심판청구 이후 개정된 현행 대기환경보전법(2016.12.27. 법률 제14487호로 개정된 것) 제50조 제7항, 제8항은 배출가스 관련 부품의 교체를 명할 수 있도록 하면서, 이 명령을 이행하지 아니하거나 부품교체명령으로 검사 결과 불합격 원인을 시정할 수 없는 경우 자동차의 교체, 환불 또는

재매입을 명할 수 있도록 함으로써, 자동차교체명령은 부품교체명령을 이행하지 아니하거나 부품교체명령으로 그 결함을 시정할 수 없는 때에 한하여 보충적으로 내릴 수 있도록 하고 있다. 따라서 위 대기환경보전법 조항들이 피청구인으로 하여금 자동차교체명령을 하여야 할 의무를 구체적으로 규정하고 있다고 볼 수 없으므로, 청구인들이 주장하는 바와 같은 공권력 주체의 작위의무가 법령에 구체적으로 규정되어 있다고 볼 수 없다. 라. 소결론 – 결국 피청구인에게 청구인들이 주장하는 바와 같은 내용의 헌법상 작위의무가 있다고 볼 수 없고, 따라서 이 사건 행정부작위에 대한 청구인들의 심판청구는 피청구인 환경부장관에게 헌법에서 유래하는 구체적 작위의무가 인정되지 않는 공권력의 불행사를 대상으로 한 것이어서 부적법하다.

* 위 결정에서 우리는 앞서 지적한 문제점, 즉 '작위의무가 법령에 구체적으로 규정되어'라는 법리가 결국 헌법이 아닌 법률, 명령에 따른 판단을 하게 한다는 문제점을 지적하였다. 바로 위 결정이 그러한 우를 범했고 그 가능성을 바로 보여주는 대표적인 예이다. 헌법은 추상적일 수밖에 없는데 그 헌법의 지시가 법률, 명령으로 의무를 구체화하라고 하는 것인지가 중요하다. 구체화하라는 지시가 법률, 명령으로 이행되지 않으면 헌법위반이다. 위 결정에서 헌재는 헌법 제35조 제1항을 들고 논증하고 있으나 동조 제2항은 "환경권의 내용과 행사에 관하여는 법률로 정한다"라고 법률에 위임하고 있다.

④ **장애인을 위한 저상버스 도입 의무의 부정**

판례 헌재 2002.12.18. 2002헌마52

[사건개요] 보건복지부장관이 장애인이 편리하게 승차할 수 있는 저상(低床)버스 도입을 하지 않은 부작위가 행복추구권, 인간다운 생활을 할 권리 등을 침해한다는 주장으로 헌법소원심판이 청구되었다. [결정요지] 우선, 장애인의 복지를 향상해야 할 국가의 의무가 다른 다양한 국가과제에 대하여 최우선적인 배려를 요청할 수 없을 뿐 아니라, 나아가 헌법의 규범으로부터는 '장애인을 위한 저상버스의 도입'과 같은 구체적인 국가의 행위의무를 도출할 수 없는 것이다. 물론 모든 국가기관은 헌법규범을 실현하고 존중해야 할 의무가 있으므로, 행정청은 그의 행정작용에 있어서 헌법규범의 구속을 받는다. 그러나 국가에게 헌법 제34조에 의하여 장애인의 복지를 위하여 노력을 해야 할 의무가 있다는 것은, 장애인도 인간다운 생활을 누릴 수 있는 정의로운 사회질서를 형성해야 할 국가의 일반적인 의무를 뜻하는 것이지, 장애인을 위하여 저상버스를 도입해야 한다는 구체적 내용의 의무가 헌법으로부터 나오는 것은 아니다. 이 사건 심판청구는 부적법하다.

⑤ **특별전형 지원자격 확대에 대한 시정조치의 부재** – 서울대학교 총장의 "2009학년도 대학 신입학생 입학전형 안내(이하 '이 사건 안내') 중 농 · 어촌학생특별전형에 있어서 2008년도 제2기 '신활력지역'으로 선정된 시 지역을 2009학년도부터 2011학년도 지원자에 한하여 농 · 어촌지역으로 인정한 부분(이하 '농 · 어촌학생특별전형 지원자격 확대 부분')이 시 지역의 학생들이 합격하게 하여 이러한 확대는 농 · 어촌지역 학생들의 대학진학의 기회를 봉쇄하여 군에 소재하는 고등학교 3학년에 재학 중인 청구인들의 교육을 받을 권리 및 평등권을 침해한다는 주장의 헌법소원심판이 청구되었다. 이 청구에서 청구인들은 교육과학기술부 장관이 신활력지역으로 선정된 시 지역까지 농 · 어촌학생특별전형의 지원자격을 부여하는 대학에 대하여 시정조치를 하지 않은 부작위에 대해서도 심판대상으로 하여 이 결정이 나오게 되었다. 입법의무를 부정하여 각하되었다.

판례 헌재 2008.9.25. 2008헌마456

[판시] 이 사건에 있어서 고등교육법 제60조 제1항에 의하면, 교육과학기술부장관의 시정 또는 변경명령은 그 문언상 재량행위로 되어 있을 뿐 아니라, 헌법의 명문규정으로부터 혹은 헌법 해석상 피청구인 교육과학기술부 장관이 서울대학교의 2009학년도 대학 신입학생 입학전형(농·어촌특별전형 지원자격)과 관련하여 고등교육법 제60조에 규정된 시정명령 등을 할 의무가 있다고 보이지는 않는다. 따라서 이 사건 부작위에 대한 심판청구는 교육과학기술부 장관에게 헌법에서 유래하는 구체적 작위의무가 인정되지 않는 공권력의 불행사를 대상으로 한 것이어서 부적법하다.

⑥ **의대 특별편입학모집요강의 경우** – 폐쇄된 S대 의예과·의학과 재적생을 J대 의예과·의학과에 특별편입학 모집하는 데 대해 위 학생들이 편입학하면 강의실·임상실습 시설 부족 등으로 교육의 질이 저하되어 교육을 받을 권리를 침해한다는 주장으로 헌법소원심판을 청구한 사건에서 청구인들은 J대 총장 이와 같이 많은 수의 S대 의과대학생들을 특별편입학 모집하면서도, 학생·학부모와의 협의, 강의실 개선, 임상실습 관련 시설 개선, 분반 등의 학사관리 개선, 기숙사 및 장학금 확대의 후속조치를 취하지 않은 부작위에 의해서도 자신들의 교육을 받을 권리 및 행복추구권을 침해받았다고 하여 그 부작위도 청구대상으로 하였다. 헌재는 작위의무가 없다고 보아 각하하였다.

판례 헌재 2019.2.28. 2018헌마37등

[판시] 가. 행정부작위가 헌법소원의 대상이 되기 위한 요건 … 나. 검토 (1) J대 총장에게 청구인들이 주장하는 후속조치를 취할 작위의무가 존재하는지 살핀다. (2) 헌법 제31조는 제1항에서 국민의 '교육을 받을 권리'를 규정한 다음, 이를 실효성 있게 보장하기 위하여 제2항 내지 제6항에서 자녀에게 초등교육과 법률이 정하는 교육을 받도록 할 의무를 부모에게 부과하고, 교육의 자주성·전문성·정치적 중립성 및 대학의 자율성을 법률로 보장할 의무를 국가에 부과하면서, 교육제도 및 그 운영·교육재정·교원의 지위에 관한 기본적인 사항을 법률로 정하게 하는 등, 국가가 '교육을 받을 권리'를 실현하기 위하여 불가결한 전제조건을 법률로써 형성할 의무를 규정하고 있다. 그러나 위와 같이 교육에 관하여 규정하고 있는 헌법 제31조에서 청구인들이 주장하는 작위의무에 대해 명시적으로 규정하고 있지 않고, 청구인들이 주장하는 작위의무를 규정하고 있는 다른 헌법 조항도 발견되지 않는다. 또한 앞서 살핀 바와 같이 이 사건 특별편입학 모집으로 인해 청구인들이 의과대학 교육시설에 동등하게 참여하거나 이를 이용할 수 있는 지위에 아무런 영향이 없고, 다만 학생 수가 많아져 교육환경이 기존에 비해 다소 열악해지는 정도에 불과한 등 이 사건 특별편입학 모집으로 인해 청구인들의 교육을 받을 권리 등이 제한된다고 볼 수 없으므로, 헌법해석상 청구인들의 구체적인 기본권을 보장하기 위한 국가의 행위의무 내지 보호의무가 발생하였다고도 보기 어렵다. 법령을 살펴보아도, 이 사건에서와 같이 학교가 고등교육법 제62조 제1항에 따라 폐쇄되는 경우 다른 학교에서 폐쇄되는 학교의 학생을 정원 외로 편입학 할 수 있도록 하는 규정은 존재하나(고등교육법 제23조의2, 같은 법 시행령 제29조 제2항 제15호), 해당 학교로 하여금 청구인들이 주장하는 후속조치를 하도록 규정하고 있는 조항은 발견되지 않는다. (3) 한편, 이미 J대 총장은 이 사건 특별편입학 모집과 관련하여 J대 의과대학 학생 및 학부모와 간담회를 실시하고, 2018.2.에는 의과대학 재학생 비상대책위원회 대표와 이 사건 특별편입학 모집에 따른 후속대책안에 합의하였다. J대 총장은 위 후속대책안을 이행하기 위해 강의실 의자와 책상을 교체 및 추가 배치하였고, 의과대학 내 임상술기 실습실 및 J대병원 내 임상실습실을 확장하였다. (4) 청구인들이 주장하는 이 사건 특별편입학 모집에 따른 후속조치를 취할 작위의무 내지 이미 J대 총장이 행한 조치를 넘

은 후속조치를 취할 작위의무는, 헌법상 명문으로 규정되어 있거나 헌법 해석상 도출되지 않으며, 법령에도 구체적으로 규정되어 있지 않다. 결국 이 사건 부작위에 대한 심판청구는 작위의무가 없는 행정부작위를 대상으로 한 것으로서 부적법하다.

⑦ **사립유치원 교사 인건비 등 예산지원의 작위의무 부정**

판례 헌재 2006.10.26. 2004헌마13

[판시] 우선 국가 및 지방자치단체에게 사립유치원에 대한 교사 인건비, 운영비 및 영양사 인건비를 예산으로 지원하라는 헌법상 명문규정이 없음은 분명하다. 따라서 헌법 해석상 이러한 구체적 의무가 도출될 수 있는지를 살펴보면, 헌법 제31조 제1항은 국민의 교육을 받을 권리를 보장하고 있고, 그 권리는 통상 국가에 의한 교육조건의 개선·정비와 교육기회의 균등한 보장을 적극적으로 요구할 수 있는 권리로 이해되고 있으나 이러한 규정으로부터 국가 및 지방자치단체가 사립유치원에 대하여 교사 인건비, 운영비 및 영양사 인건비를 예산으로 지원하여야 할 구체적인 작위의무가 헌법해석상 바로 도출된다고 볼 수는 없다. 또한 청구인(사립유치원 운영자 등)들은 영업의 자유와 평등권을 침해받았다고 주장하므로 이러한 기본권으로부터 구체적인 작위의무를 도출할 수 있는지 살펴본다. 먼저 사립유치원에 대하여 교사 인건비, 운영비 및 영양사 인건비를 예산으로 지원하지 아니하였다고 하여 청구인들의 영업의 자유에 어떠한 제한이 가하여진 것은 아니므로 영업의 자유 조항으로부터 위와 같은 작위의무가 도출된다고 볼 수 없다. 그리고 헌법 제11조 제1항의 평등의 원칙은 일체의 차별대우를 부정하는 절대적 평등을 의미하는 것이 아니고, 우리나라의 경제수준, 재정능력 및 교육제도 등을 합리적으로 고려하여 구 유아교육진흥법 제10조에서 사립유치원에 대하여도 경비의 일부를 보조할 수 있도록 하고 있는 점 등을 고려해 보았을 때, 국·공립유치원과 달리 사립유치원에 대하여 교사 인건비, 운영비 및 영양사 인건비를 예산으로 지원하지 아니하였다고 하여 불합리한 차별이라고 보기 어렵다. 따라서 헌법상의 평등조항으로부터도 위와 같은 작위의무가 도출된다고 볼 수 없다. 그러므로 청구인들의 위 청구는 헌법의 명문으로나 해석상으로도 피청구인의 작위의무가 인정되지 않는 공권력의 불행사에 대한 심판청구이므로 부적법하다.

2) 작위의무 존재하나 부작위 상태가 아닌 경우

이는 작위의무의 존재는 인정하나 그 의무불이행이 아니라 이행이어서 부작위 상태가 아닌 경우라고 하여 각하한 결정례들이다.

① 방사성 페아스콘 수거·폐기 등 조치를 하지 아니한 원자력안전위원회 위원장의 부작위, 일본산 수산물에 대하여 전면 수입금지조치를 하지 아니한 식품의약품안전청장의 부작위가 위헌이라는 주장의 헌법소원사건이었다. 부작위가 있었다고 볼 수 없다고 하여 각하결정한 것이다.

판례 헌재 2015.10.21. 2012헌마89등. * 앞에 인용된 바 참조.

② 사할린 한인의 대일청구권 사건 – 바로 위 대상성이 인정된 일제 강제징용(병) 원폭피해자사건결정과 사안 성격이 거의 같은데도 오히려 이 사안에서는 외교통상부장관의 작위의무의 이행이 있었다고 하여 부적합다고 본 각하결정을 내렸다. 심판대상은 대한민국과 일본국 간의 재산 및 청구권에 관한 문제의 해결과 경제협력에 관한 협정 제3조의 분쟁해결 부작위

위헌확인이다.

판례 헌재 2019.12.27. 2012헌마939

[결정요지] ○ 행정권력의 부작위에 대한 헌법소원은 공권력의 주체에게 헌법에서 유래하는 작위의무가 특별히 구체적으로 규정되어 이에 의거하여 기본권의 주체가 행정행위 내지 공권력의 행사를 청구할 수 있음에도 공권력의 주체가 그 의무를 해태하는 경우에만 허용된다. "공권력의 주체에게 헌법에서 유래하는 작위의무가 특별히 구체적으로 규정되어"가 의미하는 바는, 첫째, 헌법상 명문으로 공권력 주체의 작위의무가 규정되어 있는 경우, 둘째, 헌법의 해석상 공권력 주체의 작위의무가 도출되는 경우, 셋째, 공권력 주체의 작위의무가 법령에 구체적으로 규정되어 있는 경우 등을 포괄하고 있는 것으로 볼 수 있다. ○ 헌법 전문, 제2조 제2항, 제10조와 이 사건 협정 제3조의 문언에 비추어 볼 때, 피청구인이 이 사건 협정 제3조에 따라 분쟁해결의 절차로 나아갈 의무는 일본국에 의해 자행된 조직적이고 지속적인 불법행위에 의하여 인간의 존엄과 가치를 심각하게 훼손당한 자국민들이 청구권을 실현하도록 협력하고 보호하여야 할 헌법적 요청에 의한 것으로서, 그 의무의 이행이 없으면 청구인들의 기본권이 중대하게 침해될 가능성이 있으므로, 피청구인의 작위의무는 헌법에서 유래하는 작위의무로서 그것이 법령에 구체적으로 규정되어 있는 경우라고 할 것이다. 특히, 우리 정부가 직접 청구인들의 기본권을 침해하는 행위를 한 것은 아니지만, 일본에 대한 청구권의 실현 및 인간으로서의 존엄과 가치의 회복에 대한 장애상태가 초래된 것은 우리 정부가 청구권의 내용을 명확히 하지 않고 '모든 청구권'이라는 포괄적인 개념을 사용하여 이 사건 협정을 체결한 것에도 책임이 있다는 점에 주목한다면, 그 장애상태를 제거하는 행위로 나아가야 할 구체적 의무가 있음을 부인하기 어렵다. ○ 기록에 의하면, 우리 정부는 2013. 6.3.구술서로 일본국에 대하여 사할린 한인의 대일청구권 문제에 대한 한·일 양국 간의 입장이 충돌하고 있으므로 이 사건 협정 제3조에 따른 한·일 외교당국 간 협의를 개최할 것을 제안한다는 취지를 밝힌 바 있고, 2014.11.27.자, 2015.3.16.자, 2015.9.18.자, 2015.12.15.자 각 국장급 면담, 2016.1.21.자 실무협의를 통해 2013.6.3.자 구술서에서 제안한 바와 같은 협의 요청에 대한 성의 있는 대응을 촉구해 왔으며, 현재에도 그와 같은 기조가 철회된 바는 없다. 피청구인이 청구인들이 원하는 수준의 적극적인 노력을 펼치지 않았다 해도, 이 사건 협정 제3조상 분쟁해결절차를 언제, 어떻게 이행할 것인가에 관해서는, 국가마다 가치와 법률을 서로 달리하는 국제환경에서 국가와 국가 간의 관계를 다루는 외교행위의 특성과 이 사건 협정 제3조 제1항, 제2항이 모두 외교행위를 필요로 한다는 점을 고려할 때, 피청구인에게 상당한 재량이 인정된다. 이러한 사실을 종합하면, 설사 그에 따른 가시적인 성과가 충분하지 않다고 하더라도 피청구인이 자신에게 부여된 작위의무를 이행하지 않고 있다고 볼 수는 없다. ○ 그렇다면 이 사건 협정 제3조상 분쟁해결절차와 관련하여 피청구인이 작위의무를 이행하지 않았다고 할 수 없으므로, 작위의무 불이행을 전제로 그것이 위헌임을 주장하는 이 사건 심판청구는 부적법하다.

* 검토 – 위 결정은 2011년의 위헌확인결정례의 사안이 그 성격상 유사하다. 그런데 과연 몇 번의 면담 등으로 이루어졌다고 보는 위 노력이 2011년 결정이 위헌확인한 부작위를 넘어서는 노력이었는지, 2011년 결정에서 '기본권 침해 구제의 절박성' 등을 언급한 것이 지금에 와서 해소되었다는 것인지 등 의문이 있고 2019년 대법원 강제징용판결로 불거진 한·일 간 대립을 고려하지 않을 수 없다는 점에서 설득력이 약하다. 아무리 외교재량을 인정하는 것을 운운해도 2011년 결정에서 설시한 것보다 약하게 후퇴한 것이다.

3) 재량성이 인정되는 경우

행정청이 어떠한 권한을 행사할 것인지에 관해 재량을 가지는 경우 작위의무를 인정할 수 있는 것인지에 대해서는 논란이 있을 수 있을 것이다. 그러나 적어도 재량에도 한계가 있고,

특히 평등원칙, 비례원칙 등을 위반하여 불행사인 상태로 있다면 작위의무의 위반으로 보아 그 불행사로 기본권이 침해되면 위헌이 확인될 수 있을 것이다.

(가) 분석대상 결정례

관련하여 아래의 헌재의 결정을 살펴볼 필요가 있다. 사안은 불공정거래행위의 금지(동법 제23조) 등에 위반한 경우에 공정거래위원회의 전속고발권을 규정함으로써 고발이 이루어지지 않아 그 부작위에 대해 헌법소원심판이 이루어진 것이다. 헌재는 그 고발권에 재량성을 인정하면서도 그 한계가 있다고 하여 고발권의 자의적인 불행사는 기본권침해라고 판시한 바 있다(당해 사건에 대해서는 자의적이 아니라고 보았다). 이러한 입장은 본안판단에서 판시된 것이긴 하나 본안에 들어갔다는 것은 재량권의 자의적 불행사는 헌법소원대상성을 인정하는 것을 전제로 한 것으로 이해된다.

판례 헌재 1995.7.21. 94헌마136

[결정요지] 가. 적법요건에 대한 판단 … 나. 본안에 대한 판단 (1) 쟁점의 정리 – 이 사건 심판대상은 공정거래위원회의 고발권불행사라는 행정부작위이므로 그 쟁점은 공정거래위원회가 과연 이 사건 청구외 회사의 공정거래법위반행위에 대하여 형사처벌을 위한 고발권을 행사하여야 할 "작위의무"를 부담하고 있는가의 여부이다. (2) 전속고발제도 (가) 내용 … (나) 목적 … (다) 고발권행사의 재량성 – 공정거래위원회의 고발권행사에 관한 아무런 요건이나 제한규정도 두지 아니하고 있고, … 공정거래위원회는 심사의 결과 인정되는 공정거래법위반행위에 대하여 일응 고발을 할 것인가의 여부를 결정할 재량권을 갖는다고 보아야 할 것이다. 그러나 모든 행정청의 행정재량권과 마찬가지로 전속고발제도에 의한 공정거래위원회의 고발재량권도 그 운용에 있어 자의가 허용되는 무제한의 자유재량이 아니라 그 스스로 내재적인 한계를 가지는 합목적적 재량으로 이해하지 아니하면 안 된다고 할 것이다. 만약 공정거래위원회가 대폭의 가격인상카르텔 등의 경우와 같이 그 위법성이 객관적으로 명백하고 중대한 공정거래법위반행위를 밝혀내고서도 그에 대한 고발을 하지 아니한다면 법집행기관 스스로에 의하여 공정하고 자유로운 경쟁을 촉진하고 소비자를 보호한다는 법목적의 실현이 저해되는 결과가 되어 부당하기 때문이다. 결국 공정거래법이 추구하는 앞서 본 법목적에 비추어 행위의 위법성과 가벌성이 중대하고 피해의 정도가 현저하여 형벌을 적용하지 아니하면 법목적의 실현이 불가능하다고 봄이 객관적으로 상당한 사안에 있어서는 공정거래위원회로서는 그에 대하여 당연히 고발을 하여야 할 의무가 있고 이러한 작위의무에 위반한 고발권의 불행사는 명백히 자의적인 것으로서 당해 위반행위로 인한 피해자의 평등권과 재판절차진술권을 침해하는 것이라고 보아야 할 것이다. (라) 이 사건 고발권불행사의 당부 – 공정거래위원회가 위와 같은 청구외 회사의 불공정거래행위에 대하여 시정조치를 하는 것만으로도 법목적의 실현이 가능하다고 판단하여 형사처벌을 위한 고발권을 행사하지 아니하였다고 하더라도 이를 고발권의 남용이라거나 고발권을 행사하여야 할 작위의무의 위반으로서 명백히 자의적인 조치라고 단정할 수 없다고 판단되므로 이로써 청구인의 헌법상 보장된 기본권이 침해되었다고 볼 수도 없다. 4. 결론 – 이 사건 심판청구는 이유가 없어 이를 기각하기로 결정한다. * 이 결정 이후 "공정거래위원회는 공소가 제기된 후에는 고발을 취소하지 못한다"라는 제한규정이 들어가는 등 다소 변화가 있었으나 재량권 있는 부작위 경우에 관한 예로 살펴본 것이다.

(나) 검토

위 결정을 보면 작위의무의 부담여부를 적법요건이 아닌 본안판단에서 하였다는 점에서

작위의무존재 여부가 본안문제와도 연관되지 않는가 하는 점을 검토하게 한다. 사실 자의성 여부가 재량권 불행사의 헌법소원대상성 판단으로 따져진다면 그것은 아울러 재량 한계일탈 여부로 따져진다는 것을 의미한다는 점에서 그러하다. 생각건대 자의성이나 비례성을 위반하지 않을 의무가 있다고 할 때 재량권의 불행사도 헌법소원대상성이 된다고 하여 그 점에 관해 적법요건에서 다루고 나아가 본안에서 바로 그 당해 사건에서 자의성, 불비례성 등이 있는지를 판단하면 정리가 될 것이다.

Ⅳ. 행정입법부작위

1. 행정입법 진정부작위

시행령(대통령령), 시행규칙(총리령, 부령)과 같은 행정입법이 제정되거나 개정되어야 할 의무가 있음에도 그 의무가 이행되지 않아 기본권이 침해될 경우 그 행정입법부작위에 대해 헌법소원을 제기할 수 있다. 우리 헌재는 법적 통제의 요건을 설정하고 있다.

(1) 법적 통제 요건(대상성 요건?)

1) 판례법리

헌재는 "행정입법의 지체가 위법으로 되어 그에 대한 법적 통제가 가능하기 위하여는 우선 행정청에게 시행명령을 제정 · 개정할 법적 의무가 있어야 하고, 상당한 기간이 지났음에도 불구하고 명령제정 · 개정권이 행사되지 않아야 한다"라고 한다(헌재 1998.7.16. 96헌마246; 2013.5.30. 2011헌마198; 헌재 2018.5.31. 2016헌마626 등).

[행정입법부작위에 대한 법적 통제 가능 요건]
1. 행정청에게 시행명령을 제정·개정할 법적 의무가 있어야 하고, 2. 상당한 기간이 지났음에도 불구하고,
3. 명령제정·개정권이 행사되지 않아야 함

2) 문제점

문제는 ① 헌재가 여기서는 '법적 통제 요건'이라고 하여 이것이 대상성요건을 의미하는 것인지 본안판단까지 포함한 요건인지 하는 것과 ② 판례가 위 설시 후 '정당한 사유'가 있는지 여부를 판단하고 있어서 이 정당한 사유가 어디에 해당되는 것인지, 즉 상당한 기간의 지체 또는 제정 · 개정하지 않은 부작위 자체에 정당한 사유가 있는 것을 보는 것인지 명확하지 않다. 또한 정당한 사유 문제는 대상성요건 문제인지 본안판단 문제인지도 명확하지 않다.

3) 검토

(가) 대상성 요건인가?

'법적 통제' 가능성 요건이란 말 자체는 헌법소원도 법적 통제이므로 이의 가능성 요건은 그 대상성부터 따지는 것이 된다고 본다면 헌법소원의 대상성 요건과 같은 의미를 가진다고 볼 것이다. 그러나 헌재는 위 통제요건를 구비하였는지 여부, 정당화사유가 있는지 여부에 대한 판단을 본안판단 부분에서 한 초기의 예(96헌마246. '위헌여부에 관한 판단'이란 제목의 항에서 다룬 결정례(2000헌마707)도 그러하다고 보인다)도 있었으나 적법요건판단, 본안판단으로 나누지 않고 그 판단을 하기도 하여 혼동이 온다.

근자에 내려진 헌재 2018.5.31. 2016헌마626 결정에서도 '이 사건 행정입법부작위에 대한 심판청구'라는 제목하에 적법요건판단, 본안판단으로 나누어 판시하지 않고 그냥 (1) (2) (3)을 열거식으로 판단하고 있다. 즉 "(1) 국군포로법 제15조의5 제2항에 따른 대통령령을 제정할 작위의무가 인정되는지 여부 (가) 행정입법의 지체가 위법으로 되어 그에 대한 법적 통제가 가능하기 위하여는 우선 행정청에게 시행명령을 제정·개정할 법적 의무가 있어야 하고, 상당한 기간이 지났음에도 불구하고 명령제정·개정권이 행사되지 않아야 한다"라고 한 뒤 '(2) 이 사건 행정입법부작위에 정당한 사유가 있는지 여부' … 이 사건 행정입법부작위에 헌법상 정당화될 수 있는 위와 같은 이유는 찾아보기 어렵다. (3) 청구인의 기본권 침해 … 이 사건 행정입법부작위는 등록포로 등의 가족인 청구인의 명예권을 침해한다."라고 본안판단까지 판시하고 있다. 이처럼 혼동이 있다.

(나) 사견 - 본안판단 부분(정당성사유)과 적법요건 부분의 구분필요성

생각건대 입법의무가 인정되고 "상당한 기간이 지났음에도 불구하고" 그 이행을 지체하고 있음을 정당화하는 사유가 없다면 그것은 바로 위헌사유가 된다. 즉 정당화 사유에 대한 판단 결과는 위헌확인 여부로 연결된다. 그 점에서 정당성 여부에 대한 판단은 본안판단 문제라고 본다. 헌재 자신도 "시행명령을 제정하지 않거나 개정하지 않은 것에 정당한 이유가 있었다면 그런 경우에는 헌법재판소가 위헌확인을 할 수는 없을 것이다"라고 판시하기도 한다(헌재 2018.5.31. 2016헌마626). '본안에 대한 판단'이란 제하에 '행정입법 지체의 정당화 사유'라는 하부 주제로 이에 대해 판시하는바 "살피건대, 상위법령을 시행하기 위하여 하위법령을 제정하거나 필요한 조치를 함에 있어서는 상당한 기간을 필요로 하며 합리적인 기간 내의 지체를 위헌적인 부작위로 볼 수 없음"이라고 판시하는 예도 있다(헌재 1998.7.16. 96헌마246. * 문제는 이 결정에서는 그렇게 판시하면서도 '행정입법의 작위의무'라는 제하에서 "둘째, 상당한 기간이 지났음에도 불구하고 셋째, 명령제정(개정)권이 행사되지 않아야 한다"라고 판시하고 있다). 아래 판시도 그 점을 간접적으로 긍정하는 것으로 이해된다. "상당한 기간이 경과하도록 이를 이행하지 아니하고 있다면 … 그 자체로 청구인들의 재산권을 침해하는 것"이라고 하기 때문이다. 사안은 산업재해보상보험법상 보험급여

산정에 필요한 평균임금에 관한 노동부장관의 고시가 없는 부작위에 대한 위헌확인결정이었다.

판례 헌재 2002.7.18. 2000헌마707

[판시] 결국 청구인들은 피청구인의 위와 같은 부작위로 말미암아 산업재해보상보험법에 따른 정당한 유족급여 및 장의비를 받게될 재산권 및 인간다운 생활을 할 권리를 침해당하고 있는 것이다. 또한 향후 피청구인의 평균임금 산정에 관한 정함이나 고시가 마련되고 청구인들에게 적용된 결과 청구인들에게 지급될 보험급여액이 청구인들에게 유리하게 변동될 것인지 여부와 관계없이 청구인들에 대한 위와 같은 기본권 침해에는 아무런 영향이 없다고 보아야 한다. 왜냐하면 청구인들이 산업재해보상보험법상의 보험급여를 받기 위하여는 피청구인의 행정입법을 적용받아야 하는데, 피청구인이 헌법에서 유래하는 행정입법의 작위의무가 있음에도 불구하고 상당한 기간이 경과하도록 이를 이행하지 아니하고 있다면, 향후 그 행정입법의 내용에 의하여 청구인들에 대한 보험급여액이 달라질 것인지의 여부와는 관계없이 그 자체로 청구인들의 재산권을 침해하는 것이기 때문이다.

위와 같이 상당기간 지체의 정당성 여부 문제가 위헌여부를 가리는 문제와 연관되는 본안문제로 본다면 이를 본안판단 대상으로 하고 그 이전에 적법요건으로 작위(입법)의무가 있는지 여부, 그 의무이행이 지체되고 있는지 여부, 그 지체가 상당기간 동안인지 여부(지체의 정당성 문제는 본안 문제로) 등의 판단이 요건판단 부분에서 다루어진다고 보면 된다고 생각한다. 그러면 행정입법부작위의 헌법소원대상성 등의 적법요건이 정리가 되고 요건판단부분, 본안판단부분이 정리가 된다. 그러나 판례는 뭉뚱그려 본안판단으로 하는 결정례를 보여주고 있다.

(다) 법률의 진정입법부작위에 대한 헌법소원 경우와의 비교

앞서 살펴본 법률이 완전히 없는 진정입법부작위의 경우와 다음의 점이 비교된다. 법률이 전혀 없는 진정입법부작위에 대한 헌법소원에 대한 판단에서는 그 작위의무의 존재 여부가 대상성판단으로 다룬다. 즉 "어떠한 사항을 법률로 규율할 것인지 여부는 특별한 사정이 없는 한 입법정책의 문제이다. 따라서 진정입법부작위에 대한 헌법소원은 헌법에서 기본권보장을 위하여 법령에 명시적인 입법위임을 하였는데도 입법자가 이를 이행하지 아니한 경우이거나, 헌법해석상 특정인에게 구체적인 기본권이 생겨 이를 보장하기 위한 국가의 행위의무 내지 보호의무가 발생하였음이 명백함에도 불구하고 입법자가 아무런 입법조치를 취하지 아니한 경우에 한하여 허용된다"라고 한다(2010.7.29. 2008헌가19등; 2014.6.26. 2012헌마459; 2018.5.31. 2015헌마1181등). 반면에 행정입법의 진정입법부작위에 대한 헌법소원에서는 부작위의 대상성 등 판단문제에서 흐릿한 면이 있다.

(2) 입법의무

1) 행정입법 작위의무의 헌법적 근거 - 권력분립주의

헌재는 "삼권분립의 원칙, 법치행정의 원칙을 당연한 전제로 하고 있는 우리 헌법하에서 행정권의 행정입법 등 법집행의무는 헌법적 의무라고 보아야 한다. 왜냐하면 … 행정권이 법률의 시행에 필요한 행정입법을 하지 아니하는 경우에는 행정권에 의하여 입법권이 침해되는 결

과가 되기 때문이다"라고 한다(헌재 1998.7.16. 96헌마246. 동지 : 헌재 2005.12.22. 2004헌마66; 2018.5.31. 2016헌마626 등).

2) 하위 행정입법 비제정으로 인한 집행불능의 경우

헌재는 "행정입법의 제정이 법률의 집행에 필수불가결한 경우로서 행정입법을 제정하지 아니하는 것이 곧 행정권에 의한 입법권 침해의 결과를 초래하는 경우를 말하는 것이므로, 만일 하위 행정입법의 제정 없이 상위 법령의 규정만으로도 집행이 이루어질 수 있는 경우라면 하위 행정입법을 하여야 할 헌법적 작위의무는 인정되지 아니한다"라고 한다. 이 법리에 따라 아래 결정에서 법무부장관이 사법시험의 '성적세부산출 및 그 밖에 합격결정에 필요한 사항'에 관한 법무부령을 제정하여야 할 헌법상의 작위의무를 부정하였다.

판례 헌재 2005.12.22. 2004헌마66

[판시] 사법시험법과 동법시행령이 '성적의 세부산출방법 그 밖에 합격결정에 필요한 사항'에 대하여 법무부령에 의한 규율을 예정하고 있지만, 사법시험법과 동법시행령이 사법시험의 성적을 산출하여 합격자를 결정하는데 지장이 없을 정도로 충분한 규정을 두고 있기 때문에, '성적의 세부산출방법 그 밖에 합격결정에 필요한 사항'에 관한 법무부령의 제정이 사법시험법의 집행에 필수불가결한 것이라고 보기 어렵다. 따라서 법무부장관이 사법시험의 '성적의 세부산출방법'에 관한 법무부령을 제정하여야 할 헌법적 작위의무가 있다고 보기 어렵다. * 동지 법리가 판시된 다른 결정례들 : 헌재 2018.5.31. 2016헌마626; 2013.5.30. 2011헌마198 등.

한편 위 사안을 떠나 그 집행 여부에 재량이 주어지는 경우가 검토되어질 것이다. 생각건대 재량권일지라도 그 일탈, 남용 여부는 따져야 하므로 반드시 적법요건 판단에만 국한되어서는 아니 된다. 본안판단에 들어가서 그 여부를 판단해야 한다.

(3) 정당성 여부 문제

행정입법의 입법의무, 그 의무에도 불구한 부작위, 상당히 지체 등에 대한 판단과 정당한 사유가 있는지 여부에 대한 판단도 이루어진다고 앞서 언급하였는데 그 정당성 여부 판단의 기준이 어떠한지가 논의된다. 헌재는 아래 결정에서 정당성 여부 판단 기준으로 "정당한 이유가 인정되기 위해서는 그 위임입법 자체가 헌법에 위반된다는 것이 누가 보아도 명백하거나, 위임입법에 따른 행정입법의 제정이나 개정이 당시 실시되고 있는 전체적인 법질서 체계와 조화되지 아니하여 그 위임입법에 따른 행정입법 의무의 이행이 오히려 헌법질서를 파괴하는 결과를 가져옴이 명백할 정도"라고 설시하고 있다. 사안은 북한에서 사망한 국군포로의 자녀로 북한이탈주민인데 억류지에서 사망하여 대한민국으로 생환하지 못한 국군포로에 대한 대우와 지원에 관한 입법조치를 취하지 않은 국회의 입법부작위 및 '국군포로의 송환 및 대우에 관한 법률'(이하 '국군포로법') 제15조의5 제2항에 따른 대통령령을 제정하지 않은 행정입법부작위가 기본권을 침해한다고 주장하며 헌법소원심판을 청구한 사건으로 후자의 행정입법부작위에 관한 청구에 대해 헌재가 위와 같은 설시를 하였다.

판례 헌재 2018.5.31. 2016헌마626
[설시] 행정부가 위임 입법에 따른 시행명령을 제정하지 않거나 개정하지 않은 것에 정당한 이유가 있었다면 그런 경우에는 헌법재판소가 위헌확인을 할 수는 없을 것이다. 그런데 그러한 정당한 이유가 인정되기 위해서는 그 위임입법 자체가 헌법에 위반된다는 것이 누가 보아도 명백하거나, 위임 입법에 따른 행정입법의 제정이나 개정이 당시 실시되고 있는 전체적인 법질서 체계와 조화되지 아니하여 그 위임입법에 따른 행정입법 의무의 이행이 오히려 헌법질서를 파괴하는 결과를 가져옴이 명백할 정도는 되어야 할 것이다. * 동지 : 헌재 2004.2.26. 2001헌마718. * 이 결정에서 헌재는 "피청구인이 국군포로의 송환 및 대우 등에 관한 법률(2015.3.27. 법률 제13237호로 개정된 것) 제15조의5 제2항의 위임에 따른 대통령령을 제정하지 아니한 행정입법부작위"는 청구인의 명예권을 침해한다고 보아 "위헌임을 확인한다"라는 주문의 결정을 하였다(* 이 결정의 자세한 판시는 아래 결정례 부분 인용 참조).

(4) 결정형식

입법의무가 인정되지 않아 대상성을 가지지 않거나 자기관련성 등 다른 청구요건을 갖추지 못하면 물론 각하결정이 있게 되는 것은 일반적인 헌법소원과 같다. 다만 청구기간은 적용되지 않는다(헌재 1998.7.16. 96헌마246). 본안판단에서 위헌성이 인정되는 인용결정은 아래에서 보는 대로 위헌확인결정이 있게 된다.

1) 인용결정의 형식 - 위헌확인결정

(가) 개념

진정행정입법부작위는 전혀 행정입법이 없는 상태이므로 취소하거나 무효선언할 대상이 없으므로 이에 대한 인용을 하는 결정의 형식은 그 부작위(상태)가 '위헌임을 확인'하는 형식이 된다.

(나) 위헌확인결정례

① 전문의 자격시험 불실시 위헌확인 등

판례 헌재 1998.7.16. 96헌마246
[사건개요] 이 사건 헌법소원심판의 청구인들은 치과의사의 면허를 받은 자들로서 치과전문의가 되고자 하는 자들인바, 치과전문의자격시험은 의료법 제55조, '전문의의 수련 및 자격인정 등에 관한 규정' 제17조, '전문의의 수련 및 자격인정 등에 관한 규정시행규칙' 제11조 제1항, 제12조 제1항에 따라 대한치과의사협회가 매년 1회 이상 실시하여야 함에도 법령의 미비 등을 이유로 지금까지 단 1회도 실시하지 않았고, 보건복지부장관은 의료법 및 위 규정의 위임에 따라 시행규칙의 개정 등 치과전문의자격시험을 실시함에 필요한 제도적 장치를 마련하여야 함에도 이를 마련하지 않고 있어 청구인들의 헌법상 보장된 직업의 자유 등을 침해받고 있다며 헌법소원심판을 청구하였다. [주문] 피청구인 보건복지부장관이 의료법과 전문의의 수련 및 자격인정 등에 관한 규정의 위임에 따라 치과전문의자격시험제도를 실시할 수 있는 절차를 마련하지 아니하는 입법부작위는 위헌임을 확인한다. [결정요지] 1. 적법요건에 대한 판단 – 보건복지부장관의 입법부작위에 대한 부분 치과전문의제도의 시행을 위하여 필요한 사항 중 일부를 누락함으로써 제도의 시행이 불가능하게 되었다면 그 누락된 부분에 대하여는 진정입법부작위에 해당한다고 보아야 한다. 2. 본안에 대한 판단 (가) 행정입법의 작위의무 – 행정권력의 부작위에 대한 헌법소원은 공권력의 주체에게 헌법에서 유래하는 작위의무가 특별히 구체적으로 규정되어 이에

의거하여 기본권의 주체가 행정행위를 청구할 수 있음에도 공권력의 주체가 그 의무를 해태하는 경우에 허용되고, 특히 행정명령의 제정 또는 개정의 지체가 위법으로 되어 그에 대한 법적 통제가 가능하기 위하여는 첫째, 행정청에게 시행명령을 제정(개정)할 법적 의무가 있어야 하고 둘째, 상당한 기간이 지났음에도 불구하고 셋째, 명령제정(개정)권이 행사되지 않아야 한다. 이 사건에 있어서 보건복지부장관의 작위의무는 의료법 및 위 규정에 의한 위임에 의하여 부여된 것이고 헌법의 명문규정에 의하여 부여된 것은 아니다. 그러나 삼권분립의 원칙, 법치행정의 원칙을 당연한 전제로 하고 있는 우리 헌법하에서 행정권의 행정입법 등 법집행의무는 헌법적 의무라고 보아야 한다. 왜냐하면 행정입법이나 처분의 개입 없이도 법률이 집행될 수 있거나 법률의 시행여부나 시행시기까지 행정권에 위임된 경우는 별론으로 하고, 이 사건과 같이 치과전문의제도의 실시를 법률 및 대통령령이 규정하고 있고 그 실시를 위하여 시행규칙의 개정 등이 행해져야 함에도 불구하고 행정권이 법률의 시행에 필요한 행정입법을 하지 아니하는 경우에는 행정권에 의하여 입법권이 침해되는 결과가 되기 때문이다. 따라서 보건복지부장관에게는 헌법에서 유래하는 행정입법의 작위의무가 있다. (나) 행정입법 지체의 정당화 사유 (1) 보건복지부장관은 치과전문의제도의 시행을 위한 최선의 노력을 하였으나 치과의료계의 의견 불일치로 이를 시행하지 못하고 있는 것이므로 보건복지부장관이 위헌적으로 행정입법 등 조치를 하지 않고 있는 것은 아니라고 주장한다. 살피건대, 상위법령을 시행하기 위하여 하위법령을 제정하거나 필요한 조치를 함에 있어서는 상당한 기간을 필요로 하며 합리적인 기간 내의 지체를 위헌적인 부작위로 볼 수 없음은 사실이다. 그러나 이 사건의 경우 현행 규정이 제정된 때(1976.4.15)로부터 이미 20년 이상이 경과되었음에도 아직 치과전문의제도의 실시를 위한 구체적 조치를 취하고 있지 아니하고 있으므로 합리적 기간 내의 지체라고 볼 수 없고, 법률의 시행에 반대하는 여론의 압력이나 이익단체의 반대와 같은 사유는 지체를 정당화하는 사유가 될 수 없으므로 위 주장은 이유 없다. (2) 또한 보건복지부장관은 이해당사자인 피청구인 협회의 의견을 무시하고 치과전문의제도를 시행하는 것이 바람직하지 않다고 판단하였기 때문에 그 시행을 위한 구체적 조치를 취하지 아니한 것이므로 이를 위헌이라고 할 수 없다는 취지로 주장하나, 치과전문의제도를 실시할 것인지의 판단문제는 입법재량의 영역에 속하는 것이고 입법부가 일단 그 제도의 실시 여부에 관한 재량의 여지를 행정부에 남기지 아니하고 무조건적 실시를 명한 이상 보건복지부장관은 그 시행을 위한 구체적 조치를 취하여야 할 헌법상의 의무가 있는 것이므로, 보건복지부장관이 주장하는 바와 같은 사유는 행정입법의 지체를 정당화할 만한 사유가 되지 아니한다. 치과전문의시험을 시행하기 위한 시행규칙의 미비로 청구인들은 일반치과의로서 존재할 수밖에 없는 실정이다. 따라서 이로 말미암아 청구인들은 직업으로서 치과전문의를 선택하고 이를 수행할 직업의 자유를 침해당하고 있다. 3. 결론 – 그렇다면 청구인들의 이 사건 심판청구 중 피청구인 보건복지부장관이 의료법과 위 규정의 위임에 따라 치과전문의자격시험제도를 실시할 수 있는 절차를 마련하지 아니하는 입법부작위는 헌법에 위반됨을 확인하고 주문과 같이 결정한다.

* 검토 – 헌재는 이 결정에서 위 행정입법부작위에 대한 법적 통제 요건 법리를 적법요건판단이 아니라 본안판단에서 판시하고 있다.

② 평균임금의 고시가 제정되지 않은 부작위의 위헌성

판례 헌재 2002.7.18. 2000헌마707

[사건개요] 산업재해보상보험법상의 유족급여, 장의비 등을 산출하는 기초가 되는 평균임금을 산정하기 곤란하다고 인정하는 경우에는 구 산업재해보상보험법 제4조 제2호, 구 근로기준법시행령 제4조가 노동부장관이 결정·고시하도록 하였음에도 행정입법을 하지 않은 부작위의 위헌확인을 구하는 헌법소원심판이다. [주문] 피청구인이 산업재해보상보험법 제4조 제2호 단서와 근로기준법시행령 제4조의 위임에 의하여 평균임금을 정하여 고시하지 아니하는 행정입법 부작위는 위헌임을 확인한다. [관련판시] …

3. 적법요건에 대한 판단 … 5. 위헌여부에 관한 판단 가. 행정입법의 작위의무 – 산업재해보상보험법 제4조 제2호 단서와 근로기준법시행령 제4조가 정하는 경우에 노동부장관으로 하여금 평균임금을 정하여 고시하도록 한 것은 퇴직금, 유족보상금 등의 산정기초가 되는 평균임금을 근로기준법에 의하여 산정할 수 없거나 이를 적용하는 것이 현저히 부적당한 경우에 대비하여 노동부장관으로 하여금 구체적 타당성을 가진 상세한 기준을 마련하도록 한 것이다. 실제로도 평균임금을 산정할 수 없는 경우가 많이 발생하고 있으므로, 노동부장관으로서는 위 규정들의 취지에 따라 행정입법을 하여야 할 의무가 있다고 할 것이다. 삼권분립의 원칙, 법치행정의 원칙을 당연한 전제로 하고 있는 우리 헌법하에서 행정권의 행정입법의무는 헌법적 의무라고 보아야 한다. 왜냐하면 법률이 행정입법을 당연한 전제로 규정하고 있고 그 법률의 시행을 위하여 그러한 행정입법이 필요함에도 불구하고 행정권이 그 취지에 따라 행정입법을 하지 아니함으로써 법령의 공백상태를 방치하고 있는 경우에는 행정권에 의하여 입법권이 침해되는 결과가 되기 때문이다. 나. … 다. 입법지체의 정당화 사유 – 산업재해보상보험법이 1973.3.13. 법률 제2607호로 개정되어 행정입법의 작위의무가 발생한 때로부터 이미 30년 정도가 경과되어 그동안 충분한 시간적 여유가 있었음에도 불구하고 아직도 행정입법의 작위의무를 이행하지 아니하고 있으므로 이는 합리적인 기간 내의 지체라고 볼 수 없다. 라. 기본권의 침해 – 피청구인이 헌법에서 유래하는 행정입법의 작위의무가 있음에도 불구하고 상당한 기간이 경과하도록 이를 이행하지 아니하고 있다면, 향후 그 행정입법의 내용에 의하여 청구인들에 대한 보험급여액이 달라질 것인지의 여부와는 관계없이 그 자체로 청구인들의 재산권을 침해하는 것이기 때문이다.

* 검토 – 이 결정도 '위헌여부에 관한 판단'에서 위 법적 통제 요건 3요소를 다루었다.

③ **군법무관의 봉급, 그 밖의 보수의 법관, 검사의 예에 준한 지급에 관한 행정입법부작위** – 구 군법무관임용법 제5조 제3항 및 '군법무관임용 등에 관한 법률' 제6조가 군법무관의 봉급과 그 밖의 보수를 법관 및 검사의 예에 준하여 지급하도록 하는 대통령령을 제정할 것을 규정하고 있었음에도 해당 대통령령을 제정하지 않는 것이 군법무관들의 재산권을 침해하여 위헌이라고 확인하였다.

판례 헌재 2004.2.26. 2001헌마718

[판시] 가. 적법요건에 관한 판단 – 공무원보수규정 별표 13, '공무원수당 등에 관한 규정' 제14조에 근거한 별표 11에 따른 보수 규정이 법 제6조 내지 구법 제5조 제3항에 따라 제정되어야 할 대통령령을 대체하거나 보완하는 것이라고 단정하기 어렵다. 그렇다면 이 사건에서 문제되는 것은 부진정 입법부작위가 아니라 진정 입법부작위에 해당되는 것이다. 나. 생략. 다. 행정입법 의무의 성격 – 국회가 특정한 사항에 대하여 행정부에 위임하였음에도 불구하고 행정부가 정당한 이유 없이 이를 이행하지 않는다면 권력분립의 원칙과 법치국가 내지 법치행정의 원칙에 위배되는 것이다. 따라서 이 사건과 같이 군법무관의 보수의 지급에 관하여 대통령령을 제정하여야 하는 것은 헌법에서 유래하는 작위의무를 구성한다. 라. 행정입법 부작위의 정당성 유무 (1) 현재 구법 시행 기간 동안인 약 34년간과 신법 시행 기간인 약 3년간 입법부작위의 상태가 지속되고 있다고 볼 것이며, 또한 달리 현재 해당 시행령의 제정이 추진되고 있다고 볼 만한 사정도 발견되지 않는다. (2) 행정부가 위임 입법에 따른 시행명령을 제정하지 않거나 개정하지 않은 것에 정당한 이유가 있었다면 그런 경우에는 헌법재판소가 위헌확인을 할 수는 없을 것이다. 그런데 그러한 정당한 이유가 인정되기 위해서는 그 위임입법 자체가 헌법에 위반된다는 것이 누가 보아도 명백하거나, 위임 입법에 따른 행정입법의 제정이나 개정이 당시 실시되고 있는 전체적인 법질서 체계와 조화되지 아니하여 그 위임입법에 따른 행정입법 의무의 이행이 오히려 헌법질서를 파괴하는 결과를 가져옴이 명백할 정도는 되어야 할 것이다. 그런데 구법 제5조 제3항 및 법 제

6조는 군법무관의 보수 수준에 관한 것으로서, 이러한 사항은 헌법에서 특별히 평등을 요구하고 있는 경우라거나, 차별적 취급으로 인하여 다른 기본권에 대한 중대한 제한을 초래하는 경우가 아니므로 엄격한 비례성 심사가 아니라 자의금지원칙에 따른 합리적 이유 유무의 심사가 필요한바, 이 심사 기준에 따라 위헌성 여부를 살펴보면, 이 사건 규정은 문제점이 없는 것은 아니지만 위헌임이 명백할 만큼 자의적이라고는 할 수 없고, 군법무관 직무의 특수성을 고려할 때 위 규정이 입법자의 입법형성의 헌법적 한계를 벗어난 것이라고도 볼 수 없으며, 청구인들도 위 규정이 합헌이라고 전제하여 이 사건 청구를 하고 있다. (3) 국방부장관은 답변서에서 '타 병과 장교들과의 형평성 및 사기 고려', '예산상 제약'을 거론하면서 이를 해당 시행령의 제정의무 불이행의 사유로 삼고 있다. 그러나 위에서 본 바와 같이 이 사건 규정이 비합리적이라거나 입법자의 입법형성의 헌법적 한계를 벗어났다고 볼 수 없는 한, '타 병과 장교와의 형평성 문제'는, 필요하다면 새로이 입법(법률)적 개선을 추구하는 계기가 될 수는 있겠지만 시행령 제정을 거부할 사유는 될 수 없고, '예산상의 제약'도, 정부가 법률에 근거하여 군법무관의 보수를 상향조정하는 예산안을 편성하게 되면, 예산의 심의·확정권을 가진 국회는 이를 거부할 수 없을 것이므로 위와 같은 이유들은 모두 입법부작위의 정당한 사유가 될 수 없다. (4) 이 사건의 경우 구법 조항이 신설된 때로부터 현재까지 약 37년간 행정입법 부작위의 상태가 지속되고 있다. 이러한 기간은 합리적인 기간 내의 지체라고 볼 수 없다. 마. 침해되는 기본권 – 이 법률들에 의하여 상당한 수준의 보수(급료)청구권이 인정되는 것이라 해석될 여지가 있다. 그렇다면 그러한 보수청구권은 단순한 기대이익을 넘어서는 것으로서 법률의 규정에 의하여 인정된 재산권의 한 내용으로 봄이 상당하다. 따라서 대통령이 정당한 이유 없이 해당 시행령을 만들지 않아 그러한 보수청구권이 보장되지 않고 있다면 이는 재산권의 침해에 해당된다.

* 검토 – 이 결정에서도 3가지 통제요건의 구비 여부를 적법요건 구비여부가 아니라 적법요건 판단 이후에 판단하고 있다.

④ **국군포로 예우의 신청, 기준 등에 관한 대통령령 부재의 위헌성** – 헌재는 피청구인 대통령의 이 행정입법부작위가 청구인의 명예권을 침해한다고 보아 위헌임을 확인하는 결정을 하였다.

판례 헌재 2018.5.31. 2016헌마626

[주문] 1. 피청구인이 '국군포로의 송환 및 대우 등에 관한 법률'(2015.3.27. 법률 제13237호로 개정된 것) 제15조의5 제2항의 위임에 따른 대통령령을 제정하지 아니한 행정입법부작위는 위헌임을 확인한다. [관련규정] 동법 제15조의5 (국군포로에 대한 예우) ① 국방부장관은 등록포로, 제6조에 따른 등록을 하기 전에 사망한 귀환포로, 귀환하기 전에 사망한 국군포로에게 억류기간 중의 행적이나 공헌의 정도에 상응하는 예우를 할 수 있다. ② 제1항에 따른 예우의 신청, 기준, 방법 등에 필요한 사항은 대통령령으로 정한다. [결정요지] (1) 국군포로법 제15조의5 제2항에 따른 대통령령을 제정할 작위의무가 인정되는지 여부 (가) … (나) 국군포로법 제15조의5 제2항에 의하여 등록포로, 제6조에 따른 등록을 하기 전에 사망한 귀환포로 및 귀환하기 전에 사망한 국군포로(이하 '등록포로 등'이라 한다)에 대한 예우의 신청, 기준, 방법 등에 필요한 사항을 대통령령으로 제정하여야 한다. 국군포로법 제15조의5 제1항이 국방부장관에게 예우 여부에 관한 재량을 부여하고 있으나, 이는 국군포로법 제15조의5 제2항에 따라 제정되는 대통령령이 정한 기준과 방법의 한도 내에서 국방부장관이 예우를 할 수 있다는 의미이지, 대통령령을 제정할 것인지 여부에 재량이 있다는 의미는 아니다. 국군포로법 제15조의5 제2항에 따른 대통령령이 제정되지 않는 이상 국방부장관으로서는 국군포로법 제15조의5 제1항에 따른 예우를 할 수 없게 되므로, 대통령령 제정 의무는 기속적이다. (다) 만일 하위 행정입법의 제정 없이 상위 법령의 규정만으로도 집행이 이루어질 수 있는 경우라면 하위 행정입법을 하여야 할 헌법적 작위의무는 인정되

지 아니한다. 그런데 국군포로법은 다른 여러 조항에서 등록포로나 억류지출신 포로가족 등에 대한 금전적 지원, 의료지원, 취업지원 등 각종 지원에 관한 사항을 구체적으로 정하고 있지만, 등록포로 등의 예우에 관해서는 제15조의5에서 대통령령에 따라 예우할 수 있도록 규정하고 있을 뿐, 예우의 내용이나 방식 등에 관하여 아무런 규정을 두고 있지 아니하다. 대통령령의 제정 없이 상위법령의 규정만으로 국군포로법 제15조의5에 관한 사항이 집행 가능하다고 볼 수 없다. 따라서 피청구인에게는 국군포로법 제15조의5 제2항에 따라 등록포로 등의 예우에 관한 대통령령을 제정 또는 개정할 의무가 있다. (2) 이 사건 행정입법부작위에 정당한 사유가 있는지 여부 (가) 이 사건 행정입법부작위는 상당한 기간 동안 계속되고 있다. (나) … (다) 행정부가 위임 입법에 따른 시행명령을 제정하지 않거나 개정하지 않은 것에 정당한 이유가 있었다면 그런 경우에는 헌법재판소가 위헌확인을 할 수는 없을 것이다. 그런데 그러한 정당한 이유가 인정되기 위해서는 그 위임입법 자체가 헌법에 위반된다는 것이 누가 보아도 명백하거나, 위임 입법에 따른 행정입법의 제정이나 개정이 당시 실시되고 있는 전체적인 법질서 체계와 조화되지 아니하여 그 위임입법에 따른 행정입법 의무의 이행이 오히려 헌법질서를 파괴하는 결과를 가져옴이 명백할 정도는 되어야 할 것이다. 그러나 이 사건 행정입법부작위에 헌법상 정당화될 수 있는 위와 같은 이유는 찾아보기 어렵다. (3) 청구인의 기본권 침해 – 국군포로법 제15조의5 제1항은 등록포로 등에 대하여 국방부장관으로 하여금 억류기간 중의 행적이나 공헌의 정도에 상응하는 예우를 할 수 있도록 하고 있다. 등록포로 등의 억류기간 중 행적이나 공헌은 그의 억류지출신 포로가족의 삶에 직·간접적으로 영향을 미치고, 이는 또한 등록포로 등이 우리 사회에서 어떻게 평가되고 예우받는지와 밀접하게 관련되어 그 가족의 평판이나 명예에 중대한 영향을 미치므로, 그 예우에 관하여 대통령령으로 정하지 않은 이 사건 행정입법부작위는 등록포로 등의 가족인 청구인의 명예권을 침해한다. 5. 결론 – 그렇다면 피청구인이 국군포로법 제15조의5 제2항의 위임에도 불구하고 지금까지 정당한 사유 없이 이에 관한 사항을 대통령령에 규정하지 않고 있는 이 사건 행정입법부작위는 청구인의 명예권을 침해하는 것이므로 헌법에 위반됨을 확인하기로 결정한다.

(다) 진정행정입법부작위에 대한 인용결정(위헌확인결정)의 효력

* 자세한 것은 뒤의 부작위에 대한 인용결정 참조.

2) 하위 행정입법 비제정으로 인한 집행불능이 아닌 경우의 각하결정례

이는 하위 행정입법의 제정 없이 상위 법령의 규정만으로도 집행이 이루어질 수 있는 경우라서 하위 행정입법을 하여야 할 헌법적 작위의무는 인정되지 아니한다고 보아 각하된 결정례이다.

① 사법시험의 '성적세부산출' 등에 관한 법무부령을 제정하여야 할 헌법상의 작위의무가 부정된 예

판례 헌재 2005.12.22. 2004헌마66. 이 결정에 대해서는 앞에 인용 참조.

② 액화석유가스충전사업을 영위하는 데 요구되는 토지를 비사업용 토지에서 제외하도록 규정할 헌법상 작위의무가 부정된 예

판례 헌재 2013.5.30. 2011헌마198

[판시] 소득세법에 별도합산과세대상이 되는 토지를 비사업용 토지에서 제외하도록 하는 규정을 두어 가스충전시설의 일정 면적의 부속토지는 반드시 별도합산과세대상 토지로서 비사업용 토지에서 제외된다는 점, 그리고 소득세법 시행령에 비사업용 토지에서 제외되는 토지를 열거한 규정을 두고 있다는 점

을 고려하면, 청구인이 주장하는 소득세법 시행규칙의 제정이 일정 토지를 비사업용 토지에서 제외하도록 한 소득세법의 집행에 필수불가결하다고 할 수 없다. 따라서 위 입법부작위로 인하여 행정권에 의한 입법권 침해의 결과가 발생한다고 볼 수 없으므로, 위와 같은 시행규칙을 제정하여야 할 헌법상 작위의무가 있다고 보기 어렵다.

2. 부진정행정입법부작위

위에서 논의한 행정입법부작위는 진정행정입법부작위이다. 한편 행정입법의 부진정입법부작위라고 보고 이에 대해 헌법불합치로 결정한 예도 있었다.

① 재외동포들의 출입국에서의 혜택을 부여하고 한국 내에서의 법적 지위를 보장하는 것을 내용으로 하는 '재외동포의 출입국과 법적 지위에 관한 법률'(1999.9.2. 법률 제6015호로 제정된 것)의 적용대상에서 대한민국 정부수립 이전의 해외이주동포(대부분의 중국동포와 구 소련동포 등)를 제외한 위 법률 제2조 제2호와 동법시행령(1999.11.27. 대통령령 제16602호로 제정된 것) 제3조가 부진정입법부작위이고 이 심판대상규정들에 대해 평등원칙의 위반이라고 보아 계속적용의 헌법불합치결정을 한 결정례이다.

판례 헌재 2001.11.29. 99헌마494, * 이 결정에 대해서는 앞의 부진정입법부작위 부분 참조.

② 형의 집행 및 수용자의 처우에 관한 법률 시행령(2008.10.29. 대통령령 제21095호로 개정된 것) 제58조 제4항 – 이 조항은 수용자가 변호사와 접견하는 경우에도 원칙적으로 접촉차단시설이 설치된 장소에서 하도록 규정하고 있어서 부진정입법부작위로 재판청구권을 침해하여 헌법불합치결정을 했다.

판례 헌재 203.8.29. 2011헌마122, * 이 결정에 대해서는 앞의 부진정입법부작위 부분 참조.

V. 조례 부작위 위헌확인

1. 조례 부작위에 대한 청구

헌재는 조례가 제정되지 않은 부작위에 대해서도 법률의 입법부작위의 경우와 같이 조례의 진정부작위인지, 부진정부작위인지의 구별을 하고 있고 진정부작위인 경우에 헌법상 작위의무가 인정되는 경우여야 하고 그럼에도 이를 이행하지 않는 입법지체가 있고 이 입법지체에 정당성이 없는 경우 위헌확인결정을 한다.

문제는 헌법상 입법의무의 존재를 헌법소원의 대상성요건으로 하면서도 그 입법의무를 본안에서 따지기도 한 점이다(아래 2.에 인용된 헌재 2009.7.30. 2006헌마358 결정 참조).

2. 위헌확인결정례

그 예로 지방자치단체인 피청구인들이 지방공무원법(1973.3.12. 법률 제2594호로 개정된 것, 이하 같다) 제58조 제2항의 위임에 따라 '사실상 노무에 종사하는 공무원의 범위'를 정하는 조례를 제정하지 아니한 부작위(이하 '이 사건 부작위'라 한다)는 피청구인들이 '사실상 노무에 종사하는 공무원'의 구체적 범위를 정하는 조례를 제정할 헌법상 의무를 부담하는데도 조례제정을 지체함에 정당한 사유가 존재하지 않아 청구인들의 근로3권을 침해한다고 하여 위헌으로 확인한 결정례가 있다. * 1인의 위헌의견은 그 이유를 달리하나 합쳐서 6인의 위헌의견으로 위헌확인 결정된 예이다.

판례 헌재 2009.7.30. 2006헌마358

[주문] 피청구인들이 지방공무원법 제58조 제2항의 위임에 따라 사실상 노무에 종사하는 공무원의 범위를 정하는 조례를 제정하지 아니한 것은 위헌임을 확인한다. [결정요지] 1. … 2. …. 3. 적법요건에 대한 판단 가. … 나. 부진정 입법부작위인지 여부 – 피청구인들은 각자의 지방공무원 복무조례에서 국가공무원법 제66조의 위임에 따라 '사실상 노무에 종사하는 공무원의 범위'를 정하고 있는 '국가공무원 복무규정' 제28조를 준용하고 있으므로, 피청구인들의 진정 입법부작위는 없으며, 그 준용규정의 내용이 불충분하다면 부진정 입법부작위에 불과할 뿐이라고 주장한다. 그러나 '국가공무원 복무규정' 제28조는 국가공무원 중에서 '사실상 노무에 종사하는 국가공무원의 범위'를 정하고 있을 뿐이어서 지방공무원에게 준용될 여지가 없다. 그러므로 피청구인들은 지방공무원 중 '사실상 노무에 종사하는 지방공무원의 범위'를 전혀 정하지 않았다고 봄이 상당하고, 결국 청구인들의 이 사건 심판청구는 그러한 진정 입법부작위의 기본권 침해 여부를 다투는 것이라고 할 것이다. 다. 기본권침해가능성 및 자기관련성 – 긍정(판시 생략) 4. 본안에 대한 판단 [5인 재판관 위헌의견 – 법정의견] (1) 조례제정의무 – 공권력의 부작위에 대한 헌법소원은 공권력의 주체에게 헌법에서 우러나오는 작위의무가 있음에도 불구하고 상당한 기간이 지나도록 그 작위의무를 이행하지 아니하여 기본권을 침해하는 경우에 인정된다(헌재 2001.6.28. 2000헌마735, 판례집 13–1, 1431, 1437 참조). 헌법 제33조는 제1항에서 "근로자는 근로조건의 향상을 위하여 자주적인 단결권·단체교섭권 및 단체행동권을 가진다."라고 규정하고, 제2항에서 "공무원인 근로자는 법률이 정하는 자에 한하여 단결권·단체교섭권 및 단체행동권을 가진다."고 규정하고 있다. 이에 따라 지방공무원법 제58조는 제1항 단서에서 '사실상 노무에 종사하는 공무원'만 노동운동을 할 수 있다고 규정하면서 제2항에서 그 범위를 조례로 정하도록 규정하였다. 이처럼 '사실상 노무에 종사하는 공무원'은 단결권·단체교섭권은 물론 단체행동권까지 가지고 일반기업의 노동조합과 같이 '노동조합 및 노동관계조정법'의 적용을 받게 되므로, 공무원노조법에 따라 공무원노동조합에 가입하여 단체행동권을 제한받게 되는 공무원보다 완전하게 근로3권을 보장받게 된다. 그런데 지방공무원법 제58조 제2항이 '사실상 노무에 종사하는 공무원'의 구체적인 범위를 조례로 정하도록 하였기 때문에, 그 범위를 정하는 조례가 정해져야 비로소 지방공무원 중에서 단결권·단체교섭권 및 단체행동권을 보장받게 되는 공무원이 구체적으로 확정되고 근로3권을 현실적으로 행사할 수 있게 된다. 그러므로 지방자치단체는 소속 공무원 중에서 지방공무원법 제58조 제1항의 '사실상 노무에 종사하는 공무원'에 해당되는 지방공무원이 단결권·단체교섭권 및 단체행동권을 원만하게 행사할 수 있도록 보장하기 위하여 그러한 공무원의 구체적인 범위를 조례로 제정할 헌법상 의무를 진다고 할 것이다. (2) 조례제정을 지체할 정당한 사유가 있는지 여부 – '사실상 노무에 종사하는 공무원의 범위'를 정하는 조례를 제정할 의무가 헌법상 의무로 인정되고 그러한 조례의 제정이 지체되었더라도, 그러한 조례를 제정함에 필요한

상당한 기간을 넘기지 않았거나 그 조례제정의 지체를 정당화할 만한 사유가 있다면, 헌법에 위반된다고 보기 어렵다. 다만 그와 같은 정당한 사유로 인정되기 위해서는 그러한 조례제정이 헌법에 위반되거나 전체적인 법질서 체계와 조화되지 아니하여 조례제정의무의 이행이 오히려 헌법질서를 파괴하는 결과를 가져온다고 볼 수 있어야 할 것이다. 단결권·단체교섭권 및 단체행동권이 인정되는 '사실상의 노무에 종사하는 공무원'의 범위는 1973.3.12. 지방공무원법이 전부 개정되면서 조례에 위임한 이래, 아무런 조례에도 규정되지 않은 채 현재에 이르고 있다. 반면 지방공무원법 제58조 제2항과 유사한 규정인 국가공무원법 제66조 제2항에 따라 국가공무원복무규정 제28조는 '사실상 노무에 종사하는 국가공무원의 범위'를 정하고 있다. 또한, 지방공무원법 제58조가 '사실상 노무에 종사하는 공무원'에 대하여 단체행동권을 포함한 근로3권을 인정한 것은, 그 직무의 내용에 비추어 노동3권을 보장하더라도 공무 수행에 큰 지장이 없고 국민에 대한 영향이 크지 않다고 입법자가 판단한 것이므로, 지방공무원법이 위 범위를 조례로 정하도록 위임한 지 36년이 지나도록 해당 조례의 제정을 그토록 미루어야 할 정당한 사유를 찾아볼 수 없다. 피청구인들은, 청구인들의 업무는 교육지원활동이므로 단체행동권을 인정하면 학생교육에 직접적인 피해가 초래될 우려가 있다고 주장하나, 그러한 사유는 '사실상 노무에 종사하는 공무원의 범위'를 조례로 정할 경우에 고려할 사유일 뿐, 해당 조례를 제정하지 않은 것 자체를 정당화할 사유라고 볼 수는 없다. (3) 청구인들의 기본권 침해 – 지방자치단체가 지방공무원법 제58조 제2항에 따라 '사실상 노무에 종사하는 공무원의 범위'를 조례로 정하지 아니하는 것은 '사실상 노무에 종사하는 공무원의 범위'에 포함될 가능성이 있는 공무원이 단체행동권을 보장받지 못하게 하는 결과로 된다. (4) 소결론 – 그렇다면, 청구인들의 이 사건 심판청구를 받아들여 위와 같은 조례입법부작위가 위헌임을 확인하여야 한다.

3. 검토

첫째, 조례 부작위에 대한 헌법소원에서의 그 대상성 요건이 그리 명확하지 않다. 위 판시에서 법정의견은 "공권력의 부작위에 대한 헌법소원은 공권력의 주체에게 헌법에서 우러나오는 작위의무가 있음에도 불구하고"라고 하고 그 판시를 위한 선례인용은 "(헌재 2001.6.28. 2000헌마735, … 참조)"라고 하였는데 2000헌마735는 법률 부작위 사건이어서 법률 부작위에 준하여 보려는 입장인 것으로 이해하게 한다. 그러나 인용된 2000헌마735는 법률의 진정입법부작위에 대한 헌법소원대상성을 설시하고 있는 반면에 위 조례 부작위 사건의 법정의견은 부작위에 대한 일반적인 법리, 즉 작위의무의 존재를 전제하는 것을 언급하고 있어서 정확한 입장을 이해하기 힘들게 한다. 둘째, 그러면서 헌법상 작위의무(여기서는 조례제정의무)를 본안판단에서 따져 혼동을 준다. 법정의견은 작위의무이행(조례제정)을 지체할 정당한 사유가 있는지를 본안문제로 판단하였다. 조례 비제정의 부작위에 대한 위헌확인 결정례가 드물어 앞으로 좀 더 판례가 축적되어 그 법리를 보긴 해야 하겠지만 그러면서도 이전에 검토가 필요한 문제들이다.

Ⅵ. 부작위(공권력불행사)에 대한 인용결정의 형식과 그 효력

공권력이 행사되지 않아 기본권이 침해됨이 인정되면 그 인용결정의 형식과 효력이 어떠한지에 대해 위에서 간간히 언급되었는데 여기서 정리한다.

1. 진정부작위

(1) 위헌확인 결정과 그 근거

진정부작위는 아무런 공권력작용이 없는 상태이므로 그것을 취소하거나 무효확인을 할 수는 없으므로(무효확인, 취소의 대상이 없으므로) 주문(主文)에 "위헌임을 확인한다"라는 위헌확인결정을 하게 된다. 헌재법 제75조 제3항은 헌법소원을 인용할 경우에 기본권 침해의 원인이 된 "그 불행사가 위헌임을 확인할 수 있다"라고 규정하고 있다. 이에 따라 헌재가 위헌확인결정을 실제로 내린 예들이 있었고 앞서 보았다.

(2) 인용결정의 효력

1) 기속력의 내용으로서의 새로운 처분

진정부작위에 대한 인용결정인 위헌확인결정이 있으면 현행 헌법재판소법 제75조 제1항은 "헌법소원의 인용결정은 모든 국가기관과 지방자치단체를 기속한다"라고 규정하고 있고 같은 법 제75조 제4항은 "헌법재판소가 공권력의 불행사에 대한 헌법소원을 인용하는 결정을 한 때에는 피청구인은 결정 취지에 따라 새로운 처분을 하여야 한다"라고 규정하고 있으므로 적극적인 작위, 처분으로 나아가야 한다.

2) 새로운 처분으로 나아가지 않을 경우 - 집행력의 문제

문제는 위헌확인결정이 있었음에도 불구하고 처분으로 나아가지 않을 경우 그 집행력의 확보가 문제이다. 실제 위헌확인결정 이후 오랜 동안 입법이 안 된 이러한 예가 있다. 바로 우리 헌재 최초의 입법부작위 위헌확인결정이었던 1994년에 내려진 조선철도(주) 주식의 보상금청구에 관한 헌법소원결정이 있은 후 입법은 오랜 뒤 2001년에 이루어져 그 실효성에 의문이 제기되었다. 게다가 위 2001년의 보상법률에 대해서도 피수용재산의 객관적 재산가치를 완전하게 보상하지 아니하고 그에 훨씬 못 미치는 보상내용을 규정하고 있다고 하여 위헌여부심판제청이 있었는데 헌재는 헌법 제23조의 정당보상의 원칙에 위반되지 아니한다고 보고 합헌결정을 하였다(헌재 2002.12.18. 2002헌가4). 조선철도(주) 사건처럼 그렇게 긴 시간을 끌어서는 아니되고 앞으로의 분쟁에 대비하여 권리구제의 실효성을 최대한 신속히 갖게 하기 위한 방안이 마련되어야 한다. 현행 헌법재판소법 제40조 제1항에 의거하여 행정소송법 제34조 제1항이 규정하고 있는 간접강제제도를 준용하여야 할 것이라고 본다.

2. 부진정입법부작위

부진정입법부작위의 경우 불완전한 상태이고 있긴 한 부분이므로 그 부분에 대해 위헌, 헌법불합치 등의 결정을 한다.

제4항 대상성이 부정되는 경우

Ⅰ. 공권력행사로 볼 수 없는 행위

1. 개관

행정청의 행위가 있긴 하나 공권력성이 없는 행정청 사법상의 행위는 물론이고 행정청 등의 행위일지라도 국민의 권리·의무에 직접적인 영향을 미치지 않는 행위는 헌법소원의 대상이 되는 공권력행사로 보지 않는 것이(전술, 대상성요건 부분 참조) 헌재판례의 일반적인 경향이다.

2. 사법상(私法上) 행위(법률행위)

(1) 행정청의 사경제주체로서 행하는 사법상의 법률행위

행정청이라 할지라도 사적인 경제활동을 하는 경우에 그 사법상의 법률행위는 공권력작용이 아니어서 헌법소원의 대상이 되지 않는다. 그러한 대표적인 예로 아래 결정례를 볼 수 있다.

판례 헌재 1992.11.12. 90헌마160, 하천부지 교환에 대한 헌법소원

[판시] 청구인이 주장하는 폐천부지의 교환행위는 하천관리청이 하천의 신설 또는 개축으로 말미암아 생긴 폐천부지를 새로이 하천부지로 된 타인의 토지와 교환하여 주는 것으로서, 공법상의 행정처분이 아니라 사경제주체(私經濟主體)로서 행하는 사법상(私法上)의 법률행위에 지나지 않는다(이 역시 대법원의 확립된 판례태도이기도 하다. 대법 1985.3.26. 84누736 및 1988.5.10. 87누1219 각 판결 참조). 그렇다면 청구인이 주장하는 폐천부지의 교환의무 불이행 역시 헌법소원심판의 대상이 되는 공권력의 불행사라고 볼 수 없다.

(2) 사법상 법률행위로서 대상성이 부정된 다른 예들

구 '공공용지의 취득 및 손실보상에 관한 특례법'상의 행위들로서 ① 협의취득에 따른 보상금지급행위(헌재 1992.11.12. 90헌마160), ② 환매권행사 부인(헌재 1994.2.24. 92헌마283; 1995.3.23. 91헌마143 등).

3. 국민에 대한 직접적 법률효과가 없는 국가기관(행정청) 행위

(1) 기관내부적 행위, 내부적 감독작용, 내부적 준비행위, 기관 간 내부행위 등

한 국가기관 내부에서의 행위라든지 내부적 감독작용, 내부적 준비행위, 국가기관 간의 행위 등은 국민에 대하여 직접적으로 법률효과를 발생시키지 않으므로 헌법소원의 대상이 될 수 없다고 보는 것이 헌재의 판례이다.

1) 기관내부의 행위

① 국회의장의 국회 상임위원회 위원선출행위

판례 헌재 1999.6.24. 98헌마472등, 국회 보건복지위원회 위원 선임처분취소, 국회 교육위원회 위원 선임처분취소
[사건개요] ① 국회법 제48조 제7항은 "의장 및 교섭단체대표의원은 의원이 기업체 또는 단체의 임·직원 등 다른 직을 겸하고 있는 경우 그 직과 직접적인 이해관계를 가지는 상임위원회의 위원으로 선임하는 것이 공정을 기할 수 없는 현저한 사유가 있다고 인정하는 때에는 해당 상임위원회의 위원으로 선임하거나 선임을 요청하여서는 아니 된다"고 규정하고 있다. 청구인들은 피청구인(국회의장)이 국회법 제48조 제7항의 규정을 정면으로 위배하여 직무와 직접적인 이해관계가 있는 당사자들인 국회의원들을 국회 보건복지위원회 위원들로 선임함으로써 의료소비자인 청구인들의 행복추구권 및 평등권, 공정한 의료보장 및 의료서비스를 받을 권리를 그 내용으로 포함하고 있는 인간다운 생활을 할 권리를 침해하였다며, 피청구인의 이 사건 선임처분에 대하여는 행정소송 등 여타 사법적 쟁송을 제기하여도 각하될 것이 분명하므로 별다른 사법적 구제절차가 존재하지 않는다는 이유로 헌법소원심판을 청구하였다. ② 또 전직 사립학교재단의 이사장을 장기간 재직하였던 국회의원들이 교육부와 산하 단체를 감독하는 국회 교육위원회의 위원으로 선임될 경우, 당사자들의 직무수행이 명백하게 공정을 기할 수 없는 상황임에도 불구하고, 피청구인이 국회법 제48조 제7항의 규정을 정면으로 위배하여 위 국회의원들을 국회 교육위원회 위원들로 선임함으로써 학부모들인 청구인들의 교육권, 행복추구권 및 인간다운 생활을 할 권리를 침해하였다며 헌법소원심판을 청구하였다. [결정요지] 헌법소원심판의 대상이 되는 공권력의 행사 또는 불행사는 반드시 국민의 권리의무에 대하여 직접적인 법률효과를 발생시키는 행위가 있어야 한다. 이 사건 헌법소원의 경우, 피청구인은 1998.8.23. 국회의원 김병태와 그 밖의 9인의 국회의원을 국회 보건복지위원회 위원으로, 같은 날 국회의원 김허남을, 같은 해 9.11. 국회의원 정희경을 국회 교육위원회 위원으로 각 선임하였던바, 이러한 선임행위는 국회법 제48조에 근거한 행위로서 국회 내부의 조직을 구성하는 행위에 불과할 뿐 국민의 권리의무에 대하여 직접적인 법률효과를 발생시키는 행위라고 할 수 없다. 즉, 피청구인이 지적하고 있듯이 국회의원을 위원으로 선임하는 행위는 국민의 대표자로 구성된 국회가 그 자율권에 근거하여 내부적으로 회의체 기관을 구성·조직하는 '기관내부의 행위'에 불과한 것이다. 따라서 피청구인의 이 사건 선임행위는 그 자체가 국회 내부의 조직구성행위로서 국민에 대하여 어떠한 직접적인 법률효과를 발생시키지 않기 때문에 이로 인하여 청구인들의 기본권이 현재 직접 침해되고 있다고 할 수 없다. 그렇다면 청구인들의 이 심판청구는 결국 청구인들의 기본권을 직접 침해한 공권력의 행사를 대상으로 한 것이 아니어서 기본권 관련성이 결여되어 부적법하다 할 것이므로 이를 각하하기로 한다.

* 검토 – 이 결정에서 헌재는 대상성의 문제를 언급하면서 기본권침해의 직접성, 현재성, 청구인적격 문제에 대하여서도 언급하고 있다. 헌재가 헌법소원심판의 대상이 되는 공권력의 행사를 국민의 권리의무에 대하여 '직접적인' 법률효과를 발생시키는 행위로 설정하였기에 그러한 것으로 이해된다. 그러나 헌법소원의 대상성문제와 기본권침해(청구인적격)문제는 헌재 자신도 구분하고 있으므로 위와 같은 판

시는 선명성이 부족하므로 대상성 중심의 논증이 요구된다.

② **행정기관 내부의 의사표시** – 기획예산처장관의 정부투자기관에 대한 2001년도 예산배정유보방침 통보행위

판례 헌재 2002.1.31. 2001헌마228

[판시] 피청구인의 예산배정유보계획은 예산배정에 관한 행정부 내부의 의사결정과정에서 예산담당부처가 제시한 내부적인 의사표시에 불과할 뿐 대외적인 의사표시가 아니다. 따라서 기획예산처장관의 투자기관에 대한 2001년도 예산배정유보방침 통보행위 역시 청구인들의 헌법소원의 대상이 되는 공권력 행사에 해당한다고 볼 수 없다.

③ 행정기관 내부의 공문

판례 헌재 2018.5.31. 2016헌마191

[판시] 이 사건 운영방안은 법무부 산하 교정본부가 교도소장에게 발송한 공문으로, 형집행법령에서 정하고 있는 '전자장비를 이용한 계호 제도'를 시범운영할 교정기관의 범위와 세부 시행 계획 등을 정하고 있는 행정기관 내부의 행위 또는 단순한 시행 방침에 불과하고, 대외적인 효력이 있는 명령이나 지시가 아니다. 또한, 후술하는 바와 같이 이 사건 부착행위는 형집행법 제94조 제1항, 제4항, 형집행법 시행규칙 제160조 제3호, 제165조에 근거를 두고 있는데, 이 사건 운영방안이 위 각 형집행 법령 조항의 위임을 받아 이를 구체화한 규정이라고 볼 수도 없다. 이 사건 운영방안은 국민의 권리와 의무에 대하여 법률효과를 발생시키지 아니하므로, 헌법재판소법 제68조 제1항에서 헌법소원의 대상으로 정하고 있는 공권력의 행사에 해당한다고 볼 수 없다. 따라서 이 사건 운영방안에 대한 심판청구는 부적법하다.

④ 피청구인 교육부장관의 2014.2.21.자 '교장임용 제청 기준 강화방안(안)(교육부 교원정책과-1185)' 중 '교육공무원이 금품수수 등 4대 비위로 징계를 받은 경우에는 징계기록 말소기간을 불문하고 교장임용 제청 대상에서 배제하기로 한 부분'이 내부적 행위라서 헌법소원의 대상이 되는 공권력의 행사에 해당하지 않는다고 본다.

판례 헌재 2018.6.28. 2015헌마1072

[판시] 이 부분은 피청구인이 교육공무원법 제29조의2 제1항에 따른 자신의 임용제청권을 어떻게 행사할 것인지를 정한 내부적 행위에 불과하여 국민에게 직접 효력을 가진다고 볼 수 없다. 따라서 이 사건 제청 방안은 헌법소원의 대상이 되는 공권력의 행사에 해당한다고 할 수 없다.

2) 내부적 감독작용

① **경제기획원장관의 1993년도 정부투자기관 예산편성공통지침**

판례 헌재 1993.11.25. 92헌마293

[쟁점] 경제기획원장관(지금의 재경부장관)이 이른바 총액임김제를 정부투자기관에 적용시켜 임김인상을 총액기준 3 % 내에서 억제하는 예산을 편성하도록 하기 위하여 청구인들이 속한 정부투자기관에 대해 위 예산편성지침을 통보한 행위가 헌법소원의 대상이 되는 공권력행사인지 여부(각하결정). [결정요지] 위 예산편성지침은 각 정부투자기관의 출자자인 정부가 정부투자기업의 경영합리화와 정부출자의

효율적인 관리를 도모하기 위하여 예산편성에 관한 일반적 기준을 제시하여 출자자로서의 의견을 제시하는 것에 지나지 아니한다고 할 것이고, 이는 마치 주식회사인 일반 사기업의 주주가 그 경영진에 대하여 경영에 관한 일반적 지침을 제시하는 것과 방불하다고 할 것이다. 그렇다면 이러한 예산편성지침 통보행위는, 성질상 정부의 그 투자기관에 대한 내부적 감독작용에 해당할 뿐이고, 국민에 대하여 구체적으로 어떤 권리를 설정하거나 의무를 명하는 법률적 규제작용으로서의 공권력 작용에 해당한다고 할 수는 없다. … 위 예산편성지침은 이미 위에서 설시한 바와 같이 사용자측이라고 할 수 있는 정부가 그 투자기관에 대하여 내부적 행위로서, 임금에 관한 예산편성의 공통지침을 시달하여 임금협상에 관한 유도적 기준만을 제시한 것이지, 단체교섭에 직접 개입하거나 이를 강제하는 것이 아니다. 그러므로 단체교섭과정에서 해당 정부투자기관의 수익성이나 노사간의 협상능력에 따라서는 얼마든지 위 예산편성지침과 다른 내용의 임금협약을 체결할 수도 있을 것이다. 설사 위 예산편성지침이 청구인측에 대하여도 간접적으로 어떤 영향을 미치게 된다고 가정하더라도, 그것은 단체교섭의 일방 당사자인 사용자(정부)측의 내부적 행위에 지나지 아니하는 것이므로, 단체교섭의 상대방인 근로자(노동조합)측에서 이를 탓할 일이 되지 못할 뿐만 아니라, 그것을 가리켜 공권력의 행사라고 일컬을 수도 없을 것이다. 결국 피청구인의 위 예산편성지침통보행위는 성질상 헌법소원심판의 대상이 되는 공권력의 행사 또는 불행사에 해당한다고 볼 수 없다. * 동지 : 헌재 2002.1.31. 2001헌마228.

* 검토 – 위 지침은 단체교섭권을 가지는 근로자들에 영향을 실질적으로 주는 것이어서 타당하지 못한 결론이다.

* 위 판례의 사안은 정부투자기관를 대상으로 한 총액임금제에 대한 헌법소원사건이었으나 사기업에 대하여 이른바 5% 총액임금제(임금인상률 상한선)를 시행하도록 하기 위하여 적용사업장을 지정, 발표 등을 한 재정경제원(현재 재정경제부)장관 등의 행위에 대해서도 헌법소원이 제기되었는데 헌재는 권리보호이익이 없다는 이유로 각하하였다(헌재 1996.11.28. 92헌마108, 총액임금제적용사업장지정 등에 관한 헌법소원).

② **국무총리의 관계부처에 대한 지휘·감독권의 행사로서의 지시 등** – 새만금 간척사업에 대한 정부조치계획의 확정·발표 등 취소

판례 헌재 2003.1.30. 2001헌마579

[심판대상 및 쟁점] 국무총리의 2001.5.25.자 '새만금 간척사업에 대한 정부조치계획' 및 같은 달 26.자 위 계획에 관한 지시사항시달과 농림부장관의 2001.8.6.자 '새만금 사업 후속 세부실천계획', 그리고 이 사건 사업의 재개행위 등이 헌법소원의 대상이 되는 공권력행사인지 여부(각하결정) [결정요지] 피청구인 국무총리의 이 사건 정부조치계획 및 지시사항시달은 이 사건 사업에 관한 국무총리의 관계부처에 대한 지휘·감독권의 행사(정부조직법 제19조)의 일환으로 행해진 것으로, 당초 농림수산부장관의 새만금 간척종합개발사업을 변경시키거나 그 사업을 대체하는 것이 아니라, 동 사업을 계획대로 계속 시행하되, 다만, 환경친화적인 개발이 되도록 관계부처에 보완대책을 수립·추진하라는 것을 내용으로 하고 있고, 피청구인 농림부장관의 이 사건 후속 세부실천계획 또한 위 국무총리의 지시사항을 이행한 실천계획을 정한 것으로, 이 사건 사업에 대한 환경친화적인 개발의 이행계획을 내용으로 하고 있으며, 이 사건 사업에 대한 공사재개행위는 당초 이 사건 사업계획에 따라 진행되다 중단된 공사를 재개하는 것에 불과하여, 위 각 행위 자체로 독립하여 새로이 직접 청구인들의 기본권을 침해하고 있는 것이 아니므로, 피청구인들의 위 각 행위는 헌법소원심판의 대상이 되는 공권력행사에 해당되지 아니한다.

3) 내부적 준비행위에 대한 헌법소원대상성 부정례

- 사법시험제1차시험출제방향(정답개수형 문제 출제)**에 관한 심의·의결**

판례 헌재 2004.8.26. 2002헌마107

[판시] 사법시험관리위원회가 정답개수형 문제를 출제하기로 한 심의·의결은 장차 시험출제의 권한을 갖고 있는 시험위원들에 대한 권고사항을 채택한 것으로 법적 효력이 없는 사실상의 내부적인 준비행위에 불과하고 설사 그 내용이 공고의 형식으로 게시되었다고 하더라도 이는 법무부장관이 행정정보의 공개차원에서 알려준 것에 불과하거나 앞으로 시험위원들에게 그와 같이 권고될 수도 있으니 그에 대비하라는 일종의 사전안내에 불과한바, 이 사건 심의·의결은 행정심판이나 행정쟁송의 대상이 될 수 있는 행정처분이나 헌법소원심판청구의 대상이 되는 공권력의 행사에 해당한다고 볼 수 없다.

4) 기관 간 내부적 행위

① **대통령의 법률안 제출행위** — 대통령의 법률안제출행위는 국무회의의 심의·의결을 거쳐 제출하였더라도 국회의결·공포절차가 남아 있으므로 국가기관 간의 내부적 행위에 불과하여 헌법재판소법 제68조의 '공권력행사'가 아니라는 것이 헌재의 판례이다.

판례 헌재 1994.8.31. 92헌마174

[쟁점] 피청구인(대통령)이 1992년 6월 4일 지방단체장 선거의 연기에 관한 개정법률안을 의결하여 다음날 국회에 제출한 공권력의 행사(이하 '이 사건 작위'라 한다)가 헌법소원심판의 대상이 되는 것인지 여부(각하결정) [결정요지] 피청구인의 작위 부분에 대한 판단 : 공권력의 행사에 대하여 헌법소원심판을 청구하기 위하여는, 공권력의 주체에 의한 공권력의 발동으로서 국민의 권리의무에 대하여 직접적인 법률효과를 발생시키는 행위가 있어야 한다. 이 사건에서 심판의 대상이 되는 공권력의 행사는 피청구인이 국무회의 의장의 자격으로 지방자치법 중 개정법률안을 국무회의에 상정하여 심의·의결하고, 대통령의 자격으로 이를 재가한 다음, 정부의 이름으로 이를 국회에 제출하였다고 하는 법률안 제출행위이다. 헌법 제89조 제3호의 규정에 의하면 법률안의 심의는 국무회의의 권한이고, 헌법 제52조의 규정에 의하면 정부는 법률안을 제출할 수 있다. 그러므로 이 사건 작위 부분은 헌법이 인정한 정부의 법률안 제출권을 행사한 것으로서 그 성격 자체는 공권력성을 갖추었다고 볼 수 있다. 그러나 그와 같이 제출된 법률안이 법률로서 확정되기 위하여서는 국회의 의결과 대통령의 공포절차를 거쳐야 하므로, 그러한 법률안의 제출은 국가기관 간의 내부적 행위에 불과하고 국민에 대하여 직접적인 법률효과를 발생시키는 행위가 아니다. 그렇다면 피청구인의 이 사건 작위 부분에 관한 행위는 헌법재판소법 제68조에서 말하는 '공권력의 행사'에 해당하지 아니하므로, 각하하기로 결정한다.

② **대책지시** — 행정기관들 간의 내부에서 이루어진 대책지시도 국민의 권리의무에 영향을 미치지 않는 작용이라는 이유로 헌법소원의 대상성이 부정된다. 아래의 예는 장관으로부터 시·도지사에 대한 대책지시였다.

판례 헌재 1994.4.28. 91헌마55, 집유질서 유지대책에 대한 헌법소원

[사건개요와 심판대상] 농수산부(지금의 농림부)장관은 원유(原乳) 공급부족에 따른 유가공업체간의 집유경쟁과 이에 따른 집유질서(集乳秩序) 문란행위를 단속하기 위하여, 유가공업체 사이의 사전협의나 시·도지사의 사전승인 없이 함부로 집유선을 바꾸는 유가공업체와 낙농가에 대하여 각종 지원대상에서 제외하는 등의 불이익을 가함으로써 집유질서가 유지될 수 있도록 철저히 대처하라는 내용의 지시를

시 · 도지사에 하였는데, 이 대책지시가 청구인(낙농가)의 재산권침해의 위헌적 공권력행사라고 하여 이 대책지시를 대상으로 헌법소원이 제기되었다. [관련판시] 이 사건 대책지시는 피청구인(농수산부장관)이 각 시 · 도지사에 대하여 행한 행정기관 내부의 행위로서, 개개의 국민에 대하여는 직접 효력을 가지는 것이 아니다. 즉 이 사건 대책지시만으로는 아직 국민의 권리의무를 변동시킬 수 없고, 이 사건 대책지시에 따라 각 시 · 도지사가 구체적 처분을 하였을 때에 비로소 국민의 권리의무에 어떤 영향을 미치게 되는 것이다. 따라서 이 사건 대책지시만으로는 아직 헌재법 제68조 제1항에서 정하는 '공권력의 행사'에 해당한다고 볼 수 없다.

③ **기획재정부장관의 공공기관 선진화 추진계획** – 행정자치부 자치행정과장이 지방자치단체 담당과장에게 '전공노 대책 관련 긴급지시'라는 제하에 "사태종료시까지 전공노 조합원의 병 · 연가 불허" 등을 내용으로 하는 업무연락공문을 발송한 행위는 행정기관 내부행위일뿐이어서 헌법소원대상성이 없다고 보았다.

판례 헌재 2011.12.29. 2009헌마330등

[결정요지] 이 사건 지시는 행정자치부 소속 자치행정과장이 전국 공무원노조에 대한 대책과 관련한 상호 협조 차원에서 각 지방자치단체의 담당과장에게 '업무연락'을 한 것으로 행정기관 내부의 행위일 뿐 대외적으로 효력이 있는 명령이나 지시가 아니다. 설사 이 사건 지시와 관련하여 서울 동작구청 소속 공무원인 청구인이 영향을 받는다고 하더라도 이는 간접적이고 사실적인 것일 뿐이고 이 사건 지시 자체로 인하여 청구인 주장의 인간다운 생활을 할 권리나 행복추구권 등이 침해되는 것은 아니라고 할 것이다. 따라서 이 사건 지시는 헌법소원심판의 대상이 되는 공권력의 행사에 해당되지 아니한다.

④ **국가기관 사이의 내부적, 절차적 행위** – 대통령비서실 기록관장, 대통령경호실(현 대통령경호처) 기록관장, 국가안전보장회의 기록관장 등이 각 2017.4.17.에서 2017.5.19.경 '박근혜 전 대통령의 직무수행에 관련한 대통령기록물'을 중앙기록물관리기관에 이관한 행위, 대통령 권한대행이 2017.4. 하순에서 2017.5. 초순경 위 대통령기록물 중 일부 기록물의 보호기간을 정한 행위 – 이처럼 이관하고 보호기간을 지정하는 행위가 4 · 16세월호참사 관련 대통령기록물 등을 열람할 수 없도록 하여 알권리를 침해한다는 주장으로 헌법소원심판이 청구된 사안이다.

판례 헌재 2019.12.27. 2017헌마359

[판시] 1. 이 사건 이관행위에 대한 심판청구의 적법 여부 – '대통령기록물관리에 관한 법률'(이하 '대통령기록물법'이라 한다)은 국정운영의 투명성과 책임성을 높이기 위하여 대통령기록물의 보호 · 보존, 활용에 관한 사항을 규정하고 있는데, 이 사건 이관행위는 대통령기록물법에서 규정한 절차에 따른 대통령기록물 관리업무 수행 기관의 변경행위로서, 법률이 정하는 권한분장에 따라 업무수행을 하기 위한 국가기관 사이의 내부적 · 절차적 행위에 불과하다. 따라서 이 사건 이관행위는 헌법소원심판의 대상이 되는 공권력의 행사에 해당한다고 볼 수 없으므로 청구인들의 이 부분 심판청구는 부적법하다. 2. 이 사건 지정행위에 대한 심판청구의 적법 여부 – 이 사건 지정행위는 대통령기록물법 제17조 제1항에 따라 이루어진 국가기관 사이의 내부적인 기록물의 분류 및 통보행위로서, 어떤 대통령지정기록물에 대해 보호기간이 지정되는지는 대외적으로 공개 · 공표되지 않으며, 대통령기록관은 대통령기록물법 제17

조 제4항에 따라 대통령지정기록물의 열람 등을 허용한다. 따라서 보호기간 지정행위 자체는 국가기관 사이의 행위로서, 국민을 상대로 행하는 직접적 공권력작용에 해당한다고 보기는 어렵다. 청구인들이 주장하는 알권리 등의 제한은, 청구인들이 열람을 원하는 특정한 대통령기록물이 존재하고 대통령기록물의 열람·공개권한을 가진 대통령기록관에 정보공개를 청구하였음에도, 그 기록물에 대한 보호기간 지정이 있었으며 예외적으로 열람 등이 가능한 사정이 존재하지 않아서 법률에 따라 그러한 대통령기록물에 대한 공개가 거부되었다는 사정이 존재하는 때에 비로소 인정될 수 있다. 결국 이 사건 지정행위만으로는 청구인들의 법적 지위에 직접 영향을 미치는 공권력 작용이 이루어졌다고 보기 어려우며, 그로 인하여 청구인들의 기본권 침해의 법적 관련성이 인정된다고 보기도 어려우므로 이 부분 심판청구는 부적법하다.

⑤ 수사과정에서의 '비공개' 지명수배

판례 헌재 2002.9.19. 99헌마181

[결정요지] 수사과정에서의 지명수배 조치는 크게 공개수배와 비공개수배로 나눌 수 있다. 공개수배는 지명수배를 한 후 일정기간이 경과하여도 검거하지 못한 주요 지명피의자 등에 대하여 수배서를 공공장소에 게시하는 등의 방법으로 이루어진다. 이 사건 심판기록에 의하면 청구인에 대하여 행하여진 이 사건 조치는 공개수배가 아니라 '수사과정에서의 비공개 지명수배' 조치임이 인정된다. 이 사건 조치와 같은 지명수배 조치의 결과 지명수배자의 소재가 발견되면 위에서 본 바와 같이 체포 또는 구속과 같은 후속조치가 이어질 수 있으나, 체포·구속과 같은 신체와 자유의 제한은 지명수배 조치에 당연히 수반되는 필연적 결과가 아니라, 지명수배 조치와는 별도로 형사소송법상의 체포영장·구속영장 또는 긴급체포에 근거한 체포·구금이 있을 때에 비로소 이루어지게 된다. 이 사건 조치와 같은 '수사과정에서의 비공개 지명수배' 조치는 수사기관 내부의 단순한 共助 내지 의사연락에 불과할 뿐이고 그 자체만으로는 아직 국민에 대하여 직접 효력을 가지는 것이라 할 수 없다. 그렇다면 이 사건 조치 자체만으로는 아직 청구인의 기본권에 어떠한 영향을 미쳤다 할 수 없고, 따라서 이를 헌법재판소법 제68조 제1항에서 규정한 헌법소원심판의 대상이 되는 '공권력의 행사'에 해당한다고 볼 수 없으므로, 결국 이 사건 심판청구는 헌법소원의 적법요건을 결여한 부적법한 청구라 할 것이다.

* 위 판례의 이론은 어디까지나 '비공개'의 지명수배에 대한 것인 점에 유의하여야 한다.

(2) 정치적 사전 준비행위, 정치적 구상·계획 표명, 정치적 제안

- 대통령신임을 국민투표에 부치고자 하는 의도의 표명 헌재는 대통령이 국회 본회의에서 행한 시정연설에서 정책과 결부하지 않고 단순히 대통령의 신임 여부만을 묻는 국민투표를 실시하고자 한다고 밝힌 것이 검토의미의 일종의 준비행위로 국민의 법적 지위에 영향을 미치지 않는, 정치적 제안에 불과하여 헌법소원의 대상이 되는 "공권력의 행사"에 해당하지 않는다고 보아 각하결정을 한 바 있다.

판례 헌재 2003.11.27. 2003헌마694등

[판시] … 나. 피청구인은 2003.10.10. 기자회견을 통하여 "국민들에게 재신임을 묻겠다"라고 밝혔고 이어 2003.10.13. 제243회 국회 본회의에서 시정연설을 하면서 재신임과 관련하여 다음과 같이 요약되는 내용의 발언을 하였다. "… 저는 지난 주에 국민의 재신임을 받겠다는 선언을 했습니다. … 이제 불필요한 논란과 혼란을 피하기 위해서 재신임의 방법과 시기에 관한 저의 생각을 말씀드리겠습니다. 제가 결정할 수 있는 일은 아닙니다만 국민투표가 옳다고 생각합니다.… 있는 그대로 정책과 결부하지 않고

재신임 여부를 그냥 묻는 것이 좋겠다고 생각합니다. … 시기는 12월 15일 전후가 좋겠습니다. …"(제243회 국회 본회의 회의록 참조) 이러한 피청구인의 국회 연설을 둘러싸고 신임국민투표의 찬반과 위헌 여부에 관한 논란은 계속되고 있지만 위 연설 이후 피청구인이 신임국민투표 실시를 위한 구체적인 후속조치를 취한 바는 현재까지 없다. 다. 위와 같은 피청구인의 발언내용 및 이를 전후한 여러 사정들을 종합하여 볼 때, 피청구인의 발언의 본의는 재신임의 방법과 시기에 관한 자신의 구상을 밝힌 것에 불과하다고 보아야 한다. 피청구인의 발언은 정치권에서 어떤 합의된 방법을 제시하여 주면 그에 따라 절차를 밟아 국민투표를 실시하겠다는 것이므로 이것은 법적인 절차를 진행시키기 위한 정치적인 사전 준비행위 또는 정치적 구상이나 계획의 표명일 뿐이다. 피청구인의 발언이 신임국민투표라는 자신의 구상을 실현에 옮길 수 있도록 정치권의 합의를 호소, 촉구하는 것에 불과하다는 점은 "제가 결정할 수 있는 일은 아닙니다만"이라고 한 발언 부분이나 "법리상 논쟁이 없는 것은 아니지만 정치적 합의가 이루어지면"이라고 한 발언 부분이 이를 여실히 보여준다. 이러한 피청구인의 발언만으로는 장차 신임국민투표가 반드시 실시될 것이라고 확정적으로 예측할 수도 없다. 정치권에서 합의가 이루어질 것인지 여하에 따라 사정은 다르게 전개될 수 있을 뿐만 아니라 피청구인의 희망과 달리 정치권의 합의가 이루어지지 않을 경우에 피청구인이 국민투표 실시를 강행할 것인지, 아닌지 조차 알 수 없는 것이다. 무릇 국민투표라는 것은 대통령의 투표안 공고(제49조), 공고된 투표안의 게시(제22조), … 투표(제50조), 개표 및 집계(제8장 및 제9장), 중앙선거관리위원회의 결과 공표 및 대통령·국회의장에 대한 통보(제89조), 대통령의 공포(제91조) 등의 순서로 진행하도록 되어 있다. 따라서 현행 국민투표법에 의하든, 국민투표에 관하여 별도로 제·개정될 어떤 법률에 의하든, 공고와 같이 국민투표에 관한 절차의 법적 개시로 볼 수 있는 행위가 있을 때에 비로소 법적인 효력을 지닌 공권력의 행사가 있다고 할 것이다. 그러한 법적 행위 이전에 국민투표의 실시에 관한 정치적 제안을 하거나 내부적으로 계획을 수립하여 사전에 검토하는 등의 조치는 미확정 사항에 대한 일종의 준비행위에 불과하여 언제든지 그 계획이나 내용이 변경되고 폐기될 수 있는 것이다. 이 사건 심판의 대상이 된 피청구인의 행위가 바로 여기에 해당하는 것으로서, 피청구인이 행한 이 정도의 발언만으로는 국민투표의 실시에 관하여 법적인 구속력 있는 결정이나 조치를 취한 것이라고 할 수 없으며, 그로 인하여 국민의 법적 지위에 어떠한 영향이 미친다고 볼 수도 없다. 그렇다면 그것이 공고와 같이 법적인 효력이 있는 행위가 아니라 단순한 정치적 제안의 피력에 불과하다고 인정되는 이상 이를 두고 헌법소원의 대상이 되는 "공권력의 행사"라고 할 수는 없다.

(3) 공권력 작용의 준비행위 또는 부수적 행위 - 시험 출제·채점행위

이와 관련된 아래의 결정례가 있다. 사안은 '한국산업인력공단 이사장의 세무사 자격시험 제2차 시험의 출제 및 채점행위'에 대한 청구였다.

판례 헌재 2016.2.25. 2014헌마338

[판시] 시험 실시기관의 출제 및 채점행위는 응시자들이 개별적으로 받은 점수를 산출하는 과정에 불과하여 그 자체로는 응시자들의 권리의무에 영향을 미치지 아니하는 공권력 작용의 준비행위 또는 부수적 행위에 해당하고, 응시자인 청구인들의 권리의무에 영향을 미치는 것은 이러한 준비행위의 결과인 세무사 자격시험 합격자 결정이다. 따라서 이 사건 출제 및 채점행위는 헌법소원 심판청구의 대상이 되는 헌법재판소법 제68조 제1항 소정의 공권력의 행사에 해당한다고 보기 어려우므로, 이 사건 출제 및 채점행위에 대한 심판청구도 부적법하다.

(4) 장관의 지침통보행위, 대책지시 등

이러한 작용들도 역시 구체적으로 국민에게 어떤 권리나 의무를 부여하는 것이 아니거나 권리 · 의무에 영향을 미치지 않는 것이라고 보아 판례는 공권력 작용에 해당하지 않는다고 한다.

1) 지침통보행위

① **정부투자기관에 대한 예산편성지침 통보행위** – 이 사안은 1993년도 정부투자기관 예산편성공통지침에 대한 것이었는데 이에 대해서는 앞의 내부적 감독작용 부분에서 살펴보았다(전술 헌재 1993.11.25. 92헌마293 참조).

② **예산배정유보방침 통보행위 부분** – 기획예산처장관이 정부투자기관에 대해 행한 예산배정유보방침 통보행위에 대하여 그 기관의 노동조합들이 청구한 헌법소원심판에 있어서도 헌재는 비슷한 취지로 헌법소원대상성을 부정하고 있다.

판례 헌재 2002.1.31. 2001헌마228, 2001년도 정부투자기관예산편성지침 등

[판시] 피청구인 기획예산처장관의 예산배정은 청구인들(한국조폐공사, 농업기반공사 등 정부투자기관의 노동조합들)이 소속된 기관의 주무부처인 재정경제부장관이나 농림부장관과 같은 중앙행정기관의 장에 대하여 통보한 것이지, 해당기관에 대하여 직접 통보한 것이 아니다. 그리고 피청구인의 예산배정유보계획은 예산배정에 관한 행정부 내부의 의사결정과정에서 예산담당부처가 제시한 내부적인 의사표시에 불과할 뿐 대외적인 의사표시가 아니다. 청구인들은 … 각 정부투자기관의 장에 대하여 단체교섭권을 행사할 수 있는 것이며, 그 과정에서 위 통보행위로 인하여 영향을 받는다 하더라도 이는 간접적 · 사실적인 것에 그치고 위 통보행위 자체로 청구인들 주장의 단체교섭권이 직접 제한되거나 침해받게 되는 것은 아니라고 할 것이다.

2) 대책지시

① **집유**(集乳)**질서 유지대책** – 이 대책지시는 행정기관 내부의 행위로서, 개개의 국민에 대하여는 직접 효력을 가지는 것이 아니어서 헌법소원에서 대상성이 부정되었다 * 이에 대해서는 앞서 보았다(헌재 1994.4.28. 91헌마55).

* **유의** – 헌법소원대상성이 인정된 장관의 지침도 있었다는 점에 유의하여야 한다. 예컨대 교육부장관이 발표한 종합생활기록부제도개선보완시행지침이 기본권침해의 직접성을 가진다고 보아 본안판단에 들어간 예가 있다(헌재 1997.7.16. 97헌마38 결정, 헌재판례집 9－2, 94면 참조. 이 판례에 대해서는 앞의 법령소원의 법령보충규칙 부분 참조). 그 예에서 헌재는 기본권침해의 직접성에 대해서만 언급하였으나 기본권침해의 직접성이 있다고 본 것은 대상성이 있음을 전제로 하는 것이라고 하겠다.

② **법원행정처장의 주의적인 지시 - 일반회계 세출예산연액통지**

판례 헌재 1995.7.21. 93헌마257, 법관 및 법원공무원수당규칙 중 개정규칙 등 위헌확인

[사건개요] 청구인과 같이 사법시험 합격 후 곧바로 병역의무의 이행을 위하여 군에 복무함으로써 뒤늦게 사법연수생으로 임명받은 경우에는 그 군복무기간을 법조경력에 포함시키지 않고 있는데, 이는 같은 회수의 사법시험 합격자로서 사법연수원수료 후 병역의무면제자로 곧바로 판사로 임명된 자나 법무관 출신 판사인 사람들에 비하여 법조경력 산정 및 이에 따른 각종 수당 등의 지급에 있어 불이익을 받게 한 것으로서, 청구인의 평등권을 침해하는 것이라고 주장하면서 헌법소원심판청구를 하였다. [심판대상] 법원행정처장이 1993.1.15.자로 {'93 일반회계 세출예산 연액통지 및 1/4분기 세출예산 재배정}이라는

제목하에 재판수당, 정보비, 기관운영판공비, 자가운전유지비의 지급기준을 '지법부장 및 고법판사'에서 '법조경력 10년 이상 판사'로 변경하였음을 통지한 부분이 청구인 주장의 위 기본권 등을 침해하였는지의 여부. [판시] 법원행정처장의 위 1993.1.15.자 각급 법원장에 대한 지시는 세출예산의 집행에 관한 업무감독의 차원에서 대법원에 배정된 93년도 일반회계 세출예산 연액을 통지하고 각급 법원 본·지원별로 배정된 1/4분기의 세출예산 내역을 통지한 것에 불과하고, 청구인이 이 사건에서 문제로 삼고 있는 위 지시 중 별첨『'93 일반회계 세출예산 집행시 유의할 사항』중의 {재판수당, 정보비, 기관운영판공비, 자가운전유지비의 지급기준을 종전의 '지법부장 및 고법판사'에서 '법조경력 10년 이상 판사'로 변경}하였다는 부분 역시 재판수당 등에 관한 세출예산이 위와 같은 기준에 의하여 편성되어 있으니 그 집행에 있어 유의하라는 주의적인 지시에 불과한 것으로서, 법원행정처장의 위 지시에 의하여 청구인 주장의 평등권 등이 침해된 것은 아니라고 할 것이다. 따라서, 법원행정처장의 1993.1.15.자 {'93 일반회계 세출예산 연액통지 및 1/4분기 세출예산 재배정}은 헌법재판소법 제68조 제1항이 규정한 '공권력의 행사'에 해당한다고 할 수 없어 헌법소원심판의 대상이 되지 아니하므로 이 부분에 대한 심판청구는 부적법하다.

4. 민원 등에 대한 회신, 안내, 구문, 단순 사실고지 등

(1) 민원 등에 대한 회신

1) 부정의 헌법적 근거

이러한 회신은 국민에 대한 법적 구속력이 없거나 국민의 권리·의무에 영향을 미치는 것이 아니라는 점 때문에 헌법소원대상성이 부인된다고 본다.

판례 헌재 1989.7.28. 89헌마1

[관련판시] 법원행정처장의 소위 민원인에 대한 법령 의회신이란 한낱 법령해석에 관한 의견진술에 지나지 않고, 그것이 법규나 행정처분과 같은 법적 구속력을 갖는 것이라고는 보여지지 아니하며, 기록에 의하면 문제된 질의회신은 청구인에 대한 것도 아님이 명백하므로 이를 헌법소원의 대상으로 삼아 심판을 구하는 부분은 부적합하다. * 동지 : 헌재 1992.6.26. 89헌마132 등.

2) 결정례

① 단순한 사후 해명으로서의 회신

판례 헌재 1993.12.23. 89헌마281, 1980년 해직공무원의 보상 등에 관한 특별조치법에 대한 헌법소원

[관련판시] 청구인이 이 사건에서 심판의 대상으로 한 1989.12.11.자 보상금지급결정통지(정확히는, "80 해직자 보상금 지불건에 대한 회신"이란 제목의 통지)라는 것은, 그 형식에 있어서 청구인의 대리인 자격이 있는지의 여부조차 불명확한 변호사의 탄원서에 대한 위 공사의 회신에 불과할 뿐만 아니라 그 내용에 있어서도 동 공사가 이미 청구인에게 보낸 같은 해 8. 23.자 보상금지급결정통지에 관한 단순한 사후의 해명에 불과한 것으로서, 이것이 청구인의 기본권침해의 원인이 된 헌법재판소법 제68조 제1항 소정의 '공권력의 행사'에 해당한다고는 볼 수 없다. 따라서 이 부분 심판청구는 헌법소원심판의 대상적격이 없는 것을 그 대상으로 한 것이므로 부적법하다.

② **공보처장관의 특수주간신문 발행인 질의에 대한 회신**

판례 헌재 1997.10.30. 95헌마124

[쟁점] 구 '정기간행물의 등록 등에 관한 법률' 제2조 제6호는 특수주간신문은 산업·과학·종교 등 특정분야에 국한하여 보도·논평 및 여론 등을 전파할 수 있을 뿐, 정치분야에 관하여는 보도·논평 및 여론 등을 전파할 수 없도록 규정하고 있다. 이 특수주간신문(지역신문)의 발행인이 1995.6.27. 지방자치단체장 및 지방의회의원선거를 앞두고 지역신문의 정치기사보도의 한계에 관한 질의를 한 데 대하여 공보처장관이 통보한 회신이 헌법소원심판의 대상이 되는지 여부(부정) [관련판시] 공보처장관이 청구인 한산신문사에 대하여 행한 1995.2.22.자 통보를 살펴보면 이는 지역신문 발행인의 질의에 대한 단순한 회신으로서 1995.6.27. 지방자치단체장 및 지방의회의원선거를 앞두고 지역신문의 정치기사보도 한계에 관한 법률적 문제를 안내한 것이라고 볼 것이고, 수신인에 대하여 어떠한 법적 권리의무를 부과하거나 일정한 작위나 부작위를 구체적으로 지시하는 내용이라고 볼 수 없다. 수신인이 발행하는 특수주간신문에 정치관련기사를 게재할 수 없는 것은 공보처장관의 1995.2.22.자 통보공문발송에 의한 것이 아니며 정간법규정 그 자체에 의한 것이다. 따라서 공보처장관이 청구인 한산신문사에 대하여 행한 1995.2.22.자 통보는 헌법재판소법 제68조 제1항이 정하는 공권력 행사에 해당된다고 볼 수 없고 이 부분 헌법소원심판청구는 헌법소원심판청구의 대상이 될 수 없는 것으로 부적법하다.

③ **보훈처장의 보상금지급불가의 민원회신**

판례 헌재 1998.2.27. 97헌가10등

[관련판시] 청구인의 진정서는 형식상으로뿐만 아니라 그 실질에 있어서도 구체적인 권리행사로서의 성질을 가지는 것이 아니라 법률내용의 여하를 불문하고 보상금을 지급하여 달라는 단순한 호소 내지 요청에 불과하며, 이에 대한 국가보훈처장관의 민원회신 또한 현행 법률의 테두리 내에서는 청구인의 요망에 따른 보상금지급을 할 수 없음을 알리는 정도의 내용에 불과하다. 그렇다면 국가보훈처장의 이 회신은 청구인의 법률관계나 법적 지위에 영향을 미친 바 없으므로 이를 헌법소원의 대상이 되는 공권력의 행사라고 할 수 없다.

④ **공훈사실에 관한 민원회시** 위 ③ 결정례와 비슷한 사안으로서 판시가 유사한 결정이다.

판례 헌재 2000.6.29. 98헌마391.

⑤ **법률적 문제에 대한 해석·안내를 위한 단순한 회신** 법률에 의하여 제한된 인터넷 선거광고대행행위가 허용되는지 여부에 관한 질의에 대한 중앙선거관리위원회(피청구인)의 위법이라는 답변이 법률적 문제에 대한 해석 및 안내를 위한 단순한 회신에 불과한 것이어서 공권력행사성을 부정하였는데 헌재의 판시에도 나타나 있듯이 그 이전에 사전선거운동금지조항에 해당되어 금지된 것이었다.

판례 헌재 2001.3.21. 2000헌마37

[판시] 기록에 의하면 청구인이 피청구인에게 인터넷을 통한 선거광고대행행위가 법상 허용되는지 여부에 대하여 질의한 것은 2000.1. 초순 일자불상경 및 같은 해 1.14.이었는데 제16대 국회의원선거를 위한 후보자등록은 2000.3.28.과 3.29. 2일간 시행되었고 선거는 같은 해 4.13. 시행되었으므로, 청구인이

질의 할 당시는 선거운동기간 이전임이 명백하다. 따라서 청구인이 질의할 당시 인터넷 선거광고대행행위를 하지 못한 이유는 사전선거운동에 해당되어 법 제82조의 3에 의해 직접 금지되어 있었기 때문이며 피청구인의 위와 같은 답변에 의한 것이 아니다. 그렇다면, 결국 피청구인의 위와 같은 답변은 그 자체로 청구인의 권리를 제한하는 공권력작용으로 볼 수 없고 다만 법률적 문제에 대한 해석 및 안내를 위한 단순한 회신에 불과한 것이므로 헌재법 제68조 제1항의 '공권력의 행사'에 해당하지 않는다.

(2) 안내

단순한 안내도 국민의 권리의무에 영향을 미치지 않으므로 헌법소원대상이 아니다.

- 교원자격검정 실무편람 "교육대학원 초등교육전공의 교육과정은 초등학교 교사양성과정(전 교과 지도)으로 편성되지 않고, 초등교육 전문과정으로 편성되어 있어, 일반대학 졸업자가 교육대학원에서 초등교육을 전공하여 초등교사 자격증을 취득하는 것은 불가능함"이라는 부분에 대한 청구였는데 안내에 불과하다고 하여 대상성을 부정하였다.

판례 헌재 2013.2.28. 2010헌마438

[판시] … 더구나 이 사건 실무편람 부분은 교원자격검정령 관련 규정 및 우리나라 교육대학원 등의 초등교육 석사학위과정 운용상 교육대학이나 대학의 초등교육과에서 초등교육을 전공하지 않는 한 교육대학원등에서의 초등교육 석사학위과정만으로는 초등학교 정교사(2급)의 자격취득이 불가능하다는 사실을 설명 내지 안내해 주고 있는 것에 불과하다. 따라서 이 사건 실무편람 부분이 그 자체로 국민에 대해 어떤 권리를 설정하거나 의무를 부과하고 있다고 볼 수 없다. 그렇다면 헌법소원의 대상이 되는 공권력의 행사에 해당한다고 볼 수 없다.

(3) 적용법조 내지 법률해석문제에 대한 구문

이에 관한 다음의 결정례들이 있다.

① 감호의 재집행에 대한 헌법소원

판례 헌재 제2지정재판부 1990.3.8. 고지, 90헌마47

[결정요지] 이 사건 소원심판청구의 요지는, 감호기간을 남긴 상태에서 가출소하였으나 다른 범죄로 다시 기소되어 무기징역을 선고받아 형집행중에 있는 청구인이 장래 무기징역에서 유기징역으로 감형되어 그 형의 집행을 종료한 경우 감호잔기의 집행이 있게 되는지 여부에 대한 판단을 구함과 동시에 감호잔기가 장래에 집행되어야 한다면 어느 법에 근거하여 집행하게 되는지 알아보기 위하여 이 건 헌법소원심판청구에 이르렀다는 취지인바, 그와 같은 판단을 구하거나 적용법조에 대한 구문(求問)은 헌법소원의 대상이 되지 아니할 뿐 아니라…

② 외국 구금일수의 본형 산입 여부에 대한 구문

판례 헌재 1997.9.25. 96헌마159

[관련판시] 외국 정부에 의하여 구금된 일수가 형법 제57조 제1항 소정의 판결선고전 구금일수에 해당하여 본형에 산입되는지 여부를 알아보는 심판청구는 결국 법률의 해석문제에 관한 求問으로서 헌법소원의 대상이 되지 아니한다.

③ **그 외의 예** 형사보상금 지급청구에 대해 관련 법령을 해석·적용한 결과를 알려준 행위(2009헌마421), 교도소 수용자가 외부인으로부터 연예인 사진을 교부받을 수 있는지를 문의하자 교도소장이 불허될 수 있다고 고지한 행위(2014헌마626. "담당직원이 형집행법 시행규칙 제207조 및 법무부 예규인 '수용자 교육교화 운영지침' 제64조 등 관련 법령과 행정규칙을 해석·적용한 결과를 청구인에게 알려준 것에 불과할 뿐, 이를 넘어 청구인에게 어떠한 새로운 법적 권리의무를 부과하거나 일정한 작위 또는 부작위를 구체적으로 지시하는 내용이라고 볼 수 없으므로, 헌법소원의 대상이 되는 '공권력의 행사'로 볼 수는 없다") 등이 있다.

(4) 단순한 사실의 고지, 결정의 고지, 보고내용의 발표 등

있는 사실을 단순히 알리는 고지(告知)나 결정의 고지, 보고한 내용의 발표 등도 기본권에 영향을 초래하는 것이 아니어서 공권력행사가 아니라고 본다. 아래와 같은 결정례들을 볼 수 있다.

① **사법시험 제2차시험 2000년 및 2001년 응시자격부여 위헌확인**

판례 헌재 제1지정재판부 1999.11.30. 고지, 99헌마625, 각하결정
[본안쟁점과 사건개요] 1998.2.경 시행된 제40회 사법시험에서의 불합격처분취소를 구하는 행정소송에서 동 처분은 위법하다는 판결이 확정되자 피청구인(행정자치부장관)은 이에 근거하여 청구인들을 비롯한 수험생 527명에 대하여 제42회 및 제43회 사법시험 제2차시험에 응시할 기회가 있음을 알려 주는 "제40회 사법시험 제1차 시험 추가합격 통보"를 하였다. 청구인들은 군에 입대하였는데, 2000.12.29.에, 2001.9.12.에 각 제대할 예정이다. 청구인들은 병역의무이행으로 인하여 2000년 시행될 제42회 사법시험과 2001년 시행될 제43회 사법시험의 제2차 시험에 대한 수험준비를 할 수 없는 형편에 처하게 되었으므로, 불합격처분을 취소받은 다른 수험생에 비하여 현저하게 불이익한 취급을 받게 되었으며, 이는 현재 병역의무를 이행하고 있는 청구인들의 특수한 사정을 고려하지 않은 것으로 헌법 제39조 제2항 및 제11조에 위배되고 청구인들이 사법시험에 합격하여 법률업무에 종사할 직업선택의 자유를 침해당하게 되었다는 등을 주장하면서 청구인들에게 군복무 종료 후 적정기간이 지난 후에 사법시험 제2차 시험에 응시할 자격을 부여하지 않은 이 사건 통보는 헌법에 위배된다는 주장의 헌법소원심판을 청구하였다.
[결정요지] 청구인들이 심판대상으로 삼고 있는 이 사건 통보는 위에서 본 바와 같이 대법원 판결이 이 사건 시험의 불합격처분이 위법하다고 판단하고 그 불합격처분이 취소됨으로써 합격결정을 받게 된 경우에는 그 후에 최초로 실시되는 제2차시험과 그 다음 회의 제2차시험에 응시할 자격이 부여된다고 사법시험령 제8조 등 관련규정을 해석함에 따라, 이를 근거로 하여 청구인들에게 이 사건 시험의 불합격처분을 취소하고 추가합격조치를 하였음과 제42회 및 제43회 사법시험 제2차시험에 응시할 자격이 부여되었음을 알려준 것으로서, 이는 단순한 사실의 고지에 불과할뿐 청구인들의 기본권을 침해하는 공권력의 행사로는 볼 수 없다. 따라서 이 사건 심판청구는 부적법하므로 이를 모두 각하하기로 결정한다.

② **교육공무원법에 의한 고충심사청구에 대한 결정**

판례 헌재 1996.12.26. 96헌마51
[사건개요] 청구인은 도서벽지 지역에서 초등학교 교사로 근무한 적이 있고, 그후 중학교 교사로 전직하여 근무하고 있는데 중학교 교감자격을 취득하기 위한 전제로서 요구되는 교감과정의 연수대상자로 지

명받기 위하여(지명권자는 도 교육감이다) 피청구인(교육부장관)에 대하여 초등학교 교사로 근무시 취득한 가산점을 중학교 교사로 전직한 이후에도 인정하여 주도록 의견 제시 내지 건의를 하였으나, 불가하다는 회신을 받고, 교육공무원법 제49조 제1항에 의하여 피청구인에게 고충심사청구를 하였는데 이 심사를 관장하는 교원징계재심위원회가 이유 없다는 결정을 하자, 헌법소원심판을 청구하였다. [결정요지] 이 사건 심판대상결정은 피청구인이 청구인의 고충을 해소하는 등 공정한 처리를 위하여 노력한 결과, 즉 청구인의 고충을 해소하여 주려고 하여도 현행 법령의 테두리 안에서 허용되지 아니한다는 사정을 알리는 결정에 지나지 아니하며, 그로 인하여 청구인에 대한 법률관계의 변동이나 이익의 침해가 생기지 아니하므로, 헌법소원의 대상이 되는 공권력의 행사 또는 불행사에 해당된다고 할 수 없다.

③ **대통령 자문위원회의 보고**

판례 헌재 1997.7.16. 97헌마70, '96학년도대학입시기본계획 등 위헌확인

[판시] 교육개혁위원회가 발표한 신교육체제 수립을 위한 교육개혁방안은 대통령의 자문기관인 동 위원회가 대통령에게 교육개혁방안의 하나로 대학입학시험에 관하여 보고한 내용을 발표한 것에 불과하므로 이것이 청구인들의 기본권을 직접 침해하는 공권력의 행사라고 볼 수 없어 이 부분에 대한 심판청구도 부적법하다.

5. 국가간 비구속적 합의 - '대한민국 외교부장관과 일본국 외무대신이 2015.12.28. 공동 발표한 일본군 위안부 피해자 문제 관련 합의'

헌재는 이 합의는 비구속적 합의라고 보아 즉, 절차와 형식 및 실질에 있어서 구체적 권리·의무의 창설이 인정되지 않고, 이를 통해 일본군 '위안부' 피해자들의 권리가 처분되었다거나 대한민국 정부의 외교적 보호권한이 소멸하였다고 볼 수 없으므로 그 합의를 대상으로 한 헌법소원심판청구는 허용되지 않는다고 보아 심판청구를 각하하였다.

판례 헌재 2019.12.27. 2016헌마253

[판시] 1. 조약과 비구속적 합의의 구분 – 조약과 비구속적 합의를 구분함에 있어서는 합의의 명칭, 합의가 서면으로 이루어졌는지 여부, 국내법상 요구되는 절차를 거쳤는지 여부와 같은 형식적 측면 외에도 합의의 과정과 내용·표현에 비추어 법적 구속력을 부여하려는 당사자의 의도가 인정되는지 여부, 법적 효과를 부여할 수 있는 구체적인 권리·의무를 창설하는지 여부 등 실체적 측면을 종합적으로 고려하여야 한다. 비구속적 합의의 경우, 그로 인하여 국민의 법적 지위가 영향을 받지 않는다고 할 것이므로, 이를 대상으로 한 헌법소원 심판청구는 허용되지 않는다. 2. 이 사건 합의가 헌법소원심판의 대상이 되는지 여부 – ○ 일반적인 조약이 서면의 형식으로 체결되는 것과 달리 이 사건 합의는 구두 형식의 합의이고, 표제로 대한민국은 '기자회견', 일본은 '기자발표(記者發表)'라는 용어를 사용하여 일반적 조약의 표제와는 다른 명칭을 붙였으며, 구두 발표의 표현과 홈페이지에 게재된 발표문의 표현조차 일치하지 않는 부분이 존재하였다. 또한 이 사건 합의는 국무회의 심의나 국회의 동의 등 헌법상의 조약체결절차를 거치지 않았다. ○ 이 사건 합의의 내용상, 한·일 양국의 구체적인 권리·의무의 창설 여부가 불분명하다. 이 사건 합의 중 일본 총리대신이 일본군 '위안부' 피해자에 대한 사죄와 반성의 마음을 표시하는 부분의 경우, 일본군 '위안부' 피해자의 권리구제를 목적으로 하는지 여부가 드러나지 않아 법적 의미를 확정하기 어렵고, 일본군 '위안부' 피해자의 피해 회복을 위한 법적 조치에 해당한다

고 보기 어렵다. 일본군 '위안부' 피해자 지원을 위한 재단 설립과 일본 정부의 출연에 관한 부분은, '강구한다', '하기로 한다', '협력한다'와 같은 표현에서 드러나는 것처럼 구체적인 계획이나 의무 이행의 시기·방법, 불이행의 책임이 정해지지 않은 추상적·선언적 내용으로서, '해야 한다'라는 법적 의무를 지시하는 표현이 전혀 사용되지 않았다. … 그 밖에, 일본군 '위안부' 피해자 문제의 '최종적·불가역적 해결', '국제사회에서의 비난·비판 자제'에 관한 한·일 양국의 언급은, 근본적으로 일본군 '위안부' 피해자 문제가 과연 무엇인가에 대한 공통의 인식이 존재하지 않는다는 점 등에서 한·일 양국의 법적 관계 창설에 관한 의도가 명백히 존재하였다고 보기 어렵다. ○ 이를 종합하면, 이 사건 합의의 절차와 형식에 있어서나, 실질에 있어서 구체적 권리·의무의 창설이 인정되지 않고, 이 사건 합의를 통해 일본군 '위안부' 피해자들의 권리가 처분되었다거나 대한민국 정부의 외교적 보호권한이 소멸하였다고 볼 수 없는 이상 이 사건 합의가 일본군 '위안부' 피해자들의 법적 지위에 영향을 미친다고 볼 수 없으므로 일본군 '위안부' 피해자들의 배상청구권 등 기본권을 침해할 가능성이 있다고 보기 어렵다. 따라서 이 사건 합의를 대상으로 한 헌법소원심판청구는 허용되지 않는다.

* 검토 – 헌재가 "기본권을 침해할 가능성이 있다고 보기 어렵다. 따라서 이 사건 합의를 대상으로 한 헌법소원심판청구는 허용되지 않는다"라고 판시하여 기본권침해가능성과 대상성을 함께 판시하여 이해를 흐리게 한다. 이 판시 바로 앞 부분에 "구체적 권리·의무의 창설이 인정되지 않고"라고 하기도 했는데 권리·의무에 영향이 있어야 한다는 것이 헌재의 헌법소원 대상성 판단기준(영향성 이론)이라 여기에 분류하게 된 것이기도 하다.

6. 청원처리의 결과의 헌법소원대상성 부인

[주요사항]

▷ 청원의 헌법소원 대상성 : 처리결과통지 있으면 국가기관의 헌법·청원법상의 의무이행을 필한 것이고 비록 그 처리내용이 청원인의 기대에 미치지 않더라도 더 이상 헌법소원대상인 공권력행사·부작위로 볼 수 없음

판례 헌재 1994.2.24. 93헌마213등, 종교시설용지공급처분취소 등

[결정요지] 청원소관관서는 청원법이 정하는 절차와 범위 내에서 청원사항을 성실·공정·신속하게 심사하고 청원인에게 그 청원을 어떻게 처리하였거나 처리하려 하는지를 알 수 있을 정도로 결과를 통지함으로써 충분하다. 따라서 적법한 청원에 대하여 국가기관이 수리·심사하여 그 처리결과를 청원인 등에게 통지하였다면 이로써 당해 국가기관은 헌법 및 청원법상의 의무이행을 필한 것이라 할 것이고, 비록 그 처리내용이 청원인 등이 기대한 바에 미치지 않는다고 하더라도 더 이상 헌법소원의 대상이 되는 공권력의 행사 내지 불행사라고는 볼 수 없다(각하결정). * 동지 : 헌재 1997.7.16. 93헌마239; 2000.10.25. 99헌마458 등.

7. 기타 – 헌장의 제정·선포, 내사종결처분

(1) 어린이헌장의 제정·선포행위

판례 헌재 제3지정재판부 1989.9.2. 고지, 89헌마170, 헌재판례집 1, 174면

[관련판시] 어린이헌장의 제정·선포행위는 헌법재판소법 제68조 제1항 소정의 공권력의 행사로 볼 수 없어 헌법소원심판청구의 대상이 되지 아니한다.

(2) 내사종결처분(진정사건의 종결처리)

판례 헌재 1998.2.27. 94헌마77

[판시] 진정은 그것이 비록 내사의 대상으로 되는 진정이라 하더라도 진정 그 자체가 법률의 규정에 의하여 법률상의 권리행사로서 인정되는 것이 아니고, 진정을 기초로 하여 수사소추기관의 적의 처리를 요망하는 의사표시에 지나지 아니한 것인 만큼 진정에 의하여 이루어진 내사사건의 종결처리라는 것은 구속력이 없는 진정사건에 대한 수사기관의 내부적 사건처리방식에 지나지 아니하는 것이고, 따라서 그 처리결과에 대하여 불만이 있으면 진정인은 따로 고소나 고발을 할 수 있는 것으로서, 진정인의 권리행사에 아무런 영향을 미치는 것이 아니므로 이는 헌법소원심판의 대상이 되는 공권력의 행사라고 할 수 없다. * 동지 : 헌재 1990.12.26. 89헌마277; 헌재 제3지정재판부 2019.5.7. 2019헌마411 등 참조.

Ⅱ. 청구인주장의 공권력행사가 없는 경우

청구인이 기본권을 침해하는 공권력행위가 있었다고 주장하는 그 행위가 존재하지 않는 경우에도 물론 헌법소원대상이 없는 것이다. 판례에 나타난 경우로는 다음의 예들이 있다.

① 수사 중인 사건에 대한 헌법소원(헌재 1989.9.11. 고지, 89헌마169, 검사의 공소권행사에 관한 헌법소원), ② 비고소사실, 불기소처분한 바 없는 사실(헌재 1990.12.26. 90헌마2), ③ 존재하지 않는 대법원 내규의 폐지를 구하는 헌법소원(헌재 1992.6.26. 89헌마132), 대법원행정처장의 존재하지 않는 처분(헌재 1992.6.26. 89헌마272), ④ 주식과 경영권의 양도에서의 공권력 행사의 존재를 부인한 예(헌재 1996.6.26. 89헌마30. [결정요지] 이 사건 주식양도체결과정에 공권력의 개입이 있었다고 볼 만한 증거자료가 부족하므로 청구인들 주장과 같은 공권력의 행사는 존재한다고 인정할 수 없다. 따라서 이 사건 심판청구는 심판의 대상이 되는 공권력 행사가 존재한다고 할 수 없으므로 부적법하여 각하한다). ⑤ 서증조사 비실시와 수사기록 공개거부(헌재 2001.12.20. 2000헌마722).

Ⅲ. 외국·국제기관의 공권력작용의 대상성 부인

다음의 예가 있었다.

- 외국경찰이 대한민국 국민인 청구인을 체포 · 구금한 행위

판례 헌재 1997.9.25. 96헌마159

[관련판시] 인도네시아국 경찰에 의하여 청구인의 기본권이 침해되었으므로 이의 위헌확인을 구한다는 청구에 관하여 본다. 헌법소원심판의 대상이 되는 공권력의 행사 또는 불행사는 헌법소원의 본질상 대한민국 국가기관의 공권력 작용을 의미하고 외국이나 국제기관의 공권력 작용은 이에 포함되지 아니한다 할 것이므로, 이 부분 심판청구는 헌법소원심판청구의 대상이 될 수 없어 부적법하다 할 것이다.

Ⅳ. 법원의 재판

1. 법원재판에 대한 헌법소원 대상 원칙적 제외의 헌재법규정과 이에 대한 논란

헌법재판소법 제68조 제1항 본문은 공권력의 행사 또는 불행사로 인하여 헌법상 보장된 기본권을 침해받은 자는 "법원의 재판을 제외하고는" 헌법재판소에 헌법소원심판을 청구할 수 있다고 규정하여 법원의 재판을 헌법소원의 대상에서 제외하고 있다.1) 이러한 제외에 대하여 헌법학자들은 강하게 비판하여 왔다.2) 반면 이러한 제외는 합헌이라고 보는 견해도 있다. 헌법재판소는 법원재판이 헌법소원의 대상에서 제외한 것은 합헌이라고 본다. 이하에서 이러한 견해대립과 헌법재판소의 논거를 살펴본다.

(1) 제외의 합헌성 여부에 대한 견해대립

1) 비판론의 논거

헌법소원의 대상에서 법원의 재판을 제외한 것을 비판하는 견해들의 논거들을 종합하여 보면 대체적으로 다음과 같은 논거들이 제시되고 있다.3)

첫째, 헌법소원의 본래 기능 내지 본질은 기본권의 보장과 공권력행사에 대한 통제에 있는데 법원의 재판도 공권력작용인 것이 명백하므로 이를 헌법소원의 대상에서 제외함은 헌법소원의 본래 기능에 부합하지 않는다. 입법과 행정은 위헌법률심판, 행정쟁송 등으로 통제의 수단이 종래 존재하여 온 반면 사법에 대한 통제는 자체적인 통제(상소제도) 외에 별로 다른 수단이 없었기에 이에 대한 공백을 메우기 위해서도 재판에 대한 헌법소원이 필요하다.

둘째, 헌법소원도 재판이므로 법원재판에 대한 헌법소원을 금지함으로써 헌법 제27조가 규정하고 있는 국민의 재판청구권이 침해된다.

셋째, 법원재판에 대해서는 일부가 아닌 전면적으로 헌법소원의 대상이 될 수 없도록 금지하여 비례의 원칙(과잉금지원칙)에 반한다.

---

1) 재판에 대한 헌법소원이라는 이유로 각하된 예는 헌법재판소의 출범 후 초기부터도 많았다. 예컨대, 헌재 제1지정재판부 1989.2.14. 고지, 89헌마9; 헌재 1992.11.12. 90헌마229 등.

2) 졸고, 헌법재판소의 권한과 일반소송(한국공법학회 한·독 국제학술대회 발표, 1995.11.11), 공법연구(한국공법학회), 제24집 제1호, 1996.6. 참조.

3) 법원재판을 헌법소원대상에서 배제한 것에 대한 비판적인 견해로는, 김철수, 헌법소원제도의 개선방안, 법률의 위헌결정과 헌법소원의 대상, 헌법재판연구 제1권, 헌법재판소, 1990, 547면; 허영, 헌법소원제도의 이론과 우리 제도의 문제점, 고시연구, 1989. 4, 56면; 김효전, 사법작용에 대한 헌법소원, 법률의 위헌결정과 헌법소원의 대상, 헌법재판연구 제1권, 헌법재판소, 1990, 529; 이석연, 헌법소송의 이론과 실제(최신 개정판에 의한), 삼선, 1993, 43면; 정연주, 법원의 재판 및 헌법규정에 대한 헌법소원, 법률행정논문집 제2집, 전남대학교 법률행정연구소, 1992, 82면; 이욱한, 헌법재판소법 제68조 제1항 '법원의 재판을 제외하고는'의 문제점, 사법행정, 1995년 7월, 23면 등. 민사재판, 형사재판은 헌법소원의 대상에서 제외되나 행정재판은 원행정처분에 대한 헌법소원이 가능하다는 한도 내에서 간접적으로 대상이 된다고 보는 견해로, 김학성, 헌법소원에 관한 연구, 서울대학교 법학박사학위논문, 1989, 230면 참조.

넷째, 법원재판에 대한 헌법소원의 금지는 법원에 대한 특권을 부여하고 법원재판으로 기본권을 침해받은 국민을 불합리하게 차별하는 것으로 평등권을 침해한다.

다섯째, 헌법의 통일적 해석과 법원의 헌법해석에 대한 통제를 위하여 법원재판에 대한 헌법소원을 인정하여야 한다.

여섯째, 법원재판에 대한 헌법소원의 금지는 헌법소원의 청구요건으로 부과되고 있는 보충성원칙과 체계적으로 맞지 않는 모순을 보여주는 것이다. 즉 법원재판이 가능한 경우 법원재판을 모두 거친 후에 헌법소원을 제기하여야 한다는 보충성원칙을 요구하면서도 그렇게 경유한 법원재판이 헌법소원의 대상이 되지 못한다는 것은 모순이다.

2) 합헌론의 논거

법원재판에 대한 헌법소원을 금지한 현행 헌법재판소법 제68조 제1항의 규정이 합헌이라고 보는 견해들이 제시하는 논거들을 종합하여 보면 대체적으로 아래와 같은 논거들이 제시되고 있다.[1)]

첫째, 우리 헌법은 법원과 헌법재판소의 각 권한을 분담하고 있으므로 법원의 재판에 대한 헌법소원은 이러한 분담에 반한다.

둘째, 헌법 자체에 헌법소원의 대상에 관하여 규정하지 않고 있고 헌법 제111조 제1항 제5호는 "법률이 정하는 헌법소원"에 관한 심판이라고 규정하고 있으므로 법률이 헌법소원의 대상을 정하도록 위임받고 있는바 따라서 법률은 이에 관하여 입법형성권을 가지며 법률이 헌법소원의 대상에서 법원재판을 제외할 수 있다. 법원재판에 대한 헌법소원은 헌법정책적인 문제이지 이를 인정하여야 헌법소원의 본질에 부합되는 것은 아니다. 그런데 입법형성권에도 한계가 있는바 아래의 논거에서 지적하듯이 명령, 규칙, 처분의 최종심사권이 대법원에 있으므로 법원재판이 헌법소원의 대상에서 배제되는 것은 당연하고 오히려 헌법재판소법이 달리 정한다면 헌법(제107조 2항)에 위배된다.

셋째, 헌법 제107조 제2항은 "명령·규칙 또는 처분이 헌법이나 법률에 위반되는 여부가 재판의 전제가 된 경우에는 대법원은 이를 최종적으로 심사할 권한을 가진다"라고 규정하고 있으므로 법원재판에 대하여 헌법재판소가 다시 심사할 수 있게 한다면 이 헌법규정에 반한다.

---

1) 법원재판을 헌법소원대상에서 배제한 것을 합헌이라고 보는 견해로는, 이강국, 헌법재판소법의 제정에 관하여, 헌법재판제도, 법무자료 제95집, 법무부, 1988, 53면; 박일환, 헌법소원제도에 관한 연구, 인권과 정의. 1989, 6, 69면; 박홍우, 대법원과 헌법재판소의 권한배분, 헌법재판의 회고와 전망 창립 10주년 기념세미나, 1998, 지정토론문, 276면; 유남석, 재판에 대한 헌법소원 금지의 논리 및 정책적 이유, 헌법문제와 재판(상), 법관세미나자료, 사법연수원, 1966, 169면 등 참조. 합헌이라고 보면서 입법정책론적 개선을 요한다는 견해로, 계희열, 헌법재판과 국가기능(권력분립의 측면), 헌법재판의 회고와 전망, 창립 10주년 기념세미나(1998년), 256－257면; 장영수, 현행 헌법소원제도의 의의, 본질과 법원의 재판에 대한 헌법소원, 법학논집, 제32집, 1996, 24면. 법원재판의 제외를 위헌이라고 단정하기 어려우나 헌법소원대상으로 포함시키는 것이 바람직하다는 취지로, 박승호, 헌법재판연구, 경인, 1998, 52－55면. 헌법개정권자와 입법자가 해결해야 할 과제라는 견해로, 한수웅, 헌법재판소의 주요결정, 헌법재판의 회고와 전망, 창립 10주년 기념세미나, 1998, 지정토론문, 199면 등 참조.

이 점에서 일반법원이 먼저 모든 법적 문제를 판단하게 한 다음 헌법재판소가 최종적으로 판단하는 이른바 '상대적 보충성원칙'을 채택하고 있는 독일과 달리 우리의 경우는 처분 등에 대한 대법원의 심사가 더 이상 심판대상이 되지 않는 이른바 '절대적 보충성원칙'을 택하고 있다.

넷째, 법원재판에 대한 헌법소원의 인정은 헌법재판소를 제4심의 기관으로 만드는 것이므로 이는 받아들일 수 없다. 헌법 제101조 제2항은 대법원을 최고법원으로 규정하고 있는데 사법권에 있어서는 대법원이 최고, 최종심이어야 한다.

다섯째, 헌법재판소법 제68조 제2항의 위헌소원이 법원재판에 대한 헌법소원의 금지에 대한 보완 내지 대상수단이 되고 있다.

(2) 헌법재판소의 제외원칙의 합헌입장의 논거

1) 주된 논거의 판시

헌법재판소는 1997년 말에 "헌법재판소법 제68조 제1항 본문의 '법원의 재판'에 헌법재판소가 위헌으로 결정한 법령을 적용함으로써 국민의 기본권을 침해한 재판도 포함되는 것으로 해석하는 한도 내에서, 헌법재판소법 제68조 제1항은 헌법에 위반된다"라고 결정하였다. 따라서 이러한 예외적 사유에 해당되지 않는 한 법원재판이 헌법소원의 대상이 되지 않는다고 헌재는 보고 있고 이는 법원재판에 대한 헌법소원의 금지를 원칙적으로는 합헌이라고 보는 입장이라고 할 것이다. 이하에서는 그러한 헌재의 입장의 논거를 그 부분 판시를 인용함으로써 살펴본다.

판례 헌재 1997.12.24. 96헌마172 · 173[1)]

[법원재판에 대한 헌법소원금지의 합헌성의 논거]

▷ '법률이 정하는 헌법소원'이라는 헌법 제111조 제1항 제5호 : 입법형성인정. 따라서 법원재판을 대상으로 하여야 헌법소원 본질에 부합하는 것은 아님.

▷ 평등권의 침해가 아님 : 법원(사법작용)도 기본권보호자로서의 기능을 가짐.

이 기본권보호자로서의 기능이 차별을 정당화하는 본질적 요소(합리적 이유)임.

최종심급에 의한 기본권침해가능성에 대한 또 다른 안전장치는 법치국가적으로 불가피한 것이 아닐 뿐 아니라 궁극적으로 불가능함.

▷ 재판청구권의 침해가 아님 : 기본권구제가 헌법소원에 의해 이루어질 것만은 아님. 법원재판도 기본권구제절차를 의미함.

▷ 결론 : 법원재판의 헌법소원대상성의 인정이 기본권보호 측면에서 바람직함. 그러나 이는 헌재의 위헌결정을 통해서가 아니라 입법자가 해결할 과제임. 헌재법 제68조 제1항은 입법형성권의 한계를 넘는 위헌조항이라 할 수 없음.

[관련판시] ① 헌법 제111조 제1항 제5호의 '법률이 정하는 헌법소원'의 의미 : 헌법소원에 관한 헌법의 규정은 헌법 제111조 제1항 제5호가 '법률이 정하는 헌법소원에 관한 심판'이라고 규정하여 그 구체적인 형성을 입법자에게 위임함으로써, 입법자에게 헌법소원제도의 본질적 내용을 구체적인 입법을 통하

---

1) 이 판례에 대한 분석으로, 졸고, 헌법재판 · 헌법판례연구의 방법론과 과제, 헌법학연구(한국헌법학회), 제4집 제1호, 1998. 6. 참조.

여 보장할 의무를 부과하고 있다. '법률이 정하는 헌법소원에 관한 심판'이라고 규정한 뜻은 결국 헌법이 입법자에게 헌법상의 권리를 침해받은 자가 그 권리를 구제받기 위한 주관적 권리구제절차를 우리의 사법체계, 헌법재판의 역사, 법률문화와 정치적·사회적 현황 등을 고려하여 헌법의 이념과 현실에 맞게 구체적인 입법을 통하여 구현하게끔 위임한 것으로 보아야 할 것이므로, 헌법소원은 언제나 '법원의 재판에 대한 소원'을 그 심판의 대상에 포함하여야만 비로소 헌법소원제도의 본질에 부합한다고 단정할 수 없다. ② 평등권의 침해여부 : 법원의 재판을 헌법소원심판의 대상에서 제외한 것은 사법부에 대한 특권을 인정한 것으로서, 법원의 재판으로 인하여 기본권의 침해를 받은 국민을 합리적인 이유 없이 차별대우하는 것이므로 평등의 원칙에 위반되는 것이 아니냐는 의문이 생길 수 있다. 법원의 재판을 헌법소원심판의 대상에서 제외한 것이 평등권을 침해한 것이라고 하려면 차별을 정당화할 수 있는 합리적인 이유를 찾아볼 수 없을 때에 그렇다고 말할 수 있다. 그러나 입법작용과 행정작용의 잠재적인 기본권 침해자로서의 기능과 사법작용의 기본권의 보호자로서의 기능이 바로 법원의 재판을 헌법소원심판의 대상에서 제외한 것을 정당화하는 본질적인 요소이다. 즉, 법원은 기본권을 보호하고 관철하는 일차적인 주체이다. 기본권의 보호는 제도적으로 독립된 헌법재판소만의 전유물이 아니라 모든 법원의 가장 중요한 과제이기도 하다. 기본권침해에 대한 보호의무를 담당하는 법원에 의한 기본권침해의 가능성은 입법기관인 국회나 집행기관인 행정부에 의한 경우보다 상대적으로 적고, 또한 법원내부에서도 상급심법원은 하급심법원이 한 재판의 기본권침해여부에 관하여 다시 심사할 기회를 가진다는 점에서 다른 기관에 의한 기본권침해의 경우와는 본질적인 차이가 있다. 그럼에도 불구하고 법원에 의한 기본권침해의 가능성은 존재하기 때문에, 법원의 재판을 헌법소원심판의 대상이 될 수 있도록 한다면 또 한 번의 기본권 구제절차를 국민에게 제공하게 되는 것이므로 더욱 이상적일 수 있다. 그러나 입법자가 헌법재판소와 법원의 관계, 기타의 사정 등을 고려하여 헌법재판소에 의한 기본권구제의 기회를 부여하지 아니하였다 하여 위헌이라 할 수는 없는 것이다. 그 결과, 법원의 최고심급에 의한 기본권침해의 경우에는 권리구제의 사각지대가 발생한다. 그러나 법적 분쟁은 재판의 공정성과 신속성에 관한 대립된 법익을 서로 조화롭게 조정하여 어느 선에선가 종결되고 법적 확정력을 부여받아야 하기 때문에, 법치국가에서도 완벽한 권리구제제도란 있을 수 없다. 법적 안정성의 관점에서 최종심급이 존재해야 하고, 최종심급이 있는 한 최종심급에 의한 권리침해의 가능성은 언제나 존재하는 것이기 때문에 이러한 침해가능성에 대한 또 다른 안전장치는 법치국가적으로 불가피한 것이 아닐 뿐만 아니라 궁극적으로 가능한 것도 아니다. 그렇다면, 헌법재판소법 제68조 제1항이 법원의 재판을 헌법소원의 대상에서 제외한 것은 평등의 원칙에 위반된 것이라 할 수 없다. ③ 재판청구권의 침해여부 : 재판청구권은 사실관계와 법률관계에 관하여 최소한 한번의 재판을 받을 기회가 제공될 것을 국가에게 요구할 수 있는 절차적 기본권을 뜻하므로 기본권의 침해에 대한 구제절차가 반드시 헌법소원의 형태로 독립된 헌법재판기관에 의하여 이루어질 것만을 요구하지는 않는다. 법원의 재판은 법률상 권리의 구제절차이자 동시에 기본권의 구제절차를 의미하므로, 법원의 재판에 의한 기본권의 보호는 이미 기본권의 영역에서의 재판청구권을 충족시키고 있기 때문이다. ④ 소결론 : 법원의 재판도 헌법소원심판의 대상으로 하는 것이 국민의 기본권보호의 실효성 측면에서 바람직한 것은 분명하다. 그러나 현재의 법적 상태가 보다 이상적인 것으로 개선되어야 할 여지가 있다는 것이 곧 위헌을 의미하지는 않는다. 법원의 재판을 헌법소원심판의 대상에 포함시켜야 한다는 견해는 기본권보호의 측면에서는 보다 이상적이지만, 이는 헌법재판소의 위헌결정을 통하여 이루어질 문제라기보다 입법자가 해결해야 할 과제이다. 그렇다면 헌법재판소법 제68조 제1항은 국민의 기본권(평등권 및 재판청구권 등)의 관점에서는 입법형성권의 헌법적 한계를 넘는 위헌적인 법률조항이라고 할 수 없다. * [주문], [사건개요], [심판대상]은 아래의 인용된 같은 결정 참조.

2) 헌재의 또 다른 합헌논거

헌법재판소의 다수의견은 위 96헌마172·173 결정 이후 2001년의 아래의 99헌마461 결정에서 재판소원금지의 합헌논거를 더 들고 있다.

판례 헌재 2001.2.22. 99헌마461등

[관련판시] 헌법재판소법 제68조 제1항 중 "법원의 재판을 제외하고는"이라고 한 부분에 대하여 이미 헌법재판소는 한정위헌결정을 선고하였는바 위 한정위헌결정과 달리 판단하여야 할 아무런 사정변경이 없고 오히려 위 결정은 다음과 같은 이유로 그 정당성이 뒷받침된다. 순차로 검토한다.

재판청구권의 측면에서 본 검토 – ① 헌법 제27조 제1항이 규정하는 국민의 재판청구권에 대하여는 첫째로 누구에 대하여 재판을 청구할 것인가, 바꾸어 말하면 누가 재판을 담당할 것인가 하는 문제, 그리고 둘째로 재판에 대하여 불만이 있으면 어디까지 재판을 거듭할 수 있는가 하는 두 가지 문제가 함께 구체적으로 결정되어야 한다. 첫째 문제에 대하여 헌법 제101조 제1항은 사법권은 법관으로 구성된 법원에 속한다고 규정하여 재판청구는 법원에 대하여 하는 것임을 결정하였고 둘째 문제에 대하여 헌법은 제101조 제2항에서 법원은 최고법원인 대법원과 각급법원으로 구성한다고 규정하여 재판에 대한 불복은 대법원에서 끝내도록 한계를 설정하였다. 그러므로 법원 아닌 곳에서 재판을 한다든지 불복이 있다 하여 대법원을 넘어서까지 재판을 거듭한다면 그것은 헌법위반이 된다. 그러므로 만일 재판을 대상으로 하여 그 취소 여부를 다루는 헌법소원심판을 하게 된다면 헌법위반이 되는 것이다.

평등권의 측면에서 본 검토 – 고도의 자격과 경력 및 신분보장을 가진 법관에 의하여 담당된다는 점, 절차의 공정과 진실발견을 위하여 심리와 판결에 관한 엄격한 절차가 세밀하게 법률로 규정되어 있다는 점, 1회의 심판으로 그치지 않고 불복절차가 심급제도에 의하여 충분히 보장되어 있다는 점 등에서 법원의 재판작용은 행정작용이나 입법작용과 다르므로 이를 헌법소원의 대상에서 제외하는 것은 충분한 합리성을 갖는다.

그러므로 헌법재판소법 제68조 제1항 중 "법원의 재판을 제외하고는"이라고 한 부분이 청구인들의 재판청구권, 평등권, 행복추구권 등의 기본권을 침해하여 헌법에 위반된다는 주장은 이유가 없다.

(3) 사견

첫째, 재판에 대한 헌법소원이 금지된 연유는 법원측이 법원재판에 대한 헌법소원을 인정할 경우 헌재가 대법원 위에 제4심의 재판기관으로 된다는 우려로 반대한 것이 주효한 것으로 안다. 그러나 우리는 이를 헌재의 제4심화의 우려 등 법원과 헌재와의 위상관계의 문제로 파악되어야 할 성질의 것이 아니라고 본다. 우리는 헌법의 존재근거나 헌법의 체계에서 이 문제를 파악하여야 한다고 본다. 국민의 기본권보장규범과 국가권력조직 · 행사규범(이는 종래 '통치구조'라고 불려 오던 규범이다. 저자는 통치구조가 군림하고 다스린다는 봉건적 용어라서 타당하지 못하다고 보기 때문에 주로 '국가권력규범'이라고 불러왔다. 정재황, 국가권력규범론, 박영사, 2020 참조)을 중요 요소로 하는 헌법은 그 체계상 국가권력조직 · 행사규범이 기본권보장규범에 대한 수단적인 봉사의 기능을 하여야 한다. 국가권력조직 · 행사규범의 기본원칙인 권력분립주의도 권력남용으로부터 기본권을 보호하기 위한 수단인 점을 상기하여 보더라도 그러하다. 어느 국가기관의 권한에 관한 헌법규정은 기본권보장의 극대화 · 효율화를 가져올 수 있는 방향으로 해석되고 운용되어야 한다. 그렇다면 명령 · 규칙 · 처분의 위헌 · 위법여부에 대한 대법원의 최종적 심사권을 규정한 헌법 제107조 제2항을 들어 법원재판에 대한 헌법소원을 반대할 수 있는 논거로 제시할 수는 없다. 헌법 제107조 제2항은 법원의 권한과 행사방법에 관한 규정이고 헌법소원심판청구권이라는 국민 기본권의 보장보다 우선할 수 없다. 국민의 기본권보장의 대원칙인 헌법 제10조, 그리고 재판청구권을 규정한 헌법 제27조가 헌법 제107조나 제111조보다 우선되어야 한다. 국민의 기본권보장을 보다 강화시키는 제도일 경우 그 제도가 헌법에 더욱 합치되는 해석이라고 볼 것이다. 따라서 헌법 제107조 제2항을 들어 재판에 대한 헌법소원이 안 된다고 주장하는 부정론은 타당하지 못하다.

요컨대 법원재판에 대한 헌법소원의 인정은 헌재가 대법원보다 상급심이 되어야 한다는 것이 아니라 기본권보장규범인 헌법규범에 대한 최종적 해석자인 헌재에 의한 보다 실효성 있고 최종적이며 강화된 기본권보장을, 그리고 중요한 헌법적 문제의 규명을 위한 것이다. 법원재판에 대한 헌법소원을 담당함에 있어서의 헌재는 법원의 상위기관이 결코 아니라 기본권을 보다 더 잘 보장하기 위하여 헌법을 해석하는 국가기관일 뿐이다.

둘째, 사실 헌법 제107조 제2항을 논거로 하는 견해는 보다 근본적인 문제점을 가진다. 왜냐하면 제107조 제2항은 명령·규칙·처분의 위헌·위법여부가 재판의 전제가 된 경우에 법원의 심사권을 규정한 것일 뿐이다. 즉 처분 그 자체가 소송의 대상이 되는 경우인 항고소송 등에 대해 규정한 것이 아니라 이른바 선결문제에 대한 법원의 심사권을 규정한 것이다. 법원의 행정소송관할의 근거는 일반적 사법권을 법원에 부여한 규정인 헌법 제101조라고 할 것이다. 요컨대 헌법 제107조 제2항은 그 위헌·위법여부가 재판의 전제가 된 명령·규칙·처분의 경우 법원에 심사권이 있음을 인정한 것일 뿐이다. 따라서 헌법 제107조 제2항을 들어 법원재판에 대한 헌법소원의 금지를 정당화하는 것은 납득하기 힘들다고 하겠다.

셋째, 헌재도 위 1997년 12월 24일 결정에서 법원의 재판절차를 통하여 기본권이 침해될 가능성을 인정하고 "법원의 최고심급에 의한 기본권침해의 경우에는 권리구제의 사각지대가 발생한다"는 것을 인정한다. 또 "법원의 재판을 헌법소원심판의 대상이 될 수 있도록 한다면 또 한 번의 기본권 구제절차를 국민에게 제공하게 되는 것이므로 더욱 이상적일 수 있다"는 점을 인정한다. 그렇다면 왜 법원의 재판에 대하여 예외적으로만 헌법소원을 인정할 수밖에 없는지 그 이유를 충분히 밝혀주지 않고 있다.

넷째, 헌재는 "법원의 재판도 헌법소원심판의 대상으로 하는 것이 국민의 기본권보호의 실효성 측면에서 바람직한 것은 분명하다. 그러나 헌재의 법적 상태가 보다 이상적인 것으로 개선되어야 할 여지가 있다는 것이 곧 위헌을 의미하지는 않는다"라고 밝히고 있으나 이는 일반적으로 기본권의 보장은 '최대한의 보장'이라는 헌법이론에 충분히 부합되는 입장이라고 보여지지는 않는다.

다섯째, 그동안 여러 번 지적한 바 있고, 바로 아래에서 보듯이 1997년 12월 24일의 결정에서도 문제된 것처럼 법원재판에 대한 헌법소원이 인정되지 않으면, 헌재결정의 기속력의 담보가 어려울 수 있다. 특히 한정합헌(위헌)결정의 경우 법원이 헌법재판소의 한정해석의 취지를 존중하지 않거나, 또는 법원이 존중하고자 하더라도 그 한정해석의 내용이 불명확하여 법원들마다 그 해석을 달리하고, 그 적용도 다르게 나타날 수 있다.[1]

우리는 한정해석의 결정이 늘 바람직한 것은 아니고 가능한 한 자제되어야 한다고 보면서도 어쩔 수 없이 이러한 한정해석의 결정이 이루어지는 한 그 결정으로 인한 법원과 헌법재판소 간, 법원들 간에 헌법해석에 관한 판례상리로부터 판례의 일관성, 체계적 통일성을 유지시키기 위해서 법원재판에 대한 헌법소원이 필요하다고 본다.

여섯째, 기본권규범에 있어서 헌법학자들이 대부분 인정하고 있는 제3자적 효력(기본권의 사인들 간 효력)이 민사재판 등에서도 인정되고[2] 그것의 구속력, 실효성을 가지도록 하기 위하여 민사재판 등에 대한 헌법소원을 인정하여야 한다. 사인들 간의 분쟁소송인 민사소송에서 헌법상의 기본권규범의 효력이 사인 간에 인정되는 것을 받아들이지 않은 법원의 재판에 대해 헌법소원으로 심사하여 사실일 경우 제재하여야 민사재판에서 제3자적 효력을 인정할 것이므로 이러한 헌법소원을 할 기회가 마련되는 것이 필요할 것이라고 본다.[3]

(4) 헌법개정 시도

2014년 국회의장 소속 헌법개정자문위원회(위원장 김철수)는 현행 헌법 제111조 제1항 제5호가 '법률이 정하는 헌법소원에 관한 심판'이라고 규정하고 있는 것을 '법률이 정하는'을 삭제하고 그냥 '헌법소원에 관한 심판'이라고 개정하도록 권장하여 법원재판 제외를 법률로 정하는 현행 제도를 개선하도록 제안한 바 있다.[4]

---

1) 우리는 일찍이 한정합헌결정의 문제점을 지적하면서 한정해석결정의 기속력은 법원의 재판에 대한 헌법소원이 금지되고 있어 더욱 문제된다는 점을 지적한 바 있다(졸고, 헌법재판소의 한정합헌결정, 법과 사회, 제3호, 1990년, 39면 참조). 이후 나온 동지의 견해 : 이승우, 합헌적 법률해석, 사법행정 1992년 8월, 17면; 남복현, 헌법재판소 결정의 기속력, 한양법학, 제4·5(통합)집, 1994, 184면; 이욱한, 헌법재판소법 제68조 제1항 '법원의 재판을 제외하고는'의 문제점, 사법행정, 1995년 7월, 23면.

2) 사실 저자는 기본권의 제3자적 효력의 이론에 대해서는 새로운 검토를 하고 있다. 정재황, 기본권총론, 박영사, 2020, 기본권의 효력, 제3자적 효력 부분; 졸저, 기본권연구 Ⅰ, 길안사, 1999, 330면 이하 등 참조.

3) 예컨대 우리 대법원의 판례들 중에는, 헌법상의 기본권으로서의 환경권에 관한 규정(헌법 제35조 제1항)만으로서는 개개의 국민에게 직접으로 구체적인 사법상의 권리를 부여한 것이라고 보기는 어렵고, "사법상의 권리로서의 환경권이 인정되려면 그에 관한 명문의 법률규정이 있거나 관계법령의 규정취지나 조리에 비추어 권리의 주체, 대상, 내용, 행사방법 등이 구체적으로 정립될 수 있어야 할 것"이라고 판시한 판결이 있는데(대법원 1995.5.23. 94헌마2218, 법원공보 제995호, 2236면), 이러한 판례의 입장은 헌법의 기본권규정의 제3자적 효력인정 내지 기본권의 사인 간의 적용문제에 회의를 가지게 한다. 근간에 들어와 기본권의 사인적 효력을 인정하는 법원판례들이 나오고 있긴 하다. 대법원 2010.4.22. 2008다38288. 동지 : 대법원 2011.1.27, 2009다19864(서울 YMCA가 남성 회원에게는 별다른 심사 없이 총회원 자격을 부여하면서도 여성 회원의 경우에는 총회원 자격심사에서 배제하여 온 데 대해 손해배상책임을 인정한 판결), 대법원 2011.9.2, 2008다42430 전원합의체 판결(인맥지수판결 : 변호사들의 개인신상정보를 기반으로 변호사들의 '인맥지수'를 산출하여 웹사이트에 공개하는 서비스를 제공한 행위는 변호사들의 개인정보에 관한 인격권을 침해하는 위법한 것이라고 판단한 판결들이 있었다.

4) 개정안 제143 제6호. 이 개정안에 대해서는 2014년의 위 국회 헌법개정 자문위원회, 활동결과보고서 Ⅰ, 208면 참조.

2. 법원재판에 대한 헌법소원 대상성의 예외적 인정(한정해석)

(1) 예외적 인정

헌재는 법원재판이 원칙적으로 헌법소원의 대상이 아닌 것은 합헌이라고 보면서도 헌법소원의 대상이 되는 예외를 인정하고 있다.

(2) 예외적 인정의 2가지 요건

1) 2가지 요건 - 한정해석

헌재는 다만, 그 예외적 인정에 2가지 요건을 설정하고 있다. 즉 "헌법재판소법 제68조 제1항 본문의 '법원의 재판'에 ① 헌법재판소가 위헌으로 결정한 법령을 적용함으로써 ② 기본권을 침해한 재판도 포함되는 것으로 해석하는 한도 내에서, 헌법재판소법 제68조 제1항은 헌법에 위반된다"라고 하여 위 2가지 요건하에서 법원재판도 헌법소원 대상이 된다고 본다(헌재 1997.12.24. 96헌마172·173). "한도 내에서 헌법에 위반된다"라고 하므로 한정해석을 하여 이 예외를 인정하고 있고 이 96헌마172·173 결정은 바로 헌재법 제68조 제1항에 대한 한정위헌결정이었다.

중요사항 : 법원재판에 대한 헌법소원대상성의 예외적 인정의 2가지 요건
① 헌법재판소가 위헌으로 결정한 법령을 적용함으로써 ② 기본권을 침해한 재판

2) 2가지 요건 충족

헌재는 위 ①, ② 2가지 요건은 모두 갖추어야 한다고 한다.

* 위 96헌마172·173 결정 이후에 위 법리와 동지의 결정들로서 위 두 요건을 갖추지 못하여 헌법소원대상성이 없다고 하여 각하한 결정례들은 많다. 즉 위 96헌마172·173 결정 외에는 대상성 인정한 예가 없고 단지 그 법리를 동지로 밝히면서 각하결정을 한 결정례들은 많다. 헌재 1998.1.15. 98헌마8; 1998.2.27. 96헌마371; 1998.7.16. 96헌바66; 1999.9.16. 98헌마265; 2000.6.1. 99헌마451; 2001.2.22. 99헌바74; 2001.6.28. 98헌마485; 2002.5.30. 2001헌마781; 2016.4.28. 2016헌마33; 2016.6.30. 2014헌바62; 2016.10.27. 2012헌바280; 2018.8.30. 2015헌마861등; 2019.2.28. 2017헌마1065; 2019.2.28. 2018헌마140; 2019.2.28 2018헌마336; 2019.07.25. 2018헌마827 등.

3) 예외인정의 논거

법원재판에 대한 헌법소원을 예외적으로 인정하는 논거는 아래와 같다.

[예외적 인정논거와 그 핵심인 위헌결정 기속력의 범위]

▷ 예외적 인정의 논거 : 위헌법령의 적용은 위헌결정의 기속력의 위반, 헌법재판소의 존재의의, 헌법재판제도의 본질·기능, 법치주의, 권력분립원칙의 부인(否認)

▷ 기속력의 범위 : 한정합헌, 한정위헌결정, 헌법불합치결정도 부분위헌결정으로서 위헌결정에 포함되고 당연히 기속력을 가짐

위에서 본 대로 헌재는 법원재판에 대한 헌법소원의 금지를 원칙적으로 합헌이라고 보면서도 다만, 헌재가 "위헌으로 결정한 법령을 적용함으로써 국민의 기본권을 침해한 재판"은 헌법소원의 대상이 된다고 결정하였다. 따라서 헌재는 원칙적으로 이 규정이 합헌이나 예외적으로 재판에 대한 헌법소원이 허용될 수 있는 경우가 있음을 인정한 것이다. 아래에서 그 결정에 대하여 살펴본다. 이 결정은 이러한 예외에 해당하는 사유와 그 논거를 밝히고 당해 대법원재판이 그 사유에 해당된다고 보아 대법원판결을 취소하였으며 아울러 그 대법원재판의 대상이 되었던 원행정처분에 대해서도 취소하는 결정을 하였다.

판례 헌재 1997.12.24. 96헌마172·173, 헌법재판소법 제68조 제1항 위헌확인 등[1)]

[주문] "1. 헌법재판소법 제68조 제1항 본문의 '법원의 재판'에 헌법재판소가 위헌으로 결정한 법령을 적용함으로써 국민의 기본권을 침해한 재판도 포함되는 것으로 해석하는 한도 내에서, 헌법재판소법 제68조 제1항은 헌법에 위반된다. 2. 대법원 1996.4.9. 95누11405 판결은 청구인의 재산권을 침해한 것이므로 이를 취소한다. 3. 피청구인 동작세무서장이 1992.6.16. 청구인에게 양도소득세 금 736,254,590원 및 방위세 금 147,250,910원을 부과한 처분은 청구인의 재산권을 침해한 것이므로 이를 취소한다." [사건개요] ① 피청구인인 D세무서장은, 청구인이 부동산을 취득하여 1년 이내에 양도하였기 때문에 구 소득세법시행령(1989.8.1. 대통령령 제12767호로 개정되기 전의 것) 제170조 제4항 제2호에 해당한다는 이유로, 구 소득세법 제23조 제4항 단서, 제45조 제1항 제1호 단서에 따라 취득가액과 양도가액을 모두 실지거래가액에 의하여 양도차익을 산정하여, 1992.6.16. 청구인에게 양도소득세와 방위세를 부과하는 처분을 하였다. ② 청구인은 서울고등법원에 이 사건 과세처분의 취소를 구하는 행정소송을 제기하였으나 청구를 기각하는 판결이 선고되자 상고를 하여 상고심에 계속중인 1995.11.30.에, 헌법재판소는 "구 소득세법 제23조 제4항 단서, 제45조 제1항 제1호 단서(각 1982.12.21. 법률 제3576호로 개정된 후 1990.12.31. 법률 제4281호로 개정되기 전의 것)는 실지거래가액에 의할 경우를 그 실지거래가액에 의한 세액이 그 본문의 기준시가에 의한 세액을 초과하는 경우까지를 포함하여 대통령령에 위임한 것으로 해석하는 한 헌법에 위반된다"라는 결정(94헌바40등을 선고하였다.[2)] ③ 그런데 대법원은 1996.4.9. 헌법재판소의 위 법령조항들에 대한 한정위헌결정에도 불구하고 위 법률조항들이 헌법상의 조세법률주의와 포괄위임금지원칙에 위배되지 아니하는 유효한 규정이라고 본 끝에, 이 사건 과세처분이 위 각 법률조항에 근거한 것이기 때문에 위법한 것이라는 청구인의 주장을 배척하고 위 과세처분이 적법한 것이라고 본 원심의 판단은 정당한 것이라고 판단하여, 청구인의 상고를 기각하는 판결(95누11405)을 선고하였다. 결국 위 헌재결정에 배치되는 시행령의 효력을 그대로 인정하여 결국 헌재의 한정위헌결정과 상반되는 판결을 한 것이다 ④ 이에 청구인은, 1996.5.6. 이 사건 과세처분은 헌법재판소의 위헌결정의 선고로 효력이 상실된 위 법률조항에 근거한 것으로서 청구인은 피청구인의 공권력의 행사인 위 과세

---

1) 이 판례에 대한 분석으로, 졸고, 헌법재판·헌법판례연구의 방법론과 과제, 헌법학연구(한국헌법학회), 제4집 제1호, 1998. 6. 참조.

2) 헌재 1995.11.30. 94헌바40, 95헌바13(병합), 소득세법 제23조 제4항 단서 등 위헌소원. [이 결정의 요지] : 이 사건 위임조항(양도소득세를 부과하기 위한 양도차익의 계산에 있어서 양도가액과 취득가액을 기준시가에 의한 금액이 아니라 예외적으로 실지거래가액에 의하도록 하는 경우를 대통령에 위임한 구 소득세법 제23조 제4항 단서, 제45조 제1항 제1호 단서)은 납세의무자가 기준시가에 의한 양도차익의 산정으로 말미암아 실지거래가액에 의한 경우보다 불이익을 받지 않도록 하기 위하여 실지거래가액에 의한 세액이 기준시가에 의한 세액을 초과하지 않는 범위 내에서 실지거래가액에 의하여 양도차익을 산정할 경우를 대통령령으로 정하도록 위임한 취지로 해석되므로, 위 위임의 범위를 벗어나는 경우까지를 포함하여 대통령령에 위임한 것으로 해석한다면 그 한도 내에서는 헌법 제38조, 제59조가 규정한 조세법률주의와 헌법 제75조가 규정한 포괄위임금지의 원칙에 위반된다.

처분으로 인하여 헌법상 보장된 기본권을 침해받았다는 이유로 위 과세처분의 취소를 구하는 헌법소원심판을 청구함(96헌마173)과 아울러, 헌법소원의 대상에서 법원의 재판을 제외하고 있는 헌법재판소법 제68조 제1항은 헌법상 보장된 자신의 평등권을 침해한 것이므로 헌법에 위반되는 것이고, 이 사건 과세처분은 헌법에 위반된 것으로 마땅히 취소되어야 할 것인데도 대법원은 헌법재판소의 위헌결정의 기속력을 무시한 채 위 과세처분이 위법한 것이라는 청구인의 주장을 배척하고 청구인의 상고를 기각함으로써 헌법상 보장된 자신의 기본권을 침해하였다는 이유로 헌법재판소법 제68조 제1항과 대법원 1996.4.9. 95누11405 판결의 위헌선언을 구하는 헌법소원심판을 청구(96헌마172)하였다. [심판대상] 헌법재판소법 제68조 제1항 본문과 대법원 1996.4.9. 95누11405 판결(이하 '이 사건 대법원 판결'이라 함) 및 피청구인 D세무서장이 1992.6.16. 청구인에게 양도소득세와 방위세를 부과한 이 사건 과세처분이 청구인의 기본권을 침해하였는지의 여부

<대법원 1996.4.9. 95누11405 판결[1]의 요지> * 헌재의 결정과 다른 입장을 취한 대법원판결에 대해 먼저 살펴보는 것이 이 사안의 이해에 필요하므로 위 심판대상 중에서 대법원판결을 아래에 따로 알아본다(저자 주). [가] 헌법재판소의 결정이 그 주문에서 특정의 해석기준을 제시하면서 그러한 해석에 한하여 위헌임을 선언하는, 이른바 한정위헌 결정의 경우에는 헌법재판소의 결정에 불구하고 법률이나 법률조항은 그 문언이 전혀 달라지지 않은 채 그냥 존속하고 있는 것이므로 이와 같이 법률이나 법률조항의 문언이 변경되지 아니한 이상 이러한 한정위헌 결정은 법률 또는 법률조항의 의미, 내용과 그 적용범위를 정하는 법률해석이라고 이해하지 않을 수 없다. 그런데 구체적 사건에 있어서 당해 법률 또는 법률조항의 의미·내용과 적용범위가 어떠한 것인지를 정하는 권한 곧 법령의 해석·적용 권한은 바로 사법권의 본질적 내용을 이루는 것으로서, 전적으로 대법원을 최고법원으로 하는 법원에 전속한다. 이러한 법리는 우리 헌법에 규정된 국가권력분립구조의 기본원리와 대법원을 최고법원으로 규정한 헌법의 정신으로부터 당연히 도출되는 이치로서, 만일 법원의 이러한 권한이 훼손된다면 이는 헌법 제101조는 물론이요, 어떤 국가기관으로부터도 간섭받지 않고 오직 헌법과 법률에 의하여 그 양심에 따라 독립하여 심판하도록 사법권 독립을 보장한 헌법 제103조에도 위반되는 결과를 초래한다. 그러므로 한정위헌 결정에 표현되어 있는 헌법재판소의 법률해석에 관한 견해는 법률의 의미·내용과 그 적용범위에 관한 헌법재판소의 견해를 일응 표명한 데 불과하여 이와 같이 법원에 전속되어 있는 법령의 해석·적용 권한에 대하여 어떠한 영향을 미치거나 기속력도 가질 수 없다. [나] 법률보다 하위법규인 대통령령의 제정근거가 되는 법률조항(이른바 위임규정)에 대하여 한정위헌 결정이 있는 경우에 있어서도, 앞에서 본 바와 같이 그 법률조항의 문언이 전혀 변경되지 않은 채 원래의 표현 그대로 존속하고 있는 이상 그 법률조항의 의미·내용과 적용범위는, 역시 법령을 최종적으로 해석·적용할 권한을 가진 최고법원인 대법원에 의하여 최종적으로 정하여질 수밖에 없고, 그 법률조항의 해석은 어디까지나 의연히 존속하고 있는 그 문언을 기준으로 할 수밖에 없다 할 것이므로 그 문언이 표현하고 있는 명백한 위임취지에 따라 제정된 대통령령 조항 역시 의연히 존속한다고 보아야 한다. 따라서 이 사건 양도소득세부과처분에 적용된 구 소득세법시행령(1989.8.1. 대통령령 제12767호로 개정되기 전의 것) 제170조 제4항 제2호는 그 위임 근거 규정인 구 소득세법(1990.12.31. 법률 제4281호로 개정되기 전의 것) 제23조 제4항 단서 및 제45조 제1항 제1호 단서의 각 규정이 헌법재판소의 결정에도 불구하고 그 문언의 표현이 전혀 변경되지 않은 채 존속하고 있는 이상 위 시행령 조항의 헌법위반 여부와 상위법의 위반 여부에 관하여는 대법원이 최종적으로 판단하여 이 사건에 적용할지 여부를 결정하여야 한다. [다] 구 소득세법 제23조 제4항 단서 및 제45조 제1항 제1호 단서가 대통령령에 위임하는 사항의 범위를 명시적으로 특정하지는 아니하였다 하더라도 위 조항에 있어서의 내재적인 위임의 범위나 한계는 충분히 인정될 수 있다고 할 것이고, 구 소득세법상 종전의 실지거래가액 과세원칙으로부터 기준시가 과세원칙으로 개정된 입법동기와 연혁, 그리고 다시 기준시가 과세원칙에 대한 예외로서 실지거래가액에 따라 과세할 수 있는

1) 증여세 등 부과처분취소, 이 판결에 대해서는 법원공보, 1996, 1442면 이하 참조.

경우를 규정하게 된 입법목적을 두루 고려하여 보더라도, 위 각 조항 단서가 기준시가에 의한 과세보다 실지거래가액에 의한 과세가 납세자에게 유리한 경우만을 한정하여 대통령령에 위임한 것이라는 해석에는 도저히 이를 수 없다. 더욱이 이 사건의 사안을 보면, 기준시가에 의하여 과세하는 경우에는 오히려 양도차손이 발생한 것이 되어 양도소득세를 전혀 부과할 수 없게 되는바, 실제로 불과 2년 미만의 기간에 금 400,000,000여 원, 그리고 불과 2월 남짓 되는 기간에 금 600,000,000원의 각 양도차익을 얻은 납세의무자가 헌법재판소 1995.11.30. 선고 94헌바40, 95헌바13 한정위헌 결정과 같은 해석으로 말미암아 양도소득세 부과에서 제외된다는 것은 심히 부당한 결과라고 하지 않을 수 없다. 따라서 이 사건 과세처분에 적용된 구 소득세법 제23조 제4항 단서 및 제45조 제1항 제1호 단서와 구 소득세법시행령 제170조 제4항 제2호가 헌법상의 조세법률주의와 포괄위임금지원칙에 위배되지 아니하는 유효한 규정이라고 해석하여 온 지금까지의 견해는 변경할 필요가 없다.

[본 사건 96헌마172·173 결정의 요지]

▷ 원칙 : 헌법소원 대상에서의 법원재판의 제외에 대한 합헌성 인정 헌법재판소법 제68조 제1항은 국민의 기본권의 관점에서는 입법형성권의 헌법적 한계를 넘는 위헌적인 법률조항이라고 할 수 없다. * 이에 관한 판시는 앞의 1. (2) 부분 참조(저자 주)

▷ 한정위헌결정 – 법원재판에 대한 헌법소원의 예외적 인정 ① 헌법재판소가 헌법에서 부여받은 위헌심사권을 행사한 결과인 법률에 대한 위헌결정은 법원을 포함한 모든 국가기관과 지방자치단체를 기속한다. 따라서 헌법재판소가 위헌으로 결정하여 그 효력을 상실한 법률을 적용하여 한 법원의 재판은 헌법재판소 결정의 기속력에 반하는 것일 뿐 아니라, 법률에 대한 위헌심사권을 헌법재판소에 부여한 헌법의 결단(헌법 제107조 및 제111조)에 정면으로 위배된다. 결국, 그러한 판결은 헌법의 최고규범성을 수호하기 위하여 설립된 헌법재판소의 존재의의, 헌법재판제도의 본질과 기능, 헌법의 가치를 구현함을 목적으로 하는 법치주의의 원리와 권력분립의 원칙 등을 송두리째 부인하는 것이라 하지 않을 수 없는 것이다. 한편 법원이 헌법재판소의 위헌결정에 따르지 아니하는 것은 실질적으로 법원 스스로가 '입법작용에 대한 규범통제권'을 행사하는 것을 의미하므로, 헌법은 어떠한 경우이든 헌법재판소의 기속력 있는 위헌결정에 반하여 국민의 기본권을 침해하는 법원의 재판에 대하여는 헌법재판소가 다시 최종적으로 심사함으로써 자신의 손상된 헌법재판권을 회복하고 헌법의 최고규범성을 관철할 것을 요청하고 있다. 또한, 청구인과 같이 권리의 구제를 구하는 국민의 입장에서 보더라도, 이러한 결과는 국민이 행정처분의 근거가 된 법률의 위헌성을 헌법재판을 통하여 확인받았으나 헌법재판소의 결정에 위배되는 법원의 재판으로 말미암아 권리의 구제를 받을 수 없는, 법치국가적으로 도저히 받아들일 수 없는, 법적 상태가 발생한다. ② 헌법재판소의 법률에 대한 위헌결정에는 단순위헌결정은 물론, 한정합헌, 한정위헌결정과 헌법불합치결정도 포함되고 이들은 모두 당연히 기속력을 가진다. 합헌적인 한정축소해석은 위헌적인 해석 가능성과 그에 따른 법적용을 소극적으로 배제한 것이고, 적용범위의 축소에 의한 한정적 위헌선언은 위헌적인 법적용 영역과 그에 상응하는 해석 가능성을 적극적으로 배제한다는 뜻에서 차이가 있을 뿐, 본질적으로는 다 같은 부분위헌결정이다(헌법재판소 1992.2.25. 89헌가104 결정). 헌법재판소의 또 다른 변형결정의 하나인 헌법불합치결정의 경우에도 개정입법시까지 심판의 대상인 법률조항은 법률문언의 변화 없이 계속 존속하나, 헌법재판소에 의한 위헌성 확인의 효력은 그 기속력을 가지는 것이다. ③ 헌법재판소법 제68조 제1항은 법원이 헌법재판소의 기속력 있는 위헌결정에 반하여 그 효력을 상실한 법률을 적용함으로써 국민의 기본권을 침해하는 경우에는 예외적으로 그 재판도 위에서 밝힌 이유로 헌법소원심판의 대상이 된다고 해석하여야 한다.

▷ 이 사건 대법원판결의 취소여부 ① 위에서 판단한 바와 같이 헌법재판소법 제68조 제1항의 '법원의 재판'에 헌법재판소가 위헌으로 결정하여 그 효력을 상실한 법률을 적용함으로써 국민의 기본권을 침해한 재판을 포함하는 것은 헌법에 위반되므로, 그러한 재판에 대한 헌법소원심판은 허용되는 것이다. 그러므로 이 사건 대법원판결이 예외적으로 헌법소원심판의 대상이 되는 바로 그러한 재판에 해당하는지

를 본다. 헌법재판소는 1995.11.30. 94헌바40, 95헌바13(병합) 결정에서 한정위헌결정을 하였다. 다시 말하면, 부분위헌인 것이다. 따라서 헌법재판소의 위 결정의 효력은 헌법에 위반된다는 이유로 그 적용이 배제된 범위 내에서 법원을 비롯하여 모든 국가기관 및 지방자치단체를 기속하므로 이로써 법원은 헌법재판소의 위 결정내용에 반하는 해석은 할 수 없게 되었다 할 것이다. ② 한편, 대법원은 구체적 사건에서의 법령의 해석·적용권한은 사법권의 본질적 내용을 이루는 것이므로 비록 어떤 법률조항에 대한 헌법재판소의 한정위헌의 결정이 있다 하더라도 법률문언의 변화가 없는 한 당해 법률조항에 대한 해석권은 여전히 대법원을 최고법원으로 하는 법원에 전속되는 것이라고 주장한다. 물론 구체적 사건에서의 법률의 해석·적용권한은 사법권司法權)의 본질적 내용을 이루는 것임이 분명하다. 그러나 법률에 대한 위헌심사는 당연히 당해 법률 또는 법률조항에 대한 해석이 전제되는 것이고, 헌법재판소의 한정위헌의 결정은 단순히 법률을 구체적인 사실관계에 적용함에 있어서 그 법률의 의미와 내용을 밝히는 것이 아니라 법률에 대한 위헌성심사의 결과로서 법률조항이 특정의 적용영역에서 제외되는 부분은 위헌이라는 것을 뜻한다 함은 이미 앞에서 밝힌 바와 같다. 따라서 헌법재판소의 한정위헌결정은 결코 법률의 해석에 대한 헌법재판소의 단순한 견해가 아니라, 헌법에 정한 권한에 속하는 법률에 대한 위헌심사의 한 유형인 것이다. 만일, 대법원의 견해와 같이 한정위헌결정을 법원의 고유권한인 법률해석권에 대한 침해로 파악하여 헌법재판소의 결정유형에서 배제해야 한다면, 헌법재판소는 앞으로 헌법합치적으로 해석하여 존속시킬 수 있는 많은 법률을 모두 무효로 선언해야 하고, 이로써 합헌적 법률해석방법을 통하여 실현하려는 입법자의 입법형성권에 대한 존중과 헌법재판소의 사법적 자제(司法的 自制)를 포기하는 것이 된다. 또한, 헌법재판소의 한정위헌결정에도 불구하고 위헌으로 확인된 법률조항이 법률문언의 변화 없이 계속 존속된다고 하는 관점은 헌법재판소결정의 기속력을 결정하는 기준이 될 수 없다. 헌법재판소의 변형결정의 일종인 헌법불합치결정의 경우에도 개정입법시까지 심판의 대상인 법률조항은 법률문언의 변화 없이 계속 존속하나, 법률의 위헌성을 확인한 불합치결정은 당연히 기속력을 갖는 것이므로 헌법재판소결정의 효과로서의 법률문언의 변화와 헌법재판소결정의 기속력은 상관관계가 있는 것이 아니다. ③ 그런데 이 사건 대법원판결은 헌법재판소가 이 사건 법률조항에 대하여 앞서 본 바와 같이 이미 한정위헌결정을 선고하였음에도 단지 법률문언이 그대로 존속한다는 이유를 들어 법적용 영역에서 이미 배제된 부분까지 여전히 유효하다는 전제 아래 이를 적용하여, 이 사건 과세처분이 헌법에 위반된 위 법률조항을 근거로 한 것이기 때문에 위법한 것이라는 청구인의 주장을 배척하고 위 과세처분이 적법한 것이라고 본 원심의 판단을 정당한 것이라고 판단한 끝에 청구인의 상고를 기각하였다. 그렇다면 이 사건 대법원판결은 헌법재판소가 이 사건 법률조항에 대하여 한정위헌결정을 선고함으로써 이미 부분적으로 그 효력이 상실된 법률조항을 적용한 것으로서 위헌결정의 기속력에 반하는 재판임이 분명하므로 앞에서 밝힌 이유대로 이에 대한 헌법소원은 허용된다 할 것이고, 또한 이 사건 대법원판결로 말미암아 청구인의 헌법상 보장된 기본권인 재산권 역시 침해되었다 할 것이다. 따라서 이 사건 대법원판결은 헌법재판소법 제75조 제3항에 따라 취소되어야 마땅하다.

▷ 이 사건 과세처분의 취소여부 ① 행정처분이 헌법에 위반되는 것이라는 이유로 그 취소를 구하는 행정소송을 제기하였으나 법원에 의하여 그 청구가 받아들여지지 아니한 후 다시 원래의 행정처분에 대하여 헌법소원심판을 청구하는 것이 원칙적으로 허용될 수 있는지의 여부에 관계없이, 이 사건의 경우와 같이 행정소송으로 행정처분의 취소를 구한 청구인의 청구를 받아들이지 아니한 법원의 판결에 대한 헌법소원심판의 청구가 예외적으로 허용되어 그 재판이 헌법재판소법 제75조 제3항에 따라 취소되는 경우에는 원래의 행정처분에 대한 헌법소원심판의 청구도 이를 인용하는 것이 상당하다. 이 사건의 경우와 같이 법원의 판결에 대한 헌법소원이 예외적으로 허용되는 경우에는 달리 그 판결의 대상이 된 행정처분에 대한 헌법소원심판의 청구가 허용되지 아니한다고 볼 여지가 없다고 하겠다. 뿐만 아니라, 법원의 재판과 행정처분이 다 같이 헌법재판소의 위헌결정으로 그 효력을 상실한 법률을 적용함으로써 청구인의 기본권을 침해한 경우에는 그 처분의 위헌성이 명백하므로 원래의 행정처분까지도 취소하여 보다 신속하고 효율적으로 국민의 기본권을 구제하는 한편, 기본권침해의 위헌상태를 일거에 제거함으

로써 합헌적 질서를 분명하게 회복하는 것이 법치주의의 요청에 부응하는 길이기도 하다. ② 이 사건 심판기록에 의하면, 헌법재판소가 이 사건 법률조항에 대하여 한 위 위헌결정이 피청구인이 한 과세처분의 취소를 구하는 이 사건에 대하여도 소급하여 그 효력이 미치는 경우에 해당하고, 이 사건 과세처분에 대한 심판을 위하여 달리 새로운 사실인정이나 법률해석을 할 필요성이 인정되지도 아니한다. 따라서 청구인은 피청구인의 위법한 공권력의 행사인 이 사건 과세처분으로 말미암아 헌법상 보장된 기본권인 재산권을 침해받았다고 할 것이므로, 헌법재판소법 제75조 제3항에 따라 피청구인이 1992.6.16. 청구인에게 한 이 사건 과세처분을 취소하기로 한다.

▷ 결론 – 그러므로 헌법재판소법 제45조에 따라 헌법재판소법 제68조 제1항은 원칙적으로 헌법에 위반되는 것이 아니지만, 위 법률조항의 '법원의 재판'에 헌법재판소가 위헌으로 결정한 법령을 적용함으로써 국민의 기본권을 침해한 재판도 포함되는 것으로 해석하는 한도 내에서 헌법에 위반된 것임을 선언하고, 헌법재판소가 위헌으로 결정한 위 각 구 소득세법조항이 헌법에 위반된 것이 아님을 전제로 청구인의 상고를 기각한 이 사건 대법원판결과 위 각 법률조항에 근거한 이 사건 과세처분을 헌법재판소법 제75조 제3항에 따라 모두 취소하기로 결정한다.[1)]

(3) 판례이론에 대한 검토

i) 위헌결정 전후 차이성? 헌재의 위 법리에 따르면 법원의 재판에서 적용된 법률이 헌법재판소의 위헌심사를 받은 바 없는 경우에는 그 법원재판은 헌법소원의 대상이 되지 아니한다. 그러나 그 경우에도 만약 헌재가 그 법원재판을 헌법소원의 대상으로 인정하고 심판을 한다면 그 법원재판에서 적용된 법률이 위헌이라고 판명될 경우도 상정할 수 있을 것이다. 이러

---

1) <이재화, 고중석, 한대현 재판관의 반대의견> 헌법상 법원의 고유기능으로 되어 있는 법원의 재판을 다른 공권력행사와 달리 헌법소원심판의 대상에서 제외한 것이 평등의 원칙이나 법치주의원리에 위반되거나 재판청구권을 침해한 것이라고 할 수도 없으므로 헌법재판소법 제68조 제1항은 헌법에 위반되지 아니한다. (가) 이 사건 판결이 헌법소원심판의 대상이 되는지 여부 – 이 사건 판결은 헌법재판소가 위헌으로 결정하여 이미 효력을 상실한 법률을 적용하여 한 재판으로서 청구인의 기본권을 침해한 공권력행사에 해당함은 명백하다. 그런데 법원이 헌법재판소가 한 법률에 대한 위헌결정의 효력을 부정하고 위헌으로 결정된 법률을 그대로 적용하여 재판을 한 것은 법원이 실질적으로 헌법상 헌법재판소의 권한으로 되어 있는 법률에 대한 위헌심판을 한 것으로서 법원과 헌법재판소의 기능과 권한을 규정한 헌법 제101조, 제107조, 제111조에 정면으로 위반되는 것이므로 국민의 기본권 보장이나 헌법질서의 수호, 유지를 위하여 도저히 허용될 수 없는 것이므로 이 사건 판결은 법원이 스스로 법률에 대한 위헌심판을 하였다는 점에서 헌법재판소법 제68조 제1항이 헌법소원심판의 대상에서 제외한 법원의 재판에 포함되지 않는다고 보아야 할 것이다. 그러므로 이 사건 판결에 대하여는 위 법 제68조 제1항이 합헌인 것과는 상관없이 헌법소원심판을 청구할 수 있다. (나) 이 사건 판결의 취소여부 – 대법원의 구체적 사건에 관한 재판인 이 사건 판결 자체를 직접 취소하는 것은 위에서 본 바와 같은 헌법재판소와 법원의 권한 및 상호 간의 독립을 규정한 헌법의 취지에 비추어 적당하지 아니할 뿐만 아니라 대법원의 재판을 취소하는 경우의 후속절차에 관하여 아무런 규정이 없어 그 효력을 둘러싸고 법적 혼란이 일어날 우려가 있다. 따라서 다수의견과 같이 이 사건 판결 자체를 직접 취소할 것이 아니라 이 사건 판결이 헌법재판소가 위헌으로 결정한 법률을 법원이 위헌결정의 법리를 달리 해석하여 합헌으로 보아 적용한 점에서 위헌이라고 확인만 하고 그 후속조치는 법원에 맡기는 것이 바람직하다. (다) 이 사건 처분에 대한 심판청구의 적법여부 : 다수의견도 밝히고 있는 바와 같이 행정처분이 위헌이라고 주장하고 그 취소를 구하는 행정소송을 제기하였다가 법원이 받아들이지 아니한 후 다시 원래의 그 행정처분에 대한 헌법소원심판을 허용하는 것은 명령·규칙·처분에 대한 최종적인 위헌심사권을 대법원에 부여하고 있는 헌법 제107조 제2항과 법원의 재판을 헌법소원심판의 대상에서 제외하고 있는 헌법재판소법 제68조 제1항에 배치될 뿐 아니라, 이 사건 처분은 헌법재판소가 문제된 법률에 대하여 위헌결정하기 이전에 행하여진 것이어서 헌법재판소 결정의 기속력에 반한 것도 아니므로 이 사건 처분은 헌법소원심판의 대상이 될 수 없다. 따라서 이 사건 처분에 대한 심판청구는 부적법하여 각하하여야 할 것인데도 다수의견이 본안에 들어가 취소한 것은 부당하다.

한 경우나 헌재의 위헌결정이 있고 난 뒤 법원재판에서 그 위헌법률을 적용한 경우나 양자 간에 무슨 본질적 차이가 있기에 후자의 경우에만 법원재판에 대한 헌법소원을 인정하여야 하는지 그 논리적 설명이 충분하지 못하다. 헌재는 위헌결정에 대한 기속력을 주된 논거로 들고 있는데 헌재의 위헌결정에 기속력을 부여하는 것도 결국 국민의 기본권보장 등을 위한 것이고 위의 전자의 경우에도 기본권보장의 필요성이 있는 것은 마찬가지이다.

ⅱ) **대상성요건?** 헌재가 이미 '위헌으로 결정한' 법령을 적용하여 기본권을 침해한 것은 그 자체가 이미 본안사유로서 위헌사유이다. 그래서 헌재도 "이 사건 대법원판결은 헌법재판소가 이 사건 법률조항에 대하여 한정위헌결정을 선고함으로써 이미 부분적으로 그 효력이 상실된 법률조항을 적용한 것으로서 … 이에 대한 헌법소원은 허용된다 할 것이고, 또한 이 사건 대법원판결로 말미암아 청구인의 헌법상 보장된 기본권인 재산권 역시 침해되었다 할 것이다. 따라서 이 사건 대법원판결은 헌법재판소법 제75조 제3항에 따라 취소되어야 마땅하다"라고 판시하고 있다. 헌재법 제75조 제3항은 "헌법재판소는 기본권 침해의 원인이 된 공권력의 행사를 취소하거나 그 불행사가 위헌임을 확인할 수 있다"라고 하여 위헌의 인용결정이라는 본안판단결과에 대해 헌재가 할 수 있는 조치, 즉 취소를 규정한 것이어서 어디까지나 본안결정에 관한 규정이다. 본안판단상 위헌이라 이를 취소해야 한다는 것은 그 헌법소원대상성은 당연히 인정하여야 함을 의미한다. 그렇게 보면 당연한 논리결과를 헌재는 지적하는 것에 불과하다. 그러나 헌법소원을 다투고자 하는 법원재판이 헌재가 위와 같이 설정한 법리에 따라 대상성을 가지는지에 대해 청구인은 유권적으로 결정할 수 없고 역시 그것은 헌재가 판단해야 할 것이므로 그 판단을 위해 법원재판이 대상이 되어야 하는 것이 아닌가? 결국 문제는 남고 문제의 명쾌한 해결에 법개정이 필요하다.

ⅲ) **기속력을 내세운 논거의 설득력?** 헌재는 기속력의 위반을 중요한 논거로 들고 있다. 그러나 기속력은 법령의 위헌결정에 대해서만 인정되는 것은 아니다. 현행 헌법재판소법 제75조 제1항은 헌법소원의 인용결정에 대해서도 기속력을 명시하고 있다. 따라서 반드시 위헌결정된 법령을 적용한 법원재판의 경우에만 헌재결정의 기속력이 침해되는 경우일 것은 아니므로 이 경우에만 법원재판을 헌법소원의 대상으로 인정할 근거가 약해진다. 예컨대 민사사건에 관련성이 있는 공권력작용에 대하여 헌법소원을 제기하고(이 헌법소원은 법령소원이 아닌 행정공권력작용에 대한 헌법소원이다) 먼저 헌재의 인용결정을 받았으나 이러한 인용결정의 취지가 민사재판에서 받아들여지지 않는 경우에도 기속력의 침해문제가 있다. 법원으로서는 인용결정의 기속력침해라는 주장에 대해 인용결정의 대상이 된 공권력행사와 민사사건은 관련이 없다거나 위헌으로 확인된 공권력행사는 당해 민사사건의 사법관계의 효력에는 영향을 미치지 않는다고 판시할 가능성도 있을 것이다. 국제그룹해체 지시의 공권력행사에 대하여 위헌임을 확인하는 헌법소원 인용결정[1])이 있었으나, 이 결정 이후에 민사재판인 국제그룹 주식인도소송의 항소와

상고가 기각되었던 예를 볼 수 있다.[1] 이 상고사건의 판결에서 대법원은, 단지 법률행위의 성립 과정에서 불법적 방법이 사용된 데 불과한 때에는, 그 불법이 의사표시의 형성에 영향을 미친 경우에는 의사표시의 하자를 이유로 그 효력을 논의할 수는 있을지언정 민법 제103조의 반사회질서의 법률행위로서 무효라고 할 수는 없다고 하면서 국제그룹 해체지시라는 재무부장관의 제일은행에 대한 공권력행사가 비록 위헌적 행정지도라고 하더라도 제일은행이 이를 받아들여 원고와 피고에게 이를 권유하였고 이 제안을 받아들여 이 사건 주식 매매계약이 성립된 것인 이상 이 사건 법률행위의 목적이나 표시된 동기가 불법이었다고 볼 수는 없고, 매매계약이 성사된 이상 재무부측의 행정지도가 원고에 대한 강박이 될 수 없다고 판시하였다. 이러한 민사재판 판결들은 헌재가 위헌으로 결정한 법령을 적용한 것은 아니고 행정지도라는 법령 아닌 공권력을 헌재가 위헌이라고 하였음에도 그런 결론을 내린 것인데 헌재결정이 위헌확인한 것을 무의미하게 만든다.

ⅳ) 헌재의 이 결정의 주문이 위헌으로 결정한 '법률'이 아니라 '법령'이라고 명시하고 있기에 법규명령 등에 대한 헌법소원(법령소원)의 인용결정이 가지는 기속력의 확보도 이 결정의 효과 속에 포함된다. 그런데 헌재는 그 기속력의 근거로서 헌법소원의 인용결정의 기속력을 규정한 헌재법 제75조 제1항을 내세우지는 않았고 "직접 국민의 기본권을 침해하는 명령·규칙에 대하여는 주관적 권리구제절차로서 헌법소원의 가능성이 열려 있으므로(헌법 제111조 1항 5호; 헌재 1990.10.15. 89헌마178), 헌법재판소에 의하여 명령·규칙이 위헌으로 결정되어 그 효력을 상실한 경우에도 법률의 경우와 그 법리가 다를 바 없다"라고 판시하고 있다.[2] 말하자면 위헌결정이 법률을 대상으로 하든 그 이하 법규범인 법규명령 등을 대상으로 하든 법령소원이라는 헌법소원으로 위헌이 확인된 경우라면 헌재법 제75조 제1항에 따른 기속력을 가지므로 굳이 법률에 견주어 판시할 것이 아니라 헌재법 제75조 제1항을 제시할 일이다.

ⅴ) 사실 위 96헌마172·173 결정 외에 법원재판에 대해 헌법소원대상성을 인정하고 나아가 이를 취소한 예는 찾기가 어렵다. 위헌으로 결정한 법령을 적용할 법원재판이 정상상태에서 과연 얼마나 있겠는가.

(4) '헌법재판소가 위헌으로 결정한 법령을 적용' - '헌재판례법리상 요건 ①'

1) 위헌결정의 의미

헌재가 위헌으로 결정한 것의 유형으로는 단순위헌뿐 아니라 헌법불합치, 한정위헌결정 등 이른바 변형결정들도 포함된다고 보는 것이 헌재의 입장이다(헌재 1997.12.24. 96헌마172등).

---

1) 헌재 1993.7.29. 89헌마31, 공권력행사로 인한 재산권 침해에 대한 헌법소원결정(이른바 '국제그룹 해체지시결정' 사건 결정).

1) 서울고법 1994.5.4. 92나13501과 대법원 1996.4.26. 94다34432(법원공보 1996.6.15, 1667면 이하 참조).

2) 헌재판례집 9-2, 861면.

2) 시기의 문제

위헌결정이 있는 시기는 법원의 재판이 있기 전이라고 보는 것이 자연스러울 것이다. 일단은 위헌이라고 헌재가 결정했음에도 불구하고 그것을 적용한 재판을 걸러내어야 한다는 점에서이다. 그러나 이 요건에서 말하는 헌재의 위헌결정을 그렇게 좁게만 볼 것인지 하는 문제가 있다. 헌재가 위헌결정을 하기 전에 법원이 그 법령을 적용하여 재판을 했지만 이후 그 법령이 위헌으로 판명났다면 분명 그 재판을 받은 당사자에게도 기본권에 영향을 받았을 재판이고 이를 그냥 두는 것은 정당하지 못할 것이기 때문이다. 이러한 문제의 하나로 법령의 위헌결정 이전에 그 법령에 근거하여 행해진 행정처분인데 위헌결정 이후 무효가 아니라고 판시한 법원의 판결이 있었고 이를 용인하는 헌재의 판례도 있어 왔다. 이런 문제 등에 대해서는 뒤에 '기본권을 침해한'이라는 헌재판례법리상 요건 ②부분에서 함께 살펴본다. 또 "4. 헌재의 위헌결정이 있기 전에 선고된 대법원판결에 대한 헌법소원 대상성 문제"에서도 살펴본다.

(5) '기본권을 침해한' 법원재판일 것 – '헌재판례법리상 요건 ②'

1) 헌재판례가 요구하는 필수요건

법원재판이 헌법소원의 대상일 수 있게 하는 요건으로 위의 헌재판례이론은 앞서 서술한 대로 두 요건을 모두 갖추어야, 즉 헌재가 이미 위헌으로 결정한 법령을 법원이 적용하였다는 사실만으로 충분하지 않고 그 적용으로 인하여 국민의 기본권이 실제로 침해될 것을 요구하고 있고 기본권침해가 있어야 요건이 모두 갖추어진 것으로 보는 데 유의하여야 한다.

[주요사항]
▷ 법원재판의 예외적 헌법소원의 요건=위헌법령의 적용+기본권침해

2) 기본권침해 사실 결여를 이유로 한 대상성 부인 결정례

아래의 결정이 바로 기본권침해사실이 없다는 이유로 법원재판의 헌법소원대상성이 부인된 예이다.

판례 헌재 1999.10.21. 96헌마61, 97헌마154·171(병합), 양도소득세부과처분취소 등·헌법재판소법 제68조 제1항 위헌확인 등

[본사안의 쟁점] 1995.11.30. 91헌바1등 결정(헌법불합치결정)이 선고된 바 있는 구 소득세법 제60조를 적용한 법원의 판결이 기본권을 침해하는 판결이어서 헌법소원의 대상이 되는지 여부(부정, 각하결정)
[헌재 1995.11.30. 91헌바1등 결정] 이 사안은 91헌바1 등 결정에서 헌법불합치로 결정된 소득세법 제60조를 적용한 법원판결이라는 이유로 제기된 헌법소원사건이므로 먼저 91헌바1 등 결정에 대해 아래에 살펴본다.
[91헌바1등 사건에서의 쟁점] 양도소득세 과세표준의 산출기초가 되는 기준시가의 결정을 대통령령에 위임한 구 소득세법 제60조는 과세표준 산정을 포괄적으로 위임한 것으로서 헌법 제59조의 조세법률주의에 반하는지 여부(헌법불합치결정)
[91헌바1등 결정의 이유요지] 이 사건 위임조항에서는 기준시가의 내용 및 그 결정절차를 전적으로 대통령령이 정하는 바에 의하도록 하였다. 이는 어떤 사정을 고려하여, 어떤 내용으로 어떤 절차를 거쳐 양

도소득세 납세의무의 중요한 사항 내지 본질적 내용인 기준시가를 결정할 것인가에 관하여 과세권자에게 지나치게 광범한 재량의 여지를 부여함으로써, 국민으로 하여금 소득세법만 가지고서는 양도소득세 납세의무의 존부 및 범위에 관하여 개략적으로나마 이를 예측하는 것조차 불가능하게 하고, 나아가 재산권이 침해될 여지를 남김으로써 국민의 법적 안정성을 현저히 해친 입법으로서 조세법률주의 및 위임입법의 한계를 규정한 헌법의 취지에 반한다. 위와 같이 이 사건 위임조항은 헌법에 위반되므로 원칙으로 위헌결정을 하여야 할 것이다. 그러나 이에 대하여 단순위헌결정을 선고하여 당장 그 효력을 상실시킬 경우에는 기준시가에 의한 양도소득세를 부과할 수 없게 됨은 물론, 조세수입을 감소시키고 국가재정에 상당한 영향을 줌과 아울러 이미 이 조항에 따른 양도소득세를 납부한 납세의무자들과 사이에 형평에 어긋나는 결과를 초래하는데다가, 이 사건 위임조항의 위헌성은 국회에서 법률로 제정하지 아니한 단지 입법형식의 잘못에 기인하는 것으로서 이를 한시적으로 계속 적용한다고 하더라도 그것이 반드시 구체적 타당성을 크게 해쳐 정의와 형평 등 헌법적 이념에 심히 배치되는 것이라고는 생각되지 아니하고, 더욱이 이 사건의 경우에는 1994년 12월 22일 법률 제4803호로 헌법에 합치하는 내용의 개정입법이 이미 행하여져 위헌조항이 합헌적으로 개정되어 시행되고 있으므로 당 재판소는 단순위헌결정을 하지 아니하고 이 사건 위임조항을 적용하여 행한 양도소득세 부과처분 중 확정되지 아니한 모든 사건과 앞으로 행할 양도소득세 부과처분 모두에 대하여 위 개정법률을 적용할 것을 내용으로 하는 헌법불합치결정을 하기로 한다.

[위 91헌바1등 결정 이후의 대법원판례를 둘러싼 논란] 1995.11.30. 91헌바1등의 결정이 있고 나서 본사안의 결정인 96헌마61 결정이 있기 전에 대법원은 개별공시지가가 시행되기 이전의 양도에 대하여는 개별공시지가로 환산하는 규정이 없다는 이유로 구 소득세법 제60조를 잠정적으로 적용하여야 한다는 입장을 취하였기에(대법원 1997.3.28. 96누11068 판결) 이러한 대법원판례가 헌법재판소의 91헌바1등 헌법불합치결정에 반하지 않느냐 하는 논란이 있었다.

[본사안(96헌마61등)의 결정주문] 1. 헌법재판소법 제68조 제1항은 그 본문의 '법원의 재판'에 헌법재판소가 위헌으로 결정한 법령을 적용함으로써 국민의 기본권을 침해한 재판을 포함하는 부분 이외에는 헌법에 위반되지 아니한다. 2. 청구인들의 나머지 심판청구를 모두 각하한다. [본사안(96헌마61등)의 결정요지] 법원의 재판은 헌법재판소가 위헌으로 결정한 법령을 적용함으로써 국민의 기본권을 침해한 경우에만 예외적으로 헌법소원심판의 대상이 될 수 있다. 그러므로 본안에 나아가 판단하기에 앞서 이 사건 판결들이 예외적으로 헌법소원심판의 대상으로 되는 '헌법재판소가 위헌으로 결정한 법령을 적용함으로써 국민의 기본권을 침해한 재판'에 해당하는지의 여부에 관하여 본다. 입법자는 구 소득세법 제60조에 대하여 포괄위임이라는 이유로 위헌심판청구가 계속 중이던 1994.12.22. 법률 제4803호로 소득세법을 전문개정하면서, 그 제99조에 구 소득세법시행령(1990.5.1. 대통령령 제12994호로 개정된 것) 제115조의 내용을 그대로 끌어들이는 한편, 소득세법시행령(1994.12.31. 대통령령 제14467호로 전문개정된 후 1995.12.30. 대통령령 제14860호로 개정되기 전의 것, 이하 개정 소득세법시행령이라 한다) 제164조에 토지의 기준시가 산정방법에 관하여 규정함으로써, 종전의 토지의 기준시가 산정방법과 동일한 내용을 규정하면서도, 종전의 포괄위임에 따른 위헌시비의 문제를 입법적으로 개선하였다. 한편 헌법재판소는 1995.11.30. 91헌바1등 사건에서 구 소득세법 제60조가 조세법률주의 및 위임입법의 한계에 위반된다는 이유로 위헌임을 지적하면서 헌법불합치결정을 하였다. 위헌결정의 한 형태인 헌법불합치결정의 경우에도 위헌법률은 적용되어서는 아니 되므로, 위헌법률의 적용금지는 법원에 계속중인 사건에 있어서는 당연히 재판절차의 정지라는 형태로 나타난다. 다만, 위헌결정을 통하여 위헌법률을 법질서에서 제거하는 것이 법적 공백이나 혼란을 초래할 우려가 있는 경우, 즉 위헌법률을 잠정적으로 적용하는 위헌적인 상태가 오히려 위헌결정으로 인하여 초래되는 법적 공백 또는 혼란이라는 합헌적인 상태보다 예외적으로 헌법적으로 더욱 바람직하다고 판단되는 경우에는, 헌법재판소는 법적 안정성의 관점에서 법치국가적으로 용인하기 어려운 법적 공백과 그로 인한 혼란을 방지하기 위하여 입법자가 합헌적인 방향으로 법률을 개선할 때까지 일정 기간 동안 위헌법률을 잠정적으로 적용할 것을 명할 수 있다. 법

원은 이러한 예외적인 경우에 한하여 위헌법률을 계속 적용하여 재판을 할 수 있다고 할 것이다. 그런데 헌법재판소는 앞서 본 바와 같이 구 소득세법 제60조에 대하여 헌법불합치결정을 함에 있어서, 위 법률조항이 비록 위헌적 법률이기는 하나 이에 대하여 단순위헌결정을 선고하여 당장 그 효력을 상실시킬 경우에는 위 규정을 형식적으로나마존속시킬 때보다 위헌결정으로 인하여 더욱 헌법적 질서와 멀어지는 법적 상태가 발생하는 데다가, 위 법률조항의 위헌성은 그 내용에 기인한 것이 아니라 오로지 입법형식의 잘못에 있는 것으로서(기준시가의 내용 및 그 결정절차에 관하여 법률로 정함이 없이 대통령령에 포괄 위임한 데 잘못이 있다는 것 — 저자 주) 위 법률조항을 한시적으로 계속 적용한다고 하더라도, 그것이 반드시 구체적 타당성을 크게 해쳐 정의와 형평 등 헌법적 이념에 심히 배치되는 것이 아니라고 하는 한편, 다만 위 법률조항이 이미 1994.12.22. 합헌적으로 개정되어 시행되고 있으므로 단순위헌결정을 하지 아니하고 헌법불합치결정을 한다고 하면서 합헌적으로 개정된 소득세법 제99조를 적용할 것을 명한 바 있다. 이는 기준시가에 의하여 양도가액이나 취득가액을 산정함에 있어서 원칙적으로 구 소득세법 제60조의 위헌적 요소를 제거한 개정 소득세법 제99조를 적용하여야 할 것이나, 다만 개정 소득세법 제99조를 적용하여서는 기준시가에 의하여 양도가액이나 취득가액을 산정할 수 없어 그 양도차익의 산정이 불가능하게 되는 예외적인 사정이 있는 경우에는 구 소득세법 제60조의 위헌적 요소를 제거하는 개정법률이 시행되기 전까지는 위 법률조항의 잠정적인 적용을 허용하는 취지인 것이다. 그러므로 나아가 개정 소득세법의 시행일인 1995.1.1. 전에 토지를 양도한 경우로서, 국가기관이 위 헌법불합치결정의 기속력에 따라 개정 소득세법 제99조를 적용하여야 할 경우와 구 소득세법 제60조를 잠정적으로 적용할 수 있는 경우를 나누어 본다. 먼저 공시지가제도가 시행된 1990.9.1. 이후에 토지를 양도한 경우에는 개정 소득세법 제99조와 그에 따른 개정 소득세법시행령 제164조 등의 규정을 적용하여 기준시가에 의하여 그 양도차익을 산정할 수 있다고 할 것이다. 그러나, 공시지가제도가 시행된 1990.9.1. 전에 토지를 양도한 경우에는 개정 소득세법 제99조에서 양도 당시의 기준시가를 산정하는 방법에 관하여 직접 규정하지 아니하고 있고, 개정 소득세법시행령 제164조에서도 새로운 기준시가가 고시되기 전에 취득 또는 양도하는 경우에는 직전의 기준시가에 의한다고만 규정하고 있을 뿐, 양도 당시의 기준시가를 산정하는 방법에 관하여는 아무런 규정을 두지 아니함으로써, 개정 소득세법 제99조와 그에 따른 개정 소득세법시행령 제164조 등의 규정을 적용하여서는 양도 당시의 기준시가를 산정할 수 없어 결국 그 양도차익을 산정할 수 없게 된다고 할 것이다. 따라서 법원으로서는 위 헌법불합치결정의 기속력에 따라 개정 소득세법 제99조를 적용하여 그 양도차익을 산정할 수 있는 1990.9.1. 이후 양도한 토지에 대한 양도소득세부과처분취소사건에 있어서는 당연히 개정 소득세법 제99조를 적용하여 그 부과처분의 적법 여부를 판단하여야 하고, 개정 소득세법 제99조를 적용하여서는 그 양도차익을 산정할 수 없는 1990.9.1. 전에 양도한 토지에 대한 양도소득세부과처분취소사건에 있어서는 구 소득세법 제60조의 위헌적 요소를 제거하는 개정법률이 시행되기 전까지 구 소득세법 제60조를 잠정적으로 적용하여 그 부과처분의 적법 여부를 판단할 수 있다고 할 것이다. 그러나 한편, 개정 소득세법 제99조, 그에 따른 개정 소득세법시행령 제164조, 개정 소득세법시행규칙(1995.5.3. 총리령 제505호로 전문개정된 것) 제80조의 각 규정과 구 소득세법 제60조, 그에 따른 구 소득세법시행령(1990.5.1. 대통령령 제12994호로 개정된 것) 제115조, 구 소득세법시행규칙(1995.5.3. 총리령 제505호로 전문개정되기 전의 것) 제56조의5의 각 규정을 비교하여 보면, 양자는 기준시가에 의하여 양도차익을 산정하는 방법이 동일하므로, 가사 법원이 개정 소득세법 제99조를 적용하여야 할 사건에서 구 소득세법 제60조를 적용하였다고 하더라도 그 세액이 동일하게 되어 결과적으로 그로 말미암아 기본권이 침해되었다고 할 수는 없다고 할 것이다. 사정이 이와 같다면, 법원이 공시지가제도가 시행된 1990.9.1. 전에 양도한 토지에 대한 양도소득세부과처분취소사건에서 구 소득세법 제60조를 적용하여 그 부과처분의 적법여부를 판단한 것은 헌법재판소 1995.11.30. 91헌바1등 헌법불합치결정의 기속력에 따른 것이고, 그 이후에 양도한 토지에 대한 양도소득세부과처분취소사건에서 구 소득세법 제60조를 적용하여 그 부과처분의 적법여부를 판단한 것은 위 헌법불합치결정의 기속력에 어긋나기는 하나 그로 말미암아 기본권의 침해가 있다고 볼 수 없다. 따라서 그 어느 것이나 예외적으로 헌법소원의 대상이 되는 재판, 즉 '위헌으로 결정한 법령을 적용함으로써 국민의 기본권을 침해한 재판'에 해당하지 아니하여 헌법소원심판의 대상이 될 수 없다고 할 것이다. 돌이켜 이 사건 판결들에 관하여 보건대, 이 판결들은 모두 1990.9.1.을 전후하여 양도한 토지에 대한 양도소득세부과처분취소사건에서 법원이 어느 경우에나 구 소득세법 제60조를 적용하여 각 그 부과처분의 적법여부를 판단한 재판들이므로 헌법소원심판의 대상이 될 수 없는 것이어서 이 판결들의 취소를 구하는 이 부분 심판청구는 모두 부적법하다. * 동지 : 헌재 1999.10.21. 97헌마301등, 재판취소등 · 양도소득세부과처분 등 취소.

(6) 대법원 해석론에 따른 판결 – 헌재가 위헌으로 결정한 긴급조치임에도 이로 인한 국가배상책임을 부정한 대법원판결들에 대한 헌법소원 대상성 부정

대통령의 긴급조치 제1호 및 제9호의 발령행위 등에 대하여 국가배상책임을 인정하지 않은 대법원 판결들(대법원 2015다212695, 대법원 2015다216062 등)이 헌재가 2013.3.21. 선고한 2010헌바132등 결정에서 위헌으로 판단한 위 긴급조치들을 적용하여 청구인들의 국가배상청구권 등의 기본권을 침해한 것이라는 주장의 헌법소원심판이 청구되었다. 그러나 헌재는 "이 사건 대법원 판결들에서 긴급조치 발령행위에 대한 국가배상책임이 인정되지 않은 것은 긴급조치가 합헌이기 때문이 아니라 긴급조치가 위헌임에도 국가배상책임이 성립하지 않는다는 대법원의 해석론에 따른 것이다. 따라서 이 사건 대법원 판결들은 헌법소원심판의 대상이 되는 예외적인 법원의 재판에 해당하지 아니하므로, 그 취소를 구하는 심판청구는 허용될 수 없어 모두 부적법하다"라고 하여 아래와 같이 각하결정을 하였다. 그러나 이 결정에서 재판관 김이수, 재판관 안창호의 소수의견은 위 헌재 2013.3.21. 2010헌바132등 결정의 기속력에 반하여 청구인들의 기본권을 침해하는 것이므로 취소되어야 한다고 보았다. 헌재가 정립한 위 재판소원 대상성 두 가지 요건에 따르더라도 소수의견이 타당하다.

판례 헌재 2018.8.30. 2015헌마861등

[결정요지] 법원의 재판은 헌법재판소가 위헌으로 결정한 법령을 적용함으로써 국민의 기본권을 침해한 경우에 한하여 예외적으로 헌법소원심판의 대상이 된다. 청구인들은 긴급조치 제1호 및 제9호의 발령행위에 대하여 국가의 배상책임을 인정하지 않은 것이 헌재 2013.3.21. 2010헌바132등 결정에 반하여 위 결정에서 위헌으로 판단한 위 긴급조치들을 적용하여 청구인들의 기본권을 침해한 것이라고 주장한다. 그러나 이 사건 대법원 판결들이 헌법재판소의 위헌결정에 반하여 위 긴급조치들이 합헌이라고 판단하였거나, 합헌임을 전제로 위 긴급조치를 적용한 바가 없으며, 나아가 위 긴급조치를 합헌으로 해석하는 취지의 설시도 보이지 않는다. 이 사건 대법원 판결들에서 긴급조치 발령행위에 대한 국가배상책임이 인정되지 않은 것은 긴급조치가 합헌이기 때문이 아니라 긴급조치가 위헌임에도 국가배상책임이 성립하지 않는다는 대법원의 해석론에 따른 것이다. 따라서 이 사건 대법원 판결들은 헌법소원심판의 대상이 되는 예외적인 법원의 재판에 해당하지 아니하므로, 그 취소를 구하는 심판청구는 허용될 수 없어 모두 부적법하다. [재판관 김이수, 재판관 안창호의 소수의견] 재판에는 헌법재판소의 위헌이라는 결론을 뒷받침하는 핵심적인 이유의 논리를 부인하는 법원의 재판도 포함되어야 한다. 대법원은, 종래 입법행위라 하더라도 '그 내용이 헌법의 문언에 명백히 위배됨에도 불구하고 굳이 당해 입법을 한 것과 같은 특수한 경우'에는 국가배상책임이 성립한다고 하였으나, 대통령의 긴급조치권 행사는 고도의 정치성을

띤 국가행위로서 국민 전체에 대하여 정치적 책임을 질뿐이라고 하였다. 긴급조치 역시 법률적 효력을 가지므로, 입법행위에 따른 위의 책임이 적용된다. 그러나 이 사건 대법원 판결들은 긴급조치가 위헌이 명백한 것을 알면서 입법을 한 특수한 경우에 해당하는지를 검토하지 않았다. 헌재 2010헌바132등 결정의 취지는, 국민의 기본권침해와 관련된 국가작용은 사법적 심사에서 면제될 수 없고, 유신헌법의 개정에 대한 주장 금지, 유신헌법과 긴급조치에 대한 비판 금지, 긴급조치 위반자에 대한 법관의 영장 없는 체포, 구속 등에서 긴급조치 제1호와 제9호는 그 위헌성이 명백하고 중대하며, 이들 긴급조치는 애초부터 발령요건을 갖추지 못한 채 국민의 자유와 권리를 억압하기 위한 의도로 발동되었다는 것이다. 긴급조치의 발령이 고도의 정치성을 띤 국가행위이어서 국가배상책임의 성립여부에 관한 사법적 판단의 대상이 되지 않는다는 의미라면 이는 국민의 기본권침해와 관련된 국가작용은 사법적 심사에서 면제될 수 없다는 헌재 2010헌바132등 결정의 기속력에 위배된다. 긴급조치의 발령이 위헌이 명백한 것을 알면서 입법을 한 특수한 경우에 해당하지 않아 불법행위가 성립하지 않는다는 의미라면, 이는 긴급조치 제1호와 제9호가 명백하고 중대한 위헌성을 지녔으며, 그 위헌성이 정당한 목적을 실현하기 위해 노력하는 과정에서 피치 못하게 수반되는 것이 아니라 대통령이 애초부터 국민의 자유와 권리를 억압하기 위한 분명한 의도로 발령한 데서 비롯된 것이라는 취지의 헌재 2010헌바132등 결정의 기속력에 위배된다. 따라서 이 사건 대법원 판결들은 헌법재판소의 위헌결정의 기속력에 반하여 청구인들의 기본권을 침해하는 것이므로 취소되어야 한다. * 각하한다는 법정의견과 동지의 결정들 : 헌재 2019.2.28. 2016헌마56; 2019.7.25. 2018헌마827. 이후 대법원의 해석론에 따른 것이라는 언급없이 그냥 대상성이 인정되지 않는 판결이라는 판시로 부정한 예 : 헌재 2020.11.26. 2014헌마1175.

(7) 확정판결의 사실인정, 법률해석 등을 다투는 헌법소원심판의 비대상성

판례 헌재 1998.4.30. 97헌마232

[쟁점] 확정판결에서의 사실인정과 법률 및 합헌 해석을 다투는 헌법소원의 경우 대상성이 인정되는지 여부(각하결정) [결정요지] 이 심판청구는 확정된 법원판결의 사실인정과 법률 및 합헌 해석의 잘못을 다투는 것인바, 이 사건 법원의 재판이 헌법소원심판의 대상이 되는 예외적인 재판에 해당된다고 볼 만한 사정이 없으므로(헌재 1997.12.24. 96헌마172등, 판례집 9-2, 842면), 청구인의 이 심판청구는 부적법하다.

(8) 법령의 위헌결정 이전에 그 법령에 근거하여 행해진 행정처분인데 위헌결정 이후 무효가 아니라고 판시한 법원판결의 헌법소원 비대상성

사실 이 문제는 앞의 (3) '헌법재판소가 위헌으로 결정한 법령을 적용' 요건에서도 다루어질 문제이다. 이 요건에서 말하는 헌재의 위헌결정이 언제 있었는지가 논의되는 경우에 이 문제가 해당되기 때문이다.

1) 판례의 법리 - 중대명백설의 적용

헌법재판소가 위헌으로 결정한 법령을 근거로 그 위헌결정 이전에 행해진 행정처분(행정행위)에 대해서는 비록 위헌인 법령에 근거한 것이라고 하더라도 무효확인소송 등에서 당연 무효가 아니라고 법원이 판단할 수 있고 당연 무효로 판단하지 않은 그러한 법원의 판결은 "헌법재판소가 위헌으로 결정한 법령을 적용함으로써 국민의 기본권을 침해한 재판"에 해당되지 않아 예외적인 헌법소원대상이 아니라고 보는 것이 우리 헌법재판소(95헌마93등; 99헌마605 등. 아래 인용됨)와 대법원(92다55770; 94다54160 등)의 판례이다. 위헌으로 결정된 법령에 근거한 처분이 무효인지 여부는 당해 사건을 재판하는 법원이 위헌성의 정도에 따라 판단할 사항이라는 것이 우리 헌법재판소의 입장이다. 행정처분 이후 위헌결정이 있었다면 위헌성이 중대한 사유이긴 하나 처분시에 명백하지는 않았다고 하여 이른바 중대명백설에 따라 처분이 무효로 되지 않는다고 볼 수 있다는 것이다. 위와 같은 법리는 무효여부의 문제이므로 물론 취소소송이 아니라 '무효'확인소송(또는 바로 아래에 보는 사안에서처럼 수용처분이 무효라고 주장하면서 제기된 소유권이전등기말소등기절차이행의 소와 같은 경우)에서 적용되는 것이라고 할 것이다.

[주요판시사항]

▷ 위헌·무효인 법령에 기한 행정처분이 항상 무효인 것은 아님

▷ 그 법령에 근거한 행정처분의 무효여부는 법원이 위헌성의 정도에 따라 판단하여야 할 사항이고 헌재의 결정사항이 아님

∴ 그 법령에 근거한 처분이 취소할 수 있음에 그치고 무효는 아니라는 행정행위라고 판단한 판결은 헌법소원심판의 대상이 되는 예외적인 재판에 해당되지 않음

판례 ① 헌재 1998.4.30. 95헌마93등, 재판취소 등, 토지수용처분취소 등

[사건개요] 헌재가 1994.6.30. 위헌으로 결정한(92헌가18 결정) 국가보위에 관한 특별조치법(1971.12.27. 법률 제2312호, 이하 '특별조치법'이라 한다) 제5조 제4항에 의해 발하여진 "국가보위에 관한 특별조치법 제5조 제4항에 의한 동원대상지역 내의 토지의 수용·사용에 관한 특별조치령"(1971.12.31. 대통령령 제5912호, 최후 개정 1991.8.5, 대통령령 제13447호, 이하 '특별조치령'이라 한다)에 의하여 자신의 토지가 수용된 청구인들이 위 위헌결정 이전에 행해진 그 수용처분 및 이 처분에 기한 위 소유권이전등기가 위헌·무효인 법령에 근거한 것으로서 무효라는 이유로 국가를 상대로 하여 법원에 소유권이전등기말소등기절차이행의 소를 제기하였으나 청구기각판결을 선고받았고, 이에 불복하여 항소하였으나 항소기각판결을 선고받았으며, 다시 대법원에 상고하였으나 1995.7.18. 상고기각판결을 선고받자, 위 대법원판결이 헌재의 결정에 배치되는 해석을 함으로써 청구인들의 재산권 등을 침해하였다고 주장하면서 그 대법원판결에 대하여 그리고 헌법재판소법 제68조 제1항 본문과 제72조 제3항 제1호 후단 중 재판에 대한 헌법소원을 금지하는 부분이 청구인의 기본권을 침해하였다는 이유로 그 규정들에 대하여 헌법소원심판청구를 하였다. [결정요지] ▷ 이 사건 심판대상판결에 대한 심판청구부분 – 헌법재판소는 1997.12.24. 96헌마172·173(병합) 결정에서 "헌법재판소법 제68조 제1항 본문의 '법원의 재판'에 헌법재판소가 위헌으로 결정한 법령을 적용함으로써 국민의 기본권을 침해한 재판도 포함되는 것으로 해석하는 한도 내에서, 헌법재판소법 제68조 제1항은 헌법에 위반된다"라고 결정하였으므로 이 사건 심판대상판결이 그러한 재판인지 여부에 관하여 살펴본다. 청구인들은 헌법재판소가 1994.6.30. 92헌가18 결정에서 특별조치법과 같이 명백히 위헌·무효인 법령에 기한 행정처분이 무효라고 선고하였으나, 법원은 이 사건 심판대상판결에서 위 헌법재판소결정의 소수의견에 따라 위헌·무효인 법령에 기한 이 사건 각 수용처분이 취소할 수 있음에 그치고 무효는 아니라는 취지로 판결함으로써 위 헌법재판소결정의 취지에 어긋나는 판결을 하여 청구인들의 기본권을 침해하였다고 주장한다. 그러나 위 헌법재판소결정의 다수의견은 위헌·무효인 법령에 기한 행정처분이 항상 무효라는 것은 아니고 그 무효여부는 당해 사건을 재판하는 법원이 판단할 사항이라는 것이다. 즉 위 결정은 "상위법인 특별조치법 제5조 제4항의 위헌여부는 하위법인 특별조치령의 위헌여부 및 효력 유무의 전제가 되고 특별조치법 제5조 제4항에 대하여 위헌결정이 되면 자동적으로 이 위헌법률조항에 근거한 특별조치령도 위헌·무효가 되고 아울러 위헌·무효인 특별조치령에 근거한 수용처분도 위헌·무효가 될 수 있기 때문이다(위헌법령에 기한 행

정처분의 무효여부는 당해 사건을 재판하는 법원이 위헌성의 정도 등에 따라 판단할 사항이다)"라고 설시하고 있는바, 이 견해에 의하면 특별조치법에 근거한 이 사건 각 수용처분이 무효인지 여부는 법원이 판단하여야 할 사항이지 헌법재판소에서 결정할 사항은 아닌 것이다. 그렇다면 이 사건 심판대상판결은 헌법소원심판의 대상이 되는 예외적인 재판에 해당된다고 볼 수 없음이 명백하므로 그에 대한 위헌확인을 구하는 헌법소원심판청구는 원칙적으로 헌법소원심판의 대상이 될 수 없는 법원의 재판에 대한 것으로서 부적법한 것이다. * 동지 : 헌재 1998.12.24. 98헌바30 · 41, 국가보위에 관한 특별조치법 제5조 제4항에 의한 동원대상지역 내의 토지의 수용 · 사용에 관한 특별조치령에 의하여 수용 · 사용된 토지의 정리에 관한 특별조치법 제2조 등 위헌소원 등.

② 헌재 2001.2.22. 99헌마605, 재판취소

[사건개요] 주식회사의 감사인 청구인은 제2차 납세의무자로서 부가가치세, 법인세를 납부하라는 처분을 1993년에 받았는데 그 처분 이후인 1997.6.26. 제2차 납세의무자에 관한 구 국세기본법 제39조 제2호(1993.12.31. 법률 제4672호로 개정되기 전의 것) 중 주주에 관한 부분은 "법인의 경영을 사실상 지배하는 자" 또는 "당해 법인의 발행주식총액의 100분의 51 이상의 주식에 관한 권리를 실질적으로 행사하는 자" 이외의 과점주주에 대하여 제2차 납세의무를 부담하게 하는 범위 내에서 헌법에 위반된다는 한정위헌 결정을 하였는데[1997.6.26. 93헌바49, 94헌바38 · 41, 95헌바64(병합)] 청구인은 자신에 부과된 처분이 위 구 국세기본법 제39조 제2호에 근거한 것이어서 무효라고 주장하면서 무효확인을 구하는 행정소송을 제기하였으나 서울고등법원은 1998.10.9. 일반적으로 법률이 위헌이라는 사정은 헌재의 위헌결정이 있기 전에는 객관적으로 명백한 것이라고 할 수 없다는 이유로 헌재의 위헌결정 전에 행하여진 처분의 근거가 되는 당해 법률이 위헌이라는 사유는 특별한 사정이 없는 한 그 행정처분의 취소소송의 전제가 될 수 있을 뿐 당연무효사유는 아니라고 하여 청구를 기각하였고 대법원에 상고하였으나 같은 이유로 기각판결을 하였다. 청구인은 위헌결정된 법률조항에 근거한 이 사건 처분은 당연무효이고 이를 당연무효가 아니라고 한 위 서울고등법원 및 대법원의 판결들은 위헌이라고 주장하면서 그 판결들에 대해 헌법소원심판을 청구하였다. [결정요지] 헌법재판소가 위헌이라고 결정한 법령에 근거한 행정처분의 무효여부는 당해 사건을 재판하는 법원이 위헌성의 정도에 따라 판단할 사항이라고 하는 것이 헌법재판소의 판례이고(1994.6.30. 92헌가18; 1998.4.30. 95헌마93 등), 대법원이 위 판결(98두17890)에서 설시하였듯이, "행정청이 법률에 근거하여 행정처분을 한 후에 헌법재판소가 그 법률을 위헌으로 결정하였다면 그 행정처분은 결과적으로 법률의 근거가 없이 행하여진 것과 마찬가지가 되어 하자가 있다고 할 것이나, 하자 있는 행정처분이 당연무효로 되기 위하여는 그 하자가 중대할 뿐만 아니라 명백한 것"이어야 하는데, 법률이 헌법에 위반된다는 사정은 헌법재판소의 위헌결정이 있기 전에는 항상 객관적으로 명백한 것이라고 말할 수는 없으므로, 결과적으로 그 하자의 중대성과 명백성을 판단하여 무효사유인지 아니면 단지 취소사유에 불과한지를 결정하여야 한다. 만일 위와 같은 행정처분이 언제나 무효라고 한다면, 이는 위헌결정의 소급효를 인정하는 결과와 마찬가지가 된다는 점에서 타당치 않다. 따라서 어떠한 법령에 대하여 위헌결정이 된 이후 그에 근거하여 행하여진 행정처분에 대하여 법원이 이를 무효로 보지 않는 재판을 하였다면, 이는 '헌법재판소가 위헌으로 결정한 법령을 적용함으로써 국민의 기본권을 침해한 재판'에 해당하여 예외적으로 헌법소원심판의 대상이 되는 것과는 달리, 법령의 위헌결정 이전에 그에 근거하여 행하여진 행정처분에 대하여 위헌결정 이후에 행하여진 재판에서 이를 무효라고 보지 않았다고 하더라도, 그 재판은 헌법재판소가 위헌으로 결정한 법령을 적용함으로써 국민의 기본권을 침해한 경우라고는 할 수 없다. 그렇다면, 이 사건 판결들은 헌법소원심판의 대상이 될 수 없으므로, 이 사건 판결들에 대한 심판청구 부분은 부적합하다.

2) 검토

위 판례이론에 대해서는 다음과 같은 지적이 가능할 것이다. '위헌성의 정도'에 따라 무효 여부를 판단한다는 입장은 위 법리에 따를 때라도 문제의 처분이 무효로 판단되는 경우가 있음을 의미한다. 그런데 헌재의 위헌결정 이전에 행해진 처분의 경우 위헌인지가 헌재판단 이전에는 명백하지 않으므로 항상 하자의 명백성이 없는 경우일 것이므로 무효확인소송에서는 무효로 판단되는 경우가 없을 것이라는 점에서 이는 모순이다. 사실 위 법리는 무효확인의 행정소송에서 재판전제성 문제에도 마찬가지로 적용했던 것인데 거기서도 문제점들이 지적되었다. 중대명백설은 행정처분에 대한 하자(흠)의 구별기준이론인데 이를 법률의 위헌결정의 기속력이 무시되는지 여부를 가리는 법원재판의 헌법소원대상성 문제에 그대로 대입하는 것은 법률판단 차원의 문제를 행정처분 차원의 문제로 끌어내리는 결과를 야기한다(이런 비판적 검토는 앞의 위헌법률심판에서 행하였다. 전술, 재판전제성, 행정재판에서의 재판전제성 등 부분 참조).

3. * 주목 : 주문(主文) 문언의 변경과 고착경향 - 한정위헌주문에서 단순 기각 주문으로

(1) 변화 모습

1) '… 기본권을 침해한 재판을 포함하는 부분 이외'는 합헌이라는 주문

1999.10.21.에 "헌법재판소법 제68조 제1항은 그 본문의 '법원의 재판'에 헌법재판소가 위헌으로 결정한 법령을 적용함으로써 국민의 기본권을 침해한 재판을 포함하는 부분 이외에는 헌법에 위반되지 아니한다"라는 주문(主文)의 결정을 하였다(헌재 1999.10.21. 96헌마61등). 이 결정이 수록된 헌법재판소판례집 제11권 2집 831면은 "제68조 제1항 중 '법원의 재판'에 헌법재판소가 위헌으로 결정한 법령을 적용함으로써 국민의 기본권을 침해한 재판을 포함하는 부분 이외"를 '단순합헌으로 결정된 법령조항'에 포함시키고 있었다. 차라리 일부위헌이나 일부합헌으로 분류했다면 그래도 이해가 그나마 될 터인데 하여튼 한정위헌결정을 자제하려는 모습이 보인다.

2) 다시 한정위헌선언으로

헌재는 2016년에 들어서 아래와 같이 이전의 한정위헌 문구의 주문을 담은 결정을 하기도 하였다.

판례 헌재 2016.4.28. 2016헌마33

[주문] 1. 헌법재판소법(2011.4.5. 법률 제10546호로 개정된 것) 제68조 제1항 본문 중 "법원의 재판을 제외하고는" 부분은, 헌법재판소가 위헌으로 결정한 법령을 적용함으로써 국민의 기본권을 침해한 재판이 포함되는 것으로 해석하는 한 헌법에 위반된다.

3) 다시 기각결정 문언으로

그러나 한달 사이 다시 기각결정 문언의 주문을 보였다.

판례 헌재 2016.5.26. 2015헌마940

[주문] 1. 헌법재판소법(2011.4.5. 법률 제10546호로 개정된 것) 제68조 제1항 본문 중 "법원의 재판을 제외하고는" 부분에 대한 심판청구를 기각한다. [판시] 헌법재판소는 이 사건 법률조항에 대하여, '법원의 재판'에 헌법재판소가 위헌으로 결정한 법령을 적용함으로써 국민의 기본권을 침해한 재판이 포함되는 것으로 해석하는 한 헌법에 위반된다는 한정위헌결정(헌재 2016.4.28. 2016헌마33)을 선고함으로써, 그 위헌 부분을 제거하는 한편 그 나머지 부분이 합헌임을 밝힌 바 있다. 따라서 이 사건 법률조항은 위헌 부분이 제거된 나머지 부분으로 이미 그 내용이 축소된 것이고, 이에 관하여는 이를 합헌이라고 판단한 위 선례와 달리 판단하여야 할 아무런 사정변경이나 필요성이 인정되지 아니하므로, 이 사건 법률조항이 청구인의 재판청구권 등 기본권을 침해하여 위헌이라고 볼 수 없다.

* 이후 같은 주문의 결정들 : 아래 소개된 동일 주문의 결정례들 참조.

(2) 헌재법 제68조 제1항 재판소원금지에 대한 헌재의 굳은 판시

헌재는 이유 부분에서는 예외인정 2요소(헌재가 위헌으로 결정한 법령을 적용함으로써…)를 언급하면서 주문에서는 간단히 "헌법재판소법 제68조 제1항 본문 중 '법원의 재판을 제외하고는' 부분에 대한 심판청구를 기각한다"라는 문언의 주문을 헌재 2016.5.26. 2015헌마940 결정 이후 이제는 굳은 공식처럼 되뇌이고 있다. 지금도 그러함을 보기 예로 아래에 하나의 2019년 결정례를 인용한다.

판례 헌재 2019.2.28. 2018헌마336

[주문] 헌법재판소법(2011.4.5. 법률 제10546호로 개정된 것) 제68조 제1항 본문 중 '법원의 재판을 제외하고는' 부분에 대한 심판청구를 기각한다. [판시] 가. 이 사건 헌재법 조항 – 헌법재판소는 2016.4.28. 2016헌마33 사건에서 이 사건 헌재법 조항에 대하여, '법원의 재판'에 헌법재판소가 위헌으로 결정한 법령을 적용함으로써 국민의 기본권을 침해한 재판이 포함되는 것으로 해석하는 한 헌법에 위반된다는 한정위헌결정을 선고함으로써, 그 위헌 부분을 제거하는 한편 그 나머지 부분이 합헌임을 밝힌 바 있다. 따라서 이 사건 헌재법 조항은 위헌 부분이 제거된 나머지 부분으로 이미 그 내용이 축소된 것이고, 이에 관하여는 이를 합헌이라고 판단한 위 선례와 달리 판단하여야 할 사정변경이나 필요성이 인정되지 아니하므로(헌재 2018.8.30. 2015헌마861등 참조), 이 사건 헌재법 조항이 청구인들의 기본권을 침해하여 헌법에 위반된다고 볼 수 없다. … 다. 이 사건 대법원 판결 – 이 사건 헌재법 조항에 따라 법원의 재판을 대상으로 하는 헌법소원심판청구는 원칙적으로 허용되지 않는다. 다만 헌법재판소가 위헌으로 결정한 법령을 적용함으로써 국민의 기본권을 침해한 재판에 대하여만 헌법재판소법 제68조 제1항에 의한 헌법소원심판을 청구할 수 있다(헌재 2016.4.28. 2016헌마33). 그런데 이 사건 대법원 판결은 헌법재판소가 위헌으로 결정한 법령을 적용한 재판이 아니어서 예외적으로 헌법소원심판의 대상이 되는 법원의 재판에 해당하지 아니하므로, 그 취소를 구하는 헌법소원심판청구도 허용될 수 없다. 따라서 이 부분 심판청구도 부적법하다. * 동일 주문의 결정례들 : 헌재 2018.8.30. 2015헌마861; 2018.8.30. 2015헌마784; 2018.8.30. 2017헌마889; 2018.11.29. 2016헌마875; 2018.12.27. 2018헌마291; 2019.2.28. 2016헌마56; 2019.2.28. 2018헌마336; 2019.2.28. 2017헌마1065; 2019.6.28. 2018헌마1093; 2019.7.25. 2018헌마139; 2019.7.25. 2018헌마827; 2020.11.26. 2014헌마1175 등.

4. 헌재의 위헌결정이 있기 전에 선고된 대법원판결에 대한 헌법소원 대상성 문제

(1) 부인한 결정례

아래의 결정례는 헌법재판소의 위헌결정이 있기 전에 선고된 대법원판결에 대해서는 위에서 본 법원재판에 대한 헌법소원의 예외적 인정의 법리가 적용되지 않음을 분명히하고 있다. 예를 들어 1999년 7월 8일에 대법원판결이 선고되었고 그 판결에서 적용된 법률규정이 1999년 12월 23일에 헌법재판소에 의해 위헌으로 결정된 경우에 1999년 7월 8일의 대법원판결은 헌법소원의 대상이 될 수 없다는 것이다.

판례 헌재 1998.4.30. 92헌마239, 각하결정

[사건개요] 청구인들이 받은 부과처분의 근거는 구 소득세법 제23조 제4항 단서, 제45조 제1항 제1호 단서(각 1990.12.31. 법률 제4281호로 개정되기 전의 것)의 위임규정에 따른 동법 시행령(1989.8.1. 대통령령 제12767호로 개정되기 전의 것) 제170조 제4항 제1호 "국가, 지방자치단체 기타 법인과의 거래에 있어서 실지거래가액이 확인된 경우 이를 기준으로 양도차액을 산정한다"는 규정이었다. 청구인들은 위 소득세법 시행령의 규정은 위임입법의 한계를 벗어난 것으로서 무효이므로 위 부과처분 중 기준시가에 의하여 산정될 양도차액의 초과분은 위법하다는 취지로 B고등법원에 조세부과처분의 취소를 구하는 행정소송을 제기하였으나 기각되었고 대법원에 상고하였으나 1992.9.22. 기각되었다. 청구인들은 1992.10.10. 위 대법원판결과 '법원의 재판'을 헌법소원심판의 대상에서 제외하고 있는 헌법재판소법 제68조 제1항 본문으로 인하여 헌법상 보장된 평등권, 적정한 재판을 받을 권리를 침해받았다고 주장하면서, 위 대법원 판결과 위 법률조항의 위헌확인을 구하는 헌법소원심판을 청구하였고 그 뒤 1996.1.22. 조세부과처분의 위헌확인 청구를 추가하였다. [청구인의 주장요지] … 헌법재판소는 이 사건 대법원 판결이 선고된 이후인 1995.11.30. 94헌바40등 사건에서 구 소득세법 제23조 제4항 단서, 제45조 제1항 제1호 단서는 실지거래가액에 의할 경우를 그 실지거래가액에 의한 세액이 그 본문의 기준시가에 의한 세액을 초과하는 경우까지를 포함하여 대통령령에 위임한 것으로 해석하는 한 헌법에 위반된다고 한정위헌결정을 하였고(헌재 1995.11.30. 94헌바40), 이 결정에 따라 청구인들에 대한 부과처분의 근거가 된 위 시행령 규정은 무효가 되었으므로 위 시행령 규정을 적용한 대법원판결은 헌법에 위반된다. [결정요지] 원칙적으로 '법원의 재판' 자체는 헌법소원심판의 대상이 되지 아니하고 다만 헌법재판소가 위헌으로 결정한 법령을 적용함으로써 국민의 기본권을 침해한 재판에 대하여만 헌법소원심판을 청구할 수 있는 것이다(헌재 1997.12.24. 96헌마172등). 그런데 이 사건 대법원판결은 헌법재판소가 구 소득세법 제23조 제4항 단서, 제45조 제1항 제1호 단서에 대하여 한정위헌결정을 하기 이전인 1992.9.22. 선고한 것임이 분명하므로 헌법재판소가 위헌으로 결정한 법령을 적용하여 국민의 기본권을 침해한 재판에 해당한다고 볼 수 없다. 따라서 이 사건 대법원판결에 대한 헌법소원심판청구는 헌법소원심판의 대상이 될 수 없는 법원의 재판에 대한 것으로서 부적법하다.[1)]

---

1) <이영모 재판관의 반대의견> 다수의견이, 청구인들의 심판청구 중 조세부과처분 자체에 대한 위헌확인 청구는 부적법하므로 이를 각하하여야 한다는 점에는 이론(異論 다른 의견)이 없다. 그러나 헌법재판소법(이하 '법'이라 한다) 제68조 제1항과 대법원 판결의 위헌확인 청구에 관하여는 다수의견과 뜻을 같이하지 아니한다. 다수의견의 요지는, 96헌마172 등 결정에서 밝힌 예외적인 경우에 해당되지 않는 한 법원의 재판은 헌법소원 심판 대상으로 삼지 않는다는 데 있다. 법 제41조 제1항, 법 제68조 제2항은 구체적 분쟁의 해결이라는 재판의 속성상 법원은 위헌여부심판 제청 과정에서 그 재판의 전제가 되는 법률이 헌법에 위반되지 아니한다라는 판단을 할 수 있는 이른바 법률에 대한 합헌적인 해석권만을 갖고 있다는 것을 분명히 하였다. 그러나 법원이 당사자의

(2) 위헌결정 전 법원판결도 대상이 된다는 판례표명의 불발

헌재는 최종 평결결과 "법원의 판단이 헌법재판소 위헌결정의 효력에 반하는 한, 헌법재판소의 위헌결정이 법원의 판결 이전에 선고되는가 아니면 이후에 선고되는가 하는 우연적 요소에 의하여 헌법소원의 대상이 되는 재판의 범위가 달라질 수는 없는 것이다"라는 의견을 재

위헌 주장을 배척하는 합헌해석은 법률이 헌법에 위반되는지 여부를 최종적으로 심사할 권한이 있는 헌법재판소의 결정에 의하여 뒷받침될 때에만 유효한 일종의 조건부 판단이다. 법원은 재판을 함에 있어서 사실인정 및 평가, 관계 법률의 해석과 개별사례에서의 적용에 관하여는 독립하여 스스로 판단할 수 있다(헌재 1992.6.26. 90헌마73, 판례집 4, 429, 433면). 그런데 재판의 전제가 되는 위헌인 법률을 헌법재판소에 직권으로 제청하지 아니하고, 당사자 또한 위헌주장만 할 뿐 제청신청을 하지 않았다고 하여 그 법률을 합헌이라고 스스로 판단한 다음 이를 적용하여 재판하는 경우가 생기게 된다. 이것은 법원에 합헌적인 해석권을 준 필연적인 결과이기도 하다. 그러나 헌법은 위헌인 법률을 합헌으로 판단할 수 있는 권한을 부여한 바 없기 때문에 그러한 법원의 재판은 위법한 재판이라고 할 수밖에 없다. 이와 같은 위법한 재판에 해당하는 경우가 바로 청구인들의 이 심판청구 사건이다. 나는, 법 제68조 제1항에 의한 이 청구를 다수의견처럼 그냥 각하할 것이 아니라 반드시 본안판단을 하여 재판의 전제가 되는 법률에 대한 위헌여부를 판단하고 법원의 재판 또한 헌법소원심판대상으로 삼아야 된다고 생각한다. 그 이유는, 첫째, 이 사건의 경우 청구인들은 재판의 전제가 되는 법률이 위헌이라고 주장하였음에도 불구하고 헌법적인 의무를 지고 있는 법원은 위헌여부를 헌법재판소에 제청하지 아니한 채 합헌으로 해석하여 패소판결을 하였다. 이 심판청구를 법 제68조 제2항의 소원사건이 아니므로 본안판단을 하지 않고 눈을 감는 다수의견의 견해는, 청구인들이 입게 되는 재산권 침해의 불이익은 오로지 청구인들 자신의 귀책사유라고 판단하는 셈이 된다. 그리고 결과적으로 위헌인 법률을 합헌으로 해석한 법원의 위법한 판결로 인한 재산권 침해를 구제하지 아니하였다는 비난도 받게 된다. 둘째, 법 제68조 제1항 본문에서 법원의 재판을 제외한다는 것은 위헌인 법률을 합헌으로 해석한 법원의 재판을 헌법재판소의 위헌법률심판과 헌법소원심판대상에서 제외하는 방패막이로 사용하도록 규정한 것은 아니다. 위헌인 법률을 합헌으로 해석·적용한 법원의 재판이 아무런 견제도 받지 않는다면 헌법재판소가 지향하는 헌법질서의 수호·유지와 기본권보장수단인 헌법소원은 허울좋은 구두선(口頭禪)에 그치게 된다. 셋째, 위헌인 법률을 합헌으로 해석한 법원의 재판은 그 법률을 합헌·유효한 것으로 믿는 법원 기타 국가기관 및 지방자치단체로 하여금 그 법률을 거리낌 없이 적용하게 함으로써 기본권 침해행위 또한 끊임없이 반복되는 것이다. 헌법재판소는 헌법에 위반되는 법원의 법률해석과 위법한 재판을 방치하기보다는 잘못을 바로잡는 것이 헌법상의 기본권보장 이념에도 걸맞게 된다. 기본권 보장이라는 같은 측면에서 보면 헌법소원심판청구를 제한하는 법 제68조 제1항 본문의 법원의 재판을 '제외'하는 규정도 문면에 나타난 그대로 해석하기보다는 될 수 있는 대로 아주 좁게 해석하여야 할 것으로 생각한다. 따라서 법원의 재판을 '제외'한다는 것은 위헌인 법률을 합헌으로 해석하여 국민의 기본권을 침해하는 법원의 위법한 재판은 헌법소원 심판대상으로 삼고, 그 밖에 법원의 모든 재판은 심판대상에서 제외한다는 해석이 올바른 것이다. 위헌인 법률을 합헌으로 해석한 법원의 재판에 대하여는 그 법률의 위헌여부와 공권력인 법원의 재판을 헌법소원 심판대상으로 허용하는 것은 견제와 균형을 본질로 하는 권력분립의 원리에도 들어맞는다. 이와 같은 해석만이 위에서 본 헌법의 본질과 헌법재판소를 따로 만든 근본 뜻에 어긋나지 아니하고, 뿐만 아니라 헌법이 우리재판소에 맡겨준 권한을 헌법의 규정과 이념에 들어맞게끔 합리적이고도 적정하게 행사하여 그 책무를 제대로 다하는 길이라고 믿는다. 그러므로 나는, 청구인들의 법 제68조 제1항과 대법원 판결에 대한 각 위헌확인 청구에 대하여는 "1) 헌법재판소법 제68조 제1항 본문의 '법원의 재판'에 위헌인 법률을 적용함으로써 국민의 기본권을 침해한 재판도 포함되는 것으로 해석하는 한도 내에서, 헌법재판소법 제68조 제1항은 헌법에 위반된다. 2) 대법원 1992.9.22. 92누4925 판결은 청구인들의 재산권을 침해한 것이므로 위헌임을 확인한다"라는 결정을 선고하여야 할 것으로 본다(* 이영모 재판관의 반대의견은 헌재가 위헌으로 결정한 법령을 적용한 법원재판인 경우보다 더 넓게 "위헌인 법률을 합헌으로 해석한 법원의 재판"까지도 포함하여 재판소원을 인정하자는 것으로 이해된다 – 저자 註). * 법정다수의견과 동지의 결정례 : 헌재 1998.7.16. 95헌마77, 양도소득세 및 방위세 부과처분 취소 등, 헌재판례집 10-2, 267면([결정요지] : 대법원의 위 판결은 1995.1.24.에 선고되었고 청구인들이 주장하는 헌법재판소의 94헌바40 등 결정은 1995.11.30.에 선고되었던 것으로 헌법재판소의 위 결정은 장래효(將來效, 헌법재판소법 제47조 제2항 참조)만이 있을 뿐이므로 대법원이 위 법을 적용하였다 하더라도 그것이 헌법재판소가 위헌으로 결정한 법령을 적용함으로써 국민의 기본권을 침해한 경우에 해당한다고 볼 수도 없고, 따라서 대법원의 위 판결은 헌법재판소법 제68조 제1항에 의한 헌법소원심판의 대상이 되지 아니한다).

판관전원의 일치된 의견으로 밝힌 바 있다. 이 의견에 따르면 위헌결정이 있기 전에 선고된 법원판결도 헌법소원대상이 된다는 것이다. 결국 이 의견은 위헌결정의 시기와 상관없이 기속력이 인정되어야 한다는 입장이다. 그러나 이 결정은 청구인이 청구를 취하하여 헌재가 심판절차종료결정을 함으로써 헌재의 공식적인 입장이 되지는 못하였고 헌재의 간접적인 입장 표명이 나타난 것으로 볼 것이다. 최종 평결에서의 이러한 의견이 있었다는 사실은 2인 반대의견, 즉 심판절차종료가 아니라 본안결정으로 나아가야 한다는 2인 재판관의 반대의견에서 서술되어 알 수 있다.

그런데 이 사안에서는 헌재가 위헌결정을 하기 전 내린 그 결정이 직접 심판대상이 된 것이 아니다. 헌재도 이 결정에서 "이 사건 대법원판결은 헌법재판소가 한정위헌결정을 선고한 국가배상법 제2조 제1항 단서가 아니라 법 제75조 제7항을 적용한 것이므로 "헌법재판소가 위헌으로 결정한 법령을 적용한 재판은 아니다"라고 한다. 그러나 헌재는 이어 "헌법재판소의 한정위헌결정에도 불구하고 한정위헌결정은 위헌결정이 아니라는 이유로 그 결정의 효력을 부인하여 청구인의 재심청구를 기각한 것이므로, 이는 국가배상법 제2조 제1항 단서에 대하여 내린 한정위헌결정의 기속력에 반하는 것일 뿐 아니라, 법률의 위헌여부에 대한 최종적 심사권을 헌법재판소에 부여한 헌법의 결단(헌법 제107조 및 제111조)에 정면으로 위배되는 것이다. 그러므로 이 사건 대법원판결은 헌재 96헌마172등 결정에서 판시한 바대로 예외적으로 헌법소원의 대상이 되는 재판에 해당됨이 분명하다"라고 한다. 결국 재심사건과 같은 경우에 그 재심대상 법원판결이 위헌결정 이전에 내려진 경우라도 재심청구를 기속력 부정을 이유로 기각하여서는 아니된다는 입장으로 정리된다. 즉 당해 결정에서 심판대상은 위헌결정 이전 법원판결은 아니고 재심청구를 기각한 법원결정이다. 그래서 앞으로 검토가 좀더 필요하고 위 헌재가 "헌법재판소의 위헌결정이 법원의 판결 이전에 선고되는가 아니면 이후에 선고되는가 하는 우연적 요소에 의하여 헌법소원의 대상이 되는 재판의 범위가 달라질 수는 없는 것"이라고 판시한 데 따라 위헌결정 이전 내려진 법원판결에 대한 헌법소원대상성 인정에 대해서는 좀더 판례를 기다려보아야 할 것이나 위헌결정 이전 법원판결에 대해 다투는 경우는 헌재법 재75조 제7항에 따르면 재심의 사건에서일 것이다.

판례 헌재 2003.4.24. 2001헌마386

[결정요지] 3. 판단 [법정의견] 가. 이 사건 헌법소원심판청구가 취하될 당시, 이 사건에 관한 헌법재판소의 최종 평결결과는 재판관 전원의 일치된 의견으로, 법 제75조 제7항에 대한 이 사건 심판청구에 관하여는 '법 제75조 제7항은 법 제68조 제2항의 헌법소원이 인용된 경우에 한정위헌결정이 포함되지 않는다고 해석하는 한도 내에서 헌법에 위반된다'는 한정위헌결정을 선언하고, 헌법재판소의 한정위헌결정의 효력을 부인하여 청구인의 재심청구를 기각한 이 사건 대법원판결을 취소하면서, 법 제68조 제1항 본문에 대한 심판청구는 각하한다는 것이었다. 헌법재판소가 어떠한 이유로 위와 같은 평결결과에 이르게 되었는가 하는 것에 관하여는, 아래 4.항의 반대의견 중 "다. 이 사건 심판대상의 위헌성을 인정하는

의견의 요지"에서 밝히고 있다. 나. 그런데 이 사건 헌법소원심판절차는 청구인과 승계참가인의 심판청구의 취하로 2003.2.11. 종료되었으므로, 이 사건 헌법소원심판절차가 이미 종료되었음을 명확하게 선언하기로 하여 주문과 같이 결정한다. 이 결정은 재판관 김영일, 재판관 송인준의 아래 4.항에 기재된 바와 같은 반대의견이 있는 외에는 나머지 재판관들의 의견일치에 따른 것이다. 4. [김영일, 송인준 재판관의 반대의견] 가. 헌법소원심판의 본질과 청구취하의 효력 – 따라서 심판청구가 주관적 권리구제의 차원을 넘어서 헌법질서의 수호·유지를 위하여 긴요한 사항으로서 그 해명이 헌법적으로 특히 중대한 의미를 지니고 있는 경우에는, 비록 헌법소원심판청구의 취하가 있는 경우라 하더라도 민사소송법 제266조의 준용은 헌법소원심판의 본질에 반하는 것으로서 배제된다고 할 것이므로, 위 취하로 말미암아 사건의 심판절차가 종료되는 것이 아니라 할 것이다. 나. 중대한 헌법적 문제에 관한 해명의 필요성 – 물론, 헌법재판소는 이미 1997.12.24. 96헌마172등 결정에서 '법원의 재판도 예외적으로 헌법소원의 대상이 될 수 있으며, 헌법재판소의 한정위헌결정은 위헌결정의 일종으로서 당연히 동일한 기속력을 가진다'고 밝힌 바 있으나, 이 사건 대법원판결에 의하여 한정위헌결정의 기속력이 부인되고 있으므로, 이를 다시 한 번 명백하게 확인해야 할 필요가 있는 것이다. 다. 이 사건 심판대상의 위헌성을 인정하는 의견의 요지는 다음과 같다. (1) 법 제75조 제7항의 위헌여부 – 법 제75조 제7항에 대한 한정위헌결정 : 법 제75조 제7항에서의 '인용된 경우'란 합헌적 법률해석의 결과로서의 한정위헌결정도 함께 포함하는 것이다. 그런데 법원이 '한정위헌결정은 기속력을 가지는 위헌결정이 아니므로, 헌법소원이 인용된 경우에 해당하지 아니한다'는 내용으로 법 제75조 제7항을 해석·적용하는 것은, 헌법과 법이 부여한 헌법재판소의 포괄적인 규범통제권한, 특히 법 제68조 제2항 및 제75조 제7항에 의하여 부여받은 규범통제권한에 명백하게 위배되는 것이다. 따라서 법원에 의한 법률적용에서 드러난 위헌적인 해석방법을 배제하면서 위 규정의 효력을 유지시키기 위하여, "법 제75조 제7항은 '법 제68조 제2항의 헌법소원이 인용된 경우'에 한정위헌결정이 포함되지 않는다고 해석하는 한, 헌법에 위반된다"는 한정위헌결정을 해야 한다. (2) 이 사건 대법원판결의 취소여부 (가) 이 사건 대법원판결이 헌법소원의 대상이 되는지의 여부 1) 헌법재판소가 헌재 1997.12.24. 96헌마172등 결정의 주문에서 예외적으로 헌법소원의 대상이 되는 재판의 범위를 "헌법재판소가 위헌으로 결정한 법령을 적용함으로써 국민의 기본권을 침해한 재판"이라고 표현하고 있기는 하나, 위 결정의 근본취지는 "헌법재판소의 기속력 있는 위헌결정에 반하여 국민의 기본권을 침해하는 법원의 재판에 대하여는 어떠한 경우이든 헌법재판소가 최종적으로 다시 심사함으로써 헌법의 최고규범성을 관철하고 자신의 손상된 헌법재판권을 회복해야 한다"는 것이다(헌재 1997.12.24. 96헌마172등). 따라서 위 결정이유의 핵심적 내용에 비추어 볼 때, 예외적으로 헌법소원의 대상이 되는 법원의 재판이란, 헌법의 최고규범성 및 헌법상 부여받은 헌법재판소의 규범통제권을 관철하기 위하여 부득이 취소되어야 하는 재판을 의미하며, 이러한 재판은 '헌법재판소가 위헌으로 결정한 법령을 적용한 재판'에 한정되는 것이 아니라, '헌법재판소 위헌결정의 기속력을 부인하는 모든 재판'을 포함하는 것이다. 법원의 판단이 헌법재판소 위헌결정의 효력에 반하는 한, 헌법재판소의 위헌결정이 법원의 판결 이전에 선고되는가 아니면 이후에 선고되는가 하는 우연적 요소에 의하여 헌법소원의 대상이 되는 재판의 범위가 달라질 수는 없는 것이다. 2) 이 사건 대법원판결은 헌법재판소가 한정위헌결정을 선고한 국가배상법 제2조 제1항 단서가 아니라 법 제75조 제7항을 적용한 것이므로 "헌법재판소가 위헌으로 결정한 법령을 적용한 재판"은 아니나, 헌법재판소의 한정위헌결정에도 불구하고 한정위헌결정은 위헌결정이 아니라는 이유로 그 결정의 효력을 부인하여 청구인의 재심청구를 기각한 것이므로, 이는 국가배상법 제2조 제1항 단서에 대하여 내린 한정위헌결정의 기속력에 반하는 것일 뿐 아니라, 법률의 위헌여부에 대한 최종적 심사권을 헌법재판소에 부여한 헌법의 결단(헌법 제107조 및 제111조)에 정면으로 위배되는 것이다. 그러므로 이 사건 대법원판결은 헌재 96헌마172 등 결정에서 판시한 바대로 예외적으로 헌법소원의 대상이 되는 재판에 해당됨이 분명하다. * 위 결정에 대한 자세한 것은 후술, 위헌소원에 의한 위헌결정시의 법원에 대한 재심의 소 부분 참조.

5. 헌법소원 비대상인 '법원의 재판'의 범위

(1) 넓은 개념

헌재는 헌재법 제68조 제1항이 헌법소원의 대상에서 제외하고 있는 법원의 재판의 범위를 넓게 보아 종국판결뿐 아니라 소송판결·중간판결 등과 소송절차의 파생적·부수적 사항에 관한 공권적 판단 모두 포함한다고 한다.

[주요판시사항]

▷ 헌법소원 비대상인 '법원의 재판'의 개념과 범위 : 종국판결뿐 아니라 소송판결·중간판결 등과 소송절차의 파생적·부수적 사항에 관한 공권적 판단 모두 포함

판례 헌재 1992.12.24. 90헌마158

[관련판시] 우리 헌법재판소법 제68조 제1항에서 "공권력의 행사 또는 불행사로 인하여 헌법상 보장된 기본권을 침해받은 자는 법원의 재판을 제외하고는 헌법재판소에 헌법소원심판을 청구할 수 있다"고 규정하고 있고, 여기에서 '법원의 재판'이라 함은 소송사건을 해결하기 위하여 법원이 행하는 종국적 판단의 표시인 종국판결과 같은 의미로 사용되기도 하나 소송법상으로는 법원이 행하는 공권적 법률판단 또는 의사의 표현을 지칭하는 것이며, 이러한 의미에서는 사건을 종국적으로 해결하기 위한 종국판결 외에 본안전 소송판결 및 중간판결이 모두 포함되는 것이고 기타 소송절차의 파생적·부수적인 사항에 대한 공권적 판단도 포함되는 것으로 일반적으로 보고 있다.

(2) 넓은 개념을 보여주는 대상성 부정 결정례

① **법원의 회사정리계획의 인가결정**

판례 헌재 1992.10.1. 91헌마112

[결정요지] 법원의 위 회사정리계획의 인가결정이 헌법상 보장된 청구인의 기본권을 침해하였다고 주장하는 이 사건 심판청구는 헌법소원대상에서 제외된 법원의 재판 자체를 대상으로 한 것이므로 더 나아가 살필 필요 없는 부적법한 청구라 할 것이다.

② **법원재판장의 소송지휘**(진행)**권행사** – 변론의 제한에 대한 헌법소원

판례 헌재 1992.6.26. 89헌마271

[결정요지] 청구인은 이 사건 헌법소원심판청구의 하나로서, 항소법원의 항소심 소송절차에서 재판장이 소송당사자인 청구인에게 변론할 기회도 제대로 주지 아니한 채 화해를 권하는 등 부당한 소송지휘권을 행사하였다고 주장하여 이를 대상으로 한 헌법소원심판을 청구하고 있다고 보여진다. 그러나 재판장의 소송지휘권의 행사에 관한 사항은, 그 자체가 재판장의 명령으로서 법원의 재판에 해당하거나, 또는 그것이 비록 재판의 형식이 아닌 사실행위로 행하여졌다고 하더라도 항소심의 종국판결이 선고된 이후에는 종국판결에 흡수·포함되어 그 불복방법은 위 항소심 판결에 대한 상고에 의하여만 가능하다 할 것이다. 따라서, 재판장의 변론지휘권의 부당한 행사를 그 대상으로 하는 헌법소원심판청구는, 결국(헌법재판소법 제68조 제1항 본문에 의해) 헌법소원심판청구의 대상에서 제외된 법원의 재판을 그 대상으로 하여 헌법소원심판을 청구한 경우에 해당하므로 부적법하다.

③ 영장 발부

판례 헌재 2018.8.30. 2016헌마344등

[판시] 이 사건 영장 발부에 대한 판단 – 위에서 본 바와 같이 '법원의 재판'은 헌법재판소가 위헌으로 결정한 법령을 적용함으로써 국민의 기본권을 침해한 재판에 해당하지 않는 한 헌법소원심판의 대상이 될 수 없다. 여기서 '법원의 재판'이란 사건을 종국적으로 해결하기 위한 종국판결 외에 본안전 소송판결 및 중간판결이 모두 포함되고, 기타 소송절차의 파생적·부수적인 사항에 대한 공권적 판단도 포함된다(헌재 1992.12.24. 90헌마158 참조). 그런데 이 사건 영장 발부는 검사의 청구에 따라 판사가 디엔에이감식시료채취의 필요성이 있다고 판단하여 이루어진 재판으로서, 헌법소원심판의 대상이 될 수 있는 예외적인 재판에 해당하지 아니함이 명백하다. 따라서 이 부분 심판청구는 부적법하다. * 영장 발부에 대한 청구는 위와 같이 각하되었으나 '디엔에이신원확인정보의 이용 및 보호에 관한 법률'(2010.1.25. 법률 제9944호로 제정된 것) 제8조의 '영장절차 조항'에 대해서는 과잉금지원칙을 위반하여 디엔에이감식시료를 채취당하였던 사람들(청구인들)의 재판청구권을 침해한다고 판단하여 헌법불합치결정을 내렸다.

④ **인터넷회선을 통하여 송·수신하는 전기통신의 감청**(이하 '인터넷회선 감청') – 이를 대상으로 하는 법원의 통신제한조치 허가는 소송절차 이외의 파생적 사항에 관한 법원의 공권적 법률판단으로서, 헌법재판소법 제68조 제1항에서 헌법소원의 대상에서 제외하고 있는 법원의 재판에 해당한다는 아래의 판시가 있다(이 결정은 이른바 '패킷감청' 사건에 대한 것으로 법원허가에 대한 청구는 법원허가가 법원재판이라 대상성이 없다고 하여 이처럼 각하되었으나 심판대상규정, 즉 통신비밀보호법(1993.12.27. 법률 제4650호로 제정된 것) 제5조 2항 중 '인터넷회선을 통하여 송·수신하는 전기통신'에 관한 부분은 헌법에 합치되지 아니한다는 헌법불합치결정이 있었다).

판례 헌재 2018.8.30. 2016헌마263

[판시] 이 사건 법원의 허가에 대한 판단 – 헌법재판소법 제68조 제1항 본문은 법원의 재판을 헌법소원심판 청구의 대상에서 제외하고 있다. 여기에서 "법원의 재판"은 법원이 행하는 공권적 법률판단 또는 의사의 표현을 지칭하는 것으로, 사건을 종국적으로 해결하기 위한 종국판결 외에 본안전 소송판결 및 중간판결, 기타 소송절차의 파생적·부수적인 사항에 대한 공권적 판단도 포함된다(헌재 1992.12.24. 90헌마158 등 참조). 이 사건 법원의 허가는 통신비밀보호법(이하 '법'이라 한다)에 근거한 소송절차 이외의 파생적 사항에 관한 법원의 공권적 법률판단으로서, 헌법재판소법 제68조 제1항에서 헌법소원의 대상에서 제외하고 있는 법원의 재판에 해당한다.

V. 원행정처분에 대한 헌법소원 대상성의 문제

1. 원행정처분의 개념과 논의의 소재

(1) 개념

원행정처분(原行政處分)이란 헌재에 헌법소원이 제기되기 전에 법원의 행정소송(경우에 따라서

는 행정심판위원회의 행정심판도 거친 뒤 행정소송)을 모두 거친 대상이 된 행정처분을 헌법소원을 제기하려는 관점에서 '원래'(原來)의 그 행정처분이라고 부르려는 관념에서 나온 용어이다.

(2) 논의의 소재

원행정처분이 헌법소원의 대상이 되는지 논란되는데 이 문제는 한편으로는 "다른 법률에 구제절차가 있는 경우에는 그 절차를 모두 거친 후에 청구할 수 있다"라는 헌법소원의 청구요건들 중 하나인 보충성원칙과, 다른 한편으로는 재판소원의 금지와 결부되어 있기도 하다. 기본권이 침해되었다고 주장하는 사람이 자신의 권리구제를 위해 먼저 법원의 행정소송을 제기하여 거기서 권리구제가 되면 더 이상 절차를 밟지 않을 것이나 구제되지 못하면 헌법소원으로 나아가려고 할 것인데 이 경우에 헌법소원의 대상은 둘을 상정할 수 있다. 먼저 그 권리구제를 해주지 않은 법원의 판결들을 대상으로 하는 것인데 이는 헌재법 제68조 제1항은 법원재판을 헌법소원대상에서 제외하고 있고 우리 헌재가 이 조항을 합헌이라고 보면 예외적 헌법소원대상성이 인정되는 법원재판이 아닌 한 헌법소원 청구가 불가능하다. 다음으로 보충성원칙을 거친 경우에 바로 그 원래의 행정처분을 대상으로 헌법소원을 청구하는 것이다. 사실 법원재판에 대한 헌법소원이 금지되고 있는 것이 원행정처분 헌법소원을 주장하는 동기를 부여하게 된 것이기도 하였다.

2. 대상성 여부를 둘러싼 학설대립과 헌재판례의 입장

학자들은 긍정하는 견해가 많으나 학설대립이 있다. 헌재는 원행정처분에 대한 헌법소원의 청구는 법원의 확정판결의 기판력에 어긋난다는 등의 이유로 부정한다. 다만, 예외를 인정한다. 이하 학설과 헌재판례의 입장을 살펴본다.

(1) 학설[1)]

1) 부정설

원행정처분에 대한 헌법소원대상성을 부정하는 견해들의 논거들을 살펴보면 대체적으로 다음과 같은 논거들로 정리될 수 있다.[2)]

첫째, 헌법 제107조 제2항은 "명령·규칙 또는 처분이 헌법이나 법률에 위반되는 여부가 재판의 전제가 된 경우에는 대법원은 이를 최종적으로 심사할 권한을 가진다"라고 규정하고

1) 이에 관한 소개로, 김철용·김문현·정재황, 헌법재판절차의 개선을 위한 입법론적 연구, 헌법재판연구, 제4권, 헌법재판소, 1993, 288－290면 참조.

2) 부정설 : 권영성, 한국의 헌법재판제도, 법학, 서울대학교, 제29권 3·4호, 1988, 45면; 김종빈, 헌법소원심판의 대상, 헌법재판자료, 제2집, 1989, 210면; 박일환, 재판에 대한 헌법소원심판, 인권과 정의, 1989. 11, 82면; 조규정, 행정작용에 대한 헌법소원심판, 헌법재판연구, 제1권, 1990, 467면; 정태호, 원처분의 헌법소원대상성에 관한 소고, 헌법논총, 제6집, 헌법재판소, 1995, 249면 이하; 곽태철, 법원의 재판을 거친 행정처분의 헌법소원 심판대상성, 헌법문제와 재판(상), 법관세미나, 사법연수원, 1996, 253면; 최완주, 원처분의 헌법소원 대상성에 관한 고찰, 헌법문제와 재판(상)(바로 위의 책), 277면 이하 등.

있으므로 행정처분에 대하여는 대법원의 재판이 최종적인 것이 되어야 하고 원행정처분에 대하여 헌법재판소가 다시 심사할 수 있게 한다면 이 헌법규정에 반한다. 이 점에서 우리 헌법은 '상대적 보충성원칙'이 아니라 처분 등에 대한 심사가 대법원재판 이후 더 이상 심판대상이 되지 않는 이른바 '절대적 보충성원칙'을 택하고 있다.

둘째, 법원도 기본권보장의 의무를 지고 그 기능을 수행하고 있으므로 원행정처분에 대한 헌법소원을 반드시 인정하여야 하는 것은 아니다. 비교법적으로 보더라도 이의 인정은 헌법정책적인 문제이고 헌법의 이념에서 당연히 요구되는 것은 아니다.

셋째, 원행정처분에 대한 헌법소원을 인정한다면 법원의 확정된 재판이 가지는 기판력을 침해하는 것이다.

넷째, 원행정처분에 대한 헌법소원을 인정할 경우 실질적으로 법원재판에 대한 헌법소원을 인정하는 결과를 가져오고 이는 법원재판에 대한 헌법소원을 금지하고 있는 헌법재판소법 제68조 제1항의 규정을 우회적으로 회피하는 것으로 그 입법목적, 취지에 위배된다.

다섯째, 원행정처분에 대하여 헌법재판소가 심사할 경우에 어떠한 재판절차에 의해야 할지 헌법에 규정이 전혀 없으므로 원행정처분에 대한 헌법소원을 인정하는 것은 사법권을 법원에 부여하고 있는 헌법 제101조, 행정처분에 대한 최종적 심사권을 대법원에 부여하고 있는 헌법 제107조 제2항 등에 위배된다.

2) 긍정설

원행정처분도 헌법소원의 대상이 된다는 긍정설들의 논거를 살펴보면 대체적으로 다음과 같은 논거들로 정리될 수 있다.[1)]

첫째, 모든 공권력은 헌법의 통제를 받아야 하는 것이고 원행정처분도 헌법소원심판의 대상인 공권력임에 분명하다.

둘째, 원행정처분은 법원의 행정재판을 거쳐 보충성의 원칙을 준수한 것이므로 헌법소원의 대상이 될 수 있다.

셋째, 헌법재판소법 제68조 제2항은 법원의 재판에 대한 헌법소원만 명시적으로 배제하고 원행정처분에 대한 헌법소원을 배제하지 않고 있으므로 법원의 재판에 대한 헌법소원이 금지되더라도 원행정처분에 대한 헌법소원은 가능하다.

넷째, 헌법 제107조 제2항은 행정처분의 위헌, 위법여부가 재판의 전제가 된 경우에 법원이 심사할 권한을 가진다는 의미이고 재판의 전제가 된 경우에 헌법재판소에 제청을 하지 않

1) 긍정설 : 이시윤, 헌법재판개관(하), 판례월보, 225호, 1989, 15면; 최광률, 헌법재판의 운영방향, 한국공법학회 제6회 월례발표회, 1990 발표문; 김학성, 헌법소원에 관한 연구, 서울대학교 법학박사학위논문, 1989, 224-229면; 이석연, 앞의 책, 41-42면; 김문현, 헌법해석에 있어 헌법재판소와 법원과의 관계, 금랑 김철수교수화갑기념론문집, 박영사, 1993, 101-104면; 황도수, 원처분에 대한 헌법소원심판, 헌법논총, 제6집, 헌법재판소, 1995, 191면; 신봉기, 원행정처분의 헌법소원심판 대상성, 고시연구, 1995. 6, 88-89면 등.

고 법원이 스스로 판단한다는 의미일 뿐이므로 헌법 제107조 제2항이 원행정처분에 대한 헌법소원을 배제하는 근거가 될 수 없다.

다섯째, 위헌적인 법률에 대한 제청 등이 이루어지지 않아 그 법률에 대한 심판의 기회가 없었던 경우를 시정하기 위하여 원행정처분에 대한 헌법소원을 인정해야 한다는 견해도 있다.[1)]

여섯째, 헌법재판소법 제75조 제3항 · 제4항 · 제5항은 행정처분에 대한 헌법소원을 예정하고 규정한 것이므로 원행정처분에 대한 헌법소원을 인정하지 않을 경우 이러한 헌법재판소법의 규정들의 취지가 없어지므로 이 규정들은 원행정처분에 대한 헌법소원의 대상성을 인정하는 근거가 된다.

일곱째, 원행정처분을 헌법소원으로 심사한다는 것은 법원의 재판에 대한 심사가 아니므로 사법(司法)에 대한 통제가 아니고 행정처분이라는 공권력작용에 대한 심사로 행정에 대한 통제이기 때문에 대상성을 인정하여야 한다.

(2) 헌법재판소 판례 - 원칙적 부인과 예외적 인정

헌재는 원행정처분이 헌법소원의 대상이 되는데 대한 명백한 입장을 표명하지 않고 있다가 1998년에 원행정처분에 대한 헌법소원의 대상성을 원칙적으로 부정하되 예외적으로 인정하는 입장을 아래의 판례에서 명백히 하고 있다. 사실 법원판결에 대한 헌법소원금지의 합헌성, 예외적 대상성을 인정한 헌재 1997.12.24. 96헌마172 · 173 결정에서 원행정처분을 취소하였으므로 그때부터 인정된 것이나 헌재의 판시가 뚜렷하지 않았다. 즉 "원래의 행정처분에 대하여 헌법소원심판을 청구하는 것이 원칙적으로 허용될 수 있는지의 여부에 관계없이, 이 사건의 경우와 같이 … 법원의 판결에 대한 헌법소원심판의 청구가 예외적으로 허용되어 그 재판이 헌법재판소법 제75조 제3항에 따라 취소되는 경우에는 원래의 행정처분에 대한 헌법소원심판의 청구도 이를 인용하는 것이 상당하다"라고 판시하였다. 그러다가 아래의 판결에서 그 인정 및 대상성요건을 명확히 하고 있는 것이다.

[주요판시사항]

▷ 원칙 : 원행정처분에 대한 헌법소원의 부인(否認)
 ※ 부인의 논거 :
 - 법원의 확정판결의 기판력
 - 대법원의 최종적 처분심사권을 규정한 헌법 제107조 제2항
 - 재판소원을 금지한 헌재법 제68조 제1항

▷ 예외 : 원행정처분에 대한 법원재판이 헌재가 위헌으로 결정한 법령을 적용하여 기본권을 침해함으로써 예외적으로 헌법소원의 대상으로 되어 그 재판이 취소되는 경우에는 원행정처분도 대상이 됨

판례 헌재 1998.5.28. 91헌마98, 93헌마253(병합), 양도소득세 등 부과처분에 대한 헌법소원

[주문] 청구인들의 이 사건 청구를 모두 각하한다. [사건개요와 심판대상] 대법원의 상고기각판결까지 모

1) 이시윤, 위의 논문, 같은 면.

두 받음으로써 법원의 재판절차를 모두 마친 원행정처분(原行政處分 조세부과처분)을 대상으로 헌법소원심판을 청구하였음. [결정요지] 이 사건의 쟁점은, 행정처분이 헌법에 위반된다는 등의 이유로 그 취소를 구하는 행정소송을 제기하였으나 그 청구가 받아들여지지 아니하는 판결이 확정되어 법원의 소송절차에 의하여서는 더 이상 이를 다툴 수 없게 된 경우에, 당해 행정처분(이하 '원행정처분'이라고 한다) 자체의 위헌성 또는 그 근거법규의 위헌성을 주장하면서 그 취소를 구하는 헌법소원심판을 청구하는 것이 가능한지 여부이다. 그런데 우리 재판소는 96헌마172·173(병합) 사건에 관하여 1997.12.24. 선고한 결정(판례집 9-2, 842면)에서, 헌법재판소가 위헌으로 결정한 법령을 적용함으로써 국민의 기본권을 침해한 법원의 재판은 예외적으로 헌법소원심판의 대상이 될 수 있음을 선언하면서, 그와 같은 법원의 재판을 취소함과 아울러, 그 재판의 대상이 되었던 원행정처분에 대한 헌법소원 심판청구까지 받아들여 이를 취소한 바 있다. 그러나 위 결정에서 보는 바와 같이 원행정처분에 대한 헌법소원심판청구를 받아들여 이를 취소하는 것은, 원행정처분을 심판의 대상으로 삼았던 법원의 재판이 예외적으로 헌법소원심판의 대상이 되어 그 재판 자체까지 취소되는 경우에 한하여, 국민의 기본권을 신속하고 효율적으로 구제하기 위하여 가능한 것이고, 이와는 달리 법원의 재판이 취소되지 아니하는 경우에는 확정판결의 기판력으로 인하여 원행정처분은 헌법소원심판의 대상이 되지 아니한다고 할 것이다. 원행정처분에 대하여 법원에 행정소송을 제기하여 패소판결을 받고 그 판결이 확정된 경우에는 당사자는 그 판결의 기판력에 의한 기속을 받게 되므로, 별도의 절차에 의하여 위 판결의 기판력이 제거되지 아니하는 한, 행정처분의 위법성을 주장하는 것은 확정판결의 기판력에 어긋나기 때문이다. 따라서 법원의 재판이 위 96헌마172 등 사건과 같은 예외적인 경우에 해당하여 그 역시 동시에 취소되는 것을 전제로 하지 아니하는 한, 원행정처분의 취소 등을 구하는 헌법소원심판청구는 허용되지 아니한다고 할 것이다. 뿐만 아니라 원행정처분에 대한 헌법소원심판청구를 허용하는 것은, "명령·규칙 또는 처분이 헌법이나 법률에 위반되는 여부가 재판의 전제가 된 경우에는 대법원은 이를 최종적으로 심사할 권한을 가진다"고 규정한 헌법 제107조 제2항이나, 원칙적으로 헌법소원심판의 대상에서 법원의 재판을 제외하고 있는 헌법재판소법 제68조 제1항의 취지에도 어긋나는 것이다. 따라서 청구인들이 앞에서 본 바와 같은 원행정처분의 취소를 구하고 있을 뿐, 법원의 재판에 대하여는 헌법소원심판청구를 제기하고 있지 아니함이 명백하고, 달리 법원의 재판이 취소되었다는 사정도 보이지 아니하는 이 사건에 있어서, 원행정처분의 취소를 구하는 이 사건 헌법소원심판청구는 더 나아가 살펴볼 필요도 없이 부적법하므로 이를 각하하기로 한다.

* 위 결정 이후 원행정처분의 헌법소원대상성이 부인되어 각하결정이 있었던 예 : 헌재 1998.6.25. 95헌바24, 부가가치세법 제36조 등 위헌소원; 1998.6.25. 91헌마174, 종합소득세부과처분에 대한 헌법소원; 1998.7.16. 95헌마77, 양도소득세 및 방위세 부과처분 취소 등; 1999.1.28. 98헌마16, 상이등급구분신체검사 등 외판정처분취소; 1999.5.27. 98헌마357, 변호사징계처분취소; 1999.4.29. 96헌마424, 택지소유상한에 관한 법률 제2조 등 위헌확인, 택지소유상한에 관한 법률 제2조 제1호 등 위헌확인; 1999.9.16. 97헌마160, 구 소득세법 제60조 위헌확인 등; 1999.9.16. 98헌마265, 재판취소 등; 1999.10.21. 96헌마61, 97헌마154·171, 양도소득세부과처분취소 등·헌법재판소법 제68조 제1항 위헌확인 등; 1999.12.23. 98헌마14, 올림픽주경기장 사용료부과처분 취소; 2000.6.1. 99헌마451, 상속세부과처분 등 취소; 2001.2.22. 99헌마409, 양도소득세등부과처분취소[1]; 2001.6.28. 98헌마485, 상속세법시행령부칙 제2항 위헌확인 등;

1) 이 결정에서는 원행정처분에 대한 대상성을 인정하는 다음과 같은 하경철 재판관의 반대의견이 있었다. <하경철 재판관의 반대의견> 헌법재판소가 가진 헌법재판권은 헌법 제101조 제항의 사법권에 해당하지 않으며 법원과는 별도로 헌법재판소가 어떠한 행정처분에 관하여 위헌여부를 심사하는 것은 헌법재판소가 가진 원래의 권한에 속하는 것이다. 헌법 제107조 제2항은 처분의 위헌성이 재판의 전제가 되는 경우에 한하여 대법원에 최종심사권을 부여하고 있으므로, 처분의 위헌성이 어떠한 재판의 전제가 아니라 대상이 되는 경우에는 위 규정이 그대로 적용될 수 없다. 따라서 처분에 대하여 헌법소원심판의 대상성을 부정하는 것은 타당하지 않다. 헌법재판소법 제68조 제1항은 명문으로 법원의 재판만을 헌법소원의 심판대상에서 제외하고 있을 뿐 구제절차로서의 재판을 거쳐온 원행정처분까지를 제외하고 있지 않다. 원행정처분까지도 헌법소원심판의 대상에서 제외한다면

2002.5.30. 2001헌마781, 상고심절차에 관한 특례법 제2조 등 위헌확인 등.

원행정처분을 취소한 결정례가 그러한 결정으로서 최초의 결정이었던 96헌마172·173 결정 이후 그 예를 찾아볼 수 없다.

(3) 사견 - 부정설에 대한 비판적 검토와 근본적 검토 및 정리

1) 부정설에 대한 비판적 검토

우리는 부정설이 가지는 문제점의 지적과 더불어 다음의 논거로 긍정설이 타당하다고 본다.

i) **공권력행사성** 원행정처분도 하나의 공권력행사라는 점에서 이를 제외하는 것은 국가의 기본권보장의무를 저버리는 것이다.

ii) **보충성원칙의 무시화** 원행정처분에 대한 헌법소원을 부정한다면 보충성의 원칙이 무의미하게 될 뿐 아니라, 오히려 보충성의 원칙이 법원의 행정처분에 대한 배타적 심판대상을 형성케 하여 국민의 권리구제기회의 최종적 부여라는 헌법소원제도의 본지를 살리지 못하게 된다는 모순에 빠진다. 이는 국민에 대한 기만이기도 하다. 법원재판을 모두 거쳐 오면 헌법소원의 문을 열어주겠다고 하고는 이를 차단하는 결과를 가져오기 때문이다. 현재 행정쟁송절차가 그리 간편·신속하지 않은데도 불구하고 그것을 모두 거쳐 최종적으로 헌법소원에 기대하려는 국민에 대하여 그 기회를 박탈하는 것부터가 타당하지 않다. 부정설은 "처분이 헌법이나 법률에 위반되는 여부가 재판의 전제가 된 경우에는 대법원은 이를 최종적으로 심사할 권한을 가진다"라고 규정하고 있는 헌법 제107조 제2항을 들어 행정처분에 대하여는 대법원의 재판이 최종적인 것이 되어야 하고 원행정처분에 대하여 헌법재판소가 다시 심사할 수 있게 한다면 이 헌법규정에 반한다고 하면서 이 점에서 우리 헌법은 처분 등에 대한 심사가 대법원재판 이후 더 이상 심판대상이 되지 않는 이른바 '절대적 보충성원칙'을 택하고 있다고 한다. 그러나 바로 아래 보듯이 헌법 제107조 제2항을 내세운 논거는 타당하지 못하다는 점에서 '절대적 보충성원칙'의 근거가 될 수 없고 이를 인정할 수 없다. 보충성원칙은 헌법재판소법이라는 법률에 규정된 것인데 이 법률의 보충성원칙규정을 절대적인 것으로 보게 되면 법률로 헌법제도인 헌법소원제도와 헌법소원의 본질을 침해하는 것이다. 아무리 헌법 제111조 제1항 제5호가 '법률이 정하는 헌법소원이라고 규정하였더라도 제도의 본질과 그 헌법적 명령을 벗어나는 것을

헌법소원제도는 사실상 형해화되고 만다. 행정처분의 경우 그 구제절차로 전심절차와 대법원판결에 이르기까지의 행정소송절차를 거쳐야 한다. 당사자가 시간과 비용을 들여 대법원판결까지 받고 왔는데도 불구하고, 심판의 대상이 아니라고 각하한다면 결과적으로 동 조항은 국민을 기만하는 듯한 내용으로 귀결되고 만다. 법원재판의 기판력은 법원의 재판영역 내에서 법원과 관계당사자에 대하여 인정되는 것인데 반하여, 헌법소원재판의 기속력은 모든 국가기관에 대한 관계에서 인정되는 것이기 때문에 그 결정의 효력은 재판의 기판력보다 우월하다고 보아야 한다. 따라서 원행정처분은 그것을 대상으로 삼은 재판과는 별도로 헌법소원의 심판대상이 된다고 보아야 한다.

법률이 규정할 수는 없다.

iii) **헌법 제107조 제2항 논거론의 오류** 부정론과 헌재판례의 대표적인 논거 중의 하나가 원행정처분에 대한 헌법소원의 인정은 대법원이 최종적인 처분심사권을 가진다고 명시한 헌법 제107조 제2항에 위반된다는 것이다. 그러나 ① 헌법체계론적으로 국가권력조직·행사규범이 기본권규범에 우선할 수 없다. 국가권력행사규범의 하나인 헌법 제107조 제2항은 법원의 권한과 행사방법에 관한 규정이기에 이 조항이 헌법소원심판청구권이라는 국민의 기본권의 보장보다 우선할 수 없다. 따라서 헌법 제107조 제2항을 들어 재판에 대한 헌법소원이 안 된다고 주장하는 부정론은 타당하지 못하다. ② 근본적 오류 – 선결판단권을 규정한 헌법 제107조 제2항 – 사실 헌법 제107조 제2항을 논거로 하는 견해는 보다 근본적인 문제점을 가진다. 왜냐하면 제107조 제2항은 명령·규칙·처분의 위헌·위법여부가 '재판의 전제가 된 경우에는' 법원 자체가 스스로 먼저 그 여부를 심사할 수 있다고 하는 법원의 선결심사권을 규정한 것일 뿐이다. 즉 처분 그 자체가 소송의 대상이 되는 경우인 항고소송 등에 대해 규정한 것이 아니라 이른바 선결문제에 대한 법원의 심사권을 규정한 것이다. 예를 들어 수용처분이라는 행정처분으로 인해 소유권침해 여부가 문제되면 민사소송으로 다투고 이 민사소송에서 행정처분의 위헌·위법성 여부가 그 소유권침해 여부를 결정짓게 될 경우에 행정소송을 별도로 제기하여 그 행정처분의 위헌·위법 여부를 판단한 뒤 민사소송을 해결할 것이 아니라 그 민사소송 법원이 직접 판단할 수 있다는 헌법적 근거가 된다(이런 헌법해석은 어디까지나 헌법조문 자체의 명시된 문언에 바탕한 것이고 그동안 행정법에서 선결판단권 논의가 헌법적 차원에서 이루어지지 않은 점을 보여준다). 부정론이 이 헌법 제107조 제2항을 내세우며 그토록 주장해온 법원의 행정소송관할의 헌법적 근거는 일반적 사법권(司法權)을 법원에 부여한 규정인 헌법 제101조이다. 따라서 원행정처분 '자체'를 대상으로 하는 헌법소원이 금지되는 논거로 헌법 제107조 제2항을 내세우는 것은 타당하지 못하다.

iv) **재판소원 금지의 극복** ① 특히 법원의 재판이 헌법소원의 대상에서 제외되고 있는 현행 헌법재판소법 제68조 제1항에 대해서는 비판이 많은바 이를 극복하기 위해서라도 원행정처분에 대한 적극적 헌법소원심판이 이루어짐이 현재로서는 바람직하다고 볼 것이다. ② 부정론은 재판에 대한 헌법소원금지를 원행정처분에 대한 헌법소원을 통하여 우회적으로 무시하게 된다는 점을 들고 있으나, 우리는 재판에 대한 헌법소원금지가 위헌이라고 보기에 타당하지 않다고 본다.

v) **기판력 논거의 취약성** 위 헌재의 다수의견은 법원의 확정판결의 기판력을 이유로 원행정처분이 헌법소원의 대상이 안 된다고도 보았는데 기판력도 깨어질 수 있고(재심제도를 생각하면 된다), 만약 원행정처분이 헌법소원 대상임을 인정하고 심판을 하여 인용결정이 나온다면 헌법재판소법 제75조에 따라 법원도 이에 기속되므로 기판력을 내세워 부정론의 논거로 삼는

것은 타당하다고 보기 힘들다.

2) 근본적 검토

헌재가 원행정처분에 대한 대상성을 인정하는 요건(사유)인 "원행정처분에 대한 법원재판이 헌재가 위헌으로 결정한 법령을 적용하여 기본권을 침해함으로써 예외적으로 헌법소원의 대상으로 되어 그 재판이 취소되는 경우"에서 '위헌으로 결정한' 법령을 적용하여 기본권을 침해한 것은 그 자체가 이미 본안사유로서 위헌사유이다. 헌재법 제75조 제3항은 "헌법재판소는 기본권 침해의 원인이 된 공권력의 행사를 취소하거나 그 불행사가 위헌임을 확인할 수 있다"라고 하여 위헌의 인용결정이라는 본안판단결과에 대해 헌재가 할 수 있는 조치, 즉 취소를 규정한 것이어서 어디까지나 본안결정에 관한 규정이다. 본안판단상 위헌이라 이를 취소해야 한다는 것은 그 헌법소원대상성은 당연히 인정하여야 함을 전제한다. 그렇게 보면 당연한 논리결과를 헌재는 지적하는 것에 불과하다. 위와 같은 검토의견은 법원재판에 대한 헌법소원대상성의 예외적 인정사유에 대한 것과 사실상 같은 취지이다.

3) 정리, 지적되어야 할 사항 등

원행정처분에 대한 헌법소원을 인정하더라도 다만, 다음과 같은 점들이 다시 정리되거나, 지적되어야 할 것으로 보인다.

첫째, 원행정처분에 대한 헌법소원을 통하여 법원재판에 대한 소원금지에 대한 대상(代償)효과를 가져오고자 하는 것도 어디까지나 행정재판에 국한된 것이고 민·형사(民·刑事)재판의 경우 법원재판에 대한 헌법소원이 금지되어 있어서 여전히 헌법소원의 최종적 권리구제기능이 미치지 못하게 된다. 민·형사사건과 관련성 있는 행정처분에 대해서는 효과가 있을 것이다.

둘째, 바로 이 점 때문에 원행정처분의 위법을 이유로 제기한 관련 민사소송이나 형사소송의 경우 원행정처분에 대한 헌법소원인용결정이 나더라도 법원이 이 인용결정을 따르지 않을 경우 행정쟁송을 거치고 헌법소원까지 거치는 장기간의 노력 끝에 나온 인용결정의 대가를 제대로 찾을 수 없는 경우가 생길 수 있을 것이다.

3. 원행정처분에 대한 헌법소원 대상성 심사과정과 양상

(1) 심사과정

헌재는 위 판례가 인정하는 예외사유인 "원행정처분에 관한 재판이 헌법재판소가 위헌으로 결정한 법령을 적용하여 국민의 기본권을 침해함으로써 예외적으로 헌법소원심판의 대상이 되어 그 재판 자체까지 취소되는 경우"에 해당하는지를 심사하므로 그것에 따른 과정의 심사를 한다. 즉 ① 원행정처분에 대한 법원의 재판에 대해 헌법소원심판을 청구한 바 있는지 여부, ② 있다면 그 법원재판이 예외적인 헌법소원대상이고 취소되는 경우인지 여부, 즉 "헌재가 위헌으로 결정한 법령을 적용하여 국민의 기본권을 침해함으로써 예외적으로 헌법소원심판의 대상이 되어 그 재판 자체까지 취소되는 경우"인지 여부를 따지는 과정을 가진다. 그동안 대상성이 부인되어 각하결정된 예들이 적지 않다.

(2) 그 양상

그 각하결정들의 양상을 보면, 위 과정 ①의 판단에서 부정적 답, 즉 원행정처분에 대해서만 헌법소원심판을 제기하고 법원재판에 대한 심판청구가 없는 경우에는, 헌재는 "처분의 취소를 구하고 있을 뿐, 처분에 관한 법원의 재판에 대하여는 헌법소원심판청구를 제기하고 있지 아니함이 명백하고, 달리 이 사건 처분에 관한 법원의 재판이 취소되었다는 사정도 보이지 아니하므로 원행정처분인 이 사건 처분의 취소를 구하는 헌법소원심판청구부분은 더 나아가 살펴볼 필요 없이 부적법하다"라고 판시하는 예들을 보여주었다.[1] 또는 "예외적 허용사유에 해당되지 아니하는 이 사건에 있어서 원행정처분의 취소를 구하는" 심판청구는 부적법하다고 판시하거나[2] 또는 "법원의 재판이 예외적으로 심판대상으로 되어 취소되는 것도 아닌 이 사건에서" 처분의 취소를 구하는 심판청구는 부적법하다고 판시한 예[3] 등이 있다.

또 위 과정 ②, 즉 원행정처분뿐 아니라 법원재판에 대해서도 심판대상으로 하여 헌법소원을 제기한 경우에 판단에서 헌재는 법원재판의 헌법소원대상성을 판단하고 대상이 안 된다고 한 뒤, 법원재판이 헌법소원심판의 대상이 될 수 없어 취소될 수 없으므로 원행정처분도 헌법소원의 대상이 될 수 없다고 판시한[4] 예들을 보여준다.

4. 법원의 재정신청 절차를 거친 불기소처분 헌법소원에서의 적용

(1) 판례

헌재는 검사의 불기소처분에 대하여 법원의 재정신청(裁定申請)절차를 거친 경우에 그 불기소처분을 대상으로 한 헌법소원에 위 원행정처분에 대한 헌법소원의 대상성 인정요건을 그대로 적용하고 있다. 불기소처분을 하나의 원행정처분과 같은 것으로 보는 것이다. 이 법리는 재정신청이 확대된 형사소송법 개정 이후에도 아래 결정에서 보는 대로 마찬가지로 적용된다.

판례 헌재 2011.10.25. 2010헌마243

[판시] 원행정처분에 대한 헌법소원심판청구를 받아들여 이를 취소하는 것은, 원행정처분을 심판의 대상으로 삼았던 법원의 재판이 예외적으로 헌법소원심판의 대상이 되어 그 재판 자체까지 취소되는 경우에 한하고, 법원의 재판이 취소되지 아니하는 경우에는 확정판결의 기판력으로 인하여 원행정처분 자체는 헌법소원심판의 대상이 되지 아니하며, 이와 같은 법리는 개정 형사소송법 시행 이후 검사의 불기소처분에 대하여 법원의 재정신청절차를 거친 경우에도 마찬가지로 적용되어야 한다(헌재 2008.7.29.

1) 이러한 취지의 판시가 있었던 각하결정례 : 헌재 1998.5.28. 91헌마98; 1998.6.25. 95헌바24; 1998.6.25. 91헌마174; 1999.12.23. 98헌마14 등.
2) 예를 들어 헌재 1998.11.26. 97헌마310 등.
3) 예를 들어 헌재 1999.4.29. 96헌마424 등.
4) 예를 들어 헌재 1999.10.21. 96헌마61등; 2000.6.1. 99헌마451; 2001.2.22. 99헌마605 등.

2008헌마487 등). 앞서 본 바와 같이, 청구인은 이 사건 불기소처분에 대하여 서울고등법원에 재정신청을 하였으나 기각되었고, 위 법원의 재판은 취소된 바 없으므로, 위 기각결정이 심판대상으로 삼았던 이 사건 불기소처분은 헌법소원심판의 대상이 될 수 없다. 따라서 이 사건 불기소처분에 대한 심판청구는 부적법하다. * 이전의 동지 결정례 : 헌재 1998.8.27. 97헌마79 등. 이후 동지 : 헌재 2013. 8. 29. 2011헌마613.

(2) 검토

재정신청을 거친 경우에는 재정신청에 대한 법원재판을 대상으로 하는 헌법소원은 법원재판에 대한 헌법소원의 금지로 물론 못하고, 해당 불기소처분 자체에 대해서도 원행정처분에 대한 헌법소원금지로 역시 할 수 없어서 결국 불기소처분에 대한 헌법소원의 심판을 받을 기회가 없다. 원행정처분에 대해 헌법소원 대상성을 부정하는 이러한 판례법리 자체에 대해 비판하는 우리의 입장에서도 설령 그 법리를 받아들인다고 하더라도 그래도 범죄라는 중대한 공격으로부터 신체의 자유 등 중요한 기본권을 침해당한 피해자는 최종적인 헌법적 보호장치가 있어야 한다고 보아 원행정처분에 대한 판례법리를 재정신청을 거친 불기소처분에 대해서도 똑같이 적용하는 것은 기본권보장의 최후보루인 헌법소원의 기능을 충분히 다하는 것이 아니라고 본다. 불기소 헌법소원이 기소독점주의의 폐해를 없애고자 나온 것이라는 초심을 잃지 말아야 한다.

Ⅵ. 일반법규 해석·적용의 문제, 법원재판의 기초적 사실관계 인정·평가 또는 개별적·구체적 사건에서의 법률조항의 단순한 포섭·적용에 관한 문제

1. 판례입장

아래의 결정에서 보듯이 헌재는 일반법규의 해석·적용의 문제, 당해 사건 재판의 기초가 되는 사실관계의 인정이나 평가 또는 개별적·구체적 사건에서의 법률조항의 단순한 포섭·적용에 관한 문제는 헌법재판소의 심판대상이 아니라고 본다. 이는 헌법재판소로서는 헌법적 문제에 대해 판단하는 권한을 가진다고 보아야 하기 때문인 것으로 이해된다. 그러나 일반법규의 해석·적용의 문제인지 아니면 헌법적 문제가 내포된 문제인지의 구분이 항상 명확하게 이루어질 것으로 보기는 쉽지 않을 것이다.[1] 또 이는 법원이 판단할 구체적 사실관계, 법적용에 관여하는 것은 헌재법 제68조 제1항이 금지하는 재판에 대한 소원의 결과를 가져오기 때문인 것으로 보이기도 한다.

---

1) 이러한 문제점에 대한 지적으로, 졸고, 헌법재판소의 권한과 일반소송(한국공법학회 한·독 국제학술대회 발표, 1995.11.11), 공법연구(한국공법학회), 제24집 제1호, 1996. 6, 167면 이하 참조.

판례 헌재 1998.7.16. 97헌바23

[관련판시] 어떠한 범죄의 구성요건이 보호법익에 대한 현실적 침해를 필요로 하는 침해범이냐 그렇지 아니하면 법익침해의 구체적 또는 일반적 위험만을 필요로 하는 위험범이냐 하는 문제는 그 법문의 문리적 의미, 보호법익, 입법목적 기타 관련 법조문과의 관계 등을 종합적으로 고려하여 그 의미와 내용을 밝히는 일반법규의 해석과 적용의 문제로서, 이는 원칙적으로 헌법재판소의 심판대상이라고 할 수 없다. * 동지 : 헌재 1993.10.27. 93헌마247; 1992.12.24. 90헌마98; 1992.11.12. 90헌마229 등.

판례 헌재 1995.2.15. 95헌마42

[결정요지] 먼저 직권으로 이 사건 심판청구의 적법 여부에 관하여 살펴본다. 헌법재판소법 제68조 제1항은 공권력의 행사 또는 불행사로 인하여 헌법상 보장된 기본권을 침해받은 자는 법원의 재판을 제외하고는 헌법재판소에 헌법소원심판을 청구할 수 있다고 규정하고 있다. 따라서 공권력행사인 행정처분에 대하여 구제절차로서 법원의 재판을 거친 경우, 그 처분의 기초가 된 사실관계의 인정과 평가 및 당해사건에 적용할 단순한 일반법규의 해석·적용의 문제는 원칙적으로 헌법재판소 심판사항이라고 할 수 없다(당 재판소 1992.6.26. 선고, 90헌마73 결정, 1992.10.1. 선고, 90헌마139 결정, 1993.9.27. 선고, 93헌마45 결정 각 참조). 그런데 이 사건의 심판의 대상은 일반법규인 위 서울특별시공유재산관리조례의 해석·적용의 문제이므로 이는 헌법소원의 심판대상이 될 수 없다. 따라서 이 사건 심판청구는 부적법하므로 각하하기로 결정한다.

판례 헌재 1992.11.12. 89헌마216

[판시] 청구인이 주장하는 이 사건 헌법소원심판의 대상은 그 실질에 있어서 피청구인의 위 이전허가취소처분의 기초가 되는 사실관계의 인정과 평가, 일반법규의 해석·적용의 점에 관한 법원의 판단에 잘못이 있다는 것으로서 이는 헌법소원심판사항이 될 수 없다 할 것이다. 나. 결론 – 그렇다면 청구인의 이 사건 헌법소원심판청구는 헌법소원심판청구의 대상이 될 수 없는 사항을 그 대상으로 한 부적법한 것이므로 이를 각하하기로 결정한다.

2. 한정위헌청구의 한계

한정위헌청구란 '… 라고 해석하는 한' 위헌이라는 결정을 청구하는 것이다. 헌재는 헌재법 제68조 제2항의 위헌소원심판의 청구의 하나로 한정위헌청구도 가능하나 그 한계를 설정하고 있다. 즉 한정위헌청구의 형식을 취하고 있으면서도 실제로는 당해 사건 재판의 기초가 되는 사실관계의 인정이나 평가 또는 개별적·구체적 사건에서의 법률조항의 단순한 포섭·적용에 관한 문제를 다투거나, 의미 있는 헌법문제를 주장하지 않으면서 법원의 법률해석이나 재판결과를 다투는 경우 등은 모두 현행의 규범통제제도에 어긋나는 것으로서 허용될 수 없다고 하여(위 헌재 2012.12.27. 2011헌바117) 한계를 설정하고 있다. 이러한 한계도 위 1.에서 서술된 헌재 입장과 맥락을 같이 하는 것이다.

* 한정위헌청구에 관한 자세한 것은 뒤의 헌재법 제68조 제2항 헌법소원(위헌소원)의 청구요건 부분 참조.

Ⅶ. 헌법재판소의 결정에 대한 헌법소원

헌법재판소의 결정에 대한 헌법소원의 문제는 헌법재판소의 결정이 가지는 효력의 문제이기도 하다. 헌법재판소 결정의 효력에 대해서는 앞서 살펴본 바 있다(전술, 제2장 제3절 참조).

1. 헌재결정에 대한 헌법소원의 부적법성과 그 이유

헌재결정에 대한 헌법소원이 부적법한 이유에 대해 헌재는 자신이 "이미 행한 결정에 대해서는 자기기속력 때문에 이를 취소·변경할 수 없다 할 것이며, 이는 법적 안정성을 위하여 불가피한 일이라 할 것"이라고 한다(헌재 제1지정재판부 1989.7.24. 고지, 89헌마141).

* 국선대리인 선임신청 기각결정 – 따라서 이 결정도 헌재결정을 대상으로 한 것이므로 청구가 허용될 수 없는 것이어서 부적법하다고 결정하였다(헌재 제2지정재판부 1989.7.10. 고지, 89헌마144).

2. 헌법소원심판청구 각하결정에 대한 헌법소원

헌재가 헌법소원청구요건을 결여하였다고 판단하여 각하한 결정 그 자체에 대하여 헌법소원으로 취소, 변경을 구할 수 없다((헌재 제2지정재판부 1990.5.21. 고지, 90헌마78). 다만, 청구요건의 흠결을 보완하여, 기본권을 침해하였다고 주장되는 원래의 그 공권력작용 자체를 대상으로 새로운 헌법소원심판의 청구를 하는 것은 가능하다고 할 것이다(헌재 1995.2.23. 94헌마105). 헌법소원의 청구기간이 경과된 경우와 같이 그 보완이 불가능한 경우에는 새로운 청구를 할 수 없을 것임은 물론이다.

Ⅷ. 헌법재판소의 권한범위 밖(소관 외)의 청구

헌재의 권한범위 밖(소관 외)의 사항에 대해 청구할 수는 없다. 이에 관한 다음과 같은 각하결정례를 볼 수 있었다.

① 법원의 형의 선고에 관한 조치를 요구하는 청구

판례 헌재 1997.9.25. 96헌마159

[심판대상] 국민고충처리위원회 등에 제기한 청구인의 진정 등으로 인하여 오히려 청구인에 대한 형사사건을 담당한 재판부의 오해를 사서 1심판결에서 과중한 형량을 선고받는 등 불이익을 받았는바, 사법부의 오해를 해소하고 항소심에서 올바른 형이 선고될 수 있도록 필요하고 적절한 조치를 구하는 심판청구 [관련판시] 법원에서 올바른 형을 선고할 수 있도록 필요하고 적절한 조치를 취하여 달라는 심판청구는 헌법재판소의 권한범위 밖의 청구로서 헌법소원의 대상이 되지 아니한다.

② 법률의 개폐를 구하는 헌법소원

판례 헌재 1992.6.26. 89헌마132

[관련판시] 이 부분 청구는 헌법재판소법 제75조 제7항을 "민사법원에서의 재심판결에 판단유탈의 위법판결을 한 사실이 있을 때는 그 재심소송을 헌법재판소가 하여야 한다"로 개정하는 심판과 동법 동조 제4항을 폐지하는 심판을 구하는 청구이다. 이러한 법률의 개폐는 입법기관의 소관사항이므로 헌법소원심판청구의 대상이 될 수 없다. 청구인이 주장하는 헌법상의 청원권이나 청원법 제4조 제 3 호에 의한 법률개폐의 청원도 동법 제7조에 규정한바, 그 청원사항을 주관하는 관서, 즉 입법부에 제출하는 것이지 입법기관이 아닌 헌법재판소에 헌법소원의 방법으로 청원할 수 있는 것도 아니다. 따라서 위 법률조문들을 개폐하는 심판을 구하는 헌법소원심판청구는 헌법소원심판청구의 대상이 될 수 없는 사항에 대한 헌법소원심판청구이어서 이 또한 부적법하다. * 동지 : 헌재 2001.7.19. 2000헌마703, 폐광지역개발지원에 관한 특별법 제11조 제1항 위헌확인.

Ⅸ. 검사의 헌법소원 비대상의 결정들

헌재가 검사(檢事)의 결정들 중에 헌법소원의 대상이 아니라고 보는 결정들은 아래와 같은 경우들이다.

① 수사기관의 진정사건에 대한 내사, 내사종결처리, 내사공람종결처분

판례 헌재 1990.12.26. 89헌마277

[관련판시] 진정(陳情)은 법률로 정한 형식이나 절차에 구애되지 아니하고 진정인이 국가기관 등에 대하여 어떤 요구사항이나 희망사항 또는 의견을 개진하는 것으로서, 이는 법률상 근거에 의해서 법률적인 권리행사로서 하는 신청이 아닌 것이다. 따라서 진정의 내용으로서 피진정인의 범죄혐의 유무를 밝혀달라는 취지가 포함되어 있다고 할지라도 이는 검찰 등 수사기관에 대하여 범죄혐의 유무의 조사 개시에 대한 사실상의 단서를 제공하는 데 그치는 것이다. 그런데 내사의 대상으로 되는 진정이라 하더라도 진정 그 자체가 법률의 규정에 의하여 법률상의 권리행사로서 인정되는 것은 아니고, 진정을 기초로 하여 수사소추기관의 적의 처리를 요망하는 의사표시에 지나지 아니한 것인 만큼, 진정에 기하여 이루어진 내사사건의 종결처리라는 것은 구속력이 없는 진정사건에 대한 수사기관의 내부적 사건처리방식에 지나지 아니한 것이고, 따라서 그 처리결과에 대하여 불만이 있으면 진정인은 따로 고소나 고발을 할 수 있는 것으로서 진정인의 권리행사에 아무런 영향을 미치는 것이 아니므로, 이는 헌법소원심판의 대상이 되는 공권력의 행사라고는 할 수 없다. * 동지 : 헌재 제1지정재판부 1991.6.24. 고지, 91헌마105; 제2지정재판부 1991.12.2. 고지, 91헌마191; 1998.2.27. 94헌마77; 제3지정재판부 2011.2.15. 2011헌마30 등.

* **유의** – 검사가 범죄피해자의 구체적 사실이 적시된 고소를 진정사건으로 수리하여 공람종결한 처분은 헌법소원대상으로 보아 본안판단을 한다(헌재 2000.11.30. 2000헌마356; 1999.1.28. 98헌마85).

② 검사의 재기결정

판례 헌재 1996.2.29. 96헌마32·33

[사건개요] 피청구인(검사)은 1995.11.16. 노태우를 특정범죄가중처벌 등에 관한 법률위반(뇌물)으로 인지하고 11.30. 12·12사건에 관한 기소유예의 불기소처분 피의자들 중 전두환 및 노태우를 재범 등 사

정변경을 이유로 재기(再起)하여 재수사에 착수하는 한편, 12.15. 전두환을 특정범죄가중처벌 등에 관한 법률위반(뇌물)으로 인지하고, 12.21. 5·18민주화운동 등에 관한 특별법 및 헌정질서 파괴범죄의 공소시효 등에 관한 특례법이 공포되자 12.29. 12·12사건의 나머지 불기소처분 피의자 35명과 5·18사건의 불기소처분 피의자 47명에 대하여 5·18 특별법 제정 등 사정변경을 이유로 각 재기하여 재수사에 착수하였다. 피청구인은 1995.12.3. 전두환을 군형법상 반란수괴 등의 혐의로 구속한 후 12.21. 노태우와 함께 반란수괴, 반란중요임무종사 등으로 공소를 제기하는 한편, 그외 관련자들도 구속하여 2.7. 공소를 제기하였다. 청구인 전두환 외 26인은 1996.1.20, 같은 노태우는 1. 22. 위 12·12사건 및 5·18사건에 관한 불기소처분의 재기수사와 공소제기가 위법한 처분으로서 헌법 제10조, 제11조 제1항, 제12조, 제13조 제1항, 제27조 제4항에 위반된다는 이유로 이 사건 헌법소원심판을 청구하였다. [결정요지] 검사의 재기결정이란 수사를 종결한 사건에 대하여 수사를 다시 개시하는 수사기관 내부의 의사결정에 불과하며 피의자에게 어떠한 의무를 부과하거나 피의자의 기본권에 직접적이고 구체적인 침해를 가하는 것이 아니다. 따라서 재기결정은 헌법소원의 대상이 되는 공권력의 행사라고 할 수 없다.

③ 검사의 공소제기처분

판례 헌재 2012.7.26. 2011헌바268

[판시] 검사의 기소처분은 공소가 제기된 이후에는 법원의 재판절차에 흡수되고 그 적법성에 대하여 충분한 사법적 심사를 받을 수 있으므로 독자적인 합헌성 심사의 필요가 없어 독립하여 헌법소원의 대상이 될 수 없는 것이어서, 이 사건 공소제기 부분에 대한 심판청구는 부적법하다. * 동지 : 헌재 1992.12.24. 90헌마158; 1996.2.29. 96헌마32·33(병합)(이 결정은 12·12사건과 5·18사건에 대한 검찰의 재기결정과 공소제기에 대하여 청구된 헌법소원심판의 결정으로서 위 ②에 인용된 것이기도 하다); 1996.11.28. 96헌마256; 2011.9.29. 2010헌바66. * 검사의 약식명령청구도 헌법소원 대상이 아니다. 공소제기의 일종이기 때문이다(헌재 1993.6.2. 93헌마104; 1998.6.25. 97헌마271).

④ 피의자에 대한 검사의 '죄가 안됨' 처분, '공소권 없음' 처분

피의자는 자신이 범죄의 혐의가 없음을 주장할 것이고 '혐의없음' 결정에 대해서는 헌법소원을 청구하지 않을 것이다. 그런데 '죄가 안됨' 처분, '공소권 없음' 처분에 대해서는 피의자가 헌법소원을 청구할 수 있을 것이나 헌재는 '죄가 안됨', '공소권 없음' 처분들도 피의자에게 범죄혐의가 있음을 확정하는 것이 결코 아니라고 하여 이 처분들이 아무런 과실이 없다는 점이 밝혀지지 않은 불이익을 입었다고 할 수 있을 뿐인데, 이는 어디까지나 간접적 또는 사실상의 불이익에 불과한 것이므로 이를 가지고 기본권 침해 문제가 발생하였다고 할 수는 없어서 청구인의 헌법상 기본권을 침해하는 공권력의 행사라고 할 수 없으므로 그 심판청구는 부적법하다고 본다(헌재 1996.11.28. 93헌마229; 2003.1.30. 2002헌마323; 2003.2.27. 2002헌마309 등).

X. 원처분주의에 의한 대상의 제한

행정소송법 제19조(취소소송의 대상) 취소소송은 처분등을 대상으로 한다. 다만, 재결취소소송의 경우에는 재결 자체에 고유한 위법이 있음을 이유로 하는 경우에 한한다.

헌법재판소법 제40조(준용규정) ① 헌법재판소의 심판절차에 관하여는 이 법에 특별한 규정이 있는 경우를 제외하고는 헌법재판의 성질에 반하지 아니하는 한도에서 민사소송에 관한 법령을 준용한다. 이 경우 탄핵심판의 경우에는 형사소송에 관한 법령을 준용하고, 권한쟁의심판 및 헌법소원심판의 경우에는 「행정소송법」을 함께 준용한다.

1. 원처분주의의 개념과 준용

행정소송법 제19조의 원처분주의(原處分主義)란 행정처분에 대해 행정심판을 거쳐서 취소소송을 제기할 경우 그 행정처분이 취소소송의 대상이 되어야 하고 행정심판의 결과인 재결(裁決) 자체에 고유한 위법이 있음을 이유로 하는 경우가 아닌 한 그 재결을 대상으로 취소소송을 제기할 수는 없다는 원칙을 말한다. 이러한 원처분주의를 헌재는 헌재법 제40조에 따라 위 행정소송법을 준용하여 적용한 예들을 보여주고 있다.

2. 결정례

(1) 불기소처분, 검찰의 항고기각결정, 재항고기각결정에 대한 적용례

이러한 원처분주의를 헌재는 불기소처분에 대한 헌법소원에 적용하여, 불기소처분에 대한 헌법소원 이전에 거쳐야 하는 검찰의 항고기각결정, 재항고기각결정 등은 그 결정에 고유한 위헌사유가 있음을 내세우지 않는 한 원칙적으로 헌법소원대상이 될 수 없다고 하였다.

1) 부정례 - 초기 적용례

판례 헌재 1993.5.13. 91헌마 213, 판례집 5-1, 339면

[참조조문] 헌법재판소법 제40조(준용규정) 생략. 행정소송법 제19조(취소소송의 대상) 취소소송은 처분등을 대상으로 한다. 다만, 재결취소소송의 경우에는 재결 자체에 고유한 위법이 있음을 이유로 하는 경우에 한한다.(원처분주의) [판시] 원래의 불기소처분의 구제절차에서 내려진 결정인 항고기각 및 재항고기각결정에 대하여 그 고유한 위헌사유를 밝히지 아니한 채 그 불기소처분과 함께 취소를 구하는 데 불과한 경우에는, 항고 또는 재항고기각결정을 별도로 소원심판청구의 대상으로 할 수 없다고 봄이 원처분주의를 채택한 행정소송법 제19조의 규정을 준용하는 헌법재판소법 제40조의 규정에 비추어 합당할 것인바, 위 항고기각 및 재항고기각결정에 대하여 청구인이 따로 고유한 위헌사유를 내세우고 있지 않은 이상 이 부분 청구는 부적법함을 면할 수 없을 것이다. * 그외 고유한 위헌사유를 내세우고 있지 않다고 하여 대상성이 부정된 다른 예 : 헌재; 1995.4.20. 94헌마65; 헌재 제3지정재판부 2007.1.30. 2007헌마29.

2) 긍정례

고유한 위헌사유가 있다고 보아 대상성을 인정한 예이다.

판례 헌재 2009.11.26. 2009헌마47

[판시] 헌법재판소는, "헌법재판소법 제40조에 의하여 이 사건에 준용되는 행정소송법 제19조에 규정된 이른바 '원처분주의'의 취지에 비추어 보면, 검사의 불기소처분에 불복하여 검찰청법 제10조에 의한 항고 및 재항고를 거쳐 헌법재판소에 헌법소원심판을 청구하는 경우에는 그 항고 또는 재항고결정 자체

에 고유한 위법이 있음을 그 이유로 내세우는 경우가 아니면 원래의 불기소결정이 아닌 그 항고 또는 재항고결정에 대한 헌법소원심판을 청구할 수 없다(헌재 1991.4.1. 90헌마230, 판례집3, 195, 198, 헌재 1993.5.13. 91헌마213, 판례집 5－1, 339, 342 참조)."고 판시하여 왔는바, 이에 따르면, 청구인이 재항고결정 자체의 고유한 위법사유를 그 이유로 내세우는 경우라면 재항고결정에 대하여 헌법소원심판을 청구할 수 있다고 할 것이다. 이 사건 재항고 각하결정 중 이 사건 고발사실 부분의 취소를 구하는 청구인의 주위적 심판청구이유는, 이 사건 고발사실에 대하여는, 청구인이 고소인이 아닌 고발인의 지위에 있을 뿐이므로, 청구인으로서는 항고기각결정을 받은 후 검찰청법에 따른 재항고를 할 수 있음에도, 피청구인 대검찰청 검사가 청구인의 재항고에 대하여 '재항고권자가 아닌 자가 재항고한 경우'에 해당한다고 판단하여 이 사건 고발사실에 대한 재항고를 각하함으로써 재항고 절차를 통하여 실체적 판단을 받을 기회를 잃게 되어 청구인의 평등권 등이 침해되었다는 것이다. 이와 같은 청구인의 주장은, 이 사건 재항고 각하결정 자체의 고유한 위법사유에 해당한다고 할 것이므로, 이 사건 재항고 각하결정 중 이 사건 고소사실 부분은 이 사건 불기소처분과는 별개로 헌법소원심판의 대상이 될 수 있다고 할 것이며, 다른 적법요건의 흠결도 없다.

(2) 행정심판 재결에의 적용

행정심판재결에 대해 위 기준에 따라 부적법하다고 판단한 아래 결정례가 있었다.

판례 헌재 2016.4.28. 2013헌마870

[사건개요] 구치소 수용 중 수형자인 청구인은 피청구인 ○○지방교정청 행정심판위원회(이하 '피청구인 2'라 한다)에 피청구인 1(교도소장)의 서신발송 불허처분 및 서신검열대상자 지정행위의 취소를 구하는 행정심판을 청구하였으나, 2013.12.12. 기각되자(2013행심 제1**호), 피청구인 1의 위 2013.8.19.과 2013.8.22.부터 2013.11.21.까지 사이에 이루어진 서신검열, 위 서신발송 불허처분, 서신검열대상자 지정행위 및 피청구인 2의 위 재결로 인하여 청구인의 통신비밀의 자유 등 기본권이 침해되었다고 주장하면서, 2013.12.24. 그 취소 또는 위헌확인을 구하는 헌법소원심판을 청구하였다. * 여기서는 피청구인 2의 재결에 대한 판시가 그 고찰대상으로 그것만 본다. [관련판시] … 라. 이 사건 재결에 대한 판단 － 행정심판 재결에 대하여 재결 자체의 고유한 위헌 사유가 있음을 그 이유로 내세우는 경우가 아니면 원처분이 아닌 재결에 대하여 헌법소원심판을 청구할 수 없다. 그런데 청구인은 이 사건 서신발송 불허처분 및 이 사건 서신검열대상자 지정행위가 위헌적인 행위임에도 피청구인 2가 그에 대한 행정심판청구를 기각하는 취지의 이 사건 재결을 하였으므로, 이 사건 재결 또한 헌법에 위반된다고 주장한다. 이와 같은 청구인의 주장은 이 사건 서신발송 불허처분 및 이 사건 서신검열대상자 지정행위에 관한 것일 뿐, 이 사건 재결 자체의 고유한 위헌 사유에 관한 것이 아니므로, 이 부분 심판청구 역시 허용될 수 없어 부적법하다.

XI. 이행청구의 부적법성

헌재는 국가배상의 청구를 구하는 등 이행청구는 헌법소원심판으로서 할 수 없어서 부적법하다고 본다. 헌법소원본질에 부합하지 않는다고 본다. 아래 사안은 해직처분의 위헌을 주장하며 국가배상청구의 이행을 구하는 것인데 헌재가 부적법하다고 본 것이다.

판례 헌재 1992.10.1. 90헌마5

[관련판시] 헌법소원은 공권력의 행사 또는 불행사로 인하여 헌법상 보장된 기본권을 침해받은 자에게 부여한 특별구제수단이므로, 헌법재판소는 객관적인 헌법질서의 보장뿐만 아니라 주관적인 권리구제의 보장에도 충분한 배려를 하여야 한다. 그렇다고 하여 헌법재판소가 일반법원의 기능과 절차를 보충하는 역할까지 담당할 수는 없다. 그래서 헌법재판소법 제75조 제3항은 헌법재판소가 헌법소원을 인용하는 결정을 하는 경우 "기본권 침해의 원인이 된 공권력의 행사를 취소하거나, 그 불행사가 위헌임을 확인할 수 있다"라고 규정하였고, 같은 조 제1항은 "헌법소원의 인용결정은 모든 국가기관과 지방자치단체를 기속한다"라고 규정하여 일반적 효력을 인정하고 있다. 위와 같은 헌법소원의 본질적 한계와 법률조항의 취지로 미루어 보면, 헌법소원의 심판청구로서 피청구인에 대한 손해배상을 구하는 것과 같은 이행청구는 불가능하다고 보아야 한다. 따라서 청구인들의 이 부분에 대한 심판청구는 부적법한 청구라고 볼 것이다. * 소유권이전등기절차의 이행을 구하는 이행청구에 대한 동지의 결정 : 헌재 1998.12.24. 97헌마87 · 88(병합), '국가보위에 관한 특별조치법 제5조 제4항에 의한 동원대상 지역 내의 토지의 수용 · 사용에 관한 특별조치령에 의하여 수용 · 사용된 토지의 정리에 관한 특별조치법' 제2조 위헌확인 등.

제5항 헌법재판소법 제68조 제2항 헌법소원(위헌소원)의 대상

헌법재판소법 제68조 제2항의 위헌심사형 헌법소원(위헌소원, '헌바'사건)의 심판은 실질적 위헌법률심판이므로 법률만이 그 대상이 된다. 따라서 앞의 위헌법률심판에서 위헌법률심판의 대상에 대하여 다룬 내용이 대체적으로 위헌소원에서도 해당된다.

Ⅰ. '법률'일 것

위헌소원의 대상인 법률의 범위 내에는 국회에서 의결한 법률뿐 아니라 실질적으로 법률의 효력을 가지는 긴급명령, 긴급재정경제명령, 조약도 포함된다. 또한 폐지된 법률도 대상이 될 수 있다.

후술하듯이 부진정입법부작위도 대상이 된다. 불완전하나마 입법이 있긴 하므로 그 존재하는 입법을 대상으로 위헌소원이 가능하다고 보는 것이다.

그러나 법률이 아닌 법규범들, 즉 대통령령, 총리령, 부령 등 법규명령은 대상이 되지 않고(예 : 헌재 2001.3.21. 99헌바107; 2001.4.26. 99헌바108 등 참조), 장관의 지침도 위헌소원의 대상이 되지 않는다(예 : 헌재 1992.11.12. 92헌바7, 영구임대주택입주자 선정기준 및 관리지침 제5조 3호에 대한 헌법소원 등 참조).

헌법규범의 단계구조론을 받아들여 효력이 하위인 헌법규범에 대해서는 상위 헌법규범에의 위배를 심사하기 위한 헌법재판의 대상이 된다는 이론에 대해 우리 헌법재판소는 부정적으로 본다. 즉 헌법규정 자체는 위헌소원의 대상이 되지 않는다는 것이 명백한 판례입장이다(앞의 제3장 제2절 참조).

지방자치단체의 조례도 대상이 되지 않는다(헌재 1998.10.15. 96헌바77, 경기도립학교설치조례 중 개정조례 제2조 등 위헌소원 참조).

그 외 헌법재판소판례가 위헌소원의 대상성을 부인한 것으로는 사립학교법인 정관을 들 수 있다(헌재 1998.7.16. 96헌바33등 참조).

Ⅱ. 진정입법부작위에 대한 대상성 부인

앞서 입법부작위에 대해서 살펴보면서 입법부작위는 진정입법부작위와 부진정입법부작위로 나누어지고 본래의미의 헌법소원의 대상으로서의 입법부작위는 진정입법부작위일 뿐이라는 것이 우리 헌법재판소의 판례입장임을 보았다(전술 3항 공권력의 불행사(부작위)에 대한 헌법소원, Ⅱ. 참조). 따라서 판례의 입장에 따른다면 진정입법부작위, 즉 전혀 입법이 없는 부작위에 대해서는 위헌소원의 대상이 되지 않는다. 실제 헌재도 "헌법재판소법 제68조 제2항의 규정에 따른 헌법소원은 '법률'의 위헌성을 적극적으로 다투는 제도이므로 '법률의 부존재', 즉 입법부작위를 다투는 것은 그 자체로 허용되지 아니한다"라고(헌재 2000.1.27. 98헌바12) 판시하고 있다.

판례 헌재 2016.11.24. 2015헌바413

[결정요지] 1. 헌법재판소법 제68조 제2항에 의한 헌법소원은 '법률'의 위헌성을 적극적으로 다투는 제도이므로 '법률의 부존재' 즉, 진정입법부작위를 다투는 것은 그 자체로 허용되지 않는다. 2. 이 사건 심판청구에서 청구인이 구하는 것은 특수형태근로종사자인 캐디에 대하여 근로기준법이 전면적으로 적용되어야 한다는 것이다. 특수형태근로종사자의 지위, 노무제공의 방법, 성격, 경제적 종속의 정도의 다양성 등을 고려하였을 때 특수형태근로종사자에게 근로기준법은 그대로 적용될 수 없고, 특수형태근로종사자의 특성이 고려된 별도의 특별법에 의한 보호가 필요하다. 이 사건 심판청구는 성질상 근로기준법이 전면적으로 적용되지 못하는 특수형태근로종사자의 노무조건·환경 등에 대하여 근로기준법과 동일한 정도의 보호를 내용으로 하는 새로운 입법을 하여 달라는 것으로, 실질적으로 진정입법부작위를 다투는 것과 다름없다. 따라서 이 사건 심판청구는 헌법재판소법 제68조 제2항에 따른 헌법소원에서 진정입법부작위를 다투는 것으로써 모두 부적법하다.

* 평가 – 진정입법부작위와 부진정입법부작위는 양적 차이라고 볼 수도 있는 등 그 구분이 문제이므로 이러한 판례법리는 시정되어야 한다. 사안도 특수형태근로자에 대한 보호문제인데 진정입법부작위로 보아 아예 위헌소원대상이 아니라고 본안판단을 거절한 것이었다.

부진정입법부작위는 위헌소원의 대상이 된다.

Ⅲ. 제청신청기각이 있었던 법률규정들일 것

1. 대상성요건 : 법원의 기각결정

위헌소원은 법원이 위헌여부심판제청의 신청을 기각(각하)한 경우에 제기되는 것이므로 법원이 제청신청을 기각(각하)한 바가 있었던 법률규정들만이 대상이 되는 것이 원칙이라고 본다.

[주요판시사항]

▷ 법원이 제청신청기각결정을 한 바 없는 규정들은 헌재법 제68조 제2항의 헌법소원의 대상이 될 수 없음

판례 헌재 1996.8.29. 95헌바41

[관련판시] 가헌법재판소법 제68조 제2항의 헌법소원은 법률의 위헌여부심판의 제청신청을 하여 그 신청이 기각된 때에만 청구할 수 있는 것인데 기록에 첨부된 서울지방법원 남부지원의 위헌제청신청기각결정(94초1188)에 의하면 청구인은 구 방문판매등에관한법률 부칙 제3항에 대한 위헌여부심판의 제청신청을 하지 않았고 따라서 법원의 기각결정도 없었으므로 청구인의 이 부분 심판청구는 그 심판청구요건을 갖추지 못하여 부적법하다. * 제청신청을 한 바 없고 법원의 기각결정도 없어 대상성이 부인된 또 다른 예들 : 헌재 1994.4.28. 89헌마221; 1995.7.27. 93헌바1등; 1997.7.16. 96헌바51; 1997.8.21. 93헌바51; 1997.11.27. 96헌바12; 1998.9.30. 96헌바88; 1998.9.30. 97헌바38; 1999.12.23. 99헌바1; 2000.7.20. 98헌바74; 2006.7.27. 2005헌바19; 2009.9.24. 2007헌바17; 2011.11.24. 2010헌바412; 2016.7.28. 2014헌바432 등.

2. 제청신청이 없었고 법원의 기각(각하)결정이 없었던 조항에 대한 예외적 대상성 인정의 예

(1) 판례법리

헌재는 "당사자가 위헌법률심판 제청신청의 대상으로 삼지 않았고 또한 법원이 기각 또는 각하결정의 대상으로도 삼지 않았음이 명백한 법률조항이라 하더라도, 예외적으로 위헌제청신청을 기각 또는 각하한 법원이 위 조항을 실질적으로 판단하였거나 위 조항이 명시적으로 위헌제청신청을 한 조항과 필연적 연관관계를 맺고 있어서 법원이 위 조항을 묵시적으로나마 위헌제청신청으로 보고 판단하였을 경우에는 헌법재판소법 제68조 제2항의 헌법소원으로서 적법하다고 볼 수 있다"라고 한다.

[주요사항] 제청신청이 없었고 법원의 기각(각하)결정이 없었던 조항에 대한 대상성 인정의 사유

▷ 위헌제청신청을 기각 또는 각하한 법원이 위 조항을 실질적으로 판단하였거나 위 조항이 명시적으로 위헌제청신청을 한 조항과 필연적 연관관계를 맺고 있어서 법원이 위 조항을 묵시적으로나마 위헌제청신청으로 보고 판단하였을 경우

판례 헌재 2013.5.30. 2012헌바335

[판시] 당사자가 위헌법률심판 제청신청의 대상으로 삼지 않았고 또한 법원이 기각 또는 각하결정의 대상으로도 삼지 않았음이 명백한 법률조항이라 하더라도, 예외적으로 위헌제청신청을 기각 또는 각하한 법원이 위 조항을 실질적으로 판단하였거나 위 조항이 명시적으로 위헌제청신청을 한 조항과 필연적 연관관계를 맺고 있어서 법원이 위 조항을 묵시적으로나마 위헌제청신청으로 보고 판단하였을 경우에는 헌법재판소법 제68조 제2항의 헌법소원으로서 적법하다고 볼 수 있다(헌재 2005.2.24. 2004헌바24, 공보 102, 393, 397). 그런데 청구인은 위헌제청신청을 함에 있어서 소송비용액의 확정결정에 관한 민사소송법 제110조의 위헌여부를 명시적으로 다툰 바 없고, 법원이 위 조항의 위헌 여부에 대해 실질적으로 판단하였다고 볼 만한 사정도 없다. 나아가 민사소송법 제110조는 소송비용액의 확정결정에 관한 규정이어서 소송비용의 부담 주체를 규정한 민사소송법 제98조와 필연적 연관관계를 맺고 있다고 볼 수도 없으므로, 민사소송법 제110조에 대한 심판청구는 헌법재판소법 제68조 제2항의 심판청구의 요건

을 갖추지 못한 것으로 부적법하다. * 동지 : 헌재 2005.2.24. 2004헌바24.

(2) 예외인정 결정례

위 법리를 적용하여 인정한 예를 위에서 인용된 것 외에도 아래에 살펴본다.

① **구성요건(의무)조항, 벌칙조항** – 구성요건이 되는 의무조항만 제청신청, 기각결정 대상이었으나 그 벌칙조항에 대해서도(반대로 벌칙조항만 기각결정되었으나 구성요건을 이루는 의무조항에 대해서도) 필연적 연관관계이고 실질적으로 신청과 판단에 포함되고 된다고 보아 심판대상으로 인정한 예들이다.

ⓐ **판례** 헌재 2001.2.22. 99헌바93

[심판대상조문] 학원의 설립·운영에 관한 법률(1995.8.4. 법률 제4964호로 전문개정된 것. 이하 '학원법') 제6조(학원설립·운영의 등록) 학원을 설립·운영하고자 하는 자는 제8조의 규정에 의한 시설 및 설비를 갖추어 대통령령이 정하는 바에 따라 교육감에게 등록하여야 한다. 등록한 사항 중 대통령령이 정하는 사항을 변경하고자 하는 경우에도 또한 같다. 제22조(벌칙) ① 다음 각호의 1 에 해당하는 자는 1년 이하의 징역 또는 300만원 이하의 벌금에 처한다. 2. 제6조의 규정에 의한 등록을 하지 아니하고 학원을 설립·운영한 자 [관련판시] 학원법 제22조 제1항 제2호에 대한 심판청구 부분 – 청구인은 당해 사건에서 심판대상조항들이 적용된 결과로 유죄판결을 받았다. 그런데 심판대상 조항들 중 학원법 제22조 제1항 제2호에 대해서는 명시적인 위헌법률심판제청신청이 없었고 따라서 위헌제청신청 기각결정에서도 같은 규정을 명시적 판단대상으로 삼지는 않았다. 그러나, 같은 조항은 학원법 제6조 위반행위에 대한 벌칙규정으로서, 학원법 제6 조에 대한 위헌법률심판제청신청과 이에 대한 법원의 판단에 위 벌칙규정에 대한 신청과 판단이 실질적으로 포함되어 있는 것으로 볼 수 있다. 그러므로, 같은 조항에 대한 심판청구도 헌법재판소법 제68조 제2항에 따른 적법요건을 갖춘 것으로 본다.

ⓑ **판례** 헌재 2016.11.24. 2015헌바62

[판시] 청구인들은 구 농업협동조합법 제50조 제4항에 대하여는 위헌법률심판제청신청을 하지 않았고, 당해 법원 또한 기각결정을 하지 않았는데, 이 사건 헌법소원심판청구에 이르러서야 비로소 위 조항이 위헌이라고 주장하고 있다. 그런데 당사자가 위헌법률심판제청신청의 대상으로 삼지 않았고 또한 법원이 기각 또는 각하결정의 대상으로도 삼지 않았음이 명백한 법률조항이라 하더라도, 예외적으로 위헌제청신청을 기각 또는 각하한 법원이 위 조항을 실질적으로 판단하였거나 위 조항이 명시적으로 위헌제청신청을 한 조항과 필연적 연관관계를 맺고 있어서 법원이 위 조항을 묵시적으로나마 위헌제청신청으로 판단을 하였을 경우에는 헌법재판소법 제68조 제2항의 헌법소원으로서 적법하다 할 것인바(헌재 2001.1.18. 2000헌바29; 헌재 2005.2.24. 2004헌바24 참조), 구 농업협동조합법 제50조 제4항은 동법 제172조 제2항 제2호의 구성요건을 규정하여 두 조항은 필연적 연관관계를 맺고 있어서 당해 법원이 묵시적으로나마 위 조항에 대하여도 판단하였다고 볼 수 있으므로, 위 조항에 대한 심판청구도 헌법재판소법 제68조 제2항에 따른 적법요건을 갖춘 것으로 보아 위 조항을 이 사건 심판대상에 포함시킨다.

② **도시환경정비사업시행인가를 위한 토지등소유자의 동의요건** – 도시환경정비사업의 시행자인 토지등소유자가 사업시행인가를 신청하기 전에 얻어야 하는 토지등소유자의 동의요건을 토지등소유자가 자치적으로 정하여 운영하는 규약에 정하도록 한 구 '도시 및 주거환경정비법'(2007.12.21. 법률 제8785호로 개정되고, 2009.2.6. 법률 제9444호로 개정되기 전의 것) 제28조 제5항 본문

의 "사업시행자" 중 제8조 제3항에 따라 도시환경정비사업을 토지등소유자가 시행하는 경우 "정관 등이 정하는 바에 따라" 부분(이하 '이 사건 동의요건조항'이라 한다)이 당사자가 위헌법률심판 제청신청의 대상으로 삼지 않았고 법원이 기각 또는 각하결정의 대상으로 삼지 않았으나 위헌 제청신청을 한 법률조항과 필연적 연관관계를 맺고 있어 법원이 실질적으로 판단한 것으로 볼 수 있다고 하여 심판대상으로 한 것이다.

판례 헌재 2012.4.24. 2010헌바1

[판시] 청구인들은 도시정비법 제2조 제11호 나목 및 제38조에 대하여 위헌법률심판제청신청을 하였고, 당해 사건 법원은 이를 기각 및 각하하였다. 그런데, 당해 사건에서 청구인들은 도시환경정비사업시행 인가에 필요한 자치규약은 토지등소유자 전원의 동의를 요하는 것임을 전제로 사업시행인가처분의 취소를 구하고 있으므로, 청구인들이 다투고자 하는 바는 도시환경정비사업을 토지등소유자가 시행하는 경우 사업시행인가를 위해 요구되는 자치규약에 대한 토지등소유자의 동의요건에 관한 것이다. 그리고 청구인들이 도시정비법 제2조 제11호 나목에 대하여 위헌법률심판제청신청을 한 이유도 이러한 동의요건을 다투기 위한 것이었다. 그런데 도시정비법 제2조 제11호 나목(이하 '이 사건 정의조항'이라 한다)은 "정관 등"이라 함은 "토지등소유자가 자치적으로 정하여 운영하는 규약"을 포함한다고 규정한 '정의' 조항일 뿐 청구인들이 주장하는 위헌사유와는 직접적인 관련이 없다. … 그러므로 당해 사건의 재판에 직접적으로 관련을 맺고 있는 법률조항은 '정관 등'에 자치규약을 포함시키고 있는 이 사건 정의조항이 아니라, 사업시행인가 신청에 요구되는 토지등소유자의 동의요건을 정하고 있는 구 도시정비법 제28조 제5항 본문 중 토지등소유자가 도시환경정비사업을 시행하는 경우와 관련된 부분, 즉 이 사건 동의요건조항이라고 할 것이다. 따라서 청구인들의 위헌법률심판제청신청에 대하여 법원이 이 사건 동의요건조항을 명시적인 기각결정대상으로 삼지는 않았지만, 이 사건 동의요건조항은 이 사건 정의조항과 필연적 연관관계를 맺고 있다고 볼 것이고, 위헌제청신청 이유와 기각결정 이유 역시 실질적으로 이 사건 동의요건조항과 관련된 것이라고 볼 수 있다. 그러므로 이 사건 동의요건조항에 대한 심판청구는 헌법재판소법 제68조 제2항에 따른 적법요건을 갖추었다고 할 것이다. * 본안판단결과 법률유보원칙에 위반된다고 하여 위헌결정이 되었다.

③ 50명 이상의 근로자를 고용하는 사업주는 그 근로자의 총수의 일정 비율("의무고용률") 이상에 해당하는 장애인을 고용하여야 한다고 규정하고(고용의무조항) 그 의무고용률에 못 미치는 장애인을 고용하는 사업주는 장애인 고용부담금을 납부하도록 한 구 '장애인고용촉진 및 직업재활법' 규정(고용부담금조항)이 있는데 고용부담금조항이 사업주의 직업의 자유 등을 침해한다고 주장하며 위헌제청신청이 된 위헌소원사건이다. 헌재는 제청신청, 기각결정되지 않은 고용의무조항도 고용부담금조항(기각결정된 조항)이 헌법에 위반되지 않는다고 본 당해법원의 판단 속에는 사업주의 장애인 고용의무에 대한 판단이 포함되어 있어 당해법원이 이 사건 고용의무조항을 묵시적으로 판단하였다고 볼 수 있으므로 함께 대상으로 적법하다고 본 것이다.

판례 헌재 2012.3.29. 2010헌바432

[판시] … 나. 이 사건 고용의무조항은 청구인이 당해법원에 위헌제청신청을 하지 않은 조항으로 법원의 기각결정도 없었으나, 이 사건 고용부담금조항이 헌법에 위반되지 않는다고 본 당해법원의 판단 속에는 사업주의 장애인 고용의무에 대한 판단이 포함되어 있어 당해법원이 이 사건 고용의무조항을 묵시적으

로 판단하였다고 볼 수 있으므로 이 사건 고용의무조항에 대한 심판청구도 적법하다.

④ **구성요소가 되는 규정이어서 서로 필연적 연관관계가 있다고 본 결정례** – 앞서도 이런 경우가 있었으나 여기서는 처벌에 관한 것이 아닌 예이다. 사안은 지역축협 조합원 자격이 없는 경우 당연 탈퇴된다는 규정에 따라 이사회가 이를 확인하도록 한 농업협동조합법 규정에 대한 위헌소원에서 바로 그 자격이 없는 경우 당연 탈퇴되는 규정에 대해서도 구성요건이 되어 두 조항이 서로 필연적 연관관계가 있다고 보아 심판대상으로 인정한 예이다.

판례 헌재 2018.1.25. 2016헌바315

[판시사항] 지역축산업협동조합 조합원이 조합원 자격이 없는 경우 당연히 탈퇴되고, 이사회가 이를 확인하여야 한다고 규정하고 있는 농업협동조합법(2009.6.9. 법률 제9761호로 개정된 것) 제107조 제1항에 의하여 준용되는 제29조 제2항 제1호, 제29조 제3항 중 제2항 제1호에 관한 부분(이하 '심판대상조항'이라 한다)이 명확성원칙에 위배되고 과잉금지원칙을 위반하여 청구인의 결사의 자유 등을 침해하는지 여부(소극) [관련판시] 청구인은 농업협동조합법(2009.6.9. 법률 제9761호로 개정된 것) 제29조 제3항 중 제2항 제1호 부분에 대하여만 위헌법률심판제청신청을 하였고, 법원도 위 조항에 대하여만 기각결정을 하였으나, 같은 조 제2항 제1호는 위 제29조 제3항 중 제2항 제1호 부분의 구성요소가 되는 규정으로 두 조항은 서로 필연적 연관관계가 있다고 볼 수 있고, 법원 역시 같은 조 제2항 제1호에 대해 실질적으로 판단하였다고 볼 수 있으므로, 같은 조 제2항 제1호도 심판대상에 포함시켜 함께 판단한다.

* 그 외 제청신청이 없었던 조항에 대한 대상성 인정례 : 헌재 1998.3.26. 93헌바12; 2005.2.24. 2004헌바24; 2015.12.23. 2015헌바75 등.

Ⅳ. 법률해석·적용 확정문제의 위헌소원심판 대상성 여부, 한정위헌청구

1. 법률규정 해석·적용 문제

(1) 헌재의 기본입장 - 위헌성 판단을 위한 선행문제

법률규정의 해석, 적용문제가 그 법률규정의 위헌성을 판단함에 있어서 선행문제가 될 때에는 위헌소원의 대상이 된다고 보는 것이 우리 헌법재판소의 입장이다. 이러한 입장이 나타난 결정례로, 헌재 1998.7.16. 97헌바23, 구 형법 제314조에 대한 위헌소원의 결정을 들 수 있다(동지의 결정례 : 헌재 2001.8.30. 2000헌바36, 민사소송법 제714조 제2항 위헌소원).

판례 헌재 1998.7.16. 97헌바23

[판시사항] 근로자들의 집단적 노무제공 거부행위를 구 형법 제314조의 위력업무방해죄로 형사처벌하는 것이 헌법에 위반되는지 여부가 동 조항의 위헌여부에 관한 문제로서 헌법재판소의 판단대상이 되는지 여부(적극) [판시] 법률의 위헌성을 판단함에 있어서는 그 법률의 해석 내지 그 법률이 어느 경우에 적용되는가를 확정하는 것이 선행되어야 하므로 이 한도 내에서는 헌법재판소로서도 법률의 해석 내지 그 적용에 관여하지 않으면 안되는 것이며, 정당행위로 인정되지 않는 집단적 노무제공 거부행위를 위력업무방해죄로 형사처벌하는 것이 헌법에 위반된다면 결국 법원의 해석에 의하여 구체화된 이 사건 심판대상 규정이 위헌성을 지니고 있는 셈이 된다. 따라서 집단적 노무제공 거부행위를 위력업무방해죄

로 형사처벌하는 것이 헌법에 위반되는지 여부는 이 사건 심판대상 규정의 위헌여부에 관한 문제로서 헌법재판소의 판단대상이 된다고 할 것이다(헌재 1995.5.25. 91헌바20, 판례집 7－1, 626 참조).

(2) 부정

1) 일반법규 해석·적용의 문제, 법원재판의 기초적 사실관계 인정·평가 또는 개별적·구체적 사건에서의 법률조항의 단순한 포섭·적용에 관한 문제

그러나 헌재는 일반법규의 해석·적용의 문제, 당해 사건 재판의 기초가 되는 사실관계의 인정이나 평가 또는 개별적·구체적 사건에서의 법률조항의 단순한 포섭·적용에 관한 문제는 헌법재판소의 심판대상이 아니라고 본다. 이는 헌법재판소로서는 헌법적 문제에 대해 판단하는 권한을 가진다고 보아야 하기 때문인 것으로 이해된다. 이에 대해서는 앞서 살펴보았다. * 헌재 1993.10.27. 93헌마247; 1992.12.24. 90헌마98; 1992.11.12. 90헌마229; 1998.7.16. 97헌바23 등.

2) 법원의 사실관계 판단 및 법률의 해석·적용의 부당함 주장

헌재는 이는 사실상 법원의 재판을 심판대상으로 삼고 있는 것이므로 위헌소원대상성을 부정한다(헌재 2016.6.30. 2014헌바62; 2020.12.23. 2018헌바382).

2. 한정위헌청구

(1) 판례의 변경 : 원칙적 인정

헌재는 이전에는 한정위헌결정을 구하는 청구는 헌재법 제68조 제2항의 청구로 원칙적으로 부적합하다고 하면서도 단순히 법률조항의 해석을 다투는 것이 아니라, 그러한 해석의 여지를 주는 법률조항 자체의 불명확성을 다투는 경우로 이해되는 경우에는 적법한 청구로 받아들일 수 있다고 하여 왔다(98헌바2. 헌재가 한정위헌 청구를 받아들여 판단한 경우들의 분류에 대해서는, 2000헌바20 참조). 그러나 2012년에 판례를 변경하여 한정위헌청구의 적법성을 원칙적으로 인정하는 결정을 하였다(헌재 2012.12.27. 2011헌바117).

(2) 한정위헌청구 한계에 관한 헌재판례의 법리

그런데 헌재는 한정위헌청구의 형식을 취하고 있으면서도 실제로는 당해 사건 재판의 기초가 되는 사실관계의 인정이나 평가 또는 개별적·구체적 사건에서의 법률조항의 단순한 포섭·적용에 관한 문제를 다투거나, 의미 있는 헌법문제를 주장하지 않으면서 법원의 법률해석이나 재판결과를 다투는 경우 등은 모두 현행의 규범통제제도에 어긋나는 것으로서 허용될 수 없다고 하여(위 헌재 2012.12.27. 2011헌바117) 한계를 설정하고 있다. 이는 재판소원을 금지하고 있는 헌법재판소법 제68조 제1항의 취지 때문이라고 한다.[1]

---

1) 이상, 정재황, 신 헌법입문, 제10판, 2020, 박영사, 892면을 옮겨놓은 것임.

(3) 한정위헌청구 형식의 법률적용 문제로 각하된 결정례

위 법리의 이해를 위해 결정례를 살펴보기 위해 그 예를 아래에 인용한다.

판례 헌재 2017.6.29. 2017헌마33

[심판대상] 헌법재판소법(2011.4.5. 법률 제10546호로 개정된 것) 제69조 제1항 본문 중 '그 사유가 있음을 안 날'을 '형사 사건으로 공소가 제기될 경우 공소장 부본을 송달받은 날'로 해석하는 것이 청구인의 기본권을 침해하는지 여부. [심판대상조항] 헌법재판소법(2011.4.5. 법률 제10546호로 개정된 것) 제69조(청구기간) ① 제68조 제1항에 따른 헌법소원의 심판은 그 사유가 있음을 안 날부터 90일 이내에, 그 사유가 있는 날부터 1년 이내에 청구하여야 한다.(단서 생략) [판시] 청구인은 형식적으로는 헌법재판소법 제69조 제1항에 대한 한정위헌결정을 구하는 취지로 주장하고 있으나, 청구인은 예컨대 청구기간의 제한 없이 헌법소원심판을 청구할 수 있도록 하여야 한다거나 설사 청구기간을 제한하더라도 그 기간을 90일 또는 1년처럼 단기간으로 규정함으로써 청구인의 기본권을 침해한다는 것과 같이 헌법재판소법 제69조 제1항 자체에 대한 위헌성에 관하여는 아무런 주장을 하지 않은 채, 형사처벌에 관한 조항의 위헌확인을 구하는 헌법소원 사건에서 기본권침해의 사유가 발생하였음을 안 날을 공소장 부본을 송달받은 날로 보는 것이 부당하다거나, 헌법재판소가 청구인이 제기한 2016헌마1118 사건에서 청구인이 적어도 약식명령에 불복하여 정식재판을 청구한 날 기본권침해 사유가 발생하였음을 알았다고 판단한 것이 부당하다고 주장할 뿐이다. 이는 결국 개별·구체적 사건에서 단순히 법률조항의 포섭이나 적용의 문제를 다투는 것에 불과할 뿐, 의미 있는 헌법문제에 대한 주장이 없는 경우에 해당하므로 이러한 한정위헌청구는 부적법하여 허용될 수 없다.

* 위 법리에 따라 부정된 그 밖의 결정례들 : 헌재 2013헌바194, 2015헌바223, 2016헌바357 등; 2015.4.30. 2012헌바95등; 2018.12.27. 2017헌바377; 제2지정재판부 2020.3.24. 2020헌마397.

* 한정위헌청구에 관한 자세한 것은 뒤의 헌재법 제68조 제2항 헌법소원(위헌소원)의 청구요건 부분 참조.

제6항 심판대상의 직권조사, 변경, 추가 문제 등

Ⅰ. 심판대상에 대한 직권조사·확정

이에 대해서는, 후술, "헌법소원심판의 심리, Ⅱ. 헌법소원심판에서의 직권심리범위 1. 피청구인·심판대상에 대한 직권조사·확정" 부분을 참조.

Ⅱ. 변론종결 후의 심판대상 추가의 불허

판례 헌재 2000.6.29. 99헌마289

[관련판시] 청구인들은 위 심판대상 법률조항 외에, 법 제5조, 제31조, 제32조 등도 헌법에 위반된다는 청구취지를 추가하여 왔으나, 이는 이미 같은 달 7. 우리 헌법재판소가 변론을 종결한 뒤에, 뒤늦게 하여온 것이어서, 그 추가부분에 관하여 위 청구인들이 다시 별소로서 헌법소원심판을 청구할 수 있음은

별론으로 하고, 이 사건에서는 유효한 청구취지의 추가로 받아들이지 아니하기로 하여, 위 법 제5조, 제31조, 제32조 등은 심판대상으로 삼지 아니한다.

제3절 헌법소원심판의 청구인·피청구인

헌법소원심판의 청구인은 기본권을 누릴 수 있는 기본권주체의 지위를 지니는 청구인능력을 보유하고, 자신의 기본권이 침해되어 청구인적격을 갖춘 사람이다. 피청구인은 공권력을 행사할 수 있는 지위에 있고 그 공권력을 행사하거나 또는 불행사의 상태에 있음으로써 국민의 기본권을 침해하는 기관이다.

청구인능력, 청구인적격, 피청구인적격의 구비여부 문제는 헌법소원심판청구의 요건문제이다. 따라서 청구인능력, 청구인적격, 피청구인적격 문제 등 헌법소원심판의 청구인·피청구인 문제에 대해서는 아래의 "제4절 헌법소원심판의 청구요건"에서 함께 다루고자 한다.

제4절 헌법소원심판의 청구요건

헌법소원심판의 청구요건에는 대상, 청구인능력, 기본권침해요건(청구인적격), 권리보호이익, 보충성의 원칙, 청구기간, 청구서의 기재, 변호사강제주의 등에 관한 것이 있다.

제1항 청구요건으로서의 '대상성' 요건

앞에서 살펴본 '대상' 문제도 청구요건에 포함된다. 헌법소원심판대상이 안 되는 경우 각하결정이 있게 된다. 헌법소원의 대상에 대해서는 이미 살펴보았다(전술 제2절 참조).

제2항 청구인능력

Ⅰ. 청구인능력이 인정되는 주체

헌법소원은 기본권의 침해를 받은 사람에 대해 그 침해로부터의 구제를 해주기 위하여 이루어지는 헌법재판제도이므로 헌법소원의 청구인능력(請求人能力)은 기본권을 누릴 수 있는 기본권주체가 될 수 있는 사람, 즉 기본권보유능력을 가진 사람에게 인정됨은 물론이다. 기본권을 누릴 수 있는 사람이어야 기본권침해 가능성도 있을 것이므로 결국 기본권침해구제수단인 헌법소원을 청구할 능력을 가지는 사람은 기본권을 누릴 수 있는 기본권주체가 되어 동일하게 볼 수 있다. * 기본권주체에 관한 자세한 것은, 정재황, 기본권총론, 박영사, 2020, 기본권주체 부분도 참조.

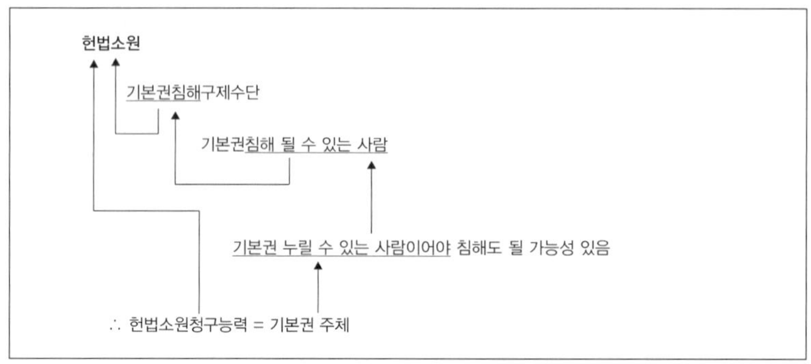

▌헌법소원청구능력=기본권주체성 도해

자연인 외에 법인이나 법인 아닌 사단, 재단, 정당, 노동조합 등에 대해서도 청구인능력이 인정된다. 그러나 국가나 그 소속기관, 국가조직의 일부, 지방자치단체, 공법인이나 그 소속기관 등은 기본권주체가 아니고 오히려 국민의 기본권을 보호 내지 실현해야 할 '책임'과 '의무'를 지니고 있는 지위에 있을 뿐이므로 원칙적으로 청구인능력이 없다.

1. 자연인

(1) 기본권주체로서의 자연인

1) 국민

국민은 우리 헌법상의 기본권을 누릴 수 있는 기본권주체이므로 기본권침해에 대한 구제수단인 헌법소원을 청구할 능력이 있음은 물론이다.

태아에 대해서도 기본권주체성을 생명권과 같은 경우에 인정한다(헌재 2008.7.31. 2004헌바81; 2019.4.11, 2017헌바127, 낙태죄 헌법불합치결정에서의 법정의견). 헌법소원심판청구를 태아가 직접 할 수는 없고 부모가 대리하게 된다. 한편 헌재는 아직 모체에 착상되거나 원시선이 나타나지 않은 초기배아의 경우에는 기본권주체성을 부정한다(헌재 2010.5.27. 2005헌마346).

2) 외국인

외국인의 경우 기본권주체성의 인정을 두고 학설대립이 있고 또 인정되는 기본권의 범위를 두고 학설의 차이가 있으나 여하튼 외국인도 헌법소원을 청구할 수 있는 기회를 가능한 넓게 부여하여야 하고 외국인에게도 인정된다고 보는 기본권을 침해받은 외국인은 헌법소원심판의 청구인능력을 가질 수 있다.

우리 헌법재판소도 외국인의 기본권주체성을 명백히 하고 청구인능력을 인정하고 있다.

판례 헌재 2018.5.31. 2014헌마346

[사건 및 결정] 인천국제공항에서 난민인정신청을 하였으나 난민인정심사불회부결정을 받은 청구인(외국인)을 인천국제공항 송환대기실에 약 5개월째 수용하고 피청구인(인천공항출입국·외국인청장)이 청구인의 변호인의 접견신청을 거부한 것이 청구인에게 보장되는 헌법 제12조 제4항 본문에 의한 변호인의 조력을 받을 권리를 침해한 것이라고 헌재는 보고 위헌확인결정을 한 사건이었음. [관련판시] 청구인적격 및 자기관련성 – 청구인은 외국인이다. 헌법재판소법 제68조 제1항의 헌법소원은 기본권의 주체만 청구할 수 있는데, 단순히 '국민의 권리'가 아니라 '인간의 권리'로 볼 수 있는 기본권에 대해서는 외국인도 기본권의 주체이다. 청구인이 침해받았다고 주장하는 변호인의 조력을 받을 권리는 성질상 인간의 권리에 해당되므로 외국인도 주체이다(헌재 2012.8.23. 2008헌마430 참조). 따라서 청구인의 심판청구는 청구인 적격이 인정된다.

* 평가 – 결론은 타당하나 용어에 있어서 '적격'이란 말은 적절하지 않다. 적격은 능력이 인정됨을 먼저 인정하고 다음의 기본권의 침해요건 등을 갖추었는지 하는 문제이므로 여기서는 청구인 '능력'이 인정된다고 하는 것이 적격이다.

* 외국인의 청구인 능력을 인정한 동지의 결정례들 : 헌재 1994.12.29. 93헌마120; 2000.6.29. 98헌바6; 72001.11.29. 99헌마494; 2007.8.30. 2004헌마670; 2011.9.29. 2007헌마1083등; 2011.9.29. 2009헌마351; 2012.8.23. 2008헌마430; 2014.4.24. 2011헌마474등.

(2) 사망의 경우

자연인이 사망하면 청구인능력도 상실된다. 우리 헌재는 청구인이 심판도중 사망한 경우에는 수계가 있는 경우가 아니라면, 그리고 일신전속적(一身專屬的) 권리의 구제를 위한 경우라면 심판절차종료결정을 한다.

1) 수계(受繼)

(가) 원칙 : 수계의 존재

당사자가 심판도중에 사망한 경우라도 수계할 수계의사표시가 있는 경우에는 심판절차가 계속되고 수계할 당사자가 없거나 수계의사가 없는 경우에는 심판절차가 종료된다(헌재 1994.12.29. 90헌바13, 형법 제338조 등에 대한 헌법소원).

(나) 예외

수계의사표시가 없는 경우에도 이미 결정을 할 수 있을 정도로 사건이 성숙되어 있고 그 결정에 의하여 유죄판결의 흠이 제거될 수 있음이 명백한 경우 등 특히 유죄판결받은 자의 이익을 위하여 결정의 필요성이 있는 경우에는 심판절차가 종료되지 않고 따라서 종국결정이 가능하다는 것이 우리 헌법재판소의 판례이다(위 헌재 1994.12.29. 90헌바13 참조).

2) 일신전속적 권리의 구제를 위한 헌법소원

일신전속적(一身專屬的) 권리는 청구인 본인이 아니면 누릴 수 없는 권리를 의미한다. 따라서 이의 침해를 이유로 헌법소원심판을 청구한 사람이 사망한 경우에는 이를 수계할 수 있는 성격의 권리가 아니라 수계가 어렵다. 헌재는 아래와 같이 심판절차종료를 선언한다.

판례 헌재 1992.11.12. 90헌마33

[주문] "이 사건 심판절차는 1990.12.27. 청구인의 사망으로 종료되었다." [사건개요] 청구인의 고소사실은 위증죄이며 피고소인이 위증했다는 사건은 해고무효확인의 민사소송인바, 위 민사소송사건에서 피고소인이 위증을 함으로써 해고당한 청구인의 신분상 지위의 회복을 위한 국가의 권리구제작용이 방해받았으며, 피청구인(검사)은 이와 같은 피고소인의 방해행위를 시정하기 위해 공소를 제기함이 마땅한데도 불기소처분을 하는 부당한 공권력행사에 의하여 청구인의 고용계약상의 지위확보를 불가능하게 하였고, 그로 인하여 청구인의 기본권의 침해가 있었으므로 구제해달라는 헌법소원심판을 청구하였다. 헌법소원심판절차가 계속중인 1990.12.27. 청구인이 사망하였다(심판절차종료결정). [판시] 원래 고용계약상의 노무공급의무는 일신전속적인 것이고(민법 제657조), 노무자가 사망하면 고용관계는 종료될 권리관계라고 할 것인바, 그렇다면 이 사건의 불기소처분 때문에 침해되었다 할 고용계약상의 지위는 노무자인 청구인의 사망에 의하여 종료되고 상속인에게 승계될 것이 아니다. 그러므로 그에 관련된 이 사건 심판절차 또한 수계될 성질이 못되고 이 사건은 청구인이 사망함과 동시에 당연히 그 심판절차가 종료되었다고 할 것이다. 그렇다면 절차관계의 종료를 명백히 확인하는 의미에서 심판절차 종료를 선언하기로 하여 주문과 같이 결정한다.

기본권들은 주관적 공권이므로 원칙적으로 일신전속적인 것이 많으나 아래에 보듯이 상속이 가능한 재산권과 같은 경우에는 관련하여 수계가 가능하다.

3) 재산권의 상속인의 경우

(가) 재산권이 보호법익인 범죄 피해자의 재산상속인의 수계 인정

고소인 사망 후 재산상속인의 당해 고소 관련 헌법소원청구는 고소권이 수계될 수 있으므로 적법하다고 본다.

판례 헌재 1993.7.29. 92헌마234

[사건개요] 재산권이 보호법익인 범죄의 피해자가 그 범죄의 혐의가 없다는 불기소처분에 대하여 검찰에 항고, 재항고를 한 뒤에 사망하였고 재항고기각결정을 통지받은 그 재산상속인(피해자의 처)이 헌법소원심판을 청구함. [판시] 청구인은 위 고소사건의 고소인이 아니므로 청구인의 이 사건 소원의 적격이 문제되나 형사소송법 제225조 제2항에서 피해자가 사망한 경우 그 배우자, 직계친족 또는 형제자매에게 고소권을 인정하고 있는 취지에 비추어 볼 때, 피해자인 고소인이 고소 후에 사망한 경우 피보호법익인 재산권의 상속인은 자신들이 따로 고소를 할 것 없이 피해자 지위를 수계하여 피해자가 제기한 당해 고소사건에 관한 검사의 불기소처분에 대하여 항고·재항고도 할 수 있고 또한 헌법소원 심판도 청구할 수 있다고 보는 것이 당연하다. 이러한 견해에서 볼 때 피해자인 고소인이 제기한 재항고의 기각통지를 받은 청구인(고소인의 처)이 제기한 이 사건 헌법소원심판청구는 적법하다.

(나) 개인택시 양도·상속금지 조항에 대한 상속인의 수계

이를 금지한 조항인 '여객자동차 운수사업법 시행령'(2009.11.27. 대통령령 제21854호로 개정된

것) 제10조의2 등에 대한 헌법소원심판사건에서 이 사건의 청구인들 중 한 사람이 청구 직후 사망하였고 상속인들이 심판청구절차를 수계하였음을 헌재가 결정문에서 밝히고 있는데 본안 판단으로서 헌재는 이 금지조항이 재산권을 침해하는지 여부에 대해 판단하였다.

판례 헌재 2012.3.29. 2010헌마443등

[관련판시] 김○○은 2010.7.16. '여객자동차 운수사업법'(2009.5.27. 법률 제9733호로 개정된 것, 이하 '법'이라 한다) 제14조, 제15조 및 '여객자동차 운수사업법 시행령'(2009.11.27. 대통령령 제21854호로 개정된 것, 이하 '시행령'이라 한다) 제10조의2, '여객자동차 운수사업법 시행령'(2009.11.27. 대통령령 제21854호, 이하 '2009년 시행령'이라 한다) 부칙 제3조의 위헌확인을 구하는 헌법소원심판을 청구하였는데, 김○○이 2010.7.31. 사망하여 그 상속인들인 장○○, 김○△, 김○□이 2010.10.20. 심판청구절차를 수계하였다.

* 해설 – 청구인 명단에 수계인들의 명단을 대조하여 다시 확인하려 했으나 별지가 인터넷에 올려있지 않아 불가능했다. 다만, 결정에서 수계와 관련하여 이를 부정하는 절차종료도 분명 없었고 또 본안판단에 들어간 위 시행령 제10조의2에 대해서는 수계인들의 그 부분 청구도 수계되었음을 위 판시에서 밝히고 있으므로 여기에 인용한 것이다.

4) 사자(死者)의 명예와 관련된 후손의 인격권

사자가 헌법소원심판의 청구인이 될 수는 없다. 헌재는 "사자(死者)에 대한 사회적 명예와 평가는 사자와의 관계를 통하여 스스로의 인격상을 형성하고 명예를 지켜온 그들의 후손의 인격권, 즉 유족의 명예 또는 유족의 사자에 대한 경애추모의 정에도 영향을 미친다"라고 한다.[1] 결국 죽은 사람의 경우 그 자녀가 인격권침해 등을 이유로 하여 자녀 자신이 청구인이 된다. 수계가능한 경우 등은 위에서 살펴보았다.

2. 단체의 헌법소원심판 청구인능력 인정

사람들이나 재산의 단체로서 법적 지위가 공식적으로 등기가 된 법인이나 그렇지 않으나 집단을 형성한 단체도 기본권주체가 되므로(* 이에 관해서 기본권총론, 기본권주체 부분에서 상론하였으므로 그 부분을 참조) 헌법소원심판을 청구할 능력을 가진다.

(1) '법인(사법인)'의 헌법소원심판 청구인능력 인정

사법(私法)의 적용을 받고 사적(私的) 활동을 하는 사법인(私法人)으로서 설립등기를 함으로써 성립된(민법 제33조) 법인도 기본권주체가 된다. 헌재는 사단법인, 재단법인, 영리성 유무를 가리지 않고 법인에게 성질상 인정될 수 있는 기본권의 침해에 대해 헌법소원심판을 청구할 수 있다고 한다.

[주요사항]

▷ 법인의 헌법소원심판 청구인능력 인정

1) 헌재 2011.3.31. 2008헌바111; 2014.6.26. 2012헌마757; 2018.5.31. 2016헌마626 등.

▷ 헌법소원심판 청구능력 주체인 법인의 범위
  - 사단·재단법인 모두 인정
  - 영리·비영리 불문하고 인정

판례 헌재 1991.6.3. 90헌마56, 영화법 제12조 등에 대한 헌법소원

[판시] 우리 헌법은 법인의 기본권 향유능력을 인정하는 명문의 규정을 두고 있지 않지만, 본래 자연인에게 적용되는 기본권 규정이라도 언론·출판의 자유, 재산권의 보장 등과 같이 성질상 법인이 누릴 수 있는 기본권은 당연히 법인에게도 적용하여야 할 것으로 본다. 따라서 법인도 사단법인·재단법인 또는 영리법인·비영리법인을 가리지 아니하고 위 한계 내에서는 헌법상 보장된 기본권이 침해되었음을 이유로 헌법소원심판을 청구할 수 있다. 청구인인 사단법인 한국영화인협회(이하 영화인협회라고 줄여 쓴다)는 "영화예술인 상호 간의 친목도모 및 자질 향상, 민족영화예술의 창달발전을 기함을 목적으로, 그 목적을 달성하기 위하여" 설립된 민법상의 비영리사단법인으로서, 성질상 법인이 누릴 수 있는 기본권에 관한 한 그 이름으로 헌법소원심판을 청구할 수 있다.

(2) '법인 아닌 사단·재단'에 대한 헌법소원심판 청구인능력 인정

설립등기가 되어 있지 않은 법인격없는 단체를 '법인(法人) 아닌 사단·재단' 또는 '비법인(非法人)인 사단·재단'이라고 부른다. 이 법인 아닌 사단·재단도 그 기본권주체성을 인정하고 우리 헌재도 헌법소원심판청구인 능력을 인정하고 있다. 다만, 그 인정요건으로 대표자의 정함이 있고 독립된 사회적 조직체로서 활동하는 것을 요구한다.

[주요사항] 법인 아닌 사단·재단의 헌법소원청구인능력 인정

▷ 인정과 그 인정요건 : 법인 아닌 사단·재단이라고 하더라도 대표자의 정함이 있고 독립된 사회적 조직체로서 활동하는 때에는, 성질상 법인이 누릴 수 있는 기본권을 침해당하게 되면 그의 이름으로 헌법소원심판을 청구할 수 있음

판례 헌재 1991.6.3. 90헌마56

[사안] 과거의 공연윤리위원회의 사전심의제가 언론에 대한 검열금지를 규정한 헌법 제21조 제1항·제2항에 위반된다는 주장으로 영화인협회, 이 협회에 소속된 분과위원회인 감독위원회가 청구한 헌법소원심판이었다. [판시] 법인 아닌 사단·재단이라고 하더라도 대표자의 정함이 있고 독립된 사회적 조직체로서 활동하는 때에는 성질상 법인이 누릴 수 있는 기본권을 침해당하게 되면 그의 이름으로 헌법소원심판을 청구할 수 있다(민사소송법 제48조 참조). 청구인 사단법인 한국영화인협회(이하 영화인협회라고 줄여 쓴다)는 "영화예술인 상호 간의 친목도모 및 자질향상, 민족영화예술의 창달발전을 기함을 목적으로, 그 목적을 달성하기 위하여" 설립된 민법상의 비영리사단법인으로서 성질상 법인이 누릴 수 있는 기본권에 관한 한 그 이름으로 헌법소원심판을 청구할 수 있다.

* 위 사안에서 영화인협회의 청구인능력이 인정되었으나 헌법소원의 다른 청구요건인 자기관련성(후술 참조)을 갖추지 못한다고 하여 협회의 청구에 대해서는 결국 각하결정이 있었다. 즉 "단체는 특별한 예외적인 경우를 제외하고는 헌법소원심판제도가 가진 기능에 미루어 원칙적으로 단체 자신의 기본권을 직접 침해당한 경우에만 그의 이름으로 헌법소원심판을 청구할 수 있을 뿐이고, 그 구성원을 위하여 또는 구성원을 대신하여 헌법소원심판을 청구할 수 없는 것"이라고 하고 결국 "영화인협회의 이 사건 헌법소원심판청구는 자기관련성의 요건을 갖추지 못한 부적법한 것"이라고 하여, 그리고 분과위원회인 감독위원회도 8개의 분과위원회 가운데 하나에 지나지 아니하여 달리 단체로서의 실체를 갖춘 것이 아니라서

그 심판청구는 헌법소원청구 능력이 없는 자의 청구여서 부적법하다고 하여[후술 (3) 참조] 결국 전부 각하의 결정을 하였다. * 이후 영화에 대한 사전심의제도는 사전검열이라고 하여 위헌결정들이 내려졌다[헌재 1996.10.4. 93헌가13, 91헌바10(병합), 판례집 8-2, 212면 이하 참조].

* 위 결정에서와 비슷한 이유로, 즉 단체가 청구인능력을 가지나 자기관련성이 없다고 하여 각하결정된 예 : 헌재 1995.7.21. 92헌마177등([사안] 선거일공고일부터 선거일까지 선거에 관한 여론조사결과의 공표를 금지하고 있었는데(지금은 금지기간이 당시보다 짧음) 이 금지가 언론·출판의 자유 및 국민의 알 권리를 침해한다는 주장으로 한국신문편집인협회와 모일간지 편집국장이 청구한 헌법소원심판이었다. 한국신문편집인협회가 청구인능력은 가지나 자기관련성이 없다고 하여 그 청구에 대해서는 각하결정이 되었다. 반면 편집국장의 청구에 대해서는 본안판단까지 들어갔는데 합헌성을 인정하는 기각결정이 있었다).

*** 또 다른 동지의 결정례**

판례 헌재 2011.6.30. 2009헌마595

[사안] '공공기관의 정보공개에 관한 법률 시행규칙' 제7조(수수료의 금액) 관련 별표가 전자기록의 형태로 작성·관리되고 있는 공개목록을 전자우편을 통해 공개하는 경우에도 일반문서 또는 전자파일의 사본(출력물)의 공개와 마찬가지로 단순히 공개되는 정보의 양에 비례하여 수수료를 산정하도록 하는 것은 과도한 비용을 부담하게 하는 것으로서 알 권리를 침해하는 것이라 주장하며 '○○ 정보공개센터'가 심판청구를 한 것이다. [판시] 청구인은 공공기관 및 민간기관을 상대로 한 정보공개캠페인, 국민의 알 권리 실현과 사회의 투명성 확보를 위한 법 제도 개선, 정보공개 활성화를 위한 교육 및 출판 등을 목적으로 2008. 10.9.창립총회를 개최하여 설립된 비영리단체로서 정관에 의하면 4인 이내의 대표, 30인 이내의 이사, 2인의 감사를 두고 총회, 이사회, 사무국 등의 조직을 두도록 되어 있고, 이에 따라 현재 2인의 대표자와 서울 종로구 통인동 132에 사무국을 두고 있으므로 대표자의 정함이 있는 독립된 사회적 조직체로 볼 수 있다. 그리고 이 사건에서 청구인이 침해당하였다고 주장하는 알 권리는 그 성질상 자연인만 향유할 수 있는 기본권이 아니라 청구인과 같은 단체 역시 향유할 수 있는 기본권으로 봄이 상당하다. 따라서 이 사건에서 청구인의 헌법소원심판청구능력은 인정될 수 있다. * 문제는 기본권 침해의 직접성이 부정되어 결국 각하결정이 되었다.

(3) 단체 내부에 소속된 분과위원회에 대한 청구인능력 부인

반면 헌재는 단체 자체가 아니라 소속된 부분적인 기관인 위원회에 대해서는 단체로서 실체를 갖춘 것이 아니어서 청구인능력을 부정한다.

판례 헌재 1991.6.3. 90헌마56

[판시] 청구인 한국영화인협회 감독위원회(이하 감독위원회라고 줄여 쓴다)는 영화인협회로부터 독립된 별개의 단체가 아니고, 영화인협회의 내부에 설치된 8개의 분과위원회 가운데 하나에 지나지 아니하며(사단법인 한국영화인협회의 정관 제6조), 달리 단체로서의 실체를 갖추어 당사자 능력이 인정되는 법인아닌 사단으로 볼 자료도 없다. 따라서 감독위원회는 그 이름으로 헌법소원심판을 청구할 수 있는 헌법소원심판청구능력이 있다고 할 수 없는 것이므로 감독위원회의 이 사건 헌법소원심판청구는 더 나아가 판단할 것 없이 부적법하다.

(4) 단체의 청구인능력의 의미

단체 자체가 헌법소원청구인능력을 가진다는 것은 단체 구성원의 기본권이 아니라 단체 자체가 가지는 기본권이 침해되었을 때 헌법소원을 청구할 수 있다는 의미이다. 판례이론에 따르면 단체 자체가 자신의 기본권의 침해가 없는데도 헌법소원을 청구할 경우에는 또 다른 청구요건인 자기관련성이 없다는 것이 된다. 따라서 앞의 영화인협회 청구는 단체 자체가 아닌 구성원의 기본권침해가 문제되었으므로 청구인능력은 있으나 자기관련성이 없어 협회의 청구가 각하된 것이다. 예를 들어 구성원인 영화인이 자신의 영화연기활동을 방해받는 등의 기본권(표현예술의 자유)침해이면 이는 구성원인 영화인의 기본권침해라서 협회가 청구하면 자기관련성이 없다는 것이다. 협회는 예를 들어 협회 자체의 기본권인 예를 들어 협회 자체의 재산권이 침해되었다고 하여 헌법소원을 청구한다면 협회가 자기관련성을 가진다고 볼 것이다. * 단체의 자기관련성 문제에 대해서는 뒤의 자기관련성 요건 부분 참조.

3. 정당의 헌법소원청구능력 인정

(1) 정당의 법적 지위와 청구인능력 인정

정당(政黨)도 당연 정치적 의사를 표현할 자유, 평등권(91헌마21, 정당활동의 기회균등, 과다한 기탁금의 차등대우의 위헌성), 선거운동의 자유, 재산권(92헌마262, 지구당 플래카드 손괴사건) 등의 기본권을 누릴 수 있는 주체의 지위를 가지므로 헌법소원을 청구할 수 있는 능력을 가진다.

(2) 등록취소된 정당

헌재는 등록취소된 정당에게도 '권리능력 없는 사단'의 실체를 가지고 있어 정당존속·활동의 자유를 내용으로 하는 정당설립의 자유를 기본권으로 인정하고 그것의 침해에 대한 헌법소원의 청구인능력을 인정한다(2012헌마431, 국회의원선거에 참여하여 의석을 얻지 못하고 일정 수준의 득표를 하지 못한 정당을 등록취소하게 한 구 정당법조항이 정당존속 및 정당활동의 자유를 내용으로 하는 정당설립의 자유를 과잉금지원칙에 위배되어 침해한다고 하여 위헌결정이었다).

판례 헌재 2014.1.28. 2012헌마431등

[판시] 가. 제한되는 기본권 – 정당설립의 자유는 헌법 제8조 제1항 전단에 규정되어 있지만, 국민 개인과 정당 그리고 '권리능력 없는 사단'의 실체를 가지고 있는 등록취소된 정당에게 인정되는 '기본권'이다. 이 사건 심판대상조항들에 의해 제한되는 기본권은 헌법 제21조 제1항의 '결사의 자유'의 특별규정으로서 헌법 제8조 제1항 전단의 '정당설립의 자유'이다(헌재 2006.3.30. 2004헌마246 참조). [본안쟁점과 결정] 정당등록취소조항은 국회의원선거에 참여하여 의석을 얻지 못하고 일정 수준의 득표를 하지 못한 정당인 진보신당·녹색당 및 청년당의 등록을 취소함으로써 청구인들의 정당존속 및 정당활동의 자유를 내용으로 하는 정당설립의 자유를 제한하고, 정당명칭사용금지조항은 청구인들이 등록취소된 정당인 진보신당·녹색당 및 청년당의 명칭과 동일한 명칭을 정당의 명칭으로 사용하는 것을 금지함으로써 정당설립의 자유를 제한한다는 주장의 헌법소원사건들이었는데 본안판단결과 당시 정당법(2005.8.4. 법률 제7683호로 개정된 것) 제41조 제4항 중 제44조 제1항 제3호에 관한 부분'정당명칭사용금지조항'), 제44조 제1항 제3호('정당등록취소조항')에 대해 위헌결정이 내려진 사건이었다.

* 이 결정 이전에 이미 헌재가 정당이 재산권과 관련하여 '법인격 없는 사단'이라고 판시한 바 있다(헌재 1993.7.29. 92헌마262).

(3) 헌법소원심판 청구 후 등록취소된 경우

헌재는 아래의 결정에서 이 경우에도 헌법소원심판청인능력이 인정된다고 본다. 정당설립의 자유와 같은 기본권은 정당등록 이전부터도 인정되는 기본권이다.

판례 2006.3.30. 2004헌마246

[판시] 청구인은 2004.4.20.자로 등록이 취소된 이후에도, 취소 전 사회당의 명칭을 사용하면서 대외적인 정치활동을 계속하고 있고, 대내외 조직 구성과 선거에 참여할 것을 전제로 하는 당헌과 대내적 최고의사결정기구로서 당대회와, 대표단 및 중앙위원회, 지역조직으로 시 · 도위원회를 두는 등 계속적인 조직을 구비하고 있고, 사회당의 대표인 신○○은 '사회당 2004', '사회당 2005'라는 명칭으로 창당준비위원회 결성신고를 하였으나 각 그 활동기간 만료일까지 정당등록을 못하여 정당등록이 좌절된 사실 등에 비추어 보면, 사회당은 등록이 취소된 이후에도 '등록정당'에 준하는 '권리능력 없는 사단'으로서의 실질을 유지하고 있다고 볼 수 있으므로 이 사건 헌법소원의 청구인능력을 인정할 수 있다고 할 것이다. 정당의 청구인능력은 정당법상의 등록요건을 구비함으로써 생기는 것이 아니고, 그 법적 성격이 권리능력 없는 사단이라는 점에서 인정되는 것이기 때문이다. 또한, 정당설립의 자유는 그 성질상 등록된 정당에게만 인정되는 기본권이 아니라 청구인과 같이 등록정당은 아니지만 권리능력 없는 사단의 실체를 가지고 있는 정당에게도 인정되는 기본권이라고 할 수 있고 …

(4) 정당이 청구인이었던 결정례들

정당이 청구인이었던 결정례들을 아래와 같이 정리해 볼 수 있다.

i) **위헌결정례** – 2012헌마431, 위에서 살펴보았다.

ii) **헌법불합치결정례** – 기탁금 문제 – 광역지방의회의원선거에서의 과다한 기탁금이 정당활동의 기회균등을 위배한다고 하여 헌법불합치결정한 아래의 예가 그것이다.

판례 헌재 1991.3.11. 91헌마21

[사건개요] 서울특별시의회 의원선거에 후보자가 되려고 준비중인 청구인과 동 선거에 소속당원을 추천하고자 하는 본 사건 청구를 한 정당(민중당)은, 시 · 도의회 의원선거에의 입후보에 700만원을 기탁하도록 규정한 지방의회의원선거법 제36조 제1항이 평등권과 공무담임권을 침해하는 규정이라고 주장하면서 헌법소원을 제기하였다. [판시] 이 사건 청구인 중 민중당의 경우 헌법소원심판의 청구인적격이 있는지에 관하여 보건대, 현행 지방의회의원선거법은 시 · 도의회의원선거에 있어서는 제31조에서 정당의 후보자 추천을 인정하고, 제41조에서 정당의 선거운동을 인정하고 있으며, 제45조에서는 정당의 선거사무장 등의 선임 및 해임을 규정하는 등 정당의 선거관여를 허용하고 있는데, 민중당은 헌법상의 정당이므로 시 · 도의회의원선거에 있어서 직접적인 이해관계를 갖고 있다고 할 것이며, 따라서 자기관련성이 있다고 할 것이다. * 헌법재판소는 본안판단결과 위 법률규정에 대하여 헌법불합치결정을 하였다.

iii) 각하결정례

① **전국구국회의원 의석승계 미결정 문제** 아래 결정은 소속 전국구 의원이 탈당한 경우라도 당시 공직선거법상 전국구의원직이 유지되어 궐원이 되지는 않아 중앙선관위가 후순위 승계를 인정해야 할 작위의무 없다고 하여 각하한 결정이다.

판례 헌재 1994.4.28. 92헌마153, 미결정 위헌확인

[사안] 이 사건은 통일국민당이, 소속 전국구국회의원이 탈당하여 자당의 차순위 전국구후보가 의석을 승계하도록 중앙선거관리위원회가 결정하여야 함에도 하지 않았다 하여 제기된 헌법소원인데 헌재는 중선위의 승계결정의무가 없다 하여 각하결정하였다. [판시] 1. 조○○이 청구인 정당을 탈당하였어도 이로 인하여 전국구의원의 궐원이 생기는 것은 아니므로 피청구인(중앙선거관리위원회)에게 위 조○○이 청구인 정당을 탈당하였음을 원인으로 하여 청구인 강○○에 대하여 전국구의원 승계결정을 할 작위의무가 존재하지 않았다고 할 것이고, 헌법에서 유래하는 작위의무가 없는 공권력의 불행사에 대한 위헌확인을 구하는 이 사건 주된 헌법소원심판청구는 부적법하다. 2. 위 조○○이 청구인 정당을 탈당할 당시 시행되던 구 국회의원선거법 제143조 제2항은 청구인들에게 적용될 규정이 아니고, 따라서 위 규정으로 인하여 청구인들의 권리가 침해되었음을 이유로 위 규정에 대한 위헌확인을 구하는 예비적 청구는 자기관련성이 없는 법률규정에 대한 헌법소원심판청구이어서 부적법하다.

② **정당 단합대회 관련 질의에 대한 회신** 어떠한 당원 집회도 법령개정으로 금지되어 중앙선관위의 부정적 이 회신을 심판할 이익이 없다고 하여 각하한 결정이다.

판례 헌재 1994.7.29. 91헌마137

[사안] 구 지방의회의원선거법이 적용되던 당시 정당의 단합대회를 현수막, 벽보·전단·광고 등을 통해 고지하는 것은 그 고지에 특정 정당 후보자를 지지·반대하는 내용이 포함되지 않고 당원만의 참석을 요청하는 내용일 경우 적법한 것이 아닌가 하는 질의를 민주당으로부터 받은 중앙선거관리위원회가 이는 지방의회선거법 제40조, 제57조, 제59조, 제67조 또는 제68조에 위반된다는 회답을 하자, 민주당이 중앙선거관리위원회 회답에 대해 제기한 헌법소원심판사건인데 헌재는 법령개정으로 심판청구의 이익이 없다는 이유로 각하결정함. [판시] 이 사건 심판(審判) 계속 중인 1994.3.16. 위 지방의회의원선거법 등 종전의 선거법들을 모두 폐지하고, 새로이 '공직선거 및 선거부정방지법'으로 선거법을 통합하여 제정하면서, 선거기간 중에는 정당의 단합대회는 물론 선거에 영향을 미치는 어떠한 정당활동로서의 당원 집회도 금지하는 규정을 둠으로써(동법(同法) 제103조 제1항, 제141조 제1항), 앞으로는 규범상 이 사건과 같은 집회개최도 있을 수 없고, 따라서 그러한 집회개최에 대한 고지방법만을 제한하는 내용인 위 중앙선거관리위원회의 질의회답이 정당의 특권이나 집회를 알릴 권리를 침해하는 것인지의 여부를 헌법적으로 해명할 중요한 의미를 지닌다거나 반복적인 침해의 위험성이 구체적으로 있을 수 없으므로, 이 사건은 심판이익을 인정하여야 할 특별한 경우에 해당된다고 할 수 없다.

4. 대학의 자율성, 학문의 자유에 관한 국립대학교의 기본권주체성 인정

대학도 자율성, 학문의 자유 등의 기본권의 주체가 될 수 있으므로(헌재 1992.10.1. 92헌마68등) 그 기본권들과 관련하여 헌법소원청구인능력을 가진다.

(1) 국·공립대학교

국·공립대학교의 경우 학교 자체가 청구인이 될 것이고 총장이 대표자가 되어 심판을 수행하게 된다. 아래에 결정례를 본다. 사안은 교육부장관이 ○○대학교 법학전문대학원에 대하여, 신입생 1명의 모집을 정지하도록 한 행위가 그 대학의 자율권을 침해하여 위헌이라고 보아 위헌확인과 취소결정을 한 사건이었다. 헌재가 청구인능력을 직접적으로 명시적으로 긍정

하는 표현을 쓰지는 않고 쟁점에서 대학자율권을 제한하고 있음을 밝혀 청구인능력이 인정됨을 전제하는 결정이라고 볼 것이다.

판례 헌재 2015.12.23. 2014헌마1149

[당사자] 청구인 ○○대학교 대표자 총장직무대리 강○○ 대리인 변호사 이○○, 피청구인 교육부장관 [주문] 피청구인이 ○○대학교 법학전문대학원에 대하여, 2015학년도 신입생 1명의 모집을 정지하도록 한 행위는 청구인의 대학의 자율권을 침해하므로 위헌임을 확인하고, 2016학년도 신입생 1명의 모집을 정지하도록 한 행위는 청구인의 대학의 자율권을 침해하므로 이를 취소한다. [사건개요 일부] 청구인은 ○○도를 소재지로 설립된 국립대학교이고, ○○대학교총장은 ○○대학교의 장으로서 교무를 통할하고 소속 교직원을 감독하며 학생을 지도하고 학교를 대표하며(국립학교 설치령 제5조), 피청구인은 학교교육에 관한 사무를 관장하는 행정각부의 장으로 학교를 지도·감독하며 법학전문대학원의 설치·운영에 관한 사항을 주관한다. [관련판시] 가. 이 사건의 쟁점 (1) 헌법재판소는, 헌법 제31조 제4항이 정하는 교육의 자주성 및 대학의 자율성은 헌법 제22조 제1항이 보장하는 학문의 자유의 확실한 보장수단으로 꼭 필요한 것으로서 대학에게 부여된 헌법상의 기본권인 대학의 자율권이라고 판시하면서 국립 서울대학교가 대학의 자율권의 주체가 될 수 있음을 인정한 바 있고(헌재 1992.10.1. 92헌마68등 참조), 대학의 자율권은 기본적으로 대학에게 부여된 기본권이고 이러한 대학의 자율권의 보호영역에는 대학시설의 관리·운영만이 아니라 학사관리 등 전반적인 것으로 연구와 교육의 내용, 그 방법과 대상, 교과과정의 편성, 학생의 선발, 학생의 전형도 포함된다(헌재 1992.10.1. 92헌마68등 참조). 그런데 이 사건 모집정지는 ○○대학교 법학전문대학원의 2015학년도 및 2016학년도 신입생 모집정원 40명 중 각 1명의 모집을 정지하도록 하고 있으므로, 국립대학교인 청구인의 학생 선발에 관한 대학의 자율권을 제한한다. (2) 청구인은 이 사건 모집정지에 대하여 행정소송을 제기하지 아니한 채 바로 헌법소원심판을 청구하였으므로 보충성 요건을 갖추었는지 여부가 문제되지만, 법인화되지 않은 국립대학은 영조물에 불과하고, 그 총장은 국립대학의 대표자일 뿐이어서 행정소송의 당사자능력이 인정되지 않는다는 것이 법원의 확립된 판례이므로(대법원 2010.3.11. 선고 2009두23129 판결; 대법원 2007.9.20. 선고 2005두6935 판결 등 참조) 설사 청구인이 이 사건 모집정지에 대하여 행정소송을 제기한다고 할지라도 부적법 각하될 가능성이 많아 행정소송에 의하여 권리 구제를 받을 가능성이 없는 경우에 해당되고, 따라서 보충성의 예외를 인정함이 상당하다.

* 분석 – ⅰ) 이 결정에서 제한되는 기본권으로 대학자율권을 들고 있고 본안판단으로 들어갔으므로 국립대학교의 청구인능력이 대학자율권과 관련하여 당연히 인정되는 것을 전제로 하는 것이다. 그런데 이상한 것은 이 결정의 [판시사항]을 보면 “1. 헌법소원심판에서 국립대학에 대하여 대학의 자율권의 주체로서 청구인 능력을 인정한 사례”라고 기재되어 있고 그 해당 [결정요지]를 보면 “1. 헌법 제31조 제4항이 규정하는 교육의 자주성 … 국립대학인 청구인도 이러한 대학의 자율권의 주체로서 헌법소원심판의 청구인능력이 인정된다”라고 하여 결정문 원문에는 안나오는 ‘청구인 능력’이란 용어를 기재하고 있다. 취지는 맞지만 결정문 원문에 직접 언급되지 않은 용어가 [판시사항], [결정요지]에 나타나는 것은 이해가 어렵다. ⅱ) 위 판시 (2)부분에서 보충성원칙의 예외를 논증하고 있는데 청구인 능력과 관련하여 논의점이 없지 않다(이에 관해서는 뒤의 보충성원칙, 예외, 당사자능력 부정으로 인한 예외 인정 부분 참조).

(2) 사립대학교

사립대학교의 경우 학교법인이 청구인이 될 것이고 법인 이사장, 총장이 대표자가 되어 심판을 수행하게 된다. 아래에 결정례를 본다. 사안은 법학전문대학원 예비인가 거부결정이 문제된 것인데 법학전문대학원의 인가기준, 정원 등을 정한 이 사건 법률 제5조 제2항, 제6조 제1항, 제7조 제1항이 법학전문대학원을 설치하고자 하는 대학의 자율성을 침해하는지 여부가 문제된 사건인데 합헌성을 인정하는 결정이 내려졌다. 위헌소원('헌바')도 병합된 사건인데 헌재가 청구인능력에 대해 직접 언급하지 않았으나 대학의 자율성을 제한하는 문제가 있다고 보고 본안판단에 들어가 합헌성을 인정하였으므로 사립대학교 법인의 청구인능력을 인정한 것을 전제한다.

판례 헌재 2009.2.26. 2008헌마370등

[당사자] 청구인 1. 학교법인 ○○학원(2008헌마370) 대표자 이사장 한○○ 2. 학교법인 □□학원(2008헌마370) 대표자 이사장 송○ 3. 학교법인 △△학원(2008헌바147) 대표자 이사장 이○○, 피청구인 교육과학기술부장관(2008헌마370) [당해사건] 서울행정법원 2008구합5902 법학전문대학원설치예비인가거부처분취소(2008헌바147) [관련판시] 이 사건 법률조항에 의하여 제한되는 기본권 − 대학의 자율성은 법률이 정하는 바에 의하여 보장되므로(헌법 제31조 제4항), 대학은 수행해야 할 과제의 범위 내에서 그 조직·운영상의 폭넓은 재량을 가지고 있다. 따라서 학교법인은 대학을 운영하는 과정에서 대학원 학위과정과 특수대학원의 설치 여부 등을 자발적으로 결정할 수 있어야 하지만, 이 사건 법률조항에 의하여 법률이 정하는 설치조건을 충족하였더라도 법학전문대학원의 설치 여부와 그 입학정원에 대하여 규제를 받고 있다. 그러므로 이 사건 법률조항은 법학전문대학원을 설치·운영하고자 하는 대학의 자율성을 제한한다.

(3) 교수, 교수회

헌재는 대학 자체뿐 아니라 교수나 교수회도 대학의 자치의 주체성이 인정될 수 있다고 보고 경우에 따라 대학, 교수, 교수회 모두가 단독, 혹은 중첩적으로 그 주체가 될 수 있다고 본다. 이 점에서 청구인능력을 인정할 수 있다. 교수, 교수회도 대학자율권의 주체가 된다는 위 법리를 밝힌 아래 결정의 사안은 대학의 장 후보자 선정의 방식으로 '대학의 장임용추천위원회에서의 선정'을 규정한 교육공무원법 제24조 제4항은 간선제를 강요하여 대학의 자율을 침해하는 것인지 여부 등이 문제된 사건이었는데 기각결정이 되었다. 대학의 자율을 침해하지 않고 교육제도 법정주의에 반하지 않는다는 것이다.

판례 헌재 2006.4.27. 2005헌마1047등

[판시] 대학의 자치의 주체를 기본적으로 대학으로 본다고 하더라도 교수나 교수회의 주체성이 부정된다고 볼 수는 없고, 가령 학문의 자유를 침해하는 대학의 장에 대한 관계에서는 교수나 교수회가 주체가 될 수 있고, 또한 국가에 의한 침해에 있어서는 대학 자체 외에도 대학 전구성원이 자율성을 갖는 경우도 있을 것이므로 문제되는 경우에 따라서 대학, 교수, 교수회 모두가 단독, 혹은 중첩적으로 주체가 될 수 있다고 보아야 할 것이다.

5. 노동조합

노동조합도 기본권을 누릴 수 있으므로 자신의 기본권이 침해되면 그 구제를 위하여 헌법

소원심판을 청구할 능력이 있다. 노동조합이 실제로 청구인이 된 사건들로는 아래와 같은 예들이 있었다.

① **노동조합 대표자의 단체협약체결권에 대한 총회의 제한의 부정**

판례 헌재 1998.2.27. 94헌바13등

[당사자] 청구인 ○○주식회사 노동조합(94헌바13) 대표자 위원장 강○○ [당해사건] 부산고등법원 93구3622 노동조합규약변경보완명령취소(94헌바13) [본안쟁점] 노동조합의 대표자 또는 노동조합으로부터 위임을 받은 자는 사용자나 사용자단체와 단체협약의 체결에 관하여 교섭할 권한이 있다고 규정한 구 노동조합법 제33조 제1항은 노동조합 대표자, 수임자에게 교섭권만이 아니라 단체협약체결권도 부여하는 것이고 그리하여 노동조합 대표자가 체결하는 단체협약을 노동조합 총회(전체 조합원)의 의결에 의해서도 제한할 수 없다고 해석하여야 하고 그렇게 해석되는 위 법 제33조 제1항이 헌법에 위반되지 않는지 여부(합헌결정).

② **노동조합의 정치자금기부금지규정 위헌성**

판례 헌재 1999.11.25. 95헌마154

[당사자] 청구인 ○○ 주식회사 노동조합 대표자 위원장 김○○ [본안쟁점] 노동조합은 정치자금을 기부할 수 없다고 금지하는 것은 노동조합의 노동자들의 정치적 자유, 결사의 자유, 단결권, 평등권을 위헌적으로 침해하는 것인지 여부(위헌결정). * 위 위헌결정 이후 노동단체의 정치자금 기부금지 조항이 삭제되어 노동단체의 정치자금 기부가 가능해졌다가 기업의 불법 정치자금제공이 사회적으로 크게 문제되어 2004.3.12. 법률 제7191호로 개정된 정치자금법은 기업의 정치헌금을 원천적으로 봉쇄하기 위하여 노동조합을 포함한 모든 단체의 정치자금 기부를 금지하였다. 이 개정된 금지규정에 대해서 헌법소원심판이 청구되었으나 헌재는 이번에는 합헌으로 결정하였다(헌재 2010.12.28. 2008헌바89).

Ⅱ. 청구인능력이 부인되는 경우

지방자치단체도 현행 지방자치법 제3조 제1항이 "지방자치단체는 법인으로 한다"라고 명시하여 공법인이므로 지방자치단체와 그 소속기관인 지방자치단체장, 지방의회는 헌법소원의 청구인능력을 가지지 않는다.

또한 사법인에 있어서도 법인 자체가 아닌 소속 분과위원회 등은 헌법소원심판의 청구인능력이 없다고 본다.

1. 국가(국가기관)의 헌법소원청구능력 부인

앞서 기본권주체 이론에서 다룬 대로 국가나 그 소속 국가기관 등은 기본권주체가 될 수 없으므로 기본권침해도 상정할 수 없고 그 침해의 구제수단인 헌법소원도 청구할 능력을 가지지 못한다. 헌재는 국가나 그 소속 기관, 국가조직의 일부, 공법인이나 그 소속 기관 등은 기본권주체가 아니고 오히려 국민의 기본권을 보호 내지 실현해야 할 '책임'과 '의무'를 지니고 있는 지위에 있을 뿐이므로 적격이 없다고 본다.

[주요사항] 국가·국가기관·국가조직의 일부의 헌법소원청구인적격(능력) 부인

▷ 국가·국가기관·국가조직의 일부는 기본권의 수범자이지 기본권주체가 아니고 오히려 국민의 기본권을 보호 내지 실현해야 할 '책임'과 '의무'를 지니고 있는 지위에 있을 뿐이므로 청구인적격(능력) 없음

용어 문제 : 우리 헌법재판소는 '청구인능력'이란 용어보다는 '청구인적격'이라는 용어를 사용하고 있다. 그러나 여기서는 기본권의 주체성이 인정되어 헌법소원을 청구할 일반적인 법적 지위를 의미하므로 우리는 청구인능력이란 용어가 더 적절하다고 보고, 청구인적격은 청구인능력을 가지는 자가 구체적인 기본권침해가 있는 경우에 구체적인 청구로 나아갈 수 있는 지위에 있다는 의미로 사용하고자 한다. 즉 후술하겠지만, 기본권침해의 자기관련성, 직접관련성 등의 문제를 적격의 문제로 보고자 한다. 헌법재판소가 당해 결정에서 적격이라는 용어를 사용한 경우에 인용에 있어서는 어쩔 수 없이 그대로 인용하긴 한다.

(1) 국회상임위원회의 헌법소원청구능력 부인

[주요판시사항]

▷ 국회상임위는 국가기관인 국회의 일부조직이므로 기본권주체가 될 수 없고 따라서 헌법소원적격 없음

판례 헌재 1994.12.29. 93헌마120

[사건개요] 피고발인은 1992.10.23. 노동부 국정감사실에서 실시하는 92년 국회로동위원회 국정감사에 증인으로 출석하라는 동 위원회 위원장 명의의 요구서를 받고도 출석하지 않아 청구인(국회노동위원회)에 의하여 국회에서의 증언·감정 등에 관한 법률 위반죄로 고발되었으나 피청구인(검사)이 혐의 없음의 불기소처분을 하여 청구인이 항고·재항고절차를 밟아 기각되자 헌법소원을 제기한 것이다. [결정요지] 헌재법 제68조 제1항은 "공권력의 행사 또는 불행사로 인하여 기본권을 침해받은 자는 헌법소원의 심판을 청구할 수 있다"고 규정하고 있다. 여기서 기본권을 침해받은 자만이 헌법소원을 청구할 수 있다는 것은 곧 기본권의 주체라야만 헌법소원을 청구할 수 있고, 기본권의 주체가 아닌 자는 헌법소원을 청구할 수 없다는 것을 의미하는 것이다. 기본권 보장규정인 헌법 제2장의 제목이 "국민의 권리와 의무"이고 그 제10조 내지 제39조에서 "모든 국민은 … 권리를 가진다"고 규정하고 있으므로 국민(또는 국민과 유사한 지위에 있는 외국인과 사법인(私法人))만이 기본권의 주체라 할 것이다. 국가나 국가기관 또는 국가조직의 일부나 공법인은 기본권의 '수범자'(Adressat)이지 기본권의 주체로서 그 '소지자'(Träger)가 아니고 오히려 국민의 기본권을 보호 내지 실현해야 할 '책임'과 '의무'를 지니고 있는 지위에 있을 뿐이다. 그런데 청구인은 국회의 노동위원회로 그 일부조직인 상임위원회 가운데 하나에 해당하는 것으로 국가기관인 국회의 일부조직이므로 기본권의 주체가 될 수 없고 따라서 헌법소원을 제기할 수 있는 적격이 없다고 할 것이다. 그렇다면 이 사건 헌법소원심판청구는 부적법하므로 이를 각하하기로 한다.

(2) 기본권침해법률에 대한 헌법소원에서의 국회의원의 청구인무능력

국회의원도 국가기관이다. 국회의원이 사적인 지위에서가 아니라 이러한 국가기관에서 행한 행위는 '권리'가 아니라 '권한'의 행사로서 기본권침해구제인 헌법소원을 청구할 수 있는 성질의 것이 아니다.

1) 국회의원의 질의권·토론권·표결권 등의 침해에 관한 헌법소원의 부적법성

헌재는 국회의원의 질의권·토론권·표결권의 침해는 기본권의 침해가 아니라서 이를 이

유로 한 헌법소원청구를 국회의원이 할 수 없다고 본다.

[주요판시사항]

▷ 국회의원의 질의권 · 토론권 · 표결권 = 권한≠기본권

국회의원의 질의권 · 토론권 · 표결권의 침해≠기본권침해

∴ 국회의원은 기본권침해에 대한 구제수단인 헌법소원청구 불가능(각하결정)

판례 헌재 1995.2.23. 91헌마231

* 이 결정은 1991년에 있었던 소위 국회의 '날치기 통과' 사건에 대한 것이었다.

[결정요지] ① 청구인들이 이 사건 헌법소원 심판청구이유로서 주장하는 바는 다음과 같다. 가. 국회의장은 제156회 정기국회 마지막 날인 1991년 12월 18일 23:20경 본회의 의사진행이 불가능한 상태에서, 민주자유당 소속 국회의원들의 호위를 받으며 국회의장석 뒷문을 통하여 본회의장에 들어와 의장석이 아닌 여당의석 중간통로에서 23:45경 무선마이크로 개의를 선언하고 추곡수매동의안, 제주도개발특별법안, 바르게살기운동조직육성법안 등 3개의 의안을 일괄 상정한 다음, 민주당 소속 국회의원들의 이의가 있었음에도 불구하고 불과 10초 만에 가결을 선포하여 날치기로 이를 처리 · 통과시켰다. 위 의안처리과정에서 국회의장은 의사정족수 및 의결정족수를 확인하지 아니하였고 적법한 표결절차를 밟지도 아니하였으므로 가결처리된 위 법률안 등은 무효이다. 나. 피청구인(국회의장)의 위와 같은 불법적인 의안처리행위로 국민주권주의, 법치주의, 적법절차의 원리 등 헌법의 기본원리가 훼손됨으로써 청구인들은 국민으로부터 입법권(구체적으로 질의권, 토론권, 표결권 등)을 부여받은 국회의원들로서 위 기본원리가 보장됨으로써 누릴 수 있는 기본권을 침해받았다. ② 그러므로 먼저 이 사건 심판청구가 적법한 것인지 여부에 관하여 살펴본다. 가. 헌법재판소법 제68조 제1항은 법원의 재판을 제외한 공권력의 행사 또는 불행사로 인하여 헌법상 보장된 기본권을 침해받은 자는 헌법소원심판을 청구할 수 있도록 규정하고 있다. 위 규정에 의한 헌법소원은 헌법이 보장하는 기본권의 주체가 국가기관의 공권력 행사 또는 불행사로 인하여 그 기본권을 침해받았을 경우 이를 구제하기 위한 수단으로 인정된 것이다. 그러므로 헌법소원을 청구할 수 있는 자는 원칙으로 기본권의 주체로서의 국민에 한정되며 국민의 기본권을 보호 내지 실현할 책임과 의무를 지는 국가기관이나 그 일부는 헌법소원을 청구할 수 없다(헌법재판소 1994.12.29. 93헌마120 결정 참조). 나. 입법권은 헌법 제40조에 의하여 국가기관으로서의 국회에 속하는 것이고, 국회의원이 국회 내에서 행사하는 질의권 · 토론권 및 표결권 등은 입법권 등 공권력을 행사하는 국가기관인 국회의 구성원의 지위에 있는 국회의원에게 부여된 권한으로서 국회의원 개인에게 헌법이 보장하는 권리, 즉 기본권으로 인정된 것이라고 할 수는 없다. 그러므로 국회의 구성원인 지위에서 공권력작용의 주체가 되어 오히려 국민의 기본권을 보호 내지 실현할 책임과 의무를 지는 국회의원이 국회의 의안처리과정에서 위와 같은 권한을 침해당하였다고 하더라도 이는 헌법재판소법 제68조 제1항에서 말하는 '기본권의 침해'에는 해당하지 않으므로, 이러한 경우 국회의원은 개인의 권리구제수단인 헌법소원을 청구할 수 없다고 할 것이다. 그리고 헌법소원심판과정에서 공권력의 행사 또는 불행사가 위헌인지 여부를 판단함에 있어서 국민주권주의, 법치주의, 적법절차의 원리 등 헌법의 기본원리를 그 기준으로 적용할 수는 있으나 공권력의 행사 또는 불행사로 헌법의 기본원리가 훼손되었다고 하여 그 점만으로 국민의 기본권이 직접 현실적으로 침해된 것이라고 할 수는 없고, 또한 공권력 행사가 헌법의 기본원리에 위반된다는 주장만으로 헌법상 보장된 기본권의 주체가 아닌 자가 헌법소원을 청구할 수도 없는 것이므로, 설사 피청구인의 불법적인 의안처리행위로 헌법의 기본원리가 훼손되었다고 하더라도 그로 인하여 헌법상 보장된 구체적 기본권을 침해당한 바 없는 국회의원인 청구인들에게 헌법소원심판청구가 허용된다고 할 수는 없다. ③ 그렇다면, 청구인들의 이 사건 심판청구는 부적법하므로 다른 주장에 관하여 더 나아가 판단할 필요 없이 이를 각하하기로 결정한다. * 동지 : 헌재 1995.2.23. 90헌마125, 입법권침해 등에 대한 헌법소원.

* 비평 – 위 결정은 요건불비의 각하결정인데, 본안판단도 아닌 이러한 요건판단에 3년이 넘게 시간이 걸렸다는 점은 납득이 잘 되지 않는다. 이처럼 헌법소원에 의해서는 각하결정이 났으나 96년 12월 30일에 있었던 소위 '날치기 통과'된 법률들에 대해서는 권한쟁의심판에 의해 국회의원의 법률안심의·표결권의 침해를 인정한 바 있다(헌재 1997.7.16. 96헌라2, 국회의원과 국회의장 간의 권한쟁의. 이 결정에 대해서는 앞의 권한쟁의심판 부분 참조). 그러나 96헌라2 결정에서도 이른바 '날치기'되었다는, 법률안 가결선포행위에 대하여는 무효선언을 하지 않아 한계를 보여주었다.

2) 무소속 국회의원의 상임위 소속 활동의 권리에 관한 헌법소원의 부적법성

국회의원이 상임위원회에서 활동할 권한의 침해는 기본권침해가 아니라는 것이 역시 헌재판례이다.

판례 헌재 2000.8.31. 2000헌마156

[사건개요] 무소속 국회의원인 청구인은 국회 통일외교통상위원회 소속 상임위원으로 활동하여 오던 중 국회의장에게 정보위원회 위원으로 배정하여 달라는 요청을 하였으나, 국회의장이 국회법 제48조 제3항에서 정보위원회 위원은 각 교섭단체대표의원으로부터 추천과 협의를 거쳐 선임하도록 규정하고 있다는 이유로 이를 거절하자, 위 국회법규정이 아무런 합리적 이유 없이 원내 교섭단체 소속 국회의원에 비하여 무소속 내지 비교섭단체 국회의원을 차별대우하는 것으로서 평등의 원칙에 반한다고 하면서 헌법소원심판을 청구하였다. [결정요지] 청구인이 이 법률조항에 의하여 침해당하였다고 주장하는 기본권은 청구인이 국회 상임위원회에 소속하여 활동할 권리, 무소속 국회의원으로서 교섭단체소속 국회의원과 동등하게 대우받을 권리라는 것으로서 이는 입법권을 행사하는 국가기관인 국회를 구성하는 국회의원의 지위에서 주장하는 권리일지언정 헌법이 일반국민에게 보장하고 있는 기본권이라고 할 수는 없다. 그러므로 국회의 구성원인 지위에서 공권력작용의 주체가 되어 오히려 국민의 기본권을 보호 내지 실현할 책임과 의무를 지는 국회의원이 위와 같은 권한을 침해당하였다고 하더라도 이는 헌법재판소법 제68조 제1항에서 말하는 기본권의 침해에는 해당하지 않으므로, 이러한 경우 국회의원은 개인의 권리구제수단인 헌법소원을 청구할 수 없다고 할 것이다. 그렇다면 이 심판청구는 부적법하여 각하한다.

* 비평 – 위 판시에서 활동할 '권리'라는 용어를 쓰고 있어서 국회의원과 같은 국가기관의 공적 활동사항에 관한 한 '권한'이란 용어가 적절하여 시정이 요구된다.

2. 공법인(공법인기관)의 헌법소원청구인능력 부인

원칙적으로 공법인(公法人)이나 그 기관은 기본권의 주체가 아니라고 보므로 기본권침해도 있을 수 없고 그 침해구제수단인 헌법소원심판도 청구할 수 없다. 헌재는 부정한다. 국가(국가기관)에 대한 것과 마찬가지이다.

[주요사항] 공법인(공법인기관)의 헌법소원청구인능력 부인

▷ 공법인이나 그 기관은 기본권의 '수범자'이지 기본권주체가 아니고 오히려 국민의 기본권을 보호 내지 실현해야 할 '책임'과 '의무'를 지니고 있는 지위에 있을 뿐이므로 청구인능력 없음

(1) 지방자치단체, 지방자치단체기관의 헌법소원청구인능력 부인

1) 지방자치단체 자체의 청구인능력 부인

지방자치법은 "지방자치단체는 법인으로 한다"라고 규정하여(지방자치법 제3조 1항) 공법인 지방자치법에 따라 지방자치단체도 하나의 공법인이고 따라서 기본권의 주체가 될 수 없으므로 헌법소원심판을 청구할 수 없다.

2) 지방자치단체 소속 기관의 청구인능력 부인

지방자치단체 소속 기관인 지방자치단체의 장, 지방의회는 자신들의 사무 내지 업무와 관련하여 공권력 행사자로서의 지위에 있는 것이고 기본권의 주체의 지위에 있는 것은 아니라는 것이 헌법재판소의 기본입장이다. 따라서 이들은 업무와 관련한 사안에서 기본권보장수단인 헌법소원심판을 청구할 수는 없다.

(가) 지방자치단체장의 청구인능력 부인

지방자치단체장이 행한 처분에 대해 상대방이 청구한 행정심판의 재결이 내려진 후 이 재결에 대해 지방자치단체장은 행정소송으로 나아가지 못한다. 행정심판 재결의 기속력 때문이다. 바로 이를 규정한 구 행정심판법 제37조 제1항(현행 행정심판법은 인용재결에 대한 기속력을 제49조 1항이 규정하고 있음)에 대해 지방자치단체장(도지사)이 본래의미의 헌법소원을 제기한 사건이 아래 결정인데 기본권주체성이 없어 청구인능력이 부정되어 각하된 것이다.

판례 헌재 1997.12.24. 96헌마365, 각하결정

[사건개요] ① J도(道)의 도지사인 청구인은 모 주식회사에 대하여 먹는샘물 제조·판매를 위한 지하수 재이용허가처분을 하면서 "전량수출 또한 주한외국인에 대한 판매에 한한다," "J도지방개발공사가 J도산 먹는샘물의 우수성을 홍보하기 위하여 주문생산을 요청할 때에는 생산능력의 허용범위 내에서 이를 생산·공급한다"는 부관을 붙여 허가하였으나 위 주식회사가 1996.2.3. 건설교통부행정심판위원회에 위 허가처분의 내용 중 부관의 취소를 구하는 행정심판을 청구하고, 건설교통부장관은 위 행정심판위원회의 의결에 따라 1996.9.18. 위 부관을 각 취소한다는 재결을 하였다. ② 청구인은 위 재결에 대하여 불복을 하고자 하였으나 구 행정심판법 제37조 제1항이 재결청의 재결에 대하여 행정청의 불복방법을 마련하고 있지 아니하여 불복을 할 수 없게 되었으므로 위 행정심판법 제37조 제1항은 헌법 제11조 제1항의 평등권, 헌법 제27조 제1항의 재판을 받을 권리, 헌법 제107조 제3항의 행정심판절차의 사법절차에의 준용 및 헌법 제117조 제1항의 지방자치단체의 자치권 규정에 위반된다는 이유로 1996.11.9. 헌법재판소에 행정심판법 제37조 제1항의 위헌확인을 구하기 위하여 이 사건 심판청구를 하였다. [심판대상규정] 행정심판법 제37조(재결의 기속력 등) ① 재결은 피청구인인 행정청과 그 밖의 관계행정청을 기속한다. ②~⑤ 생략 [결정요지] 먼저 지방자치단체의 장인 이 사건 청구인이 기본권의 주체인지 여부를 본다. 헌법재판소법 제68조 제1항은 "공권력의 행사 또는 불행사로 인하여 기본권을 침해받은 자는 헌법소원의 심판을 청구할 수 있다"고 규정하고 있다. 여기서 기본권을 침해받은 자는 헌법소원을 청구할 수 있다는 것은 곧 기본권의 주체라야만 헌법소원을 청구할 수 있고, 기본권의 주체가 아닌 자는 헌법소원을 청구할 수 없다는 것을 의미하는 것이다. 기본권 보장규정인 헌법 제2장의 제목이 "국민의 권리와 의무"이고 그 제10조 내지 제39조에서 "모든 국민은 … 권리를 가진다"고 규정하고 있으므로 국민만이 기본권의 주체라 할 것이다. 그러므로 공권력의 행사자인 국가나 국가기관 또는 국가조직의 일부

나 공법인이나 그 기관은 기본권의 '수범자'이지 기본권의 주체가 아니고 오히려 국민의 기본권을 보호 내지 실현해야 할 '책임'과 '의무'를 지니고 있을 뿐이다{1994.12.29. 93헌마120 결정; 1995.2.23. 90헌마125 결정; 1995.9.28. 92헌마23·86(병합) 결정 참조}. 따라서 지방자치단체나 그 기관인 지방자치단체의 장은 기본권의 주체가 아니며 이 사건 심판청구인인 제주도의 장인 청구인은 헌법소원 청구인으로서의 적격이 없다고 할 것이므로 이 사건 심판청구는 부적법하다고 할 것이다. 그렇다면 이 사건 심판청구를 각하한다.

* 비평 – "청구인으로서의 적격이 없다"라는 판시는 또 언급하지만 '적격'이 아니라 '능력'이 적격인 용어라는 점에서 시정되어야 한다.

(나) 지방의회의 헌법소원청구인능력 부인

사안은 사무직원 초과 증원을 위해서 당시 내무부장관 승인을 받도록 한 대통령령 규정에 대해 지방의회가 헌법소원심판을 청구한 것인데 역시 기본권주체성이 없어 청구할 능력이 없다는 각하결정을 한 것이다.

판례 헌재 1998.3.26. 96헌마345, 각하결정

[사건개요] 청구인(서울특별시의회)은 총정원을 초과하여 사무직원을 증원하기 위해서는 내무부(현재 행정자치부)장관의 사전승인을 받게 한 '지방자치단체의 행정기구와 정원기준 등에 관한 규정' 제14조 제1항·제2항 및 제16조 제3항이 헌법 제117조, 제118조 및 지방자치법 제15조, 제82조 및 제83조에서 보장된 지방의회의 자치입법권을 제한하고, 주민의 참정권을 침해하는 것으로서 헌법에 위반된다는 이유로 헌법소원심판을 청구하였다. [심판대상규정] 구 '지방자치단체의 행정기구와 정원기준 등에 관한 규정'(1994.12.31. 대통령령 제14480호로 제정되고, 1997.2.4. 대통령령 제15267호로 개정되기 전의 것) 제14조 제1항·제2항 및 제16조 제3항 – 제14조(총정원의 책정) ① 지방자치단체는 정원관리의 적정화와 운영의 합리화를 도모하기 위하여 내무부령이 정하는 바에 의하여 산정한 정원(이하 '총정원'이라 한다)의 범위 안에서 정원관리기관별로 책정한다. ② 지방자치단체의 장은 행정수요의 급격한 증가 등 부득이한 사유로 인하여 제1항의 규정에 의한 총정원을 초과하여 정원을 책정하고자 할 경우에는 미리 내무부장관의 승인을 얻어야 한다. 이 경우 시장·군수·구청장이 내무부장관의 승인을 얻고자 하는 때에는 시·도지사를 거쳐야 하며 시·도지사는 정원책정의 적정여부 등 그 검토결과를 첨부 제출하여야 한다. ③ (생략) 제16조(별정직 정원) ①, ② (생략) ③ 지방자치단체장이 제2항의 규정에 의하여 정원책정기준을 정할 때에는 미리 내무부장관과 협의를 거쳐야 한다. [결정요지] 기본권의 보장에 관한 각 헌법규정의 해석상 국민(또는 국민과 유사한 지위에 있는 외국인과 사법인)만이 기본권의 주체라 할 것이고, 국가나 국가기관 또는 국가조직의 일부나 공법인은 기본권의 '수범자'(Adressat)이지 기본권의 주체로서 그 '소지자'(Träger)가 아니고 오히려 국민의 기본권을 보호 내지 실현해야 할 '책임'과 '의무'를 지니고 있는 지위에 있을 뿐이므로, 공법인인 지방자치단체의 의결기관인 청구인의회는 기본권의 주체가 될 수 없고 따라서 헌법소원을 제기할 수 있는 적격이 없다고 할 것이다. 그렇다면 이 사건 심판청구는 청구인적격을 결여하여 부적법하므로 이를 각하하기로 결정한다.

(다) 구청장, 지방의회의원, 공무원이 청구한 헌법소원심판에서 자기관련성 부인의 각하결정을 한 예

앞서 우리는 국가나 국가기관, 공법인이나 공법인기관은 기본권의 주체가 되지 못하여 청구인능력이 없다고 보았다. 그런데 아래의 결정에서는 헌재가 국가기관이나 그 일부는 헌법소원을 청구할 수 없다고 하면서도 결론은 청구인능력(기본권주체성)이 아니라 자기관련성이 없는

것으로 보아 각하한 것이다.

판례 헌재 2001.1.18. 2000헌마149, 행정자치부고시 제1999-58호「지방자치단체 표준정원」2. 시·군·자치구 중 ③ 자치구 부분 위헌확인, 각하결정

[쟁점] 지방자치단체의 지방공무원의 정원을 규정한 지방자치단체 표준정원(1999.12.31. 행정자치부고시 제1999-58호)이 인천시 부평구와 인구가 비슷한 서울특별시 자치구들의 공무원 정원에 비하여 인천시 부평구의 공무원 표준정원(738명)을 현저히 적게 정함으로써 부평구청장, 부평구의회의원, 부평구 공무원이 자신들의 평등권, 공무담임권 등을 침해한다고 주장하며 위 고시를 대상으로 청구한 헌법소원심판에서 자기관련성을 인정할 수 있을 것인지 여부(각하결정) [결정요지] 일반적으로 국가기관이나 그 일부에 의한 헌법소원심판청구는 허용되지 않는다. 즉 헌법소원을 청구할 수 있는 자는 원칙적으로 기본권의 주체로서의 국민에 한정되며 국민의 기본권을 보호 내지 실현할 책임과 의무를 지는 국가기관이나 그 일부는 헌법소원을 청구할 수 없다(헌재 1994.12.29. 93헌마120, 판례집 6-2, 480-481면 등 참조). 이 사건에서 청구인(부평구청장, 구의회의원, 부평구 공무원)은 각 공무원으로서, 이 사건 규정에 대하여 헌법소원으로 다툴 자기관련성을 인정할 수 없으며, 달리 판단할 만한 특별한 사정이 발견되지 않는다.

* 비평 – 우리는 청구인능력의 문제가 자기관련성 문제 이전의 문제라고 본다. 전자는 일반적 능력의 문제이고 후자는 전자가 존재하는 것을 전제로 그 다음에 구체적 사건에서의 침해요건으로서의 관련성 문제로서 '적격'의 문제이다. 그 점에서 위 결정례는 결론이 각하라 문제없어 보이나 그 논증은 문제이다. 아니면 판례가 아래에 행정소송법학계에서 주장되기도 하는 지방자치단체나 지방자치단체장 등에 대한 소제기권을 부여하는 전향적 입장에서 능력을 인정하고 나아가 적격을 따지면서 위와 같은 논증을 하든지…

3) 유의 1 : 위헌법률심판제청신청, 위헌소원심판청구의 가능성 인정

* 이 문제는 행정소송인 항고소송, 기관소송 등 행정법 법리와 지방자치법, 그리고 헌법재판 법리가 교차하는 문제여서 변호사시험 복합형 문제로 다루어질 수 있으므로 잘 살펴볼 필요가 있다.

(가) 개관

기본권주체가 아닌 지방자치단체 자체, 지방자치단체장, 지방의회도 본래의미의 헌재법 제68조 제1항의 헌법소원은 제기할 수는 없으나 위헌법률심판제청의 신청, 위헌소원심판의 청구는 할 수 있다는 점을 유의하여야 한다. 즉 지방자치단체, 지방자치단체장이나 지방의회도 법원의 소송(민사소송, 행정소송인 취소소송 등의 항고소송과 기관소송 등)에서 당사자가 된 경우 어느 법률규정이 그 소송에 적용될 것이고 그 위헌여부가 그 소송에서의 재판의 전제가 되는 경우에는 위헌법률심판의 제청신청을 할 수 있고 그 신청이 기각(또는 각하)되더라도 "위헌소원(='헌바'사건=헌재법 제68조 2항의 헌법소원)"의 심판을 청구할 수 있다. 이는 기본권의 침해를 이유로 한 헌재법 제68조 제1항의 헌법소원이 아니므로 기본권의 주체가 아니더라도 그 신청 또는 청구가 가능하기 때문이다. 아래에 그러한 가능성과 지방자치단체장, 지방의회가 위헌심판제청 신청, 위헌소원심판 청구를 한 실제례들을 살펴본다.

(나) 지방자치단체장의 위헌심판제청 신청, 위헌소원 청구

가) 행정처분에 대한 취소소송(행정소송)에서의 경우

i) 가능태 – 지방자치단체장이 자신의 권한에 따라 행한 처분에 대해 처분의 상대방이 행정소송(항고소송인 취소소송 등)을 제기하면 피고의 입장에서 그 소송에 적용될 법률규정에 대해 위헌심판제청을 신청할 수 있고 그래서 신청을 하였는데 그 신청을 법원이 기각(또는 각하)하면 위헌소원심판을 청구할 수 있다. 아래 도해에서 S시장의 행정처분의 상대방인 시민 甲이 제기한 행정소송에서 위헌제청신청, 위헌소원의 일련과정을 볼 수 있다.

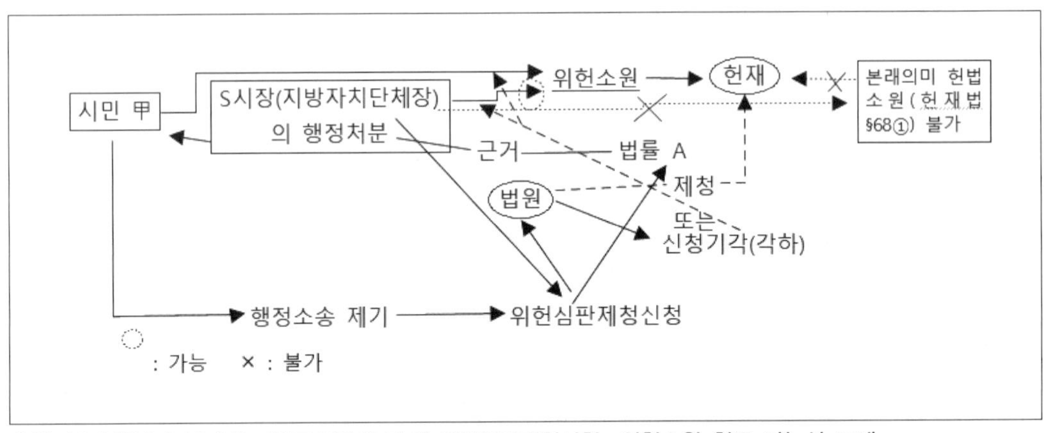

▮ 행정소송(취소소송)에서 지방자치단체 장의 위헌심판제청신청 · 위헌소원 청구 가능성 도해

ii) 실제례 – 그러한 실제의 예를 보면, 용도폐지되는 지방자치단체의 정비기반시설을 사업시행자가 새로이 설치하는 정비기반시설의 설치비용 범위 내에서 사업시행자에게 무상으로 양도된다고 강행적으로 규정한 '도시 및 주거환경정비법'(2002.12.30. 법률 제6852호로 제정된 것) 제65조 제2항 후단 중 "지방자치단체"에 관한 부분에 대한 위헌소원사건을 들 수 있다. 지방자치단체장이 유상으로 매수하여야 한다는 인가조건을 붙여 행한 인가처분에 대해 재건축주택정비사업조합이 무상으로 한다는 위 후단 규정에 위배되었다고 하여 제기한 행정소송에서 피고가 된 상태에서 위 법률규정에 대해 위헌제청을 신청하였으나 기각되어 위헌소원을 청구한 사건이다. 헌재는 본안판단까지 들어가 합헌으로 결정하였다.

판례 헌재 2009.5.28. 2007헌바80등

[사건개요] 청구인(서울특별시 서초구청장)은 2003.6.30. 청구외 ○○아파트주택재건축정비사업조합의 주택조합설립을 인가하였고, 2005.4.30. 주택재건축사업시행을 인가하면서, 사업시행자인 위 조합이 사업구역 안에 근린공원시설을 자신의 비용으로 설치하고 사업구역 내에서 용도폐지되는 정비기반시설인 서울특별시 서초구 소유의 도로와 서울특별시 소유의 녹지를 유상으로 매수하여야 한다는 인가조건을 부가하였다. 이에 위 조합은 2005.7.25. 자신의 비용으로 신설되는 근린공원시설의 설치비용 범위 내에서는 용도폐지되는 정비기반시설인 위 도로 및 녹지가 위 조합에 무상양도되어야 함에도, 청구인의 위

인가조건은 이를 유상으로 매수하라는 것으로서 위법하므로 취소해 달라는 소송을 서울행정법원에 제기하였다. 그리고 위 법원은 청구인이 부가한 위 인가조건이 '도시 및 주거환경정비법'(2002.12.30. 법률 제6852호로 제정된 것, 이하 '도시정비법'이라고 한다) 제65조 제2항 후단 규정을 위반하여 위 조합에 근거 없이 부담을 지우는 것이어서 위법하다고 보아 2006.2.10. 위 조합의 청구를 인용하였다. 청구인은 이에 대하여 서울고등법원에 항소하였으나(기각되었고, 이에 대한 상고 역시 대법원에서 2007.7.12. 기각되었다. 청구인은 상고심 계속중 도시정비법 제65조 제2항 후단 중 지방자치단체에 관한 부분에 대하여 위헌법률심판제청신청을 하였으나 2007.7.12. 기각되었다. 이에 청구인은 위 법률조항이 헌법 제23조 제1항의 재산권, 헌법 제117조의 지방자치권을 침해하여 위헌이라고 주장하며, 2007.8.8. 헌법재판소법 제68조 제2항에 따라 이 사건 헌법소원심판을 청구하였다. [심판대상조항] 구 '도시 및 주거환경정비법'(2002.12.30. 법률 제6852호로 제정된 것) 제65조(정비기반시설 및 토지 등의 귀속) ② 시장·군수 또는 주택공사 등이 아닌 사업시행자가 정비사업의 시행으로 새로이 설치한 정비기반시설은 그 시설을 관리할 국가 또는 지방자치단체에 무상으로 귀속되고, 정비사업의 시행으로 인하여 용도가 폐지되는 국가 또는 지방자치단체 소유의 정비기반시설은 그가 새로이 설치한 정비기반시설의 설치비용에 상당하는 범위 안에서 사업시행자에게 무상으로 양도된다. [청구인주장] 이 사건 법률조항은 기존 정비기반시설이 새로이 설치된 정비기반시설의 설치비용에 상당하는 범위 안에서 사업시행자에게 무상으로 양도된다고 일률적으로 규정함으로써, 재산권을 보장하는 헌법 제23조 제1항과 자치권을 보장하는 헌법 제117조를 위반하고 있다. [결정요지] 1. 기본권 보장규정인 헌법 제2장의 제목이 "국민의 권리와 의무"이고 그 제10조 내지 제39조에서 "모든 국민은 … 권리를 가진다"고 규정하고 있으므로 이러한 기본권의 보장에 관한 각 헌법규정의 해석상 국민만이 기본권의 주체라 할 것이고, 공권력의 행사자인 국가, 지방자치단체나 그 기관 또는 국가조직의 일부나 공법인은 기본권의 수범자이지 기본권의 주체가 아니고, 오히려 국민의 기본권을 보호 내지 실현해야 할 책임과 의무를 지니고 있을 뿐이다. 그렇다면 이 사건에서 지방자치단체인 서울특별시 서초구는 헌법 제23조가 보장하고 있는 재산권의 주체가 될 수 없으므로, 청구인의 재산권 침해 주장은 더 나아가 살필 필요없이 이유 없다. 2. 사업시행자가 용적률·건폐율 등을 상향 조정받은 경우나 법률상 의무로서 정비기반시설을 설치하는 경우에 지방자치단체가 기존 정비기반시설의 무상 양도 여부에 대해서 아무런 재량이 없다 하더라도, 사업시행자는 새로이 설치한 정비기반시설의 설치비용의 범위 내에서만 기존 정비기반시설을 무상 양수받는 것이므로, 이 사건 법률조항으로 인하여 사업시행자가 이중으로 과도한 특혜를 받았다고 할 수 없어 지방자치단체의 자치재정권을 불합리하게 침해하였다고 볼 수 없다. 3. 결론 — 그렇다면, 이 사건 법률조항은 헌법에 위반되지 않는다.

나) 보조참가 경우의 가능성

지방자치단체장 등이 보조참가인인 경우에도 위헌심판제청신청, 위헌소원심판청구를 할 수 있다. 앞서 위헌법률심판에서 본 대로 우리 헌재는 보조참가인도 제청신청의 주체가 될 수 있다고 보고(2001헌바98) 따라서 자신이 원고나 피고가 아닌 소송에서 보조참가인인 지방자치단체장 등도 위헌심판제청신청을 할 수 있고 법원이 이를 기각(각하)한 경우에는 위헌소원을 청구할 수 있는 것이다. 실제 그러한 예가 아래와 같이 있었다. 사안은 도지사의 온천개발계획 불승인처분에 대한 취소소송에서 군수가 보조참가하여 온천법의 해당 규정에 대해 위헌법률심판제청신청을 했는데 법원이 기각결정을 하자 위헌소원을 제기한 사건이다

판례 헌재 2008.4.24. 2004헌바44

[판시] 행정소송의 피고 또는 그 보조참가인인 행정청이 헌법재판소법 제68조 제2항의 헌법소원심판을

청구할 수 있는지 여부에 관하여 본다. 헌법재판소법 제68조 제1항의 헌법소원은 기본권의 주체가 될 수 있는 자만이 청구인이 될 수 있고, 국가나 국가기관 또는 지방자치단체나 공법인은 기본권의 주체가 아니라 국민의 기본권을 보호 내지 실현해야 할 책임과 의무를 지니고 있는 지위에 있을 뿐이어서 그 청구인적격이 인정되지 아니한다(헌재 1998.3.26. 96헌마345). 그러나 헌법재판소법 제68조 제2항은 기본권의 침해가 있을 것을 그 요건으로 하고 있지 않을 뿐만 아니라 청구인적격에 관하여도 '법률의 위헌여부심판의 제청신청이 법원에 의하여 기각된 때에는 그 신청을 한 당사자'라고만 규정하고 있는바, 위 '당사자'는 행정소송을 포함한 모든 재판의 당사자를 의미하는 것으로 새겨야 할 것이고, 행정소송의 피고인 행정청만 위 '당사자'에서 제외하여야 할 합리적인 이유도 없다. 행정청이 행정처분 단계에서 당해 처분의 근거가 되는 법률이 위헌이라고 판단하여 그 적용을 거부하는 것은 권력분립의 원칙상 허용될 수 없지만, 행정처분에 대한 소송절차에서는 행정처분의 적법성·정당성뿐만 아니라 그 근거 법률의 헌법적합성까지도 심판대상으로 되는 것이므로, 행정처분에 불복하는 당사자뿐만 아니라 행정처분의 주체인 행정청도 헌법의 최고규범력에 따른 구체적 규범통제를 위하여 근거 법률의 위헌 여부에 대한 심판의 제청을 신청할 수 있고 헌법재판소법 제68조 제2항의 헌법소원을 제기할 수 있다고 봄이 상당하다. 청구인은 당해사건의 당사자가 아니라 보조참가인이지만, 피참가인의 소송행위와 저촉되지 아니하는 한 일체의 소송행위를 할 수 있으므로 헌법재판소법 소정의 위헌법률심판제청신청 및 헌법소원의 '당사자'에 해당된다(헌재 2003.5.15. 2001헌바98). 따라서 청구인은 헌법재판소법 제68조 제2항에 의한 이 사건 헌법소원심판을 청구할 수 있다고 할 것이다. * 이 결정은 뒤의 보조참가에서도 인용한다.

다) 기관소송의 경우

기관소송은 하나의 지방자치단체 내에서 지방의회와 지방자치단체의 장 사이의 분쟁을 해결하는, 즉 대표적으로 지방의회의 의결에 대해 지방자치단체의 장이 재의를 요구하였음에도 지방의회가 재의결한 한 데 대해 지방자치단체의 장이(또는 광역지방자치단체장인 시·도지사나 주무부장관의 지시나 주무부장관의 직접제소로) 대법원에 제기하는 소송이다(기관소송(지방자치법 제107조 제3항, 제172조 제3항; 2022.1.13.에 시행에 들어가는 신 지방자치법(이하 '신법'이라고도 함) 제120조, 제192조). 기관소송도 행정소송이고 대법원이 단심으로 담당하는 소송이다. 이 기관소송에서 당사자가 된 지방자치단체의 장이나 지방의회가 위헌법률심판을 제청신청하거나 법원이 신청을 기각(각하)한 경우 위헌소원심판을 청구할 수 있는 것이다.

지방의회가 청구할 가능성에 대해 보기 위해 따로 항목을 설정한 아래 (다)의 예가 그 실제례인데 이 경우에 지방자치단체장도 원고의 입장에서 위와 같이 위헌심판제청신청, 위헌소원심판 청구를 할 수 있다[아래 다)의 도해 참조].

(다) 지방의회의 위헌법률심판제청신청, 위헌소원 청구

ⅰ) 가능태 – 지방의회도 행정소송 등에서 자신이 당사자가 된 경우에 그 소송에 적용될 법률규정에 대해 위헌심판제청을 신청하거나 신청이 법원에 의해 기각 또는 각하되면 위헌소원심판을 청구할 수 있다. 그러한 행정소송의 대표적인 예가 기관소송인데 기관소송의 개념과 규정에 대해서는 바로 위에서 보았고 아래 그림은 기관소송에서의 그 가능성을 도해화한 것이다.

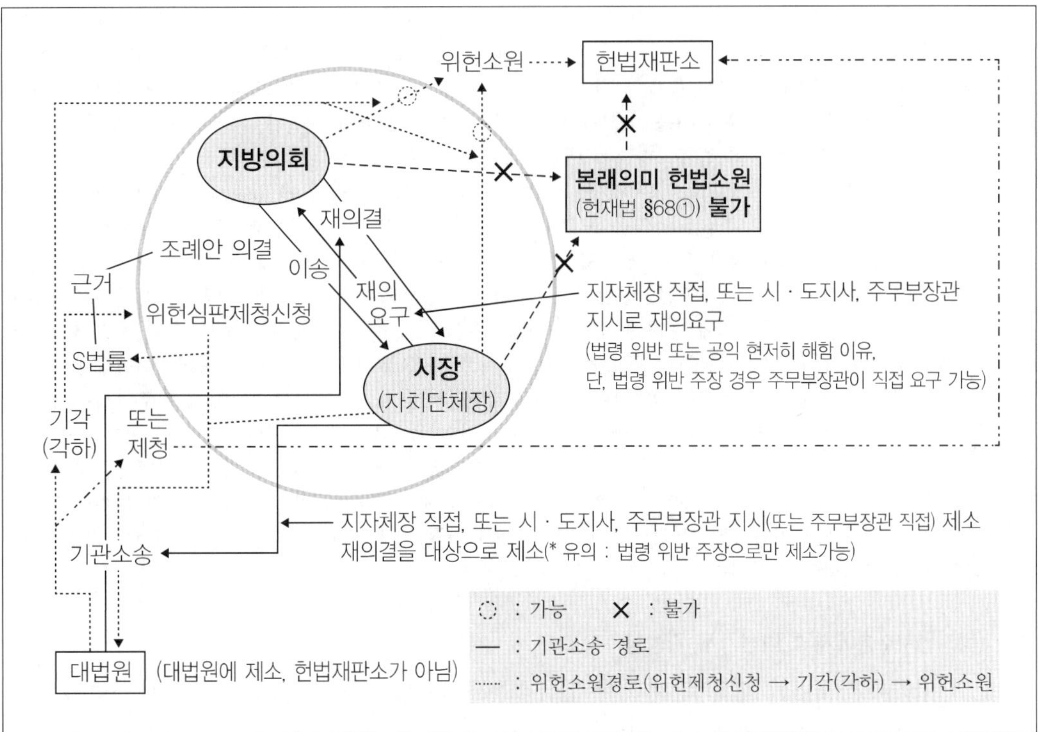

■ **행정소송(기관소송)에서 지방의회 · 지자체장의 위헌심판제청신청 · 위헌소원 청구 가능성 도해**

ii) 실제례 – 실제로 지방의회가 행정소송인 기관소송에서 위헌법률심판의 제청을 신청하였는데 그 신청이 기각되어 지방의회가 위헌소원을 제기하여 본안판단이 난 예가 바로 아래의 결정례이다.

판례 헌재 1998.4.30. 96헌바62

[본안쟁점] 지방자치단체가 과세를 면제하는 조례를 제정하고자 할 때 내무부장관(현재의 행정자치부장관)의 사전허가를 얻도록 한 지방세법규정이 조례제정권의 본질적 내용을 침해하여 헌법에 위반되는지 여부(합헌결정) [사건개요] 청구인(인천광역시의회)은 수도권신국제공항건설에 따라 토지를 수용당한 주민에 대하여 주민세를 면제해주는 내용의 인천광역시세감면조례 중 개정조례안(이하 '이 조례안'이라 한다)을 의결하여 인천광역시장에게 이송하고, 인천광역시장은 내무부장관에게 이 조례안개정허가신청을 하였다. 그러나 내무부장관은 이미 주민세가 과세된 다른 공공사업과 비교할 때 조세형평의 원칙에 어긋나고 국세인 양도소득세는 과세하면서 그에 부가하여 과세되는 주민세를 면제하는 것은 불합리하다는 이유로 불허가하였다. 인천광역시는 이 조례안에 대한 재의요구를 하고 청구인은 임시회 본회의에서 원안대로 재의결하였다. 이에 인천광역시장은 청구인을 상대로 대법원에 이 조례안은 내무부장관의 사전허가를 얻도록 한 구 지방세법 제9조를 위반한 것이라는 주장으로 위 재의결의 무효확인소송(96추22. 이것이 바로 이 사안에서 기관소송이다)을 제기하였다. 청구인은 구 지방세법 제9조에 대한 위헌여부심판제청신청을 하였으나 대법원이 기각하자 헌법재판소법 제68조 제2항에 따라 헌법소원심판을 청구하였다. [심판대상조항] 구 지방세법(1978.12.6. 법률 제3154호로 개정된 것) 제9조 중 "제7조 제1항의

규정에 의하여 지방자치단체가 과세면제를 하고자 할 때에는 내무부장관의 허가를 얻어 당해 지방자치단체의 조례로써 정하여야 한다"에 관한 부분(이하 '이 법률조항'이라 한다)으로서 그 규정 내용은 다음과 같다. − 제9조(과세면제 등을 위한 조례) 제7조 및 제8조의 규정에 의하여 지방자치단체가 과세면제·불균일과세 또는 일부과세를 하고자 할 때에는 내무부장관의 허가를 얻어 당해 지방자치단체의 조례로써 정하여야 한다(이 법률조항 중 '내무부장관'이라는 부분은 '행정자치부장관'으로 개정되었다). [결정요지] 이 법률조항의 입법목적은 첫째, 조세평등주의 원칙을 구현함에 있다. 둘째, 건전한 지방세제를 확립하고 지방재정의 적정한 운영을 도모하는 데 있다. 수도권신국제공항건설 사업시행자에게는 국세와 주민세를 과세할 여지가 없고, 신공항 건설사업이 수도권의 항공수요에 대비하고 나아가 국민경제의 발전에 이바지함을 목적(수도권신공항건설촉진법 제1조)으로 하는 공익사업임을 감안한 것으로 토지양도(토지수용)로 인한 소득에 대하여 양도소득세, 주민세를 소유자에게 부과하는 것과 서로 단순·평면 비교할 수는 없는 것이다. 특히 공항연결도로부지 조성을 위하여 토지를 수용당한 주민들에게는 모두 주민세를 부과한 점에 비추어 공항부지와 배후지원단지내 토지 소유 주민들에게만 주민세를 면제해 주는 이 조례안은 오히려 불합리한 차별을 조장하는 결과를 가져올 수도 있다. 이상의 이유로 이 법률조항은 지방자치단체의 조례제정권의 본질적인 핵심영역을 침해한다고 볼 수 없고, 지방자치의 이념에 기초를 둔 합헌심사의 요건인 공익성과 필요성, 합리성을 모두 갖추고 있는 것이다. 그리고 지역주민 일부에 대한 주민세의 면제라는 이익보다 조세평등주의와 지방세제의 확립·지방재정의 적정한 운영이라는 공익이 더 우선함이 명백하다.

(라) 민사소송에서의 마찬가지 가능성

i) 가능태 − 이를 별도로 여기서 언급하는 것은 앞의 경우들은 헌법과 행정법의 교차영역이어서 특히 먼저 살펴보고자 했기 때문이다. 이에 이제 살피면 법원의 당해재판이 민사소송인 경우에도 그 민사소송에서 당사자인 지방자치단체도 위헌소원심판을 청구할 수 있다(따라서 앞의 도해(즉 (나)의 ▮행정소송(취소소송)에서 지방자치단체 장의 위헌심판제청신청·위헌소원 청구 가능성 도해에서 행정소송 대신에 민사소송을 넣으면 이해에 도움이 된다). 이는 역시 앞의 행정소송들에서와 마찬가지로 '헌바'사건이므로 기본권 침해 문제가 아니더라도 청구가 가능한 것이기 때문이다.

ii) 실제례 − 법원의 당해사건이 민사사건인 경우에도 지방자치단체가 위헌소원심판을 청구한 데 대해 본안판단까지 간 아래의 예를 볼 수 있다. 아래의 예도 헌재가 지방자치단체가 기본권주체가 아니라고 하면서도 평등원칙, 지방자치제 위배 여부 문제를 본안판단문제로 따졌고 주장을 배척하여 합헌결정을 한 결정례이다.

판례 헌재 2006.2.23. 2004헌바50

[쟁점] 1. 구 농촌근대화촉진법 소정의 농지개량시설이 설치자로부터 농지개량조합에 이관된 경우 농지개량시설의 설치에 관하여 발생한 지방자치단체의 권리의무를 농지개량조합이 포괄승계 하도록 하는 구 농촌근대화촉진법 제16조 중 "지방자치단체" 부분(이하 '이 사건 법률조항'이라 한다)이 평등원칙에 위배되는지 여부(소극) 3. 이 사건 법률조항이 지방자치제도의 헌법적 보장에 반하는지 여부(소극) [사건개요] (1) 청구인은 지방자치단체로서 광주 광산구 ○○동 133 유지 277㎡ 등 이 사건 토지의 소유자인바, 이 사건 토지는 저수지인 수완2제와 수문제의 각 부지로 사용되어 왔다. 위 저수지는 구 농촌근대화촉진법상의 농지개량시설(관개시설)로서 1977.12.16. 구 농촌근대화촉진법 제16조의 규정에 의하여 청구인은 위 저수지를 청구외 영산강농지개량조합에 이관하였으며, 1999.2.5. 법률 제5759호로 농지

개량조합법이 폐지되면서 제정된「농업기반공사및농지기금관리법」부칙 제9조 제1항에 의하여 청구외 농업기반공사가 위 영산강농지개량조합의 모든 권리의무를 포괄승계하였다. (2) 위 농업기반공사는 구 농촌근대화촉진법 제16조를 근거로 광주지방법원에 청구인을 상대로 이 사건 토지에 대한 소유권이전 등기청구의 소(민사재판)를 제기(광주지방법원 2001가합9320)하였으며, 위 법원은 2002.8.30. 원고 승소의 판결을 선고하였고, 이에 청구인이 광주고등법원에 항소(2002나7946)하였으나 2003.1.24. 항소기각되었다. 위 판결에 불복하여 청구인은 대법원에 상고를 제기(2003다12786)함과 아울러 구 농촌근대화촉진법 제16조에 대하여 위헌제청신청을 하였으나 2004.6.11. 대법원이 상고를 기각함과 동시에 위 위헌제청신청을 기각하자, 청구인은 2004.7.26. 이 사건 헌법소원심판청구를 하였다. * 본안판단결과 합헌결정이 있었다.

(마) 한계

가) 수동적 입장

(a) 한계 – 지방자치단체는 행정소송을 원고로서 제기할 수는 없고 처분의 상대방이 행정소송을 제기해 오면 피고로서 그 행정소송에 적용될 법률규정에 대해 위헌심판제청 신청을 하거나 기각(각하)되면 위헌소원심판을 청구할 수 있을 뿐이라는(기관소송, 민사소송의 경우에는 좀 다를 수 있지만) 한계가 있다. 지방자치단체나 지방자치단체장의 행정소송을 원고로서 제기할 필요가 있는 경우는 자신의 처분을 취소하는 다른 행정청의 처분(대표적이고 많은 경우로 바로 행정심판 재결처분)에 대하여 그것을 다시 취소해달라고 요구하는 행정소송을 제기할 필요가 있는 경우(아래 (b)에 인용되는 결정례도 그러한 경우이다) 등일 것이다. 행정소송법학계에서 지방자치단체 자체나 지방자치단체장에게 행정소송을 제기할 수 있도록 하자는 제안도 있고 또 그러한 취지를 인정한 것으로 이해되는 판례들도 희소하나 있다는 분석도 보이지만 현재로서는 그러한 한계가 있다는 것이다.

(b) 한계의 근거가 되는 행정심판법에 대한 각하결정 및 합헌결정 – 위에서 언급한 자신의 행정처분에 대한 행점심판에서 취소재결처분이 내려지더라도 지방자치단체장이 행정소송을 원고로서 제기하지 못하는 한계가 있는 것은(피고인 처분상대방은 자신에 문제된 처분이 취소된 마당에 행정소송을 제기할리 만무하다) 행정심판을 거쳐 제기되는 행정소송의 경우에 인용재결의 기속력을 명시하는 행정심판법 조항 때문이라고 하여 이에 대한 위헌주장이 있어 왔다. 구 행정심판법의 조항은 위에서 지방자치단체장은 헌법소원청구인능력이 없다고 하면서 각하결정이 났었던 구 행정심판법 제37조 제1항이었다(헌재 1997.12.24. 96헌마365, 위에 인용된 결정). 현행 행정심판법은 제49조 제1항인데 이에 대해서는 헌재가 아래와 같이 합헌으로 결정하였는데 그 결정도 지방자치단체장이 청구한 위헌소원사건의 결정이었다.

판례 헌재 2014.6.26. 2013헌바122

[사건개요] 청구인(인천광역시 남구청장)은, 인천 남구 ○○동 430–47 일원 41,334㎡에 대하여 도시개발사업 실시계획인가를 받아 2010.11.1.그 사업을 완료한 '○○개발'에 대하여, 2011.12.1. '개발이익환수에 관한 법률'에 따라 실제매입가격으로 개시시점지가를 정한 개발부담금을 부과하였다(이하 '이 사

건 부과처분' * 개발부담금의 결정·부과 및 징수에 관한 권한은 동법 제27조 제2항에 따라 국토교통부장관에 의해 자치구 구청장에게 위임된 위임사무로서 자치구의 권한이 아니라 구청장의 권한이므로 구청장의 처분이 되었고 그 처분의 피고도 자치구가 아니라 구청장이 된 것임 – 저자 주) 이에 ○○개발은 2012.1.11. 매입가격을 개시시점지가로 신고하지 않았는데도 청구인이 매입가격으로 개시시점지가를 정하여 개발부담금을 부과한 것은 위법하다고 주장하면서 중앙토지수용위원회에 행정심판을 청구하였다. 중앙토지수용위원회는 2012.4.27. ○○개발이 실제매입가격을 신고한 사실이 없음에도 청구인이 매입가격으로 개시시점지가를 정하여 개발부담금을 부과한 것은 관련규정을 잘못 적용한 것이라고 판단하고, 청구인이 한 이 사건 부과처분을 취소하는 재결을 하였다(이하 '이 사건 재결'). 그러자 청구인은 서울행정법원에 중앙토지수용위원회를 상대로 이 사건 재결의 취소를 구하는 소를 제기하였고 위 소송 계속 중 행정심판청구를 인용하는 재결의 기속력을 규정한 행정심판법 제49조 제1항이 위헌이라고 주장하며 위헌법률심판제청을 신청하였으나, 법원이 이를 기각하자, 2013.5.1. 이 사건 헌법소원심판을 청구하였다. [심판대상조항] 행정심판법(2010.1.25. 법률 제9968호로 전부개정된 것) 제49조(재결의 기속력 등) ① 심판청구를 인용하는 재결은 피청구인과 그 밖의 관계 행정청을 기속(羈束)한다. [청구인주장] 지방자치단체의 장인 청구인은 이 사건 법률조항으로 인하여 행정심판재결의 취소를 구하는 소송을 법원에 제기할 수 없게 되어 헌법에 보장된 재판청구권을 침해당하였다. 이 사건 법률조항은 분쟁에 대하여 법원에 최종적 판단권한을 부여한 헌법 제101조 제1항과 제107조 제2항 및 제3항에도 위배되는 것이다. 행정심판재결에 불만이 있는 경우, 상대방은 행정소송을 제기할 수 있지만 지방자치단체의 장은 이 사건 법률조항으로 인하여 행정소송을 제기할 수 없으므로, 이 사건 법률조항은 평등권에 위반된다. 나아가 이 사건 법률조항으로 인하여 지방자치단체의 장이 중앙정부에서 구성된 행정심판위원회의 재결에 불복할 수 없게 한 것은 주민자치의 정신에 위배된다. [결정요지] 1. 지방자치단체의 장이 기본권 주체가 될 수 없으므로 재판청구권 침해 주장은 더 나아가 살필 필요 없이 이유 없다. 2. 헌법 제101조 제1항과 제107조 제2항은 입법권 및 행정권으로부터 독립된 사법권의 권한과 심사범위를 규정한 것일 뿐이다. 헌법 제107조 제3항은 행정심판의 심리절차에서도 관계인의 충분한 의견진술 및 자료제출과 당사자의 자유로운 변론 보장 등과 같은 대심구조적 사법절차가 준용되어야 한다는 취지일 뿐, 사법절차의 심급제에 따른 불복할 권리까지 준용되어야 한다는 취지는 아니다. 그러므로 이 사건 법률조항은 헌법 제101조 제1항, 제107조 제2항 및 제3항에 위배되지 아니한다. 3. 이 사건 법률조항은 행정청의 자율적 통제와 국민 권리의 신속한 구제라는 행정심판의 취지에 맞게 행정청으로 하여금 행정심판을 통하여 스스로 내부적 판단을 종결시키고자 하는 것으로서 그 합리성이 인정되고, 반면 국민이 행정청의 행위를 법원에서 다툴 수 없도록 한다면 재판받을 권리를 제한하는 것이 되므로 국민은 행정심판의 재결에도 불구하고 행정소송을 제기할 수 있도록 한 것일 뿐이므로, 평등원칙에 위배되지 아니한다. 4. 행정심판제도가 행정통제기능을 수행하기 위해서는 중앙정부와 지방정부를 포함하여 행정청 내부에 어느 정도 그 판단기준의 통일성이 갖추어져야 하고, 사안에 따라 국가단위로 행정심판이 이루어지는 것이 더욱 바람직할 수 있으므로 지방자치제도의 본질적 부분을 침해하지 아니한다.

나) 기본권침해 주장의 불가

다음으로 위 위헌법률심판, 위헌소원심판에서, 기본권침해의 주장은, 기본권주체가 아니므로 애초 받아들여지지 않는다는 한계가 있음도 유의할 일이다. 아래가 그 예를 보여주는 판시이다.

판례 헌재 2014.6.26. 2013헌바122

[사건개요]와 [심판대상조항] * 앞에서 인용함 [판시] 재판청구권 침해 여부 – 기본권 보장규정인 헌법 제2장의 제목이 "국민의 권리와 의무"이고, 그 제10조 내지 제39조에서 "모든 국민은 … 권리를 가진

다."라고 규정하고 있으므로 국민만이 기본권의 주체라 할 것이고, 공권력의 행사자인 국가, 지방자치단체나 그 기관 또는 국가조직의 일부나 공법인은 기본권의 주체가 아니라 단지 국민의 기본권을 보호 내지 실현해야 할 책임과 의무를 지는 지위에 있을 뿐이다. 그러므로 지방자치단체의 장인 이 사건 청구인은 기본권의 주체가 될 수 없으므로 청구인의 재판청구권 침해 주장은 더 나아가 살필 필요 없이 이유 없다.

4) 유의 2 : 사적 활동에서의 공무원의 헌법소원 청구인능력 인정

(가) 사적 견해 표명

헌재는 "공직자가 국가기관의 지위에서 순수한 직무상의 권한행사와 관련하여 기본권 침해를 주장하는 경우에는 기본권의 주체성을 인정하기 어렵다 할 것이나, 그 외의 사적인 영역에 있어서는 기본권의 주체가 될 수 있는 것이다"라고 한다(헌재 2009.3.26. 2007헌마843). 대통령이 공무원의 선거중립의무를 규정한 공선법 제9조 제1항이 자신의 정치적 표현의 자유를 침해한다고 주장하고 자신이 어느 모임 등에서 행한 일련의 발언에 대해 중앙선거관리위원회가 공직선거법 제9조 제1항에 위반된다고 판단하여 동 위원회 위원장이 대통령에게 한 2007.6.의 '대통령의 선거중립의무 준수요청 조치'와 '대통령의 선거중립의무 준수 재촉구 조치'도 위헌이라는 주장으로 헌법소원심판을 청구한 사건에서도 그런 취지가 표명되었다. 즉 헌재는 이 사건 조치의 대상이 된 청구인의 행위는 순전히 공적인 직무영역에서보다는 어느 정도 공·사가 혼재된 영역에서 나온 것이라고 하여 당해 사안에서 대통령의 기본권의 주체성을 인정하였다. 그리하여 헌법소원심판을 청구할 수 있다고 보아 본안판단으로 들어갔으나 공직선거법 제9조 제1항이 정치적 표현의 자유를 제한함에 있어서 비례(과잉금지)원칙을 위반하지 않아 합헌적이라고 판단하여 기각결정을 하였다.

판례 헌재 2008.1.17. 2007헌마700, 공보 제136호, 159면

[관련판시] 그러므로 대통령도 국민의 한사람으로서 제한적으로나마 기본권의 주체가 될 수 있는바, 대통령은 소속 정당을 위하여 정당활동을 할 수 있는 사인으로서의 지위와 국민 모두에 대한 봉사자로서 공익실현의 의무가 있는 헌법기관으로서의 지위를 동시에 갖는데 최소한 전자의 지위와 관련하여는 기본권 주체성을 갖는다고 할 수 있다(헌재 2004.5.14. 2004헌나1, 판례집 16－1, 609, 638 참조). 이러한 기준을 전제로 하여 살펴보면, 참평포럼 모임 및 W대 박사학위 수여식은 사적인 성격이 강한 행사이어서 그곳에서의 발언이 엄밀한 의미에서 대통령의 직무와 관련하여 행해진 것으로 단정하기 어려울 뿐만 아니라, 이 사건 조치의 대상이 된 발언내용 중 상당 부분이 청구인 개인의 정치적 발언들로서 그 전부가 대통령의 권한이나 직무영역과 밀접하게 관련된 것이라고 보기도 어렵다. 또한 이 사건 조치의 대상이 된 청구인의 행위는 순전히 공적인 직무영역에서 보다는 어느 정도 공·사가 혼재된 영역에서 나온 것이라 할 것이다. 결국 표현의 자유가 헌법상 강하게 보장되고 있는 기본권인 점을 고려할 때, 대통령인 청구인도 제한된 범위 내에서는 표현의 자유를 누릴 수 있는 기본권 주체성이 있다고 할 것이다. 청구인은 이 사건 조치로 인하여 대통령으로서의 정치적 표현의 자유가 아닌 개인으로서의 정치적 표현의 자유가 침해되었다고 주장하고 있는바, 앞에서 본 바와 같이 이 사건 조치로 청구인 개인으로서의 표현의 자유가 제한되었을 가능성이 있으므로, 이 사건헌법소원에 있어서 청구인의 기본권 주체성 내지 청구인적격이 인정된다.

이전의 탄핵사건에서도 그런 취지가 표명되었다(2004헌나1, 기각결정)

(나) 공무담임권 행사

그리고 공무원은 그의 공무활동이 자신이 가지는 공무담임권을 수행하는 것이기도 하다.

헌재는 그동안 대통령, 지방자치단체의 장, 지방의회의원 등의 공직자들의 헌법소원심판 청구를 적법하게 보아 본안판단까지 한 예들을 보여주어 왔다.

판례 헌재 2009.3.26. 2007헌마843

[판시] 청구인은 선출직 공무원인 하남시장으로서 이 사건 법률 조항으로 인하여 공무담임권 등이 침해된다고 주장하여, 순수하게 직무상의 권한행사와 관련된 것이라기보다는 공직의 상실이라는 개인적인 불이익과 연관된 공무담임권을 다투고 있으므로, 이 사건에서 청구인에게는 기본권의 주체성이 인정된다.
* 그 외의 예 : 95헌마53; 98헌마214; 2002헌마699등.

5) 교육위원의 헌법소원청구인적격 부인

과거에 당해 지방자치단체의 교육·학예에 관한 시·도의회에 제출할 조례안을 심의·의결하는 교육위원회, 그 구성원 교육위원 제도는 폐지되었다. 아래 사안은 폐지 이전 상황에서 청구된 것이었다. 그럼에도 위 법리는 그대로 적용된 결정례여서 아래에 인용한다.

판례 헌재 1995.9.28. 92헌마23등

[사건개요·심판대상규정] 청구인은 모 고등학교 교장이고, 나머지 청구인들은 교육위원들인 동시에 학부모인바, 다음 규정들에 대하여 헌재법 제68조 제1항에 의한 헌법소원심판을 청구하였다. [청구인주장] 헌법에 의하여 보장된 교육의 자주성·전문성·정치적 중립성을 확보할 수 있도록 마련된 지방교육자치에 있어서의 의사기관인 교육위원회는 당해 자치단체의 교육·학예에 관한 종국적 의사결정능력을 인정받아야 한다. 그럼에도 불구하고 이 사건 법률조항은 교육·학예에 관한 조례안, 예산안 및 결산, 특별부과금·사용료·수수료·분담금 및 가입금의 부과와 징수에 관한 종국적 의결은 당해 시·도 의회가 관장하도록 규정하고 있고 당해 교육위원회는 고도의 정치지향적인 집단인 시·도 의회의 전심기관에 불과하므로 시·도 주민의 교육 대의기관으로서의 특별의결기관인 교육위원회를 둔 취지에 어긋나고, 따라서 이 사건 법률조항은 교육의 자주성, 전문성, 정치적 중립성을 보장한 헌법 제31조 제4항에 위반하는 규정이다. [심판대상조항] 구 '지방교육자치에 관한 법률'(1991.3.8. 법률 제4347호로 제정되고 1991.12.21. 법률 제4473호로 개정된 것) 제13조 ① 교육위원회는 당해 지방자치단체의 교육·학예에 관한 다음 각호의 사항을 심의·의결한다. 1. 시·도의회에 제출할 조례안 2. 시·도의회에 제출할 예산안 및 결산 3. 시·도의회에 제출할 특별부과금·사용료·수수료·분담금 및 가입금의 부과와 징수에 관한 사항 [결정요지] 공권력의 행사자인 국가나 국가기관 또는 국가조직의 일부나 공법인이나 그 기관은 기본권의 '수범자'이지 기본권의 주체가 아니므로 헌법소원을 적법하게 청구할 수 없다. 이 사건 법률조항은 지방교육위원회가 당해 지방자치단체의 의회에 제출할 조례안, 예산안 및 결산, 특별부과금·사용료·수수료·분담금 및 가입금의 부과와 징수에 관한 사항에 관하여 심의·의결한다는 내용이고, 위와 같이 지방교육위원회가 심의·의결한 사항은 다시 지방자치법 제35조 제1항 제1호 내지 제4호에 의하여 지방의회의 의결사항으로 규정되어 있어 지방의회가 이를 수정할 수 있게 되어 있다. 청구인들 중 일부가 이 사건 법률조항에 의하여 교육위원으로서의 자신들의 권익이 침해되었음을 주장하나 교육위원인 청구인들은 기본권의 주체가 아니라 공법인인 지방자치단체의 합의체기관인 교육위원회의 구성원으로서 '공법상의 권한'을 행사하는 '공권력행사'의 주체일 뿐이다. 그리고 이 사건 법률조항에 의하여

공법인인 지방자치단체의 한 기관인 지방교육위원회가 심의 · 의결한 사항을 같은 지방자치단체의 다른 한 기관인 지방의회가 다시 의결한다고 하더라도 일반 국민이 아닌 지방교육위원회 또는 그 구성위원의 권한을 침해하는 결과가 발생할 수 있는 것은 별론으로 하고, 지방교육위원회 구성원 개인이나 기타 국민개개인의 기본권까지 침해하는 것은 아니다. 그러므로 비록 청구인들이 학부모는 물론이요, 교육위원 또는 학교장이라 하더라도 청구인들은 그 私人으로서의 지위에서 이 사건 법률조항에 의하여 그 각 개인에게 헌법상 보장된 기본권이 침해된다고는 볼 여지는 없다 할 것이다. 그렇다면, 청구인들의 이 사건 심판청구는 청구인적격이 없는 자의 청구여서 부적법하여 모두 각하한다.

* 평가 – 이 결정은 교육위원이 기본권의 주체가 아니라는 점뿐 아니라 문제의 법률규정으로 인하여 침해될 수 있는 것은 기본권이 아니라 '권한'이라는 점을 각하사유로 들고 있다.

(2) 공법인(지방자치단체 외 일반 공법인)

1) 기준

지방자치단체 외에도 공법인이 많고 이 공법인 일반이 기본권주체가 아니어서 헌법소원 청구인능력이 없다는 위 법리의 적용에 있어서 공법인인지 여부의 판단이 관건이 된다. 헌재는 강제가입성, 합병 · 해산의 제한 등을 살펴보아 공법인성을 인정한다.

2) 공법인으로서의 성격을 가지는 구 농지개량조합의 헌법소원청구인능력 부인

이 기준을 적용한 대표적인 예가 아래 구 농지개량조합(변화를 거듭하여 현행 '한국농어촌공사')의 경우이다.

판례 헌재 2000.11.30. 99헌마190

[사건설명] 농지개량조합을 해산하여 신설되는 농업기반공사에 합병하도록 한 '농업기반공사 및 농지관리기금법'(1999.2.5. 법률 제5759호)의 규정들이 동 조합의 결사의 자유 등 기본권을 침해하였다는 주장의 헌법소원심판을 동 조합이 조합원 등과 더불어 청구하였는데 이 조합 자체의 심판청구 부분이 적법한지가 문제된 것이다. [관련판시] 농지개량조합(이하 '농조'라 함)은 그 설립 자체가 강제되지는 않는다는 점 등 사법인적(私法人的) 성격도 없지 않으나, 구역내 농지소유자의 가입이 강제되는 점(농지개량조합법 제9조 제1항, 제18조 제1항 · 제3항), 농조의 기본재산은 조합원들의 출자에 의하여 형성되는 것이 아니라 국가 · 지방자치단체 또는 농업진흥공사가 설치한 농업생산기반시설을 그대로 인수하여 보유하게 되는 점(동법 제16조), 조합원들의 결의로 합병 · 분할 · 해산할 수 있는 경우도 농조의 설립목적을 달성할 수 없게 되었을 경우로만 제한되는 점(동법 제61조 이하), 조합원은 원칙적으로 농지의 소유권을 상실하는 등의 사유로 조합원으로서의 자격을 잃은 경우에만 농조에서 탈퇴할 수 있고(동법 제18조 제4항 · 제5항, 제47조 제1항), 또한 조합에서 탈퇴하게 되는 경우에도 조합에 대한 지분반환청구는 허용되지 않는 점(대법원 1999.3.12. 98다57051 판결 참조), 농조와 그 직원과의 관계는 공법상의 특별권력관계로서 징계처분을 받은 직원은 행정소송으로 이를 다투어야 하는 점 등을 비롯하여, 농조의 주요사업인 농업생산기반시설의 정비 · 유지 · 관리는 조합원들의 권익을 위한 것만이 아니고 수해의 방지 및 수자원의 적정한 관리 등 일반국민들에게도 그 영향을 직접 미치는 고도의 공익성을 띠고 있는 점 등 농조의 존립목적, 조직과 재산의 형성 및 그 활동전반에 나타나는 매우 짙은 공적인 성격을 고려하건대, 이를 공익적 목적을 위하여 설립되어 활동하는 공법인(公法人)이라고 봄이 상당하다 할 것이다. 따라서 이 사건 청구 중 청구인 양평농조의 청구는 헌법소원의 청구인적격을 갖추었다고 보기 어렵다.

* 비평 – 또 '적격'이란 적절치 않은 용어를 쓰고 있다.

(3) 공법인의 기본권주체성 인정의 경우

1) 사경제 주체로서 활동을 하는 경우

공법인에 대해서는 청구인능력이 부정된다고 하였으나 공법인의 경우에도 헌재는 사경제(私經濟) 주체로서 활동을 하는 경우 등에 긍정하는 아래의 판례를 보여주고 있다.

i) **판례법리** – 헌재는 "공법인이나 이에 준하는 지위를 가진 자라 하더라도 공무를 수행하거나 고권적 행위를 하는 경우가 아닌 사경제 주체로서 활동하는 경우나 조직법상 국가로부터 독립한 고유 업무를 수행하는 경우, 그리고 다른 공권력 주체와의 관계에서 지배복종관계가 성립되어 일반 사인처럼 그 지배하에 있는 경우 등에는 기본권 주체가 될 수 있다. 이러한 경우에는 이들이 기본권을 보호해야 하는 국가적 기능을 담당하고 있다고 볼 수 없기 때문"이라고 본다.

> ▷ 공법인이 기본권주체성이 인정되어 헌법소원 청구할 수 있는 경우
> - 사경제 주체로서 활동하는 경우
> - 조직법상 국가로부터 독립한 고유 업무를 수행하는 경우
> - 다른 공권력 주체와의 관계에서 지배복종관계가 성립되어 일반 사인처럼 그 지배하에 있는 경우

ii) **결정례** – 위 법리가 표명된 결정례는 공법상 재단법인인 방송문화진흥회가 최다출자를 하여 설립된 방송사업자(문화방송사)가 청구한 헌법소원심판의 결정이다. 사안은 헌재가 방송광고 판매대행에 관한 헌법불합치결정(2006헌마352)을 한 결과 2012년 말에 이전의 독점제를 없애어 방송광고 판매 대행업에 허가제를 도입한 '방송광고판매대행 등에 관한 법률'이 제정되었으나 이 법률은 문화방송사의 경우 여전히 공사가 위탁하는 방송광고에 한하여 방송광고를 할 수 있도록 하여 문화방송사가 헌법소원심판을 청구한 사건이다. 헌재는 위 법리에 따라 문화방송사의 기본권주체성을 인정하였다.

여하튼 공법인, 공법인에 준하는 단체의 기본권주체성을 인정하는 판시를 하게 된 것에 이 결정의 의의가 있다.

판례 헌재 2013.9.26. 2012헌마271

[결정요지] 다만 공법인이나 이에 준하는 지위를 가진 자라 하더라도 공무를 수행하거나 고권적 행위를 하는 경우가 아닌 사경제 주체로서 활동하는 경우나 조직법상 국가로부터 독립한 고유 업무를 수행하는 경우, 그리고 다른 공권력 주체와의 관계에서 지배복종관계가 성립되어 일반 사인처럼 그 지배하에 있는 경우 등에는 기본권 주체가 될 수 있다. 이러한 경우에는 이들이 기본권을 보호해야 하는 국가적 기능을 담당하고 있다고 볼 수 없기 때문이다. 청구인의 경우 공법상 재단법인인 방송문화진흥회가 최다출자자인 방송사업자로서 방송법 등 관련규정에 의하여 공법상의 의무를 부담하고 있지만, 상법에 의하여 설립된 주식회사로 설립목적은 언론의 자유의 핵심 영역인 방송사업이므로 이러한 업무 수행과 관련하여 당연히 기본권 주체가 될 수 있고, 그 운영을 광고수익에 전적으로 의존하고 있는 만큼 이를 위해 사경제 주체로서 활동하는 경우에도 기본권 주체가 될 수 있는바, 이 사건 심판청구는 청구인이

그 운영을 위한 영업활동의 일환으로 방송광고를 판매하는 지위에서 그 제한과 관련하여 이루어진 것이므로 그 기본권 주체성을 인정할 수 있다. * 본안판단결과 과잉금지원칙을 준수한 것이라고 하여 합헌으로 판단하였다.

* '헌가'사건에서 동지의 판시가 있었던 결정례 : 학교안전법 사건, 헌재 2015.7.30. 2014헌가7. [결정요지] (학교안전) 공제회는 이처럼 공법인적 성격과 사법인적 성격을 겸유하고 있는데, 공제회가 일부 공법인적 성격을 갖고 있다고 하더라도 공무를 수행하거나 고권적 행위를 하는 경우가 아닌 사경제주체로서 활동하는 경우나 조직법상 국가로부터 독립한 고유 업무를 수행하는 경우, 그리고 다른 공권력 주체와의 관계에서 지배복종관계가 성립되어 일반 사인처럼 그 지배하에 있는 경우 등에는 기본권 주체가 될 수 있다.

* 판례분석 – 위 문화방송 사건의 경우에 굳이 지배복종관계 경우까지 언급할 필요도 없었다. 그냥 광고판매라는 영업활동은 사경제작용이라고 하고 그래서 기본권주체가 된다고 하였어도 충분하다. 학교안전법 공제회 사건의 판시에 대해서는 뒤에서 보는 대로 양자의 성격을 겸할 때에는 헌법소원청구인능력을 인정하는 것이 헌재 자신의 입장이므로 여기서 굳이 공법인적 성격에 대해 사경제활동성을 따질 의미가 없었다. 아니면 광고가 언론표현이므로 이에 관한 활동은 공영방송도 기본권주장이 가능하다는 견해들도 있으므로 그 점도 검토될 수 있었다.

2) 공영언론사, 국·공립교육기관 등

위 문화방송사도 그러하지만, 그 외에도 KBS, EBS, 국공영뉴스공급체 등 국·공영언론매체기관들은 언론의 자유 등을 위해, 앞서 국·공립대학교의 경우 대학자율성, 학문연구의 자유 등을 위한 기본권주체성을 인정한 것처럼(헌재 1992.10.1, 92헌마68; 2001.2.22, 99헌마613), 각 기관이 수행하는 중요한 사회활동을 위한 기본권이 침해받는 경우에는 헌법소원 청구를 할 수 있다고 보는 것이 필요하다.

3. 법인, 단체 자체가 아닌 단체소속의 분과위원회의 청구인무능력

법인이나 단체 자체가 아니라 소속된 내부 분과위원회는 청구인능력을 가지지 못한다(헌재 1991.6.3. 90헌마56). 이에 대해서는 앞에서 서술하였다(앞의 단체의 청구인능력, (3) 단체 내부에 소속된 분과위원회에 대한 청구인능력 부인 부분 참조).

4. 민법상 권리능력이나 민사소송법상 당사자능력이 없는 사람

헌재는 민법상 권리능력이나 민사소송법상의 당사자능력이 없으면 헌법소원심판청구의 능력이 없다고 본다. 예를 들어 사립학교의 경우 학교법인은 능력을 가지지만 학교는 "교육을 위한 시설에 불과하여 우리 민법상 권리능력이나 민사소송법상 당사자능력이 없다"라고 하여 헌법소원심판청구인능력을 부정한다.

판례 헌재 1993.7.29. 89헌마123

[판시] 먼저 청구인 N학원(학교법인) 이외의 청구인들의 청구인적격 구비여부에 관하여 살핀다. 청구인

N중·고등학교는 교육을 위한 시설에 불과하여 우리 민법상 권리능력이나 민사소송법상 당사자능력이 없다고 할 것인바(대법원 1975.12.9. 75다1048 판결 참조), 위 시설에 관한 권리·의무의 주체로서 당사자능력이 있는 청구인 N학원이 헌법소원을 제기하여 권리구제를 받는 절차를 밟음으로써 족하다고 할 것이고, 위 학교에 대하여 별도로 헌법소원의 당사자능력을 인정하여야 할 필요가 없다고 할 것이므로 동 학교의 이 사건 헌법소원심판청구는 부적법하다. * 동지 : 헌재 2013.8.29. 2013헌마165; 2016.10.27. 2014헌마1037.

Ⅲ. 특수법인(공 · 사법성 겸유의 법인), 공사혼합기업 등의 청구인능력 인정

1. 특수법인의 경우

헌재는 공법적 성격뿐 아니라 사법적 성격도 아울러 가지는 법인이나 단체의 경우에는 기본권주체성이 인정된다고 본다. 따라서 이 특수법인에 대해서는 청구인능력도 인정된다.

헌재는 축산업협동조합에 대해 공·사법성을 겸유한 법인으로 보아 기본권주체성을 인정한 바 있다. 결사의 자유 등이 문제된 사안이었다.

판례 헌재 2000.6.1. 99헌마553

[판시] 축협중앙회는 지역별·업종별 축협과 비교할 때, 회원의 임의탈퇴나 임의해산이 불가능한 점 등 그 공법인성이 상대적으로 크다고 할 것이지만, 이로써 공법인이라고 단정할 수는 없을 것이고, 이 역시 그 존립목적 및 설립형식에서의 자주적 성격에 비추어 사법인적 성격을 부인할 수 없으므로, 축협중앙회는 공법인성과 사법인성을 겸유한 특수한 법인으로서 기본권의 주체가 될 수 있다.

* 헌법소원사건은 아니었으나 헌재가 공법인적 성격과 사법인적 성격을 겸유하고 있다고 본 단체로는 학교안전법상 공제회가 있다. 판시가 있었던 사건은 '헌가'사건이었다(헌재 2015.7.30. 2014헌가7).

2. 공사혼합기업의 경우

헌재는 또 공사(公私)혼합기업, 즉 그 예로서 국가가 대주주로 참여한 한국전력공사도 계약의 자유, 경영의 자유 등의 기본권주체가 될 수 있다고 본다.

판례 헌재 2005.2.24. 2001헌바71

이 결정은 5인의 위헌의견 결정이었으나 6인 위헌의견에 이르지 못하여 합헌결정이 된 것이었고 4인 합헌의견이 법정의견이 된 결정이었다. 공사혼합기업이 기본권주체가 된다는 점에서는 법정의견이나 위헌의견이나 다를 바 없었다. [판시] 1. 법정의견 – 막대한 경제적 손실을 감수하더라도 안정적인 전기의 공급을 위하여 발전시설 및 전기공급시설에 지속적으로 설비투자를 할 수 있는 국가나 국가의 하부조직 또는 적어도 국가가 그 지분의 과반수 이상을 확보함으로써 그 소유와 경영의 상당한 부분을 책임지는 청구인과 같은 공사혼합기업 … 2. 5인 위헌의견 – 청구인은 전기의 공급이라는 생존배려적 공적과제를 수행하는 법인(한국전력공사법 제2조)이지만 주식회사에 관한 상법규정이 적용되는 주식회사로서(동법 제19조) 주식의 49%까지 민간투자가 가능한(동법 제4조) 공사혼합기업이며 … 전력의 안정적 수급이라는 공적 과제의 수행이 경쟁과 창의를 통하여 효과적으로 개선·확대되고 이윤이 증진되어, 담당기관의 경영의 합리화가 이루어지도록 하기 위하여 법은 청구인을 주식회사의 형태로 조직·운영하고 전력의 수급이라는 공적 과제의 수행을 행정의 방식이 아닌 영업의 방식에 의하도록 규정한 것이라고 보아야 한다. 그렇다면 전기간선시설의 설치 자체는 청구인의 의무로서 공적 과제에 속하지만 그 의무의 수행방식과 비용의 부담문제를 결정하는 것은 청구인의 영업에 속하고 이 부분은 더 이상 순수한 공적 과제라고만 말할 수 없다. 이렇게 보는 것이 청구인을 주식회사의 형태로 조직하여 영업을 하도록 규정한 법의 취지에 부합하고 나아가 청구인에게 출자한 민간주주들의 이익도 함께 보호·대변하여야 하는 청구인의 기능에 부합한다. 그러므로 청구인은 전기간선시설의 설치방식과 비용부담방식 등을 결정하는 문제에 관하여 영업의 자유와 그 전제로서의 계약의 자유 및 재산권 등을 가져야 하고 그 범위 내에서 기본권의 주체가 된다고 할 것이다.

제3항 침해되는 기본권(헌법상 보장된 기본권)의 존재와 침해의 실제성(가능성)

헌법재판소법 제68조(청구사유) ① 공권력의 행사 또는 불행사로 인하여 헌법상 보장된 기본권을 침해받은 자는 법원의 재판을 제외하고는 헌법재판소에 헌법소원심판을 청구할 수 있다. 단서(생략)

헌재법 제68조 제1항이 명시하는 대로 헌법소원심판은 '헌법상 기본권'을 침해받은 사람이 청구할 수 있으므로 침해되는 기본권이 있을 것을 전제로 함은 물론이다. 청구인이 침해되고 있다고 주장하는 기본권이 있다는 것은 기본권 침해의 실제성, 가능성이기도 하다. 즉 '기본권의 침해가능성'이란 말이나 '침해되는 기본권의 존재'는 같은 말이다.

* **유의 검토점** – ① 침해되는 기본권의 존재와 침해가능성(실제성) 구분의 모순 – 침해되는(정확히는 청구인이 침해된다고 주장하는) 기본권이 존재할 것을 요하는 것은 결국 그 침해가능성을 의미하고 양자가 구분될 요건이 아니다. '헌법상 보장된 기본권'과 '기본권의 침해가능성'을 각각 서술하고 후자가 부인된 사례로 "법률안 날치기 통과 등과 같은 입법절차상의 하자를 둘러싼 분쟁은, 본질적으로 국회의장이 국회의원의 권한을 침해한 것인가에 관한 다툼으로서 권한쟁의심판을 통해 해결하여야 할 사항이고(헌재 1998.8.27. 97헌마8등, 판례집 10-2, 439, 443)"라고 하는 문헌이 있다(헌법재판 실무제요, 제2개정판, 281-286, 286면). 그러나 이 문헌 자체가 바로 그렇게 인용한 것처럼 이 사안은 기본권이 아예 문제가 아니라 '권한'이 침해되어 문제된 것이므로(청구인도 국민들이었다) 침해되는 기본권의 존재와 침해가능성을 구분하면서 인용하는 것이 모순이다. 이 문헌이 인용한 그 97헌마8등 결정은 "이 사건 법률의 입법절차가 헌법이나 국회법에 위반된다고 하더라도 그와 같은 사유만으로는 이 사건 법률로 인하여 청구인들이 현재, 직접적으로 기본권을 침해받은 것으로 볼 수는 없다. 청구인들의 이 사건 심판청구는 기본권침해의 현재성, 직접성을 갖추지 못한 것으로서 부적법하여 심판청구를 각하하기로 결정한다"라고 하여 침해성을 부정하는데 그 판시도 문제이다. 권한침해이면 침해되는 기본권의 부존재로 각하된다고 할 것이지 그 다음 단계요건인 관련성요건인 현재성, 침해성을 언급하는 것은 논리성에 문제가 있다. ② 대상성요건과의 혼동 – 앞서 우리는 대상성요건으로 청구하려는 자의 법적 지위에 영향을 미칠 가능성을 그 요소로 본다고 하였고 이는 헌재판례법리의 주류적 입장이다. 그런데 이를 기본권 침해가능성 판단준거로 보아 혼동을 보여주는 문헌이 있다. 즉 "공권력의 행사가 헌법소원심판을 청구하고자 하는 자의 법적 지위에 아무런 영향이 미치지 않는다면 애당초 기본권 침해의 가능성이나 위험성이 없으므로 그 공권력의 행사를 대상으로 헌법소원심판을 청구하는 것은 허용되지 아니한다"라고 하는 문헌이 있는데(헌법재판실무제요, 제2개정판, 285면) 대상성요건을 기본권침해가능성요건으로 서술하고 있어서 타당하지 못하다. 이 문헌이 그 법리를 밝히고 있다고 인용하는 판례들도 문제가 있어서

적확하지 않다. 즉 헌재 1999.5.27. 97헌마368 결정을 그 예로 드나 이 결정은 대상성과 직접성을 혼동하고 있고(또는 이 결정은 기본권침해가능성, 현재성 등과 직접성을 혼동하고 있다고 보인다), 헌재 1999.6.24. 97헌마315 결정도 대상성 문제를 언급하는 것이며, 헌재 2008.2.28. 2006헌마582결정은 반사적 이익에 대해 판시하고 있는 것이다.

* **용어 문제** : 사실 이하에서 '기본권침해가능성'이란, '침해'란 용어를 사용하긴 하나 다음의 점이 검토되어야 할 것같아 여기서 첨언한다.– 기본권침해가능성 요건의 용어상 문제점 : 헌재는 본안판단에서 단계를 나누어 해당 사안에서 기본권의 '제한' 여부와 기본권의 '침해' 여부를 나누어 판단한다. 제한 여부 문제는 사안에서 어떠한 기본권이 문제되고 있는지 여부를 살피는 문제이고 침해 여부 문제는 문제되고 있는 것이 맞다면 다음 단계로 그 사안에서 가해지는 제한이 '침해'인지, 즉 제한이 헌법이 허용하는 한계를 벗어나(예를 들어 비례원칙과 같은 기본권제한한계를 위배하여) 그리하여 위헌인지 여부를 살피는 문제라고 보는 것이다. 이는 '제한'과 '침해'라는 용어를 구분하는 헌재 자신의 용어법 입장 때문이다. 그렇다면 적법요건의 하나인 '기본권침해가능성'이란 용어도 '기본권제한가능성'이라는 용어로 바꾸어 불러야 한다. 이처럼 용어를 구분해 쓰는 헌재 자신이 적법요건을 살피는 단계에서 이미 침해가능성을 언급하는 것은 자기모순이기 때문이다. 여하튼 그동안 관용하였기에 그리고 기본권침해가능성에 관한 결정례가 많아 쓰긴 하지만 이러한 점을 지적한다.

Ⅰ. 헌법상 보장된 기본권

우리 헌법전에는 적지 않은 기본권들이 본문에 명시되어 있다. 이러한 본문의 명시적인 기본권들이 침해되었을 때 청구인요건을 인정할 수 있음은 물론인데 이외에 전문에서도 인정되는 기본권들이 있는가 하는 문제가 있다. 또 헌법규정들에서 직접 명시된 기본권들 외에 헌법규정들에서 간접적으로 파생되는 기본권들도 있다.

1. 헌법전문

(1) 기본권 인정 문제

헌법의 전문(前文)에 대해서도 일반적으로 헌법규범성이 인정되고 헌법전문에서 기본권규범들도 찾을 수 있다고 본다. 그러나 헌법전문의 문언 중에는 기본권이 아니라 이념이나 해석기준으로서 성격을 가지는 문언이라고 볼 수 있는 것이 있다고 보는 결정례가 있다. 즉 대한민국과 일본국 간의 어업에 관한 협정에 대한 법령소원에서 청구인들은 "이 사건 협정은 제헌헌법 이래의 우리의 근본이념을 망각하고 일본에 대하여 저자세이고 치욕적인 자세를 취하였으며, 독도의 영유권을 포기하고 나아가 어장을 포기하다시피 함으로써 일본에 대해 1910년의 경술국치 이래 가장 굴욕적인 자세를 취하였던바, 이는 헌법 전문에 기재된 3·1 정신을 근본적으로 위배한 것이다"라고 주장하였는데 헌법재판소는 "청구인들이 침해받았다고 주장하는 기본권 가운데 "헌법전문에 기재된 3·1정신"은 우리나라 헌법의 연혁적·이념적 기초로서 헌법이나 법률해석에서의 해석기준으로 작용한다고 할 수 있지만, 그에 기하여 곧바로 국민의 개별적 기본권성을 도출해낼 수는 없다고 할 것이므로"라고 하여 본안판단의 대상으로부터 제외하였다(헌재 2001.3.21. 99헌마139등 참조).

(2) 기본권 관련 결정례와 국가의 기본권보장의무 도출례

1) 기본권 관련 결정례

헌법전문에서 특정 기본권을 도출(인정)한 것은 아니나 헌법전문에 반한다고 본 예들 : ① 선거운동상 무소속후보자에 대한 차별에 관한 결정례 : 헌재는 정당추천후보자에게 별도로 정당연설회를 할 수 있도록 한 구 국회의원선거법 규정이 무소속후보자를 차별하여 헌법전문에 위반된다고 보고 무소속후보자에게도 이에 준하는 선거운동의 기회를 균등하게 허용하지 아니하는 하는 한 위헌이라고 판시한 바 있다(헌재 1992.3.13. 92헌마37). ② 시 · 도의회의원 선거 후보자의 기탁금(700만원) 규정에 대한 헌법불합치결정례 : 헌재는 구 지방의회의원선거법의 이 규정이 자유민주주의 원리에도 합치되지 않고 헌법 전문의 규정취지에도 반한다고 하면서 헌법불합치결정을 하였다(헌재 1991.3.11. 91헌마21). ③ 헌법전문 합치성 인정례 : ⓐ "정의 · 인도와 동포애로써 민족의 단결을 공고히"에 관한 합헌결정례 : 사할린 지역 강제동원 피해자의 경우 '대일항쟁기 강제동원 피해조사 및 국외강제동원 희생자 등 지원에 관한 특별법'이 1938.4.1.부터 1990.9.30.까지의 기간 중 또는 국내로 돌아오는 과정에서 사망하거나 행방불명된 사람에 한하여 국외강제동원 희생자에 포함된다고 규정한 데 대해 헌재는 구소련에 의하여 강제억류되어 국내로의 귀환이 사실상 어려웠던 사정을 감안하여 한 · 소 수교가 이루어진 1990.9.30. 이전으로 정한 것이고 이를 현저히 자의적이거나 불합리한 것이라고 볼 수 없으므로 "정의 · 인도와 동포애로써 민족의 단결을 공고히"할 것을 규정한 헌법 전문의 정신에 위반된다고 할 수 없다고 판시하였다(2013헌바11). ⓑ "모든 사회적 폐습과 불의를 타파"에 관한 합헌결정례 : 구 '공직선거 및 선거부정방지법'상의 문서 · 도화의 배부 · 게시 등 금지조항(동법 제93조 1항)이 헌법전문의 이 문언에 반한다는 주장이 있었다. 그러나 헌재는 제93조 제1항은 탈법적인 선거운동행위를 규제하여 선거의 공정성을 확보하는 데에 그 입법목적이 있으므로 위 헌법전문 문언에 부합하는 법 조항이라고 보았다(헌재 2001.8.30. 99헌바92).[1] ④ 도출부정례 : 위에서 본 '3 · 1정신'에 기하여 곧바로 국민의 개별적 기본권성을 도출해낼 수는 없다고 한 결정(헌재 2001.3.21. 99헌마139등)도 있었다.

2) 국가의 기본권보장의무 도출례

이를 위 1)에서 함께 봐도 되겠지만 기본권의 실현, 보장의 문제이기도 하여 별도로 정리한다. 그 결정례로 바로 "3 · 1운동으로 건립된 대한민국임시정부의 법통"에서 지금 정부의 이전일에 대한 국가의무를 인정한, 일본군위안부, 일제강제징병(용)원폭 피해자에 대한 국가보호

---

1) 이상은 정재황, 신헌법입문, 제10판, 박영사, 2020, 21－22면의 것을 주로 하여 정리한 것임.

의무 확인결정이 있었다. 이 결정에서 헌재는 '국민의 안전과 생명을 보호하여야 할 가장 기본적인 국가의 의무'인데 '청구인들의 인간으로서의 존엄과 가치를 회복시켜야 할 의무'는 비록 헌법제정 이전 일이라 할지라도 "3 · 1운동으로 건립된 대한민국임시정부의 법통"을 계승한 지금의 정부가 국민에 대하여 부담하는 가장 근본적인 보호의무에 속한다고 하여 이 의무를 이행하지 아니하고 있는 피청구인(외교통상부장관)의 부작위가 위헌이라고 확인한 것이다. 아래의 결정이 그것이다.

"3 · 1운동으로 건립된 대한민국임시정부의 법통"에 관한 위헌확인결정례 : 일본군위안부, 일제강제징병(용)원폭 피해자에 대한 국가보호의무 확인결정

판례 헌재 2011.8.30. 2006헌마788; 헌재 2011.8.30. 2008헌마648

[판시] 4. 적법요건에 대한 판단 (가) 행정부작위에 대한 헌법소원 … (나) 피청구인의 작위의무 – 우리헌법은 전문에서 "3 · 1운동으로 건립된 대한민국임시정부의 법통"의 계승을 천명하고 있는바, 비록 우리 헌법이 제정되기 전의 일이라 할지라도 국가가 국민의 안전과 생명을 보호하여야 할 가장 기본적인 의무를 수행하지 못한 일제강점기에 일본군위안부로 강제 동원되었던, 그리고 징병(징용)되어 전쟁수행의 도구로 활용되다가 원폭피해를 당한 청구인들의 인간으로서의 존엄과 가치를 회복시켜야 할 의무는 대한민국임시정부의 법통을 계승한 지금의 정부가 국민에 대하여 부담하는 가장 근본적인 보호의무에 속한다 … 5. 본안에 대한 판단 – 이 의무를 이행하지 아니하고 있는 피청구인(외교통상부장관)의 부작위가 위헌이다.

* 대조 – 그러나 헌재는 이 결정 이후 일제의 사할린 강제징용자 등이 청구한 같은 성격의 청구에 대해 우리 정부는 2013. 한 · 일 외교당국 간 협의를 개최할 것을 제안했고, 2014.–2015. 몇 차례 각 국장급 면담, 2016.1.21.자 실무협의 등을 했고 설사 그에 따른 가시적인 성과가 충분하지 않다고 하더라도 피청구인(당시 외교통상부장관)이 자신에게 부여된 작위의무를 이행하지 않고 있다고 볼 수는 없다고 하여 작위의무 불이행을 전제로 그것이 위헌임을 주장하는 이 사건 심판청구는 부적법하다고 하여 각하결정하였다(헌재 2019.12.27, 2012헌마939). 과연 위 노력이 2011년의 위헌확인한 부작위를 넘어서는 노력이었는지, 2011년 결정에서 '기본권 침해 구제의 절박성' 등을 언급한 것이 지금에 와서 해소되었다는 것인지 등 의문이 있고 2019년 대법원 강제징용판결로 불거진 한 · 일 간 대립을 고려하지 않을 수 없다는 점에서 설득력이 약하다.

(3) 재판규범성으로서의 헌법전문

i) 위에서 본대로 헌법전문에 반하는지 여부에 관한 결정례들이 있다. ii) 재판적용성 – 유의할 점은 헌법전문의 어느 문구가 규정하는 내용이 어떤 기본권으로 인정되는 것인지 하는 문제에서 부정적이라고 할지라도 그 문구에 위반 여부는 판단될 수 있다는, 즉 그 재판적용성은 인정되어야 한다는 점이다(2013헌바11).

2. 헌법본문

(1) 본문의 기본권조항들

우리 헌법전 본문에는 특히 제2장('국민의 권리와 의무')의 제10조 인간의 존엄가치 · 행복추

구권, 제11조 평등권, 제12조 신체의 자유 등에서 제36조 혼인과 가족생활에서의 권리 등 적지 않은 기본권들이 규정되어 있다. 그 외에도 기본권의 장인 제2장이 아닌 제1장 총강에서, 즉 헌법 제3조 영토조항에서 영토권이라는 기본권이 구성된다고 보거나(헌재 2001.3.21. 99헌마139 등; 2008.11.27. 2008헌마517. 이를 아래 파생으로 볼 것인지 하는 검토는 있을 필요가 있고 여기서는 (4)에 정리하였다. 그 부분 참조) 제8조 정당조항에서 정당의 자유(제8조) 등이 인정된다고 보기도 한다. 또 선거운동의 균등한 기회보장, 선거공영제를 규정한 헌법 제116조도 기본권의 근거조항이 될 수 있다.

(2) 평등권의 역할

평등권은 중요한 역할을 한다. 침해된다고 주장하는 권리나 이익이 헌법상 보장된 기본권이 아닌 경우에도 다른 집단과의 비교에서 차이를 보여주는 경우에는 평등권의 문제는 있을 수 있고 평등권의 침해를 내세워 헌법소원심판청구의 요건을 갖추어 본안판단으로 갈 수도 있기 때문이다. 아래와 같은 결정들이 그 예이다.

① **지방자치단체의 장의 선거권** – 이를 법률상의 권리로 본다 할지라도, 비교집단 상호 간에 차별이 존재할 경우에 헌법상 기본권인 평등권 심사는 한다는 입장에서 평등권심사를 하여 헌법불합치결정을 하였다.

판례 헌재 2007.6.28. 2004헌마644등

[판시] 헌법이 지방자치단체의 장에 대해서는 '선임방법'이라고 표현함으로써 지방의원의 '선거'와는 구별하고 있으므로 지방자치단체의 장의 선거권을 헌법상 기본권이라 단정하기는 어렵다. 하지만 지방자치단체의 장의 선거권을 법률상의 권리로 본다 할지라도, 비교집단 상호 간에 차별이 존재할 경우에 헌법상 기본권인 평등권 심사까지 배제되는 것은 아니므로, 지방선거권에 대한 제한은 지방의원의 경우이든 지방자치단체의 장의 경우이든 모두 헌법상의 기본권에 대한 제한에 해당한다.

* 그런데 이후 지방자치단체의 장 선거권도 헌법상 보장된 기본권이라고 판례변경을 하긴 했다(헌재 2016.10.27. 2014헌마797).

② **주민투표권의 경우**

판례 헌재 2007.6.28. 2004헌마643

[판시] 주민투표권은 헌법상의 열거되지 아니한 권리 등 그 명칭의 여하를 불문하고 헌법상의 기본권성이 부정된다는 것이 우리 재판소의 일관된 입장이라 할 것인데, 이 사건에서 그와 달리 보아야 할 아무런 근거를 발견할 수 없다. 그렇다면 이 사건 심판청구는 헌법재판소법 제68조 제1항의 헌법소원을 통해 그 침해 여부를 다툴 수 있는 기본권을 대상으로 하고 있는 것이 아니므로 그러한 한에서 이유 없다. 하지만 주민투표권이 헌법상 기본권이 아닌 법률상의 권리에 해당한다 하더라도 비교집단 상호 간에 차별이 존재할 경우에 헌법상의 평등권 심사까지 배제되는 것은 아니다. * 이 결정에서 평등권 침해를 인정하여 헌법불합치결정이 있었다. * 주민투표권을 법률상 권리로 보는 동지의 다른 결정례들 : 2001.6.28. 2000헌마735; 2005.12.22. 2004헌마530.

③ **국민참여재판을 받을 권리** – 헌재는 '국민참여재판을 받을 권리'가 헌법 제27조 제1항의 재판청구권의 보호범위에 들어가지 않으므로 그 침해는 없다고 보면서 평등권 침해 여부를 판단하여 합헌결정을 하였다.

판례 헌재 2009.11.26. 2008헌바12

[판시] 가 … 나. '국민참여재판을 받을 권리'가 헌법상 재판청구권으로서 보호되는지 여부 및 재판청구권의 침해 여부 – 우리 헌법상 헌법과 법률이 정한 법관에 의한 재판을 받을 권리라 함은 직업법관에 의한 재판을 주된 내용으로 하는 것이므로 '국민참여재판을 받을 권리'가 헌법 제27조 제1항에서 규정한 재판을 받을 권리의 보호범위에 속한다고 볼 수 없어 국민참여재판에 관한 이 사건 법률조항들이 청구인의 재판청구권을 침해한다고 할 수 없고, 다만 국민참여재판의 대상 사건과 시기를 규정한 재판참여법률 제5조 제1항, 부칙 제2항이 헌법상 평등권을 침해하는지 여부만 문제된다고 할 것이다.

④ **형사 소송비용 보상청구권** – 헌재는 무죄판결을 받은 사람의 형사 소송비용 보상청구권은 형사소송법상(동법 제194조의4 1항 후문)의 법률상 권리로 보면서 평등권 침해 여부를 판단하여 합헌결정을 하였다.

판례 헌재 2012.3.29. 2011헌바19

[결정요지] 가. … 나. 비용보상을 청구할 수 있는 권리의 법적 성격 – 이 사건 법률조항이 규정하고 있는 '소송비용'의 보상은 헌법 제28조의 형사보상청구권과는 달리 소송비용의 보상을 청구할 수 있는 권리는 헌법적 차원의 권리라고 볼 수는 없고, 법률에 적용요건, 적용대상, 범위 등 구체적인 사항이 규정될 때 비로소 형성되는 법률상의 권리에 불과하다. 다. 평등원칙 위반 여부 – 형사소송에서 무죄판결이 확정된 피고인이 국가로부터 보상받게 되는 변호인의 보수와 민사소송에서 승소 당사자가 패소 당사자로부터 지급받게 되는 변호사 보수의 산정 기준을 달리하고 있는 데에는 합리적인 이유가 있으므로, 이 사건 법률조항은 평등 원칙에 위반되지 아니한다.

3. 기본권의 파생(도출)

(1) 파생의 의미와 출처

기본권의 파생이란 헌법에 명시되어 있지 않은 기본권들을 헌법조문에서 끌어내어 이를 인정하는 것을 말한다. 우리 헌재가 파생을 많이 시키는 출처는 헌법 제10조의 인간의 존엄과 가치, 행복추구권 규정으로서 여기에서 헌법에 직접 명시되지 않은 기본권들을 인정하고 있다. 인간의 존엄과 가치에서 개인정보자기결정권이 나온다고 보고 행복추구권에서 일반적 행동자유권이 나오는데 이 일반적 행동자유권에서 여러 자유권들이 또 파생되어 나온다고 보는 것이 그 예이다. 개인정보자기결정권, 일반적 행동자유권 등은 헌법에 명시되어 있지 않다. 따라서 이러한 파생되는 기본권들도 헌법소원청구요건인 기본권침해요건에서의 침해대상이 될 수 있다.

기본권의 파생에 관해서는 앞서 위헌법률심판의 기준 문제를 볼 때 다루었던 바 있다(앞의 위헌법률심판 부분 참조).

(2) 판례변경된 예

헌재는 이전에 파생되는 기본권으로 인정하다가 이후 판례변경을 하여 이를 기본권으로 보지 않는 예들도 남기고 있다. 우리 헌재는 평화적 생존권을 헌법 제10조와 제37조 제1항에서 나오는 기본권으로 인정하는 판례를 보여주었다가(헌재 2006.2.23. 2005헌마268) 그 뒤 2009년에 판례를 변경하여 지금은 이를 부정하고 있다(헌재 2009.5.28. 2007헌마369. 동지 : 헌재 2010.11.25. 2009헌마146). 반대로 이전에 법률상 권리라고 보았던 것을 헌법상 보장된 기본권으로 판례변경한 예로, 지방자치단체의 장의 선거권을 헌법상 기본권이라 단정하기는 어렵다고 보았다가(헌재 2007.6.28. 2004헌마644등) 이후 헌재는 지방자치단체의 장 선거권 역시 다른 선거권과 마찬가지로 헌법 제24조에 의해 보호되는 헌법상의 권리로 인정하여야 할 것이라고 하여 판례변경이란 말을 명시하지 않았으나 판례변경을 한 예가 있었다(헌재 2016.10.27. 2014헌마797).

(3) 기본권성 부정한 예 - 납세자의 권리의 기본권성 부정

헌재가 기본권으로 인정하지 않은 예로 납세자의 권리를 들 수 있다. 사안은 행정중심복합도시 건설 관련 헌법소원사건이었다. 생각건대 세금과 예산이 적절하고도 타당성 있게 사용되고 그 운용과 집행이 적법하고 투명하며 효율적으로 이루어질 것을 요구할 수 있는 국민의 권리가 기본권으로서 인정되는가를 단정적으로 결론내릴 수는 없다.

판례 헌재 2005.11.24. 2005헌마579 등, 신행정수도 후속대책을 위한 연기·공주지역 행정중심복합도시 건설을 위한 특별법 사건

[판시] 청구인들은 납세의무자인 국민은 열거되지 않은 기본권(헌법 제37조 제1항)으로서 자신이 납부한 세금을 국가가 효율적으로 사용하는지를 감시하고 그 사용에 대해 이의를 제기하거나 잘못된 사용의 중지를 요구할 수 있는 권리를 가진다고 주장하면서, 행정중심복합도시 건설에 천문학적인 건설비용이 소요됨에도 불구하고 주요행정기관의 분산배치로 말미암아 행정기능과 업무효율이 저하되고 수도권과 충청권의 통합성장에 따른 국토불균형 현상이 오히려 심화되는 등 부작용이 발생하여 수도권과밀해소를 통한 국가균형발전과 국가경쟁력강화라는 목적달성이 불가능하므로 이 사건 법률은 국민의 혈세를 낭비할 뿐이라고 주장한다. 행정중심복합도시의 건설로 말미암아 여러 부작용과 폐해가 발생하여 막대한 재원을 투자하였음에도 불구하고 그에 상응하는 결실보다는 엄청난 국력의 낭비가 초래될 수도 있다는 청구인들의 예상이 전혀 근거가 없거나 불합리한 것으로 볼 수는 없다. 그러나 헌법상 조세의 효율성과 타당한 사용에 대한 감시는 국회의 주요책무이자 권한으로 규정되어 있어(헌법 제54조, 제61조) 재정지출의 효율성 또는 타당성과 관련된 문제에 대한 국민의 관여는 선거를 통한 간접적이고 보충적인 것에 한정되며, 재정지출의 합리성과 타당성 판단은 재정분야의 전문성을 필요로 하는 정책판단의 영역으로서 사법적으로 심사하는 데에 어려움이 있을 수 있다. 게다가 재정지출에 대한 국민의 직접적 감시권을 기본권으로 인정하게 되면 재정지출을 수반하는 정부의 모든 행위를 개별 국민이 헌법소원으로 다툴 수 있게 되는 문제가 발생할 수 있다. 따라서 청구인이 주장하는 재정사용의 합법성과 타당성을 감시하는 납세자의 권리를 헌법에 열거되지 않은 기본권으로 볼 수 없으므로 그에 대한 침해의 가능성 역시 인정될 수 없다. * 위 결정에서 헌법 제130조 제2항 국민투표권, 제72조 국민투표권, 적법절차에서 나오는 청문권 등에 대해서도 기본권침해가능성을 부정하여 결국 전체적으로 각하결정이 있었다.

* 납세자 권리의 기본권성 부정한 동지의 다른 결정례들 : ① 위헌적인 차별을 야기하는 특별정원제도를 위한 특별예산을 책정하는 것은 국회의 재정입법권의 범위에 포함될 수 없어 올바른 예산의 사용을 요구할 수 있는 납세자의 권리를 침해하는 것이라는 주장을 헌재는 받아들이지 않았다.[1] ② 구 '신문 등의 자유와 기능보장에 관한 법률' 규정에 대하여 독자가 청구한 헌법소원심판에서 납세자로서 예산이 그릇된 용도로 사용되지 아니하도록 감시할 권한과 책무가 있다는 주장에 대해 헌재는 헌법상 그러한 권리성을 인정할 수 없다고 판시한 바 있다.[2] ③ '대한민국건국60년 기념사업'을 위하여 정부가 약 279억 원에 달하는 예산을 확보하여 집행하는 것은 국민이 세금을 낸 목적에 부합하지 않는 사용으로서 청구인들의 납세자로서의 권리 및 재산권을 침해한다는 주장의 헌법소원심판사건에서 각하결정을 한 바 있다.[3]

4. 기본권의 실질적 보장을 위해 객관적인 헌법질서의 보장이 전제되는 경우에 인정되는 기본권

아래의 판례는 기본권을 실질적으로 보장하기 위해서 객관적인 헌법질서의 보장이 전제되는 경우라고 하면서 헌법상 명시되지 않은 기본권인 영토권을 헌법소원의 심판에 있어서는 인정하고 있는 예이다.

---

1) 헌재 2006.3.30. 2005헌마598, 판례집 제18권 1집 상, 447면. [사안과 청구인주장] 국립사범대학 졸업자의 교원 우선임용 조항에 대한 헌법재판소의 위헌결정(89헌마89) 이전에 국립사범대학을 졸업하여 임용이 예정되어 있었으나, 위 위헌결정에 따라 교원으로 임용되지 아니한 자를 위하여 중등교원 임용시험에 있어서 별도의 특별정원을 마련하도록 하는 국립사범대학졸업자중교원미임용자임용등에관한특별법 규정에 대한 헌법소원사건이었음. 청구인들은 중등교사임용시험을 준비하고 있어 교육공무원직을 두고 경쟁관계에 있는 사범대학 재학 중인 사람들이었는데 청구인들은 위헌적인 차별을 야기하는 특별정원제도를 위한 특별예산을 책정하는 것은 국회의 재정입법권의 범위에 포함될 수 없어 올바른 예산의 사용을 요구할 수 있는 납세자의 권리를 침해하는 것이라고 주장하였음. [결정요지] 헌법상 조세의 효율성과 타당한 사용에 대한 감시는 국회의 주요책무이자 권한으로 규정되어 있어(헌법 제54조, 제61조), 재정지출의 효율성 또는 타당성과 관련된 문제에 대한 국민의 관여는 선거를 통한 간접적이고 보충적인 것에 한정되며, 재정지출의 합리성과 타당성 판단은 재정분야의 전문성을 필요로 하는 정책판단의 영역으로서 사법적으로 심사하는 데에 어려움이 있을 수 있다. 게다가 재정지출에 대한 국민의 직접적 감시권을 기본권으로 인정하게 되면 재정지출을 수반하는 정부의 모든 행위를 개별 국민이 헌법소원으로 다툴 수 있게 되는 문제가 발생할 수 있다. 따라서 청구인이 주장하는 재정사용의 합법성과 타당성을 감시하는 납세자의 권리를 헌법에 의해 보장되는 기본권으로 볼 수 없으므로 그에 대한 침해의 가능성 역시 인정될 수 없다.

2) 헌재 2006.6.29. 2005헌마165 등, 판례집 18－1하, 371면.

3) 헌재 2008.11.27. 2008헌마517, 판례집 20－2 하, 517면. [판시] 청구인들은 이 사건 기념사업에 약 279억 원에 달하는 예산이 확보되어 집행되는 것이 납세의무자의 지위에 상응하는 납세자로서의 권리를 침해한다고 주장한다. 그러나 헌법상 조세의 효율성과 타당한 사용에 대한 감시는 국회의 주요책무이자 권한으로 규정되어 있어(헌법 제54조, 제61조) 재정지출의 효율성 또는 타당성과 관련된 문제에 대한 국민의 관여는 선거를 통한 간접적이고 보충적인 것에 한정되며, 재정지출의 합리성과 타당성 판단은 재정분야의 전문성을 필요로 하는 정책판단의 영역으로서 사법적으로 심사하는 데에 어려움이 있을 수 있다. 게다가 재정지출에 대한 국민의 직접적 감시권을 기본권으로 인정하게 되면 재정지출을 수반하는 정부의 모든 행위를 개별 국민이 헌법소원으로 다툴 수 있게 되는 문제가 발생할 수 있다. 청구인들이 주장하는 납세의무자로서 청구인들의 재산권이란 결국 재정사용의 합법성과 타당성을 감시하는 납세자의 권리에 다름 아닌바, 이와 같은 권리를 헌법상 보장된 기본권으로 볼 수 없으므로 그에 대한 침해의 가능성 역시 인정될 수 없다. * 이러한 법리가 나타난 동지의 그 외 결정례로 이른바 BBK특검법의 시행으로 청구인이 납부하는 세금이 유용되어 헌법상 보장된 재산권이 침해받게 되었다는 주장의 헌법소원에 대해 헌재는 위와 같은 법리를 설시한 뒤 "청구인이 주장하는 납세의무자로서 청구인의 재산권이란 결국 재정사용의 합법성과 타당성을 감시하는 납세자의 권리에 다름아닌바, 이와 같은 권리를 헌법상 보장된 기본권으로 볼 수 없으므로 그에 대한 침해의 가능성 역시 인정될 수 없다"라고 판시한 바 있다(헌재 2007.12.31. 2007헌마1446, 공보 135, 124면).

판례 헌재 2001.3.21. 99헌마139등

[심판대상] 대한민국과 일본국간의 어업에 관한 협정 [관련판시] 청구인들은, 이 사건 협정에서 독도를 중간수역에 포함시킴으로써 영해 및 배타적 경제수역에 대한 대한민국 국민인 청구인들의 영토권을 침해하였다고 주장한다. 헌법 제3조 영토조항이 국민 개개인의 주관적 권리인 기본권을 보장하는 것으로 해석하는 견해는 거의 존재하지 않는 것으로 보인다. 이는 기본권이라는 것이 국민의 국가에 대한 주관적인 헌법상의 권리인데 대하여, 영토조항은 국가공동체를 구성하는 본질적인 요소에 대한 규정임을 고려하여 볼 때 쉽게 납득할 수 있을 것이다. 그러나, 모든 국가적 권능의 정당성근거인 동시에 국가권력의 목적인 국민의 기본권을 가장 실질적으로 보장해 주는 대표적인 헌법재판제도로서의 헌법소원심판의 본질은 개인의 주관적 권리구제뿐 아니라 객관적인 헌법질서의 보장도 겸하고 있다고 보아야 한다. 국민의 개별적인 주관적 기본권을 실질적으로 보장하기 위해서는 경우에 따라서는 객관적인 헌법질서의 보장이 전제되지 않으면 안 되는 상황을 상정해 볼 수 있다. 그 예로서, 헌법 제3조의 영토조항은 우리나라의 공간적인 존립기반을 선언하는 것인바, 영토변경은 우리나라의 공간적인 존립기반에 변동을 가져오고, 또한 국가의 법질서에도 변화를 가져옴으로써, 필연적으로 국민의 주관적 기본권에도 영향을 미치지 않을 수 없는 것이다. 이러한 관점에서 살펴본다면, 국민의 개별적 기본권이 아니라 할지라도 기본권보장의 실질화를 위하여서는, 영토조항만을 근거로 하여 독자적으로는 헌법소원을 청구할 수 없다 할지라도, 모든 국가권능의 정당성의 근원인 국민의 기본권 침해에 대한 권리구제를 위하여 그 전제조건으로서 영토에 관한 권리를, 이를테면 영토권이라 구성하여, 이를 헌법소원의 대상인 기본권의 하나로 간주하는 것은 가능한 것으로 판단된다. * 동지 : 2008.11.27. 2008헌마517.

* 검토 – 바로 아래에 제도적 보장에 대해 살펴보는데 제도적 보장과 기본권이 결합되거나 기본권을 수반하고 보조하는 제도적 보장이 있음을 헌법이론은 긍정하고 있는바 그러한 맥락에서 위 결정을 검토할 필요도 있을 것이다.

5. 헌법의 기본원칙, 헌법정신 위배 문제, 지방자치권 침해 문제

(1) 헌법의 기본원칙

헌재는 기본권 침해 주장 없이 공권력의 행사 또는 불행사로 헌법의 기본원리 혹은 헌법상 보장된 제도(국민주권주의, 법치주의, 적법절차원리, 복수정당제도, 권력분립원칙, 신뢰보호의 원칙, 소급효금지의 원칙, 경제질서의 헌법원칙 등)의 본질이 훼손되었다고 하는 주장 그 점만으로 국민의 기본권이 직접 현실적으로 침해된 것이라고 할 수는 없다고 한다.

① **국민주권주의, 법치주의, 적법절차원리 위배 주장** – 이른바 ‘날치기’ 처리 사건

판례 헌재 1995.2.23. 90헌마125

[판시] 헌법소원심판 과정에서 공권력의 행사 또는 불행사가 위헌인지 여부를 판단함에 있어서 국민주권주의, 법치주의, 적법절차의 원리 등 헌법의 기본원리 위배 여부를 그 기준으로 적용할 수는 있으나, 공권력의 행사 또는 불행사로 헌법의 기본원리가 훼손되었다고 하여 그 점만으로 국민의 기본권이 직접 현실적으로 침해된 것이라고 할 수는 없고 또한 공권력행사가 헌법의 기본원리에 위반된다는 주장만으로 헌법상 보장된 기본권의 주체가 아닌 자가 헌법소원을 청구할 수도 없는 것이므로, 설사 피청구인의 불법적인 의안처리행위로 헌법의 기본원리가 훼손되었다고 하더라도 그로 인하여 헌법상 보장된 구체적 기본권을 침해당한 바 없는 국회의원인 청구인들에게 헌법소원심판청구가 허용된다고 할 수는 없다. 따라서 청구인들이 입법권 등을 행사하는 공권력주체인 국회라는 국가기관의 구성원인 지위에서,

피청구인의 의안처리행위로 인하여 그들의 권한이 침해되고 헌법의 기본원리가 훼손되었음을 이유로 하여 제기한 이 사건 헌법소원심판청구는 현행 법제도상 허용될 수 없는 것이라고 할 것이다.

* 검토 – ⅰ) 이러한 판례입장을 받아들이려고 해도 기본권이 문제되는 사안이 아닌 국가공권력이나 권한이 문제되는 사안에서 받아들일 수 있는 것일 뿐이고 기본권이 관련되는 사안에서는 헌법원리 등의 훼손이 그 기본권에 영향을 미친다면 헌법원리의 위반이 위헌성을 가지는 것으로 판단하게 한다. 위 날치기 사안에서는 국회의원의 질의권, 토론권, 표결권 등은 권한이지 기본권이 아니라고 보았기에 헌법원리의 위반 여부가 기본권침해성 여부와 관련이 없다고 본 것일 뿐이다. 그러나 헌법소원의 기능은 기본권구제뿐 아니라 객관적 헌법질서나 원리의 보장에도 있다는 점에서 어느 공권력행사가 헌법원리에 반하는지 여부를 헌법재판소가 판단하여 가리는 것은 문제가 없고 오히려 적극적인 판단이 요구된다. ⅱ) 위 사안에서 이른바 날치기되었다고 주장되는 해당 법률안이 국민의 기본권에 영향을 미치는 것이라면 더욱 그러하다.

② **국민주권주의, 복수정당제도 훼손 주장** – 국회구성권 사건(인위적 '여대야소' 변경 주장 사건)

판례 헌재 1998.10.29. 96헌마186

[사건개요] 1996.4.11. 실시된 국회의원 총선거 결과 여소야대의 의석분포를 보였으나 곧이어 여당의 무소속 당선자 등을 영입하여 여대야소로 변경되었는데 이러한 인위적 변경은 헌법 제1조의 국민주권주의와 헌법 제8조 제1항의 복수정당제도를 훼손한 것이라는 주장의 헌법소원심판이 청구되었다. [판시] 청구인들은 피청구인의 행위로 헌법 제1조 제2항의 국민주권주의와 헌법 제8조 제1항의 복수정당제도가 훼손되었다고 주장한다. 그러나 공권력의 행사 또는 불행사로 헌법의 기본원리 혹은 헌법상 보장된 제도의 본질이 훼손되었다고 하여 그 점만으로 바로 국민의 기본권이 직접 현실적으로 침해된 것이라고 할 수는 없다. 따라서 청구인들 주장과 같은 피청구인의 행위로 국민주권주의라든지 복수정당제도가 훼손될 수 있는지의 여부는 별론으로 하고 그로 인하여 바로 헌법상 보장된 청구인들의 구체적 기본권이 침해당하는 것은 아닐 뿐만 아니라, 국민주권주의, 복수정당제도의 훼손만 주장할 뿐 이로 인한 구체적 기본권의 침해 또는 침해의 가능성을 전혀 주장조차 하지 않고 있는 청구인들은 주장 자체로 이미 청구인적격이 없다.

* 검토 – 위 사안에서도 선거의 결과에 대한 훼손이 국민의 선거권을 침해하는 문제로 본다면 침해가능성을 전혀 부정할 수 없다는 점에서 충분한 논증이 아니다.

③ **적법절차, 권력분립원칙 위반 주장** – 중국과의 마늘교역에 관한 합의 내용이 마늘재배농가의 재산권 등 기본권을 침해할 가능성(부정)

판례 헌재 2004.12.16. 2002헌마579

[판시] 청구인들은 기본권 침해의 주장과 별도로 이 사건 조항은 주권적 사항을 포기한 것으로서 이를 정식 합의서에 포함시키지 않고 별도의 이면서신을 교부하는 방법으로 합의한 방식 자체가 문제되고 그 내용의 적정성과 합리성을 인정할 수 없으므로 적법절차에 위반되며, 이 사건 조항은 주권의 제약에 관한 조약, 국가나 국민에게 중대한 재정적 부담을 지우는 조약 또는 입법사항에 관한 조약에 해당하므로 국회의 동의와 대통령의 비준을 받아야 함에도 불구하고 이를 받지 아니하였으므로 이를 규정한 헌법규정 및 권력분립원칙에 위반된다고 주장한다. 헌법소원심판을 청구할 수 있기 위해서는 청구인들의 '헌법상 보장된 기본권'이 침해되어야 하며 여기서 헌법상 보장된 기본권은 그 최소한의 의미로서 '헌법에 의하여 직접 보장된 개인의 주관적 공권'으로 파악할 수 있다. 그러나 모든 국가작용의 합리성과

정당성을 갖춘 적정한 것인지를 판단하기 위한 일반적인 헌법원칙의 하나인 적법절차원칙이나 국회와 대통령의 권한의 분배로서 조약의 국회동의 및 대통령의 비준을 규정한 헌법 제60조 제1항과 제70조 또는 권력분립원칙이 그 자체로 청구인들에게 어떠한 주관적인 권리를 보장한다고 보기는 어렵다. 따라서 위 주장 자체로 청구인들의 주관적인 권리가 침해된다고 볼 수 없고 이 사건 조항에 의한 기본권 침해 가능성을 인정할 수 없다.

④ **포괄위임금지원칙, 적법절차원칙 위배 주장** – 신항만 명칭 사건 : 부산 및 진해 지역에 세워진 항만의 명칭을 "신항"으로 정한 항만법 등 관련법령에 의하여 진해시민들인 청구인들의 기본권이 침해될 가능성이 인정되는지 여부(소극)

판례 헌재 2006.8.31. 2006헌마266

[판시] 청구인들은 항만법 제2조 제2호가 포괄위임입법에 해당하므로 그에 근거한 이 사건 결정과 법령 역시 헌법에 위반되며, 신항만의 명칭 결정에 청문의 기회가 주어지지 않았으므로 적법절차의 원칙에 위반된다고 주장한다. 헌법소원심판을 청구할 수 있기 위해서는 청구인들의 '헌법상 보장된 기본권'이 침해되어야 하며 여기서 헌법상 보장된 기본권은 그 최소한의 의미로서 '헌법에 의하여 직접 보장된 개인의 주관적 공권'으로 볼 수 있다. 그런데 일반적인 헌법원칙의 하나인 포괄위임입법금지원칙을 규정한 헌법 제75조와 그 근거가 되는 의회입법원칙이나 법치주의가 그 자체로 청구인들에게 어떠한 주관적인 권리를 보장한다고 보기는 어렵고, 따라서 청구인들의 주관적인 권리가 침해된다고 볼 수 없다. 또한 청구인들은 적법절차의 원칙 위반을 주장하나 앞서 본바와 같이 신항만의 명칭결정으로 말미암아 청구인들이 어떠한 구체적인 불이익을 입은 것으로 볼 수 없으므로 적법절차원칙상 청구인들에게 청문의 기회 등이 부여되어야 하는 것으로 볼 수도 없다. 결국 이 사건 법령에 의하여 청구인들이 기본권을 침해받을 가능성을 인정할 수 없으므로 청구인들의 이 부분 심판청구 역시 부적법하다.

⑤ **신뢰보호의 원칙, 소급효금지의 원칙, 위임입법금지의 원칙**(법률유보의 원칙)**에 위배 주장** – '승진시험의 응시제한'

판례 헌재 2007.6.28. 2005헌마1179

[판시] 청구인은 이 사건 심판대상 규정이 신뢰보호의 원칙, 소급효금지의 원칙, 위임입법금지의 원칙(법률유보의 원칙)에 위반된다고 주장하나, 헌법소원에 있어서 헌법상의 원리나 헌법상 보장된 제도의 내용이 침해되었다는 사정만으로 바로 청구인의 기본권이 직접 현실적으로 침해된 것이라고 할 수 없으므로 이러한 주장은 이유 없다.

⑥ **시장경제질서 위배 주장** – 국가·지방자치단체 산림사업 대행의 제한

판례 헌재 2008.7.31. 2006헌마400

[판시] 청구인들은 이 사건 법률조항이 국가 또는 지방자치단체의 산림사업을 대행하게 하거나 또는 위탁함에 있어 산림조합에게 독점적 지위를 보장하고 민간기업인 청구인들의 영업활동을 제한하여 헌법 제119조와 제126조에 위반된다고 주장한다. 그러나 헌법 제119조 제1항은 대한민국의 경제질서에 관하여, 제2항은 경제에 관한 국가의 규제와 조정에 관하여 규정한 조항이고 헌법 제126조는 사영기업의 국·공유화에 대한 제한을 규정한 조항으로서 경제질서에 관한 헌법상의 원리나 제도를 규정한 조항들인바, 헌법재판소법 제68조 제1항에 의한 헌법소원에 있어서 헌법상의 원리나 헌법상 보장된 제도의 내용이 침해되었다는 사정만으로 바로 청구인의 기본권이 직접 현실적으로 침해된 것이라고 할 수 없으

며, 이 사건 법률조항이 헌법 제119조와 제126조에 위반되지 않는다는 것은 위에서 본 청구인들의 직업의 자유와 평등권 침해 여부에 대한 판단을 통해 이미 밝혀졌다고 할 것이다.

* 해설 – "헌법 제119조와 제126조에 위반되지 않는다는 것은 위에서 본 청구인들의 직업의 자유와 평등권 침해 여부에 대한 판단을 통해 이미 밝혀졌다고 할 것"이라는 판시는 결국 기본권관련성 있는 원칙이나 질서가 있음을 의미하고 따라서 헌법상 원리·제도 위배로 기본권침해가 있을 수 있으므로 위 판시는 유의가 필요하다.

* 검토 – 위 ②와 ③, ⑤, ⑥의 사안에서 기본권침해 문제가 전혀 없다고 한다면 헌재의 위 판시가 타당성을 가질 것이지만 사실 ②의 사안에서 국회구성권이라는 기본권을 인정한다면 달라질 것이다. ③, ⑤, ⑥의 사안에서는 더군다나 청구인이 재산권, 공무담임권, 직업의 자유 등의 침해를 주장하고 있다. 사안 ①도 이른바 '날치기' 통과된 법률안이 국민의 기본권에 영향을 미친다고 한다면 반드시 위와 같은 결론에 이르는 데 그쳐야 할 것인지 의문이다(①사안은 국회의원들이 청구한 것이어서 그러한 판시가 필요한지 하는 의문 또한 있다). 요컨대 기본권침해 문제가 있는 것으로 적극적으로 판단하는 한 이렇게 잘라 말할 수 없다. 위 원칙들의 위반이 기본권 침해의 원인이나 사유가 되므로 이렇게 잘라 말할 것은 아니다. 헌법소원심판의 청구인들이 헌법의 원칙들의 위배를 주장할 때 어떤 기본권이 침해되었는데 어떤 헌법원칙을 위배하여(예를 들어 재산권이 신뢰보호원칙이나 소급효금지원칙 등 헌법원칙에 위배되어) 그런 침해가 되었다고 주장하지 마냥 위배만을 주장하는 것은 흔하지 않을 것이다. ii) 헌법원칙으로 무죄추정원칙과 같은 경우에는 그 자체로 기본권적 성격을 가지는 것이라고 볼 것이고 평등권의 경우에도 평등원칙이라고 불리면서 그 침해를 위배 여부로 판단하기도 한다.

* 헌법상 자유민주적 기본질서, 적법절차원칙 위반 주장에 대해 "헌법의 기본원리와 헌법상 보장된 제도로부터 구체적인 기본권을 직접 도출하기는 어려우므로, 그 위반을 이유로 하는 이 사건 심판청구는 부적법하다"라고 본 또 다른 예 : 헌재 2010.11.25. 2009헌마146.

(2) 헌법정신

판례 헌재 2008.11.27. 2008헌마517

[판시] 나. 헌법전문, 통일정신, 국민주권 원리에 반한다는 부분 – 살피건대, 청구인들이 주장하는 것 가운데 통일정신, 국민주권원리 등은 우리나라 헌법의 연혁적·이념적 기초로서 헌법이나 법률해석에서의 해석기준으로 작용한다고 할 수 있지만, 그에 기하여 곧바로 국민의 개별적 기본권성을 도출해 내기는 어렵다. 한편, 헌법전문에 기재된 대한민국임시정부의 법통을 계승하는 부분이 침해되었다는 부분은 청구인들의 법적지위에 현실적이고 구체적인 영향을 미친다고 볼 수 없으므로 기본권침해의 가능성이 인정되지 않는다. 따라서 이 사건 위원회의 설치 및 운영, 기념사업 추진행위가 역사정신을 왜곡하여 헌법전문 및 헌법에 규정된 헌법정신을 훼손한다는 점만으로는 청구인들의 기본권이 현실적으로 침해된 것이라고 할 수 없다. * 동지 : 헌재 2001.3.21. 99헌마139등.

(3) 지방자치권

헌재는 지방자치권은 지방자치단체 자체에 부여된 것으로서 헌법에 의하여 보장된 개인의 주관적 공권으로 볼 수 없으므로 그 침해주장으로 청구인들 개인의 기본권침해가능성을 인정할 수 없다고 본다. 아래의 결정들이 그 예들이다.

헌재는 부산 및 진해 지역에 세워진 항만의 명칭을 "신항"으로 정한 항만법 등 관련법령에 의하여 진해시민들인 청구인들의 기본권이 침해될 가능성이 인정되는지 여부에 대해 부정하면서 아래와 같이 판시하였다.

판례 헌재 2006.8.31. 2006헌마266
[판시] 청구인들은 '신항'으로 명칭이 결정됨에 따라 경상남도와 진해시의 관할구역에 대한 자치권을 침해받았다고 주장하나, 지방자치권은 지방자치단체 자체에 부여된 것으로서 헌법에 의하여 보장된 개인의 주관적 공권으로 볼 수 없고 이로써 그 구성원인 주민에게 달리 어떠한 기본권적인 권리가 보장되는 것으로 볼 수도 없다. 따라서 이로써 청구인들 개인의 어떠한 기본권이 침해될 가능성을 인정할 수 없다.

건설교통부 장관이 2003.11.20. 경부고속철도 제4－1공구 역의 명칭을 '천안아산역(온양온천)'으로 한 결정에 대해 아산시에 주민등록을 두고 거주하는 주민들이 이 결정이 자신들의 행복추구권, 평등권을 침해하고 헌법 제117조에 따른 자치권과 주민권에 위반된다고 주장하며 그 취소를 구하는 헌법소원심판을 청구한 사건에서도 비슷한 취지의 결정을 한 바 있다.

판례 헌재 2006.3.30. 2003헌마837
[판시] 청구인들은 이 사건 결정으로 자치권·주민권, 인간다운 생활공간에서 살 권리, 평등권 등의 기본권을 침해받았다고 주장한다. 그러나 고속철도의 건설이나 그 역의 명칭 결정과 같은 일은 국가의 사무임이 명백하고, 국가의 사무에 대하여는 지방자치단체의 주민들이 자치권 또는 주민권을 내세워 다툴 수 없다고 할 것이다. 즉 청구인들이 주장하는 지방자치단체 주민으로서의 자치권 또는 주민권은 "헌법에 의하여 직접 보장된 개인의 주관적 공권"이 아니어서, 그 침해를 이유로 헌법소원심판을 청구할 수 없다.

(4) 교육의 자주성·전문성·정치적 중립성

교육감을 주민직선제로 규정한 '지방교육자치에 관한 법률'(2010.2.26. 법률 제10046호로 개정된 것) 제43조가 고등학생인 청구인들의 교육을 받을 권리와 학부모인 청구인들의 자녀교육권, 교사 및 교원인 청구인들의 교육할 권리 내지 직업수행의 자유를 침해하고, 헌법 제31조 제4항 소정의 교육의 자주성·전문성·정치적 중립성에 반한다는 주장의 헌법소원사건이 있었다. 헌재는 기본권이 침해될 가능성을 함께 부정하여 각하결정을 하였다.

판례 헌재 2015.11.26. 2014헌마662
[판시] 교육의 자주성·전문성·정치적 중립성 침해 여부에 대한 판단 － 헌법재판소법 제68조 제1항에 따른 헌법소원심판은 국민의 기본권이 침해당한 경우에만 청구할 수 있으므로 헌법의 기본원리나 헌법상 보장된 제도의 침해만을 주장하는 경우에는 적법한 청구로 받아들여지지 않는다. 그런데 청구인들은 심판대상조항이 헌법 제31조 제4항 소정의 교육의 자주성·전문성·정치적 중립성에 반한다고 주장하는 바, 청구인들의 위와 같은 주장은 심판대상조항이 교육제도가 추구하여야 할 정신이나 이념을 훼손하고 있다는 주장으로서 기본권침해에 관한 주장이라고 볼 수 없다. 따라서 이 부분에 대한 주장과 관련하여서도 기본권침해가능성을 인정하기 어렵다.

* 검토 － 이 결정에서 청구인이 심판대상조항에 따른 교육감의 주민직선제선출로 인해 "교육이 정치에 예속화되고 교육감 개인의 정치적인 성향이나 가치관에 따라 교육정책이 수시로 바뀌게 되었다"라고 주장한 점을 두고 볼 때, 교육의 자주성, 정치적 중립성 등이 훼손될 수 있고 그래서 교육을 받을 권리 등을 침해받을 수 있다고 주장하는 것으로 이해될 수 있다는 점에서 과연 기본권 문제와 유리된 주장

으로만 볼 것은 아니라고 할 것이다.

6. 법률상의 권리라고 판례가 본 예

헌재판례가 헌법상 보장된 기본권이 아니라 법률상 인정되는 권리일 뿐이어서 헌법상 보호되는 기본권이 아니라고 한 것으로 본 권리들이 있다.

(1) 지방자치법, 주민투표법, 조례의 제정 · 개정 · 폐지 청구에 관한 법률에 의한 법률상 권리

헌재는 ① 주민투표권은 지방자치법이라는 법률이 규정하는 권리라고 본다(당시 동법 제13조의2, 현행 동법 제18조, 신법 제18조 주민투표법상 권리. 헌재 2001.6.28. 2000헌마735; 2005.12.22. 2004헌마530; 2007.6.28. 2004헌마643). 또한 헌재는, ② 지방자치법에 따른 조례의 제정 및 개폐청구권도 아래 판시에서 나타나듯이 그러하다고 본다(현행 지방자치법 제19조, 신법 제19조는 조례의 제정 · 개정 또는 폐지 청구의 청구권자 · 청구대상 · 청구요건 및 절차 등에 관한 사항은 따로 법률로 정하도록 규정하여 별도 법률이 있게 된다).

판례 헌재 2014.4.24. 2012헌마287

[판시] 주민투표권이나 조례제정 · 개폐청구권은 법률에 의하여 보장되는 권리에 해당하고, 헌법상 보장되는 기본권이라거나 헌법 제37조 제1항의 '헌법에 열거되지 아니한 권리'로 보기 어려우므로(헌재 2007.6.28. 2004헌마643 참조), 19세 미만인 사람들에 대하여 법률에 의하여 보장되는 권리에 불과한 주민투표권이나 조례제정 · 개폐청구권을 인정하지 않는다고 하여 포괄적인 의미의 자유권으로서의 행복추구권이 제한된다고 볼 수 없다. 따라서 주민투표권 조항 및 조례제정 · 개폐청구권 조항으로 인하여 청구인들의 기본권이 침해될 가능성이 인정되지 않는다.

③ 감사청구권에 대해서도 헌재는 직접 밝히지는 않았으나 주민투표권에 대한 판시를 함에 함께 하면서 "지방자치법은 주민에게 … 감사청구권(제13조의4 * 현행 지방자치법 제21조, 신법 제21조) 등을 부여함으로써 주민이 지방자치사무에 직접 참여할 수 있는 길을 일부 열어 놓고 있지만 이러한 제도는 어디까지나 입법에 의하여 채택된 것일 뿐 헌법에 의하여 이러한 제도의 도입이 보장되고 있는 것은 아니다"라고 하여 같은 입장임을 내비치고 있다(헌재 2005.12.22. 2004헌마530).

(2) '주민소환에 관한 법률'이 규정하는 주민소환권(동 법률, 현행 지방자치법 제25조, 신 지방자치법 제25조)

판례 헌재 2011.12.29. 2010헌바368

[판시] 청구인은 이 사건 법률조항이 국민주권의 원리와 참정권에서 유래하는 '주민소환권'이라는 기본권을 침해한다고 주장한다. 그러나 우리 헌법은 법률에 정하는 바에 따른 '선거권'(헌법 제24조)과 '공무담임권'(헌법 제25조) 및 국가안위에 관한 중요정책과 헌법개정에 대한 '국민투표권'(헌법 제72조, 제130조)만을 헌법상의 참정권으로 보장하고 있으므로, 지방자치법에서 규정한 주민투표권이나 주민소환청구권은 그 성질상 위에서 본 선거권, 공무담임권, 국민투표권과는 다른 것이어서 이를 법률이 보장하는 참정권이라고 할 수 있을지언정 헌법이 보장하는 참정권이라 할 수는 없다. 또한 주민소환제 자체는

지방자치의 본질적 내용이라고 할 수 없으므로 이를 보장하지 않는 것이 위헌이라거나 어떤 특정한 내용의 주민소환제를 반드시 보장해야 한다는 헌법적인 요구가 있다고 볼 수 없으므로(헌재 2009.3.26. 2007헌마843 참조), 주민소환제 및 그에 부수하여 법률상 창설되는 주민소환권이 지방자치의 본질적 내용에 해당하여 반드시 헌법적인 보장이 요구되는 제도라고 할 수도 없다. 그리고 헌법 제7조 제1항이 "공무원은 … 국민에 대하여 책임을 진다"라고 규정하고 있기는 하나, 공무원의 파면권을 명문으로 규정한 일본국 헌법 제15조 제1항과 달리 국민에 대한 정치적·윤리적 책임이라고 해석되는 이상, 위 규정이 국민소환권이나 국민의 공무원 파면권의 헌법적 근거가 될 수도 없다. 그렇다고 주민소환권의 권리내용 또는 보호영역이 비교적 명확하여 권리내용을 규범 상대방에게 요구하거나 재판에 의하여 그 실현을 보장받을 수 있는 구체적 권리로서의 실질을 가지고 있다고 할 수도 없으므로, 헌법 제37조 제1항에서 말하는 '헌법에서 열거되지 아니한 기본권'으로 볼 수도 없다. 결국, 주민소환청구권 자체는 헌법상 기본권으로서 보장되는 것은 아니고, 입법에 의하여 형성된 주민소환청구제도에 따라 행사할 수 있는 법률상의 권리에 불과하다 할 것이므로, 이 사건 법률조항이 주민소환권이라는 기본권을 침해한다는 취지의 청구인 주장에 대해서는 더 이상의 판단을 필요로 하지 아니한다.

* 그러나 표현의 자유의 침해 여부를 두고는 판단하여 합헌결정을 하였다([관련판시] 이 사건 법률조항은 주민소환투표를 청구하는 데 필요한 서명의 총수를 확보하려는 서명요청 활동의 방법을 '소환청구인서명부를 제시'하거나 '구두로 주민소환투표의 취지나 이유를 설명'하는 방법으로만 제한하고 있다. 서명요청 활동이란 주민소환투표권자들에게 해당 소환청구사유에 대하여 주민소환투표를 청구한다는 의사표시를 해 줄 것을 요구하는 활동이라는 점에서 필연적으로 서명요청 활동을 하는 자의 표현의 자유와 관련되어 있다. 즉, 이 사건 법률조항은 주민소환투표를 청구하는 의사표시로서의 서명을 요청하는 행위의 행사방법을 위 두 가지 이외에는 허락하지 않음으로써 '표현의 방법'을 제한하고 있는 것이다).

* 해설 – 사실 위 결정례를 여기서 직접적인 관련성을 가진 것으로 다루기는 유의할 점이 있다. 이 사건은 '헌바' 사건이기 때문이다. 그러나 헌마 사건으로 들어오게 될 경우도 있으므로 그 법리를 살펴본다.

(3) 국민참여재판을 받을 권리

헌재는 '국민참여재판을 받을 권리'가 헌법 제27조 제1항의 재판청구권의 보호범위에 들어가지 않는다고 아래와 같이 판시하여 결국 헌법상 보장되는 기본권이 아니라고 보는 입장이다. 현행 헌법에 배심, 참심에 관한 근거규정이 없어서 결국 '국민의 형사재판 참여에 관한 법률'이라는 법률에 따라 인정된 권리라고 보는 결과를 가져왔다고 할 것이고 다만, 헌재는 평등권 침해 여부를 판단하여 합헌결정을 하였다.

판례 헌재 2009.11.26. 2008헌바12

[판시] 가 … 나. '국민참여재판을 받을 권리'가 헌법상 재판청구권으로서 보호되는지 여부 및 재판청구권의 침해 여부 (1) 이 사건에서 문제되는 '국민참여재판을 받을 권리'가 헌법상 재판청구권으로서 보장되는지에 관하여는 연방헌법과 수정헌법 규정을 통하여 배심재판을 받을 권리를 헌법상 권리로 보장하고 있는 미국의 경우와 달리 우리 헌법에서는 그와 같은 명문규정이 없고, 단지 헌법 제27조 제1항에서 "모든 국민은 헌법과 법률이 정한 법관에 의하여 법률에 의한 재판을 받을 권리를 가진다."고 규정하고 있다. 위 규정은 "모든 국민은 헌법과 법률이 정한 자격과 절차에 의하여 임명되고(헌법 제101조 제3항, 제104조, 법원조직법 제41조 내지 제43조), 물적독립(헌법 제103조)과 인적독립(헌법 제106조, 법원조직법 제46조)이 보장된 법관에 의하여 합헌적인 법률이 정한 내용과 절차에 따라 재판을 받을 권리를 보장하는 것이고, 여기서 재판이라고 함은 구체적 사건에 관하여 사실의 확정과 그에 대한 법률

의 해석적용을 보장한다는 것으로서 결국 법관이 사실을 확정하고 법률을 해석·적용하는 재판을 받을 권리를 보장한다는 것"을 의미한다. 따라서 우리 헌법상 헌법과 법률이 정한 법관에 의한 재판을 받을 권리라 함은 직업법관에 의한 재판을 주된 내용으로 하는 것이므로 '국민참여재판을 받을 권리'가 헌법 제27조 제1항에서 규정한 재판을 받을 권리의 보호범위에 속한다고 볼 수 없다. (2) 그렇다면 국민참여재판에 관한 이 사건 법률조항들이 청구인의 재판청구권을 침해한다고 할 수 없고, 다만 국민참여재판의 대상 사건과 시기를 규정한 재판참여법률 제5조 제1항, 부칙 제2항이 헌법상 평등권을 침해하는지 여부만 문제된다고 할 것이다. * 동지 : 헌재 2014.1.28. 2012헌바298; 2015.7.30. 2014헌바447.

* 해설 – 사실 위 결정례를 여기서 직접적인 관련성을 가진 것으로 다루기는 유의할 점이 있다. 이 사건은 '헌바' 사건이기 때문이다. 그러나 헌마 사건으로 들어오게 될 경우도 있으므로 그 법리를 살펴본다.

(4) 검토대상 결정례

① 아래의 결정의 사안은 육아휴직을 신청할 수 있는 군인의 범위에 남성 단기복무장교를 포함하고 있지 아니한 구 군인사법 제48조 제3항이 청구인의 자녀 양육권 등을 침해한다는 주장의 사건이었다. 육아휴직제도가 헌법 제36조 제1항이라는 헌법에 근거를 두고 있다고 하더라도 그 육아를 위한 휴직신청권은 법률상 권리에 불과하다고 본 것이다.

판례 헌재 2008.10.30. 2005헌마1156

[판시] 육아휴직신청권의 법적 성격 – 앞에서 본 바와 같이 헌법 제36조 제1항이 국가에게 자녀 양육을 지원할 의무를 부과하고 있고, 이 사건 법률조항이 규정하고 있는 육아휴직제도의 헌법적 근거를 위 헌법 조항에서 찾을 수 있다 하더라도, 그것만으로는 개인에게 국가에 대하여 육아휴직제도의 전면적 시행과 같은 적극적 급부를 요구할 수 있는 청구권을 부여하고 있다거나 국가에게 그에 관한 입법의무를 지우고 있다고는 할 수 없다. 즉, 육아휴직신청권은 헌법 제36조 제1항 등으로부터 개인에게 직접 주어지는 헌법적 차원의 권리라고 볼 수는 없고, 입법자가 입법의 목적, 수혜자의 상황, 국가예산, 전체적인 사회보장수준, 국민정서 등 여러 요소를 고려하여 제정하는 입법에 적용요건, 적용대상, 기간 등 구체적인 사항이 규정될 때 비로소 형성되는 법률상의 권리에 불과하다 할 것이다.

* 검토 – 양육권이 헌법에 근거하는 기본권이라고 하면서도 양육권의 내용을 이룬다고 볼 육아휴직을 위한 신청권은 법률상 권리라고 보는 것은 논리의 분절이다. 육아신청제도에 대한 구체화가 필요하고 그것을 위한 입법재량을 지적하기 위한 것을 이해하더라도 그것은 육아휴직신청권의 구체적 내용의 형성은 법률로 하게 된다는 것을 지적하면 될 것이고 굳이 법률상 권리에 불과하다고 할 것은 아니다. 육아신청권이 법률상 권리이고 기본권의 내용이 아니라면 위 사안은 아예 각하를 했어야 했다는 모순을 보여준다. 헌법에 직접 명시된 기본권이라도 본 사안의 권리도 해당되는 생존권(사회)적 기본권이 대개 그러하듯이 그 내용의 구체화는 법률을 요하는 경우가 있다는 점에서 타당하지 못한 논증이다.

② 헌재는 무죄판결을 받은 사람의 형사 소송비용 보상청구권은 형사소송법상 권리라고 본다(동법 제194조의4 1항 후문).

판례 헌재 2012.3.29. 2011헌바19

[판시] 비용보상을 청구할 수 있는 권리의 법적 성격 – 이 사건 법률조항이 규정하고 있는 '소송비용'의 보상은 형사사법절차에 내재된 위험에 의해 발생되는 손해를 국가가 보상한다는 취지에서 비롯된 것이다. 그러나 구금되었음을 전제로 하는 헌법 제28조의 형사보상청구권과는 달리 소송비용의 보상을

청구할 수 있는 권리는 헌법적 차원의 권리라고 볼 수는 없고, 입법자가 입법의 목적, 국가의 경제적·사회적·정책적 사정들을 참작하여 제정하는 법률에 적용요건, 적용대상, 범위 등 구체적인 사항이 규정될 때 비로소 형성되는 법률상의 권리에 불과하다.

* 검토 – 형사보상의 의미에 비용보상은 제외된다고 볼 것인지는 검토가 필요하다. 현재 형사소송법 제194조의2의 소송비용보상제도가 구금 여부와 상관없이 무죄판결이 확정된 피고인이었던 자에게 재판에 소요된 비용의 보상을 청구할 수 있도록 하였다고 하여 구금되었던 사람에 대한 헌법 제28조의 형사보상제도와 다르다고 하나 구금되었던 사람의 형사보상만 보더라도 이의 완전한 보상은 소송비용까지 포함하여야 하는 것이라고 본다면 위 판시는 문제가 있다.

(5) 법률상 권리 침해 주장이라고 보면서도 기본권 침해 여부를 판단한 예

헌재는 청구인이 침해받는다고 주장하는 권리가 헌법상 보장되는 기본권이 아니라 법률상 권리인 경우에는 이 권리에 대한 침해 주장의 헌법소원심판 청구는 부적법하다고 본다. 그러나 헌재는 위에서 언급한 대로 평등권의 침해 여부 문제가 있으면 평등권 침해 여부를 심사한다(전술한 바 있다. 주민투표권, 지방자치단체장선거권, 국민참여재판을 받을 권리, 형사 소송비용 보상청구권 등이 헌법상 보장되지 않더라도 평등권 침해를 따진 경우. * 지방자치단체의 장 선거권은 판례변경으로 현재는 헌법상 보장된 기본권이라고 보고 있음. 헌재 2016.10.27. 2014헌마797). 또 헌법상 보장되는 다른 기본권이 함께 문제되는 사안인 경우에는 그 기본권의 침해 여부 판단을 한 예도 있다(주민소환권 침해는 법률상 권리침해라서 판단하지 않았으나 표현의 자유 침해 여부는 판단하였다. 헌재 2011.12.29. 2010헌바368, 위 2)에 인용된 판례 참조).

7. 검토점 – 심판대상이 조직규범인 경우

(1) 혼란스러운 판례

침해되는 권리의 문제가 아니라 침해하는 법규범(공권력작용) 문제라서 여기서 다루는 것이 적절한지 하는 면이 있지만 기본권침해 문제가 있긴 하여 다루어 본다. 그 문제는 기본권을 침해한다고 주장하는 법규범이 국가기관이나 공공기관의 순수히 내부적 조직에 관한 규범인 경우 기본권침해성은 없는 것인데 우리 헌재 결정례 중에는 침해가능성과 함께 직접성을 언급하기도 한 아래의 결정례를 보여 혼란을 다소 준다. 사안은 신문발전위원회의 설치에 관한 근거조항 등에 대한 청구였다.

1) 침해가능성, 직접성 모두 언급한 결정례

판례 헌재 2006.6.29. 2005헌마165등

[판시] '신문 등의 자유와 기능보장에 관한 법률'(2005.1.27. 법률 제7369호로 전문 개정된 것. 이하 '신문법') 제27조는 신문발전위원회의 설치에 관한 근거조항이고, 제28조 제3항은 신문발전위원회 위원의 구성방법, 제29조는 신문발전위원회의 직무, 제33조는 신문발전기금의 설치 및 조성, 제34조(제2항 제2호 제외)는 신문발전기금의 용도, 제35조는 신문발전기금의 관리·운용에 관한 규정이다. 청구인들은

신문발전위원회를 통하여 신문에 대한 국가의 지원을 의도하는 것 자체가 국가의 중립성 의무에 반하므로 신문기업인 청구인들의 기본권을 침해한다고 주장한다. 어떤 국가기관이나 기구의 기본조직 및 직무범위 등을 규정한 조직규범은 원칙으로 그 조직의 구성원이나 구성원이 되려는 자 등 외에 일반국민을 수범자(受範者)로 하지 아니한다. 그러므로 일반국민은 그러한 조직규범의 공포로써 자기의 헌법상 보장된 기본권이 직접적으로 침해되었다고 할 수 없다. 신문발전위원회나 신문발전기금에 관한 조항의 수범자는 청구인들과 같은 신문사업자가 아닐 뿐만 아니라, 이들 조항에 의하여 설치된 신문발전위원회가 그 법률에서 부여한 권한을 현실적으로 행사하였을 때 비로소 신문사업자인 청구인들에 대한 기본권침해의 가능성이 생긴다. 따라서 이들 조항은 기본권침해의 가능성 내지 직접성이 인정되지 않는다.

아래 결정은 직접성만이 아니라 현재성과의 혼돈도 보여준다. 사안은 경찰의 기본조직 및 직무범위 등에 관한 규정에 대한 청구였다.

판례 헌재 1994.6.30. 91헌마162

[청구인주장] 국회 입법절차과정상 하자로 무효인 위 경찰법에 의하여 설치된 경찰기관의 경찰권 행사로 인하여 언제든지 기본권을 침해받을 가능성이 있다. [판시] 이 사건 심판대상법률 중 "경찰법"은 경찰의 기본조직 및 직무범위 등을 규정한 전형적인 조직법으로서 원칙으로 그 조직의 구성원이나 구성원이 되려는 자 등 외에 일반국민을 수범자(受範者)로 하지 아니한다. 그러므로 일반국민인 청구인들은 위 경찰법의 공포로써 자기의 헌법에 보장된 기본권이 현재 직접적으로 침해되었다고 할 수 없다.

2) 직접성 문제로만 본 결정례들

아래와 같은 결정례들이 그 예들이다.

① 의문사진상규명위원회·자문위원회의 구성 – '의문사진상규명에 관한 특별법'(2002.3.25. 법률 제6670호로 개정된 것) 제5조, 제6조, 제14조

판례 헌재 2004.9.23. 2002헌마563

[판시] 법 제5조는 위원회의 구성, 임명, 자격, 직급, 임기 등에 관하여, 이 법 제6조는 위원회의 의결방법에 관하여, 이 법 제14조는 자문위원회의 설치 및 구성 등에 관하여 규정하고 있다. 그런데 위 규정들은 국민의 자유의 제한, 의무의 부과, 권리 또는 법적 지위의 박탈과는 아무런 관계가 없는 것으로서 이 규정들에 의하여 직접 기본권침해가 발생할 여지가 없으므로, 위 조문들을 심판대상으로 하는 헌법소원은 부적법하다.

② 또 다른 사안은 서울특별시 학생인권조례의 학생인권위원회, 학생인권옹호관 등의 설치와 업무수행 등에 관한 규정들에 대한 청구였다.

판례 헌재 2019.11.28. 2017헌마1356

[판시] 국가기관이나 기구의 기본조직 및 직무범위 등을 규정한 조직규범은 원칙적으로 그 조직의 구성원이나 구성원이 되려는 자 등 외에 일반국민을 수범자로 하지 아니하고, 일반국민은 그러한 조직규범에 의해 자기의 헌법상 보장된 기본권이 직접적으로 침해된다고 할 수 없다(헌재 1994.6.30. 91헌마162). 살피건대, 이 사건 조례 중 제33조는 학생인권위원회 설치 및 업무수행, 제38조는 학생인권옹호관 설치 및 신분, 제42조는 학생인권교육센터의 설치 및 업무수행, 제49조 제5항 내지 제8항은 학생인권침해사건 발생 시 학생인권옹호관을 경유하는 절차 등에 관한 구체적인 조직규범으로 일반국민을 수

범자로 하지 아니하고, 이와 같은 조직규범은 그 자체로 국민의 기본권을 제한하는 것이 아니라 학생인권위원회 혹은 학생인권옹호관 등의 구체적 활동을 통하여 비로소 일반국민인 청구인들의 기본권 침해 여부가 결정된다. 따라서 이 부분 심판청구는 청구인들의 기본권침해에 대한 직접성이 인정되지 아니하여 부적법하다.

(2) 검토

위 헌재판례는 기본권침해를 가져올 수도 있는 공권력을 가진 기관의 조직 그 자체, 조직구성을 통해 주어진 그 공권력의 존재 문제와 그 기관이 실제 기본권을 침해할 공권력작용이 직접 상대방에게 침해를 가져오는가 하는 문제를 혼동하고 있고 여기서는 전자의 문제이다. 직접성은 그 기관이 가지는 그 공권력을 행사할 때부터 문제되는 것이다.

(3) 조직(권한)규범의 기본권침해가능성 부정의 결정례

조직규범, 권한규범으로 청구인의 기본권침해가능성을 부정한 예로 고위공직자범죄수사처장후보추천위원회의 위원 추천·위촉 조항, 의결정족수 조항('위원 6인 이상의 찬성'에서 '재적위원의 3분의 2 이상의 찬성'으로 완화한 조항), 수사처검사 조항에 대해 권한 문제이므로 청구인의 기본권 침해가능성이 없다고 본 아래 결정례가 있다.

판례 헌재 2021.4.29. 2020헌마1707

[결정요지] … 가. 추천위원회 위원 추천·위촉 조항에 대한 판단 – 추천위원회 위원 추천·위촉 조항은 교섭단체(국회 교섭단체)가 국가기관의 구성에 관여할 수 있는 권한에 관한 것일 뿐 청구인의 법적 지위에는 아무런 영향을 주지 아니한다. 따라서 추천위원회 위원 추천·위촉 조항에 대한 심판청구는 기본권침해가능성이 인정되지 않는다. 나. 의결정족수 조항에 대한 판단 – 추천위원회 위원은 정치적으로 중립을 지키고 독립하여 그 직무를 수행하므로(공수처법 제6조 제8항 참조), 수사처장 후보 추천에 관한 의결권은 그 위원을 추천한 정당이나 국회의원이 아닌 위원 개인의 권한이다(공수처법 제6조 제7항 참조). 따라서 의결정족수 조항에 의해 야당이 추천한 추천위원회 위원의 사실상의 거부권이 박탈되었다 하더라도 이를 두고 야당 국회의원인 청구인의 법적 지위에 어떠한 영향을 미친다고 볼 수 없으므로, 의결정족수 조항에 대한 심판청구는 기본권침해가능성이 인정되지 않는다. 다. 수사처검사 조항에 대한 판단 – 수사처검사의 자격요건, 임명절차, 임명권자를 규정하는 공수처법 제8조 제1항 전문에 관하여 청구인은 대통령과 정치적 성향이 부합하지 않으면 수사처 검사로 임명될 수 없음을 전제로 수사처검사 조항이 기본권을 침해한다고 주장한다. 그러나 위와 같은 청구인의 주장은 대통령의 임명권 행사의 내용을 다투는 취지일 뿐 수사처검사 조항에 의한 기본권침해를 다투는 것으로 볼 수 없다. 따라서 수사처검사 조항에 대한 심판청구는 기본권침해가능성이 인정되지 않는다. 5. 결론 – 그렇다면 이 사건 심판청구는 모두 부적법하므로 이를 각하하기로 결정한다.

Ⅱ. 제도적 보장의 문제

1. 본래의미의 헌법소원 청구요건 비해당성

전통적 이론은 제도적 보장은 주관적 권리보장을 위한 것이 아니라 객관적 법규범이고 최소한의 보장이라고 보고 따라서 제도적 보장의 침해를 이유로 헌법소원심판을 청구할 수는 없다고 본다. 우리 헌재도 제도적 보장의 관념을 인정하고 있다(아래에 바로 인용되는 헌재 1997.4.24. 95헌바48 참조).

2. 기본권과 혼재 경우, 헌법소원의 객관적 헌법질서보장성, 위헌소원('헌바')의 경우

제도적 보장과 기본권이 같이 문제될 경우의 헌법소원심판에 대하여는 아직 논의가 직접적으로 제대로 이루어지고 있지 않다. 제도적 보장만으로는 헌법소원심판을 청구할 수 없으나 기본권이 함께 문제되는 경우에는 그 기본권침해를 들어 본래의미의 헌법소원심판을 청구할 수 있다고 본다. 한편 헌법소원의 객관적 헌법질서보장기능을 고려한다면 청구된 헌법소원심판 사안이 청구인의 개인적 기본권침해 문제가 없더라도 헌법질서 보장을 위한 필요성이 있다면 판단에 들어갈 필요가 있다(이런 가능성에 대해 정재황, 헌법학, 박영사, 2021, 443면 참조).

위헌소원은 본래의미의 헌법소원과 달리 법률규정의 위헌여부를 객관적으로 밝히려는 헌법소원이므로 제도적 보장규범의 위반을 이유로도 제기할 수 있다.

아래의 결정은 위와 같은 고려할 점들 중 여러 가지 점들을 함께 보게 하는 결정이다. 즉 ① 실질적으로 위헌법률심판인 '헌바'사건이다. 따라서 적법한 청구로 본안판단에 들어가 '합헌결정'을 한 것이었다. ② 제도적 보장과 기본권의 문제가 같이 다루어진 예라고 보여진다. 그 이유는 헌재가 결정 마지막 부분에서 "그렇다면 이 사건 법률조항은 직업공무원제도를 규정하고 있는 헌법 제7조 제2항에 위반되지 아니할 뿐만 아니라 직업선택의 자유에 관한 헌법 제15조 등 헌법의 어느 조항에도 위반되지 아니한다"라고 밝히고 있기 때문이다(아래 판시 마지막 부분 참조). 그런데 결정이유 전반을 통해 보면 헌재는 제도적 보장의 입장에서 입법형성권을 주로 강조하였다.

판례 헌재 1997.4.24. 95헌바48

[사건개요] 지방공무원법이 동장을 동법의 신분보장을 받는 일반직 공무원으로 정하지 아니하고 특수경력직공무원 중 별정직공무원으로 정한 탓으로 공무원관계법의 위임을 받은 서울특별시 N구 동장 임용등에 관한 규칙(조례)이 동장의 근무상한기간을 정함에 따라 서울특별시 N구청장은 위 규칙이 정한 근무상한기간인 5년과 그 연장근무기간이 각 만료되었다는 이유로 청구인들을 동장의 직무에서 각 배제하였다. 이에 청구인들은 서울특별시 N구청장을 상대로 서울고등법원에 동장지위확인을 구하는 소송을 제기하고, 그 사건 계속중, 위 법원에 동장 근무상한기간의 근거가 되는 법률조항들(아래 [심판대상조항]

참조)에 대하여 위헌제청신청을 하였으나 위 법원이 기각하자 헌법소원심판을 청구하였다. [청구인주장] 이 사건 법률조항인 위 일련의 규정은 헌법의 규정에 따라 법률로써 정하여야 할 동장의 신분과 정치적 중립성의 보장을 법률로 정하지 아니하고 하위규범인 대통령령 또는 조례의 규정에 따라 보장여부가 좌우되도록 한 점에서 헌법 제7조 제2항의 규정에 배치되는 위헌의 규정이다. 지방자치단체의 조례는 동장을 위 지방공무원법의 신분보장에 관한 규정이 적용될 일반직공무원으로 정하지 아니함으로써 결과적으로 정년까지 신분이 보장되던 동장에 대하여 근무상한기간제도의 시행에 의해 동장직 박탈의 길을 터 놓았으므로 그러한 점에서 이 사건 법률조항은 인간으로서의 존엄과 가치 및 행복추구권에 관한 헌법 제10조와 헌법 전문, 평등과 차별금지에 관한 헌법 제11조 제1항, 직업선택의 자유에 관한 헌법 제15조 등의 규정에도 위반되는 것이다. [쟁점] 결국 쟁점은 동장에 대해 별정직공무원으로 정하여 신분보장을 일반 공무원처럼 해주지 않는 것은 직업공무원제에 반하고 인간존엄가치, 직업자유 등 기본권도 침해한다는 주장이다. [심판대상조항] 구 지방공무원법(1991.5.31. 법률 제4370호로 개정되고 1994.12.22. 법률 제4797호로 개정되기 전의 것) 제2조 제3항 제2호 나목 중 동장 부분 및 지방공무원법 제2조 제4항, 제3조 본문. 그 내용은 아래와 같다. 구 지방공무원법 제2조(공무원의 구분) ③ 특수경력직 공무원이라 함은 경력직 공무원 외의 공무원을 말하며 그 종류는 다음 각 호와 같다. 1. 생략 2. 별정직공무원 가. 생략 나. 읍장·면장·동장, 다만, 조례로 일반직 공무원으로 정한 경우에는 그러하지 아니하다. 다. 생략 3~4. 생략 ④ 제3항의 규정에 의한 별정직 공무원· 전문직 공무원 및 고용직공무원의 임용조건·임용절차·근무상한연령 기타 필요한 사항은 대통령령 또는 조례로 정한다. 제3조(적용범위) 이 법의 규정은 제5장 보수 및 제6장 복무의 규정을 제외하고, 이 법 기타 다른 법률에 특별한 규정이 없는 한 특수경력직 공무원에게 적용하지 아니한다. [결정요지] 3. 판단 가. 공무원의 신분보장에 관한 헌법규정의 의의 … 나. 이 사건 법률조항의 위헌 여부 (1) … (2) 헌법 제7조는 앞서 본 바와 같이 공무원의 공무수행의 독자성과 영속성을 유지하기 위하여 공직구조에 대하여 제도적 보장으로서의 직업공무원제도를 마련하도록 규정하고 있다. 제도적 보장은 객관적 제도를 헌법에 규정하여 당해 제도의 본질을 유지하려는 것으로서, 헌법제정권자가 특히 중요하고도 가치가 있다고 인정되고 헌법적으로 보장할 필요가 있다고 생각하는 국가제도를 헌법에 규정함으로써 장래의 법발전, 법형성의 방침과 범주를 미리 규율하려는 데 있다. 다시 말하면 이러한 제도적 보장은 주관적 권리가 아닌 객관적 법규범이라는 점에서 기본권과 구별되기는 하지만 헌법에 의하여 일정한 제도가 보장되면 입법자는 그 제도를 설정하고 유지할 입법의무를 지게 될 뿐만 아니라 헌법에 규정되어 있기 때문에 법률로써 이를 폐지할 수 없고, 비록 내용을 제한한다고 하더라도 그 본질적 내용을 침해할 수는 없다. 그러나 기본권의 보장은 헌법이 "국가는 개인이 가지는 불가침의 기본적 인권을 확인하고 이를 보장할 의무를 진다"(제10조), "국민의 자유와 권리는 헌법에 열거되지 아니한 이유로 경시되지 아니한다. 국민의 모든 자유와 권리는 국가안전보장·질서유지 또는 공공복리를 위하여 필요한 경우에 법률로써 제한할 수 있으며, 제한하는 경우에도 자유와 권리의 본질적인 내용을 침해할 수 없다"(제37조)고 규정하여 '최대한 보장의 원칙'이 적용되는 것임에 반하여, 제도적 보장은 기본권 보장의 경우와는 달리 그 본질적 내용을 침해하지 아니하는 범위 안에서 입법자에게 제도의 구체적인 내용과 형태의 형성권을 폭넓게 인정한다는 의미에서 '최소한 보장의 원칙'이 적용될 뿐인 것이다. 이 사건에서 문제된 직업공무원제도는 바로 헌법이 보장하는 제도적 보장 중의 하나임이 분명하므로 입법자는 직업공무원제도에 관하여 '최소한 보장'의 원칙의 한계안에서 폭넓은 입법형성의 자유를 가진다. 따라서 청구인들의 주장과 같이 비록 동장이 주민에 대한 최근접행정조직의 책임자로서 주민생활에 직접적이고 광범위한 영향을 미치는 공무원으로서 어느 공무원보다도 주민들과의 사이에 강한 근무관계가 있고 정치적 중립의 요청이 큰 한편, 그들에게 맡겨진 공무에 특별한 전문성이나 특수성을 찾아보기 어려울 뿐만 아니라 장기간 계속하여 그 직무를 담당하게 하는 것을 회피하여야 할 필요성이 있다거나 한시적인 기간 동안만 그 직무를 담당할 것으로 예정되어 있는 것이 아니라고 할지라도 그러한 사정만으로 입법자가 동장의 임용의 방법이나 직무의 특성 등을 고려하여 공직상의 신분을 지방공무원법상 신분보장의 적용을 받지 아니하는 특수경력직 공무원 중 별정직공무원의 범주에 넣었다 하여 바로 그 법률조항을 위헌이라고 할 수는 없는 것이다. (3) … (4) 그렇다면 이 사건 법률조항은 직업공무원제도를 규정하고 있는 헌법 제7조 제2항에 위반되지 아니할 뿐만 아니라 직업선택의 자유에 관한 헌법 제15조 등 헌법의 어느 조항에도 위반되지 아니한다. 4. 결론 －따라서 이 사건 법률조항은 헌법에 위반되지 아니한다 할 것이므로 주문과 같이 결정한다.

* 법개정 － 읍장·면장·동장을 별정직공무원으로 하였던 위 청구인들에 적용되었던 구 지방공무원법의 그 심판대상규정들은 법률 제4797호로, 1994.12.22. 개정되어 일반직공무원으로 전환되어 오늘에 이르고 있다.

3. 직업공무원제(능력주의)를 고려한 공무담임권 침해 심사

공무담임권 침해 여부 심사로서 헌법 제37조 제2항에 따른 과잉금지원칙 위반 여부를 심사할 때 헌법 제7조에서 보장하는 직업공무원제도의 능력주의를 고려할 필요가 있다고 판시한 예가 있다(2017헌마1178). 사안은 변호사, 공인회계사, 세무사 등 관련 자격증 소지자에게 세무직 국가공무원 공개경쟁채용시험에서 일정한 가산점을 부여하는 구 공무원임용시험령(2015.11.18. 대통령령 제26654호로 개정된 것)에 대한 헌법소원사건이었다. 헌재는 그 이유로 “이 사건 가산점제도는 가산 대상 자격증을 소지하지 아니한 사람들에 대하여는 공직으로의 진입에 장애를 초래하지만, 변호사, 공인회계사, 세무사의 업무능력을 갖춘 사람을 우대하여 헌법 제7조에서 보장하는 직업공무원제도의 능력주의를 구현하는 측면이 있으므로”라고 판시한다. 아래가 그 결정이다.

판례 헌재 2020.6.25. 2017헌마1178, 기각(합헌성인정)결정

[판시] 가. 제한되는 기본권과 심사기준 … 헌법 제7조에서 보장하는 직업공무원제도의 능력주의를 구현하는 측면이 있으므로 헌법 제37조 제2항에 따른 과잉금지원칙 위반 여부를 심사할 때 이를 고려할 필요가 있다. 나. 과잉금지원칙에 따른 공무담임권 침해 여부 (1) 목적의 정당성 및 수단의 적합성 － 헌법 제7조에서 보장하는 직업공무원제도의 기본적 요소에 능력주의가 포함되는 점에 비추어 공무담임권은 모든 국민이 그 능력과 적성에 따라 공직에 취임할 수 있는 균등한 기회를 보장함을 내용으로 한다(98헌마363). 그런데 국가공무원 공개경쟁채용시험에서 자격증에 따른 가산점을 인정하는 목적은 공무원의 업무상 전문성을 강화하기 위함인바, 심판대상조항은 세무 영역에서 전문성을 갖춘 것으로 평가되는 자격증(변호사, 공인회계사, 세무사) 소지자들에게 세무직 7급 시험에서 가산점을 부여하는 것이어서 그 목적정당성이 인정되고 수단적합성이 인정된다. (2) 피해최소성 － 심판대상조항은, 가산 대상 자격증의 소지를 응시자격으로 하는 것이 아니고, 일정한 요건 하에 가산점을 부여하고 있을 뿐 등 피해의 최소성 원칙에 위배된다고 볼 수 없다. (3) 법익의 균형성 － 법익균형성도 인정된다.

Ⅲ. 반사적 이익의 상실에 대한 기본권침해성 부인

예를 들어 독점적인 영업을 할 수 있었기에 누렸던 이익이 새로운 법규나 조치에 의하여

상실될 수 있다. 이러한 상실은 기존의 독점영업수익이 사실상의 반사적 이익(反射的 利益)에 불과한 것이었다면 이의 상실 내지 감소를 가져오게 하는 공권력행사 등으로 인해 기본권의 침해가 있다고 볼 수 없다.

1. 반사적 이익의 기본권성 부정

먼저 명확히 할 점은 반사적 이익 자체가 기본권이 아니라고 보아야 한다는 점이다. 행정법이론에서도 반사적인 이익을 공권과 구별하여(기본권은 '주관적 공권'이다) 전자는 보호되는 것이 아니라고 하는 것을 상기할 필요가 있을 것이다. 따라서 반사적 이익으로 판명하면 침해되는 기본권의 존재 자체를 부정함을 의미하고 이는 침해의 가능성(기본권존재)이 없음을 의미한다.

* 반사적 이익의 문제를 기본권침해가능성 문제로 보는 문헌이 있는데(헌법재판실무제요, 286－287면) 결과적으로 마찬가지이긴 하나 이 문헌은 기본권의 존재요건과 침해가능성요건을 분리한다는 점에서 그 논리성에는 문제가 있다. 위에서 언급한 바 있는 대로 침해되는 기본권이 존재하지 않는 것은 결국 침해가능성도 없다고 보는 것이 논리적이라고 보는 우리 입장에서는 반사적 이익이라고 하면 기본권이 아니므로 따라서 당연히 침해가능성도 없다고 서술하는 것이 논리적이기 때문이다. 위 문헌대로라면 반사적 이익이라도 기본권은 존재할 수 있고 다만, 반사적 이익이라서 침해가능성이 없다는 이상한 결론에 이르게 한다.

우리 헌재가 반사적 이익인 독점적 영업이익이 상실된다고 하더라도 기본권이 침해 내지 제한되는 것은 아니라는 취지의 판시를 하고 있는 결정례들을 아래에 인용한다.

① 영업자 확대

판례 헌재 1999.11.25. 99헌마163

[쟁점] 종전에 약사법 및 취급규칙에 의하여 동물용의약품(사료첨가제)으로만 분류되어 있던 물질들을 새로 사료관리법에 의한 사료(단미사료 또는 보조사료)의 범위에 추가하는 시행규칙으로 인하여 사료제조업자도 이들 물질을 제조·판매할 수 있게 되었는데 이는 약사법에 의하여 허가를 받거나 신고를 한 동물용의약품 제조업자·수입자에게 영업수익의 감소를 가져오는 것으로서 이로써 기본권의 침해가 있는 것인지 여부(부정, 각하결정) [결정요지] 이 사건 법령조항 중 시행규칙 <별표 1> 및 <별표 2>는 1999.1.19. 농림부령 제1306호에 의하여 개정된 것으로 이때의 개정은 그 전까지 약사법 및 취급규칙에 의하여 동물용의약품(사료첨가제)으로만 분류되어 있던 망간·철·구리·요오드·아연·코발트 …,항산화제·항곰팡이제… 비타민제(이하 '이 사건 물질들'이라 한다)를 새로 사료관리법에 의한 사료(단미사료 또는 보조사료)의 범위에 추가하는 것을 그 내용으로 하고 있다. 그러나 이러한 추가로써 이들 물질이 약사법 및 취급규칙에 의한 동물용의약품에 해당하지 않게 되는 것은 아니다. 이들 물질은 종전과 마찬가지로 동물용의약품의 범위에 포함되며, 단지 새로 사료관리법에 의한 사료에도 해당하게 되었을 뿐이다. 그러므로 종전에는 약사법에 의하여 허가를 받거나 신고를 한 동물용의약품 제조업자·수입자(약사법 제26조, 제34조, 제72조의6 참조)만 이 사건 물질들을 제조하거나 수입하여 판매하여 왔으나, 이제가 사건 물질들이 사료관리법에 의한 사료의 범위에도 해당됨에 따라 사료제조업자도 사료로서 이들 물질을 제조하여 판매할 수 있게 되었다. 따라서 청구인들과 같은 동물용의약품제조업자는 이 사건 물질들이 새로 사료관리법상의 사료의 범위에 추가되었다 하더라도 종전과 같이 동물용의약품으로 이

를 제조·판매하는 데에는 아무런 장애가 없다. 다만 종전에는 동물용의약품제조업자가 독점적으로 이 사건 물질들을 제조·판매하던 것을 이제 사료제조업자와 함께 이를 제조·판매하게 되어 종전에 누리던 독점적인 영업이익을 상실하게 되었다고 할 수는 있을 것이다. 그러나 종전에 청구인들과 같은 동물용의약품제조업자만 이 사건 물질들을 제조·판매함으로써 독점적인 영업이익을 누리고 있었다 하더라도 이는 약사법이 국민보건의 향상을 위하여 의약품제조업을 허가제로 하고 이 사건 물질들이 사료의 범위에 포함되어 있지 않았던 데에 기인하는 반사적 이익에 지나지 아니하는 것이므로, 시행규칙 <별표 1> 및 <별표 2>로 인하여 그러한 사실상의 독점적인 영업이익이 상실되었다 하더라도 이로써 청구인들의 헌법상 기본권이 침해되는 것이 아니다. 그렇다면 시행규칙 <별표 1> 및 <별표 2>에 대하여 기본권 침해를 주장하며 헌법소원심판을 청구하는 것은 부적법하다.

② 자기 사육 동물에 대한 진료행위 허용의 수의사 기본권 침해가능성 부정

판례 헌재 2008.2.28. 2006헌마582

[사안] 수의사가 아니더라도 자기가 사육하는 동물에 대한 진료행위를 할 수 있도록 한 당시의 수의사법 제10조 및 같은 법 시행령 제12조 제3호에 대해 수의사들이 자신들의 직업의 자유를 침해한다고 하여 청구한 헌법소원심판. [판시] 청구인들은 이 사건 법률조항 및 시행령조항이 자기가 사육하는 동물에 대한 진료행위를 허용함으로써 동물의 진료를 업으로 하는 자신들의 기본권을 침해한다고 주장하나, 우선 청구인들은 수의사로서 동물을 진료하는 데에 아무런 법률상 장애를 받고 있지 않을 뿐만 아니라, 국민보건 또는 기타 공익을 위한 법령상의 규제 때문에 종전에 사실상 독점하고 있던 영업행위를 관계법의 개정에 따라 다른 사람들도 할 수 있게 됨으로써 종전에 누리고 있던 독점적 영업이익이 상실된다고 하여도 이는 사실상 기대되던 반사적 이익이 실현되지 않게 된 것에 불과한 것이지 어떠한 헌법상 기본권의 제한 또는 침해의 문제가 생기는 것은 아니라 할 것인바(헌재 1999.11.25. 99헌마163; 2000.1.27. 99헌마660; 2002.10.31. 2002헌마20 참조), 가사 이 사건 조항들로 인하여 사육동물에 대한 자가진료행위가 허용됨으로써 수의사로서 기대하고 있던 사실상의 독점적 영업이익이 실현되지 않게 된다 하더라도 이는 수의사인 청구인들의 기본권적 지위에 법적으로 어떠한 영향을 미치는 것은 아니라 할 것이다. 그렇다면 이 사건 법률조항 및 시행령조항이 청구인의 기본권을 침해할 가능성은 없다 할 것이므로 이에 대한 헌법소원심판청구는 허용되지 않는다 할 것이다.

③ 응시자격 변화

판례 헌재 2000.1.27. 99헌마660

[쟁점] 한약사시험은 일정 점수 이상이면 합격이 되는 자격시험으로서 응시자들간에 경쟁이 없는데, 한약학과를 졸업하지 않는 사람일지라도 종전의 규정에 의하여 한약사시험 응시자격이 인정되는 사람에 대하여 그 응시자격을 인정하는 경과조치를 둔 약사법시행령조항과 그 시험의 공고, 기준확정 등은 한약학과 졸업을 예정하고 있는 동 학과의 재학생들의 헌법상 기본권을 제한 또는 침해하는 문제가 생기는지 여부(부정, 각하결정) [심판대상조문] 구 약사법시행령(1997.3.6. 대통령령 제15301호로 개정된 것) 부칙 제2항(한약사시험 응시자격에 관한 경과조치) 이 영 시행 당시 다음 각호의 1 에 해당하는 자의 한약사시험 응시자격은 제3조의2 의 개정규정에 불구하고 종전의 규정에 의한다. 1. 약학을 전공하는 대학(한약학과를 제외한 학과에 한한다)에 재학중인 자로서 1996학년도 이전에 입학한 자 2. 약학을 전공하는 대학을 졸업한 자 3. 약학을 전공하는 대학 외의 대학에 재학중인 자로서 1996학년도 이전에 입학한 자와 약학을 전공하는 대학 외의 대학을 졸업한 자 [결정요지] 법령으로 인한 기본권침해를 이유로 헌법소원을 청구하기 위해서는 당해 법령 그 자체에 의하여 자유의 제한, 의무의 부과, 권리 또는 법적 지위의 박탈이 생긴 경우여야 한다(헌재 1999.5.27. 97헌마368 등 참조). 이 사건 시행령조항을 근거로

한 이 사건 공고와 기준확정에 의하면 1996년 이전에 대학에 입학한 자로서 소정 한약관련과목 95학점을 이수한 자에 대해서는 그 학점을 이수한 학과는 불문하고 이 사건 시험의 응시자격을 인정하는 것으로 되어 있는 점은 청구인들이 주장하는 바와 같다. 그러므로 청구인들과 같이 한약학과를 졸업하거나 한약학과에서 위 학점을 이수한 자에게만 한약사시험의 응시자격을 주는 경우와 비교할 때 약사법 제3조의2 의 한약사 면허를 취득하는 자가 증가할 것을 예상할 수 있다. 그러나 한편 한약사시험은 일정 점수 이상이면 합격이 되는 자격시험으로서 응시자들간에 경쟁이 있는 것이 아니므로 한약학과에서 소정 학점을 이수하지 않은 타학과 출신에게도 이 사건 시험의 응시자격을 인정하여 준다고 하여 한약학과 졸업예정자인 응시자격자들이 이 사건 시험에 응시하고 한약사 면허를 취득하는 데 있어 어떠한 불리한 영향을 받는 바는 없다. 국민보건 또는 기타 공익을 위한 법령상의 규제때문에 종전에 사실상 독점하고 있던 영업행위를 관계법의 개정에 따라 다른 사람들도 할 수 있게 됨으로써 종전에 누리고 있던 독점적 영업이익이 상실된다고 하여도 그 사실만으로 기본권의 침해가 있는 것은 아니다(헌재 1999.11.25. 99헌마163 참조). 마찬가지 이치로, 설령 한약사 면허취득에 관한 약사법 제3조의2 등 관계법령에 터잡아 청구인들이 기대하고 있던 이익을 독점할 수 없게 되었다고 하더라도 이는 사실상 기대되던 반사적 이익이 실현되지 않게 된 것에 불과한 것이지 어떠한 헌법상 기본권의 제한 또는 침해의 문제가 생기는 것은 아니다. 그렇다면 이 사건 공고, 기준확정, 시행령조항으로 인하여 청구인들의 기본권이 침해되었음을 전제로 하는 이 사건 헌법소원심판청구는 모두 부적법하다.

2. 반사적 불이익으로 보면서도 본안판단까지 들어간 예

헌법소원심판을 청구한 사람이 침해되었다고 주장하는 이익이 반사적인 불이익이라고 판단된다면 권리인 기본권의 침해가 아니므로 부적법한 청구가 되어 각하결정이 될 것이다. 그런데도 아래의 결정례들은 헌재가 반사적 불이익의 침해라고 하면서도 본안판단까지 들어가 기각결정을 한 예들로서 모순을 보여준다.

① 1994학년도 신입생선발입시안에 대한 헌법소원

판례 헌재 1992.10.1. 92헌마68등

[쟁점] 대학이 입학시험의 제2 외국어과목 중 일본어를 제외시킨 것은 일본어를 선택할 학생들에 대한 부당한 차별로서 대학의 자율범위를 벗어난 것인지 여부(기각결정) [관련판시] 학생의 선발·전형은 대학의 자율의 범위에 속해야 하고 따라서 입학시험제도도 자주적으로 마련될 수 있어야 한다. 대학별 고사를 실시키로 한 서울대학교가 대학별 고사과목에서 영어 이외의 외국어를 선택과목으로 하기로 정하였다면 그러한 외국어의 범위를 어떻게 정할 것인가는 고등학교 교과과목의 범위 내에서 서울대학교의 자율에 맡겨진 것이므로 서울대학교가 인문계열의 대학별고사 과목을 정함에 있어, 일본어를 선택과목에서 제외시킨 것은 교육법 제111조의2 및 앞으로 개정될 교육법시행령 제71조의2의 제한범위 내에서의 적법한 자율권행사라 할 것이다. 물론 고등학교 교육과정의 외국어교과 중에 일본어과목이 채택되어 있고, 일본어를 가르치는 고등학교가 많고 일본어를 배우고 있는 학생 중 94학년도와 95학년도에 대학 진학예정인 2학년생과 1학년생은 그들이 서울대학교 인문계열 진학을 희망하는 경우 일본어를 선택과목으로 시험을 치를 수 없어 독일어, 프랑스, 에스파냐어, 중국어 중 하나를 선택과목으로 배우고 있는 학생들보다 불리한 입장에 놓이게 되었다고 주장할 수도 있다. 그러나 이러한 불이익은 서울대학교가 학문의 자유와 대학의 자율권이라는 기본권의 주체로서 자신의 주체적인 학문적 가치판단에 따른, 법률이 허용하는 범위 내에서의 적법한 자율권행사의 결과 초래된 반사적 불이익이어서 부득이한 일이다.

② **종합유선방송국에 대한 무선방송국방송 동시재송신 의무화** – 아래 결정은 '반사적 이익'이란 말은 없으나 '사실상의 불이익'이란 말이 그것을 의미한다고 보아 여기에 옮긴다.

판례 헌재 1996.3.28. 92헌마200

[쟁점] 종합유선방송국에 대하여 무선방송국방송의 동시재송신을 의무화한 종합유선방송법(1991.12.31. 법률 제4494호로 제정된 것) 제27조 제1항은 기존의 유선방송관리법에 따라 무선방송국의 방송을 수신하여 중계방송을 하는 중계유선방송사업자의 권리를 위헌적으로 침해하는 것인지 여부(기각결정) [결정요지] 종합유선방송국에게 공영방송인 한국방송공사(KBS)와 교육방송(EBS)의 동시재송신을 의무화한 것은 종합유선방송에 있어서의 공공채널의 유지와 같이 공익성의 확보와 동시에 난시청지역 시청자의 시청료이중부담의 문제를 해결하기 위한 조치로서 종합유선방송을 도입하면서 기존의 중계유선방송과의 공존을 택한 입법자의 입법재량의 범위에 속하는 사항이라 할 수 있으며, 그 입법목적의 정당성이 인정되고, 더욱이 동시재송신이 의무화되는 공중파방송도 공영방송인 한국방송공사와 교육방송 등 2개로 한정하여 제한의 방법과 정도의 적정성도 인정되며, 이로 인하여 중계유선방송사업자의 중계권에 영향이 있다 하더라도 이는 종합유선방송의 도입에 따른 사실상의 불이익에 불과할 뿐 이로써 위 청구인들의 재산권이나 직업선택의 자유 등이 침해되었다고 할 수 없다. 따라서 이 부분에 대한 위 청구인들의 심판청구는 이유 없다(* 이 부분 청구에 대해서는 본안결정인 '기각결정'이 된 것임).

③ **소멸된 저작인접권 회복 50년간 존속시키는 저작권법 부칙** – 소급입법으로서 저작인접권이 소멸된 음원을 이용하여 음반을 제작·판매하는 사람의 재산권 침해라는 주장에 대해 헌재는 반사적 이익의 상실에 불과하다고 하면서 본안판단을 행하여 기각결정을 하였다. 두 가지 점을 주목할 일이다. i) 재산권의 보호범위 – 이에 단순한 이익, 재화획득기회가 포함되지 않는다는 것이 확립된 헌재 자신의 판례인데 이에 따르면 재산권의 경우 반사적 이익인지 여부가 중요하게 된다. 재산권침해주장의 헌법소원심판에서 반사적 이익이라고 판명하게 되면 기본권침해 자체가 없다는 것이므로 각하결정에 이르게 된다. ii) 헌재의 아래와 같은 결정은 자신의 판례에 철저하지 않으면 본안결정인 기각으로 가는 이런 모순이 나오게 됨을 보여준다.

판례 헌재 2013.11.28. 2012헌마770

[판시] 의하여 보호되는 재산권은 사적 유용성 및 그에 대한 원칙적 처분권을 내포하는 재산가치 있는 구체적 권리이다. 그러므로 구체적인 권리가 아닌 단순한 이익이나 재화의 획득에 관한 기회 또는 기업활동의 사실적·법적 여건 등은 재산권 보장의 대상이 아니다(헌재 2005.2.3. 2003헌마930, 판례집 17-1, 167, 181-182; 헌재 2008.11.27. 2005헌마161등, 판례집 20-2하, 290, 319-322). 우선, 심판대상조항은 청구인이 이미 제작하여 판매하고 있던 음반의 소유권을 박탈한다거나 음반의 판매수익을 환수한다든지, 청구인이 음반을 제작하기 위해 투자한 시설이나 장비 등의 사용·수익을 금지시키는 것이 아니므로, 어떠한 구체적인 권리를 침해하는 것이 아니다. 또한, 심판대상조항으로 인하여 소멸된 저작인접권이 회복됨에 따라 청구인은 저작인접권자와의 협의를 거치거나 저작인접권자에게 보상금을 지급하여야만 음반을 제작·판매할 수 있기 때문에 음원의 무상 활용 가능성이 없어지지만, 음원을 무상 사용함으로 인한 이익은 저작인접권자의 권리가 소멸함으로 인하여 얻을 수 있는 반사적 이익에 불과할 뿐이지 사용자에게 음원에 대한 사적 유용성이나 처분권이 주어지는 것은 아니므로, 이는 헌법 제23조 제1항에 의하여 보호되는 재산권에 해당하지 않는다. 소결 – 따라서 심판대상조항은 헌법 제13

조 제2항이 금지하는 소급입법에 해당하지 않고, 헌법 제23조 제1항에서 보장된 재산권을 침해하지 아니한다(* 이 결정은 아울러 직업의 자유 침해도 부정하여 전체적으로 기각하는 결정이었음).

3. 반사적 이익과 직접성 결여의 동시 내지 혼동 - 직접성과의 정리 필요성

(1) 전제적 관념의 상기

먼저 반사적 이익은 전통적 이론에 따르면 공권, 주관적 공권이 아니어서 반사적 이익이라고 하면 기본권의 침해가 아닌 것이 된다. 우리 헌재 결정례 중에는 주관적 공권이 아니라서 헌법소원심판을 청구할 수 없다고 본 아래 결정과 같은 예가 있다. 그럼에도 2) 문제의 소재에서 보듯이 반사적 이익인데 기본권침해의 직접성이 없다는 식의 결정들이 있어서 혼동을 준다.

판례 헌재 2006.3.30. 2003헌마837

[사안] 건설교통부 장관이 경부고속철도 제4-1공구 역의 명칭을 '천안아산역(온양온천)'으로 한 결정에 대해 아산시에 거주 주민들이 자신들의 행복추구권, 평등권을 침해하고 헌법 제117조에 따른 자치권과 주민권에 위반된다고 주장하며 그 취소를 구하는 헌법소원심판을 청구한 사건. [판시] 청구인들은 이 사건 결정으로 자치권·주민권, 인간다운 생활공간에서 살 권리, 평등권 등의 기본권을 침해받았다고 주장한다. 그러나 고속철도의 건설이나 그 역의 명칭 결정과 같은 일은 국가의 사무임이 명백하고, 국가의 사무에 대하여는 지방자치단체의 주민들이 자치권 또는 주민권을 내세워 다툴 수 없다고 할 것이다. 즉 청구인들이 주장하는 지방자치단체 주민으로서의 자치권 또는 주민권은 "헌법에 의하여 직접 보장된 개인의 주관적 공권"이 아니어서, 그 침해를 이유로 헌법소원심판을 청구할 수 없다. 또한 고속철도 역의 명칭은 단순히 고속철도 역의 명칭에 불과할 뿐이고 역 소재지 주민들의 권리관계나 법적 지위에 영향을 주는 것이 아니므로, 구체적으로 아산시의 관할구역에 세워진 이 사건 역의 명칭을 "천안아산역(온양온천)"으로 결정하였다고 하여 아산시에 거주하는 청구인들에 대하여 어떠한 기본권 기타 법률상 지위를 변동시키거나 지역 자긍심을 저하시키거나 기타 불이익한 영향을 준다고 볼 수 없다. 그렇다면 이 사건 결정은 청구인들의 기본권을 침해할 여지가 없으므로 이 사건 심판청구는 부적법하다.

(2) 문제의 소재와 결정례

후술하겠지만 침해되는 기본권의 존재 다음으로 기본권침해의 관련성요건들을 요구하는데 이 관련성요건들 중에는 침해의 직접성요건이 있다. 그런데 우리 헌법재판소는 반사적 이익이 문제될 경우에 이를 기본권침해의 직접성이 결여된 것으로 보는 모순된 결정을 보여주기도 하였다. 반사적 이익이란 간접적인 사실적 이익이라고 보아 '간접적'이니 직접성이 없다고 보는 것으로 추론된다.

판례 헌재 1998.9.30. 97헌마404

[사건] 대통령 특별사면에 관한 일반 국민이 청구한 헌법소원사건이었다. [결정설명] * 이 결정에서 반사적 이익이란 말을 직접 쓰지는 않았지만 종래 반사적 이익 관계를 의미하는 '사실상 또는 간접적인 이해관계'라고 언급하면서 "직접적으로 침해당한 피해자라고는 볼 수 없으므로"라고 하여 직접성 결여라고 본 결정이다. 이 결정에서 기본권침해성 언급은 없었다. [판시] 헌법재판소법 제68조 제1항에 의하면 헌법소원심판은 공권력의 행사 또는 불행사로 인하여 헌법상 보장된 기본권을 침해받은 자가 청구하여

야 한다고 규정하고 있는바, 여기에서 기본권을 침해받은 자라 함은 공권력의 행사 또는 불행사로 인하여 자기의 기본권이 현재 그리고 직접적으로 침해받은 자를 의미하며 단순히 간접적, 사실적 또는 경제적인 이해관계가 있을 뿐인 제3자는 이에 해당하지 않는다는 것이 우리재판소의 확립된 판례이다(헌재 1993.3.11. 91헌마233; 1993.7.29. 89헌마123; 1994.6.30. 92헌마61 등 참조). 이 사건의 경우, 청구인들은 대통령의 특별사면에 관하여 일반국민의 지위에서 사실상의 또는 간접적인 이해관계를 가진다고 할 수는 있으나 대통령의 청구외인들에 대한 특별사면으로 인하여 청구인들 자신의 법적이익 또는 권리를 직접적으로 침해당한 피해자라고는 볼 수 없으므로, 이 사건 심판청구는 자기관련성, 직접성이 결여되어 부적법하다.

아래 결정례가 반사적 이익을 직접성요건 결여와 동시(同一視) 내지 혼동하는 모습을 보여준 예로 이해하게 하는 결정례이다. 이 결정에서 먼저 "법령으로 인한 기본권침해를 이유로 헌법소원을 청구하려면 당해 법령 그 자체에 의하여 자유의 제한, 의무의 부과, 권리 또는 법적 지위의 박탈이 생긴 경우여야 한다"라는 판시 부분은 헌재 자신이 확립한 법령소원에서의 직접성요건인데(이에 대해서는 뒤의 후술, Ⅳ.2.(2) 참조), 이 결정에서는 직접성요건이란 말을 쓰지 않고 위 법리를 언급한 뒤 반사적 이익이 문제되어 청구인의 법적 지위에 영향을 미치지 않는다고 보면서 "기본권의 침해 문제는 발생하지 않는다"라고 판시하고 있다. 말하자면 이 결정은 비록 명시적으로 직접성의 결여라고 하지 않았으나 직접성요건 법리를 언급함으로써 결국 반사적 이익 문제가 기본권침해가능성 문제로 보면서도 직접성 문제로도 보려는 의사를 헌재가 가지고 있는 것이 아닌지 하는 생각을 하게 한다.

판례 헌재 2002.10.31. 2002헌마20

[사건개요] 종전의 여신전문금융업법시행령 제2조 제2항은 여신전문금융업법상의 시설대여(리스)업을 영위하는 여신전문금융회사(이하 '리스회사'라고 한다)가 여객자동차운수사업법상의 여객자동차운송사업자나 자동차대여사업자가 아닌 일반 소비자들을 상대로 이른바반환조건부 자동차리스영업을 하는 것을 금지하고 있었는데 "여신전문금융업법시행령 중 개정령(1999.4.24. 대통령령 제16261호)"이 위 제2조 제2항을 삭제함으로써 리스회사가 일반 소비자들을 상대로 반환조건부 자동차리스영업을 하는 것이 가능하게 되어 리스회사도 자동차대여사업(렌트카 영업)과 유사한 리스업을 할 수 있게 되어 경쟁관계자가 늘어남으로써, 자동차대여사업자(청구인)들의 영업이익이 감소될 것이 예상되고 이로 인해 직업의 자유 및 평등권이 침해되었다고 주장하면서 자동차대여사업자가 위 개정령 중 "제2조 제2항을 삭제하고" 부분을 대상으로 그 위헌확인을 구하는 헌법소원심판을 청구하였다. [결정요지] 헌법재판소법 제68조 제1항 본문은 … 공권력의 행사 또는 불행사로 인하여 헌법상 보장된 자신의 기본권을 현재 직접적으로 '침해'당한 자만이 헌법소원심판을 청구할 수 있다는 뜻이고, 따라서 법령으로 인한 기본권침해를 이유로 헌법소원을 청구하려면 당해 법령 그 자체에 의하여 자유의 제한, 의무의 부과, 권리 또는 법적 지위의 박탈이 생긴 경우여야 한다. 이 사건 규정은 리스회사를 규율대상으로 하여 그들에게 종전에 허용하지 않았던 영업을 허용한 것에 불과하고 자동차대여업자를 규율대상으로 삼는 것이 아니며 자동차대여업자의 권리를 박탈하거나 그들에게 의무를 부과하는 것도 아니어서 자동차대여업자의 법적 지위에 어떠한 영향을 미친다고 할 수 없다. 단지, 종전에는 자동차대여업 분야가 자동차대여업자의 독점적인 영업범위에 속하였는데 그 자동차대여업과 유사한 형태의 자동차리스업이 리스회사에게 허용됨으로써, 자동차대여업자의 입장에서는 그만큼 영업상 경쟁관계에 있는 자가 증가하여 영업상 이익의 감소가

예상되고 그 동안 누리던 자동차대여업에 관한 독점적인 영업이익을 상실하게 되었다고 할 수 있다. 그러나 종전에 자동차대여업자가 자동차대여업에 관한 독점적인 영업이익을 누리고 있었다 하더라도 이는 여신전문금융업법시행령이 반환조건부 자동차리스를 리스회사의 업무범위에서 제외시켜 놓았던 데에 기인하는 반사적 이익 또는 사실상의 이익에 지나지 아니하는 것이므로, 이 사건 규정으로 인하여 그러한 사실상의 독점적 영업이익이 상실되었다 하더라도 이로써 청구인 회사의 헌법상 기본권의 침해 문제는 발생하지 않는다고 보아야 한다(헌재 1999.11.25. 99헌마163 참조. * 이 99헌마163 결정은 본서에서도 위에서 인용함). 그렇다면 이 사건 규정으로 인하여 청구인(렌트카 주식회사)의 기본권이 침해된다거나 그 법적 지위에 불리한 영향을 받는다고 할 수 없으므로 이에 기본권침해를 주장하면서 헌법소원심판을 청구하는 것은 부적법하다.

* 직접요건의 판단준거로 헌재 자신이 확립한 "자유의 제한이나 의무의 부과, 권리 또는 법적 지위의 직접적인 박탈"을 적용하면서 직접성 언급은 없이 기본권침해가능성이 없다고 한 또 다른 아래와 같은 결정례들이 있다(아래 결정례는 그 판시에서 '반사적 이익'이라는 말은 직접 쓰고 있지 않고 "간접적·사실적 영향에 불과하다"라고 하고 있으나 종래 간접적·사실적 영향에 불과한 이익을 반사적 이익이라고 보았으므로 같은 의미이다).

① **교육감 주민직선제** – 이렇게 규정한 '지방교육자치에 관한 법률'(2010.2.26. 법률 제10046호로 개정된 것) 제43조가 고등학생인 청구인들의 교육을 받을 권리와 학부모인 청구인들의 자녀교육권, 교사 및 교원인 청구인들의 교육할 권리 내지 직업수행의 자유를 침해하고, 헌법 제31조 제4항 소정의 교육의 자주성·전문성·정치적 중립성에 반한다는 주장의 헌법소원사건이었다. 헌재는 기본권이 침해될 가능성, 기본권침해의 자기관련성을 함께 부정하여 각하결정을 하였다.

판례 헌재 2015.11.26. 2014헌마662

[판시] (1) 청구인 1 내지 5는 고등학생으로서 심판대상조항으로 인하여 교육을 받을 권리가 침해되었다고 주장하고, 청구인 6 내지 74는 학부모로서 심판대상조항으로 인하여 자녀교육권이 침해되었다고 주장하며, 청구인 83 내지 2451은 교사 및 교원으로서 심판대상조항으로 인하여 교육권 내지 직업수행의 자유가 침해되었다고 주장한다. 심판대상조항은 이러한 지방교육자치제도를 보장하는 하나의 방편으로서 교육감 선출에 대한 주민의 직접 참여를 규정하고 있을 뿐이다. 따라서 심판대상조항 자체는 국민의 기본권과는 무관한, 중립적인 조항이라 할 것이고, 심판대상조항이 그 자체로써 위 청구인들에게 어떠한 의무의 부과, 권리 또는 법적 지위의 박탈이라는 불이익을 초래한다고 보기는 어렵다. 그리고 설령 교육감을 주민의 선거로 선출하도록 함으로써 교육 분야에서의 전문성이나 자질보다는 대중적 인기나 사회적 지명도가 높은 인사가 교육감으로 선출되기 쉬워지고 이렇게 선출된 교육감의 교육정책으로 인하여 학생이나 학부모, 교사, 교원이 어떠한 영향을 받게 된다 하더라도 이는 간접적·사실적 영향에 불과하다. 따라서 심판대상조항으로 인해 위 청구인들의 교육을 받을 권리 등 기본권이 침해될 가능성이 있다거나 기본권침해의 자기관련성이 있다고 보기 어렵다. (2) 청구인 75 내지 82는 교육자 및 교육전문가로서 심판대상조항으로 인하여 교육감으로 선출될 수 있는 기회가 실질적으로 박탈되어 자신들의 공무담임권이 침해되었다고 주장한다. 그러나 심판대상조항은 교육감의 선출방식에 관하여 규정하고 있을 뿐이고, 교육감 입후보 자격이나 퇴직 등 공무담임권을 제한하는 내용은 전혀 담고 있지 않다. 오히려 심판대상조항은 주민의 선거에 따라 교육감을 선출하도록 함으로써 공직취임의 기회를 넓게 보장하여 청구인들과 같이 교육감으로 선출되고자 하는 자들의 공무담임권을 보호하는 측면이 강하다. 또한, 교육감을 주민선거로 선출하게 되어 교육감으로 선출되기 위한 경쟁이 치열해지고 대중적 인기나

사회적 지명도가 높은 인사가 교육감으로 선출될 가능성이 높아진다 하더라도 이는 간접적·사실적 영향에 불과하다. 결국, 다른 입후보 결격사유가 없는 이상 교육감으로 선출될 기회 자체는 법적으로 모두 동일하게 주어지고, 심판대상조항으로 인하여 교육감으로 선출되고자 하는 청구인들의 입후보가 제한된다거나 당선의 기회가 봉쇄되는 것은 아니다. 그러므로 심판대상조항으로 인하여 종전의 교육감 선출 방식이 변경되었다고 하더라도 교육감으로 선출되고자 하는 청구인들이 받게 되는 영향은 간접적·사실적인 것에 불과하다 할 것이고, 심판대상조항이 위 청구인들의 법적 지위에 어떠한 영향을 미친다고 볼 수는 없다. 따라서 심판대상조항으로 인해 교육자 및 교육전문가인 청구인들의 공무담임권이 침해될 가능성이 있다거나 기본권침해의 자기관련성이 있다고 보기는 어렵다. (3) 소결 – 심판대상조항은 청구인들에게 어떠한 자유의 제한이나 의무의 부과, 권리 또는 법적 지위의 직접적인 박탈을 가져오지 아니하고, 청구인들의 법적 지위에 아무런 영향을 미치지 아니하며, 단지 간접적·사실적 영향을 미칠 뿐이므로, 심판대상조항에 대하여 기본권침해 가능성 또는 자기관련성을 인정할 수 없다.

② **교육대학교 편입생 모집** – 초등교사 부족 문제 등을 해결하고자 중등교사자격증 소지자를 초등교사로 임용하기로 하고 교육대 교수들의 건의를 받아들여 그들을 교육대학교에 편입하기 위한 교육감이 '○○교육대학교 특별편입 전라남도교육감 추천 대상자 공개경쟁 선발시험 공고'를 하였다. 이에 대해 기존의 교육대 재학생들이 편입생의 모집으로 말미암아 적정인원을 수용한 대학시설에서 양질의 교육을 받을 자신들의 권리 등이 침해된다고 주장하면 헌법소원심판을 청구하였다. 처음에 제3자 자기관련성 문제로 시작하였다가 대학 학생선발권이 재학생 기본권이 아닌 점, 교육을 받을 권리는 자신의 교육환경을 최상 혹은 최적으로 만들기 위해 타인의 교육시설 참여 기회를 제한할 것을 청구할 수 있는 기본권이 아니라는 점 등을 들어 기본권침해 문제가 아니고 반사적 이익임을 언급한 뒤 결국 침해가능성이 없다고 하여 각하결정을 한 사안이다.

판례 헌재 2003.9.25. 2001헌마814등

[결정요지] (1) 헌법소원이 적법하기 위해서는 청구인 자신의 기본권이 현재 그리고 직접 침해당한 경우라야 한다. 공권력 작용의 직접적인 상대방이 아닌 제3자라 하더라도 그 공권력 행사로 인해 자신의 기본권을 직접 법적으로 침해당하는 경우에는 자기관련성을 인정할 수 있지만, 이 경우 당해 공권력 작용의 목적, 실질적인 규율대상, 당해 공권력 작용이 그 제3자에게 미치는 효과 및 그 진지성의 정도 등을 종합적으로 고려하여 자기관련성 유무를 판단하여야 할 것이다. (2) 살피건대, 이 사건 공고들은 교육감 추천에 의한 중등교사자격증 소지자의 교육대학교 특별편입학에 있어서 그 선발시험에 관한 사항을 그 응시자격자들에게 알리기 위한 것이다. 따라서 그 직접적인 규율대상은 위 시험에 응시하기를 희망하는 자들이지, 청구인들과 같은 재학생이 아니다. 나아가, 이 사건 공고들이 청구인들에게 미치는 효과 및 그 진지성의 정도 등을 살펴보더라도, 청구인들의 기본권이 직접 법적으로 침해당한다고 하기 어렵다. (3) 즉, 학생선발권은 대학총장에게 부여된 권한이지 청구인들과 같은 재학생에게 인정되는 기본권으로는 볼 수 없다. (4) 청구인들은 특별편입학이 행해질 경우 장차 임용시험에 있어서 그 편입생 수만큼 경쟁율이 높아질 것이기 때문에 결국 이 사건 공고들이 자신의 직업선택의 자유를 침해한다고 주장한다. 그러나 임용시험은 법에 의해 응시자격이 인정되는 사람이면 누구든지 참여하여 자신의 능력에 따라 자유로이 경쟁할 기회를 제공하는 의미를 가진다. 직업선택의 자유는 바로 그러한 자유로운 경쟁의 기회를 누구에게나 보장하기 위한 기본권이지, 특정인을 타인과의 경쟁으로부터 특별히 보호하기 위한 기본권일 수는 없다. 따라서 설사 이 사건 공고들로 인해 장차 청구인들이 교사임용시험에서 상대적

으로 치열한 경쟁을 예상해야 한다고 하더라도, 그것은 사실상의 불이익에 불과할 뿐이고, 거기서 직업 선택의 자유에 대한 침해의 문제가 생길 여지는 없다. (5) 한편, 청구인들은 자신들의 학문의 자유를 침해당하였다고 주장한다. 초등교사로서 갖추어야 할 기본적인 지식 및 자질을 함양하는 데에 주된 초점이 있는 교육대학교의 교육과정은 학문의 자유와는 직접적 관련이 있다고 보기 어렵고, 설사 교육대학교 학생에게 학문의 자유의 주체성을 인정한다고 하더라도, 이 사건 공고들에 따른 편입학은 비록 재학생들에게 다소 수강환경의 불편을 초래할 수는 있을지언정 진리의 탐구와 관련된 활동 그 자체를 방해하는 것은 아니라고 할 것이므로, 이 사건 공고들이 청구인들의 학문의 자유를 침해한다고 볼 것은 아니다. (6) 행복추구권의 침해 문제도 발생할 여지가 없다. (7) 나아가 헌법 제31조 제1항에 의해서 보장되는 교육을 받을 권리는 교육영역에서의 기회균등을 내용으로 한다. 즉, 능력이 있으면서도 여러 가지 사회적·경제적 이유로 교육을 받지 못하는 일이 없도록, 국가가 재정능력이 허용하는 범위 내에서 가능하면 모든 국민에게 취학의 기회가 골고루 돌아가게끔 그에 필요한 교육시설 및 제도를 마련할 의무를 지게 하기 위한 것이 바로 이 교육을 받을 권리이다. 그러나 교육을 받을 권리는 국민이 국가에 대해 직접 특정한 교육제도나 학교시설을 요구할 수 있음을 뜻하지는 않으며, 더구나 자신의 교육환경을 최상 혹은 최적으로 만들기 위해 타인의 교육시설 참여 기회를 제한할 것을 청구할 수 있는 기본권은 더더욱 아닌 것이다. 따라서 편입학조치에 수반하여 학교 여건에 따라 교수 정원 및 교육시설을 확충하거나 주·야간제 또는 계절제를 운용하는 등 재학생들의 정상적인 교육에 별 지장이 없도록 갖가지 시책을 강구하도록 요구할 여지는 있을지 모르나, 기존의 재학생들에 대한 교육환경이 상대적으로 열악해질 수 있음을 이유로 새로운 편입학 자체를 하지 말도록 요구하는 것은, 본래 균등한 취학기회 보장을 목표로 하는 교육을 받을 권리의 내용으로는 포섭할 수 없다고 보아야 한다. 그렇다면 그러한 편입학시험에 관한 이 사건 공고들 자체가 직접 청구인들의 교육을 받을 권리를 침해할 가능성은 인정되지 않는다. (8) 마지막으로, 청구인들은 이 사건 공고들이 고등교육법시행령 제29조 제2항 제3호를 위반한 것이라고 주장하고 있다. 가사 그러한 주장을 받아들이더라도, 위 조항에 의해 막바로 교육대학교 재학생들에게 가령 '학칙에서 정한 입학생 또는 편입생 정원 범위 내에서만 수업을 받을 권리' 등이 부여된다든가 기타 법률상 이익이 인정되는 것은 아니다. 결국 청구인들은 위 조항의 위반 여부에 관하여 단지 사실적·반사적 이익을 가지는 데 그치는 것으로 볼 것이다. 그러므로 이 사건 공고들이 위 조항을 위반하였다고 하여 곧 청구인들의 기본권을 침해할 가능성이 있다고 인정할 수 없다. (9) 그렇다면, 결국 이 사건 공고들로 인하여 청구인들이 직접 기본권을 침해당할 가능성이 있다고 볼 수 없으므로, 그 취소를 구하는 청구인들의 심판청구는 부적법하다.

③ **특별전형 지원자격 확대** — 서울대학교 총장의 "2009학년도 대학 신입학생 입학전형 안내(이하 '이 사건 안내') 중 농·어촌학생특별전형에 있어서 2008년도 제2기 '신활력지역'으로 선정된 시 지역을 2009학년도부터 2011학년도 지원자에 한하여 농·어촌지역으로 인정한 부분(이하 '농·어촌학생특별전형 지원자격 확대 부분')이 시 지역의 학생들을 합격하게 하여 이러한 확대는 농·어촌지역 학생들의 대학진학의 기회를 봉쇄하여 군에 소재하는 고등학교 3학년에 재학 중인 청구인들의 교육을 받을 권리 및 평등권을 침해한다는 주장의 헌법소원심판이 청구되었다. 헌재는 자유제한, 의무부과, 법적 지위 박탈을 언급하면서도 침해가능성이 결여되었다고 판시하여 각하결정을 하였다.

판례 헌재 2008.9.25. 2008헌마456

[판시] (가) 헌법재판소법 제68조 제1항에 의한 헌법소원심판을 청구하기 위해서는 공권력의 행사로 인하여 '기본권 침해의 가능성'이 있어야 한다. (나) 1) 교육의 기회균등이란 국민 누구나가 교육에 대한

접근 기회 즉, 취학의 기회가 균등하게 보장되어야 함을 뜻하므로, 교육을 받을 권리는 국가로 하여금 능력이 있는 국민이 여러 가지 사회적·경제적 이유로 교육을 받지 못하는 일이 없도록 국가의 재정능력이 허용하는 범위 내에서 모든 국민에게 취학의 기회가 골고루 주어지게끔 그에 필요한 교육시설 및 제도를 마련할 의무를 부과한다. 그러나 교육을 받을 권리는 국민이 국가에 대하여 직접 특정한 교육제도나 교육과정 또는 학교시설을 요구할 수 있는 것을 뜻하지는 않는다고 할 것이다. 교육을 받을 권리의 내용과 관련하여 헌법재판소는 자신의 교육환경을 최상 혹은 최적으로 만들기 위해 타인의 교육시설 참여 기회를 제한할 것을 청구할 수 있는 것은 교육을 받을 권리의 내용이 아니고(헌재 2003.9.25. 2001헌마814) 그렇다면 헌법 제31조 제1항에 의하여 모든 국민에게 균등한 교육을 받게 하고 특히 경제적 약자가 실질적인 평등교육을 받을 수 있도록 적극적 정책을 실현해야 하는 국가의 적극적인 의무가 인정된다고 하더라도(헌재 1994.2.24. 93헌마192 등 참조), 그로부터 농·어촌학생특별전형과 같은 특정한 대학입시제도에 있어서 자신의 교육시설 참여 기회가 축소될 수도 있다는 우려로 인하여 타인의 교육시설 참여 기회를 제한할 것을 청구할 수 있는 권리가 도출된다거나, 자신의 교육시설 참여 기회가 축소될 수 있음을 이유로 지원 자격을 확대하지 않도록 요구하는 것이 본래 균등한 취학기회 보장을 목표로 하는 교육을 받을 권리의 내용이라고 볼 수는 없다(헌재 2003.9.25. 2001헌마814). 따라서 서울대학교의 농·어촌학생특별전형에 있어서 읍·면 지역에 소재하는 청구인들의 서울대학교 합격 기회가 축소될 수 있다는 우려로 인하여 특별전형의 지원자격을 읍·면지역에 한정하고 2008년도 제2기 '신활력지역'으로 선정된 시 지역으로까지 그 지원자격을 확대하지 않도록 요구하는 것은 교육을 받을 권리의 내용이라고 볼 수 없다. 그렇다면 이 사건 안내 자체가 직접 청구인들의 교육을 받을 권리를 침해할 가능성은 인정되지 않는다. 2) 또한 청구인들의 주장대로 농·어촌학생특별전형의 모집인원은 증가되지 않은 상태에서 특별전형의 지원자격이 확대되므로, 그 자격확대로 인하여 청구인들이 서울대학교에서 수학할 수 있는 기회가 축소되어 교육을 받을 권리가 제한될 수는 있다. 그러나 헌법재판소법 제68조 제1항에 의한 헌법소원심판을 청구하기 위해서는 공권력의 행사로 인하여 자유의 제한, 의무의 부과, 권리 또는 법적 지위의 박탈 가능성이 있어야 하는바(헌재 2004.12.16. 2002헌마579 등 참조), 청구인들과 같이 기존 농·어촌 지역으로 인정된 지역 내 학생들은 2009학년도 서울대학교 농·어촌학생특별전형에 지원함에 있어서 아무런 장애가 없고, 비록 농·어촌학생특별전형의 모집인원은 증가되지 않은 상태에서 지원자격만 확대되어 위 특별전형의 경쟁자들이 늘어나 사실상 청구인들의 서울대학교 입학의 기회가 제한, 축소되는 불이익을 입게 된다고 하더라도 그러한 불이익은 사실상의 불이익에 불과할 뿐이므로 지원자격의 확대로 인하여 청구인들의 자유의 제한, 의무의 부과, 권리 또는 법적 지위의 박탈이 생긴 경우라고 볼 수 없다. 따라서 이 사건 안내로 인해 청구인들이 서울대학교에서 수학할 수 있는 기회가 축소될 가능성이 있다고 하더라도 이로써 청구인들의 헌법상 기본권의 침해 문제가 생길 여지는 없다. (다) 한편, 농·어촌학생특별전형에 있어서 청구인들의 합격 기회가 축소될 수 있음을 이유로 특별전형의 지원자격을 읍·면지역에 한정하고 '신활력지역'으로 선정된 시 지역으로까지 그 지원자격을 확대하지 않도록 요구하는 것은 행복추구권의 내용에 포함되지 않으므로 이 사건 안내로 인한 행복추구권의 침해 문제도 발생할 여지가 없다. (라) 따라서 이 사건 안내 중 농·어촌학생특별전형 지원자격의 확대로 인하여 청구인들의 기본권이 침해당할 가능성이 있다고 볼 수 없으므로, 그 취소를 구하는 심판청구는 부적법하다.

④ **의대 특별편입학모집요강의 경우** – 폐쇄된 S대 의예과·의학과 재적생을 J대 의예과·의학과에 특별편입학 모집한다는 등을 내용으로 하는 J대 총장이 발표한 '2018학년도 S대학교 특별편입학 모집요강'에 대해 위 학생들이 편입학하면 강의실·임상실습 시설·기숙사·장학금 부족 등으로 교육의 질이 저하되어 교육을 받을 권리 및 행복추구권을 침해한다는 주장으로

헌법소원심판을 청구한 사건이다.

판례 헌재 2019.2.28. 2018헌마37등

[판시] 가. 기본권침해가능성의 의미 – 헌재법 제68조 제1항에 따라 헌법소원을 청구하려면 공권력 행사 그 자체에 의하여 자유의 제한, 의무의 부과, 권리 또는 법적 지위의 박탈이 생긴 경우여야 한다. 따라서 어떤 공권력 행사가 헌법소원을 청구하고자 하는 자의 법적 지위에 아무런 영향을 미치지 않는 경우라면 애당초 기본권침해의 가능성이나 위험성이 없으므로, 그 공권력 행사를 대상으로 헌법소원을 청구하는 것은 허용되지 아니한다(헌재 2015.11.26. 2014헌마662 참조). 나. 이 사건 모집요강이 청구인들의 교육을 받을 권리를 침해할 가능성이 있는지 – 이와 같이 이 사건 모집요강으로 인해 청구인들이 동등하게 기존의 의과대학 교육시설에 참여하거나 이를 이용할 수 있는 지위에는 아무런 영향이 없고, 다만 학생 수가 많아져 예전보다 상대적으로 교육환경이 열악해지거나 자교에서 전공의 수련을 받을 확률이 낮아질 가능성이 있을 뿐이며, 교육환경이 열악해지는 정도 또한 청구인들의 동등한 교육시설 참여 기회 자체를 실질적으로 봉쇄하거나 형해화하는 정도에 이르렀다고는 보기 어렵다. 결국 청구인들이 주장하는 불이익은 사실상의 불이익에 불과하므로, 이 사건 모집요강으로 인해 청구인들의 교육을 받을 권리가 제한되거나 침해될 가능성이 있다고 할 수 없다. 다. 이 사건 모집요강이 청구인들의 행복추구권을 침해할 가능성이 있는지 – 행복추구권은 국민이 행복을 추구하기 위하여 필요한 급부를 국가에 적극적으로 요구할 수 있는 것을 내용으로 하는 것이 아니라, 국민이 행복을 추구하기 위한 활동을 국가권력의 간섭 없이 자유롭게 할 수 있다는 포괄적인 의미의 자유권으로서의 성격을 가진다. 이 사건 모집요강은 J대 의과대학 재학생인 청구인들의 자유를 제한하는 것을 그 내용으로 하고 있지 않을 뿐만 아니라, 실질적으로 청구인들의 자유를 제한하는 효과를 내고 있다고 볼 만한 사정도 발견되지 않는다. 따라서 이 사건 모집요강으로 인해 청구인들의 행복추구권이 제한되거나 침해될 가능성이 있다고 볼 수 없다. 라. 소결 – 결국 이 사건 모집요강에 대한 심판청구는 기본권침해가능성이 인정되지 않으므로 부적법하다.

* 위헌소원의 경우에도 다음과 같은 결정례가 있다. 사안은 학교급식의 실시에 필요한 시설·설비에 요하는 경비를 원칙적으로 학교의 설립경영자가 부담하도록 한 구 학교급식법(1996.12.30. 법률 제5236호로 개정되고, 2006.7.19. 법률 제7962호로 개정되기 전의 것) 제8조 제1항 부분에 대해 학교의 설립경영자가 청구한 위헌소원사건에서 이는 재학생들의 평등권, 행복추구권을 침해하는지 여부가 논란되었다. 헌재는 위 규정의 수범자는 학교법인이라는 점에서 학생들에 대해서는 불이익이 있다 하더라도 이는 반사적 불이익에 불과하다고 할 것이어서, 학생들의 행복추구권·평등권의 제한이 이 사건 법률조항으로부터 직접 발생한다고 보기 어렵다고 하여 학교법인의 기본권 침해 문제만 판단하였다.

판례 헌재 2010.7.29. 2009헌바40

[판시] 제한되는 기본권에 대하여 살펴본다. 우선, 이 사건 법률조항의 기본적인 수범자는 학교의 설립경영자이고, 나아가 실제적으로 행정적 권리·의무의 대상이 되는 청구인과 같은 학교법인을 그 수범자로 볼 수 있을 것이다. 그러므로 사립학교의 학생들은 직접적인 수범자로 볼 수 없으며, 가사 학생들이 이 사건 법률조항으로 인하여 받는 불이익이 있다고 하더라도 이는 반사적 불이익에 불과하다고 할 것이어서, 학생들의 행복추구권·평등권의 제한이 이 사건 법률조항으로부터 직접 발생한다고 보기 어렵다. 따라서 이 사건 법률조항은 사립학교법인인 청구인의 기본권제한 여부를 심사함으로 족하다고 할 것이다.

(3) 검토, 혼동초래원인분석 및 혼동처방

i) 검토 – 앞서 언급한 대로 반사적 이익으로 판명하면 기본권의 '주관적 공권'의 침해

가 아니고 따라서 침해되는 기본권의 존재 자체를 부정함을 의미한다. 그런데 기본권침해의 직접성은 그 다음 단계의 요건으로서 기본권침해성이 인정되는 것을 전제로 기본권침해의 직접성을 살펴보게 되므로 반사적 이익의 인정으로 기본권침해성이 부정된 다음에야 이후 직접성을 논하는 것은 모순이다. 반사적 이익의 침해를 침해되는 기본권의 부재로 보든 직접성의 결여로 보든 결국 각하결정이 되긴 하겠지만 양자의 문제는 재판절차법리상 구별되는 문제라 할 것이다. ii) 혼동초래의 원인 – 직접성과 혼동은 반사적 이익을 '간접적' 이익이라고 흔히 설명하여 그 반대로 직접성이 없다고 보는 데 기인하는 것으로 보인다. iii) 혼동처방 – 그렇다면 직접성은 그것이 아니라 침해경로가 중간의 집행작용 없이 바로 오는 것인가 하는 것에 있다는 점을 분명히 하여(후술 직접성 참조) 혼동을 제거해야 한다. 전통적 이론에 따르면 반사적 이익은 '공권'이 아니므로 반사적 이익인지 여부문제는 침해되는 기본권의 존재(기본권침해성)가 있느냐의 문제이다. 직접성의 문제는 침해가 있는데 그 있는 침해가 문제의 공권력행사(불행사)를 어떤 방식으로, 즉 직접적으로 침해를 가져오는 방식으로 이루어졌는지 아닌지 하는 침해의 경로와 방식의 문제이다(이러한 구별문제에 대해서는, 뒤의 제4장 Ⅱ.1.(2) 참조). 직접성, 자기관련성은 일단 침해되는 기본권이 존재함을 전제한 다음 단계의 적격요건이므로 구분된다. 이렇게 구별, 정리하여 혼동을 제거하여야 한다.

Ⅳ. 중간 절차 규정의 침해가능(위험)성 부정

헌재는 권한있는 행정청이 어떤 행정처분을 발할 것인지 결정하기에 앞서 다른 기관과 협의하도록 하는 절차는 행정청의 독단에 따른 위법·부당한 조치를 방지하기 위한 것이므로 이로써 청구인들의 기본권이 제한된다고 보기 어렵고, 그 협의는 최종적 효력을 가지지 않는 중간 절차에 불과하여 이로써 청구인들의 기본권이 침해되거나 침해의 위험이 있다고 볼 수도 없다고 한다. 아래 결정이 그러한 법리를 보여주는 결정례인데 사안은 어린이집에서의 아동학대행위를 이유로 행정관청이 어린이집 운영정지나 폐쇄명령의 조치를 하기에 앞서 아동복지법 제45조에 따른 아동보호전문기관 등 관계기관과 협의하여 정하도록 한 영유아보육법(2015.5.18. 법률 제13321호로 개정된 것) 제45조 제4항 중 제1항 제4호(이하 '아동보호전문기관과 협의 조항')에 대한 심판청구였다.

판례 헌재 2017.12.28. 2015헌마994

[판시] (1) 법률 등에 대한 헌법소원심판청구는 청구인에게 당해법률 등에 해당되는 사유가 발생함으로써 그 법률 등이 청구인의 기본권을 침해하였거나 침해의 위험이 있는 경우에 한정된다. (2) 위 조항에 의하면, 시장·군수·구청장 등 행정관청은 어린이집 폐쇄 등 행정처분을 발할 것인지 결정하기에 앞서 "아동복지법 제45조에 따른 아동보호전문기관 등 관계 기관과 협의하여"야 한다. 아동보호전문기관은 전국에 지역별로 설치되어 있고 학대받은 아동의 발견 및 보호, 아동학대 신고접수 및 현장조사, 치료

에 대한 신속처리 및 아동학대예방을 담당하고 있는 기관이다(아동복지법 제45조, 제46조). 행정관청이 어린이집 설치·운영자나 보육교직원에 의한 아동학대행위가 발생한 경우 해당 어린이집에 대해 운영정지 내지 폐쇄명령이라는 중대한 행정처분을 하기에 앞서 아동보호전문기관과 협의하도록 정한 것은, 행정관청으로 하여금 사법경찰관과 함께 실제 현장조사 등을 직접 수행한 기관의 의견을 듣도록 함으로써 행정관청의 독단에 따른 위법·부당한 조치를 방지하기 위한 것이다. 따라서 이로써 청구인들의 기본권이 제한된다고 보기 어렵고, 아동보호전문기관과의 협의는 최종적 효력을 가지지 않는 중간 절차에 불과하여 이로써 청구인들의 기본권이 침해되거나 침해의 위험이 있다고 볼 수도 없다. (3) 그러므로 '아동보호전문기관과 협의 조항'에 대한 심판청구는 기본권침해가능성을 인정할 수 없다.

* 대비 – 중간 조치에 대한 직접성이 인정된 예가 있다. 준법서약서 제출요구는 당해 수형자에게 준법서약서의 제출을 권유 내지 유도하는 권고적 성격의 중간적 조치에 불과하여 행정소송의 대상이 되는 독립한 행정처분으로서의 외형을 갖춘 행위라고 보기 어렵다고 보았다. 그렇다면 청구인들이 이 사건 심판청구 전에 가석방심사위원회의 준법서약서 제출요구행위를 대상으로 한 행정소송 등 사전구제절차를 통하여 권리구제를 받을 것을 기대할 수는 없다 할 것이어서 동 구제절차를 이행하지 아니하였다는 이유로 기본권침해의 직접성이 없다고 할 수 없다고 본 결정례가 있었다(헌재 2002.4.25. 98헌마425등. 이 결정에 대해서는 뒤의 직접성의 예외적 인정 부분 참조).

V. 부수적 결과

헌재는 어떤 기본권이 비록 제한될 수 있더라도 부수적 결과이면 기본권침해가능성을 부정한다. 사안은 친일반민족행위결정은 일종의 명예형 선고로서 형벌에 해당한다는 전제에서, 대심구조에 의한 형사재판절차를 규정하고 있지 아니한 법률조항들('일제강점하 반민족행위 진상규명에 관한 특별법'(2006.4.28 법률 제7937호로 개정된 것) 제2조 내지 제5조, 제9조 1항 5호, 제19조 내지 제21조, 제24조 내지 제28조 등)은 형사피고인의 공정한 재판을 받을 권리를 침해받았다는 주장의 헌법소원심판청구사건이었다.

판례 헌재 2009.9.24. 2006헌마1298

[판시] 비록 친일반민족행위결정으로 인하여 조사 대상자 및 그 후손의 인격권이 제한받게 되더라도 이는 부수적 결과에 불과할 뿐, 이것을 두고 일종의 형벌로서 '수치형'이나 '명예형'에 해당한다고 보기는 어렵다고 할 것이다. (4) 소결론 – 따라서 반민규명위원회의 친일반민족행위결정을 형벌의 일종인 명예형으로 볼 수 없는 이상, 이와는 달리 친일반민족행위결정이 형벌의 일종인 명예형에 해당한다는 전제에서 위 법률조항들이 적법절차의 원칙 등 헌법원리에 위배하여 청구인의 재판청구권 등을 침해한다는 이유로 제기된 이 부분 심판청구는 기본권(재판청구권) 침해의 가능성을 인정할 수 없어 부적법하다.

Ⅵ. 국민투표 부의와 국민투표권 침해가능성 여부 문제

1. 헌법개정 국민투표

(1) 긍정하는 결정례

헌재는 헌법개정 국민투표는 헌법개정에 필수적으로 요구되므로 이를 배제하고 법률로 헌법개정을 하는 것은 기본권침해가능성이 있다고 본다. 그런 취지의 판시가 있었던 결정례는 바로 구 '신행정수도건설을 위한 특별조치법'(2004.1.16. 법률 제7062호)에 대한 위헌결정이었다.

판례 헌재 2004.10.21. 2004헌마554등

[판시] 이 사건 법률은 본안에 관한 판단에서 수도가 서울인 점에 대한 관습헌법성이 확인된다면 헌법개정에 의하여 규율되어야 할 사항을 단순 법률의 형태로 규율하여 헌법개정에 필수적으로 요구되는 국민투표를 배제한 것이 되므로 국민들의 위 투표권이 침해될 수 있다. 그렇다면 이 사건 법률은 헌법개정에 있어서 청구인들이 갖는 참정권적 기본권인 국민투표권을 침해할 소지가 있으므로 그 권리침해의 개연성이 인정된다.

(2) 부정하는 결정례

① **행정중심복합도시특별법** - 헌재는 위 신 행정수도 특조법의 위헌결정의 후속대책으로 나온 '신행정수도 후속대책을 위한 연기·공주지역 행정중심복합도시 건설을 위한 특별법(2005.3.18. 법률 제7391호)에 의하여 연기·공주지역에 건설되는 행정중심복합도시가 수도로서의 지위를 획득하는 것이 아니고, 행정중심복합도시의 건설로 서울의 수도로서의 지위가 해체되는 것이 아니며 행정중심복합도시의 건설로 권력구조 및 국무총리의 지위가 변경되지 않아 서울이 수도라는 관습헌법개정의 문제는 발생하지 아니하며 그 결과 국민들에게는 헌법개정에 관여할 국민투표권 자체가 발생할 여지가 없으므로 헌법 제130조 제2항이 규정한 청구인들의 국민투표권의 침해가능성은 인정되지 않는다고 본다.

판례 헌재 2005.11.24. 2005헌마579등

[판시] 가. 기본권 침해의 개연성 - 이 사건 법률로 인하여 청구인들의 기본권이 침해될 개연성이 있는지 여부를 먼저 살펴본다. 나. 헌법 제130조 제2항 국민투표권 (1) 이 사건 법률이 대한민국의 수도는 서울이라는 관습헌법의 취지에 위반되지 않는 경우 이를 헌법개정의 시도로 볼 수는 없는 것이고 그렇다면 청구인들의 국민투표권이라는 기본권이 침해받을 가능성은 없게 된다. 그러므로 청구인들이 이 사건 법률에 의하여 헌법개정에 관한 국민투표권을 침해받을 가능성이 있는지 여부는 행정중심복합도시에 소재하는 중앙행정기관들의 기능과 제반사정을 고려할 때 당해도시가 수도에 해당하거나 혹은 서울 소재 국가기관의 분산으로 서울의 수도기능이 해체됨으로서 이 사건 법률이 수도가 서울이라는 관습헌법에 위반되는지 여부에 따라 결정될 것이다. (2) 행정중심복합도시가 수도로서의 지위를 획득하는지 여부 - 헌법재판소는 일반적으로 수도란 최소한 정치·행정의 중추적 기능을 수행하는 국가기관의 소재지를 뜻하고, 우리 헌법에 의하면 국회와 대통령 소재지가 어디인가 하는 것은 수도를 결정하는데 있어서 특히 결정적인 요소가 된다고 하였다(헌재 2004.10.21. 2004헌마554등). … 이상에서 살펴보는 바

와 같이 비록 이 사건 법률에 의하여 건설되는 행정중심복합도시에는 상당수의 중앙행정기관들이 소재하여 국가행정의 중요한 부분을 담당하기는 하나, 그렇다고 정치·행정의 중추적 기능을 실현하고 대외적으로 국가를 상징하는 곳으로 볼 수는 없으므로 위 도시가 수도로서의 지위를 획득하는 것으로 평가할 수는 없다. (3) 서울의 수도로서의 기능이 해체되는지 여부 … 이와 같이 서울은 이 사건 법률에 의한 행정중심복합도시의 건설에도 불구하고 계속하여 정치·행정의 중추기능과 국가의 상징기능을 수행하는 장소로 인정할 수 있으므로 이 사건 법률에 의하여 수도로서의 기능이 해체된다고 볼 수 없다. (4) 권력구조 및 국무총리의 지위 변경 여부 — 이 사건 법률에 의하여 대통령을 중심으로 국무총리와 국무위원 그리고 각부 장관 등으로 구성되는 행정부의 기본적인 구조에 어떠한 변화가 발생하지 않으며, 대통령은 여전히 주요정책에 대한 최종결정권자의 지위를 가지며 국무총리는 대통령의 보좌기관으로서의 역할을 수행한다. 따라서 국무총리의 권한과 위상은 기본적으로 지리적인 소재지와는 직접적으로 관련이 있다고 할 수 없고, 대통령제 정부형태를 다른 형태의 제도로 변경하는 것으로 볼 수는 없다. (5) 소 결 — 이와 같이 이 사건 법률에도 불구하고 행정중심복합도시가 수도로서의 지위를 획득하지 않고 서울의 수도로서의 기능 역시 해체되지 아니하므로 이 사건 법률은 수도가 서울이라는 관습헌법에 위반되지 않으며 그 개정을 시도하는 것으로 볼 수 없다. 또한 이 사건 법률에 의하여 헌법상의 대통령제 권력구조에 어떠한 변화가 있는 것도 아니며 국무총리의 소재지에 대한 관습헌법이 존재하는 것으로 볼 수도 없다. 따라서 이 사건 법률에 의하여 관습헌법개정의 문제는 발생하지 아니하며 그 결과 국민들에게는 헌법개정에 관여할 국민투표권 자체가 발생할 여지가 없으므로 헌법 제130조 제2항이 규정한 청구인들의 국민투표권의 침해가능성은 인정되지 않는다.

② **조약에 의한 헌법개정 국민투표권 침해가능성 부정** — 우리 헌재는 헌법적 효력을 가지는 조약을 인정할 수 없고 법률적 효력을 가지는 조약의 체결로 헌법개정절차에서 요구되는 국민투표권이 침해된 것은 아니라고 하여 기본권 침해가능성 요건을 부정하여 청구를 각하한 예가 아래 결정례이다. 사안은 '대한민국과 미합중국 간의 자유무역협정'(2012.3.12. 조약 제2081호, 이하 '한미무역협정')이 대한민국의 입법권의 범위, 사법권의 주체와 범위를 변경하고, 헌법상 경제조항(제119조 및 제123조)에 변경을 가져오는 등 실질적으로 헌법 개정에 해당함에도, 국민투표 절차를 거치지 않은 것은 대한민국 국민인 청구인의 국민투표권을 침해하고 평등권 등도 침해한다는 주장의 헌법소원심판사건이었다.

판례 헌재 2013.11.28. 2012헌마166

[판시] (가) 우리 헌법의 개정 절차에 의하면, 성문헌법의 개정은 헌법의 조문이나 문구를 수정, 삭제, 보완, 삽입하는 등의 명시적이고 직접적인 변경을 내용으로 하는 헌법개정안의 제출에 의하여야 하고, 하위규범인 법률의 형식으로, 일반적인 입법절차에 의하여 개정될 수는 없다. 따라서 성문헌법과 양립할 수 없는 내용의 법률이 제정되는 경우라고 하더라도, 그러한 법률은 위헌적인 법률로서 헌법이 정한 규범통제의 대상이 될 뿐 헌법을 개정하는 효력이 없다.(나) 우리 헌법 제6조 제1항은 "헌법에 의하여 체결·공포된 조약과 일반적으로 승인된 국제법규는 국내법과 같은 효력을 가진다."고 규정하고, 헌법 부칙 제5조는 "이 헌법 시행 당시의 법령과 조약은 이 헌법에 위배되지 않는 한 그 효력을 지속한다."고 규정하는바, 우리 헌법은 조약에 대한 헌법의 우위를 전제하고 있으며, 헌법과 동일한 효력을 가지는 이른바 헌법적 조약을 인정하지 아니한다고 볼 것이다. 한미무역협정의 경우, 헌법 제60조 제1항에 의하여 국회의 동의를 필요로 하는 우호통상항해조약의 하나로서 법률적 효력이 인정되므로, 규범통제의 대상이 됨은 별론으로 하고, 그에 의하여 성문헌법이 개정될 수는 없다. 이같이 한미무역협정이 성

문헌법을 개정하는 효력이 없는 이상, 한미무역협정의 체결로 헌법 개정 절차에서의 국민투표권이 행사될 수 있을 정도로 헌법이 개정된 것이라고 할 수 없으므로 그 침해의 가능성은 인정되지 않는다.

2. 정책 국민투표(제72조)

헌재는 헌법 제72조의 국민투표는 대통령에게 부의 여부를 임의적 독점적으로 정할 권한을 부여한 것이므로 대통령이 이 국민투표를 부의하지 않는 한 국민투표권이란 기본권의 침해 가능성이 없다고 보았다. 이는 대통령 탄핵심판에서 개진된 것으로서 이후 아래와 같은 결정례들이 있다.

① **행정중심복합도시특별법** – 헌재는 위에서도 본 신행정수도 특별조치법에 대한 위헌결정 이후 후속대책으로 나온 '연기·공주지역 행정중심복합도시 건설을 위한 특별법'(2005.3.18. 법률 제7391호, 이하 '이 사건 법률'. 2005.7.21. 법률 제7604호로 일부 개정되었으나 2006.1.22. 시행)에 대하여 다음과 같은 주장, 즉 이 행정중심복합도시의 건설은 수도를 분할하는 문제로 국가안위와 국민 생활의 전 영역에 걸쳐 직·간접으로 영향을 미치는 중요한 것으로서 헌법 제72조의 '국가안위에 관한 중요정책'에 해당함이 분명하므로 대통령은 국민투표에 부의하여야 함에도 불구하고 이를 거치지 않았으므로 이 사건 법률로 헌법 제72조의 국민투표권을 침해하였다는 주장에 대해 위와 같은 탄핵심판결정(헌재 2004.5.14. 2004헌나1)에서의 임의성 법리를 그대로 다시 인정하면서 부정하였다. 대통령이 이를 국민투표에 부의하지 않는 한 국민의 국민투표권 침해 가능성이 없다고 보는 것이다.

판례 헌재 2005.11.24. 2005헌마579등, 신행정수도 후속대책을 위한 연기·공주지역 행정중심복합도시 건설을 위한 특별법 위헌확인

[청구인주장] 이 사건 법률에 의하여 수도를 분할하는 문제는 위헌결정을 한 신행정수도법의 수도이전과 마찬가지로 다른 어떤 것과도 비교할 수 없을 정도의 국가안위와 국민 생활의 전 영역에 걸쳐 직·간접으로 영향을 미치는 중요한 것으로서 헌법 제72조의 '국가안위에 관한 중요정책'에 해당함이 분명하므로 대통령은 국민투표에 부의하여야 함에도 불구하고 이를 거치지 않았으므로 이 사건 법률로 말미암아 국민은 국민투표권이 침해되었다. [판시] 헌법 제72조는 "대통령은 필요하다고 인정할 때에는 외교·국방·통일 기타 국가안위에 관한 중요정책을 국민투표에 붙일 수 있다."고 규정하여 국민투표에 부쳐질 중요정책인지 여부를 대통령이 재량에 의하여 결정하도록 명문으로 규정하고 있다. 특히 우리 헌법은 국민에 의하여 직접 선출된 국민의 대표자가 국민을 대신하여 국가의사를 결정하는 대의민주주의를 기본으로 하고 있어, 중요 정책에 관한 사항이라 하더라도 반드시 국민의 직접적인 의사를 확인하여 결정해야 한다고 보는 것은 전체적인 헌법체계와 조화를 이룰 수 없다. 헌법재판소 역시 헌법 제72조가 대통령에게 국민투표의 실시 여부, 시기, 구체적 부의사항, 설문내용 등을 결정할 수 있는 임의적인 국민투표발의권을 독점적으로 부여하였다고 하여 이를 확인하고 있다(헌재 2004.5.14. 2004헌나1, 판례집 16-1, 609, 649). 따라서 특정의 국가정책에 대하여 다수의 국민들이 국민투표를 원하고 있음에도 불구하고 대통령이 이러한 희망과는 달리 국민투표에 회부하지 아니한다고 하여도 이를 헌법에 위반된다고 할 수 없고, 국민에게 특정의 국가정책에 관하여 국민투표에 회부할 것을 요구할 권리가 인정된다고 할 수도 없다. 이 사건 법률이 신행정수도법 위헌결정의 후속법률로서 그 대체입법성 여부를

놓고 적지않게 논란이 빚어지고 있는 만큼 대통령이 전체 국민의 의사를 물음으로써 이를 종식시키는 것이 국론통합의 측면에서 보다 바람직스럽지 않느냐 하는 것은 이와는 별개의 문제이다. 결국 헌법 제72조의 국민투표권은 대통령이 어떠한 정책을 국민투표에 부의한 경우에 비로소 행사가 가능한 기본권이라 할 수 있다. (2) 따라서 이 사건 법률이 설사 수도를 분할하는 국가정책을 집행하는 내용을 가지고 있고 대통령이 이를 추진하고 집행하기 이전에 그에 관한 국민투표를 실시하지 아니하였다고 하더라도 국민투표권이 행사될 수 있는 계기인 대통령의 중요정책 국민투표 부의가 행해지지 않은 이상 청구인들의 국민투표권이 행사될 수 있을 정도로 구체화되었다고 할 수 없으므로 그 침해의 가능성은 인정되지 않는다.

② **조약에 의한 주요정책 국민투표권**(제72조) **침해가능성 부정** - 헌재는 '대한민국과 미합중국 간의 자유무역협정'(2012.3.12. 조약 제2081호, 이하 '한미무역협정') 사건에서 헌법 제72조 국민투표권 침해 여부에 대한 판단도 있었는데 헌재는 마찬가지 법리를 제시하고 적용하여 기본권 침해가능성 요건을 갖추지 못하였다고 하여 각하한 아래의 결정례가 있었다.

판례 헌재 2013.11.28. 2012헌마166

[판시] (가) 우리 헌법은 국민에 의하여 직접 선출된 국민의 대표자가 국민을 대신하여 국가의사를 결정하는 대의민주주의를 기본으로 하고 있어, 중요 정책에 관한 사항이라 하더라도 반드시 국민의 직접적인 의사를 확인하여 결정해야 한다고 보는 것은 전체적인 헌법체계와 조화를 이룰 수 없다. 헌법 제72조는 대통령에게 국민투표의 실시 여부, 시기, 구체적 부의사항, 설문내용 등을 결정할 수 있는 임의적인 국민투표발의권을 독점적으로 부여한 것이다(헌재 2004.5.14. 2004헌나1, 판례집 16-1, 609, 649 참조). 따라서 결국 헌법 제72조의 국민투표권은 대통령이 어떠한 정책을 국민투표에 부의한 경우에 비로소 행사가 가능한 기본권이라 할 수 있다(헌재 2005.11.24. 2005헌마579등, 판례집 17-2, 481, 519 참조). (나)대통령이 한미무역협정을 체결하기 이전에 그에 관한 국민투표를 실시하지 아니하였다고 하더라도 국민투표권이 행사될 수 있는 계기인 대통령의 중요정책 국민투표 부의가 행해지지 않은 이상 청구인의 국민투표권이 행사될 수 있을 정도로 구체화되었다고 할 수 없으므로 그 침해의 가능성은 인정되지 않는다.

Ⅶ. 사인(私人)들 간 계약에 관한 규칙, 시행령

① **규칙** - 그 규칙에 의해 법적 효과가 부과되는 것이 아니어서 기본권침해의 가능성이 없다는 것이 헌재의 판례이다.

판례 헌재 2006.12.28. 2004헌마38

[결정요지] '공공용지의 취득 및 손실보상에 관한 특례법'(폐지되었고 현재는 '공익사업을 위한 토지 등의 취득 및 보상에 관한 법률')상 협의취득의 법적 성질에 관하여 보건대, 헌법재판소와 대법원은 공히 공특법에 의한 협의취득은 공공사업에 필요한 토지 등을 공용수용의 절차에 의하지 아니하고 협의에 의하여 사업시행자가 취득하는 것으로서, 그 법적 성질은 사법상의 매매계약과 다를 것이 없다고 판시한 바 있다(헌재 1992.11.12. 90헌마160; 대법원 1994.12.13. 선고 94다25209 판결 등). 나아가 대법원은 당사자 간의 합의로 공특법 소정의 손실보상의 요건을 완화하는 약정을 할 수 있고, 그와 같은 당사

자 간의 합의로 공특법 소정의 손실보상의 기준에 의하지 아니한 매매대금을 정할 수 있다고 판시하였다(대법원 1996.4.26. 선고 96다3319 판결; 대법원 1997.4.22. 선고 95다48056, 48063 판결). 살피건대, 공특법에 의한 토지 등의 협의취득은 토지 등의 소유자와 사업시행자 사이의 합의에 의하여 성립하므로 토지 등의 소유자가 사업시행자의 청약에 승낙하지 아니한다면 협의취득은 성립되지 아니한다. 이 사건 규칙조항에서 규정한 이주정착금액은 사업시행자가 토지 등의 소유자에게 제시할 청약의 기준을 정한 것일 뿐이어서, 토지 등의 소유자가 그 액수에 동의하는 경우에만 계약내용으로 편입되어 토지 등의 소유자를 구속한다. 결국, 토지 등의 소유자가 지급받게 되는 이주정착금액은 이 사건 규칙조항이 정하는 바에 따라 정해지는 것이 아니라 사업시행자와의 계약에 따라 정해진다. 그렇다면, 이 사건 규칙조항 자체가 토지 등의 소유자들에게 자유의 제한, 의무의 부과, 권리 또는 법적 지위의 박탈이라는 법적 효과를 부여하는 것은 아니라 할 것이어서 이 사건 규칙조항이 청구인들의 법적 지위에 아무런 영향을 미치지 아니하는 경우에 해당되어 애당초 기본권 침해의 가능성이나 위험성이 없으므로, 이 사건 규칙조항을 대상으로 헌법소원을 청구하는 것은 부적법하다.

* **판례분석** – 위에서 '자유의 제한, 의무의 부과, 권리 또는 법적 지위의 박탈이라는 법적 효과'라고 한 것은 아래에서 보는 법령소원에서 기본권침해의 직접성요건인데 혼동을 가져온다. 사실 법적 지위에 영향을 주는 작용인지는 위 대상성에서 공권력성의 판단기준이라서 역시 혼동이 온다. 정리가 되었어야 했던 판시이다.

② **시행령** – 계약체결이나 그 내용결정의 자유를 제한하는 것은 아니므로, 이 사건 시행령조항으로 인하여 청구인 회사들의 헌법상 기본권이 침해될 가능성은 없다는 아래의 헌재결정례가 있다.

판례 헌재 2008.11.27. 2006헌마1244

[판시사항] 잡종재산인 불요존국유림을 대부 받아 스키장으로 개발하여 사용·수익할 경우에 납부할 대부료를 최근에 공시한 당해 토지에 대한 개별공시지가를 적용하여 산출하도록 규정하고 있는 '국유림의 경영 및 관리에 관한 법률 시행령'제21조 제2항 후단이 대부료 납부의무자인 스키장업체의 기본권을 침해할 가능성이 있는지 여부(소극) [결정요지] 잡종재산인 불요존국유림에 대한 대부계약은 국가(행정기관)가 공권력의 주체로서 처분행위를 하는 행정처분이 아니라 사경제적 주체로서 사적 자치와 계약 자유의 원리에 따라 행하는 사법상의 법률행위로서 청구인 회사들은 그들의 자유로운 의사결정에 따라 이를 체결하거나 그 계약기간을 갱신하고, 이 사건 시행령조항은 대부계약에 있어 한쪽 당사자인 국가의 계약내용(대부료) 결정의 재량을 제한하는 것일 뿐이지, 상대방인 청구인 회사들의 계약체결이나 그 내용결정의 자유를 제한하는 것은 아니므로, 이 사건 시행령조항으로 인하여 청구인 회사들의 헌법상 기본권이 침해될 가능성은 없다.

Ⅷ. 기본권침해 주장의 정도

1. 주장의 요구

청구인이 막연히 기본권이 침해되었다고 주장하여서는 곤란하고 기본권침해가 있었거나 있음이 인식될 정도는 청구서에 담겨져야 한다.

2. 주장요구의 정도와 직권심사

청구인이 어느 정도 기본권침해에 대한 내용을 제시하여야 하는지 하는 문제가 있다. 헌재는 "청구인은 자신의 기본권에 대한 공권력 주체의 제한행위가 위헌적인 것임을 어느 정도 구체적으로 주장하여야 한다. 그러므로 청구인이 기본권 침해의 가능성을 확인할 수 있을 정도의 구체적 주장을 하지 않고, 막연한 주장만을 하는 경우에는 그 헌법소원심판청구는 부적법한 것이 될 것"이라고(헌재 2019.6.28. 2017헌마1309; 2011.11.24. 2008헌마578등; 2005.2.3. 2003헌마544 등) 한다.

그러나 그 정도를 다음의 이유로 너무 엄격하게 또는 강하게 요구하여서는 안 된다. ⅰ) 침해사실의 직접적인 자세한 구체성을 요구하면 결국 본안판단과 구별이 안 된다. 그 강한 요구로 오히려 본안판단으로 가는 길이 차단되게 하여서는 아니 된다. 헌법소원은 개인의 주관적 권리구제만이 아니라 객관적 헌법질서유지기능도 가지기 때문이다. ⅱ) 한편 헌재는 직권심리를 하므로 당사자가 침해에 대해 충분히 소명하지 못하더라도 사안의 모든 사실을 직권으로 살펴보아 침해상의 인식이 가능하면 각하할 것이 아니라 침해가능성을 인정하여야 할 것이다.

판례 헌재 1993.5.13. 91헌마190

[판시] 헌법재판소법 제25조, 제26조, 제30조, 제31조, 제32조, 제37조, 제68조, 제71조 등에 의하면 헌법소원심판제도는 변호사 강제주의, 서면심리주의, 직권심리주의, 국가비용부담 등의 소송구조로 되어 있어서 민사재판과 같이 대립적 당사자간의 변론주의 구조에 의하여 당사자의 청구취지 및 주장과 답변만을 판단하면 되는 것이 아니고, 청구인의 침해된 권리와 침해의 원인이 되는 공권력의 행사 또는 불행사에 대하여 직권으로 조사 판단하는 것을 원칙으로 하고 있다. 따라서 헌법재판소는 청구인의 심판청구서에 기재된 피청구인이나 청구취지에 구애됨이 없이 청구인의 주장요지를 종합적으로 판단하여야 하며 청구인이 주장하는 침해된 기본권과 침해의 원인이 되는 공권력을 직권으로 조사하여 피청구인과 심판대상을 확정하여 판단하여야 하는 것이다.

요컨대 청구인이 침해되는 기본권을 완전히 특정하지 않고 청구하였더라도 헌재가 청구인이 어느 기본권인가의 침해를 주장하고 있다는 것을 인식할 정도라면 이 기본권침해가능성 요건은 성립된 것이라고 보아야 한다. 아래 헌재의 판시도 그런 취지가 담겨져 있다. 그 다음 단계로 사안에서 실제 문제된 기본권이 무엇이고 그 기본권이 헌법이 불허하는 제한인지 여부 등은 본안판단의 문제이다.

판례 헌재 1997.1.16. 90헌마110 등

[판시] 피청구인 1은 청구인 ○○○의 이 사건 심판청구는 침해된 기본권이 특정되어 있지 않아 부적법하다고 주장한다. 그러나 헌법재판소법 제71조 제1항 제2호에 헌법소원의 심판청구서에는 침해된 권리를 기재할 것을 요구하고 있지만, 그 기재는 헌법재판소법 제68조 제1항에 비추어 헌법재판소로 하여금 헌법상 보장된 기본권의 침해가 있다는 주장인 것으로 인식할 수 있는 정도의 표시로 족하고, 헌법재판소의 심판에 있어서는 반드시 그 표시된 권리에 구애되는 것이 아니라 청구인이 주장하는 침해된 기본

권과 침해의 원인이 되는 공권력의 행사를 직권으로 조사하여 판단할 수 있는 것이다(헌법재판소 1993.5.13. 선고, 91헌마190 결정 참조).

3. 판례검토

헌재가 기본권침해성 여부에 대해 직권으로 판단해들어간 아주 전형적인 판례를 아래에 살펴본다. 사안은 신설되는 통합치의학과 전문과목의 수련경력 인정 기준을 고시로 위임하고 있는 '치과의사전문의의 수련 및 자격 인정 등에 관한 규정 시행규칙'(2016.12.5. 보건복지부령 제451호로 개정된 것) 제2조(이하 '수련경력위임조항')에 대한 심판청구였다.

판례 헌재 2019.6.28. 2017헌마1309

[판시] 헌법재판소법 제68조 제1항의 '헌법상 보장된 기본권을 침해받은 자'는 '헌법상 보장된 기본권을 침해받았다고 주장하는 자'로 해석하여야 하고, 청구인은 자신의 기본권에 대한 공권력 주체의 제한행위가 위헌적인 것임을 어느 정도 구체적으로 주장하여야 한다. 그러므로 청구인이 기본권 침해의 가능성을 확인할 수 있을 정도의 구체적 주장을 하지 않고, 막연한 주장만을 하는 경우에는 그 헌법소원심판청구는 부적법한 것이 될 것이다(헌재 2005.2.3. 2003헌마544 참조). 청구인들은 수련경력위임조항이 포괄위임금지원칙에 위반된다고 주장하고 있을 뿐 위 조항으로 인하여 어떠한 기본권이 제한되고 있는지에 대해 주장하고 있지 아니하다. 직권으로 살펴보더라도, 수련경력위임조항은 의료법 제77조, 치과전문의규정 제4조 제3항 전단의 위임에 따라 신설 전문과목의 수련경력 인정 기준을 다시 통합치의학과 고시로 위임하고 있는 조항에 불과하므로, 위 조항 자체로 인하여 청구인들의 기본권이 직접 침해된다고 할 수 없다. 따라서 수련경력위임조항에 대한 심판청구는 기본권 침해의 가능성을 확인할 수 있을 정도의 구체적 주장이 결여되어 있을 뿐만 아니라 직권으로 살펴보아도 기본권 침해의 직접성이 인정되지 아니하여 부적법하다.

* 검토 – 그러나 위 결정은 "청구인들은 수련경력위임조항이 포괄위임금지원칙에 위반된다고 주장하고 있을 뿐 위 조항으로 인하여 어떠한 기본권이 제한되고 있는지에 대해 주장하고 있지 아니하다"라고 판시하나 청구인주장은 이 위임조항에 따라 위임되어 제정된 고시의 수련경력 인정 기준으로 청구인의 평등권 등이 침해되었다는 주장이고 이는 결국 위임으로 발생한 것이라는 주장으로 이해될 수 있으므로 위 판시는 수긍하기 어렵다. 또한 "직권으로 살펴보더라도,"라고 한 부분은 이하에서 침해가능성에 대해 직권판단한 바를 판시할 줄 기대하고(즉 위 (2)에서 언급한 직권심리를 하여 이를 밝히는 줄 기대하고) 읽어가려는데 그것이 아니라 "위 조항 자체로 인하여 청구인들의 기본권이 직접 침해된다고 할 수 없다", "기본권 침해의 직접성이 인정되지 아니하여"라고 하여 또 다른 청구요건의 하나인 직접성요건에 대한 판시였다.

- 직권으로 살펴보아도 부적법하다고 본 예

판례 헌재 2005.2.3. 2003헌마544.

Ⅸ. 기본권 침해의 개연성

헌재는 '기본권 침해의 개연성'이라는 표현을 쓰기도 하였다. 그 예로 '신행정수도건설을 위한 특별조치법'(2004.1.16. 법률 제7062호)에 대한 헌법소원심판사건을 들 수 있다. 개연성을 인정하고 다른 적법요건도 모두 충족하였다고 보아 본안판단한 결과 위헌결정을 하였다.

판례 헌재 2004.10.21. 2004헌마554등

[판시] 이 사건 법률은 수도의 이전을 확정하고 그 이전의 절차를 정하는 내용을 가진 법률이다. 그런데 우리나라의 수도가 서울인 점이 명문의 헌법조항에서 밝혀진 것은 아니라 하더라도 우리 헌법의 해석상 그것이 국가생활의 오랜 전통에 의하여 확립된 기본적 헌법사항으로서 불문의 관습헌법에 속하는 것임이 확인된다면, 수도의 이전을 내용으로 하는 이 사건 법률은 우리 헌법의 내용을 헌법개정의 절차를 거치지 아니한 채 하위 법률의 형식으로 변경하여버린 것이 된다. 비록 헌법전에 명문이 없는 경우라고 하더라도 그것이 관습헌법사항이라면 이는 의연히 헌법의 일부이므로 헌법개정의 절차에 의하여만 변경될 수 있는 것이다. 그런데 헌법 제130조는 헌법의 개정을 위해서는 국회 재적의원 과반수 또는 대통령에 의하여 발의되고, 재적의원 3분의 2 이상의 찬성으로 국회의 의결을 거친 후 반드시 국민투표에 붙여 국회의원 선거권자 과반수의 투표와 투표자 과반수의 찬성을 얻어야 하도록 되어 있다. 따라서 이 사건 법률은 본안에 관한 판단에서 수도가 서울인 점에 대한 관습헌법성이 확인된다면 헌법개정에 의하여 규율되어야 할 사항을 단순 법률의 형태로 규율하여 헌법개정에 필수적으로 요구되는 국민투표를 배제한 것이 되므로 국민들의 위 투표권이 침해될 수 있다. 그렇다면 이 사건 법률은 헌법개정에 있어서 청구인들이 갖는 참정권적 기본권인 국민투표권을 침해할 소지가 있으므로 그 권리침해의 개연성이 인정된다.

반면 위 위헌결정으로 인해 이후에 나온 '신행정수도 후속대책을 위한 연기·공주지역 행정중심복합도시 건설을 위한 특별법'에 대한 헌법소원심판에서 개연성이라는 용어로 시작한 뒤 소결에서 '이상에서 살펴본 바와 같이 이 사건 법률은 청구인들의 국민투표권, 청문권, 평등권, 재산권 등 기본권을 침해할 가능성이 없으므로"라고 하여 '가능성'이란 용어를 사용하고 있다.

판례 헌재 2005.11.24. 2005헌마579등

[판시] 3. 적법요건에 관한 판단 가. 기본권 침해의 개연성 – 이 사건 법률로 인하여 청구인들의 기본권이 침해될 개연성이 있는지 여부를 먼저 살펴본다. 나. 헌법 제130조 제2항 국민투표권 (1) 청구인들의 주장과 국민투표권 … (5) 소결 이와 같이 이 사건 법률에도 불구하고 행정중심복합도시가 수도로서의 지위를 획득하지 않고 서울의 수도로서의 기능 역시 해체되지 아니하므로 이 사건 법률은 수도가 서울이라는 관습헌법에 위반되지 않으며 그 개정을 시도하는 것으로 볼 수 없다. 또한 이 사건 법률에 의하여 헌법상의 대통령제 권력구조에 어떠한 변화가 있는 것도 아니며 국무총리의 소재지에 대한 관습헌법이 존재하는 것으로 볼 수도 없다. 따라서 이 사건 법률에 의하여 관습헌법개정의 문제는 발생하지 아니하며 그 결과 국민들에게는 헌법개정에 관여할 국민투표권 자체가 발생할 여지가 없으므로 헌법 제130조 제2항이 규정한 청구인들의 국민투표권의 침해가능성은 인정되지 않는다. 다. 헌법 제72조 국민투표권 – 대통령의 중요정책 국민투표 부의가 행해지지 않은 이상 청구인들의 국민투표권이 행사될 수 있을 정도로 구체화되었다고 할 수 없으므로 그 침해의 가능성은 인정되지 않는다. 라. 청문권

– 기본권으로서의 청문권이 침해될 가능성은 인정되지 않는다. 마. 평등권 – 청구인들의 평등권 침해의 가능성 역시 인정되는 것으로 볼 수 없다. 바. 청구인들의 기타 기본권 침해 주장에 대한 판단 … 사. 소결 – 이상에서 살펴본 바와 같이 이 사건 법률은 청구인들의 국민투표권, 청문권, 평등권, 재산권 등 기본권을 침해할 가능성이 없으므로 이 사건 심판청구는 부적법하다.

제4항 기본권침해의 관련성 요건 - 자기관련성, 직접성, 현재성

[기본권침해관련성 3요건]
▷ 기본권침해의 ① 자기관련성, ② 직접성, ③ 현재성

청구인적격요건으로 관련성요건이 있다. 즉 기본권의 침해성이 인정되면 그 침해가 기본권을 침해받은 사람(청구인)에게 다음과 같은 관련성을 가질 것을 또 적격요건으로 한다. 우리 헌재는 관련성요건으로, 침해되는 기본권은 원칙적으로 청구인 자신의 것으로서 직접 그리고 현재 기본권이 침해당한 경우라야 청구인이 될 수 있다고 하여 그 관련성의 적격요건을 세분하여 기본권침해의 ① 자기관련성, ② 직접성, ③ 현재성으로 설정하고 헌법소원심판에서 이 요건을 갖추고 있는지에 대한 판단을 하고 있다. 이하에서 이 3가지 요건을 각각 살펴본다.

Ⅰ. 기본권침해의 자기관련성

1. 개념과 개념의 핵심지표

[개념] 헌법소원심판에서의 기본권침해의 자기관련성(自己關聯性)이란 공권력의 행사·불행사로 발생한 기본권침해는 헌법소원심판을 청구한 사람 자신에게 관련되는 침해여야 한다는 것을 의미한다.

[자기관련성 개념의 핵심지표] 자기관련성의 개념에 있어서 핵심적인 요소는 '자기'의 것으로 침해된다는('자기성', '자기귀속성'이라고 부를 수 있다) 점이다. 그 기본권침해가 향해져 귀속되는 곳(대상, 귀속처)이 바로 청구인 자기 자신이라는 점이 핵심이다. 이 핵심지표에 비추어 인정기준이 설정되고 또 다른 청구요건과의 구분을 할 수 있다.

2. 자기관련성인정의 기준

(1) 공권력행사·불행사의 직접적 상대방

무엇보다도 먼저 자기관련성의 인정기준 등이 문제된다. 기본권침해의 자기관련성은 공권력작용이나 부작위로 기본권을 침해받았거나 받고 있다고 주장하여 헌법소원심판을 청구하는 사람 자신에게 미치는 침해로서 관련되는 것이어야 하므로 침해가 가해진 청구인, 즉 그 공권력작용, 부작위의 상대방에게 있음이 원칙이다.

[주요판시사항] 자기관련성 판단기준 - 해당자
▷ 원칙 : 공권력행사·불행사의 직접적 상대방만이 자기관련성 가짐
제3자의 자기관련성의 원칙적인 부인

판례 헌재 2014.3.27. 2012헌마404

[사안] 사립대학을 경영하는 학교법인으로 하여금 학교법인이 부담하여야 하는 사립학교교직원 연금의 법인부담금의 부족액을 학교가 부담하는 경우에 교육과학기술부장관의 승인을 받도록 규정한 구 사립학교교직원 연금법(2012.1.26. 법률 제11215호로 개정되고, 2013.3.23. 법률 제11690호로 개정되기 전의 것) 제47조 제2항 전문과 학교법인으로 하여금 회계를 학교회계와 법인회계로 구분하고 학교회계인 교비회계 수입을 다른 회계에 전출·대여할 수 없도록 규정한 사립학교법(1981.2.28. 법률 제3373호로 개정된 것) 제29조 제1항 및 사립학교법(2007.7.27. 법률 제8545호로 개정된 것) 제29조 제6항에 대하여 사립대학 학교법인 외에 학교법인 이사장 또는 대표권 있는 이사도 자신들의 일반적 행동자유를 침해당한다면서 헌법소원을 청구한 사건에서 위 이사장, 이사에 대한 자기관련성이 인정되는지 여부가 판단된 사안임(부정). [관련판시] 헌법소원에 있어서는 원칙적으로 공권력의 행사 또는 불행사의 직접적인 상대방만이 자기관련성이 인정되고, 공권력 작용에 단지 간접적이나 사실적 또는 경제적인 이해관계가 있을 뿐인 제3자의 경우에는 자기관련성이 인정되지 않는다. … 청구인 학교법인들은 사립학교 운영의 법적 주체로서 이 사건 연금법 조항 및 사립학교법 조항의 직접적인 수범자에 해당하여 기본권침해의 자기관련성이 인정되지만, 청구인 대표자들은 이 사건 연금법 조항 및 사립학교법 조항에 의한 규율과 관련하여 학교법인 대표자의 지위에서 간접적·사실적 이해관계를 가질 뿐이므로 기본권침해의 자기관련성이 인정되지 않는다. * 동지 : 헌재 1993.7.29. 89헌마123; 1990.12.26. 90헌마20; 1993.3.11. 91헌마233 결정 등.

(2) 직접적·법적 이해관계인: 판례

1) 간접적·사실적·경제적 이해관계인의 자기관련성 부인

(가) 판례입장

어느 공권력작용이나 부작위에 직접적·법적 이해관계를 가지는 사람이어야 기본권침해의 자기관련성이 인정되고 간접적·사실적이며 경제적인 이해관계만 있는 자에게는 자기관련성이 없다는 것이 헌법재판소의 판례이다.

판례 헌재 1993.7.29. 89헌마123

[관련판시] 이 사건 과세처분의 상대방은 청구인 N학원(학교법인)이고, 위 과세처분으로 말미암아 위 학

교에 재학 중인 학생들인 위 청구인들은 단지 간접적이고 사실적이며 경제적인 이해관계가 있는 자들일 뿐, 법적인 이해관계인이 아니라고 할 것이므로 그들에게는 동 처분에 관하여 자기관련성이 인정되지 않는다고 할 것이므로 청구인적격을 갖추고 있지 않다.

(나) 몇 가지 결정례

① 신문구독자가 제기한 헌법소원의 경우

판례 헌재 1997.10.30. 95헌마124

[쟁점] 특수주간신문에 대해서는 정치보도를 금하고 있는 현행 정기간행물의 등록 등에 관한 법률(이하 '정간법'이라 함) 제2조 제6호에 대해 그 특수주간신문의 독자가 그 위헌확인을 구하는 헌법소원심판을 청구할 자기관련성이 있는지 여부(부인, 각하결정) [관련판시] 제3자로서 공권력의 작용에 대하여 단순히 간접적·사실적 또는 경제적인 이해관계가 있을 뿐인 자는 자기관련성이 인정되지 않는다. 정간법 제2조 제6호는 특수주간신문의 표현내용을 제한하는 규정으로서 특수주간신문을 발행하는 자를 그 직접적인 규제대상으로 하고 있을 뿐이므로, 신문의 독자가 정간법 제2조 제6호의 직접적 상대방이 될 수 없음은 명백하다. 나아가 살펴보면 신문의 독자는 신문의 표현내용을 결정하는 지위에 있지 아니하고 다만 신문에 게재된 정보를 수동적으로 습득하는 지위에 있을 뿐이다. 그러므로 신문의 독자들이 정간법 제2조 제6호에 인하여 정치에 관한 정보를 한산신문에서 얻을 수 없다는 불이익을 당한다고 할지라도 이는 간접적·사실적 이해관계에 불과할 뿐, 직접적·법률적 이해관계라고 인정하기는 어렵다. 결국, 이 부분 심판청구는 자기관련성이 없어 부적법하다.

② 금융감독위원회직제 위헌확인소원의 경우

판례 헌재 2002.4.25. 2001헌마285

[사건개요와 쟁점] 2001.2.14. 대통령령 제17130호로 개정된 금융감독위원회직제(이하 '금감위직제'라 함)에 의하여 금융감독위원회의 직속 하부기관으로 감독정책 1국 및 감독정책 2국이 신설되고, 이들 하부기관이 금융기관에 대한 감독업무를 수행하게 되었는데 금융감독원 노동조합과 직원들은 이로써 금융감독원은 금융감독업무의 일부 또는 핵심부분을 상실하게 되었고, 이에 따라 자신들의 직업의 자유가 침해당하였다고 주장하면서 위 직제의 위헌확인을 구하는 헌법소원을 청구하였다. 위 직제는 금융감독위원회의 조직과 정원에 관하여 필요한 사항을 규정한 것인데 이러한 직제를 대상으로 금융감독원의 노동조합과 직원들이 그 위헌확인을 구하는 이러한 헌법소원심판에서 자기관련성이 인정되는지 여부가 쟁점이 되었다(자기관련성 부정, 각하결정). [결정요지] 금융감독기구의 설치 등에 관한 법률(이하 '금감법'이라 함)의 여러 규정들과 관련 법령에 의할 때 금감위는 금융감독업무에 관한 최고책임기구이고, 금융감독업무는 본래 포괄적으로 금감위의 업무이며, 금융감독업무를 독립적으로 수행하는 것은 금감위이고, 금감원은 금감위의 지시·감독을 받아 금감위를 보좌하는 기관이다. 이와 같이 금융감독업무는 금감위의 본래적 업무로서, 금감위는 금감법 제17조, 제18조와 다른 법령에 의하여 부여된 감독업무를 직접 수행할 수 있어서 그 업무의 수행을 위하여 금감위에 보조기구를 두는 것이 필요할 수 있으며, 금감위직제에서 감독정책 1 국 및 감독정책 2 국을 두어 금융기관에 대한 제반 감독업무를 수행하게 한 것은 금감법 기타 법령에서 부여한 금감위 본래의 업무를 수행케 하고자 하는 데 그 뜻이 있고 금감위직제로 인하여 금감원의 권한이 박탈되거나 축소되는 등의 법적인 영향이 있다고 보기 어렵다. 설사 금감위직제로 금감원의 권한이 축소되더라도 그 범위 내에서 금감원의 직원들은 여전히 직업을 보유하고 직업활동을 수행할 수 있는 것이며, 다만 금감원의 기구가 축소되고 정원이 감축되어 금감원 직원들의 일부가 퇴직하지 않을 수 없는 상황이 예상될 수도 있으나, 이는 잠재적인 가능성에 불과하고 그러한 결과에 미칠 영향

은 간접적·사실적인 것이다. 결론적으로 청구인들은 금감위직제로 인하여 그 법적 지위에 직접적인 영향을 받지 않는 제3자에 불과하다고 할 것이므로 금감위직제의 위헌여부를 다툴 청구인적격이 없다.

③ 방송제작자

판례 헌재 2007.11.29. 2004헌마290

[사안] 방송위원회가 2004.3.9. ○○방송의 ○○수첩 '친일파는 살아있다 2' 방송에 대하여 청구인 주식회사 ○○방송과 당시 ○○수첩 제작책임자인 청구인 △△△에게 한 '경고 및 관계자 경고'에 대하여 △△△의 헌법소원심판 청구에 대한 판단. [판시] 청구인 △△△은 이 사건 경고로 인하여 불공정한 언론인으로 취급되어 재직하는 회사에 불이익을 주는 사람으로 낙인찍히는 결과가 된다는 취지로 주장하나, 그러한 청구인의 불이익은 단지 간접적, 사실적인 것에 불과하다고 볼 것이며, 이를 청구인의 기본권을 직접 제한하는 법적 불이익에 해당한다고 보기는 어렵다. 그렇다면 청구인 △△△의 심판청구는 자기관련성이 인정될 수 없어 부적법하다. * 반면 청구인 주식회사 ○○방송의 청구는 적법하다고 보고 "방송의 자유를 침해한 것이므로 이를 취소한다"라는 결정이 내려졌다.

* 검토 – 위 사안에서 자기관련성 문제인지 하는 것은 별론으로 하고 판시를 두고 보면, 청구인 △△△에 대해서도 방송위원회의 '경고 및 관계자 경고'를 하는 심의결정이 있었으므로 단지 간접적, 사실적인 것에 불과하다고 볼 수 없다는 점에서 수긍하기 어렵다.

2) 판례의 문제점

(가) 판례의 초점상 문제점

자기관련성 요건에서 주된 초점은 '자기성'에 있다. 위 판례법리는 그 초점이 '자기성'보다 문제되는 이익의 법적·직접적 성격에 맞추어진 것으로 이해하게 하는 설시를 보여준다. 이익의 성격이 법적이어야 한다는 것은 자기관련성 문제 이전에 기본권침해성의 문제이다. 자기관련성은 그 기본권침해가능성이 '자기'의 것으로 미쳐야 한다는 것이 본지이다. 이 점은 아래에서 다른 적격요건들과의 구별 문제를 살피면서 뚜렷해지고 또 구별 문제를 살핌에 있어서 기준점이 되어야 한다.

(나) 직접성요건과의 구별 문제

헌재가 자기관련성요건을 설시하면서 "공권력의 행사 또는 불행사의 직접적인 상대방만이 자기관련성이 인정되고, 공권력 작용에 단지 간접적이나 사실적 또는 경제적인 이해관계가 있을 뿐인 제3자의 경우에는 자기관련성이 인정되지 않는다"라고 하여(대표적으로 위에서도 인용한 헌재 2014.3.27. 2012헌마404) 직접적, 간접적이란 말을 사용함으로써 다음에 살펴볼 기본권침해의 관련성 3요건 중에 또 다른 요건인 '직접성' 요건과 혼동이 올 수 있는바 직접성 요건과는 어떻게 구별되는 것인지가 문제된다.

헌재의 위와 같이 용어선택이 선명치 않아 혼동을 주는 결정들이 적지 않다. 헌재가 자기관련성에서 위 설시에서와 같이 '직접적'이라는 말을 사용하는 의미는 그 효과내용이 공권력행사·불행사 상대방 자신에 미치는 것이 중요함을 강조하기 위한 것이어야 한다. 그런데 공권력

행사·불행사 상대방이 아닌 제3자가 자기관련성이 없는 것이 원칙이라는 설시를 하면서 '단지 간접적이나 사실적'이란 말을 사용하여 더욱 혼란케 한다. 제3자에 미치는 효과가 '단지 간접적이나 사실적'이라면 기본권침해가능성부터 없는 것이다. 공권력행사·불행사 상대방이 아닌 제3자는 이해관계가 있더라도 원칙적으로는 '단지 간접적이나 사실적'인 것이 될 것이다. 그냥 제3자는 원칙적으로 자기관련성을 가지지 않는다고 하는 것이 적확하고 오해를 없애는 설시이다. 이는 아래 기본권침해가능성과의 구별 문제를 보면 뚜렷해질 것이다. 여하튼 위와 같은 의미에 비해서 직접성요건에서 말하는 '직접성'이란 기본권침해의 방식, 경로가 직접적이라는 의미, 즉 기본권침해의 효과는 법적으로 있는데 그 침해가 간접적이거나 우회적인 방법이나 경로로 이루지는 것이 아니라 바로 직접 가해지는 것이어야 함을 의미한다. 자기관련성에서는 결국 초점은 '자기'의 것으로 관련되어야 — '직접'이란 말이 그것을 표현하고자 쓴 것이라 하더라도 — 한다는 점이다.

(다) 기본권침해가능성 요건과의 구별 문제

가) 혼동의 결정례들

앞서 본 기본권침해가능성 요건과 자기관련성 요건과의 구별 문제도 제기된다. 이는 관련성요건 이전에 기본권침해가능성(기본권침해의 존재)요건에서 반사적 이익은 기본권침해가능성이 부정되고 반사적 이익은 법적인 이익이 아니라 간접적·사실적 이익이라고 하였는데 그렇다면 위에서 간접적·사실적 이해관계라면 자기관련성이 부정된다고 한 것과 혼동이 오고 이는 기본권침해가능성요건과 자기관련성요건과 혼동을 의미한다. 아래 결정례도 그 점을 보여주는 예이다. 사안은 LPG를 연료로 사용할 수 있는 자동차 또는 그 사용자의 범위를 제한하고 있는 '액화석유가스의 안전관리 및 사업법 시행규칙'(2015.7.29. 산업통상자원부령 제146호로 전부개정된 것) 제40조(이하 '이 사건 시행규칙조항'이라 한다)에 대하여 자동차 개조사업체의 직원들, 운영자들 내지 LPG충전소의 사업자들의 직업의 자유를 침해한다는 주장의 헌법소원심판이 청구된 것이다.

판례 헌재 2017.12.28. 2015헌마997

[판시] (1) 자기관련성 (가) 자동차 개조사업체 직원들 및 운영자들, LPG충전소 사업자들 — 이 사건 시행규칙조항은 LPG를 연료로 사용할 수 있는 자동차 또는 그 사용자를 제한하고 있을 뿐, 다른 연료를 사용하는 자동차를 LPG자동차로 개조하거나 LPG충전소를 운영하는 사업자들의 영업을 규율하는 내용을 담고 있지 아니하다. 따라서 자동차 개조사업체 직원들 및 운영자들, LPG충전소 사업자들은 이 사건 시행규칙조항의 적용을 받지 아니하며, 단지 LPG 운송연료 사용제한으로 인해 LPG자동차로의 개조나 수송용 LPG에 대한 수요가 늘어나는데 한계가 생김에 따라 간접적, 사실적, 경제적 이해관계만을 가질 뿐이다. 그러므로 위 청구인들의 심판청구는 모두 기본권침해의 자기관련성 요건을 갖추지 못하여 부적법하다.

* 검토 — 헌재가 "영업을 규율하는 내용을 담고 있지 아니하다. 따라서 …단지 LPG 운송연료 사용제한으로 인해 LPG자동차로의 개조나 수송용 LPG에 대한 수요가 늘어나는데 한계가 생김에 따라 간접적, 사실적, 경제적 이해관계만을 가질 뿐"이라고 하는 데 따르면 이는 반사적 이익의 감소로서 기본권

침해가능성 문제이지 자기관련성 문제가 아니어서 논리적으로 문제가 있다(전술, 기본권침해가능성 부분 참조).

아래의 결정례도 반사적 이익이라고 보면서도 자기관련성 부정으로 귀착하는 같은 문제점을 보여준다. 사안은 저소득층 만 5세 유아에 대하여 사립유치원의 경우 2003년 매월 유아당 105,000원만을 지원하고 그 이상의 입학금 및 수업료를 지원하지 아니하는 행위에 대하여 사립유치원의 설립·경영자가 청구한 헌법소원심판이었다.

판례 헌재 2006.10.26. 2004헌마13

[판시] 이러한 무상교육의 수혜자는 기본적으로 만 5세의 유아를 가진 학부모이다. 따라서 사립유치원이 무상교육 대상자인 만 5세의 유아가 취원하게 됨으로써 받게 되는 지원은 국가가 무상교육대상자인 만 5세의 유아에 대하여 교육비를 지원함으로써 얻게 되는 반사적이고 간접적인 이익에 불과하므로, 사립유치원의 설립 또는 경영자인 청구인에게는 기본권 침해의 자기관련성이 인정되지 않는다.

* 검토 – 논증상 반사적 이익이라고 하면서 자기관련성이 없는 것으로 귀착한 판시는 받아들이기 어렵다.

근래에 내려진 결정인데도 여전히 반사적 이익 축소인 경우라고 하면서 자기관련성이 없다고 본 결정례가 있다. 사안은 11인승 이상 승합자동차의 모빌리티 서비스(운전자 알선 포함 승합자동차 대여 서비스. 'ㅌㄷ'서비스)사업을 제한(관광목적, 6시간 이상 대여 등의 제한)하는 여객자동차 운수사업법 규정에 대하여 그 회사 직원들, 그 서비스 운전자들, 그 서비스 이용자들이 청구한 헌법소원 사건이었다. 헌재는 그들이 이전에 서비스를 이용할 수 있었던 것은 자동차대여사업자의 영업 방식을 규율하는 법적 여건에 따른 반사적 이익 내지 사실상 혜택에 따른 것이므로 위 제한으로 반사적 이익의 축소 내지 사실적인 불편에 해당하여 청구인 직원들, 운전자들 및 이용자들의 심판청구는 기본권침해의 자기관련성이 인정되지 아니한다고 판시하였다.

판례 헌재 2021.6.24. 2020헌마651

[판시] 그 서비스 이용자들 역시 심판대상조항으로 인하여 더 이상 운전자 알선 포함 승합자동차 대여 서비스를 이용할 수 없게 되었으나, 심판대상조항 이전에 서비스를 이용할 수 있었던 것은 자동차대여사업자의 영업 방식을 규율하는 법적 여건에 따른 반사적 이익 내지 사실상 혜택에 따른 것이므로 법적 여건의 변화로 그 서비스를 이용하지 못하게 되는 불이익을 입었다고 하더라도 이는 반사적 이익의 축소 내지 사실적인 불편에 해당한다. 그렇다면 청구인 직원들, 운전자들 및 이용자들의 심판청구는 기본권침해의 자기관련성이 인정되지 아니하여 부적법하다. 그러므로 이하에서는 심판대상조항이 청구인 회사들의 기본권을 침해하는지 여부만을 살펴본다.

또한 아예 직설적으로 "기본권침해의 자기관련성이란 심판대상규정에 의하여 청구인들의 기본권이 '침해될 가능성'이 있는가에 관한 것"이라고 판시한 결정들(헌재 2000.6.29. 99헌마289, 판례집 12-1, 934면; 2001.11.29. 2000헌마462, 판례집 13-2, 788, 791면)도 있어서 문제이다.

그러나 기본권침해가능성은 침해된다는 이익이 단순한 간접적·사실적 이익이 아니라 법적 이익으로서 기본권이라는 이익이어야 한다는 의미, 즉 침해되는 이익의 속성을 말한다. 반면에 자기관련성은 앞서 개념의 핵심지표로 밝힌 대로 그 침해의 귀속처, 즉 그 침해가 침해를 가하는 공권력행사·불행사의 상대방, 즉 청구인 자신에 미친다는 자기귀속의 관련성('자기성')만을 따지는 요건인 것으로 그쳐야 할 것이다. 이렇게 정리가 필요한 부분이다.

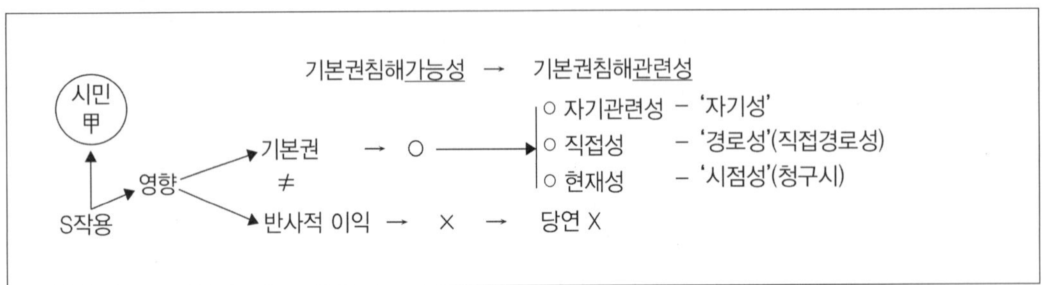

* 청구인능력 문제? – 아래 결정은 헌재 자신이 판시한 대로 법인이 기본권(선거권)주체가 아니라고 한다면 아예 청구능력이 없다고 보든지 해야지 자기관련성이 없다고 결론내린 이상한 결정이다.

판례 헌재 2001.11.29. 2000헌마278

[사안] 구 '지방교육자치에 관한 법률'(2000.1.28. 법률 제6216호로 전문개정된 것) 제62조 제1항은 "교육위원 또는 교육감의 선거인단은 선거일공고일 현재 초·중등교육법 제31조(학교운영위원회의 설치)의 규정에 의한 학교운영위원회 위원 전원으로"으로 구성한다고 규정하고 있다(* 현재는 교육위원제도, 교육감 선출제가 당시와 다름. 여하튼 당시 법규정을 두고 살펴봄). 이처럼 사립학교운영위원들에게 지방교육자치단체장 선출권을 부여하는 것은 지역 주민의 선거권을 침해하고 지역대표성에 반하므로 위 법 제62조 제1항은 헌법 제11조 제1항, 제24조, 제117조 제1항에 반한다고 주장하면서 사립학교의 학교법인들이 청구한 헌법소원심판청구였다. [관련판시] 학교법인은 헌법이 보장하는 기본권으로서의 선거권의 주체가 되지 못하므로 '지방교육자치에 관한 법률' 제62조 제1항이 사립학교운영위원들에게 지방교육자치단체장의 선출권을 부여하는 것이 지역 주민의 선거권을 침해하고 지역대표성에 흠결을 일으키는지 여부는 별론으로 하고 이것이 선거권의 주체가 아닌 법인에 해당하는 청구인들의 기본권을 침해할 여지는 없다. 따라서 청구인들의 이 부분 심판청구는 자기관련성이 없어 부적법하다.

나) 구분 판시의 결정례

헌재가 기본권침해가능성과 자기관련성을 구별하여 판시한 아래와 같은 결정례도 있다. 사안은 조례부작위, 즉 지방자치단체(피청구인)들이 지방공무원법(1973.3.12. 법률 제2594호로 개정된 것) 제58조 제2항의 위임에 따라 '사실상 노무에 종사하는 공무원의 범위'를 정하는 조례를 제정하지 아니한 부작위(이하 '이 사건 부작위')로 인해 자신들의 근로3권을 침해한다고 하여 기능직 지방공무원들이 청구한 헌법소원심판사건이다. 이 결정에서 헌재는 판시 시작에 '기본권침해가능성 및 자기관련성'이라는 양 요건을 분리한 제목 하에 정확히 제대로 판시하고 있다. 이러한 결정이 논증이 바른 결정이다.

판례 헌재 2009.07.30, 2006헌마358

[판시] 기본권침해가능성 및 자기관련성 – '공무원의 노동조합 설립 및 운영 등에 관한 법률'(이하 '공무원노조법')에 의하면, 지방공무원 중 기능직공무원과 고용직공무원은 모두 공무원노동조합에 가입할 수 있고, 단결권과 단체교섭권을 가진다. 그런데 만일 지방공무원법 제58조 제2항에 따라 제정된 조례가 기능직공무원을 '사실상 노무에 종사하는 공무원'의 범위에 포함시킨다면 기능직공무원들은 공무원노조법의 적용대상에서 제외되어 단결권과 단체교섭권은 물론 단체행동권까지 가질 수 있게 되는바, 해당 조례가 어떻게 제정되는지에 따라 기능직공무원인 청구인들이 향유할 수 있는 근로3권의 범위가 달라지게 된다. 따라서 이 사건 부작위에 의하여 청구인들의 기본권이 침해될 가능성이 있으며 아울러 청구인들은 이 사건 심판청구에 관한 자기관련성도 인정된다.

법적 지위에 영향을 주는 문제를 기본권침해가능성으로 명백히 밝히고 판시하는 아래의 예도 대표적인 한 예로 볼 수 있다.

판례 헌재 2007.8.30. 2004헌마670

[판시] 헌법재판소법 제68조 제1항에 의한 헌법소원심판을 청구하기 위해서는 이러한 공권력의 행사로 인하여 '기본권침해의 가능성'이 있어야 한다. 따라서 공권력의 행사로 인하여 헌법소원을 청구하고자 하는 자가 법적 지위에 아무런 영향을 받지 않거나 단순히 사실적 또는 경제적인 이해관계로만 관련되어 있는 경우 그 공권력의 행사를 대상으로 헌법소원을 청구하는 것은 허용되지 아니한다. 살피건대, 이 사건 중소기업청 고시['외국인산업연수제도운영에 관한 지침'(2002.12.10. 중소기업청 고시 제2002–23호로 개정된 것)]는 외국인 산업연수제도의 운영을 위하여 필요한 사항을 정하고 있을 뿐 산업연수생에 대하여 근로기준법이 적용되는 것을 직접적으로 배제하여 평등권을 침해하거나 청구인의 직장변경을 금지함으로써 직장선택의 자유를 제한하고 있지 아니하고 달리 청구인이 주장하는 기본권을 침해하는 내용을 담고 있지 아니하므로, 결국 위 고시에 의한 기본권침해 가능성은 없다

다) 구체적 기본권침해 주장 결여, 침해부정이라고 하면서 자기관련성을 부정하는 예

아래 결정은 "구체적인 기본권침해 주장은 하지 않고 있고"라고 하면서 심지어 "청구인들에게 어떠한 기본권침해가 있다고 보기도 어렵다"라고 하여 기본권침해가능성이 없다고 판시할 줄 알았으나 자기관련성 결여로 각하결정을 하였다. 앞의 기본권침해에 대해 청구인이 어느 정도의 주장을 하여야 하고 하지 않을 경우 '기본권침해가능성' 요건을 인정하지 못하는 문제라고 헌재 스스로도 밝히고도 여기서는 자기관련성 결여라고 한다. 더구나 판시에 기본권침해가 있다고 보기 어렵다고 하면서 자기관련성이 없다고 결론을 내린 것은 이해가 안 된다. 사안은 담배의 제조 및 판매에 관하여 규율하고 있는 구 담배사업법(2010.1.18. 법률 제9932호로 개정되고, 2011.6.7. 법률 제10786호로 개정되기 전의 것, 이하 '담배사업법'이라고 한다)에 대하여 의료인의 헌법소원심판 청구에서 자기관련성을 부정한 결정이다.

판례 헌재 2015.4.30. 2012헌마38

[판시] 청구인 ○○○, △△△는 의료인으로서, 담배로 인한 질병을 치료하면서 담배 폐해의 심각성을 인지하게 되었다고만 할 뿐 구체적인 기본권침해 주장은 하지 않고 있고, 담배의 제조 및 판매가 허용되어 흡연이 가능하게 되었다는 것만으로 위 청구인들에게 어떠한 기본권침해가 있다고 보기도 어렵다.

따라서 청구인 ○○○, △△△의 심판청구는 기본권침해의 자기관련성을 인정할 수 없다.

(3) 법이 규율대상이긴 하나 특정하여 규율대상으로 하지 아니한 경우 - 기본권침해의 법적 관련성 인정

법규정이 정한 규율대상에 들어가긴 하나 특정되지는 아니한 규율대상인 경우에 실제 규율대상인 것이 확인되면 헌재는 기본권침해의 법적 관련성을 인정한다. 그러한 예로 한국방송광고공사와 이로부터 출자를 받은 회사가 아니면 지상파방송사업자에 대해 방송광고 판매대행을 할 수 없도록 규정하였던 구 방송법 규정 등에 대해 헌재가 헌법불합치결정을 한 뒤 2012년 말에 '방송광고판매대행 등에 관한 법률'이 제정되었고 이 법률은 이전의 독점제를 없애어 방송광고 판매 대행업에 허가제를 도입함으로써 복수의 방송광고 판매 대행업체가 존재할 수 있게 하였다. 그러나 동법은 방송문화진흥회가 최다출자자인 방송사업자(문화방송사) 등의 경우 구 한국방송광고공사의 후신인 한국방송광고진흥공사가 위탁하는 방송광고에 한하여 방송광고를 할 수 있도록 하여 문화방송사가 헌법소원심판을 청구한 것이다.

판례 헌재 2013.9.26. 2012헌마271

[결정요지] 이 사건 규정은 방송문화진흥회가 최다출자자인 방송사업자에 대해 신 공사가 위탁하는 방송광고에 한정하여 방송광고를 할 수 있도록 하고 있지만, 규정 자체가 청구인을 특정하여 규율대상으로 삼고 있지는 아니하다. 그런데 청구인의 경우 방송문화진흥회가 70%의 주식을 소유하고 있기 때문에 이 사건 규정의 적용을 받아 신 공사가 위탁하는 방송광고에 한하여 방송광고를 할 수밖에 없고, 그 결과 신 공사에 의하지 않고는 방송광고를 판매할 수 없게 된 것이므로 청구인은 이 사건 규정에 대해 기본권침해의 자기관련성, 직접성, 현재성이 모두 인정된다. * 본안판단에서 헌재는 과잉금지원칙을 준수하였다고 하여 합헌으로 결정하였다.

3. 공권력작용의 제3자에 대한(기본권침해의) 자기관련성의 예외적 인정

(1) 제3자에 대한 원칙적 부인과 예외적 인정

'자기성' 지표에 따라 공권력작용의 상대방이 아닌 제3자는 원칙적으로 기본권침해의 자기관련성이 부정되나 예외적으로 일정 판단기준에 따라 인정되기도 한다.

* 제3자와 '예외'의 의미 : 여기의 '제3자'란 제1자, 공권력행사주체자, 제2자 공권력행사·불행사 상대방이 아닌 제3자라는 의미이다. 제3자에 대한 자기관련성 인정도 문제의 기본권침해가 제3자에게도 본인에게 오는 침해인 점에서 예외라고 할 수 있는가 하는 의문이 생기나 자기관련성을 공권력행사·불행사의 상대방이 가지는 것이 원칙이라는 점에서 상대방이 아니면서도 자기관련성이 인정된다는 의미의 '예외'인 것이다.

(2) 공권력작용의 제3자에 대한 자기관련성의 예외적 인정의 준거(요건)

1) 판례법리

헌법재판소는 아래와 같은 준거를 확립하여 공권력작용의 제3자에 대한 기본권침해의 자기관련성의 인정여부를 이에 따라 판단한다.

[주요사항] 제3자의 자기관련성 인정기준

▷ 입법의 목적, 실질적인 규율대상, 법규정에서의 제한이나 금지가 제3자에게 미치는 효과나 진지성의 정도 및 규범의 직접적인 수규자(受規者)에 의한 헌법소원제기의 기대가능성 등을 종합적으로 고려하여 판단해야 함

판례 헌재 1997.9.25. 96헌마133

[사건개요] 청구인은 국회의원선거의 후보자인바 서울특별시 지하철공사직원을 선거운동원으로 신고하였는데 선거관리위원회 위원장은 구 '공직선거 및 선거부정방지법'(1994.3.16. 법 제4739호로 제정되어 1995.12.30. 법 제5127호로 개정된 것. 폐지된 법률로 현재는 공직선거법이 있음) 제60조 제1항 제5호에 의해 위 선거운동원이 선거운동을 할 수 없는 지방공사의 직원이라는 이유로 선거운동원으로서의 활동을 금지시켰다. 이에 청구인은 위 법 제60조 제1항 제5호에 대한 헌법소원을 제기하였다. [결정요지] 헌법재판소법 제68조 제1항에 의하면 헌법소원심판은 공권력의 행사 또는 불행사로 인하여 기본권을 침해받은 자가 청구하여야 한다고 규정하고 있다. 이 때 공권력의 행사 또는 불행사로 인하여 기본권의 침해를 받은 자라 함은 공권력의 행사 또는 불행사로 인하여 자기의 기본권이 현재 그리고 직접적으로 침해받은 경우를 의미하므로 원칙적으로 공권력의 행사 또는 불행사의 직접적인 상대방만이 이에 해당한다고 할 것이고, 공권력의 작용에 단순히 간접적, 사실적 또는 경제적인 이해관계에 있을 뿐인 제3자는 이에 해당하지 않는다. 법률에 의하여 기본권을 침해받은 경우에는 법률에 의하여 직접 기본권을 침해당하고 있는 자만이 헌법소원심판청구를 할 수 있다고 할 것이고 제3자는 특별한 사정이 없는 한 기본권침해에 직접 관련되었다고 볼 수 없다. 청구인은 지방공사의 직원의 선거운동을 제한하는 것을 내용으로 하는 이 사건 법률조항이 공기업 직원들의 표현의 자유와 평등권을 침해함으로써 결국 청구인의 공무담임권을 침해한다고 주장하나, 이 사건 법률조항에 의하여 청구인의 기본권이 직접 침해될 여지는 거의 없다고 보여진다. 왜냐하면 지방공사 임·직원의 선거운동금지를 내용으로 하는 이 사건 법률조항은 지방공사의 임·직원을 수규자로 하는 금지규범으로서 입후보자가 선거운동원으로 활용할 수 있는 인적 범위를 간접적으로 제한함으로써 비록 입후보자의 선거운동을 제한하는 결과에 이르기는 하나 입후보자의 선거운동에 미치는 효과는 단순한 반사적 불이익을 넘어서지 않기 때문이다. 어떠한 경우에 제3자의 자기관련성을 인정할 수 있는가의 문제는 입법의 목적, 실질적인 규율대상, 법규정에서의 제한이나 금지가 제3자에게 미치는 효과나 진지성의 정도 및 규범의 직접적인 수규자에 의한 헌법소원제기의 기대가능성 등을 종합적으로 고려하여 판단해야 하는바, 이 사건 법률조항은 법의 목적 및 규율대상에 있어서나 제3자에 미치는 효과의 정도에 있어서 제3자인 청구인의 자기관련성을 인정할 수 있는 정도의 것에 이른다고 할 수 없다. 선거운동금지조항을 통하여 달성하려는 이 사건 법률조항의 목적과 의도는 자신의 지위와 권한을 선거운동에 남용할 위험이 있는 자를 선거운동원으로서 배제하여 선거의 공정성과 형평성을 확보하고 업무전념성을 보장하고자 하는 데 있지, 청구인과 같은 입후보자의 선거운동을 제한하고자 하는 것이 아니며, 그 규범의 수규자 외에 제3자인 입후보자를 함께 규율하려고 의도하는 것으로도 볼 수 없다. 결국 이 사건 법률조항은 제3자인 청구인을 함께 규율하려고 의도하지도 않을 뿐 아니라 청구인에게 미치는 효과의 정도가 미약하고, 따라서 청구인이 입는 이러한 불이익은 청구인의 법적 지위에 대한 직접적 침해가 아니라 청구인이 단순히 일정 생활관계에 필연적으로 관련됨으로써 파생하는 간접적·사실적 연관성에 불과하므로 청구인에게는 이 사건 법률조항에 대한 위헌여부를 다툴 기본권침해의 자기관련성이 결여되어 있다(각하결정).[1]

---

1) <김용준, 이재화, 고중석 재판관의 반대의견> 선거운동기구를 통한 선거운동을 허용하고 있는 이상 후보자가 자신의 선거운동기구의 구성원으로 선임할 선거운동원의 범위를 제한하는 것은 다수의견과 같이 단순히 후보자인 청구인의 간접적·사실적인 불이익에 불과한 것이 아니라 직접적으로 청구인의 선거운동의 자유를 제한하는 것으로 보아야 할 것이다. 그리고 선거운동이란 특정후보를 당선되거나 당선되지 못하게 하기 위한 행위

* 동지 : 위와 같은 법리를 표명하고 있는 결정례들은 많다. 헌재 2000.6.29. 99헌마289; 2007.7.16. 2007헌마682; 2012.5.31. 2010헌마631; 2013.10.24. 2011헌마871 등.

2) 검토

제3자에 대한 자기관련성 인정준거를 밝힌 전형적 초기판례이고 이후 이 결정에서 표명된 법리가 확립된 것이 되었으나 이 결정에서 '반사적 불이익', '간접적·사실적 연관성'이란 말을 사용하여 기본권침해가능성 요건과 혼동이 오게 한다. 제3자에 대한 자기관련성 인정에 있어서도 제3자라는 것일 뿐 결국 청구인의 자기관련성인정으로 귀착되고 위에서 자기관련성에 있어서는 그 침해가 '자기'에게 귀속되는 '자기성'이 초점이라고 한 문제점 지적이 여기서도 그대로 적용된다. 이런 문제점은 위 결정 후에도 나타나고 있는바 고쳐져야 할 판시들이다. 요컨대 '반사적 불이익' 여부 '간접적·사실적 연관성' 여부 문제는 기본권침해가능성 문제로 따져져야 한다.

3) 관건 - '자기성'

제3자에 대한 자기관련성의 예외적 인정이라고 하여 달라질 것은 아니고 결국 중요한 것은 '자기성'이다. 공권력행사·불행사의 상대방이 아닌 제3자라도 그 제3자 본인(자기)에게 기본권 침해가 와야 한다는(자기성) 것이다.

(3) 적용 결정례

1) 제3자의 자기관련성을 인정한 예

① 방송광고심의에 관한 규정에 대한 광고인들의 헌법소원심판청구

* 아래 결정은 텔레비전 방송광고의 사전심의제가 사전검열금지원칙에 위반되어 위헌결정이 되었고 이후 폐지되어 있는데 그러한 변화가 있기 전 결정이었다. 그럼에도 살펴보는 것은 제3자의 자기관련성 인정기준을 적용하여 이를 긍정한 판례라서 그 적용판단을 보기 위해서이다. 이 결정은 청구기간 도과로 결국 전체로 각하결정이 되긴 하였다.

판례 헌재 1998.11.26. 94헌마207

[사건개요] 청구인들은 광고대행 및 제작을 업으로 하는 여러 광고회사에 소속되어 광고의 제작활동에 종사하는 광고인들이다. 청구인들은 광고방송물에 대하여 방송되기 전에 방송위원회가 그 내용을 사전심의하여 방송여부를 결정하도록 규정하고 있는 방송법 제17조 제3항 제3호는 검열을 금지하고 있는 헌법 제21조 제2항에 위반되고, 위 광고방송물의 심의를 위한 기준으로서 방송위원회는 방송법 제20조에 근거하여 위원회의 규칙으로 '방송심의에 관한 규정'을 제정·공표하였는바, 광고방송물의 심의기준을 정하고 있는 위 규정 제4장은 그 심의기준이 애매모호하고 지나치게 광범위하여 명확성의 원칙과 과잉금지의 원칙에 반하는 등 이로 인해 청구인들의 헌법상 보장된 언론·출판의 자유가 침해되고 있다는 이유로 이들 법규의 위헌확인을 구하는 헌법소원심판을 청구하였다. [관련판시] 방송위원회와 공보처

(법 제58조 제1항)로서 그 궁극적 목적은 후보자의 당선에 있는 것이므로 후보자가 선임할 수 있는 선거운동원의 범위를 제한하는 것은 다수의견이 주장하는 바와 같이 후보자에 미치는 효과가 결코 미약한 것이라고 볼 수 없을 뿐만 아니라 설사 미약하다고 하더라도 그 제한이 간접적·사실적인 불이익에 불과한 것이라고 볼 수도 없다. 따라서 각하할 것이 아니라 본안에 관하여 판단하여야 할 것으로 생각한다.

장관은 방송광고에 대한 사전심의를 신청하고 이로 인하여 권리의무관계가 형성되는 상대방은 광고주 또는 광고회사이지 청구인들과 같이 광고회사의 소속 직원들이 아니므로 광고회사 직원들이 행한 이 심판청구는 자기관련성이 없다고 주장한다. 우리 재판소는 법률에 의한 기본권침해의 자기관련성을 판단하는 기준으로서, "어떠한 경우에 제3자의 자기관련성을 인정할 수 있는가의 문제는 입법의 목적, 실질적인 규율대상, 법규정에서의 제한이나 금지가 제3자에게 미치는 효과나 진지성의 정도 및 규범의 직접적인 수규자에 의한 헌법소원제기의 기대가능성 등을 종합적으로 고려하여 판단해야 한다"고 판시하였다. 이 사건 청구인들은 사전심의의 대상이 되는 광고표현물의 제작에 참여하는 광고인들이다. 이들은 제작과정에서 사전심의제도와 심의규정의 존재를 의식하여 제작활동을 행하지 않을 수 없고, 또한 만약 사전심의의 결과 방송불가 또는 조건부 방송가 판정을 받는 경우에는 광고표현물을 심의규정에 맞게 재수정해야 하는 등 이 사건 법률조항과 심의규정에 의하여 그들의 제작활동이 직접 제약을 받고 있고, 이러한 제약이 단순히 간접적 또는 사실적인 것이라고 보기는 어렵다. 따라서 청구인들은 이 사건 법률조항과 심의규정에 의한 기본권침해의 자기관련성을 갖추고 있다. * 텔레비전방송광고 사전심의제는 위 결정 이후 결국 위헌으로 결정되었다(헌재 2008.6.26. 2005헌마506).

② 방송광고물 제한규정에 대한 방송광고 판매대행사의 청구에서 제3자 자기관련성 인정

판례 헌재 2008.11.27. 2006헌마352

[결정요지] 이 사건 규정은 지상파방송사업자에게 한국방송광고공사나 그로부터 출자를 받은 회사가 위탁하는 방송광고물이 아니면 방송광고를 할 수 없도록 하는 의무를 부과하면서, 이를 위반한 지상파방송사업자에게 3천만 원 이하의 과태료에 처할 수 있도록 하여 그 직접적인 수규자를 지상파방송사업자로 한정하고 있다. 이러한 규정 형식과 관련하여 민영 방송광고 판매대행사에 불과한 청구인의 이 사건 규정에 대한 자기관련성에 의문을 제기할 수 있다. 그런데 지상파 방송사업자에게 방송광고 판매대행을 하고자 하는 청구인은 이 사건 규정이 지상파방송사업자에게 방송광고를 위탁할 수 있는 자로 한국방송광고공사와 그로부터 출자를 받은 사업자로 한정하고 있기 때문에 이를 하지 못하는 것이므로 청구인도 이 사건 규정으로 인해 자신의 직업 수행에 관한 기본권을 제한 받고 있다 할 것이다. 따라서 이 사건 규정에 대한 청구인의 자기관련성은 인정된다고 할 것이다. * 이 결정은 미디어랩사건이라고 하는데 한국방송광고공사의 독점에 대해 위헌성을 인정하고 헌법불합치로 내려진 결정이다.

③ 직장의료보험조합 강제자동해산에 대한 직장의료보험조합 조합원의 헌법소원심판 청구

판례 헌재 2000.6.29. 99헌마289

[쟁점] 직장의료보험조합과 지역의료보험조합을 통합하는 국민건강보험법(2000.7.1. 시행. 이하 '법'이라 함) 부칙 제6조는 직장의료보험조합을 강제로 자동해산하도록 규정하고 동법 부칙 제7조는 동 조합의 재정적립금을 강제로 국민건강보험공단에 이전시키도록 규정하고 있는데 이 부칙규정들에 의하여 자신들의 재산권이 침해된다고 주장하는 직장의료보험조합의 조합원들이 청구한 헌법소원심판에서 기본권침해의 자기관련성이 있는지 여부(긍정) [관련판시] 보건복지부장관은 법인의 해산과 권리의 포괄승계를 규정하는 법 부칙 제6조 및 제7조에 의하여 법인인 직장의료보험조합의 기본권이 침해되었을 뿐, 조합원들인 청구인들의 기본권은 침해된 바가 없다고 주장한다. 물론 법 부칙 제6조 및 제7조의 직접적인 수규자는 법인이나, 직장의료보험조합은 공법인(公法人)으로서 기본권의 주체가 될 수 없을 뿐만 아니라, 법규정의 실질적인 규율대상이 수규자인 법인의 지위와 아울러 제3자인 청구인들의 법적 지위라고 볼 수 있으며, 법규정이 내포하는 불이익이 수규자의 범위를 넘어 제3자인 청구인들에게도 유사한 정도의 불이익을 가져온다는 의미에서 거의 동일한 효과를 가지고 있으므로, 법의 목적 및 실질적인 규율대상, 법규정에서의 제한이나 금지가 제3자에게 미치는 효과나 진지성의 정도, 규범의 수규자에 의한 헌

법소원의 제기가능성 등을 종합적으로 고려하여 판단할 때, 청구인들의 자기관련성을 인정할 수 있다. 또한 기본권침해의 자기관련성이란 심판대상규정에 의하여 청구인들의 기본권이 '침해될 가능성'이 있는가에 관한 것이므로, 법의 시행과 재정통합으로 인하여 청구인들의 기본권이 침해될 가능성이 존재하는 한, 청구인들의 보험료가 법의 시행으로 인하여 인하될 것인지, 아니면 인상될 것인지가 불확실하다는 사실은 청구인들의 기본권침해의 자기관련성여부에 아무런 영향을 미치지 아니한다.

④ 청구 외 증인에 대한 빈번한 소환·유치행위에 대한 헌법소원

판례 헌재 2001.8.30. 99헌마496

[사건개요 및 쟁점] 본 헌법소원의 청구인이 피고인인 형사사건에서 검찰측 증인으로 채택된 수용자를 피청구인(검사)이, 검찰진술을 번복시키려고 청구인측에서 증인에게 접근하는 것을 예방·차단하기 위하여, 또는 증인에게 면회, 전화 등 편의를 제공하기 위하여 그 증언에 이르기까지 거의 매일(145회) 검사실로 빈번히 소환한 행위가 청구인의 공정한 재판을 받을 권리를 침해한 것이라는 주장의 본 헌법소원사건에서 기본권침해의 자기관련성을 인정할 수 있는 것인지 여부(긍정, 위헌확인결정) [관련판시] 피청구인은 위와 같은 소환·유치는 이○○(검찰측 증인으로 채택된 수용자)에 대한 것이지 청구인에 대한 것이 아니어서 청구인에 대한 공권력의 행사는 없었으므로 자기관련성이 없다는 취지의 주장을 하나, 이 사건 청구인의 주장은, 피청구인이 이○○을 수시로 소환하여 청구인 자신의 재판에 증인으로 채택된 자에 대한 증거조사의 공정성, 신속성을 해침으로써 청구인 자신의 기본권인 공정한 재판을 받을 권리 및 신속한 재판을 받을 권리 등을 침해하였다는 것이므로, 청구인은 피청구인의 이○○에 대한 위 공권력작용에 대하여 자기관련성을 가지고 있음을 부정할 수 없다.

* 해설 – 위 결정에서 헌재는 '제3자'라는 용어를 언급하고 있지는 않다. 문제의 공권력행사인 소환·유치는 위 헌법소원사건의 청구인이 아니라 청구외 증인에 대한 것이었기에 청구인은 문제의 공권력행사의 상대방이 아닌 제3자라고 보고 여기에 정리하게 되었다.

⑤ 사립대학에 대한 국가유공자 자녀 학비 면제시 국가보조규정 대상 국외 대학 취학 국가유공자 자녀의 헌법소원심판청구

판례 헌재 2003.5.15. 2001헌마565

[쟁점] 국가유공자 등 예우 및 지원에 관한 법률(2000.12.30. 법률 제6339호로 개정되고, 2002.1.26. 법률 제6648호로 개정되기 전의 것) 제25조 제2항·제3항은 국내 대학이 국가유공자의 자녀에 대하여 대통령령이 정하는 바에 따라 입학금 및 수업료를 면제할 수 있으며, 사립대학이 입학금 및 수업료를 면제한 경우 국가는 그 면제한 금액의 반액을 보조하도록 규정되어 있는데 이로써 국외 대학에 취학한 자녀를 둔 국가유공자가 자신의 자녀는 이러한 혜택을 받지 못하게 되어 불평등하다고 이러한 조항들에 대해 법령소원을 제기하였는바 이 조항들은 국가와 대학 간의 문제를 규율한 것에 불과하므로 청구인에게는 자기관련성이 없는 것인지 여부(자기관련성 인정) [관련판시] 이 사건 법률조항은 국가유공자의 자녀로 하여금 건전한 사회인으로 자립하는 데 필요한 교육을 받을 수 있게 하고 궁극적으로 국가유공자와 그 가족에 대한 응분의 예우와 이들의 생활안정 및 복지향상을 도모하는 데 그 목적이 있다고 할 것인바(법 제1조, 제21조 참조), 국가유공자인 청구인은 이 사건 법률조항의 실질적인 규율대상에 속한다고 판단된다. 그리고 청구인의 자녀와 같이 국외 대학에 취학한 국가유공자의 자녀의 경우에는 이 사건 법률조항에 의한 교육보호를 받을 수 없는데, 그로 인한 불이익은 통상적으로 자녀의 학비를 부담하는 국가유공자 본인에게 돌아가게 된다. 반면에 이 사건 법률조항의 직접적인 수규자라 할 수 있는 대학이나 국가가 그러한 문제를 다투기 위해 헌법소원을 제기할 것이라고는 기대할 수 없다. 이러

한 점들을 고려할 때 청구인에 대해 자기관련성을 인정할 수 있다.

⑥ 연합뉴스를 국가기간뉴스통신사로 지정하는 법률규정에 대한 다른 뉴스통신사의 청구

판례 헌재 2005.6.30. 2003헌마841

[사안] 주식회사 연합뉴스를 국가기간뉴스통신사로 지정하고 이에 대한 재정지원 등을 규정한 '뉴스통신 진흥에 관한 법률' 제10조 등에 대하여 뉴스통신사로 등록한 법인인 주식회사 ○○(이하 '청구인 회사')와 청구인 회사의 대표이사 겸 주주가 헌법소원심판을 청구한 사건이다. [판시] 심판대상조항은 연합뉴스사를 국가기간뉴스통신사로 지정하여 이에 대하여 재정지원 등 혜택을 부여함을 내용으로 하므로 오로지 연합뉴스사만을 그 규율의 대상으로 하고, 청구인들은 원칙적으로 규율의 직접적인 상대방이 아닌 제3자에 불과하다. 그러나 심판대상조항이 경쟁관계에 있는 다른 뉴스통신사를 국가기간뉴스통신사로 지정하여 이에 대하여 재정지원 등 각종 혜택을 부여하는 경우에는 이러한 혜택에서 제외된 청구인 회사의 경우 그 영업활동이 부당하게 축소되는 결과가 되므로 그러한 범위에서 기본권에 대하여 직접 법적인 제한을 받는 것으로 보아야 한다(헌재 1996.4.25. 95헌마331; 1997.9.25. 96헌마133, 각 참조). 그리고 경업자 중 어느 일방에게 특별한 혜택을 부여하는 심판대상조항으로 인하여 다른 일방은 사실상 영업활동에 큰 제약을 받게 되고, 이러한 사실상의 제약이 당해 시장의 구조와 특성에 따라 영업의 수행을 현저히 곤란하게 하거나 불가능하게 할 정도에 이를 경우에는 그 침해의 효과나 진지성 또한 크다고 할 것인바, 후술하는 바와 같은 뉴스통신시장의 구조와 특성에 비추어 볼 때 이로 인한 직업선택의 자유 등 기본권침해의 효과나 그 진지성이 결코 경미하다고 단정할 수는 없다. 또 국가기간뉴스통신사에 대한 재정지원 등 혜택의 부여는 오로지 국가기간뉴스통신사인 연합뉴스사를 수급자로 하여 행해지는 것인바, 이러한 시혜적 법률의 경우에는 법률의 수규자가 당사자로서 기본권침해를 주장하는 침해적 법률의 경우와는 달리, 수혜의 범위에서 제외된 청구인이 '국가가 다른 집단에게 부여한 혜택으로부터 자신이 속한 집단을 평등원칙에 반하여 부당하게 제외하였다.'라는 취지의 위헌주장을 할 수 있고, 이에 대하여 헌법재판소가 평등권위반을 확인한다면 그 결과로서 청구인도 혜택규정에 의하여 배제되었던 혜택에 참여할 가능성이 있으므로 청구인의 자기관련성을 인정할 수 있다(헌재 2001.11.29. 99헌마494 참조). 이 사건에서도 만약 헌법재판소가 '연합뉴스사만을 국가기간뉴스통신사로 지정하여 재정지원을 하는 것은 청구인 회사의 평등권을 침해한다.'라는 위헌취지의 결정을 하는 경우, 연합뉴스사에 대한 재정지원을 박탈하거나 또는 감축하는 방향으로 평등을 실현할 수도 있겠지만, 이와 달리 경업자인 청구인 회사에게도 국가기간뉴스통신사의 지위를 부여하는 방향으로 평등이 이루어질 수도 있으므로 제3자인 청구인들에게도 자기관련성을 인정할 수 있다.

⑦ 정보통신망법의 임시조치조항

판례 헌재 2012.5.31. 2010헌마88

[사건개요] (1) 청구인은 2010.2.1. 정보통신서비스 제공자인 주식회사 D커뮤니케이션(이하 '이 사건 서비스제공자'라 한다)이 운영하는 인터넷 사이트 '다○(D○○○)'의 '○○ 피해자 가족 연대'라는 카페(http://cafe.○○○○.net/□□)에 회원으로 가입하여, 위 카페의 자유게시판에 "********(이하 '이 사건 게시물'이라 한다)을 게시하였다. (2) 이 사건 서비스제공자는 2010.2.8. 주식회사 ○○로부터, 이 사건 게시물에 위 회사의 명예를 훼손하는 내용이 포함되어 있으므로 이 사건 게시물을 삭제해 달라는 요청을 받고, 같은 날부터 30일간 이 사건 게시물에 대한 접근을 임시적으로 차단하는 조치(이하 '이 사건 임시조치')를 하였다. (3) 이에 청구인(게시자)은 2010.2.12. 이 사건 임시조치의 근거가 된 '정보통신망 이용촉진 및 정보보호 등에 관한 법률'(이하 '정보통신망법'이라 한다) 제44조의2 제2항이 청구인의 표현의 자유를 침해한다고 주장하면서 헌법소원심판을 청구하였다. [판시] 이 사건 법률조항의 문

언상 직접적인 수범자는 '정보통신서비스 제공자'이고, 정보게재자인 청구인은 제3자에 해당하나, 사생활이나 명예 등 자기의 권리가 침해되었다고 주장하는 자로부터 침해사실의 소명과 더불어 그 정보의 삭제 등을 요청받으면 정보통신서비스 제공자는 지체 없이 임시조치를 하도록 규정하고 있는 이상, 위 임시조치로 청구인이 게재한 정보는 접근이 차단되는 불이익을 받게 되었으므로, 이 사건 법률조항의 입법목적, 실질적인 규율대상, 제한이나 금지가 제3자에게 미치는 효과나 진지성의 정도를 종합적으로 고려할 때, 이 사건 법률조항으로 인한 기본권침해와 관련하여 청구인의 자기관련성을 인정할 수 있다.

⑧ **수규자의 헌법소원제기가능성이 없는 경우** – 이러한 예로 이동통신단말장치를 구입하고자 하는 청구인들이 '지원금 상한 조항'인 '이동통신단말장치 유통구조 개선에 관한 법률'(2014.5.28. 법률 제12679호로 제정된 것) 제4조 제1항 등에 대해 청구한 헌법소원심판에서 제3자이나 자기관련성을 인정받은 아래 예를 대표적으로 들 수 있다.

판례 헌재 2017. 5. 25. 2014헌마844

[판시] 이동통신사업자 등은 지원금 상한제로 인해 이용자들에게 지급하는 지원금 총액이 감소하여 이익을 보는 측면이 있으므로, 이들이 적극적으로 지원금 상한 조항의 위헌확인을 구할 가능성도 기대하기 어려워 보인다. 이처럼 지원금 상한 조항의 입법목적, 지원금 상한의 통제가 이용자들인 청구인들에게 미치는 효과나 그 진지성의 정도, 직접적인 수범자에 의한 헌법소원 제기의 기대가능성을 종합적으로 고려할 때, 지원금 상한 조항에 대한 청구인들의 기본권침해의 자기관련성을 인정함이 상당하다.

2) 검토

위 결정례들은 인정례들이긴 하나 다음 점들이 지적되어야 하고 이는 아래 부인례들에도 적용될 지적이다.

(가) 검토에서의 기준 - '자기성'

이는 제3자에 대한 자기관련성의 예외적 인정이라고 하여 달라질 것은 아니고 이익의 직접성이 아니라 결국 중요한 것은 '자기성'이다. 공권력행사·불행사의 상대방이 아닌 제3자라도 그 제3자 본인(자기)에게 기본권 침해가 와야 한다는 것이다.

(나) 구체적 검토

위 결정례 ①에서 '간접적 또는 사실적인' 제약 운운하는 것은 기본권침해가능성, 결정례 ②에서는 "기본권침해의 자기관련성이란 심판대상규정에 의하여 청구인들의 기본권이 '침해될 가능성'이 있는가에 관한 것"이라는 받아들이기 곤란한 설시를 하고 있다(이 문제점은 전술함).

3) 제3자의 자기관련성을 부인한 예

(가) 앞에 인용된 판례

(나) 청구인의 법적 지위의 변화에 대한 예견불가성, 낮은 진지성 등

판례 헌재 2002.6.27. 2001헌마122

[쟁점] 한국전력공사의 분할절차의 간소화 등을 주요골자로 하는 전력산업구조개편촉진에 관한 법률(2000.12.23. 법률 제6282호로 제정된 것), 전기사업의 경쟁환경 조성 및 정비를 주요골자로 하는 전기

사업법(2000.12.23. 법률 제6283호로 전문개정된 것)에 대해 한국전력공사의 직원이자, 노동조합원인 그리고 전기소비자로서 헌법소원을 청구한 사건에서 청구인의 기본권침해의 자기관련성이 인정되는지 여부(소극) [결정요지] 청구인은 이 법률들로 인해 한전의 자회사가 분할 및 민영화되고 청구인은 한전 직원으로서의 종전과 같은 지위를 더 이상 유지하지 못하게 됨으로써 한전의 직원이자 노동조합원으로서의 지위와 권리에 침해를 받게 되었고, 또 전기소비자로서도 한전과의 전기공급계약을 해지하고 분할된 회사와 다시 전기공급계약을 체결하여야 하는 법적 지위의 변동이 초래되게 되었다고 주장한다. 그러나 한전의 분할 및 민영화, 전기사업의 경쟁체제성립이 한전의 직원이자 노동조합원, 그리고 전기소비자로서의 청구인의 법적 지위나 자유 · 권리, 또는 편익에 어떠한 변화를 가져올지는 분명히 예견할 수 있는 성질의 것이 아니며 많은 정치 · 경제적 여건 등 외부적인 제반 요인에 의해서도 변동될 수 있는 측면이 있으므로 청구인이 주장하는 바와 같은 결과가 초래된다고는 단정할 수 없다. 그 뿐 아니라, 우선 이 법률들은 전력산업의 구조개편을 촉진하거나 전기사업이 경쟁체제에 들어갈 것에 대비하여 그 환경을 조성하는 데 관한 규정을 두고 있기는 하나 한전의 분할 및 민영화를 그 내용으로 하지 않으며 이를 누구에게 의무지우고 있지도 않다. 결국 이 법률들의 내용과 성격에 비추어 볼 때 이 법률들에 의한 기본권침해를 주장하기에는 그 인과관계가 간접적이거나 희박하며, 그 효과 또는 진지성의 정도가 낮아서 이 사건 법률들이 청구인의 기본권을 직접 침해할 여지가 있다고는 볼 수 없다. 즉 기본권침해의 자기관련성을 인정할 수 없다.

(다) 회사의 기본권에 관한 헌법소원을 회사 대표자가 제기한 경우의 자기관련성 부인 - 허가명의자가 회사 자체인 경우

판례 헌재 2000.12.14. 2000헌마308

[사안] 통합된 방송법(2000.1.12. 법률 제6139호) 제9조 제3항은 중계유선방송사업자가 방송위원회의 승인을 받아 종합유선방송사업자로 전환할 수 있도록 하면서도 동법 부칙 제7조 제2항은 그 승인을 일정 기간 유예할 수 있도록 규정하고 있는데 중계유선방송사업자인 주식회사가 아니라 그 대표자가 위 부칙 제7조 제2항은 중계유선방송사업자의 평등권, 직업수행의 자유 등을 침해한다는 주장으로 위 규정에 대해 헌법소원심판을 청구함. [결정요지] 청구인들은 중계유선방송사업허가를 받은 유선방송 주식회사의 대표자들인바, 사업자로 허가받은 것은 위 각 '회사'인데 위 각 회사와 별개의 인격인 청구인들이 이 사건 심판청구를 하고 있어, 청구인들의 자기관련성이 문제된다. 이 사건 부칙조항은 방송법 제9조 제3항에서 규정한 중계유선방송 '사업자'에 대한 종합유선방송사업의 승인을 일정 기간 유예할 수 있다는 규정으로서 규율대상을 '사업자'로 하고 있고, 방송법 제2조 제6호는 '중계유선방송사업자'라 함은 중계유선방송을 하기 위하여 제9조 제2항의 규정에 의하여 '허가를 받은 자'로 하고 있으므로, 회사와 그 대표자 개인을 엄격히 구별하고 있는 우리 법제상 청구인들이 이 사건에서 침해되었다고 주장하는 기본권의 주체는 허가 명의자인 위 각 회사라 할 것이니, 위 기본권침해에 직접 관련되었다고 볼 특별한 사정이 인정되지 아니하는 이 사건에 있어 제3자인 청구인들이 청구한 이 사건 헌법소원심판은 자기관련성이 없어 부적법하므로 청구를 각하한다.

* 검토 – 대표자가 헌법소원심판을 대표하여 청구할 수 있으므로 이를 직권으로 선해하여 판단하는 것이 헌법재판 경제성에 부합하는 것이었다고 본다.

* 동지 결정례 : 신문사의 대표자인 청구인이 구 '신문 등의 자유와 기능보장에 관한 법률'(2005.1.27. 법률 제7369호로 전문 개정된 것. 이하 '신문법')의 일부 조항에 대한 헌법소원심판청구에 자기관련성이 없다고 판단한 사례

판례 헌재 2006.6.29. 2005헌마165

[결정요지] 살피건대, HS일보는 신문법 소정의 정기간행물에 해당하는 일반일간신문으로서 동 신문을 발행하는 정기간행물사업자는 "주식회사 HG일보"이다. 그리고 헌법소원심판청구서에 첨부된 등기부등본의 기재에 의하면 청구인은 위 주식회사 HG일보의 대표이사일 뿐이다. 그런데, 동 청구인이 심판대상으로 청구한 조항인 신문법 제16조, 제17조, 제33조, 제34조 제2항, 제37조 제5항은 "정기간행물사업자"를 그 규율대상으로 하고 있는바, 회사와 그 대표자 개인을 엄격히 구별하고 있는 우리 법제상, 법인이 아닌 동 청구인은 위 조항에 대하여 자기관련성이 인정되지 않는다(헌재 2000.12.14. 2000헌마308, 판례집 12-2, 417, 435 참조). 따라서 청구인의 심판청구는 부적법하다.

(라) 지방공무원의 정원에 관한 주민이 제기한 헌법소원에서의 자기관련성 부인

판례 헌재 2001.1.18. 2000헌마149

[쟁점] 지방자치단체의 지방공무원의 정원을 규정한 지방자치단체 표준정원(1999.12.31. 행정자치부고시 제1999-58호)이 인천시 부평구와 인구가 비슷한 서울특별시 자치구들의 공무원 정원에 비하여 인천시 부평구의 공무원 표준정원(738명)을 현저히 적게 정함으로써 부평구의 주민으로서 지방공무원임용시험에 응시하려는 자가 자신의 평등권, 공무담임권 등을 침해한다고 주장하며 위 고시를 대상으로 청구한 헌법소원심판에서 자기관련성을 인정할 수 있을 것인지 여부(각하결정) [결정요지] 이 사건 규정은 각 지방자치단체별로 정할 지방공무원의 정원을 규정한 것이므로 그 受範者는 당해 지방자치단체이지 청구인들이 아니며, 청구인들은 그 직접적인 규율대상이 아니고 단지 간접적으로 관련될 제3자일 뿐이다. 한편, 이 사건 규정은 국민에게 의무를 부과하거나 행위를 금지하는 것과 같은 국민의 기본권에 직접 관련된 법률조항이 아니라 단지 지방공무원정원의 상한선을 정한 조직법규일 뿐인바, 이로 인하여 청구인들의 법적 이익 또는 권리가 직접 침해되는 것으로 보기는 어렵다. 일반적으로 지방공무원의 정원 자체가 다른 지역에 비하여 적다면 상대적으로 행정서비스가 열악해져 주민들이 불편을 겪을 수 있고, 지방공무원임용시험을 준비중인 청구인은 합격할 가능성이 상대적으로 줄어든다는 점에서, 이 사건 규정에 의하여 청구인들의 행복추구권과 지방공무원임용시험을 준비중인 청구인의 공무담임권 등 기본권이 사실상 제한되는 결과가 초래될 수도 있다. 그러나 그러한 불편과 불이익은 단순히 간접적이고 사실적인 것으로 보일 뿐 아니라, 이 사건 규정의 입법목적, 규율대상, 청구인들에게 미치는 효과나 진지성의 정도 및 원칙적으로 권한쟁의 심판의 대상이 될 수 있다는 점 등을 종합 고려하면 청구인들의 자기관련성은 이를 인정하기 어렵다.

(마) 진료정보를 국민건강보험공단에 알려줄 개별 의료급여기관 의무 고시 조항에 대한 대한의사협회의 청구

판례 헌재 2009.9.24. 2007헌마1092

[사안] 개별 의료급여기관으로 하여금 수급권자의 진료정보를 국민건강보험공단에 알려줄 의무 등 의료급여 자격관리 시스템에 관하여 규정한 보건복지부장관 고시 조항에 대하여 대한의사협회가 헌법소원심판을 청구한 사건임. [판시] 이 사건 고시 제3조에 의하여 진료정보를 국민건강보험공단에 알려 주어야 할 의무 등을 부담하게 되는 것은 개별 의료급여기관이고, 청구인 대한의사협회는 그 직접적인 수범자가 아니라 제3자에 불과하다. 원칙적으로 기본권을 침해당하고 있는 자만이 헌법소원을 제기할 수 있고 제3자는 특별한 사정이 없는 한 기본권침해에 직접 관련되었다고 볼 수 없는 것이다. 청구인 대한의사협회는 의료급여기관의 경영의 개선에 관한 사항, 의료급여기관의 복지 등에 관한 사업 등을 수행하므로 이 사건 고시 제3조에 의해 자신의 직업의 자유가 침해된다고 주장하나, 이 사건 고시 제3조의 목

적에 비추어 볼 때 청구인 대한의사협회는 그 실질적인 규율대상에 포함되지 않는다고 할 것이고, 또 이 사건 고시 제3조에 따른 의료급여기관에 대한 의무 부과 등이 의료기관 경영개선에 관한 사항이나 회원 등의 복지 등에 관한 사업을 수행하는 청구인 대한의사협회에게 미치는 효과는 단지 간접적, 사실적인 것일 뿐이며 그 진지성의 정도도 크지 않다고 할 것이므로, 이 사건 고시 제3조에 대한 대한의사협회의 자기관련성은 인정하기 어렵다.

* 검토 – 간접적 사실적 효과 운운한 것은 기본권침해가능성 문제로 다루었어야 했는데 '자기성'을 등한시한 또 다른 결정례이다.

(바) '장애인활동지원 급여비용 등에 관한 고시'에 대한 활동보조급여 수급자들의 청구

이 고시에 대한 헌법소원심판에서는 두 청구인, 즉 활동보조급여 수급자들과 활동보조기관 운영자들의 청구가 있었는데 수급자들 청구에 대해서는 기본권 침해의 자기관련성을 인정할 수 없어 부적법하다고 판단했고 활동보조기관 운영자들의 청구에 대해서는 예외적인 심판이익을 인정한 사건이다.

판례 헌재 2018.2.22. 2017헌마322

[사안] 장애인활동지원 급여비용을 정한 보건복지부고시가 활동보조기관에게 지급되는 시간당 급여비용을 낮게 정하였다고 헌법소원심판이 청구되었는데 청구인은 급여를 받는 수급자, 그리고 활동지원급여를 수급자에게 제공하고 그 비용을 받는 활동지원기관이다. 정리하면 급여는 장애인으로서 수급자인 사람이 받는 것(활동보조, 방문목욕, 방문간호 등의 서비스)이고 급여비용은 그 급여를 제공하는 데 비용이 든 활동지원기관이 받는 것인데 여기서 문제된 것은 급여비용이 낮다는 점 때문에 그 급여비용을 정한 보건복지부고시('장애인활동지원 급여비용 등에 관한 고시'. 이 고시는 "급여비용의 구체적인 산정방법 및 항목 등에 관하여 필요한 사항은 보건복지부령으로 정한다"라고 위임한 '장애인활동 지원에 관한 법률' 제32조 제3항에 따라 제정된 동법률 시행규칙 제36조 제2항이 또 동조 제1항이 시간당 곱해서 정하도록 "규정한 사항 외에 급여비용의 산정에 필요한 사항은 보건복지부장관이 정하여 고시한다"라고 한 위임규정에 따라 시간당 구체적으로 "매일 일반적으로 제공하는 경우 9240원 등으로 규정한 고시이다.)이고 이에 대해 헌법소원심판이 청구된 사안이다. [판시] 적법요건에 관한 판단 [가] 활동보조급여 수급자들의 심판청구 – 심판대상조항들은 수급자에게 활동보조급여를 제공한 활동보조기관이 지급받을 수 있는 시간당 급여비용을 규정하고 있으므로, 활동보조급여 수급자들은 심판대상조항들의 직접적인 수범자가 아닌 제3자에 해당한다. 또 활동지원급여는 수급자의 월 한도액의 범위에서 제공하고(장애인활동법 제18조 제1항), 활동보조의 급여비용은 급여 제공 시간에 시간당 비용을 곱하는 방법으로 산정하므로(같은 법 시행규칙 제36조 제1항 제1호), 활동보조급여의 시간당 금액이 낮을수록 수급자들에 대한 급여 제공 시간은 증가한다. 반대로 활동보조급여의 시간당 금액이 높아지면 수급자들에 대한 급여 제공 시간은 줄어든다. 따라서 활동보조급여의 시간당 금액이 지나치게 낮다는 취지로 주장하는 활동보조급여 수급자들은, 심판대상조항들로 인하여 자신들의 기본권을 직접적·법적으로 제한받는다고 보기 어렵다. 위 청구인들은 심판대상조항들이 활동보조급여의 시간당 금액을 지나치게 낮게 정하고 있어 급여의 품질 저하, 활동보조인 변경에 따른 급여의 불안정한 제공 등의 피해를 입고 있다는 취지로도 주장하나, 이는 간접적이고 반사적인 불이익에 불과하다. 그렇다면 청구인들 중 활동보조급여 수급자들의 심판청구는 기본권 침해의 자기관련성을 인정할 수 없어 부적법하다. [나] 활동보조기관 운영자들의 심판청구 – 이 사건 심판청구 이후 이 사건 고시는 개정되어 활동보조급여의 시간당 금액이 인상되어 활동보조기관 운영자들의 권리보호이익은 더 이상 존재하지 않는다. 그러나 이 사건과 같은

유형의 침해행위가 앞으로도 반복될 위험이 있고, 심판대상조항들이 헌법에 합치되는지 여부를 헌법적으로 해명한다는 중대한 의미를 지녀 예외적으로 심판의 이익이 인정된다(심판이익의 예외적 인정에 관한 이 부분의 결정에 대해서는 권리보호이익 부분 참조).

* 분석 – 헌재는 "심판대상조항들로 인하여 자신들의 기본권을 '직접적·법적으로 제한'받는다고 보기 어렵다"라고 하는데 이는 직접성요건에서 언급하면 모르되 자기관련성에서 언급할 말이 아니다. 또한 위 수급인의 주장이 과연 반사적인 것에 불과한 것인지 의문이다.

(사) 침해우려의 시민 청구

판례 헌재 2018.8.30. 2016헌마442

[사안] 다양한 사회활동을 해온 시민들이 테러 및 테러위험인물의 개념을 정의한 '국민보호와 공공안전을 위한 테러방지법'(2016.3.3. 법률 제14071호로 제정된 것, 이하 '테러방지법') 제2조 제1호 가목 및 라목, 제3호(이하 위 조항들을 합하여 '이 사건 정의조항')와 국가정보원장으로 하여금 테러위험인물에 대하여 정보수집 등 각종 조치를 할 수 있도록 한 테러방지법 제9조(이하 '이 사건 정보수집 등 조항'이라 한다)에 대한 헌법소원심판청구이었음. [판시] 이 사건 정의조항은 테러방지법에서 사용하는 "테러", "테러위험인물"의 개념에 관하여 정의하고, 이 사건 정보수집 등 조항은 테러위험인물을 대상으로 국가정보원장이 취할 수 있는 여러 조치에 관하여 규정하고 있을 뿐이다. 국가정보원장은 청구인들을 이 사건 정의조항에서 정한 테러위험인물로 지정하지 않았고, 청구인들을 상대로 이 사건 정보수집 등 조항에 근거한 각종 조치를 취한 적도 없으므로, 심판대상조항이 청구인들을 직접적인 상대방으로 하고 있다고 볼 수 없다. 또한 테러위험인물에 해당하지 않아 제3자에 불과한 청구인들의 기본권을 심판대상조항이 직접적이고 법적으로 침해하고 있다고 볼 만한 예외적 사정 역시 인정되지 아니한다. 이에 대하여 청구인들은 그동안 강정해군기지 건설반대, 용산참사 진상규명 및 관련자 처벌 요구 등 다양한 사회적 활동을 해 왔는데, 그동안 자신들이 행한 활동이 반정부적 활동으로 분류되어 테러위험인물로 지정될 가능성이 있고, 심판대상조항은 광범위한 민간인 사찰 도구로 악용될 수 있다고 주장한다. 그러나 청구인들의 위와 같은 사회적 활동이 이 사건 정의조항에서 규정하고 있는 테러의 개념에 해당하지 않는다는 점은 문언상 명백하다. 청구인들의 위 주장은 막연한 권리침해의 가능성 내지 우려를 표명한 것에 불과하다. 따라서 청구인들의 이 사건 헌법소원심판청구는 자기관련성이 결여되어 부적법하다.

* 검토 – 헌재는 "권리침해의 가능성 내지 우려를 표명한 것에 불과하다"라고 하고서 바로 이어 "따라서 청구인들의 이 사건 헌법소원심판청구는 자기관련성이 결여되어 부적법하다"라고 판시한다. 침해가능성과 자기관련성을 혼동하게 하는 명확하지 못한 판시이다. 더구나 전원일치 판결이다.

(아) 담배의 제조·판매에 관한 규율조항에 대한 간접흡연자 청구의 자기관련성 부정

헌재는 담배의 제조 및 판매에 관하여 규율하고 있는 구 담배사업법(2010.1.18. 법률 제9932호로 개정되고, 2011.6.7. 법률 제10786호로 개정되기 전의 것, 이하 '담배사업법'이라고 한다)에 대한 간접흡연자의 헌법소원심판 청구에 대해 제3자성에 대한 부정이라는 원칙을 밝힌 뒤 자기관련성을 부정하고 이 부분 청구에 대해 각하결정을 하였다.

판례 헌재 2015.4.30. 2012헌마38

[판시] 헌법재판소법 제68조 제1항에서 기본권을 침해받은 자라 함은 공권력의 행사 또는 불행사로 인하여 자기의 기본권이 현재 그리고 직접적으로 침해받은 자를 의미하며 단순히 간접적, 사실적 또는 경

제적인 이해관계가 있을 뿐인 제3자는 이에 해당하지 않는다. (1) 청구인 ○○○, △△△의 청구에 대한 판단 – 청구인 ○○○, △△△는 이 사건 심판청구 당시 임신 중이었던 임산부로서, 담배사업법으로 인하여 일반 국민들이 담배를 구입하여 피우게 되었고, 이로 인하여 임산부인 자신들이 '간접흡연'을 하게 되어 기본권이 침해되었다고 주장한다. 그런데 간접흡연으로 인한 폐해는 담배의 제조 및 판매행위로 인한 것이 아니라 흡연자의 흡연행위로 인한 것이고, 이는 담배사업법의 규율영역과는 무관하다. 즉, 간접흡연으로 인한 폐해는 타인의 흡연으로 인하여 발생한 담배연기를 수동적으로 흡입함으로써 발생하는 것이므로, 금연구역의 확대나 건물 내에서의 흡연 금지 등 흡연자의 흡연행위 자체를 규제하여 타인의 흡연으로 인한 비자발적인 담배연기의 흡입을 방지함으로써 저지할 수 있다. 간접흡연의 폐해까지 담배사업법으로 인한 기본권침해라고 본다면 결국은 비흡연자들 모두 담배사업법으로 인한 기본권침해의 자기관련성을 가지게 되는데, 이는 구체적인 이해관계에 대한 해명 없이 막연한 위험성만으로 비흡연자들의 법적 관련성을 인정하는 것으로서 허용될 수 없다. 담배사업법에 따른 담배의 제조 및 판매는 비흡연자들이 간접흡연을 하게 되는 데 있어 간접적이고 2차적인 원인이 된 것에 불과하다. 이처럼 담배의 제조 및 판매와 비흡연자의 관계는 간접적이고 사실적인 이해관계를 형성할 뿐, 직접적 혹은 법적인 이해관계를 형성하지는 못한다. 따라서 청구인 ○○○, △△△의 심판청구는 담배의 제조 및 판매에 관하여 규율하는 담배사업법에 대해 기본권침해의 자기관련성을 인정할 수 없다.

* 검토 – 간접적, 사실적 이해관계라는 판시를 계속하고 있다.

(자) 기존 사법시험준비생의 이른바 로스쿨법에 대한 청구

이른바 로스쿨 도입을 위해 '법학전문대학원 설치·운영에 관한 법률'(2007.7.27. 법률 제8544호로 제정된 후 2008.2.29. 법률 제8852호로 개정된 것, 이하 '이 사건 법률')이 제정되었는데 기존 법과대재학생이자 사법시험준비생이 청구한 동법 제1조에 대한 헌법소원심판에서 헌재는 제3자로서의 자기관련성 요건을 갖추지 못하였다고 하여 각하결정하였다.

판례 헌재 2009.2.26. 2007헌마1262

[사안] (1) 위 청구 당시 청구인들은 법과대학에 재학중인 학생들로서, 법조인이 되기 위하여 사법시험을 준비해오고 있었는데 (2) '법학전문대학원 설치·운영에 관한 법률'이 2007.7.27. 법률 제8544호로 제정됨에 따라 법학전문대학원(이하 '로스쿨'이라 한다)이 새로운 법조인 양성제도로서 2009.3.1.부터 설치·운영되게 되었고, 앞으로 제정될 변호사시험법은 로스쿨 졸업자가 변호사시험에 합격하여야만 변호사가 될 수 있도록 규정될 것으로 예측되었다. (3) 청구인들은, 로스쿨이 새로운 법조인 양성제도로 도입됨에 따라 현행 사법시험제도에 의한 사법시험 선발인원이 점차적으로 줄어들고 장기적으로는 사법시험제도가 폐지될 것으로 예상되자, 위 법률 제1조에 의한 로스쿨제도가 청구인들의 직업선택의 자유, 평등권, 공무담임권을 침해하고, 위 법률 제6조 제2항, 제19조 제1항, 제20조 제2항이 포괄위임입법금지원칙에 위배되며, 위 법률 제26조 제2항 및 제3항이 청구인들의 직업선택의 자유, 평등권, 공무담임권을 침해하고, 위 법률 부칙 제1항 및 제2항이 신뢰보호원칙에 위배된다고 주장하며 2007.11.8. 헌법소원심판을 청구하였다. [결정요지] 가. 법 제1조에 대한 심판청구의 적법 여부 (1) 청구인들은 이 사건 심판대상조항에 법 제1조를 포함시키고 있다. 법 제1조는 "이 법은 법학전문대학원의 설치·운영 및 교육 등에 관한 사항을 정함으로써 우수한 법조인을 양성함을 목적으로 한다."라고 규정하여 이 사건 법률의 제정목적을 선언하고 있는 규정이다. 살피건대, 이와 같이 법제정의 목적을 선언하고 있을 뿐인 법 제1조 자체는 청구인들에게 어떠한 구체적인 법적 효과를 미친다고 할 수 없어서 청구인들의 기본권을 침해할 가능성이 전혀 없으므로 이에 대한 심판청구는 부적법하다 할 것이다. (2) 그런데 청구인들은, 로스쿨제도 도입 자체가 청구인들의 기본권을 침해하여 위헌이고 따라서 이 사건 법률 전체가 위

헌이라 할 것이지만 이 사건 법률 전체에 대한 위헌심판청구를 할 수 없으므로 부득이 로스쿨제도 도입 자체에 대한 위헌선언을 구하는 의미로 법 제1조에 대한 헌법소원심판을 청구하는 것이라 주장하고 있다. 그렇다면 이 부분 심판청구의 취지를 청구인들의 주장에 따라 선해하여, 법 제1조에 의한 로스쿨제도의 도입이 청구인들의 기본권을 침해할 가능성이 있어서 이에 대한 심판청구가 적법한지 여부를 살펴보기로 한다. (가) 헌법재판소법 제68조 제1항에 의하면 헌법소원심판은 공권력의 행사 또는 불행사로 인하여 헌법상 보장된 기본권을 침해받은 자가 청구하여야 한다고 규정하고 있는 바, 여기에서 기본권을 침해받은 자라 함은 공권력의 행사 또는 불행사로 인하여 자기의 기본권이 현재 그리고 직접적으로 침해받은 자를 의미하며 단순히 간접적, 사실적 또는 경제적인 이해관계가 있을 뿐인 제3자는 이에 해당하지 않는다(헌재 1992.9.4. 92헌마175, 판례집 4, 579, 580; 헌재 2002.7.18. 2001헌마605, 판례집 14－2, 84, 94). 법률에 의하여 기본권을 침해받은 경우에는 법률에 의하여 직접 기본권을 침해당하고 있는 자만이 헌법소원심판청구를 할 수 있다고 할 것이고 제3자는 특별한 사정이 없는 한 기본권 침해에 직접 관련되었다고 볼 수 없다. 다만 어떠한 경우에 제3자의 자기관련성을 인정할 수 있는가의 문제는 무엇보다도 법의 목적 및 실질적인 규율대상, 법규정에서의 제한이나 금지가 제3자에게 미치는 효과나 진지성의 정도, 규범의 직접적인 수규자에 의한 헌법소원제기의 기대가능성 등을 종합적으로 고려하여 판단해야 한다(헌재 1997.9.25. 96헌마133, 판례집 9－2, 410, 416－417; 헌재 2002.7.18. 2001헌마605, 판례집 14－2, 84, 94). (나) 이 사건 법률은 로스쿨 설치 및 운영 예정자와 로스쿨 입학 예정자를 직접적인 수규자로 하고 있어서 로스쿨을 설치하고 운영하려는 학교 법인들 및 로스쿨 입학 예정자들에게 직접적으로 적용되는 것이고, 장차 법조인이 될 것을 목표로 준비 중에 있을 뿐인 사람들에게 직접 적용되는 것은 아니다. 따라서 사법시험을 준비중인 청구인들은 이 사건 법률의 직접적인 수규자가 아닌 제3자에 불과하므로, 청구인들에게 제3자로서의 기본권침해의 자기관련성을 인정할 수 있을 것인지 여부가 문제된다. 법 제1조에 의거하여 로스쿨제도가 도입됨으로 인하여 장차 사법시험 선발인원이 축소되거나 사법시험이 폐지되는 결과가 발생할 것으로 예상된다 하더라도, 그러한 결과는 이 사건 법률이 아니라 장차 사법시험법의 개정 및 그에 의거한 법무부장관의 사법시험 실시 고시 또는 새롭게 제정될 변호사시험법에 의하여 초래될 것이다. 따라서 법 제1조에 의한 로스쿨제도의 도입 자체는 사법시험을 준비중인 청구인들에게 무슨 직접적인 불이익을 준다고 할 수 없고, 설령 장래에 사법시험법의 개정 및 그에 의거한 법무부장관의 사법시험 실시 고시 또는 새로이 제정될 변호사시험법에 의하여 사법시험선발인원이 축소되거나 폐지되는 결과로 이어진다 하더라도 그로 인한 불이익은 간접적이고 사실적인 이해관계에 불과하다 할 것이다. 그렇다면, 법 제1조에 의한 로스쿨제도의 도입은 청구인들의 기본권을 침해할 가능성이 없어서 청구인들에게는 기본권침해의 자기관련성이 인정되지 않으므로 이에 대한 심판청구는 부적법하다.

* 검토 – 헌재가 "청구인들의 기본권을 침해할 가능성이 있어서 이에 대한 심판청구가 적법한지 여부를 살펴보기로 한다"라고 하고서는 "그로 인한 불이익은 간접적이고 사실적인 이해관계에 불과하다 할 것이다. 그렇다면, 법 제1조에 의한 로스쿨제도의 도입은 청구인들의 기본권을 침해할 가능성이 없어서 청구인들에게는 기본권침해의 자기관련성이 인정되지 않으므로 이에 대한 심판청구는 부적법하다"라고 결론을 판시한다. 침해가능성과 자기관련성을 혼동하고, '간접적이고 사실적인'은 기본권침해성과 자기관련성('자기성')을 혼동하는 결정례이다.

(차) 학생인권조례 – 학생의 종교의 자유를 보장하기 위해 학교의 설립자·경영자, 학교의 장 및 교직원에 금지의무를 부과한 규정에 대한 학생 등의 청구

판례 헌재 2019.11.28. 2017헌마1356

[심판대상조항] 서울특별시 학생인권조례(2012.1.26. 서울특별시조례 제5247호로 제정된 것) 제16조(양

심·종교의 자유) ③ 학교의 설립자·경영자, 학교의 장 및 교직원은 학생의 종교의 자유를 침해하는 다음 각 호의 어느 하나에 해당하는 행위를 하여서는 아니 된다. 1. 학생에게 예배·법회 등 종교적 행사의 참여나 기도·참선 등 종교적 행위를 강요하는 행위 2. 학생에게 특정 종교과목의 수강을 강요하는 행위 3.−7. 생략 ⑤ 학교의 장은 특정 종교과목의 수업을 원하지 않는 학생들을 위하여 이를 대체할 과목을 마련해야 한다. [판시] 헌법소원에 있어서는 원칙적으로 공권력의 행사 또는 불행사의 직접적인 상대방만이 자기관련성이 인정되고, 공권력의 작용에 단지 간접적이거나 사실적 또는 경제적인 이해관계가 있을 뿐인 제3자의 경우에는 자기관련성이 인정되지 않는다. … 이 사건 조례 중 제16조 제3항은 학교의 설립자·경영자, 학교의 장 및 교직원으로 하여금 학생의 종교의 자유를 침해하는 각 호의 행위를 해서는 아니 된다는 점을, 제16조 제5항은 학교의 장으로 하여금 특정 종교과목의 수업을 원하지 않는 학생들을 위하여 이를 대체할 과목을 마련할 것을 각 규정하고 있는바, 이 사건 조례 중 제16조 제3항의 직접적인 수범자는 학교의 설립자·경영자, 학교의 장 및 교직원이고, 제16조 제5항의 직접적인 수범자는 학교의 장이다. 따라서 학생, 입학예정자, 나아가 그들의 친권자인 청구인 6 내지 23이 이사건 조례 제16조 제3항에 관하여, 위 청구인들과 초·중등교원인 청구인 1 내지 4가 이 사건 조례 제16조 제5항에 관하여 갖는 이해관계는 단지 간접적이고 사실적인 것으로, 직접적이고 법적인 이해관계가 있는 것은 아니다. 따라서 청구인 6 내지 23은 이 사건 조례 제16조 제3항에 관하여, 청구인 5를 제외한 나머지 모든 청구인들은 이 사건 조례 제16조 제5항에 관하여 각 기본권침해의 자기관련성이 인정되지 아니한다. * 이 사안에서 위 조례의 개정 규정(2017.9.21. 서울특별시조례 제6608호로 개정된 것) "제5조(차별받지 않을 권리) ③ 학교의 설립자·경영자, 학교의 장과 교직원, 그리고 학생은 제1항에서 예시한 사유를 이유로 차별적 언사나 행동, 혐오적 표현 등을 통해 다른 사람의 인권을 침해하여서는 아니 된다."라는 부분에 대해서는 본안판단에 들어가서 과잉금지원칙을 준수하여 표현의 자유의 침해가 아니라는 기각결정이 있었다.

* 검토 − 역시 간접적, 사실적 이해관계라고 보면서 자기관련성 문제로 간 것도 문제이고 위 사안에서 조례규정 자체도 "학생의 종교의 자유를 침해하는"이라고 규정하고 있듯이 학교 설립자, 학교장 등에 심판대상규정이 부과하는 금지의무는 학생들의 종교자유를 위한 것이라는 점에서 간접적, 사실적인지 의문이다. 이러한 지적은 학생인권조례에 반대한다는 것이 결코 아니라 헌법재판법리에 비춘 것이다.

(카) 편입생 모집 공고에 대한 재학생의 청구

- 교육대학교 편입생 모집 초등교사 부족 문제 등을 해결하고자 중등교사자격증 소지자를 초등교사로 임용하기로 하고 교육대 교수들의 건의를 받아들여 그들을 교육대학교에 편입하기 위한 교육감이 '○○교육대학교 특별편입 전라남도교육감 추천 대상자 공개경쟁 선발시험 공고'를 하였는데 이에 대해 기존의 교육대 재학생들이 편입생의 모집으로 말미암아 적정인원을 수용한 대학시설에서 양질의 교육을 받을 자신들의 권리 등이 침해된다고 주장하면서 헌법소원심판을 청구하였다. 처음에 제3자 자기관련성 문제로 시작하였다가 대학 학생선발권이 재학생 기본권이 아닌 점, 교육을 받을 권리는 자신의 교육환경을 최상 혹은 최적으로 만들기 위해 타인의 교육시설 참여 기회를 제한할 것을 청구할 수 있는 기본권이 아니라는 점 등을 들어 기본권침해 문제가 아니고 반사적 이익임을 언급한 뒤 결국 침해가능성이 없다고 하여 각하결정을 한 사안이다.

판례 헌재 2003.9.25. 2001헌마814등

[결정요지] (1) 헌법소원이 적법하기 위해서는 청구인 자신의 기본권이 현재 그리고 직접 침해당한 경우라야 한다. 공권력 작용의 직접적인 상대방이 아닌 제3자라 하더라도 그 공권력 행사로 인해 자신의 기본권을 직접 법적으로 침해당하는 경우에는 자기관련성을 인정할 수 있지만, 이 경우 당해 공권력 작용의 목적, 실질적인 규율대상, 당해 공권력 작용이 그 제3자에게 미치는 효과 및 그 진지성의 정도 등을 종합적으로 고려하여 자기관련성 유무를 판단하여야 할 것이다. (2) 살피건대, 이 사건 공고들은 교육감 추천에 의한 중등교사자격증 소지자의 교육대학교 특별편입학에 있어서 그 선발시험에 관한 사항을 그 응시자격자들에게 알리기 위한 것이다. 따라서 그 직접적인 규율대상은 위 시험에 응시하기를 희망하는 자들이지, 청구인들과 같은 재학생이 아니다. 나아가, 이 사건 공고들이 청구인들에게 미치는 효과 및 그 진지성의 정도 등을 살펴보더라도, 청구인들의 기본권이 직접 법적으로 침해당한다고 하기 어렵다. (3) 즉, 학생선발권은 대학총장에게 부여된 권한이지 청구인들과 같은 재학생에게 인정되는 기본권으로는 볼 수 없다. (4) … (5) … (6) … (7) 교육을 받을 권리는 국민이 국가에 대해 직접 특정한 교육제도나 학교시설을 요구할 수 있음을 뜻하지는 않으며, 더구나 자신의 교육환경을 최상 혹은 최적으로 만들기 위해 타인의 교육시설 참여 기회를 제한할 것을 청구할 수 있는 기본권은 더더욱 아닌 것이다. 따라서 편입학조치에 수반하여 학교 여건에 따라 교수 정원 및 교육시설을 확충하거나 주·야간제 또는 계절제를 운용하는 등 재학생들의 정상적인 교육에 별 지장이 없도록 갖가지 시책을 강구하도록 요구할 여지는 있을지 모르나, 기존의 재학생들에 대한 교육환경이 상대적으로 열악해질 수 있음을 이유로 새로운 편입학 자체를 하지 말도록 요구하는 것은, 본래 균등한 취학기회 보장을 목표로 하는 교육을 받을 권리의 내용으로는 포섭할 수 없다고 보아야 한다. 그렇다면 그러한 편입학시험에 관한 이 사건 공고들 자체가 직접 청구인들의 교육을 받을 권리를 침해할 가능성은 인정되지 않는다. (8) 마지막으로, 청구인들은 이 사건 공고들이 고등교육법시행령 제29조 제2항 제3호를 위반한 것이라고 주장하고 있다. 가사 그러한 주장을 받아들이더라도, 위 조항에 의해 막바로 교육대학교 재학생들에게 가령 '학칙에서 정한 입학생 또는 편입생 정원 범위 내에서만 수업을 받을 권리' 등이 부여된다든가 기타 법률상 이익이 인정되는 것은 아니다. 결국 청구인들은 위 조항의 위반 여부에 관하여 단지 사실적·반사적 이익을 가지는 데 그치는 것으로 볼 것이다. 그러므로 이 사건 공고들이 위 조항을 위반하였다고 하여 곧 청구인들의 기본권을 침해할 가능성이 있다고 인정할 수 없다.

(타) 특별전형 지원자격 확대

서울대학교 총장의 "2009학년도 대학 신입학생 입학전형 안내" 중 농·어촌학생특별전형에 있어서 2008년도 제2기 '신활력지역'으로 선정된 시 지역을 2009학년도부터 2011학년도 지원자에 한하여 농·어촌지역으로 인정한 부분(이하 '농·어촌학생특별전형 지원자격 확대 부분')이 시 지역의 학생들을 합격하게 하여 이러한 확대는 농·어촌지역 학생들의 대학진학의 기회를 봉쇄하여 군에 소재하는 고교 3학년에 재학 중인 청구인들의 교육을 받을 권리를 침해한다는 주장의 헌법소원심판이 위 재학생, 학부모 등에 의해 청구되었는데 헌재는 학부모의 청구에 대해서는 법적 관련성을 인정할 수 없다고 보았다.

판례 헌재 2008.9.25. 2008헌마456

[판시] 이 사건 안내는 서울대학교 2009학년도 신입생 특별전형 입학에 있어서 그 지원 자격 및 대상, 절차 등 입학에 대한 정보를 제공하기 위한 것인바, 그 직접적인 대상자는 서울대학교 농·어촌 특별전형에 지원하려는 학생들에 한정되는 것이므로, 학부모에 있어서는 이 사건 안내로 인한 기본권 침해의

법적 관련성을 인정하기 어렵다. 학부모인 청구인 최○○의 이 사건 헌법소원심판 청구는 기본권 침해의 법적 관련성을 인정할 수 없으므로 부적법하다.

* 검토 – 학부모의 자녀교육권과 그것으로부터 파생되는 학교선택권을 고려하면 과연 제3의 입장에만 서는 것인지 의문이다. 사전안내일 뿐이고 그래서 알 권리 문제라고 보더라도 그러하고 재학생의 청구에 대해서도 어차피 기본권침해가능성이 없어 각하되므로 마찬가지라고 할 것은 아니다. 아무리 결론이 각하로 난다 할지라도 아예 남의 문제라고 보는 것이므로 침해가능성 문제와 다르다.

(파) 그 외 부인한 결정례들

① **교육대상자에 대한 기본권제한과 그 교육기관**

판례 헌재 2016.11.24. 2016헌마299

[판시사항] 보육교사 2급 자격을 취득하기 위해 이수해야 하는 보육 관련 교과목 중 일부를 대면 교과목으로 지정한 '영유아보육법 시행규칙'(2016.1.12. 보건복지부령 제392호로 개정된 것) 제12조 제1항 [별표 4] 제2호의 대면 교과목에 관한 부분 중 보육실습에 관한 부분을 제외한 부분에 의한 기본권침해의 자기관련성이 학점은행제 원격교육훈련기관 운영자인 청구인들에게 존재하는지 여부(소극).

② **주관적, 정서적 명예감정 관련** – '제주4 · 3사건 진상규명 및 희생자명예회복에 관한 특별법'(2007.5.17. 법률 제8435호로 개정된 것)의 희생자 결정 조항.

판례 헌재 2010.11.25. 2009헌마146.

③ **문화계 블랙리스트 지원배제 지시행위** – 피청구인 대통령이 피청구인 비서실장에게, 피청구인 비서실장이 비서관들, 문체부장관에게 각 야당 소속 후보를 지지하였거나 정부에 비판적 활동을 한 문화예술인을 지원 대상에서 배제하라고 지시한 행위, 정무수석과 소통비서관이 문체부 공무원들에게, 문체부 ○○과 소속 사무관이 예술위 소속 직원들에게, 문체부장관이 영진위 소속 직원들에게, 문체부 □□과 소속 사무관이 출판진흥원 소속 직원들에게 지원배제를 지시한 행위 - 청구인들에 대한 지시가 아니어서 제3자에 가해진 것이나 예술위 등을 이용한 것에 불과하여 자기관련성이 인정된다고 본 것이다.

판례 헌재2020.12.23. 2017헌마416

[판시] 피청구인들의 이 사건 지원배제 지시는 형식적으로는 예술위 등에 대하여 이루어진 것이었으나, 그 실질은 청구인들에 대한 문화예술 지원배제라는 일정한 목적을 관철하기 위하여 단지 예술위 등을 이용한 것에 불과하고 청구인들은 그에 따라 문화예술 지원 대상에서 제외되었으므로, 청구인들의 자기관련성이 인정되고, 이러한 점에서 기본권 침해의 직접성도 인정된다.

(4) 청구인에 대한 거부가 아니나 표리관계인 기본권침해인 경우의 자기관련성 인정

청구인뿐 아니라 다른 사람의 기본권도 함께 문제된다면 그런 경우에도 청구인의 자기관련성이 있는 것은 물론이다. 예를 들어 변호인의 조력을 받을 권리는 조력을 받게 되는 청구인뿐 아니라 조력을 주는 변호인의 권리 문제이기도 하다. 난민인정심사불회부 결정을 받은 후 인천국제공항 송환대기실에 수용중인 외국인의 변호인의 접견신청을 피청구인(인천공항출입국·외국인청장)이 거부한 행위에 대해 헌법소원심판에 있어서 헌재가 그 외국인의 기본권인 변호인의 조력을 받을 권리를 침해하여 자기관련성이 있다고 본 아래와 같은 결정례가 있었다. 접견신청은 청구인의 변호인이 하였고 그 신청을 거부한 행위에 대해 청구는 외국인 청구인이 하였다.

판례 헌재 2018.5.31. 2014헌마346

[판시] 가. 청구인적격 및 자기관련성 – … 청구인이 침해받았다고 주장하는 변호인의 조력을 받을 권리는 성질상 인간의 권리에 해당되므로 외국인도 주체이다. 따라서 청구인의 심판청구는 청구인 적격이 인정된다. 변호인이 의뢰인을 조력하는 행위와 의뢰인이 변호인의 조력을 받는 행위는 하나의 사건을 다른 방향에서 바라본 것이어서 서로 표리관계에 있다. 이러한 이유 때문에 이 사건 변호인 접견신청 거부의 직접적인 상대방은 청구인이 아니라 청구인의 변호인이었지만, 그로 인하여 청구인은 변호인의 도움을 받지 못하게 되었다. 따라서 이 사건 변호인 접견신청 거부는 청구인의 변호인의 조력을 받을 권리를 침해할 가능성이 있다(헌재 2011.5.26. 2009헌마341 참조). * 본안판단결과 위 거부행위에 대한 위헌확인결정이 있었다.

* 검토 – 결론은 타당하나 자기관련성이란 제목하에 판시를 하면서 결론은 "권리를 침해할 가능성이 있다"라고 이상하게 판시하고 있다.

4. 수혜 제외자의 자기관련성

(1) 의미

사실 이 문제는 기본권침해를 가져오는 법령 등 공권력작용으로 인한 상대방이 제기하는 헌법소원의 문제가 아니다. 법령이 이익을 가져다주는 경우이기 때문이다. 그런데 문제는 그 이익을 수혜하지 못한 사람은 그 수혜대상이 되기를 바라고 그래서 헌법소원을 제기하게 된다. 그 경우에 청구인은 문제의 그 법령의 수범자가 아니게 되고 제3자가 된다.

* **유의 – '제3자'의 의미** : 여기에서 말하는 '제3자'란 앞서 본 예외적으로 자기관련성이 인정된다는 제3자의 의미가 아니다. 후자, 즉 제3자에 대한 예외적 자기관련성인정이라고 할 때 제3자는 기본권침해의 공권력행사·불행사의 상대방이 아닌 제3자라는 의미이고 여기에서 제3자는 이익을 주는 공권력행사에서 그 수혜 상대방이 아니어서 제3자라는 의미이다.

여하튼 헌재는 위와 같은 문제상황에서 평등원칙의 문제로 보아서 판단한다.

사실 이 문제는 수혜적 법률 자체가 잘못이라는 것이 아니라 그 수혜범위에서 제외되는 사람이 있는 것이 불평등하다는 데 그 위헌성을 시정하여야 한다는 것이다. 따라서 부진정입법부작위의 문제이기도 하다. 그 점을 아래의 제외동포법 결정에서 찾을 수 있겠다.

판례 헌재 2001.11.29. 99헌마494

[관련판시] 이 사건 심판대상규정('재외동포의 출입국과 법적 지위에 관한 법률'(1999.9.2. 법률 제6015호로 제정된 것, '재외동포법'이라고 함) 제2조 제2호 등)은 재외동포, 특히 외국국적동포에 대하여 아무런 규정을 두지 아니한 것이 아니라 그 중 일부에 대한 혜택을 주도록 규정하면서도 정부수립이전이주동포를 제외시켜 불완전·불충분하게 규율하고 있는 부진정입법부작위에 해당하고, 따라서 이 헌법소원은 이 사건 심판대상규정이 평등원칙에 위배되는가 여부에 관한 것이므로 적법하다고 할 것이다. * 이 결정이 수혜자 제외에 관한 헌법소원에서의 적법성 문제가 보다 뚜렷한 법리로 표명되지는 않았지만 그 사안의 취지와 성격이 그러하고 헌재가 관련 선례로 인용하고 있기도 하다. 보다 선명한 판례법리는 아래에 인용된다.

(2) 판례법리

1) 평등원칙 위반 주장의 경우 긍정

이익을 주는(수혜적인) 공권력행사에서 그 이익을 받는 대상에서 제외된 사람이 그 제외가 평등원칙을 위반한 것으로 주장하는 헌법소원심판이 청구될 수 있다. 헌재판례는 "수혜범위에서 제외된 청구인이 국가가 다른 집단에게 부여한 혜택으로부터 자신이 속한 집단을 평등원칙에 위배되게 배제하였다는 주장을 할 수 있고, 헌법재판소가 심판대상의 평등권위반을 확인한다면, 그 결과로 혜택규정에 의하여 배제되었던 혜택에 참여할 가능성이 있는 경우에는 청구인의 자기관련성을 인정할 수 있다"라고 한다.

① 국립대학 재정지원에 대한 사립대학의 헌법소원심판 청구

판례 헌재 2003.6.26. 2002헌마312, 헌재공보 제82호, 601면

[쟁점] 국가의 국립대학에 대한 재정지원행위에 대하여 사립대학 입장에서 평등권위반을 이유로 헌법소원심판을 청구할 자기관련성이 인정될 수 있는지 여부(긍정) [관련판시] 국가의 국립대학에 대한 재정지원행위의 직접적 상대방이 아닌 사립대학의 입장에서 자기관련성이 인정될 수 있는지를 살펴보면, 일반적으로 침해적 법률에 있어서는 법률의 수규자가 당사자로서 자신의 기본권침해를 주장하게 되지만, 이 사건에서와 같이 혜택을 주는 법규정 또는 공권력행사의 경우에는 수혜범위에서 제외된 청구인이 국가가 다른 집단에게 부여한 혜택으로부터 자신이 속한 집단을 평등원칙에 위배되게 배제하였다는 주장을 할 수 있고, 헌법재판소가 심판대상의 평등권위반을 확인한다면, 그 결과로 혜택규정에 의하여 배제되었던 혜택에 참여할 가능성이 있는 경우에는 청구인의 자기관련성을 인정할 수 있다. 이 사건에서 만약 헌법재판소가 "국립대학에 대하여 사립대학에 대한 것보다 월등히 많은 금액의 재정지원을 하는 것은 평등권을 침해하는 것이다"라고 확인하는 결정을 내리면, 국립대학에 대한 재정지원이 박탈되거나 감축되는 방향으로 평등이 이루어질 수도 있겠지만, 사립대학에 대한 재정지원이 증가하게 될 수도 있으므로 사립대학의 입장에서는 비록 공권력행사의 직접 상대방은 아니지만 자기관련성을 인정받을 수 있는 것이다.

* 그러나 위 사안에서 청구인들은 사립대학의 학생 및 교수이었기에 결국 각하결정이 있었다. 즉 헌법재판소는 "국립대학에 대한 재정지원이 평등권침해와 관련하여 사립대학에게 자기관련성이 인정될 수 있다고 하더라도, 이는 법률적으로 사립대학의 경영주체인 학교법인에 대하여 인정되는 것이 원칙이고 사립대학의 관계자 모두에게 인정되는 것은 아니다. … 청구인들은 사립대학을 운영하는 학교법인과의 계약관계에 의하여 대학에 재학하거나 근무하는 재학생 또는 교수일 뿐, 학교법인의 구성원도 아니고 학교법인에 대한 법률적 규율의 영향으로 청구인들의 법적 지위나 권리·의무관계에 직접 영향이 미칠

만큼 밀접한 관계에 있지도 않다. 헌법재판소의 위헌결정으로 사립대학에 대한 국가의 재정지원이 증가할 경우 청구인들의 입장에서 납입해야 할 등록금이 줄어든다거나 교육환경이 좋아지는 등의 영향을 받을 수도 있지만, 그것은 어디까지나 간접적·반사적 이해관계인 것이지 법률적 이해관계는 아닌 것이다"라고 하면서 "청구인들에게 자기관련성이 없어 부적법하다"라고 하여 각하결정을 한 것이다.

② 국가기간뉴스통신사로 선정이 안 된 뉴스통신사의 청구

판례 헌재 2005.6.30. 2003헌마841

[사안] 주식회사 연합뉴스를 국가기간뉴스통신사로 지정하고 이에 대한 재정지원 등을 규정한 '뉴스통신 진흥에 관한 법률' 제10조 등에 대하여 선정이 안 된 다른 뉴스통신사가 헌법소원심판을 청구한 사건. [판시] 국가기간뉴스통신사에 대한 재정지원 등 혜택의 부여는 오로지 국가기간뉴스통신사인 연합뉴스사를 수급자로 하여 행해지는 것인바, 이러한 시혜적 법률의 경우에는 법률의 수규자가 당사자로서 기본권침해를 주장하는 침해적 법률의 경우와는 달리, 수혜의 범위에서 제외된 청구인이 '국가가 다른 집단에게 부여한 혜택으로부터 자신이 속한 집단을 평등원칙에 반하여 부당하게 제외하였다.'라는 취지의 위헌주장을 할 수 있고, 이에 대하여 헌법재판소가 평등권위반을 확인한다면 그 결과로서 청구인도 혜택규정에 의하여 배제되었던 혜택에 참여할 가능성이 있으므로 청구인의 자기관련성을 인정할 수 있다 (헌재 2001.11.29. 99헌마494). 이 사건에서도 만약 헌법재판소가 '연합뉴스사만을 국가기간뉴스통신사로 지정하여 재정지원을 하는 것은 청구인 회사의 평등권을 침해한다.'라는 위헌취지의 결정을 하는 경우, 연합뉴스사에 대한 재정지원을 박탈하거나 또는 감축하는 방향으로 평등을 실현할 수도 있겠지만, 이와 달리 경업자인 청구인 회사에게도 국가기간뉴스통신사의 지위를 부여하는 방향으로 평등이 이루어질 수도 있으므로 제3자인 청구인들에게도 자기관련성을 인정할 수 있다.

③ 국가유공자 손자녀 예외적 취업보호 제한 규정에 대한 손자녀의 청구

판례 헌재 2006.6.29. 2006헌마87

[사안] 국가유공자의 자녀가 생존한 경우 국가유공자의 손자녀가 예외적으로 취업보호를 받을 수 있도록 규정하면서도 국가유공자의 자녀가 사망한 경우 그 자녀, 즉 국가유공자의 손자녀를 이러한 취업보호의 대상에 포함시키지 아니한 국가유공자 등 예우 및 지원에 관한 법률(2005.7.29. 법률 제7646호로 일부 개정된 것, 이하 '예우법'이라 한다) 제29조 제2항 제2호 본문에 대해 사망한 국가유공자 자녀의 자녀(즉 그 국가유공자 손자녀)가 청구한 헌법소원심판. [판시] 청구인은 이 사건 법률조항으로 인한 불평등이 해소된다면 자신도 취업보호대상자로서의 혜택을 누릴 수 있게 된다고 주장하므로 자기관련성을 인정할 수 있다.

④ 고엽제후유의증환자의 유족 중 일부에게 배제되어 있던 교육지원과 취업지원의 혜택

판례 헌재 2011.6.30. 2008헌마715등

[판시] 청구인들이 이 사건 부칙조항의 규율에 의하여 직접 권리를 침해당하는 것은 아니지만, 만약 헌법재판소가 고엽제후유의증환자의 유족 중 일부에게 혜택부여를 제한하는 이 사건 부칙조항에 관하여 위헌선언을 한다면, 청구인들이 종래 이 사건 부칙조항에 의하여 배제되어 있던 교육지원과 취업지원의 혜택에 참여하게 될 가능성이 있으므로 앞서 본 법리에 따라 자기관련성을 인정할 수 있다.

2) 비교집단 혜택 부여 규정에 대한 제3자에 의한 평등권침해주장 청구에서 자기관련성 인정과 그 요건

헌재는 청구인이 그 법령의 직접적인 적용을 받는 자가 아니라고 할지라도 평등권침해주장에서 "비교집단에게 혜택을 부여하는 법령이 위헌이라고 선고되어 그러한 혜택이 제거된다면 비교집단과의 관계에서 청구인의 법적 지위가 상대적으로 향상된다고 볼 여지가 있는 때"에 자기관련성을 인정할 수 있다고 한다.

① 일정 경력근무자에 대한 법무사자격 당연부여규정에 대한 일반 법무사시험 준비생의 헌법소원심판 청구

판례 헌재 2001.11.29. 2000헌마84

[판시] 법률에 대한 헌법소원심판청구는 당해 법률에 의하여 청구인 자신의 기본권이 침해될 가능성이 없는 경우, 즉 자기관련성이 없는 경우에는 허용되지 않는 것이지만 평등권의 침해를 주장하는 헌법소원사건에서는 비교집단에게 혜택을 부여하는 법규정이 위헌이라고 선고되어 그러한 혜택이 제거된다면 비교집단과의 관계에서 청구인들의 법적 지위가 상대적으로 향상된다고 볼 여지가 있는 때에는 청구인들이 그 법규정의 직접적인 적용을 받는 자가 아니라고 할지라도 그들의 자기관련성을 인정할 수 있다. 이 사건 법률조항은 신규 법무사의 수요를 충당하는 두 개의 공급원 즉, 하나는 경력공무원이고 다른 하나는 시험합격자라고 하는 두 개의 공급원을 규정하고 있으므로 이 두 개의 공급원은 어떤 형태와 어떤 정도에 의해서든 개념상 서로 상관관계를 가질 수밖에 없다. 이러한 상관관계는, 이 사건 시행규칙 제13조 제2항이 법무사의 「수급상 필요」에 따라 법원행정처장이 「시험합격자의 선발예정인원」을 결정할 수 있도록 규정하고 있는 데서 드러나듯이 관계법령에서도 그 존재를 인정하고 있는 것이다. 그러므로 경력공무원에 의한 신규 법무사의 충원이 중단된다면 시험합격자에 의한 충원의 기회는 개념상 늘어날 수 밖에 없고 따라서 청구인들의 법적 지위가 상대적으로 향상된다고 볼 여지가 있다. 그렇다면 청구인들은 이 사건 법률조항의 위헌 여부에 대하여 자기관련성을 갖는다.

② 변리사 자격과 변리사시험 과목 면제 규정에 대한 헌법소원

판례 헌재 2010.2.25. 2007헌마956

변리사 시험을 통해 변리사가 되고자 하는 청구인들이 변호사로서 변리사 등록을 한 자에게 변리사 자격을 부여하는 변리사법 제3조 제1항 제2호(1999.2.8. 법률 제5826호로 일부 개정된 것)를 다툴 자기관련성을 갖는지 여부(적극) [결정요지] 변리사법 제3조 제1항 제2호는 변호사를 수범자로 하고 있는바, 변호사가 아닌 청구인들은 제3자에 해당되므로 자기관련성이 인정되는지 여부가 문제되는데, 평등권의 침해를 주장하는 헌법소원사건에서는 비교집단에게 혜택을 부여하는 법규정이 위헌이라고 선고되어 그러한 혜택이 제거된다면 비교집단과의 관계에서 청구인들의 법적 지위가 상대적으로 향상된다고 볼 여지가 있는 때에는 청구인들이 그 법규정의 직접적인 적용을 받는 자가 아니라고 할지라도 그들의 자기관련성을 인정할 수 있다. 살피건대, 변리사의 자격을 규정한 변리사법 제3조 제1항은 신규 변리사의 수요를 충당하는 두 개의 공급원 즉, 하나는 변리사시험에 합격한 자이고 다른 하나는 변호사법에 의하여 변호사의 자격을 가진 자로서 변리사등록을 한 자라고 하는 두 개의 공급원을 규정하고 있으므로 이 두 개의 공급원은 어떤 형태와 어떤 정도에 의해서든 개념상 서로 상관관계를 가질 수밖에 없다. 예를 들면, 변리사법 시행령 제2조 제2항 제4호의2에서는 제2차시험의 최소합격인원을 정하도록 하고 있는데, 이는 변리사의 수급상황을 고려하여 시험선발인원을 결정하고자 한 것이고 변호사로서 변리사등록을 한 자의 수는 변리사의 수급상황에 영향을 미치므로 위에서 본 상관관계는 관계법령에서도 그 존

재를 확인할 수 있다고 하겠다. 그러므로 변호사에 의한 신규 변리사의 충원이 중단된다면 제2차시험의 최소합격인원을 늘이는 등의 방법으로 시험합격자에 의한 충원의 기회는 개념상 늘어날 수밖에 없고 따라서 제2차시험에 응시한 청구인들의 법적 지위가 상대적으로 향상된다고 볼 여지가 있다. 그렇다면 청구인들은 변리사법 제3조 제1항 제2호의 위헌 여부에 대하여 자기관련성을 갖는다.

3) 위 법리 1), 2) 모두 언급하여 적용한 판례

- 예술·체육 분야 특기자 병역 혜택에 대한 일반 공익근무요원의 헌법소원심판 청구

판례 헌재 2010.4.29. 2009헌마340

[결정요지] (가) 일반적으로 침해적 법령에 있어서는 법령의 수규자가 당사자로서 자신의 기본권침해를 주장하게 되지만, 예술·체육 분야 특기자들에게 병역 혜택을 주는 이 사건 법령조항과 같은 수혜적 법령의 경우에는, 수혜범위에서 제외된 자가 자신이 평등원칙에 반하여 수혜대상에서 제외되었다는 주장을 하거나(헌재 2001.11.29. 99헌마494; 2003.6.26. 2002헌마312), 비교집단에게 혜택을 부여하는 법령이 위헌이라고 선고되어 그러한 혜택이 제거된다면 비교집단과의 관계에서 청구인의 법적 지위가 상대적으로 향상된다고 볼 여지가 있는 때에 비로소 청구인이 그 법령의 직접적인 적용을 받는 자가 아니라고 할지라도 자기관련성을 인정할 수 있다(헌재 2001.11.29. 2000헌마84). (나) 이 사건에 관하여 보건대, 청구인은 현재 ○○도서관에서 행정지원업무를 하고 있는 자로서, 예술·체육 분야 특기자들에게 이 사건 법령조항에 따른 병역 혜택을 주어서는 안 된다는 주장을 하고 있을 뿐, 청구인 자신이 그 전공 분야에서 이 사건 법령조항에 준하는 특기를 가진 사람으로서 예술·체육 분야 특기자들과 동일한 병역 혜택을 받아야 함에도 평등원칙에 반하여 수혜대상에서 제외되었다는 주장을 하고 있지 아니하다. 또한 예술·체육 분야 특기자들과 전공 분야가 다른 청구인이 직업선택이나 그 수행과 관련하여 서로 경쟁관계에 있어 예술·체육 분야 특기자들에 대한 병역 혜택의 부여가 동시에 청구인에게 불이익을 의미하는 관계에 있다고 인정하기 어려울 뿐만 아니라, 이 사건 법령조항에 따른 병역 혜택을 받은 자가 전체 병역대상자 중 극히 일부에 불과한 점에 비추어 보면, 이 사건 법령조항이 위헌이라고 선고되어 예술·체육 분야 특기자들에 대한 병역 혜택이 제거되더라도, 현재 공익근무요원으로 소집되어 병역의무를 수행 중인 청구인의 직업선택이나 그 수행 또는 병역의무의 기간이나 정도 등에 영향을 미침으로써 청구인의 법적 지위가 상대적으로 향상된다고 보기도 어렵다. 따라서 청구인에게 이 사건 법령조항에 관한 기본권침해의 자기관련성이 인정되지 아니한다.

* 해설과 검토 – 예술·체육 분야 특기자도 공익근무요원인데 이 결정에서 청구인은 일반 공익근무요원이어서 차별이 있다고 보아 청구한 사건이고 평등권 침해 주장이 있었으나 헌재는 "예술·체육 분야 특기자들과 동일한 병역 혜택을 받아야 함에도 평등원칙에 반하여 수혜대상에서 제외되었다는 주장을 하고 있지 아니하다"라고 판시하고 있는데 그 의미가 뚜렷이 이해되지 않는다.

4) 기본권침해가능성 문제로 판시한 결정례

아래의 사례는 수혜대상자에 대한 판단으로서 기본권침해가능성 문제로 판단하였다.

판례 헌재 2019.8.29. 2018헌마537

[판시] 이 사건 부칙조항은 가축분뇨법에 따른 배출시설 허가 또는 신고를 마치지 못한 가축 사육시설에 대하여 간소화된 허가 또는 신고 절차와 적법화 이행기간의 특례를 규정하면서 그 적용대상에서 개 사육시설만을 제외하는 내용이다. 그러므로 이 사건 부칙조항은 개 사육시설 설치자인 청구인 김○○을 제외한 나머지 청구인들에 대해서는 오히려 나머지 청구인들이 주장하는 기본권 침해를 일정 기간 유예하여 주는 수혜적 성격의 조항이므로, 이 사건 부칙조항에 대한 나머지 청구인들의 심판청구는 기

본권침해가능성이 인정되지 아니하여 부적법하다.

5. 권리귀속에 관한 소명에 의한 자기관련성 구비여부판단

(1) 헌재판례입장

누구에게 권리가 귀속되는지가 자기관련성 여부를 결정하는 데 중요함은 물론이다. 문제는 헌법소원심판을 청구할 때 청구인이 자신의 권리가 침해되고 있음을 주장할 것은 당연한 현실인데 그러한 주장으로 자기관련성을 인정하기에 충분한지 아니면 그 귀속을 어떻게 어느 정도로 밝혀야 하는지 하는 것이다. 헌재는 소명만으로 족하다고 본다.

[주요판시사항] 권리소명에 의한 자기관련성판단

▷ 헌재는 권리귀속에 관한 소명만으로써 자기관련성을 구비한 여부를 판단할 수 있음.

▫ 이유 : ① 헌재는 일반법률의 해석이나 사실인정의 문제를 다루는 기관이 아니라, 사실문제판단에 깊이 관여할 수 없는 헌법해석기관인 점, ② 헌법소원 기능이 주관적 기본권보장과 객관적 헌법보장기능을 함께 가지고 있다는 점

(2) 적용 결정례

위 법리를 밝히고 적용한 결정례들을 아래에 살펴본다.

1) 인정례

① 조선철도(주) 주식의 보상금청구에 관한 헌법소원

판례 헌재 1994.12.29. 89헌마2

<쟁점> · [사건개요] · [주문] · [결정요지] : 앞에 헌법소원의 대상, 입법부작위 부분에 인용 참조. [관련판시] 군정법령 제2조는 사설철도회사의 전 재산의 수용에 대한 손실보상을 받을 자를 '그 재산관계권리자 전부'로 규정하였는바, 이는 사설철도회사의 재산수용에 대하여 보상청구를 할 수 있는 자는 그 재산의 소유자인 法人만에 한하지 않고 재산수용으로 권리를 상실한 모든 권리자를 지칭하는 것이며 사설철도회사의 주주도 국가에 대하여 직접 보상청구권이 있다고 해석된다(대법원 1969.3.25. 66 다 1298 판결; 1970.7.28. 70 다 1139 판결 등 참조). 따라서 군정법령에 의하여 수용된 사설철도회사의 주주 등 재산관계권리자로서 군정법령에 따라 적법하게 보상신청서를 제출함으로써 보상청구권을 확정적으로 취득한 자 또는 그로부터 위 보상청구권을 승계취득한 자는 이 사건 입법부작위와 자기관련성이 있다 할 것이다. 교통부장관 및 철도청장은 위 보상청구권 등의 양도행위의 적법성을 부인하고 가사 그 양도가 가능하다 하더라도 청구인과 청구외 △△△, ○○○의 상속인들 중 누가 진정한 양수인인지 알 수 없으므로 청구인에게 자기관련성이 없다고 다투고 있는바, 살피면 손실보상청구권이 양도가능한 채권이라 함에는 이론이 있을 수 없으므로 보상청구권의 양도인, 양수인 사이에 다툼이 있거나 수인의 양수인 가운데 누구에게 권리가 귀속하는가를 둘러싸고 다툼이 있을 때에 그 중 한 사람이 헌법소원을 청구하였다면 어떤 방법으로 청구인의 주장을 인정하여 자기관련성을 구비한 여부를 판단할 수 있을 것인가가 문제될 뿐이다. 이는 자기에게 권리귀속이 된 것이라고 주장하는 것 자체만으로써 족하다, 엄격한 증명이 필요하다, 소명(疏明)만으로써 족하다는 등의 견해로 나뉠 수 있으나, 헌법재판소는 일반법률의 해석이나 사실인정의 문제를 다루는 기관이 아니라, 사실문제판단에 깊이 관여할 수 없는 헌법

해석기관이며 헌법소원의 기능이 주관적 기본권보장과 객관적 헌법보장기능을 함께 가지고 있으므로 권리귀속에 관한 소명만으로써 자기관련성을 구비한 여부를 판단할 수 있다고 할 것이다. 기록에 의하면 이 사건에 있어서 청구인은 위에서 본 바와 같이 대법원판결로써 사설철도회사의 수용으로 인한 손실보상청구권을 갖고 있음이 확인된 위 ○○○로부터 그 청구권을 양수한 사실을 소명하고 있으므로 자기관련성을 인정할 수 있다.

② 재외동포의 출입국과 법적 지위에 관한 법률 제2조 제2호 위헌확인

판례 헌재 2001.11.29. 99헌마494
[사건개요] 재외동포의 출입국과 법적 지위에 관한 법률은 외국국적동포(재외동포)에게 한국에서의 체류, 경제활동의 자유, 의료보험적용 등 광범위한 혜택을 부여하는데 위 법률 제2조 제2호 및 그 위임을 받아 제정된 동법시행령 제3조는 대한민국 정부수립 이전에 해외로 이주하여 외국국적을 취득한 사람 및 그 직계비속(주로 중국국적동포, 구소련동포)을 재외동포의 범주에서 제외함에 따라, 위 법률이 부여하는 혜택을 받지 못하게 된 사람들이 평등권 등을 침해당하였다고 주장하면서 위 법률규정들에 대해 헌법소원심판을 청구하였다. [법무부장관의 주장] 청구인들은 과거에 해외로 이주한 우리 민족이라거나 이들의 직계비속이라는 입증자료가 전혀 없으므로(청구서에 첨부된 유일한 소명자료는 이들이 중국국적자임을 나타내는 여권사본뿐이다), 이 사건 심판대상규정에 대하여 스스로 법적인 관련성 즉 자기관련성을 결여하고 있어 이 심판청구는 부적법하다. [관련판시] 기본권침해의 자기관련성이란 심판대상규정에 의하여 청구인들의 기본권이 '침해될 가능성'이 있는가에 관한 것이고(헌재 2000.6.29. 99헌마289, 공보 47, 604, 609면), 헌법소원은 주관적 기본권보장과 객관적 헌법보장 기능을 함께 가지고 있으므로 권리귀속에 대한 소명만으로써 자기관련성을 구비한 여부를 판단할 수 있다(헌재 1994.12.29. 89헌마2, 판례집 6-2, 395, 407면). 청구인 조○섭은 1944년 일제로부터 강제징용 소집통지를 받고 이를 피하기 위하여 전남 순천에서 만주로 이주한 본인이고, 나머지 청구인 문○순과 전○라는 일제의 수탈을 피하기 위하여 그들의 부모대에 만주로 이주한 한인 2 세여서 재외동포법의 적용을 받지 못하고 있다고 주장하고 있으므로, 일응 권리귀속에 대한 소명을 한 것으로 인정할 수 있어 자기관련성을 부인할 수 없다고 하겠다. * 위 사안은 본안판단결과 2003.12.31. 개정시한까지의 계속적용의 헌법불합치결정이 났다.

③ **지방공사 직원의 지방의회의원 겸직 금지 규정** – 지방공사 임원뿐 아니라 직원에 대해서도 지방의회의원 겸직을 금지하고 있는 지방자치법(1994.3.16. 법률 제4741호로 개정된 것) 제33조 제1항 5호 중 "지방공사의 직원" 부분(이하 '이 사건 법률조항'라 한다)에 대한 심판청구가 소명으로 자기관련성을 인정한 결정례이다.

판례 헌재 2004.12.16. 2002헌마333등
[판시] 지방공사의 직원이 지방의회의원을 겸직하지 못하도록 규정하고 있는 이 사건 법률조항의 위헌 여부를 다투는 이 헌법소원에서 자기관련성을 인정하기 위하여는, 청구인들이 첫째 지방의회의원선거에 입후보하기 위한 요건 즉 피선거권을 갖추고, 둘째 2002.6.13. 실시된 위 지방의회의원선거에 입후보하기 위한 준비를 하고 있었다는 사실에 대한 소명이 있어야 할 것이다. 그런데 공직선거법 제16조 제3항에 의하면, 선거일 현재 계속하여 60일 이상 당해 지방자치단체의 관할구역 안에 주민등록이 되어 있는 주민으로서 25세 이상의 국민은 동법 제19조 소정의 피선거권 결격사유가 없는 한, 그 지방의회의원의 피선거권이 있다. 기록에 의하면 청구인들은 피선거권을 갖고 있다고 인정되고, 실제로 청구인 1.은 위

지방선거에 출마하여 낙선하였고 청구인 2.는 당선된 사실이 인정되므로 자기관련성이 있다.

2) 부정례

① 공무원연금법(2015.6.22. 법률 제13387호로 개정된 것) 제47조 제1항 제2호는 퇴직연금 또는 조기퇴직연금의 수급자가 선거에 의한 선출직 공무원에 취임한 경우에는 그 재직기간 중 해당 연금 전부의 지급을 정지한다고 규정하고 있는데 이 조항(이하 '연금정지조항')에 대한 헌법소원 심판을 청구함에 있어서 자기관련성이 인정되어야 하는데 어떤 선출직에 입후보할 것인지 등에 대한 소명이 없어서 자기관련성을 부정한 결정례이다.

판례 헌재 2017.11.30. 2016헌마266·2016헌마101(병합)

[판시] 연금정지조항은 공무원연금법상 연금수급권자가 '선거에 의한 선출직 공무원에 취임한 경우'의 연금지급정지를 규율하는 것이므로, 적어도 청구인이 어떠한 선출직 공무원에 취임하고자 하는지를 특정하여 '해당 선출직 공무원 선거에 입후보하기 위한 요건을 갖추었고 입후보하기 위한 준비를 하고 있다'는 사실을 소명하여야 자기관련성이 인정될 수 있다(헌재 2004.12.16. 2002헌마333등 참조). 그런데 청구인 장○○은 이 사건 심판청구 당시 자신이 어떠한 선출직 공무원 선거에 출마할 예정이고 이를 준비 중에 있는지에 대하여 전혀 소명한 바 없고, 추가로 제출한 서면에서도 이를 명확히 밝히지 않았다. 장래 다양한 선출직 공무원 선거에 출마할 가능성이 있다는 점만으로는 연금정지조항을 다툴 자기관련성이 인정된다고 볼 수 없으므로, 청구인 장○○의 연금정지조항에 대한 심판청구 부분은 부적법하다.

② 변호사시험의 응시기간과 응시횟수를 법학전문대학원의 석사학위를 취득한 달의 말일 또는 취득예정기간 내 시행된 시험일부터 5년 내에 5회로 제한하면서 그 예외로 병역의무의 이행만을 인정하는 변호사시험법 제7조 제2항에 대해 이 조항이 병역의무를 이행하는 경우만을 예외로 하고 있으므로 평등권을 침해한다고만 주장하고 있을 뿐인 청구인에 대해 이 조항이 자신의 기본권을 어떻게 침해하고 있는지에 관한 구체적인 사유를 소명하지 않고 있다고 하여 기본권침해의 자기관련성 요건을 갖추지 못하였다고 보아 이 부분 심판청구는 부적법하다고 본 아래의 결정이 있었다.

판례 헌재 2020.11.26. 2019헌마378

[판시] 청구인 이○○, 이□□은 이 사건 예외조항이 병역의무를 이행하는 경우만을 예외로 하고 있으므로 평등권을 침해한다고만 주장하고 있을 뿐, 이 사건 예외조항이 자신의 기본권을 어떻게 침해하고 있는지에 관한 구체적인 사유를 소명하지 않고 있다. 이처럼 이 사건 예외조항이 자신들의 기본권을 어떻게 침해하고 있는지에 관한 최소한의 구체적인 소명이 있다고 볼 수 없는 이상, 청구인 이○○, 이□□의 이 사건 예외조항에 대한 심판청구는 기본권침해의 자기관련성 요건을 갖추지 못하였다고 볼 수밖에 없다. 따라서 청구인 이○○, 이□□의 이 부분 심판청구는 부적법하다. * 개정이 있기 전 조항이나 거의 비슷한 취지의 조항 청구에 대한 소명부재 이유의 또 다른 동지의 각하결정 예 : 헌재 2020.9.24. 2018헌마739등.

6. 형사피해자의 헌법소원에서의 자기관련성

(1) '혐의 없음' 불기소처분에 대한 헌법소원에서의 자기관련성 – 현재 상황과 주요논점

2008년의 재정신청 확대로 형사피해자인 고소권자는 고소를 하여 검사의 불기소처분을 받은 경우에 법원에 재정신청을 할 수 있고 재정신청이 받아들여지지 않은 경우 이 재정신청 결정(법원재판)과 원행정처분(불기소처분을 말함) 헌법소원이 불가하여(헌재 자신의 판례) 그 불기소처분에 대한 헌법소원심판을 청구할 수 있는 경우는 현재로서는 사실상 없고 따라서 이 경우 자기관련성을 논해야 할 의미가 별로 경우도 없게 되었다. 다만, 범죄피해자라도 고소하지 않은 피해자는 다른 사람에 의해 이루어지게 된 검사의 불기소처분에 대해서는 헌법소원심판 청구가 가능하다(불기소처분에 대한 헌법소원 문제에 대해서는 전술 헌법소원대상 부분 참조). 이러한 경우에 그 청구에서 자기관련성을 가져야 하고 범죄피해자이면 자기관련성을 가지는 것이 원칙이다. 따라서 문제는 범죄피해자(형사피해자)의 인정기준이다.

(2) 헌법 제27조 제5항의 재판절차진술권의 구현을 위한 자기관련성

불기소처분에 대한 헌법소원이 인정된 헌법적 근거가 헌법상 재판절차진술권이었는데 위에서 언급한 대로 불기소 헌법소원이 줄어들 현재상황이다. 현황이 그러하더라도 여전히 중요한 것은 "형사피해자는 법률이 정하는 바에 의하여 당해 사건의 재판절차에서 진술할 수 있다"라고 규정한 헌법 제27조 제5항의 재판절차진술권의 침해로부터 구제하기 위한 형사피해자의 자기관련성 인정이 필요하고 이를 위한 인정기준 파악이 요구된다.

(3) 청구인적격을 가지는 형사피해자의 개념·인정기준

1) 범죄로부터의 보호법익을 기준으로 한 개념보다 넓은 개념

헌재는 형사피해자의 개념은 형사실체법상의 보호법익(해당 범죄로부터 보호하려는 법익)을 기준으로 한 피해자의 개념보다는 넓게 해석하여야 할 것이라고 보는 입장을 취하고 있다. 즉 형사실체법상으로는 직접적인 보호법익의 주체로 해석되지 않는 자라 하여도 문제되는 범죄 때문에 법률상 불이익을 받게 되는 자라면 헌법상 형사피해자의 재판절차진술권의 주체가 될 수 있고 따라서 자기관련성을 가진다고 본다.

[주요판시사항] 형사피해자의 개념·인정기준 : 넓게 인정

▷ 형사실체법상으로는 직접적인 보호법익의 주체로 해석되지 않는 자라 하여도 문제되는 범죄 때문에 법률상 불이익을 받게 되는 자는 청구인적격을 가짐

판례 헌재 1992.2.25. 90헌마91

[관련판시] 검사의 불기소처분에 대하여 기소처분을 구하는 취지에서 헌법소원을 제기할 수 있는 자는 원칙적으로 헌법상 재판절차진술권의 주체인 형사피해자에 한하는 것임은 당재판소의 판례로 되어 있는 바이다. 그러나 여기서 말하는 형사피해자의 개념은 헌법이 형사피해자의 재판진술권을 독립된 기본권으로 인정한 취지에 비추어 넓게 해석할 것으로 반드시 형사실체법상의 보호법익을 기준으로 한 피

해자 개념에 의존하여 결정하여야 할 필요는 없다. 다시 말하여 형사실체법상으로는 직접적인 보호법익의 주체로 해석되지 않는 자라 하여도 문제되는 범죄 때문에 법률상 불이익을 받게 되는 자라면 헌법상 형사피해자의 재판절차진술권의 주체가 될 수 있고 따라서 검사의 불기소처분에 대하여 헌법소원심판을 청구할 수 있는 청구인 적격을 가진다고 할 것이다. * 동지 : 헌재 1993.3.11. 92헌마48; 1993.7.29. 92헌마262; 1995.7.21. 94헌마136; 1997.5.29. 95헌마341 등 참조.

2) 넓게 보려는 근거

판례 헌재 1993.3.11. 92헌마48

[판시] 헌법 제27조 제5항에 의한 형사피해자의 재판절차진술권은 피해자 등에 의한 사인소추를 전면 배제하고 형사소추권을 검사에게 독점시키고 있는 현행 기소독점주의의 형사소송체계 아래에서 형사피해자로 하여금 당해 사건의 형사재판절차에 참여하여 증언하는 이외에 형사사건에 관한 의견진술을 할 수 있는 청문의 기회를 부여함으로써 형사사법의 절차적 적정성을 확보하기 위하여 이를 기본권으로 보장하는 것이다(헌법재판소 1989.4.17. 선고, 88헌마3 결정 참조). 따라서 헌법 제27조 제5항에 정한 형사피해자의 개념은, 헌법이 위와 같이 재판절차진술권을 독립된 기본권으로 인정한 본래의 뜻에 미루어, 반드시 형사실체법상의 보호법익을 기준으로 한 피해자개념에 한정하여 결정할 것이 아니라 형사실체법상으로는 직접적인 보호법익의 향유주체로 해석되지 않는 자라 하더라도 문제된 범죄행위로 말미암아 법률상 불이익을 받게 되는 자의 뜻으로 풀이하여야 할 것이다(헌법재판소 1992.2.25. 선고, 90헌마91 결정 참조). 그런데 청구인들은 이 사건 교통사고로 사망한 청구외 이희덕의 부모로서 형사소송법상 고소권자의 지위에 있을 뿐만 아니라(형사소송법 제225조 제2항), 비록 교통사고처리특례법의 보호법익인 생명의 주체는 아니라고 하더라도 위 교통사고로 위 망인이 사망함으로써 극심한 정신적 고통을 받은 법률상 불이익을 입게 된 사람임이 명백하므로 헌법상 재판절차진술권이 보장되는 형사피해자의 범주에 속한다고 보아야 할 것이다.

3) 보호법익의 주체만이 아니라 범죄의 수단이나 행위의 상대방도 포함

헌재는 아래 결정에서 위와 같은 입장을 표명하였다. 사안은 공무원들이 공모하여 T당 J지구당 소유의 플래카드를 철거·은닉하여 공무원으로서의 직권을 남용하여 위 정당의 통상적인 선전활동에 관한 권리행사를 방해하였다는 주장으로 J지구당 부위원장이 이 공무원들을 직권남용죄로 고발하였으나 검사가 범죄 혐의 없음의 불기소처분을 하자 헌법소원심판을 청구한 것이다.

판례 헌재 1993.7.29. 92헌마262

[판시] 직권남용죄는 공무원이 직권을 남용하여 사람으로 하여금 의무 없는 일을 행하게 하거나, 사람의 권리행사를 방해하는 것을 내용으로 하는 범죄로서(형법 제123조), 그 보호법익은 국가기능의 공정한 행사이다. 그러나 범죄 피해자의 개념 또는 범위를 정함에 있어서는 보호법익의 주체만이 아니라 범죄의 수단이나 행위의 상대방도 포함되는 것으로 해석하여야 할 것이므로, 직권남용죄의 경우 의무 없는 일을 행사하도록 요구받은 사람이나 권리행사를 방해받은 사람도 피해자라고 보아야 할 것이다. 이 사건의 경우 청구인은 위 지구당 부위원장으로서 위원장 유고시에 그 직무를 대행하는 자일 뿐만 아니라, 평상시에도 법령에서 규정하는 제1차적 보조기관인 간부로서 정당활동에 중요한 임무를 담당하는 자이다(정당법 제13조 및 같은 법 시행령 제4조 참조). 또한 기록에 의하면, 청구인은 위 플래카드의 관리자일 뿐만 아니라, 피고발인 김○윤으로부터 플래카드의 자진철거를 요구받았던 사실도 있었다는 것이다(수사기록 9 및 19정). 그렇다면 청구인은 비록 보호법익의 주체는 아니지만, 행위의 상대방 또는 위

플래카드의 관리자로서 이 사건 직권남용죄의 피해자에 해당한다고 할 것이므로, 직권남용죄 부분에 있어서도 청구인적격을 갖추었다.

4) 고소인·고발인의 구분

(가) 원칙

헌재는 출범초기부터 범죄혐의가 있는 사실의 피해자라고 주장하는 고소인만이 불기소처분으로 인하여 기본권침해가 자신의 것으로 관련되는 위치에 있고 고발자의 경우에는 원칙적으로 기본권침해의 자기관련성이 없다고 보아 왔다(헌재 1989.12.22. 89헌마145; 1990.6.25. 89헌마234; 1990.12.26. 90헌마20; 1992.2.25. 90헌마91; 1992.11.12. 91헌마202; 1992.12.24. 92헌마186; 1993.3.11. 92헌마48 등). 헌재는 당해 고소사건 범죄에 의한 직접적 권익의 침해가 있어야 하고 당해 고소사건 범죄에 간접적 사실상 이해관계가 있을 뿐인 경우에는 형사피해자가 아니라고 본다(헌재 1993.3.11. 92헌마306).

(나) 검토

i) 자신이 피해자인 경우에 고소를 하는 행위보다도 자신의 이익을 떠나 사회 전체 공익을 위해 범죄처벌을 요구하는 적극성이 더욱 가치로운 것이 아닌가 하는 점에서도 위와 같은 구분은 정의의 관념에 부합되지 않는다고 볼 수도 있다. 헌법 제27조 제5항이 '형사피해자'라고 규정하고 있지만 고발인이 불기소헌법소원을 통해 기소로, 재판으로 나아간다면 형사피해자의 진술권도 실현될 수 있는 긍정적인 효과를 가지는 것이므로 반드시 문언에 구애될 것은 아니다. ii) 헌법소원제도가 주관적 권리구제뿐 아니라 객관적 헌법질서유지의 기능도 가진다는 점에서 그러하다. iii) 고소사건이 아니라도 고발사건도 고발인 본인에게 중요한 피해를 줄 경우가 있을 것이고 그런 경우에 자기관련성을 인정해야 할 필요가 있다.

(다) 고발인에 대한 자기관련성 인정

헌재도 고발인이라도 자기관련성을 가질 수 있다고 보는 경우들을 인정한다. 고발인이라고 할지라도 직접적 피해자라고 인정될 수 있으면 자기관련성을 인정한다(헌재 1991.4.1. 90헌마65).

(4) 형사피해자로서 청구인적격을 가지는 자의 범위(형사피해자에 해당하는 자)

1) 고소를 하지 않은 범죄피해자의 불기소처분에 대한 헌법소원 청구인적격 인정

재정신청 확대로 형사피해자인 사람이 고소를 하였음에도 불기소처분을 하면 위에서 언급한 대로 불기소처분에 대해 재정신청이 가능하므로 보충성원칙 때문에 바로 헌법소원심판을 청구할 수 없고 불기소처분에 대한 사실상의 헌법소원심판청구의 가능성은 없어졌다. 반면에 범죄피해자가 고소하지 않았는데 다른 고발사건이나 다른 사람의 고소사건으로 불기소처분이 내려진 경우에는 범죄피해자 자신은 고소를 한 바 없으므로 불기소처분에 대한 검찰청법상의 항고, 재항고 또는 형사소송법상의 재정신청제도에 의한 구제를 받을 길이 없기 때문에 범죄피해자는 헌법소원심판을 청구할 수 있다(헌재 1992.1.28. 90헌마227; 1992.7.23. 91헌마142; 1993.3.11.

92헌마48; 1998.8.27. 97헌마79 등).

2) 상속인의 청구인적격

[주요판시사항]

▷ 고소인 사망 후 재산상속인의 당해 고소 관련 헌법소원청구적격 인정

판례 헌재 1993.7.29. 92헌마234

[관련판시] 청구인은 위 고소사건의 고소인이 아니므로 청구인의 이 사건 소원의 적격이 문제되나 형사소송법 제225조 제2항에서 피해자가 사망한 경우 그 배우자, 직계친족 또는 형제자매에게 고소권을 인정하고 있는 취지에 비추어 볼 때, 피해자인 고소인이 고소 후에 사망한 경우 피보호법익인 재산권의 상속인은 자신들이 따로 고소를 할 것 없이 피해자 지위를 受繼하여 피해자가 제기한 당해 고소사건에 관한 검사의 불기소처분에 대하여항고·재항고도 할 수 있고 또한 헌법소원 심판도 청구할 수 있다고 보는 것이 당연하다. 이러한 견해에서 볼 때 피해자인 고소인이 제기한 재항고의 기각통지를 받은 청구인(고소인의 처)이 제기한 이 사건 헌법소원심판청구는 적법하다.

3) 위증으로 인한 불이익한 재판을 받게 되는 당사자

[주요판시사항]

▷ 위증으로 인하여 불이익한 재판을 받게 되는 당사자가 형사피해자로서 헌법소원제기가 가능. 따라서 위증사건의 전제가 된 소송의 당사자가 아닌 자는 자기관련성을 가지지 않음

판례 헌재 1992.2.25. 90헌마91

[관련판시] 형사실체법상으로는 직접적인 보호법익의 주체로 해석되지 않는 자라 하여도 문제되는 범죄 때문에 법률상 불이익을 받게 되는 자라면 헌법상 형사피해자의 재판절차진술권의 주체가 될 수 있고 따라서 검사의 불기소처분에 대하여 헌법소원심판을 청구할 수 있는 청구인적격을 가진다고 할 것이다. 그렇다면 위증죄(僞證罪)가 직접적으로는 개인적 법익에 관한 범죄가 아니고 그 보호법익은 원칙적으로 국가의 심판작용의 공정(公正)이라 하여도 이에 불구하고 위증으로 인하여 불이익한 재판을 받게 되는 당사자는 재판절차진술권의 주체인 형사피해자라고 보아야 할 것이고 검사가 위증의 피의사실에 대하여 불기소처분을 하였다면 헌법소원을 제기할 수 있는 청구인적격을 가진다고 할 것이다. * 동지 : 헌재 1995.5.25. 94헌마185.

4) 교통사고 사망자의 부모

판례 헌재 1993.3.11. 92헌마48, 앞에서 인용된 결정임

[관련판시] 청구인들은 이 사건 교통사고로 사망한 청구외 이희덕의 부모로서 형사소송법상 고소권자의 지위에 있을 뿐만 아니라, 비록 교통사고처리특례법의 보호법익인 생명의 주체는 아니라고 하더라도 위 교통사고로 위 망인이 사망함으로써 극심한 정신적 고통을 받은 법률상 불이익을 입게 된 사람이 명백하므로 헌법상 재판절차진술권이 보장되는 형사피해자의 범주에 속한다고 보아야 할 것이다. * 동지 : 헌재 1997.2.20. 96헌마76; 2002.10.31. 2002헌마453.

5) 범죄로 인하여 사망한 피해자의 처의 헌법소원의 청구자격 인정

판례 헌재 1996.10.31. 95헌마74

[결정요지] 헌법 제27조 제5항이 형사피해자가 당해 사건의 재판절차에서 진술할 수 있는 권리를 독립된 기본권으로 인정한 취지에 비추어 보거나, 또 범죄로 인한 피해자가 사망한 때에는 그 배우자에게 그 범행에 대한 고소권이 있는 점(형사소송법 제225조 제2항)과 이 사건의 경우 피해자가 사망에 이르지 아니하여 그 범행이 단지 폭행이나 폭행치상에 그쳤다고 가정하는 경우에는 피해자에게 재판절차진술권이 보장되는 점과의 균형으로 보더라도, 청구인은 이 사건 '죄가 안 됨' 불기소처분에 대하여 헌법소원심판을 청구할 자격이 있다고 보는 것이 옳고, 위 범행에 대하여 고소나 고발을 한 바없어 검찰청법 소정의항고 및 재항고로 구제받을 길이 없으므로 위 불기소처분에 대하여 바로 헌법소원심판을 청구할 수 있다.

6) 재물손괴와 직권남용의 피해자로서의 정당의 지구당 부위원장

판례 헌재 1993.7.29. 92헌마262, 앞서 인용된 결정

[사건개요] T정당(政黨) J지구당의 부위원장인 청구인은 B시 J구 선거관리위원회 사무과장과 B시 J구 K동사무소 공무원을 재물손괴 및 직권남용죄로 고발하였다. 그 이유는 위 사무과장과 공무원이 공모하여 B시 J구 관내에 설치되어 있던 위 지구당 소유의 플래카드 10매(싯가 40만원 상당)를 철거·은닉하여 그 효용을 해하였고 이로써 공무원으로서의 직권을 남용하여 위 정당의 통상적인 선전활동에 관한 권리행사를 방해하였다는 것이다. 피청구인(검사)은 위 고발사건에 관하여 범죄의 혐의가 없다고 판단하여 불기소처분을 하였고, 청구인은 이에 불복하여 항고 및 재항고를 제기하였으나 모두 기각되자 헌법소원심판을 청구한 것이다. [판시] 먼저 재물손괴죄는 타인의 재물에 대하여 손괴, 은닉 기타의 방법으로 그 효용을 해치는 것을 내용으로 하는 범죄로서(형법 제366조), 그 보호법익은 소유권의 이용가치이고, 그 피해자는 그 물건의 소유권자와 적법한 권원(權原)에 의하여 그 물건을 점유·사용할 수 있는 자라고 보아야 할 것이다. 또한 정당의 법적 지위는 적어도 그 소유재산의 귀속관계에 있어서는 법인격 없는 사단으로 보아야 하고, 중앙당과 지구당과의 복합적 구조에 비추어 정당의 지구당은 단순한 중앙당의 하부조직이 아니라 어느 정도의 독자성을 가진 단체로서 역시 법인격 없는 사단에 해당한다고 보아야 할 것이다. 그런데 민법은 법인이 아닌 사단의 재산은 그 구성원의 총유(總有)로 보고, 그 구성원은 정관 기타 규약에 좇아 총유물을 사용·수익할 수 있다고 규정하고 있다(민법 제275조 및 제276조 제2항 참조). 청구인은 위 플래카드의 총유자 중 1 인일 뿐만 아니라, 그 물건을 적법하게 설치·관리하던 사람으로서, 그 물건에 대한 재물손괴죄가 성립하는 경우에는 그 피해자에 해당한다고 볼 수 있다. 따라서 청구인이 검찰에 제출한 서면의 형식은 비록 개인명의의 고발장이었으나, 그 실질에 있어서는 재물손괴죄의 피해자로서 고소를 제기한 것이라고 못볼 바가 아니다. 결국 청구인은 이 사건 심판청구 중 재물손괴죄 부분에 관하여 청구인적격을 갖추었다고 보아야 할 것이다. 다음, 직권람용죄는 공무원이 직권을 남용하여 사람으로 하여금 의무 없는 일을 행하게 하거나, 사람의 권리행사를 방해하는 것을 내용으로 하는 범죄로서(형법 제123조), 그 보호법익은 국가기능의 공정한 행사이다. 그러나 범죄 피해자의 개념 또는 범위를 정함에 있어서는 보호법익의 주체만이 아니라 범죄의 수단이나 행위의 상대방도 포함되는 것으로 해석하여야 할 것이므로, 직권남용죄의 경우 의무 없는 일을 행사하도록 요구받은 사람이나 권리행사를 방해받은 사람도 피해자라고 보아야 할 것이다. 이 사건의 경우 청구인은 위 지구당 부위원장으로서 위원장 유고시에 그 직무를 대행하는 자일 뿐만 아니라, 평상시에도 법령에서 규정하는 제1 차적 보조기관인 간부로서 정당활동에 중요한 임무를 담당하는 자이다(정당법 제13조 및 같은 법 시행령 제4조 참조). 또한 기록에 의하면, 청구인은 위 플래카드의 관리자일 뿐만 아니라, 피고발인으로부터 플래카드의 자진철거를 요구받았던 사실도 있었다는 것이다(수사기록 9 및 19정). 그렇다면

청구인은 비록 보호법익의 주체는 아니지만, 행위의 상대방 또는 위 플래카드의 관리자로서 이 사건 직권남용죄의 피해자에 해당한다고 할 것이므로, 직권남용죄 부분에 있어서도 청구인적격을 갖추었다고 보아야 할 것이다.

7) 직권남용죄의 경우 - 의무 없는 일을 행사하도록 요구받은 사람

판례 헌재 1993.7.29. 92헌마262, 이 결정과 판시에 대해서는 바로 위 참조.

8) 주식회사 주주의 청구인적격 인정

(가) 임원의 업무상 횡령혐의에 대한 불기소처분의 경우에서의 주주

[주요판시사항]

▷ 주식회사 주주도 피해자로서 불기소처분에 대한 헌법소원 청구인적격을 가짐

판례 헌재 1991.4.1. 90헌마65

[관련판시] 주식회사의 법리에 의할 때 그 대표이사 등 임원의 업무상 횡령행위는, 직접적으로는 회사가 피해자라고 할 수 있지만 동시에 그 회사의 주주(株主) 모두가 피해자라고 할 수 있으며, 주주를 피해자로 보는 한 주식의 다과에 의하여 그 피해자성이 달라진다는 법리는 세우기 어렵기 때문에 고발인 등은 위 사건의 피해자라고 할 수 있고, 따라서 헌법소원심판적격이 있다고 할 것이다. * 동지 : 헌재 1994.4.28. 93헌마47; 1995.5.25. 94헌마100.

(나) 주주총회의사록 위조혐의 불기소처분의 경우에서의 피위조자가 아닌 주주

판례 헌재 1994.4.28. 93헌마47

[관련판시] 이 사건 문서위조죄의 피위조자는 청구인이 아닌 제3자이나, 청구인은 위 회사주식의 40%를 보유하고 있는 자로서 회사의 주주총회의사록이나 이사회회의록이 불법으로 작성, 회사의 운영이 불법으로 되고 있다면 주주인 청구인도 피해자로 볼 수 있다.

9) 공정거래위의 고발권불행사에 대한 공정거래법위반행위 피해자의 자기관련성 인정

[주요판시사항]

▷ 공정거래법위반행위 피해자의 공정거래위원회 고발권불행사에 대한 자기관련성 인정

▫ 인정이유 : ① 공정거래위의 고발은 검사의 공소제기를 위한 요건이 될 뿐이나, 동위원회의 고발권불행사는 형사처벌의 대상이 되는 공정거래법 위반사실을 인정하면서도 그 처벌을 위한 고발에 나아가지 아니한다는 점에서 검사가 범죄사실을 인정하면서도 공소의 제기에 나아가지 아니하는 기소유예 불기소처분과 유사하고, ② 문제되는 범죄 때문에 법률상의 불이익을 받게 되는 자라면 헌법상 형사피해자의 재판절차진술권의 주체가 될 수 있기 때문임

판례 헌재 1995.7.21. 94헌마136

[관련규정] '독점규제 및 공정거래에 관한 법률' 제71조(고발) 제66조 및 제67조의 죄는 공정거래위원회의 고발이 있어야 공소를 제기할 수 있다. [관련판시] 피청구인(공정거래위원회)의 고발은 검사의 공소제기를 위한 요건이 될 뿐이라는 점에서는 피청구인의 고발권불행사를 검사의 불기소처분과 동일하게 평가할 수는 없을 것이나, 그 구조상으로는 피청구인이 청구 외 회사의 범죄사실, 즉 형사처벌의 대상

이 되는 '독점규제 및 공정거래에 관한 법률'(이하 '공정거래법')위반사실을 인정하면서도 그 처벌을 위한 고발에 나아가지 아니한다는 점에서 검사가 범죄사실을 인정하면서도 공소의 제기에 나아가지 아니하는 기소유예 불기소처분과 유사하고, 따라서 청구인이 청구외 회사의 불공정거래행위라는 이 사건 범죄의 피해자라면, 검사의 불기소처분에 대한 헌법소원에 있어서와 같이 피청구인의 고발권불행사로 인하여 자기 자신의 헌법상 보장된 재판절차진술권이 침해되었다고 주장할 수 있을 것이다. 그리고 헌법상 재판절차진술권의 주체인 형사피해자의 개념은 반드시 형사실체법상의 보호법익을 기준으로 한 피해자의 개념에 의존할 필요가 없고, 직접적인 보호법익의 주체로 해석되지 않는 자라 하더라도 문제되는 범죄 때문에 법률상의 불이익을 받게 되는 자라면 헌법상 형사피해자의 재판절차진술권의 주체가 될 수 있다. 청구인은 청구 외 회사와의 사이에 존재하였던 대리점계약의 일방당사자로서 청구외회사의 이 사건 불공정거래행위라는 범죄로 인하여 대리점계약상의 지위를 상실하는 법률상의 불이익을 받고 있으므로, 청구인이 비록 공정거래법이라는 형사실체법상 보호법익의 주체는 아니라고 하더라도 헌법상 재판절차진술권의 주체인 피해자에는 해당한다. 그러므로 청구인의 이 사건 심판청구는 자기관련성을 갖추었다고 할 것이다.

(5) 형사피해자가 아닌 자

1) 고발인·고소권 없는 고소인(범죄피해자가 아닌 자)의 불기소 헌법소원심판청구

헌재는 고발인에 대해 원칙적으로 형사피해자로서의 헌법소원심판 자기관련성을 인정하지 않는다. 고소권 없는 고소인, 즉 범죄피해자가 아닌 사람에 대해서도 부정한다. 고발인에 대한 일률적인 부정에 대해서는 앞서 검토해야 한다고 지적한 바 있다.

판례 헌재 1992.7.23. 91헌마81

[관련판시] 비록 청구인이 그의 이름으로 고소를 하고 피청구인의 위 불기소처분에 대하여항고, 재항고를 하였다고 하더라도, 이 협박 범행에 관한 청구인의 고소는 고소권 없는 자에 의한 고소이므로 고소로서의 효력이 생길 수 없고, 단지 고발인에 의한 고발로서의 효력이 있을 따름이다. 그런데 검사의 무혐의 불기소처분에 대하여 그 고발인이 이에 불복하여 자기의 기본권이 침해되었음을 전제로 자기관련성을 내세워 헌법소원심판청구를 하는 것은 허용될 수 없다는 것이 당재판소의 판례(당재판소 1989.12.22. 89헌마145 결정 참조)이다. 그러므로 이 부분에 관한 청구인의 심판청구는 부적법하다. * 동지 : 헌재 1992.12.24. 91헌마168; 1993.3.11. 92헌마34; 1992.12.24. 92헌마186; 1996.10.4. 95헌마252 등.

* 범죄피해자 아닌 국민 일원이 고소사건 처리지연에 대하여 행한 헌법소원 심판청구 – 이 경우도 부정한다.

판례 헌재 1990.6.25. 89헌마234

[관련판시] 자신이 피해자로서가 아니라 국민의 일원으로서 국가의 수사권발동을 촉구하는 의미에서 '고소'라는 이름으로 이를 문제삼은 사건에 있어서, 설사 검사의 그 사건처리에 있어서의 작위·부작위에 어떠한 恣意性이 엿보인다 하여도 달리 특별한 사정이 없는 한 자기의 기본권 침해가 있었음을 전제로 한 헌법소원의 심판청구는 허용될 수 없다고 할 것이다. 이 사건에서 보건대, 문제된 서울지방검찰청 88형 제72339호 수사기록사본 기재에 의하면 청구인은 청구외 전 대통령 전두환에 대한 1980.12.12.부터 1988.2.24.까지의 65개항에 걸친 세칭 5 공비리사건을 고소사실로 적시하고, 동 사실을 밝혀 처벌하여 달라고 진술하고 있을 뿐, 자신이 위 청구외인으로부터 직접적으로 어떠한 피해를 입었는지 여부에 대한 아무런 증거자료의 제출이 없을 뿐만 아니라, … 그렇다면 결국 청구인이 위 검찰청에 제기한 고

소는 개인적 피해자의 지위에서 제기한 것이 아니고 국민의 일원으로서 국가의 수사권발동을 촉구하는 의미에서 제기한 것으로 보아야 할 것이며, … 가사 주장과 같이 문제의 고소사건에 처리지연이 있다 하더라도 헌법소원에 있어서의 심판청구요건인 형사피해자로서의 자기관련성을 갖추어 심판청구를 한 경우로 보기는 어렵다.

2) 판례의 경향

우리 헌재가 불기소처분에 대한 헌법소원을 제기할 자기관련성이 없는, 즉 형사피해자가 아니라고 본 판례 중에는 "당해 고소사건 범죄에 간접적 사실상 이해관계가 있을 뿐인 경우"에 해당된다고 본 판례들이 많다.

3) 의료사고 피해자의 아버지

판례 헌재 1993.11.25. 93헌마81

[관련판시] 청구인은 이 사건 의료사고의 피해자의 아버지일 뿐 그 직접적인 법률상의 피해자가 아니다. 따라서 청구인의 이 사건 고소는 그 실질에 있어 고발에 지나지 않는다. 그러므로 위 청구인은 이 사건 불기소처분으로 인하여 자기의 헌법상 보장된 기본권을 직접 침해받은 자가 아니고 이 사건 불기소처분에 대하여 자기관련성이 없는 자이므로 동 불기소처분에 대한 헌법소원심판청구를 할 수 있는 적격이 없다(* 의료사고의 피해자도 본사안의 청구인이었다).

4) 주식회사 자체가 피해자인 경우의 대표이사의 적격부인

[주요판시사항]

▷ 주식회사 자체가 피해자인 경우의 대표이사의 적격부인
다만, 대표이사 겸 株主인 경우 적격을 가짐

판례 헌재 1995.5.25. 94헌마100

[관련판시] 이 사건 불기소처분의 대상인 위 고소사실은 피고소인이 운전면허시험문제집을 제작·판매하면서 고소인인 주식회사 K출판사와 유사한 상호를 사용함으로써 이 회사의 상품과 혼동을 일으키게 하였다는 것이다. 그러므로 다른 특별한 사정이 없는 한 이 건 범죄의 피해자는 위 주식회사 K출판사라 할 것이고, 동 회사의 대표이사일 뿐인 청구인은 위 피고소인의 범죄행위에 대하여 간접적·사실적 또는 경제적 이해관계가 있을지는 몰라도 법적인 이해관계가 있다고 할 수 없어 불기소처분으로 인하여 어떤 기본권도 침해당하였다고 할 수 없으므로 이 헌법소원심판은 자기관련성이 없어 부적법하다. 다만, 범죄의 피해자가 주식회사인 경우에 그 주식회사의 주주도 역시 범죄의 피해자로 볼 수 있기 때문에(전술 참조) 청구인이 위 주식회사 K출판사의 주주 겸 대표이사인 경우라면 청구인도 피해자가 될 수 있다. 그런데 이 사건 헌법소원은 그 청구기간이 지난 뒤 제기된 것이다. 따라서 가사 청구인이 위 회사의 주주라고 하더라도 청구인의 이 사건 헌법소원심판청구는 부적법한 것임을 면할 수 없다.

5) 대학교 교수, 교수협의회

판례 헌재 1997.2.20. 95헌마295

[결정요지] 이 사건에서 피의자가 저질렀다고 하는 횡령행위로 인한 피해자는 학교법인이고, 그 횡령행위로 인하여 위 학교법인이 설립·운영하는 대학교의 운영에 어려움이 생김으로써 동 대학교의 교수인

청구인이나 그가 대표로 있는 동 대학교 교수협의회에게 어떠한 불이익이 발생하였다고 하더라도 그것은 간접적인 사실상의 불이익에 불과할 뿐, 그 사실만으로는 청구인이나 위 교수협의회가 위 횡령행위로 인한 '형사피해자'에 해당한다고 할 수 없으므로 이 피의사건의 불기소처분에 대한 헌법소원의 청구인적격이 없어 부적법하다.

6) 민사소송에서의 위증에 대하여 당해 소송 당사자가 아닌 사람

헌재는 민사소송사건에서의 위증(僞證)으로 인한 형사피해자는 "다른 특별한 사정이 없는 한 그 당해 사건의 당사자에 한정된다"고 보고 있다.

[주요판시사항]

▷ 민사소송에서의 위증사건(僞證事件)의 전제가 된 소송의 당사자가 아닌 자는 자기관련성을 가지지 않음

판례 헌재 1997.5.29. 95헌마341

[관련판시] 이 사건 수사기록에 의하면, 청구인은 피의자가 위증하였다는 위 민사소송사건의 원고의 동생이자 그 소송대리인에 불과하고, 달리 청구인을 그 사건에 있어서 원고와 법률상 동일한 지위 내지 이해관계에 있다고 볼 만한 특별한 사정도 찾아볼 수 없으므로, 청구인은 이 사건 불기소처분에 대하여 헌법소원을 제기할 수 있는 '형사피해자'에 해당한다고 할 수 없다. 그렇다면 이 사건 헌법소원은 청구인적격이 없는 자가 제기한 것으로서 부적법함이 명백하므로 각하한다. * 동지 : 헌재 1992.12.24. 91헌마168; 1996.6.13. 95헌마369; 1997.11.27. 96헌마390 등 참조.

7) 종중의 종원

판례 헌재 제2 지정재판부 2000.9.6. 고지, 2000헌마550

[사건개요와 쟁점] 어느 성씨의 어느 파의 18대손인 청구인은, 본(本)을 속여 청구인의 성씨 파(姓氏 派)의 종중(宗中)의 도유사로서 종중 재산을 관리하고 있는 사람과 그 본을 직권정정한 사람을 허위공문서작성 및 동 행사죄로 고소하였으나 불기소처분이 있었고 이에 헌법소원심판을 청구하였다. 청구인이 범죄행위의 피해자에 해당하는지 여부가 먼저 문제되었다(부정, 각하결정). [결정요지] 검사의 불기소처분에 대한 헌법소원에서의 형사피해자의 개념은 형사실체법상으로는 직접적인 보호법익의 주체가 아니더라도 문제되는 범죄 때문에 법률상 불이익을 받게 되는 자를 가리키는 것이다. 그런데 허위공문서작성 및 동 행사죄의 보호법익은 '공문서 내용의 진실에 대한 공공의 신용'이므로, 피고소인들이 위 제적부에 청구인이 주장하는 것과 같은 허위 사실을 기재하고 이를 비치하였다고 하더라도 위 범죄행위로 인하여 청구인이 입은 피해는 청구인과 같은 본(本)을 가지지 않은 사람이 청구인과 같은 본을 가진 것으로 호적부에 등재되고 같은 종중의 종원(宗員)으로 행세한다는 이외에 종원인 청구인의 종중에 대한 권리행사와 관련해서 청구인에게 직접적이고 구체적인 법률상의 불이익을 준 것은 아니므로 청구인으로서는 이 사건 허위공문서작성 및 동 행사죄와 관련하여 헌법소원을 제기할 수 있는 형사피해자라고 할 수 없다. 그러므로 심판청구를 각하한다.

8) 경매대상물건의 소유자인 주식회사의 대표이사가 제기한 헌법소원

판례 헌재 2000.12.14. 2000헌마294

[결정요지] 청구인의 주장에 의하면, 피고소인들은 청구인이 대표이사로 근무하는 D주식회사의 채권자인 축산협동조합중앙회가 채무자인 D주식회사의 재산에 대해 신청한 경매에 관하여 입찰참가자인 청구

외 ○○○이 작성한 입찰가액을 탐지하였으며, 피고소인이 ○○○의 입찰가액보다 근소하게 높은 금액으로 입찰에 참가하여 경락을 받음으로써 공정한 경매를 방해하였다는 것이다. 그러나, 가사 피고소인들이 위와 같은 행위를 저질러 경매의 공정한 진행을 방해하였다 하더라도 경매대상물건의 소유자인 D 주식회사 또는 그 대표이사인 청구인은 위와 같은 피고소인들의 경매방해행위에 관하여는 다른 특별한 사정이 없는 한 단지 간접적인 사실상의 이해관계가 있을 뿐 그 범행으로 인하여 자기의 권리나 법률상의 이익을 침해받은 피해자라 할 수 없다. 청구인이 자신의 이름으로 이 사건 소원심판을 제기한 것이든 혹은 이 사건 주식회사의 대표이사로서 동 회사를 대표하여 이 사건 소원심판을 제기한 것이든, 청구인과 주식회사는 피고소인들의 범행으로 인해 자기의 권리나 법률상의 이익을 침해받은 자라 할 수 없으므로 고소권이 없어, 검사의 무혐의 불기소처분에 대하여 자기의 기본권이 침해되었음을 이유로 헌법소원심판을 청구할 수 없다 할 것이다. 따라서 이 헌법소원심판청구는 부적법하므로 이를 각하한다.

9) 업무상 배임의 경우

판례 헌재 1993.7.29. 92헌마95

[관련판시] 청구인은 이 사건에서 청구 외 ○○○의 행위는 농협에 대한 업무상 배임행위라고 주장하고 있지만 설사 그러하다고 하더라도 배임죄의 피해자는 청구인이 아닌 농협이므로 결국 그 부분에 관한 한, 청구인의 기본권과 무관한 농협에 대한 피해에 대하여 헌법소원을 청구한 셈이 되어 제소적격 불비로 부적법하고 그 흠결을 보정할 수 없는 경우라고 할 것이다.

10) 상속인 중 1인의 보험금사기피의사건에 관한 타상속인들의 자기관련성 부인

판례 헌재 1996.6.13. 95헌마327

[결정요지] 상속인 중의 한 사람이 단독상속인이라고 속이고 보험회사들로부터 보험금을 편취하였다고 주장하여 사기로 고소한 사건에 있어서는 위 범행으로 인하여 보험회사들이 사망한 피보험자의 수증자나 상속인들에게 해제된 보험금을 반환하여야 할 의무가 소멸되는 것은 아니므로 이 사건의 피해자들은 그 보험회사들이고, 다른 상속인들인 청구인들이 아니어서 자기관련성이 없다.

7. 기소유예처분에 대한 헌법소원의 청구인적격

(1) 문제 소재

기소유예처분은 기소를 하지는 않으나 유죄로 인정하는 처분이므로 이를 둘러싸고 헌법소원심판을 청구할 필요가 있는 사람은 무죄라고 주장하는 피의자일 것이다. 피해자도 유죄라는 점은 받아들이겠으나 기소를 하지 않고 유예한다는 점에 불만을 가지고 헌법소원심판을 청구하고자 할 수도 있다. 그러나 피해자는 고소권자로서 고소를 하여 검사로부터 공소를 제기하지 아니한다는 통지를 받은 때에는 재정을 신청할 수 있으므로(형사소송법 제260조(재정신청) 1항 본문) 피해자는 바로 헌법소원을 청구할 수 없고 재정신청 이후에도 원행정처분이 헌법소원대상이 아니라는 헌재 자신의 판례에 따라 결국 어려운 상황이 되었다.

(2) 기소유예처분에 대한 '피의자'의 헌법소원의 청구인적격 인정

기소유예처분(起訴猶豫處分)은 비록 기소로 나아가지는 않지만 범죄혐의사실을 인정하여 유죄로 인정하는 결정이므로 무죄라고 주장하는 피의자는 기소유예처분을 취소시킴으로써 자신의 기본권을 회복할 수 있다. 기소유예처분에 대해서는 2008년 재정신청의 확대 이후에도 피의자가 재정신청할 수 없으므로 헌법소원심판을 청구할 수 있고 그 헌법소원에서 기본권침해의 자기관련성이 인정된다. 실제 일반적으로 피의자가 헌법소원을 제기하는 경우가 많다.

1) 근거

기소유예처분에 대해 피의자가 헌법소원심판을 청구할 수 있는 침해가능성있는 기본권으로 초기에 헌재는 평등권, 재판청구권, 행복추구권을 들고 있었다.

[주요판시사항] 기소유예처분을 받은 피의자의 청구인적격 인정 근거
▷ 헌법 제11조 평등권·제27조 재판청구권·헌법 제10조 행복추구권의 침해

판례 헌재 1989.10.27. 89헌마56

[관련판시] 기소유예처분이란 공소제기함이 충분한 혐의가 있고 소송조건도 구비되었음에도 불구하고 검찰관이 제반사항을 고려하여 공소를 제기하지 않는다는 내용의 처분인 것으로 범죄혐의가 없음이 명백한 사안을 놓고 자의적이고 타협적으로 기소유예처분을 했다면 헌법 제11조의 평등권침해를 이유로 당연히 소원적격을 갖게 된다고 할 것이다. 나아가 검찰관이 명백한 무혐의 불기소처분을 하여야 할 사안인데도 경솔하게 범죄의 충분한 혐의가 있다고 보아 기소유예처분을 하면 차라리 공소제기되어 헌법 제27조 소정의 재판을 받을 권리의 행사에 의하여 무죄판결을 받아 완전히 혐의를 벗을 수 있는 길만 막아버리는 결과가 되어 공소를 제기한 것보다 더 불리할 수 있으며, 범죄혐의가 있다고 인정한 기소유예처분이 유죄판결에 준하는 취급을 받아 법률적·사회적 측면에서 사회생활에 유형· 무형의 불이익과 불편을 주는 것이 실상이라면 혐의 없고 무고함에 의심 없는 사안에 대해 군검찰관이 자의로 기소유예처분에 이른 것은 헌법 제10조 소정의 행복추구권을 침해한 것으로 봄이 상당하다.

2) 현재

현재 헌재는 기소유예처분을 취소하는 인용결정에서 "평등권과 행복추구권이 침해되었다"는 판시와 주문선언을 하는 경우가 일반적이다.

판례 헌재 2019.9.26. 2019헌마674

[주문] 피청구인이 2019.3.29. 서울동부지방검찰청 2019년 형제○○○○○호 사건에서 청구인에 대하여 한 기소유예처분은 청구인의 평등권과 행복추구권을 침해한 것이므로 이를 취소한다. [판시] … 결국 청구인에게 도로교통법위반(음주운전) 혐의가 인정됨을 전제로 내려진 이 사건 기소유예처분은 자의적인 증거판단, 수사미진, 법리오해의 잘못에 의한 것이라고 볼 수밖에 없고, 그로 말미암아 청구인의 평등권과 행복추구권이 침해되었다. 4. 결론 – 그렇다면 이 사건 심판청구는 이유 있으므로 이 사건 기소유예처분을 취소하기로 하여, 관여 재판관 전원의 일치된 의견으로 주문과 같이 결정한다.

* 피의자의 기소유예처분에 대한 헌법소원을 인용한 그 외 결정례들은 많다 : 헌재 2019.8.29. 2019헌마234; 2019.7.25. 2018헌마795; 2019.6.28. 2017헌마882; 2019.6.28. 2018헌마1101; 2019.6.28. 2018헌마294; 2019.4.11. 2017헌마941 등.

(3) 기소유예처분에 대한 피해자의 입장

앞서 기소유예처분에 대한 헌법소원은 피의자가 제기하는 경우가 일반적인 경우라고 하였으나 피해자도 기소유예가 아닌 기소로 나아가 피의자를 유죄로 단죄하고자 할 경우가 있을 것이다. 전술한 대로 현재는 피해자가 고소를 하였다면 재정신청을 해야 하고 헌법소원을 사실 청구할 수 없다. 다만, 피해자가 고소를 하지 않은 경우에는 재정신청을 할 수 없어서 헌법소원이 가능하다. * 이에 대해서는 뒤의 보충성원칙 참조.

8. 기소중지처분에 대한 헌법소원의 청구인적격

기소중지처분(起訴中止處分)도 공소를 제기하지 않는 처분이므로 기소중지처분에 대한 헌법소원의 청구인적격 문제도 논리적으로 위 기소유예와 같이 이해하면 될 것이다. 기소중지처분에 대한 고소인은 재정신청으로 가야 할 것이고 피의자에게는 그 청구인적격이 인정될 것이다.

판례 헌재 1997.2.20. 95헌마362

[관련판시] 검사가 기소중지처분을 한 경우 그 피의사건의 피의자에게는 검사가 다시 사건을 재기하여 수사를 한 후 종국처분을 하지 않는 한 '범죄의 혐의자'라는 법적인 불이익상태가 그대로 존속된다 할 것이므로, 만약 검사가 자의적으로 기소중지처분을 하였다면 그 사건의 피의자도 헌법상 보장된 자기의 평등권과 행복추구권 등이 침해되었음을 이유로 헌법소원을 제기할 수 있다. * 이 결정은 위와 같이 가능하다는 설시를 한 뒤 해당 사건에서는 각하, 기각결정을 하였다.

9. 입법부작위 헌법소원에서의 자기관련성요건 요구

입법부작위에 대한 헌법소원에서도 기본권침해의 자기관련성이 요구됨은 물론이다. 입법부작위에 대한 헌법소원심판에서 기본권침해의 자기관련성 여부를 판단하고 있는 결정례로, 헌재 1998.7.16. 96헌마246, 전문의 자격시험 불실시 위헌확인 등; 1997.11.27. 96헌마226, 입법부작위 위헌확인; 2002.7.18. 2000헌마707, 평균임금결정 · 고시부작위 위헌확인 등 참조.

10. 단체 구성원의 기본권침해에 대한 단체 자체의 헌법소원 청구

(1) 자기관련성 부정과 그 부정의 논거

1) 판례법리

법인, '법인격 없는 사단 · 재단' 등의 단체 자체도 헌법소원심판을 청구할 능력이 있다(전술 참조). 그러나 단체가 자체에 기본권침해가 있어서가 아니라 그 구성원의 기본권이 침해된다고 하여 청구한 헌법소원심판에서 헌재는 단체 자체의 기본권 침해가 없다고 하여 자기관련성을 부인한다.[1] 헌재는 논거로서 단체와 그 구성원을 서로 별개의 독립된 인격체로 인정하고

---

1) 이 문제를 권한쟁의심판에 관한 우리 헌재의 판례가 명명하는 것처럼 제3자 소송담당의 문제로 서술하고 있는

있는 우리 법제를 들고 있다.

[주요사항]

▷ 법인, 단체는 자신의 기본권침해가 아니면 자기관련성이 없어 헌법소원심판 청구인적격이 없음. 구성원을 대신하여 구성원의 권리구제를 위하여 헌법소원을 청구할 수 없음

▫ 논거 : 단체와 그 구성원을 서로 별개의 독립된 인격체로 인정하고 있는 우리나라 법제 아래서는 헌법상 보장된 기본권을 직접 침해당한 사람만이 원칙적으로 헌법소원심판 절차에 따라 권리구제를 청구할 수 있음

2) 검토

사실 단체 자체의 기본권침해를 요한다는 위 법리는 기본권침해의 공권력행사·불행사의 상대방이 아닌 제3자는 원칙적으로 자기관련성을 가지지 않는다는 원 출발점에 서 있는 법리이다. 이는 단체 자체와 단체 구성원의 분리가 단체를 제3자의 위치에 서게 하기 때문임은 물론이다.

(2) 부정한 결정례

법인인 경우와 법인격 없는 사단·재단으로 나누어 각 대표적인 예들을 살펴본다. 법인성 여부가 법리적용에 그리 차이를 보이지는 않는다. 그래서 이하 법인이 아닌 법인격 없는 사단·재단도 위 법리가 적용된다는 점을 파악하기 위해 나누어 1), 2)에서 법인인지, 법인격 없는 사단·재단인지가 뚜렷이 결정문에 나와 있는 각각의 대표적인 것을 보고 3) 기타 단체는 문제된 단체의 법인성 여부를 뚜렷이 하지 않더라도 위 법리가 적용된 단체 문제일 경우를 정리해 본다.

1) 법인(法人)의 경우에 부인된 예

① 영화 사전심의제에 대한 영화인협회의 청구

판례 헌재 1991.6.3. 90헌마56

[쟁점] 영화상영의 사전심의제를 규정한 영화법 제12조 등은 언론에 대한 사전검열을 금지한 헌법 제21조 제2항 등에 위반되어 위헌이라고 주장하며 사단법인인 한국영화인협회가 위 영화법 제12조 등을 대상으로 하여 청구인으로서 제기한 헌법소원이 적법한 것인지 여부(* 각하결정으로 본안판단이 이루어지지 않았음). [관련판시] 청구인 사단법인 한국영화인협회(이하 영화인협회라고 줄여 쓴다)는 민법상의 비영리사단법인으로서 성질상 법인이 누릴 수 있는 기본권에 관한 한 그 이름으로 헌법소원심판을 청구할 수 있다. 그러나 영화인협회도 헌법소원심판 청구적격을 갖추지 않았다. 왜냐하면 단체와 그 구성원을 서로 별개의 독립된 인격체로 인정하고 있는 우리나라 법제아래서는 헌법상 보장된 기본권을 직접 침해당한 사람만이 원칙적으로 헌법소원심판 절차에 따라 권리구제를 청구할 수 있는 것이고, 단체의 구성원이 기본권을 침해당한 경우 단체가 구성원의 권리구제를 위하여 그를 대신하여 헌법소원심판을 청구하는 것은 원칙적으로 허용될 수 없기 때문이다. 따라서 단체는 특별한 예외적인 경우를 제외하고는 헌법소원심판제도가 가진 기능에 미루어 원칙적으로 단체 자신의 기본권을 직접 침해당한 경우에만 그의 이름으로 헌법소원심판을 청구할 수 있을 뿐이고, 그 구성원을 대신하여 헌법소원심판을 청구

문헌이 있다(헌법재판실무제요, 제2개정판, 293면).

할 수 없는 것으로 보아야 할 것이다. 이 사건 심판의 대상이 된 법률조항은 영화를 제작하여 상영하려는 영화업자·기타 영화제작자 또는 영화의 제작에 참여하는 감독·연기인 등 영화인을 그 적용대상으로 하는 것이며(영화법 제2조 제8호·제9호, 제4조, 제5조의2), 영화인협회는 스스로 영화제작 또는 상영사업을 수행하지 않는 이상 직접 위 법률조항의 적용을 받는 것으로 보기 어렵다(영화인협회의 정관 제4조 참조). 뿐만 아니라 위 법률조항이 영화업자 또는 영화인협회의 회원인 감독·연기인 등 영화인들의 헌법상 기본권을 제한한다고 하여 이로써 영화인협회가 직접적으로 회복할 수 없는 손해를 입게 된다는 특별한 사정이 있음을 인정할 자료가 없다. 더구나 이 사건에서는 영화업자 또는 영화인협회의 회원인 영화인들이 스스로 헌법소원심판을 청구하여 그들의 헌법상 보장된 기본권의 침해에 대한 구제를 받을 수 있는 길이 막혀 있다거나, 그 행사가 심히 어려운 것으로 보아야 할 사정도 찾아볼 수 없다. 따라서 영화인협회의 이 사건 헌법소원심판청구는 자기관련성의 요건을 갖추지 못한 부적법한 것이다.

* 이 사안은 결국 각하결정이 됨으로써 본안판단에 들어가지 않았고 따라서 사전심의제의 합헌여부에 대한 헌재의 입장이 밝혀지지 않았다. 그러나 이 결정 이후 1996년의 결정에서 映畵法 제12조의 사전심의제에 대하여는 검열로 보아 위헌으로 선언되었다(헌재 1996.10.4. 93헌가13, 91헌바10(병합), 판례집 8－2, 212면 이하 참조).

② 자동차대여사업의 확대인정에 대한 전국자동차대여사업조합의 청구

판례 헌재 2002.10.31. 2002헌마20

[사안] 전국자동차대여사업조합은 반환조건부 자동차리스를 금지하던 개정 전 시행령 제2조 제2항이 삭제되어 여신전문금융업법상의 여신전문금융회사도 자동차대여사업과 유사한 리스업을 할 수 있게 됨으로써, 여객자동차운수사업법에 의해 등록하고 자동차대여사업을 영위하는 청구인들이 큰 타격을 받았고 이로 인해 헌법상 보장된 청구인들의 직업의 자유 및 평등권이 침해되었다고 주장하면서 2002.1.9. 그 위헌확인을 구하는 헌법소원심판을 ○○렌트카 주식회사와 함께 청구한 사건이다. [판시] 청구인 전국자동차대여사업조합(이하 "청구인 조합"이라 한다)은 자동차대여사업의 건전한 발전과 자동차대여사업자의 지위향상을 위하여 여객자동차운수사업법 제55조에 근거하여 설립된 법인으로서, 기본권의 성질상 자연인에게만 인정되는 것이 아닌 한 청구인 조합도 기본권의 주체가 될 수 있고 기본권을 직접 침해당한 경우에는 청구인 조합의 이름으로 헌법소원심판을 청구할 수 있는 헌법소원심판청구능력도 있다. 이 사건에서 청구인 조합이 침해당하였다고 주장하는 기본권인 평등권과 직업의 자유는 성질상 법인에게도 인정되는 기본권이기는 하지만, 청구인 조합은 직접 자동차대여사업을 영위하는 주체가 아니므로 이 사건 규정에 의하여 직접 기본권이 제한받는 자라 할 수 없으며, 청구인 조합의 이 사건 청구이유를 살펴보아도, 이 사건에서 청구인 조합이 문제삼고 있는 평등권과 직업의 자유의 내용은 청구인 조합의 구성원인 자동차대여업자의 평등권이나 직업의 자유에 관한 것이지 청구인 조합 자체의 기본권에 관한 것은 아니라 할 것이다. 또한 단체의 구성원이 기본권을 침해당한 경우 단체가 구성원의 권리구제를 위하여 또는 그를 대신하여 헌법소원심판을 청구하는 것은 원칙적으로 허용되지 아니한다. 따라서 이 사건 규정은 청구인 조합의 기본권과는 관련이 없으므로 청구인 조합의 이 사건 청구는 자기관련성이 결여되어 부적법하다. * ○○렌트카 주식회사의 청구에 대해서도 "종전에 자동차대여업자가 자동차대여업에 관한 독점적인 영업이익을 누리고 있었다 하더라도 이는 여신전문금융업법시행령이 반환조건부 자동차리스를 리스회사의 업무범위에서 제외시켜 놓았던 데에 기인하는 반사적 이익 또는 사실상의 이익에 지나지 아니하는 것이므로, 이 사건 규정으로 인하여 그러한 사실상의 독점적 영업이익이 상실되었다 하더라도 이로써 청구인 회사의 헌법상 기본권의 침해 문제는 발생하지 않는다고 보아야 한다"라고 하여 기본권침해가능성이 없다는 이유로 역시 각하하였다.

③ 지정문화재은닉 처벌규정개정의 문화재매매업자 직업자유 침해주장의 미술협회청구

판례 헌재 2007.7.26. 2003헌마377

[사안] 문화재보호법은 2002.12.30. 법률 제6840호로 ① 지정문화재 등의 은닉행위 이전에 타인에 의하여 행하여진 손상·절취·은닉 그 밖의 방법으로 그 지정문화재 등의 효용을 해하는 행위가 처벌되지 아니한 경우에도 당해 은닉행위자를 처벌하게 하는 등으로 개정되었다. 이에 문화재매매업자들인 청구인들은 위 문화재보호법 규정들이 문화재매매 등의 거래를 심히 위축시키는 부당한 결과를 초래함은 물론 자신들의 직업의 자유, 재산권, 평등권 등을 침해한다고 주장하면서 헌법소원심판을 청구하였는데 사단법인 ○○미술협회도 함께 청구한 사건이다. [판시] 사단법인 ○○미술협회의 청구의 적법 여부 – 단체는 특별한 예외적인 경우를 제외하고는 원칙적으로 단체 자신의 기본권을 직접 침해당한 경우에만 그의 이름으로 헌법소원심판을 청구할 수 있을 뿐이고, 그 구성원을 위하여 또는 구성원을 대신하여 헌법소원심판을 청구할 수 없다. 청구인 사단법인 ○○미술협회는 회원의 자질향상과 상호 간의 친목 및 권익을 도모함을 목적으로 하는 법인인바, 이 사건 법률조항들에 의하여 자신의 기본권이 직접 침해된다고 보기 어렵다. 또한 이 사건 법률조항들이 문화재매매업자 등의 헌법상 기본권을 제한한다고 하여 이로써 ○○미술협회가 직접적으로 회복할 수 없는 손해를 입게 된다는 특별한 사정이 있음을 인정할 자료도 없으며, 나아가 문화재매매업자들이 스스로 헌법소원심판을 청구하여 그들의 헌법상 보장된 기본권의 침해에 대한 구제를 받을 수 있는 길이 막혀있다거나, 그 행사가 심히 어려운 것으로 보아야 할 사정도 찾아볼 수 없다. 따라서 사단법인 ○○미술협회의 이 사건 헌법소원심판청구는 자기관련성의 요건을 갖추지 못하여 부적법하다.

* 평가 – '직접' 침해될 수 없다고 하여 자기관련성 개념에 또 혼선을 가져오게 한다.

④ 국유림 대부받아 운영되는 스키장 운영업체를 회원으로 하는 사단법인의 대부료 규정에 대한 청구

판례 헌재 2008.11.27. 2006헌마1244

[사안] '국유림의 경영 및 관리에 관한 법률'(2005.8.4. 법률 제7677호로 제정된 것, 이하 '국유림법')이 국유림의 대부에 관한 사항을 새롭게 규율하여 스키장으로 개발된 이후 '최근에 공시한 당해 토지에 대한 개별공시지가를 기준으로' 대부료 등을 산정함으로써 개발로 인한 지가상승에 아무런 기여도 하지 않은 대한민국에게 그 이익을 귀속시키는 반면, 자신의 비용 부담으로 위 대부·사용허가지를 스키장으로 개발하여 지가상승에 기여한 스키장 운영한 업체들인 청구인들에게는 대부료 등의 인상이라는 불이익을 주게 된다는 이유로 자신들의 재산권을 침해함과 아울러 신뢰보호의 원칙에 위반된다며 2006. 11.2. 헌법소원심판을 청구하였다. 그리고 청구인 회사들을 비롯한 스키장 운영업체를 회원으로 하여 스키장 사업의 건전한 발전 등을 도모함을 목적으로 설립된 사단법인 한국○○협회(이하 '청구인 협회')도 함께 청구한 사건이다. [판시] 이 사건에서 청구인 협회가 침해당하였다고 주장하는 기본권인 재산권은 성질상 법인에게도 인정되는 기본권이기는 하지만, 청구인 협회는 직접적으로 국유림을 대부 또는 사용허가 받아 그 대부료 등을 납부하는 주체가 아니므로 이 사건 시행령조항에 의하여 직접 기본권을 제한받는 자라 할 수 없고, 청구인 협회의 이 사건 청구이유를 살펴보아도, 청구인 협회가 문제 삼고 있는 재산권의 내용은 청구인 협회의 구성원인 스키장 영업자의 재산권에 관한 것이지, 청구인 협회 자체의 기본권에 관한 것도 아니어서, 이 사건 시행령조항은 청구인 협회의 기본권과는 아무런 관련이 없으므로 청구인 협회의 이 사건 심판청구는 자기관련성이 인정되지 아니한다.

⑤ **진료정보를 국민건강보험공단에 알려줄 개별 의료급여기관 의무 고시 조항에 대한 대한의사협회의 청구**

판례 헌재 2009.9.24. 2007헌마1092

[사안] 개별 의료급여기관으로 하여금 수급권자의 진료정보를 국민건강보험공단에 알려줄 의무 등 의료급여 자격관리 시스템에 관하여 규정한 보건복지부장관 고시 조항에 대하여 대한의사협회가 헌법소원심판을 청구한 사건임. [판시] 청구인 대한의사협회가 그 자신의 기본권이 침해당하고 있음을 이유로 하여 이 사건 헌법소원심판을 청구한 것이 아니고 그 단체에 소속된 회원인 개별 의료급여기관들이 이 사건 고시 제3조로 말미암아 헌법상 보장된 직업의 자유를 침해당하고 있음을 이유로 하여 이 사건 헌법소원심판을 청구한 것이라고 한다면, 이 역시 허용될 수 없다고 할 것이다. 단체와 그 구성원을 서로 별개의 독립된 인격체로 인정하고 있는 현행의 우리나라 법제 아래에서는 헌법상 보장된 기본권을 직접 침해당한 사람만이 원칙적으로 헌법소원심판 절차에 따라 권리구제를 청구할 수 있는 것이고, 단체의 구성원이 기본권을 침해당한 경우 단체가 구성원의 권리구제를 위하여 그를 대신하여 헌법소원심판을 청구하는 것은 원칙적으로 허용될 수 없기 때문이다. 따라서 청구인 대한의사협회의 심판청구는 자기관련성이 결여되어 부적법하다. * 이 사안은 제3자의 자기관련성 문제도 관련되어 위에서 인용한 바 있음(전술 참조).

⑥ **학부모 알 권리를 위한 사단법인 광역시청소년단체협의회의 청구**

판례 헌재 2011.12.29. 2010헌마293

[사안] 교원의 개인정보 공개를 금지하고 있는 '교육관련기관의 정보공개에 관한 특례법' 제3조 제2항이 과잉금지원칙에 반하여 학부모들의 알 권리를 침해한다고 하여 단체인 사단법인 광역시청소년단체협의회가 제기한 헌법소원심판. [판시] 부산광역시청소년단체협의회의 정관에 따르면, 위 단체는 건전한 청소년 육성과 청소년단체 상호 간의 협력 및 교류와 지원을 목적으로 하며 그 목적 달성을 위한 사업을 활동내용으로 하는바, 이러한 위 협의회의 목적과 활동내용에 비추어 볼 때 교원의 교원단체 및 노동조합 가입에 관한 정보는 위 단체의 목적과 활동을 위해 필수적으로 요청되는 것이라고 할 수 없으며, 학생들의 교육에 관련된 위 정보에 대해 직접적인 이해관계를 가지는 사람은 학생들의 학부모라고 할 것인바, 청구인 사단법인 부산광역시청소년단체협의회는 학부모들을 위하여 헌법소원심판을 청구하는 것에 지나지 아니한다고 할 것이다. 그렇다면, 청구인 사단법인 부산광역시청소년단체협의회의 이 사건 심판청구는 자기관련성이 없어 부적법하다.

⑦ **LPG 사용 자동차**(사용자) **범위를 제한 법규정에 대한 개인택시조합의 청구**

판례 헌재 2017.12.28. 2015헌마997

[사안] LPG를 연료로 사용할 수 있는 자동차 또는 그 사용자의 범위를 제한하고 있는 '액화석유가스의 안전관리 및 사업법 시행규칙'(2015.7.29. 산업통상자원부령 제146호로 전부개정된 것) 제40조가 개인택시운송사업자들의 기본권을 침해한다는 주장의 헌법소원심판청구. [판시] 서울개인택시조합은 서울특별시 소재 개인택시운송사업자들로 구성된 법인으로서 자신의 기본권이 침해되었음을 이유로 한 것이 아니라 그 구성원인 개인택시운송사업자들의 기본권(일반적 행동자유권, 재산권)이 침해되었음을 이유로 이 사건 심판을 청구하고 있다. 따라서 위 청구인의 심판청구는 기본권침해의 자기관련성 요건을 갖추지 못하여 부적법하다.

⑧ **'세무조정업무' 한정 규정에 대한 법무법인의 청구**

세무조정계산서를 작성하는 업무(이하 '세무조정업무')를 세무사법에 따른 세무사등록부에 등록한 변호사만이 할 수 있도록 한정함으로써 세무사 자격 보유 변호사로 하여금 이러한 등록을 하지 않는 한 세무조정업무를 할 수 없도록 규정한 법인세법, 소득세법 규정이 과잉금지원칙을 위배하여 청구인 변호사의 직업선택의 자유를 침해한다는 결정에서 그 변호사 소속 법무법인은 자기관련성이 없다는 결정을 하였다.

판례 헌재 2018.4.26. 2016헌마116
[관련판시] 심판대상조항은 세무조정계산서의 작성주체를 세무사법에 따른 세무사등록부에 등록한 변호사로 제한하고 있을 뿐, 법무법인에 대해서는 아무런 내용도 규율하고 있지 않으므로, 법무법인은 심판대상조항의 수범자가 아닌 제3자에 불과하다. 법무법인은 변호사의 직무와 법무법인의 구성원이나 구성원 아닌 소속 변호사가 다른 법률에 정한 자격에 의하여 수행할 수 있는 직무를 그 법인의 업무로 할 수 있으므로(변호사법 제49조), 법무법인의 구성원이나 구성원 아닌 소속 변호사가 세무사법에 따라 세무대리를 할 수 있는 경우에는 이를 법무법인의 업무로 할 수 있다(대법원 2016.4.28. 선고 2015두3911 판결 참조). 법무법인은 심판대상조항에 의해 세무조정업무를 수행할 수 없는 것이 아니라, 법무법인의 구성원이나 구성원 아닌 소속 변호사가 세무사등록부에 등록할 수 없는 경우 이들이 심판대상조항에 의해 세무조정업무를 수행할 수 없게 됨에 따라 결과적으로 법무법인도 세무조정업무를 수행할 수 없게 되는 것에 불과하다. 따라서 청구인 법무법인 ○○은 심판대상조항으로 인한 기본권 침해의 자기관련성이 인정되지 아니한다.

* 판례분석 – 헌재는 위 판시에서 "이들이 심판대상조항에 의해 세무조정업무를 수행할 수 없게 됨에 따라 결과적으로 법무법인도 세무조정업무를 수행할 수 없게 되는 것에 불과하다"라고 하는데 '불과하다' 하더라도 결과적으로 "수행할 수 없게 되는 것"이라고 하여 결국 법무법인도 할 수 없게 되었음을 인정하는 것이 아닌가. 그렇다면 법무법인에게 왜 자기관련성이 없는지 이해가 안 된다.

⑨ **인터넷신문 기자 단체**

판례 헌재 2016.10.27. 2015헌마1206등
[판시] 심판대상조항은 인터넷신문을 전자적으로 발행하고 있거나 발행하려는 자를 대상으로 하고 있는데(신문법 제2조 제4호), 인터넷신문 기자단체인 [별지 1] 청구인 19 사단법인은 이에 해당하지 아니한다. 청구인 19는 자신의 기본권이 직접 침해당했다는 것이 아니라 회원인 기자들의 직업의 자유 등이 침해당함으로써 간접적으로 기본권을 침해당했다는 취지로 주장하고 있는데, 청구인 19의 회원인 기자들이 스스로 헌법소원심판을 청구하기 어려운 사정도 찾아볼 수 없다.

⑩ **한국기자협회** – '부정청탁 및 금품등 수수의 금지에 관한 법률' 해당조항들에 대해 한국기자협회가 청구한 사건

판례 헌재 2016.7.28. 2015헌마236
[판시] 청구인 사단법인 한국기자협회는 전국의 신문·방송·통신사 소속 현직 기자 1만 여명을 회원으로 두고 있는 민법상 비영리 사단법인으로서, '신문 등의 진흥에 관한 법률' 제9조 제1항, 제2항에 따라 신문사업자로 등록하여 일반주간신문인 '기자협회보'를 발행하고 있으므로, '언론중재 및 피해구제 등에

관한 법률' 제2조 제12호에 따른 언론사에 해당한다. 그런데 심판대상조항은 언론인 등 자연인을 수범자로 하고 있을 뿐이어서 청구인 사단법인 한국기자협회는 심판대상조항으로 인하여 자신의 기본권을 직접 침해당할 가능성이 없다. 또 법인이 그 구성원을 위하여 또는 구성원을 대신하여 헌법소원심판을 청구할 수 없으므로, 청구인 사단법인 한국기자협회가 그 구성원인 기자들을 대신하여 헌법소원을 청구할 수도 없다. 따라서 위 청구인의 심판청구는 기본권 침해의 자기관련성을 인정할 수 없어 부적법하다.

⑪ **사립유치원단체** – 저소득층 만 5세 유아에 대하여 사립유치원의 경우 2003년 매월 유아당 105,000원만을 지원하고 그 이상의 입학금 및 수업료를 지원하지 아니하는 행위에 대하여 사립유치원의 설립·경영자를 구성원으로 하는 사단법인이 청구한 헌법소원심판

판례 헌재 2006.10.26. 2004헌마13

[판시] 이러한 무상교육의 수혜자는 기본적으로 만 5세의 유아를 가진 학부모이다. 따라서 사립유치원이 무상교육 대상자인 만 5세의 유아가 취원하게 됨으로써 받게 되는 지원은 국가가 무상교육대상자인 만 5세의 유아에 대하여 교육비를 지원함으로써 얻게 되는 반사적이고 간접적인 이익에 불과하므로, 사립유치원의 설립 또는 경영자인 자를 구성원으로 하는 단체인 청구인에게는 기본권 침해의 자기관련성이 인정되지 않는다.

* 검토 – 반사적 이익이라고 하면서 자기관련성이 없는 것으로 귀착한 판시는 문제가 있다(앞의 '반사적 이익' 부분 참조).

⑫ **한국공인중개사협회** – 중개업자로 하여금 자신이 중개한 부동산 거래내역을 신고하도록 한 '공인중개사의 업무 및 부동산 거래신고에 관한 법률'(2005.7.29. 법률 제7638호로 전부 개정된 것) 제27조 제2항(이하 '이 사건 신고의무 조항'이라 한다), 중개업자가 허위 또는 이중계약서를 작성할 경우 중개사무소 개설등록을 취소할 수 있도록 한 제38조 제2항 제7호(이하 '이 사건 등록취소 조항'이라 한다) 등에 대해 이 협회가 헌법소원심판을 청구한 사건

판례 헌재 2009.3.26. 2007헌마988등

[판시] 한국공인중개사협회(이하 '청구인 협회'라 한다)는 법 제41조(구 부동산중개업법 제30조)에 근거하여 설립된 법인인바, 부동산 중개업을 영위하는 주체가 아니므로 이 사건 심판대상조항들에 의하여 기본권을 제한받는 자가 아니며, 청구이유를 살펴보더라도 이 사건에서 청구인 협회가 문제삼고 있는 내용은 '협회의 구성원인 중개업자'의 기본권에 관한 것이지 협회 자체의 기본권에 관한 것이 아니다. 이와 같이 단체의 구성원이 기본권을 침해당한 경우 단체가 구성원의 권리구제를 위하여 또는 그를 대신하여 헌법소원심판을 청구하는 것은 원칙적으로 허용되지 아니하므로, 청구인 협회의 이 사건 헌법소원심판청구는 자기관련성이 결여되어 부적법하다.

* 검토 – "중개업을 영위하는 주체가 아니므로 이 사건 심판대상조항들에 의하여 기본권을 제한받는 자가 아니며"라고 한다면 자기관련성 이전에 기본권침해가능성 자체가 없는 것이라고 보는 것이 논리적이다.

* 그 외 법인 청구에 대한 자기관련성 부정한 예 : 헌재 2008.4.24. 2006헌마990; 2017.4.27. 2014헌마700.

2) 법인격 없는 사단의 경우에 부인된 예

① '광주민주화운동 관련자보상 등에 관한 법률' 등에 대한 광주민중항쟁동지회의 청구

판례 헌재 1994.2.24. 93헌마33

[사건개요] 청구인인 5·18 광주민중항쟁동지회는 1980.5.17.부터 같은 해 5. 28.까지 광주민중항쟁에 투쟁한 동지들로 구성된 법인격 없는 사단(法人格 없는 社團)이다. 청구인은 계엄군의 행위가 헌법 제29조 제1항 소정의 불법행위를 구성하므로 위 법률은 국가배상법의 특별법이라 할 수 있음에도 불구하고 법의 명칭을 보상법으로 하여 광주민주화운동 관련자들의 인격권·명예권을 침해하였고, 항쟁 당시 신체구속을 당한 자들도 소정의 사상자 등과 다름 없이 국가의 불법행위에 의한 극심한 피해를 입은 자들임에도 불구하고 동법이 피해배상의 대상자에서 제외하고 있는 것은 이들의 기본권을 침해한 것이고, 이들에 대한 피해배상 등 권리구제를 위한 법률을 제정하지 아니한 입법부작위에 의한 기본권침해라고 주장하며 헌법소원을 제기하였다. [결정요지] 단체와 그 구성원을 서로 별개의 독립된 권리주체로 인정하고 있는 현행의 우리나라 법제아래에서는 원칙적으로 헌법상 기본권을 직접 침해당한 권리주체만이 헌법소원심판절차에 따라 권리구제를 청구할 수 있는 것이고, 비록 단체의 구성원이 기본권의 침해를 당하였다고 하더라도 단체가 구성원의 권리구제를 위하여 그를 대신하여 헌법소원심판을 청구하는 것은 허용될 수 없다. 따라서 법인 아닌 사단인 청구인이 이 법 또는 입법부작위로 말미암아 그 구성원들의 기본권이 침해되고 있음을 이유로 제기한 이 사건 헌법소원심판청구는 자기관련성의 요건을 갖추지 못한 부적법한 것이다.

② 선거여론조사 결과 등 공표 금지조항에 대한 신문인편집인협회의 청구

판례 헌재 1995.7.21. 92헌마177등

[사안] 대통령선거에서 선거일공고일로부터 선거일까지의 선거기간 중에 선거에 관한 여론조사의 결과 등의 공표를 금지하도록 한 법률규정에 대해 신문편집인협회가 청구한 헌법소원심판. [결정요지] 청구인 협회는 언론인들의 협동단체로서 법인격은 없으나, 대표자와 총회가 있고, 단체의 명칭, 대표의 방법, 총회 운영, 재산의 관리 기타 단체의 중요한 사항이 회칙으로 규정되어 있는 등 사단으로서의 실체를 가지고 있으므로 권리능력 없는 사단이라고 할 것이고, 따라서 기본권의 성질상 자연인에게만 인정될 수 있는 기본권이 아닌 한 기본권의 주체가 될 수 있으며, 헌법상의 기본권을 향유하는 범위 내에서는 헌법소원심판청구능력도 있다. 이 사건의 경우 청구인협회가 침해받았다고 주장하는 언론·출판의 자유는 그 성질상 법인이나 권리능력 없는 사단도 누릴 수 있는 권리이므로 청구인협회가 언론·출판의 자유를 직접 구체적으로 침해받은 경우에는 헌법소원심판을 청구할 수 있다고 볼 것이나, 한편 단체는 원칙적으로 단체 자신의 기본권을 직접 침해당한 경우에만 그의 이름으로 헌법소원심판을 청구할 수 있을 뿐이고, 그 구성원을 위하여 또는 구성원을 대신하여 헌법소원심판을 청구할 수 없다고 할 것이다. 그런데 청구인협회의 회칙 제3조(목적)를 살펴 보면, 청구인협회는 스스로 여론조사를 실시하거나 그 결과를 공표하는 것을 목적이나 사업으로 삼고 있는 것으로 보기 어려울 뿐만 아니라, 실제로 선거에 관한 여론조사를 실시하였거나 준비 중이었다는 점에 관한 아무런 주장이나 소명도 찾아 볼 수 없다. 또한 청구인협회의 이 사건 심판청구이유에 의하더라도, 청구인협회는 그 자신의 기본권이 직접 침해당하였다는 것이 아니고, 청구인협회의 회원인 언론인들의 언론·출판의 자유가 침해당하고 있어 청구인협회도 간접적으로 기본권을 침해당하고 있음을 이유로 하여 이 사건 헌법소원심판을 청구하고 있는 것으로 보인다. 한편 청구인협회의 회원인 언론인들이 그들의 기본권의 침해에 대한 구제를 받기 위하여 스스로 헌법소원심판을 청구하기 어려운 사정도 찾아 볼 수 없다. 따라서 청구인협회의 심판청구는 자기관련성을 갖추지 못하여 부적법하다.

③ 전라북도학교운영위원협의회의 청구

판례 헌재 2002.8.29. 2002헌마4, 지방교육자치에 관한 법률 제58조 제2항 [별표 2] 등 위헌확인
[사건개요] 교육위원 및 교육감의 선출권을 갖고 있는 학교운영위원들 중 전라북도 지역 학교운영위원들이 설립한 단체인 전라북도학교운영위원협의회는 교육위원(지금은 폐지됨)의 선거구 획정에 있어 전라북도 지역의 일부 선거구가 시와 군이 하나의 선거구에 속하도록 되어 있는 구 '지방교육자치에 관한 법률'(2000.1.28. 법률 제6216호로 전문개정된 것) 제58조 제2항의 [별표 2]가 농촌인 군 지역 출신 후보들의 교육위원당선을 어렵게 함으로써 공무담임권 등 기본권을 침해하고 있다는 이유로 헌법소원심판청구를 하였다. [관련판시] 청구인협의회는 법인격 없는 사적 단체이지만, 대표자인 회장과 의결기구인 중앙위원회, 집행기구인 집행위원회 등이 있어 사단으로서의 실체를 갖추고 있으므로 당사자능력이 있는 법인이 아닌 사단이라고 할 것이고, 그 기본권을 직접 침해당한 경우에는 그의 이름으로 헌법소원심판을 청구할 수 있는 헌법소원심판청구능력도 있다. 그러나, 청구인협의회는 그 자신의 기본권을 직접 침해당한 것이 아니라 그 회원인 학교운영위원들의 평등권, 행복추구권 등이 침해당하고 있다는 이유로 헌법소원심판을 청구하고 있으므로 청구인협의회의 심판청구는 자기관련성을 갖추지 못하여 부적법하다.

④ 육견사육업을 하는 회원으로 구성된 비법인 사단인 ○○연합회의 청구

판례 헌재 2019.8.29. 2018헌마306등
[사안] 배출시설 허가 또는 신고를 마치지 못한 가축 사육시설에 대하여 적법화 이행기간의 특례를 규정하면서, '개 사육시설'을 적용대상에서 제외하고 있는 '가축분뇨의 관리 및 이용에 관한 법률' 부칙(2014.3.24. 법률 제12516호) 제10조의2 제1항 해당규정이 개 사육시설 설치자의 평등권을 침해한다는 주장의 헌법소원사건인데 전국에서 육견을 사육하거나 육견 사육을 주된 업으로 하는 회원으로 구성된 비법인 사단인 ○○연합회(이하 '연합회'라 한다)도 함께 청구하였다. [판시] 청구인 연합회가 침해당하였다고 주장하는 기본권인 직업의 자유 및 평등권은 성질상 법인에게도 인정되는 기본권이나, 청구인 연합회는 직접적으로 개 사육시설을 운영하는 주체가 아닐 뿐 아니라, 청구인 연합회가 문제 삼고 있는 직업의 자유 및 평등권의 내용은 청구인 연합회의 구성원인 회원의 직업의 자유 및 평등권에 관한 것이지, 청구인 연합회 자체의 기본권에 관한 것도 아니다. 따라서 심판대상조항은 청구인 연합회의 기본권과는 아무런 관련이 없으므로 청구인 연합회의 이 사건 심판청구는 자기관련성이 인정되지 아니하여 부적법하다.

⑤ **특별전형 지원자격 확대** – 서울대학교 총장의 "2009학년도 대학 신입학생 입학전형 안내(이하 '이 사건 안내')" 중 농·어촌학생특별전형에 있어서 2008년도 제2기 '신활력지역'으로 선정된 시 지역으로 확대한 부분이 시 지역의 학생들을 합격하게 하여 이러한 확대는 농·어촌지역 고교 3년 재학 중인 청구인들의 교육을 받을 권리 등을 침해한다고 하면서 전국 읍·면지역민 및 고등학교 교직원으로 구성된 비법인사단인 '대책위원회가'가 청구한 사건이다.

판례 헌재 2008.9.25. 2008헌마456
[판시] 이 사건 안내는 서울대학교 2009학년도 신입생 특별전형 입학에 있어서 그 지원 자격 및 대상, 절차 등 입학에 대한 정보를 제공하기 위한 것인바, 그 직접적인 대상자는 서울대학교 농·어촌 특별전형에 지원하려는 학생들에 한정되는 것이므로, 사적 결사인 단체에 있어서는 이 사건 안내로 인한 기본

권 침해의 법적 관련성을 인정하기 어렵다. 또한 청구인 대책위원회의 구성원 중에 농·어촌특별전형에 지원하려는 학생이 포함되어 있다고 하더라도 단체와 그 구성원을 서로 별개의 독립된 권리주체로 인정하고 있는 현행의 우리나라 법제 아래에서는 단체가 구성원의 권리구제를 위하여 그를 대신하여 헌법소원심판을 청구하는 것은 원칙적으로 허용되지 아니한다. 따라서 단체인 청구인 대책위원회의 이 사건 헌법소원심판 청구는 기본권 침해의 법적 관련성을 인정할 수 없으므로 부적법하다.

* 해설 – 위 사안에서 학무모인 청구인에 대해서도 함께 판시하고 있는데 이에 대해서는 앞의 제3자의 관련성 부분에서 살펴보았다.

⑥ 마사지사협회

판례 헌재 2010.7.29. 2008헌마664등

[판시] … 가. 사건의 개요 (1) 청구인 ○○마사지사협회, □□마사지지압협회 등(이하 '청구인 단체들'이라 통칭)은 안마, 마사지, 지압 등 각종 수기요법에 종사하는 사람들로 구성된 비법인사단이고, … 3. 적법요건에 대한 판단 가. 청구인 단체들의 청구에 대한 판단 – … 이 사건 자격조항은 자연인의 안마사 자격에 관한 규정이고, 이 사건 처벌조항은 비시각장애인의 안마 영업행위 금지에 관한 규정으로서, 그 규율대상이 개인이고 청구인 단체들은 규율대상이 아니며, 시각장애인이 아닌 사람들에 대하여 안마업에 종사할 수 있는 절차에 관한 법률을 제정하지 아니한 피청구인의 입법부작위도 자연인인 청구인들의 기본권과 관계될 뿐 청구인 단체들 자신의 기본권과는 관계가 없으므로, 청구인 단체들의 심판청구는 자기관련성이 없어 부적법하다.

3) 기타 단체

결정문에서 법인성, 법인격 없는 사단이란 용어가 직접 나타난 결정들을 위에서 살펴보았는데 여기서 그것이 명확히 나타나지 않는 사례를 포함하여 법인성 여부에 관계없이 단체에 대한 자기관련성이 부정된 그 외 예들에 대해서도 아래에 살펴본다.

① 대한공인중개사협회

판례 헌재 2002.6.27. 2000헌마642등

[사건개요] 부동산중개업자는 법령이 정하는 한도를 넘는 수수료를 받을 수 없도록 하고, 이를 위반한 경우 등록취소나 형사처벌 또는 자격취소를 할 수 있도록 한 부동산중개업법의 규정들(이른바 법정수수료제도규정들)이 공인중개사업자의 직업의 자유 등을 침해한다고 하여 대한공인중개사협회가 청구인이 되어 제기한 헌법소원사건(각하결정) [관련판시] 청구인 협회는 공인중개사의 자질향상 및 품위유지, 부동산중개업에 관한 제도의 개선과 운용에 관한 업무를 효율적으로 수행하기 위하여 설립된 단체로서 부동산중개서비스를 직접 제공하거나 소비하는 자가 아니므로 이 사건 심판대상조항들에 의하여 기본권을 직접 제한받는 자가 아니다. 또한 단체의 구성원이 기본권을 침해당한 경우 단체가 구성원의 권리구제를 위하여 그를 대신하여 헌법소원심판을 청구하는 것은 원칙적으로 허용될 수 없다. 따라서 이 사건 심판대상조항은 청구인 협회 자신의 기본권과는 관계가 없으므로 청구인 협회의 청구 부분은 부적법하다.

② 전국ㅇㅇ산업노동조합의 청구

판례 헌재 2008.5.29. 2007헌마712

[판시] 청구인 전국○○산업노동조합에 관하여 보건대, 위 노동조합은 화학섬유산업 단위노동조합이

모여 결성된 산업별 노동조합으로서 단위노동조합의 활동을 지원하는 기능만 하고 있다. 그런데 이 사건 집회의 주최자는 ○○합섬HK지회이고, 집회의 목적은 ○○합섬HK의 채권단을 규탄하는 것이다. 그렇다면 전국○○산업노동조합은 이 사건 집회의 당사자도 아니고, ○○합섬HK지회 집회와 관련하여 특별한 이해관계도 갖고 있지 않아 이 사건 반려행위로 인해 자신의 법적 이익 또는 권리를 직접적으로 침해당한 자라고 볼 수 없으며, 나아가 산업별 노동조합이 산하 단위노동조합을 위하여 또는 대신하여 헌법소원 심판청구를 할 수 있는 것도 아니므로(헌재 1991.6.3. 90헌마56, 판례집 3, 289, 298 참조), 이 사건 심판청구에 대하여 자기관련성이 인정되지 않는다.

11. 자기관련성이 없다고 본 주요사례

위에서 자기관련성의 부정 결정례들은 제3자, 단체에 대한 자기관련성이 부정되는 등의 예들을 보면서 상당히 이미 인용되었는데 그 사유들 외에 자기관련성이 없다고 본 주요한 예들을 살펴본다.

(1) 연령 도달로 인한 자기관련성의 부정

1) 결정례

판례 헌재 2018.6.28. 2017헌마1362

[판시사항] 국회의원의 피선거권 연령을 25세 이상으로 정한 공직선거법(1994.3.16. 법률 제4739호로 제정된 것) 제16조 제2항 및 지방의회의원과 지방자치단체의 장의 피선거권 연령을 25세 이상으로 정한 공직선거법(2015.8.13. 법률 제13479호로 개정된 것) 제16조 제3항 중 '25세 이상' 부분(이하 '이 사건 법률조항들'이라 한다)에 대하여, 국회의원 보궐선거가 포함된 전국동시지방선거일에 이미 25세에 이르게 되는 청구인들이 제기한 헌법소원심판청구에 자기관련성이 인정되는지 여부(소극) [결정요지] 공직선거법 제17조에 따라 피선거권자의 연령은 선거일 현재로 산정되는데, 공직선거법 제203조 제3항에 따라 2018.6.13. 실시된 전국동시지방선거에서는 임기만료로 인한 지방의회의원 및 지방자치단체의 장의 선거뿐만 아니라, 국회의원 보궐선거도 함께 이루어졌다. 청구인들 중 2018.6.13. 당시 25세 이르게 된 청구인들은, 그 당시 이미 피선거권이 있었고, 이후에 실시되는 모든 국회의원 선거와 지방의회의원 및 지방자치단체의 장의 선거에서도 피선거권이 있으므로, 피선거권 연령을 25세 이상으로 정한 이 사건 법률조항들에 대한 이들의 심판청구는 자기관련성이 인정되지 않아 부적법하다.

* 검토 - ⅰ) 헌법소원심판 청구 당시에 25세에 이르지 못하여 청구한 것인데 헌재가 심리하던 중 상당 시간 지나 25세에 도달해 자기관련성이 없다고 하는 것이 과연 헌법소원제도의 소임에 비추어 볼 때 적절한 결론인지 의문이 없지 않다. ⅱ) 근본적으로 생각건대 25세라는 연령이 피선거권연령으로 적정한지에 대해 반론을 제기하여 청구하는 점에서 과연 그 연령에 달하였다는 이유로 본안판단에 들어가지 않게 되는 자기관련성 부정의 각하결정이 정당한지 의문이다. 객관적으로 피선거권연령이 몇 세가 되어야 정당한지를 헌법적 잣대로 판단해야 한다면 25세라는 연령에 달하였다는 이유로 자기관련성이 없다는 결론은 25세로 정한 현행 법률규정에 따른 판단으로 헌법적 판단이 아니라 법률에 따른 판단이라는 모순이 발생한다. 이는 가령 현행 법규정이 국회의원 피선거연령을 23세라고 한다면 그 나이가 피선거연령으로 적절하지 않음에도 그것에 따라 본안판단에 들어가고 안들어가고를 정해야 하는, 법률에 끌려가는 헌법판단이 된다는 결과를 가져오게 된다.

2) 비교 : 반대결정 - 연령도달로 인한 적법성 인정

반대로 심판청구 당시에는 해당연령이 안되었으나 이후 연령한계를 넘어서 해당연령이 되어 청구가 적법하다고 인정한 예도 있다. 아래 결정이 그 예인데 그 사안은 담배의 제조 및 판매에 관하여 규율하고 있는 구 담배사업법(2010.1.18. 법률 제9932호로 개정되고, 2011.6.7. 법률 제10786호로 개정되기 전의 것, 이하 '담배사업법'이라고 한다)에 대한 헌법소원심판 청구사건이었다.

판례 헌재 2015.4.30. 2012헌마38

[판시] 청구인 ○○○의 경우 이 사건 심판청구 당시에는 만 16세의 미성년자로서 담배를 구입할 수조차 없는 청소년보호법상의 '청소년'에 해당하였으나, 이 사건 선고 시에는 이미 성년에 도달하여 담배를 구입할 수 있게 되는 등 다른 청구인들과는 달리 적법요건을 모두 갖추게 되었으므로, 위 청구인에 한하여 본안에 나아가 판단하기로 한다.

(2) 청구인의 '알 권리'의 침해여부가 아니라는 이유로 자기관련성이 부인된 예

판례 헌재 1999.5.27. 98헌마214

[쟁점] 지방자치단체장은 지방자치단체의 활동을 알리기 위한 홍보물을 발행함에 제한을 받도록 한 규정에 대해 지방자치단체장들이 청구인들로서 제기한 헌법소원에서 청구인들은 동 규정이 주민의 알 권리의 침해라고 주장하였는데 주민들의 알 권리가 이 사안에서 청구인들에게 자기관련성이 있는가 하는 점이 문제되었다(기각결정). [결정요지] 주민들의 알 권리를 침해하였는가를 본다. 주민의 알 권리는 청구인들의 기본권이 아니다. 따라서 주민들의 알 권리는 청구인들에게는 자기관련성은 없다 할 것이므로 이 법률조항에 의하여 주민들의 알 권리가 침해되었는지의 여부를 가려야 할 소송상의 이익이 없다. * 이 결정에서 알 권리 침해문제는 청구인의 여러 주장들 중의 하나이었기에 그 점에 관하여서는 소송상 이익이 없다고 하였고 다른 주장, 즉 표현의 자유의 침해주장 등에 대해서는 이유가 없다고 하여 전체적으로는 기각결정이 난 것이다.

* 검토 – 헌법소원의 객관적 헌법질서유지기능과 그것에 입각한 직권심사주의를 생각하면 청구인에게 침해로 가해지는 기본권이 아닌 다른 사람들에 미치는 기본권침해에 대해서는 판단해야 한다는 점에서 굳이 위와 같은 판시가 필요한지 의문이다. 어차피 청구인에게 표현의 자유 침해 문제가 있었다. 용어상 문제로 소송이란 말을 헌법재판에서는 삼가는 것이 좋겠다. 개인들 간 다툼이 있어서 하는 민사소송이 아니고서는 …

(3) 상급 공직자의 기본권제한규정에 대하여 그 직에의 임명가능성이 있는 하위 공직자가 제기한 헌법소원의 경우

1) 검찰총장의 기본권을 제한하는 법률규정에 대한 고등검사장의 헌법소원심판청구

판례 헌재 1997.7.16. 97헌마26

[사안] 검찰총장은 퇴직일부터 2년 이내에는 공직에 임명될 수 없고, 정당(政黨)의 발기인, 당원이 될 수 없도록 규정한 검찰청법(1997.1.13. 개정 법률 제5263호) 제12조 제4항·제5항 및 부칙 제2항에 대해 고등검사장들이 제기한 헌법소원사건임. [각하결정의 이유요지] 고등검사장들 중에서 장차 검찰총장에 임명될 가능성이 있다는 사정만으로는 이 법률조항이 고등검사장의 직위에 있는 위 청구인들의 기본권을 직접 그리고 현재 침해한 것으로 볼 수 없다. 따라서 이 심판청구부분은 기본권침해의 자기관련성이

없는 자가 제기한 것으로서 부적법하다.

* 검토 – "직접 그리고 현재 침해한 것으로 볼 수 없다"라고 하면서 결론은 자기관련성이 없다고 하였는데 그렇다면 앞서도 지적된 문제점이지만 기본권침해의 자기관련성, 직접성, 현재성 이 3가지 요건의 구분이 어떠한지 하는 문제를 제기해주는 결정이다.

2) 경찰청장의 기본권을 제한하는 법률규정에 대한 경찰청 차장 등의 헌법소원심판청구

판례 헌재 1999.12.23. 99헌마135

[쟁점] 경찰청장은 퇴직일부터 2년 이내에는 정당의 발기인이나 당원이 될 수 없도록 정한 경찰법(1991.5.31. 법률 제4369호로 제정되어 1997.1.13. 법률 제5260호로 개정된 것) 제11조 제4항 및 부칙 제2조에 대해 경찰청장으로 임명가능성이 있는 경찰청 차장, 경찰대학장(치안정감)으로 근무하고 있던 사람들이 제기한 헌법소원에서 기본권침해의 자기관련성이 있는지 여부(각하결정) [결정요지] 1980년 이래 취임한 경찰청장에 취임한 사람은 모두가 예외없이 치안정감 중에서 임명되었다는 점에 비추어 위 청구인들이 차기 경찰청장에 임명될 가능성이 매우 높다 할 것이므로, 이 사건 법률조항에 의하여 위 청구인들의 기본권이 가까운 장래에 침해당하리라는 것이 예상되기는 하나, 치안정감 중에서 누군가가 장래에 경찰청장에 임명될 가능성이 있다는 사정만으로는, 경찰청장의 기본권을 제한하는 이 사건 법률조항에 의하여 현재 치안정감의 직위에 있는 위 청구인들의 기본권이 침해되었다고 볼 수 없다. 따라서 위 청구인들에게는 헌법소원심판을 청구할 당시는 물론 지금도 이 사건 법률조항의 위헌여부를 다툴 수 있는 기본권침해의 자기관련성이 결여되어 있다고 할 것이므로, 위 청구인들의 헌법소원청구부분은 부적법하여 각하하여야 한다.

(4) 신입생지원자격의 제한조치를 한 대학교의 재학생들이 제기한 헌법소원심판청구

판례 헌재 1997.3.27. 94헌마277

[결정요지] 청구인들은 재학생들이므로 신입생자격 제한조치의 직접적인 상대방이 아닌 제3자이다. 대학에 입학하고자 하는 자의 기본권이 직접 침해되었는지 여부는 별론으로 하고, 청구인들은 이미 입학한 재학생들이므로 신입생자격제한으로 인하여 재학생들의 기본권이 침해될 여지는 없다.

(5) 입법부작위에 대한 헌법소원에서의 자기관련성 결여의 예

다음은 대통령령이 제정되지 않고 있다는 입법부작위(立法不作爲)의 위헌확인을 구하는 헌법소원심판에서의 자기관련성 부재를 이유로 각하된 결정의 예이다.

판례 헌재 1997.11.27. 96헌마226

[쟁점] 한약자원학과, 한약재료학과에 재학중인 청구인들이 피청구인이 약사법 제7조 제2항(1994.1.7. 법률 제4731호로 개정된 것)에 "한약사국가시험에 관한 사항은 대통령령으로 정한다"고 규정되어 있음에도 불구하고 한약사국가시험에 관한 대통령령을 제정하지 아니하고 있는 것이 위헌이라고 주장함. [결정요지] 청구인들의 학과는 약사법 제3조의2 제2항이 의미하는 한약조제인력의 양성을 위하여 설립된 대학이라고 볼 수 없으므로 청구인들이 위 각 학과를 졸업하였다 하더라도 약사법 제3조의2 가 규정하는 한약사면허취득의 전제요건인 한약사국가시험에 응시할 수 있는 자격요건을 충족시키고 있지 않음이 명백하다. 따라서 청구인들에게는 한약사면허를 부여받을 자격 자체가 없으므로 피청구인(대통령)이 한약사국가시험에 관한 대통령령을 제정하지 아니하였다 하더라도 그로 인하여 청구인들의 기본권이 침해당

할 이유도 없는 것이므로 청구인들의 이 사건 심판청구는 자기관련성이 없어서 부적법하다고 할 것이다.

* 검토 – 이 사안에서 청구인들이 응시자격을 인정해달라고 요구하는 청구였다면 과연 자기관련성을 부정할 수 있었겠는지, 아니면 그럴 실익이 있었는지 하는 의문이 없지 않다.

(6) 대통령의 특별사면에 대한 일반국민이 제기한 헌법소원심판청구

판례 헌재 1998.9.30. 97헌마404, 전두환, 노태우 전대통령에 대한 특별사면 위헌확인

[쟁점] 유죄의 선고를 받고 그 판결이 확정된 전직 대통령들에 대하여 이루어진 특별사면은 이로 인하여 청구인의 양심의 자유와 행복추구권을 본질적으로 침해하고 사법권의 본질적 내용을 훼손한 것으로서 위헌무효인지 여부(각하결정) [결정요지] 이 사건의 경우, 청구인들은 대통령의 특별사면에 관하여 일반국민의 지위에서 사실상의 또는 간접적인 이해관계를 가진다고 할 수는 있으나 대통령의 청구외인들에 대한 특별사면으로 인하여 청구인들 자신의 법적 이익 또는 권리를 직접적으로 침해당한 피해자라고는 볼 수 없으므로, 이 사건 심판청구는 자기관련성, 직접성이 결여되어 부적법하다.

(7) 국회의원보좌관을 증원하는 법률, 국회의원수당을 인상하는 국회규칙에 대한 일반 국민의 헌법소원심판청구

판례 헌재 1999.4.29. 97헌마382

[결정요지] 일건기록을 살피면, 청구인은 국회가 개정한 이 사건 보좌관조항이나 수당규정으로 인하여 직접적으로 자신의 법적 이익 또는 권리를 침해당한 자라고 보기 어려우므로, 이 사건 심판청구는 헌법소원 심판청구에 있어서 필요한 자기관련성 또는 직접성을 인정할 수 없다.

(8) 무소속 국회의원 상임위 활동 권리 제한의 무소속 의원을 선출한 선거구민의 평등선거권 침해라고 하여 청구한 헌법소원심판청구

판례 헌재 2000.8.31. 2000헌마156

[사건개요] 무소속 국회의원인 청구인은 국회의장에게 정보위원회 위원으로 배정하여 달라는 요청을 하였으나, 국회의장이 국회법 제48조 제3항에서 정보위원회 위원은 각 교섭단체대표의원으로부터 추천과 협의를 거쳐 선임하도록 규정하고 있다는 이유로 이를 거절하자, 위 국회법규정이 결과적으로 무소속 내지 비교섭단체 국회의원을 선출한 선거구 국민들의 참정권 내지 선거권의 등가적 평등성을 침해하였다고 주장하는 헌법소원심판을 청구하였다. [결정요지] 청구인은 이 사건 법률조항이 결과적으로 무소속 내지 비교섭단체 국회의원을 선출한 선거구 국민들의 참정권 내지 선거권을 차별대우하였다고 주장하나, 이와 같은 기본권은 청구인 자신의 기본권이 아니므로, 기본권 침해의 자기관련성이 인정되지 아니한다. 그렇다면, 이 심판청구는 부적법하여 각하한다.

(9) 지방자치단체 비용부담규정에 대한 주민의 헌법소원에서의 자기관련성 부인

판례 헌재 2000.11.30. 2000헌마79등

[쟁점] 국가 또는 한국수자원공사가 설치하는 광역상수도 중 정수시설의 설치비용은 물을 공급받는 수도사업자, 즉 지방자치단체가 부담하도록 규정한 수도법(1993.12.27. 법률 제4627호로 개정된 것) 제52조의2 제1항 단서에 대하여 그 지방자치단체 주민이 제기한 법령소원은 자기관련성 요건을 갖춘 것인

지 여부(부정, 각하결정) [결정요지] 충주댐 광역상수도의 정수시설 설치비용을 부담하는 자는 위 상수도의 물을 공급받는 수도사업자인 충주시 등 10여 개 지방자치단체이고 밀양댐 광역상수도의 경우는 밀양시 등의 지방자치단체임이 명백하고 따라서 위 충주시, 밀양시에 거주하는 주민들에 불과한 청구인들이 이 법률조항에 의한 비용 부담을 하는 것이 아니며 달리 이 법률조항이 청구인들에게 직접 적용된다고 볼 자료도 없다. 뿐만 아니라 청구인들 주장 자체에 의하더라도 이 사건 법률조항에 의하여 직접 청구인들에게 자유의 제한, 의무의 부과, 권리 또는 법적 지위의 박탈이 생겼다는 것이 아니라 청구인들이 거주하고 있는 지역에 광역상수도의 정수시설이 설치되어 그 비용을 청구인들이 거주하고 있는 지방자치단체에서 부담하게 됨으로써 이 법률조항 시행 이전에 국가에서 비용을 부담하여 광역상수도의 정수시설 설치를 이미 완료한 서울, 부산 등과 비교해 볼 때 청구인들의 평등권, 행복추구권, 환경권, 재산권 등이 침해되었다는 것이다. 그러나 결과적으로 그러한 측면이 다소 있다 하더라도 이는 모두 위 충주시나 밀양시가 위 정수시설 설치비용을 부담하게 됨으로써 발생하는 시 재정악화에 따라 그 지역 주민들에게 끼쳐지는 간접적, 사실적 또는 경제적 불이익에 불과한 것이어서 이러한 사정만으로는 청구인들의 기본권이 현재, 그리고 직접적으로 침해당한 경우라고 할 수 없다(더구나 정수시설 설치비용을 누가 부담하느냐 하는 문제와 환경권의 침해 여부와는 아무런 관련이 없다). 따라서 이 법률조항으로 인하여 청구인들의 기본권이 현재 그리고 직접적으로 침해당하였다고 보기는 어려워 이 사건 심판청구는 헌법소원 심판청구에 있어서 필요한 자기관련성 또는 직접성을 인정할 수 없다.

* 검토 – 자기관련성과 직접성이 섞여 있다.

(10) 교육공무원의 정년단축규정에 대한 사립학교 교원의 법령소원에서의 자기관련성

판례 헌재 2000.12.14. 99헌마112등

[쟁점] 교육공무원의 정년을 65세에서 62세로 단축하는 교육공무원법 제47조 제1항이 사립중등학교 교원이 제기한 헌법소원에서 기본권침해의 자기관련성, 직접성을 가지는지 여부(부정, 각하결정) [심판대상규정] 교육공무원법(1999.1.29. 법률 제5717호로 개정된 것) 제47조(정년) ① 교육공무원의 정년은 62세로 한다. 다만, 고등교육법 제14조의 규정에 의한 교원인 교육공무원의 정년은 65세로 한다. [관련판시] 사립학교법 제55조는 "사립학교의 교원의 복무에 관하여는 국·공립학교의 교원에 관한 규정을 준용한다"고 하고 있으나, '교육공무원'의 정년을 규정한 이 법률조항은 교원의 '복무'에 관한 규정이라 볼 수 없으므로 사립학교 교원들에게 준용된다고 할 수 없다. 다만, 정부가 사립학교 재정결함 보조금 예산을 편성함에 있어 공무원 기준의 정년을 초과한 교직원의 인건비를 보조금 산정에서 제외함에 따라 사립학교 교원의 정년이 교육공무원의 정년과 연계하여 설정되고 있는 것이 현실이라는 주장이 있을 수 있으나, 사립학교 법인으로서는 보조금의 지급과 관계없이 자신의 여러 사정을 고려하여 그 교원의 정년을 자율적으로 정할 수 있는 것이므로 그러한 경제적·사실적 관련성만으로는 사립학교 교원들이 이 법률조항으로 인하여 자신들의 기본권을 직접 침해받는다고 보기 어렵다. 따라서 사립학교 교원인 청구인의 심판청구는 부적법하다.

(11) 청소년 술판매금지규정에 대한 주점경영인의 법령소원 자기관련성 부인

판례 헌재 2001.1.18. 99헌마555

[쟁점] 청소년에게 술을 팔지 못하도록 금지하고 그 위반자에 대해 처벌과 과징금을 부과할 수 있게 규정한 청소년보호법(1999.2.5. 공포, 법률5817호) 제26조 제1항, 제49조 제1항, 제51조 제8호, 그리고 청소년을 19세 미만의 자로 정의하고 있는 동법 제2조 제1호에 대해 주점경영인이 제기한 법령소원심판에서 위 규정들이 19세 미만자에 대한 행복추구권을 침해한다고 주점경영인이 주장하는 것은 자기관련

성을 가지는지 여부(부정, 판단배척). * 위 결정에서 헌법재판소는 다른 청구인들인 19세 미만자에 대한 행복추구권 침해의 주장에 대해서 주점경영인인 청구인의 자기관련성이 없다고 하여 그 주장에 대한 판단을 배척하였다. 그러나 주점경영인의 직업수행의 자유의 침해에 대하여는 판단을 하였고 헌법위반이 아니라고 보아 기각결정을 하였다.

(12) 지방공무원의 정원에 관한 구청장, 지방의회의원, 공무원이 제기한 헌법소원에서의 자기관련성 부인

국가나 국가기관, 공법인이나 공법인기관은 기본권의 주체가 되지 못하여 청구인이 될 수 없다는 것이 헌법재판소의 판례이론이다. 우리는 앞서 이러한 경우를 청구인능력문제에서 다루었다(전술 참조). 그런데 아래의 결정에서는 구청장, 지방의회의원, 공무원이 청구한 헌법소원심판에서 이러한 법리를 밝히면서도 결론은 청구인능력(기본권주체성)이 아니라 자기관련성이 없는 것으로 보아 각하한 것이다.

판례 헌재 2001.1.18. 2000헌마149

[쟁점] 지방자치단체의 지방공무원의 정원을 규정한 지방자치단체 표준정원(1999.12.31. 행정자치부고시 제1999－58호)이 인천시 부평구와 인구가 비슷한 서울특별시 자치구들의 공무원 정원에 비하여 인천시 부평구의 공무원 표준정원(738명)을 현저히 적게 정함으로써 부평구청장, 부평구의회의원, 부평구 공무원이 자신들의 평등권, 공무담임권 등을 침해한다고 주장하며 위 고시를 대상으로 청구한 헌법소원심판에서 자기관련성을 인정할 수 있을 것인지 여부(각하결정) [결정요지] 일반적으로 국가기관이나 그 일부에 의한 헌법소원심판청구는 허용되지 않는다. 즉 헌법소원을 청구할 수 있는 자는 원칙으로 기본권의 주체로서의 국민에 한정되며 국민의 기본권을 보호 내지 실현할 책임과 의무를 지는 국가기관이나 그 일부는 헌법소원을 청구할 수 없다(헌재 1994.12.29. 93헌마120 등 참조). 이 사건에서 청구인(부평구청장, 구의회의원, 부평구 공무원)은 각 공무원으로서, 이 사건 규정에 대하여 헌법소원으로 다툴 자기관련성을 인정할 수 없으며, 달리 판단할 만한 특별한 사정이 발견되지 않는다.

* 검토 － 청구인능력과의 혼동뿐 아니라 근본적으로 보면 공무원의 입장에서도 자신이 공무를 수행 중인 지방자치단체의 공무원 수가 적음으로써 양질의 공무수행이 어렵다는 것이 자신의 공무담임권 수행이나 평등권 문제가 개인적으로도 문제될 수 있다면 이와 같은 결론에만 이를 것은 아니다. 헌재는 공무원에게도 기본권이 사적인 영역에서 인정된다고 본다.

(13) 대학폐지법률에 대한 법령소원에서의 고등학생인 청구인의 자기관련성 부인

판례 헌재 2001.2.22. 99헌마613, 세무대학설치법폐지법률 위헌 여부 확인

[쟁점] 고등학교 2·3학년생인 청구인들은 가정형편상 일반대학에 진학이 어려워 수업료를 국비에서 지급하는 세무대학에 진학할 것을 목표로 공부해 왔기에 세무대학설치법폐지법률(1999.8.31. 법률 제5995호로 제정된 것)에 대해 신뢰보호원칙 위반, 교육을 받을 권리의 침해 등을 이유로 제기한 법령소원에서 자기관련성이 있는지 여부(부정) [관련판시] 고등학교 학생인 청구인들의 경우, 세무대학 진학을 목표로 공부를 해 왔다는 사실만으로는 아직 세무대학에서 학업할 수 있는 자격을 확정적으로 부여받았다고 볼 수 없다. 따라서 이들 고등학생들의 경우 청구인적격(자기관련성)이 인정될 수 없다.

(14) 교사의 부전공인정 규정에 대한 신규임용 지원자의 헌법소원에서의 교육을 받을 권리 침해의 자기관련성 부인

판례 헌재 2001.12.20. 2001헌마339

[심판대상규정] 구 교원자격검정령(1998.8.11. 대통령령 제15866호로 개정된 것) 제4조(자격증표시과목) ④ 중등학교의 현직교사(특수학교의 중등학교과정을 담당하는 현직교사를 포함한다)로서 다음 각호의 1 에 해당하는 자에 대하여는 그 자격증에 그가 이수한 과목을 부전공과목으로 표시할 수 있다. 1. 교육공무원법 제38조 및 제40조의 규정에 의한 교원연수계획에 따라 교육부장관이 지정하는 교육기관(교원연수기관을 포함한다)에서 교육부장관이 인정하는 교육과정을 21학점 이상 이수한 자 [사건개요] 위 심판대상규정이 일반교사들에게 무상연수를 통해 부전공과목교사로 임용하는 특혜를 부여함에 따라 졸속으로 부전공과목의 연수를 통해 자격인정을 받은 교사들이 그 과목의 교사로서 학생들을 지도하도록 함으로써 교육을 받을 권리에 관한 헌법 제31조 제1항 및 교육의 전문성 보장에 관한 같은 조 제4항에 위배된다는 주장으로 신규임용 지원자들이 청구인이 되어 제기된 헌법소원사건임. [관련판시] 청구인들은 학생들의 '교육을 받을 권리' 침해나 헌법 제31조 제4항의 교육의 전문성에 관한 규정 위반에 대한 주장도 하나, 학생이 아니라 교사가 될 예정이라고 하는 청구인들로서는 '교육을 받을 권리'에 관한 자기관련성을 갖지 아니하며, 교육의 전문성을 해친다는 주장도 청구인들의 기본권에 바로 관련되는 것이 아니다.

(15) 전기통신사업자에 대한 취급 거부·정지·제한명령 불이행에 대한 처벌규정을 대상으로 전기통신이용자가 제기한 헌법소원에서의 자기관련성 부인

판례 헌재 2002.6.27. 99헌마480

[쟁점] 전기통신사업법(1991.8.10. 법률 제4394호로 전문개정된 것) 제53조(불온통신의 단속) 제1항은 전기통신을 이용하는 자는 공공의 안녕질서 또는 미풍양속을 해하는 내용의 통신을 하여서는 아니 된다고 금지하고 동조 제3항은 정보통신부장관은 이러한 통신에 대하여는 전기통신사업자로 하여금 그 취급을 거부·정지 또는 제한하도록 명할 수 있도록 하고 동법 제71조(1996.12.30. 법률 제5220호로 개정된 것) 제7호는 이러한 명령을 이행하지 않는 경우에 처벌하도록 규정하였는데 이러한 '공공안전'이나 '미풍양속'과 같은 용어는 그 적용범위가 과도하게 광범위하고 불명확하므로, 결국 표현의 자유를 침해하여 위헌이라는 주장으로 전기통신이용자(즉 청구인이 전기통신사업자가 아니라 이용자임)가 위 제53조, 제71조 제7호를 대상으로 헌법소원을 제기하였는바 이 중 제71조 제7호에 대해 기본권침해의 자기관련성이 있는지가 문제되었다(부정, 각하결정. * 전기통신사업법 제53조, 같은 법 시행령 제16조는 청구인의 표현의 자유를 침해하는 것으로서 헌법에 위반된다고 본안결정이 났다). [결정요지] 전기통신사업법 제71조 제7호는 '제53조 제3항 … 의 규정에 의한 명령을 이행하지 아니한 자'는 2년 이하의 징역 또는 2천만원 이하의 벌금에 처한다고 규정하고 있는바, 위 조항의 처벌대상은 청구인과 같은 전기통신이용자가 아니라 전기통신사업자임이 명백하다. 따라서 이 부분에 대한 심판청구는 자기관련성을 결여한 것으로서 부적법하다.

(16) 신문업 고시에 대한 신문구독자·신문판매업자의 헌법소원에서의 자기관련성

판례 헌재 2002.7.18. 2001헌마605

[쟁점] 신문발행 및 판매업자가 거래상대방에게 제공할 수 있는 무가지와 경품의 범위를 유료신문대금의 20% 이하로 제한하고 있는 신문업에 있어서의 불공정거래행위 및 시장지배적 지위남용행위의 유형

및 기준(공정거래위원회 고시 제2001-7호, 이하 '신문고시'라고 한다)의 제3조 제1항 제1호·제2호·제3호에 대하여, 시장지배적 신문판매업자가 신문판매가격을 현저히 높게 혹은 낮게 하여 공급하는 행위 등을 금지하는 위 고시 제10조 제1항·제2항에 대해 신문구독자와 신문판매업자가 청구한 헌법소원심판에서의 자기관련성 존재여부 [관련판시] (가) 청구인 신문구독자에 대한 부분 – 이 사건 조항들은 신문발행업자와 신문판매업자의 무가지 및 경품류 제공 제한에 관한 규정이거나 시장지배적 지위에 있는 신문발행업자의 신문판매 가격, 광고가격이 적정수준을 유지하도록 하여 신문발행·판매업에 있어서 공정한 경쟁질서를 유지하고자 하는 입법목적을 가진 규정들로서 모두 위 신문발행업자와 신문판매업자를 그 적용대상으로 한다. 청구인은 단순히 일반시민이므로 이들 신문발행업자 내지 신문판매업자와 신문구독계약을 함에 있어서 이 사건 규정들에 따라 무가지나 경품을 공급받지 못하게 되거나 적정하지 못한 신문대금으로 계약을 하게 되는 등의 사유로 청구인의 경제적 이해에 영향을 받을 수는 있겠으나, 신문대금을 조금 더 내고 덜 내는 정도의 이러한 영향 정도만으로는 청구인에게 단순히 경미한 간접적·사실적·경제적 이해관계가 있을 뿐이고 청구인이 이 사건 고시에 대하여 스스로 법적으로 관련되어 있다고 할 수 없다. 따라서 신문구독자로서의 청구인에게는 자기관련성이 인정되지 않는다. (나) 청구인 신문판매업자에 대한 부분 – 이 사건 조항 중 신문고시 제3조 제1항 제1호와 제3호, 제10조 제1항과 제2항은 모두 신문발행업자를 규율대상으로 하여 신문발행업자의 행위를 제한하는 조항들로서 이들로부터 신문을 공급받아 판매하는 신문판매업자인 청구인은 동 조항들의 적용을 받지 아니하며 단지 신문발행업자와 거래함으로써 간접적·사실적·경제적 이해관계만을 가질 뿐이다. 그러므로 동 조항들을 대상으로 한 헌법소원 심판청구부분에 대하여는 신문판매업자인 청구인도 자기관련성이 없다. 다만 이 사건 조항 중 신문고시 제3조 제1항 제2호는 신문판매업자의 무가지, 경품류 공급제한에 관한 내용을 담고 있으므로(* 저자 주 : 무가지, 경품류제공에 대한 제한은 규정들인 위 고시 제3조 제1항 제1호와 제3호는 신문발행업자를 적용대상으로, 위 고시 같은 조 같은항 제2호는 신문판매업자를 적용대상으로 하고 있음) 동 조항만은 신문판매업자인 청구인을 그 규율대상으로 하고 있으며 따라서 동 조항을 대상으로 한 헌법소원 부분에 대하여는 청구인에게 자기 관련성이 인정된다.

(17) 독자(또는 국민), 신문기자의 신문법 등에 대한 헌법소원청구에서의 자기관련성 부인

① 독자(또는 국민)

판례 헌재 2006.6.29. 2005헌마165

[사안] 독자 또는 국민의 한 사람인 청구인들이 구 '신문 등의 자유와 기능보장에 관한 법률'(2005.1.27. 법률 제7369호로 전문 개정된 것. 이하 '신문법') 및 구 '언론중재 및피해구제 등에 관한 법률'(2005.1.27. 법률 제7370호로 제정된 것. 이하 '언론중재법')의 일부 조항에 대한 헌법소원심판청구. [결정요지] 독자 또는 국민의 한 사람인 청구인들은 '신문법'상의 "정기간행물사업자"나 "일간신문을 경영하는 법인"이 아니고, 나아가 '언론중재법'상의 "언론"에도 해당하지 않는다. 따라서 위 청구인들은 '신문법'과 '언론중재법'의 심판대상조항에 대하여 간접적·사실적 이해관계를 가지는데 불과할 뿐 직접적·법률적 이해관계를 가진다고 할 수 없으므로, 기본권침해의 자기관련성이 인정되지 않는다.

② 신문사 기자

판례 헌재 2006.6.29. 2005헌마165

[사안] 신문사의 기자인 청구인들이 구 '신문법' 및 구 '언론중재법'의 일부 조항에 대한 헌법소원심판청구. [결정요지] 신문법은 정기간행물사업자, 즉 일간신문을 경영하는 법인으로서의 신문사를 규율대상으로 하고 있고, 언론중재법도 언론사와 언론보도로 인한 피해자 사이의 분쟁을 해결하고자 규율하는 법

률로서, 그 규율의 대상이 되는 주체는 언론사에 소속되어 있는 기자가 아니라 언론사 자체이다. 따라서 신문사의 기자인 청구인들은 심판대상조항에 대하여 자기관련성이 인정되지 않는다.

* 인터넷 신문기자에 대한 동지의 결정례

판례 헌재 2016.10.27. 2015헌마1206등

[사안] 취재 인력 3명 이상을 포함하여 취재 및 편집 인력 5명 이상을 상시적으로 고용할 것을 인터넷신문의 등록요건으로 하고 있는 규정들에 대해 헌법소원심판이었다. 청구인 1 내지 9는 인터넷신문 법인, 청구인 10 내지 18은 인터넷신문을 운영하는 개인사업자, 청구인 19는 인터넷신문 기자단체, 청구인 20 내지 52는 인터넷신문사의 임원 또는 기자, 청구인 53 내지 62는 인터넷신문의 독자, 청구인 63은 인터넷신문 창간을 준비하는 사람이다. 청구인 1 내지 18은 관할 시·도지사들로부터 "2015.11.11. 개정된 '신문 등의 진흥에 관한 법률 시행령' 제2조 제1항 제1호 가목, 제4조 제2항 제3호 다목, 라목 및 부칙 제2조에 따라 2016.11.18.까지 취재 및 편집 인력을 5명 이상(취재 인력 3명 이상)으로 증원하고, 이를 증명할 수 있는 국민연금, 국민건강보험, 산업재해보상보험 중 1가지 이상의 가입내역 확인서를 제출하여 재등록하여야 한다. 재등록하지 않을 경우 등록이 취소될 것"이라는 취지의 통보를 받았다. 이에 청구인들은 2015.12.28. '신문 등의 진흥에 관한 법률' 제2조 제2호, 제9조 제1항 및 위 시행령 조항이 청구인들의 기본권을 침해한다고 주장하며 이 사건 헌법소원심판을 청구하였다. 청구요건을 갖춘 다른 청구들로 본안판단에 들어가 위헌결정이 난 사안이다. [심판대상조항] 신문 등의 진흥에 관한 법률(2009. 7. 31. 법률 제9785호로 전부개정된 것) 제2조 2호 등. [판시] … 4. 적법요건에 대한 판단 – 공권력 작용에 간접적이나 사실적 또는 경제적 이해관계가 있을 뿐인 제3자는 헌법소원을 제기할 수 있는 자기관련성이 인정되지 않는다. 공권력 작용 중 법령으로 인하여 직접 수범자가 아닌 제3자의 기본권이 직접적이고 법적으로 침해되었는지 여부를 판단함에 있어서는, 입법의 목적·실질적 규율대상·법적 제한이나 금지가 제3자에게 미친 효과나 진지성의 정도 및 직접 수범자에 의한 헌법소원 제기 기대가능성 등이 종합적으로 고려되어야 한다. 인터넷신문 독자들인 [별지 1] 청구인 53 내지 62도 심판대상조항에 대하여 간접적·사실적 이해관계를 가지는 데 불과할 뿐 직접적·법률적 이해관계를 가진다고 할 수 없다. [별지 1] 청구인 20 내지 52는 인터넷신문에 종사하는 임원 또는 기자들로서, 심판대상조항의 직접 수범자인 인터넷신문사업자가 아니다. 기존에 등록된 인터넷신문이 2016.11.18.까지 취재 및 편집 인력을 5인 이상으로 증원하지 아니하더라도, 시·도지사의 개별적 등록취소 또는 철회라는 별도의 집행행위가 있어야 비로소 청구인들의 지위에 변동이 생긴다. 그런데 시·도지사의 등록취소 또는 철회는 재량행위이므로 인터넷신문의 등록이 취소 또는 철회될 수 있다는 사정은 인터넷신문의 임원 또는 기자들인 청구인들의 법적 지위에 직접 영향을 준다고 보기 어렵다. 청구인 19 내지 62의 이 사건 헌법소원심판청구는 기본권 침해의 자기관련성이 인정되지 아니하므로 모두 부적법하다. * 그러나 다른 인터넷신문의 법인, 사업자의 적법한 청구에 대해 본안판단에 들어가 "'신문 등의 진흥에 관한 법률 시행령'(2015.11.11. 대통령령 제26626호로 개정된 것) 제2조 제1항 제1호 가목, 제4조 제2항 제3호 다목과 라목, 부칙(2015.11.11. 대통령령 제26626호) 제2조는 헌법에 위반된다"라는 위헌결정이 내려졌다.

(18) 건축제한지역과의 비관련성으로 인한 자기관련성 부인

판례 헌재 2002.8.29. 2000헌마556

[심판대상 및 쟁점] 일반공업지역 안에서 단란주점을 건축할 수 없도록 규정하고 있는 구 도시계획법시행령(2001.1.27. 대통령령 제17111호로 개정되기 전의 것) 제51조 제1항 제12호 중 각 '단란주점'에 관한 부분을 대상으로 일반주거지역, 준주거지역, 준공업지역 안에서 단란주점을 경영하고자 하는 사람들이 청구한 헌법소원심판에서 기본권침해의 자기관련성이 있는지 여부(부정, 각하결정) [관련판시] 기록

에 의하면, 청구인들 중 누구도 일반공업지역 내의 건물을 임차하여 단란주점을 건축하여 영업을 하고자 한다든지 등 그 지역과 관련된 자를 찾아볼 수 없다. 따라서, 이 사건 심판청구 중 영 제51조 제1항 제12호에 대한 청구부분은 자기관련성이 결여되어 부적법함이 명백하다.

(19) 노조지부의 독자적 단결권 주체성 부인

지식경제부 공무원노동조합이 6급 이하 공무원만 노조가입을 인정하는 등 노조가입범위를 제한한 공노법 제6조에 의하여 자기의 기본권을 침해받았다고 주장할 수 있는지 여부가 문제된 사건에서 단결권의 독자적인 주체가 될 수 없어서 자기관련성이 없다고 헌재는 판단하였다.

판례 헌재 2008.12.26. 2005헌마971

[판시] 지식경제부 공무원노동조합이 공노법 제6조에 의하여 자기의 기본권을 침해받았다고 주장할 수 있는지가 문제된다. 공노법상 공무원노조의 설립 최소단위는 행정부로서(공노법 제5조 제1항 참조), 위 청구인은 행정부 공무원노조의 지부에 불과하므로, 과연 독자적으로 단결권의 주체가 될 수 있는지를 먼저 검토할 필요가 있다. 살피건대, '공무원의 노동조합 설립 및 운영 등에 관한 법률'(이하 '공노법') 상 단결권, 단체교섭권, 단체행동권의 주체가 될 수 있는 노동조합은 설립 최소단위인 단위노조와 노동조합 및 노동관계조정법(이하 '노조법'이라 한다)이 인정하고 있는 단위노조의 연합단체일 뿐이므로(노조법 제10조, 공노법 제17조 제1항 참조), 위 청구인은 독자적으로 단결권의 주체가 될 수 없다 할 것이다. 가사 지식경제부 내에 국한되는 문제로 단체교섭을 하는 경우에 위 청구인이 행정부 공무원노조의 내부위임에 따라 구체적인 협상을 하고 단체협약을 대행하는 경우가 있을 수 있으나, 그 경우에도 위 청구인이 단체교섭을 할 수 있는 권한은 행정부노조의 내부위임에 의하여 비로소 발생하는 것이고, 단체협약의 당사자는 행정부 공무원노조라고 볼 것이다. 그렇다면, 공무원노조의 지부에 불과한 위 청구인의 이 사건 심판청구는 기본권 침해의 자기관련성이 없어 부적법하다.

* 검토 – 헌재는 "청구인은 독자적으로 단결권의 주체가 될 수 없다"라고 판시하고 있는바 이처럼 기본권(단결권이라는 기본권)의 주체가 될 수 없으면 청구인능력자체가 없는 것이므로 자기관련성이 없다고 하는 것은 모순이다.

(20) 국가정책 주민투표에서의 비거주(주민등록 안된) 사람에 대한 자기관련성 부인

판례 헌재 2009.3.26. 2006헌마99

[본안쟁점] 제8조 제4항 중 제25조, 제26조 제1항·제2항(주민투표권자의 주민투표에 관한 소청 및 소송제기 요건 및 절차, 주민투표소송 결과에 따른 재투표의 실시 및 절차, 방법 등에)의 규정을 적용하지 아니하도록 한 부분(이하 '이 사건 법률조항')이 청구인들의 재판청구권, 평등권 등을 침해하는지 여부

[사건개요] 몇 개 기초지방자치단체들이 '중·저준위방사성폐기물 처분시설'의 유치를 신청하자 이후 산업자원부장관은 2005.9.15. 주민투표법 제8조 제1항에 근거하여 위 각 자치단체의 장들에게 그 자치단체들을 실시구역으로 하여 이 사건 처분시설의 유치 여부를 묻는 주민투표의 실시를 요구하였다. 이후 주민투표가 실시되고 K시 지역이 후보부지로 선정되었다. 이 처분시설의 설치에 반대하는 시민단체 등의 회원들이거나 그들의 견해에 동조하는 자들로서, 주민투표법 제8조 제4항이 주민투표소송 등을 배제하고 있어 실시된 주민투표에 관권개입 등의 불법이 자행되었음에도 이에 대하여 다툴 수 없게 되었고, 그 결과 후보부지가 선정되었으므로, 주민투표법 제8조 제4항이 청구인들에게 헌법상 보장된 재판청구권, 평등권, 자기결정권, 환경권 등을 침해하고 있다고 주장하면서, 2006.1.24. 헌법소원심판을 청구하

였다. [결정요지] 적법요건에 관한 판단 (1) 이 사건 법률조항은 국가정책에 관한 주민투표권자에 대하여 주민투표소송 등을 인정하지 않는 규정이므로 이에 대하여 자신이 스스로 법적으로 관련되기 위해서는 적어도 주민투표법상 주민투표권자의 지위에 있어야 하고, 주민투표법상의 주민투표권자라 함은 20세 이상의 주민으로서 주민투표를 실시하는 때의 투표인명부작성 기준일(주민투표 발의일을 말한다) 현재 그 지방자치단체의 관할구역에 주민등록이 되어 있는 자를 말한다(제5조 제1항, 제6조 제1항, 제13조 제2항). (2) 그런데 이 사건 기록에 의하면 [별지 1] 기재 청구인들 중 청구인 13, 14, 34 내지 63은 경주시, 군산시, 포항시, 영덕군에서 이 사건 처분시설의 유치 여부에 관하여 주민투표가 발의된 2005. 10.4.현재 위 각 지방자치단체의 관할구역에 주민등록이 되어 있는 자가 아님이 명백하므로, 위 청구인들에 대하여는 이 사건 법률조항과의 자기관련성을 인정하기 어렵다. 따라서 위 청구인들의 심판청구는 부적법하다 할 것이고, 이하에서는 나머지 청구인들의 심판청구에 대하여 검토하기로 한다 …

(21) 공무원 개개인이 수범자라는 이유로 한 공무원단체 청구의 자기관련성 부정

1) 공무원 복무규정에 대한 공무원노동조합총연맹의 청구

복무규정의 수범자는 공무원 개인이고 총연맹이 아니라는 이유로 자기관련성을 부정하였다.

판례 헌재 2012.5.31. 2009헌마705

[사안] 공무원에 대하여 국가 또는 지방자치단체의 정책에 대한 반대·방해 행위를 금지한 구 '국가공무원 복무규정'(2009.11.30. 대통령령 제21861호로 개정되고, 2011.7.4. 대통령령 제23010호로 개정되기 전의 것, 이하 '국가공무원 복무규정'이라 한다) 제3조 제2항 및 구 '지방공무원 복무규정'(2009.11.30. 대통령령 제21862호로 개정되고, 2010.7.15. 대통령령 제22275호로 개정되기 전의 것, 이하 '지방공무원 복무규정'이라 한다) 제1조의2 제2항, 공무원에 대하여 직무 수행 중 정치적 주장을 표시·상징하는 복장 등 착용행위를 금지한 '국가공무원 복무규정' 제8조의2 제2항 및 '지방공무원 복무규정' 제1조의3 제2항이 법률유보원칙, 명확성원칙 및 과잉금지원칙에 반하여 공무원의 정치적 표현의 자유를 침해한다고 주장하면서 공무원들과 공무원단체인 공무원노동조합총연맹이 청구한 헌법소원심판사건. 총연맹이 자기관련성을 가지는가가 논란된 것이다. [결정요지] '국가공무원 복무규정' 및 '지방공무원 복무규정'은 해당 공무원의 복무에 관한 사항을 규정함을 목적으로 하는데(제1조), 그 내용은 공무원의 직무수행에 있어서의 각종 의무와 권리 및 권한 등에 관한 것으로서 이때 그 규율의 대상은 개별적 공무원임이 명백하다. 따라서 이 사건 규정들의 직접적인 수범자는 공무원 개인이지 청구인과 같은 공무원단체는 아니다. 가사 이 사건 규정들이 공무원이 '단체의 명의를 사용하여' 행하는 행위 등을 제한하는 결과 위 공무원노동조합총연맹의 기본권이 제한된다 하더라도 이는 공무원 개개인의 기본권이 제한됨으로써 파생되는 간접적이고 부수적인 결과일 뿐이다. 따라서, 청구인 공무원노동조합총연맹의 이 사건 규정들에 대한 심판청구는 자기관련성이 없어 부적법하다.

* 평가 – 이 결정은 간접적이고 그 부수적 결과에 불과할 뿐이라면 침해가능성 문제인 것으로 읽히게 한다.

2) 선관위 공무원에 대한 일정 정치단체 가입금지 규정에 대한 전공노 선관위본부의 청구

헌재는 이 금지규정은 선관위 공무원 개개인을 규율할 뿐이라는 이유로 선거관리위원회 공무원을 구성원으로 하여 설립된 전국공무원노동조합 산하단체인 청구인 전국공무원노동조합 선거관리위원회본부(이하 '전공노 선관위본부')가 그 금지규정에 대하여 청구한 헌법소원심판에서 자기관련성을 부정하였다.

판례 헌재 2012.3.29. 2010헌마97

[판시] 청구인 전공노 선관위본부의 자기관련성 인정 여부 – 이 사건 규정들은 선관위 공무원에 대하여 일정한 정치활동을 하는 단체에의 가입·활동 등을 금지하고 있는바, 이는 선관위 공무원 개개인을 그 규율의 대상으로 하고 있을 뿐 청구인 전공노 선관위본부에 대해서는 어떠한 직접적인 금지나 의무의 설정도 하고 있지 아니하다. 또한 이 사건 규정들은 선관위 공무원이 청구인 전공노 선관위본부에 가입·활동하는 것을 직접 금지하고 있지도 아니한바, 이 사건 규정들이 선관위 공무원에 대하여 정치활동을 하는 단체에의 가입·활동을 금지함에 따라 그러한 단체에 가입하여 활동하려고 하는 청구인 전공노 선관위본부의 활동이 사실상 제약되는 결과가 발생한다고 하더라도 이는 선관위 공무원 개인의 행위에 대한 규제로 말미암아 파생되는 간접적이고 부수적인 결과일 뿐이다. 따라서, 청구인 전공노 선관위본부의 이 사건 규정들에 대한 심판청구는 자기관련성이 없어 부적법하다.

* 평가 – 이 결정은 간접적이고 그 부수적 결과에 불과할 뿐이라면 침해가능성 문제인 것으로 읽히게 한다.

(22) 2차시험과목 공고에 대한 1차시험불합격자의 자기관련성 부인

1차시험에 합격하면 그 해와 다음 해의 2차시험자격을 부여하는 자격시험이 적지 않다. 이 경우 문제되는 2차시험 과목에 대해 이전 해에 1차시험 합격자도 자기관련성이 있다. 1차시험합격사실이 없는 사람은 자기관련성이 부정된다. 아래 사안은 한국산업인력공단의 “2019년도 제56회 변리사 국가자격시험 시행계획 공고(공고 제2018–151호)” 가운데 ‘2019년 제2차 시험과목 중 특허법과 상표법 과목에 실무형 문제를 각 1개씩 출제’ 부분이 포괄위임금지원칙에 위배되고 과잉금지원칙을 위반하여 직업선택의 자유를 침해하며 평등권을 침해한다는 주장의 헌법소원심판이 청구된 사건이다. 헌재는 1차시험 합격자 청구인에 대해서는 적법한 청구라고 인정하여 본안판단을 하였는데 기각결정을 하였다.

판례 헌재 2019.5.30. 2018헌마1208등

[판시] 이 사건 공고는 2019년 제56회 변리사 제2차 시험 중 특허법 및 상표법 과목에 실무형 문제를 출제하기로 한 것이므로, 이 사건 공고에 관하여 기본권침해의 자기관련성이 인정되기 위해서는 위 제2차 시험에 응시할 자격이 인정되어야 한다. 기록에 의하면, 청구인 김○○ 등이 2019.2.16. 실시된 제56회 변리사 제1차 시험에 응시하였으나 불합격한 사실, 청구인 안○○이 위 제1차 시험에 접수하였다가 이를 취소한 사실이 인정된다. 따라서 위 청구인들은 2019년 제56회 변리사 제2차 시험에 응시할 자격이 인정되지 않으므로, 이 사건 공고에 관하여 기본권침해의 자기관련성이 인정되지 않는다. 한편, 기록에 의하면 청구인 김△△ 등이 2018년 제55회 변리사 제1차 시험에 합격한 사실, 청구인 김◇◇, 등이 2019.2.16. 실시된 제56회 변리사 제1차 시험에 응시하여 합격한 사실이 인정된다. 위 청구인들은 2019년 제56회 변리사 제2차 시험에 응시할 자격이 인정되므로, 위 제2차 시험에 관한 사항을 정한 이 사건 공고에 관하여 기본권침해의 자기관련성이 인정된다.

(23) 외래진료환자의 입원수가에 대한 청구의 자기관련성 부인

사안은 정신질환 의료급여 수가기준을, 행위별수가제로 정한 다른 질환과 달리 입원진료 시 1일당 정액수가제로 정하고 있는 입원수가조항에 대해 정신질환 외래진료를 받고 있는 사

람이 자신의 인간 존엄가치를 침해받고 있다고 헌법소원심판을 청구한 사건이다.

판례 헌재 2018.7.26. 2016헌마431
[판시] 청구인 오○운의 경우, 의료급여법 제3조 제1항에 따른 의료급여 1종 수급권자로서 정신질환 외래진료를 받고 있으므로, 입원진료의 의료수가를 규정하고 있는 이 사건 고시 제9조 제1항 중 입원진료에 관한 부분과 입원 및 낮병동 수가 등을 규정하고 있는 '의료급여수가의 기준 및 일반기준'(2016.2.18. 보건복지부고시 제2016－23호) 제11조에 대한 심판청구는 기본권침해의 법적관련성을 인정할 수 없다.

(24) 카지노업 비허가 폐광지역 주민이 제기한 법령소원에서의 자기관련성 결여

판례 헌재 2001.7.19. 2000헌마703
[쟁점] 폐광지역 중 경제사정이 특히 열악한 지역으로서 대통령령이 정하는 지역의 1 개소에 한하여 내국인출입 카지노업을 허가하도록 규정한 폐광지역개발지원에 관한 특별법(2000.12.29. 법률 제6318호로 개정된 것) 제11조 제1항에 대해 카지노영업허가를 받지 못한 폐광지역의 주민이 제기한 법령소원에 있어서 기본권침해의 직접성·현재성·자기관련성을 갖추었는지 여부(부정, 각하결정) [관련판시] 이 법률조항은 청구인을 비롯한 국민의 자유와 권리를 제한하거나 새로운 의무를 부과하는 것이 아니고 또한 이 법률조항으로 말미암아 청구인의 법적 지위의 박탈효과가 발생하는 것도 아니다. 즉 이 법률조항과 관계조항으로 말미암아 결과적으로 청구인이 거주하고 있는 문경의 폐광지역이 카지노업 허가지역으로 지정되지 못하였다고 하여 이로 인하여 바로 청구인의 기본권침해 문제가 발생하는 것은 아니다. 나아가 그로 말미암아 청구인이 살고 있는 문경의 폐광지역이 카지노업 허가지역으로 결정되었다면 누릴 수 있었던 경제적 혜택이 상실되었다고 본다 하더라도 이는 간접적·사실적 또는 경제적 이해관계의 문제일 뿐이다. 결국 청구인의 이 법률조항에 대한 헌법소원심판청구는 기본권침해의 직접성·현재성·자기관련성 요건을 갖추지 못하였다 할 것이어서 부적법하다.

* 검토 － 간접적·사실적·경제적 이해관계 문제라고 하면서 직접성·현재성·자기관련성 모두 언급하는데 앞서 지적된 문제점이 역시 노정되고 있다. 기본권침해가능성 문제로 보아야 한다.

(25) 조약에 대한 법령소원에서의 자기관련성이 부인된 예

이러한 예로 대한민국과 아메리카합중국 간의 상호방위조약 제3조(시설과 구역 － 보안 조치), 제4조(시설과 구역 － 시설의 반환), 제22조(형사재판권) 및 대한민국에서의 합중국군대의 지위에 관한 협정 제3조 제1항 등에 대한 법령소원에서 각하결정이 났던 결정례를 들 수 있다(헌재 2001.11.29. 2000헌마462). 그런데 이 결정에서 침해가능성이 없다고 하면서 자기관련성을 부정한 판시를 하고 있다.

Ⅱ. 기본권침해의 직접성

1. 직접성요건의 개념

(1) 개념과 개념의 핵심지표

기본권침해의 직접성요건이란 헌법소원을 제기하게 한 기본권의 침해는 그 침해를 야기한 공권력행사 그 자체로 인해 바로 청구인에게 발생되는 침해여야 할 것을 요구함을 의미한다. 문제의 공권력작용 외의 다른 공권력작용이 매개되어야만 기본권의 침해가 청구인에게 발생할 수 있다면 그 공권력작용으로 인한 기본권침해의 직접성이 없다고 본다. 이 점에서 아래에서 보듯이 원칙적으로 집행작용이 매개되어야 법적 효과가 발생하고 따라서 기본권침해의 효과도 발생하게 되는 법규범의 경우(법령소원)에 기본권침해의 직접성요건이 많이 문제된다.

[핵심지표와 다른 청구요건과의 구별] 따라서 직접성 개념의 핵심지표는 침해의 과정, 경로의 직접성에 있다. 이 핵심지표에 따라 다른 청구요건인 앞서 본 침해되는 기본권의 존재라는 기본권침해가능성과 구별되어야 하고 자기귀속성을 핵심지표로 하는 자기관련성과 구별된다.

* 대상성 요건? 전원일치 결정으로서 "이 사건 심판대상조항은 기본권 침해의 직접성이 인정되지 아니하므로 헌법소원의 대상이 될 수 없다"라고 직접성요건과 대상성요건을 혼동케 하는 이상한 판시를 보여준 예가 있다(헌재 2019.8.29. 2018헌마274. 이 결정에 대해서는 후술하는 재량행위에서의 직접성 부정 부분 참조).

(2) 직접성요건과 간접적·반사적인 침해

1) 간접적·반사적 침해 인정과 직접성, 자기관련성 등 혼돈의 결정례

헌법재판소는 공권력의 행사 또는 불행사로 간접적 또는 반사적으로 불이익을 받는 경우에는 기본권침해의 직접성요건을 갖추지 못한 것으로 보거나 직접성요건을 설시한 뒤 "간접적·사실적 영향에 불과하다. 따라서 심판대상조항으로 인해 위 청구인들의 … 기본권이 침해될 가능성이 있다거나 기본권침해의 자기관련성이 있다고 보기 어렵다"라고 혼동스럽게 하는 판시를 하는 결정례들을 보여주고 있다(헌재 2002.10.31. 2002헌마20). 또 '적격'이란 말을 쓰서 명확하지는 않으나 "이 사건 법률조항으로 인하여 어떤 불이익을 받게 되었다고 하더라도, 그것은 사실상의 간접적인 이해관계일 뿐 법적인 관련성이 있어 자기의 기본권을 직접 침해받은 것이라고는 할 수 없다"라고 한 뒤 청구인적격이 없어 각하한다고(헌재 1997.3.27. 92헌마263) 하여 법적 불이익이 아니면 기본권침해가 없다는 것인데 직접 침해받지 않았다는 판시를 하여 직접성이 없다는 의미로 이해하게 하는 결정례도 있다. "청구인들은 대통령의 특별사면에 관하여 일반국민의 지위에서 사실상의 또는 간접적인 이해관계를 가진다고 할 수는 있으나 대통령의 청구외인들에 대한 특별사면으로 인하여 청구인들 자신의 법적이익 또는 권리를 직접적으로 침해당한 피해자라고는 볼 수 없으므로, 이 사건 심판청구는 자기관련성, 직접성이 결여되어 부적법하다"라고 판시한 예도 있다(헌재 1998.9.30. 97헌마404).

2) 반사적·간접적 이익 문제 ≠ 직접성 문제

직접 침해되어야 한다는 말 때문에 직접이 아닌 간접적, 사실적인 이익을 운운하는 것으로 짐작된다. 그러나 종래 전통적 이론에 따르면 반사적 이익이라고 하면 권리로서 보호되는 이익이 아니라는, 공권(公權)이 아닌, 따라서 주관적 공권인 기본권이 아닌 것이다. 그렇다면 반사적 이익인지 여부의 문제는 기본권침해인지 여부의 문제이다.

반면 기본권침해의 직접성 문제는 기본권이 침해되는 방식 내지 과정, 경로의 문제이다. 즉 직접성 요건은 기본권침해의 효과가 침해하는 공권력행사·불행사로부터 바로 직접 청구인에게 직접적으로 와야 한다(발생하여야 한다)는 요건이다. 따라서 반사적 이익이냐 하는 문제와 침해경로가 직접성을 가지느냐 하는 문제는 구별되어야 한다.

3) 반사적 이익을 직접성 문제가 아니라 기본권침해성 문제로 제대로 파악한 결정례들

반사적·간접적 이익 문제는 이처럼 기본권침해가능성 문제라고 하였는데 헌재의 판례 중에는 반사적 이익에 지나지 아니하는 사실상의 독점적인 영업이익이 상실되었다 하더라도 이로써 헌법상 기본권이 침해되는 것이 아니라고 판시함으로써 문제를 제대로 파악한 결정례들이 있다. * 이러한 결정례로 헌재 1999.11.25. 99헌마163, 사료관리법시행규칙 제4조의2, [별표 1] 등 위헌확인 여부; 2000.1.27. 99헌마660, 한약사자격면허취득 국가시험공고처분취소 청구; 2008.2.28. 2006헌마582. 수의사가 아니더라도 자기가 사육하는 동물에 대한 진료행위를 할 수 있도록 한 당시의 수의사법 제10조 및 같은 법 시행령 제12조 제3호에 대해 수의사들이 자신들의 직업의 자유를 침해한다고 하여 청구한 헌법소원심판 등(이 결정례들에 대해서는 앞의 기본권의 존재와 침해의 실제성 부분 참조).

(3) 직접성요건의 법적 근거와 직접성요건 요구의 합헌성 인정

1) 판례

헌재는 헌재법 제68조 제1항 본문 중 "기본권을 침해받은" 부분이 직접성요건을 의미한다고 본다. 그리고 헌법소원심판의 직접성 요건이 다른 권리구제수단에 의해서는 구제되지 않는 기본권 보장을 위한 특별하고도 보충적인 수단이라는 헌법소원의 본질로부터 비롯된 것이라는 점, 예외가 넓게 인정되는 점에서 헌법소원심판청구를 지나치게 제한하지 않아 재판을 받을 권리의 본질적인 부분을 침해한다고 볼 수는 없다고 한다.

판례 헌재 2005.5.26. 2004헌마671

[사건개요] 청구인은 청구인의 채권자의 신청에 따라 청구인 소유의 부동산에 관하여 경매절차가 개시되자 2004.7.14. 부동산 경매제도를 규정한 민사집행법 제1조, 제24조, 제80조, 제103조 등이 채권자의 권리만 일방적으로 보장하고 채무자의 권리를 무시함으로써 평등권을 침해한다며 헌법재판소에 헌법소원

심판(2004헌마561)을 청구하였으나, 2004.8.10. 위 심판청구가 기본권 침해의 직접성의 요건을 갖추지 못하여 부적법하다는 이유로 각하되었다. 이에 청구인은 기본권 침해의 직접성을 요구하고 있는 헌법재판소법(이하 '법') 제68조 제1항 본문이 위헌이라고 주장하며 헌법소원심판을 청구하였다. [판시] 헌법소원심판의 직접성 요건이 다른 권리구제수단에 의해서는 구제되지 않는 기본권 보장을 위한 특별하고도 보충적인 수단이라는 헌법소원의 본질로부터 비롯된 것이라는 점 및 우리 재판소 판례를 통하여 직접성 요건에 관하여 그 예외가 넓게 인정되고 있다는 점을 고려하면, 이 사건 조항이 헌법소원심판청구의 적법요건 중 하나로 기본권 침해의 직접성을 요구하는 것이 청구인의 헌법소원심판청구를 지나치게 제한하여 재판을 받을 권리의 본질적인 부분을 침해한다고 볼 수는 없다.

2) 검토

ⅰ) 먼저 "기본권을 침해받은" 부분이 직접적인 침해만을 의미한다고 보게 하는 논거가 뚜렷하지 않다. ⅱ) 헌재 자신이 제시하는 위 합헌성 논거가 정당성을 가지려면 헌법소원 현실에서 이를 수긍할 수 있어야 하는데 당장 보충성이 정당하려면 다른 권리구제절차를 모두 거치면 헌법소원의 심판대로 갈 수 있어야 한다. 그러나 앞서 본대로 헌재는 원행정처분에 대한 헌법소원대상성을 부정한다.

2. 직접성요건의 문제상황과 직접성요건의 법령소원에서의 중요성

(1) 문제상황 - '처분'과 '법령'

국민에게 직접 기본권을 침해하는 효과를 가져오는 공권력행사는 바로 처분이다. '처분'이란 공권력을 지닌 행정청(국가기관, 지방자치단체 기관)이 법령에 따라 어떤 특정한 국민에게 어떤 구체적인 권리나 의무를 부과하여 국민에게 법적으로 영향을 미치는 효과를 가진 작용을 의미한다. 반면 '법령'이란 원칙적으로 국민에게 어떤 구체적인 법적 효과를 바로 가져오게 하지는 않는 일반적·추상적 성격의 법을 의미한다. 처분은 결국 집행작용이고 처분과 같은 집행작용이 있어야 비로소 어느 특정 국민에게 법적 효과가 나타나고 법령도 그 효과를 비로소 특정인에 대해 발생시키는 것이다

예시 : 예를 들어 소득세법이란 법률로 A라는 사람에게 바로 구체적으로 바로 예컨대 소득세 50만원을 내야 할 의무라는 법적 효과가 나오는 것이 아니라 소득세법에서 정한 과세대상에 해당되는 소득이 A라는 사람에게 실제로 발생하여 그 법률요건에 해당하면 행정청이 예컨대 30만원을 A가 납부하라는 소득세부과처분을 하게 되고 그 처분을 할 때 비로소 구체적인 법적 효과(30만원의 소득세를 내야 할 의무라는 구체적 법적 효과)가 A에게 발생하는 것이다.

	처분	법령
국민에 대한 효과(성격)	특정적·구체적	일반적·추상적
원칙적인 효과의 직접성	○	×

▌'처분'과 '법령'의 비교

따라서 '처분'은 헌법소원심판 청구요건으로서 직접성 요건이 문제될 것이 없다(단, 원행정처분에 대한 헌법소원대상성을 부정하는 헌재판례의 난관이 있긴 하다. 직접성에 문제가 없다는 것이다). '법령'은 그러하지 못하므로 아래에서 보듯이 법령소원에서의 직접성 요건이 중요해지는 것이다.

(2) 직접성요건의 법령소원에서의 중요성과 그 중요성의 이유

1) 중요성

기본권침해의 직접성 요건은 법률·법규명령·조례(조례는 자치법규로 통상 부르는데 여기서는 편의상 함께 법령 속에 넣어 생각한다)등 법령을 직접 바로 그 대상으로 하는 법령소원의 경우에 특히 중요한 요건을 이룬다.

2) 중요한 이유 - 사견(私見)

그 이유는 다음과 같다. 법령소원도 어디까지나 헌법소원이므로 헌법소원의 직접성 요건은 법령소원에도 요구되는 것인데 법령의 경우에는 위에서 이미 지적한 대로 원칙적으로는 집행작용이 있어야 그 효과가 발생하고 기본권침해의 효과도 발생하는 것이 원칙적이고 일반적인데 그럼에도 법령 그 자체로 바로 직접 기본권침해의 효과가 발생해야 직접성을 갖춘 법령소원이 될 것이므로 결국 직접성의 요건이 중요한 관건이 될 것이기 때문이다. 이처럼 바로 기본권제한의 법적 효과를 발생하는 법령이 법령소원의 대상이 되고 그래서 법령소원에서 직접성요건이 중요한 문제이고 실제 직접성요건과 관련된 판례들도 아래에서 보듯이 주로 법령자체에 대한 헌법소원에 관한 것들이 많다.

3) 헌재판례 - 헌재의 법령소원에서의 직접성 요구 이유 설명

(가) 헌재 설시

판례 헌재 1998.4.30. 97헌마141

[관련설시] 법령에 대한 헌법소원에 있어서 '기본권침해의 직접성'을 요구하는 이유는, 법령은 일반적으로 구체적인 집행행위를 매개로 하여 비로소 기본권을 침해하게 되므로 기본권의 침해를 받은 개인은 먼저 일반 쟁송의 방법으로 집행행위를 대상으로 하여 기본권침해에 대한 구제절차를 밟는 것이 헌법소원의 성격상 요청되기 때문이다. 따라서 법령에 근거한 집행행위가 존재한다면 국민은 우선 그 집행행위를 기다렸다가 집행행위를 대상으로 한 소송을 제기하여 구제절차를 밟는 것이 순서이다. * 동지 : 헌재 2005.5.26. 2004헌마671; 2013.12.26. 2012헌마162등.

(나) 검토

i) 헌재는 '일반 쟁송의 방법으로 집행행위를 대상으로 하여 기본권침해에 대한 구제절차를 밟는 것이 헌법소원의 성격상 요청되기 때문'이라고 하는데 이 문언을 두고 보면 위 설시는 직접성이 왜 요구되는지에 대한 법령소원만에서의 이유가 아닌 일반적인 것이다. 선해하면 집행행위가 일반적으로 많이 있을 경우가 법령의 경우라서(법령은 추상적·일반적이라 집행행위의 매개가 필요한 것이 원칙적이라서) 그것을 강조하려는 것으로 보이나 집행작용이 중간에 있으면 직

접 헌법소원을 허용하지 않는다는 것은 논리적으로 볼 때 법령소원에서만의 요구가 아니다. 결국 중요한 것은 직접 대상이 되기 위해서는 집행행위가 없이 효과가 나야 한다는 사실 때문에 법령은 원칙적(일반적)으로는 그렇지 않으므로 더욱 요구된다는 우리가 위 2)에서 제시한 이유가 직접적으로 적절하다. ii) 만약 위 설시가 일반 쟁송으로 다툴 방법이 법령에 대해서 없다는 취지가 기저에 있는 것이라면 법원 소송수단의 결여 자체가 법령소원에서의 직접성 요구가 중요하게 만든다는 이유가 아니라 법령소원으로 갈 수밖에 없는 이유일 뿐이다. 법원이 직접 소송대상으로 받아주면 오히려 직접성이고 뭐고 법령소원 자체가 의미가 없어진다. 법령에 대해서는 일반 법원이 소송대상으로 받아주지 않아 법원에서 다툴 방법이 없어서 헌법소원의 대상이 된다는 것은 앞서 지적한 대로 법령의 헌법소원대상성의 인정근거이자 뒤에서 보게 될 보충성원칙의 비요구에 있어서 더 직접적인 제시 이유이다.

3. 법령소원심판에서의 직접성요건의 의미

(1) 별도의 집행행위의 매개가 필요 없을 것

1) 법리

법령은 위에서 언급한 대로 원칙적, 일반적으로 그 규정 자체로 법효과가 발생하지 않고 구체적인 집행행위를 매개로 하여 비로소 법효과가 발생하고 따라서 기본권을 침해하게 되므로 그 집행행위를 대상으로 소송을 제기하여 기본권구제를 받게 될 것이고 법령 자체를 대상으로 하는 헌법소원이 직접 제기될 수 없다. 따라서 법령 자체에 대한 헌법소원이 바로 이루어지기 위해서는, 우리 헌법재판소판례에서 강조하고 있듯이, 집행행위의 매개가 필요 없을 것을 요하고 법령소원에서의 기본권침해의 직접성요건도 집행행위의 매개 없이 법령 자체로 기본권을 침해할 것을 요구함을 의미한다(이러한 취지의 판례는 많다. 예컨대, 헌재 1991.3.11. 91헌마21, 지방의회의원선거법 제36조 1항에 대한 헌법소원; 1998.4.30. 97헌마141, 특별소비세법시행령 제37조 3항 등 위헌확인; 2004.8.26. 2003헌마337; 2007.7.26. 2003헌마377; 2008.6.26. 2005헌마506; 2008.7.31. 2004헌마1010등; 2009.9.24. 2007헌마949; 2012.2.23. 2009헌마333; 2013.8.29. 2011헌마122; 2013.11.28. 2007헌마1189등; 2016.2.25. 2014헌마1119; 2016.4.28. 2015헌마98; 2016.5.26. 2014헌마45; 2016.5.26. 2014헌마45; 2017.6.29. 2015헌마654; 2018.8.30. 2014헌마368; 2019.12.27. 2017헌마1299; 2019.7.25. 2018헌마18 등 참조).

* 위 결정들에도 있지만 집행행위가 있을 때 기본권침해가 있다고 보아 직접성을 부정한 또 다른 결정례들 : 헌재 2016.2.25. 2013헌마692.

2) 집행행위 매개가 없어도 기본권침해가 인정되는 예

대표적인 예를 본다.

① 수용자 외부서신 비봉함의 위헌결정

판례 헌재 2012.2.23. 2009헌마333
[사안과 결정] 수용자가 밖으로 내보내는 모든 서신을 봉함하지 않은 상태로 교정시설에 제출하도록 규정하고 있는 '형의 집행 및 수용자의 처우에 관한 법률 시행령'(2008.10.29. 대통령령 21095호로 개정된 것) 제65조 제1항(이하 '이 사건 시행령조항')이 청구인의 통신 비밀의 자유를 침해하여 위헌이라고 한 결정. [판시] 이 사건 시행령조항은 "수용자는 보내려는 서신을 봉함하지 않은 상태로 교정시설에 제출하여야 한다."고 규정하고 있는데, 이 규정에 의해서 수용자는 교도소장 등의 다른 집행행위가 없더라도 서신을 봉함하지 않은 상태로 제출할 의무를 부과받게 되므로 이 사건 시행령조항은 수용자의 기본권을 직접적으로 제한한다.

② 지방의회 청원시 의원소개 요건 요구의 지방자치법 조항

판례 헌재 1999.11.25. 97헌마54
[심판대상] 지방자치법(1988.4.6. 법률 제4004호로 전문개정된 것, 이하 "법"이라 한다) 제65조(현행 제73조) 제1항 중 "지방의회의원의 소개를 얻어"라는 부분의 위헌여부 [판시] 이 법률조항은 지방의회에 청원할 때에는 필요적 요건으로 지방의회의원의 소개를 얻도록 규정하고 있어 의원의 소개가 없는 청원은 지방의회에 의한 청원서의 수리거부 또는 반려행위 등의 집행행위를 기다릴 것도 없이 확정적으로 청원을 하지 못하는 결과가 생긴다. 이러한 경우에는 이 법률조항 자체가 직접 헌법소원 심판대상이 되는 것이다. * 본안판단결과 기각결정이 있었다.

③ **금치처분 중 집필 전면금지** – 금치기간 중 집필을 전면 금지한 구 행형법시행령(2000.3.28. 대통령령 제16579호로 개정된 것) 제145조 제2항 본문 중 "집필" 부분에 대해 청구된 헌법소원심판이었다.

판례 헌재 2005.2.24. 2003헌마289
[판시] 이 사건 시행령조항은 금치처분을 받은 자에 대하여 금치기간 중 집필을 금지한다고 규정하고 있으므로 금치처분의 대상자는 따로 구체적인 집행행위의 매개 없이 이 사건 시행령조항 자체에 의하여 집필할 수 있는 권리 또는 그 법적 지위를 박탈당하게 된다. 따라서 이 사건 시행령조항은 기본권침해의 직접성이 인정된다. * 본안판단결과 법률유보의 원칙을 위반하고, 과잉금지의 원칙에 반하는 표현의 자유 침해라고 판단하여 위헌결정을 하였다. 이 사안에서 교도소 내 규율 위반을 이유로 조사수용된 수형자에 대하여 교도소장이 조사기간 중 집필을 금지할 수 있도록 한 구 '수용자규율 및 징벌 등에 관한 규칙'(2004.6.29. 법무부령 제555호로 개정되기 전의 것) 제7조 제2항 본문 중 "집필" 부분에 대한 청구도 있었는데 그 경우에는 집행행위를 요한다고 하여 직접성을 부정하였다.

④ 지방자치단체 장의 계속 재임을 3기로 제한한 지방자치법 제87조 제1항

판례 헌재 2006.2.23. 2005헌마403
[판시] 청구인들은 3기를 연임하고 있는 지방자치단체의 장으로서 이 사건 법률조항으로 인해 다시 자치단체 장 선거에 출마할 수 없게 된 자이거나, 선거권자로서 3기를 연임하고 있는 자치단체 장에게 투표할 수 없게 된 자들이다. 그렇다면, 이 사건 법률조항은 매개행위 없이 직접적으로 청구인들의 기본권에 제한을 가한 것으로 직접성은 갖추었다.

⑤ **기간제근로자 사용제한**(2년초과금지) – 비정규직 생산직 사원으로 업무에 종사하여 오던 중 계약갱신이 거절되자, 그 근거 법조항인 '기간제 및 단시간근로자 보호 등에 관한 법률'(2006.12.21. 법률 제8074호로 제정된 것) 제4조 제1항 본문("사용자는 2년을 초과하지 아니하는 범위 안에서(기간제 근로계약의 반복갱신 등의 경우에는 그 계속 근로한 총기간이 2년을 초과하지 아니하는 범위 안에서) 기간제근로자를 사용할 수 있다)에 대해 기간제근로자들의 계약의 자유, 직업선택의 자유, 근로의 권리 등을 침해한다는 주장으로 헌법소원심판을 청구한 사건이다.

판례 헌재 2013.10.24. 2010헌마219등

[판시] 법률 또는 법률조항 자체가 헌법소원의 대상이 될 수 있으려면 청구인이 그 법률 또는 법률조항에 의하여 구체적인 집행행위를 기다리지 아니하고 직접, 현재, 자기의 기본권을 침해받아야 한다. 그런데 청구인들은 기간제근로자로 근무해 오다가 심판대상조항의 시행으로 인하여 기존의 직장에서는 기간제근로자로 더 이상 근로계약을 체결할 수 없게 되었다. 따라서 심판대상조항은 청구인들의 기본권을 직접 제한한다 할 것이므로 기본권 침해의 직접성이 인정되고, 그 밖에 다른 적법요건의 흠결은 찾아볼 수 없다. * 본안판단결과 지나친 제한이 아니라고 보아 기각결정을 하였다.

(2) 혼동의 결정들

1) 침해효과가 없는 경우(침해원인이 아닌 경우) – 직접성 문제가 아님

어떤 법령규정이 기본권침해의 원인이 아니어서 그 법령규정으로 인해 기본권의 침해를 가져오지 않는 경우에는 직접성의 결여가 아니라 기본권침해가능성의 결여 문제이다. 그 점에서 아래 결정은 이해가 어렵다. "이와 같은 기본권침해는 공직선거법 제22조 제1항 본문이 아니라 공직선거법 제26조 제1항 [별표 2]에 따른 지역구 획정에 의하여 발생하는 것이다. 그렇다면 공직선거법 제22조 제1항 본문에 대하여 기본권 침해의 직접성을 인정할 수 없으므로"라고 하는데 기본권침해 자체를 야기하지 않는데 어찌 직접성을 따질 수 있는가?

- 선거구 인구편차 위헌확인소원에서 시·도의회의 의원정수 조항에 대한 직접성 부재

판례 헌재 2019.2.28. 2018헌마919등

[사안] "인천광역시 계양구 제2선거구", "경상북도 경주시 제1선거구" 등에 주소를 두고 2018.6.13. 실시된 제7회 전국동시지방선거 중 각 시·도의회의원선거에 있어서 선거권을 행사한 사람들이 인구편차의 허용기준을 벗어나 자신들의 선거권 및 평등권을 침해한다는 주장의 헌법소원심판을 청구한 사건.
[판시] 공직선거법 제22조 제1항 본문은 시·도별 지역구시·도의원의 총 정수를 그 관할구역 안의 자치구·시·군(하나의 자치구·시·군이 2 이상의 국회의원지역구로 된 경우에는 국회의원지역구를 말하며, 행정구역의 변경으로 국회의원지역구와 행정구역이 합치되지 아니하게 된 때에는 행정구역을 말한다) 수의 2배수로 하되, 인구·행정구역·지세·교통, 그 밖의 조건을 고려하여 100분의 14의 범위에서 조정할 수 있도록 규정함으로써 지역구시·도의원 정수의 상한과 하한을 정한 것에 불과하다. 2018헌마919 사건의 청구인들은 그들의 투표가치가 인천광역시 및 경상북도의회의원선거에 있어서 다른 선거구에 속한 선거인들의 투표가치보다 낮아서 선거권 및 평등권을 침해받았다고 주장하고 있는데, 이와 같은 기본권 침해는 공직선거법 제22조 제1항 본문이 아니라 공직선거법 제26조 제1항 [별표 2]에 따른 인천광역시 및 경상북도의회의원지역구 획정에 의하여 발생하는 것이다. 그렇다면 공직선거법 제22조 제

1항 본문에 대하여 기본권 침해의 직접성을 인정할 수 없으므로 공직선거법 제22조 제1항 본문에 대한 심판청구는 부적법하다. * 위 규정에 대한 청구는 각하되었으나 위 별표규정에 대한 판단결과 인구편차를 벗어나 선거권, 평등권을 침해한다는 헌법불합치결정이 있었다.

* 비슷한 문제를 지니는 결정례 : 국회의원선거 선거구획정에 있어서 자치구·시·군의 원칙적 분할금지, 예외적 허용을 규정한 공직선거법 제25조 제1항을 두고 비슷한 취지의 결정들이 있었다. ① 헌재 2014.10.30. 2012헌마262등. [판시] 분할금지조항은 국회가 국회의원지역선거구를 획정할 때 행정구역 단위 중 자치구를 분할하여 다른 선거구로 편입하는 것만을 명시적으로 금지함으로써, 행정구의 분구 및 통합 가능성을 열어놓고 있을 뿐이다. 따라서 법률 조항 자체만으로는 어떠한 행정구가 분할되어 다른 선거구로 편입될 것인지를 전혀 예측할 수 없고, 국회가 위 조항에 근거하여 이 사건 선거구구역표를 편성한 이후에야 비로소 2012헌마262 사건의 청구인들이 주민등록을 두고 있는 천안시 서북구가 분할되어 다른 선거구와 통합될 것인지 여부가 결정되는 것이다. 이처럼 위 청구인들이 주장하는 기본권 침해가 이 사건 분할금지조항이 아니라 심판대상 선거구구역표에 의하여 비로소 발생하게 되는 이상, 이 사건 분할금지조항에 대하여 기본권침해의 직접성을 인정할 수 없으므로, 이 사건 분할금지조항에 대한 심판청구는 부적법하다. ② 헌재 2019.7.25. 2016헌마641. * 이 사건에서의 심판대상조항은 2016년 공직선거법 개정으로 약간 달라졌으나 분할금지조항인 것에는 변함이 없다. [판시] 이 사건 법률조항 중 본문은 국회의원지역선거구를 획정할 때 원칙적으로 하나의 자치구·시·군을 분할하여 다른 선거구로 편입하는 것을 금지하나, 단서는 인구비례 2:1의 범위에 미달하는 자치구·시·군으로서 인접한 하나 이상의 자치구·시·군의 관할구역 전부를 합하는 방법으로는 그 인구범위를 충족하는 하나의 국회의원지역구를 구성할 수 없는 경우에는 그 인접한 자치구·시·군의 일부를 분할할 수 있도록 하여 그 예외를 규정하고 있을 뿐이다. 따라서 이 사건 법률조항만으로는 선거구가 어떠한 분할, 통합의 과정을 거쳐 어떠한 지리적 경계를 기준으로 획정이 될지, 각 선거구의 인구수나 형상이 어떻게 정해질지는 전혀 예측할 수가 없고, 국회가 이 사건 법률조항에 따라 국회의원지역선거구구역표를 편성한 이후에야 자신이 거주하는 지역이 어떠한 선거구에 속하게 될 지가 결정된다. 이처럼 청구인들이 주장하는 기본권침해가 이 사건 법률조항이 아니라 심판대상 선거구구역표에 의하여 비로소 발생하는 이상, 이 사건 법률조항에 대하여 기본권침해의 직접성을 인정할 수 없으므로, 이 부분 심판청구는 부적법하다.

2) 직접성과 기본권침해가능성의 혼동

아래 결정에서 자유의 제한, 의무의 부과, 법적 지위 박탈을 운운하였는데 이것은 바로 아래에서 보는 대로 법령소원의 직접성 인정여부 판단기준인데 이러한 효과가 없다면 직접성이 없다고 해야 하는데 결론은 기본권침해가능성의 부정으로 맺고 있어서 혼동을 준다.

판례 헌재 2006.6.29. 2005헌마165등

[판시] '신문 등의 자유와 기능보장에 관한 법률'(2005.1.27. 법률 제7369호로 전문 개정된 것. 이하 '신문법') 제4조, 제5조 및 제8조는 신문의 사회적 책임이나 신문보도의 공정성·공익성 또는 신문의 편집·제작에 있어 독자의 참여 내지는 그 권익을 보호하도록 요구하는 추상적·선언적 규정이다. 언론중재법 제4조와 제5조 제1항 역시 언론의 사회적 책임과 인격권 보호책임을 규정하고 있어 역시 추상적·선언적 규정이다. … 이들 조항 위반에 대한 제재규정도 없다. 그러므로 설사 신문사업자인 청구인들이 위 조항들로 인하여 어떤 부담이나 제약을 받는다고 할지라도 그것은 헌법상 보장된 기본권에 대한 제한이나 규제라 할 수 없으므로, 이 조항으로 말미암아 신문사업자인 청구인들에게 자유의 제한이나 의무의 부과, 권리 또는 법적 지위의 박탈이 생기는 것이 아니다. 따라서 이들 조항은 기본권침해의 가능성이 인정되지 않는다.

4. 법령소원에서의 직접성의 '판단기준'

(1) 집행행위 없이도 자유의 제한, 의무의 부과, 법적 지위의 박탈의 효과 발생

[판단준거]
▷ 자유의 제한, 의무의 부과, 법적 지위의 박탈

어떠한 경우에 기본권이 법령으로 인해 직접 침해가 있다고 볼 수 있을 것인가? 즉 법령에 의한 기본권침해의 직접성의 기준이 무엇인가가 문제될 것이다. 헌법재판소는 "여기서 말하는 기본권침해의 직접성이란 법령 그 자체에 의하여 자유의 제한, 의무의 부과, 법적 지위의 박탈이 발생하는 경우를" 말한다고 한다. 이러한 판례법리는 현재 확고하고 법령소원에서 빈번히 적용되고 있다.

(2) 이러한 법리가 나타난 몇 가지 대표적 판례들

1) 직접성 인정례

집행행위 없이 자유제한, 의무부과, 법적 지위 박탈과 같은 효과가 법령 자체에서 바로 나온다고 보아 직접성이 인정된 예들로 아래 결정례들이 전형적인 것이라 살펴본다.

① **금치처분 중 접견·서신수발·운동 금지** – 행형법상 징벌의 일종인 금치처분을 받은 자에 대하여 접견, 서신수발, 운동을 금지한 구 행형법시행령(2000.3.28. 대통령령 제16759호로 개정된 것) 제145조 제2항 중 해당규정들에 대해 청구된 헌법소원심판이었다.

판례 헌재 2004.12.16. 2002헌마478

[판시] (1) 기본권침해의 직접성 – 행형법시행령 제145조 제2항 본문은 "금치의 처분을 받은 자는 징벌실에 수용하고 그 기간 중 접견, 서신수발…운동…을 금지한다."고 규정하면서, 단서에서 "…소장이 교화 또는 처우상 특히 필요하다고 인정하는 때에는 접견·서신수발 또는 도서열람을 허가할 수 있다."고 규정하고 있는바, 이를 법령 자체에서 청구인의 자유를 제한하거나 권리를 박탈하는 것으로 볼 수 있는지 살펴본다. (2) 먼저, 접견·서신수발 부분에 대하여 보면, 금치 처분을 받은 자에 대해서는 별도의 집행행위 없이 행형법시행령 제145조 제2항에 의하여 접견·서신수발이 금지되는 것으로 보는 것이 타당하다. 따라서 행형법시행령 제145조 제2항 중 접견·서신수발 부분은 기본권침해의 직접성이 인정된다. 한편, 운동 부분의 경우 행형법 제24조에 의하여 교도소장은 대통령령이 정하는 바에 의하여 수용자에 대하여 건강유지에 필요한 운동을 하도록 하여야 하고, 행형법시행령 제96조 제1항에서 "소장은 수용자에게 매일 1시간 이내의 실외운동을 시행한다."고 규정하고 있다. 수형자의 운동을 위해서는 피청구인의 적극적인 조치가 요구되므로, 행형법시행령 제145조 제2항 본문에서 금치 기간 중 운동을 금지한다고 규정하면서 아무런 예외규정을 두지 않음에 따라 별도의 집행행위 없이 곧바로 운동이 금지되는 효과가 나타난다. 그러므로 금치 기간 중 수형자의 운동이 금지되는 것은 법령 자체에서 청구인의 자유를 제한하는 것으로부터 나오는 사실상의 효과로 보아야 하고, 따라서 운동에 관한 행형법시행령 제145조 제2항은 기본권침해의 직접성이 인정된다. * 본안판단결과 위 청구 중 운동 금지 부분조항이 수형자의 인간의 존엄과 가치, 신체의 자유 등을 침해하여 위헌으로 결정되었다.

② 태아의 성별 고지 금지 규정

판례 헌재 2008.7.31. 2004헌마1010등

[심판대상규정] 의료법(2007.4.11. 법률 제8366호로 전부 개정된 것) 제20조(태아 성 감별 행위 등 금지) ② 의료인은 태아나 임부를 진찰하거나 검사하면서 알게 된 태아의 성(性)을 임부, 임부의 가족, 그 밖의 다른 사람이 알게 하여서는 아니 된다. [판시] 법령에 의한 기본권침해의 직접성이란 집행행위에 의하지 아니하고 법령 그 자체에 의하여 자유의 제한, 의무의 부과, 권리 또는 법적 지위의 박탈이 생긴 경우를 뜻하므로 구체적 집행행위를 통하여 비로소 당해 법령에 의한 기본권침해의 법률효과가 발생하는 경우에는 직접성의 요건이 결여된다(헌재 1997.7.16. 97헌마38 등). 그런데 이 사건 규정은 성별고지금지 의무의 주체를 의료인으로 정하고 있으므로 태아의 부모는 이 사건 규정에 의해 직접적으로 기본권 제한을 당하지 않는다고 볼 여지가 있다. 그러나 이러한 의료인에 대한 태아의 성별 고지 금지로 인하여 출산 전에 태아의 성별을 알 수 없게 되는 것은 임부와 그 가족들이다. 즉, 이 사건 규정이 없다면 의료인은 임부나 그 가족이 태아의 성별에 대해 알고자 하는 경우 진료를 통해 알게 된 태아의 성별을 알려주는 것이 일반적이라 할 것인데, 이 사건 규정이 의료인으로 하여금 태아의 성별을 알려줄 수 없도록 강제하고 있어 임부나 그 가족은 태아의 성별을 알 수 없게 되는 것이다. 따라서 이 사건 규정은 출산 전에 임부나 그 가족이 태아의 성별을 알 수 있는 길을 직접적으로 제한하고 있다고 할 것이다. * 본안판단결과 헌법불합치결정이 내려졌다.

③ **범죄목적, 교사 또는 방조 내용의 불법정보** – '그 밖에 범죄를 목적으로 하거나 교사 또는 방조하는 내용의 정보'의 유통을 금지하는 구 '정보통신망 이용촉진 및 정보보호 등에 관한 법률'(2007.1.26. 법률 제8289호로 개정되고, 2008.6.13. 법률 제9119호로 개정되어 2008.12.14. 시행되기 전의 것) 제44조의7 제1항 제9호(이하 '이 사건 정보통신망법조항')

판례 헌재 2012.2.23. 2008헌마500

[판시] 이 사건 정보통신망법조항을 포함하고 있는 정보통신망법 제44조의7 제1항은 불법정보의 내용을 확정하고, 그에 해당하는 정보의 유통금지의무를 부과하고 있는바, 청구인들은 어떠한 집행행위에 의하지 않더라도 위 조항 자체에 의하여 직접 그러한 불법정보의 유통금지의무를 부담하게 된다고 할 것이므로, 위 조항은 기본권 침해의 직접성을 갖추고 있다. * 이 사건은 이른바 중요일간지 광고게재 중단 압력 사건이었는데 위 정보통신망법조항에 대해 명확성원칙, 과잉금지원칙 등을 지켰다고 보아 합헌성을 인정하여 기각결정을 하였다.

④ **공무원 복무규정의 직접성 인정** – 의무의 부과

판례 헌재 2012.5.31. 2009헌마705 등, **판례집 24-1하, 541면**

[판시] 법률 또는 법률조항 자체가 헌법소원의 대상이 되려면 그 법률 또는 법률조항에 의하여 구체적인 집행행위를 기다리지 아니하고 직접·현재·자기의 기본권을 침해받아야 하며, 여기서 말하는 기본권침해의 직접성이란 집행행위에 의하지 아니하고, 법률 그 자체에 의하여 자유의 제한, 의무의 부과, 권리 또는 법적 지위의 박탈이 생기는 것을 뜻한다. 살피건대, 청구인 공무원노동조합총연맹을 제외한 나머지 청구인들은 현재 '국가공무원 복무규정' 및 '지방공무원 복무규정'의 적용을 받는 공무원들로서 별도의 구체적인 집행행위의 매개 없이 이 사건 규정들을 따라야 할 의무가 있고, 그것을 위반하는 경우 징계처분 등을 받게 되므로(국가공무원법 제78조 제1항, 지방공무원법 제69조 제1항 참조) 이 사건 규정들로 인한 기본권침해의 직접성은 인정된다 할 것이다.

⑤ **항소이유서 항소법원 제출 기한준수 의무** — 소송기록접수통지를 받은 후 20일 내에 항소이유서를 제출하도록 규정한 형사소송법(2007.12.21. 법률 제8730호로 개정된 것) 제361조의3 제1항 전문(이하 '이 사건 의무조항'이라 한다)이 재판을 받을 권리 등을 침해하였다는 주장으로 청구된 사건이다.

판례 헌재 2016.9.29. 2015헌마165

[판시] 법률 또는 법률조항 자체가 헌법소원의 대상이 될 수 있으려면 그 법률 또는 법률조항에 의하여 구체적인 집행행위를 기다리지 아니하고 직접, 현재 자기의 기본권을 침해받아야 한다. 여기서 말하는 기본권 침해의 직접성이란 집행행위에 의하지 아니하고 법률 그 자체에 의하여 자유의 제한, 의무의 부과, 권리 또는 법적 지위의 박탈이 생긴 경우를 뜻한다. 의무조항은 항소인에게 20일이라는 한정된 기간 내에 항소이유서를 제출하도록 강제하고 있어 법률 그 자체에 의하여 행위의무를 부과하고 있다. 그리고 항소인이 그 의무를 이행하지 않은 경우 직권조사사유가 있거나 항소장에 항소이유의 기재가 있는 예외를 제외하고는 항소법원은 결정으로 항소를 기각하여야 한다. 즉 항고기각결정을 받지 않기 위해서 항소인은 의무적으로 항소이유서를 제출하여야 하므로 국민은 별도의 집행행위를 기다릴 필요 없이 법률의 시행 자체로 행위의무를 직접 부담하게 된다. 따라서 의무조항에 관한 기본권 침해의 직접성은 인정된다. * 그러나 이 사안에서 권리보호이익이 소멸되었고 심판이익이 없어 결국 각하결정이 내려졌다.

2) 직접성 부정례

자유제한, 의무부과, 법적 지위 박탈과 같은 효과가 법령 자체에서 바로 나오지 않는다고 보아 집행행위가 요구된다고 하여 직접성이 부정된 예들을 몇 가지 아래에 살펴본다.

① **농지개량사업 경지정리사업으로 인한 감보에 대한 손실보상 부재**

판례 헌재 1992.11.12. 91헌마192

[사건개요] S군(郡)은 구 농촌근대화촉진법에 의한 농지개량사업의 시행자로 되어 경지정리사업을 시행, 완료하였는데 청구인은 위 경지정리사업으로 농지를 환지(換地)받았으나 원래 소유하였던 농지에서 그 환지로 1,296평방미터가 감보되었다. 청구인은 S군이 그 감보된 토지에 대한 정당한 손실보상을 전혀 하지 아니하고 있어 재산권의 침해라고 주장하고 아울러, 농지개량사업시행계획의 고시 등에 관하여 규정하고 있는 구 농촌근대화촉진법 제94조가 위헌이라고 주장하여 그 조문을 대상으로 헌법소원을 제기하였다. [심판대상규정] 구 농촌근대화촉진법(제정 1970.1.12. 법률 제2199호, 최종개정 1980.8.1. 법률 제4252호) 제94조(고시 등) 사업시행자는 제93조 제2항의 규정에 의한 사업계획서의 송부를 받은 때에는 지체없이 당해 농지개량사업시행계획의 개요를 고시하고, 5일 이상 10일 이내의 기간을 정하여 그 농지개량사업시행계획을 이해관계인에게 열람시켜야 한다. [결정요지] 여기서 말하는(법령소원에서의) 기본권 침해의 직접성이란 법령 그 자체에 의하여 자유의 제한, 의무의 부과, 권리 또는 법적 지위의 박탈이 생긴 경우를 뜻하므로, 구체적인 집행행위를 통하여 비로소 당해 법률 또는 법률조항에 의한 기본권 침해의 법률효과가 발생하는 경우에는 직접성의 요건이 결여된다고 할 것이다. 이 사건의 경우 이 법 제94조는 그 규정 자체만으로 자유의 제한, 의무의 부과, 권리 또는 법적 지위의 박탈 등 기본권 침해에 관련한 내용을 포함하고 있지 아니할 뿐 아니라, 위 법률조항은 농지개량사업을 실시함에 있어서 사업시행자가 당해 농지개량사업시행계획의 개요의 고시나 열람 등 그 집행절차를 규정하고 있는 것에 지나지 아니하므로 청구인이 위 법률조항 자체에 의하여 직접 기본권 침해를 받았다고 볼 수 없다. 따라서 청구인의 위 법률조항에 대한 헌법소원심판청구는 부적법하다.

② 가출소되는 피보호감호자에 대한 전자장치부착 조항

판례 헌재 2016.4.28. 2015헌마98

[사안] 치료감호소에 수용되어 있던 사람이 치료감호의 집행 중 가종료 또는 치료위탁되는 피치료감호자나 보호감호의 집행 중 가출소되는 피보호감호자에 대하여 치료감호법 등에 따른 준수사항 이행 여부 확인 등을 위하여 보호관찰기간의 범위에서 기간을 정하여 전자장치를 부착하게 할 수 있도록 규정한 '특정 범죄자에 대한 보호관찰 및 전자장치 부착 등에 관한 법률'(2010.4.15. 법률 제10257호로 개정된 것. 이하 '전자장치부착법') 제23조 제1항 중 해당규정(이하 '이 사건 전자장치부착법 조항') 등에 대해 재판청구권 침해라는 주장으로 헌법소원심판을 청구한 사건임. [판시] 이 사건 전자장치부착법 조항에 대한 심판청구 부분 — 법률 또는 법률조항 자체가 헌법소원의 대상이 되려면 그 법률 또는 법률조항에 의하여 구체적인 집행행위를 기다리지 아니하고 직접·현재·자기의 기본권을 침해받아야 하며, 여기서 말하는 기본권침해의 직접성이란 집행행위에 의하지 아니하고, 법률 그 자체에 의하여 자유의 제한, 의무의 부과, 권리 또는 법적 지위의 박탈이 생기는 것을 뜻한다(헌재 1992.11.12. 91헌마192). 그런데 이 사건 전자장치부착법 조항은 치료감호심의위원회의 전자장치부착 결정이라는 집행행위를 예정하고 있고, 또한 전자장치의 부착 여부를 치료감호심의위원회의 재량사항으로 규정하고 있다. 따라서 청구인이 주장하는 기본권침해는 치료감호심의위원회가 청구인에 대하여 전자장치를 부착하도록 하는 결정을 함으로써 비로소 발생하는 것이고, 이 사건 전자장치부착법 조항 자체에 의하여 발생하는 것은 아니다. 그렇다면 이 사건 전자장치부착법 조항에 대한 심판청구는 직접성의 요건을 갖추지 못하여 부적법하다. * 이 부분 청구는 이처럼 각하되었으나 또 다른 청구인 '아동·청소년대상 성범죄로 형 또는 치료감호를 선고받아 확정된 자'에 대한 취업제한규정인 '아동·청소년의 성보호에 관한 법률'(2014.1.21. 법률 제12329호로 개정된 것) 제56조 제1항 중 해당규정에 대해서는 헌재가 과잉금지원칙 중 침해의 최소성, 법익의 균형성에 위반되어 청구인의 직업선택의 자유를 침해한다고 판단하여 위헌결정이 내려졌다.

③ 공정거래위원회의 전속고발권 규정

판례 헌재 1995.7.21. 94헌마191

[본안쟁점] 공정거래법위반행위에 대한 공소제기에 공정거래위원회의 고발이 있어야 한다는 '독점규제 및 공정거래에 관한 법률' 제71조는 동법 위반행위의 피해자의 재판절차진술권·평등권·소비자기본권 등을 침해하는 위헌인지 여부(각하결정으로 본안판단이 이루어지지 않았음) [사건개요] M, H, K백화점 등이 전날 판매하다 남은 정육, 해산물 등을 신선한 상품인 것으로 위장하여 판매 당일을 가공일로 표시한 바코드를 부착하여 판매하여 검찰이 사기죄로 입건하는 한편, '독점규제 및 공정거래에 관한 법률' 제23조 제1항 제6호 소정의 불공정거래행위로 판단, 백화점들에 대한 고발을 공정거래위에 요청하였으나 동 위원회는 시정조치하고 고발은 하지 않아 기소하지 못하였다. 이에 위 백화점들에서 정육 등을 구입하였던 청구인들이 헌법소원을 제기한 것이다. [심판대상규정] 독점규제및 공정거래에 관한 법률(1992.12.8. 개정 법률 제4513호, 이하 '공정거래법'이라 함) 제71조(고발) 제66조 및 제67조의 죄는 공정거래위원회의 고발이 있어야 공소를 제기할 수 있다. [결정요지] 이 사건 심판의 대상인 공정거래법 제71조는 앞서 본 바와 같이 공정거래법위반이라는 범죄행위에 대하여는 공정거래법의 집행기관인 공정거래위원회의 고발이 있어야 공소를 제기할 수 있다는 규정, 즉 공정거래법위반죄의 소추요건을 규정하고 있는 것에 불과하므로 그 규정 자체만으로는 자유의 제한, 의무의 부과, 권리 또는 법적 지위의 박탈 등 기본권 침해와 관련한 어떠한 내용도 이를 포함하고 있다고 볼 수 없는 것이다. 그러므로 공정거래위원회가 구체적인 공정거래법위반행위에 대하여 공정거래법 제71조에 근거하여 형사처벌을 위한 고발권을 현실적으로 행사하거나 행사하지 아니하였을 때 그로 인하여 당해 공정거래법위반행위 관련자들의 기본권이 침해되었다고 볼 수 있을 것인가의 여부는 별론으로 하고, 위 조항 자체를 대상으로

하는 이 사건 헌법소원심판청구는 직접 관련성이 결여된 부적법한 것이다.

④ 재개발사업시행인가를 받기 위한 사전절차 조항

판례 헌재 1998.10.29. 98헌마139

[쟁점] 재개발구역 안의 토지 등의 소유자 3 분의 2 이상의 동의만 얻으면 사업인가신청서를 제출할 수 있도록 규정하고 있는 도시재개발법 제22조 제2항은 사업인가에 반대하는 청구인들의 재산권, 행복추구권, 거주·이전의 자유 등 기본권을 침해하였다는 이유로 제기된 헌법소원에서 직접성요건이 갖추어졌는지 여부(부정, 각하결정) [심판대상규정] 도시재개발법(1995.12.29. 법률 제5116호로 전문개정된 것) 제22조 제2항 본문 : 법 제22조(토지 등의 소유자 또는 조합의 시행인가) ② 토지 등의 소유자 또는 조합이 제1항의 규정에 의하여 시행인가를 신청할 때에는 재개발구역 안의 토지면적의 3분의 2 이상의 토지소유자의 동의와 토지소유자 총수 및 건축물소유자 총수의 각 3분의 2 이상에 해당하는 자의 동의를 얻어야 한다(단서 생략). [결정요지] 이 사건 법률조항은 재개발사업시행인가를 받기 위한 사전절차를 정하는 규정으로서, 그 규정 자체만으로는 청구인들의 자유의 제한, 의무의 부과, 권리 또는 법적 지위의 박탈 등의 효과가 생기는 것은 아니고, 재개발사업의 시행인가라는 집행행위가 있으면 그 때에 기본권 침해여부의 문제가 생기게 된다. 청구인들로서는 이때에 재개발사업의 시행인가라는 집행행위에 대한 당부(當否)를 다투고, 그 당부를 다투는 과정에서 이 사건 법률조항이 헌법에 위반되는지 여부를 쟁점으로 삼아야 한다. 따라서 이러한 다투는 과정을 거치지도 아니한 채 막바로 이 심판청구에 이른 것은 부적법하므로 각하할 수밖에 없다.

* 그 외 바로 자유의 제한, 의무의 부과, 법적 지위 박탈이라는 효과가 나오지 않고 집행행위가 요구된다고 보아 직접성이 부정된 예들 : 헌재 2016.10.27. 2015헌마701; 2016.5.26. 2014헌마45(동지 : 2014.9.25. 2012헌마523; 2013.5.30. 2011헌마131; 2006.6.29. 2005헌마165 등).

(3) 자유의 제한, 의무의 부과, 법적 지위의 박탈의 효과가 없는 대표적인 경우

헌재 판례가 자유의 제한, 의무의 부과, 법적 지위의 박탈의 효과가 없다고 본 예로는 바로 위에 인용된 결정례들이 있지만 판례들을 살펴보면 다음과 같은 중요한 사유들이 있어서 정리를 요한다.

1) '정의규정' 내지 '선언규정'의 직접성 부인

(가) 판례법리

[주요사항]

▷ '정의규정'(定義規定) 내지 '선언규정'(宣言規定)'에 의해서는 '자유의 제한, 의무의 부과, 법적 지위의 박탈'의 효과가 생길 수 없음.

판례 헌재 1998.10.15. 96헌바77

[사건개요] 경기도립학교설치조례 중 개정조례에 의하여 폐교된 두밀분교에 재학중이던 학생들은 도서·벽지교육진흥법 제2조, 제3조에 대하여 헌재법 제68조 제1항에 의한 헌법소원(법령소원)심판을 청구하였다. 청구인들은 이 법률조항에 따라 '도서벽지'지역으로 지정되고 그에 따라 설치된 도서벽지학교를 지방자치단체의 조례에 의하여 임의로 폐교할 수 있다고 해석하는 한 이 법률조항은 헌법 제31조 제1항·제3항에 위배된다고 주장하였다. [심판대상규정] 도서·벽지교육진흥법 제2조(정의) 이 법에서 '도서벽지'라 함은 지리적·경제적·문화적·사회적 혜택을 받지 못하는 산간지·낙도·수복지구·접적지구 및

광산지구로서 교육부령이 정하는 지역을 말한다. 제3조(국가의 의무) 국가는 도서벽지의 의무교육의 진흥을 위하여 타에 우선하여 다음 각 호의 조치를 하여야 하며, 이에 필요한 제경비는 타에 우선하여 지급하여야 한다. 1. 학교부지 · 교실 · 양호실 기타 교육에 필요한 시설의 구비 2. 교재 · 교구의 정비 3. 교과서의 무상공급 4.~6. 생략 [결정요지] 기본권침해의 직접성이란 집행행위에 의하지 아니하고 법률 그 자체에 의하여 자유의 제한, 의무의 부과, 권리 또는 법적 지위의 박탈이 생긴 경우를 뜻한다. 살피건대, 이 법률조항 중 제2조는 이 법의 적용을 받는 지역인 도서벽지에 대한 '정의'규정이고, 제3조는 국가는 도서벽지의 의무교육의 진흥을 위하여 타에 우선하여 조치를 취하여야 하며 이에 필요한 제경비는 타에 우선하여 지급하여야 한다는 '국가의 임무'를 선언한 규정이다. 그런데 이와 같은 '정의규정'(定義規定) 내지는 '선언규정'(宣言規定)인 이 법률조항 자체에 의하여는 청구인들의 자유의 제한, 의무의 부과, 권리 또는 법적 지위의 박탈이 생길 수 없다고 할 것이다. 그러므로 이 법률조항에 대한 헌법재판소법 제68조 제1항의 규정에 따른 헌법소원심판청구는 직접성의 요건을 갖추지 못하여 부적법하다.

* '헌바' 사건인데 직접성 요건을 따진 이유는 사건부호는 그러하나 헌재는 청구인이 헌재법 "제68조 제1항에 의한 심판청구도 주장하므로 이에 대하여 살펴본다"라고 설시하면서 판단하게 된 것이기 때문이다.

(나) 결정례

위 96헌바77 결정 외의 또 다른 결정들을 본다.

① 통신비밀보호법의 통신사실 확인자료를 정의한 규정에 대한 직접성 부정

판례 헌재 2018.6.28. 2012헌마191등

[판시] 이 사건 정의조항은 위치정보 추적자료가 통신사실 확인자료에 해당한다고 정의한 규정에 불과하여, 그 자체로는 청구인들의 자유의 제한, 의무의 부과, 권리 또는 법적 지위의 박탈이 발생하지 아니한다. 따라서 이 사건 정의조항에 대한 심판청구는 기본권 침해의 직접성이 인정되지 아니하여 부적법하다.

② "실업" 및 "실업의 인정"의 정의규정인 구 고용보험법 제2조 제3호, 제3호의2

판례 헌재 2009.2.26. 2007헌마716

[판시] 단순한 정의규정인 구 고용보험법(2005.12.7 법률 제7705호로 개정되고, 2007.5.11. 법률 제8429호로 전부 개정되기 전의 것) 제2조 제3호 자체로는 청구인의 자유의 제한, 의무의 부과, 권리 또는 법적 지위의 박탈이 생길 수 없다고 할 것이므로 기본권 침해의 직접성이 인정되지 않는다.

③ 제주4 · 3사건의 '희생자'에 대한 정의 규정

판례 헌재 2010.11.25. 2009헌마146

[판시] '제주4·3사건 진상규명 및 희생자명예회복에 관한 특별법'(2007.5.17. 법률 제8435호로 개정된 것) 제2조는 제주4·3사건의 '희생자'에 대한 정의 규정이고, 제3조는 제주4·3위원회의 설치 및 그 기능에 관한 규정이며, 제8조와 제9조는 희생자에 대한 위령사업 시행과 의료지원금 및 생활지원금 지급을 규정하여 희생자에 대한 명예회복과 지원을 선언한 규정일 뿐이다. 따라서 청구인들이 주장하는 기본권 침해는 이 사건 법률조항 자체가 아니라 제주4·3위원회의 희생자 결정행위라는 구체적 집행행위를 통해 비로소 발생할 수 있게 되므로, 이 사건 법률조항에 대한 헌법소원청구는 직접성 결여로 부적법하다. * 동지 : 헌재 2001.9.27. 2000헌마238등.

④ **친일반민족행위**(조선총독부 중추원 부의장 · 고문 또는 참의로 활동한 행위) **규정**

판례 헌재 2010.9.30. 2009헌마631

[심판대상조항] 일제강점하 반민족행위 진상규명에 관한 특별법(2005.1.27. 법률 제7361호로 전부 개정된 것) 제2조(정의) 이 법에서 "친일반민족행위"라 함은 일본제국주의의 국권침탈이 시작된 러 · 일전쟁 개전시부터 1945년 8월 15일까지 행한 다음 각 호의 어느 하나에 해당하는 행위를 말한다.9.조선총독부 중추원 부의장 · 고문 또는 참의로 활동한 행위 [판시] 이 사건에서 청구인의 기본권침해는 친일반민족행위결정의 근거가 된 이 사건 심판대상조항 자체에 의한 것이 아니라 반민규명위원회의 조사결과에 따른 친일반민족행위결정과 이에 수반되는 조사보고서 및 사료의 공개라는 구체적인 집행행위를 매개로 하여 비로소 발생한 것이고, 이에 대하여는 친일반민족행위결정이라는 구체적 집행행위에 대한 일반 행정쟁송의 방법을 통하여 구제받을 수 있는 것이므로, 결국 청구인의 이 사건 심판청구는 기본권침해의 직접성을 인정할 수 없다. * 이 결정에서 정의규정이란 말이 판시 자체에 언급되지는 않았으나 심판대상조항이 정의규정으로 되어 있어서 인용한 것이다.

⑤ **"의문사"와 "민주화운동"의 정의 조항** – '의문사진상규명에 관한 특별법'(2002.3.25. 법률 제6670호로 개정된 것) 제1조, 제2조에 대한 헌법소원심판청구 사안인데 제1조 목적규정도 직접성이 부정되고 있는 예이기도 하다.

판례 헌재 2004.9.23. 2002헌마563

[판시] 이 법 제1조는 이 법의 목적을 규정하고 있고, 이 법 제2조는 "의문사"와 "민주화운동"의 정의를 내리고 있는 이른바 정의규정이다. 그런데 위 규정들은 국민의 자유의 제한, 의무의 부과, 권리 또는 법적 지위의 박탈과는 아무런 관계가 없는 것으로서 이 규정들에 의하여 직접 기본권침해가 발생할 여지가 없으므로, 위 조문들을 심판대상으로 하는 헌법소원은 부적법하다.

(다) 정의(선언)규정에 대해 본안판단을 하여 묵시적으로 직접성을 인정한 것으로 이해되는 경우

가) 이해의 이유

이 경우는 사실 정의규정 자체가 사안의 핵심내용을 이루거나(범죄구성요건행위와 같은 경우) 사안해결에 관련되는, 즉 사안 논점에 연관되어 있는 경우이기 때문에 본안판단의 대상이 된 것이고 직접성이 인정됨을 전제한 것이라고 볼 것이다.

나) 결정례

① **'성매매알선등행위' 정의조항** – 이 조항이 건물을 제공하는 행위를 '성매매알선행위'에 포함시킴으로써 정의 규정이 구성요건행위를 이루므로 본안판단까지 나아간 것으로 이해된다.

판례 헌재 2006.6.29. 2005헌마1167

[본안쟁점] '성매매알선 등 행위의 처벌에 관한 법률'(2004.3.22. 법률 제7196호로 제정된 것) 제2조 제1항 제2호 다목 중 "성매매에 제공되는 사실을 알면서 건물을 제공하는 행위" 부분이 집창촌에서 건물을 소유하거나 그 관리권한을 가지고 있는 자의 재산권을 침해하는지 여부(부정, 기각결정) [결정요지] … (3) 과잉금지원칙 위배 여부 – … 우리 사회에 만연되어 있는 성매매행위의 강요 · 알선 등 행위와 성매매행위를 근절하고 성매매 피해자를 보호하려는 이 사건 법률의 입법목적은 정당하고 이 사건 법

률조항에 의한 규제는 입법목적을 달성하기 위한 적절한 수단이다. 흔히 집촌, 사창가라 불리는 곳에서의 성매매는 고객으로부터 가해지는 물리적 폭력, 인신매매 및 감금 등 성매매 여성에 대한 인권침해, 빚과 이자의 올가미를 통한 착취구조 등 성매매에서 나타날 수 있는 문제점들이 가장 집약적이고도 적나라하게 드러나는 곳으로서, 이 곳에서의 성매매 강요·알선을 근절하기 위해서 성매매에 제공되는 사실을 알면서 중간매개체에 대하여 건물을 제공하는 행위를 규제하는 것은 입법목적을 달성하기 위한 불가피한 선택이다. 이 지역에서의 성매매를 근절하여 집창촌을 폐쇄함으로써 얻어지는 공익이 단기적으로 침해되는 청구인들의 사익에 비하여 크다. … 4. 결론 – 그렇다면 이 사건 심판대상 조항에 의한 재산권 행사의 제한이 헌법 제37조 제2항의 한계를 일탈하여 청구인의 기본권을 침해하고 있다고 볼 수 없으므로, 이 사건 심판청구는 기각하기로 결정한다.

② **헌재 위헌결정으로 인한 구제대상에 대한 정의규정** – 헌법재판소의 국립사범대학출신자 우선임용규정에 대한 위헌결정(헌재 1990.10.08. 89헌마89)으로 제정된 '교원미임용자 채용에 관한 특별법'(2005.5.31. 법률 제7534호, 이하 '이 사건 법률') 제2조(정의) 제1호 규정이 교원에 임용되지 못한 자들 중 특히 병역의무 이행으로 인하여 입학연도가 같은 자보다 졸업이 늦어져서 교사임용후보자명부에 후순위로 등재됨으로써 임용되지 않은 자들을 별도로 구제함에 있어 위헌결정 당시 국립사범대학 재학생들을 제외한 것에 대한 헌법소원심판청구사건이었다. 헌재는 본안판단에 들어갔다(기각결정). 정의규정이 제외하고 있어서 논점에 연결된다.

판례 헌재 2006.5.25. 2005헌마715

[결정요지] … 위헌결정 이후에 국립사범대학의 졸업생 또는 재학생들을 구제하는 것은 국가의 의무가 아닌, 단지 혜택을 부여하는 것에 불과하다. … 따라서 병역의무 이행 관련 교원미임용자 채용에 관한 특별법(2005.5.31. 법률 제7534호) 제2조 제1호(이하 '이 사건 법률조항'이라 한다)가 위헌결정 당시 재학생들을 적용대상에서 제외한 것이 합리적인 재량의 범위를 넘어 청구인들의 평등권을 침해하는 것으로 볼 수 없다.

③ **'재외동포', '외국국적동포'의 정의**

판례 헌재 2001.11.29. 99헌마494

[심판대상조항] '재외동포의 출입국과 법적지위에 관한 법률'(1999.9.2. 법률 제6015호로 제정된 것, 이하 '재외동포법') 제2조(정의)이 법에서 "재외동포"라 함은 다음 각호의 1에 해당하는 자를 말한다. 2. 대한민국의 국적을 보유하였던 자 또는 그 직계비속으로서 외국국적을 취득한 자 중 대통령령이 정하는 자(이하 "외국국적동포"라 한다) 재외동포법시행령 제3조(외국국적동포의 정의)법 제2조 제2호에서 "대한민국의 국적을 보유하였던 자 또는 그 직계비속으로서 외국국적을 취득한 자 중 대통령령이 정하는 자"라 함은 다음 각호의 1에 해당하는 자를 말한다. 1. 대한민국 정부수립 이후에 국외로 이주한 자 중 대한민국의 국적을 상실한 자와 그 직계비속 2. 대한민국 정부수립 이전에 국외로 이주한 자 중 외국국적 취득 이전에 대한민국의 국적을 명시적으로 확인받은 자와 그 직계비속. [판시] … 3. 적법요건에 대한 판단 … 가. 헌법소원 대상성 … 나. 기본권 침해성 … 청구인들은 이 사건 심판대상규정으로 말미암아 재외동포법의 수혜대상에서 제외되었다는 평등권침해를 주장하는 것이므로 기본권 침해성을 인정할 수 있다.

④ **자동차등록업무 관련 '자동차매매업' 정의조항** – "'자동차매매업'이라 함은 자동차(신조차 및 이륜자동차를 제외한다)의 매매 또는 매매알선 및 그 등록신청의 대행을 업으로 하는 것을 말한다"라고 규정한 자동차관리법 제2조(정의) 제7호

판례 헌재 1997.10.30. 96헌마109

[본안쟁점] 위 제7호가 위와 같이 자동차등록업무를 규정하는데 동법 제8조 제3항에서는 자동차를 판매한 경우 구매자가 직접 신규등록을 신청하는 경우를 제외하고는 자동차제작·판매자 등이 신규등록을 신청하도록 의무지우고 있다. 그러나 자동차관리법의 위 조항들은 일반행정사의 고유업무이자 핵심업무라고 할 수 있는 자동차등록업무를 행정사 자격이 없는 자동차매매업자 또는 자동차제작·판매자 등에게 허용하는 것이어서 청구인들이 속한 일반행정사의 직업의 자유를 침해하는 것이라는 주장의 헌법소원심판이 청구된 것이다. [결정요지] 자동차관리법 제2조 제7호 및 제8조 제3항은 보다 신속하고 정확한 자동차등록이라는 공익목적을 위하여 자동차등록신청대행업무를 일반행정사 이외의 자동차매매업자 및 자동차제작·판매자 등에게도 중첩적으로 허용하는 것으로서 과도한 제한이라고 볼 수 없고, 자동차매매업자 및 자동차제작·판매자 등에게도 자동차등록업무의 취급을 허용하여야 할 합리적인 필요성과 정당성은 충분히 인정되므로 일반행정사를 불합리하고 자의적으로 차별하는 것으로서 평등권을 침해하는 것이라고 볼 수 없다.

(라) 검토해야 할 결정례

기본권침해의 직접성 문제로 보지 않고 기본권침해가능성 문제로 본 아래의 결정은 검토를 요한다.

가) 검토대상 결정

검토할 사안은 서울특별시 학생인권조례(2012.1.26. 서울특별시조례 제5247호로 제정된 것) 제3조 제1항, 제5조 제1항에 대해 청구하여 내려진 결정이다.

판례 헌재 2019.11.28. 2017헌마1356

[판시] 살피건대, 이 사건 조례 중 제3조 제1항은 학생인권은 반드시, 최우선적으로 그리고 최대한 보장되어야 한다는 점을 규정한 조항이고, 제5조 제1항은 학생이 성별, 종교, 나이, 사회적 신분, 출신지역, 출신국가, 출신민족, 언어, 장애, 용모 등 신체조건, 임신 또는 출산, 가족형태 또는 가족상황, 인종, 경제적 지위, 피부색, 사상 또는 정치적 의견, 성적 지향, 성별 정체성, 병력, 징계, 성적 등의 사유(이하 '성별 등의 사유'라 한다)를 이유로 차별받지 않을 권리를 가진다는 점을 규정한 조항으로, 모두 학생의 인권이 보장되고 차별받지 않을 권리를 가진다는 점을 추상적으로 선언한 규정이다. 즉, 이 사건 조례 제3조 제1항 및 제5조 제1항은 학생 인권 보장 및 차별받지 않을 권리를 일반적으로 선언한 것에 불과할 뿐 그 자체로 청구인들에게 자유의 제한이나 의무의 부과, 권리 또는 법적 지위의 박탈을 명시적으로 규정하고 있지 아니하다. 따라서 이 부분 심판청구는 기본권침해가능성이 인정되지 아니하여 부적법하다.

나) 검토

선언규정이라도 권리규정이 있을 수 있다. 바로 위 제5조 제1항은 '차별받지 않을 권리'라고 규정되어 있다. 차별행위라는 구체적 행위가 앞으로 특정인에게 가해질 때 직접성 문제

가 나올 일이긴 하지만 그 이전에 기본권침해가능성은 인정되는 것이다. 애초에 뿌리부터 없애는 것은 곤란하다. 시정되어야 할 결정이다.

2) 새로운 내용이나 법률보충적 내용을 담고 있지 않은 시행령규정 경우의 직접성 부정

판례 헌재 1999.5.27. 97헌마368

[심판대상규정] 청원경찰법시행령 제19조(1980.5.8. 대통령령 제9864호로 개정된 것) 제19조(청원경찰의 신분) 청원경찰에 대하여는 형법 기타 법령에 의한 벌칙의 적용과 법 및 이 영에서 특히 규정한 경우를 제외하고는 이를 공무원으로 보지 아니한다. [청구인의 주장요지] 청원경찰의 복무내용이나 그 처벌의 면에 있어서 일반공무원, 경찰공무원과 거의 동일함에도 불구하고, 위 시행령조항은 청원경찰의 공무원 신분을 배제하고 있는바, 이는 보수, 승급, 휴가, 수당, 징계 등의 면에서 경찰에 비하여 현저히 불리하게 차별하는 것이어서 평등원칙에 위배된다. [결정요지] 청원경찰의 신분이 공무원이 아니라는 것은 이미 청원경찰법에 의하여 확정적으로 정하여져 있다 할 것이다. 이 심판대상시행령조항은 청원경찰의 신분이나 법적 지위에 관하여 하등 새로운 내용을 정하고 있는 것이 아니며, 기존의 신분과 지위를 변경시키는 것도 아니고, 법률의 내용을 보충하기 위한 보다 구체적인 시행내용을 담고 있는 것도 아니다. 청원경찰이 경찰공무원에 비하여 어떤 차별적 취급을 받고 있다 하더라도 이는 청원경찰법에서 청원경찰의 신분을 기본적으로 공무원이 아닌 것으로 하면서도 그 직무의 특성을 고려하여 벌칙적용, 복무 등 특정한 경우에는 공무원(특히 경찰공무원)으로 의제하거나 공무원에 준하여 취급하는 것에 기인하는 것이지, 이 조항에 의하여 비롯되는 것이 아니다. 그리고 이 법의 앞에서 본 바와 같은 규정들이 있는 한 이 조항이 위헌으로 결정되어 그 효력이 상실된다 하더라도 청원경찰이 공무원의 신분을 얻게 되는 것은 아니다. 따라서 이 조항은 청구인과 같은 청원경찰의 기본적 지위에 아무런 법적 변화를 가져오지 아니하는 것이며, 달리 청원경찰의 자유나 권리를 금지, 제한하거나 의무를 부과하고 있지도 아니하다. 그렇다면 이 조항은 그 자체만으로 청구인의 법적 지위에 아무런 영향을 미치지 아니하는 것이어서, 이 심판청구는 부적법하다.

(4) 그 외 자유의 제한, 의무의 부과, 법적 지위의 박탈을 가져오지 아니한 법령이라는 이유로 각하된 예들

헌재 1998.5.28. 96헌마151, 상속세법시행령 부칙 제2항 위헌확인, 헌재판례집 10-1, 695면; 1999.5.27. 98헌마372, 특허법 제186조 제7항 위헌확인, 헌재공보 제35호, 487면; 2000.6.29. 2000헌마325, 공직선거 및 선거부정방지법 제179조 제3항 제3호 등 위헌확인, 헌재판례집 12-1, 963면; 2002.5.30. 2001헌바65, 2001헌마602(병합), 구 소득세법 제45조 위헌소원, 구 소득세법시행령 제94조 등 위헌확인, 헌재판례집 14-1, 519면; 2017.12.28. 2015헌마1000, 특허청장의 변리사에 대한 징계에 관하여 규정한 변리사법(2013.7.30. 법률 제11962호로 개정된 것) 제17조 제1항 내지 제3항(이하 '징계조항')의 직접성 부정 등.

▷ 지방자치단체의 비용부담규정에 대하여 주민이 제기한 헌법소원에서의 직접성 부인 : 헌재 2000.11.30. 2000헌마79 · 158(병합), 수도법 제52조의2 위헌확인, 헌재판례집 12-2, 361면([쟁점] 국가 또는 한국수자원공사가 설치하는 광역상수도 중 정수시설의 설치비용은 물을 공급받는 수도사업자, 즉 지방자치단체가 부담하도록 규정한 수도법(1993.12.27. 법률 제4627호로 개정된 것) 제52조의2 제1항 단서에 대하여 그 지방자치단체 주민이 제기한 법령소원은 직접성 요건을 갖춘 것인지 여부(부정, 각하결정), 이 결

정에 대해서는, 기본권침해의 자기관련성 부분에 인용된 바 참조).

(5) 혼동의 결정

기본권침해가능성요건을 설시하면서 법령소원의 직접성 요건(자유의 제한, 의무의 부과, 법적 지위 박탈)을 언급한 결정이다.

판례 헌재 2008.1.10. 2007헌마1468

[판시] 적법요건에 대한 판단 가. 기본권침해 가능성 (1) 헌법재판소법 제68조 제1항 본문은 "… 헌법상 보장된 기본권을 침해받은 자는 … 헌법재판소에 헌법소원심판을 청구할 수 있다"고 규정하고 있는바, 이는 공권력의 행사 또는 불행사로 인하여 헌법상 보장된 자신의 기본권을 현재 직접적으로 침해당한 자만이 헌법소원심판을 청구할 수 있다는 뜻이고, 따라서 법령으로 인한 기본권침해를 이유로 헌법소원을 청구하려면 당해 법령 그 자체에 의하여 자유의 제한, 의무의 부과, 권리 또는 법적 지위의 박탈이 생긴 경우여야 한다(헌재 1999.5.27. 97헌마368, 판례집 11-1, 667, 671).

5. 법령 자체의 기본권침해 직접성이 부인되는 빈번한 경우로서 '집행행위 매개가 필요한 경우'

법령소원에서 직접성이 부인된 바 있는 사례들은 위에서도 상당히 인용한 바 있다. 그래서 다소 길을 다시 돌아온 느낌은 있고 혼란을 줄지 모르나 그 외 결정례들을 정리해 본다. 그런데 집행행위의 매개가 있어야 기본권침해가 있게 되고 법령 자체만으로 침해가 없으므로 위의 요건에서 본 대로 집행행위의 매개가 없을 것이 가장 본질적 요건이라는 점에서 잘 이해해둘 필요가 있고 또 이 사유에 해당되는 결정례들은 많았다. 위에서도 그러한 결정례들을 적지 않게 인용했는데 그 외에 다음과 같은 결정례군 내지 결정례들을 볼 수 있었다.

(1) 재판규범의 경우

1) 판례법리 - 법원재판에서 해석·적용 법규범

법원의 재판에 적용되는 법규범은 그 재판을 통해 법적 효과가 나타나므로 직접성이 없다. 헌재도 그 점을 분명히 하고 있다. "재판규범은 구체적인 사건에서 법원이 사실을 인정하고 법률을 해석·적용하는 데 필요한 규정 … 이와 같은 재판규범은 법원의 재판이라는 집행행위를 거쳐 비로소 동 청구인들의 기본권에 영향을 미치게 되는 것"이라는 입장이다.

2) 결정례

① 언론사에 대한 손해배상청구 제도 규정

판례 헌재 2006.6.29. 2005헌마165등

[심판대상규정] '언론중재 및 피해구제 등에 관한 법률'(2005.1.27. 법률제7370호로 제정된 것) 제30조(손해의 배상) ① 언론의 고의 또는 과실로 인한 위법행위로 인하여 재산상 손해를 입거나 인격권침해 그밖에 정신적 고통을 받은 자는 그 손해에 대한 배상을 언론사에 청구할수 있다. ② 법원은 제1항의 규정에 의한 손해가 발생한 사실은 인정되나 손해액의 구체적인금액 을산정하기 곤란한 경우에는 변론의 취지 및 증거조사의 결과를 참작하여 그에 상당하다고 인정되는 손해액을 산정하여야 한다. [판시]

언론중재법 제30조는 언론의 고의 또는 과실로 인한 인격권침해에 대한 손해배상청구 에관한 규정으로서 전형적인 재판규범에 해당한다. 청구인들은 인격권침해에 대한 위자료청구권을 인정한 동조 제1항은 언론사의 귀책사유로서 고의나 중과실이 없는 경우에도 위자료청구권을 허용하는 한 위헌이고, 법원이 동조 제2항에 근거하여 징벌적 손해를 의미하게 될 정도의 고액의 손해배상을 인용하는 것은 위헌이라고 주장한다. 이와 같은 재판규범은 구체적인 사건에서 법원이 사실을 인정하고 법률을 해석 · 적용하는 데 필요한 규정에 불과할 뿐, 이 조항에 의하여 신문사업자인 청구인들에게 직접 자유의 제한, 의무의 부과, 권리 또는 법적 지위의 박탈이 생기는 것이 아니다. 이와 같은 재판규범은 법원의 재판이라는 집행행위를 거쳐 비로소 동 청구인들의 기본권에 영향을 미치게 되는 것이므로, 이 조항은 기본권침해의 직접성이 인정되지 않는다.

② **재판장의 소장 인지보정명령과 비보정시 각하 규정** – 소장에 법률의 규정에 의한 인지를 붙이지 아니한 경우 재판장의 보정명령이 있음에도 원고가 보정하지 아니한 때에는 재판장의 명령으로 소장을 각하하도록 한 민사소송법(1990.1.13. 법률 제4201호로 개정된 것) 제231조 제1항 · 제2항(이하 이 사건 법률조항 * 이 조항들은 당해 재판이 행정소송이어서 행정소송법(1984.12.15. 법률 제3754호로 전문개정된 것) 제8조 제2항에 의하여 행정소송에 준용되는 것이었음)에 의하여 재판청구권 등 헌법상 보장된 기본권을 침해받았다고 주장하면서 헌법소원심판을 청구한 사건이었다.

* 이 결정은 변호사시험에서의 행정법, 헌법 복합문제로 다루어도 될(복잡하지 않으면서도 기초 리걸마인드를 보는) 좋은 문제가 될 수 있겠다. 그래서 아래에 사건개요까지 옮겨 놓았다.

판례 헌재 1997.9.25. 96헌마41

[사건개요] (1) 청구인은 자신의 주민등록표의 기재사항이 부실하다고 주장하며 서울특별시 용상구청장을 상대로 서울고등법원에 주민등록사항재등록 위법확인 등을 구하는 행정소송을 제기함과 아울러 소송비용을 지출할 자력이 부족하다는 이유로 위 법원에 소송구조의 신청을 하였으나, 위 법원은 청구인의 소송구조 신청을 기각하는 한편 소장에 붙일 인지가 부족함을 이유로 청구인에게 부족 인지액의 보정을 명하였다. (2) 청구인이 보정명령을 받고도 부족한 인지를 보정하지 아니하자 위 법원은 1995. 11.2. 재판장의 명령으로 청구인의 소장을 각하하였고, 청구인이 이에 불복하여 대법원에 재항고하였으나 대법원은 1996.1.12. 청구인의 재항고를 기각하였다. (3) 이에 청구인은 소장에 법률의 규정에 의한 인지를 붙이지 아니한 경우 재판장의 보정명령이 있음에도 원고가 보정하지 아니한 때에는 재판장의 명령으로 소장을 각하하도록 한 민사소송법 제231조 제1항 · 제2항에 의하여 재판청구권 등 헌법상 보장된 기본권을 침해받았다고 주장하면서 이 사건 헌법소원심판청구를 하였다. [결정요지] … 3. 판단 … 이 사건 법률조항은 그 자체로서 국민의 기본권에 직접 관련지어지는 법규범이 아니고 구체적인 소송사건에서 법원에 의한 해석 적용이 되는 이른바 재판규범으로서 법원의 구체적인 집행행위의 매개를 거쳐 비로소 특정인의 기본권에 영향을 미치게 되는 법규범이다. 그렇다면 재판장의 인지보정명령이나 소장각하명령 등의 구체적인 집행행위, 즉 법원에 의한 해석 적용을 기다리지 아니하고 바로 이 사건 법률조항 자체로 인하여 청구인의 기본권이 직접 침해된 것이라고는 볼 수 없다(헌법재판소 1991.5.13. 선고, 89헌마267 결정 참조). 뿐만 아니라 민사소송법 제231조 제3항 소정의 즉시항고 같은 법 제118조 소정의 소송구조신청 등 구제절차가 있으며 이들 구제절차가 불필요한 우회절차를 강요하는 예외적인 경우(헌법재판소 1992.4.14. 선고, 90헌마82 결정 참조)에도 해당되지 아니하며 달리 직접성을 인정할 아무런 근거를 찾을 수 없다. 4. 결론 – 따라서 이 사건 심판청구는 부적법하여 청구를 각하한다.

③ 부정수표단속법의 목적, 부정수표발행인 형사책임

판례 헌재 1997.6.26. 96헌마148

[사건개요] 청구인은 구 부정수표단속법 위반죄로 공소가 제기되어 서울지방법원에서 징역 1년 6월의 형을 선고받고 항소하여 같은 법원 항소부에서 징역 8 월의 형을 선고받고 헌법소원심판을 청구하였다. [심판대상] 부정수표단속법 제1조, 제2조 제2항, 제3조(동법은 1961.7.3. 법률 제645호로 제정되어, 1966.2.26. 법률 제1747호, 1993.12.10. 법률 제4587호로 2 차에 걸쳐 개정되었으나 위 조항들은 개정된 바 없다. 이하 '이 사건 법률조항'이라 한다)의 위헌여부 제1조(목적) 이 법은 부정수표 등의 발행을 단속처벌함으로써 국민의 경제생활의 안전과 유통증권인 수표의 기능을 보장함을 목적으로 한다. 제2조(부정수표발행인의 형사책임) ② 수표를 발행하거나 작성한 자가 수표를 발행한 후에 예금부족·거래정지처분이나 수표계약의 해제또는 해지로 인하여 제시기일에 지급되지 아니하게 한 때에도 전항과 같다. 제3조(법인·단체 등의 형사책임) ① 전조의 경우에 발행인이 법인 기타의 단체일 때에는 그 수표에 기재된 대표자 또는 작성자를 처벌하며, 그 법인 또는 단체는 전조의 벌금에 처한다. ② 대리인이 수표를 발행한 경우에는 본인을 처벌하는 외에 그 대리인도 처벌한다. [결정요지] 이 사건 법률조항은 그 자체로서 국민의 기본권에 직접 관련지어지는 법규범이 아니고, 구체적인 소송사건에서 법원에 의하여 해석, 적용되는 규범으로서 법원의 재판이라는 구체적인 집행행위의 매개를 거쳐 비로소 특정인의 기본권에 영향을 미치게 되는 법규범이다(헌법재판소 위 89헌마267 결정 참조). 그러므로 청구인으로서는 공소제기되어 재판 계류중인 법원에 이 사건 법률조항에 대한 위헌여부심판의 제청신청을 한 후 그 신청이 기각된 때에 헌법재판소법 제68조 제2항에 의한 헌법소원심판을 청구함은 별론으로 하고, 이와 같은 절차를 거치지 않고 직접 헌법재판소법 제68조 제1항에 의하여 제기한 이 사건 심판청구는 직접성의 요건을 갖추지 못하였다 할 것이므로 각하하기로 한다. * 동지 : 헌재 1991.5.13. 89헌마267, 소송촉진등에 관한 특례법 제24조에 대한 헌법소원.

(2) 개발제한구역, 자연공원 용도지구 규정들

1) 개발제한구역(그린벨트)의 근거규정에 대한 법령소원의 경우

판례 헌재 1991.6.3. 89헌마46

[사건개요] 청구인 소유의 토지가 개발제한구역으로 지정됨으로써 청구인은 토지의 사용·수익을 제한당하여 큰 손해를 보았으나 아무런 보상도 받지 못하고 있는데 이는 개발제한구역의 근거규정인 도시계획법 제21조가 손실보상에 관하여는 아무런 규정을 두지 아니한 채 개발제한구역을 지정할 수 있도록 하였기 때문이라고 주장하면서 구 도시계획법 제21조를 대상으로 헌법소원심판을 청구한 것이다. [관련판시] 구 도시계획법 제21조 제1항은 "건설부장관은 도시의 무질서한 확산을 방지하고 도시주변의 자연환경을 보전하여 도시민의 건전한 생활환경을 확보하기 위하여 또는 국방부장관의 요청이 있어 보안상 도시의 개발을 제한할 필요가 있다고 인정되는 때에는 도시개발을 제한할 구역(이하 '개발제한구역'이라 한다)의 지정을 도시계획으로 결정할 수 있다"라 규정하고 있으며 같은 법조 제2항 및 제3항에서는 개발제한구역으로 지정된 구역 안에서의 행위제한 등을 상세히 규정하고 있는데, 구 도시계획법 제21조의 규정내용으로 볼 때 건설부장관의 개발제한구역의 지정·고시라는 별도의 구체적인 집행행위에 의하여 비로소 재산권침해여부의 문제가 발생할 수 있는 것이지 위 법률조항 자체에 의하여 직접 기본권이 침해된 것으로는 볼 수 없다. 따라서 구 도시계획법 제21조를 직접 대상으로 하는 헌법소원은 법률에 대한 헌법소원의 요건을 갖추지 못한 부적법한 심판청구이다. * 동지 : 헌재 1991.7.22. 89헌마174, 헌재판례집 3, 484면 이하 참조.

* 해설 – 이후의 헌법불합치결정 – 문제의 구 도시계획법 제21조는 위 결정 이후 헌재 1998.12.24. 89헌마214, 90헌바16, 97헌바78(병합) 결정으로 헌법불합치결정을 받았다(헌재판례집 10–2, 927면 참조). 1998년의 결정의 사안은 헌재법 제68조 제2항에 의한 위헌소원심판사건이었던 점이 위 결정의 사안과는 차이가 있었다. 즉 1998년 결정의 사안은 개발제한구역으로 지정된 토지 위에 허가를 받지 않고 건축물을 건축하여 소유하고 있다는 이유로 구청장으로부터 그 건축물에 대한 철거대집행계고처분을 받은 사람들이 그 계고처분의 취소를 구하는 행정소송을 제기한 뒤, 또 다른 사람들은 개발제한구역내 토지의 소유자들로서 국가를 상대로 개발제한지정으로 인한 손실 중 일부를 보상하라는 내용의 소송을 제기한 뒤 그 재판에서 구 도시계획법 제21조의 위헌여부가 재판의 전제가 된다고 하여 위헌제청신청을 하였고 법원이 신청을 기각하자 헌재법 제68조 제2항의 위헌소원을 제기하여 헌재의 헌법불합치결정을 받은 것이다. 반면 위 89헌마46사건은 구 도시계획법 제21조를 직접 대상으로 하는 법령소원이었다는 점에서 차이가 있다.

2) 자연공원 용도지구결정에 관한 규정에 대한 법령소원의 경우

판례 헌재 1991.9.16. 89헌마151

[사건개요] 청구인들 소유토지가 아무런 보상조치 없이 공원계획결정에 의하여 자연환경지구로 지정됨으로써 토지의 사용, 수익을 제한당하여 재산상의 손실을 보았고 이는 결국 구 자연공원법 제16조 제1항이 손실보상에 관하여 아무런 규정을 두지 아니한 채 용도지구를 결정할 수 있도록 하였기 때문이라고 주장하면서 구 자연공원법 제16조 제1항에 대한 헌법소원심판을 청구한 것이다. [결정요지] 구 자연공원법 제16조 제1항 본문은 "건설부장관, 도지사 또는 군수는 공원의 효율적인 보호와 이용을 도모하게 하기 위하여 다음 각 호의 용도지구를 공원계획으로 결정한다"고 규정하고 제1호에서 제4호까지에서 용도지구를 자연보존지구, 자연환경지구, 취락지구, 집단시설지구로 세분하고 있으며 이어서 같은 법조 제2항에서는 각 용도지구별로 허용되는 행위의 기준을 구체적으로 정하고 있는바, 구 자연공원법 제16조 제1항의 규정형식상 건설부장관 등의 용도지구의 결정고시라는 별도의 구체적인 집행행위에 의하여 비로소 기본권침해여부의 문제가 발생할 수 있는 것이지 위 법률조항 자체에 의하여 직접 기본권이 침해된 것으로는 볼 수 없다. 따라서 자연공원법 제16조 제1항에 대한 헌법소원은 법률에 대한 헌법소원의 요건을 갖추지 못한 부적법한 심판청구라 할 것이다.

(3) 건강보험 관련

1) 의료보험료액의 산정기준(방법) 규정에 대한 법령소원의 경우 직접성 부인

판례 헌재 1998.2.27. 96헌마134

[사건개요] 청구인은 농민으로서 S시 의료보험조합의 조합원이었던바, 1997.12.31. 법률 제5489호로 개정되기 전의 구 의료보험법(폐지되었고 현재는 '국민건강보험법') 제49조 제3항, 동법시행령 제86조에 의하여 직장조합의 피보험자에 비해 불리하게 산정된 보험료를 납부하지 않고 있다는 이유로 S시 의료보험조합에 의하여 청구인 소유의 田에 대하여 압류를 당하였는데, 위 구 의료보험법 및 시행령의 규정들은 청구인의 평등권을 침해하고 있다고 주장하면서 헌법소원심판청구를 하였다. [심판대상규정] 구 의료보험법(1997.12.31. 법률 제5489호로 개정되기 전의 것) 제49조 제3항("지역조합의 보험료액은 피보험자가 속하는 세대의 소득수준 및 피보험자의 수 등에 따라 대통령령이 정하는 등급구분에 의하여 조합정관이 정하는 금액으로 한다") 등. 동법시행령 제86조(지역조합의 보험료산정 등) ① 지역조합의 보험료액 산정에 있어서 피보험자가 속하는 세대의 소득 및 재산 등에 따른 보험료의 등급구분은 각각 3 이상 30 이내로 하고, 피보험자의 수 등에 따른 보험료는 세대당 정액 및 피보험자 1 인당 정액으로 산

정한다. ② 제1항의 규정에 의한 등급의 결정, 등급별 정액, 세대당 및 피보험자 1 인당 정액 등 보험료부과기준에 관하여는 조합의 정관으로 정한다. [결정요지] 위 법 제49조 제3항, 시행령 제86조는 그 자체로서 청구인의 기본권을 '직접' 침해하는 법률조항이 아니므로 이들 조항에 대한 청구는 직접성이 없어 부적법하다. 이 조항들은 조합정관이 정할 보험료액의 산정기준 내지 방법에 관한 규정에 불과하고, 이 조항들에 의한 기본권침해는 이 조항들에 따라 조합정관에서 보험료액이 정해진 다음 보험자의 보험료부과처분이라는 집행행위를 통하여 비로소 현실화되며, 이러한 집행행위에 대하여는 법적 구제절차를 밟을 수 있는 길이 따로 열려져 있다(구 의료보험법 제60조, 제61조, 제70조에 의하면 보험료 등에 관한 처분에 대하여 심사청구－재심사청구를 거친 다음 법원에 소송을 제기할 수 있게 되어 있다). 따라서 위 조항들은 기본권 침해의 직접성이 없다. 청구인으로서는 위 조항들을 직접 대상으로 헌재법 제68조 제1항에 의한 헌법소원심판을 청구할 것이 아니라, 보험료부과처분의 취소를 구하는 행정소송의 계속중에 근거법률인 위 조항들의 위헌성을 주장하여 위헌여부심판제청신청을 할 수 있고, 이것이 기각될 경우 헌재법 제68조 제2항에 의한 헌법소원을 제기할 수 있다.

2) 국민건강보험급여 중지 조항에 대한 직접성 부정

국민건강보험공단은 보험료를 대통령령이 정하는 기간 이상 체납한 지역가입자에 대하여 보험료를 완납할 때까지 보험급여를 실시하지 아니할 수 있다는 국민건강보험법 제48조 제3항에 대한 직접성을 헌재는 부정하였다.

판례 헌재 2001.8.30. 2000헌마668

[판시] 법 제48조 제3항은 본권 침해의 직접성이 없다고 볼 것이다. 위 조항에 따른 대통령령이 일의적으로 보험급여의 중지요건을 정하거나 혹은 공단이 실제로 보험급여를 중지하는 처분을 하는 경우, 그러한 시행령 제정행위 혹은 집행행위에 의하여 비로소 기본권에 대한 직접적 현실적 침해가 있게 되며, 이러한 행정작용에 대해서는 그 처분의 위법·위헌성을 다투는 등 법적 구제절차를 밟을 수 있는 길이 열려져 있는 것이다.

3) 가입의무화 규정, 추상적 보험료 납부의무 부과, 재정통합 규정에 대한 직접성 인정

위에서 본 직접성 부인 결정례들과 달리 위와 같은 규정들에 대해서는 직접성을 인정하였다.

판례 헌재 2003.10.30. 2000헌마801

[판시] 심판대상 조항들 중 국민건강보험에의 의무가입을 규정하고 있는 법 제5조 제1항은 별도의 집행행위 없이 의무를 부과하는 규정이므로 기본권침해의 직접성이 인정된다. 법 제62조 제1항·제3항·제4항에 대하여는 별도의 집행행위인 보험료부과처분에 의하여 비로소 기본권이 침해되는 것이라는 이유로 직접성을 부인할 여지도 있지만, 법 제62조 제1항은 공단에 대하여 보험료의 징수권한을 부여하는 조항으로서 이에 의하여 보험료징수의 대상이 되는 청구인들에게는 구체적 보험료부과처분 이전에 이미 추상적 보험료납부의무가 성립하며, 법 제62조 제3항·제4항은 직장가입자와 지역가입자의 보험료액 산정의 원칙을 규정한 것으로서 청구인들이 행복추구권 및 평등권 침해의 주요한 근거로 들고 있는 직장가입자와 지역가입자의 보험료의 차등을 가져오는 핵심적 규정이고 위 조항들만에 의하여 이미 전체적으로 보험료의 차등이라는 결과는 발생하게 된다는 점에서 위 조항들에 대하여도 각 기본권침해의 직접성을 인정할 수 있다.

재정통합규정 : **판례** 헌재 2000.6.29. 99헌마289

[판시] 보험료산정규정의 내용을 고려하지 않고서는 재정통합의 위헌여부를 부담평등의 관점에서 판단할 수 없기 때문에, 이러한 경우에 직접성요건의 결여를 이유로 심판대상규정 중 보험료산정규정만을 분리하여 실체적 판단으로부터 배제하는 것은 적절치 않다. 따라서 이 사건의 경우에는 기본권침해의 직접성요건을 충족시키는가의 여부에 관계없이 보험료산정규정을 함께 본안판단에 포함시킬 필요가 있다. * 국민건강보험법(2006.12.30. 법률 제8153호로 개정된 것) 제62조 제4항·제5항, 제63조 제1항, 제64조 제1항, 제65조 제3항('보험료 산정조항')에 대한 동지 결정 : 헌재 2012.5.31. 2009헌마299.

(4) 시험 - 시험의 선발예정인원 결정, 합격자 결정방식 등에 관한 법규정

사법시험의 선발예정인원 결정, 합격자 결정방식 등에 관한 구 사법시험령(1998.12.31. 대통령령 제16032호로 개정되고 2001.3.31. 대통령령 제17181호로 폐지된 것) 제3조 제1항, 제9조 제2항, 제15조 제2항에 대해 직업선택의 자유 등을 침해한다는 주장으로 청구된 헌법소원심판사건이었다.

판례 헌재 2002.2.28. 99헌마693

[결정요지] 청구인들이 주장하는 직업선택의 자유 등의 기본권의 침해는 사법시험의 선발예정인원 결정, 시험의 공고, 합격자 결정방식에 관하여 규정하고 있는 사법시험령 조항들에 의하여 직접 발생하는 것이 아니라, 그 조항들에 의거하여 선발예정인원의 결정과 공고, 합격자 결정 등의 구체적 집행행위가 이루어졌을 때에 비로소 현실적으로 나타나는 것이어서 그 조항들 자체로는 아직 청구인들의 기본권에 무슨 영향을 미치는 것이 아니므로 기본권 침해의 직접성이 없다.

(5) 학교 배정계획

판례 헌재 2006.1.26. 2005헌마98

[판시] 초·중등교육법시행령에 의하면 추첨에 의하여 중학교를 배정하는 경우 교육장은 그 입학지원자 중에서 지역별·학교군별 추첨에 의하여 중학교를 배정하되 교육감이 교육위원회의 의결을 거쳐 정하여 고시하는 지역·학교군·중학구 및 추첨방법에 따라 중학교를 배정하도록 되어 있다(같은 시행령 제68조, 제71조). 이에 따라 경기도 교육감이 고시한 경기도 교육청 고시에 의하면 중학교 추첨은 컴퓨터 또는 수동식 추첨기에 의하여 행하되, 그 규격 및 조작방법과 기타 추첨에 필요한 세부사항은 지역교육청 교육장이 정하여 공고하도록 되어 있는데, 피청구인(교육청 교육장)의 2005학년도 중학교 무시험진학업무 시행세부계획에 따르면 청구인들에 대한 중학교 배정은 배정원서를 제출한 자에 한하여 컴퓨터 추첨에 의해 실시하도록 되어 있다. 살피건대 위와 같은 중학교 배정절차에 의할 때 이 사건 배정계획만으로는 청구인들의 학교선택권 등에 대한 제한이 현실화된다고 할 수 없다. 왜냐하면 이 사건 배정계획에 의해 청구인들의 학교선택권 등이 직접 제한된다고 하려면 이 사건 배정계획 자체에 의해 청구인들이 원하지 않는 중학교에 배정되거나 적어도 그렇게 될 것이 확실해야 할 것인데, 청구인들에 대한 최종적인 중학교 배정은 위에서 살펴본 바와 같이 컴퓨터 추첨을 통해 비로소 결정되고 다만 이 사건 배정계획은 그 전에 청구인들이 중학교배정원서를 제출하는 단계에서 복수지원할 수 있는 학교 중 1지원교를 특정학교로 지정하는 것이어서 청구인들이 원하지 아니하는 중학교로 배정될 확률을 높이는 것에 머무르므로 이 사건 배정계획만으로는 아직 청구인들의 학교선택권 등에 대한 제한이 현실화된다고 볼 수 없기 때문이다(헌재 2001.12.20. 2001헌마339, 판례집 13-2, 920, 926 참조). 즉 청구인들에 대한 학교선택권 등의 침해 문제는 이 사건 배정계획에 의해서가 아니라 이 사건 배정계획을 포함한 피청구인의 2005학년도 중학교 무시험진학업무 시행세부계획이 예정하고 있는 후속조치인 피청구인의

중학교 배정처분에 의해 보다 직접적으로 발생한다고 할 것이다. 따라서 이 사건 배정계획만으로는 아직 청구인들의 학교선택권 등에 대한 제한이 현실화된다고 볼 수 없어 기본권 침해의 직접성이 인정되지 않으므로 이 사건 심판청구는 부적법하다.

* 검토 − 배정계획에 자녀 자신이 원하지 않는 학교로 배정된다면 학교선택권이 제한될 수 있는 것이 아닌가? 즉 그 제한의 근원이 배정계획에 있다는 점을 두고 보면 위와 같은 논증이 타당한 것인지 의문이다.

(6) 과세

1) 과세처분 또는 경정청구거부처분 등 구체적 집행행위의 요구

과세의 경우에도 과부과처분 또는 경정청구거부처분 등의 구체적인 집행행위를 요하는 경우 직접성이 부인됨도 물론이다.

① 과세관청의 부과처분에 의하여 조세채무가 확정되는 방식의 조세법령

판례 헌재 2019.2.28. 2018헌마336

[판시] 과세관청의 부과처분에 의하여 조세채무가 확정되거나 납세의무자 스스로 조세채무 성립요건의 충족을 확정시키는 방식의 조세법령의 경우에는, 과세처분 또는 경정청구거부처분 등의 구체적인 집행행위를 통하여 비로소 기본권의 침해가 현실화되므로, 기본권침해의 직접성이 없다(헌재 2013.5.30. 2011헌마718 참조). 그런데 이 사건 시행령 조항은 과세관청의 부과처분에 의하여 조세채무가 확정되는 방식의 조세법령으로서(상속세 및 증여세법 제76조), 그로 인한 기본권침해는 이 사건 각 처분이라는 구체적인 집행행위를 통하여 비로소 현실화된다. 따라서 이 부분 심판청구는 기본권침해의 직접성이 없어 부적법하다.

② 관세의 부과대상이 되는 비료의 종류 및 세율에 관하여 규정하고 있는 관세율표

판례 헌재 1998.3.26. 96헌마166

[판시] 이 사건 법률 관세율표는 관세의 부과대상이 되는 비료의 종류 및 세율에 관하여 규정하고 있는 것으로서, 이 사건의 경우 구체적인 집행행위인 세관장의 관세부과처분을 거치지 아니하고 위 관세율표에 의하여 곧바로 청구인에 대한 의무의 부과나 권리침해 등의 법률효과가 생기는 것이 아니므로 청구인은 위 관세율표 자체에 의하여 직접적으로 기본권을 침해받았다고 볼 수 없다. 그러므로 청구인으로서는 이 사건 법률 관세율표에 의하여 관세부과처분이 행하여진 경우 그 부과처분에 의하여 기본권이 침해되었음을 주장하는 것은 별론으로 하고, 이 사건 법률 관세율표 자체로 인하여 바로 청구인의 기본권이 침해된 것이라고는 할 수 없으므로 이 사건 심판청구는 직접성의 요건을 갖추지 못하였다.

2) 신고납부방식에 의한 과세의 경우에도 법령에 대한 헌법소원의 직접성 부인

헌재는 신고납부 방식에 의한 조세의 경우에도 부과징수 방식에 의한 조세의 경우와 마찬가지로 종국적으로는 처분이라는 집행행위를 통하여 비로소 기본권침해가 현실화되는 것이어서 그 법령규정의 직접성을 부정한다.

판례 헌재 2001.1.18. 2000헌마80

[사건개요] 수산업협동조합중앙회를 통하여 공급하 선외내연기관에 한하여 특별소비세를 면제하도록 하고 있는 특별소비세법시행령 제32조의3(1999.12.3. 대통령령 제16607호로 신설된 것) 등의 해당규정에 대해 어업용 선외내연기관의 일반 수입·판매업자가 직업의 자유 등을 침해한다고 주장하면서 헌법소원심판을 청구함. [결정요지] 특별소비세와 부가가치세는 모두 신고납부의 형식에 의한 조세이고, 이 사건 심판대상 조항들은 수협중앙회를 통하여 공급하는 선외내연기관과는 달리 일반업자인 청구인이 수입·판매하는 선외내연기관에 대하여는 특별소비세 면제와 부가가치세 영세율 적용이라는 혜택을 확정적으로 배제하는 내용의 법령이므로, 청구인은 이 사건 심판대상조항들에 의하여 직접 기본권을 침해받았다고 볼 여지도 없지 아니하다. 그러나 신고납부의 형식에 의한 조세의 경우에도 부과징수의 형식에 의한 조세의 경우와 마찬가지로 종국적으로는 과세처분이라는 집행행위를 통하여 비로소 기본권침해가 현실화되는 것이다. 그러므로 이 사건 심판청구는 기본권침해의 직접성이 없는 법령조항을 그 대상으로 한 것이어서 부적법하다. * 동지 : 헌재 1998.11.26. 96헌마55등, 부산광역시세조례 부칙 제2조 위헌확인, 목포시세조례 부칙 제2조 위헌확인.

판례 부가가치세에 대한 동지의 결정 : 헌재 2009.10.29. 2007헌마1423

[판시] 신고납부 방식에 의한 조세의 경우에도 부과징수 방식에 의한 조세의 경우와 마찬가지로 종국적으로는 처분이라는 집행행위를 통하여 비로소 기본권침해가 현실화되는 것이라 할 것이므로(헌재 1998.11.26. 96헌마55, 판례집 10-2, 756, 763; 헌재 2001.1.18. 2000헌마80, 판례집 13-1, 163, 171), 매입세액 공제 대상과 관련된 조항 등 부가가치세의 세액 산정과 관계된 법률조항을 직접 대상으로 한 헌법소원은 기본권 침해의 직접성이 없는 법령조항을 대상으로 한 것이어서 부적법하다(헌재 1999.3.2. 99헌마113; 헌재 2006.8.4. 2006헌마897 등 참조). 이 사건의 경우 청구인이 현실적으로 부가가치세의 납부의무를 지는 것은 2004.10.11. 부산진세무서의 부가가치세 경정·고지라는 구체적인 집행행위를 통한 것이므로, 그 부과의 근거가 된 이 사건 법률조항들을 대상으로 한 헌법재판소법 제68조 제1항의 헌법소원심판청구는 기본권 침해의 직접성이 없어 부적법하다.

* 형사사건 변호사가 공급하는 용역을 부가가치세 면세대상에 포함하지 아니한 부가가치세법 조항에 대한 동지의 결정 : 헌재 2013.5.30. 2011헌마131.

판례 법인세 특례조항에 대한 동지의 결정 : 헌재 2009.4.30. 2006헌마1261

[판시] 법인세는 신고납세 방식의 조세인바(국세기본법 시행령 제10조의2 제1호), 구 조특법 제74조 제1항 제1호 내지 제3호는 금산입이 가능하도록 한 조세특례 조항이다. 득세 및 사업소세 또한, 신고납세 방식의 조세로서(지방세법 제115조, 제250조 제1항), 지방세법 제107조 제1호 등은 … 용도 구분에 따라 취득세와 사업소세를 부과하지 아니하도록 하는 조세특례 조항이다. 결국 구 조특법 제74조 제1항 제1호 내지 제3호, 지방세법 제107조 제1호, 제245조의2 제1항 제1호, 구 지방세법 시행령 제79조 제1항 제2호, 지방세법 시행령 제207조는 모두 신고납세 방식의 조세법령에 대한 특례조항으로서, 그에 의거한 구체적 집행행위를 매개로 하여 기본권 침해 여부의 문제가 발생할 수 있을 뿐이므로 기본권 침해의 직접성이 인정되지 않는다고 할 것이고, 따라서 이 부분 헌법소원심판 청구는 부적법하다.

판례 양도소득세조항에 대한 동지의 결정 : 헌재 2009.10.29. 2008헌마239등

[판시] 양도소득세는 신고납부 형식에 의한 조세인바(소득세법 제118조의8, 제110조 제1항), 신고납부 형식에 의한 조세의 경우에도 신고납부를 하지 아니하거나 신고납부세액이 세법에 의하여 신고납부하여야 할 세액에 미달될 때에는 부과징수의 방법에 의하여 징수하도록 되어 있으므로(소득세법 제118조의8, 제114조), 신고납부의 형식에 의한 조세의 경우에도 부과징수의 형식에 의한 조세의 경우와 같이 종국적으로 과세처분이라는 집행행위를 통하여 기본권 침해가 현실화되는 것이고, 이 사건 법률 및 시

행령 조항에 의하여 직접 기본권을 침해받는 것이라고는 볼 수 없다.

3) 정리

결국 헌재는 신고납부방식(납세의무자 스스로 조세채무 성립요건의 충족을 확정시키는 신고납세 방식)이든 과세관청의 부과처분에 의하여 조세채무가 확정되는 부과과세 방식이든 결국 과세처분 또는 경정청구거부처분 등의 구체적인 집행행위를 통하여 비로소 기본권의 침해가 현실화되는 것이므로 직접성이 없다고 본다.

* 위와 같이 정리된 법리를 표명한 결정들은 위에 인용된 것들 외에도 많다. 그 결정례들 : 헌재 2011.12.29. 2011헌마149(취득시 9억원 이하 주택의 취득세 경감을 규정한 구 지방세특례제한법 규정); 1999.9.16. 97헌마160(양도소득세액 산정의 근거인 구 소득세법 규정); 2013.5.30. 2011헌마718(배우자 등이 있는 자에 대해서만 일정한 월세액을 근로소득금액에서 공제하도록 정한 구 소득세법 규정); 2013.5.30. 2011헌마309(근로소득세액 연말정산절차에서 장기주택마련저축 납입액을 그 저축에 가입한 근로소득자의 근로소득금액에서 공제되지 않도록 개정한 구 조세특례제한법 조항) 등.

4) 자동적 세액확정 경우의 직접성 인정

헌재는 법령이 정하는 바에 따라 그 세액이 자동적으로 확정되고, 원천징수의무자인 금융기관 자동확정된 이 세액을 수급자로부터 징수하여 과세관청에 납부하여야 할 의무를 부담하고 있는 경우에 직접성이 있다고 본다. 바로 원천징수 규정의 경우인데 이 원천징수행위는 집행행위라고 볼 수 없기 때문이라는 것이다.

판례 헌재 1999.11.25. 98헌마55

[판시] 청구인들이 주장하는 기본권의 침해는 이 사건 법률조항에 의하여 직접 발생하는 것이 아니라, 이 사건 법률조항에 따른 원천징수행위에 의하여 비로소 현실적으로 나타나는 것이다. 그러나 원천징수하는 소득세에 있어서는 과세관청의 부과처분이 없이 법령이 정하는 바에 따라 그 세액이 자동적으로 확정되고, 원천징수의무자인 금융기관은 이와 같이 자동적으로 확정되는 세액을 수급자로부터 징수하여 과세관청에 납부하여야 할 의무를 부담하고 있다. 따라서 원천징수행위의 특성상, 금융기관이 이자소득세를 원천징수하는 행위나 세무관청이 원천징수된 소득세를 수납하는 행위를 집행행위로 볼 수 없으므로, 원천징수행위를 법률에 근거한 집행행위로 볼 수 없다. * 이 결정에 대해서는 뒤의 '집행행위라 볼 수 없는 행위가 있는 경우의 직접성 인정 : 원천징수행위 내지 세금수납행위의 경우' 부분에서 인용한 바를 참조.

5) 원천징수행위 내지 세금수납행위의 경우

헌재는 원천징수행위를 집행행위라 볼 수 없는 행위라고 보고 설령 집행행위라고 보더라도 쟁송의 대상이 될 수 있는 부과처분에 해당하지 않아 행정소송을 제기할 수 없어 권리구제 기대가능성이 없어서 그 법령규정은 기본권침해의 직접성이 인정된다고 본다.

판례 헌재 1999.11.25. 98헌마55

[쟁점] '금융실명거래 및 비밀보장에 관한 법률' 부칙 제12조가 종래 부분적으로 실시되던 금융소득종합

과세제도를 폐지하고 금융소득에 대한 분리과세제도를 도입하면서 세율을 15%에서 20%로 상향조정하자, 은행에 금융자산을 보유하고 있는 예금주들이 금융소득에 대한 세부담의 증가로 자신들의 기본권이 침해되었다고 주장하면서 동 부칙규정에 대하여 법령소원심판을 청구하였는데, 동 부칙규정에 근거한 집행행위가 존재하지 않아 기본권침해의 직접성을 인정할 수 있는지 여부(긍정) [심판대상규정] 금융실명거래 및 비밀보장에 관한 법률(1997.12.31. 법률 제5493호로 제정된 것) 부칙 제12조(금융자산소득에 대한 과세특례) ① 1998년 1월 1일이 속하는 과세기간부터 소득세법 제14조의 규정에 불구하고 이자소득 및 배당소득에 대한 소득금액은 동조 제2항의 종합소득과세표준의 계산에 있어서 이를 합산하지 아니한다. 다만, 소득세법 제14조 제4항 각호의 1에 해당하는 소득금액은 그러하지 아니하다. ② 소득세법 제129조 제1항 제1호 가목·다목 및 동항 제2호에 규정하는 원천징수세율은 동 규정에 불구하고 100분의 20으로 한다. 다만, 1997년 12월 31일 이전에 발생한 이자소득 또는 배당소득(제1항의 규정에 의하여 종합소득과세표준의 계산에 있어서 합산하지 아니하는 것에 한한다)으로서 당해 소득의 수입시기가 1998년 1월 1일 이후에 속하는 것에 대한 원천징수세율은 100분의 15로 한다. [관련판시] 이 법률조항은 이자소득 및 배당소득에 대하여 분리과세를 도입하고 20%의 세율로 원천징수하도록 규정하고 있는데, 이 법률조항에 근거한 구체적인 집행행위가 존재하는가의 문제가 있다. 물론, 기본권의 침해는 이 법률조항에 의하여 직접 발생하는 것이 아니라, 이 법률조항에 따른 원천징수행위에 의하여 비로소 현실적으로 나타나는 것이다. 그러나 원천징수하는 소득세에 있어서는 과세관청의 부과처분이 없이 법령이 정하는 바에 따라 그 세액이 자동적으로 확정되고, 원천징수의무자인 금융기관은 이와 같이 자동적으로 확정되는 세액을 수급자로부터 징수하여 과세관청에 납부하여야 할 의무를 부담하고 있다. 따라서 원천징수행위의 특성상, 금융기관이 이자소득세를 원천징수하는 행위나 세무관청이 원천징수된 소득세를 수납하는 행위를 집행행위로 볼 수 없으므로, 원천징수행위를 법률에 근거한 집행행위로 볼 수 없다. 설사 원천징수행위를 구체적인 집행행위로 본다 하더라도, 원천징수행위는 법령에 규정된 징수 및 납부의무를 이행하기 위한 것에 불과하여 쟁송의 대상이 될 수 있는 부과처분에 해당하지 않으므로, 행정소송을 제기할 수 없다(대법원 1990.3.23. 89누4789 참조). 재정경제부장관은 국가를 상대로 부당이득반환청구의 소를 제기하는 절차가 우선되어야 할 것이라고 주장하나, 그러한 부당이득반환청구는 원천징수행위 자체의 위헌성을 다투는 것이 아니어서 공권력의 행사를 직접 대상으로 한 권리구제절차라고 할 수 없으므로 국민에게 그와 같은 우회적인 구제절차를 밟도록 요구할 수 없다. 따라서 이 사건의 경우는 법률에 근거한 구체적인 집행행위가 존재하지 아니하고, 설사 집행행위가 존재한다 하더라도 그 집행행위를 대상으로 하는 구제절차가 없거나 구제절차가 있다고 하더라도 권리구제의 기대가능성이 없고 다만 기본권침해를 당한 자에게 불필요한 우회절차를 강요하는 것밖에 되지 않는 경우에 해당하므로(헌재 1992.4.14. 90헌마82, 판례집 4, 194, 202면), 이 법률조항을 직접 헌법소원의 대상으로 삼을 수 있다. * 본안판단결과 기각결정이 되었다.

6) 관세법상의 관세율표의 기본권침해 직접성 부인

판례 헌재 1998.3.26. 96헌마166
[결정요지] 관세법(이하 '이 사건 법률'이라 함) 관세율표는 관세의 부과대상이 되는 비료의 종류 및 세율에 관하여 규정하고 있는 것으로서, 이 사건의 경우 구체적인 집행행위인 세관장의 관세부과처분을 거치지 아니하고 위 관세율표에 의하여 곧바로 청구인에 대한 의무의 부과나 권리침해 등의 법률효과가 생기는 것이 아니므로 청구인은 위 관세율표 자체에 의하여 직접적으로 기본권을 침해받았다고 볼 수 없다. 그러므로 청구인으로서는 이 사건 법률 관세율표에 의하여 관세부과처분이 행하여진 경우 그 부과처분에 의하여 기본권이 침해되었음을 주장하는 것은 별론으로 하고, 이 사건 법률 관세율표 자체로 인하여 바로 청구인의 기본권이 침해된 것이라고는 할 수 없으므로 이 사건 심판청구는 직접성의 요건을 갖추지 못하였다.

(7) 검찰사무, 보안처분, 가석방, 행형(수형자처우) 등

1) 검찰보존사무규칙(법무부령)과 대검찰청의 업무처리지침의 기본권침해 직접성 부인

판례 헌재 1998.2.27. 97헌마101

[사건개요] 법원의 인증등본 송부촉탁에 따른 불기소사건기록 열람·등사를 청구한 데 대해 검사가 열람·등사를 제한하는 검찰보존사무규칙(1993.12.10. 법무부령 제378호로 제정된 것) 제22조를 근거로 거부하였기에 청구인이 바로 위 검찰보존사무규칙 제22조와 대검찰청의 '기록열람·등사에 관한 업무처리지침'에 대하여 제기한 헌법소원이었음. [관련판시] 규칙이나 지침을 그 대상으로 하는 헌법소원의 경우에도 구체적 집행행위를 기다리지 아니하고 법률 그 자체에 의하여 자유의 제한, 의무의 부과, 권리 또는 법적 지위의 박탈이 생기는 경우여야 적법하다. 이 사건 규칙 제22조와 이 사건 지침 제2조 나항은 기록의 열람·등사에 관한 기준을 제시하고 있을 뿐이므로 이 사건 규칙 제22조와 이 사건 지침 제2조 나항에 따라 당연히 기록의 열람·등사를 허가하거나 거부하여야 하는 것은 아니고, 위 기준에 따라 수사기록의 내용을 판단하여 허가여부의 결정을 할 수 있다. 따라서 피청구인인 검사의 기록 열람·등사신청에 대한 허가여부처분이라는 집행행위를 통하지 아니하고 이 사건 규칙과 지침이 직접 청구인들의 기본권을 침해하고 있다고 볼 수 없으므로 기본권침해의 직접성이 결여되어 청구인의 이 사건 헌법소원심판청구는 부적법하다.

2) 보안처분규정에 대한 법령소원의 경우

판례 헌재 1989.10.27. 89헌마105등

[관련판시] 법률에 대하여 바로 헌법소원을 제기하려면 우선 청구인 스스로가 당해 규정에 관련되어야 하고, 당해 규정에 의해 현재 권리침해를 받아야 할 뿐만 아니라 직접 당해 법률에 의해 권리침해를 받아야만 한다는 것을 그 요건으로 한다. 즉, 피보안처분대상자라 할지라도 법무부장관의 구체적 보안처분(保安處分)결정에 의해서 비로소 보안처분을 받게 될 뿐만 아니라 그 보안처분결정도 기속행위가 아님을 알 수 있다. 따라서 청구인들 스스로가 사회안전법에 의한 보안처분을 받은 결과 현재 보안관찰처분을 받고 있다고 하더라도 그것은 법무부장관의 보안처분결정에 의한 것이므로(사회안전법(*지금은 폐지됨)이라는 법률 자체에 의한) 권리침해의 직접성을 갖추었다고 할 수 없다.

3) 가석방규정의 직접성 결여

판례 헌재 1995.3.23. 93헌마12

[결정요지] 결국 형법 제72조 제1항은 동 규정에 따른 요건이 갖추어지면 법률상 당연히 가석방을 하도록 정하고 있는 것이 아니고, 수형자의 연령 등 앞서 본 여러 가지의 사정을 참작하여 재량적인 행정처분으로써 가석방을 할 수 있도록 하는 가석방제도의 원칙을 정하고 있는 규정에 불과하여, 동 규정이 그 자체로서 가석방이라는 구체적인 행정처분을 기다리지 않고 직접 수형자인 청구인의 기본권을 침해하고 있다고는 볼 수 없으므로 기본권침해의 직접관련성이 결여되었다고 할 것이다. 따라서 청구인의 이 사건 헌법소원심판청구는 부적법하다.

4) 형 확정 수형자의 형사사건 아닌 다른 재판을 위한 변호사접견시 청취·녹취 등 금지 조항 비준용

판례 헌재 2013.11.28. 2011헌마529

[사건개요와 본안쟁점] 청구인은 형사사건으로 형벌이 확정된 수형자인데 그가 청구한 다른 재판(여기서

는 헌법소원이었음) 사건의 변호사와 접견하는 경우에는 형사사건으로 수사 또는 재판을 받고 있는 수형자의 경우와 달리 심판대상조항인 구 '형의 집행 및 수용자의 처우에 관한 법률'(2008.12.11. 법률 제9136호로 개정된 것, 이하 '법'이라고도 함) 제88조(준용규정)에서 미결수용자의 변호인 접견에 관한 특칙 규정(동법 제84조 제1항(수용자와 변호인 접견내용의 청취·녹취 허용조항인 법 제41조 제2항을 미결수용자와 변호인과의 접견에 대해서는 금지하는 특칙 규정)을 준용하지 아니함으로써, 변호사와의 접견내용이 녹음, 녹화되어 재판청구권 등이 침해받고 있다는 주장으로 청구된 헌법소원사건이었음. [심판대상조항] '형의 집행 및 수용자의 처우에 관한 법률'(2008.12.11. 법률 제9136호로 개정된 것) 제88조(준용규정) 형사사건으로 수사 또는 재판을 받고 있는 수형자와 사형확정자에 대하여는 제84조 및 제85조를 준용한다. [관련조항] 법 제84조(변호인과의 접견 및 서신수수) ① 제41조 제2항에도 불구하고 미결수용자와 변호인(변호인이 되려고 하는 사람을 포함한다. 이하 같다)과의 접견에는 교도관이 참여하지 못하며 그 내용을 청취 또는 녹취하지 못한다. 다만, 보이는 거리에서 미결수용자를 관찰할 수 있다. 법 제41조(접견) ② 소장은 다음 각 호의 어느 하나에 해당하는 사유가 있으면 교도관으로 하여금 수용자의 접견내용을 청취·기록·녹음 또는 녹화하게 할 수 있다. 1.범죄의 증거를 인멸하거나 형사 법령에 저촉되는 행위를 할 우려가 있는 때 2.수형자의 교화 또는 건전한 사회복귀를 위하여 필요한 때 3. 시설의 안전과 질서유지를 위하여 필요한 때. [결정요지] 청구인은, 수형자가 헌법소원 사건의 변호사와 접견하는 경우 형사사건으로 수사 또는 재판을 받고 있는 수형자의 경우와 달리 심판대상조항에서 미결수용자의 변호인 접견에 관한 특칙 규정을 준용하지 아니함으로써, 변호사와의 접견내용이 녹음, 녹화되어 재판청구권 등이 침해받고 있다고 주장하고 있다. 위 주장은 요컨대 부진정입법부작위를 다투는 형태의 헌법소원 심판청구라고 할 것인바, 이 경우에도 해당 법률 또는 법률조항 자체를 심판의 대상으로 삼는 것이므로 법령소원에서 요구되는 기본권침해의 직접성 요건을 갖추어야 한다. 따라서 청구인의 기본권이 구체적인 집행행위를 기다리지 아니하고 그 조항 자체에 의하여 자유의 제한, 의무의 부과 또는 법적 지위의 박탈이 발생하는 경우이어야 한다(헌재 2010.7.29. 2009헌마51, 판례집 22-2상, 443, 450 참조). 심판대상조항은 형사사건으로 수사 또는 재판을 받고 있는 수형자에 대하여는 법 제84조 제1항을 준용하도록 규정하고 있는 반면, 헌법소원사건이나 민사사건 등에 있어서 수형자의 변호사와의 접견에 대하여는 아무런 규정도 두고 있지 아니하므로, 심판대상조항 자체에 의하여 청구인의 자유의 제한, 의무의 부과 또는 법적 지위의 박탈이 발생하지는 않는다. 한편, 심판대상조항에서 준용하고 있는 법 제84조 제1항은 "제41조 제2항에도 불구하고 미결수용자와 변호인 ○○○과의 접견에는 교도관이 참여하지 못하며 그 내용을 청취 또는 녹취하지 못한다."고 규정하고 있는바, 청구인이 주장하는 기본권침해는 심판대상조항에서 헌법소원사건 등으로 변호사를 접견하고자 하는 수형자에 대하여 법 제84조 제1항을 준용하는 규정을 두고 있지 않기 때문에 기인하는 것이 아니라, 법 제41조 제2항에 근거하여 변호사와의 접견내용에 대한 청취, 녹취라는 교도소장의 구체적인 집행행위를 통하여 비로소 기본권침해가 현실화되는 것이다. 즉, 청구인이 주장하는 기본권침해의 효과는 교도소장의 접견내용에 대한 청취, 녹취라는 구체적인 집행행위에 의하여 발생하는 것이지 심판대상조항 자체로부터 직접 기인한 것이 아니다. 결국 심판대상조항에 대한 이 사건 헌법소원은 직접성 요건을 갖추지 못하여 부적법하다.

* 검토 – 헌재가 "청구인이 주장하는 기본권침해는 심판대상조항에서 헌법소원사건 등으로 변호사를 접견하고자 하는 수형자에 대하여 법 제84조 제1항을 준용하는 규정을 두고 있지 않기 때문에 기인하는 것이 아니라"라고 하나 법 제84조 제1항이 수용자의 접견내용을 청취·기록·녹음 또는 녹화하게 할 수 있게 한 법 제41조 제2항을 적용하지 않도록 하는 대상자를 미결수용자로 한정하고 있어서(법 제88조는 제84조 제1항 준용대상자를 형사사건으로 수사 또는 재판을 받고 있는 수형자로 한정) 형 확정 수형자인 청구인이 배제되어 자신이 청구한 헌법소원심판의 대리인 변호사를 접견함에 있어서 청취·기록되는 결과가 발생한 것이라는 점에서 논리적이지 못하다. 형 확정 수형자에 대해서는 청취·기록을 할 수 있다는 재량규정이라서 집행행위가 있을 때 침해가 현실화되므로(재량행위일 때 직접성 부정되는

것은 아래에 서술함) 심판대상규정이 직접성을 가지지 않는다고 논증하여야 정확하다.

(8) 법원 판결(또는 검사의 청구에 의한 법원의 판결)이 필요한 경우

1) 결정례

(가) 성폭력범죄자 신상정보 공개·고지명령 조항

검사의 청구와 법원의 선고가 있어야 비로소 기본권 침해가 발생하게 되는 법률조항은 직접성이 부정된다. 아래의 결정이 전형적인 예인데 성폭력범죄자 신상정보 공개·고지명령 조항에 대한 직접성 부정의 예이다.

판례 헌재 2015.6.25. 2014헌마54

[사안] '성폭력범죄의 처벌 등에 관한 특례법'상 일정 범죄를 저지른 자에 대하여 판결로 소정의 등록기간 동안 정보통신망을 이용하여 신상정보를 공개하도록 하는 명령(이하 "공개명령")을 규정하는 '아동·청소년의 성보호에 관한 법률'(2012.12.18. 법률 제11572호로 전부개정된 것) 제49조 제1항 제2호 중 '해당 부분(이하 '이 사건 공개명령조항'), 판결로 제49조에 따른 공개명령 기간 동안 제4항에 따른 고지정보를 제5항에 규정된 사람에 대하여 고지하도록 하는 명령(이하 "고지명령")을 규정하는 구 '아동·청소년의 성보호에 관한 법률'(2012.12.18. 법률 제11572호로 전부개정되고, 2013.3.23. 법률 제11690호로 개정되기 전의 것) 제50조 제1항 제2호 중 해당 부분(이하 '이 사건 고지명령조항')이 인격권, 사생활의 비밀과 자유 등을 침해한다는 주장으로 청구된 헌법소원심판. 청구인은 성폭력범죄의 처벌 등에 관한 특례법 부칙(2012.12.18. 법률 제11556호) 제7조에 따라 위 조항들의 적용을 받는 사람(이하 "특례대상자")이었으므로 동 부칙 조항에 대해서도 청구하여 심판대상이 되었다. 그리고 동 부칙 동조 제2항은 "이 법 시행 후 1년 이내에 검사는 특례대상자에 대하여 제1심판결을 한 법원에 공개명령 및 고지명령을 청구하여야 하고, 법원은 '아동·청소년의 성보호에 관한 법률' 제49조 및 제50조에 따라 결정으로 공개명령 및 고지명령을 선고하여야 한다"라고 규정하고 있다. [판시] 이 사건 부칙조항은 신상정보의 등록·공개 등에 관한 '성폭력범죄의 처벌 등에 관한 특례법'(이하 '성폭력처벌법'이라 한다)의 개정규정을 같은 법 제2조 제1항 제3호에 해당하는 범죄를 저질러 2008년 4월 16일부터 2011년 4월 15일 사이에 유죄판결(벌금형은 제외한다)이 확정된 사람(이하 '이 사건 특례대상자'라고 한다)에게도 적용하도록 규정하고 있다. 그리고 동법 동 부칙 제7조 제2항에 의하면 검사는 이 사건 특례대상자에 대하여 제1심 판결을 한 법원에 공개명령 및 고지명령을 청구하여야 하고, 법원은 이 사건 공개명령조항 및 이 사건 고지명령조항에 따라 결정으로 공개명령 및 고지명령을 선고하여야 한다. 그런데 이 사건 공개명령조항 및 이 사건 고지명령조항은 피고인이 아동·청소년인 경우 및 그 밖에 신상정보를 공개·고지하여서는 아니 될 특별한 사정이 있다고 판단하는 경우를 각각 공개명령 및 고지명령의 예외 사유 또는 소극적 요건으로 삼고 있다. 한편, 이와 같이 신상정보를 공개·고지하여서는 아니 될 특별한 사정에 해당하는지 여부는 피고인의 연령, 직업, 재범위험성 등 행위자의 특성, 당해 범행의 종류, 동기, 범행과정, 결과 및 그 죄의 경중 등 범행의 특성, 공개명령 및 고지명령으로 인하여 피고인이 입는 불이익의 정도와 예상되는 부작용, 그로 인해 달성할 수 있는 등록대상 성폭력범죄의 예방 효과 및 등록대상 성폭력범죄로부터의 피해자 보호 효과 등을 종합적으로 고려하여 판단하여야 한다(대법원 2012.2.23. 2011도16863 판결 참조). 그러므로 검사가 이 사건 특례대상자에 해당하는 청구인에 대하여 공개명령 및 고지명령 청구를 하고 법원이 앞서 본 것과 같은 요건들을 검토한 결과 신상정보를 공개·고지하여서는 아니 될 특별한 사정이 없다고 판단하여 공개명령 및 고지명령을 선고하는 경우에 비로소 기본권 침해가 발생하는 것이지, 이 사건 부칙조항, 이 사건 공개명령조항 및 이 사건 고지명령조항 자체에 의하여 직접 청구인의 기본권 침해가 발생하는 것이 아니다(헌재 2013.9.26. 2012헌마938; 헌재

2013.10.29. 2013헌마690; 헌재 2014.2.11. 2014헌마43 참조). 따라서 이 부분 심판청구는 기본권 침해의 직접성이 흠결되어 부적법하다.

* 동지 : 13세 미만의 아동·청소년을 대상으로 아동·청소년대상 성범죄를 저지른 자로서 구 '청소년의 성보호에 관한 법률'에 의한 열람명령을 받은 자에 대한 신상정보 공개명령 집행 규정, 즉 여성가족부장관은 법률 제7801호 '청소년의 성보호에 관한 법률 일부개정법률' 제22조부터 제24조까지의 규정에 따라 국가청소년위원회가 열람대상자로 결정한 자(예비등록대상자로 통보한 자를 포함한다) 및 법률 제8634호 '청소년의 성보호에 관한 법률 전부개정법률' 제37조에 따라 열람명령을 받은 자에 대하여도 검사가 유죄의 확정판결을 한 법원에 청구하여 그 법원의 공개명령을 받아 제39조에 따라 공개명령을 집행하도록 한 '아동·청소년의 성보호에 관한 법률' 부칙(2009.6.9. 법률 제9765호 부칙 중 2010.7.23. 법률 제10391호로 개정된 것) 제3조 제2항에 대한 아래의 각하결정.

판례 헌재 2012.4.24. 2010헌마493등

[결정요지] 청구인이 주장하는 기본권침해의 법률효과는 여성가족부장관의 요청을 받은 검사가 기존 열람명령을 받은 청구인들에 대하여 공개명령 청구를 하고, 법원이 '아동·청소년의 성보호에 관한 법률' 제38조 제1항에서 정한 공개명령의 소극적 요건인 '신상정보를 공개하여서는 아니 될 특별한 사정'이 있는지 여부를 검토한 결과 그 청구가 이유 있다고 판단하여 신상정보 공개명령을 내리는 경우에 비로소 발생하는 것이지, 이 사건 법률조항 자체에 의하여 직접 발생하는 것이 아니다. 또한 이 사건 법률조항이 시행 자체로 국민에게 일정한 행위의무나 금지의무를 부과하는 것이 아니고, 공개명령의 피청구인은 당해 공개명령 신청사건에서 청구의 당부를 다툴 수 있으며, 법원의 공개명령에 대하여도 항고할 수 있으므로 직접성원칙의 예외에 해당한다고 볼 수도 없다. 따라서 이 사건 법률조항을 대상으로 한 헌법소원심판청구는 직접성의 요건을 갖추지 못하였다. * 이 결정에서는 직접성 예외 해당 여부도 판단하고 있다(직접성 예외에 대해서는 후술 참조).

(나) 채무자에 대한 면책허가결정 조항 - 법원의 면책허가결정이 필요

기본권침해는 채무자가 면책신청을 하고 법원이 이 사건 권리면책조항 각 호의 면책불허가사유를 검토한 결과 그 신청이 이유 있다고 판단하여 면책허가결정을 하는 때에 비로소 발생하게 되는 것이고 파산채권자는 당해 면책사건에서 면책신청에 대한 이의신청 및 면책허가결정에 대한 즉시항고를 제기할 수 있으므로, 권리구제기대가능성도 있으므로 직접성의 예외적 인정(직접성 예외인정에 대해서는 후술 참조)은 안 된다고 보았다.

판례 헌재 2013.3.21. 2012헌마569

[심판대상조항] 채무자 회생 및 파산에 관한 법률(2005.3.31. 법률 제7428호로 제정된 것) 제564조(면책허가) ① 법원은 다음 각 호의 어느 하나에 해당하는 때를 제외하고는 면책을 허가하여야 한다. 1. 채무자가 제650조·제651조·제653조·제656조 또는 제658조의 죄에 해당하는 행위가 있다고 인정하는 때 2. 채무자가 파산선고 전 1년 이내에 파산의 원인인 사실이 있음에도 불구하고 그 사실이 없는 것으로 믿게 하기 위하여 그 사실을 속이거나 감추고 신용거래로 재산을 취득한 사실이 있는 때 3.－6. 생략. [판시] 이 사건 권리면책조항(위 법 제564조 제1항)은 채무자에 대한 면책허가결정의 근거조항일 뿐이고 면책은 채무자의 면책신청에 따른 법원의 면책허가결정에 의하여 이루어지도록 되어 있으므로, 청구인의 기본권 침해는 채무자가 면책신청을 하고 법원이 이 사건 권리면책조항 각 호의 면책불허가사유를 검토한 결과 그 신청이 이유 있다고 판단하여 면책허가결정을 하는 때에 비로소 발생하게 되는 것이지 이 사건 권리면책조항 자체에 의하여 직접 발생하는 것은 아니다. 나아가 파산채권자는 당해 면

책사건에서 면책신청에 대한 이의신청 및 면책허가결정에 대한 즉시항고를 제기할 수 있고(제562조 제1항, 제564조 제4항, 제13조 제1항), 그 절차에서 면책신청 또는 면책허가결정의 부당성이나 이 사건 권리면책조항의 위헌성을 다툴 수 있으므로, 위 조항에 대한 심판청구는 면책허가결정을 대상으로 하는 구제절차가 없거나 구제절차에 의한 권리구제의 기대가능성이 없어 예외적으로 직접성의 요건을 갖추었다고 볼 수도 없다. 따라서 이 사건 권리면책조항은 직접성이 없으므로 이 부분에 대한 심판청구는 부적법하다.

2) 검토

위 경우는 법원의 판결이 집행행위라고 보는 입장을 기반으로 한 것이다. 헌재는 "재판규범은 구체적인 사건에서 법원이 사실을 인정하고 법률을 해석·적용하는 데 필요한 규정 … 이와 같은 재판규범은 법원의 재판이라는 집행행위를 거쳐 비로소 동 청구인들의 기본권에 영향을 미치게 되는 것"이라는 입장인데(이에 대해서는 앞의 (1)에서 이미 서술하였음. 전술 참조), 사실 위 신상정보 공개 조항도 법원의 판결을 거치게 한다는 점에서 비슷한 법리상황이라고 하겠다.

3) 예외 - 별도의 구제절차가 없는 경우

공판정에서의 속기·녹취의 허가 규정 – 검사, 피고인 또는 변호인이 법 제56조의2 제2항의 규정에 의하여 속기 또는 녹취를 하고자 할 때에는 미리 법원의 허가를 받아야 한다고 규정한 형사소송규칙(1982.12.31. 대법원규칙 제828호, 이하 "규칙") 제40조에 대해 헌재는 법원의 녹취불허결정에 대하여는 직접적인 구제절차가 없다 할 것이므로 규칙 제40조에 대하여 직접 헌법에 위반되는지 여부의 심판을 청구할 수 있다고 하였다. 법원의 녹취불허결정은 판결 전의 소송절차에 관한 법원의 결정으로서 즉시항고를 인정하는 명문의 규정이 없고 항소 또는 상고는 판결 자체에 대한 불복방법이며 판결 전 소송절차상의 결정에 대한 직접적인 불복방법도 아니라는 이유 때문이었다. 사안은 위 규칙조항에 근거한 법원의 녹취불허결정을 받은 형사피고인인 사람이 위 규칙 제40조로 말미암아 적법한 절차에 의하여 재판을 받을 권리, 변호인의 조력을 받을 권리 등 사법절차상의 기본권을 침해당했다고 주장하면서 위 규칙조항을 대상으로 한 이 사건 헌법소원심판을 청구한 사건이었다.

판례 헌재 1995.12.28. 91헌마114

[판시] 형사소송법 제403조 제1항에 의하면, 법원의 판결 전의 소송절차에 관한 결정에 대하여는 특별히 즉시항고를 할 수 있는 경우 외에는 항고를 하지 못한다고 규정하고 있고, 한편 피고인이나 변호인의 공판정에서의 녹취허가신청에 대한 법원의 녹취불허결정은 판결전의 소송절차에 관한 법원의 결정으로서 즉시항고를 인정하는 명문의 규정이 없으므로 결국 항고를 제기할 수 없다. 또한 항소심 또는 상고심에서는 원칙적으로 판결에 영향을 미친 헌법 또는 법률의 위반이 있는 때에만 원심판결을 파기하고 다시 판결을 하게 되므로 항소 또는 상고는 판결 자체에 대한 불복방법이며 판결전 소송절차 상의 결정에 대한 직접적인 불복방법도 아니다. 그렇다면 결국 법원의 녹취불허결정에 대하여는 직접적인 구제절차가 없다 할 것이므로 규칙 제40조에 대하여 직접 헌법에 위반되는지 여부의 심판을 청구할 수 있다고 할 것이어서 이 사건 헌법소원심판청구는 적법하다.

(9) 기회축소의 잠재적 가능성

1) 결정례

헌재는 기회가 축소될 가능성이 잠재적이라면 직접성이 없다고 보는 아래의 결정례를 보여주고 있다.

판례 헌재 2001.12.20. 2001헌마339, 교원자격검정령 제4조 제4항 제1호 위헌확인

[심판대상규정] 교원자격검정령(1998.8.11. 대통령령 제15866호로 개정된 것) 제4조(자격증표시과목) ④ 중등학교의 현직교사(특수학교의 중등학교과정을 담당하는 현직교사를 포함한다)로서 다음 각 호의 1에 해당하는 자에 대하여는 그 자격증에 그가 이수한 과목을 부전공과목으로 표시할 수 있다. 1. 교육공무원법 제38조 및 제40조의 규정에 의한 교원연수계획에 따라 교육부장관이 지정하는 교육기관(교원연수기관을 포함한다)에서 교육부장관이 인정하는 교육과정을 21학점 이상 이수한 자 [사건개요] 신규임용 지원자인 청구인들은 위 심판대상규정이 일반교사들에게 무상연수를 통해 부전공과목교사로 임용하는 특혜를 부여함에 따라 청구인들이 교사로 임용될 기회를 박탈 또는 극도로 제한하므로 직업선택의 자유를 침해한다고 하여 헌법소원을 청구함. [관련판시] 이 사건 규정은 부전공과목 인정의 근거규정일 뿐 보직부여나 임용 자체를 좌우하는 것은 아니다. 이 사건 규정으로 인해 청구인들의 전공과목에 대한 자격을 인정받는 교사가 증가하면 잠재적으로는 청구인들의 기회가 줄어든다고 할 수 있겠지만 이는 별개의 것인 교원수급정책 결정의 방향과 그에 따른 보직부여 등의 후속 절차에 의해 현실화될 수도 있고 또 현실화되지 않을 수도 있는 잠재적 가능성에 불과하다. 청구인들과 같은 신규임용지원자가 신규임용기회의 감소를 예상하는 것은 엄밀히 말하자면 이 사건 규정 때문이기보다는 현직교사를 신설과목 등 전공교사가 부족한 과목의 교사로 배치하기로 한 교육당국의 정책결정과 보직부여 등을 통한 그 집행 때문이라 할 수 있는데, 이 사건 규정에 의한 교사에 대한 부전공인정은 이를 실현하기 위한 하나의 단계가 될 수는 있으나 이 사건 규정 자체만으로는 아직 청구인들에 대해 불리한 영향을 초래하는 바 없다. 즉, 이 사건 규정으로 인해 청구인들의 직업선택의 자유가 직접 제한되지는 않는다.

2) 검토

사실 이러한 이익축소의 잠재적 가능성 문제는 반사적 불이익 발생가능성 문제로 보아야 할 것이고 그 점에서 직접성 결여라기보다 침해가능성 결여라고 볼 것이다.

(10) 면허정지조항

판례 헌재 2014.6.26. 2012헌마660

[판시] 이 사건 면허정지조항은 "보건복지부장관은 의료인이 제25조에 따른 신고를 하지 아니한 때에는 신고할 때까지 면허의 효력을 정지할 수 있다."고 규정하고 있는바, 면허의 효력이 정지되는 불이익은 이 사건 면허정지조항 자체에 의하여 발생하는 것이 아니라 보건복지부장관의 면허정지처분이라는 구체적인 집행행위를 통하여 비로소 발생하는 것이므로, 이 사건 면허정지조항은 기본권침해의 직접성 요건을 갖추지 못하고 있다.

(11) 국공립대학교 도서관의 이용 규정

판례 헌재 2016.11.24. 2014헌마977

[판시] 이 사건 도서관규정은 대학구성원이 아닌 사람에 대하여 도서 대출이나 열람실 이용을 확정적으

로 제한하는 것이 아니고 피청구인들이 승인 또는 허가하면 도서 대출 및 열람실 이용이 가능하도록 규정하고 있다. 청구인은 이 사건 도서관규정으로 인하여 도서 대출 및 열람실 이용을 하지 못하는 것이 아니고 피청구인들의 승인거부 회신에 따라 비로소 이 사건 도서관 이용이 제한된 것이다. 따라서 이 사건 도서관 규정은 기본권 침해의 직접성이 인정되지 아니하므로 이에 대한 헌법소원심판청구는 부적법하다.

(12) 선거구획정안에 대한 획정위의 의결요건 조항

판례 헌재 2016.4.28. 2016헌마6

[판시] 단순히 선거구획정안에 대한 획정위의 의결요건을 규정한 이 사건 의결요건조항이 직접적으로 선거구 공백사태를 초래한다거나 이로 인하여 직접 위 청구인의 공무담임권 등이 제한되는 등 위 청구인의 법적 지위에 영향을 미친다고 볼 수 없다. 결국 이 사건 의결요건조항에 대한 심판청구는 직접성 요건을 갖추지 못하여 부적법하다.

(13) 법외노조통보조항

판례 헌재 2015.5.28. 2013헌마671등

[판시] 법외노조통보 조항은 교원노조가 설립신고증을 받은 뒤 노동조합법 제12조 제3항 제1호에 해당하는 사유가 발생한 경우 행정관청이 30일의 기간을 정하여 교원노조에 그 시정을 요구하고, 이에 응하지 아니하면 교원노조법에 의한 노동조합으로 보지 아니함을 통보하여야 한다고 정하고 있어, 법외노조통보라는 별도의 집행행위를 예정하고 있다. 이 사건에서도 피청구인이 법외노조통보 조항에 따라 전교조를 상대로 이 사건 시정요구를 하고, 그에 응하지 않자 법외노조통보를 하였고, 전교조는 법외노조통보에 따라 비로소 교원노조법상의 노동조합의 지위를 잃게 되었다. 이와 같이 법외노조통보 조항은 시정요구 및 법외노조통보라는 별도의 집행행위를 예정하고 있으므로, 법외노조통보 조항에 대한 헌법소원은 기본권 침해의 직접성이 인정되지 아니한다. 따라서 법외노조통보 조항에 대한 심판청구 부분은 부적법하다.

* 검토 – 이 사안은 법외노조통보가 실제 이루어지기도 했는데 일단 헌재가 심판대상으로 줄여 부르는 법외노조통보 조항인 '교원의 노동조합 설립 및 운영 등에 관한 법률(이하 '교원노조법') 시행령' 제9조 제1항 자체의 해석만으로 법외노조통보를 규정하는 '노동조합 및 노동관계조정법(이하 '노조관계법') 시행령' 제9조 제2항이 적용되는 것인지 명확하지 않고 적용된다고 하더라도 위 시행령 제9조 제2항이 법외노조로 보는 '노동조합 및 노동관계조정법' 제12조 제3항 제1호에 해당하는 동법 제2조 제4호 라목의 '근로자가 아닌 자'의 해석과 그것을 위한 근로자인 교원에 대해 파악하기 위한 교원노조법 제2조(교원노조법의 교원 – 초·중등교육법 제19조 제1항에서 규정하고 있는 교원이라는 규정)의 해석이 이루어져야 기본권침해 여부 문제에 대한 파악이 이루어지게 된다(청구인들 주장대로 노조관계법 제12조 제3항 제1호가 설립단계에서 적용될 규정이라는 점에서 문제라면 그 문제도 따져야 할 것이다). 그렇다면 헌재 자신이 이른바 불가분의 이론법리의 취지에 비추어 보면 전체적으로 위 이른바 법외노조통보조항에 대한 예외적 직접성 인정으로 판단될 수 있고 그 필요성이 있다. 이 사건은 법외노조통보에 대한 행정소송이 제기되어 그 담당 법원이 교원노조법 제2조에 대해 위헌제청을 하였고 그리하여 결국 헌재가 이에 대해 판단하여 합헌선고까지 했다. 결국 교원노조법 제2조가 법외노조통보를 하게 되는 사유 판단의 기준이 되는데 그 제2조는 합헌이라고 본안판단하면서 관련되는 시행령조항에 대해서는 직접성이 없다고 하여 그 청구를 각하하는 것이 논리정연하지 못하다. 결국 법외노조통보제도 자체에 대한 헌법적 판단을 받을 길이 없다. 법원이 시행령에 대해 위헌·위법 판단을 해주면 되고 이 사안에서 위 제청법원이 그리했는지 조회하지는 않았지만 법외노조통보 권한은 중요한 기본권제한이기도 하여 법률에

근거를 두어야 함은 물론이고 그 법률규정의 위임을 받거나 그것을 시행하기 위한 것인지 그렇다 할지라도 그 위임이나 시행되어야 할 법률규정이 합헌인지를 따지게 되는데 그 문제는 법률에 대한 판단문제라서 헌재가 담당해 주어야 하고(그래서 법원이 교원노조법 제2조에 대해 위헌제청을 한 것이기도 함) 위 시행령조항과 그 문제가 헌법재판에서 함께 판단되었어야 했다.

(14) 국회 입법절차의 하자만을 이유로 국민이 제기한 법령소원에서의 기본권침해의 직접성요건 결여

판례 헌재 1998.8.27. 97헌마8등

[쟁점] 일반 국민이 국회의 입법절차상 하자만을 주장하며 청구한 헌법소원심판은 적법한지 여부(각하결정) [사건개요와 본안쟁점] 국회부의장은 1996.12.26. 06 : 00경 국회의장을 대리하여 신한국당소속 국회의원 155인이 출석한 가운데 본회의를 개의하고 노동조합 및 노동관계조정법률안 등을 상정, 표결을 하여 가결되었음을 선포하였는데 청구인들은 모두 대한민국 국민으로서, 또 근로자로서, 시민으로서, 위와 같이 의결되어 공포된 법률들은 야당소속 국회의원들에게 변경된 개의시간을 통지하지도 아니한 채 비공개로 개의하는 등 헌법과 국회법이 정한 입법절차를 위반하여 의결된 것으로서 무효임에도 불구하고 위 법률들이 공포, 시행됨으로써 헌법상 보장된 일반적 행동자유권 등 기본권을 침해받았다고 주장하고 헌법소원심판을 청구하였다. [결정요지] 이 사건의 경우 청구인들 주장과 같이 이 사건 법률의 입법절차가 헌법이나 국회법에 위반된다고 하더라도 그와 같은 사유만으로는 이 사건 법률로 인하여 청구인들이 현재, 직접적으로 기본권을 침해받은 것으로 볼 수는 없다. 청구인들이 주장하는 이 사건 법률의 입법절차의 하자로 인하여 직접 침해되는 것은 청구인들의 기본권이 아니라 이 사건 법률의 심의·표결에 참여하지 못한 국회의원의 법률안심의, 표결 등 권한이라고 할 것이다. 97헌마39사건의 청구인들은 국민으로서의 입법권을 본질적으로 침해받았다고 주장하나, 입법권은 국회의 권한이지 헌법상 보장된 국민의 기본권이라고 할 수도 없다. 따라서 청구인들은 이 사건 법률의 실체적 내용으로 인하여 현재, 직접적으로 기본권을 침해받은 경우에 헌법소원심판을 청구하거나 이 사건 법률이 구체적 소송사건에서 재판의 전제가 된 경우에 위헌여부심판의 제청신청을 하여 그 심판절차에서 입법절차에 하자가 있음을 이유로 이 사건 법률이 위헌임을 주장하는 것은 별론으로 하고 단순히 입법절차의 하자로 인하여 기본권을 현재, 직접적으로 침해받았다고 주장하여 헌법소원심판을 청구할 수는 없다고 할 것이다. 이 사건에서 청구인들이 주장하는 입법절차의 하자는 여당소속 국회의원들만 출석한 가운데 국회의장이 본회의를 개의하고 이 사건 법률안을 상정하여 가결선포하였다는 것이므로 이와 같은 입법절차의 하자를 둘러싼 분쟁은 본질적으로 국회의장이 국회의원의 권한을 침해한 것인가 그렇지 않은가에 관한 다툼으로서 이 사건 법률의 심의·표결에 참여하지 못한 국회의원이 국회의장을 상대로 권한쟁의에 관한 심판을 청구하여 해결하여야 할 사항이라고 할 것이다. * 입법절차상의 하자가 있다는 사유만으로는 청구인들의 기본권이 직접 침해받는다고 보기 어렵다는 또 다른 결정례 : 헌재 2014.4.24. 2011헌마612(서울대 이른바 법인화법 결정).

* 검토 – ⅰ) 이 판시내용을 그대로 따라 볼 때, 국회의원의 권한 침해 문제로서 권한쟁의로 해결할 사항이라고 하면 기본권침해가능성이 없다고 해야 한다는 점에서 이 판시는 자가당착이다. ⅱ) 청구인인 일반 국민이 이른바 변칙처리(솔직히 '날치기')되어 자신이 관련된 법률이 성립부터 하자가 있다고 하며 기본권침해를 주장하는데 과연 이를 기본권침해가능성이나 직접성이 없다고 쉽게 단정할 수 있을지 의문이다. 이 사안도 노동관계법에 관한 것이었다. 입법절차상 하자에 대해서도 헌재가 통제하는 적극적 자세가 아쉽다.

(15) 집행행위가 있어야 기본권침해가 올 수 있다는 이유로 직접성이 부인된 또 다른 판례들

이는 법령 자체로 자유의 제한, 의무의 부과 법적 지위 박탈효과가 오지 않는 경우로 위에서 또 정리한 항목이 있긴 한데 여기서 또 그 법리의 다른 표현이라 할 수 있는, 즉 집행행위 요구로 부정된 다른 예들로서 아울러 정리한다. 헌재 1997.1.16. 95헌마330, 구 소득세법시행령 제115조 제1항 제1호 가목 등 위헌확인, 헌재공보 제20호, 252면; 1997.9.25. 96헌마41, 민사소송법 제231조 제1항 등 위헌확인, 헌재판례집 9-2, 389면; 1997.12.24. 96헌마149, 골재채취법 제2조 제2호 단서 위헌확인, 헌재판례집 9-2, 835면; 1998.8.27. 96헌마398, 통신의 자유 침해 등 위헌확인, 헌재판례집 10-2, 426면; 1998.9.30. 96헌마297, 외국환관리법 제21조 제1항 제4호 등 위헌확인, 헌재공보 제30호, 784면; 1999.9.16. 97헌마160, 구 소득세법 제60조 위헌확인 등, 헌재판례집 11-2, 356면; 1999.10.21. 96헌마61, 양도소득세부과처분취소 등·헌법재판소법 제68조 제1항 위헌확인 등, 헌재판례집 11-2, 474면; 1999.10.21. 98헌마407, 도시계획법 등 위헌확인, 헌재공보 제39호, 872면; 2001.8.30. 2000헌마668, 국민건강보험법 제48조 제3항 등 위헌확인, 헌재판례집 13-2, 293면; 2001.9.27. 2000헌마238·302(병합), 제주4·3사건진상규명 및 희생자명예회복에 관한 특별법의결행위취소 등, 헌재판례집 13-2, 406면; 2001.11.29. 99헌마713, 행형법시행령 제62조 등 위헌확인, 헌재판례집 13-2, 745면; 2008.3.27. 2006헌마770; 2015.6.25. 2013헌마104(국제표준무도(볼룸댄스) 학원업 제외사건. [결정요지] 집행기관인 교육감의 구체적 거부처분을 통하여 비로소 현실화되는 것이므로, 이 사건 심판청구는 직접성 요건을 갖추지 못하였다); 2018.7.26. 2016헌마1029 등.

6. 법령소원 직접성 부정의 중요사유

집행행위 매개가 필요하여 직접성이 없다는 사유가 빈번한 결여사유인데 그 외에 중요한 사유들이 헌재 판례 법리로 제시되어 왔다. 주목하여야 할 부인(否認)사유를 담고 있는 경우들은 법리의 이해와 앞으로의 예측을 위해서도 살펴볼 필요가 있다. 아래에 이를 살펴본다. 그런데 사실 아래의 사유들도 출발은 집행행위의 매개 부재가 직접성요건이라는 데서 출발하는 점에서 위의 결정례들의 기저와 동떨어진 별개의 것은 아니다. 그럼에도 별도로 보는 이유는 직접성 결여 사유로서 많은 결정례들을 가져오게 한 중요 사유를 사례군으로서 살펴보아 직접성 법리의 이해와 적용예측을 위한 것이다.

(1) 법령의 집행행위가 재량행위인 경우의 그 법령의 기본권침해 직접성 부인

집행행위를 재량행위(裁量行爲)로 법령이 규정한 경우에는 기본권침해를 가져오는 그 집행행위가 행해질지 여부는 그 행정청의 재량에 맡겨져 있으므로 그 법령조항에서 확정적인 집행행위가 바로 나오는 것이 아니므로 그 법령조항이 직접성을 가질 수 없다고 본다.

1) '재량성' 여부 판단기준

규정의 문언이 '할 수 있다'라는 경우가 일단은 재량을 준다고 할 것이다. 그러나 반드시 문언으로만 판단할 것은 아니고 내용상 실질적으로 어떤 특정 행위를 할 수밖에 없는 경우에는 기속적이라고 할 것이다. 아래 헌재의 결정례도 그런 판시를 보여주고 있다. 즉 헌재는 "그러나 규정 문언이 ' … 수 있다'라고 하더라도 당해 행위가 속하는 행정분야의 주된 목적과 특성, 당해 행위 자체의 개별적 성질과 유형 등을 모두 고려하여 판단하여 행정청에 재량의 여지가 없다고 한다면 이는 기속행위"라고 한다. 사안은 "금고 이상의 형을 선고받고 그 집행이 종료되거나 그 집행을 받지 아니하기로 확정된 후 5년을 경과하지 아니한 자는 변호사가 될 수 없다"라고 규정한 구 변호사법 제5조 제1호(이하 '이 사건 법률조항')에 대해 변호사이었던 사람이 2005.5.26. 징역 1년 6월 형 판결의 확정으로 복역 중 자신의 직업선택의 자유 등을 침해한다는 주장으로 2005.10.11. 그 위헌확인을 구하는 헌법소원심판을 청구한 사건이다. 헌재는 위와 같은 결격사유가 있는 경우 동법 제7조가 등록을 "거부할 수 있다"라고 규정하고 있으나 위와 가은 법리를 설시한 뒤 기속적인 것이라고 판시하여 직접성을 인정하였다.

> ['재량성' 여부 판단기준] - 문언으로만 판단할 것은 아님
> ▷ "규정 문언이 ' … 수 있다'라고 하더라도 당해 행위가 속하는 행정분야의 주된 목적과 특성, 당해 행위 자체의 개별적 성질과 유형 등을 모두 고려하여 판단하여 행정청에 재량의 여지가 없다고 한다면 이는 기속행위"

판례 헌재 2006.4.27. 2005헌마997

[판시] 변호사법 제7조는 '자격등록'이라는 제하에 "변호사로서 개업을 하고자 하는 때에는 대한변호사협회에 등록을 하여야 한다."(제1항), "제1항의 등록을 하고자 하는 자는 입회하고자 하는 지방변호사회를 거쳐 등록신청을 하여야 한다."(제2항)고 규정하고, 제8조는 '등록거부'라는 제하에 "대한변호사협회는 제7조 제2항의 규정에 의하여 등록을 신청한 자가 다음 각 호의 1에 해당하는 때에는 제9조의 규정에 의한 등록심사위원회의 의결을 거쳐 등록을 거부할 수 있다."(제1항)고 하고 제2호에 "제5조의 규정에 의한 결격사유에 해당하는 자"를 규정하고 있다. 따라서 변호사의 결격사유를 규정하고 있을 뿐인 이 사건 법률조항은 변호사가 되려고 하는 자의 등록신청에 대한 대한변호사협회의 등록거부라고 하는 구체적인 집행행위를 매개로 하여 기본권을 침해하는 것으로 볼 여지가 있다. 그러나 규정 문언이 ' … 수 있다'라고 하더라도 당해 행위가 속하는 행정분야의 주된 목적과 특성, 당해 행위 자체의 개별적 성질과 유형 등을 모두 고려하여 판단하여 행정청에 재량의 여지가 없다고 한다면 이는 기속행위라고 보는 것이 행정법계의 일반적 견해이며, 대한변호사협회도 이 사건 법률조항에 대하여 재량권이 없는 기속행위로 보고 금고 이상의 형을 선고받은 모든 변호사에 대하여 일정 기간 변호사 자격등록을 취소하고 있다. 따라서 청구인으로 하여금 등록신청을 한 후 등록거부를 기다려 이를 일반 쟁송의 방법으로 다투라고 하는 것은 불필요한 우회절차를 강요하는 셈이 되는데, 이와 같이 구체적 집행행위가 존재하는 경우라도 권리구제의 기대가능성이 없고 다만 기본권침해를 당한 청구인에게 불필요한 우회절차를 강요하는 것밖에 되지 않는 경우는 당해 법률을 직접 헌법소원의 대상으로 삼을 수 있으므로, 이러한 점에서도 기본권침해의 직접성을 인정할 수 있다고 할 것이다. * 본안판단결과 기각결정을 하였다.

2) 구체적 결정례들

(가) 행정청의 재량행위

① **국세청장의 납세병마개 제조자 지정·고시에 관한 시행령조항** – 기본권침해가 국세청장의 재량적인 지정·고시행위에 의해 발생하므로 시행령조항은 직접성이 결여된다고 본 것이다.

판례 헌재 1998.4.30. 97헌마141

[사건개요] 납세증명표지의 첩부와 동일한 효력이 인정되는 납세병마개 제조자로 특정업체를 지정토록 규정하고 있는 구 특별소비세법시행령 제37조 제3항, 구 주세법시행령 제62조 제4항 및 국세청고시 제1997–2호에 따라 국세청장이 그 지정을 하였는데 지정을 받지 못한 다른 병마개 제조업자들이나 청구인과 같이 병마개 제조업을 개시하려는 신규업체들은 기업의 활동을 크게 제한받게 된다면서 그 시행령규정들과 고시의 위헌확인을 구하는 헌법소원심판을 청구하였다. [심판대상규정] ○구 특별소비세법시행령(1976.12.31. 대통령령 제8408호로 제정되어 1996.12.31. 대통령령 제15185호로 개정된 것) 제37조(명령사항 등) ③ 제2항의 규정에 의하여 국세청장이 지정한 과세물품을 제조하고자 하는 자는 납세 또는 면세사실을 표시하는 증지(이하 이 조에서 '증지'라 한다)를 붙여야 한다. 다만, 국세청장이 지정한 업체가 제조한 병마개를 사용하는 경우에는 증지를 붙인 것으로 보며, (이하 생략) ○구 주세법시행령(1970.7.13. 대통령령 제5197호로 제정되어 1995.12.30. 대통령령 제14867호로 개정된 것) 제62조(납세증명표지) ④ 제1항의 납세병마개는 국세청장이 지정하는 자가 제조한 것을 사용해야 한다. ○구 국세청고시 제1997–2호(1997.2.5.)(납세병마개 제조자 지정 고시)(* 이 고시는 국세청장에 의해 납세병마개 제조자로 결정, 지정된 제조업자들을 직접 열거하여 명시하는 내용임 – 저자 주) [관련판시] 법령에 근거한 구체적인 집행행위가 재량행위인 경우에는 법령은 집행기관에게 기본권침해의 가능성만을 부여할 뿐 법령 스스로가 기본권의 침해행위를 규정하고 행정청이 이에 따르도록 구속하는 것이 아니고, 이때의 기본권의 침해는 집행기관의 의사에 따른 집행행위, 즉 재량권의 행사에 의하여 비로소 이루어지고 현실화되므로 이러한 경우에는 법령에 의한 기본권침해의 직접성이 인정될 여지가 없다. 특별소비세법시행령 제37조 제3항 단서는 "다만, 국세청장이 지정한 업체가 제조한 병마개를 사용하는 경우에는 증지를 붙인 것으로 보며, …"라고 규정하고 있고, 주세법시행령 제62조 제4항은 "제1항의 납세병마개는 국세청장이 지정하는 자가 제조한 것을 사용해야 한다"고 규정하고 있다. 그런데 청구인이 주장하는 기본권의 침해는 국세청장에게 지정권한을 부여하는 이 사건 조항들에 의하여 발생하는 것이 아니라, 이 사건 조항들이 부여한 재량권을 구체적으로 행사한 별도의 집행행위인 국세청장의 납세병마개 제조자 지정·고시에 의하여 비로소 현실적으로 발생한다고 보아야 한다. 이 사건 조항들은 집행관청인 국세청장의 의사에 따라 청구인의 기본권이 경우에 따라서는 침해될 수 있는 가능성만을 규정하고 있을 뿐, 이 사건 조항들 자체가 청구인의 기본권에 대한 침해행위를 직접 규정하고 있지는 않기 때문이다. 다시 말하면 이 사건 조항들은 일방적으로 기본권을 제한하거나 의무를 부과하는 규정이 아니라 국세청장의 지정여부에 따라 혜택과 불이익의 가능성을 동시에 담고 있는 복효적 성격을 지닌다. 그러므로 만일 국세청장이 청구인을 납세병마개 제조자로 지정하였다면 청구인의 기본권이 침해될 여지가 없다는 점을 감안한다면, 청구인의 기본권침해는 이 사건 조항들에 의해서가 아니라 청구인을 배제하고 다른 경업자를 납세병마개 제조자로 지정한 국세청장의 지정행위에 의하여 비로소 발생하였음이 분명하다. 따라서 이 사건 조항들을 직접 심판대상으로 하는 이 사건 헌법소원은 직접성 요건을 갖추지 못하여 부적법하다.

② **학교급식, 전문직원의 배치를 정한 학교급식법 제7조 제2항에 대한 청구** – 학교급식의 원칙적 운영방식이 학교장의 직영방식으로 전환되자 학교에 위탁급식을 제공하고 있는 위탁급식

업체들이 학교급식을 위한 영양교사, 전문직원의 배치, 학교급식에 관한 업무위탁의 범위 등을 정한 학교급식법 제7조 제1항과 제2항 및 제15조 제3항이 자신들의 직업의 자유 등을 침해한다고 주장하는 헌법소원심판을 청구한 것인데 이 중 전문직원을 배치할 수 있게 한 위 제7조 제2항에 대해 재량행위성을 들어 직접성이 결여되었다고 본 것이다.

판례 헌재 2008.2.28. 2006헌마1028
[판시] 법령에 근거한 구체적인 집행행위가 재량행위인 경우, 법령 스스로가 기본권의 침해행위를 규정하고 행정청이 이에 따르도록 구속하는 것이 아니며, 이때의 기본권의 침해는 집행기관의 의사에 따른 집행행위, 즉 재량권의 행사에 의하여 비로소 이루어지고 현실화되므로 이러한 경우에는 법령에 의한 기본권침해의 직접성이 인정될 여지가 없을 뿐만 아니라, 위 조항으로 인하여 청구인들의 어떠한 헌법상 기본권이 제한될 여지도 없다.

③ **학교교과교습학원 및 교습소의 심야교습을 제한하고 있는 조례의 근거가 되는 '학원의 설립·운영 및 과외교습에 관한 법률'**(2007.12.21. 법률 제8711호로 개정된 것, 이하 '학원법') **제16조 제2항 전문**("교육감은 학교의 수업과 학생의 건강 등에 미치는 영향을 고려하여 시·도의 조례로 정하는 범위에서 학교교과교습학원 및 교습소의 교습시간을 정할 수 있다")

판례 헌재 2016.5.26. 2014헌마374
[판시] 법령에 근거한 구체적인 집행행위가 재량행위인 경우에는 기본권 침해는 집행기관의 의사에 따른 집행행위, 즉 재량권의 행사에 의하여 비로소 이루어지고 현실화되므로 이러한 경우에는 법령에 의한 기본권 침해의 직접성이 인정될 여지가 없다. 위 학원법조항은 학원 등의 교습시간 지정에 관하여 조례의 시행을 예정하면서, 교습시간 지정이 필요한지 여부부터 지정할 경우 교습시간의 범위 등에 이르기까지 교육감에게 재량권을 부여하고 있다. 청구인들이 주장하는 기본권 침해의 법률효과는 조례 또는 교육감의 교습시간 지정행위에 의하여 비로소 발생하는 것이지, 학원법조항에 의하여 곧바로 발생하는 것이 아니므로 기본권 침해의 직접성이 인정되지 않는다. 따라서 학원법 조항에 대한 심판청구는 부적법하다.

④ **대규모점포에 대한 영업시간 제한 및 의무휴업일 명령** − 지방자치단체의 장이 대규모점포 등에 대하여 일정한 범위의 영업시간 제한 및 의무휴업을 명할 수 있도록 규정한 구 유통산업발전법(2012.1.17. 법률 제11175호로 개정되고, 2013.1.23. 법률 제11626호로 개정되기 전의 것) 제12조의2 제1항, 제2항, 제3항(이하 '이 사건 법률조항')

판례 헌재 2013.12.26. 2012헌마162등
[판시] 시장 등 지방자치단체의 장은 영업시간 제한 및 의무휴업일 지정과 관련하여 그러한 조치가 필요한지 여부 및 이를 시행할지 여부에 관한 판단에 있어 재량권을 가지고 있고, 구체적인 시행과 관련하여서도 특정시간대 또는 특정일(휴일 포함 여부)을 지정하여 시행할 수 있는 재량권도 가지고 있다. 따라서 청구인들이 주장하는 기본권 침해의 법률효과는 시장 등 지방자치단체의 장이 해당 지방자치단체의 실정에 따라 영업시간 제한 및 의무휴업일 지정에 관한 구체적인 처분을 하였을 때 그 처분에 의하여 비로소 발생하는 것이지, 이 사건 법률조항에 의하여 곧바로 발생하는 것이 아니므로 기본권 침해의 직접성을 인정할 수 없다.

* 위 결정 이후 내용이 약간 개정되긴 하였으나 영업시간제한 의무휴업 명령제가 비슷하게 골격이 유지된 유통산업발전법(2013.1.23. 법률 제11626호로 개정된 것)의 같은 제12조의2 제1항, 제2항, 제3항에 대해서도 마찬가지로 직접성이 부정되었다. 아래 2013헌마269등 결정이 그것이다. 역시 재량성을 근거로 직접성을 부정한 것이었다.

판례 헌재 2013.12.26. 2013헌마269등

[판시] 청구인들이 주장하는 기본권 침해의 법률효과는 지방자치단체의 장이 영업시간 제한 및 의무휴업일 지정에 관한 구체적인 처분을 하였을 때 그 처분에 의하여 비로소 발생하는 것이지, 이 사건 법률조항에 의하여 곧바로 발생하는 것이 아니므로 기본권 침해의 직접성을 인정할 수 없다. 또한 유통법 제12조의2 제3항이 매월 이틀의 의무휴업일을 정할 것을 규정하여 의무휴업일지정일수에 대하여는 지방자치단체의 장의 재량이 인정되지 않더라도, 의무휴업일을 지정할 것인지 여부에 대하여는 지방자치단체의 장에게 재량이 인정되기 때문에 지방자치단체의 장이 의무휴업일을 지정하는 집행행위를 하기 전에는 청구인들의 법적 지위나 권리·의무는 어떠한 영향도 받지 않는다. 그러므로 이 사건 심판청구는 기본권침해의 직접성이 인정되지 않아 부적법하다.

그런데 위 사안에서는 매월 이틀을 의무휴업일로 지정하여야 한다고('할 수 있다'가 아니고 '하여야 한다'라고) 개정되어 이는 법령 자체에 의하여 권리의무에 관한 사항이 일의적이고 명백하게 규정되는 경우라서 직접성이 있다는 주장에 대해 의무휴업일 지정을 할 것인지 자체는 재량이고 지정을 하게 되면 이틀을 지정하여야 한다는 의미에서 이 주장을 배척하고 직접성을 부정하였다. * 이 결정에 대한 자세한 것은 뒤의 '(바) 행위내용이 확정적이나 그 행위 여부가 재량적인 경우(결정재량의 경우)' 부분 참조.

* 위 결정들 이후 개정된 유통산업발전법(2013.1.23. 법률 제11626호로 개정된 것) 제12조의2 제1항, 제2항, 제3항에 대해 제기된 위헌소원심판에서 명확성원칙을 지키고, 과잉금지원칙을 준수하여 직업수행의 자유를 침해하지 않으며 평등원칙을 지켜 합헌성이 인정된다는 합헌결정이 내려졌다(헌재 2018.6.28. 2016헌바77등).

⑤ **도서관이용의 연령에 따른 제한 및 도서관장에 의한 예외적 허용** – 국립도서관 이용연령을 16세 이상인 자로 하되, 도서관장이 필요하다고 인정하는 자는 예외로 할 수 있도록 한 '국립도서관 … 이용규칙 시행세칙' 규정은 16세 미만자에 대한 확정적 제한이 아니라 예외인정의 재량이 도서관장에 부여되므로 그 규정의 직접성이 결여된다고 보았다.

판례 헌재 2019.8.29. 2018헌마274

[심판대상조항] 구 '국립중앙도서관과 그 소속 도서관 이용규칙 시행세칙'(2010.5.25. 국립중앙도서관규정 제422호로 개정되고, 2018.12.10. 국립중앙도서관규정 제559호로 개정되기 전의 것) 제3조(이용대상 및 절차) ① 도서관의 이용대상자는 정보이용·조사·연구 등을 목적으로 소장 도서관자료를 이용하고자 하는 16세 이상인 자로 한다. 다만, 도서관장이 필요하다고 인정하는 자는 예외로 할 수 있다. [판시] 이 사건 심판대상조항은 16세 미만인 자에 대하여 국립중앙도서관의 자료 이용을 확정적으로 제한하는 것이 아니고, 국립중앙도서관장이 필요하다고 인정하는 경우에 예외적으로 국립중앙도서관의 자료이용이 가능하도록 규정하고 있다. 이 사건 심판대상조항은 국립중앙도서관장이 필요하다고 인정하는 경우 임의적으로 도서관 이용에 필요한 조치를 취할 수 있도록 국립중앙도서관장에게 재량을 부여하고 있다. 그렇다면 청구인에 대한 기본권 침해는 구체적 집행행위인 국립중앙도서관장의 도서관 자료이용을 위한 입관 또는 이용증 발급 등 도서관 이용 승인 거부에 의하여 비로소 발생하는 것일 뿐 이 사건

심판대상조항에 의하여 발생하는 것이 아니다. 따라서 이 사건 심판대상조항은 기본권 침해의 직접성이 인정되지 아니하므로 헌법소원의 대상이 될 수 없다.

* 검토 - i) 결국 재량적 처분에 대해 행정소송으로 다툴 수밖에 없다는 결과를 가져오는데 기본권구제의 효율성이나 헌법의 문화국가원리 및 그것의 구현을 위한 헌법소원의 존재이유에 비추어 타당한 결과인지는 의문이다. ii) 여기서 "기본권 침해의 직접성이 인정되지 아니하므로 헌법소원의 대상이 될 수 없다"라는 판시는 요건에 대해 뒤섞어 판시하는 것으로 명확한 판시를 위해 시정되어야 할 부분이다.

⑥ **학교**(의대)**폐쇄로 인한 편입학 입학 허가의 시행령조항** - 학교(의대)의 폐쇄로 인해 다른 학교의 동일한 또는 유사한 모집단위로 편입학하는 사람에 대해서는 학년별·연도별·모집단위별 정원의 제한 없이 입학을 허가할 수 있도록 한 고등교육법 시행령(2017.1.17. 대통령령 제27788호로 개정된 것) 제29조 제2항 제15호 중 '고등교육법 제62조 제1항'에 관한 부분에 대한 헌법소원심판청구

판례 헌재 2019.2.28. 2018헌마37등

[판시] 이 사건 시행령 조항은 학교 폐쇄로 인하여 편입학하려는 사람에 대해서는 교육부장관이 정한 정원의 제한을 받지 않고 편입학을 허가할 수 있도록 대학의 장에게 재량을 부여하고 있다. 청구인들이 이 사건 시행령 조항으로 인해 발생하였다고 주장하는 불이익은 J대 총장이 몇 명의 S대 의과대학생을 편입학 하도록 할 지 결정함으로써 비로소 발생하므로, 이 사건 시행령 조항은 기본권 침해의 직접성이 인정되지 않는다.

⑦ **방송통신위원회의 웹하드사업자 기술적 조치에 관한 자료제출 명령권** - 방송통신위원회가 소속 공무원으로 하여금 웹하드사업자의 기술적 조치의 운영·관리 실태를 점검하게 하거나 기록 등 필요한 자료의 제출을 명할 수 있도록 하는 권한을 부여하는 구 전기통신사업법(2014.10.15. 법률 제12761호로 개정되고, 2015.12.1. 법률 제13518호로 개정되기 전의 것) 제22조의3 제4항(이하 '조사권한조항'), 웹하드사업자에 대한 제재로 등록 취소, 사업 정지를 할 수 있도록 규정하는 구 전기통신사업법(2014.10.15. 법률 제12761호로 개정되고, 2017.7.26. 법률 제14839호로 개정되기 전의 것) 제27조 제2항 제3호의2(이하 '등록취소 등 조항')

판례 헌재 2018.6.28. 2015헌마545

[판시] 조사권한조항에 의한 기본권 침해의 효과는 방송통신위원회가 소속 공무원으로 하여금 웹하드사업자의 불법음란정보 차단을 위한 기술적 조치의 운영·관리 실태를 점검하게 하거나, 웹하드사업자에게 그 실태에 관한 기록 등 필요한 자료의 제출을 명하는 경우에 비로소 발생한다. 또한, 등록취소 등 조항에 의한 기본권 침해의 효과는 웹하드사업자가 불법음란정보 차단을 위한 기술적 조치를 하지 아니한 때 방송통신위원회가 요청하면 미래창조과학부장관이 웹하드사업자에 대한 등록취소 또는 사업정지를 명하는 경우에 비로소 발생한다. 특히 조사권한조항이나 등록취소 등 조항은 위와 같은 행위를 집행기관의 재량행위로 규정하고 있어, 기본권 침해의 효과는 실제 재량권 행사가 있을 때 비로소 현실화되는 것이므로, 조사권한조항 및 등록취소 등 조항에 대해서는 기본권 침해의 직접성이 인정되지 않는다.

⑧ **방송심의규정의 경미한 위반시 의견제시할 수 있다는 조항** - 방송통신심의위원회는 심의

규정 등의 위반정도가 경미하여 제재조치를 명할 정도에 이르지 아니한 경우에는 해당 사업자·해당 방송프로그램 또는 해당 방송광고의 책임자나 관계자에 대하여 권고를 하거나 의견을 제시할 수 있다(방송법 제100조 1항 단서). 헌재는 위 단서 조항에 근거하여 방송통신심의회의 의견제시를 받은 방송사가 ① 그 의견제시와 ② 위 조항 중 '제33조의 심의규정 위반을 이유로 한 방송사업자에 대한 의견제시'에 관한 부분이 방송의 자유를 침해한다는 주장의 헌법소원심판이 청구되었으나 헌재는 ① 그 의견제시는 헌법소원심판의 대상이 되지 않는 비권력적 사실행위라는 이유로, ② 위 조항 규정에 대해서는 그 규정이 방송통신심의회의 심의·의결을 거친 '의견제시'라는 구체적인 집행행위를 통해 비로소 영향을 미치게 되므로, 이 사건 법률조항은 기본권 침해의 직접성이 인정되지 아니하여 이 부분 심판청구 역시 부적법하다고 하여 전체 각하결정을 하였다.

판례 헌재 2018.4.26. 2016헌마46

[사건개요] M지상파방송사의 어느 보도에 대한 민원이 제기되자 방송통신심의회가 이를 심의한 후, 2015.10.22. 위 보도가 이해관계가 첨예하게 대립되는 사안을 다룸에 있어 관련 당사자의 의견을 균형 있게 반영하였다고 보기 어려워 '방송심의에 관한 규정'(이하 '심의규정'이라 한다) 제9조 제2항(공정성)을 위반한 것으로 판단되나, 그 위반의 정도가 경미하고 여러 가지 사정을 감안하여 구 방송법 제100조 제1항에 따라 향후 관련 규정을 준수할 것을 내용으로 하는 의견제시를 하였다. 이에 위 방송사는 2016.1.19. 이 사건 의견제시와 그 근거가 된 구 방송법 제100조 제1항이 자신의 방송의 자유 등 기본권을 침해하였다고 주장하면서 헌법소원심판을 청구하였다. [의견제시에 대한 판시] * 앞의 비권력적 사실행위 부분 참조. [위 조항에 대한 판시] 이 사건 법률조항은 해당 방송프로그램이 심의규정에 위반되는 경우에 그 위반 정도 등을 고려하여 구 방송법 제100조 제1항 각 호에 따른 제재조치가 아니라 의견제시를 할 수 있도록 피청구인에게 '재량'을 부여하고 있다. 따라서 이 사건 법률조항은 그 자체에 의하여 청구인과 같은 방송사업자에게 의무를 부과하거나 권리 또는 법적 지위를 박탈하는 것이 아니라, 피청구인의 심의·의결을 거친 '의견제시'라는 구체적인 집행행위를 통해 비로소 영향을 미치게 되므로, 기본권 침해의 직접성이 인정되지 아니한다.

⑨ **경찰서장의 이른바 '물포 발포행위'의 근거 지침** – 이는 최루액을 물에 섞은 용액을 청구인들에게 살수한 행위(이하 '이 사건 혼합살수행위')인데 이 행위의 근거 규정인 '살수차 운용지침'(2014.4.3.) 제2장 중 최루액 혼합살수에 관한 부분(이하 '이 사건 지침'이라 한다)

판례 헌재 2018.5.31. 2015헌마476

[판시] 이 사건 지침에 따라 최루액 혼합살수가 이루어질 것인지 여부는 개별적·구체적 집회 또는 시위현장에서 행정기관의 재량적 판단에 따른 집행행위를 필요로 한다. 따라서 청구인들에 대한 기본권 침해 상황은 이 사건 지침으로 인한 것이 아니라 구체적 집행행위인 '혼합살수행위'로 인하여 발생한 것이다. 따라서 이 사건 지침은 기본권 침해의 직접성을 인정할 수 없고, 이에 대한 헌법소원심판은 부적법하다.

* 검토 – 이 사건에서 헌재는 위 살수행위가 법률유보원칙을 위반하여 위헌임을 확인하는 결정을 하였다. 그런데 헌재는 "이 사건 지침은 법률유보원칙에 위배된다. 따라서 이 사건 지침만을 근거로 한 이

사건 혼합살수행위 역시 법률유보원칙에 위배하여 청구인들의 신체의 자유와 집회의 자유를 침해한 공권력 행사로 헌법에 위반된다"라고 판시하는데 위에서 지침에 대해 직접성을 인정할 수 없어 각하하고서는 이렇게 판시한 것은 의문을 남긴다. 또한 이 사건 지침이 어느 기관이 제정한 것인지(경찰청 내부지침으로보인다) 결정문에서 뚜렷이 밝히지도 않고 있다.

⑩ **공인중개업자 신고내역 조사, 등록취소 조항** – 중개업자가 허위 또는 이중계약서를 작성할 경우 중개사무소 개설등록을 취소할 수 있도록 한 '공인중개사의 업무 및 부동산 거래신고에 관한 법률'(2005.7.29. 법률 제7638호로 전부 개정된 것) 제38조 제2항 제7호(이하 '이 사건 등록취소 조항'), 중개업자가 신고한 사항이 누락되거나 부정확한 경우 관할 행정청으로 하여금 필요한 조치를 취할 수 있도록 한 구 '공인중개사의 업무 및 부동산 거래신고에 관한 법률'(2006.12.28. 법률 제8120호로 개정되고, 2008.6.13. 법률 제9127호로 개정되기 전의 것) 제27조의2(이하 '이 사건 신고내역 조사 조항')

판례 헌재 2009.3.26. 2007헌마988등

[판시] 살피건대, 이 사건 신고내역 조사 조항은 '시장·군수·구청장은 중개업자의 신고사항이 누락되거나 부정확하다고 판단하는 경우 신고내용을 보완하게 하거나 소속공무원으로 하여금 중개업자에게 관련 자료의 제출을 요구하는 등 필요한 조치를 취할 수 있다.'고 규정하고 있고, 이 사건 등록취소 조항은 '등록관청은 중개업자가 거래계약서에 거래내용을 허위로 기재하거나 이중의 계약서를 작성한 경우 중개사무소의 개설등록을 취소할 수 있다.'고 규정하고 있는바, 위 두 심판대상조항은 각 조항이 정한 사유가 발생할 경우 관할관청이 임의적으로 필요한 조치를 취하거나 등록취소를 할 수 있도록 행정청에게 재량을 부여하고 있다. 그렇다면 위 두 조항으로 인한 기본권 침해는 집행기관의 의사에 따른 집행행위에 의하여 비로소 발생하는 것일 뿐 위 조항에 의하여 발생하는 것이 아니므로 기본권 침해의 직접성을 인정할 수 없다.

(나) 재량준칙의 경우

이에 관한 결정례로 교정시설 경비등급별 수형자의 처우 등에 관한 지침'(2011.1.20. 법무부 예규)에 대한 결정을 들 수 있다. 이 지침은 이 교정시설에 수용 중인 수형자를 경비등급에 따라 합리적이고 효율적으로 수용관리하기 위한 처우를 함에 있어 교도소장 등의 재량권 행사의 지침을 규정한 재량준칙이고 따라서 이 지침 제17조(접견), 제18조(전화통화) 등이 직접성이 없다고 본 것이다

판례 헌재 2013.8.29. 2011헌마331등

[결정요지] 이 사건 지침은 교정시설에 수용 중인 수형자를 경비등급에 따라 합리적이고 효율적으로 수용관리하기 위한 처우를 함에 있어 교도소장 등의 재량권 행사의 지침을 규정한 것이다. 따라서 이 사건 지침 제17조 등에 의하여 청구인이 다투는 자유의 제한, 권리 또는 법적 지위 박탈의 법적 효과가 생긴다기보다는 이 사건 지침 제17조 등에 근거한 교도소장의 중(重)경비처우급 수형자에 대한 처우라는 구체적인 집행행위를 통하여 비로소 청구인의 기본권 침해 문제가 발생할 수 있는 것이므로, 이 사건 지침 조항에 대한 헌법소원심판청구는 헌법소원의 직접성 요건을 흠결하여 부적법하다.

(다) 훈령의 경우

- 사회복무요원에 대한 겸직허가규정 사회복무요원이 다른 직무를 겸직하고자 할 경우 복무기관의 장에게 사전에 허가를 받도록 한 '사회복무요원 복무관리 규정'(2014.7.30. 병무청훈령 제1215호로 개정된 것) 제28조 제2항 제1호, '사회복무요원 복무관리 규정'(2014.12.22. 병무청훈령 제1229호로 개정된 것) 제28조 제2항 제4호에 대한 직접성 부정의 결정이었다.

판례 헌재 2019.4.11. 2018헌마262

[판시] 겸직허가조항은 사회복무요원이 본인 또는 가족의 생계유지를 위하여 필요한 경우, 그 밖에 복무기관의 장이 부득이하다고 인정하는 경우에 복무기관의 장이 직무수행에 지장을 주는지를 종합적으로 판단하여 겸직을 허가할 수 있다고 재량사항으로 규정하고 있다. 그렇다면 겸직이 제한됨으로써 청구인이 입는 불이익은 겸직허가조항 자체에 의하여 발생하는 것이 아니라 복무기관의 장의 겸직불허처분이라는 구체적인 집행행위를 통하여 비로소 발생하므로, 겸직허가조항에 대한 심판청구는 기본권침해의 직접성이 인정되지 아니하여 부적법하다. * 이 결정에서 훈령의 법률유보 문제, 법령보충규칙이어서 대상성이 인정되는지 등에 대한 검토가 필요한 사안이었다.

(라) 법원의 파산결정의 재량성

법원이 파산결정에 재량을 가진다고 하여 파산에 관한 규정의 직접성을 부정한 결정이 있다.

판례 헌재 2019.7.25. 2018헌마18

[사안] 파산선고결정을 받은 학교법인이 "법인에 대하여는 그 부채의 총액이 자산의 총액을 초과하는 때에도 파산선고를 할 수 있다"라고 규정한 '채무자 회생 및 파산에 관한 법률'(2005.3.31. 법률 제7428호로 제정된 것) 제306조(법인의 파산원인) 제1항에 대해 법원이 채무초과상태에 있는 학교법인에 대하여도 파산결정을 할 수 있도록 한 이 조항은 헌법적으로 보장되고 있는 사학을 경제 논리로 해산시키는 법률효과를 가져오는 것으로서 헌법에 위반된다는 주장으로 청구한 헌법소원심판. [결정요지] (1) 한편 법령에 근거한 구체적인 집행행위가 재량행위인 경우에는 … 기본권침해의 직접성이 인정될 여지가 없다. (2) 이 사건에서 보건대, 심판대상조항은 '법인에 대하여는 그 부채의 총액이 자산의 총액을 초과하는 때에도 파산선고를 할 수 있다'고 규정하고 있어 법인인 채무자의 파산선고 근거조항이 될 뿐이고, 파산선고는 파산신청권자의 신청에 따른 법원의 결정에 의하여 이루어지게 된다(채무자회생법 제294조 내지 제297조, 제305조). 더욱이 심판대상조항은 법인 부채의 총액이 자산의 총액을 초과하는 경우에도 필요적으로 파산선고를 하도록 한 것이 아니고 법원에 재량을 부여하고 있는바, 심판대상조항에 근거한 법원의 파산선고 결정은 재량행위에 해당한다. 따라서 심판대상조항에 의하여 자유의 제한, 의무의 부과, 권리 또는 법적 지위의 박탈이 생기는 것이 아니라 파산신청권자가 파산신청을 하고 법원에 의한 집행행위, 즉 파산선고를 하는 때에 비로소 심판대상조항에 의한 기본권침해의 법률효과가 발생하는 것이므로 직접성이 인정되지 아니한다. (3) 한편 법규범이 집행행위를 예정하고 있더라도 예외적으로 직접성을 인정할 수 있는 경우에 해당하는지에 대하여 보건대, 그 절차에서 파산선고의 부당성을 다툴 수 있으므로 심판대상조항에 대한 심판청구는 파산결정을 대상으로 하는 구제절차가 없거나 구제절차에 의한 권리구제의 기대가능성이 없어 예외적으로 직접성의 요건을 갖추었다고 볼 수도 없다(* 이 (3) 부분의 자세한 이유판시는 뒤의 직접성 예외인정에 관한 그 부분에 인용된 바를 참조). (4) 따라서 심판대상조항은 기본권침해의 직접성이 인정되지 않으므로 이 사건 청구 중 심판대상조항에 대한 부분은 부적법하다.

(마) 조례의 재량사항인 경우

① **금연구역지정 문제** – 구 국민건강증진법 제9조 제5항(현행법은 7항) "지방자치단체는 흡연으로 인한 피해 방지와 주민의 건강 증진을 위하여 필요하다고 인정하는 경우 조례로 다수인이 모이거나 오고가는 관할 구역 안의 일정한 장소를 금연구역으로 지정할 수 있다"라고 규정하고 있다. 헌재는 "할 수 있다"라는 문언을 재량규정으로 이해하여 아래와 같은 판시를 한 것으로 이해된다.

판례 헌재 2014.9.25. 2013헌마411등

[판시] 지정조항은 지방자치단체로 하여금 흡연으로 인한 피해 방지 등을 위하여 일정한 장소를 금연구역으로 지정할 수 있도록 권한을 부여하고 있으나, 어떤 장소를 금연구역으로 지정할 것인지 여부는 지방자치단체의 재량에 맡겨져 있다. 따라서 청구인 이○○이 주장하는 기본권 침해의 효과는 지방자치단체가 조례를 통하여 금연구역을 지정할 때 비로소 발생한다. 그렇다면 지정조항 자체로 청구인 이○○이 주장하는 것과 같은 기본권이 제한되는 것은 아니고, 지방자치단체의 조례에 따른 금연구역 지정을 통하여 비로소 기본권 침해의 효과가 발생하는 것이므로, 지정조항에 대한 심판청구는 기본권 침해의 직접성 요건을 갖추지 못하여 부적법하다. * 법 제9조 제4항에 정해진 장소에 해당하는 곳은 반드시 전체를 금연구역으로 지정하여야 하는데 이 조항은 본안판단까지 가서 기각결정이 나왔다.

② **소규모 건축물 감리비용에 관한 기준** – 소규모 건축물로서 건축주가 직접 시공하는 건축물 및 분양을 목적으로 하는 건축물 중 대통령령으로 정하는 건축물의 경우에는 허가권자는 감리비용에 관한 기준을 해당 지방자치단체의 조례로 정할 수 있도록 한 건축법(2016.2.3. 법률 제14016호로 개정된 것) 제25조 제12항이 계약의 자유를 침해한다는 주장의 헌법소원심판청구사건이었다.

판례 헌재 2017.5.25. 2016헌마516

[판시] 이조항은 허가권자가 감리비용에 관한 기준을 해당 지방자치단체의 조례로 정할 수 있도록 규정하고 있는바, 감리비용에 관한 기준을 정하는 것이 필요한지, 정한다면 구체적으로 어떠한 기준에 의할지는 허가권자와 해당 지방자치단체의 재량에 맡겨져 있다. 따라서 청구인이 주장하는 기본권 침해의 효과는 해당 지방자치단체가 조례를 통하여 감리비용의 기준을 정할 때 비로소 발생한다. 이와 같이 비용조항 자체로 청구인이 주장하는 것과 같은 기본권이 제한되는 것은 아니고, 지방자치단체의 조례에 따라 감리비용 기준이 정해지면 비로소 기본권 침해의 효과가 발생하는 것이므로, 비용조항에 대한 심판청구는 기본권 침해의 직접성 요건을 갖추지 못하여 부적법하다.

* 위 학원의 심야교습 금지 결정례도 조례에 재량을 준 사안이었다(2014헌마374 인용 참조).

(바) 행위내용이 확정적이나 그 행위 여부가 재량적인 경우(결정재량의 경우)

재량은 어떤 행위를 택하여야 할 것인가 하는 데 대한 재량뿐 아니라(선택재량) 정해진 어떤 행위가 있을 때 그 행위를 할 것인지 하는 결정 여부에 대한 재량도 있다(결정재량). 후자의 경우에도 재량행위로서 이를 정한 법규범은 헌법소원 직접성이 부정될 것이다. 이런 문제가 지방자치단체의 장이 대형마트 및 준대규모점포에 대하여 일정한 범위의 영업시간 제한 및 의

무휴업을 명할 수 있도록 규정한 유통산업발전법(2013.1.23. 법률 제11626호로 개정된 것, 이하 '유통법'이라 한다) 제12조의2 제1항, 제2항, 제3항에 대한 헌법소원심판에서 나타났다. 위 유통산업발전법은 개정법인데 그 이전에도 헌법소원심판이 청구되었는데 헌재는 이 지방자치단체의 장의 그 제한·지정의 권한은 재량적인 것이고 따라서 해당 처분이 있을 때 침해가 인정되므로 직접성이 없다고 각하결정을 하였다(헌재 2013.12.26. 2012헌마162). 이후 개정된 같은 조항들(법률 제11626호, 2013.1.23, 일부개정)의 영업시간 제한 및 의무휴업일 지정제는 그 골격은 그대로 유지된 채 거의 비슷하게 규정되고 있는데 개정규정에서는 조례로 제외할 수 있는 농수산물 대규모점포로 그 매출액 비중이 이전의 51%에서 55퍼센트 이상으로 변경되었고 재량으로 정할 수 있는 영업시간 제한에 있어서 그 범위를 오전 0시에서 이전의 오전 8시까지를 오전 10시까지로 확대하였으며 의무휴업일 지정 자체도 재량이나 지정한다면 매월 이틀을 의무휴업일로 지정하여야 한다는 규정으로 변경되었다. 이 개정된 조항들에 대해서도 헌법소원심판이 청구되었는데 이 심판에서 직접성 요건 판단에서 새로운 문제는 이처럼 매월 이틀을 의무휴업일로 지정하여야 '한다', 즉 '할 수 있다'가 아니고 '하여야 한다'라고 개정되어 이는 법령 자체에 의하여 권리의무에 관한 사항이 일의적이고 명백하게 규정되는 경우라서 직접성이 있다는 주장이 제기된 것이다. 헌재는 그러나 위에 언급한 대로 의무휴업일 지정 자체는 재량이고(*즉 결정재량으로 이해된다. * 저자 주) 지정을 하게 되면 이틀을 의무휴업해야 한다는 의미로 해석된다고 하여 결국 재량적이고 따라서 직접성이 없다고 하여 역시 전체 각하결정을 하였다. 결국 아래 네모 속과 같이 정리되겠다.

지정행위의 재량성 + 지정내용(일수)의 확정 = 재량

판례 헌재 2013.12.26. 2013헌마269등

[심판대상조항] 유통산업발전법(2013.1.23. 법률 제11626호로 개정된 것) 제12조의2(대규모점포 등에 대한 영업시간의 제한 등) ① 특별자치시장·시장·군수·구청장은건전한 유통질서 확립, 근로자의 건강권 및 대규모점포 등과 중소유통업의 상생발전을 위하여 필요하다고 인정하는 경우 대형마트(대규모점포에 개설된 점포로서 대형마트의 요건을 갖춘 점포를 포함한다)와 준대규모점포에 대하여 다음 각 호의 영업시간 제한을 명하거나 의무휴업일을 지정하여 의무휴업을 명할 수 있다. 다만, 연간 총매출액 중 「농수산물 유통 및 가격안정에 관한 법률」에 따른 농수산물의 매출액 비중이 55퍼센트 이상인 대규모점포 등으로서 해당 지방자치단체의 조례로 정하는 대규모점포 등에 대하여는 그러하지 아니하다. 1. 영업시간 제한 2. 의무휴업일 지정 ② 특별자치시장·시장·군수·구청장은 제1항 제1호에 따라 오전 0시부터 오전 10시까지의 범위에서 영업시간을 제한할 수 있다. ③ 특별자치시장·시장·군수·구청장은 제1항 제2호에 따라 매월 이틀을 의무휴업일로 지정하여야 한다. 이 경우 의무휴업일은 공휴일 중에서 지정하되, 이해당사자와 합의를 거쳐 공휴일이 아닌 날을 의무휴업일로 지정할 수 있다. [판시] 가. 유통법 제12조의2 제1항 및 제2항에 대한 판단 – 유통법 제12조의2 제1항 및 제2항에 따르면, 특별자치시장 등은 대형마트 등의 영업시간 제한 및 의무휴업일 지정과 관련하여 그러한 조치가 필요한지 여부 및 이를 시행할지 여부에 관한 판단에 재량권을 가지고 있고, 구체적인 시행과 관련하여서도 영업시간

제한의 경우 오전 0시부터 오전 10시까지의 범위에서 특정시간대를 지정하여 시행할 수 있는 재량권도 가지고 있다. 따라서 청구인들이 주장하는 기본권 침해의 법률효과는 특별자치시장 등 지방자치단체의 장이 해당 지방자치단체의 실정에 따라 영업시간 제한 및 의무휴업일 지정에 관한 구체적인 처분을 하였을 때 그 처분에 의하여 비로소 발생하는 것이지, 위 조항들에 의하여 곧바로 발생하는 것이 아니므로 기본권 침해의 직접성을 인정할 수 없다. 나. 유통법 제12조의2 제3항에 대한 판단 – 집행행위가 존재한다고 하더라도 행정청의 재량 여지가 없는 경우에는 법령 자체에 의하여 청구인들의 권리의무에 관한 사항이 일의적이고 명백하게 규정되어 있어 집행행위 이전에 국민의 법적 지위를 결정적으로 정하는 것이라고 볼 수 있으므로 기본권 침해의 직접성이 인정됨은 물론이다(헌재 2006.4.27. 2005헌마997 등 참조). 그런데 유통법 제12조의2 제3항은 특별자치시장 등이 제1항 제2호에 따라 매월 이틀을 의무휴업일로 지정하여야 하고, 이 경우 의무휴업일은 공휴일 중에서 지정하되, 이해당사자와 합의를 거쳐 공휴일이 아닌 날을 의무휴업일로 지정할 수 있다고 규정하고 있다. 위 조항에 따라 특별자치시장 등 지방자치단체의 장이 재량의 여지없이 매월 이틀을 의무휴업일로 지정하여야 한다면 위 조항은 집행행위 이전에 이미 청구인들의 권리관계를 직접 변동시키거나 법적 지위를 결정한다고 할 것이므로 기본권 침해의 직접성을 인정할 수도 있을 것이다. 그러나 앞서 본 것처럼 유통법 제12조의2 제1항에 따르면 지방자치단체의 장에게 대형마트 등에 대하여 영업시간 제한 및 의무휴업일 지정이 필요한지 여부에 대한 판단, 그 판단에 따른 대형마트 등의 영업시간 제한 및 의무휴업의 시행 여부 등에 대한 재량권을 부여하고 있고, 유통법 제12조의2 제3항은 같은 조 제1항 제2호를 전제로 한 규정이므로 지방자치단체의 장이 재량의 여지없이 매월 이틀의 의무휴업일을 지정하여야 한다고 볼 수는 없다. 따라서 유통법 제12조의2 제1항 및 제3항의 내용을 종합하면, 지방자치단체의 장은 필요하다고 인정할 경우에 재량으로 의무휴업일을 지정하여 의무휴업을 명할 수 있는데, 의무휴업을 명할 경우에는 제3항에 따라 그 의무휴업일 수(數)를 매월 이틀로 지정하여야 한다는 의미로 해석함이 타당하다. 그런데 의무휴업일 지정 일수에 대하여는 지방자치단체의 장의 재량이 인정되지 않는다고 하더라도 의무휴업일을 지정할 것인지 여부에 대하여 지방자치단체의 장의 재량이 인정되기 때문에, 유통법 제12조의2 제3항이 매월 이틀의 의무휴업일을 정할 것을 규정하고 있다고 하더라도 지방자치단체의 장이 의무휴업일을 지정하는 집행행위를 하기 전에는 청구인들의 법적 지위나 권리·의무는 어떠한 영향도 받지 않는다. 그러므로 위 조항은 집행행위 이전에 법률에 의하여 직접 자유의 제한이나 의무의 부과가 있는 경우라고 볼 수 없으므로 기본권 침해의 직접성이 인정된다고 할 수 없다. 다. 소결 – 따라서 이 사건 법률조항에 대한 심판청구는 기본권 침해의 직접성이 인정되지 않으므로 부적법하다.

(사) 개인정보 보호법 정보제공조항

이 사안도 위 (가)에 포함될 수 있는 것인데 개인정보 영역이어서 따로 정리해본 것이다.

판례 헌재 2018.8.30. 2014헌마368

[판시] 이 사건 정보제공조항은 개인정보처리자에게 개인정보의 수사기관 제공 여부를 결정할 수 있는 재량을 부여하고 있다. 따라서 '개인정보처리자의 개인정보 제공'이라는 구체적인 집행행위가 있어야 비로소 개인정보와 관련된 정보주체의 기본권이 제한되는 것이므로, 이 사건 정보제공조항은 기본권침해의 직접성이 인정되지 않는다. * 동지 : 헌재 2018.8.30. 2016헌마483.

(아) 재량성을 이유로 한 직접성 부정의 그 외 다른 결정례들

– 교정시설 수형자의 텔레비전 시청에 관하여 통합방송, 방송편성시간 조정, 방송프로그램 제한을 규정하는 '형의 집행 및 수용자의 처우에 관한 법률 시행규칙'(법무부령)의 조항들 :

헌재 2019. 4. 11. 2017헌마736.

(2) 위임하는 법률(법령)규정 - 구체화를 위한 하위규범시행 예정 경우의 법률규정 직접성 - 원칙적 부인과 그 예외

1) 원칙

(가) 부정

헌재는 법률규정이 그 규정의 구체화를 위하여 하위규범의 시행을 예정하고 있는 경우 당해 법률 자체는 기본권 침해의 직접성이 인정되지 아니하는 것이 원칙이라고 한다. 법률규정이 구체적 사항을 대통령령(시행령), 총리령, 부령(시행규칙) 등 행정입법에 위임하는 경우에는 그 위임을 받아 구체적 사항을 정하는 행정입법에 대해서는 직접성을 인정하나 위임하는 법률규정 자체에 직접성을 인정하지 않는다. 대통령령이 총리령, 부령 등에 위임하는 경우에도 마찬가지 법리가 적용된다. 그래서 법률(법령)이라고 했다. 다만, 대통령령과 같은 행정입법이 총리령, 부령과 같은 하위의 행정입법에 위임함에 있어서 대통령령과 같은 상위 행정입법도 법률의 위임을 받은 상태에서 위임(결국 재위임)하는 경우일 때이다.

* 재위임일 때도 마찬가지 법리가 적용됨을 보여준 결정례 : 문제가 된 것은 '도시 및 주거환경정비법'(2009.5.27. 법률 제9729호로 개정된 것)상 세입자에 대한 주거이전비 보상기준이었다. 그런데 그 보상기준에 대해에 관한 규정은 제40조 제1항(이하 '이 사건 법률조항')이 "정비구역 안에서 정비사업의 시행을 위한 토지 또는 건축물의 소유권과 그 밖의 권리에 대한 수용 또는 사용에 관하여는 이 법에 특별한 규정이 있는 경우를 제외하고는 「공익사업을 위한 토지 등의 취득 및 보상에 관한 법률」을 준용한다. 다만, 정비사업의 시행에 따른 손실보상의 기준 및 절차에 관하여는 대통령령으로 따로 정할 수 있다"라고 규정하고, '도시 및 주거환경정비법 시행령'(2009.8.11. 대통령령 제21679호로 개정된 것) 제44조의2 제2항(이하 '이 사건 시행령 조항')은 "주거이전비 보상대상자의 인정기준 및 영업손실의 보상기준에 관하여 구체적인 사항은 국토해양부령으로 따로 정할 수 있다"라고 규정하며, '도시 및 주거환경정비법 시행규칙'(2009.12.1. 국토해양부령 제183호로 개정된 것) 제9조의2 제2항(이하 '이 사건 시행규칙 조항')이 "영 제44조의2 제2항에 따라 「공익사업을 위한 토지 등의 취득 및 보상에 관한 법률 시행규칙」 제54조 제2항에 따른 주거이전비의 보상은 영 제11조에 따른 공람공고일 현재 해당 정비구역에 거주하고 있는 세입자를 대상으로 한다"라고 규정하고 있다. 즉 법률 → 시행령 → 시행규칙으로 위임, 재위임되고 있다. 그래서 위임하는 법률, 재위임하는 시행령은 직접성이 없고 시행규칙이 관건이 되어 버린 사안이다. 사안에서 이 시행규칙조항이 직접성의 예외적 인정요건(이에 대해서는 후술 참조)을 갖추어 직접성이 인정되었다. 즉 이 사건 시행규칙 조항은 일의적이고 명백한 기준에 근거하여 부담하는 법령상 보상의무를 정하고 있고 보상기준에 대하여 헌법소원 이외의 방법으로 다투려면, 이러한 보상기준에 따르지 아니한 보상계획 등으로 사업시행인가를 신청한 후 그에 대한 거부처분의 취소를 구하면서 그 전제가 되는 보상기준의 위헌성 여부를 다툴 수밖에 없으나, 이는 불필요한 우회절차를 강요하는 것이라고 보아 직접성을 인정하였다.

판례 헌재 2012.7.26. 2010헌마7등

[판시] (1) 이 사건 법률조항 및 이 사건 시행령 조항의 경우 – 이 사건 법률조항 및 이 사건 시행령 조항은 청구인들이 다투고자 하는 도시정비법상 사업시행자의 '세입자에 대한 주거이전비 보상기준'의

구체적 내용에 관하여 하위법령의 시행을 예정하고 있으므로, 주택재개발 정비사업조합과 그 조합원에 해당하는 청구인들의 심판청구 중 이 사건 법률조항 및 이 사건 시행령 조항에 대한 심판청구 부분은 기본권침해의 직접성이 없어 부적법하다. (2) 이 사건 시행규칙 조항의 경우 (가) 법규범의 내용이 일의적이고 명백한 것이어서 집행행위 이전에 이미 국민의 권리관계를 직접 변동시키거나 법적 지위가 그 집행행위의 유무나 내용에 의하여 좌우될 수 없을 정도로 확정된 상태인 경우 또는 집행행위를 대상으로 하는 구제절차가 없거나, 구제절차가 있다고 하더라도 권리구제의 기대가능성이 없고 기본권침해를 당한 청구인에게 불필요한 우회절차를 강요하는 것밖에 되지 않는 경우에는 구체적인 집행행위가 예정되어 있더라도 당해 법령 등을 직접 헌법소원심판의 대상으로 삼을 수 있다. (나) 이 사건 시행규칙 조항에 따르는 세입자에 대한 주거이전비의 보상 내용은, 사업시행계획서의 작성 및 그 인가, 관리처분계획의 수립 및 그 인가를 통하여 구체적인 세입자의 현황 및 보상액수로 확정되므로, 이에 따른 보상의무의 구체적 내용은 정비사업조합의 경우에는 사업시행인가, 조합원의 경우에는 관리처분계획에 의하여 정해진다. 그런데 정비사업조합이 수립하는 사업시행계획이나 관리처분계획은 관할 행정청으로부터 인가를 받음으로써 효력이 발생하므로, 사업시행계획이나 관리처분계획을 수립하는 정비사업조합으로서는 이 사건 시행규칙 조항이 규정하는 바에 따라 세입자에 대한 주거이전비를 보상하는 내용의 계획을 수립할 의무를 부담하게 된다. 또한 세입자에 대한 주거이전비 보상의 실질적 부담 주체인 조합원의 입장에서 보더라도, 관리처분계획은 법령이나 조합정관에서 정해진 조합원 지위나 구체적 권리·의무를 반영하여 수립되는 것이므로, 조합원의 권리·의무를 확정함에 정비사업조합의 재량이 개입될 여지는 없다. 따라서 비록 사업시행계획서의 작성 및 인가, 관리처분계획의 수립 및 그 인가 등을 통하여 구체적인 세입자의 현황과 보상액수로 주거이전비 보상의 내용이 확정된다 하더라도, 이는 정비사업조합이 이 사건 시행규칙 조항의 일의적이고 명백한 기준에 근거하여 부담하는 법령상 보상의무의 내용에 따르는 것이므로, 이 사건 시행규칙 조항은 그 집행행위의 유무나 내용에 의하여 좌우될 수 없을 정도로 사업시행자인 정비사업조합과 그 조합원의 법적 지위를 정하고 있다 할 것이다. 한편, 사업시행자인 정비사업조합이 이 사건 시행규칙 조항이 정하는 세입자에 대한 주거이전비 보상기준에 대하여 헌법소원 이외의 방법으로 다투려면, 이러한 보상기준에 따르지 아니한 보상계획 등으로 사업시행인가를 신청한 후 그에 대한 거부처분의 취소를 구하면서 그 전제가 되는 보상기준의 위헌성 여부를 다툴 수밖에 없으나, 이는 불필요한 우회절차를 강요하는 것이다. 조합원의 입장에서도 관리처분계획이 법령에 의하여 정해진 조합원의 권리·의무에 따라 수립되는 점을 고려하면, 비록 인가된 관리처분계획을 항고소송으로 다툴 수 있다 하더라도, 관리처분계획의 내용 중 이 사건 시행규칙 조항의 기준에 따라 세입자에 대한 주거이전비 보상액을 부담하는 부분에 관해서는 불필요한 우회절차를 강요하는 것이 된다. 따라서 주택재개발 정비사업조합 및 그 조합원에 해당하는 청구인들의 이 사건 시행규칙 조항에 대한 심판청구 부분은 기본권침해의 직접성이 인정된다.

(나) 위임하는 법규정에 대한 심판청구에서 직접성 부정하는 결정례

① **인터넷선거보도심의위원회에 대한 위임** – 이 위원회로 하여금 인터넷 선거보도의 공정을 보장하기 위하여 필요한 사항을 정하여 공표하도록 정한 공직선거법(2004.3.12. 법률 제7189호로 개정된 것) 제8조의5 제6항이 표현의 자유를 침해한다는 주장으로 청구된 헌법소원심판사건이었다.

판례 헌재 2019.11.28. 2016헌마90

[판시] 법률조항 자체가 헌법재판소법 제68조 제1항의 헌법소원의 대상이 될 수 있으려면 그 법률조항에 의하여 구체적인 집행행위를 기다리지 않고 직접 자기의 기본권을 침해받아야 한다. 집행행위에는 입법행위도 포함되므로 법률규정이 그 규정의 구체화를 위하여 하위규범의 시행을 예정하고 있는 경우에는 원칙적으로 당해 법률의 직접성은 부인된다(헌재 2013.6.27. 2011헌마475 참조). 이 사건 공선법

조항은 인터넷선거보도심의위원회로 하여금 인터넷 선거보도의 공정을 보장하기 위하여 필요한 사항을 정하여 공표하도록 위임하고 있고, 인터넷언론사에 일정 기간 후보자 명의의 칼럼 등을 게재하지 못하도록 하여 청구인의 표현의 자유를 제한하는 것은 구체적으로 이 사건 시기제한조항으로 인한 것이므로, 이 사건 공선법조항 자체가 직접 청구인이 다투고자 하는 기본권을 침해한다고 볼 수 없다. 따라서 이 사건 공선법조항에 대한 심판청구는 기본권 침해의 직접성을 갖추지 못하여 부적법하다. * 이처럼 위 공선법조항에 대한 청구는 기본권 침해의 직접성을 갖추고 있지 않아 각하되었으나 이 공선법조항의 위임으로 제정된 훈령조항, 즉 인터넷언론사에 대하여 선거일 전 90일부터 선거일까지 후보자 명의의 칼럼이나 저술을 게재하는 보도를 제한하는 구 '인터넷선거보도 심의기준 등에 관한 규정'(2011.12.23. 인터넷선거보도심의위원회 훈령 제9호로 제정되고, 2017. 12.8.인터넷선거보도심의위원회 훈령 제10호로 개정되기 전의 것) 등('이 사건 시기제한조항')은 과잉금지원칙에 반하여 청구인의 표현의 자유를 침해한다고 보아 위헌결정이 있었다.

② **'국민기초생활 보장법'**(2014.12.30. 법률 제12933호로 개정된 것) **제6조의3 제3항 중 '실제소득의 산정을 위한 구체적인 범위·기준 등은 대통령령으로 정한다' 부분에 관한 심판청구**

판례 헌재 2019.12.27. 2017헌마1299

[판시] (1) 당해 법률에 근거한 구체적인 집행행위를 통하여 비로소 기본권침해의 법률효과가 발생하는 경우에는 직접성이 없다. 여기에서 말하는 집행행위에는 입법행위도 포함되므로 법률규정이 행정입법, 자치조례 등의 위임입법 내지 하위규범의 시행을 예정하고 있는 경우에는 당해 법률규정의 직접성은 인정되지 않는다. (2) 이 사건 법률조항은 실제소득의 산정을 위한 구체적인 범위·기준 등을 대통령령으로 정하도록 위임하고 있을 뿐이므로, 청구인들이 주장하는 기본권의 침해는 이 사건 법률조항에 따른 대통령령의 제정에 의하여 비로소 발생하는 것이지, 이 사건 법률조항 그 자체에 의하여 곧바로 발생한다고 볼 수 없다. 따라서 청구인들의 이 사건 법률조항에 관한 심판청구는 기본권침해의 직접성 요건을 갖추지 못하여 부적법하다.

③ **'4·16세월호참사 피해구제 및 지원 등을 위한 특별법'**(2015.1.28. 법률 제13115호로 제정된 것) **제15조 제2항**

판례 헌재 2017.6.29. 2015헌마654

[판시] 심의위원회의 심의·의결 사항과 심의위원회의 조직 및 운영 등에 관한 사항을 규정하고 있는 세월호피해지원법 제6조 제3항 후문과 제8조는 심의위원회의 배상금 등 지급결정이라는 집행행위를 예정하고 있다. 따라서 제6조 제3항 후문과 제8조가 직접적으로 청구인들의 자유를 제한하거나 의무를 부과한다고 볼 수 없고, 청구인들의 권리 또는 법적 지위를 박탈하는 것이라고 보기도 어렵다. 또한, 배상금 등의 지급 절차 등에 필요한 사항을 대통령령으로 정하도록 규정하고 있는 세월호피해지원법 제15조 제2항은 대통령령 제정이라는 집행행위를 예정하고 있으므로, 제15조 제2항 자체에서 어떤 의무의 부과나 금지를 설정하고 있다고 보기 어렵다. * 그러나 이 사건에서 배상금 등을 지급받으려는 신청인으로 하여금 '4·16세월호참사에 관하여 어떠한 방법으로도 일체의 이의를 제기하지 않을 것임을 서약합니다'라는 내용이 기재된 배상금 등 동의 및 청구서를 제출하도록 규정한 세월호피해지원법 시행령(2015.3.27. 대통령령 제26163호로 제정된 것) 제15조 중 별지 제15호 서식 가운데 일체의 이의제기를 금지한 부분은 법률유보원칙을 위반하여 청구인들의 일반적 행동의 자유를 침해한다는 위헌결정이 있었다.

④ **등기신청서를 제출할 수 있는 법무법인의 사무원 수 제한 – 이러한 제한은 대법원규칙인**

데 그 제한은 부동산등기법(2011.4.12. 법률 제10580호로 전부개정된 것) 제24조(등기신청의 방법) 제1항 제1호 단서가 한 위임, 즉 "대리인이 변호사인 경우에는 대법원규칙으로 정하는 사무원을 등기소에 출석하게 하여 그 서면을 제출할 수 있다"라고 규정한 데 따른 것이다. 그래서 위 법률규정 자체는 직접성을 가지지 않는다고 판시한 것이다.

판례 헌재 2015.9.24. 2013헌마93

[판시] 이 사건 법률조항은 법무법인이 등기신청업무를 대리하는 경우 일정한 요건을 갖춘 사무원으로 하여금 등기소에 출석하여 등기신청을 할 수 있다고 규정하면서, 등기신청서를 제출할 수 있는 사무원의 요건 등은 대법원규칙으로 정하도록 위임하고 있다. 이에 따라 제정된 부동산등기규칙의 이 사건 규칙조항에서 등기신청서를 제출할 수 있는 사무원의 허가에 관한 사항 및 그 인원의 제한에 관하여 규정하고 있다. 따라서 등기신청대리 업무를 수행할 수 있는 사무원의 수가 제한되는 것은 이 사건 규칙조항에 의한 것이므로, 이 사건 법률조항에 대한 심판청구는 직접성 요건을 갖추지 못하여 부적법하다.

⑤ 응시자격, 시험과목 등의 위임

판례 헌재 2014.4.24. 2012헌마928

[심판대상조항] 구 주택법(2009.2.3. 법률 제9405호로 개정된 것) 제56조(주택관리사등의 자격) ⑤ 제1항에 따른 주택관리사보 자격시험의 응시자격, 시험과목, 시험의 일부 면제, 그 밖에 시험에 필요한 사항은 대통령령으로 정한다. [판시] 이 사건 법률조항은 "주택관리사보 시험의 응시자격…은 대통령으로 정한다."고 규정하여 주택관리사보 자격시험의 응시자격에 대해 언급하면서 그 구체적인 내용에 대해서는 이를 대통령령에 위임하고 있고, 그 위임에 따른 구 주택법 시행령 제76조 제2항은 국토해양부장관이 시험일시·시험장소·시험방법 및 합격기준의 결정 등 시험시행에 관하여 필요한 사항을 시험시행일 90일 전까지 일간신문에 공고하도록 규정하여 이를 다시 국토해양부장관의 시험시행 공고에 위임하고 있으므로, 주택관리사보 자격시험의 응시자격과 결격사유에 대한 기준은 최종적으로 국토해양부장관의 시험시행 공고를 통해 확정된다 할 것이다. 이와 같이 청구인이 주장하는 기본권 침해는 이 사건 법률조항 자체에 의하여 직접 발생하는 것이 아니라, 이 사건 법률조항, 구 주택법 시행령 제76조 제2항에 근거하여 이루어지는 국토해양부장관의 시험시행 공고 등에 의하여 비로소 현실화되는 것이다. 결국 이 사건 법률조항이 직접적으로 청구인의 기본권을 침해하고 있다고 볼 수 없으므로, 이 사건 법률조항에 대한 심판청구는 직접성 요건이 결여되었다.

⑥ **보수 등 위임** – 사회복무요원에게 보수 및 직무수행에 필요한 여비 등을 지급하도록 하면서 그 기준 등에 필요한 사항을 대통령령으로 정하도록 한 병역법(2013.6.4. 법률 제11849호로 개정된 것) 제31조 제5항 본문이 포괄위임금지원칙에 반한다는 주장의 헌법소원심판청구사건이었다.

판례 헌재 2019.4.11. 2018헌마920

[판시] 이 사건 법률조항은 사회복무요원에게 보수 및 직무수행에 필요한 여비 등을 지급하여야 한다고 규정하고 있을 뿐이고, 그 기준 등에 필요한 사항은 대통령령으로 정하도록 위임하고 있다. 청구인은 기본적인 의식주를 제공받는 현역병과 달리 사회복무요원에게는 조·석식비 등이 지급되지 아니하여 불합리한 차별을 받고 있다고 주장하는데, 청구인이 주장하는 기본권침해는 이 사건 법률조항이 아니라

그 위임을 받은 시행령조항에 의하여 비로소 발생하므로, 이 사건 법률조항 자체가 직접 청구인에게 자유의 제한, 의무의 부과, 권리 또는 법적 지위의 박탈이라는 법적 효과를 발생시킨다고 볼 수 없다.

⑦ **의료수가** – 정신질환 의료수가를 1일당 정액수가로 산정하도록 하고, 외래·입원 수가를 낮은 가격으로 유지함으로써, 환자인 오○○, 강○△는 양질의 치료를 받을 수 없게 되므로 인간 존엄가치, 인간다운 생활을 할 권리 등을 침해받고 정신건강의학과 전문의 의사의 직업의 자유 등을 침해한다는 주장의 헌법소원사건에서 의료급여법(2013.6.12. 법률 제11878호로 개정된 것) 제7조가 포괄위임금지원칙에 반한다는 주장으로 헌법소원심판이 청구되었다.

판례 헌재 2018.7.26. 2016헌마431

[판시] 이 사건 법률조항은 단순히 “의료수가기준과 그 계산방법 등에 관하여는 보건복지부장관이 정한다.”라고 규정함으로써 보건복지부장관에게 하위 규범인 고시를 제정·시행할 권한을 부여하고 있다. 즉 이 사건 법률조항은 보건복지부장관의 고시라는 구체적인 하위 규범의 시행을 예정하고 있을 뿐, 그 자체로 청구인에 대하여 자유의 제한, 의무의 부과, 권리 또는 법적 지위의 박탈이라는 법적 효과를 발생시키지 않고 있다. 따라서 이 사건 법률조항이 직접적으로 청구인들의 기본권을 침해하고 있다고 볼 수 없으므로, 청구인들의 이 사건 법률조항에 대한 심판청구는 직접성을 인정할 수 없다.

⑧ **노래연습장의 풍속영업 포함에 관한 위임**

판례 헌재 1996.2.29. 94헌마213

[본안쟁점과 청구인의 주장요지] 노래연습장은 노래를 부르며 즐기는 곳으로 청소년의 놀이공간이 부족한 현실에서는 건전한 휴식공간이며 여가선용의 장소이지 미풍양속을 해하거나 청소년의 건전한 성장을 저해하는 장소가 아니므로 풍속영업법으로 규제하여야 할 영업이 아님에도 불구하고 노래연습장업을 법률도 아닌 대통령령에 의하여 풍속영업에 포함시켜 규제를 하고 일정한 경우에는 형벌까지 과하는 것은 위헌이다. [심판대상규정] 풍속영업의 규제에 관한 법률 제2조(풍속영업의 범위) 이 법에서 ‘풍속영업’이라 함은 다음 각 호의 1 에 해당하는 영업을 말한다(1. 내지 5. 생략). 6. 기타 선량한 풍속을 해하거나 청소년의 건전한 육성을 저해할 우려가 있는 영업으로 대통령령이 정하는 것 [관련판시] 3. 판단 가. 적법요건에 관한 판단 (1) 권리침해의 직접성, 자기관련성 결여 주장에 대하여 – … 법률 규정이 그 규정의 구체화를 위하여 하위규범의 시행을 예정하고 있는 경우에는 당해 법률 규정의 직접성은 부인되는바, 이 사건 심판대상 규정 중 풍속영업의 규제에 관한 법률 제2조 제6호는 구체적 내용을 대통령령으로 정하도록 규정하고 있어 그 자체로 직접 노래연습장업자의 기본권을 침해하고 있지 않으므로 직접성의 요건이 흠결되어 부적법하다. 나. 위헌 여부에 관한 판단 (1) … (2) 이 사건 각 규정의 입법형식상 문제점에 대한 판단 (가) … (나) 법시행령 제2조 제5호와 죄형법정주의 1) 죄형법정주의와 위임입법 … 2) 풍속영업법 제2조 제6호와 위임입법의 한계 – … 풍속영업법 제2조 제6호가 풍속영업법의 적용대상인 풍속영업의 하나로 “기타 선량한 풍속을 해하거나 청소년의 건전한 육성을 저해할 우려가 있는 영업으로 대통령령이 정하는 것”이라고 규정함으로써 그 구체화를 대통령령에 위임하고 있는 것은 부득이한 것으로 허용된다 할 것이다. … 풍속영업의 시설기준 등을 종합하여 평균적인 일반인의 상식에 비추어 보면 풍속영업법 제2조 제6호가 대통령령에 위임하고 있는 영업이란 … 특히 규제의 필요성이 큰 영업임을 쉽게 예측할 수 있다. 그렇다면 법시행령 제2조 제5호는 풍속영업법 제2조 제6호의 정당한 위임의 한계내의 규정이라고 할 것이다. … (다) … 4. 결론 – 그렇다면 이 사건 심판청구 중 풍속영업의규제에관한법률 제2조 제6호에 대한 부분은 부적법하므로 이를 각하하고, 같은법률시행령

제2조 제5호, 제5조 제6호 및 같은법률시행규칙 제4조 제1항 제5호 각 부분은 이유 없으므로 이를 모두 기각하기로 관여재판관 전원의 일치된 의견으로 결정한다.

* 검토 – 위 사안에서 헌재는 "기타 선량한 풍속을 해하거나 청소년의 건전한 육성을 저해할 우려가 있는 영업"을 대통령령으로 정하라고 위임한 위 법 제2조 제6호의 위임에 따라 노래연습장업을 이 영업으로 규정한 위 법시행령 제2조 제5호에 대해 그 위헌성여부를 판단하면서 위 법 제2조 제6호가 포괄위임을 하고 있는지를 실질적으로 판단하였다(이를 보이기 위해 판시인용이 많이 길어지기도 함). 그런데도 각하결정을 한 것은 이해가 쉽지 않다.

⑨ 수형자분류처우에 관한 위임

판례 헌재 2002.12.18. 2001헌마111
[쟁점] 수형자의 분류·처우 및 귀휴에 관하여 필요한 사항은 법무부장관이 정한다고 규정한 행형법(1999.12.28. 법률 제6038호로 개정된 것) 제44조 제5항에 대한 헌법소원에서 기본권침해의 직접성이 인정되는지 여부(부정, 각하결정) [결정요지] 법령 규정이 그 규정의 구체화를 위하여 하위 규범의 시행을 예정하고 있는 경우에는 당해 법령 규정의 직접성은 부인된다. 행형법 제44조 제5항은 "분류·처우 및 귀휴에 관하여 필요한 사항은 법무부장관이 정한다"고 규정하고 있어 이의 위임에 따라 제정된 법무부령인 수형자분류처우규칙의 근거가 되는 법률 조항에 해당할 뿐, 그 자체에 의하여 청구인의 기본권에 영향을 미치는 것이 아니고, 동 조항 및 수형자분류처우규칙을 근거로 한 구체적인 집행행위가 있는 경우에 비로소 청구인의 기본권에 영향을 미치게 되므로 위 행형법 제44조 제5항에 대한 심판청구는 기본권침해의 직접성 요건이 결여되어 부적법하다.

* 구체화를 하위규범시행에 맡기고 있다는 이유로 법령규정의 직접성을 부정한 그 외 예들 : 헌재 1996.2.29. 94헌마213; 2001.1.18. 2000헌마66; 2003.9.25. 2001헌마93등; 2006.6.29. 2005헌마165등; 2008.5.29. 2007헌마1105; 2012.3.29. 2010헌마443등; 2012.5.31. 2011헌마241; 2013.6.27. 2011헌마475; 2013.11.28. 2007헌마1189; 2016.5.26. 2014헌마374; 2016.10.27. 2013헌마450; 2017.4.27. 2014헌마700; 2017.11.30. 2016헌마448; 2018.2.22. 2017헌마438; 2018.3.29. 2015헌마1060; 2018.5.31. 2015헌마853; 2018.7.26. 2016헌마930; 2019.4.11. 2017헌마736 등.

2) 법률규정에 대한 예외적 직접성 인정 - 판례가 인정하는 예외 사유

(가) 수권 법률조항과 시행령조항이 서로 불가분의 관계

가) 의미

위임하는 법률조항과 수임 시행령조항 모두가 직접성을 인정받는다는 의미이다

나) 불가분 기준 - 헌재판례

헌재의 불가분 기준에 관한 법리는 아래와 같다.

[불가분인 경우의 예외인정 기준]

▷ 수권 법률조항과 시행령조항이 서로 불가분의 관계를 이루면서 전체적으로 하나의 규율 내용을 형성하고 있고, 수권 조항과 시행령조항을 서로 분리하여서는 규율 내용의 전체를 파악하기 어려운 경우에는 수권 조항과 시행령조항 모두에 대해 불가분의 일체로서 기본권 침해의 직접성을 인정

다) 결정례

① **모의총포 소지 금지** – 사안은 구 '총포 · 도검 · 화약류 등 단속법'(2003.7.29 법률 제6948호로 개정된 것) 제73조 제1호 중 동법 제11조의 모의총포의 소지 금지(동법 제11조 ① 누구든지 총포와 아주 비슷하게 보이는 것으로서 대통령령이 정하는 것(이하 "모의총포"라 한다)을 제조 · 판매 또는 소지하지 못한다) 규정에 대한 헌법소원심판

판례 헌재 2009.9.24. 2007헌마949

[판시] 집행행위에는 입법행위도 포함되므로 법률 규정이 그 규정의 구체화를 위하여 하위규범의 시행을 예정하고 있는 경우에는 당해 법률 규정의 직접성은 원칙적으로 부인된다(헌재 1996.2.29. 94헌마213, 판례집 8-1, 147, 1 54-155 참조). 다만, 어떤 법률 규정이 하위 법령에 그 규정의 구체화를 위하여 내용의 일부를 위임하고 있는 경우라 하더라도 수권 조항과 시행령조항이 서로 불가분의 관계를 이루면서 전체적으로 하나의 규율 내용을 형성하고 있고, 수권 조항과 시행령조항을 서로 분리하여서는 규율 내용의 전체를 파악하기 어려운 경우에는 수권 조항과 시행령조항 모두에 대해 불가분의 일체로서 기본권 침해의 직접성을 인정할 수 있을 것이다(헌재 2002.6.27. 99헌마480; 2008.6.26. 2005헌마506). 이 사건 법률조항은 총포와 아주 비슷하게 보이는 모의총포의 소지 등을 금지하면서 모의총포의 범위에 관한 구체적 기준을 하위 법령인 대통령령에서 정하도록 위임하고 있다. 모의총포 소지 등의 금지의무는 이 사건 법률조항 자체에서 나온다. 대통령령인 법 시행령 제13조, 별표 5의2(이하 '이 사건 시행령조항'이라 한다.)는 모의총포의 구체적 범위에 관한 기준을 정할 뿐, 소지를 금하는 의무 부과 등 기본권 제한에 관한 사항을 규정하고 있지는 않다. 따라서 모의총포 소지에 관련한 기본권제한은 이 사건 법률조항과 이 사건 시행령조항이 함께 적용될 때 비로소 구체화될 수 있으므로, 이 사건 법률조항과 이 사건 시행령조항은 서로 불가분의 관계를 이루면서 전체적으로 하나의 규율 내용을 형성하고 있고 서로 분리하여서는 규율 내용의 전체를 파악하기 어려운 경우에 해당한다 할 것이다. 그렇다면, 이 사건 법률조항은 이 사건 시행령조항과 불가분의 일체로서 기본권침해의 직접성을 갖추었다고 할 것이다.

* 검토 – 위 사안에서 "이 사건 법률조항과 이 사건 시행령조항은 서로 불가분의 관계를 이루면서 전체적으로 하나의 규율 내용을 형성하고 있고 서로 분리하여서는 규율 내용의 전체를 파악하기 어려운 경우에 해당한다"라고 판시하였지만 정작 법률조항의 포괄위임금지원칙 위반 여부에 대해서만 판단하였다. 헌재는 "청구인들은 … 이 사건 시행령조항에 규정된 모의총포의 범위와 관련하여 규제의 과잉 여부 등에 대하여는 다투지 아니하고, 단지 이 사건 법률조항이 범죄 구성요건 규정으로서 헌법상 포괄위임입법 금지의 원칙 및 죄형법정주의의 명확성 원칙에 위반함을 다투면서 심판대상을 이 사건 법률조항에 한정하고 있다"라고 한 뒤 시행령에 관한 언급으로는 "하위 법령에서 규정될 모의총포란 … 총포와 같이 인명이나 신체에 충분히 위해를 가할 정도의 성능을 갖춘 것(기능의 유사성)'이라고 충분히 예측할 수 있다 할 것이다. 이 사건 시행령조항은 이와 같은 취지에서 모의총포의 범위를 구체화한 것으로 보인다"라는 정도의 언급을 하고 있다.

② **불온통신**

판례 헌재 2002.6.27. 99헌마480

[심판대상조항] 구 전기통신사업법(1991.8.10. 법률 제4394호로 전문개정된 것) 제53조(불온통신의 단속) ① 전기통신을 이용하는 자는 공공의 안녕질서 또는 미풍양속을 해하는 내용의 통신을 하여서는 아니된다. ②제1항의 규정에 의한 공공의 안녕질서 또는 미풍양속을 해하는 것으로 인정되는 통신의 대상 등은 대통령령으로 정한다. 같은 법 시행령 제16조(불온통신) 법 제53조 제2항의 규정에 의한 공공의

안녕질서 또는 미풍양속을 해하는 것으로 인정되는 전기통신은 다음 각호와 같다. 1. 범죄행위를 목적으로 하거나 범죄행위를 교사하는 내용의 전기통신 2. 반국가적 행위의 수행을 목적으로 하는 내용의 전기통신 3. 선량한 풍속 기타 사회질서를 해하는 내용의 전기통신 [판시] 전기통신사업법 제53조 제1항, 제2항, 같은 법 시행령 제16조에 관하여 위 조항들은 서로 불가분의 관계를 가지면서 전체적으로 이른바 불온통신의 내용을 확정하고 이를 금지하는 규정으로서, 전기통신을 이용하는 자들에게 공공의 안녕질서 또는 미풍양속을 해하는 내용의 통신을 하지 말 것을 명하고 있다. 따라서, 전기통신이용자들은 어떠한 집행행위에 의하여 비로소 그러한 불온통신의 금지의무를 지게 되는 것이 아니라, 위 조항들 자체에 의하여 직접 위와 같은 의무를 부담하게 된다고 할 것이므로, 위 조항들은 기본권침해의 직접성의 요건을 갖춘 것으로 보아야 한다.

③ **군 복무기간을 공무원 재직기간으로 산입** – 공무원연금법(2009.12.31. 법률 제9905호로 개정된 것) 제23조 제3항은 군 복무기간을 공무원 재직기간으로 산입할 수 있음을 규정할 뿐 구체적으로 산입이 되는 군 복무기간의 유형과 범위에 관해서는 대통령령에 위임하고 있는데 공무원연금법 시행령(2010.5.31. 대통령령 제22175호로 개정되고, 2012.3.2. 대통령령 제23651호로 개정되기 전의 것) 제16조의2가 그 위임을 받아 비로소 이를 구체화하고 있는바 불가분성을 이유로 양자 모두에 대해 직접성을 인정하였다.

판례 헌재 2012.8.23. 2010헌마328
[판시] 청구인은 공무원연금법 제23조 제3항이 보충역소집에 의한 복무기간을 공무원 재직기간에 산입할 수 있도록 하는 혜택을 부여하였음에도 공무원연금법 시행령 제16조의2가 산업근무요원으로 근무한 자신에게는 그 혜택을 부여하지 않는 것이 평등권을 침해하여 헌법에 위반된다고 다투고 있는바, 이는 앞서 본 바와 같이 수권조항인 공무원연금법 제23조 제3항이 하위법령인 공무원연금법 시행령 제16조의2와 서로 불가분의 관계를 이루면서 전체적으로 하나의 규율 내용을 형성하고 있는 경우라고 할 수 있어, 수권조항과 시행령조항 모두에 대해 기본권 침해의 직접성을 인정할 수 있다 할 것이므로, 공무원연금법 제23조 제3항에 대한 이 사건 심판청구는 직접성 요건을 충족한다.

④ **방송광고 판매대행** – 법률과 시행령조항 모두에 대해 헌법불합치결정이 된 사안이다.

판례 헌재 2008.11.27. 2006헌마352, 판례집 20-2하, 376
[결정요지] 어떤 법률 규정이 하위 법령에 그 규정의 구체화를 위하여 내용의 일부를 위임하고 있는 경우라 하더라도 수권 조항과 시행령 조항이 서로 불가분의 관계를 이루면서 전체적으로 하나의 규율 내용을 형성하고 있고, 수권 조항과 시행령 조항을 서로 분리하여서는 규율 내용의 전체를 파악하기 어려운 경우에는 수권 조항과 시행령 조항 모두에 대해 불가분의 일체로서 기본권 침해의 직접성을 인정할 수 있을 것이다(헌재 2002.6.27. 99헌마480, 판례집 14-1, 625; 헌재 2008.6.26. 2005헌마506, 공보 141, 913 등 참조). 그런데 이 사건 규정인 구 방송법 제73조 제5항은, 지상파방송사업자는 한국방송광고공사 또는 대통령령이 정하는 방송광고 판매대행사가 위탁하는 방송광고물 이외에는 방송광고를 할 수 없다고 규정하고, 구 방송법시행령 제59조 제3항은, 법 제73조 제5항 본문에서 "대통령령이 정하는 방송광고 판매대행사"라 함은 방송광고 판매대행을 위하여 설립된 주식회사로서 한국방송광고공사가 출자한 회사를 말한다고 규정하고 있는바, 이들 규정에 의하면 한국방송광고공사가 아니거나 한국방송광고공사로부터 출자를 받은 방송광고 판매대행사가 아니면 지상파 방송광고 판매대행업을 할 수 없다. 그렇다면 위 구 방송법 조항과 구 방송법시행령 조항은 지상파 방송광고 판매대행 시장 형태와 관련하

여 서로 불가분적으로 결합되어 전체로서 하나의 규범 체계를 형성하고 있음은 물론, 그 자체에서 일반 민영 방송광고판매대행사의 지상파 방송광고 판매대행업을 제한하고 있다고 할 것인바, 이 사건 규정의 기본권 침해의 직접성은 인정된다고 할 것이다.

라) 불가분적으로 결합하여 집행행위 이전에 이미 국민의 권리관계를 직접 확정적으로 정하고 있는 경우

그런 예로 방송광고 사전심의제 결정을 들 수 있다.

판례 헌재 2008.6.26. 2005헌마506

[판시] 이 사건 규정들은 서로 불가분적으로 결합하여 그 자체에서 텔레비전 방송광고의 사전심의라는 의무를 부과하고 있는 것이다. 그렇다면 이 사건 규정들은 집행행위 이전에 이미 국민의 권리관계를 직접 확정적으로 정하고 있다고 할 것이고, 따라서 이 사건 규정들의 권리침해의 직접성은 인정된다. * 이 판시는 불가분적 결합에 대해서뿐 아니라 아래에 보게 될 집행행위 이전에 이미 국민의 권리관계를 직접 확정적으로 정하고 있다는 점도 밝히고 있다(아래 부분에 다시 인용하는 바를 참조).

마) 국회 입법안 반영의 부령과 결합

'불가분'이란 말을 명시적으로 쓰지 않고 국회 입법안을 그대로 반영하여 제정된 부령과 결합한 내용이라고 하여 그 위임하는 모법률규정에 대한 직접성을 인정한 아래의 결정례도 있다. 사안은 밴형화물자동차가 화주가 동승할 경우 운송할 수 있는 화물제한에 관한 것이었다.

판례 헌재 2004.12.16. 2003헌마226등

[사건개요] 청구인들은 용달화물자동차운송사업을 등록하고 밴형화물자동차(소위 '콜밴')를 이용하여 화물자동차운송사업을 하고 있거나, 동 운송사업의 등록신청을 한 사람들이다. 화물자동차운수사업법시행규칙(2001.11.30. 건설교통부령 제304호로 개정된 것) 제3조 후단 제2호(이하 "정원제한조항")는 밴형화물자동차의 구조가 승차정원 3인 이하일 것으로 규정하고 있다. 또 화물자동차운수사업법(2002.8.26 법률 제6731호로 개정된 것, 이하 "법") 제2조 제3호는 화주(貨主)가 화물자동차에 동승할 경우에 있어서의 화물은 중량, 용적, 형상 등이 여객자동차운송사업용 자동차에 적재하기 부적합한 것으로 그 기준 및 대상차량 등에 관하여 필요한 사항은 건설교통부령으로 정하도록 규정하고, 이에 따라 동법시행규칙(2003.2.27. 건설교통부령 제352호로 개정된 것) 제3조의2 제1항, 제2항(이하 "화물제한조항")은 밴형화물자동차가 화주가 동승할 경우 운송할 수 있는 화물은 화주 1인당 화물 중량이 40kg 이상이거나, 화물 용적이 80,000㎤ 이상일 것으로 규정하고 있다. 청구인들은 위 각 조항이 헌법상 보장된 청구인들의 직업수행의 자유, 평등권 등을 침해한다고 주장하면서 헌법소원심판을 청구하였다. [판시] 이 사건 조항은 화물자동차에 화주가 동승할 경우에 허용되는 화물의 부피와 용적 및 화물자동차의 승차정원 구조에 관한 것으로서 그 위반에 관한 직접적인 제재규정은 없으나, 밴형화물자동차운송사업자는 이 사건 조항에 부합되지 않는 방식의 화물자동차의 영업이나 구조의 설정 혹은 변경이 금지되며, 이 점에서 이 사건 조항은 밴형화물자동차운송사업자의 직업수행의 자유를 제한하는 효과를 갖게 된다. 한편 법 제2조 제3호 후문은 화물의 중량·용적 등을 시행령에 위임하는 형식을 취하고 있지만, 그 내용은 "여객자동차운송사업용 자동차에 적재하기 부적합한 것"에 한정하고 있으므로, 그 범위 내에서 바로 화물자동차운송사업자의 직업수행의 범위를 제한하고 있다. 이는 국회에서 동 조항의 입법시, 밴형화물자동차에서 화주가 동승할 경우 화물의 중량이 40kg 이상이거나, 용적이 80,000㎤ 이상으로 건설교통부령에서 규정하는 것을 조건으로 하여 동 조항의 입법안이 논의된 것에서도 알 수 있다(2003헌마226 사건에서

건설교통부장관의 의견서에 첨부된 2002.7.30.자 법안심사제2소위원회 심사보고서 참조). 화물제한조항은 위와 같은 입법안을 그대로 반영하여 제정된 것이다. 따라서 법 제2조 제3호 후문은 이 사건에서 화물제한조항과 결합되어 헌법소원의 대상이 되는 것이며, 동 조항과 화물제한조항 및 정원제한조항은 달리 집행행위를 매개로 하고 있지 않으므로 청구인들은 직접 이 조항들을 헌법소원으로 다툴 수 있다. 따라서 이 사건은 법령에 대한 헌법소원심판에서 요구되는 '직접성' 요건이 충족되고 있다.

* 검토 – 국회에서의 입법안을 일반 시민들이 주지하고 있을 것인지 의문이 없지 않다.

바) 검토

위임을 하는 법률규정과 구체화하는 하위의 행정입법이 불가분 결합하는 것이 관건인데 사실 이 법리가 적용된 경우로 판례의 사안들이나 판시를 보면 금지의무 등 기본권제한적 효과가 위임해 주는 법률규정 자체에서 나오는데 그 제한내용이 불가분적 결합으로 구체화된다고 볼 것이다.

(나) 그 외 사유

가) 법률 자체에 기본권제한을 가져오는 의무가 이미 규정되어 있는 경우

헌재는 의무는 이미 법률규정 자체가 정하고 그 실현방법을 위임하는 이런 경우에 위임관계라 하더라도 법률규정에 대해서 직접성이 인정된다고 본다. 사안은 '정보통신망이용촉진 및 정보보호 등에 관한 법률'(2001.1.16. 법률 제6360호) 제42조가 청소년보호법 규정들에 의한 청소년유해매체물을 제공하고자 하는 자는 대통령령이 정하는 표시방법에 따라 당해 정보가 청소년유해매체물임을 표시하여야 한다고 규정한 것의 직접성 유무가 문제된 것이었다.

판례 헌재 2004.1.29. 2001헌마894

[판시] 이 조항은 "… 청소년유해매체물을 제공하고자 하는 자는 대통령령이 정하는 표시방법에 따라 당해 정보가 청소년유해매체물임을 표시하여야 한다."고 규정하는데, 청소년유해매체물의 표시방법을 하위규범인 대통령령에 위임하고 있어 직접성 요건이 흠결된 것이 아닌가 하는 의문이 제기될 수 있다. 그러나 이 조항은 청소년유해매체물의 표시의무를 부과하면서 다만 그 구체적인 방법을 대통령령에게 위임하고 있는 것이므로, '표시의무의 부과'라는 금지의무의 설정이 동 법률조항에서 직접 이루어지고 있다는 관점에서 볼 때, 동 조항은 직접 기본권(표현의 자유)을 제한하고 있는 것이므로 '직접성'이 인정된다. * 본안판단결과 포괄위임입법금지 및 죄형법정주의의 명확성 원칙에 위배되지 않는다고 보아 기각결정을 하였다.

나) 법률조항에 의하여 시원적으로 발생하는 문제의 판단 필요성이 있는 경우

헌재는 법률조항이 하위규정에 그 규정의 구체화를 위임하고 있어 직접성 요건의 충족 여부가 문제되는 것으로 보이더라도 헌법위반의 문제가 그 법률조항에 의해 시원적(始原的의)으로 발생하여 위임받는 시행령에 영향을 미치는 경우 그 법률조항에 대해서도 직접성을 인정한다. 사안은 "그 밖에 고등학교의 입학방법과 절차 등에 필요한 사항은 대통령령으로 정한다"라고 규정한 초·중등교육법(2012.3.21. 법률 제11384호로 개정된 것) 제47조 제2항이 문제된 것이었는데,

고교평준화정책 시행 지역에 자신이 거주하는 지역이 포함되게 한 조례, 그 조례에 위임한 시행령, 그 이전에 위임조항인 위 법률조항이 문제된다고 본 그 지역 학생, 학부모가 청구한 헌법소원심판이었다. 청구인이 그 위반을 주장하는 교육제도 법정주의(의회유보원칙), 포괄위임금지원칙의 문제가 모법 법률규정 자체에 시원하는 것이라고 본 것이다.

판례 헌재 2012.11.29. 2011헌마827
[판시] 이 사건 법률조항의 경우 고등학교의 입학방법 및 절차 전부를 대통령령에 위임함으로써, 하위규정에 그 규정의 구체화를 위임하고 있어 직접성 요건의 충족 여부가 문제되는바, 청구인들은 이 사건 법률조항의 의회유보의 원칙 위반 또는 포괄위임입법금지의 원칙 위반 여부를 다투고 있는데, 의회유보의 원칙 위반 등의 문제는 위 법률조항에 의하여 시원적으로 발생하는 것이어서 결국 위 법률조항의 위헌성 여부가 적법한 심판대상인 이 사건 시행령조항에 영향을 미치게 되므로 그 위헌성을 심사할 수 있다고 보아야 할 것이다.

시원적으로 발생하는 것이라고 하지 않고 위임조항에 대해 직접성을 인정한 다음과 같은 결정례들도 있다. 위임하는 그 자체의 위헌여부를 따져야 할 필요가 있는 경우들이라 위 시원적 발생과 비슷한 취지의 것이라 볼 수 있다.

① **"법률조항 자체에서 비롯된 포괄위임금지원칙 위반을" 다투는 점에서 직접성을 인정한다는 결정례** – "보수의 지급시기는 대통령령으로 정한다"라고 규정한 공인중개사법(2014.1.28. 법률 제12374호로 개정된 것, 이하 '법') 제32조 제3항.

판례 헌재 2016.5.26. 2015헌마248
[판시] 청구인들은 법률조항 자체에서 비롯된 포괄위임금지원칙 위반을 다툴 뿐만 아니라, 중개보수 지급시기조항이 없다면 약정에 의할 수 있고 약정이 없을 경우 일반 법리에 따라 계약 체결 시 중개보수를 청구할 수 있다는 점에서, 중개보수 지급과 관련한 기본권 제한 그 자체는 법률에서 발생된다고 할 것이고 그로 인한 자유의 제한, 법적 지위의 변동 가능성을 부인하기 어렵다(헌재 2001.4.26. 2000헌마122; 헌재 2008.5.29. 2006헌마170; 헌재 2012.11.29. 2011헌마827 참조). 따라서 중개보수 지급시기조항으로 인한 기본권 침해의 직접성이 인정된다.

② **수당의 상한을 정하고 부령에 위임한 경우**(* 법률이 아니라 대통령령이 부령에 위임하는 것이긴 하나 위임을 하는 경우라 여기서 함께 인용함)

판례 헌재 2008.5.29. 2006헌마170
[심판대상조항] '공무원수당 등에 관한 규정'(2006.1.12. 대통령령 제19269호로 개정된 것) 제14조의3(군법무관수당) 군법무관에 대하여는 월봉급액의 40퍼센트의 범위 안에서 군법무관수당을 지급하되, 지급대상 및 지급액은 국방부령으로 정한다. [판시] 수당규정 제14조의3은 군법무관수당의 지급대상 및 지급액을 국방부령에 위임하고 있는데, 어떤 법령조항이 그 규정의 구체화를 위하여 하위규범의 시행을 예정하고 있는 경우에는 당해 법률조항의 직접성은 부인되나(헌재 1996.2.29. 94헌마213, 판례집 8-1, 147, 155 참조), 위 조항은 '월봉급액의 40퍼센트'를 군법무관수당의 상한으로 정하고 있고, 그와 같이 상한을 설정한 것 자체가 청구인들의 재산권을 침해할 가능성이 있음을 부인할 수 없으므로, 위 조항에

의한 기본권침해의 직접성 또한 이를 인정할 수 있다.

③ **정관에 위임하는 경우** – 정관에 위임할 수 있는지 하는 헌법문제를 규명하기 위해 필요하다고 본다. 그런 사안으로 아래 결정례가 있는데 농지개량조합 등을 농업기반공사로 통합하는 '농업기반공사 및 농지관리기금법'(1999.2.5. 법률 제5759호) 부칙 제6조 단서가 "농지개량조합장등 임원에 대하여는 잔여임기와 업무수행능력등을 감안하여 공사의 정관이 정하는 바에 따라 종전의 직위에 상응한 직무의 부여 등 필요한 예우를 한다"라고 규정하여 공사의 정관에 위임한 것이 문제된 사안이었다.

판례 헌재 2001.4.26. 2000헌마122

[판시] 이 사건에서 청구인들은 이 사건 조항 자체가 포괄적인 위임입법을 하여 청구인들의 직업선택의 자유를 침해하였다는 취지의 주장을 하고 있는바, 아래의 점에서 직접성을 인정할 수 있다. 첫째, 청구인들은 이 사건에서 단순히 청구인들이 합당한 예우를 받지 못했다는 것만 다투는 것이 아니라, 이 사건 조항의 규정 형식 자체를 문제삼고 있다. 즉, 직업선택의 자유 등 기본권의 제한에 관한 규정은 일반적인 위임입법보다도 더 엄격한 형식에 의하여야 할 것임에도 불구하고, 행정규칙도 아닌 농림부 산하기관에 불과한 농업기반공사의 정관에 위임한 것은 위헌이라는 것이다. 이러한 주장은 이 사건 조항을 직접 다툴 때만 성립될 수 있는 것이다. 둘째, 정관에 기본권 관련 사항을 위임할 수 있는지는, 일반적 위임입법 문제와는 달리 특수한 헌법적 성격을 가진다. 만일 국회가 법률로써만, 혹은 구체적인 위임입법(법규명령) 형식으로만 정하여야 할 경우에도 정관에 위임시킨다면 이는 국회가 자신의 의무를 회피하는 것이 되는 중대한 헌법문제로서, 이 사건 조항을 직접 다툴 때에만 그 해명이 이루어질 수 있는 것이다.

다) 그 외 사유에 대한 검토

ⅰ) 법률 자체에 기본권제한을 가져오는 의무가 이미 규정되어 있는 경우는 법률규정 자체가 그 의무설정으로 이미 직접 침해하고 있으니 이를 별도로 예외라고 할 것은 아니다. ⅱ) 사실 '법률규정에 의하여 시원적으로 발생'한다면 그것은 당연 직접성이 인정되는 경우이다. 헌재가 그 경우로 본 경우도 위임이 잘못되어(포괄위임금지원칙 위배) 기본권이 침해되었다는 주장이었으므로 법률 자체가 직접적인 침해를 가져온 것이고 그것이 침해로 인정된다면 그 법률 자체에서 제거되어야 할 대상이다. 법률규정이 위임을 하고는 있으나 그 위임이 잘못되어, 즉 법률규정 자체가 잘못되어 그 사안의 해결이 법률규정 그 자체에 대해 판단하지 않고는 해결되지 않을 경우에는 법률규정 자체가 직접성이 있다고 볼 것이므로 이를 예외사유로 보는 것이 적확하지 않다. ⅲ) 결국 시원적인 것이라기보다는 자체적인 것이다. 오히려 시원적인 경우라는 기준은 포괄위임 문제와 같이 위임하는 법률규정에 문제가 있는 경우가 아니라도 위임을 해주어서 그런 시행령이 문제를 일으킨 것이라고 한다면 위임이 있는 모든 경우는 전부 시원적이 된다. 즉 시행령이 법률규정이 포괄위임하였음에도 오히려 적정하게 수임사항을 정하여 문제가 없어졌다고 한다면 법률규정만의 문제라는 점에서 시원적이라고 할 수 있을까 하는 의

문이 생기게 한다. ⅳ) 결론적으로 위 예외사유 나)는 특별한 의미를 가지지 않는다.

3) 구체화한 행정입법에 대한 청구의 적법성

법률의 위임을 받아 구체화한 대통령령(시행령), 총리령, 부령(시행규칙) 등은 직접성이 인정된다.

(가) 시행령, 시행규칙

법률이 시행령(대통령령)에 위임하거나 총리령, 부령(시행규칙)에 바로 위임하는 경우에 그 위임을 받은 시행령이나 시행규칙이 구체적인 내용을 두면 바로 그 시행령, 시행규칙이 직접성을 가진다. 만약 재위임의 경우라면, 즉 법률로부터 위임받은 시행령이 다시 시행규칙에 위임하여 비로소 그 시행규칙이 구체적 내용을 두면 그 시행규칙 조항이 직접성을 가진다. 그런 예로 앞에서 '도시 및 주거환경정비법'(2009.5.27. 법률 제9729호로 개정된 것)상 세입자에 대한 주거이전비 보상기준에 관한 '도시 및 주거환경정비법 시행규칙'(2009.12.1. 국토해양부령 제183호로 개정된 것) 제9조의2 제2항에 대한 직접성을 인정한 예를 인용한 바 있다.

판례 헌재 2012.7.26. 2010헌마7등. [판시] * 전술 참조.

(나) 법령보충규칙

법률(법령)보충규칙인 고시, 예규, 훈령 등도 그러하다. 아래가 그 예들이다.

① **고시** – 근거법령(법률)인 구 노인장기요양보험법(2016.5.29. 법률 제14215호로 개정되고, 2019.1.15. 법률 제16244호로 개정되기 전의 것) 제38조(재가 및 시설 급여비용의 청구 및 지급 등) 제4항 "장기요양기관은 지급받은 장기요양급여비용 중 보건복지부장관이 정하여 고시하는 비율에 따라 그 일부를 장기요양요원에 대한 인건비로 지출하여야 한다"라는 부분은 직접성이 부정되었고, 그 고시인 '장기요양급여 제공기준 및 급여비용 산정방법 등에 관한 고시'(2017.5.24. 보건복지부고시 제2017-83호) 제11조의2 제1항 중 해당규정에 대해서는 직접성을 인정하였다.

판례 헌재 2019.11.28. 2017헌마791

[판시] 법령의 위헌확인을 구하는 헌법소원은 법령이 직접 기본권을 침해하는 경우에 한하여 허용된다. 이 사건 법률조항은 장기요양기관이 지급받은 장기요양급여비용 중 장기요양요원에 대한 인건비로 지출하여야 하는 비율을 보건복지부장관이 정하여 고시하도록 위임하고 있고, 이 사건 고시조항은 구체적인 인건비 지출비율을 정하고 있다. 따라서 이 사건 고시조항은 이 사건 법률조항의 내용을 구체화한 것으로서 직접 국민의 권리와 의무에 대한 사항을 정하고 있으므로 이에 대하여 직접성이 인정된다.

② **훈령** – 제1국민역의 경우 특별한 사정이 없는 한 27세까지만 단기 국외여행을 허용하는 병역의무자 국외여행 업무처리 규정(2010.12.20. 병무청 훈령 제944호로 개정되고, 2012.12.21. 훈령 제1039호로 개정되기 전의 것) 제6조 제1항 별표 1. 근거법령인 시행령조항에 대해서는 직접성을 부정하였으나 훈령규정은 직접성을 인정한 예이다.

판례 헌재 2013.6.27. 2011헌마475

[판시] 이 사건 시행령조항은 그 구체적인 내용을 병무청장이 정하도록 위임하고 있고 청구인이 문제 삼는 27세를 기준으로 한 거주·이전의 자유 제한 내지 차별도 구체적으로는 이 사건 훈령규정으로 인한 것이므로 이 사건 시행령조항 자체가 직접 청구인이 다투고자 하는 기본권을 침해하는 것으로는 볼 수 없다. * 훈령규정에 대해 본안판단결과 기각결정을 하였다.

4) 조례에의 위임

이에 관한 결정례들은 위 재량성을 가지는 경우 직접성이 부정된다는 법리 부분에서 살펴본 결정례들이 있었다(전술 참조).

(3) 조직규범에 대한 청구에서의 헌재 판례의 문제점

헌재는 조직규범에 대한 법령소원심판 청구에서 침해가능성, 직접성 두 요건 모두 결여한 것으로 언급한 결정례들이나 직접성이 결여되었다는 점만 판시하는 결정례들을 보여주는 등 혼란스럽다. 기본권침해가능성 결여로 보아야 한다. 이러한 결정례들과 우리의 검토의견은 앞의 기본권침해가능성, 검토점 – 심판대상이 조직규범인 경우 1) 혼란한 판례 2) 검토 부분에서 이미 밝힌 바 있다. 전술 참조.

7. 직접성 판단에서의 법률과 행정입법의 관계 기준

– 위임하는 법률규정 – 구체화를 위한 하위규범시행 예정 경우의 법률규정 직접성 – 원칙적 부인과 그 예외 – 이에 관해서는 앞의 직접성 부정의 중요한 사유로 이미 자세히 살펴보았다.

8. 행위금지의무 규정과 제재(과태료·허가취소·영업정지, 형벌) 부과 규정

(1) 문제의 소재

행위금지를 정한 조항과 그것을 위반하면 제재를 가하는 조항이 있을 때 그 위반으로 제재인 과태료부과, 형벌 등을 받게 되면 그 제재조치를 상대로 행정소송, 형사소송을 제기하고 그 소송에서 그 행위금지조항, 제재조항에 대해 위헌법률심판제청신청을 하고 법원이 제청을 하면 위헌심판('헌가')을 받으면 된다(법원이 제청하지 않으면 위헌소원('헌바')으로). 그런데 이러한 '헌가', '헌바'가 아닌 본래의미의 헌법소원('헌마')으로 위헌 여부를 판단받으려는 경우에는 그렇지 못한 가운데 또 '헌마'사건은 직접성요건을 요하므로 이 문제가 불거져 나온다.

(2) 개요

헌재 판례의 기본 입장은 행위금지의무가 담긴 규정은 직접성이 인정되고 형벌이나 과태료의 제재규정만으로는 직접성이 없다고 보는 것이다. 양자가 혼합될 경우에는 행위금지의무가 있는 경우이므로 직접성을 인정한다. 이는 위에서 법령소원 서두 부분에서 살펴본, 법령소원의 직접성의 판단기준으로 법령 자체로부터 자유의 제한, 의무의 부과, 법적 지위의 박탈 효과가 바로 나오는 것이라고 한 확립된 판례법리라는 점에서 당연한 것이기도 하다. 행위금지가 자유제한이자 의무(금지의무)의 부과이기 때문이다.

(3) 행위금지의무를 부과하는 법률 자체의 직접성 인정

1) 법리와 이유

행위금지의무를 부과하는 법률규정의 경우 이 규정을 위배하여 제재를 받은 바 없더라도 그 법률규정 자체의 직접성을 인정하는 것이 우리 헌법재판소 판례이다. 그 논거는 ⅰ) 행위금지의무이고 헌재는 이를 위반할 경우 "제재수단으로서 형벌이나 행정벌의 부과하는 것을 직접성에서 말하는 집행행위라고는 할 수 없으며, 국민은 별도의 집행행위를 기다릴 필요 없이 제재의 근거가 되는 법률의 시행 자체로 행위금지의무를 직접 부담하는 것이기 때문"이라고 한다. 생각건대 이 논거는 법령소원의 직접성 인정기준으로 확립된 판례법리인 자유제한, 의무부과, 법적 지위박탈에서 말하는 의무(금지의무)의 부과라고 볼 수 있다. ⅱ) 행위금지규정이 집행행위를 기다려야 한다면 그 집행행위는 제재, 처벌의 부과인데 헌재는 "설령 형벌의 부과를 구체적인 집행행위라고 보더라도, 이러한 법규범을 다투기 위하여 국민이 이 법규범을 실제로 위반하여 재판을 통한 형벌이나 벌금부과를 받게 되는 위험을 감수할 것을 국민에게 요구할 수 없기 때문"이라고 한다. 유의할 점은 벌금 얼마, 징역 몇 년 이하와 같은 제재(형벌)가 정해진 것이 아니라 행위금지의무, 즉 범죄구성요건을 정한 규정이 여기의 직접성이 인정되는 규정이라는 점이다.

2) 결정례

이하 그 실제 결정례를 몇 가지 살펴본다.

① **보석판매·감정업의 "밀수품" 감정행위에 대한 금지규정에 대한 직접성 인정** – 사안은 현재 보석판매 및 그에 따른 보석감정 등을 업으로 하고 있는 사람이 1996.12.30. 관세법 제186조가 법률 제5194호로 개정되면서, 관세법 제179조(밀수출입죄) 또는 제180조(부정수출입죄) 제1항 제2호·제3호 및 제2항에 해당되는 물품(밀수[출]입 또는 부정수[출]입된 물품, 아래에서는 이를 통틀어 "밀수품"이라고 한다)을 감정한 행위에 대해서도 형사처벌을 하도록 규정하자, 이 법률조항이 죄형법정주의원칙에 위배되고, 직업선택권 및 평등권을 침해한다고 주장하면서 헌법소원심판을 청구한 사건이었다.

판례 헌재 1998.3.26. 97헌마194

[심판대상] 아래 관세법 제186조 제1항(1967.11.29. 법률 제1976호로 전문개정되고 1996.12.30. 법률 제5194호로 개정된 것, 이하 "이 사건 법률조항") 중 "감정"부분. 법 제186조 ① 제179조 또는 제180조 제1항 제2호·제3호 및 제2항에 해당되는 물품을 취득·양여·운반·보관·알선하거나 감정한 자는 3년 이하의 징역 또는 물품원가 이하에 상당하는 벌금에 처한다. [관련판시] 기본권침해의 직접성 – 법률 또는 법률조항 자체가 헌법소원의 대상이 될 수 있으려면 일반적으로 구체적인 집행행위를 기다리지

아니하고 그 법률 또는 법률조항에 의하여 직접 기본권을 침해받아야 한다. 따라서 법률 또는 법률조항이 구체적인 집행행위를 예정하고 있는 경우에는 직접성의 요건이 결여된다. 그러나 국민에게 일정한 행위의무 또는 행위금지의무를 부과하는 법규정을 정한 후 이를 위반할 경우 제재수단으로서 형벌 또는 행정벌 등을 부과할 것을 정한 경우에, 그 형벌이나 행정벌의 부과를 위 직접성에서 말하는 집행행위라고는 할 수 없다. 국민은 별도의 집행행위를 기다릴 필요 없이 제재의 근거가 되는 법률의 시행 자체로 행위의무 또는 행위금지의무를 직접 부담하는 것이기 때문이다. 다시 말하면 설령 형벌의 부과를 구체적인 집행행위라고 보더라도, 이러한 법규범을 다투기 위하여 국민이 이 법규범을 실제로 위반하여 재판을 통한 형벌이나 벌금부과를 받게 되는 위험을 감수할 것을 국민에게 요구할 수 없기 때문이다. 따라서 이 사건 법률조항을 청구인이 위반하여 처벌받는 구체적인 집행행위가 없다고 하더라도 기본권 침해의 직접성은 인정된다고 할 것이며 이 사건 심판청구는 적법하다.

② **도굴 등이 된 문화재 보유·보관행위금지** – 본인의 문화재의 보유·보관행위 이전에 타인이 한 당해 문화재에 관한 도굴 등이 처벌되지 아니하여도, 본인이 그 정을 알고 보유·보관하는 경우 처벌하도록 규정한 구 문화재보호법 제82조 제4항 및 동법 제104조 제4항이 과잉금지원칙에 위배되어 위헌이라고 한 결정에서 아래와 같이 직접성을 인정하였다.

판례 헌재 2007.7.26. 2003헌마377

[판시] 나아가 법률이 직접 국민에게 행위의무 또는 금지의무를 부과한 후 그 위반행위에 대한 제재로서 형벌, 행정벌 등을 부과할 것을 정한 경우에 국민은 별도의 집행행위를 기다릴 필요없이 제재의 근거가 되는 법률의 시행 자체로 행위의무 또는 금지의무를 직접 부담(헌재 1996.2.29. 94헌마213 참조)하며, 국민에게 그 합헌성이 의심되는 형법조항에 대하여 위반행위를 우선 범하고 그 적용·집행행위인 법원의 판결을 기다려 헌법소원심판을 청구할 것을 요구할 수는 없다(헌재 1998.3.26. 97헌마194 참조). 따라서 이 사건 법률조항들의 기본권침해의 직접성도 역시 인정된다.

③ **신문업에 관한 고시에 대한 헌법소원에서의 직접성 인정**

판례 헌재 2002.7.18. 2001헌마605

[쟁점] 신문발행 및 판매업자가 거래상대방에게 제공할 수 있는 무가지와 경품의 범위를 유료신문대금의 20% 이하로 제한하고 있는 신문업에 있어서의 불공정거래행위 및 시장지배적 지위남용행위의 유형 및 기준(공정거래위원회 고시 제2001－7호, 이하 '신문고시'라고 한다)의 제3조 제1항 제1호·제2호·제3호에 대하여, 시장지배적 신문판매업자가 신문판매가격을 현저히 높게 혹은 낮게 하여 공급하는 행위 등을 금지하는 위 고시 제10조 제1항·제2항에 대해 신문구독자와 신문판매업자가 청구한 헌법소원심판에서의 직접성 존재여부(긍정) [관련판시] 이 사건 조항들은 이를 위반할 경우 과징금 등 행정벌과 아울러 형사벌의 대상이 되는 공정거래법 제23조(불공정거래행위의 금지) 제1항과 제3조의2(시장지배적 지위의 남용금지) 제1항 소정행위의 유형 및 기준을 설정하고 있는 것으로써 국민은 신문고시의 시행 자체에 의하여 즉시 동 기준에 따른 행위금지의무를 직접 부담하는 것이 되며, 동 기준에 위배하였을 때에 발생하는 과징금의 부과나 행정형벌의 부과를 그 매개행위로 하는 것은 아니다. 따라서 이 사건 조항들은 그 집행을 위한 매개행위를 기다릴 필요가 없이 당해 수범자인 국민의 기본권을 직접 침해하는 것이 된다.

* 행위금지의무규정에 대해 직접성을 인정한 그 외 결정례 : 헌재 1998.10.29. 97헌마345, 자동차운수사업법 제24조 등 위헌확인. [심판대상과 본안쟁점] 일반택시 운송사업자는 운수종사자로부터 운송수입

금 전액을 납부받고 운수종사자는 운송수입금 전액을 운송사업자에게 납부하도록 규정한 자동차운수사업법(1994.8.3. 법률 제4780호로 최종 개정되어 1997.9.1.부터 시행된 것) 제24조 제3항 및 제33조의5 제2항. 이 규정들이 사기업의 경영상의 자유 등을 침해하는지 여부(기각결정); 2001.8.30. 99헌바92등, 공직선거 및 선거부정방지법 제93조 제1항 위헌소원 등. [심판대상과 본안쟁점] 탈법방법에 의한 문서·도화의 배부·게시 등을 금지하고 있는 공직선거 및 선거부정방지법(1997.11.14. 법률 제5412호로 개정된 것 및 1998.4.30. 법률 제5537호로 개정된 것) 제93조 제1항. 이 규정이 과잉금지원칙에 반하여 선거운동의 자유 등을 침해하는 위헌인지 여부(기각결정); 2001.1.18. 99헌마555, 청소년보호법 제2조 등 위헌확인. [쟁점] 청소년에게 술을 팔지 못하도록 금지하고 그 위반자에 대해 처벌과 과징금을 부과할 수 있게 규정한 청소년보호법(1999.2.5. 공포, 법률5817호) 제26조 제1항, 제49조 제1항, 제51조 제8호, 그리고 청소년을 19세 미만의 자로 정의하고 있는 동법 제2조 제1호가 19세 미만 자에 대한 행복추구권과 주점 경영자에 대한 직업수행의 자유의 위헌적 침해인지 여부(기각결정) 등.

(4) 제재(과태료·허가취소·영업정지, 형벌) 부과 규정

1) 원칙 : 제재 자체 ≠ 집행행위

헌재는 행위금지의무 그 자체가 직접성의 지표라는 취지로 보는 것이고 행위금지의무규정(벌칙·과태료 조항의 전제가 되는 구성요건 조항)과 별도로 규정되어 있는 "형벌이나 행정벌의 부과"만을 정하는 법조항은 직접성에서 말하는 집행행위를 규정한 것이라고는 할 수 없다고 헌재는 본다(아래 94헌마213). 또 면허취소 또는 사업정지를 부과할 수 있도록 하는 제재조항(금지조항과 별도 조항)도 그러한 취소·정지 등의 제재처분이라는 집행행위가 있어야 한다고 보아 그 제재조항만으로 직접성을 가지지 않는다고 본다(아래 2016헌마1153).

판례 헌재 1996.2.29. 94헌마213

[관련판시] 형벌, 행정벌 등을 부과할 것을 정한 경우에 그 형벌이나 행정벌의 부과를 위 직접성에서 말하는 집행행위라고는 할 수 없다. 국민은 별도의 집행행위를 기다릴 필요 없이 제재의 근거가 되는 법률의 시행 자체로 행위의무 또는 금지의무를 직접 부담하는 것이기 때문이다.

판례 헌재 2018.6.28. 2016헌마1153

[사안] 택시운송사업자가 운송비용을 택시운수종사자에게 부담시킨 경우 국토교통부장관이 택시운송사업면허를 취소하는 등의 제재를 명할 수 있도록 정한 '택시운송사업의 발전에 관한 법률'(2014.1.28. 법률 제12378호로 제정되고, 2017.11.28. 법률 제15123호로 개정되어 2018.11.29. 시행되기 전의 것, 이하 '택시발전법'이라 한다) 제18조 제1항 제1호(이하 '이 사건 제재조항'이라 한다)에 대한 심판청구. [관련판시] 이 사건 제재조항은 택시운송사업자가 이 사건 금지조항 각 호의 비용을 택시운수종사자에게 전가시킨 경우, 국토교통부장관으로 하여금 택시운송사업면허의 취소 또는 사업의 전부나 일부 정지 등을 명할 수 있도록 하고 있다. 그런데 위와 같은 불이익은 위 조항 자체에 의하여 발생하는 것이 아니라 국토교통부장관의 면허취소 처분, 사업정지 처분과 같은 구체적인 집행행위를 통하여 비로소 발생하는 것이므로, 위 조항에 대한 심판청구는 기본권침해의 직접성이 인정되지 아니하여 부적법하다.

2) 검토

헌재는 제재조항과 행위금지의무조항이 각각 별도로 있는 경우에 그 헌법소원심판청구에 있어서 그 직접성을 전자에 대해서는 부정하고 후자에 대해서만 이를 인정하겠다는 입장이다.

이 입장은 후자인 행위금지의무가 설정된 법조항은 헌재 자신이 법령소원의 직접성 판단준거로 설정한 자유의 제한(하지말라는 행위금지가 자유제한) 내지 의무의 부과(하지말라는 금지의무의 부과)이므로 당연한 것이기도 하다. 그리고 제재는 그것이 처분(허가취소(철회), 영업정지 등 행정제재인 경우 그 취소나 정지처분)이나 법원의 형벌 인정판결이 나올 때 효과가 나타나기도 하므로 직접성이 부정된다. 그러나 이는 원칙적인 것이고 아래에 예외가 인정된다.

3) 예외

헌재는 벌칙·과태료 조항에 대하여는 청구인이 그 법정형이 체계정당성에 어긋난다거나 과다하다는 등 그 자체가 위헌임을 주장하고 있지 않는 한 직접성을 인정할 수 없다고 한다. 이는 벌칙·과태료조항에 대해 이와 같은 한정의 예외는 인정한다는 취지이다.

[주요사항 : 별도 제재조항에 대한 직접성 인정 요건]

▷ 처벌조항의 법정형이 체계정당성에 어긋난다거나 과다하다는 등 그 자체의 고유한 위헌성을 다투는 경우 직접성 인정

4) 부정하는 결정례들

예외를 인정하지 않고 직접성을 부정하는 아래와 같은 결정례들이 많다.

(가) **행정제재**(취소, 업무정지, 과태료(행정벌) 부과 등 형벌 아닌 행정제재)

① **공인중개사법상의 취소, 자격정지, 업무정지 등** – 공인중개사법(2005.7.29. 법률 제7638호로 전부개정된 것) 제33조 제3호는 개업공인중개사는 "사례·증여 그 밖의 어떠한 명목으로도 제32조에 따른 보수 또는 실비를 초과하여 금품을 받는 행위"를 하여서는 아니 된다고 처벌대상행위의 구성요건을 정하고 있고 이 행위를 위반한 경우에 자격의 취소, 자격정지, 중개사무소 개설등록의 취소, 업무의 정지라는 행정제재를 하거나 할 수 있도록 하는 규정인 다음의 규정들 중 제33조 제3호 가운데 중개보수에 관한 부분, 즉 동법 제35조 제1항 제4호, 제36조 제1항 제7호, 공인중개사법(2014.1.28. 법률 제12374호로 개정된 것) 제38조 제2항 제9호, 제39조 제1항 제14호 중 제33조 제3호 가운데 중개보수에 관한 부분들(이하 위 조항들을 '행정제재조항')에 대한 청구부분이 각하된 사건이다. 이처럼 처벌대상행위 구성요건은 별도 규정으로 위 법 제33조 제3호 규정으로 있는데 그 위반에 대한 행정제재(형사처벌이 아니라 행정적 제재일 뿐임)에 대한 조항이 기본권침해 직접성을 가지느냐 하는 문제인데 헌재는 역시 위 법리에 따라 부정하고 각하한 것이다.

판례 헌재 2016.5.26. 2015헌마248

[판시] 청구인들은 행정제재조항의 고유한 위헌성을 다투는 것이 아니라 전제되는 중개보수 한도조항이 위헌이어서 행정제재조항도 당연히 위헌이라고 주장하는 것에 불과하므로, 행정제재조항은 기본권 침해의 직접성이 인정되지 아니한다.

* 검토 – 이 사안에서 '형사처벌조항'(물론 처벌대상행위규정인 제33조 제3호와 별도로 있는 처벌조

항)인 위 공인중개사법 제49조 제1항 제10호 중 제33조 제3호 가운데 중개보수에 관한 부분에 대한 청구도 있었으나 각하하지 않고 "형사처벌조항은 책임과 형벌 간의 비례원칙에 위반된다거나 형벌체계상의 정당성과 균형성을 상실하고 있다고 할 수 없다"라고 본안결정까지 하고 있는 것과 대조된다. 행정제재는 당연한 것이고 형사처벌조항은 달리 보아야 한다는 것인지 아니면 헌재 자신이 설정한 고유한 위헌성이나 과다성을 다투는지에 대해 언급하지 않은 것은 그 점을 인정하는데 본안판단으로 들어가면 묵시적인 것으로 용인된 것으로 알라고 하는 것인지 분명치 않다. 재판을 받는 입장에서는 결정문 자체에 나타난 것으로 이해할 수밖에 없지 않은가. 더구나 상소가 인정되는 등 그 이상의 재판절차가 있는 일반 재판들과 달리…

② 중개업자 부동산 거래내역 신고의무, 신고내역 조사 자료제출 등 의무 위반시 과태료 부과 – 이를 규정한 공인중개사의 업무 및 부동산 거래신고에 관한 법률'(2006.12.28. 법률 제8120호로 개정되고, 2008.6.13. 법률 제9127호로 개정되기 전의 것) 제51조 제1항 제2호, 제4호, 제3항

판례 헌재 2009.3.26. 2007헌마988등
[판시] 벌칙·과태료 조항의 전제가 되는 구성요건조항이 별도로 규정되어 있는 경우에, 벌칙·과태료 조항에 대하여는 청구인들이 그 법정형이 체계정당성에 어긋난다거나 과다하다는 등 그 자체가 위헌임을 주장하지 않는 한 직접성을 인정할 수 없는바, 이 사건 과태료 조항들은 의무위반행위에 대한 제재조항으로서 그 전제가 되는 구성요건조항이 별도로 규정되어 있고(이 사건 신고의무 조항 및 이 사건 신고내역 조사 조항), 청구인들은 제재조항의 고유한 위헌성을 다투는 것이 아니라 전제되는 의무부과규정이 위헌이어서 그 제재조항도 당연히 위헌이라고 주장하는 것에 불과하므로 기본권 침해의 직접성을 인정할 수 없다.

③ 웹하드사업자에 대한 과태료 부과 제재

판례 헌재 2018.6.28. 2015헌마545
[심판대상조항] 웹하드사업자에 대한 제재로 과태료를 부과할 수 있도록 규정하는 전기통신사업법(2014.10.15. 법률 제12761호로 개정된 것) 제104조 제3항 제1호 및 제5항 제2호의2(이하 '과태료 조항') [판시] 과태료 조항에 따른 청구인들에 대한 현실적이고 구체적인 기본권침해의 효과는 방송통신위원회 위원장의 과태료 부과처분을 통하여 비로소 발생하는 것이고, 청구인들이 과태료 부과처분과 독립하여 과태료가 과다하다는 등 과태료 조항 자체가 직접 기본권을 침해하는 사정을 주장하고 있지도 않다. 따라서 과태료 조항에 대한 심판청구 역시 기본권 침해의 직접성 요건을 충족하지 못한다.

④ 영화상영관 입장권 부과금 비납부자에 대한 과태료 부과 제재

판례 헌재 2008.11.27. 2007헌마860
[판시] 이 사건 법률 제25조의2 제2항 및 이 사건 시행령 제9조의4 제2항은 영화상영관 경영자에게 부과금의 징수 및 납부의무를 부과하고 있으며, 그 위반에 대한 제재로서의 과태료 부과 및 절차는 위 의무조항을 전제로 하여 별도로 이 사건 법률 제98조 제2항 제1호 및 제99조 제1항에서 정하고 있다. 이에 따라 영화상영관 경영자가 위 의무를 이행하지 않는 경우에는 과태료 부과처분에 의해 제재를 받게 되며, 이에 대하여는 이 사건 법률 제99조 제2항 이하의 이의절차를 통하여 법원의 과태료 재판을 받게 되는바, 이는 위 과태료 부과처분 및 그 처분에 대한 이의시 과태료에 대한 재판이라는 구체적 집행행위를 예정하고 있는 것이다. 또한 이 사건 청구인들은 과태료의 제재를 통해 영화상영관 경영

자에게 부과금의 징수 및 납부의무의 이행을 강제한다는 것만을 다투고 있을 뿐, 과태료라는 제재가 체계정당성에 어긋난다거나 과다하다는 등 그 자체의 위헌성은 주장하지 않고 있다. 따라서 영화상영관 경영자에 대하여 행위의무조항과 별도로 그 위반에 대한 과태료의 제재 및 그 절차를 규정하고 있는 이 사건 법률 제98조 제2항 제1호 및 제99조 제1항은 기본권 침해의 직접성이 없으므로 이 부분 심판청구는 부적법하다.

(나) 형사처벌제재(형벌에 의한 형사처벌)

① 특수경비원 쟁의행위 형사처벌

판례 헌재 2009.10.29. 2007헌마1359

[사안] 특수경비원은 파업·태업 그 밖에 경비업무의 정상적인 운영을 저해하는 일체의 쟁의행위를 하여서는 아니 되는데(동법 제15조 제3항) 이를 위반하여 쟁의행위를 한 특수경비원 경우에 처벌하는 조항인 경비업법(2001.4.7. 법률 제6467호로 개정된 것) 제28조 제4항 제2호 [판시] 이 사건 심판대상조항들 중 경비업법 제28조 제4항 제2호는 그 전제인 행위금지조항(제15조 제3항)이 따로 있고 이를 위반하는 경우에 벌칙을 부과하는 벌칙조항인데 청구인은 위 벌칙조항의 법정형이 체계정당성에 어긋난다거나 과다하다는 등 그 자체의 고유한 위헌성을 다투는 것이 아니라 전제되는 행위금지조항이 위헌이어서 그 제재조항도 당연히 위헌이라는 취지로 주장하는 것이므로 위 벌칙조항은 기본권 침해의 직접성이 인정되지 아니한다.

② 인터넷 '강제적 셧다운제' 위반 처벌조항

판례 헌재 2014.4.24. 2011헌마659등

[사안] 16세 미만 청소년에게 오전 0시부터 오전 6시까지 인터넷게임의 제공을 금지하는 이른바 '강제적 셧다운제'를 위반한 데 대한 처벌규정인 구 청소년보호법(2011.5.19. 법률 제10659호로 개정되고, 2011.9.15. 법률 제11048호로 전부개정되기 전의 것) 제51조(벌칙) 제6호의2, 같은 취지의 처벌규정인 청소년보호법(2011.9.15. 법률 제11048호로 전부개정된 것) 제59조(벌칙) 제5호. [판시] 청구인들은 이 사건 처벌조항인 구법 제51조 제6의2호 및 법 제59조 제5호에서 정한 법정형이 체계정당성에 어긋난다거나 과다하다는 등 그 자체의 고유한 위헌성을 다투는 것이 아니라, 전제되는 이 사건 금지조항이 위헌이어서 그 제재조항인 이 사건 처벌조항도 당연히 위헌이라는 취지로 주장하고 있으므로, 이러한 경우 구성요건조항과 별도로 규정된 벌칙조항에 대해서는 기본권 침해의 직접성이 인정되지 아니한다.

③ 탐정 금지 위반에 대한 처벌조항

판례 헌재 2018.6.28. 2016헌마473

[사안] 경찰관으로 정년퇴직한 후 이른바 탐정업에 종사하고자 하는 사람이 신용정보회사 등이 아니면 특정인의 소재 및 연락처를 알아내거나 금융거래 등 상거래관계 외의 사생활 등을 조사하는 일을 업으로 하거나 정보원, 탐정, 그 밖에 이와 비슷한 명칭을 사용하는 일을 하여서는 아니 된다고 규정하고 이를 위반한 경우에 처벌하는 '신용정보의 이용 및 보호에 관한 법률'(2009.4.1. 법률 제9617호로 개정된 것) 제40조 후단(이하 '이 사건 금지조항)과 동법 개정법률(2015.3.11. 법률 제13216호로 개정된 것) 제50조 제3항 제3호 중 중 제40조 후단 제4호 본문, 제5호 부분(이하 '이 사건 처벌조항')에 대해 청구한 헌법소원심판인데 후자의 처벌조항의 직접성이 판단된 것이다. [판시] 벌칙·과태료 조항의 전제가

되는 구성요건 조항이 별도로 규정되어 있는 경우에, 벌칙·과태료 조항에 대하여는 청구인이 그 법정형이 체계정당성에 어긋난다거나 과다하다는 등 그 자체가 위헌임을 주장하고 있지 않는 한 직접성을 인정할 수 없다. 청구인은 이 사건 처벌조항에서 정한 법정형이 체계정당성에 어긋난다거나 과다하다는 등 그 자체의 고유한 위헌성을 다투는 것이 아니라, 단지 그 전제가 되는 이 사건 금지조항이 위헌이어서 이 사건 처벌조항도 당연히 위헌이라는 취지로 주장할 뿐이므로, 이 사건 처벌조항은 기본권 침해의 직접성이 인정되지 않는다. 따라서 이 사건 처벌조항에 대한 심판청구는 부적법하다. * 동지 : 헌재 2006.11.30. 2004헌마431등; 헌재 2013.6.27. 2011헌마315등.

(다) 행정제재, 형사처벌제재 혼재

① '신문 등의 자유와 기능보장에 관한 법률'의 제재조항들

판례 헌재 2006.6.29. 2005헌마165등

[판시] '신문 등의 자유와 기능보장에 관한 법률'(2005.1.27. 법률 제7369호로 전문 개정된 것. 이하 '신문법') 제39조 제1호, 제40조 제3호, 제42조, 제43조 제1항 제4호는 신문법 위반행위에 대한 제재로서의 벌칙 또는 과태료에 관한 규정이다. 살피건대, 위 조항과 같이 벌칙·과태료 조항의 전제가 되는 구성요건조항이 별도로 규정되어 있는 경우에, 벌칙·과태료 조항에 대하여는 청구인들이 그 법정형이 체계정당성에 어긋난다거나 과다하다는 등 그 자체가 위헌임을 주장하지 않는 한 직접성을 인정할 수 없다. 신문법 제39조 제1호, 제40조 제3호, 제42조, 제43조 제1항 제4호는 그 전제인 행위금지조항(제3조 제2항, 제15조 제2항·제3항), 또는 행위의무조항(제16조 제1항·제2항)이 따로 있고, 이를 위반하는 경우에 대한 벌칙 또는 과태료를 부과하는 규정인바, 청구인들은 이들 조항의 법정형의 고유한 위헌성을 다투는 것이 아니라 전제되는 조항들이 위헌이어서 그 제재조항도 당연히 위헌이라고 주장하는 것이므로, 이들 조항은 직접성이 인정되지 않는다.

② 어린이집 CCTV설치의무 위반 과태료 부과 제재, 녹음기능사용금지 위반 형사처벌제재

판례 헌재 2017.12.28. 2015헌마994

[사안] 어린이집 CCTV 설치 의무 위반 시 과태료를 부과하도록 한 영유아보육법(2015.5.18. 법률 제13321호로 개정된 것, 이하 '법') 제56조 제2항 제4호 중 해당 부분, CCTV 영상정보 저장에 녹음기능을 사용하는 경우 형사처벌하도록 한 법 제54조 제2항 제3호 중 해당 부분, CCTV 영상정보 열람 요청 거절 시 과태료를 부과하도록 한 법 제56조 제2항 제5호. [판시] 청구인들은 이들 조항에서 정한 과태료나 형사처벌이 과다하다는 등 제재조항 자체의 고유한 위헌성을 다투지 않고 그 전제가 되는 금지조항이나 의무부과 조항이 위헌이어서 제재조항도 당연히 위헌이라는 취지의 주장을 하는바, 이러한 경우 금지 또는 의무부과조항과 별도로 규정된 제재조항에 대해서는 기본권 침해의 직접성이 인정되지 아니한다.

③ **부동산중개업 법정수수료한도 규정 위반에 대한 행정제재, 형사처벌규정** – 부동산중개업자로 하여금 법령이 정하고 있는 한도를 넘는 수수료를 받을 수 없도록 하고, 이를 위반한 경우 행정상 제재나 형사처벌을 하도록 한 규정, 이를 위반한 경우 행정상 제재나 형사처벌을 할 수 있도록 구 부동산중개업법(2000.1.28. 6236호로 개정된 것) 제22조(등록의 취소), 제24조(공인중개사의 자격취소), 제38조(벌칙 – 징역, 벌금처벌 조항)

판례 헌재 2002.6.27. 2000헌마642등. * 이 결정에서 직접성에 대해 직접 언급하고 있지는 않으나 행정

제재, 형사처벌 벌칙 모두에 대해 본안판단으로 나아갔다는 점에서 직접성이 당연 전제로 인정된다고 본 것으로 이해하여 행정제재, 형사제재가 혼재한 예로 여기에 인용하였음.

(5) 행위금지의무와 제재의 혼재

드물긴 하지만 이 경우에는 행위금지의무가 여하튼 있는 경우이고 그 부분은 직접성이 인정되므로 결국 직접성이 인정된다.

(6) 제재규정을 대상으로 한 것이나 헌재가 직권으로 행위금지규정을 포함하여 제재규정까지 모두 본안판단 대상으로 한 경우

위와 같은 경우로 법무사 아닌 자가 보수를 받고 등기의 신청대리 등을 업으로 하지 못하도록 하는 행위금지규정인 법무사법(1996.12.12. 법률 제5180호로 전문개정된 것) 제3조 제1항, 제2조 제1항 제3호 및 제4호, 제5호의 규정이 아니라 위 행위를 한 경우 징역, 벌금으로 처벌하도록 하는 제74조 제1항 제1호 및 제2항만을 대상으로 헌법소원심판청구를 하였는데 헌재가 직권으로 위 법 행위금지규정인 제3조 제1항과 제2조 제1항 제3, 제4, 제5호 등과 제재규정인 제74조 제1항 제1호, 제2항도 함께 모두 심판대상으로 한 예가 있다.

판례 헌재 2003.9.25. 2001헌마156

[판시] … 나. 심판의 대상 – 청구인은 법무사 아닌 자가 다른 사람의 위임에 의하여 보수를 받고 등기의 신청대리 등을 업으로 하는 경우 징역 또는 벌금에 처하도록 하는 처벌규정인 법무사법 제74조 제1항 제1호 및 제2항만을 심판대상으로 삼아 이 사건 헌법소원심판청구를 하였다. 그러나 청구인의 이 사건 헌법소원심판청구 이유는, 법무사 아닌 자가 등기신청에 필요한 서류의 작성 및 제출대행과 등기신청대리(아래에서는 '등기신청대리 등'이라고 약칭한다)를 업으로 할 경우 형사처벌이 지나치게 가혹하여 헌법에 위반된다는 데에 있는 것이 아니라 법무사 아닌 자에게 등기신청대리 등을 업으로 하는 것을 허용하지 않는 것이 법무사 자격 없는 자의 직업선택의 자유 및 평등권을 침해하여 헌법에 위반된다는 것이어서 청구인의 직업선택의 자유를 직접적으로 제한하는 것은 위 처벌규정이라기보다는 비법무사의 등기신청대리 등 법무행위를 금지하는 법 제3조 제1항과 제2조 제1항 제3, 제4, 제5호 등이고 위 처벌규정은 법무사제도를 유지하기 위한 수단이라고 할 것이다. 그렇다면, 이 사건 심판대상은 비법무사가 등기신청대리 등을 업으로 하지 못하도록 금지하는 같은 법 제3조 제1항, 제2조 제1항 제3호 및 제4호의 각 '등기'부분, 제5호의 '제3호'부분과 그 위반에 대한 제재인 위 처벌규정이 함께 심판대상이 된다. …

* 청구인의 청구대상인지 여부를 밝히지 않고 행위금지규정과 제재규정 모두를 함께 본안판단한 예 : 부동산중개업자로 하여금 법령이 정하고 있는 한도를 넘는 수수료를 받을 수 없도록 하고(구 부동산중개업법(1999.3.31. 법률 제5957호로 개정된 것) 제15조, 행위금지규정, 법정수수료제도), 이를 위반한 경우 행정상 제재나 형사처벌을 할 수 있도록 하는 조항(구 동법(2000.1.28. 6236호로 개정된 것) 제22조, 제24조, 제38조, 제재규정) 모두 본안판대상이었던 결정례(헌재 2002.6.27. 2000헌마642등).

9. 법령소원에서 '직접성의 예외' : 집행행위 있는 경우에도 직접성 인정되는 예외의 경우

* **유의** : 거듭 언급하지만 여기서 예외는 집행행위가 법령의 경우에 많이 거론되고 행정청의 '처분'이나 행정작용은 법을 집행하는 행위이고 그 행위로 법적 효과가 발생하므로 직접성을 따져야 할 경우가 그

행정작용이 효과를 내기 위해 다른 집행적 행정작용이 요구될 드문 경우 외에는 별로 없다. 요컨대 직접성 요건이 주로 문제되는 것은 바로 법령소원이므로 여기서의 예외도 법령소원에서의 직접성 예외인정이 주가 된다. 현재 한국에서 헌법소원의 많은 부분이 법령소원이라서 사례들이 법령소원의 경우가 많기도 하다.

(1) 의미

여기서 법령소원에서 '직접성의 예외'란 의미는 법령소원에서 '직접성'이 집행행위를 예정하고 있지 않아야 할 것을 요구하므로 '집행행위'를 예정하고 있는 법령은 직접성이 없는 것인데 그 경우에도 예외적으로 직접성이 인정될 수 있다는 의미이므로 결국 집행행위가 예정되어 있어서 원칙적으로 직접성이 없다고 보아야 하는 경우인데도 불구하고 예외적으로 직접성이 인정되는 경우를 의미한다.

(2) 이하 예외 사유 고찰

판례상 직접성 예외 사유로, 일의적·명백성으로 일정한 집행행위를 할 수밖에 없는 경우, 구제기대가능이 없을 경우, 집행행위가 사실상 집행행위인 경우, 집행행위 이전에 법규범에 의한 권리관계의 확정상태가 있는 경우 등을 볼 수 있다. 이하에서 하나씩 항목을 달리하여 살펴본다.

(3) 법령이 '일의적이고 명백한 것'이어서 재량여지 없이 일정한 집행행위를 하여야 하는 경우

1) 직접성 예외 인정 결정례

법령이 일의적이고 명백한 것이어서 집행기관이 심사와 재량의 여지없이 그 법령에 따라 일정한 집행행위를 하여야 하는 경우 집행행위가 있더라도 예외적으로 직접성이 인정된다고 본다. 그리고 일의적이고 명백하다는 것은 집행행위가 재량여지 없이 일정한 행위로서 행해져야 한다는 것을 의미하고 이는 앞서 집행행위가 재량적 성격의 것일 때 직접성이 없다고 하였는바 따라서 재량의 여지가 없는 경우에도 해당된다. 아래에 몇 가지 결정례를 보고 이 사유는 바로 아래에 살펴볼 구제기대가능성 부재 사유와 함께 판례가 많이 언급하므로 그 외 일의적이고 명백하고 권리구제가능성이 없음을 같이 판시한 결정례들은 아래에 (4)에서 같이 살펴보기도 한다.

① **공탁금 이율이 낮다고 청구된 사건** – '공탁금의 이자에 관한 규칙'(1991.2.13. 대법원규칙 제1155호로 삭제되기 전의 것)에 대한 헌법소원

판례 헌재 1995.2.23. 90헌마214

[판시] 헌법소원심판의 대상이 되는 법령은 그 법령에 기한 다른 집행행위를 기다리지 않고 직접 국민의 기본권을 침해하는 법령이어야 하지만, 예외적으로 법령이 일의적이고 명백한 것이어서 집행기관이 심사와 재량의 여지 없이 그 법령에 따라 일정한 집행행위를 하여야 하는 때에는 당해 법령을 헌법소원의 직접대상으로 삼을 수 있다. 비록 이 사건에서 공탁공무원의 1990.12.7.자 회수인가처분이 개재되어 있다고 하더라도 위 대법원규칙이 공탁공무원에게 심사와 재량의 여지를 주지 않은 채 공탁금에 대

하여 연 1%의 이자를 붙이게 하고 1만원 미만의 단수에 대하여는 이자를 붙이지 않도록 일의적이고 명백하게 규정하고 있는 이상 이 사건 심판청구는 위 예외에 해당하여 직접성이 있다.

② **단란주점 건축금지가 시행령 자체에서 정해진 경우**

판례 헌재 2002.8.29. 2000헌마556

[사안과 본안쟁점] 제1종 · 제2종 · 제3종 일반주거지역(이하 다만, '일반주거지역'이라고만 한다), 준주거지역, 준공업지역 안에서 단란주점을 건축할 수 없도록 규정하고 있는 구 도시계획법시행령(2001.1.27. 대통령령 제17111호로 개정되기 전의 것) 제51조 제1항 제3호 내지 제6호 및 제13호 중 각 '단란주점'에 관한 부분이 그 지역에서 단란주점을 건축하고자 하는 사람들의 재산권, 직업선택의 자유를 침해한다는 주장으로 헌법소원심판이 청구되었다. [관련판시] 기록에 의하면, 현재 청구인들이 임차한 건물들이 있는 곳은 각 준주거지역, 일반주거지역으로 지정되어 있으며, 준공업지역으로 지정되어 있음을 인정할 수 있다. 그렇다면, 청구인들이 단란주점 건축허가를 신청하였다고 하더라도 관할행정청은 위 시행령 제51조 제1항 제3호 내지 제6호 및 제13호에 따라 재량의 여지 없이 당연히 그 건축허가를 불허하게 될 것이고, 위 영 조항 자체에 대하여는 위헌여부심판제청신청도 인정되지 아니하므로, 위 영 조항을 직접 헌법소원심판의 대상으로 삼을 수 있다.

③ **재량여지 없는 일률적 계구사용**

판례 헌재 2005.5.26. 2004헌마49

[판시] 헌법소원심판의 대상이 되는 법령은 그 법령에 기한 다른 집행행위를 기다리지 않고 직접 국민의 기본권을 침해하는 법령이어야 하지만 예외적으로 법령이 일의적이고 명백한 것이어서 집행기관이 심사와 재량의 여지없이 그 법령에 따라 일정한 집행행위를 하여야 하는 때에는 당해 법령을 헌법소원의 직접대상으로 삼을 수 있다. 이 사건 준칙조항은 행정규칙이기는 하나 검사 조사실에서의 계구사용에 관한 재량권 행사의 준칙으로서 오랫동안 반복적으로 시행되어 그 내용이 관행으로 확립되었다 할 수 있는 것으로, 그때그때 개별적으로 상관에게 요청하여 그 지시를 받아 계구사용의 해제 여부를 결정할 여유가 사실상 없기 때문에 일단은 재량의 여지없이 원칙적, 일률적으로 계구를 사용하여 수용자를 결박한 상태에서 계호해야 한다. 그렇다면 이 사건 준칙조항은 이와 같은 재량 없는 집행행위를 통하여 계호대상이 되는 수용자에게 직접적으로 계구사용으로 인한 기본권제한의 효력을 미치게 된다고 볼 수 있다. * 본안판단결과 위 계호근무준칙 규정에 대한 위헌결정, 계구사용행위에 대한 위헌확인결정이 있었다.

④ 「**'일의적이고 명백한' 경우 = '집행행위 이전 권리관계 확정된 상태'**」 – 후술하겠지만 법규정으로 이미 집행행위가 변경할 수 없는 권리의무 상태가 확정된 경우 집행행위와 무관하게 직접성이 인정된다('집행행위 이전에 법규범에 의한 권리관계의 확정상태가 있는 경우"에 대해서는 후술). 사실 이러한 법규범에 의한 권리관계 확정은 일의적이고 명백하다는 것을 의미한다. 그 점을 보여주는데 사안은 사법시험 제2차 시험에서 해당 문제번호의 답안지에 답안을 작성하지 아니한 자에 대하여 그 과목을 영점처리하도록 규정하고 있는 구 '사법시험법 시행규칙'(구 법무부령) 조항에 대한 직접성을 인정한 결정이었다.

판례 헌재 2008.10.30. 2007헌마1281

[판시] 법규범이 집행행위를 예정하고 있는 경우라도 법규범의 내용이 집행행위 이전에 이미 국민의 권리관계를 직접 변동시키거나 국민의 법적 지위를 결정적으로 정하는 것이어서 국민의 권리관계가 집행행위의 유무나 내용에 의하여 좌우될 수 없을 정도로 확정된 상태라면 그 법규범에는 권리침해의 직접성이 인정된다(헌재 1997.7.16. 97헌마38). 이 사건에서 청구인이 행정법 과목의 제1문과 제2문의 답안지를 바꾸어 기재하였더라도 사법시험 불합격까지는 사법시험법 제11조 및 같은 법 시행령 제5조에 따른 사법시험 합격결정이라는 집행행위가 예정되어 있다. 그러나 사법시험 제2차 시험에 있어서 해당 문제번호의 답안지에 답안을 작성하지 아니한 자는 이 사건 규칙에 따라 영점처리를 받을 수밖에 없고, 이는 집행행위자에게 재량의 여지가 없는 기속적 규정이다. 한편 어느 과목이든 4할 이상을 득점하지 못하면 사법시험에 합격될 수 없으므로(같은 법 시행령 제5조 제2항), 이 사건 규칙에 따라 영점처리된 청구인은 사후 집행행위의 유무나 내용에 상관없이 불합격처분을 면할 수 없다. 결국 청구인의 권리관계는 합격결정이라는 구체적 집행행위 이전에 이미 이 사건 규칙에 의하여 일의적이고 명백하게 확정된 상태가 되었으므로, 이 사건 규칙으로 인한 권리침해의 직접성이 인정된다.

⑤ **「'일의적이고 명백한' 경우 = 기계적 내지 단순한 사실적 집행행위」** – 역시 후술하겠지만 집행행위가 있더라도 그 집행행위가 법규정의 기계적 내지 단순한 사실적 집행행위에 불과한 경우 청구인의 권리관계는 그 집행행위 이전에 법규정에 의해 이미 일의적이고 명백하게 확정되어 있음을 의미한다. 이런 예로 최저생계비 고시에서의 생계급여 지급행위는 고시에 따른 기계적 내지 사실적 집행에 불과하여 직접성은 고시에 있다고 본 결정이 있다(2002헌마328, 이 결정에 대해서는 뒤의 집행행위가 사실적 집행행위에 불과한 경우 부분 참조).

⑥ **그 외 결정례들** – 헌재 1995.4.20. 91헌마117; 1997.7.16. 97헌마38; 2005.5.26. 2004헌마671; 2020.2.27. 2016헌마945 등

2) 유의 - 특정 집행행위의 필요적(일의적) 요구라고 하더라도 직접성을 부정한 예

헌재의 결정들 중에는 특정한 집행행위를 필요적으로 하도록 일의적으로 요구하고 있는 경우라고 볼 수 있어서 위 판례법리에 따르면 직접성이 인정될 것으로 보이는 경우인데도 집행행위를 요구한다고 하면서 직접성을 부정한 아래와 같은 예들이 있다.

① **의사면허의 필요적 취소** – 필요적인 취소에 관한 것이어서 필요적 집행행위라고 볼 수 있는 사안인데도 직접성이 부인된 사안이었다.

판례 헌재 2013.7.25. 2012헌마934

[사안] 의사인 사람이 사기죄 유죄확정판결을 받았는데 의료인 면허의 필요적 취소사유와 면허취소 후 재교부 금지기간을 규정하고 있는 의료법(2010.1.18. 법률 제9932호로 개정된 것) 제65조 제1항 단서 제1호 및 제65조 제2항 단서 가운데 제8조 제4호 중 형법 제347조(사기) 위반 부분에 대해 헌법소원심판을 청구한 사건이다. [판시] 가. 법령의 규정에 따라 구체적인 집행행위가 필요적으로 예정되어 있는 경우에도 그 집행행위를 대상으로 행정소송 등 구제절차를 먼저 거치지 않은 상태에서 헌법소원심판을 허용한다면, 설령 그 근거 법령에 대하여 위헌결정이 있더라도 이미 집행행위가 확정되어 당연히 무효로 되거나 취소될 수 없는 경우가 발생할 수 있다. 이 경우 헌법소원심판을 청구한 사람은 오히려 권리구제를 받지 못하게 된다. 그러므로 법령에서 특정한 집행행위를 필요적으로 하도록 일의적으로 요구하

고 있다는 사정만으로 그 법령 자체가 당연히 헌법소원의 대상이 된다고 볼 수는 없다. 물론 법령의 집행행위를 기다렸다가 그 집행행위에 대한 권리구제절차를 밟을 것을 요구할 수 없는 경우에는 예외적으로 기본권침해의 직접성이 인정되는 경우도 있다. 나. 이 사건에서 보면, 청구인이 주장하는 기본권 침해는 심판대상조항에 의하여 직접 발생하는 것이 아니라 심판대상조항에 따른 면허취소 또는 면허재교부 거부라는 구체적인 집행행위가 있을 때 비로소 현실적으로 나타난다. 청구인이 면허취소처분이나 면허재교부거부처분을 받을 경우 행정심판이나 행정소송 등을 통하여 권리구제를 받을 수 있는 여지가 여전히 남아 있다. 또 그 절차에서 집행행위의 근거가 된 심판대상조항의 위헌 여부에 대한 심판제청을 신청할 수 있다. 한편, 집행행위에 대한 권리구제절차에서 청구인에 대한 권리구제의 기대가능성이 전혀 없다고 단정할 수 없고, 또 그러한 절차를 밟도록 하는 것이 청구인에게 불필요한 우회절차를 강요하는 것이라고 볼 수도 없다. 결국 청구인이 주장하는 기본권 침해는 심판대상조항에 의해서가 아니라 심판대상조항에 따른 면허취소처분 또는 면허재교부거부처분에 따라 비로소 발생한다고 보아야 한다. 따라서 심판대상조항을 직접 대상으로 하는 이 사건 헌법소원심판은 직접성 요건을 갖추지 못하여 부적법하다.

② **전자충격기 소지허가 필요적 취소** – 금고 이상의 실형을 선고받고 그 집행이 종료된 날부터 3년이 지나지 아니한 경우 전자충격기의 소지허가를 필요적으로 취소하도록 규정한 '총포·도검·화약류 등 단속법'(2003.7.29. 법률 제6948호로 개정된 것) 제46조 제1항 전문 제1호 중 해당규정. 역시 필요적 취소사항이어서 주목되는 결정례인 것이다.

판례 헌재 2014.2.27. 2012헌마904

[판시] 법령에서 특정한 집행행위를 필요적으로 하도록 일의적으로 규정하고 있다고 하더라도, 그 집행행위에 대한 구제절차가 마련되어 있고 또 그 구제절차를 밟을 것을 요구할 수 없는 예외적인 사유가 존재하지 않는 한, 법령의 내용이 일의적이라는 사정만으로 그 법령 자체가 당연히 헌법소원심판의 대상이 된다고 볼 수도 없다(헌재 2013.7.25. 2012헌마934). 이 사건에서 보면, 청구인이 주장하는 기본권 침해는 심판대상조항에 의하여 직접 발생하는 것이 아니라 경찰서장의 소지허가취소라는 구체적인 집행행위가 있을 때 비로소 현실적으로 나타난다. 즉, 심판대상조항에도 불구하고 소지허가가 실제로 취소되기 전까지는 전자충격기를 소지하고 있던 청구인의 권리관계나 법적 지위에는 아무런 변동이 없다. 청구인은 소지허가취소처분을 받을 경우 행정소송 등을 제기할 수 있고, 이러한 절차 또는 그 절차상 심판대상조항에 대한 위헌법률심판제청신청 등을 통하여 권리구제를 받을 수 있는데, 이와 같은 절차를 밟도록 하는 것이 청구인에게 불필요한 우회절차를 강요하는 것이라고 볼 수도 없다. 결국 청구인이 주장하는 기본권 침해는 심판대상조항에 의해서가 아니라 심판대상조항에 따른 소지허가취소처분에 따라 비로소 발생한다고 보아야 한다. 따라서 심판대상조항을 직접 대상으로 하는 이 사건 헌법소원심판은 직접성 요건을 갖추지 못하였다.

(4) 구제기대가능성 부재

1) 법리 – 일의성·명백성 더불어

헌재가 그 예외로 인정하는 빈번하고 주되는 경우들로는 바로 위에서 언급한 집행기관이 심사와 재량의 여지없이 그 법령에 따라 일정한 집행행위를 하여야 하는 경우와 다른 하나는 당해 집행행위를 대상으로 하는 구제절차가 없거나, 구제절차가 있다고 하더라도 권리구제의 기대가능성이 없는 경우라고 하여 아래와 같이 예외적 직접성 인정의 요건을 설정하고 있고 적지 않은 결정들에서 이를 적용해 오고 있다.

[직접성의 예외적 인정 사유]

▷ 첫째, 법령이 일의적이고 명백한 것이어서 집행기관이 심사와 재량의 여지없이 그 법령에 따라 일정한 집행행위를 하여야 하는 경우와 둘째, 당해 집행행위를 대상으로 하는 구제절차가 없거나, 구제절차가 있다고 하더라도 권리구제의 기대가능성이 없고 다만 기본권침해를 당한 청구인에게 불필요한 우회절차를 강요하는 것밖에 되지 않는 경우

2) 위 법리가 나타난 대표적 결정례 - 법원의 파산결정

위 법리를 그대로 적용하여 판단한 모델적인 대표적인 결정례로 아래 결정을 들고자 한다. 사안은 법원이 파산결정에 재량성을 가져 일단 직접성이 없다고 보았고 이어 예외인정 사유에 해당되는지를 살펴보았는데 ① 법원은 '채무자 회생 및 파산에 관한 법률' 제309조 제1항의 각 호의 어느 하나에 해당하는 때 등에는 파산신청을 기각할 수 있어서 ② 일의적인 집행행위로서 파산결정을 하여야 하는 것이 아니고 즉시항고와 같은 구제절차가 있어서 권리구제의 기대가능성이 없는 경우도 아니어서 직접성의 예외를 부정한 결정이다.

판례 헌재 2019.7.25. 2018헌마18

[사안] 파산선고결정을 받은 학교법인이 "법인에 대하여는 그 부채의 총액이 자산의 총액을 초과하는 때에도 파산선고를 할 수 있다"라고 규정한 '채무자 회생 및 파산에 관한 법률'(2005.3.31. 법률 제7428호로 제정된 것) 제306조(법인의 파산원인) 제1항에 대해 법원이 채무초과상태에 있는 학교법인에 대하여도 파산결정을 할 수 있도록 한 이 조항은 헌법적으로 보장되고 있는 사학을 경제 논리로 해산시키는 법률효과를 가져오는 것으로서 헌법에 위반된다는 주장으로 청구한 헌법소원심판. [결정요지] (1) 법률 또는 법률조항 자체가 헌법소원의 대상이 될 수 있으려면 그 법률 또는 법률조항에 의하여 구체적인 집행행위를 기다리지 아니하고 직접, 현재, 자기의 기본권을 침해받아야 하고, 여기서 말하는 기본권침해의 직접성이란 집행행위에 의하지 아니하고 법률 그 자체에 의하여 자유의 제한, 의무의 부과, 권리 또는 법적 지위의 박탈이 생긴 경우를 뜻하므로, 구체적인 집행행위를 통하여 비로소 당해 법률 또는 법률조항에 의한 기본권침해의 법률효과가 발생하는 경우에는 직접성의 요건이 결여된다. 다만 법령에 대한 법규범이 집행행위를 예정하고 있더라도, 첫째, 법령이 일의적이고 명백한 것이어서 집행기관이 심사와 재량의 여지없이 그 법령에 따라 일정한 집행행위를 하여야 하는 경우와 둘째, 당해 집행행위를 대상으로 하는 구제절차가 없거나, 구제절차가 있다고 하더라도 권리구제의 기대가능성이 없고 다만 기본권침해를 당한 청구인에게 불필요한 우회절차를 강요하는 것밖에 되지 않는 경우에는 예외적으로 당해 법령의 직접성을 인정할 수 있다(헌재 2016.9.29. 2015헌마165 참조). 한편 법령에 근거한 구체적인 집행행위가 재량행위인 경우에는 법령은 집행기관에게 기본권 침해의 가능성만 부여할 뿐 법령 스스로가 기본권의 침해행위를 규정하고 행정청이 이에 따르도록 구속하는 것이 아니고, 이때의 기본권의 침해는 집행기관의 의사에 따른 집행행위, 즉 재량권의 행사에 의하여 비로소 이루어지고 현실화되므로 이러한 경우에는 법령에 의한 기본권침해의 직접성이 인정될 여지가 없다(헌재 1998.4.30. 97헌마141 참조). (2) 이 사건에서 보건대, 심판대상조항은 '법인에 대하여는 그 부채의 총액이 자산의 총액을 초과하는 때에도 파산선고를 할 수 있다'고 규정하고 있어 법인인 채무자의 파산선고 근거조항이 될 뿐이고, 파산선고는 파산신청권자의 신청에 따른 법원의 결정에 의하여 이루어지게 된다(채무자회생

법 제294조 내지 제297조, 제305조). 더욱이 심판대상조항은 법인 부채의 총액이 자산의 총액을 초과하는 경우에도 필요적으로 파산선고를 하도록 한 것이 아니고 법원에 재량을 부여하고 있는바, 심판대상조항에 근거한 법원의 파산선고 결정은 재량행위에 해당한다. 따라서 심판대상조항에 의하여 자유의 제한, 의무의 부과, 권리 또는 법적 지위의 박탈이 생기는 것이 아니라 파산신청권자가 파산신청을 하고 법원에 의한 집행행위, 즉 파산선고를 하는 때에 비로소 심판대상조항에 의한 기본권침해의 법률효과가 발생하는 것이므로 직접성이 인정되지 아니한다. (3) 한편 법규범이 집행행위를 예정하고 있더라도 예외적으로 직접성을 인정할 수 있는 경우에 해당하는지에 대하여 보건대, 법원은 채무자회생법 제309조 제1항의 각 호의 어느 하나에 해당하는 때에는 파산신청을 기각할 수 있고, 채무자에게 파산원인이 존재하는 경우에도 파산신청이 파산절차의 남용에 해당한다고 인정되는 때에는 심문을 거쳐 파산신청을 기각할 수 있으므로(채무자회생법 제309조 제2항), 심판대상조항이 일의적이고 명백한 것이어서 집행기관이 심사와 재량의 여지없이 그 법령에 따라 일정한 집행행위를 하여야 하는 경우에 해당하지 아니한다. 또한 채무자는 당해 파산사건에서 파산선고에 대한 즉시항고를 할 수 있고(채무자회생법 제316조 제1항), 그 절차에서 파산선고의 부당성을 다툴 수 있으므로 심판대상조항에 대한 심판청구는 파산결정을 대상으로 하는 구제절차가 없거나 구제절차에 의한 권리구제의 기대가능성이 없어 예외적으로 직접성의 요건을 갖추었다고 볼 수도 없다(헌재 2013.3.21. 2012헌마569 참조). (4) 따라서 심판대상조항은 기본권침해의 직접성이 인정되지 않으므로 이 사건 청구 중 심판대상조항에 대한 부분은 부적법하다.

3) 결정례

(가) 예외성 긍정례

가) 집행행위를 대상으로 한 구제절차·기대가능성 부재의 경우

① 국가보안법 위반피의자에 대한 구속기간 연장규정

판례 헌재 1992.4.14. 90헌마82

[관련판시] 예외적으로 집행행위가 존재하는 경우라도 그 집행행위를 대상으로 하는 구제절차가 없거나 구제절차가 있다고 하더라도 권리구제의 기대가능성이 없고 다만 기본권침해를 당한 청구인에게 불필요한 우회절차를 강요하는 것밖에 되지 않는 경우 등으로서 당해 법률에 대한 전제관련성이 확실하다고 인정되는 때에는 당해 법률을 헌법소원의 직접 대상으로 삼을 수 있다. 이 사건의 경우를 보건대, 국가보안법 제19조에 따른 수사기관의 구속기간연장허가신청에 대한 지방법원판사의 허가결정에 대하여는 형사소송법상 항고, 준항고, 즉시항고 등의 불복방법이 마련되어 있지 아니하다. 즉 구속기간연장을 허가하는 지방법원판사는 “독립된 재판기관”(강학상 수임판사)으로서 “수소법원”에 해당되지 아니하여 형사소송법 제402조에 의한 항고의 대상도 되지 아니하고, “재판상 또는 수명법관”에도 해당되지 아니하여 형사소송법 제416조에 의한 준항고의 대상도 되지 아니하며, 또한 구속기간의 연장허가는 형사소송법 제403조 제2항이 정하는 “판결전의 소송절차”에 있어서의 구금에 관한 결정에도 해당되지 아니하여 위 규정에 의한 항고도 할 수 없다. 나아가서 형사소송법 제214조의2가 규정하고 있는 구속적부심사의 경우를 보더라도 구속적부심사의 대상에 여기에서 문제로 되고 있는 “수사를 계속함에 상당한 이유가 있는지의 여부”도 포함되는 것인지, 이론과 실무상의 관행이 확립되어 있지 아니한 상황아래서 사전적인 권리구제절차로서 구속적부심사를 반드시 거쳐 오는 것을 기대할 수 없으며, 더욱이 구속기간의 연장은 10일 이내라고 하는 단기간에 걸쳐서 행해지는 것인데, 그럼에도 불구하고 국가보안법 제19조의 규정의 위헌성을 다투기 위하여는 먼저 구속적부심사의 청구를 하고 그 과정에서 위 법률조항의 위헌성 여부를 다투어 위헌여부심판의 제청신청을 하고 그 제청신청이 기각된 경우에는 다시 헌법재판소법 제68조 제2항의 규정에 따라 헌법소원심판을 청구하도록 하는 것은, 이러한 절차가 10일이라고 하

는 단기간내에 모두 이루어지리라고 예상하기 어려운 상황에서 청구인들로 하여금 이러한 절차를 거친 후에 헌법소원심판을 청구하도록 하는 것은 권리구제의 기대가능성이 없는 불필요한 우회절차를 요구하는 것밖에 되지 아니한다. 따라서 국가보안법 제19조는 다른 구제절차를 거칠 것 없이 직접 헌법소원심판청구의 대상으로 삼을 수 있는 법률이라 할 것이다. * 동지 : 헌재 1997.8.21. 96헌마48; 1999.11.25. 98헌마55.

② **공판정에서의 속기·녹취의 허가 규정** – 검사, 피고인 또는 변호인이 형사소송법 제56조의2 제2항의 규정에 의하여 속기 또는 녹취를 하고자 할 때에는 미리 법원의 허가를 받아야 한다고 규정한 형사소송규칙(1982.12.31. 대법원규칙 제828호, 이하 "규칙") 제40조에 근거한 법원의 녹취불허결정을 받은 형사피고인인 사람이 위 규칙 제40조로 말미암아 적법한 절차에 의하여 재판을 받을 권리, 변호인의 조력을 받을 권리 등 사법절차상의 기본권을 침해당했다고 주장하면서 위 규칙조항을 대상으로 한 헌법소원심판을 청구한 사건이었다.

판례 헌재 1995.12.28. 91헌마114

[판시] 구체적인 집행행위를 통하여 비로소 그 법규에 의한 기본권침해의 법률효과가 발생하는 경우라 하더라도 예외적으로 그 집행행위를 대상으로 하는 구제절차가 없거나 구제절차가 있다고 하더라도 권리구제의 기대가능성이 없고 다만 기본권침해를 당한 청구인에게 불필요한 우회절차를 강요하는 것밖에 되지 않는 경우로서 당해 법규에 대한 전제관련성이 인정되는 때에는 당해 법규를 직접 헌법소원의 대상으로 삼을 수 있다. 형사소송법 제403조 제1항에 의하면, 법원의 판결 전의 소송절차에 관한 결정에 대하여는 특별히 즉시항고를 할 수 있는 경우 외에는 항고를 하지 못한다고 규정하고 있고, 한편 피고인이나 변호인의 공판정에서의 녹취허가신청에 대한 법원의 녹취불허결정은 판결전의 소송절차에 관한 법원의 결정으로서 즉시항고를 인정하는 명문의 규정이 없으므로 결국 항고를 제기할 수 없다. 또한 항소심 또는 상고심에서는 원칙적으로 판결에 영향을 미친 헌법 또는 법률의 위반이 있는 때에만 원심판결을 파기하고 다시 판결을 하게 되므로 항소 또는 상고는 판결 자체에 대한 불복방법이며 판결전 소송절차 상의 결정에 대한 직접적인 불복방법도 아니다. 그렇다면 결국 법원의 녹취불허결정에 대하여는 직접적인 구제절차가 없다 할 것이므로 규칙 제40조에 대하여 직접 헌법에 위반되는지 여부의 심판을 청구할 수 있다고 할 것이어서 이 사건 헌법소원심판청구는 적법하다.

③ **특별검사 수사대상, 임명, 직무범위·권한, 벌칙 등의 규정** – 사안은 '한나라당 대통령후보 이명박의 주가조작 등 범죄혐의의 진상규명을 위한 특별검사의 임명 등에 관한 법률'(2007.12.28. 법률 제8824호로 제정된 것) 제2조(특별검사의 수사대상), 제3조(특별검사의 임명), 제6조(특별검사의 직무범위와 권한 등) 중 제6항("특별검사는 제2조 각 호의 사건의 참고인으로 출석을 요구받은 자가 정당한 사유 없이 출석요구에 응하지 아니한 때에는 해당 참고인에 대하여 지정한 장소까지 동행할 것을 명령할 수 있다"), 동조 제7항("제6항에 따른 동행명령의 집행 등에 관하여는 '국회에서의 증언·감정 등에 관한 법률' 제6조 제2항부터 제7항까지의 규정을 준용한다"), 제18조(벌칙) 제2항("제6조 제6항에 따른 동행명령을 정당한 사유 없이 거부한 자는 1천만 원 이하의 벌금에 처한다")에 대하여 청구한 사건이었다.

판례 헌재 2008.1.10. 2007헌마1468

[판시] (가) … (나) 이 사건 법률은 특별검사의 피의자나 참고인 지정행위 및 동행명령 자체에 대한 불

복수단을 규정하고 있지 않을 뿐 아니라, 그것들이 항고소송의 대상이 되는 처분인지 여부도 불분명하다. 또한 이 사건 법률 제6조 제8항에 의하여 특별검사의 수사절차에 준용될 형사소송법 제417조(준항고)는 "검사 또는 사법경찰관의 구금, 압수 또는 압수물의 환부에 관한 처분과 제243조의2에 따른 변호인의 참여 등에 관한 처분에 대하여 불복이 있으면 그 직무집행지의 관할법원 또는 검사의 소속검찰청에 대응한 법원에 그 처분의 취소 또는 변경을 청구할 수 있다."고 규정하고 있지만, 특별검사의 동행명령의 법적 성격이 위 형사소송법 규정에서 말하는 '검사의 구금에 관한 처분'에 해당한다고 보기도 어렵다. (다) 결국 특별검사의 참고인 또는 피의자 지정과 동행명령에 대하여는 구제절차가 없거나 권리구제의 기대가능성이 없어, 구체적 집행행위의 존재에도 불구하고 예외적으로 당해 법률을 직접 헌법소원의 대상으로 삼을 수 있는 경우에 해당하므로 위 법률조항들에 의한 기본권침해의 직접성을 인정할 수 있다.

* 구제기대가능성 부재의 이론을 표명한 다른 결정례들 : 1989.3.17. 88헌마1; 1990.6.25. 89헌마220; 1990.10.15. 89헌마178 등.

나) 독립한 행정처분이 아닌 권고적 성격의 중간적 조치

판례 헌재 2002.4.25. 98헌마425등

[심판대상규정] 가석방심사 등에 관한 규칙(1998.10.10. 법무부령 제467호로 개정된 것) 제14조 ② 국가보안법위반, 집회 및 시위에 관한 법률위반 등의 수형자에 대하여는 가석방 결정 전에 출소 후 대한민국의 국법질서를 준수하겠다는 준법서약서를 제출하게 하여 준법의지가 있는지 여부를 확인하여야 한다. [쟁점] 위 심사규칙이 서약하는 사람의 양심의 자유, 행복추구권, 평등권 등을 침해한다고 주장하여 청구된 헌법소원심판에서 기본권침해의 직접성이 있는지 여부(긍정, 본안판단은 기각결정) [결정요지] 이 사건의 경우 가석방심사위원회는 먼저 형법 제72조 제1항의 기간을 경과한 국가보안법위반, 집회 및 시위에 관한 법률위반 등의 수형자중에서 행형성적 등을 심사한 결과 가석방 적격판정이 가능하다고 판단하는 수형자를 선정하여 준법서약서의 제출을 요구하게 될 것이므로 이 사건 규칙조항은 가석방심사위원회의 준법서약서 제출요구가 있어야만 비로소 당해 수형자에게 적용된다고 할 수 있다. 그러나 가석방심사위원회의 준법서약서 제출요구는 단지 가석방 적격여부를 판정하기 전에 그 정상자료를 수집하는 중간적 조치일 뿐, 그 대상자가 반드시 이에 응하도록 강제되고 있는 것도 아니고, 또한 준법서약서를 제출하였다고 하여 그 사유만으로 가석방이 당연히 되는 것도 아니다. 즉 당해 수형자는 준법서약서의 제출요구조치가 아니라 가석방여부에 대한 법무부장관의 종국적 판정처분에 의하여 비로소 그 이익에 영향을 받게 된다. 결국 가석방심사위원회의 준법서약서 제출요구는 당해 수형자에게 준법서약서의 제출을 권유 내지 유도하는 권고적 성격의 중간적 조치에 불과하여 행정소송의 대상이 되는 독립한 행정처분으로서의 외형을 갖춘 행위라고 보기 어렵다. 그렇다면 청구인들이 이 사건 심판청구 전에 가석방심사위원회의 준법서약서 제출요구행위를 대상으로 한 행정소송 등 사전구제절차를 통하여 권리구제를 받을 것을 기대할 수는 없다 할 것이어서 동 구제절차를 이행하지 아니하였다는 이유로 기본권침해의 직접성이 없다고 할 수 없으며, 따라서 이 사건 심판청구들은 권리침해의 직접성의 측면에서는 모두 적법하다.

* 검토 – "확인하여야 한다"라고 규정되어 있는데 이를 권고적 성격이라 할 수는 없다. 행정소송 등을 통한 구제기대가능성이 없다는 점을 들어 직접성을 인정하고 본안판단으로 들어가는 것으로 충분하기도 하였다.

(나) 예외성 부정의 결정례 – '일의적이고 명백함'의 부정(집행행위 요구) + 구제기대가능성 존재

위 법리에 따라 심판대상 법률조항이 일의적이고 명백한 것이어서 집행기관이 심사와 재량의 여지없이 그 법령에 따라 일정한 집행행위를 하여야 하는 경우에 해당하지 않고 다음으로, 그 법률조항에 근거하여 행해지는 당해 집행행위를 대상으로 하는 구제절차가 없거나 있다고 하더라도 권리구제의 기대가능성이 없는 경우에 해당하지 않으면 직접성의 예외적 인정이 부정된다. 아래와 같은 결정례들을 볼 수 있다.

① **전자장치부착규정** – 집행행위 당연성 부정과 쟁송가능성에 따른 구제절차 존재에 따라 부정한다.

ⓐ **성폭력범죄자 전자장치부착 규정** : 검사는 일정한 성폭력범죄자에 대하여 전자장치 부착명령을 청구하고, 법원은 위 청구가 이유 있다고 인정하는 때에 판결로 부착명령을 선고할 수 있다고 규정한 '특정 범죄자에 대한 보호관찰 및 전자장치 부착 등에 관한 법률'(2012.12.18. 법률 제11558호로 개정된 것, 이하 '전자장치부착법') 제5조 제1항 제3호, 제9조 제1항 제1호에 대하여 심판을 청구한 사건이다.

판례 헌재 2017.9.28. 2016헌마964

[판시] 청구인이 전자장치부착법 조항들에 관하여 주장하는 기본권 침해의 법률효과는 부착명령청구조항에 근거한 검사의 부착명령 청구와 부착명령판결조항에 근거한 법원의 부착명령 판결이라는 구체적 집행행위가 있을 때 비로소 발생하는 것이지, 위 조항들 자체로 인하여 직접 발생하는 것은 아니다. 나아가 청구인은 당해 부착명령 청구사건에서 부착명령 청구의 당부를 다툴 수 있고, 법원의 부착명령 판결에 대하여 항고할 수 있으므로, 구체적 집행행위를 대상으로 하는 구제절차가 없거나 그러한 절차가 있다고 하더라도 권리구제의 기대가능성이 없어 청구인에게 불필요한 우회절차를 강요하는 경우에 해당한다고 볼 수도 없다. 따라서 전자장치부착법 조항들에 대한 심판청구는 모두 기본권 침해의 직접성 요건을 갖추지 못하여 부적법하다.

ⓑ **치료감호 집행 중 전자장치부착** : 바로 위에서 전자부착규정의 예외적 직접성이 부정됨을 보았는데 이전에 치료감호상의 전자장치부착에 관한 규정에 대해 비슷한 취지의 부정을 판시한 아래의 결정례가 있다.

판례 헌재 2011.5.26. 2010헌마365

[심판대상조항] 가. 치료감호심의위원회로 하여금 보호감호의 집행 중 가출소되는 피보호감호자에 대하여 전자장치를 부착할 수 있도록 규정한 '특정 범죄자에 대한 위치추적 전자장치 부착 등에 관한 법률'(2010.4.15. 법률 제10257호로 개정된 것) 제23조 제1항 중 '가출소되는 피보호감호자' 부분(이하 '이 사건 법률조항')에 대한 헌법소원 심판청구, 나. 검사로 하여금 판결 선고 당시에 부착명령을 선고받지 않은 자에 대하여도 소급하여 부착명령을 청구할 수 있도록 규정한 '특정 범죄자에 대한 위치추적 전자장치 부착 등에 관한 법률' 부칙(2008.6.13. 법률 제9112호 부칙 중 2010.4.15. 법률 제10257호로 개정된 것) 제2조 제1항 중 '보호감호의 집행 종료일까지 6개월 이상이 남은 사람' 부분(이하 '이 사건 부칙조항'이라 한다)에 대한 헌법소원심판청구 [결정요지] 가. 이 사건 법률조항에 관하여, 청구인이 주장하는 기본권침해의 법률효과는 치료감호심의위원회가 가출소되는 피보호감호자에 대하여 전자장치 부착을 결정함에 따라 비로소 발생하는 것이지, 치료감호심의위원회의 가출소자에 대한 전자장치 부착 결정의 근거가 된 이 사건 법률조항 자체에 의한 것은 아니다. 또한 치료감호심의위원회의 전자장치 부착결정에 대하여는 일반 행정쟁송의 방법을 통하여 구제받을 수 있으므로 집행행위를 대상으로 하는

구제절차가 없다고 할 수도 없다. 따라서 이 사건 법률조항을 대상으로 한 헌법소원심판청구는 직접성 요건을 갖추지 못하였다. 나. 이 사건 부칙조항에 관하여, 청구인이 주장하는 기본권침해의 법률효과는 검사가 법원에 부착명령을 청구하고 법원이 검사의 청구를 받아들여 부착명령을 함에 따라 비로소 발생하는 것이지, 검사의 출소예정자 등에 대한 전자장치 부착명령 청구의 근거가 된 이 사건 부칙조항 자체에 의한 것은 아니다. 또한 이 사건 부칙조항이 시행 자체로 국민에게 일정한 행위의무나 금지의무를 부과하는 것은 아니고, 피부착명령 청구자는 당해 부착명령 청구사건에서 부착명령 청구의 당부를 다툴 수 있으며, 법원의 부착명령에 대하여도 항고할 수 있으므로 직접성원칙의 예외에 해당한다고 볼 수도 없다. 따라서 이 사건 부칙조항을 대상으로 한 헌법소원심판청구는 직접성 요건을 갖추지 못하였다. * 동지 : 헌재 2017.4.27. 2015헌마989 등.

② **뇌물죄 적용대상 공무원 의제** – 뇌물죄 적용대상 공무원 의제 조항인 '특정범죄 가중처벌 등에 관한 법률'(2010.3.31. 법률 제10210호로 개정된 것) 제4조 제2항에 따라 위임을 받아 제정된 구 '특정범죄 가중처벌 등에 관한 법률 시행령'(2008.7.9. 대통령령 제20910호로 개정되고, 2011.12.13. 대통령령 제23363호로 개정되기 전의 것) 제3조 제1호 관련 부분(이하 '이 사건 시행령조항')이 정부관리기업체의 간부직원의 범위에 '농협중앙회의 과장대리급 이상의 직원'을 포함시킨 것은 모법인 위 특정범죄가중법 제4조 제2항의 위임범위를 벗어난 것이고 평등권 침해라는 주장의 헌법소원심판이 청구된 사건이었다. 역시 검사의 기소, 법원판결 가능성이 권리구제절차 부재를 부정하고 직접성을 예외적으로 인정함을 부정하게 한 이유였다.

판례 헌재 2016.11.24. 2013헌마403

[결정요지] 먼저 이 사건 시행령조항이 일의적이고 명백한 것이어서 집행기관이 심사와 재량의 여지없이 그 법령에 따라 일정한 집행행위를 하여야 하는 경우에 해당하는지에 관하여 보건대, 이 사건 시행령조항은 형벌조항의 구성요건 일부를 규정하고 있음에 불과하므로, 집행기관인 검사 또는 법원이 이 사건 시행령조항만을 적용하여 그에 따라 기소나 재판을 할 수는 없고, 형벌조항인 특정범죄 가중처벌 등에 관한 법률 제4조, 형법 제129조 등과 함께 적용하여 그에 따른 사실인정과 판단을 통하여 비로소 기소 또는 재판을 하여야 하는 것이다. 따라서 이 사건 시행령조항은 집행기관이 심사와 재량의 여지없이 그 법령에 따라 일정한 집행행위를 하여야 하는 경우에 해당하지 않는다. 다음으로, 이 사건 시행령조항이 그 집행행위인 형벌부과를 대상으로 한 구제절차가 없거나 있다고 하더라도 권리구제의 기대가능성이 없는 경우에 해당하는지 본다. 형벌조항을 위반하여 기소된 후에는 재판과정에서 그 형벌조항이 법률인 경우에는 위헌법률심판제청신청을 통하여 헌법재판소에 그 위헌 여부에 관한 판단을 구할 수 있고(헌법재판소법 제41조, 제68조 제2항), 명령·규칙인 경우에는 곧바로 법원에 그 위헌 여부에 관한 판단을 구할 수 있다는 점에서(헌법 제107조 제2항) 구제절차가 없거나 있다고 하더라도 권리구제의 기대가능성이 없는 경우에 해당한다고 볼 수가 없다고 할 것이다. 그런데 이 사건의 경우 청구인이 2013.5.20. 대통령령인 이 사건 시행령조항을 위반하여 기소된 이상, 법원의 재판과정에서 곧바로 법원에 이 사건 시행령조항의 위헌 여부에 관한 판단을 구할 수 있었다. 따라서 이 사건 시행령조항은 그 집행행위인 형벌부과를 대상으로 한 구제절차가 없거나 있다고 하더라도 권리구제의 기대가능성이 없는 경우에 해당하지 않는다. 결국 이 사건 시행령조항은 법령의 직접성을 인정할 수 있는 예외적인 경우에도 해당하지 않는다.

③ **항소이유서 기간 내 비제출시 항소기각결정** – 항소이유서 제출기간 내에 항소이유서를

제출하지 아니한 경우 항소기각결정을 하도록 규정한 형사소송법(1963.12.13. 법률 제1500호로 개정된 것) 제361조의4 제1항 본문(이하 '이 사건 결정조항')이 재판을 받을 권리 등을 침해하였다는 주장으로 청구된 사건이다.

판례 헌재 2016.9.29. 2015헌마165

[판시] (1) 이 사건 결정조항은 항소인이 항소이유서 제출기간 내에 항소이유서를 제출하지 아니한 때에 결정으로 항소를 기각하도록 규정하고 있으므로, 그 자체로서 국민의 기본권에 직접 관련지어지는 법규범이 아니고 구체적인 소송사건에서 법원에 의해 해석·적용이 되는 이른바 재판규범으로서 법원의 재판이라는 구체적인 집행행위의 매개를 거쳐 비로소 특정인의 기본권에 영향을 미치게 되는 법규범이다. 따라서 이 사건 결정조항은 원칙적으로 기본권 침해의 직접성을 인정할 수 없으므로, 나아가 예외적으로 직접성이 인정되는 경우에 해당하는지 여부에 대하여 본다. (2) 먼저, 이 사건 결정조항이 일의적이고 명백한 것이어서 집행기관이 심사와 재량의 여지없이 그 법령에 따라 일정한 집행행위를 하여야 하는 경우에 해당하는지 본다. 항소이유서 제출기간은 소송기록접수통지를 받은 날부터 20일인바, 그 소송기록접수통지가 적법하게 송달되었는지, 특히 보충송달의 적법성과 관련하여 실무상 다툼이 많고, 사선변호인이 선임된 경우와 국선변호인이 선임된 경우에 그 제출기간의 기산점을 각각 달리 계산하여야 하므로, 이들에 대하여 법원의 사실인정 및 관련 법령의 해석·적용이 필요하다. 또한 … 위 '20일'이라는 항소이유서 제출기간 내에 항소이유서를 제출하지 않았다 하여 법원이 일의적이고 명백하게 무조건 기각결정을 하여야 하는 것이 아니고, 대법원규칙에 따라 위 법정기간을 연장해 줄 수 있는 권한을 가지고 있다. 그리고 법원은 직권조사사유가 있거나 항소장에 항소이유의 기재가 있는 때에도 항소이유서 제출기간 내에 항소이유서를 제출하지 않았다 하여 기각결정을 하여서는 안 된다(형사소송법 제361조의4 제1항 단서). … 위와 같이 법원은 이 사건 결정조항이 일의적이고 명백한 것이어서 항소인이 법정기간 내에 항소이유서를 제출하지 아니하면 그 심사와 재량의 여지없이 위 법률조항에 따라 단순히 기계적으로 항소기각결정을 하여야 하는 것이 아니라, 항소인 또는 변호인에게 소송기록접수통지가 적법하게 이루어졌는지, 소송기록접수통지서가 적법하게 송달되었다면 항소인 또는 변호인이 그 통지를 받은 날로부터 20일 이내에 항소이유서를 항소법원에 제출하였는지, 항소이유서의 제출기간이 연장될 수는 없는지, 항소이유서를 제출하지 않았거나 제출기간을 도과하여 항소이유서를 제출하였다면 항소장에 항소이유의 기재가 있거나 직권조사사유가 있는지, 피고인의 국선변호인이 항소이유서를 제출하지 않았으나 그에 대하여 피고인에게 귀책사유가 있는지 등 구체적인 사건마다 존재하는 다양한 쟁점들에 관하여 사실인정 및 관련 법령의 해석·적용을 거친 후에야 비로소 항소기각 여부를 결정하게 된다고 할 것이다. 따라서 이 사건 결정조항은 일의적이고 명백한 것이어서 집행기관이 심사와 재량의 여지없이 그 법령에 따라 일정한 집행행위를 하여야 하는 경우에 해당한다고 볼 수는 없다. 다음으로, 이 사건 결정조항이 당해 집행행위를 대상으로 하는 구제절차가 없거나 있다고 하더라도 권리구제의 기대가능성이 없는 경우에 해당하는지 보건대, 위 항소기각결정에 대하여는 즉시항고를 할 수 있고(형사소송법 제361조의4 제2항), 그 즉시항고 절차에서 이 사건 결정조항의 해석·적용에 관한 위법성이나 이 사건 결정조항 자체의 위헌성을 주장하여 구제받을 수 있으므로, 이 경우에도 해당하지 않는다. … 형사소송법 제361조의4 제2항의 즉시항고가 항소이유서 미제출을 이유로 한 항소기각결정에 대한 구제절차임은 그 법문상 너무나 분명하다. 따라서 이 사건 결정조항은 법령의 직접성을 인정할 수 있는 예외적인 경우에도 해당하지 않는다. (3) 결국 이 사건 결정조항에 대한 심판청구는 기본권 침해의 직접성이 없는 법률조항을 대상으로 한 것이어서 부적법하므로 각하되어야 한다.

④ 법원의 파산결정의 재량성, 구제절차 가능성 인정

판례 헌재 2019.7.25. 2018헌마18. * 이 결정에 대해서는 앞서 살펴보았다.

4) 검토 - 보충성원칙의 예외 사유와의 구분 문제

i) 사실 여기서의 "구제절차가 있다고 하더라도 권리구제의 기대가능성이 없고 다만 기본권침해를 당한 청구인에게 불필요한 우회절차를 강요하는 것밖에 되지 않는 경우"라는 예외적 직접성 인정사유는 뒤에서 살펴볼 보충성원칙의 예외 사유 중의 하나와 같다. ii) 구분의 기준 - 법령소원에서 집행행위가 있는 경우에도 법령규정에 대한 헌법소원이 직접성을 가진다는 법리에서는 두 가지 요소, 즉 심판대상인 법령규정과 그 법령을 실현하는 집행행위 두 가지 요소가 문제된다. 보충성원칙은 그 심판대상을 다투는 다른 구제수단이 있느냐 하는 문제로 심판대상 자체 하나만을 두고 그것에 요구되는 원칙이다. iii) 구분 - 그러므로 법령소원에서 직접성인정의 예외 요건인 구제기대가능성 부재라는 것은 집행행위에 대한 것으로 집행행위가 있더라도 이에 대한 다툼을 통한 권리구제는 의미가 없어 두 요소 중 하나인 집행행위 부분은 접어 두고 법령 규정 자체를 판단하라는 것이다. 보충성원칙의 예외는 심판대상 자체에 대한 다른 권리구제절차가 있더라도 이를 거치지 않아도 된다는 것인데 여기 직접성예외가 논해지는 대상은 법령으로서 법령소원에서는 법원의 소송으로 법령을 다툴 수 있는 길이 없어 다른 구제수단이 있어도 거치지 않아도 된다는 예외가 아니라 아예 보충성원칙이 적용되지 않는(비적용) 경우(후술 보충성원칙 참조)이다. 결국 예외사유가 같으나 법령소원 직접성 예외와 보충성원칙 예외 양자에 있어서 향해진 방향이 전자에서는 집행행위이고 후자에서는 법령 자체이나 법령소원에서 보충성원칙은 그 예외라는 것이 사실상 의미를 가지지 않는다. 이렇게 양자의 의미가 구분된다.

(5) 집행행위의 제3자에 의한 헌법소원의 경우

i) 결정례 - 집행행위가 가해지는 대상자는 그 집행행위로 기본권을 침해받는다고 주장하는 사람과 다른 사람일 수 있다. 이 경우에 기본권침해 주장자가 헌법소원심판을 청구하면 집행행위와 그 근거규정에 대해 제3자의 입장이 된다. 이 경우에 청구인은 행정소송을 제기할 수 없는 상황이 되기도 한다고 본다. 그리하여 그 경우 직접성이 예외적으로 인정되어야 할 경우라고도 본다. 아래 결정례가 그러한 예이다.

판례 헌재 2002.6.27. 99헌마480, 헌재판례집 14-1, 625면

[쟁점] 전기통신사업법(1991.8.10. 법률 제4394호로 전문개정된 것) 제53조(불온통신의 단속) 제1항은 전기통신이용자는 공공의 안녕질서 또는 미풍양속을 해하는 내용의 통신을 하여서는 아니 된다고 금지하고 동조 제3항은 정보통신부장관은 이러한 통신에 대하여는 전기통신사업자로 하여금 그 취급을 거부 정지 또는 제한하도록 명할 수 있도록 규정하였는데 이러한 '공공안전'이나 '미풍양속'과 같은 용어는 그 적용범위가 과도하게 광범위하고 불명확하므로, 결국 표현의 자유를 침해하여 위헌이라는 주장으로 전기통신이용자(즉 청구인이 전기통신사업자가 아니라 이용자임)가 위 제53조 제3항에 대해 헌법소원을 제기하였는바 거부, 정지 등의 대상자는 정보통신사업자이므로 이용자가 제3자가 되어서 기본권침해의 직접성이 쟁점이 되었다(긍정, 위헌결정). [관련판시] 전기통신사업법 제53조 제3항은 정보통신부장관이 전기통신사업자로 하여금 불온통신의 취급을 거부, 정지 또는 제한하도록 명할 수 있다고 규정

하고 있어, 이 조항으로 인한 기본권의 침해는 정보통신부장관의 명령이라는 집행행위를 매개로 하여 발생하게 된다. 그런데 이 조항으로 인해 실질적으로 표현의 자유를 규제받는 자는 청구인과 같은 이용자임에도 불구하고, 정보통신부장관의 명령의 상대방인 전기통신사업자가 아닌 제3자라는 이유로 행정소송의 제기를 통한 권리구제를 받지 못할 가능성이 있다. 그러므로 예외적으로 이 조항을 직접 헌법소원의 대상으로 삼을 수 있다고 봄이 상당하고 기본권 침해의 직접성이 없어 부적법하다고 하는 정보통신부장관의 주장은 이유 없다. * 본안판단결과 취급거부·정지·제한 명령 제도는 실질적인 피규제자인 전기통신이용자에게 의견진술권이 전혀 보장되어 있지 아니한 점에서 적법절차원칙에도 위배될 소지가 있다는 등의 이유로 위헌결정이 되었다.

ii) 검토 – 위 사안에서 판시된 행정소송 제기가능성에 관한 논점 외에, 당시의 심판대상 조항인 전기통신사업법(1991.8.10. 법률 제4394호로 전문개정된 것) 제53조 제3항은 "정보통신부장관은 제2항의 규정에 의한 통신에 대하여는 전기통신사업자로 하여금 그 취급을 거부·정지 또는 제한하도록 명할 수 있다"라고 규정한 점에 대해 ① 청구인이 제3자로서 자기관련성을 가지는지 하는 논점과, ② 직접성에 관하여 '명할 수 있다'라고 한 문언이 재량적인 것인지 아니면 일의적이고 명백한 것인지 하는 논점도 있었다.

(6) 집행행위가 사실적 집행행위에 불과한 경우

헌재는 법령을 집행하기 위해 집행행위가 있으나 기계적 내지 단순한 사실적 집행행위일 뿐인 경우에는 사실상 그 법령규정이 직접 기본권에 영향을 미치는 것이므로 이런 상태에서의 법령은 직접성을 가진다고 본다.

① 생계보호기준

판례 헌재 1997.5.29. 94헌마33

[사건개요] 청구인들은 부부이고 생활보호법 제6조 제1항 및 동법시행령 제6조 제1호 소정의 '거택보호대상자'로서, 1994.1.경 보건복지부장관이 고시한 1994년 생활보호사업지침상의 '94년 생계보호기준'에 의하여 생계보호급여를 받고 있는바, 이 보호급여수준은 최저생계비에도 훨씬 미치지 못하여 헌법상 보장된 청구인들의 행복추구권과 인간다운 생활을 할 권리를 침해하고 있다는 이유로 1994.2.25. 위 '94년 생계보호기준'에 대한 헌법소원심판을 청구하였다. [본안쟁점과 청구인주장요지] 보건복지부장관이 생활보호법 제5조 제2항의 위임에 따라 정한 '94년 생계보호기준'은 94년 현재 65,000원 정도 수준으로서 93년의 최저생계비에에도 훨씬 미치지 못하여 인간다운 생활을 할 권리를 침해하는 위헌인 것이다. [관련판시] 이 사건 생계보호기준은 생활보호법 제5조 제2항의 위임에 따라 보건복지부장관이 보호의 종류별로 정한 보호의 기준으로서 일단 보호대상자로 지정이 되면 그 구분(거택보호대상자, 시설보호대상자 및 자활보호대상자)에 따른 각 그 보호기준에 따라 일정한 생계보호를 받게 된다는 점에서 직접 대외적 효력을 가지며, 공무원의 생계보호급여 지급이라는 집행행위는 위 생계보호기준에 따른 단순한 사실적 집행행위에 불과하므로, 위 생계보호기준은 그 지급대상자인 청구인들에 대하여 직접적인 효력을 갖는 규정이다.

② 장애인 추가지출비용 반영없는 최저생계비 고시

판례 헌재 2004.10.28. 2002헌마328

[본안쟁점] 보건복지부장관이 2002년도 최저생계비를 고시함에 있어 장애로 인한 추가지출비용을 반영

한 별도의 최저생계비를 결정하지 않은 채 가구별 인원수만을 기준으로 최저생계비를 결정한 2002년도 최저생계비고시(보건복지부고시 제2001-63호)가 생활능력 없는 장애인가구 구성원의 인간의 존엄과 가치 및 행복추구권, 인간다운 생활을 할 권리를 침해한다는 주장으로 청구된 헌법소원심판사건이었다. [판시] 이 사건 고시는 보장법 제6조 제1항의 직접적인 위임에 따라 보건복지부장관이 최저생계비를 정한 것으로서 보장법과 결합하여 보장법상의 수급자에게 지급할 생계급여 액수를 결정한다는 점에서 직접 대외적 효력을 가지며, 그 내용이 일의적이고 명백하여 보장법상 관할행정청의 수급자선정결정이 이루어지면 최저생계비에 따라 기계적으로 계산하는 과정을 거쳐 산정된 생계급여가 수급자에게 지급되는 기계적 내지 단순한 사실적 집행행위를 거칠 뿐이므로, 보장법상 생계급여 수급자인 청구인들에 대하여 그 자체에 의하여 직접적인 효력을 갖는다.

* **대조 및 유의** : 심판대상에 따른 차이에 유의해야 한다. 기계적인 집행행위에서 직접성을 가지는 것은 법령이다. 그런데 법률이 있고 그것에 위임된 시행령이 있을 때 그 시행령이 그 법률의 기계적 집행일 경우에 그 시행령 조항은 직접성을 가지지 못한다. 그러나 법률조항은 직접성을 가진다. 아래가 그러한 예이다. 사안은 특정범죄 전자장치 부착사건이다. 법률조항은 기각(합헌성 인정)되었다.

판례 헌재 2013.7.25. 2011헌마781

[주문] 이 사건 심판청구 중 특정범죄자에 대한 보호관찰 및 전자장치 부착 등에 관한 법률 시행령(2010.7.12. 대통령령 제22270호로 개정된 것) 제8조 제1항, 제3항에 대한 심판청구를 각하하고, 나머지 심판청구를 기각한다. [관련판시] 심판대상 시행령조항에 관한 판단 – 심판대상 시행령조항 중 제1항은 전자장치 부착명령의 집행이 정지되는 경우 전자장치의 회수를 규정하고 있고, 제3항은 전자장치 부착명령의 잔여기간 집행사유가 발생한 경우 다시 전자장치를 부착하는 것을 규정하고 있다. 그런데 이와 같이 전자장치 부착명령의 집행정지 및 전자장치의 회수, 전자장치 부착명령의 잔여기간 집행 및 전자장치의 재부착은 위 제1항과 제3항의 각 제1문에서 명시하는 바와 같이 전자장치부착법 제13조 제4항, 제5항에 따른 것으로, 심판대상 시행령조항에서 재량의 여지가 없이 일의적으로 규정되어 있다. 한편 심판대상 시행령조항의 각 제2문에서 전자장치 부착명령의 집행기간이 정지된 시기, 잔여기간 집행의 개시시기를 규정하고 있는바, 이는 신체에서 실제로 전자장치가 분리되거나 다시 부착된 때를 기준으로 하는 것으로 법률에서 정한 사항을 집행하기 위하여 필요한 부수사항을 보충하여 규정하고 있을 뿐이다. 따라서 전자장치 부착명령 집행 중 다른 죄를 범하여 구금되고 금고 이상의 형이 확정된 청구인의 경우, 구금 시에 부착명령의 집행이 정지되었다가 형 집행 종료 후 부착명령의 잔여기간이 집행되는 것에 관한 법률적 지위는 전자장치부착법 제13조 제4항 각 호 및 제13조 제5항 각 호에 의해서 이미 확정적으로 정해져 있고, 위 시행령 규정은 법률에 정해져 있는 사항의 기계적인 집행에 관한 조항에 불과하다. 그렇다면 심판대상 시행령조항은 기본권침해의 직접성이 인정되지 아니하므로, 심판대상 시행령조항의 위헌확인을 구하는 청구는 부적법하다.

(7) 집행행위 이전에 법규범에 의한 권리관계의 확정상태가 있는 경우

헌재는 "법규범이 집행행위를 예정하고 있더라도 법규범의 내용이 집행행위 이전에 이미 국민의 권리관계를 직접 변동시키거나 국민의 법적 지위를 결정적으로 정하는 것이어서 국민의 권리관계가 집행행위의 유무나 내용에 의하여 좌우될 수 없을 정도로 확정된 상태라면 그 법규범의 권리침해의 직접성이 인정된다"라고 본다.

1) 결정례

위 법리를 제시하고 적용한 결정례들을 아래에 살펴본다.

① **학생부의 입학전형자료 필수 및 상대평가·필수평가를 규정한 종합생활기록부제도개선보완시행지침**

판례 헌재 1997.7.16. 97헌마38
[사건개요] 1995.5.31. 대통령 자문기구인 교육개혁위원회가 '교육개혁방안'의 일환으로 종합생활기록부제도를 도입하여 이 학생부의 기록을 종래의 상대평가방법에 의한 고등학교 내신성적에 대체하여 1997학년도부터 대학입학 전형자료로 사용하도록 하였고, 이에 따라 피청구인(교육부장관)은 1995.12.19. 교육부고시를 발표하여 학생부제도를 구체화하였다. 청구인들은 그들이 대학에 입학하는 1999학년도에는 절대평가에 의한 학생부 성적이 대학입학전형 자료로 사용될 것으로 믿고 특수목적고등학교에 입학하더라도 종래의 고등학교 내신제도하에서와 같은 상대평가에 의한 불이익을 입지 않을 것으로 판단하고 외국어고등학교에 입학하였다. 그런데 청구인들은 고등학교에 입학하여 1학년에 재학중인 1996.8.7. 피청구인이 '종합생활기록부제도개선보완시행지침'(이하 '이 사건 제도개선 시행지침'이라 한다)을 시행하여 그들이 대학에 입학하는 1999학년도까지는 대학입학의 전형자료로 절대평가와 상대평가를 병행하고 2000학년도부터 비로소 절대평가만을 하도록 함으로 말미암아 대학입학전형에 있어서 불이익을 입게 되었다는 이유로 위 지침 중 1999학년도까지 절대평가와 상대평가를 병행한다는 취지의 부분을 대상으로 헌법소원심판을 청구하였다. [피청구인(교육부장관)의 답변요지] 학생부는 고등학교 교육내용을 포함하는 교육자료로서 대학에서 그 필요에 의하여 대학입학 전형에 자율적으로 활용하도록 위임되어 있으며(교육법 제111조의2; 동 시행령 제71조의2) 이러한 원칙은 이 사건 제도개선 시행지침에서도 그대로 유지되고 있으므로 청구인들이 주장하는 권리 침해는 이 사건 제도개선 시행지침에 의하여 직접 발생한 것이 아니다. [관련판시] 법규범이 집행행위를 예정하고 있더라도 법규범의 내용이 집행행위 이전에 이미 국민의 권리관계를 직접 변동시키거나 국민의 법적 지위를 결정적으로 정하는 것이어서 국민의 권리관계가 집행행위의 유무나 내용에 의하여 좌우될 수 없을 정도로 확정된 상태라면 그 법규범의 권리침해의 직접성이 인정된다(헌법재판소 1989.3.17. 88헌마1 결정; 1991.3.11. 90헌마28 결정 등 참조). 교육법 제111조의2 및 교육법시행령 제71조의2에 의하여 대학이 학생선발권을 가지고 있으므로 학생선발에 있어서 학생부의 반영방법도 대학이 자율적으로 결정하는 것이나, 국·공립대학의 경우 교육법시행령 제71조의3 제1항에 의하여 학생 선발에 있어서 학생부의 기록을 필수입학전형자료로 활용하여야 하고 1999학년도 학생선발에 있어서는 이 사건 제도개선 시행지침에 의하여 학생부에 대하여 절대평가와 상대평가를 병행·활용하여야 하므로, 그 상대평가에 의하여 불이익을 입을 수 있는 청구인들이 국·공립대학에 진학할 경우 이 사건 제도개선 시행지침에 의하여 바로 영향을 받을 수 있다. 따라서 이 사건 제도개선 시행지침은 기본권침해의 직접성이 인정된다.

② **학력인정학교 형태의 평생교육시설**(이하 '학력인정시설')**의 설치자에게 교사 및 교지를 소유할 의무를 부과하는 평생교육법 등의 규정** – 이 규정이 직업선택의 자유를 침해한다는 주장의 헌법소원심판에서의 같은 취지의 판시가 있었다. 직접성이 인정되고 본안판단에 들어갔으나 기각결정이 되었다.

판례 헌재 2004.8.26. 2003헌마337
[판시] 법규범이 집행행위를 예정하고 있더라도 법규범의 내용이 집행행위 이전에 이미 국민의 권리관계를 직접 변동시키거나 국민의 법적 지위를 결정적으로 정하는 것이어서 국민의 권리관계가 집행행위의 유무나 내용에 의하여 좌우될 수 없을 정도로 확정된 상태라면 그 법규범의 권리침해의 직접성이 인정된다(헌재 1997.7.16. 97헌마38, 판례집 9-2, 94, 104). 이 사건에서는 피청구인의 이 사건 반려처

분이라는 구체적인 집행행위로 인해 청구인의 기본권이 침해된 것이며 법 제20조 제2항 및 제3항, 시행령 제10조 제1항, 학교설립규정 제7조에 의해 직접 침해된 것이 아니라고 볼 여지가 있다. 그러나, 법 제20조 제2항 및 제3항은 학교형태의 평생교육시설 중 일정기준 이상의 요건을 갖춘 평생교육시설을 학력인정시설로 지정할 수 있고 학력인정시설의 지정기준 등에 관하여 필요한 사항을 대통령령으로 정하도록 하고 있으며, 시행령 제10조 제1항에 의하여 준용되는 학교설립규정 제7조는 사립학교의 교사·교지는 설립자의 소유이어야 한다고 규정함으로써 학력인정시설의 설치자에게 교사·교지를 소유할 의무를 부과하고 있다. 그리고 학교설립규정 부칙 제3조 제1항은 기존의 학교법인 및 각급학교 등에 관한 경과조치를 두면서 설치자 명의변경의 경우에 대하여 학교설립규정 제7조의 적용을 배제하는 규정을 두고 있지 않다. 그렇다면 이 사건 반려처분이라는 구체적인 집행행위가 매개되어 있다고 하더라도, 이러한 집행행위를 거치지 않고서도 법 제20조 제2항 및 제3항, 시행령 제10조 제1항, 학교설립규정 제7조 및 부칙 제3조 제1항의 내용이 이미 청구인과 같은 학력인정시설의 설치자 명의변경을 하려는 자에게 법적인 의무를 부과하고 있으므로 위 법률조항들이 청구인의 기본권을 직접 침해하는 효과를 발생시킨다고 볼 수 있다.

③ **방송광고 사전심의제** – 같은 취지의 직접성인정의 결정이다.

판례 헌재 2008.6.26. 2005헌마506

[심판대상규정] [판시] 법규범이 집행행위를 예정하고 있더라도 법규범의 내용이 집행행위 이전에 이미 국민의 권리관계를 직접 변동시키거나 국민의 법적 지위를 결정적으로 정하는 것이어서 국민의 권리관계가 집행행위의 유무나 내용에 의하여 좌우될 수 없을 정도로 확정된 상태라면 그 법규범의 권리침해의 직접성이 인정된다(헌재 1991.3.11. 91헌마2; 1997.7.16. 97헌마38; 2003.12.18., 2001헌마543). 그런데 구 방송법 제32조 제2항은 '위원회는 제1항의 규정에 불구하고 대통령령이 정하는 방송광고에 대하여는 방송되기 전에 그 내용을 심의하여 방송 여부를 심의·의결할 수 있다'고 규정하고 있어 마치 이 사건 규정들에 의한 기본권 침해는 방송위원회의 심의·의결이라는 집행행위를 매개로 하여서만 발생하는 것처럼 보이나, 제3항은, '방송사업자는 제2항의 규정에 의한 방송광고에 대해서 위원회의 심의·의결의 내용과 다르게 방송하거나 심의·의결을 받지 않은 방송광고를 방송하여서는 아니 된다'고 규정함으로써 방송광고를 하고자 하는 자는 누구든지 사전에 심의를 거치도록 의무화하고 있고, '방송심의에 관한 규정' 제59조가 이를 확인하고 있으며, 방송법시행령 제21조의2는 사전심의를 받아야 하는 방송광고의 종류를 나열함으로써 사전심의 대상을 구체화하고 있다. 즉, 이 사건 규정들은 서로 불가분적으로 결합하여 그 자체에서 텔레비전 방송광고의 사전심의라는 의무를 부과하고 있는 것이다. 그렇다면 이 사건 규정들은 집행행위 이전에 이미 국민의 권리관계를 직접 확정적으로 정하고 있다고 할 것이고, 따라서 이 사건 규정들의 권리침해의 직접성은 인정된다.

④ 구 '여객자동차 운수사업법 시행규칙'(2006.3.7. 부령 제501호로 개정되고, 2006.5.30. 부령 제329호로 개정되기 전의 것) 제17조 제9항에서 원용하고 있는 같은 조 제1항 제1호 가목 소정의 개인택시운송사업면허의 양도·양수인가 요건인 5년 이상의 무사고 운전경력 부분과 같은 조 제1항 단서 소정의 당해 경력기간의 관할관청별 완화적용 부분

판례 헌재 2008.11.27. 2006헌마688

[판시] 개인택시운송사업면허의 양도·양수인가는 그 양도·양수에 대한 법률효과를 완성시키는 인가처분과 양도인이 가지고 있던 면허와 동일한 내용의 면허를 양수인에 대하여 부여하는 처분이 포함되어 있는 처분인바(대법원 1994.8.23. 94누4882 판결), 이러한 개인택시운송사업면허처분은 관할관청이 지역의

수송수요와 수송력공급 수준을 고려하여 발급 여부를 결정할 수 있는 재량행위이다(대법원 1996.10.11. 96누6172 판결 참조). 그러나 관할관청의 이러한 재량은, 양도·양수인가신청자가 이 사건 심판대상규정 소정의 무사고 운전경력 요건을 충족한 경우에 인가를 하여줄 지 여부에 대한 재량일 뿐, 인가신청자가 이러한 무사고 운전경력 요건을 갖추지 못한 경우에는 관할관청은 재량의 여지없이 인가신청을 불허할 수밖에 없으므로, 이 사건 심판대상규정의 내용은 관할관청의 집행행위 이전에 이미 국민의 법적 지위를 결정적으로 정하는 것이라고 할 것이다. 결국 무사고 운전경력을 갖추지 못한 양도·양수인가신청자는 이 사건 심판대상규정으로 인하여 관할관청의 집행행위의 유무 또는 내용에 관계없이 개인택시운송사업을 영위할 수 없으므로, 위 규정으로 인한 기본권침해의 직접성이 인정된다.

⑤ 국가유공자로 인정받기 위한 상이등급 기준 중 청력 6분법 판정 규정

판례 헌재 2015.6.25. 2013헌마128

[본안쟁점] 국가유공자로 인정받기 위한 상이등급 기준 중 구 '국가유공자 등 예우 및 지원에 관한 법률' 시행규칙(2012.6.29. 총리령 제984호로 개정되고, 2014.4.29. 총리령 제1077호로 개정되기 전의 것) 제8조의3 [별표 4] 신체부위별 상이등급 결정 2. 귀, 코 및 입의 장애 가. 귀의 장애 1) 청력의 측정 가) 중 전문 부분이 사회보장수급권을 침해하는지 여부. [판시] 심판대상조항은 '국가보훈처장에 의한 상이등급 판정'이라는 별도의 구체적인 집행행위를 예정하고 있다. 그런데 이 사건 별표 중 이명 기준 부분은 이명의 존재 이외에 일정 기준 이상의 난청 증상을 가진 이명환자에게만 7급의 상이등급을 인정하도록 규정하고 있고, 이 사건 별표 중 6분법 부분은 난청의 정도를 측정하는 방법을 규정하고 있으므로, 국가보훈처장으로서는 청구인에 대한 신체검사 결과가 심판대상조항에서 정한 기준에 미달한 때에는 곧바로 상이등급 미달 판정을 할 수밖에 없다. 따라서 국가보훈처장의 상이등급 미달 판정은 재량의 여지없이 심판대상조항을 기계적으로 적용한 결과에 지나지 않고, 결국 청구인의 지위는 위 집행행위에 앞서 심판대상조항에 의하여 이미 확정되었다고 할 것이므로, 심판대상조항으로 인한 기본권 침해의 직접성이 인정된다. * 본안판단결과 기각결정이 있었다. * 동지 : 2012.5.31. 2011헌마241.

⑥ **'일의적이고 명백한' 경우 = 집행행위 이전 국민의 권리관계 확정된 상태** - 이러한 경우로 사법시험 제2차 시험에서 해당 문제번호의 답안지에 답안을 작성하지 아니한 자에 대하여 그 과목을 영점처리하도록 규정하고 있는 구 '사법시험법 시행규칙'(구 법무부령) 제7조 제3항 제7호에 대한 헌법소원심판사건에서 직접성을 인정한 결정이 있었다.

판례 헌재 2008.10.30. 2007헌마1281.

* 이 결정에 대해서는 앞의 '일의적이고 명백한' 경우 부분 참조.

2) 집행행위 이전의 법적 지위의 결정뿐 아니라, 집행행위를 형식적인 것에 그치게 하고 있는 경우

사안은 의료법(2007.4.11. 법률 제8366호로 전부 개정된 것) 제33조 제2항 단서의 "의료인은 하나의 의료기관만을 개설할 수 있으며" 부분(이하 '이 사건 법률조항')이 복수면허(의사 및 한의사 두 면허의) 의료인의 직업선택의 자유를 침해한다는 주장의 헌법소원심판청구이다. 직접성이 인정되고 본안판단에 들어가 헌법불합치결정이 되었다.

판례 헌재 2007.12.27. 2004헌마1021

[판시] (1) 의료법 제33조 제3항과 제4항은 "의원 · 한의원을 개설하려는 자는 시장 · 군수 · 구청장에게 신고를, 종합병원 · 병원 · 한방병원을 개설하려면 시 · 도지사의 허가를 받아야 한다"고 규정하여, 의료기관의 개설금지에는 행정청의 신고반려처분이나 허가거부처분이라는 집행행위가 예정되어 있다. (2) 그런데 이 사건 법률조항은 의료인에게 '하나의' 의료기관만을 개설할 수 있도록 함으로써 의사 및 한의사의 복수의 면허를 가진 의료인이라고 하더라도, 양방 또는 한방 중 그 선택에 따라 어느 '하나의' 의료기관 이외에 다른 의료기관의 개설을 금지한다. 이는 의료기관 개설에 있어서 집행행위 이전에 미리 의료인의 법적 지위를 결정적으로 정하고 있을 뿐만 아니라, '하나를 초과하는' 의료기관을 개설하고자 할 경우 행정청에게 그 개설신고나 허가신청을 반려하거나 거부하도록 하여 행정청의 집행행위를 형식적인 것에 그치게 하고 있는 것이다. 따라서 이 사건 법률조항에 대하여는 집행행위가 예정되어 있음에도 예외적으로 기본권침해의 직접성을 인정할 수 있다(헌재 2004.8.26. 2003헌마337, 판례집 16-2상, 334, 343-344 참조).

10. 연관성으로 인한 예외적 본안판단 인정

헌재는 집행행위가 필요하여 직접성을 인정하기 곤란한 법조항이더라도 직접성이 인정되는 다른 법조항과 연관되어 있는 경우와 일부 직접성 결여가능성이 있더라도 전체적 판단이 필요한 경우에는 함께 본안판단에 들어가는 것이 타당하다고 본다.

(1) 직접성을 가지는 규정들과 내적인 연관관계에 있는 경우

[주요판시사항] 직접성 결여된 법규정이라도 예외적 본안판단대상이 됨을 인정하는 준거

▷ 직접성요건을 충족시키는 규정들과 직접성요건이 결여된 규정들이 그 내용상 서로 내적인 연관관계에 있으면서 하나의 통일적인 청구취지를 구성하고 있어서 후자의 규정들의 내용을 고려하지 않고서는 위헌여부를 판단할 수 없는 경우

판례 헌재 2000.6.29. 99헌마289

[사건개요와 쟁점] 청구인들은 모두 직장의료보험조합의 조합원들로서, 직장의료보험조합과 지역의료보험조합을 통합하는 국민건강보험법(2000.7.1. 시행. 이하 '법'이라 함)상의 재정통합, 보험료산정방법, 기준 등에 관한 규정들이 자신들의 평등권, 재산권 등을 침해한다고 하여 이 규정들을 대상으로 법령소원을 제기함. 보건복지부장관과 법무부장관은 "2000.7.1. 법시행으로 인하여, 오히려 청구인들의 보험료가 종전보다 인하될 것인지, 아니면 더 부담하게 될 것인지가 확실치 않다. 즉 심판대상규정들은 모두 그 자체가 청구인들의 기본권을 직접적으로 침해하는 조항이 아니라, 일련의 집행행위가 있어야만 그 구체적인 내용이 확정되는 것이므로, 기본권침해의 직접성요건을 결여하고 있다"라는 의견을 제시함.

[관련판시] 심판대상규정 중 법 제33조 제2항(재정통합), 제67조(보험료의 부담), 법 부칙 제6조(법인의 해산), 제7조(권리의 포괄승계)의 경우, 기본권의 침해가 법의 집행행위란 매개행위 없이 직접 심판대상규정들에 의하여 이루어지기 때문에, 직접성요건이 충족된다는 것에 대하여 의심의 여지가 없다. 그러나 보험료의 산정방법을 규정한 법 제62조 제3항 및 제4항, 제63조, 제64조의 경우에는, 청구인들이 주장하는 기본권의 침해가 위 조항들에 의하여 직접 발생하는 것이 아니라, 위 규정들을 근거로 하여 이루어진 별도의 집행행위인 보험료부과처분에 의하여 비로소 현실적으로 나타나는 것이므로, 위 규정들을 직접 심판대상으로 하는 헌법소원은 기본권침해의 직접성요건을 결여하고 있다. 그러나 이 사건의

경우에 직접성요건을 충족시키는 규정들인 법 제33조 제2항(재정통합), 제67조(보험료의 부담)와 직접성요건이 결여된 규정들인 법 제62조 제3항 및 제4항, 제63조, 제64조(보험료산정규정)가 그 내용상 서로 내적인 연관관계에 있으면서 "재정통합은 직장·지역가입자 사이의 보험료부담의 평등원칙에 위반된다"는 하나의 통일적인 청구취지를 구성하고 있다. 보험료산정규정의 내용을 고려하지 않고서는 재정통합의 위헌여부를 부담평등의 관점에서 판단할 수 없기 때문에, 이러한 경우에 직접성요건의 결여를 이유로 심판대상규정 중 보험료산정규정만을 분리하여 실체적 판단으로부터 배제하는 것은 적절치 않다. 따라서 이 사건의 경우에는 기본권침해의 직접성요건을 충족시키는가의 여부에 관계없이 보험료산정규정을 함께 본안판단에 포함시킬 필요가 있다.

* 국민건강보험법(2006.12.30. 법률 제8153호로 개정된 것) 제62조 제4항·제5항, 제63조 제1항, 제64조 제1항, 제65조 제3항('보험료 산정조항')에 대한 동지 결정 : 헌재 2012.5.31. 2009헌마299.

(2) 일부 결여가능성 있을지라도 전체적인 판단 필요성 있는 경우

국민건강보험법(2000.1.12. 개정된 것) 제5조(적용대상 등), 제31조(재정운영위원회), 제62조(보험료), 제63조(표준보수월액－보험료산정기준), 제64조(부과표준소득) 등에 대해 국민에게 건강보험의 적용을 받지 않을 수 있는 권리 등을 부여하지 않고 강제로 국민건강보험공단이라는 단일기구로 통합된 건강보험에 가입하게 하며, 과잉금지의 원칙에 위배하여 재산권 등을 침해하며, 직장가입자가 비슷한 재산 또는 소득을 가진 지역가입자에 비하여 수십 배나 많은 보험료를 내도록 하고 있으므로 헌법상 평등의 원칙에 위배되고 법률유보의 원칙, 포괄위임입법금지원칙에도 위배된다고 하여 청구된 헌법소원심판에서 이와 같이 판시하며 전체적으로 연관되어 있다고 보아 전부 본안판단대상으로 하였다.

판례 헌재 2003.10.30. 2000헌마801

[판시] 설령 위 조항들 중 일부가 공단의 보험료부과처분이라는 구체적 집행행위가 예정되어 있어 직접성을 결여한다 하더라도, 위 조항들이 전체적으로 연관되어 건강보험제도에서 보험료산정의 차등을 가져오는 산정절차와 보험료의 강제납부가 위헌이라는 청구취지를 구성하는 이 사건에서 일부의 조항들을 직접성결여를 이유로 심판대상에서 제외하는 것은 부적절하며, 또한 청구인들에게 일단 보험료부과처분을 받은 후 그 처분에 대한 구제절차에서 이를 다투라고 하는 것은 불필요한 우회절차를 강요하는 것이라 할 것이므로 위 조항들 전체를 본안판단의 대상으로 삼는 것이 타당하다.

11. 법률조항에 의한 시원적 문제 발생

가령 기본권침해에 있어서 A법률규정이 직접성을 가지는데 직접성이 없는 B법률규정이 사실 A법률규정으로 인한 그 침해에 더 근원적인 원인이 되고 있는("시원적(始原的)으로 발생"되게 하는) 경우에는 B법률규정에 대해서도 직접성을 인정한다는 것이 헌재의 판례이다. 사안은 시·도의회(광역의회)의원선거에서 인구편차로 자신의 투표가치를 지나치게 과소평가하여 평등권과 선거권을 침해하였다고 주장하는 헌법소원심판을 청구한 것이었다. 이 사안에서 직접 문제된 것은 공직선거법(이하 '법') 제26조 제1항에 의한 [별표 2] 「시·도의회의원지역선거구구역표」(2005.8.4. 법률 제7681호로 개정된 것, 이하 '이 사건 선거구구역표') 중 자신의 지역선거구 획정이었다. 그러나 헌재는 자치구 · 시 · 군의 인구규모를 고려하지 않은 채 일률적으로 시 · 도의원 정수를 2인으로 배분하고 있는 법 제22조 제1항이 시원적 발생원인이라고 보아 함께 판단한 것이다.

판례 헌재 2007.3.29. 2005헌마985등

[직접성 판단 대상 법률조항] 공직선거법(2005.8.4. 법률 제7681호로 개정된 것) 제22조(시 · 도의회의 의원정수) ① 지역구시 · 도의원정수는 그 관할구역 안의 자치구 · 시 · 군(하나의 자치구 · 시 · 군이 2 이상의 국회의원지역선거구로 된 경우에는 국회의원지역선거구를 말하며, 행정구역의 변경으로 국회의원지역선거구와 행정구역이 합치되지 아니하게 된 때에는 행정구역을 말한다)마다 2인으로 한다. [판시] … 나. 심판의 대상 (1) 2005헌마985 사건 및 2006헌마11 사건의 청구인들은 공직선거법(이하 '법'이라 한다) 제26조에 의한 이 사건 선거구구역표 중 각 해당 부분의 위헌확인을 구하고 있을 뿐 법 제22조 제1항을 별도의 심판대상으로 삼고 있지는 않다. 그러나 법 제22조 제1항은 시 · 도의회 의원정수를 정하고 있는 법률조항으로서 시 · 도의회의원 지역선거구 획정 및 그 결과물인 이 사건 선거구구역표의 전제가 되므로 이들은 체계적으로 밀접하게 연관되어 있다. 따라서 이 사건 선거구구역표 중 해당 부분뿐만 아니라 법 제22조 제1항도 함께 심판대상으로 삼아서 한꺼번에 그 위헌 여부를 판단하는 것이 법질서의 통일성과 소송경제의 측면에서 바람직하므로 이를 이 사건 심판대상에 포함시키기로 한다(헌재 1999.3.25. 98헌가11등. … 3. 적법요건에 관한 판단 … 가. 법 제22조 제1항 부분의 직접성 – 법 제22조 제1항은 시 · 도의회의 의원정수(議員定數)를 규정하고 있을 뿐 주민들이 거주하는 개별적인 지역선거구를 직접 획정하고 있지는 않으므로, 청구인들의 기본권을 직접 침해할 가능성은 없다고 할 것이다. 그러나 법 제22조 제1항은 자치구 · 시 · 군의 인구규모를 고려하지 않은 채 행정구역 혹은 국회의원지역선거구를 기준으로 하여 일률적으로 시 · 도의원 정수를 2인으로 배분하고 있는바, 이 사건 선거구구역표 부분에서 나타나는 인구편차에 의한 투표가치의 불평등의 문제는 이 법률조항에 의해 시원적(始原的)으로 발생된다고 볼 수 있다. 그렇다면 법 제22조 제1항은 비록 기본권침해의 직접성이 결여되어 있다고 하더라도, 그 위헌성 여부가 적법하게 심판대상이 되어 있는 이 사건 선거구구역표 부분에 영향을 미치게 되므로 직권으로 그 위헌성을 심사할 수 있다고 할 것이다. * 본안판단결과 제22조 제1항도 위헌이라고 보았고 각 선거구역표의 위헌성을 인정하는데 선거구구역표의 불가분성에 따라 해당 시 · 도의회의원선거 구역표 전체를 위헌으로 보았다. 다만, 모두 헌법불합치로 결정하였다. [법 제22조 제1항의 본안판단에서 위헌이유 판시 요약] 전국 자치구 · 시 · 군은 관할구역 안의 인구규모에 관계없이, 즉 인구수가 많든 적든 상관없이 일률적으로 2인의 의원정수를 배분받기 때문에 인구편차에 의한 투표가치 불평등의 문제가 발생하게 된다. 결국 법 제22조 제1항이 시 · 도의회 지역구 의원정수의 산정과 배분에 있어 기본적으로 행정구역을 기준으로 시 · 도의원 정수를 일률적으로 정하고 있는 관계로, 시 · 도 내 최소선거구 혹은 시 · 도 선거구 평균인구수와 대비한, 인구편차에 의한 투표가치의 불평등 상황은 불가피하게 발생할 수밖에 없다.

12. 근거법령에 대한 직접성 부인과 집행행위에 대한 본안판단 – 권력적 사실행위

(1) 의미

헌법소원심판의 대상이 된 구체적인 행위가 근거하는 법령에 대해서는 직접성을 갖추지 못하였다고 하여 그 청구를 각하하는 결정을 하면서 그 구체적 행위에 대해서는 본안판단으로

들어가는 경우들이 있었다.

(2) 요건

이런 경우들은 두 가지 요건을 구비해야 한다. ① 그 집행행위가 일단은 공권력행사성을 가져야 할 것이다. ② 그러면서 그 집행행위에 대한 다른 권리구제절차인 법원의 소송이 허용되지 않는 경우이어야 한다. 이는 물론 보충성원칙의 적용 때문이다. 바로 이런 두 가지 요건을 모두 갖추어서 이러한 경우의 예들을 보여주는 대표적인 경우들이 권력적 사실행위에 대한 헌법소원심판사건들이었다. 다음과 같은 결정례들을 대표적인 것으로 인용한다.

① **교도소장이 2011.7.13. 청구인을 다른 교도소로 이송함에 있어 4시간 정도에 걸쳐 포승과 수갑 2개를 채운 행위**(이하 '이 사건 보호장비 사용행위') — 권력적 사실행위인 이 사건 보호장비 사용행위에 대한 청구는 적법하나 그 근거법령조항은 집행행위를 필요로 하여 직접성 결여로 그 청구는 각하되었다.

판례 헌재 2012.7.26. 2011헌마426

[판시] … 4. 적법요건에 관한 판단 가. 이 사건 근거조항들에 대한 위헌확인 부분 — 이 사건 법률 제97조 제1항 제1호, 제98조 제1항 제1호, 제8호, 제98조 제2항 제1호는 수용자(이 사건 법률 제2조 제4호에 의하면 수형자도 이에 포함된다)를 이송하는 경우에 사용할 수 있는 보호장비의 종류, 사용요건에 관한 것으로서, 수용자를 이송하는 경우에 교도관이 수용자에 대하여 '보호장비를 사용할 수 있다'라고 규정하여 보호장비 사용 여부에 대한 교도관의 재량적인 판단을 인정하고 있으므로, 교도관의 구체적인 보호장비 사용행위라는 집행행위의 매개 없이 그 자체 규정만으로 청구인의 기본권을 직접 제한하거나 침해하고 있는 것으로 볼 수 없어 직접성을 결여하였다. 이 사건 법률 시행규칙 제172조 제1항 제1호, 제179조 제1항 제2호, 계호업무지침 제209조 제2항은 수갑과 포승의 사용 방법, 호송 시 책임간부의 준비사항에 관한 것으로서, 이 또한 같은 이유로 직접성을 결여하였다. 결국 이 부분 헌법소원 청구는 모두 부적법하다. 나. 이 사건 보호장비 사용행위에 대한 위헌확인 부분 (1) 권리보호이익과 심판의 이익 — 이 사건 보호장비 사용행위 … 정도의 보호장비가 사용되고 있어 이와 같은 기본권 침해행위가 반복적으로 행하여질 것이 예상되고, 헌법질서의 수호·유지를 위하여 그에 대한 헌법적 해명의 필요성이 인정되므로 이 사건 보호장비 사용행위에 대한 심판청구의 이익을 인정할 수 있다. (2) 보충성 … 이 사건 보호장비 사용행위는 이른바 <u>권력적 사실행위</u>로서 행정소송의 대상이 된다고 단정하기 어렵고, 가사 행정소송의 대상이 된다고 하더라도 이미 종료된 행위로서 소의 이익이 부정되어 각하될 가능성이 많다. … 따라서 보충성원칙의 예외로서 헌법소원의 제기가 가능하다. (3) 소결 — 이 사건 보호장비 사용행위에 대한 심판청구는 적법하다. * 본안판단결과 기각결정이 되었다. * 비슷한 사안의 비슷한 취지의 판시로, 헌재 2003.12.18. 2001헌마163. 여기서는 본안판단결과 위헌확인결정이 되었다.

② (기결) **수형자의 서신에 대한 검열행위** — 서신 검열행위에 대한 청구는 적법하다고 보았으나 "수용자의 … 서신수발은 교도관의 … 검열을 요한다"라고 규정한 당시 행형법 제18조 제3항에 대한 청구는 집행행위가 필요하여 직접성이 결여되었다고 하여 각하하였다.

판례 헌재 1998.8.27. 96헌마398

[판시] 가. 적법요건에 대한 판단 (1) 보충성의 원칙 … 위 서신검열행위는 이른바 권력적 사실행위로서

… 헌법소원심판을 청구하는 외에 다른 효과적인 구제방법이 있다고 보기 어렵기 때문에 보충성의 원칙에 대한 예외에 해당한다고 보는 것이 상당하다. (2) 청구기간의 준수 여부 … 기본권침해사유가 발생한 것을 안 때인 1996.4.20.부터 기산하여 60일내에 청구된 것이다. (3) 권리보호의 이익 … 수형자의 서신에 대한 검열행위는 … 헌법판단의 적격성을 갖추었다고 인정되어 심판청구의 이익도 있다. (4) 직접관련성 – … 법 제18조 제3항 본문은 "수용자의 … 서신수발은 교도관의 … 검열을 요한다"고 규정하고 있으므로, 이 법률조항에 따라 서신검열이나 발송거부라는 구체적인 집행행위가 있을 때 비로소 통신의 자유 등의 기본권침해의 법률효과가 발생한다. 따라서 이 법률조항 자체만으로는 헌법소원심판 청구의 대상으로서 직접관련성을 결여하고 있으므로 이 부분 심판청구는 부적법하다. * 본안판단결과 기각결정이 되었다.

* 위와 같이 권력적 사실행위는 대상이 되어 판단하였으나 그 근거법령은 집행행위가 매개되어야 한다는 이유로 직접성이 부정된 또 다른 예로 들려지는 것으로서(헌법재판실무제요 제2개정판, 302면) 적절치 못한 것이 있다. 아래의 2011헌마122 결정이 그 예이다. 사안은 변호사와 접견하는 경우에도 수용자의 접견은 원칙적으로 접촉차단시설이 설치된 장소에서 하도록 규정하고 있는 형의 집행 및 수용자의 처우에 관한 법률 시행령(2008.10.29. 대통령령 제21095호로 개정된 것) 제58조 제4항(이하 '이 사건 접견조항'이라 한다)이 재판청구권을 침해하는지 하는 것이 문제되었던 것인데 헌재는 그 부분에 대해 헌법불합치결정을 하여 결국 법령조항에 대한 본안결정이었다. 그런데 그 심판에서 헌재는 "해당하는 사유가 있으면 교도관으로 하여금 수용자의 접견내용을 청취·기록·녹음 또는 녹화하게 할 수 있다"라고 규정한, 접견의 청취·기록·녹음·녹화행위라는 권력적 사실행위의 근거법조항인 '형의 집행 및 수용자의 처우에 관한 법률'(2007.12.21. 법률 제8728호로 개정된 것) 제41조 제2항 등에 대해 집행행위가 매개되어야 한다는 이유로 직접성을 부정하여 그 부분 청구를 각하하였다. 그러나 헌재는 접견의 청취·기록·녹음·녹화행위에 대하여는 그렇게 했다고 볼 충분한 자료가 없고 청구인도 이를 "따로 심판대상으로 명시하지 않고 있으므로 이를 심판대상으로 삼지 않는다"라고 하여 판단된 바 없다.

판례 헌재 2013.8.29. 2011헌마122

[판시] … 나. 심판의 대상 … (3) … □□교도소 측이 청구인의 2011.2.23.자 접견내용을 청취·기록·녹음·녹화하였다고 볼 충분한 자료가 없고, 청구인도 접견의 청취·기록·녹음·녹화행위에 대하여 따로 심판대상으로 명시하지 않고 있으므로 이를 심판대상으로 삼지 않는다. … 3. 이 사건 녹음·녹화조항에 대한 판단 … 이 사건 녹음·녹화조항은 일정한 요건에 해당한다고 판단되는 경우에 청취·기록·녹음 또는 녹화를 할 수 있도록 하는 규정으로서 구체적으로 교도소장의 접견내용 청취·기록·녹음 또는 녹화라고 하는 집행행위의 매개를 예정하고 있다. … 따라서 이 사건 녹음·녹화조항에 대한 심판청구 부분은 직접성 요건을 갖추지 못하여 부적법하다.

(3) 근거법령에 대한 치유책 - 부수적 위헌결정

권력적 사실행위 자체에 대한 판단에서 위헌성이 인정되면 보다 발본책으로 근거법령에 대해서도 위헌성을 인정하는 것이 필요하다. 그런데 헌재법 제75조 제5항은 "제2항의 경우에 헌법재판소는 공권력의 행사 또는 불행사가 위헌인 법률 또는 법률의 조항에 기인한 것이라고 인정될 때에는 인용결정에서 해당 법률 또는 법률의 조항이 위헌임을 선고할 수 있다"라고 규정하고 있다. 바로 이 부수적 위헌선언을 통해 근거법령의 위헌성을 제거함으로써 권리침해를 발본색원하는 치유책이 될 수 있을 것이다. 그런 예로 아래의 결정례들이 있었는데 그 판시는 뒤의 결정형식 부분에서 자세히 다룬다(후술 참조). 유의할 점은 이 부수적 위헌결정은 법률조항에 대한 것이라는 점이다.

판례 헌재 1992.1.28. 91헌마111; 1995.7.21. 92헌마144.

13. 조례 자체에 대한 헌법소원요건으로서의 직접성요건

조례도 법규범이니 위의 2.에 포함하여 이해하면 되긴 하겠으나 지방자치단체의 자치법규라는 점에서 아래에 별도로 정리해 본다.

조례에 대한 법령소원에서도 다른 법령에 대한 헌법소원에서처럼 별도의 집행행위가 없이 직접 기본권을 침해할 것을 요한다.

(1) 인정례

- 담배자동판매기설치 금지조례 조항

판례 헌재 1995.4.20. 92헌마264등

[관련판시] 조례에 대한 헌법소원의 적법요건으로서 조례가 별도의 구체적인 집행행위를 기다리지 아니하고 직접 그리고 현재 자기의 기본권을 침해하는 것이어야 함을 요한다. 이 사건 심판대상규정은 담배소매인 지정신청인에게 적용되는 기준일뿐만 아니라 현재 담배소매업을 하고 있는 청구인들에게도 추가적인 자판기 설치를 금지하고 이미 설치한 자판기마저 철거하도록 하고 있으므로 집행행위를 기다리지 아니하고 바로 자유를 제한하고 의무를 부과하는 규정이어서 자기관련성, 현재성 및 직접성의 요건을 모두 갖추고 있다고 할 것이다.

(2) 부정례

판례 헌재 1998.11.26. 96헌마55등, 부산광역시세조례 부칙 제2조 등

[심판대상규정] 부산광역시세조례(1995.12.29. 부산광역시조례 제3260호로 개정된 것) 부칙 제2조 및 목포시세조례(1995.12.30. 목포시조례 제774호로 개정된 것) 부칙 제2조 [결정요지] 이 사건 조례 부칙 제2조는 1995년도 사업소득에 대한 주민세에 관하여 개정된 인상세율을 1996.1.1. 이후에 '부과징수(신고납부하는 경우를 포함한다)'되는 소득세·법인세 및 농지세에 대한 주민세부터 적용토록 하고 있다. 먼저, 주민세를 부과징수하는 경우 위 부칙조항으로 인하여 청구인들의 기본권이 직접 침해되는 것이 아니라, 위 부칙조항을 적용하여 이루어지는 별도의 집행행위인 과세처분에 의하여 비로소 기본권침해가 현실적으로 나타나게 됨은 분명하다. 다음으로, 주민세를 신고납부하는 경우 소득세할의 납세의무자는 지방세법 제177조의2 제2항에 따라 납부하여야 할 세액을 산출하여 이를 소득세의 납세지를 관할하는 시장·군수에게 신고납부하여야 하므로 위 부칙조항으로 인하여 직접 기본권이 침해되는 것이 아니냐는 의문이 제기될 수도 있다. 그러나 지방세법 제177조의2 제3항은 신고납부를 하지 아니하거나 신고납부세액이 세법에 의하여 신고납부하여야 할 세액에 미달할 때에는 보통징수, 즉 부과징수의 방법에 의하여 징수하도록 하고 있으므로 신고납부의 경우에도 종국적으로는 과세처분이라는 집행행위를 통하여 기본권침해가 현실화된다는 점에서는 부과징수의 경우와 다를 바없다 할 것이다. 그렇다면 이 사건 조례 부칙 제2조는 기본권침해의 직접성이 없고, 이 부칙조항을 직접 대상으로 삼은 이 사건 심판청구는 법령에 대한 헌법소원의 요건을 갖추지 못하여 부적법하여 각하한다.

14. 특수한 상황의 직접성 판단 - 사인이 제한자인 경우

(1) 문제상황과 긍정성

기본권제한은 공권력기관에 의해 구체적 행위가 바로 이루어질 경우 그 직접적 인정에 그다지 어려움이 없을 것이다. 그 제한에 있어서 사인(私人)의 행위가 개재되어야 효과가 나는 경우도 있을 것인데 이 경우에도 그 효과의 경로가 직접적이라면 직접성이 인정된다. 매개자가 공권력기관이냐 사인이냐가 주관심이 아니고 그 침해의 경로가 직접적이냐가 관건이기 때문이다.

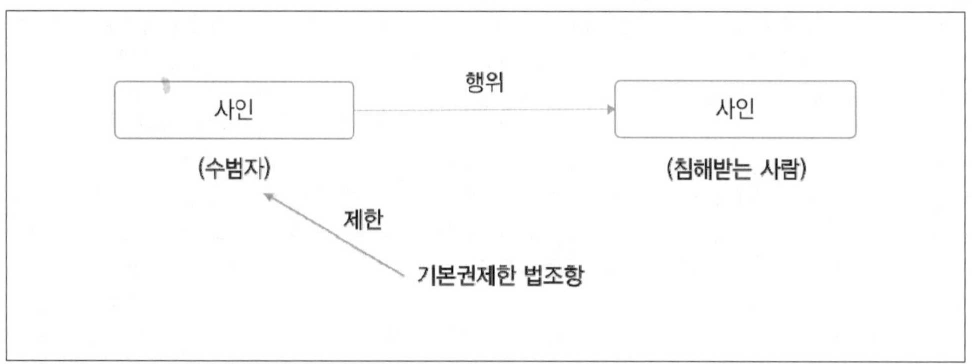

▌문제상황

(2) 결정례

1) 사인의 행위가 효과요건이 되는 법규범 경우의 직접성 인정

헌재는 "법규범이 정하고 있는 법률효과가 구체적으로 발생함에 있어 이 사건에서 법무사의 해고행위와 같이 공권력이 아닌 사인의 행위를 요건으로 하고 있다고 할지라도 법규범의 직접성을 부인할 수 없는 것이다"라고 한다. 사안은 법무사의 사무원의 총수는 합동사무소 구성원인 법무사를 포함하여 5인을 초과할 수 없도록 규정한 구 법무사법시행규칙(1994.12.30. 대법원규칙 제1327호) 제35조의 규정이 이 규정에 의거하여 10명의 사무원들이 있던 사무실에서 해고된 사무원들이 자신들의 평등권, 직업의 자유, 행복추구권을 침해하는 위헌이라고 하여 청구한 헌법소원사건이었다.

판례 헌재 1996.4.25. 95헌마331

[판시사항] 가. 생략. 나. 법령의 직접 수범의무자가 아님에도 자기관련성을 인정한 예. 다. 생략 [판시] 이 사건 심판대상 조항 자체에 의하여 청구인들이 직접 해고되지 아니하는 것은 사실이나 법무사 최균호는 이 사건 심판대상 조항에 의하여 사무원 중 5인을 초과하는 사무원을 해고하여야 하는 법률상 의무를 직접 부담하므로 이 사건 심판대상 조항은 직접 기본권을 침해하는 법 조항이라 할 것이고, 위 해

고의 대상 중에 포함되어 있어 해고의 위험을 부담하는 것이 분명한(해고의 가능성이 100%가 아니라는 것 뿐이다) 청구인들 또한 이 사건 심판대상 조항에 의하여 직접적이고 법적인 침해를 받게 되는 것이다. 그리고 법규범이 구체적인 집행행위를 기다리지 아니하고 직접 기본권을 침해한다고 할 때의 집행행위란 공권력행사로서의 집행행위를 의미하는 것이므로 법규범이 정하고 있는 법률효과가 구체적으로 발생함에 있어 이 사건에서 법무사의 해고행위와 같이 공권력이 아닌 사인의 행위를 요건으로 하고 있다고 할지라도 법규범의 직접성을 부인할 수 없는 것이다. 따라서 청구인들은 이 사건 심판대상 조항 자체를 대상으로 헌법소원심판을 청구할 수 있다고 할 것이므로 이 사건 심판대상 조항에 적법성이 없다는 주장은 이유 없다.

* 해설 – ⅰ) 심판순서체계상 다음의 문제가 있다. 이 사안은 금지규정을 지켜야 하는 사람은 어디까지나 법무사이지 고용된 사무원이 아닌데 청구인은 사무원이므로 이들 자신의 기본권이 관련되느냐 하는 자기관련성 요건을 갖추어졌는지가 먼저 검토되어야 하고 그 뒤에 그렇게 청구인 자신의 기본권이 문제될 때 직접성, 현재성을 가지는 침해인지가 검토되어야 한다. 그런데도 직접성을 중심으로 판시하고 있다. 이상한 것은 헌재가 발간한 판례집에서 이 결정의 판시사항을 “법령의 직접 수범의무자가 아님에도 자기관련성을 인정한 예”라고 기재하고 있는 사실인데(헌재 1996.4.25. 95헌마331, 판례집 8-1, 465면) 판시사항에 기재된 것과 판시된 것이(그리고 심지어 [결정요지] ‘가.’의 문언마저) 다른 것은 판결소개의 공신력을 떨어트리는 일이다. 사실 오히려 이 판시사항 기재가 더 1차적인 적확성을 가진다고 본다. 우리가 위에서 지적한 데 비추어서도 그러하다. ⅱ) 직접성효과 부분을 보더라도 그 논증에 문제가 있다. 헌재는 “법규범이 구체적인 집행행위를 기다리지 아니하고 직접 기본권을 침해한다고 할 때의 집행행위란 공권력행사로서의 집행행위를 의미하는 것이므로 법규범이 정하고 있는 법률효과가 구체적으로 발생함에 있어 이 사건에서 법무사의 해고행위와 같이 공권력이 아닌 사인의 행위를 요건으로 하고 있다고 할지라도 법규범의 직접성을 부인할 수 없는 것이다”라고 한다. 그러나 법령소원에서 직접성 요건은 집행행위가 없더라도 법률상 기본권침해효과가 바로 나타나면 인정되는 것이므로 해고행위라는 사인행위가 법률효과요건이 되더라도 직접성이 있다고 할 것이 아니라 집행행위가 없더라도 자유제한과 같은 기본권침해효과가 법규범 자체로 발생하므로 직접성이 인정된다고 판시하는 것이 제대로 된 논증이다. 사인행위가 요건이 되어 기본권침해효과가 직접 나타나는 것이 아니라 사무원 5인 초과를 금지하는 법규정의 강제규범성 자체로서 기본권침해효과가 나오는 것이고 사인행위도 그 원인은 위 금지를 하는 법규범 자체에서 나오는 것일 뿐이다.

2) 법규범 수범의무자가 아닌 청구인에 대한 기본권침해의 직접성 인정

바로 위 법무사 사무실 정원 사건에서 수범의무자는 법무사이지 청구인이 아니다. 그런데 청구인들의 기본권침해 직접성을 인정한 결정례이다. 사실 이 문제는 위 검토에서 지적한 대로 기본권침해 직접성 문제 이전에 수범자가 아닌 제3자로서 청구인의 자신의 기본권이 문제되느냐 하는 자기관련성 문제가 먼저 다루어졌어야 한다.

3) 사인 간의 계약관계에 기초한 구체적 사인의 행위에 의한 기본권제한

- 정보통신망법의 임시조치조항 위와 같은 경우에 직접성을 인정한 예이다. 정보통신망을 통하여 일반에게 공개된 정보로 말미암아 사생활 침해나 명예훼손 등 타인의 권리가 침해된 경우 그 침해를 받은 자가 삭제요청을 하면 정보통신서비스 제공자는 권리의 침해 여부를 판단하기 어렵거나 이해당사자 간에 다툼이 예상되는 경우에는 30일 이내에서 해당 정보에 대한 접근을 임시적으로 차단하는 조치를 하여야 한다고 규정하고 있는 ‘정보통신망 이용촉진 및

정보보호 등에 관한 법률'(2008.6.13. 법률 제9119호로 개정된 것) 제44조의2 제2항 중 '임시조치'에 관한 부분 및 제4항(이하 '이 사건 법률조항')이 표현의 자유를 침해한다는 주장으로 청구된 사건이다. 여기서 사인(私人)은 '정보통신서비스 제공자'인 것이다.

판례 헌재 2012.5.31. 2010헌마88

[판시] (가) 자기관련성 유무 – 정보게재자인 청구인은 제3자에 해당하나, 제3자에게 미치는 효과나 진지성의 정도를 종합적으로 고려할 때, 자기관련성을 인정할 수 있다. (나) 직접성 유무 – 정보통신망법 제44조의2 제2항은 제1항에 의한 권리침해 주장자의 요청이 있는 경우 삭제·임시조치 등 필요한 조치를 하도록 하고 있고, 제44조의2 제4항은 임시조치의 요건과 내용을 보완하고 있으며, 제44조의2 제5항은 필요한 조치의 내용·절차 등을 약관에 구체적으로 밝히도록 하고 있어, 결과적으로 이 사건 법률조항으로 인한 기본권의 제한은 사인 간의 계약관계(약관)에 기초한 구체적인 사인(여기서는 정보통신서비스 제공자)의 행위에 의하여 이루어지게 된다. 하지만 권리침해 주장자의 삭제요청이 있는 경우라면 적어도 이해당사자 간에 다툼이 예상되는 경우에 해당되어 제44조의2 제4항에 따라 임시조치를 할 수 있는 요건이 충족될 수 있고, 제44조의2 제2항에 따르면 그 경우 임시조치 등 필요한 조치를 하도록 의무지우고 있어, 정보통신서비스 제공자의 임시조치로 인한 청구인의 기본권제한은 이 사건 법률조항에 의하여 결정되어 있으므로, 이 사건 법률조항은 정보게재자인 청구인의 기본권을 직접 제한하고 있다.

* 검토 – 위 법무사법 규정 헌법소원에 대조해 보면 이 결정에서는 자기관련성을 먼저 판단하였다.

15. 조약에 대한 직접성 인정

[판례] ⅰ) 긍정례 : 조약 자체를 대상으로 하는 법령소원에서 직접성이 인정된 아래의 예가 있다.

판례 헌재 2001.3.21. 99헌마139등, 대한민국과 일본국간의 어업에 관한 협정비준 등

[심판대상] '대한민국과 일본국 간의 어업에 관한 협정'(조약 제1477호) [관련판시] 그 경위야 어찌되었든 한일 양국간에 이 사건 협정이 새로이 발효됨으로 인하여, 우리나라의 어민들은 종전에 자유로이 어로활동을 영위할 수 있었던 수역에서 더 이상 자유로운 어로활동을 영위할 수 없게된 셈이다. 이로 인해 이 사건 청구인들이 주장하는 기본권의 침해 가능성이 인정되고, 따라서 이 사건 협정은 법령을 집행하는 행위가 존재하지 아니하고 바로 법령으로 말미암아 직접 기본권이 침해되는 예외적인 경우에 해당한다 할 것이고, 이 사건 협정에 대한 헌법소원심판의 청구는 일응 적법하다.

ⅱ) 부정례 : 부정례로 헌재는 미군기지이전에 관한 조약들에 대한 헌법소원심판의 청구가 이러한 직접성, 현재성을 갖추지 못하였다고 하여 각하결정을 한 바 있다.

판례 헌재 2008.10.30. 2005헌마268

[결정요지] 이 사건 조약들에 의해서 청구인들의 환경권, 재판절차진술권, 행복추구권, 평등권, 재산권이 바로 침해되는 것이 아니고, 미군부대 이전 후에 청구인들이 권리침해를 받을 우려가 있다 하더라도 이는 장래에 잠재적으로 나타날 수 있는 것이므로 권리침해의 '직접성'이나 '현재성'을 인정할 수 없다. 따라서 이 사건 심판청구를 각하하기로 결정한다.

[자기집행적 조약, 비자기집행적 조약] 이 문제에 대해 앞의 제3장 위헌법률심판에서 다

루었지만 조약에 대한 헌법소원에서는 직접성 문제로 다가온다. 심판대상 자체로부터 바로 기본권침해가 와야 한다는 점은 법령인 조약의 경우에도 마찬가지이다.

16. 직접성 요건 결여의 치유가능성 여부

헌재는 직접성 요건의 불비는 사후에 치유될 수 있는 성질의 것이라 볼 수 없다고 한다.

판례 헌재 2009.9.24. 2006헌마1298

[판시] 청구인은 자신이 반민규명위원회를 상대로 이 사건 결정의 취소를 구하는 행정소송을 제기하여 그 소송계속 중 당해 사건을 담당하는 법원으로부터 위헌제청신청기각결정까지 받은 만큼, 직접성의 요건을 충족하지 못한 하자는 사후에 치유된 것이라고 주장하나, 헌법재판소법 제68조 제1항에 의한 헌법소원심판청구에 있어서 직접성 요건의 불비는 사후에 치유될 수 있는 성질의 것이라 볼 수 없다.

17. 한국에서의 직접성 요건의 현재적 의미 검토

보다 근본적인 문제로 헌법소원심판에서 기본권침해의 직접성이 인정된다고 하더라도 다음에 볼 또 다른 요건인 보충성원칙에 따라 법원에서의 소송의 대상도 되면 곧바로 헌법재판소의 헌법소원심판을 받아보지 못하고 법원의 소송을 거쳐야 한다. 그런데 우리 헌재는 법원의 재판을 거친 원래의 행정처분은 헌법소원의 대상이 안 된다고 보므로(전술 원행정처분 부분 참조) 결국 보충성원칙의 적용으로 직접성이 있는 공권력행사에 대해서도 헌법소원의 길이 막혀버리는 결과가 되고 만다.

위와 같은 현실에서 결국 직접성 요건은 그 의미가 보충성원칙의 적용 여부에 따라 달라질 수 있다는 상황에 위치하고 있다. 이는 헌법소원의 존재가치에 대한 근본적인 질문을 제기하는 검토의견이기도 하다.

Ⅲ. 기본권침해의 현재성

1. 개념

현재성요건이란 장래에 발생할 기본권침해가 아니라 현재(헌법소원심판청구시)에 기본권침해가 있어야 헌법소원을 청구할 수 있음을 말한다.

2. 현재성 판단 기준 시점

현재관련성 요건에서 말하는 '현재'란 헌법소원심판을 청구하는 시점으로 보아야 한다. 청구 이후 헌재의 심리 도중에도 침해가 계속되어야 한다는 것으로 볼 것인가 하는 의문이 제기될 수 있다. 즉 청구시점에는 기본권침해가 지속되고 있었으나 이하 그 침해행위가 종료되었거나 침해에 대한 복구가 이루어진 경우에는 현재성요건 결여로 볼 것인가 하는 문제이다. 이는 현재성의 문제에서 권리보호이익이라는 요건의 문제로 옮아가는 것이라고 본다. 권리보호이익이 대해서는 뒤에서 자세히 살펴보지만, 권리보호이익이란 헌법소원심판을 통한 구제가능성이 있어야 할 것을 의미하는데 헌법소원심판에서 그 침해행위를 취소하여 기본권구제를 가져오게 하려고 하더라도 그 침해행위가 종료되었으므로 권리보호이익이 소멸된 상태이다. 그런데 헌재는 그 경우에도 예외적으로 심판이익이 있다고 보아 본안판단으로 나아가고 위헌성이 인정되면 위헌확인결정을 하게 된다. 그러므로 현재성 요건 문제에서는 청구시점에서의 기본권침해의 존재가 관건이고 그것이 원칙적 요구이다.

3. 현재성요건의 완화 - 장래 침해에 대한 현재관련성 인정

(1) 의미와 완화이유 및 기능

1) 완화의 의미

현재성이 청구시점에서 기본권침해가 있을 것을 요한다면 장래에 발생될 수도 있을 침해를 이유로 헌법소원심판을 청구하면 현재성 요건을 원칙적으로 결여한 것이 된다. 그런데 헌재는 장래에 발생이 확실한 기본권침해인 경우, 기본권구제의 실효성을 기하기 위한 경우 등에는 헌법소원심판청구시에 침해가 없더라도 기본권침해의 현재성을 인정하는 등 이 요건을 상당히 완화하여 적용하고 있다.

2) 완화의 이유와 기능

장래에 예측가능한 기본권침해에 대해서도 헌법소원의 한 요건인 권리침해의 현재성을 인정하는 것은 다음과 같은 의의와 기능을 가진다.

ⅰ) **예방적·실효적 기본권구제** 이를 위하여 현재성 요건의 완화가 필요하다. 침해가 현재 있기를 기다려 청구하여야 적법하다고 요구하다가 기본권구제의 기회를 놓칠 수 있다. 장래 침해가 실제 발생하였을 때보다 이전에 미리 위헌성을 인정하여 기본권침해를 막는 것이 기본권구제의 실효성 제고에도 기여함은 물론이다.

아래 결정이 이 점을 명확히 설시하고 있다. 사안은 시·도지사선거에서의 후보자등록신청시에 기탁하도록 하는 기탁금 5,000만원이 과다하여 평등권, 공무담임권 침해라는 주장으로 청구된 헌법소원심판사건이었다.

판례 헌재 1996.8.29. 95헌마108

[판시] 청구인이 기본권을 구체적으로 침해받게 되는 것은 후보자등록신청개시일인 1995.6.11.부터라고 할 것이다. 구체적인 기본권의 침해가 있기 전인 1995.4.14.에 청구한 이 사건 헌법소원의 경우를 가리켜 후보등록일 이전에 청구한 것이므로 현재성이 없다고 한다면 현행 헌법소원절차에 미루어 기본권구

제의 실효성을 기대하기 어렵다. 따라서 후보자등록신청개시일 보다 약 두달 전에 청구한 이 사건 심판 청구는 현재성의 요건도 갖춘 것으로 보아야 한다. * 본안판단결과 기각결정이 되었다.

ii) **청구가능성의 확대** 헌법소원심판청구의 가능성을 넓혀 헌법소원의 권리구제기능을 확장한 것이 바람직하다.

3) 현재성 완화와 권리보호이익

현재성 요건을 완화하여 현재 기본권침해가 없음에도 헌법소원심판을 청구할 수 있다고 볼 경우 권리보호이익 요건은 어떻게 될 것인가? 권리보호이익이란 헌법소원을 통해 기본권구제가 가능할 것을 요구하는 헌법소원의 또 다른 청구요건이다. 권리보호이익 요건은 청구 시점에서부터 계속 충족되어야 한다는 것이 헌재의 입장인데 현재성 완화를 인정한 경우 청구시점에 아직 기본권침해가 없으므로 이를 어떻게 할 것인가? 현재로서는 권리보호이익이 없으나 장차 권리침해가 있을 경우를 방지하여 권리를 보호받을 수 있도록 하여야 하는 요구라는 점에서 심판청구의 이익을 인정하는 것이 정당하다. 이를 명시적으로 헌재가 판시한 예로 서울대 입시요강에서 일본어를 제외하여 청구된 헌법소원심판이 있는데 이 결정에서 헌재는 "94학년도에 서울대학교 일반계열 입학을 지원할 경우 불이익을 입게 될 수도 있다는 것을 현재의 시점(92년)에서 충분히 예측할 수 있는 이상 기본권침해의 현재성을 인정하여 헌법소원심판청구의 이익을 인정하는 것이 옳을 것이다"라고 판시한 바 있다.[1)]

(2) 장래 침해 인정(완화) 요건 및 청구기간

1) 완화 요건

헌재는 예측가능성을 요건으로 한다. 즉 비록 장래에 발생한다 하더라도 그 기본권침해가 틀림없이 발생할 것으로 현재 확실히 예측된다면 현재성을 인정한다.

[장래침해에 대한 현재성 인정의 요건]
▷기본권의 침해가 비록 장래에 발생한다 하더라도 그 침해가 틀림없이 발생할 것으로 현재 확실히 예측되는 경우

판례 헌재 1999.5.27. 98헌마214

[판시] 헌법재판소는 종래의 결정에서 기본권의 침해가 비록 장래에 발생한다 하더라도 그 침해가 틀림없이 발생할 것으로 현재 확실히 예측된다면 기본권구제의 실효성을 위하여 침해의 현재성을 인정하고 있다(헌재 1992.10.1. 92헌마68등, 판례집 4, 659, 669; 1996.8.29. 95헌마108, 판례집 8-2, 167, 175 참조).

2) 청구기간의 문제

(가) 도과 문제 없음

헌재는 장래 침해에 대해 현재성을 앞당겨 인정한 다음에야 기본권침해가 발생한 경우에

---

1) 헌재 1992.10.1. 92헌마68.

비로소 따지게 되는 청구기간의 도과 문제는 없다고 본다. 아래와 같은 결정례들이 있었다.

① **국회의원의 피선거권 행사연령을 "25세 이상"으로 정한 '공직선거 및 선거부정방지법'**(1994.3.16. 법률 제4739호로 제정된 것) **제16조 제1항 규정**

판례 헌재 2005.4.28. 2004헌마219

[판시] 청구인들이 주장하는 기본권침해는 이 사건 법률조항으로 인하여 후보자등록이 거부되거나 또는 후보자등록 무효사유가 존재함이 확인되는 시점에 비로소 현실화되겠지만, 그 침해가 이 사건 심판청구 당시 이미 확실히 예측된다고 할 것이므로 기본권침해의 현재관련성이 인정된다. 이와 같이 장래 확실히 기본권침해가 예측되어 현재성을 인정하는 이상 청구기간의 도과 여부는 문제되지 아니한다. 청구기간의 준수 여부에 대한 심사는 '이미' 기본권침해가 발생한 경우에 비로소 문제가 되는데, 이 사건의 경우 아직 기본권침해가 없지만 '장래' 확실히 기본권침해가 예상되어 미리 앞당겨 그 법적 관련성을 인정하기 때문이다.

② **주기적으로 반복되는 선거** – 재외국민에 대한 국정선거권, 지방선거의 선거권·피선거권 부정의 공직선거법규정에 대한 헌법소원심판사건이었다.

판례 헌재 2007.6.28. 2004헌마644등

[판시] (1) 그런데 구 '공직선거 및 선거부정방지법' 조항들을 기준으로 할 경우, 제17대 국회의원선거가 2004.4.15.에 실시되었고 그로부터 90일이 경과한 후인 2004.8.4.과 2005.4.6.에 제기된 이 사건 심판청구들에 대해 청구기간의 준수 여부에 의문이 제기될 수 있다. (2) 그런데 주기적으로 반복되는 선거의 경우 매번 새로운 후보자들이 입후보하고 매번 새로운 범위의 선거권자들에 의해 투표가 행해질 뿐만 아니라, 선거의 효과도 차기 선거에 의한 효과가 발생할 때까지로 한정되므로 매선거는 새로운 선거에 해당한다. 그리고, 청구인들이 이 사건 헌법소원을 제기한 진정한 취지는, 이미 종료한 과거 선거에서의 기본권침해를 문제 삼는 것이라기보다는, 장래 실시될 선거에서 발생할 수 있는 기본권침해를 문제 삼고 있는 것으로 볼 수 있다. (3) 결국 이 같은 선거의 속성과 청구인들의 주장 취지를 종합적으로 고려하면, 이 사건 심판청구는 향후 실시될 각종 선거에서 청구인들이 선거에 참여하지 못함으로써 입게 되는 기본권침해, 즉 장래 그 도래가 확실히 예측되는 기본권침해를 미리 앞당겨 다투는 것으로 볼 수 있다. 그렇다면 기본권침해의 사유가 이미 발생한 사실을 전제로 한 청구기간 도과의 문제는 발생할 여지가 없다(헌재 1999.12.23. 98헌마363; 2001.2.22. 2000헌마25 등 참조).

③ **집행 종료 후 일정 기간 후까지의 결격사유** – "금고 이상의 형을 선고받고 그 집행이 종료되거나 그 집행을 받지 아니하기로 확정된 후 5년을 경과하지 아니한 자는 변호사가 될 수 없다"라고 규정한 변호사법 제5조 제1호(이하 '이 사건 법률조항. 현행법도 동일한 내용임)')에 대해 변호사이었던 사람이 2005.5.26. 징역 1년 6월형 판결의 확정으로 복역 중 자신의 직업선택의 자유 등을 침해한다는 주장으로 2005.10.11. 그 위헌확인을 구하는 헌법소원심판을 청구한 사건이었다.

판례 헌재 2006.4.27. 2005헌마997

[판시] 이 사건 법률조항은 변호사의 결격사유로서 금고 이상의 형의 선고를 받고 그 집행을 종료하거

나 그 집행을 받지 아니하기로 확정된 후 5년이라는 기간을 두고 있기 때문에 '법률에 해당하는 사유가 발생하여 기본권의 침해를 받게 된 날'을 어느 시점으로 볼 것인지 문제되나, 청구인이 이 사건 법률조항으로 인하여 직업 선택의 자유 등을 제한 받는 것은 이 조항에서 형의 집행 종료 후에도 일정 기간 결격 기간을 두고 있기 때문이며, 형 집행 기간 중에 직업선택의 자유 등이 제한되는 것은 이 사건 법률조항의 적용으로 인한 것이 아니라고 볼 수 있다. 따라서 적어도 형의 집행을 종료하거나 집행을 받지 아니하기로 확정된 기간까지는 청구기간이 개시되지 않는 것으로 보아야 할 것이다. 이렇게 본다면 이 사건의 경우 아직 기본권의 침해는 없으나 장래에 확실히 기본권 침해가 예측되므로 미리 앞당겨 현재의 법적 관련성을 인정하는 경우에 해당되어(헌재 1999.12.23. 98헌마363; 2001.2.22. 2000헌마25), 이 때에는 아직 청구기간을 기산하지 않은 것이므로 청구기간 도과의 문제가 발생할 여지가 없다.

(나) 현재성 완화 부정의 경우 – 원래 청구기간 요건 적용

현재성 완화가 인정되지 않으면 본래의 청구기간과 기산점 적용, 즉 기본권침해를 안 날부터 90일, 있은(있는) 날부터 1년을 적용한다. 그러한 예로 아래 결정과 같은 예를 본다.

판례 헌재 2019.7.25. 2016헌마641

[판시] 장차 언젠가 기본권침해를 받을 우려가 있다 하더라도 그러한 우려는 단순히 장래 잠재적으로 나타날 수 있는 것에 불과하여 기본권침해의 현재성을 구비하였다고 볼 수 없다(헌재 2009.11.26. 2008헌마691). 한편, 헌법재판소법 제68조 제1항에 따른 헌법소원의 심판은 그 사유가 있음을 안 날부터 90일 이내에, 그 사유가 있는 날부터 1년 이내에 청구하여야 한다(헌법재판소법 제69조 제1항). 청구인들의 기본권침해는 투표가치의 불평등이 발생한 선거구 내지 자의적으로 획정된 선거구에서 선거권을 행사함으로써 발생한다. 이는 과거 선거에서 이미 발생하였거나 장래 선거에서 장차 발생할 수도 있다. 제20대 국회의원선거로 인한 청구인들의 기본권침해는 그 선거일인 2016.4.13. 이미 발생하였으므로 현재성이 인정된다. 그러나 청구인들은 특별한 경우가 아닌 한, 이 날 기본권침해 사유가 발생하였음을 알았다고 할 것이므로, 그로부터 90일이 지난 2016.8.2. 제기된 심판청구는 청구기간을 준수하지 못하였다. * 사안에서 2020.4.15. 실시될 제21대 국회의원선거에 대해서는 심판대상 선거구구역표가 그대로 적용될지, 기본권침해의 발생이 장래 확실히 예측된다고 볼 수 없으므로, 현재성이 없다고 하였다.

(3) 완화 사유의 예 – 결정례

1) 선거법에 관한 헌법소원에서의 완화

헌재의 결정례들 사안들로 많은 경우는 선거법에 관한 것이었다. 선거가 실시되기 전에 그 장래침해의 현재성을 완화하여 인정한 예들이 적지 않다.

(가) 장래 실시가 확실한 선거와 기본권침해의 확실한 예측

① 지방(시·도)의회의원선거의 기탁금규정

판례 헌재 1991.3.11. 91헌마21

[판시] 서울특별시 의회에 진출하려는 청구인 ○○○이나 민중당은 후술하는 범위 내에서 지방의회의원선거법과 밀접한 이해관계가 인정되므로, 자기(관련)성은 의문의 여지가 없고 직접성의 점은 이 사건 지방의회의원선거법 제36조 제1항이 그 법률조항 자체에서 지방의회의원(선거)의 후보요건을 제한하고 있고, 같은 조항 소정의 기탁금을 기탁하지 아니하는 자에 대한 후보등록 거부행위라는 당연히 예상되는 별도의 집행행위를 매개로 할 것도 없는 점에서 기본권의 침해의 직접성을 인정할 수 있고, 지방자

치법 부칙 제2조가 동법에 의한 최초의 지방의회의원선거를 1991.6.30. 이내에 실시할 것을 규정하고 있고 정부도 상반기 내에 실시할 것을 공약하고 있는 점에 비추어 수개월 내에 실시할 것이 명백하므로 현재성 역시 인정된다.

② 국회의원의 피선거권 행사연령을 "25세 이상"으로 정한 '공직선거 및 선거부정방지법'(1994.3.16. 법률 제4739호로 제정된 것) 제16조 제1항 규정

판례 헌재 2005.4.28. 2004헌마219
[판시] 청구인들이 주장하는 기본권침해는 이 사건 법률조항으로 인하여 후보자등록이 거부되거나 또는 후보자등록 무효사유가 존재함이 확인되는 시점에 비로소 현실화되겠지만, 그 침해가 이 사건 심판청구 당시 이미 확실히 예측된다고 할 것이므로 기본권침해의 현재관련성이 인정된다.

(나) 장래 실시 확실한 선거 종결 전 헌법소원심판 결정의 필요성

가) 입후보 등록 관련

① 지방자치단체 장 임기 중 대통령·국회의원 선거 등에 입후보 금지 규정

[주요판시사항]
▷ 헌재의 결정 전에 선거 종결이 되면 권리구제가 불가능. 청구인의 진로에 관련된 중요결정을 내리기 위하여 되도록 빨리 위헌성여부를 확인받을 이익이 있음

판례 헌재 1999.5.27. 98헌마214
[관련판시] 이 사건의 경우 헌법과 법률에 따라 대통령선거, 국회의원선거, 지방의회의원 및 지방자치단체의 장 선거의 실시가 장래에 확실히 예상되고, 특히 다음 국회의원총선거가 2000년 상반기에 실시되는 것이 이미 확정되어 있으므로, 위 법률조항에 의하여 청구인들의 피선거권이 가까운 장래에 침해되리라는 것 또한 현재 확실히 예측된다. 만일, 청구인들의 기본권이 현실적으로 침해되는 후보자등록개시일 이후에 비로소 헌법소원을 제기해야만 헌법소원의 현재성이 인정된다고 한다면, 현행헌법소원절차의 운영실태와 후보자등록개시일부터 선거일까지의 기간(법 제33조)이 각 선거에 따라 14일~23일이라는 점에 비추어 선거일 전에 헌법재판소의 결정이 선고되기를 기대하기는 어렵다 할 것이므로, 청구인들은 헌법소원제도에 의한 기본권의 구제를 받을 수 없게 된다고 할 것이다. 다시 말하면, 헌법재판소의 결정전에 선거가 이미 종결된다면, 그 뒤에 이 사건 법률조항에 대한 위헌결정이 선고된다고 하더라도 청구인들의 권리구제는 불가능하다. 뿐만 아니라, 청구인들이 다음 공직선거에 입후보할 수 있는가 하는 것은 개인의 인생계획의 중요한 부분에 관한 것이므로 자신의 진로와 관련된 중요한 결정을 내리기 위하여 되도록 빨리 법적 상태의 위헌성여부를 확인받을 이익이 있다. 따라서 이 청구는 기본권침해의 현재성을 충족시킨 것으로 봄이 상당하다.

② 선거의 후보자등록개시일 전 2월에 청구한 기탁금 규정에 대한 헌법소원

판례 헌재 1996.8.29. 95헌마108
[관련판시] 법령에 대한 헌법소원의 청구기간은 법령이 시행된 뒤에 비로소 기본권을 침해받은 경우에는 기본권을 침해받은 때로부터 기산하여야 한다. 이 사건의 경우(* 시도지사선거의 5,000만원 기탁금에 대한 위헌확인소원사건임 – 저자 주) 후보자등록신청시에 기탁금을 납부하도록 되어 있으므로 후보자등록신청개시일에 비로소 구체적으로 기본권의 침해가 생긴다고 할 것이다. 그런데 구체적인 기본권의

침해가 있기 전에 청구한 이 사건 헌법소원의 경우를 가리켜 후보등록일 이전에 청구한 것이므로 현재성이 없다고 한다면 현행 헌법소원절차에 미루어 기본권구제의 실효성을 기대하기 어렵다. 따라서 후보자등록신청개시일보다 약 두 달 전에 청구한 이 사건 심판청구는 현재성의 요건도 갖춘 것으로 보아야 한다.

나) 선거운동 금지

교육공무원의 정당가입 및 선거운동 금지 – 사안은 초·중등학교의 교육공무원의 정당가입 및 선거운동을 금지하고 있는 당시의 정당법 제6조 단서 제1호 및 '공직선거 및 선거부정방지법'(이하 '공선법'이라 한다) 제60조 제1항 제4호에 대해 청구한 헌법소원심판이었다.

판례 헌재 2004. 3. 25. 2001헌마710

[판시] 선거운동은 당해 후보자의 등록이 끝난 때부터 선거일 전일까지에 한하여 이를 할 수 있고(공선법 제59조), 후보자의 등록은 지방자치단체의 의회의원 및 장의 선거에 있어서는 선거일 전 16일부터 2일간 하게 되는바(공선법 제49조 제1항), 당해 후보자의 등록일 이전에 청구한 이 사건에 대하여 현재성이 없다고 한다면 현행 헌법소원절차에 미루어 기본권구제의 실효성을 기대하기 어렵다(헌재 1996.8.29. 95헌마108, 판례집 8-2, 167, 175 참조). 따라서 후보자등록신청개시일 보다 약 8개월 전에 청구한 이 사건 심판청구는(특히 공선법조항) 현재성의 요건도 갖춘 것으로 보아야 한다.

* 검토 – 이 사안에서 청구는 2001.10.12.에 이루어졌고 위 판시에도 나타나듯이 약 8개월 뒤 선거가 실시되었다면 선거가 실시되기 전에 결정을 내려주었어야 헌재가 위 판시에서 스스로 기본권구제의 실효성을 생각해서 현재성을 완화한다는 판시가 무색하지 않았을 것이다.

(다) 선거일이 공고된 후 선거실시 전 제기된 헌법소원에서의 침해의 현재성 인정

판례 헌재 1995.5.25. 91헌마44

[사건개요] 기초지방의회의원선거의 입후보에 200만원을 기탁하도록 규정한 구 지방의회의원선거법 제36조 제1항 때문에 1991.3.26.에 실시될 예정이던 기초의회의원선거에 입후보하지 못하게 된 청구인이 동 조항을 대상으로 위 선거실시 전인 1991.3.13.에 헌법소원심판을 청구하였다. 선거일공고는 청구전인 1991.3.8.에 있었다. [관련판시] … 선거일공고가 됨으로써 청구인들이 주장하는 기본권침해가 잠재적인 데에 그치지 아니하고 현실화되었으므로, 이 사건 심판청구는 … 현재성의 요건을 갖춘 것이다.

* 헌재는 본안판단결과 이 기탁금규정이 위헌이 아니라고 보아 기각결정하였다.

(라) 항소심에서 실형이 선고된 국회의원의 지역구에서의 보궐선거실시 가능성과 현재성

아래의 예는 현직 의원이 이미 항소심에서 실형이 선고되었으며, 사건쟁점이 사실인정 문제여서 법률심인 상고심에서 원심대로 확정할 것을 전제로 보궐선거의 실시를 예측하였던 경우라고 보아 현재성을 인정했던 결정례이다.

판례 헌재 1995.11.30. 94헌마97

[사건개요] 어느 지역구 국회의원이 특정범죄가중처벌에 관한 법률 위반(알선수재)사건으로 징역형을 선

고받아 국회의원의 자격이 상실됨에 따라 1994.8.2. 위 지역에서 국회의원 보궐선거가 실시되었는데, 청구인은 이 사건 헌법소원심판청구시(1994.5.경) 위 보궐선거에 무소속으로 입후보하기 위한 준비를 하고 있었다. 청구인은 사전선거운동을 제한하는 구 '공직선거 및 선거부정방지법' 제59조와 그 처벌조항인 제254조 제2항 제4호, 기부행위에 대해 규정한 제112조 제2항 제3호와 후원회에 대해 규정한 구 '정치자금에 관한 법률' 제3조 제8호가 위헌이라는 이유로 1994.5.15. 이 사건 헌법소원심판을 청구하였다. [관련판시] 국회법 제135조 제2항은 "의원이 법률에 규정된 피선거권이 없게 된 때에는 퇴직한다"라고 규정하고 있고, 공직선거법 제19조 제2호에 의하여 금고 이상의 형이 실효되지 아니한 자는 피선거권이 인정되지 아니한다. 이 사건에서 S구 출신 국회의원이 형사사건으로 구속되어 형사지방법원에서 징역형을 선고받았으며 이 사건 심판청구일 현재 대법원에 소송계속 중이었다. 위 국회의원에게 형이 확정되는 경우 당연히 국회의원직이 상실되고, 공직선거법 제35조 제2항에 의하여 그 지역구에서는 위 확정판결일로부터 90일 이내에 보궐선거를 실시해야 한다. 그 형사사건의 상고심에서 원심대로 형이 확정될 것인가는 명확한 것은 아니었다. 그러나 그 사건이 이미 항소심에서 실형이 선고되었으며, 사건의 쟁점이 뇌물을 받았는지 아닌지에 관한 사실인정 문제였던 점 등을 볼 때 법률심인 상고심에서 원심판결이 번복될 가능성은 객관적으로 많지 않다고 할 것이다. 따라서 청구인이 상고심 판결이 원심대로 확정할 것을 전제로 보궐선거의 실시를 예측하였던 것이 잘못이라 할 수 없고, 그렇다면 이 사건에서 청구인의 현재관련성 요건은 준수된 것으로 본다.

(마) 20세 이상의 국민에게만 선거권을 부여하고 있는 구 '공직선거 및 선거부정방지법' 제15조 제1항 (1994.3.16. 법률 제4739호로 제정된 것)에 대해 20세 미만의 국민이 청구한 법령소원심판

현재는 18세로 변경되어 지나간 역사 속 사건이 되었으나 선거와 관련된 현재성 완화의 예로서 인용한다.

판례 헌재 2001.6.28. 2000헌마111

[관련판시] 청구인들은 본건 헌법소원심판청구 당시 18, 19세로서 이 사건 법률조항의 선거권연령 제한과 법적으로 관련되어 있고, 본건 심판청구 후 2 개월 내에 국회의원 선거가 실시될 예정이었으므로 기본권침해가 틀림없을 것으로 예측되어 그 현재성도 인정된다.

(바) 주기적으로 반복되는 선거

가) 주기적으로 반복되는 선거에서의 구 선거법에 대한 청구의 현재성 인정 - 새 선거법에 대한 청구로 인정

구 선거법에 의한 선거가 실시된 이후 그 구 선거법 조항에 대한 청구였고 그 청구 이후 선거법이 개정되었으나 그 내용에 변화가 없으면서 주기적으로 반복되는 선거에서는 새로운 선거에 대한 새 선거법 조항에 대한 청구라고 보아 현재성을 인정하는 취지로 볼 수 있는 아래의 판시를 본다. 청구기간에 대한 것이긴 하나 현재성 인정을 전제로 한 것이다. 사안은 재외국민에 대한 국정선거권, 지방선거의 선거권·피선거권 부정의 공직선거법규정에 대한 헌법소원심판사건이었다.

판례 헌재 2007.6.28. 2004헌마644등

[판시] 1. 사건의 개요 및 심판의 대상 – 가. 사건의 개요 … 나. 심판의 대상 – 청구인들은 구 '공직

선거 및 선거부정방지법'(2005.8.4. 법률 제7681호로 개정되기 전의 것) 조항들에 대하여 이 사건 헌법소원을 제기하였으나, 위 법률은 그 동안에 2005.8.4. 법률 제7681호로 법명이 "공직선거법"으로 바뀌었고 그 내용에도 변화가 있었다. 그런데 … 청구인들과 관련된 부분에서는 아무런 변화가 없으며, … 그렇다면 이 사건에서는 심판의 대상을 현행 공직선거법(2005.8.4. 법률 제7681호로 개정된 것, 이하 이를 '법'이라 한다) 해당 조항으로 함이 상당하다. 3. 적법요건에 관한 판단 - 가. 공직선거법 조항들에 대한 청구 (1) 이 사건 심판청구는 2005.8.4. 개정되기 전의 구 '공직선거 및 선거부정방지법' 조항들에 대해 제기되었으나, 그 실질적 내용에 있어 아무런 차이가 없는 개정 이후의 공직선거법 조항들을 심판의 대상으로 한 것은 앞에서 본 바와 같다. 그런데 구 '공직선거 및 선거부정방지법' 조항들을 기준으로 할 경우, 제17대 국회의원선거가 2004.4.15.에 실시되었고 그로부터 90일이 경과한 후인 2004.8.4.과 2005.4.6.에 제기된 이 사건 심판청구들에 대해 청구기간의 준수 여부에 의문이 제기될 수 있다. (2) 그런데 주기적으로 반복되는 선거의 경우 매번 새로운 후보자들이 입후보하고 매번 새로운 범위의 선거권자들에 의해 투표가 행해질 뿐만 아니라, 선거의 효과도 차기 선거에 의한 효과가 발생할 때까지로 한정되므로 매선거는 새로운 선거에 해당한다. 그리고, 청구인들이 이 사건 헌법소원을 제기한 진정한 취지는, 이미 종료한 과거 선거에서의 기본권침해를 문제 삼는 것이라기보다는, 장래 실시될 선거에서 발생할 수 있는 기본권침해를 문제 삼고 있는 것으로 볼 수 있다. (3) 결국 장래 그 도래가 확실히 예측되는 기본권침해를 미리 앞당겨 다투는 것으로 볼 수 있다. 그렇다면 기본권침해의 사유가 이미 발생한 사실을 전제로 한 청구기간 도과의 문제는 발생할 여지가 없다. 나. 이 사건 국민투표법 조항에 대한 청구 … * 본안판단결과 헌법불합치결정이 있었다.

나) 주기적으로 반복되는 선거에서의 선거일 근접에 따른 구제 실효성 등을 위한 고려

헌재는 사전투표제로 변경된 과거의 '부재자투표소 투표'의 투표기간을 "선거일 전 6일부터 2일간"으로 정한 공직선거법(2005.8.4. 법률 제7681호로 개정된 것) 제148조 제1항에 대해 헌법소원심판이 청구된 사안이다. 선거가 종료된 후 청구되어 현재성이 문제되었으나 헌재는 부재자투표 여부가 확정되는 선거인명부 작성기간이 예를 들어 국회의원선거는 선거일 전 19일부터 5일간으로(당시 법규정)으로 되어 있어 선거일에 매우 근접해 있으므로 헌재의 결정 이전에 부재자투표 절차가 모두 종료될 것이 확실시되어 권리구제의 실효성을 고려하여 침해의 현재성을 인정하였다.

판례 헌재 2010.4.29. 2008헌마438

[판시] 이 사건 법률조항은 부재자투표기간을 선거일 전 6일부터 2일간으로 규정하고 있는데, 청구인이 주장하는 제17대 대통령선거와 제18대 국회의원선거는 이미 종료되었으므로, 공직선거법상 부재자투표소 투표를 하고자 하는 청구인에 대해 기본권 침해의 현재성을 인정할 수 있을지 문제된다. 유권자가 선거일에 소정의 투표소에 가 일반투표를 할 것인지, 그렇지 않고 부재자투표를 할 것인지는, 당해 유권자가 선거인명부작성기간 중에 부재자신고를 해야 비로소 확정되는 것이므로(법 제38조 제1항 참조), 비록 청구인이 현재 주민등록지가 아닌 곳에서 생활하고 있고 당분간 계속해서 그곳에서 생활할 것이 예정돼 있다 하더라도 장래의 선거에서도 선거인명부작성기간 중에 반드시 부재자신고를 한다는 보장은 없다. 그러나 청구인은 지난 제17대 대통령선거 당시 부재자신고를 해 실제로 부재자투표를 하였고, 지난 제18대 국회의원선거에서는 부재자투표를 하고자 하였으나 사전투표의 불이익을 피하려고 부득이 선거일에 주민등록지의 투표소에 직접 가 투표하였다는 것이므로, 앞으로 다가올 선거에서도 부재자신고를 마치고 부재자투표를 할 가능성은 충분히 있다 할 것이다. 그리고 부재자투표 여부가 확정되는 선

거인명부 작성기간은, 대통령선거는 선거일 전 28일부터 5일간, 지방자치단체의 의회의원 및 장의 선거(이하 '지방선거'라 한다)와 국회의원선거는 선거일 전 19일부터 5일간으로 되어 있어 선거일에 매우 근접해 있으므로, 만약 선거인명부 작성기간 중에 부재자신고를 한 경우에만 부재자투표 절차에 관해 헌법소원심판을 청구할 수 있다고 한다면, 해당 헌법소원심판청구에 대해 헌법재판소가 결정을 하기 이전에 부재자투표 절차가 모두 종료될 것이 확실시되어, 기본권 구제의 실효성을 기대하기 어렵게 된다. 그러므로 이 사건의 경우 청구인이 비록 장래의 선거에 관해 아직 부재자투표 여부가 확정되지 않았다 하더라도 주기적으로 반복되는 선거의 특성과 기본권 구제의 실효성 측면을 고려할 때, 기본권 침해의 현재성을 갖춘 것으로 보아야 할 것이다.

2) 장래 실시가 확실한 대학입시요강에 의한 기본권침해의 현재성 인정

이에 관한 결정으로 서울대의 '1994학년도 신입생선발입시안'에 대한 헌법소원심판 결정이 있었다. 아래 결정은 현재성 완화의 효시라고 보여지는 결정례로 이후 완화의 선례로 많이 인용되고 있다.

판례 헌재 1992.10.1. 92헌마68등

[사건개요와 쟁점] 모 외국어고등학교 일본어과 1 학년과 2 학년에 재학 중이어서 94학년도 대학입학고사와 95학년도 대학입학고사에 각각 응시할 예정인 청구인들은 서울대학교가 '94학년도 대학입학고사 주요요강'에서 일본어를 인문계열 대학별고사의 선택과목에서 제외한 것은 헌법 제11조의 평등원칙과 헌법 제31조 제1항의 균등하게 교육을 받을 권리를 침해한 것이라고 주장하면서 헌법소원을 제기하였다. 장래 시행예정인 요강에 의해 현재의 청구인 자신의 기본권이 침해되었다고 주장하여 현재성요건을 갖춘 것인지가 논란이 되었다. [관련판시] 서울대학교의 위 요강의 작성·발표경위에 비추어 볼 때 그 요강은 1994학년도 서울대학교 신입생선발부터 실시될 것이 틀림없어 보이고 고등학교에서 일본어를 배우고 있는 청구인들은 위 입시요강으로 인하여 그들이 서울대학교 일반계열 입학을 지원할 경우 불이익을 입게 될 수도 있다는 것을 현재의 시점에서 충분히 예측할 수 있는 이상 기본권침해의 현재성을 인정하여 헌법소원심판청구의 이익을 인정하는 것이 옳을 것이다. 기본권침해가 눈앞에 닥쳐올 때를 기다렸다가 헌법소원을 하라고 요구한다면 기본권구제의 실효성을 기대할 수 없기 때문이다. * 본안판단결과 기각결정이 되었다. * 동지의 결정례 : 1995.2.23. 91헌마204.

3) 결혼식 하객들에 대한 음식물접대의 제한과 예비신랑의 기본권침해의 현재성

결혼식날에 주류 및 음식물 접대를 금지한 법조항으로 인한 기본권침해는 결혼식날 있게 되지만 미리 위헌여부판단을 받지 않으면 의미가 없으므로 결혼식 전인 예비신랑의 청구를 현재성 완화하여 적법한 것으로 본 것이다.

판례 헌재 1998.10.15 98헌마168

[심판대상조항] 구 '가정의례에 관한 법률'(1993.12.27. 법률 제4637호로 전문개정된 것 제4조(허례허식행위의 금지) ① 누구든지 가정의례에 있어서 다음 각호의 행위를 하여서는 아니 된다. 다만, 가정의례의 참뜻에 비추어 합리적인 범위 안에서 대통령령이 정하는 행위는 그러하지 아니하다. 1.~6. 생략 7. 경조기간중 주류 및 음식물의 접대 동법 제15조(벌칙) ① 제4조의 규정에 위반한 경우에는 다음 각호의 1에 해당하는 자에 대하여 200만원 이하의 벌금에 처한다. 1. 혼례 또는 회갑연 등에 있어서는 그 당사자 2.~3. 생략. [관련판시] 청구인은 혼인을 앞둔 예비신랑으로서 비록 이 사건 규정으로 인하여

현재 기본권을 침해받고 있지는 않으나, 같은 청구인은 이 사건 규정으로 인하여 1998.10.17. 결혼식 때에는 하객들에게 주류 및 음식물을 접대할 수 없는 불이익을 받게 되는 것이 현재 시점에서 충분히 예측할 수 있는 경우이므로 현재성의 예외인 경우로 인정된다. 따라서 같은 청구인의 이 사건 심판청구는 적법하다. * 이 사인은 본안판단결과 위헌으로 결정되었다.

4) 국가공무원 채용시험 준비 중인 청구인들의 기본권침해 현재성 인정

이와 관련한 사안으로 가산점제, 과목면제 등에 대한 청구사건들을 볼 수 있다.

(가) 가산점제

① 제대군인 가산점제 사건

판례 헌재 1999.12.23. 98헌마363

[본안쟁점] 제대군인이 6급 이하의 공무원 또는 공·사기업체의 채용시험에 응시한 때에 필기시험의 각 과목별 득점에 각 과목별 만점의 5퍼센트 또는 3퍼센트를 가산하도록 규정하고 있는 '제대군인지원에 관한 법률'(1997.12.31. 법률 제5482호로 제정된 것) 제8조 제1항 및 제3항, 동법시행령(1998.8.21. 대통령령 제15870호로 제정된 것. 이하 "이 시행령"이라 한다) 제9조가 규정들이 그 시험을 준비중인 여성들과 신체장애인의 평등권, 공무담임권이 침해한다는 주장의 헌법소원심판. [관련판시] 심판청구 당시 청구인들은 국가공무원 채용시험에 응시하기 위하여 준비하고 있는 단계에 있었으므로 이 사건 심판대상조항으로 인한 기본권침해를 현실적으로 받았던 것은 아니다. 그러나 청구인들은 심판청구 당시 국가공무원 채용시험에 응시하기 위한 준비를 하고 있었고, 이들이 응시할 경우 장차 그 합격여부를 가리는 데 있어 가산점제도가 적용될 것임은 심판청구 당시에 이미 확실히 예측되는 것이었다. 따라서 기본권침해의 현재관련성이 인정된다. * 본안판단결과 위헌결정이 있었다.

② 국가유공자 및 유족에 대한 국가공무원 공채 필기시험 가산점 사건

판례 헌재 2001.2.22. 2000헌마25

[사안] 국가유공자 및 유족에 국가공무원 공채시험에서 필기시험의 각 과목별 만점의 10%의 가산점을 부여하도록 한 국가유공자 등 예우 및 지원에 관한 법률(1999.8.31. 법률 제6011호로 개정된 것) 제34조 제1항에 대해 7 급 국가공무원시험을 준비 중인 사람이 청구한 헌법소원심판. [관련판시] 청구인이 국가공무원 공채시험에 응시할 경우 장차 그 합격여부를 가리는 데 있어 이 사건 가산점제도가 적용될 것임은 심판청구 당시에 이미 확실히 예측되는 것이었으므로, 기본권침해의 현재성요건을 갖춘 것으로 보아야 한다.

(나) 현재 응시생이 아니라도 언제든 응시할 수 있는 사람의 시험과목 면제 조항에 대한 청구

이러한 경우로 세무사법 제5조의2 제1항 및 제2항(2005.12.29. 법률 제7796호로 개정된 것)이 세무사자격시험의 일부 시험 면제에 있어서 똑같은 10년 이상 경력을 요하면서도 지방세에 관한 행정사무에 종사한 경력이 있는 자들에 대해 국세에 관한 행정사무에 종사한 경력이 있는 자들에 비해 가중요건을 두어 평등권 침해라는 주장으로 지방세 행정사무 10년 이상 경력자가 청구한 헌법소원심판사건을 들 수 있다. 헌재는 응시하지는 않았으나 언제든 응시한다면 평등권을 침해문제가 생길 수 있을 것이 예측할 수 있다고 하여 현재성을 긍정하였다.

판례 헌재 2007.5.31. 2006헌마646

[판시] 청구인은 현재 공무원으로 세무사 자격시험에 응시한 것은 아니므로 이 사건 법률조항으로 인한 기본권침해를 현실적으로 받고 있다고 할 수는 없으나, 청구인이 언제든지 세무사자격시험에 응시한다면 국세에 관한 행정사무에 종사한 자보다 불리한 지위를 가지게 될 것임은 현재로서도 확실하게 예측되므로 기본권침해의 현재성과 자기관련성을 인정할 수 있다.

5) 장래 결격사유 지속의 경우 - 형 집행 이후 장래 일정 기간 결격

(가) 결정례

이러한 규정에 대한 청구에서의 현재성이 논의된 예로 형벌 확정판결로 복역(집행) 중인 사람이 그 형벌 집행 종료 후에도 일정 기간 자격이 인정되지 않도록 한 법규정에 대해 헌법소원심판을 청구한 사건을 들 수 있다. 즉 청구인이 아직 집행 중이어서 집행 이후에도 일정 기간 결격의 제한은 장차 생길 기본권제한이지만 복역 중인 시점에서도 장래 침해가 예측가능하다고 하여 현재성을 인정한 아래의 결정례를 볼 수 있다. 사안은 "금고 이상의 형을 선고받고 그 집행이 종료되거나 그 집행을 받지 아니하기로 확정된 후 5년을 경과하지 아니한 자는 변호사가 될 수 없다"라고 규정한 변호사법 제5조 제1호(이하 '이 사건 법률조항. 현행법도 동일한 내용임)')에 대해 변호사이었던 사람이 2005.5.26. 징역 1년 6월형 판결의 확정으로 복역 중 자신의 직업선택의 자유 등을 침해한다는 주장으로 2005.10.11. 그 위헌확인을 구하는 헌법소원심판을 청구한 사건이다.

판례 헌재 2006.4.27. 2005헌마997

[판시] 청구인은 이 사건 법률조항으로 인하여 현재 기본권 침해를 받고 있다고 하기는 어려우나, 장차 청구인이 형의 집행을 종료한 뒤 변호사 등록 신청을 할 경우 이 사건 법률조항이 적용될 것임은 심판청구 당시에 이미 확실히 예측되는 것이었으므로, 기본권침해의 현재성도 갖춘 것으로 본다.

(나) 검토

이 사안에서 청구인은 확정판결이 된 후 위 청구 당시에 변호사자격이 결격되었으므로 이미 기본권제한의 현재성이 시작된 것으로도 볼 수 있다. 그런데도 헌재는 위 판시에서 "현재 기본권 침해를 받고 있다고 하기는 어려우나"라고 하고 있다. 그러나 이 사안에서 청구인이 금고 이상 형 선고로 변호사자격이 상실되는 점이 아니라 그 금고 등 형의 집행완료, 또는 형 집행 받지 아니하기로 확정된 후부터 5년간 더 자격이 결여된다는 점을 대상으로 청구한 것이라고 본다면 이해가 된다. 그것은 형 확정 후 청구한 것을 보더라도 그러하고 결정문의 기본권침해관련성 부분 판시에 "청구인은 형 집행 종료 후 변호사로서 개업을 하고자 하는데 이 사건 법률조항으로 인하여 변호사 등록을 하지 못하게 되어 자신의 직업의 자유 등이 침해되었다고 주장하고 있으므로 기본권 침해의 자기관련성이 인정된다"라고 판시한 것을 보더라도 그렇게 이해된다. 또 한 가지 대비해서 보아야 할 법리는 아래에 장래 침해의 현출가능성이

있을 때 현재성을 인정하는 법리가 소개될 것인데 그 법리에서도 위와 같은 결격 및 그 결격 사유의 지속(즉 형집행 후에도 몇 년 간 지속 등)이 문제된 경우들이 적용례 대상으로 나오는데 거기서는 형 확정 이전에(즉 결격 이전에) 청구된 헌법소원심판사건들이어서 여기서의 사안과 차이가 난다(후술 참조).

6) 영업경영예정자의 영업관련 건축제한규정에 대한 청구에서의 현재성 긍정

이러한 사례로 일정 지역에서 단란주점 건축을 불허하고 있는 법규정에 대해 그 지역에서 앞으로 단란주점 경영을 희망하고 예정하는 사람이 헌법소원심판을 청구한 사안을 들 수 있다.

판례 헌재 2002.8.29. 2000헌마556

[사건개요 및 쟁점] 일반주거지역, 준주거지역, 준공업지역 안에서 단란주점을 건축할 수 없도록 규정하고 있는 구 도시계획법시행령(2001.1.27. 대통령령 제17111호로 개정되기 전의 것) 제51조 제1항 제3호 내지 제6호 및 제13호 중 각 '단란주점'에 관한 부분을 대상으로 장차 그 지역에서 단란주점을 경영하고자 하는 사람들이 위 규정이 직업선택의 자유를 지나치게 침해하여(과잉금지원칙에 위배하여) 위헌이라는 주장으로 헌법소원심판을 청구하였는바 기본권침해의 현재성이 있는지 여부(긍정, 기각결정) [관련판시] 기록에 의하면, 현재 청구인들이 임차한 건물들이 있는 곳은 각 준주거지역, 일반주거지역으로 지정되어 있으며, 준공업지역으로 지정되어 있음을 인정할 수 있다. 그렇다면, 청구인들이 단란주점 건축허가를 신청하였다고 하더라도 관할행정청은 영 제51조 제1항 제3호 내지 제6호 및 제13호에 따라 재량의 여지 없이 당연히 그 건축허가를 불허하게 될 것이고, 위 영 조항으로 인하여 장래 발생할 청구인들에 대한 기본권침해가 틀림없을 것으로 현재 확실히 예측되므로, 청구인들의 기본권 구제의 실효성을 위하여 그 침해의 현재관련성도 인정될 수 있다.

7) 임기 연임 횟수 제한

이에 관한 사례로 지방자치단체 장의 계속 재임을 3기로 제한한 지방자치법 제87조 제1항에 대한 헌법소원심판 청구사건을 들 수 있다.

판례 헌재 2006.2.23. 2005헌마403

[판시] 청구인들은 3기를 연임하고 있는 지방자치단체의 장으로서 이 사건 법률조항으로 인해 다시 자치단체 장 선거에 출마할 수 없게 된 자이거나, 선거권자로서 3기를 연임하고 있는 자치단체 장에게 투표할 수 없게 된 자들이다. 그렇다면, 장래 확실히 기본권 제한이 예측되므로 미리 앞당겨 현재의 법적 관련성을 인정할 수 있다.

8) 시행 중 의무조항의 위반과 제재사실이 없어도 현재성 인정

헌재는 규제를 담은 법령의 의무조항에 대한 헌법소원심판의 청구에서 그 조항이 시행에 들어갔으나 아직 그 위반에 대한 제재가 가해지지 않더라도 현재성을 인정한다.

판례 헌재 2002.7.18. 2001헌마605

[심판대상규정] '신문업에 있어서의 불공정거래행위 및 시장지배적 지위남용행위의 유형 및 기준'(공정거래위원회 고시 제2001-7호, 이하 '신문고시')의 제3조 제1항 제1호·제2호·제3호, 제10조 제1항·제2항(이 조항들은 신문발행 및 판매업자가 거래상대방에게 제공할 수 있는 무가지와 경품의 범위를 제한

하고, 시장지배적 신문판매업자가 신문판매가격을 현저히 높게 혹은 낮게 하여 공급하는 행위 등을 금지하는 것을 내용으로 하고 있음) [판시] 이 사건에서 신문고시는 2001.7.1.부터 발효되어 시행중인 바, 비록 공정거래위원회가 아직 신문고시상의 이 사건 조항들의 내용을 집행하여 이에 따른 제재를 가한 사실이 없다고 하더라도 현재 이 사건 조항들이 시행중인 사실에는 차이가 없는 것이므로 동 고시의 규율대상자는 이를 준수하여야 할 것이고, 따라서 권리침해의 현재성도 인정된다.

9) 상속순위조항(민법)에 대한 심판청구에서 피상속자 사망 전 현재성 인정

계모의 상속인에서 제외되고 있는 계자가 그 제외하고 있는 민법(1958.2.22. 법률 제471호로 제정된 것) 제1000조(상속의 순위) 제1항 제1호(상속에 있어서는 다음 순위로 상속인이 된다. 1. 피상속인의 직계비속)에 대해 헌법소원심판을 청구한 사건에서 이러한 판시가 나오게 된 것이다.

판례 헌재 2009.11.26. 2007헌마1424
[판시] 이 사건의 경우 청구인의 계모가 생존하고 있으므로 이 사건 법률조항에 의하여 청구인(계자)의 기본권의 침해가 아직 발생하지 않았으나, 계모가 사망하는 경우 기본권침해가 장래에 발생할 것이 확실히 예상되므로 기본권침해의 현재성을 인정할 수 있다.

(4) 기본권제한가능성의 현출

1) 법리와 취지

헌법재판소는 헌법소원심판의 청구시점에서 기본권제한이 현실화된 것은 아니라고 하더라도 그 가능성이 현출된 단계라면 헌법소원을 할 수 있다고 본다. 기본권구제의 신속성을 위한 것이다.

2) 결정례

① **증권회사 임원 결격** – 위 법리는 “금융관련법령에 의하여 벌금 이상의 실형을 선고받고 그 집행이 종료되거나 면제된 후 5년을 경과하지 아니한 자”는 증권회사의 임원이 되지 못한다고 규정한 구 증권거래법 규정에 대한 헌법소원심판사건에서 적용되었다.

판례 헌재 2001.3.21. 99헌마150
[사건개요] 청구인은 유가증권의 매매와 관련하여 부당한 이득을 취하기 위하여 고의로 허위의 시세 또는 사실을 유포한 혐의로 증권거래법위반죄로 서울지방법원에 기소되어 항소심에서 벌금형을 선고받고 상고 중에 있다. 위 판결이 확정될 경우 “이 법 또는 이에 상당하는 외국의 법령 기타 대통령령이 정하는 금융관련법령에 의하여 벌금 이상의 실형을 선고받고 그 집행이 종료되거나 면제된 후 5년을 경과하지 아니한 자”는 증권회사의 임원이 되지 못하며, 임원이 된 후에 이에 해당하게 되는 때에는 그 직을 상실한다고 규정한 구 증권거래법(1997.12.13. 법률 제5423호로 개정된 것. 현재는 ‘자본시장과 금융투자업에 관한 법률’이 있음) 제33조 제2항 제3호에 따라 청구인은 5년간 증권회사의 임원이 될 수 없게 된다. 이에 청구인은 위 법률규정을 대상으로 직업선택의 자유 등을 침해하여 위헌이라고 주장하면서 법령소원을 제기하였다. [관련판시] 청구인에 대한 증권거래법위반죄의 유죄판결이 미확정의 상태에 있어 기본권의 제한이 아직 현실화된 것은 아니지만 형사재판절차가 현재 계속중에 있어 기본권제한의 가능성이 구체적으로 현출된 단계에 있는 이 사건과 같은 경우에는 신속한 기본권구제를 위하여 현재 기본권이 침해되고 있는 경우와 마찬가지로 헌법소원이 허용된다고 할 것이다.

② **새마을금고 임원직 결격** – 새마을금고 임원(해당 사건에서는 이사장)에 선출되는 과정에서 당선될 목적으로 선거인인 대의원들에게 금품 등을 기부함으로써 기부행위금지조항을 위반한 행위에 대하여 법원으로부터 벌금형 이상을 선고받을 경우 그 임원직에서 당연퇴임되도록 규정한 새마을금고법(2007.5.25. 법률 제8485호로 전부 개정된 것) 제21조 제2항, 제1항 제10호 중 새마을금고법 제85조 제4항, 제22조 제2항과 관련된 부분(이하 '이 사건 법률조항')이 벌금액수의 다과에 상관없이 벌금형을 받기만 하면 해당 임원직에서 당연퇴임되도록 규정하고 있어 평등권 침해라는 주장의 헌법소원심판에서도 헌재는 위 법리를 적용하고 있다.

판례 헌재 2010.10.28. 2008헌마612등

[판시] 청구인들이 이 사건 법률조항에 해당하는 사유가 발생하여 기본권을 침해받는 때는 '벌금 이상의 형을 선고받아 그 판결이 확정되는 때'이므로 원칙적으로 그러한 내용의 형사판결이 확정되는 때에 이 사건 법률조항에 대한 헌법소원심판을 청구할 '현재성'을 인정할 수 있다 할 것이다. 그러나 해당 형벌조항 또는 해당 판결의 확정으로 말미암아 자동적으로 법률상 다른 불이익을 입는 당사자에게 그러한 내용의 판결이 확정될 때까지를 기다려 헌법소원심판을 청구하라고 하는 것은 부당하므로, 아직 유죄판결이 미확정 상태에 있어 기본권의 제한이 현실화된 것은 아니지만 형사재판절차가 현재 계속중에 있어 기본권제한의 가능성이 구체적으로 현출된 단계에 있는 경우에는 신속한 기본권구제를 위하여 현재 기본권이 침해되고 있는 경우와 마찬가지로 헌법소원이 허용된다고 봄이 타당하다(헌재 2001.3.21. 99헌마150, 판례집 13-1, 737, 743). 이 사건 청구인들에 관하여 보건대, 청구인 이○○의 경우 이 사건 금지조항 위반죄로 징역형의 집행유예를 선고받은 판결이 확정되어 이 사건 법률조항을 '현재' 적용받고 있고, 청구인 박○○의 경우 비록 1심에서 공판이 진행 중이긴 하지만 이 사건 금지조항 위반죄로 자신에 대한 형사재판이 계속중에 있어 '기본권제한의 가능성이 구체적으로 현출된 단계'에 있으므로, 신속한 기본권구제를 위하여 현재 기본권이 침해되고 있는 경우와 마찬가지로 이 사건 법률조항에 대한 헌법소원심판청구를 제기할 수 있다고 해야 할 것이다.

4. 공포 후 시행 전인 법률에 대한 헌법소원의 기본권침해 현재성 인정

이 문제도 현재성 완화 문제로 위 항목에 포함될 것이긴 하나 법률에 대해 미리 그 위헌성을 제거하기 위한 중요한 의의를 가지고 법률의 중요성을 고려하여 별도로 살펴본다.

(1) 의의

헌재는 법률이 공포(公布)된 후 시행(施行) 이전이라도 기본권침해에 대한 예측가능성의 존재, 공포로 인한 사실상의 위험이 이미 발생한 경우, 권리구제의 실효성을 위한 필요성이 있는 경우 등인 때에는 기본권침해의 현재성을 인정하여 헌법소원심판을 적법한 것으로 받아들이는데 이러한 헌법소원심판이 이루어지면 마치 사전적·예방적 위헌법률심사가 이루어지는 효과를 가져오게 된다.

(2) 인정사유

1) 예측가능성의 존재

헌재는 법률의 효력발생 전(시행 전)인 현재 청구시점에서 기본권침해가능성에 대한 충분

한 예측가능성이 있을 경우에는 비록 법률이 아직 시행에 들어가지 않은 시점에서 제기된 헌법소원일지라도 그 법률에 대한 헌법소원에서의 기본권침해의 현재성을 인정한다.

[주요판시사항]

▷ 공포 후 시행 전의 법률 자체에 대한 헌법소원의 기본권침해 현재성 인정 : 효력발생 전(시행 전)인 현재 시점에서 기본권침해(불이익)을 충분히 예측할 수 있는 경우

판례 헌재 1994.12.29. 94헌마201, '경기도 남양주시 등 33개 도농복합형태의 시 설치 등에 관한 법률' 제4조

[관련판시] 이 사건 법률은 1994.8.3. 법률 제4774호로 공포되었고 1995.1.1.부터 시행된다. 이 사건 법률이 시행되면 즉시 중원군은 폐지되고 충주시에 흡수되므로, 이 사건 법률이 효력발생하기 이전에 이미 청구인들의 권리관계가 침해될 수도 있다고 보여지고 현재의 시점에서 청구인들이 불이익을 입게 될 수도 있다는 것을 충분히 예측할 수 있으므로 기본권침해의 현재성이 인정된다. * 동지 : 헌재 1995.3.23. 94헌마175, '경기도 남양주시 등 33개 도농복합형태의 시 설치 등에 관한 법률' 제8조.

* 해설 – 본 결정은 법률이 공포된 후 시행 전에 심판이 이루어져 마치 사전적·예방적 위헌법률심사가 이루어진 효과를 가져왔다. 이러한 저자의 지적은 졸고, 경기도 남양주시 등 33개 도농복합형태의 시설치 등에 관한 법률 제4조 위헌확인결정에 대한 평석(법률신문 1996.2.12)과 1996년 4월에 출간된 졸저, 제2판 판례헌법, 길안사, 861면에서 이미 한 바 있다.

2) 공포로 인한 사실상의 위험성이 이미 발생한 경우

헌재는 법률이 시행에 들어가기 전이라도 이미 공포되어 사실상 침해위험성이 발생한 경우에도 현재성을 완화하여 인정한다.

판례 헌재 2000.6.1. 99헌마553

[사안] 이 사건은 축산업협동조합(이하 '축협'이라고 함)중앙회 등을 해산하여 신설되는 농업협동조합(이하 '농협')중앙회로 통합되도록 하는 농업협동조합법이 1999.9.7.에 공포되었는데, 이 법의 부칙 제2조 제2호, 제3조, 제6조, 제7조 규정 등이 축협중앙회, 업종별·지역별 축협들 등의 결사의 자유, 재산권을 위헌적으로 침해한다는 등의 이유로 위 규정들에 대하여 1999.9.22. 제기한 헌법소원심판사건이다. [관련판시] 법률이 헌법소원의 대상이 되려면 현재 시행중인 유효한 법률이어야 함이 원칙이나, 법률이 일반적 효력을 발생하기 전이라도 공포되어 있고, 그로 인하여 사실상의 위험성이 이미 발생한 경우에는 예외적으로 침해의 현재성을 인정하여, 이에 대하여 곧 헌법소원을 제기할 수 있다고 보아야 할 것이다. 그렇게 보지 않고 법률이 시행된 다음에야 비로소 헌법소원을 제기할 수 있다고 한다면, 장기간의 구제절차 등으로 인하여 기본권을 침해받는 자에게 회복불능이거나 중대한 손해를 강요하는 결과가 될 수도 있기 때문이다(헌재 1994.12.29. 94헌마201, 판례집 6-2, 510, 523-524면 참조). 이 사건에서 신법은 1999.9.7. 법률 제6018호로 공포되었고 2000.7.1.부터 시행된다. 신법이 시행되면, 그 즉시 축협중앙회는 해산되고 신설중앙회에 통합될 뿐만 아니라, 신법의 효력발생 이전에도 신법 부칙 제3조 내지 제7조 등의 규정에 의하여 이미 축협중앙회의 해산 및 신설중앙회의 설립을 위한 전산망의 통합, 창립총회의 소집, 신설중앙회장의 선출 등 통합준비절차가 개시되고, 이로 인하여 현재의 시점에서 청구인들이 불이익을 입고 있다고 할 수 있으므로 기본권침해의 현재성을 인정하여야 할 것이다.

3) 법령소원에서의 유예기간과 기본권침해 현재성

법시행일 이후 일정 기간 유예기간을 둔 법령의 경우에도 법시행 이전에 침해의 현재성을

인정할 수 있다는 것이 헌재입장이다. 기본권구제의 실효성을 위한 고려이다. 사안은 국민건강보험 직장·지역가입자 간의 재정통합에 관한 헌법소원심판사건이었다.

판례 헌재 2000.6.29. 99헌마289

[관련판시] 보건복지부장관은 "청구인들이 아직 시행되지 않은 법률조항에 대하여 그 위헌확인을 구하고 있기 때문에, 이 사건 심판청구는 기본권침해의 현재성이 결여되어 있다"고 주장한다. 그러나 이 사건의 경우, 이른바 의료보험의 통합을 위한 제정된 국민건강보험법(1999.2.8. 법률 제5854호로 제정되어 1999.12.31. 법률 제6093호로 개정된 것)이 비록 2001.12.31.까지 직장·지역가입자의 재정을 분리하여 계리하도록 규정함으로써 재정통합과 관련하여 청구인들의 기본권의 침해가 재정통합이 이루어지는 2002.1.1.에(* 이 재정통합을 위한 국민건강보험법 1999.2.8. 제정법률 제5854호, 부칙 제10조 – 저자 주) 비로소 현실적으로 발생한다고 하더라도, 법이 시행되는 2000.7.1.에 이미 청구인들이 소속되어 있는 직장의료보험조합이 해산될 뿐 아니라, 헌법재판소의 판례에 의하면, 법률의 시행에 유예기간을 두고 있는 경우에도 유예기간과 관계없이 법시행일에 기본권의 침해를 받는 것으로 보아야 하므로(헌재 1996.3.28. 93헌마198, 판례집 8-1, 241, 251면), 청구인들의 기본권이 법이 시행되는 2000.7.1.에 침해되리라는 것이 확실히 예상된다. 만일 청구인들이 법시행 이후에 헌법소원을 제기해야 비로소 헌법소원의 현재성이 인정된다면, 의료보험이 통합된 후에야 비로소 헌법재판소의 결정을 기대할 수 있으므로, 헌법소원제도가 일차적으로 의도하는 기본권구제의 실효성이 달성될 수 없다. 따라서 헌법소원의 현재성을 인정해야 한다(* 이 헌법소원심팜의 청구일은 1999.5.20.이었음 – 저자 주). * 본안판단결과 기각결정이 되었다.

이처럼 유예기간이 설정되어 있는 경우 청구기간에 관하여는 그 기산점을 헌재는 이전에 법시행일로 하다가 헌재는 2020.4.23. 2017헌마479, 어린이통학버스 동승보호자 사건 결정에서 유예기간 경과시점을 기산점으로 하는 판례변경을 하였다(후술 청구기간 부분 참조). 이러한 판례변경은 위 판시에서 "유예기간과 관계없이"라고 한 것을 보더라도 현재성 요건에 관한 위 법리에 대해서는 영향을 주지 않는다고 볼 것이다.

5. 예외 인정을 부정한 예

(1) 예측 불가의 경우

장래 침해 발생을 현재 확실히 예측할 수 있는 경우가 아니면 현재성에 대한 예외적인 인정을 하지 않는다.

1) 불가예측 현재성 부인 결정례

불가예측이란 명시적인 판시를 하면서 현재성을 부정한 예들을 아래에 살펴본다.

① 개방이사 추천위의 추천 시한에 대한 관할청 추천 가능성잠복에 따른 현재성 부정

판례 헌재 2013.11.28. 2007헌마1189 등

[쟁점] 개방이사제가 사학의 자유 등을 침해한다고 주장하며 사학 법인 등이 청구한 헌법소원심판에서 "추천위원회가 개방이사를 추천하는 경우에는 30일 이내에 완료하여야 하며, 이 기간 내에 추천하지 못하는 때에는 관할청이 추천한다"라고 규정한 사립학교법(2007.7.27. 법률 제8545호로 개정된 것) 제14조 제5항에 대한 청구의 현재관련성 인정 여부 [판시] 추천위원회가 30일 내에 추천권을 행사하지 않을

것'이라는 요건이 충족되기 전에는 관할청의 추천이라는 집행행위의 가능성이 잠복되어 있을 뿐이어서 장래에 침해가 발생하리라는 것이 현재 확실히 예측되는 경우로 볼 수 없다는 점에서 현재성도 인정되지 아니한다.

② 선거구획정에 있어서 개정논의 진행 중 등의 사유를 들어 부정한 예

판례 헌재 2019.7.25. 2016헌마641

[판시] 국회의원지역선거구구역표는 선거구제, 의원정수, 인구수, 행정구역의 변경 등에 따라 매번 선거를 치르기 전 개정되어 온 점, 심판대상 선거구구역표의 세 선거구 모두 제20대 국회의원선거에 앞서 새로 획정된 점, 현재 국회에서 지역구 국회의원 정수의 조정을 포함하는 내용의 공직선거법 개정 논의가 진행 중이고 관련 개정법률안이 계류 중인 점 등 여러 사정들에 비추어 볼 때, 2020.4.15. 실시될 제21대 국회의원선거에서도 심판대상 선거구구역표가 그대로 적용되어 청구인들의 기본권침해의 발생이 장래 확실히 예측된다고 볼 수 없으므로, 제21대 국회의원선거로 인한 기본권침해는 현재성을 구비하지 못하였다. 따라서 이 부분 심판청구도 부적법하다.

* 검토 – 이 사건은 이전 20대 국회의원선거가 실시된 직후인 2016년에 청구된 것이어서 시간이 상당히 경과하였음에도 헌재가 그 결정을 2020년에 예정된 제21대 국회의원선거가 아주 가까워진 시점인 2019년에 하면서 개정논의가 있다는 것을 예측불가의 사유로 들고 있는 것은 기본권보장의 최후 보루인 헌재라는 점에서 논증이 충실하지 못하다. 이 결정은 전원일치결정이다.

③ 세입자에 대한 주거이전비 보상기준을 정한 규정들 – '도시 및 주거환경정비법'상 세입자에 대한 주거이전비 보상기준을 정한 규정들에 대하여 정비사업조합의 설립을 위한 추진위원회와 그 위원장이 제기한 헌법소원심판청구에서 아직 조합이 설립되기 전인 추진위원회 단계에서 예견불가를 이유로 기본권침해의 현재성이 부정되었다.

판례 헌재 2012.7.26. 2010헌마7등

[판시] 세입자에 대한 주거이전비 보상의무는 사업시행자인 주택재개발 또는 주택재건축 정비사업조합이 부담한다. 아직 조합이 설립되기 전인 추진위원회 단계에서는 도시정비법이 정하는 토지 등 소유자의 일정 비율 이상의 동의와 시장·군수의 조합설립인가를 필요로 하므로, 세입자에 대한 주거이전비 보상의무의 발생이 확실히 예견된다고 할 수 없다. 따라서 [별지 1] 청구인 목록 기재 청구인들 중 정비사업조합의 설립을 위한 추진위원회와 그 위원장에 해당하는 청구인들의 심판청구는 기본권침해의 현재성이 없으므로 부적법하다.

2) 검토

위 불가예측의 법리와 아래 장래의 잠재적 권리침해에 대한 우려의 현재성 완화 부정 법리와의 구분이 불분명하다. 장래 잠재적 침해 우려가 불가예측한 경우의 한 예라고 볼 것이다.

(2) 장래의 잠재적 권리침해에 대한 우려와 현재성 결여

1) 결정례

① 민간임대주택 임대료 법정 증액 비율 초과시 등 조정권고 및 재신고 조항 – 시장·군수·구청장은 신고된 임대료가 민간임대주택법(2018.8.14. 법률 제15730호로 개정된 것) 제44조 제2항에 따

른 증액 비율을 초과하여 증액되었거나 해당 지역의 경제적 사정 변동 등으로 조정될 필요가 있다고 인정하는 경우에는 임대료를 조정하도록 권고할 수 있다고 규정하는 종법 제46조 제3항(이하 '조정권고조항'), 조정권고를 받은 임대사업자는 권고사항을 통지받은 날부터 10일 이내에 재신고하여야 한다고 규정하는 동법(2018.1.16. 법률 제15356호로 개정된 것) 제46조 제4항(이하 '재신고조항')이 자신의 계약의 자유 등 기본권을 침해한다는 주장으로 임대사업자가 청구한 헌법소원심판이다.

판례 헌재 2019.7.25. 2018헌마349
[판시] 100세대 이상의 공동주택을 임대하는 임대사업자가 임대차계약에 관한 사항을 변경하여 신고하면(사전변경신고조항), 시장 등이 사전변경신고조항에 따라 신고된 임대료가 민간임대주택법 제44조 제2항에 따른 증액 비율을 초과하여 증액되었거나 해당 지역의 경제적 사정 변동 등으로 조정될 필요가 있다고 인정하는 경우에는(이하 '조정권고사유'라 한다) 조정권고를 할 수 있고(조정권고조항), 조정권고를 받은 임대사업자는 권고사항을 통지받은 날부터 10일 이내에 재신고하여야 한다(재신고조항). 이상의 규정을 종합하여 보면, 조정권고조항으로 인한 기본권 침해는 조정권고사유가 있는 청구인들의 임대료 신고를, 재신고조항으로 인한 기본권 침해는 위와 같은 임대료 신고, 시장 등의 조정권고 등을 각각 거쳐야 비로소 현실화되고, 기본권 침해가 현실화되는 과정은 개별 사례에 따라 달라질 수 있다. 이 사건 기록상 청구인들이 사전변경신고조항에 따라 신고한 임대료에 조정권고사유가 있다거나, 시장 등이 조정권고를 하였다는 사정은 발견되지 아니한다. 따라서 청구인들이 장차 조정권고조항과 재신고조항으로 말미암아 기본권 침해를 받을 우려가 있다고 하더라도 그런 우려는 단순히 장래 잠재적으로 나타날 수 있는 것에 불과하여 기본권 침해의 현재성을 인정할 수 없으므로, 조정권고조항 및 재신고조항에 대한 심판청구는 모두 부적법하다.

② **재정신청 대상을 한정한 구 형사소송법 규정에 대한 청구** – 이전에 불기소처분에 대한 재정신청을 인정한 범죄는 형법 제123조 내지 제125조에 한정되어 있었는데 이에 대한 헌법소원심판청구사건이었다.

판례 헌재 1989.7.21. 89헌마12
[관련판시] 청구인은 그 자신이 고소 또는 고발을 한 사실이 없을 뿐 아니라 청구인이 장차 언젠가는 위와 같은 형사소송법의 규정으로 인하여 권리침해를 받을 우려가 있다고 하더라도 그러한 권리침해의 우려는 단순히 장래 잠재적으로 나타날 수도 있는 것에 불과하여 권리침해의 현재성을 구비하였다고 할 수 없다.

③ **퇴직 후 공무원연금법상 장해보상금 지급규정에 대한 재직 중 청구** – 사안은 공무원연금법(이하 '법'이라 한다) 제33조 제1항(1982.12.28. 법률 제3586호로 개정된 것) 제33조 제1항이 다른 법령에 의하여 국가 또는 지방자치단체의 부담으로 이 법에 의한 급여와 같은 종류의 급여를 받는 자에 대하여는 그 급여에 상당하는 금액을 이 법에 의한 급여에서 공제하여 지급한다고 규정한 것에 대한 심판청구였다.

판례 헌재 2009.11.26. 2008헌마691

[사건개요] 청구인은 2001.3.8.부터 현재까지 소방공무원으로 재직하고 있는바, 재직 중이던 2008.1.12. 경 울산군 온산읍 ○○초등학교 급식소 화재현장에서 진화작업 중 안면부 열상을 당하여 공상승인을 받았고, 2008.6.9. 국가유공자 공상공무원 7급으로 등록되어 퇴직 후 보훈급여금을 수령할 수 있다. 한편 청구인은 위와 같은 부상으로 인하여 2008.8.22. 울산대학교 병원에서 안면부 반흔 7.5cm로 폐질확정되어 공무원연금법의 관련조항에 따라 퇴직 후 장해연금을 수령할 수 있게 되었다. 청구인은 2008.11.18. 국가유공자 7급(공상공무원) 보훈급여 및 공무원연금법상 장애연금수급 예정자로서 퇴직 후 장래의 연금지급에서 군인연금법의 경 우 '국가유공자 등 예우 및 지원에 관한 법률'에 의한 보훈급여를 병급받는데 반하여, 위 보훈급여를 공제하고 있는 공무원연금법 제33조 제1항이 평등권을 침해하여 위헌이라는 이유로 이 사건 헌법소원심판을 청구하였다. [결정요지] … 3. 적법요건에 대한 판단 – 청구인이 장차 언젠가는 특정 법률의 규정으로 인하여 권리침해를 받을 우려가 있다 하더라도 그러한 권리침해의 우려는 단순히 장래 잠재적으로 나타날 수도 있는 것에 불과하여 권리침해의 현재성을 구비하였다고 할 수 없다(헌재 1989.7.21. 89헌마12, 판례집 1, 128, 130)는 것이 우리 헌법재판소의 확립된 판례이다. 청구인이 화재진압작 업 중 부상을 입어 2008.8.22. 울산대학교 병원에서 안면부 반흔 7.5cm로 '폐질'이 확정된 사실은 인정된다. 그러나 법 제26조 제1항에 의하면 '각종 급여는 그 급여를 받을 권리를 가진 자가 당해 공무원이 소속하였던 기관장의 확인을 얻어 신청하는 바에 의하여 행정안전부장관의 결정으로 공단이 지급한다'고 규정하고 있기 때문에, 이러한 절차를 거치지 아니한 단계에서 청구인을 법상 장해연금을 받는 자인 것으로 단정하기는 어렵다. 심판대상 법조항의 위헌 여부를 다투기 위해서는 기본적으로 법상 장해연금의 수급자이거나 장해연금의 수급이 확실히 예측될 것이 요구되는데, 법 제51조는 '공무원이 공무상 질병 또는 부상으로 인하여 폐질상태로 되어 퇴직한 때 또는 퇴직 후에 그 질병 또는 부상으로 인하여 폐질상태로 된 때' 장해연금 또는 장해보상금을 지급한다고 규정하고 있는바, 아직 재직 중인 청구인의 경우 심판대상 법조항으로 인해 청구인의 기본권이 현재 침해당한다거나 장래 확실히 침해가 예측되는 것으로 보기는 어렵다 할 것이다. 뜨라서 이 사건 심판청구에서 구체적인 기본권침해가 존재하는 때는 현실적으로 퇴직 후 수급절차를 종료한 때로 보아야 하기 때문에 이 사건 심판청구는 현재성을 결여하여 부적법하다 할 것이다. 4. 결론 – 그렇다면 이 사건 심판청구는 부적법하므로 이를 각하하기로 결정한다.

④ 선거에서 투표가치 불평등을 가져온다는 주장의 선거구구역표에 대한 청구

판례 헌재 2019.7.25. 2016헌마641

[판시] 헌법소원심판을 청구하려는 자는 공권력 작용과 현재 관련이 있어야 한다. 따라서 장차 언젠가 기본권침해를 받을 우려가 있다 하더라도 그러한 우려는 단순히 장래 잠재적으로 나타날 수 있는 것에 불과하여 기본권침해의 현재성을 구비하였다고 볼 수 없다(헌재 2009.11.26. 2008헌마691). 한편, 헌법재판소법 제68조 제1항에 따른 헌법소원의 심판은 그 사유가 있음을 안 날부터 90일 이내에, 그 사유가 있는 날부터 1년 이내에 청구하여야 한다(헌법재판소법 제69조 제1항). 청구인들의 기본권침해는 투표가치의 불평등이 발생한 선거구 내지 자의적으로 획정된 선거구에서 선거권을 행사함으로써 발생한다. 이는 과거 선거에서 이미 발생하였거나 장래 선거에서 장차 발생할 수도 있다. 제20대 국회의원선거로 인한 청구인들의 기본권침해는 그 선거일인 2016.4.13. 이미 발생하였으므로 현재성이 인정된다. 그러나 청구인들은 특별한 경우가 아닌 한, 이 날 기본권침해 사유가 발생하였음을 알았다고 할 것이므로, 그로부터 90일이 지난 2016.8.2. 제기된 심판청구는 청구기간을 준수하지 못하였다. * 헌재는 이 결정에서 2020.4.15. 실시될 제21대 국회의원선거에 대해서는 위에서 본 예측 불가성 법리를 적용하여 심판대상 선거구구역표가 그대로 적용되어 청구인들의 기본권침해의 발생이 장래 확실히 예측된다고 볼 수

없으므로, 제21대 국회의원선거로 인한 기본권침해는 현재성을 구비하지 못하였다고 현재성 결여 사유로 하고 있다.

⑤ **어린이집 근무결격사유, 어린이집 원장·보육교사 자격취소 조항** — 아동복지법 제3조 제7호의2에 따른 아동학대관련범죄를 저지르고 금고 이상의 실형 내지 집행유예를 선고받은 경우 어린이집에 20년 동안 근무할 수 없도록 결격기간을 정한 영유아보육법(2015.5.18. 법률 제13321호로 개정된 것. 이하 '법') 제16조 제5호 괄호 및 제16조 제6호 단서, 같은 범죄로 벌금형을 선고받은 경우 10년을 결격기간으로 정한 법 제16조 제8호 후단, 어린이집 폐쇄명령을 받은 경우 5년을 결격기간으로 정한 법 제16조 제7호, 어린이집 원장이나 보육교사가 아동학대관련범죄로 형사처벌을 받은 경우 그 자격취소에 관한 법 제48조 제1항 제3호(이하 이들 조항을 합하여 '결격기간 및 자격취소 조항')에 대해 직업의 자유 등 침해주장으로 청구된 헌법소원심판이었다.

판례 헌재 2017.12.28. 2015헌마994

[판시] 결격기간 및 자격취소 조항은 기본적으로 관련자가 아동학대관련범죄로 금고 이상의 실형이나 집행유예, 또는 벌금형이 확정되는 것을 전제하고 있다. 그런데 어린이집 설치·운영자, 원장, 보육교사인 청구인들은 아동학대관련범죄로 조사 내지 수사받고 있거나 형사 소추되었거나 재판 중에 있다고 보이지 않는바, 그렇다면 위 청구인들이 어린이집에 근무하고 있다는 사실만으로 위 조항들로 인한 침해가 확실히 예상되거나 그 위헌 여부에 대해 관련되어 있다고 보기 어렵다. 그러므로 어린이집 설치·운영자, 원장, 보육교사인 청구인들의 결격기간 및 자격취소 조항에 대한 심판청구는 기본권 침해의 자기관련성 및 현재성이 인정되지 아니한다.

* 검토 – 이 결정에서 자기관련성이 왜 불쑥 판시되었는지 이해가 안 된다.

⑥ **부진정입법부작위의 경우** – 수용자 영치금의 압류금지 물건 비대상 입법부작위 – 형사소송법(2007.6.1. 법률 제8496호로 개정된 것) 제477조 제3항 중 민사집행법(2011.4.5. 법률 제10539호로 개정된 것) 제246조 제1항에 관한 부분과 형사소송법(2007.6.1. 법률 제8496호로 개정된 것) 제477조 제4항 중 국세징수법(2016.3.2. 법률 제14040호로 개정된 것) 제31조, 제33조에 관한 부분이 수용자의 영치금을 법률상 압류가 금지되는 물건으로 규정하지 아니한 부진정입법부작위가 심판대상이 된 헌법소원심판사건이었다.

판례 헌재 2019.9.26. 2018헌마1058

[사건개요] 가. 청구인은 현재 ○○교도소에 수용 중인 사람으로서, 20**. *. **. ****지방법원에서 사기 등의 범죄사실로 징역 3년 6월의 형과 소송비용 중 600만 원의 부담을 선고받았고, 위 판결은 상고심을 거쳐 확정되었다. ** 지방검찰청 **지청 검사직무대리는 20**. **. *. 소송비용부담재판의 집행을 위하여 청구인의 대한민국(소관 : ○○교도소)에 대한 영치금반환채권에 관하여 국세징수법에 따른 채권압류를 하였으나, 20**. **. **. 그 압류를 해제하였다. 한편 청구인은 20**. *. **. ****지방법원에 소송비용의 집행면제신청을 하였으나 기각되었고, 현재 재항고 사건이 계속 중이다. 다. 청구인은 수용자의 영치금을 법률상 압류가 금지되는 물건으로 규정하지 아니한 입법부작위가 청구인의 기본권을 침해한다고 주장하면서 2018.10.26. 이 사건 헌법소원심판을 청구하였다. [판시] 소송비용부담재판은 검사

의 명령에 의하여 집행되고, 그 집행에는 민사집행법의 집행에 관한 규정 또는 국세징수법의 국세체납 처분에 관한 규정이 적용된다. 소송비용부담의 재판을 받은 자가 빈곤으로 인하여 이를 완납할 수 없는 때에는 그 재판의 확정 후 10일 이내에 재판을 선고한 법원에 소송비용의 전부 또는 일부에 대한 재판의 집행면제를 신청할 수 있고, 소송비용부담재판의 집행은 소송비용의 집행면제신청에 대한 재판이 확정될 때까지 정지된다(형사소송법 제472조, 제477조, 제487조). 그런데 청구인의 영치금반환채권에 대한 압류는 이 사건 심판청구 이전에 이미 해제되었고, 청구인은 소송비용의 집행면제신청을 하여 아직 위 재판이 확정되지 아니하였다. 그러므로 심판대상조항으로 인한 기본권 침해는 향후에 청구인이 소송비용을 부담하는 취지의 소송비용 집행면제신청에 대한 재판이 확정되고, 검사가 청구인의 모든 책임재산 중에서 영치금반환채권을 집행대상으로 특정한 다음, 민사집행절차 또는 국세체납처분절차 중 하나를 선택하여 압류절차에 나아갈 때에 비로소 현실화된다. 따라서 청구인의 기본권이 심판대상조항에 의해 현재 침해되고 있지 아니할 뿐만 아니라, 설령 장차 기본권 침해를 받을 우려가 있다고 하더라도 그러한 우려는 단순히 장래 잠재적으로 나타날 수 있는 것에 불과하므로 기본권 침해의 현재성을 인정할 수 없다.

⑦ **지역구국회의원 보궐선거**(차순위 불승계) **규정에 대한 청구** — "지역구국회의원…에 궐원 또는 궐위가 생긴 때에는 보궐선거를 실시한다"라고 규정한 공직선거법(2005.8.4. 법률 제7681호로 개정된 것) 제200조 제1항에 대해 원 선거의 후보자 중 차순위로 다수득표한 자에게 의원직의 당선을 승계시킴이 국가경제의 거시적 측면에서 합당하다는 주장으로 원 선거에서 3순위로 낙선한 사람이 궐원도 없는 상황에서 청구한 헌법소원심판사건에서 침해의 현재성을 부정한 것이다.

판례 헌재 2010.5.27. 2008헌마491

[판시] 청구인이 출마한 지역구에서는 국회의원에 결원이 생긴 사실이 없고, 청구인은 제18대 국회의원 선거에 출마하여 3순위로 낙선하였을 뿐이므로, 청구인이 공선법 제200조 제1항과 법적인 관련성이 있다 할 수 없을 뿐 아니라, 청구인이 장차 언젠가는 위 규정에 의하여 권리침해를 받을 가능성이 있다고 하더라도 그러한 권리침해의 우려는 단순히 장래 잠재적으로 나타날 수 있는 것에 불과하여 권리침해의 현재성도 구비하지 못하였다.

* 검토 — 3순위 득표자 문제는 사실 자기관련성 문제라서 법적 관련성이라고 판시한 것으로 이해된다. 여기서 승계제가 도입될 때 승계될 수 있는 사람인지 하는 문제보다 어떤 기본권의 침해가능성이 있는지부터 검토되어야 할 것이다. 승계제가 없고 다시 뽑는 보궐선거로 하여 침해되는 선거권, 피선거권의 내용을 상정할 수 있는지 검토가 필요하다.

⑧ **치료감호위원회 의결방식**

판례 헌재 2012.12.27. 2011헌마276

[심판대상조항] 치료감호법(2008.6.13. 법률 제9111호로 개정된 것. 이하 '법') 제41조(의결 및 결정) ① 위원회는 위원장을 포함한 재적위원 과반수의 출석으로 개의하고, 출석위원 과반수의 찬성으로 의결한다. 다만, 찬성과 반대의 수가 같을 때에는 위원장이 결정한다. [사건개요] 위 법 제41조 제1항은 치료감호심의위원회가 의결함에 있어 찬성과 반대의 수가 같은 경우에는 피치료감호자에게 유리하게 가결된 것으로 하는 것이 원칙임에도 불구하고 위원장이 결정을 하도록 하고 있어 표결의 등가성 원칙과 평등비례의 원칙에 어긋나 치료감호 중인 청구인의 신체의 자유를 침해한다는 주장의 헌법소원심판 청구.

[판시] 치료감호심의위원회의 심의에서 청구인에 대한 치료감호 가종료 또는 종료 의안에 대하여 찬성과 반대가 같은 수로 나왔다는 아무런 자료가 없다. 한편 향후 청구인에 대한 치료감호 가종료 또는 종료에 관한 치료감호심의위원회의 심의에서 찬성과 반대가 같은 수로 될 경우가 발생하고 그에 더하여 위원장이 반대의 결정을 하여 청구인이 기본권침해를 받을 우려가 있다고 하더라도, 그러한 우려는 단순히 장래 잠재적으로 나타날 수 있는 것에 불과하다. 따라서 법 제41조 제1항에 의해 청구인의 권리가 현재 침해되었다고 볼 수 없으므로 이 부분 심판청구는 부적법하다. * 잠재적 우려에 대한 현재성 부정의 또 다른 결정례 : 헌재 1994.6.30. 91헌마162; 2006.2.23. 2005헌마268; 2008.3.27. 2006헌마770; 2008.12.26. 2007헌마862.

2) 검토와 정리

장래의 잠재적 권리침해에 대한 우려에 대해 현재성 완화 사유로 인정하지 않는 것은 사실 위 예측불가이론과 같은 법리라고 볼 것이다. 위 개방이사 사건 결정에서도 "집행행위의 가능성이 잠복되어 있을 뿐"이라고 한 점, 위 선거구 사건 결정에서도 그 점을 보여준다고 하겠다. 위 선거구 사건 결정에서도 장래 잠재적으로 나타날 수 있는 우려라고 하면서 결국 예측불가로 간 판시도 그 점을 보여준다고 하겠다. 판례이론을 정리하면 장래의 잠재적 권리침해에 대한 우려는 현재성 요건 완화 요건이 예측성이 없어(불가예측) 현재성이 인정되지 않는다는 것이다.

[정리] : ▷ 장래 잠재적 권리침해 우려 = 예측불가능성 = 현재성요건 완화 불가

(3) 이해가 힘든 현재성 결여 판시

아래 결정은 그냥 다른 관련성 요건과 함께 현재성도 판시한 것으로 보이나 지양되어야 할 결정례이다.

① 국회 입법절차 하자를 이유로 국민이 제기한 법령소원에서의 현재성 부인

판례 헌재 1998.8.27. 97헌마8등

[쟁점] 일반 국민이 국회의 입법절차상 하자만을 주장하며 청구한 헌법소원심판은 적법한지 여부(각하결정) [판시] 이 사건의 경우 청구인들 주장과 같이 이 사건 법률의 입법절차가 헌법이나 국회법에 위반된다고 하더라도 그와 같은 사유만으로는 이 사건 법률로 인하여 청구인들이 현재, 직접적으로 기본권을 침해받은 것으로 볼 수는 없다. 청구인들이 주장하는 이 사건 법률의 입법절차의 하자로 인하여 직접 침해되는 것은 청구인들의 기본권이 아니라 이 사건 법률의 심의·표결에 참여하지 못한 국회의원의 법률안 심의·표결 등 권한이라고 할 것이다.

② 국회의장의 국회 상임위원회 위원선출행위에 대한 기본권침해 현재성 부인

판례 헌재 1999.6.24. 98헌마472등

[판시] 이 사건 헌법소원의 경우, 피청구인(국회의장)은 1998.8.23. 9인의 국회의원을 국회 보건복지위원

회 위원으로, … 각 선임하였던 바, 이러한 선임행위는 국회법 제48조에 근거한 행위로서 국회 내부의 조직을 구성하는 … '기관내부의 행위'에 불과한 것이다. 따라서 피청구인의 이 사건 선임행위는 그 자체가 국회 내부의 조직구성행위로서 국민에 대하여 어떠한 직접적인 법률효과를 발생시키지 않기 때문에 이로 인하여 청구인들의 기본권이 현재 직접 침해되고 있다고 할 수 없다.

(4) 그 외 부정례

① **개인택시 양도·상속금지 조항에 대한 비면허자의 청구** – '여객자동차 운수사업법 시행령'(2009.11.27. 대통령령 제21854호로 개정된 것) 제10조의2가 금지조항이었다.

판례 헌재 2012.3.29. 2010헌마443등

[판시] 아직 개인택시면허를 취득하지 아니한 청구인들도 장래 면허의 취득이 예정되어 있다는 이유로 헌법소원심판을 청구하였다. 그러나 개인택시면허를 받으려는 사람은 운전 경력, 무사고 운전, 거주지 등의 요건을 갖추어야 하고(법 제5조 제1항 제3호, 법 시행규칙 제19조), 관할관청이 지역실정을 고려하여 따로 정하는 면허기준이 있는 경우에는 그 요건도 충족시켜야 하는바, 이러한 점에 비추어 보면 개인택시면허를 취득하지 아니한 청구인들은 기본권 침해의 현재성을 구비하였다고 할 수 없다.

② **그 밖의 부정례** – 시험응시 회수 제한에 대한 응시기회 보유자의 청구 – 헌재 2020. 9. 24. 2018헌마739(변호사시험의 응시를 5년 내에 5회로 제한한 변호사시험법 규정에 대해 아직 변호사시험에 응시할 기회가 남아 있는 청구인이 제기한 헌법소원 – 그러한 기본권제한이 현실화될 것으로 확실히 예측된다고 볼 수 없다)

제5항 권리보호의 이익, 심판이익

* 왜 심판이익이란 용어를 포함한 제목인지? 헌재는 권리보호이익이 소멸된 경우에도 예외적으로 반복침해가능성, 헌법적 해명필요성이 있을 때 본안판단으로 들어가 심판할 이익이 있다고 본다. 그러므로 심판이익이란 말도 함께 적시한 제목을 설정했다. 이러한 예외 인정을 두고 권리보호이익의 예외라고 하기도 하나, 용어상 사라진 '권리보호이익'을 여전히 사용할 수는 없다. 한편 헌재는 '심판이익'이라는 말보다 '심판청구이익'이란 말을 빈번히 사용하는 듯하다. 그러나 청구는 청구인이 하는 것인데 예외적 심판으로 이익이 오는 것은 이미 권리보호이익이 사라진 청구인에게 오는 것이 아니고 객관적 헌법질서유지기능이라는 공익으로서 오는 것이어서 청구이익, 즉 청구인이 청구할 실익이 있는 것이란 의미의 청구이익은 적절하지 못하다. 그것을 인정하는 것도 헌재이지 청구인 본인이 아니다(후술, 심판이익의 예외적 인정 부분 참조).

Ⅰ. 개념과 인정근거(정당성) 및 적용범위

1. 개념

재판절차법에서 일반적으로 "권리보호의 이익이 있다"라고 함은 당해 재판이 현실적·실

제적으로 권리침해로부터 구제하는 효과를 가져오게 하는 기능을 수행할 수 있는 상황을 말한다. 말하자면 문제를 야기한 공권력행사를 취소하게 하든지 하여 구제의 효과가 나오게 할 수 있어야 함을 의미한다. 그러한 상황이 아닐 때에는 본안판단으로 나아가지 않는다. 그리하여 기본권의 침해행위가 이미 종료 내지 경과된 경우 등에는 헌법소원을 통하여 이미 종료 내지 경과된 침해행위에 대한 취소를 할 대상조차 없어지는 등 헌법소원심판을 하더라도 청구인의 권리구제에 의미가 없고 따라서 그러한 경우의 헌법소원심판의 청구에는 권리보호이익이 없다고 본다. 여기서 권리구제의 의미는 문제된 공권력행사·불행사의 침해행위 자체를 없애거나 무력화하는 것을 의미한다는 점에 유의할 일이다. 손해배상을 받는 것 등의 다른 구제방법이 있더라도 이는 공권력행사·불행사 자체를 취소하는 구제절차가 아니라는 의미이다.

한편 이처럼 재판절차법의 일반원칙에 따라 권리보호의 이익을 이해한다고 하더라도 헌법재판의 특수성이 고려되어야 할 것이다. 따라서 헌법재판소는 이 권리보호이익요건의 요구를 아래의 판례들에서 볼 수 있듯이 많이 완화하고 있는 경향이다. 후술하듯이 침해행위가 종료된 경우에도 예외적으로 심판이익을 인정하여 위헌으로 판명할 경우 헌재는 위헌확인결정을 하고 있다[뒤의 제8절 제2항. I.5.(6) 침해행위종료로 인한 위헌확인결정 부분을 참조].

유의 : 변호사시험에서 이 권리보호이익의 요건 구비 여부를 판단해야 할 부분에서 답안지의 많은 답들은 "권리보호이익이란 구제해야 할 기본권이 존재하는지 하는 문제이다. 이하 이에 대해 살펴본다. …"라는 서술을 하고 있다. 그러나 구제해야 할 기본권이 존재하는지 하는 문제는 기본권침해가능성 요건의 문제이다. 기본권구제의 가능성(필요성)이라고 하면 그래도 나은 답이다. 유의할 일이다.

2. 권리보호이익요건의 근거(정당성)

(1) 재판절차의 일반원칙

위에서 서술한 대로 권리보호이익요건은 별도의 명시적 근거가 없더라도 재판절차(소송)법의 일반적인 원칙으로서 요구된다고 보는 것이 일반적이다.

(2) 헌재법 제68조 제1항 '기본권의 침해를 받은'에서의 도출 부정

아래의 결정의 사안은 권리보호이익요건이 헌재법 제68조 제1항 소정의 '기본권의 침해를 받은'이라는 부분의 해석에서 도출되는 것으로 보고 권리보호이익이 요구하는 것은 헌법재판을 받을 권리를 침해하는 것이라고 주장하며 제68조 제1항 소정의 위 규정부분에 대한 법령소원이 제기된 사건이다. 이 결정에서 헌법재판소는 권리보호이익 내지 소의 이익은, "국가적·공익적 입장에서는 무익한 소송제도의 이용을 통제하는 원리이고, … 소송제도에 필연적으로 내재하는 요청"이라고 하면서 권리보호이익요건이 헌재법 제68조 제1항의 '기본권의 침해를 받은'이라는 부분에서 직접 도출되는 것이 아니라 헌재법 제40조 제1항에 의해 준용되는 민사소송법 내지 행정소송법 규정들의 해석상 인정되는 '일반적인 소송원리'라고 본다.

[주요판시사항]

▷ 권리보호이익 내지 소의 이익은, 국가적·공익적 입장에서는 무익한 소송제도의 이용을 통제하는 원리이고 소송제도에 필연적으로 내재하는 요청임

- 권리보호이익요건은 헌재법 제40조 제1항에 의하여 준용되는 민사소송법 내지 행정소송법 규정들에 대한 해석상 인정되는 일반적인 소송원리이지 헌재법 제68조 제1항 소정의 '기본권의 침해를 받은'이라는 부분의 해석에서 직접 도출되는 것은 아님

판례 헌재 2001.9.27. 2001헌마152

[사건개요] (1) 청구인은 형기가 종료되어 2001.3.10. 출소하였다. (2) 청구인은 구속되어 있던 2000. 4월경부터 5월경까지 사이에 외부와의 모든 서신에 대하여 구치소장의 검열을 받았고, 서신교환은 구치소장의 허가를 받아야만 가능하였다. (3) 이에 청구인은 2001.2.28. 헌법재판소에 구치소장으로 하여금 수용자의 서신교환에 대하여 검열 및 허가할 수 있도록 규정하고 있는 행형법 제18조의2 등에 대하여 위헌확인을 구하는 헌법소원심판(헌재 2001헌마1**)을 청구하였다. (4) 청구인은, 위 헌재 2001헌마1** 사건이 2001.3.10.이면 서울구치소에서 출소하게 되어 서울구치소장으로부터의 기본권의 침해가 종료됨으로써 권리보호이익이 없어지게 된다는 이유로 각하될 것을 우려하여, 권리보호이익을 요구하고 있는 것으로 보이는 헌법재판소법 제68조 제1항 본문이 위헌이라고 주장하며, 2001.3.2. 다시 이 사건 헌법소원심판(헌재 2001헌마152)을 청구하였다. [쟁점] 권리보호이익요건의 직접적 근거가 헌법재판소법 제68조 제1항 소정의 '기본권의 침해를 받은'이라는 부분의 해석에 있는 것인지(그 규정에 대한 해석에서 직접 도출되는 것인지) 여부(부정), 권리보호이익요건이 헌법재판을 받을 권리를 침해하는지 여부(부정, 기각결정) [관련판시] (1) 권리보호이익 내지 소의 이익은, 국가적 · 공익적 입장에서는 무익한 소송제도의 이용을 통제하는 원리이고, 당사자의 입장에서는 소송제도를 이용할 정당한 이익 또는 필요성을 말하는 것으로, '이익 없으면 소 없다'라는 법언이 지적하듯이 소송제도에 필연적으로 내재하는 요청이다. 이에 의하여 법원은 본안판결을 필요로 하는 사건에만 그 노력을 집중할 수 있게 되고, 또 불필요한 소송에 응소하지 않으면 안 되는 상대방의 불이익을 배제할 수 있게 되는 것이다. 따라서 권리보호이익이라는 헌법소원심판의 적법요건은 법 제40조 제1항에 의하여 준용되는 민사소송법 내지 행정소송법 규정들에 대한 해석상 인정되는 일반적인 소송원리이지 법 제68조 제1항 소정의 '기본권의 침해를 받은' 이라는 부분의 해석에서 직접 도출되는 것은 아니라고 할 것이다. 그러므로 법 제68조 제1항 본문 중 '기본권의 침해를 받은'이라는 부분의 해석으로부터 헌법소원심판의 권리보호이익이 요구되고 있음을 전제로 하여 법 제68조 제1항 소정의 '기본권의 침해를 받은 부분'이 위헌이라는 청구인의 주장은 이유 없다. 나아가 헌법소원심판청구에 있어서 적법요건 중의 하나로 권리보호이익을 요구하고 있는 것 자체에 대하여 살펴보더라도, 앞에서 본 바와 같이 권리보호이익은 소송제도에 필연적으로 내재하는 요청으로 헌법소원제도의 목적상 필수적인 요건이라고 할 것이어서 이로 인하여 본안판단을 받지 못한다고 하여도 재판을 받을 권리의 본질적인 부분에 대한 침해가 있다고 보기 어렵다. 다만, 권리보호이익을 지나치게 좁게 인정하면 헌법재판소의 본안판단의 부담을 절감할 수는 있지만 반면에 재판을 받을 권리를 부당하게 박탈하는 결과에 이르게 될 것이므로 권리보호이익을 판단함에 있어 다른 분쟁의 해결수단, 행정적 구제 · 입법적 구제의 유무 등을 기준으로 신중히 판단하여야 할 것이다. 이에 따라 헌법재판소는 비록 권리보호이익이 없을 때에도 반복위험이나 헌법적 해명이 필요한 경우에는 본안판단을 할 수 있는 예외를 인정하고 있다. 따라서 헌법소원심판의 권리보호이익이 그 제도의 운영상 필수적인 요건이라는 점, 또한 헌법재판소가 그 예외를 넓게 인정하고 있다는 점 등에 비추어 보면, 헌법소원심판청구의 적법요건 중의 하나로 권리보호이익을 요구하는 것이 청구인의 재판을 받을 권리를 침해한다고 볼 수는 없다.

* 검토 – 논증에 있어서 "헌법재판소가 그 예외를 넓게 인정하고 있다는 점 등에 비추어 보면, … 청

구인의 재판을 받을 권리를 침해한다고 볼 수는 없다"라고 하는 부분은 예외의 인정이 개인의 권리구제에는 도움이 되지 않으나 객관적 헌법질서유지라는 헌법소원의 기능을 위해 필요하다는 점에서 그리 설득력이 있는 것은 아니다.

(3) 정당성, 신중성의 확보 필요

권리보호이익은 소송의 효율성을 고려한 청구요건이나 헌법소원의 기본권보장, 객관적 헌법질서유지의 기능을 수행하는 최후보루라는 점에서 정당한 선에서의 권리보호이익을 요구하는 것이 필요하다. 헌법재판의 효율성에만 관심이 쏠려서는 아니 되고 기본권보장이라는 헌법의 존재이유를 위해 헌법재판이 적극적으로 운용되도록 하는 자세가 필요하다. 위 (2) 판시에서도 신중히 판단해야 한다고 본다. 예외적인 심판이익과 같은 보완이 그래서 요구되기도 한다.

3. 적용범위 : 위헌소원(헌재법 제68조 제2항 헌법소원)에서의 권리보호이익

헌법재판소는 위헌소원에서도 권리보호이익(심판청구의 이익)을 요구하고 있다. 위헌소원에서의 심판이익에 대해서는 필요에 따라서는 여기서도 다루나 제5절의 위헌소원의 청구요건에서 주로 다루게 된다(제5절 Ⅱ.4.참조).

Ⅱ. 권리보호이익의 존속성의 요구 : 헌재결정시까지의 존속요구

권리보호이익은 헌법소원 제기 당시뿐 아니라 헌법재판소가 결정을 할 시점에서도 존재하여야 한다는 것이 헌법재판소의 판례이다. 따라서 심판계속중에 기본권침해행위가 종료된 경우 등에는 권리보호이익이 상실된다.

[주요판시사항] : ▷ 권리보호이익은 헌법소원 제기 당시뿐 아니라 헌법재판소의 결정 당시에도 존재하여야 함

판례 헌재 1997.3.27. 92헌마273, 변호인접견실 칸막이설치 위헌확인

[사건개요] 변호인접견실에 변호인석과 재소자석을 차단하는 칸막이시설이 변호인조력을 받을 권리의 침해라는 주장의 헌법소원이 제기됨. [결정요지] 권리보호의 이익은 헌법소원의 제기 당시뿐만 아니라 헌법재판소의 결정 당시에도 존재하여야 한다. 그러므로 헌법소원제기 당시 권리보호의 이익이 있었다고 하더라도 그 심판계속중에 사실관계 또는 법률관계 등의 변동으로 말미암아 청구인이 주장하는 기본권의 침해가 종료됨으로써 그 침해의 원인이 된 공권력의 행사 등을 취소할 실익이 없게 된 경우에는 원칙적으로 권리보호의 이익이 없고, 다만 그러한 경우에도 동종의 침해행위가 앞으로도 반복될 위험이 있다거나 당해 분쟁의 해결이 헌법질서의 수호·유지를 위하여 긴요한 사항이어서 헌법적으로 그 해명이 중대한 의미를 지니고 있는 때에는 예외적으로 권리보호의 이익이 인정된다는 것이 우리 재판소의 확립된 판례이다(1992.1.28. 91헌마111 결정 등 참조). 그런데 법무부장관이 1997.3.17. 우리 재판소에 제출한 자료 등에 의하면 이 사건 칸막이는 1992.7.1.부터 영등포교도소를 비롯한 3 곳 교도소에서 변호인의 신변보호와 부정물품수수방지 등의 목적을 위하여 시험적으로 설치하여 운영해 온 것이나 그간

변호인들의 계속적인 불편호소 등으로 말미암아 1993.10.15.자 법무부의 지시에 따라 같은 달 16. 모두 철거된 사실이 인정된다. 그렇다면 청구인이 이 사건 헌법소원을 통하여 달성하고자 하는 주관적 목적은 이미 달성되었으므로 더 이상 심판대상행위의 위헌여부를 가릴 실익이 없어졌다 할 것이고, 법무부장관이 제출한 위 자료 등의 내용에 비추어 법무부나 그 예하의 교도소 등이 다시 이러한 종류의 칸막이를 설치할 위험이 있다거나 이 문제가 헌법질서의 수호·유지를 위하여 특히 헌법적 해명이 필요한 것이라고도 보기 어렵다. 그렇다면 청구인들의 이 사건 심판청구는 권리보호의 이익이 없는 경우에 해당하므로 각하하기로 결정한다. * 동지 : 헌재 2012.12.27. 2011헌마351; 2008.7.31. 2004헌마1010; 2020.8.28. 2017헌마187; 바로 아래에 인용하는 결정례 등 위 법리를 표명한 판시가 나오는 결정례는 많다.

* 결정 당시에 권리보호이익이 존재하지 않아 각하된 동지의 판례들 : 헌재 1993.11.25. 92헌마169, 재판의 지연 위헌확인, 판례집 5-2, 492면; 1997.3.27. 93헌마251, 주세법 제5조 제3항 위헌확인, 판례집 9-1, 370면; 1997.4.24. 92헌마47, 서훈심사기준 불공개에 대한 헌법소원, 판례집 9-1, 449면; 1999.9.16. 98헌마265, 재판취소 등, 헌재공보 제38호, 795면; 1999.12.23. 97헌마389, 주택공급에 관한 규칙 제29조 제4항 등 위헌확인, 헌재공보 제41호, 58면; 2001.12.20. 99헌마630·632(병합), 음반·비디오물 및 게임물에 관한 법률 제2조 제5호 다목 등 위헌확인, 음반·비디오물 및 게임물에 관한 법률 제21조 제1항 등 위헌확인, 판례집 13-2, 904면; 2007.5.31. 2003헌마579; 2020.8.28. 2017헌마187 등.

Ⅲ. 권리보호이익 소멸(부정)의 사유와 그 결정례

1. 소멸(부정)의 사유

(1) 침해행위의 종료 · 취소 · 새로운 공권력행사, 목적달성

헌재는 다음과 같은 사유를 든다. ⅰ) 침해행위의 종료 등으로 인한 배제 – 헌재는 기본권침해행위가 이미 종료하여 그 취소가 의미가 없을 때 권리보호이익이 없다고 본다. 또한 헌재는 "기본권침해의 원인이 된 공권력의 행사를 취소하거나 새로운 공권력의 행사 등 사정변경으로 말미암아 기본권 침해행위가 이미 배제되어 청구인이 더 이상 기본권을 침해받고 있지 아니하게 된 때에는" "헌법재판소가 다시 기본권 침해의 원인이 된 공권력의 행사를 취소하거나 그 불행사가 위헌임을 확인하는 결정을 한다고 하여 그 결정이 청구인의 기본권을 구제하는 데 아무런 도움이 되지 아니할 뿐만 아니라, 특별한 의미도 가질 수 없기 때문"에 권리보호이익이 없다고 본다(헌재 1993.11.25. 92헌마169, 재판의 지연 위헌확인, 판례집 5-2, 492면). 사실 침해행위가 사라지면 취소 등의 대상도 없어지므로 취소가 어불성설이기도 하다.

ⅱ) 목적달성 – 헌재는 또한 헌법소원을 통하여 달성하고자 하는 주관적 목적이 이미 달성된 경우에도 더 이상 심판대상행위의 위헌여부를 가릴 실익이 없어졌기에 권리보호이익이 없다고 본다(헌재 1997.3.27. 92헌마273, 판례집 9-1, 342면).

(2) 목적달성 사유에 대한 검토

1) 별도의 사유인지?

기본권침해를 받아 헌법소원심판을 청구하는 사람은 자신에게 가해지는 그 기본권침해를 없애주고 권리구제가 이루어질 것을 목적으로 청구한다. 따라서 기본권침해의 종료, 제거, 새로운 합헌적 공권력행사 등에 의한 침해배제는 곧 목적달성이므로 목적사유를 별도의 사유로 언급할 필요가 없다.

2) 목적달성의 의미

목적이 달성되었다는 의미가 문제이다. 기본권침해에 대한 피해복구가 전부 이루어질 수도 있고 부분적으로 이루어질 수도 있기 때문이다. 아래의 결정례가 그와 같은 의미 문제를 던져주는 결정례이다. 아래 결정의 사안에서 과연 청구인의 목적이 전부 달성된 것인지 하는 의문이 남는다. 기본권침해가 시작되어 이에 대한 구제를 받을 목적으로 (침해를 종식시킬 목적으로) 헌법소원심판을 청구하였고 청구 이후에도 침해가 지속되었다가 법개정으로 종식되어 목적이 달성된 사례이다. 그러나 그 종식이 종식 전의 기본권침해로 인한 손해(불이익) 부분에 대한 복구는 이루어지지 않은 점에 목적달성이 완전하였다고 볼 수 없는 것이다. 그 점에 한계가 있다. 이 점에서 권리보호이익의 소멸사유로서의 목적 달성에 대한 재검토뿐 아니라 이 점과 관련한 권리보호이익 요건 개념의 협소함과 확대필요성 검토문제를 우리는 지적하여 왔다 (이에 대해서는 후술 참조).

[예시 판례]

헌재 2019.5.30. 2018헌마555. [사건개요] 가. 초등학교 1·2학년의 영어 방과후학교 과정 금지 – '공교육 정상화 촉진 및 선행교육 규제에 관한 특별법'(2014.3.11. 법률 제12395호로 제정되고, 2019.3.26. 법률 제16300호로 개정되기 전의 것. 이하 '공교육정상화법') 제16조 제4호의 위임에 따라 규정된 같은 법 시행령 부칙(2014.9.11. 대통령령 제25591호) 제2조에 따라 2018.3.1.부터는 초등학교 1·2학년의 영어 방과후학교 과정이 금지되었다. 나. 이에 초등학교 1학년생인 청구인 박○○ 및 그 아버지인 청구인 박□□은 공교육정상화법 제8조 제1항 후문, 구 공교육정상화법 제16조 제4호, 같은 법 시행령 제17조에서 초등학교 1·2학년의 영어 방과후학교 과정을 금지하는 것이 청구인들의 기본권을 침해한다고 주장하면서 2018.5.30. 헌법소원심판을 청구하였다. 나. 이 사건 심판청구 이후 경과 – 이 사건 심판청구 이후, 공교육정상화법이 2019.3.26. 법률 제16300호로 개정되면서 제16조 제4호에서 초등학교 1·2학년 영어 방과후학교 과정에는 공교육정상화법의 적용을 배제한다고 직접 규정하였고, 이에 따라 초등학교 1·2학년의 영어 방과후학교 과정은 다시 허용되기에 이르렀다. [판시] 청구인들은 초등학교 1·2학년의 영어 방과후학교 과정을 금지하는 것이 청구인들의 기본권을 침해한다고 주장하면서 헌법소원심판을 청구하였으나, 그 후 법률이 개정되어 초등학교 1·2학년의 영어 방과후학교 과정이 허용되었는바, 청구인들이 이 사건 심판청구를 통해 얻고자 하는 목적은 달성되었으므로 권리보호이익이 소멸하였다. 따라서 이 사건 심판청구는 부적법하다.

* 검토 – 위 사안에서 헌법소원심판을 청구한 2018.5.30. 당시는 1학년 초기였고 청구인의 목적(영어 방과후 수업)이 달성된 시점은 초등학교 1, 2학년에 영어 방과후학교 과정을 명시적으로 허용하는 위 개정된 공교육정상화법의 규정이 시행에 들어간 2019.3.26.인데 그렇다면 청구인 1학년 동안은 거의 전 기간 영어 방과후학교 과정 수업을 받지 못한 불이익은 그대로 남고 그 동안은 목적대로 되지 않았으므로 문제이다.

2. 권리보호이익의 부정(소멸)의 구체적 원인(사유)과 결정례

아래에서 권리보호이익이 없다고 본 여러 경우들을 '3. 공권력행사의 취소 … '부터 항목을 나누어 살펴본다.

3. 공권력행사 취소, 새로운 공권력행사 등으로 기본권침해행위가 배제되어 목적달성된 경우

(1) 의미

공권력행사를 한 기관이 그 공권력행사를 취소하거나 기본권침해를 가져오지 않는 새로운 공권력행사를 하는 등으로 기본권침해로부터 구제받을 목적이 달성되면 헌법소원심판을 계속할 이유가 없다는 관념이 자리잡은 것이다. 헌재는 "공권력의 행사를 취소하거나 새로운 공권력의 행사 등 사정변경으로 말미암아 기본권 침해행위가 이미 배제되어 청구인이 더 이상 기본권을 침해받고 있지 아니하게 된 때에는, 헌법재판소는 원칙적으로 청구인의 기본권침해를 구제하기 위한 헌법소원심판을 할 필요가 없게 된다"라고 한다. 그 이유로 "특별한 사정이 없는 한, 헌법재판소가 다시 기본권침해의 원인이 된 공권력의 행사를 취소하거나 그 불행사가 위헌임을 확인하는 결정을 한다고 하여 그 결정이 청구인의 기본권을 구제하는 데 아무런 도움이 되지 아니할 뿐만 아니라, 특별한 의미도 가질 수 없기 때문"이라고 한다. 그러나 그러한 변경이 있기 전까지의 침해, 불이익을 시정해야 할 문제는 그대로 남을 수 있다.

판례 헌재 1993.11.25. 92헌마169, 재판의 지연 위헌확인, 각하결정

[사건개요] 청구인이 재심을 청구하고 담당법원에 형사소송법 제56조의 위헌 여부가 이 재심재판의 전제가 되는 법률조항이라고 주장하면서 위헌 여부의 심판제청을 신청하였다. 재판부가 그 신청에 대하여 5개월이 가까이 되도록 그 가부에 대한 재판을 하지 아니하였다. 이에 청구인은 피청구인이 청구인의 위 신청에 대한 가부의 재판을 하지 아니하고 있는 것은 헌법 제27조 제3항에 정한 신속한 재판을 받을 권리 등을 침해하는 것이라는 주장으로 1992.7.11. 헌법소원심판을 청구하였다. [결정요지] 가. 기본권의 침해를 받은 자가 그 구제를 받기 위한 헌법소원심판을 청구한 뒤에 기본권침해의 원인이 된 공권력의 행사를 취소하거나 새로운 공권력의 행사 등 사정변경으로 말미암아 기본권 침해행위가 이미 배제되어 청구인이 더 이상 기본권을 침해받고 있지 아니하게 된 때에는, 헌법재판소는 원칙적으로 청구인의 기본권침해를 구제하기 위한 헌법소원심판을 할 필요가 없게 된다고 할 것이다. 특별한 사정이 없는 한, 헌법재판소가 다시 기본권침해의 원인이 된 공권력의 행사를 취소하거나 그 불행사가 위헌임을 확인하는 결정을 한다고 하여 그 결정이 청구인의 기본권을 구제하는 데 아무런 도움이 되지 아니할 뿐만 아니라, 특별한 의미도 가질 수 없기 때문이다. 나. 기록에 의하면, 청구인이 이 사건 헌법소원심판을 청구한 뒤 당시 피청구인(B지방법원 제1형사부) 법원의 재판장 판사가 법관직을 사임하여 그 직무를 대리한 재판장 판사가 1992.2.17. 직권으로 재심사건의 심리기일을 추후로 하는 변론기일변경명령을 하였고, 그 뒤 새로 구성된 피청구인 법원은 청구인이 신청한 형사소송법 제56조의 위헌 여부가 당해 본안사건 재판의 전제가 되는지를 가려 위헌제청 여부를 결정하기로 하고 본안인 재심사건의 심리를 재개하여 재심이유를 정리하게 하고 아울러 위헌제청신청사건에 관한 청구인의 의견을 듣기 위하여 청구인을 소환하였으나 청구인에 대한 심문기일소환장이 2회에 걸쳐 송달불능됨으로써 심문연기를

거듭하다가 1992.8.21.자 심문기일소환장이 비로소 송달되었다. 그러나 청구인이 그 심문기일에마저 출석하지 아니하여, 피청구인이 같은 달 28. 위 위헌제청신청을 기각결정한 사실이 인정된다. 그렇다면, 피청구인이 청구인의 위헌제청신청사건에 대한 재판을 특별히 지연시켰다고 볼 수도 없을 뿐만 아니라 청구인이 이 사건 헌법소원을 통하여 구제받고자 하는 기본권침해는 이 사건 헌법소원이 제소된 뒤인 1992.8.28. 피청구인이 청구인의 위헌제청신청을 기각하는 결정을 함으로써 소멸되었다고 할 것이다. 그렇다면 이 사건 헌법소원심판청구는 그 권리보호의 목적이 이미 이루어졌다 할 것이고, 그럼에도 불구하고 달리 불분명한 헌법문제의 해명이나 침해반복의 위험 등을 이유로 한 심판의 이익이 있다 할 특별한 사정을 찾아 볼 수도 없다. 다. 따라서 이 사건 헌법소원심판청구는 더 이상 권리보호의 이익이 없게 되어 부적법하다고 할 것이므로, 이를 각하하기로 하여 주문과 같이 결정한다.

(2) 몇 가지 예

① 해외출국금지조치의 해제

판례 헌재 제1지정재판부 고지 1990.1.6. 89헌마269

[판시] 당재판소의 직권증거조사결과에 의하면 법무부장관이 청구인에 대하여 행한 1986.9.3.자 출국금지조치 및 1983.11.24.자 출국금지조치는 이미 1989.1.27.자 및 1989.2.17.자로 각 해제된 사실이 인정된다. 따라서 해외출국금지조치가 청구인의 헌법상 기본권을 침해하였다고 주장하는 청구인의 이 부분에 관한 심판청구는 권리보호의 이익이 없는 부적법한 청구임이 명백하다.

② 변호인접견불허처분 이후의 접견허용이 된 경우

판례 헌재 1991.7.8. 89헌마181

[쟁점] 변호인접견불허처분이 있은 후 결국 접견이 허용된 경우 권리보호이익이 있는지 여부(부정, 각하결정) [판시] 기록에 의하면 변호인의 위 7 일자 접견요청에 피청구인측이 위 청구인들이 입을 열지 않기 때문에 입을 열면 2, 3일 뒤 접견시켜 주겠다고 하였고 변호인도 이를 양해하여 11일에 접견이 이루어진 사실 등으로 위 청구인들이 이 사건 취소심판을 받아 달성하려는 변호인접견의 목적은 결국 달성된 것이다. 생각건대 피의자·피고인의 변호인접견교통권은 헌법 제12조 제4항에서 정해 놓은 변호인의 조력을 받을 권리를 실질적으로 보장하기 위한 것으로 이를 상당기간 경과토록 허용되지 않고 있는 것은 접견불허처분과 동일시할 것으로, 이는 곧 기본권의 침해가 된다는 것은 판례나 학설을 통하여 이미 밝혀져서 헌법문제로서는 이미 해명된 과제인 것이며, 나아가 피청구인측이 앞으로도 청구인의 접견교통권을 침해할 반복의 위험성이 있는가를 본다면 반복의 위험성이란 어디까지나 추상적이거나 이론적 가능성이 아니라 구체적인 것이어야 할 것인바, 청구인들의 경우에 피청구인측에 의하여 청구인들의 접견교통권이라는 기본권이 반복적으로 침해될 위험성이 존재하고 또한 그 위험성이 다른 국민보다 더 크다 할 구체적 사정이 있다는 점에 관하여는 청구인측의 입증이 없다. 그렇다면 청구인들의 심판청구부분은 그 주관적 목적이 이루어졌고 또 사정변경이 생겼음에도 불구하고, 불분명한 헌법문제의 해명, 침해반복의 위험 등을 이유로 심판의 이익이 있다 할 특별한 경우에 해당한다고 할 수 없을 것이며 이 밖에 달리 이 부분 청구에 관한 심판의 이익이 또는 그 필요가 있다고 볼 아무런 자료가 없어 이 심판청구는 부적법하다.

* 해설 – 위 결정에서 헌법적 해명이 불필요하며 침해반복의 위험성이 없는 경우라는 것을 밝힌 이유는 뒤에서 살펴보게 될 예외적 심판이익, 즉 권리보호이익이 소멸한 경우라도 헌법적 해명 필요성, 침해반복의 위험성이 있으면 적법한 청구로 본안판단에 들어가게 되므로 그 점들에 대해 살필 필요가 있었기 때문이다.

③ 형사사건의 기록의 열람·복사신청에 대한 거부 이후 허용된 경우

판례 헌재 1993.3.11. 92헌마98

[쟁점] 자신이 피고였던 형사사건의 기록의 열람·복사신청에 대하여 피청구인(지방검찰청 지청장)이 거부하였다가 헌법소원을 제기하자 피청구인이 기록의 열람·복사를 허용한 경우의 권리보호이익의 유무(무, 각하결정) [판시] 기록복사거부 등에 대한 헌법소원의 심판청구에 대하여 보건대, 헌법소원심판청구의 제일의적 목적은 공권력에 의하여 침해된 기본권을 구제받기 위한 것이다. 그러므로 공권력에 의한 기본권침해가 있었더라도 그 후 그 침해상태가 종료되었다면 헌법소원심판청구는 더 이상 권리보호의 이익이 없음이 원칙이다. 이 사건의 경우 피청구인은 청구인의 형사기록 열람 및 복사신청을 거부하였다가 청구인이 헌법소원심판청구를 하자 태도를 바꾸어 청구인에게 형사기록 열람·복사를 허용하였다면 이로써 청구인은 그의 목적을 이루었고, 공권력에 의한 청구인의 기본권침해 상태는 이미 종료되었으므로 이 사건 헌법소원심판청구는 더 이상 이를 유지할 필요가 없으며 권리보호를 위하여 본안에 대하여 심판할 이익이 없다고 봄이 상당할 것이다. 다만 그 해명이 헌법적으로 중요한 의미를 지니고 있는 경우, 그러한 침해행위가 앞으로도 반복될 위험이 있는 경우 등에는 예외적으로 심판청구의 이익을 인정하여 이미 종료된 침해행위가 위헌이었음을 확인할 필요가 있다는 것이 당재판소의 판례(1991.7.8. 89헌마181 결정; 1992.1.28. 91헌마111결정 참조)로 밝힌 바있으나, 확정된 형사사건 기록의 열람·복사의 거부는 국민의 '알 권리'를 침해하는 것으로서 위헌이라는 것은 당재판소의 결정에 의하여 이미 해명된 터이고(1991.5.13. 90헌마133결정 참조), 또 여기의 앞으로의 반복적 거부의 위험성이란 단순히 추상적이거나 이론적인 가능성이 아니라 구체적인 것이라 한다면(당재판소 1991.7.8. 89헌마181결정 참조) 그와 같은 사정이 있다는 점에 관하여 인정할 아무런 입증자료가 없으며, 나아가 이 사건 심판청구에 있어서 비록 피청구인이 방어상 청구인의 심판청구의 기각을 구하고 있다 하여도 그것이 곧 반복위험의 사정이라고 단정할 수 없을 것이다. 그렇다면 기록복사거부 등에 대한 심판청구 부분에 관하여는, 통상의 예와 달리 불분명한 헌법문제의 해명, 침해반복의 위험 등을 이유로 심판의 이익을 인정하여야 할 특별한 경우에 해당된다고도 할 수 없으므로, 결국 이 부분 청구는 권리보호의 이익 내지 필요가 없는 부적법한 청구이다.

④ 변호인접견실 칸막이설치에 대한 헌법소원 제기 후 철거된 경우

판례 헌재 1997.3.27. 92헌마273

[사건개요] 교도소 변호인접견실에 변호인석과 재소자석을 구분하는 칸막이가 설치되어 있었던 탓으로 소송관계서류의 열람 등 변호인과의 접견·교통이 충분히 이루어지지 못하여 변호인조력을 받을 권리의 침해받았다고 주장하는 구속피고인이 교도소장을 피청구인으로 하여 제기한 헌법소원임. [결정요지] 법무부장관이 우리 재판소에 제출한 자료 등에 의하면 이 사건 칸막이는 그간 변호인들의 계속적인 불편호소 등으로 말미암아 1993.10.15.자 법무부의 지시에 따라 같은 달 16. 모두 철거된 사실이 인정된다. 그렇다면 청구인이 이 사건 헌법소원을 통하여 달성하고자 하는 주관적 목적은 이미 달성되었으므로 더 이상 심판대상행위의 위헌여부를 가릴 실익이 없어졌다 할 것이고, 법무부장관이 제출한 위 자료 등의 내용에 비추어 법무부나 그 예하의 교도소 등이 다시 이러한 종류의 칸막이를 설치할 위험이 있다거나 이 문제가 헌법질서의 수호·유지를 위하여 특히 헌법적 해명이 필요한 것이라고도 보기 어렵다. 그렇다면 청구인들의 이 사건 심판청구는 권리보호의 이익이 없는 경우에 해당하므로 각하한다.

⑤ 특성상 개요적인 기준임에도 모두 알려준 경우의 알권리 침해종료 – 서훈심사기준

판례 헌재 1997.4.24. 92헌마47

[쟁점] 여러 차례에 걸쳐 국가보훈처의 서훈공적(敍勳功績) 심사기준을 공개할 것을 요구하였음에도 피청구인(국가보훈처장)이 이를 거부함으로써 청구인의 '알 권리'를 침해하였다는 주장으로 청구된 헌법소원심판에서 권리보호이익이 있는지 여부(부정, 각하결정) [결정요지] 상훈법(제정 1967.1.16. 법률 제1885호, 최종개정 1990.1.13. 법률 제4222호)을 보면, 서훈의 기준은 "서훈대상자의 공적내용, 그 공적이 국가사회에 미친 효과의 정도 및 지위 기타 사항을 참작하여 결정한다"고 규정하고 있는데, 상훈법과 동법시행령의 규정들을 살펴보아도 이 법 제3조 소정의 서훈기준 중 서훈대상자의 '공적이 국가사회에 미친 효과의 정도 및 지위' 및 '기타 사항'이 구체적으로 무엇을 말하는지에 관하여는 아무런 규정이 없다. 살피건대, 이러한 상훈법 및 동법시행령의 규정내용은 그것이 입법의 불비라기 보다는 서훈심사기준의 성격이 포괄적·종합적·비획일적임을 말하는 것으로 특히 독립유공자에 대한 공적심사는 그 심사대상이 광범위할 뿐만 아니라 개별적 사안마다 고려해야 할 특수한 사항이 다양하여 획일적·산술적 기준으로만 평가하기가 곤란한 특성이 있음을 말해 주는 것이다. 이러한 서훈심사기준의 특성에서 볼 때, 위와 같은 청구인의 질의내용에 대하여 피청구인이 구체적인 공적심사기준을 알려줄 의무가 있다고 가정하더라도, 위에서 본 1991.6.25.자(이 사건 심판청구전임) '민원회신'은 그 기준의 개요를 알려준 것이라 볼 수 있고, 더구나 이 사건 심판청구 후에 있은 1992.4.30.자 청구인에 대한 구두설명이나 같은 해 5. 15.자 '민원회신'은 피청구인의 공적심사위원회가 내부적 심사기준으로 삼고 있는 독립유공자에 대한 공적심사의 구체적 기준을 모두 알려준 것이라 볼 수 있다. 그렇다면 청구인이 주장하는 기본권의 침해가 종료됨으로써 그가 이 사건 헌법소원을 통하여 달성하고자 하는 주관적 목적은 이미 달성되었다 할 것이므로 그 침해의 원인이 된 공권력의 행사(청구인주장의 거부처분)를 취소할 실익이 없어졌다고 할 것으로서, 청구인의 이 사건 심판청구는 권리보호의 이익이 없는 경우에 해당하므로 각하하기로 결정한다.

* 검토 – 이 결정의 판시는 서훈심사기준의 성격이 포괄적·종합적·비획일적이라고 하면서 후반부 판시에서는 구체적 기준을 알려주어 주관적 목적을 달성 운운하고 있어서 선명하지 못한 논증이다. 개요적이나 그래도 할 수 있는 데까지는 구체적으로 하여 주관적 목적달성을 위해 최선을 다한 것이라든지 하는 선명한 이유제시가 아쉽다. 그런데 과연 본인의 목적달성이 이루어진 것인지 그것부터 선명하지 않다.

(3) '침해반복위험성 없고 헌법적 해명 불필요한 경우' - 이 판시의 의미

위에서도 몇몇 결정들에서 판시되고 있음을 보았고 뒤의 Ⅳ.에서 살펴보겠지만, 침해행위가 이미 종료하였더라도 우리 헌법재판소는 침해행위의 반복위험이 있고 헌법적 해명이 필요한 경우에는 예외적으로 심판의 이익을 인정한다. 그런데 이 경우가 권리보호이익이 없을 것의 요건(인정요건) 자체를 이루는 것이라고 볼 오해의 소지가 있다. 이 경우인지를 따지는 것은 어디까지나 침해행위의 종료 등으로 이미 권리보호이익이 소멸된 상태인데 그렇더라도 본안판단을 심판할 이익이 있는지를 살피는 것이다. 이런 경우라서 인정될 수 없는 것은 권리보호이익이 아니라 심판이익인 것이다. 따라서 이에 해당한다고 본 결정례들은 뒤의 Ⅳ.에서 살펴본다. 다만, 앞으로 권리보호이익요건이 결여되는 사유로 아래에 언급하면서 권리보호이익은 없으나 심판이익이 있는지를 살피면서 위 침해반복의 위험성이 없고 헌법적 해명이 불필요하다는 판시가 덧붙여지는 경우들도 있다.

4. 침해행위의 종료, 실효, 침해대상의 소멸, 시간의 경과 등

(1) 재판이 종료(확정)된, 재심불가의 경우

재판이 확정되어 절차가 종료되고 재심이 불가한 경우 권리보호이익이 소멸된다고 본다.

판례 헌재 1992.6.26. 89헌마132

[심판대상] 대법원으로 하여금 항고장과 재심소장을 접수하고 재판하도록 하는 심판을 구하는 청구이. [관련판시] 청구인은 항고장과 재심소장을 대법원으로 하여금 접수, 재판할 것을 명하는 심판을 구하고 있는데 이 청구를 보면, 대법원에서는 위항고장과 위 재심소장을 대법원 89 다카 4120호 상고허가신청기각결정에 대한 준재심사건으로 처리하여 대법원 89 재다카 96호로 접수하고 이에 대하여 이를 각하하고 그 재판까지 마친 사실이 이 사건 기록상 인정된다. 그러므로 이 점에 대한 이 사건 헌법소원심판청구는 이미 권리보호의 필요가 없으므로 부적법하다(당재판소 1990.1.6. 89헌마269 결정 참조).

이러한 사례들은 뒤의 7. 재심이 허용되지 않는 경우의 권리보호이익 결여 부분에서 자세히 다룬다(후술 참조).

(2) 공권력행사 자체의 효력 상실

과태료재판 제기에 따라 효력을 상실한 과태료부과처분에 대한 헌법소원의 권리보호이익 결여 – 행정청으로 받은 과태료부과처분도 행정처분으로서 공권력행사이다. 그런데 이 과태료부과처분에 이의를 제기하여 법원에 과태료재판을 청구하면 원래의 그 과태료부과처분은 효력을 상실하여 그것에 대한 헌법소원심판의 청구는 권리보호이익이 없는 것이 된다.

판례 헌재 1998.9.30. 98헌마18

[쟁점] 행정청(구청장)의 과태료부과처분에 이의를 제기하여 지방법원의 과태료재판을 받은 청구인이 그 재판에 대하여 항고하였으나 기각되어 다시 대법원에 재항고를 하였으나 역시 기각되자, 행정청에 의한 원래의 과태료부과처분에 대하여 헌법소원을 제기하였는데 이 헌법소원은 권리보호이익이 있는지 여부(부정, 각하결정) [결정요지] 행정기관의 과태료부과처분에 대하여 그 상대방이 이의를 제기함으로써 비송사건절차법에 의한 과태료의 재판을 하게 되는 경우, 법원은 당초 행정기관의 과태료부과처분을 심판의 대상으로 하여 그 당부를 심사한 후 이의가 이유 있다고 인정하여 그 처분을 취소하거나 이유 없다는 이유로 이의를 기각하는 재판을 하는 것이 아니라, 직권으로 과태료부과요건이 있는지를 심사하여 그 요건이 있다고 인정하면 새로이 위반자에 대하여 과태료를 부과하는 것이므로(이의사실의 통지는 법원의 직권발동을 촉구함에 불과하므로), 행정기관의 과태료부과처분에 대하여 상대방이 이의를 하여 그 사실이 비송사건절차법에 의한 과태료의 재판을 하여야 할 법원에 통지되면 당초의 행정기관의 부과처분은 그 효력을 상실한다 할 것이다. 그렇다면 이미 효력을 상실한 피청구인의 과태료부과처분의 취소를 구하는 청구인의 이 사건 심판청구는 권리보호의 이익이 없다고 할 것이다.

(3) 대상과 시간의 경과

기본권제약적인 행정작용은 존재하더라도 그 대상이 시간의 경과로 사라지면 그 행정작용의 적용이 없게 되어 헌법소원심판을 청구하더라도 권리보호이익이 없다고 볼 것이다. 아래의 사안이 그러한 예이다.

- 총액임금제에 대한 헌법소원과 임금교섭의 종료

판례 헌재 1996.11.28. 92헌마108

[심판대상] 피청구인들(재정경제원장관－지금의 기획재정부장관, 노동부장관－지금의 고용노동부장관)이 청구인들(전국언론노동조합연맹 산하의 단위노동조합들로서 신문사, 통신사 또는 방송사의 노동조합들)과 노사관계에 있는 사용자들의 사업장을 1992년도 총액 기준 5% 이내의 임금인상이 권장되는 중점관리대상에 포함시키면서 위 임금인상률 상한선을 따르지 아니할 경우 불이익조치와 이를 따를 경우 우대조치를 취할 것을 발표한 행위 [결정요지] 이 사건 발표행위는 1992년에 이루어진 것이고 그 내용도 청구인들이 소속한 사업장의 사업주에 대하여 1992년도의 임금협상시 총액기준 5% 이상의 임금인상을 제한하는 것인데, 청구인들이 소속한 사업장에서의 1992년도 임금교섭은 이미 종료되었다 할 것이므로 위 발표행위는 더 이상 청구인들의 권리에 대하여 영향을 미치지 못할뿐더러, 이 사건 헌법소원이 인용된다고 하여도 청구인들의 침해된 권리는 구제받을 수 없게 되었다. 그러므로 이 사건 심판청구는 권리보호의 이익이 없다고 할 것이다. 1993년도 이후 새로운 문민정부가 출범하면서 정부는 총액임금제도는 그대로 유지하되 과거의 제6공화국과는 달리 이 사건에서 문제가 되고 있는 획일적인 임금인상률 상한선을 제시·강행하지 아니하고 노사 간의 자율적인 합의를 존중하겠다는 의지를 거듭 밝히고 있고 실제로 현재까지의 임금교섭이 공권력의 강제적인 개입 없이 노사 간의 자율적인 합의에 의하여 이루어지고 있으므로 앞으로 피청구인들이 이 사건 발표행위 등으로 임금인상을 억제하여 근로자의 단체교섭권을 제한할 위험성은 존재하지 아니한다고 보아야 하며, 현재와 같은 상황에서 이 사건이 헌법질서의 수호를 위하여 긴요한 사항으로 헌법적으로 그 해명이 중요한 의미를 지니고 있다거나 침해행위가 반복될 구체적 위험이 있다고 보기는 어렵다. 그러므로 이 사건 심판청구는 권리보호의 이익은 물론 예외적인 심판청구의 이익도 없어 부적법하다.

(4) 헌법소원심판청구 후에 금지대상(제한)연령을 넘어선 경우

1) 법리와 결정례

어떤 기본권의 행사를 위해 법이 요구하는 일정 연령에 도달하지 못하여 제한(금지)되다가 이후 그 연령에 도달하여 기본권의 행사가 가능하게 된 경우에 헌재는 권리보호이익이 없다고 본다.

- 청소년에 대한 주류판매금지

판례 헌재 2001.1.18. 99헌마555

[쟁점] 청소년에게 술을 팔지 못하도록 금지하고 그 위반자에 대해 처벌과 과징금을 부과할 수 있게 규정한 청소년보호법(1999.2.5. 공포, 법률 제5817호) 제26조 제1항, 제49조 제1항, 제51조 제8호, 그리고 청소년을 19세 미만의 자로 정의하고 있는 동법 제2조 제1호에 대한 법령소원을 제기한 19세 미만자들 중 이후 헌법소원의 심판 도중에 만 19세가 된 청구인들에 대해 권리보호이익을 인정할 것인지 여부(부정, 각하) [판시] 1980.7.8.생인 청구인 강○○은 1999.7.7.이 경과함으로써, 또 1981.1.20.생인 청구인 김△○은 2000.1.19.이 경과함으로써 각기 만 19세가 되었으므로 청구인들은 현재 이 사건 법률조항에 따른 제한에서 벗어나 있고 따라서 이 사건 청구는 권리보호의 이익이 없어 부적법하다.

2) 대조해 볼 결정례

i) **허용연령도달 - 담배구입의 경우** - 위 주류판매금지 사안와 비슷하게 연령이 도달하여 이제 허용이 되나 위 주류판매금지와 달리 이제 구입이 가능하게 되어 권리보호이익이 있다고 본 사안이 바로 담배관련 아래의 헌법소원사건이다. 그런데 앞의 주류나 여기의 담배가 모두 허용이나 그것이 헌법소원심판을 청구한 사람의 입장에서는 반대방향, 즉 전자의 경우 제한에서 비제한으로 나아가는 것이고 후자의 경우에는 건강권이라는 관점에서 볼 때 보호에서 침해로 나아가는 것이 되므로 방향이 다르다.

판례 헌재 2015.4.30. 2012헌마38

[판시] 이 사건 심판청구 당시에는 만 16세의 미성년자로서 담배를 구입할 수조차 없는 청소년보호법상의 '청소년'에 해당하였으나, 이 사건 선고 시에는 이미 성년에 도달하여 담배를 구입할 수 있게 되는 등 다른 청구인들과는 달리 적법요건을 모두 갖추게 되었으므로, 위 청구인에 한하여 본안에 나아가 판단하기로 한다.

ii) **선거연령 하한의 인하**

(ㄱ) **예외적 심판이익 인정** : 이 심판의 청구 당시에 20세 이상의 국민에게만 선거권을 부여하고 있었던 구 '공직선거 및 선거부정방지법' 제15조 제1항(1994.3.16. 법률 제4739호로 제정된 것. 현행 공직선거법은 18세)에 대해 20세 미만의 국민이 청구한 법령소원심판의 계속 중에 선거도 종료되었고 또한 청구인들이 모두 20세가 된 사안에서 헌재는 권리보호이익은 소멸되었으나 반복침해가능성과 헌법해명필요성이 있어 예외적 심판이익이 있다(예외적 심판이익에 대해서는 후술 참조)고 하였다.

판례 헌재 2001.6.28. 2000헌마111

[판시] 청구인들은 2000.4.13. 실시예정인 국회의원 선거에서 선거권을 행사할 목적으로 2000.2.16. 본건 심판청구를 하였으나 위 선거는 이미 종료되었고, 또한 심판 계속 중 청구인들은 모두 20세가 됨으로써 이 사건 법률조항에 의한 주관적인 기본권의 침해상태도 종료되었다고 볼 수 있다. 그러나, 본건 심판청구는 선거권연령을 20세 이상의 국민으로 정한 것이 18~19세의 국민들에 대한 평등권과 선거권을 침해하는지 여부를 가리는 헌법적으로 해명할 필요가 있는 중요한 사안이고, 앞으로도 계속 반복될 성질이 있는 것이므로, 권리보호의 이익을 인정함이 상당하다.

* 검토 – 마지막의 '권리보호이익'이라는 용어는 '심판이익'으로 대체되어야 한다. 권리보호이익은 한번 사라지면 결국 없는 상태가 된다. 있는 것이 있다면 그것은 예외적으로 심판에 들어갈 이익이다.

(ㄴ) **예외적 심판이익 부정** : 같은 선거연령 문제인데 헌법소원심판 청구 후 선거연령 하한이 18세로 인하되어 권리보호이익이 소멸하였고 예외적 심판이익도 없다고(반복침해성, 헌법해명성 없음) 하여 각하한 아래 결정이 있었다.

판례 헌재 2020.8.28. 2017헌마187등

[판시] 그런데 공직선거법이 개정되어 선거권의 연령 하한이 18세로 하향 조정됨에 따라 청구인들이 주

장하는 선거권연령 하한 19세 기준에 따른 위헌성은 이미 해소되었다고 봄이 상당하므로 같은 유형의 기본권 제한 행위가 반복될 위험이 있다고 보기 어렵다. 물론 개정된 공직선거법에 의하더라도 18세 미만의 국민은 여전히 선거권을 행사할 수 없으나 이는 개정된 공직선거법 조항에 따른 새로운 선거권연령 기준의 위헌 여부에 관한 문제이므로, 심판대상조항에 대한 위헌 여부의 판단이 헌법적으로 중대한 의미를 가진다고 볼 수 없다. 그렇다면 이 사건 심판청구는 부적법하므로 각하하기로 결정한다.

3) 검토

위 1)의 법리는 예외적 심판이익을 가능한 한 인정하여 자제되어야 한다고 본다. 그렇지 않으면 연령이 지나버리고 그래서 위헌여부를 가리지 못하여 또 다시 연령 미달인 사람의 청구를 기다려 판단을 받는 악순환이 온다. 가능한 한 예외적 심판이익을 인정한 것이 타당한 결정이다.

5. 헌재의 위헌결정이 있었던 법규정에 대한 청구의 경우

(1) 판례법리

헌재는 자신이 단순위헌으로 결정한, 그리고 헌법불합치로 결정한(헌재는 아래 판시에도 나오고 위 위헌법률심판결정의 효력에서도 보았듯이(전술 참조) 헌법불합치결정도 위헌결정의 일종이라고 스스로 확인하고 있음), 즉 위헌성을 인정한 법규정에 대해 헌법소원심판을 청구하면 권리보호이익이 없다고 한다. 이는 위헌성이 인정된 법규정은 효력을 잃게 되기(헌재법 제75조 6항, 제47조 2항) 때문이라는 것이다.

(2) 결정례

1) 일반(비형벌)조항

① 가산점제조항 위헌결정

판례 헌재 2006.6.29. 2005헌마44

[판시] 가. 적법요건에 관한 판단 … 국가유공자에 대한 가산점 부분 – 헌법재판소는 이미 2006.2.23. 2004헌마675등 사건에서 이 사건 가산점부여조항에 관하여 헌법불합치결정을 하면서, 이 사건 가산점부여조항은 2007.6.30.을 시한으로 입법자가 개정할 때까지 계속 적용된다는 내용의 결정을 선고하였다(헌재 2006.2.23. 2004헌마675등, 공보 113, 373). 헌법불합치결정도 위헌결정의 일종이므로, 이 사건 가산점부여조항은 이미 위헌으로 결정된 것으로 보아야 하고, 따라서 이 사건 가산점부여조항에 대한 헌법소원심판청구 부분은 이미 위헌으로 결정된 법률조항에 대한 헌법소원심판청구로서 권리보호의 이익이 없어 부적법하다 할 것이다. * 같은 가산점조항에 대한 동지 결정 : 헌재 2006.5.25. 2005헌마11등.

② **변호사 접견제한행위 근거조항 위헌결정** – 청구인과 변호사의 접견에 있어서, 2011.4.20. 및 같은 해 7. 19. 각 변호인 접견실에서의 접견을 불허하고, 접촉차단시설이 설치된 일반접견실에서의 접견만을 허용한 행위

판례 헌재 2013.9.26. 2011헌마398

[판시] 이 사건 접견제한행위에 대한 심판청구 – 이 사건 접견제한행위는 이미 종료하였고, 청구인이 제기한 헌법소원심판청구 사건(2010헌마751)이 2012.4.24. 각하되었으므로, 이 사건 접견제한행위에 대한 심판청구가 인용된다고 하더라도 청구인의 권리구제에는 도움이 되지 않는다. 그러나 같은 유형의 침해행위가 앞으로도 반복될 위험이 있고, 헌법질서의 수호 유지를 위하여 그에 대한 헌법적 해명이 긴요한 사항에 대하여는 심판청구의 이익을 인정하여야 할 것인바, 접촉차단시설이 설치된 장소에서 헌법소원사건의 대리인인 변호사와의 접견을 제한하는 행위는 청구인의 변호사의 도움을 받을 권리를 포함한 재판을 받을 권리와의 관계에서 그 위헌 여부가 해명되어야 할 중요한 문제이고, 이러한 접견제한행위는 형집행법 시행령 제58조 제4항의 규정에 의하여 앞으로도 계속 반복될 것으로 보이므로, 그에 대한 헌법적 정당성 여부의 해명은 헌법질서의 수호를 위하여 긴요한 사항으로 중요한 의미를 지니고 있다 할 것이다. 그런데 우리 재판소는, 이 사건 접견제한행위의 근거조항인 형집행법 시행령 제58조 제4항에 대한 헌법소원사건(헌재 2013.8.29. 2011헌마122 결정)에서, 형집행법 시행령 제58조 제4항은 변호사로부터 효율적인 재판준비 도움을 받는 것을 방해하여 수용자의 재판청구권을 침해하므로 헌법에 위반됨을 선언하고, 다만 법적 안정성을 위하여 2014.7.31.까지 개선입법을 명함으로써 간접적으로 접촉차단시설이 설치된 장소에서의 변호사 접견행위에 대한 헌법적 해명을 이미 한 바가 있다. 따라서 이 부분 심판청구는 주관적 권리보호의 이익이 없고 예외적으로 심판의 이익을 인정할 사안도 아니라고 할 것이므로 부적법하다. * 이 결정에서 위 부분 청구는 각하되었지만 청구인과 변호사의 접견에 있어서 그 접견내용을 녹음, 기록한 행위는 청구인의 재판을 받을 권리를 침해한 것으로서 위헌임을 확인한다는 결정이 있었다.

2) 형벌조항

위헌결정된 형벌조항의 경우에는 제47조 제3항에 따라 소급(종전에 합헌으로 결정한 사건이 있는 경우에는 그 결정이 있는 날의 다음 날로 소급)하여 효력을 잃게 되고 또 동조 제4항에 따라 재심이 가능하므로 그 형벌조항에 대해 다시 헌법소원을 청구할 권리보호이익이 없다고 보기 때문인 것으로 이해된다.

판례 헌재 2010.11.25. 2010헌마16

[사건개요] 도로의 구조를 보전하고 운행의 위험을 방지하기 위한 차량 운행제한의무를 규정한 구 도로법(2005.12.30. 법률 제7832호로 개정되고 2008.3.21. 법률 제8976호로 개정되기 전의 것) 제54조 제1항을 위반한 경우 양벌로 처벌하도록 한 동법 제86조 해당규정으로 약식명령을 고지받은 후 위 약식명령이 확정되어 그 벌금을 납부한 사람이 위 양벌규정에 대해 2010.1.12.에 헌법소원심판을 청구한 사건임. [결정요지] 직권으로 이 사건 심판청구의 적법 여부에 관하여 살펴본다. 가. 청구기간 도과 여부 – … 이 사건 심판청구는 청구기간을 경과하여 제기된 것이어서 부적법하다. 나. 권리보호이익의 유무 – 뿐만 아니라, 이 사건 법률조항은 2010.10.28. 헌법재판소의 위헌 결정(2010헌가23등 결정)으로 인해 소급적으로 그 효력을 상실한 형벌조항이므로, 이 사건 법률조항에 근거하여 확정된 약식명령에 대해서는 이 사건 심판청구의 결과와 상관없이 헌법재판소법 제47조 제3항(* 현행 헌재법은 동조 제4항)에 따라 재심을 청구할 수 있다. 따라서 청구인이 이 사건 심판청구를 통해 달성하고자 하는 목적은 이미 실현되었으므로, 이 사건 심판청구는 권리보호의 이익도 없어 부적법하다.

(3) 검토

위헌결정이 된 법률조항은 장래를 향해서든 소급해서든 효력이 상실되고 없어지게 된다. 그렇다면 권리보호이익보다 심판의 대상이 없어진 것이라고 보는 것이 더 정확하다. 헌재의 결정례 중에도 그런 취지의 아래 결정이 있었다.

판례 헌재 2007.8.30. 2005헌마1191

[사건개요] 청구인은 ○○의원 및 동일한 명칭의 인터넷 홈페이지를 운영하는 의사로, 의료인은 법에 의하여 정한 범위 내에서만 진료과목 등을 광고할 수 있음에도 광고범위를 위반하였고 피청구인(검사)은 2005.11.14. 이 위반한 점은 인정되나, 사안이 경미하며, 청구인이 초범으로서 그 신분이 의사인 점 등을 고려하여 기소유예처분을 하였다. 청구인은 2005.12.8. 피청구인의 위 기소유예처분이 청구인의 행복추구권과 평등권을 침해하였으므로 이를 취소하고, 청구인에 대하여 적용된 의료법 제46조 제4항 및 제69조 중 그 벌칙부분이 청구인의 표현의 자유와 직업수행의 자유를 침해하였다면서 동 조항들의 위헌결정을 구하여 헌법소원을 제기하였다. [판시] 이 사건 조항에 대하여 헌법재판소는 2007.7.26. 2006헌가4 의료법 제46조 제4항 등 위헌확인사건에서 위헌결정을 하였다. 위헌의 이유는 처벌조항인 의료법 제69조 중 제46조 제4항 부분이 금지된 행위가 무엇인지, 처벌의 범위가 어떠한지가 불분명하여 통상의 사람에게 예측가능성을 주지 못하고 있어 죄형법정주의의 명확성 원칙에 위배되고, 의료법 제46조 제4항을 보면 위임되는 내용이 허용되는 의료광고의 범위인지, 금지되는 의료광고의 범위인지 모호할 뿐 아니라, 하위법령에 규정될 의료광고의 범위에 관한 내용이 한정적인 것인지, 예시적인 것인지도 불분명하고, 위 조항이 위임하고 있는 내용이 광고의 내용에 관한 것인지, 절차에 관한 것인지 그 위임의 범위를 특정하기도 쉽지 않아 헌법 제75조 및 제95조의 포괄위임입법금지 원칙에 위반된다는 것이다. 헌법재판소법 제47조 제1항, 제2항에 따르면 헌법재판소가 법률의 위헌결정을 한 경우 그 위헌결정에 대하여는 기속력이 부여되고, 특히 위헌으로 결정된 형벌에 관한 법률조항은 소급하여 그 효력을 상실한다. 또한 위헌결정이 선고된 법률에 대한 헌법소원심판청구는, 비록 위헌결정이 선고되기 이전에 심판청구된 것일지라도 더 이상 심판의 대상이 될 수 없으므로 부적법하다(헌재 1994.4.28. 92헌마280). 결국 헌법재판소가 이 사건 조항이 헌법에 위반된다고 이미 판시한 바 있어 이 사건 조항의 위헌 여부는 더 이상 심판의 대상이 될 수 없으므로, 청구인의 이 사건 심판청구 중 위헌확인 부분은 부적법하다.

6. 법제의 변경으로 인한 권리보호이익 소멸 및 심판이익의 부정

(1) 법제변경으로 인한 권리보호이익 소멸의 의미

법제(法制)의 변경으로 인한 권리보호이익 소멸은 기본권침해를 가져온 법규정이 개정되어 더 이상 침해행위가 지속되지 않으면 그것으로 침해행위가 종료되어 굳이 헌법소원심판으로 판단을 해야 할 필요가 없다고 보는 것으로 이해된다. 두 가지 점에 유의해야 한다. 첫째, 권리보호이익이 소멸되었으면 더 이상 권리보호이익이 예외적으로도 있다든지 하는 언급을 하는 것은 논리모순이다. 소멸된 것은 소멸된 것이다. 다만, 심판이익이 있는지를 살핀다. 실무에서도 권리보호이익이 소멸되었다고 하더라도 심판이익이 있는지를 나아가 판단한다. 아래의 결정례들은 권리보호이익이 소멸되고 예외적으로 심판이익도 인정되지 않는다고 본 예들이다. 둘째 법제변경이 있기 전 기본권침해가 있었던 기간의 침해에 대한 구제 문제는 별개로 남는다.

(2) 법개정으로 인한 권리보호이익이 소멸되고 예외적 심판이익이 인정되지 않은 예들

법제변경으로 권리보호이익이 소멸된 것은 분명한데 반복침해가능성, 헌법해명필요성 부정되어 예외적 심판이익도 인정되지 않는다고 본 아래와 같은 결정례들이 있었다. * 이 결정례들은 뒤의 예외적 심판이익이 부정된 법제변경의 경우들로도 인용될 필요가 있는데 여기에 모아서 인용한다(따라서 후술하는 예외적 심판이익 부정의 예 부분에서도 법제변경 관련 결정례는 이 곳을 참조).

1) 법정화에 의한 침해가능성 배제의 경우

기본권침해행위가 발생할 수 없도록 관련 사항이나 제도에 관해 법에서 일정하게 정하면 침해가능성이 아예 배제될 수 있을 것이고 그 경우에 심판이익이 없게 된다. 아래 결정례가 그런 취지를 보여주었다. 그런데 법정화의 입법이 국회에서 지지부진하거나 상당 기간을 넘긴 경우에도 이를 허용하는 입장을 취하면 헌법재판의 존재의의에 회의를 갖게 한다.

– 지방자치단체장 선거일 불공고에 대한 헌법소원 제기 후 법개정된 경우

판례 헌재 1994.8.31. 92헌마126

[사건개요와 경위] 지방자치법 중 개정법률(1990.12.31. 법률 제4310호) 부칙 제2조 제2항에 의하면 최초의 지방자치단체의 장 선거는 1992.6.30. 이내에 실시하도록 규정하였고, 구 지방자치단체의 장 선거법(1990.12.31. 제정) 제95조 제3항 및 부칙 제6조에 의하면 최초의 단체장선거의 선거일은 대통령이 선거일 전 18일까지 공고한다고 규정하였다. 그러나 피청구인(대통령)은 위 규정들에 의한 공고 마감일에 해당하는 1992.6.12.이 지나도록 공고를 하지 아니하였고 이에 위와 같은 선거일 불공고로 말미암아 청구인들이 선거권 등을 침해받았다고 주장하는 헌법소원심판이 청구되었다. 심판계속도중 선거법의 개정으로 총선거에서의 공고제가 폐지되었다. [판시] 이 사건의 심판대상인 단체장선거시기의 연기문제는, 여야 간의 이해관계가 첨예하게 대립되는, 고도의 정치적 성격을 지닌 사안이라고 할 수 있다. 헌법소원의 보충성 원칙은 헌법소원의 본질이 보충적인 최후의 권리구제수단이라는 것을 의미한다. 이와 같은 헌법소원의 본질에 비추어 볼 때, 이 사건과 같이 고도의 정치적 성격을 지닌 사건에서는 여당과 야당이 타협과 대결을 통하여 국정을 해결하는 정치부인 국회에서 우선적으로 이 사안을 다룰 필요가 있다. 뿐만 아니라 국회가 이 문제를 해결하겠다고 나선다면, 사법기관의 일종인 헌법재판소로서는 이를 존중함이 마땅하다고 본다. 헌법재판소는 그 문제를 정치적으로 해결하기 위한 국회의 노력을 존중하는 한편 이 사건의 심리를 진행하고 있던 중, 국회는 1994년 3월초 여야간의 합의가 이루어져, 같은 해 3월 4일 본회의에서 공직선거 및 선거부정방지법(이하 '신 선거법'이라 한다), 지방자치법 중 개정법률(이하 '신 자치법'이라 한다) 및 정치자금에 관한 법률 중 개정법률을 통과시켰다. 그런데 신 자치법은 ① 단체장선거를 1992년 6월 30일 이내에 실시하기로 하였던 구 자치법부칙 제2조 제2항을 삭제하고(본칙 최종 조항), ② 최초의 단체장선거를 1995년 6월 30일 이내에 실시한다고 규정하고 있다(부칙 제2조). 그 결과 이 사건에서 심판의 대상이 되고 있는 피청구인의 이 사건 부작위로 말미암아 생겼던 위법상태는 모두 해소되었다. 또한 신 선거법(공직선거 및 선거부정방지법)은 ① 피청구인의 선거일 공고의무의 근거조항이었던 구 선거법 자체를 폐지하였고(부칙 제2조), ② 각종 공직선거에서 선거일의 택일제도를 폐지하고, 원칙적으로 선거일을 법률로 확정하였으며(제34조), ③ 선거일이 법정화됨에 따라 보궐선거, 재선거 또는 연기선거를 제외한 총선거에서는 선거일 공고제도를 폐지하였고(제35조, 제36조), ④ 최초의 단체장선거는 1995년 6월 27일 실시하기로 명시하였다(부칙 제7조 제1항). 위와 같은 법제의 변동으로 종래 피청구인의 단체장 선거일 공고의무를 규정하였던 법률조항들은 모두 삭제 또는 폐지되었으므로, 이 사건 부작위에 대하여 위헌확인이 선고되더라도 피청구인은 그 결정취지에 따라 단체

장 선거일을 공고할 수 없어서 청구인들의 주관적인 권리구제에 전혀 도움이 되지 아니하게 되었다. 뿐만 아니라 신 선거법에서는 선거일이 법정화됨으로써 선거일 공고제도 자체가 필요없게 되어 이를 폐지하였고, 보궐선거 등에서의 선거일 공고는 피청구인이 아닌 당해 단체장이, 재투표일은 관할 선거관리위원회가 공고하도록 하였으므로, 피청구인에 의한 동종행위의 반복 위험이 없음은 물론, 이 사건은 불분명한 헌법문제의 해명이 중대한 의미를 지니고 있는 경우에도 해당하지 아니한다. 그러므로 이 사건은 예외적으로 심판청구의 이익이 있는 경우에도 해당하지 않는다고 할 것이다. 그렇다면 이 사건 헌법소원심판청구는 권리보호의 이익이 없는 경우에 해당하여 부적법하다고 할 것이므로, 이를 모두 각하 결정한다. * 동지의 결정례 : 헌재 1994.8.32. 92헌마174.

* 검토 – 본 사안처럼 개정입법으로 권리보호필요가 없거나 심판이익이 없게 된다고 본다면 앞으로 위헌적 법률 또는 행정작용이라 하더라도 입법의 개정만 기다리면 그 헌법재판이 각하로 결말이 날 것이라는 것으로 될 것인바, 그것은 헌법재판의 유용성에 대하여 의문을 가지게 하는 것이라고 할 것이다. 고도의 정치적 성격인지 하는 것도 헌법적으로 중요한 해명문제이다.

2) 새 법 제정, 법개정으로 침해주장대상의 법조항 적용가능성이 소멸된 경우

① 당원 단합대회 관련 질의 회답에 대한 헌법소원 후 선거기간 중 그 대회를 금지한 새 선거법

판례 헌재 1994.7.29. 91헌마137

[사건개요] 이 사건은 구 지방의회의원선거법이 적용되던 당시 정당(정당)의 단합대회를 현수막·벽보·전단·광고 등을 통해 고지하는 것은 그 고지에 특정정당 후보자를 지지·반대하는 내용이 포함되지 않고 당원만의 참석을 요청하는 내용일 경우 적법한 것이 아닌가 하는 질의를 모 정당으로부터 받은 중앙선거관리위원회가 이는 지방의회의원선거법 제40조, 제57조, 제59조, 제67조 또는 제68조에 위반된다는 회답을 하자, 이 정당이 중앙선거관리위원회 회답에 대해 제기한 헌법소원심판사건이다. [결정요지] (1) 헌법소원제도는 국민의 주관적인 기본권 구제를 위한 것일 뿐만 아니라 개관적인 헌법질서의 수호·유지를 위하여서도 있는 제도이므로 침해행위가 이미 종료하는 등의 이유로 이미 취소할 여지가 없기 때문에 주관적 권리구제에 별 도움이 안 되는 경우라도 당해 사건에 대한 본안판단이 헌법질서의 수호·유지를 위하여 긴요한 사항이어서 그 해명이 헌법적으로 중요한 의미를 지니고 있는 경우나, 그러한 침해행위가 앞으로도 반복될 위험이 있는 경우 등에는 예외적으로 심판청구의 이익을 인정하여 이미 종료된 침해행위가 위헌이었음을 확인할 필요가 있다(당 재판소 1991.7.8. 선고, 89헌마181 결정; 1992.1.28. 선고, 91헌마111 결정 참조). 그리고 여기서 말하는 반복적 침해의 위험성이란 단순히 추상적이거나 이론적인 가능성이 아니라 구체적인 것이어야 한다 함이 당 재판소의 판례이다(당재판소 1991.7.8. 선고, 89헌마181 결정; 1993.3.11. 선고, 92헌마98 결정 참조). (2) 이 사건 심판 계속 중인 1994.3.16. 선거법을 통합하여 제정된 법률 제4739호 '공직선거 및 선거부정방지법' 제141조는 선거운동기간 중 정당의 선거구 안 또는 선거구민인 당원을 대상으로 하는 당원의 단합대회의 개최자체를 금지하는 규정을 신설하였다. 그러므로 선거기간 중에는 정당의 단합대회는 물론 선거에 영향을 미치는 어떠한 정당활동으로서의 당원집회도 금지하고 있다. 따라서 법제의 변경으로 앞으로는 규범상 이 사건과 같이 선거기간 중의 정당단합대회나 정당의 그와 유사한 집회개최도 있을 수 없으므로 그러한 집회개최에 대한 고지방법을, 일반 선거구민도 알 수 있게 하는 벽보·현수막·전단 및 가두방송 등을 통한 방법으로 하는 것은 위법이라는 중앙선거관리위원회의 질의회답에 담겨질 구제대상이 될 사례가 다시 있을 수 없다. 따라서 그러한 질의회답이 정당의 특권이나 집회의 자유 중 집회를 알릴 권리를 침해하는 것인지의 여부를 헌법적으로 해명할 중요한 의미를 지닌다거나 반복적인 침해의 위험성이 구체적으로 있을 수 없어 심판의 이익이 있다고 할 수 없다.

② 무소속 후보에 대한 불리한 지방의회의원선거법 제41조 등에 대한 헌법소원

판례 헌재 1994.12.29. 91헌마57

[사건개요] 청구인은 1991.6.경 실시 예정인 시·도의회의원선거에 무소속으로 입후보하고자 한 사람인데, 지방의회의원선거법(1990.12.31. 법률 제4311호. 이 법률은 1994.3.16. 법률 제4739호 '공직선거 및 선거부정방지법'의 시행으로 폐지되었음) 제41조 제1항, 제45조 제1항·제2항, 제100조 제3항 내지 제5항이 정당추천후보자보다도 무소속후보자를 불리하게 하여(예컨대 동법 제41조 제1항이 정당(政黨)의 선거운동도 가능하게 한 점, 동법 제45조 제1항 등이 정당도 선거사무장과 선거연락소 책임자를 각 1인씩 둘 수 있게 하여 무소속 후보자보다 선거운동원을 더 보유할 수 있게 하는 점, 동법 제100조 제3항 내지 제5항이 투표용지에 인쇄할 후보자의 게재순위에 있어서 정당추천후보자를 무소속후보자에 우선하도록 하는 점 등), 평등권을 직접 침해하고 있다고 주장하면서 1991.4.3. 이 사건 헌법소원심판을 청구하였다. [결정요지] 첫째로, 이 사건 심판청구는 법률에 대한 헌법소원으로서 심판대상법률조항에 대한 위헌결정을 통하여 그 법률조항의 효력을 상실시키고자 하는 것인데, 심판대상법률조항이 포함된 법률 자체가 1994.3.16. '공직선거 및 선거부정방지법'(법률 제4739호)의 시행으로 폐지되어 효력을 상실하였고 더 이상 청구인에게 적용될 여지도 없게 되었으므로 새삼스럽게 그 법률조항들의 위헌여부를 가릴 실익이 없어졌다고 할 것이다. 둘째로, 청구인이 입후보하고자 한 서울특별시의회 의원선거는 이 사건 심판청구 후인 1991.6.20. 이미 실시되었고 그 후 심판대상법률조항은 폐지되었으므로 그 법률조항의 위헌여부에 대한 판단은 청구인의 주관적 권리구제에 도움을 줄 수 없게 되었다. 왜냐하면 선거가 이미 실시되었으므로 청구인으로서는 그 선거에서 당선되어 서울특별시의회의 의원이 될 수 있는 길이 없을 뿐만 아니라 그 선거의 근거법규인 법률 자체가 폐지되었으므로 그 법률에 의거하여서는 장차 보궐선거 또는 차기선거에 입후보하거나 당선될 가능성도 없어졌기 때문이다. 또한 법률조항폐지로 더 이상 청구인에게 적용될 여지가 없게 되었으므로 그 법률조항에 의한 기본권침해의 반복위험이 있다고 할 수 없고 또 위 법률조항에 대한 위헌여부의 해명이 헌법적으로 중요한 의미가 있는 경우도 아니다. 따라서 이 사건 심판청구는 권리보호의 이익이 없으므로 이를 각하한다.

* 검토 - ⅰ) 새로 제정된 '공직선거 및 선거부정방지법'에도 무소속후보에 불리한 규정(예를 들어 투표용지 후보자 게재순위에서 무소속 후위는 제정된 위 법률, 현행 공직선거법도 마찬가지이다)이 남아 있으면 무소속후보와 정당후보 간의 평등권 문제 등 헌법적 해명필요성이 있는 것 아닌지 하는 의문이 있다. ⅱ) 마지막 '권리보호의 이익'은 '심판이익'이라고 했어야 했다.

③ **예비후보자 명함 교부 주체 한정** - 제18대 국회의원 선거에서 예비후보자로 등록하여 선거운동을 하던 사람이 공직선거법(2005.8.4. 법률 제7681호로 개정된 것) 제60조의3 제2항이 예비후보자의 선거운동에서 명함을 직접 주며 지지를 호소할 수 있는 주체를 예비후보자의 배우자 또는 직계존·비속 중에서 신고한 1인으로 제한하여, 성소수자로서 배우자가 없고 선거운동을 도와줄만한 직계존·비속마저 없는 자신의 선거운동의 자유, 평등권 등을 침해한다며 2008.4.1. 헌법소원심판을 청구한 사건이다. 심판청구 이후 심판대상조항이 개정되었는데 헌재는 심판대상조항과 개정된 조항은 명함을 교부하거나 지지를 호소할 수 있는 사람의 명함 교부주체의 범위 및 배우자가 없는 경우 대체조항의 유무 등에 차이가 있어, 이 사건 법률조항에 대한 위헌여부의 판단이 개정된 조항에 그대로 적용될 수도 없으므로, 이에 대한 위헌여부의 해명필요성이 없다고 하여 각하하였다. 아래에 그 심판대상조항과 개정된 조항을 비교하는

도표를 참조.

[심판대상조항]	[개정된 조항]
구 공직선거법(2005.8.4. 법률 제7681호로 개정되고 2010.1.25. 법률 제9974호로 개정되기 전의 것) 제60조의3(예비후보자 등의 선거운동) ② 예비후보자가 그와 함께 다니는 자 중에서 지정한 1인과 예비후보자의 배우자(배우자 대신 예비후보자가 그의 직계존·비속 중에서 신고한 1인을 포함한다. 이하 이 항에서 같다)는 예비후보자의 선거운동을 위하여 제1항 제2호의 규정에 따른 명함을 직접 줄 수 있다. 이 경우 예비후보자의 배우자는 예비후보자의 지지를 호소할 수 있다.	공직선거법(2010.1.25. 법률 제9974호로 개정된 것) 제60조의3(예비후보자 등의 선거운동) ② 다음 각 호의 어느 하나에 해당하는 사람은 예비후보자의 선거운동을 위하여 제1항 제2호에 따른 예비후보자의 명함을 직접 주거나 예비후보자에 대한 지지를 호소할 수 있다. 1. 예비후보자의 배우자와 직계존·비속 2. 예비후보자와 함께 다니는 선거사무장·선거사무원 및 제62조 제4항에 따른 활동보조인 3. 예비후보자 또는 그의 배우자가 그와 함께 다니는 사람 중에서 지정한 각 1명

판례 헌재 2011.8.30. 2008헌마302

[결정요지] 이 사건 법률조항은 이 사건 심판청구 이후인 2010.1.25. 법률 제9974호로 개정되어 더 이상 적용되지 않게 되었으므로, 이에 의한 기본권침해의 행위가 앞으로도 반복될 위험이 있다 할 수 없고, 개정된 내용에 있어서도 독자적으로 명함을 배부하거나 지지를 호소할 수 있는 사람은 예비후보자의 배우자와 직계존·비속으로 확대하였으나, 배우자나 직계존·비속을 대신하여 명함을 배부할 사람을 정하여 신고할 수 있도록 하는 내용은 규정하지 않는 등 이 사건 법률조항과 개정된 조항은 명함을 교부하거나 지지를 호소할 수 있는 사람의 범위 및 배우자가 없는 경우 대체조항의 유무 등에 차이가 있어, 이 사건 법률조항에 대한 위헌 여부의 판단이 개정된 조항에 그대로 적용될 수도 없으므로, 이에 대한 위헌 여부의 해명이 헌법적으로 중요한 의미를 지니는 경우라고 볼 수 없고, 따라서 청구인의 이 사건 심판청구는 권리보호의 이익이 인정되지 아니한다.

* 검토 – 예비후보자의 배우자와 직계존·비속을 주체로 포함한 데 대한 청구인의 불평등 주장을 두고 보면 개정조항이 여전히 헌법적 문제인 평등권 침해 문제를 제기하므로 헌법해명필요성이 없다는 판시는 이해가 어렵다.

3) 법제변경에 의한 금지해제로 인한 권리보호이익 상실

① 노동조합 정치활동금지에서 선거운동 허용으로 변경

판례 헌재 1999.11.25. 95헌마154

[판시] 권리보호의 이익은 헌법소원심판청구 당시에 있어야 할 뿐만 아니라 결정 당시에도 있어야 한다. 그런데 노동조합의 정치활동을 금지한 구 노동조합법 제12조('정치활동의 금지')는 1996.12.31. 법률 제5244호로 제정된 '노동조합 및 노동관계조정법'의 시행으로 이미 폐지되었고, 이에 따라 '공직선거 및 선거부정방지법' 제10조 제1항 제2호의 '법령에 의하여 정치활동이 금지된 단체' 및 동법 제81조 제1항 제3호의 '제10조(사회단체 등의 공명선거추진활동) 제1항 각호의 1에 규정된 단체'에 노동조합이 해당되지 아니하게 됨으로써 노동조합은 공명선거추진활동과 후보자 등 초청 대담·토론회의 개최의 경우에는 그 제한을 받지 아니하게 되었다. 한편, 사회단체의 선거운동을 금지한 같은 법 제87조는 1998.4.30. 법률 제5537호로 개정되어 "다만, 노동조합 및 노동관계조정법 제2조(정의)의 규정에 의한 노동조합은 그러지 아니하다"는 내용의 단서조항이 신설됨으로써 사회단체 중 노동조합에게만 예외적으로 선거운동을 허용하고 있다. 그렇다면, 청구인은 이 사건 심판청구 중 위 법률조항들에 대하여는 법률의 개정

으로 이 사건 헌법소원심판청구에서 달성하고자 하는 주관적 목적을 이미 성취하였다 할 것이므로 위 법률조항들의 위헌 여부를 가릴 이익이 없어졌다.

② **교도소 내 규율 위반을 이유로 조사수용된 수형자에 대하여 교도소장이 조사기간 중 집필을 금지할 수 있도록 한 규칙조항** – 이 규칙조항은 구 '수용자규율 및 징벌 등에 관한 규칙'(2004.6.29. 법무부령 제555호로 개정되기 전의 것) 제7조 제2항 본문 중 "집필" 부분인데 규칙개정으로 심판이익이 부정되었다.

판례 헌재 2005.2.24. 2003헌마289

[판시] 청구인에 대한 규율위반사실의 조사수용은 이미 종료하였을 뿐 아니라 2004.6.29. 규칙이 전문개정되면서 조사수용 기간 동안 교도소장이 집필을 제한하거나 금지할 수 있도록 하는 내용을 폐지함으로써 청구인의 경우와 같은 유형의 침해가 반복될 위험이 있다고 할 수 없고 헌법적 해명이 중요한 사안이라고도 보이지 않으므로 권리보호의 이익 역시 인정하기 어렵다. * 이 결정에서 집행행위를 요한다고 하여 직접성도 부정하였다. 반면 이 사안에서는 행형법상 징벌의 일종인 금치처분을 받은 자에 대하여 금치기간 중 집필을 전면 금지한 행형법시행령 제145조 제2항 본문 중 "집필" 부분에 대한 청구도 있었는데 직접성을 인정하여 본안판단으로 들어가 법률유보의 원칙을 위반하고, 과잉금지의 원칙에 반하는 표현의 자유 침해라고 판단하여 위헌결정을 하였다.

* 검토 – 판시에서 용어 선택이 잘못되었다. 헌재가 "권리보호의 이익 역시 인정하기 어렵다"라고 하나 침해행위인 조사수용이 이미 종료했으면 어디까지나 '권리보호이익'은 없는 것이고 예외로 인정될 것은 '심판이익'이다.

4) 문면 변경없으나 내용적 변경인 경우

예컨대 A조항의 구성요건을 그 조항 자체가 아닌 B조항에 두고 있는데 B조항이 개정되더라도 A조항은 그대로 있게 되나 그 A조항의 구성요건은 사실 개정되는 결과를 가져온다. 그 경우에는 사실 A조항이 내용적으로 변경된 것이어서 권리보호이익이 없을 수 있다는 것이다. 그러한 예로서 기탁금의 국고귀속조항(A. 아래 공선법 제57조 2항)과 그 요건을 정한 조항(B. 아래 공선법 제57조 1항)의 관계에 있어서 헌재가 아래에 판시한 취지를 볼 수 있다. 그런데 이 결정은 국회의 입법과오가 있었음에도 헌재가 지적하지 못한 문제점이 있다.

판례 헌재 2001.10.25. 2000헌마377, 공직선거 및 선거부정방지법 제57조 제2항 등 위헌확인, 각하결정

[사건개요와 경과] 제16대 국회의원선거에서 자신의 지역구에서 12.03% 득표로 5명의 후보자 중 2위를 하여 낙선한 사람이 기탁금 국고귀속규정인 구 '공직선거 및 선거부정방지법 '(2000.2.16. 법률 제6265호로 개정된 것, 이하 '공선법') 제57조 제2항에 대해 법령소원을 제기하였다. 이후 심판계속 중에 기탁금반환요건에 관한 규정인 공선법 제57조 제1항에 대한 위헌결정이 있었고(헌재 2001.7.19. 2000헌마91 등) 이에 따라 위 공선법 제57조 제1항이 개정(2001.10.8. 법률 제6518호)되었는데 종전의 '후보자의 득표수가 유효투표총수의 100분의 20 이상'이었던 것을 '100분의 15'로 완화하는 것이었다. * 그런데 개정된 위 제57조 제1항은 이전 규정과 달리 지금 해당사안인 지역구국회의원의 위 '100분의 15' 규정을 제2호로 분리해 놓았다. [심판대상조항] 위 구 공선법 제57조 제2항 : "그 득표수가 제1항 제1호에 미달되는 때에는 선거일후 30일 이내에 기탁금 중에서 … 비용을 뺀 나머지 금액은 국가 …에 귀속한

다. [결정요지] 이 사건 심판청구는 다음과 같은 이유로 권리보호의 이익이 없다. 첫째, 이 사건 심판청구는 법률에 대한 헌법소원으로서 심판대상조항에 대한 위헌결정을 통하여 그 법률조항의 효력을 상실시키고자 하는 것이다. 그런데, 이 사건 헌법소원이 제기된 뒤인 2001.7.19. 헌법재판소는 공선법 제57조 제1항, 제2항 중 지역구국회의원선거에 있어 후보자가 당선되거나 사망하지 않은 한, 그 후보자의 득표수가 유효투표총수를 후보자수로 나눈 수 이상이거나 유효투표총수의 100분의 20 이상인 때에 해당하지 않으면, 기탁금을 반환하지 아니하고 국고에 귀속시킨다는 내용의 규정부분에 대하여 위헌결정을 하였고(헌재 2001.7.19. 2000헌마91등, 공보 59, 760), 이에 따라 2001.10.8. 법률 제6518호로 공포·시행된 개정 공선법에서는 제57조 제1항 제2호에서 지역구국회의원의 경우 기탁금반환요건을 유효투표총수의 100분의 15 이상인 때로 완화하는 규정을 신설하였다. 한편, 이 사건 심판대상조항은 기탁금의 국고귀속요건을 '제57조 제1항 제1호에 미달되는 때'로, 선거비용의 보전요건을 '제57조 제1항에 해당하는 때'로 각 규정하고 있는바, 기탁금반환요건을 규정한 공선법 제57조 제1항이 위와 같이 개정되었기 때문에, 이 사건 심판대상조항은 그 문면의 변경이 없음에도 불구하고 실질적으로는 개정된 것으로 보지 않을 수 없다. 따라서, 이 사건 심판대상조항은 더 이상 청구인에게 적용될 여지가 없게 되었으므로, 새삼스럽게 그 위헌여부를 가릴 필요가 없어졌다고 할 것이다. 둘째, 청구인은 2000.4.13. 실시된 제16대 국회의원선거에서 부산광역시 금정구 선거구에 출마하여 유효투표총수 110,088표 중 13,249표(12.03%)를 얻고 5명의 후보자 중 2위를 하여 낙선한 자로서, 공선법 제57조 제1항 제1호가 정한 기탁금반환요건을 충족시키지 못하였기 때문에 선거일 후 30일 이내에 청구인이 납부한 기탁금은 국가에 귀속되었고, 위 기탁금반환요건을 충족시킬 경우 선거일후 10일까지 서면으로 관할선거구선거관리위원회에 청구하여 선거일후 30일 이내에 보전받을 수 있도록 되어 있는 선거비용도 보전받을 수 없게 되었으며(공선법 제57조 제2항, 제122조의 2 제1항, 제3항, 공직선거관리규칙 제51조의 3), 청구인은 그 후 2000.6.8. 헌법재판소법 제68조 제1항에 의하여 이 사건 헌법소원심판을 청구하였다. 따라서, 가사, 이 사건 심판대상조항에 대한 위헌결정이 선고된다고 하더라도, 그러한 결정만으로는 법률에 대한 위헌결정의 장래효에 비추어 볼 때, 기탁금의 반환 및 선거비용의 보전과 관련하여 청구인의 주관적 권리구제에 도움을 주기 어렵다고 할 것이다. 그렇다면, 어느모로 보나, 청구인의 주관적인 권리구제를 위하여는 본안에 관하여 심판할 이익이 없다고 보아야 할 것이다. 나. 위에서 본 바와 같이 이 사건 심판대상조항이 개정됨으로써 더 이상 적용되지 않게 되었으므로, 그 법률조항에 의한 기본권침해의 반복위험이 있다고 할 수 없을 뿐만 아니라, 그 법률조항에 대한 위헌여부의 해명이 헌법적으로 중요한 의미를 지니는 경우라고도 볼 수 없다.

* 검토 - i) 입법과오를 간과한 헌재 - 헌재는 개정 공선법에서도 심판대상인 공선법 제57조 제2항의 문언에 변화가 없다고 하였는데 이는 국회의 입법과오를 밝히지 않은 판시였다. 즉 개정된 공선법에서도 제57조 제2항은 '득표수가 제1항 제1호에 미달되는 때에는'라고 하여 지역구국회의원선거에서의 기탁금 국고귀속요건을 그대로 두었는데(법제처 법령사이트 http://www.law.go.kr/lsSc.do?tabMenuId=tab27&query=%EA%B3%B5%EC%A7%81%EC%84%A0%EA%B1%B0%20%EB%B0%8F#undefined 참조) 이는 위에서 언급한 대로 지역구국회의원선거의 기탁금 반환요건을 정한 동조 제1항은 100분의 15라고 낮추면서 별도로 제2호로 분리규정하는 것으로 개정되었으므로 이 개정된 공선법 제57조 제2항도 지역구국회의원선거의 경우에는 제2호라고 따로 달리 규정하는 것으로 개정되었어야 했다. 그렇다고 입법자는 개정에서 기탁금의 반환요건(15%)과 국고귀속요건(20%)을 달리 정하고자 했던 것으로 볼 수도 없다. 양자가 달라지면 예를 들어 17%득표일 경우 15% 이상이어서 반환은 되나 20% 미만이라서 국고귀속은 된다는 이상한 모순이 생긴다. 결국 헌재가 문언이 변경되지 않았으나 내용상 변경은 있었다는 판시는 잘못이고 해석상 입법과오가 있다고 보아야 하고 그럼에도 해석상 변경된 것으로 보아야 하므로 권리보호이익이 없다고 판시하였어야 정확한 논증이 될 수 있었다. 국회의 입법과오부터 문제이지만 이를 간과한 것도 문제이다. 결국 변경이 있었다는 판시는 결론적으로 받아들일 수 있겠으나 그 논증이

문제였다. ⅱ) 헌재는 청구인에게 적용될 여지가 없고, 위헌결정이 나더라도 장래효 때문에 국고귀속이 안되고 반환받지 못하여 권리보호이익이 없다고("주관적 권리구제에 도움을 주기 어렵다"라고 한 판시가 그것을 의미함) 하나 심판이익이 있다고 하여 본안판단에 들어가 국고귀속요건이 더 낮아야 한다는 취지의 위헌결정이 나올 수 있고(청구인 본인에 위헌결정 효과가 소급적용되지 않아 권리구제에 도움이 안 된다고 하더라도) 위 2000헌마91등 위헌결정의 취지가 구현되었는지도 살필 수 있는 기회가 되었을 것이다. 위 위헌결정에서 헌재는 "기탁금 반환의 기준으로 득표율을 사용하고자 한다면 그 기준득표율은 유효투표총수의 <u>미미한 비율 수준에 머물러야</u> 함을 알 수 있다. (3) …기탁금반환의 기준은 과도하게 높아 …진지하게 당선을 위한 노력을 다한 입후보자에게 선거결과에 따라 부당한 제재를 가하는 것이라 하지 않을 수 없다. 유효투표총수의 100분의 20에 미달하였더라도 성실히 선거과정을 치르고 그럼으로써 소수후보자로서 나름대로 민주주의에 기여한 후보자가 얼마든지 있을 수 있는데, 이들을 모두 '난립후보'라고 하여 기탁금 몰수라는 제재를 가하는 것은 부당한 것이다. 특히 2, 3개의 거대정당이 존재하는 경우 군소정당이나 신생정당 후보자의 경우 100분의 20이라는 기준을 초과하기가 힘들게 될 것이므로 결국 이들 군소정당이나 신생정당의 정치참여 기회를 제약하는 효과를 낳게 된다. [실제 사례를 통하여 구체적으로 살펴보면, 제16대 국회의원 선거 서울시 강북구 을 선거구의 경우 … 2개당 후보자만 그 이상을 득표하였을 뿐, 8,381표를 득표하여 약 13.26%의 득표율을 보인 모당 후보자는 기탁금을 반환 받지 못하게 되었다(중앙선거관리위원회에서 발간한 「제16대국회의원선거총람」 참조). 그런데 이와 같은 정도의 득표율을 얻은 후보자에게까지 기탁금 몰수라는 제재를 가하는 것이나, 7명의 후보자 중 양대 정당 후보자 두 명을 제외한 나머지 후보자들이 모두 결과적으로 '난립후보자'가 된다는 것은 어느 모로 보나 합리적이라 할 수 없다] (4) 결론적으로 "반환조항은 민주주의원리에 반하여 국민의 피선거권을 지나치게 침해하고 있다고 할 것이다."라고 판시한 바 있다. 따라서 이후 15%반환기준이 적절한지가 또다시 논의될 수 있었다. 더구나 이 청구는 위 위헌결정이 있기 전에 이미 들어온 것이라는 점에서 더욱 그러하다. ⅲ) 그동안 헌재는 기탁금조항들에 대해 본안결정에 들어간 경우가 많았고 헌법불합치결정을 내린 경우들도 있는데(예외적 심판이익을 인정하여 본안판단결과 헌법불합치결정이 난 예로, 대통령 선거 이후 결정이 난 대통령 선거의 기탁금에 대한 헌재 2008.11.27. 2007헌마1024 헌법불합치결정, 비례대표국회의원선거 실시 후 그 선거에서의 기탁금에 대한 헌재 2016.12.29. 2015헌마1160 헌법불합치결정) 그런 입장에 비추어 보아도 소극적이다.

5) 재량조항으로의 변경

법령(조례)이 권한을 가진 행정청의 재량을 부여하는 규정으로 개정된 경우에 심판이익이 인정되지 않는다고 본다. 사안은 어느 시의 시장으로 하여금 그 시 내 대규모점포 등에 대하여 매월 두 번째, 네 번째 일요일에 의무휴업을 명하도록 한 구 '○○시 대규모점포 등의 등록 및 조정 조례'(2012.2.27. 조례 제2955호로 개정되고, 2012.7.10. 조례 제2976호로 개정되기 전의 것) 제11조의2 제2호(이하 '이 사건 조례조항')에 대한 헌법소원심판이 청구되었다. 헌재는 이후에 이 사건 조례조항이 시장에게 영업시간제한과 의무휴업일 지정에 대하여 재량을 인정하는 내용으로 개정되어("명하여야 한다"에서 "명할 수 있다"는 재량으로 개정) 반복가능성, 헌법해명필요성이 인정되지 않아 심판이익이 없다고 보았다.

판례 헌재 2013.12.26. 2012헌마196

[판시] 이 사건 조례조항은 이 사건 헌법소원 제기 후인 2012.7.10. 조례 제2976호로 개정되었는데 이에 시장은 2012.7.19. 이 사건 조례조항에 의한 기존의 처분을 취소하고, 개정된 조례조항에 따라 새로운

처분을 하였다. 위 개정 조례조항은 다시 2012.8.30. 조례 제2991호로 개정되었는데 그 내용에 의하면, 시장은 영업시간 제한을 명하거나 의무휴업일을 지정하여 의무휴업을 명할 경우 연간 총매출액 중 '농수산물 유통 및 가격안정에 관한 법률'에 따른 농수산물의 매출액 비중이 51퍼센트 이상인 대규모점포 등은 제외하면서, 구체적으로 제한되는 영업시간의 범위나 의무휴업일의 범위 등에 대하여는 규정하지 아니하였다. 따라서 이 사건 조례조항 및 그에 근거한 처분은 효력을 상실하였고, 그에 따라 청구인들에 대한 기본권 침해상태도 종료되었으므로, 이 사건 조례조항에 대한 심판청구는 주관적 권리보호의 이익이 인정되지 않는다. 한편, 위에서 본 바와 같이 이 사건 헌법소원 제기 후 ○○시 조례가 2회에 걸쳐 개정되었고, 위 개정된 조항은 시장에게 영업시간 제한 및 의무휴업명령에 대하여 재량을 부여하고 있어, 이 사건 조례조항과 같은 유형의 기본권 침해행위가 반복될 위험이 있다거나 그에 대한 헌법적 해명이 긴요한 사항이라고 볼 수 없으므로, 이 사건 조례조항에 대한 심판청구가 예외적인 심판청구 이익을 인정할 만한 경우에 해당한다고 보이지도 않는다.

6) 진정입법부작위 헌법소원

(가) 비정당한 입법지체라 하면서도 이후 입법으로 권리보호이익 소멸되었다고 본 결정례

헌재는 진정입법부작위에 대한 헌법소원심판에서 입법의무가 존재하는지 여부, 존재하면 그 부작위가 상당기간 정당한 사유없는 입법지체인지 여부를 판단한다. 헌재가 헌법상 입법의무의 존재를 인정하고 상당 기간 정당한 사유 없이 이행하지 아니함으로써 헌법상 입법의무의 이행을 지체하였다고 보면서도 이후 입법이 이루어져 입법부작위 상태는 해소되었고, 이 입법으로 청구인들의 주관적 목적도 달성되었다고 하여 권리보호이익이 소멸되었다고 본 아래의 결정례가 있다. 사안은 바로 선거구획정 입법지체사건이었다.

판례 헌재 2016.4.28. 2015헌마1177등

[판시] 가. 진정입법부작위의 적법요건 – 이하에서는 피청구인에게 국회의원의 선거구를 입법할 헌법상의 입법의무가 존재하는지 여부를 살펴본다. 나. 헌법상 입법의무의 존재 – 헌법 제41조 제3항은 국회의원선거에 있어 필수적인 요소라고 할 수 있는 선거구에 관하여 직접 법률로 정하도록 규정하고 있으므로, 피청구인에게는 국회의원의 선거구를 입법할 명시적인 헌법상 입법의무가 존재한다. 다. 헌법상 입법의무의 이행지체 – 피청구인은 선거구에 관한 법률을 제정하여야 할 헌법상 작위의무를 상당기간 정당한 사유 없이 이행하지 아니함으로써, 헌법상 입법의무의 이행을 지체하였다고 보아야 할 것이다. 라. 권리보호이익의 소멸 – 다만, 헌법소원심판은 국민의 기본권 침해를 구제하는 제도이므로 헌법소원심판청구가 적법하려면 심판청구 당시는 물론 결정 당시에도 권리보호이익이 있어야 함이 원칙이다. 그런데 여당과 야당은 2016.2.23. 선거구획정기준에 최종 합의하였고, 이어 획정위는 2016.2.28. 선거구획정안을 의결하여 국회의장에게 제출하였으며, 2016.3.2. 피청구인이 제20대 국회의원선거를 위한 국회의원지역구의 명칭과 그 구역이 담긴 공직선거법 개정안을 가결함에 따라, 위 개정 공직선거법은 그 다음 날 공포되어 시행되었다(법률 제14073호). 이로써 선거구에 관한 법률을 제정하지 아니하고 있던 피청구인의 입법부작위 상태는 해소되었고, 획정된 선거구에서 국회의원후보자로 출마하거나 선거권자로서 투표하고자 하였던 청구인들의 주관적 목적도 달성되었다 할 것이므로, 청구인들에 대한 권리보호이익은 소멸되었다. 결국 청구인들의 이 사건 입법부작위에 대한 심판청구는 권리보호이익이 없어 부적법하다. * 자세한 판시는 앞의 진정입법부작위, (라) 입법지체의 정당성 여부 심사 결정 나) 입법지체의 정당성 부정까지 인정한 경우로서 모호성을 보여준 결정례 부분 참조.

* 검토 – 이 결정에서 주관적 목적달성은 사실이 아니다. 청구인 중에는 예비후보로 선거운동을 하고

자 했으나 선거구획정이 지체되는 동안 예비후보자에게 인정되는 합법적 선거운동을 못한 지나버린 시간이 있는데도(위 판시에도 "선거운동을 위한 선거사무소의 위치조차 확정하기 어려운 상황에 처하게 되었다"라고 하여 그 점 헌재도 인지(?)하고 있었다) 목적이 달성되었다고 할 것이 아니다.

(나) 선거구 불획정 - 심판계속 중 획정으로 인한 권리보호이익 소멸

판례 헌재 2000.3.30. 99헌마594

[쟁점과 심판대상] 청구인은 16대 국회의원선거에서 울산광역시 북구에 출마할 예정이었는데 "국회가 1999.10.15.까지 제16대 선거의 국회의원지역선거구(이하 '선거구'라고 한다)와 관련하여 울산광역시 북구에 대한 선거구를 확정하지 않은 입법부작위"는 위헌이라고 주장하면서 헌법소원을 제기하였다. [결정요지] 국회는 이 헌법소원심판이 계속중인 2000.2.8. 제16대 선거에 적용될 공직선거 및 선거부정방지법 개정안을 입법, 의결하여 같은 법 제25조 제2항 〔별표 1〕에서 울산광역시 북구 선거구를 독립된 지역선거구로 획정하고 있어 더 이상 청구인이 주장하는 기본권의 침해가 없게 되었으므로 이 사건의 주관적인 권리보호이익은 소멸하였다. 따라서 이 사건 심판청구는 다른 점에 대하여 더 판단할 것도 없이 부적법하므로 이를 각하한다.

7) 고시의 변경 경우

① '의료급여수가의 기준 및 일반기준'(2016.2.18. 보건복지부고시 제2016－23호) 제9조 제1항 중 입원진료 이외의 진료에 관하여 정액수가 원칙을 규정한 부분과 이 사건 고시 제10조, 제11조가 정신질환 의료수가를 1일당 정액수가로 산정하도록 하고, 외래·입원 수가를 낮은 가격으로 유지하게 하여 정신질환 환자, 정신의학과 전문의 의사의 기본권을 침해한다고 하면서 헌법소원심판이 청구된 사건이었는데 이후 위 고시가 개정되었다. 권리보호이익은 사라졌는데 심판이익도 없다고 본 것이었다.

판례 헌재 2018.7.26. 2016헌마431

[판시] 이 사건 심판청구 이후인 2017.3.8. 보건복지부고시 2017－40호로 개정된 고시는 이 사건 고시 제10조를 개정하여 정신질환 외래진료에 대한 의료급여수가를 1일당 정액제에서 행위별수가제로 전환하였고, 이에 따라 정신질환 의료급여 수가기준의 기본원칙을 규정한 이 사건 고시 제9조 제1항은 정신질환 입원진료 정액수가 원칙으로 개정하였다. 그리고 이 사건 고시 제11조 역시 입원수가의 경우 1일당 정액수가를 평균 4.4% 인상하는 등의 내용으로 개정하였다. 위와 같이 이 사건 고시 제9조 제1항 중 입원진료 이외의 진료에 관하여 정액수가 원칙을 규정한 부분과 제10조는 행위별수가제로 개정되었고, 이 사건 고시 11조는 청구인들에게 더 이 이상 적용되지 아니하게 되었다. 따라서 이들 조항에 대한 심판청구는 청구인들이 더 이상 다툴 이익이 없으므로 그 주관적 권리보호이익을 인정할 수 없다. 나아가 이들 조항에 대한 심판의 이익이 있는지 본다. 먼저 이 사건 고시 제9조 제1항 중 입원진료 이외의 진료에 관하여 정액수가 원칙을 규정한 부분과 제10조를 위와 같이 개정하게 된 이유를 살펴보면, 최근 들어 다양한 치료법(심층요법, 집중요법 등)과 약품들이 개발되었으나 정액수가 체계에서는 그에 대한 비용을 적절히 보상하지 못하고 있어 정신질환 의료급여 환자가 적정 수준의 치료를 받지 못할 수 있다는 지적이 제기됨에 따라, 정부가 정신 의학계, 환자단체 등과 정신질환 의료급여 수가 개선에 대하여 논의한 결과, 정신질환 외래수가를 1일당 정액제에서 행위별수가제로 개편하였다는 것이다. 이와 같은 위 조항들의 개정이유에 비추어 볼 때, 입법자의 기존제도에 대한 개선의지가 확고하고 앞으로

정신질환 외래진료 의료급여가 정액수가제로 돌아갈 가능성은 없다고 보이므로 기본권침해의 반복가능성이 인정되지 아니하고, 달리 이에 대한 해명으로 헌법질서를 수호·유지해야 할 필요성도 인정되지 아니하여 심판의 이익도 없다. 다음으로, 이 사건 고시 제11조는 구체적인 입원 및 낮병동 수가 등을 규정한 조항으로서, 위에서 본 바와 같이 그 수가가 인상되는 것으로 개정되었고, 의료급여 수가가 그 동안 꾸준히 인상되어 온 점에 비추어 다시 인하될 가능성이 없으므로, 청구인들로서는 입원진료의 정액수가제를 규정하고 있는 이 사건 고시 제9조 제1항에 대하여 위헌확인을 구하는 것으로 목적을 달성할 수 있다고 보이며, 달리 기본권침해의 반복가능성이나 헌법적 해명의 필요성이 인정되지 아니하여 심판의 이익도 없다. 따라서 청구인들의 이 사건 고시 제9조 제1항 중 입원진료 이외의 진료에 관하여 정액수가 원칙을 규정한 부분과 이 사건 고시 제10조, 제11조에 대한 심판청구는 권리보호이익을 인정하기 어렵다.

② '중·고등학교 교과용도서 국·검·인정 구분'(2015. 11.3.교육부 고시 제2015-78호) 중 중학교 역사 및 고등학교 한국사 과목의 교과용도서를 각 국정도서로 정한 부분(이하 '이 사건 국정화 고시')

판례 헌재 2018.3.29. 2015헌마1060등

[판시] 이 사건 심판청구 이후 국정 역사교과서의 시행일을 2017.3.1.로 정한 고시가 2017.1.6. 교육부 고시(제2017-108호)로 폐지되었고, 이 사건 국정화 고시는 2017.2.23. 역사교과서 국·검정 혼용 체제를 내용으로 하는 교육부 고시(제 2017-114호) 개정, 2017.5.31. 역사교과서에 대해 검정교과서만 인정하는 검정체제를 내용으로 하는 교육부 고시(제2017-123호) 재개정을 통해 완전히 폐지되어 그 효력을 상실하였다. 이로써 청구인들이 이 사건 국정화 고시의 위헌 여부를 가릴 권리보호이익은 소멸하였다. 한편, 역사교과서 국정제 발표 이후 교육의 자주성·정치적 중립성에 대한 심도있는 논의 끝에 해당 고시가 폐지되었으므로 우리 사회에 이 사건과 같은 유형의 침해행위가 재현될 위험이 있다고 단언하기 어렵고, 이 사건 국정화 고시가 시행되기도 전에 역사교과서가 검정도서 체제로 바뀌어 국정 역사교과서가 학교에서 실제 사용된 상황이 전혀 발생하지 않았고, 국정도서의 우선 사용 의무를 정한 이 사건 규정 제3조 제1항도 개정되었으므로 현재 상황에서 역사교과서의 국정제에 대한 헌법적 해명의 필요성도 인정할 수 없다. 따라서 이 사건 국정화 고시에 대한 심판청구는 권리보호이익이 소멸하였을 뿐만 아니라 예외적인 심판의 이익도 인정되지 아니한다.

* 검토 – 반복위험성, 헌법해명필요성을 쉽게 부정할 수 있을지 의문이다.

8) 심판계속 중 구제법률제정으로 권리보호이익이 상실되었다고 본 사례

판례 헌재 1999.9.16. 98헌바46

[사건개요] 임기만료로 퇴직한 뒤에 퇴직급여청구를 하자, 공무원연금관리공단은 청구인에게 임용되기 전 전과사실(징역 1년 집행유예 2년)이 있었음을 발견하고 공무원결격사유를 규정한 구 국가공무원법 제33조 제1항 제4호의 규정에 따라 공무원임용행위는 당연무효이고, 따라서 공무원연금법 소정의 공무원이 아니었다는 이유로 청구인의 위 청구를 거부하자 이 거절처분에 대한 취소를 구하는 소를 서울고등법원에 제기하는 한편 위 법률조항에 대한 위헌심판제청신청을 하였으나 기각되자 헌법소원심판을 청구하기에 이르렀다. [결정요지] 이 사건 헌법소원심판이 청구되어 계속중인 1999.8.31. '임용결격공무원 등에 대한 퇴직보상금지급 등에 관한 특례법'이 법률 제6008호로 공포되었다. 그러므로 청구인은 위 법률이 공포됨에 따라 법 제2조 제2호의 '임용결격공무원'에 해당되므로 법 제4조 제2항에 의하여 1999.12.31.까지 대통령령이 정하는 바에 따라 퇴직보상금을 신청하여 수령할 수 있게 되었고, 이 사건 심판청구를 통하여 이루고자 하는 주관적 목적을 위 법률을 통하여 달성할 수 있게 되었다. 그렇다면 권리보호의 이익, 즉 심판의 이익이 상실되어 부적법하다.

9) 조례의 경우 - 심판계속 중 조례의 개정으로 권리보호이익 상실, 심판이익 부정례

(가) 재량 부여의 개정

조례가 시장의 재량사항으로 개정되었을 때 권리보호이익이 없고 심판이익이 없다고 본다.

판례 헌재 2013.12.26. 2012헌마196

[판시] * 이 결정에 대해서는 위 재량조항으로의 변경, 대규모점포 등에 대한 의무휴업일에 관한 지방자치단체 조례에 관한 결정례 참조.

(나) 개정으로 추가되어 침해여지 불식된 경우

판례 헌재 2000.11.30. 99헌마542

[결정요지] 이 사건 헌법소원이 제기된 뒤인 2000.2.8. 조례 제385호로 개정된 창원시건축조례 제29조 제3항 제2호에서 '영 별표 1 제3호의 제1종 근린생활시설'이 추가됨으로써, 적어도 청구인들은 더 이상 이 사건 조항으로 인하여 이 사건 건축허가신청서나 건축신고서와 같은 것이 반려되는 일은 없게 되었다고 할 수 있다. 그렇다면 이 사건의 경우 청구인들이 이 사건 조항으로 인한 기본권의 침해를 주장하며 헌법소원을 청구한 뒤 조례의 개정으로 말미암아 청구인들이 더 이상 이 사건 조항으로 인한 기본권침해를 받을 여지가 없게 된 때에 해당하여 본안에 대하여 심판을 받을 권리보호이익이 없다.

10) 행정부의 지침의 변경의 경우

- 한글전용 초등국정교과서 편찬지시처분에 대한 헌법소원

판례 헌재 1996.12.26. 92헌마26

[사건개요] 청구인들은 국민학교 때부터 한자교육이 행하여져야 하고 그러기 위하여는 초등학교 국어교과서에 한자를 혼용하여야 하는데, 문교부(지금의 교육인적자원부) 편찬, 발행의 '1987년도 1 종도서 편찬 세부계획(유치원 · 국민학교)'(이하 '이 사건 세부계획'이라 한다)에 의하여 국민학교 국어교과서에 한글만을 전용하도록 되어 있으므로, 이 사건 세부계획이 헌법 제31조에 규정된 청구인들의 교육권 내지 그 자손들의 능력에 따라 균등하게 교육을 받을 권리를 침해하는 것이라면서 1992.2.10. 헌법소원심판을 청구하였다. [심판대상] 초등학교 국어교과서에 한글을 전용하게 된 근거인 이 사건 세부계획에 포함된 "8. 1987년도 1 종도서 편찬지침"의 "나. 집필지침, 1) 일반지침, 가) 교과서, ○ 표현, 표기의 적합성" 중 "㉮ 문장은 한글로 쓰되, (표준말로 간결 · 평이하게 서술하고 높임말을 쓰는 것을 원칙으로 하며, 맞춤법은 한글맞춤법통일안에 따라야 한다)"라는 부분(이하 '이 사건 집필지침'이라 한다)이 청구인들 및 공동소송참가인들의 기본권을 침해하는지 여부. [판시] 이 사건 세부계획과 같은 1 종 교과서 편찬지침은 문교부가 매년 새로이 작성하는 것으로서 새로운 지침내용이 작성되면 원칙적으로 종전의 지침은 더 이상 교과서 편찬의 준거가 될 수 없게 되며, 특히 그 지침내용의 중요한 부분이 변경된 경우에는 종전의 지침은 그 의미가 없는 것이 된다. 그런데 이 사건의 경우 문교부는 1987년 이 사건 세부계획 이후에도 매년 새로 세부계획을 작성해 오다가 1993.2.23. '1993년도 1 종도서 편찬 세부추진계획(유치원 · 국민학교 · 중학교 · 고등학교)'에서 이 사건 심판대상인 집필지침 중 "문장은 한글로 쓰되"라는 부분을 삭제함으로서 문제가 되어온 한글전용의 근거를 없애버렸다. 그렇다면 청구인들 및 공동소송참가인들의 심판청구는 권리보호의 이익이 없다.

11) 대법원예규

대법원예규의 개정으로 인한 권리보호이익 결여의 예로 호적부에 성(姓)의 표기에서 신청인이 원하는 원음대로가 아니라 대법원예규에 따라 두음법칙을 적용한 음으로 달리 표기한 읍장의 기재에 대한 정정을 신청하였으나 거부하는 회시를 하자 이 거부 회시에 대한 헌법소원심판을 청구한 사건의 결정례가 있다. 문제의 소재였던 대법원예규가 이 심판청구 이후 개정되어 성의 한글표기에 합리적 사유가 있는 경우에 두음법칙 적용의 예외를 인정할 수 있게 하여 권리보호이익이 없다고 보았다.

판례 헌재 2007.10.25. 2003헌마95

[판시] 대법원호적예규 제520호는 호적부에 한자 성(姓)을 한글로 표기할 때에 예외 없이 한글맞춤법의 두음법칙에 관한 규정에 따르도록 규정하고 있었지만, 대법원호적예규 제722호에 의하여 "일상생활에서 한자 성을 본래의 음가로 발음 및 표기하여 사용하는 등 성의 한글표기에 두음법칙 적용의 예외를 인정할 합리적 사유가 있는 경우에는" 두음법칙에 따르지 않을 수 있도록 개정되고, 2007.8.1.부터 시행되었다. 따라서 대법원호적예규 제520호 중 한자 성의 한글표기에 관하여 두음법칙을 예외 없이 일률적·획일적으로 적용하도록 규정하고 있던 부분은 2007.8.1.부터 실효되었으므로, 위 예규에 의하여 청구인의 기본권이 침해되었다고 하더라도 그 기본권침해를 구제받기 위하여 이미 실효된 예규 부분의 위헌확인을 청구할 권리보호의 이익이 없어졌다.

12) 국립중앙도서관 이용규칙 시행세칙

국립중앙도서관 이용규칙 시행세칙(2004.3.2. 규정 제300호로 개정되고, 2008.9.1. 규정 제391호로 개정되기 이전의 것) 제3조 제1항이 도서관의 이용 대상자(입관범위)를 1. 대학생 및 근로청소년, 2. 관장이 필요하다고 인정하는 자 외에는 18세 이상인 자로 규정하고 있었은 데 대해 16세 고등학생이 평등권 침해라고 주장하여 청구한 헌법소원심판사건이었다. 청구 이후 세칙이 입관범위를 16세로 인하하여 침해행위가 종료되었다 하여 권리이익 소멸이라고 하여 각하결정을 하였다.

판례 헌재 2009.6.25. 2007헌마178

[판시] 이 사건 헌법소원이 제기된 후인 2008.9.1. 이 사건 심판대상조항이 도서관 입관 허용 연령을 18세 이상에서 16세 이상으로 변경하는 내용으로 개정되어 시행됨으로써, 청구인의 경우와 같은 자도 입관 및 이용이 가능하게 되었다. 결국 청구인이 주장하는 바인 이 사건 심판대상조항에 의한 기본권의 침해는 이미 종료되었고 이로써 심판대상조항의 위헌 여부를 가릴 실익이 없어져 권리보호이익이 소멸되었다. 나아가 청구인과 같은 경우에 해당하는 자에 대하여 심판대상조항에 의한 기본권침해가 장차 반복될 위험이 있다거나, 심판대상조항에 대한 위헌 여부의 해명이 헌법적으로 중요한 의미를 지니는 경우라고도 볼 수 없다.

(3) 법의 폐지

1) 헌법소원심판청구 당시에 폐지된 법령

사안은 교육위원(지금은 폐지되고 지방의회에 교육위원회로 대체) 선거가 있었던 당시에 중선거구제를 바탕으로 한 1인 2표 제도가 평등권 등의 침해라고 주장하면 청구된 헌법소원심판이었다.

판례 헌재 2002.8.29. 2002헌마4

[사건개요] 교육위원 선출시 2 인을 기표하도록 규정한 교육위원 및 교육감선출 등에 관한 규정(1998.

8.1. 대통령령 제15858호로 개정되고 2000.2.28. 대통령령 제16731호로 폐지되기 전의 것) 제21조 제1항이 농촌인 군 지역 출신 후보들의 교육위원당선을 어렵게 함으로써 교육위원 선거권과 피선거권을 갖고 있는 학교운영위원들의 평등권, 행복추구권, 공무담임권 등 기본권을 침해하고 있다는 이유로, 2002.1.3. 헌법소원심판청구를 하였다. 청구인들은 교육위원의 선거구 획정에 있어 전라북도 지역의 일부 선거구가 시와 군이 하나의 선거구에 속하도록 되어 있는데 이러한 선거구에서 그리고, 중선거구제를 바탕으로 한 1인 2표 제도에 관한 위 규정 제21조 제1항은 시 지역 출신 후보들만 당선시키는 결과를 낳았으므로, 지방교육의 특수성을 반영시키기 위해서는 소선거구제를 바탕으로 한 1인 1표 제도를 도입해야 한다는 주장을 하였다. [판시] '지방교육자치에 관한 법률'의 2000.1.28.자 개정으로 교육위원 및 교육감선출에 관한 사항이 같은 법률 제85조에 규정됨에 따라 위 교육위원 및 교육감선출 등에 관한 규정은 2000.2.28. 대통령령 제16731호로 폐지되었는데, 지방교육자치에 관한 법률 제85조에는 다수기표에 관한 내용이 없어 '1인 기표'를 원칙으로 하는 것으로 내용이 변경되었다고 볼 수 있는바, 그렇다면 법령에 대한 헌법소원으로서 심판 대상 조항에 대한 위헌결정을 통하여 그 조항의 효력을 상실시키고자 하는 위 규정 제21조 제1항에 대한 심판청구는 이미 청구 이전에 심판 대상 조항이 폐지됨으로써 그 위헌여부를 가릴 실익이 없어졌다. 따라서, 달리 위 규정에 의한 기본권 침해의 반복위험이 있다거나 위헌여부의 해명이 헌법적으로 중요한 의미가 있는 경우라고도 볼 수 없는 본건에 있어서, 청구인들의 위 규정 제21조 제1항에 대한 심판청구는 권리보호의 이익이 소멸 또는 제거되어 부적법하다.

2) 한시법인 특별법 - 1회적 입법조치, 사후적 문제제기일 뿐 향후 지침이 될 헌법해명필요성 부재

한시법에 대해 위와 같이 판시한 예로 구 'G20 정상회의 경호안전을 위한 특별법(2010.6.8. 법률 제10362호로 제정되고, 2010.11.16. 실효된 것)' 제8조(집회 및 시위의 제한)에 대해 집회의 자유의 지나친 제한이라는 주장으로 청구된 헌법소원심판 사건 결정을 볼 수 있다.

판례 헌재 2012.2.23. 2010헌마660등

[판시] 집회제한조항은 이 사건 법률의 부칙에서 정해 둔 유효기간의 종기인 2010.11.15.이 도과함에 따라 이미 실효되었다. 이로써 현재에는 집회제한조항에 의한 기본권 제한은 존재하지 아니하는 이상, 헌법재판소가 지금 이에 대하여 위헌결정을 한다고 하더라도 그 결정에 의하여 청구인들이 현재의 기본권 제한에서 구제되거나, 과거의 기본권 제한상태가 회복된다고 할 수 없다. 따라서 이 사건 심판청구는 주관적 권리보호이익이 없게 되었다. 그러나 심판청구의 이익이 인정되는지 여부를 살펴본다. 집회제한조항은 전례 없는 규모의 중요한 국제회의를 개최하게 되어 특별한 경호상의 필요성이 발생함에 따라 행해진 1회적인 입법적 조치일 뿐인바, 이미 실효되어 버린 집회제한조항에 의하여 앞으로 기본권 제한이 이루어질 가능성은 전혀 없고, 향후 유사한 규모의 국제회의가 개최되는 경우에 집회제한조항과 동일한 입법이 행해질 것이라고 단정하기도 어려우므로 이러한 입법적 조치의 반복가능성을 인정할 수 없다. 그리고 반복가능성도 인정되지 아니하는 과거 조치의 위헌 여부를 판단하는 것은 향후의 지침이 될 만한 헌법적 해명이라고 할 수 없고, 현재로서는 기본권 제한 상황이 소멸되어 있는 상태일 뿐만 아니라, 종래에 발생하였던 기본권 제한이 여전히 문제되고 있는 다른 사안도 존재하지 아니하는 이상, 이의 위헌 여부를 판단하는 것은 단지 이미 지난 일에 관한 사후적 문제제기에 지나지 아니하는 것으로서 그 해명이 향후의 헌법질서의 수호· 유지에 기여한다고 할 수도 없다. 따라서 집회제한조항에 관한 헌법적 해명의 필요성을 인정할 수도 없다.

(4) 연령 변경으로 인한 부분 긍정

이러한 예로 청소년 단란주점 문제에 대한 헌법소원심판의 아래와 같은 결정례가 있었다.

판례 헌재 1999.9.16. 96헌마39

[판시] 청소년보호법 (1999.2.5. 법률 제5817호로 개정된 것) 제2조, 제6조, 부칙 제1조 및 청소년보호법시행령 (1999.6.30. 대통령령 제16461호로 개정된 것) 제3조에 따라 1999.7.1.부터는 청소년의 연령이 19세 미만으로 조정되었고, 청소년보호법은 청소년유해환경의 규제에 관한 형사처벌에 있어서 다른 법률에 우선하여 적용되므로, 청구인은 1999.7.1.부터 19세 이상 20세 미만인 미성년자를 청구인이 경영하는 단란주점에 출입시키고 그들에게 술을 제공하더라도 형사처벌을 받지 않게 되었다. 그러나 청구인은 18세 이상인 자에 대하여 단란주점의 출입 및 주류제공이 허용되어야 한다고 주장하고 있으므로 18세 이상 19세 미만인 미성년자에 관한 부분은 여전히 권리보호의 이익이 있고, 19세 이상 20세 미만인 미성년자에 관하여도 청소년보호법이 우선 적용되는 것은 형사처벌에 관한 경우뿐이므로, 영업정지 등 행정처분에 관하여는 여전히 권리보호의 이익이 있다.

(5) 심판계속 중 법개정으로 인한 권리보호이익의 소멸을 인정한 그 외 결정례들

① 현역병 복무 중 자녀를 출산한 자를 상근예비역소집 대상자로 규정하지 않고 있는 구 병역법 (2009.6.9. 법률 제9754호로 개정되고, 2011.5.24. 법률 제10704호로 개정되기 전의 것) **제21조 제1항**(이하 '이 사건 법률조항') – 이 사안은 입법부작위로 볼 수 있는데 헌재는 그 점을 명확히 하지 않고 포함시키는 법개정이 있었다는 이유로 권리보호이익을 부정하였다.

판례 헌재 2011.12.29. 2011헌마88

[결정요지] 이 사건 법률조항'은 청구인이 헌법소원을 제기한 후인 2011.5.24. 법률 제10704호로 개정(2011.11.25. 시행)되어 현역병 복무 중 자녀 출산으로 인하여 상근예비역으로 복무하기를 원하는 자도 상근예비역소집 대상자의 범위에 포함시켰으므로, 청구인이 주장하는 기본권의 침해상태는 종료되었고 이로써 심판대상조항의 위헌 여부를 가릴 실익이 없어져 권리보호이익이 소멸되었다. 한편 이 사건 법률조항의 위와 같은 개정으로 앞으로는 청구인과 같이 현역병 복무 중 자녀를 출산한 자도 상근예비역소집 대상자가 될 수 있게 되었으므로, 이 사건 법률조항에 의한 기본권침해는 더 이상 반복될 위험은 없어졌다. 따라서 이 사건 법률조항에 대한 헌법적 해명의 필요성도 없다 할 것이므로 이 사건 심판청구는 부적법하다.

② 전직대통령예우에 관한 법률 제3조 위헌확인

판례 헌재 1997.1.16. 95헌마325

[결정요지] 형사처벌을 받은 전직대통령에 대하여도 필요한 기간의 경호 및 경비를 제외한 기타의 예우까지 계속하도록 규정한 전직대통령례우에 관한 법률에 대한 헌법소원심판의 계속중 이 법률이 개정되어 금고 이상 형의 확정의 경우 그 기타의 예우를 하지 아니하도록 규정한 이상 권리보호이익이 소멸 또는 제거된 것이다.

③ 주세법 제5조 제3항 위헌확인

판례 헌재 1997.3.27. 93헌마251

[사건개요] 장기보존가능한 캔막걸리를 개발하던 주류제조업자가 탁주의 공급구역을 시·군의 행정구역으로 제한하는 구 주세법 제5조 제3항 때문에 그 개발에 성공하더라도 남양주군 이외의 구역에는 공급할 수 없으므로 위 법률조항을 장기보존이 가능한 탁주의 경우에도 적용하는 한 헌법에 위반된다는 이유

로 헌법소원심판을 청구하였음. [결정요지] 헌법소원이 제기된 뒤인 1995.8.4. 법률 제4956호로 대통령령이 정하는 '장기보존이 가능한 탁주'(1995.9.30. 대통령령 제14774호 주세법시행령 제3조의4)에 대하여는 공급구역의 제한에서 제외하는 내용으로 개정되었다. 따라서 청구인은 헌법소원심판청구를 통하여 달성하고자 하는 주관적 목적을 이미 달성하였고, 이로써 심판대상의 위헌여부를 가릴 실익이 없어졌다.

④ 게임에 관련되는 법령에 대해 청구된 헌법소원심판 사건 심판대상 조항 중 게임장 면적비율에 관하여 규정한 2006.10.27. 문화관광부령 제151호로 제정된 '게임산업진흥에 관한 법률 시행규칙' 제20조 [별표 4], 부칙 제4조 및 사행성게임물의 결정기준에 관하여 규정한 제정 게임법 시행규칙 제7조 제1항 [별표 3]에 대한 헌법소원심판청구

판례 헌재 2009.4.30. 2007헌마103

[판시] 제정 게임법 시행규칙 제20조 [별표 4]는 개정되면서 삭제됨으로써, 위 조항과 그 시행시기를 규정한 제정 게임법 시행규칙 부칙 제4조는 더 이상 적용될 여지가 없어졌으며, 다. 제정 게임법 시행규칙 제7조 제1항 [별표 3]은 개정되면서 삭제됨으로써 더 이상 적용될 여지가 없어졌다. 따라서 청구인들이 위 조항들로 인하여 기본권을 현실적으로 제한당하고 있다거나 향후 기본권제한이 예상된다고 보기 어려우므로, 청구인들에게 위 조항들의 위헌확인을 청구할 주관적 권리보호의 이익이 없다. 앞으로도 반복될 위험이 있다거나 헌법적 해명이 필요한 경우라고 할 수도 없다.

⑤ 그 외 법개정으로 권리보호이익이 없다고 본 결정례들 – 헌재 1995.7.27. 93헌바1등, 토지초과이득세법 제8조 등 위헌소원; 1995.2.13. 92헌바18, 군사법원법 제238조 등에 대한 헌법소원; 1996.3.28. 92헌마200, 종합유선방송법 제2조 제1호 등 위헌확인 소원; 2001.12.20. 99헌마630·632(병합), 음반·비디오물 및 게임물에 관한 법률 제2조 제5호 다목 등 위헌확인 등; 2009.10.29. 2009헌마99, 징벌수용거실 수용된 자에 대한 도서목록 비치, 도서열람 제한 폐지; 2012.5.31. 2011헌마241, 상이등급결정에서 난청의 측정방법이 '4분법'에서 '6분법'으로 변경.

7. 재심이 허용되지 않는 경우

(1) 판례법리

헌재는 헌법소원의 인용(위헌성 인정)결정이 나더라도 형벌규정에 대한 것이 아닌 한 재심(再審)청구를 할 수 없고(비형벌규정이면서 재심청구대상이 되는 것은 헌재법 제68조 2항의 위헌소원의 경우이다), 따라서 그 경우에 헌법소원심판의 권리보호이익이 없다고 본다(다만, 반복침해가능성, 헌법해명 필요성이라는 예외적 심판이익(후술 참조)에 해당이 되면 심판이익이 인정될 수는 있다).

(2) 결정례

아래에 위 법리가 적용된 결정례들을 인용한다.

① 민사집행절차 – 아래의 결정은 민사집행절차에 관한 예이고 예외적 심판이익도 헌법해명필요성 없다고 하여 부정되었다.

판례 헌재 2008.5.29. 2006헌마1001

[판시] 헌법재판소법 제75조, 제47조에 의하면, 헌법소원사건에서 형벌에 관한 법률 또는 법률조항이 위헌으로 결정된 경우 그 위헌 법률에 근거한 유죄의 확정판결에 대하여 재심을 청구할 수 있지만, 비형벌법규에 대하여는 같은 법 제68조 제2항에 의한 헌법소원에서 위헌으로 결정된 경우에만 관련된 소송사건에 대해 재심을 청구할 수 있을 뿐, 같은 법 제68조 제1항에 의한 헌법소원에서는 재심사유가 되지 않는다. 이 사건에서, 청구인이 위헌이라고 주장하는 이 사건 법률조항은 민사집행절차에서 항고이유서 제출의무를 규정한 것으로서 형벌에 관한 법률조항이라고 볼 수 없음은 명백하고, 청구인이 불복한 민사집행절차(서울서부지방법원 2005타경*****)는 2006. **. **. 배당기일이 진행되어 배당까지 마쳤으며, 청구인의 재항고 각하결정 또한 확정되었다. 따라서 청구인이 헌법재판소법 제68조 제1항에 의하여 제기한 이 사건 헌법소원이 인용된다고 하더라도 청구인은 더 이상 재심청구를 할 수 없으므로 권리보호이익이 없다 할 것이다. 나아가 민사집행절차에서 '10일'이라는 단기간 내에 항고이유서의 제출을 강제하는 이 사건 법률조항이 갖는 기본권의 제한이 헌법질서의 수호·유지를 위하여 긴요한 사항이어서 헌법적으로 그 해명이 중대한 의미를 지니는 것으로 심판의 이익이 인정되는지에 대하여 보면, 우리 헌법재판소는 이미 상고이유서의 제출과 관련하여 소송기록접수통지를 받은 날부터 20일 내에 상고이유서를 제출하지 아니한 경우 상고기각결정을 하도록 한 형사소송법 조항에 대한 헌법소원 사건 등 유사한 사례에서 합헌결정(헌재 2005.3.31. 2003헌바34)을 내린 바 있으므로 이 사건 법률조항의 위헌여부에 대한 헌법적 해명이 새로이 필요한 것으로 보기 어려워 객관적 헌법질서의 보장을 위하여 권리보호이익을 인정할 필요도 없다 할 것이다.

* 검토 – 마지막 "권리보호이익을 인정할 필요도"는 "심판(청구)이익을 인정할 필요도"라고 하였어야 정확한 용어선택이 된다.

② **국민참여재판 대상 불포함 범죄의 형사재판 확정(재심불가)** – 헌재는 두 가지 점, 그 하나는 국민참여재판을 원하는 그 형사소송 재판이 이미 확정되었다는 점에서 권리보호이익을 부정하였고, 후에 법개정으로 대상으로 포함이 되었다는 점에서 심판이익을 부정한 것이다. 즉 사안은 구 '국민의 형사재판 참여에 관한 법률'(2010.4.15. 법률 제10258호로 개정되고, 2012.1.17. 법률 제11155호로 개정되기 전의 것) 제5조 제1항이 '아동·청소년의 성보호에 관한 법률' 제7조 제1항(강간등)을 포함하지 않아 청구인의 재판을 받을 권리 등 기본권을 침해한다는 주장에 대해 헌재는 이미 해당 형사재판이 확정되었고 형사재판절차에 관한 규정이라 위헌결정으로도 재심이 허용되지 않으며 위 법조항이 위 범죄를 포함하는 것으로 개정되어 예외적 심판청구이익을 인정할 경우도 아니라고 본 것이다.

판례 헌재 2012.11.29. 2012헌마53

[판시] 청구인에 대한 형사소송은 2012.2.23. 대법원의 상고기각 판결로 확정되었으며, 이 부분 헌법소원이 인용되어 이 사건 법률조항이 위헌으로 결정되더라도 청구인은 이미 확정된 형사소송에 대해 법원에 재심을 청구할 수 없다. 따라서 이 사건 법률조항에 대한 심판청구는 권리보호의 이익이 인정되지 않는다. 한편 청구인의 주관적 권리구제에는 도움이 되지 아니한다 하더라도, 같은 유형의 침해행위가 앞으로도 반복될 위험이 있고, 헌법질서의 수호·유지를 위하여 그에 대한 헌법적 해명이 긴요한 사항에 대하여는 예외적으로 헌법소원 심판청구의 이익을 인정할 수 있다(헌재 2002.7.18. 99헌마592, 판례집 14-2, 46, 52 참조). 그러나 2012.1.17. 개정된 '국민의 형사재판 참여에 관한 법률'은 아동성보호법 제7조 제1항도 국민참여재판 대상사건에 포함시켜 2012.7.1.부터 시행되었으므로, 이 사건 법률조항

에 대한 청구 부분은 예외적으로 심판청구의 이익을 인정할 경우에도 해당하지 아니한다.

* 검토 – 예외적 심판이익 인정요건은(후술 권리보호이익 부분 참조) 두 가지인데 반복침해가능성과 헌법적 해명필요성이다. 여기서는 법개정을 그 이유로 들었다는 점에서 반복침해가능성의 부정이 해당된다고 보인다.

③ **공소취소처분에 따른 법원의 공소기각결정의 확정, 재심불가** – 헌재는 공소취소처분의 취소를 구하는 이 헌법소원이 인용될 경우에도 형사소송법 제420조 소정의 재심사유에 해당되지 아니하여 재심불가이므로, 결국 권리보호의 이익이 없어 부적법하다고 본다.

판례 헌재 1997.3.27. 96헌마219

[결정요지] 검사의 공소취소처분에 따라 법원이 공소기각 결정을 하여 동 결정이 확정된 경우에는 설사 검사의 공소취소처분이 다시 취소된다고 하더라도 법원의 공소기각 결정이 재심에 의하여 취소되지 아니하는 한 원래의 기소상태는 회복될 수 없다. 그런데 공소취소처분의 취소를 구하는 이 사건 심판청구는 인용될 경우에도 그 인용결정이 형사소송법 제420조 소정의 재심사유에 해당되지 아니하므로, 결국 원래의 공소제기로 인한 소송계속상태가 회복될 수 있는 가능성이 없다 할 것이고 따라서 이 심판청구는 권리보호의 이익이 없어 부적법하다.

④ **대법원 심리불속행 판결로 확정된 재심불가의 경우** – 사안은 과징금부과처분 등 취소의 소를 제기하여, 제1심에서 청구기각 판결, 항소심에서 제1심 판결 취소 및 청구인용 판결, 상고심에서 파기환송 판결을, 환송 후 항소심에서 항소기각 등 판결을 선고받았고, 상고심에서 상고심절차에 관한 특례법(2009.11.2. 법률 제9816호로 개정된 것) 제4조, 제5조 제1항에 의하여 이유 기재 없는 심리불속행 상고기각 판결을 선고받았고, 이에 위 청구인들은 특례법 제4조 제1항, 제3항, 제5조 제1항이 자신들의 재판청구권 등을 침해한다고 주장하면서 2013.8.16. 그 위헌확인을 구하는 헌법소원심판을 청구한 사건이었다. 이 결정은 이미 합헌성 인정 결정이 있었던 경우 헌법해명성 불요로 심판이익이 없는 경우에도 해당된다(따라서 뒤에서도 인용함).

판례 헌재 2015.2.26. 2013헌마574등

[결정요지] 청구인들이 제기한 상고에 대한 판결들은 이미 확정되었고, 이 사건 심판대상 조항들이 위헌으로 선언된다 하더라도 청구인들이 확정된 위 판결들에 대하여 재심을 구하는 등으로 권리구제를 받을 수 없으므로, 청구인들의 심판청구는 주관적 권리보호이익을 인정하기 어렵다. 다만, 청구인들의 권리구제에는 도움이 되지 아니한다 하더라도 헌법적 해명이 긴요한 사항에 대하여는 심판청구의 이익을 인정할 수 있다. 그런데 헌법재판소는 심리불속행 상고기각 판결과 판결이유 기재의 생략을 규정한 이 사건 심판대상 조항들에 대하여 수회에 걸쳐 합헌으로 판시한 바 있으므로(헌재 1997.10.30. 97헌바37 등; 헌재 2012.11.29. 2012헌마388; 헌재 2012.11.29. 2012헌마664 등 참조), 이 사건 심판대상 조항들은 이미 헌법적 해명이 이루어져 예외적으로 심판이익을 인정할 수도 없다.

⑤ **대법원에 항고장, 재심소장 접수 및 재판 요구**

판례 헌재 1992.6.26. 89헌마132

[심판대상] 대법원으로 하여금 항고장과 재심소장을 접수하고 재판하도록 하는 심판을 구하는 청구. [관

련판시] 청구인은 항고장과 재심소장을 대법원으로 하여금 접수, 재판할 것을 명하는 심판을 구하고 있는데 이 청구를 보면, 대법원에서는 위 항고장과 위 재심소장을 대법원 89다카4120호 상고허가신청기각결정에 대한 준재심사건으로 처리하여 대법원 89재다카96호로 접수하고 이에 대하여 이를 각하하고 그 재판까지 마친 사실이 이 사건 기록상 인정된다. 그러므로 이 점에 대한 이 사건 헌법소원심판청구는 이미 권리보호의 필요가 없으므로 부적법하다(당재판소 1990.1.6. 89헌마269 결정 참조).

8. 불기소처분에 대한 헌법소원에서의 경우

(1) 문제상황

앞서 2008년 재정신청 확대로 인하여 불기소처분에 대한 헌법소원심판의 상황이 바뀌었다고 강조하였다. 그러나 피해자이면서도 고소를 하지 않고 다른 사람의 고발로 사건이 불기소처분으로 된 경우 등에는 피해자가 불기소처분을 대상으로 헌법소원심판을 청구할 수 있다고 보았다(전술 헌법소원의 대상, 검사의 결정 부분 참조). 그러한 경우 등 불기소처분에 대한 헌법소원심판이 청구된 때에 그 청구가 권리보호이익이 있는가가 논의된다. 형사처벌에 공소시효가 있기 때문에 주로 그러하다. 즉 그 논의 이유는 주로 형사처벌 공소시효의 완성은 소추를 할 수 없게 하는데 헌법소원을 청구하더라도 공소시효 정지가 안되면 인용되더라도 공소시효완성의 경우 권리보호이익이 없게 될 것이기 때문이라는 데에 있다.

(2) 공소시효의 완성으로 인한 권리보호이익의 不在

이 문제에 대해서는 공소시효가 언제 완성되었느냐에 따라 아래 세 가지 경우로 나누어 보아야 할 것이다. 아래 도해에서 보듯이 공소시효가 불기소처분이 있기 전에 이미 완성된 경우('A'), 불기소처분이 있은 뒤 완성된 경우('B'), 헌법소원이 제기된 이후에 비로소 완성된 경우('C')이다. B, C의 경우를 먼저 본다[아래 1)]. 다음, A의 경우를 본다[아래 2)].

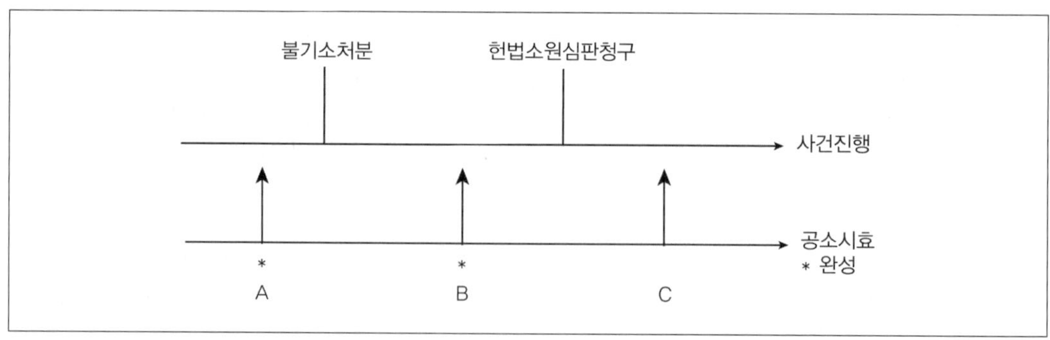

▌공소시효 완성 시점 도해

1) 불기소처분 후 헌법소원제기 전 공소시효완성된 경우('B')와 헌법소원제기 후 공소시효완성된 경우('C'경우)

(가) 권리보호이익의 부정

검사의 불기소처분 당시에는 공소시효가 완성되지 않았으나 이후 불기소처분에 대한 헌법소원심판을 청구할 시점에서 이미 공소시효가 완성된 상태인 경우('B')뿐만 아니라, 헌법소원심판청구시까지는 공소시효가 완성되지 않았으나 헌법소원심판 도중에 공소시효가 완성된 경우('C')에도 권리보호이익이 없어 각하하는 것이 우리 헌재의 확립된 판례이다. 후자의 경우는 바로 아래에 보는 대로 불기소처분에 대한 헌법소원심판이 청구되었더라도 피의사실에 대한 공소시효의 진행이 정지되는 것은 아니라고 보기 때문에 시효완성이 인정되고 권리보호이익이 부정되는 것이다.

판례 헌재 2010.5.27. 2010헌마71

* 2008년 이후 결정례라서 대표적으로 인용함. [판시] 검사의 불기소처분에 대한 헌법소원에 있어서 그 대상이 된 범죄에 대한 공소시효가 완성되었을 때에는 권리보호의 이익이 없어 헌법소원을 제기할 수 없는바(헌재 1989.4.17. 88헌마3, 판례집 1, 31, 38), 헌법소원 제기 후에 그 공소시효가 완성된 경우에도 역시 그 헌법소원은 권리보호의 이익이 없어 부적법하다는 것이 우리 재판소의 확립된 판례이다(헌재 1995.1.20. 94헌마246, 판례집 7-1, 15, 41). * 동지 : 헌재 2008.5.29. 2007헌마375 등.

(나) 결정례

* **유의** : 아래 결정례들 중 많은 결정들은 피해자가 고소인이었던 경우였다. 2008년 이후에는 그와 같은 경우 아예 피해자가 헌법소원심판을 청구할 수 없고 재정신청으로 가므로 지금 상황에서는 청구인 관점에서 보면 찾기 어려운 결정례들이다. 그러나 공소시효완성으로 인한 권리보호이익의 소멸은 헌법소원이 피해자가 고소인이 아니어서 제기될 수 있는 경우에는 마찬가지로 나타날 수 있으므로 이에 대해 살펴보고 인용도 한다. 따라서 위와 같은 경우 고소인이 피해자이더라도 아닌 경우로 상정해서 살펴보면 되겠다. * 이하 다른 항목들에서도 마찬가지이다.

('B'의 경우) 불기소처분 이후에 헌법소원 제기 당시에 공소시효가 이미 완성되어 각하된 결정례들 : 헌재 1989.4.17. 88헌마3(판례집 1, 31면); 1989.7.28. 89헌마65(판례집 1, 170면); 1989.12.22. 89헌마22(판례집 1, 407면); 1990.4.2. 89헌마185(판례집 2, 120면); 1993.7.29. 93헌마30(판례집 5-2, 235면); 1993.11.25. 93헌마107, 판례집 5-2, 545면; 1997.7.16. 97헌마40, 헌재공보 제23호, 571면; 1998.4.30. 97헌마117(헌재공보 제27호, 398면); 2008.3.27. 2006헌마1103; 2008.4.24. 2007헌마570; 2008.11.27. 2007헌마699; 2009.2.26. 2007헌마1369; 2009.3.26. 2007헌마1399; 2009.3.26. 2007헌마303; 2010.5.27. 2010헌마71; 2009.6.25. 2009헌마22 등.

('C'의 경우) 헌법소원심판청구 후에 공소시효가 완성되어 권리보호이익이 부정된 결정례들 : 헌재 1992.6.26. 90헌마203; 1992.7.23. 92헌마103; 1992.12.24. 92헌마186; 1995.1.20.

94헌마246(본 결정은 12 · 12사건에 관련된 고소 · 고발에 대한 불기소처분에 관한 헌법소원결정이다); 1997.7.16. 97헌마40; 1997.8.21. 97헌마73; 1998.4.30. 97헌마117; 2008.2.28. 2007헌마441; 2008.9.25. 2008헌마30; 2008.11.27. 2008헌마33; 등.

('B'와 'C' 두 경우가 모두 있었던 결정례) 헌재 2009.7.30. 2007헌마263; 2012.3.29. 2010헌마549.

(다) 헌법소원심판청구와 공소시효의 비정지

가) 문제 소재

공소시효가 헌법소원심판을 청구하기 전에 완성되지 않았으나 헌법소원심판 도중에 완성된 경우라도 권리보호이익이 없다는 위 'C'의 경우의 헌재법리는 결국 헌법소원심판의 청구가 공소시효의 진행을 정지시키지 않는다고 보는 법리인 것이다. 헌법소원심판을 통해 불기소를 시정하려고 하는 목적으로 청구하였음에도 공소시효가 정지되지 않는다고 보는 것을 둘러싸고 논란이 있다. 헌재의 입장은 아래와 같은 유추적용에 대해서도 반대하는 등 확고하다.

나) 재정신청시 공소시효정지의 형소법규정의 헌법소원에서의 유추적용 부인

불기소처분에 대한 헌법소원심판이 청구되면 공소시효의 진행이 정지되게 하는 방도로 재정신청이 있는 경우 공소시효의 진행이 정지되도록 하고 있는 형사소송법 제262조의2(현행 제262조의4)을 유추적용하는 것을 헌재는 법률에 명시되지 않은데 피의자에게 불리하게 유추적용하는 것은 죄형법정주의에 반한다고 하여 받아들이지 않는 입장이다(입법론적 필요성은 인정하면서도).

[주요판시사항]

▷ 형사소송법 제262조의2의 규정의 유추적용으로 고소사건에 대한 헌법소원이 심판에 회부된 경우도 공소시효가 정지된다고 인정함은 유추적용이 허용되는 범위를 일탈하여 적법절차주의, 죄형법정주의에 반하여 허용되지 아니함

판례 헌재 1993.9.27. 92헌마284

[쟁점] 재정신청시 공소시효 진행이 정지되도록 규정한 형사소송법 제262조의2를 유추적용(類推適用)하여 헌법소원이 심판에 회부된 경우에도 심판대상인 피의사실에 대한 공소시효가 정지되는 것으로 할 수 있는지 여부(부인) [결정요지] 기록에 의하면 청구인이 주장하는 고소사실 중 피고소인들의 이 사건 치료시기는 1987.6.7. 이전이므로 위 업무상과실치사 피의사실은 1992.6.6. 이전에 그 공소시효 5년이 완성되었음이 날짜 계산상 명백하다. 한편 당재판소가 부산지방검찰청 88형제49075호 불기소처분을 취소한 후 재기수사한 피청구인이 다시 불기소처분한 데 대하여 청구인이 다시항고 · 재항고를 하였으나 동 불기소처분통지나 항고 · 재항고를 기각한다는 통지를 받는 과정에서 상당한 시간이 소요되어 위 공소시효 완성 후인 1992.11.30.에 비로소 당재판소에 다시 이 사건 헌법소원심판청구를 한 사실이 기록상 인정된다. 그런데 형사소송법은 그 제262조의2에 "제260조의 규정에 의한 재정신청이 있을 때에는 전조의 재정결정이 있을 때까지 공소시효의 진행을 정지한다"라고 규정하여 재정신청으로 공소시효가 정지됨을 명문으로 규정하였다. 이러한 형사소송법 제262조의2의 규정취지는 검사의 불기소처분에 대하여 고소인이 불복하여 그 시정을 구하고자 재정신청을 한 경우 수사의 지연이나 재정절차의 지연으로 인하여 재정결정 전에 공소시효가 완성됨으로써 의당 구제받을 고소인의 권익이 구제받지 못한다면

재정신청제도의 취지 자체가 몰각될 우려가 있으므로 이를 방지하려는 데 있다. 동법 제262조의2의 규정목적과 같은 맥락의 목적인 제도라는 점에서 헌법소원이 심판에 회부된 경우에도 심판대상인 피의사실에 대한 공소시효가 정지되는 것으로 동법 동조를 유추적용할 수 있겠는가 하는 문제를 살펴볼 필요가 있다. 이 문제는 결국 법에서 명문으로 규정하고 있지 아니한 공소시효의 정지를 법률의 유추적용으로 인정할 수 있겠는가 하는 문제라 할 것이다. 생각건대 공소시효제도는 시간의 경과에 의한 범죄의 사회적 영향이 약화되어 가벌성(可罰性)이 소멸되었다는 주된 실체적 이유에서 일정한 기간의 경과로 국가가 형벌권을 포기함으로써, 결과적으로 국가형벌권의 소멸과 공소권의 소멸로 범죄인으로 하여금 소추와 처벌을 면하게 함으로써 형사피의자의 법적 지위의 안정을 법률로써 보장하는 형사소송조건에 관한 제도이다. 비록 절차법인 형사소송법에 규정되어 있으나 그 실질은 국가형벌권의 소멸이라는 점에서 형의 시효와 마찬가지로 실체법적 성격을 갖고 있는 것이다. 그러므로 그 예외로서 시효가 정지되는 경우는 특별히 법률로써 명문의 규정을 둔 경우에 한하여야 할 것이다. 법률에 명문으로 규정되어 있지 아니한 경우 다른 제도인 재정신청에 관한 위 법조의 규정을 피의자에게 불리하게 유추적용하여 공소시효의 정지를 인정하는 것은 유추적용이 허용되는 범위를 일탈하여 법률이 보장한 피의자의 법적 지위의 안정을 법률상의 근거 없이 침해하는 것이 되고, 나아가서는 헌법 제12조 제1항, 제13조 제1항이 정하는 적법절차주의, 죄형법정주의에 반하여 기소되고 처벌받는 결과도 생길 수 있을 것이다. 결국 이 사건 심판청구는 위에서 본 바와 같이 피의사실에 대하여 이미 공소시효가 완성된 경우인바, 헌법소원심판 전에 공소시효가 완성된 경우는 권리보호의 이익이 없는 청구라 하여 청구를 각하하여야 한다고 함이 당재판소의 확립된 판례(헌법재판소 1989.4.17. 88헌마3 결정 등 참조)이고, 이 판례를 변경할 필요를 인정하지 아니한다. 따라서 청구인의 이 사건 헌법소원심판청구를 각하한다. * 헌법소원 심판이 청구되더라도 심판대상인 피의사실에 대한 공소시효는 정지되지 않는다는 동지의 판시가 있었던 결정례 : 헌재 2008.11.27. 2008헌마33.

* 위 결정에 대한 검토 – 헌재가 '헌법소원심판 전에 공소시효가 완성된 경우'라고 하나 사건개요를 보면 헌재의 불기소취소결정으로 재기수사를 하여 다시 불기소처분된 데 대해 청구인이 재항고까지 갔고 검찰이 1992.5.8. 재항고를 기각하였는데 그 결정통지가 어떻게 된 영문인지 공소시효가 완성되는 1992.6.6.이 지난 시점인 동년 11.2.에서야 있었다는 등(그 이전에도 재기수사가 있었다) 청구인의 잘못이 없이 이루어진 공소시효완성을 들어 권리보호이익이 없다고 하여 각하하였다는 점에서 위 형소법 준용불가법리를 떠나 문제가 있었다.

(라) 검토

'B'와 'C'의 경우에 결론적으로 공소시효완성을 이유로 권리보호이익이 없다는 것은 문제가 있다. 'B'의 경우에 불기소처분이 공소시효완성에 임박하여 이루어질 경우 부당하다. 더구나 'C'의 경우에는 청구인이 완성 전에 권리구제를 위한 헌법소원을 청구하여 완성을 막기 위해 최후로 조치를 강구하기 위해 안간 힘을 쓴 경우라고 할 때 위 판례법리는 부당하다. 현행 형사소송법 제260조 제2항 단서 제3호가 "검사가 공소시효 만료일 30일 전까지 공소를 제기하지 아니하는 경우"에는 검찰에 항고를 하지 않고 바로 재정신청을 할 수 있도록 하고 있지만 갈길이 바쁘다. 공소시효제도에 대한 비판이 강하게 제기되기도 하고 법률이 정지사유로 하지 않는다고 하여 법률의 위헌여부 판단권을 가진 헌재가 그나마 범죄종류에 따라 달리 볼 여지조차 주지 않고 일률적으로 권리보호이익 결여라는 법리를 확립하여 둔 것은 검토가 필요하다. 보다 근본적으로 공소시효제도 자체에 대한 재검토가 요구된다고 하겠다.

2) 검사 불기소처분시 이미 공소시효가 완성된 경우('A'의 경우)의 문제

위 도해의 'A'의 경우, 즉 공소시효가 검사의 불기소처분 이전에 이미 완성되어서 검사가 이러한 공소시효의 완성을 이유로 행한 '공소권 없음'의 불기소처분에 대한 헌법소원심판에 있어서는 다음의 문제가 있다. 검사의 공소시효완성 판단이 옳다고 인정될 경우에 헌재는 어떠한 형식의 결정을 할 것인가 하는 문제가 있다. 이에 대해서는 기각결정설과 각하결정설이 대립되었다. 전자는 공소시효완성 여부에 대한 검사의 판단이 정당한지 하는, 즉 불기소처분에서 검사가 그 이유로 드는 혐의없음 등에 대해 헌재가 판단하는 것과 같이 검사의 판단에 대한 헌재의 판단이므로 이는 헌재의 본안판단이라고 보아 공소시효완성이 옳으면 기각결정을 하여야 한다는 견해이다. 이에 비해 후설은 헌재는 검사의 판단에 대한 정당성여부의 판단에 앞서 헌법소원의 적법요건의 구비여부를 스스로 먼저 심사한다는 입장에서 공소시효완성사실에 대한 심사를 하고 완성사실이 인정되면 권리보호이익의 결여로 각하결정을 하여야 한다는 견해이다.

헌재는 기각결정을 한 예도[헌재 1990.12.26. 90헌마2; 2001.9.27. 2001헌마4; 2003.1.30. 2002헌마617; 2003.2.27. 2002헌마613; 2008.3.27. 2006헌마1103; 2008.5.29. 2007헌마375(2008년 1월 1일 이후 나온 이 2006헌마1103, 2007헌마375 두 결정례는 위와 같은 법리문제에 대해 언급하지는 않았으나 기각결정을 한 예로 보인다); 2008.12.26. 2007헌마193등) 있었고 각하결정을 한 예도(헌재 1998.5.28. 97헌마339; 2008.3.27. 2006헌마1276; 2011.12.29. 2010헌마244; 2012.2.23. 2011헌마452(2010헌마244, 2011헌마452 이 두 결정에서 검사의 불기소처분 사유에 대해 명확히 언급이 없으나 시간의 경과가 검사의 불기소처분 시점에 분명 공소시효가 완성된 사실이 명확하여 이를 감안하여 여기에 인용함) 참조) 있었다.

위 논의를 떠나 불기소처분이 공소시효 완성 이후 행하지 않고 수사와 기소 여부 결정을 신중한 가운데서도 신속하게 해주는 검찰작용이 전제로 되어야 위 권리보호이익 결여 법리도 설득력을 더 얻게 된다.

3) 공소시효규정(형소법 제249조)이 위헌임을 전제한 불기소처분 헌법소원의 권리보호이익

공소시효완성으로 권리보호이익이 없다는 헌재의 법리는 공소시효기간을 정한 법규정이 위헌이라고 판단하면 그 적용이 달라지고 해당 불기소처분이 위헌으로 확인될 수도 있다. 따라서 위와 같은 경우 불기소처분에 대한 헌법소원심판에서 공소시효에 관한 형소법규정에 대한 위헌여부 판단을 아울러 전제적으로 할 수 있다고 볼 것인가 하는 문제가 논의되었는데 이 문제에 대해 헌재는 긍정하기도 하고 부정하기도 하는 결정례를 내놓은 바 있다.

(가) 인정례

아래 결정의 사안은 공소시효가 완성되었음을 이유로 검사가 불기소처분한 데 대해 위 형소법 제249조가 형법 제124조, 제125조의 범죄 등 이른바 고문범죄에 대하여도 일률적으로 공소시효를 적용하도록 규정하고 있는 것은 헌법 제27조 제5항 등에 위반된다는 주장을 전제로 불기소처분도 위헌이라 주장하여 청구된 헌법소원심판사건이다. 헌재가 심판대상은 어디까지

나 불기소처분 자체에 한정했지만 공소시효제도를 정하고 있는 형사소송법 제249조의 위헌여부를 판단하였고 합헌이라고 한 뒤 당해 불기소처분도 합헌으로 보아 기각결정을 했다. 이처럼 기각결정을 하긴 하였으나 공소시효 근거 법률규정에 대해 심사한 것이다.

판례 헌재 1995.7.21. 95헌마8등, 기각결정

[사건개요와 쟁점] 불법체포·감금죄(형법 제124조) 폭행·가혹행위죄(형법 제125조)로 고소하였으나 공소시효완성을 이유로 검사의 불기소처분이 있자, 공소시효를 규정하고 있는 형사소송법 제249조가 불법체포·감금죄(형법 제124조) 폭행·가혹행위죄(형법 제125조) 등 이른바 고문범죄에 대하여도 공소시효를 적용하도록 규정하고 있는 것은 평등권, 신체의 자유, 재판절차진술권 등을 침해하는 것이고 이 규정을 근거로 한 불기소처분도 취소되어야 한다는 취지의 헌법소원심판이 청구되었다. [청구인들 주장] 공소시효제도를 정하고 있는 형사소송법 제249조가 형법 제124조, 제125조의 범죄 등 이른바 고문범죄에 대하여도 일률적으로 공소시효를 적용하도록 규정하고 있는 것은 헌법 제11조 제1항, 제12조 제1항·제2항·제3항, 제27조 제5항, 제30조에 위반될 뿐만 아니라 우리의 국내법으로 수용된 "시민적및정치적권리에관한국제인권규약"에 위반되는 것으로 위헌이고 따라서 청구인들은 위헌인 위 규정에 근거한 "공소권없음"의 불기소처분으로 인하여 위 헌법규정들에 의하여 보장된 기본권을 침해받았으므로 위 불기소처분의 취소를 구한다는 것이다. [심판대상] 그러므로 이 사건 심판의 대상은 검사의 공권력의 행사인 "공소권없음"의 불기소처분으로 인하여 청구인들이 그들의 주장과 같이 헌법상 보장된 기본권을 침해받았는지의 여부이다. [결정요지] 가. 권리보호 이익의 유무에 관한 판단 – 헌법소원은 국민의 기본권침해를 구제하는 제도이므로, 권리보호의 이익이 있어야 비로소 제기할 수 있고, 불기소처분의 취소를 구하는 헌법소원에 있어서는 그 대상이 되는 범죄에 대한 공소시효가 완성되었을 때에는 원칙적으로 권리보호의 이익이 있다고 할 수 없다. 그러나 이 사건의 경우에 있어서는 청구인들이 공소시효제도를 정하고 있는 형사소송법 제249조가 위헌임을 전제로 위 규정에 근거한 "공소권없음"의 불기소처분으로 인하여 헌법상 보장된 기본권을 침해받았다고 주장하고 "공소권없음"의 처분으로 인한 기본권침해 여부를 심판해 달라는 것이므로 단순히 공소시효가 완성되었다는 이유로 권리보호이익이 없다고 하여 각하할 것이 아니고 위 법률조항의 위헌여부를 가려 "공소권없음"의 처분으로 인한 기본권침해 여부를 심판하여야 할 권리보호이익이 있다고 할 것이다. 나. 본안에 관한 판단 – (1) 공소시효의 제도는 시간의 경과로 인하여 범죄의 사회적 관심이 미약해져 가벌성이 감소하고 범인이 장기간 도피생활을 하면서 정신적 고통을 받은 점과 증거가 산일되어 공정한 재판을 하기 어렵다는 점 등을 근거로 그 존재이유가 있다. (2) 그리고 공시시효의 적용 범위와 기간을 어떻게 정할 것인가의 문제 특히 공소시효를 모든 범죄에 대하여 일률적으로 적용할 것인지, 그 적용을 배제하는 범죄를 인정할 것인지, 그 것을 인정한다면 어떤 범죄로 할 것인지의 문제는 근본적으로 입법자가 우리의 역사와 문화, 형사사법 체계와의 관계, 범죄의 실태, 국민의 가치관 내지 법감정, 특히 사회와 국민의 법적 안정성과 범인에 대한 처벌의 필요성 등 제반 사정을 고려하여 구체적으로 결정하여야 할 입법정책에 관한 사항으로서 입법형성의 자유에 속하는 분야라고 할 것이다. 따라서 공소시효제도를 어떻게 정할 것인가의 판단은 원칙적으로 입법자의 폭넓은 재량에 속한다고 할 것이므로 그 입법재량권이 헌법규정에 위반하여 자의적으로 행사된 경우가 아닌 한 헌법에 위반된다고 할 수는 없다. (3) 결국 형사소송법 제249조는 입법자의 형사정책적 결단에 따라 공소시효의 적용범위와 기간을 정한 것으로서 헌법에 위배되지 아니한다고 할 것이고, 따라서 이 사건 불기소처분은 헌법에 위반되지 아니한 형사소송법 제249조에 근거하여 행하여진 처분으로서 이로 말미암아 청구인들의 기본권이 침해되었다고 볼 수 없다. 4. 결론 – 그렇다면 이 사건 심판청구들은 모두 이유 없으므로 이를 기각하기로 결정한다.

* 해설 – 이 결정에서 헌재는 본안판단에서 형법 제249조의 공소시효제도가 형법 제124조, 제125조의

범죄에 대해서도 적용되는 것이 위헌이 아니라고 보고 결국 불기소처분에 대한 헌법소원심판청구에 대하여 기각결정을 하였다.

(나) 부정례

비슷하게 공소시효 완성을 이유로 한 '공소권없음' 불기소처분에 대해 그 불기소처분의 근거가 된 공소시효의 기간 및 그 정지와 효력에 관한 형사소송법 제249조 제1항, 제253조가 자신들의 재판절차진술권 등을 침해하여 위헌이므로, 위헌인 이 사건 법률조항에 근거한 검사의 불기소처분도 취소되어야 한다는 취지의 주장으로 청구된 헌법소원심판사건에서 헌재는 위 형소법 조항들에 대해 그 위헌여부를 판단하지 않았다.

판례 헌재 2008.12.26. 2007헌마193

[사건개요] 가. 2007헌마193 – 청구인은 18세 때인 1967년경 남자친구를 만나러 나갔다가 피고소인 안○수를 비롯한 7명의 남자들로부터 강간을 당하여 상해를 입었다고 주장하면서 2006.9.27.경 피고소인 안○수를 강간치상 혐의로 고소하였다. 피청구인은 위 고소사건을 수사한 후 2006.10.31. 고소범죄에 대한 공소시효가 완성되었다는 이유로 공소권없음의 불기소처분을 하였다. 위 청구인은 위 불기소처분에 불복하여 검찰청법이 정한 절차에 따라 항고 및 재항고를 하였으나 모두 기각되자 그로부터 30일 이내인 2007.2.14. 이 사건 헌법소원심판을 청구하였다. 나. 2007헌마194 … [결정요지] 가. 심판대상 – 청구인들은 이 사건 각 헌법소원심판청구서에서 위 각 불기소처분의 근거가 된 공소시효의 기간 및 그 정지와 효력에 관한 형사소송법 제249조 제1항, 제253조(이하 '이 사건 법률조항')가 미성년자들로서 성폭력범죄 피해자들이었던 청구인들의 재판절차진술권 등을 침해하여 위헌이므로, 위헌인 이 사건 법률조항에 근거한 피청구인의 이 사건 각 불기소처분은 취소되어야 한다는 취지로 주장하고 있다. 따라서 이 사건 각 헌법소원심판청구의 심판대상은 이 사건 각 불기소처분이라는 공권력의 행사로 인하여 청구인들 주장의 각 기본권이 침해되었는지의 여부임이 명백하고(헌재 1995.7.21. 95헌마8등), 이 사건 법률조항의 위헌여부 그 자체는 직접적인 심판대상이 될 수 없는 것이다. 나. 본안에 관한 판단 – 기록을 살펴보아도, 피청구인들이 헌법의 해석, 법률의 적용 또는 증거판단에 있어서 불기소처분의 결정에 영향을 미친 중대한 잘못이 있었다고 보이지 아니하므로, 이미 공소시효가 경과한 위 각 고소사실에 대하여 공소권없음의 불기소처분을 한 것은 옳고 이로 말미암아 청구인들 주장의 기본권이 침해되었다고 볼 수 없다(다만, 이 사건 헌법소원심판청구에 대하여 인용결정이 되고 그 인용결정이 이 사건 불기소처분의 근거가 된 이 사건 법률조항의 위헌에 기인한 것이라면 이 사건 법률조항에 대하여 헌법재판소법 제75조 제5항에 의하여 부수적으로 위헌선언을 할 수 있을 것이지만, 이 사건 각 불기소처분 자체는 헌법에 위배되지 아니하여 이 사건 각 헌법소원심판청구가 인용되지 아니하는 이상 부수적 규범통제에 관하여는 더 나아가 판단할 필요가 없을 뿐만 아니라, 가사 이 사건 법률조항이 위헌이라고 하더라도 위 조항은 헌법재판소 법 제47조 제2항 단서 소정의 형벌에 관한 법률조항이 아니어서 그 위헌결정의 효력에는 소급효를 인정할 수 없으므로, 이미 공소시효가 완성된 피의자들에 대하여 다시 공소를 제기하여 형사처벌을 할 수도 없는 것이다). 3. 결론 – 그렇다면 이 사건 심판청구는 이유 없으므로 이를 기각하기로 결정한다.

* 검토 – ⅰ) 위 헌재 1995.7.21. 95헌마8등 결정 취지와 모순된다. * 공소시효완성 불기소처분사안은 아니나 불기소처분의 근거가 된 불처벌특례조항과 함께 심판대상으로 청구되어 불기소처분은 권리보호이익이 없으나 그 근거의 불처벌특례조항에 대해서는 본안판단으로 들어간 예도 있다(헌재 1997.1.16. 90헌마110 등. 이 결정에 대해서는 아래 별도 항목 부분 참조). ⅱ) 헌재는 모름지기 법률에 대하여 위

헌 여부를 판단을 할 권한까지 부여받았고 헌법재판은 그러한 임무를 수행하는 것인데 공소시효에 관한 법률규정이 합헌인지에 대해 판단도 하지 않은채 "이미 공소시효가 경과한 위 각 고소사실에 대하여 공소권없음의 불기소처분을 한 것은 옳고 이로 말미암아 청구인들 주장의 기본권이 침해되었다고 볼 수 없다. 다만, 이 사건 헌법소원심판청구에 대하여 인용결정이 되고 그 인용결정이 이 사건 불기소처분의 근거가 된 이 사건 법률조항의 위헌에 기인한 것이라면 이 사건 법률조항에 대하여 헌법재판소법 제75조 제5항에 의하여 부수적으로 위헌선언을 할 수 있을 것이지만, 이 사건 각 불기소처분 자체는 헌법에 위배되지 아니하여 이 사건 각 헌법소원심판청구가 인용되지 아니하는 이상 부수적 규범통제에 관하여는 더 나아가 판단할 필요가 없을 뿐만 아니라"라고 판시한다. 그러나 불기소처분의 원인이 위헌이라고 판단한다면 불기소처분도 위헌이고 그 원인은 여기서 법률규정에 기인한 것이라면 헌재의 이 논증은 잘못된 것이다. 불기소처분의 근거법률규정의 위헌 여부 문제가 불기소처분의 위헌 여부에 직결되어 있는데도 이렇게 말할 수는 없다. 위 판시는 헌재가 생각하는 헌재법 제75조 제5항의 부수적 규범통제란 심판대상인 공권력행사가 인용(위헌성 인정)결정이 있어야만 할 수 있다고 보는 것으로 이해하게 하는데 심판대상인 공권력이 위헌인지가 그 근거가 되는 법률규정에서 근원한다면 그 법률규정에 대해 판단하지 않고서는 부수적 규범통제도 가능하지 않을 것이라는 점에서 모순이다. 더구나 위헌법률의 최종적 심사기관인 헌재가 이를 판단하지 않는다면 기본권보장의 최후 보루로서 소임을 다하지 못하는 것이다. iii) 헌재의 위 판시는 결국 형소법 제249조 제1항 해당규정이 합헌이라는 것을 전제로 공소시효완성으로 판단한 검사의 불기소처분이 옳다고 보는 것으로 이해하게 하기도 한다. 이는 근거하는 법률규정이 합헌임을 전제로 하여 그 법률규정에 비추어 심판대상인 공권력행사(불기소처분)의 위헌 여부를 심사하는, 즉 결국 헌재가 헌법에 비춘 판단이 아니라 법률에 비춘 판단을 한 모순적인 결과를 보여주는 것으로 보이게 하는 것이라고 하겠다. iv) 심판대상을 청구인이 불기소처분으로 하였고 그 심판대상인 불기소처분이 위헌인 이유제시로 그 근거 법률규정이 위헌이라고 주장하여 그 근거 법률규정에 대해 청구대상으로 하지 않은 데 따라 심판대상이 불기소처분에 한정한다고 본 것이라면 헌법재판에서의 대상결정에 있어서 직권주의가 작동한다는 헌재 자신의 판례에도 부합되지 않는다.

4) 유의 - 기소유예처분의 경우

헌재는 기소유예처분의 경우에는 이에 대한 피의자의 헌법소원이 제기된 후에 공소시효완성이 있더라도 권리보호이익이 있다고 보고, 기소유예처분의 대상이 된 피의사실에 대하여 일반사면(一般赦免)이 있은 경우에도 마찬가지로 권리보호이익을 인정한다(후술 참조).

(3) 불처벌의 특례조항을 근거로 한 불기소처분의 경우

처벌하지 않도록 하는 법률조항(不處罰 特例條項)을 위헌으로 결정하더라도 그 조항이 소급하여 효력을 상실하는 것으로 볼 수 없다고 보고(불처벌특례조항에 대한 위헌결정의 소급효 부정에 대해서는 앞의 위헌법률심판, 결정의 효력, 소급효, 형벌조항 부분 참조) 따라서 그 불처벌 규정을 근거로 한 불기소처분을 헌법소원에 의해 취소할 수 있는 여지가 없으므로 권리보호이익이 없다고 보아야 한다는 것이 헌법재판소의 판례이다. 사안은 종합보험 가입자에 대한 불기소 특례를 규정한 교통사고처리특례법 제4조 등에 대한 헌법소원 사건이었다.

판례 헌재 1997.1.16. 90헌마110등

[쟁점] 교통사고처리특례법 제3조 제2항 단서의 8가지 유형에 해당하지 아니하는 유형의 교통사고를 중과실로 발생시켜 불구, 난치의 질병 등 이른바중상해를 입힌 경우에도 그 차량이 단순히 자동차종합보

험 등에 가입하였다는 이유만으로 공소제기조차 하지 못하도록 규정한 동법 제4조 제1항에 따라 교통사고를 발생시킨 운전자에 대하여 불기소처분을 하자 그 사건의 피해자들이 그 불기소처분에 대하여 헌법소원심판을 청구하였는데 그 헌법소원은 권리보호이익을 가지는지 여부가 논란이 됨(부정, 각하결정). [심판대상규정] 교통사고처리특례법 제4조(보험 등에 가입된 경우의 특례) ① 교통사고를 일으킨 차가 보험업법 제5조, 제7조 또는 육운진흥법 제8조의 규정에 의하여 보험 또는 공제에 가입된 경우에는 제3조 제2항[1]의 본문에 규정된 죄를 범한 당해 諸車의 운전자에 대하여 공소를 제기할 수 없다. 다만, 제3조 제2항 단서에 해당하는 경우나 보험계약 또는 공제계약이 무효 또는 해지되거나 계약상의 면책규정 등으로 인하여 보험사업자 또는 공제사업자의 보험금 또는 공제금 지급의무가 없게 된 경우에는 그러하지 아니하다. [관련판시] 이 사건 법률조항인 특례법 제4조 제1항은 비록 형벌에 관한 것이기는 하지만 불처벌의 특례를 규정한 것이어서 위 법률조항에 대한 위헌결정의 소급효를 인정할 경우 오히려 그 조항에 의거하여 형사처벌을 받지 않았던 자들에게 형사상의 불이익이 미치게 되므로 이와 같은 경우까지 헌재법 제47조 제2항 단서("형벌에 관한 법률 또는 법률의 조항은 소급하여 그 효력을 상실한다")의 적용범위에 포함시키는 것은 그 규정취지에 반한다. 따라서 위 각 불기소처분의 근거가 된 이 사건 법률조항이 헌법에 위반된다고 선고되더라도 위 법 제47조 제2항 단서가 적용되지 아니할 것이므로, 이 사건 각 헌법소원에 의하여서는 그 결정의 효력이 이 사건 교통사고를 야기한 위 청구외인들의 각 업무상과실치상행위 당시로 소급하여 이 사건 법률조항을 실효시키는 효력이 없어 결국 이 사건 불기소처분을 취소할 수 있는 여지도 없다. 그렇다면 이 사건 각 불기소처분에 대한 헌법소원으로써 청구인들의 기본권이 구제될 수 없다 할 것이니, 청구인들의 이 사건 각 심판청구 중 불기소처분에 대한 부분은 주관적 권리보호의 이익이 없는 경우에 해당하여 모두 부적법하다.

* **유의** : ⅰ) 결말 – 이 사안에서 불기소처분 대상 청구에 대해서는 위와 같이 권리보호이익이 결여되어 각하되었으나 불처벌 특례 법률조항 자체에 대해서는 예외적 심판이익의 인정으로 본안판단까지 갔다. 평등권 침해, 과잉금지원칙 위반 등의 위헌의견이 5인 재판관의 다수의견이었으나 6인 정족수규정에 미달하여 결국 기각결정이 되었다. ⅱ) 판례변경된 결정임 – 이 결정은 그러나 후일 위 불기소처분의 권리보호이익결여와 예외적 심판이익은 위 90헌마110등 결정과 마찬가지로 인정하면서 위 특례 법률조항과 비슷한 규정인 교통사고처리특례법(2003.5.29. 법률 제6891호로 개정된 것) 제4조 제1항 본문 중 업무상 과실 또는 중대한 과실로 인한 교통사고로 말미암아 피해자로 하여금 중상해에 이르게 한 경우에 공소를 제기할 수 없도록 규정한 부분은 재판절차진술권, 평등권을 침해하여 헌법에 위반된다는 위헌결정이 판례변경으로 있었다(헌재 2009.2.26. 2005헌마764 등).

(4) 불기소처분 대상범죄의 확정판결이 있은 경우

검사의 불기소처분에 대한 헌법소원에 있어서 그 대상이 된 범죄에 대하여 형사소송법 제326조 제1호(확정판결이 있은 때)에 의하여 공소를 제기할 수 없을 때에는 권리보호의 이익이 없어 그 헌법소원심판청구가 부적법하다는 것이 헌재판례이다.

판례 헌재 2010.5.27. 2010헌마71

[판시] 불기소처분에 대한 헌법소원에서 그 대상이 된 범죄가 형사소송법 제326조 제1호 소정의 "확정

1) 제3조(처벌의 특례) 제2항 : 차의 교통으로 제1항의 죄 중 업무상과실치상죄 또는 중과실치상죄와 도로교통법 제108조의 죄를 범한 운전자에 대하여는 피해자의 명시한 의사에 반하여 공소를 제기할 수 없다. 다만, 차의 운전자가 제1항의 죄 중 업무상과실치상죄 또는 중과실치상죄를 범하고 피해자를 구호하는 등 도로교통법 제50조 제1항의 규정에 의한 조치를 하지 아니하고 도주하거나 피해자를 사고장소로부터 옮겨 유기하고 도주한 경우와 다음 각호의 1에 해당하는 행위로 인하여 동죄를 범한 때에는 그러하지 아니하다. 1.~8. 생략.

판결이 있은 때"에 해당하는 경우에는 권리보호의 이익이 없다(헌재 1995.12.28. 95헌마166, 공보13, 158). * 동지 : 헌재 1997.3.27. 95헌마344; 2000.8.31. 99헌마250 등.

(5) 그 외 불기소처분 헌법소원에서의 권리보호이익 결여사유

위에서 본 불기소처분에 대한 헌법소원에서의 공소시효 완성 등 권리보호이익 결여 사유 외에도 헌재판례에 나타난 사유는 아래와 같은 경우들이 있었다.

1) 불기소처분 피의사건의 피고소인의 사망으로 인한 권리보호이익 부재

판례 헌재 1992.11.12. 91헌마176, 각하결정

[결정요지] 피고소인 ○○○의 명예훼손의 점은, 광주지방법원 해남지원 1992.9.2.(공소기각)결정에 의하면 동인이 1992.5.13. 사망하였음을 인정할 수 있으므로 권리보호의 이익이 없다고 할 것이므로 이에 대한 부분은 각하한다. * 피고소인의 사망으로 인한 권리보호이익이 없다고 본 또 다른 예 : 헌재 1992.11.12. 91헌마222.

2) 위증죄의 포괄성으로 인한 불기소처분 헌법소원의 권리보호이익의 결여

판례 헌재 2000.8.31. 99헌마250

[결정요지] 하나의 사건에 관하여 한 번 선서한 증인이 같은 기일에 여러 가지 사실에 관하여 기억에 반하는 허위의 공술을 한 경우 이는 하나의 범죄의사에 의하여 계속하여 허위의 공술을 한 것으로서 포괄하여 1개의 위증죄를 구성하는 것이고 각 진술마다 수개의 위증죄를 구성하는 것은 아니므로(대법원 1992.11.27. 92도498 판결 등 참조) 약식명령이 확정된 위증범죄사실과 같은 증언기회에 이루어진 별개의 위증피의사실은 범죄혐의가 인정된다고 하더라도 약식명령의 기판력에 의하여 검사가 피의자를 다시 기소할 수는 없고, 따라서 이 부분에 관한 청구인의 헌법소원심판청구는 권리보호의 이익이 없어 부적법하다(헌재 1999.7.22. 98헌마473, 공보 37, 712면 참조).

3) 친고죄의 경우 고소기간의 경과로 인한 권리보호이익의 부재

판례 헌재 1998.5.28. 98헌마62, 각하결정

[관련판시] 친고죄인 강간미수죄, 강제추행죄에 대하여는 범인을 알게 된 날로부터 6월을 경과하면 고소하지 못하는데(형사소송법 제230조 제1항), 청구인은 마지막 범행일시경부터 6월을 경과한 후인 1997.1.31. 위 ○○○을 고소하였으므로 피청구인은 위 ○○○을 기소할 수 없고, 따라서 이 부분에 관한 청구인의 헌법소원심판청구는 권리보호의 이익이 없어 부적법하다.

(6) 공정거래위원회 고발 대상 범죄의 공소시효 완성

1) 공소시효가 공정거래위원회 규제에 관련되는 이유 - 고발전속주의

독점규제 및 공정거래에 관한 법률은 부당하게 거래를 거절하는 등 불공정거래행위를 범죄로 처벌하는데 그 처벌을 위해서는 공정거래위원회의 고발이 있어야 한다(동법 제71조. 고발전속주의). 이에 따라 검사의 불기소처분에 대한 것처럼 공정거래위원회의 고발에 있어서도 공소시효 문제가 있는 것이다.

2) 완성으로 소멸

헌재는 부당한 거래거절 등 불공정거래행위에 대한 공정거래위원회 고발 대상인 범죄의 공소시효 완성이 권리보호이익의 소멸을 가져온다고 본다. 아래 결정례가 그런 입장의 법리를 분명히 하고 있다.

판례 헌재 2004.3.25. 2003헌마404

[판시] … 거래거절 부분 – 법 위반행위에 대한 공정거래위원회의 시정조치나 과징금 등 부과의 시효는 "법의 규정에 위반하는 행위가 종료된 날로부터 5년"이다(법 제49조 제4항). 그런데 청구인이 다투는 청구외 회사의 1998.8.의 거래거절행위 등 법 위반행위는 2003.8.경 그 시효가 지났다. 따라서 헌법재판소가 설사 이 부분 심판청구를 인용한다고 하더라도 공정거래위원회로서는 시정조치나 과징금 등을 부과할 수 없게 되었고, 또 법상 공정거래위원회의 고발의 대상이 되는 범죄(3년 이하의 징역 또는 2억 원 이하의 벌금)의 공소시효도 이미 경과되었다고 보여지므로, 공정거래위원회의 고발을 기대할 수도 없다. 그렇다면 이 부분 심판청구는 권리보호의 이익이 없는 것으로서 부적법하다고 봄이 상당하다.

9. 국회 부작위로 인한 공정한 재판을 받을 권리의 침해 문제 – 이후 작위(상당한 지체 이후 이행)로 권리보호이익 결여

- 후임 헌법재판관 선출의 지체

* 참고 : 여기 결정례를 모델로 하여 제4회 변호사시험에 공정한 재판을 권리에 관해 묻는 사례가 출제된 바 있었다.

국회의 부작위에 관해서는 입법에 관한 지체, 즉 입법부작위에 대해서도 상당한 기간 경과 이후의 비정상적 지체라도 이후 입법이 되면 권리보호이익이 없다고 한 결정이 있었다. 이에 대해서는 앞의 법제변경으로 인한 권리보호이익 부분에서 살펴보았다.

여기서는 입법이 아닌 국회의 작용에 관해서 문제된 경우이다. 그런 사안으로 임기만료로 퇴임한 재판관 후임의 선출이 없는 부작위가 문제된 것인데 사안은 후임 헌법재판관 선출이 안되어 합의체 정원 9인 재판관 모두 참여하는 재판이 아닌 재판이어서 공정한 재판이 아니라는 주장이 제기된 헌법소원심판사건이었다. 헌재는 국회가 공석인 재판관의 후임자를 선출하여야 할 헌법상 작위의무가 존재하고 국회가 후임자를 선출함에 있어 '상당한 기간'을 정당한 사유 없이 경과하여 작위의무의 이행을 지체하였다고 하였으나 피청구인 국회가 이 심판청구 이후 전 재판관 후임자 등 3인의 재판관을 새로이 선출하고, 청구인이 제기한 그 헌법소원심판청구에 대하여 재판관 9인의 의견으로 종국결정이 선고됨으로써 주관적 권리보호이익이 소멸하였다고 본 사례이다.

판례 헌재 2014.4.24. 2012헌마2

[청구인주장] 헌법재판소가 9인의 재판관으로 구성된다는 것은 그 자체로 헌법재판의 공정성을 구현하기

위한 기본적인 전제인바, 이 사건 부작위는 청구인의 공정한 재판을 받을 권리를 침해한다. [결정요지] 가. 헌법상 작위의무의 존재 – … 피청구인(국회)이 선출하여 임명된 재판관 중 공석이 발생한 경우, 피청구인은 공정한 헌법재판을 받을 권리의 보장을 위하여 '상당한 기간' 내에 공석이 된 전 재판관 후임자를 선출하여야 할 헌법상 작위의무를 부담한다고 할 것이다. 나. 헌법상 작위의무의 이행지체 – … 전 재판관(임기만료로 퇴임한 '조대현 재판관'이다. 이하 전 재판관이라 함은 동일인을 의미) 후임자를 비롯한 3인의 재판관 후보자에 대한 선출안이 위원회에 회부된 2012.9.4.에 이르기까지 약 7개월의 기간 동안 피청구인이 실질적으로 새로운 후보자를 찾고 검증하는 절차를 진행하였다고 볼 만한 사정이 없는 점,… 제19대 국회의원 선거의 실시 후에도 다수의 법률이 제·개정된 점에 더하여 위에서 본 헌법 제27조, 제111조 제2항 및 제3항의 입법취지, 전 재판관 후임자 선출절차 진행에 소요된 기간, 당시의 정치적 상황 등을 종합하여 보면, 피청구인(국회)은 공석이 된 전 재판관의 후임자를 선출함에 있어 준수하여야 할 '상당한 기간'을 정당한 사유 없이 경과함으로써, 공석인 전 재판관의 후임자를 선출하여야 할 헌법상 작위의무의 이행을 지체하였다. 다. 권리보호이익의 소멸 – 다만, 헌법소원은 국민의 기본권 침해를 구제하는 제도이므로 헌법소원 심판청구가 적법하려면 심판청구 당시는 물론 결정 당시에도 권리보호이익이 있어야 함이 원칙이다. 그런데 피청구인은 2012.9.4. 전 재판관 후임자를 비롯한 3인의 재판관 후보자(* 이 사건 심판청구 이후인 2012.9.14. 4인의 재판관이 퇴임함으로써 총 5인의 재판관이 공석이 되었고 국회가 선출할 대상도 늘어나 3인의 재판관 후보자가 된 것임)에 대한 선출안을 위원회에 회부하였고, 2012.9.19. 위 각 선출안에 대한 심사경과보고서를 채택하였으며, 같은 날 본회의에서 위 각 선출안을 가결하였는바, 이로써 앞서 본 바와 같이 공석인 전 재판관의 후임자를 선출하지 않고 있던 피청구인의 헌법상 작위의무 이행지체 상태가 해소되었다. 나아가, 헌법재판소가 2013.11.28. 청구인이 제기한 헌법소원 심판청구(2011헌마850)에 대하여 재판관 9인(*대법원장이 지명한 2인의 재판관 포함 모두 9인이 됨)의 의견으로 각하결정을 선고함으로써, 9인의 재판관으로 구성된 헌법재판소 전원재판부의 판단을 받고자 하였던 청구인의 주관적 목적도 달성되었다. 그러므로 이 사건 심판청구의 권리보호이익은 소멸하였다고 할 것이다. 5. 결론 – 그렇다면 이 사건 심판청구는 부적법하므로 이를 각하하기로 결정한다.

* 이 결정 이후 재판부 공백이 또 논란된 것으로 당시 헌법재판소장의 임기가 만료되어 퇴임하고 후임이 선출되지 않아 8인으로 탄핵심판이 진행되자 피청구인이 '공정한 재판을 받을 권리'를 침해하는 것이라고 주장한 일이 있었다. 헌재는 1인이 결원이 되어 8인의 재판관으로 재판부가 구성되더라도 탄핵심판을 심리하고 결정하는 데 헌법과 법률상 아무런 문제가 없다고 하여 주장을 배척하였다(헌재 2017.3. 10. 2016헌나1. 이 결정에 대해서는 뒤의 탄핵심판절차, 재판부 부분 참조).

10. 그 외의 경우

(1) 법적 지위의 변경

청구인의 법적 지위의 변경이 온 경우에는 청구의 권리보호이익이 없다고 본다.

판례 헌재 2000.11.30. 99헌마190

[판시] 기존의 농지개량조합(이하 '농조')과 농지개량조합연합회(이히 '농조연') 및 농어촌진흥공사및농지관리기금법(1990.4.7. 법률 제4229호)에 의한 농어촌진흥공사(이하 "농진공"이라 한다)는 각 해산되어 새로 설립되는 농업기반공사로 통폐합됨으로 인하여 농조 및 농조연의 노동조합이 소멸되므로 청구인 A, B는 각 노동조합 대표인 자신들의 직무수행이 불가능하게 됨에 따라 직업선택의 자유를 침해받는다고 주장한다. 이 주장은, 이로써 법 부칙 제2조 제2호, 제8조 등 통폐합을 규정하고 있는 조항들의

위헌선언을 구하는 것으로 보이나, 직권으로 살피건대 법이 시행되기 이전인 1999.5.3. 농조연 노동조합은 그 스스로 그 명칭을 "전국농지개량조합노동조합"으로 바꾸고 그 대표자를 위 청구인들과 동일인으로 변경하였으며, 청구인 A가 대표로 있었던 ○○ 농조 노조는 1999.11.22. 이에 흡수합병됨으로써 해산된 사실을 인정할 수 있는바, 그렇다면 청구인 A의 ○○ 농조 노동조합 대표로서의 자격 및 청구인 B의 농조연 노동조합 대표로서의 자격은 법의 시행(2000.1.1.)에 앞서 이미 소멸되거나 변경되어 더 이상 유지되지 않고, 따라서 이 사건 법조항들로 인하여 더 이상 그 지위나 직무를 침해당할 여지가 없게 되었다(그들이 새로운 노동조합의 공동대표로 선정되었다고 하더라도 이는 새로운 지위이지 침해를 주장하던 종전의 지위가 아니므로 마찬가지다)고 할 것이므로 이 부분 권리보호의 이익이 없다.

(2) 정책 폐기 종전 상태로 환원

아래의 결정이 그 사례이다. 사안은 정부 부처 단독청사의 브리핑실과 기사송고실 폐지 및 합동브리핑센터 설치 등 '취재지원시스템 선진화 방안'에 대해 신문기자들과 일반국민인 독자들이 청구한 헌법소원심판이었는데 위 방안의 폐기와 종전 상태 환원으로 권리보호이익이 없다고 보았다.

판례 헌재 2008.12.26. 2007헌마775

[판시] 각 정부부처는 2008.3.11.부터 자율적으로 종전 이 사건 방안 중 심판대상과 그에 따른 구체적 조치들을 모두 폐지하고 종전 부처별 기사송고실을 이 사건 방안 발표 이전 상태로 환원하였다. 같은 해 9월말 현재 19개 부처 19개 기자실, 6개의 브리핑실이 신규설치되거나 복원되었으며 … 따라서, 이 사건 방안 중 이 사건 심판대상과 그에 따른 구체적 조치들은 모두 폐지되고 이 사건 방안 이전의 상태로 회복되어 청구인들에 대한 침해행위는 이미 종료되었으므로 이 사건 헌법소원심판청구는 그 심판청구 후 사정변경으로 인하여 주관적 권리보호 이익이 소멸되었다고 할 것이다. … 정부는 이 사건 방안에 따른 조치들을 원상으로 회복하였을 뿐 아니라, 입법자는 이 사건 방안을 입안하고 시행하였던 주관 정부부처인 국정홍보처를 폐지하고, 종전 국정홍보처가 담당하였던 국정홍보업무의 조정 기능이 과도하였다고 판단하여 종래 국정홍보처의 업무를 승계받은 문화체육관광부의 정부조직법상 권한범위에 정부 내 홍보업무의 조정에 관한 사항을 제외하였다. 이와 같은 사정들을 종합하여 살펴보면 정부가 다시 이 사건 방안과 같은 공권력을 행사할 가능성이 있다거나, 헌법적인 해명이 긴요한 것이라고 할 수 없으므로 예외적인 심판청구의 이익을 인정할 필요가 있다고 보기 어렵다.

11. 위헌소원에서의 권리보호(심판청구)이익의 不在의 경우

이에 관해서는 뒤의 제5절 헌법재판소법 제68조 제2항의 헌법소원(위헌소원)의 청구요건, Ⅱ.5.(2) 부분을 참조.

Ⅳ. 권리보호이익이 없는 경우에도 심판이익을 인정하는 경우

침해행위가 이미 종료한 경우나 청구인의 목적이 달성된 경우 등으로 권리보호이익이 없거나 소멸된 상태이면 청구가 각하되고 본안판단으로 들어가지 않게 된다. 그러나 우리 헌법재판소는 권리보호이익이 없더라도 침해행위의 반복위험이 있고 헌법적 해명이 필요한 경우에는 예외적으로 심판의 이익을 인정한다.

[중요] : 헌재 결정문에서 권리보호이익이 따져지는 경우는 그것의 결여 여부가 논란되어 그것에 대해 판시할 때도 있으나 권리보호이익이 결여된 것이 사실인 경우에도 결여되었다고 헌재는 그것으로 각하하지 않고 나아가 심판의 이익이 있는지를 판단하는 경우가 많아서 실제 권리보호이익, 심판이익의 판단에서는 주로 후자까지 간 데 대한 사례들이 더 빈번하다. 그 점에서 헌재의 권리보호이익 판단에서는 예외적 심판이익 인정 여부가 중점적이라고 볼 수 있기까지 하다. 따라서 이 부분이 더더욱 중요하다.

1. 종료된 침해행위에 대한 심판이익의 인정

[중요] : **용어의 정리** : 1. '권리보호이익'이란 말 – 권리보호이익이 침해행위 종료, 시간의 경과 등으로 소멸된 이후부터는 더 이상 쓰지 못한다. 사라진 권리보호이익이 더 이상 예외적으로도 남아있을 수 없다. 종료된 것은 종료된 것이다. 따라서 '권리보호이익의 예외'란 용어(이를 쓰고 있는 문헌으로, 헌법재판소 실무제요, 제2전정신판, 351면)도 부적절하다. 2. '예외'의 의미로서 '심판이익' – 권리보호이익은 이미 사라진 것이므로 예외적으로도 있을 수 없고 그렇게 권리보호이익이 사라지면 본안심판에도 들어갈 필요가 원칙적으로도 없다. 그러나 예외적으로 심판에 들어갈 필요가 있고 그것은 심판에 들어가지 않는다는 원칙에 대한 예외가 된다. 그렇다면 그 예외란 권리보호이익의 예외로서가 아니라 심판에 들어가지 않을 상태의 예외로서 그 예외의 인정대상은 심판인 것이다. 따라서 '예외적 심판이익'의 인정이 되는 것이다. 3. 주관적 권리보호이익, 객관적 권리보호이익? – 헌재 결정들 중에 주관적 권리보호이익이라는 말은 그래도 받아들일만하나 권리보호이익이 없으나 심판이익을 예외적으로 인정하면서 이 심판이익을 '객관적 권리보호이익'이라고 부르는 결정례가 있다(예를 들어 헌재 2008.5.29. 2007헌마712). 그러나 개인의 기본권구제가 아닌 객관적인 헌법질서유지를 위한 예외적 심판이익인데 어떻게 '권리'라는 말을 비록 '객관적'이라는 수식어가 있으나 이를 사용할 수 있는지 의문이다. 권리보호이익은 당연히 주관적 공권(기본적 권리인 기본권!)의 회복을 위한 헌법소원에서 요구되는 것인데 객관적 권리보호이익이라는 말을 사용하여 대조를 주기 위해 '주관적'이라는 말을 붙여야 하는지, 실익도 있는지 의문이다. 4. 심판'청구'의 이익? – 헌재가 '심판청구'의 이익이라는 말도 사용하는데 적절하지 못하다. 왜냐하면 권리보호이익이 소멸되어 청구인으로서 본안판단을 받더라도 자신의 주관적 권리구제에 도움이 되지 않는데 '청구'할 이익이라는 것은 어불성설이다. 또 그 예외의 이익은 아래에 보듯이 객관적 헌법질서의 유지라는 헌법소원의 또 다른 기능을 위한 것이라는 점에서 그러하다. 또 이 예외를 인정하는 판단기관이 헌재이지 청구인이 아니라는 점에서도 그러하다. 그냥 '심판'이익이라고 하는 것이 더 적절한 용어이다. 헌재 판시 인용시 그대로 남겨두나 가급적 '청구'를 빼고자 한다.

(1) 예외인정의 근거

헌법소원의 기능은 개인의 기본권구제만에 있는 것이 아니라 객관적 헌법질서의 유지에도 있다. 바로 이 유지기능에서 비록 권리보호이익이 없어서 헌법소원을 통한 청구인의 권리구제가 안되더라도 객관적인 위헌상태를 확인하여 재발방지를 하고 앞으로 있을 수 있는 다른 사람들의 기본권침해를 예방하여야 할 헌법소원의 역할이 나온다. 바로 여기에 권리보호이익이 없더라도 심판을 할 이익을 인정하는 예외의 인정 근거가 있다.

[주요설시사항]
▷ 종료행위에 대한 심판이익 부여의 근거 = 헌법소원의 객관적 헌법질서보장 기능

판례 헌재 1992.1.28. 91헌마111

[관련설시] 헌법소원의 본질은 개인의 주관적 권리구제 뿐 아니라 객관적인 헌법질서의 보장도 하고 있으므로 헌법소원에 있어서의 권리보호이익은 일반법원의 소송사건에서처럼 주관적 기준으로 엄격하게 해석하여서는 아니 된다. 따라서 침해행위가 이미 종료하여서 이를 취소할 여지가 없기 때문에 헌법소원이 주관적 권리구제에는 별 도움이 안되는 경우라도 그러한 침해행위가 앞으로도 반복될 위험이 있거나 당해 분쟁의 해결이 헌법질서의 수호·유지를 위하여 긴요한 사항이어서 헌법적으로 그 해명이 중대한 의미를 지니고 있는 경우에는 심판청구의 이익을 인정하여 이미 종료한 침해행위가 위헌이었음을 선언적 의미에서 확인할 필요가 있는 것이다. * 이를 설시하고 있는 결정례는 많다. 근간의 것으로, 헌재 2018.4.26. 2016헌마611; 2017.12.28. 2015헌마632 등 참조.

(2) 인정기준 : 침해반복의 위험성 있거나 헌법적 해명이 중요한 경우

헌재는 권리보호이익이 없는 경우에도 심판이익을 예외적으로 인정하는 요건(기준)으로 ① 침해행위가 앞으로도 반복될 위험이 있거나 ② 헌법적 해명이 중요한 의미를 지니는 경우 두 가지 사유를 들고 있다.

[주요설시사항]
▷ 예외적 심판이익 인정의 기준
1. 침해행위의 반복될 위험성의 존재
2. 헌법적 해명이 중대한 의미를 지니는 경우

판례 헌재 1992.1.28. 91헌마111

[관련판시] 헌법소원의 본질은 개인의 주관적 권리구제뿐 아니라 객관적인 헌법질서의 보장도 겸하고 있으므로 헌법소원에 있어서의 권리보호이익은 일반법원의 소송사건에서처럼 주관적 권리를 기준으로 엄격하게 해석하여서는 아니 된다. 따라서 침해행위가 이미 종료하여서 이를 취소할 여지가 없기 때문에 헌법소원이 주관적 권리구제에는 별 도움이 안 되는 경우라도 그러한 침해행위가 앞으로도 반복될 위험이 있거나 당해 분쟁의 해결이 헌법질서의 수호·유지를 위하여 긴요한 사항이어서 헌법적으로 그 해명이 중대한 의미를 지니고 있는 경우에는 심판청구의 이익을 인정하여 이미 종료한 침해행위가 위헌이었음을 선언적 의미에서 확인할 필요가 있는 것이다. "이 사건의 경우, 신체구속을 당한 피의자나 피고인에게 보장된 변호인접견권은 적정한 방어권행사를 통한 신체자유의 보장을 위하여 매우 중요한 권리임에도" 행형법 제62조는 수형자가 타인과 접견할 경우에 교도관이 참여하도록 규정한 동법 제18조 제3항의 규정을 미결수용자의 변호인접견에도 준용할 수 있도록 규정하고 있는 점 등을 보건대 앞으로도 계속될 것으로 보이는 변호인의 접견방해의 시정을 위하여, 그리고 헌법상 보장된 변호인접견권의 내용을 명백히 하기 위하여 비록 헌법소원의 대상이 된 침해행위는 이미 종료되었지마는 그것의 위헌여부를 확인할 필요가 있는 것이다. 따라서 이 사건 헌법소원은 심판청구의 이익이 있고 소원은 적법하다. * 이 법리가 동지로 표명된 결정례들은 많다(헌재 2015.7.30. 2012헌마610; 헌재 2016.5.26. 2013헌마879 등 참조). 확립된 판례법리이다.

헌재는 빈번히 그 예외 해당성 여부를 판단하고 있다. 권리보호이익이 없다고 하여 바로 각하하지 않고 본안판단(심판)의 필요성을 따져보아야 하는 것이다.

2. 인정기준의 개별적 검토

(1) 침해 반복 위험성

1) 침해 반복성의 개념 - 구체적·실제적 위험성

헌재는 심판이익의 예외적 인정의 기준(요건)으로서 말하는 침해반복위험성이란 추상적·이론적인 것에 그치는 것이 아니라 구체적이고 실제적인 것이어야 한다고 본다. 이는 헌재 스스로 "헌법재판소의 확립된 판례"라고 한다.

[주요설시사항] 침해반복 위험성의 개념
▷ 단순히 추상적·이론적인 가능성이 아닌 구체적·실제적인 것이어야 함

판례 헌재 1996.11.28. 92헌마108

[판시] 이 사건 발표행위는 1992년에 이루어진 것이고 그 내용도 청구인들이 소속한 사업장의 사업주에 대하여 1992년도의 임금협상시 총액기준 5% 이상의 임금인상 이 사건 심판청구는 권리보호의 이익이 없다고 할 것이다. 다만 이러한 경우에도 당해 사건에 대한 본안판단이 헌법질서의 수호·유지를 위하여 긴요한 사항이어서 그 해명이 헌법적으로 중요한 의미를 지니고 있는 경우나, 그러한 침해행위가 앞으로도 반복될 위험이 있는 경우 등에는 예외적으로 심판청구의 이익을 인정하여 이미 종료된 침해행위가 위헌이었음을 확인할 필요가 있으며, 여기서 말하는 반복적 침해의 위험성이란 단순히 추상적이거나 이론적인 가능성이 아니라 구체적인 것이어야 한다는 것이 헌법재판소의 확립된 판례이다(헌법재판소 1994.7.29. 선고, 91헌마137 결정 등 참조). 이 사건 심판청구가 이와 같은 의미에서의 심판청구의 이익을 구비하고 있는지를 본다. 1993년도 이후 새로운 문민정부가 출범하면서 정부는 총액임금제도는 그대로 유지하되 과거의 제6공화국과는 달리 이 사건에서 문제가 되고 있는 획일적인 임금인상률 상한선을 제시, 강행하지 아니하고 노사간의 자율적인 합의를 존중하겠다는 의지를 거듭 밝히고 있고 실제로 현재까지의 임금교섭이 공권력의 강제적인 개입없이 노사간의 자율적인 합의에 의하여 이루어지고 있으므로 앞으로 피청구인들이 이 사건 발표행위 등으로 임금인상을 억제하여 근로자의 단체교섭권을 제한할 위험성은 존재하지 아니한다고 보아야 하며, 현재와 같은 상황에서 이 사건이 헌법질서의 수호를 위하여 긴요한 사항으로 헌법적으로 그 해명이 중요한 의미를 지니고 있다거나 침해행위가 반복될 구체적 위험이 있다고 보기는 어렵다. 그러므로 이 사건 심판청구는 권리보호의 이익은 물론 예외적인 심판청구의 이익도 없어 부적법하다 * 반복침해성에 대한 동지 판시가 있은 결정례들 : 헌재 2018.8.30. 2014헌마681; 1991.7.8. 89헌마181; 1996.11.28. 92헌마108 등. * 위헌소원심판에서도 권리보호이익 요구하면서 같은 취지의 판시를 한 예 : 1997.6.26. 97헌바4.

2) 구체적 위험성 인정 사유

헌재는 구체적 위험성이 있는 경우로 다음과 같은 경우(사유)들을 설시하고 있다(다만, 이 설시가 나온 결정에서는 위험성 없다고 하여 각하하였다).

① 재량적 요소의 부재 – "구체적인 위험성이 인정되기 위하여는 공권력 행사의 근거가 된 규정에 재량적 요소가 없어서 그 규정이 같은 유형의 다른 사례에 대하여 당연히 반복하여

적용될 것이 예상되거나(헌재 1999.5.27. 97헌마137, 판례집 11-1, 653면, 헌재 1995.5.25. 92헌마269, 판례집 7-1, 768면)"라는 경우, ② 불합리성 - "공권력의 행사자가 근거규정이 명백하지 아니한데도 합리적인 이유 없이 같은 유형의 기본권 침해행위를 반복하려는 태도를 보인 경우(헌재 1997.11.27. 94헌마60, 판례집 9-2, 675면)이어야 한다"라고 판시한(헌재 2005.3.31. 2004헌마480, 고소사건 진정처리취소) 바 있다.

판례 헌재 2005.3.31. 2004헌마480

[사건개요] 가. 청구인은 C교도소에서 복역 중이던 2004.4.21. C교도소장을 직권남용권리행사방해죄 혐의로 처벌하여 줄 것을 구하는 내용의 고소장을 대검찰청 검찰총장 앞으로 송부하였고 C지방검찰청 검사는 대검찰청이 C지방검찰청으로 청구인의 고소장을 송부함에 따라 2004.4.30. 이를 C지방검찰청 2004년 진정 제***호로 접수처리하였다. 나. 이에 청구인은 2004.6.12. 피청구인(위 검사)이 청구인의 고소장을 진정사건으로 접수처리한 것은 헌법 제11조에 규정된 청구인의 평등권 등을 침해하여 위헌이라고 주장하면서 헌법소원심판을 청구하였다. 다. 그 후 피청구인은 청구인이 별개로 국민고충처리위원회에 고소사건으로 처리하여줄 것을 요구하는 진정서를 제출하기에 이르자 위와 같이 진정사건으로 접수처리하였던 청구인의 고소장을 다시 고소사건으로 접수처리한 후 수사한 결과 증거불충분을 이유로 혐의없음의 불기소처분을 하였고 위 진정사건은 고소사건으로 접수하였음을 사유로 하여 종결처리하였다. [결정요지] 가. 이 사건 헌법소원심판청구에 권리보호의 이익이 있는지 여부 - 피청구인은 청구인이 이 사건 헌법소원심판을 청구한 이후 진정사건으로 접수하였던 청구인의 고소장을 다시 고소사건으로 접수하여 수사하고 그 처분까지 마쳤으므로 가사 이 사건 심판대상 행위가 청구인의 기본권을 침해한 점이 있었다고 하더라도 그 침해상태는 이 사건 헌법소원심판 청구 후의 사정변경으로 인하여 종료하였다. 그렇다면 청구인은 이 사건 심판대상 행위의 취소를 구할 실익이 없게 되었으므로 이 사건 헌법소원심판청구는 원칙적으로 권리보호의 이익이 없다. 나. 객관적인 헌법질서의 보장을 위한 위헌확인의 필요성이 있는지 여부 (1) 예외적으로 심판청구의 이익이 있는 경우 … (2) 기본권침해가 반복될 위험성의 인정기준 - 반복적인 기본권침해의 위험성을 인정하기 위하여는 단순히 추상적이거나 이론적인 가능성이 아니라 구체적인 위험성이 있어야 한다(헌재 1996.11.28. 92헌마108, 판례집 8-2, 588, 596). 또한 구체적인 위험성이 인정되기 위하여는 공권력 행사의 근거가 된 규정에 재량적 요소가 없어서 그 규정이 같은 유형의 다른 사례에 대하여 당연히 반복하여 적용될 것이 예상되거나(헌재 1999.5.27. 97헌마137, 판례집 11-1, 653, 헌재 1995.5.25. 92헌마269, 판례집 7-1, 768), 공권력의 행사자가 근거규정이 명백하지 아니한데도 합리적인 이유 없이 같은 유형의 기본권 침해행위를 반복하려는 태도를 보인 경우(헌재 1997.11.27. 94헌마60, 판례집 9-2, 675)이어야 한다. (3) 이 사건 심판대상 행위에 대한 판단 - 이 사건 규정은 고소장의 내용이 부적법한 고소에 해당하는 경우 검사가 이를 진정사건으로 접수할 수 있도록 규정한 점에서 재량적 요소를 포함하고 있다. 또한 이 사건 심판대상 행위는 명백한 근거규정이 있는 경우이며 고소의 남발로 인한 수사력낭비의 방지필요성을 고려할 때 그 합리성도 인정된다. 그렇다면 이 사건 규정에 의하여 앞으로도 이 사건 심판대상 행위와 같은 유형의 행위가 반복된다고 하더라도 이 사건 규정에 재량적 요소가 포함되어 있어 같은 유형의 다른 사례에 대하여 당연히 같은 행위가 반복되는 것은 아닌 점과 피청구인이 명백한 근거규정이나 합리적인 이유도 없이 기본권침해행위를 반복할 태도를 보인 것은 아닌 점에서 그로 인한 기본권침해의 반복가능성은 추상적이고 이론적인 것일 뿐 구체적인 위험성의 정도에 이른 것으로 볼 수 없으며 이는 객관적인 헌법질서의 수호·유지를 위하여 그 위헌성 여부에 대하여 따로 헌법적 해명이 필요한 사항도 아니다. 4. 결론 - 이 사건 헌법소원심판청구는 주관적인 권리보호의 이익도 없고, 객관적인 심판청구의 이익도 없으므로 이를 각하하기로 하여 관여재판관의 일치된 의견으로 주문과 같이 결정한다.

3) 침해 반복성의 입증책임

(가) 판례법리

헌재의 판례 중에는 반복 침해 위험성에 대한 입증책임이 청구인에게 있다고 본 아래와 같은 결정례가 있었다.

[주요설시사항] 침해반복 위험성의 입증책임
▷ 헌법소원심판의 청구인에게 있음

판례 헌재 1991.7.8. 89헌마181

[판시] 피청구인측이 앞으로도 청구인들의 접견교통권을 침해할 반복의 위험성이 있는가를 본다면 반복의 위험성이란 어디까지나 추상적이거나 이론적 가능성이 아니라 구체적인 것이어야 할 것인바, 청구인들의 경우에 피청구인측에 의하여 청구인들의 접견교통권이라는 기본권이 반복적으로 침해될 위험성이 존재하고 또한 그 위험성이 다른 국민보다 더 크다 할 구체적 사정이 있다는 점에 관하여는 청구인측의 입증이 없다. 그렇다면 청구인들의 심판청구 부분은 그 주관적 목적이 이루어졌고 또 사정변경이 생겼음에도 불구하고, 불분명한 헌법문제의 해명, 침해반복의 위험 등을 이유로 심판의 이익이 있다 할 특별한 경우에 해당한다고 할 수 없을 것이며… 부적법함을 면치 못할 것이다. * '헌바'사건에서의 동지 결정례 : 헌재 199.6.26. 97헌바4. [판시] 청구인에 대한 권리침해 상태가 종료되었더라도 위헌 여부의 해명이 헌법적으로 중요하거나 기본권 침해행위의 반복 위험성이 있는 경우에는 예외적으로 심판청구의 이익이 있다 할 것이다. 여기서 말하는 침해의 반복 위험성이란 단순히 추상적 이론적인 가능성이 아닌 구체적 실제적인 것이어야 하고 이 점은 청구인이 입증할 책임이 있는 것이다.

(나) 사정변경에도 침해지속된다는 논증에 대한 청구인 책임 요구

사정변경이 있었음에도 기본권침해가 지속되는지에 대한 논증을 청구인 측에 요구하면서 그 논증이 없다고 하여 심판이익을 부정한 헌재의 결정례를 볼 수 있다. 이 결정의 취지도 사정변경에도 불구하고 반복침해가능성을 논증하라고 하는 것으로 위 판례법리와 비슷한 취지라고 이해된다. 사안은 당시 이미 존재하던 교원단체 외에 다른 단체를 조직하고자 한, 서울지역의 초등학교 및 중·고등학교 교사들이 "교육회를 조직하는 경우에는 중앙과 특별시·광역시·도 및 시·군·자치구별로 각각 하나의 교육회를 조직하여야 한다"라고 규정한 당시의 구 교육법시행령 제36조의2 제1항(1995.2.28. 대통령령 제14537호로 개정된 것)이 결사의 자유를 침해한다는 주장으로 1996.4.15.에 청구한 헌법소원심판사건이었다. 헌재는 심판청구 후 위 시행령이 폐지되었고 1999.7.1. 시행된 '교원의 노동조합설립 및 운영 등에 관한 법률'로 복수 노동조합의 설립을 허용하는 등의 사정변경이 생겼는데 이러한 오늘에도 청구인들이 교원단체를 만드는 결사의 자유를 현재·구체적으로 침해받고 있는지 여부는 의문이고 또 다른 사유로 교원단체의 설립을 허용하여야 할 필요가 있다고 한다면, 이 점은 헌법소원 심판을 청구한 측에서 다시 논증하여야 한다고 하면서 청구가 부적법하다고 하여 각하결정을 하였다.

판례 헌재 1999.7.22. 96헌마141

[결정요지] 가.구 교육법시행령은 이 헌법소원 심판청구 이후인 1998.2.24. 초·중등교육법시행령(대통령

령 제15664호) 부칙 제2조 제1호 및 고등교육법시행령(대통령령 15665호) 부칙 제2조 제1호에 의하여 폐지되었다. 위 부칙에서는 교육법시행령을 폐지한다고만 되어 있을 뿐 기존의 한교총 외에 복수의 교원단체 설립을 허용하지 아니하는 이 사건 규정과 같은 뚜렷한 조항을 두지 아니하였다. 또 교육기본법도 제15조 제1항에서 "교원은 상호 협동하여 교육의 진흥과 문화의 창달에 노력하며, 교원의 경제적·사회적 지위를 향상시키기 위하여 각 지방자치단체 및 중앙에 교원단체를 조직할 수 있다"고 하고, 같은 조 제2항에서는 교원단체의 조직에 관한 사항을 대통령령에 위임하는 조항만 두고 있다. 그런데, 1999.1.29. 법률 제5727호로 공포되고 같은 해 7.1. 시행된 교원의노동조합설립및운영등에관한법률은 청구인들과 같은 초·중등교육법 제19조 제1항에서 규정하고 있는 교원은 특별시·광역시·도단위 또는 전국단위에 한하여 복수 노동조합의 설립을 허용하는 등의 사정변경이 생겼다. 나. 헌법재판소는 위와 같은 사정변경을 이유로 1999.3.22. 청구인들 및 이해관계기관(법무부장관, 교육부장관, 한교총)에 대하여 30일 안에 추가 의견서와 이에 관한 증거자료 또는 참고자료를 제출할 것을 요구하였으나, 아직까지 아무도 추가 의견을 개진하지 않고 있다. 한교총 이외에 복수 노동조합의 설립을 할 수 있게 한 오늘에도 청구인들이 교원단체를 만드는 결사의 자유를 현재·구체적으로 침해받고 있는지 여부는 의문이다. 청구인들로서는 또 다른 사유로 교원단체의 설립을 허용하여야 할 필요가 있다고 한다면, 이 점은 헌법소원 심판을 청구한 측에서 다시 논증하여야 한다. 청구인들이 이 헌법소원 심판청구서에 기재한 침해된 권리와 침해의 원인이 되는 공권력의 행사 또는 불행사는 이미 사정변경으로 인하여 이 결정당시 헌법판단의 적격성을 갖추지 못하였고, 그 밖에 헌법적 해명이 필요한 사정도 없으므로 이 심판청구는 부적법하다고 볼 수밖에 없다.

(다) 비판

권리보호이익이 없더라도 예외적으로 심판이익을 인정하는 완화와 예외를 가져오게 한 근거가 바로 헌법질서의 유지기능이라는 헌법소원의 객관적 기능에 있다. 그렇다면 그 예외사유를 이루는지 하는 문제도 객관적으로 헌재가 직권으로 판단할 일이다. 청구인은 헌법소원 자체에 의한 자신 개인의 권리구제에 도움이 안되는 상태인 권리보호이익소멸상태에 있는데 그 입증책임을 지라고 하는 것은 논리적으로도 타당하지 못하다.

4) 사건의 개별성·특수성·고유성의 동종행위 반복위험 부정

헌재는 구체적인 법적 분쟁 문제는 개별성·특수성·고유성을 가지는데 그 성격으로 말미암아 국민 일반에 대하여 동종행위의 반복위험을 인정할 여지도 없다고 보는 취지의 판시를 한 아래의 결정례도 보여준 바 있다.

판례 헌재 2002.7.18. 99헌마592등, 각하결정

[사건개요] 변호사이자 모 정당의 지구당위원장인 '청구인이 설치한 현수막("○○법률 무료상담")이 사전선거운동에 해당하여 '공직선거 및 선거부정방지법' 제254조에 위반된다'는 이유로 위 법 제271조 제1항에 의하여 1999.8.17. 14:00까지 현수막을 철거할 것을 명하는 현수막철거 이행명령을 하고 강제로 철거하였다. 이에 청구인은 피청구인인 S구 선거관리위원회 위원장의 현수막철거 이행명령이 자신의 표현의 자유 등을 침해한다는 이유로 1999.10.16. 헌법소원심판을 청구하였다(99헌마592 사건). 이후에도 청구인은 다시 동일 내용의 현수막 10매를 설치하고 이를 신고하자, S구 선거관리위원회는 1999.11.5. "위 현수막이 사전선거운동 또는 기부행위에 해당한다"는 이유로 현수막철거 이행명령을 하고 강제철거하였다. 이에 청구인은 위 철거이행명령이 청구인의 기본권을 침해하였다는 이유로 1999.12.1. 다시

헌법소원심판을 청구하였다(99헌마689 사건). 청구인은 이 사건 헌법소원심판을 청구한 후 2000.4.경에 실시된 제16대 국회의원선거에 입후보하였으나 낙선하였고, 지구당위원장직을 사퇴하고 정치활동에서 은퇴하였다. [판시] 이 사건의 경우 청구인은 헌법소원을 제기한 이후 새정치국민회의 서초구을 지구당 위원장직을 사퇴하고 정치활동에서 은퇴하였다. 청구인이 정치일선에서 물러난 이상, 피청구인이 청구인에게 사전선거운동을 이유로 현수막의 철거를 명할 여지가 없게 되었으므로, 같은 유형의 침해행위가 청구인에게 반복될 위험이 있다고 할 수 없고, 나아가 '국회의원선거의 후보자가 되고자 하는 청구인이 특정 장소에 특정 내용의 현수막을 게시하는 것을 금지하는 피청구인의 행위가 청구인의 기본권을 침해하는가'하는 내용의 구체적인 법적 분쟁이 문제되는 이 사건의 경우, 사건의 개별성·특수성·고유성으로 말미암아 국민 일반에 대하여 동종행위의 반복위험을 인정할 여지도 없다.

5) 헌법해명필요성 언급없는 반복위험성만 언급한 판시

헌법해명필요성에 대해서는 언급이 없이 반복침해가능성만 언급하여 심판이익을 인정한 다음의 예들도 있었다.

① 법무부장관의 변호사시험 시험장 선정행위 – 그런데 이 사안에서 헌재가 평등권 문제를 다루었기 때문에 그 점에서 헌법해명중요성은 간접적으로 알 수 있었다고 하겠다.

판례 헌재 2013.9.26. 2011헌마782

[판시] 제1회 변호사시험은 2012.1.3.부터 같은 달 7.까지 실시되었고, 제2회 변호사시험은 2013.1.4.부터 같은 달 8.까지 실시되었으므로, 이 사건 시험장 선정행위로 인한 청구인들에 대한 기본권 제한은 종료되어 주관적 권리보호이익은 이미 소멸하였다. 그러나 변호사시험법에 의하면 변호사시험은 매년 1회 이상 반복하여 시행될 것을 예정하고 있고, 앞으로도 유사한 시험장 선정행위는 반복될 위험이 있으므로, 예외적으로 심판청구의 이익을 인정함이 상당하다.

② 사법시험 1차시험실 입실제한(시험시작 5분 전까지)의 법무부 공고 – 법무부장관의 2013.2.1.자 「제55회 사법시험 제1차시험 실시계획 공고」(법무부공고 제2013–16호) 부분

판례 헌재 2014.4.24. 2013헌마341

[판시] 청구인은 제55회 사법시험 제1차시험의 일정이 종료된 후 이 사건 공고에 대하여 헌법소원심판을 청구하였다. 따라서 청구인이 이 사건 심판청구에서 인용결정을 받더라도 이미 종료된 시험에 다시 응시하는 것은 불가능하므로, 청구인에게는 권리보호이익이 없다. 그런데 이 사건 공고는 오랜 동안 관행으로 되어 있던 시험시작 5분 전이라는 시험실 입실제한시간을 2012년 사법시험에 관해서도 공고한 것으로, 앞으로 2017년까지 시행될 예정인 사법시험에서도 이 사건 공고의 내용과 같은 시험실 입실시간이 공고될 것으로 보이고, 실제로 2014.2.3.자 제56회 사법시험 제1차시험 실시계획 공고(법무부공고 제2014–12호)의 내용도 시험시작 5분 전의 시험실 입실시간이 유지되고 있다. 따라서 비록 이 사건 공고에 의한 시험이 종료되었다고 하여도 장래에 이 사건 공고의 내용과 같은 시험실 입실시간 제한에 의한 기본권 침해가 반복될 가능성이 있으므로, 이 부분 심판청구에 관해서는 예외적으로 심판의 이익을 인정할 수 있다.

(2) 헌법적 해명 필요성

1) 개념

헌법적 해명이 필요하다는 것은 판단될 사항이 헌법적 원칙이나 헌법상 기본권의 문제,

그리고 헌법적 해석 문제를 담고 있을 경우에 이제까지 헌법재판에서 규명된 바 없는 사항이라면 그 해명을 위한 판단이 필요하다는 의미이다. 헌재는 판단기준으로 "당해 분쟁의 해결이 헌법질서의 수호·유지를 위하여 긴요한 사항이어서"라고 한다.

2) 헌재판례의 기준 : 일반적 해명필요성, 위법성 문제가 아닌 위헌성 문제일 것

> [헌법적 해명 필요성의 판단기준]
> – 일반적 헌법해명필요성이 인정될 것
> – 위법성 문제가 아닌 위헌성 문제일 것

(가) 일반적 해명필요성

헌재는 "1회적이고 특정한 상황에서 벌어진 사실행위에 대한 평가일지라도 거기에 일반적인 헌법적 의미를 부여할 수 있다면 헌법적 해명의 필요성을 인정할 수 있다(헌재 2010.10.28. 2009헌마438; 2006. 6. 29. 2005헌마703)"라고 하고 또 "개별적 사안의 성격을 넘어 일반적으로 헌법적 해명의 필요성이 인정되어야 한다"라고 한다(헌재 2019.11.28. 2017헌마759).

(나) 위법성 문제의 비해당성

헌재는 "'헌법적 해명이 중대한 의미를 가지는 경우'는 당해 사건을 떠나 일반적이고 중요한 의미를 지니고 있어 헌법질서의 유지·수호를 위하여 그 해명이 긴요한 경우를 의미하는바, 행정청이 적용 법률의 해석에 있어서 법 규정에 미치는 기본권의 효력을 간과하거나 오해함으로써 법 규정을 위헌적으로 해석·적용한 경우에는 헌법적 해명의 필요성이 인정되나, 단순히 법률의 해석과 적용의 문제 즉 '행정청의 행위가 법률이 정한 바에 부합하는가'라는 위법성을 문제 삼고 있는 경우에는 헌법적 해명의 필요성이 인정되지 아니하며, 이와 같이 공권력 행사의 위헌성이 아니라 단지 위법성이 문제되는 경우에는 설사 유사한 침해행위가 앞으로도 반복될 위험이 있다고 하더라도, 공권력 행사의 위헌 여부를 확인할 실익이 없어 심판청구의 이익이 부인된다"라고 한다(2014헌마626, 아래 결정). 사안은 교도소 수용자가 임의로 염색한 러닝셔츠 폐기 사건이다. 헌재는 교정시설의 안전과 질서를 해하는 정도, 이를 폐기하는 것이 적당할지 여부를 정하는 피청구인(교도소장)의 권한의 범위와 한계를 정하는 것으로서 단순히 법률의 해석과 적용의 문제, 즉 위법성의 문제에 불과하므로, 반복될 가능성이 있다고 하더라도, 그 위헌 여부를 확인할 실익이 없어 심판청구의 이익이 인정되지 않는다고 보았다.

판례 헌재 2016.10.27. 2014헌마626

[판시] 여기서 '헌법적 해명이 중대한 의미를 가지는 경우'는 당해 사건을 떠나 일반적이고 중요한 의미를 지니고 있어 헌법질서의 유지·수호를 위하여 그 해명이 긴요한 경우를 의미하는바, 행정청이 적용 법률의 해석에 있어서 법 규정에 미치는 기본권의 효력을 간과하거나 오해함으로써 법 규정을 위헌적으로 해석·적용한 경우에는 헌법적 해명의 필요성이 인정되나, 단순히 법률의 해석과 적용의 문제 즉

'행정청의 행위가 법률이 정한 바에 부합하는가'라는 위법성을 문제 삼고 있는 경우에는 헌법적 해명의 필요성이 인정되지 아니하며, 이와 같이 공권력 행사의 위헌성이 아니라 단지 위법성이 문제되는 경우에는 설사 유사한 침해행위가 앞으로도 반복될 위험이 있다고 하더라도, 공권력 행사의 위헌 여부를 확인할 실익이 없어 심판청구의 이익이 부인된다(헌재 2003.2.27. 2002헌마106; 헌재 2005.10.27. 2005헌마126 참조). 이 사건 폐기행위는 청구인이 자비로 구매한 흰색의 러닝셔츠를 허가 없이 다른 색으로 물들여 소지하고 있던 것을 피청구인이 형집행법 제92조 제2호에서 정한 '그 밖에 시설의 안전 또는 질서를 해칠 우려가 있는 물품'에 해당한다고 보아 형집행법 제93조 제5항에 근거하여 이를 폐기한 것인데, 청구인이 이 사건 심판청구를 통하여 다투고자 하는 바는, 청구인이 임의로 흰색에서 다른 색으로 물들여 소지하고 있던 러닝셔츠가 형집행법 제92조 제2호에서 정한 '그 밖에 시설의 안전 또는 질서를 해칠 우려가 있는 물품'에 해당하는지, 해당한다면 피청구인이 형집행법 제93조 제5항 본문을 적용하여 이를 폐기한 행위가 피청구인의 권한을 남용한 것인지에 관한 문제라고 할 수 있다. 그런데 이러한 문제를 판단하기 위해서는 구체적인 사실관계의 확정이 선행되어야 하고, 설령 확정된 사실관계를 기초로 판단한다고 하더라도 이 문제에 대한 판단은 수용자가 소지한 러닝셔츠 등 의류의 색상과 형태, 당해 의류를 다른 색으로 물들여 변형을 가한 정도와 다른 수용자들이 소지하고 있는 동종 의류와의 차이, 소장이나 교도관의 허가 없이 의류를 다른 색으로 물들여 변형을 가한 동기와 경위, 이를 방치하거나 묵인할 경우 교정시설의 안전과 질서를 해하는 정도, 이를 폐기하는 것이 적당할지 아니면 폐기하지 아니하고 교정시설에 영치하거나 수용자로 하여금 자신이 지정하는 사람에게 보내게 하는 것이 적당할지 등 구체적인 사정을 고려하여 개별사안마다 달라질 것이므로, 개개의 사건에 대한 개별적·구체적 판단이 될 수밖에 없다(실제 이 사건 폐기행위 후에도 청구인이 임의로 다른 색으로 물들여 소지하고 있던 러닝셔츠 4장을 피청구인의 직원이 추가로 발견하였으나 위에서 본 바와 같은 제반 사정을 감안하여 이들을 폐기하지 아니하고 영치하였다). 따라서 이러한 판단은 피청구인의 공권력 행사에 대한 위헌성 판단의 문제가 아니라, 법률에 의하여 부여받은 피청구인 권한의 범위와 한계를 정하는 것으로서 단순히 법률의 해석과 적용의 문제, 즉 위법성의 문제에 불과하므로, 설사 이 사건 폐기행위와 같은 기본권 침해가 앞으로 반복될 가능성이 있다고 하더라도, 그 위헌 여부를 확인할 실익이 없어 심판청구의 이익이 인정되지 않는다.

* 이런 법리가 적용된 다른 동지의 결정례들 : ① 행정대집행(위법건축물 철거행위) – 시장의 권한에 관한 판단으로 위법성 판단이라고 보았다(2005헌마126), ② 선거관리위원장의 인터넷 신문 '열린 인터뷰' 중지촉구행위(2002헌마106), ③ 압수물품 폐기(2016헌마1130), ④ 방청불허행위가 지방자치법 제60조 제 1 항의 적법한 요건을 갖추고 있는가에 관한 위법성이 문제될 뿐이라고 보았다(2016헌마53. 이 결정에서는 반복가능성도 없다고 보았는데 헌재는 앞으로 다른 회의에서도 언제나 방청을 불허할 것이라고는 보기 어렵기 때문이라고 그 이유를 제시하고 있다. * 이 결정은 재판관 안창호, 재판관 강일원, 재판관 이선애의 반대의견이 설득력이 있다), ⑤ 법원의 과제인 법률의 해석 적용문제(99헌마592등, 정당 지구당위원장인 변호사가 설치한 현수막("○○법률 무료상담")이 사전선거운동에 해당된다는 이유로 하는 선거관리위원회의 현수막철거 이행명령에 대한 헌법소원 사건, '사전선거운동에 해당하는가'에 관한 판단은 사전선거운동의 개념과 범위를 정하는 문제, 즉 법률의 해석과 적용의 문제로서 헌재 관할이 아닌 일차적으로 법원의 과제에 속하여 헌법해명필요성이 없다고 봄), ⑥ 방송토론회 초청대상 결정(여론조사 일정 비율 미만 비초청) 문제(2005헌마415, 평균지지율의 해석, 여론조사결과의 적용 등 순수한 법률의 해석과 적용의 법원 과제의 문제) 등.

3) 헌법재판소의 선행 판단과 헌법적 해명필요성

(가) 각하결정례

헌재가 이미 이전에 합헌으로 결정했던 법조항과 동일하게 적용될 수 있는 법조항에 대한 심판청구에 대해 반복가능에 대한 언급없이 헌법적 해명필요성이 없다고 하여 각하한 예들이 있다. 아래 결정의 사안은 미결수용자에 대한 적용 법조항에 대한 합헌성 인정이 이전에 있었는데 형이 확정된 수형자에도 마찬가지로 적용되므로 그러하다는 취지의 결정이었다. * 아래 결정 외에도 헌재가 이미 합헌성을 인정하여 헌법해명필요성이 없다고 본 그 외 결정례들은 뒤의 심판청구 후 권리보호이익 소멸 및 심판이익 부정 부분 참조.

판례 헌재 2016.5.26. 2014헌마45

[판시] (가) 제108조 제5호(신문열람 제한), 제7호(자비구매물품 사용 제한)의 도서에 관한 부분, 제9호(전화통화 제한), 제12호(접견 제한)에 관한 부분 – 이 사건 금치조항 중 미결수용자에게 적용되는 제108조 제5호, 제7호의 도서에 관한 부분, 제9호, 제12호에 관한 부분에 대하여 헌법재판소는 알 권리, 통신의 자유를 침해하지 않는다는 이유로 합헌으로 결정하였고(헌재 2016.4.28. 2012헌마549등 참조), 위와 같은 판단은 형의 선고를 받아 그 형이 확정된 수형자에 대하여도 동일하게 적용될 수 있으므로, 이들에 대하여 헌법적으로 해명할 필요성이 있다고 보기 어렵다. 따라서 이 부분 심판청구는 모두 심판청구의 이익이 인정되지 않는다. (나) 제108조 제7호(자비구매물품 사용 제한)의 신문에 관한 부분, (다) 제108조 제7호(자비구매물품 사용 제한)의 잡지에 관한 부분, (라) 제108조 제10호(집필 제한), 제11호(서신수수 제한)에 관한 부분 – * 모두 비슷한 취지로 헌법적 해명필요성이 없다고 봄.

(나) 헌재 선례와 비슷한 논점에 대한 재차 헌법적 해명을 할 필요성 - 차이 있는 사안

법원의 수사서류 열람·등사 허용 결정에도 불구하고 검사가 등사를 거부한 행위 – 이러한 사안으로 2010년에 용산참사사건에서 특수공무집행방해치사죄 등으로 공소가 제기된 청구인들의 변호인들이 신청한 열람·등사를 검사가 거부하자 법원에 신청하였고 법원이 행한 열람·등사 허용의 결정이 있었고 검사가 일부 등사만 허용하여 헌법소원심판이 청구된 사건이 있다. 헌법소원심판 청구 후에 열람·등사가 이루어졌고 선례들인 94헌마60, 2000헌마474 결정들에서 변호인의 수사기록에 대한 열람·등사권에 관하여 이미 헌법적 해명을 한 바 있지만 헌재는 선례 당시 없었던 법원에의 신청을 통한 열람·등사 허용결정 절차(형소법 제266조의4)가 신설되는 등 차이가 있음을 들어 심판이익을 인정하였다.

판례 헌재 2010.6.24. 2009헌마257

[사건개요] (1) 청구인들은 2009.1.19. 03:00경부터 같은 달 20. 07:10경까지 서울 용산구 한강로 2가에 있는 ○○당 건물에 침입하여, 건물 옥상에 망루를 짓고 점거 농성을 하면서 화염병을 사용하여 사람의 생명, 신체 또는 재산에 위험을 발생하게 하는 한편, 위험한 물건을 휴대하여 시위진압에 관한 경찰관들의 정당한 공무집행을 방해하고, 이로 인하여 경찰특공대원 1명을 사망에 이르게 함과 동시에 경찰특공대원 13명으로 하여금 상해를 입게 하였다며, 특수공무집행방해치사죄 등으로 공소가 제기되었다. (2) 청구인들의 변호인들(이하 '변호인들'이라 한다)은 2009.3.25. 피청구인에게 형사소송법 제266조의3

제1항 제3호, 제4호에 따라 [별지 1] 기재 서류의 열람·등사를 신청하였으나, 피청구인은 2009.3.27. 검찰사건사무규칙 제112조의3 제1항 제1호, 제3호, 제5호의 사유를 들어 그 전부에 대하여 이를 거부하였다. (3) 이에 변호인들은 2009.3.31. 서울중앙지방법원에 형사소송법 제266조의4 제1항에 따라 피청구인에게 위 서류의 열람·등사를 허용하도록 할 것을 신청하였고, 법원은 2009.4.14. 위 신청이 이유 있다고 인정하여 형사소송법 제266조의4 제2항에 따라 피청구인에게 이 사건 또는 관련 소송 이외의 다른 목적으로 다른 사람에게 교부하거나 제시하여서는 아니 된다는 조건을 붙여 변호인들의 위 서류에 대한 열람·등사를 허용할 것을 명하는 결정을 하였다(이하 '이 사건 허용 결정'이라 한다). (4) 변호인들은 2009.4.14. 피청구인에게 이 사건 허용 결정의 사본을 첨부하여 위 서류의 열람·등사를 신청하였으나, 피청구인은 2009.4.16. 자신의 2009.4.10.자 추가 증거신청과 관련하여 위 서류 중 [별지 1]의 비고란 기재 '1차 교부본'의 등사만을 허용하고, 나머지 서류에 대하여는 재차 위와 같은 이유를 들어 이를 거부하였다. (5) 그 후 피청구인은 자신의 2009.4.17.자 및 같은 달 22.자 추가 증거신청과 관련하여 2009.4.23. 변호인들에게 추가로 [별지 1]의 비고란 기재 '2차 교부본'의 등사만을 허용하고, [별지 1] 기재 서류 중 비고란 기재 1, 2차 교부본을 제외한 나머지 부분에 대해서는 여전히 이를 거부하였다(이하 '이 사건 수사서류'라 한다). (6) 이에 청구인들은 피청구인의 이 사건 수사서류에 대한 열람·등사 거부행위가 청구인들의 신속하고 공정한 재판을 받을 권리 및 변호인의 조력을 받을 권리를 침해한다며, 2009.5.12. 그 취소를 구하는 이 사건 헌법소원심판을 청구하였다. (7) 청구인들에 대한 위 형사피고사건의 항소심 재판장은 관련된 재정신청사건(서울고등법원 2009초재3341)을 함께 심리하면서 2010.1.14. 검사에게 위 재정신청사건 기록에 편철되어 있는 이 사건 수사서류에 대한 변호인들의 열람·등사 신청을 허용하도록 결정하였고, 이에 따라 변호인들은 이 사건 수사서류에 대한 열람·등사를 모두 마쳤다. [주문] 서울중앙지방법원 2009고합153, 168(병합) 특수공무집행방해치사 등 사건에 관하여 2009.4.14. 법원이 한 열람·등사 허용 결정에 따라 청구인들의 변호인들이 [별지 1] 기재 서류에 대하여 한 열람·등사 신청 중 비고란 기재 1, 2차 교부본을 제외한 나머지 부분에 대하여 2009.4.16. 피청구인이 이를 거부한 것은, 청구인들의 신속하고 공정한 재판을 받을 권리와 변호인의 조력을 받을 권리를 침해한 것이므로 헌법에 위반됨을 확인한다. [판시] (1) 앞서 본 바와 같이 변호인들은 2010.1.14. 이 사건 수사서류에 대하여 그 열람·등사를 마쳤으므로, 이 사건 헌법소원이 인용된다고 하더라도 청구인들의 주관적 권리구제에는 더 이상 도움이 되지 않는다고 할 수 있다. (2) 그러나 먼저, 피청구인의 의견요지에서 보듯이, 피청구인은 형사소송법 제266조의4 제5항 규정을 법원의 열람·등사 허용 결정에도 불구하고 수사서류를 증거로 사용할 수 없는 불이익을 감수하는 한 열람·등사의 제한이 가능하다고 해석하고 있으므로, 앞으로도 이 사건과 같은 유형의 침해행위가 반복될 가능성이 크다 할 것이다. 다음으로 헌법재판소는 1997.11.27. 94헌마60 사건 및 2003.3.27. 2000헌마474 사건에서 변호인의 수사기록에 대한 열람·등사권에 관하여 이미 헌법적 해명을 한 바 있으므로, 이 사건에서 비슷한 논점에 대하여 재차 헌법적 해명을 할 필요가 있는지 여부가 문제된다. 위 94헌마60 사건의 경우 '검사가 변호인의 수사서류 열람·등사신청을 국가기밀의 누설이나 증거인멸, 증인협박, 사생활 침해의 우려 등 정당한 사유를 밝히지 아니한 채 전부 거부한 것은 청구인의 신속하고 공정한 재판을 받을 권리와 변호인의 조력을 받을 권리를 침해한 것으로 위헌임을 확인한 사건'이고, 위 2000헌마474 사건은 '경찰서장이 구속적부심사건 피의자의 변호인의 고소장 및 피의자신문조서 열람·등사신청에 대하여 정보비공개결정을 한 것은 청구인의 변호권과 알 권리를 침해한 것으로 위헌임을 확인한 사건'이다. 그런데, 위 두 사건의 경우는 모두 수사서류의 열람·등사에 관한 형사소송법의 규정들이 신설되기 전의 것으로 이 사건과는 본질적인 차이가 있다. 즉, 형사소송법이 2007.6.1. 법률 제8496호로 개정됨에 따라 공소제기 후 검사가 보관하고 있는 수사서류 등에 대하여 피고인의 열람·등사신청권이 인정되고, 검사의 열람·등사 거부처분에 대한 불복절차가 마련되었는바, 이 사건의 경우 이러한 불복절차에 따른 법원의 열람·등사 허용 결정에 대하여 검사가 따르지 않은 경우임에 반하여, 앞의 두 사건은 법원의 결정이 관여되지 않은 경우이므로 큰 차이가 있다. 아울러, 종전의 선례(위 94헌마60 사건)에서는 검사의 열람·등사의 거부

행위로 인하여 피고인의 기본권이 침해되는지 여부를 판단하기 위해서는 수사서류 각각에 대하여 거부에 정당한 사유가 있는지 여부를 살펴서 판단하여야만 하였으나, 이 사건의 경우 뒤에서 보는 바와 같이 법원의 열람·등사 허용 결정을 매개로 하고 있어 수사서류 각각에 대하여 정당한 사유가 있는지 여부를 판단할 필요가 없다는 점에서도 큰 차이가 있다. * 본안판단결과 청구인의 신속하고 공정한 재판을 받을 권리와 변호인의 조력을 받을 권리를 침해한 것이므로 헌법에 위반됨을 확인하는 결정이 있었다.

* 비슷한 사안의 결정이 2017년에도 있었다. 아래의 결정이 그것이다. 2017년 결정의 사안에서 권리보호이익의 소멸이유나 그 헌법적 해명필요성에 차이가 있었고 또 2010년 결정과 달리 검사가 열람은 허용하고 등사만 거부한 데 대해 이 등사거부에 대해서만 위헌확인한 것이 차이가 난다.

판례 헌재 2017.12.28. 2015헌마632

[주문] 서울중앙지방법원 2014고합1256 체포치상 등 사건에 관하여 2015.3.11. 위 법원이 한 열람·등사 허용 결정에 따라 청구인들의 변호인이 [별지 1] 기재 순번 1, 2, 3, 4, 6, 7, 8, 9번 수사서류에 대하여 한 열람·등사 신청 중 등사 부분에 대하여 2015.4.7. 피청구인이 이를 거부한 것은, 청구인들의 신속하고 공정한 재판을 받을 권리와 변호인의 조력을 받을 권리를 침해한 것이므로 헌법에 위반됨을 확인한다. [판시] (1) 청구인들에 대한 서울중앙지방법원 2014고합1256 체포치상 등 사건은 피청구인의 이 사건 등사 거부행위 이후 그 공판절차가 진행되어 2015.8.20. 제1심판결이 선고되었고, 이에 검사와 청구인들이 모두 항소하였으나 2016.10.27. 항소기각판결이 선고되었으며(서울고등법원 2015노2449), 이에 다시 검사와 청구인들이 모두 상고하여 현재 대법원에 계속 중이다(대법원 2016도18713). 따라서 청구인들로서는 이 사건 심판청구가 인용되어 이 사건 수사서류를 등사할 수 있다 하더라도 이를 새로운 증거로 제출할 수는 없는 상황이다. 그러나 대법원이 청구인들에 대한 원심판결을 파기하여 형사소송법 제397조에 따라 원심법원에 환송하는 경우 다시 항소심 절차가 진행될 수 있어 이 사건 수사서류를 증거로 제출할 수 있는 기회가 완전히 봉쇄되었다고 볼 수는 없는 점, 대법원은 공판기일을 지정하여 변호인으로 하여금 피고인을 위하여 변론하도록 하거나(형사소송법 제387조, 제388조) 필요한 경우에는 특정한 사항에 관하여 변론을 열어 참고인의 진술을 들을 수 있는데(형사소송법 제390조 제2항), 청구인들이 이 사건 수사서류를 등사하여 참고자료로 제출함으로써 위와 같은 변론 기회를 부여받을 수도 있는 점 등에 비추어 보면, 청구인들이 현재 이 사건 수사서류를 증거로 제출할 수 없다는 사정만으로 이 사건 심판청구가 청구인들의 권리구제에 더 이상 도움이 되지 않는다고 볼 수는 없다. (2) 한편, 헌법소원은 같은 유형의 침해행위가 앞으로도 반복될 위험이 있고, 헌법질서의 수호 유지를 위하여 그에 대한 헌법적 해명이 긴요한 사항에 대하여는 심판청구의 이익을 인정하여야 할 것이다. 피청구인은 법원의 이 사건 열람·등사 허용 결정에도 불구하고 이 사건 수사서류에 대한 열람·등사를 제한하는 것이 가능하다는 입장이므로, 앞으로도 이 사건과 같은 유형의 침해행위가 반복될 가능성이 크다 할 것이다. 헌법재판소는 형사소송법 제266조의4에 기한 변호인의 수사기록에 대한 열람·등사 사건에 관하여 이미 헌법적 해명을 한 바 있으나(헌재 2010.6.24. 2009헌마257 참조), 이는 법원이 형사소송법 제266조의4 제2항에 따라 열람·등사를 허용한 수사서류에 대하여 검사가 그 열람·등사를 거부한 행위가 문제된 반면, 피청구인은 이 사건 수사서류에 대하여 열람은 허용하고 등사만을 거부하였으므로 두 사건은 차이가 있다. 따라서 이 사건과 같은 유형의 침해행위가 앞으로도 반복될 가능성이 크고, 이 사건 쟁점에 대한 헌법적 해명은 헌법질서의 수호를 위하여 매우 긴요하다고 할 수 있으므로, 가사 청구인들에 대한 주관적 권리보호의 이익이 소멸하였다고 하더라도 이 사건 심판청구에 있어서는 심판청구의 이익이 여전히 존재한다 할 것이다. * 이 결정에 대해서는 보충성원칙 부분에서 관련판시를 비교적 자세히 인용하였으니 그 부분 참조.

4) 폭넓은 재량 인정, 규칙해석 문제인 경우 헌법해명필요성 부정

판례 헌재 2007.5.31. 2004헌마243

[심판대상, 본안쟁점] 학군사관후보생 선발에 관한 ''05 학군사관후보생모집' 공고 중 배점기준에 수능성적을 반영하도록 한 부분(이하 '이 사건 모집 공고')이 신뢰보호원칙 위반으로 자신의 기본권들을 침해한다는 주장으로 학군사관후보생 모집에 지원한 사람이 위헌확인을 청구한 헌법소원심판사건이었다.
[판시] (1) … (2) 청구인은 이 사건 심판청구 직후 '05 학군사관후보생 선발에 지원하였으나 2004.5.22. 1차 선발에 불합격하였고, '05 학군사관후보생 모집절차는 2004.8.모두 종료되었다. 이 사건 모집공고는 '05 학군사관후보생 선발에 필요한 배점기준으로 '05 학군사관후보생 선발절차 내에서만 효력을 가질 뿐이므로, 그 선발절차가 이미 종료한 이상 그 효력도 더 이상 존재하지 않게 되었고, 이로써 이 사건 모집공고에 대한 청구인의 주관적인 권리보호의 이익은 더 이상 없게 되었다. (3) 그런데 이 사건 심판청구 이후에 실시된 학군사관후보생 선발과정을 살펴보면, 2005년과 2006년 실시된 학군사관후보생 선발에서는 수시전형 또는 특별전형으로 입학한 학생 가운데 수능성적이 입시에 반영되지 않은 사람에 대해서는 소속 학과 입학생의 평균 수능성적을 반영하도록 하였고, 2007년 3월경 이루어진 '08 학군사관후보생 선발 공고에서는 더 나아가 수능성적 대신에 고교 내신성적을 반영하도록 함으로써 수능성적 반영을 둘러싼 문제점들이 대부분 해소되었다. 결국 학군사관후보생 선발과 관련하여 청구인이 지적한 부분들이 모두 개선되어 시행되고 있으므로, 앞으로 실시되는 선발에서는 청구인이 주장하는 내용의 기본권침해가 반복될 위험성이 있다고 할 수 없다. (4) 또한 다음에서 보는 바와 같이, 이 사건 모집공고에 대한 위헌 여부의 판단이 헌법질서의 수호·유지를 위하여 헌법적 해명이 긴요한 사안인지 의문이 든다. (가) 먼저, 이 사건 모집공고만으로 청구인이 주장하는 내용의 기본권침해가 발생할 것인지 여부가 불투명하다. 학군사관후보생은 각 대학교에 설치된 학군단별로 정원을 할당하여 각 대학 학생들 사이의 내부 경쟁을 통해 선발하는데, 같은 대학에서 수시 또는 특별전형을 통해 입학한 학생들이 정시 또는 일반전형을 통해 입학한 학생들보다 반드시 수능성적이 낮다고 할 수 없고(수능성적이 더 높을 가능성은 얼마든지 있다), 학군사관후보생 선발에 수능성적을 반영하는 것이 개인에게 유리하게 작용할지 반대로 불리하게 작용할지는 학군사관후보생 선발에 지원한 사람들의 수능성적 분포에 따라 비로소 결정되는 것이기 때문이다. 결국 이 사건 모집공고는 그로 인한 기본권 제한의 대상과 효과를 쉽사리 예측하기 어려우므로 청구인이 주장하는 내용의 기본권침해가 발생할지 여부도 불확실하다. (나) 다음으로, 이 사건 모집공고가 중요한 헌법적 쟁점을 내포하고 있다고 보기도 어렵다. '학생군사교육단 무관후보생 규칙' 제8조 및 '군인사법 시행규칙' 제6조는 학군사관후보생의 선발에 관한 권한을 각 군 참모총장에게 부여하고 있으므로, 학군사관후보생 선발에 있어 어떤 요소를 기준으로 할 것인지, 그 배점을 어느 정도로 할 것인지는 기본적으로 선발 권한을 가진 참모총장의 폭넓은 재량에 달린 것이다. 그런데 위 '학생군사교육단 무관후보생 규칙' 제8조 제4항과 '군인사법 시행규칙' 제6조 제1호는 참모총장으로 하여금 학군사관후보생 선발을 위해 필기고사를 실시하거나 대학 재학 중 성적으로 그에 갈음할 수 있도록 규정하고 있어, 이 사건 모집공고가 위 시행규칙 조항들에 비추어 허용될 수 있는지 여부가 문제될 수는 있다. 그러나 그와 같은 문제는 결국 학군사관후보생의 선발에 필요한 시험의 실시 또는 이에 갈음할 수 있는 방법에 관하여 참모총장이 어느 정도의 권한을 가지는 것으로 볼 것인지에 관련된 시행규칙 조항의 해석에 관한 문제에 지나지 않으므로, 그 해명이 헌법질서의 수호·유지를 위해 긴요한 사안으로 보기 어렵다. … 끝으로, 이 사건 심판청구 이후 학군사관후보생 선발에 응시하였다 불합격한 청구인으로서는 그 불합격 처분에 대하여 다툴 수 있고, 이 사건 모집공고가 법령에 위반한 것인지, 나아가 이 사건 모집공고로 인해 청구인이 불합격한 것인지 여부에 대한 판단 역시 그 불합격 처분을 다투는 절차에서 심사하는 것이 실효적이고, 분쟁에 대한 실질적이고 종국적인 해결이 될 수 있다는 점에서 볼 때, 더더욱 이 사건 모집공고에 대해 헌법적 해명이 필요한 것으로 보이지 않는다. (5) 위에서 본 바와 같이 이 사건 모집공고에 대한 심판 청구는 청구인의 주관적인 권리보호의 이익이 없고, 기본권침

해의 반복 위험성이나 헌법질서의 수호·유지를 위한 헌법적 해명의 필요성 또한 인정되지 않으므로 권리보호의 이익이 없다.

5) 그 외 헌법해명필요성에 관한 결정례

위 헌법재판소의 합헌성 인정의 선례로 인한 헌법적 해명의 불필요성을 밝힌 또 다른 결정례들에 대해서는 뒤의 '권리보호이익 소멸 후 심판이익 부정', 헌법해명필요성의 부정 부분 참조. 또 그 외에 헌법해명필요성에 관한 결정례들은 아래 구체적 인정례 이하 부분 참조.

3. 권력적 사실행위에서의 예외적 심판이익 인정 기준

(1) 논의 필요성

사실행위는 짧은 시간에 이루어지고 소멸될 수 있으므로 권리보호이익이 없는 경우가 많다. 헌재는 권리보호이익이 소멸되었다고 바로 각하하지 않고 심판에 들어갈 이익이 예외적으로 있는지 살펴본다. 그래서 권력적 사실행위에 관한 헌법소원심판 사건들에서는 예외적 심판이익 인정이 가능한지가 많이 따져지므로(또 아래에 볼 결정들 중에도 권력적 사실행위에 해당되는 경우들이 있다) 이에 대해 살펴두는 것이 실무상으로도 매우 중요하다.

(2) 권력적 사실행위에서의 '반복침해위험성'에 대한 헌재판례

1) 판례법리

헌재는 권력적 사실행위에 대한 헌법소원심판에 있어서도 구체성을 요구한다. 그리하여 헌재는 "따라서 권력적 사실행위의 경우 그것이 일반적, 계속적으로 이루어져 구체적으로 반복될 위험성이 인정되어야 하고, 그러한 행위가 개별적이고 예외적으로 이루어지는 경우에는 침해행위가 반복될 위험성이 인정된다고 볼 수 없다"라고 한다.

[주요설시사항] 권력적 사실행위에서의 반복침해위험성 판단기준
일반적, 계속적으로 이루어져 구체적으로 반복될 위험성이 인정되어야 하고, 그러한 행위가 개별적, 예외적으로 이루어지는 경우에는 침해행위 반복될 위험성이 부정

판례 헌재 2018.8.30. 2014헌마681. * 이 결정에 대해서는 아래의 헌법적 해명필요성에 대한 부정례 부분 참조.

(나) 결정례

위 법리가 나온 사안은 '밀양송전탑'사건으로 피청구인 밀양경찰서장이 2014.6.11. 철거대집행이 실시되는 동안 청구인들을 철거대상시설인 움막들 밖으로 강제 이동시킨 행위 및 그 움막들로 접근을 막은 행위(이하 '이 사건 강제조치')에 대한 헌법소원심판청구사건이었다.

판례 헌재 2018.8.30. 2014헌마681
[사건개요] * 아래의 헌법적 해명필요성에 대한 부정례 부분 참조. [판시] 가. … 나. 심판의 이익 유무

(1) '침해행위가 반복될 위험성'이란 단순히 추상적이거나 이론적인 가능성이 아니라 같은 유형의 침해행위가 앞으로도 구체적으로 반복될 위험성이 있는 것을 의미한다. 따라서 권력적 사실행위의 경우 그것이 일반적, 계속적으로 이루어져 구체적으로 반복될 위험성이 인정되어야 하고, 그러한 행위가 개별적이고 예외적으로 이루어지는 경우에는 침해행위가 반복될 위험성이 인정된다고 볼 수 없다. (2) 이 사건 강제조치는 행정대집행 과정 중 발생할 수 있는 송전탑 건설공사에 반대하는 주민등과 행정대집행을 실시하는 공무원들의 생명·신체에 대한 위험을 방지하고 행정대집행의 원활한 진행을 확보하려는 특정한 목적에 따라 이루어졌는데, 기록에 의하여 인정되는 이 사건 강제조치를 하기까지의 경과는 다음과 같다. … (3) 이 사건 강제조치의 위헌 여부를 판단함에 있어서는 주민들과 한국전력공사 직원의 충돌 위험을 방지하고 송전탑 건설공사의 원활한 진행을 확보하기 위한 필요최소한의 범위 내에서 경찰관 직무집행법이나 경찰권 행사의 조리상 한계 등을 준수하였는지 여부가 주된 쟁점이 된다. 그런데 이러한 쟁점을 판단하기 위해서는 구체적인 사실관계의 확정이 선행되어야 하고, 당시의 개별적이고 … 구체적 사정을 모두 고려해야 하므로, 원칙적으로 당해 사건에 국한하여서만 그 의미를 가질 수밖에 없다. … 이 사건 강제조치가 이루어질 당시의 구체적 상황과 경위 등 제반 사실에 대하여 법원이 증거조사와 같은 사실인정 절차를 거쳐 그 위법 여부를 판단할 수 있다고 할 것이다. 그렇다면 이 사건 강제조치는 특정한 상황에서의 개별적 특성이 강한 공권력행사로서 앞으로도 구체적으로 반복될 위험성이 있다고 보기 어렵고, … 다. 소결 – 이 사건 심판청구는 주관적 권리보호이익이 없고, 예외적으로 심판의 이익도 인정되지 않는다. 5. 결론 – 이 사건 심판청구는 모두 부적법하므로 이를 각하하기로 결정한다. * 자세한 결정이유는 아래 '헌법적 해명필요성', 결정례, 부정례 부분 참조.

* 위 결정은 권력적 사실행위에서 반복침해위험성과 헌법적 해명필요성 모두에 대한 판시와 적용판단을 한 결정이므로 함께 살피는 의미에서 아래 헌법적 해명필요성 결정례, 부정례 부분에 인용된 것을 보다 자세히 읽어볼 필요가 있다.

(3) 권력적 사실행위에서의 '헌법적 해명필요성'에 대한 헌재판례

1) 판례법리

헌재는 "권력적 사실행위에 대한 헌법적 해명은 그 사건으로부터 일반적인 헌법적 의미를 추출할 수 있는 경우에 한하여 인정하여야 하는바, 비록 일회적이고 특정한 상황에서 벌어진 사실행위에 대한 평가일지라도 거기에 일반적인 헌법적 의미를 부여할 수 있다면 헌법적 해명의 필요성을 인정할 수 있다"라고 한다.

2) 결정례

(가) 인정례

아래 결정의 사안은 교도소장(피청구인)이 2008.7.22.과 같은 달 24., 28. 등 각 의무과 진료 및 2008.9.16. 종교집회 참석시 청구인에 대하여 동행계호조치를 한 행위에 대한 헌법소원심판 청구사건인데 예외적 심판이익이 인정되어 본안판단까지 갔다(기각결정).

판례 헌재 2010.10.28. 2009헌마438

[판시] 비록 1회적이고 특정한 상황에서 벌어진 사실행위에 대한 평가일지라도 거기에 일반적인 헌법적 의미를 부여할 수 있다면 헌법적 해명의 필요성을 인정할 수 있다(헌법재판소 2006.6.29. 2005헌마703). 이 사건에 관하여 보건대, 비록 이 사건 동행계호행위 자체는 종료되었고 청구인이 다른 교도소로 이송되었다 하더라도 관심대상수용자에 대한 동행계호행위는 형 집행법 및 그 시행규칙 등에 의거

하여 앞으로도 상당기간 반복적으로 행하여질 것이 예상될 뿐만 아니라 이미 교정시설 내에 구금되어 기본권이 제한되고 있는 수용자들에게 동행계호행위 등으로 신체의 자유 등을 부가적으로 제한하는 것은 기본적 처우와 관련된 중요한 문제로서 그 한계에 대한 헌법적 해명은 헌법질서의 수호·유지를 위하여 중요한 의미를 가지므로 심판청구의 이익을 인정할 수 있다.

(나) 부정례

① 장애인교정시설이 있는 교도소에 수감 중인 사람에 대한 계구사용행위 – 이 법리가 처음 제시된 결정례이다.

판례 헌재 2006.6.29. 2005헌마703

[판시] 이 사건 계구사용행위는 2005.7.5. 종료되었으므로 이 사건 헌법소원심판청구일인 2005.7.27. 현재 이에 관하여 심판을 구할 청구인의 주관적인 권리보호이익은 이미 소멸되었다. 한편, 예외적으로 심판청구의 이익이 있는지 살피건대, 권력적 사실행위에 대한 헌법적 해명은 그 사건으로부터 일반적인 헌법적 의미를 추출할 수 있는 경우에 한하여 인정하여야 하는바 비록 1회적이고 특정한 상황에서 벌어진 사실행위에 대한 평가일지라도 거기에 일반적인 헌법적 의미를 부여할 수 있다면 헌법적 해명의 필요성을 인정할 수 있다. 우리 재판소는 이와 같은 견지에서 1년 이상 상시적으로 계구를 사용한 행위, 검사조사실에서 계구를 사용하는 것을 원칙으로 한 계호근무준칙 및 계구사용행위 등에 대하여 이미 헌법적 해명을 한 바 있다(헌재 2003.12.18. 2001헌마163 등). 그러나 이 사건의 경우 심판대상인 개별적인 계구사용행위에 대한 당부판단을 넘어서 일반적인 헌법적 해명의 필요성이 인정된다고 보기는 어렵다. 이 사건 계구사용행위에 있어서의 과잉금지의 원칙에 의한 심사의 요체는 청구인이 야기한 위험성과 계구사용의 필요성을 개별적으로 형량하는 것에 있으며 장애인이라는 요소는 그러한 형량판단에 있어서 고려되는 하나의 요소에 불과하기 때문이다. 또한 2006.4.26. 국회에 제출된 행형법전부개정법률안은 제49조 제2항에서 '장애인 수용자에 대하여는 장애의 정도를 참작하여 그 처우에 있어 적정한 배려를 하여야 한다'는 취지의 규정을 두고 있으며, 위 개정법률안 제96조에서는 기존의 계구와 동일한 개념인 '보호 장비'의 종류에서 사슬을 폐지하고 보다 현대적인 종류의 보호 장비를 도입할 것을 예정하고 있으므로 우리 재판소가 이 사안을 통하여 독자적으로 헌법질서의 수호 유지를 위하여 특별히 헌법적 해명을 할 필요성은 크지 않다. 그렇다면 이 사건 심판청구는 청구 당시부터 주관적 권리보호이익이 없고 예외적으로 헌법적 해명의 필요성이 인정되는 사안도 아니라고 할 것이므로 더 나아가 살펴볼 필요 없이 부적법하다.

② '밀양송전탑'사건으로 피청구인 밀양경찰서장이 2014.6.11. 철거대집행이 실시되는 동안 청구인들을 철거대상시설인 움막들 밖으로 강제 이동시킨 행위 및 그 움막들로 접근을 막은 행위(이하 '이 사건 강제조치')에 대한 헌법소원심판청구사건이었다.

판례 헌재 2018.8.30. 2014헌마681

[사건개요] 가. 청구인들은 밀양시 주민, 천주교 신부와 수녀, 변호사, 일반국민이다. 청구인들은 한국전력공사가 시행하려는 신고리~북경남 송전탑 건설공사를 반대하면서 위 송전탑 건설공사 현장 입구나 송전철탑 예정부지에 움막과 컨테이너 등(이하 '이 사건 움막들')을 설치한 후 점유하고 있었다. 밀양시장은 청구인들이 설치한 이 사건 움막이 산지관리법 등에 위반하여 철거대상에 해당한다고 판단하여 2014.6.11. 철거 집행을 실시하였고, 피청구인(경찰서장)은 철거 집행이 진행되는 동안 이 사건 움막들을 점유하고 있던 청구인들을 움막 밖으로 강제로 퇴거시키고 접근을 제지하는 등의 조치를 하였다. 나. 이에 청구인들은 피청구인이 2014.6.11. 청구인들을 이 사건 움막들에서 강제분리·퇴거시키고 억

류·감금한 행위가 청구인들의 신체의 자유와 일반적 행동자유권 등 기본권을 침해한다고 주장하면서, 2014.8.19. 그 위헌확인을 구하는 헌법소원심판을 청구하였다. [판시] 가. 주관적 권리보호이익의 소멸 – 이 사건 강제조치는 2014.6.11. 이미 종료하였으므로 이 사건 심판청구는 주관적 권리보호이익이 인정되지 않는다. 나. 심판의 이익 유무 (1) 헌법소원제도는 … 침해행위가 앞으로도 반복될 위험이 있거나, 당해 분쟁의 해결이 헌법질서의 수호·유지를 위하여 긴요한 사항이어서 헌법적으로 그 해명이 중대한 의미를 지니고 있는 경우에는 심판청구의 이익을 인정할 수 있다. '침해행위가 반복될 위험성'이란 단순히 추상적이거나 이론적인 가능성이 아니라 같은 유형의 침해행위가 앞으로도 구체적으로 반복될 위험성이 있는 것을 의미한다. 따라서 권력적 사실행위의 경우 그것이 일반적, 계속적으로 이루어져 구체적으로 반복될 위험성이 인정되어야 하고, 그러한 행위가 개별적이고 예외적으로 이루어지는 경우에는 침해행위가 반복될 위험성이 인정된다고 볼 수 없다. 한편 '헌법적 해명이 중대한 의미를 가지는 경우'는 당해 사건을 떠나 일반적이고 중요한 의미를 지니고 있어 헌법질서의 유지·수호를 위하여 그 해명이 긴요한 경우를 의미한다. 권력적 사실행위에 대한 헌법적 해명은 그 사건으로부터 일반적인 헌법적 의미를 추출할 수 있는 경우에 한하여 인정하여야 하는바, 비록 일회적이고 특정한 상황에서 벌어진 사실행위에 대한 평가일지라도 거기에 일반적인 헌법적 의미를 부여할 수 있다면 헌법적 해명의 필요성을 인정할 수 있다(헌재 2006.6.29. 2005헌마703 참조). (2) 이 사건 강제조치는 행정대집행 과정 중 발생할 수 있는 송전탑 건설공사에 반대하는 주민등과 행정대집행을 실시하는 공무원들의 생명·신체에 대한 위험을 방지하고 행정대집행의 원활한 진행을 확보하려는 특정한 목적에 따라 이루어졌는데, 기록에 의하여 인정되는 이 사건 강제조치를 하기까지의 경과는 다음과 같다. (가) 765kV 신고리~북경남 송전선로 건설공사를 반대하거나 다른 대안을 요구하는 마을 주민들은 이 사건 강제조치 이전부터 송전탑 건설 예정 부지 등에 이 사건 움막들을 설치하고 점유하면서 공사반대 의사를 적극적으로 표명하여 왔다. (나) 한국전력공사는 송전탑 건설공사에 반대하는 주민들을 상대로 2013.10.8. 공사방해금지가처분 결정(창원지방법원 밀양지원 2013카합64)을 받았다. 그리고 밀양시장은 이 사건 움막들이 불법하게 설치된 시설물이라는 이유로 2013.5.16.자 철거명령, 2013.9.4.자 철거명령 및 철거대집행 계고처분, 2014.4.15.자 철거명령 및 철거대집행 계고처분을 하였으나, 청구인들이 이 사건 움막들을 스스로 철거하지 아니하자 2014.6.11. 06:00경부터 이 사건 움막들에 대한 행정대집행을 실시하게 되었다. (다) 한편, 밀양시장은 2014. 6.5.밀양경찰서장에게, 위 행정대집행을 실시하기 위하여 "행정대집행시 반대주민들에 의한 인적·물적 위해 요소 제거, 반대주민 및 외부인들의 방해, 폭행 등으로 행정대집행 공무원들이 피해를 당하지 않도록 경찰 인력 배치 및 방해자 사법 조치"를 지원해 달라고 요청하였고, 이에 따라 경남지방경찰청등에서 나온 경찰관들은 위 2014.6.11. 행정대집행 현장에 도착하여 이 사건 움막들을 철거하는 행정대집행 지원업무를 위해 대기하였다. (라) … 철거 대집행에 강하게 저항하고 있었다. … (3) 이 사건 강제조치의 위헌 여부를 판단함에 있어서는 주민들과 한국전력공사 직원의 충돌 위험을 방지하고 송전탑 건설공사의 원활한 진행을 확보하기 위한 필요최소한의 범위 내에서 경찰관 직무집행법이나 경찰권 행사의 조리상 한계 등을 준수하였는지 여부가 주된 쟁점이 된다. 그런데 이러한 쟁점을 판단하기 위해서는 구체적인 사실관계의 확정이 선행되어야 하고, 당시의 개별적이고 구체적인 상황을 고려하여야 한다. 이와 같이 개별적이고 구체적인 상황 하에서 이루어진 공권력 행사에 관한 판단은 공권력 행사의 목적과 공권력 행사가 이루어질 당시의 상황, 특히 이 사건의 경우 법원의 공사방해금지가처분 결정과 이 사건 움막들에 대한 행정대집행이 이루어진 정황, 공사 진행·중단 상황, 송전탑 건설공사를 반대하여 모인 주민의 수와 공사방해 여부 및 방법 등 물리적 충돌 가능성, 강제조치의 시간·장소·대상·방법 등과 같은 구체적 사정을 모두 고려해야 하므로, 원칙적으로 당해 사건에 국한하여서만 그 의미를 가질 수밖에 없다. 그 밖에 청구인들의 주장을 살펴보아도 이 사건 강제조치로부터 위헌적인 경찰권 행사로 판단될 수 있는 일반적인 징표를 찾을 수 없으므로 이 사건 강제조치에 대한 위헌 여부의 판단이 일반적인 헌법적 의미를 부여할 수 있는 경우에 해당한다고 볼 수 없다. 이와 같이 당해사건을 떠나 일반적인 헌법적 의미를 갖는 경우에 해당하지 아니하는 때에는 경찰의 공권력 행사에 대한 규범적인 평가는 개별적이고 구체적인 강제조치의 사유에 따라 각기 달리 이루어질 수 있는바, 이 사건 강제조치가 이루어질 당시의 구체적 상황과 경위 등 제반 사실에 대하여 법원이 증거조사와 같은 사실인정 절차를 거쳐 그 위법 여부를 판단할 수 있다고 할 것이다. 그렇다면 이 사건 강제조치는 특정한 상황에서의 개별적 특성이 강한 공권력행사로서 앞으로도 구체적으로 반복될 위험성이 있다고 보기 어렵고, 헌법재판소가 헌법적으로 해명할 필요가 있다고 볼 수 없다. 다. 소결 – 이 사건 심판청구는 주관적 권리보호이익이 없고, 예외적으로 심판의 이익도 인정되지 않는다. 5. 결론 – 이 사건 심판청구는 모두 부적법하므로 이를 각하하기로 결정한다.

* 비평 – 검토하건대 첫째, 행정대집행에서의 과잉집행 등의 지적이 계속되고 있고 그 행정대집행에서 이루어지는 경찰행정에 적용되는 헌법의 비례(과잉금지)원칙의 위배 여부 등 헌법적 해명이 중요하기도 하다는 점에서 심판이익이 있다. 둘째, 법원에서의 구체적 사실판단 사안이라는 점이 왜 반복성까지도 부정하게 하는지 이해가 안 된다.

4. 구체적 인정례

(1) 인격권 침해 행위

인격권은 인간의 존엄가치에서 나오는 인간의 기초적이고 출발점이 되는 기본권이다. 인격권 침해행위가 종료되었다고 하여 본안심판에 가지 않으면 앞으로 반복되는 위험으로부터 국민을 보호하고 헌법적 규명을 할 기회도 없게 될 것이다. 아래 사안에서 그런 경우로서 예외적 심판이익을 인정할 당위성을 볼 수 있다.

- 신체과잉수색행위의 종료와 심판이익의 인정

판례 헌재 2002.7.18. 2000헌마327

[사건개요] '공직선거 및 선거부정방지법' 위반의 현행범으로 체포되어 유치장에 수용된 뒤 변호인 접견을 마친 후 유치장에 재수용되는 과정에서 유치장 담당 여자경찰관으로부터 흉기 등 위험물 및 반입금지물품의 소지·은닉여부 등의 확인을 위한 자세한 검사를 요구받고 경찰관에게 등을 보인 채 뒤로 돌아서서 상의를 속옷과 함께 겨드랑이까지 올리고 하의를 속옷과 함께 무릎까지 내린 상태에서 3 회에 걸쳐 앉았다 일어서는 방법으로 정밀신체수색(이하 '이 사건 신체수색'이라 한다)을 받았던 청구인들은 법률상의 근거 없이 청구인들에게 모욕감과 수치심만을 안겨주는 수단과 방법으로 실시된 과도한 이 사건 신체수색으로 인하여 헌법 제12조의 신체의 자유, 제10조의 인간으로서의 존엄과 가치 및 행복추구권 등의 기본권을 침해당하였다고 주장하면서 2000.5.18. 그 위헌확인을 구하는 헌법소원심판을 청구하였다. [관련판시] 청구인들에 대한 침해행위는 이미 종료되어 이 사건 신체수색에 대하여 위헌확인을 하더라도 청구인들에 대한 권리구제는 불가능한 상태여서 주관적 권리보호의 이익은 이미 소멸되었다 할 것이다. 그러나 이 사건의 자료에 의하면, 이 사건 이후에 이 사건 규칙[이 사건 신체수색 또는 신체검사의 근거규정은 구 피의자유치 및호송규칙(1999.1.20. 개정되고, 2000.10.26. 개정되기 전의 경찰청 훈령 제248호) 제8조 및 제10조임]이 개정되었으나 현재에도 전국의 일선 경찰서에서 유치장에 수용되는 피의자들에 대한 신체검사가 빈번하게 이루어지고 있고, 개정된 규칙(2000.10.26. 경찰청 훈령 제331호)에 의하더라도 정밀신체검사의 요건을 자의적으로 해석하거나 신체검사의 방법을 임의로 선택하여 청구인들에 대한 이 사건 신체수색과 동종 또는 유사한 조치로 인한 기본권 침해행위가 여러 사람에 대하여, 그리고 반복하여 일어날 위험이 여전히 있다고 보여지므로 심판청구의 이익이 인정된다.

* 이 사건에서는 결국 헌법재판소의 위헌확인결정이 내려졌다. 이러한 신체과잉수색행위에 대해서는 국가배상소송을 통해 배상책임이 인정된 바도 있다. 그러나 그 배상액수가 그로 인해 느낀 성적 수치감에 비해 너무 적다고 지적되기도 하였다.

(2) 생명·신체에 위험을 초래할 수 있는 중대한 법익 침해가 예견되는 공권력 행사

이러한 경우에 해당하고 반복침해가능성, 헌법적 해명이 필요하여 심판이익이 인정된 예가 아래의 이른바 '물포 발포행위'에 대한 헌법소원심판 사건이었다.

- **'물포 발포행위'**('혼합살수행위') 사람의 생명이나 신체에 위험을 초래할 수 있는 중대한 법익 침해가 예견되는 공권력 행사. 경찰서장의 최루액을 물에 섞은 용액을 청구인들에게 살수한 행위(이하 '이 사건 혼합살수행위')

판례 헌재 2018.5.31. 2015헌마476

[판시] 이 사건 혼합살수행위로 인한 청구인들의 기본권 침해상황은 이미 종료되었다. 그러나 '경찰관 직무집행법'과 이 사건 대통령령 및 규칙은 살수차를 경찰장비의 하나로 규정하면서 불법집회나 시위 현장에서 사용할 수 있도록 규정하고 있고, 이 사건 지침은 살수 방법으로 최루액을 혼합하여 살수할 수 있다고 규정하고 있다. 이러한 규정에 따르면 각종 집회나 시위 현장에서 혼합살수행위가 반복될 가능성이 있다. 최루액 혼합살수행위는 사람의 생명이나 신체에 위험을 초래할 수 있는 중대한 법익 침해가 예견되는 공권력 행사다. 그런데 헌법재판소가 최루액 혼합살수행위가 헌법에 합치하는지 여부에 대한 해명을 한 바 없으므로, 이 사건 혼합살수행위에 대하여는 심판의 이익이 인정된다.

(3) 법적 근거 없는 침해 반복, 법원의 확립된 해석 부재에 따른 헌법해명필요성

1) 법적 근거 없는 침해 반복, 법원의 확립된 해석 부재

두 집회주체가 신고한 집회의 시간. 장소가 경합된다고 하여 두 신고 모두 반려한 행위에 대해 비록 종료되었으나 그동안 법적 근거없이 이루어진 반려행위이고 그 성격·효과에 대해 아직 법원의 확립된 해석도 없어 헌법해명필요성이 있다고 보아 심판이익을 예외적으로 인정하였다.

판례 헌재 2008.5.29. 2007헌마712

[사건개요] ○○합섬HK지회와 ○○생명인사지원실이 같은 일시에 제출한 옥외집회신고서상의 옥외집회와 집회 시간 및 장소가 경합되어 상호방해 및 충돌우려가 있다는 이유에서 경찰서장(피고인)이 두 신고서 모두에 대해 반려하는 조치를 취하였고, 이러한 조치는 동일한 경위로 총 9회에 걸쳐 이루어졌다. 이에 ○○합섬HK지회, 지회장, 회원은 위 반려행위들이 집회·결사의 자유를 침해한다는 이유로 2007.6.25. 헌법소원심판을 청구하였다. [판시] 이 사건에서 청구인들이 개최하고자 하였던 옥외집회의 일시는 2007.4.25.부터 같은 해 6. 15.까지이므로, 현재 청구인들의 이 사건 심판청구가 인용된다 하더라도 이 사건 집회와 관련한 청구인들의 주관적 권리보호이익은 인정되지 않는다. 그러나 살피건대, 앞에서 본 바와 같이 이 사건 반려행위는 관할경찰관서장에 의하여 아무런 법적 근거 없이 반복되어 왔을 뿐 아니라 그 편의성 때문에 앞으로도 반복될 가능성이 높다. 또한 위 반려행위의 법적 성격과 효과에 관하여 아직 법원의 확립된 해석도 없다. 그렇다면 이 사건 반려행위가 부당한 공권력의 행사로서 청구인들의 기본권을 침해하는지 여부에 관하여 헌법적으로 해명할 필요성이 존재한다고 할 것이므로,

이 사건 심판청구는 객관적 권리보호이익이 있는 적법한 청구라고 할 것이다. * 본안판단결과 위헌확인 결정이 있었다.

2) 반복가능성, 판례의 미확립

사안은 재판대기중인 피고인이 공판을 앞두고 호송교도관에게 법정 옆 피고인 대기실에서의 변호인 접견을 신청하였으나, 교도관이 이를 불허한 것이 피고인의 변호인의 조력을 받을 권리를 침해한 것이라는 주장으로 청구된 헌법소원심판이었다.

판례 헌재 2009.10.29. 2007헌마992

[판시] 이 사건 심판기록에 의하면 청구인은 2007.6.19. 16:10경 청구인에 대한 일반자동차방화죄 피고사건에 대한 제1심 법원의 제2차 공판을 앞두고 변호인과의 면담을 요구하였으나, 그시경 교도관 김○호로부터 면담을 허용할 수 없다고 하는 이 사건 접견불허행위를 통지받았다. 한편, 울산지방법원 제3형사부는 2007.8.14. 청구인에 대하여 징역 1년에 집행유예 2년을 선고하였으며, 위 제1심판결에 대한 항소심에서 제1심과 동일한 판결이 선고되었고 그 판결이 확정되었다. 따라서 제1심의 제2차 공판절차에서의 변호 준비를 하기 위한 이 사건 심판청구가 인용된다고 하여도 그 판결이 확정된 현재에 이르러서는 청구인의 주관적 권리구제에는 도움이 되지 않는다. 그러나 체포 또는 구속당한 피의자나 피고인의 변호인접견교통권은 헌법 제12조 제4항에서 정해 놓은 변호인의 조력을 받을 권리를 실질적으로 보장하기 위한 가장 중요한 기본권 중의 하나인바, 그 중 구속피고인이 법정 옆 구속피고인 대기실에서 재판을 대기하는 동안 바로 그곳에서 변호인과의 접견이 허용될 것인지 여부에 관하여는, 장래 같은 유형의 문제가 반복되어 발생할 가능성이 있을 뿐 아니라 이에 대한 판례가 아직 확립되지 아니하였으므로, 헌법적 해명이 필요하다고 할 것이다. 따라서 청구인의 이 사건 심판청구에는 심판청구의 이익이 있다. * 본안판단결과 기각결정이 있었다.

(4) 제도적 방해의 시정을 위한 심판이익

관련 법규정들에 따라 침해행위가 이루어진 경우에는 제도적인 법시행을 앞으로 시정하여야 할 것이다. 따라서 침해행위가 종료되었다고 하더라도 심판이익이 인정되어야 한다. 사안은 변호인접견 방해행위가 종료되었음에도 심판이익을 인정한 결정례이다.

판례 헌재 1992.1.28. 91헌마111

[판시] 청구인이 그것에 의하여 권리를 침해당하였다고 주장하는 변호인 접견방해행위는 이미 끝났기 때문에 이제 이를 취소할 여지가 없고 그럼에도 불구하고 이 사건 헌법소원의 심판청구를 할 만한 이익이 있는 것인가가 문제된다. … 이 사건의 경우, 신체구속을 당한 피의자나 피고인에게 보장된 변호인 접견권은 적정한 방어권행사를 통한 신체자유의 보장을 위하여 매우 중요한 권리이고 변호인과의 대화내용에 대하여 비밀이 보장되어야 하는가의 문제는 고도의 기본권에 관한 매우 중요한 헌법 문제임에도 불구하고 신체구속을 당한 사람의 변호인의 조력을 받을 권리를 규정한 헌법 제12조 제4항이나 변호인 접견권을 규정한 형사소송법 제34조에는 그에 관하여 명시적인 언급이 없고 도리어 행형법 제62조는 수형자가 타인과 접견할 경우에 교도관이 참여하도록 규정한 동법 제18조 제3항의 규정을 미결수용자의 변호인 접견에도 준용할 수 있도록 규정하고 있고 이 규정에 근거하여 법무부는 교도관집무규칙(1986.12.10. 법무부령 제291호) 제51조 제1항에 … 피의자나 피고인의 변호인 접견에도 정복교도관이 참여하여 대화내용을 청취하도록 하고 있으며, 경찰청은 피의자유치및호송규칙(1991.7.31. 경찰청 훈령 제62호) 제34조(변호인과의 접견에 관한 주의) 제1항에 유치인과의 접견에 있어서는 유치주무자가

지정하는 경찰관이 이에 참여하도록 하는 규정을 두어 신체구속을 당한 피의자와 변호인의 접견에는 당연히 경찰관이 참여하여 대화내용을 청취하도록 하고 있기 때문에 앞으로도 신체구속을 당한 피의자, 피고인이 접견할 때에는 구치소·교도소에서는 정복교도관이, 경찰서에서는 경찰관이 계속하여 참여할 것으로 보이므로 이처럼 제도적으로 시행되고 있는 변호인 접견방해의 시정을 위하여, 그리고 헌법상 보장된 변호인 접견권의 내용을 명백히 하기 위하여 비록 헌법소원의 대상이 된 침해행위는 이미 종료되었지마는 그것의 위헌 여부를 확인할 필요가 있는 것이다. 따라서 이 사건 헌법소원은 심판청구의 이익이 있고 소원은 적법하다.

(5) 종료된 권력적 사실행위

권력적 사실행위는 헌법소원의 대상이 된다는 것이 헌재의 입장인데 문제는 사실행위이므로 단시간 내에 행위가 이루어지고 사라지게 되므로 권리보호이익이 소멸되는 경우가 많다. 그럼에도 위에서 이미 서술한 대로 반복침해가능성과 헌법적 해명필요성이 인정되어 예외적인 심판이익이 인정되는 경우 또한 적지 않다. 위에서도 그런 경우들이 있었다. 여기서는 예외적 심판이익의 예들로 많이 나타난 권력적 사실행위라는 점을 정리하고 명백히 법리로서 이해해 두자는 의미에서 별도 항목으로 결정례들을 살펴본다.

① 유치장내 불충분한 차폐시설의 화장실사용강제행위의 종료

판례 헌재 2001.7.19. 2000헌마546

[심판대상] 피청구인(경찰서장)이 청구인들로 하여금 이들이 2000.6.18. 09 : 00경부터 같은 달 20. 02 : 00경까지 서울 영등포구 당산동 3 가 2 의 11 소재 영등포경찰서 유치장에 수용되어 있는 동안 차폐시설이 불충분하여 사용과정에서 신체부위가 다른 유치인들 및 경찰관들에게 관찰될 수 있고 냄새가 직접 유출되는 실내화장실을 사용하도록 강제함으로써 청구인들의 기본권을 침해하였는지 여부(위헌확인결정) [관련판시] 이 사건 심판대상행위는 권력적 사실행위라 할 것인데 청구인들에 대한 침해행위는 이미 종료되어 이 사건 심판대상행위에 대하여 위헌확인을 하더라도 청구인들에 대한 권리구제는 불가능한 상태이어서 주관적 권리보호의 이익은 소멸되었다고 할 것이다. 그러나 이 사건의 자료에 의하면, 전국의 다수 유치장 화장실의 구조와 사용실태가 이 사건에서의 그것과 유사하여(이러한 구조의 유사성은 유치실내 화장실이 유치장설계표준에 관한 경찰청예규에 "대변소의 문은 간수의 감시에 지장이 없도록 하반 부분으로 하여야 한다"라고 규정되어 있는데 기인하는 것으로 보인다) 청구인들에 대한 이 사건 심판대상행위와 동종의 조치로 인한 기본권침해행위는 여러 사람에 대하여, 그리고 반복하여 일어날 위험이 있다고 보여지므로, 심판청구의 이익이 인정된다. * 본안결정 : 본안판단결과 헌법재판소는 위 행위가 헌법 제10조의 인간의 존엄과 가치로부터 유래하는 인격권을 침해한 것이라고 하여 위헌확인결정을 하였다.

② 미결수용자 서신검열 등에 대한 헌법소원의 청구인인 수용자가 출소한 경우

판례 헌재 1995.7.21. 92헌마144, * 이 결정에 대해서는 아래의 수용자(수형자)의 출소, 석방, 집행유예, 구속기간 종료 등의 경우 부분 참조.

③ 그룹해체지시 행위가 종료되었음에도 심판필요성을 인정한 결정례

판례 헌재 1993.7.29. 89헌마31. * 본 결정은 이른바 국제그룹해체지시에 대한 헌법소원결정이다
[관련판시] 제3 자인수식의 국제그룹해체의 권력적 사실행위가 이제 이미 종료되어 나름대로 새 질서가 형성되었지만, 이 사건은 원칙적으로 재산권의 보장과 사영기업(私營企業)의 생성·발전·소멸·정리청산 등 기업의 활동에 대한 공권력개입의 헌법적 한계가 판시될 수밖에 없는 중요한 사안이고, 여기에서 아직 미결인 헌법상 중요한 문제가 해명될 것이라는 의미에서 그 심판의 필요성은 충분하다고 할 것이다. 당재판소는 이미 당해 사건에 대한 재판이 헌법질서의 수호유지를 위하여 긴요한 사항이어서 헌법적으로 그 해명이 중요한 의미를 지니는 경우에는 이미 종료된 기본권침해 행위가 위헌이었음을 선언적 의미에서 확인할 필요가 있다고 판시하여 왔던 것이다(당재판소 1992.1.28. 91헌마111 결정; 1993.3.11. 92헌마98 결정 등 참조).

④ **계구사용행위**(상시적으로 양팔을 사용할 수 없도록 하는 계구를 착용하게 한 행위)

판례 헌재 2003.12.18. 2001헌마163
[판시] … 3. 적법요건에 대한 판단 가. … 나. 이 사건 계구사용행위에 대한 심판청구 – 이 사건 계구사용행위는 수용자의 도주·폭행·소요 또는 자살의 방지 기타 교도소 등의 안전과 질서유지를 위하여 실시된 것으로 교도소 측이 그 우월적 지위에서 수용자에게 일방적으로 강제하는 성격을 가진 권력적 사실행위로서 헌법재판소법 제68조 제1항의 공권력행사에 해당한다. 그런데 피청구인(교도소장)의 청구인에 대한 이 사건 계구사용행위는 2001.4.2. 종료되었으므로 이에 관하여 심판을 구할 청구인의 주관적인 권리보호이익은 이미 소멸되었다. 그러나 각종 수용시설 내에서 질서유지 및 수용자의 보호를 위한 금속수갑 및 가죽수갑의 사용은 행형법상 허용되고 있으므로 이 사건 계구사용행위와 같은 종류의 조치는 많은 수용자들에게 계속하여 반복될 가능성이 크고 청구인의 경우에도 계속하여 구금되어 있으므로 앞으로 다시 계구사용이 행해질 가능성이 있다. 그리고 이미 수용시설 내에 구금되어 기본권이 제한되고 있는 수용자들에게 계구의 사용으로 신체의 자유 등 기본권을 부가적으로 제한하는 것은 기본적 처우와 관련된 매우 중요한 문제로서 그 한계에 대한 헌법적 해명은 헌법질서 수호를 위하여 중대한 의미를 가진다. 따라서 이 사건 계구사용행위에 대한 헌법소원심판청구는 심판의 이익이 인정된다.
* 위헌확인결정이 있었다.

* **대비: 교도소이송시 보호장비 사용행위** – 교도소장이 2011.7.13. 청구인을 다른 교도소로 이송함에 있어 4시간 정도에 걸쳐 상체승의 포승과 앞으로 수갑 2개를 채운 행위(이하 '이 사건 보호장비 사용행위')에 대해서는 심판이익을 인정하면서도 위 계구사용행위에 대한 2001헌마163 결정과 달리 기각결정이 있었다. 그래서 대비해 보는 의미에서 여기에 인용한 것이다

판례 헌재 2012.7.26. 2011헌마426
[판시] 이 사건 보호장비 사용행위는 2011.7.13. 종료되었으므로 이에 대하여 심판을 구할 청구인의 주관적 권리보호이익은 이미 소멸되었다. 그러나 헌법소원은 주관적 권리구제뿐만 아니라 헌법질서 보장의 기능도 겸하고 있는데, 수형자를 이송하는 경우에는 이 사건 법률 제97조 제1항 제1호, 제98조 제2항 제1호에 따라 대체로 청구인에게 사용했던 정도의 보호장비가 사용되고 있어 이와 같은 기본권 침해행위가 반복적으로 행하여질 것이 예상되고, 헌법질서의 수호·유지를 위하여 그에 대한 헌법적 해명의 필요성이 인정되므로 이 사건 보호장비 사용행위에 대한 심판청구의 이익을 인정할 수 있다.

⑤ **서울광장통행제지행위** – 경찰청장은 노무현 전 대통령 고인을 조문하고자 덕수궁 대한문 앞 시민분향소를 찾은 사람들이 그 건너편에 있는 서울광장에서 집회나 시위를 개최하는 것을 막기 위하여 경찰버스들로 서울광장을 둘러싸 소위 차벽(車壁)을 만드는 방법으로 서울광장에 출입하는 것을 제지하였다. 서울특별시민인 청구인들은 2009.6.3. 위 차벽에 의하여 통행하지 못하게 되자 이와 같은 통행제지행위가 청구인들의 일반적 행동자유권 등을 침해한다고 주장하면서 2009.7.21. 그 위헌확인을 구하는 헌법소원심판을 청구한 사안이다. 헌재는 반복침해가능성, 헌법해명필요성이 있다고 하여 심판이익을 인정하고 본안판단으로 들어가 위헌확인 결정을 하였다.

판례 헌재 2011.6.30. 2009헌마406

[판시] … 3. 적법요건에 관한 판단 가. 기본권침해 가능성 … 나. 보충성 – … 이 사건 통행제지행위는 직접 상대방의 신체 또는 재산에 실력을 가하여 행정상 필요한 상태를 실현하는 행정상의 즉시강제로서 권력적 사실행위에 해당하므로 … 다. 권리보호의 이익 – 피청구인(경찰청장)이 2009.6.4. 서울광장을 에워싸고 있던 경찰버스들을 철수시켜 서울광장 통행제지행위를 중지함에 따라 그 이후에는 청구인들이 더 이상 기본권을 침해받고 있지 아니하므로 이 사건 심판청구가 인용된다고 하더라도 청구인들의 주관적인 권리구제에는 도움이 되지 아니한다. 그러나 이 사건에 대한 피청구인의 답변 취지와 피청구인이 2009.6.4. 서울광장의 통행을 허용한 후인 2009.6.27.경에도 집회가 예상된다는 이유로 다시 서울광장을 경찰버스들로 둘러싸 통행을 제지한 바 있는 점 등을 종합하면, 앞으로도 같은 유형의 행위가 반복될 가능성이 있다고 할 수 있다. 따라서 앞서 본 바와 같은 이 사건 통행제지행위 당시 피청구인이 불법·폭력 집회를 막는다는 이유로 서울광장을 봉쇄하여 일반시민들의 통행을 제지하는 것이 헌법적으로 정당한지 여부는 헌법질서의 수호·유지를 위하여 헌법적 해명이 긴요한 사항에 해당하고, 따라서 이 사건 심판청구는 심판의 이익이 있다.

* 아래의 비교 판례 : 노무현 전 대통령 추모제 개최를 위한 서울광장 사용허가신청에 대해 피청구인(서울특별시장)이 2009.5.27.까지 청구인들의 한 허가 여부를 결정하지 아니함으로써 실질적으로 그 사용을 불허한 행위에 대한 헌법소원 – 이에 대해서는 권리보호이익이 소멸되었고 반복가능성, 헌법해명필요성이 없다 하여 각하결정을 하였다.

판례 헌재 2012.2.23. 2009헌마403

[결정요지] 이 사건 심판청구는 예정된 집회시각이 훨씬 지난 후에야 제기되었을 뿐만 아니라, 청구인들이 계획한 집회를 다른 곳에서 이미 개최한 이상 주관적 권리보호의 이익은 소멸되었을 뿐 아니라 구 서울특별시서울광장의사용및관리에관한조례(2004.5.20. 서울특별시조례 제4187호로 제정되고, 2009.5.28. 서울특별시조례 제4774호로 개정되기 전의 것)가 이 사건 심판청구 후 개정되어 서울광장의 사용이 신고제로 운영되게 됨에 따라 더 이상 피청구인에 의하여 서울광장의 사용거부나 불허처분이 행해질 수 없으므로 동일하거나 유사한 공권력행사가 반복될 우려가 있다고 할 수 없고, 피청구인이 위와 같은 개정조례안 재의결의 무효확인을 구하는 소를 제기하였다가 이를 취하함으로써 신고제를 취한 개정조례의 효력이 문제될 수 있을 만한 사정도 사라져 버렸으므로 이 사건 불허처분에 대한 위헌여부의 판단은 헌법질서의 수호·유지를 위하여 헌법적 해명이 긴요한 사항이라고 할 수도 없다.

⑥ 구치소 내 종교행사 등에의 미결수용자 참석 금지행위

판례 헌재 2011.12.29. 2009헌마527

[사건개요] 2009.6.1.부터 2009.10.8.까지 대구구치소 내에서 실시하는 종교의식 또는 행사에 미결수용자인 청구인의 참석을 금지한 행위가 청구인의 종교의 자유 등 기본권을 침해하였다고 주장하면서, 2009.9.14. 이 사건 헌법소원심판을 청구하였다. [판시] … 3. 적법요건에 관한 판단 – 가. 보충성 … 이 사건 종교행사 등 참석불허 처우는 이른바 권력적 사실행위에 해당하므로 … 나. 권리보호이익과 헌법적 해명의 필요성 (1) 청구인은 2009.6.1.부터 2009.10.8.까지는 미결수용자의 신분으로, 이후 수형자 신분으로 대구구치소에 수감되어 있다가, 이후 대구교도소로 이감된 후 2011.5.25. 형의 집행을 종료하여 출소하였다. 그리고 피청구인은 청구인이 수형자의 신분이 된 2009.10.9. 이후에는 종교행사 등에의 참석을 허용하였으므로, 청구인에 대한 이 사건 종교행사 등 참석불허 처우로 인한 기본권 침해상황은 청구인의 신분이 미결수용자에서 수형자로 변동된 2009.10.9. 이미 소멸하였다. 따라서 이 사건 종교행사 등 참석불허 처우에 관하여 심판을 구할 청구인의 주관적인 권리보호이익은 더 이상 존재하지 않는다. (2) 그러나 비록 이 사건 종교행사 등 참석불허 처우 자체는 종료되었고 청구인은 형의 집행을 종료하여 출소하였지만, 현재에도 피청구인은 과실범을 제외한 대다수 미결수용자에 대하여 종교행사 등에의 참석을 금지하고 있어 이 사건 종교행사 등 참석불허 처우와 동종 또는 유사한 처우로 인한 기본권 침해행위가 상당기간 반복적으로 행하여질 것이 예상되고, 이에 대한 헌법적 해명이 이루어진 바도 없어 그 헌법적 해명이 헌법질서의 수호·유지를 위해 중대한 의미를 가지므로 심판의 이익을 인정할 수 있다. * 본안판단결과 종교의 자유를 침해한 것으로서 위헌임을 확인하는 결정을 하였다.

⑦ 수용자의 행정소송 출정을 제한한 교도소장의 행위 – 교도소장이 출정비용납부거부 또는 상계동의거부를 이유로 수용자의 행정소송 변론기일인 2010.2.26., 2010.3.26., 2010.4.20.에 출정을 각 제한한 행위에 대해 청구된 사건으로 심판이익의 예외적 인정으로 본안판단에 들어가 재판청구권 침해로 위헌임이 확인되었다.

판례 헌재 2012.3.29. 2010헌마475

[판시] 3. 적법 요건에 관한 검토 가. 공권력 행사성 – 이 사건 각 출정제한행위는 교도소장이 우월적 지위에서 수형자인 청구인의 출정을 제한한 것으로서 일종의 권력적 사실행위에 해당하므로 … 나. 보충성 … 다. 권리보호이익– 피청구인(교도소장)은, 이 사건 각 출정제한행위는 이미 종료되었고 현재 모든 교정기관에서 대부분 변론기일에의 출정을 허용하여 주므로 이 사건 심판청구에 대한 권리보호이익이 없다는 취지로 주장하나, 이 사건 심판청구는 '출정비용납부 또는 상계동의의 거부를 이유로 한 출정제한'을 다투고 있어 일반적인 출정제한과 구별되므로 권리보호이익이 있다. * 본안판단결과 위헌확인결정이 있었다.

⑧ 서울출입국관리사무소장의 외국인에 대한 '긴급보호 및 보호명령의 집행행위', '강제퇴거명령의 집행행위'

판례 헌재 2012.8.23. 2008헌마430

[판시] 이 사건 보호 및 강제퇴거는 이미 종료한 권력적 사실행위로서… 이미 집행이 모두 종료하였으므로 이 사건 심판청구가 인용되더라도 청구인들의 주관적 권리구제에는 도움이 되지 못하지만, 불법체류 외국인에 대한 보호 및 강제퇴거는 앞으로도 반복될 것이 예상되어 이에 대한 헌법적 해명이 필요

하므로, 권리보호이익이 인정된다.

* 위 결정은 기각결정이었는데 이후 대비해 볼 결정례로, 인천국제공항 송환대기실에 수용된 난민에 대한 변호인접견거부 사건에서는 위헌확인결정(2014헌마346)이 있었다. 두 결정 모두 심판이익이 있다고 보았다. 그러나 본안의 법리에 관해서는 위 2014헌마346 결정은 변호인의 조력을 받을 권리는 형사절차에서 피의자 또는 피고인의 방어권을 보장하기 위한 것으로서 출입국관리법상 보호 또는 강제퇴거의 절차에도 적용된다고 보기 어렵다고 기각결정을 한 것인데 이후 위 2014헌마346 결정은 바로 그 법리에 관하여 2008헌마430 결정을 변경하는 판례변경을 한 결정이었다.

⑨ **사법경찰관의 압수물 폐기행위** – 사법경찰관이 압수한, 청구인 자신이 소지하였던 물품(압수물)에 대한 검증을 통하여 자신에 대한 강도예비 혐의에 대한 무죄를 입증하려고 하였던 청구인이 사법경찰관이 그 압수물을 폐기한 데 대해 헌법소원심판을 청구하였다. 헌재는 그 폐기행위가 종료하였고 헌법소원심판 청구 이후 법원에서 그 혐의에 대하여 무죄판결이 확정되어 권리보호이익이 없다고 보았다. 그러나 헌재는 반복가능성이 있고 그러한 폐기가 남용되어 온 관행을 시정하고 편의적이고 자의적인 판단에 따라 압수물을 폐기하는 것을 방지하기 위하여 긴요하여 헌법해명필요성이 있다고 하여 심판이익을 인정한 예이다.

판례 헌재 2012.12.27. 2011헌마351

[사건개요] * 앞의 헌법소원대상, 권력적 사실행위 부분의 사법경찰관 임치물 압수행위 부분 참조. [판시] (1) 이 사건 압수물 폐기행위는 2010.12.20.경 종료하였고, 법원의 심리결과 이 사건 헌법소원심판 청구 이후인 2011.7.22. 청구인에 대한 강도예비 혐의에 대하여 범죄의 증명이 없는 경우에 해당하여 형사소송법 제325조 후단에 의해 무죄가 선고되었으며, 이후 위 판결이 그대로 확정되었는바, 이로써 이 사건 압수물에 대한 검증을 통하여 강도예비 혐의에 대한 무죄를 입증하려고 하였던 청구인으로서는 이미 주관적 목적을 달성하였다 할 것이므로, 이 부분 심판청구는 일단 주관적 권리보호의 이익이 없다. 그러나 기본권 침해행위가 장차 반복될 위험이 있거나 헌법적으로 그 해명이 중대한 의미를 지니고 있는 때에는 예외적으로 심판청구의 이익을 인정할 수 있다. (2) 먼저 반복될 위험성에 관하여 본다. 형사소송법 제219조, 제130조 제2항은 "위험발생의 염려가 있는 압수물은 폐기할 수 있다."고 규정하여 수사기관의 압수물 폐기의 근거를 마련하고 있다. 그런데 수사실무상 위 법률조항의 적용과정에서 위험발생의 염려가 없는 압수물임에도 사건 종결 전에 폐기되는 사례가 가끔 발생하고 있는바, 국가를 상대로 하여 수사기관의 압수물의 위법한 폐기로 인한 손해배상청구의 소가 종종 제기되고 있는 것이 이를 뒷받침한다. 특히 피청구인(***경찰서 사법경찰관)은 이 사건 압수물에 대하여 소유권포기서가 작성되었기 때문에 폐기가 정당하다고 주장하고 있는데, 위와 같은 피청구인의 주장 및 답변 취지에 비추어 보더라도 이 사건과 같은 압수물 폐기행위는 반복될 가능성이 있다. 나아가 이 사건에서 ***경찰서 소속 사법경찰리가 사법경찰관에게 한 수사보고에 의하면 "피의자와 피의자의 형이 압수품에 대해 돌려받을 의사가 없다고 하므로, 보관시 멸실 등의 우려가 있으므로 폐기코자 합니다."라고 기재되어 있는데, 수사기관이 이같이 보관상의 불편 등을 이유로 편의에 따라 압수물 폐기의 요건을 자의적으로 해석함으로써 이 사건과 같은 압수물 폐기행위가 반복될 위험성은 여전히 남아 있다. (3) 다음으로 헌법적 해명의 중대성에 관하여 본다. 압수물의 위법한 폐기는 압수물에 대한 증거조사를 통하여 자신의 무죄를 입증하고자 하는 피고인의 입장에서는 그렇지 않아도 방어력이 취약한 피고인의 공정한 재판을 받을 권리를 침해받을 수 있다는 측면에서 매우 중요한 문제이고, 이에 따라 압수물 폐기의 요건 및 한계에 대한 헌법적 해명은 헌법질서 수호를 위해 중대한 의미를 갖는다. 따라서 이 사건과 같은 압수물

폐기행위에 대하여 위헌선언을 하는 것은 압수물 폐기의 요건 및 그 한계를 명백히 하고 공권력의 행사는 적법한 절차에 따라 행해져야 한다는 점을 재차 확인함으로써 압수물폐기가 남용되어 온 관행을 시정하고 편의적이고 자의적인 판단에 따라 압수물을 폐기하는 것을 방지하기 위하여 긴요하다. 또한 이 사건에서 청구인이 헌법소원심판청구를 통하여 다투고자 하는 것은 피청구인이 압수물 폐기의 근거 법령조항을 해석함에 있어 관련 기본권의 효력을 간과하거나 오해함으로써 위 법령조항을 위헌적으로 해석·적용하여 공정한 재판을 받을 권리를 침해하였다는 점에 대한 다툼인 것이지, 단순한 법률의 해석·적용에 대한 다툼의 문제로만 볼 수는 없다. 따라서 이 사건과 같은 압수물 폐기행위는 앞으로 반복될 위험성이 있고, 또 그에 대한 헌법적 해명은 헌법질서의 수호·유지를 위해서 중요하다고 할 수 있으므로, 이 부분 심판청구는 권리보호의 이익을 갖추었다. * 이 결정에서 권력적 사실행위란 말이 나오지는 않으나 본안판단대상이 되었으므로 권력적 사실행위로 본 것으로 이해할 수 있다. * 본안판단결과 위헌확인결정이 있었다.

⑩ 사법경찰관의 청구인에 관한 조사과정 '촬영허용행위' – 인격권보호와 알권리 충돌 – 헌법해명필요성

판례 헌재 2014.3.27. 2012헌마652

[판시] 촬영허용행위는 이미 종료된 행위로서, 이 사건 심판청구가 인용된다고 하더라도 청구인에 대한 권리구제는 불가능하므로 주관적 권리보호이익은 소멸하였다. 그러나 피의자의 얼굴 및 조사받는 모습이 수사과정에서 피의자의 의사에 관계없이 언론에 노출되는 일은 현재도 일어나고 있어 앞으로도 구체적으로 반복될 위험이 있고, 피의자의 인격권 보호와 국민의 알권리 보장이라는 두 법익이 충돌하는 영역으로서 헌법질서의 수호·유지를 위하여 헌법적 해명이 긴요한 사항이다. 비록 수사기관 내부적으로 피의자의 신원을 추정할 수 있거나 신분이 노출될 우려가 있는 장면의 촬영을 금지하고 있으나(예컨대, 이 사건의 경우 구 인권보호를 위한 경찰관 직무규칙 제85조 등) 여전히 수사기관이 이와 관련하여 자의적으로 해석함으로써 기본권이 침해될 여지가 있고, 이에 대한 헌법재판소의 해명이 아직 이루어지지 않았으므로 심판청구이익을 인정함이 상당하다. * 이 결정에서는 보도자료 배포행위 부분에 대해서는 보충성원칙 불준수로 각하결정이 있었고 촬영허용행위 부분에 대해서는 위헌확인결정이 있었다.

⑪ 폐기물 활용 벽돌 등 제조·판매 회사에 대한 감사

판례 헌재 2003.12.18. 2001헌마754, 과다감사 확인

[판시] (1) 이 사건 감사는 이미 종료되어 공권력에 의한 기본권침해는 존재하지 않지만, 이 사건 심판대상과 같은 동종의 감사가 1998.12.부터 계속되어 왔고 피청구인은 법령에 따른 적법하고 정당한 공권력 행사라고 주장하고 있으므로 특별한 사정의 변경이 없는 한 피청구인의 위와 같은 감사는 청구인들뿐만 아니라 다른 폐기물관련사업장에 대하여도 반복하여 계속될 위험이 있다할 것이고, 위와 같은 감사가 청구인들의 기본권을 침해한다는 개연성이 있다할 것임에도 아직까지 이에 대한 헌법적 해명이 없어 이에 대한 헌법적 해명의 필요가 긴요한 경우라고 할 것이므로 이 사건 심판청구의 이익이 인정된다고 보아야 한다. … (3) 이 사건 감사는 피청구인이 폐기물관리법 제43조 제1항에 따라 폐기물의 적정 처리 여부 등을 확인하기 위한 목적으로 청구인들의 의사에 상관없이 일방적으로 행하는 사실적 업무행위이고, … 이 사건 감사는 피청구인이 우월적 지위에서 일방적으로 강제하는 권력적 사실행위라 할 것이고 … * 본안판단결과 기각결정되었다.

⑫ **피청구인**(교도소장)**이 2011.4.15.부터 2011.7.12.까지 공주교도소 사동에서 인원점검을 하면서 청구인을 비롯한 수형자들을 정렬시킨 후 차례로 번호를 외치도록 한 행위**(이하 '이 사건 점호행위')

판례 헌재 2012.7.26. 2011헌마332

[결정요지] 청구인은 2011.7.13. 경북북부제1교도소로 이송되어 이 사건 점호행위로 인한 기본권 침해상황은 이미 소멸하였으므로, 청구인의 주관적인 권리구제가 불가능하게 되어 권리보호이익은 더 이상 존재하지 않게 되었다. 그러나 피청구인은 현재도 인원점검을 할 때 수형자를 비롯한 수용자들을 정렬시킨 후 차례로 번호를 외치도록 하고 있어, 이 사건 점호행위와 동종 또는 유사한 처우로 인한 기본권침해 행위가 수형자들에 대하여, 그리고 상당기간 반복적으로 행하여질 것이 예상되고, 그 헌법적 해명 또한 헌법질서의 수호·유지를 위해 중대한 의미를 가져 심판의 이익을 인정할 수 있으므로, 이 부분 심판청구는 적법하다.

(6) 수용자(수형자)에 대한 침해행위종료, 출소, 석방, 집행유예, 구속기간 종료 등의 경우

① **미결수용자 서신검열 등에 대한 헌법소원**

판례 헌재 1995.7.21. 92헌마144

[관련판시] 피청구인(교도소장)의 위 각 서신검열과 서신의 지연발송 및 지연교부행위를 대상으로 한 심판청구부분이 적법한지 여부에 관하여 살펴본다. 비록 피청구인의 위 각 행위는 이미 종료되었고 청구인 △△△도 출소하였지만 헌법소원의 본질은 개인의 주관적 권리구제뿐만 아니라 객관적인 헌법질서의 보장도 겸하고 있는 것인데, 위와 같은 미결수용자의 서신에 대한 검열이나 지연발송 및 지연교부행위는 헌법상 보장된 통신의 자유나 비밀을 침해받지 아니할 권리 및 변호인의 조력을 받을 권리와의 관계에서 그 위헌여부가 해명되어야 할 중요한 문제이고, 그러한 검열행위는 행형법의 규정에 따라 앞으로도 계속될 것으로 보이며 검열 후 서신의 발송지연·교부지연행위 등의 위헌여부에 대하여도 논란의 여지가 있으므로, 이 사건 심판청구는 헌법질서의 수호·유지를 위하여 긴요한 사항으로서 그 해명이 중대한 의미를 지니고 있고 동종 행위의 반복위험성도 있어 심판청구의 이익이 있다고 할 것이다. 따라서 그 심판청구부분은 적법하다.

② (기결)**수형자 서신검열에 대한 헌법소원**

판례 헌재 1998.8.27. 96헌마398, 판례집 10-2, 416면

[쟁점] (기결)수형자((旣決)受刑者)의 서신에 대한 검열행위가 종료되고 청구인이 출소한 경우에도 그 검열행위에 대한 헌법소원에 권리보호의 이익이 인정되는지 여부(인정) [관련판시] 피청구인(교도소장)의 서신 검열행위는 이미 종료되었고, 청구인도 형기종료로 출소하였다. 수형자의 서신에 대한 검열행위는 헌법이 보장하고 있는 통신의 자유·비밀을 침해받지 아니할 권리 등과의 관계에서 그 위헌여부가 해명되어야 할 중요한 문제이고; 이러한 검열행위는 행형법의 규정에 의하여 앞으로도 계속· 반복될 것으로 보인다. 그런데 미결수에 대한 서신검열행위의 위헌여부에 대하여는 헌법재판소가 1995.7.21.에 선고한 92헌마144 서신검열 등 위헌확인 결정에서 헌법적 해명을 하였으나, 수형자에 대하여는 아직 견해를 밝힌 사실이 없으므로 헌법판단의 적격성을 갖추었다고 인정되어 심판청구의 이익도 있다.

③ **포승·수갑 사용 상태에서의 피의자조사를 받게 한 행위** – 피의자로서 검사조사실에서 조사를 받는 동안 구치소 계호교도관이 포승으로 청구인의 팔과 상반신을 묶고 양손에 수갑을

채운 상태에서 피의자조사를 받게 한 행위가 위헌으로 확인된 사건이었다.

판례 헌재 2005.5.26. 2001헌마728
[판시] 이 사건의 경우 청구인에 대한 검사의 조사가 끝난 상태이고 또 청구인은 이미 2001.11.9. 출소하였기 때문에 청구인에 대한 이 사건 기본권침해는 종료하였다. 그러나 이 사건 계구사용행위는 법무부훈령인 계호준칙) 에 의거한 점에서 앞으로도 반복될 것이 확실시될 뿐만 아니라 헌법질서의 수호·유지를 위하여 그 해명이 중요한 의미를 가지고 있으므로 심판청구의 이익을 인정할 수 있다. * 본안판단결과 위헌확인결정이 있었다. * 동지 : 헌재 2005.5.26. 2004헌마49. [판시] 이 사건 계구사용행위는 2003.11.6. 종료되었으므로 이에 대해 심판을 구할 청구인의 주관적인 권리보호이익은 이미 소멸되었다. 그러나 구속피의자에 대해 피의자신문을 하는 동안 검사조사실에서 계구를 사용하는 실무집행은 오랫동안 지속되어 왔고 청구인의 경우에도 반복될 가능성을 배제할 수 없다. 이러한 기본권 침해사유의 반복가능성 그리고 계구사용으로 인한 신체의 자유의 심각한 제한 등을 고려하면 검사조사실에서 조사를 받는 미결수용자에 대한 계구사용에 관한 헌법적 해명의 필요성이 인정되므로 이 사건 심판청구의 이익을 인정할 수 있다.

④ **정밀신체검사** – 구치소에 수용되면서 '담당교도관 앞에서 속옷까지 탈의한 상태로 돌아서서 상체를 숙인 후 양손으로 둔부를 벌려 항문을 보이는 방법'으로 실시된 정밀신체검사였다. 이에 대해 헌법소원심판을 청구하였고 이후 형이 확정되어 복역하고 만기출소한 경우였는데 예외적 심판이익을 인정하여 본안판단으로 나아간 사건이었다.

판례 헌재 2006.06.29. 2004헌마826
[판시] 청구인에 대한 침해행위는 종료되어 이 사건 정밀신체검사에 대한 위헌확인을 하더라도 청구인에 대한 권리구제는 불가능한 상태여서 주관적 권리보호이익은 이미 소멸되었다고 할 것이나, 이 사건의 자료에 의하면, 이 사건과 같은 정밀신체검사는 구치소나 교도소별로 신입자들에 대하여 행하여지고 있고, 앞으로도 상당기간 계속하여 반복적으로 행하여질 것이 예상되며, 특히 청구인은 마약류사범이라는 점에서, 헌법적으로 그 해명이 중대한 의미를 가지고 있다고 할 것이므로 심판청구의 이익을 인정할 수 있다. * 본안판단결과 기각결정이 있었다.

⑤ **항문내 검사 위헌확인** – 마약류사범이 구치소에 수용되는 과정에서 반입금지물품의 소지·은닉 여부를 확인하기 위하여 실시한 구치소 수용자에 대한 정밀신체검사에 대해 마약류의 은닉성 때문에 필요한 조치로 보아 기각결정을 한 사안이었는데 심판이익을 인정하였다.

판례 헌재 2006.6.29. 2004헌마826, 기각결정
[판시] … 3. 적법요건에 대한 판단 가. 공권력 행사성 – 이 사건 정밀신체검사는 구치소의 관리주체인 구치소장이 수용자를 유치함에 있어 수용자의 생명·신체에 대한 위해를 방지하고 구치소 내의 안전과 질서유지를 위하여 실시하는 것으로서 그 우월적 지위에 기하여 수용자에게 일방적으로 강제하는 성격을 가지는 권력적 사실행위로서 … 라. 권리보호이익 – 청구인에 대한 침해행위는 종료되어 이 사건 정밀신체검사에 대한 위헌확인을 하더라도 청구인에 대한 권리구제는 불가능한 상태여서 주관적 권리보호이익은 이미 소멸되었다고 할 것이나, 이 사건의 자료에 의하면, 이 사건과 같은 정밀신체검사는 구치소나 교도소별로 신입자들에 대하여 행하여지고 있고, 앞으로도 상당기간 계속하여 반복적으로 행하여질 것이 예상되며, 특히 청구인은 마약류사범이라는 점에서, 헌법적으로 그 해명이 중대한 의미를

가지고 있다고 할 것이므로 심판청구의 이익을 인정할 수 있다.

⑥ 마약류 관련 수형자에 대한 마약류반응검사를 위한 소변강제채취 위헌확인

판례 헌재 2006.7.27. 2005헌마277

[판시] 청구인이 2005.3.31. 출소하여 청구인에 대한 침해행위는 종료되었으므로 소변채취행위에 대한 위헌확인을 하더라도 청구인에 대한 권리구제는 불가능한 상태여서 주관적 권리보호이익은 이미 소멸되었다고 할 것이나, 이 사건의 자료에 의하면, 소변채취는 구치소나 교도소별로 마약류사범에게 신입시와 월 1회 혹은 분기에 1회씩 정기적, 반복적으로 행하여지는 것이므로, 헌법적으로 그 해명이 중대한 의미를 가진다고 할 것이므로 심판청구의 이익을 인정할 수 있다. * 본안판단결과 기각결정이 있었다.

⑦ 신문기사삭제행위에 대한 헌법소원의 청구인인 미결수용자가 출소한 경우

판례 헌재 1998.10.29. 98헌마4

[쟁점] 미결수용자가 구독하는 신문의 기사 중 일부를 삭제한 처분행위에 대해 헌법소원이 청구된 뒤 보석으로 출소한 경우 권리보호이익이 있는지 여부(인정) [관련판시] 청구인은 이 사건 헌법소원 청구 이후 보석결정으로 석방되어 불구속 상태에서 재판을 받게 되었다. 따라서 피청구인의 위 신문들의 기사 중 일부기사 삭제처분으로 인한 청구인의 권리침해행위는 이미 종료되었다. 그러나 수용자가 구독하는 신문의 일부기사 삭제행위는 국민의 알 권리의 침해문제와 관련하여 앞으로도 계속될 것으로 보이므로 권리보호의 이익도 있다.

⑧ 재소자용 의류착용에 대한 헌법소원 청구인인 미결수용자가 집행유예와 보석으로 석방된 경우

판례 헌재 1999.5.27. 97헌마137등

[관련판시] 청구인들은 법원의 집행유예 판결 및 보석허가 결정으로 모두 석방되었으므로, 청구인들이 구치소에 수감된 기간 동안 수용시, 수사 또는 재판을 받을 때 피청구인(구치소장)들이 청구인들에게 사복을 입지 못하게 하고 재소자용 의류를 입게 한 행위에 관하여 심판을 구할 청구인들의 주관적인 권리보호이익은 소멸되었다. 그러나 헌법소원제도는 개인의 주관적 권리구제뿐만 아니라 객관적인 헌법질서의 수호·유지의 기능도 갖고 있다. 심판 계속중에 주관적인 권리보호이익이 소멸된 경우라도 기본권 침해행위가 반복될 위험이 있고 그 해명이 헌법질서의 수호·유지를 위하여 긴요한 사항으로 중대한 의미를 지니고 있는 경우에는 심판청구의 이익을 인정하는 것이 우리 재판소의 선례이고, 미결수용자에 대하여 재소자용 의류를 입게 한 이 사건 행위는 선례에도 부합하므로 위헌여부를 판단하여야 할 적격을 갖추고 있다.

⑨ 준법서약서제도에 대한 헌법소원심판의 청구인인 수형자가 출소한 경우

판례 헌재 2002.4.25. 98헌마425등

[쟁점] "국가보안법위반, 집회 및 시위에 관한 법률위반 등의 수형자에 대하여는 가석방 결정 전에 출소 후 대한민국의 국법질서를 준수하겠다는 준법서약서를 제출하게 하여 준법의지가 있는지 여부를 확인하여야 한다"라고 규정하고 있는 가석방심사 등에 관한 규칙(1998.10.10. 법무부령 제467호로 개정된 것) 제14조 제2항이 양심의 자유 등을 침해하는 위헌이라는 주장의 헌법소원심판이 청구되었으나 청구인들이 형집행정지로 석방되거나 형기종료로 출소한 경우에 권리보호이익이 있는지 여부 [판시] 준법서

약서 제출요구는 앞으로도 계속 반복될 것으로 보여지고, 그에 대한 헌법적 정당성여부의 해명은 헌법질서의 수호를 위하여 매우 긴요한 사항으로서 중요한 의미를 지니고 있는 것이므로 이 사건 심판청구의 이익은 여전히 존재한다 할 것이다.

⑩ 미결수용자 면회횟수 제한의 군행형법시행령 규정에 대한 헌법소원청구 후 집행유예 석방

미결수용자의 면회횟수를 매주 2회로 제한한 군행형법시행령(1999.10.30. 대통령령 제16587호로 전문개정된 것) 제43조 제2항 본문 중 전단 부분에 대한 헌법소원심판을 청구한 후 고등군사법원의 집행유예 선고로 석방된 경우이다.

판례 헌재 2003.11.27. 2002헌마193

[판시] 이 사건 기록에 의하면 청구인 조○○은 2002.7.10. ○○본부 보통군사법원에서 징역 3년 등의 형을 선고받고, 고등군사법원에 항소하여 2002.11.12. 징역 1년 6월, 집행유예 3년 등의 형을 선고받았으며, 다시 2002.12.2. 대법원에 상고하여 현재 상고심에 계속중인 사실이 인정된다. 그렇다면 청구인 조○○이 이미 집행유예의 판결을 선고받고 석방되었으므로 이 사건 시행령규정의 위헌 여부에 관한 심판을 구할 청구인들의 주관적인 권리보호이익은 소멸되었다고 할 수 있다. 그런데 이 사건 시행령규정에 의한 면회횟수의 제한상황은 앞으로도 계속 유지될 것이고 이에 따라 그로 인한 기본권 침해 여부를 둘러싼 헌법적 분쟁 또한 반복되리라는 것은 쉽게 예상할 수 있으므로 이 사건 시행령규정 역시 당해사건을 넘어서서 일반적인 의미를 가지는 헌법문제를 내포하고 있다. 따라서 그에 대한 헌법적 해명은 객관적인 헌법질서의 수호·유지를 위하여 긴요하다고 할 수 있으므로 이 부분 헌법소원도 심판청구의 이익이 인정되어 적법하다. * 본안판단결과 "헌법 제37조 제2항 및 제75조에 위반될 뿐만 아니라, 청구인들의 접견교통권 및 평등권을 침해하므로 헌법에 위반된다"라고 하여 위헌결정이 되었다.

⑪ 구속기간이 종료된 뒤 제기된 헌법소원심판의 심판이익을 인정한 결정례

판례 헌재 1992.4.14. 90헌마82

[쟁점] 사건의 성격상 증거수사 등에 많은 시간이 소요되지 않는 사건들에까지 국가보안법 위반 피의자의 경우 구속기간을 최장 50일까지 연장할 수 있도록 규정한 국가보안법 제19조는 평등권, 신속한 재판을 받을 권리 등을 침해한다는 주장의 헌법소원심판이 1990.5.3. 청구되었다. 그런데 이 사법경찰관이나 검사가 국가보안법 제19조에 의하여 지방법원판사로부터 연장허가를 받은 청구인들에 대한 구속기간은 이미 끝났고 청구인들은 모두 1990.4.4. 법원에 공소제기되어 수사기관의 손을 이미 떠났는데, 그럼에도 불구하고 이 사건 헌법소원의 심판청구를 유지할 만한 이익이 있는가가 문제된 것이다(심판청구의 이익을 인정). [관련판시] 헌법소원의 본질은 개인의 주관적 권리구제뿐 아니라 객관적인 헌법질서의 보장도 겸하고 있으므로 침해행위가 이미 종료하여서 이를 취소할 여지가 없기 때문에 헌법소원이 주관적 권리구제에는 별 도움이 안 되는 경우라도 그러한 침해행위가 앞으로도 반복될 위험이 있거나 당해 분쟁의 해결이 헌법질서의 수호·유지를 위하여 긴요한 사항이어서 그 해명이 헌법적으로 중대한 의미를 지니고 있는 경우에는 헌법소원의 이익을 인정하여야 할 것이다(당재판소 1992.1.28. 91헌마111 결정 참조). 이 사건의 경우, 국가보안법 제19조에 의한 구속기간 연장은 앞으로도 계속 반복될 것이고 수사기관에서의 구속기간연장은 피의자의 신체자유에 대한 중대한 제약으로서 그에 대한 위헌여부의 해명은 비록 청구인들의 권리구제에는 직접 도움을 주지 못한다고 할지라도 인권보장을 최고의 이념으로 하고 있는 우리 헌법질서의 수호를 위하여 매우 중요한 의미를 지니고 있는 일이므로 국가보안법 제19조에 대한 이 사건 헌법소원은 심판청구의 이익이 있는 것이다. * 헌재는 본안판단결과 사건의 성

격상 증거수사 등에 많은 시간이 소요되지 않는 찬양·고무죄(국가보안법 제7조), 불고지죄(동법 제10조) 사건들에까지 구속기간을 최장 50일까지 연장할 수 있도록 규정한 국가보안법 제19조는 신체의 자유를 침해하여 위헌이라고 보아 “국가보안법(1980.12.31. 법률 제3318호, 개정 1991.5.31. 법률 제4373호) 제19조 중 제7조 및 제10조의 죄에 관한 구속기간 연장 부분은 헌법에 위반된다”라는 주문의 일부위헌결정을 하였다.

* 군사법경찰관의 구속기간의 연장을 허용하는 군사법원법 제242조 제1항 중 제239조 부분 해당규정에 대한 헌법소원심판에서 동지의 판시 : 헌재 2003.11.27. 2002헌마193.

⑫ 접견횟수 초과를 이유로 한 변호사와의 접견을 불허한 교도소장 처분

판례 헌재 2004.12.16. 2002헌마478

[사건개요] 기결수형자가 자신에 대한 서신발송불허처분과 관련한 소송을 제기하기 위한 변호사 선임 요청에 따라 이○○변호사는 사건 수임을 위하여 2002.6.29. 청구인과의 접견을 시도하였으나, 피청구인(교도소장)은 청구인이 월 접견 횟수 4회를 전부 채웠다는 이유로 접견을 허가하지 아니하자 이 접견불허처분으로 말미암아 자신의 재판청구권 등의 기본권을 침해당하였다고 주장하면서 헌법소원심판을 청구하였다. 다. [판시] 피청구인의 접견불허처분은 이미 종료되었지만 헌법소원의 본질은 개인의 주관적 권리구제 뿐만 아니라 객관적인 헌법질서의 보장도 겸하고 있는 것인데, 위와 같은 소송이 계속 중이지 않은 기결수형자의 변호사와의 접견을 일반접견에 포함시켜 일률적으로 제한하는 것은 수형자의 재판청구권 및 이에서 파생되는 변호사의 도움을 받을 권리와의 관계에서 그 위헌 여부가 해명되어야 할 중요한 문제이고, 그러한 접견불허처분은 행형법의 규정에 따라 앞으로도 계속될 것으로 보인다. 따라서 이 부분 심판청구는 헌법질서의 수호·유지를 위하여 긴요한 사항으로서 그 해명이 필요하고 동종행위의 반복위험성도 있어 심판청구의 이익이 있다.

⑬ 구치소 내 과밀수용행위

판례 헌재 2016.12.29. 2013헌마142

[판시] 청구인은 형기만료로 이미 석방되었으므로, 이 사건 심판청구가 인용되더라도 청구인의 권리구제는 불가능한 상태이다. 그러나 이 사건에서 문제되는 교정시설 내 과밀수용행위는 계속 반복될 우려가 있고, 수형자들에 대한 기본적 처우에 관한 중요한 문제로서 그에 대한 헌법적 해명의 필요성이 있으므로 예외적으로 심판의 이익을 인정할 수 있다. * 위헌확인결정이 내려졌다.

⑭ 2월 윤달이 있는 해 감형 1일 하는 보완규정을 두지 않은 형법조항에 대한 청구 – 자유형 형기의 ‘연월’을 역수에 따라 계산하도록 하면서 윤달이 있는 해(2월이 29일까지 있는 해)에 형집행 대상이 되는 경우에 관하여 형기를 1일 감하여 주는 보완규정을 두지 않은 형법(1953.9.18. 법률 제293호로 제정된 것) 제83조에 대한 헌법소원심판의 청구였다.

판례 헌재 2013.5.30. 2011헌마861

[판시] 청구인은 2012.1.7. 형집행을 마치고 출소하여 원칙적으로 권리보호이익이 없다. 다만, 이 사건 법률조항은 자유형집행에 있어 계속 반복적으로 기간산정방법으로 적용될 것이고, 그 위헌 여부에 따라 형집행기간에 영향을 미치며, 아직 위 조항들의 위헌 여부에 대한 헌법재판소의 결정이 없었다는 점에서 헌법적 해명이 긴요한 사항이라고 할 수 있으므로 심판청구의 이익이 인정된다.

(7) 선거종료, 선거 관련 침해행위 종료의 경우

1) 선거 관련 침해행위·선거종료 후 당해 선거법규정이 존속하는 경우의 심판이익 인정

선거와 관련된 침해행위가 종료되거나 선거가 종료 후 선거에 시행된 법률이 그대로 있는 경우에 심판이익을 인정할 수 있을 것이다. 그러한 결정례들로 아래의 결정례들을 볼 수 있다. 아래의 결정례들 중에는 그 심판대상이 현행 공직선거법으로 달라진 것도 있는데 심판 당시 시점에서 존속했다는 의미로 파악하면 되겠다(예를 들어 아래의 한 결정례에서 심판대상이었던 선거연령 20세 규정은 현행 공직선거법에서는 18세로 인하되었으나 당시 시점에서 존속했다는 의미인 것이다).

① **사전선거운동금지 등**

판례 헌재 1995.11.30. 94헌마97.

② **시·도지사선거 입후보요건으로서의 기탁금 5천만원 규정**

판례 헌재 1996.8.29. 95헌마108.

③ **선거종료 및 심판 중 선거제한연령 도과**(선거연령 충족) – 선거연령 제한 규정

㉠ 선거권자를 20세 이상의 국민으로 한 구 공선법 규정(현행 18세)

판례 헌재 1997.6.26. 96헌마89

[관련판시] 청구인들은 1996.4.11. 실시 예정인 국회의원선거에 선거권을 행사할 목적으로 1996.3.12. 평등권과 선거권의 기본권 침해를 이유로 이 헌법소원 심판청구를 하였으나 국회의원선거는 이미 끝났고 이 심판 계속중 청구인들은 모두 20세가 됨으로써 이 사건 법률조항에 의한 주관적인 기본권의 침해상태는 종료되었다. 그러나 이 사건은 선거권연령을 20세 이상의 국민으로 정한 것이 18~19세의 국민들에 대한 평등권과 선거권을 침해하는지 여부를 가리는 헌법적으로 해명할 필요가 있는 중요한 사안으로 우리 재판소로서는 국회의원선거일 이전에 결론을 내리기가 어려운 문제였고 앞으로도 계속 반복될 성질이 있는 것이므로 헌법판단의 적격을 갖춘 것으로 인정하여 본안판단을 하기로 한다). * 동지 : 헌재 2001.6.28. 2000헌마111.

㉡ 여러 차례 선행 합헌결정에도 불구하고 헌법해명성, 반복성 인정 – 선거권자를 19세 이상의 국민으로 한 구 공직선거법 규정(현행 18세)

판례 헌재 2013.7.25. 2012헌마174

[판시] 이 사건 심판 계속 중 제19대 국회의원 선거 및 제18대 대통령 선거가 종료되었고, 다음 국회의원 선거 및 대통령선거에서는 청구인이 이미 19세 요건을 충족하게 되어 주관적 권리보호이익이 없다고 할 수 있다. 그러나 "20세 이상의 국민은 대통령 및 국회의원의 선거권이 있다."라고 규정한 구 '공직선거 및 선거부정방지법' 제15조 제1항에 대하여는 여러 차례 합헌결정이 있었지만(헌재 2003.11.27. 2002헌마787 등 참조), 대통령 및 국회의원의 선거권 연령을 19세 이상으로 개정한 이 사건 법률조항에 대해서는 아직 헌법재판소가 위헌 여부를 심사한 바 없고, 선거권의 연령 제한은 헌법적 해명의 필요가 있는 중요한 사안이고, 기본권 침해 여부가 앞으로도 계속 반복될 가능성이 있으므로 권리보호이

익을 인정함이 상당하다.
* 검토 – '권리보호이익'이 아니라 '심판이익'이라고 하여야 한다.

④ **선거기간개시일부터 선거일 투표마감시각까지의 여론조사 경위·결과공표금지조항**

판례 헌재 1998.5.28. 97헌마362등.

⑤ **탈법방법에 의한 문서·도화의 배부·게시 등 금지, 선거운동기간 전 국회의원의 의정활동 보고를 허용 등.**

판례 헌재 2001.8.30. 99헌바92등.

⑥ **대통령선거 기탁금 5억원**

판례 헌재 2008.11.27. 2007헌마1024.
[판시] 청구인은 중앙선거관리위원회에 제17대 대통령선거 예비후보자로 등록하였으나 동 선거에 출마하지 않았다. 청구인은 후보자로 등록할 경우 요구되는 기탁금 액수가 지나치게 과다하다며 이 사건 조항을 다투는데, 비록 위 대통령선거는 종료되었지만 이 사건 조항이 대통령선거에 출마하려는 사람의 공무담임권을 침해하는지 여부에 대해서 헌법적 해명의 필요성이 인정되므로 권리보호이익을 예외적으로 인정함이 상당하다.

⑦ **교육공무원의 정당가입 및 선거운동 금지** – 사안은 초·중등학교의 교육공무원의 정당가입 및 선거운동을 금지하고 있는 당시의 정당법 제6조 단서 제1호 및 '공직선거 및 선거부정방지법'(이하 '공선법'이라 한다) 제60조 제1항 제4호에 대한 헌법소원심판의 청구였다.

판례 헌재 2004.3.25. 2001헌마710
[판시] 헌법소원심판 청구 후 위 지방선거는 2002.6.13. 실시되어 이미 종료하였으므로, 이 사건 법률조항에 대한 위헌결정이 선고되더라도 청구인의 주관적 권리구제는 불가능하게 되었다고 할 수도 있다. 그러나 교육공무원의 정당가입 및 선거운동을 금지하는 이 사건 법률조항의 위헌 여부에 관하여는 아직 그 해명이 이루어진 바가 없고, 만약 이 사건 법률조항이 청구인들의 기본권을 침해하는 것이라면 앞으로 있을 각종 선거에서 청구인들과 같은 교육공무원들이 이 사건 법률조항에 의하여 반복하여 기본권을 침해당할 것이 확실히 예상된다. 따라서 이 사건 법률조항의 위헌 여부에 관한 판단은 헌법질서의 수호·유지를 위하여 긴요한 사항으로서 헌법적으로 그 해명이 중대한 의미를 지닌다.

⑧ **선거일 현재 금고 이상의 형의 선고를 받고 그 집행이 종료되지 아니한 자는 선거권이 없다고 규정하고 있는 구 '공직선거 및 선거부정방지법' 제18조 제1항 제2호 전단**

판례 헌재 2004.3.25. 2002헌마411
[판시] 청구인이 투표하려 하였던 지방선거(2002.6.13)는 이 사건 헌법소원심판청구(2002.6.20) 이전에 이미 종료하였기 때문에 이 심판청구가 권리보호이익이 없는 것은 사실이다. 그러나 2004년의 국회의원 총선거에 청구인의 투표참여 문제가 다시 제기될 때 이 사건 법률조항이 여전히 청구인의 기본권인 선거권을 박탈하게 될 것이므로, 이 사건 법률조항의 위헌 여부에 대하여는 헌법적 해명의 필요성이 존

재한다.

* 동지의 기각결정 : 위 결정 이후 공직선거법(2005.8.4. 법률 제7681호로 개정된 것) 제18조 제1항 제2호도 위 '공직선거 및 선거부정방지법' 위 규정과 같은 문언이었는데 이 공직선거법 제18조 제1항 제2호에 대해서도 합헌성을 인정하는 기각결정을 하였다. 헌재 2009.10.29. 2007헌마1462. 다만, 이 2007헌마1462 동지결정에서는 2002헌마411 결정과는 달리 5인 위헌의견이 다수의견이었으나 위헌(인용)결정에 필요한 6인 위헌의견에 이르지 못하여 기각결정이 된 것이었다. 이 2007헌마1462 결정에서 5인 위헌의견의 다수의견은 "선거도 이미 종료하였을 뿐만 아니라 청구인이 2008.5.22.경 형기 만료로 출소하였다. 따라서 이 사건 심판청구가 인용되더라도 청구인의 주관적 권리구제는 불가능하게 되었으므로, 권리보호의 이익이 없다고 볼 수 있다. 그러나 이 사건 법률조항의 위헌 여부에 관하여는 헌법재판소가 2004.3.25. 2002헌마411 결정에서 이미 해명한 바 있으나, 후술하는 바와 같이 위 결정 이후 그 판단의 기초가 된 '수형자의 교정시설 내에서의 지위에 관한 법적 규율'에 변화가 생겼을 뿐만 아니라 이에 따라 수형자에 대한 선거권 제한의 위헌성에 관한 의문이 지속적으로 제기되고 있다"라고 심판이익이 있는 이유를 제시한 바 있었다.

* 결국 위헌결정 – 위 두 결정은 모두 합헌성을 인정하는 기각결정이었다. 그러나 위 두 결정 이후 2014년에 위 제2호 중 '유기징역 또는 유기금고의 선고를 받고 그 집행유예기간 중인 자'에 관한 부분에 대한 위헌결정(헌재 2014.1.28. 2012헌마409등. 동지 : 2014.1.28. 2013헌마105)이 있었다. 따라서 "구 공직선거법(1994.3.16. 법률 제4739호로 제정되고, 2005.8.4. 법률 제7681호로 개정되기 전의 것) 제18조 제1항 제2호 전단이 헌법에 위반되지 않는다고 판시한 헌재 2004.3.25. 2002헌마411 결정, 공직선거법(2005.8.4. 법률 제7681호로 개정된 것) 제18조 제1항 제2호 전단이 헌법에 위반되지 않는다고 판시한 헌재 2009.10.29. 2007헌마1462 결정의 의견은 이 결정 이유와 저촉되는 범위 안에서 변경한다"라는 판시가 있었다(위 2012헌마409 결정의 판시).

⑨ 국회의원의 피선거권 행사연령을 "25세 이상"으로 정한 '공직선거 및 선거부정방지법'(1994.3.16. 법률 제4739호로 제정된 것) **제16조 제1항 규정**

판례 헌재 2005.4.28. 2004헌마219

[판시] 이 사건이 우리 재판소에 계속되어 있던 중에 제17대 국회의원선거가 실시되어 이미 종료되었는바, 그 권리보호이익이 없다. 그러나 이 사건 법률조항의 위헌 여부에 관해서는 아직 그 해명이 이루어진 바 없어 향후 국회의원선거에 입후보하고자 하는 같은 입장의 국민들도 동일한 헌법적 의문을 제기할 가능성이 크다. 따라서 이에 관한 판단은 기본권침해의 위험을 사전에 제거하는 등 헌법질서의 수호·유지를 위하여 긴요한 사항으로서 헌법적으로 그 해명이 중대한 의미를 지닌다고 할 것이므로 권리보호이익의 예외사유에 해당한다.

⑩ 비례대표국회의원 궐원 승계가 임기만료일 전 180일 이내 궐원인 경우 안되게 한 규정 – 구 공직선거법(2005.8.4. 법률 제7681호로 개정된 것) **제200조 제2항 단서 부분**

판례 헌재 2009.6.25. 2008헌마413

[판시] 이미 2008.5.29. 제17대 국회의원의 임기가 만료되고 2008.5.30. 제18대 국회의원의 임기가 개시되었으므로, 한나라당의 제17대 비례대표국회의원 후보자명부상의 차순위 후보자였던 청구인들은, 심판대상조항이 위헌으로 결정되더라도 더 이상 궐원이 발생한 제17대 비례대표국회의원 의석을 승계할 수 없게 되었다. 따라서 심판대상조항이 위헌으로 결정되더라도 청구인들의 주관적 권리구제에는 도움이

되지 않는다고 할 것이다. 다만 그렇더라도 심판대상조항이 존재하는 한 계속하여 동종의 기본권 침해는 계속될 것이고, 또한, 심판대상조항의 위헌 여부는 헌법질서 수호·유지를 위하여 그 헌법적 해명이 중대한 의미를 지니고 있는 경우라 할 수 있을 것이므로, 이 사건 심판청구는 예외적으로 심판청구의 이익을 인정할 수 있다. * 본안판단결과 헌법불합치결정이 있었다.

⑪ **당내경선에서 후보자선출되지 못하고 선거도 종료** – 선전벽보 등에 비정규학력의 게재를 금지하는 공직선거법 제64조 제1항 및 제250조 제1항

판례 헌재 2009.11.26. 2008헌마114

⑫ **선거방송토론회 실시·종료** – 선거토론회 참가자격으로서의 소정 지지율에 미달한 후보자가 제기한 헌법소원

판례 헌재 2009.3.26. 2007헌마1327등

[본안쟁점] 여론조사결과를 평균한 지지율이 100분의 5 이상인 후보자를 대상으로 개최하도록 한 공직선거법(2005.8.4. 법률 제7681호로 개정된 것) 제82조의2 제4항 제1호 다목, 제3호 다목이 지지율의 산출근거 등에 대한 명시적인 기준을 제시하지 않고 있어 여기에 초청받지 못한 후보자에 대한 자의적인 차별을 초래하여 평등권, 공무담임권을 침해한다는 주장의 헌법소원심판. [판시] 이 사건 선거방송토론위원회 주관의 선거방송토론회가 실시되어 이미 종료되었으므로, 비록 이 사건 법률조항에 대하여 위헌결정이 선고된다고 하더라도 청구인들에 대한 주관적 권리구제는 이미 불가능하다. 그러나 공직선거법이 개정되기 전 유사한 내용을 규정한 구 법률조항의 위헌 여부나 선거방송토론위원회의 결정에 관해서는 헌법재판소의 판단이 있으나(97헌마372등 결정, 2005헌마415 결정 참조), 개정 후 현행 법률에 대하여는 아직 그 해명이 이루어진 바 없으므로, 향후 이와 같은 헌법적 의문이 반복적으로 제기될 가능성이 크다. 따라서 이에 관한 판단은 기본권침해의 위험을 사전에 제거하는 등 헌법질서의 수호·유지를 위하여 긴요한 사항으로서 그에 대한 해명이 헌법적으로 중대한 의미를 지닌다고 할 것이므로 심판청구의 이익이 있다. *본안판단결과 과잉금지원칙 등을 준수하였다고 보아 기각결정을 하였다.

⑬ **비례대표국회의원후보자의 연설·대담을 선거운동기간 중 공개장소에서 금지하는 규정** – 이전의 '공직선거 및 선거부정방지법' 제79조 부분, 이후 공직선거법의 같은 내용 부분

㉠ 선거종료, 당선되었고 일부 개정이 있었으나 위헌성논란 계속가능성

판례 헌재 2006.7.27. 2004헌마217

[판시] 청구인들이 출마했던 국회의원선거는 이미 끝이 났고, 청구인 노○찬은 2004.4.15. 제17대 국회의원선거에서 비례대표 국회의원으로 당선되었으며, 이 사건 심판대상규정들에 대해서는 청구인들이 헌법소원심판을 청구한 이후인 2005.8.4. 일부 개정이 있었으므로 이 사건 심판청구에 대한 주관적 권리보호이익은 소멸되었다고 할 것이다. 그러나 이 사건 심판대상규정들이 정당과 비례대표국회의원후보자의 선거운동 등을 제한하는 것에 대한 헌법적 해명은 아직까지 이루어진 바 없고, 심판청구 이후 일부조항이 개정되었다고는 하나 개정된 조항은 약간의 문구 수정만 있었을 뿐 그 내용에 있어서 커다란 변화가 있었던 것은 아니므로 앞으로도 이 사건 심판대상규정들을 둘러싼 위헌성 논란은 계속될 가능성이 크다. 그렇다면 이 사건 심판대상규정들의 위헌 여부에 대한 헌법적 해명은 객관적인 헌법질서의 수호·유지를 위하여 중대한 의미를 지닌다고 할 것이고, 따라서 이 사건 심판대상규정들에 대해서는

본안판단의 필요성을 인정할 수 있을 것이다.

㉡ 선거종료, 낙천되었고 이전 선행 헌재판단 있었으나 상당한 시간 경과, 짧은 선거운동 기간 등

판례 헌재 2013.10.24. 2012헌마311

[판시] 청구인이 출마했던 19대 국회의원선거는 2012.4.11. 이미 종료하였고 청구인은 낙선하였으므로, 이 사건 법률조항의 위헌확인을 구할 주관적 권리보호이익은 소멸되었다. 그러나 비록 비례대표국회의원후보자의 연설·대담을 제한하고 있는 이 사건 법률조항의 위헌성에 관해서 헌법재판소가 이미 한 차례 판단한 바 있으나(헌재 2006.7.27. 2004헌마217, 판례집 18-2, 212), 그로부터 상당한 시간이 흘렀을 뿐만 아니라 앞으로 반복적으로 실시될 국회의원선거에서 정당과 비례대표국회의원후보자들이 이 사건 법률조항에 대하여 동일한 기본권 침해를 주장하며 헌법적 의문을 제기할 가능성이 큰 점, 후보자등록 후 선거운동기간이 종료할 때까지의 기간이 20일도 채 되지 않아 청구인의 권리보호이익이 인정되는 기간 안에 헌법재판소가 심리를 종결한다는 것이 사실상 어렵다는 점 등을 고려하면, 이 사건 법률조항의 위헌성에 관한 판단은 헌법질서의 수호·유지를 위하여 긴요한 사항으로 헌법적 해명이 중대한 의미를 지닌다고 할 것이다. 따라서 이 사건 법률조항에 대한 심판청구의 이익을 인정할 수 있다.

⑭ 예비후보자의 선거운동에서 예비후보자 외에 독자적으로 명함을 교부하거나 지지를 호소할 수 있는 주체를 예비후보자의 배우자와 직계존·비속으로 제한한 규정

㉠ 심판이익 인정 – 공직선거법(2010.1.25. 법률 제9974호로 개정된 것) 제60조의3 제2항 제1호

판례 헌재 2011.8.30. 2010헌마259등

[판시] 청구인들이 예비후보자로 등록하고 출마하였던 제5회 동시지방선거의 절차가 모두 끝나 청구인들이 주장하는 기본권침해의 상태는 이미 종료되었으므로, 이 사건 법률조항에 대하여 위헌확인을 받는다 하더라도 청구인들의 주관적인 권리의 구제에는 도움이 되지 못한다. 그런데 이 사건에서 보면, 이 사건 법률조항이 존속하는 한 앞으로 실시될 각종의 공직선거에서 선거운동의 자유나 평등권과 같은 중요한 기본권에 대한 침해가 반복될 위험이 있어 그 해명이 중대한 의미를 지니고, 이 사건 법률조항에 대하여 아직까지 헌법적인 판단이 이루어진 바 없으므로, 청구인들의 이 사건 심판청구는 권리보호의 이익이 인정된다. * 본안판단결과 기각결정이 있었다.

㉡ * 위 합헌성 인정 기각결정, 이후 또 다시 합헌성 인정결정이 있었다는 이유로 위 제60조의3 제2항 제1호에 대한 해명필요성을 부정하고 심판이익을 부정한 결정

판례 헌재 2013.11.28. 2011헌마267

[판시] 가. 이 사건 1호 법률조항에 대한 판단 – 이 사건 1호 법률조항에 대하여, 헌법재판소는 2011.8.30. 선거운동의 자유나 평등권을 침해하지 아니한다고 결정한 바 있고(헌재 2011.8.30. 2010헌마259등, 판례집 23-2상, 477), 다시 2012.3.29. 평등권을 침해하지 아니한다고 결정한 바 있어(헌재 2012.3.29. 2010헌마673, 판례집 24-1상, 646, 666-668 참조), 이에 대하여는 헌법적으로 해명할 필요가 없으므로, 예외적으로 심판청구의 이익을 인정할 수 있는 경우에 해당되지 아니한다. 나. 이 사건

3호 법률조항에 대한 판단 – 이 부분 심판청구는 예외적으로 심판청구의 이익이 인정된다.

* 이에 대한 판시는 바로 아래 인용된 것 참조.
* 제1호 규정은 "배우자" 부분이 "배우자(배우자가 없는 경우 예비후보자가 지정한 1명)"로 개정이 되었다(2018.4.6. 법률 제15551호).

⑮ **예비후보자의 배우자가 함께 다니는 사람 중에서 지정한 자도 선거운동을 위하여 명함교부 및 지지호소를 할 수 있도록 한 공직선거법**(2010.1.25. 법률 제9974호로 개정된 것, 이하 '공직선거법'이라 한다) **제60조의3 제2항 제3호 중 '배우자' 관련 부분**

판례 헌재 2013.11.28. 2011헌마267

[판시] 가. 이 사건 1호 법률조항에 대한 판단 – 예외적으로 심판청구의 이익을 인정할 수 있는 경우에 해당되지 아니한다. * 이 부분 판시 자세한 것은 위에 인용된 부분 참조. 나. 이 사건 3호 법률조항에 대한 판단 – 이 사건 3호 법률조항에 대하여는 위 법률조항이 존속하는 한 앞으로 실시될 각종 공직선거에서 평등권과 같은 중요한 기본권에 대한 침해가 반복될 위험이 있어 그 해명이 중대한 의미를 지니고 있고, 또한 아직까지 그에 대한 헌법적인 판단이 이루어진 바 없으므로, 청구인의 이 부분 심판청구는 예외적으로 심판청구의 이익이 인정된다. * 본안판단결과 위헌결정이 있었고 이후 법개정으로 "또는 그의 배우자"가 삭제되고 "예비후보자가 그와 함께 다니는 사람 중에서 지정한 1명"으로 개정되었다(2017.2.8. 법률 제14556호).

⑯ **예비후보자 기탁금 반환 사유에 '질병'으로 예비후보자 사퇴하는 경우를 포함하지 않고 있는 것** – 구 공직선거법 제57조 제1항 제1호 다목

판례 헌재 2013.11.28. 2012헌마568

* [심판대상조항], [판시]에 대해서는 장래효로 인한 권리보호이익 결여 및 그 예외적 심판이익 인정 부분 참조. * 위 심판대상조항에 대해서는 이후 "예비후보자가 정당 공천관리위원회의 심사에서 탈락하여 본선거의 후보자로 등록하지 아니한 경우에 그가 납부한 기탁금 전액을 반환하지 아니하도록 하는 것은 과잉금지원칙을 위반하여 청구인의 재산권을 침해한다"라는 이유로 헌법불합치결정(헌재 2018.1.25. 2016헌마541)이 있었고 2020.3.25에 그런 취지로 개정되었다.

⑰ **그 외** – 대선토론회 시청금지행위(헌재 2020.8.28. 2017헌마813)

2) 선거종료 후 그 선거의 법률이 폐지된 경우의 심판이익 인정 - 동일한 규정의 상존

지방의회선거법, 대통령선거법 등 개별 선거법이 폐지되고 '공직선거 및 선거부정방지법'이라는 통합선거법으로 대체된 뒤에도 동일한 규정이 있으면 침해위험이 상존하고 헌법해명이 필요하여 심판이익이 인정된다.

[주요판시사항]

▷ 청구인이 입후보하려 한 선거가 종료되고, 그 시행법률도 폐지되었으나, 동일한 규정이 신법에 있어 동종의 기본권침해 위험이 상존하고, 그 헌법적 해명이 중대한 의미를 지님

판례 헌재 1995.5.25. 91헌마44

[관련판시] 기초의회의원선거에서 후보등록신청시에 기탁금 200만원을 기탁하도록 하는 지방의회의원선거법(1988.4.6. 법률 제4005호로 제정, 1990.12.31. 법률 제4311호로 전문개정, 1994.3.16. 법률 제4739호 '공직선거 및 선거부정방지법'의 시행으로 폐지)이 사건 법률조항의 위헌여부에 관하여 아직 그 해명이 이루어진 바없고, 이 사건 법률을 폐지한 '공직선거 및 선거부정방지법'(이하 '공선법'이라 한다 * 이 법률도 후에 공직선거법으로 대체된다)은 그 제56조 제1항 제5호에서 이 사건 법률조항에서와 동일한 액수의 기탁금을 기탁하도록 규정하고 있어(다만 기탁금의 반환 등 요건에서 일부 차이가 있을 뿐이다) 만약 위 법률조항이 청구인들의 기본권을 침해하는 것이라면 공선법에 의하여 선거에 입후보하고자 하는 사람들도 위 신법규정에 의하여 반복하여 기본권을 침해당할 것이 확실히 예상된다. 따라서 이 사건 법률조항의 위헌여부에 과한 판단은 위헌적인 법률조항에 의한 기본권침해의 위험을 사전에 제거하는 등 헌법질서의 수호·유지를 위하여 긴요한 사항으로서 헌법적으로 그 해명이 중대한 의미를 지닌다고 할 수 있다. 그러므로 비록 이 사건 심판청구 후 청구인들이 입후보하려 한 기초의회의원선거가 이미 종료되었고 이 사건 법률도 폐지되었지만, 新法인 공선법의 시행으로 동종의 기본권침해의 위험이 상존하고 있어 위 법률조항의 위헌여부에 관한 헌법적 해명이 중대한 의미를 지니고 있는 경우에 해당하므로 이 사건 심판청구는 적법하다. * 대통령선거 입후보 기탁금 3억원 규정에 대한 동지 결정 : 헌재 1995.5.25. 92헌마269등.

3) 유사한 신법규정으로 인한 유사한 사태 반복가능성 - 일반적 의미의 헌법문제 내포, 반복성, 주기성

① 선거여론조사 제한 규정

판례 헌재 1995.7.21. 92헌마177등

[판시] 이 사건의 경우 헌법소원심판 계속중에 여론조사의 대상이 되었던 제14대 대통령선거가 1992.12.18. 이미 실시되었고, 이 사건 법률규정이 들어 있는 개정법이 1994.3.16. 공포·시행된 공직선거및선거부정방지법(이하 "공선법")의 부칙 제2조에 의하여 폐지되었으므로 이 사건 법률규정의 위헌여부에 관한 심판을 구할 위 청구인의 주관적인 권리보호이익은 소멸되었다. 그러나 이 사건의 경우 위와 같이 대통령선거가 이미 종료되었고 이 사건 법률규정도 폐지되어 효력을 상실하였으나 새로 제정된 공선법 제108조 제1항이 그와 거의 같거나 유사한 내용을 규정하고 있으므로 이러한 새로운 법규정에 의하여 앞으로도 이 사건과 유사한 사태나 기본권침해 여부를 둘러싼 헌법적 분쟁이 반복되리라는 것은 쉽게 예상할 수 있다. 그렇다면 이 사건 법률규정은 당해사건을 넘어서서 일반적인 의미를 가지는 헌법문제를 내포하고 있다고 할 수 있고, 이 사건에 대한 헌법적 해명은 객관적인 헌법질서의 수호·유지를 위하여 긴요하다고 할 수 있다. 따라서 위 청구인의 심판청구는 심판청구의 이익도 인정되어 적법하다.

② 방송토론회 초청 한정 규정에 대한 대통령선거 종료 후 심판청구이익을 인정한 예

판례 헌재 1998.8.27. 97헌마372등

[사건개요] '공직선거 및 선거부정방지법'(1997.11.14. 법률 제5412호로 개정된 것, 이하 '공선법') 제82조의2에 의한 '대통령후보자 초청 공영방송 텔레비전 대담·토론회'의 주관자인 대통령선거방송토론위원회는 위 선거 실시 전인 1997.11.24. 제15대 대통령선거의 방송토론회의 진행과 관련하여, 3 회에 걸쳐 다자간 합동방송토론회를 개최하되, 초청대상 후보자는 원내교섭단체 보유 정당의 대통령후보자와 5개 이상의 중앙종합일간지와 3 개 텔레비전 방송사가 조사한 후보등록 이전 10일간의 여론조사결과 평균지지율 10% 이상인 후보자로 한다고 결정하여 공표하였다. 위 기준에 해당하지 않는 청구인들은 공권력의 행사라고 보아야 할 위 토론위원회의 결정 및 공표행위에 의하여 자신들의 공무담임권과 평등

권 등이 침해되었다고 주장하면서 헌법소원심판을 청구하였다. [쟁점] 대통령선거 후보자 대담·토론회에 참석할 후보자의 선정기준에 관하여 대통령선거방송토론위원회가 정한 결정 및 그 공표행위에 대하여 제기한 헌법소원심판청구가 위 방송토론회 및 대통령선거가 이미 종료되었음에도 불구하고 권리보호의 이익이 있는지 여부(긍정) [관련판시] 토론위원회의 결정에 따른 방송토론회 및 제15대 대통령선거가 이미 종료되었다고 하더라도 공선법 제82조의2가 존속하고 있는 이상 이후 차기 대통령선거 등에서 이 사건과 유사한 사태나 기본권침해 여부를 둘러싼 헌법적 분쟁이 반복되리라는 것은 쉽게 예상할 수 있으므로, 이 사건에 대한 헌법적 해명은 객관적인 헌법질서의 수호·유지를 위하여 긴요하다고 할 수 있다. 그렇다면 이 사건 헌법소원은 심판청구의 이익이 인정되어 적법하다 할 것이다.

③ 정부투자기관의 집행간부 아닌 직원에 대하여도 임원이나 집행간부들과 마찬가지로 지방의회 의원직에 입후보하지 못하도록 규정한 구 지방의회의원선거법 제35조 제1항 제6호 중 "직원"에 관한 부분

판례 헌재 1995.5.25. 91헌마67

[판시] * 아래의 '신규정의 개정 촉진, 위헌성 사전 제거 등 헌법해명 중요성' 부분 참조.

4) 선거구 인구편차 문제

선거구 인구의 편차가 평등권을 침해한다는 주장의 헌법소원사건이 적지 않았는데 청구 후 선거가 종료되는 경우가 많으나 헌법해명필요의 중요성, 반복가능성으로 심판이익이 인정된 경우 또한 많다.

판례 헌재 2009.3.26. 2006헌마14

[판시] 청구인들은 2006.5.31. 실시예정이었던 자치구·시·군의회의원 선거와 관련하여 해당 선거구에서의 투표가치의 불평등 등을 시정하려는 목적으로 이 사건 심판청구를 하였으나 이미 위 선거가 종료되었으므로, 주관적인 기본권의 침해상태는 종료되었다고 볼 수 있다. 그러나 이 사건 심판청구는 해당 선거구에서의 의원정수 획정이 헌법상 허용된 기준을 초과하여 국민들의 평등권과 선거권을 침해하는지 여부를 가리는 헌법적으로 해명할 필요가 있는 중요한 사안일 뿐만 아니라 앞으로도 계속 반복될 수 있는 성질의 것이므로 본안에 나아가 판단함이 상당하다.

* 인구편차 사건으로 선거종료 후에도 예외적 심판이익을 인정한 다른 예들 : 2006헌마14, 2006헌마67, 2006헌마188, 2010헌마282, 2010헌마401, 예외적 심판이익 인정되고 헌법불합치된 결정례 : 2006헌마240 등.

5) 부재자투표 개시시간

지금은 사전투표제로 바뀐 이전의 부재자투표제의 시간은 구 '공직선거 및 선거부정방지법'(1994.3.16. 법률 제4739호로 제정된 것) 제155조 제2항 본문(이하 '이 사건 투표시간조항')이 "오전 10시에 열고"(이하 '투표개시시간'), "오후 4시에 닫는다"(이하 '투표종료시간')에 대해 헌법소원심판이 청구되었다. 본안판단으로 투표개시시간에 대해 헌법불합치결정된 사안이다.

판례 헌재 2012.2.23. 2010헌마601

[판시] 청구인이 부재자신고를 했던 제5회 전국지방동시선거는 이미 종료되었으므로 이 사건 심판청구에 대한 주관적 권리보호이익은 소멸되었다고 할 것이다. 그러나 이 사건 투표시간조항이 부재자투표자의 선거권 및 평등권을 제한하는 것에 대한 헌법적 해명은 아직까지 이루어진 바 없고, 앞으로도 이 사건 투표시간조항을 둘러싼 위헌성 논란은 이어질 가능성이 있다. 그렇다면 이 사건 투표시간조항의 위헌 여부에 대한 헌법적 해명은 헌법질서의 수호·유지를 위하여 중대한 의미를 지닌다고 할 것이고, 따라서 이 사건 투표시간조항에 대해서는 본안판단의 필요성을 인정할 수 있을 것이다.

6) 지방공사 직원의 지방의회의원 겸직 금지 규정

지방공사 임원뿐 아니라 직원에 대해서도 지방의회의원 겸직을 금지하고 있는 지방자치법(1994.3.16. 법률 제4741호로 개정된 것) 제33조 제1항 5호 중 "지방공사의 직원" 부분(이하 '이 사건 법률조항')에 대한 심판청구가 선거종료라도 심판이익이 있다고 보았다.

판례 헌재 2004.12.16. 2002헌마333등

[판시] 청구인 1.의 경우 헌법소원심판을 청구한 뒤에 위 지방선거는 2002.6.13. 실시되어 이미 종료하였고 청구인은 동 선거에 출마하여 낙선하였으므로, 이 사건 법률조항에 대한 위헌결정이 선고되더라도 청구인의 주관적 권리구제는 불가능하게 되었다고 할 수도 있다. 그런데 지방공사의 직원이 지방의회의원을 겸직하는 것을 또는 반대로 지방의회의원이 지방공사의 직원을 겸직하는 것을 금지하는 이 사건 법률조항의 위헌 여부에 관하여는 아직 그 해명이 이루어진 바가 없고, 만약 이 사건 법률조항이 청구인의 기본권을 침해하는 것이라면 앞으로 있을 각종 지방선거에서 청구인과 같은 지방공사의 직원들이 이 사건 법률조항에 의하여 반복하여 기본권을 침해당할 것이 확실히 예상된다. 따라서 이 사건 법률조항의 위헌 여부에 관한 판단은 위헌적인 법률조항에 의한 기본권침해의 위험을 사전에 제거하는 등 헌법질서의 수호·유지를 위하여 긴요한 사항으로서 헌법적으로 그 해명이 중대한 의미를 지닌다.

(8) 불처벌특례규정에 대한 헌법소원의 경우

일정한 행위를 일정한 요건하에 처벌하지 않는다는 불처벌특례규정(不處罰特例條項)에 대해서는 다음의 논의가 있다. 불처벌특례규정을 위헌으로 결정하더라도 소급하여 효력이 상실하는 것으로 볼 수 없다고 본다면 그 불처벌규정을 근거로 한 불기소처분을 헌법소원에 의해 취소할 수 있는 여지가 없으므로 이러한 불처벌특례규정에 대한 심판청구에 있어서도 권리보호이익이 없다고 보아야 하지 않는가 하는 것이 그 논의의 문제이다. 헌법재판소는 아래의 결정에서 불처벌특례조항에 대한 위헌결정이 있더라도 소급효적용이 부정된다는 입장에서, ① 불기소처분 자체는 권리보호이익이 없다고 하여 그 부분 청구에 대해서는 각하결정을 하였고 ② 불처벌특례조항 자체에 대한 심판도 같은 이유로 권리보호이익이 없으나 반복가능성, 헌법적 해명의 중요성 등을 들어 심판의 이익을 인정하였다.

판례 헌재 1997.1.16. 90헌마110등

[쟁점] 중상해를 입힌 경우에도 그 차량이 단순히 자동차종합보험 등에 가입하였다는 이유만으로 공소제기조차 하지 못하도록 규정한 교통사고처리특례법 제4조 제1항을 근거로 한 불기소처분이 있자 이

불기소처분과 위 교통사고처리특례법 제4조 제1항에 대하여 피해자가 제기한 헌법소원에서, 불처벌특례규정에 대한 위헌결정이 있더라도 소급효가 미치지 않으므로 위 법 조항에 대한 헌법소원은 권리보호이익이 없는 것이 아닌지가 문제되었다(예외적 인정, 기각결정). [관련판시] (1) 이 사건 각 불기소처분에 대한 각 심판청구 – 불처벌특례를 규정한 법률조항에 대한 위헌결정의 소급효를 인정할 경우 오히려 그 조항에 의거하여 형사처벌을 받지 않았던 자들에게 형사상의 불이익이 미치게 되므로 이와 같은 경우까지 헌재법 제47조 제2항 단서("형벌에 관한 법률 또는 법률의 조항은 소급하여 그 효력을 상실한다")의 적용범위에 포함시키는 것은 그 규정취지에 반하므로 그 위헌결정은 소급효를 가지지 않는다. 따라서 위 각 불기소처분의 근거가 된 이 사건 법률조항이 헌법에 위반된다고 선고되더라도 결국 이 사건 불기소처분을 취소할 수 있는 여지도 없다. 그렇다면 이 사건 각 불기소처분에 대한 헌법소원으로써 청구인들의 기본권이 구제될 수 없다 할 것이니, 이 사건 각 심판청구 중 불기소처분에 대한 부분은 주관적 권리보호의 이익이 없는 경우에 해당하여 모두 부적법하다(이 부분 판시요지는 앞의 불처벌의 특례조항을 근거로 한 불기소처분 부분 참조) (2) 이 사건 법률조항에 대한 심판청구 – 위 (1)항에서 본 바와 같이, 이 사건 법률조항이 위헌으로 선언된다고 하더라도 그 결정의 효력을 교통사고들을 야기한 위 청구외인들의 이 사건 업무상과실치상의 행위시까지 소급시킬 수 없기 때문에 청구인들이 다투고 있는 이 사건 각 불기소처분은 취소할 수 없으며, 결국 청구인들의 이 사건 각 심판청구 중 이 사건 법률조항에 관한 부분도 청구인들의 기본권구제에 도움이 되지 아니하므로 그 심판청구는 주관적인 권리보호의 이익을 결여하고 있는 경우에 해당한다고 할 것이다. 그러나 이 사건의 경우 위 각 불기소처분의 근거가 된 이 사건 법률조항이 정작 위헌인 경우에도 위 각 불기소처분이 어차피 취소될 수 없다는 이유로 이에 대한 헌법적 해명을 하지 아니한다면, 향후 교통사고 피해자는 헌법소원을 제기할 수 없고, 교통사고 가해자는 그에게 유리한 위 법률조항에 대한 헌법소원이나 위헌여부확인심판의 제청신청도 할 리 없으며, 법원이 직권으로 위헌법률심판제청을 하는 경우도 기대하기 어려워져 결국 앞으로는 위헌적인 위 법률조항에 의한 위헌적 불기소처분을 방지할 수 있는 길은 영영 없게 되어, 이 사건 법률조항에 의한 불기소처분은 수없이 반복될 것이고 그 때마다 그러한 불기소처분으로 인하여 교통사고 피해자들의 평등권과 형사피해자의 재판절차상의 진술권 등의 기본권이 침해될 것이 예상된다. 그러므로 이 사건 법률조항에 의하여 침해된 청구인들의 권리구제에는 직접 도움은 주지 못한다고 하더라도, 앞으로 무수히 반복되는 교통사고 피해자의 기본권구제를 위하여 이에 대한 헌법적 해명이 필요하다. 따라서 위 불기소처분의 근거법령인 이 사건 법률조항에 대하여 예외적으로 심판을 할 이익 내지는 필요성이 있다. * 이 사안에서 본안판단의 결과 위헌의견이 재판관 5인의 의견이었고 합헌의견이 재판관 4인의 의견으로 나타나 6인 정족수를 채우지 못해 결국 기각결정이 되었다. 그러나 후일 헌재 2009.2.26. 2005헌마764등 결정에서는 비슷한 규정인 교통사고처리특례법(2003.5.29. 법률 제6891호로 개정된 것) 제4조 제1항 본문 중 업무상 과실 또는 중대한 과실로 인한 교통사고로 말미암아 피해자로 하여금 중상해에 이르게 한 경우에 공소를 제기할 수 없도록 규정한 부분이 위헌으로 결정되는 판례변경이 있었다.

(9) 법개정이 있어도 예외적 심판이익을 인정하는 경우

1) 법개정의 빈번성, 주기성과 예외적 심판이익 인정

헌재는 법개정이 주기적이라 할지라도 획기적인 변화가 예상되지는 않기 때문에 침해행위가 앞으로도 반복될 위험이 있고, 주기적으로 변경되는 심판대상조항들에 대하여 청구기간 내에 적법하게 심판청구를 하고 그 시행기간이 경과하기 전에 위헌여부를 신속하게 판단하는 것이 쉽지 않다는 사정을 고려하면, 심판대상조항들이 헌법에 합치되는지 여부를 헌법적으로 해명한다는 것은 중대한 의미를 지닌다고 보아 예외적 심판이익을 인정하기도 하였다. 사안은

'장애인활동지원 급여비용 등에 관한 고시'(2016.12.28. 보건복지부고시 제2016－279호) 규정이 정한 활동보조 급여비용의 시간당 금액이 활동보조기관의 정상적인 운영을 어렵게 할 정도로 낮은 수준이어서 자신들의 인간다운 생활을 할 권리 등을 침해한다고 주장하며 '장애인활동 지원에 관한 법률'에 따라 활동보조를 제공하는 활동지원기관 운영자들이 청구한 헌법소원심판이다.

판례 헌재 2018.2.22. 2017헌마322

[판시] (1) 이 사건 심판청구 이후인 2018.1.3. 이 사건 고시가 보건복지부고시 제2017－247호로 개정되어, 2018.1.1.부터 활동보조급여의 시간당 금액이 매일 일반적으로 제공하는 경우에는 10,760원으로, 공휴일과 근로자의 날에 제공하는 경우에는 16,140원으로 인상되었다. 이처럼 이 사건 고시는 이 사건 심판청구 이후 개정되어 효력을 상실하였으므로 심판대상조항들의 위헌 여부가 위 청구인들의 권리구제에는 아무런 도움이 되지 않는다. 따라서 심판대상조항들에 관하여 심판을 구할 활동보조기관 운영자들의 권리보호이익은 더 이상 존재하지 않는다. (2) 다만, 장애인의 자립생활과 사회참여를 지원하는 활동보조급여의 질을 담보하기 위해 활동보조기관에게 지급되는 시간당 급여비용을 정한 심판대상조항들이 헌법이 요구하는 바를 충족하고 있는지 여부에 대하여는 아직 헌법적 해명이 이루어진 바 없다. 뿐만 아니라 활동보조급여의 시간당 금액이 주기적으로 변경되어 고시된다고 하더라도 질적이나 양적으로 획기적인 변화가 예상되지는 않기 때문에 이 사건과 같은 유형의 침해행위가 앞으로도 반복될 위험이 있고, 우리 헌법소원제도의 체계상 주기적으로 변경되는 심판대상조항들에 대하여 청구기간 내에 적법하게 심판청구를 하고 그 시행기간이 경과하기 전에 위헌여부를 신속하게 판단하는 것이 쉽지 않다는 사정을 고려하면, 심판대상조항들이 헌법에 합치되는지 여부를 헌법적으로 해명한다는 것은 헌법질서의 수호·유지를 위하여 중대한 의미를 지닌다. 따라서 이 사건 심판청구는 예외적으로 심판의 이익이 인정된다. * 헌재는 본안으로 들어가 직업수행의 자유 침해 여부를 판단하였는데 과잉금지원칙을 준수한 것이라고 하여 기각결정을 하였다.

2) 법개정이 있어도 동종의 기본권침해 가능성, 위헌여부의 재개정 여부에의 영향성이 있는 경우

① 특정구역 안에서 업소별로 표시할 수 있는 광고물의 총 수량을 1개로 제한하는 등 '옥외광고물 표시제한 특정구역 지정고시'(2013.12.31. 행정중심복합도시건설청 고시 제2013－33호, 이하 '이 사건 고시'라 한다) 제2조 제1항 제1호 본문 등의 규정들이 법률유보원칙에 위배되어 청구인들의 직업수행의 자유 등을 침해한다는 주장에 대해 헌재는 고시가 개정되어 권리보호이익이 소멸되었으나 위와 같은 사유가 있어 심판이익이 예외적으로 인정된다고 보아 본안판단에 들어가 기각결정을 한 것이다.

판례 헌재 2016.3.31. 2014헌마794

[판시] 권리보호이익 인정 여부 – 이 사건 심판청구 후 이 사건 고시는 2015.10.12. 행정중심복합도시건설청 고시 제2015－31호로 개정되어 더 이상 청구인들에게 적용될 여지가 없게 되었으므로, 청구인들이 심판대상조항들에 대하여 위헌결정을 구할 주관적 권리보호이익은 소멸하였다. 그러나 심판대상조항들의 위헌 여부에 관하여 아직 헌법적 해명이 이루어진 바 없고, 개정된 고시에도 심판대상조항들과 동일한 내용이 규정되어 있어 동종의 기본권 침해 문제가 제기될 수 있으며, 심판대상조항들의 위헌 여부는 궁극적으로 개정된 고시의 재개정 여부에도 영향을 미칠 수 있다. 그러므로 심판대상조항들의 위헌 여부에 관한 헌법적 해명은 중대한 의미를 지니고 있으므로, 이 사건 심판청구는 예외적으로 심판의 이익을 인정함이 타당하다. * 동지의 결정례 : 헌재 2012.2.23. 2009헌마318 등.

② 국외 대학 취학 국가유공자 자녀에 대한 학비 비보조

판례 헌재 2003.5.15. 2001헌마565
[쟁점] * 앞의 자기관련성 부분에 인용되기도 하였는데 그 부분 참조. [판시] 청구인이 헌법소원심판을 청구한 이후 이 사건 법률조항은 일부 개정되었다. 그러므로 과연 아직도 개정 전의 조문인 이 사건 법률조항에 대하여 위헌 여부를 심판할 권리보호이익이 있는지가 문제된다. 그러나 이 사건 법률조항의 위헌 여부에 관하여는 아직 그 해명이 이루어진 바 없고 개정된 조항에도 이 사건 법률조항과 유사한 내용이 규정되어 있어 동종의 기본권 침해의 위험이 상존하며, 이 사건 법률조항의 위헌 여부는 궁극적으로 개정된 조항의 재개정 여부에 영향을 미칠 수 있다. 그렇다면 이 사건 법률조항의 위헌 여부에 관한 헌법적 해명은 중대한 의미를 지니고 있다고 할 것이므로 권리보호이익을 인정할 수 있다.

③ 상조업자의 표시·광고에 대하여 '총 고객환급의무액' 등을 표시하도록 하는 고시조항

판례 헌재 2012.2.23. 2009헌마318
[심판대상] 상조업자의 표시·광고에 대하여 '총 고객환급의무액'등을 표시하도록 하고, 이러한 사항들을 사업장 게시물(홈페이지), 상품설명서 및 계약서에 모두 표시'하도록 규정한 '중요한 표시·광고사항'(2009.4.28. 공정거래위원회 고시 제2009-8호) Ⅳ의 9. 나. 나-2. 부분 [판시] 청구인들이 이 사건 헌법소원심판을 청구한 후 이 사건 고시 조항이 2012.1.3. 공정거래위원회 고시 제2012-1호로 개정되었으므로, 과연 위 개정 전의 이 사건 고시 조항에 대하여 위헌 여부를 심판할 권리보호이익이 있는지가 문제된다. 그러나, 이 사건 고시 조항의 위헌 여부에 관하여 아직 그 해명이 이루어진 바 없었고, 개정된 조항에도 이 사건 고시 조항과 유사한 내용이 규정되어 있어 동종의 기본권 침해 문제가 제기될 수 있으며, 이 사건 고시 조항의 위헌 여부는 궁극적으로 개정된 조항의 재개정 여부에도 영향을 미칠 수 있다. 그렇다면 이 사건 고시 조항의 위헌 여부에 관한 헌법적 해명은 중대한 의미를 지니고 있다고 할 것이므로, 이 사건 고시 조항에 대해서는 본안판단의 필요성이 있다.

④ 재외선거인 등록신청시 여권을 제시하도록 한 구 공직선거법

판례 헌재 2014.4.24. 2011헌마567
[판시] 이 사건 심판청구 이후인 2012.4.11. 제19대 비례대표국회의원선거가 종료되고, 심판대상조항은 2012.10.2. 법률 제11485호로 개정되어 이후의 선거에서 더 이상 적용될 여지가 없어져 이 사건 심판청구의 주관적 권리보호이익은 소멸하였다. 그러나 심판대상조항의 위헌 여부에 관하여는 아직 그 해명이 이루어진 바 없고, 개정된 조항에도 심판대상조항과 동일한 내용이 규정되어 있어 동종의 기본권 침해의 위험성이 상존하며, 심판대상조항의 위헌 여부는 궁극적으로 개정된 조항의 재개정 여부에 영향을 미칠 수 있다. 그렇다면 심판대상조항의 위헌 여부에 관한 헌법적 해명은 중대하다고 할 것이므로, 이 사건 심판청구는 예외적으로 심판의 이익이 인정된다.

3) 동일한 내용에 의한 확실한 침해 예상

이러한 판시가 나온 예로 아래에 정치자금의 정당배분에 관한 규정에 대한 헌법소원심판 사안이 있었다.

판례 헌재 2006.7.27. 2004헌마655
[본안쟁점] 정당에 보조금을 배분함에 있어 교섭단체의 구성 여부에 따라 차등을 두는 '정치자금에 관한

법률'(2004.3.12. 법률 제7191호로 개정되고, 2005.8.4. 법률 제7682호로 전문 개정되기 전의 것) 제18조 제1항 내지 제3항이 평등원칙에 위반된다고 하여 청구된 헌법소원심판이었다. [판시] 이 사건 법률조항은 헌법소원이 제기된 뒤인 2005.8.4. 법률 제7682호로 전문 개정된 정치자금법의 시행으로 그 효력을 상실하여 위 조항에 의한 보조금배분이 더 이상 이루어질 여지가 없게 됨으로써 이 사건 헌법소원심판청구를 통하여 위 청구인이 주장하는 기본권의 침해는 심판계속 중에 법률관계의 변동으로 말미암아 종료되었다 할 것이므로, 이 사건 법률조항에 대한 위 청구인의 주관적 권리구제를 위한 이익은 인정되지 아니한다. 그러나 정당의 보조금 배분비율에 관한 이 사건 법률조항에 대하여는 아직 그 해명이 이루어진 바가 없고, 또한 위 법률조항이 위 청구인의 기본권을 침해하는 것으로 판단된다면, 위 법률조항과 동일한 내용을 규정한 정치자금법 제27조에 의해서도 기본권이 침해될 것이 확실히 예상된다 할 것이므로, 이 사건 분쟁의 해결은 헌법질서의 수호유지를 위하여 긴요한 사항이어서 헌법적으로 그 해명이 중대한 의미를 지닌다고 할 것이다. 따라서 이 사건 법률조항에 대하여도 본안판단의 필요성이 인정된다.

4) 신규정의 개정 촉진, 위헌성 사전 제거 등 헌법해명 중요성

정부투자기관의 집행간부 아닌 직원에 대하여도 임원이나 집행간부들과 마찬가지로 지방의회의원직에 입후보하지 못하도록 규정한 구 지방의회의원선거법 제35조 제1항 제6호 중 "직원"에 관한 부분에 대한 헌법소원심판 결정에서 판시된 것이다.

판례 헌재 1995.5.25. 91헌마67

[판시] 제35조 제1항 제6호를 포함한 지방의회의원선거법(이하 '법')은 '공직선거 및 선거부정방지법'(이하 '공선법')의 시행으로 이미 폐지되어 위 법에 의한 지방의회의원선거가 시행될 여지는 더 이상 남아있지 아니하므로, 위 법 제35조 제1항 제6호에 대한 심판청구에 있어서는 적어도 청구인들의 주관적 권리구제를 위한 이익은 인정되지 않는다고 하겠다. 그러나 위 법이 폐지되어 다음 지방의회의원선거가 공선법에 의하여 치러질 것이라고 하더라도, 지방의회의원선거에 있어서 정부투자기관 직원의 입후보를 제한하는 이 사건 규정부분의 위헌 여부에 관하여 아직 그 해명이 이루어진 바가 없고, 또한 위 규정이 청구인들의 기본권을 침해하는 것으로 판단된다면, 이 법을 폐지한 공선법은 그 제53조 제1항 제4호에서 이 사건 규정부분과 유사한 내용을 규정하고 있으므로, 위 공선법에 의한 선거에 입후보하고자 하는 사람들의 기본권이 위 신규정에 의하여 침해될 것이 확실히 예상된다. 따라서, 이 사건 분쟁의 해결은 위 신규정의 개정을 촉진하여 위헌적인 법률에 의한 기본권 침해의 위험을 사전에 제거하는 등 헌법질서의 수호유지를 위하여 긴요한 사항이어서 헌법적으로 그 해명이 중대한 의미를 지닌다고 할 것이므로, 결국 폐지된 법 제35조 제1항 제6호에 대하여도 본안판단의 필요성이 인정된다. * 본안판단결과 "제35조 제1항 제6호의 "정부투자기관의 임·직원" 중 "직원" 부분에 "정부투자기관관리기본법시행령(1984.3.20. 공포 대통령령 제11395호) 제13조 제1항에서 정하는 집행간부"가 아닌 직원을 포함시키는 것은 헌법에 위반된다"라는 한정위헌결정이 있었다.

(10) 재판종료(확정판결) 후에도 심판이익을 인정한 예

1) 반복가능성·헌법해명필요성 있는 반면 위헌심판청구 가능성이 없는 특이한 경우

헌재가 이러한 특이한 경우라고 본 예가 형사피해자를 제외하고 검사 또는 피고인에게만 상소권을 준 형사소송법 제338조 제1항의 경우이다. 이 조항에 대해 피고인, 검사가 위헌을 주장할리 없고 형사피해자는 당사자가 아니라서 위헌제청신청을 할 수 없는 상황이 헌재로 하여금 특이하게 보게 한 것이라고 이해된다. 헌법해명필요성을 인정하여 본안판단에 들어간 사건이다.

판례 헌재 1998.10.29. 97헌마17

[본안쟁점] 형사피해자를 제외하고 검사 또는 피고인에게만 상소권을 준 형사소송법 제338조 제1항의 "검사 또는 피고인은 상소를 할 수 있다"라는 규정은 헌법 제27조가 보장하고 있는 재판을 받을 권리(형사피해자의 재판절차진술권)를 침해하는 위헌인지 여부. [사건개요] 청구인(형사피해자라고 주장하여 고소한 사람)은 청구외 ○○○을 명예훼손혐의로 고소하였고 검사는 공소를 제기하였다. 법원은 무죄판결을 선고하였고, 검사가 불복항소하였으나 항소를 기각하는 판결을 하였다. 청구인의 상고요청에도 불구하고 검사의 상고포기로 판결은 확정되었다. 청구인은 형사피해자의 상소권을 배제한 형사소송법 제338조 제1항의 규정에 대해 헌법소원심판을 청구하였다. [관련판시] 청구인과 같은 처지에 있는 수많은 사건들은 앞으로도 계속 생기고 반복되는 성질의 사안이다. 더욱이 형사피해자 측에서 보면, 이 법률조항은 구체적인 집행행위 없이 직접, 현재, 자기의 기본권을 침해하는 조항도 아닐뿐더러, 검사의 공소제기라는 집행행위와 법원의 종국판결을 거쳐도 상소권행사를 제한하는 것에 대한 위헌심사를 할 수 있는 성질의 규정도 아니다. 다시 말하면, 위헌심판청구를 할 수 있는 방법이 없다는 뜻이다. 그러므로 위헌심판대상조항이 이와 같은 특이한 성질을 갖고 있고 또 그 조항에 대한 헌법적인 해명이 특히 필요한 것으로 인정되는 경우에는 예외적으로 헌법판단의 적격을 갖춘 것으로 보아 본안판단을 하기로 한다. * 본안판단결과 헌재는 형사피해자에게 따로 상소권을 인정하지 아니한 것은 공익 대표자인 검사로 하여금 객관적으로 공정하게 판결에 대한 상소 여부를 판단하게 하는 것이 상소제도를 마련한 목적을 달성할 수 있는 정당성·합리성을 갖춘 것이라고 하여 기각(합헌성인정)결정을 했다.

2) 형확정 전의 직무정지, 이사 직무대행 조항에 대한 형 확정에도 심판이익 긍정

농협·축협 조합장이 금고 이상의 형을 선고받고 그 형이 확정되지 아니한 경우에도 이사가 그 직무를 대행하도록 규정한 농업협동조합법(2009.6.9. 법률 제9761호로 개정된 것) 제46조 제4항 제3호 중 '조합장'에 관한 부분 및 제107조 제1항 중 제46조 제4항 제3호의 '조합장'에 관한 부분(이하 '이 사건 법률조항들'이라 한다)에 대해 조합장이 자신의 직업수행의 자유를 침해한다고 하여 청구한 헌법소원심판에서 재판이 확정되었음에도 심판이익을 인정한 예이다.

판례 헌재 2013.8.29. 2010헌마562등

[판시] 청구인들의 경우 이미 그 형사재판이 확정되었으므로, '금고 이상의 형을 선고받고 그 형이 확정되지 아니한 경우'에 조합장의 직무에서 배제하도록 한 이 사건 법률조항들이 위헌으로 선고된다고 하여도 위 청구인들의 권리구제에는 도움이 되지 아니한다. 그러나 앞으로도 농협 또는 축협 조합장에 대한 형사재판에서 금고 이상의 형을 선고받기만 하면 아직 그 형이 확정되지는 아니하였음에도 이 사건 법률조항들로 인하여 그 조합장의 직무가 정지되는 상황은 계속될 것이어서 그 침해행위가 반복될 것임이 충분히 예상될 뿐만 아니라, 이에 대한 헌법적 해명이 이루어진 바도 없어 그 헌법적 해명이 헌법질서의 수호·유지를 위해 중대한 의미를 가지므로 심판청구의 이익이 인정된다. * 심판이익은 몰라도 심판의 '청구'의 이익이 청구인들에게 있을지 의문이다. 그래서 용어를 '심판이익'으로 하는 것이 적확하다고 본다. * 여하튼 본안판단결과 과잉금지원칙에 반하여 직업수행의 자유를 침해하고 평등권 침해라고 하여 위헌결정이 있었다.

3) 무죄판결 입증을 위한 압수물의 폐기행위 이후 무죄확정 – 반복가능성과 남용된 자의적 판단의 폐기의 시정·방지 필요성에 따른 헌법해명필요성

사법경찰관이 압수한 청구인 자신이 소지하였던 물품, 즉 압수물에 대한 검증을 통하여 자신에 대한 강도예비 혐의에 대한 무죄를 입증하려고 하였던 청구인이 사법경찰관이 그 압수물을 폐기한 데 대해 헌법소원심판을 청구하였다. 헌재는 그 폐기행위가 종료하였고 헌법소원심판 청구 이후 법원에서 그 혐의에 대하여 무죄판결이 확정되어 권리보호이익이 없다고 보았다. 그러나 헌재는 반복가능성, 헌법해명필요성이 있다고 하여 심판이익을 인정한 예이다.

판례 헌재 2012.12.27. 2011헌마351

[사건개요] * 앞의 헌법소원대상, 권력적 사실행위 부분의 사법경찰관 임치물 압수행위 부분 참조. [판시] 이 사건 압수물 폐기행위는 2010.12.20.경 종료하였고, 법원의 심리결과 이 사건 헌법소원심판청구 이후인 2011.7.22. 청구인에 대한 강도예비 혐의에 대하여 범죄의 증명이 없는 경우에 해당하여 형사소송법 제325조 후단에 의해 무죄가 선고되었으며, 이에 대하여 검사가 항소하였으나 항소가 기각되고 위 판결이 그대로 확정되었는바, 이로써 이 사건 압수물에 대한 검증을 통하여 강도예비 혐의에 대한 무죄를 입증하려고 하였던 청구인으로서는 이미 주관적 목적을 달성하였다 할 것이므로, 이 부분 심판청구는 일단 주관적 권리보호의 이익이 없다. 그러나 이 사건과 같은 압수물 폐기행위는 앞으로 반복될 위험성이 있고, 또 그에 대한 헌법적 해명은 헌법질서의 수호·유지를 위해서 중요하다고 할 수 있으므로, 이 부분 심판청구는 권리보호의 이익을 갖추었다. * 자세한 판시는 앞의 권력적 사실행위 부분 참조.

* 검토 – ⅰ) 권리보호이익이 없어진 이유가 법원의 무죄판결 확정 때문인지 의문이다. 그 이전에 폐기행위는 하나의 사실행위로서 이미 종료되었기 때문에 그 폐기행위는 없어졌고 그 폐기행위에 대한 헌법소원을 통한 취소는 권리구제에 의미가 없어진 것(아니 대상이 없어져 불가능해진 것)이기 때문이다. 헌재는 "무죄를 입증하려고 하였던 청구인으로서는 이미 주관적 목적을 달성하였다 할 것이므로"라고 이유를 설시하나 압수물에 대한 검증을 통한 무죄증명이라는 이 헌법소원의 보다 직접적인 목적이 달성된 것이 아니라 그것을 통하여 나아가 이루고자 하는 종국적 목적인 무죄를 받아내는 목적은 달성된 것이다. ⅱ) 판시 마지막 부분 용어가 문제이다. 갖춘 것은 '권리보호의 이익'이 아니라 '심판이익'이다.

4) 재심 부정되는 확정된 보호처분 재판 피해자의 항소 불인정규정에 대한 헌법소원에서 예외적 심판이익 인정

보호처분의 결정 등에 대하여 사건 본인·보호자·보조인 또는 그 법정대리인만이 항고를 할 수 있도록 규정하고 있는 소년법(2007.12.21. 법률 제8722호로 개정된 것) 제43조 제1항 해당규정이 피해자 측과 공익대표자인 검사는 항소권자로 규정하지 않아 평등권을 침해한다는 주장으로 헌법소원심판이 청구된 사건에서 재판이 확정되고 재심이 허용되지 않지만 심판이익을 인정한 사안이다.

판례 헌재 2012.7.26. 2011헌마232

[판시] * 뒤의 재심 허용 안되더라도 심판이익을 인정한 결정례 부분 참조.

(11) 반복시행이 예정되는 국가시험의 종료

① 제42회 사법시험 제1차시험 시행일자 위헌확인

판례 헌재 2001.9.27. 2000헌마159

[심판대상] 피청구인(행정자치부장관)이 2000.1.3. 행정자치부공고 제2000－1호로 공고한 2000년도 공무원 임용시험 시행계획공고(이하 '이 사건 공고'라고 한다) 중 제42회 사법시험 제1차 시험을 일요일인 2000.2.20.로 정하여 공고한 것이 청구인의 기본권을 침해하였는지 여부 [사건개요와 본안쟁점] 청구인은 제42회 사법시험 제1차 시험에 응시원서를 접수하였으나 청구인이 신봉하는 기독교의 교리상 일요일에는 교회에 출석하여 예배행사에 참석하는 것이 신앙적 의무이기 때문에 일요일에 시행하는 위 사법시험 제1차 시험에 응시할 수 없었다. 이에 위 공고가 기독교 신자인 청구인의 헌법상 보장된 종교의 자유, 공무담임권, 휴식권 등의 기본권을 침해하는 공권력의 행사에 해당한다는 이유로 헌법소원심판을 청구하였다. [관련판시] 청구인이 이 사건 심판청구에서 인용결정을 받더라도 이미 종료한 제42회 사법시험에 다시 응시하는 것은 불가능하므로 권리보호의 이익이 없다고 보아야 할 것이다. 그러나 사법시험은 매년 반복하여 시행되고 피청구인의 의견서에 의하면 그 1차 시험은 응시자가 대폭 줄어드는 등의 특별한 사정이 없는 한 매년 일요일에 시행될 예정이므로 사법시험을 준비하고 있는 청구인으로서는 매년 사법시험 제1차 시험에 응시하기 위하여는 예배행사에 빠질 수밖에 없어 이 사건 역시 청구인의 기본권 침해가 반복될 위험이 있는 경우에 해당하여 권리보호의 이익을 인정하여야 할 것이다.

* 검토 － 용어가 잘못되었다. 결론에 '권리보호의 이익'은 이미 사라졌으므로 인정되는 것은 그럼에도 불구하고 '심판의 이익'이다.

② 해당 답안지 비작성시 영점처리 규정

사법시험 제2차 시험에서 해당 문제번호의 답안지에 답안을 작성하지 아니한 자에 대하여 그 과목을 영점처리하도록 규정하고 있는 '사법시험법 시행규칙'(2001.12.4. 법무부령 510호로 제정된 것) 제7조 제3항 제7호(이하 '이 사건 규칙'이라 한다)에 대한 심판청구에서 심판이익을 인정하였다.

판례 헌재 2008.10.30. 2007헌마1281

[판시] 청구인이 이 사건 심판청구에서 인용결정을 받더라도 이미 종료된 시험에 다시 응시하는 것은 불가능하므로, 청구인에게 권리보호이익이 있는지 문제된다. 그러나 동종의 침해행위가 앞으로도 반복될 위험이 있거나 헌법질서의 수호·유지를 위하여 긴요한 사항이어서 그 해명이 중대한 의미를 지니고 있는 때에는 예외적으로 권리보호의 이익이 인정되는 것인바, 사법시험은 매년 반복하여 시행되어 이 사건 규칙에 의한 기본권 침해가 반복될 가능성이 있으므로, 이 사건 심판청구에는 권리보호이익이 인정된다.

* 검토 － 역시 결론에 '권리보호의 이익'이란 용어는 잘못이고 '심판의 이익'으로 써야 했다.

③ **사법시험 1차시험실 입실제한**(시험시작 5분 전까지)**의 법무부 공고** － 법무부장관의 2013.2.1.자 「제55회 사법시험 제1차시험 실시계획 공고」(법무부공고 제2013－16호) 부분

판례 헌재 2014.4.24. 2013헌마341

[판시] 청구인은 제55회 사법시험 제1차시험의 일정이 종료된 후 이 사건 공고에 대하여 헌법소원심판을 청구하였다. 따라서 권리보호이익이 없다. 그런데 이 사건 공고는 오랜 동안 관행으로 되어 있던 시

험시작 5분 전이라는 시험실 입실제한시간을 2012년 사법시험에 관해서도 공고한 것으로, 앞으로 2017년까지 시행될 예정인 사법시험에서도 이 사건 공고의 내용과 같은 시험실 입실시간이 공고될 것으로 보이고, 실제로 2014.2.3.자 제56회 사법시험 제1차시험 실시계획 공고의 내용도 시험시작 5분 전의 시험실 입실시간이 유지되고 있다. 따라서 장래에 이 사건 공고의 내용과 같은 시험실 입실시간 제한에 의한 기본권 침해가 반복될 가능성이 있으므로, 이 부분 심판청구에 관해서는 예외적으로 심판의 이익을 인정할 수 있다.

④ **법학적성시험 일요일 실시의 종교의 자유 침해 여부** – 이의 판단을 받기 위한 청구였는데 일요일 실시가 이미 이루어져 권리보호이익은 소멸되었으나 심판이익을 인정하였다.

판례 헌재 2010.4.29. 2009헌마399

[판시] 이 사건에서 적성시험 시행공고에 의해 실시된 2010학년도 적성시험은 2009.8.23.에 시행되어 2009.9.24.에 이미 성적까지 통지되었는바, 적성시험 시행공고에 대한 이 사건 심판청구가 인용되더라도 청구인 이○○가 이미 종료된 2010학년도 적성시험에 응시하는 것은 불가능하므로 주관적 권리보호의 이익은 소멸되었다고 할 것이다. 그러나 법학적성시험은 매년 반복하여 시행되고(법학전문대학원법 시행령 제16조 제3항), 2008년부터 현재까지 총 두 차례 실시된 적성시험의 시행일이 모두 일요일이었던 점에 비추어 앞으로도 매년 일요일에 시행될 가능성이 높다고 할 것이므로 법학전문대학원에 진학하고자 하는 청구인 이○○는 앞으로도 자신이 믿는 종교의 교리에 의해 적성시험에 응시하지 못할 가능성이 높다. 이처럼 청구인 이○○의 기본권 침해가 반복될 위험이 있는 이상, 권리보호이익은 인정된다.

* 검토 – 역시 결론에 '권리보호의 이익'이란 용어는 잘못이고 '심판의 이익'으로 써야 했다.

⑤ **앞으로도 시행될 가산점 제도**

판례 헌재 2006.2.23. 2004헌마675등

[사안] 국가기관, 국·공립학교 등의 채용시험에 국가유공자와 그 가족이 응시하는 경우 만점의 10퍼센트를 가산하도록 규정하고 있는 '국가유공자 등 예우 및 지원에 관한 법률'(2004.1.20. 법률 제7104호로 개정된 것) 제31조 제1항·제2항, '독립유공자 예우에 관한 법률'(2004.1.20. 법률 제7104호로 개정된 것) 제16조 제3항 중 동법 제31조 제1항·제2항 준용 부분, '5·18민주유공자 예우에 관한 법률' 제22조 제1항·제2항(이하 이들을 '이 사건 조항')이 기타 응시자들의 평등권과 공무담임권을 침해한다고 하여 청구된 헌법소원심판. [판시] 청구인들은 이미 2004년도 공무원시험 혹은 국·공립학교 채용시험에 응시하였고 그 중 일부는 국·공립학교 채용시험에서 1차 시험에 합격한 것으로 보이나, 이 사건 조항은 채용시험이 필기·실기·면접시험 등으로 구분되어 실시되는 경우 각 시험마다 만점의 10퍼센트를 가점하도록 하며, 이미 시험에 합격한 자가 다른 채용시험에 응시할 때에도 가산점 부여에 제약을 두지 않으므로, 청구인들이 해당 채용시험에 이미 응시하였거나 1차 시험에 합격하였다는 사정이 있더라도, 이 사건 조항의 가산점제도가 지니는 기본권침해성 여부는 앞으로도 계속 반복하여 나타날 것이고, 이 사건에서 그러한 가산점제도에 대한 헌법적 해명을 할 필요성도 있으므로, 청구인들에게 이 사건 조항의 위헌 여부를 다툴 권리보호의 이익을 인정함이 상당하다.

⑥ **합격자 검정고시 재응시 자격 부인** – 고졸검정고시 또는 '고등학교 입학자격 검정고시'에 합격했던 자는 해당 검정고시에 다시 응시할 수 없도록 응시자격을 제한한 것 – 전라남도

교육청 공고 제2010−67호(2010.2.1.) 및 제2010−155호(2010. 6.2.) 중 해당 검정고시 합격자 응시자격 제한 부분(이하 '이 사건 응시제한')이 법률유보원칙, 과잉금지원칙을 위반한다는 주장으로 청구된 헌법소원심판사건이었다.

판례 헌재 2012.5.31. 2010헌마139등

[판시] 이 사건 공고의 검정고시 시행계획은 이미 집행되어, 이 사건 응시제한에 의한 청구인의 기본권 침해가 확인된다 하더라도 이 사건 응시제한 자체를 소멸시키는 것은 불가능하다 할 것이어서 이 사건 심판청구의 주관적 권리보호이익이 없다고 볼 수 있으나, 이 사건 상반기 공고(2010. 2.)에서 검정고시 합격자의 재응시 제한이 도입된 이후 이 사건 하반기 공고(2010. 6.), 2011년 제1,2회 전라남도 검정고시위원회의 검정고시 시행계획에서 같은 내용이 계속 반복적으로 공고되고 있고, 이에 대한 헌법적 해명의 필요성이 있으므로, 주관적 권리구제 뿐만 아니라 객관적 헌법질서 보장의 기능을 겸하고 있는 헌법소원심판의 성질상 심판청구의 이익을 인정할 수 있다. * 헌재는 본안판단결과 법률유보원칙을 위반하고 과잉금지원칙을 위배한 교육을 받을 권리의 침해라고 보아 위헌확인결정을 하였다.

⑦ **변호사시험 시험장 선정행위**

판례 헌재 2013.9.26. 2011헌마782

[판시] 변호사시험법에 의하면 변호사시험은 매년 1회 이상 반복하여 시행될 것을 예정하고 있고, 앞으로도 유사한 시험장 선정행위는 반복될 위험이 있으므로, 예외적으로 심판청구의 이익을 인정함이 상당하다.

(12) 형사절차상 심판이익 인정

1) 빈번한 증인 소환·유치행위의 종료와 심판이익의 인정

판례 헌재 2001.8.30. 99헌마496

[사건개요 및 쟁점] 본 헌법소원의 청구인이 피고인인 형사사건에서 검찰측 증인으로 채택된 수용자를 피청구인(검사)이, 검찰진술을 번복시키려고 청구인측에서 증인에게 접근하는 것을 예방·차단하기 위하여, 또는 증인에게 면회, 전화 등 편의를 제공하기 위하여 그 증언에 이르기까지 거의 매일(145회) 검사실로 빈번히 소환한 행위가 청구인의 공정한 재판을 받을 권리를 침해한 것이라는 주장의 본 헌법소원사건에서 심판이익의 존재여부(긍정, 위헌확인결정) [관련판시] 이○○(검찰측 증인으로 채택된 수용자)은 이 사건 접수 후에 마침내 법정에 출석하여 증언하였으며, 2000.10.10.에도 다시 증언한 바있고, 위 형사사건의 1심 판결은 2001.1.30.에,항소심판결은 같은 해 7.5. 이미 각 선고되었다. 따라서, 이 사건 청구 중, 특히 신속한 재판을 받을 권리를 침해당하였다는 주장 부분은 침해행위가 이미 종료하여 더 이상 기본권의 침해를 받고 있지 아니한다고 볼 수 있으므로 권리보호이익이 있는지 여부가 문제될 수 있다. 그러나 최종신문 이후로는 더 이상 피청구인이 이○○을 소환하지 않아 그 침해행위가 종료되었다고 하더라도, 피청구인은 다른 사건들에서도 증인으로 채택된 수용자들을 정당한 이유 없이 반복적으로 소환함으로써, 그 사건 피고인들의 신속한 재판이나 공정한 재판을 받을 권리를 침해할 위험성이 여전히 있다고 할 것이므로 심판의 이익을 인정할 수 있다.

2) 이미 이루어진 소송기록송부행위에 대한 심판이익의 인정례

판례 헌재 1995.11.30. 92헌마44

[사건개요와 쟁점] 원심 소송기록을 검사를 거쳐서항소법원에 송부하도록 규정한 형사소송법 제361조에 따라 그 송부를 해야 할 검사가 소송기록송부를 지연하여 늦게 하였는데 이 형소법 제361조는 소송기록의항소법원에의 송부를 지연함으로써 청구인 이항소법원에서 실제로 재판받을 수 있는 기간을 단축시켜 청구인으로 하여금 방어권행사를 제대로 할 수 없게 하는 것으로서 신속한 재판을 받을 권리를 침해한다는 주장의 헌법소원이 제기되었다. 지연되긴 하였으나 이미 기록송부가 되었으므로 권리보호이익이 있느냐가 문제된 것이다. [관련판시] 이 사건 법률조항에 기한 기록송부행위는 앞으로도 계속 반복될 수 있고 이 사건의 해결이 비록 청구인의 권리구제에는 직접 도움이 되지 않는다고 하더라도 형사소송에 있어서 피고인의 방어권보호를 헌법상 보장하고 있는 우리 헌법질서의 수호를 위하여 매우 중요한 의미를 지니고 있으므로 이 사건은 심판청구의 이익이 있다고 할 것이다. * 본안판단결과 형소법 제361조 제1항 · 제2항은 위헌이라고 결정되었다.

3) 제1회 공판 변론준비를 위한 수사기록열람 · 등사신청에 대한 거부행위 이후 제1심판결이 선고된 시점에서의 심판청구이익의 인정

판례 헌재 1997.11.27. 94헌마60

[결정요지] 청구인에 대한 국가보안법위반사건은 피청구인의 이 사건 열람 · 등사거부행위 이후 그 공판절차가 진행되어 1994.5.10. 제1회 공판기일이 개시되었고 증거조사 및 변론을 거쳐 같은 해 6.3. 제1심판결이 선고되었는바, 따라서 제1회 공판기일 개시 전에 수사기록을 열람 · 등사하여 충실한 변론준비를 하고자 하였던 청구인으로서는 제1심판결이 선고된 지금에 이르러서는 심판청구가 인용된다 하더라도 청구인의 주관적 권리구제에는 도움이 되지 아니한다고 할 수 있다. 그러나, 이 사건 헌법소원에 있어서 피청구인의 수사기록에 대한 열람 · 등사거부행위는 그 주장 내용 및 답변의 취지로 미루어 보건대 앞으로도 계속 반복될 것으로 보여지고, 그에 대한 헌법적 정당성 여부의 해명은 헌법질서의 수호를 위하여 매우 긴요한 사항으로서 중요한 의미를 지니고 있는 것이므로 이 사건 심판청구의 이익은 여전히 존재한다 할 것이다.

4) 피의자신문조서에 대한 공소제기 전 공개거부에 대한 헌법적 해명필요성

판례 헌재 2003.3.27. 2000헌마474

[판시] 기록에 의하면, 이 사건 정보비공개결정 후 청구인(변호인)은 2000.6.1. 청구외 김○억에 대한 구속적부심사를 청구하였으나, 6.2. 기각되었고, 6.9. 위 김○억이 기소되어 6.28. 사기죄로 징역 8월에 2년간의 집행유예가 선고되었고 그 때쯤 위 판결이 확정된 사실을 인정할 수 있다. 따라서 구속적부심사절차는 물론이고 형사공판의 본안절차까지 모두 끝난 이 시점에서 비록 이 소원이 인용된다고 하더라도 이는 청구인의 주관적 권리구제에는 도움이 되지 않는다. 그러나 고소장과 피의자신문조서에 대한 경찰의 열람거부는 앞으로도 있을 수 있는 성질의 것이고, "경찰의 고소장과 피의자신문조서에 대한 공소제기전의 공개거부"가 헌법상 정당한지 여부의 해명은 기본권을 보장하는 헌법질서의 수호를 위하여 매우 긴요한 사항으로 중요한 의미를 지니고 있는 것이며, 이 문제에 대하여는 아직 헌법적 해명이 없는 상태이므로 비록 청구인의 주관적 권리구제에는 도움이 되지 아니하지만 이 문제의 위헌여부를 확인할 필요가 있다(헌재 1992.1.28. 91헌마111, 판례집 4, 51, 55−56). 따라서 이 소원은 심판청구의 이익이 있어 이를 허용하기로 한다.

(13) 폐지된 법률규정을 계속적용하도록 한 경우

판례 헌재 1995.10.26. 93헌마246

[관련판시] 구 국채법 제7조는 이 사건 심판청구 이후인 1993년 12월 31일 법률 제4675호로 전문개정되면서 삭제되었고 개정법은 1994년 1월 1일부터 발효되었으므로 과연 권리보호이익이 있는지의 여부가 의문이다. 그러나 위 개정법의 부칙 제7조는 "이 법 시행 전에 멸실한 국채증권 및 그 이권에 대하여는 종전의 규정을 적용한다"고 규정하고 있는바, 이 사건의 경우 청구인은 위 개정법 시행 이전인 1993년 9월 10일 국채인 국민주택채권을 도난당하였으므로 동 부칙조항에 따라 위 개정법의 적용을 받을 수 없게 되고 구 국채법 제7조의 적용을 계속받게 되어 있다. 따라서 이 사건 심판청구에 있어서는 위 법 개정에도 불구하고 그대로 그 권리보호의 이익이 있다고 보아야 할 것이다.

(14) 재심 허용되지 않는 경우라도 심판이익이 인정된 예

1) 채무자 회생 및 파산에 관한 법률의 면책효력조항

이 조항은 형벌조항이 아니어서 위헌결정이 나더라도 재심청구를 할 수 없는 경우이므로 주관적 권리보호이익 없으나 반복침해가능성, 헌법적 해명필요성으로 심판이익을 인정한 것이다.

판례 헌재 2013.3.21. 2012헌마569

[심판대상조항] 채무자 회생 및 파산에 관한 법률(2005.3.31. 법률 제7428호로 제정된 것) 제566조(면책의 효력) 면책을 받은 채무자는 파산절차에 의한 배당을 제외하고는 파산채권자에 대한 채무의 전부에 관하여 그 책임이 면제된다. [판시] 이 사건 면책허가결정은 이미 확정되었고 이 사건 면책효력조항(위 법 위 조항)은 형벌에 관한 조항이 아니어서 이에 관하여 위헌결정이 선고되어도 재심을 청구할 수 있는 경우에 해당하지 아니하므로 주관적 권리보호이익이 없다. 그런데 이 사건 면책효력조항에 의하여 파산채권자에 대한 채무가 면책되는 경우는 앞으로도 계속 발생할 것이고, 채무의 면책은 파산채권자의 재산권을 직접적으로 제한하는 것이므로, 그 위헌 여부에 관한 해명은 헌법적으로 중대한 의미를 가지고 있으므로 이 사건 면책효력조항은 헌법소원심판 청구의 이익이 인정된다.

2) 행정소송의 패소확정과 행정입법부작위에 대한 헌법소원에서의 권리보호이익

이 경우에 헌재는 행정소송 패소 확정으로 재심가능성이 없어서 권리보호이익이 없는 것으로 보이나 행정입법부작위에 대한 위헌확인결정이 내려져 그 부작위가 시정되어 고시 등이 제정되면 새로운 처분이 가능해지므로 권리보호이익이 있고 그렇지 않더라도 반복침해가능성, 헌법해명필요성이 있어서 심판이익의 예외적 이익도 긍정할 수 있다는 입장이다. 아래 결정례가 그러한 판시가 있었던 것으로 사안은 산업재해를 당한 사람의 유족이 첫 출근에서 당한 일이라 평균임금을 산정할 수 없었는데 산업재해보상을 위한 평균임금 고시를 장관이 하지 않은 행정입법부작위를 대상으로 헌법소원심판을 청구한 사건이었다.

* 행정입법부작위에 대한 위헌확인결정이고 행정소송의 효력과 헌법소원심판의 청구요건인 권리보호이익이 복합되는 문제이다.

판례 헌재 2002.7.18. 2000헌마707, 평균임금결정·고시부작위 위헌확인

[사건개요] 선원으로 첫 조업중 어선이 풍랑으로 침몰하여 사망이 추정되는 실종자들의 유족들이 유족급

여 및 장의비를 신청하였는데 근로복지공단은 위 실종자들이 선주에게 채용된 후 실제로 임금을 지급받았다는 자료가 없음을 이유로, 산업재해보상보험법(1999.12.31. 법률 제6100호로 개정되기 전의 것) 제38조 제4항 및 같은 법 시행규칙(2000.7.29. 노동부령 제165호로 개정되기 전의 것) 제10조 제1항에 의한 최저보상기준에 따라 유족일시금 및 장의비를 지급하는 처분을 하였다. 이에 대하여 유족들은, "첫 출어에 나섰다가 재해를 당하였으므로 근로기준법의 관계규정에 의하여 평균임금을 산정할 수 없는 경우에 해당되고, 이런 경우 근로기준법시행령 제4조에 따라 노동부장관이 정하는 바또는 산업재해보상보험법 제4조 제2호에 의하여 노동부장관이 정하여 고시하는 바에 따라 평균임금을 산정하여야 할 것이나, 아직까지 노동부장관의 정함이나 고시가 시행되지 않고 있으므로, 결국 근로자의 통상의 생활임금을 사실대로 산정할 수 있는 방법에 의하여야 할 것인데, 신속하고 공정한 재판을 위하여 노동부장관이 통계법에 근거하여 발표하는 임금구조기본통계조사보고서에 의하여 평균임금을 산정하는 것이 타당하다"라는 이유로 위 처분의 취소를 구하는 행정소송을 제기하였고, 그 소송계속중 청구인들은 산업재해보상보험법상의 유족급여, 장의비 등을 산출하는 기초가 되는 평균임금을 산정하기 곤란하다고 인정하는 경우에는 산업재해보상보험법 제4조 제2호, 근로기준법시행령 제4조가 노동부장관이 결정·고시하도록 하였음에도 행정입법을 하지 않은 이러한 부작위의 위헌확인을 구하는 헌법소원심판을 청구하였다. 그 뒤 위 행정소송에서 지방법원은 원고 패소판결을 선고하였고, 이에 대한 청구인들의항소 및 상고도 모두 기각되어 패소가 확정되었다. [관련판시] 청구인들은 근로복지공단의 최저보상기준에 의한 보험급여 결정·지급 처분에 대하여 행정소송을 제기하였고 그 소송에서 청구인들의 패소가 이미 확정되었으므로 별도의 절차에 의하여 위 확정판결의 기판력이 제거되지 아니하는 한 청구인들로서는 근로복지공단의 위 처분에 관한 위법성을 더 이상 다투지 못하게 되었다. 또한 청구인들의 이 사건 헌법소원 심판청구가 인용된다고 하더라도 그 사유만으로는 위 확정판결에 대하여 재심을 청구할 수도 없다. 이러한 점에서 청구인들은 노동부장관의 평균임금 산정에 관한 결정·고시가 이루어지더라도 권리구제를 받을 수 없어 이 사건 헌법소원 심판청구는 그 권리보호의 이익이 없는 것이 아닌가 하는 의문을 가질 수도 있다. 그러나 청구인들의 이 사건 헌법소원 심판청구가 인용되어 노동부장관이 평균임금 산정에 관한 결정·고시를 하게 되면, 위와 같이 기판력에 의하여 더 이상 위법성을 다툴 수 없게 된 처분과는 별도로 그 결정·고시에 따른 새로운 처분이 이루어져야 할 것이므로 그 한도 내에서 이 사건 헌법소원 심판청구는 권리보호의 이익이 있다고 보아야 할 것이다. 그리고 이 사건에서 설사 청구인들의 주관적인 권리보호의 이익이 없다고 보는 경우라고 하더라도 노동부장관의 행정입법 부작위로 인하여 청구인들과 같은 처지에 있는 사건들이 계속 반복될 수 있을 뿐만 아니라, 그러한 부작위가 헌법에 위반되는지 여부에 대한 해명이 헌법질서의 수호·유지를 위하여 필요하다고 보지 않을 수 없으므로 이 사건 헌법소원 심판청구는 그 심판청구의 이익도 인정된다.

3) 재심 부정되는 확정된 보호처분 재판 피해자의 항소 불인정규정에 대한 헌법소원에서 예외적 심판이익 인정

보호처분의 결정 등에 대하여 사건 본인·보호자·보조인 또는 그 법정대리인만이 항고를 할 수 있도록 규정하고 있는 소년법(2007.12.21. 법률 제8722호로 개정된 것) 제43조 제1항 해당규정이 피해자 측과 공익대표자인 검사는 항소권자로 규정하지 않아 평등권을 침해한다는 주장으로 헌법소원심판이 청구된 사건에서 재판이 확정되고 재심이 허용되지 않지만 심판이익을 인정한 사안이다.

판례 헌재 2012.7.26. 2011헌마232

[판시] 이 사건 법률조항을 적용한 재판이 이미 확정되었고, 이 사건 법률조항은 형벌에 관한 조항이 아니어서 위헌결정이 나와도 재심을 청구할 수 있는 경우에 해당하지 아니하므로 주관적 권리보호이익이 없다. 그러나 살피건대, 청구인과 같은 피해자가 있는 수많은 사건들은 앞으로도 계속 생길 수 있고, 또한 소년보호사건의 피해자 측에서 보면 이 사건 법률조항에 대하여 위헌심판청구를 할 방법이 없는 점을 고려하면, 이 사건 법률조항의 위헌 여부에 대한 헌법적 해명의 필요성이 긴요한 경우라 할 것이므로 심판청구의 이익이 인정된다. * 본안판단결과 소년심판절차의 전 단계에서 검사가 관여하고 있고, 소년심판절차의 제1심에서 피해자 등의 진술권이 보장되고 있고 형벌부과와 다른 특성을 지닌 보호처분 등을 내세워 합리적 이유가 있어 평등권침해가 아니라고 보아 기각결정을 하였다.

(15) 위헌결정 장래효로 인한 권리보호이익 결여 및 예외적 심판이익 인정

형벌조항 외에는 위헌결정이 있더라도 장래효만 있지 소급효는 없다(헌재법 제47조 2항·3항. 형벌조항도 그 소급효가 일부 제한적이긴 하다). 헌재는 이 점을 들어 재산권에 관련되는 법률조항과 같은 비형벌적 법률조항이 위헌결정이 나더라도, 예를 들어 그 법률조항을 근거로 한 국고귀속의 재산권을 부당이득으로 반환받을 수 없어서 권리보호이익이 없다고 본다. 그러나 침해반복가능성, 헌법해명중요성이 있는 경우에는 심판이익이 있다고 본다. 아래의 결정례가 그러한 경우인데 사안은 예비후보자 기탁금 반환 사유에 '질병'으로 예비후보자가 사퇴하는 경우를 포함하지 않는 것은 재산권침해라는 주장으로 청구된 헌법소원심판사건이었다.

판례 헌재 2013.11.28. 2012헌마568

[심판대상조항] 구 공직선거법(2010.1.25. 법률 제9974호로 개정된 것) 제57조 제1항 제1호 다목 : 제57조(기탁금의 반환 등) ① 관할선거구선거관리위원회는 다음 각 호의 구분에 따른 금액을 선거일 후 30일 이내에 기탁자에게 반환한다. 이 경우 반환하지 아니하는 기탁금은 국가 또는 지방자치단체에 귀속한다. 1. 대통령선거, 지역구국회의원선거, 지역구지방의회의원선거 및 지방자치단체의 장 선거 다.예비후보자가 사망하거나 제57조의2 제2항 본문에 따라 후보자로 등록될 수 없는 경우에는 제60조의2 제2항에 따라 납부한 기탁금 전액 [판시] 청구인은 질병을 사유로 예비후보자를 사퇴한 자로서, 공직선거법 제57조 제1항 제1호 다목이 정한 기탁금반환요건을 충족시키지 못하였기 때문에 선거일 후 30일 이내인 2012.5.7. 청구인이 납부한 기탁금은 국가에 귀속되었다. 그렇다면 가사 이 사건 법률조항에 대한 위헌결정이 선고된다고 하더라도, 그러한 결정만으로는 법률에 대한 위헌결정의 장래효에 비추어 볼 때, 기탁금의 반환과 관련한 청구인의 권리구제에 도움을 주기 어렵다고 할 것이다(헌재 2001.10.25. 2000헌마377, 판례집 13-2, 545, 553 참조). 그러나 이 사건의 경우 질병으로 인하여 예비후보자를 사퇴한 때에 그 기탁금을 반환받을 수 없는 상황은 앞으로도 계속될 것이어서 청구인이 주장하는 기본권 침해 행위가 반복될 것임이 충분히 예상되는 등 동종의 기본권침해 위험이 상존하고 있다고 볼 수 있기에 이 사건 법률조항의 위헌 여부의 해명은 헌법적으로 중요한 의미가 있다. 결국 청구인의 주관적 권리보호이익은 소멸하였다고 하여도 심판을 해야 할 필요와 이익은 인정된다.

* 위 심판대상조항에 대해서는 이후 "예비후보자가 정당 공천관리위원회의 심사에서 탈락하여 본선거의 후보자로 등록하지 아니한 경우에 그가 납부한 기탁금 전액을 반환하지 아니하도록 하는 것은 과잉금지원칙을 위반하여 청구인의 재산권을 침해한다"라는 이유로 헌법불합치결정(헌재 2018.1.25. 2016헌마541)이 있었고 2020.3.25에 "예비후보자가 사망하거나, 당헌·당규에 따라 소속 정당에 후보자로 추

천하여 줄 것을 신청하였으나 해당 정당의 추천을 받지 못하여 후보자로 등록하지 않은 경우"로 개정되었다.

(16) 인간다운 생활을 할 권리 영역

이 영역에서의 적극적인 헌법판단이 요구되어 가능한 한 본안판단으로 들어가는 것이 바람직하다. 아래의 사안은 심판이익을 인정한 예인데 보건복지부장관이 2002년도 최저생계비를 고시함에 있어 장애로 인한 추가지출비용을 반영한 별도의 최저생계비를 결정하지 않은 채 가구별 인원수만을 기준으로 최저생계비를 결정한 2002년도 최저생계비고시(보건복지부고시 제2001-63호)가 생활능력 없는 장애인가구 구성원의 인간의 존엄과 가치 및 행복추구권, 인간다운 생활을 할 권리를 침해한다는 주장으로 청구된 헌법소원심판사건이었다.

판례 헌재 2004.10.28. 2002헌마328

[판시] 보건복지부장관은 국민의 소득·지출수준, 수급권자의 생활실태, 물가상승률 등을 고려하여 매년 다음 연도의 최저생계비를 결정·공표하도록 되어 있어 이 사건 고시는 2002.12.31.이 경과하면 효력을 잃게 된다 할 것이나, 모든 국민에게 인간다운 생활을 할 권리를 보장하고 국가에게 사회보장·사회복지의 증진에 노력할 의무를 부담시키고 있는 우리의 헌법질서에 있어서 인간다운 생활을 하기 위하여 요구되는 최소한도의 생활수준을 보장하기 위한 생계급여 액수의 기준이 되는 이 사건 고시가 헌법이 요구하는 바를 충족하고 있는지의 여부는 헌법적으로 매우 중요한 의미를 가질 뿐만 아니라 최저생계비가 매년 변경되어 고시된다고 하더라도 질적·양적으로 획기적인 변화가 예상되지 않기 때문에 동일한 침해 반복의 위험이 있고, 우리 헌법소원제도의 체계상 매년 변경되는 최저생계비 고시에 대하여 청구기간 내에 적법하게 심판청구를 하고 그 시행기간이 경과하기 전 위헌여부를 신속하게 판단한다는 것은 쉽지 않다는 사정을 고려하면, 이 사건 고시가 헌법에 합치하는지 여부를 헌법적으로 해명한다는 것은 헌법질서의 수호·유지를 위하여 중대한 의미를 지닌다고 할 것이므로 이 사건 심판청구는 그 심판의 이익이 있다고 할 것이어서 예외적으로 권리보호이익을 인정함이 타당하다.

(17) 교육 - 부모의 교육권

고등학교의 배정을 원칙적으로 교육감의 추첨에 의하도록 규정하고 있는 초·중등교육법 시행령 제84조 제2항에 대해 청구된 헌법소원심판의 예이다. 즉 청구인은 청구 당시 장차 고등학교에 진학하게 될 중학생 딸을 두고 있는 학부모로서 위 규정 때문에 청구인의 자녀가 원하는 학교로 지원할 기회를 봉쇄하는 한편, 원하지 않는 학풍 혹은 종교교육을 실시하는 학교에 배정될 수 있도록 함으로써 청구인과 같은 학부모의 학교선택권과 종교교육권 및 행복추구권 등을 침해하여 위헌이라고 주장하며 헌법소원심판을 청구한 사건이다. 심판 도중에 이미 고등학교에 배정되어 권리보호이익이 없으나 부모의 교육권에 관한 헌법적 해명이 필요하다고 보아 예외적 심판이익을 인정하였다.

판례 헌재 2009.4.30. 2005헌마514

[판시] 이 사건 심판청구 당시 청구인의 딸은 서울 소재 중학교에 재학 중이었으므로 이 사건 조항에 따라 추첨에 의하여 고등학교에 강제배정이 될 수도 있었다. 이로 인해 학부모인 청구인이 자신의 딸을

원하는 학교에 다니도록 할 수 있는 권리가 제한될 수 있으므로 청구인의 자기관련성이 인정된다. 다만, 청구인의 딸은 이 사건 심판청구 후 이미 고등학교에 진학하였을 것이므로 이 사건 심판청구를 인용하더라도 청구인의 권리구제에는 아무런 도움이 되지 않는다. 그러나 이 사건 조항에 따른 침해행위는 앞으로도 반복될 위험이 있고 학교제도에 관한 국가의 규율권한과 부모의 교육권이 서로 충돌하는 경우 이를 어떻게 조정할 것인가의 문제는 헌법질서의 수호·유지를 위하여 그에 대한 헌법적 해명이 긴요한 사항이므로 심판청구의 이익을 인정할 수 있다.

(18) 참정권 영역

피선거권상실로 인한 퇴직의 경우 – 참정권 영역에서의 예의 하나로 그런 경우를 아래에 본다. 사안은 지방자치단체의 장이 '공소 제기된 후 구금상태에 있는 경우' 부단체장이 그 권한을 대행하도록 규정한 지방자치법(2007.5.11. 법률 제8423호로 전부 개정된 것) 제111조(현행 신 지방자치법 제124조) 제1항 제2호가 과잉금지원칙에 반하여 공무담임권을 침해하고 무죄추정원칙에 반한다는 주장으로 청구한 헌법소원심판사건이었다. 금고 이상의 형이 확정됨으로써 지방자치법 제99조 제2호, 공직선거법 제19조 제2호에 따라 자치단체장직에서 퇴직되었으므로, 위 직무정지, 권한대행하도록 규정한 법률조항에 대하여 위헌이 선고되더라도 권리구제는 불가능하게 되어 권리보호의 이익이 없다. 그러나 헌재는 반복가능성, 헌법해명필요성이 있다고 보아 심판이익을 인정하고 본안판단까지 가서 기각결정이 났다.

판례 헌재 2011.4.28. 2010헌마474

[판시] 청구인은 자치단체장으로서 공소 제기된 후 구금상태에 있던 2010.7.29. 이 사건 헌법소원심판을 청구하였고, 2011.2.24. 금고 이상의 형을 선고받은 판결이 확정됨으로써 지방자치법 제99조 제2호, 공직선거법 제19조 제2호에 의거하여 자치단체장직에서 퇴직되었으므로, 위 형이 확정되기 전의 구금상태를 이유로 자치단체장으로서의 직무를 정지시키는 이 사건 법률조항에 대하여 위헌이 선고되더라도 청구인에 대한 권리구제는 불가능하게 되었고, 따라서 주관적 권리보호의 이익이 없다. 그러나 이 사건 법률조항이 자치단체장에게 가하고 있는 직무정지는 앞으로도 공소 제기된 후 구금상태에 있게 될 자치단체장에게 반복하여 가해질 위험이 있는 데다가, 헌법이 보장하고 있는 공무담임권, 무죄추정의 원칙 등과의 관계에서 그 위헌 여부가 다투어지고 있어 그 분쟁의 해결이 헌법질서의 유지·수호를 위하여 긴요한 사항에 해당한다 할 것이므로, 이 사건 법률조항의 위헌 여부에 대한 판단은 헌법적으로 그 해명이 중대한 의미를 지닌다. 따라서 청구인의 이 사건 법률조항에 대한 심판청구의 이익을 인정할 수 있다.

* 해설 – 위 사안에서는 기각결정이 내려졌다. 이 결정 이전에 지방자치법 동조(제111조 제1항) 중 제3호 "금고 이상의 형을 선고받고 그 형이 확정되지 아니한 경우" 부분에 대해서는 헌법불합치결정이 있었다. 바로 헌재 2010.9.2. 2010헌마418 헌법불합치결정이 그것인데 이 결정과 위 기각결정의 차이점은 공소제기되어 구금상태가 아닌데도 직무정지하게 하고 부단체장이 권한대행하도록 한 것, 즉 "금고 이상의 형을 선고받고 그 형이 확정되지 아니한 경우"에는 구금상태가 아닌 가운데 불구속재판을 받고 있는 경우가 있는데도 그런 경우에도 직무정지, 권한대행하도록 한 것이 문제되었다. 반면 위 헌재 2011.4.28. 2010헌마474 기각결정은 '구금'상태인 경우에 이른바 '옥중결재'를 막기 위한 것이다. 2010헌마418 결정에서 헌법불합치결정된 동법 동조 제3호 "금고 이상의 형을 선고받고 그 형이 확정되지 아니한 경우"는 삭제되었다. 삭제되더라도 제2호("공소 제기된 후 구금상태에 있는 경우". 위 기각결정

의 심판대상조항)로 해결되기 때문이다. 다시 말하면 구금상태이면 옥중결재를 하지 않도록 부단체장 권한대행으로 간다는 목적이 실현되고 위헌성이 없는 것이라고 보기 때문이다.

(19) 다수 이해관계인을 위한 본안판단필요성

이러한 경우로 공직복직을 위한 헌법소원에서 청구인이 정년연령에 달하였음에도 본안판단필요성을 인정한 아래의 결정례가 있다. 이 헌법소원심판사건은 위헌법률심판을 구하기 위한 헌재법 제68조 제2항에 따른 헌법소원심판사건이었다.

판례 헌재 1993.9.27. 92헌바21

[쟁점] 1980년 해직공무원에 대한 구제방법으로서 특별채용을 규정하면서 6급 이하의 해직공무원에 대해서만 특별채용을 허용하고 5급 이상 해직공무원은 그 대상에서 배제한 특조법 제4조는 평등원칙과 헌법 제7조 제2항의 직업공무원제규정을 위반하여 위헌인지 여부(합헌결정) [관련판시] 청구인은 1931.11.12.생으로 이 사건이 헌법재판소에 적법 계속중인 1992.12.31.로서 공무원 연령정년이 되었으므로 이 헌법소원이 가사 인용된다고 할지라도 공직에 복귀할 수 없어 소원의 전제가 된 법원에서의 쟁송사건과의 관련에서 볼 때 권리보호의 이익이 없다고 할 것이다. 그러나 헌법소원제도는 개인의 주관적인 권리구제에만 그 목적이 있는 것이 아니고 객관적인 헌법질서의 유지·수호에도 있다고 할 것인바, 이 사건 헌법소원에서 문제되고 있는 5 급 이상 공무원의 특별채용 배제문제는 비단 청구인 한 사람에게만 국한된 것이 아니고 비슷한 처지에 있는 1980년도 해직공무원 1,367명에게 이해관계가 있고 헌법적 해명이 필요한 중요한 의미를 지니고 있는 사안이므로 본안판단의 필요성이 있다.

(20) 정부의 차후(지속적) 개입가능성

문화계 블랙리스트 정보수집행위, 지원배제 지시행위 – 대통령 비서실장, 정무수석비서관, 교육문화수석비서관, 문화체육관광부장관이 야당 소속 후보를 지지하였거나 정부에 비판적 활동을 한 문화예술인이나 단체를 정부의 문화예술 지원사업에서 배제할 목적으로, 청구인들의 정치적 견해에 관한 정보를 수집·보유·이용한 행위, 그들에 대한 지원배제를 지시한 행위 – 이미 종료되어 주관적 권리보호이익은 이미 소멸되었다 할 것이다. 정부의 문화예술분야에 대한 정책적 지원이 오랜 기간 지속되고 확대되고 있을 뿐 아니라 우리사회 문화예술분야 예술인, 단체 등이 국가지원에 크게 의존하고 있어 앞으로도 정부의 통제 또는 개입 가능성이 있어 그 위헌 여부에 대한 해명이 중대한 의미를 가진다고 보아 심판청구의 이익을 인정할 수 있다고 보았다.

판례 헌재 2020.12.23. 2017헌마416

[판시] (1) 이 사건 정보수집 등 행위는 이미 종료되어 이 사건 정보수집 등 행위에 대하여 위헌 확인을 하더라도 청구인 윤○○, 정○○에 대한 권리구제는 불가능한 상태이므로 주관적 권리보호이익은 이미 소멸되었다 할 것이다. 그러나 정부의 문화예술분야에 대한 정책적 지원이 오랜 기간 지속되고 확대되고 있을 뿐 아니라 우리사회 문화예술분야에서 활동하고 있는 문화예술인, 단체, 그리고 관련문화예술 시설들은 이러한 국가지원에 크게 의존하고 있는 실정이다. 이와 같은 상황과 특히 문화예술분야에 대한 직접적 통제를 목적으로 출발한 지원정책의 역사를 고려할 때, 앞으로도 문화예술분야에 대한 국가지원에 부수하여 정부의 통제 또는 개입 가능성이 없을 것이라고 단정하기 어렵다. 이에 정부의 지원사

업에서 배제할 목적으로 문화예술인들의 정치적 견해에 관한 정보를 수집·보유·이용하는 행위의 위헌 여부에 대한 해명이 중대한 의미를 가진다고 볼 수 있으므로 심판청구의 이익을 인정할 수 있다. … 앞으로도 문화예술분야에 대한 국가 지원에 부수한 정부의 통제 또는 개입 가능성이 상존한다. 또한 이 사건 지원배제 지시는 문화예술분야의 지원과 관련한 공권력 개입의 헌법적 한계를 밝혀야 하는 중요한 헌법문제를 내포하고 있다. … 이 사건 지원배제 지시의 위헌성 여부에 대한 해명이 중대한 의미를 가진다고 볼 수 있으므로 심판청구의 이익을 인정할 수 있다.

(21) 그 외 예외적 심판이익이 인정된 예들

위 항목들에 너무 예가 많아서 아래에 비교적 최근 결정례들을 묶어서 본다.

① 병역의무를 이행하는 병(직업군인이 아닌 일반 병 – 필자)에 대하여 정치적 중립 의무를 부과하면서 선거운동을 할 수 없도록 하는 국가공무원법 제65조 제2항, 공직선거법 제60조 제1항 제4호, 군형법 제94조 제1항 제4호, 제5호 가운데 제4호에 관한 부분, '군인의 지위 및 복무에 관한 기본법' 제33조 제2항 중 각 병(兵)에 관한 부분이 청구인의 선거운동의 자유를 침해하는지에 대해 청구한 헌법소원심판에서 아래와 같이 권리보호이익은 종료되었으나 반복가능성, 헌법적 해명의 중대성을 인정하여 심판이익을 예외적으로 인정하였다.

판례 헌재 2018.4.26. 2016헌마611

[판시] 청구인은 2017.8.16. 병장으로 만기 전역하여 더는 병의 신분이 아니므로, 심판대상조항으로 인한 기본권의 제한이 종료되었다. 그러나 심판대상조항은 앞으로 계속 시행될 선거에서 청구인과 같이 병으로 복무하는 사람의 기본권을 반복하여 제한할 것이 확실히 예상되고, 심판대상조항에 따라 병에게도 공직선거에서 정치적 중립 의무를 부과하는 것이 헌법에 위반되는지 여부는 헌법질서 수호·유지를 위하여 긴요한 사항으로서 그 헌법적 해명이 중대한 의미를 지니므로, 심판청구의 이익을 예외적으로 인정할 수 있다.

② **채증활동으로서 경찰의 집회참가자 촬영행위** – 반복위험성, 헌법적 해명필요성 인정.

판례 헌재 2018.8.30. 2014헌마843

[판시] 이 사건 촬영행위는 이미 종료되었으므로, 이에 대한 심판청구가 인용된다고 하더라도 청구인들의 권리구제에는 도움이 되지 않는다. 그러나 집회·시위 등 현장에서 경찰의 촬영행위는 이 사건 채증규칙에 기대어 적법하다는 인식하에서 계속적·반복적으로 이루어질 수 있으므로 기본권 침해의 반복가능성이 인정된다. 이 사건 촬영행위에 대한 심판청구에서 문제 삼고 있는 것은 집회·시위 등 현장에서 집회·시위 참가자에 대한 피청구인의 촬영행위가 헌법적으로 허용될 수 있는지에 대한 것이고, 경찰이 하는 촬영행위의 헌법적 한계를 확정짓고 그에 관한 합헌적 기준을 제시하는 문제는 단순히 개별행위에 대한 위법 여부의 문제를 넘어 촬영행위 대상자의 기본권 침해 여부를 확인하는 것이므로 헌법적 해명이 필요한 사안에 해당한다. 더군다나 이 문제에 관하여 아직까지 헌법재판소에서 헌법적 해명이 이루어진 적도 없으므로 그 해명의 필요성이 인정된다. 그렇다면 심판의 이익을 인정할 수 있다.

③ 장애인활동지원 급여비용을 정한 보건복지부고시가 활동보조기관에게 지급되는 시간당 급여비용을 낮게 정하였다고 하여 그 고시를 대상으로 헌법소원심판이 청구되었는데 심판청구 후 위 고시가 개정되어 권리보호이익이 소멸되었다. 그러나 헌재는 심판이익을 인정하고 본안

판단으로 들어갔다.

판례 헌재 2018.2.22. 2017헌마322

[판시] 적법요건에 관한 판단 – (1) 이 사건 심판청구 이후인 2018.1.3. 이 사건 고시가 보건복지부고시 제2017－247호로 개정되어, 2018.1.1.부터 활동보조급여의 시간당 금액이 매일 일반적으로 제공하는 경우에는 10,760원으로, 공휴일과 근로자의 날에 제공하는 경우에는 16,140원으로 인상되었다. 이처럼 이 사건 고시는 이 사건 심판청구 이후 개정되어 효력을 상실하였으므로 심판대상조항들의 위헌 여부가 위 청구인들의 권리구제에는 아무런 도움이 되지 않는다. 따라서 심판대상조항들에 관하여 심판을 구할 활동보조기관 운영자들의 권리보호이익은 더 이상 존재하지 않는다. (2) 다만, 장애인의 자립생활과 사회참여를 지원하는 활동보조급여의 질을 담보하기 위해 활동보조기관에게 지급되는 시간당 급여비용을 정한 심판대상조항들이 헌법이 요구하는 바를 충족하고 있는지 여부에 대하여는 아직 헌법적 해명이 이루어진 바 없다. 뿐만 아니라 활동보조급여의 시간당 금액이 주기적으로 변경되어 고시된다고 하더라도 질적이나 양적으로 획기적인 변화가 예상되지는 않기 때문에 이 사건과 같은 유형의 침해행위가 앞으로도 반복될 위험이 있고, 우리 헌법소원제도의 체계상 주기적으로 변경되는 심판대상조항들에 대하여 청구기간 내에 적법하게 심판청구를 하고 그 시행기간이 경과하기 전에 위헌여부를 신속하게 판단하는 것이 쉽지 않다는 사정을 고려하면, 심판대상조항들이 헌법에 합치되는지 여부를 헌법적으로 해명한다는 것은 헌법질서의 수호·유지를 위하여 중대한 의미를 지닌다고 할 것이다. 따라서 위 청구인들의 이 사건 심판청구는 예외적으로 심판의 이익이 인정된다.

* 위 결정에서 고시가 개정될 것인데 신속한 헌재의 판단이 쉽지 않을 수 있어서 그런 점에서 헌법해명성을 인정한다는 것을 밝힌 판시를 주목하게 된다.

5. 침해반복가능성 있어도 심판이익 부정되는 경우

– 침해원인인 법률조항 현존으로 인한 침해반복가능성이 존재하더라도 그 법률조항 본안판단에 들어가는 경우 침해행위 청구의 심판이익 부정

기본권침해행위가 청구인에 대해 종료되어 권리보호이익이 없어진 후에라도 그 근거법이 살아있는 한 그 침해행위 반복가능성은 계속될 것이다. 그런데 그 경우에 그 종료된 침해행위가 아니라 근거법규정에 대한 위헌판단이 더 발본색원적일 것이고 그래서 종료된 침해행위에 대한 심판이익은 근거법규정에 대한 심판으로 부정되어도 문제가 없을 것이다. 아니 심판이익이 근거법규정에 대한 판단이익에 포함 내지 대체된다고 할 것이다. 그런 취지를 수긍하게 하는 아래와 같은 사례가 있었다.

판례 헌재 2018.8.30. 2016헌마263

[판시] 이 사건 감청집행에 대한 판단 – 피청구인 국가정보원장은 이 사건 법원의 허가를 얻어 2013.10.9.부터 2015.4.28.까지 사이에 별지 기재와 같이 총 6회에 걸쳐 이 사건 감청집행을 완료하였으므로, 이 사건 심판청구 당시에 이 사건 감청집행에 관한 주관적 권리보호이익은 소멸하였다. 다만 예외적으로 심판청구의 이익을 인정할지 문제된다. 기록에 의하면, 이 사건 감청집행은 피청구인이 법 제5조, 제6조에 따라 법원의 허가를 얻어 이루어졌음이 확인되므로 이 사건 감청집행이 법적 근거가 없이 행해졌다는 청구인의 주장은 이유 없음이 명백하다. 그리고 청구인이 종국적으로 다투고자 하는 것은 관련 기본권을 침해하고 영장주의에도 위반된다는 것이다. 그런데 이 사건 감청집행과 유사한 기본권

침해의 반복 가능성은 결국 인터넷회선 감청 또한 통신제한조치 허가 대상으로 정하고 있는 이 사건 법률조항이 현존하기 때문이며, 이에 청구인도 법 제5조 제2항에 대하여 헌법소원심판을 청구하고 있다. 이와 같은 청구인의 주장 취지 및 권리구제의 실효성 등을 종합적으로 고려할 때, 이 사건 법률조항의 적법요건을 인정하여 본안 판단에 나아가는 이상, 이 사건 감청집행에 대하여는 별도로 심판청구의 이익을 인정하지 아니한다. 따라서 이 사건 감청집행에 대한 심판청구는 부적법하다. * 위와 같은 경우의 또 다른 예 : 헌재 2019.11.28. 2017헌마791.

V. 권리보호이익 소멸 후 심판이익 부정

1. 의미

권리보호이익이 소멸된 경우에 심판이익이 부정되는 경우는 물론 예외 사유를 인정하지 않는, 즉 반복위험성이나 헌법적 해명필요성이 없는 경우일 것이다. 아래에 그 사유들과 그 사유를 보여주는 결정례들을 살펴본다.

2. 부정(침해반복위험성 없고 헌법적 해명 불필요한 경우)의 사유와 그 결정례들

(1) 반복침해위험성 부정

1) 법개정으로 반복침해위험성이 소멸되어 심판이익까지 부정된 예

이에 대해서는 앞서 권리보호이익이 없는 경우로 정리했다.

2) 사건의 개별성·특수성·고유성의 동종행위 반복위험 부정

이에 대해서도 앞의 심판이익 인정요건 중 반복침해위험성 부분 참조(헌재 2002.7.18. 99헌마592등).

3) 법무부장관의 개선지침시달로 인한 반복위험의 소멸

판례 헌재 1997.12.24. 95헌마247

[쟁점] 무죄판결을 선고받은 청구인을 검사의 석방지휘 없이는 석방할 수 없다는 이유로 계속 구금한 행위의 위헌여부(위헌성이 인정되나 권리보호이익이 없다고 하여 각하함) [결정요지] 무죄판결의 경우 교도관이 석방절차를 밟는다는 이유로 법정에 있는 석방대상 피고인을 그의 의사에 반하여 교도소로 다시 연행하는 것은 어떠한 이유를 내세운다고 할지라도 헌법상의 정당성을 갖는다고 볼 수 없다고 한다. 그러나 청구인이 주장하는 기본권의 침해행위가 종료되었고, 법무부장관의 '구속피의·피고인석방절차개선지침시달'의 수립·시행 등으로 구금행위의 반복 위험이 없어졌고, 특히 헌법적 해명이 필요한 것으로도 인정되지 아니하므로 권리보호이익이 없어 각하한다.

(2) 헌법해명필요성 부정

1) 헌재의 선례에 따른 헌법해명필요성 부정이 있었던 사안

(가) 이전 합헌성 또는 위헌성 인정을 한 경우

① **교도소장 서신 개봉행위** – 교도소에 수형 중인 사람 앞으로 온 서신을 교도소장이 개봉

한 행위에 대해 그 수형자가 청구한 사건이다. 헌재는 이미 합헌이라고 헌재가 보았고 그 뒤로도 이 결정을 근거로 헌법해명필요성을 부정하였다.

판례 헌재 2016.10.27. 2015헌마701
[판시] 서신개봉행위는 이미 종료되었으므로 이에 대해 위헌을 확인하더라도 청구인의 기본권이 회복될 수 없어 주관적인 권리보호이익은 소멸하였다. 한편, 헌법재판소는 이미 수형자에 대한 서신검열이 헌법에 위반되지 않는다고 선언하였다(헌재 1998.8.27. 96헌마398; 헌재 2001.11.29. 99헌마713 참조). 또한 헌법재판소는 이러한 결정을 근거로 하여 수형자에게 온 서신을 개봉한 행위의 위헌확인을 구하는 헌법소원심판청구에 대해서 권리보호이익을 인정하지 아니하여 각하 결정을 한 바 있다(헌재 2013.8.13. 2013헌마502; 헌재 2015.6.25. 2015헌마635; 헌재 2016.5.24. 2016헌마349 참조). 이처럼 이미 수형자에게 온 서신을 개봉하여 검사하는 행위에 관한 헌법적인 해명이 이루어졌으므로, 서신개봉행위에 대한 심판청구는 심판의 이익이 인정되지 아니한다.

② **체포영장 열람·등사신청 거부처분** – 체포된 피의자의 변호인이 체포영장 등사를 신청하자 이를 거부한 사법경찰관의 행위(이하 '이 사건 거부처분')에 대한 헌법소원심판청구사건이었다. 반복적인 위헌성 인정결정의 선례가 존재하여 헌법해명필요성이 부정되었다.

판례 헌재 2015.7.30. 2012헌마610
[결정요지] 가. 권리보호이익의 소멸 – 청구인의 형사절차 및 청구인들의 손해배상청구절차가 모두 끝난 시점에서 헌법소원심판청구가 인용된다고 하더라도 청구인들의 권리구제에는 아무런 도움이 되지 않으므로 이 사건 심판청구는 권리보호이익이 없다. 나. 심판의 이익 부존재 – 헌법재판소는 수사절차와 공판절차에서 변호인의 수사기록에 대한 열람·등사신청을 거부한 처분이 피의자 또는 피고인과 변호인인 청구인들의 기본권을 침해하여 위헌임을 이미 확인하였고 이를 변경할 사정이 없으므로, 설사 이러한 기본권 침해가 앞으로 반복될 가능성이 있다 하더라도 같은 판단을 반복하여 밝힐 만큼 헌법적 해명이 중대한 의미를 지닌다고 보기 어렵다(헌재 2003.4.24. 2001헌마630; 2004.2.26. 2003헌마624 참조).

③ **대법원 심리불속행 판결로 확정된 재심불가의 경우** – 사안은 과징금부과처분 등 취소의 소를 제기하여, 1심, 2심의 판결, 상고심에서 파기환송 판결을, 환송 후 항소심에서 항소기각 등 판결을 선고받았고, 상고심에서 상고심절차에 관한 특례법(2009.11.2. 법률 제9816호로 개정된 것) 제4조, 제5조 제1항에 의하여 이유 기재 없는 심리불속행 상고기각 판결을 선고받았는데 위 법률 조항들이 자신들의 재판청구권 등을 침해한다고 주장하면서 그 위헌확인을 구하는 헌법소원심판을 청구하였다. 이 결정은 재심불가인 경우 권리보호이익이 없는 경우에도 해당되어 이미 그 부분에서 자세히 인용한 바 있다(전술 참조).

판례 헌재 2015.2.26. 2013헌마574등
[결정요지] 헌법재판소는 심리불속행 상고기각 판결과 판결이유 기재의 생략을 규정한 이 사건 심판대상 조항들에 대하여 수회에 걸쳐 합헌으로 판시한 바 있으므로(헌재 1997.10.30. 97헌바37등; 헌재 2012.11.29. 2012헌마388; 헌재 2012.11.29. 2012헌마664 등 참조), 이 사건 심판대상 조항들은 이미 헌법적 해명이 이루어져 예외적으로 심판이익을 인정할 수도 없다. * 보다 자세한 것은 앞의 재심불가

경우의 권리보호이익 결여 부분 참조.

④ **위 합헌성 인정 기각결정, 이후 또 다시 합헌성 인정결정이 있었다는 이유로 위 제60조의3 제2항 제1호에 대한 해명필요성을 부정하고 심판이익을 부정한 결정**

판례 헌재 2013.11.28. 2011헌마267

[판시] 헌법재판소는 2011.8.30. 선거운동의 자유나 평등권을 침해하지 아니한다고 결정한 바 있고(헌재 2011.8.30. 2010헌마259등), 다시 2012.3.29. 평등권을 침해하지 아니한다고 결정한 바 있어(헌재 2012.3.29. 2010헌마673), 이에 대하여는 헌법적으로 해명할 필요가 없으므로, 예외적으로 심판청구의 이익을 인정할 수 있는 경우에 해당되지 아니한다. 나. 이 사건 3호 법률조항에 대한 판단 – 이 부분 심판청구는 예외적으로 심판청구의 이익이 인정된다. * 이에 대한 판시는 바로 아래 인용된 것 참조.

(나) 이전 합헌성 인정결정 대상 조항과 동일 적용시 헌법해명필요성 부정

헌재는 이러한 경우의 다음과 같은 결정례들을 보여준다.

① **미결수용자에 대한 합헌결정의 형확정 수형자에 대한 적용가능성** – 미결수용자에 대한 '형의 집행 및 수용자의 처우에 관한 법률'(2007.12.21. 법률 제8728호로 전부개정된 것) 제112조 제3항 본문 중 제108조 제4호, 제5호, 제6호, 제7호, 제9호, 제10호, 제11호, 제12호, 제13호에 관한 부분(이하 '이 사건 금치조항') 중 다음의 조항들(신문열람, 자비구매물품 도서 이용, 전화통화 제한 등)에 대해서는 헌재의 합헌결정이 있었고 그 판단은 형의 선고를 받아 그 형이 확정된 수형자에 대하여도 동일하게 적용될 수 있으므로, 헌법적 해명필요성이 없어서 심판청구이익이 인정되지 않는다고 보았다.

판례 헌재 2016.5.26. 2014헌마45

[판시] 이 사건 금치조항 (1) 이 사건 금치처분은 2013.12.4. 종료되었고, 그에 따른 처우제한도 함께 종료되었으므로, 청구인이 이 사건 금치조항에 대하여 위헌확인을 받는다 하더라도 청구인의 권리구제에는 도움이 되지 못한다. (2) 그런데 이 사건 금치조항에 대한 심판청구가 예외적으로 심판청구의 이익을 인정할 수 있는 경우에 해당하는지 본다. (가) 제108조 제5호(신문열람 제한), 제7호(자비구매물품 사용 제한)의 도서에 관한 부분, 제9호(전화통화 제한), 제12호(접견 제한)에 관한 부분 – 이 사건 금치조항 중 미결수용자에게 적용되는 제108조 제5호, 제7호의 도서에 관한 부분, 제9호, 제12호에 관한 부분에 대하여 헌법재판소는 알 권리, 통신의 자유를 침해하지 않는다는 이유로 합헌으로 결정하였고(헌재 2016.4.28. 2012헌마549등 참조), 위와 같은 판단은 형의 선고를 받아 그 형이 확정된 수형자에 대하여도 동일하게 적용될 수 있으므로, 이들에 대하여 헌법적으로 해명할 필요성이 있다고 보기 어렵다. 따라서 이 부분 심판청구는 모두 심판청구의 이익이 인정되지 않는다. (나) 제108조 제7호(자비구매물품 사용 제한)의 신문에 관한 부분 – 합헌으로 결정하였고(헌재 2016.4.28. 2012헌마549등 참조), … 역시 심판청구의 이익이 인정되지 않는다. (다) 제108조 제7호(자비구매물품 사용 제한)의 잡지에 관한 부분 – … 합헌으로 결정하였고(헌재 2016.4.28. 2012헌마549등 참조), …심판청구의 이익이 인정되지 않는다. (라)제108조 제10호(집필 제한), 제11호(서신수수 제한)에 관한 부분 – … 합헌으로 결정하였고(헌재 2014.8.28. 2012헌마623; 헌재 2016.4.28. 2012헌마549등 참조), … 심판청구의 이익이 인정되지 않는다. * 금치기간 중 실외운동을 원칙적으로 제한하는 형집행법 제112조 제3항 본문 중

제108조 제13호에 관한 부분에 대한 청구는 심판청구이익을 인정하여 본안판단에 들어갔고 과잉금지원칙을 위반하여 청구인의 신체의 자유를 침해한다는 위헌결정이 있었다.

② 아동·청소년에 대한 강제추행죄에도 적용될 DNA법 합헌결정

판례 헌재 2018.4.26. 2017헌마397

[사건개요] 청구인은 '아동·청소년의 성보호에 관한 법률' 위반(강제추행)죄로 벌금형의 판결이 확정되어 '디엔에이신원확인정보의 이용 및 보호에 관한 법률' 제5조 제1항 제10호에 의하여 디엔에이감식시료 채취대상자가 되었고 지방검찰청으로부터 디엔에이시료 채취 출석요구를 받고, 위 제5조 제1항 제10호가 청구인의 개인정보자기결정권, 신체의 자유 등을 침해한다고 주장하면서 헌법소원심판을 청구하였다. 한편 청구인은 2017.5.18. 디엔에이감식시료 채취에 동의하여 같은 날 청구인의 디엔에이감식시료가 채취되었다. [결정요지] (가) 주관적 권리보호이익의 소멸 – 청구인은 이 사건 심판청구 후인 2017.5.18. 디엔에이감식시료 채취에 동의하여 디엔에이감식시료 채취를 마쳤는바, 이미 청구인에 대한 기본권 제한상황이 종료되었으므로 이 사건 심판청구가 인용된다고 하더라도 청구인의 권리구제에 도움이 되지 않아, 권리보호이익이 소멸되었다. (나) 심판의 이익 유무 – 헌법재판소는 이미 디엔에이법 제5조 제1항 제4호 중 형법 제298조의 강제추행죄에 해당하는 죄에 대하여 형의 선고를 받아 확정된 사람에 관한 부분에 대해 헌법에 위반되지 않는다고 판단한 바 있고(헌재 2016.3.31. 2014헌마457 등), 위와 같은 판단은 아동·청소년에 대한 강제추행죄에도 그대로 적용될 수 있다고 할 것이며, 헌법재판소가 위와 같은 판단을 변경할 사정이 없으므로, 가사 이러한 기본권 침해가 앞으로 반복될 가능성이 있다 하더라도 같은 판단을 반복하여 밝힐 만큼 헌법적 해명이 중대한 의미를 지닌다고 보기 어려운바, 심판의 이익을 인정할 수 없다.

(다) 이전 합헌성인정을 한 조항이 포함하는 조항

헌재는 이전에 자신이 합헌성을 인정한 조항과 다르나 그 조항에 이후 심판대상으로 문제되는 조항이 포함되어 있다고 볼 수 있는 경우에 헌법적으로 그 해명이 새로 필요한 것으로 보기 어렵다고 한다. 아래의 결정례가 그 점을 보여주고 있다.

항소이유서 항소법원 제출 기한준수 의무 – 소송기록접수통지를 받은 후 20일 내에 항소이유서를 제출하도록 규정한 형사소송법(2007.12.21. 법률 제8730호로 개정된 것) 제361조의3 제1항 전문(이하 '이 사건 의무조항')이 재판을 받을 권리 등을 침해하였다는 주장으로 청구된 사건이다.

판례 헌재 2016.9.29. 2015헌마165

[판시] (1) 직접성 – 항고기각결정을 받지 않기 위해서 항소인은 의무적으로 항소이유서를 제출하여야 하므로 국민은 별도의 집행행위를 기다릴 필요 없이 법률의 시행 자체로 행위의무를 직접 부담하게 된다. 따라서 의무조항에 관한 기본권 침해의 직접성은 인정된다(* 직접성 부분 판시는 앞의 직접성 부분 참조). (2) 심판의 이익 – 헌법재판소법 제75조, 제47조에 의하면, 헌법소원사건에서 형벌에 관한 법률 또는 법률조항이 위헌으로 결정된 경우 그 위헌 법률에 근거한 유죄의 확정판결에 대하여 재심을 청구할 수 있지만, 비형벌법규에 대하여는 같은 법 제68조 제2항에 의한 헌법소원에서 위헌으로 결정된 경우에만 관련된 소송사건에 대해 재심을 청구할 수 있을 뿐, 같은 법 제68조 제1항에 의한 헌법소원에서는 재심사유가 되지 않는다. 이 사건에서 청구인이 위헌이라고 주장하는 의무조항은 항소기각결정의 요건에 관한 규정으로서 형벌에 관한 법률조항이라고 볼 수 없다. 한편 청구인에 대한 형사판결은 20**. 1*. **. 항소기각결정(춘천지방법원 ○○지원 20**노5**) 및 20**. *. **. 항소기각결정에 대한 즉시항

고 기각결정(대법원 ****모***)으로 확정되었다. 따라서 헌법재판소법 제68조 제1항에 의하여 제기한 헌법소원이 인용된다고 하더라도 청구인은 더 이상 형사판결에 대한 재심청구를 할 수 없으므로 권리보호이익이 없다 할 것이다. 나아가 의무조항에 따른 기본권의 제한이 헌법질서의 수호·유지를 위하여 긴요한 사항이어서 헌법적으로 그 해명이 중대한 의미를 지니는 것으로 심판의 이익이 인정되는지에 대하여 보면, 우리 헌법재판소는 이미 소송기록접수 통지를 받은 날부터 20일 내에 항소이유서를 제출하지 아니한 경우 항소기각결정을 하도록 한 형사소송법 제361조의4 제1항(항소기각결정조항)이 재판을 받을 권리나 평등권을 침해하지 않는다고 판단하고 합헌결정(헌재 2005.3.31. 2003헌바34)을 하였다. 비록 의무조항에 대해 헌법재판소에서 직접적인 헌법적 해명이 이루어진 것은 아니나, 형사소송법 제361조의4 제1항에 대한 판단에는 의무조항의 내용이 포함되어 있다고 할 것이므로 헌법적으로 그 해명이 새로 필요한 것으로 보기 어려워 헌법질서의 보장을 위하여 심판의 이익을 인정할 필요도 없다 할 것이다. 따라서 의무조항에 대한 심판청구는 심판의 이익을 인정할 수 없다.

* 해설 – 이미 합헌성이 인정된 20일 경과시 항소이유서 비제출시 기각결정이라는 조항은 20일 내 항소이유서를 제출할 의무를 전제로 한다는(내포한다) 것이므로 의무조항이 항소기각결정조항에 포함되어 있고 후자의 합헌성 인정은 곧 전자의 합헌성 인정을 내포한다는 것이다.

(라) 유의 : 합헌성 인정 결정이 있었으나 심판이익을 인정하는 경우

헌재의 선행 합헌성 인정 결정이 있었더라도 아래와 같은 경우에는 헌법해명이 중요한 의미를 가진다고 보므로 유의를 요한다.

가) 합헌성 인정결정 이후 법개정이 있은 경우 심판이익 인정 - 당내경선에서 후보자선출되지 못하고 선거도 종료 - 선전벽보 등에 비정규학력의 게재를 금지하는 공직선거법 제64조 제1항 및 제250조 제1항

판례 헌재 2009.11.26. 2008헌마114

[판시] 청구인은 제18대 국회의원선거의 예비후보자로 등록한 후 당내경선에서 후보자로 선출되지 못하였으며, 제18대 국회의원선거는 2008.4.9. 이미 끝나버렸으므로 청구인이 주장하는 기본권 침해상태는 이미 종료되었다. 그러나 비정규학력의 게재 금지로 인한 선거운동의 자유, 평등권과 같은 중요한 권리에 대한 제한은 이 사건 법률조항이 존속하는 한 앞으로 실시될 각종 공직선거에서도 반복될 것이다. 또한 이 사건 법률조항과 유사한 내용의 법률조항에 대해서 헌법재판소가 1999.9.16. 선고한 99헌바5 결정과 2000.11.30. 선고한 99헌바95 결정에서 합헌 판단을 한 바는 있으나, 위 합헌 결정 후 이 사건 법률조항과 관련 법률조항의 일부 개정이 있었으므로 이 사건 법률조항의 위헌 여부를 해명하는 것은 헌법적으로 중요한 의미가 있다고 볼 수 있다. 따라서 이 사건 헌법소원심판청구에 대하여 심판의 이익을 인정함이 상당하다.

나) 선거종료, 낙천되었고 이전 선행 헌재판단 있었으나 상당한 시간 경과 - 선거운동기간 중 공개장소에서 비례대표국회의원후보자의 연설·대담을 금지하는 공직선거법 규정 부분

판례 헌재 2013.10.24. 2012헌마311

[판시] 청구인이 출마했던 19대 국회의원선거는 2012.4.11. 이미 종료하였고 청구인은 낙선하였으므로, 이 사건 법률조항의 위헌확인을 구할 주관적 권리보호이익은 소멸되었다. 그러나 비록 비례대표국회의원후보자의 연설·대담을 제한하고 있는 이 사건 법률조항의 위헌성에 관해서 헌법재판소가 이미 한 차

례 판단한 바 있으나(헌재 2006.7.27. 2004헌마217, 기각결정), 그로부터 상당한 시간이 흘렀을 뿐만 아니라 앞으로 반복적으로 실시될 국회의원선거에서 정당과 비례대표국회의원후보자들이 이 사건 법률조항에 대하여 동일한 기본권 침해를 주장하며 헌법적 의문을 제기할 가능성이 큰 점, 후보자등록 후 선거운동기간이 종료할 때까지의 기간이 20일도 채 되지 않아 청구인의 권리보호이익이 인정되는 기간 안에 헌법재판소가 심리를 종결한다는 것이 사실상 어렵다는 점 등을 고려하면, 이 사건 법률조항의 위헌성에 관한 판단은 헌법질서의 수호·유지를 위하여 긴요한 사항으로 헌법적 해명이 중대한 의미를 지닌다고 할 것이다. 따라서 이 사건 법률조항에 대한 심판청구의 이익을 인정할 수 있다.

2) 법원 판단 사항을 이유로 한 헌법적 해명 중대성 부정

(가) 법률의 해석·적용의 문제(법원의 과제)인 경우

가) 판단기준

헌재는 법률의 해석·적용의 문제는 자신이 아닌 법원의 관할에 속하는 문제로서 위헌여부의 해명이 헌법적으로 중요한 의미를 지니고 있는 경우가 아닌 기준을 아래와 같이 제시한다. 사안은 인터넷신문인 '○○'가 개최하고자 한 대선 예비주자 초청 대담·토론회를 제지한 선거관리위원회 위원장(피청구인)의 행위('열린 인터뷰 제지행위')에 대한 심판청구가 헌법재판소의 관할에 속하는지의 여부에 대해 헌재가 아래와 같이 기준을 제시하고 부정하는 판단을 내려 전체적으로 각하결정이 있었던 사안이다.

판례 헌재 2003.2.27. 2002헌마106

[설시] 행정청은 법률, 특히 사법상의 일반조항, 불확정 법개념이나 행정청의 재량 행사규정 등을 해석을 통하여 구체화하는 과정에서 기본권을 비롯한 헌법의 기본결정을 내용적 지침으로서 고려해야 하는데, 법적용기관이 법률에 미치는 헌법의 영향을 간과하거나 또는 오인하여 소송당사자에게 불리하게 판단함으로써 헌법의 정신을 고려하지 않은 법적용을 통하여 그의 기본권을 침해한다면, 바로 이러한 경우에 법률의 해석·적용은 헌법재판소의 심사대상이 되는 것이다(헌재 2003.2.27. 2002헌마106, 판례집 15-1, 223, 237-238; 헌재 2008.1.17. 2007헌마700 등 참조). 그러나 행정청이 법률을 잘못 해석·적용하였는지의 여부가 헌법에 의해서가 아니라 적용된 법률에 근거하여 판단된다면, 즉 헌법이 아니라 법률이 행정청에 의한 해석·적용의 타당성을 심사하는 규범이 된다면, 이 경우 법률의 해석·적용에 대한 판단은 법원의 관할에 속하는 것이다.

나) 결정례

헌법적 해명필요성을 부정하는 아래 결정례들이 있었다.

① **'현수막 철거이행명령'이 사전운동에 해당되는가 하는 등의 문제** – 헌재판례입장은 이는 자신이 판단할 헌법문제가 아니라고 보는 것으로 이해된다.

판례 헌재 2002.7.18. 99헌마592등

[사건개요] * 앞의 심판이익의 인정요건, 반복침해위험성 부분 참조. [결정요지] 청구인이 헌법소원심판을 청구할 당시 이미 피청구인(선거관리위원회 위원장의 현수막철거 이행명령)의 행위가 종료되었다. 이 사건 법적 분쟁의 내용은 "행정청이 적용법률의 해석에 있어서 법규정에 미치는 기본권의 효력을

간과하거나 오해함으로써 법규정을 위헌적으로 적용하였는가" 하는 행정처분 자체의 위헌성에 관한 판단이거나 또는 그 행정처분의 근거가 된 법규정인 사전선거운동금지조항의 위헌성에 관한 문제가 아니라, "지역구 국회의원 입후보예정자로서의 청구인이 동료변호사들과 함께 선거구민을 상대로 무료법률상담을 하는 행위가 사전선거운동인가," 나아가 "청구인의 현수막과 같은 일정 내용의 현수막을 특정장소에 게시하는 행위가 사전선거운동에 해당하는가"에 관한 판단이라고 할 수 있고, 이러한 판단은 사전선거운동의 개념과 범위를 정하는 문제, 즉 법률의 해석과 적용의 문제로서 헌법재판소의 관할이 아니라 일차적으로 법원의 과제에 속하는 것이다. 이러한 점에서 볼 때, 이 사건은 헌법질서의 수호·유지를 위하여 긴요한 사항이어서 위헌여부의 해명이 헌법적으로 중요한 의미를 지니고 있는 경우라고 볼 수 없다. 뿐만 아니라, … 동종행위의 반복위험을 인정할 여지도 없다. 결국, 이 사건의 경우 중요한 헌법적 문제에 대한 해명의 필요성이나 침해반복의 위험을 인정할 수 없으므로, 권리보호이익이 없어 부적법하다.

* 검토 – ⅰ) 법률의 해석·적용의 문제일 뿐이고 헌법적 의미는 없다고 볼 문제인지 양자의 경계가 명확할 수 있을지 의문이다. ⅱ) 마지막의 "권리보호이익이 없어 부적법하다"라는 문구는 "심판이익이 없어 부적법하다"라고 하는 것이 정확하다.

② **방송토론회 초청대상 결정 문제** – 심판대상은 피청구인 ○○시선거방송토론위원회가 '지역구국회의원선거 후보자 초청 대담·토론회'의 초청대상 후보자의 범위를 정한 구 '공직선거 및 선거부정방지법'(2004.3.12. 법률 제7189호로 개정되고, 2005.8.4. 법률 제7681호로 개정되기 전의 것) 제82조의2 제4항 제3호 다목(이하 '이 사건 법률조항')에 근거하여 국회의원재선거에 입후보한 청구인을 초청대상 후보자에서 제외한 결정이었다.

판례 헌재 2006.6.29. 2005헌마415

[판시] … 다. 권리보호이익의 존재 여부 (1) 청구인이 이 사건 헌법소원심판청구를 통하여 의도하는 바는 선거방송토론에 참여하여 이를 통하여 선거운동을 하려는 것인데, 이 사건 헌법소원을 청구한 후에 바로 선거방송토론과 국회의원 재선거가 실시되었으므로 청구인이 주장하는 기본권침해는 이미 종료되었다. 따라서 적어도 청구인의 주관적 권리구제를 위해서는 본안에 관하여 심판의 이익이 없다고 보아야 한다. (2) 한편, 침해행위가 앞으로도 반복될 위험이 있거나 그 심판대상에 대한 위헌 여부의 해명이 헌법질서의 수호·유지를 위하여 긴요한 사항이어서 헌법적으로 중요한 의미를 가지고 있는 경우에는, 심판청구의 이익을 인정할 수 있다. (가) 행정청이 법률을 단순히 잘못 해석·적용함으로써 결과적으로 국민의 기본권을 침해하였다고 하여 그러한 행정청의 행위가 모두 헌법소원의 대상이 되는 것은 아니다. 만일 그러한 경우도 헌법소원의 대상이 된다면, 오늘날 다수의 법률이 국민의 기본권을 제한하는 법률이므로 이들 법률을 청구인에게 불리하게 잘못 해석·적용하는 것은 필연적으로 기본권침해의 결과를 가져온다는 점에서, 결국 우리 재판소는 법률의 거의 모든 해석과 적용에 대하여 그 타당성을 심사해야 할 것이다. 그러나 사실관계의 확정과 평가, 법률을 해석하고 개별사건에 구체적으로 적용하는 것은 법원의 고유한 과제로서, 우리 재판소에 의한 심사의 대상이 아니다. 행정청은 법률, 특히 사법상의 일반조항, 불확정 법개념이나 행정청의 재량행사규정 등을 해석을 통하여 구체화하는 과정에서 기본권을 비롯한 헌법의 기본결정을 내용적 지침으로서 고려해야 하는데, <u>법적용기관이 법률에 미치는 헌법의 영향을 간과하거나 또는 오인하여 소송당사자에게 불리하게 판단함으로써 헌법의 정신을 고려하지 않은 법적용을 통하여 그의 기본권을 침해한다면, 바로 이러한 경우에 법률의 해석·적용은 헌법재판소의 심사대상이 되는 것</u>이다. 그러나 행정청이 법률을 잘못 해석·적용하였는지의 여부가 헌법에 의해서가 아니라 적용된 법률에 근거하여 판단된다면, 즉 헌법이 아니라 법률이 행정청에 의한 해석·적

용의 타당성을 심사하는 규범이 된다면, 이 경우 법률의 해석 · 적용에 대한 판단은 법원의 관할에 속하는 것이다. (나) 이 사건에서 청구인이 헌법소원청구를 통하여 다투고자 하는 것은 행정청이 이 사건 법률조항을 해석함에 있어서 관련 기본권의 효력을 간과하거나 오해함으로써 이 사건 법률조항을 위헌적으로 해석 · 적용하였는가의 문제, 즉 이 사건 결정 자체의 위헌성에 관한 판단이 아니라, '이 사건 법률조항이 정하는 평균한 지지율의 의미가 무엇인가?', '○○신문사가 실시한 한 번의 여론조사결과도 평균지지율로 볼 수 있는가?' 등에 관한 판단이라고 할 수 있다. 그런데 이러한 판단은 헌법이 정하는 공무담임권이나 선거운동의 기회균등과 관련한 기본권적 보호에 비추어 텔레비전을 통한 선거운동의 기회를 제한하는 법률규정을 해석하는 문제라기보다는, 이 사건 법률조항의 입법취지에 비추어 '평균지지율의 개념과 범위'를 확정하고 이러한 법률해석에 기초하여 ○○신문사가 행한 여론조사결과를 이 사건 법률조항의 적용영역으로 포섭해 나가는 문제, 즉 '순수한 법률의 해석과 적용의 문제'인 것이다. 그런데 이러한 판단은 헌법재판소의 관할이 아니라 일차적으로 법원의 과제에 속한다. (다) 이러한 관점에서 볼 때, 이 사건 심판청구는 헌법질서의 수호 · 유지를 위하여 긴요한 사항이어서 그 위헌 여부의 해명이 헌법적으로 중요한 의미를 지니고 있는 경우라고 볼 수 없으므로 권리보호이익이 없어 부적법하다. 그리고 설사 유사한 침해행위가 앞으로도 반복될 위험이 있다 하더라도, 공권력행사의 위헌성이 아니라 단지 위법성이 문제되는 경우에는 공권력행사의 위헌 여부를 확인할 실익이 없고, 이에 따라 심판청구의 이익이 부인된다. 4. 결론 – 그렇다면 청구인의 심판청구는 권리보호의 이익이 없어 부적법하므로 이를 각하하기로 결정한다.

* 검토 – 위 판시 중 밑줄 친 부분은 헌재가 법원이 기본권규정을 적용하지 않아 침해한다면 개입하겠다는 적극적 의사로 보인다. 문제는 실정법인 헌법재판소법 제68조 제1항이 명문으로 법원재판에 대한 헌법소원을 배제하고 있다. 헌재의 위 밑줄친 설시와 같은 그런 입장이 기본적 입장이고 변화된 입장이라면 기본권의 제3자효라는 헌법적 문제를 헌재가 인정하기 위한 법원재판 심사대상 가능성이 좀더 확장적으로 열린다. 즉 어차피 헌재의 현재 판례는 법원재판에 대해 예외적으로 위헌으로 결정한 법령을 적용하여 기본권을 침해한 법원재판이면 헌법소원대상이 된다고 보는데 위 판시가 그런 경우는 물론이고 이전에 위헌으로 결정하지 않은 경우에도 헌법소원대상으로 할 것이라는 입장인지 명확하지는 않다.

(나) 법원의 사실인정절차(증거조사 등)에 의한 판단을 이유로 부정한 예

헌재가 강제조치에 대한 헌법소원심판 청구에 있어서 "이 사건 강제조치가 이루어질 당시의 구체적 상황과 경위 등 제반 사실에 대하여 법원이 증거조사와 같은 사실인정 절차를 거쳐 그 위법 여부를 판단할 수 있다"라고 하여 헌법적 해명성, 반복위험성을 부정하여 심판이익을 부정하고 각하결정을 한 아래 결정례가 있었다. 사안은 '밀양송전탑'사건으로 피청구인 밀양경찰서장이 2014.6.11. 철거대집행이 실시되는 동안 청구인들을 철거대상시설인 움막들 밖으로 강제 이동시킨 행위 및 그 움막들로 접근을 막은 행위(이하 '이 사건 강제조치')에 대한 헌법소원심판청구사건이었다. 이에 대해서는 앞의 권력적 사실행위에서의 심판이익의 예외적 인정 부분에서 이미 다루었다.

판례 헌재 2018.8.30. 2014헌마681

[사건개요] 앞의 권력적 사실행위 부분 참조. [결정요지] * 자세한 것은 앞의 권력적 사실행위, 헌법적 해명필요성, 결정례, 부정례 부분 참조. [관련판시] 나. 심판의 이익 유무 (1) '헌법적 해명이 중대한 의미를 가지는 경우'는 당해 사건을 떠나 일반적이고 중요한 의미를 지니고 있어 헌법질서의 유지 · 수호를 위하여 그 해명이 긴요한 경우를 의미한다. 권력적 사실행위에 대한 헌법적 해명은 그 사건으로부터 일

반적인 헌법적 의미를 추출할 수 있는 경우에 한하여 인정하여야 하는바, 비록 일회적이고 특정한 상황에서 벌어진 사실행위에 대한 평가일지라도 거기에 일반적인 헌법적 의미를 부여할 수 있다면 헌법적 해명의 필요성을 인정할 수 있다. … 이 사건 강제조치의 위헌 여부를 판단함에 있어서는 주민들과 한국전력공사 직원의 충돌 위험을 방지하고 송전탑 건설공사의 원활한 진행을 확보하기 위한 필요최소한의 범위 내에서 경찰관 직무집행법이나 경찰권 행사의 조리상 한계 등을 준수하였는지 여부가 주된 쟁점이 된다. 그런데 이러한 쟁점을 판단하기 위해서는 구체적인 사실관계의 확정이 선행되어야 하고, 당시의 개별적이고 구체적인 상황을 고려하여야 한다. 이와 같이 개별적이고 구체적인 상황 하에서 이루어진 공권력 행사에 관한 판단은 공권력 행사의 목적과 공권력 행사가 이루어질 당시의 상황, 특히 이 사건의 경우 법원의 공사방해금지가처분 결정과 이 사건 움막들에 대한 행정대집행이 이루어진 정황, 공사 진행·중단 상황, 송전탑 건설공사를 반대하여 모인 주민의 수와 공사방해 여부 및 방법 등 물리적 충돌 가능성, 강제조치의 시간·장소·대상·방법 등과 같은 구체적 사정을 모두 고려해야 하므로, 원칙적으로 당해 사건에 국한하여서만 그 의미를 가질 수밖에 없다. 그 밖에 청구인들의 주장을 살펴보아도 이 사건 강제조치로부터 위헌적인 경찰권 행사로 판단될 수 있는 일반적인 징표를 찾을 수 없으므로 이 사건 강제조치에 대한 위헌 여부의 판단이 일반적인 헌법적 의미를 부여할 수 있는 경우에 해당한다고 볼 수 없다. 이와 같이 당해사건을 떠나 일반적인 헌법적 의미를 갖는 경우에 해당하지 아니하는 때에는 경찰의 공권력 행사에 대한 규범적인 평가는 개별적이고 구체적인 강제조치의 사유에 따라 각기 달리 이루어질 수 있는바, 이 사건 강제조치가 이루어질 당시의 구체적 상황과 경위 등 제반 사실에 대하여 법원이 증거조사와 같은 사실인정 절차를 거쳐 그 위법 여부를 판단할 수 있다고 할 것이다. 그렇다면 이 사건 강제조치는 특정한 상황에서의 개별적 특성이 강한 공권력행사로서 앞으로도 구체적으로 반복될 위험성이 있다고 보기 어렵고, 헌법재판소가 헌법적으로 해명할 필요가 있다고 볼 수 없다. 5. 결론 – 이 사건 심판청구는 모두 부적법하므로 이를 각하하기로 결정한다.

3) 권력적 사실행위에서의 일반적 헌법적 의미 부재 = 헌법해명필요성 부정

헌재는 "권력적 사실행위에 대한 헌법적 해명은 그 사건으로부터 일반적인 헌법적 의미를 추출할 수 있는 경우에 한하여 인정하여야 하는바, 비록 일회적이고 특정한 상황에서 벌어진 사실행위에 대한 평가일지라도 거기에 일반적인 헌법적 의미를 부여할 수 있다면 헌법적 해명의 필요성을 인정할 수 있다"라고 한다. 따라서 권력적 사실행위에 대한 헌법소원심판에서 일반적 헌법적 의미가 없는 사안의 경우 헌법적 해명필요성이 부정된다. 이에 대해서는 앞의 권력적 사실행위에 대한 심판이익 부분에서 살펴보았다.

Ⅵ. 기소유예처분에 대한 헌법소원과 공소시효완성

1. 공소시효완성 경우에도 기소유예 헌법소원의 권리보호이익 인정

(1) 인정

앞서 보았지만 불기소처분에 대한 헌법소원의 경우에는 범죄혐의에 대한 공소시효가 완성되면 권리보호이익이 없다고 보는 것이 우리 헌재의 확립된 판례이다(전술 참조). 반면 기소유예처분(起訴猶豫處分)의 대상이 된 범죄의 공소시효가 완성된 경우라도 그 기소유예처분에 대해 피의자가 제기한 헌법소원심판에 있어서 우리 헌재는 그 권리보호이익을 인정하고 있다. 전술한 대로 기소유예처분에 대해서는 피의자가 헌법소원심판을 청구하는 경우가 대부분이다. 기소유예는 일단 죄를 인정하는 처분이므로 이를 벗어나기 위한 피의자가 헌법소원을 제기하는 것이다.

판례 헌재 1996.10.4. 95헌마318; 1997.5.29. 95헌마188. * 이 결정에 대해서는 아래 부분 참조.

(2) 인정의 논거

공소시효가 완성된 경우에도 기소유예처분에 대한 헌법소원의 권리보호이익을 인정하는 논거로 헌재는 다음과 같이 밝히고 있다. 즉 헌재는 "헌법재판소가 이를 인용하여 그 처분을 취소한다고 하더라도 이미 당해 범죄의 공소시효가 완성된 것이므로 원처분청 검사로서는 이 경우에도 앞의 경우와 마찬가지로 위 검찰사건사무규칙의 같은 조항에 따라 '공소권 없음'의 처분을 할 것으로 보여지나, 기소유예처분이 그 피의자에 대하여 피의사실을 인정하는 것과는 달리 '공소권 없음'의 처분은 범죄혐의의 유무에 관한 실체적 판단을 하는 것이 아니고 단지 공소권이 없다는 형식적 판단을 하는 것이므로 기소유예처분보다는 피의자에게 유리한 처분이라 할 수 있다"라고 한다.

[주요판시사항] 인정 및 인정의 논거

▷ 기소유예처분에 대하여 그 피의자가 헌법소원을 제기한 경우 그 처분의 대상이 된 범죄의 공소시효가 완성된 경우에도 권리보호이익이 있음

▷ 인정논거 : 피의사실 인정의 기소유예처분보다 헌법소원의 취소를 통한 '공소권 없음'의 형식적 판단이 유리함

판례 헌재 1997.5.29. 95헌마188

[관련판시] 검사의 불기소처분에 대하여 헌법소원을 제기하였으나 그 처분의 대상이 된 범죄의 공소시효가 완성된 경우(헌법소원 제기의 전후를 불문하고) 그 헌법소원에 관하여 권리보호의 이익이 있다고 할 것인가 하는 문제는 사건의 유형별로 달리 보아야 할 것이다. '혐의 없음' 불기소처분에 대하여 피해자나 고소인이 헌법소원을 제기한 경우에는, 헌법재판소가 이를 인용하여 그 처분을 취소한다고 하더라도 이미 그 범죄에 대한 공소시효가 완성된 것이므로 원처분청 검사로서는 검찰사건사무규칙 제52조 제3항 제4호에 따라 '공소권 없음'의 처분을 할 수 있을 뿐 기소처분은 할 수 없는 것이어서 원칙적으로 권리보호의 이익이 없다고 보아야 할 것이다(헌법재판소 1989.4.17. 88헌마3 결정; 1992.7.23. 92헌마103 결정 등 참조). 그러나 검사로부터 '기소유예'처분을 받은 피의자가 그 피의사실의 인정에 불복하고 자기의 무고함을 주장하여 헌법소원을 제기한 경우에는, 헌법재판소가 이를 인용하여 그 처분을 취소한다고 하더라도 이미 당해 범죄의 공소시효가 완성된 것이므로 원처분청 검사로서는 이 경우에도 앞의 경우와 마찬가지로 위 검찰사건사무규칙의 같은 조항에 따라 '공소권 없음'의 처분을 할 것으로 보여지나, 기소유예처분이 그 피의자에 대하여 피의사실을 인정하는 것과는 달리 '공소권 없음'의 처분은 범죄혐의의 유무에 관한 실체적 판단을 하는 것이 아니고 단지 공소권이 없다는 형식적 판단을 하는 것이므로 기소유예처분보다는 피의자에게 유리한 처분이라 할 수 있다(헌법재판소 1996.10.4. 95헌마318 결정 참조). 그렇다면, 비록 이 사건 허위공문서작성 및 동 행사죄의 범행에 관한 공소시효가 완성되었다고 하더라도, 그 사실만으로 이 사건 헌법소원에 관한 권리보호의 이익이 소멸하였다고는 할

수 없다. * 동지 : 2012.7.26. 2011헌마214 등.

2. 기소유예처분의 피의사실에 대한 일반사면이 있은 경우의 동지판례

판례 헌재 1996.10.4. 95헌마318

[결정요지] 1995.12.2. 대통령령 제14818호로 공포·시행된 일반사면령 제1조 제1항 제11호에 의하면 1995.8.10. 이전에 범한 도로교통법위반의 죄는 사면되었으므로 청구인의 이 사건 도로교통법위반의 범행도 사면되었음이 분명하다. 그런데 사면법 제5조 제1항 제1호에 의하면 사면의 효과로서 일반사면(一般赦免)은 형의 언도의 효력이 상실되며 형의 언도를 받지 않은 자에 대하여는 공소권이 상실된다고 규정되어 있다. 따라서 우리 재판소가 청구인의 이 사건 심판청구를 이유 있다고 받아들여 위 '기소유예' 처분을 취소한다고 하더라도, 피청구인은 검찰사건사무규칙 제52조 제3항 제4호의 규정에 따라 청구인에게 '공소권 없음'의 결정을 할 것이 아닌가 짐작된다. 그런데 '기소유예'의 처분은 피의사실은 인정되나 정상을 참작하여 단지 그 소추를 유예하는 처분임에 반하여, '공소권 없음'의 처분은 검사에게 피의사실에 대한 공소권이 없는 경우 그 공소권 없음을 선언하는 형식적 판단으로서 피의자의 범죄의 혐의 유무에 관하여 실체적 판단을 하는 것이 아니다(검찰사건사무규칙 제52조 제3항 참조). 그렇다면 비록 청구인의 이 사건 음주운전의 소위에 대하여 일반사면이 있었다고 하더라도 이 사건 기소유예처분에 대한 헌법소원심판청구는 권리보호의 이익이 없다고 할 수 없다(청구인은 피청구인의 이 사건 기소유예 처분으로 음주운전부분에 대한 혐의가 인정되어 1995. 10.6.자동차운전면허취소처분을 받았다고 진술하고 있다).

Ⅶ. 권리보호이익 요건에 대한 검토

1. 권리보호이익 소멸사유에 대한 검토

앞의 권리보호이익 소멸의 사유의 하나로 헌재는 흔히 "이 사건 심판청구를 통해 얻고자 하는 목적은 달성되었으므로 권리보호이익이 소멸하였다"라는 판시를 내놓곤 한다. 목적달성이 소멸사유인데 문제는 헌재가 목적달성하였다고 판단하더라도 청구인에게는 그렇지 않을 경우가 나타난다. 이러한 경우는 기본권침해가 시작되어 헌법소원심판을 그 제거를 위한 목적으로 청구하게 되었고 헌법소원심판이 계속되는 중에도 그 침해가 지속되다가 결정을 내리기 전에 침해가 종료된 경우에 나타난다. 이 경우에 과연 청구인의 목적이 침해종료로 달성된 것인가 하는 질문에 헌재는 그렇게 볼 것이나 사실 기본권침해 시작 후 침해종료 사이의 침해라는 손해는 헌법소원으로 복구되지 않는다. 그 예로 '공교육 정상화 촉진 및 선행교육 규제에 관한 특별법'과 동법 시행령 부칙 규정에 따라 2018.3.1.부터는 초등학교 1·2학년의 영어 방과후학교 과정이 금지되어 이 금지가 기본권을 침해한다고 주장하면서 2018.5.30. 헌법소원심판을 청구하였다가 이후, 위 법률이 개정되었고 그 개정 법이 시행에 들어가 2019.3.26. 초등학교 1·2학년의 영어 방과후학교 과정은 다시 허용되자 헌재는 청구인의 목적이 달성되었다고 하여 권리보호이익이 소멸되었다고 본 아래의 결정을 들 수 있겠다.

판례 헌재 2019.5.30. 2018헌마555

[판시] 청구인들은 초등학교 1·2학년의 영어 방과후학교 과정을 금지하는 것이 청구인들의 기본권을 침해한다고 주장하면서 헌법소원심판을 청구하였으나, 그 후 법률이 개정되어 초등학교 1·2학년의 영어 방과후학교 과정이 허용되었는바, 청구인들이 이 사건 심판청구를 통해 얻고자 하는 목적은 달성되었으므로 권리보호이익이 소멸하였다. 따라서 이 사건 심판청구는 부적법하다. * 이 결정에 대한 자세한 검토의견은 앞의 권리보호이익 소멸, 목적달성 부분 참조.

그동안 헌법소원심판청구 후 2019.3.26. 사이의 권리침해에 대해 복구하고자 하는 목적은 달성된 것이 아니다. 청구인의 1학년 시절 거의 전부가 해당되는 결코 짧지 않은 시간이다.

침해종식이란 목적달성은 이루어진 것이나 그 목적종식도 헌법소원으로 달성된 게 아니다.

결국 목적달성이란 의미가 온전치 못한 문제를 가진다는 점, 헌법소원심판청구부터 침해종식까지의 권리침해에 대한 구제도 필요하다는 점 등을 다시 검토하여야 할 것이다.

2. 권리보호이익요건, 심판이익의 의미에 대한 재검토

권리보호이익이 사라져 결국 헌법소원심판으로는 권리구제가 안 된다고 결론이 날 경우에도 청구인의 기본권의 구제, 회복의 필요성은 남는다. 헌재가 인정하는 예외적인 심판이익이 헌법해명필요성, 반복침해기능성이 인정되어 본안으로 들어가 위헌확인결정이 있게 되더라도 헌법소원을 청구한 국민은 자신이 입은 손해를 배상받고, 원상회복을 이루어야 기본권구제가 실효성을 가진다. 그것을 실현하기 위해서는 문제된 공권력행사가 기본권침해행위임을 인정받아야 하고 이를 판단하는 것은 헌법소원이 담당하게 된다. 즉 손해배상, 원상회복, 손실보상, 부당이득반환 등의 권리구제가 가능하기 위한 선결판단으로서 헌법소원이 작동하여야 하고 그 침해행위로 인한 손해의 배상 또는 원상회복, 부당이득반환 등의 권리구제를 위한 다른 소송에서의 선결문제로서 침해행위의 위헌성을 확인할 필요는 있을 것이다. 따라서 그러한 필요성이 있는 경우에 가능한 한 헌법소원의 본안판단으로 이끌어 가는 것이 요구된다. 그것을 위하여 헌법소원의 권리보호이익, 심판이익을 보다 넓혀 적극적으로 인정하는 것이 요구된다. 이는 헌법소원심판이 헌법 제10조가 규정하는 국가의 기본권보장의무를 수행한다는 점에서도 그러하다.

제6항 보충성의 원칙

헌재법 제68조(청구사유) 제1항 단서
법 제68조 ① 공권력의 행사 또는 불행사로 인하여 헌법상 보장된 기본권을 침해받은 자는 법원의 재판을 제외하고는 헌법재판소에 헌법소원심판을 청구할 수 있다. 다만, 다른 법률에 구제절차가 있는 경우에는 그 절차를 모두 거친 후가 아니면 청구할 수 없다.

Ⅰ. 보충성원칙의 개념

헌법소원은 기본권의 최종적, 최후의 법적 구제수단이다. 따라서 헌법소원 외에 법률상의 다른 권리구제절차가 있을 경우에 그 절차를 모두 거친 후에 헌법소원심판을 청구할 수 있고 이를 일컬어 보충성의 원칙이라고 한다. 우리 헌법재판소법 제68조 제1항 단서가 이를 규정하고 있다.

[용어문제] : 헌재는 여기서 다른 권리구제절차를 '전심절차'(前審節次)라고도 하고, 이를 미리 거치는 것을 '전치'(前置)라고도 하여 결국 보충성원칙을 '전치요건'(前置要件)이라고도 부른다.

Ⅱ. '다른 법률에 구제절차'의 의미와 적용상 전제요건

1. 공권력행사·불행사를 직접 대상으로 하는 구제절차

(1) 판례법리

보충성원칙에서 말하는 다른 권리구제절차란 헌법소원의 대상인 공권력행사·불행사 그 자체를 직접 취소하거나 그 효력을 다투는 절차여야 한다는 것이 헌법재판소의 판례입장이다.

(2) 사전권리구제절차가 아닌 제도

- 손해배상청구, 손실보상청구

따라서 해당 공권력행사·불행사 자체를 직접 대상으로 그 효력을 다투는 것이 아니라 그것으로 인한 손해, 손실에 대한 청구는 사후적·보충적 구제수단이어서 보충성원칙에서 말하는 다른 권리구제절차가 아니라고 보아 손해배상, 손실보상의 청구는 해당되지 않는다고 한다.

[주요판시사항] 헌재법 제68조 제1항 단서의 '다른 권리구제절차'의 의미
▷ 공권력의 행사 또는 불행사를 직접 대상으로 하여 그 효력을 다툴 수 있는 권리구제절차를 의미
∴ 손해배상청구나 손실보상청구는 아님

판례 헌재 1989.4.17. 88헌마3
[관련판시] … 여기서 말하는 권리구제절차는 공권력의 행사 또는 불행사를 직접 대상으로 하여 그 효력을 다툴 수 있는 권리구제절차를 의미하는 것이지, 사후적·보충적 구제수단인 손해배상청구나 손실보

상청구를 의미하는 것이 아님은 헌법소원제도를 규정한 헌법의 정신에 비추어 명백하다. * 동지 : 헌재 1993.7.29. 92헌마51; 1989.9.4. 88헌마22; 1992.7.23. 91헌마209; 1993.7.29. 89헌마31 등.

2. 실효성, 구속력 명확 · 충분한 절차일 것

(1) 판례의 의미

헌재판례는 청원과 같은 경우를 제외하고 있는데 이러한 판례의 입장은 다른 구제절차가 그 구제가능성의 확실성, 실효성, 구속력을 명확히 충분히 가질 것을 요하는 입장인 것으로 이해된다.

(2) 이 점에서 다른 구제절차가 아닌 경우

1) 청원

보충성원칙에서 말하는 다른 권리구제절차가 아니라고 판례에서 자주 지적되어 온 것의 하나가 청원(請願)제도이다. 청원제도도 기본권구제수단이기는 하나 법적 효과의 비구속성 등 그 성격이나 기능을 고려하면 여기서 말하는 다른 권리구제절차라고 보기 어렵다. 따라서 청원은 헌법소원의 보충성원칙에서 요구하는 거쳐야 할 사전권리구제절차에 해당되지 않는다고 보고 어느 공권력행사에 대하여 청원을 할 수 있다는 명시규정이 있다고 하더라도 청원을 거치지 않아도 헌법소원을 제기할 수 있다고 보고 헌재의 판례도 그러하다. 아래의 결정례는 그러한 취지를 담고 있다.

판례 헌재 2012.3.29. 2010헌마475

[판시] '형의 집행 및 수용자의 처우에 관한 법률' 제116조의 소장면담이나 같은 법률 제117조의 청원제도는 처리기관이나 절차 및 효력 면에서 권리구제절차로서는 불충분하고 우회적인 제도여서 헌법소원에 앞서 반드시 거쳐야 하는 사전구제절차라고 보기 어려우므로, 이를 거치지 않았다 하더라도 보충성의 원칙에 반한다고 할 수 없다. * 동지 : 헌재 1998.10.29. 98헌마4; 2003.11.27. 2002헌마193; 2005.5.26. 2001헌마728; 2005.5.26. 2004헌마49; 2006.6.29. 2004헌마826; 2006.7.27. 2005헌마277 등.

2) 진정 등

그 외 진정, 탄원 등도 해당되지 않는다.

판례 헌재 1992.11.12. 91헌마146

[판시] 형사피의자로 입건되었던 자는 검찰청에 진정서나 탄원서를 제출하거나 수사재기를 신청함으로써 자신의 억울함을 호소할 수도 있겠으나, 그것은 검사의 직권발동을 촉구하는 하나의 방법일 뿐 검사가 그에 따라 의무적으로 어떠한 조처를 해야 하는 것도 아니어서 그것은 헌법재판소법 제68조 제1항 단서 소정의 구제절차에 해당하는 것이라고 할 수 없으며 …

판례 헌재 1997.9.25. 96헌마159

[판시] 청구인이 국민고충처리위원회나 정부합동민원실 등에 제출한 진정은 헌법재판소법 제68조 제1항 단서 소정의 다른 법률에 의한 구제절차에 해당한다 할 수 없다.

3. 적법한 구제절차일 것('다른 구제절차를 적법하게 거칠 것') - 적용상 전제요건

[주요판시사항]
▷ '다른 법률에 구제절차'란 '적법한 절차'를 의미

(1) 법리의미

다른 구제절차가 적법하다는 말은 그 구제절차제도가 합헌·합법적이라는 것이 아니라 그 절차제기요건을 갖춘 것이라는 의미이다. 예컨대 그 구제절차에 신청기간이 정해져 있는 경우 그 기간을 넘겨 신청하였다면 그 구제절차를 적법하게 거친 것이 아니고 따라서 보충성원칙의 요건을 갖추지 못한 부적법한 헌법소원심판청구로서 각하결정을 하게 된다는 것이다. 요컨대 헌재는 보충성의 원칙으로 거쳐야 할 다른 구제절차는 그 구제절차에서 요구하는 적법한 요건들(기한준수, 권리구제이익·가능성 충족 등 청구 내지 제기의 요건들)을 갖추어 거쳐야만 보충성원칙의 요건을 충족한 것으로 본다. 따라서 판례이론에 따르면 위의 제목은 '적법한 구제절차일 것'보다는 '다른 구제절차를 적법하게 거칠 것'이 더 적확한 것이다. 이는 또한 보충성원칙 적용상의 전제요건이라고 본다.

(2) '다른 법률에 구제절차'를 적법하게 거칠 것을 요구하는 이유

'다른 법률에 구제절차'가 청구나 제기의 요건을 갖춘 적법한 절차이어야 할 것은 그 절차를 제대로 거쳐야 기본권구제의 보충성의 의미를 헌법소원이 제대로 발휘할 수 있다는 것이다. 그 외에도 헌재는 헌법소원심판의 청구요건의 하나인 청구기간 요건을 지키도록 하기 위한 것이라고도 한다. 아래의 판시가 그 점을 보여준다.

[주요판시사항]
▷ '다른 법률에 구제절차'가 적법한 절차이어야 하는 이유 :
부적법 구제절차를 거침으로써 부당하게 청구기간을 연장할 수 있게 되어 청구기간 한정의 취지를 몰각시켜 버릴 염려가 있기 때문

판례 헌재 1993.7.29. 91헌마47

[사건개요] * 뒤의 청구기간, 판례법리를 따르더라도 혼동을 주는 결정례들 부분 참조. [관련판시] 가. … 이 사건의 경우에는 다음에서 보는 바와 같이 청구인이 구제절차로서 행정소송을 거친 다음, 바로 헌법소원을 제기하지 아니하고 부적법한 재심의 소를 제기하였다가 각하의 판결을 받았으므로 그 재심절차를 거치는 과정에서 헌법소원의 청구기간을 도과하였는지 여부가 문제된다. 따라서 이 점에 관하여 살펴보기로 한다. 나. 헌법재판소법 제69조 제1항에 의하면, 헌법소원심판은 그 사유가 있음을 안 날로부터 60일, 그 사유가 있은 날로부터 180일 이내에 청구하여야 하나, 다른 법률에 의한 구제절차를 거친 경우에는 그 최종결정을 통지받은 날로부터 30일 이내에 청구하여야 한다고 규정하고 있다. 청구기간 한정의 취지는 법적 안정성을 고려하여 헌법소원심판은 그 사유가 있음을 안 날로부터 60일, 그 사유가 있은 날로부터 180일 이내에 청구하게 함을 원칙으로 하되, 다른 법률에 의한 구제절차가 있는 경우에는 이른바 보충성의 원칙에 따라 이를 거친 후 그 최종결정을 통지받은 날로부터 30일 이내에 청구할

수 있도록 예외를 인정하겠다는 것이다. 그러나 위와 같은 예외인정의 단서가 되는 '다른 법률에 의한 구제절차'는 적법한 구제절차임을 전제로 한다. 그것은 만약 그렇게 보지 아니하면 청구인이 일부러 부적법한 구제절차를 거침으로써 부당하게 청구기간을 연장할 수 있게 되어 청구기간 한정의 취지를 몰각시켜 버릴 염려가 있기 때문이다. 따라서 구제절차의 하나라고 할 수 있는 행정소송을 제기하였으나 행정소송사항이 아니라는 이유로 소 각하의 판결을 받은 경우는 물론, 행정소송사항에 해당하더라도 제소기간 등의 제척기간을 도과하였다는 이유로 소 각하의 판결을 받은 경우에도, 특단의 사정이 없는 한 그 각하판결을 받은 날을 기준으로 하여 헌법재판소법 제69조 제1항 단서에 정한 30일의 청구기간을 적용하여서는 아니될 것이다. 다. 이 사건의 경우 청구인은 위 제1항의 인정사실에서 본 바와 같이 이 사건 거부처분에 대하여 구제절차로서 행정소송을 제기하였으나 제1심에서 원고청구기각, 그 상고심에서 상고기각의 판결을 받아 패소하였다. 그렇게 되었으면 청구인으로서는 위 상고심 판결의 정본을 받은 날로부터 30일 이내에 헌법소원을 제기하든지, 설사 그 제1심 판결에 판단유탈이 있다고 하여 재심절차까지 거치기로 하였다면 적법한 재심제기기간 내에 재심의 소를 제기하였어야 할 것이다. 그럼에도 불구하고 청구인은 바로 헌법소원을 제기하지 아니하였을 뿐만 아니라, 재심의 소마저 뒤늦게 제기하였다가 재심제기기간을 도과하였다는 이유로 재심의 소 각하의 판결을 받았다. 그렇다면 청구인이 부적법한 재심의 소를 제기하고, 그 재심절차의 최종판결인 대법원 90누8510 사건의 판결정본을 송달받은 후인 1991.3.8.에 제기한 이 사건 심판청구는 피청구인의 이 사건 거부처분이 있은 1988.2.2.로부터 60일 또는 180일의 청구기간(* 구 헌재법의 일반적인 본래의미 헌법소원, 즉 헌재법 제69조 제1항 본문의 청구기간이고 2003년 헌재법 개정 이후 현행 규정은 90일, 1년이다)이 경과하였음은 물론, 그 적법한 구제절차라고 할 수 있는 원래의 행정소송절차의 최종판결인 대법원 89누794 사건의 판결정본을 송달받은 1990.2.10.로부터 30일의 청구기간이 경과한 후에 제기한 부적법한 심판청구라고 보지 아니할 수 없다.

* 검토 – ⅰ) 위 판시에서 "부적법한 재심의 소를 제기하였다가"보다는 "재심의 소를 부적법하게 제기하여"가 더 적절하고, '적법한 구제절차임을'이라는 말보다는 '적법하게 거칠 것임을'이라고 하는 것이 더 적확하였을 것이다. ⅱ) 위 판시는 청구기간에 관한 판단 부분에 명쾌하지 않고 혼선을 안겨준다. 보충성의 원칙이 적용되지 않는 경우에는 헌재법 제69조 제1항 본문이, 보충성원칙에 따라 다른 구제절차를 거친 경우에는 동조 동항 단서가 적용되어야 하는데 두 기간 모두 운운하여 혼동이 온다(이에 대한 지적의 보다 나은 이해를 위해 후술, 청구기간 부분의 위 판례 인용 부분에 지적된 검토 참조).

(3) 적법하게 거지치 않아 각하된 결정례

① 부당해고에 대한 구제절차 신청기간 도과

판례 헌재 제2지정재판부 1993.2.19. 고지, 93헌마13

[관련판시] 근로기준법 제27조의3 제2항, 노동조합법 제40조 제2항의 규정에 의하면 청구인에게는 그가 주장하는 부당해고에 대한 구제절차로써 해고된 날로부터 3월 이내에 노동위원회에 구제신청을 하는 길이 열려 있다. 그런데 청구인은 1990.6.30. 해고된 사실과 청구인이 1991.7.12.경 위 해고통지문을 읽은 사실을 자인하고 있고, 청구인은 그날로부터 3개월이 지난 날임이 명백한 1991.11.21. 비로소 서울특별시지방노동위원회에 위 해고에 대한 구제신청을 하였으므로 동 노동위원회로부터 그 신청기간의 도과를 이유로 각하결정을 받은 사실이 인정된다. 그렇다면 위 구제절차는 적법한 구제절차라고 할 수 없고, 따라서 이 사건 헌법소원심판은 헌법재판소법 제68조 제1항 단서에 정한 적법한 구제절차를 거치지 아니하고 청구되었다고 할 것이어서 부적법하다고 하겠다.

② 국세 과세처분 심사청구 기간 도과, 부적법하게 행정심판 거침

판례 헌재 1994.6.30. 90헌마107

[관련판시] 기록에 의하면, 이 사건 과세처분에 대하여 청구인이 심사청구(1988.11.30. 심사청구)와 심판청구(1989.2.15. 심판청구)의 절차를 거쳐 서울고등법원에 그 취소를 구하는 행정소송(89 구 5760 사건)을 제기한 사실은 인정되나, 한편 국제심판소는 1989.5.4. 위 과세처분에 대한 청구인의 심사청구가 국세기본법 제61조 제1항 소정의 심사청구기간(처분의 통지를 받은 날로부터 60일 이내)을 도과하였다는 이유로 그 심판청구를 각하하였고 서울고등법원도 같은 해 12.5. 같은 이유로 결국 청구인의 소(訴)는 적법한 행정심판을 거치지 아니한 것이라 하여 이를 각하하였으며 이 각하판결은 대법원에서도 그대로 유지되어 1990.5.22. 청구인의 상고가 기각된 사실(90누776 사건)이 인정된다. 그렇다면 이 헌법소원심판청구는 헌법재판소법 제68조 제1항 단서에 정한 다른 법률에 의한 적법한 구제절차를 거쳤다고 볼 수 없으므로 부적법하다. * 비슷한 사안과 판시취지의 동지 결정례 : 헌재 1998.2.5. 97헌마324.

③ 행정심판 청구기간 도과

판례 헌재 제2지정재판부 1993.5.10. 고지, 93헌마92

[결정요지] 기록에 의하면 청구인은 전투경찰에 근무하던 아들의 사망을 순직으로 처리하여 달라는 취지의 청원을 하였다가 피청구인(지방경찰청장)으로부터 변사처리는 당연한 처분이라는 회시를 받자, 위 회시를 순직처리거부처분으로 보아 1992.3.10. 그 처분의 취소를 구하는 행정심판을 청구한 사실, 청구인은 이어 같은 해 9.24. 서울고등법원에 피청구인을 상대로 위 거부처분의 취소를 구하는 행정소송을 제기하였으나 같은 법원에서 1993.3.12. 청구인의 위 행정심판청구가 피청구인의 위 거부처분이 있은 날로부터 180일이 경과된 이후에 제기된 것임이 날짜 계산상 명백하여 행정심판법 제18조 제3항 소정의 심판청구기간이 도과된 뒤에 제기된 부적법한 것이기 때문에 위 행정소송은 결국 적법한 전심절차를 거치지 아니한 채 제기되어 부적법하다는 이유로 각하 판결을 선고받은 사실을 인정할 수 있는바, 그렇다면 이 사건 헌법소원심판청구는 적법한 구제절차를 경유한 것이라고 할 수 없으므로(헌법재판소 1993.2.19. 고지, 93헌마13 결정 참조), 청구인의 이 사건 주위적 심판청구는 헌법재판소법 제68조 제1항 단서 소정의 구제절차를 거치지 아니하고 청구된 것으로 부적법하다.

④ 행정소송 취하(간주)된 경우

판례 헌재 1999.9.16. 98헌마265

[쟁점] 행정처분(과세처분)의 취소를 구하는 헌법소원에서 그 행정처분의 취소를 구하는 행정소송이 취하 또는 취하간주된 경우 보충성원칙을 지켰는지 여부(부정, 각하결정) [관련판시] 헌법소원에서 '다른 법률에 의한 구제절차를 거친 후'란 다른 법률에 의한 구제절차를 적법하게 거친 경우를 말하므로, 과세처분의 취소를 구하는 행정소송을 제기하였다가 그 소송을 취하하였거나 취하간주된 경우 그 과세처분의 취소를 구하는 헌법소원심판청구는 다른 법률에 의한 적법한 구제절차를 거쳤다고 볼 수 없어 부적법하다. 그런데 이 사건 과세처분 중 파기환송된 부분은 그 취소를 구하는 행정소송이 부산고등법원에 계속 중이던 1998.10.11. 취하간주됨으로써 그 취소를 구하는 이 부분 심판청구 역시 다른 법률에 의한 적법한 구제절차를 거쳤다고 볼 수 없어 부적법하다.

(4) 행정소송 대상성 여부와 위 판례법리

다른 구제절차로 대표적이고 일반적인 것이 행정소송인데 유의할 점은 행정소송의 적법

한 절차를 거치지 않아 법원에서 각하될 경우들 중에 행정소송의 대상이 아니라고 하여 각하한 경우에는 위 법리가 적용되어서는 안된다는 것이다. 왜냐하면 행정소송 대상이 아니라는 것은 법원의 행정소송으로 다툴 수 없음을 의미하고 그래서 다른 구제절차가 없는 경우로 보충성원칙 비적용의 경우라고 보아야(판례도 그러한 입장이다. 후술 보충성원칙 적용의 구체적 문제 부분 참조) 하기 때문이다. 다시 말하자면 행정소송을 제기하였더니 처분성이 없어 대상성이 없다고 하면 부적법 각하판결을 받게 되고 이는 다른 구제절차를 적법하게 거치지 않은 것이긴 하지만 위 판례법리에서 보면 행정소송 대상성(처분성)이 없어 행정소송이 다른 구제절차가 아닌 것이 되어 보충성원칙 위배는 아니다. 결국 행정소송이 다른 구제절차로 인정될 것인지 하는 경우에(많은 경우가 이에 해당될 것인데) 행정소송 대상성 여부는 보충성원칙에서 요구하는 '다른 권리구제절차를 적법하게 거칠 것' 판단에 포함되어서는 곤란하다. 행정소송 대상이 아니어서 행정소송에서 부적법 각하의 판결을 받을 경우는 보충원칙의 위배가 아니라 비적용이다. 이 점이 분명하게 헌재가 설시하지 않아 혼동을 초래하기도 한다. 그 혼동은 특히 청구기간 계산에서 나타난다(후술 청구기간 부분 참조).

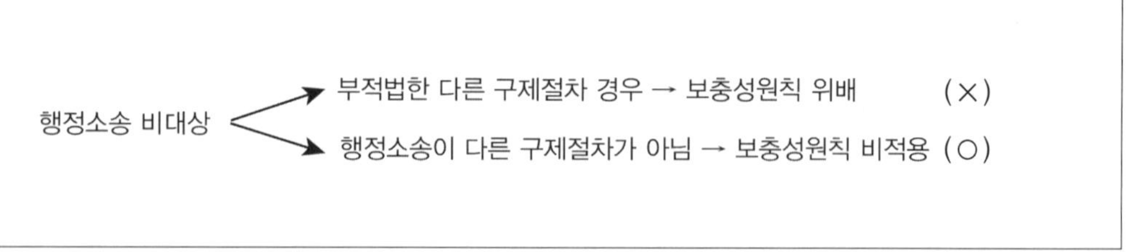

▌구분 도해 ○ : 옳음 × : 옳지 않음

(5) 행정처분에 대한 헌법소원에서의 위 판례법리의 의미

다른 구제절차를 적법하게 거친 경우에만 보충성원칙이 준수된 것으로 보는 위 판례의 법리는 행정처분에 대한 헌법소원에서는 의미를 가지지 않는다고 볼 것이다. 앞서 헌법소원의 대상 문제에서 보았듯이 우리 헌법재판소는 어떤 행정처분이 법원의 행정소송까지 거친 뒤 헌법소원이 제기될 경우 그 행정처분을 '원행정처분'(原行政處分)이라고 부르고 이 원행정처분은 헌법소원의 대상이 되지 않는다고 보기 때문이다. 적법하게 행정쟁송을 거쳤더라도 결국 헌법소원의 대상이 안 되므로 위 법리가 행정처분에 대해서는 의미가 없는 것이다. 사실 '원'행정처분의 개념은 '원'이 법원의 행정소송을 모두 거친 원래의 그 행정처분이라는 것이고 이는 법원의 행정소송을 거칠 것이라는 보충성원칙을 전제로 한 것이므로 여기에 모순이 나타난다.

(6) 근본적 검토

우리는 보충성원칙에서 말하는 다른 구제절차는 적법하게 경유되어야 한다는 위 판례법리에 대해 의문이 없지 않다. 예를 들어 전심절차로서 일반적으로 많이 인정되는 법원 행정소송에서 제소요건을 갖추지 못하여 각하판결을 받으면 위에서 본 대로 행정소송 대상성(처분성)의 결여가 아닌 한은 바로 부적법한 전심경유로서 보충성원칙을 준수하지 않은 것으로 된다. 그러나 전심절차에서 요구하는 제소요건으로서 법률상 이익(소익)이 없는 경우를 보더라도 행정소송에서 그것이 부정되더라도 헌법소원에서는 심판이익이 있을 수 있다. 우리 헌재는 헌법소원의 객관적 헌법질서유지기능에 입각하여 비록 권리보호이익이 소멸되었다(또는 부재) 하더라도 반복침해가능성, 헌법적 해명중요성이 있으면 예외적 심판이익을 인정한다(전술 권리보호이익, 예외적 심판이익 부분 참조). 그렇다면 다른 구제절차(전심절차)의 부적법한 경유를 무조건 보충성원칙의 불준수로 보아 각하하는 것이 마냥 타당한지 하는 의문이 있다.

다른 구제절차의 적법한 경유 문제는 위에서 그 요구의 이유에서 청구기간 취지 몰각을 막기 위함이라고 한 판례입장에서도 인식할 수 있듯이 청구기간 문제에서 중요한 변인으로 작용한다. 그 점에서도 다른 구제절차의 적법한 경유 요건에 대해서는 재검토를 요한다(후술 청구기간 부분 참조).

4. 종결 요구

헌재는 다른 권리구제절차가 있다면 그것을 모두 종결하여야 보충성원칙을 준수한 것으로 본다. 즉 "행정소송을 제기하였으나 그 소송절차가 종결되지 아니하였으므로, 이 부분 심판청구는 보충성을 갖추지 못하여 부적법하다"라고 하는 아래 예를 볼 수 있다. 그런데 헌재는 보충성원칙 준수가 청구당시 안되어 있더라도 헌법소원 계속 중에 이루어지면 그 하자가 치유된다고 보므로(헌재 1991.4.1. 90헌마194) 그 종결은 헌법소원 계속 중에 있으면 된다.

판례 헌재 2018.7.26. 2016헌마1029

[판시] 청구인은 이 사건 징계결정에 관하여 법무부징계위원회에 이의신청을 한 후 법무부징계위원회의 이의신청에 대한 결정이 있기 이전에 이 사건 헌법소원심판을 청구하였고, 헌법소원심판의 심리 중에 내려진 법무부징계위원회의 이의신청에 대한 기각결정에 대하여 행정소송을 제기하였으나 그 소송절차가 종결되지 아니하였으므로, 이 부분 심판청구는 보충성을 갖추지 못하여 부적법하다.

Ⅲ. 보충성원칙 적용의 구체적 문제

1. 행정작용에 대한 헌법소원의 경우

(1) 보충성원칙 적용의 중심대상으로서 행정작용에 대한 헌법소원

헌법소원의 대상인 공권력행사의 많은 예는 바로 행정작용일 수밖에 없고 헌법소원 외에 법률상 다른 권리구제절차로서는 법원의 행정소송이 대표적이고 빈번히 많이 활용될 것인데 그 행정소송의 대상이 주로 행정작용이라는 점에서 보충성원칙 적용례들로는 행정작용에 대한 헌법소원의 경우들이 많을 것이 현실이다. 그러나 후술하겠지만 원행정처분, 법원재판이 헌법소원대상이 아니라는 점에서 한계가 있다.

(2) 행정쟁송 대상이 되는 공권력에 대한 헌법소원과 보충성원칙

1) '처분성'(행정쟁송 대상성)과 보충성원칙의 직결성

[용어] 행정쟁송이란 '행정심판 + 행정소송'을 말한다. 행정소송이란 법원에서의 소송이고 행정심판은 행정심판위원회라는 행정기관에서 하는 심판이다. 통상 자주 이 둘을 묶어 행정쟁송이라 한다.

(가) 직결성

행정작용으로 인한 권리침해에 대한 구제수단으로 행정쟁송제도가 마련되어 있으므로 행정작용에 대한 헌법소원에서의 보충성원칙의 위배여부 문제는 행정쟁송(行政爭訟)의 대상이 되느냐 여부에 직결되어 있다. 즉 쟁송의 대상이 되는 공권력행사·불행사인 경우에는 그 행정쟁송을 먼저 거쳐야 헌법소원의 보충성원칙을 준수한 것이 된다. 그리고 행정쟁송의 대상성은 '처분성'이라고 실무상 부르고 강학상 '행정행위'성이라고 통상 부르는바(강학상 행정행위와 행정쟁송법상 처분은 차이가 약간 있긴 하다고 보나 여기서 일단은 대체적으로 행정쟁송 대상으로서의 의미로서는 같은 용어사용이라고 보고자 한다) 결국 처분성, 행정행위성 여부가 보충성원칙의 요구 여부에 직결된다. 처분성이 인정되면 보충성원칙의 적용[헌법소원심판을 청구하기 위해서는 행정심판을 거치지 않고(원하면 거치거나 법이 반드시 거치도록 하면 반드시 거쳐) 법원의 행정소송을 거쳐야 한다는 요구]이 있게 된다.

(나) '처분성', '행정행위'성

따라서 '처분성', '행정행위'성에 대해 파악하는 것이 필요하다. 행정심판법, 행정소송법에서 아래와 같이 정의하고 있다.

행정심판법 제3조(행정심판의 대상) ① 행정청의 처분 또는 부작위에 대하여는 다른 법률에 특별한 규정이 있는 경우 외에는 이 법에 따라 행정심판을 청구할 수 있다. ② 생략
제2조(정의) 이 법에서 사용하는 용어의 뜻은 다음과 같다. 1. "처분"이란 행정청이 행하는 구체적 사실에 관한 법집행으로서의 공권력의 행사 또는 그 거부, 그 밖에 이에 준하는 행정작용을 말한다. 2. "부작위"란 행정청이 당사자의 신청에 대하여 상당한 기간 내에 일정한 처분을 하여야 할 법률상 의무가 있는데도 처분을 하지 아니하는 것을 말한다. 3. 4. 생략

행정소송법 제3조(행정소송의 종류) 행정소송은 다음의 네 가지로 구분한다. 1. 항고소송 : 행정청의 처분등이나 부작위에 대하여 제기하는 소송 2. 당사자소송 : 행정청의 처분등을 원인으로 하는 법률관계에 관한 소송 그 밖에 공법상의 법률관계에 관한 소송으로서 그 법률관계의 한쪽 당사자를 피고로 하는 소송 3. 4. 생략
제4조(항고소송) 항고소송은 다음과 같이 구분한다. 1. 취소소송 : 행정청의 위법한 처분등을 취소 또는 변경하는 소송 2. 무효등 확인소송 : 행정청의 처분등의 효력 유무 또는 존재여부를 확인하는 소송 3. 부작위위법확인소송 : 행정청의 부작위가 위법하다는 것을 확인하는 소송
제2조(정의) ①이 법에서 사용하는 용어의 정의는 다음과 같다. 1."처분등"이라 함은 행정청이 행하는 구체적 사실에 관한 법집행으로서의 공권력의 행사 또는 그 거부와 그 밖에 이에 준하는 행정작용(이하

"處分"이라 한다) 및 행정심판에 대한 재결을 말한다. 2. "부작위"라 함은 행정청이 당사자의 신청에 대하여 상당한 기간내에 일정한 처분을 하여야 할 법률상 의무가 있음에도 불구하고 이를 하지 아니하는 것을 말한다. ② 생략

제18조(행정심판과의 관계) ①취소소송은 법령의 규정에 의하여 당해 처분에 대한 행정심판을 제기할 수 있는 경우에도 이를 거치지 아니하고 제기할 수 있다. 다만, 다른 법률에 당해 처분에 대한 행정심판의 재결을 거치지 아니하면 취소소송을 제기할 수 없다는 규정이 있는 때에는 그러하지 아니하다. ② 이하 생략

2) 직결성 문제의 중요성

아래에 적은 대로 행정법, 행정소송법과 헌법의 복합적 성격의 사안이 나타나고 행정법에서 흔히 '처분'이란 '행정행위'라고 하여 그 행정행위 이론이 매우 중요하고 기초가 되기도 한다.

[중요] : 변호사시험의 복합문제로 다루어질 수 있는 영역이어서 특히, 그리고 실무에서도 관심을 가져야 할 중요 논의영역이다. 행정소송의 대상이 되면 보충성원칙 적용상 법원의 행정소송을 먼저 거쳐야 헌법소원을 제기할 수 있는데 행정소송의 대상의 문제는 '처분성'을 가져야 하고 이는 행정법에서 중요시하는 문제이다. 따라서 여기서 논의는 헌법소원이라는 헌법 문제와 행정법 문제의 복합적인 성격의 것이라 출제가능성이 높은 영역이다. 행정쟁송으로 갈 수 있어서 헌법소원의 보충성원칙 준수가 필요한가 하는 문제가 헌법, 행정법 복합형으로 출제될 수 있는 영역이다.

(3) 행정쟁송 대상이 되는(처분성) 공권력에 대한 헌법소원의 보충성원칙 결여의 결정례들

아래의 결정례들은 처분성(행정행위성)이 인정되어 행정쟁송의 대상이 된다고 보는데도 불구하고 행정쟁송을 거치지 않아 보충성원칙을 위배한 것으로 판단된 예들이다.

1) 개발제한구역 지정(도시계획결정)행위의 경우

판례 헌재 1991.6.3. 89헌마46

[사건개요] 구 도시계획법 제21조에 의거하여 개발제한구역(이른바 'Green Belt')으로 지정된 지역 내 토지에 광업권을 가진 청구인이 그 지정으로 광업권의 개발허가가 취소되어 재산권이 침해되었다고 하여 그 지정행위에 대한 헌법소원을 제기한 사건 [관련판시] 개발제한구역 지정행위에 대한 헌법소원 심판청구에 대하여 보건대, 건설부장관의 개발제한구역의 지정·고시는 공권력의 행사로서 헌법소원의 대상이 되나 다른 법률에 구제절차가 있는 경우 그 절차를 모두 거친 후 비로소 심판청구를 할 수 있는 것인바, 개발제한구역 지정행위(도시계획결정)에 대하여는 행정심판 및 행정소송 등을 제기할 수 있으므로 청구인으로서는 우선 그러한 구제절차를 거쳐야 함에도 불구하고 그러한 절차를 거치지 아니하였음이 기록상 명백하므로 이 부분에 대한 심판청구 또한 부적법하다. * 동지 : 헌재 1992.11.12. 91헌마192.

* 해설 – 문제의 구 도시계획법 제21조는 위 결정 이후 결국 1998년 12월 24일에 선고된 89헌마214, 90헌바16, 97헌바78(병합) 결정에 의하여 헌법불합치로 선언되었다. 1998년의 결정의 사안은 헌재법 제68조 제2항에 의한 위헌소원심판사건이었던 점이 위 결정의 사안과는 차이가 있었다. 즉 1998년 결정의 사안은 개발제한구역으로 지정된 토지 위에 허가를 받지 않고 건축물을 건축하여 소유하고 있다는 이유로 구청장으로부터 그 건축물에 대한 철거대집행계고처분을 받은 사람들이 그 계고처분의 취소를 구하는 행정소송을 제기한 뒤, 또 다른 사람들은 개발제한구역내 토지의 소유자들로서 국가를 상대로 개발제한지정으로 인한 손실 중 일부를 보상하라는 내용의 소송을 제기한 뒤 그 재판에서 도시계획법 제21조의 위헌여부가 재판의 전제가 된다고 하여 위헌제청신청을 하였고 법원이 신청을 기각하자 헌재

법 제68조 제2항의 위헌소원을 제기하여 헌재의 헌법불합치결정을 받은 것이다. 반면 위 89헌마46사건은 지정행위라는 행정작용 자체를 대상으로 하는 헌법소원이었다는 점에서 차이가 있다. 한편 1998년에 헌재는 법원의 행정소송을 모두 거친 후에 원행정처분을 대상으로 헌법소원을 할 수는 없다고 하였는데(앞의 헌법소원심판의 대상 부분 참조), 그렇다면 행정쟁송을 모두 거쳤더라도 결국 원행정처분에 대한 헌법소원은 그 대상성이 없어 결국 각하될 것이므로 보충성원칙 결여를 이유로 한 위 89헌마46 결정의 판시는 여전히 논리타당한 것인지 의문이 없지 않다. 다시 말해서 보충성원칙을 지키더라도 대상성요건을 갖추지 못하여 결국 각하한다고 하는 것이 정확한 것 아닌가 한다. 바로 이 문제가 뒤에서 지적하는 대로 원행정처분에 대한 헌법소원대상성 부정이 보충성원칙 요구와 빚는 모순인 것이다.

2) 미결수용자의 서신에 대한 발송거부행위의 경우

판례 헌재 1995.7.21. 92헌마144

[관련판시] 청구인 △△△가 청구외 ○○○에게 보내기 위하여 발송 의뢰한 1992년 5월 25일자 서신에 대하여 피청구인(교도소장)이 발송을 거부한 행위를 대상으로 한 심판청구부분에 관하여 살펴본다. 헌법소원심판은 다른 법률에 구제절차가 있는 경우에는 그 절차를 모두 거친 후가 아니면 청구할 수 없게 되어 있는데, 피청구인의 위 발송거부행위에 대하여는 행정소송법 및 행정심판법에 의하여 행정소송이나 행정심판이 가능할 것이므로 이러한 절차를 거치지 아니한 채 한 이 사건 심판청구부분은 부적법하다.

3) (기결)수형자의 서신발송의뢰에 대한 교도소장의 거부조치의 경우

이 거부조치에 대한 행정소송이 가능하므로 이에 대한 헌법소원심판의 청구는 보충성원칙요건을 결여한 것으로 본다.

판례 헌재 1998.8.27. 96헌마398

[판시] 피청구인(교도소장)의 서신발송거부행위에 대하여는 행정심판법 및 행정소송법에 의한 심판이나 소송이 가능할 것이므로 이 절차를 거치지 아니한 채 제기된 이 심판청구부분은 부적법하다.

4) 미결수용자에 대한 접견신청을 불허하는 처분의 경우

판례 헌재 1998.2.27. 96헌마179

[관련판시] 청구외 ○○의 접견신청에 대한 안양교도소장의 불허처분에 대하여는 행정심판법 및 행정소송법에 의하여 행정심판, 행정소송이 가능할 것이므로(대법원 1992.5.8. 91누7552 판결 참조) 이러한 절차를 거치지 아니한 채 제기한 이 헌법소원심판청구는 부적법하다.

* 유의 : 접견신청불허처분이 아니라 접견방해행위에 대한 헌법소원의 경우에는 접견방해행위가 이미 종료된 사실행위여서 법원으로서는 재판의 이익이 없다고 볼 것이라는 이유로 보충성원칙의 예외를 인정하고 있다(후술 권력적 사실행위 부분 참조).

5) 교도소장의 이송처분

판례 헌재 제2지정재판부 1992.6.19. 고지, 92헌마110

[사건개요] 청구인은 청구인이항소심 판결에 대하여 상고를 제기하여 아직 상고심에 사건계류중인데도 피청구인(교도소장)이 신청인을 다른 교도소로 이감하였는데 이 이송처분(移送處分)은 헌법상 보장되고 있는 신청인의 신체의 자유(제12조 제1항), 영장 없이는 구속되지 않을 권리, 변호인의 조력을 받을 권

리(같은 조 제4항) 등을 침해한 위헌적 처분이므로 위 이송처분의 취소를 구한다는 것이다. [결정요지] 살피건대, 피청구인의 이송처분에 대하여는 구제절차로서 행정심판 내지 행정소송으로 다툴 수 있을 것이므로 먼저 위 구제절차를 거쳐야 할 것인바, 청구인이 그와 같은 구제절차를 거치지 아니하였음은 기록상 명백하다. 그렇다면 이 사건 헌법소원심판청구는 부적법한 것이므로 헌법재판소법 제72조 제3항 제1호에 따라 이를 각하하기로 결정한다.

6) 과징금부과처분의 경우

판례 헌재 1995.2.23. 92헌마282
[사건개요] 청구인은 개인택시운송사업을 해 오던 중 합승행위를 하다가 적발되어 피청구인(서울특별시장)으로부터 과징금부과처분을 받았으며, 청구인이 위 부과처분에 대하여 같은 해 행정심판을 청구하였으나 기각되었다. 이에 청구인은 택시운송사업자에 대하여 합승행위를 금지하고 그 위반행위에 대하여 과징금을 부과하도록 한 자동차운수사업법시행령(1991.1.29. 대통령령 제13262호) 제3조 제1항의 [별표 1] "위반행위의 종류별 과징금 부과기준" 제14의 마규정과 그 규정에 근거한 피청구인의 위 과징금부과처분에 대하여 헌법소원심판을 청구한 것이다. [판시] 피청구인이 청구인에 대하여 한 과징금부과처분은 행정청의 처분으로서 행정심판 및 행정소송절차에 의한 구제가 가능하므로 위 처분에 대하여 헌법소원심판을 청구하기 위하여는 헌법재판소법 제68조 제1항 단서의 규정에 따라 먼저 그와 같은 사전구제절차를 거쳐야 한다. 그런데 청구인은 위 처분에 대하여 행정심판을 제기하였을 뿐 그 후 적법한 행정소송을 제기하지 아니한 채 이 사건 헌법소원심판을 청구하였으므로(이에 대하여 청구인은 법령의 부지로 인하여 행정소송을 제기하지 못한 것이라고 주장하나 이러한 사유는 사전구제절차를 거치지 아니한 것을 정당화하는 법률상 이유가 되지 못한다), 위 과징금부과처분에 대한 심판청구는 다른 법률에 의한 구제절차를 모두 거치지 아니하고 제기한 것으로서 부적법하다.

7) '택지소유상한에 관한 법률'에 의한 택지초과소유부담금처분의 경우

판례 헌재 1999.4.29. 96헌마424, 판례집 11-1, 498면
[관련판시] 부담금 부과처분에 대하여는 택지소유상한에 관한 법률 제37조에 따른 행정심판 및 행정소송법에 따른 행정소송이라는 구제절차가 마련되어 있으므로 그 구제절차를 거친 뒤에 헌법소원을 청구하여야 한다. 그런데 96헌마424 사건의 부담금 부과처분 중 강서구청장의 1994.8.31.자 위 각 부담금 부과처분 외 나머지 각 부과처분에 대하여 그 부과처분을 받은 청구인들이 위와 같은 구제절차를 거치지도 않은 채 헌법소원을 청구하였으니 이들 부과처분에 대한 심판청구 또한 부적법하다.
* 해설 – 헌재는 택지소유상한에 관한 법률 전체에 대하여 위헌결정한 바 있다(1999.4.29. 94헌바37 등). 94헌바37등 결정은 헌법재판소법 제68조 제2항에 따른 위헌소원으로 이루어진 것이었기에 본안판단에 들어가 위헌결정이 되었던 것이 위 결정과 차이가 있다. 택지소유상한에 관한 법률은 1998.9.19. 법률 제5571호로 폐지되었다. * 동지 : 헌재 1995.1.20. 94헌마27, 택지소유상한에 관한 법률 등 위헌확인결정.

8) 정보공개거부처분에 대한 헌법소원의 경우

판례 헌재 2001.12.20. 2000헌마722
[사건개요] 변호사 수임비리 사건에 관한 뉴스방송에 관련된 명예훼손 손해배상청구의 소송에서 방송사인 청구인은 "보도내용이 진실이고, 진실이 아니더라도 그렇게 믿을 만한 상당한 이유가 있었다"는 점

을 입증하고자 담당 재판부에 법무부의 고등검찰청 검사장에 대한 징계기록과 대검찰청 감찰부의 변호사 수임비리에 대한 감찰조사기록 등에 대한 서증조사를 신청하였다. 재판부는 위 신청을 받아들여 법무부 및 대검찰청에 서증조사를 나갔으나, 법무부의 위 징계서류에 대하여는 공무원징계령을 근거로, 대검찰청 감찰부의 위 감찰조사기록에 대하여는 검찰보존사무규칙, 사건기록열람·등사업무처리지침 등을 근거로 각 공개가 거부되었다. 청구인은 이러한 공개거부행위가 청구인의 기본권을 침해한다고 주장하면서 헌법소원심판청구를 하였다. [결정요지] 피청구인들은 서증조사를 실시한 수명법관의 기록제출요구에 대하여 그 공개를 거부하였는데 이는 실질적으로는 청구인에 대한 기록공개 거부행위로 볼 수 있다. 그런데, '공공기관의 정보공개에 관한 법률'(1996.12.31. 법률 제5242호)은 제3조에서 "공공기관이 보유·관리하는 정보는 이 법이 정하는 바에 따라 공개하여야 한다." 제6조 제1항에서 "모든 국민은 정보의 공개를 청구할 권리를 가진다"고 규정하여 국민에게 공공기관이 보유·관리하는 기록의 열람, 등사를 청구할 수 있는 법규상의 지위를 부여하고 있을 뿐만 아니라, 같은 법 제16조, 제17조, 제18조에서는 청구인이 정보공개와 관련하여 공공기관의 처분 또는 부작위로 인하여 법률상 이익의 침해를 받은 때에는 이의신청, 행정심판, 행정소송 등을 통해 권리를 구제받을 수 있도록 명시하고 있다. 한편, 청구인은 법원의 서증조사절차를 매개로 사실상 위 법률에 의한 정보공개청구권을 행사하였다고 볼 수 있고, 피청구인들은 실질적으로 이에 대해 거부처분을 한 것이다. 그렇다면 청구인으로서는 위와 같은 행정쟁송절차를 이용하여 이 사건 거부처분의 취소를 구함으로써 자신의 정보공개청구권을 구제받을 길이 있었다. 그럼에도 청구인은 그러한 구제절차를 거치지 아니하고 이 사건 헌법소원심판청구를 제기하였는바, 결국 이 부분에 대한 심판청구는 헌법재판소법 제68조 제1항에 위반되므로 부적법하다.

판례 헌재 2011.2.24. 2009헌마209

[판시] G교도소장의 엄중격리대상자지정 및 이송처분과 GB제2교도소장의 영치품사용불허행위 및 비공개결정은 행정소송의 대상이 되는 '처분'에 해당하므로 행정심판 및 행정소송이라는 구제절차를 거쳤어야 함에도, 이 사건 기록을 살펴보아도 청구인이 이와 같은 구제절차를 거쳤음을 인정할 자료가 없고 이러한 구제절차를 거치더라도 권리구제가 이루어질 가능성이 전혀 없다거나 위 절차 이행의 기대가능성이 없다고 볼 수도 없으므로, 위 각 심판청구 부분은 보충성의 요건을 갖추지 못하여 부적법하다.

9) 검찰기록의 열람·등사신청거부처분

헌재는 출범초기부터 검찰이 보유하는 형사소송 관계 기록 등에 대한 열람·복사(등사)신청을 거부하는 처분을 대상으로 하는 헌법소원에 있어서 보충성원칙의 준수를 요구하지 않고 예외로 인정하였다. 그러나 1998.2.27. 94헌마77 결정부터는 검찰기록의 등사거부처분에 대해 행정소송의 대상이 되는 행정처분성을 가진다는 이유로 보충성원칙의 적용을 요구하고 있다는 점에 유의하여야 할 것이다. 따라서 이러한 검찰기록의 등사거부처분 등에 대해서 행정쟁송을 거치지 않고 헌법소원심판이 청구된 경우 보충성원칙의 위반으로 부적법한 청구가 된다. 이에 관한 자세한 것은 후술한다(보충성 원칙 예외, 검찰의 기록에 대한 열람·복사신청의 거부행위의 경우 부분을 참조).

10) 명예회복신청기각결정에 대한 헌법소원의 경우

판례 헌재 2002.10.31. 2002헌마213

[사건개요] 청구인은 피청구인(민주화운동관련자명예회복 및 보상심의위원회)에게, 자신이 대구지방법원 경주지원 판사 및 대구지방법원 판사로 재직하던 중 단행본 '일본 땅 일본 바람' 및 시사주간지 '주간

조선' 등을 통하여 헌법상 보장된 법관 내지 사법권의 독립을 위하여 우리나라 법관조직 내지 법조에 대한 비판을 한 바 있는데, 이로 인하여 1993.8.31. 법관 재임용에서 제외되었다고 주장하면서, 민주화운동관련자명예회복 및 보상 등에 관한 법률에 의한 명예회복신청을 하였다. 그러나 피청구인은 2001.8.28. 청구인의 위와 같은 집필 내지 기고행위를 위 법률 제2조 제1호 소정의 '민주화운동'이라고 보기 어렵고, 임기만료된 법관이 재임용에서 제외된 것은 같은 조 제2호 라목의 '해직'에 해당되지 아니한다는 이유로 위 명예회복신청을 기각하였으며, 이에 불복하여 청구인이 재심의를 신청하였으나 같은 이유로 다시 이를 기각하였다. 그러자 청구인은 피청구인의 위 각 결정으로 인하여 헌법상 보장된 청구인의 평등권 등을 침해받았다고 주장하면서 위 각 결정의 취소를 구하는 헌법소원심판을 청구하였다. [결정요지] 피청구인의 위 각 결정에 대하여는 행정소송법에 의하여 행정소송을 제기할 수 있으므로, 청구인은 그 절차에 따라 구제를 받았어야 하고 그 절차 없이 막바로 헌법재판소에 헌법소원심판을 청구할 수는 없다. 또한 청구인이 내세우는 여러 사정을 참작하더라도 이 사건에서 보충성 원칙의 예외를 인정할 것은 아니다.

11) 교육과학기술부장관이 한 법학전문대학원 설치 예비인가 거부결정

판례 헌재 2009.2.26. 2008헌마370등

[판시] (2) 이 사건 예비인가 거부결정의 성격 – 예비인가제도는 법학전문대학원을 설치하고자 하는 대학이 자신이 수립한 법학전문대학원의 설치계획 및 준비 중인 시설 등이 법학전문대학원을 설치함에 있어 충분한지 여부에 대하여 본인가 전에 미리 승인을 받는 제도이다. 예비인가를 받지 못한 대학들은 본인가를 위한 신청서의 수정·보완, 이행점검이나 현지조사 등 후속절차에 참여할 수 있는 기회를 박탈당하여 사실상 법학전문대학원 설치인가를 받을 수 없게 된다. 이처럼 이 사건 예비인가 거부결정은 법학전문대학원 설치인가 이전에 청구인들의 법적지위에 영향을 주는 것으로 법학전문대학원 설치인가 거부결정과는 구별되는 별도의 독립한 처분이므로, 행정청이 행하는 구체적 사실에 관한 법집행으로서의 공권력 행사의 거부(행정소송법 제2조 제1항 제1호)에 해당한다. (3) 보충성 요건의 충족 여부 – 한편, 이 사건 예비인가 거부결정이 행정소송법상 항고소송의 대상이 되기 위하여는 그것이 청구인들의 권리·의무에 직접 영향을 미치는 공권력 행사의 거부이어야 하고, 청구인들에게 그러한 신청을 할 법률상 또는 조리상 권리가 존재하여야 한다(대법원 2005.11.25. 2004두12421 판결 등). 그런데 앞에서 본 바와 같이 청구인들에게는 이 사건 예비인가를 신청할 권리가 있을 뿐 아니라, 예비인가가 거부된 대학들은 본인가를 위한 후속절차에 참여할 수 없어서 실질적으로 법학전문대학원 설치인가를 받을 수 없게 되므로 위 결정은 청구인들의 권리 내지 법률상 이익에 직접 영향을 주고, 따라서 위 거부결정은 항고소송의 대상이 되는 행정처분에 해당한다고 할 것이다. (4) 소결 – 결국 청구인들의 이 사건 예비인가 거부결정에 관한 헌법소원 심판청구는 행정소송에 의한 권리구제절차를 모두 거치지 않았으므로, 헌법소원심판의 보충성 원칙에 반하여 부적법하다.

12) 고용노동부장관의 전국교직원노동조합에 대한 시정요구

해고된 교원도 전교조의 조합원 자격을 유지한다고 정한 전교조 규약 부칙 조항을 '교원의 노동조합 설립 및 운영 등에 관한 법률' 제2조에 맞게 시정하고 교직에서 해고된 사람의 전교조 가입·활동을 금지하도록 하면서, 30일 안에 이에 응하지 아니하는 경우 청구인 전교조를 위 법률에 의한 노동조합으로 보지 아니함을 통보할 예정이라는 내용의 고용노동부 장관 시정요구가 행정행위에 해당된다고 보아 보충성원칙을 지켜야 할 헌법소원인데 그렇지 못하여 그 부분 청구가 각하된 사건이다.

판례 헌재 2015.5.28. 2013헌마671등

[판시] 이 사건 법외노조통보 조항은 교원노조가 시정요구에 따라 30일 이내에 스스로 위법 사유를 시정하지 않으면 법외노조통보를 받게 된다고 정하고 있다. 따라서 이 사건 시정요구로 인하여 청구인 전교조는 해직 교원을 조합원에서 배제하고 관련 규약을 시정할 의무를 지게 되므로, 이 사건 시정요구는 청구인 전교조의 권리·의무에 변동을 일으키는 행정행위에 해당한다. 그런데 청구인 전교조는 이 사건 시정요구에 대하여 다른 불복절차를 거치지 아니하고 곧바로 헌법소원심판을 청구하였으므로, 이 사건 시정요구에 대한 헌법소원은 보충성 요건을 결하였다. 따라서 이 사건 시정요구에 대한 심판청구 부분도 부적법하다.

13) 교도소장의 엄중격리대상자 지정처분 및 이송처분, 영치품사용불허행위 및 비공개결정

판례 헌재 2011.2.24. 2009헌마209

[판시] G교도소장의 엄중격리대상자지정 및 이송처분과 GB제2교도소장의 영치품사용불허행위 및 비공개결정은 행정소송의 대상이 되는 '처분'에 해당하므로 행정심판 및 행정소송이라는 구제절차를 거쳤어야 함에도, 이 사건 기록을 살펴보아도 청구인이 이와 같은 구제절차를 거쳤음을 인정할 자료가 없고 이러한 구제절차를 거치더라도 권리구제가 이루어질 가능성이 전혀 없다거나 위 절차 이행의 기대가능성이 없다고 볼 수도 없으므로, 위 각 심판청구 부분은 보충성의 요건을 갖추지 못하여 부적법하다.

14) 방송통신심의위원회의 시정요구

'방송통신위원회의 설치 및 운영에 관한 법률' 제21조 제4호에 근거한 이 요구에 대해 헌재는 규제적·구속적 성격이 강하여 헌법소원대상이라고 보면서도 헌재는 행정(항고)소송의 대상도 된다고 하면서 행정소송을 거치지 않아 보충성원칙의 위반이라고 보아 대상성은 인정하면서도 결국은 청구요건 결여로 이 요구에 대한 청구부분은 각하하였다. 헌재는 방송통신심의위원회를 행정기관으로 본다(헌재 2012.2.23. 2008헌마500; 2012.2.23. 2011헌가13)

판례 헌재 2012.2.23. 2008헌마500

[사건개요] 청구인들이 어느 인터넷 포탈 사이트 카페에 올린 몇 개 신문사 광고게재중단 캠페인 게시글에 대해 그 포탈운영 주식회사 ○○이 방송통신심의위원회(피청구인)에 심의를 신청하였다. 피청구인은 '방송통신위원회의 설치 및 운영에 관한 법률' 제21조 제4호에 근거하여 주식회사 ○○에 대해 '해당 정보의 삭제'라는 시정요구를 하였고 그 시정요구에 따라 삭제하였다. 청구인들은, 이 사건 시정요구는 청구인들의 표현의 자유 등을 침해한다고 주장하면서, 위 시정요구의 취소 및 법규정, '정보통신망 이용촉진 및 정보보호 등에 관한 법률' 제44조의7 제1항 제9호 등에 대해 헌법소원심판을 청구하였다. [판시] 적법요건에 대한 판단 – 가. 나. … 다. 이 사건 시정요구 부분 (1) 기본권 침해 가능성 있는 공권력의 행사인지 여부 (가) … (나) 피청구인이 행정기관인지 여부 – 피청구인의 설립, 운영, 직무에 관한 내용을 종합하면, 피청구인이 공권력 행사의 주체인 국가행정기관임을 인정할 수 있다. (다) … (라) … (마) 판단 – 이상에서 본 바와 같이, 행정기관인 피청구인의 시정요구는 단순한 행정지도로서의 한계를 넘어 규제적·구속적 성격을 상당히 강하게 갖는 것으로서 헌법소원 또는 항고소송의 대상이 되는 공권력의 행사라고 봄이 상당하다.(* 이 부분 판시는 앞의 헌법소원대상성, 행정지도 부분 참조). (2) 보충성원칙의 충족 여부 – 헌법재판소법 제68조 제1항에 의하면 기본권을 침해받은 자는 다른 법률에 구제절차가 있는 경우에는 그 절차를 모두 거친 후가 아니면 헌법소원 심판을 청구할 수 없다. 앞서 본 바와 같이 이 사건 시정요구를 공권력의 행사라고 보는 이상 이는 항고소송의 대상에 해

당하는 행정처분이라 할 것이고, 청구인들은 이 사건 시정요구에 의하여 표현의 자유를 침해받을 우려가 있으며, 이 사건 시행령도 이용자인 청구인들의 이의신청권을 규정하고 있는 점(제8조 제5항) 등에 비추어 보면, 청구인들의 원고적격도 인정할 수 있으므로, 청구인들은 이 사건 시정요구에 대하여 행정소송을 제기할 수 있다. 따라서 이러한 권리구제절차를 거치지 아니하고 제기된 이 부분 심판청구는 보충성을 결여하여 부적법하다.

15) 대한변호사협회 징계위원회(이하 '변협징계위원회')의 징계결정

판례 헌재 2018.7.26. 2016헌마1029

[판시] 변협징계위원회의 징계결정에 불복하는 징계혐의자는 법무부 변호사징계위원회(이하 '법무부징계위원회')에 이의신청을 할 수 있고, 법무부징계위원회의 결정에 불복하는 경우에는 행정소송법으로 정하는 바에 따라 행정법원에 소를 제기할 수 있으므로, 청구인으로서는 이 사건 징계결정에 대해서 법률에 규정된 구제절차를 모두 거친 후에야 헌법소원심판을 청구할 수 있다. 그럼에도 청구인은 이 사건 징계결정에 관하여 법무부징계위원회의 결정이 있기 이전에 헌법소원심판을 청구하였고, 이후 법무부징계위원회의 결정에 대하여 행정소송을 제기하였으나 그 소송절차가 종료되지 아니하였으므로, 징계결정에 대한 심판청구는 보충성을 갖추지 못하여 부적법하다.

* '불복'이라는 용어는 적절치 못하다. 바뀌어져야 할 법률용어이다.

16) 문제점 : 원행정처분에 대한 헌법소원금지와 보충성원칙의 의미

앞서 헌법소원의 대상 문제에서 보았듯이 우리 헌법재판소는 원행정처분(原行政處分)이 헌법소원의 대상이 되지 않는다고 보기에 행정쟁송의 대상이 되는 행정작용에 대한 보충성원칙의 준수가 의미가 없다. 사실 '原'행정처분의 개념은 보충성원칙을 전제로 한 것이다. 예컨대 위 7), 8)의 판례는 우리 헌법재판소가 원행정처분의 헌법소원대상성을 명백히 부인한 1998년의 결정이 나온 이후의 판례이다.

17) 보충성원칙의 문제로 보지 않고 헌법소원대상성 문제로 본 결정례

(가) 결정례

헌법재판소는 아래의 결정에서 행정소송의 대상이 되는 공권력작용인 경우에는 법원재판(행정소송)의 관할에 있는 것으로 보아 행정소송 대상이 되는 공권력작용에 대한 헌법소원에서 보충성원칙의 문제가 아니라 헌법소원 대상성 문제로 파악하고 있다.

판례 헌재 2001.12.20. 2001헌마245

[결정요지] 헌법재판소법 제68조 제1항 본문은 "공권력의 행사 또는 불행사로 인하여 헌법상 보장된 기본권을 침해받은 자는 법원의 재판을 제외하고는 헌법재판소에 헌법소원심판을 청구할 수 있다"라고 규정하고 있어서 애당초 법원의 재판관할하에 있는 사건에 대하여는 헌법소원심판을 청구할 수 없도록 하고 있다. 대법원은 1991.2.12. 선고한 90누5825 검사임용거부처분취소 사건에서, 검사 지원자 중 한정된 수의 임용대상자에 대한 임용결정만을 하는 경우 임용대상에서 제외된 자에 대하여 임용거부의 소극적 의사표시를 한 것으로 보아야 하고, 이러한 검사임용거부처분은 항고소송의 대상이 된다고 판시하였다(공1991, 997). 따라서 이 사건 피청구인(대법원장)의 청구인에 대한 예비판사임용거부는 항고소송의 대상이 되는 행정처분에 해당된다고 판단되고, 실제로 청구인은 피청구인의 위 임용거부처분에 대하여 행정

심판을 거쳐 2001.5.12. 서울행정법원에 행정소송을 제기한 상태이다. 결국 이 사건은 법원의 재판관할하에 있는 사건으로서 헌법소원의 대상이 아니라 할 것이어서 부적법한 심판청구라고 할 것이다.

(나) 분석

위 결정은 헌재법 제68조 제1항의 '법원의 재판을 제외하고는'이라는 부분을 법원관할사건에 대한 헌법소원대상성배제의 논거로 내세우고 있으나 이 부분은 헌법소원대상에서 제외되는 것은 법원재판 자체라는 의미이지 어떻게 그 법원재판의 대상이 되는 작용들도 헌법소원대상에서 제외되고 법원관할의 독점대상임을 의미한다고까지도 볼 수 있을 것인지 의문이고 그러한 해석에는 무리가 따른다고 본다. 그러한 해석은 오히려 보충성원칙을 명시하고 있는 헌재법 제68조 제1항 단서의 규정을 무색하게 한다. 헌재법 제68조 제1항 단서의 '다른 법률에 구제절차'란 법원의 재판절차가 대부분이어서 법원의 관할독점이 헌법소원대상성배제로 받아들이는 위와 같은 해석은 헌재법 제68조 제1항 단서의 의의에 대해 회의를 갖게 한다. 현재 우리 헌법재판소가 '원행정처분'에 대한 헌법소원대상을 부정하므로 현실적으로 위 결정의 입장과 같은 결과를 가져온다. 그러나 앞서 자세히 논한 대로 '원행정처분'에 대한 헌법소원을 인정하는 것이 타당하고 보충성의 원칙도 제대로 적용되어야 할 것이다. 그런데 여하튼 위 결정의 입장과 같은 입장이 표명된 결정례는 별로 없고, 오히려 2002년에 나온 결정으로 "피청구인의 위 각 결정에 대하여는 행정소송법에 의하여 행정소송을 제기할 수 있으므로, 청구인은 그 절차에 따라 구제를 받았어야 하고 그 절차 없이 막바로 헌법재판소에 헌법소원심판을 청구할 수는 없다"라고 판시하여[헌재 2002.10.31. 2002헌마213, 명예회복신청기각결정취소. 이 결정에 대해서는 바로 위의 10) 참조] 행정소송 대상인 공권력작용에 대한 헌법소원에서 대상성문제가 아니라 보충성문제로 파악하는 결정들이 위의 결정 이후에도 아직은 많다.

(4) 법원판례, 헌재판례, 실정법의 변경(처분성 인정)에 따른 보충성원칙 요구의 변화

법원이 이전에는 행정소송대상인지를 밝힌 바 없다가 또는 행정소송대상으로 인정하지 않다가 이를 인정함에 따라 헌재가 보충성원칙을 요구하는 것으로 변경하거나, 또는 헌재 스스로 이전에 행정소송 대상성인 처분성을 부정하다가 이를 변경하여 처분성을 인정하면서, 또는 실정법이 개정으로 행정소송대상성이 인정된다고 보아 헌재가 보충성원칙의 적용을 요구하는 변화를 보여주기도 한다. 아래에 몇 가지 예를 본다.

1) 판례

① 검찰의 진정사건기록등사신청거부처분에 대한 헌법소원에서 법원이 행정소송 대상으로 인정하자 이전의 보충성원칙 불요라는 입장에서 이를 요구하는 입장으로 헌재가 자신의 판례를 변경한 예(헌재 1998.2.27. 94헌마77. * 이 결정에 대해서는 뒤의 보충성원칙 예외 부분 '검찰의 기록에 대한 열람·복사신청의 거부행위의 경우 부분 참조).

② 마찬가지 예로 청구인에 대한 확정재판기록 중 피해자의 법정증언 및 탄원서에 대한

등사신청을 거부한 처분에 대한 헌법소원의 경우의 동지(同旨)의 결정(헌재 1999.9.16. 98헌마246). * 이 결정에 대해서도 뒤의 보충성원칙 예외 부분 '검찰의 기록에 대한 열람·복사신청의 거부행위의 경우 부분 참조.

③ 지목변경신청반려처분 – 헌재가 이전에는 보충성원칙의 예외로 인정하다가(헌재 1999.6.24. 97헌마315) 대법원이 행정소송대상으로 보는 판례변경을 하자 헌재는 보충성원칙이 적용되어야 한다고 자신의 판례를 변경하였다.

ⓐ 판례변경 이전 결정

판례 헌재 1999.6.24. 97헌마315

[판시] 토지대장 등 지적공부에 일정한 사항을 등록하거나 등록된 사항을 변경하는 행위는 당해 토지의 실체상의 권리관계에 어떤 변동을 가져오는 것은 아니라는 이유로, 소관청이 그 등록사항을 직권으로 정정하는 행위나, 등록사항에 대한 변경신청을 거부(반려)하는 행위는 행정소송의 대상이 되는 행정처분이 아니라는 것이 법원의 일관된 판례이다[대법원 1989.11.28. 선고 89누3700 판결; 대법원 1995.12.12. 선고 95누9747 판결(공1996상, 416) 등 참조]. 그러므로 이 사건 반려처분에 대하여는 행정소송을 통한 구제의 길이 없고, 달리 다른 법률에 구제절차가 있는 것도 아니다. 따라서 이 사건 반려처분에 대하여 바로 헌법소원을 청구하였다고 하더라도 보충성의 요건에 반하지 아니한다

ⓑ 판례변경한 결정

변경된 신 판례 헌재 2004.6.24. 2003헌마723

[판시] 종래 대법원이 토지대장 등 지적공부에 일정한 사항을 등록하거나 등록된 사항을 변경하는 행위는 행정소송의 대상이 되는 행정처분이 아니라는 견해를 취하고 있었으므로, 지목변경신청 반려 내지 거부처분에 대하여는 달리 다른 법률에 구제절차가 있다고 볼 수 없어 바로 헌법소원심판청구를 하더라도 보충성의 요건에 반하지 않는다는 것이 헌법재판소의 판례였다(헌재 1999.6.24. 97헌마315; 2002.1.31. 99헌마563 등). 그런데 대법원은 2004.4.22. "지적법(2001.1.26. 법률 제6389호로 전문 개정되기 전의 것) 제20조, 제38조 제2항의 규정은 토지소유자에게 지목변경신청권과 지목정정신청권을 부여한 것이고, 한편 지목은 토지에 대한 공법상의 규제, 개발부담금의 부과대상, 지방세의 과세대상, 공시지가의 산정, 손실보상가액의 산정 등 토지행정의 기초로서 공법상의 법률관계에 영향을 미치고, 토지소유자는 지목을 토대로 토지의 사용·수익·처분에 일정한 제한을 받게 되는 점 등을 고려하면, 지목은 토지소유권을 제대로 행사하기 위한 전제요건으로서 토지소유자의 실체적 권리관계에 밀접하게 관련되어 있으므로 지적공부 소관청의 지목변경신청 반려행위는 국민의 권리관계에 영향을 미치는 것으로서 항고소송의 대상이 되는 행정처분에 해당한다"고 판시하여(2003두9015) 종전의 대법원 판례를 변경하였다. 따라서 변경된 위 대법원 판결에 따르면, 청구인은 피청구인의 이 사건 반려행위에 대하여 행정소송을 제기하여 재판절차에서 그 권리를 구제를 받을 수 있으므로, 위 구제절차를 거치지 않고 제기한 청구인의 이 사건 심판청구는 일응 보충성의 요건을 흠결하였다고 할 수 있다. 그러나 이 사건 심판청구는, 그러나 이 사건 심판청구는, 지목변경신청 반려행위의 처분성을 부인하던 종래의 확고한 대법원 판례가 변경되기 전에 제기된 것으로서 심판청구 제기 당시에는 보충성의 요건을 요하지 아니하고 본안판단의 대상이 되었다. 이 사건 심판청구는 헌법상 보장된 실질적인 재판청구권의 형해화를 막기 위하여 허용되어야 할 것이고, 이 사건 심판청구에 보충성 요건의 흠결이 있다고 할 수 없다. * 본안판단결과 기각결정이 있었다. * 위 결정 이후 지목변경거부처분에 대항 동지의 각하결정 : 헌재 제3지정재판부 2005.7.19. 2005헌마623; 헌재 제3지정재판부 2005.9.13. 2005헌마829; 헌재 제3지정재판부 2009.12.22. 2009헌마693.

④ 국가인권위원회의 진정각하·기각결정 – 헌재는 국가인권위원회의 진정각하·기각결정에 대해 이전에는 행정처분성을 부정하여 보충성원칙을 요구하지 않는다고 보았다가(헌재 2008.11.27. 2006헌마440; 2004.2.26. 2003헌마207; 2004.4.29. 2003헌마538; 2005.10.27. 2005헌마358; 2009.9.24. 2009헌마63; 2011.3.31. 2010헌마13; 2012.7.26. 2011헌마829 등) 아래 2015.3.26. 2013헌마214등 결정에서 그 진정각하·기각결정이 법원의 행정소송 대상이 되어 보충성원칙이 적용되어야 한다고 보는 판례변경을 하여 이후로는 곧바로 헌법소원을 제기할 수는 없게 되었다.

판례 헌재 2015.3.26. 2013헌마214등

[판시] 보충성 요건에 관한 판단 – 이 사건 심판청구는 행정소송 등의 사전 구제절차를 거치지 아니하고 제기되었는데, 피청구인의 진정에 대한 각하 또는 기각결정이 항고소송의 대상이 되는 행정처분에 해당하여 행정소송 등으로 다툴 수 있는 경우라면, 이 사건 심판청구는 보충성 요건을 충족하지 못한 것이 되므로 먼저 이에 대하여 살펴본다. 가. 행정청의 거부행위 – 국민의 적극적 행위 신청에 대하여 행정청이 그 신청에 따른 행위를 하지 않겠다고 거부한 행위가 항고소송의 대상이 되는 행정처분에 해당하는 것이라고 하려면, 그 신청한 행위가 공권력 행사 또는 이에 준하는 행정작용이어야 하고, 그 거부행위가 신청인의 법률관계에 어떤 변동을 일으키는 것이어야 하며, 그 국민에게 그 행위발동을 요구할 법규상 또는 조리상의 신청권이 있어야 하는바, 여기에서 '신청인의 법률관계에 어떤 변동을 일으키는 것'이라는 의미는 신청인의 실체상 권리관계에 직접적인 변동을 일으키는 것은 물론, 그렇지 않다 하더라도 신청인이 실체상 권리자로서 권리를 행사함에 중대한 지장을 초래하는 것도 포함한다(대법원 2007.10.11. 선고 2007두1316 판결; 대법원 2009.9.10. 선고 2007두20638 판결 등 참조). 나. 피청구인의 진정 각하 또는 기각결정이 항고소송의 대상이 되는지 여부 – 피청구인은 법률상의 독립된 국가기관으로, 위에서 본 바와 같이 인권침해 등을 당한 피해자의 진정이 있으면, 각하사유 등 특별한 사정이 없는 한 진정내용에 대해 조사할 의무가 있고, 피청구인의 결정은 각하, 인용, 기각결정을 불문하고 진정권이라는 피해자 등의 법률상의 권리(제30조) 행사에 따른 진정의 수리·검토, 조사 등 일련의 법률상 권한을 행사한 결과를 대내외적으로 공표하는 것으로 법률에 근거한 고권적 작용이라 할 것이다. 또한, 피해자인 진정인에게는 국가인권위원회법이 정하고 있는 구제조치를 신청할 법률상 신청권이 있는데, 피청구인이 진정을 각하 또는 기각할 경우 피해자로서는 자신의 인격권 등을 침해하는 인권침해 또는 차별행위 등이 시정되고 그에 따른 구제조치를 받을 권리를 박탈당하게 되므로, 각하 또는 기각결정을 받지 아니하였다면 피청구인의 권고조치 등을 통해 침해된 권리에 대해 구제받을 가능성이 있었을 것이라는 이익은 단순한 간접적인 이익이 아니라 국가인권위원회법이 정한 절차 및 그에 따른 효과를 향유할 수 있는 법률상 이익이다. 그러므로 진정에 대한 피청구인의 각하 및 기각결정은 법률상 신청권이 있는 피해자인 진정인의 권리행사에 중대한 지장을 초래하는 것으로서 항고소송의 대상이 되는 행정처분에 해당하므로, 그에 대한 다툼은 우선 행정심판이나 행정소송에 의하여야 할 것이다(대법원 2009.4.9. 선고 2008두16070 판결; 대법원 2015.1.29. 선고 2014두42711 판결 등 참조). 다. 소결 – 결국 이 사건 심판청구는 행정심판이나 행정소송 등의 사전 구제절차를 모두 거친 후 제기된 것이 아니므로 보충성 요건을 충족하지 못하였다. * 동지의 헌재결정례 : 헌재 2015.3.26. 2013헌마565; 2015.3.26. 2014헌마191; 2015.3.26. 2013헌마134 등.

⑤ 실정법 변화에 따른 변화 – 검찰보존사무규칙에 신청권을 인정하는 제도적 마련이 이루어졌다고 하여 행정소송대상성을 인정하는 변화를 인정하고 있는 아래와 같은 예들이 있다. 위 ①, ②도 그 점을 판시하고 있는 예들이다.

ⓐ 법원의 인증등본 송부촉탁에 따른 불기소사건기록 열람·등사청구의 거부처분에 대한 헌법소원

판례 헌재 1998.2.27. 97헌마101

[판시] 검찰보존규칙은 제20조에서 사건관계인 등이 재판확정기록, 불기소사건기록 및 진정·내사사건기록 등에 대하여 일정 범위의 열람·등사를 청구할 수 있도록 규정하고, 제21조에서 위와 같은 청구가 있는 경우 검사는 그 허가여부를 결정하여 서면으로 통지할 의무를 지도록 규정함으로써, 국민의 열람·등사청구가 있는 경우 기록보관 검찰청이 일정한 처분을 하여야 한다고 규정한 실정법상의 근거가 명백히 마련되어 그 처분성이 분명하게 되었고 국민에게 불기소사건기록의 열람·등사를 청구할 권리 내지 법에 정하여진 절차에 따라 그 허가여부의 처분을 행할 것을 요구할 수 있는 법규상의 지위가 부여되었으므로 이 사건 인증등본송부신청에 대한 피청구인의 거부처분은 취소소송의 대상이 된다고 할 것이다. 위 거부처분에 대하여 행정소송 등의 구제절차를 거치지 아니하고 제기한 이 사건 헌법소원심판청구는 부적법하다.

ⓑ 서증으로 법원에 제출하기 위한 수사기록의 등사신청을 거부한 처분에 대한 헌법소원의 경우의 동지(同旨)의 결정(헌재 2000.2.24. 99헌마96. * 이 결정에 대해서는 뒤의 보충성원칙 예외 부분 '검찰의 기록에 대한 열람·복사신청의 거부행위의 경우 부분 참조).

2) 비평

헌재가 헌법소원의 청구요건을 법원의 판례가 어떠한지를 살펴 그 적용 여부를 달리하는 것이 바람직하지 않고 헌재 위상에도 걸맞지 않다. 물론 보충성원칙의 경우에 그 실정법이 그렇게 규정하여 어쩔 수 없는 한계를 무시할 수 없지만 기본권구제의 공백을 메우는 데 차질이 없도록 앞으로 입법적 개선이 필요하고 법원이 아직 다루지 않은 공권력작용에 대해서는 헌재가 그 공권력행사성이 인정되면 적극적으로 본안에 들어가는 적극적인 자세가 필요하다. 보충성원칙 완화로 헌법재판의 부담가중을 우려할지도 모르나 그 남용을 막기 위한 방안을 찾아야지 국민의 기본권보장에서 중요한 헌법법리가 나올 수 있었던 것을 놓쳐서는 헌법재판의 객관적이고 예방적인 기능에 충실하지 못하다는 평가를 받을 수 있다.

2. 체포행위, 범죄행위, 불기소처분·기소유예처분 등에 대한 헌법소원에서 보충성원칙 문제

(1) 체포행위에 대한 헌법소원에서의 체포적부심 사전 전치 요구

헌재는 체포에 대하여는 헌법과 형사소송법이 정한 체포적부심이라는 구제절차가 존재하므로 이를 거치지 않고 제기된 헌법소원심판청구는 보충성의 원칙을 준수하지 않아 부적법하다고 한다. 그리고 체포적부심절차의 존재를 몰랐다는 점은 보충성의 예외로 인정될 만큼 정당한 이유 있는 착오라고 볼 수 없으며, 체포적부심이 가장 강력하고 실효성있는 권리구제수단으로서 피의자에게 체포적부심사절차를 이행하도록 하는 것이 그 절차로 권리가 구제될 가능성이 거의 없거나 대단히 우회적인 절차를 요구하는 것밖에 되지 않는 경우에 해당한다고

볼 수 없어서 예외로 인정할 수도 없다고 본다.

판례 헌재 2010.9.30. 2008헌마628

[사건개요] (1) 청구인들은 2008.7.27.경 또는 2008.8.15.경 서울 종로구와 중구 일대의 도심에서 열린 이른바 '촛불집회' 현장에서 '집회 및 시위에 관한 법률'(이하 '집시법')위반 및 형법상 일반교통방해의 현행범인으로 경찰에 의해 체포된 후 경찰서의 유치장에 구금되었다가 체포된 때로부터 약 38시간에서 약 46시간여 만에 구속영장이 청구되지 아니한 채 석방되었다. (2) 청구인들은, 피청구인들이 청구인들을 위와 같이 체포한 후 불필요하게 장시간 구금한 행위가 청구인들의 신체의 자유, 집회의 자유 및 평등권을 침해하였다고 주장하며 2008.10.17. 이 사건 헌법소원심판을 청구하였다. [결정요지] 가. 보충성의 원칙 – 우리 헌법 제12조 제6항은, "누구든지 체포…를 당한 때에는 적부의 심사를 법원에 청구할 권리를 가진다."고 명시하고 있고, 이에 따라 형사소송법 제214조의2 제1항은 "체포…된 피의자 또는 그 변호인, 법정대리인, 배우자, 직계친족, 형제자매나 가족, 동거인 또는 고용주는 관할법원에 체포…의 적부심사를 청구할 수 있다."고 규정함으로써, 부당한 체포에 대한 구제절차로서 체포적부심사를 규정하고 있다. 이와 같이, 체포에 대하여는 헌법과 형사소송법이 정한 체포적부심사라는 구제절차가 존재함에도 불구하고, 청구인들은 위 체포적부심사절차를 거치지 않고 이 사건 헌법소원심판을 청구하였으므로, 이 사건 심판청구는 법률이 정한 구제절차를 거치지 않고 제기된 것으로서 보충성의 원칙에 반하여 부적법하다. 나. 보충성의 예외 – 청구인들은, ① 당시 경찰관이 청구인들에게 체포적부심사절차를 고지하지 않아 청구인들이 그 존재를 몰랐고, ② 체포되어 석방되기까지의 시간을 고려할 때 체포적부심사를 청구하는 것이 시간적으로 여의치 않거나 오히려 체포적부심사를 청구함으로써 석방 시기가 늦어질 위험이 있었기 때문에 체포적부심절차를 밟지 않았다고 주장한다. 그러나 청구인들이 헌법과 형사소송법이 정하고 있는 체포적부심사절차의 존재를 몰랐다는 점은 보충성의 예외로 인정될 만큼 정당한 이유 있는 착오라고 볼 수 없고, 청구인들이 구속영장이 청구됨이 없이 석방되리라는 주관적인 예상 아래 석방 시기가 늦어질 위험을 방지하기 위하여 체포적부심사 청구를 하지 않았다고 하여 이를 전심절차이행의 기대가능성이 없었다고 보기도 어렵다. 오히려 헌법과 형사소송법이 규정하고 있는 체포적부심사의 입법목적, 청구권자의 범위, 처리기관, 처리절차 및 석방결정의 효력 등을 고려하여 볼 때, 자신이 부당하게 현행범인으로 체포되었다거나 더 이상 구금의 필요가 없음에도 계속 구금되고 있다고 생각하는 피의자에게 있어서 체포적부심사절차는 체포 및 구금의 적법 여부를 다툴 수 있는 가장 강력하고 실효성있는 권리구제수단이라고 할 것이다. 한편, 법원은 체포적부심사를 청구받은 때로부터 48시간 이내에 심문하도록 되어 있고(형사소송법 제214조의2 제4항), 심문을 종료한 때부터 24시간 이내에 체포의 적부에 관한 결정을 하게 되어 있으므로(형사소송규칙 제106조), 규범적으로는 체포적부심사를 청구한 때부터 석방 여부의 결정시까지 최대 72시간이 걸릴 수 있지만, 이는 체포적부심사가 주말에 청구되는 경우 등에 대비하여 최대한의 시간을 규정한 것일 뿐 실무상으로는 사건 접수 후 3시간 이내에 심문기일을 정하여 통지하여야 하는 등 체포적부심사를 청구한 때로부터 대개 6시간 내지 30시간 이내에 석방 여부가 결정되고 있다. 그러므로 자신이 부당하게 체포 또는 구금되었다고 주장하는 피의자에게 체포적부심사절차를 이행하도록 하는 것이 그 절차로 권리가 구제될 가능성이 거의 없거나 대단히 우회적인 절차를 요구하는 것밖에 되지 않는 경우에 해당한다고 볼 수 없다. 만일 청구인들이 석방 시기가 48시간을 초과할 지도 모른다는 우려 때문에 헌법과 형사소송법상 인정된 체포적부심사를 청구하지 않은 것을 보충성의 예외로 인정한다면, 이는 헌법과 형사소송법이 정한 체포적부심사제도를 유명무실하게 만드는 결과를 초래할 수밖에 없다. 다. 소결 – 결국, 법률이 정하고 있는 구제절차인 체포적부심사절차를 거치지 않은 채 곧바로 제기된 청구인들의 이 사건 심판청구는 보충성을 갖추지 못하였다. 4. 결론 – 그렇다면 청구인들의 이 사건 심판청구는 보충성의 원칙에 반하여 모두 부적법하므로 이를 각하하기로 결정한다.

(2) 범죄혐의주장 대상 행위에 대한 권리구제절차일반 - 고소, 재정신청절차 경유

범죄행위로 피해를 입었다고 주장하는 피해자가 그 범죄혐의를 구성한다고 주장하는 공권력작용행위 자체에 대해 헌법소원을 바로 제기할 수는 없다. 피해자로서 고소권을 가진 자는 먼저 고소를 하고 그 고소에 따라 기소가 되지 않으면 재정신청을 거치는 절차들이 다른 권리구제절차로 존재하므로 그 절차에 따르지 않고 바로 헌법소원을 제기하면 보충성원칙의 위배가 된다. 아래가 그 전형적인 예이다. 그런데 재정신청까지 간 경우에 헌법소원심판의 길은 열리지 않는 것이 현실이다(아래 불기소처분 부분 참조).

- 사법경찰관이 청구인에 관한 보도자료를 기자들에게 배포한 행위 이러한 사법경찰관의 배포행위가 피의사실공표죄에 해당하는 범죄행위라면, 수사기관을 상대로 고소하여 행위자를 처벌받게 하거나 처리결과에 따라 검찰청법에 따른 항고를 거쳐 재정신청을 할 수 있어서 이 배포행위에 대한 헌법소원심판의 청구는 보충성원칙을 결여하였다고 본다.

판례 헌재 2014.3.27. 2012헌마652

[사건개요] ○○경찰서 사법경찰관 2012.4.24. 사기 혐의로 구속된 청구인과 청구인의 형의 나이 및 직업, 실명 중 2글자가 각각 표시되어 있고, 이들의 범죄전력과 피의사실, 범행방법, 증거의 내용 등이 기재되어 있는 "교통사고 위장, 보험금 노린 형제 보험사기범 검거"라는 제목의 보도자료를 기자들에게 배포하였다. 청구인은 인격권 등을 침해하였다고 주장하면서, 2012.7.20. 위 보도자료 배포행위'의 위헌확인을 구하는 헌법소원심판을 청구하였다. [판시] 심판대상 행위 중 촬영허용 부분은 이미 종료된 행위로서 소의 이익이 없어 각하될 가능성이 크므로, 헌법소원심판을 청구하는 외에 다른 효과적인 구제방법이 있다고 보기 어렵다. 그러나 보도자료 배포행위는 수사기관이 공판청구 전에 피의사실을 대외적으로 알리는 것으로서 형법 제126조의 피의사실공표죄에 해당하는지가 문제된다. 만약 피청구인(○○경찰서 사법경찰관)의 행위가 피의사실공표죄에 해당하는 범죄행위라면, 수사기관을 상대로 고소하여 행위자를 처벌받게 하거나 처리결과에 따라 검찰청법에 따른 항고를 거쳐 재정신청을 할 수 있으므로, 위와 같은 권리구제절차를 거치지 아니한 채 곧바로 제기한 이 부분 심판청구는 보충성 요건을 갖추지 못하였다(헌재 2011.9.29. 2010헌바66. 이 결정에 대해서는 아래 인용 참조) * 이 결정에서는 위 판시 초엽에 나오듯이 촬영허용행위도 심판대상이었는데 그 행위에 대해서는 인격권침해라고 보아 위헌확인 결정이 있었다.

(3) 불기소처분에 대한 헌법소원의 경우

1) 주류적 경우 - 고소한 고소권자, 일부 고발인

재정신청이 확대된 개정 형사소송법의 시행이 된 2008년 1월 1일 이후 고소를 하여 불기소처분을 받은 고소권자, 형법 제123조에서 제126조까지 범죄혐의로 고발하여 불기소처분을 받은 사람은 법원에 재정신청을 할 수 있다. 따라서 이러한 고소인, 고발인은 헌법소원심판을 청구하려면 검찰의 항고를 거쳐 관할 고등법원에 재정신청을 하여야 하고(형사소송법 제260조 1항·2항) 이를 하지 않고 청구하면 아래 결정에서 보듯이 보충성원칙 요건을 흠결한 것으로 보아 부적법각하결정을 받게 된다. 즉 보충성원칙의 적용이 있는 것이다.

[유의할 점] 고소권자가 고소를 한 경우 그 불기소처분에 대해 재정신청을 하는 과정에 유의할 점이 있다. 즉 검찰의 항고, 재항고를 모두 거쳐야 하는 것이 아니라 검찰의 항고까지만 거치고(재항고는 안 거침) 법원 재정신청으로 가도록 하고 있다는 점이다(형사소송법 제260조 1항·2항. 검찰청법 제10조 3항). 형법 제123조부터 제126조까지 범죄를 이유로 고발한 고발인이 받은 불기소처분에 대해서도 마찬가지이다.

*** 고소권자가 고소했고 불기소처분을 받은 후 재정신청을 거치지 않아 보충성원칙 위배로 각하된 예**

판례 헌재 2010.5.27. 2010헌마71

[판시] 황○○에 대한 폭행치사 부분은 2008.1.1. 이후에 최초로 불기소처분 된 사건이고, 청구인은 그 불기소처분에 대하여 관할 고등법원에 재정신청을 하여 그 당부를 다툴 수 있었음에도 그와 같은 구제절차를 거치지 아니한 채 이 사건 헌법소원심판을 청구한 사실이 인정되므로, 이 사건 심판청구는 보충성 요건을 흠결하여 부적법하다. * 동지 : 헌재 2013.8.29. 2011헌마613.

[법원재판소원, 원행정처분 소원 모두 금지] 보충성원칙을 지키라고 하지만 이제 보충성원칙을 지켜 법원의 재정신청을 거쳤으나 법원의 재정신청 재판이 인용해주지 않으면 다시 헌법소원을 청구할 수도 있겠는데 그렇게 행한 이 재청구에서는 이번에는 보충성원칙은 지켰으나 대상성이 문제된다. 즉 재정신청 재판에 대해서는 재판소원의 원칙적 금지로 헌재가 설정한 예외(헌재가 위헌으로 결정한 법령을 적용하여 기본권을 침해한 재판이라는 예외요건, 이에 대해서는 앞의 대상성, 법원재판 금지 부분 참조)에 해당되지 아니하는 한 헌법소원대상이 안 된다고 할 것이고, 그리하여 원래의 그 불기소처분 자체에 대해서 헌법소원을 하면 헌재는 원행정처분의 헌법소원대상성을 원칙적으로 부정하여 헌재가 설정한 예외(법원의 재판이 예외적으로 헌법소원심판의 대상이 되어 그 재판 자체까지 취소되는 경우. 이에 대해서는 앞의 대상성, 원행정처분 대상 부정 참조)에 해당되지 아니하는 한 역시 대상성이 없다고 할 것이다. 결국 고소한 고소권자, 위 일부 고발인의 경우 헌법소원을 제기하더라도 부적법 각하되므로 결국 헌법소원을 사실상 할 수 없는 실상(대체적으로 이들이 주류적이고 이들에 대한 불기소처분들에 대한 사건들이 많을 것이다)이 되어 버린 것이다. 아래가 위와 같은 과정과 결과를 보여주는 그 실제의 결정례이다.

판례 헌재 2013.8.29. 2011헌마613

[사건개요] (1) 청구인은 2008.11.5. K회사 소속 직원과 공정거래위원회 소속 사무관을 사기죄 및 허위공문서작성죄 등으로 고발하였는데, 이에 대하여 피청구인(검사)이 2009.2.12. 혐의없음의 불기소처분('이 사건 불기소처분1'이라 한다)을 하자, 검찰청법상의 항고를 거쳐 서울고등법원에 재정신청을 하였으나 2009.8.17. 기각되었다(서울고등법원 2009초재12**). (2) 청구인은 2009.6.9. 위 불기소처분 등이 직권남용권리행사방해죄에 해당한다는 이유로 검찰총장 및 검사들을 고소하였으나, 피청구인은 2009.7.17. 각하의 불기소처분(이하 '이 사건 불기소처분2'라 한다)을 하였고, 청구인은 2009.3. 초순경 K회사의 대표이사와 공정거래위원회 위원장을 고발하였으나, 피청구인은 2009.8.21. 각하의 불기소처분(이하 '이 사건 불기소처분3'이라 한다)을 하였다. (3) 청구인은 2010.12.15. K회사, 공정거래위원회 등 6개 기관을 고소하였으나, 피청구인이 2010.12.31. 각하의 불기소처분(이하 '이 사건 불기소처분4'라 한다)을 하자, 검찰청법상의 항고를 거쳐 서울고등법원에 재정신청을 하였으나 2011.6.20. 기각되었고(서울고등법

원 2011초재12**), 대법원에 재항고하였으나 2011.9.1. 기각되었다. (4) 이에 청구인은 이 사건 불기소처분1, 2, 3, 4(이하 이 사건 불기소처분들을 통칭할 경우 '이 사건 각 불기소처분'이라 한다) … 가 청구인의 행복추구권, 재판절차진술권 등을 침해한다고 주장하면서 2011.10.17. 헌법소원심판을 청구하였다. [판시] (1) 이 사건 불기소처분1, 이 사건 불기소처분4 – 법원의 재판을 거친 원행정처분에 대한 헌법소원심판청구를 받아들여 이를 취소하는 것은, 원행정처분을 심판대상으로 삼았던 법원의 재판이 예외적으로 헌법소원심판의 대상이 되어 그 재판 자체까지 취소되는 경우에 한하고, 법원의 재판이 취소되지 아니하는 경우에는 확정재판의 기판력으로 인하여 원행정처분 그 자체는 헌법소원심판의 대상이 되지 아니하는바, 이와 같은 법리는 검사의 불기소처분에 대하여 법원의 재정신청절차를 거친 경우에도 마찬가지로 적용된다(헌재 1998.8.27. 97헌마79, 판례집 10-2, 444, 453-454 참조). 살피건대, 이 사건 불기소처분1 및 이 사건 불기소처분4를 심판대상으로 삼았던 법원의 재판(서울고등법원 2009초재12**, 2011초재12**)이 예외적으로 헌법소원심판의 대상이 되어 취소되는 경우에 해당하지 아니하므로 위 불기소처분들 역시 헌법재판소법 제68조 제1항 소정의 헌법소원심판의 대상이 될 수 없다 할 것이어서 그 취소를 구하는 이 부분 심판청구는 부적법하다.

2) 헌법소원이 사실상 가능한 주체의 경우 - 고소하지 않은 고소권자(피해자), 고발인

재정신청이 확대된 2008년 1월 1일 이후 불기소처분에 대해 실제적으로 헌법소원심판을 청구할 수 있는 주체의 경우는 범죄피해자인 고소권자가 고소를 하지 않은 경우(이 경우는 물론 수사기관이 인지한 사건이거나 다른 고발인이 고발하였는데 불기소처분이 내려진 경우이다)의 고소권자와 고발인의 경우(단, 형법 제123조부터 제126조까지의 죄가 아닌 한에서 고발인)이다(이에 관해서는 앞의 헌법소원의 대상성, 검사의 불기소결정 부분 참조).

3) 위 가능성의 경우 보충성원칙의 적용 여부

위 두 가능 주체에 따라 보충성원칙 적용 여부를 살펴본다.

(가) 고소하지 않은 피해자인 경우

자신에게 피해를 입힌 사건에 대해 피해자가 고소하지 않았는데도 불기소처분이 행해지는 경우는 수사기관이 인지하였거나 다른 사람에 의한 고발이 있어서 수사 이후 검사가 불기소처분을 한 경우일 것이다. 그런데 형사소송법 제260조, 검찰청법 제10조에는 피해가가 고소하지 않은 경우에 검찰에 항고·재항고를 할 수 있다는 규정이 없다.

가) 문제의 소재

따라서 이 경우에 다음과 같은 논의가 있다. 고소를 하지 않은 피해자가 불기소처분에 대해 헌법소원을 하려면 다시 자신이 고소를 하여야 하고 그 고소에 대해 검사가 불기소처분을 하면 항고, 재정신청으로 나아가야만 한다는 입장이 있다. 다른 입장은 바로 헌법소원을 제기하더라도 보충성원칙의 위배가 없다고 본다.

나) 판례 – 보충성원칙 비요구 헌재는 비요구설을 취한다. 고소를 하지 않은 피해자가 새로이 고소를 하지 않고도 이미 행해진 불기소처분에 대해 바로 헌법소원을 청구할 수 있다고 본다. 즉 보충성원칙이 적용되지 않는다는 것이다. 아래 사안은 수사기관의 인지사건에서

있었던 불기소처분에 대해 제기된 헌법소원사건이었다.

판례 헌재 2010.6.24. 2008헌마716

[판시] 이 사건 불기소처분에 대한 심판청구 (1) 문제의 소재 – 이 사건의 경우와 같이, 청구인의 고소에 의한 것이 아니라 수사기관의 인지에 의하여 수사가 개시되고 그 이후 형사사건으로 절차가 진행된 것이어서 별도의 고소인이 존재하지 아니하는 경우 그 불기소처분을 다투기 위해 제기된 헌법소원의 적법 여부와 관련하여, 청구인이 그 해당 사건에 있어서 고소인이 아니어서 그에 기초한 사전 권리구제절차를 거칠 수 없는 점 등에 중점을 두어 보충성원칙의 예외를 인정하여 적법하다고 볼 것인지, 아니면 보충성원칙을 좀 더 엄격하게 강조하는 입장에서, 청구인이 형사피해자로서 별도로 김○미와 박○희를 고소할 수 있고 그 결과에 따른 사전 권리구제절차가 존재한 점 등을 이유로 보충성원칙의 예외를 인정하지 아니하여 부적법하다고 볼 것인지가 문제된다. (2) 판단 (가) 고소하지 아니한 피해자로 하여금 그 피의사건에 대한 수사결과나 검사의 처분을 다투기 위하여 별도의 고소를 제기하게 하고 그 결과에 따라 다시 일련의 통상적인 권리구제절차를 밟게 하는 것은 헌법소원의 보충성 원칙에서 요구되는 본래의미의 사전 권리구제절차라고 할 수는 없다. 즉, 청구인이 헌법소원을 통해 다투는 것은 당해 불기소처분 절차에서 이미 내려진 공권력 행사, 즉 피청구인의 불기소처분 그 자체라고 할 것인데, 청구인이 기존의 수사절차를 벗어나 별도의 새로운 고소를 하고 그에 수반되는 권리구제절차를 거친다고 하더라도 이러한 방법에 의해서는 종래의 불기소처분 자체의 취소를 구할 수 없을 뿐만 아니라 그와 관련된 당해 수사처분 자체의 위법성도 치유되기 어렵다고 할 것이므로, 청구인에 대해 위와 같은 새로운 고소를 기초로 한 권리구제절차를 거치도록 강제할 수 없다고 보아야 한다. 뿐만 아니라 청구인은 당해 피의사건 수사절차에서 고소인 신분도 아니므로, 피청구인의 불기소처분을 다툴 수 있는 통상의 권리구제수단을 경유할 수 없다. 따라서 이 사건 불기소처분에 대한 심판청구의 경우 이에 대한 사전 권리구제절차라는 것은 형식적인 측면이나 실질적인 측면에서 모두 존재하지 않는다고 보아야 할 것이다. (나) 또한 현실적으로도 기존의 피의사건에서 피해자인 청구인에게 불리한 피청구인의 종국적 판단이 이미 내려져 있는 상태이므로, 설령 청구인이 새로운 고소를 하더라도 최종적으로는 그와 유사한 결론이 나올 가능성이 많아 그 고소의 실익이나 구제가능성이 있다고 보기 어렵다. 그러나 만일 보충성원칙의 예외를 인정하여 청구인으로 하여금 직접 헌법소원심판을 청구할 수 있도록 하고 그 심판청구가 인용되어 불기소처분이 취소될 경우에는 재수사를 통한 기소가 이루어질 수 있고, 청구인도 법원의 재판절차에서 피해자로서 진술할 수 있는 기회를 가질 수 있으므로 청구인의 권리보호에 더욱 충실할 수 있다. (다) 그렇지 않고, 위와 같이 수사기관의 수사가 종결된 상황에서 검사가 이를 토대로 가해자의 혐의에 대해 이미 불기소처분이라는 종국적인 판단 및 처분을 한 상황이고, 또 새로운 고소에 의하더라도 기존의 수사결과가 그대로 유지될 개연성이 높은 상황임에도, 청구인으로 하여금 처음부터 다시 별도의 고소를 제기하게 하고 그 처리 결과에 따라 검찰항고, 재항고 및 재정신청의 절차를 거친 다음에야 비로소 헌법소원심판을 청구할 것을 요구하는 것은 그에 수반되는 비용과 시간, 권리구제 가능성 등의 측면에서 볼 때 불필요한 우회절차를 강요함으로써 청구인에게 지나치게 가혹할 수 있어 피해자에 대한 효과적인 권리구제의 측면 등에서 보더라도 바람직하지 못한 결과를 초래할 수 있다. (라) 따라서 청구인으로서는 이 사건 불기소처분의 취소를 구하는 헌법소원심판을 청구하는 외에 달리 효과적인 구제방법이 있다고 보기 어려우므로, 비록 청구인이 김○○와 박○△를 상대로 별개의 새로운 고소를 하고 그 결과에 따른 권리구제절차를 거치지 않았다고 하더라도, 이 사건 불기소처분의 취소를 구하는 헌법소원심판을 곧바로 청구할 수 있다고 보아야 할 것이다(* 동지 : 헌재 2011.2.24. 2010헌마305; 2012.5.31. 2010헌마594 등). * 이 결정에는 보충성원칙을 지켜야 한다고 보는 이동흡, 목영준 재판관의 각하의견이 있었다.

* 이전의 동지의 결정례들 : 헌재 1992.1.28. 90헌마227; 2004.11.25. 2004헌마595; 2008.11.27. 2008헌

마399; 2008.12.26. 2008헌마387 등. 검사의 인지사건으로서 동지 결정례 : 헌재 2004.3.25. 2003헌마951; 2003.11.27. 2003헌마370.

다) 헌법소원의 다른 청구요건들(자기관련성 등) 구비할 것

이처럼 고소하지 않은 고소권자가 고소를 하지 않고, 불기소처분을 자신이 받지 않아 보충성원칙의 적용이 배제되고 바로 헌법소원심판을 청구할 수 있는데 다만, 헌법소원이 요구하는 다른 청구요건들(자기관련성, 청구기간 등)은 구비해야 적법한 청구가 된다(헌재 2014.3.27. 2013헌마750; 2014.6.26. 2014헌마14 등).

(나) 고발인의 경우

가) 항고·재항고를 거칠 것

고발인(형법 제123조부터 제126조까지의 죄에 대하여는 고발을 한 자는 제외)은 해당 불기소처분에 대해 검찰청법상의 항고·재항고를 거칠 수 있으므로(검찰청법 제10조 1항·3항) 보충성원칙의 적용상 그 항고·재항고를 거쳐야 한다(헌재 2013.8.29. 2011헌마613 참조).

판례 헌재 2013.8.29. 2011헌마613

[판시] 이 사건 불기소처분3에 대하여 고발인인 청구인은 검찰청법 제10조에 따른 항고, 재항고를 할 수 있다. 그런데 이 부분 심판청구는 위와 같은 구제절차를 거치지 아니한 채 곧바로 제기되었으므로 보충성 요건을 갖추지 못하여 부적법하다.

나) 적법하게 거칠 것

불기소처분에 대한 헌법소원을 하기 위한 전치절차인 검찰에 항고, 재항고는 적법하게 요건을 준수하여 거쳐야 한다. 즉 항고는 불기소처분의 통지를 받은 날부터 30일 이내에 하여야 하는데(검찰청법 제10조 4항) 이 기간 내에 제기된 항고가 아닌 경우에는 이를 거친 것으로 볼 수 없다. 왜냐하면 보충성원칙에서의 다른 권리구제절차란 적법하게 거친 다른 권리구제절차를 말한다고 보기 때문이다(헌재 1992.6.26. 91헌마68. 이 결정은 2008년 이전에 고소인이 청구인인 경우이긴 하나 사전에 거쳐야 항고가 적법하게 거쳐야 한다는 점에서 고발인에게 해당되므로 여기에 인용함).

다) 헌법소원의 다른 청구요건들을 구비할 것

이렇게 거쳐야 하는 보충성원칙 외에도 물론 기본권침해의 자기관련성, 청구기간 등 헌법소원의 다른 청구요건도 요구된다[헌재 2014.3.27. 2013헌마750(이 결정은 고소인의 경우이나 고발인의 경우에도 적용될 법리라고 보아 인용함); 2014.6.26. 2014헌마14 등. 자기관련성이 없다고 하여 각하된 예 : 헌재 2011.12.29. 2011헌마2].

4) 선택가능성 상황의 정리

불기소처분에 대한 재정신청이 지극히 한정되어 있던 이전에는 그 재정신청이 인정되는 범죄(형법 제123조 직권남용죄, 제124조 불법체포, 불법감금, 제125조 폭행, 가혹행위)의 혐의에 대해서는 검

찰에 항고, 재항고도 가능하였다. 이전의 그 경우에 대해 재정신청을 반드시 먼저 거쳐야 하는가 하는 문제가 있었다. 헌재는 재정신청을 거치지 않고 검찰에의 항고·재항고를 거친 후 불기소처분에 대하여 제기된 헌법소원은 적법하다고 보았다(헌재 1993.7.29 92헌마262). 요컨대 재정신청으로 가는 것과 검찰의 항고, 재항고를 거치고 재정신청을 거치지 않는 경우 두 가지 길이 병존하였고 양자는 선택적이라고 본 것이었다. 그러나 2007.6.1.(시행 2008.1.1.) 재정신청을 확대한 형사소송법의 개정에 따라 개정된 검찰청법 제10조 제3항 괄호는 "「형사소송법」 제260조에 따라 재정신청(裁定申請)을 할 수 있는 자는 제외한다"라고 하여 재정신청을 할 수 있는 자는 재항고를 할 수 없도록 규정하여 선택가능성은 사라졌다.

(4) 기소유예처분, 기소중지처분

1) 고소하지 않은 피해자

불기소처분에 대해 고소하지 않은 피해자에 준하여 생각하면 되는데 고소권자인 피해자 자신이 다시 고소를 하지 않아도 헌법소원을 제기할 수 있다(헌재 2003.3.27. 2003헌마21).

2) 피의자의 경우

피의자에 의한 기소유예처분에 대한 헌법소원심판청구가 많이 이루어진다. 기소유예는 기소를 하지는 않으나 그래도 유죄라고 보므로 이러한 누명을 벗고자 많이 제기하는 것이다. 이 기소유예처분의 경우에는 피의자가 재정신청을 할 수 있는 것도 물론 아니고 검찰에 항고, 재항고를 인정하는 법률규정이 없어서 이를 할 수 없다. 그러므로 바로 헌법소원을 제기할 수 있다. 즉 이 경우 다음에 볼 '2. 다른 구제절차가 없는 경우'에 해당한다(보충성원칙의 비적용. 후술 참조). 기소중지처분에 대한 피의자도 마찬가지이다(헌재 1997.2.20. 95헌마362).

[정리]

		→	항고	→	재항고	→	재정신청	→	헌법소원
불기소처분	고소한 피해자	→	○	→	×	→	○	→	×
	고소하지 않은 피해자	→	×	→	×	→	×	→	○
	고발인(형법 §123-126 제외)	→	○	→	○	→	×	→	○
기소유예처분 피의자		→	×	→	×	→	×	→	○

▮ 불기소처분, 기소유예처분에 대한 구제절차 흐름과 경유 및 그 가능성 도해

* [표식] → : 나아갈 과정을 의미, ○ : 할 수 있다는(거쳐야 한다는) 의미 × : 할 수 없다는 의미

* 기소유예처분에 대한 고소인, 고소하지 않은 피해자, 고발인의 헌법소원 – 불기소처분의 경우에 준하여 보면 됨.

(5) 수사기관의 부당한(허위, 편파적) 수사에 대한 헌법소원과 보충성원칙 적용

판례 헌재 제2지정재판부 1994.9.30. 고지, 94헌마183
[관련판시] 청구인이 수사기관의 부당한 수사(搜査)에 대한 헌법소원을 제기하는 취지라면 그 부분에 대하여는 별도의 구제절차를 밟아야 할 것이다. 따라서 검사의 구금·압수 또는 압수물의 환부에 관한 처분에 대하여 불복이 있으면 그 직무집행지의 관할법원 또는 검사의 소속 검찰청에 대응한 법원에 그 처분의 취소 또는 변경을 구하여야 할 것이고(형사소송법 제417조의 준항고) 또는 검사를 상대로 고소를 하여 그 처리결과에 따라 검찰청법에 정한 항고·재항고의 절차를 거쳐 비로소 헌법소원을 제기할 수 있다.

판례 헌재 2011.9.29. 2010헌바66
[판시] 원칙적으로 수사기관의 구체적인 수사처분으로 인하여 기본권을 침해받은 경우에는 형사소송법 등 관계법령에 따라 구제절차를 거친 후가 아니면 헌법소원심판을 청구할 수 없다(헌재 1994.9.30. 94헌마183, 판례집 6-2, 343, 346; 헌재 1996.2.29. 96헌마32, 판례집 8-1, 170, 176 참조). 즉 담당경찰관이 피의자신문조서나 참고인 진술조서에 <u>허위사실을 기재하는 등의 범죄행위를 하였다면</u>, 수사기관을 상대로 고소하여 그 처리결과에 따라 검찰청법에 따른 항고·재항고, 형사소송법에 따른 재정신청을 할 수 있으므로(헌재 2009.1.6. 2008헌마727 참조), 위와 같은 권리구제절차를 거치지 아니한 채 곧바로 제기한 이 부분 심판청구는 보충성 요건을 갖추지 못하였다.

* 위 두 결정 외 동지의 결정례들 – 동지 : 헌재 1996.2.29. 96헌마32등; 1996.6.13. 95헌바115

(6) 군검찰관의 불기소처분에 대한 헌법소원심판과 보충성원칙

헌재는 군검찰관의 불기소처분에 대해서는 고등군사법원에 재정신청을 하고(군사법원법 제301조 1항) 기각결정을 받으면 대법원의 즉시항고를 거쳐 헌법소원심판을 청구하여야 보충성원칙을 준수한 것으로 본다. 그러나 법원재판, 원행정처분에 대한 헌법소원을 받아들이지 않는 점에서 역시 실제 헌법소원이 되기 어렵다고 볼 것이다.

판례 헌재 1990.10.8. 89헌마278
[관련판시] 군사법원법 제464조에 의하면 고등군사법원의 결정에 대하여는 재판에 영향을 미친 헌법·법률·명령 또는 규칙의 위반이 있음을 이유로 하는 때에 한하여 대법원에 즉시항고를 할 수 있게 되어 있어 고등군사법원의 재정신청 기각결정에 대하여도 대법원에 즉시항고를 할 수 있다 함이 대법원의 일관된 판례이므로 군검찰관의 불기소처분에 대하여는 고등군사법원에 대한 재정신청과 대법원에 대한 즉시항고를 모두 거친 후가 아니면 헌법소원심판을 청구할 수 없다. 그런데 청구인은 군검찰관의 불기소처분에 대하여 고등군사법원에 재정신청만을 하고 대법원에 즉시항고를 아니한 채 바로 헌법소원심판을 청구하였으니 이 사건 심판청구는 다른 법률에 의한 구제절차를 다 거치지 아니하고 제기된 것이어서 부적법한 것이다. * 동지 : 헌재 제2지정재판부 1991.1.25. 고지, 90헌마222; 헌재 제2지정재판부 2002.2.19. 2002헌마66.

(7) 집행유예 실효지휘처분에 대한 다른 구제방법의 존재 : 형사소송법에 의한 이의신청

판례 헌재 제3지정재판부 1994.9.7. 고지, 94헌마164
[관련판시] 청구인은 자신에 선고된 집행유예의 기간이 지나가기 전에 다른 범죄로 징역형을 확정받았는

데 피청구인(검사)은 그 집행유예의 선고가 위 징역형의 확정으로 인하여 실효되었다고 하며, 교도소장에게 형집행유예의 실효지휘를 하였다. 그 결과 청구인은 유예되었던 1년 6월의 징역형을 다시 복역하게 되었다. 청구인은 위 형집행유예의 위헌확인을 구하고자 헌법소원심판을 청구하였다. [결정요지] 집행유예의 선고를 받은 자가 유예기간중에 금고 이상의 형을 선고받아 그 판결이 확정된 때에는 집행유예의 선고는 실효된다(형법 제63조 참조). 또한 형사재판의 집행은 원칙적으로 재판확정 후 그 재판을 한 법원에 대응하는 검찰청 검사의 지휘로 집행하고(형사소송법 제459조, 제460조 참조), 그러한 재판의 집행을 받은 자는 집행에 관한 검사의 처분이 부당하다고 인정하는 때에는 그 재판을 선고한 법원에 이의신청을 할 수 있다(형사소송법 제489조 참조). 이 사건의 경우, 청구인은 이 사건의 심판대상인 피청구인의 형집행유예 실효지휘처분에 대하여 형사소송법에 의한 구제방법인 이의신청을 함이 없이 곧바로 헌법소원을 제기하였음이 청구인의 주장 자체에 의하여 명백하다. 그렇다면 이 심판청구는 다른 법률에 의한 구제절차를 모두 거치지 아니하고 제기한 것으로서 부적법하다.

3. 사법부의 공권력작용, 처분의 경우

법원(司法府)의 공권력작용으로 기본권이 침해되는 경우에도 보충성원칙이 적용된다. 아래에 보충성원칙을 지켜야 함에도 그렇지 않은 예들을 본다.

(1) 집달관의 강제집행에 대한 헌법소원과 보충성원칙

판례 헌재 제3지정재판부 1989.10.7. 고지, 89헌마203

[판시] 청구인들 소유가옥에 대해 강제집행하는 집달관의 강제집행방법이나 집행절차에 관하여 이의가 있는 경우에는 민사소송법 제504조 소정의 집행방법에 관한 이의신청을 한 후 집행법원의 재판을 거쳐야 하는바, 기록에 의하면 청구인들은 그 절차를 거치지 않아 부적법하다.

(2) 법원 사무관의 접수에 관한 처분에 대한 헌법소원과 보충성원칙

판례 헌재 1991.11.25. 89헌마235

[심판대상] 법원행정처 소속 접수담당자가 청구인으로부터 1989.9.19. 제출된 '위헌여부심판제청신청'이라는 제목의 서류를 상고허가신청보충이유서로 접수한 처분으로 말미암아 청구인의 헌법상 보장된 기본권이 침해되었지의 여부 [결정요지] 민사소송법 제209조는 법원사무관 등의 처분에 대한 이의는 그 소속법원이 결정으로 재판한다고 규정하고 있다. 따라서 이 사건의 경우 청구인으로서는 헌법소원심판을 청구하기에 앞서 민사소송법 제209조에 정한 바에 따라 위 접수담당자의 소속법원인 대법원에 위 접수처분에 대한 이의를 하였어야 한다. 그런데 청구인이 이러한 이의신청에 의한 구제절차를 거친 뒤에 이 사건 헌법소원심판을 청구하였다고 인정할 만한 자료를 찾아볼 수 없다. 그렇다면 이 사건 헌법소원심판은 다른 법률에 구제절차가 있는 경우임에도 그 절차를 거치지 아니하고 청구한 것이어서 부적법하므로 이를 각하하기로 결정한다.

(3) 대법원장의 법관에 대한 인사처분의 경우

판례 헌재 1993.12.23. 92헌마247

[사건개요 및 쟁점] 청구인은 자신에 대한 전보발령처분(轉補發令處分)이 법관에 대한 정당한 인사교류가 아닌 청구인의 귀경을 저지하기 위한 자의적인 처분으로서 여타의 경향교류(京鄕交流) 대상 법관과

달리 부당하게 차별하여 청구인의 헌법상 보장된 평등권과 신분보장제도를 침해하였다고 주장하며 헌법소원심판을 청구함. [결정요지] 국가공무원법 제2조 및 제3조에 의하면 법관은 경력직 공무원 중 특정직 공무원으로서, 다른 법률에 특별한 규정이 없는 한, 국가공무원법의 적용을 받도록 규정하고 있고, 같은 법 제9조에는 법원소속 공무원의 소청에 관한 사항을 심사결정하게 하기 위하여 법원행정처에 소청심사위원회를 두도록 하고 있다. 한편 같은 법 제76조 제1항에는 국가공무원이 그 의사에 반하여 불리한 처분을 받았을 때에는 소청심사위원회에 이에 대한 심사를 청구하여 그 시정을 구할 수 있도록 규정하고 있다. 따라서 청구인은 위 각 법률조항이 정한 절차에 따라 이 사건 인사처분에 대하여 그 구제를 청구할 수 있고, 그 절차에서 구제를 받지 못한 때에는 국가공무원법 제16조, 법원조직법 제70조, 행정소송법 제1조의 규정에 미루어 다시 행정소송을 제기하여 그 구제를 청구할 수 있음이 명백하다. 그럼에도 불구하고, 청구인이 위와 같은 구제절차를 거치지 아니한 채 바로 이 사건 헌법소원심판을 청구한 점은 스스로 이를 인정하고 있으므로, 특별한 사정이 없는 한 이 사건 심판청구는 다른 법률이 정한 구제절차를 모두 거치지 아니한 채 제기된 부적법한 심판청구라 아니할 수 없다. 그런데 청구인은, 청구인에 대한 이 사건 인사처분이 사법부의 장으로서 법관에 대한 인사권자이기도 한 대법원장에 의하여 행하여진 것이기 때문에, 법원행정처의 소청심사위원회는 물론 법원의 행정소송절차에 따른 심판으로는 권리구제의 실효성을 기대하기는 매우 어렵다고 할 특별한 사정이 있다고 보아야 할 것이고, 이와 같은 사정이 있을 때에는 보충성의 원칙에 대한 예외가 인정되어야 한다고 주장한다. 공무원은 임용권자가 누구인가를 가리지 아니하고 국민에 대한 봉사자이며, 국민에 대하여 책임을 지는 지위에 있고, 특히 법관은 헌법 제103조가 "법관은 헌법과 법률에 의하여 그 양심에 따라 독립하여 심판한다"고 규정하여 법관의 독립을 보장하고 있을 뿐만 아니라 헌법과 법률에 의하여 그 신분을 두텁게 보장함으로써 이를 뒷받침하고 있는 터이므로 소청심사위원이나 행정소송의 재판을 담당할 법관에 대한 인사권자와 청구인에 대한 이 사건 인사처분권자가 동일인이라는 이유만으로 소청이나 행정소송절차에 의하여서는 권리구제의 실효성을 기대하기 어렵다고 할 수 없다. 따라서 이 사건 심판의 대상이 대법원장의 인사처분이라는 이유만으로 헌법소원의 보충성의 원칙에 대한 예외로 보아야 한다는 청구인의 주장은 이를 받아들일 수 없다.

(4) 사법정보의 비공개

소액사건의 경우 "판결서에는 민사소송법 제208조의 규정에 불구하고 이유를 기재하지 아니할 수 있다"라고 규정하고 있다(소액사건심판법 제11조의2 3항). 이에 따라 공개를 거부한 처분에 대한 아래와 같은 헌법소원심판사건이 있었다. 보충성원칙 결여로 각하결정을 하였다.

판례 헌재 제2지정재판부 2000.12.29. 고지, 2000헌마797

[사건개요] (1) 청구인은 서울지방법원 남부지원에 99가소23***4 손해배상(기)과 2000가소6***0 중간확인의 소를 제기하였는데, 2000.5.16. 위 법원은 그 이유를 적시하지 아니한 채 확인 부분은 각하하고, 나머지 부분은 기각한다는 판결을 하였다. (2) 청구인은 2000.6.20. 서울지방법원 남부지원장에게 위 판결의 이유를 공개하라는 청구를 하였고, 위 지원장은 같은 달 29. 소액사건은 소액사건심판법에 따라 판결이유의 기재를 생략할 수 있고, 청구인이 공개하라는 내용은 '공공기관의 정보공개에 관한 법률'(이하 '정보공개법') 소정의 공개 대상이 되지 않는다는 회신을 하였다. (3) 청구인은 2000.8.9. 같은 이유를 들어 정보공개법에 따른 이의 신청을 하였으나 서울지방법원 정보공개심의회에서 이를 기각하자 법원행정처 행정심판위원회에 행정심판을 청구하였고, 위 행정심판위원회는 2000.11.6. 이 청구를 기각하였다. (4) 이에 청구인은 2000.12.20. 민사소송법 제210조 제1항 단서와 소액사건심판법 제11조의2 제3항 및 판결이유공개거부처분이 청구인의 기본권을 침해한다고 주장하면서 헌법재판소법 제68조 제1항에 의한 헌법소원심판을 청구하였다. [결정요지] … 2. 판단 … 가. … 나. … 다. 판결이유공개거부처분

부분 – 정보공개거부처분에 대하여는 정보공개법 제17조, 제18조에 따른 행정심판 및 행정소송이라는 구제절차가 마련되어 있으므로 그 구제절차를 거친 뒤에 헌법소원심판을 청구하여야 한다. 청구인은 2000.6.20. 위 판결의 이유를 공개하라는 정보공개 청구를 하여 같은 달 29. 위 지원장으로부터 공개거부처분을 받고, 이에 대한 이의 신청절차를 거쳐 법원행정처 행정심판위원회에 행정심판을 제기하여 기각결정을 받은 사실은 있으나 이에 대한 행정소송절차를 경유하지는 아니한 채 이 사건 헌법소원심판을 청구하였다. 따라서 이는 사전 구제절차를 모두 거치지 아니한 헌법소원심판청구로서 부적법하다.

4. 입법작용에 대한 헌법소원의 경우

법령소원은 후술하는 대로 다른 권리구제절차가 없는 경우에 해당하고 입법부작위에 대한 헌법소원의 경우에도 마찬가지이다. 따라서 입법작용에 대한 헌법소원에서 보충성원칙이 적용되지 않는다(후술 '2. 다른 권리구제절차가 없는 경우' 부분 참조).

5. 가정법원의 관할

- 호적부상 성(姓) 표기 정정 거부 헌재는 읍장의 이러한 정정 거부 회시에 대한 헌법소원심판 청구는 당시 호적법(1975.12.31. 법률 제2817호로 개정된 것. 호적법은 폐지되어 없고 현재는 '가족관계의 등록 등에 관한 법률'이 있다)상 가정법원에 신청하여 불복할 수 있어서 보충성원칙 위반이라고 보았다. 사안은 성(姓)의 표기에서 신청인이 원하는 원음대로가 아니라 두음법칙의 적용으로 달리 표기하였고 이에 대한 정정을 신청하였으나 거부하는 회시를 하자 이 거부 회시에 대한 헌법소원심판을 청구한 사건이다.

판례 헌재 2007.10.25. 2003헌마95

[판시] 호적사건에 관하여 이해관계인은 시·읍·면의 장의 위법 또는 부당한 처분에 대하여 관할 가정법원에 불복의 신청을 할 수 있고(호적법 제125조 제1항), 가정법원은 신청이 이유 있는 때에는 시·읍·면의 장에게 상당한 처분을 명하여야 한다(호적법 제127조 제1항). ○○읍장의 정정거부 회시는 호적법 제125조 제1항이 정하고 있는 불복신청의 대상이 되는 것인데, 청구인은 호적법 제125조 제1항이 정하는 불복절차를 거치지 아니한 채 막바로 이 사건 헌법소원심판청구를 한 것이다. 따라서 이 사건 헌법소원심판청구 중 ○○읍장의 정정거부 회시에 대한 부분은 헌법재판소법 제68조 제1항 단서가 정하는 보충성의 요건을 충족하지 못하여 부적법하다. * 이 결정에서는 문제의 소재였던 대법원예규가 이 심판청구 이후 개정되어 성의 한글표기에 두음법칙 적용의 예외를 인정할 수 있게 하여 권리보호이익도 없다고 보았다.

* 검토 – 용어문제 : '불복'이란 말이 법률에서 사용되고 있으나 이 말은 국민이 복종한다는 것을 전제하는 말이므로 '이의가 있는' 등으로 바꾸어 규정하는 것이 필요하다.

Ⅳ. 보충성원칙의 예외 내지 다른 구제절차가 없는 경우

1. 구분 - 보충성원칙의 '예외'와 '비적용'(배제)

보충성원칙 요건의 충족을 요구하지 않는 경우를 통상 '예외'라고 부르나 정확히는 '예외'와 '비적용'(배제), 두 가지 경우로 나누어진다. 즉 ⅰ) 예외 - 먼저 다른 권리구제절차가 있더라도 그 권리구제절차를 거치지 않고도 헌법소원심판을 청구할 수 있는 예외의 경우이다. 이는 다른 구제절차가 있으므로 그것을 그 절차를 거쳐 보충성원칙을 충족할 것을 요구하여야 하는 것이 원칙인데 이를 요구하지 않는다는 점에서 '예외'인 것이다. 다음으로 ⅱ) 비적용(배제) - 다른 권리구제절차가 없는 경우에는 그 충족을 요구하고자 하더라도 그 절차가 없으므로 애초부터 보충성원칙을 요구할 수 없는 경우이다. 이는 예외가 아니라 비적용(배제)의 경우이다. 아래 이 두 가지 경우를 각각 나누어 살펴본다.

2. 보충성원칙의 예외

(1) 예외인정의 정당성과 그 기여

보충성의 원칙이 요구된 것은 헌법소원이 기본권구제의 최후 보루수단이라는 점에서 헌법소원 외에 다른 권리구제절차가 있으면 먼저 그 절차에 따라 구제받도록 하고 그래도 구제가 되지 않으면 헌법소원에 의하도록 한다는 헌법소원의 최종성, 보완성에 있다. 그리하여 통상적인 권리구제절차의 활용도를 높이고 그 분담도 넓히며 다른 한편 헌법소원을 헌법적인 문제를 보다 집중적으로 판단하도록 한다는 헌법재판의 효율성도 높이는 데 기여하고자 하는 의미도 가진다. 그러나 다른 권리구제절차의 강제가 기본권침해를 당한 사람에게 그 구제가 제대로 이루어질 수 없는 불필요하고 비효율적이고 결국은 헌법소원에 의하는 것이 실로 요구될 때도 이를 요구하는 것은 기본권구제를 위한 헌법소원이라는 본래의 목적이나 위 목적을 저버리는 결과를 가져올 수도 있다. 이러한 부정적 경우를 막기 위해서는 그 예외를 인정하는 것이 정당하다.

우리 헌법재판소는 출범초기부터 보충성원칙의 예외사유를 인정하여 곧바로 헌법소원을 제기할 수 있는 가능성을 열어 헌법소원의 활성화를 가져오게 하였다. 헌법소원의 활성화는 헌법의 해석과 헌법판례의 집적을 가져와 보다 정밀한 헌법상 기본권의 보호법리를 구축하는 데 기여하게 된다.

(2) 예외사유와 그 적용례

1) 예외사유

아래 예외사유는 확립된 판례법리로서 판례에서 매우 빈번히 제시되고 있다.

[헌재의 기본법리]

▷ 보충성원칙의 예외사유

- 청구인이 그의 불이익으로 돌릴 수 없는 정당한 이유 있는 착오로 前審節次(다른 권리구제절차)를 밟지 않은 경우
- 다른 권리구제절차에 의하더라도 구제의 기대가능성이 없는 경우
- 다른 권리구제절차의 허용여부가 객관적으로 불확실하여 전심절차이행의 기대가능성이 없을 경우
- 다른 구제절차가 있더라도 구제의 기대가능성이 없고 다만 기본권침해를 당한 청구인에게 불필요한 우회절차를 강요하는 것밖에 되지 않는 경우

위 판례법리가 나타나기 시작한 결정례는 임야조사서 또는 토지조사부의 열람·복사 신청이 있었음에도 이에 불응한 부작위가 "알 권리"를 침해한 것이므로 위헌임을 확인한 아래의 결정이다.

판례 헌재 1989.9.4. 88헌마22

[사건개요] 청구인은 1988.3.22.부터 동년 12.10.경까지의 간에 수차례에 걸쳐서 피청구인(군수)에게 경기도 이천군 마장○ 표교리 산 18내지 산 21, 산 23과 326의 1 및 129의 2 등지에 소재한 임야와 전에 대한 구임야대장, 민유임야이용구분조사서(후술하는 바와 같이 임야조사서를 의미), 토지조사부, 지세명기장 등의 열람·복사 신청을 하였으나 피청구인은 그 중 토지조사부와 임야조사서에 대하여서는 그 신청이 정당한 이해관계인에 의하여 제출된 것인지의 여부도 검토하지 아니한 채 아무런 조처도 하지 않는 방법으로 불응하였고, 이에 청구인은 동년 12.17. 헌법재판소에 이 사건 헌법소원심판을 청구하였다.
[관련판시] 청구인은 다른 구제절차를 밟지 않고 곧바로 본건 헌법소원심판청구를 하였기 때문에 헌법재판소법 제68조 제1항 소정의 전심절차요건 불비의 위법이 있다는 항변부분에 관하여 살펴본다. 청구인의 토지조사부 등에 대한 열람·복사 신청에 대한 피청구인의 대응은 거부의 의사표시도 하지 않고 방치해 버린 사실상의 부작위의 경우에 해당하는 것으로 보여진다. 그리고 행정심판 또는 행정소송의 대상이 될 수 있다고 본다면 청구인으로서는 의무이행심판을 구하거나(행정심판법 제4조 제3호) 항고소송을 제기하여(행정소송법 제3조 제1호) 거부처분취소 또는 부작위위법확인(동법 제4조 제1호, 제3호) 등을 구하는 것이 가능할 것이기 때문에 그 절차를 거치지 않은 것은 바로 전심절차 불이행의 흠결이 있는 것으로 지적될 수 있다. 그러나 행정소송법상 "부작위"라 함은 행정청이 당사자의 신청에 대하여 상당한 기간내에 일정한 처분을 하여야 할 법률상 의무가 있음에도 불구하고 이를 하지 않은 것을 의미하는 것으로서(동법 제2조 제1항 제2호), 피청구인이 청구인의 문서 열람·복사 신청에 불응한 것이 위 부작위로 되어 행정쟁송의 대상이 되려면 피청구인에게 법률상의 처분의무가 존재하여야 한다. 그런데 공문서의 개시의무에 관한 법률상 명문규정은 찾아볼 수 없고, 행정청의 부작위 또는 사실행위에 관한 대법원의 종래의 판례를 검토하면, 민원인으로부터 애국지사 유족확인신청서를 받고 이를 그대로 반송한 사실에 대하여 위 반송처분은 법률에 위반한 단순한 사실행위에 불과하여 항고소송의 대상이 되는 행정처분이라고 할 수 없다고 하고, … 임야대장, 토지대장, 가옥대장 등의 성격과 관련하여 시·군·구에 작성 비치하는 동 대장 등에의 등재행위는 행정청의 내부적행위에 불과한 것으로 그 자체로서 개인의 권리관계에 변동을 가져오는 것이 아니라 오로지 당해 행정청에서의 행정 사무편의와 사실증명을 위한 자료로 쓰이는데 지나지 않아 행정청이 사실과 다르게 기재하였다고 하더라도 행정소송의 대상이 되지 않는다고 판시(대법원 1976.5.1. 선고, 76누12 판결 참조)하고 부작위위법확인과 관련하여 부작위위법확인을 받을 법률상의 이익이 있는 경우에는 원고적격이 인정된다 하겠으나 여기서 말하는 법률상의 이익은 당해 처분 또는 부작위의 근거 법률에 의하여 보호되는 직접적이고 구체적인 이익이 있는 경우를 말하고 다만 간접적이거나 사실적·경제적 관계를 가지는데 불과한 경우는 여기에 포함되지 아

니한다고 판시(대법원 1989.5.23. 선고, 88누8135 판결 참조)하고 있다. 이상 대법원의 판례를 종합해 보면 행정청 내부의 사실행위나 사실상의 부작위에 대하여 일관하여 그 행정처분성을 부인함으로써 이를 행정쟁송 대상에서 제외시켜 왔음을 알 수 있어 본건과 같은 경우도 행정쟁송에서 청구인의 주장이 받아들여질 가능성은 종래의 판례 태도를 변경하지 않는 한 매우 희박함을 짐작하기에 어렵지 않는 것이다. 과연 그렇다면 사실상의 부작위에 대하여 행정소송을 할 수 있는지의 여부를 잠시 접어두고 그에 관한 대법원의 태도가 소극적이고 아울러 학설상으로도 그 가부가 확연하다고 할 수 없는 상황에서 법률의 전문가가 아닌 일반국민에 대하여 전심절차의 예외없는 이행을 요구하는 것이 합당하겠는가의 의문이 생겨나는 것이다. 그러나 헌법소원심판 청구인이 그의 불이익으로 돌릴 수 없는 정당한 이유있는 착오로 전심절차를 밟지 않은 경우 또는 전심절차로 권리가 구제될 가능성이 거의 없거나 권리구제절차가 허용되는지의 여부가 객관적으로 불확실하여 전심절차 이행의 기대가능성이 없을 때에는 그 예외를 인정하는 것이 청구인에게 시간과 노력과 비용의 부담을 지우지 않고 헌법소원심판제도의 창설취지를 살리는 방법이라고 할 것이므로, 본건의 경우는 위의 예외의 경우에 해당하여 적법하다고 할 것이다. 같은 취지의 설시를 하고 있는 동지의 결정례들이 많다.

* 해설 – 이 결정은 우리 헌법재판소가 '알 권리'를 헌법상의 권리로 인정하기 시작한 판례이다. 그리하여 헌재는 임야조사서(또는 토지조사부)에 대한 청구인의 열람·복사 신청에 불응한 피청구인(군수)의 부작위가 청구인의 '알 권리'를 침해하는 위헌임을 확인하는 결정을 하였다. * 이 결정 이후 현재는 정보 비공개결정에 대한 행정쟁송을 인정하는 '공공기관의 정보공개에 관한 법률'이 시행되고 있는 등 상황이 다르다.

2) 예외사유의 적용례(구현례)

위의 예외사유가 구체적으로 나타난 적용사례들로는 이하 (3)~(7) 등에서 볼 행정소송 대상성(처분성)의 불명확성, 행정소송의 소익 소멸에 따른 보충성원칙 예외, 권력적 사실행위, 집행행위 있는 경우의 보충성원칙의 예외사유 등이다. 이하에서 각각 살펴본다.

(3) 행정소송의 대상성요건인 '처분성' 여부의 불명확성에 따른 예외

공권력작용의 많은 비중을 차지하는 것은 행정작용인데 행정작용에 대한 권리구제절차로 물론 행정쟁송제도가 마련되어 있으므로 행정작용에 대한 헌법소원에서의 보충성원칙의 예외 여부 문제는 행정쟁송의 대상이 되느냐 여부에 직결되어 있다. 행정쟁송의 대상은 '처분성'을 가져야 한다고 하는데 아래의 결정례들은 처분성을 가지는지가 불명확하고 법원이 행정소송 대상으로 인정한 예가 없어 행정쟁송의 대상이 되는지가 분명하지 않아 보충성원칙의 예외를 인정한 예들이다. 유의할 것은 이전에는 처분성이 불명확하다고 보았다가 이제는 처분성이 명확하다고 보아 보충성원칙의 준수를 요구하는 예도 있었다는 점인데 아래의 8)의 경우가 그 예이다.

1) 임야조사서(또는 토지조사부) 열람·복사 신청 불응 부작위 사건

바로 위 사건인데 이 사건에서도 법원의 행정쟁송대상 제외 가능성, 소극적 태도에 따른 행정쟁송 허용여부가 객관적으로 불확실하다고 하여 예외를 인정한 것이다.

판례 헌재 1989.9.4. 88헌마22

[관련판시부분] 대법원의 판례를 종합해 보면 행정청 내부의 사실행위나 사실상의 부작위에 대하여 일관하여 이를 행정쟁송 대상에서 제외시켜 왔음을 알 수 있어 … 대법원의 태도가 소극적이고 아울러 학설상으로도 그 가부가 확연하다고 할 수 없는 상황에서 … 헌법소원심판 청구인이 그의 불이익으로 돌릴 수 없는 정당한 이유있는 착오로 전심절차를 밟지 않은 경우 또는 전심절차로 권리가 구제될 가능성이 거의 없거나 권리구제절차가 허용되는지의 여부가 객관적으로 불확실하여 전심절차 이행의 기대가능성이 없을 때에는 그 예외를 인정하는 것 … 본건의 경우는 위의 예외의 경우에 해당하여 적법하다.

사실 위 판시에서 당시까지 대법원판례가 임야조사서 또는 토지조사부의 열람·복사 신청 불응이라는 부작위 그 자체에 대해 직접 행정쟁송 대상에서 제외한다는 판례가 있다고 하였다면 다음의 '3. 다른 권리구제절차가 없는 경우'에 포함시킬 사례이다. 그러나 그런 직접적인 판례가 없고 더구나 위 사안은 처음으로 보충성원칙의 '예외' 법리를 설시한 것이기에 여기에 인용한다.

2) 최저임금 고시 사건

2018년 적용 최저임금 고시(2017.8.4. 고용노동부고시 제2017－42호)의 최저임금액 7,530원 규정과 2019년 적용 최저임금 고시(2018.8.3. 고용노동부고시 제2018－63호)의 최저임금액 8,350원 부분(이하 '각 최저임금 고시 부분')에 대한 청구에 대해 헌재는 행정소송 등 허용이 불확실하고 법원도 행정소송 대상으로 인정한 적이 없어 보충성원칙 위배가 없다고 보았다.

판례 헌재 2019.12.27. 2017헌마1366등

[판시] 한편 피청구인(고용노동부장관)은 이 사건 각 고시 중 각 월 환산액을 제외한 부분(이하에서는 '각 최저임금 고시 부분'이라 한다)은 항고소송의 대상이 되는 행정처분에 해당하므로 이에 대한 헌법소원심판청구는 보충성 요건을 충족하지 못하여 부적법하다고 주장한다. 살피건대, 각 최저임금 고시 부분은 최저임금법 제8조 제1항에 따라 고용노동부장관이 2018년 및 2019년에 적용할 최저임금액을 정한 것이다. 각 최저임금 고시 부분의 처분성을 인정하여 행정소송법에 의한 행정소송 등 다른 권리구제절차를 허용할 수 있는지 여부가 객관적으로 불확실하고, 각 최저임금 고시 부분에 대하여 법원이 항고소송의 대상으로 인정한 적도 없으므로, 청구인들에게 항고소송에 의한 권리구제절차를 거치도록 요구하거나 기대할 수 없다고 할 것이다. 따라서 이 사건 헌법소원심판청구 중 각 최저임금 고시 부분이 보충성 요건을 충족하지 못한다는 피청구인의 주장은 이유 없다.

위 판례와 같이 보충성원칙 위배가 없다는 결론의 이유로서 행정소송 허용 여부의 객관적 불확실성과 아울러 법원이 행정소송 대상으로 인정한 예가 없다는 점을 들고 있는 결정례는 법원의 인정례 부재라는 후반부 이유 부분에 방점을 두면 다음의 '3. 다른 권리구제절차가 없는 경우'에 해당될 것이나 그것 역시 그 부재도 결국 불확실성의 논거라고 볼 수 있으므로 여기 '2. 예외'에 분류한 것이다.

3) 최저생계비고시에 대한 헌법소원심판에서의 보충성원칙 배제

보건복지부장관이 2002년도 최저생계비를 고시함에 있어 장애로 인한 추가지출비용을 반

영한 별도의 최저생계비를 결정하지 않은 채 가구별 인원수만을 기준으로 최저생계비를 결정한 2002년도 최저생계비고시(보건복지부고시 제2001-63호)가 생활능력 없는 장애인가구 구성원의 인간의 존엄과 가치 및 행복추구권, 인간다운 생활을 할 권리를 침해한다는 주장으로 청구된 헌법소원심판사건에서 헌재는 이러한 보건복지부장관의 고시에 대하여 처분성을 인정하여 행정소송법에 의한 행정소송 등 다른 권리구제절차를 허용할 수 있는지 여부가 객관적으로 불확실하므로, 이 사건은 보충성의 예외에 해당한다고 보았다.

판례 헌재 2004.10.28. 2002헌마328

[판시] 이 사건 심판의 대상은 보건복지부장관 또는 그 산하 행정기관의 어떤 구체적인 처분 그 자체가 아니고, 보건복지부장관이 법령의 위임에 따라 정한 최저생계비 고시인데, 이러한 보건복지부장관의 고시에 대하여 처분성을 인정하여 행정소송법에 의한 행정소송 등 다른 권리구제절차를 허용할 수 있는지 여부가 객관적으로 불확실하므로, 이 사건은 보충성의 예외에 해당하는 것으로 보아 헌법소원대상성을 인정할 수 있다.

* 검토 – 위 판시에서 보충성원칙 예외라고 하면서 갑자기 대상성이 인정된다고 결론을 맺고 있다. 이는 우리 헌법소원에서 보충성원칙이 다른 권리구제를 거치면 헌법소원심판을 받을 수 있다는 긍정적인 면보다 원행정처분에 대한 헌법소원대상성 부정으로 인해 보충성원칙이 사실 곧바로 헌법소원 대상으로 그 심판을 받을 수 있느냐 하는 요건으로 전락한 점을 생각하게 한다. 헌재가 이런 의식을 반영하는 입장에서 위와 같은 판시를 하였다면 받아들이기 곤란하다(한국에서의 보충성의 현실에 대한 검토는 후술한다).

4) 대통령선거방송토론위원회가 정한 결정 및 그 공표행위에 대한 헌법소원의 경우의 보충성원칙배제

판례 헌재 1998.8.27. 97헌마372등

[쟁점] 대통령선거 후보자 대담·토론회에 참석할 후보자의 선정기준에 관하여 대통령선거방송토론위원회가 정한 결정 및 그 공표행위에 대하여 행정쟁송을 거치지 아니하고 헌법소원심판이 청구된 경우 보충성의 원칙을 충족한 것인지 여부(긍정) [관련판시] '공직선거 및 선거부정방지법'(1997.11.14. 법률 제5412호로 개정된 것, 이하 '공선법')은 토론위원회 자체에 그 결정의 시정을 구하는 절차나, 감독기관이라고 할 수 있는 중앙선거관리위원회에 불복하는 절차를 전혀 두고 있지 아니하므로 토론위원회의 결정에 대한 공선법상의 구제절차는 없다. 그 밖에 토론위원회의 결정이 행정쟁송의 대상인 처분, 즉 행정청이 행하는 구체적 사실에 대한 법집행으로서 공권력의 행사 또는 거부에 해당하는지 여부는 객관적으로 불확실하며, 나아가 가사 처분에 해당한다고 하더라도 후보자 등록일부터 선거일 전일까지라는 짧은 법정선거운동기간에 행정쟁송절차가 완료되어 구제될 가능성은 기대하기 어려우므로, 토론위원회의 결정을 다툼에 있어 행정쟁송을 거칠 것을 요구하는 것은 실효성 없는 우회절차를 요구하는 것밖에 되지 않는다. 그렇다면 이 사건 헌법소원은 법률상 구제절차가 없는 경우에 해당하거나 사전에 구제절차를 거칠 것을 기대하기가 곤란한 경우에 해당하여(헌재 1989.9.4. 88헌마22 참조) 보충성의 요건을 충족하였다고 할 것이다.

5) 미결수용자에 대한 신문기사삭제행위를 대상으로 한 헌법소원에서의 예외인정

판례 헌재 1998.10.29. 98헌마4

[쟁점] 미결수용자가 구독하는 신문의 기사 중 일부를 삭제한 처분행위에 대해 곧바로 청구된 헌법소원

에서의 보충성의 예외 인정여부(인정) [관련판시] 피청구인(구치소장)이 위 신문들을 일부 삭제한 직접적인 법적 근거는 행형법 제34조와 법무부장관의 '수용자 교육 · 교화운영지침'(법무부, 1998년도)의 관련 내용에 따른 것이다. 그런데 위 지침에 따르더라도 기사삭제행위에 대한 권리구제수단에 관하여 아무런 규정이 없으므로 그 삭제행위에 대해 어떠한 구제수단이 있을 것인가가 청구인으로서는 명확히 알 수 없다. 일반국민이 위와 같은 기사삭제행위가 행정심판이나 행정소송의 대상이 될 수 있을 것이라고 쉽게 판단하기는 어렵다. 이러한 사정과 청구인이 당시 구금자로서 활동의 제약을 받고 있었던 점을 아울러 고려할 때 청구인의 입장에서는 위와 같은 절차 이행의 기대가능성이 없었다고 보아야 할 것이다. 따라서 보충성의 예외인 경우로 인정되어 적법하다.

6) 국민감사청구에 대한 감사원장의 기각결정

○○증권 주식회사 소액주주들이 금융감독위원회 · 금융감독원 · 공적자금관리위원회 · 재정경제부에 대하여 감사를 실시할 것을 요구하는 국민감사청구[구 부패방지법 제40조(현행 '부패방지 및 국민권익위원회의 설치와 운영에 관한 법률' 제72조)에 따른 국민감사청구]에 대한 감사원장의 기각결정이 헌법소원의 대상이 된다고 보고 나아가 보충성원칙 적용 예외로 보아 본안판단으로 나아갔다. 본안판단결과 국민감사청구기각결정이 자의적인 공권력행사에 해당하지 않는다고 하여 기각결정이 있었다.

판례 헌재 2006.2.23. 2004헌마414

[판시] 감사원의 국민감사청구 기각결정에 대하여 처분성이 인정된다면 행정심판이나 행정소송 등의 사전구제절차를 경료해야 하고 이를 거치지 아니한 심판청구는 보충성 요건에 의하여 부적법하게 될 것이다. 그런데 감사원의 국민감사청구기각결정의 처분성 인정 여부에 대한 대법원판례는 물론 하급심판례도 아직 없으며, 부패방지법상 구체적인 구제절차가 마련되어 있는 것도 아니므로, 청구인들에게 행정심판이나 행정소송 등의 사전 구제절차를 모두 경료하고 나서 헌법소원을 청구할 것을 기대할 수는 없다고 할 것이다. 따라서, 청구인들이 행정소송을 거치지 않았다고 하여 보충성 요건에 어긋난다고 볼 수는 없다.

* 검토 – 기대할 수 없다고 하였으나 법원이 소송대상성을 인정한 예가 없다면 다음에 볼 '2. 다른 권리구제절차가 없는 경우'에 해당한다고도 볼 수 있다. 그런데 법원소송대상성의 불확실성을 고려하여 여기에 분류하였다.

7) 옥외집회 시간 · 장소 경합된 두 집회신고서에 대한 경찰서장의 일괄 반려행위

위 반려행위들에 대해 처분무효취소소송과 함께 집행정지신청을 법원에 하였으나, 법원은 반려행위를 '집회 및 시위에 관한 법률' 제8조 제2항 소정의 금지통고로도 볼 수 없어 위 반려행위가 행정처분이 아니라는 이유에서 위 집행정지신청을 각하하였고 이에 청구인들도 이와 같은 방법으로는 권리구제를 받을 수 없다고 보아 위 취소소송도 취하하였던 사정에 비추어 볼 때, 법원에서의 권리구제절차가 허용되는지 여부가 객관적으로 불확실하다고 하여 보충성원칙의 예외를 인정하였다.

판례 헌재 2008.5.29. 2007헌마712

[사건개요] ○○합섬HK지회와 ○○생명인사지원실이 같은 일시에 제출한 옥외집회신고서상의 옥외집회

와 집회 시간 및 장소가 경합되어 상호방해 및 충돌우려가 있다는 이유에서 경찰서장(피고인)이 두 신고서 모두에 대해 반려하는 조치를 취하였고, 이러한 조치는 동일한 경위로 총 9회에 걸쳐 이루어졌다. 이에 ○○합섬HK지회, 지회장, 회원은 위 반려행위들이 집회·결사의 자유를 침해한다는 이유로 2007.6.25. 헌법소원심판을 청구하였다. [판시] 청구인들 중 일부는 이 사건 반려행위 중 (1) 내지 (3)행위에 대하여 서울행정법원에 그 처분무효취소소송을 제기하면서 집행정지신청도 함께 제기하였으나, 위 법원은 집시법상 이미 접수된 옥외집회신고서를 반려할 수 있는 근거가 없을 뿐만 아니라, 반려행위를 집시법 제8조 제2항 소정의 금지통고로도 볼 수 없어 위 반려행위가 행정처분이 아니라는 이유에서 위 집행정지신청을 각하하였다. 이에 처분무효취소소송을 제기하였던 청구인들은 이와 같은 방법으로는 권리구제를 받을 수 없다고 보아 위 취소소송을 취하하고, 이 사건 헌법소원심판청구에 이른 것이다. 이러한 사정에 비추어 볼 때, 이 사건 반려행위에 대하여 법원에서의 권리구제절차가 허용되는지 여부가 객관적으로 불확실하므로 청구인들로 하여금 사전 구제절차를 이행하도록 기대하는 것은 적절하지 않다고 할 것이다. 그러므로 이 사건 심판청구는 보충성의 예외에 해당하는 심판청구로서 적법하다.

8) 변경의 예 : 검찰의 기록에 대한 열람·복사신청의 거부행위의 경우

이 경우는 이전에는 처분성이 불명확하다고 보았다가 이후 법원이 행정소송 대상으로 인정하고 검찰보존사무규칙도 개정되어 그 처분성이 명확하다고 보아 보충성원칙의 준수를 요구하는 변화가 있었던 예이다.

(가) 예외를 인정하는 이전의 판례

가) 형사확정소송기록복사신청 거부행위에 대한 헌법소원에서의 예외인정

판례 헌재 1991.5.13. 90헌마133

[쟁점] 청구인이 자신의 형사확정소송기록의 일부에 대한 복사신청을 하였음에도 피청구인(지청장)이 이를 거부하자 다른 권리구제절차를 거치지 아니하고 곧바로 이 사건 헌법소원심판을 청구하였는데 이 청구가 헌재법 제68조 제1항 단서의 구제절차요건을 구비하였는지 여부 [결정요지] (1) 이 사건 헌법소원심판의 청구에 앞서서 거쳐야 할 권리구제절차로서 상정해 볼 수 있는 것은 첫째, 형사소송법상의 준항고절차이고, 둘째, 행정심판법 및 행정소송법상의 행정쟁송절차이다. (2) 준항고절차 – 형사소송법 제417조는 검사(또는 사법경찰관)의 구금, 압수 또는 압수물의 환부에 관한 처분에 대하여서만 그에 대한 불복이 있을 때 법원에 그 처분의 취소 또는 변경을 청구할 수 있는 준항고절차를 규정하고 있는데, 형사확정소송기록의 열람·복사도 형사절차의 일부라고 보고 형사확정소송기록의 열람·복사신청에 대한 검사의 대응처분에 대하여서도 준항고를 할 수 있다고 주장할 수 있을는지는 모르나 그것은 입법론으로는 별론 현행 법률의 해석론으로서는 무리라고 할 것이고, 현재로서는 이에 대한 법원의 판례를 찾아볼 수 없음은 물론 학계의 정립된 이론도 쉽게 발견할 수 없다. (3) 행정쟁송절차 – 무릇, 어떠한 신청에 대한 행정청의 거부행위에 대하여 행정쟁송을 제기할 수 있기 위하여서는 신청인이 행정청에 대하여 그 신청에 따른 행정행위를 할 것을 요구할 수 있는 법규상 또는 조리상의 근거가 있어야 하므로 살피건대, 형사확정소송기록에 대한 국민의 열람·복사신청이 있는 경우, 기록보관 검찰청이 일정한 처분을 하여야 한다고 규정하고 있는 실정법상의 규정은 현재로서는 찾아볼 수 없다. … 형사사건기록의 열람·복사와 관련되는 현행 법령의 규정으로서는 형사소송법 제35조, 제45조, 제47조, 제55조 제1항, 제185조 등을 들 수 있는데, 이들 어느 규정도 이 사건에서 문제되고 있는 형사확정소송기록의 복사신청에 대한 검찰청의 대응의무를 규정하고 있는 것이 아니다. 나아가 행정쟁송의 대상을 규율하고 있는 일반적인 규정을 보면, 행정쟁송의 대상이 되는 '행정청의 처분'이라 함은 "행정청이 행하는 구체

적 사실에 관한 법집행으로서의 공권력의 행사 또는 그 거부와 그 밖에 이에 준하는 행정작용"을 말한다고 규정되어 있는바(행정심판법 제2조 제1항 제1호 및 행정소송법 제2조 제1항 제1호), … 형사확정소송기록의 복사신청에 대한 검찰청(의정부지청장)의 거부행위를 행정쟁송으로 다툴 수 있는 성질의 처분행위라고 할 수 있는 것인지는 앞서 살펴본 법리에 비추어 볼 때 쉽사리 단정하기도 어려울 뿐만 아니라 이를 직접적으로 인정하고 있는 대법원의 판례도 찾아볼 수 없고 학설상의 논의 또한 찾아보기 힘들다. (4) 이상의 사정을 종합해 본다면, 헌법소원심판청구에 앞서 현행법상 사전에 권리구제를 받을 수 있는 길이 있는 것인지의 여부가 확연하지 않은 것이다. 따라서 절차상 이 사건 헌법소원심판청구는 적법하다고 할 것이다.

나) 기소 후 공판개시 전의 검사 수사기록 열람·등사거부행위에 대한 동지 결정

판례 헌재 1997.11.27. 94헌마60

[사건개요] 청구인의 변호사가 청구인을 위한 변론을 준비하기 위하여 피청구인(검사)에게 경찰 및 검찰에서의 청구인의 자술서 및 피의자신문조서, 참고인들의 진술조서 등이 포함된 지방검찰청 수사기록 일체를 열람·등사하겠다는 신청을 하였으나, 피청구인은 거부사유를 일체 밝히지 아니한 채 이를 거부하였다. 이에 청구인은, 그 변호인의 열람·등사를 거부한 피청구인의 행위는 변호인의 조력을 받을 권리 등을 침해하고 있다는 이유를 들어 헌법소원심판을 청구하였다. [관련판시] 준항고절차의 경우 수사기록의 열람·등사거부에 대한 구제절차로 볼 수는 없다 할 것이고, 행정쟁송절차도 과연 적절하고 타당한 것인지도 의문이려니와 가사 행정쟁송절차가 허용된다 하더라도 수사기록에 대한 열람·등사는 공판절차가 개시되기 전에 미리 필요한 것으로서 시기를 놓치게 되면 자칫 무용의 것이 되기 쉬운 것인데 행정쟁송절차에 소요되는 기간이 결코 짧지 아니한 우리의 현실을 감안할 때 그와 같은 구제절차가 당해 형사사건 공판개시 전에 완결되리라고 기대하기 어렵고, 오히려 행정쟁송이 심리단계에 들어갈 즈음에는 이미 당해 형사사건 공판절차가 개시되어 수사서류는 검사에게서 법원으로 넘겨진 상태가 되어 그 행정쟁송은 더 이상 유지할 실익이 없어 각하될 수밖에 없는 경우가 대부분일 것이므로 청구인에게 위와 같은 절차를 이행할 것을 요구하는 것은 청구인으로 하여금 불필요한 우회절차를 강요하는 것이 된다 할 것이다. 따라서 헌법재판소법 제68조 제1항 단서의 예외적인 경우의 하나로 보아 적법하다 할 것이다.

* 해설 – 이 판례는 시기를 놓쳐서는 안 되므로 행정소송이 더 이상 유지될 실익이 없어 각하될 것이라는 사유가 감안된 점이 위의 90헌마133 결정과 다르다. 따라서 아래 (나)에서 보는 대로 이제 변화가 와서 검사의 거부행위가 행정처분성을 가진다고 하더라도 위 사안과 같은 경우에는 여전히 보충성원칙의 예외가 되는 것으로 보아야 하지 않는가 한다.

(나) * 유의 * 행정처분성을 인정하여 예외를 부인하는 이후 판례들

헌재는 아래의 1998년 결정부터는 검찰기록의 등사거부처분에 대해 행정소송의 대상이 되는 행정처분성을 가진다는 이유로 보충성원칙의 적용을 요구하고 있다는 점에 유의하여야 할 것이다.

가) 검찰의 진정사건기록등사신청거부처분에 대한 헌법소원에서의 행정쟁송 전치 요구

판례 헌재 1998.2.27. 94헌마77

[쟁점] 진정사건기록등사신청거부처분(陳情事件記錄謄寫申請拒否處分)에 대하여 행정쟁송 등의 구제절차를 거침이 없이 바로 헌법소원을 제기할 수 있는지 여부(否定, 각하결정) [결정요지] 이 사건 등사거

부처분에 대한 구제절차로서 생각할 수 있는 방법은 형사소송법상의 준항고절차나 행정심판법 및 행정소송법에 의한 행정쟁송 절차를 생각할 수 있을 것이나, 형사소송법 제417조가 준항고의 대상을 검사 또는 사법경찰관의 구금, 압수 또는 압수물의 환부에 관한 처분으로 한정하고 있어서 진정기록의 등사신청거부처분에 대하여는 준항고절차의 적용이 배제됨이 명백하고(헌법재판소 1991.5.13. 90헌마133 결정; 1997.11.27. 94헌마60 결정 등 참조), 따라서 여기에서는 이 사건 등사거부처분이항고소송의 대상이 되는 행정처분인지가 문제이다. 국민의 신청에 대하여 한 거부행위가항고소송의 대상이 되는 행정처분이 되기 위하여는 신청인이 행정청에 대하여 그 신청에 따른 행정행위를 하여 줄 것을 요구할 수 있는 법규상 또는 조리상의 근거가 있어야 하기 때문이다(헌법재판소 1991.5.13. 90헌마133 결정 참조). 그런데, 우리재판소는 형사확정소송기록은 열람·복사 신청이 거부된 경우 행정소송이 가능한 정부공문서규정과는 별도로 제정된 검찰보존사무규칙이라는 특별법령에 의하여 보존·관리되고 있는 점으로 보아 정부공문서규정의 적용대상에 포함된다고 볼 수 없고, 형사확정소송기록에 대한 국민의 열람·복사 신청이 있는 경우, 기록보관 검찰청이 일정한 처분을 하여야 한다고 규정하고 있는 실정법상의 규정은 현재로서는 찾아볼 수 없어 행정쟁송으로 다툴 수 있는 성질의 처분행위라고 할 수 있는지 단정하기도 어려울 뿐 아니라 이를 직접적으로 인정하고 있는 대법원의 판례나 학설상의 논의 또한 찾아보기 힘들다고 하면서 확정된 형사소송기록의 복사신청에 대하여 한 거부행위에 대한 헌법소원심판청구에는 예외적으로 헌법재판소법 제68조 제1항 단서 소정의 전심절차이천요건은 배제된다고 판시한 바 있다(헌법재판소 1991.5.13. 90헌마133 결정, 위에 인용 참조). 그러나 이 사건 등사거부처분은 다음의 두 가지 점에서 취소소송의 대상이 되는 행정처분이라고 봄이 상당하다. 첫째, 우리재판소의 위 결정 이후 검찰보존사무규칙에 기록의 열람·등사청구에 관한 규정이 신설되었기 때문이다. 1994.1.1.부터 시행되고 있는 개정 검찰보존사무규칙(1993.12.10. 개정, 법무부령 제378호)에서 사건관계인 등이 재판확정기록, 불기소사건기록 및 진정, 내사사건기록 등에 대하여 일정 범위의 열람·등사를 청구할 수 있도록 규정하고(검찰보존사무규칙 제20조), 위와 같은 청구가 있는 경우 검사는 그 허가여부를 결정하여 서면으로 통지할 의무를 지도록 규정함으로써(동 규칙 제21조), 국민의 열람·등사청구가 있는 경우, 기록보관 검찰청이 일정한 처분을 하여야 한다고 규정한 실정법상의 근거가 명백히 마련되어 굳이 정부공문서규정에 의하지 않더라도 그 처분성이 분명하게 되었고 국민에게 진정사건기록의 열람·등사를 청구할 권리 내지 법에 정하여진 절차에 따라 그 허부의 처분을 행할 것을 요구할 수 있는 법규상의 지위가 부여되었다. 둘째, 법원에서도 열람·등사거부처분에 대한 취소소송을 인정하기 시작하였기 때문이다. 즉 서울고등법원은 1998.1.14. 97구19986호 판결로 수사기록에 대한 열람·등사청구권은 자기에게 정당한 이해관계가 있는 정부보유 정보에 대한 청구권으로서 헌법에 의하여 보장되고 있는 알 권리에 포함된다고 하면서 국가기밀의 누설이나 증거인멸, 증인협박, 사생활침해, 관련사건 수사의 현저한 지장 등 공개를 거부하는 정당한 사유를 밝히지 아니한 채 청구를 거부한 것은 부당하다며 무혐의처분된 기록에 대한 열람·등사거부처분의 취소를 명하는 재판을 함으로써 열람·등사 거부행위가항고소송의 대상이 되는 행정처분임을 명백히 하였다. 따라서 이 부분에 대한 이 사건 심판청구는 부적법하다.[1)]

나) 비슷한 취지의 결정례

청구인에 대한 확정재판기록 중 피해자의 법정증언 및 탄원서에 대한 등사신청을 거부한 처분에 대하여 헌재가 위 결정과 비슷하게 판시한 아래의 결정이 있다.

판례 헌재 1999.9.16. 98헌마246

[결정요지] 이 사건 등사거부처분은 다음의 두 가지 점에서 취소소송의 대상이 되는 행정처분이라고 봄

1) 이 결정에 대한 평석으로, 정재황, 행정처분과 헌법소원심판 – 등사신청거부처분취소, 헌법학연구(한국헌법학회), 제4집 제3호, 1998년 10월 참조.

이 상당하다. 첫째, … 중략(이하 위 헌재 1998.2.27. 94헌마77 결정과 동지 – 저자 주) 따라서 구제절차를 거친 후가 아니면 헌법소원심판을 청구할 수 없다. 그런데 이 사건 등사거부처분이 보충성의 예외를 인정하는 경우에 해당하는지를 보면 이 사건은 이미 대법원까지 판결이 확정되어 보존중인 형사사건기록의 등사신청에 관한 것이므로, 공소제기된 수사기록과는 달리, 행정쟁송으로 소요되는 기간으로 말미암아 등사시기를 놓치게 된다거나 행정쟁송이 더 이상 유지할 실익이 없어 각하되는 사례가 발생될 염려도 없으므로, 행정쟁송절차에 의하여 불복하게 하는 것이 적절하고 타당하며 청구인으로 하여금 불필요한 우회절차를 강요하는 것이 아니다. 그리고 피청구인은 청구인의 이 사건 피해자의 법정증언과 탄원서 일체에 대한 등사신청에 대해서 헌법 제21조에서 보장하고 있는 청구인의 알 권리를 침해하여 무조건 등사신청을 접수거부하거나 그 등사를 거부한 것이 아니고, 청구인이 등사를 원하는 기록부분을 검토한 결과, 그 부분의 공개가 검찰보존사무규칙 제22조 제4호 소정의 사건관계인인 피해자의 명예나 사생활의 비밀 또는 생명·신체의 안전이나 생활의 평온을 해할 우려가 있는 경우에 해당한다고 판단하고 동 규칙 제21조에 의거하여 불허결정을 한 것이다. 그러므로 청구인으로서는 피청구인의 이와 같은 기록등사거부처분에 대하여 이 사건이 과연 위 규칙 제22조 제4호 소정의 열람·등사제한 경우에 해당하는지 여부에 관해서 행정쟁송을 통하여 법원의 판단을 받아 보면 될 것이다. 따라서 이 사건의 경우는 전심절차를 거치지 아니한 채 직접 헌법소원을 제기한 경우에 해당하므로 이를 각하함이 상당하다.

다) 법원의 인증등본 송부촉탁에 따른 불기소사건기록 열람·등사청구 거부처분의 경우 동지 - 이 결정도 위 가)의 결정과 비슷한 취지의 결정이었다.

판례 헌재 1998.2.27. 97헌마101

[결정요지] 이 사건 규칙은 제20조에서 사건관계인 등이 불기소사건기록 등에 대하여 일정범위의 열람·등사를 청구할 수 있도록 규정하고, 제21조에서 위와 같은 청구가 있는 경우 검사는 그 허가여부를 결정하여 서면으로 통지할 의무를 지도록 규정함으로써 국민에게 불기소사건기록의 열람·등사를 청구할 권리 내지 법에 정하여진 절차에 따라 그 허가여부의 처분을 행할 것을 요구할 수 있는 법규상의 지위가 부여되었으므로 이 사건 인증등본송부신청에 대한 피청구인의 거부처분은 취소소송의 대상이 되고, 위 거부처분에 대하여 행정소송 등의 구제절차를 거치지 아니하고 제기한 헌법소원심판청구는 부적법하다.

라) 서증으로 법원 제출을 위한 수사기록 등사신청을 거부한 처분의 경우의 동지

판례 헌재 2000.2.24. 99헌마96

[쟁점] 민사재판 관련 수사기록에 대한 서증조사를 거쳐 청구인이 서증(書證)으로 제출하기 위한 수사기록의 등사신청에 대해 이를 거부한 검사의 처분을 대상으로 한 헌법소원에서 보충성의 원칙을 충족하였는지 여부(부정, 각하결정) [결정요지] * 위 가)의 헌재 1998.2.27. 94헌마77 결정과 동지.

마) 그 외에도 지목변경신청반려처분(2003헌마723, 2005헌마623; 2005헌마829; 2009헌마693)]. 국가인권위원회의 진정각하·기각결정(2013헌마214등; 2013헌마565; 2014헌마191; 2013헌마134등)에서 보충성원칙 요구로의 변화가 있었다.

(4) 법원소송에서의 소의 이익 결여에 따른 예외 인정

행정소송의 대상이 되는 행정작용일지라도 행정소송에서 또 다른 제기요건으로 중요한 권리보호이익(법률상 이익. 종래 우리 실무계에서는 이를 '소의 이익'(訴의 利益)으로 포괄하여 부르는 것으로 보인다)을 요구한다. 현행 행정소송법 제12조 전문도 "취소소송은 처분 등의 취소를 구할 법률상 이익이 있는 자가 제기할 수 있다"라고 규정하여 행정소송의 제기에 소의 이익(訴의 利益. 訴益)을 요구하고 있다. 따라서 이러한 법률상 이익, 소의 이익(원고적격)이 있는 경우에는 그 행정처분에 대한 헌법소원은 행정소송을 먼저 거쳐야 하는 보충성원칙의 준수가 요구된다. 그러나 이 소의 이익이 없다고 하여 각하될 경우 행정소송을 거쳐서 헌법소원을 제기하라고 요구할 수는 없다. 바로 그런 점에서 예외가 인정되고 그 예들을 아래에 살펴본다.

1) 권력적 사실행위 - 종료된 권력적 사실행위

위와 같은 경우에 해당되는 예들로 주로 권력적 사실행위(權力的 事實行爲)가 헌법소원 대상이 된 사건들이 많았다. 권력적 사실행위는 짧은 시간 동안의 작용으로 종료되는 경우가 많아 그 경우 법원의 행정소송인 취소소송에 의해 취소하는 것이 권리구제의 의미를 가지지 못하여 행정소송의 소의 이익(=권리보호이익)이 없는 경우이다. 그래서 행정소송의 소의 이익의 소멸로 인한 각하가능성, 그 이전에 권력적 사실행위로서 행정소송 대상성 인정도 불명확하고 설령 된다고 하더라도 이런 소의 이익 부정으로 각하될 가능성이 많으므로 다른 구제절차가 불충분하고 우회적이다. 따라서 바로 헌법소원심판을 청구할 수 있도록 보충성원칙의 예외가 권력적 사실행위에는 많이 인정된다. 이에 대해서는 권력적 사실행위를 별도의 항목으로 하여 자세히 살펴본다(후술 참조).

2) 행정처분의 경우 - 권리구제기대가능성이 없는 경우, 불필요한 우회절차

행정소송법 제12조 후문은 "처분등의 효과가 기간의 경과, 처분등의 집행 그 밖의 사유로 인하여 소멸된 뒤에도 그 처분등의 취소로 인하여 회복되는 법률상 이익이 있는 자의 경우에는 또한 같다"라고 규정하고 있는데 반대로 법률상 이익이 남아있지 않으면 소의 이익이 소멸되어 행정소송을 법원에 제기해도 각하결정을 받을 것이다. 그러한 경우를 보충성원칙의 예외사유 중 기대가능성이 없는 경우로 보아 그 예외를 인정할 수 있을 것인데 아래가 그러한 결정례들이다.

(가) 공무원이 자신에 대한 직무명령(전투경찰 진압명령)의 취소를 구하는 헌법소원

판례 헌재 1995.12.28. 91헌마80

[사건개요] 현역병으로 입영한 청구인을 그의 의사에 반하여 시위진압 등의 임무에 주로 투입되는 전투경찰순경으로 전임시키고 전투경찰 본래임무도 아닌 집회·시위진압을 청구인에 대해 명령한 그 진압명령은 청구인의 행복추구권, 평등권, 양심의 자유 등에 반한다 하여 헌법소원을 제기함. [관련판시] 이 사건 진압명령은 경찰공무원관계 내에서의 직무상의 명령 내지 직무명령의 하나이고, 직무명령도 구체적 사실에 관한 법집행으로서의 공권력의 행사 내지 이에 준하는 행정작용이라고 평가되는 경우에는 행정심판법 제2조 제1항 제1호 및 행정소송법 제2조 제1항 제1호 소정의 처분으로 볼 수 있으므로 그로 인하여 권리 또는 법적 이익을 침해당한 자는 행정심판 및 행정소송 등을 통하여 그 취소를 구할 수 있다고 보아야 할 것이다. 그런데 일반적으로 직무명령의 경우에는 법률에 근거하여 발하여지는 경우가 대

부분이고, 공무원은 직무를 수행함에 있어서 소속상관의 직무상의 명령에 복종하여야 하며(국가공무원법 제57조, 구 전경대설치법 제4조), 특히 전투경찰순경의 경우에는 상관의 정당한 명령에 복종하지 아니한 자는 2년 이하의 징역형에 처하도록 되어 있으므로(구 전경대설치법 제10조 제1항) 그 위법함이 명백하지 않는 한 이를 거부할 수 없어 이를 그대로 실행할 수밖에 없고, 계속적인 내용이 아닌 직무명령이 이미 실행된 후에는 그 취소로 인하여 회복되는 법률상 이익이 남아 있지 않는 한 행정소송 등을 통하여 그 취소를 구할 이익이 없게 되는 경우가 대부분일 것이다. 이 사건 진압명령도 특정 일시의 특정 집회와 관련된 시위의 진압을 내용으로 하는 것으로서 이 사건 심판청구 당시에 이미 청구인 등에 의하여 그 실행이 완료된 것이다. 따라서 이 사건 진압명령이 행정심판 및 행정소송의 대상이 되는 행정처분에 해당한다고 하더라도 그 명령의 무효확인 또는 취소에 의하여 회복될 수 있는 법률상 이익이 남아 있지 않는 한 결국 그 진압명령에 대한 행정소송은 소의 이익이 없다 하여 각하될 가능성이 매우 크므로 이와 같은 경우에는 구제절차가 있다고 하더라도 권리구제의 기대가능성이 없고 다만 기본권 침해를 당한 자에게 불필요한 우회절차를 강요하는 것밖에 되지 않는 경우로서 헌법재판소법 제68조 제1항 단서의 예외의 경우에 해당하여 이 사건 진압명령에 대한 심판청구부분은 권리구제절차를 밟지 아니하였다고 하더라도 적법하다고 할 것이다(헌법재판소 1989.9.4. 88헌마22 결정 참조). * 법률조항에 대한 청구는 각하되었고 진압명령 부분에 대해서는 본안판단에 들어갔는데 기각결정이 되었다.

(나) 현수막철거이행명령

판례 헌재 2002.7.18. 99헌마592등

[사건개요와 쟁점] 국회의원선거에서 입후보한 바 있고 어느 정당의 지구당 위원장의 직책을 맡아 활동하고 있던 변호사가 설치한 '법률무료상담'의 현수막이 사전선거운동(공직선거 및 선거부정방지법 제254조) 또는 기부행위(동법 제113조)에 해당한다는 이유로 동법 제271조 제1항에 의하여 관할 선거관리위원회가 행한 현수막철거이행명령에 대하여 바로 헌법소원심판을 청구하였는바 보충성원칙 준수여부가 쟁점이 되었다. [관련판시] 피청구인의 현수막철거 이행명령에 대하여는 행정소송법 및 행정심판법에 의하여 행정소송이나 행정심판이 가능할 것이나, 청구인이 피청구인의 행위에 대하여 그의 취소를 구하는 행정소송을 제기한다 하더라도 현수막의 설치기간이 옥외광고물 등 관리법시행령 제8조 제3호 별표에 의하여 15일 이내로 되어 있어, 행정쟁송절차에 소요되는 기간을 감안할 때 행정소송의 변론종결시에는 이미 설치예정기간이 도과하여 청구인으로서는 신고에 따른 설치목적을 달할 수 없기 때문에, 피청구인의 처분의 취소를 구할 법률적 이익이 부정되어 각하될 가능성이 많다. 따라서 이와 같이 취소소송을 통하여는 침해된 권익의 구제가 불가능하다면, 행정청의 공권력행사에 의하여 국민의 권익이 침해될 것이 예상되는 경우 미리 그 예상되는 침익적 처분을 저지하는 것을 목적으로 하여 '예방적 부작위소송'을 제기하는 것을 고려해 볼 수 있으나, 법원은 현행 소송법상 법정된 행정소송의 유형 이외의 소송을 원칙적으로 인정하지 않는다는 입장을 취하고 있으므로, 예방적 부작위소송을 제기한다 하더라도 '행정소송에서 허용되지 아니하는 것'이라는 이유로 부적법하여 각하될 것으로 보인다. 따라서 이 사건 헌법소원은 구제절차가 있다고 하더라도 그로 인하여 권리가 구제될 가능성이 없어 청구인에게 그 절차의 선이행을 요구할 기대가능성이 없는 경우에 해당한다 할 것이므로, 헌법재판소법 제68조 제1항 단서에 불구하고 구제절차를 거치지 아니하고 직접 헌법소원을 제기할 수 있는 예외적인 경우의 하나로 보아야 할 것이다. * 이 사안에서는 권리보호이익, 심판이익도 없다고 보아(이 부분 판시는 앞의 '침해 반복성의 입증책임' 부분 참조) 결국 전체적으로 각하결정이 있었다.

(다) 구속적부심 위한 고소장·피의자신문조서 열람·등사신청에 대한 경찰서장 비공개결정

구속적부심사건 피의자의 변호인이 수사기록 중 고소장과 피의자신문조서의 열람·등사를 신청하자 해당 경찰서장이 정보비공개결정을 하였고, 이에 위 변호인이 행정소송을 제기하지 않고 위 정보비공개결정의 위헌확인을 구하는 헌법소원을 제기하였는바 보충성의 원칙 요건을 충족하는지 여부가 문제된 사건이 있었다. 이 사건에서 헌재는 행정소송을 제기하더라도 통상 구제가 기소전에 이루어질 가능성이 거의 없고 오히려 기소된 후에 이르러 권리보호이익의 흠결을 이유로 행정소송이 각하될 것이 분명하므로 행정소송 사전 이행을 요구하는 것은 불필요한 우회절차를 강요하는 셈이 되어 부당하다는 취지로 보충성원칙의 예외를 인정한 바 있다.

판례 헌재 2003.3.27. 2000헌마474

[관련판시] 이 사건에서 청구인은 '공공기관의 정보공개에 관한 법률' 제18조에 의한 행정소송을 제기하여 정보비공개에 대한 구제를 청구할 수 있었음에도 불구하고 그렇게 하지 아니하였다. 비록 헌법재판소법 제68조 제1항 단서가 헌법소원심판청구를 함에 있어 다른 법률에 구제절차가 있는 경우에는 그 절차를 모두 거친 후가 아니면 이를 청구할 수 없다고 규정하고 있지만, 청구인이 신청한 고소장과 피의자신문조서에 대한 열람은 기소 전(起訴 前)의 절차인 구속적부심사에서 피구속자를 변호하기 위하여 필요한 것인데, 그 열람불허를 구제받기 위하여 행정소송을 제기하더라도 그 심판에 소요되는 통상의 기간에 비추어 볼 때 이에 의한 구제가 기소 전에 이루어질 가능성이 거의 없고 오히려 기소된 후에 이르러 권리보호이익의 흠결을 이유로 행정소송이 각하될 것이 분명한 만큼, 청구인에게 이러한 구제절차의 이행을 요구하는 것은 불필요한 우회절차를 강요하는 셈이 되어 부당하다(헌재 1997.11.27. 94헌마60). 그러므로 이 소원은 비록 구제절차를 거치지 아니하고 직접 제기한 것이긴 하지만 이를 적법한 것으로 보아 허용하기로 한다.

3) * 유의: 행정처분 제3자의 행정소송 소익과 헌법소원의 보충성원칙 요구

앞서 본 현행 행정소송법 제12조 전문은 취소소송은 처분 등의 취소를 구할 '법률상 이익'이 있는 자가 제기할 수 있다고 규정하여 행정처분의 제3자라도 소의 이익(원고적격)이 있는 경우에는 그 행정처분에 대한 헌법소원에는 행정소송을 먼저 거쳐야 하는 보충성원칙의 준수가 요구된다. 아래의 결정례가 그러한 취지의 판례이다. 그 점 유의할 일이고 아래 적은 대로 공법 복합형 문제가 도출될 수 있는 영역이다. 물론 제3자의 경우에도 행정소송 소익의 결여 등으로 구제기대가능성이 없는 경우 등에는 보충성원칙적용에서 예외가 인정됨은 처분 상대방에 있어서의 앞서 본 경우에서나 마찬가지이다.

[중요] : 이 문제는 행정소송법에서 제3자 소의 이익 법리를 중요히 다루기 때문에 중요하다(예를 들어 보면 환경소송에서 주민의 소의 이익 등이 중요한 사례이다). 이 문제는 또한 공권(公權)이론과 결부되어 있기도 하여 행정법이론과도 연결되는 중요한 문제이다. 즉 행정처분의 제3자가 그 행정처분으로 인해 불이익이 오는 경우에 그 불이익이 단순한 반사적 불이익인가 아니면 공권의 침해인가를 논하기 때문이고 이는 행정행위의 제3자효, 복효적 행정행위라는 법리로 다루는 대상이기도 하기 때문이다. 그래서 헌법재판과 행정법 내지 행정소송법이론과 복합문제로서 중요하다.

[주요판시사항] 행정처분 제3자에 대한 보충성원칙 요구

▷ 행정처분의 제3자도 행정소송의 원고적격(법률상이익, 소의 이익)을 가질 경우 제3자에 의한 헌법소원의

경우에도 보충성원칙이 적용되어야 함

▷ 제3자의 원고적격의 판단기준 : 주관적 공권의 성립여부. 여기서 공권이란 행정청의 특정 의무를 규정하는 객관적인 법규범이 존재하고 그 법규범이 공익뿐만 아니라 사익의 보호도 의도하고 있는 경우에 비로소 인정됨

▷ "기본권=법률상 이익"을 인정한 예 : 기본권인 경쟁의 자유가 행정처분의 취소소송을 구할 법률상 이익이 됨

판례 헌재 1998.4.30. 97헌마141

[사건개요] 납세증명표지의 첩부와 동일한 효력이 인정되는 납세병마개 제조자로 특정업체를 지정하도록 규정하고 있는 특별소비세법시행령규정, 주세법시행령규정에 따라 국세청장이 고시를 통하여 그 지정을 하였는데 지정을 받지 못한 다른 병마개 제조업자들이나 청구인과 같이 병마개 제조업을 개시하려는 신규업체들은 기업의 활동을 크게 제한받게 된다면서 헌법소원심판을 청구하였다. [관련판시] 국세청장의 지정행위는 공권력의 행사로서 헌법소원의 대상이 될 수 있다. 그러나 헌법소원심판은 다른 법률에 구제절차가 있는 경우에는 그 절차를 모두 거친 후에 청구를 해야 한다(헌법재판소법 제68조 제1항 단서). 행정소송법 제12조는 "취소소송은 처분 등의 취소를 구할 법률상 이익이 있는 자가 제기할 수 있다"고 규정하고 있는데, 대법원판례와 학계의 다수설이 취하는 '법률상 보호이익설'에 의하면 여기서의 '법률상의 이익'이란 법에 의하여 보호되는 이익(대법원 1992.12.8. 91누13700 판결; 1993.7.27. 93누8139 판결 등), 즉, 실정법을 근거로 하여 성립하는 공권을 뜻하므로, 비록 행정처분의 직접 상대방이 아닌 제3자라도 당해 처분의 취소를 구할 법률상 이익이 있는 경우에는 행정소송을 제기할 수 있다고 하겠다. 위와 같이 '법률상 보호이익설'은 행정처분의 직접 상대방이 아닌 제3자의 원고적격을 판단함에 있어서 주관적 공권의 성립여부를 그 기준으로 삼고 있는데, 여기서 공권이란 행정청의 특정 의무를 규정하는 객관적인 법규범이 존재하고 그 법규범이 공익뿐만 아니라 사익의 보호도 의도하고 있는 경우에 비로소 인정된다 하겠다. 이 사건에서 보건대, 설사 국세청장의 지정행위의 근거규범인 이 사건 조항들이 단지 공익만을 추구할 뿐 청구인 개인의 이익을 보호하려는 것이 아니라는 이유로 청구인에게 취소소송을 제기할 법률상 이익을 부정한다고 하더라도, 국세청장의 지정행위는 행정청이 병마개 제조업자들 사이에 특혜에 따른 차별을 통하여 사경제주체간의 경쟁조건에 영향을 미치고 이로써 기업의 경쟁의 자유를 제한하는 것임이 명백한 경우에는 국세청장의 지정행위로 말미암아 기업의 경쟁의 자유를 제한받게 된 자들은 적어도 보충적으로 기본권에 의한 보호가 필요하다. 따라서 일반법규에서 경쟁자를 보호하는 규정을 별도로 두고 있지 않은 경우에도 기본권인 경쟁의 자유가 바로 행정청의 지정행위의 취소를 구할 법률상의 이익이 된다 할 것이다. 그러므로 청구인은 국세청장의 지정처분의 취소를 구하는 행정소송을 제기할 수 있고, 따라서 그러한 구제절차를 거치지 아니하고 제기된 이 사건 국세청고시에 대한 헌법소원심판청구는 보충성요건이 결여되어 부적법하다.

(5) 행정소송 당사자능력 결여에 따른 예외 인정

법원의 행정소송에서 당사자능력이 부정되면 각하판결을 받게 되어 권리구제가 안 된다. 따라서 그 경우에 행정소송을 제기하지 아니한 채 바로 헌법소원심판을 청구하더라도 보충성의 예외에 해당되어 적법하다는 것이 헌재판례이다. 사안은 교육부장관이 법인화되지 않은 국립대학교인 ○○대학교 법학전문대학원에 대하여, 신입생 1명의 모집을 정지하도록 한 행위가 그 대학의 자율권을 침해하여 위헌이라고 보아 위헌확인과 취소결정을 한 사건이었다.

판례 헌재 2015.12.23. 2014헌마1149

[당사자] 청구인 ○○대학교 대표자 총장직무대리 강○○ 대리인 변호사 이○○, 피청구인 교육부장관 [판시] 청구인은 이 사건 모집정지에 대하여 행정소송을 제기하지 아니한 채 바로 헌법소원심판을

청구하였으므로 보충성 요건을 갖추었는지 여부가 문제되지만, 법인화되지 않은 국립대학은 영조물에 불과하고, 그 총장은 국립대학의 대표자일 뿐이어서 행정소송의 당사자능력이 인정되지 않는다는 것이 법원의 확립된 판례이므로(대법원 2010.3.11. 선고 2009두23129 판결; 대법원 2007.9.20. 선고 2005두6935 판결 등 참조), 설사 청구인이 이 사건 모집정지에 대하여 행정소송을 제기한다고 할지라도 부적법 각하될 가능성이 많아 행정소송에 의하여 권리 구제를 받을 가능성이 없는 경우에 해당되고, 따라서 보충성의 예외를 인정함이 상당하다(헌재 1995.12.28. 91헌마80 등 참조).

* 검토 – ⅰ) 헌재는 '예외'라고 했으나 사실 대법원이 당사자능력 부정으로 인한 소각하를 하면 법원의 행정소송은 권리구제절차가 될 수 없다는 의미이므로 보충성원칙의 비적용이라고도 할 수 있다. ⅱ) 유의할 점은 이 결정에서 헌재는 법인이 아닌 국립대의 당사자능력을 부정하는 대법원판례를 그대로 따르면서 법원소송에서의 각하가능성을 들어 보충성원칙 예외로 보았는데 국립대학교, 국가기관 등의 행정소송 당사자능력도 부정되므로 결국 이러한 결론을 가져오긴 한다. 그런데 위 헌재 자신이 인용한 대법원 2010.3.11. 2009두23129 판결에서 국가가 원고적격을 가진다고 보는 입장에서는 대한민국이 ○○국립대를 위해 행정소송을 제기할 수 있을 것이나 지금 사안은 교육부라는 국가기관에 의한 모집정지라서 사안의 성격이 달라 검토가 필요하다.

(5)-1 분류상 검토할 점

유의 : 법원 소송에 의한 권리구제가능성에 비춘 보충성원칙 준수 여부 판단 경우의 분류 : '3. 다른 권리구제절차가 없는 경우'에 포함되어도 좋을 것이다. – 위 (5)의 검토에서 언급한 대로 사실법원의 소송의 대상이 되는가 법원에서 소의 이익 결여, 당사자능력 결여로 각하판결을 받아 구제의 길이 없는 것이라는 경우는 기대가능성 없어서 예외라고도 보겠지만 다른 한편으로 법원의 소송으로 권리구제가 아니 되어 다른 권리구제절차로 핵심인 법원의 소송이 없는 것과 같아 '3. 다른 권리구제절차가 없는 경우'라고 분류해도 된다.

(6) 권력적 사실행위

1) 보충성원칙 예외의 이유

권력적 사실행위는 헌법소원의 대상이 된다는 것이 헌재의 확립된 입장이다. 그런데 권력적 사실행위는 짧은 시간 동안의 작용으로 종료되는 경우가 많으므로 헌법소원 청구요건에 있어서 두 가지 청구요건이 연관되어 검토된다. 첫째 권리보호이익의 문제이다. 권력적 사실행위는 짧은 시간 이루어졌다 사라지는 경우 헌법소원심판으로 권리구제를 할 가능성이 없어 권리보호이익이 없을 수 있다. 그러나 헌재는 반복침해가능성, 헌법해명필요성이 있으면 심판이익을 예외적으로 인정한다. 둘째, 이처럼 예외적으로 심판이익이 인정되더라도 보충성원칙이라는 또 다른 청구요건이 요구되는데 이 보충성원칙에 따라 법원의 다른 구제절차인 행정소송 등에 의해 권력적 사실행위를 취소할 수 있다면 바로 헌법소원이 제기될 수 없게 될 것이다. 그러나 권력적 사실행위는 행정쟁송의 대상이 된다고 단정할 수도 없고 더구나 단기에 존재하다 사라지므로 행정소송에 의한 취소도 권리구제를 가져올 수 없고 따라서 행정소송의 소의 이익(=권리보호이익)이 없는 경우가 많이 나타난다. 이처럼 권력적 사실행위의 경우 행정소송의 소의 이익의 소멸로 인한 각하가능성, 그 이전에 권력적 사실행위로서 행정소송 대상성 인정도 불명확하고 설령 된다고 하더라도 이런 소의 이익 부정으로 각하될 가능성이 많으므로 행정쟁송 등 다른 구제절차가 불확실한 것으로 되고 헌법소원심판을 청구하는 외에 달리 효과적인 구제방법이 없으므로 보충성의 원칙에 대한 예외에 해당되는 것이다. 결국 권력적 사실행위가 예외적으로 심판이익을 인정받으면서도 행정소송으로서의 소의 이익이 부정되어 행정소송이 권리구제절차가 될 수 없어서 결국 바로 헌법소원심판을 청구할 수 있도록 보충성원칙의 예외가 권력적 사실행위에 빈번히 인정되는 결과를 가져오는 것이다.

2) 결정례들

① 변호인접견방해행위

판례 헌재 1992.1.28. 91헌마111

[관련판시] 형사소송법 제417조는 "검사 또는 사법경찰관의 구금·압수 또는 압수물의 환부에 관한 처분에 대하여 불복이 있으면 그 직무집행지의 관할 법원 또는 검사의 소속 검찰청에 대응한 법원에 그 처분의 취소 또는 변경을 청구할 수 있다"라고 규정하고 있으므로 수사관이 구속당한 사람의 변호인 접견에 참여하여 대화내용을 듣는 등 자유로운 접견방해를 하는 것을 사법경찰관의 구금에 관한 처분으로 보아 위 법률조항에 따라 그 처분의 취소 또는 변경을 법원에 청구할 수 있을 것처럼도 보인다. 그러나 가사 그러한 청구를 하더라도 취소·변경 청구의 대상이 되어야 할 접견방해행위는 계속중인 것이 아니라, 이미 종료된 사실행위여서 취소·변경할 여지가 없기 때문에 법원으로서는 재판할 이익이 없다고 하여 청구를 각하할 수밖에 없을 것이므로 형사소송법 제417조 소정의 불복방법은 이 사건의 경우와 같은 수사기관에 의한 접견방해에 대한 구제방법이 될 수 없고 헌법소원의 심판청구 이외에 달리 효과 있는 구제방법을 발견할 수 없다.

② 기업해체지시 – 본 결정은 이른바 국제그룹해체 지시에 대한 헌법소원결정이다.

판례 헌재 1993.7.29. 89헌마31

[관련판시] 이 사건 국제그룹해체와 그 정리조치가 형식상으로는 사법인인 제일은행이 행한 행위이므로 이 사건 당시 시행되던 구 행정소송법상의 행정소송의 대상이 된다고 단정하기 어렵고 따라서 당사자에게 그에 의한 권리구제절차를 밟을 것을 기대하기는 곤란하다 할 것이며, 당재판소가 이와 같은 범주의 권력적 사실행위의 경우에는 보충성의 원칙의 예외임을 이미 판시한 바있다(당재판소 1992.1.28. 91헌마111, 바로 위 ①결정).

③ 미결수용자의 서신에 대한 검열행위와 동 서신의 지연발송·지연교부행위

판례 헌재 1995.7.21. 92헌마144

[관련판시] 피청구인(교도소장)의 서신검열과 서신(書信)의 지연발송(遲延發送) 및 지연교부(遲延交付)행위를 대상으로 한 심판청구부분이 적법한지 여부에 관하여 살펴본다. 이에 관하여 피청구인은 사전구제절차를 거치지 아니하였다거나 또는 이미 청구인이 출소(出所)하여 권리보호이익이 소멸하였다고 주장한다. 그러나 위 각 행위는 이른바 권력적 사실행위로서 행정심판이나 행정소송의 대상이 된다고 단정하기도 어려울 뿐 아니라 설사 그 대상이 된다고 하더라도 이미 종료된 행위로서 소(訴)의 이익이 부정될 가능성이 많아 헌법소원심판을 청구하는 외에 달리 효과적인 구제방법이 있다고 보기 어려우므로 보충성의 원칙에 대한 예외에 해당한다고 할 것이고 … 따라서 피청구인의 주장은 이유 없고 그 심판

청구는 적법하다.

④ (旣決) 受刑者의 서신에 대한 검열행위

판례 헌재 1998.8.27. 96헌마398

[관련판시] (기결) 수형자((旣決) 受刑者)에 대한 위 서신검열행위는 이른바 권력적 사실행위로서 행정심판이나 행정소송의 대상이 되는 행정처분으로 볼 수 있으나, 위 검열행위가 이미 완료되어 행정심판이나 행정소송을 제기하더라도 소의 이익이 부정될 수밖에 없으므로 헌법소원심판을 청구하는 외에 다른 효과적인 구제방법이 있다고 보기 어렵기 때문에 보충성의 원칙에 대한 예외에 해당한다고 보는 것이 상당하다.

⑤ 소송기록송부행위라는 '사실행위'

판례 헌재 1995.11.30. 92헌마44

[관련판시] 청구인에 대한 제1심 소송기록이 이 사건 법률조항에 따라 검사를 거쳐 항소법원에 송부(送付)된 이상 이 사건 심판청구에는 자기성, 현재성이 있으며, 이 사건 법률조항은 일의적이고 명백한 것으로 집행기관이 심사와 재량의 여지 없이 소송기록 등을 송부할 것을 규정하고 있을 뿐만 아니라 기록송부행위는 일종의 사실행위로서 형사소송법상 이를 대상으로 하는 구제철차가 없고 또한 행정쟁송의 대상도 되지 않는 것이어서 기본권침해의 직접성이 있다.

* 검토 – '직접성'이라는 말을 사용하고 있으나 소송대상이 안 된다는 점에서 보충성원칙의 문제로 다루는 것이 적절하다.

⑥ 미결수용자 재소자용의류착용처분

판례 헌재 1999.5.27. 97헌마137등

[관련판시] 행형법 제6조는 "수형자 또는 미결수용자(이하 '수용자'라 함)는 그 처우에 대하여 불복이 있을 때에는 법무부장관 또는 순회점검공무원에게 청원할 수 있다"고 규정하고 있다. 그러나 행형법상의 위와 같은 청원제도는 그 처리기관이나 절차 및 효력면에서 권리구제절차로서는 불충분하고 우회적인 제도이므로 헌법소원에 앞서 반드시 거쳐야 하는 사전구제절차라고 보기는 어렵다(헌재 1998.10.29. 98헌마4). 그리고 청구인이 구치소에 수감된 기간 동안 수용시, 수사 또는 재판을 받을 때 피청구인(구치소장)이 청구인들에게 사복을 입지 못하게 하고 재소자용 의류(在所者用 衣類)를 입게 한 행위는 이미 종료된 권력적 사실행위로서 행정심판이나 행정소송의 대상으로 인정되기 어려울 뿐만 아니라 소의 이익이 부정될 가능성이 많아 헌법소원심판을 청구하는 외에 달리 효과적인 구제방법이 없으므로 보충성의 원칙에 대한 예외에 해당되는 것이다(헌재 1995.7.21. 92헌마144, 이 결정에 대해서는 위 ③ 참조).

⑦ **계구사용행위**(상시적으로 양팔을 사용할 수 없도록 하는 계구를 착용하게 한 행위)

판례 헌재 2003.12.18. 2001헌마163

[판시] 이 사건 계구사용행위는 이미 종료된 권력적 사실행위로서 행정심판이나 행정소송의 대상으로 인정되기 어려울 뿐만 아니라 설사 그 대상이 된다고 하더라도 소의 이익이 부정될 가능성이 많고(헌재 1995.7.21. 92헌마144, 판례집 7-2, 94, 102) 행형법 제6조 제1항에 의한 청원제도 역시 처리기관이나 절차 및 효력면에서 권리구제절차로서는 불충분하고 우회적인 제도여서 헌법소원에 앞서 반드시 거쳐야 하는 사전구제절차라고 보기 어렵다(헌재 1998.10.29. 98헌마4, 판례집 10-2, 637, 644). 그렇다면

청구인으로서는 헌법소원심판을 청구하는 외에 달리 효과적인 구제방법이 있다고 보기 어려우므로 보충성원칙의 예외에 해당한다. * 위헌확인결정이 있었다.

⑧ **포승·수갑 사용 상태에서의 피의자조사를 받게 한 행위** – 피의자로서 검사조사실에서 조사를 받는 동안 구치소 계호교도관이 포승으로 청구인의 팔과 상반신을 묶고 양손에 수갑을 채운 상태에서 피의자조사를 받게 한 행위가 위헌으로 확인된 사건이었다.

판례 헌재 2005.5.26. 2001헌마728

[판시] 청원제도는 헌법소원에 앞서 반드시 거쳐야 하는 사전구제절차라고 보기는 어렵다. 더구나, 이 사건 수갑 및 포승 사용행위는 이미 종료된 권력적 사실행위로서 행정심판이나 행정소송의 대상으로 인정되기 어려울 뿐만 아니라 소의 이익이 부정될 가능성이 많아 헌법소원심판을 청구하는 외에 달리 효과적인 구제방법도 없다고 보여지므로, 보충성의 원칙에 대한 예외에 해당된다고 보아야 한다. * 본안판단결과 위헌확인결정이 있었다. * 동지 : 헌재 2005.5.26. 2004헌마49.

⑨ **항문내 검사 위헌확인** – 마약류사범이 구치소에 수용되는 과정에서 반입금지물품의 소지·은닉 여부를 확인하기 위하여 실시한 구치소 수용자에 대한 정밀신체검사에 대한 청구였는데 보충성원칙의 예외를 인정해 본안판단으로 들어갔고 마약류의 은닉성 때문에 필요한 조치로 보아 기각결정을 하였다.

판례 헌재 2006.6.29. 2004헌마826, 기각결정

[판시] 이 사건 정밀신체검사는 권력적 사실행위로서 행정소송의 대상이 되는지가 불명확하고 그 대상성이 인정된다고 하여도 침해행위가 이미 종료되어 소의 이익이 부정될 것이며, 행형법 제6조에 의한 청원제도 역시 사전구제절차라고 보기 어렵다. 그렇다면, 청구인으로서는 헌법소원청구를 하는 외에 달리 효과적인 구체방법이 있다고 보기 어렵다. 따라서, 이 사건 헌법소원심판청구는 다른 구제절차를 경유함이 없이 바로 제기된 것이지만 적법하다.

⑩ **마약류 관련 수형자에 대한 마약류반응검사를 위한 소변강제채취 위헌확인**

판례 헌재 2006.7.27. 2005헌마277

[판시] (1) 마약류 수용자에 대한 소변채취는 일방적으로 강제하는 측면이 존재하는 것 또한 사실이며, 소변채취에 응하지 않을 경우 무엇인가 불리한 처우를 받을 수 있다는 심리적 압박이 존재하리라 예상할 수 있는 점 등에 비추어, 헌법소원심판의 대상이 되는 권력적 사실행위이다. (2) 이 사건 소변채취는 권력적 사실행위로서 행정소송의 대상이 되는지 명확하지 않고, 그 대상이 된다고 하여도 당해 침해행위는 즉시 종료되어 그 침해행위에 대한 소의 이익이 부정될 것이며, 청원이나 소장에 대한 면담신청권은 처리기관이나 절차 및 효력 면에서 권리구제절차로서는 불충분하고 우회적인 제도여서 헌법소원에 앞서 반드시 거쳐야 하는 사전구제절차라고 보기 어려우므로, 청구인으로서는 헌법소원청구를 하는 외에 달리 효과적인 구제방법이 있다고 할 수 없다. * 본안판단결과 기각결정이 있었다.

⑪ **화상접견시간 10분 이내로 단축한 교도소장의 행위**

판례 헌재 2009.9.24. 2007헌마738

[판시] 이 사건 각 화상접견시간 부여행위는 이미 종료된 권력적 사실행위로서 행정심판이나 행정소송

의 대상으로 인정되기 어려울 뿐만 아니라 설사 그 대상이 된다고 하더라도 소의 이익이 부정될 가능성이 많고, 구 행형법(2006.2.21. 법률 제7849호로 개정된 것, 이하 같음) 제6조 제1항에 의한 청원제도 역시 처리기관이나 절차 및 효력의 면에서 권리구제절차로서는 불충분하고 우회적인 제도여서 헌법소원에 앞서 반드시 거쳐야 하는 사전구제절차라고 보기 어렵다. 그렇다면, 청구인으로서는 헌법소원심판을 청구하는 외에 달리 효과적인 구제방법이 있다고 보기 어려우므로 보충성원칙의 예외에 해당한다

⑫ 서울특별시 서울광장을 경찰버스들로 둘러싸(차벽) 통행을 제지한 경찰청장 행위

판례 헌재 2011.6.30. 2009헌마406

[판시] 이 사건 통행제지행위는 직접 상대방의 신체 또는 재산에 실력을 가하여 행정상 필요한 상태를 실현하는 행정상의 즉시강제로서 권력적 사실행위에 해당하므로 행정쟁송의 대상이 된다. 그러나 청구인들의 통행이 제지된 다음날 피청구인이 서울광장을 둘러싸고 있던 경찰버스들을 철수시키고 통행제지행위를 중지함에 따라 청구인들이 행정쟁송을 제기하더라도 소의 이익이 부정될 가능성이 높아 그 절차에 의한 권리구제의 가능성이 거의 없다고 보여지는바, 이러한 경우에도 사전구제절차의 이행을 요구하는 것은 불필요한 우회절차를 강요하는 셈이 되는 것이므로, 청구인들이 행정쟁송 절차를 거치지 아니하고 바로 이 사건 심판청구를 제기하였다고 하더라도 이는 보충성의 예외로서 허용된다.

⑬ 민사법정에 출석하는 수형자에 대한 운동화착용불허 행위

판례 헌재 2011.2.24. 2009헌마209

[판시] 교도소장이 2008.11.14. 민사법정에 출석하는 청구인의 운동화착용을 불허한 행위는 이미 종료된 행위로서 행정심판이나 행정소송의 대상으로 인정되기 어려울 뿐 아니라 소의 이익이 부정될 가능성이 높아 헌법소원심판을 청구하는 외에 달리 효과적인 구제방법이 없을 수 있다. 따라서 보충성의 원칙에 대한 예외에 해당되는 경우로 볼 수 있다. * 헌재가 권력적 사실행위로 명시하지는 않았으나 저자가 그 성격을 고려하여 이에 분류하였다.

⑭ 구치소장의 구치소 내 종교의식 또는 행사에 미결수용자의 참석을 금지한 행위

판례 헌재 2011.12.29. 2009헌마527

[판시] 이 사건 종교행사 등 참석불허 처우는 이른바 권력적 사실행위에 해당하므로 행정소송의 대상이 된다고 단정하기 어렵고, 가사 행정소송의 대상이 된다고 하더라도 이미 종료된 행위로서 소의 이익이 부정되어 각하될 가능성이 많은바, 청구인에게 그에 의한 권리구제절차를 밟을 것을 기대하기는 곤란하므로 보충성 원칙의 예외로서 헌법소원의 제기가 가능하다. '형의 집행 및 수용자의 처우에 관한 법률' 제116조의 소장면담이나 같은 법률 제117조의 청원 제도는 처리기관이나 절차 및 효력 면에서 권리구제절차로서는 불충분하고 우회적인 제도여서 헌법소원에 앞서 반드시 거쳐야 하는 사전구제절차라고 보기 어려우므로, 청구인으로서는 헌법소원청구를 하는 외에 달리 효과적인 구제방법이 있다고 할 수 없다. * 본안판단결과 종교의 자유를 침해한 것으로서 위헌임을 확인한다는 위헌확인결정이 있었다.

⑮ 수용자의 행정소송 출정을 제한한 교도소장의 행위 – 교도소장이 출정비용납부거부 또는 상계동의거부를 이유로 수용자의 행정소송 변론기일인 2010.2.26. 등에 출정을 각 제한한 행위에 대해 청구된 사건으로 보충성원칙 예외로 본안판단에 들어가 재판청구권 침해로 위헌임

이 확인되었다.

판례 헌재 2012.3.29. 2010헌마475

[판시] 이 사건 각 출정제한행위는 권력적 사실행위로서 행정소송의 대상이 된다고 단정하기 어렵고, 가사 행정소송의 대상이 된다고 하더라도 이미 종료된 행위로서 소의 이익이 부정되어 각하될 가능성이 많으므로, 청구인에게 그에 의한 권리구제절차를 밟을 것을 기대하기는 곤란하다. 따라서 이에 대한 헌법소원은 보충성 원칙의 예외로서 적법하다. * 본안판단결과 위헌확인결정이 있었다.

⑯ **교도소이송시 보호장비 사용행위** 교도소장이 2011.7.13. 청구인을 다른 교도소로 이송함에 있어 4시간 정도에 걸쳐 상체승의 포승과 앞으로 수갑 2개를 채운 행위(이하 '이 사건 보호장비 사용행위')

판례 헌재 2012.7.26. 2011헌마426

[판시] 이 사건 보호장비 사용행위는 이른바 권력적 사실행위로서 행정소송의 대상이 된다고 단정하기 어렵고, 가사 행정소송의 대상이 된다고 하더라도 이미 종료된 행위로서 소의 이익이 부정되어 각하될 가능성이 많다. 또한 이 사건 법률 제116조의 소장면담이나 제117조의 청원 제도는 처리기관이나 절차 및 효력 면에서 권리구제절차로서는 불충분하고 우회적인 제도여서 헌법소원에 앞서 반드시 거쳐야 하는 사전구제절차라고 보기 어려우므로, 청구인으로서는 헌법소원청구를 하는 외에 달리 효과적인 구제방법이 있다고 할 수 없다. 따라서 보충성원칙의 예외로서 헌법소원의 제기가 가능하다.

⑰ **서울출입국관리사무소장의 외국인에 대한 '긴급보호 및 보호명령의 집행행위', '강제퇴거명령의 집행행위'**

판례 헌재 2012.8.23. 2008헌마430

[판시] 이 사건 보호 및 강제퇴거는 이미 종료한 권력적 사실행위로서 행정소송을 통해 구제될 가능성이 거의 없고 헌법소원심판 이외에 달리 효과적인 구제방법을 찾기 어려우므로 이 사건 심판청구가 보충성 원칙에 위반된다고 할 수 없다.

⑱ **난민인정심사불회부 결정을 받은 후 인천국제공항 송환대기실에 수용중인 외국인의 변호인의 접견신청을 피청구인**(인천공항출입국·외국인청장)**이 거부한 행위** — 그 거부행위가 그 외국인의 기본권을 침해한다고 하여 청구된 헌법소원심판에서 행정쟁송 허용 여부가 불확실하다고 하여 보충성원칙 예외를 갖추었다고 보았다.

판례 헌재 2018.5.31. 2014헌마346

[판시] 송환대기실의 설치·운영에 관하여 피청구인의 권한을 정하는 법령상의 근거가 없다. 피청구인은 이와 같이 자신에게 송환대기실에 수용된 사람의 변호인 접견을 허가할 권한이나 의무가 없다는 이유를 들어 변호인 접견신청을 거부하였다. 따라서 청구인이 피청구인을 상대로 이 사건 변호인 접견신청 거부의 취소를 구하는 행정심판이나 행정소송을 제기한다 하더라도 이 사건 변호인 접견신청 거부가 구체적 사실에 관한 "법집행"이 아니어서 행정소송법상 "처분"에 해당되지 않는다는 이유로 각하될 가능성이 크다. 따라서 이 사건 심판청구는 행정심판이나 행정소송이라는 권리구제절차가 허용되는지 여

부가 객관적으로 불확실하여 전심절차이행의 기대가능성이 없는 경우에 해당한다. 이 사건 심판청구는 보충성의 예외가 인정된다(헌재 1991.5.13. 90헌마133 참조). * 본안판단결과 변호인의 조력을 받을 권리를 침해한 것이라고 보아 위헌확인결정을 하였다.

⑲ **문화계 블랙리스트 지원배제 지시행위** - 피청구인 대통령이 피청구인 비서실장에게, 피청구인 비서실장이 비서관들, 문체부장관에게 각 야당 소속 후보를 지지하였거나 정부에 비판적 활동을 한 문화예술인을 지원 대상에서 배제하라고 지시한 행위, 정무수석과 소통비서관이 문체부 공무원들에게, 문체부 ○○과 소속 사무관이 예술위 소속 직원들에게, 문체부장관이 영진위 소속 직원들에게, 문체부 □□과 소속 사무관이 출판진흥원 소속 직원들에게 지원배제를 지시한 행위 - 이 지원배제 지시는 권력적 사실행위로서 행정심판이나 행정소송의 대상이 되는지 여부가 객관적으로 불분명하고, 설령 행정소송이 인정된다고 하더라도 이미 종료된 행위로서 소의 이익이 부정될 가능성도 많다고 보아 보충성예외를 인정하였다.

판례 헌재 2020.12.23. 2017헌마416

[판시] 이 사건 지원배제 지시는 권력적 사실행위로서 행정심판이나 행정소송의 대상이 되는지 여부가 객관적으로 불분명하고, 설령 행정소송이 인정된다고 하더라도 이미 종료된 행위로서 소의 이익이 부정될 가능성도 많아 헌법소원심판을 청구하는 외에 달리 효과적인 구제방법이 없다고 볼 수 있으므로 보충성의 예외를 인정함이 타당하다.

2-1) 수사서류 열람·등사에 대한 검사의 거부행위

형사소송법 제266조의4 신설 등이 있었던 2007.6.1. 이후 아래 법조문에서 보듯이 법원의 개입으로 구제받을 길이 보다 분명히 열렸는데 그럼에도 법원의 열람·등사 허용결정에도 불구하고 검사가 여전히 불응하는 경우에 대한 헌법소원사건이 있었고 헌재는 보충성원칙 예외로 본안판단에 가서 위헌확인을 하곤 하였다. 해당 법조문부터 (가)에 인용하고, 이에 관한 결정례들, 그리고 2007.6.1. 이전의 결정례들로 위헌확인결정들이 있었는데 그 결정례들도 아래에 아울러 살펴본다.

(가) 법조문

형사소송법 제266조의3(공소제기 후 검사가 보관하고 있는 서류 등의 열람·등사) ① 피고인 또는 변호인은 검사에게 공소제기된 사건에 관한 서류 또는 물건(이하 "서류등"이라 한다)의 목록과 공소사실의 인정 또는 양형에 영향을 미칠 수 있는 다음 서류 등의 열람·등사 또는 서면의 교부를 신청할 수 있다. 다만, 피고인에게 변호인이 있는 경우에는 피고인은 열람만을 신청할 수 있다. 1. 검사가 증거로 신청할 서류 등 2. 검사가 증인으로 신청할 사람의 성명·사건과의 관계 등을 기재한 서면 또는 그 사람이 공판기일 전에 행한 진술을 기재한 서류 등 3. 제1호 또는 제2호의 서면 또는 서류등의 증명력과 관련된 서류 등 4. 피고인 또는 변호인이 행한 법률상·사실상 주장과 관련된 서류 등(관련 형사재판확정기록, 불기소처분기록 등을 포함한다) ② 검사는 국가안보, 증인보호의 필요성, 증거인멸의 염려, 관련 사건의 수사에 장애를 가져올 것으로 예상되는 구체적인 사유 등 열람·등사 또는 서면의 교부를 허용하지 아니할 상당한 이유가 있다고 인정하는 때에는 열람·등사 또는 서면의 교부를 거부하거나 그 범위를 제한할 수 있다. ③ 검사는 열람·등사 또는 서면의 교부를 거부하거나 그 범위를 제한하는 때에는 지체 없이 그 이유를 서면으로 통지하여야 한다. ④ 피고인 또는 변호인은 검사가 제1항의 신청을 받은 때부터 48시간 이내에 제3항의 통지를 하지 아니하는 때에는 제266조의4제1항의 신청을 할 수 있다. ⑤ 검사는 제2항에도 불구하고 서류등의 목록에 대하여는 열람 또는 등사를 거부할 수 없다. ⑥ 제1항의 서류 등은 도면·사진·녹음테이프·비디오테이프·컴퓨터용 디스크, 그 밖에 정보를 담기 위하여 만들어진 물건으로서 문서가 아닌 특수매체를 포함한다. 이 경우 특수매체에 대한 등사는 필요 최소한의 범위에 한한다. [본조신설 2007.6.1.]

제266조의4(법원의 열람·등사에 관한 결정) ① 피고인 또는 변호인은 검사가 서류등의 열람·등사 또는 서면의 교부를 거부하거나 그 범위를 제한한 때에는 법원에 그 서류 등의 열람·등사 또는 서면의 교부를 허용하도록 할 것을 신청할 수 있다. ② 법원은 제1항의 신청이 있는 때에는 열람·등사 또는 서면의 교부를 허용하는 경우에 생길 폐해의 유형·정도, 피고인의 방어 또는 재판의 신속한 진행을 위한 필요성 및 해당 서류 등의 중요성 등을 고려하여 검사에게 열람·등사 또는 서면의 교부를 허용할 것을 명할 수 있다. 이 경우 열람 또는 등사의 시기·방법을 지정하거나 조건·의무를 부과할 수 있다. ③ 법원은 제2항의 결정을 하는 때에는 검사에게 의견을 제시할 수 있는 기회를 부여하여야 한다. ④ 법원은 필요하다고 인정하는 때에는 검사에게 해당 서류 등의 제시를 요구할 수 있고, 피고인이나 그 밖의 이해관계인을 심문할 수 있다. ⑤ 검사는 제2항의 열람·등사 또는 서면의 교부에 관한 법원의 결정을 지체 없이 이행하지 아니하는 때에는 해당 증인 및 서류 등에 대한 증거신청을 할 수 없다. [본조신설 2007.6.1.]

(나) 법원의 수사서류 열람·등사 허용 결정에도 불구하고 검사가 등사를 거부한 행위

헌재는 형사소송법 제266조의4 소정의 불복절차는 행정처분에 대한 항고소송과 유사하며, 형사소송법 제417조의 준항고와 같은 성질의 것으로 볼 것이어서 이를 거쳐야 한다고 본다. 반면 위와 같은 법원결정에 불구하고 검사가 거부한 행위에 대해서는 보충성원칙에 대해 다음의 두 가지 경우로 판시하고 있다. 즉 ① 그 하나는 위 거부행위가 법원의 열람·등사 허용 결정상 의무 중 일부를 이행하지 않음으로써 수사서류에 대한 열람·등사권의 완전한 행사를 방해하는 권력적 사실행위로서의 공권력 행사에 해당할 뿐, 종전의 피청구인의 거부처분과는 별도로 어떤 권리의 설정 또는 의무의 부담을 명하거나 기타 법률상 효과를 발생하게 하는 등 국민의 구체적인 권리의무에 직접적 변동을 초래하는 행위라고 보기는 어려워 항고소송 대상이 아니다. 따라서 행정쟁송 절차는 구제절차로 볼 수 없고, 다른 법률에도 이 사건 등사 거부행위에 대한 구제절차가 마련되어 있다고 볼 수 없으므로, 보충성원칙에 위배된다고 볼 수 없다(비적용). ② 다른 하나는 이 거부행위를 항고소송의 대상이 되는 행정처분으로 보더라도, 청구인들이 형사소송법 제266조의4 소정의 구제절차를 거쳐 법원으로부터 이 사건 열람·등사 허용 결정을 받았음에도 거부하고 있는 상황에서, 청구인들로 하여금 재차 행정쟁송 절차를 거치게 하는 것은 권리구제의 실익이 없는 반복적인 절차의 이행을 요구하는 것에 지나지 않는다고 본 것이다(예외인정).

판례 헌재 2017.12.28. 2015헌마632

[주문] 서울중앙지방법원 2014고합1256 체포치상 등 사건에 관하여 2015.3.11. 위 법원이 한 열람·등사

허용 결정에 따라 청구인들의 변호인이 [별지 1] 기재 순번 1, 2, 3, 4, 6, 7, 8, 9번 수사서류에 대하여 한 열람·등사 신청 중 등사 부분에 대하여 2015.4.7. 피청구인이 이를 거부한 것은, 청구인들의 신속하고 공정한 재판을 받을 권리와 변호인의 조력을 받을 권리를 침해한 것이므로 헌법에 위반됨을 확인한다. [판시] (1) 이 사건의 경과를 보면, ① 변호인들의 2014.11.24.자 피청구인에 대한 수사기록 열람·등사 신청, ② 피청구인의 2014.11.25.자 거부통보, ③ 변호인들의 2014.12.9.자 법원에 대한 수사기록 열람·등사 허용신청, ④ 법원의 2015.3.11.자 이 사건 열람·등사 허용 결정, ⑤ 법원의 결정에 따른 변호인의 피청구인에 대한 이 사건 수사서류 열람·등사 요청, ⑥ 피청구인의 2015.4.7.자 이 사건 등사 거부행위의 순서로 진행되었다. 여기서 피청구인의 2014.11.25.자 거부통보는 변호인이 형사소송법 제266조의3 제1항 소정의 수사서류 열람·등사 신청권에 근거하여 신청한 것을 피청구인이 받아들이지 않고 거부함으로써 변호인의 열람·등사권의 실현을 방해하여 이에 영향을 미치는 것이므로, 항고소송의 대상이 되는 행정처분이라 할 것이고, 따라서 형사소송법 제266조의4 소정의 불복절차는 행정처분에 대한 항고소송과 유사하며, 형사소송법 제417조의 준항고와 같은 성질의 것으로 볼 것이다(헌재 2010.6.24. 2009헌마257 참조). 그리고 ① 법원의 이 사건 열람·등사 허용 결정은 법원이 피청구인의 2014.11.25.자 거부통보에 대한 형사소송법 제266조의4 소정의 불복절차에서, 열람·등사를 허용할 경우 생길 폐해의 유형·정도, 피고인의 방어 또는 재판의 신속한 진행을 위한 필요성 및 해당 서류 등의 중요성 등을 고려해 볼 때, 피청구인의 거부통보에 정당한 사유가 없다고 판단하고, 법률에 따라 피청구인에게 이 사건 수사서류에 대한 열람·등사를 허용하도록 명한 것이고, ② 이 사건 열람·등사 허용 결정에 따른 변호인의 피청구인에 대한 이 사건 수사서류 열람·등사 요청은 종전 신청에 대한 거부처분이 있은 후 다시 형사소송법 제266조의3 제1항 소정의 열람·등사 신청권을 행사한 것이 아니라 이 사건 열람·등사 허용 결정의 이행을 촉구하는 의미에 불과하며, ③ 피청구인의 이 사건 등사 거부행위는 이 사건 열람·등사 허용 결정의 이행을 일부 거절하고 있는 것이라 할 것이다. 따라서 피청구인의 이 사건 등사 거부행위는 이 사건 열람·등사 허용 결정상의 의무 중 일부를 이행하지 않음으로써 수사서류에 대한 열람·등사권의 완전한 행사를 방해하는 권력적 사실행위로서의 공권력 행사에 해당할 뿐, 종전의 피청구인의 거부처분과는 별도로 어떤 권리의 설정 또는 의무의 부담을 명하거나 기타 법률상 효과를 발생하게 하는 등 국민의 구체적인 권리의무에 직접적 변동을 초래하는 행위라고 보기는 어려워 항고소송의 대상이 되는 행정처분이라고 볼 수 없다(헌재 2010.6.24. 2009헌마257 참조). 결국 행정쟁송 절차는 이 사건 등사 거부행위에 대한 구제절차로 볼 수 없고, 다른 법률에도 이 사건 등사 거부행위에 대한 구제절차가 마련되어 있다고 볼 수 없으므로, 청구인들이 별도의 구제절차를 거치지 아니하고 이 사건 헌법소원심판을 청구하였다고 하더라도 그것이 헌법재판소법 제68조 제1항 단서의 보충성원칙에 위배된다고 볼 수 없다. (2) 이와 달리 피청구인의 이 사건 등사 거부행위를 항고소송의 대상이 되는 행정처분으로 보더라도, 청구인들이 형사소송법 제266조의4 소정의 구제절차를 거쳐 법원으로부터 이 사건 열람·등사 허용 결정을 받았음에도 피청구인이 이를 전부 이행하지 아니한 채 이 사건 수사서류에 대한 등사를 거부하고 있는 상황에서, 청구인들로 하여금 재차 행정쟁송 절차를 거치게 하는 것은 권리구제의 실익이 없는 반복적인 절차의 이행을 요구하는 것에 지나지 않는다(헌재 2010.6.24. 2009헌마257 참조). 따라서 청구인들이 행정쟁송 절차를 거치지 아니하고 바로 이 사건 헌법소원심판을 청구하였다고 하더라도 이는 보충성원칙의 예외로서 허용된다.

* 이전의 동지의 결정 : 위 결정 이전에 2010년에 법원이 행한 열람·등사 허용의 결정을 검사가 따르지 않은 사안(용산참사(소위)사건)에서 청구인의 신속하고 공정한 재판을 받을 권리와 변호인의 조력을 받을 권리를 침해한 것이므로 헌법에 위반됨을 확인한다고 결정한 동지의 결정이 있었다. 아래 결정이 그것인데 그 동지의 2010년 결정은 2017년 위 결정에서 열람은 허용하고 등사만을 거부하여 등사부분에 대해 위헌확인한 것과 달리 열람·등사 모두 위헌확인한 차이가 있다.

판례 헌재 2010.6.24. 2009헌마257

[주문] 서울중앙지방법원 2009고합153, 168(병합) 특수공무집행방해치사 등 사건에 관하여 2009.4.14. 법원이 한 열람·등사 허용 결정에 따라 청구인들의 변호인들이 [별지 1] 기재 서류에 대하여 한 열람·등사 신청 중 비고란 기재 1, 2차 교부본을 제외한 나머지 부분에 대하여 2009.4.16. 피청구인이 이를 거부한 것은, 청구인들의 신속하고 공정한 재판을 받을 권리와 변호인의 조력을 받을 권리를 침해한 것이므로 헌법에 위반됨을 확인한다. *자세한 결정요지는 바로 아래 (다)에 인용된 부분도 참조.

(다) * 2007.6.1. 형사소송법 제266조의4(법원의 열람·등사에 관한 결정) 신설 이전의 결정례

공소제기 후 공판 전의 단계에서 변호인의 수사기록 열람·등사신청에 대한 피청구인 검사가 한 거부행위를 대상으로 한 헌법소원심판에서 보충성원칙 예외 인정

판례 헌재 1997.11.27. 94헌마60

[판시] 피청구인인 검사의 수사기록 열람·등사거부행위에 대한 구제절차로는 형사소송법상의 준항고절차(형사소송법 제417조)나 행정심판법 및 행정소송법에 의한 행정쟁송절차를 생각할 수 있다. 그러나 준항고절차의 경우 형사소송법 제417조가 준항고의 대상을 '검사 또는 사법경찰관의 구금, 압수 또는 압수물의 환부에 관한 처분'으로 한정하고 있으므로 수사기록의 열람·등사거부에 대한 구제절차로 볼 수는 없다 할 것이고, 행정쟁송절차의 경우도 형사절차 내에서 검사가 행한 수사기록에 대한 열람·등사거부처분에 대하여 전혀 다른 절차인 행정쟁송절차에 의하여 불복하게 하는 것이 과연 적절하고 타당한 것인지도 의문이려니와 가사 그것이 허용된다 하더라도 수사기록에 대한 열람·등사는 공판절차가 개시되기 전에 미리 필요한 것으로서 시기를 놓치게 되면 자칫 무용의 것이 되기 쉬운 것인데 행정쟁송절차에 소요되는 기간이 결코 짧지 아니한 우리의 현실을 감안할 때 그와 같은 구제절차가 당해 형사사건 공판개시 전에 완결되리라고 기대하기 어렵고, 오히려 행정쟁송이 심리단계에 들어갈 즈음에는 이미 당해 형사사건 공판절차가 개시되어 수사서류는 검사에게서 법원으로 넘겨진 상태가 되어 그 행정쟁송은 더 이상 유지할 실익이 없어 각하될 수 밖에 없는 경우가 대부분일 것이므로 청구인에게 위와 같은 절차를 이행할 것을 요구하는 것은 청구인으로 하여금 불필요한 우회절차를 강요하는 것이 된다. 따라서 이 사건 헌법소원은 구제절차가 없거나 구제절차가 있다고 하더라도 그로 인하여 권리가 구제될 가능성이 없어 청구인에게 그 절차의 선이행을 요구할 기대가능성이 없는 경우에 해당한다 할 것이므로 헌법재판소법 제68조 제1항 단서에 불구하고 구제절차를 거치지 아니하고 직접 헌법소원을 제기할 수 있는 예외적인 경우의 하나로 보아 적법하다 할 것이다. * 본안판단결과 위헌확인결정을 하였다.

판례 구속적부심사건 피의자의 변호인이 수사기록 중 고소장과 피의자신문조서의 열람·등사를 신청하자 해당 경찰서장이 정보비공개결정을 하였고, 이에 위 변호인이 행정소송을 제기하지 않고 위 정보비공개결정의 위헌확인을 구하는 헌법소원을 제기한 경우 보충성의 원칙 예외를 인정하고 본안판단결과 위헌확인결정을 한 결정 : 헌재 2003.3.27. 2000헌마474. * 이 결정에 대해서는 앞의 권리보호이익 부분 참조.

* 2007.6.1. 형사소송법 개정 이전의 결정례들인 위 94헌마60 결정, 그리고 권리보호이익 부분에서 인용한 2003.3.27. 2000헌마474 결정 등에서 수사서류 열람·복사 신청에 대한 검사의 거부행위에 대한 헌법해명성이 있었음에도 이후 2009헌마257 결정에서 본안판단을 한 이유 – 이에 대해 헌재 스스로 아래와 같이 밝힌 바를 참고하면 이해가 된다.

판례 헌재 2010.6.24. 2009헌마257

[설시] 헌법재판소는 1997.11.27. 94헌마60 사건 및 2003.3.27. 2000헌마474 사건에서 변호인의 수사기록

에 대한 열람·등사권에 관하여 이미 헌법적 해명을 한 바 있으므로(판례집 9-2, 675, 704 및 15-1, 282, 297 참조), 이 사건에서 비슷한 논점에 대하여 재차 헌법적 해명을 할 필요가 있는지 여부가 문제된다. 위 94헌마60 사건의 경우 '검사가 변호인의 수사서류 열람·등사신청을 국가기밀의 누설이나 증거인멸, 증인협박, 사생활 침해의 우려 등 정당한 사유를 밝히지 아니한 채 전부 거부한 것은 청구인의 신속하고 공정한 재판을 받을 권리와 변호인의 조력을 받을 권리를 침해한 것으로 위헌임을 확인한 사건'이고, 위 2000헌마474 사건은 '경찰서장이 구속적부심사건 피의자의 변호인의 고 소장 및 피의자신문조서 열람·등사신청에 대하여 정보비공개결정을 한 것은 청구인의 변호권과 알 권리를 침해한 것으로 위헌임을 확인한 사건'이다. 그런데, 위 두 사건의 경우는 모두 수사서류의 열람·등사에 관한 형사소송법의 규정들이 신설되기 전의 것으로 이 사건과는 본질적인 차이가 있다. 즉, 형사소송법이 2007. 6.1. 법률 제8496호로 개정됨에 따라 공소제기 후 검사가 보관하고 있는 수사서류 등에 대하여 피고인의 열람·등사신청권이 인정되고, 검사의 열람·등사 거부처분에 대한 불복절차가 마련되었는바, 이 사건의 경우 이러한 불복절차에 따른 법원의 열람·등사 허용 결정에 대하여 검사가 따르지 않은 경우임에 반하여, 앞의 두 사건은 법원의 결정이 관여되지 않은 경우이므로 큰 차이가 있다. 아울러, 종전의 선례(위 94헌마60 사건)에서는 검사의 열람·등사의 거부행위로 인하여 피고인의 기본권이 침해되는지 여부를 판단하기 위해서는 수사서류 각각에 대하여 거부에 정당한 사유가 있는지 여부를 살펴서 판단하여야만 하였으나, 이 사건의 경우 뒤에서 보는 바와 같이 법원의 열람·등사 허용 결정을 매개로 하고 있어 수사서류 각각에 대하여 정당한 사유가 있는지 여부를 판단할 필요가 없다는 점에서도 큰 차이가 있다.

3) 유의 : 행정처분의 준비행위 또는 합성행위로서 행정처분과 결합되는 권력적 사실행위

헌재는 행정처분의 준비행위로 행하여지거나 행정처분과 결합되는 권력적 사실행위의 경우의 보충성원칙이 적용된다고 본다. 헌재는 위와 같은 합성적 행정행위의 경우 권력적 사실행위는 행정처분에 흡수되어 행정소송대상이 되어 보충성원칙이 적용된다고 본다. 아래의 결정에서 그렇게 밝힌 바 있는데 사안은 폐기물 활용 벽돌 등 제조·판매 회사에 대한 감사행위에 대한 것으로 그 감사행위는 준비행위가 아니고 행정처분과 비결합되는 것으로서 보충성원칙이 적용되지 않는다고 보았다.

판례 헌재 2003.12.18. 2001헌마754, 과다감사 확인

[판시] 권력적 사실행위가 행정처분의 준비단계로서 행하여지거나 행정처분과 결합된 경우(合成的 行政行爲)에는 행정처분에 흡수·통합되어 불가분의 관계에 있다할 것이므로 행정처분만이 취소소송의 대상이 된다할 것이고 처분과 분리하여 따로 권력적 사실행위를 다툴 실익은 없다고 할 것이다. 그러나 권력적 사실행위가 항상 행정처분의 준비행위로 행하여지거나 행정처분과 결합되는 것은 아니므로 그러한 사실행위에 대하여는 다툴 실익이 있다할 것임에도 법원의 판례에 따르면 일반쟁송 절차로는 다툴 수 없음이 분명하다. 실제로 이 사건 감사는 어떤 처분의 준비단계로서 행하여지거나 처분과 결합된 바 없다. 그렇다면, 이 사건 감사는 행정소송의 대상이 되는 행정행위로 볼 수 없어 청구인들에게 그에 의한 권리구제절차를 밟을 것을 기대하는 것은 곤란하므로 보충성의 원칙의 예외로서 소원의 제기가 가능하다고 보아야 한다. * 본안판단결과 기각결정되었다.

4) 권력적 사실행위에 대한 보충성원칙 예외 인정가능성 논거에 대한 검토

권력적 사실행위가 법원의 소송대상이 될 수 있다는 학계의 견해가 강한데 그것에 따라

우리 법원이 적극적으로 행정소송대상으로 인정하여 판단하는 경우가 늘어나면 바로 헌법소원 대상이 되는 것으로 볼 수 있는 권력적 사실행위는 줄어들 것이다. 한편 그렇더라도 권력적 사실행위가 짧은 기간에 존재하다가 사라지면 법원의 행정소송에서의 소의 이익이 인정되기 어려워 헌법소원 대상으로 받아들여야 할 경우가 많을 것이다. 아래 결정이 그런점을 보여주는데 사안은 방송위원회(구)의 방송사에 대한 '경고 및 관계자 경고'가 문제된 위헌확인결정 사건이었다. 법원이 단기간의 권력적 사실행위에 대해서도 적극적으로 소의 이익을 인정한다면 상황은 달라질 것이다.

판례 헌재 2007.11.29. 2004헌마290

[사건개요] 주식회사 ○○방송(청구인)은 시사고발프로그램인 '○○수첩'에서 '친일파는 살아있다 2'라는 제목의 텔레비전 프로그램을 방송하였는데, 선거방송심의위원회는 위 방송이 "그 내용의 구성에 있어 특정한 입후보예정자에게 유리하거나 불리하도록 한 것이며 해당 입후보자가 출마할 지역구내 타 후보와의 형평성을 지키지 아니한 것"이라며 '경고 및 관계자 경고'를 하는 심의결정을 하여 방송위원회에 통보하였고, 방송위원회는 청구인에게 '경고 및 관계자 경고'를 하였다. 청구인은 2004.3.31. 서울행정법원에 위 경고의 취소를 구하는 소를 제기하는(20**구합**21. 행정처분이 아니라는 이유로 2004.10.12. 각하됨) 한편, 같은 해 4.9. "피청구인이 2004.3.9. 청구인들에 대하여 한 경고 및 관계자 경고처분은 청구인들의 언론의 자유를 침해하여 위헌임을 확인한다."는 결정을 구하는 이 사건 헌법소원심판을 청구하였다. [주문] 1. 피청구인이 2004.3.9. 청구인 주식회사 ○○방송에게 한 '경고 및 관계자 경고'는 동 청구인의 방송의 자유를 침해한 것이므로 이를 취소한다. [판시] 청구인 주식회사 ○○방송(이하 '청구인 ○○방송'이라고 한다)이 피청구인으로부터 받은 '경고 및 관계자 경고'는 방송평가에서 2점의 감점을 초래하고, 이는 ○○방송에 대한 재허가 추천 여부에 영향을 주는 평가자료가 되는 것이다. 방송사업자에게 있어서 방송사업의 재허가 추천 여부는 매우 본질적인 문제라고 볼 것인바, 이 사건 경고가 방송평가에 위와 같은 불이익을 주고 그 불이익이 방송사업자의 재허가 심사절차에 반영되는 것이라면 사실상 방송사업자에 대한 제재수단으로 작용하고, 단순한 행정지도의 범위를 넘어서는 것으로서 규제적·구속적 성격을 가지고 있으며 청구인 ○○방송의 방송의 자유에 직접적으로 효과를 미치고 있다고 볼 것이므로, 헌법소원의 대상이 되는 권력적 사실행위에 해당한다고 할 것이다(헌재 1994.5.6. 89헌마35, 판례집 6-1, 462, 485-486 참조). … 행정소송의 대상이 되는 행정처분은 통상 공법상의 행위로서 상대방 또는 기타 관계자들의 법률상 지위에 직접적으로 법률적인 변동을 일으키는 행위이므로 일반적인 행정지도 등 비권력적 사실행위는 행정소송의 대상이 되기 어렵고, 권력적 사실행위의 경우에도 단기간에 종료되므로 소의 이익이 인정되기 어려운 측면이 있다. 따라서 이 사건 경고의 법적 성격을 일종의 권력적 사실행위로 보더라도 전심절차로 권리가 구제될 가능성이 객관적으로 불확실하므로, 이 사건 심판청구는 보충성의 예외에 해당한다고 볼 것이다.

* 검토 – ○○방송에 대한 기본권침해를 인정한 결론은 타당하다. 그런데 헌재는 주문에서 보듯이 취소결정을 하였는데 헌재 자신이 보충성원칙예외인정 논거로 들고 있는 위 판시 부분을 그대로 따라 읽으면 행정소송에서 소의 이익이 없는 이유는 이미 단기간에 종료된 데 있고 그리하여 권리구제가 될 가능성이 불확실하다는 데에 있다면(종료된 것이라면 취소대상이 없어져 취소할 수도 사실 없다) 이 점은 헌재가 행하는 헌법소원심판에서도 또한 그러할 것인데 이렇듯 취소결정까지 하여 논증에 모순을 보여준다. 방송사에 대한 경고가 다음 방송위원회의 재허가 추천(방송법 제17조 1항·3항 참조)을 위한 평가에서 감점하도록 하여(이 결정의 적법요건 판시 부분 참조) 취소의 이익이 있다면 헌법소원뿐 아니라 행정소송에서도 소의 이익이 있는 것이므로 위와 같이 헌재가 논증하는 것은 여전히 모순이다. 그래

서 위와 같은 상황임에도 불구하고 본안으로 나아가기 위해서는 보충성원칙예외로 인정하여 이유를 보다 더 분명히 하였어야 했다. 즉 언론의 자유라는 중요한 헌법문제를 다루어야 할 사안이고 위 사건개요에서 언급한 대로 법원이 이미 행정처분성을 부정하여 각하하였으니 법원 소송으로 가서 헌법판단을 받을 것을 기대할 수 없으므로 헌법소원의 객관적 헌법질서유지기능임무를 위해 보충성원칙예외를 인정해서 본안판단으로 가야 한다는 점을 보다 명확히 해 둘 필요가 있다. 바라건대 사실 위와 같은 사안을 법원에서 처분성이라는 미시적 법리에 매이지 말고 적극적으로 헌법판단을 할 필요가 있다고 보아 각하하지 않고 본안으로 나아가는 자세가 바람직하다. 법원도 중요한 기본권보장기관이다.

(7) 구제가능성이 약한 경우

이에 해당되는 예로 아래의 결정례를 들 수 있다.

판례 헌재 2001.8.30. 99헌마496

[사건개요 및 쟁점] 본 헌법소원의 청구인이 피고인인 형사사건에서 검찰측 증인으로 채택된 수용자를 피청구인(검사)이, 검찰진술을 번복시키려고 청구인측에서 증인에게 접근하는 것을 예방·차단하기 위하여, 또는 증인에게 면회, 전화 등 편의를 제공하기 위하여 그 증언에 이르기까지 거의 매일(145회) 검사실로 빈번히 소환한 행위가 청구인의 공정한 재판을 받을 권리를 침해한 것이라는 주장의 본 헌법소원사건에서 보충성원칙의 준수여부(위헌확인결정) [관련판시] 위와 같은 피청구인의 권력적 사실행위(소환·유치행위)에 대하여는 달리 직접적인 구제절차가 있다고 할 수 없으며, 가사 청구인이 형사소송법 제296조에 의하여 '증거조사에 대한 이의신청'을 할 수 있고, 당해 재판부가 그 이의를 받아들인다고 하더라도, 그와 같은 침해행위를 중지시키거나 이미 종료된 행위의 제거조치가 취하여짐으로써 청구인의 권리가 구제될 가능성은 많지 않다고 보인다(형사소송규칙 제135조 내지 제139조 참조). 그렇다면 이 사건은 헌법소원 이외에 달리 효과적인 구제방법이 있다고 할 수 없으므로 보충성의 예외로서 적법하다.

3. 다른 권리구제절차가 없는 경우

이 경우는 다른 권리구제절차가 없으므로 보충성원칙의 예외가 아니라 비적용 내지 배제이다.

(1) 법령소원의 경우

1) 보충성원칙의 배제와 그 배제의 논거

법령소원에서의 보충성원칙 배제의 논거
일반법원에 법령 자체의 효력을 직접 다투는 것을 소송물로 하여 제소하는 길은 없음.

전술한 대로(제2절 헌법소원심판의 대상, 2항 Ⅱ.3. 법령소원의 인정근거 참조) 헌재는 "법률 자체에 의한 기본권침해가 문제될 때에는 일반법원에 법령 자체의 효력을 직접 다투는 것을 소송물로 하여 제소하는 길은 없어 구제절차가 있는 경우가 아니므로" 법령에 대하여 곧바로 헌법소원을 제기할 수 있다고 한다.

판례 위와 같은 설시는 헌재 1989.3.17. 88헌마1, 사법서사법시행규칙에 관한 헌법소원결정 이래 지속적으로 이루어져 왔고 많다. 헌재 1990.10.15. 89헌마178; 1998.4.30. 96헌마7; 2004.11.25. 2003헌마439([쟁점] 소송기록접수통지를 받은 후 일정한 기간 내 상고이유서를 제출하지 않은 경우 상고기각결정을 하도록 규정하고 있는 형사소송법 제380조(이하 '이 사건 법률조항'이라 한다)가 헌법 제27조 제1항의 재판청구권을 침해하는지 여부(기각결정); 2011.6.30. 2008헌마715등; 2012.5.31. 2011헌마241 등.

따라서 다른 권리구제절차가 없는 경우의 대표적인 경우가 법령 자체에 의한 기본권침해의 경우라 할 것이다.

2) 법규명령 헌법소원

대통령령(시행령), 총리령, 부령(시행규칙)과 같은 법규명령에 대한 법령소원의 경우에도 보충성원칙이 배제된다.

판례 헌재 1996.8.29. 94헌마113

[판시] 가. 청구의 적법성에 관하여 (1) … 청구인은 합동사무소를 개설하고 있는 감정평가사로서 이 사건 심판대상 규정인 령 제35조에 의하여 감정평가업무의 내용을 제한받고 있고 … 이 사건 심판청구와 같이 법령 자체에 의하여 직접 기본권을 침해받은 경우는 그 법령 자체의 효력을 직접 다투는 것을 소송물로 하여 일반법원에 소송을 제기하는 길이 없어 구제절차가 있는 경우가 아니므로 바로 헌법소원심판을 청구할 수 있다고 할 것이다(헌법재판소 1989.3.17. 선고, 88헌마1 결정; 1990.6.25. 선고, 89헌마220 결정; 1990.10.8. 선고, 89헌마89; 1990.10.15. 선고, 89헌마178 결정; 1991.11.25. 선고, 89헌마99 결정; 1992.10.1. 선고, 92헌마68, 76 결정; 1993.5.13. 선고, 91헌마190 결정; 1995.2.23. 선고, 90헌마214 결정 참조).

판례 헌재 2005.2.24. 2003헌마289

[심판대상조항, 본안쟁점] 행형법상 징벌의 일종인 금치처분을 받은 자에 대하여 금치기간 중 집필을 전면 금지한 구 행형법시행령 제145조 제2항 본문 중 "집필" 부분. [판시] 명령·규칙에 의한 기본권 침해가 문제되는 경우에는 그 명령·규칙 자체의 효력을 다투는 행정소송의 길이 없으므로 곧바로 헌법소원을 청구할 수 있다. 따라서 이 부분 심판청구는 보충성 요건을 구비하고 있다. * 본안판단결과 "집필" 부분이 법률유보의 원칙에 위반된다고 하여 위헌결정이 있었다.

판례 헌재 2012.5.31. 2011헌마241

[심판대상조항, 본안쟁점] 이명에 관한 상이등급 판정기준을 정하고 있는 구 '국가유공자 등 예우 및 지원에 관한 법률 시행규칙'(2009.8.25. 총리령 제909호로 개정되고, 2012.1.30. 총리령 제969호로 개정되기 전의 것) 제8조의3 [별표 4] 신체부위별 상이등급 결정(이하 '이 사건 별표') 2. 귀의 장애 다. 준용등급의 결정 중2) 부분(이하 '이명 기준 부분). [판시] 이 사건 별표 중 이명 기준 부분은 앞서 살펴 본 바와 같이 일정 기준 이상의 난청 증상을 가진 이명 환자에게만 7급의 상이등급을 인정하도록 규정함으로써 상이등급 판정이라는 구체적 집행행위 이전에 이미 그러한 상이등급 기준을 갖추지 못한 자들을 상이등급 7급 대상에서 배제하고 있다. 따라서 청구인으로서는 이 사건 별표 중 이명 기준 부분 자체의 효력을 직접 다투어야 할 것이나, 일반법원에 법령 자체를 소송물로 하여 소송을 제기할 길이 없어 다른 구제수단이 있는 경우에 해당한다고 할 수 없으므로 위 조항에 대한 헌법소원에서 보충성원칙은 문제되지 아니한다.

3) 법령보충규칙 헌법소원

나아가 부령이 아닌 행정규칙으로서 법률이나 상위 법규명령의 위임을 받아 장관이 제정하는 행정규칙(고시, 훈령, 지침 등)과 같은 이른바 법령보충규칙의 경우에도 마찬가지의 상황이 되어 그것에 대한 헌법소원에서 보충성원칙이 역시 배제된다.

(가) 보충성원칙 배제대상으로서 법령보충규칙의 인정요건 - 일반·추상적 성격의 행정규칙

법령의 직접적인 위임을 받아 이를 구체화하거나 법령의 내용을 구체적으로 보충하는 고시(훈령, 고시, 예규, 지침 등의 행정규칙)는 법령보충규칙으로서 행정처분성이 없어서 법원의 행정소송 대상이 아니므로 보충성원칙의 적용이 없게 된다. 그런데 이러한 보충성원칙배제의 대상이 되는 법령보충규칙이기 위해서는 바로 이렇게 행정처분성이 없어야 하므로 일반·추상적 성격을 지녀야 한다. 구체성을 가진 고시는 법령보충규칙이 아니라 행정처분이며 보충성원칙의 적용을 받아 바로 헌법소원심판을 청구할 수는 없다. 사실 일반·추상성은 법령보충규칙이 행정처분이 아니라 하나의 법규범으로서 법령소원의 대상이 되기 위한 대상성요건인데 보충성원칙 배제에도 연관된다. 일반성·추상성의 의미 문제 등 이러한 문제는 앞의 헌법소원대상성, 법령보충규칙에서 자세히 살펴보았다(전술 참조).

판례 헌재 2010.9.30. 2008헌마758

[사건개요] 중복처방시 요양급여의 인정기준을 정한 '요양급여의 적용기준 및 방법에 관한 세부사항(약제) 중 개정'(2009.4.22. 보건복지가족부 고시 제2009-71호. 이하 '이 사건 고시'라 한다)에 대해 요양기관을 개설한 의사들이자, 국민건강보험법 제5조에 의한 국민건강보험 가입자들인 사람들이 의사들의 진료권, 환자들의 진료 받을 권리를 침해한다고 하여 헌법소원심판을 청구한 사건. [결정요지] 3. 적법요건에 관한 판단 … 다. 보충성 (1) 보충성과 관련하여 법령보충적 행정규칙인 이 사건 고시에 대한 항고소송이 허용되는지 문제된다. 만약 이 사건 고시의 처분성이 인정된다면 행정소송법 제2조 제1항 제1호에 의하여 행정법원에 항고소송을 제기하여야 하는 것이고, 이에 대하여 헌법소원을 제기한다면 다른 법률에 구제절차가 있는 경우에 해당되어 보충성원칙 위반으로 각하될 것이기 때문이다. … (4) 위와 같이 이 사건 고시의 개별성 및 구체성의 정도를 종합하여 보면, 이 사건 고시는 처분의 성격을 지닌 것이라기보다는 행정규칙 형식의 법규명령으로서 일반적·추상적인 규정의 성격을 지닌 것이라 봄이 상당하다. 이처럼 이 사건 고시는 처분성이 결여된 법규명령인바, 법령자체에 의한 직접적인 기본권침해가 문제될 때에는 그 법령 자체의 효력을 직접 다투는 것을 소송물로 하여 일반법원에 그 소송을 제기하는 길이 없어 구제절차가 있는 경우가 아니므로, 다른 구제절차를 거치지 아니한 채 바로 이 사건 고시에 대하여 헌법소원심판을 청구할 수 있다. * 동지 : 헌재 1998.4.30. 97헌마141; 2004.1.29. 2001헌마894; 2008.11.27. 2005헌마161등; 2009.4.30, 2007헌마106 등.

(나) 위 (가) 요건에 대한 검토

위에서 본 법규명령의 헌법소원에서는 보충성배제에 있어서 법규명령의 일반·추상성을 요건으로 요구하지 않았다. 법령보충규칙도 법률의 위임을 받아 제정되었고 그 법규성이라는 효력에 관한 한은 법규명령과 진배 없다. 그러면서도 마찬가지로 법률위임으로 제정되는 법규명령에 대해서는 일반·추상성을 가지는지 처분성을 가지는지 구분을 하지 않고 보충성원칙을 인정하면서 이와 달리 법령보충규칙에 대해서는 처분성이 없고 일반·추상성을 가져야 함을 보충성원칙 배제의 요건으로 인정하는 것이 논리적인지 의문이고 또 법규명령과 법령보충규칙 간에 균형이 맞는지 의문이 있다. 아마도 장관이 제정하는 부령은 법령이라고 보고 장관이 발령하는 고시는 구체적인 처분으로 받아들여질 수 있는 것도 있다는 관념에서 나온 차이로 보여지기도 한다. * 법령보충규칙 헌법소원에서 요구하는 이러한 일반·추상성의 문제점에 대해서는 앞의 헌법소원대상성, 법령보충규칙 부분에서도 다루었다(전술 참조).

(다) 결정례

가) 보충성원칙적용 배제의 결정례

① 중복처방시 요양급여의 인정기준

판례 헌재 2010.9.30. 2008헌마758. * 바로 위 결정.

② '건강보험요양급여행위및그상대가치점수개정' – 이 개정고시(2001.6.27. 보건복지부 고시 제2001–32호)

판례 헌재 2003.12.18. 2001헌마543

[판시] 적법요건에 관한 판단 (1) 헌법소원의 대상성 – … 이 사건 개정고시는 비록 그 제정형식은 행정규칙이지만, 상위법령인 법 제42조 제7항 및 시행령 제24조 제2항과 결합하여 동 법령을 시행하는데 필요한 구체적 사항을 정한 것으로써 대외적인 구속력을 갖는 법규명령으로서 기능하고 있으므로 헌법재판소법 제68조 제1항에 의한 헌법소원의 대상이 된다.… (4) 보충성 – 청구인들은 이 사건 개정고시로 인하여 공단으로부터 지급받을 수 있는 요양급여비용의 금액이 줄어드는 불이익을 직접 입고 있는데, 이 사건 개정고시를 직접 대상으로 하는 다른 권리구제절차가 허용되는지 여부가 객관적으로 불확실할 뿐 아니라, 만일 허용된다 하더라도 이 사건 개정고시의 내용은 법 제42조 제1항에 따라 매년 체결되어야 할 계약에 관한 것으로써 의료기술의 발달과 건강보험재정 및 기타 사회경제적 여건의 변화에 따라 언제든지 개정될 소지가 농후하므로 개정 이후에는 청구인들의 권리보호의 이익이 부정될 가능성이 많은 점 등을 종합하여 판단하여 보면, 헌법소원심판을 청구하는 외에 달리 효과적인 구제방법이 있다고 보기 어렵다. 그렇다면 이 사건 헌법소원 심판청구는 다른 구제절차를 경유함이 없이 바로 제기된 것이지만 이는 적법하다.

③ 게임제공업소의 경품취급기준

판례 헌재 2008.11.27. 2005헌마161등

[결정요지 문화관광부고시 제2004–14호 "게임제공업소의 경품취급기준" 중 '사행성 간주 게임물'의 개념을 설정하고 이에 해당하는 경우 경품제공 등을 금지한 규정(이하 '이 사건 심판대상규정')이 모법조항의 위임에 의하여 제정된 것으로서 국민의 기본권을 제한하는 내용을 담고 있어 상위법령과 결합하여 대외적 구속력을 갖는 법규명령으로 기능하고 있는 것이라 볼 수 있으므로 헌법소원의 대상이 된다. … 법령 자체에 의한 직접적인 기본권 침해가 문제될 때에는 그 법령 자체의 효력을 직접 다투는 것을 소송물로 하여 일반법원에 소송을 제기하는 길이 없어 구제절차가 있는 경우가 아니므로 보충성의 예외로서 다른 구제절차를 거칠 것 없이 바로 헌법소원심판을 청구할 수 있다. * 게임 경품취급기준에 관한 고시의 헌법소원대상성, 보충성원칙 비적용을 인정한 또 다른 결정례 : 헌재 2009.4.30, 2007헌마106.

④ **생계보호기준** – 헌재는 생활보호법의 근거에 따라 보건복지부장관이 정하는 생계보호

기준은 "보건복지부장관 또는 그 산하 행정기관의 어떤 구체적인 보호급여처분(생계보호급여처분) 그 자체가 아니고 보건복지부장관이 법령의 위임에 따라 정한 그 보호급여(생계보호급여)의 기준으로서, 현행 행정소송법상 이를 다툴 방법이 있다고 볼 수 없으므로 이 사건은 다른 법적 구제수단이 없는 경우에 해당하여 보충성 요건을 갖춘 것이라 볼 수 있다"고 한다.

판례 헌재 1997.5.29. 94헌마33

[판시] 이 사건 심판의 대상은 보건복지부장관 또는 그 산하 행정기관의 어떤 구체적인 보호급여처분(생계보호급여처분) 그 자체가 아니고 보건복지부장관이 법령의 위임에 따라 정한 그 보호급여 (생계보호급여)의 기준으로서, 현행 행정소송법상 이를 다툴 방법이 있다고 볼 수 없으므로 이 사건은 다른 법적 구제수단이 없는 경우에 해당하여 보충성 요건을 갖춘 것이라 볼 수 있다.

⑤ **방문요양 및 방문목욕 급여를 제공하는 재가장기요양기관에 적용되는 '장기요양급여 제공기준 및 급여비용 산정방법 등에 관한 고시'** – 아래의 결정은 법원에서의 구제절차의 불확실성이라는 적용예외 사유를 논거로 제시하고 위 헌재 1997.5.29. 94헌마33결정은 인용하지 않았다.

판례 헌재 2019.11.28. 2017헌마791

[심판대상] 구 노인장기요양보험법(2016.5.29. 법률 제14215호로 개정되고, 2019.1.15. 법률 제16244호로 개정되기 전의 것) 제38조 제4항의 위임으로 보건복지부장관이 정한 '장기요양급여 제공기준 및 급여비용 산정방법 등에 관한 고시'(2017.5.24. 보건복지부고시 제2017-83호) 제11조의2(인건비 지출비율) 제1항 중 '방문요양 및 방문목욕 급여를 제공하는 재가장기요양기관에 적용되는 부분'(이하 '이 사건 고시조항'). [판시] 헌법재판소법 제68조 제1항에 따른 헌법소원은 다른 법률에 구제절차가 있는 경우 이를 모두 거친 후에 하여야 한다. 다만 다른 권리구제절차가 허용되는지 여부가 객관적으로 불확실한 경우에는 보충성의 예외를 인정할 수 있다(헌재 2000.12.14. 2000헌마659; 헌재 2004.10.28. 2002헌마328; 헌재 2010.10.28. 2008헌마408 참조). 이 사건 고시조항이 행정소송의 대상이 되는 처분에 해당하는지 여부에 대하여 아직 확립된 판례가 없어 행정소송을 통한 권리구제 가능 여부가 객관적으로 확실하다고 보기 어려우므로 보충성의 예외가 인정된다. * 본안판단결과 위 고시조항이 과잉금지원칙을 준수하여 장기요양기관의 장의 직업수행의 자유를 침해하지 않는다고 기각결정을 하였다.

나) 일반·추상성 부정(처분성 인정)의 보충성원칙배제부정의 결정례

헌재는 이러한 예로, 신도시 주변지역에 대하여 개발행위허가를 제한하는 건설교통부고시에 대해 특정 개인의 구체적인 권리, 의무나 법률관계를 직접적으로 규율하는 성격을 갖는 행정처분이라서 행정쟁송을 거쳐 헌법소원을 제기하여야 한다고 보아 보충성원칙 결여의 부적법한 청구라고 판시한 바 있다.

판례 헌재 2008.12.26. 2007헌마862

[사건개요] 건설교통부장관(당시)이 2007.6.1. 동탄2신도시 개발계획을 발표하면서, 투기방지대책의 하나로 '신도시 예정지 내외에 걸쳐 특단의 토지이용규제장치를 가동'할 것을 예고하고 2007.7.25. 건설교통부(2008.2.29. 법률 제8867호로 개정된 정부조직법에서 '국토해양부'로 변경됨) 고시 제2007-294호(이하 '이 사건 고시')로 개발행위허가 제한을 고시하자 건축물의 신축·증축이 제한이 된 청구인들이 고시에 대해 재산권침해 주장으로 헌법소원심판을 청구한 것임. [심판대상조문] 건설교통부고시 제2007-294

호 1. 제한지역 ㅇ경기도 화성시 동탄면 등, 용인시 농서동 등 일원. 3. 제한대상행위 : - 건축물의 신축·증축(용도변경 포함) 또는 공작물의 설치, - 토지의 형질변경(경작을 위한 토지의 형질변경은 제외) 및 토석의 채취 [판시] 피청구인(국토해양부장관)의 이 사건 고시는, 그 고시 자체로 인하여 직접 화성시 동탄면 등 위 고시가 지정한 특정 지역 안의 토지나 건물소유자가 토지의 형질변경 및 토석의 채취, 건축물의 신축·증축 등의 권리행사를 제한받게 되는 점에서 볼 때, 특정 개인의 구체적인 권리, 의무나 법률관계를 직접적으로 규율하는 성격을 갖는 행정처분에 해당한다고 보이므로(헌재 1998.4.30. 97헌마141, 판례집 10-1, 496, 497; 대법원 1982.3.9. 선고 80누105 판결 등 참조), 청구인들로서는 이 사건 고시에 대하여 행정심판법에 의한 행정심판 또는 행정소송법에 의한 항고소송을 제기하는 절차를 거쳤어야 하고 그러한 구제절차를 거치지 않았음이 기록상 명백한 청구인들의 심판청구는 헌법재판소법 제68조 제1항 단서가 정한 보충성의 요건을 갖추지 못한 것이어서 부적법하다.

(라) 법령보충규칙으로서의 공고이자 허가처분 전 공고

판례 헌재 2006.7.27. 2004헌마924
[본안쟁점] 신규카지노업 허가에 앞서 문화관광부장관이 행한 '외국인전용 신규카지노업 허가계획' 공고(2004.9.11. 문화관광부 제2004-48호 공고)에서 허가대상기관을 한국관광공사로 한정한 것이 기존 카지노업자들인 청구인들의 직업선택의 자유, 평등권을 침해한다는 주장의 헌법소원심판사건 [판시] 이 사건 공고가 행정규칙인 공고의 형식을 취하고 있지만 상위법령과 결합하여 법규명령적 기능을 함은 앞에서 본 바와 같고, 이러한 법규명령적 기능을 하는 행정규칙에 관하여 항고소송이 허용되는지 여부가 객관적으로 불확실할 뿐만 아니라, 만일 허용된다고 하더라도, 이 사건 공고의 경우 공고 이후 허가신청에 따른 신규 카지노업 허가처분이 있게 될 것이어서 그 사전단계에 있는 이 사건 공고에 대하여는 여전히 항고소송의 대상성을 부정하게 될 가능성이 많은 점 등을 종합하여 보면, 헌법소원심판을 청구하는 외에는 달리 효과적인 구제방법이 있다고 보기 어렵다. 따라서, 이 사건 헌법소원심판청구는 다른 구제절차를 경유함이 없이 곧바로 청구된 것이지만 적법하다

4) 조례에 대한 헌법소원

* 이에 대해서는 앞의 헌법소원의 대상성 부분에서 조례에 대해 서술하면서 이미 보충성원칙 관련해서도 많이 다루었다(전술 참조. 이는 우리나라 헌법소원에서 대상성 문제가 바로 헌재의 헌법소원으로 갈 수 있느냐 하는 문제와 연결되어 있고 그 문제는 바로 보충성원칙의 문제이기도 하기 때문이다).

(가) 조례에 대한 직접적 헌법소원 인정의 논거

조례에 대하여 바로 헌법소원을 제기할 수 있는, 즉 보충성의 원칙이 배제되는 중요한 논거의 하나로서 헌재가 내세우는 점은 앞서 언급한 대로 조례 자체에 의한 직접적인 기본권침해가 문제될 때에는 그 조례의 효력을 직접 다투는 것을 소송물로 하여 일반법원에 구제를 구할 수 있는 절차가 없기 때문이라는 것이다.

* 조례에 대한 마찬가지의 논거를 제시하고 있는 판례로, 헌재 1995.4.20. 92헌마264등, 부천시담배자동판매기설치금지조례 제4조 등, 강남구담배자동판매기설치금지조례 제4조 등 참조.

(나) 대법원의 처분적 조례에 대한 항고소송대상성 인정 문제

대법원은 1996년 9월 20일의 두밀분교 사건 판결에서 "조례가 집행행위의 개입 없이도

그 자체로서 직접 국민의 구체적인 권리의무나 법적 이익에 영향을 미치는 등의 법률상의 효과를 발생하는 경우 그 조례는 항고소송의 대상이 되는 행정처분에 해당하고 …"라고 판시하여 처분적 조례의 경우 그 자체에 대해 직접 항고소송이 이루어질 수 있다고 본다.

판례 대법원 1996.9.20. 95누8003, 조례무효확인, 집44(2)특,686; 공1996.11.1.(21),3210

[주문] 상고를 모두 기각한다. 상고비용은 원고들의 부담으로 한다. [판결이유] 상고이유를 본다. 1. 조례가 집행행위의 개입 없이도 그 자체로서 직접 국민의 구체적인 권리의무나 법적 이익에 영향을 미치는 등의 법률상 효과를 발생하는 경우 그 조례는 항고소송의 대상이 되는 행정처분에 해당하고, 이러한 조례에 대한 무효확인 소송을 제기함에 있어서 행정소송법 제38조 제1항, 제13조에 의하여 피고적격이 있는 처분 등을 행한 행정청은, 행정주체인 지방자치단체 또는 지방자치단체의 내부적 의결기관으로서 지방자치단체의 의사를 외부에 표시할 권한이 없는 지방의회가 아니라, 지방자치법(1994.3.16. 법률 제4741호로 개정되기 전의 것) 제19조 제2항, 제92조에 의하여 지방자치단체의 집행기관으로서 조례로서의 효력을 발생시키는 공포권이 있는 지방자치단체의 장이라고 할 것이다. 한편, 지방교육자치에관한법률(1995.7.26. 법률 제4951호로 개정되기 전의 것) 제14조 제5항, 제25조에 의하면 시·도의 교육·학예에 관한 사무의 집행기관은 시·도 교육감이고 시·도 교육감에게 지방교육에 관한 조례안의 공포권이 있다고 규정되어 있으므로, 교육에 관한 조례의 무효확인 소송을 제기함에 있어서는 그 집행기관인 시·도 교육감을 피고로 하여야 할 것이다. 원심이 같은 취지에서, 경기 가평군 가평읍 상색국민학교 두밀분교를 폐지하는 내용의 이 사건 조례는 위 두밀분교의 취학아동과의 관계에서 영조물인 특정의 국민학교를 구체적으로 이용할 이익을 직접적으로 상실하게 하는 것이므로 항고소송의 대상이 되는 행정처분이라고 전제한 다음, 이 사건과 같이 교육에 관한 조례무효확인 소송의 정당한 피고는 시·도의 교육감이라 할 것이므로 지방의회를 피고로 한 이 사건 소는 부적법하다고 판단한 것은 정당하고, 거기에 논지와 같은 조례무효확인 소송에 있어서의 피고적격에 관한 법리오해의 위법이 있다고 할 수 없다. 2. 그러므로 상고를 모두 기각하고, 상고비용은 패소자들의 부담으로 하여 관여 법관의 일치된 의견으로 주문과 같이 판결한다.

이 사건에서 피고적격이 없어 청구각하되고 그 점 때문에 위 대법원의 상고기각을 받아 확정된 사안이므로 대법원의 위 판결에서 행정처분에 해당된다는 위 판시 부분은 대부분 방론이라고 보긴 하나, 그 논의를 떠나 만약 이와 같은 대법원의 판례가 정립된다면 앞으로 처분적인 효과를 가지는 조례에 대하여 곧바로 헌법소원심판이 이루어지기는 어렵다고 할 것이다.

(다) 헌재의 처분적 조례의 관념을 인정하는 판례

헌재는 처분적 조례의 관념을 인정하는 판례들을 내놓았다. 즉 다음과 같은 결정례에서 처분적 조례가 아니라고 보았지만 처분적 조례라는 관념을 인정하고 처분적 조례의 경우 보충성원칙이 적용된다고 보고 그렇지 않은 해당 사안들에서는 예외가 인정된다고 본 것이었다.

① 학교교과교습학원 및 교습소의 심야교습 제한 조례

판례 헌재 2009.10.29. 2008헌마454, 부산광역시 학원의 설립·운영 및 과외교습에 관한 조례 제9조 위헌확인, 기각결정

[판시] 보충성 인정 여부 – 이 사건 조항은 학교교과교습학원 및 교습소의 교습시간을 제한하고 있을 뿐이므로 비록 그로 인하여 학원 운영자 등이 교습시간을 제한받는다고 하여도 위 조항을 그 상대방과

적용사건이 특정되는 처분적 조례로서 항고소송의 대상이 된다고 볼 수 있을지는 의문이다. 그렇다면 이 사건 조항에 대한 소송을 일반 법원에 제기하더라도 이 사건 조항이 항고소송의 대상이 되는 행정처분에 해당하는지 여부가 객관적으로 불확실하고 이 사건 조항에 대하여 법원에서 항고소송의 대상으로 인정받은 적도 없는바, 청구인들에게 항고소송에 의한 권리구제절차를 거치도록 요구하거나 기대할 수 없으므로 보충성의 예외를 인정하여 헌법소원을 허용함이 상당하다. 동지 : 헌재 2009.10.29. 2008헌마635, 서울특별시 학원의 설립·운영 및 과외교습에 관한 조례 제5조 제1항 전문 위헌확인, 기각결정.

② 옥외광고물 표시제한 특정구역 지정고시

판례 헌재 2016.3.31. 2014헌마794

[판시] … (2) 보충성 인정 여부 – 조례가 일반적·추상적인 규정의 성격을 가지거나 항고소송의 대상이 되는 행정처분인지 여부가 불분명한 경우에는 바로 헌법소원심판을 청구할 수 있다. 심판대상조항들은 이 사건 특정구역 내에 표시·설치되는 모든 옥외광고물에 대하여 일률적으로 적용되므로 이를 두고 그 상대방이나 적용사건이 특정되는 처분적 조례에 해당한다고 보기 어려울 뿐만 아니라, 항고소송의 대상이 되는 행정처분에 해당하는지 여부 또한 불확실하다. 이와 같이 청구인들에게 항고소송에 의한 권리구제절차를 거치도록 요구하거나 기대할 수 없는 이상 보충성의 예외를 인정하여 헌법소원을 허용함이 상당하다.

(라) 앞으로의 동향

가) 처분적 조례와 헌법소원 직접대상으로서의 조례의 구분 - 특정성의 의미

결국 조례에 대한 헌법소원에서 보충성원칙이 적용되는지 여부는 처분적 조례인지 여부에 달려 있다. 그리고 보충성원칙이 적용되지 않는 조례는 특정되지 않은 일반적·추상적인 효과의 조례여야 할 것이다. 바로 위 결정례 ②의 판시 중 "조례가 일반적·추상적인 규정의 성격을 가지거나 항고소송의 대상이 되는 행정처분인지 여부가 불분명한 경우에는 바로 헌법소원심판을 청구할 수 있다"라고 한 것도 그것을 보여주는 것이겠다.

나) 처분적 조례의 법원 항고소송 대상성 인정의 의미

위 대법원 두밀분교 사건 판결에서와 같은 입장과 헌재가 위에서 본 대로 인정하는 처분적 조례가 보충성원칙 적용대상이 된다고 본다면 사실 조례에 대한 통제로서의 헌법재판소에 의한 헌법소원은 그 입지가 좁혀질 것이다. 왜냐하면 헌재법 문언상으로는 물론 헌법소원의 이른바 보충성원칙에 따라 행정소송 이후 헌법소원심판을 제기할 수 있을 것이나 우리 헌법재판소는 앞의 제2절 헌법소원심판의 대상에서 언급하였듯이 이른바 원(原)행정처분에 대한 헌법소원을 부인하고 있으므로 대상이 되기 힘들다.

(마) 조례에 대한 헌법소원 결정례

위와 같은 상황이라고 하더라도 위 대법원판례 이후 조례에 대한 헌법소원이 위 학원교습시간 제한 조례, 선거에 관한 조례 등에 대해 이루어져 오고 있고 위헌성을 인정하는 아래와 같은 결정례도 있었다. 그 외 조례에 대한 헌법소원 결정례들은 앞의 헌법소원대상성, 조례 부

분 참조.

판례 헌재 2009.3.26. 2006헌마67

[주문] 1. '경상북도 시·군의회의원 선거구와 선거구별 의원정수에 관한 조례'(2006.1.12. 조례 제2902호로 전부 개정된 것) 제2조의 [별표] 중 상주시의회의원 지역선거구들 부분, 영천시의회의원 지역선거구들 부분, 김천시의회의원 지역선거구들 부분은 헌법에 합치되지 아니한다. 2. 위 [별표] 중 상주시의회의원 지역선거구들 부분, 영천시의회의원 지역선거구들 부분, 김천시의회의원 지역선거구들 부분은 2009.12.31.을 시한으로 입법자가 개정할 때까지 계속 적용된다. [결정요지] 상주시 마 선거구란, 영천시 다 선거구란, 김천시 라 선거구란의 의원 1인당 인구수는 헌법상 인구편차 허용기준인 상하 60%의 편차를 넘어서고, 이러한 인구편차를 통해서 발생한 투표가치의 불평등은 합리적 사유에 의하여 정당화될 수 없다고 할 것이므로, 상주시 마 선거구, 영천시 다 선거구, 김천시 라 선거구의 획정은 자치구·시·군의원 선거구 획정에서 헌법상 허용되는 시·도의회의 재량 범위를 일탈한 것으로서 해당 선거구에 거주하는 청구인들의 헌법상 보장된 평등권 및 선거권을 침해한다.

판례 조례에 대한 또 다른 헌법불합치결정례 : 헌재 2009.3.26. 2006헌마240등. 충청남도 시·군의회의원 선거구와 선거구의원정수에 관한 조례 [별표 2] 위헌확인 등.

5) 검토대상 - 법령소원에서 보충성원칙배제와 직접성 요건

헌재는 법령소원에서 "보충성의 원칙이 적용되지 않는다고 하여 법령에 대한 헌법소원이 아무런 조건 없이 허용되는 것은 아니고 '기본권침해의 직접성'의 요건이 갖추어져야 한다"라고 하여 보충성원칙과 직접성 요건을 연관지어 혼동이 올 수도 있게 하는 판시를 보여주기도 하였다. 사안은 사납금제를 금지하기 위하여 택시운송사업자의 운송수입금 전액 수납의무와 운수종사자의 운송수입금 전액 납부의무를 규정한 자동차운수사업법(1961.12.30. 법률 제916호로 제정되어 1994.8.3. 법률 제4780호로 최종 개정된 것) 제24조 제3항 및 제33조의5 제2항이 기업의 경영상 자유를 침해한다는 주장으로 청구된 헌법소원심판이었다.

판례 헌재 1998.10.29. 97헌마345

[판시] 법령에 대한 헌법소원에 있어서는 법률이 정하는 다른 구제절차가 없기 때문에 보충성의 원칙이 적용되지 않는다. 보충성의 원칙이 적용되지 않는다고 하여 법령에 대한 헌법소원이 아무런 조건 없이 허용되는 것은 아니고 '기본권침해의 직접성'의 요건이 갖추어져야 한다. 법률이 직접 국민에게 행위의무 또는 금지의무를 부과한 후 그 위반행위에 대한 제재로서 형벌, 행정벌 등을 부과할 것을 정한 경우에 국민은 별도의 집행행위를 기다릴 필요없이 제재의 근거가 되는 법률의 시행 자체로 행위의무 또는 금지의무를 직접 부담하게 되는 것이다. 따라서 … 이 사건의 경우에도 이 사건 법률조항들의 시행 자체로 인하여 청구인들이 아직 제재를 받은 일이 없다고 하더라도 직접 행위의무를 부담하게 되므로, 이 사건 법률조항들에 의한 기본권침해의 직접성이 인정된다.

* 검토 – 위 판시는 보충성원칙과 직접성을 분리하여 보충성원칙에 대한 판시를 마무리하고 이어 직접성 판단으로 들어가는 판시가 아니라 보충성원칙을 언급하는 것으로 시작하다가 "보충성의 원칙이 적용되지 않는다고 하여 법령에 대한 헌법소원이 아무런 조건 없이 허용되는 것은 아니고 '기본권침해의 직접성'의 요건이 갖추어져야 한다"라고 하여 직접성 판단으로 들어가 그 논증과정이나 판시가 밝히고자 하는 것이 무엇인지 불명확한 점이 없지 않다.

(2) 기소유예처분, 기소중지처분에 대한 피의자의 헌법소원, 고소하지 않은 피해자의 불기소처분 헌법소원의 경우

* 이에 대해서는 앞의 보충성원칙의 구체적 문제로 '2. 체포행위, 범죄행위, 불기소처분·기소유예처분 등에 대한 헌법소원에서 보충성원칙' 부분에서 이미 살펴보았다. 여기서 다시 보게 되는 것은 다른 권리구제절차가 없는 경우에 해당되는 경우들이 있어서 아래에 정리해 두기 위함이다.

1) 기소유예처분에 대한 피의자의 헌법소원

불기소처분에 대해 고소인이 헌법소원을 제기하는 경우와는 달리 기소유예처분에 대해 피의자가 헌법소원을 제기할 경우에는 보충성의 원칙의 적용이 없다. 피의자가 검찰에 항고·재항고를 제기할 수 있도록 한 법률규정이 없기 때문이다.

[주요판시사항]

▷ 기소유예처분의 경우 피의자는 그 처분에 대해 직접 헌법소원 제기 가능. 기소유예처분을 받은 피의자는 항고나 재항고를 제기할 수 있는 법률의 규정이 없기 때문

판례 헌재 1992.10.1. 91헌마169

[관련판시] 헌법재판소법 제68조 제1항 단서는 다른 법률에 구제절차가 있는 경우에는 그 절차를 모두 거친 후가 아니면 헌법소원심판청구를 할 수 없는 것으로 규정하였다. 그런데 기소유예처분을 받은 피의자는 항고나 재항고를 제기할 수 있는 법률의 규정이 없다. 피청구인은 검찰에 재기신청을 낸다든지 또는 진정서를 제출하여 검사의 직권발동을 촉구하는 등의 방법으로 기소유예처분을 번복시킬 수 있는 구제절차가 존재한다고 주장하나, 그와 같은 절차는 기소유예처분에 대한 법률이 정한 직접적인 구제절차가 아니다. 그리고 그 밖에도 달리 다른 법률에 정한 구제절차가 없다. 따라서 기소유예처분에 대하여 직접 헌법소원심판을 청구한 이 사건 심판청구는 적법하다.

판례 헌재 2010.6.24. 2008헌마716

[관련판시] 이 사건 기소유예처분에 대한 심판청구 – 검사의 불기소처분에 대한 검찰청법 소정의 항고 및 재항고는 그 피의사건의 고소인 또는 고발인만이 할 수 있을 뿐, 기소유예처분을 받은 피의자가 범죄혐의를 부인하면서 무고함을 주장하는 경우에는 검찰청법이나 다른 법률에 이에 대한 권리구제절차가 마련되어 있지 아니하므로, 검사의 기소유예처분의 취소를 구하는 헌법소원심판을 청구하는 경우에는 보충성원칙의 예외에 해당한다. 따라서 청구인은 자신에 대한 기소유예처분의 취소를 구하는 헌법소원심판을 바로 청구할 수 있고, 그 밖에 자기관련성, 대리인 선임요건 및 청구기간 준수 등의 적법요건도 모두 갖추어져 있으므로, 이 부분 심판청구는 적법하다.

* 검토 – 위 판시에서 '보충성원칙의 예외'라고 하나 법률이 정한 다른 구제절차가 없으므로 예외는 정확한 것이 아니고 다른 권리구제절차가 없는 경우이다.

* 그 외 동지 : 헌재 1992.11.12. 91헌마146; 1995.3.23. 94헌마254 등.

2) 기소중지처분에 대한 피의자의 헌법소원

기소중지처분의 경우에도 피의자가 기소중지처분을 취소시킬 이익이 있을 것이다. 그런데 기소중지처분에 대해 피의자가 취할 수 있는 다른 법적 구제방법이 없기에 헌법소원을 바로 제기할 수 있다.

판례 헌재 1997.2.20. 95헌마362

[관련판시] 이 사건 심판청구 중 기소중지처분에 관한 부분은, 위 고소사건에 관하여 기소중지처분을 받은 피의자(피고소인) 자신이 제기한 헌법소원으로서 다른 법률에 그 구제절차가 있는 경우에 해당하지 아니한다.

3) 고소하지 않은 범죄피해자의 불기소처분에 대한 헌법소원

앞서 본 대로 고소권을 가진 범죄피해자가 아닌 사람이 고발을 하였거나 수사기관의 인지수사 결과 그 범죄혐의에 대해 불기소처분이 있으면 고소하지 않은 범죄피해자가 그 불기소처분에 대해 헌법소원을 청구할 수 있다. 그 헌법소원 이전에 검찰청법상 검찰에의 항고, 재항고가 인정되지 않는다. 그래서 논란되는 문제가 고소하지 않은 피해자가 다시 고소를 하고 다시 불기소처분이 행해지면 항고, 재정신청을 거쳐야 하는지 아니면 이미 행해진 그 불기소처분을 상대로 바로 헌법소원을 제기할 수 있는지(즉 보충성원칙의 적용이 배제되는지) 하는 것이다. 이 문제에 대해서는 이미 다루었고 헌재의 입장은 바로 헌법소원을 제기할 수 있다고 본다(전술, 불기소처분에서의 보충성원칙 문제 부분 참조).

(3) 대법원 판례가 행정소송 대상이 아니 된다고 한 행정작용에 대한 헌법소원의 경우

대법원이 행정쟁송의 대상으로 받아들이는 행정작용이라면 보충성의 원칙을 그대로 따라야 하나 대법원이 행정쟁송의 대상이 아니라고 한 경우 곧바로 헌법소원심판을 청구하더라도 적법하다. 아래와 같은 결정례들이 있었다.

1) 내부적 의사결정 과정 - 교수재임용추천거부 등에 대한 헌법소원

판례 헌재 1993.5.13. 91헌마190

[관련판시] 이 사건 청구인이 주장하는 세무대학장의 재임용추천거부행위와 같은 총·학장의 임용제청이나 그 철회는 "행정기관 상호 간의 내부적인 의사결정 과정일 뿐 행정소송의 대상이 되는 행정처분이라고 볼 수 없다"(1989.6.27. 88누9640 등)는 것이 대법원의 일관된 판례이므로, 이 사건의 경우에는 다른 법률에 구제절차가 있는 경우에 해당하지 아니하여 청구인의 행정소송을 거치지 아니하고 바로 헌법소원심판을 청구하였다고 하더라도 소원심판청구의 적법요건인 보충성의 원칙에 반하는 것이라고 볼 수 없다. 따라서 이 사건 헌법소원심판대상인 재임용추천을 하지 아니한 행위의 위헌·위법무효를 다투는 문제는 다른 어떤 구제절차가 존재하지 아니하는 경우에 해당하므로 이 사건 헌법소원심판청구는 보충성의 원칙에 반하지 아니하는 적법한 소원심판청구라 할 것이다.

2) 행정입법부작위에 대한 헌법소원에서의 보충성원칙 배제

판례 헌재 1998.7.16. 96헌마246

[관련판시] 입법부작위에 대한 행정소송의 적법여부에 관하여 대법원은 "행정소송은 구체적 사건에 대한 법률상 분쟁을 법에 의하여 해결함으로써 법적 안정을 기하자는 것이므로 부작위위법확인소송의 대상이 될 수 있는 것은 구체적 권리의무에 관한 분쟁이어야 하고, 추상적인 법령에 관하여 제정의 여부 등은 그 자체로서 국민의 구체적인 권리의무에 직접적 변동을 초래하는 것이 아니어서 행정소송의 대상

이 될 수 없다"고 판시하고 있다(대법원 1992.5.8. 91누11261 판결, 공1992, 1874). 그 밖에 입법부작위에 대한 국가배상의 청구가 가능한지도 문제되지만, 헌법재판소법 제68조 제1항 단서 소정의 '다른 권리구제절차'라 함은 공권력의 행사 또는 불행사를 직접 대상으로 하여 그 효력을 다툴 수 있는 권리구제절차를 의미하고 사후적·보충적 구제수단을 뜻하는 것은 아니므로(헌재 1993.7.29. 92헌마51, 전술 참조), 설사 국가배상청구가 가능하다고 할지라도 이를 사전구제절차로 볼 수는 없다. 따라서 피청구인 보건복지부장관에 대한 청구 중 위 시행규칙에 대한 입법부작위 부분은 다른 구제절차가 없는 경우에 해당한다. * 행정입법부작위에 대한 헌법소원에서의 보충성원칙의 배제를 밝히고 있는 또 다른 판례 : 헌재 2002.7.18. 2000헌마707, 평균임금결정·고시부작위 위헌확인.

3) * 유의 * 부정하는 경우 : 대법원 확립된 판례에 비추어 청구'기각' 예견된다는 주장, 대법원 파기환송의 경우

(가) 대법원의 확립된 판례에 비추어 청구 '기각'이 예견된다는 주장

이런 주장을 하더라도 전심절차이행 기대가능성이 없는 경우가 아니어서 이를 모두 거쳐야 보충성원칙을 준수하는 것이 된다고 본다.

판례 헌재 1998.10.29. 97헌마285

[쟁점] 대법원의 확립된 판례에 비추어 청구기각이 예견될 경우 전심절차인 행정소송절차를 거치지 않고 바로 헌법소원을 청구할 수 있는지 여부(부정, 각하결정) [결정요지] 청구인은 이 사건 과세처분에 대하여 행정심판, 행정소송 등을 제기하더라도 대법원의 확립된 판례에 비추어 청구기각될 것이 명백히 예견되어 곧바로 헌법소원에 이르렀다고 주장하나, 조세법령의 해석과 적용에 관한 대법원의 확립된 판례에 비추어 패소할 것이 예견된다는 점만으로는 전심절차로 권리가 구제될 가능성이 거의 없어 전심절차이행의 기대가능성이 없는 경우에 해당한다고 볼 수 없으므로, 청구인으로서는 헌법소원심판을 청구하기에 앞서 국세기본법에 따른 이의신청 등의 구제절차와 행정소송에 의한 구제절차를 모두 거쳤어야 할 것이었다.

(나) 청구인용 원심판결의 대법원 파기환송

대법원이 청구인의 청구를 인용한 원심판결을 파기환송하였으므로 법원의 절차를 통한 권리구제가능성은 거의 없다는 주장을 하더라도 보충성원칙의 예외를 인정할 수 없다고 본다.

판례 헌재 1999.12.23. 97헌마136

[판시] 청구인은 대법원이 이 사건 불합격처분에 대한 원심판결을 파기환송함으로써 그 사건이 다시 원심인 대전고등법원에 계속 중인 상태에서 이 사건 헌법소원심판을 청구하였으며, 위 법원에서는 1998. 4.3. 청구를 기각하였고, 청구인이 상고함으로써 위 사건은 현재 대법원에 계속 중에 있으므로, 청구인은 다른 법률에 의한 구제절차를 모두 거치지 아니하였다. 청구인은 이미 대법원에서 청구인의 청구를 인용한 원심판결을 파기환송 하였으므로 법원의 절차를 통한 권리구제의 가능성은 거의 없다고 주장하나 이러한 사정만으로는 앞에서 본 보충성의 예외(청구인이 정당한 이유가 있는 착오로 전심절차를 밟지 않은 경우 또는 전심절차로 권리가 구제될 가능성이 거의 없거나 권리구제절차가 허용되는지의 여부가 객관적으로 불확실하여 전심절차이행의 기대가능성이 없을 때를 말함)가 인정되는 경우에 해당한다고 볼 수 없다.

4) 조례의 경우 : 조례에 대한 직접적 헌법소원 인정의 논거와 대법원의 처분적 조례에 대한 항고소송대상성 인정 문제

이에 관해서는 앞서 언급한 바 있다(전술 참조).

5) 그 외

① 종합생활기록부제도개선보완시행지침 위헌확인

판례 헌재 1997.7.16. 97헌마38

[관련판시] 이 사건 제도개선 시행지침은 행정소송을 통하여 이를 다툴 수 없음이 명백하고(대법원 1994.9.10. 94 두 33 판결), 달리 그 구제절차가 있는 것으로 보이지 아니한다. 따라서 청구인들은 위 지침에 대하여 헌법소원심판을 바로 청구할 수 있다.

② 공정거래위원회의 무혐의처분

판례 헌재 2011.11.24. 2010헌마83

[판시] 공정거래위원회의 무혐의처분이 항고소송의 대상이 되는지 여부와 관련하여 대법원은 공정거래법 제49조 소정의 신고는 공정거래위원회에 대하여 공정거래법에 위반되는 사실에 관한 조사의 직권발동을 촉구하는 단서를 제공하는 것에 불과하고 신고인에게 그 신고 내용에 따른 적당한 조치를 취하여 줄 것을 요구할 수 있는 구체적인 청구권까지 있다고 할 수는 없으므로 공정거래위원회의 무혐의처분은 그 신고인의 권리의무에 아무런 영향을 미치지 아니하는 것이어서 항고소송의 대상이 되는 행정처분에 해당한다고 할 수 없다고 판시하였다(대법원 2000.4.11. 선고 98두5682 판결 참조). 위와 같은 대법원 판례에 따르면, 공정거래위원회의 무혐의처분은 행정심판이나 행정소송의 대상이 될 수 없으므로 이러한 경우에도 청구인에게 일반적인 행정쟁송절차를 먼저 경유할 것을 요구한다면 이는 무용한 절차를 강요하는 것으로 되어 부당하다(헌재 1995.7.21. 94헌마136, 판례집 7-2, 169, 175 참조). 따라서 청구인이 피청구인의 무혐의처분에 대하여 위와 같은 행정쟁송절차를 거치지 않고 곧바로 헌법소원심판청구를 한 것은 보충성에 위배되지 않는다.

③ **지목변경신청반려처분에 대한 헌법소원에서의 보충성원칙 배제 - 판례변경 -** 헌재가 이전에는 보충성원칙의 예외로 인정하다가(헌재 1999.6.24. 97헌마315) 대법원이 행정소송대상으로 보는 판례변경을 하자 헌재는 보충성원칙이 적용되어야 한다고 자신의 판례를 변경하였다(헌재 2004.6.24. 2003헌마723. 다만, 2003헌마723 결정의 사건에서 헌재는 이 사건이 대법원 판례가 변경되기 전에 제기된 것이어서 이 사안에 관한 보충성의 원칙에 어긋나는 것도 아니므로, 이 사건 심판청구에 보충성 요건의 흠결이 있다고 할 수 없다고 하여 결국 본안판단에는 들어갔다. 기각결정이 났다).

④ **5인 인용의견의 기각결정**(6인 정족수 미달)**에서의 5인 인용의견에서 보충성원칙 비적용의 의견이 있었던 예 -** 개별세법에 근거하지 아니한 납세의무자의 경정청구 거절처분

판례 헌재 2000.2.24. 97헌마13등

[5인 인용의견의 의견] 이 거부처부을 두고 항고소송의 대상이 되는 거부처분이라 할 수 없다는 것이 법원의 일관된 판례이다[대법원 1990.4.27. 선고 87누276 판결(공1990, 1179); 1990.5.11. 선고 87누553 판결(공1990, 1290); 1990.12.26. 선고 90누5771 판결(공1991, 665); 1991.2.12. 선고 90누5948 판결(공

1991, 1003) 등]. 그렇다면 행정쟁송을 통한 구제의 길이 없고 달리 다른 법률에 구제절차가 있는 것도 아니므로 그에 대하여 바로 헌법소원을 청구하였다고 하여 보충성의 요건에 반한다고 할 수 없다. * 4인 각하의견.

(4) 당사자신청을 전제로(요건으로) 하지 않는 행정부작위에 대한 헌법소원의 보충성원칙 적용배제

행정소송법 제2조(정의) ① 이 법에서 사용하는 용어의 정의는 다음과 같다. 1. 생략. 2. "부작위"라 함은 행정청이 당사자의 신청에 대하여 상당한 기간내에 일정한 처분을 하여야 할 법률상 의무가 있음에도 불구하고 이를 하지 아니하는 것을 말한다. ② 생략.

행정심판법 제2조(정의) 이 법에서 사용하는 용어의 뜻은 다음과 같다. 1. 생략. 2. "부작위"란 행정청이 당사자의 신청에 대하여 상당한 기간 내에 일정한 처분을 하여야 할 법률상 의무가 있는데도 처분을 하지 아니하는 것을 말한다. 3. 4. 생략.

위 법조문에서 보듯이 행정부작위가 행정심판(의무이행심판)이나 행정소송(부작위위법확인소송)의 대상이 되기 위해서는 당사자의 신청이 있는 경우의 부작위여야 하므로(행정심판법 제2조 2호; 행정소송법 제2조 1항 2호 참조) 당사자 신청이 전제되지 않는 행정부작위는 행정쟁송의 대상이 되지 않아 보충성원칙의 적용 없이(즉 행정쟁송을 거침이 없이) 곧바로 헌법소원을 제기할 수 있다는 것이 헌법재판소의 판례이다. 사안은 공정거래위원회의 전속고발의 권한 때문에 제기된 것이었다. 피청구인(공정거래위원회)이 청구외 회사의 공정거래법위반행위에 대하여 형사처벌을 위한 고발을 하지 아니한 "행정부작위"가 청구인의 기본권을 침해하였는가의 여부가 문제된 것이었다. 헌재는 "공정거래위원회의 고발권행사가 청구인의 신청이나 동의 등의 협력을 요건으로 하는 것이라고 보아야 할 아무런 근거도 없다"라고 하여('전속고발'이므로 그러한 판시가 나온 것으로 이해된다) 위 법리에 따라 보충성원칙이 배제되어 적법한 청구라고 보고 본안판단에 들어갔다(기각결정).

[주요판시사항] 신청을 전제로 하지 않는 행정부작위에 대한 헌법소원의 보충성원칙 배제

▷ 부작위가 행정쟁송의 대상이 되기 위한 요건으로 행정심판법· 행정소송법이 당사자신청의 존재를 전제로 하기 때문에 행정쟁송절차의 경유를 요구한다면 무용한 절차를 강요하는 것으로 부당

판례 헌재 1995.7.21. 94헌마136

[관련판시] 행정청의 부작위에 대하여는 원칙적으로 행정심판법에 정한 행정심판(행정심판법 제3조 참조)과 행정소송법에 정한항고소송(행정소송법 제4조 제3호 참조)의 구제절차가 마련되어 있는데, 행정심판 및 행정소송의 대상이 되는 '부작위'가 성립되기 위하여는 ① 당사자의 신청의 존재를 전제로 ② 행정청이 상당한 기간 내에 ③ 일정한 처분을 하여야 할 법률상(혹은 조리상) 의무가 있음에도 불구하고 ④ 그 처분을 하지 아니할 것이 필요하고, 여기에서 적법한 신청이란 법령에 의거한 신청을 뜻하는 것으로서 법령이 당사자가 행정청에 대하여 일정한 신청을 할 수 있음을 명문으로 규정한 경우뿐만 아니라 법해석상 당해 규정이 특정인의 신청을 전제로 하는 것이라고 인정되는 경우의 당해 신청을 말하는 것이나, 공정거래법은 고발에 대한 이해관계인의 신청권을 인정할 수 있는 규정을 두고 있지 아니할 뿐만 아니라, 법해석상으로도 공정거래위원회의 고발권행사가 청구인의 신청이나 동의 등의 협력을 요

건으로 하는 것이라고 보아야 할 아무런 근거도 없다. 그렇다면 이 사건 심판대상 행정부작위는 더 나아가 살필 여지도 없이 행정심판 내지 행정소송의 대상이 되는 '부작위'로서의 요건을 갖추지 못하였다고 할 것이므로 이러한 경우에도 청구인에게 위와 같은 행정쟁송절차의 사전 경유를 요구한다면 이는 무용한 절차를 강요하는 것으로 되어 부당한다고 하지 아니할 수 없다. 따라서 청구인이 이 사건 심판대상 행정부작위에 대하여 위와 같은 행정쟁송절차의 경유 없이 곧바로 헌법소원심판청구를 한 것은 보충성의 예외로서 적법하다. * 이 결정에 대한 보다 자세한 것은 앞의 대상성, 재량성이 인정되는 의무 부분 참조.

(5) 행정소송 가능하나 그 소송물과 헌법소원 대상이 다를 경우

헌재는 법원에 제기한 취소소송(행정소송)의 소송물이 헌법소원의 대상과 다른 것이고 이 취소소송이 후자(헌법소원 대상) 자체를 소송물로 하는 구제절차라고는 볼 수 없다면 보충성원칙을 충족한 것이라고 본다. 사안은 '고등학교 입학자격 검정고시'에 합격했던 자는 해당 검정고시에 다시 응시할 수 없도록 응시자격을 제한한 전라남도 교육청 공고 제2010－67호(2010.2.1.) 및 제2010－155호(2010. 6.2) 중 해당 검정고시 합격자 응시자격 제한 부분(이하 '이 사건 응시제한')이 법률유보원칙, 과잉금지원칙을 위반한다는 주장으로 청구된 헌법소원심판사건이었다.

판례 헌재 2012.5.31. 2010헌마139등

[피청구인(전라남도 교육감)의 의견 요지] (1) 적법요건에 대하여 (가) … (나) 청구인 장○○(2010헌마157)은 이 사건에 관하여 광주지방법원 2010구합1019호로 고입·고졸 검정고시 합격자 재응시 거부처분 취소의 소를 제기하였는바, 위 청구인의 헌법소원심판 청구는 다른 구제절차를 아직 거치지 않은 것으로서 부적법하다. [판시] 피청구인은 청구인 장 ○○의 경우 재응시 거부처분 취소소송을 법원에 제기한 바 있음을 들어 보충성 요건에 부합하지 않는다고 주장하나, 위 취소소송의 소송물은 이 사건 응시 제한이 아니라 구체적인 원서접수 거부행위이고, 위 취소소송이 이 사건 응시 제한 자체를 소송물로 하는 구제절차라고는 볼 수 없으므로, 위 주장은 이유 없다. * 헌재는 본안판단결과 법률유보원칙을 위반하고 과잉금지원칙을 위배한 교육을 받을 권리의 침해라고 보아 위헌확인결정을 하였다.

* 검토 － ⅰ) 이 결정에서 피청구인이 정확히 누구인지 판결문 자체로 알기 힘들다. 공고 주체는 교육청이다. 그런데 이 사건 당시 고졸·고입검정고시 규칙(현행 초·중등교육법 시행규칙)에 따르면 검정고시위원회의 위원장은 교육감이 된다. ⅱ) 위 취소소송의 소송물은 '검정고시 합격자 재응시 거부처분'인데 이는 결국 문제의 공고, 즉 본 헌법소원의 대상인 이 사건 응시제한(공고)에서 나온 거부처분이라면 취소소송 대상(거부처분)과 헌법소원대상(이 사건 응시제한 공고)이 과연 무관한 것인지 의문이다. 양자의 차이가 있다면 공고가 비교적 더 일반적인 것이라는 점일 것이다.

(6) 법원의 변호인접견거부처분 취소결정 후에도 거부한 경우

판례 헌재 1991.7.8. 89헌마181

[판시] 접견불허처분 부분에 대하여 살피건대 일건기록상 위 청구인들의 대리인은 피청구인(국가안전기획부장)의 위 일자 변호인접견불허처분에 대하여 서울형사지방법원에 형사소송법 제417조 소정의 준항고를 제기하였고 위 법원은 피청구인의 청구인들과 변호인간의 접견불허처분이 위법함을 이유로 위 처분을 취소한다는 결정을 한 바 있었음을 인정할 수 있다. 이후 피청구인의 접견거부처분을 취소한 위 결정문사본을 첨부하여 법원의 결정대로 접견을 허용하여 달라는 취지로 신청을 냈는데 그럼에도 불구

하고 피청구인측은 접견을 뒤로 미루면서 각 신청일에 신청을 거부하였음을 인정할 수 있는 바, 이처럼 피청구인의 접견거부처분에 대해 법원에 준항고절차까지 밟아 이를 취소하는 결정이 있었음에도 피청구인이 결정대로 이행하지 않고 무시한 채 재차 접견거부처분에 이르렀다면 비록 형사소송법 제417조 소정의 준항고가 헌법소원심판청구에 앞서 거쳐야 하는 다른 법률에 의한 구제절차라고 하여도 이제 그에 의거하여서는 권리구제의 기대가능성이 없는 경우로 되었다고 할 것이거니와, 또 이와 같은 법원의 준항고결정이행을 거부하는 처분을 하는 때 다시 준항고로 불복할 수 있다고 보기는 어렵고 따라서 이와 같은 경우는 오히려 다른 법률에 의한 구제절차가 없는 경우라고 할 것이므로, 이 부분 소원청구는 결국 헌법 제68조 제1항 단서 소정의 보충성의 원칙의 예외로서 청구가 허용된다고 할 것이다. * 그러나 이후 판시에서 헌재는 헌법문제의 해명, 침해반복의 위험 등을 이유로 심판의 이익이 있다 할 특별한 경우에 해당한다고 할 수 없을 것이라고 하여 결국 각하결정을 하였다.

V. 위헌소원(법 제68조 제2항 헌법소원)에서의 보충성원칙의 비적용

법원이 위헌법률심판제청신청을 기각하여 당사자가 청구하는 헌재법 제68조 제2항의 위헌소원심판의 경우에는 보충성원칙이 적용되지 않는다. 위헌소원은 그 본질이 위헌심판이기 때문이라고 한다. 그리고 위헌소원은 법원 소송에서 비롯된 것인데 다시 법원 소송과 같은 권리구제절차를 거치라는 것은 비논리이적이기도 하다.

판례 헌재 1997.7.16. 96헌바36등
[관련판시] 헌법재판소법 제68조 제2항 소정의 헌법소원은 그 본질이 헌법소원이라기보다는 위헌법률심판이므로 헌법재판소법 제68조 제1항 소정의 헌법소원에서 요구되는 보충성의 원칙은 적용되지 아니한다.

Ⅵ. 보충성원칙요건[전치요건]의 흠결의 치유

헌재는 전심절차(다른 권리구제절차)는 헌법소원을 제기할 시점에서 반드시 다 경유(전치)하여야 하는 것은 아니고 심판의 계속 중에, 즉 헌재의 결정이 있기 전까지만 필할(마칠) 경우에는 그 전치요건(前置要件)의 흠결이 치유(治癒)되고 보충성원칙이 지켜진 것으로 본다.

[주요사항]
▷ 헌법재판 계속(係屬) 중 보충성요건흠결 하자의 치유 = 계속 중 다른 구제절차를 완료한 경우

판례 헌재 1991. 4.1.90헌마194
[관련판시] 이 사건 헌법소원심판청구는 그 청구 접수 당시에는 헌법재판소법이 정한 헌법소원심판청구의 전심절차를 다 경유하지 않은 위법이 있다 할 것이다. 그러나 이 사건 헌법소원심판청구를 한 후 이 사건에 대한 헌법재판계속중인 1991.2.18. 위 89형제40***호 사건에 대하여서도 대검찰청에서 재항고기각결정(사건 1990년 재항 제6**호)이 내려졌다. 전심절차를 완전히 밟지 아니한 채 이 사건 헌법소원심판청구를 한 것은 제소 당시로 보면 전치요건불비의 위법이 있다고 할 것이지만 이 사건 계속 중에 대검찰청에서 재항고기각결정을 받았다면 위와 같은 전치요건흠결의 하자는 치유되었다고 볼 것이며,

따라서 이 사건 소원심판청구는 이 점에 있어서는 적법하다 할 것이다. * 동지 : 헌재 1996.3.28. 95헌마211; 1995.4.20. 91헌마52, 중등교원 우선채용 거부처분에 대한 헌법소원 등.

Ⅶ. 보충성원칙으로 인한 헌법소원의 한계

법원의 소송 등의 대상이 되는 공권력작용의 경우 보충성원칙 때문에 헌법소원을 바로 제기할 수는 없다. 문제는 보충성원칙에 따라 법원의 소송 등을 거친 후라도 원행정처분과 법원재판을 헌법소원의 대상으로 받아들이지 않는 헌법재판소판례에 따라 현재로서는 행정처분의 경우에는 헌법소원의 대상이 될 여지가 봉쇄되고 있다는 것이다.

따라서 헌법소원의 대상이 되는 행정작용은 법원이 행정소송의 대상이 되지 않는다고 보는 행정작용으로 그 범위가 줄어든다고 볼 것이다. 현재로서는 기본권제한을 바로 직접 가져오는 법령(집행행위의 매개가 없어도 기본권침해의 효과가 있는 법령)에 대한 이른바 '법령소원'이 많고, 입법 · 행정부작위(입법 · 행정의무가 전제되는 부작위) 등에 대해서 헌법소원이 직접 제기될 수 있다.

제7항 일사부재리 원리

헌재법 제39조(일사부재리) 헌법재판소는 이미 심판을 거친 동일한 사건에 대하여는 다시 심판할 수 없다.

일사부재리의 원칙은 헌법재판소의 결정이 가지는 효력이면서 또한 이미 심판을 거친 동일 사건에 대한 중복제소를 금지하는 것이므로 청구요건의 문제에도 해당된다.

*일사부재리원칙은 다른 심판에서서도 적용되나 여기서 집중적으로 살펴보는 이유는 역시 헌법소원심판 사건에서 이 원칙 적용 문제가 많이 거론되었기 때문이다.

Ⅰ. 일사부재리의 개념과 필요성

1. 일사부재리의 개념

일사부재리(一事不再理)는 하나의 같은 사건에 대해 헌법재판소가 심판한 것을 다시 심판하지 않는다는 의미이다. 따라서 원칙적으로 헌재결정이 내려지면 동일한 사건에 대한 청구인의 신청도 허용되지 않고 헌재 자신도 이후 취소, 변경을 할 수 없음을 의미한다. 헌재는 다음과 같이 그 개념을 설명하고 있다.

판례 헌재 2005.12.22. 2005헌마330

[설시] 헌법재판소법 제39조는 '헌법재판소는 이미 심판을 거친 동일한 사건에 대하여는 다시 심판할 수 없다'는 일사부재리에 관한 규정이다. 따라서 헌법재판소는 결정이 선고되면 동일한 심판에서 헌법재판소가 내린 결정을 더 이상 취소하거나 변경할 수 없고, 헌법재판소의 결정에 대해서는 상급심이 존재하지 않기 때문에 불복신청도 허용되지 아니하며, 불복신청이 허용되지 아니하므로 당사자는 확정된 당해 심판은 물론이고, 후행 심판에서 동일한 사항에 대하여 다시 심판을 청구할 수 없다. 한편, 이미 헌법재판소가 심판한 사건에 대해서 다시 헌법소송을 제기하거나 헌법재판소 결정에 대해 불복을 하는 헌법소송을 제기하게 되면 이는 헌법소송의 요건을 갖추지 못한 것으로서 부적법 각하 결정을 면하지 못하게 될 것이다.

2. 원칙의 존재이유와 합헌성

(1) 필요성과 합헌성

헌재는 일사부재리원칙을 두고 있는 이유로 "법적 분쟁을 조기에 종결시켜 법적 안정 상태를 조속히 회복하고, 동일 분쟁에 대해 반복적으로 소송이 제기되는 것을 미연에 방지하여 소송경제를 이루기 위함"이라고 설명하고 일사부재리원칙을 재판청구권의 지나친 제한이 아니어서 침해가 아닌 합헌이라고 본다.

판례 헌재 2007.11.29. 2005헌바12

[판시] 헌법재판소는 이미 여러 차례에 걸쳐 헌법재판소법 제39조가 헌법에 위반되지 않는다는 결정을 내린 바 있고(헌재 2005.12.22. 2005헌마330, 공보불게재; 헌재 2007.6.28. 2006헌마1482, 공보 129, 793), 그 이유의 요지는 다음과 같다.

『헌법재판에 있어서 일사부재리 규정을 두고 있는 이유는 법적 분쟁을 조기에 종결시켜 법적 안정 상태를 조속히 회복하고, 동일 분쟁에 대해 반복적으로 소송이 제기되는 것을 미연에 방지하여 소송경제를 이루기 위함이다. 헌법재판은 일반 법원의 재판과는 달리, 사실 판단이나 그에 대한 법령 적용을 주된 임무로 하는 것이 아니라 헌법의 해석을 주된 임무로 하고 있고(헌재 1995.1.20. 93헌아1, 판례집 7-1, 113, 120), 그 결정의 효력은 당사자만이 아니라 국가기관은 물론, 일반 국민들에 대해서도 미치기 때문에 헌법재판에 있어 반복적인 소 제기의 제한은 중요한 의미를 갖게 된다. 만약 헌법재판소가 어떤 특정 사건에 대해 결정을 선고한다고 하더라도 후에 불복할 수 있어 그 결정이 확정적인 효력을 가지지 못하게 된다면, 문제가 된 법령 등은 계속적인 동일 소송의 제기로 인해 그 시행 여부가 불투명해질 것이고, 당사자가 계속적인 소송 제기를 멈추지 않는 한 법적 불안정 상태는 지속될 것이다. 따라서 법적 안정성의 조기확보나 소송경제를 위해 일사부재리 제도를 두는 것은 지나친 재판청구권의 제약이라고 할 수 없다. 헌법재판소는 헌법재판소법 제68조 제1항에 의한 헌법소원 중 공권력 작용을 대상으로 하는 권리구제형 헌법소원에 있어서, 재판부의 구성이 위법한 경우 등 절차상 중대하고도 명백한 위법이 있어 재심을 허용하지 아니하면 현저히 정의에 반하는 경우나(헌재 1995.1.20. 93헌아1, 판례집 7-1, 113, 121), 헌법재판소의 결정에 영향을 미칠 중대한 사항에 관하여 판단을 유탈한 때(헌재 2001.9.27. 2001헌아3, 판례집 13-2, 457, 460)를 재심 사유로 인정한 사실이 있다. 이상에서 살펴본 바와 같이 현행 제도하에서도 권리구제형 헌법소원의 경우, 절차상 중대하고 명백한 하자가 있거나 구체적 타당성의 이익이 더 큰 경우 등에는 헌법재판에 대한 재심이 완전히 불가능한 것은 아닐 것이므로 이 사건 규정이 일사부재리에 관하여 정하고 있다고 하더라도 이것이 지나친 기본권 제한 규정이라고 볼 수 없다. 따라서 헌법재판소법 제39조가 청구인들의 재판청구권을 침해한다고 볼 수 없다. * 일사부재리원칙의 합헌성을 인정하는 또 다른 결정례들 : 헌재 2011.10.25. 2011헌마175; 헌재 2012.11.29.

2011헌마823; 2016.7.28. 2016헌마218 등.

(2) 자기기속력에 근거한 설명

헌재는 청구요건 등의 흠결이 있을 때 각하결정을 하고 그 흠결이 보정될 수 없는 경우라면 헌법소원심판이 재청구된 데 대해 아래에 보듯이 부적법하다고 보는 근거로 자기기속력(自己羈束力)이란 용어를 쓰기도 한다. 헌재는 자기 기속력의 근거를 법적 안정성에서 찾고 있다. 그러나 기속력은 타국가기관에 대한 효력으로 보는 한(앞의 헌법재판 결정의 효력 부분 참조) 용어상 적절성에 의문이 있다.

판례 헌재 제2지정재판부 2010.2.16. 2010헌마48

[판시] 먼저, 헌법재판소 2009.12.22. 선고 2009헌마724 결정에 대한 청구에 관하여 본다. 헌법재판소가 이미 행한 결정에 대해서는 자기 기속력 때문에 이를 취소, 변경할 수 없다 할 것이며, 이는 법적안정성을 위하여 불가피한 일이라 할 것인바(1989.7.24. 선고 89헌마141 결정), 그렇다면 위 결정에 대한 청구 부분은 부적법하다고 할 것이다. 다음으로, …

판례 헌재제1지정재판부 1989.7.24. 고지, 89헌마141

[관련판시] 청구인은 이미 당재판소에 본건과 동일한 내용의 헌법소원을 제기하여 제3 지정 재판부에서 청구기간 경과를 이유로 각하된 사실이 있는바, 헌법재판소가 이미 행한 결정에 대해서는 자기기속력 때문에 이를 취소·변경할 수 없다 할 것이며, 이는 법적 안정성을 위하여 불가피한 일이라 할 것이다. 따라서 이 사건 헌법소원은 부적법하고 그 흠결을 보정할 수 없는 경우이므로 헌법재판소법 제72조 제3항 제4호에 의하여 이를 각하하기로 한다. * 동지 : 헌재 제1지정재판부 1992.12.8. 고지, 92헌마267; 제3지정재판부 1993.2.13. 고지, 93헌마32; 제3지정재판부 1993.7.28. 고지, 93헌마157; 제2지정재판부 2006.1.17. 2005헌마1228 등.

Ⅱ. 해당사유(적용법리)와 적용효과

1. 동일성

(1) 동일성의 의미

동일한 사건을 다시 심판할 수 없으므로 사건의 동일성이 일사부재리성립의 관건이 된다. 동일성이란 사건의 기본관계(기초적인 사실관계), 심판의 대상, 당사자, 쟁점 등이 그대로 같은 경우를 말한다.

(2) 동일 심판대상이나 위헌판단 없었고 청구인이 다른 경우 – 동일성 부정

헌재는 이전의 헌법소원사건의 심판대상과 동일한 조문이라고 할지라도 그 적용대상이 다른 경우에는(예를 들어 S법 제11조를 제5조, 7조에 적용하는데 이전 헌법소원사건에서는 제5조 적용이 문제된 데 대해 후의 헌법소원사건에서는 제7조가 문제되는 경우. 이러한 경우는 적용조항이 다르므로 사실 심판대상이 동일한 경우가 아니다) 후의 그 다른 적용대상 조항에 대한 위헌판단이 이전 헌법소원에서 없었던 것이었고 또한 두 사건들의 청구인들이 동일하지 아니한 경우라서 일사부재리원칙 위반이 아니라고 본 판시를 한 바 있다. 아래의 결정례가 그것이다.

판례 헌재 1997.8.21. 96헌마48

[판시] 법무부장관 및 서울지방검찰청 검사장은, 이 사건은 헌법재판소가 1992.4.14. 결정을 선고한 90헌마82 사건과 동일한 사건이므로 일사부재리의 원칙(헌법재판소법 제39조)에 따라 각하되어야 한다고 주장한다. 살피건대, 이 사건 심판대상 법률조항은 국가보안법 제19조 중 같은 법 제8조의 죄에 관한 부분이고 위 90헌마82사건의 심판대상 법률조항은 국가보안법 제19조 중 제3조 내지 제10조의 각 죄에 관한 부분이므로 서로 중복되기는 하나, 90헌마82 사건에서 위헌으로 결정한 법률조항은 국가보안법 제7조 및 제10조의 각 죄에 관한 것이고 같은 법 제8조의 죄에 대하여는 위헌판단을 한 바 없으며 또한 두 사건들의 청구인들이 동일하지 아니하므로 두 사건이 동일한 사건이라고 할 수 없다. 따라서 이 사건 심판청구를 동일한 사건의 중복청구로 보아 헌법재판소법 제39조의 일사부재리에 위반된다는 위 주장은 받아들일 수 없다. * 이 사안에서는 본안판단결과 기각결정이 있었다.

* 검토 – 헌재가 "90헌마82 사건에서 위헌으로 결정한 법률조항은 국가보안법 제7조 및 제10조의 각 죄에 관한 것이고 같은 법 제8조의 죄에 대하여는 위헌판단을 한 바 없으며"라고 판시하고 있는데 이러한 경우는 사실 심판대상이 동일한 경우가 아니라서 특별히 일사부재리원칙 예외인정의 경우로 다룰 것인지 하는 의문이 든다.

(3) 다른 심판유형들 간

1) '헌마'사건과 '헌바'사건 간

헌재법 제68조 제1항의 본래의미의 헌법소원인 '헌마'사건과 동법 제68조 제2항의 위헌소원인 '헌바'사건 간 동일성이 부정된 아래와 같은 예를 볼 수 있다. 사안들 간에 정부조직법 제14조가 동일하게 문제되나 헌재법 제68조 제1항 헌법소원사건인 89헌마86에서 심판대상은 구금조치라는 공권력처분이고 제14조는 헌재법 제75조에 따른 부수적 규범통제 대상인 반면에 헌재법 제68조 제2항 헌법소원사건인 89헌마221에서는(* 89헌마221 사건은 이처럼 그 부호가 '헌마'이나 이전의 '헌바'를 '헌마'로 했던 잠시 동안 초기의 것이어서 현재의 위헌소원사건인 '헌바'사건이었다). 그 대상이 정부조직법 제14조 등이라 그 직접적 심판대상이 다르다는 것이다.

판례 헌재 1994.4.28. 89헌마221

[판시] 이 사건 심판청구와 당 재판소 89헌마86 사건과는 중복제소에 해당한다는 법무부장관의 주장을 살펴본다. 법 제68조 제1항에 의한 헌법소원심판은 주관적 권리구제의 헌법소원으로서, 개별적인 공권력의 행사 또는 불행사로 인하여 헌법상 보장된 기본권을 침해받은 자가 청구할 수 있고 이 경우 법 제75조 제2항 및 제5항에 의한 부수적 위헌심판청구도 할 수 있음에 대하여 법 제68조 제2항에 의한 헌법소원심판은 구체적 규범통제의 헌법소원으로서 법 제41조 제1항의 규정에 의한 법률의 위헌여부심판의 제청신청이 법원에 의하여 기각된 때에는 그 신청을 한 당사자는 헌법재판소에 제청신청이 기각된 법률의 위헌 여부를 가리기 위한 헌법소원심판을 청구할 수 있는바, 그렇다면 법 제68조 제1항과 같은 조 제2항에 규정된 헌법소원심판청구들은 그 심판청구의 요건과 그 대상이 각기 다른 것임이 명백하다. 그런데 위 89헌마86 소원심판사건은 법 제68조 제1항에 의하여 침해된 권리를 신체의 자유(헌법 제12조)로 하고, 침해의 원인이 된 공권력의 행사를 "국가안전기획부 소속 사법경찰관 수사관이 1989.5.6.

23:00 청구인 성○대를 군사기밀보호법위반 등 혐의로 서울중부경찰서에 구금조치한 행위"로 하여 청구인 성○대가 청구한 것이고, 이 사건 소원심판청구는 법 제68조 제2항에 의하여, 위헌이라고 해석되는 법률의 조항을 "정부조직법 제14조 제1항 등"으로 하여 청구인 성○대, 동 원○묵이 공동으로 청구한 것으로서 설사 이미 계속 중인 89헌마86 사건의 "청구원인"과 이 사건의 "위헌이라고 해석되는 이유"의 내용이 기본적으로 동일하다고 하더라도 위와 같은 제소의 요건이 상이하고, 청구인도 동일하지 않을 뿐 아니라, 89헌마86 사건에서는 정부조직법 제14조에 대하여서만 부수적 위헌심판을 구함에 대하여 이 사건에서는 국가안전기획부법 제4조 및 제6조의 위헌 여부도 함께 심판을 구함에 비추어 두 사건의 심판청구 요건이나 그 대상이 반드시 동일하다고 단정할 수 없다.

* 검토 – 법령소원인 '헌마'사건의 심판대상인 어떤 법률규정이 위헌소원심판 '헌바'사건의 심판대상이기도 한 경우에는 반드시 위와 같이 결론이 날 것이 아니어서 일사부재리원칙과 관련하여 문제된다.

2) '헌마'와 '헌가' 간

(가) 결정례

'헌마'와 '헌가' 간의 아래 사례에서 심판대상의 중복이 있어도 심판청구 유형이 상이한 경우 일사부재리 위반이 아니라고 본 결정례이다.

[주요판시사항]

▷ 전소(前訴)의 심판대상 법률조항과 중복되는 부분이 심판대상인 부분에 있는 후소(後訴)이더라도 심판청구의 유형이 상이한 경우(헌법소원과 위헌제청) 일사부재리원칙의 위반이 아님

판례 헌재 1997.6.26. 96헌가8등

[관련판시] 법무부장관 및 서울지방검찰청 검사장은, 이 사건은 헌법재판소가 1992.4.14. 결정을 선고한 90헌마82 사건과 동일한 사건이므로 일사부재리의 원칙(헌법재판소법 제39조)에 따라 각하되어야 한다고 주장한다. 살피건대, 이 사건 심판대상 법률조항은 구법 제19조 중 신·구법 제3조, 제5조, 제8조, 제9조의 조에 관한 구속기간연장부분이고 위 90헌마82사건의 심판대상 법률조항은 신법 제19조(구법 제19조와 같다) 전부로서 양자의 심판대상 법률조항이 일부 중복되기는 하나, 90헌마82 사건은 헌법재판소법 제68조 제1항에 의한 헌법소원심판청구사건이고 이 사건은 같은 법 제41조 제1항에 의한 위헌법률심판제청사건으로서 심판청구의 유형이 상이하므로 위 두 사건이 동일한 사건이라고 할 수 없다. 따라서 이 사건 심판청구를 동일한 사건의 중복청구로 보아 헌법재판소법 제39조의 일사부재리에 위반된다는 위 주장은 받아들일 수 없다. * 이 사안에서는 본안판단결과 합헌결정이 이루어졌다.

(나) 검토

위 사안들에 있어서도 위 1)의 경우에서와 같이 외형적으로는 국가보안법 제19조가 문제되어 중복되는 것으로 보이나 결국 전소(헌재 1992.4.14. 90헌마82)의 경우 위헌선언이 된 해당 조문과([주문] 국가보안법(1980.12.31. 법률 제3318호, 개정 1991.5.31. 법률 제4373호) 제19조 중 제7조 및 제10조의 죄에 관한 구속기간연장부분은 헌법에 위반된다) 위 96헌8등 결정에서의 합헌성이 인정된 해당 조문([주문] 국가보안법(1980.12.31. 법률 제3318호로 전문개정된 것) 제19조 중, 제3조, 제5조, 제8조, 제9조의 죄 및 1991.5.31. 개정후의 국가보안법(1991.5.31. 법률 제4373호로 일부개정된 것) 제3조, 제5조, 제8조, 제9조의 죄에 관한 구속기간의 연장부분은, 헌법에 위반되지 아니한다)이 달랐으므로 '헌가'와 '헌마'란 심판유형의 차이

에 따른 동질성 차이 결과인지는 분명하지 않다. 반드시 심판형식의 차이에서 일사부재리원칙 합치의 이유를 찾아야 할 것인지는 명확하지 않은 점이 있다. 여하튼 중복되는 면이 있더라도 차이가 인정된 예이다.

2. 적용의 효력

(1) 헌법소원심판청구 각하결정에 대한 헌법소원

헌법소원심판을 청구하였으나 본안판단까지 들어가지 못한 사건에서 청구인이 다시 청구할 필요성을 많이 느끼는 것은 당연히 이해가 된다. 그래서 일사부재리원칙위반의 헌법소원심판 재청구의 문제가 많이 거론되는 경우가 각하결정의 경우이다. 특히 청구요건이 결여되었다 하여 각하된 뒤 다시 청구하는 경우가 많다.

(2) 결여된 청구요건 보정 없는 재청구 – 일사부재리 위반

청구요건을 갖추지 못하였다 하여 부적법한 것으로 헌법재판소에 의한 각하결정을 받은 경우에 그 뒤 그 하자가 보정이 가능하여 보정을 한 후에 다시 심판청구를 할 수는 있을지언정 만연히 동일한 내용의 심판청구를 되풀이하여서는 아니 되고(헌재 제2지정재판부 1992.9.3. 고지, 92헌마197, 헌법소원각하결정취소, 판례집 4, 576면; 제3지정재판부 1992.12.8. 고지, 92헌마276, 판례집 4, 842면 이하 등 참조), 그러한 보정없는 되풀이 청구는 일사부재리 원칙에 위반된다(2010헌마722).

(3) 보정불가의 예

결여되는 청구요건 중에 그 보정(補正)이 불가(不可)한 경우에는 재차 동일 사건에 대해 청구하면 일사부재리원칙 위반이 됨은 물론이다. 그 결여에 대한 보정이 불가능하다고 본 청구요건의 구체적 사례들을 아래에 인용한다.

① **대상성 결여의 보정불가** – 헌법소원심판의 대상이 되지 아니한다고 하여 각하된 후 다시 청구하는 경우, 예를 들어 법원의 재판에 대한 소원이라는 이유로 각하되었는데 재차 청구하는 경우는 보정이 불가하여 일사부재리원칙에 반한다고 보는 것이다.

판례 헌재제3지정재판부 2015.6.23. 2015헌마583

[판시] 청구인은 이미 2015.4.22. 서울고등법원 2013노1847 판결의 취소 및 위 판결의 재심을 구하는 내용으로 헌법소원심판을 청구하였다가, 2015.5.12. 법원의 재판을 대상으로 한 헌법소원으로서 예외적으로 헌법소원의 대상이 되는 재판에 해당하지 아니하고, 위 판결에 대한 재심은 법원에 청구하여야 하므로 헌법소원심판의 대상이 될 수 없다는 이유로 각하결정을 선고받았다(2015헌마417 결정). 헌재 2015.5.12. 2015헌마417 결정에서 판시한 요건의 흠결은 성질상 보정할 수 있는 것이 아니다.… 이 사건 심판청구는 헌법재판소가 이미 심판을 한 바 있는 동일한 사건에 대하여 또다시 심판청구를 한 것으로 헌법재판소법 제39조의 일사부재리 원칙에 위배된다. * 대상성 결여 보정불가의 동지 결정 : 헌재 1995.2.23. 94헌마105; 2012.3.29. 2011헌마178.

② **직접성 결여의 보정불가** – 법령소원에서 직접성 요건은 핵심적인 것이고 이것의 결여는

보정이 불가능하다. 그래서 직접성 결여를 이유로 한 각하결정이 있었던 경우 재차 동일 사건에 대해 청구하면 일사부재리원칙 위반이 되는 것이다.

판례 헌재 2001.6.28. 98헌마485

[관련판시] 이 사건과 동일한 청구인들이 동일한 내용으로 1996.4.22. 우리 헌법재판소에 바로 이 사건 시행령 조항인 구 상속세법시행령(1990.5.1. 대통령령 제12993호로 개정된 것) 부칙 제2항의 위헌확인을 구하는 헌법소원심판을 청구하였고, 헌법재판소는 이에 대하여 1998.5.28. 직접성 요건 결여를 이유로 부적법 각하하는 결정을 하였으며 그 결정에서 판시한 요건의 흠결은 보정할 수 있는 것이 아니었다(헌재 1998.5.28. 96헌마151, 판례집 10－1, 695, 697－703면 참조). 그렇다면 이 사건 심판청구는 결국 이미 심판을 거친 동일한 사건에 대하여 다시 심판청구한 것으로 부적법하다. * 직접성 결여의 보정불가라는 이유로 일사부재리 위반이라고 본 다른 결정례 : 헌재 2020. 1.21. 2020헌마56.

③ **권리보호이익 결여의 보정불가**

판례 헌재 제3지정재판부 2020.2.11. 2020헌마164

[판시] 청구인은 2019.12.30. 이미 동일한 내용으로 '성폭력범죄의 처벌 등에 관한 특례법' 제29조 제2항의 위헌확인을 구하는 헌법소원을 청구하였으나, 2020.1.7. 권리보호이익이 존재하지 아니한다는 이유로 각하결정을 받았고(2019헌마1451), 위 요건의 흠결은 보정할 수 있는 것이 아니다. 따라서 청구인이 제기하려는 심판청구는 헌법재판소법 제39조의 일사부재리 원칙에 위배되어 허용되지 아니한다.

④ **청구기간의 도과의 보정불가** – 지나간 시간을 되돌릴 수 없으니 청구기간 도과도 보정할 수 없어서 마찬가지로 일사부재리원칙 위반의 결과를 가져온다. 이 청구기간 도과 보정불가의 결정례들이 많다.

판례 헌재 2016.7.28. 2016헌마218

[판시] 청구인은 위 2015헌마1151 사건에서 … 이 사건 처벌조항에 대하여 헌법소원심판을 청구하였다가, 2016.2.25. … 이 사건 처벌조항에 대하여는 청구기간 도과를 이유로 모두 각하하는 결정을 선고받았는바, 위 각하 사유는 보정할 수 있는 것이 아니다. 따라서 이 사건 … 처벌조항에 대한 심판청구는 모두 이미 심판을 거친 동일한 사건에 대하여 다시 심판청구한 것으로서 일사부재리 원칙에 위반된다.

* 청구기간 도과의 보정불가라는 이유로 일사부재리 위반이라고 본 다른 결정례 : 헌재 2001.12.20. 2001헌마484; 2002.12.18. 2002헌마279; 2010.12.28. 2010헌마722; 2012.3.29. 2011헌마178; 2018.8.30. 2017헌마440; 2019.11.28. 2019헌마293

⑤ **변호사대리강제주의 위반 경우의 보정불가성 여부에 대한 검토** – 변호사대리강제주의 요건의 경우 검토가 필요하다. ⓐ 변호사대리비용을 지불할 수 있는 능력을 가지거나 국선대리인 선임결정을 받아 변호사대리가 이후 이루어지면 보정이 가능하다. 지불능력이 안되고 국선대리인도 헌재법 제70조 제3항 단서의 "그 심판청구가 명백히 부적법하거나 이유 없는 경우 또는 권리의 남용이라고 인정되는 경우에는 국선대리인을 선정하지 아니할 수 있다"라는 규정에 의거하여 헌재가 선임하지 않으면 그 상태 자체로는 사실상 보정이 불가하다고 볼 것이다. * 보정불가로 판시한 예도 있었는데 아래의 결정이 그 예이다. 이 결정에서 결정문 판시 자체

로는 보정불가의 이유를 알 수 없다.

판례 헌재 제3지정재판부 1993.6.29. 93헌마123
[판시] 청구인은 1992.8.3.에도 우리재판소에 이 사건 심판청구와 전혀 동일한 내용의 헌법소원심판을 청구하였다가 같은 해 12.24. 우리재판소로부터 위 재판지연부분에 대하여는 변호사를 대리인으로 선임하지 아니하였다는 이유로, 위 헌재법 부분에 대하여는 이미 합헌결정이 있었다는 이유로 각하결정을 받은 사실이 있고(92헌마166 결정 참조), 그 전에도 동일한 내용의 헌법소원심판을 청구하였다가 사전심사에 의한 각하결정을 받은 사실이 있다(헌재 1992.3.30. 고지, 92헌마49 결정 및 1992.5.1. 고지, 92헌마67 결정 각 참조). 그렇다면 이 사건 심판청구는 요건의 흠결을 보정함이 없이 만연히 동일한 내용의 심판청구를 되풀이한 것으로서 부적법하고 그 흠결을 보정할 수 없는 경우에 해당한다. 따라서 헌법재판소법 제72조 제3항 제4호의 규정에 따라 이 사건 심판청구를 각하하기로 결정한다.

ⓑ 다만 변호사대리 결여의 흠결에 대한 보정이 가능하여 이후 대리가 있더라도 다른 청구요건의 결여, 보정불가로 각하될 수 있다.

(4) 보정가능

청구기간이 지나간다든지 하는 청구요건의 결여는 보정불가이나 보정할 수 있는 사유도 있을 것이다. 예를 들어 기본권침해가능성 주장 부족의 불비에 대해서는 주장을 보강한 보정이 가능할 것이다(이는 사실 헌재의 직권심리로 가능하긴 하다). 변호사대리강제주의 요건 결여의 보정가능성 여부에 대해서는 바로 위에서 살펴보았다.

(5) 내용 유지의 개정

헌재는 적법요건 결여로 각하된 헌법소원 청구대상의 법규정에 대한 개정이 있었더라도 내용이 그대로 유지된 경우에는 그 결여에 대한 보정이 불가하면 헌법소원 재청구는 일사부재리원칙에 반한다고 본다. 즉 개정이 있었더라도 내용 불변 유지인 개정법규정에 대해 마찬가지로 보정불가 각하 법리가 적용된다는 것이다. 아래 사례는 직접성 결여, 청구기간 도과의 보정불가 경우이면서 내용 유지의 법개정이 있었던 경우이다.

판례 헌재 2019.8.29. 2018헌마537
[판시] 청구인들은 이미 이 사건 심판대상 중 '가축분뇨의 관리 및 이용에 관한 법률'(2015.12.1. 법률 제13526호로 개정된 것) 제8조, 제11조, '가축분뇨의 관리 및 이용에 관한 법률' 부칙(2014.3.24. 법률 제12516호) 제9조 및 '가축분뇨의 관리 및 이용에 관한 법률' 부칙(2014.3.24. 법률 제12516호) 제10조(2015.12.1. 법률 제13526호로 개정된 것)에 대하여 헌법소원심판을 청구하였다가 2018.3.7. 직접성 흠결 및 청구기간도과를 이유로 각하 결정을 받았는데(2018헌마121 제2지정재판부 결정), 이러한 사유는 그 성질상 보정될 수 없는 것이다. 한편 '가축분뇨의 관리 및 이용에 관한 법률' 부칙(2014.3.24. 법률 제12516호) 제10조(2015.12.1. 법률 제13526호로 개정된 것)는 가축분뇨법이 2018.3.20. 법률 제15510호로 개정되면서 부칙 제10조 제1항으로 조문의 위치만 변경되었을 뿐 내용의 변경 없이 유지되었다. 그렇다면 이 사건 심판대상 중 이 사건 부칙조항을 제외한 나머지 조항에 대한 심판청구는 이미 심판을 거친 동일한 사건에 대하여 다시 심판청구를 한 것으로서 일사부재리원칙에 위배되어 부적법하다.

3. 실질적 중복청구인 재심 형식의 청구, 즉시항고의 불허

(1) 재심 형식의 실질적 중복청구의 부적법성

헌재는 형식상으로는 재심을 신청한 것이나 실질적으로는 중복청구인 경우에 일사부재리 원칙 위반이라고 본다. 아래 결정에서 '불복'소원이란 좋은 용어가 아니다. 국민이 복종하지 않는다는 의미인데 물론 국민주권주의하에 있는 오늘날 옳은 용어가 아니다.

판례 헌재 제2지정재판부 2014.9.2. 2014헌아203

[결정요지] 청구인은 이 사건에서 형식적으로는 판단누락을 이유로 헌재 2014헌마482 결정을 재심대상 결정으로 삼아 위 결정에 대한 재심을 청구하고 있다. 그러나 이 사건 심판청구는 청구인이 재심이라는 형식을 취하고 있지만 그 주장 내용에 비추어 보면 그 실질은 위 2014헌마482 결정에 대한 단순한 불복소원에 불과하다. 그런데 헌법재판소의 결정에 대하여는 원칙적으로 불복신청이 허용될 수 없고, 헌법재판소법 제39조에 의하여 헌법재판소는 이미 심판을 거친 동일한 사건에 대하여는 다시 심판할 수 없다(헌재 1994.12.29. 92헌아1 결정 참조). 따라서 이 사건 심판청구는 부적법하다. * 동지 : 헌재 1994.12.29. 92헌아1; 2000.6.29. 99헌아18; 제2지정재판부 2009.7.28. 2009헌아87; 제3지정재판부 2010.11.16. 2010헌아290 등.

(2) 실질적 중복청구로서 즉시항고의 부적법성, 즉시항고 자체의 불인정

판례 헌재 제1지정재판부 1990.10.12. 고지, 90헌마170

[결정요지] 청구인은, 청구인이 제기한 90헌마148호 헌법소원사건이 당 재판소 제3 지정재판부에서 각하되었는바, 위 각하결정은 잘못된 것이므로 이를 시정하기 위해 즉시항고를 제기한다는 것이다. 살피건대, 청구인의 즉시항고는 그 실질에 있어서 당재판소 지정재판부의 각하결정에 대한 불복소원이라 할 것이며 헌법재판소의 결정에 대하여는 불복신청이 허용될 수 없는 것일 뿐만 아니라, 즉시항고는 헌법재판소법상 인정되지 아니하는 것이어서 청구인의 심판청구는 부적법하고 그 흠결을 보정할 수 없는 경우이므로, 헌법재판소법 제72조 제3항 제4호에 의하여 이를 각하하기로 결정한다.

Ⅲ. 일사부재리원칙 비위반 내지 예외

1. 동일성 부정

동일성이 부정되는 후행 청구에 대해서는 일사부재리의 위반이 아니라고 보아야 한다. 위의 개념에서 본 대로 심판청구 유형이 상이한 경우, 전소에서의 위헌판단 결여·청구인의 상이 등에서의 동일성 부정에 관한 결정례들에 대해서는 앞에서 살펴보았다('Ⅱ. 해당사유(적용법리), 1. 동일성' 부분 참조).

2. 보정 가능 경우

일사부재리원칙에 반하는 많은 경우들이 청구요건이 결여되어 각하결정을 받은 후 그 결여에 대한 보정이 없이 재청구된 경우들이다. 따라서 보정이 가능한 경우에 보정을 거쳐 재청구되면 일사부재리원칙에 부합된다. 그 흠결의 경우에도 보정이 가능한 청구요건을 보면, 보충성원칙 불준수에 대해서 다른 구제절차를 경유하면 될 것이고 변호사대리가 없었던 경우 선임하면 될 것이며 청구서 일부 미비 기재사항도 보완이 가능할 경우가 있을 것이다. 즉 보충성원칙, 변호사대리강제주의, 청구서 기재 등의 문제는 흠결시 보정이 가능하고, 청구기간이 남아 있으며 다른 청구요건들이 갖추어졌다면 일사부재리원칙에 반하지 않는 청구가 가능하기도 할 것이다. 시간이 지나간 청구기간 도과는 보정이 불가하고, 상당히 실체적 성격을 지니는 문제인 기본권침해의 부재, 자기관련성 결여 등도 보정이 가능하지 않는 경우가 많을 것이다.

Ⅳ. 참조

이러한 일사부재리에 관해서는 여기 외에도 앞서 헌법재판소결정의 효력 문제와 헌법소원심판의 대상 문제등에서 다룬 바 있다(전술 제2장 제3절 Ⅵ. 헌법재판소결정의 효력 부분과 제5장 제2절 헌법소원심판의 대상, 제4항 대상성이 부인되는 작용과 경우, Ⅷ. 헌법재판소의 결정에 대한 헌법소원 부분을 참조).

제8항 헌법소원심판의 청구기간

Ⅰ. 청구기간 요구의 취지 및 개관, 기간 계산

1. 취지 및 개관

오랜 시간이 지난 뒤에도 헌법소원을 제기할 수 있게 허용한다면 그 공권력행사로 구축된 법률관계를 무너뜨려 법적 안정성을 저해할 수 있다는 이유로 청구기간이 설정되어 있다. 즉 조속한 기본권관계의 확정을 통한 법적 안정성 보장에 청구기간의 취지가 있다.

본래의미의 헌법소원의 청구기간은 두 가지로, 즉 다른 권리구제절차가 없어 바로 헌법소원을 제기하는 경우와 다른 권리구제절차를 거쳐 헌법소원을 제기하는 경우로 나누어 각각 달리 설정되어 있다. 법령소원의 경우에도 청구기간의 요건이 부과된다는 것이 헌재의 판례입장이다. 입법부작위(立法不作爲)에 대한 헌법소원에서도 청구기간의 문제가 있는데 헌재는 진정입법부작위에 대한 헌법소원에서는 청구기간의 제한이 없다고 본다. 또한 헌재법 제68조 제2항에 의한 위헌소원의 경우에도 청구기간이 달리 설정되어 있다.

2. 기간 계산의 원칙

(1) 민법, 민사소송법 준용

먼저 기간 계산에서는 헌법재판소법에 기간 계산에 관한 규정을 두고 있지 않고 있으므로 헌법재판소법 제40조 제1항에 따라 준용되는 민사소송법 제170조에 따라 민법 규정들을 준용한다는 점을 염두에 둘 일이다. 민법규정들을 준용하는 것은 바로 이러한 헌재법 준용규정 때문이다. 또한 민법 자체도 "기간의 계산은 법령 … 에 다른 정한 바가 없으면 본장의 규정에 의한다"라고 규정하고 있다(민법 제155조).

헌재법 제40조(준용규정) ① 헌법재판소의 심판절차에 관하여는 이 법에 특별한 규정이 있는 경우를 제외하고는 헌법재판의 성질에 반하지 아니하는 한도에서 민사소송에 관한 법령을 준용한다. 이 경우 탄핵심판의 경우에는 형사소송에 관한 법령을 준용하고, 권한쟁의심판 및 헌법소원심판의 경우에는 「행정소송법」을 함께 준용한다. ② 제1항 후단의 경우에 형사소송에 관한 법령 또는 「행정소송법」이 민사소송에 관한 법령에 저촉될 때에는 민사소송에 관한 법령은 준용하지 아니한다.

민사소송법 제170조(기간의 계산) 기간의 계산은 민법에 따른다.

민법 제155조(본장의 적용범위) 기간의 계산은 법령, 재판상의 처분 또는 법률행위에 다른 정한 바가 없으면 본장의 규정에 의한다.
제157조(기간의 기산점) 기간을 일, 주, 월 또는 연으로 정한 때에는 기간의 초일은 산입하지 아니한다. 그러나 그 기간이 오전 영시로부터 시작하는 때에는 그러하지 아니하다.
제159조(기간의 만료점) 기간을 일, 주, 월 또는 연으로 정한 때에는 기간말일의 종료로 기간이 만료한다.
제160조(역에 의한 계산) ①기 간을 주, 월 또는 연으로 정한 때에는 역에 의하여 계산한다. ② 주, 월 또는 연의 처음으로부터 기간을 기산하지 아니하는 때에는 최후의 주, 월 또는 연에서 그 기산일에 해당한 날의 전일로 기간이 만료한다. ③ 월 또는 연으로 정한 경우에 최종의 월에 해당일이 없는 때에는 그 월의 말일로 기간이 만료한다.
제161조(공휴일 등과 기간의 만료점) 기간의 말일이 토요일 또는 공휴일에 해당한 때에는 기간은 그 익일로 만료한다.

(2) 기산점, 청구변경과 청구기간(기산점), 도달주의, 국선대리인선임신청시 기준점 등

이러한 보다 세부적인 문제에 대해서는 다른 권리구제절차를 거친 경우에도 제기되나 다른 권리구제절차를 거치지 않는 경우가 빈번히 제기되는 사건들이 있는 경우이므로 거기에서(아래 Ⅱ.) 주로 살펴보고자 한다. 다른 권리구제절차를 거치는 경우에는 물론 기산점은 달라지나 위 청구변경, 도달주의, 국선대리인선임신청시 기준점 등에 대해서는 마찬가지이다.

3. 청구기간의 실무상 중요성, 이하의 서술

(1) 청구기간과 그 계산의 실무상 중요성

본안이 심각하고 중요한 헌법적 이슈를 담고 있는 사안이라도 청구기간이 지나버리면 정당한 사유가 없는 한 헌법재판의 본안판단을 받을 길 없이 각하되어버린다. 그런 경우가 적지 않고 청구기간의 정당성에 대해서는 (특히 법령소원의 경우) 논란이 있지만 청구기간의 도과란 돌이킬 수 없는 시간의 흐름이므로 보정이 불가능하다. 그 점에서 특히 청구기간의 준수와 그 도과 여부에 대한 계산이 중요하다. 그리고 그 기산일은 물론이고 도과 여부를 판가름하는 기준일 판단 등에 신중을 요한다.

(2) 유의

1) 유의사항들

기산점, 만료일 등의 판단에서 날자계산의 원칙을 잘 적용하여야 할 점 등이 유의를 요하는 사항들이다.

[유의 중요!] '만료일이 토요일, 공휴일'일 경우 – 변호사 모의시험 등에서 청구기간 계산하는 문제를 출제하면서 만료일을 공휴일로 하여 그것을 아는지 하는 문제가 출제되기도 한다. 조심해야 할 것은 무조건 그 다음 날로 넘어간다고 서술할 게 아니라 민법규정에 따라 그 다음 날이 만료일이 된다고 그 근거를 대면서 답변을 작성해야 고득점! 심지어 공휴일이 연속일 경우 금요일이 법정 공휴일, 그 다음 날이 토요일, 그 다음 날이 물론 일요일인 경우 만료일은 금요일에서 무려 월요일까지로 더 연장되는 것이다.

2) 실제의 결정례

만료일이 위와 같이 늘어남을 인정한 아래의 결정을 볼 수 있다. 사안은 불기소처분에 대한 것인데 현재는 재정신청제도가 있어서 상황은 다르나 기간 계산에서의 원칙을 적용한 예로 아래에 살펴본다.

판례 헌재 1993.11.25. 93헌마52

[판시] 헌법재판소법 제69조 제1항 단서는 항고·재항고 등 다른 법률에 의한 구제절차를 거친 헌법소원의 심판은 그 최종결정을 통지받은 날로부터 30일내에 청구하여야 한다고 규정하였다. 그런데 이 사건 기록에 의하면 청구인이 재항고기각결정통지를 받은 날은 1993.1.29. 인 사실이 틀림없으나 이 사건 심판청구는 같은 해 4.6.에 청구한 것은 아니고 위 재항고기각통지를 받은 날로부터 30일이 지난 같은 해 3.2. 청구한 사실이 기록상 인정된다. 그러나 헌법재판소법 제40조 제1항에는 헌법재판소의 심판절차에 관하여는 민사소송에 관한 법령의 규정을 준용한다고 규정하였고, 민사소송법 제157조(*당시의 민소법 규정임)에는 "①기간의 계산은 민법에 의한다. ②기간의 말일이 일요일 기타 일반의 휴일에 해당한 때에는 기간은 그 익일로 만료된다."고 규정하였고 민법 제157조에는 기간을 일, 주, 월 또는 년으로 정한 때에는 기간의 초일은 산입하지 아니한다고 규정하였다. 그런데 1993.2.28.은 일요일이었고 그 다음날인 1993.3.1.이 공휴일이었던 사실은 공지의 사실이다. 그러므로 이 사건 심판청구는 헌법재판소법 제69조 제1항 단서에 정한 청구기간 내에 제기된 것이라 할 것이다.

(3) 이하 서술 체계, 차례

이하에서는 위 개관에서 언급한 대로 다른 법률에 의한 구제절차를 거치지 않는 본래의미의 헌법소원심판의 청구기간, 법령소원심판의 청구기간, 입법부작위에 대한 헌법소원심판에서의 청구기간 문제, 다른 법률에 의한 구제절차를 거친 본래의미의 헌법소원심판의 청구기간,

헌법재판소법 제68조 제2항의 헌법소원(위헌소원)심판의 청구기간 등으로 나누어 살펴보고자 한다. 그리고 기산점과 그 구체적 적용례 등에 대해 위 각각 영역에서 살펴보고, 청구변경시 청구기간, 도과 여부 판단 기준일, 도달주의, 국선대리인선임신청시 달라지는 기준일, 산입 등에 대해서도 살펴본다.

Ⅱ. 다른 구제절차를 거치지 않는 본래의미의 헌법소원의 청구기간

헌재법 제69조(청구기간) ① 제68조제1항에 따른 헌법소원의 심판은 그 사유가 있음을 안 날부터 90일 이내에, 그 사유가 있는 날부터 1년 이내에 청구하여야 한다. 다만, 이하 생략.
② 생략 [전문개정 2011.4.5.]
제70조(국선대리인) ① 헌법소원심판을 청구하려는 자가 변호사를 대리인으로 선임할 자력(資力)이 없는 경우에는 헌법재판소에 국선대리인을 선임하여 줄 것을 신청할 수 있다. 이 경우 제69조에 따른 청구기간은 국선대리인의 선임신청이 있는 날을 기준으로 정한다.

1. 연혁과 그 합헌성

(1) 연혁

1) 청구기간의 연장

다른 구제절차를 거치지 않는 본래의미의 헌법소원의 청구기간을 이전에는 그 사유가 있음을 안 날로부터 60일 이내에, 그 사유가 있은 날로부터 180일 이내로 규정하고 있었는데 2003.3.12. 헌법재판소법을 개정하여 청구기간을 그 사유가 있음을 안 날부터 90일 이내에, 그 사유가 있은 날부터 1년 이내로 연장하였고 이 개정규정은 2003년 6월 13일부터 시행에 들어갔다(따라서 아래에 인용하는 판례들 중 2003년 6월 13일 이전의 사안의 경우에 60일, 180일을 청구기간으로 하여 따지고 있는 것은 현재의 90일, 1년으로 보면 될 것이다).

2) 연장의 구법 당시 제기된 헌법소원(종료는 신법 하)에의 적용

헌재는 헌법소원의 청구기간이 종전보다 청구인에게 더 유리하게 개정된 신 헌법재판소법(2003.3.12. 법률 제6861호로 개정된 것) 제69조 제1항 본문이 구법 시행 당시에 청구되었지만 신법 시행 후에 종결되는 헌법소원 사건에 대해서도 적용된다고 보았다. 아래 사안이 권리보호이익, 심판이익이 없다고 각하하긴 하였지만 그 취지가 나타난 결정례이다.

판례 헌재 2003.7.24. 2003헌마97

[사건개요] (1) 청구인은 2001.5.2. E구 ○○지구 재개발사업지구 내 토지를 매입하였으나, E구청장이 2001.11.9. 서울특별시도시재개발사업조례 제27조 제1항 제2호의 규정에 의하여 청구인이 분양대상자에서 청산대상자로 변경되었다는 공람·공고를 하자, 위 조례규정이 청구인의 재산권과 평등권을 침해한다며 2003.1.9. 위 조례 규정의 위헌확인을 구하는 헌법소원을 청구하였고(2003헌마24), 그 사건은 위 2003헌마97 청구시점 현재 심리중이다. (2) 그런데 청구인은 위 헌법소원이 청구기간 경과를 이유로 각하

될 우려가 있다면서 2003.2.7. 헌법재판소법(2003.3.12. 법률 제6861호로 개정되기 전의 것) 제69조 제1항이 평등권과 재판청구권을 침해한다며 그 위헌확인을 구하는 이 사건 헌법소원을 청구하였다. [심판대상] 결국 본 사건의 심판대상은 구 헌법재판소법(2003.3.12. 법률 제6861호로 개정되기 전의 것, 이하 "구법") 제69조 제1항 본문(이하 "이 사건 조항")이다. [결정요지] 헌법재판소법 제69조 제1항은 2003.3.12. 개정되어 공포 후 3월이 경과한 날부터 시행되었는데, 그 개정 내용을 보면 "사유가 있음을 안 날부터 90일 이내에, 그 사유가 있은 날부터 1년 이내"로 개정됨으로써 종전의 각 "60일", "180일"보다 헌법소원 청구기간이 더 연장되었다. 그런데 개정된 헌법재판소법은 청구기간 조항이 구법 시행 당시 청구된 헌법소원 사건으로서 신법 시행 이후에 종결될 사건들에 대해서도 적용될 것인지에 관해서 달리 경과규정을 두고 있지 않으나, 청구기간이 헌법소원 청구인에게 유리하게 개정되었고, 그러한 사건들에 대해서도 신법상 청구기간을 적용한다고 해서 헌법소원 청구인들 간에 심한 형평성 문제가 있다거나 법적 안정성이 침해되는 것이라 볼 만한 사정도 없으므로, 그러한 사건들에 대해서도 헌법소원 청구인에게 유리한 신법상 청구기간 규정이 적용된다고 봄이 상당하다. 따라서 구법 시행 당시 심판청구 되었으나 아직 심리 중인 위 2003헌마24 사건에서도 청구기간의 판단에 있어서는 이 사건 조항이 적용되는 것이 아니라 신법상의 청구기간 규정이 적용되는 것이다. 그렇다면 위 2003헌마24 사건에서 이 사건 조항이 적용될 것임을 전제로 하여 이 사건 조항의 위헌성을 다투는 이 사건 심판청구는 심판 계속 중 법제의 변동으로 말미암아 권리보호의 이익이 없게 된 것이라 볼 것이다. 다만, 예외적으로 심판청구의 이익을 인정할 수 있으나(* 앞의 권리보호이익, 심판이익의 예외적 이익 부분 참조), 이 사건 조항은 이미 폐지되었는바 이 사건에서 그 위헌성 여부에 대한 해명이 헌법적으로 중요한 의미를 지니고 있다거나 추후 이 사건 조항과 같은 입법이 반복될 소지가 있다고 보기 어렵다. 따라서 이 사건 심판청구는 권리보호의 이익이 없다. 4. 결론 – 이 사건 심판청구는 부적법하므로 이를 각하하기로 결정한다.

(2) 청구기간에 대한 합헌성 인정 문제

1) 논의

근본적으로 청구기간의 합헌성, 청구기간이 헌법적으로 받아들여지고 그 헌법상 근거를 가지는지에 대한 검토가 있어야 한다. 이 문제에 대해서는 그 설정 자체의 합헌성 여부, 그 기간이 단기라서 재판청구권 침해로 위헌인지 여부를 두고 논의된다. 공법상 법관계의 확정을 위한 공법재판에서는 공법관계의 안정성을 위하여 일정한 기간이 지나면 그 공법관계에 변화를 가져오는 것을 꺼려 더 이상 재판으로 다툴 수 없게 하는 경향이 있다. 헌법재판도 공법재판으로서 이러한 요구를 받는다. 그러나 헌법재판은 일반 법률의 적용이 많이 이루어지는(그 법률적용을 위한 전제로서 그 법률의 헌법합치 여부 심사도 하고 헌법판단도 하지만) 다른 공법재판보다는 주로 헌법해석에 집중한다. 근본적으로 헌법해석은 그 자체로서 헌법의 실현이라는 점이 있다는 점에서 예를 들어 어느 영업허가가 일부 사람들이나 지역에 영향을 주는 것과 다르다는 점에서 헌법재판에서 청구기간의 설정이 바람직한지를 되새겨 볼 일이다. 그래서 완화가 필요하다. 정의라는 헌법적 요청이 법적 안정성보다 더 많이 요구되는 경우에는 청구기간이 정의를 찾기 위한 헌법해석에 걸림돌이 되어서는 아니 된다. 청구기간의 과도한 요구나 단기성은 청구기간 존재 자체의 의미에 대한 근본적 문제제기를 가져올 수 있다. 결국 법적 안정성 추구라는 목적 실현을 위한 과도하지 않은 선에서의 조화가 필요하다.

2) 헌재판례 - 합헌성 인정

헌재는 '안' 날부터 90일, '있은(는)' 날부터 1년이란 두 기간 각각 모두에 대해 그 기간이 단기라는 주장에 대해 과도한 제한이 아니라고 보아 그 합헌성을 인정하는 결정들을 한 바 있다. 그 기간의 합헌성의 인정은 청구기간의 존재 자체에 대한 합헌성을 전제로 하는 것이다.

(가) '안' 날부터 90일

판례 헌재 2007.10.25. 2006헌마904

[사건개요] 아래 3)에 인용된 바 참조. [판시] (가) 이 사건 법률조항에 의하면 공권력의 행사로 인하여 기본권이 침해된 경우에 그 사유가 있음을 안 날부터 90일이 지나면 헌법소원심판을 청구하지 못하게 된다. 이는 국민의 재판을 받을 권리를 제한하고 공권력의 행사로 인하여 침해된 기본권의 구제를 외면하는 결과로 된다. (나) 공권력의 행사에 대하여 기간의 제한 없이 언제든지 헌법소원심판을 청구할 수 있게 하면, 공권력 행사로 인한 법률관계가 장기간 불확정상태에 놓이게 되어 그로 인한 공익의 실현이 불안정해지고 법적 안정성을 해치게 된다. 따라서 공권력의 행사로 인한 법률관계를 조속히 안정시키기 위하여 공권력의 행사에 대한 헌법소원심판을 청구할 수 있는 기간을 제한할 필요가 있다. 이 사건 법률조항은 공권력 행사로 인한 법률관계를 신속하게 확정함으로써 공익의 실현을 확보하고 법적 안정성을 도모하기 위한 것으로서 그 입법목적이 정당하다. (다) 이 사건 법률조항은 위와 같은 입법목적을 달성하기 위하여 공권력의 행사에 대하여 헌법소원심판을 청구할 수 있는 기간을 제한하고 있다. 즉 공권력의 행사로 인하여 기본권이 침해된 사실을 안 날부터 90일이 지나면 그러한 공권력의 행사에 대한 헌법소원심판을 청구할 수 없도록 하고 있다. 이는 위와 같은 입법목적을 달성하기 위하여 필요하고도 적절한 수단이라고 할 수 있다. (라) 헌법재판소법 제68조 제1항의 헌법소원심판은 공권력의 행사로 인하여 침해된 기본권을 구제하기 위한 것인데, 공권력의 행사로 인하여 기본권을 침해받은 경우에 청구기간을 제한하여 헌법소원심판을 청구하지 못하게 하면 공권력의 행사로 인하여 침해된 기본권의 구제를 외면하는 결과로 된다. 그러나 이 사건 법률조항은 헌법소원심판의 청구인이 자신의 기본권이 침해된 사실을 안 날부터 기산하여 90일 이내로 제한하는 것이므로, 헌법소원심판을 통해 기본권의 구제를 받고자 하는 국민의 헌법재판청구권 행사를 현저히 곤란하게 하거나 사실상 불가능하게 할 정도로 과도하게 제한하는 것이라고 볼 수 없다. 공권력의 행사로 인하여 자신의 기본권이 침해된 사실을 알고 있는 국민의 기본권을 구제하는 절차와 공권력 행사에 의한 공익 실현의 법적 안정성을 아울러 보장할 수 있도록 균형 있게 조정하고 있다고 할 수 있다. 따라서 이 사건 법률조항이 헌법소원심판의 청구기간을 지나치게 짧게 규정함으로써 국민의 재판청구권을 침해하거나 국가의 기본권 보장의무를 외면하는 것이라고 보기 어렵다. * 동지 : 헌재 2011.10.25. 2011헌마175; 2016.2.25. 2015헌마1151; 2016.7.28. 2016헌마218; 2017.10.26. 2017헌마392; 2019.8.29. 2017헌마851 등.

(나) '있은' 날부터 1년

2003년 1년으로 연장된 이후 헌재법 제69조 제1항의 위 규정에 대해서 180일이던 이전 규정에 대한 합헌성 인정 결정인 2001헌마152 결정의 요지를 그대로 들어 합헌으로 보았고 그 뒤 동지결정들도 그러했다.

판례 헌재 2006.2.23. 2005헌마650

[판시] 헌법재판소법 제69조 제1항에 대하여 헌법재판소는 합헌결정을 선고한 바 있는데(헌재 2001.9.27. 2001헌마152, 판례집 13-2, 447), 그 이유의 요지는 다음과 같다. 『공권력의 행사로 인하여

기본권을 침해받은 경우에 제기하는 헌법소원의 심판에서는, 공권력의 행사로 인한 법률관계가 직접 공익과 밀접하게 관련되어 있어서 이를 오랫동안 불확정상태에 둘 수 없고, 따라서 이로 인한 법률관계를 조속히 안정시키기 위하여 헌법소원심판을 되도록 빠른 기간 내에 제기하도록 할 필요가 있다. 따라서 법 제69조 제1항이 공권력의 작용에 대한 헌법소원심판청구에 관한 청구기간을 정하고 있는 것은 이러한 필요에 응한 것으로 그 정당성과 합리성을 인정할 수 있다. 다만, 그 청구기간 자체가 지나치게 단기간이거나 기산점을 불합리하게 책정하여 권리구제를 요구하는 국민의 재판청구권의 행사를 현저히 곤란하게 하거나 사실상 불가능하게 하여 권리구제의 기회를 극단적으로 제한한다면 그것은 재판청구권의 본질을 침해하는 것이 되어 허용할 수 없을 것이다. 이와 같은 청구기간제도의 입법목적에 비추어 볼 때, 법 제69조 제1항이 공권력의 행사로 인하여 기본권을 침해받은 경우의 헌법소원심판의 청구기간을 '그 사유가 있은 날로부터 180일'라고 규정한 것은, 비록 헌법소원심판을 청구할 것인지 여부를 고려하기 위한 충분한 숙려기간을 보장한 것이라고 할 수는 없다고 하더라도, 이로 인하여 헌법소원심판을 통해 기본권구제를 받고자 하는 국민의 헌법재판청구권의 행사가 현저히 곤란하게 되거나 사실상 불가능하게 되어 기본권구제의 기회가 극단적으로 제한되는 것은 아니므로 이 조항 부분을 가리켜 국민의 재판청구권을 침해하는 것이라고 말 할 수는 없다.』 이러한 입장은 이 사건 헌법소원심판에서 달리 판단하여야 할 사정변경이 없으므로, 헌법재판소법 제69조 제1항이 청구인의 재판청구권 등을 침해하여 헌법에 위반된다는 청구인의 주장은 이유 없다. * 1년으로 연장된 이후에도 위 2001헌마152 결정(180일이던 이전 규정에 대한 결정)의 요지를 그대로 들어 합헌으로 보는 등의 또 다른 동지의 합헌성 인정결정 : 헌재 2007.11.29. 2005헌바12(* 접수시 '헌바'로 분류하였던 것이나 헌재는 '헌마'사건이라고 보아 판단하였다); 헌재 2016.2.25. 2015헌마1151; 2016.7.28. 2016헌마218; 헌재 2017.10.26. 2017헌마392; 2019.8.29. 2017헌마851 등.

(다) 검토

헌재는 공익 실현의 법적 안정성과 국민의 권리구제 간의 조화를 언급하고 있으나 객관적 헌법질서유지기능이라는 헌법소원과 헌법해석의 최종적 임무라는 헌재의 소임 등을 고려한 판단이 부족했다. 법적 안정성이라는 공익을 주로 고려할 것이 아니라 헌법적 가치 발현을 국민 개인의 권리구제를 위한 청구기간을 놓쳤더라도 할 수 있는 길에 대해 고민하는 것이 진정한 소임을 다하는 것이다.

3) 헌재법 제69조 제1항에 대한 청구기간 도과 후 청구가능성

(가) 문제 제기

청구기간 제한을 두는 헌재법 제69조 제1항을 위헌이라고 심판대상으로 삼는 것은 청구기간을 준수하지 못한 청구인의 입장에서 이 조항이 본안판단대상이 되어 위헌으로 판단되어 없어지고 자신의 청구가 각하되지 않고자 원하기 때문임은 물론이다. 그런데 문제는 자신이 본안판단을 받고자 하는 법령규정에 대한 헌법소원심판청구(이하 'A'청구라 하자)가 청구기간 도과로 불발되었다면 이 청구기간 도과는 헌재법 제69조 제1항에 대한 헌법소원심판청구(이하 'B'청구라 하자)에서도 도과된 것으로 볼 것인가 아니면 B청구가 본안으로 가서 위헌으로 결정되면 A청구는 적법한 것이 되어 본안판단을 받을 것이므로 B청구가 적법한 것으로 받아들여야 할 것인가가 논의된다.

(나) 판례

가) 긍정하는 판례

위 2)에서 본 합헌성 인정(기각)결정인 2006헌마904 결정이 그 예이고 그 적법요건 문제를 살펴보기 위해 아래에 또 인용한다. 합헌성을 인정한 것은 적법요건을 갖추었다고 보았으니 본안판단에 들어간 것이다. 아래 판시는 적법요건으로 직접성, 권리보호이익만을 다루고 있다. 그러나 적법요건을 갖추었다고 보았다는 것은 청구기간 문제도 없다고 보았음을 의미한다. 권리보호이익 부분 판시도 청구기간 설정과 관련하여 의미있는 설명이라 하겠다.

판례 헌재 2007.10.25. 2006헌마904

[사건개요] 농림부장관이 2006.1.9. 한우구입자금 지원을 2006년도부터 잠정 중단한다는 내용의 지침(이하 '이 사건 지침')을 시·도지사에게 통보하였다. 청구인은 2006.7.18. 위 지침이 청구인의 직업선택의 자유 등을 침해한다고 주장하면서 헌법소원심판을 청구하였으나, 헌법재판소는 2006.7.25. 그 심판청구가 청구인이 기본권침해를 안 날부터 90일이 경과한 후에 제기된 것으로서 부적법하다는 이유로 각하하였다(헌재 2006.7.25. 2006헌마843). 이에 청구인은 2006.8.4. 헌법소원심판의 청구기간을 제한하고 있는 헌법재판소법 제69조 제1항으로 인하여 청구인의 헌법상 보장된 재판청구권이 침해되었다고 주장하면서 그 위헌확인을 구하는 이 사건 헌법소원심판을 청구하였다. [판시] … 가. 적법요건에 관한 판단 (1) 직접성 – 이 사건 법률조항 중 "그 사유가 있음을 안 날부터" 부분은 헌법재판소가 구체적인 사실관계에 따라 판단할 사항이므로 그러한 판단이 있기 전에는 이 사건 법률조항에 의하여 직접 기본권이 침해된다고 보기 어렵지만, "90일 이내" 부분은 헌법소원의 청구기간을 직접 제한하는 것이므로 기본권 침해의 직접성이 인정된다. (2) 권리보호의 이익 – 청구인이 이 사건 지침에 대한 헌법소원심판을 청구하였다가 청구기간 도과를 이유로 각하되었다고 하더라도, 헌법소원의 청구기간을 제한하고 있는 이 사건 법률조항이 위헌이라고 결정되면, 헌법소원에 대한 청구기간의 제한이 해소되어 청구인은 청구기간의 제한을 받음이 없이 이 사건 지침에 대한 헌법소원을 다시 제기할 수 있다고 할 것이다. 헌법소원에 대한 청구기간의 제한이 해소된 이상, 종전의 각하결정에 저촉된다고 볼 수 없고, 헌법재판소법 제39조의 일사부재리에 저촉된다고 볼 수도 없다. 이 사건 법률조항에 대한 위헌결정에 소급효가 없다고 하더라도, 종전의 각하결정을 실효시키지 못한다는 것일 뿐, 그 위헌결정 후에 새로 제기하는 헌법소원까지 청구기간의 제한을 받는다고 볼 수 없다. 청구인은 이 사건 법률조항의 위헌 여부에 대하여 헌법소원을 제기할 법률상의 이익이 있다. 나. 본안에 관한 판단 … * 이 부분 요지는 위 2)에 인용된 바 참조.

나) 부정하는 판례

헌법소원이 청구되었다고 헌재법 제69조 제1항이 자동적으로 효력정지되는 것은 아니라는 논거로 부정하는 아래의 결정례도 있었다.

판례 헌재 2013.2.28. 2011헌마666

[판시] 가. 먼저, 청구인이 언제 심판대상조항으로 인한 기본권침해 사유를 알았는지 살펴본다. 청구인은 이 사건 심판을 청구하기 전에 '집회 및 시위에 관한 법률'(2007.12.21. 법률 제8733호로 개정된 것) 제12조의 위헌확인을 구하는 헌법소원심판을 청구하였다가, 2010.12.14. 기본권침해의 사유가 발생한 날부터 1년이 도과된 이후에 심판청구가 이루어졌다는 이유로 각하된 바가 있으므로(2010헌마701), 적어도 위 2010헌마701 결정을 송달받은 2010.12.16.에는 <u>심판대상조항으로 인하여 기본권침해의 사유가 발생하였음을 알았다</u>고 할 것이다. 그런데 청구인은 심판대상조항으로 인하여 기본권침해의 사유가 발

생하였음을 알게 된 2010.12.16.부터 90일이 지났음이 명백한 2011.11.1. 이 사건 헌법소원심판을 청구하였으므로, 이 사건 심판청구는 청구기간이 지난 후 제기되었다. 나. 청구기간을 제한하고 있는 심판대상조항의 위헌확인을 구하는 사건에서 바로 그 조항에 근거하여 청구기간이 지났음을 이유로 각하결정을 할 수 있는지 여부를 살펴본다. 심판대상조항은 헌법재판소가 위 조항에 대하여 본안판단에 나아가 위헌결정을 선고하거나 그 효력을 정지하는 가처분을 하기 이전에는 당연히 규범력을 가지며, 청구인이 심판대상조항의 위헌확인을 구하는 헌법소원심판을 청구하였다는 이유만으로 그 효력이 자동적으로 정지된다거나 헌법재판소가 심판대상조항을 적용할 수 없게 되는 것은 아닐 뿐만 아니라 심판대상조항에 대해서는 그동안 3차례에 걸쳐 합헌 결정이 있었다. 따라서 심판대상조항이 정하는 청구기간의 제한을 이미 알고 있는 청구인으로서는 청구기간 내에 심판대상조항에 대한 헌법소원심판청구를 제기함으로써 위헌 여부에 대한 판단을 받을 수 있었음에도 청구기간이 지난 다음 이 사건 청구에 이르렀다. 명백하게 청구기간을 지난 후에 이루어진 이 사건 헌법소원심판의 청구를 각하하지 않고 본안판단으로 나아가는 것은, 현재 유효하게 시행되고 있는 법률의 적용을 헌법재판소가 특정 사건에 한하여 자의적으로 배제하는 것으로서 허용될 수 없다.

* 이 결정에 대해서는 뒤의 법령 해당사유 발생일 부분의, 일단 '법령에 해당하는 사유가 발생'하면 그 때부터 당해 법령에 대한 헌법소원의 청구기간의 진행이 개시되며, 그 이후에 새로 '법령에 해당하는 사유가 발생'한다고 하여서 새로운 청구기간의 진행이 개시된다고 볼 수는 없다는 법리 부분에 인용된 바도 참조.

(다) 검토

헌재법 제69조 제1항 자체가 청구권(헌법소원심판청구권)이라는 기본권을 직접 제한하여 직접성을 가지고 앞으로도 기본권구제의 최후보루인 헌법소원을 청구할 가능성을 국민에게 열어두어야 한다고 볼 때 긍정하는 판례도 있고 하여 어려움은 없을 것이다. 다만, 우리 헌재가 이미 여러 차례 합헌성을 인정하여 권리구제의 실효성이 현실적으로 의문이 있다. 특히 법령소원의 경우 청구기간 부과에 대해서는 비판적 의견이 있으므로 청구기간 부과에 있어서 완화하여 가능한 한 기간의 도과로 헌법소원을 받을 기회가 사라져 많은 사람들에게도 바람직하지 않은 결과를 가져오지 않게 하겠다는 의지가 중요하다.

2. 준수 여부 판단(경과 기간 계산) 방법

(1) 기산일과 기준일, 만료일

기산일이란 특정 기간이 시작되는 날을 말하고 만료일이란 그 마치는 날(말일)을 말한다. 기준일이란 그 기간이 도과되지(넘어가지) 않았는지, 즉 그 기간 안에 소정의 일을 완수하거나 성취하였는지를 판단하기 위하여 그 일(사건)의 완수, 성취, 성립이 있은 그 날을 말한다. 따라서 만료일이 기준일 이후에 도래하면 그 기간은 준수한 것이고 그렇지 않으면 불준수한 것이 된다. 헌법소원에 대입하면 기산일은 90일, 1년이 시작되는 날, 바로 '안' 날, '있는' 날이다. 만료일은 그 90일, 1년이 다 마치는(지나가는) 날이다. 기준일은, 헌법소원심판을 청구하는 것이 완수(성취)하는 날이므로 바로 청구일 자체가 된다. 그런데 우리 헌법재판소법은 국선대리인 선임신청을 한 경우에는 그 날을 기준일로 한다. 변호사강제주의가 적용되는 헌법소원에서 자력이 없는 사람이 국선대리인 선임신청을 할 수 있는데 이를 하느라 청구가 늦어지면 청구기간 도과의 우려가 있으므로 이러한 불이익을 예방하기 위한 것이다.

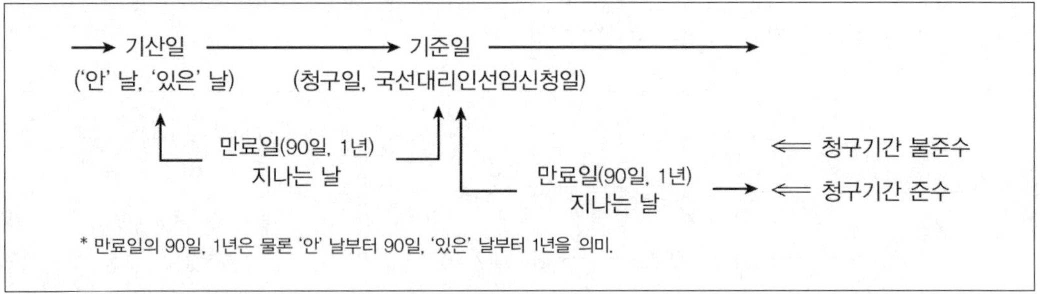

▮ 청구기간 도과 여부 판단 방법 도해

위 도해를 보면 이해가 쉽다. 즉 위 90일, 1년이란 청구기간이 도과되지(지나지) 않아야 청구기간 요건을 지킨 것인데 그 도과 여부(즉 청구기간 충족 여부)의 계산은 기산일부터 기준일까지 위 90일, 1년이 지난 것인지 여부를 따지는 것이다. 만료일은 위 90일, 1년이 끝나는 날짜이다. 결국 만료일이 기준일 이후에 있어야(즉 이는 만료일인 90일, 1년이 되는 날이 기준일 이후에 와야 한다는 의미이고 기준일부터 90일, 1년이 지나지 않아야 한다는 의미이다)청구기간을 지킨 것이 되는 것이다.

(2) 기간 계산의 원칙

이에 대한 것은 위 Ⅰ.에서 민법, 민사소송법의 기간규정을 준용한다는 점 등 이미 살펴보았다(전술 참조).

(3) 이하의 서술, 청구기간 및 그 계산의 중요성

이상의 기산일(기산점), 기준일 등에 대해서는 하나 하나 상론한다. 실무에서 청구기간 도과로 각하되는 예들이 있으므로 잘 살필 일이다. 중요한 헌법판단의 기회를 상실할 수 있다는 점에서 청구기간이 논란되긴 하나 현재로선 요건으로 자리잡았으니 도과되지 않도록 하고 도과 여부 판단에서도 신중함이 필요하다(이에 대해서는 이미 언급하였다. 전술 참조).

(4) 청구기간 준수 여부 판단의 예시, 판단상 유의점 등

[도해 예시] 이해편의를 위해 아래 도해를 통해 판단을 예시해 보았다. i) 먼저 헌재법 제69조는 청구기간을 제68조 제1항에 따른 헌법소원의 심판은 그 사유가 있음을 '안' 날부터 90일 이내에, 그 사유가 '있는' 날부터 1년 이내에 청구하여야 한다고 하였으므로 있음을 '안' 날은 2021.2.15.이어서 청구일 2012.4.9.기준 90일 내에 들어가 그 기간을 넘기지 않았으나 '있는' 날이 2020.3.5.이었고 이는 청구일 2012.4.9. 기준 1년이 넘겼고 두 기간 중 어느 하나라도 지나가면 청구기간을 지키지 않은 것으로 되므로 결국 각하결정이 된다. ii) 국선대리인

선임 신청이 있는 경우 – 헌재법 제70조 제1항 후문은 국선대리인 선임 신청을 한 경우 이 청구기간은 '국선대리인의 선임신청이 있는 날'을 기준으로 도과(준수) 여부 정하도록 하고 있다. 따라서 아래 사안에서 국선대리인선임 신청이 있었고 그 신청일인 2021.3.2.이라면 이 날짜를 기준으로 '안' 날부터도 기간이 90일을 넘기지 않았고 '있는' 날부터도 1년을 넘기지 않아 청구기간을 준수한 적법한 청구로 인정된다.

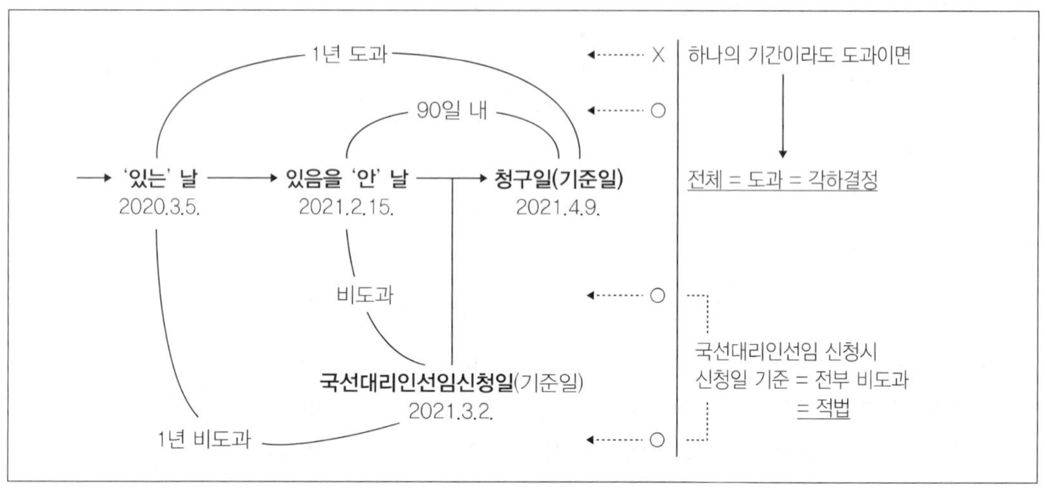

▮헌법소원의 청구기간 정리 도해

[만료일 결정에서 유의점] 이에 대해서 앞서도 강조하였지만 아래에 예시를 하면서 다시 강조한다.

[* 유의 중요! – 말일이 토요일, 공휴일인 경우] 만료점(말일)이 토요일 또는 공휴일에 해당한 때에는 기간은 그 익일로 만료한다(민법 제161조). 공휴일, 토요일, 일요일이 연속될 때 만료일은 연기되는 점을 유의해서 청구기간 도과 여부를 계산해야 한다.

▮EX▮ 2022년 설날(이른바 '구정') 연휴를 예를 들어 보자(아래 달력 참조).

2022년 1월~2월 첫째주

일	월	화	수	목	금	토
						1
2	3	4	5	6	7	8
9	10	11	12	13	14	15
16	17	18	19	20	21	22
23	24	25	26	27	28	29
30	31	1	2	3	4	5

청구기간으로 있음을 '안' 날부터 90일인 날(만료점(말일))이 2022년 1월 29일 토요일이라면 그 다음 날 30일로 넘어가는데 30일이 일요일, 그 다음날 31일부터 설날 연휴 시작 공휴일, 2월 1일 설날 당일 공휴일, 그 다음 날 2월 2일도 설 다음 날로 공휴일이라 그 다음날 2월 3일이 만료일이 된다. 원래 말일에 비해 이렇게 차이가 난다. * 실제 판례 : 만료일이 1993년 2월 28일로 일요일이었고 그 다음 날이 3·1절로 공휴일이어서 3월 2일 화요일까지 늘어난 것을 인정한 실제 결정례 : 헌재 1993.11.25. 93헌마52.

* 변호사 모의시험 등에서 청구기간 계산하는 문제를 출제하면서 위와 같이 만료일을 공휴일로 하여 그것을 아는지 하는 문제가 출제되기도 한다. 조심해야 할 것은 무조건 그 다음 날로 넘어간다고 서술할 게 아니라 민법 제161조에 따라 그 다음 날이 만료일이 된다고 그 근거를 대면서 답변을 작성해야 고득점!

3. 청구기간의 법적 효과와 두 기간의 관계

(1) 불변기간

헌재법은 위 헌법소원 청구기간에 대해 불변기간으로 한다는 명시규정을 두고 있지 않고 불변기간으로 한다는 명시규정은 권한쟁의의 심판의 청구기간에 대해 두고 있다(헌재법 제63조 2항). 권한쟁의심판에만 명시하는 점을 들어 헌법소원심판의 청구기간을 달리 볼 것인지 논란이 없지 않을 것이나 법정의 불변기간으로 제척기간이라고 보아야 한다. 실무에서도 그러하다. 청구기간을 도과하면 부적법한 청구로 각하하므로 이를 반드시 준수하여야 하는 것을 의미하기 때문이다. 가능하면 앞으로 헌재법 개정시에 명시하는 것이 명확성을 보다 더 부여하는 것이다.

(2) 두 기간 모두 충족할 것을 요구

1) 헌재의 입장인 두 기간 충족 요구

'안' 날부터 90일(2003.6.13. 전에는 60일)이라는 기간과 '있는' 날부터 1년(2003.6.13. 전에는 180일)이란 기간은 둘 중 하나만 충족하면 된다고 보는 보완관계에 있는 것이 아니라 두 기간은 모두 지켜져야 하고 어느 한 기간이라도 도과한 경우에는 청구요건을 갖추지 못한 부적법한 헌법소원심판청구가 된다.

판례 헌재 2008.3.27. 2005헌마138

[사건개요] 청구인은 ○○정신요양원 등의 의료기관을 운영하고 있는 사회복지법인 ○○재단의 이사 및 사무부장으로 재직하면서 재단이사장의 위임을 받아 재단 산하 시설의 인사·노무관계에 관한 전반적인 업무조정과 감독을 행하고 있던 중, 위 재단 소속 근로자들이 전국○○노동조합에 가입하여 2004.3.1.부터 파업에 돌입하였음에도 불구하고 '노동조합 및 노동관계조정법'(1997.3.13. 법률 제5310호로 제정된 것, 이하 '법') 제43조 제1항에 의하여 쟁의행위 기간 중 장애인 요양시설에 대체인력의 투입이 제한을 받게 되자, 국선대리인 선임결정을 받았고, 국선대리인은 2005.2.2. 청구인을 대리하여 법 제43조가 청구인의 평등권 등을 침해한다는 이유로 헌법소원심판을 청구하였다. [판시] … 3. 판단 – 직권으로 이 사건 심판청구의 적법 여부를 살핀다. 위 '90일'의 기간과 '1년'의 기간은 모두 준수하여야 적법한 청구가 되는 것이고 그 중 어느 하나라도 경과하면 부적법한 청구가 된다(헌재 2004.4.29. 2004헌마93). 청구인은 2005.2.2. 이 사건 헌법소원심판청구서를 제출하였으나 그 이전인 2004.7.21. 국선대리인 선임신청을 하였으므로 국선대리인선임신청이 있는 날을 기준으로 청구기간의 준수 여부를 살펴보아야 할 것인바, 청구인은 사용자로서 파업이 발생한 2004.3.1.부터는 이 사건 법률조항에 의하여 쟁의행위 기간 중 당해 사업과 관계 없는 자를 채용하거나 대체할 수 없다는 제한을 현실적으로 받게 되었다 할 것이므로 그 때부터 청구인에 대한 기본권침해의 사유가 발생하였다 할 것이고, 그로부터 1년 이내인 2004.7.21. 국선대리인 선임신청을 하였으므로 기본권 침해사유 발생일로부터 1년의 청구기간은 준수하였다. 문제는 기본권침해사유가 발생하였음을 안 날로부터 90일의 기간을 준수하였는지 여부이다. 이해관계인 노동부장관의「의견서」에 첨부된 자료에 의하면 의정부지방노동사무소장이 2004.3.13. 사회복지법인 ○○재단 이사장 및 ○○정신병원장을 수신자로 하여 "쟁의행위관련 사용자의 채용제한 위반에 따른 경고"라는 제목하에 이 사건 법률조항 위반행위, 즉 사용자 채용제한 규정 위반행위의 중지를 촉구

하면서 그 시정결과를 같은 달 31.까지 통보하여 줄 것을 요구한 사실을 알 수 있는바, 그렇다면 청구인은 사용자로서 그 무렵 이 사건 법률조항에 의하여 쟁의행위 기간 중 대체인력의 투입이 제한된다는 사실을 알았을 것이므로 그로부터 90일이 지난 2004.7.21. 제기된 이 사건 심판청구는 청구기간을 도과한 것으로서 부적법하다. 뿐만 아니라 … 2003.10.5.부터, 늦어도 2004.3.31.부터 기산하여도 90일이 경과한 2004.7.21. 제기된 것이므로 청구기간이 경과하여 부적법한 심판청구라고 할 것이다.

* 두 기간 모두 준수해야 한다는 판시를 한 동지 결정례 : 헌재 1992. 10.1.90헌마5; 2004.4.29. 2004헌마93등; 2006.5.25. 2005헌마364; 2006.12.28. 2006헌마226; 2011.9.29. 2010헌마361 등.

2) 두 기간 모두 충족할 것을 요구하는 이유

'안' 날부터뿐 아니라 '있는' 날부터의 기간도 모두 충족할 것을 요구하는 이유는 법적 안정성을 위한 것이다. 어떤 공권력행사가 있었는데 오랜 시간이 지나 비로소 그 공권력행사로 기본권침해가 있었음을 알게 되었다고 하여 헌법소원을 제기하여 이를 취소할 수 있게 한다면 오랜 기간 그 공권력행사를 원인으로 한 공법관계가 형성되어 왔는데 이를 취소하게 하여 공법관계가 허물어지면 법적 안정성을 해치게 될 것이기 때문이다. 헌법소원뿐 아니라 공익추구성이 강한 공법재판에서는 통상 '안' 날부터와 '있는' 날부터 두 가지 기간을 요구한다.

사실 '있는' 날부터 부여하는 청구기간이 너무 짧으면 법적 안정성보다 진실규명을 통한 정의실현에 부정적일 수 있으므로 그 기간이 적정하여야 한다. '안' 날부터 외에 '있은' 날부터도 요구하면서 이 180일(개정전, 현재는 1년)이란 기간이 '법률관계를 조속히 안정'하기 위하여 합헌이라고 본 결정례는 헌재 2001.9.27. 2001헌마152 결정으로서 이에 대해서는 앞서 보았다.

4. 기산일(기산점)

(1) 주관적 기산점과 객관적 기산점

헌법소원의 청구기간 기산일을 '안' 날과 '있는' 날 두 가지로 규정하고 있다. '안' 날이란 기산점이란 청구인이 자신의 기본권이 침해됨을 인식하는 것을 말하므로 '주관적' 기산점이다. '있는' 날이란 공권력의 행사로 인하여 기본권이 침해되는 사실이 발생한 그 시점, 즉 개인의 인식 여하에 따라 정해지는 시점이 아니라 발생한 사실이 있는 그날로서 객관적 시점을 의미하므로 객관적 기산점이다. 이 두 기산점과 두 청구기간이 필요한 이유는 위에서 언급한 대로 주관적인 인식에 맡기면 법적 불안정이 오므로 공법재판에서 일반적으로 그러하듯 객관적인 날로 '있은' 날로 더 이상 헌법재판으로 문제제기 없도록 하자는 취지이다.

(2) 주관적 기산점 - 사유가 있음을 '안 날'

1) 의미 - 인식의 정도

헌재는 사유가 있음을 안 날이란 "적어도 공권력의 행사에 의한 기본권침해의 사실관계를 특정할 수 있을 정도로 현실적으로 인식하여 심판청구가 가능해진 경우를 뜻하는 것"이라고 하여 그 인식의 정도를 특정성, 현실성에 두고 있다.

[주요사항]
▷ 사유가 있음을 안 날부터 90일 이내의 '안 날'의 의미
- 주관적 기산점 : 기본권침해의 사실관계를 특정할 수 있을 정도로 현실적으로 인식하여 심판청구가 가능해진 경우를 의미

판례 헌재 1993.7.29. 89헌마31
[관련판시] … 여기의 '안 날'은 청구인의 주관적 사정을 고려하지 않은 채 객관적인 법률상태의 안정만을 고려하여 정한 '있는 날로부터 180일'의 기간과는 달리 청구인에게 심판청구권행사에 무리가 없는 상태에 이르렀으면 그로부터 일정기간 내에는 청구권을 행사하도록 하기 위하여 정해진 주관적 청구기간이라 할 것이므로, 이 사건과 같이 공권력측이 그 행사를 부인하는 경우라면 아직 증거수집도 전혀 되지 아니한 상태에서 막연한 추측이나 수소문으로 공권력의 개입을 다소 알게 된 때에는 헌법소원권 남용의 방지를 위하여도 여기의 안 날로 볼 것이 아니다. 그렇다면 적어도 공권력의 행사에 의한 기본권침해의 사실관계를 특정할 수 있을 정도로 현실적으로 인식하여 심판청구가 가능해진 경우를 뜻하는 것으로 풀이함이 상당할 것이다. 특히 헌법소원의 대상이 되는 권력적 사실행위의 경우에 심판청구의 기산점인 안 날은 사실관계를 완전하게 안 때로 보는 것이 외국의 판례이며, 또 그와 같이 당사자측에 후하게 해석하는 것이 기본권의 하나인 헌법재판을 받을 권리의 존중도 될 것이다. * 위 설시와 동일한 판시가 있었던 결정례들 : 헌재 2010.10.28. 2009헌마438; 2019.6.28. 2017헌마45 등.

* 해설 – 헌재는 본 결정에서 사유가 있음을 안 날이라는 기산점을 청구인의 주관적인 인식상황에 따라 결정해야 한다는 점을 판시함으로써 당사자측에 후하게 해석하는 입장을 취하는바 이는 바람직한 입장이라고 보겠다. 그런데 본 사안에서 '안 날'부터의 기간이 청구기간을 약간 도과하였는데 헌재는 '정당한 사유'가 있음을 인정하여 적법한 청구로 받아들였다(이 점에 관해서는 아래 부분 참조).

2) 헌법소원의 대상이 됨을 안 날을 뜻하는 것은 아님

판례 헌재 2013.8.29. 2010헌마562등
[판시] 청구기간의 기산점이 되는 '사유가 있음을 안 날'이란 '법령의 제정 등 공권력 행사에 의한 기본권 침해의 사실관계를 안 날'을 뜻하는 것이지, 법률적으로 평가하여 그 위헌성 때문에 헌법소원의 대상이 됨을 안 날을 뜻하는 것은 아니므로, 위 청구인들이 유죄판결 선고로 인하여 이 사건 법률조항들의 적용을 받게 된 날을 심판청구의 기산점으로 삼아야 할 것이고, 이 사건 법률조항들이 위헌임을 알게 된 날을 심판청구의 기산점으로 삼을 수는 없다. 또한 자신에게 적용되고 있는 법률이 헌법에 반하지 않으리라고 알고 있었다는 사정은 헌법소원심판을 청구기간 내에 제기하지 못할 '정당한 사유'로 보기도 어렵다. 따라서 위 청구인들의 위 주장은 이유 없다. * 동지 : 헌재 1993.11.25. 89헌마36; 1998.11.26. 94헌마207; 2009.10.29. 2007헌마1423 등.

3) 최초 기본권침해 상태 반복지속시 - 최초 침해일

헌재는 "그 이후는 어떠한 새로운 기본권침해행위가 있는 것으로 평가할 만한 사정 없이 최초의 기본권침해 상태가 그대로 지속되어 오고 있는 것뿐"일 때에는 그 최초 침해일을 기산점으로 하여 도과 여부를 판단한다. 이 경우는 침해행위의 반복성이 있을 때를 의미한다고 이해된다.

① 'CCTV 설치 거실 수용행위'

판례 헌재 2010.10.28. 2009헌마438

[판시] 그 사유가 있음을 '안 날'은 적어도 공권력의 행사에 의한 기본권침해의 사실관계를 특정할 수 있을 정도로 현실적으로 인식하여 심판청구가 가능해진 경우를 뜻한다. 청구인은 2008.7.22.부터 CCTV 설치 거실에 수용되었는데, 그렇다면 청구인은 그날 이로 인한 기본권침해 사유가 있음을 알았다 할 것이고(헌재 2006.7.4. 2006헌마634, 2007.11.29. 2005헌마616, 2010.2.9. 2010헌마24 참조), 그 이후는 어떠한 새로운 기본권침해행위가 있는 것으로 평가할 만한 사정 없이 최초의 기본권침해 상태가 그대로 지속되어 오고 있는 것뿐이므로, 위 2008.7.22.로부터 90일이 훨씬 지나 2009.8.4. 이루어진 이 부분 헌법소원심판청구는 그 청구기간이 경과되어 부적법하다.

② 취침시간 점등조치

판례 헌재 2019.6.28. 2017헌마45

[판시] 그 사유가 있음을 '안 날'은 공권력 행사에 의한 기본권침해의 사실관계를 특정할 수 있을 정도로 현실적으로 인식하여 심판청구가 가능해진 경우를 의미한다. 청구인은 2016.6.21. 미결수용자 신분으로 ○○교도소에 수용되었고, 2016. 10.5.○○구치소로 이송되어 수용되었다. 그렇다면 청구인은 위 2016.6.21.과 2016. 10.5.취침시간 무렵부터 피청구인들이 취침시간에도 수용거실 내에 일정한 밝기의 조명을 점등한다는 사실 등 기본권 침해 사유가 있음을 알았다고 할 것이며, 그 이후에는 청구인에게 어떠한 새로운 기본권침해 행위가 있는 것으로 평가할 만한 사정없이 최초의 기본권침해 상태가 지속되었을 뿐이다(헌재 2010.10.28. 2009헌마438; 헌재 2015.4.30. 2013헌마190 등 참조). 그런데 청구인은 위 2016.6.21. 및 2016.10.5.로부터 각 90일이 경과한 2017.1.16. 이 사건 헌법소원심판을 청구하였는바, 이 사건 심판청구 중 취침시간 점등조치에 관한 부분은 청구기간 요건을 충족하지 못하여 부적법하다.

* 그 외 이와 같은 취지의 결정례 : 헌재 1996.4.25. 93헌마280([사안] 미결수용자이었음에도 불구하고 수형자용 의류를 입게 되었던바, 피청구인이 청구인에게 사복을 입지 못하게 하고 수형자용 의류를 입게 한 구치소장의 처분이 문제된 사안이었음); 2007.11.29. 2005헌마616([사안] 교도소장이 청구인을 조사실에 수용한 행위, 그 기간 동안 운동, 종교집회 참석, 라디오 청취, 텔레비전 시청, 자비구입 물품 사용 등을 일괄적으로 금지한 행위 등이 심판대상이 된 사안이었음); 제2지정재판부 2010.2.9. 2010헌마24([사안] 교도소장의 텔레비전 시청 제한 처우) 등.

4) '처분'(행정행위)이 있음을 '안 날'의 예

'안' 날에 대한 판단례들은 뒤의 법령소원에서 많이 인용될 것인데 행정처분의 예로 아래 한시적 생계보호대상자결정의 경우를 본다.

판례 헌재 2000.4.27. 98헌마375

[결정요지] 먼저 이 심판청구가 적법한 것인지 살펴본다. 사실조회 의뢰에 대한 피청구인의 '사실조회회신'(2000.3.27. 접수)에 따르면, 청구인은 1998.4.30. 피청구인에 대하여 생계보호를 신청하였고, 피청구인은 같은 해 6.3. 한시적 생계보호대상자로 결정하여 같은 달 20. 생계비를 지급한 사실을 알 수 있다. 그러므로 청구인은 늦어도 1998.6.20. 이 심판대상 처분을 알았다고 볼 수 있으므로 그로부터 60일(2003.6.13. 이후부터는 90일) 이내에 헌법소원심판을 청구하여야 했음에도 불구하고 그 기간이 경과한 같은 해 9.22. 이 사건 심판청구를 하였다. 청구인의 이 헌법소원은 청구기간이 경과한 부적법한 심판청구이므로 각하한다.

5) 법령소원이 아닌 헌법소원에서의 '안' 날 기산의 예

- 행위가 있던 시점 기본권침해 행위가 발생한 시점 발생 현장에 바로 있었던 경우 그 침해에 있어서는 발생한 날이자 '안' 날이 되겠다.

판례 헌재 2015.3.26. 2013헌마565

[사건개요] 청구인은 교도소에 수형 중이던 2013.3.27. G지방법원 20**가단*****0호 사건의 변론기일에 출석하기 위해 G지방법원 제***호 법정으로 출정하게 되었는바, 피청구인(교도관)이 휠체어를 탄 청구인을 호송하여 법원의 민원실 내 중앙통로를 지나가면서 모자와 마스크 등 청구인의 안면을 가릴 수 있는 보호도구를 사용하지 아니하여 수갑을 찬 채 수용복을 입은 자신의 얼굴이 외부인에게 노출되었다(이하 '이 사건 신분 노출행위'). 이에 청구인은 2013.8.12. 이 사건 신분 노출행위의 위헌 확인 등을 구하는 헌법소원심판을 청구하였다. [판시] 기록에 의하면 피청구인 ○○교도소 교도관의 행위는 2013.3.27.에 있었고, 청구인도 그 당시 이 사건 신분 노출행위로 인하여 청구인의 기본권이 침해되었다는 사실을 알았다고 할 것이므로, 그로부터 90일이 경과한 2013.8.12. 청구된 이 사건 신분 노출행위에 관한 헌법소원심판청구는 청구기간을 도과하여 부적법하다.

(3) 객관적 기산점 - 사유가 '있는 날'의 의미

이는 헌법소원의 사유가 있은 날을 말하므로 공권력의 행사로 인하여 기본권이 침해되는 사실이 발생한 객관적 시점을 의미한다. 현행 헌재법 제69조 제1항은 객관적 청구기간이 사유가 있은(현행 헌재법 제69조 제1항은 2011. 4. 5. 동법 개정 이래 '있는'으로 되어 있다) 날부터 1년으로 되어 있으나 이전의 구법규정은 180일로 되어 있었고 이 규정에 대해 합헌성 인정 결정들이 있었는데 위에서 인용한 바 있다(전술 참조).

'있는' 날에 대한 판단례들은 뒤의 법령소원에서 많이 인용된다.

(4) 청구인에 유리한 해석

헌재는 청구기간의 기산점인 안 날이 기록상 명백하지 않을 경우에는 가능한 청구인에게 유리한 해석을 하려는 입장이다.

판례 헌재 2012.6.27. 2010헌마716

[본안쟁점과 결정] 1983.1.1. 이후 출생한 A형 혈우병 환자에 한하여 유전자재조합제제에 대한 요양급여를 인정하는 '요양급여의 적용기준 및 방법에 관한 세부사항'(2010.1.29. 보건복지가족부고시 제2010－20호) II. 약제 2.약제별 세부인정기준 및 방법 [339] 기타 의 혈액 및 체액용약 Recombinant blood coagulation factor VIII 주사제(품명 : 리콤비네이트주, 애드베이트주 등)의 대상환자 중 "'83.1.1. 이후에 출생한" 부분(이하 '이 사건 고시조항'이라 한다)이 1983.1.1. 이전에 출생한 A형 혈우병 환자들인 청구인들의 평등권을 침해하는지 여부. 평등권 침해라고 판단되어 위헌결정이 되었다. [판시] 가.유전자재조합제제에 대한 요양급여 대상환자를 1983.1.1. 이후에 출생한 자로 규정한 것은 2007.7.1. 시행된 보건복지부 고시 제2007－54호부터이고, 이 사건 심판청구는 그로부터 1년이 경과한 후에 제기되었는바, 청구기간의 도과 여부가 문제된다. 나. 법령에 대한 헌법소원은 그 법령의 시행과 동시에 기본권을 침해받게 되는 경우에는 그 법령이 시행된 사실을 안 날부터 90일 이내에, 법령이 시행된 날부터 1년 이내에 헌법소원을 청구하여야 하고, 법령이 시행된 뒤에 비로소 그 법령에 해당하는 사유가 발생하여 기본권의 침해를 받게 된 경우에는 그 사유가 발생하였음을 안 날부터 90일 이내에, 그 사유가 발생

한 날부터 1년 이내에 헌법소원을 제기하여야 한다(헌재 2004.4.29. 2003헌마484, 판례집 16-1, 574, 583 등 참조). 여기서 청구기간 산정의 기산점이 되는 '법령에 해당하는 사유가 발생한 날'이란 '법령의 규율을 구체적이고 현실적으로 적용받게 된 날'을 가리킨다 할 것이고, 나아가 법령의 시행 후 어느 시점에 청구인의 기본권이 구체적으로 침해받거나 그 침해가 확실히 예상되었다고 볼 수 있는지, 즉 청구인이 그러한 점을 언제 알게 되었는지에 관하여 기록상 이를 인정할 명백한 자료가 없는 경우 권리구제 및 헌법질서의 유지라는 헌법소원의 기능에 비추어 가능한 한 청구인에게 유리한 해석을 함이 타당하다(헌재 2001.6.28. 2000헌마111, 판례집 13-1, 1418, 1424 참조). 다. 이 사건 고시조항과 관련하여 A형 혈우병 치료제 중 유전자재조합제제의 요양급여 대상환자를 '1983.1.1. 이후 출생한 환자'로 제한하는 규정을 둔 것은 2007.7.1. 시행된 보건복지부 고시 제2007-54호부터이나, 2009.4.29. 요양급여의 대상이 되는 유전자재조합제제의 범위를 확대하였고, 2010.1.29. 투여용량의 기준을 변경하는 내용으로 이 사건 고시조항이 포함된 요양급여고시 중 유전자재조합제제 관련 부분이 개정되었으므로, 청구인들은 이 사건 고시조항이 2010.2.1. 시행되면서 기본권 침해를 받게 되었다고 할 것이다. 따라서 위와 같은 기본권 침해가 발생한 시점으로부터 1년 이내임이 명백한 2010.11.24.에 제기된 청구인들의 이 사건 헌법소원심판청구는 '기본권 침해 사유가 발생한 날부터 1년'이라는 청구기간을 준수하였다.

판례 헌재 2001.6.28. 2000헌마111

[쟁점] 20세 이상 국민에게만 선거권을 부여하고 있었던 '공직선거 및 선거부정방지법' 제15조 제1항(1994.3.16. 법률 제4739호로 제정된 것. 현재는 18세)에 대해 20세 미만 국민이 청구한 법령소원심판에서의 청구기간 계산에 있어서 언제가 기본권침해사유발생을 '안 날'인지 여부 [관련판시] 이 사건 법률조항이 시행된 것은 1994.3.16.부터이나, 당시 학생이던 청구인들이 이 사건 법률조항의 내용을 알고 있었다 하더라도 선거권 행사의 의사가 있었다고는 볼 수 없고, 고등학교 졸업 후 18세 또는 19세가 된 이후에야 비로소 선거에 참여할 권리를 자각하게 되면서 이 사건 법률조항에 의하여 2000.4.13. 실시예정인 국회의원 선거에 참여할 수 없음을 알고, 2000.2.16. 이 사건 헌법소원심판청구에 이른 것으로 보아야 할 것인바, 다만, 이 사건 법률조항의 시행 후 어느 시점에 청구인들의 기본권이 구체적으로 침해받거나 그 침해가 확실히 예상되었다고 볼 수 있는지, 즉 청구인들이 그러한 점을 언제 알게 되었는지에 관하여는 기록상 이를 인정할 명백한 자료가 없지만, 이러한 경우 권리구제 및 헌법질서의 유지라는 헌법소원의 기능에 비추어 가능한 한 청구인들에게 유리한 해석을 함이 타당하다는 측면에서, 청구인들은 제16대 국회의원 선거일이 임박해지자 이 사건 법률조항의 적용으로 인하여 18~19세가 된 청구인들로서는 선거권을 행사할 수 없게 됨을 알게 되면서 바로 이 사건 헌법소원심판을 청구하였다고 봄이 상당하고, 따라서 본건 심판청구는 이 사건 법률조항의 시행 후 그 법령에 해당하는 사유가 발생하였음을 안 날로부터 60일(2003.6.13. 이후부터는 90일) 이내에 제기된 것으로 보아야 할 것이다.

(5) 침해행위 계속성과 기산점

이에 관해서는 위에서도 언급된 부분이 있으나 전반적인 정리를 여기서 한다. 계속의 의미가 문제인데 그 의미에 따라 아래와 같이 나누어 살펴볼 수 있다.

i) **일련의 과정이 요구되는 침해행위** 어떤 기본권침해가 한번의 행위로 이루어지지 않고 일련의 과정을 거치는 경우에는 그 침해가 완성되는 때를 기산점으로 잡아야 할 것이다.

ii) **침해행위 이후 그 침해상태의 계속** 반면 하나의 침해행위로 바로 침해가 발생하고 이후에는 그 침해행위의 결과인 침해상태가 지속되는 것에 불과한 경우에는 바로 침해행위가 처음 이루어진 시점이 기산점이 된다. 법령에 의한 침해의 경우에는 법령에 해당되는 사실이 나타날 때 그 피해자의 입장에서는 침해행위가 처음 이루어지는 경우(시행동시 침해도 시행이 그러할 것임)이다. 아래 경우가 위 법리를 설시하면서 그렇게 판시한 예이다.

판례 헌재 1996.8.29. 92헌마137

[판시] 가. … 나. 이 사건 심판대상 조항 중 재평가법시행령 제3조 제2호, 연특법시행령 제2조, 이 사건 건설부지침 제5조 제2항, 지공법시행령 제35조 제1호는 청구인들 법인이 설립된 1991.7.1. 당시 이미 시행되고 있었고, 이 사건 내무부규정 제16조 제2항은 위 설립일 이후인 1991.10.18. 시행되었다. 그렇다면 이 사건 심판대상 조항 중 재평가법시행령 제3조 제2호, 연특법시행령 제2조와 이 사건 건설부지침 제5조 제2항 및 지공법시행령 제35조 제1호에 대하여는 청구인들 법인이 설립됨으로써 그 적용을 받게 된 1991.7.1.을, 이 사건 내무부규정 제16조 제2항에 대하여는 그 시행일인 1991.10.18.을 각 헌법재판소법 제69조 제1항 소정의 "그 사유가 있은 날"로 보아야 할 것이므로 청구인들은 위 각 기준일로부터 늦어도 180일 이내에 헌법소원심판을 청구하였어야 할 것인데도, 청구인들은 그로부터 180일이 훨씬 지난 1992.6.26. 지공법시행령 제35조 제1호를 제외한 나머지 심판대상 조항들에 대하여 헌법소원심판을 청구하였다가 1995.3.24. 지공법시행령 제35조 제1호에 대하여 청구를 확장하였으므로 이 사건 청구는 청구기간을 도과하였음이 명백하여 부적법하다. 다. 청구인들은 이에 대하여 위헌적인 내용을 담고 있는 이 사건 각 심판대상조항들이 개정되지 아니하고 존속하는 한 기본권 침해는 계속되는 것이므로 이러한 경우에는 청구기간의 제한이 적용되지 않는다는 취지의 주장을 한다. 그러나 입법행위는 그것이 국회입법이든 행정입법이든 막론하고 그 행위의 속성상 행위자체는 한번에 끝나는 것이고 그러한 입법행위의 결과인 권리침해상태가 계속될 수 있을 뿐이라고 보아야 할 것이다. 그렇다면 기본권침해행위는 한번에 끝났음에도 불구하고 그 결과가 계속 남아있다고 하여 청구기간의 제한이 배제되어야 한다는 청구인들의 주장은 법적 안정성의 확보를 위한 청구기간의 설정취지에 반하는 것으로서 이유없다(헌법재판소 1996.6.13. 선고, 95헌마115 결정 참조).

iii) **반복** 한편 하나의 행위로 침해가 완료되는 행위가 반복되는 경우에는 처음 그 행위가 있었던 때가 기산점이 된다는 것이 헌재의 판례이다(이에 대해서는 위의 '최초 기본권침해 상태 반복지속시' 부분, 법령소원 청구기간, '법령 해당 사유 발생'의 반복성 부분 참조).

iv) **계속적 권력적 사실행위** 한편 헌재가 헌법소원심판 청구시점까지 계속되고 있었던 권력적 사실행위를 대상으로 하는 심판청구의 경우 청구기간 도과의 문제는 발생하지 아니한다고 보는 아래와 같은 결정도 있었다.

판례 헌재 2005.5.26. 99헌마513등

[사건의 개요] 청구인 오○○, 홍○○(이하 '오○○'이라고도 함)은 주민등록법 제17조의8 및 주민등록법시행령 제33조 제2항에 의하여 이미 주민등록증을 발급받은 사람들로서, 주민등록증을 발급받을 당시 자신들이 주민등록증발급신청서에 날인함으로써 만들어진 열 손가락의 지문정보를 피청구인 경찰청장이 보관·전산화하고 이를 범죄수사목적에 이용하는 공권력행사로 인하여 자신들의 개인정보자기결정권 등을 침해받았다고 주장하면서, 1999.9.1.그 위헌확인을 구하는 헌법소원심판을 청구하였다. [판단] … 3. 적법요건에 대한 판단 … 다. 경찰청장의 보관 등 행위에 관한 부분 (1) … (2) 청구기간의 준수여부 – 경찰청장은 청구인 오○○ 등의 이 부분 심판청구는 그들의 주민등록증 발급신청시기와 비교하여 이미 청구기간이 도과하였다고 주장하므로 이에 관하여 본다. 헌법재판소법 제69조 제1항에 의하면, 제68조 제1항의 규정에 의한 헌법소원의 심판은 그 사유가 있음을 안 날부터 90일 이내에, 그 사유가 있은 날부터 1년 이내에 청구하여야 한다. 앞에서 본 바와 같이, 청구인 오○○의 주민등록증발급신

청서는 1985.8.14. 작성되어 경찰청장이 그 다음달 무렵부터 그의 지문정보를 보관하여 왔고, 1995.3.14. 그의 여섯 손가락 지문을 전산화하였고, 청구인 홍○○의 주민등록증발급신청서는 1993.10.20. 작성되어 경찰청장이 그 다음 달 무렵부터 그의 지문정보를 보관하여 왔고, 1996.2.10. 그의 여섯 손가락 지문을 전산화하였으며, 위 각 보관일 무렵부터 청구인 오○○ 등의 지문정보를 범죄수사목적에 이용해 오고 있다고 한다. 그렇다면 경찰청장의 보관 등 행위는 위와 같이 각 보관 또는 전산화한 날 이후 청구인 오○○ 등의 헌법소원심판 청구시점까지 계속되고 있었다고 할 것이므로, 이와 같이 계속되는 권력적 사실행위를 대상으로 하는 이 부분 심판청구의 경우 청구기간 도과의 문제는 발생하지 아니한다고 할 것이다.

* 계속적 권력적 사실행위로서 위와 같은 법리가 나타난 결정례를 찾기는 쉽지 않다.

(6) 헌법재판소 발족 이전 기본권침해에 대한 청구기간 기산점

[주요사항]

▷ 헌법재판소 발족 이전의 기본권침해에 대한 헌법소원의 청구기간의 기산점 :
헌법재판소가 구성된 일자(재판관 임명된 일자), 즉 1988.9.19.부터 기산

① 미수복지구 등에서 귀순한 의약업자의 국가시험 기회 만료

판례 헌재 1992.12.24. 90헌마174

[관련판시] 1971.1.15. 법률 제2284호로서 미수복지등에서귀순한의약업자의자격,면허및학력에관한특별조치법 제3조를 개정하여 청구인들로 하여금 일반의사국가시험응시자격을 상실하게 하고 그 부칙 제4항을 신설함으로 동법의 존속기간의 경과로 청구인들의 의사특별국가시험응시자격마저 상실하게 한 입법행위가 위헌이라는 확인을 구하는 부분이 적법한 헌법소원심판청구인 지에 관하여 본다. 이 사건과 같이 헌법재판소가 발족하기 전에 있었던 공권력에 의한 기본권침해를 주장하는 헌법소원심판청구의 청구기간은 헌법재판소가 구성된 1988.9.19.부터 기산하여야 한다 함이 당재판소의 판례이다(1991.9.16. 89헌마151 결정). 그런데 이 사건 헌법소원심판청구는 1990.10.12.에 제기된 사실이 기록상 분명하니 헌법재판소가 구성된 날로부터도 180일을 지난 후에 제기된 점은 역수상 명백하다. 따라서 위 부분 헌법소원심판청구는 그 청구기간이 도과된 후에 청구한 것으로 부적법하다.

② 국방부장관이 1950년 8월경 6·25전쟁에 만 18세 미만의 나이인 청구인들을 입대시킨 행위 – 이 징집행위가 법치주의 원리에 위배하여 아동의 권리를 침해한 것이라는 주장으로 청구된 헌법소원심판사건이었다.

판례 헌재 2015.10.21. 2014헌마456

[판시] 이 사건 징집행위로 인한 기본권 침해는 징집 당시인 1950년경 있었다. 이처럼 헌법재판소가 발족하기 전에 있었던 공권력에 의한 기본권침해에 대한 헌법소원심판 청구기간은 헌법재판소가 구성된 1988.9.19.부터 기산하여야 한다(헌재 1991.9.16. 89헌마151). 그런데 청구인들은 헌법재판소 구성일인 1988.9.19.로부터 1년이 훨씬 지난 2014.6.11. 이 사건 헌법소원심판을 청구하였으므로 청구기간을 준수하지 못하였다. 청구인들은 청구기간 도과에 정당한 사유가 있다고 주장한다(* 이 정당한 사유 주장은 받아들여지지 않았는데 이에 대한 판시는 아래 정당한 사유 부분 참조). … 헌법소원심판청구의 청구기간을 준수할 수 없었던 정당한 사유에 해당한다고 보기 어렵다. 따라서 이 사건 징집행위에 대한

심판청구는 청구기간을 지키지 못하여 부적법하다.

* 헌법재판소 발족 이전 기본권침해에 대한 청구기간 기산점에 대한 동지 법리를 설시한 그 외 결정례 : 헌재 1990. 10.8. 89헌마89; 1991.2.11. 90헌마14; 1991.9.16. 89헌마151; 1991.11.25. 89헌마99; 1992. 10.1.90헌마5; 1993.7.29. 89헌마31; 1994.4.28. 93헌마151; 1994.12.29. 91헌마2; 1995.3.23. 91헌마143; 1996.10.31. 94헌마108 등.

5. '정당한 사유'가 있는 청구기간도과의 헌법소원 적법성 인정

헌재는 청구기간이 도과된 경우에도 정당한 사유가 있으면 적법한 헌법소원 청구임을 인정한다. 행정소송법규정을 준용한 결과이기도 하다.

헌재법 제40조(준용규정) ① 헌법재판소의 심판절차에 관하여는 이 법에 특별한 규정이 있는 경우를 제외하고는 헌법재판의 성질에 반하지 아니하는 한도에서 민사소송에 관한 법령을 준용한다. 이 경우 탄핵심판의 경우에는 형사소송에 관한 법령을 준용하고, 권한쟁의심판 및 헌법소원심판의 경우에는「행정소송법」을 함께 준용한다. ② 제1항 후단의 경우에 형사소송에 관한 법령 또는「행정소송법」이 민사소송에 관한 법령에 저촉될 때에는 민사소송에 관한 법령은 준용하지 아니한다.

행정소송법 제20조(제소기간) ① 취소소송은 처분등이 있음을 안 날부터 90일 이내에 제기하여야 한다. 다만, 생략 ② 취소소송은 처분 등이 있은 날부터 1년(제1항 단서의 경우는 재결이 있은 날부터 1년)을 경과하면 이를 제기하지 못한다. 다만, 정당한 사유가 있는 때에는 그러하지 아니하다. ③ 제1항의 규정에 의한 기간은 불변기간으로 한다.

(1) '정당한 사유'의 의미

헌재는 '정당한 사유'(正當한 事由)를 사회통념상 상당한 경우라고 설시하고 있으나 '사회통념', '상당한'도 상당히 불확정 개념이다. 그렇긴 하나 아래 두 판례는 헌재가 사회통념상 정당한 사유를 보다 넓게 보려는 입장을 분명히 하고 있다.

[주요사항]

▷ '정당한 사유'가 있는 경우 청구기간도과의 헌법소원청구도 적법

→ 행정소송법 제20조 제2항 단서의 준용

▷ '정당한 사유'의 의미 : 사회통념상 상당한 경우 - 개별적으로 판단하여야 할 문제.

이는 민사소송법 제160조(* 현행 제173조(소송행위의 추후보완)) 소정의 불귀책사유보다 더 넓게, 행정심판법 제18조 제2항(* 현행 행정심판법 제27조 제2항) 소정의 "천재, 지변, 전쟁, 사변 그 밖에 불가항력적인 사유"보다도 더 넓게 보아 위 사유들뿐 아니라 일반적 주의를 다하여도 그 기간을 준수할 수 없는 사유를 포함

1) 사회통념상 상당한 경우, 민소법 소송행위 추완사유보다 넓게 인정

헌재는 "정당한 사유의 존부는 원칙으로 돌아가 사회통념에 의거하여 사안으로 보아가며 개별적으로 판단하여야 할 문제라고 할 것이며, 이는 민사소송법 제160조(* 현행 제173조(소송행위의 추후보완)) 소정의 불귀책사유보다도 더 넓게 보아야 할 정당한 사유에 관한 해석상 당연한 것이라 하겠고, 더구나 행정소송에 비해 청구기간이 단기간이어서(개정전 60일일 때임) 입법론상 문제가 있는 헌법소원에 있어서 국민의 권리구제의 길을 넓히기 위하여 특히 필요한 것"이라고 한다.

판례 헌재 1993.7.29. 89헌마31, * 본 결정은 이른바 국제그룹해체지시에 대한 헌법소원결정이다.
[관련판시] … 청구인측이 1988.12.21.에 작성한 "국제그룹해체의 진상"(을 제6호증)에 의하면 국제그룹의 해체결정과 인수업체 선정은 청와대에서 결정하고, 재무부장관이 국제그룹의 은행자금관리 착수를 지시하였을 뿐 아니라 청구인의 주식 등 처분승락서의 징구에 관련되어 있고 제일은행장에게 국제그룹 해체를 지시하였다고 기재되었으며 이 과정을 도표로까지 구체적으로 작성하여 기재하였는바, … 이 시점에서는 청구인이 적어도 … 이 때는 공권력측의 그 행사부인에 불구하고 헌법재판소법 제69조 제1항 소정의 청구기간의 기산점인 "안 날"로 봄이 상당할 것이다. 그렇다면 1989.2.27.에 청구한 이 사건 심판청구는 안 날이라 할 1988.12.21.부터 60일의 청구기간이 도과된 청구라고밖에 볼 수 없을 것이다. 그러나 한편 헌법재판소법 제40조 제1항에 의하면 행정소송법이 헌법소원심판에 준용되는 것이므로, 정당한 사유가 있는 경우 제소기간을 도과한 행정소송을 허용하는 행정소송법 제20조 제2항 단서가 헌법소원심판에도 준용된다고 할 것이고, 따라서 정당한 사유가 있는 경우에는 청구기간의 도과에도 불구하고 헌법소원심판청구는 적법하다고 해석하여야 할 것이다. 그런데 여기의 정당한 사유라 함은 청구기간도과의 원인 등 여러 가지 사정을 종합하여 지연된 심판청구를 허용하는 것이 사회통념상으로 보아 상당한 경우를 뜻한다고 할 것인데, 이 사건에 있어서 첫째로 공권력이 대통령 → 재무부장관 → 제일은행장의 순서로 극비리에 행사되면서 그 통지의 상대방이 제일은행장만이 되고, 청구인은 공식적 통지를 받지 않은 제3자가 됨으로써 공정한 고지절차(fair notice)가 생략되는 등 적법절차가 무시되고 … 공권력 상대의 직접적인 재판권의 행사가 사실상 방해되었던 사정이 엿보이는바 … 비록 청구인 자신의 자구적(自救的)인 조사활동과 국회청문회를 통하여 1988년 12월 21일경에 이 사건 공권력의 행사를 알았다 하여도 공권력 자체가 아직까지도 공식적으로 적극적 개입을 자인하는 상태가 아니고, 한편 대검찰청이 이미 수사에 착수함으로써 미구에 그 수사의 전모발표를 통하여 일방적 개입여부가 공식적으로 확인될 상황이어서 일응 청구인으로서는 그 때까지 심판청구를 미루어 놓을 사정이 있었던 점, … 헌법소원제도는 우리나라 사법사상 유례가 없었던 것으로 헌법재판이 거의 부재하다 싶은 상황에서 헌법재판소의 출범과 더불어 외국에서 새로 도입하여 극히 생소한 제도로서 제도 시행이 180일도 안 된 당시 사정으로는 이론적으로나 판례상으로도 … 헌법소원대상이 거의 밝혀지지 아니한 처지였고, 특히 이 사건 공권력행사의 특이성 때문에 헌법소원의 대상적격여부에 대하여 법률전문가조차 혼선이 생길 수 있었던 점 등 심판청구권행사의 제반 장애사정을 종합 고려할 때, 비록 이 사건 청구인이 안 날이라고 할 1988년 12월 21일부터 60일의 청구기간을 8일 도과하여 1988년 2월 27일에 제기하였다고 하여도 제소를 허용함이 사회통념상 상당할 것이다. 생각건대 심판청구의 지연이 기존의 법제도의 부지·혼선으로 인한 일반적인 경우와는 달리 생소한 새 제도의 내용불명 때문에 생긴 경우라면 정당한 사유의 존부는 원칙으로 돌아가 사회통념에 의거하여 사안으로 보아가며 개별적으로 판단하여야 할 문제라고 할 것이며, 이는 민사소송법 제160조(* 현행 제173조(소송행위의 추후보완)) 소정의 불귀책사유보다도 더 넓게 보아야 할 정당한 사유에 관한 해석상 당연한 것이라 하겠고, 더구나 행정소송에 비해 청구기간이 단기간이어서 입법론상 문제가 있는 헌법소원에 있어서 국민의 권리구제의 길을 넓히기 위하여 특히 필요한 것이다. 따라서 180일, 60일의 청구기간을 모두 도과하였다는 이 부분 본안전항변 역시 결국 이유 없다.

2) 행정심판법의 객관적 불능사유보다 넓게 일반적 주의 다하여도 준수불가한 경우 포함

아래의 판례는 위 1)의 판례에서 언급하는 민사소송법 불귀책사유와 행정심판법의 불가항력 사유 모두를 들면서 그 두 사유보다 더 넓게 그뿐만 아니라 일반적 주의를 다하여도 그 기간을 준수할 수 없는 사유를 포함한다고 판시하고 있다. 결국 헌재는 민사소송법, 행정소송법 두 법의 사유 보다 넓게 정당한 사유를 인정하는 입장이다. 사안은 검사가 기소유예처분을 함에 있어 피의자로부터 반성문도 징구하지 아니하고, 피의자에게 기소유예처분도 통지하지 않은 사정은 행정소송법 제20조 제2항 소정의 정당한 사유에 해당한다고 인정한 사례이다.

판례 헌재 2001.12.20. 2001헌마39

[판시] 이 사건 심판청구가 비록 180일의 청구기간을(* 1년으로 헌재법이 2003년 개정되기 이전 사건임) 경과하여서 한 것이라 하더라도 정당한 사유가 있는 경우에는 이를 허용하는 것이 헌법소원제도의 취지와 헌법재판소법 제40조에 의하여 준용되는 행정소송법 제20조 제2항 단서에 부합하는 해석이라 할 것이다. 여기서 정당한 사유라 함은 청구기간 도과의 원인 등 여러 가지 사정을 종합하여 지연된 심판청구를 허용하는 것이 사회통념상으로 보아 상당한 경우를 뜻하는 것으로(위 89헌마31, 판례집 5－2, 87, 111) 민사소송법 제160조(불변기간)의 "당사자가 그 책임을 질 수 없는 사유"나 행정심판법 제18조 제2항 소정의 "천재, 지변, 전쟁, 사변 그밖에 불가항력적인 사유"보다는 넓은 개념이라고 할 것이므로(대법원 1991.6.28. 선고 90누6521 판결, 공1991, 2054) 일반적으로 천재 기타 피할 수 없는 사정과 같은 객관적 불능의 사유와 이에 준할 수 있는 사유뿐만 아니라 일반적 주의를 다하여도 그 기간을 준수할 수 없는 사유를 포함한다고 할 것이다. 따라서 검사의 불기소처분을 다투는 헌법소원의 심판에 있어서 청구인이 검사로부터 어떠한 처분을 받았는지 알지 못하는 것에 아무런 과실 내지 책임이 없는 청구인에게 청구기간 경과로 인한 불이익을 감수하도록 한다면, 이는 국민의 권리를 구제하기 위한 헌법소원제도의 취지에도 어긋난다고 할 것이므로 청구인이 특별한 과실 없이 불기소처분(* 기소유예처분도 기소를 하지 않으므로 불기소처분에 해당)이 있은 사실을 알지 못하여 헌법소원의 청구기간을 준수할 수 없었을 때에는 정당한 사유가 있다고 봄이 상당하다고 할 것이다. 이 사건으로 돌아와 청구인이 청구기간을 도과한 데 정당한 사유가 있는지를 본다. 우선 형사소송법 제258조 제2항은 검사가 불기소처분을 한 때에는 피의자에게 즉시 그 취지를 통지하여야 한다고 규정하고 있다. 그럼에도 불구하고 피청구인은 동 조항 소정의 "불기소처분"은 고소·고발 있는 사건에 대한 불기소처분만을 의미하는 것으로 보는 검찰의 관행에 따라 이 사건에서도 피의자인 청구인에게 불기소처분의 취지를 통지하지 아니하였다. 그러나 동 조항이 고소관련 조항들 가운데 규정되어 있기는 해도 제1항과 달리 제2항은 법문 자체가 고소·고발 있는 사건에 대한 불기소처분으로 한정하고 있지 아니하므로 동조항 소정의 "불기소처분"을 고소·고발 있는 사건에 대한 불기소처분만을 의미한다고 보아야 할 이유는 없다고 할 것이다. 또한 1988년 9월부터는 헌법재판소가 창설되어 기소유예처분을 받은 피의자도 헌법소원을 제기하는 것이 가능하게 되었으므로 고소·고발사건 이외의 다른 사건의 피의자도 기소유예처분의 취지를 통지받을 필요와 실익이 생겼다 할 것이다. 그러므로 검사는 불기소처분을 하는 경우 모든 피의자에게 불기소처분의 취지를 통지하여야 할 것이다(헌재 2000.11.30. 2000헌마224, 판례집 12－2, 373, 378－379 참조). 특히 검사의 불기소처분은 검찰청 내부에서 이루어지고 공고 등 외부로 표시되는 것이 아니므로 피의자로서는 언제 그 불기소처분이 내려졌는지를 쉽게 알 수 없는 현실을 감안할 때 통지의 필요성은 더욱 분명하여진다. 그러함에도 불구하고 위에서 본 것처럼 피청구인은 청구인에게 기소유예처분의 통지를 하지 아니하였다. 또한 피청구인은 기소유예처분을 함에 있어 청구인을 소환하여 조사하지 않았고, 검찰사건사무규칙 제71조 제1항 단서 소정의 '경미한 사건'이라는 이유로 청구인으로부터 동조 소

정의 서약서에 해당하는 반성문조차 징구하지 아니하였다. 위와 같이 청구인에 대하여 기소유예처분을 함에 있어 그 처분사실을 통지하지 아니하고, 별도의 고지절차도 취하지 아니하였을 뿐만 아니라 사전에 청구인을 소환하여 조사하지도 않았고, 반성문이나 서약서조차 징구하지 아니하였다면, 비록 피의자라 하더라도 그 불기소처분이 있음을 쉽게 알 수 있는 처지에 있다고는 할 수 없으므로 피의자였던 청구인은 불기소처분이 있음을 알지 못하는 데에 과실이나 책임이 있다고 할 수 없다. 그렇지 않으면, 결국 피의자에게 검사의 처분결과를 확인할 주의의무를 부과하는 셈이 되는데, 수사기관에의 출입이나 접촉을 꺼리는 일반국민의 의식을 감안할 때 이는 심히 부당하다고 하겠다. 그러므로 위와 같은 경우에 청구인이 불기소처분사실을 알았거나 쉽게 알 수 있어서 심판청구기간 내에 심판청구가 가능하였다는 특별한 사정이 없는 한 정당한 사유가 있는 때에 해당한다고 보아야 할 것이다. 그렇다면, 이 사건 헌법소원심판청구는 그 청구기간의 도과에 정당한 사유가 있으므로 적법하다. *본안판단결과 기각결정이 되었다.

(2) 기본권 침해사유가 있었음을 알았거나 쉽게 알 수 있는 경우 부정

헌재는 기본권의 침해를 받은 자가 어떤 경위로든 기본권 침해사유가 있었음을 알았거나 쉽게 알 수 있는 등 헌법재판소법 제69조 제1항의 '그 사유가 있음을 안 날로부터 90일이라는 청구기간 내에 심판청구가 가능하였다는 사정이 있는 경우에는 그 때로부터 90일 이내에 헌법소원을 청구하여야 하고, 이 경우 그 청구기간을 지키지 못하였음에 정당한 사유가 있는지 여부는 문제가 되지 않는다고 한다. 이는 헌재법이 준용하여 이 '정당한 사유'라는 예외를 인정하게 된 그 행정소송법 제20조 제1항에 대한 대법원 판례 해석 입장과 같다(대법원 1996.9.6. 95누16233; 1997.9.12. 96누14661 참조). 문제가 되지 않는다는 말의 의미가 다소 불분명하나 정당한 사유에 따른 예외(도과라도 적법한 것으로 보는 예외) 인정을 하지 않겠다는 것으로 이해된다. 그렇다면 정당한 사유가 있는지 여부와 무관하게 본래대로 판단한다는 의미가 되겠다.

판례 헌재 2001.7.19. 2001헌마335

[사건개요] (1) 청구인은 1998.8.부터 1999.6.까지 폐기물 예치금 환급대상인 폐유리를 수집하여 청구외 김○○에게 일정한 대금을 받고 공급하였고, 위 김○○은 이를 다시 ○○유리주식회사에 납품하고 그 대금을 받았다. (2) 청구인은 1999.1.경 예치금 환급신청을 위하여 필요한 서류를 위 김○○에게 요구하였으나 거절당하여 예치금 환급신청을 하지 못하고 있던 중, 2000.4.4. 서울지방법원 북부지원에 위 김○○을 상대로 부당이득금반환청구의 소를 제기하였으나 같은 해 12. 22. 같은 법원으로부터 원고청구를 기각한다는 판결을 받고 이에 불복하여 서울지방법원에 항소를 제기하였다. (3) 청구인은 위 항소심 도중 '제3자에 대한 예치금지급규정'(1999.5.17. 환경부예규 제187호) 제4조(이하 "이 사건 예규조항")가 그 지급대상자로 그 제품 또는 용기의 회수·처리와는 관계없는 예치금 대상 폐기물을 원료로 사용하는 용기생산자와 학교, 군부대, 비영리사단법인 등만 규정하고, 이를 가장 많이 회수·처리하는 청구인과 같은 재활용업자는 제외하고 있어서 헌법상 보장된 직업선택의 자유 등을 침해한 위헌적인 규정이라고 주장하면서 2001.5.16. 헌법소원심판을 청구하였다. [판시] 판단 – 이 사건 헌법소원심판의 적법성에 관하여 직권으로 살핀다. (가) 법령에 대한 헌법소원의 청구기간은 … 안 날로부터 60일 이내에, 그 사유가 발생한 날로부터 180일 이내에(구법규정, 현행 90일, 1년) 헌법소원을 청구하여야 한다. (나) 이 사건 기록에 의하면, 청구인은 1998.8.부터 폐유리 수집을 하기 시작하였고, 이 사건 예규조항은 1999.5.17. 발령되어 그날부터 시행되었으므로, 이 사건 예규조항의 시행과 동시에 기본권의 침해를

받게 되는 경우에 해당하여 그 날로부터 180일 이내에 헌법소원을 제기하여야 하는바, 2001.5.16. 제기한 이 사건 헌법소원심판청구는 청구기간을 도과하였음이 역수상 명백하다. (다) 다만, 헌법재판소법 제40조 제1항에 의하여 준용되는 행정소송법 제20조 제2항에 의하여 '정당한 사유'가 있는 경우에는 청구기간의 경과에도 불구하고 헌법소원 심판청구는 적법하다고 해석하여야 할 것이다. 여기의 정당한 사유라 함은 청구기간경과의 원인 등 여러 가지 사정을 종합하여 지연된 심판청구를 허용하는 것이 사회통념상으로 보아 상당한 경우를 뜻한다. 그렇지만 이 경우에도 기본권의 침해를 받은 자가 어떤 경위로든 기본권 침해사유가 있었음을 알았거나 쉽게 알 수 있는 등 헌법재판소법 제69조 제1항의 '그 사유가 있음을 안 날로부터 60일'이라는 청구기간 내에 심판청구가 가능하였다는 사정이 있는 경우에는 그 때로부터 60일 이내에 헌법소원을 청구하여야 하고, 이 경우 그 청구기간을 지키지 못하였음에 정당한 사유가 있는지 여부는 문제가 되지 아니한다고 할 것이다(행정소송법 제20조 제1항 및 대법원 1996. 9.6. 선고 95누16233 판결, 판례공보 1996, 3025, 3026; 1997.9.12. 선고 96누14661 판결, 판례공보 1997하, 3142 참조). (라) 따라서 청구인이 청구기간을 경과하여 헌법소원을 제기한 데에 정당한 사유가 있는지 여부에 관하여 살핀다. 일반적으로 행정규칙은 공포절차가 그 요건이 되지 아니하므로 관보게재, 통첩, 회람, 게시, 인쇄물, 등본배부, 전문 등 어떠한 방법으로 통달하기만 하면 되는바, 이 사건 예규도 관보에 게재하는 등 공포절차를 밟지 않고 다만 내부적으로만 발령되었기 때문에 일반 국민으로서는 이 사건 예규의 내용을 쉽게 알 수 있었다고 볼 수 없으므로 청구인이 이 사건 예규의 시행일로부터 180일을 경과하여 이 사건 헌법소원을 청구한 데에 일응 정당한 사유가 있었다고 할 것이다. 그런데 이 사건 기록에 의하면, 청구인이 위 김○○을 상대로 제기한 서울지방법원 북부지원 2000가소3**** 부당이득금 사건에서 위 김○○이 신청한 환경부장관에 대한 사실조회회보가 2000.10.12. 도착하였는데, 위 사실조회회보에 이 사건 예규조항이 첨부되어 있었고, 위 법원은 같은 달 27. 제6차 변론기일에서 위 사실조회회보가 도착되었음을 고지하였으며, 위 법원은 위 증거를 기초로 하여 2000.12.22. 청구인의 패소판결을 선고하였고, 위 사건의 판결문이 청구인에게 2001.1.6. 송달된 사실을 인정할 수 있다. 그렇다면 청구인은 위와 같이 사실조회회보가 법원에 도착되었다고 고지된 날, 또는 적어도 위 사건의 판결문이 원고에게 송달된 날에 이 사건 예규조항의 존재사실을 알았거나 쉽게 알 수 있었다고 보아야 할 것인데, 그 때로부터 60일이 훨씬 지났음이 역수상 명백한 2001.5.16.에야 청구된 이 사건 심판청구는 헌법재판소법 제69조 제1항 본문소정의 그 사유가 있음을 안 날부터 60일의 청구기간을 도과한 것이 명백하므로 이 사건 헌법소원심판청구는 부적법하다.

(3) '정당한 사유' 인정 여부에 관한 결정례

1) '정당한 사유' 인정례

① 위 국제그룹해체지시 사건 결정

판례 헌재 1993.7.29. 89헌마31, 바로 위에 인용된 결정 참조.

② 기소유예처분 불통지(불소환, 반성문 비징구로 기소유예처분 부지의 경우)

판례 헌재 2001.12.20. 2001헌마39. 바로 위 결정 판시 참조. * 이 결정은 위 (1) 2)에 인용 참조.

③ 문화계 블랙리스트 정보수집행위, 지원배제 지시행위 - 대통령 비서실장, 정무수석비서관, 교육문화수석비서관, 문화체육관광부장관이 야당 소속 후보를 지지하였거나 정부에 비판적 활동을 한 문화예술인이나 단체를 정부의 문화예술 지원사업에서 배제할 목적으로, 청구인들의

정치적 견해에 관한 정보를 수집·보유·이용한 행위, 또 그들에 대한 지원배제를 지시한 행위에 대해 청구기간이 1년이 도과하였으나 정당한 사유를인정하였다. 특별검사의 수사를 통해 알려지게 되었고 그 사실을 모르는데 과실, 책임이 없었기 때문이라고 보았다.

판례 헌재 2020.12.23. 2017헌마416

[판시] 특별검사의 임명 등에 관한 법률'에 따라 임명된 특별검사의 수사를 통해 공소제기가 된 이후 비로소 그 사실관계의 일부가 공식적인 과정을 통해 일반에게 알려졌으므로, 청구인 윤○○, 정○○도 자신에 관한 개인정보가 수집되어 보유 및 이용되었을 가능성이 매우 높다는 것을 특별검사의 공소장 내용이 언론에 알려진 2017. 1. 30. 이후에야 알게 되었다고 볼 것이다. 청구인 윤○○, 정○○이 그 이전에 이러한 사실을 알지 못하는 것에 아무런 과실 내지 책임이 없는 점을 고려할 때, 헌법소원의 청구기간을 준수할 수 없었던 정당한 사유가 있다고 볼 수 있다. … 청구인들도 자신들에 대한 지원배제 지시행위가 있었음도 특별검사의 공소장 내용이 언론에 알려진 2017. 1. 30. 이후에야 알게 되었다고 볼 것이다. 청구인들은 그 이전에 이러한 사실을 알지 못하는 것에 아무런 과실 내지 책임이 없는 점을 고려할 때, 헌법소원의 청구기간을 준수할 수 없었던 정당한 사유가 있다고 볼 수 있다.

2) '정당한 사유' 부정례

몇 가지 결정례를 법리의 이해를 위한 예로 아래에 인용한다.

① **기소유예처분 불통지이나 반성문제출 등에 의한 인식의 경우라 하여 정당사유성 부정** – 이 사건은 위 (1)에서 본 검사가 기소유예처분을 함에 있어 피의자로부터 반성문도 징구하지 아니하고, 피의자에게 그 취지도 통지하지 않은 사정이 행정소송법 제20조 제2항 소정의 정당한 사유에 해당한다고 인정한 사례와 반대 대비된다.

판례 헌재 2000.11.30. 2000헌마224

[쟁점] 검사가 기소유예처분을 하고도 고소사건이 아니라는 이유로 피의자에게 기소유예처분의 통지(형사소송법 제258조 제2항 소정의 통지)를 하지 아니한 사실이 기소유예처분에 대한 헌법소원의 청구기간도과에 정당한 사유가 될 수 있는지 여부(부정, 각하결정) [결정요지] 검사의 기소유예처분에 대한 헌법소원심판은 그 사유가 있음을 안 날로부터 60일(2003.6.13. 이후부터는 90일) 이내에 그 사유가 있은 날로부터 180일(2003.6.13. 이후부터는 1년) 이내에 청구하여야 하는데(헌법재판소법 제69조 제1항 본문), 청구인은 이 사건 기소유예처분이 있은 1998.10.14.로부터 180일이 경과한 후인, 2000.4.1.에야 이 사건 심판청구를 하였으므로 청구인의 이 사건 심판청구는 청구기간을 도과하여 한 것이다. 피청구인이 청구인에게 형사소송법 제258조 제2항 소정의 통지를 하지 아니하였다 하더라도, 청구인은 스스로 피의자이고 반성문까지 작성제출하였으므로, 심판청구기간 내에 기소유예처분이 있은 것을 알았거나 쉽게 알 수 있었다고 할 것이어서 청구기간을 도과한 것에 정당한 사유가 있다고 볼 수 없다.

② 국가유공자 등 예우 및 지원에 관한 법률 제4조 위헌확인

판례 헌재 2000.4.27. 99헌마76

[사건개요 및 본안쟁점] 청구인들은 특수부대원들로서 6·25사변 기간 및 휴전 후 명령에 따라 북한지역에 침투하여 무공을 세우고 귀대하였으나 특수부대원은 임무의 특수성으로 인하여 정식 군편제에서 제외되었으며 존재와 활동도 수십년간 기밀사항이었으므로 1993년경부터 그 일부가 세상에 알려지게 되었다. 특수부대원인 청구인들에 대하여 '국가유공자 등 예우 및 지원에 관한 법률'(1984.8.2. 법률 제

3742호로 제정된 것)에서 국가유공자로 인정하는 명시적 규정을 두지 아니한 것은 평등원칙 등에 위반된다는 이유로 1999.2.6. 헌법소원심판을 청구하였다. [결정요지] 청구인들은 1950년대 혹은 1960년대에 특수부대 복무를 마쳤고, 이 사건 법률조항은 1984.8.2. 법률 제3742호로 제정되어 1985.1.1.부터 시행되었는데, 이 헌법소원심판은 1999.2.6. 제기되었으므로 청구기간을 도과한 것임이 분명하다. 한편 청구인들은 특수부대의 활동을 공개하지 아니하기로 한 서약과 사회 상황, 국방부 등 관련기관에 대한 탄원을 근거로 하여 청구기간 도과에는 정당한 사유가 있다고 하나, 청구인들이 국방부 등에 탄원서를 제출한 1993.7.경부터는 헌법소원심판청구가 가능한 것으로 보이고 그 밖에 청구기간의 도과에 정당한 사유가 있다고 볼만한 다른 사정은 발견되지 아니한다. 이에 청구인들의 이 심판청구는 부적법하므로 각하하기로 결정한다.

③ **대법원판결에 대한 기대신뢰의 정당사유성 부정** — 이른바 신군부세력에 의한 언론통폐합행위가 동아일보사의 청구인의 언론의 자유, 재산권 등을 침해하여 위헌이라고 청구된 헌법소원심판사건에서 대법원 민사판결이 내란죄 유죄를 확정한 대법원 형사판결에서와 같이 위헌무효판결을 하리라고 믿은 신뢰를 정당한 사유라는 주장을 헌재가 배척한 아래 결정례가 있다.

판례 헌재 2003.3.27. 2001헌마116

[판시] 공권력 행사에 대한 헌법소원은 그 사유가 있음을 안 날로부터 60일 이내에, 그리고 그 사유가 있은 날로부터 180일 이내에, 청구하여야 하고(구 헌법재판소법 제69조 제1항 본문. 현행 90일, 1년) 다만 헌법재판소법이 시행되기 전에 있었던 이 사건에서의 공권력 행사와 같은 것에 대하여는 헌법재판소가 구성된 1988.9.19.부터 기산하여 위의 청구기간을 준수하면 될 것인데(헌재 1995.3.23. 91헌마143) 이 청구는 위 1988.9.19.로부터 180일이 지난 2001.2.17. 제기됨으로써 청구기간을 도과하였다. 그런데 5·18 내란행위의 유죄를 선고한 형사판결이 대법원에서 확정된 1997.4.17.에 신군부세력의 언론통폐합계획에 따른 여러 조치의 위헌성을 청구인이 비로소 알게 되었지만 한편 청구인이 대한민국과 한국방송공사를 상대로 제기하였던 동아방송양도무효확인등의 소에 대한 상고심판결(이 사건 심판대상의 하나인 대법원 98다34034호 판결)이 그 뒤인 2001.1.16.에 선고가 있게 되어 청구인으로서는 대법원이 당연히 이 민사판결에서도 형사판결에서와 같이 언론통폐합계획에 따른 재산권양도행위의 위헌무효를 선언하리라 신뢰하여 이 부분 헌법소원을 제기하지 않은 것이니 청구인이 청구기간을 준수하지 못한 데에는 정당한 사유가 있었다고 청구인은 주장한다. 그러나 그 주장과 같은 신뢰가 있었다 하여 헌법소원을 제기하지 못할 바가 아니므로 이러한 사유는 헌법소원을 제기하지 못할 정당한 사유로 보기 어려워 이 주장은 이유 없다.

④ **국방부장관이 1950년 8월경 만 18세 미만의 나이인 청구인들을 입대시킨 행위** — 이 징집행위가 법치주의 원리에 위배하여 아동의 권리를 침해한 것이라는 주장으로 청구된 헌법소원심판사건이었다.

판례 헌재 2015.10.21. 2014헌마456

[판시] 청구인들은 헌법재판소 구성일인 1988.9.19.로부터 1년이 훨씬 지난 2014.6.11. 이 사건 헌법소원심판을 청구하였으므로 청구기간을 준수하지 못하였다. 청구인들은 전쟁에 의해 조성된 위난의 시기에 국가기관이 조직적·집단적으로 자행한 기본권 침해에 대하여는 통상의 법절차가 제공하는 구제절차로 권리구제가 어렵고, 기본권 침해사태를 야기한 국가권력이 집권을 계속하는 동안에는 국가를 상대로 개인이 권리를 행사하거나 통상의 쟁송을 제기하여 구제를 받는 것이 불가능하므로, 청구기간 도과에

정당한 사유가 있다고 주장한다. 여기에서 정당한 사유라 함은 청구기간 도과의 원인 등 여러 가지 사정을 종합하여 지연된 심판청구를 허용하는 것이 사회통념상으로 상당한 경우를 뜻하는 것으로(헌재 1993.7.29. 89헌마31), 일반적으로 천재 그 밖에 피할 수 없는 사정과 같은 객관적 불능의 사유와 이에 준하는 사유뿐만 아니라 일반적 주의를 다하여도 그 기간을 준수할 수 없는 사유를 포함한다(헌재 2001.12.20. 2001헌마39 참조). 그런데 6·25전쟁이 끝난 지 이미 60여년이 지났고, 그 사이 정권이 수차례 바뀌면서 기본권 침해사태를 야기한 국가권력은 소멸하였으며, 민주화 이후 꽤 오랜 기간 통상의 법절차가 제대로 작동하고 있었으므로 위와 같은 청구인들 주장 사유는 청구기간 도과의 정당한 사유로 보기 어렵다. 또 국방부가 청구인들과 같은 소년병의 실체를 2008년에야 비로소 인정하였다는 사실이나, 정부 및 국회에서 청구인들의 예우 개선을 위한 법률 제정을 약속하여 이를 믿었다는 등의 사유 역시 헌법소원심판청구의 청구기간을 준수할 수 없었던 정당한 사유에 해당한다고 보기 어렵다. 따라서 이 사건 징집행위에 대한 심판청구는 청구기간을 지키지 못하여 부적법하다.

6. 장래 확실한 기본권침해 예측으로 현재성이 인정되는 경우 : 청구기간 비경과

이에 관해서는 앞서 현재성 부분에서 살펴본 대로 장래에 기본권침해가 있을 것이 청구할 시점에서도 이미 확실히 예측할 수 있으면 현재성을 완화하여 인정하고 이 경우에 청구기간이 경과할 수 없어서 청구기간 요건을 요구할 수 없다. 아래에도 그 예를 한 건 인용한다.

판례 헌재 1999.12.23. 98헌마363

[관련판시] 심판청구 당시 청구인들은 국가공무원 채용시험에 응시하기 위하여 준비하고 있는 단계에 있었으므로 이 사건 심판대상조항으로 인한 기본권침해를 현실적으로 받았던 것은 아니다. 그러나 청구인들은 심판청구 당시 국가공무원 채용시험에 응시하기 위한 준비를 하고 있었고, 이들이 응시할 경우 장차 그 합격여부를 가리는 데 있어 가산점제도가 적용될 것임은 심판청구 당시에 이미 확실히 예측되는 것이었다. 따라서 기본권침해의 현재관련성이 인정된다(헌재 1992.10.1. 92헌마68 등 참조). 이와 같이 장래 확실히 기본권침해가 예측되어 현재관련성을 인정하는 이상 청구기간이 경과하였다고 할 수 없다. 청구기간을 준수하였는지 여부는 이미 기본권침해가 발생한 경우에 비로소 문제될 수 있는 것인데, 이 사건의 경우 아직 기본권침해는 없으나 장래 확실히 기본권침해가 예측되므로 미리 앞당겨 현재의 법적 관련성을 인정하는 것이기 때문이다. 따라서 청구기간이 지났다는 국가보훈처장의 주장은 이유 없다.

7. 기소유예처분·기소중지처분 피의자, 불기소처분 비고소 피해자 헌법소원 청구기간

(1) 기소유예처분 받은 피의자 헌법소원 청구기간

1) 통상 기간 적용

기소유예처분에 대해서는 그것을 받은 피의자가 청구하는 헌법소원이 많다. 이 경우에 피의자는 자신에게 내려진 기소유예처분에 대해 사전에 거칠 수 있는 다른 구제절차가 없다(검찰항고, 재항고도 안됨). 따라서 통상의 일반적인 청구기간이 적용되어 기소유예처분을 '안' 날부터 90일, '있던' 날부터 1년 내에 헌법소원심판을 청구하여야 한다.

▷ 기소유예처분에 대하여 피의자가 제기하는 헌법소원은 다른 구제절차가 있는 경우가 아니어서 통상의 청구기간을 적용

판례 헌재 1992.11.12. 91헌마146

[관련판시] 형사피의자로 입건되었던 자가 기소유예처분을 받았을 때 검찰청에 진정서나 탄원서를 제출하거나 수사재기를 신청함으로써 자신의 억울함을호소할 수도 있겠으나, 그것은 검사의 직권발동을 촉구하는 하나의 방법일 뿐 검사가 그에 따라 의무적으로 어떠한 조처를 해야 하는 것도 아니어서 그것은 헌법재판소법 제68조 제1항 단서 소정의 구제절차에 해당하는 것이라고 할 수 없으며, 위와 같은 사건은 법률상 구제절차가 없는 경우에 해당한다고 할 것이므로 헌법재판소에 직접 제소하는 것이 가능하며, 그 기간은 헌법재판소법 제69조 제1항 본문에 따라 그 사유인 기소유예처분이 있음을 안 날로부터 60일(2003.6.13. 이후부터는 90일) 이내에, 그 사유가 있은 날로부터 180일(2003.6.13. 이후부터는 1년) 이내에 청구하면 될 것이다. * 동지 : 헌재 1992.10.1. 91헌마225; 1993.7.29. 92헌마217; 1995.3.23. 94헌마254 등.

2) 적용례 - 각하결정례

판례 헌재 2009.10.29. 2009헌마132

[판시] 가. 헌법재판소법 제68조 제1항의 헌법소원은 다른 법률에 의한 구제절차가 없는 경우에는 그 사유가 있음을 안 날부터 90일 이내, 그 사유가 있은 날부터 1년 이내에 청구하여야 한다(헌법재판소법 제69조 제1항 본문). 형사피의자로 입건되었던 자가 기소유예처분을 받고서 스스로 무고함을 주장하여 헌법소원심판청구를 하는 경우에는 법률상 구제절차가 없는 경우에 해당하여 헌법재판소에 직접 제소하는 것이 가능하므로(헌재 1992.11.12. 91헌마146), 피의자인 청구인이 기소유예처분의 결과통지를 받아 그 처분이 있은 사실을 알았을 경우에는 그 날부터 90일 이내에 헌법소원심판을 청구하여야 한다(헌재 1993.7.29. 92헌마217). 한편 헌법소원심판청구의 청구기간은 국선대리인선임신청이 있는 경우 그 신청일을 기준으로 한다(헌법재판소법 제70조 제1항 후문). 나. 이 사건 심판기록에 의하면 피청구인은 2008.4.21. 이 사건 기소유예처분을 청구인에게 통지하는 경고장을 발송하였고, 청구인은 이에 대하여 수차례 진정을 제기하여 공람종결처분을 받았으며, 그 중 최초의 것은 D지방검찰청 S지청 2008.5.30.자 20**진정제**호 처분이다. 따라서 청구인은 늦어도 2008.5.30. 이전에는 위 경고장을 받음으로써 이 사건 기소유예처분 사실을 알았다고 봄이 상당한 바, 청구인은 이로부터 90일이 경과된 후임이 역수상 명백한 2008.12.8. 이 사건 헌법소원심판청구를 위한 국선대리인선임신청을 하였으므로, 이 사건 심판청구는 헌법재판소법 제69조 제1항의 청구기간이 경과된 후에 제기되어 부적법하다.

판례 헌재 2015.3.26. 2014헌마291

[판시] 기록에 의하면, 청구인은 2013.12.10. 춘천지방검찰청에 위 사건에 관하여 '사건기록 열람(등사) 신청서'를 제출하면서 위 사건은 2013.10.30. 기소유예의 불기소처분으로 확정되었다고 기재한 사실을 알 수 있다. 따라서 청구인은 2013.12.10.무렵 이미 위 기소유예처분이 있음을 알았다고 할 것이므로, 이로부터 90일을 경과하여 제기되었음이 역수상 명백한 이 사건 심판청구는 청구기간을 도과하여 부적법하다.

판례 헌재 2018.1.25. 2017헌마918

[사건개요] 가. 청구인은 2017.5.1. 피청구인(검사)으로부터 '재난 및 안전관리기본법' 위반 혐의로 기소유예처분(S지방검찰청 2017년 형제*****호, 이하 '이 사건 기소유예처분')을 받았다. 나. 청구인은 이 사건 기소유예처분으로 자신의 평등권과 행복추구권이 침해당하였다고 주장하면서 2017.8.21. 그 취소

를 구하는 이 사건 헌법소원심판을 청구하였다. [판시] 헌법재판소법 제68조 제1항에 따른 헌법소원의 심판은 그 사유가 있음을 안 날로부터 90일 이내에, 그 사유가 있는 날로부터 1년 이내에 청구하여야 한다(헌법재판소법 제69조 제1항 본문). 서울서부지방검찰청 검사장의 사실조회 회신내용에 의하면, 청구인은 2017.5.15. 처분청인 S지방검찰청 민원실로부터 불기소이유서를 발급받은 사실이 인정된다. 따라서 그 때에는 청구인이 이 사건 기소유예처분이 있음을 알았다고 할 것인데, 청구인은 그로부터 90일이 경과한 2017.8.21.에서야 이 사건 헌법소원심판을 청구하였으므로, 이 사건 헌법소원심판청구는 청구기간을 도과하였다. 3. 결론 – 이 사건 심판청구는 부적법하므로 이를 각하하기로 결정한다.

* 또 다른 각하결정례 : 헌재 2018.3.29. 2017헌마952.

(2) 기소중지처분 피의자의 헌법소원 경우의 청구기간

기소중지처분 사건의 피의자가 청구하는 헌법소원심판의 경우에도 다른 구제절차가 없으므로 바로 헌법소원심판을 청구하더라도 적법하고(보충성원칙 비적용) 그 청구기간은 통상의 기간, 즉 기소중지처분을 '안' 날부터 90일, '있는' 날부터 1년이다.

판례 헌재 1997.2.20. 95헌마362

[판시] 기소중지처분을 받은 피의자(피고소인) 자신이 제기한 헌법소원의 경우 다른 법률에 그 구제절차가 있는 경우에 해당하지 아니하므로 통상의 청구기간이 적용된다. … 위 기소중지처분이 1995.3.24.에 있었음은 앞서 본 바에 의하여 명백한데 이 사건 헌법소원은 그로부터 180일(* 당시는 2003년 전이므로 180일)이 경과한 같은 해 12.4.에 제기되었으니, 위 기소중지처분의 취소를 구하는 청구부분은 청구기간을 도과한 것으로서 부적법하다.

(3) 고소하지 않은 피해자가 제기한 불기소처분에 대한 헌법소원의 청구기간

헌재는 고소를 하지 않은 피해자가 새로이 고소를 하지 않고도 이미 행해진 불기소처분에 대해 바로 헌법소원을 청구할 수 있다고 보아 그 경우 보충성원칙을 적용하지 않는데(헌재 1992.1.28. 90헌마227; 2010.6.24. 2008헌마716; 2011.2.24. 2010헌마305; 2012.5.31. 2010헌마594 등. 이에 대해서는 앞의 보충성원칙 부분 참조) 이 경우 청구기간은 통상의 청구기간이 적용되어 불기소처분이 있음을 안 날로부터 90일, 있은 날로부터 1년이 된다.

[주요사항]

▷ 범죄피해자는 고소를 하지 않았더라도 타인에 의해 이미 이루어진 불기소처분에 대해 고소 없이 곧바로(즉 검찰에 대한 항고·재항고 거침이 없이) 불기소처분에 대한 헌법소원 제기 가능

▷ 이 경우의 청구기간 : 통상 기간 적용(불기소처분이 있음을 '안' 날부터 90일, '있는' 날부터 1년)

판례 헌재 2004.12.16. 2004헌마248

[판시] … 청구인 ○○운수주식회사의 심판청구 부분 – 하였으므로 보충성원칙 및 청구기간과 관련하여 그 심판청구가 적법한지가 문제되므로 그에 대하여 살펴본다. 헌법재판소는 "범죄 피해자는 그가 고소를 제기한 바 없었어도 검사의 불기소처분에 대하여 헌법소원심판을 청구할 자격이 있고, 그는 고소인이 아니므로 불기소처분에 대하여 검찰청법에 정한 항고·재항고의 제기에 의한 구제를 받을 방법이 없으므로 곧바로 헌법소원심판을 청구할 수 있다"(헌재 1992.1.28. 90헌마227)고 결정하고 있고, 이 사건에 있어 청구인 ○○운수주식회사는 위 회사에 대한 사기 및 절도 범죄에 있어 그 피해자에 해당하

므로 위 청구인이 위 불기소처분에 대하여 검찰청법에 정한 항고·재항고를 제기하지 않고 곧바로 헌법소원심판을 청구하였다 하여 보충성의 원칙에 반하는 것은 아니다. 한편 헌법재판소법 제69조 제1항에 의하면 헌법소원의 심판은 다른 법률에 구제절차가 있는 경우가 아닌 한, 그 사유가 있음을 안 날로부터 90일 이내에, 그 사유가 있는 날로부터 1년 이내에 청구하여야 한다고 규정하고 있으므로 위 청구인은 늦어도 피청구인이 불기소처분을 하였다는 것을 안 날로부터 90일 이내에, 위 불기소처분을 한 날로부터 1년 이내에 헌법소원의 심판을 청구하여야 한다. 살피건대, 심판기록에 의하면 청구인 ○○운수주식회사는 이 사건 불기소처분일인 2002.12.26.로부터 1년이 지났음이 날짜상 명백한 2004.3.26.에 헌법소원심판을 청구한 사실이 인정되므로 결국 이 사건 심판청구는 청구기간이 도과된 것으로서 부적법한 것임을 면할 수 없다. * 동지 : 헌재 1992.1.28. 90헌마227; 헌재 제2지정재판부 1993.2.8. 93헌마8; 1993.3.11. 92헌마48; 1995.5.25. 94헌마185; 1996.8.29. 92헌마137; 헌재 제3지정재판부 2007.6.26. 2007헌마615 등.

Ⅲ. 법령에 대한 헌법소원심판의 청구기간 및 기산점

1. 법령소원에서도 요구하는 헌재판례법리와 그 정당성 문제

(1) 통상의 청구기간 적용

헌법재판소는 법령 자체에 대한 헌법소원, 이른바 법령소원(法令訴願)의 경우에도 헌재법 제69조 제1항의 통상의 청구기간을 준수할 것을 요구하고 있다. 다만, 그 기산점이 문제인데 법령은 특정인에 대해 바로 효과가 나지 않고 객관적으로 추상적으로 적용가능성을 가지고 있다가 그 구성요건에 해당되면 적용되고 그때 기본권침해가 나타나므로 그 때가 법령 시행부터인지 아니면 시행 이후인지에 따라 달라진다(이하 참조).

(2) 법령소원심판에서의 청구기간설정의 정당성·근거에 대한 논의

1) 논의, 반론

법령으로 인한 기본권침해에 대한 헌법소원에 있어서 청구기간의 설정이 정당한지 하는, 즉 그 근거기초를 두고 논란이 있다. 법령은 객관적인 규범이고 그 효과는 특정인에게 기본권제한으로서 실제 다가오지만 그렇지 않은 사람들에게도 적용가능성을 가지고 그로 인한 기본권제한의 가능성을 가지므로 이에 대해 헌법소원을 일정 기간만 할 수 있도록 청구기간을 설정하는 것이 타당하지 않다는 견해도 있다. 객관적으로 헌법 위반 여부를 가려야 하므로 기한의 설정은 타당하지 않다는 생각인 것이다. 또한 법령에 대한 헌법소원에서 그 법령이 개정되지 않고 존속하는 한 기본권침해가 계속된다고 하면서 청구기간의 적용에 반대하는 견해들이 피력되기도 한다.

2) 판례의 요구 논거

그러나 헌재는 위와 같은 반대의견과 달리 아래의 결정례에서 밝히는 논거로 법령에 대한 헌법소원심판의 경우에도 청구기간의 요건을 인정하고 있다. 헌재는 입법 그 자체는 일회적 행위로 끝났기 때문에 침해상태가 계속되는 것(즉 그 적용이 계속됨을 의미하는 것으로 이해됨)을 두고 청구기간을 배제하여야 한다는 주장은 잘못이라고 한다.

판례 헌재 1992.6.26. 91헌마25, 판례집 4, 450면, 각하결정
[관련판시] 법규정립행위(입법행위)는 그것이 국회입법이든 행정입법이든 막론하고 일종의 법률행위이므로, 그 행위의 속성상 행위 자체는 한번에 끝나는 것이고, 그러한 입법행위의 결과인 권리침해상태가 계속될 수 있을 뿐이라고 보아야 한다. 다시 말하자면, 기본권침해의 행위가 계속되는 것이 아니라, 기본권침해의 결과가 계속 남을 수 있을 뿐인 것이다. 그렇다면 기본권침해행위는 한번에 끝났음에도 불구하고, 그 결과가 계속 남아 있다고 하여 청구기간의 제한을 전면적으로 배제하여야 한다는 주장은, 법적 안정성의 확보를 위한 청구기간의 설정취지에 반하는 것으로서 부당하다고 하여야 할 것이다. 따라서 이 점에 관한 청구인의 주장은 이를 쉽사리 받아들일 수 없다. * 동지 : 헌재 1996.6.13. 95헌마115; 1996.8.29. 92헌마137 등.

3) 법령소원에 대한 청구기간 요구에 대한 근본적 검토

법령소원의 경우에도 청구기간을 요구하는 것에 대해서는 사실 반론도 제기된다. 이에 대한 찬반의 논거는 요구를 찬성하는 입장에서는 헌법소원의 권리구제성이라는 주관성을 내세울 것이고 반대하는 입장에서는 법령소원이 비록 그 촉발은 개인의 권리구제를 위한 데서 나왔지만 헌법소원의 객관적 헌법질서유지기능을 생각하면 모든 사람에 대한 적용가능성을 가진 일반적이고 추상적인 객관적 법규범인 법령규정에 대한 헌법소원에서까지 청구요건을 요구하는 것은 헌법소원의 본질을 망각하는 것이라고 주장하게 된다.

사실 실무상 모순도 발견된다. 어느 법률규정에 대해 바로 법령소원을 청구하면서 청구기간이 요구되는데 이미 도과하여 본안판단을 받지 못하나('헌마'사건) 동일한 그 법률규정으로 인한 어떤 행정작용에 대한 행정소송에서 위헌심판제청을 하는 사건('헌가'사건)에서는 청구기간이 요구되지 않아(행정소송 자체의 제소기간은 있을 수 있지만) 결국 헌재의 위헌심판을 받을 수 있게 된다.

2. 법령소원의 청구기간·기산점에 관한 판례 원칙

(1) '시행' 기산점

법령의 경우 그 효력에 있어서 두 가지, 효력발생요건으로서 모든 사람이 알 수 있게 널리 알리는 공포와 그 효력이 발생되는 시행이 그 법령으로 인해 기본권에 영향을 미칠 수 있는 출발점이다. 따라서 법령소원에서의 청구기간 기산점도 이 두 가지 중 어느 사실을 '안' 날, '있는' 날로 할 것인가에 따라 공포 즉시 시행이 아닌 다음에야 달라지게 된다. 공포 즉시 시행이 아니고 일정 시간 이후 시행에 들어간다면 기본권에 영향을 미치는 시점은 후자로 보는 것이 타당하다. 초기의 헌재의 판례는 법률이 공포된 사실을 안 날로부터 60일(현 90일), 공포된 날로부터 180일(현행 1년)이 청구기간이되, 공포 후 그 법률에 해당되는 사유가 발생하여 비로소 기본권침해가 된 경우에는 그 사유가 발생하였음을 안 날로부터 60일, 그 사유가 발생한 날로

부터 180일이 청구기간이라고 하여 '공포'를 기산점의 중심으로 하였으나(예 : 헌재 1990.6.25. 89헌마220, 판례집 2, 204면 등 참조), 그 후 변경하여(예 : 헌재 1990.10.8. 89헌마89, 판례집 2, 336면; 1990.10.8. 90헌마18, 판례집 2, 360면 등 이후) 헌재의 판례는 줄곧 법령의 '시행'을 잡아 '안' 날(90일), '있는' 날(1년)을 기산점으로 하고 있다. 공포를 기점으로 하는 경우보다 시행을 기점으로 하면 청구기간이 확장되는 효과가 있음은 물론이다.

(2) 판례의 변경 - 상황성숙론의 폐기

헌법재판소는 법령소원의 청구기간 기산점에 관해 이른바 상황성숙성 이론을 취해 오다가 1996년에 이를 폐기하는 판례변경을 한 바 있다. 상황성숙성 이론(狀況成熟性 理論)이란 일단 법령소원에서 법령 시행 후 비로소 그 법률에 해당되는 사유가 발생한 경우에 그 발생된 날을 정함에 있어서 헌법판단적합성을 가지는 성숙성을 감안하는 이론이다. 성숙성론은 침해가 예상되는 시점도 발생된 날로 잡으므로 기산점을 더 일찍 잡게 만든다.

1) 구 판례 - '사유가 발생한' 날에 대한 상황성숙론

[폐기된 구 판례의 상황성숙론의 의미]

• 법률이 시행된 사실을 안 날로부터 60일, 시행된 날로부터 180일. 단, 시행 후 법률해당사유가 발생하여 비로소 기본권의 침해를 받게 된 경우, 그 사유가 발생하였음을 안 날로부터 60일, 그 사유가 발생한 날로부터 180일

• 여기의 '사유가 발생한 날' : 당해 법률이 청구인의 기본권을 명백히 구체적·현실적으로 침해하였거나 그 침해가 확실히 예상되는 등 실체적 제요건이 성숙하여 헌법판단에 적합하게 된 때

판례 헌재 1990.10.8. 89헌마89, 판례집 2, 332면 이하

[관련설시] 법률에 대한 헌법소원의 청구기간은 원칙적으로 그 법률의 시행과 동시에 기본권의 침해를 받게 된다고 할 것이므로 그 법률이 시행된 사실을 안 날로부터 60일 이내에, 법률이 시행된 날로부터 180일 이내에 헌법소원을 청구하여야 할 것이나, 법률이 시행된 뒤에 비로소 그 법률에 해당되는 사유가 발생하여 기본권의 침해를 받게 된 자는 그 사유가 발생하였음을 안 날로부터 60일 이내에, 그 사유가 발생한 날로부터 180일 이내에 헌법소원을 청구하여야 할 것이다. 여기서 '사유가 발생한 날'이라는 것은 당해 법률이 청구인의 기본권을 명백히 구체적으로 현실 침해하였거나 그 침해가 확실히 예상되는 등 실체적 제요건이 성숙하여 헌법판단에 적합하게 된 때를 말한다. * 공포를 기점으로 한 직전의 상황성숙론 제시의 첫 결정 : 헌재 1990.6.25. 89헌마220. 이후 판례변경 전 동지 : 1996.2.29. 94헌마213.

2) 신 판례 : 상황성숙론의 폐기 - 판례의 일부변경

상황성숙론을 취하면 기산점이 더 일찍 잡아 청구기간 도과가능성을 늘리고 그로 인해 청구기간이 단축되는 효과가 나타날 수 있다. 그 이유는 침해가 예상되고 아직 침해가 현실로 발생하지도 않았는데도 그 예상 시점을 발생된 날로 잡게 함으로써 기산점을 더 일찍 잡게 만들기 때문이다.

[주요사항]

▷ 상황성숙성 이론의 폐기

▷ 결국 헌재의 입장은
- 법령의 시행과 동시에 기본권침해를 받은 경우 : 그 법령이 시행된 사실을 안 날부터 90일 이내에, 그 법령이 시행된 날부터 1년 이내
- 법령이 시행된 후에 비로소 그 법령에 해당하는 사유가 발생하여 기본권의 침해를 받게 된 경우 : 그 사유가 발생하였음을 안 날부터 90일 이내에, 그 사유가 발생한 날부터 1년 이내

판례 헌재 1996.3.28. 93헌마198, 판례집 8-1, 241면
[관련설시] 법령에 대한 헌법소원의 청구기간도 기본권을 침해받은 때로부터 기산하여야 할 것이지 기본권을 침해받기도 전에 그 침해가 확실히 예상되는 등 실체적 제요건이 성숙하여 헌법판단에 적합하게 된 때로부터 기산할 것은 아니므로, 법령의 시행과 동시에 기본권침해를 받은 자는 그 법령이 시행된 사실을 안 날로부터 60일(구법규정. 개정된 현재의 헌재법규정은 90일) 이내에, 그 법령이 시행된 날로부터 180일(구법규정. 개정된 현재의 헌재법규정은 1년) 이내에 청구하여야 할 것이나, 법령이 시행된 후에 비로소 그 법령에 해당하는 사유가 발생하여 기본권의 침해를 받게 된 경우에는 그 사유가 발생하였음을 안 날로부터 60일(구법규정. 개정된 현재의 헌재법규정은 90일) 이내에, 그 사유가 발생한 날로부터 180일(구법규정. 개정된 현재의 헌재법규정은 1년) 이내에 청구하여야 할 것이다. 기본권의 침해가 확실히 예상되는 때부터 청구기간을 기산하면 청구기간의 기산점이 불명확할 뿐만 아니라 청구기간을 단축하는 결과가 되어 국민에게 불리하고, 기본권의 침해가 확실히 예상되는 때에는 이미 헌법판단에 적합할 정도의 실체적 요건이 성숙한 것으로 본다는 취지의 이른바 상황성숙성 이론은, 법령에 대한 헌법소원을 기본권침해를 받은 때를 기다렸다가 청구하라고만 요구한다면 기본권구제의 실효성을 기대할 수 없는 경우가 있으므로, 헌법소원의 적법요건 중 하나인 현재성 요건과 관련하여 구체적인 기본권의 침해가 있기 전이라도 그 침해가 확실히 예상될 때에는 미리 헌법소원을 청구할 수 있도록 하여 국민의 기본권보장의 실효성을 높이자는 것으로서, 법령에 대한 헌법소원의 청구기간의 기산점과 관련하여 이를 적용할 것은 아닌 것이다. 따라서 종전에 이와 견해를 달리하여 법령에 대한 헌법소원의 청구기간의 기산점에 관하여 기본권의 침해가 확실히 예상되는 때로부터도 청구기간을 기산한다는 취지로 판시한 우리 재판소의 의견은(1990.6.25. 89헌마220 결정; 1996.2.29. 94헌마213 결정 등) 이를 변경하기로 한다.

* 해설 – 요컨대 신 판례는 구 판례 이론 중 상황성숙 이론만을 폐기하고 "법령이 시행된 사실을 안 날로부터, 그 법령이 시행된 날로부터 각 일정기간 이내에 청구하여야 할 것이나, 법령이 시행된 후에 비로소 그 법령에 해당하는 사유가 발생하여 기본권의 침해를 받게 된 경우에는 그 사유가 발생하였음을 안 날로부터, 그 사유가 발생한 날로부터 각 일정기간 이내에 청구하여야" 한다는 점은 유지한 것이다. 본 결정에서는 청구기간의 기산점을 다수의견보다 뒤로 잡아야 한다는 4인 반대의견이 있었다. 즉 상황성숙성론의 폐기, 즉 청구기간의 기산점에 관한 판례변경 부분에 대해서는 재판관의 의견일치를 보였으나 당해 사안에서의 기산점, 즉 기본권의 침해시점에 대해서는 후술하는 4.에서 보듯이 다수의견과 소수의견이 갈렸다.

* 위 판례변경 후 5년이나 지난 뒤인 2001년에 상황성숙성론을 다시 밝히면서, 그것도 기산점을 법령의 '시행'이 아니라 '공포'에 두면서, 즉 "법령의 공포 후에 당해 법령에 해당되는 사유가 발생하여 비로소 기본권의 침해를 받게 된 경우에는 그 사유가 발생하였음을 안 날로부터 60일 이내에, 또는 그 사유가 발생한 날로부터 180일 이내에 청구하여야 하며, 여기서 '사유가 발생한 날'이란 당해 법령이 청구인의 기본권을 명백히 구체적으로 침해하였거나 그 침해가 확실히 예상되는 등 실체적 제요건이 성숙하여 헌법판단에 적합하게 된 때를 말한다(헌재 1990.6.25. 89헌마220, 판례집 2, 204면)"라고 설시한 뒤, 청구기간준수여부를 판단하고 있는 결정례가 있었다(헌재 2001.10.25.에 선고된 2001헌마113, 교육기본법 제8조 제1항 등 위헌확인 등, 판례집 13-2, 562면 참조).

(3) 판례원칙의 정리

법령소원에서 청구기간의 판례법리는 다음과 같이 정리된다.

[법령소원 청구기간] : 판례원칙 정리

▷ 법령의 시행과 동시에 기본권의 침해를 받은 자는 그 법령이 시행된 사실을 '안' 날부터 90일 이내에, 그 법령이 시행'된' 날부터 1년 이내에 청구하여야 하고,

▷ 법령이 시행된 후에 비로소 그 법령에 해당하는 사유가 발생하여 기본권의 침해를 받게된 경우에는 그 사유가 발생하였음을 '안' 날부터 90일 이내에, 그 사유가 발생'한' 날부터 1년 이내에 청구하여야 한다.

* 위 법리는 판례로 확립된 것이고 따라서 그 법리가 표명된 판례들은 많다. 청구기간을 연장하는 2003.3.12., 헌법재판소법 일부개정 이후, 대표적인 결정례로 헌재 2004.4.29. 2003헌마484; 2004.11.25. 2004헌마178; 헌재 2012.6.27. 2010헌마716; 2019.12.27. 2019헌마7 등 많다.

3. 법령소원의 청구기간 기산점

(1) 법령 시행과 동시에 기본권침해를 받은 경우

1) 의미와 정리 및 유의

법령의 시행이라는 사실은 객관적인 사실이다. 시행과 동시라는 의미는 두 가지 경우가 있을 것이다. 먼저 문제의 사안이 그 시행 이전부터 계속되어 왔고 아무런 변화가 없지만 그 시행으로 인해 기본권제한이 시작되는 경우이거나 시행과 그야말로 동시에 제한이 시작되는 경우일 것이다.

여기서 청구기간이 법령 시행과 동시에 기산된다는 의미는 그 법령규정에서 바로 기본권 침해의 효과가 나오는 것이어야 한다. 이 문제는 헌법소원의 또 다른 청구요건의 하나인 직접성, 보충성원칙 문제와도 결부된다고 할 것이다. 법령 자체로서가 아니라 그 법령의 집행작용이 있어야 기본권침해가 있다면 헌법소원대상이 그 집행작용 자체가 되는데 그 집행작용이 행정소송 대상이라면 보충성원칙적용으로 바로 헌법소원이 되지 않을 것이니 문제가 달리 전개될 것이다(다만, 그 집행작용이 필요하더라도 그 집행작용이 기속적이라면 바로 법령소원이 될 것이다). 요컨대 여기서는 법령 자체가 직접성 효과를 가져 바로 헌법소원대상으로 될 때 그 법령규정에 대한 헌법소원의 청구기간을 따지는 것이다.

2) 시행된 사실을 '안' 날의 의미

위 헌재법리에 나타나 있는 문언 그대로 따르면 '안' 대상은 '시행된' 사실이다. 그런데 시행된 사실을 일반 시민이 알기는 공포를 통해 알 수 있다고는 하나 쉽지는 않을 것이고 자신의 기본권침해가 시행과 동시에 찾아온 것임을 인식하기 보다 이후 어떤 행정작용으로 그 시행이 되었음과 그 시행으로 자신에게 기본권침해가 있음을 알게 되는 경우가 현실적일 수 있다. 법령보충규칙과 같은 경우에는 공포가 없으므로 더욱 그러할 것이다. 헌재가 시행된 사

실을 안 날로 판시하지 않고 문제의 법령조항으로 인한 기본권침해를 알았다고 판시하는 경우도 볼 수 있다. 아래 결정례 판시가 그 예이다. 시행된 사실을 '안' 날은 시행일 그 자체일 뿐이라고 한다면 아래 시행'된' 날부터 기산되는 청구기간을 별도로 둘 의미가 없다. '안' 날은 주관적 시점이므로 시행하는 날 바로 인식해야 하는 것은 아니다. 그리하여 판례의 판시가 이해는 되나 바람직스러운 보다 정확한 판시는 "기본권침해가 있음과 그 침해를 가져오는 법령이 시행된 사실을 안 날"이라고 할 것이다.

판례 [심판대상조항] 법관 및 법원공무원수당 등에 관한 규칙(2015.2.17. 대법원규칙 제2590호로 개정된 것) 제12조(성과상여금) ⑦ 국가공무원법 제47조 제3항에 따라 소속 기관의 장은 소속 공무원이 제1항에 따른 성과상여금을 거짓이나 그 밖의 부정한 방법으로 지급받은 때에는 그 지급받은 성과상여금에 해당하는 금액을 징수하고, 1년의 범위에서 성과상여금을 지급하지 아니한다. [판시] 법원공무원 조항(위 심판대상조항)은 2015.2.17. 신설되어 시행되었고, 이 사건 법원공무원들은 '성과상여금 지급업무처리지침'(2015.2.6. 대법원행정예규 제1038호)에 따라 1년에 두 번 지급되는 성과상여금 중 첫 번째 성과상여금을 2015년 2월경 지급받았다. 따라서 이 사건 법원공무원들은 2015년 2월에는 법원공무원 조항으로 인한 기본권침해를 알았다고 할 것인데, 그때부터 90일, 기본권침해가 있은 때로부터 1년이 경과한 2016.3.23. 청구된 이 사건 법원공무원들의 헌법소원심판청구도 청구기간을 도과하였다.

유의할 것은 위 1)에서 이미 그런 취지의 서술을 하였지만 위와 같이 기본권침해가 있음을 알게 된 것이 행정작용이라고 하나 그 행정작용이 집행행위를 의미하여 법령소원에서의 직접성을 부정하게 하는 그런 집행행위여서는 아니 되고 단지, 법령규정을 단순히 확인하는 행정작용이고 그 기본권침해 효과는 헌법소원대상인 법령조항 자체에서 나오는 경우여야 한다는 점이다(위 결정의 사안에서 성과 상여금지급상 제한도 법령 자체의 효과로 바로 나오는 것이다).

3) 시행'된' 날의 의미

객관적 사실로서 시행된 날이다. 이 날은 법령이 어느 누구나에게 시행되는 날이므로 고정적이다.

판례 헌재 2019.8.29. 2018헌마608

[심판대상조항] 기초연금법(2018.3.20. 법률 제15522호로 개정된 것) 제3조 제3항 제1호 중 '공무원연금법 제28조에 따른 퇴직연금일시금을 받은 사람 중 대통령령으로 정하는 사람에게는 기초연금을 지급하지 아니한다'는 부분. [판시] 공무원연금법상 퇴직연금일시금을 지급받은 사람 중 대통령령으로 정하는 사람에 대하여 기초연금을 지급하지 아니한다는 심판대상조항은 2014.7.1.에 시행되었고, 청구인은 위 조항 시행 당시에 이미 공무원연금법에 따른 퇴직연금일시금을 지급받은 상태였으므로, 법령시행과 동시에 그 법령에 해당되는 사유가 발생하여 기본권의 침해를 받은 경우에 해당한다. 따라서 위 2014.7.1.로부터 1년이 지난 2018.6.14.에 제기된 이 사건 심판청구는 청구기간을 도과하여 부적법하다.

(2) 법령 시행 후 해당사유 발생하여 기본권침해를 받은 경우

1) 그 사유가 발생하였음을 '안' 날의 의미

(가) 사실관계를 안 날을 의미 – 헌법소원대상이 됨을 안 날을 뜻하는 것이 아님

헌재는 "그 사유가 발생하였음을 안 날"이라 함은 법령의 제정 등 공권력의 행사에 의한 기본권 침해의 사실관계를 안 날을 뜻하는 것이지, 법률적으로 평가하여 그 위헌성 때문에 헌법소원의 대상이 됨을 안 날을 뜻하는 것은 아니라고 한다. 아래의 예들을 인용한다.

① 국민참여재판 대상사건 불포함

판례 헌재 2011.7.28. 2010헌마432

[사건개요] 구 '국민의 형사재판 참여에 관한 법률'(2007.6.1. 법률 제8495호로 제정되고, 2010.4.15. 법률 제10258호로 개정되기 전의 것) 제5조 제1항이 국민재판참여 대상사건의 범위를 지나치게 제한하고 자신이 재판받고 있는 사기죄를 제외하여 자신의 재판을 받을 권리를 침해한다는 주장의 헌법소원심판 사건이었다. [판시] 헌법재판소법 제69조 제1항의 "그 사유가 있음을 안 날"은 공권력의 행사에 의하여 기본권이 침해되었다는 사실관계를 안 날을 뜻한다. 청구인은 제1회 공판기일에 자신에 대한 재판절차에 배심원이 참여하지 않는다는 것을 알았을 것이므로, 국민참여재판의 대상사건에 사기죄가 포함되지 않는다는 것도 알았다고 보아야 한다. 그렇다면 청구인은 제1회 공판기일인 2009.12.2. 이 사건 재판참여법 조항에 의하여 기본권침해 사유가 발생하였음을 알았다 할 것이고, 그로부터 90일이 경과된 2010.5.28. 이 사건 심판청구를 위하여 국선대리인 선임신청을 하였으므로, 이 사건 재판참여법 조항에 대한 심판청구 또한 청구기간을 도과한 것으로서 부적법하다.

② 시험자격 사실의 안 날

판례 헌재 2015.1.29. 2013헌마224

[심판대상] 한의과대학 또는 한의학전문대학원을 졸업하여 소정의 학위를 받지 아니한 사람에 대하여 한의사 국가시험 응시자격을 부여하지 않는 의료법(2010.1.18. 법률 제9932호로 개정된 것) 제5조 제1항 제1호, 제2호 중 각 한의사에 관한 부분 [판시] 법령에 대한 헌법소원 청구기간 산정의 기산점인 "그 사유가 발생하였음을 안 날"이라 함은 법령의 제정 등 공권력의 행사에 의한 기본권 침해의 사실관계를 안 날을 뜻하는 것이지, 법률적으로 평가하여 그 위헌성 때문에 헌법소원의 대상이 됨을 안 날을 뜻하는 것은 아니라 할 것이다(헌재 1993.11.25. 89헌마36; 헌재 1998.11.26. 94헌마207 등 참조). 이 사건 기록에 의하면 청구인 스스로도 "본인도 한의사 시험은 한의대를 나와야 볼 수 있다는 것은 알고 있었지만, 이 법이 위헌으로 기본권을 침해하고 있다는 것과 헌법소원심판제도라는 것을 이제야 알게 되었기 때문에 헌법소원심판을 청구한 것이다"라고 진술하였다. 이에 비추어 볼 때 청구인은 한의사인 정○□ 등의 명의를 빌려 한의원을 개설하고 무면허 의료행위를 시작한 2010. 4.1.무렵에는 이미 이 사건 법률조항으로 인하여 한의사 국가시험 응시자격이 제한된다는 사실을 잘 알고 있었다고 봄이 상당하다 할 것이고, 이는 청구인이 이 사건 법률조항이 그 위헌성 때문에 헌법소원의 대상이 됨을 뒤늦게 알게 되었다 하더라도 달리 볼 것이 아니다. 나아가 … 따라서 이 사건 심판청구는 청구인이 이 사건 법률조항으로 인한 기본권 침해사유가 있음을 안 날인 2010.4.1. 또는 아무리 늦어도 2013.1.2.로부터 90일이 경과한 2013.4.9.에야 제기되었으므로 청구기간을 도과하였다.

③ 치료감호 확정판결일

판례 헌재 2016.4.28. 2015헌마98

[심판대상조항] 치료감호법(2008.6.13. 법률 제9111호로 개정된 것) 제16조 제2항 제1호 중 제2조 제1항 제3호 부분 : 법 제16조(치료감호의 내용) ② 피치료감호자를 치료감호시설에 수용하는 기간은 다음 각 호의 구분에 따른 기간을 초과할 수 없다. 1. 제2조 제1항 제1호 및 제3호에 해당하는 자 : 15년. [판시] '그 사유가 발생하였음을 안 날'이라 함은 법령의 제정 등 공권력의 행사에 의한 기본권 침해의 사실관계를 안 날을 뜻하고, 법률적으로 평가하여 그 위헌성 때문에 헌법소원의 대상이 됨을 안 날을 뜻하는 것은 아니다(헌재 2009.10.29. 2007헌마1423 등 참조). 이 사건 기록에 의하면, 청구인을 징역 1년 6월 및 치료감호에 처한다는 이 사건 치료감호 등 판결의 항소심 판결이 2014.10.2.에 선고되어 그 무렵 확정된 사실이 인정되므로, 청구인은 늦어도 이 사건 치료감호 등 판결이 확정될 무렵인 2014.10.2.경에는 이 사건 치료감호법(2008.6.13. 법률 제9111호로 개정된 것) 조항에 따른 기본권 침해의 사유가 있음을 알았다고 할 것이다. 따라서 이로부터 90일이 지난 2015.1.30. 제기된 이 사건 치료감호법 조항에 대한 심판청구는 청구기간을 경과하여 제기된 것으로써 부적법하다.

* 치료감호 선고를 받은 날로 본 결정례 : 위 결정과 같은 법인 치료감호법(2008.6.13. 법률 제9111호로 개정된 것) 제2조(치료감호대상자) 제1항에 대한 헌법소원에서 그렇게 본 아래의 결정이 그것이다.

판례 헌재 2012.12.27. 2011헌마276

[판시] 법 제2조 제1항 제2호에 대한 심판청구 – 청구인은 2011.1.14. 위 법률조항이 적용된 치료감호를 선고받아 늦어도 그날 위 법률조항에 의한 기본권침해 사유를 알게 되었다고 봄이 상당하다. 그런데 그때로부터 기산하여도 90일이 지난 2011.5.23.에서야 비로소 제기된 이 부분 심판청구는 청구기간을 도과하여 부적법하다. * 그 외 동지 결정들 : 헌재 1998.11.26. 94헌마207; 2015.6.25. 2014헌마458; 2015.12.23. 2015헌마519.

(나) 사실관계의 특정, 현실적 인식

헌법재판소는 '기본권침해의 사유가 있음을 안 날'이란 적어도 "공권력의 행사에 의한 기본권침해의 사실관계를 특정할 수 있을 정도로 현실적으로 인식하여 심판청구가 가능해진 경우를 뜻하는 것으로 풀이함이 상당할 것"이라고 한다(헌재 1993.7.29. 89헌마31 결정, 판례집 5-2, 109면). 아래의 결정은 이러한 기준에 비추어 청구기간이 도과되었다고 보아 각하결정이 있었던 예이다.

판례 헌재 2002.10.31. 2002헌마520

[사건개요] 특허청은 2000.6.27. 변리사법시행령을 개정하여 변리사시험 제1차 시험을 종래의 '상대평가제'에서 일정 점수(매과목 40점, 전과목 평균 60점) 이상을 득점한 응시자를 모두 합격시키는 소위 '절대평가제'로 전환하여 2002.1.1. 이후부터 시행하기로 규정하였다가 시험실시 직전에 다시 상대평가제로 변경하는 내용으로 변리사법시행령 제4조를 개정하여(2002.3.25. 대통령령 제17551호로 개정) 제1차 시험을 시행하였다. 청구인들은 2000.6.27. 변리사법시행령이 개정되면서 2002년도 변리사시험이 절대평가제로 시행되리라는 것을 믿고 변리사시험을 준비한 사람들로서, 제39회 변리사시험 제1 차시험에서 매과목 40점 이상, 전과목 평균 60점 이상을 획득하고도 상대평가제의 실시로 인하여 합격자의 대상에서 제외되었다. 이에 청구인들은 2002.3.25. 개정된 변리사법시행령 제4조 제1항이 청구인들의 헌법상 보장된 신뢰이익, 직업선택의 자유 등을 침해한다는 주장으로 위 시행령조항의 위헌확인을 구하고자 2002.8.3. 헌법소원심판을 청구하였다. [결정요지] 개정 다음날인 3.26. 특허청은 "2002년도 변리사시험

제1 차시험 합격자를 상대평가제로 결정한다"는 내용을 담은 "제39회 변리사시험 시행계획"을 공고한 사실에 비추어 2002년도 변리사시험에 응시하고자 하는 사람들은 이미 위 시행계획이 공고될 무렵 아니면 늦어도 응시원서의 교부 및 접수기간인 4월 중순경에는 시행령의 갑작스런 개정으로 인하여 절대평가제의 실시에 대한 신뢰가 손상되었음을 알게 되었다고 보아야 할 것이다. 즉 청구인들의 기본권은 이 사건 시행령조항에 근거한 집행행위인 합격·불합격처분에 의하여 비로소 침해되는 것이 아니라, 청구인들의 신뢰에 반하여 '상대평가제'를 도입하는 이 사건 시행령조항에 의하여 이미 기본권침해의 법률효과가 발생하는 것이다. 헌법재판소법 제69조 제1항의 '기본권침해의 사유가 있음을 안 날'이란 적어도 공권력의 행사에 의한 기본권침해의 사실관계를 특정할 수 있을 정도로 현실적으로 인식하여 심판청구가 가능해진 경우를 뜻하므로(헌재 1993.7.29. 89헌마31, 판례집 5-2, 87, 109면), 이러한 관점에서 본다면 청구기간의 기산점은 청구인들이 불합격처분을 받은 2002.7.26.경이 아니라 시행령이 개정된 사실을 안 날로 판단하여야 할 것이다. 그렇다면 2002.4. 중순경으로부터 60일(* 당시는 헌재법 2003 개정되기 전이어서 60일. 현재는 90일)이 지난 2002.8.3.에 청구된 이 사건 심판청구는 청구기간을 도과하였음이 명백하다.

(다) 헌재결정에 의해 '안' 날

아래의 결정례들은 헌재의 각하결정으로 인해 기본권침해 사유가 발생하였음을 알게 되어 그 결정일을 기산점으로 청구기간 도과 여부를 판단한 예들이다.

판례 헌재 2013.2.28. 2011헌마666

[판시] 청구인이 언제 심판대상조항으로 인한 기본권침해 사유를 알았는지 살펴본다. 청구인은 이 사건 심판을 청구하기 전에 '집회 및 시위에 관한 법률'(2007.12.21. 법률 제8733호로 개정된 것) 제12조의 위헌확인을 구하는 헌법소원심판을 청구하였다가, 2010.12.14. 기본권침해의 사유가 발생한 날부터 1년이 도과된 이후에 심판청구가 이루어졌다는 이유로 각하된 바가 있으므로(2010헌마701), 적어도 위 2010헌마701 결정을 송달받은 2010.12.16.에는 심판대상조항으로 인하여 기본권침해의 사유가 발생하였음을 알았다고 할 것이다. 그런데 청구인은 심판대상조항으로 인하여 기본권침해의 사유가 발생하였음을 알게 된 2010.12.16.부터 90일이 지났음이 명백한 2011.11.1. 이 사건 헌법소원심판을 청구하였으므로, 이 사건 심판청구는 청구기간이 지난 후 제기되었다.

판례 헌재 2015.7.30. 2013헌마536

[사건개요] 앞의 기본법리 서술 때 인용 부분 참조. [판시] 법령이 자구 수정 등으로 일부 변경되더라도 그러한 변경 사항이 새로 기본권을 침해하는 사유에 해당하지 않고 법령의 실질적인 내용이 동일한 경우에는, 일단 개시된 청구기간 진행이 정지되고 새로운 청구기간 진행이 개시된다고 볼 수 없다(헌재 2013.2.28. 2011헌마666 참조). 청구인들은 2012.12.4. 당시 국토해양부장관이 부동산공시법 제41조 제1항 및 같은 법 시행령 제81조 제1항 등에 따라 한국감정원에 2013년도 표준지 및 표준주택의 선정과 가격평가를 의뢰한 행위가 중소형 감정평가법인의 기본권을 침해한다고 주장하면서 그 업무 의뢰의 위헌확인을 구하는 헌법소원심판을 청구하였고, 헌법재판소는 부동산공시법 시행령 제81조 제1항 등을 다투는 것은 몰라도 위 업무 의뢰 자체는 기본권 침해 가능성이 있는 공권력의 행사에 해당하지 않는다는 이유로 심판청구를 각하하였다(헌재 2012.12.18. 2012헌마967 제2지정재판부 결정). 그 뒤 심판대상조항이 2013.3.23. 개정되었으나, 업무 위탁자가 '국토해양부장관'에서 '국토교통부장관'으로 변경된 것에 불과하다. 따라서 늦어도 위 2012헌마967 결정을 송달받은 2012.12.26.에는 심판대상조항으로 인한 기본권침해 사유가 발생하였음을 위 청구인들은 알았다고 보아야 하고, 그로부터 90일이 지났음이 명백한 2013.7.30. 이루어진 이 사건 심판청구는 청구기간을 도과하여 부적법하다.

2) 그 사유가 발생'한' 날의 의미

(가) 구체적·현실적 적용, 계속 적용시 그 최초적용일 – 판례법리

가) 구체적·현실적 적용

헌재는 "'법령에 해당하는 사유가 발생한 날'이란 '법령의 규율을 구체적이고 현실적으로 적용받게 된 날'을 가리킨다고 한다.

[중요판시사항] '법령 해당 사유 발생일'의 의미
▷ '법령의 규율을 구체적이고 현실적으로 적용받게 된 날'을 가리킨다 할 것

판례 헌재 2018.7.26. 2016헌마1029

[쟁점] 변호사가 위임장 등을 공공기관에 제출할 때 사전에 소속 지방변호사회를 경유하도록 한 변호사법(2008.3.28. 법률 제8991호로 개정된 것) 제29조(이하 '지방변회 경유조항')에 대한 심판청구. [판시] 청구기간 산정의 기산점이 되는 '법령에 해당하는 사유가 발생한 날'이란 '법령의 규율을 구체적이고 현실적으로 적용받게 된 날'을 가리킨다(헌재 2012.6.27. 2010헌마716). 지방변회 경유조항은 2008.9.29. 시행된 이후 변호사업무를 개시하였으므로, 법령이 시행된 뒤에야 비로소 그 법령에 해당하는 사유가 발생한 때에 해당한다. 그런데 변호사법 제29조는 '법률사건이나 법률사무에 관한 변호인선임서 또는 위임장 등을 공공기관에 제출할 때'에 소속 지방변호사회를 경유할 의무를 부과하고 있으므로, 청구인이 '법령의 규율을 구체적이고 현실적으로 적용받게 된 날'은 늦어도 이 사건 징계결정의 원인이 된 사건에서 '변호인선임서 또는 위임장을 재판부에 제출한 날'이다. 그러나 청구인은 그 날로부터 1년이 경과한 날에서야 이 사건 헌법소원심판을 청구하였으므로 이 부분 심판청구는 청구기간을 도과하여 부적법하다. * 같은 취지의 법리가 표명된 다른 결정례들은 많다 : 헌재 2004.4.29. 2003헌마484; 2006.7.27. 2004헌마655.

나) 계속 적용시 그 최초적용일

헌재는 이처럼 "'법령에 해당하는 사유가 발생한 날'이란 '법령의 규율을 구체적이고 현실적으로 적용받게 된 날'을 가리킨다 하면서, 법령에 해당하는 사유가 계속적으로 발생하는 경우에는 법령의 규율을 구체적이고 현실적으로 적용받게 된 최초의 날을 의미한다"라고 본다.

[중요판시사항] '법령 해당 사유 발생일'의 의미
▷ '법령의 규율을 구체적이고 현실적으로 적용받게 된 날'을 가리킨다 할 것이고,
▷ 법령에 해당하는 사유가 계속적으로 발생하는 경우에는 법령의 규율을 구체적이고 현실적으로 적용받게 된 최초의 날을 의미

판례 헌재 2019.12.27. 2019헌마7

[쟁점] 서울특별시에는 1개의 지방변호사회만 두도록 한 변호사법(2008.3.28. 법률 제8991호로 개정된 것) 제64조 제1항 단서(이하 '심판대상조항')에 대한 2009년경 서울지방변호사회에 변호사등록한 청구인의 심판청구가 청구기간을 준수하였는지 여부(부정, 각하결정) [판시] 가. 법령이 시행된 뒤에 비로소 그 법령에 해당하는 사유가 발생하여 기본권의 침해를 받게 된 경우에는 그 사유가 발생하였음을 안 날부터 90일 이내에, 그 사유가 발생한 날부터 1년 이내에 헌법소원을 제기하여야 한다(헌재 2018.7.26. 2016헌마1029). 여기서 청구기간 산정의 기산점이 되는 '법령에 해당하는 사유가 발생한 날'이란 '법령의 규율을 구체적이고 현실적으로 적용받게 된 날'을 가리킨다 할 것이고, 법령에 해당하는

사유가 계속적으로 발생하는 경우에는 법령의 규율을 구체적이고 현실적으로 적용받게 된 최초의 날을 의미한다(헌재 2004.4.29. 2003헌마484; 헌재 2004.11.25. 2004헌마178; 헌재 2006.7.27. 2004헌마655; 헌재 2014.1.28. 2013헌마105 등 참조). 나. 이 사건 심판청구가 청구기간을 준수하였는지 여부 (1) 변호사로서 개업을 하려는 사람은 지방변호사회를 거쳐 대한변호사협회에 등록하여야 하고(변호사법 제7조 제1항, 제2항). 변호사의 법률사무소는 소속 지방변호사회의 지역에 두어야 하며(같은 법 제21조 제2항), 등록을 한 변호사는 가입하려는 지방변호사회의 회원이 된다(같은 법 제68조). 한편, 지방변호사회는 회원이 될 변호사가 회칙을 정하여 대한변호사협회를 거쳐 법무부장관의 인가를 받아 설립하는데(같은 법 제65조), 변호사법 제64조 제1항은 지방법원 관할 구역마다 1개의 지방변호사회를 두되, 다만 서울특별시에는 1개의 지방변호사회만을 두도록 하고 있으므로, 서울특별시에 이미 1개의 지방변호사회가 설립되어 있었던 상황에서 같은 지역에 법률사무소를 개업하여 변호사등록을 하는 사람은 그 등록 당시부터 심판대상조항에 따라 더 이상 지방변호사회를 설립할 수 없게 된다. 청구인은 2009.4.3. 변호사등록을 하고 서울지방변호사회에 가입함으로써(서울지방변호사회 2019.5.7.자 사실조회 회신 참조) 그 때부터 심판대상조항에 따라 서울특별시에 다른 지방변호사회를 설립할 수 없게 되었다. 심판대상조항은 일반 국민이 아니라 변호사의 직무를 수행하는 전문직업인을 그 수범대상으로 하므로, 위에서 본 바와 같이 해당 전문직업인인 변호사 자격이 있는 사람은 변호사등록, 개업신고 및 지방변호사회 가입을 마침으로써 변호사 직무를 수행하게 된 때부터 지방변호사회의 설립·조직·가입 등에 관한 변호사법 조항들의 적용을 받는다고 봄이 타당하다. 그렇지 않다면 지방변호사회에 가입한 뒤 그 직무를 이미 상당기간 수행하여 온 변호사들도 시기의 제한 없이 서울특별시 내에 다른 지방법원 관할구역 내에 별도의 지방변호사회를 설립하겠다는 의사를 표명하거나 주장하는 것만으로 언제든지 심판대상조항에 대한 헌법소원심판을 청구할 수 있게 된다는 결론에 이르는데, 이와 같이 해석하면 헌법소원심판에서 청구기간 제도를 둔 의미가 없게 되어 법적 안정성을 해친다. 그렇다면 청구인에게 심판대상조항에 의한 기본권침해의 사유가 발생한 때는 청구인이 변호사등록을 하여 서울지방변호사회에 가입한 2009.4.3.이라 할 것이다. (2) 청구인은 2018.10.10. 서울○○지방법원 관할 구역 내인 서울 ＊＊구에 법률사무소를 개설하여 사무실 이전신고를 마쳤으므로, 이때부터 청구기간이 기산되어야 한다고 주장한다. 그러나 청구인은 서울특별시 내에서 법률사무소를 이미 두고 있다가 위 시기에 같은 서울특별시 내에서 법률사무소를 이전하였을 뿐이므로, 청구인의 법률사무소 이전이라는 행위가 심판대상조항에 관한 청구인의 법적 지위에 어떠한 변화를 가져온다고 볼 수 없다. (3) 따라서 청구인이 서울지방변호사회에 변호사등록을 함으로써 심판대상조항에 의한 기본권침해의 사유가 발생한 2009.4.3.로부터 1년이 경과하였음이 역수상 명백한 2019.1.3.에야 제기된 이 사건 심판청구는 청구기간을 경과하였다. * 최초일로 보는 동지 설시의 결정 : 헌재 2019.7.25. 2018헌마26.

위 법리는 아래 (3)에서 위 법리의 설정이유, 비슷한 취지의 다른 표현의 판시 등 좀더 상세히 본다(후술 참조).

(나) 성격

이 날은 발생하였다는 점에서는 객관적인 사실이나 그 침해가 언제 어떤 상황에서 그 침해를 받는 사람에게 오게 된 사실인가를 두고 보면 주관적일 수 있다. 예를 들어 일정한 직업에 가해지는 제한을 담고 있는 법령이 이미 시행에 들어가 존재하고 있었는데 그 직업을 그 법령 시행 후에 비로소 가지게 된 사람에게는 제한(직업의 자유에 대한 제한)이 그 직업을 가지게 된 시점에서 발생한 날이 되는 것이다. 이 점이 위 (1)에서 본 법령시행과 동시에 기본권침해가 있는 경우에 시행된 날과 구별된다.

(다) 정년 단축 규정과 같은 경우

헌법재판소는 법령이 시행된 후에 비로소 그 법령에 해당하는 사유가 발생한 경우에는 언제나 해당사유발생일부터 기산하여야 한다는 것이 아니라, “기본권침해가 현실화된 날부터 기산함이 상당하다”고 보고(이는 위에서 이미 서술한 바 와 같다), “이미 법령의 적용을 받아 자신의 지위에 변동을 받고 있는 경우에까지 이를 확대하여 청구기간의 기산점을 늦추라는 취지로 볼 것은 아니다”라고 한다. 정년을 단축하는 개정법률조항이 시행에 들어갈 시점에 정년에 아직 이르지 않은 사람이 그 개정법률조항에 대해 제기한 법령소원의 청구기간은 정년퇴직하는 날로 기산된다는 주장으로 청구된 헌법소원심판에서 헌재는 위와 같은 입장에 서서 그 주장을 받아들이지 않는 아래와 같은 판단을 하였다.

판례 헌재 2002.1.31. 2000헌마274

[사건개요] 청구인은 경남 진영○○고등학교의 교장으로 근무하다가 2000.2.29.자로 정년(62세, 1938.2.28.생) 퇴직한 자로서, 교육공무원법 제47조 제1항이 대학교원을 제외한 교육공무원의 정년을 종전의 65세에서 62세로 단축하는 것으로 개정·시행(1999.1.29. 법률 제5717호)되는 바람에, 조기에 정년퇴직하게 되어 자신의 공무담임권, 평등권 등의 기본권이 침해되었다면서 위 개정된 법률조항에 대한 위헌확인을 구하여 2000.4.24. 헌법소원심판을 청구하였다. [결정요지] 이 사건 법률조항은 1999.1.29. 공포되어 같은 날 시행되었고 청구인은 그로부터 180일(* 당시의 구 헌재법, 현행은 1년)이 경과한 2000.4.24. 이 사건 헌법소원심판을 청구하였으므로, 이 사건 법률조항의 시행일로부터 기산하면, 청구기간이 이미 도과되었다고 할 것이다. 그런데, 청구인은 이 사건 법률조항이 시행되고 나서 청구인이 그에 따른 정년퇴직을 한 2000.2.29.에야 비로소 기본권의 침해를 받았고, 그로부터 기산하여 60일 이내에 청구된 이 사건 심판청구는 적법한 것이라고 주장하면서 우리 재판소의 결정례(헌재 1996.3.28. 93헌마198 참조)를 인용하고 있다. 살피건대, 위 결정례는, 법령에 대한 헌법소원의 청구기간은 법령이 시행된 후에 비로소 그 법령에 해당하는 사유가 발생한 경우에는 언제나 법령시행일이 아닌 해당사유발생일로부터 기산하여야 한다는 것이 아니라, 법령시행일을 청구기간 기산일로 하는 것이 기본권구제의 측면에서 부당하게 청구기간을 단축하는 결과가 되거나, 침해가 확실히 예상되는 때로부터 기산한다면, 오히려 기산일을 불확실하게 하여 청구권의 유무를 불안정하게 하는 결과를 가져올 경우 등에는, 법령시행일이 아닌 법령이 적용될 해당사유가 발생하여 기본권침해가 비로소 현실화된 날부터 기산함이 상당하다는 취지라고 할 것이다. 이는 또한 자기관련성의 요건과 관련하여 볼 때 청구인이 법령의 적용을 장차 받게 될 것인지 여부가 명백하지 않은 경우까지도 법령시행일로부터 청구기간을 준수하여 다툴 것을 요구할 수 없다고 할 것이지만, 이미 법령의 적용을 받아 자신의 지위에 변동을 받고 있는 경우에까지 이를 확대하여 청구기간의 기산점을 늦추라는 취지로 볼 것은 아니다. 그렇다면, 이 사건에서 청구인은 이 사건 법률조항의 시행으로 인하여 그 즉시 정년이 62세로 단축된 중등교원의 지위를 갖게 되는 효과를 받게 된 것이지, 이후 62세에 달하여 실제정년퇴직에 이르러서야 비로소 기본권의 제한을 받게 되었다고 할 것은 아니므로, 청구기간의 기산점은 이 사건 법률조항의 공포일(시행일)로 보는 것이 타당하다.

판례 * 기능직 공무원 정년단축에 관한 동지의 결정 : 헌재 2008.10.30. 2006헌마217

[사건개요] 청구인은 1948.8.13.생으로 1988.3.16.부터 약 18년간 기능직 공무원으로 근무하다가 2005.12.31. 만 57세로 정년퇴임하였다. 기능직 공무원의 정년은 61세였다가 개정된 구 국가공무원법(1998.2.24. 법률 제5527호로 개정되고, 2008.6.13. 법률 제9113호로 개정되기 전의 것)으로 57세로 감

축되었다. 그로 인하여 청구인은 공무원 재직년수 20년을 채우지 못하여 공무원 퇴직연금을 받지 못하게 되었고, 국민연금도 받지 못하게 되었다. 이에 청구인은 2005.10.27. 국선대리인 선임신청을 하고(2005헌사707), 그 국선대리인은 2006.2.15. 청구인을 대리하여 이 사건 심판대상 법률조항들이 청구인의 평등권 등을 침해한다는 이유로 헌법소원심판을 청구하였다. [판시] 기능직 공무원의 정년은 1998.2.24. 개정된 위 법률조항에 의하여 종래 최장 61세이던 것이 최장 57세로 단축되었다. 그런데, 청구인은 1998.2.24. 이전부터 기능직 공무원으로 근무하였으므로 1998.2.24. 위 법률조항의 시행과 동시에 정년이 단축되었으므로, 그 날부터 위 법률조항에 대한 헌법소원 청구기간이 기산된다고 할 것이다. 그런데 청구인은 위 법률조항의 시행일로부터 이미 1년을 경과하였음이 명백한 2005.10.27. 국선대리인선임신청을 하였다. 따라서 이 부분 헌법소원심판청구는 청구기간을 도과한 청구로서 부적법하다.

(3) '법령 해당 사유 발생'의 반복성 – 새로운 개시의 부정

위에서 헌재는 "법령에 해당하는 사유가 계속적으로 발생하는 경우에는 법령의 규율을 구체적이고 현실적으로 적용받게 된 최초의 날을 의미한다"라고 본다는 판례법리를 이미 살펴보았다. 그러한 같은 취지의 법리로서 청구기간 계속으로 표현하기도 한다. 즉 '법령에 해당하는 사유가 발생'하여 청구기간 진행이 개시된 이후에 다시 '법령에 해당하는 사유가 발생'하면 새로이 청구기간의 진행이 개시되지 않는다고 하여 그 최초일이 지속된다고 보는 것이다.

1) 최초일, 계속성의 이유

헌재는 아래 결정의 판시에서 그 이유를 밝히고 있다. 그 이유는 당해 법령의 규율을 적용받게 되는 사유가 발생하는 때마다 새로이 청구기간이 진행된다고 본다면 사실상 법령에 대한 헌법소원에 대하여는 청구기간의 제한이 적용되지 아니하는 것으로 보는 결과를 초래하기 때문이라고 한다. 이러한 헌재의 입장은 결국 자신이 법령소원의 경우에도 청구기간의 적용이 있다는 자신의 법리를 지키기 위한 것이라고 이해된다. 그런데 법령소원의 경우에도 청구기간을 요구하는 것에 대해서는 사실 반론도 제기된다. 이에 대해서는 전술한 바 있다(법령소원 청구기간 시작 부분 참조).

위 부정하는 법리의 이유
당해 법령의 규율을 적용받게 되는 사유가 발생하는 때마다 새로이 청구기간이 진행된다고 본다면 사실상 법령에 대한 헌법소원에 대하여는 청구기간의 제한이 적용되지 아니하는 것으로 보는 결과를 초래

판례 헌재 2004.4.29. 2003헌마484

[사건개요] 청구인은 건축사로서 건축사무소를 운영하면서 건축물의 설계, 공사감리와 건축물의 현장조사, 검사 및 확인 등을 그 업무로 한다. 청구인은 2002.4.2. 건축주 겸 공사시공자인 청구외 김○○과 ○○동근린생활시설공사인 '이 사건 공사'의 설계계약을 체결하고, 이어 2003.4.30. 위 김○석에 의하여 이 사건 공사의 공사감리인으로 선임되어 감리완료보고서를 사용승인신청서와 함께 인천 남동구청장에게 제출하였으며, 위 건축물은 같은 해 7.11. 인천 남동구청장으로부터 사용승인을 받았다. 청구인은 건축주가 직접 공사감리자를 지정하여 공사감리를 하도록 규정함으로써 공사감리자로 하여금 건축주의 위법행위를 지적하고 추궁하기 어렵도록 하고 있는 건축법 제21조 제1항이 자신의 행복추구권, 직업선택의 자유 및 헌법 제34조 제6항이 규정하는 국가의 재해예방의무에 상응하는 국민의 권리를 침해하고 있다고 주장하면서, 위 법률조항은 건축주와 공사시공자가 동일인인 경우에도 적용하는 것으로 해석하

는 한 헌법에 위반된다고 주장하면서 이에 대한 위헌확인을 구하여 2003.7.22. 헌법소원심판을 청구하였다. [심판대상] 이 사건 심판의 대상은 건축법 제21조 제1항(1999.2.8 법률 제5895호로 개정된 것, 이하 '이 사건 법률조항'이라 한다)의 위헌여부이며, 그 규정내용은 다음과 같다. 제21조(건축물의 공사감리) ① 건축주는 대통령령이 정하는 용도·규모 및 구조의 건축물을 건축하는 경우에는 건축사 또는 대통령령이 정하는 자를 공사감리자로 지정하여 공사감리를 하게 하여야 한다. [결정요지] 여기서 청구기간산정의 기산점이 되는 '법령에 해당하는 사유가 발생한 날'이란 '법령의 규율을 구체적이고 현실적으로 적용받게 된 날'을 가리킨다 할 것이다. 따라서 이 사건의 경우에는 청구인이 이 사건 법률조항에 기하여 건축주로부터 공사감리자로 지정된 날을 기산점으로 보는 것이 상당하다. 그런데 청구인은 1978.4.17. 건축사무소 '○○'라는 상호로 사업자등록(개업)을 하고 1981.1.9.자로 건축사면허를 받아 영업을 하여온 자이고, 더욱이 헌법재판소 2003헌마400 사건(* 동일 청구인이 청구한 헌법소원사건이다)에서 청구인이 스스로 주장한 바와 같이 2002.11.4. 건축주 겸 공사시공자인 청구외 엄○봉과 인천 남구 ○○동 98의 10 소재 ○○동 다세대주택신축공사와 관련하여 공사감리계약을 체결한 사실이 있으므로, 청구인으로서는 늦어도 위 계약체결시에는 이 사건 법률조항에 의한 기본권침해를 알았다고 보아야 할 것인데, 그로부터 90일이 경과한 이후인 2003.7.22.에 이르러 이 사건 헌법소원심판을 청구하였다. 따라서 청구인의 이 사건 심판청구는 청구기간을 도과하여 제기한 것으로서 부적법하다고 할 것이다. 청구인은 이 사건 공사에 관한 공사감리계약을 체결한 시점인 2003.4.30.로부터 새로이 청구기간을 기산하여야 한다고 주장한다. 법령에 대한 헌법소원의 대상이 되는 공권력행사는 법규정립행위(입법행위)로서 일종의 법률행위이므로 그 행위의 속성상 행위 자체는 한번에 끝나는 것이고 그러한 입법행위의 결과인 권리침해상태가 계속될 수 있을 뿐이므로(헌재 1992.6.26. 91헌마25, 판례집 4, 444, 450), 헌법재판소법 제69조 제1항 본문의 청구기간을 법령에 대한 헌법소원에 문자 그대로 적용하는 경우에는 법령으로 인한 기본권침해를 그에 대한 헌법소원을 통하여 구제받을 수 있는 가능성은 현저히 축소되고, 결과적으로 헌법소원을 통한 기본권구제의 실효성이 현저히 저하되게 되므로 헌법재판소는 위에서 언급한 바와 같이 법령에 대한 헌법소원의 청구기간을 해석을 통해 법령의 시행과 동시에 기본권을 침해받는 경우와 법령이 시행된 뒤 비로소 기본권을 침해받게 된 경우로 나누어 기산함으로써 결과적으로 법령에 대한 헌법소원의 청구기간을 확장하고 있다. 그러나 이와 같이 확장된 청구기간에 대한 해석하에서도 청구기간산정의 기산점이 되는 '법령에 해당하는 사유가 발생한 날'이란 법령의 규율을 구체적이고 현실적으로 적용받게 된 최초의 날을 의미하는 것으로 보는 것이 상당하다. 즉, 일단 '법령에 해당하는 사유가 발생'하면 그 때로부터 당해 법령에 대한 헌법소원의 청구기간의 진행이 개시되며, 그 이후에 새로이 '법령에 해당하는 사유가 발생'한다고 하여서 일단 개시된 청구기간의 진행이 정지되고 새로운 청구기간의 진행이 개시된다고 볼 수는 없다. 여기에서 더 나아가 '법령에 해당하는 사유가 발생'한 이후에 당해 법령의 규율을 적용받게 되는 사유가 발생하는 때마다 새로이 청구기간이 진행된다고 본다면 사실상 법령에 대한 헌법소원에 대하여는 청구기간의 제한이 적용되지 아니하는 것으로 보는 결과를 초래하게 될 것이고, 이는 법령소원의 경우에도 헌법재판소법 제69조 제1항의 청구기간요건이 적용되어야 함을 일관되게 판시하고 있는 우리 헌법재판소의 입장에 반한다. 따라서 청구인의 이 사건 심판청구는 청구기간을 준수하지 아니한 것으로서 다른 요건에 대한 적법여부를 더 이상 따져볼 필요없이 부적법하다.

2) 위 법리에 따른 또 다른 부정례

① 정당 보조금 배분 조항

판례 헌재 2006.7.27. 2004헌마655

[본안쟁점] 정당에 보조금을 배분함에 있어 교섭단체의 구성 여부에 따라 차등을 두는 '정치자금에 관한 법률'(2004.3.12. 법률 제7191호로 개정되고, 2005.8.4. 법률 제7682호로 전문 개정되기 전의 것) 제18

조 제1항 내지 제3항이 평등원칙에 위반된다고 하여 청구된 헌법소원심판이었다. [판시] (1) 일단 '법령에 해당하는 사유가 발생'하면 그 때로부터 당해 법령에 대한 헌법소원의 청구기간의 진행이 개시되며, 그 이후에 새로이 '법령에 해당하는 사유가 발생'한다고 하여서 일단 개시된 청구기간의 진행이 정지되고 새로운 청구기간의 진행이 개시된다고 볼 수는 없다(헌재 2004.4.29. 2003헌마484, 판례집 16-1, 574, 583-584 참조). (2) 이 사건에서 청구인 민주노동당은 이 사건 법률조항이 시행(2004.3.12.)된 후로는 2004.4.2.에 처음으로 제17대 국회의원 선거를 위한 선거보조금을 지급받았고, 당시 교섭단체를 구성하지 못한 정당이었으므로, 이 때에 이 사건 법률조항에 의한 기본권의 침해를 알았다고 보아야 할 것인데, 그로부터 90일이 경과한 이후인 2004.8.20.에 이르러 이 사건 헌법소원심판청구를 하였다. 따라서 위 청구인의 이 사건 헌법소원심판청구는 청구기간을 도과하여 제기한 것으로 부적법하다. 위 청구인은 정치자금 배분문제의 중요성에 비추어 청구기간 도과에 정당한 사유가 있다고 주장하나, 이를 인정할 별다른 사정이 보이지 아니한다.

② 헌재법의 청구기간 조항(제69조 1항)

판례 헌재 2013.2.28. 2011헌마666

[심판대상조항] 헌법재판소법(2011.4.5. 법률 제10546호로 개정된 것) 제69조 제1항 본문. [판시] 일단 '법령에 해당하는 사유가 발생'하면 그 때부터 당해 법령에 대한 헌법소원의 청구기간의 진행이 개시되며, 그 이후에 새로 '법령에 해당하는 사유가 발생'한다고 하여서 일단 개시된 청구기간의 진행이 정지되고 새로운 청구기간의 진행이 개시된다고 볼 수는 없다(헌재 2006.7.27. 2004헌마655, 판례집 18-2, 242, 248 참조). 먼저, 청구인이 언제 심판대상조항으로 인한 기본권침해 사유를 알았는지 살펴본다. 청구인은 이 사건 심판을 청구하기 전에 '집회 및 시위에 관한 법률'(2007.12.21. 법률 제8733호로 개정된 것) 제12조의 위헌확인을 구하는 헌법소원심판을 청구하였다가, 2010.12.14. 기본권침해의 사유가 발생한 날부터 1년이 도과된 이후에 심판청구가 이루어졌다는 이유로 각하된 바가 있으므로(2010헌마701), 적어도 위 2010헌마701 결정을 송달받은 2010.12.16.에는 심판대상조항으로 인하여 기본권침해의 사유가 발생하였음을 알았다고 할 것이다. 그런데 청구인은 심판대상조항으로 인하여 기본권침해의 사유가 발생하였음을 알게 된 2010.12.16.부터 90일이 지났음이 명백한 2011.11.1. 이 사건 헌법소원심판을 청구하였으므로, 이 사건 심판청구는 청구기간이 지난 후 제기되었다.

* 해설 – 심판대상은 집시법조항이 아니라 헌재법 제69조 제1항 본문이다. 집시법에 대한 헌법소원이 각하된 이유가 청구기간도과이고 그 도과가 헌재법 제69조 제1항 본문에 따른 것이었기 때문이었다. 다른 한편 심판대상인 헌재법 제69조 제1항은 2011.4.5. 개정된 것인데 자구수정 수준('에 의한'을 '따른'으로 수정하는 정도)이고 내용은 그대로 지속되어 새로운 청구기간 진행이 개시되지 않고 그 이전 법령으로 기준하여 기산되고 그 점에서는 아래 (4)에 분류될 수 있는 결정례이다.

* 이 결정은 청구기간을 제한하는 규정인 헌재법 제69조 제1항 자체에 대한 청구가 바로 그 조항에 근거하여 청구기간이 지났음을 이유로 각하결정을 할 수 있는지 여부도 쟁점으로서 판단되었는데 헌재는 이 결정에서는 부정적인데 이에 대해서는 앞서 살펴보았다(전술, 헌재법 제69조 제1항에 대한 위헌 여부 문제 부분 참조).

③ 주민소환투표청구권자의 소환청구인서명부에의 주민등록번호 기재 의무

판례 헌재 2015.1.29. 2013헌마221

[판시] 일단 '법령에 해당하는 사유가 발생'하면 그 때부터 당해 법령에 대한 헌법소원의 청구기간 진행이 개시되며, 그 이후에 새로이 '법령에 해당하는 사유가 발생'한다고 하여서 일단 개시된 청구기간의 진행이 정지되고 새로운 청구기간의 진행이 개시된다고 볼 수는 없다. 청구인은 2009.1.7. ○○시장에

대한 주민소환청구를 위하여 ○○구 선관위에 소환청구인대표자로 등록신청을 하여 ○○구 선관위로부터 서명부를 교부받은 후, 2009.2.14.부터 같은 달 25.경까지 서명요청 활동을 한 사실이 인정된다. 그렇다면 청구인이 서명부를 이용하여 서명요청 활동을 한 2009.2.14.경을 심판대상조항에 해당한 사유가 발생한 날로 봄이 상당하고, 이 때 청구인이 심판대상조항으로 인하여 서명부에 주민등록번호를 기재하여야 한다는 사실을 알게 되어 청구인의 기본권 침해 사유가 발생하였음을 알게 되었다고 볼 수 있는바, 이 때로부터 90일이 지난 2013.4.9. 제기된 이 사건 헌법소원심판청구는 청구기간이 도과한 것으로서 부적법하다. * 그 외 동지 결정례들 : 헌재 2007.10.4. 2006헌마648; 2014.6.26. 2013헌마119; 2016.10.27. 2015헌마701; 2017.5.25. 2015헌마1215 등.

(4) 실질적 내용 무변화의 자구수정 수준 개정법령 경우 이전 법령 기준 기산

1) 이전 법령 기준으로 하는 기산

헌재는 "심판대상조항이 자구만 수정되었을 뿐 이전 조항과 비교하여 실질적 내용에 변화가 없어 청구인이 기본권을 침해당하고 있다고 주장하는 내용에 전혀 영향을 주지 않는다면, 법령조항이 일부 개정되었다고 하더라도 청구기간의 기산은 이전 법령을 기준으로 한다"라고 한다.

판례 헌재 2019.8.29. 2018헌마608

[판시] 법령에 대한 헌법소원은 법령시행과 동시에 기본권의 침해를 받게 되는 경우에는 그 법령이 시행된 사실을 안 날로부터 90일 이내에, 법령이 시행된 날로부터 1년 이내에 헌법소원을 청구하여야 하고, 법령이 시행된 뒤에 비로소 그 법령에 해당되는 사유가 발생하여 기본권의 침해를 받게 되는 경우에는 그 사유가 발생하였음을 안 날로부터 90일 이내에, 그 사유가 발생한 날로부터 1년 이내에 헌법소원을 청구하여야 한다(헌재 2003.9.25. 2001헌마93등 참조). 이 경우에 심판대상조항이 그 자구만 수정되었을 뿐 이전 조항과 비교하여 실질적인 내용에 변화가 없어 청구인이 기본권을 침해당하고 있다고 주장하는 내용에 전혀 영향을 주지 않는다면, 법령조항이 일부 개정되었다고 하더라도 청구기간의 기산은 이전의 법령을 기준으로 한다. 공무원연금법상 퇴직연금일시금을 지급받은 사람 중 대통령령으로 정하는 사람에 대하여 기초연금을 지급하지 아니한다는 심판대상조항의 내용은 2014.5.20. 기초연금법이 제정될 당시부터 같은 법 제3조 제3항 제1호에 규정되어 있었다. 위 조항은 2018.3.20. 개정되었으나(심판대상조항), 그 개정내용은 공무원연금법의 전부개정에 따라 퇴직연금일시금의 근거조항을 공무원연금법 제42조에서 같은 법 제28조로 변경한 것에 불과하고, 그 실질적 내용에는 변화가 없어 청구인이 기본권을 침해당하고 있다고 주장하는 내용에 전혀 영향을 주지 아니한다. 그렇다면 청구기간은 개정 전 법률조항, 즉 구 기초연금법(2014.5.20. 법률 제12617호로 제정되고, 2018.3.20. 법률 제15522호로 개정되기 전의 것) 제3조 제3항 제1호를 기준으로 기산하여야 한다. 위 조항은 2014.7.1.에 시행되었고, 청구인은 위 조항 시행 당시에 이미 공무원연금법에 따른 퇴직연금일시금을 지급받은 상태였으므로, 법령 시행과 동시에 그 법령에 해당되는 사유가 발생하여 기본권의 침해를 받은 경우에 해당한다. 따라서 위 2014.7.1.로부터 1년이 지난 2018.6.14.에 제기된 이 사건 심판청구는 청구기간을 도과하여 부적법하다.

판례 헌재 2017.12.28. 2015헌마997

[심판대상조항] LPG를 연료로 사용할 수 있는 자동차 또는 그 사용자의 범위를 제한하고 있는 '액화석유가스의 안전관리 및 사업법 시행규칙'(2015.7.29. 산업통상자원부령 제146호로 전부개정된 것) 제40조(이하 '이 사건 시행규칙조항'). [판시] LPG의 운송연료 사용제한에 관한 시행규칙 규정은, 1999.2.27. 산업자원부령 제31호로 개정된 구 '액화석유가스의 안전 및 사업관리법 시행규칙' 제56조의2에서 처음

규정된 이래, 2013.8.6. 산업통상자원부령 제22호로 개정되기까지 몇 차례의 개정을 거치며, LPG를 운송연료로 사용할 수 있는 자동차 또는 그 사용자의 범위를 넓히는 등 그 실질적인 내용이 변경되었으나, 위 2013.8.6. 개정 후에는 이 사건 시행규칙조항에 이르기까지 조문의 위치가 변경되고 자구가 일부 수정되었을 뿐, LPG 운송연료 사용제한에 관한 실질적인 내용에는 아무런 변화가 없다. 그렇다면 이 사건에서 청구기간의 기산은 이 사건 시행규칙조항과 실질적으로 동일한 내용이 최초로 규정된 2013.8.6.을 기준으로 판단하여야 한다. 택시운송업 사업자들은 택시운송업 법인사업자들로, 청구인 91은 2014.9.18.에 '택시여객자동차운송사업'을 법인의 목적에 추가하였고, 청구인 92는 1981.2.2.에 '택시여객자동차운송사업'을 목적으로 하는 법인을 설립하였는바, 그즈음 LPG택시를 소유하며 택시운송업을 시작했다고 할 것이다. 그러므로 청구인 91은 위 2014.9.18.경, 청구인 92는 2013.8.6.경에 LPG의 운송연료 사용을 제한하는 위 시행규칙조항으로 인하여 LPG택시의 처분을 제한받았다고 할 것이고, 그로부터 1년 이상이 경과한 2015.10.14. 청구된 위 청구인들의 심판청구는 청구기간을 도과하였다.

* 동 취지 법리를 표명한 그 외 선례 : 헌재 2011.11.24. 선고 2009헌마415; 2013.11.28. 2007헌마1189등; 2014.1.28. 2012헌마654; 2014.4.21. 2014헌마117; 2016.11.24. 2015헌마1191등; 2016.12.29. 2015헌마315; 2021.5.27. 2018헌마1168 등.

* 실질적 변화가 온 경우에는 물론 이전의 것이 아니라 해당 법령규정의 시행을 기산점의 기점으로 하여야 함은 물론이다(그 예로 헌재 2007.2.22. 2003헌마428등).

2) 같은 취지 - 청구기간 계속 - 자구수정 정도의 실질적 동일 내용의 법령 경우

헌재는 "법령이 자구 수정 등으로 일부 변경되더라도 그러한 변경 사항이 새로 기본권을 침해하는 사유에 해당하지 않고 법령의 실질적인 내용이 동일한 경우에는, 일단 개시된 청구기간 진행이 정지되고 새로운 청구기간 진행이 개시된다고 볼 수 없다"라고 한다. 이는 위 1)과 같은 취지의 법리판시라고 할 것이다. 아래 사안들은 '안' 날부터 90일이 경과된 결정례이다.

판례 헌재 2015.7.30. 2013헌마536

[사건개요] 국토교통부장관으로부터표준지공시지가의 조사·평가 등 업무 위탁을 받을 수 있는 감정평가법인을 50인 이상 감정평가사를 둔 법인으로 제한하고 있는 '부동산 가격공시 및 감정평가에 관한 법률 시행령'(2013.3.23. 대통령령 제24443호로 개정된 것) 제81조 제1항 중 '제81조 제2항 제1호의 표준지 평가 업무 위탁' 부분(이하 '심판대상조항'). [판시] 법령이 자구 수정 등으로 일부 변경되더라도 그러한 변경 사항이 새로 기본권을 침해하는 사유에 해당하지 않고 법령의 실질적인 내용이 동일한 경우에는, 일단 개시된 청구기간 진행이 정지되고 새로운 청구기간 진행이 개시된다고 볼 수 없다(헌재 2013.2.28. 2011헌마666 참조). 청구인들은 2012.12.4. 당시 국토해양부장관이 부동산공시법 제41조 제1항 및 같은 법 시행령 제81조 제1항 등에 따라 한국감정원에 2013년도 표준지 및 표준주택의 선정과 가격평가를 의뢰한 행위가 중소형 감정평가법인의 기본권을 침해한다고 주장하면서 그 업무 의뢰의 위헌확인을 구하는 헌법소원심판을 청구하였고, 헌법재판소는 부동산공시법 시행령 제81조 제1항 등을 다투는 것은 몰라도 위 업무 의뢰 자체는 기본권 침해 가능성이 있는 공권력의 행사에 해당하지 않는다는 이유로 심판청구를 각하하였다(헌재 2012.12.18. 2012헌마967 제2지정재판부 결정). 그 뒤 심판대상조항이 2013.3.23. 개정되었으나, 업무 위탁자가 '국토해양부장관'에서 '국토교통부장관'으로 변경된 것에 불과하다. 따라서 늦어도 위 2012헌마967 결정을 송달받은 2012.12.26.에는 심판대상조항으로 인한 기본권 침해 사유가 발생하였음을 위 청구인들은 알았다고 보아야 하고, 그로부터 90일이 지났음이 명백한 2013.7.30. 이루어진 이 사건 심판청구는 청구기간을 도과하여 부적법하다.

3) 위의 (3) 법리의 맥락

이 법리도 바로 위 (3)의 법리와 맥락을 같이 한다. 법령에 내용적 변화가 없는 경우 이전 법령을 기준으로 기산된다는 점에서는 청구기간의 진행이 계속된다는 점에서이다.

4. 법령소원 청구기간에 관한 위 원칙 적용의 구체적 예

유의 : 앞서 언급한 대로 헌법소원의 청구기간이 이전에 그 사유가 있음을 안 날로부터 60일 이내, 그 사유가 있은 날로부터 180일 이내였던 것이 2003.3.12. 헌법재판소법개정으로 그 사유가 있음을 안 날부터 90일 이내, 그 사유가 있은 날부터 1년 이내로 연장되었고 2003.6.13.부터 개정규정이 시행에 들어갔다. 아래의 결정례들 중 2003.6.13. 이전의 것들은 개정 전의 60일, 180일을 청구기간으로 하여 따지고 있는데 이를 현재의 90일, 1년으로 보아 판례의 '법리'를 파악하면 될 것이다.

(1) 법령시행과 동시에 기본권침해를 받은 것으로 본 경우

1) 시행된 사실을 안 날부터 90일

(가) 법률조항의 시행에 대한 고지를 받은 날

판례 헌재 2016.7.28. 2016헌마109

[판시] 성폭력특례법 부칙(2014.12.30. 법률 제12889호) 제2조는 종전의 규정에 따라 신상정보를 제출한 등록대상자는 위 법 시행 후 6개월 이내에 연락처 정보를 제출하도록 규정하고 있는바, 청구인은 종전의 규정에 따라 신상정보를 제출한 등록대상자로서 2015.7.1. 성폭력특례법 제43조 제1항의 시행과 동시에 연락처 정보를 제출하여야 하는 기본권의 제한을 받게 되었다. 그런데 청구인은 2015.7.10. 서울구로경찰서장으로부터 위 법률조항의 시행에 대한 고지를 받았고(서울구로경찰서장의 2016.2.25.자 사실조회 회신), 이때 위 법률조항이 시행된 사실을 알았다고 봄이 상당하다. 그럼에도 불구하고 청구인은 기본권의 침해 사유를 알게 된 2015.7.10.로부터 90일이 경과하였음이 명백한 2016.2.16. 심판청구를 하였으므로, 이 부분 심판청구는 청구기간을 도과하였다.

(나) 인터넷민원 회신

판례 헌재 2009.11.26. 2008헌마711

[본안쟁점] 도시개발구역에 있는 국공유지의 수의계약에 의한 우선 매각대상자를 시행자만으로 한정하여 규정하고 있는 도시개발법(2008.3.21. 법률 제8970호로 전부 개정된 것) 제68조 제2항이 평등권 등을 침해하는지 여부(기각) [판시] 이 사건은 전부 개정된 도시개발법의 시행과 동시에 청구인의 기본권이 침해받게 되는 경우에 해당한다 할 것이므로, 청구인은 전부 개정된 도시개발법이 시행된 날부터 1년 이내에 헌법소원을 청구하여야 한다. 살피건대, 전부 개정된 도시개발법은 2008.4.12.부터 시행되었고 이 사건 심판청구는 그로부터 1년 이내인 2008.12.2.에 제기되었으므로(또한 청구인은 2008.11.23.경 인터넷 민원으로 평택시에 이 사건 토지의 우선 매수 가능성을 타진하였다가 이 사건 법률조항으로 인하여 불가하다는 회신을 받았는바, 이 때 비로소 전부 개정된 도시개발법이 시행된 사실을 알게 된 것으로 보이고, 이 사건 심판청구는 그로부터 90일 이내인 2008.12.2.에 제기되었다), 이 사건 심판청구는 청구기간을 준수하였다. * 이 결정은 '안' 날부터 90일뿐 아니라 '있는' 날부터 1년도 모두 충족된 것이다.

2) 시행된 날부터 1년

(가) 전형적(변경된 법제 적용에 의한 기본권제한) 경우

가) 여러 가지 경우

① 이전부터 소유해온 토지에 대한 제한조항 시행된 날부터 1년

판례 헌재 2018.5.31. 2014헌마925

[판시] 청구인 안○□이 1973년부터 소유해 온 토지 위로는 1994년부터 송전선로가 지나가고 있었고, 청구인 임□○은 1998년부터 송전선로가 지나가고 있었던 토지를 2009년부터 소유하게 되었는데, 지중이설 조항은 2011.10.1. 시행되었다. 위 청구인들은 지중이설 조항의 시행과 동시에 기본권 침해를 받았고 그로부터 1년이 지난 2014.10.24. 이 사건 헌법소원을 제기하였으므로, 이 부분 심판청구는 청구기간을 준수하지 못하여 부적법하다.

② 업무(영업)시작 이후 제한조항 시행된 날부터 1년

판례 헌재 2015.9.24. 2013헌마93

[사건개요] 등기신청서 제출사무원을 법무법인의 변호사 수만큼 둘 수 있도록 규정한 부동산등기규칙(2011.9.28. 대법원규칙 제2356호로 전부개정된 것) 제58조 제1항이 법무법인인 청구인의 직업수행의 자유 등을 침해한다는 주장으로 청구된 헌법소원심판. [판시] 청구인은 2011.8.17. 법무법인 설립등기를 하고 업무를 시작한 후 2011.9.28. 대법원규칙 제2356호로 전부 개정되어 2011.10.13. 시행된 이 사건 규칙조항의 적용을 받게 되었는바, 이 사건 규칙조항이 시행된 2011.10.13. 기본권침해사유가 발생하였다고 보아야 한다. 그런데 이 사건 심판청구는 그로부터 1년이 훨씬 지난 2013.2.12.에 제기되었으므로, 이 사건 규칙조항에 대한 청구인의 심판청구는 청구기간을 도과하여 부적법하다.

판례 헌재 2015.3.26. 2014헌마133

[사건개요] 청구인은 개 사육·판매업자인데 개 사육·도살·유통 규제 등 개고기 위생에 관한 내용의 법률을 제정하지 아니한 입법부작위로 자신의 직업의 자유 등이 침해되었다고 주장하며 2014.2.19. 이 사건 헌법소원심판을 청구하였다. [심판대상] 청구인이 궁극적으로 다투고자 하는 것은 소·돼지·닭 등 '축산물 위생관리법'의 적용을 받는 식육과 큰 차이가 없음에도 개고기의 위생 관리를 규제할 수 있는 근거 법률을 제정하지 않은 것이다. 그런데 가축의 '사육·도살·처리와 가공·유통 및 검사에 필요한 사항'은 '축산물 위생관리법'에서 구체적으로 규정하고 있고, 다만 '축산물 위생관리법'이 정한 '가축' 및 '식육'의 범위에서 개와 개고기가 제외되어 있을 뿐이므로 청구인들의 주장은 결국 입법자가 '축산물 위생관리법'의 적용대상에 소·돼지·닭 등뿐만 아니라 개까지 포함해야 한다는 것과 다르지 않고, 이는 '축산물 위생관리법'의 적용 범위를 제한하고 있는 법률조항을 다투는 것과 다름없다. 따라서 이 사건 심판대상은 '축산물 위생관리법'(2010.5.25. 법률 제10310호로 개정된 것) 제2조 제1호(다음부터 '심판대상조항'이라 한다)가 청구인들의 기본권을 침해하여 헌법에 위반되는지 여부이다. 심판대상조항의 내용은 다음과 같다. 축산물 위생관리법(2010.5.25. 법률 제10310호로 개정된 것) 제2조(정의) 이 법에서 사용하는 용어의 뜻은 다음과 같다. 1. "가축"이란 소, 말, 양(염소 등 산양을 포함한다. 이하 같다), 돼지(사육하는 멧돼지를 포함한다. 이하 같다), 닭, 오리, 그 밖에 식용(食用)을 목적으로 하는 동물로서 대통령령으로 정하는 동물을 말한다. [판시] 청구인 최○인은 2010.1.11. 개 사육 및 판매를 목적으로 하는 농장영업을 개시하였고, 심판대상조항은 2010.5.25. 법률 제10310호로 개정되어 2010.11.26. 시행되었으므로, 법령시행과 동시에 기본권의 침해를 받게 되는 경우에 해당한다. 그런데 청구인 최○인의 이 사건 심판청구는 심판대상조항 시행일인 2010.11.26.로부터 1년을 훨씬 경과한 2014.2.19. 이루어졌으므로, 헌법재판소법 제69조 제1항의 청구기간을 준수하지 못하여 부적법하다.

③ 영업 범위 축소 – 전기공사업자들의 공사업의 범위 축소

판례 헌재 1991.7.22. 91헌마16

[사건개요] 1990.4.26. 전기공사업법시행령 제4조가 개정되어 제1 종 공사업 면허를 취득한 청구인과 같은 전기공사업자들의 공사업의 범위가 축소되자 위 시행령 제4조에 대하여 헌법소원심판을 청구하였다. [결정요지] 이 사건 기록에 의하면 청구인은 1986.1.22. 전기공사업 등을 목적으로 설립된 법인으로서 동력자원부장관으로부터 유효기간 5년(1990.1.1.부터 1994.12.31.까지)의 제1 종 전기공사업의 면허를 받아 그 사업을 영위하고 있던 중 위 시행령이 1990.4.26. 제정·공포되자 같은 해 4.28.자로 제1종 면허를 재발급받았으므로 위 시행령이 시행된 같은 해 5.26.부터 청구인이 주장하는 기본권의 현실적 침해를 받고 있다고 할 것이며 따라서 이 사건 헌법소원 심판의 청구기간은 위 시행령이 시행된 때로부터 기산된다고 보아야 한다. 그런데 청구인은 1991.1.26.에야 이 사건 심판청구를 하였으니 청구기간이 경과된 뒤에 제기된 것임이 역수상 명백하여 부적법하다.

④ 직위상실의 예정

판례 헌재 1991.9.16. 90헌마24

[관련판시] 1988.12.31.자 법 제4080호 농업협동조합법 개정법률은 공포 후 3월이 경과한 1989.4.1.부터 시행되었고(부칙 제1조) 청구인과 같이 위 시행일 이후에 임기가 만료되는 조합장은 부칙 제2조 제3항·제4항에 의하여 앞으로 1년 이내에 새로운 조합장이 선출되고 그와 동시에 자동적으로 조합장의 직을 상실할 것으로 법 시행일에 이미 정해져 있었던 것이니 청구인에 있어서는 1989.4.1. 법 시행과 동시에 기본권침해를 당하게 된 것이므로 이 헌법소원이 적법하려면 늦어도 법 시행일부터 180일 이내에 제기되었어야 한다. 그런데 청구인이 이 사건 헌법소원을 제기한 날은 1990.2.21. 이어서 이미 법 시행일부터 180일이 경과된 후임이 명백하므로 이 헌법소원은 청구기간 경과 후에 청구된 것으로서 부적법한 것이다.

⑤ 이전부터 가입된 청약예금 변경

판례 헌재 1992.4.28. 91헌마62, 판례집 4, 280면, 각하결정

[심판대상] 민영주택의 공급신청을 할 수 있는 자격에 관련된 청약예금의 변경에 관해 규정한 주택공급에 관한 규칙(1990.5.26. 건설부령 제464호) 부칙 제5조 등의 위헌여부 [관련판시] 이 사건 기록에 의하면 이 사건 쟁송대상인 부칙 제5조는 1990.5.26.에 공포시행되었고, 청구인은 1990.4.6.에 이미 청약예금에 가입하고 있었으므로 법령의 공포시행과 더불어 기본권 침해가 발생하는 경우에 해당한다고 할 것인바, 이 건 심판청구는 1991.4.15.에 제기되었으므로 결국 침해사유가 있은 날로부터 180일이 지난 기간도과의 부적법한 청구이다.

⑥ 정년퇴직 연령 감축, 20년 미만 퇴직 공무원 국민연금 가입대상 제외

판례 헌재 2008.10.30. 2006헌마217

[사건개요] 청구인은 1948.8.13.생으로 1988.3.16.부터 약 18년간 기능직 공무원으로 근무하다가 2005.12.31. 만 57세로 정년퇴임하였다. 기능직 공무원의 정년은 61세였다가 1998.2.24. 법률(국가공무원법)이 개정되어 57세로 감축되었다. 그로 인하여 청구인은 공무원 재직년수 20년을 채우지 못하여 공무원 퇴직연금을 받지 못하게 되었고, 국민연금도 받지 못하게 되었다. 이에 국선대리인은 2006.2.15. 청구인을 대리하여 이 사건 심판대상 법률조항들이 청구인의 평등권 등을 침해한다는 이유로 헌법소원심판을 청구하였다. [판시] … 나. 국민연금법 제6조 단서에 대한 청구 부분 – 공무원연금법의 적용을 받는 공무원

을 국민연금의 가입대상에서 제외하는 이 법률조항은 2000.1.12.부터 시행되었다. 그 이전부터 기능직 공무원으로 근무하여 온 청구인은 위 법률조항의 시행과 동시에 국민연금의 가입대상에서 제외되게 되었다고 할 것인데, 그로부터 1년을 경과하였음이 명백한 2005.10.27. 국선대리인선임신청을 하였다. 따라서 이 부분 헌법소원심판청구는 헌법재판소법 제69조 제1항 본문에 정해진 헌법소원 청구기간을 도과한 것으로서 부적법하다. 다. 구 국가공무원법 제74조 제1항 제3호 중 "기타 직렬 공무원"에 관한 부분에 대한 청구 부분 – 기능직 공무원의 정년은 1998.2.24. 개정된 위 법률조항에 의하여 종래 최장 61세이던 것이 최장 57세로 단축되었다. 그런데, 청구인은 1998.2.24. 이전부터 기능직 공무원으로 근무하였으므로 1998.2.24. 위 법률조항의 시행과 동시에 정년이 단축되었으므로, 그 날부터 위 법률조항에 대한 헌법소원 청구기간이 기산된다고 할 것이다. 그런데 청구인은 위 법률조항의 시행일로부터 이미 1년을 경과하였음이 명백한 2005.10.27. 국선대리인선임신청을 하였다. 따라서 이 부분 헌법소원심판청구는 청구기간을 도과한 청구로서 부적법하다.

⑦ **법 개정전 확정된 보호감호판결** – 이 결정 이후 폐지되어 지금은 없는 사회보호법[1]에 관한 결정이긴 하나 형과 보안처분이 병과될 때 형집행 이후 보안처분 집행이 이루어지므로 그 기산점이 어떠해야 하는가를 보기 위해 참조한다. 헌재는 형집행이 종료되지 않아 보호감호처분이 시작되기 전이라도 본형 확정 때 함께 보호감호도 확정되어 그 보호감호와 관련된 법령이 개정되면 그 개정 법령규정의 시행과 동시에 기본권침해가 발생한 것으로 본다.

판례 헌재 1996.11.28. 95헌마280

[결정요지] 구 사회보호법은 1989.3.25. 법률 제4089호로 개정, 공포되어 같은 날부터 시행되었고, 청구인에 대한 보호감호의 판결은 그 개정 이전인 1987.10.13. 이미 확정되었으므로 청구인이 주장하는 기본권은 개정된 사회보호법이 시행됨과 동시에 침해를 받았다고 보아야 한다. 그러므로 1995.9.22.에야 비로소 청구된 청구인의 이 사건 헌법소원심판청구는 청구기간이 경과된 뒤에 청구된 것으로 부적법하다.[2]

⑧ **택지소유상한**

판례 헌재 1999.4.29. 96헌마352등

[심판대상규정] 도시계획구역 안의 택지를 1 가구가 일정 면적 이상 소유할 수 없도록 하고, 법인은 택지를 소유할 수 없도록 하는 한편, 시장·군수의 허가를 받거나 확정판결이 있는 등 일정한 경우에는 예외를 인정하면서 그 경우에도 가구별 소유상한을 초과하여 취득한 택지나 법인소유의 택지를 일정기간 내에 처분할 의무를 부과하고 있는 택지소유상한에 관한 법률(제정 1989.12.30. 법률 제4174호, 개정 1994.12.22. 법률 제4796호, 1995.12.29. 법률 제5108호, 1995.12.29. 법률 제5109호, 1997.8.30. 법

1) 사회보호법은 2005.에 폐지되었다. 폐지이유 : 구 사회보호법 보호감호 "집행실태도 구금위주의 형벌과 다름없이 시행되고 있어 국민의 기본권을 침해하고 있고, 사회보호법 자체도 지난 권위주의시대에 사회방위라는 목적으로 제정한 것으로 위험한 전과자를 사회로부터 격리하는 것을 위주로 하는 보안처분에 치중하고 있어 위헌적인 소지가 있기 때문에 이를 폐지하여 국민의 기본권을 보장하려는 것임"(http://www.law.go.kr/lsInfoP.do?lsiSeq=71110&lsId=&efYd=20050804&chrClsCd=010202&urlMode=lsEfInfoR&viewCls=lsRvsDocInfoR&ancYnChk=#.

2) <조승형 재판관의 반대의견> 청구인이 위 부칙조항에 의하여 직접 청구인 주장의 기본권을 침해받은 때는, 청구인이 형집행을 마친 후 실제로 보호감호의 집행을 받을 때라 할 것이므로, 이 사건 심판청구의 청구기간은 청구인이 보호감호의 집행을 받은 날로부터 기산하여야 한다고 생각한다. 그렇다면 청구인은, 현재 형집행중일 뿐 아직 보호감호의 집행을 받고 있지 아니한 상태이므로 이 사건 심판청구는 적법하며, 본안판단을 하였어야 할 것으로 믿는다.

률 제5410호, 폐지 1998.9.19. 법률 제5571호) 제3조, 제4조, 제7조, 제8조, 제16조 및 부칙 제2조 [관련판시] 청구인들은 위 법률조항들의 시행과 동시에 택지소유에 관하여 위와 같은 제약을 받게 되었으므로, 그로 인한 재산권 등 기본권침해를 다투는 헌법소원은 법이 시행된 1990.3.1.(법 부칙 제1조)부터 180일 이내에 청구하였어야 한다. 그럼에도 불구하고 그로부터 180일이 경과되었음이 역수상 명백한 1996.10.31. 및 1996.12.31.에야 비로소 청구된 이 부분 심판청구는 청구기간을 경과한 것으로서 부적법하다.

나) 지속된 신분

① **교수, 학생 신분** – 이전부터 보유하여 온 신분에 따라 새로운 법령이 기본권을 침해한다는 주장의 헌법소원에서는 시행과 더불어 침해가 온다고 할 것이다. 아래의 예는 '지방대학 및 지역균형인재 육성에 관한 법률' 제2조 제1호가 위 법의 적용을 받는 지방대학에서 경인지역 대학을 제외한 것이 평등권 등을 침해한다는 주장으로 경인지역 대한 교수, 학생들이 청구한 헌법소원심판사건이었다.

판례 헌재 2016.3.31. 2015헌마872

[심판대상조항] '지방대학 및 지역균형인재 육성에 관한 법률'(2014.1.28. 법률 제12337호로 제정된 것, 이하 '지방대육성법') 제2조(정의) 이 법에서 사용하는 용어의 뜻은 다음과 같다. 1. "지방대학"이란 「수도권정비계획법」 제2조 제1호에 따른 수도권(이하 "수도권"이라 한다)이 아닌 지역에 소재하는 「고등교육법」 제2조 각 호에 따른 학교(원격대학 및 각종학교는 제외한다)를 말한다. [판시] 지방대육성법은 그 시행일에 효력이 발생하는 것이지 제5조에 따른 기본계획이 수립된 후에야 효력이 발생하는 것이 아니다. 경인지역 대학이 지방대육성법의 지원 대상에서 배제되는 효과는 위 기본계획의 수립 여부와 관계없이 지방대육성법의 시행일에 발생하였다. 교수인 청구인들은 이 사건 법률조항이 시행된 2014.7.29. 이전부터 교수의 지위에 있었으므로, 교수인 청구인들은 이 사건 법률조항의 시행과 동시에 기본권의 침해를 받았다고 할 것이다. 한편, 학생인 청구인들은 공무원으로 임용되거나 기업에 채용되었을 때 비로소 기본권 침해를 받게 된다고 주장한다. 그러나 학생인 청구인들은 지방대학의 학생 또는 지방대학을 졸업한 사람의 공무원 임용 및 공공기관 등 채용 확대에 관하여 규정하고 있는 지방대육성법 제12조 및 제13조를 심판대상으로 삼지 않고, 지방대육성법의 적용대상에서 경인지역 대학을 제외한 것이 학생인 청구인들의 기본권을 침해한다는 취지로 이 사건 법률조항을 다투고 있으므로, 앞서 본 것처럼 경인지역 대학이 지방대육성법의 지원 대상에서 배제되는 효과는 지방대육성법의 시행일에 발생하였다. 따라서 이 사건 법률조항이 시행된 2014.7.29. 이전에 경인지역 대학에 입학한 학생인 청구인들은 이 사건 법률조항의 시행과 동시에 기본권의 침해를 받았다고 할 것이다. 그런데 위 청구인들은 이 사건 법률조항 시행일인 2014.7.29.부터 1년이 지난 2015.8.27. 이 사건 헌법소원심판청구를 하였다. 그러므로 교수 및 학생인 청구인들의 이 사건 심판청구는 청구기간을 도과하여 모두 부적법하다.

② **법관 및 법원공무원수당규칙 개정**

판례 헌재 1995.7.21. 93헌마257

[쟁점] 법관 및 법원공무원수당규칙 중 개정규칙(1992.11.30. 대법원규칙 제1241호로 개정된 것. 1993.1.1. 시행)에 의하면 법조경력 10년 이상인 판사에 대하여는 월 금 100,000원을, 법조경력 10년 미만인 판사에 대하여는 월 금 80,000원을 각 재판수당으로 지급하도록 되어 있고, 법원행정처장의 법원공무원 자가운전차량유지비 지급지침(1992.11.23. 행정 제889호. 1993.1.1. 시행)에 의하면 법조경력 10년 이상인 판사에 대하여는 자가운전차량유지비를 지급하도록 되어 있다. 그런데 위 규칙과 지침 등

이 정한 '법조경력'에 관한 규정에 의하면 청구인과 같이 사법시험 합격 후 곧바로 병역의무의 이행을 위하여 군에 복무함으로써 뒤늦게 사법연수생으로 임명받은 경우에는 그 군복무기간을 법조경력에 포함시키지 아니하고 있다. 청구인은, 위 규칙과 지침 등의 이러한 규정은, 같은 횟수의 사법시험 합격자로서 사법연수원수료후 병역의무면제자로 곧바로 판사로 임명된 자나 법무관출신 판사인 사람들에 비하여 법조경력 산정 및 이에 따른 각종 수당 등의 지급에 있어 불이익을 받게 한 것으로서, 청구인의 평등권을 침해하는 것이라고 주장하면서, 1993.10.28. 헌법소원심판청구를 하였다. [관련판시] 이 사건에 있어서는 1993.1.1. 위 수당규칙 및 지급지침이 시행됨으로써 바로 그 시점에서 청구인은 법조경력의 산정에 있어서 사법시험 동기합격자 중 '병역면제판사'나 '군법무관출신 판사'에 비하여 그 법조경력을 적게 인정받게 되는 불이익이 현실적으로 발생한 것이고, 비록 청구인과 동일자로 사법시험에 합격한 '병역면제판사'와 '군법무관 출신 판사'는 차량유지비와 인상된 재판수당 등을 지급받게 됨에 반하여 청구인은 이를 지급받지 못하게 되는 차이가 발생한 것은 1993.9.1.이라고 하더라도, 이는 위 수당규칙 및 지급지침에 의하여 이미 법조경력을 적게 인정받은 불이익에서 비롯되는 결과가 그 때에 나타나게 된다는 것일 뿐이지 그 때 비로소 청구인 주장의 평등권 등이 침해되는 것이라고는 볼 수 없다. 그렇다면 이 부분에 관한 이 사건 헌법소원은 앞서 본 당 재판소 판례의 "법령이 시행된 후에 비로소 그 법령에 해당하는 사유가 발생하여 기본권의 침해를 받게 된 경우"가 아니고 "법령의 시행으로 인하여 바로 기본권의 침해를 받게 된 경우"라고 보아야 할 것이므로, 그 청구기간은 법령의 시행사실을 안 날로부터 60일 이내에, 그 법령의 시행일로 180일 이내로 보아야 한다. 그런데 위 수당규칙 및 지급지침이 모두 1993.1.1.부터 시행되었음은 위에서 본 바와 같으므로 이때부터(또는 위 지침 등이 시달된 같은 달 15.경부터) 180일 경과 후에 제기된 이 사건 헌법소원은 그 청구기간을 도과하였다 할 것이다. 또 청구인이 법원행정처장에게 보낸 1992.12.8.자 질의서에 의하면 그는 그 무렵 이미 이 사건 수당규칙 및 지급지침 소정의 법조경력규정에 의하여 자기의 기본권이 침해되었음을 알고 이 사건 헌법소원에서 주장하는 바와 같은 논리로 그 위헌성을 지적하고 그 규정들의 시정을 촉구하였던 것으로 보여진다. 그런데도 이 사건 헌법소원은 위 수당규칙 등의 시행일인 1993.1.1.부터 60일을 훨씬 경과한 후에 제기된 것이므로 이 점에서 보더라도 청구기간을 도과하였음은 분명하다.

③ 의료기관 의사

판례 헌재 2013.9.26. 2010헌마204등

[사건개요] 보건복지가족부 고시(2007.1.23. 제2007-3호) 중 인조테이프를 이용한 요실금수술을 하는 경우 요류역학검사를 실시하도록 하는 부분(이하 '이 사건 고시조항')이 이전부터 의사인 사람듸 직업수행의 자유를 침해하다는 주장의 헌법소원심판이다. [판시] 의료기관의 의사는 전문의 자격을 취득하였는지 여부와 무관하게 이 사건 고시조항의 시행과 동시에 인조테이프를 이용한 요실금수술을 할 때 요류역학검사를 하여야 할 의무를 부담하게 되어 직업수행의 자유를 제한받게 된다. 따라서 이 사건 고시조항의 시행일인 2007.2.1. 이전부터 의료기관의 의사로 있었던 청구인 원○○, 박○○, 이○○은 이 사건 고시조항의 시행일부터 기본권의 침해를 받았다고 할 것이므로, 그로부터 1년이 지난 뒤에 제기된 위 청구인들의 심판청구는 청구기간을 도과하여 부적법하다.

(나) 법령 시행일 이전 사실상 적용이 있어 온 경우의 기산점

이러한 경우에 헌법재판소는 법령조항의 시행일부터 기산한다.

판례 헌재 2002.4.25. 98헌마425

[심판대상규정과 본안쟁점] 가석방심사 등에 관한 규칙(1998.10.10. 법무부령 제467호로 개정된 것) 제14조 ② 국가보안법위반, 집회 및 시위에 관한 법률위반 등의 수형자에 대하여는 가석방 결정 전에 출소

후 대한민국의 국법질서를 준수하겠다는 준법서약서를 제출하게 하여 준법의지가 있는지 여부를 확인하여야 한다. 위 심사규칙이 서약하는 사람의 양심의 자유, 행복추구권, 평등권 등을 침해하는지 여부(부정, 기각결정) [관련판시] 청구인은 그에 대한 가석방이 거부된 1998.8.15. 이전에 이미 준법서약서의 제출을 요구받았는바, 그렇다면 늦어도 1998.8.15.에는 준법서약서의 제출거부로 인한 기본권의 침해사유가 있음을 알았다고 할 것이므로, 그 날로부터 60일을 이미 경과하였음이 명백한 1998.11.26. 접수된 이 사건 심판청구는 청구기간을 도과한 부적법한 것이 될 것이다. 그러나 청구인은 위 처분이 아니라 그 근거규정인 이 사건 규칙조항을 대상으로 헌법소원을 제기하였는바, 동 조항은 1998.10.10. 공포되어 같은 날부터 시행되었으므로(즉 이 사건 규칙조항은 그것이 공포되기 전부터 사실상 그 적용이 있었다), 이 사건 규칙조항의 공포·시행일로부터 기산하여 60일의 청구기간을 준수하였다.

(다) 국선대리인선임신청, 정당성 사유 등에 판단이 포함된 결정례

이와 같은 예로 다음 결정을 볼 수 있다.

판례 헌재 2018.1.25. 2016헌마319

[사안] '독립유공자예우에 관한 법률'(2014.5.21. 법률 제12668호로 개정된 것, 이하 '독립유공자법') 제12조 제2항 단서 제1호 중 독립유공자의 손자녀 1명에 한정하여 보상금을 지급하는 부분 및 같은 조 제4항 제1호 중 나이가 많은 사람을 우선하는 부분(이하, 합하여 '이 사건 독립유공자법 조항'이라 한다)에 대한 심판청구. [판시] 이 사건 독립유공자법 조항은 2014.5.21. 법률 제12668호로 개정되어 2015.1.1.부터 시행되었다. 이 사건 기록에 따르면 청구인은 순국선열 권○△의 차손으로서 보상금을 받지 못하던 중, 1945년 8월 14일 이전에 사망한 독립유공자의 손자녀 1명에게만 보상금을 지급하도록 제한하는 등의 내용을 규정한 이 사건 독립유공자법 조항으로 인해 또다시 보상금 지급대상에서 제외되었다. 그렇다면 이 사건 독립유공자법 조항과 관련하여 청구인은 법령시행과 동시에 기본권의 침해를 받게 되는 경우에 해당하는바, 청구인의 국선대리인선임신청은 위 조항이 시행된 때부터 1년이 더 지난 2016.3.7. 이루어졌음이 명백하다. 청구인은 2015년 3월경 서울지방보훈청을 상대로 독립유공자 보상신청서를 제출하였다가 개정방안을 검토 중임을 알리는 내용의 회신을 받았고, 이를 믿었다가 뒤늦게 헌법소원심판청구를 하였다는 취지로 주장한다. 그러나 그 회신의 주된 취지는 청구인이 종전과 같이 보상금 지급대상에서 제외되어 있다는 것이었으며, 개정방안을 검토 중이라는 내용도 일반적 수준의 안내에 불과하다. 이 사건 기록에 의하면 청구인은 2015년 3월경부터 2016년 2월경까지 국가보훈처장을 상대로 독립유공자의 손자로서 보상금을 받게 해달라는 민원을 여러 번 제기하였다가 수급 요건을 갖추지 못하였다는 취지의 회신을 받았으므로, 서울지방보훈청의 위 회신 일부 내용을 들어 청구인에게 헌법소원심판을 청구할 수 없는 사유가 있었다고 보기 어렵다. 이 사건 독립유공자법 조항에 대한 심판청구에 있어 청구인이 청구기간을 준수하지 못한 데에 정당한 이유가 있다고 할 수 없다. 이 사건 독립유공자법 조항에 대한 심판청구는 청구기간을 준수하지 못하여 부적법하다.

(2) 법령 시행된 후 비로소 '그 법령에 해당하는 사유' 발생하여 기본권침해를 받게 된 경우

1) 법령시행 후 비로소 그 법령에 해당하는 사유가 발생하였음을 '안' 날

(가) 행정처분 받은 때

① 과징금부과처분을 받은 때

판례 헌재 1995.2.23. 92헌마282, 각하결정

[사건개요] 청구인은 개인택시운송사업을 해 오던 중 합승행위를 하다가 적발되어 1992.4.15. 피청구인(서울특별시장)으로부터 과징금부과처분을 받았다. 이에 청구인은 같은 해 11. 30. 택시운송사업자에

대하여 합승행위를 금지하고 그 위반행위에 대하여 과징금을 부과하도록 한 자동차운수사업법시행령(1991.1.29. 대통령령 제13262호) 제3조 제1항의 [별표 1] "위반행위의 종류별 과징금 부과기준" 제14의 마규정(이하 이 사건 규정이라 한다)에 대하여 헌법소원심판을 청구하였다. [관련판시] 청구인은 이 사건 규정에 근거하여 합승행위로 단속되고 1992.4.15. 피청구인으로부터 과징금부과처분을 받았으므로 늦어도 그 과징금 부과처분을 받은 때에는 위 규정에 의한 기본권 침해사유가 발생하였음을 알았다고 할 것임에도 불구하고 그 때로부터 60일(구법규정, 현재 90일)이 도과한 후인 같은 해 11. 20.에야 이 사건 심판청구를 하였으므로, 위 심판청구 중 이 사건 규정에 대한 청구부분은 청구기간을 도과한 것으로서 부적법하다.

② 과세부과처분을 받은 때

판례 헌재 1995.6.29. 93헌마196, 각하결정

[사건개요] 피청구인(세무서장)이 상속인인 청구인들에 대하여 피상속인의 재산에 관하여 1991.1.3. 상속세와 방위세의 부과처분을 하자 청구인들은 과세대상 재산은 피상속인의 생전에 자필증서의 유언에 따라 피상속인의 사망 후에 사회복지법인에 출연하였는바, 이는 구 상속세법(1990.12.31. 법률 제4283호로 개정되기 전의 것) 제8조의 2 제1항 제1호 소정의 상속세과세가액 불산입대상에 해당하므로 위 상속세 등 부과처분은 위법이라고 주장하면서 고등법원에 상속세 등 부과처분취소 행정소송을 제기하였으나, 기각되고 다시 대법원에 상고하였으나 대법원은 1993.7.16. 상고기각의 판결을 선고하였다. 이에 청구인들은, 1993.8.25. 위 구상속세법 제8조의 2 제1항 제1호에 대해 헌법소원심판을 청구한 것이다. [관련판시] 이 사건 심판의 대상이 된 구 상속세법 제8조의 2 제1항 제1호는 1952.11.30. 법률 제261호의 제8조의 1 로 신설된 후, 여러 번의 개정절차를 거쳐, 1993.12.31. 법률 제4662호로 최종적으로 개정되어 현재에 이르고 있으며, 한편 청구인들은 1991.1.3. 피청구인으로부터 상속세 등 부과처분을 받았으므로 위 부과처분을 받을 무렵에는 이미 이 사건 심판대상인 구 상속세법 제8조의 2 제1항 제1호(1989.8.15. 상속시에 적용될 법)의 존재를 알고 있었던 것으로 인정되는바, 위 헌법소원심판청구기간의 기산일을 1991.1.3.로 삼는다 하여도 1993.8.25. 제기된 이 사건 헌법소원심판청구는 청구인이 그 사유가 있음을 안 날로부터 60일, 그 사유가 있는 날로부터 180일 이내인 청구기간이 모두 도과된 이후에 청구된 것으로 부적법하다.

* 국세체납액에 대한 공매대행통지서 수령한 때 – 세무서가 납세자의 부동산에 대하여 압류등기를 한 후 압류등기 이후의 체납액까지 포함한 총국세체납액에 대한 공매대행통지서(公賣代行通知書)를 발부한 경우, 압류의 효력이 압류등기 후에 발생한 국세체납액에 대하여도 미친다는 구 국세징수법 제47조 제2항(1974.12.31. 법률 제2680호로 전문개정되고 1993.12.31. 개정되기 전의 것)에 대한 헌법소원의 청구기간은 위 공매대행통지서를 청구인이 수령한 때로 본 사례

판례 헌재 1995.5.25. 92헌마214

[판시] 이 사건 법률조항은 1974.12.21.에 시행되었으나 청구인에게 이 사건 법률조항에 해당하는 사유가 발생하여 … 이 사건 법률조항의 위헌여부에 대한 헌법판단이 적합하게 된 때는 중랑세무서로부터 이 사건 부동산에 대한 압류 당시의 체납조세금액을 훨씬 초과하는 총 체납조세금액에 관한 공매대행통지서를 수령한 1992.2.28.이라고 할 것인바, 위 1992.2.28.부터 60일은 물론 180일(구법규정들, 현행 90일, 1년)도 지난 날임이 날자계산상 명백한 1992.9.18. 청구된 이 사건 헌법소원은 그 청구기간이 지난 후에 청구된 것이어서 부적법한 청구라고 할 것이다.

(나) 청구인에 유리한 해석

법령소원의 청구기간 요구에 대해서는 논란도 있거니와 법령이 가지는 객관적 영향력, 헌법소원의 기능을 고려하면 '안' 날을 청구인에게 유리하게 잡아 가능한 한 본안판단으로 들어가는 것이 긍정적이다. 아래의 판시는 그러한 취지를 담고 있다. * '유리한 해석'에 대해서는 앞의 4.에서도 언급한 바 있다.

판례 헌재 2001.6.28. 2000헌마111

[사건개요] 선거권 연령을 20세 이상으로 제한하고 있는 '공직선거 및 선거부정방지법'(1994.3.16. 법률 제4739호로 제정된 것) 제15조 제1항이 그 선거연령에 달하지 못한 사람의 평등권 침해라는 취지의 헌법소원심판이다. [판시] 이 사건 법률조항이 시행된 것은 1994.3.16.부터이나, 당시 학생이던 청구인들이 이 사건 법률조항의 내용을 알고 있었다 하더라도 선거권 행사의 의사가 있었다고는 볼 수 없고, 고등학교 졸업 후 18세 또는 19세가 된 이후에야 비로소 선거에 참여할 권리를 자각하게 되면서 이 사건 법률조항에 의하여 2000.4.13. 실시예정인 국회의원 선거에 참여할 수 없음을 알고, 2000.2.16. 이 사건 헌법소원심판청구에 이른 것으로 보아야 할 것인바, 다만, 이 사건 법률조항의 시행 후 어느 시점에 청구인들의 기본권이 구체적으로 침해받거나 그 침해가 확실히 예상되었다고 볼 수 있는지, 즉 청구인들이 그러한 점을 언제 알게 되었는지에 관하여는 기록상 이를 인정할 명백한 자료가 없지만, 이러한 경우 권리구제 및 헌법질서의 유지라는 헌법소원의 기능에 비추어 가능한 한 청구인들에게 유리한 해석을 함이 타당하다는 측면에서, 청구인들은 제16대 국회의원 선거일이 임박해지자 이 사건 법률조항의 적용으로 인하여 18~19세가 된 청구인들로서는 선거권을 행사할 수 없게 됨을 알게 되면서 바로 이 사건 헌법소원심판을 청구하였다고 봄이 상당하고, 따라서, 본건 심판청구는 이 사건 법률조항의 시행 후 그 법령에 해당하는 사유가 발생하였음을 안 날로부터 60일(구법규정, 현행 90일) 이내에 제기된 것으로 보아야 할 것이다. * 이 사안에서는 기각결정이 되었으나 후일 현행 선거법은 18세로 인하하고 있다.

(다) 자격취득일 및 업무(운영, 영업)개시(시작)일, 입사일 등

① 감정평가업 제한

판례 헌재 1996.8.29. 94헌마113

[사건개요] 청구인은 1994.4.12. 감정평가사 자격을 취득하고, 1994.5.3. 청구외 14인과 함께 건설부에 감정평가사 합동사무소 개설등록을 하고, 같은 날부터 감정평가사 업무를 시작하였다. 청구인은 지가공시 및 토지 등의 평가에 관한 법률시행령(1989.8.18. 제정. 대통령령 제12781호. 이하 '령' 이라 함) 제30조가 감정평가사 30인, 건설부장관이 필요하다고 인정할 경우에는 최대한 40인 이상이 아니면 감정평가법인을 구성할 수 없도록 하고, 령 제35조가 감정평가사 합동사무소의 업무범위를 감정평가법인에 비하여 제한한 것이 청구인의 직업선택의 자유와 평등권을 침해하는 것이라 하여, 1994.6.11. 위 규정들을 대상으로 헌법소원심판을 청구하였다. [관련판시] 이 사건의 경우 심판대상의 령 조항들이 비록 1989.8.18.에 공포 시행되었다고 하더라도, 청구인은 1994.4.12. 감정평가사의 자격을 취득하고, 1994.5.3.건설부에 감정평가사 합동사무소의 개설등록을 하여, 같은 날부터 감정평가사로서의 업무를 시작하였는바, 청구인은 이 때에 비로소 이 사건 심판대상의 령 조항들에 해당하는 사유가 발생하여 자기의 기본권의 침해를 받게 되었고 그 사유를 알게 된 것이므로 감정평가법인의 성립요건에 관한 령 제30조는 감정평가사의 자격을 취득한 날부터, 감정평가의 업무범위에 관한 령 제35조는 감정평가사로서의 업무를 시작한 때로부터 청구기간을 기산하여야 할 것이다. 따라서 이 사건 심판청구의 청구기간은, 령 제

30조의 경우는 1994.4.13.부터, 령 제35조의 경우는 1994.5.4.부터 기산하여야 할 것이고, 안 때로부터 각 60일(구법규정, 현행 90일) 이내인 1994.6.11.에 제기된 이 사건 심판청구는 청구기간을 준수하였다.

② 학원 운영 제한

판례 헌재 2015.5.28. 2012헌마653

[사건개요] '학원의 설립 · 운영 및 과외교습에 관한 법률'(2011.7.25. 법률 제10916호로 개정된 것, '학원법') 제14조 제5항이 교습소는 교습자 1명이 한 장소에서 1과목만을 교습하여야 한다고 규정하고 동조 제6항은 교습자의 자격, 교습소의 장소, 학습자의 수, 그 밖에 필요한 사항은 대통령령으로 정한고 규정하며 동법 시행령(2011.10.25. 대통령령 23250호로 개정된 것) 제15조 제2항, 제16조는 교습자의 자격, 교습소의 장소 등에 대한 제한을 두고 있는데(위 조항들을 '이 사건 교습소제한조항') 이렇게 교습소의 물적 · 인적 요건을 지나치게 엄격하게 규정하고 있어 영어캠프를 운영할 청구인 법인의 직업의 자유 등을 침해한다는 주장으로 청구된 헌법소원심판. [판시] 청구인 법인의 주장 요지는, 청구인 법인이 영어캠프를 운영하고자 하였으나 학원법상 교습소의 장소 · 시설 및 강사 · 학습자의 수에 대한 제한이 지나치게 엄격하게 규정되어 있어 직접 영어캠프를 운영하지 못하고, 당시 대표이사였던 청구인 오○환이 신고를 하지 않고 영어캠프를 운영하였다는 것이다. 따라서 청구인 법인으로서는 청구인 오○환이 신고를 하지 않고 영어캠프를 운영하기 시작한 2011.12.29.경에 이 사건 교습소제한조항의 적용을 받아 기본권침해사유가 발생하였고, 그 무렵 이 사건 교습소제한조항으로 인한 기본권침해를 알았다고 보아야 한다. 그런데 이 사건 심판청구는 그로부터 90일이 지난 2012.7.20. 접수되었으므로 이 사건 교습소제한조항에 대한 심판청구 부분은 청구기간이 도과되어 부적법하다.

③ 방송광고심의규정에 대하여 광고회사 소속 광고인이 제기한 헌법소원의 청구기간 기산점 : 광고회사의 입사일

판례 헌재 1998.11.26. 94헌마207

[사건개요] 청구인들은 여러 광고회사에 소속되어 광고의 제작활동에 종사하는 광고인들인데 광고방송물이 방송위원회의 사전심의를 거치도록 한 방송법(1987.11.28. 법률 제3978호로 제정되고, 1990.8.1. 법률 제4263호로 개정된 것) 제17조 제3항 제3호는 검열을 금지하고 있는 헌법 제21조 제2항에 위반되고, 방송심의에 관한 규정(1988.10.18. 방송위원회규칙 제3호로 제정되고, 1992.3.27. 방송위원회규칙 제70호로 전면개정된 것) 제4장은 그 심의기준이 애매모호하여 명확성원칙에 반하는 등 이로 인해 청구인들의 언론 · 출판의 자유가 침해되고 있다는 이유로 이들 법규의 위헌확인을 구하여 1994.9.29. 이 사건 헌법소원심판을 청구하였다. [결정요지] 이 사건 법률조항은 1990.8.1. 개정되어 같은 해 9.2. 시행되었고, 이 사건 심의규정은 1992.3.27. 전면개정되어 같은 해 7.1. 시행되었다. 그러나 청구인들은 사전심의의 대상이 되는 광고표현물을 제작하는 광고회사에 광고인으로 입사하면서부터 이 사건 법률조항과 심의규정의 구체적인 적용을 받게 된다고 보아야 할 것이므로, 이 심판청구에 있어서 청구기간 산정의 기산점이 되는 "법령에 해당하는 사유"가 발생한 날이란 곧 각 청구인이 주식회사 S프로덕션에 입사한 날이라고 할 것이다. 이들은 입사하면서 특단의 사정이 없는 한 그 사실관계를 알았다고 보아야 할 것이고, 따라서 이로부터 60일 이내에 헌법소원심판을 청구하였어야 할 것이나, 청구인 모두 입사일로부터 60일이 지난 1994.9.29. 이 사건 헌법소원심판을 청구하였으므로 청구기간을 모두 경과하였다(각하결정). * 텔레비전 방송광고 사전심의제도는 후일 결국 위헌으로 결정되었다(헌재 2008.6.26. 2005헌마506).

(라) 가입신청일

각종 자격제에서는 그 자격자들의 단체(협회)를 구성하여 그 단체에 등록, 가입할 것을 업무가능요건으로 하는 경우가 있다. 업무상 가해지는 기본권제한에 대한 법령소원에서 청구기간 계산상 문제는 그 '안' 날 기산점을 가입(등록)을 하고자 하는 의사표시로서 신청한 날로 볼 것인가 아니면 가입(등록)이 확정된 날로 볼 것인가 하는 데 따라 달라질 수 있다는 점이다. 후자의 경우는 물론 신청 후 가입(등록) 확정까지 시간이 소요되는 경우일 것이고 신청 즉시 가입(등록)이 확정되는 경우는 물론 아닐 것이다. 가입(등록)이 확정되어 업무를 하면 어떤 제약이 올 것이라는 것은 그 신청을 할 때 이미 인식하였다고 보는 것이 현실적이라고 일단은 볼 수 있다.

판례 헌재 2017.12.28. 2015헌마1000
[판시] 청구인은 이 사건 구 자격조항(* 변호사자격을 가진 사람이라고 변리사 등록을 한 사람이어야 변리사 자격이 있다고 규정한 조항임) 이 시행된 후에 변리사 등록을 하여 이 사건 구 자격조항에 해당하는 사유가 발생하였고(헌재 2008.7.31. 2006헌마666 참조), 2015.7.15. 이 사건 구 자격조항에 따라 변리사 등록을 신청하였으므로, 늦어도 변리사 등록을 신청한 날에는 청구인에게 이 사건 구 자격조항이 적용된다는 사실을 알고 있었을 것인데, 그로부터 90일이 지난 2015.10.15. 이 사건 헌법소원심판을 청구하였다. 따라서 이 사건 구 자격조항에 대한 심판청구는 청구기간을 준수하지 못하였다.

(마) 재심사유에 관한 헌법소원에서 재항고기각결정을 고지받은 날

판례 헌재 1997.3.27. 94헌마235
[심판대상] 형사소송법 제420조 제5호 소정의 재심이유 중 "명백한 증거가 새로 발견된 때"에 "유죄의 확정판결 후 동 판결에서 인정한 사실과 법률적 가치판단이 상치되어 양립할 수 없는 사실의 인정에 관한 확정판결이 있는 때"를 포함시키지 아니하는 것으로 해석하는 한 동 조항이 헌법에 위반되는지 여부 [관련판시] 이 사건의 경우 청구인은 위 형사판결과 민사확정판결 등의 사실인정 내용이 서로 양립할 수 없음을 알고 그 민사확정판결의 존재가 재심이유를 규정한 형사소송법 제420조 제5호 소정의 "명백한 증거가 새로 발견된 때"에 해당한다는 이유로 재항고를 하였고, 1992.3.2. 대법원의 재항고기각결정을 고지받았다. 그러므로 청구인으로서는 최소한 위 재항고기각결정을 고지받은 때에 위와 같은 경우가 형사소송법 제420조의 재심이유로 규정되어 있지 아니할 뿐 아니라 같은 조 제5호 소정의 "명백한 증거가 새로 발견된 때"에도 해당하지 아니한다는 사실을 알았다고 보아야 할 것인데, 이 부분 심판청구는 그로부터 60일(구법규정, 현행 90일)을 경과한 후에 제기되었음이 기록상 명백하다.

(바) 근무수당에 관한 규정

판례 헌재 2010.6.24. 2009헌마177
[사건개요] 군법무관으로 임용되면서 월봉급액의 8퍼센트만을 군법무관수당으로 지급하게 규정한 구 '군인 등의 특수근무수당에 관한 규칙'(2006.1.17. 국방부령 제589호로 개정되고, 2010.5.13. 국방부령 제711호로 개정되기 전의 것) 제4조 제2호(이하 '군법무관수당규칙 부분')이 자신의 평등권 및 재산권을 침해한다는 취지로 2009.3.26. 그 위헌확인을 헌법소원심판을 청구하였다. [판시] 청구인은 2008. 4.1. 군법무관에 임용되어 2008. 4월분 보수액을 지급받을 때에 군법무관수당규칙 부분에 따른 군법무관수

당을 지급받음으로써 군법무관수당규칙 부분에 청구인이 주장하는 바와 같은 기본권 침해사유가 있음을 알았다고 할 것이므로, 그로부터 90일이 지난 2009.3.26. 청구한 이 사건 심판청구는 헌법재판소법 제69조 제1항 본문의 청구기간을 준수하지 못하여 부적법하다.

(사) 선거권(피선거권)제한사유자에 대한 해당일, 공무담임권 제한사유 해당일

가) 선거권(피선거권)제한

선거일로 본 결정례도 있고 형확정일로 본 예도 있다.

(a) **선거일로 본 결정례** 선거권, 피선거권에 대한 제한의 경우에 그 사유가 해당되는 청구기간 기산점을 선거일로 본 결정례로 아래와 같은 예가 대표적이다. 형확정 후 첫 선거일을 기산점으로 잡고 있다.

판례 헌재 2014.1.28. 2013헌마105

[사안] 집행유예기간 중인 자와 수형자의 선거권을 제한하고 있는 구 공직선거법(2005.8.4. 법률 제7681호로 개정된 것) 제18조 제1항 제2호 중 '유기징역 또는 유기금고의 선고를 받고 그 집행이 종료되지 아니한 자(이하 '수형자'라 한다)'에 관한 해당부분 등에 대한 헌법소원심판사건. [판시] 청구기간의 기산점이 되는 '법령에 해당하는 사유가 발생한 날'이란 법령의 규율을 구체적으로 현실적으로 적용받게 된 최초의 날을 의미한다. 즉, 일단 '법령에 해당하는 사유가 발생'하면 그 때부터 당해 법령에 대한 헌법소원의 청구기간의 진행이 개시되며, 그 이후에 새로 '법령에 해당하는 사유가 발생'한다고 하여서 일단 개시된 청구기간의 진행이 정지되고 새로운 청구기간의 진행이 개시된다고 볼 수는 없다(헌재 2006.7.27. 2004헌마655 참조). 심판대상조항은 '금고 이상의 형을 선고받고 선거일 현재 그 집행을 받지 아니하기로 확정되지 아니한 자'에 해당할 때 당해 선거에서의 선거권을 제한하는 규정이므로, 심판대상조항으로 인한 선거권 등 기본권의 침해는 그 시행 후 청구인에게 이에 해당되는 사유가 발생하였을 때 비로소 이루어지는 것이고, 구체적인 사유발생일은 선거일이다(헌재 2009.10.29. 2007헌마1462 참조). * 위 선거일을 기산점으로 하여 청구기간을 도과한 청구인들도 있고 그렇지 않는 청구인들도 있었으며 본안판단결과 "공직선거법(2005.8.4. 법률 제7681호로 개정된 것) 제18조 제1항 제2호 중 '유기징역 또는 유기금고의 선고를 받고 그 집행유예기간 중인 자'에 관한 부분, 형법(1953.9.18. 법률 제293호로 제정된 것) 제43조 제2항 중 유기징역 또는 유기금고의 판결을 받아 그 형의 집행유예기간 중인 자의 '공법상의 선거권'에 관한 부분은 헌법에 위반된다"라는 위헌결정이 있었다. * 선거일로 본 동지 결정례들 : 헌재 2009.10.29. 2007헌마1462; 2012.12.27. 2011헌마32; 2013.12.26. 2012헌마1014; 헌재 제3지정재판부 2020.2.4. 2020헌마79; 헌재 제1지정재판부 2020.3.10. 2020헌마219.

(b) **형확정시로 본 결정례** 반면에 선거권, 피선거권이 제한되는 형의 확정시를 기산점으로 한 아래의 결정례들도 있다.

판례 헌재 2008.1.17. 2004헌마41

[판시] 이 사건 법률조항(공직선거법 제19조 제1호 중 제18조 제1항 제3호의 '선거범으로서 100만 원 이상의 벌금형의 선고를 받고 그 형이 확정된 후 5년을 경과하지 아니한 자' 부분)은 선거범으로서 100만 원 이상의 벌금형을 선고받아 확정되면 5년 동안 피선거권이 제한된다는 내용의 규정이므로, 위 조항에 의한 기본권의 침해는 벌금형이 확정되었을 때 발생한다 할 것이다. 이 사건에서 청구인 최○진은 이 사건 법률조항이 시행된 후인 2002.10.30. '공직선거 및 선거부정방지법' 위반죄로 300만 원의 벌금

형이 확정되었으므로 이 때에 위 조항에 의한 기본권의 침해를 받게 되었다고 할 것인데, 이 사건 헌법소원심판은 그로부터 1년이 경과한 후인 2004.1.15. 청구되었으므로, 위 청구인의 이 사건 헌법소원심판청구는 청구기간을 도과하여 제기된 것으로 부적법하다.

나) 선거입후보 제한 등

공직선거에서 입후보 제한 등을 정한 공직선거법규정 등에 대한 법령소원에서, 예를 들어 기탁금제 규정에 대한 법령소원에서 그 청구기간 기산점은 후보자등록신청개시일로 본다(헌재 1996.8.29. 95헌마108).

다) 공무담임권제한의 경우

공직선거법 제266조의 선거범죄로 인한 공무담임 등의 제한에 관한 헌법소원심판 청구는 형확정일을 기산점으로 본다.

판례 헌재 2011.12.29. 2009헌마476

[판시] 이 사건 공무담임제한조항과 국회법조항으로 인한 기본권의 침해가 있다면 이는 청구인에 대한 위 벌금형의 확정과 동시에 발생하였다 할 것이고, 청구인은 그 날 위 조항들에 의하여 기본권침해 사유가 발생하였음을 알았다고 할 것이다. 그런데 청구인은 이 사건 공무담임제한조항과 국회법조항에 대하여는 판결확정일부터 90일이 경과한 이후인 2010.7.6. 헌법소원심판 청구이유보충서를 제출하면서 비로소 헌법소원심판을 청구하였는바, 헌법소원심판청구의 청구취지 추가 또는 변경이 이루어진 경우 청구기간의 준수 여부는 헌법재판소법 제40조 제1항 및 민사소송법 제265조에 의하여 추가 또는 변경된 청구서가 제출된 시점을 기준으로 판단하여야 하므로(헌재 2009.7.30. 2007헌마870, 판례집 21-2상, 348, 355), 이 사건 공무담임제한조항과 국회법조항에 대한 심판청구는 청구기간을 도과한 것으로서 부적법하다.

(아) 진정일, 민원제기일

판례 헌재 2015.3.26. 2014헌마191

[판시] 청구인은 늦어도 이 사건 진정을 제기할 무렵에는 심판대상조항에 해당하는 사유가 발생하였음을 알았다고 봄이 상당하다(헌재 1998.7.16. 96헌마268 참조). 따라서 그로부터 90일이 지나 청구된 이 부분 심판청구는 청구기간을 도과하여 부적법하다.

판례 헌재 2015.3.26. 2014헌마517

[판시] 기록에 의하면, 청구인은 2014.3.26. 국민신문고에 2014.3.1. 이 사건 개정조항의 시행으로 청구인의 경력은 더 이상 보육업무 경력으로 인정받을 수 없게 되어 그 구제를 구한다는 취지의 민원을 제기하였다. 따라서 청구인은 적어도 2014.3.26. 무렵 이미 심판대상조항으로 인한 기본권침해 사유를 알았다고 할 것이므로, 그로부터 90일을 경과하여 2014.6.30. 제기된 이 사건 심판청구는 청구기간을 도과하여 부적법하다.

(자) 원서접수 마감일·선발시험 지원마감일, 시험 시행 첫날

가) 원서접수 마감일·선발시험 지원마감일

입학시험, 선발시험의 경우 적어도 그 원수접수 마감일, 지원마감일에는 선발요건으로 인한 기본권제한사실을 알았을 것이다.

① 원서접수 마감일

판례 헌재 2015.11.26. 2014헌마145

[심판대상] 피청구인(교육감)이 2013.9.13. 자사고인 ○○고의 '2014학년도 ○○고등학교 신입생 입학전형요강'을 승인한 행위가 기본권을 침해하는지 여부. [판시] 2014학년도 졸업예정자인 청구인 1 내지 7과 그 학부모들인 청구인 10 내지 16은 위 입학전형요강의 내용을 확인하고 ○○고에 지원하지 못하였다고 주장하므로, 늦어도 ○○고 원서접수 마감일인 2013.10.24.경까지는 이 사건 승인처분이 있었던 사실을 알았다고 볼 것이다. 그런데 위 청구인들은 이 때로부터 90일이 경과한 2014.2.24. 이 사건 헌법소원심판을 청구하였으므로, 위 청구인들의 심판청구는 청구기간을 준수하지 못하여 부적법하다.

② 선발시험 지원마감일

판례 헌재 2016.10.27. 2015헌마734

[심판대상조항] 예비전력관리 업무담당자 선발 규칙(2015.2.27. 국방부령 제854호로 개정된 것) 제15조 제3항 별표5 중 '보직경력 평가기준 가운데 예비역간부 진급한 예비역 소령'에 관한 부분 및 '복무경력 평가기준' 부분. [판시] 청구인은 2013년부터 꾸준히 예비전력관리 업무담당자 선발시험에 응시하여 왔고, 2015년 전반기 예비전력관리 업무담당자 선발시험 공고는 2015.2.26. 있었으며 그 지원마감일은 2015.3.23.이었다. 따라서 청구인은 늦어도 위 지원마감일에는 별표 5로 인한 기본권침해 발생을 알았다고 보아야 하므로, 그로부터 90일이 지나 청구된 이 부분 심판청구도 청구기간을 준수하지 못하여 부적법하다.

③ 문의결과

판례 헌재 2009.7.30. 2007헌마991

[판시] 청구인은 2007.6.13. 입학규정을 경찰대학 학사관리과에 문의하여 만 22세인 청구인이 연령 초과로 말미암아 경찰대학 입학시험을 응시할 수 없게 된 것을 알게 된 것인바, 그 후로부터 90일의 청구기간 이내인 2007.9.4. 이 사건 심판청구를 하였으므로 청구기간은 준수되었다.

나) 시험 시행 첫날

변호사시험법(2009.5.28. 법률 제9747호로 제정된 것) 제7조 제2항이 응시기회제한(5회) 예외사유로 규정하지 않고 있다는 사실을 안 날로 변호사시험의 시행일 첫날로 본다.

판례 헌재 2016.9.29. 2016헌마47등

[판시] 청구인 최○△(2016헌마361)은 변호사시험법 제7조 제2항이 임신 및 출산을 응시기회제한의 예외사유로 규정하지 않고 있다는 사실을 늦어도 제5회 변호사시험의 시행일 첫날인 2016.1.4.에 알았다고 보인다. 그로부터 90일이 지나 2016.5.7. 이루어진 청구인 최○경의 변호사시험법 제7조 제2항에 대한 심판청구는 청구기간을 준수하지 못하여 부적법하다.

(차) 그 외의 예들

그 외에 법령이 시행에 들어간 이후 비로소 법령에 해당하는 사유가 발생하였음을 안 날

에 관한 판례로는 다음과 같은 것들이 있다.

① **압류채권의 지급을 거절당한 날** – 군인연금법상의 급여를 받을 권리에 대해 압류를 금지한 군인연금법 제7조에 대한 헌법소원(헌재 제1지정재판부 1992.9.16. 고지, 92헌마185, 판례집 4, 584면, 각하결정)

② **대통령선거 당시** – 교원을 각종 선거의 투·개표사무원의 종사원으로 일률적으로 동원할 수 있도록 규정한 구 대통령선거법 제95조 제8항 등에 대한 헌법소원(헌재 제1지정재판부 1993.5.4. 고지, 93헌마80, 판례집 5-1, 219면, 각하결정)

③ **분양신청접수취소의 통지일** – 주택공사는 한국주택은행으로부터 청구인이 시영 아파트에 특별공급대상자로 당첨된 사실이 통보되었다는 이유로 '주택공급에 관한 규칙'(1984.11.28. 건설부령 제377호) 제17조 제3항에 의거하여 1990.5.8. 청구인의 분양신청접수를 취소하였기에 위 규칙 조항에 대하여 헌법소원을 제기한 사건(헌재 1993.5.13. 90헌마142, 판례집 5-1, 310면, 각하결정)

④ **청원의 제출시** – 육군참모총장에게 군인연금법에 의한 퇴직급여의 지급을 구하는 청원을 제출하였다가, 그 청원을 이송받은 육군중앙경리단장으로부터 1993.8.24. "1960.1.1. 이전 전역자는 군인연금법의 적용대상자에서 제외되므로 퇴직급여의 수령이 불가능하다"는 회신을 받고 군인연금법(1963.1.28. 법률 제1260호) 부칙 제1항("본법은 1963년 1월 1일부터 적용한다")에 대해 제기한 헌법소원(헌재 제3지정재판부 1994.2.18. 고지, 94헌마12, 판례집 6-1, 19면, 각하결정)

⑤ **대학졸업시** – 신체장애로 말미암아 병역을 면제받아 군복무를 하지 않은 청구인이 각종 채용시험에서 제대군인에 대한 가산점을 주는 국가유공자예우 등에 관한 법률(1984.8.2. 법률 제3742호, 개정 1988.12.31. 법률 제4072호) 제70조를 대상으로 제기한 헌법소원사건(헌재 제3지정재판부 1994.3.23. 고지, 94헌마32, 판례집 6-1, 200면, 각하결정. [결정이유요지] 청구인은 1993.2. 대학을 졸업하고 그 무렵 여러 차례에 걸쳐 각종 채용시험에 응시하였음에도 불구하고 병역면제자라는 이유로 그 시험에서 차별 취급받아 왔다고 주장한다. 따라서 청구인은 특단의 사정이 없는 한 1993.2.경에 이미 이 사건 법률조항의 존재를 알았다고 보아야 할 것이다. 그렇다면 1994.2.24.에 제기된 이 사건 심판청구는 60일의 청구기간이 지난 후에 제기된 청구라고 할 것이다)

⑥ **법령위반으로 인한 업무정지처분시** – 약사법시행규칙(1994.7.18. 보건사회부령 제933호) 제89조의 행정처분 기준[별표 6]에 대한 헌법소원(헌재 1999.11.25. 97헌마188, 헌재공보 제40호, 909면)

⑦ **정리회사 관리인으로 선임된 날** – 회사정리법규정들에 대해 정리회사 관리인이 제기한 법령소원(헌재 제2지정재판부 2000.2.16. 고지, 2000헌마75)

⑧ **수형자에 대한 독거 및 혼거수용**(독거수용일), **서신수발의 허가 및 검열**(허가·검열받아 서신을 수발 등을 한 날), **라디오·텔레비전시청허가 등**(구치소 수감된 날 신입자교육을 받은 날)**에 대한 헌법소원**(이상 헌재 1998.7.16. 96헌마268)

⑨ **납부기간도과시 권리소멸이 오는 경우 기산점** – 추가납부기간 만료일 다음 날(헌재

2000.11.30. 99헌마624)

⑩ **사인소추를 금지하고 있는 형사소송법 제246조의 규정에 의한 기본권 침해를 안 날 – "고소한 때"**(헌재 2005.3.31. 2004헌마436)

⑪ **치료감호 확정판결일**(헌재 2016.4.28. 2015헌마98), * **치료감호 선고를 받은 날로 본 결정례**(헌재 2012.12.27. 2011헌마276)

2) 법령시행 후 비로소 그 법령에 해당하는 사유가 '발생한' 날

헌재는 '법령의 규율을 구체적이고 현실적으로 적용받게 된 날'이라고 본다고 했는데 그 법리가 적용된 결정례들을 살펴본다.

(가) 확정적인 날

'발생한(있는) 날'이 보다 분명한 날이라고 판단해주는 것이 헌법소원심판의 기본권구제에 보다 더 부합될 것이다. 아래 사례는 기본권행사를 위해 청구인이 하려 했던 행위가 불가능해진 것이 확실한 시점을 잡은 예이다.

판례 헌재 2009.7.30. 2007헌마991

[본안쟁점] 경찰대학의 입학 연령을 21세 미만으로 제한하고 있는 경찰대학의 학사운영에 관한 규정(2007.6.29 대통령령 제19563호로 일부 개정된 것) 제17조(이하 '이 사건 심판대상 규정')가 경찰대학 입학 희망자의 공무담임권을 침해한다는 주장으로 청구된 헌법소원심판. [판시] 이 사건의 경우 '법령에 해당하는 사유가 발생한 날'은 청구인이 하려고 했던 경찰대학의 응시가 이 사건 심판대상규정으로 말미암아 확정적으로 불가능해진 시점이라고 보아야 함이 상당하므로, 청구인은 원서 지원 기간인 2007.7.23.경 법령에 해당하는 사유가 발생하였다고 보아야 할 것인바, 그때부터 1년의 청구기간 이내인 2007.9.4. 이 사건 심판청구를 하였으므로 청구기간은 준수되었다.

* 검토 – ⅰ) 이 사안은 본안판단까지 갔기에 그나마 아래의 지적을 비켜갈 여지가 있지만 근본적으로 검토하면 연령에 따른 기본권행사의 제한(사안에서는 입학 연령이 제한된다는 기본권행사의 제한)의 경우 헌법소원심판을 청구하는 동기는 그 연령 제한을 철폐하고자 그 제한을 다투고자 하는 데에 있는데 연령 도과를 이유로 결국 그 핵심 논점을 다투지 못하게 하는 것이 타당하고 정의로운지 의문이 든다. 만약 연령 제한이 위헌이라고 결정이 난다면 청구인은 그 기본권행사의 가능성을 가지게 된다는 점을 고려하면 그러하다. ⅱ) 이러한 ⅰ)의 근본적 지적을 떠나 청구기간을 이 판시에서처럼 요구한다고 하더라도 판시에서 지원기간인지 아니면 지원기간 만료일인지 명확하지 않다.

(나) 영업허가일, 영업신고필증의 교부일, 면허취득일

영업의 자유 등에 대한 제한은 그 제한이 지속되어 온 것이라면 영업자는 새로이 영업을 수행하게 된 때부터 해당 사유가 발생할 것이다. 따라서 허가일, 신고필증 교부일, 면허취득일 등이 기산점이 될 것이다.

가) 영업허가일

판례 헌재 2016.12.29. 2016헌마599

[사건개요] 멸치조업금지구역을 설정하는 수산업법 시행령(2014.3.24. 대통령령 제25275호로 개정된 것)

제45조의3 제2항 [별표 3의3] 1. 근해어업 중 나. 소형선망어업 가운데 '조업금지'에 관한 부분이 소형선망어업 허가를 받아 서해안어장에서 주로 멸치잡이어업 등에 종사하는 사람의 직업의 자유 등 침해한다는 주장으로 청구된 헌법소원심판. [판시] 청구인 한○○은 2015.6.25.~2017.12.31.을 허가기간으로 하여 소형선망어업허가를 받은바, 그 때로부터 이 사건 시행령조항을 포함한 수산업법령을 준수할 의무를 부담하게 되어(수산업법 제34조 제1항 제8호, 제49조 제1항, 제99조의2 제2호 등 참조) 이 사건 시행령조항에 해당하는 사유가 발생하였다고 할 것이므로, 그로부터 1년이 경과한 2016.7.20. 제기된 청구인 한○자의 이 사건 심판청구는 청구기간을 도과한 것으로서 부적법하다.

나) 영업신고필증의 교부일

판례 헌재 1996.2.29. 94헌마13

[사건개요와 심판대상] 청구인은 1993.11.25. 노래연습장 영업신고를 하여 풍속영업신고필증을 교부받은 후 노래연습장을 경영하고 있다. 풍속영업의 규제에 관한 법률(1991.3.8. 법률 제4337호. 이하 '법'이라 함) 제3조 제5호, 동법시행령(1992.6.13. 대통령령 제13663호로 신설되어 1994.7.23. 대통령령 제14336호로 개정되기 전의 것) 제5조 제6호, 동법시행규칙(1992.6.13. 내무부령 제566호로 신설된 것) 제8조 제1항의 풍속영업소에 대한 행정처분기준 [별표 3]에 수록되어 있는 2. 개별기준의 마. 노래연습장 (1)의 (다) 부분의 규정에 의하면 노래연습장의 경우 18세 미만자의 출입을 금지하고 있는바, 청구인은 위 규정들이 청구인의 헌법상 보장된 평등권 등 기본권을 침해하고 있다고 하여 1994.1.24. 헌법재판소에 헌법소원심판을 청구하였다. [관련판시] 청구인은 이 사건 법령조항들이 제정·시행된 후인 1993.11.25. 법 제5조 제1항 및 제4항의 규정에 따라 노래연습장 영업신고를 하여 경찰서장으로부터 풍속영업신고필증을 교부받아 노래연습장 영업을 시작하였으므로, 위 신고필증을 교부받은 때를 사유가 발생한 날로 보아야 할 것이고, 청구인은 그 날로부터 60일 이내인 1994.1.24. 심판청구를 하였으므로 심판청구기간을 준수하였음이 명백하다.

* 해설 – 위 결정에서 '안' 날을 기산점으로 하는 60일의 기간을 도과하지 않은 점을 들고 있는데 이는 아마 사유가 '발생한' 날에 그 사유를 알았다고 본 것으로 이해된다. 신고필증의 교부시에 기본권침해가 '발생'하였다고 보았으므로 그 시점에서 180일 이내이기도 하다.

* 영업신고필증의 교부일에 사유가 발생한 날로 본 또 다른 예 : 헌재 1993.5.13. 92헌마80, 체육시설의 설치·이용에 관한 법률시행규칙(문화체육부령) 제5조에 대한 헌법소원. 이 결정은 위헌결정이었다.

다) 의사면허취득일

판례 헌재 1993.11.25. 92헌마87

[사건개요] 청구인은 안과의사인바, 의료기사법시행령(1973.9.20. 대통령령 제6864호, 1990.8.8. 대통령령 제13067호 개정) 제2조 제1항 제8호의 규정이 안경사에게 시력보정용 안경의 조제·판매시 도수조정을 위한 시력검사(제외사항 있음)를 허용하고 있는바 이는 청구인의 직업선택의 자유 등 기본권을 침해하고 있다고 하여 위 규정을 대상으로 헌법소원심판을 청구하였다. [판시] 청구인이 안과의사로서의 면허를 취득한 일자는 1992.3.10.이므로 그 때가 그 법령에 해당하는 사유가 발생한 경우에 해당한다고 할 것인즉, 1992.4.21.에 제기된 이 심판청구는 청구기간 내에 행하여진 것으로서 적법하다.

라) 계속된 근무

판례 헌재 2015.4.30. 2012헌마391

[본안쟁점, 심판대상조항] '생산직 및 그 관련 직에 종사하는 근로자' 중 야간근로수당 등에 대한 비과세

혜택을 받는 근로자의 범위를 정하도록 위임받은 구 소득세법 시행령(2006.2.9. 대통령령 제19327호로 개정되고, 2008.2.29. 대통령령 제20720호로 개정되기 전의 것) 제17조 제1항 제1호 중 '공장' 부분(이하 '심판대상조항')이 생산직근로자 가운데 '공장'에서 근로를 제공한 자로 한정한 것이 법률유보원칙에 위배되는지 [판시] 청구인 박○원은 2007.10.경부터 2007.12.경까지 급여를 지급받으면서 연장시간근로수당 등에 대하여 소득세가 원천징수된 때 기본권의 침해사유가 발생하였으므로, 그로부터 1년이 훨씬 지난 2012.4.19. 제기된 심판청구는 청구기간이 지난 후에 제기되었음이 명백하다. 그러므로 청구인 박○원의 심판청구는 부적법하다.

(다) 등록, 가입

어떤 업무를 할 수 있는 자격을 가진 사람도 일정한 단체나 기관 등에 등록을 하여야 그 업무(영업)를 할 수 있다. 이러한 등록이 요구되는 업무의 경우 그 등록이 된 날에 해당되는 사유가 발생한 날이 된다. 다만, 이 때 이전부터 등록이 된 사람에게 어떤 법규정이 기본권제한을 새로이 가져오게 되면 그 문제의 법규정이 시행됨과 동시에 사유가 발생하는 것으로 보아 앞에 서술한 시행과 동시에 침해 받은 것으로 본 경우에 해당된다[전술, (1) 법령시행과 동시에 기본권침해를 받은 것으로 본 경우 부분 참조]. 업무활동이 아닌 일정한 혜택을 받기 위한 가입(건강보험가입)도 있다.

가) 자격자 단체 가입(등록)

각종 자격제에서는 그 자격자들의 단체(협회)를 구성하여 그 단체에 등록, 가입할 것을 업무가능요건으로 하는 경우가 있다. 대표적으로 변호사협회와 같은 경우이다.

판례 헌재 2019.12.27. 2019헌마7

[판시] 청구인에게 심판대상조항에 의한 기본권침해의 사유가 발생한 때는 청구인이 변호사등록을 하여 서울지방변호사회에 가입한 2009.4.3.이라 할 것이다. … 따라서 청구인이 서울지방변호사회에 변호사등록을 함으로써 심판대상조항에 의한 기본권침해의 사유가 발생한 2009.4.3.로부터 1년이 경과하였음이 역수상 명백한 2019.1.3.에야 제기된 이 사건 심판청구는 청구기간을 경과하였다.

나) 학원운영을 위한 등록일

판례 헌재 1994.12.29. 92헌마216

[본안쟁점] 입시계 학원이 아닌 이상 입시과목에 대한 과외교습을 금지하고 있는 학원의 설립·운영에 관한 법률(이하 '법'이라 함) 제8조 제1항과 학원의 시설기준을 규정한 서울특별시 학원의 설립·운영에 관한 조례 제5조 제1항이 중소규모 학원경영자들의 직업의 자유 등을 침해하는지 여부 [결정요지] 심판의 대상인 법 제8조 제1항은 현재까지 시행되고 있으며, 조례 제5조 제1항은 1988.5.6. 조례 제2292호로 제정(입시계 학원의 강의실 연면적 기준은 현행 규정과 같음)된 이래 1991.3.25. 조례 제2741호로 개정되어 현재까지 시행되고 있다. 한편 청구인은 1990.10.10. 서울특별시 서부교육구청에 학원등록을 하고, 웅변학원을 운영하여 왔음이 분명하다. 그렇다면 청구인으로서는 위 법령들로 말미암아 늦어도 위 학원등록일부터는 대학생이나 입시계 학원이 아닌 이상 입시교과목에 대한 과외교습을 할 수 없다는 제한을 현실적으로 받게 되었다고 할 것이므로, 그 때부터 청구인에 대한 기본권침해의 '사유가 발생'하였다고 할 것이다. 따라서 그로부터 180일(* 당시 규정, 현행 1년)이 지났음이 날짜계산상 분명한

1992.9.19.에야 제기된 이 심판청구는 청구기간을 도과한 부적법한 청구임이 명백하다.

다) 변리사 등록

판례 헌재 2012.8.23. 2010헌마740

[본안쟁점] 특허, 실용신안, 디자인 또는 상표의 침해로 인한 손해배상, 침해금지 등의 민사소송(이하 '특허침해소송')에서 변리사에게 소송대리를 허용하지 않고 있던 구 변리사법(2004.12.31. 법률 제7289호로 개정되고, 2011.5.24. 법률 제10706호로 개정되기 전의 것) 제8조(이하 '이 사건 법률조항'이라 한다)가 변리사들의 직업의 자유를 침해하는지 여부(기각결정) [판시] 변리사법 제5조 제1항에 의하면 변리사의 자격을 가진 사람이 변리사로서의 업무를 개시하고자 하는 때에는 특허청장에게 등록하여야 하므로, 청구인들에게 이 사건 법률조항에 해당하는 사유는 청구인들이 각 변리사 등록을 한 날에 발생하고, 이미 변리사 등록을 한 후 변리사로서 활동하던 중 이 사건 법률조항이 개정되어 시행된 경우에는 이 사건 법률조항이 시행된 날에 비로소 기본권의 침해를 받게 되었다고 할 것이다. … 청구인 조○래는 2010.5.26., 청구인 김○훈과 정○완은 2010.7.9., 청구인 서○진은 2010.9.2., 청구인 최○근은 2010.10.15., 청구인 함○정은 2010.11.2., 청구인 이○열은 2010.11.22. 각 변리사 등록을 하였는바, 위 청구인들이 변리사 등록과 동시에 이 사건 법률조항에 의하여 특허침해소송의 소송대리권이 없음을 알게 되었다고 단정하기 어려우므로, 각 변리사 등록을 한 날부터 1년이 경과되지 아니한 2010.12.2. 청구된 위 청구인들의 심판청구는 헌법재판소법 제69조 제1항 본문의 청구기간을 준수하였다. * 이 사안에서 반면에 이전부터 등록을 한 변리사인 청구인들에 대해서는 "이미 변리사 등록을 한 후 변리사로서 활동하던 중 이 사건 법률조항이 개정되어 시행된 경우에는 이 사건 법률조항이 시행된 날에 비로소 기본권의 침해를 받게 되었다"라고 판단하여, 즉 위에서 언급한 대로 앞에 서술한 시행과 동시에 침해 받은 것으로 본 경우에 해당된다고 판단하여 "청구인 윤○○의 변리사 등록일은 2001.7.16.이고, 이 사건 법률조항은 2005.7.1. 시행되었으므로 이 사건 법률조항이 시행된 날에 기본권의 침해를 받게 되었다. 그런데 이때부터 1년이 훨씬 지난 2010.12.2. 이 사건 심판을 청구하였으므로, 청구인 윤○○의 심판청구는 청구기간을 도과하여 부적법하다"라고 판단하였다.

라) 공인중개사

판례 헌재 2009.3.26. 2007헌마988등

[본안쟁점] 중개업자로 하여금 자신이 중개한 부동산 거래내역을 당해 토지 또는 건축물 소재지의 관할 시장·군수 또는 구청장에게 신고하도록 한 '공인중개사의 업무 및 부동산 거래신고에 관한 법률'(2005.7.29. 법률 제7638호로 전부 개정된 것) 제27조 제2항(이하 '이 사건 신고의무 조항')이 공인중개사인 청구인들의 직업의 자유를 침해하는지 여부(기각결정). [판시] 이 사건 신고의무 조항은 '중개업자'를 수범자로 하고 있는바, "공인중개사"와 "중개업자"는 명확히 구별되는 개념으로(법 제2조) 공인중개사는 중개사무소를 개설·등록하여야 중개업을 영위할 수 있으므로 '중개업자'의 의무에 관하여 규정하고 있는 이 사건 신고의무 조항은 청구인들이 '공인중개사 자격을 취득한 시점'이 아닌 '사무소를 개설·등록하여 중개업을 영위할 수 있게 된 시점'에 비로소 기본권 침해사유가 발생한다고 할 것이다. 그렇다면 청구인 김○○을 제외한 나머지 공인중개사인 청구인들은 2007.6.8.부터 같은 해 8.2.까지 사이에 공인중개사 사무소를 개설·등록하였으므로 법률이 시행된 뒤에 비로소 그 법률에 해당하는 사유가 발생하여 기본권의 침해를 받게 되는 경우인바, 중개사무소의 개설·등록일부터 90일 이내에 제기한 이 사건 심판청구는 청구기간이 준수되었다.

마) 국민건강보험 가입

판례 헌재 2011.8.30. 2008헌마757

[사건개요] '직장가입자와 지역가입자의 재정통합'과 보험료 부담의 차등성을 초래하는 '직장가입자와 지역가입자의 보험료 산정기준 이원화'를 정한 국민건강보험법(1999.2.8. 법률 제5854호로 제정된 것) 제33조 제2항, 제62조 제4항 등이 직장가입장의 재산권을 침해한다는 주장으로 청구된 헌법소원심판이다. [판시] 이 사건에서 '법령에 해당하는 사유가 발생한 날'은 청구인들이 '이 사건 법률조항이 시행된 이후 최초로 직장가입자 자격을 취득한 날'로, '그 사유가 발생하였음을 안 날'은 늦어도 '직장가입자로 편입된 뒤 최초로 행해진 보험료 부과처분의 납부기한'으로 보아야 할 것이다. * 청구기간 도과로 판단되고 자기관련성도 없어서 각하결정이 있었다.

(라) 법인, 노동조합 등의 설립일

가) 법인 설립일

판례 헌재 1996.8.29. 92헌마137

[사건개요] 청구인들은 제19조에 따라 1991.7.1. 건설부장관의 인가를 받아 설립된 감정평가법인들인바, 주식회사 한국감정원도 청구인들과 같이 구 지가공시 및 토지 등의 평가에 관한 법률(1995.12.29. 법률 제5108호로 개정되기 전의 것)상의 감정평가법인 중 하나에 불과함에도 한국감정원만을 소정의 시가감정기관 또는 평가기관으로 규정하고 있는 구 자산재평가법시행령(이하 '재평가법시행령'이라고 함) 제3조 제2호, 구 금융기관의 연체대출금에 관한 특별조치법시행령(이하 '연특법시행령'이라고 한다) 제2조 및 한국감정원을 복수평가시의 필수적 평가기관으로 규정한 주택분양가원가연동제시행지침('이 사건 건설부지침'이라고 한다) 제5조 제2항 등은 합리적 이유 없이 청구인들의 직업의 자유 등을 침해하고 있다는 이유로 1992.6.26. 위 각 조항들에 대하여 헌법소원심판을 청구하였다. [결정요지] 이 사건 심판대상 조항 중 재평가법시행령 제3조 제2호, 구 연특법시행령 제2조, 이 사건 건설부지침 제5조 제2항은 청구인들 법인이 설립된 1991.7.1. 당시 이미 시행되고 있었다. 그렇다면 청구인들 법인이 설립됨으로써 그 적용을 받게 된 1991.7.1.을 헌법재판소법 제69조 제1항 소정의 '그 사유가 있은 날'로 보아야 할 것이므로 청구인들은 위 각 기준일로부터 늦어도 180일(구법. 현 1년) 이내에 헌법소원심판을 청구하였어야 할 것인데도, 청구인들은 그로부터 180일이 훨씬 지난 1992.6.26. 헌법소원심판을 청구하였으므로 청구기간을 도과하였음이 명백하여 부적법하다.

나) 노동조합의 설립일

판례 헌재 1999.11.25. 95헌마154

[사건개요] 청구인은 1995.4.6. 설립된 신설노동조합이다. 청구인은 노동조합의 정치활동을 금지한 구 노동조합법(1996.12.31. 법률 제5244호로 폐지되기 전의 것, 이하 같다) 제12조, 법령에 의하여 정치활동이 금지된 단체의 공명선거추진활동을 금지한 '공직선거 및 선거부정방지법'(1995.5.10. 법률 제4949호로 개정된 것) 제10조 제1항 제2호 등이 청구인의 표현의 자유, 정치활동의 자유, 단결권 등을 침해한다는 이유로 1995.5.23. 헌법소원을 청구하였다. [관련판시] 청구인은 1995.4.6.에 설립된 신설 노동조합으로서 그 설립과 동시에 비로소 이 사건 심판대상인 법률조항과 관련되어 기본권을 침해받게 된 경우에 해당하고, 청구인이 같은 해 5. 23. 이 사건 심판청구를 하였으므로, 이 사건 심판청구는 청구기간을 준수한 것임이 역수상 명백하다.

(마) 기본권행사에서의 연령 문제

가) 기본권행사에서의 연령 상한

(a) **결정** 헌재는 이러한 연령 상한 제한(적용)을 받게 되는 때에 해당사유가 발생한 날로 잡는다. 아래 사례는 경찰공무원임용령(2005.5.13. 대통령령 제18826호로 개정된 것)이 순경 공개경쟁채용시험의 응시연령 상한을 '30세 이하'로, 소방공무원임용령(2003.1.20. 대통령령 제17887호로 개정된 것)이 소방사·지방소방사 공개경쟁채용시험 및 특별채용시험의 응시연령 상한과 소방간부후보생 선발시험의 응시연령 상한을 '30세 이하'로 규정한 부분에 대한 헌법소원심판사건에서 그 연령 상한에 걸려 청구가 각하된 청구인들이 있었던 사안이었는데 다른 청구인들에 의한 청구가 적법하다고 판명되어 본안판단을 한 결과 결국 헌법불합치결정이 있었다.

판례 헌재 2012.5.31. 2010헌마278

[주문] 1. 청구인 백○◇, 강○◇의 이 사건 심판청구를 각 각하한다. 2. 경찰공무원임용령(2005.5.13. 대통령령 제18826호로 개정된 것) 제39조 제1항 중 순경 공개경쟁채용시험의 응시연령 상한을 '30세 이하'로 규정한 부분과 소방공무원임용령(2003.1.20. 대통령령 제17887호로 개정된 것) 제43조 제1항 별표 2 중 소방사·지방소방사 공개경쟁채용시험 및 특별채용시험의 응시연령 상한을 '30세 이하'로 규정한 부분과 제2항 중 소방간부후보생 선발시험의 응시연령 상한을 '30세 이하'로 규정한 부분은 각 헌법에 합치되지 아니한다. 위 조항 부분은 2012.12.31.을 시한으로 개정될 때까지 각 계속 적용된다. [판시] 청구인들이 이 사건 심판대상 조항들에 의해 기본권침해를 받게 되는 시점은 그 중 연령 상한의 적용을 받게 되는 때라 할 것이다. 그런데 청구인 백○○은 1977.12.21.생으로, 30세에 해당하는 2008년도까지 응시가 가능하였으나 31세에 해당하는 2009.1.1.부터는 이 사건 경찰공무원임용령 조항에 의하여 응시할 수 없게 되었는바, 이로부터 1년이 경과한 2010.5.3. 이 사건 심판을 청구하였으므로 청구기간을 도과하였다. 청구인 강○○은 2009.12.경 이 사건 경찰공무원임용령 조항에 의한 응시연령의 제한으로 자신이 2010.1.1.부터는 더 이상 순경 공채시험에 응시할 수 없음을 알았다고 자인하고 있으므로, 그때부터 이 사건 경찰공무원임용령 조항에 따른 기본권 침해사유가 발생하였음을 알고 있었다 할 것인데, 이 사건 심판청구는 그로부터 90일이 경과하였음이 역수상 명백한 2010.5.3. 제기되었으므로 청구기간을 도과하였다. 따라서 청구인 백○○, 강○○의 이 사건 심판청구는 부적법하다.

(b) **검토** 어떤 기본권의 행사에 있어서 연령에 상한선을 두어 제한하는 규정에 대한 헌법소원에서 연령 상한에 도달한 때 해당사유가 발생한 날이고 그때부터 1년을 기산하는 것에는 의문이 있다. 근본적으로 검토하면 연령에 따른 기본권행사의 제한의 경우 헌법소원심판을 청구하는 핵심적 관건적 이유가 연령 제한을 철폐하고자 그 제한의 위헌성을 다투고자 하는 데에 있다. 그럼에도 불구하고 헌법소원의 청구기간을 설정하고 그 기산점을 이렇게 잡음으로써 연령 도과를 이유로 결국 그 핵심 논점을 다투지 못하게 한다. 이것이 과연 타당하고 정의로운지 의문이 든다. 만약 연령 제한이 위헌이라고 결정이 난다면 청구인은 그 기본권행사의 가능성을 가지게 될 것(위 사안에서 경찰공무원이 되어 공무담임권이라는 중요한 기본권행사가 가능해질 것)이라는 점을 고려하면 그러하다. 실제 위 사안에서 위 헌법불합치결정 이후 40세로 상한 연령이 늘어났는데 그 상한 연령이었으면 위 각하결정을 받은 백○○ 청구인도 당시 연령에서도

응시가 가능했었다. 국가공무원임용령의 상한 연령에 대해서도 이전에 이미 헌법불합치결정(헌재 2008.5.29. 2007헌마1105)이 있었는데 상한 연령이 폐지되었고(상한이란 응시연령 상한이 아니라 결국 공무원 신분유지 상한, 즉 정년연령만 있게 됨) 응시가능 최소연령만 규정되어 있다.

나) 해당연령 도달 시점

법 해당 연령에 도달한 때 해당하는 사유가 발생한 것으로 본 예가 있다. 사안은 국가는 흡연의 폐해로부터 국민의 건강을 보호하여야 할 의무가 있음에도 불구하고 국가가 담배사업법을 통하여 담배의 제조 및 판매를 허용하고 보장하는 것이 청구인들의 보건권 등을 침해한다고 주장하며 2012.1.11. 구 담배사업법(2010.1.18. 법률 제9932호로 개정되고, 2011.6.7. 법률 제10786호로 개정되기 전의 것, 이하 '담배사업법')을 대상으로 헌법소원심판을 청구한 사건이다. 위 가)와 차이는 연령에 달하면 가)는 금지되고 나)는 허용되는데 나)의 그 허용이 기본권침해라는 것이다.

판례 헌재 2015.4.30. 2012헌마38

[판시] 담배사업법은 2010.3.19.부터 시행되었고, … 청구인 우○○은 1992.12.4.생이고, 청구인 전○○은 1992.12.14.생인데, 이들은 모두 만 19세가 된 해의 1.1.인 2011.1.1.부터 담배를 구매할 수 있었음에도(청소년보호법 제28조 제1항, 제2조 제1호, 제4호) 그로부터 1년이 지난 2012.1.11.에야 비로소 이 사건 헌법소원심판을 청구하였는바, 이는 기본권침해사유가 발생한 날부터 1년이 경과하였음이 명백하다. 따라서 위 청구인들의 헌법소원심판청구도 청구기간을 도과하였다. * 다른 적법한 청구들을 따라 본안판단에 들어갔는데 과소보호금지원칙에 반하지 않는다고 보아 기각결정을 하였다.

(바) 임용일, 전임일, 임기개시일 등

가) 임용일

(a) 준수례 초·중등학교 교육공무원의 정당가입 및 선거운동 금지 – 이를 규정하고 있는 당시의 정당법 제6조 단서 제1호 및 '공직선거 및 선거부정방지법'(이하 '공선법'이라 한다) 제60조 제1항 제4호에 대한 헌법소원심판의 청구였다.

판례 헌재 2004.3.25. 2001헌마710

[판시] 청구인 윤○○은 2001.9.3.에, 같은 김○○은 2001.9.1.에 각 교원이 되었으므로 그 때로부터 이 사건 법률조항(특히 정당법조항)에 의한 기본권의 제한을 받게 되는바, 2001.10.12. 접수된 이 사건 심판청구는 청구기간을 준수하였음이 명백하다.

(b) 도과례

① 사립교원 선거운동 금지

판례 헌재 2019.11.28. 2018헌마222.

[판시] 사립교원 선거운동 금지조항에 대하여 보건대, 사립교원에 해당하여 위 조항에 대한 자기관련성이 인정되는 청구인들은 모두 제20대 국회의원선거일 이전에 사립교원으로 채용되어 늦어도 2016.4.13. 제20대 국회의원선거일 무렵에는 위 조항의 적용을 받았다. 따라서 그로부터 1년이 경과하여 제기한 심판청구는 청구기간을 도과하였으므로, 사립교원 선거운동 금지조항에 대한 심판청구는 부적법하다.

② 청원경찰에 대한 노동운동 금지

판례 헌재 2017.9.28. 2015헌마653

[사안] 청원경찰의 복무에 관하여 국가공무원법 제66조 제1항을 준용함으로써 노동운동을 금지하는 청원경찰법(2010.2.4. 법률 제10013호로 개정된 것) 제5조 제4항 규정에 대해 청원경찰인 사람들이 자신들의 근로3권을 침해한다는 주장의 헌법소원심판을 청구하였는데 이 중 임용일 기준 청구기간을 도과한 청구인들이 있었음. [판시] [별지 2] 기재 청구인들은 모두 이 사건 심판청구일인 2015.6.19.로부터 1년 이전에 청원경찰로 임용(2013.9.2. 이전에 임용)되었다. 그렇다면 이들의 심판청구는 각각의 기본권 침해사유가 발생한 날로부터 1년이 경과한 후에 제기된 것이므로, 청구기간을 도과하여 부적법하다. * 청구기간을 준수하는 등 적법한 청구를 한 청구인들이 있어서 본안판단 들어가 결국 헌법불합치결정이 내려졌다.

③ 수석교사 임기 중 교장·원장 또는 교감·원감 자격 취득 금지 – 이를 규정한 교육공무원법 (2011.9.30. 법률 제11066호로 개정된 것) 제29조의4 제4항

판례 [판시] 청구인들은 심판대상조항이 시행된 2012.1.1. 이후에 수석교사로 임용된 자들이므로, 청구인들이 각 수석교사로 임용된 날에 심판대상조항에 해당하는 사유가 발생하였다. 따라서 … 2012.3.1. 부터 2016.3.1.까지 사이에 수석교사로 임용된 청구인 8 내지 179는 각 수석교사 임용일로부터 1년이 지난 후인 2017.5.26. 이 사건 헌법소원심판을 청구하였으므로 청구기간을 준수하지 못하였다.

나) 전투경찰순경으로의 전임일 - 도과례

판례 헌재 1995.12.28. 91헌마80, 전투경찰대설치법 등에 대한 헌법소원

[사건개요] 청구인은, 육군 현역병으로 입영하였으나 국방부장관의 명으로 전투경찰순경으로 전임되어 각종 시위의 진압명령을 수행하여 왔는데 이러한 전환이 가능하도록 규정한 구 전투경찰대설치법 제2조의3 제1항[1989.12.30. 법률 제4157호(병역의무의 특례규제에 관한 법률)로 개정된 후 1993.12.31. 법률 제4685호(병역법)로 개정되기 전의 것] 등이 청구인의 행복추구권 등을 침해하여 헌법에 위반된다고 주장하여 1991.5.6. 위 법률규정들을 대상으로 헌법소원심판을 청구하였다. [판시] 이 사건 기록에 의하면 청구인은 1990.7.29. 이 사건 법률조항들에 의하여 현역병에서 전투경찰순경으로 전임되었으므로 이 사건 법률조항들에 의하여 청구인의 기본권이 침해되어 헌법소원심판의 사유가 발생한 날은 전임된 날인 1990.7.29.이라고 할 것인데, 그 날로부터 180일이 경과된 후인 1991.5.6. 이 사건 헌법소원의 심판을 청구하였음이 분명하다. 따라서 이 사건 법률조항들에 대한 심판청구부분은 청구기간이 경과된 후에 청구된 것으로서 부적법하다.

다) 지방자치법규정에 대한 헌법소원에서 지방의원 임기개시일

판례 헌재 1998.4.30. 97헌마100

[심판대상규정] 지방의회의원을 명예직으로 규정하고 있는 지방자치법 제32조 제1항 본문 전단, 지방의회의원으로 하여금 정무직공무원을 겸직하지 못하도록 규정하고 있는 동법 제33조 제1항 제3호, 지방의회의 사무직원을 지방자치단체의 장이 임명토록 규정하고 있는 동법 제83조 제2항, 정당 또는 국회의원 등에게만 후원회를 허용하고 있는 정치자금에 관한 법률 제5조 제1항 [결정요지] 위 지방자치법 규정들은 모두 1994.3.16. 개정된 이래 현재까지 시행되고 있고, 청구인들은 1995.7.8.부터 대구광역시의회

의원의 임기를 개시하였으므로, 그 날로부터 위 법률조항으로 인하여 명예직으로 되는 등의 제한을 받게 되었고 그렇다면 청구인들이 지방의회의원으로서 임기를 개시한 1995.7.8.에 위 법률조항에 해당하는 사유가 발생하였다고 할 것이고, 위 정치자금에 관한 법률 규정은 1991.12.31. 개정된 이래 현재까지 시행되고 있고, 위 조항에 대한 청구인들의 위헌주장의 취지는 국회의원과는 달리 지방의회의원들은 후원회를 둘 수 없도록 한 것이 불평등하다는 것인바, 그렇다면 늦어도 청구인들이 지방의회의원으로서 임기를 개시한 1995.7.8.에는 위 조항으로 인하여 후원회를 둘 수 없다는 제한을 받게 되어 청구인들 주장과 같은 평등권침해의 사유가 발생하였다고 할 것이다. 따라서 이 사건 심판청구는 그 날로부터 180일이 지났음이 역수상 명백한 1997.3.21.에야 비로소 청구되었으므로 위 법률조항들에 대한 심판청구는 청구기간을 경과한 것으로서 부적법하다.

(사) 주민등록 발급통지

판례 헌재 2015.5.28. 2011헌마731

[본안쟁점] 주민등록증 발급신청서에 열 손가락 지문을 찍도록 규정한 구 주민등록법 시행령(2008.2.29. 대통령령 제20741호로 개정되고, 2011.8.29. 대통령령 제23102호로 개정되기 전의 것) 제36조 제2항에 의한 별지 제30호 서식 중 열 손가락의 지문을 찍도록 한 부분(이하 '이 사건 시행령조항')이 법률유보원칙에 위배되고 개인정보자기결정권을 침해하는지 여부 [판시] 이 사건 시행령조항에 의한 기본권침해 사유의 발생 시기는, 청구인들이 주민등록증 발급통지를 받아 구체적으로 주민등록증 발급신청 절차를 개시할 수 있게 되었을 때라고 보아야 할 것이므로, 발급통지를 받은 날로서 청구인 김○솔은 2010.6. 경 … 이라 할 것이다. 그런데 이때로부터 청구인 김○솔은 1년이 지난 후에 … 이 사건 심판청구를 각 제기하였으므로, 청구인 김○솔의 심판청구는 청구기간을 도과하여 부적법하다. * 적법한 청구 부분에 따라 본안판단결과 기각결정이 있었다.

(아) 공사(公死) 또는 공상(公傷)을 입은 날

판례 헌재 1991.2.11. 90헌마14, 각하결정

[심판대상] 공무원의 직무상 불법행위로 인한 국가배상청구에 있어 군인, 군무원 및 경찰공무원 등에게 손해배상청구를 제한하고 있는 헌법 제29조 제2항 및 국가배상법 제2조 제1항 단서가 헌법에 위반되는가 여부 [결정요지] 이 사건 청구인들에 있어서 만일 위 헌법규정과 국가배상법의 규정 때문에 그 기본권의 침해가 있었다면 별지 목록에 기재된 바공무원의 직무상 불법행위 때문에 공사 또는 공상을 입었다고 하는 날짜에 그 침해가 있었다고 할 것이며, 따라서 그 날로부터 기산하여 늦어도 180일(구법 규정)이 소원심판 청구기간이 된다고 할 것이다. 그렇다면 이 사건 청구인들 가운데 가장 늦게 공사 또는 공상을 당하였다고 하는 청구인의 경우가 1985년이고 나머지 청구인들의 경우는 그 이전임에 비추어 1990.1.31.에 당재판소에 제출된 이 사건 헌법소원 심판청구는 청구기간이 도과된 뒤에 청구한 것임이 역수상 명백하다(위 규정들의 각 시행일로부터 기산하여도 청구기간 도과 후에 제기한 소원임이 분명하다).

3) 법령시행 후 비로소 그 법령에 해당하는 사유가 '발생한' 날이면서 '안' 날

위에서 본 결정례들 중에는 법령에 해당하는 사유가 '발생한' 날이면서 '안' 날이 같은 날인 사례들도 있었다. 몇 개만 예를 들면 위 1)의 (다)의 ①("기본권의 침해를 받게 되었고 그 사유를 알게 된 것")과 ③의 경우("발생한 날이란 곧 각 청구인이 주식회사 S프로덕션에 입사한 날이라고 할 것이다. 이들은 입사하면서 특단의 사정이 없는 한 그 사실관계를 알았다고 보아야 할 것"), 그리고 2)의 (나) 가)의

경우("위 신고필증을 교부받은 때를 사유가 발생한 날로 보아야 할 것이고, 청구인은 그 날로부터 60일 이내인" – 60일 이내란 구법규정이긴 하나 여하튼 '안' 날부터 기간이므로 그렇게 이해된다)가 헌재의 판시 문구로 보아서 그러한 경우인 것으로 보인다.

4) 법령시행 후 법령해당사유 발생을 '안' 날이 '발생한' 날보다 앞선 일자로 본 결정례

발생한 날을 보다 확정적으로 잡는 경우 이런 경우가 생길 수 있을 것인데 '안' 날도 확정성을 요구하는 것이 청구기간 도과 가능성을 낮추고 헌법소원심판의 기능에 더 충실하도록 하는 것이 아닌가 한다. 아래의 예에서 '안' 날이 '있는'(발생한) 날보다 앞선 시점으로 잡고서도 '안' 날부터의 청구기간도 지켜진 것으로 판단되긴 했으나 지원기간 만료 시점에 확실히 '안' 것으로 보는 것이 도과 가능성이 적었다.

판례 헌재 2009.7.30. 2007헌마991

[본안쟁점] 경찰대학의 입학 연령을 21세 미만으로 제한하고 있는 경찰대학의 학사운영에 관한 규정(2007.6.29 대통령령 제19563호로 일부 개정된 것) 제17조(이하 '이 사건 심판대상 규정')가 경찰대학 입학 희망자의 공무담임권을 침해한다는 주장으로 청구된 헌법소원심판. [판시] 이 사건의 경우 '법령에 해당하는 사유가 발생한 날'은 청구인이 하려고 했던 경찰대학의 응시가 이 사건 심판대상규정으로 말미암아 확정적으로 불가능해진 시점이라고 보아야 함이 상당하므로, 청구인은 원서 지원 기간인 <u>2007.7.23.경</u> 법령에 해당하는 사유가 발생하였다고 보아야 할 것인바, 그때부터 1년의 청구기간 이내인 2007.9.4. 이 사건 심판청구를 하였고, 아울러 청구인은 <u>2007.6.13.</u> 입학규정을 경찰대학 학사관리과에 문의하여 만 22세인 청구인이 연령 초과로 말미암아 경찰대학 입학시험을 응시할 수 없게 된 것을 <u>알게 된</u> 것인바, 그 후로부터 90일의 청구기간 이내인 2007.9.4. 이 사건 심판청구를 하였으므로 청구기간은 준수되었다 * 판시에서 지원기간인지 아니면 지원기간 만료일인지 명확하지 않다.

5. 법령보충규칙에 대한 법령소원에서의 검토

(1) 문제 소재

헌재의 법령소원에서도 청구기간을 요구하는 지금까지 보아온 법리와 판례들이 법령 중 이른바 법령보충규칙에도 적용된다. 문제는 법령보충규칙이 법률이나 상위 법규명령의 위임에 따라 그 근거를 두고 제정되는 것이긴 하나 예규, 훈령, 고시, 지침 등으로 불리는 형식은 어디까지나 행정규칙이어서 공포가 안되고 일반 시민이 그 시행 여부, 심지어 존재 여부조차도 잘 주지하지 못하는 경우가 많을 것이라는 점이다. 그럼에도 시행된 것을 두고 청구기간을 요구하는 것은 무리가 따른다고 할 것이다.

(2) '정당한 사유'의 적용 문제

우리는 청구기간에 대해 행정소송법 제20조 제2항을 준용하여(이 준용은 헌재법 제40조 1항에 의한 것이다) 정당한 사유가 있는 경우에 청구기간 경과에도 적법한 것으로 보아주는 헌재판례에 따라 법령보충규칙이 일반에 주지되지 못한 경우에 적어도 그 법리만이라도 적용되어야 할

것으로 본다. 아래 결정례에서 헌재도 "일반적으로 행정규칙은 공포절차가 그 요건이 되지 아니하므로 관보게재, 통첩, 회람, 게시, 인쇄물, 등본배부, 전문 등 어떠한 방법으로 통달하기만 하면 되는바, 이 사건 예규도 관보에 게재하는 등 공포절차를 밟지 않고 다만 내부적으로만 발령되었기 때문에 일반 국민으로서는 이 사건 예규의 내용을 쉽게 알 수 있었다고 볼 수 없으므로 청구인이 이 사건 예규의 시행일로부터 180일을 경과하여 이 사건 헌법소원을 청구한 데에 일응 정당한 사유가 있었다"라고 본다. 그러나 헌재는 기본권 침해사유가 있었음을 알았거나 쉽게 알 수 있는 경우에는 정당한 사유를 인정하는 것이 아니라 그 안 날 때부터 청구기간이 계산된다고 본다(* 이 예외부정의 판례법리에 대해서는 앞의 '정당한 사유'가 있는 청구기간도과의 헌법소원 적법성 인정 부분 참조).

판례 헌재 2001.7.19. 2001헌마335

[사건개요] * 예규가 문제된 사안인데 '제3자에 대한 예치금지급규정'(1999.5.17. 환경부예규 제187호) 제4조가 문제된 것인데 자세한 사건개요는 앞의 「'정당한 사유'가 있는 청구기간도과의 헌법소원 적법성 인정(예외), (2) 기본권 침해사유가 있었음을 알았거나 쉽게 알 수 있는 경우 부정(예외 부정)」 부분 참조. [판시] 헌법재판소법 제40조 제1항에 의하여 준용되는 행정소송법 제20조 제2항에 의하여 '정당한 사유'가 있는 경우에는 청구기간의 경과에도 불구하고 헌법소원 심판청구는 적법하다고 해석하여야 할 것이다. 그렇지만 이 경우에도 기본권의 침해를 받은 자가 어떤 경위로든 기본권 침해사유가 있었음을 알았거나 쉽게 알 수 있는 등 헌법재판소법 제69조 제1항의 '그 사유가 있음을 안 날로부터 60일'(구법규정. 현행 90일)이라는 청구기간 내에 심판청구가 가능하였다는 사정이 있는 경우에는 그 때로부터 60일 이내에 헌법소원을 청구하여야 하고, 이 경우 그 청구기간을 지키지 못하였음에 정당한 사유가 있는지 여부는 문제가 되지 아니한다고 할 것이다. 라. 따라서 청구인이 청구기간을 경과하여 헌법소원을 제기한 데에 정당한 사유가 있는지 여부에 관하여 살핀다. 일반적으로 행정규칙은 공포절차가 그 요건이 되지 아니하므로 관보게재, 통첩, 회람, 게시, 인쇄물, 등본배부, 전문 등 어떠한 방법으로 통달하기만 하면 되는바, 이 사건 예규도 관보에 게재하는 등 공포절차를 밟지 않고 다만 내부적으로만 발령되었기 때문에 일반 국민으로서는 이 사건 예규의 내용을 쉽게 알 수 있었다고 볼 수 없으므로 청구인이 이 사건 예규의 시행일로부터 180일을 경과하여 이 사건 헌법소원을 청구한 데에 일응 정당한 사유가 있었다고 할 것이다. 그런데 이 사건 기록에 의하면, 청구인이 위 김○현을 상대로 제기한 서울지방법원 북부지원 2000가소38986 부당이득금 사건에서 위 김○현이 신청한 환경부장관에 대한 사실조회회보가 2000.10.12. 도착하였는데, 위 사실조회회보에 이 사건 예규조항이 첨부되어 있었고, 위 법원은 같은 달 27. 제6차 변론기일에서 위 사실조회회보가 도착되었음을 고지하였으며, 위 법원은 위 증거를 기초로 하여 2000.12.22. 청구인의 패소판결을 선고하였고, 위 사건의 판결문이 청구인에게 2001.1.6. 송달된 사실을 인정할 수 있다. 그렇다면 청구인은 위와 같이 사실조회회보가 법원에 도착되었다고 고지된 날, 또는 적어도 위 사건의 판결문이 원고에게 송달된 날에 이 사건 예규조항의 존재사실을 알았거나 쉽게 알 수 있었다고 보아야 할 것인데(위 대법원 1996.9.6. 선고 95누16233 판결 참조), 그 때로부터 60일이 훨씬 지났음이 역수상 명백한 2001.5.16.에야 청구된 이 사건 심판청구는 헌법재판소법 제69조 제1항 본문소정의 그 사유가 있음을 안 날부터 60일의 청구기간을 도과한 것이 명백하므로 이 사건 헌법소원심판청구는 부적법하다.

6. 형사법조항에 대한 법령소원의 청구기간

(1) 시행동시 해당

이전부터 형사처벌조항에 해당되는 행위를 해 온 경우에는 그 조항이 시행될 무렵에 시행된 사실, 기본권침해발생 사실을 알았다고 본다.

판례 헌재 2010.7.29. 2008헌마664등

[판시] 위 청구인들 중 2006.9.27.부터 2007.4.11.(이 사건 처벌조항의 시행일) 전에 2006헌마1098 등 사건의 심판청구 및 공동심판참가를 한 자들은 이 사건 처벌조항이 시행되기 전부터 비시각장애인으로서 안마업에 종사하거나 이를 준비하였던 자들이므로 '이 사건 처벌조항의 시행과 동시에 그로 인한 기본권침해를 받게 되는 경우'에 해당한다. 따라서 이 사건 처벌조항이 시행된 사실을 안 날부터 90일 이내에, 법률이 시행된 날부터 1년 이내에 헌법소원을 청구하여야 적법할 것인바, 위 청구인들은 적어도 위 2006헌마1098 등 사건의 심판청구 또는 공동심판참가 당시에는 비시각장애인의 안마행위가 금지된다는 사실을 알고 있었을 것이므로 이 사건 처벌조항에 대하여도 위 조항이 시행될 무렵에 위 조항이 시행된 사실 및 이로 인한 기본권침해가 발생한 사실을 알았다고 봄이 상당하다. 그렇다면 위 청구인들은 이 사건 처벌조항이 시행된 사실을 안 날(늦어도 2007.4.11.경)부터 90일을, 위 조항이 시행된 날(2007.4.11.)부터 1년을 각각 도과한 2008.11.10.(2008헌마664 · 665 · 666 · 667 · 668 · 669 · 670 · 671), 2008.11.11.(2008헌마673 · 674 · 675) 및 2009.10.12.(2009헌마583) 각 이 사건 심판 청구를 제기한 것이므로 청구기간을 준수하지 못하였다.

* 검토 – 이 결정에서 판시 말미에 "시행된 사실을 안 날(늦어도 2007.4.11.경)부터 90일을"라고 한 것을 보면 '안' 날을 결국 시행일로 본 것 같으나 "심판청구 또는 공동심판참가 당시에는 비시각장애인의 안마행위가 금지된다는 사실을 알고 있었을 것이므로"라는 판시는 그 시점을 헷갈리게 한다. 후자 부분 판시는 이전부터 알고 있었을 것이라는 의미로 이해된다.

(2) 시행 후 비로소 그 법령에 해당 사유가 발생

시행 후 비로소 형사법조항 해당 사유 발생의 경우 헌재는 형사처벌조항에 대한 헌법소원심판에서 그 청구기간의 기산점을 어느 한 시점으로 완전히 고정적으로 보지는 않는 것으로 보인다. 즉 법위반 사실이 있는 때에 '사유가 발생한 날', '사유가 발생하였음을 안' 날로 보는 결정례도 보여주었고 많은 결정례들에서는 공소제기된 시점을 '사유가 발생한 날'로, 공소장 부본 송달일, 공소장 변경 시점을 '사유가 발생하였음을 안 날'로 본다. 그러면서도 '안' 날로 제1심 법원의 유죄선고일, 항소제기일 등으로 본 결정례들도 보여주고 있다.

1) 법 위반 사실

판례 헌재 2009.9.24. 2007헌마949

[사건개요, 심판대상조항] 청구인들은 2007.3.경부터 2007. 6.경까지 사이에 인터넷쇼핑몰 등을 통하여 취미로 모조 총포를 구입하여 소지하였는바, 2007.6.경부터 2007.8.경까지 사이에 사법경찰관으로부터 '총포 · 도검 · 화약류 등 단속법'(2003.7.29 법률 제6948호로 개정된 것. 이하 '법'이라고만 한다.)이 금지한 모의총포의 소지 혐의로 경찰관서로의 출석요구를 받았다. 이에 청구인들은 2007.8.23. 자신들에게 적

용된 법 제11조 제1항이 헌법상 포괄위임입법금지의 원칙 및 죄형법정주의의 명확성원칙에 위반하여 청구인들의 신체의 자유, 행복추구권을 침해한다고 주장하면서 위 법률조항의 위헌확인을 구하는 이 사건 헌법소원심판을 청구하였다. 심판대상조항은 법 제73조 제1호 가운데 제11조 제1항 본문의 "소지"에 관한 부분이다. [판시] 이 사건 법률조항에 의한 기본권침해 사유의 발생은 청구인들이 모의총포를 소지함으로써 이 사건 법률조항의 적용대상이 된 때라 할 것이므로, 청구인들이 이 사건 모조 총포를 구입한 시기인 2007.3.경부터 2007.6.경까지 사이라 할 것이다. 이 사건 헌법소원은 이때로부터 1년 이내에 제기되었다. 그리고 청구인들은 2007.6.에서 8.경 사법경찰관으로부터 출석요구를 받고 비로소 이 사건 모조 총포를 소지한 행위가 이 사건 법률조항에 위반될 수 있음을 알게 되었다고 주장하는바, 청구인들이 이와 다른 시기에 이 사건 법률조항으로 인한 기본권 제한을 알게 되었다고 볼 아무런 자료가 없으므로 이 사건 심판청구는 기본권침해 사유가 발생하였음을 안 날로부터 90일 이내에 제기되었다. 따라서 이 사건 심판청구는 청구기간을 준수하였다.

2) 공소제기시점('발생한 날'), 공소장 부본 송달일('안' 날)

헌재는 형사법 조항에 의한 기본권침해의 경우 그 침해 사유가 발생한 시점은 청구인의 행위가 당해 법령의 위반행위에 해당한다는 이유로 형사처벌을 받을 가능성이 발생하는 시점, 즉, 당해 법령의 위반을 이유로 검사가 공소제기한 시점이고, 당해 법령에 의하여 기본권침해 사유가 발생하였음을 안 날은 '공소장 부본을 송달받은 날'이라고도 한다.

판례 헌재 2011.7.28. 2010헌마432

[사건개요] 청구인은 2010.4.5. 사기죄로 징역 2년 6월을 선고받고(창원지방법원 진주지원2009고단1231), 항소하였으나 기각되자(창원지방법원 2010노857) 다시 상고한 후 (대법원 2010도9234), 형법 제347조 제1항(사기) 중 "기망하여" 부분이 지나치게 추상적이고 불명확하여 죄형법정주의에 위배된다는 주장으로 헌법소원심판을 청구하였다. [결정요지] 청구기간의 기산점이 되는 '법령에 해당하는 사유가 발생한 날'이란 '법령의 규율을 구체적이고 현실적으로 적용받게 된 날'을 의미하므로, 형사법 조항에 의한 기본권침해 사유가 발생한 시점은 청구인의 행위가 당해 법령의 위반행위에 해당한다는 이유로 형사처벌을 받을 가능성이 발생하는 시점, 즉, 당해 법령의 위반을 이유로 검사가 공소를 제기한 시점이다. 또한 공소장에는 반드시 적용법조를 기재하고(형사소송법 제254조 제3항 제4호), 법원은 공소제기가 있는 때에는 지체 없이 공소장의 부본을 피고인 또는 변호인에게 송달하여야 하므로(형사소송법 제266조), 일반적으로 '공소장 부본을 송달받은 날'을 당해 법령에 의하여 기본권침해 사유가 발생하였음을 안 날이라고 보아야 한다. 그런데 청구인은 2009.11.24. 이 사건 공소장 부본을 송달받은 바 있어, 이 때 이미 이 사건 형법 조항에 의하여 기본권침해 사유가 발생하였음을 알았다 할 것이고, 그로부터 90일이 경과된 2010.5.28. 이 사건 심판청구를 위한 국선대리인 선임신청을 하였으므로, 이 사건 형법 조항에 대한 심판청구는 청구기간을 도과한 것으로서 부적법하다. * 동지 : 헌재 2011.9.29. 2010헌마361; 2011.12.29. 2009헌마476; 2016.11.24. 2015헌마221.

3) 적용법률규정 변경(공소장 변경을 통한 변경) 경우의 기산점 - '안' 날

헌재는 "청구인에게 적용될 법률이 공소장변경을 통해 바뀐 경우에는 공소장 변경 시점이 청구기간 기산점이 된다"라고, 즉 기본권침해 사유가 발생하였음을 안 날이 된다고 본다.

판례 헌재 2007.10.4. 2005헌마1148

[사건개요] (1) 청구인은 2004.5.8. 직업안정법 제46조 제1항 제2호 등 위반으로 공소제기되어 1심, 항소

심에서 유죄판결을 받고 대법원에 상고한 사실이 있다. 그런데 2005.3.31. 헌법재판소는 2004헌바29 결정에서 직업안정법 제46조 제1항 제2호의 "공중도덕상 유해한 업무" 부분이 명확성원칙에 반한다는 이유로 위헌결정을 하였다. 이에 따라 대법원은 2005.4.15. 청구인의 직업안정법 제46조 제1항 제2호 위반 부분에 대해 무죄취지의 파기환송판결을 하였다. 이 사건은 다시 2005.4.26. 서울고등법원에 접수되었고, 그 변론 과정에서 검사는 2005.7.5. 적용법조를 직업안정법 제47조 제1호, 제19조 제1항으로 하는 공소장변경을 하였으며, 2005.9.2. 서울고등법원은 이 부분에 대해 유죄를 인정하여 실형을 선고하였고, 이에 대한 청구인의 상고는 기각되었다. (2) 이에 청구인은 직업안정법 제47조 제1호, 제19조 제1항은 헌법재판소에서 위헌결정된 직업안정법 제46조 제1항 제2호와 실질적으로 같고 불명확한 규정이라며 2005.11.25. 이 사건 헌법소원심판을 청구하였다. [결정요지] 청구기간 산정의 기산점이 되는 '법령에 해당하는 사유가 발생한 날'이란 '법령의 규율을 구체적이고 현실적으로 적용받게 된 날'을 의미한다. 그런데 청구인은 유료직업소개사업을 하면서 관할 관청에 등록을 하지 않은 경우 처벌하는 이 사건 규정이 위헌이라고 주장한다. 검사는 청구인에 대한 직업안정법 제46조 제1항 제2호 위반 사건이 대법원에서 파기환송되자 원심법원인 서울고등법원에서 그 적용법조를 직업안정법 제47조 제1호, 제19조 제1항으로, 범죄사실을 관할 관청에 등록을 하지 않고 유료직업소개사업을 하였다는 것으로 공소장변경 신청을 하였다. 법원은 공판기일인 2005.7.6. 청구인이 출석한 가운데 이를 허가하였는바, 청구인은 적어도 위 허가가 있은 때는 이 사건 규정이 현실적으로 자신에게 적용되고 있음을 알았다고 봄이 상당하다. 그렇다면, 위 공소장변경신청이 허가된 2005.7.6.에는 청구인이 이 사건 규정으로 인해 자신의 기본권이 침해당하고 있다는 사실을 알게 되었다고 볼 수 있을 것이고, 청구인은 이때로부터 90일 이내에는 이 사건 헌법소원심판을 청구하였어야 할 것이다. 그러나 이 사건 청구는 그로부터 90일이 훨씬 지난 2005.11.25.에서야 비로소 청구되었다. 따라서 이 사건 심판청구는 청구기간을 도과한 것으로서 부적법하다. * 동지 : 헌재 2016.11.24. 2015헌마221.

4) 유죄의 1심판결 선고일 또는 항소제기일 - '안' 날

(가) 유죄의 1심판결 선고일

아래 사안은 '안' 날을 판결선고일로 잡아 판단한 것이다. 그러면서 국선대리인선임신청일을 기준으로 하여 청구기간이 도과되었다고 판단한 것이다.

판례 헌재 2015.6.25. 2014헌마54

[판시] 늦어도 청구인에 대한 강제추행치상의 범죄사실을 유죄로 인정한 1심 판결이 선고된 2010.4.22. 경에는 청구인이 이 사건 형법조항으로 인한 기본권침해사유가 발생하였음을 알게 되었다고 봄이 상당하다. 그런데 청구인은 그로부터 90일이 경과하였음이 명백한 2013.10.30. 이 사건 심판청구를 위한 국선대리인 선임신청을 하였으므로, 이 부분 심판청구는 청구기간을 도과하여 부적법하다. * 동지의 선례 : 헌재 1999.9.16. 99헌마275.

* **유의** : 유죄판결 이전에 '안' 것으로 본 결정례도 있다.

판례 헌재 2011.10.25. 2010헌마648

[판시] 청구인은 2009.7.13.경부터 2010.8.18.까지 청구인이 운영하는 창원시 소재 '카이로프랙틱 클리닉'에서 불특정다수인에게 카이로프랙틱 시술을 하였다는 범죄사실로 벌금 300만 원의 약식명령을 고지받고 정식재판청구하여 2011.6.16. 창원지방법원에서 그 범죄사실 전부에 대한 유죄판결(2010고정2***호)을 선고받았다. … 의료인이 아니라서 합법적으로 의료행위를 할 수 없다는 제한을 현실적으로 받게 되었다고 할 것이므로 비록 그 사실이 발각되어 형사처벌을 받은 시기는 그 이후라고 할지라도 늦어도 청구인이 카이로프랙틱 클리닉을 개업하여 시술을 시작한 2009.7.13.경부터는 청구인에 대한 기

본권 제한의 사유가 발생하였다고 할 것이다. … 이 사건 심판청구는 청구인에 대한 기본권 제한의 사유가 발생하고, 청구인이 이를 알게 된 2009.7.13.로부터 90일은 물론 1년도 지난 후인 2010.10.21.에야 제기되었으므로 청구기간을 도과하여 제기된 것으로서 부적법하다.

(나) 항소제기일

제1심판결이 유죄로 선고된 뒤 항소제기일을 '안' 날로 보는 결정들이 적지 않다.

판례 헌재 2011.3.31. 2008헌마738

[판시] 이 사건은 법률이 시행된 뒤에 그 법률에 해당되는 사유가 발생하여 기본권의 침해를 받게 되는 경우라 할 것이므로 그 사유가 발생하였음을 안 날부터 90일 이내에 헌법소원을 청구하여야 할 것인데 청구인은 적어도 제1심 판결에 대한 항소제기일인 2008.8.1.경에는 이 사건 심판대상조항들로 인한 기본권침해 사실을 알았다고 봄이 상당하다.

5) 검토

법위반이 있던 시점부터 항소제기일에 이르기까지 여러 시점이 있을 수 있는데 청구기간 도과 가능성이 가장 작은 기산점은 항소제기일이 가장 늦은 시점이라 그리 볼 가능성이 크다. 사실 위 기산일들에 대한 판례의 경향을 보면 좀더 체계적으로 정리가 되어야 할 것이다. 그 이유는 어느 시점으로 보느냐에 따라 청구기간 도과여부를 판단함에 있어서 이처럼 차이가 나기 때문임은 물론이다.

(3) 형사처벌로 인한 당연퇴직

일정한 형사처벌 형이 확정되면 자격이 상실되게(예를 들어 공무원자격 상실, 퇴직되게) 하는 법조항에 대한 헌법소원심판에서는 청구기간이 그 해당 형의 확정판결이 있음을 안 날, 있은 날로 기산된다.

판례 헌재 2008.12.26. 2007헌마803

[심판대상] 구 지방공무원법(1973.3.12. 법률 제2594호로 개정된 것) 제61조(당연퇴직) 공무원이 제31조 각 호의 1에 해당할 때에는 당연히 퇴직한다. 다만, 동조 제5호에 해당할 때에는 그러하지 아니하다. 제31조(결격사유) 다음 각 호의 1에 해당하는 자는 공무원이 될 수 없다. 4.금고 이상의 형을 받고 그 집행유예의 기간이 만료된 날로부터 2년을 경과하지 아니한 자. [결정요지] 청구인은 1998.1.13. 서울지방법원에서 도로교통법위반죄로 징역 8월, 집행유예 1년을 선고받았고, 1998.1.21. 그 형이 확정되면서 이로 인하여 이 사건 법률조항에 의하여 당연퇴직되는 효과를 받게 되었다. 따라서 이 사건에서 청구기간의 기산점으로서 법률에 해당하는 '사유가 있은 날'이라 함은 청구인에게 이 사건 법률조항에 해당하는 사유가 발생한 날, 즉 당연퇴직의 사유로서 확정판결을 받은 날을 말하고 '사유가 있음을 안 날'이라 함은 청구인이 위 확정판결이 있음을 안 날이라 할 것이다. 그렇다면 청구인은 위 확정판결이 있음을 안 날로부터 90일 이내에, 위 확정판결을 받은 날인 1998.1.21.로부터 1년 이내에는 이 사건 헌법소원심판을 청구하였어야 할 것이다. 그러나 이 사건 청구는 위 확정판결을 받은 날로부터 1년이 훨씬 지난 2007.7.16.에서야 비로소 청구되었는바, 이 사건 심판청구는 청구기간을 도과한 것으로서 부적법하다.

판례 헌재 2005.9.29. 2004헌마449

[심판대상조항] 지방공무원법(2002.12.18. 법률 제6786호로 개정된 것) 제61조 본문 중 제31조 제6호 중

"다른 법률에 의하여 자격이 정지된 자"부분. [판시] 청구인은 2004.1.27. 대법원의 확정판결(2003도5898)을 받게 되었고 이로 인하여 이 사건 법률조항에 의하여 당연퇴직이 되는 효과를 받게 되었다. 대법원 판결문 우편송달통지서 사본에 의하면 위 대법원 판결문은 2004.2.9. 청구인에게 송달된 사실이 인정되므로 청구인은 그 무렵 법률에 해당하는 사유가 발생하였음을 알았다고 할 것이고 이로부터 90일이 지난 같은 해 6.1. 제기된 이 사건 심판청구는 청구기간을 도과한 것으로 부적법하다. * 동지 : 헌재 2004.9.23. 2003헌마815(각하결정. 심판대상조항이 이후 결정인 헌재 2007.6.28. 2007헌가3에서 위헌성이 인정됨); 1998.4.30. 96헌마7(기각결정. 심판대상조항과 같은 규정이 이후 결정인 헌재 2004.9.23. 2004헌가12에서 위헌성이 인정됨).

7. 유예기간을 둔 경우의 기산점

[주요사항] 유예기간이 있는 경우의 기산점
- ○ 구 판례 - 시행 기점설
- ○ 신 판례(2020.4.23. 판례변경) - 유예기간 경과시설

(1) 문제소재

종래 허용되어 오던 일정한 행위나 법관계를 앞으로 금지 내지 제한하는 새로운 내용의 개정 또는 제정된 법령규정이 그 시행으로 바로 그 금지 내지 제한의 효력을 가져오게 하지 않고 일정한 유예기간(猶豫期間)을 주는 경우가 있다. 유예기간은 부칙에 두는 경우가 많다. 여하튼 이러한 유예기간을 두는 경우에 그 법령규정에 대한 헌법소원이 청구되면 그 청구기간은 기산점의 기준이 되는 기본권침해의 사유가 발생하는 시점이 시행인가 아니면 유예기간이 지난 시점인가가 논란된다.

(2) 판례

1) 구 판례입장 - 시행 기점설

헌재의 구 판례는 전자로 본다. 후자로 보아야 한다는 의견도 다수의견일 때가 있었고(판례변경에 필요한 6인의견이 되지 못하기도 하였다) 근간에도 아래와 같은 소수의견이 있었다. 사안은 도로명주소에 관한 유예였다.

판례 헌재 2015.11.26. 2013헌마391

[사건개요] 도로명주소법(2011.8.4. 법률 제10987호로 개정된 것)은 제19조 제2항에서 "제1항에 따라 도로명주소가 공법관계의 주소로 효력을 발생하는 경우에도 2013년 12월 31일까지는 지번방식의 주소를 공법관계에서의 주소로 할 수 있다"라고 하여 2014.1.1.부터는 지번방식의 주소는 공법관계에서 전혀 사용할 수 없게 하였다. 이에 청구인들은 2013.6.3. 도로명주소법 제19조 제2항이 전통문화로서의 가치와 역사적 의미가 있는 동(洞)·리(里)의 지명을 사용하지 못하게 함으로써 청구인들의 문화향유권, 일반적 행동자유권 등을 침해한다는 취지의 헌법소원심판을 청구하였다. [판시] … 도로명주소법(2011.8.4. 법률 제10987호) 부칙 제1조 본문은 '이 법은 공포 후 1년이 경과한 날부터 시행한다.'고 규정하여 심판대상 조항의 시행일이 2011.8.4.임은 명백하다. 그러나 심판대상 조항은 '제1항에 따라 도로명주소가 공법관계의 주소로 효력이 발생하는 경우에도 2013년 12월 31일까지는 지번방식의 주소를 공법관계

에서의 주소로 할 수 있다.'고 규정하고 있으므로 청구기간 기산점인 기본권침해가 발생하는 시점을 언제로 볼 것인지가 문제된다. 다. 종래 합법적으로 영위하여 오던 직업의 행사를 유예기간 이후 금지 또는 제한하는 법규정의 경우, 이 법규정의 시행에 의하여 종래의 법적 지위가 유예기간의 종료 후에는 자동 소멸되어 당사자에게 불리하게 구체적으로 형성되는 것이기 때문에, 유예기간이 경과한 후에야 비로소 기본권에 대한 침해가 발생하는 것이 아니라 이미 법규정의 시행 당시에 기본권이 현실적·구체적으로 침해되는 것으로 보아야 한다는 것이 우리 재판소의 선례이다(헌재 1996.3.28. 93헌마198; 헌재 2003.1.30. 2002헌마516; 헌재 2011.3.31. 2010헌마45; 헌재 2011.5.26. 2009헌마285 참조). 같은 취지에서 청구인들의 경우 비록 2013.12.31.까지는 종래와 같이 도로명주소와 함께 지번방식의 주소도 공법관계의 주소로 할 수 있다 하더라도, 2014.1.1.부터는 공법관계에서 도로명주소만을 사용하여야 한다는 기본권 제한 내지 법적 강제는 심판대상 조항이 시행된 2011.8.4.에 이미 구체적이고 현실적으로 발생하였다고 봄이 타당하므로 이때를 심판대상 조항에 대한 헌법소원심판 청구기간의 기산점으로 보아야 한다(헌재 2013.11.28. 2011헌마372; 헌재 2011.5.26. 2009헌마285 참조). 그러므로 심판대상 조항의 시행일인 2011.8.4.부터 1년이 지난 2013.6.3.에 제기한 이 사건 심판청구는 청구기간을 준수하지 못하였다. [4인 재판관 반대의견] 다수의견과 같이, 유예기간을 설정한 심판대상 조항에 대한 헌법소원에서 시행일을 청구기간의 기산점으로 파악한다면, 기본권 침해가 실제적으로 발생하기도 전에 기본권 침해를 구제받기 위한 헌법소원심판을 청구하도록 강요하는 셈이 되고, 정작 기본권 침해가 실제적으로 발생한 때에는 그 위헌성을 다툴 기회를 갖지 못하는 불합리한 결과가 초래될 수 있다. 헌법소원의 본질은 국민의 기본권을 충실히 보장하는 데 있다는 점에 비추어 볼 때, 굳이 청구기간의 기산점을 앞당겨서 헌법소원의 청구인으로 하여금 본안판단을 받을 기회를 박탈하기보다는 법적 안정성을 해하지 않는 범위 내에서 청구기간에 관한 규정을 국민의 기본권보장을 강화하는 방향으로 해석함으로써 본안판단의 기회를 폭넓게 인정하는 것이 보다 바람직하다. 그러므로 청구인들이 심판대상 조항에 의하여 더 이상 공법관계에서 지번방식의 주소를 사용할 수 없게 됨으로써 기본권을 구체적이고 현실적으로 침해당하는 시기는 유예기간이 도과된 2014.1.1.부터라고 봄이 타당하므로, 2013.6.3. 제기된 청구인들의 이 사건 심판청구는 청구기간을 준수하여 적법하다고 할 것이다. 따라서 각하할 것이 아니라, 본안에 들어가 심판대상 조항이 청구인들의 기본권을 침해하여 헌법에 위반되는지 여부를 판단하여야 한다.

* 이전의 선례 동지 : 약사법 제37조 등 위헌확인.

판례 헌재 1996.3.28. 93헌마198

[사건개요] 약사법(藥事法) 제37조 제4항 제4호 및 부칙 제3조는 의료기관(醫療機關) 개설자(開設者)에 대한 의약품도매상(醫藥品都賣商) 허가를 금지하고 종전의 규정에 의하여 의약품도매상의 허가를 받은 의료기관 개설자도 이 법 시행일로부터 1년까지만 영업을 할 수 있도록 제한하는데, 이 부칙 규정에 대한 헌법소원이 제기되어 그 청구기간의 기산점(기본권의 침해시점)이 문제됨(각하결정). [결정요지] <5인 다수의견 : 시행일기준의 의견> 의료기관의 개설자에 대하여는 의약품도매상의 허가를 하지 아니한다고 규정한 제37조 제4항 제4호가 신설된 개정 약사법은 공포 후 6월이 경과한 1992.7.1.부터 시행되어(부칙 제1조), 의료기관의 개설자인 위 청구인은 의약품도매상의 허가를 받을 수 없게 되었고 종전의 허가에 의하여도 부칙 제3조에 의하여 이 법 시행일로부터 1년이 되는 1993.6.30.까지만 의약품도매상을 할 수 있고 그 이후부터 영업을 할 수 없도록 기간을 제한받은 것이므로 위 청구인은 개정 약사법 시행일에 부칙 제3조에 의한 유예기간과 관계없이 기본권의 침해를 받은 것으로 보아야 할 것이다. 따라서 위 청구인은 개정 약사법 시행일인 1992.7.1.부터 늦어도 180일 이내에 헌법소원심판을 청구하여야 할 것인데도 위 청구인의 이 사건 심판청구는 위 청구기간이 지난 1993.8.27. 청구된 것으로서 부적법하다. <4인 반대의견 : 유예기간종료일기준의 의견> 법령이 시행된 뒤에 비로소 그 법령에 해당하는 '사유'는 당해 법령이 청구인의 기본권을 명백히 구체적으로 현실침해하는 것을 말한다고 할 것이다. 일건 기록을 살피면, 이 사건 심판대상의 약사법 제37조 제4항 제4호가 신설 개정되어 시행된 날은

1992.7.1.이나 위 K재단은 그 부칙 제3조에 의하여 같은 법 시행일부터 1년이 되는 1993.6.30.까지 의약품도매상을 행할 수 있으므로, 위 K재단이 위 법조항 호에 의하여 자기의 기본권을 명백히 구체적으로 현실 침해당한 것은 위 시행일이 아니라 의약품도매상을 행할 수 없게 된 1993.7.1.이라고 할 것이다. 다시 말하면 비록 1992.7.1.부터 일반적으로 위 K재단과 같은 의료기관의 개설자가 의약품도매상을 행할 수 없게 되었다고 하더라도 위 부칙규정에 의하여 1993.6.30.까지는 그 도매상을 할 수 있으므로 그 기간 동안에는 현실적으로 기본권을 침해받았다고 할 수 없기 때문이다. 기록에 따르면 위 K재단이 이 사건 심판대상의 법조항호가 시행된 뒤인 1993.7.1.에 비로소 위 법조항호가 해당하는 사유가 발생하여 기본권을 침해받은 사실을 알았고 그로부터 60일 이내임이 분명한 1993.8.27.에 이 사건 심판청구를 하였음을 인정할 수 있는바, 위 K재단의 이 사건 심판청구는 청구기간이 준수되어 적법하다.

* 동지의 판례들 : 헌재 1996.10.4. 94헌마68, 94헌마72, 94헌마89(병합), 사행행위 등 규제법 시행령 제7조 등 위헌확인; 1996.11.28. 95헌마67, 주택건설촉진법 제39조의 3 등 위헌확인; 1996.12.26. 95헌마383, 학교보건법시행령 부칙 제2조 위헌확인; 1997.2.20. 95헌마389, 학교보건법 제6조 제1항 제13호 위헌확인; 1999.7.22. 98헌마480등, 학교보건법시행령 제4조의2 제5호 등 위헌확인; 2002.4.25. 2001헌마614, 경비업법 제7조 제8항 등 위헌확인.

* **유의** : i) 위 결정들 직후 유예기간종료일을 기산점으로 하여야 한다는 의견이 5인 재판관의 다수의견으로 바뀌었으나 판례변경에 필요한 6인 이상 찬성이라는 정족수에 미달하여 판례변경이 이루어지지 못한 결정이 있었다(헌재 2003.1.30. 2002헌마516, 학교보건법시행령 부칙 제2항 위헌확인).

* 이후 시행일기준 동지의 결정 : 헌재 2011.3.31. 2010헌마45; 2011.5.26. 2009헌마285; 2013.11.28. 2011헌마372; 2013.11.28. 2012헌마923 등.

2) 구 판례하에서 시행 이후 해당사유 발생한 경우

위 구 판례법리는 결국 법령소원의 청구기간 원칙 그대로 시행을 기점으로 한다는 것이므로 헌재는 시행시작과 동시인 경우에는 그 시점을 동시가 아니라 "'법령이 시행된 뒤에 비로소 그 법령에 해당되는 사유가 발생'하여 법적 강제가 부과된 경우에는, 그 법령의 규율이 당사자에게 구체적이고 현실적으로 적용된 날을 기본권 침해시점으로 보고 청구기간의 기산점으로 삼는 것이 타당하다"라고 한다. 아래 결정례가 그렇게 판시한다. 시행과 동시에 또는 시행 이후에 해당사실을 알게 되는 경우에도 물론 두 경우 모두 유예기간 이전이 된다. 요컨대 유예기간이 설정되어 있는 경우에도 헌재는 시행을 기점으로 하는 법령소원의 일반원칙을 그대로 적용한다는 것이었다.

판례 헌재 2014.5.29. 2013헌마100

[사건개요] 청구인들은 종전까지 노인복지법에 따른 재가노인복지시설을 운영하며 노인장기요양보험법상 재가급여를 받을 수 있는 재가장기요양기관(이하 '단기보호시설'이라 한다)으로 지정받아 단기보호서비스를 제공하여 왔다. 그런데 2010.2.24. 노인복지법 시행규칙과 노인장기요양보험법 시행규칙이 개정되어 2010.3.1.부터는 단기보호서비스의 제공기간이 월 1일 이상 15일 이하로 제한받게 되자, 청구인들은 종래 운영하던 시설을 노인복지법상의 노인의료복지시설로 전환하는 동시에 노인장기요양보험법상 시설급여를 받을 수 있는 장기요양기관(이하 '장기요양시설'이라 한다)으로 전환하여 지정받았다. 위 개정된 노인복지법 시행규칙 및 노인장기요양보험법 시행규칙의 각 부칙 제3조에 따라, 청구인들과 같이 위 시행규칙들의 시행일인 2010.3.1. 당시 종전의 규정에 따라 설치신고한 단기보호시설을 장기요양

시설로 전환한 경우, 일단 종전과 같이 단기보호시설의 시설·인력 기준에 따라 영업을 할 수 있지만, 위 시행일부터 3년 이내인 2013.2.28.까지는 노인복지법 시행규칙 [별표 4] 및 노인장기요양보험법 시행규칙 제23조 제2항 제2호에 규정된 장기요양시설의 시설·인력기준에 적합하도록 시설과 인력을 갖추어야만 하였다. 이에 청구인들은 위 부칙 규정들이 직업선택의 자유 등을 침해한다고 주장하면서, 2013.2.14. 위 조항들의 위헌확인을 구하는 헌법소원심판을 청구하였다. [결정요지] 헌법재판소법 제68조 제1항에 따른 헌법소원의 심판은 기본권의 침해사유가 있음을 안 날부터 90일 이내에, 그 사유가 있는 날부터 1년 이내에 청구하여야 하며(헌법재판소법 제69조 제1항), 법령에 대한 헌법소원심판은 법령 시행과 동시에 기본권의 침해를 받게 되는 경우에는 그 법령이 시행된 사실을 안 날부터 90일 이내에, 법령이 시행된 날부터 1년 이내에 헌법소원심판을 청구하여야 하고, 법령이 시행된 뒤에 비로소 그 법령에 해당되는 사유가 발생하여 기본권의 침해를 받게 되는 경우에는 그 사유가 발생하였음을 안 날부터 90일 이내에, 그 사유가 발생한 날부터 1년 이내에 헌법소원심판을 청구하여야 한다(헌재 2007.7.26. 2006헌마1164 참조). 여기서 '법령에 해당하는 사유가 발생한 날'이란 '법령의 규율을 구체적이고 현실적으로 적용받게 된 날'을 의미한다(헌재 2004.4.29. 2003헌마484 참조). 종래 합법적으로 영위하여 오던 직업의 행사를 유예기간 이후 금지 또는 제한하는 법령에 대하여 우리 재판소는, 이 법령에 의한 기본권 침해가 유예기간이 경과한 후에야 비로소 발생하는 것이 아니라, 이미 법령 자체로 인하여 '당사자의 종래 법적 지위가 유예기간의 종료 후에는 자동 소멸되어 당사자에게 불리하게 구체적으로 형성되도록 하는 법적 강제'가 부과되어 기본권 침해가 구체적이고 현실적으로 발생한다고 보고, 이러한 법적 강제가 법령시행과 동시에 부과된 경우 법령시행일을 청구기간의 기산점으로 삼아 왔다(헌재 2011.3.31. 2010헌마45; 헌재 2013.11.28. 2011헌마372; 헌재 2013.11.28. 2012헌마923 등 참조). 그리고 '법령이 시행된 뒤에 비로소 그 법령에 해당되는 사유가 발생'하여 법적 강제가 부과된 경우에는, 그 법령의 규율이 당사자에게 구체적이고 현실적으로 적용된 날을 기본권 침해시점으로 보고 청구기간의 기산점으로 삼는 것이 타당하다. 이 사건 부칙조항들은, 단기보호시설 운영과 관련하여 노인복지법 시행규칙 및 노인장기요양보험법 시행규칙이 개정됨에 따라, 종전까지 단기보호시설을 운영하던 사람들 가운데 장기요양시설로 전환한 사람들에 대하여 적용된다. 위 개정된 시행규칙들은 2010. 3.1. 시행되었지만, 이 사건 부칙조항들에 의하여 장기요양시설로 전환한 사람들의 경우 종전과 같이 단기보호시설의 시설·인력기준에 따라 영업할 수 있고, 다만 2013.2.28.까지는 장기요양시설의 시설·인력기준에 적합한 시설과 인력을 갖추어야 할 의무를 부담하게 되었다. 그러므로 청구인들에 대한 이러한 법적 강제는 <u>위 시행규칙들의 시행과 동시에 부과된 것이 아니라 실제로 청구인들이 단기보호시설을 장기요양시설로 전환한 때에 구체적이고 현실적으로 적용·부과되고, 따라서 이 사건 부칙조항들에 대한 헌법소원심판 청구기간의 기산점은 청구인들의 전환일로 보아야 한다</u>. 그리고 청구인들은 모두 이 사건 부칙조항들을 근거로 '유예기간 동안 단기보호시설의 시설·인력기준을 따르는 장기요양시설'로 지정받을 수 있었고, 이러한 조건의 시설유형을 특별히 지정하여 법령에서 정한 서식을 작성하는 등 전환에 필요한 신고 절차를 거쳤다. 따라서 그 전환일 당시에 이미 이 사건 부칙조항들에 의한 법적 제한을 알고 있었다고 봄이 타당하다. 그럼에도 불구하고 청구인들은 모두 장기요양시설로의 전환일로부터 90일이 지난 2013.2.14.이 되어서야 이 사건 헌법소원심판을 청구하였으므로 청구기간을 도과하였다.

* 이 사안에 대해서는 전환일이 언제인지 명시되어 있지도 않아 도과 여부보다 중요한 기산일을 알 수가 없다. 전환일 날짜 정도는 옮겨놓는데 그리 어렵지 않고 중요한 판단대상이라 더욱 아쉽다.

3) 숙려기간 경우의 구 판례와 비슷한 취지 판례

법에 정한 사유가 발생한 이후 선택가능성을 그 법이 열어주고 있을 때 그것에 관한 선택을 위한 숙려기간을 둘 경우가 있다. 이런 경우에 헌재는 구 판례하에서 위 유예기간에 대한 경우와 비슷한 입론취지로 사유발생일을 기산점으로 하였다. 사안은 출생에 의하여 이중국적을 가지게 된 자가 보충역 복무를 마친 경우 2년 이내에 하나의 국적을 선택하여야 하고 그렇지 않을 경우 대한민국 국적을 상실하도록 규정한 구 국적법(2005.5.24 법률 제7499호로 개정되고, 2008.3.14. 법률 제8892호로 개정되기 전의 것) 제12조 제1항 및 제2항 해당규정에 대한 헌법소원심판 사건에서 청구기간 기산점이 문제된 것이었다. 헌재는 복무를 마친 때라고 한다.

판례 헌재 2009.11.26. 2007헌마1183

[결정요지] 이 사건 법률조항은 출생에 의하여 이중국적을 가지게 된 자가 보충역 복무를 마친 경우 2년 이내에 하나의 국적을 선택하도록 강제하면서 그렇지 않을 경우 대한민국 국적을 상실토록 규정하고 있다. 즉, 출생에 의한 이중국적자가 보충역 복무를 마치는 순간, 2년 이내에 하나의 국적을 선택하여야 하는 법적 강제가 발생하며 이러한 법적 의무의 미준수에 대한 결과로 대한민국 국적 상실을 예정하고 있는 것이다. 그렇다면 이와 같은 청구인에 대한 법적 강제는 청구인이 보충역 복무를 마친 때에 구체적이고 현실적으로 발생한다고 보아야 할 것으로 이때를 청구기간의 기산점으로 봄이 타당하다. 비록 이 사건 법률조항이 2년간의 숙려기간을 규정하고는 있어 숙려기간이 종료되는 시점에야 비로소 청구인에 대한 기본권 침해가 직접 발생한다고 볼 여지도 있으나 이 사건 법률조항에 의한 청구인의 법적 지위, 즉 '보충역 복무를 마친 때로부터 2년 이내에 하나의 국적을 선택하여야 하고 그렇지 않을 경우 대한민국 국적을 상실'하게 되는 법적 지위는 보충역 복무를 마친 때에 이미 확정되어 있으므로 이때를 청구기간의 기산점으로 봄이 상당하다. 따라서 청구인이 보충역 복무를 마친 2005.9.13.부터 1년이 훨씬 경과한 2007.10.22. 청구된 이 사건 심판청구는 청구기간이 도과되어 부적법하다.

4) 판례변경 - 유예기간 경과시설

헌재는 2020.4.23. 2017헌마479, 어린이통학버스 동승보호자 사건 결정에서 구 판례를 변경하여 유예기간 경과시를 기산점으로 바꾸었다.

헌재는 이 결정에서 다음과 같은 논거를 제시하고 있다. 시행유예기간 동안에는 기본권행사에 어떠한 구체적, 현실적 제약도 받지 않으므로 위와 같은 해석은 지나치게 관념적일 뿐 아니라, 시행일을 청구기간의 기산점으로 본다면 시행유예기간이 경과하여 정작 기본권 침해가 실제로 발생한 때에는 이미 청구기간이 지나버려 위헌성을 다툴 기회가 부여되지 않는 불합리한 결과가 초래될 위험이 있는 점, 일반국민에 대해 법규정의 개폐에 적시에 대처할 것을 기대하기가 사실상 어렵고, 헌법소원의 본질은 국민의 기본권을 충실히 보장하는 데에 있으므로 법적 안정성을 해하지 않는 범위 내에서 청구기간에 관한 규정을 기본권보장이 강화되는 방향으로 해석하는 것이 바람직한 점, 청구기간이 무한히 확장되는 것이 아니라 시행유예기간 경과일로부터 1년이 지나면 헌법소원심판을 청구할 수 없으므로 법적 안정성을 확보할 수 있는 점, 시행유예기간 동안에도 현재성 요건의 예외에 따라 적법하게 헌법소원심판을 청구할 수 있고, 이와 같이 시행유예기간 동안에 헌법소원심판청구를 허용하더라도 아직까지 법령의 효력이 발생하기 전인 이상 그로 인하여 헌법소원심판청구의 대상이 된 법령의 법적 안정성이 곧바로 저해되지는 않는 점 등을 들고 있다.

판례 헌재 2020.4.23. 2017헌마479

[판시] 도로교통법 부칙(2014.1.28. 법률 제12343호) 제1조는 "시행일"이라는 표제 아래, "이 법은 공포 후 1년이 경과한 날부터 시행한다."라고 규정한다. 또한 위 부칙 제3조는 "어린이통학버스 운전자 및 운영자 등의 의무에 관한 적용례"라는 표제 아래, "제53조 제3항의 개정규정은 「학원의 설립·운영 및 과외교습에 관한 법률」에 따른 학원 및 「체육시설의 설치·이용에 관한 법률」에 따른 체육시설에서 운영하는 승차정원 15인승 이하의 어린이통학버스에 대하여는 이 법 시행일 후 2년이 경과한 날부터 적용한다."라고 규정하여, 특정한 경우 심판대상조항에 대하여 2년간의 시행유예기간을 둔다. 청구인들은 승차정원 15인승 이하의 어린이통학버스를 운영하고 있으므로, 위 부칙 조항들에 따라 도로교통법 제53조 제3항의 개정규정의 시행일인 2015.1.29.로부터 2년이 경과하기 전까지는 어린이 통학버스 운행시에 보호자를 동승시키지 않아도 된다. 따라서 청구인들은 심판대상조항의 시행과 동시에 기본권을 침해받지는 않고, '시행일로부터 2년 경과'라는 사유가 발생하는 2017.1.29.에 비로소 도로교통법 제53조 제3항의 개정규정을 구체적이고 현실적으로 적용받게 되어 보호자 동승의무를 부담한다. 따라서 이 사건 보호자동승조항으로 인한 기본권 침해가 구체적이고 현실적으로 발생하는 날은 2017.1.29.이고, 이 날이 청구인들에 대한 헌법소원심판청구의 청구기간 기산점이 된다. 청구인들은 청구기간 기산점인 2017.1.29.로부터 1년 및 90일 이내인 2017.4.28. 헌법소원심판을 청구하였으므로 이 사건 보호자동승조항에 대한 청구기간은 준수되었다. 따라서 이하 본안에서는 이 사건 보호자동승조항이 청구인들의 기본권을 침해하는지 여부를 판단한다. 이와 달리, 시행유예기간을 둔 법령에 대한 헌법소원심판의 청구기간에 관한 헌법재판소의 선례에 따르면, 도로교통법 제53조 제3항의 개정규정의 시행일인 2015.1.29.에 이미 시행유예기간이 지나면 청구인들의 기본권이 침해될 것임이 분명하게 되었으므로, 법령의 시행과 동시에 기본권 침해가 발생한 것으로 인정하여 시행일을 청구기간의 기산점으로 보게 되어 이 사건 보호자동승조항에 대한 청구기간이 도과하였다는 결론에 이른다. 그러나 시행유예기간 동안에는 청구인들은 기본권 행사에 있어 어떠한 구체적, 현실적 제약도 받지 않으므로 위와 같은 해석은 지나치게 관념적일 뿐 아니라, 시행유예기간을 두지 않은 법령의 경우 기본권 행사에 구체적이고 현실적인 제약을 받는 시점이 청구기간의 기산점이 되는 것과 차별이 생긴다. 나아가 시행유예기간이 아니라 시행일을 청구기간의 기산점으로 본다면 시행유예기간이 경과하여 정작 기본권 침해가 실제로 발생한 때에는 이미 청구기간이 지나버려 위헌성을 다툴 기회가 부여되지 않는 불합리한 결과가 초래될 위험이 있는 점, 일반국민에 대해 법규정의 개폐에 적시에 대처할 것을 기대하기가 사실상 어렵고, 헌법소원의 본질은 국민의 기본권을 충실히 보장하는 데에 있으므로 법적 안정성을 해하지 않는 범위 내에서 청구기간에 관한 규정을 기본권보장이 강화되는 방향으로 해석하는 것이 바람직한 점을 종합해 보면, 시행유예기간의 적용 대상인 청구인들에 대해서도 청구기간의 기산점은 시행일인 것으로 해석하는 것은 헌법소원심판청구권을 보장하는 취지에 어긋난다. 뿐만 아니라, 시행유예기간 경과일을 청구기간의 기산점으로 보더라도 청구기간이 무한히 확장되는 것이 아니라 시행유예기간 경과일로부터 1년이 지나면 헌법소원심판을 청구할 수 없으므로 법적안정성을 확보할 수 있는 점, 시행유예기간 동안에도 현재성 요건의 예외에 따라 적법하게 헌법소원심판을 청구할 수 있고, 이와 같이 시행유예기간 동안에 헌법소원심판청구를 허용하더라도 아직까지 법령의 효력이 발생하기 전인 이상 그로 인하여 헌법소원심판청구의 대상이 된 법령의 법적안정성이 곧바로 저해되지는 않는 점을 아울러 고려하면, 시행유예기간 경과일을 청구기간의 기산점으로 해석함으로써 헌법소원심판청구권 보장과 법적안정성 확보 사이의 균형을 달성할 수 있다. 종래 이와 견해를 달리하여, 법령의 시행일 이후 법령에 규정된 일정한 기간이 경과한 후에 비로소 법령의 적용을 받는 청구인들에 대한 헌법재판소법 제68조 제1항의 규정에 의한 법령에 대한 헌법소원심판 청구기간의 기산점을 법령의 시행일이라고 판시한 우리 재판소 결정들은(헌재 96.3.28. 93헌마198; 헌재 99.7.22. 98헌마480 등; 헌재 2003.1.30. 2002헌마516; 헌재 2011.3.31. 2010헌마45; 헌재 2011.5.26. 2009헌마285; 헌재 2013.11.28. 2011헌마372), 이 결정의 취지와 저촉되는 범위 안에서 변경한다.

5) 판례변경 후 변화 예상

위 2), 3)의 구 판례하 판례들은 판례변경으로 앞으로 유사 사건에서 변화를 보여줄 것으로 예상된다.

8. 장래의 확실한 기본권침해에 대한 헌법소원에서의 청구기간

(1) 현재성 완화 인정과 청구기간의 비경과

* 현재성완화와 관련된 청구기간 불요구(도과 없음) 법리와 그 판례들에 대해서는 앞의 현재성 요건 부분도 참조.

1) 도과 문제 없음

아직 기본권침해는 없으나 장래 확실히 기본권침해가 예측되므로 미리 앞당겨 헌법소원을 제기한 경우에 기본권침해의 현재성이 인정되고 청구기간이 경과하였다고 할 수 없는 것은 물론이다. 헌재도 이 점을 아래의 결정에서 분명히 하고 있다.

판례 헌재 1999.12.23. 98헌마363, 제대군인지원에 관한 법률 제8조 제1항 등

[쟁점] 제대군인이 6급 이하의 공무원 또는 공·사기업체의 채용시험에 응시한 때에 필기시험의 각 과목별 득점에 각 과목별 만점의 5 퍼센트 또는 3 퍼센트를 가산하도록 규정하고 있는 제대군인지원에 관한 법률(1997.12.31. 법률 제5482호로 제정된 것) 제8조 제1항 및 제3항, 동법 시행령(1998.8.21. 대통령령 제15870호로 제정된 것. 이하 '이 시행령'이라 한다) 제9조가 시험을 준비중인 청구인들(여성들과 신체장애인)의 평등권, 공무담임권을 위헌적으로 침해한다고 하여 제기된 헌법소원이 청구기간을 도과한 것인지 여부(부정, 위헌결정) [관련판시] 심판청구 당시 청구인들은 국가공무원 채용시험에 응시하기 위하여 준비하고 있는 단계에 있었으므로 이 사건 심판대상조항으로 인한 기본권침해를 현실적으로 받았던 것은 아니다. 그러나 청구인들은 심판청구 당시 국가공무원 채용시험에 응시하기 위한 준비를 하고 있었고, 이들이 응시할 경우 장차 그 합격여부를 가리는 데 있어 가산점제도가 적용될 것임은 심판청구 당시에 이미 확실히 예측되는 것이었다. 따라서 기본권침해의 현재관련성이 인정된다(헌재 1992.10.1. 92헌마68 등, 판례집 4, 659, 669면 참조). 이와 같이 장래 확실히 기본권침해가 예측되어 현재관련성을 인정하는 이상 청구기간이 경과하였다고 할 수 없다. 청구기간을 준수하였는지 여부는 이미 기본권침해가 발생한 경우에 비로소 문제될 수 있는 것인데, 이 사건의 경우 아직 기본권침해는 없으나 장래 확실히 기본권침해가 예측되므로 미리 앞당겨 현재의 법적 관련성을 인정하는 것이기 때문이다. 따라서 청구기간이 지났다는 국가보훈처장의 주장은 이유 없다. * 동지 : 헌재 2001.2.22. 2000헌마25; 2001.9.27. 2000헌마342; 2004.12.16. 2003헌마226등; 2006.2.23. 2005헌마403등.

2) 주기적 반복

대표적으로 주기적으로 반복되는 선거와 관련한 헌법소원심판 청구와 같은 경우에는 사실 청구기간 도과가 문제되지 않는다고 본다. 선거가 이미 실시된 후라도 앞으로 실시될 선거에서 기본권침해에 대한 청구라고 보면 도과의 문제가 없다고 보는 것이다. 그 취지를 밝히고 있는 아래 결정의 사안은 재외국민에 대한 국정선거권, 지방선거의 선거권·피선거권 부정의 공직선거법규정에 대한 헌법소원심판사건이었다.

판례 헌재 2007.6.28. 2004헌마644등

[판시] (1) 그런데 제17대 국회의원선거가 2004.4.15.에 실시되었고 그로부터 90일이 경과한 후인 2004.8.4.과 2005.4.6.에 제기된 이 사건 심판청구들에 대해 청구기간의 준수 여부에 의문이 제기될 수 있다. (2) 그런데 주기적으로 반복되는 선거의 경우 매번 새로운 후보자들이 입후보하고 매번 새로운 범위의 선거권자들에 의해 투표가 행해질 뿐만 아니라, 선거의 효과도 차기 선거에 의한 효과가 발생할 때까지로 한정되므로 매선거는 새로운 선거에 해당한다. 그리고, 청구인들이 이 사건 헌법소원을 제기한 진정한 취지는, 이미 종료한 과거 선거에서의 기본권침해를 문제 삼는 것이라기보다는, 장래 실시될 선거에서 발생할 수 있는 기본권침해를 문제 삼고 있는 것으로 볼 수 있다. (3) 결국 이 사건 심판청구는 향후 실시될 각종 선거에서 청구인들이 선거에 참여하지 못함으로써 입게 되는 기본권침해, 즉 장래 그 도래가 확실히 예측되는 기본권침해를 미리 앞당겨 다투는 것으로 볼 수 있다. 그렇다면 기본권침해의 사유가 이미 발생한 사실을 전제로 한 청구기간 도과의 문제는 발생할 여지가 없다.

(2) 청구기간 준수여부가 문제되지 않는 이유 : 청구기간 진행의 비개시

헌법재판소는 장래 확실한 기본권침해가 예상되는 경우에 청구기간 준수여부는 문제될 것이 없는데 그 이유는 청구기간의 진행이 아직 개시조차 되지 않은 것이기 때문이라고 한다.

판례 헌재 2001.11.29. 2000헌마84

[사건개요] 법무사법(1996.12.12. 법률 제5180호로 전문개정되고 1997.12.13. 법률 제5453호로 최종개정된 것) 제4조 제1항 제1호는 법원 등에서 일정기간 근무한 공무원에게 법무사자격을 인정하고 있는데, 법무사시험을 준비하고 있는 청구인들이 위 규정은 경력공무원들에게 법무사시험에 의한 실제능력의 객관적 평가 없이 법무사자격을 부여함으로써 그 숫자만큼 법무사시험 합격인원을 축소케 하여 청구인들이 법무사시험에 합격할 수 있는 기회를 감소시키므로 청구인들의 직업선택의 자유와 평등권을 침해한다고 주장하면서 위 규정에 대한 법령소원을 제기하였는데 청구기간이 논란되었다. [관련판시] 청구인들은 2000.7.9.에 제1차 시험이 실시되는 제6회 법무사시험을 보려고 준비하던 사람들로서 2000.2.2. 이 사건 헌법소원을 제기할 당시에는 이 법무사시험이 아직 시행되지 않은 상황이었다. 그런데 이 사건에서는, 시험을 보지 않고 법무사자격을 취득하는 경력공무원들과의 상관관계하에서 장차 청구인들의 합격여부가 결정될 가능성이 존재하기 때문에 이 사건 법률조항에 의한 청구인들의 기본권침해 여부가 문제되는 상황, 즉 합격여부의 결정이 장래에 발생할 것이 확실히 예측되고 따라서 기본권침해를 예방하기 위하여 청구인들이 미리 헌법소원을 제기하는 것을 허용할 필요가 있는데 이러한 경우에는 청구기간의 준수여부는 문제되지 않는다. 왜냐하면 청구기간의 준수여부에 대한 심사는 기본권침해여부가 문제되는 상황이 과거에 이미 발생한 경우를 전제로 하는 것이므로 기본권침해 여부가 문제되는 상황이 장래에 발생할 것이 확실하여 미리 앞당겨 헌법소원의 제기를 허용하는 경우에는 청구기간은 아직 그 진행이 개시조차 된 것이 아니기 때문이다.

(3) 임기 제한 조항의 경우

위와 같은 예로 지방자치단체 장의 계속 재임을 3기로 제한한 지방자치법 제87조 제1항에 대한 헌법소원심판청구사건을 들 수 있다. 아직 3기를 초과하여 재임기 전에 장래 침해가 확실히 된다고 하여 청구한 것이다. 이런 사안은 결국 두 가지가 결합된 것이다. ① 그 하나는 법령 해당사유 발생일에 침해가 있다는 것이고 ② 다른 하나는 그 발생일이 장래에 확실히 도래하고 발생된다는 것이다. 4연임을 할 수 없다는 것은 이전에라도 아는 사실이나 특정인 자

신이 그렇게 될지는 장래에 나타날 문제인데 그 문제가 나타나면 확실히 침해발생이 있을 것이라는 점에서 위와 같은 해결에 이르게 된다고 이해된다.

판례 헌재 2006.2.23. 2005헌마403

[판시] 가. 법적관련성 … 청구인들은 3기를 연임하고 있는 지방자치단체의 장으로서 이 사건 법률조항으로 인해 다시 자치단체 장 선거에 출마할 수 없게 된 자이거나, 선거권자로서 3기를 연임하고 있는 자치단체 장에게 투표할 수 없게 된 자들이다. 그렇다면, 장래 확실히 기본권 제한이 예측되므로 미리 앞당겨 현재의 법적 관련성을 인정할 수 있다. 나. 청구기간 – 행정자치부장관은 이 사건 법률조항은 1994.12.20.경부터 시행되었으므로 이 사건 심판청구는 청구기간을 도과하여 부적법하다고 주장한다. 그러나 이 사건 법률조항은 이 사건 법률의 시행과 동시에 청구인들의 기본권을 침해하는 것이 아니다. 법률 시행 후 청구인 자치단체 장들이 3기 초과 연임을 하고자 하는 경우에 비로소 기본권 침해가 구체적으로 현실화되므로 청구기간을 도과하였다고 할 수 없다.

9. 실질적 법령소원의 경우

예를 들어 형식은 불기소처분취소를 구하는 청구이나 실질적으로는 법령에 대한 헌법소원심판의 청구라면 법령소원의 청구기간인 90일, 1년이 적용되어야 함은 물론이다. 실질적 법령소원인지는 직권주의가 적용되므로 헌재가 이를 직권으로 가릴 수 있다.

판례 헌재 제2 지정재판부 1992.8.14. 고지, 92헌마151

[관련설시] 헌법소원의 심판은 그 사유가 있음을 안 날로부터 60일 이내에 그 사유가 있은 날로부터 180일 이내에 청구하여야 하고 다른 법률에 의한 구제절차를 거친 경우에는 그 최종결정을 통지받은 날로부터 30일 이내에 청구하여야 하는바(헌법재판소법 제68조 제1항, 제69조 제1항) 이 사건은 불기소처분취소의 형식을 취하였으나 성질상은 법령에 대한 소원이므로 위 60일, 180일(구법 규정, 현 90일, 1년) 이내의 제소기간은 준수하여야 할 것이다.

10. 헌법재판소 발족 이전에 제정·시행된 법령에 대한 소원의 청구기간 기산점

헌법재판소가 발족하기 전에 있었던 공권력행사에 의한 기본권침해에 대한 헌법소원심판의 청구기간은 헌법재판소가 구성된 일자(재판관의 임명일자), 즉 1988.9.19.부터 기산해야 한다는 것이 헌법재판소의 확립된 판례임은 이미 살펴본 바 있다(전술, I.5. 참조). 이는 법령소원에 있어서도 마찬가지이다. 따라서 헌법재판소 구성일자 이전에 시행에 들어간 법령으로 인한 기본권침해의 경우 그 법령해당사유가 헌재의 구성일자 이전에 발생하였다면 그 구성일로부터, 그 이후에 법령해당사유가 발생하였다면 발생하였음을 안 날, 발생한 날로부터 기산하여야 한다. 헌법재판소의 구성 이전에 시행에 들어갔던 법령들에 대한 헌법소원에 있어서 헌법재판소의 역사가 30년을 훨씬 넘어선 이제는 전자의 경우로서 심판청구를 한다면 적법한 청구로 보기가 힘들다.

* 헌재의 구성일(1988.9.19)로부터 기산하여 청구기간을 도과하였다고 하여 각하한 예 : 1963.4.17. 법률 제1329호로 제정·시행된 구 노동조합법 제12조에 대해 1961.8.20.에 설립된 노동조합이 청구한 헌법소원심판(헌재 1994.12.29. 91헌마2, 판례집 6-2, 420면).

Ⅳ. 부작위에 대한 헌법소원심판에서의 청구기간 문제

1. 입법부작위에 대한 헌법소원심판에서의 청구기간 문제

입법부작위를 진정입법부작위(眞正立法不作爲)와 부진정입법부작위(不眞正立法不作爲)로 나누어(앞의 헌법소원의 대상 부분 참조) 전자에 대한 헌법소원에 대해서는 청구기간의 제약을 두지 않고 후자에 대한 헌법소원에서는 통상의 청구기간의 준수를 요구하는 것이 우리 헌법재판소의 판례이다.

(1) 진정입법부작위에 대한 헌법소원

1) 청구기간요건 불요구와 그 이유

법령규정 내용이 전혀 아무것도 없는 부작위가 진정입법부작위이다. 이 진정입법부작위의 경우는 아무런 내용이 없는 경우이므로 입법부작위 그 자체를 대상으로 하는 본래의미의 헌법소원심판을 제기할 수 있는데 이 헌법소원심판에서 적법요건으로서 청구기간의 준수를 요구하지 않는다고 본다. 부작위상태는 그것이 작위로 나아가지 않는 지속상태이므로 그 지속으로 기본권침해상태가 계속된다고 보아야 하기 때문이라는 것이다.

[주요사항]

▷ 진정입법부작위에 대한 헌법소원에서 청구기간 요건 불요 - 청구기간의 제약 없이 청구가능
 * 불요구의 이유 : 공권력의 불행사는 그 불행사가 계속되는 한 기본권침해의 부작위가 계속된다 할 것이기 때문임

판례 헌재 1994.12.29. 89헌마2, 조선철도(주) 주식의 보상금청구에 관한 헌법소원

[관련판시] 헌법재판소법 제69조에서는 헌법소원 전반에 관한 청구기간을 규정하고 있기 때문에 공권력의 불행사에 대한 헌법소원도 청구기간의 제한이 있는 것이 아닌가 하는 의문이 있으나 공권력의 행사는 그 행사가 있는 때 기본권침해행위는 종료하고 그 위법상태가 계속될 수 있음에 비하여 공권력의 불행사는 그 불행사가 계속되는 한 기본권침해의 부작위가 계속된다 할 것이므로, 공권력의 불행사에 대한 헌법소원심판은 그 불행사가 계속되는 한 기간의 제약이 없이 적법하게 청구할 수 있다 할 것이다(우리 헌법재판소가 1989.9.29. 89헌마13 결정에서 법률에 대한 헌법소원은 입법부작위의 경우와 달리 헌법재판소법 제69조 제1항에 정한 청구기간 안에 청구하여야 한다고 판시하여 간접적으로 입법부작위에 대한 헌법소원의 경우에는 청구기간의 제한을 받지 않음을 인정하고 있다). * 동지 : 헌재 1998.7.16. 96헌마246 등.

2) 행정입법의 진정입법부작위

법률의 진정입법부작위뿐 아니라 행정입법의 진정부작위에 대해서도 청구기간 준수를 요구하지 않는다.

3) 위헌성 인정의 결정형식 및 위헌확인결정례

(가) 위헌성 인정의 결정형식

진정입법부작위가 위헌인 것으로 헌재가 판단하면, 즉 인용결정을 할 경우에 그 결정은

위헌확인결정의 형식으로 내려진다. 단순위헌취소가 아니라 확인으로 결정하는 것은 부작위라서 취소대상이 없고 따라서 위헌이라는 현실, 사실을 인정하는 '확인'의 결정을 하는 것이다.

(나) 위헌확인결정례

가) 법률의 진정입법부작위 : 위 조선철도주식회사 사건 89헌마2 결정 등

나) 행정입법부작위

(a) **청구기간 불요구 판시가 있었던 위헌확인결정례** 진정행정입법부작위에 대한 헌법소원에서 청구기간의 제약이 없다는 명시적인 언급을 하면서 위헌확인결정을 한 결정례들은 아래와 같은 것들이 있었다.

① 치과전문의 자격시험 불실시

판례 헌재 1998.7.16. 96헌마246

[본안쟁점] 보건복지부장관이 의료법과 대통령령의 위임에 따라 치과전문의자격시험제도를 실시할 수 있도록 시행규칙을 개정하거나 필요한 조항을 신설하는 등 제도적 조치를 마련하지 아니하는 부작위가 치과의사인 청구인들의 직ㅇ버의 자유를 침해하는 것인지 여부(긍정, 위헌확인결정) [판시] …3. 적법요건에 대한 판단 가. … 나. 보건복지부장관의 입법부작위에 대한 부분 (1) 청구기간 – 공권력의 불행사로 인한 기본권침해는 그 불행사가 계속되는 한 기본권침해의 부작위가 계속된다고 할 것이므로 공권력의 불행사에 대한 헌법소원심판은 그 불행사가 계속되는 한 기간의 제약없이 적법하게 청구할 수 있다(헌재 1994.12.29. 89헌마2). 피청구인 보건복지부장관에 대한 청구 중 입법부작위 부분은, 보건복지부장관이 의료법 및 위 규정의 위임에 따른 시행규칙을 제정하기는 하였고 이는 입법사항에 관하여 규율은 하였으나 그 내용 등이 불완전·불충분한 경우와 유사한 경우이므로, 위 시행규칙의 관련조항에 대하여(즉, 부진정입법부작위에 대한) 헌법소원심판을 청구하여야 하고 따라서 청구기간의 제한을 받는 것이 아닌가 하는 의문이 있을 수 있다. 그러나 치과전문의제도의 시행을 위하여 필요한 사항 중 일부를 누락함으로써 제도의 시행이 불가능하게 되었다면 그 누락된 부분에 대하여는 진정입법부작위에 해당한다고 보아야 한다. 왜냐하면 치과의사로서 전문의가 되고자 하는 자는 대통령령이 정하는 수련을 거쳐 보건복지부장관의 자격인정을 받아야 하고(의료법 제55조 제1항) 전문의의 자격인정 및 전문과목에 관하여 필요한 사항은 대통령령으로 정하는바(동조 제3항), 위 대통령령인 '규정' 제2조의2 제2호(개정 1995.1.28)는 치과전문의의 전문과목을 "구강악안면외과·치과보철과·치과교정과·소아치과·치주과·치과보존과·구강내과·구강악안면방사선과·구강병리과 및 예방치과"로 정하고, 제17조(개정 1994.12.23)에서는 전문의자격의 인정에 관하여 "일정한 수련과정을 이수한 자로서 전문의자격시험에 합격"할 것을 요구하고 있는데도, '시행규칙'이 위 규정에 따른 개정입법 및 새로운 입법을 하지 않고 있는 것은 진정입법부작위에 해당하기 때문이다. 그러므로 이 부분에 대한 심판청구는 청구기간의 제한을 받지 않는다고 할 것이고, 따라서 청구기간 경과의 위법은 없다.

② 평균임금결정·고시부작위 위헌확인

판례 헌재 2002.7.18. 2000헌마707

[사건개요] 산업재해보상보험법상의 유족급여, 장의비 등을 산출하는 기초가 되는 평균임금을 산정하기 곤란하다고 인정하는 경우에는 산업재해보상보험법 제4조 제2호, 근로기준법시행령 제4조가 노동부장관이 결정·고시하도록 하였음에도 행정입법을 하지 않은 부작위의 위헌확인을 구하는 헌법소원심판이다(위헌확인결정). [관련판시] 이 사건의 경우 법률인 산업재해보상보험법 및 대통령령인 근로기준법시

행령이 정하는 경우에 관하여 노동부장관이 평균임금을 결정·고시하는 내용의 규정이 있음에도 불구하고 노동부장관이 이에 따른 행정입법권을 행사하지 아니하고 있는 것이므로 이는 진정입법부작위에 속한다. 따라서 위 진정입법부작위의 위헌여부를 다투는 이 사건 헌법소원심판은 청구기간의 제한을 받지 않는다고 할 것이므로 청구기간 경과의 위법은 없다.

(b) **청구기간에 대한 언급 없이 본안판단하여 위헌확인한 결정례** 진정행정입법부작위에 대한 헌법소원에서 청구기간 언급없이 본안판단 끝에 인용하는 위헌확인결정을 하였다는 것은 청구기간에 대한 제한이 없다는 선례들을 당연히 받아들이고 결정한 것이라고 볼 것인데 아래의 예들이 그러하다.

① **군법무관의 봉급, 그 밖의 보수의 법관, 검사의 예에 준한 지급에 관한 행정입법부작위** – 구 군법무관임용법 제5조 제3항 및 '군법무관임용 등에 관한 법률' 제6조가 군법무관의 봉급과 그 밖의 보수를 법관 및 검사의 예에 준하여 지급하도록 하는 대통령령을 제정할 것을 규정하고 있었음에도 해당 대통령령을 제정하지 않는 것이 군법무관들의 재산권을 침해하여 위헌이라고 확인하였다.

판례 헌재 2004.2.26. 2001헌마718

[주문] 피청구인이 구 군법무관임용법 제5조 제3항 및 군법무관임용등에관한법률 제6조의 위임에 따라 군법무관의 봉급과 그 밖의 보수를 법관 및 검사의 예에 준하여 지급하도록 하는 대통령령을 제정하지 아니하는 입법부작위는 위헌임을 확인한다. [판시] * 자세한 요지는 앞의 대상성, 입법부작위 위헌확인 결정 부분 참조.

② **국군포로 예우의 신청, 기준 등에 관한 대통령령 부재의 위헌성** – 헌재는 피청구인 대통령의 이 행정입법부작위가 청구인의 명예권을 침해한다고 보아 위헌임을 확인하는 결정을 하였다.

판례 헌재 2018.5.31. 2016헌마626

[주문] 1. 피청구인이 '국군포로의 송환 및 대우 등에 관한 법률'(2015.3.27. 법률 제13237호로 개정된 것) 제15조의5 제2항의 위임에 따른 대통령령을 제정하지 아니한 행정입법부작위는 위헌임을 확인한다. [관련규정] 동법 제15조의5 (국군포로에 대한 예우) ① 국방부장관은 등록포로, 제6조에 따른 등록을 하기 전에 사망한 귀환포로, 귀환하기 전에 사망한 국군포로에게 억류기간 중의 행적이나 공헌의 정도에 상응하는 예우를 할 수 있다. ② 제1항에 따른 예우의 신청, 기준, 방법 등에 필요한 사항은 대통령령으로 정한다. [결정요지] * 자세한 요지는 앞의 대상성, 입법부작위 위헌확인결정 부분 참조.

(2) 부진정입법부작위에 대한 헌법소원에서의 청구기간 요건 요구

[중요사항]

▷ 부진정입법부작위(不眞正立法不作爲)에 대한 헌법소원에서 청구기간 요건 요구

* 그 이유 : 불완전입법에 대한 법령소원이고 법령소원에도 청구기간 요구

1) 청구기간요건 부과의 이유

입법이 있긴 하나 충분하지 않거나 불완전한 경우를 부진정입법부작위(不眞正立法不作爲)라고 하는데 전술한 대로 헌재는 부진정입법부작위의 경우 입법부작위에 대한 헌법소원이 아니라 불완전한 법률규정 그 자체를 대상으로 하는 적극적 헌법소원을 제기하여야 한다고 본다(앞의 헌법소원 대상성 부분 참조). 즉 불완전하긴 하나 존재하고 있는 법령 그 자체가 직접 기본권침해를 가져오는 경우이고 그 법령에 대하여 직접 제기하는 헌법재판소법 제68조 제1항의 헌법소원(법령소원)을 하여야 한다고 한다. 그리고 법령소원에서도 앞서 본대로 청구기간의 제한이 있고, 따라서 부진정입법부작위에 대한 법령소원에도 청구기간의 제한이 있는 것이다.

판례 헌재 1996.6.13. 95헌마115

[관련판시] 이 사건 심판대상은 이른바 부진정 입법부작위에 해당하고 이에 대한 심판청구는 헌재법 제68조 제1항에 의한 이른바 법령소원으로 해석할 것이지 입법부작위에 대한 헌법소원이라고 할 수 없으므로 이 사건의 경우에도 헌재법 제69조 제1항 소정의 청구기간의 적용을 받는바, 이른바 법령소원의 경우에 위 청구기간은 그 법령의 시행과 동시에 기본권침해를 당한 경우에는 그 법령이 시행된 사실을 안 날로부터 60일(구법규정. 개정된 현행 헌재법규정은 90일) 이내, 그 법령이 시행된 날로 부터 180일(구법규정. 개정된 현행 헌재법규정은 1년) 이내로, 법령이 시행된 후에 비로소 그 법령에 해당하는 사유가 발생하여 기본권의 침해를 받게 된 경우에는 그 사유가 발생하였음을 안 날로부터 60일 이내, 그 사유가 발생한 날로부터 180일 이내로 각 해석된다.

* 부진정입법부작위에 대한 헌법소원에서 청구기간의 준수가 요구된다고 본 동지의 결정 : 헌재 1993.3.11. 89헌마79; 1993.9.27. 89헌마248 등. * 이후 동지의 결정들 : 헌재 1996.10.31. 94헌마204; 2007.2.22. 2005헌마548; 2007.7.26. 2006헌마1164; 2009.7.14. 2009헌마349;

2) 부진정입법부작위에 대한 헌법소원 청구기간 도과여부 판단의 예

헌재 판례 법리에 대한 이해를 위해 다음의 몇 가지 예들을 인용한다.

① 미결수용자에 대해 기결수와 처우를 달리하는 규정의 불충분성 주장

판례 헌재 1998.2.27. 96헌마179

[본안쟁점] 구 행형법(1996.12.12. 법률 제5175호로 개정되기 전의 것)이 미결수용자에 대하여 기결수와 그 처우를 달리하는 규정을 두지 아니하여 무죄추정을 받을 청구인의 권리를 침해하였는지 여부 [관련판시] 이 사건 법률은 제2조에서 수형자와 미결수용자는 구분수용하도록 규정하고, 제14장 이하에서 미결수용자의 이발, 변호인 접견, 작업과 교회(敎誨) 등에 대하여 미결수용자에 관한 별도의 규정을 두고 있으므로 미결수용자에 대하여 전혀 입법을 하지 아니함으로써 입법의 흠결이 있는 경우라고 볼 수 없으며, 청구인의 주장은 미결수용자의 처우에 대하여 입법을 하였으나 불충분하거나 불공정한 규율을 하여 입법행위에 결함이 있는 경우, 즉 부진정부작위입법에 대한 헌법소원으로 보아야 할 것이고, 이 때에는 헌법재판소법 제69조 제1항의 청구기간이 준수되어야 한다(1993.3.11. 89헌마79 결정 등 참조). 그런데 기본권침해사유가 발생한 것을 안 때인 1995.2.7.부터 60일이 경과한 것이 명백하므로 이 사건 헌법소원심판청구는 부적법하다.

② 대한민국으로 귀환하기 전 사망 국군포로에 대한 입법조치 부재 주장

판례 헌재 2018.5.31. 2016헌마626

[심판대상] '국군포로의 송환 및 대우 등에 관한 법률'(이하 '국군포로법')에서 대한민국에 귀환하여 등록한 포로에 대한 보수 기타 대우 및 지원만을 규정하고, 대한민국으로 귀환하기 전에 사망한 국군포로에 대하여는 이에 관한 입법조치를 하지 않은 입법부작위 [판시] 국군포로법은 위 법률조항들을 통하여 등록포로에 대해서는 보수와 위로지원금을 지급하고, 귀환하기 전에 사망한 국군포로에 관해서는 그 억류지출신 포로가족에게 지원금을 지급하도록 하고 있으므로, 청구인의 주장은 결국 등록포로에 대한 보수·지원에 관한 규정이나 억류지출신 포로가족에 대한 지원을 규정하고 있는 규정이 불완전, 불충분한 입법이라는 부진정입법부작위를 다투는 것이다. 이처럼 부진정입법부작위를 다투기 위해서는 그 불완전한 법규 자체를 대상으로 한 헌법소원이 가능함은 별론으로 하고, 입법부작위로서 헌법소원의 대상으로 삼을 수는 없다(헌재 1996.6.13. 94헌마118등 참조). (2) 설령, 청구인이 국군포로법(2013.3.22. 법률 제11652호로 개정된 것) 제9조 제1항, 제11조 제1항 및 국군포로법(2006.3.24. 법률 제7896호로 제정된 것) 제15조 제1항의 불완전, 불충분성을 다투고자 하는 것으로 이 부분 심판청구를 선해한다고 하더라도 이 부분 심판청구는 청구기간을 도과하여 제기되었다. 법령에 대한 헌법소원은 법령시행과 동시에 기본권의 침해를 받게 되는 경우에는 그 법령이 시행된 날부터 1년 이내에, 법령이 시행된 뒤에 비로소 그 법령에 해당하는 사유가 발생하여 기본권의 침해를 받게 되는 경우에는 그 사유가 발생한 날부터 1년 이내에 헌법소원을 청구하여야 하는데(헌재 2007.7.26. 2006헌마1164; 헌재 2013.12.26. 2011헌마499 등 참조), 이 사건 기록에 의하면 청구인이 2013.10.5.경 망 손○식의 유해를 대한민국으로 송환한 사실을 인정할 수 있는바, 적어도 위 2013.10.5.경 무렵에는 청구인에게 기본권 침해의 사유가 발생하였다고 할 것이므로, 이로부터 1년을 경과하여 2016.7.28. 제기된 이 부분 심판청구는 청구기간을 도과하여 제기된 것으로 부적법하다. * 이 결정에서 법률이 위임한 사항의 대통령령이 제정되지 않은 행정입법부작위에 대해서는 위헌확인결정이 있었다.

* 부진정부작위에 대한 헌법소원에서 청구기간의 도과로 각하결정된 또 다른 예 : 헌재 1993.9.27. 89헌마248; 2000.4.27. 99헌마76 등.

2. 행정부작위에 대한 헌법소원의 경우

행정부작위의 경우에도 부작위가 계속되어 그 부작위로 인한 기본권침해가 계속된다면 청구기간의 제약을 둘 수 없을 것이다. 헌재가 행정부작위의 경우로서 청구기간을 지키지 않아도 된다고 이를 명시적으로 밝힌 예를 찾기 쉽지 않고 행정부작위에 대한 각하결정에서 청구기간 불준수를 이유로 한 예를 찾기 어렵고[대개 작위의무 부재를 이유로 한 각하결정이 많음. 전국구국회의원 의석승계 작위의무의 부정(헌재 1994.4.28. 92헌마153), 독도 '대피시설 등' 설치 의무 부정(헌재 2016.5.26. 2014헌마1002), 환경부장관의 자동차 제작자에 자동차교체명령을 해야 할 작위의무 부정헌재 2018.3.29. 2016헌마795) 등. 또는 작위의무는 인정되나 그 불이행 작위의무를 이행하지 않은 부작위상태는 아니라고 하여 각하는 결정 등이 있음(예를 들어 판례 헌재 2019.12.27. 2012헌마939, 사할린 한인의 대일청구권 사건결정). 이러한 결정례들은 앞의 헌법소원 대상 부분 참조], 반대로 행정부작위에 대한 인용결정에서 청구기간 요건준수를 언급하지 않은 채 본안판단으로 들어간 예[임야조사서 또는 토지조사부의 열람·복사 신청 불응의 부작위(헌재 1989.9.4. 88헌마22), 대한민국과 일본국 간의 재산 및 청구권에 관한 문제의 해결과 경제협력에 관한 협정 제3조

부작위(헌재 2011.8.30. 2008헌마648, 비슷한 취지 결정으로, 헌재 2011.8.30. 2006헌마788) 등]들은 그 점을 간접적으로 파악하게 한다고 할 것이다. 앞으로 입법 등으로 보다 명확히 하는 것이 요청된다.

V. 다른 구제절차를 거친 본래의미의 헌법소원의 청구기간

헌재법 제69조 제1항 단서

제69조(청구기간) ① 본문 생략, 다만, 다른 법률에 따른 구제절차를 거친 헌법소원의 심판은 그 최종결정을 통지받은 날부터 30일 이내에 청구하여야 한다.

1. 적용범위와 적용요건

(1) 적용범위(대상사안)

1) 다른 구제절차의 존재 - 보충성원칙의 적용

헌재법 제69조 제1항 단서의 위 '30'일 청구기간이 적용되는 범위 내지 대상 사안을 먼저 분명히 할 필요가 있다. 물론 그 대상 사안, 적용범위는 '다른 구제절차'(전심절차)가 존재하는 경우여야 한다. 즉 보충성원칙이 적용되는 경우이다.

2) 다른 구제절차가 없는 경우 - 일반 청구기간 적용

당연하지만 다른 구제절차가 존재하지 않으면 보충성원칙이 적용되지도 않고 헌재법 제69조 제1항 본문의 일반적인 본래의미 헌법소원의 청구기간, 즉 '안' 날부터 90일, '있는' 날부터 1년이 적용된다. 아래의 예가 보충성원칙 적용으로 30일 청구기간이 적용될 듯하나 법원이 행정소송 대상성을 인정하지 않았으므로 보충성원칙이 적용되지 않아 90일 등 청구기간이 적용되는 바로 그러한 경우이었다. 그런데, 사실 지목변경신청거부행위는 아래 결정 이후 대법원이 행정소송 대상으로 인정함에 따라 헌재가 판례를 변경하여(변경한 판례 : 헌재 2004.6.24. 2003헌마723) 보충성원칙이 적용되어 지금은 상황이 달라졌다. 그러나 이러한 상황변화에도 불구하고 보충성원칙 비적용시 일반 청구기간 적용이라는 위 판례법리를 그대로 적용한 것은 논리적이어서 위 법리의 적용 이해를 돕기 위해 아래에 인용한다.

판례 헌재 2003.9.25. 2002헌마789

[결정요지] 헌법소원의 심판은, "그 사유가 있음을 안 날로부터 90일 이내에, 사유가 있은 날로부터 1년 이내에 청구하여야 한다. 다만, 다른 법률에 의한 구제절차를 거친 헌법소원의 심판은 그 최종결정을 통지받은 날로부터 30일 이내에 청구하여야 한다."(헌법재판소법 제69조 제1항). 이 사건에서 청구인은 피청구인이 이 사건 처분을 하자 행정소송(1심)을 거쳐 이 사건 헌법소원을 청구하였는바, 청구기간 산정에 있어 위 조항의 단서가 적용될 것인지가 문제된다. 그런데 행정청이 지목변경신청을 거부(반려)하는 행위는 행정소송의 대상이 되는 행정처분이 아니라는 것이 법원의 일관된 판례이며(대법원 1989.11.28. 선고 89누3700 판결 등), 헌법재판소도 수차에 걸쳐 그러한 점을 선언한 바 있다(위 결정 및 2001.1.18. 선고 99헌마703, 2002.1.31. 선고 99헌마563 결정). 따라서 그러한 행위는 법원의 재판관할에 속하지 아니하는 것이 명백하므로(헌재 2001.1.18. 99헌마703, 판례집 13-1, 139, 144-145), 이

에 대하여 행정소송을 제기한 것은 헌법재판소법 제69조 제1항 단서가 말하는 "다른 법률에 의한 구제절차"를 거친 것이라고 보기는 어렵고, 청구인이 지목변경거부행위에 대하여 행정소송을 거쳤다고 하더라도 이는 구제절차가 될 수 없는 무익한 절차를 거친 것에 불과하다. 그렇다면 이 사건에서 청구기간의 산정은 헌법재판소법 제69조 제1항 단서가 아니라 본문의 규정에 의하여야 할 것이다. 그런데 이 사건 처분은 2001.8.13. 행하여졌고, 따라서 이 사건 심판청구 당시 "사유가 있은 날로부터 1년"이 경과한 것이 명백하므로 이 사건 심판청구는 청구기간이 경과되었다.

3) 평가 - 전문지식 요구의 권리구제성 약화

사실 다른 구제절차가 있는지, 있다는 것을 알아도 그 절차를 어떻게 적법하게 거쳐야 하는지 등을 전문적인 법지식인이라고 믿는 법률가들도 쉽게 파악할 수 없는 경우도 있다. 그걸 인식하지 못함에 정당한 사유가 있었다고 주장할 여지가 있으나 헌재가 정당한 사유를 잘 인정하지도 않는다. 위 사안에서 보충성원칙을 지켜야 한다는 생각에서 다른 구제절차로서 행정소송에 매이더라도 헌법소원심판 청구를 진작에 해두어야 했는데 헌재도 '무익한 절차'라고 하나 다른 구제절차(행정소송)를 거치느라 시간을 흘려보냈고 결국 청구기간이 도과하는 안타까운 일이 생겼다. 모름지기 현명한 법률가는 기본권침해행위가 발생하여 헌법소원심판 청구를 의뢰받으면 일반적인 청구기간을 넘기지 않도록 신속히 청구하고 보충성원칙의 적용을 받을 것이니 다른 구제절차 최종결정을 기다려 그때가서 30일 이내에 청구하면 된다는 안일한 생각을 가져서는 아니될 것이다.

(2) 적용요건 - 존재하는 전심절차를 적법하게 경유할 것

1) 판례법리

이 요건이 요구되는 이유는 다른 구제절차가 있는 경우라고 하더라도 우리 헌재는 앞의 보충성원칙에서 말하는 다른 권리구제절차란 적법하게 거치는 절차를 의미한다고 보기 때문이다(앞의 보충성원칙 부분 참조).

2) 판례가 전심절차의 적법성을 요구하는 이유

헌재는 위 법리를 내세운 논거가 바로 청구기간의 부당한 연장과 그 취지 몰각을 방지하기 위한 것이라는 데 있다고 한다. 즉 "만약 그렇게 보지 아니하면 청구인이 일부러 부적법한 구제절차를 거침으로써 부당하게 청구기간을 연장할 수 있게 되어 청구기간 한정의 취지를 몰각시켜 버릴 염려가 있기 때문"이라고 한다(헌재 1993.7.29. 91헌마47).

3) 판례법리의 효과

(가) 전심절차 적법하게 경유한 경우

이 경우야 그야말로 최종통지를 받은 날부터 30일이라는 헌재법 제69조 제1항 단서의 규정이 적용되어 그 30일 도과 여부로 청구기관 준수 여부를 가리면 된다.

(나) 전심절차 부적법하게 경유한 경우

판례법리를 그대로 따라 논리적으로 보면 이 경우에는 보충성원칙에서 말하는 '다른 구제

절차'를 제대로 거치지 않았으므로 보충성원칙의 위배 그 자체이지 청구기간을 운위할 수 없다. 전심절차의 적법성을 요구하는 이유로 청구기간 취지 몰각 운운하여 청구기간 도과 문제로 보는 오해가 있으나 이는 부적법하면 전심절차를 거친 것이 아니므로 보충성원칙의 준수 여부의 문제로 다루어질 일이지 청구기간 문제에 연결되어야 할 것이 아니다. 요컨대 이 경우에는 보충성원칙 위배로 그치게 된다. 이런 결과는 판례를 논리적으로 적용했을 때의 결과이다.

4) 행정소송 비대상인 공권력작용 경우의 해당 여부

이 문제는 앞의 적용범위에서도 다루었고 다룰 문제인데 적용요건과도 관련되므로 여기서 상설한다. 일반적이고 보편적인 대표적인 다른 구제절차로 법원이 행하는 행정소송이 있다. 이 행정소송과 관련하여 위 적용요건인 적법하게 그 다른 권리구제절차를 거칠 것에 관해 유의할 점이 있다. 행정소송의 적법성요건의 하나인 대상성 요건 문제가 그 유의할 문제이다. 즉 헌재판례에 의하면 심판대상 공권력행사·불행사가 행정소송의 대상이 아닌 경우에는 행정소송으로 다툴 수 없고 그래서 행정소송이 다른 구제절차가 될 수 없어서 결국 다른 구제절차가 없는 경우로 보충성원칙 비적용의 경우라는 것이다(위 보충성원칙, 그 적용의 구체적 문제 부분 참조). 그러므로 행정소송을 제기하였던 결과 행정소송의 대상성(처분성)이 없다고 하면 이는 위 헌재의 판례법리에 비추어 보더라도 행정소송 대상성(처분성)이 없어 행정소송이 다른 구제절차가 아닌 것이 되어 보충성원칙 위배는 아니다. 결국 행정소송이 다른 구제절차로 인정될 것인지 하는 문제에 있어서(이 문제는 행정소송이 상당히 보편적인 다른 구제절차라는 점에서 해당되는 사안이 많을 것이다) 행정소송 대상성 여부는 보충성원칙에서 요구하는 '다른 권리구제절차를 적법하게 거칠 것' 판단에 포함되어서는 곤란하다. 행정소송 대상이 아니어서 행정소송에서 부적법 각하의 판결을 받을 경우는 보충원칙의 위배가 아니라 비적용이다. 그렇다면 청구기간 요건도 일반적인 90일, 1년의 기간을 도과하였느냐 여부, 즉 헌재법 제69조 제1항 본문의 규정이 적용되어야지 동항 단서 30일이 적용될 것이 아니다.

> [정리]
> 행정소송 → 행정소송이 다른 구제절차가 아님 → 보충성원칙 비적용 → 본래 일반 청구기간(90일, 1년) 적용

5) 부적법한 전심 경유시 일반 청구기간 적용의 결정례 - 판례검토

(가) 결정례

위에서 우리는 판례법리를 그대로 따라 논리적으로 보면 전심이 존재하고 이를 거쳐야 함에도 이를 부적법하게 경유된 경우에는 그 부적법성이 행정소송 비대상성(비처분성)인 경우[위 4)의 참조]가 아닌 한에는 보충성원칙의 불준수로서 청구기간을 운위할 것이 아니라고 하였는데 [위 3)의 (나)] 아래의 결정례는 일반 청구기간인 '있는' 날부터 1년을 적용하여 청구기간 도과로

보아 각하한 결정이다.

판례 헌재 2015.11.24. 2015헌마1058

[사건개요] 청구인들은 한국전력공사 등의 직원들이고, 피청구인(기획재정부장관)은 이 사건 공사의 경영실적 평가 등을 담당하는 행정청이다. 피청구인은 공기업·준정부기관경영평가단을 구성하여 위 10개 기관의 경영실적을 심사하여, 한국전력공사는 C등급으로 평가하였다. 피청구인은 공공기관운영위원회의 심의·의결을 거쳐 위 평가결과에 따른 후속조치로 성과급 지급 대상(C등급 이상)인 이 사건 공사 등 6개 기관에 대하여 해당 성과급 지급률의 50%를 삭감하기로 확정하여 2014.6.27. 이 사건 공사에 이를 통보하였다(이하 '이 사건 처분'). 그 결과 이 사건 공사의 직원인 청구인들은, 본래는 월기본급 및 기준월봉 기준 각 120%·180%·180%의 경영 성과급을 지급받는 것으로 결정되었다가, 성과급 지급률이 50%로 삭감됨에 따라 각 60%·90%·90%의 경영 성과급만을 지급받게 되었다. 이후 청구인들은 2014.9.15. 이 사건 처분의 취소를 구하는 행정소송을 제기하였으나 2015.5.14. 서울행정법원에서 각하판결을 받고(2014구합67468), 항소하였으나 2015.10.7. 서울고등법원에서 항소기각 판결을 받아(2015누45351), 2015.10.27. 그 판결이 확정되었다. 이에 청구인들은, 이 사건 처분이 청구인들의 평등권 및 재산권을 침해하였다고 주장하면서, 2015.11.10. 헌재법 제68조 제1항에 의한 헌법소원심판을 청구하였다. [결정요지] 가. 헌법재판소법 제68조 제1항에 따른 헌법소원심판은 헌법소원심판의 사유가 있는 날부터 1년 이내에 청구해야 한다(헌법재판소법 제69조 제1항 본문). 기록에 의하면 이 사건 처분은 2014.6.27.경 이루어졌는바, 청구인들은 그로부터 1년이 지난 2015.11.10. 이 사건 헌법소원심판을 청구하였으므로 청구기간을 준수하지 못하였다. 나. 한편 청구인들은 이 사건 처분에 대한 항소심 판결을 송달받은 2015.10.12.로부터 30일 이내인 2015.11.10. 이 사건 헌법소원심판을 청구하였으므로, 헌법재판소법 제69조 제1항 단서에 따라 청구기간을 준수하였다고 주장한다. 헌법재판소법 제69조 제1항 단서는 '다른 법률에 따른 구제절차를 거친 헌법소원의 심판은 그 최종결정을 통지받은 날부터 30일 이내에 청구하여야 한다.'고 규정하고 있는데, 이때 '다른 법률에 의한 구제절차'는 적법한 구제절차임을 전제로 한다. 만약 그렇게 보지 아니하면 청구인이 일부러 부적법한 구제절차를 거침으로써 부당하게 청구기간을 연장할 수 있게 되어 청구기간 한정의 취지를 몰각시켜 버릴 염려가 있기 때문이다. 따라서 구제절차의 하나라고 할 수 있는 행정소송을 제기하였으나 소 각하의 판결을 받은 경우에는 그 각하판결을 받은 날을 기준으로 하여 헌법재판소법 제69조 제1항 단서에 정한 30일의 청구기간을 적용하여서는 아니될 것인바(헌재 1993.7.29. 91헌마47; 헌재 2001.6.19. 2001헌마397 등 참조), 기록에 의하면 청구인들은 부적법한 행정소송을 제기하여 각하 판결을 받았음이 확인되므로, 헌법재판소법 제69조 제1항 단서의 청구기간을 적용해야 한다는 청구인들의 주장은 이유 없다.

(나) 분석

판례법리에 따르면 다음과 같이 분석된다. 위 결정의 사안에서 전심절차로서의 행정소송 과정의 하나인 1심 결과인 2015.5.14. 서울행정법원에서 내린 각하 판결(2014구합67468)을 보면 그 각하의 이유가 법률상 이익의 결여라는 것이고 처분성(행정소송 대상성)이 부정된 것은 아니다. 그렇다면 보충성원칙이 적용되어야 하는 경우이고 각하판결이어서 그 보충성원칙에서 요구되는 적법한 경유가 아니어서 그냥 보충성원칙의 위반으로 판결하였어야 했다. 서울고법 항소기각판결에서 처분성이 부정되었는지는 위 항소심판결을 공식적으로 찾을 수 없어서 알 수 없으나 그 경우가 아니라 1심의 판결에 대한 항소가 이유 없다고 (즉 법률상 이익이 결여되어 각하한 1심판결이 정당하여 항소가 이유 없다고) 기각된 것이라면 '있는' 날부터 1년 적용의 헌재판단은 잘못된 것이다. 그냥 보충성원칙 불준수의 각하결정을 했어야 했다. 이는 어디까지나 판례의 위 법리[위 3)의 (나)] 따를 때 논리적으로 잘못되었다는 것이다.

(다) 정리와 모델 결정례

정리하면 다른 구제절차가 있음에도 그 다른 구제절차의 제기요건(제기기간 등)의 결여로 부적법한 경유이었으므로 보충성원칙을 준수하지 않은 것이라고 판시하고 마무리지으면 될 일이다(* 여기서부터 3－4 페이지 아래에 도해 내에 '*' 표시된 부분 참조). 그것으로 각하결정이 되어야 하는 것이지 90일, 180일 도과 여부 운운할 이유가 없고 이를 운위하는 것은 논리적으로 모순이다. 아래의 예는 청구기간 도과가 아닌 보충성원칙 불준수를 이유로 한 제대로 우리가 지적하는 위 판례법리에 따라 보충성원칙 불준수를 이유로 한 각하결정의 옳은 판단의 예이다. 지정재판부결정이긴 해도 자세히 사건개요부터 자세히 인용하는 것은 변호사시험에서 헌법, 행정법의 복합문제로 다룰 수 있을 것으로 보여서 결론 자체 보다도 사안 자체가 참고가치가 크다고 보았기 때문이다.

판례 헌재 제3지정재판부 2018.6.5. 2018헌마539

[사건개요] 가. 피청구인(지방자치단체인 시의 시장)은 2004.5.31.경 청구인에게, 1997.12.31.경 경기○○○○○○ 승합차에 대한 사용본거지 변동이 있었음에도 청구인이 변경등록을 하지 않았다는 이유로 과태료를 부과하였다(이하 '이 사건 처분'). 나. 피청구인이 2016.12.11.경 청구인에게 이 사건 처분에 따른 체납액 납부를 촉구하는 안내문을 발송하자, 청구인은 이 사건 처분(다만, 청구인은 처분일자를 2004.5.31.이 아닌 2016.12.11.로 특정하였음)의 취소를 구하는 소를 제기하였다가 2017.7.6. 이 사건 처분이 행정소송의 대상이 아니라는 이유로 각하 판결을 받았고(**지방법원 2017구합*****), 이에 대하여 항소(서울고등법원 2017누*****) 및 상고(대법원 2018두*****)를 제기하였으나 모두 기각되었다. 다. 청구인은 2018.5.28. 이 사건 처분이 청구인의 헌법상 기본권을 침해한다고 주장하면서 헌법소원심판을 청구하였다. [결정요지] 헌법소원은 다른 법률에 구제절차가 있는 경우에 그 절차를 모두 거친 후에 심판청구를 하여야 하고(헌법재판소법 제68조 제1항 단서), 여기에서 다른 법률에 의한 구제절차는 적법한 구제절차임을 전제로 하는 것이다(헌재 1993.7.29. 91헌마47 참조). 한편, 이 사건 처분에 대하여 불복하는 당사자는 해당 행정청에 이의제기를 할 수 있고[구 자동차관리법(1999.4.15. 법률 제5968호로 개정되고, 2008.2.29. 법률 제8852호로 개정되기 전의 것, 이하 같다) 제84조 제4항, 질서위반행위규제법 제20조 제1항 참조], 이의제기가 있는 경우 이 사건 처분은 그 효력을 상실하며(대법원 1993.11.23. 선고 93누16833 판결, 질서위반행위규제법 제20조 제2항 참조), 이의제기를 받은 행정청이 관할 법원에 이를 통보할 경우 과태료 재판에서 이 사건 처분을 다툴 수 있다(구 자동차관리법 제84조 제5항, 비송사건절차법 제248조 제1항, 제3항, 질서위반행위규제법 제21조 제1항, 제36조 제1항, 제38조 제1항 참조). 그런데 청구인은 이 사건 처분에 대하여 이의제기를 하여 과태료 재판을 거치지 아니한 채 그 취소를 구하는 행정소송을 제기하였다가 각하 판결을 받은 것이므로, 사건 심판청구는 법률에 의한 구제절차를 거치지 않고 제기된 것으로 부적법하다. 3. 결론 － 이 사건 헌법소원심판청구는 부적법하므로 헌법재판소법 제72조 제3항 제1호 전단에 따라 이를 각하한다.

* 다른 구제절차를 거친 경우 30일 청구기간이 도과되었는지를 따지기 이전에 다른 구제절차가 무엇인지, 청구인이 거친 것이 맞는지를 먼저 판단한 것이다. 과태료부과처분 자체에 대해서는 과태료재판이라는 다른 구제절차가 있는데 이를 거치지 않아 보충성원칙 위반이라는 이유를 먼저 들어 결론을 내린 것이다.

6) 근본적 검토

보충성원칙에서 전심절차가 있으면 이를 적법하게 경유해야 보충성원칙이 지켜지는 것이라는 판례법리에 따라 위와 같은 결과가 나타나는 것이긴 하지만 근본적으로 검토할 점이 있다. 즉 행정소송의 대상성 결여로 인한 보충성원칙의 비적용은 그래도 헌법소원의 기회를 가진다. 다른 구제절차(전심절차)가 있어서 그 절차를 밟았음에도 대상성 결여가 아닌 예를 들어 신청(청구, 제기)의 법적 이익이 없어서 부적법한 결정이 나온 경우에 과연 이를 보충성원칙의 결여로 헌법소원의 기회를 박탈하여야 할 것인지 하는 의문이 근본적으로 든다. 왜냐하면 전심절차에서 그러한 법적 이익이 없더라도 헌법소원에서는 객관적 헌법질서유지를 위해 필요한 헌법소원이라면 예외적 심판이익을 인정해야 할 경우가 있으므로 적어도 전심절차에서 요구하는 소정의 청구기간을 지켜 최종 각하결정을 통지받은 날부터 30일이 경과되지 않은 기간 내 헌법소원심판이 청구되었다면 헌법소원심판 청구를 단지 그 이유만으로 각하한다는 것은 정의롭지 못하다고 생각된다. 전심절차에서 법적 이익이 없어서 각하된 경우뿐 아니라 다른 이유로 인한 각하된 경우에 대해서도 검토가 필요할 것이다.

(3) 판례법리를 따르더라도 혼동을 주는 결정례들

위와 같은 근본적 회의가 있는 판례법리이긴 하나 그 판례법리를 따라 우선 판례들을 검토해보면 위에 살펴본 대로 보충성원칙의 불준수를 청구기간 도과 문제로 판단한 모순도 보이지만 그 외에 혼동을 보여주는 아래 결정례들도 있다.

1) 결정례

이 판례법리에 따르면 결국 다른 구제절차가 없으면 원래 청구기간, 90일, 1년으로 판단하고, 다른 구제절차가 있으면 최종통지받은 날부터 30일로 각기 달리 판단하면 될 일이다. 위와 같은 점을 헌재가 분명히 하지 않아 혼동을 초래하기도 한다. 즉 헌재의 판례 중에는 기본권침해의 처분이 있었던 날부터 1년이 지났을 뿐만 아니라 또 다른 구제절차의 최종결정을 통지받은 날부터 30일도 경과하여 부적법하다는 식으로 두 청구기간에 대해 모두 판시하여 혼동을 주는 결정례들을 내놓기도 한다. 아래 결정례들이 그러한 예들이다.

판례 ① 헌재 1993.7.29. 91헌마47

[사건개요] D시의 시장이 청구인이 행한 하천복개사업허가신청의 서류를 1988.2.2.에 반려한 처분에 대하여 청구인은 행정심판을 거쳐 고등법원에 취소소송(행정소송)을 제기하였으나, 고등법원은 원고청구기각의 판결을 하였고 다시 대법원에 상고를 제기하였으나, 대법원은 1990.1.24. 그 사건(89누794)에 관하여 상고기각의 판결을 하여 확정되었고, 청구인은 같은 해 2.10. 그 판결정본을 송달받았다. 또한 청구인은 1990.3.8. 고등법원에 위 확정판결에 대하여 민사소송법 제422조 제1항 제9호 소정의 재심사유가 있다는 이유로 재심의 소를 제기하였으나, 위 법원은 같은 해 9.13. 재심제기기간을 도과하였다는 이유로 재심의 소를 각하하는 판결을 하였다. 청구인은 이에 불복하여 다시 대법원에 상고를 하였으나, 대법원은 1991.2.12. 위 사건(90누8510)에 관하여 상고기각의 판결을 하였고, 청구인은 같은 해 2.22. 그 판결정본을 송달받았다. 청구인은 그 해 3.8.에 헌법소원심판을 제기하였다. [관련판시] 가. … 이 사

건의 경우에는 다음에서 보는 바와 같이 청구인이 구제절차로서 행정소송을 거친 다음, 바로 헌법소원을 제기하지 아니하고 부적법한 재심의 소를 제기하였다가 각하의 판결을 받았으므로 그 재심절차를 거치는 과정에서 헌법소원의 청구기간을 도과하였는지 여부가 문제된다. 나. 다른 법률에 의한 구제절차가 있는 경우에는 이른바 보충성의 원칙에 따라 이를 거친 후 그 최종결정을 통지받은 날로부터 30일 이내에 청구할 수 있도록 예외를 인정하겠다는 것이다. 그러나 위와 같은 예외인정의 단서가 되는 '다른 법률에 의한 구제절차'는 적법한 구제절차임을 전제로 한다. 그것은 만약 그렇게 보지 아니하면 청구인이 일부러 부적법한 구제절차를 거침으로써 부당하게 청구기간을 연장할 수 있게 되어 청구기간 한정의 취지를 몰각시켜 버릴 염려가 있기 때문이다. 따라서 구제절차의 하나라고 할 수 있는 행정소송을 제기하였으나 행정소송사항이 아니라는 이유로 소 각하의 판결을 받은 경우는 물론, 행정소송사항에 해당하더라도 제소기간 등의 제척기간을 도과하였다는 이유로 소 각하의 판결을 받은 경우에도, 특단의 사정이 없는 한 그 각하판결을 받은 날을 기준으로 하여 헌법재판소법 제69조 제1항 단서에 정한 30일의 청구기간을 적용하여서는 아니될 것이다. 다. 이 사건의 경우 청구인은 위 제1항의 인정사실에서 본 바와 같이 이 사건 거부처분에 대하여 구제절차로서 행정소송을 제기하였으나 제1심에서 원고청구기각, 그 상고심에서 상고기각의 판결을 받아 패소하였다. 그렇게 되었으면 청구인으로서는 위 상고심 판결의 정본을 받은 날로부터 30일 이내에 헌법소원을 제기하든지, 설사 그 제1심 판결에 판단유탈이 있다고 하여 재심절차까지 거치기로 하였다면 적법한 재심제기기간 내에 재심의 소를 제기하였어야 할 것이다. 그럼에도 불구하고 청구인은 바로 헌법소원을 제기하지 아니하였을 뿐만 아니라, 재심의 소마저 뒤늦게 제기하였다가 재심제기기간을 도과하였다는 이유로 재심의 소 각하의 판결을 받았다. 그렇다면 청구인이 부적법한 재심의 소를 제기하고, 그 재심절차의 최종판결인 대법원 90누8510 사건의 판결정본을 송달받은 후인 1991.3.8.에 제기한 이 사건 심판청구는 피청구인의 이 사건 거부처분이 있은 1988.2.2.로부터 60일 또는 180일의 청구기간(* 구 헌재법의 일반적인 본래의미 헌법소원, 즉 헌재법 제69조 제1항 본문의 청구기간이고 2003년 헌재법 개정 이후 현행 규정은 90일, 1년이다)이 경과하였음은 물론, 그 적법한 구제절차라고 할 수 있는 원래의 행정소송절차의 최종판결인 대법원 89누794 사건의 판결정본을 송달받은 1990.2.10.로부터 30일의 청구기간이 경과한 후에 제기한 부적법한 심판청구라고 보지 아니할 수 없다. * 이 결정의 보다 자세한 판시는 앞의 보충성원칙, '다른 법률에 구제절차'를 적법하게 거칠 것을 요구하는 이유 부분 참조.

* 검토 – 적법한 구제절차인 행정소송절차의 법원 최종판결과를 운운하면서 30일 기간규정을 적용하기도 하고 다른 권리구제절차가 없는 일반적인 청구기간을 적용하기도 하여 혼동이 온다.

판례 ② 헌재 제3지정재판부 2017.7.25. 2017헌마781

[결정요지] 그런데 청구인은 이 사건 인사명령이 있었던 2010.7.16.부터 1년이 경과한 후에 이 사건 헌법소원심판을 청구하였을 뿐만 아니라 이 사건 인사명령에 대한 무효확인소송을 제기하여 2012.2.1.경 그 최종결정을 통지받았음에도 그로부터 30일이 경과한 후에 이 사건 헌법소원심판을 청구하였으므로, 이 사건 헌법소원심판청구는 부적법하다. 나아가 청구인이 제기한 재심의 소(서울고등법원 2016재누***호)는 적법한 구제절차로 볼 수 없으므로 이로 인하여 청구기간이 연장된다고 볼 수는 없다. 결론 – 청구인의 이 사건 헌법소원심판청구는 부적법하므로 헌법재판소법 제72조 제3항 제2호에 따라 이를 각하한다.

2) 혼동의 원인과 판시 검토

i) 위와 같은 혼동이 초래된 원인은 다음과 같다. 행정소송 대상인 처분성이 있는 경우들이므로 보충성원칙이 적용되고 최종결정을 통지받은 날부터 30일이 도과되었는지만 판단하

면 될 일이었다. 그런데 처분성 없어 행정소송 대상이 아니고 보충성원칙의 비적용이어서 일반적인 청구기간인 90일, 1년을 적용하여야 할 그런 경우가 아닌데도 그 일반 청구기간 도과 여부까지 판단하고 있다. 결국 처분성이 있어서 다른 구제절차인 행정소송을 거쳐야 한다면 그 점부터 보다 분명히 하는 명확성이 필요한데 그것이 부족하였다. ii) 위 두 개의 결정례들 중에 ①의 판시 중에 "행정소송을 제기하였으나 행정소송사항이 아니라는 이유로 소각하의 판결을 받은 경우는 물론, 행정소송사항에 해당하더라도 제소기간 등의 제척기간을 도과하였다는 이유로 소각하의 판결을 받은 경우에도, …헌법재판소법 제69조 제1항 단서에 정한 30일의 청구기간을 적용하여서는 아니 될 것이다"라고 한다. 그러나 행정소송 사항이 아니면 보충성원칙을 요구하지 않는(비적용인) 경우라는 자신의 판례에 맞지 않는 언급이다.

(4) 판례법리에 따른 정리

위 판례법리에 근본적 검토가 필요하다는 것을 우리는 지적한 바 있지만 일단은 정리가 필요하다. 그래서 아래와 같이 정리하여 도해화할 수 있겠다.

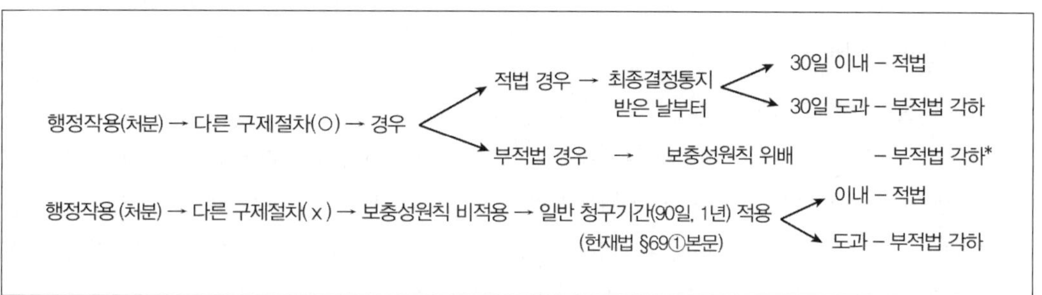

▌다른 구제절차 유무와 그 경유상 적법 여부에 따른 청구기간 구분 도해 – 판례법리의 논리에 따른 구분

(5) 원행정처분에 대한 헌법소원에서 청구기간의 무의미

앞서 헌법소원의 대상 문제에서 보았듯이 원행정처분(原行政處分)은 원칙적으로 헌법소원의 대상이 아니라는 것이 우리 헌법재판소의 판례이다. 따라서 원행정처분에 대하여 사전 쟁송절차를 모두 거쳐 그 절차의 최종결정을 통지받은 날로부터 설령 30일 내에 헌법소원이 제기되더라도 대상성에 있어서 부적법하다고 볼 것이고 그 점에서 원행정처분에 대한 헌법소원에서 청구기간은 의미를 가지지 못한다고 할 것이다.

2. '30일' 청구기간의 기산점

헌재법 제69조 제1항 단서의 30일 청구기간의 기산점인 그 최종결정을 '통지받은 날'이란 그 최종결정을 '송달'받은 날을 말한다. 헌재판례의 법리도 그러하다.

[주요사항]
▷ 그 최종결정을 '통지받은 날'의 의미 – 판결을 '송달'받은 날

판례 헌재 1992.12.24. 90헌마149
[관련판시] 위 행정소송을 헌법재판소법 제69조 제1항 단서 소정의 다른 법률에 정한 구제절차라고 볼 때 이 사건 헌법소원은 위 대법원 판결을 송달받은 날로부터 30일 이내에 헌법소원심판청구를 하여야 한다. 그런데 청구인은 대법원으로부터 상고기각판결을 송달받은 1990.7.16.로부터 30일을 도과한 같은 해 9.8. 이 사건 헌법소원심판청구를 한 사실이 기록상 명백하다. 따라서 위 각 처분들에 대한 헌법소원심판청구는 청구기간이 도과한 후 청구한 것으로 부적법하다.

Ⅵ. 헌법재판소법 제68조 제2항의 헌법소원(위헌소원)심판의 청구기간

헌재법 제69조(청구기간) ② 제68조 제2항에 따른 헌법소원심판은 위헌 여부 심판의 제청신청을 기각하는 결정을 통지받은 날부터 30일 이내에 청구하여야 한다.

1. 연혁과 적용

(1) 연혁 – 청구기간의 연장

위헌소원의 청구기간은 이전에는 위헌법률심판의 제청신청이 기각된 날로부터 14일 이내였는데 2003년 3월 12일 개정된 헌법재판소법은 위헌여부심판의 제청신청을 기각하는 결정을 통지받은 날부터 30일 이내에 청구하여야 하도록 규정하여 청구기간을 연장하였다.[1] 기산점도 2003.3.12. 개정 전에는 "제청신청이 기각된 날로부터"였는데 개정에서 "제청신청을 기각하는 결정을 통지받은 날부터"로 바뀐 것이다.

(2) 적용 – 위헌소원의 경우 통상의 청구기간의 비적용

이 헌재법 제69조 제2항의 30일 청구기간은 위헌소원에서만 적용되도록 별도로 규정을 둔 것이다. 헌재법 제68조 제2항에 의한 헌법(위헌)소원의 경우에는 제69조 제2항의 청구기간 요건 외에 통상의 청구기간인, 즉 제69조 제1항의 기간도 준수되어야 한다는 주장도 있었으나 우리 헌재는 이 주장을 배척하고 있다.

---

1) 종전의 위헌소원심판의 청구기간을 14일로 규정한 것은 청구여부를 결정할 충분한 시간을 주지 않은 것이어서 헌법재판소법 제69조 제2항이 청구인의 재판청구권을 침해한다는 주장의 헌법소원이 제기된 바 있다. 헌법재판소는 "당사자는 이미 위헌제청신청 당시 위헌판단을 구하려는 의사가 있는 것이므로, 위헌제청신청이 기각된 후 같은 법 제68조 제2항에 의한 헌법소원심판을 청구할 것인지를 결정하기 위하여, 별도의 긴 숙려기간을 필요로 한다고 볼 수 없고, 위헌제청신청 당시 위헌여부에 관한 신청서작성 및 입증자료수집 등의 준비가 되어 있었을 것이므로, 헌법소원을 준비하기 위한 시간이 걸리는 것도 아닐 것이다"라고 하고, "법적 안정성을 확보하기 위하여 이 헌법소원심판의 청구기간을 제한할 필요성이 인정된다"고 하여 그 주장을 받아들이지 않고 합헌으로 판단하였다(헌재 2003.2.27. 2001헌마461, 입법부작위 등 위헌확인, 헌재공보 제78호).

판례 헌재 1997.8.21. 94헌바2

[관련판시] 헌법재판소법 제68조, 제69조의 해석상 동법 제68조 제2항의 규정에 의한 헌법소원의 경우에는 동법 제69조 제2항의 청구기간 외에 같은 조 제1항의 청구기간도 함께 준수해야 한다고 볼 수 없다는 것이 우리 재판소의 확립된 판례이다(헌법재판소 1992.1.28. 90헌바59 결정 등 참조). 이 사건의 경우에 청구인은 대법원의 위헌제청기각결정일(1993.12.27)로부터 14일 이내인 1994.1.8. 이 사건 헌법소원심판을 청구하였으므로 적법한 청구기간 안에 청구한 것임이 명백하다.

2. 기산점

(1) 구 헌재법의 '제청신청이 기각된 날'이란 '기각결정을 송달받은 날'

헌재법이 2003.3.12. 개정되기 전 기산점의 원래 문구가 "제청신청이 기각된 날"이었는데 그 당시에도 헌법재판소의 판례는 "제청신청이 기각된 날"을 "기각결정을 송달받은 날"로 헌재는 보고 있었고 따라서 현재와 그 점 차이가 없다. 재판절차법에서 송달일로 보는 것이 일반적이다.

판례 헌재 1989.7.21. 89헌마38

[관련판시] 헌법재판소법 제41조 제1항, 제68조 제2항 및 제69조 제2항에 의하면, 법원은 법률이 헌법에 위반되는 여부가 재판의 전제가 된 때에는 직권 또는 당사자의 신청에 의한 결정으로 헌법재판소에 위헌여부의 심판을 제청할 수 있고, 법원이 당사자의 위헌법률심판의 제청을 기각한 때에는 그 당사자는 그 제청신청이 기각된 날로부터 14일 이내에 헌법소원의 형식으로 직접 헌법재판소에 그 법률에 대한 위헌여부의 심판을 청구할 수 있다. 위 헌법재판소법 제69조 제2항에 규정한 '제청신청이 기각된 날'이란 특단의 사정이 없는 한 제청신청에 대한 기각결정을 송달받은 날이라고 해석하여야 할 것인바, 위 인정사실에 의하면 청구인의 이 사건 심판청구는 법정기간 내에 적법한 절차를 거쳐 제기된 것으로 인정되고, 달리 그 청구가 부적법하다고 볼 사정은 엿보이지 아니한다.

* 구법 하에서 동지 : 헌재 1991.9.16. 89헌마231; 1992.1.28. 90헌바59; 1993.3.11. 91헌바22; 1994.9.6. 94헌바36; 1999.9.16. 92헌바9 등.

(2) 현행 규정

2003년 3월 12일에 개정된 현행 헌법재판소법 제69조 제2항은 위헌소원의 청구기간의 기산일을 '제청신청을 기각하는 결정을 통지받은 날'로 명시하여 보다 분명히 하고 있다. 그리고 '통지받은 날'은 구법에서나 마찬가지로 '송달받은 날'이다.

[주요사항]

▷ 위헌법률심판제청신청이 기각된 경우의 헌법소원 청구기간의 기산점 : '제청신청을 기각하는 결정을 통지받은 날'='기각결정을 송달받은 날'

판례 적용례 : 헌재 2018.12.27. 2017헌바473

[결정요지] 헌법재판소법 제68조 제2항에 따른 헌법소원심판은 위헌 여부 심판의 제청신청을 기각하는 결정을 통지받은 날부터 30일 이내에 청구하여야 한다(헌법재판소법 제69조 제2항). 그런데 기록에 의하면 이 사건에서 위헌법률심판 제청신청 기각결정문은 2017.10.23. 청구인에게 송달되었고 청구인은

이 날로부터 30일을 경과한 2017.11.23. 이 사건 헌법소원을 청구하였으므로 이 사건 심판청구는 청구기간을 도과하여 부적법하다.

(3) 과실로 늦게 기각결정 송달사실을 안 경우의 부적법성

위헌법률심판제청신청을 기각하는 결정을 송달받았으나 과실로 송달사실을 알지 못했거나 늦게 알았다면 청구기간을 준수하지 못한 부적법한 청구로 보아야 한다는 취지가 아래의 결정례이다. 사안은 청구기간이 '14일'이었던 구법하에서 것이다. 그러나 그 법리는 현행에서도 그대로 유효하여 아래에 인용한다.

[주요판시사항]
▷ 송달 사실을 과실로 늦게 알게 된 경우 - 청구기간 도과 - 부적법

판례 헌재 1993.3.11. 91헌바22

[관련판시] 대리인은 1991.11.16.에야 뒤늦게 위헌여부심판제처청의 기각결정 정본의 송달사실을 알고서 같은 달 18. 이 사건 헌법소원을 제기하였다. 대리인은 송달사실을 알게 된 1991.11.16.부터 청구기간을 기산하여야 한다고 보나, 사무실에 도달된 위 결정정본을 대리인의 사무원이 소송기록봉투 속에 보관하는 등 이를 수령한 사실을 인정할 수 있는 이상, 송달은 우편송달보고서 사본에 기재된 1991.11.1.을 기준시점으로 하여 일응 유효하게 행해진 것으로 볼 수 있다. 대리인이 송달사실을 알지 못한 점에 과실이 없다고 주장하나 대리인이 그 관련 본안 사건에 관하여는 2주일의 항소기간을 준수하여 1991.11.11.에 적법한 항소를 제기하면서 통상 본안의 판결과 같이 송달되는 위헌여부심판제청신청의 기각결정정본을 챙겨보지 아니하였다는 것은 쉽사리 납득하기 어려우므로 이 헌법소원심판청구는 헌재법 제69조 제2항의 청구기간이 지난 후에 제기된 부적법한 것이다.

3. 기준일

이에 대해서는 본래의미의 헌법소원에서와 차이가 없다. 바로 아래에서 함께 살펴본다.

Ⅶ. 기준일 - 청구기간 도과(준수) 여부의 판단 기준일

청구기간이 시작되는 시점을 기산점이라 하는 데 비해 청구기간이 경과하여 청구가 된 것이 아닌지 여부를 가리는 시점을 기준일이라고 한다. 이 기준일을 어떻게 잡느냐 하는 문제도 또한 중요하다.

1. 개념과 통상의 경우

기준일(基準日)이란 어느 기간이 넘어가지(도과되지)는 않았는지를 판단하기 위하여 법적으로 요구되는 일의 완수, 성취, 성립이 된 날을 의미한다. 헌법소원의 청구기간에 있어서 일의 완수, 성취는 청구이므로 통상 기준일은 헌법소원심판을 청구한 날이다. 이처럼 기준일은 청구기간을 넘긴 청구가 아닌지 여부를 가리는 시점이 되는 것이라는 점에서 기산점이 청구기간이

시작되는 시점을 말하는 것과 대비된다(만료일이 대척점에 있긴 하지만). 따라서 기산점과 기준일 사이 기간이 법정 청구기간을 넘어가지 않아야 하고 이는 달리 말하면 만료일이 기준일 이후에 도래하면 청구기간을 준수한 적법한 청구가 되고 그렇지 않으면 청구기간 불준수로 부적법한 것으로 청구가 각하된다.

2. 법상 예외 - 국선대리인선임신청이 있는 날

헌재법은 국선대리인 선임신청이 있는 경우 예외를 인정하고 있다. 즉 헌법소원심판을 청구하려는 자가 변호사를 대리인으로 선임할 자력이 없는 경우에는 헌법재판소에 국선대리인을 선임하여 줄 것을 신청할 수 있는데 이 경우 제69조에 따른 청구기간은 국선대리인의 선임신청이 있는 날을 기준으로 정한다(헌재법 제70조 1항). 이 예외에 관한 자세한 것은 뒤의 '대리인과 청구기간'이란 별도의 항목에서 살펴본다(후술 Ⅷ. 2 참조).

3. 도달주의

청구기간이 도과하였는지는 헌법재판소에 헌법소원심판의 청구서가 접수된 날을 기준으로 하여 판단하여야 하고 심판청구서의 발송일을 기준으로 판단할 것은 아니라는 것이 헌재의 판례이다. 발신주의가 아니라 도달주의(到達主義)이다. 결국 헌재에 헌법소원을 청구한 날이 일반적인 기준일이고 그 기준일 확정은 헌재에 청구서가 접수된 날에 이루어진다.

판례 헌재 2001.9.27. 2001헌마94

[판시] 헌법재판소법 제69조 제1항 단서에 의하면 다른 법률에 의한 구제절차를 거친 헌법소원의 심판은 그 최종결정을 통지받은 날로부터 30일 이내에 청구하여야 하며, 이때 헌법소원의 청구기간의 준수 여부는 일반적인 도달주의 원칙에 따라 헌법소원심판청구서가 헌법재판소에 접수된 날을 기준으로 판단하여야 한다(헌재 1990.5.21. 90헌마78, 판례집 2, 129, 130 참조). * 동지 : 헌재 제2지정재판부 1990.5.21. 고지, 90헌마78. * 헌재법 제68조 제2항 위헌소원의 경우 : 청구기간을 도과하여 부적법하다고 하여 각하된 예.

판례 헌재 2018.12.27. 2017헌바473

[결정요지] 헌법재판소법 제68조 제2항에 따른 헌법소원심판은 위헌 여부 심판의 제청신청을 기각하는 결정을 통지받은 날부터 30일 이내에 청구하여야 한다(헌법재판소법 제69조 제2항). 그런데 기록에 의하면 이 사건에서 위헌법률심판 제청신청 기각결정문은 2017.10.23. 청구인에게 송달되었고 청구인은 이 날로부터 30일을 경과한 2017.11.23. 이 사건 헌법소원을 청구하였으므로 이 사건 심판청구는 청구기간을 도과하여 부적법하다.

4. 대리인선임과 기준점

(1) 본인 명의 청구 후 대리인선임시 청구서 재제출한 경우의 청구기간 기준점

이 경우에는 본인이 청구한 시점이 기준점이 된다. 자세한 것은 아래의 Ⅷ. 1. 참조.

(2) 국선대리인 선임신청이 있은 경우의 기준일

위에서 기술한 대로 이 경우에 대해서는 현행 헌법재판소법 제70조 제1항 후문이 국선대리인의 선임신청이 있는 날을 기준으로 함을 명시하고 있다. 보다 자세한 것은 아래의 Ⅷ. 2. 참조.

5. 청구의 변경·보충과 청구기간의 도과(준수) 여부를 가리는 기준일

(1) 청구의 변경의 허용과 청구변경의 의미

헌재법 제40조에 따라 준용되는 민사소송법 제262조 제1항은 "원고는 청구의 기초가 바뀌지 아니하는 한도 안에서 변론을 종결할 때까지 청구의 취지 또는 원인을 바꿀 수 있다. 다만, 소송절차를 현저히 지연시키는 경우에는 그러하지 아니하다"라고 규정하고 있다. 이렇게 청구기초 유지를 요건으로 청구취지, 원인의 내용을 바꾸는 것이 청구변경이고 원래 청구의 내용을 유지하는 단순한 보충 등의 경우에는 변경에 해당되지 않는다. 추가도 내용의 변화를 가져오는 것은 변경에 해당한다.

(2) 변경시의 기준일 - 변경서 제출일 - 민소법 준용(판례이론)

청구의 변경의 경우에는 헌재법 제40조 제1항 전문에 따른 민사소송법 제265조를 준용하여 그 변경서를 제출한 때를 기준으로 도과 여부를 판단한다는 것이 판례이다.

민사소송법 제265조(*헌재법 제40조 제1항에 따른 준용) 시효의 중단 또는 법률상 기간을 지킴에 필요한 재판상 청구는 소를 제기한 때 또는 제260조 제2항·제262조 제2항 또는 제264조 제2항의 규정에 따라 서면을 법원에 제출한 때에 그 효력이 생긴다.

[주요사항]
헌법소원심판청구의 변경·보충이 있는 경우 - 그 변경서, 보충서(변경하는 정도의 보충서)를 제출한 때를 기준으로 청구기간의 도과여부를 가리는 것이 판례

1) 헌법소원 대상의 변경의 경우

판례 헌재 1992.6.26. 91헌마134

[관련판시] 살피건대, 청구인은 처음 이 사건 소원대상을 87 형제13180사건에 관한 대전지방검찰청의 기소중지처분으로 하였다가 뒤에 청구취지 등 정정서를 내어 90 형제2349사건에 관한 대전지방검찰청 천안지청의 기소중지처분으로 교환적 변경을 하였는바, 이처럼 심판청구를 변경하였다면 변경에 의한 신청구는 그 청구변경서를 제출한 때에 제기한 것이라고 볼 것이고, 따라서 이 시점을 기준으로 하여 청구기간의 준수여부를 가려야 할 것이다. 그런데 기록에 의하면 청구인은 90형제2349호에서의 기소중지처분에 대하여 1991.6.25. 대검찰청에서 재항고 기각결정을 받고, 같은 해 7.1.에 그 기각결정서를 송

달받았는데도 불구하고(기록에 편철된 송달보고서에 의하면 1991.7.1.자 송달된 것으로 되었는데, 청구인은 동년 7. 3.에 송달받았다고 함) 청구취지 등 정정서를 통하여 1992.4.7.에 위 기소중지처분에 대한 심판청구를 제기하였다. 헌법재판소법 제69조 제1항 단서에서는 다른 법률에 의하여 구제절차를 거친 헌법소원의 심판은 그 최종결정을 통지받은 날로부터 30일 이내에 청구하도록 규정하고 있는바, 그렇다면 이 사건 심판청구는 위 청구기간 30일이 도과된 청구라고 할 것이고, 따라서 청구기간 도과의 부적법한 청구라고 할 것이다. * 동지 : 1998.9.30. 96헌바88, 공공용지의 취득 및 손실보상에 관한 특례법 제9조 제1항 등 위헌소원.

2) 청구취지의 추가, 변경의 경우

헌재는 “헌법소원심판청구의 청구취지 추가 또는 변경이 이루어진 경우 청구기간의 준수 여부는 헌법재판소법 제40조 제1항 및 민사소송법 제265조에 의하여 추가 또는 변경된 청구서가 제출된 시점을 기준으로 판단하여야” 한다고 본다.

[주요사항]
헌법소원심판청구의 청구취지 추가 또는 변경이 이루어진 경우 청구기간의 준수 여부 : 추가 또는 변경된 청구서 제출된 시점을 기준으로 판단하여야 함

판례 헌재 2009.7.30. 2007헌마870

[판시] 헌법소원심판청구의 청구취지 추가 또는 변경이 이루어진 경우 청구기간의 준수 여부는 헌법재판소법 제40조 제1항 및 민사소송법 제265조에 의하여 추가 또는 변경된 청구서가 제출된 시점을 기준으로 판단하여야 한다(헌재 1998.5.28. 96헌마151, 판례집 10−1, 695, 703 참조). 따라서 이 사건 공고 조항에 대한 심판청구가 청구기간을 준수하였는지를 판단하는 기준시점은 청구인이 심판원인보충서를 제출한 2007.12.20.이 된다. 그런데 이 사건 공고 조항은 이 사건 선의취득 배제 조항이 정하는 공고에 필요한 사항을 하위법규에 위임하는 조항으로서 이 사건 법률조항들은 모두 2007.7.27. 시행되었으므로, 청구인은 적어도 이 사건 선의취득 배제 조항에 대하여 헌법소원심판청구를 한 2007.7.31.에는 이 사건 공고 조항이 시행된 사실을 알았다고 봄이 상당하다. 그러므로 그로부터 90일이 지났음이 역수상 명백한 2007.12.20. 제기된 이 사건 공고 조항에 대한 헌법소원심판청구는 그 청구기간을 준수하지 아니하였다.

* 그 외 동지 결정례 : 헌재 1998.5.28. 96헌마151; 2002.12.18. 2001헌마111; 2003.9.25. 2001헌마93등; 2004.4.29. 2003헌마641; 2008.5.29. 2005헌마1173; 2011.12.29. 2009헌마476; 2013.9.26. 2011헌마398; 2020.11.26. 2014헌마1175 등.

3) 심판청구이유보충서를 제출한 경우의 기준점

판례 헌재 1995.5.25. 90헌마196

[사건개요] 교사의 신규채용에 국·공립의 교육대학·사범대학 등의 졸업자 또는 수료자를 우선하여 채용하도록 규정하고 있었던 구 교육공무원법 제11조 제1항에 대하여 헌재는 1990.10.8. 위헌결정을 선고하였는데(헌재 90.10.8. 89헌마89 결정), 이러한 결정이 있은 뒤 이 위헌결정선고 이전에 이미 국·공립 사범대학을 졸업하였거나 재학중인 청구인들은 국회 및 교육부장관이 구 교육공무원법상의 국·공립 중등교원 우선임용권에 대한 청구인들의 신뢰이익 내지 법적 기대권을 보호할 의무가 있음에도 불구하고, 이를 위한 입법조치나 행정조치를 취하지 아니하고 있다고 주장하면서, 1990.11.22. 이 사건 헌법소원 심판을 청구하였다. 그 뒤 국회는 1990.12.31. 법률 제4304호(이하 개정 교육공무원법)로 구 교육공무원법 제11조 제1항을 개정하고, 부칙 제2항에서 경과조치를 규정하였는데 이에 따라 교육부도 위 개정

법률의 공포에 앞서 1990.12.27.에 1993년까지 국립사대 출신자를 일정비율 임용하도록 하는 등의 신뢰이익보호를 위한 경과조치를 취하였다. 이에 청구인들은 위 교육공무원법 부칙 제2항 및 교육부의 경과조치 역시 미흡하다고 하면서, 국회 및 교육부장관의 경과조치의 미흡을 구제해 달라는 심판청구 이유보충서를 1993.3.23. 헌법재판소에 제출하였다. [관련판시] 교육공무원법 부칙 제2항 및 교육부장관의 신뢰이익보호조치에 대한 청구인들의 헌법소원심판청구는 위 심판청구이유보충서가 제출되었던 1993.3.23.에 비로소 제기한 것으로 보아야 할 것이다. 그렇다면, 이 부분 헌법소원심판은 그 사유가 있은 날인 1990.12.31.과 1990.12.27.로부터 180일(* 당시 규정. 현행 1년)을 경과한 이후에 제기되었음이 명백하므로 부적법하다.

판례 * 동지 : 헌재 2009.7.30. 2007헌마870

[판시] 헌법소원심판청구의 청구취지 추가 또는 변경이 이루어진 경우 청구기간의 준수 여부는 헌법재판소법 제40조 제1항 및 민사소송법 제265조에 의하여 추가 또는 변경된 청구서가 제출된 시점을 기준으로 판단하여야 한다(헌재 1998.5.28. 96헌마151, 판례집 10-1, 695, 703 참조). 따라서 이 사건 공고조항에 대한 심판청구가 청구기간을 준수하였는지를 판단하는 기준시점은 청구인이 심판원인보충서를 제출한 2007.12.20.이 된다. 그런데 이 사건 공고 조항은 이 사건 선의취득 배제 조항이 정하는 공고에 필요한 사항을 하위법규에 위임하는 조항으로서 이 사건 법률조항들은 모두 2007.7.27. 시행되었으므로, 청구인은 적어도 이 사건 선의취득 배제 조항에 대하여 헌법소원심판청구를 한 2007.7.31.에는 이 사건 공고 조항이 시행된 사실을 알았다고 봄이 상당하다. 그러므로 그로부터 90일이 지났음이 역수상 명백한 2007.12.20. 제기된 이 사건 공고 조항에 대한 헌법소원심판청구는 그 청구기간을 준수하지 아니하였다.

Ⅷ. 대리인과 청구기간

1. 본인 명의 청구 후 대리인선임시 청구서 재제출한 경우의 청구기간 도과 여부 기준점

이 경우에는 본인이 청구한 시점이 기준점이 된다는 것이 판례의 입장이다. 선임 이후 재제출 시점이 만료일에 가까운데 더구나 청구를 이전에 했으므로 당연한 법리라고 할 것이다.

판례 헌재 1992.12.24. 92헌마186

[관련판시] 먼저 청구기간의 도과여부에 관하여 본다. 피청구인(검사)은 청구인이 1992.7.21. 위 고소사건에 관한 재항고기각결정을 통지받고, 같은 해 9.1.에 이르러 비로소 이 심판청구를 하였으므로 청구기간을 도과한 것이라고 항변한다. 그러나 기록에 의하면 청구인은 1992.8.18. 청구인 명의로 이 사건 심판청구를 하였고, 대리인을 선임하라는 우리 재판소의 보정명령을 받고 같은 해 9.1. 대리인을 선임함과 동시에 그 대리인 명의로 된 심판청구서를 다시 제출하였음을 알 수 있다. 그렇다면 이 사건 심판청구는 청구기간 내에 제기되었다고 보아야 할 것이므로, 이에 관한 피청구인의 항변은 받아들일 수 없다.

* 해설 - 위 결정은 결국 본인이 청구를 한 시점을 기준점으로 잡아 30일(불기소처분에 대한 헌법소원으로서 다른 법률에 의한 구제절차를 거치는 경우이므로 청구기간은 30일이다)이 도과되지 않았다고 본 것이다.

2. 국선대리인 선임신청이 있은 경우의 청구기간 도과(준수) 여부의 기준일

헌재법 제70조(국선대리인) ① 헌법소원심판을 청구하려는 자가 변호사를 대리인으로 선임할 자력(資力)이 없는 경우에는 헌법재판소에 국선대리인을 선임하여 줄 것을 신청할 수 있다. 이 경우 제69조에 따른 청구기간은 국선대리인의 선임신청이 있는 날을 기준으로 정한다. ②, ③ 생략 ④ 헌법재판소가 국선대리인을 선정하지 아니한다는 결정을 한 때에는 지체 없이 그 사실을 신청인에게 통지하여야 한다. 이 경우 신청인이 선임신청을 한 날부터 그 통지를 받은 날까지의 기간은 제69조의 청구기간에 산입하지 아니한다.

(1) 기준일 : 국선대리인의 선임신청이 있는 날

1) 취지와 적용대상 경우

(가) 취지

국선대리인 선임을 위해 기간을 소진하여 청구일이 늦어도 만료일이 오기 전에 미리 국선대리인선임을 신청한 경우에 불이익을 주지 않기 위해 기준일을 앞으로 잡아주어 청구기간 도과를 막겠다는 것이 입법취지이다.

(나) 적용대상인 경우

이 기준일이 적용되는 경우는 심판청구서를 제출하기 전에 국선대리인(國選代理人) 선임신청이 있는 경우, 즉 국선대리인 선임신청을 먼저 한 뒤 심판청구서를 나중에 제출한 경우라고 보아야 할 것이다. 이는 이러한 경우 심판청구서의 접수일을 기준으로 본다면 청구기간 도과 여부에서의 기준일이 늦어져 청구기간이 도과한 것으로 볼 가능성이 있을 것이고 따라서 이러한 결과를 막기 위하여 국선대리인 선임신청이 있는 날을 기준으로 하여야 할 필요가 있기 때문임은 물론이다. 위 1.에서 대리인선임 이전에 본인명의로 청구한 경우에는 대리인이 선임된 후에 청구서를 재제출하더라도 이전의 본인명의 청구시가 기준일이 된다는 것부터도 청구가 대리인선임 이후 이루어진 경우를 염두에 둔 것이기도 하다.

2) 대표적 결정례

국선대리인선임신청시의 기준일 계산에 관한 위 법리의 이해를 위해 대표적인 계산례를 하나 보면, 마약류사범이 구치소에 수용되는 과정에서 반입금지물품의 소지·은닉 여부를 확인하기 위하여 실시한 구치소 수용자에 대한 정밀신체검사에 대한 청구였는데 국선대리인 선임신청일을 기준일로 보아 적법하다고 보아 본안판단으로 들어갔다.

판례 헌재 2006.6.29. 2004헌마826, 기각결정

[판시] 이 사건 정밀신체검사는 2004.6.8.에 있었고, 이로부터 90일 이내인 2004.9.6. 위 행위의 위헌 여부를 다투기 위하여 청구인이 국선대리인선임신청(2004헌사483)을 하였으므로 그 청구기간은 준수되었다(헌법재판소법 제70조 제1항 후문, 제69조 제1항). * 이 사안에서 청구인은 2004.9.6. 국선대리인 선임신청을 하고, 선임된 국선대리인을 통하여, 2004.10.26. 이 사건 헌법소원심판을 청구하였으므로 만약 청구일을 기준일로 하면 도과되었을 것이다. * 본안판단결과 : 마약류의 은닉성 때문에 필요한 조치로 보아 기각결정을 하였다.

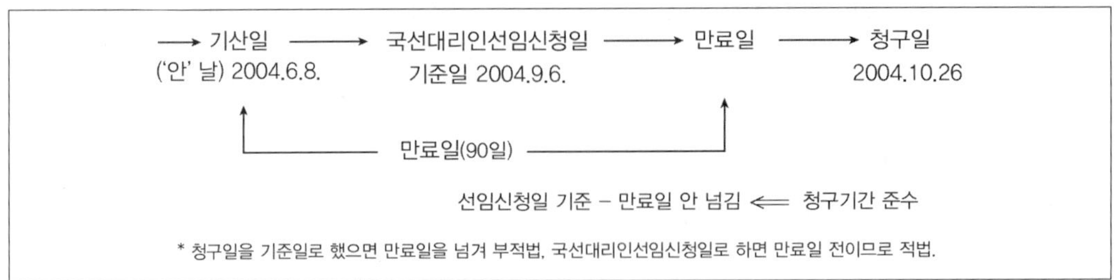

▮예 : 위 헌재 2006.6.29. 2004헌마826 결정의 도해

3) 결정례들

국선대리인 선임신청 이후 심판청구서가 제출된 경우에 그 신청일을 기준으로 판단하여 청구기간이 지켜진 것으로 본 몇 가지 예들을 아래에 인용한다.

① 독립유공자예우에 관한 법률시행령 제7조 위헌확인

판례 헌재 1997.6.26. 94헌마5

[관련판시] 헌법소원심판청구서를 제출한 날은 1994.4.7.이나, 청구인들은 위 심판청구서의 제출 이전인 같은 해 3.7. 우리 재판소에 국선대리인선임신청을 하였고 이에 따라 우리 재판소에서는 같은 달 14. 국선대리인 선정결정을 하였으며, 한편 위 시행령 [별표 4]가 시행된 것은 1994.1.1.이고 청구인들이 그로 인한 기본권 침해 사실을 안 것은 위 시행령에 의하여 개정된 부가연금을 최초로 지급받은 1994.1.15.이라고 한다(위 시행령 제29조 제1항 참조). 그렇다면 이 사건 헌법소원심판청구서는 1994.4.7. 제출되었지만 국선대리인 선임신청이 있는 경우 헌법재판소법 제69조의 규정에 의한 청구기간은 국선대리인의 선임신청이 있는 날을 기준으로 이를 정하여야 하므로(헌법재판소법 제70조 제1항 후문), 청구인들이 국선대리인선임신청을 한 1994.3.7.은 위 1994.1.15.로부터 60일(구법규정. 현 90일) 이내임이 역수상 명백하다.

② 통신의 자유 침해 등 위헌확인

판례 헌재 1998.8.27. 96헌마398

[심판대상규정] 행형법(1995.1.5. 법률 제4936호로 개정된 것) 제18조(접견과 서신의 수발) 제3항 본문 중 '수형자의 서신검열' 부분(이하 '이 법률조항'이라 함) : 제18조 ③ 수용자의 접견과 서신수발은 교도관의 참여와 검열을 요한다.(단서 생략) [관련판시] 피청구인(교도소장)은 1996.4.20. 수형자인 청구인에게 이 사건 서신의 발송불허사실을 고지하였다. 이는 이 법률조항이 시행된 1995.1.5.보다 뒤에 그 법률조항에 해당하는 사유가 발생한 경우이므로, 청구인은 위 날짜(1996.4.20.)에 이 사건 서신검열행위 및 법률조항에 의한 기본권침해사유가 발생하였음을 알았다고 할 것이다. 청구인은 1996.6.14. 국선대리인 선임신청(96헌사81)을 하였고, 헌법재판소에서는 같은 달 19. 변호사 A를 국선대리인으로 선정하였다가 같은 해 9.3. 위 A에 대한 국선대리인 선정결정을 취소하고 변호사 B를 국선대리인으로 선정하였다. 그런데 헌법재판소법 제70조 제1항에 따르면, 국선대리인선임신청이 인용되어 헌법소원심판청구가 제기된 경우에는 국선대리인 선임신청일을 헌법소원심판청구시로 보고 있다. 따라서 이 헌법소원심판청구서는 1996.12.5. 제출되었다고 할지라도 국선대리인선임신청일인 1996.6.14.에 제기된 것으로 보아야 하므로, 기본권침해사유가 발생한 것을 안 때인 1996.4.20.부터 기산하여 60일(구법규정. 현 90일) 내에 청구된 것이다.

③ **'고엽제후유의증 환자지원 등에 관한 법률'의 유족지원 제한** — 사망후에도 유족에 대한 교육지원 등을 하도록 개선하는 개정된 동법(2007.12.21. 법률 제8793호로 개정된 것) 제7조 제9항을 동법 시행일 이후 사망한 고엽제후유의증환자부터 적용한다고 동법 부칙 제2조가 규정하여 그 이전 사망한 동병 환자의 유족에게 지원이 이루어지지 않아 위 부칙규정에 대한 헌법소원심판이 청구된 사건이었다. 위헌확인이 있었다.

판례 헌재 2011.6.30. 2008헌마715등

[판시] 국선대리인의 선임신청이 있는 경우에는 그 신청일을 기준으로 청구기간의 준수 여부를 판정하여야 하는바(헌법재판소법 제70조 제1항), 청구인 신○○, 김○○는 2008.12.5.과 같은 달 18. 각 국선대리인 선임신청을 하였고, 이는 이 사건 부칙조항의 시행일인 2007.12.21.로부터 1년 이내임이 역수상 명백하므로 위 청구인들의 심판청구 역시 청구기간을 준수한 것이다.

* 국선대리인 선임신청일을 기준으로 청구기간의 준수를 인정한 그 외의 예 : 헌재 2000.6.29. 98헌마36; 2001.1.18. 99헌마555; 2001.6.28. 99헌바32; 2012.10.25. 2011헌마307 등 참조.

* 국선대리인 선임신청일을 기준으로 청구기간의 도과라고 판단한 예 : 헌재 1998.7.16. 96헌마268; 2009.3.26. 2007헌마1421; 2009.7.30. 2007헌마1208; 2011.7.28. 2010헌마432; 2012.3.29. 2009헌마754; 2012.7.26. 2010헌마446; 2012.8.23. 2011헌마443등; 2015.6.25. 2014헌마54; 2018.1.25. 2016헌마319 등.

(2) 다른 구제절차를 거친 경우, 위헌소원에서의 경우

1) 마찬가지의 예외적용

위 예외법리는 헌재법 제70조 제1항 후문이 동법 제69조 전체를 적용대상으로 규정하고 있으므로 동법 제68조 제1항 단서에 따라 다른 법률에 구제절차가 있는 경우에는 그 절차를 모두 거친 후에 청구할 경우와 헌재법 제68조 제2항의 위헌소원의 경우에도 마찬가지로 적용된다.

2) 선임신청일 기준

따라서 다른 구제절차를 거친 경우에는 그 최종결정을 통지받은 날부터 30일이 경과한 후에 헌법소원심판청구가 이루어졌더라도 그 30일 이내에 국선대리인선임신청을 하였다면 청구기간이 준수된 것으로 본다. 헌재법 제68조 제2항의 위헌소원의 경우에도 마찬가지이다. 위헌소원심판의 청구가 제청신청기각결정 송달일로부터 비록 30일이 경과한 후에 이루어졌더라도 청구인이 그 결정 송달일로부터 30일 이내에 국선대리인선임신청을 하였다면 청구기간이 준수된 것으로 본다. 아래의 결정례는 위헌소원심판의 경우에 헌재가 그렇게 판단한 예인데 구법규정하의 것이어서 14일이었으나 기준점에 관한 그 법리적용에 있어서는 차이가 없다.

판례 헌재 1996.4.25. 92헌바30

[관련판시] 헌법재판소법 제68조 제2항의 규정에 의한 헌법소원심판은 위헌법률심판의 제청신청이 기각된 날로부터 14일(현 30일) 이내에 청구하여야 하나, 국선대리인의 선임신청이 있는 경우에는 그 신청이 있는 날을 기준으로 청구기간을 정하여야 하므로(헌법재판소법 제70조 제1항), 비록 이 사건 심판청

구가 청구인이 제청신청기각결정을 송달받은 1992.6.19.로부터 14일이 경과한 후에 이루어졌다고 하더라도 앞서 본 바와 같이 청구인은 그 결정송달일로부터 14일 이내인 그 해 7.3. 국선대리인 선임신청을 하였으므로 이 사건 심판청구는 적법하다(* 이 사안에서 헌법소원심판이 청구된 날은 1992.7.14.이었다).

* 제청신청기각결정 송달일로부터 14일 내에 국선대리인선임신청이 있었다는 이유로 적법한 청구로 본 또 다른 예 : 헌재 1994.12.29. 92헌바31, 형사소송법 제55조 제1항 등 위헌소원; 2001.3.21. 99헌바7, 구 국가보위입법회의법 등 위헌소원 등.

3) 비선정결정시 청구기간 비산입

이 비산입 규정도 아래 (4)에서 보는, 일반적인 헌법소원의 경우와 다를 바 없이 적용된다. 실제 비산입으로 청구기간을 준수하였다고 본 결정례로 헌재 2008.7.31. 2004헌바81 결정이 있는데 이 결정에 대해서는 아래 부분 참조.

(3) 선정의 효과

선정된 국선대리인은 선정된 날부터 60일 이내에 제71조(청구서의 기재사항)에 규정된 사항을 적은 심판청구서를 헌법재판소에 제출하여야 한다(헌재법 제70조 5항).

(4) 헌법재판소 국선대리인 비선정결정 경우의 청구기간 비산입

1) 규정과 취지

헌법재판소법 제70조 제4항 후문은 국선대리인 선임의 신청에 대하여 헌법재판소가 국선대리인을 선정하지 아니한다는 결정을 한 때에는 "신청인이 선임신청을 한 날부터 그 통지를 받은 날까지의 기간은 제69조의 규정에 의한 청구기간에 이를 산입하지 아니한다"라고 규정하고 있다. 이는 국선대리인 선임신청으로 인한 불이익을 청구인에게 주지 않기 위함임은 물론이다.

2) 계산과 결정례

(가) 본래의미의 헌법소원

국선대리인 선임신청 후 비선정결정(기각결정)이 늦어질수록 청구기간 비산입일이 많아지므로 청구인에게는 청구기간 도과의 가능성이 줄어들게 한다. 이 점은 아래의 위헌소원의 경우에도 마찬가지이다.

(나) 헌재법 제68조 제2항의 위헌소원

헌재법 제70조 제4항 후문은 위헌소원에도 적용된다. 위헌소원에서의 국선대리인 비선정결정시 청구기간 비산입으로 청구기간 준수를 한 아래의 결정례가 있다.

판례 헌재 2008.7.31. 2004헌바81

[판시] 청구인은 위헌법률심판 제청신청 기각결정문이 통지된 2004.9.10.로부터 5일이 지난 2004.9.15. 헌법재판소에 국선대리인 선임신청을 하였고 이 신청은 2004.10.12. 기각되어 2004.10.18. 위 청구인에게 통지되었다. 헌법재판소법 제70조 제4항에 의하면 국선대리인 선임신청이 기각된 경우 신청인이 선임신청을 한 날로부터 기각통지를 받은 날까지의 기간은 헌법재판소법 제69조의 규정에 의한 청구기간

에 이를 산입하지 않는다. 그렇다면, 적어도 2004.9.15.부터 2004.10.18.까지의 기간은 위 제69조의 청구기간에 산입되지 않는다. 따라서 2004.10.28. 청구된 위 청구인의 심판청구 부분은 청구기간을 준수하였다(헌법재판소법 제69조 제2항).

(다) 비산입으로 인한 헌재결정의 취소

비산입을 하지 않은 헌법재판소 자신의 각하결정에 대한 재심에서 이를 바로 잡아 헌재의 그 각하결정을 취소한 아래의 결정례가 있었다.

판례 헌재 2007.10.4. 2006헌아53

[주문] 재심대상 결정을 취소한다. 재심대상 사건의 심판청구 중 직무유기 부분은 각하하고, 나머지 부분은 기각한다(* 이렇게 각하, 기각의 결정도 있었던 것은 재심대상 결정을 취소한 뒤 그 재심대상 각하결정의 대상(즉 재심대상 사건)인 불기소처분에 대해서도 판단하였던바 그 불기소처분 헌법소원심판청구 중 직권남용 부분에 대해서는 공소시효 완성으로 각하가, 나머지 부분에 대해서는 기각결정을 한 것이다). [사건개요] 가. 피청구인(검사)은 청구인이 청구외 조○○ 외 18인을 직권남용권리행사방해·직무유기 등으로 고소한 사건에 대하여 2006.2.15. 각하의 불기소처분을 하였고, 청구인이 이에 불복하여 검찰청법에 따라 항고·재항고하였으나 모두 기각되었다. 나. 청구인이 헌법재판소에 위 불기소처분의 취소를 구하는 헌법소원심판을 청구하였으나, 헌법재판소 제2지정재판부는 위 헌법소원 심판청구가 청구인이 재항고 기각결정의 통지를 받은 날인 2006.8.22.로부터 30일이 경과하였음이 날짜 계산상 명백한 2006.10.30.에 이루어져서 청구기간이 경과된 후에 청구된 것이므로 부적법하다는 이유로 위 심판청구를 각하하는 결정(이하 '재심대상결정'이라고 한다)을 하였다. 다. 이에 청구인은 2006.12.1. 헌법재판소에 재심대상결정의 취소 및 위 불기소처분의 취소를 구하는 이 사건 헌법소원심판을 청구하였다. [결정요지] 가. 재심대상결정의 취소 – 청구인은 위 재항고기각결정을 2006.8.22. 수령한 후 2006.9.14. 헌법재판소에 국선대리인 선임신청을 하였고 2006.10.25. 위 선임신청 기각결정의 통지를 받았으므로 헌법재판소법 제70조 제4항에 의하여 헌법소원심판의 청구기간을 산정함에 있어서 2006.9.14.부터 2006.10.25.까지의 기간은 산입되지 아니한다. 결국 청구인은 재항고기각결정을 송달받은 뒤 27일(2006.8.23.부터 2006.9.13.까지 22일 및 2006.10.26.부터 2006.10.30.까지 5일)째 되는 날에 이 사건 헌법소원을 제기한 셈이 된다. 따라서 청구인은 재심대상사건의 헌법소원 청구기간을 준수하였고, 재심대상결정은 청구기간을 잘못 계산하였다. 따라서 재심대상사건에는 헌법재판소법 제40조 제1항에 의하여 준용되는 민사소송법 제451조 제1항 제9호의 '판결에 영향을 미칠 중요한 사항에 관하여 판단을 누락한 때'에 준하는 재심사유가 있다고 할 것이므로(헌재 2001.9.27. 2001헌아3), 재심대상결정(헌법재판소 2006.11.14. 2006헌마1225)을 취소한다. 나. 재심대상사건의 헌법소원(불기소처분)에 대한 판단 – * 각하 및 기각 - 생략

* 위 결정의 도해

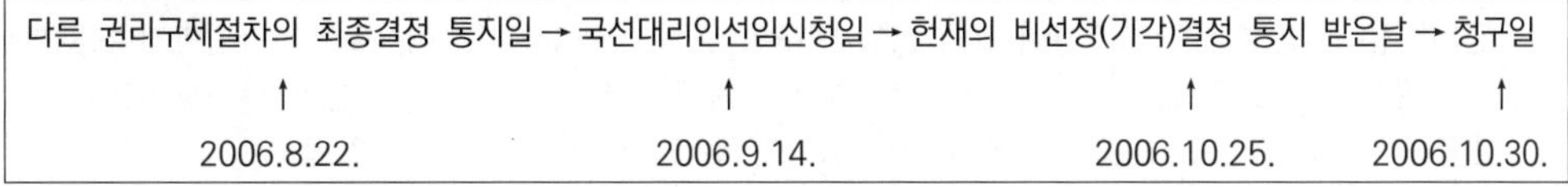

(5) 국선대리인 선임 경우에도 청구변경시 변경서제출일 기준

앞의 기준일 결정 법리에서 다룬 대로 이때 기준일은 청구변경서를 제출하는 시점으로 늦어진다. 이 점 국선대리인이 있다고 달라지는 것은 아니다. 아래의 결정례들이 그것을 보여준다.

판례 헌재 2018.3.29. 2017헌마387등

[판시] 청구인 김○○는 2017.4.10. 변호사시험법 제7조 제1항에 대하여 헌법소원심판을 청구하고, 2017.7.27. 국선대리인에 의하여 변호사시험법 제7조 제2항의 위헌 확인을 구하는 내용의 헌법소원심판 청구서를 제출하였다. 이처럼 추가된 변호사시험법 제7조 제2항에 대한 심판청구 부분은 국선대리인이 2017.7.27.자 심판청구서를 제출한 때에 청구한 것이므로, 그 시점을 기준으로 청구기간 준수 여부를 가려야 한다(헌재 2002.12.18. 2001헌마111 참조). 청구인 김○○는 직계존속이 위독하거나 사망하였다는 등의 사정이 변호사시험법 제7조 제2항의 예외사유에 해당하지 않는다는 사실을 아버지가 사망한 2016.9.24.경 또는 늦어도 제6회 변호사시험의 첫 시행일인 2017.1.10.경에는 알았다고 보인다. 변호사시험법 제7조 제2항에 대한 심판청구는 그로부터 90일이 지나 이루어졌으므로 청구기간을 도과하였다.

판례 헌재 2012.11.29. 2011헌마140

[결정요지] 가. 사건의 개요 (1) 청구인은 국민건강보험법상 1992.10.3.부터 현재까지는 지역가입자에 해당하는 사람으로 … (2) 소득이 없어 독립적 생활능력이 없는 지역가입자도 건강보험료를 부담하여야 하므로 청구인의 평등권을 침해받았다고 주장하면서, 2011.3.21. '피부양자인정기준'(2006.11.29. 보건복지부 고시 제2006-96호로 개정된 것)에 대하여 헌법소원심판을 청구하였다. (3) 청구인은 2011.6.1. '청구취지 및 청구원인 변경신청서'를 통하여 … 직장가입자와 지역가입자를 차별하여 청구인의 평등권 등을 침해한다는 주장으로 국민건강보험법 제5조 제2항, 구 국민건강보험법 제62조 제4항 등에 대한 헌법소원심판청구를 추가하였다. … 3. 판단 – 헌법소원심판청구의 청구취지 추가 또는 변경이 이루어진 경우, 청구기간의 준수 여부는 헌법재판소법 제40조 제1항 및 민사소송법 제265조에 의하여 추가 또는 변경된 청구서가 제출된 시점을 기준으로 판단하여야 한다(헌재 2009.7.30. 2007헌마870). 따라서 이 사건 심판청구가 청구기간을 준수하였는지 여부를 판단하는 기준시점은 청구인이 '청구취지 및 청구원인 변경신청서'를 제출한 2011.6.1.이 된다. 한편, 청구인은 1992.10.3. 법상 지역가입자의 자격을 취득하여 현재까지 그 자격을 유지하고 있고, 이 사건 심판대상 조항들 중 이 사건 피부양자 조항은 2000.1.1.부터, 이 사건 보험료 산정 조항은 2007.1.1.부터 각각 시행되었다. 그렇다면 청구인이 법령의 시행과 동시에 기본권침해를 당한 경우에 해당하므로, 각 조항의 시행일에 청구기간의 진행이 개시된 것으로 보아야 한다(헌재 2011.8.30. 2008헌마757). 그런데 이 사건 심판청구는 그로부터 1년이 훨씬 지난 2011.6.1.에 비로소 제기되었으므로 청구기간을 도과하였다.

* 검토 – 위 결정에서 국선대리인선임신청일이 언제인지 날짜가 명확하지 않다. 선임결정은 헌재판례로 나온다. 즉 헌재 2011.4.5. 2011헌사143 결정([주문] 2011헌마140 피부양자인정기준 위헌확인 헌법소원심판사건에 관하여 변호사 황○○를 신청인의 국선대리인으로 선정한다)을 보면 알 수 있다. 여하간 선임된 건 분명하고 기준일을 변경신청서 제출일을 기준으로 한 것도 분명하며 선임일이 2011.4.5.이니 선임신청일은 그 이전이고 위 변경신청서 제출일 이전임도 분명하다.

판례 헌재 2007.7.26. 2006헌마298

[판시] 청구인은 ○○교도소장이 2006.2.경 청구인이 이 사건 지침을 이유로 그 가석방신청을 거부하였다고 주장하고 있으므로, 그 즈음에는 이 사건 지침에 의한 기본권침해 사유가 발생하였음을 알았다고 할 것인데, 그 때로부터 90일이 지난 2006.12.12. 추가 청구된 이 사건 지침에 대한 심판청구는 청구기간을 도과한 것이어서 부적법하다.

* 국선대리인선임결정일은 추가 청구 이전인 2006.4.4.임을 헌재의 선임결정(헌재 2006.4.4. 2006헌사305)으로 알 수 있다.

* 그 외 변경 서면 제출일설을 취한 결정례 : 헌재 2002.12.18. 2001헌마111 등.

3. 공동 소송대리인에 대한 기각결정 송달의 효력

당해 소송사건의 공동 소송대리인에 대한 기각결정 송달은 적법한 송달로 보는 것이 헌법재판소의 판례이다.

[주요사항]
▷ 당해 법원소송의 공동 소송대리인인 다른 변호사에 대한 송달은 적법
∴ 공동 소송인에 대한 기각결정 송달 시점이 기산점

판례 헌재 1993.7.29. 91헌마150
[관련판시] 청구인 등은 1991.4.4. 서울고등법원에 같은 법원 91 구 6162로서 택지개발예정지구지정취소 등 청구의 소를 제기하면서는 변호사 ○○○과 변호사 △△△, 양인을 선임하였으나, 그 재판의 전제가 된 택지개발촉진법 제3조 제1항, 제9조 제3항, 제12조에 대한 1991.5.17. 같은 법원 91 부 248 위헌여부심판제청신청에는 △△△ 변호사 명의로 제출하였는데, 서울고등법원이 1991.8.12. 변호사 ○○○에게 위헌제청신청기각결정을 송달한 것은 청구인에 대하여 송달의 효력이 없는 것이고, 그래서 그 후 서울고등법원이 본안 행정소송사건의 재판기일인 1991.9.6. 법정에서 위 결정문 정본을 ○○○ 변호사로부터 회수하여 이를 △△△ 변호사에게 다시 교부하게 된 것이므로 이때에 비로소 적법한 송달이 있었던 것으로 보아야 한다고 주장하고 있으나, 헌법재판소법 제41조 제1항 및 제2항의 규정에 의하면 법률이 헌법에 위반되는 여부가 재판의 전제가 된 때에는 당해 사건의 당사자가 당해사건의 법원에 위헌여부의 심판을 제청하여 달라고 신청할 수 있다고 규정하고 있어서 위헌여부심판제청 신청절차는 당해 행정소송사건과는 전혀 다른 별개의 절차라기보다는 당해 사건으로부터 부수파생하는 절차로 보아야 할 것이고, 따라서 당해 행정소송사건의 공동소송대리인은 특별한 사정이 없는 한 위헌여부심판제청신청에 관하여서도 소송대리권을 가지는 것으로 적법한 송달이라고 보아야 할 것이므로 청구인 등의 이러한 사실주장만으로는 당해 행정소송사건의 공동소송대리인인 변호사 ○○○에게는 위헌여부심판제청 신청사건의 기각결정의 송달에 관하여 소송대리권이 없다고 부인하기 어렵다고 할 것이다. 따라서 서울고등법원이 1991.8.12. 공동소송대리인 ○○○ 변호사에게 행한 서울고등법원의 위헌제청기각결정의 송달은 적법하게 송달되었다고 보아야 할 것이며, 그로부터 14일이 경과한 1991.8.27. 청구된 이 사건 헌법소원심판청구는 계산상 청구기간이 도과된 것이 명백하므로 부적법하다 할 것이다.

Ⅸ. 공동심판참가에 대한 청구기간 적용

헌재는 헌법소원심판에서 그 목적이 청구인과 제3자에게 합일적으로 확정되어야 할 경우, 그 제3자는 공동청구인으로서 심판에 참가할 수 있다고(헌법재판소법 제40조 1항, 민사소송법 제83조 1항) 하면서 그 공동심판참가인은 별도의 헌법소원을 제기하는 대신에 계속 중인 심판에 공동청구인으로서 참가하는 것이므로 그 참가신청은 헌법소원 청구기간 내에 이루어져야 한다고 한다.

판례 헌재 2009.4.30. 2007헌마106
[판시] 법령에 대한 헌법소원심판에서 그 목적이 청구인과 제3자에게 합일적으로 확정되어야 할 경우,

그 제3자는 공동청구인으로서 심판에 참가할 수 있다 할 것이다(헌법재판소법 제40조 제1항, 민사소송법 제83조 제1항). 다만 공동심판참가인은 별도의 헌법소원을 제기하는 대신에 계속중인 심판에 공동청구인으로서 참가하는 것이므로 그 참가신청은 헌법소원 청구기간 내에 이루어져야 한다(헌재 1993.9.27. 89헌마248 참조).

* 동지 : 헌재 2008.2.28. 2005헌마872등, 아래 결정.

판례 헌재 2008.2.28. 2005헌마872등

[판시] 2005.5.31. 개정되어 2005.7.1.부터 시행되고 있는 이 사건 심판대상조항은 그 시행과 동시에 기존 퇴직연금 수급권자들의 기본권을 제한하게 되므로, 이에 대한 헌법소원심판 청구기간의 기산점은 2005.7.1.이다. (2) 김○수, 김○곤의 신청에 대한 판단 – 김○수, 김○곤은 공무원연금법상 퇴직연금 수급권자로서 이 사건 심판대상조항에 대하여 헌법소원을 청구할 당사자적격을 갖춘 사람들인데, 헌법소원 청구기간 내인 2005.9.26. 자신들을 청구인으로 추가하여 줄 것을 요청하는 내용의 '청구인추가신청서'를 제출하였다. 청구인들과 김○수, 김○곤이 헌법소원심판 청구를 공동으로 할 것은 강제되지 않지만, 위헌결정의 효력이 사실상 김○수, 김○곤에게도 미치므로 합일확정의 필요가 있는 경우라 할 것이다. 그렇다면 김○수, 김○곤이 이 사건 심판대상조항에 대하여 헌법소원심판을 청구할 당사자적격을 갖춘 사람들로서 헌법소원 청구기간 내인 2005.9.26. '청구인추가신청서'를 제출한 점을 감안하여, 위 '청구인추가신청'을 헌법재판소법 제40조 제1항, 민사소송법 제83조에 의한 적법한 공동심판참가신청으로 보기로 한다.

제9항 청구인의 변경가능성 여부(불허)

Ⅰ. 불허의 원칙

헌재는 당사자변경을 자유로이 허용한다면 심판절차의 진행에 혼란을 초래하고 또 상대방의 방어권 행사에도 지장을 줄 우려가 있기 때문에 당사자의 동일성을 해치는 임의적 당사자변경(특히 청구인의 변경)은 헌법소원심판에서도 원칙적으로 허용되지 않는다고 본다.

헌재는 민사소송법에 임의적 변경을 인정하는 규정이 없다는 이유를 들고 있다.

판례 헌재 2009.4.30. 2007헌마106

[설시] [별지 1–2] 기재 청구인들은 제정 게임법 제2조 제6호 소정의 게임제공업에 종사하는 자로서 이 사건 심판대상조항에 대하여 헌법소원을 청구할 당사자적격을 갖춘 사람들인데, 헌법소원 청구기간 내인 2007.1.26. 자신들을 청구인으로 추가하여 줄 것을 요청하는 내용의 '소변경(청구인 추가)신청서'를 제출하였다. 그러나 청구인의 추가는 당사자표시정정의 범위를 넘을 뿐만 아니라, 이를 허용할 법률적 근거가 없고, 오히려 헌법재판소법 제40조 제1항에 의하여 준용되는 민사소송법에 의하면 그러한 형태의 임의적 당사자변경은 허용되지 아니한다.

Ⅱ. 구체적 결정례와 검토

1. 결정례

판례 헌재 1998.11.26. 94헌마207

[판시] 청구인들은 1997.11.26.자 청구인변경신청서에서 "당사자 표시 변경신청"이라는 제목을 붙여 청구인 표시를 청구인들이 소속되어 있는 주식회사 ○○프로덕션으로 변경하여 달라는 신청을 하고 있는데, 주식회사와 그 소속 직원 사이에는 법적인 동일성이 존재하지 아니하므로 위 신청은 단순히 당사자 표시의 정정신청으로 볼 수는 없고(설사 당사자표시정정신청의 취지라 하더라도 이를 받아들일 수 없다), 임의적 당사자변경의 신청이라고 보아야 할 것이다. 그러므로 헌법소원심판절차에서 임의적 당사자변경을 인정할 것인지가 문제된다. 이 점에 관해서는 헌법재판소법에 명문의 규정이 없기 때문에 준용규정인 같은 법 제40조에 의거하여 행정소송법과 민사소송법의 규정을 준용하여 판단할 수밖에 없다 할 것이다. 행정소송법 제14조가 피고의 경정을 인정하고 있고, 1990.1.13. 개정된 민사소송법 제234조의2(현행 민소법 제260조)가 피고의 경정을, 같은 법 제63조의2(현행 민소법 제68조)가 필요적 공동소송인의 추가를 인정하는 외에는 이 사건에서 문제되는 원고의 임의적 변경을 인정하는 규정을 두고 있지 아니하여 원칙적으로 임의적 당사자변경을 인정하지 않고 있다. 당사자변경을 자유로이 허용한다면 심판절차의 진행에 혼란을 초래하고 또 상대방의 방어권 행사에도 지장을 줄 우려가 있기 때문에 당사자의 동일성을 해치는 임의적 당사자변경(특히 청구인의 변경)은 헌법소원심판에서도 원칙적으로 허용되지 않는다고 보아야 할 것이다. 그러므로 이 사건 청구인변경신청은 허용되지 않는 것이어서 이를 받아들이지 아니한다.

2. 검토

문제는 동일성의 판단기준이다. 헌법소원의 본질적 기능에는 앞서 본 대로 청구인 개인의 권리구제기능만이 아니라 객관적 헌법질서유지기능이라는 중요한 기능도 있음을 고려하여 판단할 문제이기도 하다.

제10항 피청구인

Ⅰ. 개념

피청구인은 기본권에 관련된 공권력을 행사할 수 있는 지위에 있는 기관으로서 그 공권력을 행사하거나 또는 행사할 의무가 있음에도 공권력을 행사하지 않음으로써(불행사, 부작위) 국민의 기본권을 침해한다고(침해하였다고) 보여지는 기관을 의미한다고 볼 것이다. 헌법재판소의 판례에 나타난 피청구인적격(被請求人適格)에 관한 문제들을 아래에 살펴본다.

Ⅱ. 관련 법리

1. 처분행정청 - 행정소송법 제13조 준용, 기준원칙

사실 헌법이나 헌재법에 피청구인의 개념이 어떠한지, 누가 피청구인이 될 수 있는지에 대해 명시적인 규정이 없다. 헌재법 제40조에 따라 준용되는 행정소송법 제13조에 따라 처분행정청을 피고로 본다.

헌재법 제40조(준용규정) ① 헌법재판소의 심판절차에 관하여는 이 법에 특별한 규정이 있는 경우를 제외하고는 헌법재판의 성질에 반하지 아니하는 한도에서 민사소송에 관한 법령을 준용한다. 이 경우 탄핵심판의 경우에는 형사소송에 관한 법령을 준용하고, 권한쟁의심판 및 헌법소원심판의 경우에는「행정소송법」을 함께 준용한다. ② 제1항 후단의 경우에 형사소송에 관한 법령 또는「행정소송법」이 민사소송에 관한 법령에 저촉될 때에는 민사소송에 관한 법령은 준용하지 아니한다.

행정소송법 제13조(피고적격) ① 취소소송은 다른 법률에 특별한 규정이 없는 한 그 처분등을 행한 행정청을 피고로 한다. 다만, 처분등이 있은 뒤에 그 처분등에 관계되는 권한이 다른 행정청에 승계된 때에는 이를 승계한 행정청을 피고로 한다.② 제1항의 규정에 의한 행정청이 없게 된 때에는 그 처분등에 관한 사무가 귀속되는 국가 또는 공공단체를 피고로 한다.

(1) 처분행정청 외의 대한민국에 대한 피청구인적격 부인

헌재는 행정소송법 제13조 제1항이 피청구인을 처분행정청으로 한정하고 있어서 이 처분행정청 외에 별도로 대한민국을 피청구인으로 삼을 것이 아니므로 피청구인을 대한민국으로 한 부분의 청구는 부적법하다고 한다.

[주요판시사항]

▷ 피청구인적격 : 처분행정청, 행정소송법 제13조 제1항의 준용

판례 헌재 1992.12.24. 90헌마182, 판례집 4, 942면

[참조조문] 헌재법 제40조(준용규정), 행정소송법 제13조(피고적격) - 위 바로 위 법조문 참조. [사건개요] 지방해운항만청장의 콘테이너부두 축조공사실시 및 그 관련행위가 청구인들의 양식어장의 가치를 상실케 하는 등 기본권을 침해하였다고 하여 1. 대한민국 2. 여수지방해운항만청장 3. 중앙토지수용위원회를 피청구인으로 하여 제기된 사건이었다. [판시] 먼저 대한민국에 대한 심판청구를 본다. 청구인들이 기본권을 침해당하였다고 주장하는 공권력의 행사는항만시설지정공고에 따른 여수지방해운항만청장의 콘테이너부두 축조공사실시 및 그 관련행위를 지칭하는 것인바, 기록에 비추어 이와 같은 공권력의 행사는 대한민국에 의하기보다도 여수지방해운항만청에 의한 것이며, 나아가 헌법재판소법 제40조 제1항에 의하여 준용되는 행정소송법 제13조 제1항에서는 被告適格을 처분행정청으로 한정하고 있어 처분청인 여수지방해운항만청장과는 별도로 대한민국을 피청구인으로 삼을 것이 아니므로 피청구인을 대한민국으로 한 이 부분 청구는 부적법하다.

* 이 사안은 여수지방해운항만청장과 중앙토지수용위원회에 대한 청구도 청구기간의 도과 등을 이유로 역시 각하되어 전체적으로 각하결정이 되었다.

(2) 명령권자 아닌 대통령 – 피청구인적격 부인

헌재는 대통령이 당해 명령의 명령권자로 규정되어 있지 않으면 피청구인적격이 없고 그 명령을 할 위치에 있는 행정청이 피청구인적격을 가진다고 본다.

[주요판시사항]

▷ 대통령이 명령(처분)권자가 아닌 경우 대통령의 피청구인적격 부인

판례 헌재 1992.12.24. 92헌마204, 판례집 4, 973면

[사건개요] 내무부장관(현 행정안전부장관)이 국가공무원법 제32조의4, 공무원임용령 제42조 제1항 등에 의거하여 청구인으로 하여금 C도에서 공로연수파견근무를 하도록 명한 것은 위법·부당하다고 주장하면서 1. 대통령 2. 내무부장관을 피청구인으로 하여 헌법소원이 제기되었다. [판시] 먼저, 피청구인 대통령에 대한 청구부분의 적법여부에 관하여 판단한다. 국가공무원법 제32조에 의하면, 행정기관소속 5 급 이상 공무원은 소속장관의 제청으로 대통령이 임면하나, 공무원 임용행위 중 신규채용·승진임용·전직·타기관·겸임·강임·면직·해임·파면 등의 이른바임면행위를 제외한 전보·파견·휴직·직위해제·정직·복직 등의 나머지 임용행위는 소속장관 또는 그 수임기관장이 행한다고 규정하고 있다(공무원임용령 제2조 제1호 및 제2호 참조). 그런데 위 파견근무명령은 위에서 인용한 임면행위에 해당하지 아니하는 나머지 임용행위로서 소속장관(이 사건의 경우에는 피청구인인 내무부장관)이 명령권자(임용권자)이고, 대통령은 그 명령권자가 아니다. 그렇다면 이 사건 심판청구 중 피청구인 대통령에 대한 청구부분은 심판의 대상인 위 파견근무명령의 명령권자가 아닌 자에 대한 청구로서, 피청구인 적격이 없는 자에 대한 부적법한 청구라고 판단된다. 다음, … 이상과 같은 이유로 이 사건 심판청구는 모두 부적법하므로 이를 각하한다.

2. 피청구인에 대한 직권조사·확정

헌법재판소는 헌법소원심판청구서에 반드시 피청구인을 특정할 필요가 없다고 보고 청구서에 피청구인을 특정하고 있더라도 피청구인의 잘못된 표시는 헌법소원심판청구를 부적법하다고 각하할 사유가 되는 것이 아니라고 한다. 그리하여 헌법재판소는 청구서에서 청구인이 피청구인(처분청)을 잘못 지정한 경우에도 "직권으로 불복한 처분(공권력)에 대하여 정당하게 책임져야 할 처분청(피청구인)을 지정하여 정정할 수도 있고", "청구서에 기재된 피청구인이나 청구취지에 구애됨이 없이 청구인의 주장요지를 종합적으로 판단하여야 하며 청구인이 주장한 기본권과 침해의 원인이 되는 공권력을 직권으로 조사하여 피청구인을 확정하여 판단하여야 하는 것"이라고 한다.

판례 헌재 1993.5.13. 91헌마190, 교수재임용추천거부 등에 대한 헌법소원, 판례집 5-1, 320면 참조.
* 이 판례에 대한 자세한 것은 뒤의 헌법소원심판의 심리 부분 참조.

이러한 판례의 입장은 위 1.의 (1)에 인용된 결정에서 대한민국을 피청구인으로 한 점, (2)에 인용된 공로연수파견근무명령에 관한 결정에서 대통령을 피청구인으로 한 점에 청구를 각하한 것과 모순되지 않느냐 하는 의문이 있을 수 있다. 직권으로 변경확정하면 문제가 없지

않느냐 하는 의문이 들 수 있다는 것이다. 그런데 위 1.의 (1)과 (2)에서 인용된 결정들에서 각각 대한민국과 대통령 외에 적격을 갖춘 다른 피청구인들((1)에 인용된 결정의 경우 여수지방해운항만청장, (2)에 인용된 결정의 경우 내무부장관)에 대한 청구 부분도 있었다는 점이 감안될 수 있지 않을까 한다.

3. 피청구인추가의 임의적 당사자변경의 불허

헌재는 피청구인을 추가하는 것은 임의적 당사자변경인데 이는 허용하는 관련 법규정이 없어 허용되지 않고 당사자의 동일성을 해치므로 원칙상 허용되지 않는다고 본다.

판례 헌재 2003.12.18. 2001헌마163

[판시] 청구인은 심판청구서에 광주교도소장의 계구사용행위만 심판청구의 대상으로 기재하였으나 청구인 대리인이 제출한 헌법소원심판청구 정정신청서에는 목포교도소장의 계구사용행위가 추가되어 있으므로 이는 피청구인을 추가하는 임의적 당사자변경 신청에 해당한다. 그러므로 이와 같은 당사자의 추가적 변경 신청을 인정할 것인지가 문제된다. 이에 관하여는 헌법재판소법에 명문의 규정이 없으므로 준용규정인 같은 법 제40조에 의거하여 행정소송법과 민사소송법의 규정을 준용하여 판단할 수밖에 없다. 행정소송법 제14조가 피고의 경정을 인정하고 있고, 민사소송법(2002.1.26. 법률 제6626호로 전문개정된 것) 제260조가 피고의 경정을, 같은 법 제68조, 제70조가 필수적 공동소송인, 예비적·선택적 공동소송인의 추가를 인정하는 외에는 이 사건에서 문제되는 것과 같은 피고의 추가적 변경을 인정하는 규정은 존재하지 아니하므로(이 점은 위 개정 전의 민사소송법도 마찬가지이다) 원칙적으로 임의적 당사자변경은 인정되지 않는다. 또한 당사자변경을 자유로이 허용한다면 심판절차의 진행에 혼란을 초래하고 또 상대방의 방어권 행사에도 지장을 줄 우려가 있으므로 당사자의 동일성을 해치는 임의적 당사자변경은 헌법소원심판에서도 원칙적으로 허용되지 않는다고 보아야 할 것이다(헌재 1998.11.26. 94헌마207 참조). 그러므로 청구인의 정정신청 중 목포교도소장을 피청구인으로 추가하는 부분은 받아들이지 아니한다.

4. 법령소원의 경우

(1) 헌재 입장

헌재는 법령소원의 경우 "피청구인의 개념은 존재하지 않는다"라고 한다. 아래 괄호 속 설시가 그러하다. 사안은 재판대기중인 피고인이 공판을 앞두고 호송교도관에게 법정 옆 피고인 대기실에서의 변호인 접견을 신청하였으나, 교도관이 이를 허용하지 아니한 것이 피고인의 변호인의 조력을 받을 권리를 침해한 것이라는 주장의 헌법소원심판이었다. 여기서 헌재는 권력적 사실행위는 그 행위자가 피청구인이 되어야 한다는 점을 밝히면서 만약 법령소원이라면 피청구인 개념이 존재하지 않는다고 보는 자신의 입장을 명시적으로 밝힌 것이다.

판례 헌재 2009.10.29. 2007헌마992

[판시] … 3. 적법요건에 대한 판단 (가) 피청구인 적격 – 청구인은, 이 사건 심판대상을 '권력적 사실행위인 접견불허행위'로 주장하면서도 피청구인을 법무부장관으로 기재하고 있다. 그러나 권력적 사실

행위란 공권력의 행사 중, 행정주체의 행정행위 기타 일정한 법적 효과의 발생을 목적으로 하는 법적 행위가 아니라, 직접적으로 일정한 사실상 결과의 발생만을 목적으로 하는 행정상의 사실행위이므로(헌재 1994.5.6. 89헌마35, 판례집 6-1, 462, 481 참조), 이 사건 청구의 피청구인은 법무부장관이 아닌 위 접견불허행위의 실제 행위자인 교도관 김○○가 되어야 한다(만일 청구인이 법무부훈령인 계호근무준칙의 위헌성을 다투는 취지라면, 권력적 사실행위가 아닌 법령에 대한 헌법소원이 되어야 하는데, 이 경우에는 피청구인의 개념은 존재하지 않는다). 그러므로 청구인의 주장을 선해하여, 이 사건 피청구인을 교도관 김○호로 하여 판단하기로 한다.

(2) 실제 결정문들에서의 부재

법령소원의 경우 우리 헌법재판소의 결정문에서는 피청구인이 명시되어 있지 않다(예컨대, 헌재 1990.6.25. 89헌마220, 지방공무원법 제31조, 제61조에 대한 헌법소원, 판례집 2, 201면; 1990.10.15. 89헌마178, 법무사법시행규칙에 대한 헌법소원, 판례집 2, 367면; 1990.10.8. 89헌마89, 교육공무원법 제11조 1항에 대한 헌법소원, 판례집 2, 333면; 1993.5.13. 92헌마80, 체육시설의 설치·이용에 관한 법률시행규칙(문화체육부령) 제5조에 대한 헌법소원, 판례집 5-1, 366면; 1997.3.27. 93헌마159, 엔지니어링 기술진흥법시행규칙(총리령) 제3조 제1항 제2호 위헌확인, 판례집 9-1, 346면; 2000.6.29. 98헌마36, 주택임대차보호법시행령 제3조 제1항 등 위헌확인, 판례집 12-1, 871면 등 참조).

5. 국회

국회 자체가 피청구인이었던 아래와 같은 예들이 있었다.

i) **선거구 획정 지체** 이 사안은 제20대 국회의원총선의 선거구 획정이 지체되어 후보자가 되려는 사람 등이 자신의 공무담임권을 침해받았다고 하여 헌법소원심판을 청구한 사건이다.

판례 헌재 2016.4.28. 2015헌마1177등
[당사자] 청구인 별지1명단과 같음 피청구인 대한민국 국회

ii) **후임 헌법재판관 선출의 지체** 국회가 선출하여 임명된 헌법재판소 재판관 중 임기만료로 퇴임하여 공석이 발생하였음에도 후임자를 선출하지 아니하여 재판관의 공석 상태가 계속됨으로써 자신이 청구한 헌법소원심판에서 공정한 재판을 받을 권리를 침해하고 있다고 주장하면서 청구한 헌법소원심판사건이었다. 헌재는 국회가 공석인 재판관의 후임자를 선출하여야 할 헌법상 작위의무가 존재하고 국회가 후임자를 선출함에 있어 '상당한 기간'을 정당한 사유 없이 경과하여 작위의무의 이행을 지체하였다고 하였으나 피청구인인 국회가 이 심판청구 이후 후임자 등 3인의 재판관을 선출하고, 청구인이 제기한 그 헌법소원심판청구에 대하여 재판관 9인의 의견으로 종국결정이 선고됨으로써 주관적 권리보호이익이 소멸하였다고 본 사례이다.

판례 헌재 2014.4.24. 2012헌마2
[당사자] 청구인 오○○(변호사) 피청구인 대한민국 국회

6. 조례부작위

조례가 제정되지 않아 기본권침해라는 주장의 헌법소원심판이 청구된 사건에서 피청구인은 조례가 의결되는 지방의회인지 아니면 지방자치단체 자체인지가 논의된다. 후자라고 보아야 할 것이고 헌재도 헌법 제117조 제1항이 "지방자치단체는 … 자치에 관한 규정을 제정할 수 있다"라고 규정하고 있는 점을 들어 지방자치단체 자체가 피청구인이 된다고 본다. 아래 결정이 그것이다. 사안은 지방공무원법(1973.3.12. 법률 제2594호로 개정된 것) 제58조 제2항의 위임에 따라 시·도 교육청 소속 지방공무원으로서 '사실상 노무에 종사하는 공무원의 범위'를 지방자치단체 조례로 제정하여야 하는데 제정하지 아니한 부작위에 대한 헌법소원심판 청구 사건이었고 위헌확인결정이 되었다(부작위가 위헌이라고 판단되면 취소할 대상이 없는 부작위여서 위헌임을 '확인'하는 위헌확인결정을 한다). 그런데 이 사건에서 피청구인 대표자를 헌재는 "시·도 교육청 소속 지방공무원의 근로3권을 침해하는 것인지 여부에 한하여 심판대상으로 되는 것이므로, 이 사건 심판청구에 관해서는 각 시·도의 교육감이 대표자로 된다"라고 판시하였다. 일반행정에 관한 조례의 경우 지방자치단체의 장이 대표자가 될 것이다.

판례 헌재 2009.7.30. 2006헌마358

[판시] … 가. 피청구인 적격 … 이 사건 심판청구가 인용되면 피청구인은 '사실상 노무에 종사하는 공무원의 범위'를 정하는 조례를 제정하여야 한다(헌법재판소법 제75조 제4항). 따라서 이 사건 심판청구의 피청구인은 '사실상 노무에 종사하는 공무원의 범위'를 정하는 조례를 제정하는 공권력을 행사할 수 있는 주체이어야 하는바, 지방자치법에 의하면, 조례는 지방자치단체의 장이나 재적의원 5분의 1 이상 또는 의원 10명 이상의 발의에 의하여(제66조 제1항) 지방의회의 의결로 제정되고(제39조 제1항 제1호) 지방자치단체의 장이 공포함으로써 효력을 발생하므로(제26조), 이 사건 헌법소원심판청구의 피청구인이 지방자치단체인지 또는 지방의회인지가 문제된다. 그런데 헌법 제117조 제1항은 "지방자치단체는 … 법령의 범위 안에서 자치에 관한 규정을 제정할 수 있다"고 규정하고 있고, 지방자치법 제22조도 "지방자치단체는 법령의 범위 안에서 그 사무에 관하여 조례를 제정할 수 있다"고 규정함으로써 조례제정의 주체를 지방자치단체로 규정하고 있다. 따라서 이 사건 조례를 제정하지 아니한 부작위의 위헌확인을 구하는 헌법소원심판청구의 피청구인은 지방자치단체라고 봄이 상당하다고 할 것이다. 한편, 지방공무원법 제58조 제2항의 위임에 따라 지방자치단체가 '사실상 노무에 종사하는 공무원의 범위'를 정하는 조례를 제정하는 일은 해당 지방자치단체의 지방공무원 전체를 대상으로 하는 것이지만, 이 사건 청구인들은 모두 시·도 교육청 소속 지방공무원이고 이 사건 부작위도 청구인들의 근로3권을 침해하는 것인지 여부에 한하여 심판대상으로 되는 것이므로, 이 사건 심판청구에 관해서는 각 시·도의 교육감이 대표자로 된다고 할 것이다.

7. 청구서 필수적 기재사항 여부

헌재법 제71조 제1항은 피청구인 기재를 청구서의 필수적 기재사항으로 명시하고 있지 않다. 그런데 헌재는 법령소원의 경우 외에는 피청구인의 기재를 요구한다.

제11항 공동심판참가

Ⅰ. 개념과 필요성, 성격 및 준용규정

1. 개념과 필요성

기왕에 헌법소원심판이 청구되어 있는데 그 청구사건에 이해관계가 있는 사람이 합일적으로 해결을 볼 수 있는 상황이라면 별도로 헌법소원심판을 청구하게 한다면 서로 재판경제적 손실이다. 헌법소원의 인용결정은 모든 국가기관과 지방자치단체를 기속하므로(헌재법 제75조 1항) 그 심판에 집중하게 하는 것이 더욱 헌법소원의 기능에 더 부응하는 것이고 집약적인 효율성을 가져오게 한다. 그래서 일거에 해결하기 위해 참가제도가 있다. 아니면 청구인을 추가하는 당사자변경제도를 인정할 수도 있으나 우리 헌재는 부정한다(헌재 1998.11.26. 94헌마207; 2009.4.30. 2007헌마106). 그리하여 참가제도를 잘 활용하여야 할 터이다.

판례 헌재 2008.10.30. 2006헌마1098등, 판례집 20-2상, 1098-1099면

[판시] 헌법재판소법은 청구인의 추가 또는 참가에 관한 아무런 명문의 규정을 두고 있지 않으나 헌법재판의 성격에 반하지 않는 한도 내에서 민사소송법 및 행정소송법이 준용된다고 할 것이다(헌법재판소법 제40조 제1항). 헌법재판소는 법령에 대한 헌법소원심판에서 그 목적이 청구인과 제3자에게 합일적으로 확정되어야 할 경우 그 제3자는 공동 청구인으로서 심판에 참가할 수 있다(헌법재판소법 제40조 제1항, 민사소송법 제83조 제1항)고 판시함으로써 공동심판참가신청의 적법성을 인정한 바 있다(헌재 1993.9.27. 89헌마248, 판례집 5-2, 284, 295-296; 헌재 2008.2.28. 2005헌마872등, 공보 137, 356, 360-361).

문제는 헌재법 자체에 규정이 없다는 점이다. 그래서 헌재법 제40조에 따른 준용이 가능한데 행정소송법과 민사소송법 중 어느 법규정을 준용하여야 하는가부터 살펴보아야 한다.

2. 성격과 민사소송법 준용

(1) 성격

헌재는 행정소송법에도 제3자 소송참가제도(행정소소법 제16조)가 규정되어 있으나 "소송의 결과에 따라 권리 또는 이익의 침해를 받을 제3자가" 참가하고(동법 동조 1항) 필수적 공동소송의 효과가 나는(동법 동조 4항) 등 헌법소원심판의 공동참가와 그 성격이 다르다.

(2) 민사소송법 준용

1) 판례입장

헌재는 이런 차이를 지적하여 행정소송법의 제3자 소송참가제도 규정이 아니라 민사소송법의 공동참가제도 규정을 준용하여야 한다고 본다.

판례 헌재 2009.4.30. 2007헌마106

[판시] 헌법재판소의 심판절차에 관하여는 헌법재판소법에 특별한 규정이 있는 경우를 제외하고는 헌법재판의 성질에 반하지 아니하는 한도 내에서 민사소송에 관한 법령의 규정을 준용하고, 헌법소원심판의 경우에는 행정소송법을 함께 준용한다(헌법재판소법 제40조 제1항).현재 타인이 제기한 헌법소원심판에 제3자가 자기의 이익을 옹호하기 위하여 관여하는 경우, 헌법재판소법에는 공동심판참가나 보조참가 등에 관한 규정이 없으므로 민사소송법과 행정소송법 중 관련규정의 준용을 검토해야 한다. 그런데 행정소송법상 제3자의 소송참가(제16조)는 소송의 결과에 따라 권리 또는 이익의 침해를 받을 제3자가 관련 행정소송에 참가하는 것이다. 법령에 의하여 헌법상 보장된 기본권이 침해되었음을 이유로 헌법소원이 청구된 경우, 기존의 청구인과 법적 지위를 같이 하는 제3자의 입장에서는 헌법소원이 인용되면 기본권의 구제를 받게 되고, 설령 헌법소원이 각하·기각되더라도 그로 인하여 권리 또는 이익의 침해를 받는 것은 아니다. 그러므로 현재 계속중인 헌법소원심판에 청구인과 법적 지위를 같이 하는 제3자가 자기의 이익을 옹호하기 위하여 관여하는 경우 행정소송법은 준용될 여지가 없고(헌재 1993.9.27. 89헌마248, 판례집 5-2, 284, 295 참조) 민사소송법만이 준용된다. * 또 다른 동지 : 헌재 2008.2.28. 2005헌마872등.

2) 준용되는 규정

헌재법 제40조에 따라 준용되는 민사소송법 규정은 아래와 같다.

민사소송법 제83조(공동소송참가) ① 소송목적이 한 쪽 당사자와 제3자에게 합일적으로 확정되어야 할 경우 그 제3자는 공동소송인으로 소송에 참가할 수 있다.
② 제1항의 경우에는 제72조의 규정을 준용한다.

Ⅱ. 공동참가의 요건

1. 원칙

참가하려고 하는 헌법소원심판과 그 요건을 함께 해야 한다고 본다. 이는 공동소송참가란 소송의 목적이 당사자의 일방과 제3자에 대하여 합일적으로만 확정될 경우에 그 제3자가 별도의 심판을 청구하는 대신에 계속 중의 심판에 공동으로 참가하는 것이기 때문이라고 본다.

판례 헌재 2008.10.30. 2006헌마1098등, 판례집 20-2상, 1098-1099면

[판시] 공동심판참가인은 별도의 헌법소원을 제기하는 대신에 계속중인 심판에 공동 청구인으로서 참가하는 것이므로 그 참가신청에 대하여 헌법소원 청구기간 등 기타 적법요건이 충족되어야 할 것이다.

2. 구체적 문제

(1) 공동참가적격

따라서 헌재는 공동소송참가인도 피참가인인 당사자와 마찬가지로 심판을 청구할 수 있는 당사자적격을 구비하여야 한다고 본다. 아래 결정이 그런 판시가 담겨진 결정인데 사안은 한약업사의 기본권이 침해되었다고 주장하는 헌법소원심판사건에서 대한한약협회는 한약업사

자격을 가질 수도 없어 참가적격이 없다고 본 것이다.

[주요판시사항]
▷ 공동참가 적격 : 당사자적격, 즉 청구인(피참가인)과 마찬가지의 적격을 가져야 함

판례 헌재 1991.9.16. 89헌마163, 판례집 3, 505면
[관련판시] 대한한약협회는 이 사건 심판청구에 공동소송참가의 신청을 하고 의견을 진술하고 있다. 그러나 민사소송법 제76조(현행 제83조)의 공동소송참가란 소송의 목적이 당사자의 일방과 제3자에 대하여 합일적으로만 확정될 경우에 그 제3자는 별소를 제기하는 대신에 계속중의 소송에 공동소송인으로 참가하는 것으로서 자기 자신도 피참가인인 당사자와 마찬가지로 소를 제기할 수 있는 당사자적격을 구비하지 않으면 안 되는 것이므로, 위 규정이 준용되는 헌법소원절차에 있어서 대한한약협회의 공동소송참가신청이 적법하기 위하여는 피참가인인 청구인과 마찬가지로 청구인적격을 가져야 한다고 할 것이다. 그런데 이 사건은 청구인이 자연인에게만 부여되는 한약업사의 지위에서 한약업사로서의 기본권이 침해되고 있음을 이유로 하여 낸 소원심판청구로서, 사단법인인 대한한약협회에 한약업사의 자격을 부여할 수도 없고 부여되어 있지도 아니함이 명백하므로 참가인이 청구인과 같은 소원청구인 적격자라고 할 수 없으니, 결국 대한한약협회의 이 사건 공동소송참가는 부적법한 신청이라고밖에 볼 수 없다. 다만 위 대한한약협회는 의견을 진술할 수 있는 이해관계기관에는 해당한다고 보아 의견을 참작하기로 하는바, 그 의견의 요지는 청구인의 주장과 대체로 같다.

(2) 청구기간

참가의 청구기간에 대해서도 헌재는 공동심판참가인은 별도의 헌법소원을 제기하는 대신에 계속 중인 심판에 공동청구인으로서 참가하는 것이므로 그 참가신청은 헌법소원 청구기간 내에 이루어져야 한다고 한다.

판례 헌재 2009.4.30. 2007헌마106
[판시] 공동심판참가신청에 대한 판단 (가) … 그러므로 현재 계속 중인 헌법소원심판에 청구인과 법적 지위를 같이 하는 제3자가 자기의 이익을 옹호하기 위하여 관여하는 경우 행정소송법은 준용될 여지가 없고 민사소송법만이 준용된다(이 부분 판시는 위 성격과 민소법 준용 부분 참조). (나) 따라서 법령에 대한 헌법소원심판에서 그 목적이 청구인과 제3자에게 합일적으로 확정되어야 할 경우, 그 제3자는 공동청구인으로서 심판에 참가할 수 있다 할 것이다(헌법재판소법 제40조 제1항, 민사소송법 제83조 제1항). 다만 공동심판참가인은 별도의 헌법소원을 제기하는 대신에 계속중인 심판에 공동청구인으로서 참가하는 것이므로 그 참가신청은 헌법소원 청구기간 내에 이루어져야 한다(헌재 1993.9.27. 89헌마248 참조). * 동지 : 헌재 2008.2.28. 2005헌마872등. * 이 결정들에 대해서는 앞의 청구기간에 인용된 부분도 참조.

* 청구기간 도과 후 참가신청의 위법성 인정의 결정례.

판례 헌재 1993.9.27. 89헌마248, 판례집 5-2, 284면
[관련판시] 공동소송참가를 하려면 그 소송요건으로서 우선 그 참가신청인으로서도 당사자적격이 있고 또 제소기간을 준수하여야 할 것인데, 청구인들의 이 사건 공동소송참가신청은 … 청구기간을 도과한 것임이 날짜 계산상 명백하여 부적법하다고 할 것이다.

* 공동심판참가의 청구기간에 대해서는 앞서 헌법소원의 청구기간 부분에서 살펴보았다.

(3) 보조참가로 인정된 예

공동참가의 요건이 결여되었으나 보조참가 요건이 되면 후자를 받아들인다.

판례 헌재 2008.2.28. 2005헌마872등

[판시] 요건에 흠이 있는 공동심판참가신청이 있더라도 다른 참가신청, 예컨대 보조참가신청의 요건에 해당된다고 인정할 때에는 그러한 다른 참가신청으로 취급하는 것이 국민의 기본권 보호를 목적으로 하는 헌법소원제도의 취지에도 부합한다 할 것이다. 살피건대, 이 사건 헌법소원이 인용되어 이 사건 심판대상조항이 위헌으로 결정되면, 앞서 본 바와 같이 청구인들뿐만 아니라 강○정 외 139인도 퇴직연금이 지급정지되지 않는 효력이 생긴다. 그렇다면 강○정 외 139인은 이 사건 헌법소원심판의 결과에 법률상 이해관계가 있어 보조참가신청의 요건은 갖추고 있다 할 것이므로 그들을 보조참가인으로만 보기로 한다.

제12항 헌법소원심판에 있어서 변호사대리강제주의

헌재법 제25조(대표자·대리인) ①, ② 생략

③ 각종 심판절차에서 당사자인 사인(私人)은 변호사를 대리인으로 선임하지 아니하면 심판청구를 하거나 심판 수행을 하지 못한다. 다만, 그가 변호사의 자격이 있는 경우에는 그러하지 아니하다. [전문개정 2011.4.5.]

* 변호사대리강제주의에 대해서는 앞의 제2장의 제3절 심판절차의 일반원칙, Ⅱ. 당사자, 대표자 · 대리인 부분에서도 살펴보았다.

Ⅰ. 변호사대리강제주의의 합헌성 인정의 근거

현행 헌법재판소법 제25조 제3항은 당사자가 사인(私人)인 헌법소원심판에서의 변호사대리강제주의(辯護士代理强制主義)를 취하고 있어서 변호사에 의한 대리가 청구 단계에서부터 이루어지지 않으면 청구가 각하된다. 이러한 변호사강제주의에 대하여 국민의 헌법소원청구권(재판청구권)을 위헌적으로 침해한다는 주장이 적지 않다. 그러나 헌법재판소는 변호사에 의한 전문적인 법보호의 필요성, 승소가능성 없는 사건의 사전소거, 헌법소원 오남용의 방지, 부당한 권위의식으로부터 보호 등의 이점이 있다고 하고, 국선대리인제도를 두고 있다는 논지로 아래와 같이 합헌으로 보고 있다.

판례 헌재 1990.9.3. 89헌마120등, 판례집 2, 288면

[결정요지] (1) 변호사강제주의는 본인이 스스로 심판청구를 하고 심판수행을 하는 본인 소송주의에 비하여 다음과 같은 이점이 있다. 첫째, 재판의 본질을 이해하지 못하고 재판자료를 제대로 정리하여 제출할 능력이 없는 당사자를 보호해주며 사법적 정의의 실현에 기여한다. 헌법재판의 고도의 기술성 · 전문성에 비추어보거나 특히 우리나라의 경우 헌법재판의 역사가 일천하고 생소한 점을 고려할 때, 법률에 지식이 없는 당사자 본인이 스스로 심판청구나 심판수행을 한다는 것은 심히 무리이며, 따라서 응당 보호받아야 할 기본권인데도 불구하고 보호를 받을 수 없는 결과가 생길 수 있다. 둘째, 변호사강제주

의는 승소가망성이 없는 사건을 사전에 변호사를 통해 소거시키는 한편, 재판자료를 법률적으로 다듬고 정리하여 재판소에 제출함으로써 보다 효율적으로 국가의 헌법재판제도의 운영에 기여할 수 있는 이점이 있다. 법률전문가인 변호사에 의한 사건의 사전스크린은 뚜렷한 이유도 없이 헌법재판 청구를 하여 상대방 당사자나 재판소의 시간·노력·비용을 낭비케 하는 제도의 오용 내지는 남용의 견제가 되는 것이며, 또 법률전문가가 반드시 개입하여 법률적 소신을 펴게 한다는 것은 재판소로 하여금 무엇이 헌법정신이며, 사법적 정의(司法的 正義)인가를 찾아내는 데 결정적인 도움을 줄 수 있는 것이다. 셋째, 당사자가 스스로 소송을 수행할 때 법률보다도 감정에 북받쳐 사안을 불투명하게 할 수 있으며 선별 없는 무리한 자료의 제출로 재판자료를 산적하게 하여 심리의 부담을 가중시키고 또 경직하게 하는 폐해가 생길 수 있는데, 변호사강제주의는 이와 같은 문제점을 해소하는 데 일조가 된다고 할 것이다. 넷째, 변호사강제주의는 재판관이나 법관과 기본적으로 공통된 자격을 갖추고 있는 변호사를 심리에 관여시키는 것이므로, 이로써 재판관의 관료적인 편견과 부당한 권위의식 또는 자의로부터 당사자가 보호될 수 있는 것이다. 다시 말하면 재판관 내지 법관으로 하여금 신중한 심리를 하도록 감시 내지는 견제자 작용을 한다고 할 것이며, 이러한 의미에서 國家司法 운영의 민주화에 공헌하는 바도 적지 않다고 할 것이다. 이와 같이 볼 때 변호사강제주의는 업무에 분업화원리의 도입이라는 긍정적 측면을 제외하고도 재판을 통한 기본권의 실질적 보장, 사법의 원활한 운영과 헌법재판의 질적 개선, 재판심리의 부담경감 및 효율화, 그리고 사법사운영의 민주화 등 공공복리에 그 기여도가 크다. 다만 문제되는 것은 변호사강제주의가 특히 무자력자에게는 헌법재판을 받을 권리의 침해의 요인이 될 수 있다는 것인데, 헌법재판소법 제70조는 국선대리인제도를 두어 헌법소원심판청구에서 변호사를 대리인으로 선임할 자력이 없는 경우에는 국선대리인을 선정해 주도록 되어 있다. 따라서 無資力者의 헌법재판을 받을 권리를 크게 제한하는 것이라 하여도 이와 같이 국선대리인 제도라는 代償措置가 별도로 마련되어 있는 이상 그러한 제한을 두고 재판을 받을 권리의 본질적 내용의 침해라고는 볼 수 없을 것이다. 그러므로 헌법재판소법 제25조 제3항은 헌법 제11조 및 제27조의 규정에 위배된다고 할 수 없다. * 동지 : 헌재 2001.9.27. 2001헌마152; 2004.4.29. 2003헌마783; 2010.3.25. 2008헌마439 등.

Ⅱ. 변호사대리강제주의의 적용범위

1. 사인이 당사자인 심판

당사자가 사인인 헌법재판소 심판이 무엇인가, 또 그 이전에 당사자가 존재하는 심판이 무엇인가 하는 문제가 이 범위확정이 준거되는데 이에 대해서 그리고 그 범위에 대해서는 이미 앞서 살펴보았다(앞의 일반심판절차에 있어서 당사자 부분 참조). 일단은 헌재가 판례로 인정한 적용되는 심판은 헌법소원심판과 탄핵심판인데 아래의 결정이 그것이다.

[주요판시사항]
▷ 변호사강제주의가 적용되는 심판(적용범위)
私人이 당사자로 되는 심판 = 탄핵심판 청구와 헌법소원심판 청구

판례 헌재 1990.9.3. 89헌마120등, 판례집 2, 288면. 바로 위에서도 인용한 결정

[설시] 헌법재판소법 제25조 제3항 본문은 "각종 심판절차에 있어서 당사자인 私人은 변호사를 대리인으로 선임하지 않으면 심판청구를 하거나 심판수행을 하지 못한다"고 하여 이른바헌법재판에 있어서 변호사강제주의를 채택하고 있다. 생각건대 헌법재판소법 제25조 제3항에 의한 변호사강제주의의 규정

은 여러 가지 헌법재판의 종류 가운데 사인(私人)이 당사자로 되는 심판청구인 탄핵심판청구와 헌법소원심판청구에 있어서 적용된다고 보아야 할 것이다.

2. 가처분신청사건

헌법소원심판에서도 판례는 가처분제도를 인정하는데 그 신청에 변호사가 대리하여야 하는가 하는 문제가 있다. 헌재판례는 긍정한다. 이에 대해서는 아래에 가처분 부분 참조.

3. 위헌소원('헌바'사건)에서 변호사대리강제주의

헌재는 헌재법 제68조 제2항의 위헌소원('헌바')사건에서도 변호사강제주의를 적용하는 것으로 본다. 헌재법 제25조 제3항은 私人이 당사자인 경우를 변호사대리강제주의가 적용되는 경우로 규정하였고 위헌소원도 당사자(청구인)가 사인이라는 점을 그 논거로 하는지도 모르겠으나 위헌소원은 그 실질이 위헌법률심판이라는 점, 변호사대리강제주의에 대해서는 학계에서의 비판이 있다는 점 등을 고려하면 이러한 적용의 타당성에는 문제가 있다고 볼 것이다.

* 위헌소원심판에서의 변호사대리강제주의에 대해서는 아래에서 살펴본다. 아래의 헌재법 제68조 제2항 헌법소원(위헌소원)의 청구요건 부분 참조.

Ⅲ. 변호사대리강제주의의 효과

1. 대리인사임의 효과

다음과 같은 경우에는 대리인의 사임(辭任)이 있었더라도 새로이 대리인을 선임하지 않아도 적법하다고 본다.

(1) 재판성숙단계에 이른 경우

사임 이후 새로 대리인을 선임하지 않더라도 재판이 성숙된 단계라면 기왕에 이유보충서 등을 보고 본안판할 것이고 각하할 것은 아니라고 본다.

[주요판시사항]

▷ 대리인의 사임과 헌법소원의 적법성 - 재판성숙단계 기왕의 대리인의 행위는 유효

판례 헌재 1992.1.14. 91헌마156, 판례집 4, 216면

[관련판시] 청구인은 같은 해 10.11. 전원재판부 재판장으로부터 원대리인이 사임한 사실 및 새로운 대리인을 7일 내에 선임하라는 보정명령을 받고 이에 불응하였기 때문에 제소요건의 구비여부가 문제되는 것이다. 그것은 헌법재판소법 제25조 제3항이 헌법소원 제소 및 심리과정에서 변호사강제주의를 채택하여 변호사인 대리인만이 진술능력을 보유하고 있고 같은 법 제72조 제3항 제3호는 변호사인 대리인의 선임 없이 청구된 헌법소원심판청구는 각하하도록 규정하고 있기 때문이다. 그러나 헌법재판소법 제25조 제3항의 취지는 "재판의 본질을 이해하지 못하고 재판자료를 제대로 정리하여 제출할 능력이 없는 당사자를 보호해 주며 사법적 정의의 실현에 기여"하려는 데 있다(당재판소 1990.9.3. 89헌마12

0·212 결정 참조)고 할 것이고 청구인의 헌법재판청구권을 제한하려는 데 그 본래의 목적이 있는 것이 아니므로, 변호사인 대리인에 의한 헌법소원심판청구가 있었다면 그 이후 심리과정에서 대리인이 사임하고 다른 대리인을 선임하지 않았더라도 청구인이 그 후 자기에게 유리한 진술을 할 기회를 스스로 포기한 것에 불과할 뿐, 헌법소원심판청구를 비롯하여 기왕의 대리인에 의하여 수행된 소송행위 자체로서 재판성숙단계에 이르렀다면 기왕의 대리인의 소송행위가 무효로 되는 것은 아니라고 할 것이다. 이 사건 헌법소원의 경우 대리인이 사임하기까지의 사이에 수행한 절차진행으로 이미 재판성숙단계에 이르렀다고 인정되는 바인즉, 이 사건 심판청구는 적법하며 위 대리인이 2회에 걸쳐 작성제출한 위 헌법소원심판청구이유보충서의 기재범위 내에서 본안판단하여야 할 것이다.

(2) 청구인의 주장과 소명에 부족함이 없다고 보여질 경우

대리인 사임 후 새로 선임되지 않았다고 하더라도 청구인의 주장과 소명에 부족함이 없다고 보여질 경우에도 그러하다고 본다.

[주요판시사항]

▷ 대리인의 사임과 헌법소원의 적법성 - 청구인의 주장과 소명에 부족함이 없다면 적법

판례 헌재 1996.10.4. 95헌마70, 판례집 8-2, 363면

[관련판시] 기록에 의하면, 청구인의 대리인인 변호사는 헌법소원심판청구서와 헌법소원심판 청구이유서를 각 제출하였고, 피청구인이 답변서를 제출하기 전에 사임계를 제출하였으며, 그 후 청구인은 변호사인 다른 대리인을 선임한 바없고 당재판소도 새로이 대리인을 선임하도록 그 선임명령을 한 바가 없다. 그런데 기록에 의하면, 청구인 대리인인 변호사는 헌법소원심판청구 이유서에서 사건의 발단 및 경위, 즉 관련 폭행사건의 경위와 이 사건의 핵심적인 쟁점이라고 할 수 있는 청구인에 대한 진술조서의 변개경위 등을 상세히 주장하고 있다. 한편 피청구인이 제출한 답변서의 요지는 이 사건 불기소처분은 정당한 것이므로 심판청구는 이유 없어 이를 기각해 달라는 것일 뿐 그 외에 별다른 주장이 없다. 그리고 이 사건의 쟁점에 유의하면서 기록을 살펴보아도 청구인의 주장과 소명 그 자체에는 부족함이 없다고 보여진다. 그렇다면 위에서 본 헌법재판에 있어서 이른바 변호사강제주의를 채택한 취지(앞의 결정례 참조)에 비추어 볼 때, 이 사건의 경우에는 구태여 다시 보정명령을 발하여 새로운 대리인을 선임하게 하고 그로 하여금 심판을 수행하게 할 필요는 없다고 할 것이고, 이 상태로 종국결정을 하더라도 청구인의 재판을 통한 기본권의 실질적 보장에 조금도 소홀함이 없다고 판단된다. 따라서 이 사건에 있어서는 위 변호사의 사임 후에 새로이 대리인을 선임하지 아니하였다고 하더라도 그 사실 때문에 심판청구가 부적법하게 되는 것이라고는 볼 수 없다.

2. 대리인이 추인한 청구인 심판수행행위

대리인이 선임되기 전에 한 청구인의 심판수행행위를 대리인이 추후 승인(追認)하면 유효하다. 아래 사안은 심판대상을 추인한 것이다.

판례 헌재 1992.6.26. 89헌마132, 판례집 4, 387면

[관련판시] 변호사의 자격이 없는 사인인 청구인이 한 헌법소원심판청구나 주장 등 심판수행은 변호사인 대리인이 추인한 경우만이 적법한 헌법소원심판청구와 심판수행으로서의 효력이 있고 헌법소원심판대상이 된다. 이 사건에 있어서 청구인은 변호사의 자격이 없는 사인인 당사자이기는 하나, 국선대리인이, 청구인이 한 “헌법소원 이유를 보충개진하는 바입니다”라고 기재한 헌법소원심판청구서를 제출하였

으므로, 이는 국선대리인이 동 헌법소원심판청구서를 제출하기 전에 청구인이 한 이 사건 헌법소원심판청구와 주장을 추인한 것이라고 봄이 상당하다. 따라서 국선대리인이 헌법소원심판청구를 하기 전에 한 청구인의 헌법소원심판청구는 모두 이 사건 헌법소원의 심판대상이 된다. 또 동 국선대리인이 헌법소원심판청구를 한 후에 청구인이 추가한 청구나 주장은 국선대리인이 이 사건 헌법소원심판청구를 하기 전에 청구인이 한 청구와 주장을 보충한 것에 불과한 것이므로 이 또한 모두 심판대상에 포함하여 심판하기로 한다. * 동지 : 헌재 2019.7.25. 2018헌마18.

Ⅳ. 국선대리인

헌재법 제70조(국선대리인) ① 헌법소원심판을 청구하려는 자가 변호사를 대리인으로 선임할 자력(資力)이 없는 경우에는 헌법재판소에 국선대리인을 선임하여 줄 것을 신청할 수 있다. 이 경우 제69조에 따른 청구기간은 국선대리인의 선임신청이 있는 날을 기준으로 정한다.
② 제1항에도 불구하고 헌법재판소가 공익상 필요하다고 인정할 때에는 국선대리인을 선임할 수 있다.
③ 헌법재판소는 제1항의 신청이 있는 경우 또는 제2항의 경우에는 헌법재판소규칙으로 정하는 바에 따라 변호사 중에서 국선대리인을 선정한다. 다만, 그 심판청구가 명백히 부적법하거나 이유 없는 경우 또는 권리의 남용이라고 인정되는 경우에는 국선대리인을 선정하지 아니할 수 있다.
④ 헌법재판소가 국선대리인을 선정하지 아니한다는 결정을 한 때에는 지체 없이 그 사실을 신청인에게 통지하여야 한다. 이 경우 신청인이 선임신청을 한 날부터 그 통지를 받은 날까지의 기간은 제69조의 청구기간에 산입하지 아니한다.
⑤ 제3항에 따라 선정된 국선대리인은 선정된 날부터 60일 이내에 제71조에 규정된 사항을 적은 심판청구서를 헌법재판소에 제출하여야 한다.
⑥ 제3항에 따라 선정한 국선대리인에게는 헌법재판소규칙으로 정하는 바에 따라 국고에서 그 보수를 지급한다.

* 입법론상 용어의 비일관성이 보이는 조문이다. 선임이라고 하였다가 선정이라고도 하는데 통일을 기하는 것이 좋겠다. 선정하여 대리인 역할수행을 맡기는 것이므로 선임으로 통일하는 것이 좋겠다.

1. 취지

헌법소원심판을 청구하고자 하는 사람이 변호사를 대리인으로 선임할 자력이 없는 경우에는 헌법재판소에 국선대리인을 선임하여 줄 것을 신청할 수 있다(법 제70조 1항). 헌법소원은 그야말로 기본권보장의 최후수단이다. 한편 헌재법은 헌법소원심판의 청구와 수행에 변호사대리강제주의를 취하고 있다. 이 강제주의에 대해서는 비판이 많지만 여하튼 이러한 상황에서 헌법소원이라는 기본권구제수단의 최종적 구현을 위해 변호인을 사적으로 선임할 자력이 충분하지 않는 사람에게 국선대리인을 붙여 구제의 효과를 가져오려는 것이다.

2. 선임기준과 선정대상 변호사

(1) 선임기준

국선대리인이 선정될 수 있는 기준은 변호사를 대리인으로 선임할 자력이 없는 경우라고 헌재법이 규정하고 있는데 이 자력이 없는 경우를 헌법재판소 규칙은 아래와 같이 보다 자세히 규정하고 있다.

> **헌법재판소국선대리인의 선임 및 보수에 관한 규칙 제4조(선임기준 및 절차)** ① 법 제70조 제1항에서 규정한 변호사를 대리인으로 선임할 자력이 없는 자의 기준은 다음 각호의 1에 의한다. <개정 2002.8.29, 개정 2011.11.10, 개정 2012.7.4, 2019.6.19>
> 1. 월평균수입이 300만원 미만인 자
> 2. 삭제 <2006.5.29>
> 3. 「국민기초생활보장법」에 따른 수급자 및 차상위계층
> 4. 「국가유공자 등 예우 및 지원에 관한 법률」에 의한 국가유공자와 그 유족 또는 가족
> 5. 「한부모가족지원법」에 따른 지원대상자
> 6. 「기초연금법」에 따른 기초연금 수급자
> 7. 「장애인연금법」에 따른 수급자
> 8. 「북한이탈주민의 보호 및 정착지원에 관한 법률」에 따른 보호대상자
> 9. 위 각호에는 해당하지 아니하나, 청구인이 시각·청각·언어·정신 등 신체적·정신적 장애가 있는지 여부 또는 청구인이나 그 가족의 경제능력 등 제반사정에 비추어 보아 변호사를 대리인으로 선임하는 것을 기대하기 어려운 경우

(2) 선정대상 변호사와 대리인 수

1) 국선대리인의 자격

국선대리인은 대한민국에 사무소를 둔 변호사 중에서 이를 선정한다(동 규칙 제2조).

2) 국선대리인의 수

국선대리인은 청구인마다 1인을 선정한다. 다만, 사건의 특수성에 비추어 필요하다고 인정할 때에는 1인의 청구인에게 수인의 국선대리인을 선정할 수 있고 청구인 수인 간에 이해가 상반되지 아니한 때에는 그 수인의 청구인을 위하여 동일한 국선대리인을 선정할 수 있다(동 규칙 제3조).

3. 선임절차와 방식 등

(1) 신청, 직권에 의한 선임

헌법소원심판을 청구하고자 하는 자가 신청하여 또는 무자력 요건에 해당하지 아니하더라도 헌법재판소가 공익상 필요하다고 인정할 때에는 직권으로 국선대리인을 선임할 수 있다(법 제70조 2항. 2003.3.12. 신설). 헌법재판소는 위의 신청이 있거나 공익상 필요하다고 인정하는 경우에는 헌법재판소규칙이 정하는 바에 따라 변호사 중에서 국선대리인을 선정한다(헌재법 동조 3항 본문). 이 규칙이 '헌법재판소국선대리인의 선임 및 보수에 관한 규칙'(헌법재판소 규칙, 최종개정 2019.6.19. 제407호. 이하 '동 규칙'이라고도 한다)이다.

(2) 선임기준 해당 소명 서면 제출 및 보정명령

국선대리인의 선임신청을 하고자 하는 자는 헌법소원사유를 명시하고, 헌재법 제70조 1항에서 규정한 자력이 없는 자의 기준을 정한 동 규칙 제4조 제1항 각호의 1에 해당하는 자임을 소명하는 서면을 제출하여야 하는데 이에 위배한 경우에는 재판장은 상당한 기간을 정하고 그 기간 내에 보정할 것을 명하여야 한다(동 규칙 제4조 2항·3항)

(3) 통지

헌법재판소가 국선대리인의 선정에 관한 결정을 한 때에는 지체없이 그 사실을 당해 국선대리인과 신청인에게 서면으로 통지하여야 한다(동 규칙 제5조).

4. 각하와 비선정 등

(1) 신청각하

국선대리인선임 신청요건을 갖추지 못하면 각하결정을 하게 된다. 위 선임기준 해당 서면의 제출이 안 된 경우, 당사자적격을 가지지 않는 경우 등이 해당된다. 그런데 헌재는 각하결정에서 그 이유를 잘 밝히지 않는다.

판례 헌재 제3지정재판부 2020.5.12. 2020헌사514

[주문] 신청인의 신청을 각하한다. [이유] 이 사건 국선대리인선임신청은 어느 모로 보나 부적법하므로 이를 각하하기로 하여, 관여 재판관 전원의 일치된 의견으로 주문과 같이 결정한다.

(2) 비선정

1) 비선정 법정 사유

헌재법은 “그 심판청구가 명백히 부적법하거나 이유 없는 경우 또는 권리의 남용이라고 인정되는 경우에는 국선대리인을 선정하지 아니할 수 있다”라고 하여 법 자체에 비선정 사유를 규정하고 있다(헌재법 제70조 3항 단서. 2003.3.12. 단서 신설). 헌재는 이 헌재법 제70조 제3항 단서에 해당되어 비선정한다는 판시를 하면서도 왜 단서에 해당되는지 그 이유를 분명하게 밝히지 않는 경우가 많다.

판례 헌재 제3지정재판부 2020.2.11. 2020헌사107

[주문] 신청인의 신청을 기각한다. [이유] 이 사건 신청은 헌법재판소법 제70조 제3항 단서에 해당하는 것으로 인정되므로 주문과 같이 결정한다.

* 이유설시 없이 기각한 다른 결정례 : 헌재 제3지정재판부 2020.1.7. 2019헌사1112; 제1지정재판부 2018.10.30. 2018헌사857; 제2지정재판부 2017.6.12. 2017헌사509; 제3지정재판부 2017.5.30. 2017헌사489; 제3지정재판부 2017.2.2. 2016헌사924; 제2지정재판부 2016.6.21. 2016헌사421 등.

본안사건 심판청구와 가처분신청이 부적법하다고 한 것으로 비선정의 명백한 부적법성을 짐작할 수 있는 예는 보이는데 아래가 그런 예의 하나라고 할 수 있을 것이다.

판례 헌재 제1지정재판부 2019.7.9. 2019헌사353
[사건] 국선대리인선임신청 (2019헌사326 효력정지가처분신청) [주문] 신청인의 신청을 기각한다. [이유] 이 사건 신청은 헌법재판소법 제70조 제3항 단서에 해당하는 것으로 인정되므로 주문과 같이 결정한다. <대리인이 필요하여 제기한 원 심판청구 : 위 2019헌사326 효력정지가처분신청> 헌재 제1지정재판부 2019.7.9. 2019헌사326. [주문] 이 사건 신청을 각하한다. [이유] 신청인이 제기하려는 본안사건 심판청구가 명백히 부적법하므로, 이 사건 가처분신청 역시 적법하지 않다. 따라서 이 사건 신청을 각하하기로 결정한다.

* 신청인이 제기하려는 심판청구가 어떤 이유로 명백히 부적법한지는 나와 있지 않으나 본안사건심판청구의 부적법성이 가처분신청의 부적법성으로 연관되었고 또 결국 국선대리인선임도 기각된 사례이다.
* "이 사건 신청은 헌법재판소법 제70조 제1항 또는 제2항이 정한 국선대리인 선임요건에 해당되지 아니하므로" "신청을 기각한다"라고 하는 결정례도 있다. 헌재 제1지정재판부 2015.7.21. 2015헌사703.

2) 비선정 통지

헌법재판소가 국선대리인을 선정하지 아니한다는 결정을 한 때에는 지체없이 그 사실을 신청인에게 통지하여야 한다(법 제70조 4항).

3) 청구기간 비산입

헌법재판소가 국선대리인을 선정하지 아니한다는 결정을 한 때에는 신청인이 선임신청을 한 날부터 그 통지를 받은 날까지의 기간은 제69조의 청구기간에 산입하지 아니한다(법 동조 동항 후문).

5. 선정취소, 사임 등

(1) 선정취소, 재선정

국선대리인 선정이 취소될 수도 있다. 규칙은 아래와 같은 경우를 들고 재선정에 대해 규정하고 있다.

동 규칙 제6조 ① 헌법재판소는 다음 각호의 1에 해당하는 때에는 국선대리인의 선정을 취소하여야 한다. 1. 청구인에게 변호사가 선임된 때 2. 국선대리인이 변호사법에 규정한 자격을 상실한 때 3. 헌법재판소가 제7조의 규정에 의하여 국선대리인의 사임을 허가한 때 ② 헌법재판소는 국선대리인이 그 직무를 성실히 수행하지 아니하거나 기타 상당한 이유가 있는 때에는 선정을 취소할 수 있다. ③ 헌법재판소가 제1항 제1호 이외의 사유로 국선대리인의 선정을 취소한 때에는 지체없이 다른 국선대리인을 선정하여야 한다. ④ 국선대리인의 선정을 취소하거나 개임한 때에는 지체없이 그 뜻을 당해 국선대리인과 청구인에게 서면으로 통지하여야 한다.

(2) 사임

국선대리인은 사임에 헌재의 허가를 받아야 한다. 아래와 같은 사유를 동 규칙이 정하고 있다.

동 규칙 제7조 다음 각호의 1에 해당하는 경우에는 헌법재판소의 허가를 얻어 사임할 수 있다. 1. 질병 또는 장기여행으로 인하여 국선대리인의 직무를 수행하기 어려울 때 2. 청구인 기타 관계인으로부터 부당한 대우를 받아 신뢰관계를 지속할 수 없을 때 3. 청구인 기타 관계인으로부터 부정한 행위를 할 것을 종용받았을 때 4. 기타 국선대리인으로서의 직무를 수행할 수 없다고 인정할 만한 상당한 사유가 있을 때

6. 국선대리인의 의무와 보수지급, 감독 등

(1) 의무와 보수

선정된 국선대리인은 선정된 날부터 60일 이내에 제71조에 규정된 사항을 기재한 심판청구서를 헌법재판소에 제출하여야 한다(법 제70조 5항). 선정된 국선대리인은 헌법재판소규칙이 정하는 바에 따라 국고에서 그 보수를 지급받는다(법 제70조 6항).

동 규칙 제9조(보수) ① 국선대리인의 보수는 매년 예산의 범위내에서 재판관회의에서 정한다. ② 제1항의 보수는 사안의 난이, 국선대리인이 수행한 직무의 내용, 청구인의 수, 변론의 회수, 기록의 등사나 청구인 면담등에 지출한 비용 기타 사항을 참작하여 예산의 범위안에서 재판장이 증액할 수 있다.

(2) 감독

국선대리인에 대한 아래와 같은 감독규정도 두고 있다.

동 규칙 제8조(감독) 헌법재판소는 국선대리인이 그 임무를 해태하여 국선대리인으로서의 불성실함이 현저하다고 인정할 때에는 그 사유를 대한변호사협회장 또는 소속 변호사회장에게 통고할 수 있다.

제13항 헌법소원심판청구서의 기재

* 여기서는 헌법재판소법 제68조 제1항에 의한 헌법소원심판의 경우를 살펴보고 동법 제68조 제2항 헌법소원(위헌소원)심판의 경우는 뒤에 그 위헌소원 청구요건 부분에서 살펴본다.

Ⅰ. 의미, 청구요건

헌법소원심판은 서면으로 하여야 하는데 그 서면이 청구서이다. 오늘날 전자청구제도도 있는데(헌재법 제5장 전자정보처리조직을 통한 심판절차의 수행) 그렇다고 하여 서면주의가 사라진 것이 아니라 청구서 서면을 전자정보처리조직을 이용하여 제출하는 것을 의미하므로 그렇게 전자적 방법에 의하여 제출하더라도 서면인 청구서는 작성되고 제출되어야 한다.

헌재법 제71조 제1항은 심판청구서에 기재할 기재사항을 청구인 및 대리인의 표시, 침해된 권리 등으로 열거하면서 이 기재는 "적어야 한다"라고 규정하여 의무적이고 청구요건에 해당되므로 이 사항기재가 불(미)비하면 보정명령을 거치긴 하겠지만 부적법한 청구가 된다.

Ⅱ. 헌재법 제68조 제1항 본래의미 헌법소원의 청구서 기재

1. 법정 기재 사항

헌재법 제71조 제1항운 심판청구서에 기재할 사항을 아래와 같이 규정하고 있다.

헌재법 제71조(청구서의 기재사항) ① 제68조제1항에 따른 헌법소원의 심판청구서에는 다음 각 호의 사항을 적어야 한다.
1. 청구인 및 대리인의 표시
2. 침해된 권리
3. 침해의 원인이 되는 공권력의 행사 또는 불행사
4. 청구 이유
5. 그 밖에 필요한 사항
② 생략.
③ 헌법소원의 심판청구서에는 대리인의 선임을 증명하는 서류 또는 국선대리인 선임통지서를 첨부하여야 한다.

아래에 위 각 사항에 대해 살펴본다.

2. 청구인 및 대리인의 표시

청구인의 성명, 주소 등과 대리인의 성명, 주소(사무소) 등을 기재하여야 한다. 또한 대리인의 선임을 증명하는 서류 또는 국선대리인 선임통지서를 심판청구서에 첨부하여야 한다(헌재법 제71조 3항).

3. '침해된 권리'

(1) '침해된 권리'의 특정

청구인이 침해되었다고 주장하는 권리는 헌법상의 기본권, 헌법이 보장하는 기본권이다. 헌재법 제68조 제1항도 명시하고 있듯이 '헌법상 보장된 기본권'을 침해 받은 사람이 제기하는 것이 헌법소원이기 때문임은 물론이다.

청구인이 침해되었다고 주장하는 기본권은 특정하여 기재하여야 한다. 아래의 결정례는 침해된 권리를 특정하여 표시하지 아니한 헌법소원심판청구를 각하결정한 예이다.

판례 헌재 1992.12.24. 90헌마158, 판례집 4, 922면

[사건개요] 청구인은 원고 A와 피고 B 및 C 사이의 대구고등법원 ○○호 소유권이전등기말소청구사건에서 위 원고를 보조하기 위하여 보조참가를 하였는데, 위 법원은 1977.8.12. 원고의 청구를 기각하는 판결을 선고하였고 판결은 확정되었다. 그 후 청구인은 1985.1.10.경 다시 B, C 외 18인을 피고로 하여 부산지방법원 △△호 소유권이전등기말소 등 청구의 소를 제기하여 승소판결을 선고받았다(위 판결이유 중에는 당해 소송의 목적토지 5 필지가 위 대구고등법원 ○○호 소유권이전등기말소사건의 목적토지에서 분할된 것으로 판시한 부분이 포함되어 있다). 그로 인하여 부산지방법원 △△호 사건의 패소자들의 고소에 의한 수사에 따라 청구인은 위 대구고등법원 ○○호 사건에서 패소하여 참가적 효력이 미침에도 불구하고 이를 숨긴 채 다시 부산지방법원 △△호로써 동일한 토지에 대한 이전등기말소 및 이전등기소송을 제기하여 승소판결을 받았다는 이유로 소송사기죄로 기소되어 1990.9.4. 부산지방법원에서 징역 1년의 형을 선고받았다. [심판대상 : 청구취지 및 청구이유] 청구인의 청구취지 및 청구이유를 정리하여 보면 첫째, 위 대구고등법원 ○○호 사건과 부산지방법원 △△호 사건은 동일한 사건이 아니므로 서로 저촉이 되지 아니한다는 확인을 구한다는 것이다. [관련판시] 먼저 청구인이 주장하는 판결의 저촉 및 동일성 여부의 확인을 구하는 헌법소원심판청구 부분에 관하여 살펴본다. 우리 헌법재판소법 제71조 제1항에 의하면 헌법소원심판청구서에는 청구인 및 대리인의 표시 외에 침해된 권리와 침해의 원인이 되는 공권력의 행사 또는 불행사를 특정하여 표시하도록 규정하고 있다. 즉 청구인이 헌법소원심판을 청구하려면 그 심판청구의 취지나 그 이유에서 침해되었다고 주장하는 자기의 기본권을 특정하고, 소원제기인이 침해의 원인으로 간주하는 공권력담당기관의 작위 또는 부작위 등을 특정하여 밝힘으로써 침해된 기본권을 구제받을 수 있는 것인지의 여부에 대한 헌법적 판단을 구하는 것이어야 한다. 따라서 청구취지에서 그 기본권이나 공권력을 특정할 수 없을 때에는 그 청구이유의 설시에서 공권력의 작용이 정확히 표시되어야 하고, 어떤 권리가 어떻게 침해되었는지 그 권리의 내용과 권리의 침해에 관한 상세한 설명에 의하여 기본권침해의 가능성이 충분하고도 명백하게 추론되어야 하며, 그 권리침해의 대상이 자명하지 아니하면 아니할수록 보다 더 자세한 이유의 설시가 필요하다. 헌법소원은 원칙적으로 기본권의 침해에 대한 '구제'를 본질적 사명으로 하고 있는 것이므로 자기의 기본권 구제와 직접 관련되지 않는 단순한 위헌확인을 구하는 것은 헌법소원제도의 본질상 허용될 수 없는 것이어서 부적법하다 아니할 수 없다. 이와 같이 볼 때 이 사건 청구인은 막연히 대구고등법원 ○○호 소유권이전등기말소청구사건과 부산지방법원 △△호 소유권이전등기말소 등 청구사건의 판결은 서로 저촉되지 아니한다는 취지의 확인을 구하고 있는 데 불과하며, 막연히 기존의 판결의 저촉 내지 동일성 여부의 확인을 구하는 이러한 주장과 이유만으로는 청구인의 침해된 기본권이 무엇인지 또 어떠한 공권력에 의하여 침해된 것인지 특정할 수 없다. 따라서 이 부분 헌법소원심판청구는 헌법소원심판의 대상인 공권력의 행사 또는 불행사 그리고 청구인의 침해된 권리를 특정하지 아니한 채 한 것이므로 부적법한 청구라 아니할 수 없다.

(2) 직권조사

헌법소원제도의 기본권구제기능을 고려하면 침해되는 기본권을 상세한 정도로 특정하지 않았다고 하여 부적합하다고 볼 수는 없다. 헌법재판소도 아래의 결정에서 보듯이 직권조사에 의한 판단을 인정하고 있다. 헌법소원은 직권심리주의에 의한다(헌재 1993.5.13. 91헌마190, 교수재임용추천거부 등에 대한 헌법소원, 판례집 5-1, 312면).

[주요사항]

▷ 침해된 권리와 침해원인이 되는 공권력의 행사·불행사의 직권조사·판단

판례 헌재 1997.1.16. 90헌마110등, 판례집 9-1, 90면

[관련설시] 헌재법 제71조 1항 2호에 헌법소원의 심판청구서에는 침해된 권리를 기재할 것을 요구하고 있지만, 그 기재는 헌재법 제68조 제1항에 비추어 헌법재판소로 하여금 헌법상 보장된 기본권의 침해가 있다는 주장인 것으로 인식할 수 있는 정도의 표시로 족하고, 헌법재판소의 심판에 있어서는 반드시 그 표시된 권리에 구애되는 것이 아니라 청구인이 주장하는 침해된 기본권과 침해의 원인이 되는 공권력의 행사를 직권으로 조사하여 판단할 수 있다.

4. '침해의 원인이 되는 공권력의 행사 또는 불행사'

(1) '침해의 원인이 되는 공권력의 행사 또는 불행사'의 특정

청구인은 '침해의 원인이 되는 공권력의 행사 또는 불행사', 즉 헌법소원심판의 대상이 되고 있는 공권력의 행사·불행사를 특정하여 기재해야 한다. 침해의 원인이 되는 공권력의 행사 또는 불행사를 특정하여 표시하지 아니한 헌법소원심판청구를 각하한 결정의 예로 위의 2.에 인용된 90헌마158 결정과 같은 예를 볼 수 있다.

(2) 직권조사

헌법소원제도의 기본권구제기능을 고려하면 침해의 원인이 되는 공권력의 행사 또는 불행사를 상세한 정도로 특정하지 않았다고 하여 무조건 부적합하다고 볼 수는 없다. 헌법재판소도 직권조사에 의한 판단을 인정하고 있다. 위의 90헌마110등 결정 참조.

5. 청구이유

문제되는 공권력의 행사 또는 불행사가 어떠한 이유에서 기본권을 침해하거나 헌법에 위반되는지를 밝혀서 기재하여야 한다.

6. 피청구인의 기재 문제

(1) 현실적 필요성 문제

헌법재판소법 제71조 제1항은 피청구인에 대한 사항을 필요적인 기재사항에 포함시키고 있지 않다. 따라서 피청구인을 반드시 별도의 항목으로 청구서에 기재하여야 하는 것은 아니라고 볼 것이나 침해의 원인이 된 공권력의 행사 또는 불행사 등을 기재하면서 어느 정도 특정되는 경우가 일반적일 것이다. 법령소원의 경우에 피청구인을 특정하지 않는다. 헌법재판소 사이트에 예시된 헌법소원심판청구서 양식에는 법령소원과 위헌소원 외의 헌법소원의 심판청구서 양식에 피청구인의 기재가 포함되어 있다(아래 예시 부분 참조).

(2) 헌재판례

1) 직권적 판단의 필요성

헌법재판소도 청구서에 반드시 피청구인을 특정할 필요가 없고 "청구서에 피청구인을 특

정하고 있더라도 피청구인의 잘못된 표시는 헌법소원심판청구를 부적법하다고 각하할 사유가 되는 것이 아니며" "직권으로 불복한 처분(공권력)에 대하여 정당하게 책임져야 할 처분청(피청구인)을 지정하여 정정할 수도 있고" "청구서에 기재된 피청구인이나 청구취지에 구애됨이 없이 청구인의 주장요지를 종합적으로 판단하여야 하며 청구인이 주장한 기본권과 침해의 원인이 되는 공권력을 직권으로 조사하여 피청구인과 심판대상을 확정하여 판단하여야 하는 것"이라고 한다(헌재 1993.5.13. 91헌마190, 교수재임용추천거부 등에 대한 헌법소원, 판례집 5-1, 320면 참조. 이 판례에 대한 자세한 것은 헌법소원심판의 심리 부분 참조).

2) 직권으로 피청구인을 변경한 예

이렇게 헌재가 변경한 예를 신체과잉수색행위 위헌확인사건이었던 아래 결정례를 볼 수 있다.

판례 헌재 2002.7.18. 2000헌마327, 판례집 14-2, 58면

[관련판시] 청구인들은 심판청구서에 피청구인을 경찰청장으로 기재하였으나 이 사건 신체수색을 행사한 주체는 성남 남부경찰서장이므로 직권으로 이 사건 피청구인을 성남 남부경찰서장으로 확정하기로 한다.

7. 대리인 선임에 관한 서류

헌법재판소법 제71조 제3항은 헌법소원의 심판청구서에는 대리인의 선임을 증명하는 서류 또는 국선대리인 선임통지서를 첨부하여야 한다고 규정하고 있다.

8. 필요적 기재사항이 아니라고 본 사항

아래 결정은 불기소처분에 대한 헌법소원에서 불기소처분이 내려진 그 당해 사건의 피고소인의 기재는 필요적 기재사항이 아니라고 본 것이다.

판례 헌재 1990.11.19. 89헌마150, 판례집 2, 427면

[관련판시] 검사의 불기소처분에 대한 헌법소원심판청구에 있어서 피고소인의 기재가 헌법재판소법 제71조 제1항 소정의 헌법소원심판청구서의 필요적 기재사항이라고 할 수 없을 뿐만 아니라 이 사건 심판청구서의 기재내용 및 청구인들이 1989.8.5. 제출한 진정서의 기재내용 등에 의하면 청구인들은 항고 및 재항고 절차를 거친 피고소인 5명에 대한 위 1. 나.의 고소사실에 관한 검사의 불기소처분에 대하여 이 사건 심판청구를 제기한 것임을 특정할 수 있으므로 위의 주장은 이유 없다.

9. 청구서의 예시

(1) 기재사항

(2) 예시

① 행정행위에 대한 작성례

〈헌법소원심판청구서(행정행위)〉

헌법소원심판청구서

청 구 인 ○ ○ ○
서울 성북구 ○○로 ○○, ○○○호(○○동)
대리인 변호사 ○ ○ ○
서울 서초구 ○○로 ○○, ○○○호(○○동)
피청구인 공정거래위원회

청 구 취 지

"피청구인이 20 . . . ○○회사에 대하여 한 무혐의결정은 청구인의 평등권 및 재판절차진술권을 침해한 것이므로 이를 취소한다." 라는 결정을 구합니다.

침 해 된 권 리

헌법 제11조 제1항 평등권
헌법 제27조 제5항 재판절차에서의 진술권

침 해 의 원 인

피청구인의 20 . . .자 ○○회사에 대한 무혐의결정

청 구 이 유

1. 사건개요
2. 위 처분의 위헌성
3. 심판청구에 이르게 된 경위
4. 청구기간의 준수 여부 등

첨 부 서 류

1. 각종 입증서류
2. 소송위임장(소속변호사회 경유)

20 . . .

청구인 대리인 변호사 ○ ○ ○ (인)

헌법재판소 귀중

② 법령에 대한 작성례

〈헌법소원심판청구서(법령)〉

헌법소원심판청구서

청 구 인 ○ ○ ○
서울 성북구 ○○로 ○○, ○○○호(○○동)
대리인 변호사 ○ ○ ○
서울 서초구 ○○로 ○○, ○○○호(○○동)

청 구 취 지

"구 ○○법(2004. 12. 31. 법률 제7291호로 개정되고, 2011. 4. 5. 법률 제10551호로 개정되기 전의 것) 제○○조 제○항 제○호는 헌법에 위반된다." 라는 결정을 구합니다.

침 해 된 권 리

헌법 제11조 평등권, 제15조 직업선택의 자유

침 해 의 원 인

구 ○○법 (2004. 12. 31. 법률 제7291호로 개정되고, 2011. 4. 5. 법률 제10551호로 개정되기 전의 것) 제○○조 제○항 제○호

청 구 이 유

1. 사건개요
2. 위 규정의 위헌성
3. 심판청구에 이르게 된 경위
4. 청구기간의 준수 여부 등

첨 부 서 류

1. 각종 입증서류
2. 소송위임장(소속변호사회 경유)

20 . . .

청구인 대리인 변호사 ○ ○ ○ (인)

헌법재판소 귀중

③ 부작위에 대한 작성례

〈헌법소원심판청구서(부작위)〉

헌법소원심판청구서

청 구 인 ○ ○ ○
서울 성북구 ○○로 ○○, ○○○호(○○동)
대리인 변호사 ○ ○ ○
서울 서초구 ○○로 ○○, ○○○호(○○동)
피청구인 고용노동부장관

청 구 취 지

"피청구인이 ○○법 제○○조 및 ○○법 시행령 제○○조가 정하는 경우에 관하여 평균임금을 정하여 고시하지 아니한 부작위는 청구인의 재산권을 침해한 것이므로 위헌임을 확인한다." 라는 결정을 구합니다.

침 해 된 권 리

헌법 제23조 재산권

침 해 의 원 인

피청구인이 ○○법 제○○조 및 ○○법 시행령 제○○조가 정하는 경우에 관하여 평균임금을 정하여 고시하지 아니한 부작위

청 구 이 유

1. 사건개요
2. 위 부작위의 위헌성
3. 심판청구에 이르게 된 경위

첨 부 서 류

1. 각종 입증서류
2. 소송위임장(소속변호사회 경유)

20 . . .

청구인 대리인 변호사 ○ ○ ○ (인)

헌법재판소 귀중

④ 기소유예에 대한 작성례

〈헌법소원심판청구서(불기소처분-기소유예)〉

헌법소원심판청구서

청 구 인 ○ ○ ○
서울 성북구 ○○로 ○○, ○○○호(○○동)
대리인 변호사 ○ ○ ○
서울 서초구 ○○로 ○○, ○○○호(○○동)
피청구인 ○○지방검찰청 ○○지청 검사

청 구 취 지

"피청구인이 20 . . . ○○지방검찰청 ○○지청 2014년 형제0000호 사건에 있어서 청구인에 대하여 한 기소유예처분은 청구인의 평등권 및 행복추구권을 침해한 것이므로 이를 취소한다." 라는 결정을 구합니다.

침 해 된 권 리

헌법 제11조 제1항 평등권
헌법 제10조 행복추구권

침 해 의 원 인

피청구인의 20 . . . ○○지방검찰청 ○○지청 2014년 형제0000호 사건의 청구인에 대한 기소유예처분

청 구 이 유

1. 사건개요
2. 위 불기소처분의 위헌성
3. 심판청구에 이르게 된 경위(기소유예처분 등 약술)
4. 청구기간의 준수 여부 등

첨 부 서 류

1. 각종 입증서류
2. 소송위임장(소속변호사회 경유)

20 . . .

청구인 대리인 변호사 ○ ○ ○ (인)

헌법재판소 귀중

▌헌법소원심판 청구서의 예시, 출처 : 헌법재판소 전자헌법재판센터에서 캡처한 것임

제5절 헌법재판소법 제68조 제2항 헌법소원(위헌소원)의 청구요건

헌재법제68조(청구 사유) ② 제41조 제1항에 따른 법률의 위헌 여부 심판의 제청신청이 기각된 때에는 그 신청을 한 당사자는 헌법재판소에 헌법소원심판을 청구할 수 있다. 이 경우 그 당사자는 당해 사건의 소송절차에서 동일한 사유를 이유로 다시 위헌 여부 심판의 제청을 신청할 수 없다. [전문개정 2011.4.5.]

Ⅰ. 위헌소원의 특수성과 청구요건의 요소

1. 특수성

(1) 위헌법률심판으로서의 특성

위헌소원은 이름은 헌법소원이나 그 중요한 기능은 법률이라는 법규범의 위헌성 여부를 객관적으로 가려내는 심판이다. 법원소송의 당사자가 법원소송에서 적용되는 법률규정에 대한 위헌제청이 안되어 직접 헌재의 심판을 구하는 권리구제적 기능도 한다. 법률에 대한 심판기능이라는 한정성을 가진다. 반면 법률에 대한 심사로 헌법소원에 의한 것이 있는데 법률이 직접 기본권을 침해하여 바로 법률을 대상으로 하는 법령소원이 그것이다. 법령소원에는 그 대상이 법률만이 아니라 행정입법, 조례 등 다른 법규범도 그 대상으로 하고 법률을 대상으로 하는 법령소원이라도 그 성격은 어디까지나 기본권구제가 그 주기능인 본래의미의 헌법소원(헌재법 제68조 1항의 헌법소원)이라는 점에서 위헌소원과 차이가 있다.

(2) 청구요건상 특수성

1) 기본권침해의 자기관련성·직접성·현재성의 비요건

따라서 위헌소원의 경우는 헌재법 제68조 제1항의 본래의미의 헌법소원심판의 경우와 달리 기본권침해의 직접성·현재성·자기관련성요건은 그 청구요건이 아니다.

판례 헌재 1997.8.21. 94헌바2, 판례집 9-2, 223면

[관련설시] 헌법소원의 적법요건으로서의 자기관련성·현재성·직접성이란 헌법재판소법 제68조 제1항에 규정한 헌법소원에서 요구되는 요건이고, 이 사건과 같이 법 제68조 제2항에 규정한 이른바 규범통제형(위헌심사형) 헌법소원에 있어서 요구되는 것이 아니다. * 같은 취지 설시가 있는 결정례 : 헌재 2003.5.15. 2001헌바98, 하도급거래공정화에 관한 법률 제14조 제1항 등 위헌소원, 헌재공보 제81호, 478면.

* **유의** : 변호사시험 등에 헌재법 제68조 제2항의 위헌소원심판의 청구요건을 제1항의 본래의미의 헌법소원심판의 청구요건과 혼동하여 자기관련성, 직접성 등을 나열하는 답안이 믿기 어렵지만 드물게 나타나니 혼동하지 말아야 할 것이다. 이러한 혼동은 법률에 대한 법령소원의 경우 그 대상이 위헌법률심판이나 위헌소원심판에서처럼 법률이 그 대상이므로 그럴 가능성이 크다.

2) 위헌소원에서의 보충성원칙의 비요건

위헌소원은 보충성원칙을 그 요건으로 하지 않는다. 법원의 당해재판에서 청구가 이루어지는 것이므로 다른 권리구제절차를 밟을 것을 요구하는 보충성원칙을 운운하는 것 자체가 모순이기도 하다.

판례 헌재 1997.7.16. 96헌바36등, 판례집 9-2, 44면
[관련판시] 헌법재판소법 제68조 제2항 소정의 헌법소원은 그 본질이 헌법소원이라기보다는 위헌법률심판이므로 헌법재판소법 제68조 제1항 소정의 헌법소원에서 요구되는 보충성의 원칙은 적용되지 아니한다.

2. 위헌소원의 청구요건의 핵심요소

① 일단 법률이 대상이라는 대상성요건이 핵심요소의 하나이다. ② 위에서 위헌소원의 중요한 기능은 법원의 당해 재판에 적용될 법률조항의 위헌성을 가려내어 위헌으로 판명될 때 그 법률조항을 무력화하는 것인데 우리나라의 위헌심판은 구체적 규범통제를 원칙으로 하고 있어서 당해 재판의 해결을 가져올 수 있는 경우에 위헌심판이 작동한다. 따라서 그 심판대상이 된 법률조항이 위헌인지 여부에 따라 당해 재판의 해결이 달라질 경우여야 심판에 들어가게 된다. 바로 재판의 전제성요건이 청구요건으로서 가장 중요하다. 이는 앞서 위헌법률심판('헌가')에서도 핵심적인 요소가 재판전제성 요건이었던 것과 같다. 물론 아래의 구체적 청구요건들에서 보듯이 위헌소원의 청구요건은 이외에도 제청신청기각에 관한 요건, 청구기간, 변호사대리강제주의 등의 요건도 갖추어야 한다.

Ⅱ. 청구요건

위헌소원의 청구요건으로는 대상성, 재판의 전제성을 갖출 것, 제청신청이 기각되었을 것, 심판청구의 이익을 가질 것, 청구기간을 준수할 것, 변호사의 대리가 있을 것 등을 들 수 있다.

1. 대상 - 법률

헌재법 제68조 제2항의 위헌소원도 실질적으로 위헌법률심판이므로 그 대상은 원칙적으로 법률이다. 실질적 의미의 법률도 포함한다. 따라서 이름이 '법률'인 국회에서 의결된 형식적 의미의 법률만이 아니라 긴급명령, 긴급재정경제명령(긴급재정명령에 대한 위헌소원의 실제례 : 헌재 1996.2.29. 93헌마186, 앞의 위헌법률심판의 대상성 부분 참조), 조약과 같은 법률적 효력의 법규범도 대상이 된다. 반면 실질적으로도 법률이 대상이므로 시행령, 시행규칙, 고시와 같은 행정입법이나 조례 등은 그 대상이 아니다. * 위헌소원심판의 대상에 관해서는 전술한 바있다[전술, 헌법소원심판의 대상 중 제5항 헌법재판소법 제68조 제2항 헌법소원(위헌소원)의 대상' 부분을 참조].

제청신청에 대한 기각결정이 있었던 법률규정들만이 원칙적으로 대상이 된다(후술 참조). 한정위헌청구도 헌재는 대상이 된다고 본다(후술 참조).

2. 청구인

(1) 기각된 제청신청을 한 당사자

헌법재판소법 제68조 제2항은 위헌여부심판제청의 "신청을 한 당사자"를 청구인으로 하고 있다.

1) 사인

이 당사자가 사인(私人)인 경우 물론 청구인이 될 수 있다.

2) 행정청, 지방자치단체 소속 기관(지방자치단체장, 지방의회) 등

위헌소원은 헌재법 제61조 제1항 권리구제형 본래의미의 헌법소원과 다르므로 기본권침해요건을 요구하지 않는다. 그리고 헌재법 제41조 제1항은 당해 재판에서의 당사자이면 위헌제청신청을 할 수 있고 동법 제68조 제2항은 신청이 기각된 당사자는 위헌소원심판을 청구할 수 있도록 하고 있다. 그렇다면 기본권주체가 될 수 없으나 법원의 당해 소송에서 당사자가 될 수 있는 행정청, 지방자치단체 소속 기관(지방자치단체장, 지방의회) 등도 위헌소원심판을 청구할 수 있다고 볼 것이다. 법원의 당해소송은 행정청이 보통은 피고가 되는 행정소송만이 아니다. 국가기관, 지방자치단체는 민사소송의 당사자가 될 수도 있다. 지방의회 의결에 대해 지방자치단체장이 제기하는 기관소송 등도 있다. 그 기관소송에서는 원고, 피고 모두 기관이 될 것이다. * 행정청, 지방자치단체 소속 기관(지방자치단체장, 지방의회) 등도 '헌마' 사건을 청구할 수는 없어도 위헌소원('헌바')을 청구할 수 있고 그 실제례 등은 앞서 본래의미 헌법소원의 '청구인능력'에서 살펴보았다(따라서 여기서 인용하는 것 외에도 그 부분 참조). 아래 사건은 기관소송에서 피고인 지방의회가 위헌소원심판을 청구하고 이에 대해 청구할 수 없다는 시장의 주장을 배척하고 본안에 들어간 사건이다.

판례 헌재 1998.4.30. 96헌바62

[사건개요] 청구인(인천광역시의회. 기관소송의 피고)은 1995.12.27. 수도권신국제공항건설에 따라 토지를 수용당한 주민에 대하여 주민세를 면제해주는 내용의 인천광역시세감면조례중개정조례안(이하 "이 조례안"이라 한다)을 의결하여 같은 달 29. 인천광역시장에게 이송하고, 인천광역시장은 1996.1.4. 내무부장관에게 이 조례안개정허가신청을 하였다. 그러나 내무부장관은 1996.2.1. 이미 주민세가 과세된 다른 공공사업과 비교할 때 조세형평의 원칙에 어긋나고 국세인 양도소득세는 과세하면서 그에 부가하여 과세되는 주민세를 면제하는 것은 불합리하다는 이유로 불허가하였다. 인천광역시는 이 조례안에 대한 재의요구를 하고 청구인은 1996.2.9.임시회 본회의에서 원안대로 재의결하였다. 이에 인천광역시장(기관소송의 원고)은 1996.2.23. 청구인을 상대로 대법원에 이 조례안은 내무부장관의 사전허가를 얻도록 한 지방세법 제9조 위반으로 위 재의결무효확인소송(96추22)을 제기하였다. 청구인은 지방세법 제9조에 대한 위헌여부심판제청신청을 하였으나 대법원은 1996.7.9. 이를 기각하자 이 헌법소원심판청구를 하였

다. [인천광역시장의 의견] 청구인이 내세우고 있는 헌법소원은 "공권력의 행사 또는 불행사로 인하여 기본권을 침해받은 자"만이 청구할 수 있는데 청구인은 아무런 기본권을 침해받은 일이 없으므로 이 심판청구는 부적법하다. [판시] 가. 인천광역시장의 본안전 주장에 대한 판단 – 헌법재판소법은 제68조 제1항에 의한 헌법소원심판은 주관적 권리구제의 헌법소원으로서, 공권력의 행사 또는 불행사로 인하여 헌법상 보장된 기본권을 침해받은 자가 청구할 수 있고 이 경우에는 제75조 제2항 및 제5항의 부수적 위헌심판청구도 할 수 있음에 대하여 제68조 제2항에 의한 헌법소원심판은 구체적 규범통제의 헌법소원으로서 제41조 제1항의 규정에 의한 법률의 위헌여부심판의 제청신청이 법원에 의하여 기각된 때에는 그 신청을 한 당사자는 헌법재판소에 제청신청이 기각된 법률의 위헌 여부를 가리기 위한 헌법소원심판을 청구할 수 있는 것이다. 그러므로 제68조 제1항과 같은 조 제2항에 규정된 각 헌법소원심판청구들은 그 심판청구의 요건과 그 대상이 서로 다르다고 할 것이다(헌재 1994.4.28. 89헌마221, 판례집 6－1, 239, 257). 청구인의 이 심판청구는 제68조 제2항의 구체적 규범통제에 의한 헌법소원심판청구이므로 기본권의 침해가 전제되어야 한다는 인천광역시장의 주장은 이유없다.

* 그 외 지방자지단체의 장이나 지방의회가 위헌소원심판을 청구한 실제의 결정례들(2007헌바80; 2013헌바122; 2004헌바50 등)은 앞의 헌법소원심판의 청구인능력, 공법인 부분 참조.

아래 사건은 행정청이 다른 행정청이 피고인 사건에서 그 피고인의 보조인으로 참가하고 위헌제청신청을 하였는데 기각되자 위헌소원심판을 청구한 사건에서 헌재는 행정청이 위헌소원심판을 청구할 수 있음을 긍정하고 본안판단에 들어간 사건이었다. 바로 아래 보듯이 보조참가인도 청구할 수 있다.

판례 헌재 2008.4.24. 2004헌바44

[판시] 행정소송의 피고 또는 그 보조참가인인 행정청이 헌법재판소법 제68조 제2항의 헌법소원심판을 청구할 수 있는지 여부에 관하여 본다. 헌법재판소법 제68조 제1항의 헌법소원은 기본권의 주체가 될 수 있는 자만이 청구인이 될 수 있고, 국가나 국가기관 또는 지방자치단체나 공법인은 기본권의 주체가 아니라 국민의 기본권을 보호 내지 실현해야 할 책임과 의무를 지니고 있는 지위에 있을 뿐이어서 그 청구인적격이 인정되지 아니한다(헌재 1998.3.26. 96헌마345). 그러나 헌법재판소법 제68조 제2항은 기본권의 침해가 있을 것을 그 요건으로 하고 있지 않을 뿐만 아니라 청구인적격에 관하여도 '법률의 위헌여부심판의 제청신청이 법원에 의하여 기각된 때에는 그 신청을 한 당사자'라고만 규정하고 있는바, 위 '당사자'는 행정소송을 포함한 모든 재판의 당사자를 의미하는 것으로 새겨야 할 것이고, 행정소송의 피고인 행정청만 위 '당사자'에서 제외하여야 할 합리적인 이유도 없다. 행정청이 행정처분 단계에서 당해 처분의 근거가 되는 법률이 위헌이라고 판단하여 그 적용을 거부하는 것은 권력분립의 원칙상 허용될 수 없지만, 행정처분에 대한 소송절차에서는 행정처분의 적법성·정당성뿐만 아니라 그 근거 법률의 헌법적합성까지도 심판대상으로 되는 것이므로, 행정처분에 불복하는 당사자뿐만 아니라 행정처분의 주체인 행정청도 헌법의 최고규범력에 따른 구체적 규범통제를 위하여 근거 법률의 위헌 여부에 대한 심판의 제청을 신청할 수 있고 헌법재판소법 제68조 제2항의 헌법소원을 제기할 수 있다고 봄이 상당하다. 청구인은 당해사건의 당사자가 아니라 보조참가인이지만, 피참가인의 소송행위와 저촉되지 아니하는 한 일체의 소송행위를 할 수 있으므로 헌법재판소법 소정의 위헌법률심판제청신청 및 헌법소원의 '당사자'에 해당된다(헌재 2003.5.15. 2001헌바98). 따라서 청구인은 헌법재판소법 제68조 제2항에 의한 이 사건 헌법소원심판을 청구할 수 있다고 할 것이다.

(2) 보조참가인

민사소송의 보조참가인도 위헌여부심판의 제청을 신청할 수 있고 제청신청이 기각되었을 경우에 위헌소원을 제기할 수 있다고 본다. 헌법재판소도 긍정적이며 그 근거를 민사소송법의 준용과 구체적 규범통제라는 위헌심사제의 기능을 들고 있다. * 행정소송 보조참가인도 위헌소원할 수 있는데 바로 위에서 보았다(위 2004헌바44 결정).

판례 헌재 2003.5.15. 2001헌바98

[관련판시] 헌법재판소법 제68조 제2항은 "제41조 제1항의 규정에 의한 법률의 위헌여부심판의 제청신청이 기각된 때에는 그 신청을 한 '당사자'는 헌법재판소에 헌법소원심판을 청구할 수 있다"고 규정하고 있고, 동법 제41조 제1항은 "법률이 헌법에 위반되는 여부가 재판의 전제가 된 때에는 당해 사건을 담당하는 법원은 직권 또는 '당사자'의 신청에 의한 결정으로 헌법재판소에 위헌여부의 심판을 제청한다"고 규정하여 보조참가인이 위헌심판제청신청의 당사자라고 명시하고 있지는 않다. 그러나 헌법재판소법 제40조에 의하여 준용되는 민사소송법에 의하면 보조참가인은 피참가인의 소송행위와 저촉되지 아니하는 한 소송에 관하여 공격·방어·이의·상소, 기타 일체의 소송행위를 할 수 있는 자(민사소송법 제76조 제1항 본문)이므로 헌법재판소법 소정의 위헌심판제청신청의 '당사자'에 해당한다고 할 것이고, 이와 같이 해석하는 것이 구체적 규범통제형 위헌심사제의 입법취지 및 기능에도 부합한다고 할 것이다. 따라서 이 사건 청구인은 법 제68조 제2항의 헌법소원의 당사자 적격이 있다.

3. 재판의 전제성 요건

(1) 위헌소원에서의 재판전제성의 요구

위헌소원도 실질적으로 위헌법률심판이고 따라서 법률의 위헌여부가 재판의 전제가 되어야 한다는 요건이 가장 중요한 청구요건이고 사실상 자주 쟁점이 되고 그 법리도 상세해져 가고 있다.

(2) 재판 전제성의 개념·범위 등 구채적 법리의 전술 참조

위헌소원의 경우에는 청구가 되더라도 재판이 정지되지 않은 데 따라 법원재판의 확정 후에도 재판전제성을 인정하는 경우가 있는 등 다소 차이점은 있으나 그 재판전제성의 개념·범위도 위헌법률심판에서의 그것과 같음이 일반적이라 할 것이고 대부분 비슷한 법리가 적용된다. 따라서 여기서 자세한 서술은 되풀이가 되므로 그곳의 서술에 맡긴다. 앞의 위헌법률심판, 재판의 전제성요건 부분 참조.

4. 제청신청의 기각

(1)'제청신청이 기각된 때'의 의미

1) 법원의 '기각' 결정이 아닌 '각하' 결정이 있는 경우에도 인정

헌재법 제68조 제2항은 법원이 당사자의 제청신청을 '기각'한 경우에 위헌소원심판을 청구할 수 있다고 하여 그 요건으로서 제청신청의 '기각'만을 명시하고 있다. 그래서 법원이 위헌제청신청을 '기각'이 아니라 '각하'하는 결정을 한 경우에 위헌소원을 적법하게 제기할 수 있는가 하는 의문이 없지 않았으나 '각하'도 포함한다.[1] 헌재판례도 그러하다.

(가) '각하' 또는 '기각'하였을 경우에 심판청구할 수 있다는 설시가 있었던 결정례

헌재는 출범초기부터 각하도 포함하는 설시를 하여 왔다.

판례 헌재 1994.4.28. 89헌마221('헌마'이나 헌재출범초기에는 '헌바'사건도 같이 표기한 결과임. 1990년부터는 '헌바'라고 별도로 표기하기 시작함), 판례집 6-1, 256면; 1996.8.29. 95헌바41 등.

(나) 법원의 '각하' 결정 이후 제기된 위헌소원심판 판단례

보기로 한 예를 보면 아래의 예는 법원이 제청신청을 '각하', 기각 모두 한 경우에 헌재가 위헌소원심판에 대해 판단한 결정례이다.

판례 헌재 2020.3.26. 2018헌바202, 형사소송법 제383조 제1호 위헌소원 등

[주문] 1. 형사소송법(1963.12.13. 법률 제1500호로 개정된 것) 제383조 제1호, 제4호는 헌법에 위반되지 아니한다. 2.… 3. … [이유] 1. 사건개요 가. 청구인은 …등의 범죄사실로 징역 2년을 선고받았다. 나. 이에 대하여 … 항소하였는데, … 청구인이 다시 상고하였으나 대법원은 2018.4.12. 상고를 기각하였다(대법원 2018도2187). 다. 청구인은 위 상고심 계속 중 형사소송법 제383조 제1호에서 상고이유에 판결이유를 제외하는 것 및 같은 조 제4호에 대하여 위헌법률심판제청신청을 하였으나 2018.4.12. 각하 및 기각되자, … 형사소송법 제383조 제1호, 제4호에 대하여 이 사건 헌법소원심판을 청구하였다. … 6. 형사소송법 제383조 및 같은 조 제1호, 제4호에 대한 판단 가. 쟁점 … 나. … 다. 형사소송법 제383조 제4호의 평등권 침해 여부 … 따라서 형사소송법 제383조 제4호는 청구인의 평등권을 침해하여 헌법에 위배되지 않는다. 7. 결론 – 그렇다면 형사소송법 제383조 제1호, 제4호는 헌법에 위반되지 아니하고, 재판소원금지조항 및 형사소송법 제383조에 대한 심판청구는 이유 없으며, 청구인의 나머지 청구는 부적법하므로, 관여 재판관 전원의 일치된 의견으로 주문과 같이 결정한다.

2) 헌재법 제68조 제2항 제청신청기각결정권이 법원 합헌판단권의 근거가 되는지 여부(부정)

헌재 출범 후 초기에 헌재법 제68조 제2항의 "제청신청이 기각된 때에는"라는 문언이 법원이 제청신청을 기각할 수 있음을 의미하고 이는 법원이 위헌주장을 받아들이지 않는 것이므로 결국 법원의 합헌판단권을 부여한 것이라고 볼 수 있지 않느냐 하는 논란, 즉 헌재법 제68조 제2항이 규정하는 법원의 제청기각결정은 실질적으로 합헌결정과 같은 것이므로 결국 법원의 합헌판단권 내지 합헌결정권의 근거가 아니냐 하는 논란과 따라서 이 규정이 헌법 제107조 제1항에 위반된다는 견해가 있었다. 헌재는 헌재법 제68조 제2항은 법원의 합헌판단권을 인정하는 근거가 아니라고 부정한다(헌재 1993.7.29. 90헌바35, 판례집 5-2, 14면. * 검토 – 이 결정은 헌재법 제68조 2항이 법원의 합헌판단권을 인정하는 근거가 아니라는 점만을 밝히고 있으므로 이 결정으로 헌재가 법원의 합헌판단권 내지 합헌결정권을 인정한 것인지 여부는 명확하지 않다).

---

1) 일찍이 이에 대한 지적이 있었던 문헌으로, 정재황, 제1판 판례헌법, 길안사, 1994, 749-752면 참조.

(2) 부적법한 제청신청

1) 법률의 위헌여부에 대한 제청신청이 아니었던 경우

법률규정을 대상으로 제청신청을 해야 하지 법률규정이 아닌 처분 등을 대상으로 하면 부적법한 제청신청이 되어 각하결정을 받는다.

판례 헌재 제1지정재판부 1994.9.6. 고지, 94헌바36, 판례집 6-2, 334면

[사건개요] 공판기일에 법원이 청구인을 법정구속하자 법원에 대하여 법정구속에 대한 이의신청을 하는 한편, 법정구속한 것은 위헌이라는 취지의 위헌심판제청신청을 하였고 법원은 청구인의 위헌심판제청신청은 재판의 전제가 된 법률의 위헌여부를 제청신청한 것이 아니라 법원의 구체적 처분에 대하여 위헌제청신청을 한 것이라는 이유로 기각하였다. 청구인은 항고·재항고를 거쳤으나 모두 기각되었고 위헌소원을 제기한 것이다. [관련판시] 법률에 대한 위헌심판제청신청이 법원에서 기각된 경우에 한하여 헌법재판소법 제68조 제2항 소정의 헌법소원심판을 청구할 수 있다 할 것인바, 이 사건에서 청구인은 일반법원에 계속된 구체적 사건에 적용될 법률조항인 형사소송법 제70조 제1항 제3호에 대하여 위헌심판제청신청을 한 것이 아니고, 법원의 구속에 관한 구체적 재판의 부당성을 주장하면서 그 재판 자체를 위헌심판제청신청의 대상으로 삼은 것뿐이라고 할 것이다. 그렇다면 이 사건 심판대상 법률조항에 대하여는 관련사건이 계속된 법원에 위헌심판제청신청을 한 바가 없다 할 것이고, 이에 따라 법률의 위헌여부심판의 제청신청이 일반법원에서 기각되었음을 전제로 하는 요건을 갖추지 못하였다 할 것이다. 각하한다.

2) 제청신청에 대한 법원의 각하·기각결정이 있기 전의 위헌소원심판청구의 부적법성

판례 헌재 1999.4.29. 98헌바29, 99헌바12(병합), 판례집 11-1, 476면

[관련판시] 헌법재판소법 제68조 제2항에 의한 헌법소원심판의 청구는 같은 법 제41조 제1항에 의한 법률의 위헌여부심판의 제청신청을 법원이 각하 또는 기각한 경우에만 허용된다. 그런데 이 사건의 경우 청구인들은 법원이 위헌여부심판의 제청신청을 각하 또는 기각하기 전에 헌법소원심판을 청구하였음이 기록상 명백하다. 따라서 이 사건 심판청구는 부적법하므로 모두 각하하기로 결정한다.

3) 당해 사건의 소송절차에서 동일사유를 이유로 하는 재신청의 금지

(가) 규정과 취지

헌재법 제68조 제2항 후문은 “그 당사자는 당해 사건의 소송절차에서 동일한 사유를 이유로 다시 위헌여부 심판의 제청을 신청할 수 없다”라고 재제청신청금지를 규정하고 있다. ‘그 당사자’이므로 다른 당사자는 제청신청이 가능하다. 불필요한 위헌심판을 남용하여 헌재뿐 아니라 법원의 재판에 부담을 주지 않으려는 취지이다.

(나) ‘당해 사건의 소송절차’의 의미

가) 1심, 동일심, 모든 상소심 포함

법원의 소송절차가 3심제로 되어 있으므로 ‘당해 사건의 소송절차’의 의미가 보다 분명해져야 할 것이다. 이 금지는 항소심, 상고심 등 각기 심급은 달리하나 그 제청신청이 동일사유인 경우에도 재신청으로 보아야 한다. 즉 이 금지는 심급을 달리하는 경우에도 해당되어 동일사유인 경우인 한에서는 당해 사건의 소송절차란 당해 사건의 모든 상소심 소송절차를 포함하

고 있을 뿐만 아니라 물론 대법원에 의해 파기환송되기 전후의 소송절차를 모두 포함한다는 것이 헌재판례이다.

[주요판시사항]
▷ 심급을 달리하더라도 동일 사유로 다시 제청신청한 경우의 부적법성 – 모든 상소심절차 모두 포함
▷ 기각 후 위헌소원청구하지 않다가 상급심에서 한 경우의 부적법성 등

판례 헌재 2013.6.27. 2011헌바247

[설시] 헌법재판소법 제68조 제2항은 위헌법률심판의 제청신청이 기각된 때에는 그 신청을 한 당사자는 헌법재판소에 헌법소원심판을 청구할 수 있으나, 다만 이 경우 그 당사자는 당해 사건의 소송절차에서 동일한 사유를 이유로 다시 위헌법률심판의 제청신청을 할 수 없다고 규정하고 있다. 여기서 당해 사건의 소송절차란 당해 사건의 상소심 소송절차는 물론 대법원에 의해 파기환송되기 전후의 소송절차를 모두 포함하는 것이다(헌재 2008.5.6. 2008헌바29; 헌재 2010.2.9. 2009헌바418 등).

나) 구체적 사례

보다 더 구체적으로 보면 헌재는 아래와 같은 경우들을 부적법한 재신청이라고 판단한다.

① **동일 심급에서의 재신청** – 당연 부적법

헌재는 같은 심급에서의 재신청은 물론 재신청으로 보아 부적법각하한다. 아래가 그러한 예이다.

판례 헌재 1994.4.28. 91헌바14, 판례집 6-1, 293면

[관련판시] 기록에 의하면, 청구인은 이 사건 헌법소원심판의 전제가 된 당해 사건의 항소심절차에서 집회 및 시위에 관한 법률 제8조 제1항이 집회의 사전허가를 금지한 헌법 제21조 제2항과 기본권(집회의 자유)의 본질적 내용의 침해를 금지한 헌법 제37조 제2항 등에 위반된다는 이유로 위헌여부심판의 제청신청을 하여 1990.1.11. 그 신청이 이유 없다고 기각되었는데도 이에 대하여 헌법소원심판을 청구하지 아니하고 있다가 또다시 같은 항소심절차에서 같은 법률조항에 관하여 동일한 사유를 이유로 위헌여부심판의 제청신청을 하고 1991.6.11. 그것이 기각되자 이에 불복하여 같은 달 25. 이 사건 헌법소원심판청구를 하였음이 인정된다. 그렇다면 집시법 제8조 제1항에 대한 헌법소원심판청구는 헌법재판소법 제68조 제2항 후문의 규정에 위배된 것으로서 부적법하다고 할 것이다(집회 및 시위에 관한 법률 제8조 제1항 부분에 대한 심판청구는 결국 각하결정이 이루어짐).

② **'당해 사건의 상소심 소송절차' 포함** – 항고심 소송절차에서 위헌법률심판제청신청을 하여 그 신청이 기각되었는데도 헌법소원심판을 청구하지 아니하고 있다가 그 재항고심 소송절차에서 같은 이유를 들어 위헌법률심판제청신청을 하여 그 신청이 기각되자 헌법소원심판청구를 한 경우 – 제68조 제2항 후문에 위배, 부적법

판례 헌재 2007.7.26. 2006헌바40

[결정요지] 1. 헌법재판소법 제68조 제2항은 법률의 위헌여부심판의 제청신청이 기각된 때에는 그 신청을 한 당사자는 헌법재판소에 헌법소원심판을 청구할 수 있으나, 다만 이 경우 그 당사자는 당해 사건의 소송절차에서 동일한 사유를 이유로 다시 위헌여부심판의 제청을 신청할 수 없다고 규정하고 있는바, 이 때 당해 사건의 소송절차란 당해 사건의 상소심 소송절차를 포함한다 할 것이다.

2. 청구인들은 항고심 소송절차에서 위헌법률심판제청신청을 하여 그 신청이 기각되었는데도 이에 대하여 헌법소원심판을 청구하지 아니하고 있다가 다시 그 재항고심 소송절차에서 대법원에 같은 이유를 들어 위 법조항이 위헌이라고 주장하면서 위헌법률심판제청신청을 하였고, 그 신청이 기각되자, 헌법소원심판청구를 한 이 사건은 헌법재판소법 제68조 제2항 후문의 규정에 위배된 것으로서 부적법하다.
* '당해 사건의 상소심 소송절차' 포함한다는 동지의 결정 : 헌재 2021.6.24. 2018헌바457.

③ 1심에서의 기각 후 위헌소원 청구, 항소심에서 다시 신청 기각 후 위헌소원 청구 – 부적법

판례 헌재 2011.5.26. 2009헌바419
[결정요지] 청구인은 당해 사건의 1심 재판과정에서 이 사건 법률조항에 대하여 위헌법률심판 제청신청을 하였다가 기각되자, 2009.3.10. 그 법률조항의 위헌 여부를 다투는 헌법소원심판을 청구하였고(2009헌바42), 그 사건은 현재 우리 재판소에서 심판하고 있는 중이다. 그럼에도 청구인은 당해 사건의 항소심에서 다시 같은 법률조항에 대하여 위헌법률심판 제청신청을 하였고, 그 신청이 기각되자 이 사건 법률조항에 대하여 다시 헌법소원심판을 청구하였다. 따라서 이 사건 심판청구는 헌법재판소법 제68조 제2항 후문에 위반되고 헌법재판소에서 심판 중인 2009헌바42 사건과 중복되는 것이어서 부적법하다.

④ **유보도 해당** – 당해 사건의 항소심에서 위헌법률심판 제청신청을 하였다가 기각되었는데도 헌법소원심판을 청구하지 아니하고 있다가 그 상고심 소송절차에서 같은 이유를 들어 위헌법률심판 제청신청을 하여 그 신청이 각하된 후 제기한 헌법소원 심판청구 – 위배, 부적법

판례 헌재 2009.9.24. 2007헌바118
[판시] 청구인은 당해 사건의 항소심에서 이미 민법 제999조 제2항에 대하여 위헌법률심판 제청신청을 하였다가 기각되었는데도, 헌법소원심판 청구를 하지 아니한 채 상고를 제기한 후, 상고심 계속중 다시 같은 조항에 대하여 동일한 사유를 이유로 위헌법률심판 제청신청을 하였다가 각하되자, 이 사건 헌법소원 심판청구를 하기에 이르렀으므로, 청구인의 민법 제999조 제2항에 대한 심판청구는 헌법재판소법 제68조 제2항에 위배되어 부적법하다.

(3) 제청신청기각이 있었던 법률규정들에 대해서만 위헌소원의 대상성 인정

앞서 위헌소원의 대상문제에서 다루었지만 제청신청을 법원이 기각한 바 있는(물론 그 이전에 제청신청 자체가 있어야 한다) 법률규정들만 위헌소원의 대상이 된다는 것이 우리 헌법재판소의 판례입장이다(앞의 헌법소원 대상성, 헌법재판소법 제68조 2항 헌법소원(위헌소원)의 대상 부분을 참조).

5. 심판청구의 이익(권리보호이익)

헌법재판소는 헌재법 제68조 제2항에 따른 위헌소원인 '헌바'사건에서 심판청구의 이익이 있는지도 그 요건의 하나로 하고 있다. 이하에서는 우리 헌법재판소가 심판청구이익과 관련하여 밝힌 판례이론들을 살펴본다.

(1) 심판청구이익(권리보호이익)이 인정된 경우

1) 재심허용에 따른 심판청구이익의 인정

(가) 법원의 관련사건의 확정의 경우

법원이 위헌심판의 제청을 한 경우와 달리 위헌소원의 경우에는 법원재판이 정지되지 않으므로(헌법재판소법 제42조 1항 참조) 위헌소원의 계속 중에 법원재판이 확정될 수도 있다. 이처럼 법원의 관련 소송이 확정된 때에도 심판청구의 이익을 인정하여야 한다. 그래야 위헌법률의 소거, 기본권보장 등 위헌소원이 수행하는 기능의 실효성이 확보된다. 법원재판의 확정에 대비해 헌법재판소법 제75조 제7항은 당사자에게 재심청구권을 부여하고 있다. 아래의 결정에서 보듯이 헌재는 이러한 재심제도가 있기 때문에 법원재판이 확정된 경우라도 위헌소원심판의 이익을 인정해야 한다고 본다.

판례 헌재 1996.4.25. 92헌바47, 판례집 8-1, 370면

[관련설시] 위 관련사건은 1992.10.23. 대법원의 상고기각으로 이미 확정되었으나, 헌법재판소법 제75조 제7항은 위헌제청신청기각결정에 대한 헌법소원이 인용된 경우에 당해 헌법소원과 관련된 소송사건이 이미 확정된 때에는 당사자는 재심을 청구할 수 있는 것으로 규정하고 있으므로, 위 관련사건이 이미 확정되었다는 이유만으로 헌법소원심판청구의 이익을 부정할 수 없다(헌법재판소 1994.12.29. 90헌바13 결정 참조).

* 검토 – 재심제도가 있기 때문에 심판이익이 있다기보다 그 이전에 위헌소원의 실효성을 위하여 심판이익도 인정되어야 하고 또 재심도 인정되어야 한다고 볼 것이다. 심판이익을 재판전제성 소멸이라도 예외적 심판이익으로 보아 재판전제성 문제로 정리할 수 있다.

(나) 청구인의 사망의 경우

형사소송에서 위헌소원이 제기되었고 그 위헌소원심판의 계속중 청구인이 사망한 경우에도 배우자 등에 의한 재심의 가능성이 있으므로 권리보호이익을 인정해야 한다는 것이 헌법재판소의 판례이다.

판례 헌재 1997.1.16. 89헌마240, 판례집 9-1, 45면.

* 이 사건은 '헌마' 부호의 사건이나 위헌소원사건이었다. 헌법재판소 출범 후 초기에는 위헌소원을 일반 헌법소원과 같이 '헌마'로 표시하였다.

2) 폐지된 법률조항에 대한 위헌소원심판청구의 이익

행정처분과 같이 행위 당시의 법규에 의하여 그 적법여부가 가려지는 경우(처분시법주의)에는 행위 이후 그 근거된 법률규정이 폐지되었더라도 그 위헌여부가 법원재판의 전제가 될 수 있고 아울러 심판청구의 이익이 있는 것이다.

[주요판시사항]

▷ 폐지된 법률일지라도 위헌여부가 재판의 전제가 된다면 심판청구의 이익이 인정됨

▷ 행정처분의 위법·부당 여부는 처분시의 법규에 비추어 판단 시의 법률(폐지된 법률)에 대한 심판청구이익이 있음

판례 헌재 1996.4.25. 92헌바47, 판례집 8-1, 370면

[관련판시] 이 사건 심판청구 후인 1994.12.22. 법률 제4821호로 축협법이 개정되어 이 사건 심판대상조항이 삭제되었으며 위 개정법률은 공포 후 6월이 경과한 1995.6.23.부터 시행되었는바, 심판의 대상이 되는 법규는 심판 당시 유효한 것이어야 함이 원칙이겠지만 위헌제청신청기각결정에 대한 헌법소원심판은 실질상 헌법소원심판이라기보다는 위헌법률심판이라 할 것이므로 폐지된 법률이라고 할지라도 그 위헌여부가 재판의 전제가 된다면 심판청구의 이익이 인정된다고 할 것이다(헌법재판소 1994.6.30. 92헌가18 결정 참조). 이 사건의 경우 비록 이 사건 심판대상조항이 법률의 개정으로 삭제되기는 하였으나 농림수산부장관의 조합설립인가거부처분의 위법·부당 여부는 특별한 사정이 없는 한 위 처분시의 법규에 비추어 판단하여야 할 것이고, 위 처분 당시 유효한 법률조항이었던 이 사건 심판대상조항의 재판의 전제성이 위에서 본 바와 같이 인정되므로 이 사건 심판청구의 이익이 인정된다.

* 이 결정에 대해서는 앞의 위헌법률심판, 대상성 부분 등에서 살펴보았다. 행정법의 처분시법주의가 관건이 된 헌법, 행정법 복합적 문제라고 강조한 바 있다.

3) 공소시효 완성과 형사소송법규정에 대한 위헌소원의 권리보호이익

다음은 공소시효가 지난 범죄에 대한 재정신청(裁定申請)의 기각결정에 대한 재항고사건에서 고등법원의 재정결정에 대하여 항고를 금지하는 형사소송법규정에 대하여 제기된 위헌소원의 권리보호이익을 인정한 예이다.

판례 헌재 1996.10.31. 94헌바3, 판례집 8-2, 466면

[사건개요] 청구인은 1980.8.경부터 1981.1.25.경까지 집행된 삼청교육과 관련하여 형법상의 직권남용, 불법체포 등의 죄로 고소하였으나, 서울지방검찰청 검사는 1992.12.26. 공소권 없음 처분을 하였다. 이에 대하여 청구인은 서울고등법원에 재정신청을 하였던바, 서울고등법원은 1993.4.28. 고소사실이 공소시효가 만료되었거나 재정신청의 대상이 아니라는 이유로 위 재정신청을 기각하였다. 청구인은 위 결정에 대하여 대법원에 재항고를 하는 한편 고등법원의 재정결정에 대하여 항고할 수 없다고 규정한 형사소송법 제262조 제2항이 헌법에 위반된다고 주장하면서 위헌제청신청을 하였으나, 대법원이 기각하자 1994.1.8. 헌법재판소법 제68조 제2항에 의하여 이 사건 헌법소원심판을 청구하였다. [심판대상규정] 구 형사소송법(1973.1.25. 법률 제2450호로 개정된 것) 제262조 제2항 중 "전항의 결정에 대하여는항고할 수 없고" 부분. 형사소송법 제262조 제1항과 제2항의 내용은 다음과 같다. 제262조[고등법원의 재정결정] ① 재정신청서와 그 기록을 수리한 고등법원은 항고의 절차에 준하여 20일 이내에 다음의 구별에 의하여 재정결정을 하여야 한다. 법원은 필요 있는 때에는 증거를 조사할 수 있다.1.신청이 법률상의 방식에 위배하거나 이유 없는 때에는 신청을 기각한다. 2. 신청이 이유 있는 때에는 사건을 관할지방법원의 심판에 부한다. ② 전항의 결정에 대하여는 항고할 수 없고 전항 제1호의 결정이 있었던 사건에 대하여는 다른 중요한 증거를 발견한 경우를 제외하고는 소추할 수 없다. [결정요지] 이 사건 재정신청의 대상이 되는 범죄사실 중 재정신청의 대상이 될 수 있는 범죄사실은 모두 공소시효가 지났으므로(나머지 범죄사실은 모두 재정신청의 대상이 되지 아니한다) 항고가 가능하다고 하더라도 항고기각될 것이 예상되며 가사 재정신청이 인용되어 공소가 제기되어도 공소기각의 판결을 면할 수 없다. 이러한 경우에 이 사건 심판청구가 권리보호의 이익의 요건을 갖추었는지 의문이 생길 수도 있다. 그러나 이 사건 심판청구의 전제가 되는 재판은 위에서 본 바와 같이 재정신청기각결정에 대한 재항고사건(대법원 93 모 45호)이라 할 것이고, 청구인은 이 사건 법률조항이 위헌이 되는 경우 재정신청기각결정에 대하여 항고를 할 수 있는 권리를 취득하게 되므로, 항고심에서항고의 인용여부나 고소사실에 대한 부심판결정 후 형사재판의 결과에 관계없이 청구인에게 권리보호의 이익은 인정된다고 할 것이다. * 본안판단의 결과 헌재는 합헌으로 결정하였다.

4) 다수 이해관계인을 위한 본안판단필요성 : 공직복직을 위한 헌법소원에서 청구인이 정년연령에 달하였음에도 본안판단필요성을 인정한 예

해직규정이 위헌결정을 받더라도 공직의 정년연령에 달한 경우 그 위헌결정은 의미가 없을 것이다. 그러나 헌재는 이 경우는 비단 청구인 한 사람에게만 국한된 위헌여부 문제가 아니고 비슷한 처지에 있는 많은 사람들에게 이해관계가 있고 헌법적 해명이 필요한 중요한 의미를 지니고 있는 사안이므로 본안판단의 필요성이 있다고 본다.

판례 헌재 1993.9.27. 92헌바21, 판례집 5-2, 267면 이하 참조
[쟁점] 1980년 해직공무원에 대한 구제방법으로서 특별채용을 규정하면서 6 급 이하의 해직공무원에 대해서만 특별채용을 허용하고 5 급 이상 해직공무원은 그 대상에서 배제한 특조법 제4조에 대한 위헌소원을 제기한 청구인이 이미 정년연령에 달한 경우 권리보호이익이 있는지 여부(긍정, 합헌결정) [관련판시] 청구인은 1931.11.12.생으로 이 사건이 헌법재판소에 적법 계속중인 1992.12.31.로서 공무원 연령정년이 되었으므로 이 사건 헌법소원이 가사 인용된다고 할지라도 공직에 복귀할 수 없어 소원의 전제가 된 법원에서의 쟁송사건과의 관련에서 볼 때 권리보호의 이익이 없다고 할 것이다. 그러나 헌법소원제도는 개인의 주관적인 권리구제에만 그 목적이 있는 것이 아니고 객관적인 헌법질서의 유지 수호에도 있다고 할 것인바, 이 사건 헌법소원에서 문제되고 있는 5급 이상 공무원의 특별채용 배제문제는 비단 청구인 한 사람에게만 국한된 것이 아니고 비슷한 처지에 있는 1980년도 해직공무원 1367명에게 이해관계가 있고 헌법적 해명이 필요한 중요한 의미를 지니고 있는 사안이므로 본안판단의 필요성이 있다.
* 본안판단결과 합헌으로 결정되었다.

(2) 심판청구이익(권리보호이익)이 부인된 경우

1) 이미 위헌결정된 법률조항에 대한 심판의 이익 부인

헌재 심판 중에 다른 사건에서 같은 법률조항에 대해 이미 위헌결정한 경우에 헌재는 아래 결정에서 심판이익을 부정하였다.

판례 헌재 1997.1.16. 93헌바54, 헌재공보 제20호, 217면
[관련판시] 형사소송법 제221조의2 제2항 및 제5항 중 동조 제2항에 관한 부분이 심판의 이익이 있는지에 관하여 보건대, 이미 헌법재판소가 1996.12.26. 94헌바1호 사건에서 위 법률조항들이 헌법에 위반된다는 결정(판례집 8－2, 808면 참조)을 선고한 바있으므로 동 법률조항들은 헌법재판소법 제47조 제2항에 의하여 위 결정일로부터 효력이 상실되었다. 따라서 이 사건 심판청구 중 제2항 및 제5항 중 동조 제2항에 관한 부분에 대한 청구는 심판의 이익이 없어 부적법하다.

판례 헌재 2018.3.29. 2016헌바202
사안은 노역장유치기간의 하한을 중하게 변경한 형법 부칙조항에 대한 위헌결정(2015헌바239)이 있은 다음 나온 사건이었다. [판시] 형법 부칙조항은 위 2015헌바239등 결정으로 인하여 소급하여 그 효력을 상실하였고, 청구인 임○하는 형법 부칙조항을 적용하여 벌금형에 대한 노역장유치를 선고한 확정판결에 대하여 재심을 청구할 수 있으므로, 청구인 임○하의 형법 부칙조항에 대한 심판청구는 심판의 이익이 없어 부적법하다.

* **유의** : 사실 위와 같은 경우에 헌재는 대상성 부정으로 각하하기도 하였다(89헌가86, 91헌가1). 또 위헌확인결정을 하기도 하였다(헌재 1999.6.24. 96헌바67).

* 이러한 경우의 판례경향에 대한 자세한 것은 앞의 위헌법률심판, 제1항 위헌법률심판의 대상, VI. 헌재의 위헌심사를 이미 거친 법률조항, '3. 헌재가 위헌성을 인정하는 결정을 한 바 있는 법률조항의 경우' 부분 참조.

2) 심판계속 중 법률조항이 개정된 경우의 권리보호이익 상실

판례 헌재 1995.2.23. 92헌바18, 판례집 7-1, 187면, 각하결정

[본안쟁점] 구속영장발부의 권한을 관할관에 부여한 군사법원법(1994.1.5. 법률 제4704호로 개정되기 전의 법) 제238조 등이 재판청구권 등을 위헌적으로 침해하는지 여부 [관련판시] 한편 청구인은 이 사건 헌법소원심판청구 후 1992.4.14. 기소유예처분을 받고 석방되었을 뿐만 아니라 1994.1.5. 법률 제4705호로 군사법원법 제238조 제1항 · 제3항 · 제4항 및 제252조 제1항이 군판사가 구속영장을 발부하고, 군사법원에 직접 구속적부심사를 청구할 수 있도록 개정되어 1994.7.1.부터 시행되었으므로 결국 이 헌법소원심판청구는 권리보호의 이익이 없어 부적법하다. * 그 외 마찬가지 취지의 결정례 : 헌재 1995.7.27. 93헌바1등.

3) 심판계속 중 구제법률 제정으로 권리보호이익이 상실되었다고 본 사례.

판례 헌재 1999.9.16. 98헌바46, 판례집 11-2, 306면

[사건개요] 임기만료로 퇴직한 뒤에 퇴직급여청구를 하자, 공무원연금관리공단은 청구인에게 임용되기 전 전과사실(징역 1년 집행유예 2년)이 있었음을 발견하고 공무원결격사유를 규정한 구 국가공무원법 제33조 제1항 제4호의 규정에 따라 공무원임용행위는 당연무효이고, 따라서 공무원연금법 소정의 공무원이 아니었다는 이유로 청구인의 위 청구를 거부하자 이 거절처분에 대한 취소를 구하는 소를 서울고등법원에 제기하는 한편 위 법률조항에 대한 위헌심판제청신청을 하였으나 기각되자 헌법소원심판을 청구하기에 이르렀다. [결정요지] 이 사건 헌법소원심판이 청구되어 계속중인 1999.8.31. '임용결격공무원 등에 대한 퇴직보상금지급 등에 관한 특례법'이 법률 제6008호로 공포되었다. 그러므로 청구인은 위 법률이 공포됨에 따라 법 제2조 제2호의 '임용결격공무원'에 해당되므로 법 제4조 제2항에 의하여 1999.12.31.까지 대통령령이 정하는 바에 따라 퇴직보상금을 신청하여 수령할 수 있게 되었고, 이 사건 심판청구를 통하여 이루고자 하는 주관적 목적을 위 법률을 통하여 달성할 수 있게 되었다. 그렇다면 권리보호의 이익, 즉 심판의 이익이 상실되어 부적법하다.

4) 권리침해반복성이 없고 헌법적 해명을 고려하는 것이 상당하지 않은 경우

일반적으로 헌법재판에서 권리침해반복성이 없고 헌법적 해명이 있으면 심판이익이 예외로 인정된다는 법리를 우리는 알고 있다(앞의 권리보호이익 부분, 위헌법률심판의 재판전제성 소멸 후 예외적 심판이익 인정 부분 등 참조). 따라서 그러한 조건이 갖추어지지 않은 경우 심판이익이 부정된다고 볼 것이다. 아래가 헌재가 그리 본 그 예이다.

판례 헌재 1997.6.26. 97헌바4, 판례집 9-1, 649면. 이 결정에 대해서는 앞의 헌법소원의 예외적 심판이익 부분 참조.

(3) 검토

보다 근본적으로, 위헌소원은 실질적으로 위헌법률심판이고 위헌법률심판은 객관적인 규

범통제의 성격을 가진다는 점에서 위헌소원에서 권리보호 이익의 요건을 요구하는 것에 대해 전적으로 타당한지 검토해 볼 필요가 있다. 재판 전제성 요건에 녹여 볼 수 있지 않을까 하는 생각이 드는데 앞으로 더 검토해보고자 한다.

6. 한정위헌결정을 구하는 위헌소원심판청구의 적법성

(1) 적법성 원칙적 인정

1) 구 판례와 판례변경

헌재가 이전에는 '법률조항을 …으로(이라고) 해석하는 한 위헌'이라고 청구하는 소위 "한정위헌청구는 원칙적으로 부적법하고, 예외적으로 일정한 요건하에서 이를 인정하여 왔었다. 즉 "종래 헌법재판소와 법원의 선례들은, '법' 제41조 제1항의 위헌법률심판제청신청과 제68조 제2항의 헌법소원의 대상은 '법률'이지 '법률의 해석'이 아니므로 법률조항 자체의 위헌판단을 구하는 것이 아니라 '법률조항을 …으로(이라고) 해석하는 한 위헌'이라고 청구하는 소위 한정위헌청구는 원칙적으로 부적법하고, 다만 ① 법률조항 자체의 불명확성을 다투는 것으로 볼 수 있는 경우(헌재 2000.6.1. 97헌바74, 공보 46, 448, 449 등), ② 심판대상규정에 대한 일정한 해석이 상당기간에 걸쳐 형성·집적되어 법원의 해석에 의하여 구체화된 심판대상규정이 위헌성을 지닌 경우(헌재 1995.5.25. 91헌바20, 판례집 7-1, 615, 626 등), ③ 위 두 가지 경우에 해당되지는 않지만 법률조항 자체에 대한 위헌의 다툼으로 볼 수 있는 경우(헌재 2000.6.29. 99헌바66등, 판례집 12-1, 848, 865) 등, 3가지의 경우에는 예외적으로 적법한 청구로" 보아 왔었다.[1])

그러나 2012년에 다음과 같이 한정위헌청구를 원칙적으로 적법하다고 보는 판례변경을 하였다.

2) 헌재의 인정근거

헌재가 긍정하는 논거는 아래 결정의 판시에서 나오는바 그것도 인용하지만 다음과 같이 정리된다. 즉 ① '법률'과 '법률의 해석'은 서로 분리될 수 없는 것이다. ② 구체적 규범통제절차에서의 법률조항에 대한 해석과 적용권한은 (대)법원이 아니라 헌법재판소의 고유권한인 것이다. ③ 헌재가 구체적 규범통제권을 행사하기 위하여 법률조항을 해석함에 있어 당해 법률조항의 의미가 다의적이거나 넓은 적용영역을 가지는 경우에는 가능한 한 헌법에 합치하는 해석을 선택함으로써 법률조항의 효력을 유지하도록 하는 것(헌법합치적 법률해석의 원칙)은 규범통제절차에 있어서의 규범유지의 원칙이나 헌법재판의 본질에서 당연한 것이다. 따라서 한정위헌청구 역시 원칙적으로 적법한 것이다.

판례 헌재 2012.12.27. 2011헌바117

[판시] (1) '법률'과 '법률의 해석' - 규범으로서의 법률은 그 적용영역에 속하는 무수한 사례를 포괄적

---

1) 헌재 2012.12.27. 2011헌바117, 판례집 24-2하, 395-396면.

으로 규율해야 하기 때문에 일반적·추상적으로 규정될 수밖에 없으므로 개별적·구체적인 법적분쟁에 법률을 적용하는 경우에는 당해 사건에 적용할 가장 적합한 규범을 찾아내고 그 규범의 의미와 내용을 확정하는 사유과정인 법률해석의 과정을 거칠 수밖에 없게 되는 것이다. 따라서 법률조항은 그 자체의 법문이 아무리 간단명료하다고 하더라도 이를 개별적·구체적 사건에 적용함에 있어서는 (관념상으로라도) 법률조항에 대한 해석이 불가결하게 선행될 수밖에 없는 것이므로, 결국 법률조항과 그에 대한 해석은 서로 별개의 다른 것이 아니라 동전의 양면과 같은 것이어서 서로 분리될 수 없는 것이다. 따라서 '법' 제41조 제1항의 '법률'이나 '법' 제68조 제2항의 '법률'의 의미는 당해 사건과는 관계없는 일반적·추상적인 법률규정 그 자체가 아니라, 당해 사건 재판의 전제가 되고, 해석에 의하여 구체화·개별화된 법률의 의미와 내용을 가리키는 것이다. (2) 구체적 규범통제절차에서 법률조항에 대한 해석·적용과 헌법재판소의 권한 — 일반적으로 민사·형사·행정재판 등 구체적 법적 분쟁사건을 재판함에 있어 재판의 전제가 되는 법률 또는 법률조항에 대한 해석과 적용권한은 사법권의 본질적 내용으로서 대법원을 최고법원으로 하는 법원의 권한에 속하는 것이다. 그러나 다른 한편 헌법과 헌법재판소법은 구체적 규범통제로서의 위헌법률심판권과 '법' 제68조 제2항의 헌법소원심판권을 헌법재판소에 전속적으로 부여하고 있다. 그리고 헌법재판소가 이러한 전속적 권한인 위헌법률심판권 등을 행사하기 위해서는 당해 사건에서 재판의 전제가 되는 법률조항이 헌법에 위반되는지의 여부를 심판하여야 하는 것이고, 이때에는 필수적으로 통제규범인 헌법에 대한 해석·적용과 아울러 심사대상인 법률조항에 대한 해석·적용을 심사하지 않을 수 없는 것이다. 그러므로 일반적인 재판절차에서와는 달리, 구체적 규범통제절차에서의 법률조항에 대한 해석과 적용권한은 (대)법원이 아니라 헌법재판소의 고유권한인 것이다. 그럼에도 불구하고 구체적 규범통제 절차에서도 헌법재판소의 법률에 대한 해석·적용 권한을 부정하고 오로지 법원만이 법률의 해석·적용권한을 가지고 있다는 주장은 일반 재판절차에 있어서의 법률의 해석·적용권한과 규범통제절차에 있어서의 법률의 해석·적용권한을 혼동한 것이다. (3) 한정위헌결정 — (가) 나아가 헌법재판소가 구체적 규범통제권을 행사하기 위하여 법률조항을 해석함에 있어 당해 법률조항의 의미가 다의적이거나 넓은 적용영역을 가지는 경우에는 가능한 한 헌법에 합치하는 해석을 선택함으로써 법률조항의 효력을 유지하도록 하는 것(헌법합치적 법률해석의 원칙)은 규범통제절차에 있어서의 규범유지의 원칙이나 헌법재판의 본질에서 당연한 것이다. (나) 나아가 구체적 규범통제절차에서 당해 사건에 적용되는 법률조항이 다의적 해석가능성이나 다의적 적용가능성을 가지고 있고 그 가운데 특정한 해석이나 적용부분만이 위헌이라고 판단되는 경우, 즉 부분적·한정적으로 위헌인 경우에는 그 부분에 한정하여 위헌을 선언하여야 하는 것 역시 당연한 것이다. 부분적·한정적인 위헌 부분을 넘어 법률조항 전체의 위헌을 선언하게 된다면, 그것은 위헌으로 판단되지 않은 수많은 해석·적용부분까지 위헌으로 선언하는 결과가 되어 규범통제에 있어서 규범유지의 원칙과 헌법합치적 법률해석의 원칙에도 부합하지 않게 될 것이다. (4) 한정위헌청구 (가) 그렇기 때문에 구체적 규범통제절차에서 제청법원이나 헌법소원청구인이 심판대상 법률조항의 특정한 해석이나 적용부분의 위헌성을 주장하는 한정위헌청구 역시 원칙적으로 적법한 것으로 보아야 할 것이다. 그 이유는 다음과 같다. 첫째, 헌법재판소는 한정위헌결정을 계속해 오면서도 제청법원이나 헌법소원청구인은 원칙적으로 한정위헌청구를 할 수 없고, 위에서 본 바와 같은 예외적인 경우에만 한정위헌청구를 할 수 있다고 하는 종래의 선례들은 사리상으로도 합당하지 않은 것이다. 둘째, 제청법원이나 헌법소원청구인이 당해 사건 재판의 근거가 되는 법률조항 그 자체나 그 전체의 위헌성을 주장하지 않고 당해 법률조항의 특정한 해석 가능성이나 적용 가능성에 대하여만 제한적·한정적으로 위헌을 주장한다면 헌법재판소로서는 제청법원 등이 주장하는 범위 내에서 위헌여부를 심판하는 것이 원칙이며, 그 이외의 부분까지 위헌여부를 심판하게 된다면 그것은 헌법재판에서 요구되는 직권주의를 감안하더라도, 헌법재판소법상의 신청주의나 적법요건으로서의 재판의 전제성에 위반될 수 있는 것이다. 그러므로 제청법원 등이 하는 한정위헌청구는 자칫 헌법재판소가 소홀히 할 수 있는 당해 법률조항에 대한 한정위헌결정 여부를 헌법재판소로 하여금 주의깊게 심사하도록 촉구하여 위헌의 범위와 그에 따른 기속력의 범위를 제한적으로 정확하게 한정할 수 있게 할 것이고, 그 결과 규범통제절차에 있어서 위헌여부심판권의 심사지평을 넓힐 수 있게 될 것이어서, 금지되어서는 안될 뿐만 아니라 오히려 장려되어야 할 것이다. 셋째, 한정위헌청구는 모든 국가기관은 헌법상의 권력분립원리에서 파생된 입법권에 의한 입법을 존중하여야 하는 것인바, 한정위헌청구에 따른 한정위헌결정은 당해 법률조항 중 위헌적인 해석이나 적용부분만을 제거하고 그 이외의 (합헌인) 부분은 최대한 존속시킬 수 있는 것이어서 입법권에 대한 자제와 존중의 결과가 되는 것이고 따라서 헌법질서에도 더욱 부합하게 되는 것이다. (나) 결국 한정위헌청구는 원칙적으로 적법한 것으로 보아야 할 것이다. 따라서 앞서 본 바와 같이 종래 헌법재판소 선례들이 한정위헌청구는 원칙적으로 부적법하지만 예외적으로는 적법하다고 보는 입장은 합당하지 못한 것이다.

3) 대법원의 부정

대법원은 헌재의 한정위헌결정이 문언은 그대로 존속시키면서 하는 법률해석이고 이는 법률해석권이 법원에 전속적 권한인 점에 반하여 기속력을 인정할 수 없다는 종래의 입장에 따라 한정위헌을 구하는 제청, 그러한 제청신청을 전부 부적법하다고 한다.

대법원판례 대법원 [판시] 헌법 제107조 제1항 및 헌법재판소법 제41조 제1항은, 법률이 헌법에 위반되는 여부가 재판의 전제가 된 때에는 법원이 결정으로 헌법재판소에 위헌 여부의 심판을 제청한다고 규정하고 있고, 한편 구체적 분쟁사건의 재판에서 합헌적 법률해석을 포함하는 법령의 해석적용 권한은 대법원을 최고법원으로 하는 법원에 전속되어 있는 점에 비추어, 헌법재판소법 제41조 제1항이 정한 법원의 위헌제청의 대상은 오로지 법률조항 자체의 위헌 여부일 뿐이고 법률조항에 대한 해석의 위헌 여부는 그 대상이 될 수 없다. 따라서 "법률조항을 …하는 것으로 해석적용하는 한 위헌"이라는 취지의 위헌제청신청은 그 법률조항에 대한 법원의 해석을 다투는 것에 불과하여 부적법하다(대법원 2001.4.27. 선고 95재다14 판결, 대법원 2005.4.22.자 2005아7 결정 등 참조). * 위 괄호속 인용된 동지 외에도 대법원 2018.3.20.자 2017즈기10 결정 등 참조.

(2) 한계

헌재는 '한정위헌청구가 부적법한 경우' "다만 구체적 규범통제절차에서 법률조항에 대한 특정적 해석이나 적용부분의 위헌성을 다투는 한정위헌청구가 원칙적으로 적법하다고 하더라도, 재판소원을 금지하고 있는 '법' 제68조 제1항의 취지에 비추어 한정위헌청구의 형식을 취하고 있으면서도 실제로는 당해 사건 재판의 기초가 되는 사실관계의 인정이나 평가 또는 개별적·구체적 사건에서의 법률조항의 단순한 포섭·적용에 관한 문제를 다투거나 의미있는 헌법문제를 주장하지 않으면서 법원의 법률해석이나 재판결과를 다투는 경우 등은 모두 현행의 규범통제제도에 어긋나는 것으로서 허용될 수 없는 것이다"라고 판시한다.[1)]

법원의 법률해석이나 재판결과를 다투는 경우라 하여 부적법한 청구로 본 아래의 예들이 있었다.

---

1) 이 법리에 따라 이처럼 사실관계 인정 문제 등에 해당하여 한정위헌청구로서 부정되고 부적법 각하된 예 : 헌재 2013헌바194; 2015헌바223; 2016헌바357.

판례 헌재 2015.4.30. 2012헌바95등

[판시] 청구인 김○륜은 반국가단체 조항의 반국가단체에 북한이 포함된다고 해석하는 것이 헌법에 위반된다는 취지로 주장한다. 그러나 북한이 반국가단체 조항의 '반국가단체'에 해당되는지 여부는 형사재판 절차에서의 사실인정 내지 구체적 사건에서의 법률조항의 포섭·적용에 관한 문제일 뿐이므로, 위 청구인의 주장은 당해 사건 재판의 기초가 되는 사실관계의 인정이나 평가 또는 개별적·구체적 사건에서 법률조항의 단순한 포섭·적용에 관한 문제를 다투거나 의미 있는 헌법문제를 주장하지 않으면서 법원의 법률해석이나 재판결과를 다투는 것에 불과하여 현행의 규범통제제도에 어긋나는 것으로서 허용될 수 없다.

판례 헌재 2018.12.27. 2017헌바377

[판시] 청구인들은 이 사건 심판청구에서 국회 동의 절차를 거치지 아니한 이 사건 쟁점합의를 근거로 이 사건 조약조항의 "부동산 소득"에 '부동산 과다보유법인의 주식 양도로 인한 소득'이 포함되는 것으로 해석하는 한 헌법에 위반된다는 취지로 주장한다. 그러나 청구인들의 이러한 주장은 이 사건 조약조항과 관련하여 의미 있는 헌법문제를 주장하지 않으면서, 당해 사건에서 한·미 조세조약, 이 사건 쟁점합의, 동 합의에 이르게 된 경과 등을 종합적으로 고려하여 이 사건 조약조항 중 "부동산 소득"의 의미를 해석한 법원의 판단을 다투는 것에 불과하다(헌재 2017.10.26. 2015헌바223 참조). 따라서 이 사건 심판청구 중 이 사건 조약조항에 대한 부분은 부적법하다.

판례 2015.12.23. 2013헌바194

[판시] 간접강제 배상금의 법적 성격을 심리적 강제수단에 불과하다고 보는 것은 이 사건 법률조항이나 이 사건 법률조항에 대한 해석의 결과로 도출된 것이 아니라 간접강제결정의 집행력에 대한 법원의 판단에 의한 것이므로 청구인의 주장취지는 이 사건 법률조항 또는 이 사건 법률조항의 해석 부분의 위헌성을 다투는 것으로 볼 수 없다. 결국 이 사건 심판청구는 간접강제결정의 집행단계에서 간접강제결정 이후 발생한 배상금의 법적 성격에 대한 법원의 해석이나 재판결과를 다투는 것에 불과하므로, 헌법재판소법 제68조 제2항의 헌법소원으로는 부적법하다.

(3) 법원해석과 다른 헌재 한정해석의 경우

한정위헌청구와 결정으로 헌재의 한정해석이 위와 같이 인정되면 법원의 해석과 차이를 보여줄 수 있고 바로 위 법리를 표명한 결정의 사인이 공무원의제 문제인데 법원과 헌재의 해석이 달랐고 그리하여 위 2011헌바117 결정에서 헌재는 '법원의 해석'을 대상으로 하였다고 하여 논란이 되었다.

(4) 위 판례변경 결정 이후

헌재의 한정위헌청구의 원칙적 수용을 밝힌 위 결정 이후에도 법원해석에 의하여 일정한 사례군이 상당기간 형성된이라는 기존 예외적 요건에 비추어 판단한 아래와 같은 판시가 있다.

판례 헌재 2018.8.30. 2016헌마263

[판시] 이 사건 법률조항에 대한 한정위헌 주장에 대한 판단 – 청구인은 '패킷감청'은 기술적 특성상 감청이 실시간으로 이루어지지 아니하므로 법에 규정된 '감청'에 해당하지 않음에도 법원 판례와 실무상 패킷감청을 법 제5조 제2항의 허가 대상인 통신제한조치에 해당하는 것으로 보고 있는바, 위 조항의 허가 대상인 통신제한조치에 인터넷회선 감청이 포함된다고 해석하는 한 헌법에 위반된다는 한정위헌 취지의 주장도 한다. 그러나 인터넷상 신속한 정보전달을 위한 최소 단위인 '패킷'의 수집·저장과 수집·저장된 패킷들의 내용 확인 시점에 차이가 발생한다고 하여 인터넷회선 감청이 법에 규정된 '감청'에 해당하지

아니한다고 단정할 수 없다. 법원도 "인터넷통신망을 통한 송·수신은 법 제2조 제3호에서 정한 '전기통신'에 해당하므로 인터넷 통신망을 통하여 흐르는 전기신호 형태의 패킷을 중간에 확보하여 그 내용을 지득하는 이른바 '패킷감청'도 법 제5조 제1항에서 정한 요건을 갖추는 경우 다른 특별한 사정이 없는 한 허용된다."고 한다(대법원 2012.10.11. 선고 2012도7455 판결). 이에 실무에서도 인터넷회선 감청이 통신제한조치의 하나로 허가되어 왔다. 결국, 청구인의 법 제5조 제2항에 대한 한정위헌 취지의 주장은, '법원의 해석에 의하여 구체화된 심판대상 규정의 위헌성 문제가 있는 것으로 볼만큼 일정한 사례군이 상당기간에 걸쳐 형성, 집적된 경우'로서, 헌법재판소가 법률조항 자체에 대한 심판청구로 적법하다고 인정하는 경우에 해당한다고 볼 수 있다. 따라서 위 법률조항에 대하여 본안 판단에 나아가는 이상, 이와 관련된 한정위헌 취지의 주장에 대해서는 더 나아가 살피지 아니한다(헌재 1998.7.16. 97헌바23 등 참조).

* 검토 – 위와 같은 판시는 한정위헌청구를 수용하더라도 법원해석에 의하여 일정한 사례군이 상당기간 형성, 집적된 경우라는 조건하에서만 원칙적인 수용인지, 그렇다면 원칙적 수용의 판례변경은 의미가 없는 것이 아닌지 의문이 든다. 본안판단에 나아가는 이상 한정위헌 취지주장에 대해 더 이상 살피지 않는다는 것은 또 무슨 의미인지 명확하지 않다. 위 결정은 '헌마'사건이었다. 그 점에서 검토가 다시 필요한데 법률에 대한 위헌 여부를 확인하는 법령소원이나 위헌소원심판에서 차이를 둘 수 있을지 하는 점을 감안하여 위 결정을 살펴본 것이다. 위 결정도 위헌소원결정인 97헌바23 결정을 인용하고 있기도 하다.

7. 청구기간

헌재법 제68조 제2항에 따른 위헌소원심판은 위헌여부 심판의 제청신청을 기각하는 결정을 통지받은 날부터 30일 이내에 청구하여야 한다(헌재법 제69조 2항). 위헌소원의 청구기간에 대해서도 다른 헌법소원에서의 청구기간과 더불어 앞에서 기술하였다. 앞의 헌법소원의 청구기간 부분 참조.

8. 변호사대리강제주의

(1) 요구와 실제례

헌재는 헌재법 제68조 제2항의 위헌소원('헌바')사건에서도 변호사대리강제주의를 적용하는 것으로 본다. 헌법재판소법 제25조 제3항은 사인(私人)이 당사자인 경우를 변호사대리강제주의가 적용되는 경우로 규정하였고 위헌소원도 당사자(청구인)가 사인이라는 점을 그 논거로 하는 것으로 짐작된다. 아래 결정은 헌재의 보정명령에 응하지 않고 변호사대리요건을 결여하여 각하된 예이다.

판례 헌재 2020.4.23. 2019헌바405

[결정요지] 기록에 의하면, 청구인은 변호사를 대리인으로 선임하지 아니한 채 이 사건 심판청구를 하였고, 변호사를 대리인으로 선임하라는 보정명령을 받고도 보정기간 내에 보정하지 아니하였다. 그렇다면 이 사건 헌법소원심판청구는 헌법재판소법 제25조 제3항에 위배되어 부적법하므로 이를 각하하기로 결정한다.

(2) 검토

위헌소원은 헌재 스스로 밝히고 있듯이 그 실질이 위헌법률심판이라는 점, 그리고 변호사 대리강제주의에 대해서는 학계에서의 비판이 있다는 점 등을 고려하면 위헌소원에도 이러한 강제주의를 적용하는 것은 문제라고 볼 것이다.

9. 청구서

헌재법 제71조(청구서의 기재사항) ② 제68조 제2항에 따른 헌법소원의 심판청구서의 기재사항에 관하여는 제43조를 준용한다. 이 경우 제43조 제1호 중 "제청법원의 표시"는 "청구인 및 대리인의 표시"로 본다.
③ 헌법소원의 심판청구서에는 대리인의 선임을 증명하는 서류 또는 국선대리인 선임통지서를 첨부하여야 한다.
제43조(제청서의 기재사항) 법원이 법률의 위헌 여부 심판을 헌법재판소에 제청할 때에는 제청서에 다음 각 호의 사항을 적어야 한다. 1. 제청법원의 표시, 2. 사건 및 당사자의 표시, 3. 위헌이라고 해석되는 법률 또는 법률의 조항, 4. 위헌이라고 해석되는 이유, 5. 그 밖에 필요한 사항

(1) 기재사항

1) 헌재법 제43조(법원제청) 준용

헌재법 제71조는 위헌소원심판 청구서에 기재해야 할 사항으로 법원이 제청을 할 경우에 기재할 사항을 규정한 동법 제43조를 준용하여 위헌소원에서도 청구인 및 대리인의 표시, 사건 및 당사자의 표시, 위헌이라고 해석되는 법률 또는 법률의 조항, 위헌이라고 해석되는 이유, 그 밖에 필요한 사항으로 열거하고 있다.

2) 대리인 선임에 관한 서류

위헌소원도 그 실질이 위헌법률심판임에도 법원이 제청하는 경우와 달리 대리인을 선임하여야 하고 심판청구서에는 대리인의 선임을 증명하는 서류 또는 국선대리인 선임통지서를 첨부하여야 한다(헌재법 제71조 3항).

(2) 청구요건으로서의 기재

위 기재사항들은 "적어야 한다"라고 하여 필수적이고 이를 누락하면 청구요건이 결여되는 부적법한 청구가 된다.

(3) 예시

아래에 위헌소원심판의 청구서를 예시한다.

〈헌법소원심판청구서(법 제68조 제2항)〉

헌법소원심판청구서

청 구 인 ○ ○ ○
서울 성북구 ○○로 ○○, ○○○호(○○동)
대리인 변호사 ○ ○ ○
서울 서초구 ○○로 ○○, ○○○호(○○동)

청 구 취 지

"구 ○○법((2004. 12. 31. 법률 제7291호로 개정되고, 2011. 4. 5. 법률 제10551호로 개정되기 전의 것) 제○○조 제○항 제○호는 헌법에 위반된다."라는 결정을 구합니다.

당 해 사 건

서울고등법원 2006구000호 퇴직처분 무효확인

원고 ○○○, 피고 ○○○

위헌이라고 판단(해석)되는 법률조항

구 ○○법 (2004. 12. 31. 법률 제7291호로 개정되고, 2011. 4. 5. 법률 제10551호로 개정되기 전의 것) 제○○조 제○항 제○호

청 구 이 유

1. 사건개요
2. 재판의 전제성
3. 위헌이라고 판단(해석)되는 이유
4. 심판청구에 이르게 된 경위(청구기간의 준수 여부 등)

첨 부 서 류

1. 위헌제청신청서
2. 위헌제청신청기각 결정문 및 동 결정의 송달증명서
3. 당해사건의 판결문 등 기타 부속서류
4. 소송위임장(소속변호사회 경유)

20 . . .

청구인 대리인 변호사 ○ ○ ○ (인)

헌법재판소 귀중

▌위헌소원심판 청구서의 예시. 출처 : 전자헌법재판센터 관련양식 및 작성례

Ⅲ. 지정재판부에 의한 사전심사

헌법재판소는 헌재법 제68조 제2항의 위헌소원의 경우에도 헌재법 제72조의 사전심사제가 적용된다고 본다. 그리하여 재판관 3명씩으로 구성되는 지정재판부가 위에서 본 위헌소원심판의 청구요건들을 갖추지 못한 것으로 판단한 경우 전원재판부에 회부하지 않을 수 있다. 실제로 지정재판부에서 각하한 경우들이 적지 않다.

제6절 가처분

헌법재판소법이 권한쟁의심판이나 정당해산심판에서는 가처분을 명시하고 있으나(제57조, 제65조) 헌법소원심판에서의 가처분(假處分)에 관한 명시적 규정을 두고 있지 않아 헌법재판소 출범초기부터 그 불비가 지적되었었다. 그러나 행정소송법 제23조에 따라 집행정지가 가능하다는 견해가 개진되었고,[1] 이에 대한 명문화의 주장이 적지 않았다.[2] 헌법재판소는 2000년 12월에 헌법소원심판에서의 가처분제도를 명시적으로 인정하는 결정을 하였다.

가처분제도에 대해서는 헌법소원사건에서 가처분사건이 많아서 판례도 많이 축적되고 있어서 가처분제도가 권한쟁의심판 등 다른 심판에서도 활용되고 있으나 헌법소원심판의 법리가 많이 참조가 되고 따라서 이 곳의 논의도 다른 심판에서의 것을 포괄하기도 하므로 다른 심판에서의 가처분 문제에 대해서는 이 곳도 많이 참조할 필요가 있다,

Ⅰ. 가처분의 개념과 헌법소원에서 허용

1. 개념과 필요성

(1) 개념

헌법소원심판의 결정이 있기 전에 기본권구제가능성을 보존하기 위해 일정한 조치를 취하는 것이 가처분이다.

(2) 필요성

헌법소원심판의 결정으로 기본권침해가 취소 등으로 제거되고 구제 효과가 나타난다면 문제가 없을 것이나 헌법소원심판에는 일반적으로 시간이 소요되고 그 결정에 이르기 전에 시간이 흐르면서 기본권관계를 변화시키는 작용이 있거나(그 침해결정을 집행하는 작용이 실행되는 경

---

1) 이시윤, 헌법재판개관(하), 판례월보, 225호, 1989. 6, 19면 등 참조.

2) 김철용 · 김문현 · 정재황, 헌법재판절차의 개선을 위한 입법론적 연구, 헌법재판소 용역연구, 헌법재판연구, 제4권, 1993, 327-330면.

우) 변화(시간이 흘러 기본권관계가 사라지는 경우)가 일어나면 인용결정을 받더라도 기본권구제는 불가능해진다. 이를 미리 막기 위해서 예방책으로서 가처분제도가 필요하다.

예시 : 7월에서 9월 정도까지 여름휴가철에 하지 않으면 수익이 없어 그 외 시간에서는 영업을 하지 않는 어떤 영업이 있는데 이에 대해 일정한 사유를 지닌 사람들에 대해 그 영업을 할 수 없도록 제한하는 법규정이 5월 개정으로 신설되었고 이번 7월 1일부터 시행에 들어가게 하고 있다. 그 영업을 수행해오던 A가 그 일정한 사유에 해당이 되어 자신의 직업의 자유를 침해당한다면서 헌법소원심판을 6월에 청구하였다. 여름철이 지나도록 결정이 나오기 힘들 것이라고 판단한 A는 그 개정 법규정의 적용을 적어도 9월까지는 미루도록 하는 가처분도 함께 신청하였다.

* 부정지 : 가처분이 필요한 근본적 이유는 헌법소원의 제기로 문제되는 공권력행사가 정지되지 않는다는 점을 전제로 하는 데 있다. 아래에 언급하는 대로 헌법소원에 준용되는 행정소송법 제23조 제1항도 "취소소송의 제기는 처분등의 효력이나 그 집행 또는 절차의 속행에 영향을 주지 아니한다"라고 규정하고 있듯이 헌법소원심판의 경우에도 그 제기가 정지를 가져오지 않기 때문이다. 부정지의 이유는 공권력행사가 일단은 공익을 위해 이루어지는 것이므로 무조건 중지시킬 수는 없기 때문이다.

* 법정의 정지제도 – 가처분이 일정한 공권력작용을 정지시키는 효과를 가진다는 점에서 헌재법에 위헌심판제청시 재판정지와 탄핵소추의결을 받은 사람의 권한행사정지와 같은 아래 헌재법 조문의 정지제도도 있다. 그러나 이러한 정지제도는 법으로 확정되어 있는 제도이고 가처분은 헌재의 판단으로 그 허용 여부를 정한다는 점에서 차이가 있다.

헌재법 제42조(재판의 정지 등) ① 법원이 법률의 위헌 여부 심판을 헌법재판소에 제청한 때에는 당해 소송사건의 재판은 헌법재판소의 위헌 여부의 결정이 있을 때까지 정지된다.

헌법 제65조 ③탄핵소추의 의결을 받은 자는 탄핵심판이 있을 때까지 그 권한행사가 정지된다.

헌재법 제50조(권한 행사의 정지) 탄핵소추의 의결을 받은 사람은 헌법재판소의 심판이 있을 때까지 그 권한 행사가 정지된다.

2. 헌법소원심판절차에서의 가처분의 허용과 사건부호

헌재법에 명문의 규정이 없으나 헌재는 아래와 같이 헌법소원심판에서도 가처분을 인정하고 있다. 아래 결정은 첫 사건이자 처음으로 가처분을 인용한 첫 결정이기도 하다. 가처분신청사건의 부호는 '헌사'이다.

판례 헌재 2000.12.8. 2000헌사471, 사법시험령 제4조 제3항 효력정지가처분신청

[관련설시요약] 헌법재판소법은 정당해산심판과 권한쟁의심판에 관해서만 가처분에 관한 규정(같은 법 제57조 및 제65조)을 두고 있을 뿐, 다른 헌법재판절차에 있어서도 가처분이 허용되는가에 관하여는 명문의 규정을 두고 있지 않다. 그러나 위 두 심판절차 이외에 같은 법 제68조 제1항 헌법소원심판절차에 있어서도 가처분의 필요성은 있을 수 있고, 달리 가처분을 허용하지 아니할 상당한 이유를 찾아볼 수 없으므로 위 헌법소원심판청구사건에서도 가처분이 허용된다고 할 것이다.

3. 관련 법규정

헌재법 제40조는 "헌법재판소의 심판절차에 관하여는 이 법에 특별한 규정이 있는 경우를 제외하고는 헌법재판의 성질에 반하지 아니하는 한도에서 민사소송에 관한 법령을 준용한다. 이 경우 … 헌법소원심판의 경우에는 행정소송법을 함께 준용한다"라고 규정하고 그 경우에 "행정소송법이 민사소송에 관한 법령에 저촉될 때에는 민사소송에 관한 법령은 준용하지 아니한다"라고 규정하고 있다. 따라서 헌법소원에서 가처분에 대해 행정소송법의 집행정지규정(행정소송법 제23조), 민사소송에 관한 법령으로서 민사집행법 규정(동법 제300조 이하)이 적용(준용)될 수 있다. 헌법재판소에 가처분을 신청하는 절차, 통지절차 등에 관한 구체적인 사항은 '헌법재판소 심판 규칙'이 규정하고 있다. 이러한 관련 법규정들에 대해서는 아래 관련되는 각 부분에서 인용한다.

Ⅱ. 헌법소원심판에서 가처분 신청상 적법요건과 신청절차 및 신청내용

1. 적법요건

아래에 가처분 신청 절차상 요구되는 요건을 살펴본다.

(1) 당사자

1) 신청인

가처분 신청권자(신청인)은 본안사건의 청구인이다. 가처분신청권자로서 청구인은 청구인능력을 가져야 한다. 참가인도 신청할 수 있다. 결정에 이해관계를 가지기 때문이다. 아래는 당사자적격이 본안심판 청구인이자 신청인에게 인정되지 않는다고 하여 각하한 결정례이다.

판례 헌재 제2지정재판부 2017.3.14. 2017헌사225

[본안사건] 2017헌마168 헌법재판소법 제68조 제1항 위헌확인 등. [주문] 이 사건 신청을 모두 각하한다. [이유] 이 사건 신청은 당사자적격이 인정되지 아니하여 모두 부적법하므로, 이를 각하하기로 하여 관여재판관 전원의 일치된 의견으로 주문과 같이 결정한다.

2) 피신청인

가처분의 피신청인은 본안사건의 피청구인이 될 것이다. 법령소원의 경우에 피신청인을 '대한민국'으로 기재하고 있는 예를 볼 수 있다(헌재 2002.4.25. 2002헌사129, 효력정지 가처분신청, 판례집 14-1, 436면).

(2) 신청기간, 본안사건의 계속

가처분을 신청할 수 있는 기간상의 제한은 없다. 그러나 분명한 것은 본안사건이 존재하지 않는데 가처분을 신청한다는 것은 모순이다. 따라서 가처분신청은 본안심판이 적법하게 계속(繫屬) 중임을 전제로 한다.

판례 헌재 2004.4.29. 2004헌사56

[주문] 신청인들의 신청을 모두 각하한다. [결정요지] 가처분신청은 본안심판사건이 우리 재판소에 적법하게 계속 중임을 전제로 함이 원칙인바, 본안사건의 심판청구가 모두 청구기간을 도과한 것으로서 부적법하여 각하되는 마당에 신청인들의 이 사건 신청도 적법하게 유지될 수 없으므로 이를 모두 각하하기로 하여 관여재판관 전원의 일치된 의견으로 주문과 같이 결정한다. <본안심판결정> 헌재 2004.4.29. 2004헌마93등. [주문] 청구인들의 심판청구를 모두 각하한다. [결정요지] … 나. 청구인 ○○전자정밀주식회사 등의 청구에 관하여 – … 2004.1.30. 제기된 위 청구인들의 이 사건 심판청구는 헌법소원의 사유가 있은 날부터 1년이 지난 후에 제기된 것으로서 청구기간을 도과한 것이다. 다. 청구인3 주식회사 ○○의 청구에 관하여 – … 위 청구인의 심판청구도 청구기간이 도과한 것이라 아니할 수 없다. 4. 결론 – 따라서 청구인들의 심판청구는 모두 부적법하므로 이를 모두 각하하기로 하여 관여재판관 전원의 일치된 의견으로 주문과 같이 결정한다.

판례 헌재 제2지정재판부 2020.5.12. 2020헌사468

[주문] 이 사건 심판청구를 각하한다. [결정요지] 이 사건 가처분신청은 본안사건의 심판이 적법하게 계속되는 것을 전제로 하는바, 본안사건이 부적법하여 각하되기 때문에 이 사건도 적법하게 유지될 수 없다. 그렇다면 이 사건 가처분신청을 각하하기로 하여 관여 재판관 전원의 일치된 의견으로 주문과 같이 결정한다.

<본안사건 각하결정> 헌재 2020.5.12. 2020헌마571. [주문] 이 사건 심판청구를 각하한다. [결정요지] … 이 사건 수리행위로 인하여 자신의 기본권을 침해받았다고 볼 수 없고, 단순히 이 사건 수리행위에 간접적, 사실적 이해관계를 가질 뿐이므로, 기본권 침해의 자기관련성이 인정되지 아니한다. 3. 결론 – 그렇다면 이 사건 심판청구는 부적법하므로 이를 각하하기로 결정한다.

* 동지 : 헌재 제1지정재판부 2020.4.21. 2020헌사411, 같은 날 본안사건에 대해 내린 각하결정(헌재 제1지정재판부 2020.4.21. 2020헌마480); 헌재 제3지정재판부 2020.4.21. 2020헌사467, 같은 날 본안사건에 대해 내린 각하결정(헌재 제3지정재판부 2020.4. 21. 2020헌마570.

헌법재판소 심판 규칙(바로 아래 인용)은 "가처분의 신청이 있는 때에는 신청서의 등본을 피신청인에게 바로 송달하여야 한다. 다만, 본안사건이 헌법소원심판사건인 경우로서 그 심판청구가 명백히 부적법하거나 권리의 남용이라고 인정되는 경우에는 송달하지 아니할 수 있다"라고 규정하고 있다(동 규칙 제50조 3항).

본안사건이 청구되기 전에도 신청이 가능하나 이후 청구가 되어야 하고 안되면 물론 가처분신청이 각하된다.

판례 헌재 2020.5.27. 2019헌사1121

[설시] 이미 계속 중이거나 장래 계속될 본안사건의 당사자는 가처분 신청을 할 수 있는데 … * 이 결정은 권한쟁의심판사건이었지만 그 법리는 헌법소원에도 적용되는 것이라 여기에 인용함.

반대로 본안사건에 대한 종국결정이 내려진 경우는 물론 신청할 수 없다. 또 본안판단이 상당히 진전되어 종국결정을 내리기에 충분한 정도의 심리가 된 경우에 가처분신청을 받아줄 이유는 없다고 본다.

(3) 본안심판 범위 내, 권리보호이익 등

본안심판이 계속되어야 함은 위에서 밝혔는데 계속 중이라도 가처분은 본안사건의 범위 내에서 이루어져야 하고 그것을 초과하는 가처분신청은 가처분의 성격상 받아들일 수 없다. 가처분을 통해 긴급한 예방조치가 가능하지 않거나 본안사건에 대한 판단이 권리침해의 집행 행위가 있기 전에 이루어지거나 다른 방법에 따라 권리침해 예방이 이루어질 수 있다면 가처분 신청의 권리보호이익은 없다고 할 것이다. 긴급하지 않은 상황에서 가처분이 이루어진 경우라면 권리보호이익의 결여와 아래에서 살펴볼 가처분요건으로서의 긴급성요건도 갖추지 못한 것이 될 것이다. 아래 결정례는 헌법재판관 직무수행 가처분신청 사건에서 재판관 퇴임으로 인한 권리보호이익이 부정된 예이다. 또 다른 예는 대통령탄핵소추에 관한 것이다.

판례 헌재 제3지정재판부 2017.2.15. 2017헌사107

[주문] 이 사건 신청을 각하한다. [이유] 이 사건 가처분신청 후인 2017.1.31. 헌법재판관 박한철이 임기만료로 퇴임하였음이 명백한바, 신청인들에게는 더 이상 피신청인을 상대로 헌법재판관 직무수행을 구할 권리보호이익이 없다고 할 것이므로, 이 사건 가처분신청은 부적법하다. 그렇다면 이 사건 신청은 부적법하므로 이를 각하하기로 결정한다.

판례 헌재 2016.12.27. 2016헌사857

[주문] 이 사건 신청을 각하한다. [이유] 이 사건 가처분신청(탄핵소추 진행 정지 가처분신청) 후인 2016.12.9. 국회 본회의에서 대통령(박근혜)에 대한 탄핵소추안이 가결되었음이 명백한바, 신청인에게는 더 이상 피신청인을 상대로 국회의 대통령에 대한 탄핵소추절차의 진행정지를 구할 권리보호이익이 없다고 할 것이므로, 이 사건 가처분신청은 부적법하다.

(4) 변호사대리

가처분신청에서 변호사대리가 적법요건인지가 논의된다. 헌재법 제25조 제3항이 "각종 심판절차에서 당사자인 사인(私人)은 변호사를 대리인으로 선임하지 아니하면 심판청구를 하거나 심판 수행을 하지 못한다"라고 규정하고 있고 이 심판 안에는 가처분사건 심판도 포함될 것으로 해석하여 긍정하고 있다. 아래 사안은 위헌소원의 경우에 긍정한 결정례이다.

판례 헌재 제2지정재판부 2016.5.3. 2016헌사226

[주문] 이 사건 신청을 각하한다. [이유] 신청인은 변호사를 대리인으로 선임하지 아니한 채 이 사건 신청을 하였고, 변호사를 대리인으로 선임하라는 보정명령을 송달받고 그 보정기간 내에 이를 보정하지 아니하였다. 그렇다면 이 사건 신청은 부적법하므로 헌법재판소법 제25조 제3항, 제72조 제3항 제3호에 따라 이를 각하하기로 결정한다.

판례 헌재 2019.11.28. 2019헌사562

[본안사건] 2018헌바235, 391(병합) 민사소송법 제98조 등 위헌소원, 2018헌바460, 471, 2019헌바56, 95, 145(병합) 민사소송법 제109조 제1항 위헌소원. [주문] 이 사건 신청을 각하한다. [이유] 이 사건 신

청은 당사자 본인이 신청한 것이고, 대리인의 추인도 받은 바 없어 부적법하므로 이를 각하하기로 하여 관여 재판관 전원(9인)의 일치된 의견으로 주문과 같이 결정한다.
* 헌재 2019.11.28. 2019헌사350; 2019.11.28. 2019헌사442; 2019.11.28. 2019헌사357.

가처분신청은 본안심판청구가 명백히 부적법하면 같이 부적법하게 되고(아래 본안심판 요건과의 견련성 부분 참조) 변호사대리강제가 안 된 경우에 본안심판청구가 명백히 부적법한 것으로 판단되므로 가처분신청도 부적법해지므로 결국 변호사대리강제가 가처분신청의 요건이 된다.

(5) 신청방식, 절차(서면주의, 소명 등)의 준수

아래 신청방식, 절차에 나오는 대로 가처분 신청은 서면에 의하여야 하고 이 신청서에 기재사항으로 주장을 소명하기 위한 증거나 자료를 첨부하여야 하는데 이러한 방식, 절차를 준수하지 않으면 역시 부적법 각하되므로 가처분신청의 적법요건을 이룬다.

2. 가처분신청의 방식과 절차

가처분의 신청의 방식과 절차는 헌재의 심판 규칙에 구체적으로 규정되어 있는데 아래와 같다.

헌법재판소 심판 규칙(헌법재판소 규칙, 이하 '심판규칙'이라고도 함) 제50조(가처분의 신청과 취하) ① 가처분의 신청 및 가처분신청의 취하는 서면으로 하여야 한다. 다만, 변론기일 또는 심문기일에서는 가처분신청의 취하를 말로 할 수 있다.
② 가처분신청서에는 신청의 취지와 이유를 기재하여야 하며, 주장을 소명하기 위한 증거나 자료를 첨부하여야 한다.
③ 가처분의 신청이 있는 때에는 신청서의 등본을 피신청인에게 바로 송달하여야 한다. 다만, 본안사건이 헌법소원심판사건인 경우로서 그 심판청구가 명백히 부적법하거나 권리의 남용이라고 인정되는 경우에는 송달하지 아니할 수 있다. <개정 2014.6.9>

(1) 신청, 직권에 의한 시작

위에서 언급한 대로 가처분 신청권자는 청구인이다. 그런데 헌재법 제57조, 제65조는 정당해산심판, 권한쟁의심판에서 두는 명시적 가처분규정에서 "직권 또는 청구인의 신청에 의하여 … 정지하는 결정을 할 수 있다"라고 하는데 헌법소원심판에서도 그러하다고 할 것이다. 행정소송법 제23조 제2항도 " 당사자의 신청 또는 직권에 의하여" 정지를 결정할 수 있다고 규정하고 있다. 따라서 청구인의 신청이 없더라도 헌재가 직권에 의해서도 가처분이 이루어질 수 있다.

(2) 신청방식

1) 서면주의

가처분의 신청은 서면으로 하여야 한다(심판규칙 제50조 1항 본문). 명확성을 기하기 위한 것임은 물론이다.

2) 신청서 기재사항

가처분신청서에는 신청의 취지와 이유를 기재하여야 하며, 주장을 소명하기 위한 증거나 자료를 첨부하여야 한다(심판규칙 제50조 2항).

3) 피신청인 통지

가처분의 신청이 있는 때에는 신청서의 등본을 피신청인에게 바로 송달하여야 한다(심판규칙 제50조 3항 본문).

4) 취하

가처분신청을 취하할 수도 있는데 명확히 하기 위해 서면으로 하여야 한다. 다만, 변론기일 또는 심문기일에서는 말로 할 수 있다(심판규칙 제50조 1항 단서).

3. 신청내용

가처분 신청서

신 청 인 ○○○
피신청인 △△△
본안사건

신청취지

"피신청인의 20**. **. **자 ㅁㅁㅁ 처분은 헌법재판소 20**헌마** 사건의 종국결정 선고시까지 그 집행을 정지한다."라는 결정을 구합니다.

신청이유

1. 본안사건의 개요
2. 보전처분의 필요성

첨부서류

20**. **. **.
신청인 대리인 변호사 ◎◎◎ (인)

헌법재판소 귀중

▌헌법소원심판에서의 가처분신청서 예시

(1) 공권력행사의 효력·집행정지

가처분신청에서 다음과 같은 내용을 청구할 수 있다. i) 효력정지 – 공권력행사의 효력을 정지시키는 가처분이다. ii) 집행정지 – 그 집행 또는 절차의 속행의 전부 또는 일부를 정지시키는 가처분이다.

(2) 검토 – 부작위, 거부행위에 대한 헌법소원의 경우

공권력의 적극적인 행사로 인해 기본권이 침해되어 헌법소원심판을 청구할 경우에 가처분은 위와 같이 정지를 그 내용으로 신청을 하게 되는데 반면에 소극적 불행사(부작위)의 경우에는 그 신청내용이 어떠할 것이며 그것이 허용될 것인가가 논의될 수 있겠다. 즉 헌법소원심판은 공권력의 불행사, 부작위로 인한 기본권침해의 경우에도 청구할 수 있으므로 이 부작위를 방치하여 본안심판의 종국결정에서 부작위의 위헌확인결정이 있더라도 청구인의 기본권구제가 실제로는 불가능해지고 회복할 수 없는 손해가 발생할 경우를 대비한 가처분신청은 그 내용이 어떠할 것이며 그것이 가능할 것인가 하는 문제가 제기된다. 생각건대 소극적인 부작위이므로 임시적이지만 지위보전과 같은 적극적인 조치로 나아갈 것을 요구하는 것이 필요할 것이다. 일단 '가구제'라고 부르고자 하는데 사실 현재 헌재법이 가처분을 명시하고 있는 권한쟁의심판의 경우(헌재법 제65조) 효력정지(해석상 집행정지 포함)를 가처분의 내용으로 하고 있으나 정지가 아니라 부작위, 거부행위에서 적극적인 임시조치로 하게 하는 제도가 '가처분'이란 용어에 더 적절할 지도 모르겠다. 그런데 법상황이 위와 같으므로 일단 구별을 위해 집행정지만을 가처분으로 부르고 임시조치를 취하는 제도에 대해서는 일반적인 가구제리는 말을 우선 쓰기로 한다(사실 "가구제 = 집행정지 + 가처분"이라고 쓰이고 있다, 홍정선, 행정법원론(상), 2020년판, 박영사, 1143면 참조). 문제는 현행 행정소송법에는 집행정지만 명시되어 있고 가구제에 관한 규정이 없다는 점이다. 민사집행법 제300조 제2항을 준용하는 방안 등 대책을 강구하는 것이 필요하다. 거부행위의 경우에는 거부의사가 표시된 공권력행사로 보아 정지로 나아가면 될 것이나 거부된 기본권구제로 나아가도록 강제하는 가구제가 역시 문제될 것이다. 헌재의 결정례 중에는 입국불허결정을 받은 외국인이 인천공항출입국관리사무소장(피신청인)을 상대로 인신보호청구의 소 및 난민인정심사불회부결정취소의 소를 제기한 후 그 소송수행을 위하여 변호인접견신청을 하였으나 피신청인이 이를 거부한 데 대해 가처분신청이 있었는데 헌재가 피신청인으로 하여금 변호인접견을 허가하도록 가처분을 인용한 사례가 있다. 헌재의 판례집은 이 결정의 [판시사항]에서 "임시의 지위를 정하기 위한 가처분을 인용한 사례"라고 소개하고 있다.

판례 헌재 2014.6.5. 2014헌사592, 판례집 26-1하, 680.

Ⅲ. 헌법소원심판에서 가처분 인용요건(실체적 요건)

* 가처분의 적법요건은 위 신청단계에서 살펴보았다. 여기서는 신청이 적법하게 이루어진 것으로 판단되어 가처분사건의 본문제, 즉 잠정적 조치를 취하는 가처분을 허용할 것인지 가처분 자체의 요건을 아래에 살펴본다.

1. 본안사건에서의 적법성, 인용가능성의 요건 여부

(1) 논의

가처분의 허용을 인정하기 위한 실체적 요건으로서 먼저 본안사건에서 인용가능성(이를 흔히 '승소가능성'이라고 부르나 헌법재판은 민사소송과 같은 소송이라고 하기 적절하지 않으므로 '인용가능성'이란 용어가 더 적절하다)이 그 요건의 하나로 요구되는 것인가가 논의된다. 본안사건의 청구가 인용되지 않는다면 가처분도 불필요한(했던) 것이므로 이것이 실체적 요건의 하나라고 생각할 수 있지 않느냐 하는 것이다. 그러나 헌법소원심판을 청구하거나 하려는 시점에서 그 심판의 결과를 알 수 없는 것이고, 헌법소원의 가처분은 인용 여부가 불확실한 상황에서 인용이 될 경우에 인용임에도 불구하고 기본권구제가 되지 않아 발생할 수 있을 중대한 불이익을 미리 방지하고자 하는 목적으로 인정되는 것이므로 인용가능성 여부를 요건으로 할 수 없고 그것을 요건으로 하는 것은 가처분제도의 존재이유에 반한다.

(2) 소극적 요건으로서의 의미 - 불명백성의 요구

다만, 위의 결론은 불명확한 경우이고 명백하게 본안심판의 청구가 부적법하여 각하될 것이나 그 청구에 이유가 없어서 기각될 경우에는 가처분 결정을 할 수 없다고 보는 것이 논리적이다. 이 경우에 가처분을 통한 긴급한 예방조치라는 것도 본안심판의 각하결정, 기각결정으로 의미가 없는 것이기 때문이다. 헌재도 "본안심판이 부적법하거나 이유없음이 명백하지 않는 한, 위와 같은 가처분의 요건을 갖춘 것으로 인정되고 … 가처분을 인용할 수 있는 것"이라고 한다. 요컨대 본안심판의 명백한 부적법성, 이유없음이 없어야 한다는 소극적 요건으로는 작용된다고 본다.

판례 헌재 2000.12.8. 2000헌사471

[설시] 본안심판이 부적법하거나 이유없음이 명백하지 않는 한, 위와 같은 가처분의 요건을 갖춘 것으로 인정되고, 이에 덧붙여 가처분을 인용한 뒤 종국결정에서 청구가 기각되었을 때 발생하게 될 불이익과 가처분을 기각한 뒤 청구가 인용되었을 때 발생하게 될 불이익에 대한 비교형량을 하여 후자의 불이익이 전자의 불이익보다 크다면 가처분을 인용할 수 있는 것이다.

(3) 유의점 - 본안심판청구 부적법성·이유없음의 명백성이 있는 경우의 가처분신청에 대한 결정형식

위 법리에 따르면 본안심판의 청구가 명백히 부적법하거나 심판청구의 이유가 명백히 이유없는 경우에는 가처분을 인용할 수 없다는 것인데 그 경우에 가처분신청에 대한 헌재의 결정은 어떠하여야 하는가 하는, 즉 신청각하결정을 할 것인가 아니면 신청기각결정을 할 것인가 하는 문제가 있다.

1) 논의의 취지(문제 소재)

이러한 논의는 명백성 때문에 제기된다. 본안심판의 청구에 대한 명백성이 가처분신청에도 직결되는 것인가 하는 문제이다. 위 사유는 두 가지, 즉 본안심판청구가 부적법함이 명백한 경우와 본안심판청구의 이유없음이 명백한 경우로 나누어 볼 수 있을 것이다. 아래에서 이에 관해 결정례들을 살펴보고 검토해 본다.

2) 본안심판청구의 부적법함이 명백한 경우

(가) 판례

가) 본안심판청구의 부적법성의 명백성을 밝힌 경우의 주류판례 : 가처분신청 각하결정

헌재가 본안심판청구가 부적법한 것이 명백하다고 판시하는 결정례들은 가처분 신청도 부적법하다고 각하하는 결정례들을 주로 보여준다. 이에도 여러 유형을 볼 수 있다.

나) 가처분신청 각하결정의 유형들

(a) 본안심판청구의 부적법함이 명백함을 지적하면서 가처분신청을 각하한 결정례들이 아래와 같은 결정례들이다.

판례 헌재 제3지정재판부 2020.3.10. 2020헌사274

[주문] 이 사건 신청을 각하한다. [결정이유] 본안사건이 명백히 부적법하거나 명백히 이유 없는 경우에는 가처분 결정을 할 수 없다(헌재 1999.3.25. 98헌사98; 헌재 2000.12.8. 2000헌사471). 살피건대, 본안사건은 헌법소원의 대상이 되지 않는 법원의 재판을 심판대상으로 한 것으로 명백히 부적법한 경우에 해당한다. 그렇다면 이 사건 신청은 부적법하므로 이를 각하하기로 하여, 관여 재판관 전원의 일치된 의견으로 주문과 같이 결정한다.

<같은날 내려진 본안사건 각하결정> 헌재 제3지정재판부 2020.3.10. 2020헌마293. [주문] 이 사건 심판청구를 각하한다. [결정이유] 사건 영장발부는 법원의 재판으로 원칙적으로 헌법소원심판의 대상이 되지 아니하고, 나아가 헌법재판소가 위헌으로 결정한 법령을 적용한 바 없어 헌법소원심판의 대상이 될 수 있는 예외적인 법원의 재판에 해당하지도 아니한다. 청구인은 헌법재판소와 대법원에서 해석한 공직선거법상 '선거운동'에 포섭될 만한 행위를 한 바 없으므로 이 사건 영장발부가 헌법소원심판의 대상이 되는 예외적인 법원의 재판에 해당한다는 취지로 주장하나, 이는 곧 법원에 의한 사실관계의 판단과 법률의 해석·적용의 부당함을 주장하는 것에 다름 아니므로, 헌법소원의 대상이 되지 않는 법원의 재판을 심판대상으로 삼는 것에 불과하다. 3. 결론 – 그렇다면 이 사건 심판청구는 부적법하므로 헌법재판소법 제72조 제3항 제1호 후단에 따라 이를 각하하기로 결정한다.

판례 헌재 제3지정재판부 2017.3.7. 2017헌사172

[주문] 이 사건 신청을 각하한다. [이유] 신청인은 대통령(박근혜) 탄핵사건이 신청인의 행복추구권 및 선거권을 침해하므로, 위 사건의 취소 또는 연기를 구하는 헌법소원을 청구할 예정이라고 주장하면서 위 사건을 담당하는 이정미 헌법재판관, 강일원 헌법재판관의 직무집행정지 가처분신청을 하였다. 본안사건이 명백히 부적법하거나 명백히 이유 없는 경우에는 가처분 결정을 할 수 없는바(헌재 1999.3.25. 98헌사98; 헌재 2000.12.8. 2000헌사471 등 참조), 신청인이 청구하고자 하는 본안사건인 탄핵심판 사건의 취소 또는 연기는 헌법재판소법 제68조 제1항에 정한 헌법소원심판의 대상이 된다고 볼 수 없고, 대통령에 대한 탄핵심판은 대통령이 그 직무집행에 있어 헌법이나 법률을 위배한 행위가 있는지를 판단하는 절차로서 일반국민의 지위에 있는 신청인이 그와 사실상 또는 간접적인 이해관계를 가진다고 할 수는 있어도 그로 인하여 법적 이익 또는 권리를 직접적으로 침해당하였다고 볼 수는 없어 자기관련성 요건을 갖추지 못하였다(헌재 2017.1.11. 2016헌마1094 참조). 따라서 신청인이 청구하고자 하는 본안사건이 명백히 부적법한 경우에 해당한다. 그렇다면 이 사건 신청은 부적법하므로 이를 각하하기로 하여 관여 재판관 전원의 일치된 의견으로 주문과 같이 결정한다.

(b) "신청인이 제기하려는 본안사건 심판청구가 명백히 부적법하므로 이 사건 가처분 신청 역시 적법하지 않다"라고 판시한 결정례도 아래와 같이 볼 수 있다.

판례 헌재 제2지정재판부 2020.1.7. 2019헌사1128. 사건 - 2019헌사1128 효력정지가처분신청, 신청인 이○○ 결정일 2020.1.7.

[주문] 이 사건 신청을 각하한다. [이유] 신청인이 제기하려는 본안사건 심판청구가 명백히 부적법하므로 이 사건 가처분 신청 역시 적법하지 않다. 이 사건 신청을 각하하기로 결정한다.

* 위와 비슷한 사안으로 비슷한 판시가 있었던 결정례 : 헌재 제3지정재판부 2018.11.27. 2018헌사878; 헌재 제2지정재판부 2020.3.17. 2020헌사288; 헌재 제2지정재판부 2020.1.7. 2019헌사1067; 헌재 제2지정재판부 2020.1.7. 2019헌사1128; 헌재 제2지정재판부 2019.10.8. 2019헌사808; 헌재 제2지정재판부 2019.10.8. 2019헌사838; 헌재 제1지정재판부 2019.7.9. 2019헌사326.

(c) 그냥 "본안사건 심판청구가 명백히 부적법하므로 이 사건 가처분 신청 역시 적법하지 않다"라고 하면서 본안사건번호를 기재하지 않은 결정례들도 있었다.

판례 헌재 제3지정재판부 2018.11.27. 2018헌사878; 헌재 제2지정재판부 2018.9.11. 2018헌사695; 헌재 제3지정재판부 2018.5.10. 2018헌사348.

(d) 같은 날 본안심판사건 각하결정, 가처분신청을 각하결정한 예들로서 명백성에 관한 언급이 없이 "가처분신청은 본안사건의 심판이 적법하게 계속되는 것을 전제로 하는바, 본안사건이 부적법하여 각하되기 때문에 이 사건도 적법하게 유지될 수 없다. 그렇다면 각하한다" 라고 판시하는 결정례들도 있다. 이러한 결정례들은 많고 가처분신청사건의 각하결정들의 대종을 이루고 지정재판부의 사전심사로 많이 이루어졌다. 이 결정례들은 가처분결정이 본안결정과 같은 날 이루어졌다는 점도 주목할 필요가 있다.

판례 헌재 2004.4.29. 2004헌사56

[주문] 신청인들의 신청을 모두 각하한다. [이유] 가처분신청은 본안심판사건이 우리 재판소에 적법하게 계속 중임을 전제로 함이 원칙인바, 본안사건의 심판청구가 모두 청구기간을 도과한 것으로서 부적법하여 각하되는 마당에 신청인들의 이 사건 신청도 적법하게 유지될 수 없으므로 이를 모두 각하하기로 하여 관여재판관 전원(9인)의 일치된 의견으로 주문과 같이 결정한다.

<같은날 내려진 본안사건 각하결정> 헌재 2004.4.29. 2004헌마93등.

* 이 결정의 이유 등에 대해서는 앞의 가처분신청의 적법요건, 신청기간, 본안사건의 계속 부분 참조.

판례 헌재 제2지정재판부 2020.5.12. 2020헌사468

[주문] 이 사건 심판청구를 각하한다. [이유] 이 사건 가처분신청은 본안사건의 심판이 적법하게 계속되는 것을 전제로 하는바, 본안사건이 부적법하여 각하되기 때문에 이 사건도 적법하게 유지될 수 없다. 그렇다면 이 사건 가처분신청을 각하하기로 하여 관여 재판관 전원(3인)의 일치된 의견으로 주문과 같이 결정한다.

<같은 날 내려진 본안사건 각하결정> 헌재 제2지정재판부 2020.5.12. 2020헌마571.

* 그 외 같은 날 본안심판사건 각하결정, 가처분신청을 각하결정한 예들로서 명백성에 관한 언급이 없는 결정례 : 헌재 제1지정재판부 2020.3.10. 2020헌사103, 제1지정재판부 2020.3.10. 2020헌마270; 헌재 제3지정재판부 2020.3.10. 2020헌사274, 제3지정재판부 2020.3.10. 2020헌마293; 헌재 제1지정재판부 2020.2.25. 2020헌사163, 제1지정재판부 2020.2.25. 2020헌마193; 헌재 제1지정재판부 2020.1.7. 2019헌사1111, 제1지정재판부 2020.1.7. 2019헌마1440; 헌재 제1지정재판부 2019.9.9. 2019헌사738, 제1지정재판부 2019.9.9. 2019헌마944; 헌재 제3지정재판부 2019.7.23. 2019헌사519, 제3지정재판부 2019.7.23. 2019헌마720; 헌재 제2지정재판부 2019.7.2. 2019헌사482, 제2지정재판부 2019.7.2. 2019헌마673; 헌재 제2지정재판부 2019.4.2. 2019헌사203, 제2지정재판부 2019.4.2. 2019헌마269; 헌재 제3지정재판부 2018.4.24. 2018헌사324, 2018.4.24. 2018헌마396; 헌재 제1지정재판부 2017.10.17. 2017헌사909, 제1지정재판부 2017.10.17. 2017헌마1094; 헌재 제2지정재판부 2017.2.28. 2017헌사200, 2017.2.28. 2017헌마122; 헌재 제2지정재판부 2016.12.13. 2016헌사819, 제2지정재판부 2016.12.13. 2016헌마1011 등

(나) 검토 및 결론

가) 검토

다음과 같이 검토될 수 있다. i) 양자의 견련성 인정 – 본안심판청구의 부적법성이 명백하다면 가처분신청도 각하되는 것이 논리적으로나 현실적으로도 타당하다. ii) '가처분의 인용요건'이란 용어의 부적절성 – 실무에서 헌재가 '확립된 법리'라고 보게 할 정도로 반복 되내이는 설시인, '가처분 인용 여부'라는 제목으로 "본안심판이 부적법하지 않(음)이 명백하지 않으면 가처분을 인용할 수 있다"라고 하는 판시(아래가 바로 그러한 전형적 판시이다)에 따라 가처분신청요건이 아니라 인용요건이므로 가처분 허용 여부를 가리는 본문제이고 따라서 '기각'으로 가야 한다고 생각할지 모르나 이는 타당하지 않고 각하결정이 정확한 것이다.

판례 헌재 2018.6.28. 2018헌사213. 인용, 기각결정

[판시] … 나. 가처분 인용 요건 – 본안심판이 부적법하지 않(음) … 이 명백하지 않고, … 불이익보다 클 경우 가처분을 인용할 수 있다. 다. 가처분 인용 여부 – 이 사건 가처분신청의 본안심판은 헌법재

판소의 사전심사를 거쳐 전원재판부에 계속 중이므로, 이 사건 가처분신청은 본안심판이 명백히 부적법한 경우에는 해당하지 아니한다. 또한 … 자유가 침해되는지 여부 등이 본안심판에서 심리를 거쳐 판단될 필요가 있다. …

iii) 명백성에 대해 언급하지 않은 결정례들 중 본안사건에 대해 같은 날 내리면서 명백히 부적법함을 알 수 있을 사안에 대해서도 그런 가처분 결정을 내리는 것은 결정을 받게 되는 신청인을 더 배려하는 방향으로 변화되는 것으로서 요망스럽다. 그런 경우로 본안심판의 청구기간이 도과한 경우와 같은 경우는 상당히 명확한 사안이 아닌가 하여 여기서 언급한다. iv) 본안사건 청구의 적법성 여부에 대해 명백성을 가처분신청의 요건으로 한다는 것은 자칫 본안사건에 대한 예단, 반대로 가처분 사건에 대한 예단으로 작용한다면 기본권보호의 실효성을 위해서 바람직한 것은 아니라는 생각이 들게 한다. v) 가처분신청이 각하된다고 하여 본안사건의 청구도 당연히 각하되는 것은 아니다. 가처분신청이 각하결정을 받게 되는 것은 본안사건 청구가 명백히 부적법한 경우 외에 위에서 살펴본 가처분신청요건, 예를 들어 가처분신청서에 기재사항으로 주장을 소명하기 위한 증거나 자료를 첨부하여야 하는데 이를 결여한 경우 등도 있으므로 그러하다.

나) 결론 : 본안심판청구 부적법성의 명백성 ⇒ 가처분신청의 부적법성

결론적으로 본안심판청구가 명백히 부적법하다면 본안사건의 청구가 각하되는 경우이다. 이 경우는 위의 가처분신청의 적법요건에서 본안사건이 적법하지 않으면 본안심판이 계속되지 않고 신청도 부적법하게 된다고 본다고 지적한 바에 따르면 가처분신청도 그 부적법성으로 신청에 대한 각하의 결정이 있게 된다고 보는 것이 논리적일 것이다.

헌법재판소 심판 규칙은 "본안사건이 헌법소원심판사건인 경우로서 그 심판청구가 명백히 부적법하거나 권리의 남용이라고 인정되는 경우에는 송달하지 아니할 수 있다"라고 규정하고 있다(동 규칙 제50조 3항).

(다) '명백성' 언급 없는 대조할 결정례 : 가처분 기각결정을 하고 본안심판청구를 각하한 결정례

가처분신청이 기각되고 같은 날 본안사건심판의 청구가 각하된 결정례도 있다. 본안심판청구가 부적법하므로 가처분에 대해서도 기각결정을 할 것이 아니라 각하결정을 하여야 하지 않는가 하는 의문이 있을지 모르나 이런 경우는 본안사건청구의 부적법성이 명백하지 않아(이는 본안심판청구의 부적법함의 명백성에 대해서는 언급함이 없이 그냥 가처분신청의 이유가 없다고 하여 그런 것으로 짐작되게 한다) 가처분에 영향을 주지 않는다고 보아 가처분신청이 기각이 되었고 본안심판청구의 부적법성이 심리 결과 명확하여 각하한 것이라고 이해된다. 대표적인 예를 보면 아래의 것이 있고 이러한 예들이 제법 많다.

판례 헌재 2020.4.23. 2018헌사376

[주문] 이 사건 신청을 기각한다. [이유] 이 사건 가처분 신청은 이유 없으므로, 관여 재판관 전원(9인)의 일치된 의견에 따라 주문과 같이 결정한다.

<같은 날 내려진 본안사건 결정> 헌재 2020.4.23. 2018헌마461. [주문] 이 사건 심판청구를 각하한다. [사건개요] 가. 청구인은 '국가유공자 등 예우 및 지원에 관한 법률'에 따른 국가유공자이자 무주택세대 구성원으로서, 장차 분양가격이 9억 원을 초과하는 주택을 특별공급 받고자 하는 사람이다. 나. 국토교통부는 2018.5.4. 국토교통부령 제512호로 '주택공급에 관한 규칙'을 개정하여, 사업주체는 투기과열지구에서 공급되는 주택으로서 분양가격이 9억 원을 초과하는 주택은 특별공급 할 수 없다는 내용을 규정한 제47조의2를 신설하였다. 다. 이에 청구인은 위 규칙 제47조의2가 자신의 거주·이전의 자유, 행복추구권, 평등권 등을 침해한다고 주장하면서 2018.5.4. 헌법소원심판을 청구하였다. [결정요지] 심판대상조항이 사업주체로 하여금 투기과열지구에서 분양가격 9억 원을 초과하는 주택을 특별공급 대상에서 제외하도록 정하여, 국가유공자인 청구인이 위와 같은 분양가격 9억 원 초과 주택을 특별공급 받을 기회를 얻지 못한다 하여도, 이러한 청구인의 불이익은 사실적·반사적 불이익에 불과하다고 할 것이다. 따라서 심판대상조항은 청구인의 권리 또는 법적 지위에 직접적인 영향을 미친다고 볼 수 없으므로, 기본권침해가능성이 인정되지 않는다.

* 그 외 전원재판부에서 본안심판청구의 부적법함의 명백성이 아니라 그냥 가처분신청의 이유가 없다고 하여(왜 이유없는지는 안 밝힌채) 기각하고 같은 전원재판부가 본안심판청구에 대해서는 각하한 예 : 헌재 2018.4.26. 2017헌사360, 헌재 2018.4.26. 2017헌마397; 헌재 2018.6.28. 2017헌사582, 헌재 2018.6.28. 2017헌마695

3) 본안심판청구의 이유없음이 명백한 경우

본안심판청구의 이유없음이 명백하다면(명백한 것으로 보인다면) 가처분신청도 인용할 수는 없다. 그렇다고 당연히 각하할 것은 아니다. 다른 신청요건을 갖추지 못하여 각하하는 경우이면 몰라도 당연히 그러할 수는 없다. 결국 본안청구의 이유없음이 명백할 경우에는 가처분도 기각하게 될 부담을 많이 안게 될 것이다. 그렇다고 본안심판청구의 이유없음이 명백하므로 가처분 신청도 이유없다고 바로 판시한 예를 찾기는 어렵다. 여하튼 아래 예들이 가처분 신청의 이유없음이 본안심판청구의 이유없음의 명백성에서 기인하는지 여부를 밝히지 않고 같은 날 기각결정한 예들이다.

판례 헌재 2020.3.26. 2019헌사795

[주문] 이 사건 신청을 기각한다. [이유] 신청인의 이 사건 가처분 신청은 이유 없으므로 관여 재판관 전원(9인)의 일치된 의견으로 주문과 같이 결정한다.

<본안사건 결정> 헌재 2020.3.26. 2019헌마1019. [주문] 이 사건 심판청구를 기각한다. [이유] 재판청구권을 침해하지 않는다.

판례 헌재 2019.8.29. 2018헌사264

[주문] 이 사건 신청을 기각한다. [이유] 신청인들의 이 사건 가처분 신청은 이유 없으므로 관여 재판관 전원(9인)의 일치된 의견으로 주문과 같이 결정한다.

<본안사건 결정> 헌재 2019.8.29. 2018헌마297등, 기각결정.

* 그 외 같은 날 가처분사건 기각결정, 본안사건 기각결정된 전원합의체결정 : 헌재 2018.7.26. 2016헌사485, 2018.7.26. 2016헌마524등.

* 대조 : 본안심판청구의 이유없음이 명백한 경우 – 반대로 본안사건이 이유있음이 명백한 경우(사실은 명백해 보이는 경우일 것이다)일 때라고 가처분이 당연히 허용되는 아니고 가처분신청의 다른 적법요건을 갖추지 못하면 각하될 수 있을 것이고 그렇지 않으면 가처분 허용요건(아래에 살펴볼 실체적 인용요건)을 구비하면 가처분을 인용하고, 그 허용요건을 구비하지 못하면(예를 들어 긴급성이 없는 경우 등) 가처분신청이 기각될 것이다. 아래 결정이 본안심판 결과 위헌으로 결정났지만 같은 날 내려진 가처분사건에서는 기각결정이 난 예이다.

판례 헌재 2019.7.25. 2018헌사608
[주문] 이 사건 신청을 기각한다. [이유] 신청인의 이 사건 가처분 신청은 이유 없으므로 관여 재판관 전원(9인)의 일치된 의견으로 주문과 같이 결정한다.
＜본안사건 위헌결정＞ 헌재 2019.7.25. 2017헌마1329. [주문] 1. 변호사시험법(2017.12.12. 법률 제15154호로 개정된 것) 제18조 제1항 중 '해당 시험의 합격자 발표일부터 1년 내에' 부분에 대한 심판청구를 각하한다. 2. 변호사시험법 부칙(2017.12.12. 법률 제15154호) 제2조 중 '이 법 시행일부터 6개월 내에' 부분은 헌법에 위반된다. [이유] 과잉금지원칙에 위배되어 청구인의 정보공개청구권을 침해한다.

* **대조** : 가처분 기각, 본안 기각의 경우 – 이유없음이 명백하지 않아 가처분신청이 각하되지 않았으나 기각이 되었고 본안심판청구도 기각되는 경우가 물론 있다. 그 한 예로, 판례 헌재 2018.6.28. 2014헌사383, 2018.6.28. 2014헌마166.

(4) 최종정리

'본안심판이 부적법하거나 이유없음이 명백하지 않을 것'(불명백성) 요건은, 가처분은 본안에서 인용 여부가 불확실한 상황에서 하는 것이므로 가처분 인용여부 판단에서는 없어야 할 '소극적' 요건으로서 작동한다는 의미를 가진다. 명백한 경우 가처분 인용결정을 통한 긴급한 예방조치라는 것도 본안심판의 각하결정, 기각결정으로 의미가 없는 것이기 때문이다. 헌재도 "본안심판이 부적법하거나 이유없음이 명백하지 않는 한, 위와 같은 가처분의 요건을 갖춘 것으로 인정되고 … 가처분을 인용할 수 있는 것"이라고 한다(2000헌사471). 요컨대 본안심판의 명백한 부적법성, 이유없음이 없어야 한다는 소극적 요건으로는 작용된다고 본다.

2. 실체적 인용요건

가처분을 받아들이기 위해서 다음과 같은 실체적 요건을 갖추어야 한다.

(1) 법규정과 판례법리

가처분 인용관련 법규정은 아래와 같다. 헌재법 제40조 제1항 후문에 따라 행정소송법, 민사소송법의 규정들이 준용된다.

1) 법규정

헌재법 제65조(가처분) 헌법재판소가 권한쟁의심판의 청구를 받았을 때에는 직권 또는 청구인의 신청에 의하여 종국결정의 선고 시까지 심판 대상이 된 피청구인의 처분의 효력을 정지하는 결정을 할 수 있다.
헌재법 제40조(준용규정) ① 헌법재판소의 심판절차에 관하여는 이 법에 특별한 규정이 있는 경우를 제외하고는 헌법재판의 성질에 반하지 아니하는 한도에서 민사소송에 관한 법령을 준용한다. 이 경우 탄핵심판의 경우에는 형사소송에 관한 법령을 준용하고, 권한쟁의심판 및 헌법소원심판의 경우에는 「행정소송법」을 함께 준용한다. ② 제1항 후단의 경우에 형사소송에 관한 법령 또는 「행정소송법」이 민사소송에 관한 법령에 저촉될 때에는 민사소송에 관한 법령은 준용하지 아니한다.

행정소송법 제23조(집행정지) ② 취소소송이 제기된 경우에 처분등이나 그 집행 또는 절차의 속행으로 인하여 생길 회복하기 어려운 손해를 예방하기 위하여 긴급한 필요가 있다고 인정할 때에는 본안이 계속되고 있는 법원은 당사자의 신청 또는 직권에 의하여 처분등의 효력이나 그 집행 또는 절차의 속행의 전부 또는 일부의 정지(이하 "집행정지"라 한다)를 결정할 수 있다. 다만, 처분의 효력정지는 처분등의 집행 또는 절차의 속행을 정지함으로써 목적을 달성할 수 있는 경우에는 허용되지 아니한다.
③ 집행정지는 공공복리에 중대한 영향을 미칠 우려가 있을 때에는 허용되지 아니한다.

민사집행법 제300조(가처분의 목적) ① 다툼의 대상에 관한 가처분은 현상이 바뀌면 당사자가 권리를 실행하지 못하거나 이를 실행하는 것이 매우 곤란할 염려가 있을 경우에 한다.
② 가처분은 다툼이 있는 권리관계에 대하여 임시의 지위를 정하기 위하여도 할 수 있다. 이 경우 가처분은 특히 계속하는 권리관계에 끼칠 현저한 손해를 피하거나 급박한 위험을 막기 위하여, 또는 그 밖의 필요한 이유가 있을 경우에 하여야 한다.

2) 판례법리

판례는 아래 네모 속에 정리한 기본법리를 중심으로 하고 있다.

▷ 요 건
- '공권력 행사 또는 불행사'의 현상을 그대로 유지시킴으로 인하여 생길 회복하기 어려운 손해를 예방할 필요가 있어야 하고 그 효력을 정지시켜야 할 긴급한 필요가 있어야 함 – '본안심판이 부적법하거나 이유 없음이 명백하지 않는 한', 위와 같은 가처분의 요건을 갖춘 것으로 인정됨
- 가처분을 인용한 뒤 종국결정에서 청구가 기각되었을 때 발생하게 될 불이익과 가처분을 기각한 뒤 청구가 인용되었을 때 발생하게 될 불이익에 대한 비교형량을 하여 후자의 불이익이 전자의 불이익보다 크다면 가처분을 인용할 수 있음

▌판례법리상 가처분 요건

판례 헌재 2018.4.6. 2018헌사242등
[설시] … 가처분 인용 요건 – 헌법재판소법 제40조 제1항이 준용하는 행정소송법 제23조 제2항의 집행정지규정과 민사집행법 제300조의 가처분규정에 따를 때, 본안심판이 부적법하거나 이유 없음이 명백하지 않고, 헌법소원심판에서 문제된 '공권력 행사 또는 불행사'를 그대로 유지할 경우 발생할 회복하기 어려운 손해를 예방할 필요와 그 효력을 정지시켜야 할 긴급한 필요가 있으며, 가처분을 인용한 뒤 종국결정에서 청구가 기각되었을 때 발생하게 될 불이익과 가처분을 기각한 뒤 청구가 인용되었을 때 발생하게 될 불이익을 비교형량 하여 후자의 불이익이 전자의 불이익보다 클 경우 가처분을 인용할

수 있다(헌재 2000.12.8. 2000헌사471; 헌재 1999.3.25. 98헌사98 참조).

(2) 개별 서술

위 요건들을 아래에서 나누어 상술한다.

1) 본안심판청구 부적법성·이유없음의 불명백성

본안심판의 청구가 명백히 부적법하지 않거나 이유없음이 명백하지 않아야 한다. 이에 대해서는 바로 위에서 서술하였다.

(가) 본안심판청구 부적법성의 불명백성

가) 의미

위에서 언급한 대로 이 요건은 신청의 적법성요건으로서 의미를 가진다. 다만, 이 요건의 결여(즉 본안심판청구가 부적법함이 명백한 경우) 본안심판청구의 부적법성으로 인해 신청 자체가 부적법하면 아예 가처분 허용 여부라는 본문제에 들어가지 못한다는 점에서 가처분 실체적 요건에 결부되고 그 전제요건이 된다.

나) 본안심판청구의 부적법성이 불명백하다는 판단준거

헌재는 그 판단준거로 "본안심판은 헌법재판소의 사전심사를 거쳐 전원재판부에 계속 중이므로, 이 사건 가처분신청은 본안심판이 명백히 부적법한 경우에는 해당하지 아니한다"라고 하여 전원재판부 회부 후 계속 중인 사실을 드는 판시가 많다.

판례 헌재 2018.4.6. 2018헌사242등

[판시] 이 사건 가처분신청의 본안 심판은 헌법재판소의 사전심사를 거쳐 전원재판부에 계속 중이므로, 이 사건 가처분신청은 본안 심판이 명백히 부적법한 경우에는 해당하지 아니한다. * 동지 : 헌재 2000.12.8. 2000헌사471; 2014.6.5. 2014헌사592; 2018.6.28. 2018헌사213.

다) 결여시(부적법성 명백시) **효과**

본안사건심판의 청구가 명백히 부적법하다면 가처분신청사건도 부적법 각하하는 판례들이, 헌재 판례들 중 기각한 예들도 있지만, 타당하다고 보는 것이 우리의 입장임을 위에서 밝혔다. 그런데 청구요건의 결여에 대한 보정이나 치유가 가능한 경우에 가처분신청을 무조건 각하할 것은 아니다.

① **검토대상 결정례** – 아래 결정례와 같이 보충성원칙에 따라 법원소송이 진행 중인 경우가 그런 경우에 해당되어 문제가 있는 결론의 결정이다.

판례 헌재 제3지정재판부 2019.11.19. 2019헌사886

[주문] 신청인들의 신청을 모두 각하한다. [결정이유] 신청인들은 ○○중학교장이 2019.10.17. 신청인들에게 한 강제전학조치가 신청인들의 기본권을 침해한다고 주장하면서 그 위헌확인을 구하는 헌법소원심판청구를 함과 동시에 본안사건의 종국결정시까지 위 강제전학조치의 효력을 정지할 것을 구하는 이

사건 효력정지가처분 신청을 하였다. 본안사건이 명백히 부적법하거나 명백히 이유 없는 경우에는 가처분 결정을 할 수 없다(헌재 1999.3.25. 98헌사98; 헌재 2000.12.8. 2000헌사471 등 참조). 그렇다면 본안사건이 적법한지 여부에 관하여 보건대, 학교의 장인 ○○중학교장의 학교폭력예방 및 대책에 관한 법률과 그 시행령의 규정에 따른 강제전학조치는 신청인들의 법적 지위 및 권리의무에 직접 영향을 미치는 행정처분으로서 항고소송의 대상이 되므로 신청인들은 그 취소를 구하는 행정소송을 제기할 수 있고, 집행정지신청을 통하여 그 처분의 집행정지를 구할 수도 있다. 그런데 기록에 의하면 신청인들이 피신청인을 상대로 제기한 강제전학처분취소소송(제주지방법원 2019구합5223호)이 현재 계속 중일 뿐만 아니라, 위 소송절차에서 강제전학처분의 집행정지를 구하는 신청(제주지방법원 2019아1077호)을 하여 현재 그 심리가 진행되고 있음을 확인할 수 있다. 따라서 위 헌법소원심판청구는 법률에 규정된 구제절차를 거치지 아니한 채 제기되어 보충성 요건을 갖추지 못하였고 할 것이므로, 이 사건 가처분신청은 본안사건이 명백히 부적법한 경우에 해당한다. 그렇다면 이 사건 가처분신청은 부적법하므로 이를 각하하기로, 관여 재판관 전원의 일치된 의견으로 결정한다.

② **검토** – 헌재 자신의 판례에 따르면 보충성원칙 불준수의 흠은 헌법소원심판 계속 중 그 다른 법률에 정한 구제절차를 모두 거치면 치유될 수 있다는 것이므로(헌재 1991.4.1. 90헌마194; 1995.4.20. 91헌마52 등) 위 결정이 본안사건이 보충성원칙의 불준수로 각하되니 가처분신청도 각하되는 것으로 보는 것이 자신의 판례에 부합되는지 의문이다. 본안사건이 명백히 부적법하여 각하되면 가처분신청도 각하된다는 점은 논리적이나 위와 같은 문제가 있다는 것이다.

(나) 본안심판 청구의 이유없음의 불명백성 판단준거

헌재는 그 판단준거로 "신청인의 기본권을 침해하는지 여부는 본안심판에서 심리를 거쳐 판단할 필요가 있어, 이 사건 가처분신청은 본안심판이 명백히 이유 없는 경우에도 해당하지 아니한다"라는 판시를 한다.

판례 헌재 2014.6.5. 2014헌사592. 인용결정

[판시] 신청인이 난민신청자에 해당할 경우 변호사의 조력을 받을 권리를 갖게 되고(난민법 제12조), 인신보호법상 피수용자 및 구제청구자에 해당할 경우 변호인을 선임할 권리를 갖게 된다(인신보호법 제12조 제2항). 이러한 경우에도 형사피의자와 동일하게 변호인 접견을 포함한 변호인의 조력을 받을 권리를 인정할 수 있는 것인지, 피신청인이 이 사건 접견신청 거부행위를 통하여 신청인에 대한 일체의 접견을 불허한 것이 신청인의 기본권을 침해하는지 여부는 본안심판에서 심리를 거쳐 판단할 필요가 있어, 이 사건 가처분신청은 본안심판이 명백히 이유 없는 경우에도 해당하지 아니한다.

신청인의 기본권을 제한(침해)하는지 여부 등이 "본안 심판에서 심리를 거쳐 판단될 필요가 있다"라는 판시에서 그치는 경우들(헌재 2018.4.6. 2018헌사242등; 2018.6.28. 2018헌사213)도 있는데 이러한 판시문구도 본안심판청구가 이유없음이 불명백하다는 판시의 취지라고 이해하면 되겠다.

2) 손해예방(중대한 불이익 방지)

헌법소원심판의 결정이 공권력행사를 취소하는 인용결정으로서 내려질 것일지라도 그 결정이 있기 전에 문제의 공권력행사가 집행 내지 속행되면 돌이킬 수(회복할 수) 없는 손해가 발생할 수 있어서 이를 예방할 필요가 있을 것을 그 요건으로 한다(행정소송법 제23조 2항). 민사집

행법은 "가처분은 현상이 바뀌면 당사자가 권리를 실행하지 못하거나 이를 실행하는 것이 매우 곤란할 염려가 있을 경우에 한다"라고 하고 "가처분은 다툼이 있는 권리관계에 대하여 임시의 지위를 정하기 위하여도 할 수 있다. 이 경우 가처분은 특히 계속하는 권리관계에 끼칠 현저한 손해를 피하거나 급박한 위험을 막기 위하여, 또는 그 밖의 필요한 이유가 있을 경우에 하여야 한다"라고 규정하고 있다(민사집행법 제300조).

결국 회복불능의, 중대한 불이익으로서, 현저한 손해를 방지할 필요성으로 정리할 수 있다.

아래 결정은 회복 어려운 손해 우려가 없다고 하여 그 신청부분을 기각한 예이다. 사안은 신분이 군인이거나 군형법의 적용을 받는 구속 피의자에게 군사법경찰관의 조사단계에서 10일의 구속기간 연장을 더 허용하고 있는 군사법원법 제242조 제1항 중 제239조 부분의 효력을 가처분으로 정지시킬 필요성이 없다고 판단한 사례이었다.

판례 헌재 2002.4.25. 2002헌사129

[판시] … 가. 군사법원법 제242조 제1항 중 제239조 부분 – 위 규정에 의한 신청인 조○형에 대한 1차 연장 구속기간은 2002.3.28.에 이미 끝났고, 위 규정은 1차에 한하여 구속기간의 연장을 허가하는 내용의 것이므로 이제 위 신청인은 더 이상 군사법경찰관의 조사단계에서 구속기간이 연장될 위험은 없다. 그렇다면 위 규정으로 인하여 위 신청인이 새로이 무슨 회복하기 어려운 손해를 입을 우려가 있다고 할 수 없다. 그러므로 위 규정의 효력을 가처분으로 당장 정지시켜야 할 필요성은 인정되지 않는다. 나. … * 군사법원법에 따라 재판을 받는 미결수용자의 면회 횟수를 주 2회로 정하고 있는 군행형법시행령 제43조 제2항 본문 중 전단부분의 효력을 가처분으로 정지시켜야 할 필요성은 있다고 보아 그 부분에 대해서는 인용결정이 있었는데 바로 위 나. 이하 생략된 부분이 그 부분 판시이고 이 판시에 대해서는 아래의 결정례 참조.

3) 긴급성 – 방지의 긴급한 필요성

그 예방을 긴급히 하여야 할 필요가 있는 상황에 있을 것을 요건으로 한다. 이는 본안심판의 결정이 내려질 때를 기다려서는 회복불능의 손해가 발생할 수 있고, 권리실행의 곤란성, 급박한 위험을 막을 수 없는 상황을 의미하고 필요한 예방조치를 본안심판 결정이 내려질 때까지 더 이상 미룰 수 없음을 의미한다. 그만큼 집행의 시기가 임박하고 근접한 시점에 있음을 말한다.

결국 이는 집행의 근접성, 본안심판 결정시까지 기다릴 여유 없을 것으로 정리할 수 있겠다.

4) 비교형량

(가) 판례

헌재는 가처분의 인용 및 기각에 따른 종국결정에서의 불이익을 비교형량하여 가처분의 인용여부를 가린다는 법리를 설정하여 줄곧 적용하여 왔다(아래 결정 외에 다른 결정례들도 참조).

판례 헌재 2000.12.8. 2000헌사471, 사법시험령 제4조 제3항 효력정지가처분신청

[관련판시] 헌법재판소법 제40조 제1항에 따라 준용되는 행정소송법 제23조 제2항의 집행정지규정과 민사소송법 제714조의 가처분규정에 비추어 볼 때, 이와 같은 가처분결정은 헌법소원심판에서 다투어지는 '공권력 행사 또는 불행사'의 현상을 그대로 유지시킴으로 인하여 생길 회복하기 어려운 손해를 예방할 필요가 있어야 하고 그 효력을 정지시켜야 할 긴급한 필요가 있어야 한다는 것 등이 그 요건이 된다 할 것이므로, 본안심판이 부적법하거나 이유 없음이 명백하지 않는 한, 위와 같은 가처분의 요건을 갖춘 것으로 인정되고, 이에 덧붙여 가처분을 인용한 뒤 종국결정에서 청구가 기각되었을 때 발생하게 될 불이익과 가처분을 기각한 뒤 청구가 인용되었을 때 발생하게 될 불이익에 대한 비교형량을 하여 후자의 불이익이 전자의 불이익보다 크다면 가처분을 인용할 수 있는 것이다(헌재 1999.3.25. 98헌사98. * 이 결정은 헌재가 처음으로 가처분에서 비교형량을 한 것으로 권한쟁의심판사건에서 가처분을 인용한 것이다. 이 결정에 대한 자세한 것은, 앞의 권한쟁의심판 부분 참조).

(나) 판례이론에 대한 이해와 예시

위의 판례이론의 이해를 돕기 위한 도해는 앞의 권한쟁의심판 때 것을 다시 가져온 것이다.

	가처분결정	본안결정
①	O	O
②	X	X
③	O	X
④	X	O

O : 인용 X : 기각

위의 도표에서 ①과 ②의 경우는 가처분결정과 본안결정이 일치하여 문제가 없다. ③과 ④의 경우가 문제인데 ④의 경우가 가져올 불이익이 ③의 경우가 가져올 불이익보다 더 클 때 가처분을 받아들여야 한다는 것이 판례의 입장이다. 그것은 그 기본권침해행위가 그대로 집행된 뒤 본안결정에서 청구인의 기본권을 침해한 것으로 결론이 나면 청구인이 그 기본권한행사를 못하게 되는 중대한 불이익이 오므로 ④의 경우가 더 심각하기 때문이다.

예시 : 아래 인신보호청구의 소 및 난민인정심사불회부결정취소의 소 수행을 위한 변호인접견신청 거부 가처분 사건을 법리적용의 이해를 위한 예로 들어 살펴본다.

판례 헌재 2014.6.5. 2014헌사592

[사안과 헌재결정] 입국불허결정을 받은 외국인(신청인)이 인천공항출입국관리사무소장('피신청인')을 상대로 인신보호청구의 소 및 난민인정심사불회부결정취소의 소를 제기한 후 그 소송수행을 위하여 변호인접견신청을 하였으나 피신청인이 이를 거부하자 변호인의 조력을 받을 권리가 침해되었다고 주장하며 거부행위의 취소를 구하는 헌법소원심판(2014헌마346)을 청구하였다. 신청인은 본안심판을 청구함과 동시에, 주위적으로 피신청인은 변호인이 신청인을 만나게 하는 방법으로 2014.4.25.자 변호인 접견신청을 허가하고, 예비적으로 이 사건 접견신청 거부행위의 효력을 본안사건 종국결정시까지 정지한다는 내용의 결정을 구하는 이 사건 가처분 신청(2014헌사592)을 하였다. 헌재가 피신청인으로 하여금 변호인접견을 허가하도록 임시의 지위를 정하기 위한 가처분을 인용하였다. [주문] 피신청인은 변호인의

2014.4.25.자 신청인에 대한 변호인접견신청을 즉시 허가하여야 한다. [결정요지] 신청인이 피신청인을 상대로 제기한 인신보호법상 수용임시해제청구의 소는 인용되었고, 인신보호청구의 소 역시 항고심에서 인용된 후 재항고심에 계속 중이며, 난민인정심사불회부결정취소의 소 역시 청구를 인용하는 제1심 판결이 선고되었으나, 두 사건 모두 상급심에서 청구가 기각될 가능성을 배제할 수 없다. 특히 인신보호청구의 소는 항고심 법원이 제1심 법원의 결정을 취소하였다. 신청인이 위 소송 제기 후 5개월 이상 변호인을 접견하지 못하여 공정한 재판을 받을 권리 역시 심각한 제한을 받고 있는데, 이러한 상황에서 피신청인의 재항고가 인용될 경우 신청인은 변호인 접견을 하지 못한 채 불복의 기회마저 상실하게 되므로 회복하기 어려운 중대한 손해를 입을 수 있다. 위 인신보호청구의 소는 2014.5.19. 재항고심에 접수되어 재항고에 대한 결정이 머지않아 날 것으로 보이므로 손해를 방지할 긴급한 필요 역시 인정된다. 다. 신청인의 변호인접견을 즉시 허용한다 하더라도 피신청인의 출입국관리, 환승구역 질서유지 업무에 특별한 지장을 초래할 것이라고 보기 어려운 반면, 이 사건 가처분신청을 기각할 경우 신청인은 위에서 살펴본 바와 같이 돌이킬 수 없는 중대한 불이익을 입을 수 있다. 따라서 이 사건 가처분신청을 인용한 뒤 종국결정에서 청구가 기각되었을 때 발생하게 될 불이익보다 이 사건 가처분신청을 기각한 뒤 청구가 인용되었을 때 발생하게 될 불이익이 더 크다. * [사건개요], 더 자세한 [판시]는 뒤의 인용결정례 부분 참조. * 본안심판의 결정은 위헌확인결정이었다.

[법리적용]

▷ 비교형량

③ 경우의 불이익 : 출입국관리, 환승구역 질서유지 업무에 특별한 지장을 초래하지 않음

④ 경우의 불이익 : 난민 관련 소송 등에서 변호인조력 받지 못하여 돌이킬 수 없는 중대한 불이익 입을 수 있음

▷ 결론 : ④의 불이익 > ③의 불이익 → 가처분 허용

(다) 강도

법령소원의 경우에는 청구인(신청인)만이 아니라 그 법규정이 적용되는 많은 다른 사람들이 있어서 가처분이 미치는 영향력이 더 크고 더욱이 입법작용이라는 점에서 권력분립구도상 헌재는 상당히 신중히 심사하게 될 것이다.

5) 소극적 요건 - 공공복리 관련 부재요건 - 공공복리에 중대 영향 미칠 우려가 없을 것

(가) 행소법 규정과 적용판례

행정소송법 제23조 제3항은 "집행정지는 공공복리에 중대한 영향을 미칠 우려가 있을 때에는 허용되지 아니한다"라고 규정하고 있고 헌법소원의 가처분에 있어서도 이 요건이 언급되고 있다. 이 요건은 없어야 할 소극적 요건이다. 공공복리에 영향을 줄 수 있는 경우는 개인에게 영향을 미칠 경우에도 있을 수 있지만 법령의 경우 그 파급효과가 널리 일반적일 수 있어서 더욱 그러하다고 본다. 헌재는 아래 결정에서 법령소원의 경우에는 그 파급효과가 클 수 있으므로 신중히 판단하여야 할 필요가 있어서 공공복리에 중대한 영향을 미치지 않는 경우에 가처분이 인용될 수 있다고 판시한다.

판례 헌재 2002.4.25. 2002헌사129

[관련설시] 헌법재판소법 제40조 제1항에 따라 준용되는 행정소송법 제23조 제2항의 집행정지규정과 민사소송법 제714조의 가처분규정에 의하면, 법령의 위헌확인을 청구하는 헌법소원심판에서의 가처분은 위헌이라고 다투어지는 법령의 효력을 그대로 유지시킬 경우 회복하기 어려운 손해가 발생할 우려가 있어 가처분에 의하여 임시로 그 법령의 효력을 정지시키지 아니하면 안 될 필요가 있을 때에 허용된다. 다만 사인간의 법률관계나 행정청의 구체적 처분의 효력을 정지시키는 것이 아니라 현재 시행되고 있는 법령의 효력을 정지시키는 것일 때에는 그 효력의 정지로 인하여 파급적으로 발생되는 효과가 클 수도 있기 때문에 이러한 점까지 고려하여 신중하게 판단하여야 한다. 그러므로 법령의 효력을 정지시키는 가처분은 비록 일반적인 보전의 필요성이 인정된다고 하더라도 행정소송법 제23조 제3항이 규정하는 바와 같이 공공복리에 중대한 영향을 미칠 우려가 있을 때에는 인용되어서는 안 될 것이다. * 이 결정에 대해서는 뒤의 Ⅳ. 가처분의 결정, 인용결정 부분 참조.

(나) 검토

ⅰ) 헌재가 설정한 비교형량 요건 테스트에서 공공복리에 미치는 영향을 측량하여 이를 비교한다는 점에서 이를 별도의 요건으로 설정할 필요가 있을지 그 실익이 의문이다. 아니면 역으로 이 공공복리 요건에 입각해서도 비교형량 요건이 요구된다고 하는 비교형량 요건의 근거로서 제시될 수 있겠다. ⅱ) 근본적으로 곰곰이 생각해 보면 공공복리에 영향을 줄 수 있는 경우는 복효적 공권력행사이다. 청구인에게 기본권제한을 가져오나 사회 전체에 대해서는 공공복리를 가져오는 경우이다. 그런데 사실 기본권제한의 목적이 공공복리를 위한 것이란 점에서 기본권제한을 가져오는 공권력행사의 집행을 정지하는 가처분이 공공복리에 영향을 미치는 것은 당연하고 다만 그 정도의 문제일 것이다.

6) 피보전권리의 소명 및 권리보전의 필요성

헌재의 이전의 판례로 가처분신청이 인용되기 위해서는 "피보전권리에 대한 소명이 있어야 하고, 권리보전의 필요성이 인정되어야 한다"라고 요건을 설정하여 그 요건에 비추어 인용 여부를 판단하고 있는 결정례가 있었다(헌재 2002.4.25. 2002헌사129, * 이 결정에 대해서는 뒤의 Ⅳ. 가처분의 결정, 인용결정 부분 참조.). 그런데 이러한 요건으로 부르더라도 그 실질적 내용상으로는 위 1), 2), 3) 4) 요건을 내포하여 차이가 없다고 할 것이다. 근간에 이러한 용어들로 요건을 부르는 결정례를 찾기 어렵다.

Ⅳ. 가처분의 결정

1. 관할 문제 - 지정재판부 관할 문제

헌법소원심판에서는 9인 전원재판부 외에 3인 지정재판부에 의한 사전심사제도도 두고 있는데 이 3인 지정재판부도 가처분사건을 담당하여 결정을 할 수 있는가 하는 문제를 논의할 필요가 있다.

(1) 각하결정, 전원재판부 심판회부 결정

지정재판부는 헌법소원심판의 사전심사를 담당하여 청구의 적법 여부를 판단하는 권한을 가지므로 가처분 신청의 적법 여부에 대해 판단할 수 있다. 그러나 지정재판부 3인 중 한 명이라도 각하할 것이 아니라는 의견을 제시하면 전원재판부에 회부되므로(헌재법 제72조 3항·4항) 결국 3인 지정재판부는 각하결정 또는 전원재판부 심판회부결정만을 할 수 있다.

(2) 기각결정의 의외성과 불수용성 및 입법개선 필요성

1) 지정재판부에 의한 가처분 기각결정의 예

그러나 헌재의 지정재판부가 본안심판청구의 부적법함이나 청구이유없음의 명백성을 이유로 한 각하결정이 아니라 그냥 설시도 없이 그냥 가처분 신청이 이유없다고 기각하는 경우를 적지 않게 보여주고 있어서 문제이다.

* 지정재판부가 본안심판청구의 부적법함의 명백성이 아니라 그냥 가처분신청의 이유가 없다고 하여(왜 이유없는지는 안 밝힌채) 기각하고 같은 날 같은 지정재판부가 본안심판사건 각하결정한 예들 : 헌재 제2지정재판부 2020.4.14. 2020헌사416, 제2지정재판부 2020.4.14. 2020헌마489; 헌재 제2지정재판부 2020.4.21. 2020헌사394, 제2지정재판부 헌재 2020.4.21. 2020헌마462; 헌재 제3지정재판부 2019.10.15. 2019헌사816, 제3지정재판부 2019.10.15. 2019헌아510; 헌재 제1지정재판부 2019.10.15. 2019헌사782, 제1지정재판부 2019.10.15. 2019헌마1064; 헌재 제3지정재판부 2018.10.30. 2018헌사782, 제3지정재판부 2018.10.30. 2018헌마941; 헌재 제1지정재판부 2018.5.16. 2018헌사340, 제1지정재판부 2018.5.16. 2018헌마418; 헌재 제1지정재판부 2017.11.7. 2017헌사1008, 제1지정재판부 2017.11.7. 2017헌마1114; 헌재 제2지정재판부 2016.12.20. 2016헌사782, 제2지정재판부 2016.12.20. 2016헌마962; 헌재 제1지정재판부 2016.10.25. 2016헌사733, 제1지정재판부 2016.10.25. 2016헌마891; 헌재 제2지정재판부 2015.5.19. 2015헌사340, 제2지정재판부 2015.5.19. 2015헌마328; 헌재 제2지정재판부 2010.7.6. 2010헌사485, 제2지정재판부 2010.7.6. 2010헌마324 등.

2) 검토

위에서 분명히 밝힌 대로 지정재판부는 헌법소원심판의 사전심사를 담당하여 청구의 적법 여부를 판단하는 권한만을 가지고 3인 재판관 전원일치의 각하결정을 하지 않는다면 전원합의체에 회부하는 결정을 하는 양자 중 하나의 결정을 할 수 있다(헌재법 제72조 3항·4항). 그 점에서 지정재판부에 의한 기각결정이 그 이유의 구체적 설시 없음 이전에 기각결정을 한다는 것 자체가 현행 법에 부합하지 않는다. 입법론적으로 이 점에 대한 보완 문제 관련 검토가 필요한 부분이기도 하다. 지정재판부가 기각결정을 하는 것은 가처분신청사건이라서 또는 신청사건이라 과다해서 그러는지 몰라도 그렇더라도 헌재법 제72조에 부합되지 않으니(법문언 자체를 벗어나 할 수는 없으므로) 필요하다면 법개정으로 명확히 해야 한다는 의미이다.

2. 심리정족수와 결정정족수

가처분 신청을 각하할 것인지 여부에 대한 결정, 가처분을 허용할 것인지에 대해 인용할

것인지 기각할 것인지 하는 등의 심리와 결정에서 재판부는 재판관 7명 이상의 출석으로 사건을 심리한다(헌재법 제23조 1항). 재판부는 종국심리에 관여한 재판관 과반수의 찬성으로 사건에 관한 결정을 한다(동법 동조 2항). 지정재판부에 의해서는 결국 각하결정만 하게 되므로 결정정족수란 3인 전원일치의 각하결정만 상정할 수 있고 3인 중 한 명이라도 각하결정을 할 사안이 아니라고 보면 전원재판부에 회부된다.

3. 결정형식

(1) 각하결정

신청의 적법요건을 갖추지 못한 경우에는 각하결정을 한다.

(2) 인용결정

가처분을 받아들이는 인용하는 결정에는 다음과 같은 것들이 있다.

1) 효력·집행정지

공권력의 적극적 행사로 인해 기본권이 침해된다고 하여 청구된 헌법소원심판에서 신청된 가처분신청을 인용하는 결정으로 그 공권행사에 대해 다음과 같은 가처분 결정을 할 수 있다.

i) **효력정지** 공권력행사의 효력을 본안심판의 종국결정 선고시까지 정지시키는 결정이다(행정소송법 제23조 2항 본문). 법령소원의 경우 효력정지 청구와 그것의 인용결정이 있었다. 다만, 효력정지는 처분 등의 집행 또는 절차의 속행을 정지함으로써 목적을 달성할 수 있는 경우에는 허용되지 아니한다(행정소송법 제23조 2항 단서).

ii) **집행정지** 공권력행사의 집행 또는 절차의 속행의 전부 또는 일부를 종국결정 선고시까지 정지시키는 가처분이다(행정소송법 제23조 2항 본문).

2) 부작위, 거부행위에 대한 헌법소원의 경우 – '임시 지위 정하기 위한 가처분 인용'

위의 적극적 공권력행사로 인한 기본권침해의 경우 그 공권력행사가처분대상이 된 경우에는 적극적 공권력행사가 있으므로 위와 같이 집행(효력)정지가 적실하나 이 경우와 달리 소극적 불행사(부작위, 거부행위)로 인한 기본권침해의 경우에는 가처분신청인은 그 불행사상태가 본안심판 도중에 회복할 수 없는 중대한 기본권침해를 가져오는 것을 잠정적으로 막기 위해서는 정지가 아니라 민사집행법 제300조 제2항이 규정하는 '임시의 지위를 정하기 위하여' 하는 가처분을 생각할 수 있다. 정지가 아니라 적극적인 가구제인 것이다. 거부행위의 경우에는 거부의사가 표시된 공권력행사가 있으므로 그 거부의 효력을 정지하거나 집행을 정지한다는 것은, 거부가 결국 요구된 행위를 하지 않겠다는 것이므로 잠정구제에 의미가 없다. 따라서 거부된 기본권구제로 나아가도록 강제하는 가구제를 인정하여야 할 것이다.

헌재의 결정례 중에는 입국불허결정을 받은 외국인이 인천공항출입국관리사무소장(피신청인)을 상대로 인신보호청구의 소 및 난민인정심사불회부결정취소의 소를 제기한 후 그 소송수행을 위하여 변호인접견신청을 하였으나 피신청인이 이를 거부한 데 대해 가처분신청이 있었는데 헌재가 피신청인으로 하여금 변호인접견을 허가하도록 가처분을 인용한 아래의 사례가 있다. 헌재의 판례집은 이 결정의 [판시사항]에서 "임시의 지위를 정하기 위한 가처분을 인용한 사례"라고 소개하고 있다(헌재 2014.6.5. 2014헌사592, 판례집 26-1하, 680).

판례 헌재 2014.6.5. 2014헌사592

[판시사항] 입국불허결정을 받은 외국인이 인천공항출입국관리사무소장('피신청인')을 상대로 인신보호청구의 소 및 난민인정심사불회부결정취소의 소를 제기한 후 그 소송수행을 위하여 변호인접견신청을 하였으나 피신청인이 이를 거부한 사안에서, 헌법재판소가 피신청인으로 하여금 변호인접견을 허가하도록 임시의 지위를 정하기 위한 가처분을 인용한 사례 [주문] 피신청인은 변호인의 2014.4.25.자 신청인에 대한 변호인접견신청을 즉시 허가하여야 한다. [결정요지] 신청인이 피신청인을 상대로 제기한 인신보호법상 수용임시해제청구의 소는 인용되었고, 인신보호청구의 소 역시 항고심에서 인용된 후 재항고심에 계속 중이며, 난민인정심사불회부결정취소의 소 역시 청구를 인용하는 제1심 판결이 선고되었으나, 두 사건 모두 상급심에서 청구가 기각될 가능성을 배제할 수 없다. 신청인이 위 소송 제기 후 5개월 이상 변호인을 접견하지 못하여 공정한 재판을 받을 권리가 심각한 제한을 받고 있는데, 이러한 상황에서 피신청인의 재항고가 인용될 경우 신청인은 변호인 접견을 하지 못한 채 불복의 기회마저 상실하게 되므로 회복하기 어려운 중대한 손해를 입을 수 있다. 위 인신보호청구의 소는 재항고에 대한 결정이 머지않아 날 것으로 보이므로 손해를 방지할 긴급한 필요 역시 인정되고, 이 사건 신청을 기각한 뒤 본안 청구가 인용 될 경우 발생하게 될 불이익이 크므로 이 사건 신청을 인용함이 상당하다. * 이 결정의 주문을 보면 정지라는 단어가 없다. * [사건개요], 더 자세한 [판시]는 뒤의 인용결정례 부분 참조. * 본안심판의 결정은 위헌확인결정이었다.

(3) 기각결정

가처분의 신청이유가 없어서 이를 받아들이지 않아야 한다고 판단되면 헌재는 기각결정을 한다. 그런데 그동안 헌재가 가처분에 대한 기각결정을 한 예를 보면 각하의 경우와 별로 구별없이 행한 경우도 볼 수 있다. 그리고 기각이유를 명확히 밝히지 않고 그냥 "신청은 이유 없으므로 주문과 같이 결정한다"라고 기각결정을 한 예들을 많이 볼 수 있다. 이유를 제대로 밝힌 경우도 있다. 이를 포함한 여러 예들은 아래 가처분 결정례 참조.

4. 결정서의 송달

가처분 결정을 한 때에는 결정서 정본을 아래와 같이 송달하여야 한다.

헌법재판소 심판 규칙(헌법재판소 규칙, 이하'심판규칙'이라고도 함) 제51조(신청에 대한 결정서 정본의 송달)
① 가처분신청에 대한 결정을 한 때에는 결정서 정본을 신청인에게 바로 송달하여야 한다. 가처분신청에 대하여 답변서를 제출한 피신청인, 의견서를 제출한 이해관계기관이 있을 때에는 이들에게도 결정서 정본을 송달하여야 한다.

V. 가처분 결정례

각하결정례가 많았다. 이하에서는 인용결정례, 기각결정례를 살펴본다.

1. 인용결정례

(1) 인용한 구체적 결정례들

① 사법시험 응시횟수제한 규정에 대한 가처분신청의 인용

판례 헌재 2000.12.8. 2000헌사471, 판례집 12-2, 381면
[주문] 사법시험령 제4조 제3항 본문의 효력은 헌법재판소 2000헌마262헌법소원심판청구사건의 종국결정 선고시까지 이를 정지한다. [사건개요와 신청이유] 가. 신청인들은 1997년부터 2000년까지 사법시험 제1차시험에 4회 응시하여 내리 불합격한 자들로서, 제1차시험을 4회 응시한 자는 마지막 응시 이후 4년간 제1차시험에 다시 응시할 수 없도록 하는 사법시험령(1998.12.31. 대통령령 제16032호로 개정된 것) 제4조 제3항 본문 규정(이하 '이 사건 규정'이라 함)에 의하여, 2001년부터 4년간 제1차시험에 응시할 수 없다. 나. 이 사건 신청인들을 비롯한 사법시험 제1차시험에 응시하고자 하는 자들 1,286명은, 사법시험령 제4조 제3항에 의하여 사법시험에 응시할 수 없게 되어 판사·검사·변호사 등이 될 수 있는 길을 봉쇄당함으로써, 헌법상 보장되는 직업선택의 자유·공무담임권·행복추구권·평등권 등 기본권을 침해당하게 되었을 뿐만 아니라, 위 사법시험령은 대통령령에 불과하여 반드시 법률에 의하여만 기본권을 제한할 수 있도록 한 헌법 제37조 제2항에도 위배된다고 주장하면서, 2000.4.18. 위 조항의 위헌확인을 구하는 헌법소원심판(2000헌마262)을 청구하는 한편, 그들 중 당장 2001년도 사법시험 제1차시험에서 이 사건 규정에 의한 응시자격의 제한을 받게 되는 이 사건 신청인들은 우선 그 자격제한을 피하고자, 2000.11.21. 이 사건 규정의 효력정지를 구하는 이 사건 가처분신청을 제기하였다. [결정요지] 가. 나. * 이 부분 설시는 헌법소원심판청구사건에서의 가처분의 허용과 그 요건에 관한 설시임(이 부분 설시에 관해서는 앞의 요건 부분 참조. 다. 따라서 앞에서 본 요건들에 맞추어 이 사건 가처분을 인용할 수 있는지 여부를 살핀다. (1) 우선 이 사건 본안심판사건은 헌법재판소의 사전심사를 거쳐 적법하게 계속 중이며, 한편 법무부는 이 사건 규정에 위헌소지가 있음을 시인하고 이를 폐지하는 것 등을 내용으로 하는 '사법시험법 및 동법 시행령 제정안'을 마련·제출함으로써 현재 그 법안이 국회에 계류중인 점을 고려하면, 이 사건 본안심판청구가 부적법하거나 이유 없음이 명백한 경우라고 할 수는 없다. (2) 또한 이 사건 규정의 효력이 그대로 유지되어 신청인들에 적용되면, 신청인들은 2001년부터 4년간 제1 차시험에 응시할 수 없게 되므로 사법시험의 합격가능성이 원천적으로 봉쇄되는 회복하기 어려운 손해를 입게 될 것임이 명백할 뿐만 아니라, 사법시험 제1차시험은 매년 초에 시행되어 그 적용의 시기도 매우 근접하였으므로 긴급성도 인정된다고 할 것이다. (3) 이 사건 가처분신청을 기각하였다가 본안심판을 인용하는 경우 2001년도 사법시험 제1차시험은 그대로 시행되어 버리고 신청인들은 이에 응시하여 합격할 기회를 상실하는 돌이킬 수 없는 손해를 입게 된다. 라. 결론 – 그러므로 신청인들의 이 가처분신청은 이유 있어 이를 인용하기로 하여 주문과 같이 결정한다.

② 군사법원 재판 받는 미결수용자의 면회횟수 제한 규정의 효력정지 가처분 – 군사법원법에 따라 재판을 받는 미결수용자의 면회 횟수를 주 2회로 정하고 있는 군행형법시행령 제43조 제

2항 본문 중 전단부분의 효력을 가처분으로 정지시켜야 할 필요성이 있다.

판례 헌재 2002.4.25. 2002헌사129, 판례집 14-1, 438면

[계쟁규정] 군행형법시행령(1999.10.30. 대통령령 제16587호로 전문 개정된 것) 제43조(면회의 횟수) ② 미결수용자의 면회횟수는 매주 2 회로 하되, 참모총장은 미결수용자의 접견교통권을 보장하기 위하여 필요한 경우에는 그 횟수를 증가시킬 수 있다. 다만, 변호인과의 면회는 그 횟수를 제한하지 아니한다. [당사자] 신 청 인 ○○○, ○○○, 피신청인 대한민국 [신청이유] 일반 미결수들의 접견 횟수가 매일 1 회임에 반하여 위 군행형법시행령규정이 군인과 군형법의 적용을 받는 미결수용자의 면회 횟수를 주 2 회로 제한하는 것은 행복추구권, 평등권 등의 기본권을 침해하는 것이라고 주장하면서 위 규정의 위헌확인을 구하는 헌법소원심판을 청구한 뒤 이어 그 규정의 효력을 본안결정 선고시까지 정지할 것을 구하는 신청을 함. [주문] 군행형법시행령(1999.10.30. 대통령령 제16587호로 전문개정된 것) 제43조 제2항 본문 중 전단부분의 효력은 헌법재판소 2002헌마193헌법소원심판청구사건의 종국결정 선고시까지 이를 정지한다. [결정요지] 위 규정에 대한 가처분 신청이 인용되기 위해서는 피보전권리에 대한 소명이 있어야 하고, 권리보전의 필요성이 인정되어야 한다. (1) 먼저 피보전권리의 존재에 대한 소명이 있는지에 관하여 본다. 기록에 의하면 신청인들은 군행형법시행령 제43조 제2항 본문 중 전단 부분의 적용을 받는 관계로 일반 행형법시행령의 적용을 받는 자들에게 매일 1 회의 면회가 허용되는 것에 비하여 상대적으로 면회의 기회가 적은 사실이 충분히 소명된다. 이는 신청인들의 행복추구권, 평등권 등에 대한 제한이 되므로 신청인들로서는 헌법소원심판을 제기하고 그 침해에 대한 배제를 청구할 수 있는 청구권이 존재한다 할 것이다. 더구나 군행형법 제15조 제2항이 "수용자의 면회와 서신수발은 교화 또는 처우상 특히 부적당하다고 인정되는 사유가 없는 한 이를 허가하여야 한다"라고 규정하여 자유로운 면회의 보장을 규정하고 있음에도 불구하고, 또한 같은 조문의 제6항이 "면회에의 참여, 서신의 검열 및 제한에 관하여 필요한 사항은 대통령령으로 정한다"라고 규정할 뿐 면회의 횟수를 설정하는 등의 방법으로 면회 자체를 제한하는 문제에 대하여는 이를 대통령령에 위임한 바가 전혀 없음에도 불구하고, 군행형법시행령이 그 제43조 제2항 본문 중 전단부분에서 면회의 횟수를 주 2 회로 한정한다고 규정한 것은 모법이 위임하지 않은 사항을 규정한 것이 아닌가 하는 문제를 제기하므로 이 점에서도 위헌의 논란을 일으킬 소지가 있음이 충분히 소명된다. 그렇다면 신청인들의 이 부분 가처분신청은 일응 그 피보전권리에 대한 소명이 있다 할 것이다. (2) 다음으로 보전의 필요성에 대하여 본다. (가) 헌법재판소법 제40조 제1항에 따라 준용되는 행정소송법 제23조 제2항의 집행정지규정과 민사소송법 제714조의 가처분규정에 의하면, 법령의 위헌확인을 청구하는 헌법소원심판에서의 가처분은 위헌이라고 다투어지는 법령의 효력을 그대로 유지시킬 경우 회복하기 어려운 손해가 발생할 우려가 있어 가처분에 의하여 임시로 그 법령의 효력을 정지시키지 아니하면 안 될 필요가 있을 때에 허용된다. 다만 사인간의 법률관계나 행정청의 구체적 처분의 효력을 정지시키는 것이 아니라 현재 시행되고 있는 법령의 효력을 정지시키는 것일 때에는 그 효력의 정지로 인하여 파급적으로 발생되는 효과가 클 수도 있기 때문에 이러한 점까지 고려하여 신중하게 판단하여야 한다. 그러므로 법령의 효력을 정지시키는 가처분은 비록 일반적인 보전의 필요성이 인정된다고 하더라도 행정소송법 제23조 제3항이 규정하는 바와 같이 공공복리에 중대한 영향을 미칠 우려가 있을 때에는 인용되어서는 안 될 것이다. (나) 원래 면회제도는 피구속자가 가족 등 외부와 연결될 수 있는 통로를 적절히 개방, 유지함으로써 한편으로는 가족 등 타인과 교류하는 인간으로서의 기본적인 생활관계가 인신의 구속으로 인하여 완전히 단절되어 파멸에 이르는 것을 방지하고, 다른 한편으로는 이로써 피고인의 방어권 행사에 조력하고자 존재하는 것이므로 군행형법시행령의 적용을 받는 신청인과 같은 피구속자의 면회의 권리를 행형법시행령의 적용을 받아 매일 1회 면회할 수 있는 피구속자와 비교하여 합리적인 이유 없이 차별한다면, 인간으로서의 행복추구권이나 피고인으로서의 방어권 행사에 회복하기 어려운 손상을 입게 될 것이다. 그러므로 신청인들의 이 부분 가처분신청은 그 보전의 필요성에 대한 소명이 있다 할 것이다. (다) 한편, 이 사건 규정에 대한

가처분신청이 인용된다면 군인의 신분이거나 군형법의 적용을 받는 미결수용자가 외부인과의 잦은 접촉을 통해 공소제기나 유지에 필요한 증거를 인멸하거나 국가방위와 관련된 중요한 국가기밀을 누설할 우려가 있을 수 있다. 그러나 수용기관은 면회에 교도관을 참여시켜 감시를 철저히 한다거나, 필요한 경우에는 면회를 일시 불허함으로써 증거인멸이나 국가기밀누설을 방지할 수 있으므로 이 사건 가처분을 인용한다 하여 공공복리에 중대한 영향을 미칠 우려는 없다고 할 것이다. 그러므로 면회의 횟수를 제한하고 있는 이 사건 규정에 관한 이 사건 가처분 신청은 이유 있어 이를 인용하기로 결정한다. * 본안결정에서 법률유보원칙위배로 위헌결정이 있었다(헌재 2003.11.27. 2002헌마193).

③ **대학교원 기간임용제 탈락자 구제를 위한 특별법 제9조 제1항의 효력을 가처분으로 정지시켜야 할 필요성 인정**

판례 헌재 2006.2.23. 2005헌사754

[주문] 1. 대학교원 기간임용제 탈락자 구제를 위한 특별법(2005.7.13. 법률 제7583호로 제정된 것) 제9조 제1항의 효력은 헌법재판소 2005헌마1119 헌법소원심판사건의 종국결정 선고시까지 이를 정지한다. [결정요지] 이 사건 계쟁법률조항 중 법 제9조 제1항(제소금지조항)의 경우, 그 효력이 그대로 유지되어 적용되면 교원소청심사특별위원회의 결정에 대하여 학교법인은 소송으로 다툴 수 없고, 이 사건 본안의 종국결정 전에 행정소송법상 제소기간이 도과되면 위 특별위원회의 결정이 그대로 확정되므로 학교법인으로서는 돌이킬 수 없는 손해를 입게 될 것으로 예상된다. 또한 행정소송법상 제소기간이 경과되기 전에 위 제소금지조항의 적용중지 여부가 임시적으로 결정되어야 하므로 긴급성의 요건도 충족된다고 할 것이다. 한편, 법령의 효력을 정지시키는 가처분은 비록 일반적인 보전의 필요성이 인정된다고 하더라도 행정소송법 제23조 제3항이 규정하는 바와 같이 공공복리에 중대한 영향을 미칠 우려가 있을 때에는 인용되어서는 안 될 것인바(헌재 2002.4.25. 2002헌사129, 판례집 14－1, 433, 439), 위 제소금지조항에 대한 가처분을 인용한 뒤 종국결정에서 청구가 기각되었을 때 침해되는 주된 공익은 부당하게 재임용에서 탈락된 교원들이 입은 불이익이 장기간의 구제요구에도 불구하고 다시 이 사건의 본안심판청구에 대한 종국결정시까지 기다려야 한다는 점이다. 그러나 위와 같은 공익이 공공복리에 중대한 영향을 미친다고 보기 어렵고, 또한 이를 제소금지조항에 대한 가처분을 기각한 뒤 종국결정에서 청구가 인용되었을 때 신청인이 입게 되는 손해나 권리침해와 비교형량해 볼 때 신청인이 입게 되는 불이익이 더 클 것으로 보인다. 따라서 법 제9조 제1항은 그 효력이 정지되어야 할 것이다. 라. 나머지 계쟁법률조항의 경우, 그 효력이 그대로 유지된다고 하더라도 이로 인하여 학교법인이 돌이킬 수 없는 손해를 입게 된다거나 그 적용중지 여부가 긴급하게 결정되어야 할 만큼 규율하고자 하는 현상의 발생이 시간적으로 근접해있다고 볼 수 없다. 4. 결론 － 그렇다면, 이 사건 신청 중 법 제9조 제1항에 대한 부분은 이유 있으므로 헌법재판소법 제40조 제1항, 행정소송법 제23조 제2항, 민사집행법 제300조의 규정에 따라 헌법재판소 2005헌마1119 헌법소원심판사건의 종국결정 선고시까지 그 효력을 정지하고, 나머지 부분은 이유 없으므로 이를 기각하기로 하여 관여 재판관 전원의 일치된 의견으로 주문과 같이 결정한다.

④ **외국인 난민 관련 소송의 수행을 위한 변호인접견 허가 가처분**

판례 헌재 2014.6.5. 2014헌사592

[사건개요] 신청인은 수단 국적의 외국인으로서 2013.11.20. 인천국제공항에 도착하여 입국 수속을 하면서, 2013.9.경 동족 학살을 위한 북수단 정부의 강제징집에 불응하여 생명에 위협을 받고 있다는 이유로 난민신청을 하였으나, 같은 날 난민인정심사불회부결정 및 입국불허결정을 받았다. 신청인은 피신청인(인천공항출입국관리사무소장)을 상대로 인신보호청구의 소 및 난민인정심사불회부결정취소의 소를

제기하였고, 그 소송을 수행하기 위하여 변호인을 접견하고자 하였으나, 피신청인이 2014.4.25. 이 사건 소송대리인인 변호인의 접견신청을 거부하자(이하 '이 사건 접견신청 거부행위'), 변호인의 조력을 받을 권리가 침해되었다고 주장하며 거부행위의 취소를 구하는 헌법소원심판(2014헌마346)을 청구하였다. 신청인은 본안심판을 청구함과 동시에, 주위적으로 피신청인은 변호인이 신청인을 만나게 하는 방법으로 2014.4.25.자 변호인 접견신청을 허가하고, 예비적으로 이 사건 접견신청 거부행위의 효력을 본안사건 종국결정시까지 정지한다는 내용의 결정을 구하는 이 사건 가처분 신청(2014헌사592)을 하였다. [주문] 피신청인은 변호인의 2014.4.25.자 신청인에 대한 변호인접견신청을 즉시 허가하여야 한다. [결정요지] 가. 이 사건 가처분신청의 본안심판은 헌법재판소의 사전심사를 거쳐 전원재판부에 계속 중이므로, 이 사건 가처분신청은 본안심판이 명백히 부적법한 경우에는 해당하지 아니한다. 신청인이 난민신청자에 해당할 경우 변호사의 조력을 받을 권리를 갖게 되고(난민법 제12조), 인신보호법상 피수용자 및 구제청구자에 해당할 경우 변호인을 선임할 권리를 갖게 된다(인신보호법 제12조 제2항). 이러한 경우에도 형사피의자와 동일하게 변호인 접견을 포함한 변호인의 조력을 받을 권리를 인정할 수 있는 것인지, 피신청인이 이 사건 접견신청 거부행위를 통하여 신청인에 대한 일체의 접견을 불허한 것이 신청인의 기본권을 침해하는지 여부는 본안심판에서 심리를 거쳐 판단할 필요가 있어, 이 사건 가처분신청은 본안심판이 명백히 이유 없는 경우에도 해당하지 아니한다. 나. 신청인이 피신청인을 상대로 제기한 인신보호법상 수용임시해제청구의 소는 인용되었고, 인신보호청구의 소 역시 항고심에서 인용된 후 재항고심에 계속 중이며, 난민인정심사불회부결정취소의 소 역시 청구를 인용하는 제1심 판결이 선고되었으나, 두 사건 모두 상급심에서 청구가 기각될 가능성을 배제할 수 없다. 특히 인신보호청구의 소는 항고심 법원이 제1심 법원의 결정을 취소하였다. 신청인이 위 소송 제기 후 5개월 이상 변호인을 접견하지 못하여 공정한 재판을 받을 권리 역시 심각한 제한을 받고 있는데, 이러한 상황에서 피신청인의 재항고가 인용될 경우 신청인은 변호인 접견을 하지 못한 채 불복의 기회마저 상실하게 되므로 회복하기 어려운 중대한 손해를 입을 수 있다. 위 인신보호청구의 소는 2014.5.19. 재항고심에 접수되어 재항고에 대한 결정이 머지않아 날 것으로 보이므로 손해를 방지할 긴급한 필요 역시 인정된다. 다. 신청인의 변호인 접견을 즉시 허용한다 하더라도 피신청인의 출입국관리, 환승구역 질서유지 업무에 특별한 지장을 초래할 것이라고 보기 어려운 반면, 이 사건 가처분신청을 기각할 경우 신청인은 위에서 살펴본 바와 같이 돌이킬 수 없는 중대한 불이익을 입을 수 있다. 따라서 이 사건 가처분신청을 인용한 뒤 종국결정에서 청구가 기각되었을 때 발생하게 될 불이익보다 이 사건 가처분신청을 기각한 뒤 청구가 인용되었을 때 발생하게 될 불이익이 더 크다. 3. 결론 – 신청인의 이 사건 가처분신청은 이유 있으므로 이를 인용하기로 결정한다. * 본안심판결과 종국결정은 위헌확인결정이었다.

⑤ **변호사시험 합격자명단 공고 규정의 효력정지 가처분** – 합격자가 결정되면 법무부장관이 즉시 합격자 명단을 공고하도록 하는 변호사시험법(2017.12.12. 법률 제15154호로 개정된 것) 제11조 중 그 해당규정의 효력을 그 규정에 대한 헌법소원심판의 본안 사건의 종국결정 선고 시까지 정지하는 가처분인용결정이 있었다.

판례 헌재 2018.4.6. 2018헌사242등

[사건개요] 신청인은 2018.1.9.부터 같은 달 13일까지 시행된 '2018년도 제7회 변호사시험'에 응시한 자이다. 2017.12.12. 법률 제15154호로 변호사시험법 제11조가 개정되어, 법무부장관은 변호사시험의 합격자가 결정되면 즉시 '명단'을 공고하여야 한다. 그런데 신청인은 위 법률조항에 따라 합격자 명단이 공개될 경우 타인이 자신의 변호사시험 합격 여부 등을 알 수 있게 되어 자신의 인격권, 평등권, 개인정보자기결정권 등이 침해된다고 주장하면서 2018.1.23. 헌법소원심판을 청구하였다(2018헌마77). 그리고 신청인은 2018.3.15. 위 본안 사건의 종국결정 선고시까지 위 변호사시험법 제11조 중 '법무부장관

은 합격자가 결정되면 즉시 명단을 공고하고' 부분의 효력 정지를 구하는 이 사건 가처분신청서를 제출하였다. * 본안심판의 종국결정(헌재 2020.3.26. 2018헌마77등)은 기각결정이 되었다. [주문] 변호사시험법(2017.12.12. 법률 제15154호로 개정된 것) 제11조 중 '명단을 공고' 가운데 성명 공개에 관한 부분의 효력은 헌법재판소 2018헌마77, 2018헌마283(병합) 헌법소원심판청구사건의 종국결정 선고 시까지 이를 정지한다. [결정요지] 가. 변호사시험법 개정과 합격자 명단 공개 – 구 변호사시험법(2009.5.28. 법률 제9747호로 제정되고, 2017.12.12. 법률 제15154호로 개정되기 전의 것) 제11조는 "법무부장관은 합격자가 결정되면 즉시 이를 공고하고…"라고 규정하고 있었다. 법무부장관은 위 법률조항을 근거로, 2012년 제1회 변호사시험과 2013년 제2회 변호사시험 합격자 발표는 합격자의 응시번호와 성명을 병기하는 방법으로, 2014년 제3회 변호사시험부터 2017년 제6회 변호사시험 합격자 발표까지는 개인정보를 더 두텁게 보호할 필요가 있다는 고려 아래, 합격자의 응시번호만을 공고하였다. 그런데 2017.12.12. 법률 제15154호로 변호사시험법 제11조가 "법무부장관은 합격자가 결정되면 즉시 명단을 공고하고, …" 라고 개정되었다. '명단'(名單)은 '어떤 일에 관련된 사람들의 이름을 적은 표'를 의미하므로, 법무부장관은 향후 변호사시험 합격자를 발표할 때 합격자의 성명을 공개하여야 할 것으로 보인다. 나. 가처분 인용 요건 … 다. 가처분 인용 여부 (1) 이 사건 가처분신청의 본안 심판은 헌법재판소의 사전심사를 거쳐 전원재판부에 계속 중이므로, 이 사건 가처분신청은 본안 심판이 명백히 부적법한 경우에는 해당하지 아니한다(헌재 2014.6.5. 2014헌사592 참조). 또한, 성명은 개인식별정보로서 개인정보의 하나이며, 그 성명 공개를 통하여 개인의 변호사시험 합격 여부를 일반에게 알리는 것이 개인정보자기결정권을 침해하는지, 그리고 신청인들이 주장하는 것과 같이 법학전문대학원 졸업예정자 또는 졸업자라는 한정된 집단만이 변호사시험에 응시하는 경우 합격자의 성명을 공고하면 곧 불합격자를 추정할 수 있게 되어 합격자 성명 공개가 불합격자의 인격권을 제한하는지 여부 등이 본안 심판에서 심리를 거쳐 판단될 필요가 있다. (2) 국가가 변호사시험 합격자 명단을 공고하면 합격자의 성명이 알려지는 것은 물론, 특정 합격자의 합격한 시험 횟수가 공표되므로 그의 과거 응시 이력을 확인할 수 있게 되는 등 합격자에 대한 개인정보자기결정권 제한이 있을 수 있고, 불합격자의 경우에도 상대적으로 높은 합격률이 유지되고 있는 변호사시험 특성상, 그 불합격 사실은 그의 법학전문대학원 학업 성취도와 성실성, 법률지식 등 법률사무를 수행할 능력과 자질에 대한 불신으로 이어질 수 있으므로, 특정인의 불합격 사실을 추정할 수 있는 성명을 공개하는 방식의 합격자 공고는 불합격자에 대한 인격권 제한에 해당할 여지가 있다. 그런데 제7회 변호사시험 합격자 명단이 법무부 홈페이지 등을 통하여 일반에 일단 공개되면, 이는 법조 전문 일간지 기사, 인터넷상 게시물 등에 인용되어 널리 알려지게 되므로, 이를 다시 비공개로 돌리는 것은 불가능하고, 이로써 신청인들은 회복하기 어려운 중대한 손해를 입을 수 있다. 또한, 법무부장관은 제7회 변호사시험의 합격자를 2018.4.27.경에 발표할 것으로 예고하였는바, 위 예정일이 임박하였으므로 손해를 방지할 긴급한 필요도 인정된다. (3) 가처분을 인용하더라도 법무부장관은 제3회부터 제6회 변호사시험의 예에 따라 합격자의 응시번호만을 공개하는 방법 등 성명을 공개하지 않는 다른 방법으로 합격자를 공고할 수 있고, 그 후 종국결정에서 청구가 기각된다면 그때 비로소 성명을 추가 공고하면 된다. 반면, 가처분을 기각한 뒤 청구가 인용되었을 때는 위에서 살펴본 것과 같이, 이미 합격자 명단이 법조 전문 일간지 기사, 인터넷상 게시물 등에 인용되어 널리 알려졌을 것이므로 이를 돌이킬 수 없어 신청인들에게 발생하는 불이익이 매우 클 수 있다. 따라서 가처분을 인용한 뒤 종국결정에서 청구가 기각되었을 때 발생하게 될 불이익보다 가처분을 기각한 뒤 청구가 인용되었을 때 발생하게 될 불이익이 더 크다. 5. 결론 – 신청인들의 이 사건 가처분신청은 이유 있으므로 이를 인용하기로 하여 관여재판관 전원의 일치된 의견으로 주문과 같이 결정한다.

⑥ 자사고 사건

판례 헌재 2018.6.28. 2018헌사213

[주문] 1. 초·중등교육법 시행령(2017.12.29. 대통령령 제28516호로 개정된 것) 제81조 제5항 중 '제91조의3에 따른 자율형 사립고등학교는 제외한다' 부분의 효력은 헌법재판소 2018헌마221 헌법소원심판 청구사건의 종국결정 선고 시까지 이를 정지한다. 2. 나머지 신청은 모두 기각한다. [사건개요] 2018학년도까지의 고등학교 입시 일정에서는 과학고·외국어고·국제고·자사고 등이 전기에, 일반고는 후기에 신입생을 선발함으로써 학생들이 전기에 자사고를 지원하고 불합격할 경우 후기에 일반고를 지원하는 것이 가능하였다. 그러나 2017.12.29. 초·중등교육법 시행령(이하 '시행령')이 개정되면서 시행령 제80조 제1항에서 제5호를 삭제하여 종전에 전기에 신입생을 선발하던 자사고를 후기에 선발하는 학교로 변경하고(일반고와 자사고 동시선발), 시행령 제81조 제5항 중 괄호 안에 '제91조의3에 따른 자율형 사립고등학교는 제외한다'부분을 삽입하여 자사고를 지원한 학생에게는 후기 일반고에 대한 중복 지원을 금지하였다. 이에 신청인들은 개정 시행령이 학생과 학부모의 학교선택권, 학교법인의 사립학교 운영의 자유로서의 학생선발권, 평등권을 침해하고 신뢰보호의 원칙 등을 위반한다고 주장하며 2018.2.28. 헌법소원심판을 청구하였다(2018헌마221). 신청인들은 2018.3.2. 위 본안 사건의 종국결정 선고시까지 시행령 제80조 제1항 중 '전기에 선발하는 고등학교에서 자율형 사립고등학교를 제외하는 부분' 및 제81조 제5항 중 자율형 사립고등학교에 관한 부분의 효력정지를 구하고, 자율형 사립고등학교를 시행령 제80조 제1항의 전기학교에 포함한다는 내용의 결정을 구하는 이 사건 가처분 신청을 하였다. [결정요지] 가. 자사고와 일반고 동시선발과 불합격자의 일반고 진학 – 2017.12.29. 초·중등교육법 시행령이 개정됨에 따라 2019학년도 고등학교 입시부터 자사고와 일반고가 학생을 동시 선발하게 되었고, 초·중등교육법 시행령 제81조 제1항 및 제5항에 의하여 자사고에 지원하는 학생은 일반고에 지원할 수 없게 되었다. 따라서 자사고에 지원하였다가 불합격할 경우 일반고 추가모집에 지원하거나 또는 추가배정을 받아야 일반고 진학이 가능해진다. 그런데 평준화 지역 일반고의 학생 추가배정 여부는 해당 시·도 교육감의 재량사항으로서 … 자사고 불합격자들은 자신의 학교군 내의 일반고 진학이 아예 불가능하거나 또는 불투명하게 되었고, 그렇지 아니한 지역의 경우에도 학생들이 선호하지 않거나 통학거리가 먼 정원미달된 일반고에 추가배정되게 되었다. 나. 가처분 인용 요건 … 다. 가처분 인용 여부 (1) 시행령 제81조 제5항 중 자사고를 제외하는 부분의 효력정지를 구하는 신청에 관한 판단 (가) 이 사건 가처분신청의 본안심판은 헌법재판소의 사전심사를 거쳐 전원재판부에 계속 중이므로, 이 사건 가처분신청은 본안심판이 명백히 부적법한 경우에는 해당하지 아니한다. 또한 이 사건 초·중등교육법 시행령 개정으로 인하여 개정 전과 비교하여 자사고 지원에 제한이 발생한 만큼, 자사고를 지원하고자 하는 학생들의 학교선택권과 자사고 법인의 사학 운영의 자유가 침해되는지 여부 등이 본안심판에서 심리를 거쳐 판단될 필요가 있다. (나) 자사고에 진학하고자 하는 학생들은 이 사건 초·중등교육법 시행령 개정으로 인하여 평준화 지역의 경우 자사고 불합격시 지원하지 아니한 일반고에 추가로 배정되거나 지역에 따라서는 해당 학교군 내의 일반고에 진학할 수 없게 된다. 따라서 자사고 진학을 희망하더라도 이와 같은 불이익을 감수하지 못하면 자사고 지원 자체를 포기하게 되고, 그럼에도 불구하고 자사고에 지원한 학생들은 불합격할 경우 일반고 진학에 있어 해당 학교군 내의 일반고에 진학할 수 없는 경우가 발생할 가능성이 크다. 그런데 특별한 사정이 없는 한 중학교 졸업과 동시에 고등학교 진학을 하는 것이 보통이고 고등학교 입학 지원 기회는 중학교 졸업 당시 한 번뿐으로 여겨지는 것이 현실이다. 따라서 학생들에게 자신의 고등학교 진학 학년도에 고등학교 진학을 포기하거나 통학이 곤란한 학교에 진학하게 한 후, 다음 학년도에 다시 원하는 학교에 지원하기를 기대하는 것은 어렵다. 따라서 신청인들 중 학생들은 회복하기 어려운 중대한 손해를 입을 수 있다. 또한 2019학년도 고등학교의 입학전형 실시가 임박한 만큼 손해를 방지할 긴급한 필요도 인정된다. (다) 가처분을 인용할 경우 자사고 지원자도 후기 일반고에 중복지원할 수 있게 되어 시행령 개정으로 이루고자 하는 입법목적 달성의 효과는 감소하게 된

다. 그러나 이는 종전과 같이 자사고에 불합격한 학생들에게 후기 일반고에 지원할 수 있는 기회를 주면서 자사고와 일반고 중복지원 금지의 시행을 본안심판의 종국결정시까지 미루는 것에 불과하다. 종국결정에서 심판청구가 기각된다면 그 이후부터 자사고 지원자의 일반고 중복지원을 금지하면 된다. 신청인들 중 학생들의 경우 앞서 본 바와 같이 고등학교 입학전형 시기가 지나간 후에는 이미 진학 결정된 학교를 변경하기가 어려우므로 신청인들에게 발생하는 불이익이 매우 클 수 있다. 따라서 가처분을 인용한 뒤 종국결정에서 청구가 기각되었을 때 발생하게 될 불이익보다 가처분을 기각한 뒤 청구가 인용되었을 때 발생하게 될 불이익이 더 크다. (라) 소결 – 따라서 신청인들의 이 부분 신청은 이유 있다. (2) 나머지 신청에 관한 판단 – 신청인들의 나머지 신청은 이유 없다.

(2) 분석

위 결정례들 중 ④를 제외하고는 나머지 전부 효력정지의 가처분 인용결정들이었다. 이는 법령소원들이 본안사건들이라 그런 것으로 이해된다.

2. 가처분신청이 기각된 예

가처분에 대한 기각결정은 신청이유가 없을 때, 즉 회복하기 어려운 손해를 입을 우려가 없거나 긴급성이 없거나 비교형량 결과 가처분을 기각하고 본안결정이 인용하여 생기는 불이익이 반대의 경우보다 크지 않을 때 등에 내려진다.

(1) 기각결정의 경우

아래의 예는 그러한 이유를 명시하여 기각결정을 한 예이다. 바로 위 2002헌사129 결정에서 신분이 군인이거나 군형법의 적용을 받는 구속 피의자에게 군사법경찰관의 조사단계에서 10일의 구속기간 연장을 더 허용하고 있는 군사법원법 제242조 제1항 중 제239조 부분에 대해서는 그 효력을 가처분으로 정지시킬 필요성이 없다고 판단하였다.

판례 헌재 2002.4.25. 2002헌사129, 효력정지 가처분신청

[계쟁규정] 군사법원법(1994.1.5. 법률 제4704호로 개정된 것) 제242조(구속기간의 연장) ① 보통군사법원군판사는 검찰관 또는 군사법경찰관의 신청에 의하여 수사를 계속함에 상당한 이유가 있다고 인정한 때에는 10일을 초과하지 아니하는 한도에서 제239조 또는 제240조의 구속기간의 연장을 각각 1차에 한하여 허가할 수 있다. [신청인들의 신청이유] 신청인들은 위 군사법원법 규정이 피의자가 군인의 신분이거나, 수사대상이 군형법상의 범죄라는 이유로 일반형사범보다 군사법경찰관의 조사단계에서 10일의 구속기간 연장을 더 허용하고 있는 것은 평등권과 신속한 재판을 받을 권리 등을 침해하는 것이라고 주장하면서 위 규정들의 위헌확인을 구하는 헌법소원심판을 청구(2002.3.20. 접수 2002헌마193)한 데 이어, 같은 달 22. 위 규정들의 효력을 위 본안 사건의 결정 선고시까지 임시로 정지할 것을 구하는 이 사건 가처분 신청을 하였다. [결정요지] 위 규정에 의한 신청인에 대한 1차 연장 구속기간은 2002.3.28.에 이미 끝났고, 위 규정은 1차에 한하여 구속기간의 연장을 허가하는 내용의 것이므로 이제 위 신청인은 더 이상 군사법경찰관의 조사단계에서 구속기간이 연장될 위험은 없다. 그렇다면 위 규정으로 인하여 위 신청인이 새로이 무슨 회복하기 어려운 손해를 입을 우려가 있다고 할 수 없다. 그러므로 위 규정의 효력을 가처분으로 당장 정지시켜야 할 필요성은 인정되지 않는다. * 그러나 위 인용결정례에서 보았듯이 이 사안에서는 가처분이 허용된 부분(미결수용자 면회횟수 제한 규정 부분)도 있었고 본안판단에서 인용(위헌)결정(헌재 2003.11.27. 2002헌마193)이 났다.

(2) 기각사유를 밝히지 않는 결정례

사실 이 경우가 많다. 많은 경우의 기각결정례들은 그 이유를 자세히 명시하지 않고 그냥 이유없으므로 단순히 신청을 기각한다고 하는 결정들이 많다.

판례 헌재 2020.3.26. 2019헌사795
[주문] 이 사건 신청을 기각한다. [이유] 신청인의 이 사건 가처분 신청은 이유 없으므로 관여 재판관 전원의 일치된 의견으로 주문과 같이 결정한다.

기각이유가 나와 있긴 하나 다분히 법리를 되뇌는 문언인 결정례도 있다.

판례 헌재 2015.4.30. 2015헌사303
[판시] 기록에 의하면 본안사건이 부적법하거나 이유 없음이 명백하다고 보기는 어렵지만, 신청인들에게 회복하기 어려운 손해를 예방하기 위하여 수산업법 시행령 중 이 사건 관련 조항의 효력을 정지시켜야 할 긴급한 필요가 있다고 단정하기 어려울 뿐만 아니라, 이 사건 신청을 기각한 뒤 본안 청구가 인용되었을 때 신청인들에게 발생할 불이익이 이 사건 신청을 인용한 뒤 본안 청구가 기각되었을 때 발생할 공익에 대한 피해보다 크다고 볼 수 없다. 따라서 관여 재판관 전원의 일치된 의견으로 이 사건 신청을 기각한다.

Ⅵ. 가처분 결정의 효력

가처분결정에 대해서도 다음과 같은 효력들이 인정된다. ⅰ) 기속력 – 법원 기타 국가기관, 지방자치단체 등이 효력정지 등의 가처분 인용결정에 대해 이를 존중할 효력이 있다. 따라서 국가기관들은 효력정지 등이 된 공권력작용을 되풀이해서는 아니 된다. 이 기속력은 본안결정이 내려지기 전까지 인정된다. ⅱ) 형성력 – 가처분에서 인정하는 내용과 같이 형성되는 결정은 이에 따른 법률관계가 형성되는 효과가 있다. ⅲ) 확정력 – 이에 대해서는 견해대립이 있으나 헌법재판이 가지는 파급성, 그 예방필요성 등을 고려하여 인정하는 것이 타당하다.

Ⅶ. 위헌소원에서의 당해 재판의 정지를 구하는 가처분신청

- 기각결정례 법원이 법률의 위헌여부심판을 제청한 경우에는 헌법재판소의 결정이 있을 때까지 당해 소송사건의 재판이 정지된다(헌재법 제42조 1항 본문). 그러나 법원이 제청신청을 기각하여 제기하게 되는 위헌소원('헌바'사건)의 경우에는 재판이 정지되지 않는다. 아래의 결정례는 위헌소원에서의 당해 소송사건의 재판을 정지하여 달라는 취지의 가처분신청에 대하여 헌재가 간단히 "신청은 이유 없으므로 이를 모두 기각하기로" 결정한 예이다. 한 가지 결정을 그 예로 아래에 인용한다.

판례 헌재 1993.12.20. 93헌사81, 소송절차정지 가처분신청, 판례집 5-2, 561면, 기각결정
[주문] 신청인들의 신청을 모두 기각한다. [신청취지] 서울민사지방법원 90 가합 93568호 소유권확인청구사건(원고 이 사건 신청인들, 피고 대한민국 및 서울특별시)의 소송절차는 당재판소 93헌바12호 하천법 위헌 헌법소원의 심판이 있을 때까지 일시 정지한다라는 결정을 구함. [결정요지] 신청인들의 이 사건 신청은 이유 없으므로 이를 모두 기각하기로 하여 주문과 같이 결정한다. 이 결정에는 재판관 ○○○의 아래와 같은 반대의견이 있다.

제7절 헌법소원심판의 심리

Ⅰ. 심리의 원칙과 방식

1. 직권심리주의

헌법소원심판에서는 청구인의 주장만을 두고 판단하지 않고 침해되는 기본권, 헌법소원의 대상, 문제의 공권력행사·불행사의 위헌여부 등에 대해 직권으로 심리한다. 헌법소원은 개인의 주관적인 권리의 구제수단이지만 아울러 객관적 헌법질서보장기능을 가진다는 헌법소원의 본질에서도 직권심리주의의 타당성의 근거를 찾을 수 있다.

판례 헌재 1993.5.13. 91헌마190, 판례집 5-1, 312면
[관련설시] 헌법재판소법 제25조, 제26조, 제30조, 제31조, 제32조, 제37조, 제68조, 제71조 등에 의하면 헌법소원심판제도는 변호사강제주의, 서면심리주의, 직권심리주의, 국가비용부담 등의 소송구조로 되어 있어서, 민사재판과 같이 대립적 당사자간의 변론주의 구조에 의하여 당사자의 청구취지 및 주장과 답변만을 판단하면 되는 것이 아니고 헌법상 보장된 기본권을 침해받은 자가 변호사의 필요적 조력을 받아 그 침해된 권리의 구제를 청구하는 것이므로, 소송비용과 청구양식에 구애되지 않고 청구인의 침해된 권리와 침해의 원인이 되는 공권력의 행사 또는 불행사에 대하여 직권으로 조사 판단하는 것을 원칙으로 하고 있다.

2. 서면심리주의

헌법재판소법 제30조 제2항은 헌법소원심판은 서면심리에 의하되 다만, 재판부는 필요하다고 인정하는 경우에는 변론을 열어 당사자, 이해관계인, 그 밖의 참고인의 진술을 들을 수 있다고 규정하고 있다. 서면심리를 원칙으로 정한 것은 사건과중을 고려한 것이지 논리적인 결과는 아니다. 현재 세간의 관심이 많은 중요 사건들은 변론을 개최한다. 한편 헌법재판소법은 서면심리는 공개하지 않도록 규정하고 있다(헌법재판소법 제34조 1항 단서).

재판부가 필요하다고 인정하여 변론을 열 때에는 기일을 정하여 당사자와 관계인을 소환하여야 한다(동법 제30조 3항).

3. 심리정족수

지정재판부에 의한 사전심사가 아닌 전원재판부에 의한 심판에 있어서 헌법재판관 7명 이상의 출석으로 헌법소원심판사건을 심리한다(헌법재판소법 제23조 1항).

Ⅱ. 헌법소원심판에서의 직권심리범위

1. '헌바'에서 '헌마'로의 변경, 반대의 변경

① **접수시 '헌바'에서 판단시 '헌마'로 변경한 예** – 이는 법원에 위헌법률심판제청신청을 한 적이 없는 청구인의 헌법소원심판청구의 사건부호가 접수시에 '헌바'로 부여된 경우, 청구인의 헌법소원청구를 헌법재판소법 제68조 제1항에 의한 헌법소원으로 본 사례로 아래와 같은 결정례가 있었다.

판례 헌재 2007.11.29. 2005헌바12

[판시] … 청구인 이○미의 심판청구에 대한 판단 가. 청구인 이○미의 헌법소원청구의 성격 – 기록에 의하면, 청구인 이○미는 이 사건 심판대상에 대하여 법원에 위헌법률심판제청신청을 하지 아니한 채 청구인 권○섭과 동일한 심판청구서로 이 사건 헌법소원청구를 한 사실, 접수공무원은 이를 헌법재판소법 제68조 제2항에 의한 헌법소원청구(이하 '헌바 소원'이라 한다)로 보아 사건부호를 부여한 사실을 인정할 수 있다. 그런데 청구인 이○미의 헌법소원의 성격을 접수 시 부여된 사건부호에 따라 '헌바 소원'으로 본다면 법원에 위헌법률심판제청신청을 한 적이 없는 청구인 이○미는 '헌바 소원'의 청구인 적격이 없어 위 청구인에 의한 이 사건 헌법소원심판청구는 부적법하다고 할 수밖에 없을 것인바, 이러한 결과는 기본권침해의 구제라는 헌법소원제도의 본질적 기능에 비추어 용납될 수 없고, 또한 헌법소원청구에 대한 사건부호는 헌법재판소의 내부준칙인 '헌법재판소 사건의 접수에 관한 규칙'에 따라 접수공무원이 임의로 부여한 것이므로 이에 따라 헌법소원의 성격이 결정될 수도 없을 것이다. 따라서 청구인 이○미의 이 사건 헌법소원청구는 접수 시 부여된 사건부호와 관계없이 헌법재판소법 제68조 제1항에 의한 헌법소원청구(이하 '헌마 소원'이라 한다)라고 보아야 할 것이다. 나. 적법요건에 대한 판단 …

* 검토 – 위 사안에서 판시가 적법요건에 대한 판단으로 이어지는 것으로 보아서 헌재가 '헌바'에서 '헌마'로의 변경은 적법요건 그 자체의 문제로 보는 것은 아닌 것으로 이해하게 한다.

② **'헌마'에서 '헌바'로의 변경** – 반대의 경우도 있었다.

판례 헌재 2008.10.30. 2006헌마447

[판시] 청구인의 대리인은 헌법재판소법 제68조 제1항의 헌법소원으로 청구하였지만, 청구인이 대법원에 위헌법률심판제청신청을 하였다가 기각되자 국선대리인 선임신청을 한 점에 비추어 보면 청구인의 원래 의도는 헌법재판소법 제68조 제2항의 헌법소원을 제기하려는 것이었다고 보이므로, 이 사건 헌법소원은 청구인의 원래 의도에 따라 헌법재판소법 제68조 제2항의 헌법소원으로 보고 판단하기로 한다.

2. 피청구인·심판대상에 대한 직권조사·확정

(1) 직권조사 · 확정

헌재는 피청구인, 심판대상 등에 대해 직권으로 조사·확정을 한다. 일반 시민이 헌법소원심판을 청구할 때에는 변호사의 대리를 받아야 하지만 그렇더라도 정확히 충분히 지정되지 않은 경우 그것을 직권으로 찾아 보완하여야 기본권구제수단인 헌법소원의 효율성이 발휘될 것이다.

판례 헌재 1993.5.13. 91헌마190, 판례집 5-1, 312면

[사건개요와 심판청구의 요지] 세무대학설치법 제15조에 근거한 대통령령(세무대학의 조직과 운영에 관한 규정) 제16조의 교수(재)임용절차에 의하면 교수·부교수 및 조교수는 학장이 인사위원회의 동의를 얻어 재무부장관에게 추천하고 재무부장관의 제청으로 대통령이 임명하도록 되어 있다. 이에 따라 세무대학장은 1991.8.19. 세무대학 인사위원회의 동의를 얻어 재무부장관에게 청구인의 재임용을 추천하였다가 1991.8.29. 위 추천을 철회함으로써 결국 청구인은 교수재임용에서 탈락하게 되었다. 청구인은 교육공무원법 제11조 제3항이 정한 교수임기제는 교수로서의 자질에 부족함이 없는 한 자동으로 연임되는 교수재임용제도인데 대통령이 청구인을 재임용하지 아니한 행위는 위헌이고, 세무대학장이 인사위원회의 동의를 얻어 재무부장관에게 청구인의 재임용을 추천하였다가 이를 철회한 것은 청구인의 평등권, 학문의 자유권과 근로자의 단결권 등을 침해한 위헌적인 공권력의 불행사라고 주장하면서 헌법소원심판을 청구한 것이다. [관련판시] 먼저 청구인의 심판청구서에서 피청구인을 대통령으로 특정하고, 그 청구취지에서 피청구인이 청구인을 세무대학 조교수로 재임용하지 아니한 행위가 헌법상 보장된 기본권을 침해한 위헌적인 공권력의 불행사로서 무효임을 확인한다고 되어 있어서 이 사건의 피청구인은 대통령이며 그 심판대상은 대통령의 공권력 불행사 내지 거부처분이라고 보아야 하는지에 대하여 살펴본다. 1. 헌법재판소법 제25조, 제26조, 제30조, 제31조, 제32조, 제37조, 제68조, 제71조 등에 의하면 헌법소원심판제도는 변호사강제주의, 서면심리주의, 직권심리주의, 국가비용부담 등의 소송구조로 되어 있어서, 민사재판과 같이 대립적 당사자간의 변론주의 구조에 의하여 당사자의 청구취지 및 주장과 답변만을 판단하면 되는 것이 아니고 헌법상 보장된 기본권을 침해받은 자가 변호사의 필요적 조력에 받아 그 침해된 권리의 구제를 청구하는 것이므로, 소송비용과 청구양식에 구애되지 않고 청구인의 침해된 권리와 침해의 원인이 되는 공권력의 행사 또는 불행사에 대하여 직권으로 조사 판단하는 것을 원칙으로 하고 있다. 2. 따라서 헌법소원심판은 그 청구서와 결정문에 반드시 피청구인을 특정하거나 청구취지를 기재하여야 할 필요가 없다. 그러므로 헌법소원심판청구서에 피청구인을 특정하고 있더라도 피청구인의 잘못된 표시는 헌법소원심판청구를 부적법하다고 각하할 사유가 되는 것이 아니며 소원심판대상은 어디까지나 공권력의 행사 또는 불행사인 처분 자체이기 때문에, 심판청구서에서 청구인이 피청구인(처분청)이나 청구취지를 잘못 지정한 경우에도 권리구제절차의 적법요건에 흠결이 있는 것이 아니어서 직권으로 불복한 처분(공권력)에 대하여 정당하게 책임져야 할 처분청(피청구인)을 지정하여 정정할 수도 있고 처분청을 기재하지 아니할 수도 있다. 따라서 헌법재판소는 청구인의 심판청구서에 기재된 피청구인이나 청구취지에 구애됨이 없이 청구인의 주장요지를 종합적으로 판단하여야 하며 청구인이 주장한 기본권과 침해의 원인이 되는 공권력을 직권으로 조사하여 피청구인과 심판대상을 확정하여 판단하여야 하는 것이다. 그렇다면 이 사건의 경우에도 청구인의 심판청구이유와 이해관계인의 의견 등을 종합하여 직권으로 살펴보아야 할 것이고, 그 심판청구서 등의 이 건 기록에 의하면 청구인이 주장하는 기본권침해는 세무대학의 조교수에 재임용되지 아니하여 조교수직을 상실한데서 비롯된 것이고, 침해의 원인이 되는 공권력의 행사 또는 불행사는 세무대학장이 재임용추천을 하지 아니한 행위 및 그에 대한 법정절차를 규정한 근거법령인 것이지 결코 대통령이 재임용권행사를 하지 아니한 행위와는

직접 관계되는 것이 아님은 명백하다. 즉 청구인을 조교수로 재임용하지 아니한 행위는 재임용절차의 전치조건인 법적 요건을 갖추지 못하여 조교수 재임용에 필요한 추천이나 제청을 받지 아니한 것이어서 대통령의 공권력 행사 또는 불행사와는 직접 인과관계가 성립되지 아니하는 것이므로 이를 이 사건 심판의 대상으로 할 수 없으며 그 선행절차의 단계에서 이루어진 세무대학장의 공권력행사 또는 불행사와 그 법적 근거 내지 법정요건을 규정한 그 법령까지 심판대상으로 하여야 하는 것이다.

* 피청구인의 직권변경확정의 또 다른 예 : 헌재 2001.7.19. 2000헌마546, 유치장내 화장실설치 및 관리행위 위헌확인, 판례집 13-2, 106면. [관련판시] 청구인들은 심판청구서에 피청구인을 경찰청장으로 기재하였으나 이 사건 심판대상행위를 행사한 주체는 영등포경찰서장이므로 직권으로 이 사건 피청구인을 영등포경찰서장으로 확정하기로 한다.

(2) 심판대상의 직권확정

헌재는 심판청구서에 기재된 청구취지에 구애됨이 없이 청구인들의 주장을 종합적으로 판단하고, 침해의 원인이 되는 공권력을 직권으로 조사하여 심판대상을 확정하여야 한다고 한 판시한다(91헌마190, 2002헌마90, 2013헌마182, 2016헌마45, 2020헌마923).

3. 심판대상의 직권에 의한 확대·축소·변경의 예

(1) 확대의 예

헌재가 헌법소원심판 청구인이 기재하지 않은 대상을 직권으로 심판대상에 포함시킨 예로 다음의 판례를 들 수 있다.

1) 법률규정에 대한 심판대상성 확대의 예

판례 헌재 2000.7.20. 98헌마52, 판례집 12-2, 114면

[관련요약] 청구인은 헌법소원 심판청구서에 법무사법(1996.12.12. 법률 제5180호로 전문개정된 것, 이하 '법'이라 한다) 제2조 제1항 제2호만 기재하였으나, 경찰공무원의 경력이 있는 일반행정사가 경찰관서에 제출하는 고소고발장의 작성을 "법원과 검찰청의 업무에 관련된 서류의 작성"이라는 이유로 규제하는 것은 법 제3조 제1항의 규정에 의하여 제한되는 것이므로 이 조항도 심판대상으로 하여 같이 판단하기로 한다(헌재 1994.6.30. 93헌가 15 등, 판례집 6-1, 576, 584면).

* 직권으로 심판대상을 확장한 또 다른 예 : 헌재 2001.2.22. 99헌마365, 국민연금법 제75조 등 위헌확인, 판례집 13-1, 307면.

2) 시행령에 대한 심판대상성 확장

모법률규정과 일체를 이루어 동일한 법률관계를 규율대상으로 하고 모법률규정을 떠나 존재할 수 없는 시행령규정에 대해서는 모법률규정에 대해서만 심판청구가 된 경우라도 그 시행령규정까지로 확장하여 심판대상으로 하여야 한다는 것이 헌재의 판례이론이다.

① 구 '재외동포의 출입국과 법적 지위에 관한 법률' 시행령 제3조

판례 헌재 2001.11.29. 99헌마494, 판례집 13-2, 719면

[사건개요] '재외동포의 출입국과 법적 지위에 관한 법률'은 외국국적동포(재외동포)에게 한국에서의 체류, 경제활동의 자유, 토지보유의 가능성, 의료보험적용 등 광범위한 혜택을 부여하는데 위 법률 제2조 제2호 및 그 위임을 받아 제정된 동법시행령 제3조는 1948년 대한민국 정부수립 이전에 해외로 이주하여 외국국적을 취득한 사람 및 그 직계비속(주로 중국국적동포, 구소련동포)을 재외동포의 범주에서 제외함에 따라, 위 법률이 부여하는 혜택을 받지 못하게 된 사람들이 인간으로서의 존엄과 가치 및 행복추구권, 평등권 등을 침해당하였다고 주장하면서, 위 법률 제2조 제2호만을 대상으로 하는 헌법소원심판을 청구하였다. [심판대상의 확장] 청구인들이 주장하는 심판대상 청구인들이 적시하고 있는 심판의 대상은 재외동포의 출입국과 법적 지위에 관한 법률(1999.9.2. 법률 제6015호로 제정된 것, 이하 '재외동포법'이라고 한다) 제2조 제2호인바, 재외동포법 제2조는 아래와 같다. 재외동포법 제2조(정의) 이 법에서 '재외동포'라 함은 다음 각호의 1에 해당하는 자를 말한다. 1. 대한민국의 국민으로서 외국의 영주권을 취득한 자 또는 영주할 목적으로 외국에 거주하고 있는 자(이하 '재외국민'이라 한다) 2. 대한민국의 국적을 보유하였던 자 또는 그 직계비속으로서 외국국적을 취득한 자 중 대통령령이 정하는 자(이하 '외국국적동포'라 한다) [심판대상의 확장] 위 재외동포법 제2조 제2호의 위임을 받아 제정된 재외동포법 시행령(1999.11.27. 대통령령 제16602호로 제정된 것) 제3조(외국국적동포의 정의) 법 제2조 제2호에서 "대한민국의 국적을 보유하였던 자 또는 그 직계비속으로서 외국국적을 취득한 자 중 대통령령이 정하는 자"라 함은 다음 각호의 1에 해당하는 자를 말한다. 1. 대한민국 정부수립 이후에 국외로 이주한 자 중 대한민국의 국적을 상실한 자와 그 직계비속 2. 대한민국 정부수립 이전에 국외로 이주한 자 중 외국국적 취득 이전에 대한민국의 국적을 명시적으로 확인받은 자와 그 직계비속 - 확장이유 : 위와 같이 재외동포법시행령 제3조는 재외동포법 제2조 제2호의 규정을 구체화하는 것으로서 양자가 일체를 이루어 동일한 법률관계를 규율대상으로 하고 있고, 시행령규정은 모법규정을 떠나 존재할 수 없으므로 이 사건의 심판대상을 동 시행령규정에까지 확장함이 상당하다. 확장할 심판대상의 범위에 대하여 구체적으로 보면, 정부수립 이전 이주동포를 적용대상에서 결정적으로 제외하는 재외동포법시행령 제3조 제2호가 포함되어야 함은 물론이고, 이 사건에서 청구인들은 재외동포법이 외국국적동포들에게 혜택을 부여하는 입법을 하였음에도 자신들에게 혜택을 부여하지 아니한 부진정입법부작위를 평등원칙에 근거하여 다투는 것임에 비추어, 재외동포법시행령 제3조 제1호도 포함하여야 한다. 따라서, 재외동포법 제2조 제2호 및 재외동포법시행령 제3조(이하 '이 사건 심판대상규정'이라고 한다)를 이 사건 심판대상으로 삼기로 한다.

* 위 사안은 본안판단결과 정부수립 이전 이주동포를 합리적 이유없이 차별하여 평등권을 침해한다고 하여 2003.12.31. 개정시한까지의 계속적용의 헌법불합치결정이 났다.

② 구 여객자동차법 시행령 제16조

판례 헌재 2015.12.23. 2013헌마575

[심판대상 부분 판시] 여객자동차법 제24조 제4항의 규정을 구체화하는 것으로서 양자가 일체를 이루어 동일한 법률관계를 규율대상으로 하고 있고, 시행령규정은 모법규정을 떠나 존재할 수 없으므로 심판대상을 동 시행령규정까지 확장함이 상당하다.

* '마약류 관리에 관한 법률'을 위반하여 금고 이상의 실형을 선고받고 그 집행이 끝나거나 면제된 날부터 20년이 지나지 아니한 것을 택시운송사업의 운전업무 종사자격의 결격사유 및 취소사유로 정한 것은 위법의 정도나 비난 가능성의 정도가 미약한 경우까지도 획일적으로 20년이라는 장기간 동안 택시운송사업의 운전업무 종사자격을 제한하여 과잉금지원칙을 위반한 직업선택의 자유의 침해라고 하여

계속적용의 헌법불합치결정이 내려졌다.

(2) 축소의 예

반대로 심판대상을 직권으로 축소한 예들도 있었다. 아래의 결정례들이 그것이다.

판례 헌재 2001.1.18. 2000헌마66, 주차장법 제19조 등 위헌확인, 판례집 13-1, 154면; 2001.4.26. 2000헌마390, 국민연금법 제6조 등 위헌확인, 판례집 13-1, 979면; 2001.8.30. 2000헌마668, 국민건강보험법 제5조 등 위헌확인, 판례집 13-2, 290면; 2001.10.25. 2000헌마377, 공직선거 및 선거부정방지법 제57조 제2항 등 위헌확인, 판례집 13-2, 548면; 2001.11.29. 2000헌마278, 초·중등교육법 제31조 등 위헌확인, 판례집 13-2, 766면; 2002.5.30. 2001헌마781, 상고심절차에 관한 특례법 제2조 등 위헌확인, 판례집 14-1, 558면; 2002.8.29. 2002헌마4, 지방교육자치에 관한 법률 제58조 제2항 [별표 2] 등 위헌확인, 판례집 14-2, 236면; 2002.12.18. 2000헌마764, 옥외광고물 등 관리법 제3조 제1항 제6호 등 위헌확인, 판례집 14-2, 851면; 2002.12.18. 2001헌마370, 의료법 제25조 제1항 등 위헌확인, 판례집 14-2, 884면 등 참조.

(3) 심판대상의 직권변경 : 개정법률의 확정·공포로 인한 변경의 예

개정법률의 확정·공포로 인해 심판대상이 변경한 예도 있다. 아래의 예가 그것이다.

판례 헌재 2001.7.19. 2000헌마703, 판례집 13-2, 117면

[관련판시] 청구인은 첫째 심판청구 당시에 정부가 발의하여 국무회의를 거쳐 국회로 이송한 폐광지역개발지원에 관한 특별법 중 개정법률안 제11조 제1항의 위헌여부(이를 '법률소원' 부분이라고 한다)와 둘째 폐광지역인 문경지역도 내국인 출입허용 카지노사업을 할 수 있도록 폐광지역개발지원에 관한 특별법 제11조 제1항을 개정하는 개정법률안을 발의하지 않고 있는 정부의 공권력불행사에 대한 위헌확인(이를 '공권력불행사' 부분이라고 한다)을 구한다. 그런데 위 개정법률안은 심판청구 후에 확정·공포되었으므로, 심판대상 중 법률소원 부분은 직권으로 폐광지역개발지원에 관한 특별법(2000.12.29. 법률 제6318호로 개정된 것) 제11조 제1항(이하 '이 사건 법률조항'이라 한다)의 위헌여부로 변경하여 판단하기로 한다.

(4) 청구취지의 변경과 심판대상 확정

헌재는 청구취지의 변경이 있는 경우에 이를 적극 고려하여 심판대상을 확정하면 족하다고 본다.

판례 헌재 2007.5.31. 2003헌마579

[판시] … 라. 청구인들의 청구취지변경에 대한 판단 (1) 청구인들은 2007.2.9.자로 청구취지변경 및 청구이유보충서를 제출하면서 심판대상을 최근에 개정된 산안법 시행규칙(2007.1.12. 노동부령 제265호로 개정된 것) 제3조의2 제6호 및 제7호와 [별표 1호] 내지 제4호, 건산법 시행규칙(2006. 8.7.건설교통부령 제530호로 개정된 것) 제23조 제2항 [별표 1] 제1호 라목 (5) 및 [별표 2] 제1호 라목 (4), 입찰심사요령(2006.5.25. 회계예규 2200.04-147-21) 제6조 제4항 [별표 2] 제4호 다목 1), 조달청심사기준(2006.6.28.자 조달청-5391호) 제4조 제1항 [별표 3] 제4호 다목 4)로 삼고 있고, 이전에 심판대상으로 삼았던 노동부장관의 환산재해율 산정행위는 이를 새로운 청구취지에는 포함시키지 않고 있다. (2) 헌법재판에 있어서 심판청구서의 청구취지는 심판대상을 확정하기 위한 전제로서의 의미만을 갖고 헌법

재판소가 이에 전적으로 구속되는 것은 아니므로, 청구인의 주장요지를 종합적으로 판단하여 심판대상을 확정하되 다만 청구취지의 변경이 있는 경우 이를 적극 고려하여 심판대상을 확정하면 족하다(헌재 1992.6.26. 91헌마134, 판례집 4, 457, 459; 헌재 1993.5.13. 91헌마190, 판례집 5－1, 312, 319; 헌재 1998.5.28. 96헌마151, 판례집 10－1, 695, 703; 헌재 1998.10.15. 98헌마168, 판례집 10－2, 586, 589 참조). (3) 보건대, 청구인들은 원래 노동부장관의 2003.6.30.자 2002년도 재해율산정행위에 의하여 평균재해율보다 높은 환산재해율을 산정받게 됨으로써 관련 심판대상규정에 의하여 불이익을 받게 된 것이라고 주장하였다가 이후 이에 관한 법령이 개정되었다는 이유로 최근의 법령으로 심판대상 변경청구를 하고 있다. 그런데 우선 청구인들이 주장하는 새로운 심판대상규정들을 불이익한 것으로 본다고 하더라도 노동부장관의 산정행위는 매년 단위로 이루어지고 이로 인한 불이익도 매년 단위로 받게 되는 것인바, 최근의 개정된 규정에 의하여 불이익을 받기 위해서는 적어도 노동부장관의 2005년이나 2006년의 산정행위에 의하여 평균재해율을 상회하였음이 입증되어야 할 것인데 이에 관한 아무런 자료가 없을 뿐만 아니라 이를 심판대상의 변경이나 확장이 가능하게 되는 전제로서의 심판청구의 기초에 변경이 없는 경우라고 보기도 어렵다. 또한 심판대상규정들 중 건산법 시행규칙 해당 부분은 변경되지 않았고 입찰심사요령과 조달청심사기준 해당 부분과 산안법 시행규칙 제3조의2 제7호의 경우에는 규정의 내용이 실질적으로 변경되었으므로 청구인들의 위 청구취지변경은 받아들이지 아니하기로 하고 앞에서 본 최초의 청구에 의하여 확정된 심판대상에 대하여만 판단함이 상당하다.

4. 침해된 기본권 및 침해유무와 침해원인인 공권력행사에 대한 직권판단

헌재는 침해사유에 대해 면밀히 검토하여야 할 것이다. 그래야 쟁점부터 정확히 파악될 수 있을 것이다.

- 기본권침해유무에 대한 직권심사

판례 헌재 1989.9.4. 88헌마22, 판례집 1, 176면 이하 참조

[관련설시] "헌법소원심판이 청구되면 헌법재판소로서는 청구인의 주장에만 얽매이어 판단을 한정할 것이 아니라 가능한 한 모든 범위에서 헌법상의 기본권 침해의 유무를 직권으로 심사하여야 할 것인바…." * 동지 : 헌재 1992.10.1. 91헌마31, 불기소처분에 대한 헌법소원, 판례집 4, 620면; 1993.5.13. 92헌마80, 체육시설의 설치 · 이용에 관한 법률시행규칙(문화체육부령) 제5조에 대한 헌법소원, 판례집 5－1, 365면.

- 침해된 기본권과 침해원인인 공권력행사에 대한 직권심사

판례 헌재 1997.1.16. 90헌마110·136(병합), 판례집 9-1, 90면

[관련설시] 헌재법 제71조 제1항 제2호에 헌법소원의 심판청구서에는 침해된 권리를 기재할 것을 요구하고 있지만, 그 기재는 헌재법 제68조 제1항에 비추어 헌법재판소로 하여금 헌법상 보장된 기본권의 침해가 있다는 주장인 것으로 인식할 수 있는 정도의 표시로 족하고, 헌법재판소의 심판에 있어서는 반드시 그 표시된 권리에 구애되는 것이 아니라 청구인이 주장하는 침해된 기본권과 침해의 원인이 되는 공권력의 행사를 직권으로 조사하여 판단할 수 있다.

5. 본안판단에 있어서 모든 헌법적 관점에서의 위헌성심사

일단 헌법소원이 적법하게 제기된 경우에는 헌법재판소는 본안판단을 함에 있어서 "모든

헌법규범을 심사기준으로 삼음으로써 청구인이 주장한 기본권의 침해여부에 관한 심사에 한정하지 아니하고 모든 헌법적 관점에서 심판대상의 위헌성을 심사한다"는 입장이다.

판례 헌재 1997.12.24. 96헌마172 등 판례집 9-2, 842, 862면; 2000.4.27. 98헌가 16, 98헌마429(병합), 학원의 설립·운영에 관한 법률 제22조 제1항 제1호 등 위헌제청, 학원의 설립·운영에 관한 법률 제3조 등 위헌확인, 판례집 12-1, 454-455면 등.

6. 심리의 기준

(1) 헌법의 기본권규정과 기본권규범의 파생, 기본권제한 원칙

헌법이 보장하는 기본권의 침해에 대한 구제수단인 헌법소원심판의 심리에서 그 침해여부를 판단하기 위한 기준은 물론 헌법의 기본권규범이다.

헌법상 명시된 기본권들 외에도 기본권규범들이 파생되어 나올 수 있다. 이에 관해서는, 전술, 위헌법률심판, 위헌심사의 기준, 특히 파생적·포괄적 기본권 부분, 본 장 헌법소원심판, 청구요건 중 '침해되는 기본권(헌법상 보장된 기본권)의 존재와 침해의 실제성(가능성)' 부분 참조.

헌법소원에서는 당연히 기본권제한의 문제가 있으므로 기본권제한의 기본원칙인 법률유보원칙, 과잉금지원칙, 소급효금지원칙, 신뢰보호원칙과 같은 중요한 헌법원칙들에 위배되는 여부가 심사되어 그러한 원칙들이 심리기준이다.

(2) 헌법원칙의 위배 문제

헌재는 "헌법재판소법 제68조 제1항에 의한 헌법소원에 있어서 헌법상의 원리나 헌법상 보장된 제도의 내용이 침해되었다는 사정만으로 바로 청구인의 기본권이 직접 현실적으로 침해된 것이라고 할 수 없으며"라고 하는 판시를 하고 있는 결정례들을 보기도 한다. 이 결정례의 판시는 헌법상 원리, 제도의 위반을 이유로 헌법소원심판의 적격을 갖추었다고 주장할 수는 없다고 보는 입장으로 이해된다. 주관적 권리구제만이 그 기능도 아닌 헌법소원에서 객관적 헌법질서유지를 위하여 헌법적 원칙들에 위배되는지도 심사되어야 한다. 위에서 과잉금지(비례)원칙 등 원칙을 준수하여야 하는 것은 기본권의 경우에도 마찬가지이다. 기본권의 침해성을 따지는 적격에서 기본권의 침해가 있는지 여부는 기본권인지 그 자체로 따져져야 할 것이다. 헌법원칙이 기본권과 관련성을 가지는 경우가 대부분이다. 아래의 경우도 헌법의 경제원칙의 위배 여부에 대해 판단한 것인데 '직접 현실적으로'라는 한정어를 쓰긴 했으나 굳이 이렇게 헌법원칙 위배가 기본권침해를 가져오지 않는다고 단언할 이유가 없었다. 평등권에 포함하여 살펴보았다고 더구나 판시하고 있으면서도 그렇게 소극적으로 판시하는 것은 헌법이 가지는 무게감에 비해 그리 호소력을 가지지 않는다고 본다. 경제원칙, 지방자치제도, 공무원제도 등은 국민의 기본권에 많은 관련을 가진다.

판례 헌재 2009.11.26. 2008헌마711

[판시]··· 4. 본안에 대한 판단 가. 평등권의 침해 여부 ··· 합리적인 이유가 있다 할 것이므로, 이를 두고 자의적인 차별로서 평등권을 침해하였다고 하기 어렵다. 나. 시장경제질서에 위배되는지 여부 – 청구인은 이 사건 법률조항이 도시개발구역에 있는 국공유지의 점유자에게 그 토지를 우선하여 매수할 자격을 인정하지 아니하여 사적자치의 원칙을 기초로 한 자본주의 시장경제질서를 규정한 헌법 제119조 제1항에 위반된다고 주장한다. 그러나 헌법 제119조 제1항은 대한민국의 경제질서에 관한 헌법상의 원리나 제도를 규정한 조항인바, 헌법재판소법 제68조 제1항에 의한 헌법소원에 있어서 헌법상의 원리나 헌법상 보장된 제도의 내용이 침해되었다는 사정만으로 바로 청구인의 기본권이 직접 현실적으로 침해된 것이라고 할 수 없으며, 이 사건 법률조항이 헌법 제119조 제1항에 위반되지 않는다는 것은 위에서 본 청구인의 평등권 침해 여부에 대한 판단을 통해 이미 밝혀졌다고 할 것이다(헌재 2008.7.31. 2006헌마400, 판례집 20-2상, 304, 317-318 참조).

제8절 헌법소원심판의 결정

제1항 헌법소원심판에서의 결정정족수

헌재법 제23조(심판정족수) ① 재판부는 재판관 7명 이상의 출석으로 사건을 심리한다.
② 재판부는 종국심리(終局審理)에 관여한 재판관 과반수의 찬성으로 사건에 관한 결정을 한다. 다만, 다음 각 호의 어느 하나에 해당하는 경우에는 재판관 6명 이상의 찬성이 있어야 한다.
1. 법률의 위헌결정, 탄핵의 결정, 정당해산의 결정 또는 헌법소원에 관한 인용결정(認容決定)을 하는 경우
2. 종전에 헌법재판소가 판시한 헌법 또는 법률의 해석 적용에 관한 의견을 변경하는 경우 [전문개정 2011.4.5.]

전원재판부는 헌법재판관 7명 이상의 출석으로 헌법소원심판사건을 심리하고(헌법재판소법 제23조 1항) 종국심리에 관여한 재판관들에 의하여 결정이 이루어지는데 인용결정에 있어서는 결정정족수가 가중되어 있다.

Ⅰ. 인용결정을 위한 가중정족수

1. 재판관 6명 이상의 찬성

헌법소원심판에서 인용결정을 하기 위해서는 헌법재판관 6인 이상의 찬성이 필요한 것으로 하여 정족수요건을 가중하고 있다.

2. 5명 위헌의견의 기각결정

인용의견이 5명으로 다수의견인데도 불구하고 헌법소원의 인용결정에는 6명 이상의 찬성이 있어야 한다는 정족수 규정(헌법 제113조 1항) 때문에 기각결정을 한 경우가 있었다. 아래에 몇 가지 결정례들을 옮겨본다.

① 중상해를 입힌 경우에도 그 차량이 단순히 자동차종합보험 등에 가입하였다는 이유만으로 공소제기조차 하지 못하도록 규정한 교통사고처리특례법 제4조 제1항에 대한 헌법소원결정

판례 헌재 1997.1.16. 90헌마110·136(병합), 판례집 9-1, 90면 이하 참조
[관련판시] 위헌론에 찬성한 재판관은 5명이어서 다수의견이기는 하지만 헌법재판소법 제23조 제2항 단서 제1호에 정한 헌법소원의 인용결정의 정족수에 이르지 못하여 이 부분에 대한 청구인들의 각 심판청구를 모두 기각할 수밖에 없다.

② 선거범과 다른 죄의 경합범은 선거범으로 본다는 구 '공직선거 및 선거부정방지법' 제18조 제3항에 대한 헌법소원결정

판례 헌재 1997.12.24. 97헌마16, 판례집 9-2, 881면.

③ 지방교육위원선거에서 다수득표자 중 교육경력자가 선출인원의 2분의 1 미만인 경우에는 득표율에 관계없이 경력자 중 다수득표자 순으로 선출인원의 2분의 1까지 우선당선시키도록 규정한 지방교육자치에 관한 법률 제115조 제2항에 대한 위헌확인결정

판례 헌재 2003.3.27. 2002헌마573, 헌재공보 제79호, 335면.

④ 고소사건 진정종결처분 위헌확인결정

판례 헌재 1999.1.28. 98헌마85, 판례집 11-1, 73면.

⑤ 변리사의 대한변리사회 가입의무를 규정한 변리사법(2013.7.30. 법률 제11962호로 개정된 것) 제11조 중 '제5조 제1항에 따라 등록한 변리사' 부분

판례 헌재 2017.12.28. 2015헌마1000.

⑥ 5명 재판관의 인용의견과 4명 재판관의 각하의견의 경우 기각의 주문으로 결정을 선고한 예

판례 헌재 2000.2.24. 97헌마13·245(병합), 판례집 12-1, 252면
[관련판시] 청구인 ○○○의 주위적 심판청구에 관하여는 재판관 과반수의 의견이 이유 있으므로 이를

인용하여야 한다는 것이나, 재판관 4명의 의견은 이 또한 부적법하므로 각하하여야 한다는 것이어서 헌법재판소법 제23조 제2항 제1호에 규정된 헌법소원 인용결정의 정족수에 미달하므로 위 청구인의 주위적 청구를 기각할 수밖에 없어 주문과 같이 결정한다.

* '인용의견 5명 + 기각의견 4명' = 기각결정, '인용의견 4명 + 기각의견 5명' = 기각결정이 된다.

3. 재판관 의견분립의 경우

위 5명 인용의견 4명 기각의견 등 둘로 갈리는 경우도 여기에 포함되지만 그 이상 분립도 있는데 이러한 재판관 의견분립에 대해서는 앞서 위헌법률심판에서 살펴보았던 원칙들을 다시 새겨 보면 되겠다(전술 참조). 핵심은 심각성이 강하다고 보는 의견에 다음 정도의 위헌성이 강한 의견의 수를 보태어 인용결정 6인 정족수에 이르거나 넘어서는 경우가 해당 결정이 될 것이다. 재판관 의견분립의 경우는 법령소원에서 법령에 대한 위헌여부 결정을 하면서 변형결정을 할 때 발생하는 경향이 강하다. 아래에 그 대표적인 예를 본다. 이 결정은 헌법불합치결정들 간에도 계속적용보다 적용중지가 강한데 그것을 서로 비교한 예도 된다.

□ '단순위헌(1명) 의견' + '일부위헌'(1명) 의견 + '적용중지 헌법불합치'(2명) 의견 + '계속적용 헌법불합치'(5명) 의견 적용 = 계속적용 헌법불합치결정

판례 헌재 2007.5.31. 2005헌마1139

[주문] 1. '공직자등의 병역사항 신고 및 공개에 관한 법률'(2004.12.31. 법률 제7268호로 개정된 것) 제8조 제1항 본문 가운데 '4급 이상의 공무원 본인의 질병명에 관한 부분'은 헌법에 합치하지 아니한다. 이 법률조항 부분은 입법자가 2007.12.31.을 시한으로 개정할 때까지 계속 적용된다. [결정이유] … 5인 법정의견 – 이 사건 법률조항에 대하여 헌법불합치결정을 선고하되, 다만 입법자의 개선입법이 있을 때까지 계속적용을 명하기로 한다. … 5. 결론 – 이 사건 법률조항에 대하여는 아래와 같은 재판관 4인의 다른 의견이 있다(재판관 1인의 단순위헌의견, 재판관 1인의 일부위헌의견, 재판관 2인의 적용중지 헌법불합치의견). 그리하여 어느 의견도 독자적으로는 헌법재판소법 제23조 제2항 제1호에 규정된 법률의 위헌결정을 함에 필요한 심판정족수에 이르지 못하였으나 단순위헌의견과 적용중지 헌법불합치의견을 계속적용 헌법불합치의견에 합산하면 법률의 위헌결정을 함에 필요한 심판정족수에 이르게 되므로(헌법재판소법 제40조, 법원조직법 제66조 제2항 참조) 이에 계속적용을 명하는 헌법불합치결정을 하기로 한다.

* 설명 – 단순위헌의견이 제일 강한 의견인데 정족수에 미달되고 또 일부위헌의견과 적용중지 헌법불합치의견을 보태어도 부족하다. 그래서 계속적용의 헌법불합치의견을 보태어 결국 계속적용의 헌법불합치결정이 된 법령소원사건이었다. 앞서 헌법불합치결정에서 보았지만 적용중지의 헌법불합치결정과 계속적용 헌법불합치결정이 있고 전자가 보다 위헌성이 강하다고 볼 것이다. 그래서 위와 같이 순차적으로 판단한 것이다. 만약 적용중지 헌법불합치의견이 2인 더 많았다고 가정하면 위 사안에서 계속적용 헌법불합치결정이 아니라 적용중지의 헌법불합치결정이 내려졌을 것이다. 이 사안은 4급 이상 공무원들의 병역 면제사유인 질병명을 관보와 인터넷을 통해 공개하도록 하는 구 '공직자등의 병역사항 신고 및 공개에 관한 법률'(2004.12.31. 법률 제7268호로 개정된 것) 제8조 제1항 본문 가운데 '4급 이상의 공무원 본인의 질병명에 관한 부분'에 대해 법령소원심판이 청구된 사건이었는데 이처럼 계속적용의 헌법불합치결정이 내려진 것이다. * 이 결정에 대해서는 앞의 위헌법률심판의 정족수 부분에서도 다룬 바 있다.

Ⅱ. 판례변경을 위한 정족수

헌재법 제23조 제2항 제2호는 종전에 헌법재판소가 판시한 헌법 또는 법률의 해석 적용에 관한 의견을 변경하는 경우에 재판관 6명 이상의 찬성이 있어야 한다고 규정하여 판례변경의 경우에도 정족수를 가중하고 있다.

1. 판례변경이 이루어진 예

그동안 판례변경이 이루어진 예들이 있었다. 몇 가지 아래에 인용한다.

① 약사법 제37조 등 위헌확인

판례 헌재 1996.3.28. 93헌마198, 판례집 8-1, 241면.

위 결정에서 법령소원에서의 청구기간의 계산에 있어서의 이른바 상황성숙성 이론을 폐기하는 판례변경이 있었다. 이 결정에 대해서는 앞의 청구기간 부분 참조.

② 구 사립학교법 제53조의2 제3항 위헌소원

판례 헌재 2003.2.27. 2000헌바26, 헌재공보 제78호, 234면.

대학교원에 대한 기간임용제(이른바교수재임용제)를 규정한 구 사립학교법 제53조의2 제3항(1990.4.7. 법률 제4226호로 개정되고, 1997.1.13. 법률 제5274호로 개정되기 전의 것)에 대해 이전에는 헌재가 합헌이라고 보았으나 위 결정으로 헌법 제31조 제6항의 교원지위법정주의에 위반된다고 하는 헌법불합치결정을 하여 판례변경을 하였다.

③ 불기소처분취소(재심)

판례 헌재 2001.9.27. 2001헌아3, 판례집 13-2, 457면.

헌법재판소는 종전에 민사소송법 제422조 제1항 제9호 소정의 판단유탈이 헌법재판소 결정의 재심사유가 되지 아니한다는 입장을 취하였다가 2001년의 위 결정에서 이를 허용하는 입장으로 판례를 변경하였다. 위 결정에 대한 자세한 것은 뒤의 <헌결 1115-9-8> 참조.

④ 지방공무원법 제31조 제5호 등 위헌확인

판례 헌재 2002.8.29. 2001헌마788,등, 판례집 14-2, 219면.

⑤ 선거권결격조항 - 금고 이상의 형의 선고유예를 받은 경우에는 공무원직에서 당연퇴직

되게 규정한 지방공무원법(1966.4.30. 법률 제1794호로 개정된 것) 제61조 중 제31조 제5호 부분에 대해 종전의 합헌의 입장에서 위헌으로 판례변경을 하였다.

판례 헌재 2014.1.28, 2012헌마409

집행유예 경우의 동지 결정 : 헌재 2014.1.28, 2013헌마105. [변경] 집행유예자 · 수형자에 대한 선거권 부인 조항들인 집행 유예기간 중인 자와 수형자의 선거권을 제한(부정)하고 있는 공직선거법 제18조 제1항 제2호, '유기징역 또는 유기금고의 선고를 받고 그 집행유예기간 중인 자(이하 '집행유예자'라 한다)'에 관한 부분 및 형법 제43조 등이 보통선거원칙 위반이라는 판례변경을 하였다. [선례 합헌결정] 헌재 2004.3.25, 2002헌마411; 2009.10.29, 2007헌마1462.

⑥ **유가족 가산점 문제** – 헌재는 처음에는 위 헌법 제32조 제6항을 넓게 해석하여 이 조항이 국가유공자 본인뿐만 아니라 가족들에 대한 취업보호제도(가산점)의 근거가 될 수 있다고 보았고 그 가산점규정도 합헌이라고 보았었다(헌재 2001.2.22. 2000헌마25). 그러나 그 뒤 위 헌법조항을 엄격하게 문리해석하여 "국가유공자," "상이군경", 그리고 "전몰군경의 유가족"만 그 헌법상 보호대상자로 봄이 상당하다고 하여 판례를 일부 변경하였다. 그리하여 국가유공자의 가족에 대한 가산점 비율, 수혜대상자를 축소하는 법개정을 하도 록 하는 헌법불합치결정을 하였다.

판례 헌재 2006.2.23, 2004헌마675.

⑦ **확성기 소음** – 공직선거법이 선거운동시 확성장치의 출력수 등 소음에 대한 허용기준 조항을 두지 아니하여 환경권을 침해한다는 주장의 헌법소원심판에서 과소보호금지원칙을 적용한 심사가 있었는데 정온한 생활 환경이 보장되어야 할 거주 지역에서 저녁시간까지 확성장치를 사용하여 선거운동을 할 수 있도록 허용한 것은 과소보호금지 의무를 위반한 것이라는 다수의견이 있었으나 이 다수의견이 6인 의견이 되지는 못하여 기각결정이 된 바 있다(헌재 2008.7.31. 2006헌마711). 그러나 이후 헌재는 판례변경하여 사용시간과 사용지역에 따른 수인한도 내에서 확성장치의 최고출력 내지 소음 규제기준에 관한 규정을 두지 아니한 것은 과소보호금지원칙 위반이라고 하고 헌법불합치결정을 하였다.

판례 헌재 2019.12.27. 2018헌마730.

* 판시에서 명시적으로 판례변경한다는 언급 없이 변경한 아래 예들도 있었다.

① 지방자치단체의 장 선거권 – 헌법상 기본권이라 단정하기는 어렵다고 보았다가(헌재 2007. 6. 28. 2004헌마644등) 헌법상의 권리로 인정하여야 한다고 변경한 예(판례 헌재 2016. 10. 27. 2014헌마797. 헌재 2018.6.28. 2014헌마166).

② 국회의원선거의 경우에 처음에 상하 60%편차, 이후 50%편차, 이후 $33\frac{1}{3}$%편차로 몇 차례 판례변경이 있었다(헌재 1995.12.27. 95헌마224등 → 헌재 2001.10.25. 2000헌마92 → 헌재 2014.10.30. 2012헌마192). 지방선거의 경우에도 변경이 있었다. 광역의회의원선거, 기초의회의원선거 모두 50%

로 하향 변경되었다(광역의회의원선거의 경우 – 헌재 2018.6.28. 2014헌마189. 기초의회의원선거의 경우 – 헌재 2018.6.28. 2014헌마166).

2. 판례변경의견이 5명 다수의견임에도 불구하고 판례변경이 안 된 예

판례를 변경하자는 의견이 재판관 5명의 다수의견이었음에도 불구하고 6명 재판관에 이르지 못하여 판례변경이 안되었던 예를 아래 하나 본다.

판례 헌재 1995.5.25. 94헌마185, 판례집 7－1, 811면.

3. 판례변경 5명의견으로 불발되었다가 결국 변경된 예

그런 예로 아래의 예들이 있었다.

① **재심사유 해당성에 관한 변경**

판례변경 여부에 관한 쟁점은 공권력의 작용을 대상으로 하는 권리구제형 헌법소원 심판절차에 있어서 민사소송법 제422조 제1항 제9호 소정의 판단유탈이 헌법재판소의 결정에 대한 재심사유가 되는지 여부였다. 판례변경 5명은 이전의 부정적 입장에서 긍정하여 받아들이자는 의견이었는데 불발(헌재 1998.3.26. 98헌아2)되었고, 2001년에 결국 위 판례를 변경하였다. 이 변경은 민사소송법 제422조 제1항 제9호 소정의 판단유탈이 헌법재판소 결정의 재심사유가 된다고 보는 입장으로 변경하였다.

판례 헌재 2001.9.27. 2001헌아3, 불기소처분취소(재심), 판례집 13－2, 457면. 이 결정에 대한 자세한 것은 뒤의 재심 부분 참조.

② **유예기간 있는 법령의 경우의 청구기간 기산점**

5명 변경있었던 결정 : 헌재 2003.1.30. 2002헌마516, 학교보건법시행령 부칙 제2항 위헌확인, 헌재공보 제77호, 211면. 기본권을 제한하는 법규정이 그 제한에 유예기간을 둔 경우에 그 법규정에 대한 법령소원의 청구기간의 기산점을 시행일로 보아야 하는지 아니면 유예기간이 종료된 날을 기산점으로 해야 하는지에 대해 종전의 판례는 시행일의 입장이었는데 위 결정에서는 후자의 의견이 재판관 5명의 의견이었으므로 정족수미달로 위 결정에서 판례변경이 안 된 것이었다. 그러다가 아래 결정에서 판례변경이 이루어졌다. 이에 대한 자세한 것은 앞의 법령소원 청구기간 부분 참조.

판례 헌재 2020.4.23. 2017헌마479

[판시] … 종래 이와 견해를 달리하여, 법령의 시행일 이후 일정한 유예기간을 둔 경우 이에 대한 헌법소원심판 청구기간의 기산점을 법령의 시행일이라고 판시한 우리 재판소 결정들은, 이 결정의 취지와 저촉되는 범위 안에서 변경한다. * 7명 판례변경의견으로 바뀐 것이다.

Ⅲ. 선고방식, 송달 및 고시 등

결정을 선고하는 방식, 결정서 등본의 송달 등에 대해서는 헌법재판소 심판 규칙(동 규칙 제48조, 제49조, 제49조의2, * 심판 규칙 조문은 아래에 인용되어 있기도 하고 뒤의 부록 참조)에 구체적으로 규정되어 있다.

헌법재판소 심판 규칙(헌법재판소규칙, 이하 '심판규칙'이라고도 함) 제48조(선고의 방식) 결정을 선고할 경우에는 재판장이 결정서 원본에 따라 주문을 읽고 이유의 요지를 설명하되, 필요한 때에는 다른 재판관으로 하여금 이유의 요지를 설명하게 할 수 있다. 다만, 법정의견과 다른 의견이 제출된 경우에는 재판장은 선고 시 이를 공개하고 그 의견을 제출한 재판관으로 하여금 이유의 요지를 설명하게 할 수 있다.
제49조(결정서 등본의 송달) 헌법재판소의 종국결정이 법률의 제정 또는 개정과 관련이 있으면 그 결정서 등본을 국회 및 이해관계가 있는 국가기관에게 송부하여야 한다.
제49조의2(종국결정의 공시) ① 다음 각 호의 종국결정은 관보에, 그 밖의 종국결정은 헌법재판소의 인터넷 홈페이지에 각 게재함으로써 공시한다.
1. 법률의 위헌결정 2. 탄핵심판에 관한 결정 3. 정당해산심판에 관한 결정 4. 권한쟁의심판에 관한 본안결정 5. 헌법소원의 인용결정 6. 기타 헌법재판소가 필요하다고 인정한 결정
② 관보에 게재함으로써 공시하는 종국결정은 헌법재판소의 인터넷 홈페이지에도 게재한다.

제2항 지정재판부 사전심사제도

헌재법 제72조(사전심사) ① 헌법재판소장은 헌법재판소에 재판관 3명으로 구성되는 지정재판부를 두어 헌법소원심판의 사전심사를 담당하게 할 수 있다. <개정 2011.4.5.> ② 삭제 <1991.11.30.> ③ 지정재판부는 다음 각 호의 어느 하나에 해당되는 경우에는 지정재판부 재판관 전원의 일치된 의견에 의한 결정으로 헌법소원의 심판청구를 각하한다. <개정 2011.4.5.> 1. 다른 법률에 따른 구제절차가 있는 경우 그 절차를 모두 거치지 아니하거나 또는 법원의 재판에 대하여 헌법소원의 심판이 청구된 경우 2. 제69조의 청구기간이 지난 후 헌법소원심판이 청구된 경우 3. 제25조에 따른 대리인의 선임 없이 청구된 경우 4. 그 밖에 헌법소원심판의 청구가 부적법하고 그 흠결을 보정할 수 없는 경우 ④ 지정재판부는 전원의 일치된 의견으로 제3항의 각하결정을 하지 아니하는 경우에는 결정으로 헌법소원을 재판부의 심판에 회부하여야 한다. 헌법소원심판의 청구 후 30일이 지날 때까지 각하결정이 없는 때에는 심판에 회부하는 결정(이하 "심판회부결정"이라 한다)이 있는 것으로 본다. <개정 2011.4.5.> ⑤ 지정재판부의 심리에 관하여는 제28조, 제31조, 제32조 및 제35조를 준용한다. <개정 2011.4.5.> ⑥ 지정재판부의 구성과 운영에 필요한 사항은 헌법재판소규칙으로 정한다. <개정 2011.4.5.>

Ⅰ. 지정재판부 제도의 취지, 임무

헌법재판소법은 3명 지정재판부에 의하여 헌법소원심판의 청구요건을 갖추었는지를 미리

심사하는 제도를 두고 있다. 즉 헌법재판소법 제72조 제1항은 "헌법재판소장은 헌법재판소에 재판관 3명으로 구성되는 지정재판부를 두어 헌법소원심판의 사전심사를 담당하게 할 수 있다"라고 규정하고 있다. 이 3명 지정재판부에 의한 사전심사제는 "헌법재판소의 업무부담을 덜고 소송경제를 도모하려는 데에 그 취지가 있다"고 한다(헌재 1993.10.29. 93헌마222, 판례집 5-2, 376면 참조).

지정재판부는 청구요건의 구비 여부를 사전심사로 가려 각하결정 또는 전원재판부 회부결정 중 하나를 한다.

Ⅱ. 3명 재판관 지정재판부의 사전심사와 각하결정 또는 심판회부결정

1. 사전심사와 각하결정

지정재판부에서 각하결정을 하여 전원재판부로 회부하지 않는 결정은 그만큼 신중해야 한다. 그래서 그 가능사유가 한정되어 있음은 물론 정족수도 전원일치일 것을 요한다.

(1) 각하결정의 사유

1) 헌재법 제72조 3항 명시사유

헌재법 제72조 3항은 이 지정재판부에서 헌법소원심판의 청구요건을 갖추지 않았다고 판단할 경우, 즉 1. 다른 법률에 따른 구제절차가 있는 경우 그 절차를 모두 거치지 아니하거나 또는 법원의 재판에 대하여 헌법소원의 심판이 청구된 경우, 2. 제69조의 청구기간이 지난 후 헌법소원심판이 청구된 경우, 3. 제25조에 따른 대리인의 선임 없이 청구된 경우, 4. 기타 헌법소원심판의 청구가 부적법하고 그 흠결을 보정할 수 없는 경우에는 지정재판부 재판관 전원의 일치된 의견에 의한 결정으로 헌법소원의 심판청구를 각하한다(헌재법 제72조 3항). 이를 아래에 정리한다.

> ▷ 헌재법 제72조 3항 명시의 지정재판부 각하결정의 사유
> 보충성원칙 불준수, 또는 법원재판에 대한 청구, 청구기간 도과, 변호사강제주의 불준수, 그 밖에 그 흠결을 보정할 수 없는 부적법한 청구

2) 청구권 남용에 대한 제72조 제3항 제4호에 따른 각하결정

헌재는 적법한 사유를 밝히지 않고 계속적·반복적 청구를 하는 경우에 청구권남용으로서 부적법하다고 그 청구를 각하하는데 그 근거규정으로 헌재법 제72조 제3항 제4호에 따른 것이라고 밝히고 있다. 아래 결정이 그 판시의 결정례이다.

판례 헌재 제3지정재판부 2018.6.29. 2018헌마610

[주문] 이 사건 심판청구를 모두 각하한다. [이유] 청구인은 피청구인에게 자신의 생활기록부를 폐기하고

자퇴날짜를 변경하여 줄 것을 요청하였으나 피청구인은 이를 거부하였다(이하 '이 사건 거부처분'이라 한다). 이에 청구인은 피청구인의 이 사건 거부처분에 대하여 헌법소원심판을 청구하였으나, 보충성요건 흠결을 이유로 각하결정을 받았고(2016헌마547), 그 근거법령인 '학교생활기록 작성 및 관리지침' 제18조 제1항(이하 '이 사건 조항'이라 한다)에 대하여 헌법소원심판을 청구하였으나, 청구기간 도과를 이유로 각하결정을 받았으며(2015헌마1189), 이 사건 거부처분과 이 사건 조항에 대하여 재차 헌법소원심판을 청구하였으나, 일사부재리원칙 위반을 이유로 각하결정을 받았다(2016헌마936). 청구인은 2018.6.14. 이 사건 거부처분과 이 사건 조항에 대하여 종전과 동일한 취지로 이 사건 헌법소원심판을 청구하였다. 이처럼 청구인은 불복신청이 허용되지 않는 헌법재판소의 결정에 대하여 적법한 재심사유를 지적하지 아니한 채 계속적·반복적으로 불복하고 있는바, 이는 헌법소원심판 청구권의 남용에 해당한다. 그렇다면 이 사건 심판청구는 모두 부적법하므로 헌법재판소법 제72조 제3항 제4호에 따라 이를 각하하기로 하여, 관여 재판관 전원의 일치된 의견으로 주문과 같이 결정한다.

(2) 전원일치제 필수

지정재판부는 3명 재판관 전원일치 의견으로만 각하결정을 할 수 있다(헌재법 제72조 3항).

2. 심판회부결정

i) 지정재판부는 전원의 일치된 의견으로 각하결정을 하지 아니하는 경우에는 결정으로 헌법소원을 재판부의 심판에 회부하여야 한다(헌재법 제72조 4항 전문).

ii) 회부간주 – 헌법소원심판의 청구 후 30일이 지날 때까지 각하결정이 없는 때에는 심판에 회부하는 결정이 있는 것으로 본다(동법 동조 동항 후문). 이 30일의 기간에는 재판장의 요구에 따른 보정을 위한 기간, 재판부 기피신청이 있는 경우의 이 신청에 대한 결정이 있을 때까지 정지되는 기간(즉 청구인이 기피신청을 한 날로부터 그 기피신청에 대한 각하결정이 송달된 날까지의 기간)은 산입되지 아니한다는 것이 아래 헌법재판소의 판례이다.

판례 헌재 1993.10.29. 93헌마222, 판례집 5-2, 375-376면 참조.

3. 헌재법 제68조 제2항의 위헌소원의 경우에도 적용

헌법재판소는 헌재법 제68조 제2항의 위헌소원의 경우에도 헌재법 제72조의 사전심사제가 적용된다고 본다. 실제례의 보기로 아래 결정 참조

판례 헌재 제1지정재판부 1994.9.6. 고지, 94헌바36, 형사소송법 제70조 제1항 제3호 위헌소원, 판례집 6-2, 334면, 각하결정.

4. 각하 및 심판회부결정의 통지

지정재판부는 헌법소원을 각하하거나 심판회부결정을 한 때에는 그 결정일부터 14일 이내에 청구인 또는 그 대리인 및 피청구인에게 그 사실을 통지하여야 하고 제72조 제4항 후단

의 경우, 즉 헌법소원심판의 청구 후 30일이 지날 때까지 각하결정이 없는 때에는 심판회부결정이 있는 것으로 보는 경우에도 또한 같다(헌재법 제73조 1항).

헌법재판소장은 헌법소원이 제72조 제4항에 따라 재판부의 심판에 회부된 때에는 법무부장관, 제68조 제2항에 따른 헌법소원심판에서는 청구인이 아닌 당해 사건의 당사자에게 지체 없이 그 사실을 통지하여야 한다(헌재법 제73조 2항).

5. 전원재판부의 각하결정

전원재판부 심판에 회부된 사건에 대해서도 전원재판부가 다시 청구요건이 충족되었는지를 판단한다. 전원재판부에서 결론이 달라질 수 있다.

6. 보정명령

이에 대해서는 아래 제3항, 본래의미의 헌법소원의 결정형식에서 서술하는 각하결정에서 살펴본다.

제3항 헌법소원심판의 결정형식(유형)

헌법소원심판의 결정형식 내지 유형에 대해서는 본래의미의 헌법소원심판에서의 결정(아래 Ⅰ), 헌법소원심판에 의한 법령의 위헌여부심사와 그 결정(아래 Ⅱ)으로 나누어 살펴보고자 한다. 법령소원도 본래의미의 헌법소원심판에 해당되나, 법령에 대한 위헌심사라는 점을 감안하여 위헌소원의 결정 등과 함께 "헌법소원심판에 의한 법령의 위헌여부심사와 그 결정"(아래 Ⅱ) 부분에서 법령소원의 결정에 대해 살펴보고자 한다.

Ⅰ. 본래의미의 헌법소원심판의 결정

본래의미의 헌법소원심판의 종국결정에는 각하결정, 심판절차종료선언결정, 3명 재판관 지정재판부에 의한 사전심사에서의 각하결정, 전원재판부에 의한 본안결정 등이 있다.

1. 각하결정(=본안전결정, 요건결정)

(1) 개념과 사유

헌법소원심판의 청구가 그 요건을 갖추지 못한 경우, 즉 대상이 되지 않는 공권력에 대한 헌법소원심판의 청구라든지, 청구기간을 도과한 경우, 청구인적격을 가지지 못하는 경우 등에는 본안판단으로 들어가지 않고 심판청구를 각하하는 결정을 하게 된다.

(2) 3명 재판관 지정재판부에 의한 각하결정과 전원재판부에 의한 각하결정

위에서 본 대로 3명 재판관의 지정재판부에서 행한 사전심사에서 헌법소원심판의 청구요건을 갖추지 않았다고 3명 전원일치의 의견이 나올 경우 전원재판부의 심판에 회부하지 않고 청구를 각하하는 결정을 한다(헌재법 제72조 3항). 지정재판부에서 청구요건을 갖추었다고 판단하여 전원재판부로 회부된 경우에도 전원재판부에 의해서 심판청구의 요건을 갖추지 못한 것으로 판단할 경우 각하결정을 하게 된다.

(3) 보정명령제도

헌재법 제28조(심판청구의 보정) ① 재판장은 심판청구가 부적법하나 보정(補正)할 수 있다고 인정되는 경우에는 상당한 기간을 정하여 보정을 요구하여야 한다. ② 제1항에 따른 보정 서면에 관하여는 제27조제1항을 준용한다. ③ 제1항에 따른 보정이 있는 경우에는 처음부터 적법한 심판청구가 있은 것으로 본다. ④ 제1항에 따른 보정기간은 제38조의 심판기간에 산입하지 아니한다. ⑤ 재판장은 필요하다고 인정하는 경우에는 재판관 중 1명에게 제1항의 보정요구를 할 수 있는 권한을 부여할 수 있다. [전문개정 2011.4.5.]

헌법재판소 심판 규칙(헌법재판소규칙, 이하 '심판규칙'이라고도 함) 제70조(보정명령) ① 헌법재판소는 청구서의 필수 기재사항이 누락되거나 명확하지 아니한 경우에 적당한 기간을 정하여 이를 보정하도록 명할 수 있다. ② 제1항에 따른 보정기간까지 보정하지 아니한 경우에는 심판청구를 각하할 수 있다.

1) 의무제

헌재법 제28조 제1항은 "재판장은 심판청구가 부적법하나 보정(補正)할 수 있다고 인정되는 경우에는 상당한 기간을 정하여 보정을 요구하여야 한다"라고 규정하여 이를 의무로 규정하고 있다.

2) 보정명령이행의 효과

이에 따른 보정이 있는 경우에는 처음부터 적법한 심판청구가 있은 것으로 보고 그 보정기간은 제38조의 심판기간에 산입하지 아니한다(헌재법 제28조 3, 4항).

2. 심판절차종료선언결정

(1) 개념과 성격 및 사유

1) 개념과 성격

헌법소원심판이 진행되는 가운데 청구인의 사망 또는 청구의 취하 등의 사정의 변경으로 인하여 더 이상 심판절차를 계속할 수 없거나 계속할 의미가 없는 경우에 그 절차를 종료함을 선언하는 결정을 말한다. 이 결정은 청구요건에 관한 판단 도중에서뿐 아니라 본안에 들어가 있는 경우에도 더 이상 심판을 계속하지 않고 적법요건에 대해서든 본안에 대해서든 헌법재판소의 어떠한 공식적 결정을 행하지 않는다는 것을 의미하는 마침의 선언으로서의 성격을 가진다. 청구요건을 구비하였는지에 대해서도 어떠한 결정을 하지 않는다는 점에서 각하결정과 다르고 본안심리를 진행 중에 있었더라도 본안에 대한 판단도 담고 있지 않고 단순히 절차를 마친다는 점에서 본안결정과도 다른 성격을 가진다. 이하에서는 '헌바'사건의 결정례도 그 적용 법리가 같으면 함께 살펴본다(아래 90헌바13, 2014헌바300가 그 경우이다).

2) 심판절차종료선언의 사유

헌재가 심판절차종료선언을 한 경우(사유)로는 ① 청구인의 사망, ② 청구인의 청구취하, ③ 당사자능력상실 등이 있다. 이하에서 이 사유들에 따라 살펴본다.

(2) 헌법소원심판절차 계속 중 청구인 사망에 따른 심판절차종료선언

1) 원칙

(가) 수계여부에 따른 종료선언여부의 결정

헌재법 제40조에 따라 준용되는 민사소송법규정에 따라 헌법소원심판의 계속(係屬) 중에 청구인이 사망한 경우에 바로 심판절차종료선언을 하는 것이 아니라 수계(受繼)할 당사자가 없거나 있더라도 수계할 의사가 없는 경우에 하게 된다. 아래가 그 관련 법조문이다. 그런데 민소법의 아래 규정은 중단이라고 규정하고 있지 종료를 규정한 것은 아니다.

민사소송법 제233조(당사자의 사망으로 말미암은 중단) ① 당사자가 죽은 때에 소송절차는 중단된다. 이 경우 상속인·상속재산관리인, 그 밖에 법률에 의하여 소송을 계속하여 수행할 사람이 소송절차를 수계(受繼)하여야 한다.

(나) 수계 없어도 종국결정할 수 있는 예외

헌재는 다만, 수계의사표시가 없는 경우에도 이미 결정을 할 수 있을 정도로 사건이 성숙되어 있고 그 결정에 의하여 유죄판결의 흠이 제거될 수 있음이 명백한 경우 등 특히 유죄판결받은 자의 이익을 위하여 결정의 필요성이 있는 경우에는 종국결정이 가능하다고 본다.

[주요판시사항]

▷ 절차종료선언의 요건 : 수계(受繼)할 당사자가 없거나 수계의사가 없는 경우임
다만, 수계의사표시가 없는 경우에도 이미 결정을 할 수 있을 정도로 사건이 성숙되어 있고 그 결정에 의하여 유죄판결의 흠이 제거될 수 있음이 명백한 경우 등 특히 유죄판결받은 자의 이익을 위하여 결정의 필요성이 있는 경우에는 종국결정이 가능함

판례 헌재 1994.12.29. 90헌바13, 판례집 6-2, 351면. * 이 결정의 요지는 바로 아래 인용.

(다) 판례 - 수계신청, 수계의사 없어 종료한 결정례

① 사형규정에 대한 위헌소원 청구 후 사망한 경우의 심판절차를 종료한 결정례

판례 헌재 1994.12.29. 90헌바13, 판례집 6-2, 351면

* 이 결정은 '헌바', 위헌소원사건의 결정이나 청구인의 사망에 따른 심판절차종료선언은 본래의미의

헌법소원사건, 즉 '헌마' 사건에서도 있을 수 있으므로 심판절차종료선언결정의 법리를 보기 위하여 여기서도 인용용한다. [사건개요와 심판대상] 청구인은 강도살인죄 등으로 기소되어 지방법원에서 사형선고를 받고 고등법원에 항소하였는데, 항소가 기각되자 다시 대법원에 상고하여 그 사건 係屬중 강도살인죄의 법정형의 하나로 사형을 규정한 형법 제338조, 사형을 형의 종류의 하나로 규정한 같은 법 제41조 제1호, 사형의 집행을 규정한 같은 법 제66조 및 行刑法 제57조 제1항의 위헌여부심판의 제청신청을 하였으나, 대법원은 이 신청을 기각함과 동시에 상고를 기각하자, 청구인은 위 각 법조항이 헌법 제10조, 제12조 및 제37조에 위배된다는 주장을 하면서 헌법재판소법 제68조 제2항에 의하여 헌법소원심판을 청구하였다. [주문] "이 사건 심판절차는 1990.12.4. 청구인의 사망으로 종료되었다." [결정요지] 직권으로 살피건대, 당재판소의 사실조회에 대한 1994.10.27.자 법무부장관의 회신에 의하면 청구인은 이 사건 헌법소원심판절차가 계속 중인 1990.12.4. 사형집행에 의하여 사망한 사실이 인정된다. 청구인이 이 사건 헌법소원심판을 청구할 당시의 전제되는 재판이었던 대법원 90도319호 사건은 앞서 본 바와 같이 1990.4.24. 상고기각판결에 의하여 종료되었지만, 헌법소원이 인용되는 경우 헌법재판소법 제75조 제7항에 의하여 유죄의 확정판결에 대하여 재심을 청구할 수 있으므로 같은 법 제40조, 민사소송법 제211조 제1항(* 현행 제233조 제1항)에 따라 청구인의 사망 후에 재심을 청구할 수 있는 자는 이 사건 헌법소원심판절차를 수계할 수 있지만, 수계할 당사자가 없거나 수계의사가 없는 경우에는 청구인의 사망에 의하여 헌법소원심판절차는 원칙적으로 종료된다고 할 것이고, 다만, 수계의사표시가 없는 경우에도 이미 결정을 할 수 있을 정도로 사건이 성숙되어 있고 그 결정에 의하여 유죄판결의 흠이 제거될 수 있음이 명백한 경우 등 특별히 유죄판결을 받은 자의 이익을 위하여 결정의 필요성이 있다고 판단되는 때에 한하여 종국결정을 할 수 있다고 할 것이다. 그런데 이 사건 헌법소원심판절차에서는 청구인이 사망한 지 4년이나 지났는데도 수계신청이 없을 뿐만 아니라 특별히 종국결정을 할 필요성이 있는 경우에 해당한다고 보이지도 아니한다. 그러므로 이 사건 헌법소원은 청구인의 사망으로 말미암아 그 심판절차가 종료되었다고 할 것이다.

② **'수계의사 없음'의 통지를 한 경우 절차종료한 예 : 공직선거법 기부금지 조항들에 대한 위헌소원사건**

판례 헌재 2016.6.30. 2014헌바300

[사건개요] 청구인은 2012.4.11. 실시된 제19대 국회의원선거 당선자인데 후보자가 되고자 하는 자인 자신을 위하여 기부행위를 하였다는 범죄사실로 기소되어, 2013.5.13. D고등법원에서 벌금 5,000,000원을 선고받은 후, 2014.6.26. 대법원에서 상고기각판결을 받음으로써 위 형이 확정되어, 국회의원직을 상실하였다. 청구인은 상고심 계속 중 공직선거법 제112조 제1항 중 "당해 선거구의 밖에 있더라도 그 선거구민과 연고가 있는 단체" 부분, 제114조 제1항 전문 중 "후보자가 되고자 하는 자를 포함한다" 부분 등이 헌법에 위반된다고 주장하면서 위헌법률심판제청신청을 하였으나 2014.6.26. 위 신청 중 공직선거법 제114조 제1항 후문에 관한 부분이 각하, 나머지 부분이 기각되자 2014.7.25. 이 사건 헌법소원심판을 청구하였다. [결정요지] 청구인은 이 사건 헌법소원심판절차가 계속 중이던 2015.4.9. 사망하였다. … 청구인의 사망 후 재심을 청구할 수 있는 그 배우자 및 직계비속은 수계의사가 없음을 통지하였고, 나아가 특별히 종국결정을 할 필요성도 인정되지 아니한다. 그러므로 이 사건 헌법소원심판절차는 청구인의 사망으로 종료되었다. 3. 결론 – 그렇다면 절차관계의 종료를 명백히 확인하는 의미에서 심판절차 종료를 선언하기로 하여 관여재판관 전원의 일치된 의견으로 주문과 같이 결정한다.

③ **일본군 위안부 피해자 문제 관련 합의 사건에서의 일부 청구 심판절차종료** – 대한민국 외교부장관과 일본국 외무부대신이 2015.12.28. 공동발표한 일본군 위안부 피해자 문제 관련 합

의(이하 '이 사건 합의'라 한다)에 대한 헌법소원심판사건에서 청구 이후 심판도중 적지 않은 청구인들 사망이 있었고 이 청구인들에 대한 심판절차종료선언이 있었다. 이 결정에서 절차가 종료되지 않은 나머지 청구인들 청구에 대해서도 이 합의가 조약이 아닌 비구속적 합의로서 헌법소원심판 대상성이 없다고 하여(앞의 대상성 부분 참조) 결국 각하하였다.

판례 헌재 2019.12.27. 2016헌마253

[관련주문] 1. … 2. 나머지 청구인들에 대한 심판절차는 [별지3] 기재와 같이 종료되었다. [판시] … 5. 청구인 공○○, 곽○○, … 이ＸＸ의 청구에 대한 판단 – 이 사건 심판청구 이후 위 청구인 공○○ 등 15인은 [별지3] 기재와 같이 각 사망하였고, 위 청구인들의 상속인들은 심판절차의 수계신청을 하지 아니하였다. 따라서 위 청구인들에 대한 이 심판절차는 위 청구인들의 사망으로 종료되었다.

* 검토 – 3년 반을 끌어온 사건의 결정이 이러한 결론에 이르러 그 법적 쟁점도 그리 복잡하지도 않음을 알 수 있는데도 이리 긴 시간이 소요되었는지 그 점부터도 이해가 되지 않는다.

2) 일신전속적 권리의 구제를 위한 헌법소원

(가) 원칙

일신전속적(一身專屬的)인 권리의 구제를 위하여 청구된 헌법소원심판에 있어서는 청구인이 사망한 경우에 그 권리가 수계될 성질이 못 된다는 이유로 청구인의 사망과 동시에 심판절차가 당연히 종료된다는 것이 원칙이라는 것이 헌법재판소의 판례이다. 아래와 같은 결정례들이 있었다.

① **고용관계** – 노무공급은 민법 제657조에 따라 일신적이라고 보아 이를 수계할 수 없다고 본다.

판례 헌재 1992.11.12. 90헌마33, 판례집 4, 782면 이하 참조. [주문] "이 사건 심판절차는 1990.12.27. 청구인의 사망으로 종료되었다."

[관련판시] 직권으로 살피건대, 청구인은 당재판소에 헌법소원심판절차가 係屬중인 1990.12.27. 사망하였음이 기록첨부의호적등본의 기재에 의하여 명백하다. 청구인의 고소사실은 위증죄이며 피고소인이 위증했다는 사건은 청구인제기의 단순한 해고무효확인의 민사소송인바, 위 민사소송사건에서 피고소인이 위증을 함으로써 해고당한 청구인의 신분상 지위의 회복을 위한 국가의 권리구제작용이 방해받았으며, 피청구인(검사)은 이와 같은 피고소인의 방해행위를 시정하기 위해 공소를 제기함이 마땅한데도 불기소처분을 하는 부당한 공권력행사에 의하여 청구인의 고용계약상의 지위확보를 불가능하게 하였고, 그로 인하여 청구인의 기본권의 침해가 있었으므로 구제해달라는 것이 이 사건 소원심판청구로 이해된다. 원래 고용계약상의 노무공급의무는 일신전속적인 것이고(민법 제657조), 노무자가 사망하면 고용관계는 종료될 권리관계라고 할 것인바, 그렇다면 이 사건의 불기소처분 때문에 침해되었다 할 고용계약상의 지위는 노무자인 청구인의 사망에 의하여 종료되고 상속인에게 승계될 것이 아니다. 그러므로 그에 관련된 이 사건 심판절차 또한 수계될 성질이 못되고 이 사건은 청구인이 사망함과 동시에 당연히 그 심판절차가 종료되었다고 할 것이다.

그렇다면 절차관계의 종료를 명백히 확인하는 의미에서 심판절차 종료를 선언하기로 하여 주문과 같이 결정한다.

② **보건권, 생명권** – 사안은 담배사업법은 국가 스스로 담배로 인한 폐해를 인정하면서도 담배를 합법적으로 제조하거나 수입하여 판매할 수 있도록 보장해주는 것이어서 위헌이라는 주장의 헌법소원사건이었다.

판례 헌재 2015.4.30. 2012헌마38

[주문] 청구인 조○행에 대한 심판절차는 2013.1.9. 위 청구인의 사망으로 종료되었다. [판시] 청구인 조○행의 이 사건 심판청구의 요지는, 담배사업법이 위 청구인의 보건권, 생명권, 행복추구권, 인간다운 생활을 할 권리 등을 침해하였다는 것인데, 이러한 기본권은 성질상 일신전속적인 것으로 당사자가 사망한 경우 승계되거나 상속될 수 있는 것이 아니어서 이에 대한 심판절차 역시 수계될 수 없으므로, 청구인 조○행의 이 사건 심판청구는 위 청구인의 사망과 동시에 그 심판절차가 종료되었다. * 다른 청구인들의 청구는 각하 내지 기각되었다.

③ **장기요양급여 수급권** – 아래 사안은 행정입법부작위사건에서의 심판절차종료결정례이기도 하다.

판례 헌재 2020.5.27. 2018헌마337

[사건개요] 노인장기요양보험법상 장기요양급여를 수급할 수 있는 사람이 노인장기요양보험법 제25조 제1항 및 제26조 제1항에서 대통령령으로 정하는 기준에 따라 특례요양비 및 요양병원간병비를 지급할 수 있도록 각 규정하였음에도 대통령(피청구인)이 위 각 기준을 마련하지 않아 특례요양비 내지 요양병원간병비를 수급할 수 없게 되었으므로, 이러한 행정입법부작위는 청구인들의 인간다운 생활을 할 권리 등 기본권을 침해한다고 주장하며 헌법소원심판을 청구하였다. [판시] 특례요양비 내지 요양병원간병비를 비롯한 장기요양급여를 수급할 수 있는 권리 내지 지위는 일신전속적인 것으로서, 이에 대한 심판절차 역시 수계될 수 없으므로, 청구인 전○○의 심판청구는 위 청구인의 사망과 동시에 그 심판절차가 종료되었다.

④ **평등권, 행복추구권, 범칙금 부과처분의 말소**

판례 헌재 2016.9.29. 2014헌마341

[주문] 이 사건 심판절차는 2015.7.27. 청구인의 사망으로 종료되었다. [이유] 1. 사건개요 – 청구인은 버스 운전기사로서, 2013.10.27. 안전운전의무를 위반하여 2명의 중상자 등이 발생한 교통사고를 일으켰다는 이유로 2013.12.13. 벌점 및 범칙금을 부과받았고, '여객자동차 운수사업법 시행규칙'에 따른 운전적성정밀검사의 특별검사 대상자로 분류되었다. 청구인은 인천지방경찰청에 위 교통사고가 청구인의 과실 없이 발생하였다고 주장하며 위 벌점 및 범칙금 부과처분에 대해 이의신청을 하였으나, 위 경찰청에서는 2014.3.31. 이와 관련한 행정심판은 불가하다는 취지로 청구인에게 민원처리결과를 통지하였다. 이에 청구인은 위 벌점 및 범칙금 부과처분과 특별검사 대상자로 분류한 것의 각 근거규정이 된 도로교통법 시행령 제93조 제1항 [별표7] 등이 행복추구권, 평등권, 직업선택의 자유 등을 침해한다고 주장하면서 2014.4.26. 이 사건 헌법소원심판을 청구하였다. 2. 판단 – 청구인은 헌법재판소에 이 사건 심판절차가 계속 중이던 2015.7.27. 사망하였다. 청구인이 침해받았다고 주장하는 기본권인 행복추구권, 평등권, 직업선택의 자유 등은 그 성질상 일신전속적인 것으로서 당사자가 사망한 경우 승계되거나 상속될 수 있는 것이 아니다. 또한 청구인에 대한 벌점 및 범칙금 부과처분 등이 이미 말소되어 그로 인한 불이익도 종료되었다. 이처럼 이 사건 헌법소원심판 청구는 청구인의 상속인이 수계할 성질의 것이 아니므로, 청구인의 사망으로 그 심판절차가 종료되었다.

⑤ **통신의 비밀과 자유, 사생활의 비밀과 자유** − 헌재는 이러한 기본권은 그 성질상 일신전속적인 것으로서 당사자가 사망한 경우 승계되거나 상속될 수 있는 것이 아니라고 본다. 사안은 통신제한조치(패킷감청)에 관한 헌법소원심판사건이었다(* 패킷감청에 관해서는 이후 헌법불합치결정이 있었다. 헌재 2018.8.30. 2016헌마263).

판례 헌재 2016.2.25. 2011헌마165

[결정요지] 청구인은 헌법재판소에 이 사건 심판절차가 계속 중이던 2015.9.28. 사망하였다. 청구인이 침해받았다고 주장하는 기본권인 통신의 비밀과 자유, 사생활의 비밀과 자유는 그 성질상 일신전속적인 것으로서 당사자가 사망한 경우 승계되거나 상속될 수 있는 것이 아니다. 또한 이 사건 심판청구가 인용된다고 하더라도 청구인의 확정된 유죄판결에 대하여 재심을 청구할 수 있는 경우에 해당하지도 아니한다. 이처럼 이 사건 헌법소원심판 청구는 청구인의 상속인들이 수계할 성질의 것이 아니므로, 청구인의 사망으로 그 심판절차가 종료되었다.

(나) 예외

헌재는 일신전속적 기본권의 주체가 사망한 경우라고 당연히 모든 경우에 심판절차가 종료되는 것이 아니라 기본권 침해행위가 장차 반복될 위험이 있거나 그 심판대상에 대한 위헌 여부의 해명이 헌법적으로 중요한 의미를 가지고 있고, 헌법소원심판 청구인이 심판대상인 기본권 침해행위로 인하여 사망한 경우에는 예외적으로 그 부분 심판청구는 예외적으로 심판의 이익이 인정되어 심판절차가 종료되지 않는다고 한다. 헌재는 그 논거로 헌법소원제도는 개인의 권리구제뿐만 아니라 객관적인 헌법질서의 보장기능도 가지는 것을 제시하고 있다. 사안은 직사살수행위로 인한 사망이 생명권 및 집회의 자유를 침해한 것으로서 헌법에 위반됨을 확인한 결정이다.

[주요판시사항]

▷ 기본권 침해행위가 장차 반복될 위험이 있거나 그 심판대상에 대한 위헌 여부의 해명이 헌법적으로 중요한 의미를 가지고 있고, 헌법소원심판청구인이 심판대상인 기본권 침해행위로 인하여 사망한 경우에는 예외적으로 심판의 이익이 인정되어 심판절차가 종료되지 않음

판례 헌재 2020.4.23. 2015헌마1149

[판시] 청구인 백▽▽는 이 사건 심판절차가 계속 중이던 2016.9.25. 사망하였다. 청구인 백▽▽가 침해받았다고 주장하는 기본권인 생명권, 신체의 자유, 표현의 자유, 인격권, 행복추구권, 인간으로서의 존엄과 가치, 집회의 자유 등은 일신전속적인 성질을 가지므로 기본권의 주체가 사망한 경우 승계되거나 상속될 수 있는 것이 아니다. 이처럼 청구인 백▽▽의 이 사건 직사살수행위에 대한 심판청구는 청구인 백▽▽의 상속인들이 수계할 성질의 것이 아니므로, 청구인 백▽▽의 사망으로 그 심판절차가 종료되는 것이 원칙이다(헌재 2002.5.30. 2001헌마849; 헌재 2015.4.30. 2012헌마38; 헌재 2016.2.25. 2011헌마165; 헌재 2016.9.29. 2014헌마341 참조). 그러나 헌법소원제도는 개인의 권리구제뿐만 아니라 객관적인 헌법질서의 보장기능도 가지므로, 기본권 침해행위가 장차 반복될 위험이 있거나 그 심판대상에 대한 위헌 여부의 해명이 헌법적으로 중요한 의미를 가지고 있고, 헌법소원심판청구인이 심판대상인 기본권 침해행위로 인하여 사망한 경우에는 예외적으로 심판의 이익이 인정되어 심판절차가 종료되지 않

는다고 봄이 타당하다. 앞서 본 바와 같이 직사살수행위의 반복가능성과 그 위헌 여부에 대한 헌법적 해명의 필요성이 인정되고, 청구인 백▽▽는 이 사건 직사살수행위로 인하여 이 사건 심판절차의 계속 중 사망에 이르렀으므로, 청구인 백▽▽의 이 사건 직사살수행위에 대한 심판청구는 예외적으로 심판의 이익이 인정되어 종료된 것으로 볼 수 없다.

위 판례의 법리는 결국 예외적 심판이익과 연관되어 인정된다고 보는 것으로 이해된다.

3) 상속인과의 법적 무관련성으로 인한 심판절차종료선언

이에 관한 예는 무고죄에 관련된 것이다. 무고로 인한 법적 불이익도 사망으로 종료되었다고 본다.

판례 헌재 1999.11.25. 99헌마431

[주문] 이 사건 심판절차는 1999.7.21. 청구인의 사망으로 종료되었다. [결정요지] 이 사건 기록에 의하면 청구인은 헌법소원심판절차가 계속중인 1999.7.21. 사망하였음이 명백하다. 살피건대, 이 사건 불기소사건의 고소사실은 피고소인이 청구인으로부터 강제추행을 당하였다는 허위의 고소를 함으로써 청구인을 무고하였다는 것인바, 무고죄는 국가의 심판기능 또는 국가의 수사권 징계조사권의 적정행사를 주된 보호법익으로, 부당하게 수사 또는 징계조사의 대상이 되지 아니할 개인의 법적 안정감을 부차적인 보호법익으로 삼고 있는 범죄임을 고려할 때, 피무고자인 청구인이 사망한 이상 무고로 인한 법적 불이익은 그로써 종료되고, 청구인의 상속인은 그러한 무고의 고소사실과 아무런 법적 관련성을 갖지 아니한다 할 것이다. 그러므로 이 사건 심판절차는 상속인에 의하여 수계될 것이 아니고 청구인의 사망과 동시에 종료되었다고 할 것이다.

4) 상속인이 아닌 자기관련성이 없는 제3자의 수계신청 부정

피상속인이 받은 불기소처분에 대해 청구한 헌법소원사건에서 청구 후 청구인이 사망하였는데 상속인이 아닌 제3자가 수계신청을 할 수는 없다고 본다. 자기관련성이 없다는 것인데 자기관련성은 청구인에 대해 언급할 청구요건이다.

판례 헌재 2010.6.24. 2007헌마1256

[주문] 이 사건 심판절차는 2008.11.15. 청구인의 사망으로 종료되었다. [결정이유] 이 사건 기록에 첨부된 기본증명서의 기재에 의하면, 청구인(* 사기범죄 피해자로서 고소하였으나 불기소처분을 받은 사람)은 이 사건 헌법소원심판이 계속중이던 2008.11.15. 사망한 사실이 인정되며, 이에 청구외 오○경이 헌법소원심판을 수계하겠다는 의사를 밝히고 있으나, 특별한 사정이 없는 한 청구인의 사망에 따른 본건 사기범죄의 피해자는 망인의 재산상속인이라 할 것이고, 망인의 재산상속인이 되었다는 사정이 없는 이상 제3자인 오○경에게는 자기관련성이 인정되지 아니하므로 그가 한 수계신청은 허용될 수 없다.

5) 수계에 의한 상속인 이익 부재 : 공소기각결정의 경우

허가받은 지역 밖에서의 이송업의 영업을 금지하고 처벌하는 '응급의료에 관한 법률'(2013.3.23. 법률 제11690호로 개정된 것, 이하 '응급의료법'이라 한다) 제51조 제1항 후문 등에 따라 처벌받고 정식재판 중에 위헌소원심판을 청구한 사람이 사망하고 법원이 공소기각결정을 한 경우인데 헌재는 청구인의 상속인 등이 이 사건 심판결과에 따라 어떤 법적 이익을 얻을 수 있는 것이 아니므로 그 심판절차는 수계될 성질의 것도 아니라고 보아 심판절차를 종료하는 결정을 한 것이다.

판례 헌재 2018.2.22. 2016헌바100

[주문] 1. … 2. 청구인 박○석에 대한 심판절차는 2016.7.3. 청구인 박○석의 사망으로 종료되었다. [판시] 청구인 박○석이 2016.7.3. 사망함에 따라 당해사건 항소심 법원인 서울중앙지방법원은 청구인 박○석에 대하여 2017.1.2. 공소기각결정을 하였고 이 결정은 확정되었다. 따라서 심판대상조항의 위헌 여부에 따라 청구인 박○석에 대한 당해사건의 내용이나 결과가 달라질 수 없게 되었다. 또한, 청구인의 상속인 등이 이 사건 심판결과에 따라 어떤 법적 이익을 얻을 수 있는 것이 아니므로 이 사건 심판절차는 수계될 성질의 것도 아니다. 따라서 청구인 박○석에 대한 헌법소원심판절차는 그의 사망으로 종료되었다.

6) 공권적 판단에 관한 청구인 경우 – 상속인들이 수계할 성질의 것이 아님

판례 헌재제3지정재판부 2015.12.8. 2015헌마1085

[판시] 청구인은 서울중앙지방법원 20**고단**** 무고 사건의 심리 중 기피신청을 하였음에도 재판장이 공판기일을 진행한 것은 청구인의 기본권을 침해한 것이라고 주장하며 이 사건 헌법소원심판청구를 하였는데, 이에 대한 사전심사 절차가 계속 중인 2015.11.26. 사망하였다. 이 사건 심판청구는 재판장의 공판기일의 지정 및 진행과 같은 소송절차에 대한 공권적 판단을 다투는 것이므로 이에 대한 심판절차는 청구인의 상속인들이 수계할 성질의 것이 아니다. 그렇다면 이 사건 심판청구는 청구인의 사망으로 그 심판절차가 종료되었다.

(3) 청구인의 헌법소원심판청구취하로 인한 심판절차종료선언결정

1) 법리와 적용조문

청구인이 스스로 헌법소원심판을 더 이상 진행하기를 원하지 않아 포기한다는 의사를 표시하는 것이 청구의 취하이다. 청구인이 헌법소원심판의 청구를 취하한 경우에 심판절차가 종료되는지에 대해 논란이 있다. 헌재는 긍정한다. 헌재법 제40조에 따라 준용되는 민사소송법 규정에 따라 취하의 가능성, 취하에 상대방 동의가 있어야 한다는 점, 2주 이내 이의가 없는 경우 간주동의로 하는 점 등을 헌재는 이 취하로 인한 심판절차종료결정을 내리는 조건으로 그대로 적용하고 있다. 아래가 그 적용조문이다.

민사소송법 제266조(소의 취하) ① 소는 판결이 확정될 때까지 그 전부나 일부를 취하할 수 있다.
② 소의 취하는 상대방이 본안에 관하여 준비서면을 제출하거나 변론준비기일에서 진술하거나 변론을 한 뒤에는 상대방의 동의를 받아야 효력을 가진다.
③ 소의 취하는 서면으로 하여야 한다. 다만, 변론 또는 변론준비기일에서 말로 할 수 있다.
④ 소장을 송달한 뒤에는 취하의 서면을 상대방에게 송달하여야 한다.
⑤ 제3항 단서의 경우에 상대방이 변론 또는 변론준비기일에 출석하지 아니한 때에는 그 기일의 조서등본을 송달하여야 한다.
⑥ 소취하의 서면이 송달된 날부터 2주 이내에 상대방이 이의를 제기하지 아니한 경우에는 소취하에 동의한 것으로 본다. 제3항 단서의 경우에 있어서, 상대방이 기일에 출석한 경우에는 소를 취하한 날부

터, 상대방이 기일에 출석하지 아니한 경우에는 제5항의 등본이 송달된 날부터 2주 이내에 상대방이 이의를 제기하지 아니하는 때에도 또한 같다.

제267조(소취하의 효과) ① 취하된 부분에 대하여는 소가 처음부터 계속되지 아니한 것으로 본다.

2) 결정례

가) 5·18 불기소처분에 대한 헌법소원심판

[주요판시사항]

▷ 청구인의 심판청구취하의 경우 –피청구인이 동의하거나 2주 내 이의를 하지 아니하면 심판절차종료선언결정

판례 헌재 1995.12.15. 95헌마221등

[참조조문] 헌법재판소법 제40조에 따라 준용되는 민사소송법 제239조(소의 취하. * 위에 인용되어 있는 현행 제266조) [주문] "이 사건 헌법소원심판절차는 청구인들의 심판청구의 취하로 1995.12.14. 종료되었다." [결정요지] 헌법재판소법 제40조는 제1항에서 "헌법재판소의 심판절차에 관하여는 이 법에 특별한 규정이 있는 경우를 제외하고는 민사소송에 관한 법령의 규정을 준용한다. 이 경우 탄핵심판의 경우에는 형사소송에 관한 법령을, 권한쟁의심판 및 헌법소원심판의 경우에는 행정소송법을 함께 준용한다"고 규정하고, 제2항에서 "제1항 후단의 경우에 형사소송에 관한 법령 또는 행정소송법이 민사소송에 관한 법령과 저촉될 때에는 민사소송에 관한 법령은 준용하지 아니한다"고 규정하고 있는바, 헌법재판소법이나 행정소송법에 헌법소원심판청구의 취하와 이에 대한 피청구인의 동의나 그 효력에 관하여 특별한 규정이 없으므로, 소의 취하에 관한 민사소송법 제239조(* 현행 제266조)는 이 사건과 같이 검사가 한 불기소처분의 취소를 구하는 헌법소원심판절차에 준용된다고 보아야 한다. 기록에 의하면 청구인들이 1995.11.29. 서면으로 이 사건 헌법소원심판청구를 모두 취하하였고 이미 본안에 관한 답변서를 제출한 피청구인에게 취하의 서면이 그 날 송달되었는바, 피청구인이 그 날로부터 2주일 내에 이의를 하지 아니하였음이 분명하므로, 민사소송법 제239조에 따라 피청구인이 청구인들의 심판청구의 취하에 동의한 것으로 본다. 그렇다면 이 사건 헌법소원심판절차는 청구인들의 심판청구의 취하로 1995.12.14. 종료되었음이 명백하므로, 헌법재판소로서는 이 사건 헌법소원심판청구가 적법한 것인지 여부와 이유가 있는 것인지 여부에 대하여 판단할 수 없게 되었다. 다만 청구인들의 심판청구의 취하로 인하여 이 사건 헌법소원심판절차가 종료되었다고 보는 다수의견에 대하여, 재판관 신창언의 아래 6.항에 기재된 바와 같은 반대의견과 재판관 김진우, 재판관 이재화, 재판관 조승형의 아래 7.항에 기재된 바와 같은 반대의견이 있으므로, 이 사건 헌법소원심판절차가 이미 종료되었음을 명확하게 선언하기로 하여 주문과 같이 결정한다.[1)]

---

1) <신창언 재판관의 반대의견> 헌법소원심판절차에 있어서 일반적인 경우에는 다수의견과 같이 헌법재판소법 제40조의 규정에 의하여 민사소송법이 준용되어 심판청구의 취하가 있으면 심판절차가 종료된다. 그러나 헌법소원제도는 청구인 개인의 주관적인 권리구제뿐 아니라 객관적으로 헌법질서를 수호·유지하는 기능도 함께 가지고 있는 것이므로, 헌법소원사건에 대한 판단이 청구인의 권리구제에는 도움이 되지 아니한다 하더라도 헌법적인 질서유지를 위하여 중요한 의미를 지니고 있는 경우에는 심판청구의 취하에도 불구하고 그 심판절차는 종료되지 않는다고 보아야 할 것이다. 그런데 이 사건은 객관적인 헌법질서의 수호·유지를 위하여 중대한 의미를 지니고 있는 역사적인 사건이어서 그에 대한 헌법적 해명이 반드시 필요하다 할 것이므로, 이 사건 심판절차는 종료되지 않았다고 보아야 하고, 따라서 헌법재판소로서는 마땅히 재판관회의에서 평의한대로 결정을 선고하는 것이 옳다고 생각한다. <김진우, 이재화, 조승형 재판관의 반대의견> – 헌법소원심판의 본질과 청구취하의 효력 : 헌법소원심판은 공권력의 행사 또는 불행사로 인하여 기본권 침해를 당한 피해자의 주관적 권리구제에 관한 심판인 점에서, 구체적·개별적인 쟁송사건에 대한 재판인 민사·형사· 행정소송 등에 관한 일반법원의 재판과 유사하다고는 하나, 객관적인 헌법질서의 보장이라는 기능도 겸하고 있으므로 그 점에서 위 일반법원의 재판과는 법적 성질을 달리하고 있다 할 것이다(헌법재판소 1992.1.28. 91헌마111; 1992.4.14. 90헌마82;

* 검토 – 객관적 헌법수호의 기능도 행하는 헌법소원심판에 있어서 민사소송법의 규정을 반드시 준용하여야 할 것인가가 논란이 될 수 있는데, 본 사안처럼 중대한 반인륜적 범죄가 관련되는 사건인 경우 준용할 수 없다고 볼 것이다.

나) 재심부정 대법원 판결에 대한 취소의 불발을 가져온 청구취하의 심판절차종료

이러한 경우로 다음의 예를 볼 수 있다. 대법원은 앞서 언급한 대로 한정위헌결정의 기속력을 부정하여 한정위헌결정의 경우 재심사유가 아니라고 보는 판결을 하였다. 이후 그러한 대법원재판을 심판대상으로 하는 헌법소원심판이 청구되었고 헌재는 최종 평결 결과 한정위헌결정도 재심사유가 된다는 헌법재판관 전원일치의 의견을 모았다. 그러나 청구인이 청구를 취하하였고 헌법재판소가 심판절차를 종료함으로써 공식적인 입장의 결정이 되지 못하였다. 아

1992.6.26. 90헌아1 각 결정 참조). 또한 헌법소원을 인용하는 결정은 모든 국가기관과 지방자치단체를 기속하는 효력 이른바 일반적 기속력과 대세적·법규적 효력을 가지는 것이고, 이러한 효력은 일반법원의 재판이 원칙적으로 소송당사자에게만 한정하여 미치는 것과는 크게 다르다(헌법재판소 1995.1.20. 93헌아1 결정 참조). 따라서 청구 중 주관적 권리구제에 관한 점 이외에, 헌법질서의 수호·유지를 위하여 긴요한 사항으로서 그 해명이 헌법적으로 특히 중대한 의미를 지니고 있는 부분이 있는 경우에는, 비록 헌법소원심판청구의 취하가 있는 경우라 하더라도, 전자의 부분에 한하여 민사소송법 제239조의 준용에 따라 사건의 심판절차가 종료될 뿐이고, 후자의 부분에 대하여서는 헌법소원심판의 본질에 반하는 위 법률조항의 준용은 배제된다고 할 것이므로 위 취하로 말미암아 사건의 심판절차가 종료되는 것이 아니라 할 것이다. – 헌법소원심판절차에 있어서의 당사자처분주의의 한계 : 구체적·개별적인 쟁송사건을 다루는 일반법원의 소송절차에 있어서도, 일반 민사소송절차에서는 철저한 당사자처분주의가 인정되고 있으나 일반 행정소송이나 형사소송절차에 있어서는 소송의 공익적인 측면을 고려하여 당사자처분주의가 제한된 범위 안에서 인정되고 있는 등 소송의 성질이 다름에 따라 당사자처분주의를 인정하는 폭이 다르다. 따라서 앞서 본 바와 같이 이들 일반쟁송과는 법적 성질을 달리하고 있는 헌법소원심판의 소송절차에서 인정되는 당사자처분주의는 이들 쟁송의 경우보다는 훨씬 더 제한된다고 하여야 할 것이다. 그 한계는 전국민의 기본권과 관계되는 등 헌법질서의 수호·유지를 위한 헌법적 해명이 특히 필요한 경우에 발현되는 내재적 한계라 할 것이다. 그러므로 헌법소원심판청구 사건에 있어서는 이와 같은 한계를 넘는 당사자처분주의가 인정되지 아니한다.– 이 사건의 경우를 살피면, 첫째 집권에 성공한 내란을 처벌할 수 있는지 여부인 헌법적 해명이 반드시 있어야 할 부분, 둘째 그 나머지 부분으로 크게 나누어 볼 수 있는바, 먼저 첫째 부분은 집권에 성공한 내란의 가벌여부에 관한 헌법적 해명에 관한 것이고 이는 헌법질서를 파괴하는 방법에 의한 집권이 우리의 헌법상 허용되는지 여부에 관한 것이므로 국가운명과 전국민의 기본권에 직접 관련되어 특히 중대한 의미를 갖는 헌법적 해명이 요청되는 경우라 할 것이다. 그럼에도 불구하고 건국 이래 현재까지 어떠한 국가기관에 의해서도 그 해명이 된 바없다. 비록 1995.11.24. 대통령의 특별법제정에 관한 담화에 따라 검찰이 수사를 진행시키고 있으며, 국회에서는 이른바 5·18 특별법 제정 등이 추진되고 있으나, 이는 정치적 논리에 따른 정치적 결단행위에 불과한 현실일 뿐, 헌법재판소의 유권적인 헌법해석이나 사법기관의 기타 유권적인 법률해석을 거친 법적 논리에 따른 현실이 아니므로 위와 같은 특히 중대한 의미를 갖는 헌법적 해명의 필요성은 상존하고 있다 할 것이다. 따라서 이 사건 청구취하는 위 부분에 대한 심판절차종료의 효력이 발생하지 아니한다 할 것이다. 다음 둘째 부분은 사실인정이나 법률해석의 문제로서 헌법적 해명이 필요하지 아니하므로 당사자가 헌법소원청구를 취하하였다면 그 심판절차는 종료되었다고 할 것이다. 첫째 부분은, 우리 재판소가 1995.11.23. 최종평의를 하고 선고기일을 1995.11.30. 10 : 00로 확정하였고 1995.11.27.에는 선고할 결정문 초고마저 전체 재판관회의에서 확정한 후 그 날 당사자들에게 선고기일을 통지하였으며 집권에 성공한 내란의 가벌성을 인정하는 의견이 헌법재판소법 제23조 제2항 제1호 소정의 인용결정에 필요한 정족수를 넘었고, 그 의견이 다음과 같이 특히 중대한 헌법해석 내지 헌법적 해명이었으며 우리는 이 의견에 찬성한 바 있으므로, 비록 그 후인 1995.11.29. 이 사건 청구인 전원의 청구취하가 있었다고 하더라도, 앞서 본 둘째 부분으로 인하여 부득이 민사소송법 제239조 소정의 절차를 취하고 청구인의 청구취하에 대한 피청구인의 동의가 있거나 동의한 것으로 간주되면, 위 둘째 부분은 심판절차의 종료선언을 하되 위 첫째 부분에 대하여는 헌법적 해명을 하는 결정선고를 함이 마땅하다고 본다.

래의 결정이 그것인데 이 결정례에 대해서는 뒤의 재심부분에서 자세히 인용한다.

판례 헌재 2003.4.24. 2001헌마386, 헌재공보 제80호, 405면
[주문] 이 사건 헌법소원심판절차는 청구인들의 심판청구의 취하로 2003.2.11. 종료되었다.

3) 검토

생각건대 당사자의 취하로 인정되는 심판절차종료결정에는 다음과 같은 문제점들이 있다. i) 헌법소원의 기능에 비춘 부당성 – 헌법소원심판은 개인의 권리구제의 기능만을 수행하는 것이 아니라 객관적 헌법질서의 수호기능도 행한다. 적어도 후자의 기능을 하는 헌법소원심판에 있어서 민사소송법의 규정의 준용이 배제되고 청구취하가 있더라도 절차를 속행하여야 한다. 그리고 청구취하된 사건에서의 문제된 기본권침해가 많은 국민들에 관련된 중요한 기본권보장의 문제를 가진 성격의 것이라면 절차종료를 하여서는 안 된다. 위와 같은 헌법재판소의 법리가 나오게 된 5·18 불기소처분에 대한 헌법소원에서처럼 더구나 중대한 반인륜적 범죄가 관련되는 사건인 경우 준용할 수 없다. 취하는 개인적 결정에 의한 것이어서 그로 인한 절차종료가 더욱 문제이긴 하나 사망으로 인한 심판절차종료도 정당한지 의문이다. 청구인이 제기한 헌법적 문제는 개인적인 차원에 머무르는 것이 아니라 그 헌법적 해명은 많은 사람들에게 영향을 미치는 것이므로 개인의 신상변화를 이유로 헌법적 규명의 기회를 소멸시키는 것은 사망한 청구인의 노력을 전혀 평가하지 않는 결과를 가져온다. 더구나 법령의 위헌성을 확인해 달라는 헌법소원의 경우 더욱 그러하다. ii) 헌재판례법리상 불균형 – 헌재는 예컨대 권리보호이익요건과 같은 경우에 소멸되었다고 해도 헌법적 해명필요성이 있으면 심판이익을 인정한다(앞의 청구요건, 권리보호요건 부분 참조). 이러한 자신의 판례법리와 균형이 맞지 않다. iii) 성질에 반하는 준용 – 이는 위 i)에서의 지적과 연결되는 것인데 2003.3.12. 이래 개정된 헌법재판소법 제40조 1항 전문이 "헌법재판소의 심판절차에 관하여는 이 법에 특별한 규정이 있는 경우를 제외하고는 헌법재판의 성질에 반하지 아니하는 한도 내에서 민사소송에 관한 법령의 규정을 준용한다"라고 규정하고 있으므로 헌법소원의 성질에 반하지 않는 준용으로서 한정하고 객관적 헌법질서의 유지나 기본권의 객관적이고 모든 국민에의 공통적인 보장에 필요한 경우에는 준용을 부정하여 종료되지 않는다고 하여야 한다. 요컨대 청구인의 청구취하로 인한 절차종료선언에 있어서는 중대한 한계가 설정되어야 한다.

4) 취하의 취소

헌재는 헌법소원심판청구의 취하는 청구인이 제기한 심판청구를 철회하여 심판절차의 계속을 소멸시키는 소송행위로서 일반 사법상의 행위와는 달리 내심의 의사보다 그 표시를 기준으로 하여 그 효력 유무를 판정할 수밖에 없다고 하고 그 취하를 임의로 취소할 수도 없다고 한다.

판례 헌재 2005.2.15. 2004헌마911

[판시] (가) 기록에 의하면, 청구인은 2005.1.26. 서면으로 이 사건 헌법소원심판청구를 취하하였고, 피청구인이 그 날로부터 2주일 내에 이의를 하지 아니하였음이 명백하므로, 민사소송법 제266조에 따라 피청구인이 취하에 동의한 것으로 보아야 할 것이니, 이 사건 헌법소원심판절차는 특별한 사정이 없는 한 2005.2.15. 종료되었다. (나) 청구인은, 피청구인이 위 불허행위에 대하여 사과를 할 것이니 이 사건 헌법소원심판청구를 취하하여 달라고 거짓말을 하여 이에 속은 청구인이 이 사건 헌법소원 심판청구를 취하하였으나 이는 사기에 의한 의사표시로서 취소한다는 주장을 하면서, 이 사건 헌법소원심판청구에 대한 취하의 효력을 다투고 있다. 그러나, 헌법소원심판청구의 취하는 청구인이 제기한 심판청구를 철회하여 심판절차의 계속을 소멸시키는 청구인의 우리 재판소에 대한 소송행위이고 소송행위는 일반 사법상의 행위와는 달리 내심의 의사보다 그 표시를 기준으로 하여 그 효력 유무를 판정할 수밖에 없는 것인바, 청구인의 주장대로 청구인이 피청구인의 기망에 의하여 이 사건 헌법소원심판청구를 취하하였다고 가정하더라도 이를 무효라고 할 수도 없고, 청구인이 이를 임의로 취소할 수도 없다 할 것이므로 (대법원 1983.4.12. 선고 80다3251 판결; 1997.6.27. 선고 97다6124 판결; 1997.10.24. 선고 95다11740 판결 등 참조), 청구인의 위 주장은 받아들일 수 없다.

(3) 당사자능력상실을 이유로 한 심판절차종료결정

당사자능력상실을 이유로 심판절차종료결정을 한 예도 있었다. 사안은 이른바 '문화예술계 블랙리스트' 사건의 헌법소원심판을 청구하였던 단체가 청구 이후 폐업신고를 하여 당사자능력이 상실되었다고 하여 심판절차종료를 한 결정례이다.

판례 헌재 2020.12.23. 2017헌마416. [결정요지] 청구인 ○○패는 2018. 6. 30. 폐업신고하여 당사자능력을 상실하였으므로, 그 심판절차가 종료되었다.

3. 본안결정

헌법소원심판의 청구요건을 모두 갖추어 각하결정을 받지 않은 경우 본안문제에 대한 판단에 들어가게 된다. 본안(本案)문제란 심판대상이 된 공권력의 행사, 불행사가 과연 헌법에 위반되는지 하는 사건의 내용판단 문제로서 이에 대한 판단은 곧 청구인의 청구가 이유 있는 것인지 여부를 판단하는 것인데 이 판단의 결과 본안결정인 인용결정과 기각결정이 내려진다. 아래에 항을 달리하여 각각 살펴본다(아래 4., 5.)

4. 인용결정

(1) 개 념

인용결정(認容決定)이란 청구인의 주장이 이유가 있다고 판단하여 청구를 받아들이는 결정을 말한다. 즉 문제의 공권력의 행사, 불행사가 헌법에 위반되는 기본권침해를 가져왔음을 긍정하는 취지의 결정이다.

(2) 정족수

헌법 제113조 제1항과 헌법재판소법 제23조 제2항은 헌법소원에 관한 인용결정을 하는 경우 재판관 6명 이상의 찬성이 있어야 한다고 규정하고 있다. 따라서 재판관 5인이 인용의견으로 다수이더라도 기각결정이 된다. 아래는 재판관 5인이 다수의견으로서 인용의견이나 정족수 6인에 이르지 못하여 기각된 예이다.

판례 고소사건 진정종결처분 위헌확인, 헌재 1999.1.28. 98헌마85, 판례집 11-1, 73면

[관련판시] 결 론 – 이 사건 심판청구에 대하여 재판관 4명이 기각해야 한다는 의견이고, 재판관 5명이 인용해야 한다는 의견이나, 인용의견에 찬성한 재판관은 5인이어서 다수의견이기는 하지만 헌법 제113조 제1항, 헌법재판소법 제23조 제2항 단서 제1호에서 정한 헌법소원의 인용결정을 위한 심판정족수에는 이르지 못하여 청구인의 심판청구를 기각할 수밖에 없으므로 이에 주문과 같이 결정한다.

(3) 인용결정의 유형

헌재가 내리는 인용결정에는 취소결정, 위헌확인결정 등이 있다. 위헌확인결정에도 부작위에 대한 위헌확인결정, 침해행위종료로 인한 위헌확인결정이 있다. 아래에서 차례로 살펴본다.

(4) 취소결정

1) 개념, 근거와 주문

침해의 원인이 된 공권력행사를 취소하는 결정이다. 헌재법 제75조 제3항은 제68조 제1항에 따른 헌법소원을 인용할 때에는 헌법재판소는 “기본권 침해의 원인이 된 공권력의 행사를 취소 … 할 수 있다”라고 규정하고 있다.

헌재법은 헌재는 제68조 제1항에 따른 헌법소원을 인용할 때에는 인용결정서의 주문(主文)에 침해된 기본권과 침해의 원인이 된 공권력의 행사 또는 불행사를 특정하여야 한다“라고 규정한다(헌재법 제75조 2항). 법령소원에 있어서 인용결정, 즉 법령에 대한 위헌선언의 결정 중에는 주문에서 침해된 기본권을 명시한 예도 있고 주문에 침해된 기본권을 명시하지 않고 단순히 그 법령이 위헌임을 표시하는 것으로 그친 예도 있다(후술 참조).

2) 취소결정례

(가) 행정작용에 대한 취소결정례

가) 조세부과처분에 대한 취소(인용)결정례

판례 헌재 1997.12.24. 96헌마172등, 판례집 9-2, 849면

[주문] 피청구인 동작세무서장이 1992.6.16. 청구인에게 양도소득세 금 736,254,590원 및 방위세 금 147,250,910원을 부과한 처분은 청구인의 재산권을 침해한 것이므로 이를 취소한다. * 이 결정은 바로 법원재판에 대한 헌법소원의 원칙적 금지의 합헌성, 예외적 인정이라는 법리를 정립한 결정이다. 전술 대상성 중 법원재판에 대한 헌법소원 금지 부분 참조.

나) 지목변경신청서반려처분에 대한 취소(인용)결정례

판례 헌재 1999.6.24. 97헌마315, 판례집 11-1, 810면

[주문] 피청구인이 1997.9.12. 서울 강서구 공항동 9** 전 3,896m² 및 같은 동 1292 전 770m²에 관한 지적공부상의 지목을 '전'에서 '대'로 정정하여 달라는 청구인의 신청을 반려한 처분은 청구인의 재산권을 침해한 것이므로 이를 취소한다. [관련판시] 결론적으로 이 사건 반려처분은 청구인의 적법한 신청을 아무런 정당한 이유 없이 거부한 것으로서, 이 사건 토지의 정당한 등록을 통하여 토지소유자인 청구인이 누리게 될 재산권을 침해하였으므로 헌법재판소법 제75조 제3항에 따라 취소됨이 마땅하다.

* 이 결정은 지목변경신청서반려처분이 대상성을 인정하고 보충성원칙의 비적용으로 헌재의 판단을 바로 받아 나온 것인데 대법원이 지목변경신청서반려처분을 행정소송대상으로 보는 판례변경을 하자 헌재는 보충성원칙이 적용되어야 한다고 자신의 판례를 변경하였다(판례 헌재 2004.6.24. 2003헌마723. 이 2003헌마723 결정의 사건에서는 판례변경이 있기 전에 이미 청구된 사건이라 보충성원칙 요건 흠결이 있다고 할 수 없다고 하여 본안판단에 들어갔는데 기각결정이 있었다). 따라서 향후 지목변경신청반려처분에 대해서는 법원의 항고송 대상이라고 하여 헌재의 1차적 판단대상에서 제외되어 위와 같은 결정례가 나올 가능성이 될 경우가 희박해졌다. 이에 대해서는 앞의 보충성원칙 결정례들 부분 참조.

다) 공무원 임용시험 시행계획 공고에 대한 취소(인용)결정례

판례 헌재 2000.1.27. 99헌마123, 판례집 12-1, 76면

[주문] 피청구인이 1998.12.26. 행정자치부공고 제1998-147호 1999년도 공무원 임용시험 시행계획 제4항 나호에서 1999년도 제5 회 지방고등고시의 응시연령을 "지방고등고시, 20세 이상 33세 이하, 기준일 12. 14, 해당 생년월일 1965.12.15.~1979.12.14."로 공고함으로써 청구인이 지방고등고시 농업직렬 제2 차 시험에 응시할 자격을 박탈한 조치는 청구인의 공무담임권을 침해한 것이므로 이를 취소한다.

라) 방송에 대한 방송위원회(구)의 경고 및 관계자 경고

구 방송위원회가 구 방송법 제100조 제1항에 나열된 제재조치에 포함되지 아니한 경고 및 관계자 경고는 법률의 위임에 따라 정할 수 있는 '제재조치'의 범위를 벗어난 것이어서 기본권 제한에서 요구되는 법률유보원칙에 위배된다고 보아 취소한 것이다.

판례 헌재 2007.11.29. 2004헌마290

[주문] 1. 피청구인이 2004.3.9. 청구인 주식회사 ○○방송에게 한 '경고 및 관계자 경고'는 동 청구인의 방송의 자유를 침해한 것이므로 이를 취소한다.

마) 수사기록등사신청거부행위에 대한 취소(인용)결정례

판례 헌재 1991.5.13. 90헌마133, 판례집 3, 235면

[주문] 피청구인이 1990.8.13. 청구인의 청구인에 대한 무고 피고사건의 확정된 형사소송기록의 일부인 서울지방검찰청 의정부지청 89형제5571.11958호 수사기록에 대한 복사신청에 대하여 이를 거부한 행위는 청구인의 '알 권리'를 침해한 것이므로 이를 취소한다.

바) 법학전문대학원 신입생 1명 모집을 정지하도록 한 교육부장관의 행위

판례 헌재 2015. 12. 23. 2014헌마1149

[주문] 피청구인이 ○○대학교 법학전문대학원에 대하여, 2016학년도 신입생 1명의 모집을 정지하도록 한 행위는 청구인의 대학의 자율권을 침해하므로 이를 취소한다.

사) 불기소처분·기소유예처분 등에 대한 취소(인용)결정의 형식

(a) **불기소처분에 대한 본안판단결과 인용결정이 난 경우의 주문** 불기소처분을 취소하는 헌법소원 인용결정에서는 헌재는 그 침해되는 기본권으로 '평등권'과 '재판절차진술권'을 든다. 2008.1.1. 재정신청 확대 이후 불기소처분 헌법소원은 드물게 되었으나 그래도 가능성이 있다(이에 대해서는 앞의 대상성, 보충성원칙 등 부분 참조). 그래서 인용결정의 예도 드물다. 최근 드물게 보는 불기소처분 헌법소원 인용결정례의 주문을 아래에 인용한다.

판례 주문례 : 헌재 2018.6.28. 2017헌마595

[판시사항] 피의자들의 강도상해 및 특수강도 피의사실에 대한 피청구인(검사)의 혐의없음 불기소처분이 청구인의 평등권 및 재판절차진술권을 침해하였다고 본 사례 [결정요지] 피의자 정◯○이 청구인에게 가한 폭행의 정도와 경위, 피의자 김◯◯, 이◯◯, 이◯△가 청구인에게 한 언행, 청구인이 피의자 정◯◯의 지시에 따라 송금한 경위 등에 비추어 볼 때, 위 피의자들에게 공갈 혐의가 인정될 여지가 있음에도 피청구인이 피의자 정◯○이 청구인을 폭행하게 된 경위나 청구인이 송금한 돈의 산정 근거 등을 구체적으로 밝히지 않은 채 위 피의자들에 대하여 공갈 혐의도 인정되지 않는다는 취지로 혐의없음 불기소처분을 한 것은 자의적인 검찰권의 행사로서 피해자인 청구인의 평등권과 재판절차진술권을 침해하였다. [주문] 피청구인이 2017.2.28. 서울중앙지방검찰청 2016년 형제○○○○○○호 사건에서 피의자 정○○, 김○○, 이○○, 이○△에 대하여 한 불기소처분은 청구인의 평등권과 재판절차진술권을 침해한 것이므로 이를 취소한다.

(b) **기소유예처분에 대한 본안판단결과 인용결정이 난 경우의 주문** 기소유예처분에 대해서는 주로 피의자가 오히려 자신이 유죄라는 검사결정에 누명을 쓰고 억울하다고 보아 헌법소원심판을 주로 청구하는데 사건이 많다. 기소유예처분이 잘못되었다고 헌재가 인용결정을 할 때에는 행복추구권과 평등권의 침해를 꼭 든다. 기소유예에 대한 취소결정이 많다. 기소유예처분에 대한 헌법소원 인용(취소)결정에 있어서는 아래와 같은 주문형식이 굳어져 있다.

판례 주문례 : 헌재 2020.3.26. 2019헌마466

[주문] 피청구인(검사)이 2019.2.8. **지방검찰청 논산지청 2019년 형제***호 사건에서 청구인에 대하여 한 기소유예처분은 청구인의 평등권과 행복추구권을 침해한 것이므로 이를 취소한다.

(나) 사법작용(법원판결)에 대한 취소결정례

사법작용(司法作用, 법원판결)에 대한 취소의 예는 찾기 쉽지 않다. 헌재법 제68조 제1항이 법원재판을 헌법소원대상에서 제외하고 있기 때문이기도 하다. 그러나 법원재판에 대한 헌법소원이 원칙적으로 금지되나 헌법재판소는 "헌법재판소가 위헌으로 결정한 법령을 적용함으로

써 국민의 기본권을 침해한 재판"은 예외적으로 헌법소원대상이 된다고 보고 아래와 같이 취소한 예가 있었다. 이에 대해서는 앞의 대상성, 법원재판의 헌법소원 부분 참조.

판례 헌재 1997.12.24. 96헌마172·173(병합), 판례집 9-2, 849면
[주문] 대법원 1996.4.9. 선고 95 누 11405 판결은 청구인의 재산권을 침해한 것이므로 이를 취소한다.

(5) 위헌확인결정

1) 위헌확인결정이 필요한 이유와 주문 형식

취소결정이 아니라 위헌임을 확인하는 결정을 해야 할 경우가 있다. 먼저 헌법소원심판은 공권력불행사(부작위 不作爲)에 대해서도 청구할 수 있다. 문제는 이러한 불행사는 아무런 행위가 없으므로 위헌이라고 판단하여 청구를 인용하여 취소하려고 하더라도 취소할 대상이 없다. 그래서 위헌임을 확인하는 것이다. 다음으로 기본권침해행위가 이미 종료한 경우에도 마찬가지로 취소할 대상이 없어졌다. 그런 경우에도 위헌확인 결정을 한다. 위헌확인결정의 주문형식은 아래와 같다.

"… 부작위(행위)는 헌법에 위반됨을 확인한다"

2) 두 가지 경우

부작위에 대한 위헌확인결정과 침해행위종료 경우의 위헌확인결정

따라서 위헌확인결정의 위 두 가지 경우가 있고 아래 항목을 달리하여 (6) (7)에서 살펴본다.

(6) '부작위'에 대한 위헌확인결정

1) 근거

헌법재판소법 제75조 제3항은 헌법소원을 인용할 경우에 "그 불행사가 위헌임을 확인할 수 있다"라고 규정하고 있다.

2) '입법부작위'에 대한 위헌확인결정례

이러한 부작위로서 입법이 없어서(立法不作爲) 기본권침해가 되고 이에 대해 위헌확인결정을 한 예들이 있다.

(가) 법률의 부작위에 대한 위헌확인결정례

법률에 대한 부작위가 위헌확인결정을 받은 아래의 예가 있다.

판례 헌재 1994.12.29. 89헌마2, 조선철도(주) 주식의 보상금청구에 관한 헌법소원, 판례집 6-2, 395면 이하 참조
[주문] 재조선 미국육군사령부 군정청법령 제75호 조선철도의 통일(1946.5.7. 제정)을 폐지한 조선철도의 통일폐지법률(1961.12.30. 법률 제922호)이 시행되기 전에 같은 군정청법령 제2조에 의하여 수용된 조선철도주식회사, 경남철도주식회사 및 경춘철도주식회사 재산의 재산관계권리자로서 같은 법령 제3조

에 따라 같은 군정청 운수부장에게 보상청구서면을 제출하여 위 수용으로 인한 보상청구권을 포기하지 않은 것으로 확정된 자 또는 그 보상청구권을 승계취득한 자에 대하여 위 수용으로 인한 손실보상금을 지급하는 절차에 관한 법률을 제정하지 아니하는 입법부작위(立法不作爲)는 위헌임을 확인한다.

(나) 행정입법의 부작위에 대한 위헌확인결정례

이에 관해서는 여러 건의 위헌확인결정례들이 있었다.

① **전문의 자격시험 불실시 위헌확인 등**

판례 헌재 1998.7.16. 96헌마246
[주문] 피청구인 보건복지부장관이 의료법과 전문의의 수련 및 자격인정 등에 관한 규정의 위임에 따라 치과전문의자격시험제도를 실시할 수 있는 절차를 마련하지 아니하는 입법부작위는 위헌임을 확인한다. [결정요지] * 자세한 요지는 앞의 대상성, 입법부작위 위헌확인결정 부분 참조.

② **평균임금결정·고시부작위 위헌확인**

판례 헌재 2002.7.18. 2000헌마707
[사건개요] 산업재해보상보험법상의 유족급여, 장의비 등을 산출하는 기초가 되는 평균임금을 산정하기 곤란하다고 인정하는 경우에는 산업재해보상보험법 제4조 제2호, 근로기준법시행령 제4조가 노동부장관(피청구인)이 결정·고시하도록 하였음에도 행정입법을 하지 않은 부작위의 위헌확인을 구하는 헌법소원심판이다. [주문] 피청구인이 산업재해보상보험법 제4조 제2호 단서와 근로기준법시행령 제4조의 위임에 의하여 평균임금을 정하여 고시하지 아니하는 행정입법 부작위는 위헌임을 확인한다. [결정요지] * 자세한 요지는 앞의 대상성, 입법부작위 위헌확인결정 부분 참조.

③ **군법무관의 봉급, 그 밖의 보수의 법관, 검사의 예에 준한 지급에 관한 행정입법부작위** – 구 군법무관임용법 제5조 제3항 및 '군법무관임용 등에 관한 법률' 제6조가 군법무관의 봉급과 그 밖의 보수를 법관 및 검사의 예에 준하여 지급하도록 하는 대통령령을 제정할 것을 규정하고 있었음에도 해당 대통령령을 제정하지 않는 것이 군법무관들의 재산권을 침해하여 위헌이라고 확인하였다.

판례 헌재 2004.2.26. 2001헌마718
[주문] 피청구인이 구 군법무관임용법 제5조 제3항 및 군법무관임용등에관한법률 제6조의 위임에 따라 군법무관의 봉급과 그 밖의 보수를 법관 및 검사의 예에 준하여 지급하도록 하는 대통령령을 제정하지 아니하는 입법부작위는 위헌임을 확인한다. [판시] * 자세한 요지는 앞의 대상성, 입법부작위 위헌확인 결정 부분 참조.

④ **국군포로 예우의 신청, 기준 등에 관한 대통령령 부재의 위헌성** – 헌재는 피청구인 대통령의 이 행정입법부작위가 청구인의 명예권을 침해한다고 보아 위헌임을 확인하는 결정을 하였다.

판례 헌재 2018.5.31. 2016헌마626
[주문] 1. 피청구인이 '국군포로의 송환 및 대우 등에 관한 법률'(2015.3.27. 법률 제13237호로 개정된 것) 제15조의5 제2항의 위임에 따른 대통령령을 제정하지 아니한 행정입법부작위는 위헌임을 확인한다. [관련규정] 동법 제15조의5 (국군포로에 대한 예우) ① 국방부장관은 등록포로, 제6조에 따른 등록을 하

기 전에 사망한 귀환포로, 귀환하기 전에 사망한 국군포로에게 억류기간 중의 행적이나 공헌의 정도에 상응하는 예우를 할 수 있다. ② 제1항에 따른 예우의 신청, 기준, 방법 등에 필요한 사항은 대통령령으로 정한다. [결정요지] * 자세한 요지는 앞의 대상성, 입법부작위 위헌확인결정 부분 참조.

3) 조례를 제정하지 않은 부작위

지방자치단체들(서울특별시 등)인 피청구인들이 지방공무원법(1973.3.12. 법률 제2594호로 개정된 것, 이하 같다) 제58조 제2항의 위임에 따라 '사실상 노무에 종사하는 공무원의 범위'를 정하는 조례를 제정하지 아니한 부작위에 대해 위헌확인을 한 예가 있다.

판례 헌재 2009.7.30. 2006헌마358
[주문] 피청구인들이 지방공무원법 제58조 제2항의 위임에 따라 사실상 노무에 종사하는 공무원의 범위를 정하는 조례를 제정하지 아니한 것은 위헌임을 확인한다.

4) '행정부작위'에 대한 위헌확인결정례

① 헌재는 일찍이 임야조사서 등에 대한 열람·복사를 허용하지 않아 행정부작위가 위헌임을 확인하는 결정을 내린 바 있다.

판례 헌재 1989.9.4. 88헌마22, 판례집 1, 179면
[주문] 피청구인이 청구인으로부터 1988.3.22.부터 동년 12.10.경까지의 간에 수차에 걸쳐 문서 또는 구두로 경기도 이천군 마장면 표교리 산 18 내지 산 21, 산 23, 326의 1 및 129의 2 소재 임야와 전에 대한 임야조사서 또는 토지조사부의 열람·복사 신청이 있었음에도 이에 불응한 부작위는 청구인의 '알 권리'를 침해한 것이므로 위헌임을 확인한다. [관련판시] 청구인은 본건 출원에서 청구인의 선조의 묘소·묘비의 존재 등 임야조사서나 토지조사부의 열람·복사에 직접적으로 정당한 이익이 있음을 주장하고 있는 터이므로, 피청구인은 이에 대하여 청구인이 과연 이해관계인인지의 여부 및 동 서류의 공개로 특히 다른 사람의 사생활상의 비밀이나 기밀 등 공익이 침해될 소지가 있는지의 여부에 대하여 충분한 검토를 한 연후에 이에 상응하는 조처를 강구하는 것이 국민전체에 대한 봉사자로서의 공무원의 본분이라고 할 것임에도 불구하고, 법령상 하등의 근거를 명시하고 있지 않는 상부의 유권해석(질의에 대한 회신)이 있음을 이유로 하여 그러한 검토 없이 무조건 묵살 또는 방치하는 방법으로 불응한 피청구인의 본건 부작위는 헌법 제21조에 의하여 보장되고 있는 청구인의 '알 권리'를 침해한 것이므로 그 행위는 위헌임을 확인한다.

② 원폭피해자로서의 배상청구권에 관한 분쟁해결 불이행

판례 헌재 2011.8.30. 2008헌마648
[주문] 청구인들이 일본국에 대하여 가지는 원폭피해자로서의 배상청구권이 '대한민국과 일본국 간의 재산 및 청구권에 관한 문제의 해결과 경제협력에 관한 협정' 제2조 제1항에 의하여 소멸되었는지 여부에 관한 한·일 양국 간 해석상 분쟁을 위 협정 제3조가 정한 절차에 따라 해결하지 아니하고 있는 피청구인의 부작위는 위헌임을 확인한다.

③ 일본군 위안부배상청구권에 관한 분쟁해결 불이행

판례 헌재 2011.8.30. 2006헌마788
[주문] 청구인들이 일본국에 대하여 가지는 일본군위안부로서의 배상청구권이 '대한민국과 일본국 간의

재산 및 청구권에 관한 문제의 해결과 경제협력에 관한 협정' 제2조 제1항에 의하여 소멸되었는지 여부에 관한 한·일 양국 간 해석상 분쟁을 위 협정 제3조가 정한 절차에 따라 해결하지 아니하고 있는 피청구인의 부작위는 위헌임을 확인한다.

(7) '침해행위종료'로 인한 위헌확인결정

1) 근거

기본권을 침해하는 행위가 이미 종료된 경우에는 헌법소원심판의 권리보호이익이 없으나 예외적으로 헌법적 해명이 중요한 의미를 가지거나 침해행위가 앞으로 반복될 위험이 있는 경우에는 심판의 이익을 인정한다(전술, 제4절 4항 Ⅳ. 참조). 그런데 이 경우에 심판이익이 있다고 보아 본안심리를 한 결과 위헌으로 판단되더라도 그 행위가 이미 종료되어 취소할 대상이 없어져 취소할 수 없으므로 위헌임을 '확인'하는 결정을 한다. 아래의 결정들이 그 예들이다.

2) 침해행위종료로 인한 위헌확인결정의 예

① 변호인의 조력을 받을 권리 침해에 대한 헌법소원

판례 헌재 1992.1.28. 91헌마111, 판례집 4, 54면

[주문] 청구인이 1991.6.14. 17시부터 그날 18시경까지 국가안전기획부 면회실에서, 그의 변호인과 접견할 때 피청구인 소속직원(수사관)이 참여하여 대화내용을 듣거나 기록한 것은 헌법 제12조 제4항이 규정한 변호인의 조력을 받을 권리를 침해한 것으로서 위헌임을 확인한다. [관련판시] 피청구인은 청구인으로 하여금 그의 변호인 및 그의 처와 동시에 접견을 시키면서 소속직원을 접견에 참여시켜 대화내용을 듣거나 기록하게 하였으니 이는 위헌임을 면할 수 없다. 결국 청구인의 기본권(변호인의 조력을 받을 권리)을 침해한 피청구인의 위헌적인 공권력행사는 취소되어야 할 것이나 취소되어야 할 공권력행사는 이미 종료되었으니 이를 취소하는 대신, 위헌적인 공권력행사가 또다시 반복될 수 있는 위험성을 제거하기 위하여, 그리고 헌법 제12조 제4항에 규정된 변호인의 조력을 받을 권리와 내용(변호인과의 자유로운 접견을 포함한다는 것)을 명백히 하기 위하여 피청구인의 공권력행사가 위헌인 것임을 선언적 의미에서 확인한다.

② 공권력행사로 인한 재산권침해에 대한 헌법소원

판례 헌재 1993.7.29. 89헌마31, 판례집 5-2, 87면. * 본 결정은 이른바 국제그룹해체 지시에 대한 헌법소원결정이다

[주문] 피청구인이 대통령에 보고하여 그 지시를 받아 1985년 2월 7일 청구인 경영의 국제그룹을 해체키로 기본방침을 정하고 같은 달 11일 그 인수업체를 정하는 한편, 이의 실행을 위하여 제일은행장 등에 지시하여 같은 달 13일부터 국제그룹 계열사에 대한 은행자금관리에 착수하게 하고 청구인으로부터 처분위임장 등으로 계열사의 처분권을 위임받게 하며 피청구인이 만든 보도자료에 의거하여 같은 달 21일 제일은행의 이름으로 해체를 언론에 발표하게 하는 등, 국제그룹 해체를 위하여 한 일련의 공권력의 행사는 청구인의 기업활동의 자유와 평등권을 침해한 것이므로 위헌임을 확인한다.

③ 서신검열 등 위헌확인

판례 헌재 1995.7.21. 92헌마144, 판례집 7-2, 110면

[주문] 1. 청구인 ○○○이 1992년 5월 25일 청구인 △△△에게 발송한 서신 및 청구인 △△△가 같은

해 6월 2일 청구인 ○○○에게 보내기 위하여 발송의뢰한 서신을 피청구인이 각 검열한 행위는 청구인들의 통신의 비밀을 침해받지 아니할 권리, 청구인 △△△의 변호인의 조력을 받을 권리를 침해한 것으로서 위헌임을 확인한다. [결정요지] … 결론 … 서신검열행위 중 청구인들 사이의 서신의 각 검열행위에 대하여는 그로 인하여 청구인들의 위에서 본 기본권이 침해되었다 할 것이나 이미 행위가 종료되어 취소할 수 없으므로 그에 대한 위헌확인을 하며 …

④ 등사신청거부처분취소

판례 헌재 1997.11.27. 94헌마60, 판례집 9-2, 681면

[주문] 피청구인이 1994.3.26. 국가보안법위반사건의 피고인인 청구인의 변호인 김선수의 위 사건의 수사기록(서울지방검찰청 1994년 형제19005호 기록) 일체의 열람·등사신청에 대하여 국가기밀의 누설이나 증거인멸, 증인협박, 사생활침해의 우려 등 정당한 사유를 밝히지 아니한 채 전부 거부한 것은 청구인의 신속하고 공정한 재판을 받을 권리와 변호인의 조력을 받을 권리를 침해한 것으로서 위헌임을 확인한다.

⑤ 재소자용수의착용처분 위헌확인

판례 헌재 1999.5.27. 97헌마137등, 판례집 11-1, 657면

[주문] 피청구인 성동구치소장이 청구인 ○○○을 1997.3.28.부터 같은 해 5. 8.까지 성동구치소에, 피청구인 영등포구치소장이 청구인 △△△을 1997.11.12.부터 1998.2.5.까지 영등포구치소에, 각 수용하는 동안 재소자용 의류를 입게 하여 수사 또는 재판을 받게 한 행위는 무죄추정의 원칙에 반하고 청구인들의 인격권, 행복추구권, 공정한 재판을 받을 권리를 침해한 것으로 위헌임을 확인한다. [관련판시] 피청구인들의 이 사건 행위 중 미결수용자에게 수사 또는 재판을 받을 때에도 재소자용 의류를 입게 한 부분은 무죄추정의 원칙에 반하고 청구인들의 인격권 및 행복추구권, 공정한 재판을 받을 권리를 침해한 것으로서 취소되어야 하고, … 이미 행위가 종료되었으므로 선언적 의미에서 그에 대한 위헌확인을 하기로 하여 주문과 같이 결정한다.

⑥ 유치장내 불충분한 차폐시설의 화장실설치 및 관리행위 위헌확인

판례 헌재 2001.7.19. 2000헌마546, 판례집 13-2, 106면

[주문] 청구인들이 2000.6.18. 09:00경부터 같은 달 20. 02:00경까지 서울 영등포구 당산동 3가 2의 11 소재 영등포경찰서 유치장에 수용되어 있는 동안 차폐시설이 불충분하여 사용과정에서 신체부위가 다른 유치인들 및 경찰관들에게 관찰될 수 있고 냄새가 유출되는 실내화장실을 사용하도록 강제한 피청구인의 행위는 헌법 제10조에 의하여 보장되는 청구인들의 인격권을 침해한 것으로 위헌임을 확인한다. [관련판시] 청구인들로 하여금 이 사건 유치실에 수용되어 있는 동안 차폐시설이 불충분한 이 사건 화장실을 사용하도록 강제한 피청구인의 행위는 헌법 제10조에 의하여 보장되는 인격권을 침해한 것으로서 취소되어야 할 것이나, 위 권력적 사실행위는 이미 종료되었으므로 동일 또는 유사한 기본권 침해의 반복을 방지하기 위해 선언적 의미에서 그에 대한 위헌확인을 하기로 하여 주문과 같이 결정한다.

⑦ 검찰공권력남용 위헌확인(빈번한 증인 소환행위)

판례 헌재 2001.8.30. 99헌마496, 판례집 13-2, 240면

[주문] 청구인에 대한 특정범죄가중처벌 등에 관한 법률위반 피고사건에서 검찰측 증인으로 채택된 청구외 이○학을 피청구인이 별지 소환목록 (1) 기재와 같이 전후 145회에 걸쳐 소환한 것은 청구인의 공정한 재판을 받을 권리를 침해한 것으로서 위헌임을 확인한다. [사건 및 결정에 대한 설명] 본 헌법소원

의 청구인이 피고인인 형사사건에서 검찰측 증인으로 채택된 수용자를 피청구인(검사)이, 검찰진술을 번복시키려고 청구인측에서 증인에게 접근하는 것을 예방 · 차단하기 위하여, 또는 증인에게 면회, 전화 등 편의를 제공하기 위하여 그 증언에 이르기까지 거의 매일(145회) 검사실로 빈번히 소환한 행위가 청구인의 공정한 재판을 받을 권리를 침해한 것임을 인정한 사건인데 위의 침해행위(소환행위)가 종료되었기에 위헌확인결정을 한 것이다.

⑧ 신체과잉수색행위 위헌확인

판례 헌재 2002.7.18. 2000헌마327

[주문] 피청구인이 2000.3.20. 13:30경 청구인들을 성남 남부경찰서 유치장에 수용하는 과정에서 청구인들로 하여금 경찰관에게 등을 보인 채 상의를 속옷과 함께 겨드랑이까지 올리고 하의를 속옷과 함께 무릎까지 내린 상태에서 3 회에 걸쳐 앉았다 일어서게 하는 방법으로 실시한 신체수색은 헌법 제10조 및 제12조에 의하여 보장되는 청구인들의 인격권 및 신체의 자유를 침해한 것이므로 위헌임을 확인한다.

⑨ 정보비공개결정 위헌확인

판례 헌재 2003.3.27. 2000헌마474

[주문] 피청구인이 2000.5.30. 인천서부경찰서 수사61110－1163호로 청구인에 대하여 한 고소장 및 피의자신문조서에 대한 정보비공개결정은 청구인의 변호권과 알 권리를 침해한 것으로서 위헌임을 확인한다. [사건개요] 사기죄로 구속된 피의자의 변호인으로서 그로부터 구속적부심사청구의 의뢰를 받은 청구인이 2000.5.29. 피청구인(인천서부경찰서장)에게 피의자에 대한 수사기록 중 고소장과 피의자신문조서의 열람 및 등사를 신청하였으나 피청구인은 위 서류들이 형사소송법 제47조 소정의 소송에 관한 서류로서 공판개정 전의 공개가 금지되는 것이고 이는 공공기관의 정보공개에 관한 법률 제7조 제1항 제1호 소정의 이른바 다른 법률에 의하여 비공개사항으로 규정된 정보에 해당한다는 이유로 5. 30. 이를 공개하지 않기로 결정하였다. 청구인은 위 비공개결정이 청구인의 기본권을 침해하여 위헌이라는 이유로 그 위헌확인을 구하는 헌법소원을 2000.7.20. 제기하였다. * 위 결정에서 헌재는 '침해행위의 종료'를 언급하지는 않았다. 그러나 위 사건 정보비공개결정 후 청구인은 구속적부심사를 청구하여 기각되었고, 기소되어 유죄판결이 확정되어 위 헌법소원이 인용되더라도 권리구제에 도움이 되지 않으나 헌법적 해명이 필요하다고 하여 심판이익을 인정하여 위와 같은 위헌확인결정이 난 것이므로 이는 침해행위종료에서의 예외적 심판이익인정의 경우에서의 위헌확인결정과 성격상 같이 보아 여기에 분류하였다.

⑩ 검사조사실에서의 계호교도관이 포승으로 청구인의 팔과 상반신을 묶고 양손에 수갑을 채운 상태에서 피의자조사를 받도록 한 계구사용행위

판례 헌재 2005.5.26. 2001헌마728

[주문] 청구인이 2001.9.28., 같은 달 29., 같은 해 10.4.및 같은 달 5. 서울지방검찰청 동부지청 308호 검사조사실에서 조사를 받는 동안 피청구인 소속 계호교도관이 포승으로 청구인의 팔과 상반신을 묶고 양손에 수갑을 채운 상태에서 피의자조사를 받게 한 것은 청구인의 신체의 자유를 침해한 행위로서 위헌임을 확인한다.

⑪ 경찰서장의 옥외집회 신고서 경합우려이유의 반려행위

판례 헌재 2008.5.29. 2007헌마712

[주문] 피청구인의 별지 목록 기재 민원서류반려행위는 청구인 전국○○산업노동조합 ○○합섬HK지회,

같은 이○훈, 같은 최○조의 집회의 자유를 침해하는 행위로서 위헌임을 확인한다.

⑫ 경찰청장이 경찰버스들로 서울특별시 서울광장을 둘러싸(이른바 '차벽'사건) **통행을 제지한 행위**

판례 헌재 2011.6.30. 2009헌마406

[주문] 피청구인이 2009.6.3. 서울특별시 서울광장을 경찰버스들로 둘러싸 청구인들의 통행을 제지한 행위는 청구인들의 일반적 행동자유권을 침해한 것으로서 위헌임을 확인한다.

⑬ 출정비용납부거부 또는 상계동의 거부를 이유로 한 교도소장의 수용자 행정소송 변론기일 출정 제한행위

판례 헌재 2012.3.29. 2010헌마475

[주문] 피청구인이 출정비용납부거부 또는 상계동의거부를 이유로 청구인의 행정소송 변론기일인 2010.2.26., 2010.3.26., 2010.4.20.에 청구인의 출정을 각 제한한 행위는 청구인의 재판청구권을 침해한 것으로서 위헌임을 확인한다.

⑭ 법원이 한 허용결정에 따른 변호인들의 열람·등사 신청에 대한 검사의 거부행위

㉠ **판례** 헌재 2010.6.24. 2009헌마257

[주문] 서울중앙지방법원 2009고합153, 168(병합) 특수공무집행방해치사 등 사건에 관하여 2009.4.14. 법원이 한 열람·등사 허용 결정에 따라 청구인들의 변호인들이 [별지 1] 기재 서류에 대하여 한 열람·등사 신청 중 비고란 기재 1, 2차 교부본을 제외한 나머지 부분에 대하여 2009.4.16. 피청구인이 이를 거부한 것은, 청구인들의 신속하고 공정한 재판을 받을 권리와 변호인의 조력을 받을 권리를 침해한 것이므로 헌법에 위반됨을 확인한다.

㉡ **판례** 헌재 2017.12.28. 2015헌마632

[주문] 서울중앙지방법원 2014고합○○○○ 체포치상 등 사건에 관하여 2015.3.11. 위 법원이 한 열람·등사 허용 결정에 따라 청구인들의 변호인이 [별지 1] 기재 순번 1, 2, 3, 4, 6, 7, 8, 9번 수사서류에 대하여 한 열람·등사 신청 중 등사 부분에 대하여 2015.4.7. 피청구인이 이를 거부한 것은, 청구인들의 신속하고 공정한 재판을 받을 권리와 변호인의 조력을 받을 권리를 침해한 것이므로 헌법에 위반됨을 확인한다.

⑮ 고등학교 입학 자격 검정고시, 고등학교 졸업 학력 검정고시의 응시자격 제한

판례 헌재 2012.5.31. 2010헌마139등

[사안] 고졸검정고시 또는 '고등학교 입학자격 검정고시'에 합격했던 자는 해당 검정고시에 다시 응시할 수 없도록 응시자격을 제한한 전라남도 교육청 공고 제2010-67호(2010.2.1.) 및 제2010-155호(2010.6.2) 규정이 법률유보원칙, 과잉금지원칙을 위반하여 청구인들의 교육을 받을 권리를 침해하였다고 판단하면서 시험이 시행, 종료되었다고 하여 위헌확인결정을 한 예이다. [주문] 1. …. 2. 가. 전라남도검정고시위원회위원장이 2010.2.1. 공고한 시행계획(전라남도 교육청 공고 제2010-67호) 중 '1. 고등학교 입학 자격 검정고시' 중 '다. 응시자격 제한'의 '5) 초·중등교육법시행령 제97조 제1항 제1호의 고등학교입학자격검정고시에 합격한 자' 부분 및 '2. 고등학교 졸업 학력 검정고시' 중 '다. 응시자격

제한'의 '5) 초·중등교육법시행령 제98조 제1항 제1호의 고등학교졸업학력검정고시에 합격한 자' 부분, 나. 전라남도검정고시위원회위원장이 2010.6.2. 공고한 시행계획(전라남도 교육청 공고 제2010-155호) 중 '3. 응시 자격 및 제한' 가운데 '가. 고등학교 입학 자격 검정고시' 중 '2) 응시자격제한'의 '마) 고등학교 입학 자격 검정고시에 합격한 자' 부분 및 '3. 응시자격 및 제한' 가운데 '나. 고등학교 졸업학력 검정고시' 중 '2) 응시자격제한'의 '마) 고등학교 졸업학력 검정고시에 합격한 자' 부분은, 각 위헌임을 확인한다. [판시] 결론 – 이상에서 살펴본 바와 같이, 청구인 김 ○ 혜의 이 사건 시행령조항에 대한 청구부분은 부적법하므로 이를 각하하기로 하고, 이 사건 응시제한은 기본권 제한의 법률유보원칙에 위반될 뿐만 아니라 과잉금지원칙에도 위반되어 청구인들의 교육을 받을 권리를 침해하는 것이므로 마땅히 취소되어야 할 것이나, 이 사건 공고에 따른 검정고시가 이미 시행, 종료되어 이 사건 공고의 효력도 더 이상 존속하지 않게 되었으므로, 동일 또는 유사한 기본권 침해의 반복을 방지하기 위한 선언적 의미에서 그에 대한 위헌확인을 하기로 하여, 주문과 같이 결정한다.

⑯ 검정고시 출신자의 교육대 수시모집 지원 자격 부정

판례 헌재 2017.12.28. 2016헌마649

[사건개요] 청구인들은 2016년도 제2회 고등학교 졸업학력 검정고시(2016.8.3. 시행)에 합격하여 고등학교 졸업학력을 취득하였다. 피청구인들은 10개 국립 교육대학교 등과 그 대학의 총장들이다(이하 위 학교들을 통칭하여 '피청구인들 대학'). 피청구인들 대학은 2016.5.경 '2017학년도 수시모집 신입생 모집요강'을 공표하였는데, 장애인, 기초생활수급자 또는 차상위계층 등을 대상으로 하는 일부 특별전형을 제외하고 [별지3] 목록 기재와 같은 대부분의 전형에 있어 고등학교 졸업자 또는 졸업예정자로 지원자격을 한정하였다. 이에 따라 검정고시로 고등학교 졸업학력을 취득한 사람(이하 '검정고시 출신자'라 한다)은, 앞서 본 일부 특별전형의 대상에 해당되지 않는 이상, 피청구인들 대학의 수시모집에 지원할 수 없게 되었다. 청구인들은 이 '2017학년도 수시모집 신입생 모집요강'이 검정고시 출신으로 피청구인들 대학에 진학하여 초등학교 교사가 되고자 하는 청구인들의 교육받을 권리 등을 침해하고 있다고 주장하면서 2016.8.4. 이 사건 헌법소원심판을 청구하였다. [주문] 피청구인(총장)들이 '2017학년도 신입생 수시모집 입시요강'에서 [별지3] 목록 기재와 같이 지원자격을 정함으로써 검정고시로 고등학교 졸업학력을 취득한 사람들의 수시모집 지원을 제한하는 것은 청구인들의 교육을 받을 권리를 침해한 것으로 위헌임을 확인한다. * 헌재는 확인결정을 하는 이유로 "이 사건 수시모집요강에 따른 2017년도 신입생 합격자 발표가 이미 종료되었으므로 선언적 의미에서 이에 대한 위헌확인을 한다."라고 밝히고 있다.

⑰ 피의자신문 참여 변호인에 대한 검찰수사관의 피의자 후방착석요구

판례 헌재 2017.11.30. 2016헌마503

[사안] 검찰수사관이 피의자신문에 참여한 변호인에게 피의자 후방에 앉으라고 요구한 행위가 변호인(헌법소원청구인)의 변호권을 침해한 위헌임을 확인하는 결정을 했다. [주문] 1. 피청구인이 2016.4.21. 17:15경 부산지방검찰청 동부지청 수사과 2호실에서 피의자신문에 참여한 청구인에게 피의자 후방에 앉으라고 요구한 행위는 변호인인 청구인의 변호권을 침해한 것으로서 위헌임을 확인한다.

⑱ 물포 발포행위

판례 헌재 2018.5.31. 2015헌마476

[주문] 1. 피청구인이 2015.5.1. 22:13경부터 23:20경까지 사이에 최루액을 물에 혼합한 용액을 살수차

를 이용하여 청구인들에게 살수한 행위는 위헌임을 확인한다.

⑲ 직사살수행위

판례 헌재 2015.12.23. 2015헌마1149

[주문] 피청구인들이 2015.11.14. 19:00경 종로구청입구 사거리에서 살수차를 이용하여 물줄기가 일직선 형태로 청구인 백▽▽에게 도달되도록 살수한 행위는 청구인 백▽▽의 생명권 및 집회의 자유를 침해한 것으로서 헌법에 위반됨을 확인한다.

⑳ **'위헌확인'과 '취소'의 결정이 함께 있었던 예** – 법학전문대학원 신입생 1명 모집을 정지하도록 한 교육부장관의 행위

아래 결정에서 이미 종료된 행위에 대해서는 '위헌확인'을 그렇지 않은 행위에 대해서는 '취소'를 한 것으로 이해된다.

판례 헌재 2015.12.23. 2014헌마1149

[주문] 피청구인이 ○○대학교 법학전문대학원에 대하여, 2015학년도 신입생 1명의 모집을 정지하도록 한 행위는 청구인의 대학의 자율권을 침해하므로 위헌임을 확인하고, 2016학년도 신입생 1명의 모집을 정지하도록 한 행위는 청구인의 대학의 자율권을 침해하므로 이를 취소한다. [결정요지] … 이 사건 모집정지는 과잉금지원칙에 반하여 청구인의 대학의 자율권을 침해한다. 5. 결론 – 이 사건 모집정지는 과잉금지원칙에 반하여 청구인의 대학의 자율권을 침해하므로 그 중 2015년 모집정지 부분은 위헌임을 확인하고, 2016년 모집정지 부분은 취소하기로 하여, 관여 재판관 전원의 일치된 의견에 따라 주문과 같이 결정한다.

3) 위헌확인결정에서의 침해된 기본권의 특정 문제

i) 위 (6)의 2) '입법부작위'에 대한 위헌확인결정에서는 침해된 기본권이 주문에 특정되어 기재되지 않고 있다. ii) 위 (6)의 4) '행정부작위'에 대한 위헌확인결정에서는 행정부작위에 대한 위헌확인결정례로는 최초인 임야조사서 사건의 결정에서 '알권리'라고 특정하긴 하였으나 그 뒤로 하지 않고 있다. iii) 바로 위 (7) 침해행위종료로 인한 위헌확인결정의 경우에는 빠진 예가 있긴 하지만(위 ⑮ '고등학교 입학 자격 검정고시 … 자격 제한', ⑱ 물포 발포행위의 경우) 대부분 침해된 기본권이 주문에 특정되어 기재되고 있다.

(8) 부진정입법부작위의 위헌판단시 결정형식

이에 대해서는 앞의 헌법소원대상성, 입법부작위에서 서술하였지만 바로 위 (6)에서의 진정입법부작위에 대한 위헌확인결정의 경우와 대조를 위해서 여기에서도 서술한다. 부진정입법부작위 상태가 위헌이라고 판단되더라도 불완전한 법령규정이긴 하나 있긴 한 부분이 있으므로 전체를 단순위헌으로 결정하면 있는 부분도 무효로 없어져 공백이 발생할 수 있고 이 공백을 메우기 위하여 헌법불합치결정 가능성이 있다. 그 결정례들은 앞의 헌법소원 대상성, 입법부작위 부분 참조.

(9) '거부행위'에 대한 인용결정

헌법재판소법 제75조는 "헌법소원의 인용결정의 경우에 기본권침해의 원인이 된 공권력의 행사를 취소하거나 그 불행사가 위헌임을 확인할 수 있다"라고 규정하고 있다. 거부행위도 거절한다는 의사표시가 있었다는 점에서 작위라고 본다면 취소의 대상이 될 것이다. 우리 헌법재판소도 거부행위에 대하여 몇 건의 취소결정을 한 바 있다[앞의 (4), 2), (가)의 나), 마) 참조]. 다른 한편 그 기본권침해행위로서의 거부행위가 이미 종료된 경우에는 위헌확인결정을 할 수밖에 없다. 실제 우리 헌법재판소가 그러한 경우에 위헌확인결정을 한 예가 있다[앞의 (7)의 2)의 결정례 ④ 참조].

(10) 법령소원에서의 인용결정

이에 대해서는 뒤의 '헌법소원심판에 의한 법령의 위헌심사와 그 결정' 부분에서 함께 살펴본다. 후술 참조.

(11) '주문'에서 침해되는 기본권 명시 여부 문제

1) 법규정과 논의점

앞서도 이 문제나 그 결정례를 언급하긴 하였다. 헌재법 제75조 제2항은 "제68조 제1항에 따른 헌법소원을 인용할 때에는 인용결정서의 주문에 침해된 기본권과 침해의 원인이 된 공권력의 행사 또는 불행사를 특정하여야 한다"라고 규정하고 있다. 따라서 침해된 기본권을 특정해야 하는데 이를 주문(主文)에 명시적으로 밝혀야 하는 문제가 있다. "특정하여야 한다"라고 의무화했지만 이유 부분에서 특정하면 되지 않는가 하는 문제제기도 가능하다.

2) 판례의 경향

(가) 법령소원의 경우

밝힌 경우도 있고 그렇지 않은 경우도 있으나 헌재가 법령소원의 경우에 주문에 침해되는 기본권을 밝히지 않은 경우가 많다. 법률이 심판대상인 경우 밝히지 않고 법률 하위의 시행령, 시행규칙 등에 대한 위헌결정의 경우 밝힌다고 보는 분석도 있으나 시행규칙(부령)에 대한 위헌결정에서 이를 밝히지 않은 경우도 있어서 명시 여부에 대한 기준이 명확하지 않다. * 이에 대해서는 뒤의 헌법소원에 의한 법령의 위헌여부 심사의 결정 부분 참조.

(나) 법령 외 일반적인 공권력작용에 대한 헌법소원의 경우

위의 예에서 주문에 침해되는 기본권들이 명시되고 있는 예들을 볼 수 있다.

판례 헌재 2017.12.28. 2016헌마649

[주문] 피청구인(총장)들이 '2017학년도 신입생 수시모집 입시요강'에서 [별지3] 목록 기재와 같이 지원자격을 정함으로써 검정고시로 고등학교 졸업학력을 취득한 사람들의 수시모집 지원을 제한하는 것은 청구인들의 교육을 받을 권리를 침해한 것으로 위헌임을 확인한다.

판례 헌재 2004.6.24. 2002헌마496

[주문 피청구인이 2002.7.20. 공정거래위원회 2002경촉0724 사건에서 □□ 주식회사에 대하여 한 무혐의결정은 청구인의 평등권과 재판절차에서의 진술권을 침해한 것이므로 이를 취소한다.

(다) 부작위 위헌확인결정례의 경우

위에서 살펴본 입법부작위에 대한 위헌확인결정례들에서는 침해된 기본권들이 주문에 명시되지 않고 있다.

(라) 침해행위종료 위헌확인결정례의 경우

위에서 살펴본 침해행위종료에 대한 위헌확인결정례들에서는 침해된 기본권이 주문에 명시되고 있다(예외 있음).

(마) 불기소처분·기소유예처분에 대한 취소결정의 경우

불기소처분을 취소하는 헌법소원인용결정례들에서는 거의 빠짐없이 주문에서 평등권과 재판절차진술권이 침해되었음을 명시하고 있다. 아래가 전형적인 예이다.

판례 주문례 : 헌재 2018.6.28. 2017헌마595

[주문] 피청구인이 2017.2.28. 서울중앙지방검찰청 2016년 형제○○○○○○호 사건에서 피의자 정○○, 김○○, 이○○, 이○△에 대하여 한 불기소처분은 청구인의 평등권과 재판절차진술권을 침해한 것이므로 이를 취소한다.

기소유예처분을 취소하는 헌법소원인용결정례들에서는 거의 빠짐없이 주문에서 평등권과 행복추구권이 침해되었음을 명시하고 있다. 아래가 전형적인 예이다.

판례 헌재 2020.3.26. 2017헌마1179

[주문] 피청구인이 2017.7.31. **지방검찰청 2016년 형제***호 사건에서 청구인에 대하여 한 기소유예처분은 청구인의 평등권과 행복추구권을 침해한 것이므로 이를 취소한다.

5. 기각결정

(1) 개념

이는 청구인의 주장이 이유가 없다고 판단하여 청구를 배척하는 결정을 말한다. 많이 볼 수 있는 예로 청구인이 자신에 대한 기본권의 제한이 기본권침해로서 위헌이라는 주장에 대해 헌재가 그 제한이 있더라도 그 제한이 헌법이 허용하는 기본권제한 범위 내에 있어(예를 들어 과잉금지원칙을 준수하여) 침해가 아니고 그래서 위헌이 아니라고 판단하는 취지의 결정 등이다.

(2) 5명 재판관의 인용의견의 기각결정

재판관 5명이 다수의견으로서 인용의견이나 정족수 6명에 이르지 못하여 기각된 예들이 있다.

1) '인용의견 5명 : 기각의견 4명' = 기각결정

판례 헌재 1999.1.28. 98헌마85, 판례집 11-1, 73면

[관련판시] … 결론 – 이 사건 심판청구에 대하여 재판관 4명이 기각해야 한다는 의견이고, 재판관 5명이 인용해야 한다는 의견이나, 인용의견에 찬성한 재판관은 5명이어서 다수의견이기는 하지만 헌법 제113조 제1항, 헌법재판소법 제23조 제2항 단서 제1호에서 정한 헌법소원의 인용결정을 위한 심판정족수에는 이르지 못하여 청구인의 심판청구를 기각할 수밖에 없으므로 이에 주문과 같이 결정한다.

2) '인용의견 5명 : 각하의견 4명' = 기각결정

헌재는 재판관 4명의 의견이 각하하여야 한다는 의견일 경우에도 기각결정을 한다.

판례 헌재 2000.2.24. 97헌마13·245(병합), 상속세경정청구거부처분취소 등, 경정결정 아니한 행위 위헌확인, 판례집 12-1, 252면

[관련판시] 재판관 과반수의 의견이 이유 있으므로 이를 인용하여야 한다는 것이나, 재판관 4명의 의견은 이 또한 부적법하므로 각하하여야 한다는 것이어서 헌법재판소법 제23조 제2항 제1호에 규정된 헌법소원 인용결정의 정족수에 미달하므로 … 청구를 기각할 수밖에 없다.

3) 인용의견 5명의 기각결정의 근간의 예들

근간(2020－2021년 7월)에 나온 결정례로, ① 변호사시험 합격자 명단 공고 사건(2018헌마77, 변호사시험법 제11조 위헌 여부 확인) 결정, ② 공중보건의사의 군사교육 소집기간 보수 미지급 사건(2017헌마643, 군인보수법 제2조 제1항 위헌 여부 확인) 결정 등이 있다. 법령소원이 아닌 예로는 장애인시험용 이륜자동차 미비치 사건(2016헌마86, 신체장애인 운전면허시험용 이륜자동차 사건) 결정이 있었다.

Ⅱ. 헌법소원심판에 의한 법령의 위헌여부심사와 그 결정

1. 헌법소원심판에 의한 법령의 위헌여부심사의 경우

먼저 법률에 대한 심사를 보면, 법률 자체에 대한 헌재법 제68조 제1항의 직접적 헌법소원심판(본래의미의 헌법소원), 즉 법령소원을 인정하고 있고, 또한 법원의 위헌제청신청기각 후 당사자가 제기하는 헌재법 제68조 제2항의 위헌제청형 헌법소원(위헌소원)이 이루어지고 있다. 이러한 헌법소원심판에 의해서도 법률에 대한 위헌결정, 합헌결정이 나오고 있다. 또한 '5명 위헌의견의 기각결정', 변형결정('한정합헌결정', '한정위헌결정', '헌법불합치결정'), 그리고 일부위헌결정 등도 헌법소원심판에서 내려지고 있다. 이러한 결정형식들은 위헌법률심판에서의 그것과 다를 바 없다. 따라서 이들 결정형식들에 대하여서는 주로 앞의 제3장 위헌법률심판의 제7절 위헌법률심판결정의 형식(유형) 부분을 참조하면 될 것이다. 아래에서는 법령소원과 위헌소원에서의 결정상의 차이를 알아보기 위한 대조를 해보고자 한다.

한편 헌법재판소법 제75조 제5항은 헌법소원을 인용함에 있어서 "헌법재판소는 공권력의 행사 또는 불행사가 위헌인 법률 또는 법률의 조항에 기인한 것이라고 인정될 때에는 인용결정에서 해당 법률 또는 법률의 조항이 위헌임을 선고할 수 있다"라고 규정하고 있다. 이를 부수적 위헌심사라고 한다. 이 심사에 의해서도 법률규정에 대한 위헌결정과 변형결정들이 있을 수 있다(후술, 4. 부수적 위헌결정 참조).

법률 외의 법령들, 즉 법규명령, 조례 등에 대한 위헌심사는 헌법재판소법 제68조 제1항에 의한 법령소원의 심판으로 이루어진다.

이하에서는 법령소원심판에 의한 결정, 위헌소원에 의한 결정, 부수적 위헌결정 등의 순으로 나누어 살펴본다.

2. 법령소원의 심판에 의한 결정의 형식

(1) 각하결정

심판대상법률이 기본권침해의 직접성을 가지지 않거나 청구기간을 도과한 경우 등에는 각하결정이 있게 된다.

(2) 본안결정

1) 청구인의 주장이 이유 없는 경우의 주문형식

"청구를 기각한다"

이러한 주문형식을 취하는 것은 법령소원도 어디까지나 본래의미의 헌법소원이기 때문으로 이해된다. 아래에서 볼 헌재법 제68조 제2항의 위헌소원에 의한 경우에는 "법률 … 은 헌법에 위반되지 아니한다"라고 주문으로 표현하는 것과 차이가 있다(아래 대조 도해표 참조). 이는 헌재법 제68조 제2항의 위헌소원은 실질적으로 위헌법률심판으로 보기 때문이다.

2) 청구인의 주장이 이유 있어 위헌으로 판단한 경우의 주문형식

"법령 … 은 헌법에 위반된다"

이 주문형식은 헌재법 제68조 제2항의 위헌소원의 위헌결정의 것과 동일하다(법률이 대상일 경우).

3) 변형결정

법령소원의 심판의 경우에도 각종 변형결정이 있을 수 있다. 이는 위헌법률심판에서와 같으므로 여기서는 생략한다. 앞의 헌법불합치결정 부분 참조.

* 재판관 의견분립의 경우 법령소원에서 법령에 대한 위헌 여부 결정을 하면서 변형결정을 할 때 발생하는 경향이 강하다. 예를 들어 "단순위헌(1인) + 일부위헌(1인)의견 + 적용중지 헌법불합치(2인)의

견 + 계속적용 헌법불합치(5인)의견 적용 = 계속적용 헌법불합치결정"이 되는 것이다.

판례 헌재 2007.5.31. 2005헌마1139. * 이 결정과 이 부분 설명에 대해서는 앞의 정족수 부분 참조.

4) 5명 재판관의 위헌의견의 기각결정

법령소원에서도 인용결정인 위헌결정과 그 변형결정을 내리기 위해서는 6명 이상 찬성이라는 정족수가 적용된다. 그리하여 심판대상법률규정이 위헌이라는 의견이 5명재판관의 다수의견이었음에도 위헌으로 선언되지 못한 결정례들이 있었다. 이에도 ① 5명 재판관의 인용(위헌)의견과 4명 재판관의 기각의견의 경우와 ② 5명 재판관의 인용(위헌)의견과 4명 재판관의 각하의견의 경우(이는 법령에 대한 헌법소원은 아니었으나 법령소원의 경우에도 가능성이 있으므로 여기서 참고로 본다) 모두 기각의 주문으로 결정한 예가 있다. 이 결정례들은 앞의 정족수 부분에서 인용하였다. 전술 참조.

5) 법령소원에서의 부수적 위헌선언

헌법재판소는 "합헌으로 남아 있는 어떤 법률조항이 위헌선언되는 법률조항과 밀접한 관계에 있어 그 조항만으로는 법적으로 독립된 의미를 가지지 못하는 경우에는 예외적으로 그 법률조항에 대하여 위헌선언을 할 수 있다"라고 하면서 이를 '부수적 위헌선언'이라고 부른다. 이에 관해서는 후술 참조.

6) 법률 외의 법령에 대한 본안결정

법령소원은 법률에 대해서뿐 아니라 법규명령, 조례 등에 대해서도 제기될 수 있다. 따라서 법률 외에 법규명령, 조례 등에 대한 본안결정도 있는데 이 경우 역시 위에서 본 1), 2), 3), 4), 5)의 결정이 이루어질 수 있다. 아래의 결정은 법률의 규정과 아울러 시행령규정에 대해서도 헌법불합치결정을 한 결정이다.

판례 헌재 2001.11.29. 99헌마494

[주문] 재외동포의출입국과법적지위에관한법률(1999.9.2. 법률 제6015호로 제정된 것) 제2조 제2호, 재외동포의출입국과법적지위에관한법률시행령(1999.11.27. 대통령령 제16602호로 제정된 것) 제3조는 헌법에 합치하지 아니한다. …

7) 법령소원의 인용(위헌)결정 '주문'에서의 침해된 기본권의 특정 문제

헌재법 제75조 제2항은 제68조 제1항의 규정에 의한 헌법소원을 인용할 때에는 인용결정서의 주문(主文)에서 침해된 기본권과 침해의 원인이 된 공권력의 행사 또는 불행사를 특정하여야 한다고 규정하고 있다. 법령소원에 있어서 인용결정, 즉 법령에 대한 위헌선언의 결정 중에는 주문에서 침해된 기본권을 명시한 예도 있고 그렇지 않은 예도 있다.

(가) 침해된 기본권을 '주문'에 명시한 인용(위헌)결정례

이러한 결정례들은 판례집을 통해 살펴볼 때 법률이 아닌 법령(대법원규칙, 부령, 고시)의 규정에 대한 법령소원의 경우들이었다.

① 대법원규칙 : 법무사법시행규칙에 대한 헌법소원

판례 헌재 1990.10.15. 89헌마178, 판례집 2, 368면
[주문] 법무사법시행규칙(1990.2.26. 대법원규칙 제1108호) 제3조 제1항은 평등권과 직업선택의 자유를 침해한 것이므로 헌법에 위반된다.

② 부령 : 체육시설의 설치·이용에 관한 법률시행규칙 제5조에 대한 헌법소원

판례 헌재 1993.5.13 92헌마80
[주문] 체육시설의 설치 · 이용에 관한 법률시행규칙(1992.2.27. 문화체육부령 제20호) 제5조의 체육시설업의 시설, 설비, 안전관리 및 위생기준(별표 1)에 수록되어 있는 "2. 안전관리 및 위생기준(체육시설업자의 준수사항)"의 '(2) 개별기준' 중 '자. 당구장업'란 3)에 기재된 "출입문에 18세 미만자의 출입을 금지하는 내용의 표시를 하여야 한다"는 규정은 평등권과 직업선택의 자유를 침해한 것이므로 헌법에 위반된다.

③ **고시 : 식품의약품안전청고시** – 이것은 이른바 법령보충규칙으로서 고시이다. 법령보충규칙에 대해서는 앞의 대상성 부분 참조.

판례 헌재 2000.3.30. 99헌마143, 식품 등의 표시기준 제7조『별지 1』식품 등의 세부표시기준 1. 가. 10) 카) 위헌확인, 판례집 12-1, 406면
[주문] 식품 등의 표시기준(1998. 10.7.식품의약품안전청고시 제1998-96호로 제정) 제7조『별지 1』식품 등의 세부표시기준 1. 가. 10) 카) 중 '음주전후' 및 '숙취해소' 표시를 금지 하는 부분은 영업의 자유, 표현의 자유 및 재산권을 침해한 것이므로 헌법에 위반된다.

(나) 침해된 기본권을 '주문'에 명시하지 않은 인용(위헌)결정례

i) 먼저 법률에 대한 법령소원의 경우에는 명시하지 않는다. (ㄱ) 이러한 헌재판례의 입장은 초기부터 그러했다(89헌마89, 95헌마154 등). (ㄴ) 비명시의 이유 – 헌재는 침해된 기본권을 이처럼 주문에 표시하지 않는 것은 법률에 대한 헌법소원은 청구인의 침해된 기본권 구제의 면도 있으나 객관적인 헌법질서의 확립이라는 성질이 더 부각되어야 하고 법률에 대한 법령소원의 인용결정에서는 위헌법률심판의 절차규정이 준용된다고 보기 때문이라고 한다.

판례 헌재 1991.3.11. 91헌마21, 지방의회의원선거법 제36조 제1항에 대한 헌법소원, 판례집 3, 115면
[관련설시] 법률에 대한 헌법소원은 청구인의 침해된 기본권 구제의 면도 있으나 객관적인 헌법질서의 확립이라는 성질이 더 부각되어야 할 것이고, 동 규정(* 헌재법 제75조 제2항을 의미함)의 취지가 같은 조 제3항 내지 제5항과의 관계에서 볼 때 입법권, 즉 법률에 의한 기본권침해의 경우에 부합하는 규정이라고 보이지 않고, 오히려 같은 조 제6항이 헌법소원을 인용하여 법률의 위헌을 선고할 경우에는 같은 법 제45조, 제47조의 규정을 준용하도록 하고 있어서 구태여 주문에 침해된 기본권을 표시할 필요까지는 없다고 해석되기 때문이며, 이는 당재판소의 판례(1990.10.8. 89헌마89 결정 참조)이기도 하다.

ii) 대통령령에 대한 인용결정에서도 침해되는 기본권을 주문에 명시하지 않는다.[1)]

iii) 부령의 경우 2005년 말부터 부령에 대한 위헌결정에서도 주문에서 침해된 기본권을 명시하지 않은 예를 보여주고 있다.[2)] 판례변경인지 명확하지는 않다.

(다) 결어

법령소원에서 위헌결정이 나는 경우 주문에 침해되는 기본권을 명시해야 하는가 하는 문제에 대해 법령소원 대상의 종류에 따라 달리하는 것인지 아니면 다른 고려요인에 따라 달리하는 것인지 아니면 법령소원의 인용(위헌)결정에서는 전적으로 헌재법 제75조 제2항을 적용하지 않겠다는 것인지 판례의 입장이 완전히 명확하지는 않다. 헌재법 제75조 제2항이 "특정하여야 한다"라고 명시하고 있으므로 신중히 판단해야 한다. 주문에서 명시하지 않고 이유 부분에서 이를 특정하면 될 것이라는 해석도 헌재판례는 주문의 이유 부분에 기속력을 부여하는 데 소극적이라는 점에서 전적으로 타당성을 가지기 힘들다. 복합적인 관점에서 검토가 필요하다.

8) '주문'의 변경

헌재가 같은 이유의 결론은 마찬가지라고 할 결정들을 이전 원래 것의 결정주문의 문언을 변경하는 예를 보여주기도 한다. 그 예로 법원재판에 대한 헌법소원을 금지한 헌재법 제68조 제1항 본문의 규정에 대해 한정위헌을 선언했던 1997.12.24. 96헌마172등 결정(주문 : "…포함되는 것으로 해석하는 한도내에서, 헌법재판소법 제68조 1항은 헌법에 위반된다")과 같은 취지를 유지하면서 1999.10.21.에 "헌법재판소법 제68조 제1항은 그 본문의 '법원의 재판'에 헌법재판소가 위헌으로 결정한 법령을 적용함으로써 국민의 기본권을 침해한 재판을 포함하는 부분 이외에는 헌법에 위반되지 아니한다"라는 주문의 결정을 하였다[헌재 1999.10.21. 96헌마61등, 양도소득세부과처분취소 등·헌법재판소법 제68조 제1항 위헌확인 등, 판례집 11-2, 467면]. 헌법재판소판례집 제11권 2집 831면은 "제68조 제1항 중 '법원의 재판'에 헌법재판소가 위헌으로 결정한 법령을 적용함으로써 국민의 기본권을 침해한 재판을 포함하는 부분 이외"를 '단순합헌으로 결정된 법령조항'에 포함시키고 있다. 이 판례집의 분류에 따른다면 위 1999.10.21. 96헌마61 등(병합) 결정은 법령소원에서 단순합헌을 주문에 선언한 예가 된다. 위 결정의 주문 자체는 심판대상인 헌재법 제68조 제1항에 대한 질적인 일부합헌 내지 일부위헌의 문언으로 볼 것인데 1997년의 한정위헌선

---

1) ① 헌재 2001.11.29, 99헌마494, 판례집 13-2, 718면([주문] 1. 재외동포의출입국과법적지위에관한법률시행령(1999.11.27. 대통령령 제16602호로 제정된 것) 제3조는 헌법에 합치하지 아니한다); ② 1999.12.23, 98헌마363, 판례집 11-2, 775면([주문] 제대군인지원에관한법률시행령(1998.8.21. 대통령령 제15870호로 제정된 것) 제9조는 헌법에 위반된다); ③ 2003.11.27, 2002헌마193, 판례집 15-2, 316면[군행형법시행령(1999.10.30. 대통령령 제16587호로 전문개정된 것) 제43조 제2항 본문 중 전단 부분은 헌법에 위반된다] 등.

2) 부령에 대한 위헌결정의 주문에서 침해되는 기본권을 명시하지 않은 2005년 이후의 결정례들 : ① 헌재 2005.12.22, 2004헌마947([주문] 구 향토예비군설치법시행규칙(2005.5.26. 국방부령 제575호로 개정되기 전의 것) 제11조 제2항 제1호 중 같은 조 제1항 제1호에 의한 제10조 제3항 제5호 부분은 헌법에 위반된다); ② 2006.5.25, 2003헌마715([주문] 2. 안마사에관한규칙(2000.6.16. 보건복지부령 제153호로 개정된 것) 제3조 제1항 제1호와 제2호 중 각 "앞을 보지 못하는" 부분은 헌법에 위반된다).

언을 생각하면 헌재법 제68조 제1항 본문의 '법원의 재판'이라는 부분의 원칙적인 합헌성을 강조하려는, 그리고 한정위헌선언을 자제하려는 모습이 엿보였다. 그러다 또다시 2016년에 원래의 한정위헌의 문언으로 결정을 내리다가 같은 해에 아래 결정에서 기각결정을 하였고 이후 이제 이 문언의 기각결정으로 굳어졌다고 보인다.

판례 헌재 2016.5.26. 2015헌마940

[주문] 1. 헌법재판소법(2011.4.5. 법률 제10546호로 개정된 것) 제68조 제1항 본문 중 "법원의 재판을 제외하고는" 부분에 대한 심판청구를 기각한다. [판시] 헌법재판소는 이 사건 법률조항에 대하여, '법원의 재판'에 헌법재판소가 위헌으로 결정한 법령을 적용함으로써 국민의 기본권을 침해한 재판이 포함되는 것으로 해석하는 한 헌법에 위반된다는 한정위헌결정(헌재 2016.4.28. 2016헌마33)을 선고함으로써, 그 위헌 부분을 제거하는 한편 그 나머지 부분이 합헌임을 밝힌 바 있다. 따라서 이 사건 법률조항은 위헌 부분이 제거된 나머지 부분으로 이미 그 내용이 축소된 것이고, 이에 관하여는 이를 합헌이라고 판단한 위 선례와 달리 판단하여야 할 아무런 사정변경이나 필요성이 인정되지 아니하므로, 이 사건 법률조항이 청구인의 재판청구권 등 기본권을 침해하여 위헌이라고 볼 수 없다.

출발 : 한정위헌("… 으로 해석하는 한도 내에서, … 헌법에 위반된다")
→ 단순합헌("… 부분 이외에는 헌법에 위반되지 아니한다" 판례집 분류)
→ 다시 한정위헌 ("… 포함되는 것으로 해석하는 한 헌법에 위반된다")
→ 기각("법원의 재판을 제외하고는 … 부분에 대한 심판청구를 기각한다") ← 고착

▮주문변경의 예 : 법원재판을 헌법소원대상에서 제외한 헌재법 규정에 대한 법령소원의 결정주문의 변천

3. 헌재법 제68조 제2항 헌법소원(위헌소원, '헌바'사건)심판의 결정형식

(1) 각하결정, 심판절차종료선언결정 등

위헌소원의 대상인 법률이 아닌 법령에 대한 심판청구나 또는 법원의 제청신청기각결정이 없었던 법률규정에 대한 심판청구 등의 경우에는 각하결정이 이루어진다. 또한 심판절차종료결정도 있을 수 있다(이에 대해서는 앞의 각하결정, 심판절차종료선언결정 부분 참조).

(2) 본안결정

위헌소원심판의 경우에 그 심판대상이 법률규정이므로 위헌소원심판도 위헌법률심판과 같으므로 그 본안결정도 그 심판대상인 법률규정에 대한 위헌여부, 즉 위헌법률심판의 결정형식과 같다. 한편 법률에 대해서는 그 법률조항이 바로 기본권침해를 가져오는 경우(직접성 가지는 경우) 바로 헌법소원을 할 수 있고 그것이 바로 법률에 대한 법령소원인데 이 법령소원에서 위헌결정은 주문 문언형식이 같으나 합헌인 경우에는 차이가 난다. 일단 아래에 위헌소원심판의 결정형식을 정리한다.

1) 합헌인정 경우의 '주문' 형식

헌재법 제68조 제2항에 따른 헌법소원심판, 즉 위헌소원심판에서 심판대상이 합헌이면

"헌법에 위반되지 아니한다"라는 주문을 취한다. 이는 위헌제청사건('헌가')에서와 같다.[1] 헌재법 제68조 제2항의 위헌소원은 실질적으로 위헌법률심판으로 보기 때문이다.

* 법령소원과의 혼동을 막기 위해서는 '헌바'='헌가'라고 떠올리면 되겠다.

"… 법률 제9조 …는 헌법에 위반되지 아니한다"

[주요판시사항]

▷ **헌재법 제68조 제2항의 헌법소원에서 심판청구를 기각하는 대신에 "법률 … 은 헌법에 위반되지 아니한다"라는 주문형식의 결정을 함**

▷ **보기** : 형법 제241조(간통죄)의 위헌여부에 관한 헌법소원, 헌재 1990.9.10. 89헌마82, 판례집 2, 306면. [주문] "형법(1953.9.18. 법률 제293호) 제241조는 헌법에 위반되지 아니한다." [관련판시] "… 그런데 이 헌법소원은 법률의 위헌여부를 묻는 헌법재판소법 제68조 제2항에 의한 것이므로 청구인의 심판청구를 기각하는 대신에 형법 제241조가 헌법에 위반되지 아니한다는 선언을 하기로 하여 주문과 같이 결정한다. * 간통죄 규정은 위 결정 이후 결국 위헌결정이 되긴 하였다. 오래전 결정이나 '기각결정 대신에' 합헌선언을 한다는 이유설시가 나온 결정례를 찾기 힘들어 이제는 판례변경으로 위헌선언되어(헌재 2015. 2. 26. 2009헌바17등) 없어졌으나 그 이유설시가 뚜렷한 간통죄규정에 대한 예전의 '헌바'결정을 옮겨놓았다.

2) 위헌인정 경우의 '주문'형식

위헌소원심판 대상 법률조항이 위헌이 위헌이라면 "헌법에 위반된다"라는 주문으로 역시 위헌제청사건('헌가')에서의 위헌결정과 같다.

"… 법률 제9조 …는 헌법에 위반된다"

▷ **보기** : 특정범죄가중처벌 등에 관한 법률 제5조의3 제2항 제1호에 대한 헌법소원
헌재 1992.4.28. 90헌바24, 판례집 4, 225면.
[주 문] "특정범죄가중처벌 등에 관한 법률(1966.2.23. 법률 제1744호, 개정 1973.3.24. 법률 제2550호, 1984.8.4. 법률 제3744호) 제5조의3 제2항 제1호는 헌법에 위반된다."

3) 법령소원과 위헌소원의 주문차이 비교

위에서도 언급하였지만 아래에 양자를 비교하여 도해로 정리해 본다.

---

1) '합헌표시'를 할 것이 아니고 '청구기각의 표시'를 하여야 한다는 조승형 재판관의 주문표시에 관한 별개의견은, 헌재 1995.10.26. 92헌바45, 구 군형법 제75조 제1항 제1호 위헌소원결정 이래 위헌소원에서의 합헌결정 때마다 제시된 바이다. 그 개별의견의 이유를 보면 "헌법재판소법 제75조 제7항, 제47조 소정의 기속력이 인정되지 아니하는 합헌결정을 굳이 할 필요가 없으며, 이 사건의 경우는 국민이 위헌이라고 주장하여 심판을 청구하는 것이므로 그 뜻을 받아 들일 수 없는 결론 즉 합헌이라면 굳이 아무런 실효도 없이 국민이 청구한 바도 없는 '합헌'임을 주문에 표시할 필요가 없기 때문이다"라고 한다.

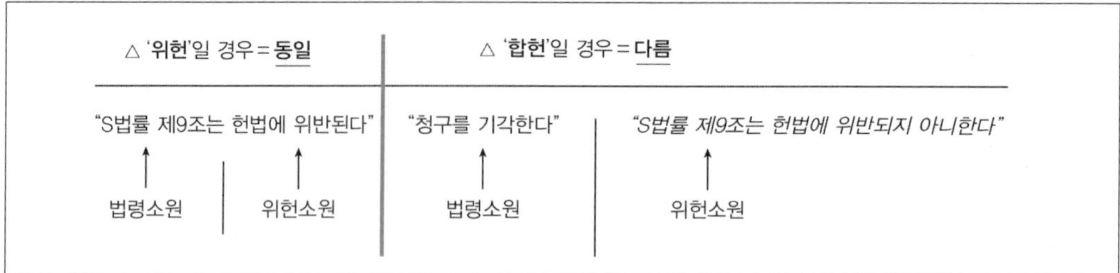

▌법률규정에 대한 위헌심사 결과 법령소원과 위헌소원 간의 주문 차이

3) 변형결정

헌재법 제68조 제2항에 의한 헌법소원의 경우에도 각종 변형결정이 있을 수 있다. 이는 위헌법률심판에서와 같으므로 여기서는 생략한다.

4. 합헌결정과 기각결정의 병존의 경우

이 경우는 위헌소원과 법령소원이 병합되어 심판되는 경우이다. 위헌소원의 청구에 대해서는 합헌결정, 법령소원의 청구에 대해서는 기각결정이 함께 하게 되는데 앞서 본 대로 법령소원의 청구에 대해서는 합헌결정이 아니라 기각결정이 되기 때문이다. 위헌소원과 법령소원이 병합되어 심판되는 경우에 대해서는 전술한 바 있다. 바로 아래의 결정례이고 앞서 보았다. 앞의 제2절 '위헌소원과 법령소원의 병합사건' 부분 참조.

판례 헌재 2002.6.27. 2000헌마642, 2001헌바12(병합)

[주문] 1. 청구인 대한공인중개사협회의 심판청구를 각하하고, 청구인 강○○의 심판청구를 기각한다(2000헌마642)(* 대한공인중개사협회의 청구에 대해서는 동 협회가 "단체로서 부동산중개서비스를 직접 제공하거나 소비하는 자가 아니므로 이 사건 심판대상조항들에 의하여 기본권을 직접 제한받는 자가 아니다"라는 이유로 각하된 것이다).
2. 부동산중개업법 제20조 제3항(1997.12.13. 법률 제5454호로 개정된 것)은 헌법에 위반되지 아니한다(2001헌바12).

5. 부수적 위헌결정 - 공권력행사·불행사가 위헌인 법률(조항)에 기인하는 경우의 위헌결정

(1) 개념과 법조문

헌법재판소법 제75조 제5항은 헌법소원을 인용함에 있어서 "헌법재판소는 공권력의 행사 또는 불행사가 위헌인 법률 또는 법률의 조항에 기인한 것이라고 인정될 때에는 인용결정에서 해당 법률 또는 법률의 조항이 위헌임을 선고할 수 있다"라고 규정하고 있으므로 이러한 경우에도 법률규정에 대한 위헌선언이 있을 수 있다. 이 경우의 위헌심사는 심판대상인 공권력행사 또는 불행사에 대한 심판에 부수하여 이루어지는 규범심사라고 보아 그렇게 내리는 결정을 헌재는 '부수적 위헌결정'이라고 부른다. 또 그러한 심사를 '부수적 규범통제'라고도 부른다.

(2) 요건 - 적법한 청구로서 인용결정을 할 경우일 것

헌재법 제75조 제5항이 헌법소원을 인용할 경우에 "헌법재판소는 공권력의 행사 또는 불행사가 위헌인 법률 또는 법률의 조항에 기인한 것이라고 인정될 때에는 인용결정에서 해당 법률 또는 법률의 조항이 위헌임을 선고할 수 있다"고 규정하고 있고 따라서 당연히 원래 공권력행사·불행사에 대한 청구가 기각되는 경우는 물론이고 그 청구 자체가 부적법하면 부수적 위헌결정을 못한다. 아래 그런 예가 있었기에 옮긴다. 다음과 같은 사안이었다. 방송통신심의위원회는 심의규정 등의 위반정도가 경미하여 제재조치를 명할 정도에 이르지 아니한 경우에는 해당 사업자·해당 방송프로그램 또는 해당 방송광고의 책임자나 관계자에 대하여 권고를 하거나 의견을 제시할 수 있다는 구 방송법(2009.7.31. 법률 제9786호로 개정되고, 2015.12.22. 법률 제13580호로 개정되기 전의 것) 제100조 제1항 단서에 따라 방송통신심의회의 의견제시를 받은 방송사가 청구한 헌법소원심판사건이었다. 헌재는 '방송사업자에 대한 의견제시'에 관한 부분이 방송의 자유를 침해한다는 주장을 배척하고 그 의견제시는 헌법소원심판의 대상이 되지 않는 비권력적 사실행위라는 이유로 그 부분 심판청구가 부적법하다고 하였고 그 청구가 부적법한 이상 그 근거가 된 위 법률조항에 대한 위헌여부를 헌재법 제75조 제5항에 의한 부수적 위헌판단도 할 수도 없다고 보았다. * 위 법률조항 자체에 대한 법령소원도 생각할 수 있겠는데 헌재는 그 법률조항의 직접성을 부정하여 결국 전체 각하결정을 하였다.

판례 헌재 2018.4.26. 2016헌마46

[관련판시] 그리고 앞서 본 바와 같이 피청구인의 이 사건 의견제시가 헌법소원의 대상이 되는 공권력의 행사에 해당하지 아니하여 그에 대한 심판청구가 부적법한 이상, 본안에 나아가 헌법재판소법 제75조 제5항에 의하여 이 사건 의견제시의 근거가 된 이 사건 법률조항에 대한 위헌 여부를 판단할 수는 없다.

(3) 부수적 위헌결정례

우리 헌법재판소는 이러한 부수적 심사를 통한 단순위헌결정을 한 예도 있고 한정위헌결정을 한 예도 있다.

1) 단순위헌결정례

① **판례** 헌재 1992.1.28. 91헌마111, 판례집 4, 54면

[주문] 1. 청구인이 1991.6.14. 17시부터 그 날 18시경까지 국가안전기획부 면회실에서, 그의 변호인과 접견할 때 피청구인 소속직원(수사관)이 참여하여 대화내용을 듣거나 기록한 것은 헌법 제12조 제4항이 규정한 변호인의 조력을 받을 권리를 침해한 것으로서 위헌임을 확인한다. 2. 행형법(1950.3.2. 법률 제105호, 최후개정 1980.12.22. 법률 제3289호) 제62조는 그 중 행형법 제18조 제3항을 미결수용자의 변호인 접견에도 준용하도록 한 부분은 헌법에 위반된다. [관련판시] 피청구인은 청구인으로 하여금 그의

변호인 및 그의 처와 동시에 접견을 시키면서 소속직원을 접견에 참여시켜 대화내용을 듣거나 기록하게 하였으니 이는 위헌임을 면할 수 없다. 결국 청구인의 기본권(변호인의 조력을 받을 권리)을 침해한 피청구인의 위헌적인 공권력행사는 취소되어야 할 것이나 취소되어야 할 공권력행사는 이미 종료되었으니 이를 취소하는 대신, 위헌적인 공권력행사가 또다시 반복될 수 있는 위험성을 제거하기 위하여, 그리고 헌법 제12조 제4항에 규정된 변호인의 조력을 받을 권리와 내용(변호인과의 자유로운 접견을 포함한다는 것)을 명백히 하기 위하여 피청구인의 공권력행사가 위헌인 것임을 선언적 의미에서 확인하고, 나아가서 행형법 제18조 제3항에는 "수형자의 접견과 서신수발은 교도관의 참여 또는 검열을 요한다"라고 규정되어 있는데 같은 법 제62조는 "미결수용자에 대하여 본법 또는 본법의 규정에 의하여 발하는 명령에 특별한 규정이 없는 때에는 수형자에 관한 규정을 준용한다"라고 규정하여 미결수용자(피의자, 피고인)의 변호인 접견에도 행형법 제18조 제3항에 따라서 교도관이 참여할 수 있게 하였는바이는 앞에서 설명한 바와 같이 신체구속을 당한 미결수용자에게 보장된 변호인의 조력을 받을 권리를 침해하는 것이어서 헌법에 위반되는 법률이고 피청구인의 위헌적인 공권력행사는 바로 위와 같은 위헌법률에 기인한 것이라고 인정되므로 헌법재판소법 제75조 제5항에 의하여 행형법 제62조의 준용규정 중 행형법 제18조 제3항을 미결수용자의 변호인 접견에도 준용하도록 한 부분에 대하여 위헌선언하기로 하여 주문과 같이 결정한다.

② **기소유예처분의 근거가 되는 구 정신보건법(2008. 3. 21. 법률 제8939호로 개정된 것) 제58조에 대한 부수적 위헌결정** – 사안은 청구인이 개설한 병원에 근무하는 종업원이 정신질환자를 입원시키면서 보호의무자로부터 입원동의서를 제출받으면서 보호의무자임을 확인할 수 있는 서류를 제출받지 아니하여 위 정신보건법 규정은 종업원의 위 위반행위로 청구인도 처벌되는 양벌규정인데(위헌결정된 규정. 아래 주문 참조. 양벌규정에 대한 위헌결정이 많았다. 양벌규정에 대해서는 정재황, 헌법학, 박영사, 2021, 기본권 각론 인간의 존엄가치의 형벌 부분 참조) 이에 근거한 기소유예처분을 받자 그 취소를 구하는 헌법소원심판을 청구한 것이었다. 기소유예처분을 취소하고 그 근거가 된 위 법규정도 영업주 개인의 독자적인 책임에 관하여 전혀 규정하지 않은 채, 고용한 종업원 등이 업무에 관하여 단순히 범죄행위를 하였다는 이유만으로 영업주에 대하여도 처벌하는 것이 형벌에 관한 책임주의에 반하는 것이어서 위헌이라고 부수적으로 위헌결정을 한 것이다.

판례 헌재 2015.2.26. 2013헌마789

[주문] 1. 수원지방검찰청 2013년 형제51646호 정신보건법위반 피의사건에서 피청구인이 2013.8.22. 청구인에 대하여 한 기소유예처분은 청구인의 평등권과 행복추구권을 침해한 것이므로 이를 취소한다.
2. 구 정신보건법(2008.3.21. 법률 제8939호로 개정되고, 2015.1.28. 법률 제13110호로 개정되기 전의 것) 제58조 중 '개인의 대리인·사용인 기타 종업원이 그 개인의 업무에 관하여 제57조 제2호의 위반행위를 한 때에는 그 개인에 대하여도 해당 조의 벌금형을 과한다.'는 부분은 헌법에 위반된다.

2) 한정위헌결정례

판례 헌재 1995.7.21. 92헌마144, 판례집 7-2, 97면

[주문] "1. 청구인 ○○○이 1992년 5월 25일 청구인 △△△에게 발송한 서신 및 청구인 △△△가 같은 해 6월 2일 청구인 ○○○에게 보내기 위하여 발송의뢰한 서신을 피청구인이 각 검열한 행위는 청구인들의 통신의 비밀을 침해받지 아니할 권리, 청구인 △△△의 변호인의 조력을 받을 권리를 침해한

것으로서 위헌임을 확인한다. 2. 생략. 3. 구 행형법(1995.1.5. 법률 제4936호로 개정되기 전의 것) 제62조의 준용규정 중 같은 법 제18조 제3항 및 같은 법 시행령 제62조를, 미결수용자와 그 변호인 또는 변호인이 되려는 자 사이의 서신으로서 그 서신에 마약 등 소지금지품이 포함되어 있거나 그 내용에 도주·증거인멸·수용시설의 규율과 질서의 파괴 기타 형벌법령에 저촉되는 내용이 기재되어 있다고 의심할 만한 합리적인 이유가 없는 경우에도 준용하는 것은 헌법에 위반된다. [관련판시] … 결론 – 그렇다면, 서신검열행위 중 청구인들 사이의 1992.5.26.자 서신 및 같은 해 6.2.자 서신의 각 검열행위에 대하여는 그로 인하여 청구인들의 위에서 본 기본권이 침해되었다 할 것이나 이미 행위가 종료되어 취소할 수 없으므로 그에 대한 위헌확인을 하며, 아울러 헌법재판소법 제75조 제5항에 따라 위 검열행위의 근거가 된 구법 제62조의 준용규정 중 같은 법 제18조 제3항 및 같은 법 시행령 제62조를, 미결수용자와 그 변호인 또는 변호인이 되려는 자 사이의 서신으로서 그 서신에 마약 등 소지금지품이 포함되어 있거나 그 내용에 도주·증거인멸·수용시설의 규율과 질서의 파괴 기타 형벌법령에 저촉되는 내용이 기재되어 있다고 의심할 만한 합리적인 이유가 없는 경우에도 준용하는 것은 헌법에 위반된다고 선언한다.

3) * 대비 : '부수적 위헌선언'

헌재법 제75조 제5항의 부수적 규범통제(위헌결정)의 경우와 대비(대조)하여 볼 것은 헌재가 하고 그리 부르는 '부수적 위헌선언'이다. '부수적 위헌선언'이란 어느 법률규정의 위헌으로 심판대상이 아닌 다른 법률규정들도 부수하여 위헌일 경우 법적 명확성을 기하고자 함께 위헌선언을 하는 경우를 말한다('헌가', '헌바' 사건에서이다). 즉 이 경우는 헌재법 제75조 제5항 경우 헌법소원 대상이 법률규정 아닌 어느 공권력작용이고 그것의 위헌원인인 법률규정에 대해 위헌결정하는 것과 차이가 있다. 이 부수적 위헌선언은 위헌법률심판에서 위헌제청을 하지 않은 법률규정이나 함께 위헌선언을 한 예들로서 앞서 보았다(전술 위헌법률심판, 제4절 위헌법률심판의 심리와 결정범위, 제2항 결정범위, Ⅱ. 다른 법률조항에 대한 위헌결정 참조). 이 부수적 위헌선언을 헌재가 법령소원에서도 하였는데 그 예를 보면, 헌재는 정당에 대한 투표가 없었던 구 공직선거법에서 정당의 득표비율에 따라 비례대표의석을 배분하는 동법 제189조 제1항이 직접선거, 평등선거 등 원칙에 반하여 위헌이라고 보면서 그 이하 제2항에서 제7항은 그것을 보충하는 등의 규정이라서 제1항의 위헌으로 독자적 의미를 잃게 된다고 하여 아울러 위헌선언을 하였다(2000헌마91). 아래의 결정이 그것이다.

판례 헌재 2001.7.19. 2000헌마91·112·134(병합), 판례집 13-2, 83면, 100면

[주문] "1. 공직선거 및 선거부정방지법 제56조 제1항 제2호, 제57조 제1항 제1호 중 지역구국회의원선거에 관한 부분, 동조 제2항 중 지역구국회의원후보자의 득표수가 동조 제1항 제1호의 득표수에 미달되는 때에는 기탁금을 국가에 귀속하도록 한 부분, 제189조 제1항 내지 제7항은 헌법에 위반된다." [관련판시] '공직선거 및 선거부정방지법' 제189조 제1항은 요컨대, 저지조항의 기준을 넘는 의석할당정당이 지역구국회의원선거에서 얻은 '득표비율'에 따라 비례대표국회의원의석을 배분한다는 것으로서, 비례대표국회의원선거제도의 근간을 이루는 핵심적 요소이다. 동조 제2항은 그 '득표비율'을 어떻게 산출할 것인지에 관하여, 동조 제3항·제4항은 그렇게 산출된 '득표비율'을 기초로 하여 의석을 각 정당에 어떻게 배분할 것인지에 관하여 상세한 방법을 보충한 규정에 불과하며, 동조 제5항·제6항은 그와 같이 결정된 의석배분을 전제로 당선을 결정하거나 공석처리한다는 규정이고, 동조 제7항은 일정한 사유가 있어 국회

의원지역구의 선거가 모두 종결되지 아니한 경우에도 역시 위 제1항 내지 제6항의 규정에 따라 비례대표국회의원의 의석을 배분하고 당선인을 결정할 수 있도록 하기 위한 조항이다. 따라서 비례대표국회의원선거의 근간이 되는 공선법 제189조 제1항이 위헌이라면 그에 부수되는 동조 제2항 내지 제7항은 독자적인 규범적 존재로서의 의미를 잃게 된다. 그렇다면 이 조항들이 비록 심판대상이 아니지만 함께 위헌선언을 함으로써 법적 명확성을 기하는 것이 상당하므로 그에 대하여도 아울러 위헌선언을 하는 것이다.

* 양자의 차이 재정리 : 부수 위헌선언을 가져온 작용상 차이 – 헌재법 제75조 제5항 부수적 위헌결정의 경우 법률규정 아닌 공권력작용이 그 작용이고, 위헌법률심판, 법률에 대한 법령소원에서의 부수적 위헌선언의 경우 심판대상 법률규정의 위헌으로 다른 법률규정들도 위헌이 되는 경우이다.

4) 포함성격의 법령심사

부수적 위헌선언은 어느 공권력의 행사, 불행사가 위헌으로 인정되면 그것이 근거하는 법률조항을 위헌으로 선언하는 것인데 어느 공권력행사와 그 근거 법률조항에 대해 같이 헌법소원심판이 청구되었는데 후자에 대한 위헌판단으로 나아간다면 권리보호이익이 없는 전자의 청구에 대해서는 심판청구이익이 없다고 하여 판단은 하지 않는다는 아래 결정례도 있었다.

판례 헌재 2018.6.28. 2012헌마538

[대상] 가. 피청구인(지방검찰청 검사)이 2012.1.25. 18:10경 법원의 허가를 얻어 전기통신사업자들에게 2011.12.26. 17:00부터 17:10 사이 서울교육문화회관을 관할하는 기지국을 이용하여 착·발신한 전화번호, 착·발신 시간, 통화시간, 수·발신 번호 등의 통신사실 확인자료 제공을 요청하고, 위 전기통신사업자들로부터 청구인을 포함한 총 659명의 통신사실 확인자료를 제공받은 행위(이하 '이 사건 기지국수사'라 한다)에 대한 심판청구이익 인정 여부(소극) [판시] 피청구인의 이 사건 기지국수사는 2012.1.25. 경 종료되었으므로, 이 사건 심판청구 당시에 주관적 권리보호이익은 소멸하였다. 한편, 기지국수사로 인한 기본권 제한의 반복가능성은 이를 허용하는 이 사건 요청조항 및 허가조항이 현존하기 때문인바, 청구인은 위 조항들에 대해서도 심판청구하고 있고 헌법재판소도 위 조항들에 대해 본안 판단에 나아가는 이상, 이 사건 기지국수사에 대한 심판청구이익은 인정하지 아니한다.

(4) '부수적'이란 용어에 대한 검토

헌재법 제75조 제5항의 위헌결정에 '부수적'이란 말은 헌재가 붙인 용어이다. 그런데 사실 '부수적'이란 말은 위 헌재법 조항 자체에 나오지도 않고 정작 동 조항은 '기인한'이란 용어를 쓰고 있다. 마치 부수적은 더불어라는 의미를 보여주기도 하는데 사실 기본권침해가 비롯된 원인을 제공한 법률규정이란 점이 더 중심적이 되어야 하지 않나 한다. 그래서 '원인적' 위헌결정이라고 하든지 그 적절한 용어를 모색해 볼 필요가 있다.

제9절 헌법소원심판결정의 효력

Ⅰ. 헌법소원심판결정으로서의 효력 일반

헌법소원심판의 결과 나오는 결정은 불가변력, 형식적 확정력, 실질적 확정력 등을 가진다. 이에 관해서는 앞서 제2장에서 살펴본 바 있어 여기서는 생략한다(앞의 제2장 헌법재판소결정의 효력 부분 참조). 아래에서는 헌법소원심판에서의 인용결정에 관한 효력을 살펴본다.

Ⅱ. 헌법소원의 인용결정의 효력

헌법소원심판의 인용결정(認容決定)은 기속력, 집행력 등을 가진다.

1. 기속력

헌재법 제75조(인용결정) ① 헌법소원의 인용결정은 모든 국가기관과 지방자치단체를 기속한다.
② ③ 생략
④ 헌법재판소가 공권력의 불행사에 대한 헌법소원을 인용하는 결정을 한 때에는 피청구인은 결정 취지에 따라 새로운 처분을 하여야 한다.

헌법소원심판의 인용결정은 다음과 같은 소극적인 내용(반복금지효)과 적극적인 내용(처분의무)의 기속력(羈束力)을 가진다.

(1) 반복금지효

1) 소극적 효력

헌법재판소가 헌법소원의 인용결정으로 취소한 공권력작용을 다시 반복해서는 아니 되는 효력이 기속력으로부터 나온다. 이는 소극적 의미의 효력이다.

2) 내용

위헌으로 결정된 법령을 국회, 행정부가 다시 제정하면 안되고 행정기관들도 기본권을 침해한다고 위헌으로 인용결정이 나서 취소된 행정작용을 다시 행해서는 아니 되며 법원도 위헌적인 법령을 적용하여 재판하여서는 아니 된다.

(2) 처분의무

1) 적극적 효력

헌법재판소법 제75조 제4항은 "헌법재판소가 공권력의 불행사에 대한 헌법소원을 인용하는 결정을 한 때에는 피청구인은 결정취지에 따라 새로운 처분을 하여야 한다"라고 규정하고 있다. 따라서 부작위가 위헌임을 확인하는 인용결정의 경우에 처분 등 작위로 나아가야 하는 의무가 주어진다.

2) 내용

ⅰ) **입법의무** 헌법재판소법 제75조 제4항에서 말하는 '처분'에 입법이 포함되느냐 하는 문제가 입법부작위에 대한 위헌확인결정의 경우 제기될 것이다. '처분' 외에 입법을 할 의무도 명시하여 보다 명확하게 하는 것이 바람직하다고 할 것이나 헌법재판소법 제75조 제1항이 "헌법소원의 인용결정은 모든 국가기관과 지방자치단체를 기속한다"라고 규정하고 있으므로 위헌확인결정이 있는 경우 입법부작위에서 입법으로 나아가야 하는 입법의무가 이 기속력에 따라 주어진다고 볼 것이다.

ⅱ) **거부행위에 대한 기속력** 거부행위가 헌법소원의 인용결정으로 취소된 경우에는 거부된 내용, 즉 청구인이 신청한 내용의 처분이 이루어져야 한다. 여기서 거부행위, 거부처분 등은 신청된 대로의 공권력작용이 이루어지지 않았다는 점에서 '불행사'에 포함된다고 볼 수도 있겠으나 거부행위는 거부의 의사표시가 있으므로 행위가 있긴 한 경우이고 따라서 불행사가 아니라고 볼 수도 있을 것이다. 거부행위가 불행사가 아니라 할지라도 헌법재판소법 제75조 제1항이 규정하고 있는 인용결정의 기속력에 따라 처분의무가 생긴다고 볼 것이고 행정소송법 제30조 제2항은 "판결에 의하여 취소되는 처분이 당사자의 신청을 거부하는 것을 내용으로 하는 경우에는 그 처분을 행한 행정청은 판결의 취지에 따라 다시 이전의 신청에 대한 처분을 하여야 한다"라고 규정하고 있고 헌법재판소법 제40조에 따라 이를 헌법소원에 준용할 수 있으므로 이에 따라서도 처분의무가 생긴다고 할 것이다.

(3) 법령소원에서의 위헌결정의 기속력의 객관적 범위

이 문제는 비단 법령소원에서만 제기되는 것은 아니나 이 문제가 법령소원에서 불거진 바 있었기에 살펴보는 것이다. 기속력의 범위에 관해서는 기속력이 주문에만 미치는지 아니면 그 이유나 중요한 이유에도 미치는지 하는 문제(객관적 범위 문제)가 논의되고 있는데 헌재는 아래와 같은 결정례를 보여주었다.

결정주문을 뒷받침하는 결정이유에 대한 기속력 요건 – 위헌결정 정족수(6인 이상 찬성) 필요 : 헌재는 앞선 위헌결정에서 재판관들이 위헌인 것을 뒷받침하는 이유가 기속력을 가지려면 6인 이상 찬성을 얻었어야 한다고 보아 이유 중 주문을 뒷받침하는 이유로서 6인 이상 찬성의 경우에 기속력을 부여한다는 입장을 보여준 바 있다. 바로 아래 결정이 그 입장이 표명된 것인데 사안은 이전의 헌재결정이 시각장애인에 한하여 안마사 자격인정을 받을 수 있도록 하는, 이른바 비맹제외기준(非盲除外基準)을 설정하고 있는 '안마사에 관한 규칙'(2000.6.16. 보건복지부령 제153호로 개정된 것) 규정에 대한 위헌결정(헌재 2006.5.25. 2003헌마715등)이 있었는데 이를 마찬가지로 규정한 의료법(법률) 규정은 위헌결정의 기속력을 침해한 것인지 여부가 쟁점이 된 것이다. 위 2003헌마715등 위헌결정에서는 7인의 위헌의견들 중에 과잉금지원칙을 위배한다는 의견이 5인의견이어서 6인 찬성을 받지 못하여 기속력이 없고 따라서 위헌결정의 기속력에 저촉된다고 볼 수 없다는 판시를 한 것이다.

판례 헌재 2008.10.30. 2006헌마1098등, 판례집 20-2상, 1103-1104. * 본안판단결과 합헌성을 인정하는 기각결정이 내려졌다

[사건개요], [판시] 등 자세한 것은 앞의 위헌법률심판 위헌결정의 기속력 부분 참조.

(4) 불기소처분에 대한 인용결정의 기속력

이전에 많은 사건이 있었던, 그러나 법원에 재정신청이 전면확대되어 있는 지금은 그 청구가능성이 많이 줄어들었는데 그래도 불기소처분에 대한 헌법소원이 가능하여(가능한 경우 등 불기소처분 헌법소원에 대해서는 앞에서 다루었다. 대상성 부분 참조) 헌법소원심판이 청구되고 이 심판결과 인용결정이 난다면 그 효력이 어떠한가가 논의된다. 불기소처분에 대한 인용결정은 이에 대한 취소를 의미하고 이는 취소 후 당연기소로 가야 하는 것이 아닌가 하는 문제에 대해 기소로 나아갈 것이 강제된다는 견해, 또 다시 불기소처분이 가능하다는 견해 등이 있다.

1) 판례의 법리

(가) 선행 인용결정에 따른 재기수사인지 여부에 대한 판단

불기소처분에 대한 인용결정이 가지는 기속력의 위배문제가 판단되는 계기는 재기수사(再起搜査) 후에 재불기소처분(再不起訴處分)이 있는 때에 나타나고 그 재불기소처분에 대한 헌법소원이 제기되면 기속력 위배 여부가 가려지게 된다. 헌법재판소는 불기소처분에 대한 인용결정에서 수사미진 등 헌법재판소가 지적한 바대로, 즉 인용결정의 취지대로 재기수사가 이루어졌느냐 여부에 따라 기속력의 위반여부를 판단한다. 즉 불기소처분이 인용결정으로 취소된 이후 재기수사에서 인용결정의 취지대로의 수사가 충분히 이루어지지 않았다면 기속력의 위반이 된다. 아래의 결정은 그 점을 분명히하고 있는 헌법재판소의 결정례이다.

판례 헌재 1993.11.25. 93헌마113

[관련판시] 헌법재판소법 제75조 제1항에는 헌법소원의 인용결정은 모든 국가기관과 지방자치단체를 기속한다고 규정되어 있다. 이 규정이 헌법소원의 피청구인에 대하여 가지는 뜻은 헌법소원의 인용결정이 있으면 피청구인은 모름지기 그 인용결정의 취지에 맞도록 공권력을 행사하여야 한다는 데 있다고 할 것이다. 헌법재판소법 제75조 제4항은 헌법재판소가 공권력의 불행사에 대한 헌법소원을 인용하는 결정을 한 때에는 피청구인은 결정취지에 따라 새로운 처분을 하여야 한다고 규정함으로써 공권력의 불행사에 대한 헌법소원의 인용결정에 관하여는 이 뜻을 명백히 하고 있다. 따라서 검사의 불기소처분을 취소하는 헌법재판소의 결정이 있는 때에 그 결정에 따라 불기소한 사건을 재기수사하는 검사로서는 헌법재판소가 그 결정의 주문 및 이유에 설시한 취지에 맞도록 성실히 수사하여 결정을 하여야 할 것이다. 이 사건에서 당재판소의 불기소처분취소결정의 취지에 따라 위 형사고소사건을 재기수사하는 피청구인으로서는 마땅히 당재판소가 그 취소결정에서 피청구인의 수사상의 잘못에 관하여 설시한 판단을 존중하여 사고 직후의 현장상황 및 피고소인들의 상해부위에 관한 객관적인 증거들과 전문가들의

사고분석결과를 중시하고 그로부터 피고소인들 중 승용차의 운전자를 가리는 데 도움이 되는 구체적인 자료들을 검토하여 이를 토대로 사고 경위에 관하여 피고소인들 및 참고인 등 사건관계자를 다시 조사하는 한편, … 사고 직후의 현장상황의 재검토가 필요한 경우 사고 현장상황에 대한 참고인 조사를 더 한 다음 피고소인들에 대한 기소여부를 결정함이 옳다 할 것이다. 그런데 피청구인은 위 형사고소사건을 재기하여 수사함에 있어, ○○○에 대한 교통사고처리특례법위반 형사사건의 경찰조사 이래 일관하여 ○○○이 승용차를 운전하였다고 진술하고 있는 피고소인 ○○○에 대한 피의자신문과 위 이△△에 대한 참고인 조사만 더하여 종전의 불기소처분의 이유와 동일한 이유를 들어 만연히 피고소인들에 대하여 다시 불기소처분을 한 것은 헌법재판소법 제75조 제1항에서 명시된 헌법소원인용결정의 기속력을 간과하고 거듭 恣意的인 증거판단을 한 것이거나 적어도 마땅히 조사하였어야 할 중요한 사항을 조사하지 아니한 무성의하고 자의적인 수사임을 면치 못한다 할 것이다. 그렇다면, 피청구인은 당재판의 위 불기소취소결정에 따라 위 사기피의사건을 다시 재기하여 다툼에 있어 차별 없이 성실한 수사를 요구할 수 있는 청구인의 평등권과 재판절차진술권을 침해하였다고 아니할 수 없으므로, 헌법재판소법 제75조 제3항에 의하여 이 사건 불기소처분을 취소하기로 하여 주문과 같이 결정한다.

* 불기소처분에 대한 헌재의 취소결정 이후에 재기수사가 있었으나 또 다시 내려진 불기소처분에 대하여 헌재가 취소한 또 다른 재취소결정례 : 헌재 1997.7.16. 95헌마290, 불기소처분취소결정, 헌재공보 제23호, 546면; 1997.7.16. 97헌마106, 불기소처분취소, 판례집 9-2, 143면; 1997.12.24. 97헌마250, 불기소처분취소, 판례집 9-2, 797면 등.

(나) 기속력을 준수한 재불기소처분에 대한 헌법소원 기각결정

불기소처분이 인용결정으로 취소된 이후 재기수사에서 인용결정의 취지대로 수사미진의 점에 대한 보완수사가 이행되었다면 기속력의 위반이 아니라고 본다. 나아가 헌법재판소는 현저한 정의와 형평에 반하는 재기수사를 하였거나 헌법의 해석·법률의 적용 또는 증거판단에 있어서 재불기소결정에 영향을 미친 중대한 잘못이 있는지, 달리 헌법재판소가 관여할 만큼의 자의적인 재불기소처분인지 여부에 대해 살펴보고 그러한 점이 없다고 판단되면 그 재불기소처분에 대한 헌법소원심판청구를 기각한다. 아래가 그러한 예이다.

판례 헌재 1991.11.25. 90헌마124

[관련판시] 가. 먼저 당재판소 89헌마10호 결정에서 지적한바수사미진의 점에 대한 보완수사가 이행되었는지 여부를 본다. 서울지방검찰청 89 형제59826호 수사기록에 의하면 위 불기소사건을 재기한 후 피청구인은 1989.8.2.부터 같은 해 12.30.까지 약 5개월에 걸쳐 청구인 3회, 피고소인 3회, 주요참고인들을 각 소환조사하는 등 보완수사하고 그 수사결과는 동 기록 277면 내지 662면에 이르기까지 약 400면에 달하고 있다. 동 기록을 자세히 살펴보면 당재판소 89헌마10호 결정에서 지적한 … 중요 수사미진의 점에 대하여 보완수사가 이루어졌음을 인정할 수 있고, 달리 당재판소의 원처분 취소사유로 지적된 점에 관한 현저한 수사미진이 있었거나 헌법소원 인용결정의 기속력을 도외시하였다고 보기 어렵다. 다음에 피청구인의 이 사건 불기소결정이 헌법에 비추어 위배됨이 없는지 여부에 관하여 본다. 당재판소의 원처분 취소 전과 그 이후의 수사기록을 종합하여 살피건대, 피청구인이 청구인의 고소사실에 대하여 현저한 정의와 형평에 반하는 수사를 하였거나 헌법의 해석·법률의 적용 또는 증거판단에 있어서 불기소결정에 영향을 미친 중대한 잘못이 있었다고 보이지 아니하며, 피청구인의 위 불기소처분이 달리 헌법재판소가 관여할 만큼의 자의적인 처분이라고 볼 자료가 없으므로, 이로 말미암아 청구인의 기본권이 침해되었다고 볼 수 없다. 그렇다면 청구인의 심판청구는 이유 없으므로 이를 기각하기로 하여 관여

재판관 전원의 의견일치에 따라 주문과 같이 결정한다.

2) 판례에 대한 검토

불기소처분에 대한 인용결정에서 어떠한 점에서 수사가 미진하고 보강이 이루어져야 하는지는 인용결정의 이유에 나타날 것인데 기속력의 객관적 범위를 결정의 '주문'에만 미치는 것으로 보는 입장에서는 위의 판례이론과 같이 기속력을 인정하기가 어려운 점이 있을 것이다. 기속력을 주문뿐 아니라 중요한 이유에도 미치도록 할 필요가 여기서도 나타난다고 하겠다.

2. 집행력

(1) 개념

위의 기속력에서 언급한 대로 부작위, 거부행위 등에 대한 인용결정의 경우 적극적인 처분, 입법 등으로 나아가야 할 의무가 있는데 만약 처분, 입법 등을 행하지 않을 경우 그것을 어떻게 강제하여 실현할 수 있는가 하는 문제가 있다. 이는 집행력의 문제이다.

(2) 실제의 예

실제의 예를 보면 우리 헌법재판소의 최초의 입법부작위 위헌확인결정이었던 조선철도(주) 주식의 보상금청구에 관한 헌법소원결정이 1994년에 있었으나(헌재 1994.12.29. 89헌마2. 이 결정에 대해서는 앞의 대상성, 입법부작위 부분 참조) 정작 입법은 2001년에 이루어져('사설철도주식회사주식소유자에 대한 보상에 관한 법률' 2001.1.16. 법률 제6365호로 제정) 위헌확인결정 이후 오랜 동안 입법이 안 된 이러한 예가 있다[그러나 위 2001년의 보상법률에 대해서도 피수용재산의 객관적 재산가치를 완전하게 보상하지 아니하고 그에 훨씬 못 미치는 보상내용을 규정하고 있다고 하여 위헌여부심판제청이 있었는데 헌법재판소는 헌법 제23조의 정당보상의 원칙에 위반되지 아니한다고 보고 합헌결정을 하였다(헌재 2002.12.18. 2002헌가4)].

(3) 방안

> **행정소송법 제34조(거부처분취소판결의 간접강제)** ① 행정청이 제30조제2항의 규정에 의한 처분을 하지 아니하는 때에는 제1심수소법원은 당사자의 신청에 의하여 결정으로써 상당한 기간을 정하고 행정청이 그 기간내에 이행하지 아니하는 때에는 그 지연기간에 따라 일정한 배상을 할 것을 명하거나 즉시 손해배상을 할 것을 명할 수 있다. ② 제33조와 민사집행법 제262조의 규정은 제1항의 경우에 준용한다.

현행 헌법재판소법 제40조는 제1항은 헌법재판소법에 특별한 규정이 있는 경우를 제외하고는 헌법재판의 성질에 반하지 아니하는 한도 내에서 헌법소원심판의 경우에 행정소송법을 준용한다고 규정하고 있으므로 이에 따라 행정소송법상의 간접강제제도를 준용할 수 있다고 본다. 즉 행정소송법 제34조 제1항은 거부처분을 취소하는 판결의 경우 그 기속력으로 그 판결 취지에 따라 이전의 신청에 대한 처분을 하여야 하는데(동법 제30조 2항) 이를 하지 아니하는 때에는 제1심수소법원은 당사자의 신청에 의하여 결정으로써 상당한 기간을 정하고 행정청이 그 기간 내에 이행하지 아니하는 때에는 그 지연기간에 따라 일정한 배상을 할 것을 명하거나 즉시 손해배상을 할 것을 명할 수 있다고 규정하고 행정소송법 제38조 제2항은 이 규정을 부작위위법확인소송의 경우에 준용하고 있다. 입법부작위에 대한 위헌확인결정의 경우를 고려할 때 '처분'에 입법이 포함되느냐를 두고 논란이 있을 수도 있다는 점을 고려하면 준용보다는 헌법재판소법에 강제제도를 직접 명시하는 것이 보다 바람직하다고 본다.

3. 장래효(예외적 소급효)

위헌소원, 법령소원의 경우에는 이 문제가 앞서 위헌법률심판에서 다루어졌던 대로 원칙적으로 장래효에다 예외적으로 소급효가 인정된다. 부수적 규범통제의 경우에도 마찬가지이다. 헌재법 제75조 제6항은 부수적 규범통제를 규정한 제75조 제5항의 경우 및 제68조 제2항에 따른 헌법소원(위헌소원)을 "인용하는 경우에는 제45조 및 제47조를 준용한다"라고 규정하고 있다.

Ⅲ. 헌법소원심판결정에 대한 재심

1. 문제 소재

헌법재판소는 헌법소원심판결정에 대하여 재심(再審)이 허용될 것인가 하는 문제에 관하여 개별론의 입장을 취하고 있다. 즉 헌재는 "헌법재판소법은 헌법재판소의 결정에 대한 재심의 허용여부에 관하여 별도의 명문규정을 두고 있지 아니하다. 이리하여 헌법재판소의 결정에 대하여 재심을 허용할 것인가 하는 점에 관하여 논의가 있을 수 있다"라고 하면서, "헌법재판은 그 심판의 종류에 따라 그 절차의 내용과 결정의 효과가 한결같지 아니하기 때문에 재심의 허용여부 내지 허용정도 등은 심판절차의 종류에 따라서 개별적으로 판단될 수밖에 없다"고 한다(헌재 1995.1.20. 93헌아1, 이 결정에 대해서는 아래 참조. 동지 : 헌재 2002.9.19. 2002헌아5; 2006.9.26. 2006헌아37 등).

헌법재판소는 재심의 허용여부 문제를 실질적 위헌법률심판인 위헌소원의 경우와 공권력작용을 대상으로 하는 권리구제형(본래의미의) 헌법소원의 경우를 구분하여 보고 있다.

2. 개별적 고찰

(1) 위헌법률심판과 위헌소원심판, 법령소원심판에서의 부정

1) 위헌법률심판 - 부정

헌재의 위헌법률심판결정에 대해서는 제청신청인의 재심청구능력 자체를 부정한다. [부정논거] 위헌법률심판의 당사자가 아니라는 이유 때문이다.

판례 헌재 2004.9.23. 2003헌아61

[판시] 위헌법률심판의 제청은 법원이 헌법재판소에 대하여 하는 것이기 때문에 당해사건에서 법원으로 하여금 위헌법률심판을 제청하도록 신청을 한 사람 자신은 위헌법률심판사건의 당사자라고 할 수 없다. 원래 재심은 재판을 받은 당사자에게 이를 인정하는 특별한 불복절차이므로 청구인처럼 위헌법률심판이라는 재판의 당사자가 아닌 사람은 그 재판에 대하여 재심을 청구할 수 있는 지위 내지 적격을 갖지 못한다. 그렇다면 청구인의 이 사건 심판청구는 청구인적격을 결한 사람이 제기한 것이어서 부적법하고 그 흠결을 보정할 수 없는 경우에 해당하므로 이를 각하하기로 하여 관여재판관 전원의 일치된 의견으로 주문과 같이 결정한다.

2) 헌재법 제68조 제2항에 의한 헌법소원(위헌소원)심판 - 부정

헌재는 위헌소원심판의 결정에 대한 재심도 부정한다. [부정논거] 인용결정의 일반효, 대세효를 부정논거로, 그리고 재심이 허용되면 위헌결정이 취소되고 새로이 합헌결정이 선고되어 그 효력이 되살아날 수 있다거나 그 반대일 수 있어서 문제된 법률 또는 법률조항과 관련되는 모든 국민의 법률관계에 이루 말할 수 없는 커다란 혼란을 초래하거나 그 법적 생활에 대한 불안을 가져오게 한다는 이유에서이다.

판례 헌재 1992.6.26. 90헌아1

[관련판시] 재심제도가 인정되는 근거는 재판의 종결·확정이라는 법적 안정성의 요청에도 불구하고 구체적 타당성의 측면에서 확정재판에 대한 구제가 더욱 절실하게 요청되는 예외적인 사정에서 찾아야 할 것이다. 그러나 위헌법률심판제청신청이 법원에 의해 기각된 때에 그 신청 당사자가 헌법재판소에 직접 그 법률에 대한 위헌심판을 구하기 위한 헌법소원인 헌법재판소법 제68조 제2항에 의한 헌법소원에 있어서 인용결정은 위헌법률심판의 경우와 마찬가지로 이른바 일반적 기속력(一般的 羈束力)과 대세적·법규적 효력(對世的·法規的 效力)을 가진다. 이러한 효력은 법원에서의 구체적·개별적 소송사건에서 확정된 판결이 그 기속력이나 확정력에 있어서 원칙적으로 소송당사자에게만 한정하여 그 효력이 미치는 것과 크게 다른 것이다. 따라서 만약 헌법재판소법 제68조 제2항에 의한 헌법소원심판청구사건에 있어서 선고된 헌법재판소의 결정에 대하여 재심에 의한 불복방법이 허용된다면, 종전에 헌법재판소의 위헌결정으로 효력이 상실된 법률 또는 법률조항이 재심절차에 의하여 그 결정이 취소되고 새로이 합헌결정이 선고되어 그 효력이 되살아날 수 있다거나 종래의 합헌결정이 후일 재심절차에 의하여 취소되고 새로이 위헌결정이 선고될 수 있다 할 것이다. 그러나 이러한 결과는 그 문제된 법률 또는 법률조항과 관련되는 모든 국민의 법률관계에 이루 말할 수 없는 커다란 혼란을 초래하거나 그 법적 생활에 대한 불안을 가져오게 할 수도 있다. 결국 위헌법률심판을 구하는 헌법소원에 대한 헌법재판소의 결정에 대하여는 재심을 허용하지 아니함으로써 얻을 수 있는 법적 안정성의 이익이 재심을 허용함으로써 얻을 수 있는 구체적 타당성의 이익보다 훨씬 높을 것으로 쉽사리 예상할 수 있고, 따라서 헌법재판소의 이러한 결정에는 재심에 의한 불복방법이 그 성질상 허용될 수 없다고 보는 것이 상당하다고 할 것이다. 그렇다면 재심청구인의 이 사건 재심청구는 재심이 허용될 수 없는 헌법재판소의 결정에 대하여 한 것으로서 부적법하다 할 것이므로 이를 각하하기로 결정한다. * 동지 : 헌재 제3지정재판부 1992.12.8. 고지, 92헌아3, 판례집 4, 845면.

3) 법령소원심판 - 부정

헌재는 헌재법 제68조 제1항 본래의미의 헌법소원인 경우에도 그것이 법령소원일 경우에는 재심을 허용하지 않는다고 본다. [부정논거] 아래 결정이 그런 내용의 판시인데 바로 다음에 보는 대로 법령이 아닌 공권력작용에 대해 헌재 자신이 재심을 인정하는 입장과 달리 법령소원의 경우에는 헌재법 제68조 제2항 위헌소원의 경우와 같다는 점을 분명히 하고 있다.

판례 헌재 2002.9.19. 2002헌아5

[결정요지] (1) 헌법재판소는 "제68조 제1항에 의한 헌법소원 중 '행정작용에 속하는 공권력 작용을 대상으로 하는 권리구제형 헌법소원'의 경우 그 결정의 효력이 원칙적으로 당사자에게만 미치기 때문에 법령에 대한 헌법소원과는 달리 일반법원의 재판과 같이 민사소송법의 재심에 관한 규정을 준용하여 재심을 허용함이 상당하다"고 판시한 바 있다(헌재 2001.9.27. 2001헌아3, 공보 제61, 103). 그런데 헌법재판소법 제68조 제1항에 의한 헌법소원 중 법령에 대한 헌법소원은 그 결정의 효력이 당사자에게만 미치는데 그치지 아니한다는 점에서 행정작용에 속하는 공권력 작용을 대상으로 하는 권리구제형 헌법소원의 경우와 분명히 구별된다. 즉 이 경우 헌법재판소의 인용(위헌)결정은 위헌법률심판의 경우와 마찬가지로 이른바 일반적 기속력과 대세적·법규적 효력을 가지는 것이므로, 동법 제68조 제1항에 의한 법령에 대한 헌법소원은 그 효력 면에서 동법 제68조 제2항의 헌법소원과 유사한 성질을 지니고 있다. 따라서 그 결정에 대한 재심절차의 허용여부를 공권력의 작용을 대상으로 하는 권리구제형 헌법소원절차와 같이 보는 것은 타당하다고 할 수 없다. 한편, 헌법재판소는 헌법재판소법 제68조 제2항의 헌법소원에 관한 헌법재판소의 결정에 대한 재심의 허용여부에 관하여 그 인용결정이 갖는 일반적 기속력과 대세적·법규적 효력을 근거로 하여 사안의 성질상 재심을 허용할 수 없는 경우라고 판시한 바 있다(1995.1.20. 헌재 93헌아1 결정, 판례집 7-1, 113, 120 참조). (2) 청구인이 재심청구대상으로 삼고 있는 원결정의 심판의 대상은 … 법무부령의 규정이다. 따라서 이들 규정에 대한 원결정은 그 성격상 헌법재판소법 제68조 제1항에 의한 법령에 대한 헌법소원 심판청구에 관한 결정이라고 할 것이다. 그렇다면, 동법 제68조 제1항에 의한 헌법소원 중 법령에 대한 헌법소원은 동법 제68조 제2항에 의한 경우와 동일한 근거로써 재심을 허용함이 상당하지 아니하다 할 것이고, 따라서 허용될 수 없는 헌법재판소법 제68조 제1항에 의한 법령에 대한 헌법소원의 결정을 재심청구의 대상으로 삼고 있는 청구인의 이 사건 재심청구는 부적법한 것이라고 할 것이다. 4. 결론 그러므로 이 사건 재심청구는 부적법하므로 이를 각하하기로 결정한다.

4) 검토

헌법재판의 핵심인 위헌법률심판의 결정에 대해 당사자개념을 내세워 재심을 부정하는 것은 소송법의 일반원칙에 비춘다고 하더라도 헌법재판이 가지는 특수성을 충분히 감안하는 것인지 다시 검토를 요한다. 자신의 권리구제를 위한다는 점이 없지 않지만 그래도 법률이 다른 많은 사람들에 미칠 영향을 고려하면 간단히 당사자성을 부정하여 재심도 부정하는 것은 적정한지 검토할 일이다. 법률이 미칠 영향을 고려한다면 오히려 바로 잡을 기회를 주는 것이 필요하므로 위 위헌소원에서의 부정논거가 적절한지 의문이 없지 않다. 헌법재판에서의 당사자성의 의의에 대한 근본적인 물음도 제기되고 당사자를 민사소송에서 생각하는 대립구도에만 함몰될 것이 아니다. 다른 제한적 요소를 두면서 길을 열어두는 방안도 검토될 수 있다.

(2) 비법령 공권력작용 대상의 권리구제형 헌재법 제68조 제1항 헌법소원 - 허용

1) 판례변경 이전

헌재는 애초에는 법령이 아닌 경우인 비법령 공권력작용 대상의 권리구제형 본래의미의 헌재법 제68조 제1항의 헌법소원의 결정에 대해서도 "재판부의 구성이 위법한 경우 등 절차상 중대하고도 명백한 위법이 있어서 재심을 허용하지 아니하면 현저히 정의에 반하는 경우"와 같은 제한된 경우만을 재심사유로 하여 극히 제한된 재심사유만 인정하고 있었다(헌재 1995.1.20. 93헌아1; 2000.6.29. 99헌아18).

2) 판례변경 - 허용

헌재는 이후 판례를 변경하여 법령 아닌 공권력작용 대상 본래의미의 헌재법 제68조 제1항 헌법소원의 결정에 민사소송법의 재심 규정을 준용하는 재심을 허용하고 민사소송법 제422조(* 현행 제451조) 제1항 제9호 소정의 판단유탈이 재심사유가 된다고 본다.[1] [인정논거] 헌재는 ① 제68조 제1항에 의한 헌법소원 중 공권력의 작용을 대상으로 하는 권리구제형 헌법소원 절차에 있어서는, 그 결정의 효력이 법령소원과 달리 원칙적으로 당사자에게만 미치는 점, ② 직권주의가 적용된다고 하여 당사자의 주장에 대한 판단유탈이 원천적으로 방지되는 것도 아니며 위 민소법의 '판단유탈'의 재심사유는 모든 판단유탈이 아니라 판결에 영향을 미칠 중요한 사항에 대한 판단유탈만을 그 사유로 하고 있는 점, ③ '판단유탈'이 재심사유로 허용되지 않는다면 중대한 사항에 대한 판단을 유탈함으로써 결정에 영향을 미쳤다고 하더라도 시정할 길이 없게 된다는 점 등을 든다. 아래가 허용하는 판례변경을 하는 결정이다.

판례 헌재 2001.9.27. 2001헌아 3, 판례집 13-2, 457면

[관련판시] 헌법재판소법 제68조 제1항에 의한 헌법소원 중 공권력의 작용을 대상으로 하는 권리구제형 헌법소원절차에 있어서는, 그 결정의 효력이 원칙적으로 당사자에게만 미치기 때문에 법령에 대한 헌법소원과는 달리 일반법원의 재판과 같이 민사소송법의 재심에 관한 규정을 준용하여 재심을 허용함이 상당하다고 할 것이다. 다만 재심을 허용할 경우 민사소송법 제422조 제1항 제9호 소정의 "판결에 영향을 미칠 중요한 사항에 관하여 판단을 유탈한 때"를 재심사유로 허용하는 것이 공권력의 작용을 대상으로 하는 권리구제형 헌법소원의 성질에 반하는가 여부가 문제가 된다고 할 것이다. 종래 우리 재판소는 이러한 '판단유탈'이라는 재심사유가 권리구제형 헌법소원의 성질에 반하여 허용되지 않는다고 판시한 바 있다. 그러나 비록 헌법소원심판절차에서 직권주의가 적용된다고 하여 당사자의 주장에 대한 판단유탈이 원천적으로 방지되는 것도 아니므로 헌법소원심판절차에 직권주의가 적용된다고 하더라도 이는 '판단유탈'을 재심사유에서 배제할 만한 합당한 이유가 되지 못한다. 특히 민사소송법 제422조 제1항 제9호 소정의 '판단유탈'의 재심사유는 모든 판단유탈을 그 사유로 함에 있지 아니하고 판결에 영향을 미칠 중요한 사항에 대한 판단유탈만을 그 사유로 하고 있으므로 더욱 그러하다. 만약 이러한 '판단유탈'이 재심사유로 허용되지 않는다고 본다면 중대한 사항에 대한 판단을 유탈함으로써 결정에 영향을

---

1) 판례변경이 있기 전에 5명 재판관의 판례변경의견이 있었으나(헌재 1998.3.26. 98헌아2) 종전판례의 변경에 필요한 정족수인 재판관 6명의 찬성에(헌법재판소법 제23조 제2항 제2호 참조) 이르지 못하여 판례변경이 되지 못하고 종전 판례의 법리가 그대로 유지되었었다가 이후 판례변경이 된 것이다.

미쳤다고 하더라도 이 잘못은 영원히 시정할 길이 없게 된다. 이와 같은 점들을 고려할 때, 공권력의 작용에 대한 권리구제형 헌법소원심판절차에 있어서 '헌법재판소의 결정에 영향을 미칠 중대한 사항에 관하여 판단을 유탈한 때'를 재심사유로 허용하는 것이 헌법재판의 성질에 반한다고 볼 수는 없다. 결국 민사소송법 제422조 제1항 제9호 소정의 '판단유탈'을 재심사유로 허용하는 것은 공권력의 작용을 대상으로 하는 권리구제형 헌법소원의 성질에 반한다고 할 수 없으므로 '판단유탈'도 재심사유로 허용되어야 한다고 하겠다. 따라서 종전에 이와 견해를 달리하였던 우리 재판소의 의견(헌재 1995.1.20. 93헌아 1, 판례집 7-1, 113면; 1998.3.26. 98헌아 2, 판례집 10-1, 320면)은 이를 변경하기로 한다. * 동지 : 헌재 2002.3.28. 2001헌아22 등.

3) 인용(취소)결정의 예

이후 실제 재심이 받아들여진 아래와 같은 결정례들이 있었다. 재심을 받아들였으나 결국 기각결정을 하곤 하였다.

① 헌재법 제70조 제4항은 국선대리인선임신청이 있었으나 헌재가 선정하지 않은 경우 선임신청을 한 날부터 그 통지를 받은 날까지의 기간은 청구기간에 산입하지 아니하도록 규정하고 있음에도 이를 간과하여 청구기간이 도과한 것으로 판단하여 내린 헌재 자신의 각하결정에 대한 재심에서 이를 바로 잡아 헌재가 그 각하결정을 취소한 아래의 결정례가 있었다.

판례 헌재 2007.10.4. 2006헌아53

[주문] 재심대상 결정을 취소한다. [사건개요] * 앞의 청구기간, 국선대리인 비선정시 비산입 부분 참조. [결정요지] 가. 재심대상결정의 취소 – 청구인은 위 재항고기각결정을 수령한 후 2006.9.14. 헌법재판소에 국선대리인 선임신청을 하였고 2006.10.25. 위 선임신청 기각결정의 통지를 받았으므로 헌법재판소법 제70조 제4항에 의하여 헌법소원심판의 청구기간을 산정함에 있어서 2006.9.14.부터 2006.10.25.까지의 기간은 산입되지 아니한다. 결국 청구인은 재항고기각결정을 송달받은 뒤 27일(2006.8.23.부터 2006.9.13.까지 22일 및 2006.10.26.부터 2006.10.30.까지 5일)째 되는 날에 이 사건 헌법소원을 제기한 셈이 된다. 따라서 청구인은 재심대상사건의 헌법소원 청구기간을 준수하였고, 재심대상결정은 청구기간을 잘못 계산하였다. 따라서 재심대상사건에는 헌법재판소법 제40조 제1항에 의하여 준용되는 민사소송법 제451조 제1항 제9호의 '판결에 영향을 미칠 중요한 사항에 관하여 판단을 누락한 때'에 준하는 재심사유가 있다고 할 것이므로(헌재 2001.9.27. 2001헌아3), 재심대상결정을 취소한다. * 이 결정에서는 각하, 기각의 결정도 있었다. 즉 재심대상 결정을 취소한 뒤 그 재심대상 각하결정의 대상(즉 재심대상 사건)인 불기소처분에 대해서도 판단하였던바 그 불기소처분 헌법소원심판청구 중 직권남용 부분에 대해서는 공소시효 완성으로 각하가, 나머지 부분에 대해서는 기각결정을 한 것이다.

② 불기소처분취소 사건에 있어서, 우편집배원이 착오로 송달보고서에 재항고기각결정의 송달일자를 잘못 기재하는 바람에 헌법재판소가 청구기간 내에 제기된 헌법소원심판청구를 청구기간이 도과한 후 제기된 것으로 보아 각하한 경우 재심사유에 해당된다고 한 아래 결정례도 있었다.

판례 헌재 헌재 2009.6.25. 2008헌아23

[판시] 청구인은 이 사건 재항고기각결정을 통지받은 2007.12.31.로부터 30일 이내인 2008.1.30. 헌법소

원심판을 청구함으로써 청구기간을 준수하였음에도, 재심대상사건의 담당재판부는 잘못 기재된 우편송달보고서 등을 근거로 청구기간을 잘못 계산하여 헌법소원심판청구에 대한 본안 판단을 하지 아니한 채 이를 각하하였다고 할 것인바, 이러한 재심대상결정에는 헌법재판소법 제40조 제1항에 의하여 준용되는 민사소송법 제451조 제1항 제9호의 '판결에 영향을 미칠 중요한 사항에 관하여 판단을 누락한 때'에 준하는 재심사유가 있다고 할 것이므로(헌재 2007.10.4. 2006헌아53, 판례집 19-2, 432, 대법원 2006.3.9. 선고 2004재다672 판결 참조) 재심대상결정을 취소한다.

③ 헌법재판소가 적법한 사전구제절차를 거친 불기소처분취소 청구를, 잘못 기재된 사실조회 결과를 근거로 적법한 사전구제절차를 거치지 아니한 것으로 보아 각하한 경우 재심사유에 해당한다고 보아 재심대상 헌재결정을 취소한 결정례도 있었다.

판례 헌재 2011.2.24. 2008헌아4. 재심대상결정 헌재 2007.12.4. 2007헌마1306 결정
[주문] 재심대상결정을 취소한다. [결정요지] 청구인이 적법한 사전구제절차를 거쳐 불기소처분의 취소를 구하는 헌법소원심판청구를 하였음에도, 본안 판단을 하지 아니한 채 착오로 잘못 기재된 사실조회 결과를 근거로 적법한 사전구제절차를 거치지 아니한 것으로 잘못 판단하여 각하하는 결정을 한 경우, 이러한 재심대상결정에는 헌법재판소 제40조 제1항에 의하여 준용되는 민사소송법 제451조 제1항 제9호의 '판결에 영향을 미칠 중요한 사항에 관하여 판단을 누락한 때'에 준하는 재심사유가 있다.

4) 청구권 남용을 이유로 한 각하결정의 예

판례 헌재 2018.12.27. 2018헌아471
[결정요지] 청구인은 불복신청이 허용되지 않는 헌법재판소의 결정에 대해 적법한 재심사유를 지적하지 아니한 채 계속적·반복적으로 불복하고 있는바, 이는 헌법소원심판 청구권의 남용에 해당하므로 이 사건 심판청구는 부적법하다.

3. 재심의 제기기간, 제기절차 및 재판절차 등

(1) 재심의 제기기간

민사소송법 제456조(재심제기의 기간) ① 재심의 소는 당사자가 판결이 확정된 뒤 재심의 사유를 안 날부터 30일 이내에 제기하여야 한다.
② 제1항의 기간은 불변기간으로 한다.
③ 판결이 확정된 뒤 5년이 지난 때에는 재심의 소를 제기하지 못한다.
④ 재심의 사유가 판결이 확정된 뒤에 생긴 때에는 제3항의 기간은 그 사유가 발생한 날부터 계산한다.

(2) 제기의 절차, 방식

헌법재판소 심판 규칙(헌법재판소규칙, 이하 '심판규칙'이라고도 함) 제53조(재심청구서의 기재사항) ① 재심청구서에는 다음 각 호의 사항을 기재하여야 한다.
1. 재심청구인 및 대리인의 표시
2. 재심할 결정의 표시와 그 결정에 대하여 재심을 청구하는 취지
3. 재심의 이유
② 재심청구서에는 재심의 대상이 되는 결정의 사본을 붙여야 한다.

(3) 재판절차 등

헌법재판소 심판 규칙(헌법재판소규칙, 이하 '심판규칙'이라고도 함) 제52조(재심의 심판절차) 재심의 심판절차에는 그 성질에 어긋나지 아니하는 범위 내에서 재심 전 심판절차에 관한 규정을 준용한다.

Ⅳ. 법원의 확정판결에 대한 재심

* 앞에서 본 재심 문제가 헌재결정에 대한 것이고 여기서 문제는 법원의 확정된 판결에 대한 재심(헌재법 제75조 7항의 재심)의 문제로서 그 대상이 다르다.

1. 재심 해당 심판 - 위헌소원심판사건

헌재법 제75조 제7항이 위헌소원이 인용되는 경우에 해당 헌법소원과 관련된 소송사건이 이미 확정된 때에는 당사자는 재심을 청구할 수 있다고 규정하고 있다. 바로 여기서 살펴볼 것은 이처럼 위헌소원의 인용(위헌)결정시 인정되는 재심제도이다. 이 재심제도는 법원의 판결확정 이후 헌재에서 위헌결정을 한 경우에 그 법원의 확정판결을 대상으로 하는 재심제도이다.

2. 위헌소원(헌재법 제68조 ② 헌법소원)에 의한 위헌결정시의 법원에 대한 재심의 청구

헌재법 제75조(인용결정) ⑦ 제68조제2항에 따른 헌법소원이 인용된 경우에 해당 헌법소원과 관련된 소송사건이 이미 확정된 때에는 당사자는 재심을 청구할 수 있다.

(1) 인정필요성(의미)과 쟁점

위헌소원의 경우 법원이 제청을 하면 자신의 재판이 정지되는 위헌법률심판 '헌가'사건의 경우와 달리 위헌소원심판이 청구되더라도 법원재판이 정지되지 않으므로 위헌소원심판의 결과 법률에 대한 인용결정, 즉 위헌결정이 있기 전에 이미 법원의 당해 소송사건이 확정될 수도 있다. 그래서 이러한 경우에 권리구제를 위하여 헌법재판소법 제75조 제7항은 재심을 허용하고 있다. 여기서의 재심이란 헌법재판소가 행한 헌법소원심판결정에 대하여 헌법재판소에 제기하는 재심이 아니라 위헌소원에서의 인용결정 후 '법원'에 제기하는 재심을 말함은 물론이다. 이 재심제도에는 논쟁이 있는데 그 쟁점으로, ① 재심청구권자의 범위, '해당 헌법소원과 관련된 소송사건'의 의미, ② 한정위헌결정도 재심사유가 되느냐 하는 등이 있다.

(2) 재심청구권자의 범위, '해당 헌법소원과 관련된 소송사건'의 의미

이러한 재심(再審)은 당해 위헌소원의 전제가 된 당해 법원소송사건에서의 당사자만이 청구할 수 있는 것인가 아니면 그 인용결정이 나게 된 위헌소원을 제기한 당사자가 아니더라도 재심을 청구할 수 있는가가 문제된다. 우리 헌법재판소는 아래의 결정에서 보듯이 대법원의 판례(대법원 1992.5.12. 91누7101; 1993.7.27. 92누13400)입장과 같이 당해 소송사건에서의 당사자만이 재심을 청구할 수 있다고 한정하고 있다. 헌재는 그 한정의 논거로 ① 헌재법 제75조 7항의 '해당 헌법소원과 관련된 소송사건'이란, 문면상 당해 헌법소원의 전제가 된 당해 소송사건만을 가리키는 것이라고 볼 수밖에 없다고 본다. 또 ② 다른 당사자에 재심청구권을 인정하여야 재판청구권, 평등권 등이 보장된다는 주장에 대해서는 재심허용 여부는 입법정책의 문제이고 "재심청구권도 입법형성권의 행사에 의하여 비로소 창설되는 법률상의 권리일 뿐", "헌법 제27조 제1항, 제37조 제1항에 의하여 직접 발생되는 기본적 인권은 아니다"라고 보아 헌재법 제75조 제7항이 동법 제68조 제2항에 의한 헌법소원을 청구하여 인용결정을 받지 않은 사람에게는 재심의 기회를 부여하지 않는다고 하여 재판청구권이나 평등권 등을 침해하였다고는 볼 수 없다고 하여 주장을 배척하고 결국 다른 사건 당사자에게 재심청구권을 인정하지 않더라도 위헌이 아니라고 본다.

[주요판시사항]

▷ 헌재법 제68조 제2항 헌법소원(위헌소원)에 의한 위헌결정시에 헌재법 제75조 제7항이 인정하는 재심의 청구권자의 범위 : 인용된 당해 헌법소원의 전제가 되는 확정된 <u>당해 소송사건의 당사자만 재심을 청구할 수 있음</u>. 위헌소원을 제기한 바는 없으나 위헌선언된 법률조항의 적용을 받았던 다른 사건의 당사자는 재심을 청구할 수 없음

▷ 논거 : ① 헌재법 제75조 제7항의 '해당 헌법소원과 관련된 소송사건'이란, 문면상 당해 헌법소원의 전제가 된 당해 소송사건만을 가리키는 것임. ② 재심청구권은 법률상의 권리일 뿐, 헌법 제27조 제1항, 제37조 제1항에 의하여 직접 발생되는 기본적 인권은 아님 → 따라서 다른 사건 당사자에게 재심청구권을 인정하지 않더라도 위헌이 아님

<u>**판례**</u> 헌법재판소법 제75조 제7항 위헌소원, 헌재 2000.6.29. 99헌바66등

[쟁점] 헌재법 제68조 제2항의 위헌소원이 인용된 경우에, 당해 사건의 당사자뿐만 아니라 위헌소원을 제기한 바는 없으나 위헌선언된 법률조항의 적용을 받았던 다른 사건의 당사자도 이미 확정된 관련사건의 재심을 구할 수 있는 것으로 헌재법 제75조 제7항을 해석하지 않으면 헌법상의 평등권, 재판청구권과 재산권의 보장규정에 위배되는지 여부(부정, 합헌결정) [사건개요] 택지초과소유부담금 부과처분에 대한 취소를 구하는 행정소송을 제기하였으나, 결국 대법원에서 상고가 기각되어 판결이 확정되었는데 그 후 그 처분의 근거가 되는 폐지 전의 구 '택지소유상한에 관한 법률'이 청구인이 제기하지 않은 다른 위헌소원사건에서 1999.4.29. 헌법재판소가 위헌으로 결정함에 따라 서울고등법원에 재심의 소를 제기하고, 헌법재판소법 제75조 제7항에 대하여 위헌심판제청신청을 하였으나 법원이 재심청구를 각하하면서 위헌제청신청도 이유 없다고 기각하자 헌재법 제68조 제2항에 의하여 헌법소원을 청구하였다. [심판대상규정] 헌법재판소법(1997.12.13. 법률 제5454호) 제75조 제7항. 심판대상법조항과 관련 법조항의 내용은 다음과 같다. 헌법재판소법 제75조(인용결정) ⑦ 제68조 제2항의 규정에 의한 헌법소원이 인용된 경우에 당해 헌법소원과 관련된 소송사건이 이미 확정된 때에는 당사자는 재심을 청구할 수 있다. 헌법재판소법 제47조(위헌결정의 효력) ② 위헌으로 결정된 법률 또는 법률의 조항은 그 결정이 있는 날로부터 효력을 상실한다. 다만, 형벌에 관한 법률 또는 법률의 조항은 소급하여 그 효력을 상실한다. [주문] 헌법재판소법(1997.12.13. 법률 제5454호) 제75조 제7항은 헌법에 위반되지 아니한다 [결정요지] 법률의 위헌여부심판 제청신청이 기각된 때에는 그 신청을 한 당사자가 헌법소원심판을 청구하더라도 당해 소송사건의 재판은 정지되지 아니한다(헌법재판소법 제68조 제2항). 따라서 당해 소송사건은 헌법

재판소의 위헌결정 이전에 확정될 수 있다. 심판대상법조항은 확정판결이 근거로 하고 있는 법률에 대한 헌법재판소의 위헌결정이 있을 때에는, 이미 확정된 당해 소송사건에 관하여 재심을 청구할 수 있도록 하였다. 여기서 심판대상법조항의 "당해 헌법소원과 관련된 소송사건"이란, 문면상 당해 헌법소원의 전제가 된 당해 소송사건만을 가리키는 것이라고 볼 수밖에 없다(대법원 1993.7.27. 92누13400 판결 참조). 심판대상법조항을 청구인이 주장하는 바와 같이 해석하지 않으면, 청구인의 재판청구권, 평등권, 재산권 및 행복추구권을 침해하는지 아울러 본다. 헌법재판소법 제68조 제2항의 헌법소원심판에 의해 위헌으로 결정된 법률 또는 법률의 조항은 그 결정이 있은 날로부터 효력을 상실하고, 다만 형벌에 관한 법률 또는 법률의 조항은 소급하여 그 효력을 상실한다(헌법재판소법 제75조 제6항, 제47조 제2항). 이 사건에서의 택지소유상한에 관한 법률에 대한 위헌결정은 위 법률이 형벌에 관한 것이 아니므로 그 위헌결정에는 소급효가 인정되지 아니한다(헌법재판소법 제75조 제6항, 제47조 제2항). 어떤 사유를 재심사유로 하여 재심을 허용할 것인가 하는 것은 입법자가 확정된 판결에 대한 법적 안정성, 재판의 신속, 적정성, 법원의 업무부담 등을 고려하여 결정하여야 할 입법정책의 문제이며(헌재 1996.3.28. 93헌바27, 판례집 8-1, 179, 187면 참조), 재심청구권도 입법형성권의 행사에 의하여 비로소 창설되는 법률상의 권리일 뿐, 청구인의 주장과 같이 헌법 제27조 제1항, 제37조 제1항에 의하여 직접 발생되는 기본적 인권은 아니다. 또한 재판이란 사실확정과 법률의 해석적용을 본질로 함에 비추어 볼 때, 헌법상의 재판을 받을 권리란, 법관에 의하여 사실적 측면과 법률적 측면의 적어도 한 차례의 심리검토의 기회는 보장되어야 한다는 것을 의미한다(헌재 1992.6.26. 90헌바25, 판례집 4, 343, 349-350면). 나아가 재심은 확정판결에 대한 특별한 불복방법이고, 확정판결에 대한 법적 안정성의 요청은 미확정판결에 대한 그것보다 훨씬 크다고 할 것이므로 재심을 청구할 권리가 헌법 제27조에서 규정한 재판을 받을 권리에 당연히 포함된다고 할 수 없고, 심판대상법조항에 의한 재심청구의 혜택은 일정한 적법요건하에 헌법재판소법 제68조 제2항에 의한 헌법소원을 청구하여 인용된 자에게는 누구에게나 일반적으로 인정되는 것이고, 헌법소원청구의 기회가 규범적으로 균등하게 보장되어 있기 때문에, 심판대상법조항이 헌법재판소법 제68조 제2항에 의한 헌법소원을 청구하여 인용결정을 받지 않은 사람에게는 재심의 기회를 부여하지 않는다고 하여 청구인의 재판청구권이나 평등권, 재산권과 행복추구권을 침해하였다고는 볼 수 없다. 그렇다면 제68조 제2항의 규정에 의한 헌법소원이 인용된 경우에 당해 헌법소원의 전제가 되는 확정된 당해 소송사건의 당사자에게만 재심을 청구할 수 있도록 한 심판대상법조항이 헌법에 위반된다고 할 수 없다.

(3) 재심사유 : 한정위헌결정의 경우의 해당 여부

재심의 사유로 헌법재판소법 제75조 제7항은 '헌법소원이 인용된 경우'라고 규정하고 있다. 쟁점이 된 것은 한정위헌결정도 재심사유에 해당되는지 하는 문제이다. 대법원은 부정의 입장이고 헌법재판소는 긍정적 입장을 간접적으로 표명한 바 있다.

1) 대법원의 부정적 입장

대법원은 여기의 '헌법소원이 인용된 경우'라 함은 법원에 대하여 기속력이 있는 위헌결정이 선고된 경우를 말한다고 보고 헌법재판소의 한정위헌결정이 있는 경우는 이러한 재심사유에 해당하지 않는다고 본다. 대법원은 헌법재판소의 한정위헌결정이 법원의 법령 해석·적용의 권한에 대하여 기속력을 가지지 않는다고 보기 때문이다. 아래에 이러한 내용의 대법원 판례를 본다.

(가) 군인과의 공동불법행위 사건

헌재가 이에 관하여 한정위헌결정(헌재 1994.12.29. 93헌바21)을 내리자 이후 청구된 재심사건이었다. 입장이 다른 대법원이 한정위헌결정의 기속력을 부정하면서 재심사유가 아니라고 보아 재심청구를 기각하였다. 아래 판결이 그것이다

대법원판례 대법원 2001.4.27. 95재다 14 구상금, 법원공보 2001.6.15, 1220면

[재심대상판결] 대법원 1994.5.27. 94다6741 판결. [주문] 재심청구를 기각한다. [사실관계] 재심원고(이하 '원고'라고만 한다)는 자동차종합보험회사이다. 직무집행중인 군인 A를 민간인 B소유의 자동차에 태우고 운전하던 C의 과실과 오토바이를 운전하여 직무집행중이던 군인 D의 과실이 경합하여 교통사고가 발생하여 위 A에게 상해를 입게 하였다(공동불법행위). B에 대한 보험자인 원고는 B를 대위하여 A에게 그로 인한 손해배상을 하였다. 원고는 D의 과실로 인한 손해배상부담부분에 관하여 그 사용자인 대한민국을 상대로 지방법원에 구상금청구소송을 제기하였으나 기각되었고항소한 결과 서울고등법원이 청구를 일부 인용하는 판결을 선고하였다. 그러나 대한민국이 상고한 결과 대법원은 사건을 원심으로 환송하였고 이 소송이 서울고등법원에 계속중인 때에 국가배상법 제2조 제1항 단서에 대하여 위헌심판의 제청신청을 하였다가 그 신청이 기각되자, 1993.6.9. 헌법재판소법 제68조 제2항의 규정에 의하여 헌법소원심판을 청구하였다. 그 후 재심대상 소송사건에 관하여 서울고등법원이 같은 해 12월 1일 원고의 청구를 기각한 제1심판결을 유지하여 원고의항소를 기각(92나14214)하고, 이어 대법원도 1994.5.27. 국가배상법 제2조 제1항 단서에 의하면, 군인·군무원 등이 직무집행과 관련하는 행위 등으로 인하여 전사·순직 또는 공상을 입은 경우에 다른 법령의 규정에 의하여 보상을 받을 수 있을 때에는 국가와 공동불법행위책임이 있는 자가 그 배상의무를 이행하였음을 이유로 국가에 대하여 구상권을 행사하는 것은 허용되지 않는다는 견해를 전제로 원고의 상고를 기각하는 재심대상판결을 선고함으로써 그 소송사건이 확정되었다. 그 후 헌법재판소는 원고가 제기한 93헌바21헌법소원사건에서 1994.12.29. "국가배상법 제2조 제1항 단서 중 "군인 … 이 … 직무집행과 관련하여 … 공상을 입은 경우에 본인 또는 그 유족이 다른 법령의 규정에 의하여 재해보상금· 유족연금·상이연금 등의 보상을 지급받을 수 있을 때에는 이 법 및 민법의 규정에 의한 손해배상을 청구할 수 없다"는 부분은 일반 국민이 직무집행중인 군인과의 공동불법행위로 직무집행중인 다른 군인에게 공상을 입혀 그 피해자에게 공동의 불법행위로 인한 손해를 배상한 다음 공동불법행위자인 군인의 부담 부분에 관하여 국가에 대하여 구상권을 행사하는 것을 허용하지 아니한다고 해석하는 한, 헌법에 위반된다"라는 한정위헌결정(이하 '이 사건 결정'이라 한다)을 선고하였다. 이에 원고는 재심대상판결의 선고에 의하여 그 소송사건이 확정된 후 헌법재판소가 원고의 헌법소원을 인용하여 위헌결정인 이 사건 결정을 선고하였으므로, 재심대상판결에 헌법재판소법 제75조 제7항에 정한 재심사유가 있다고 주장하면서 이 사건 재심의 소를 제기하였다. [이유] 헌법재판소법 제41조 제1항 및 제68조 제2항, 제75조 제7항에 의하면, 재판의 당사자가 그 재판에 전제가 되는 법률 또는 법률조항의 위헌여부에 관하여 헌법재판소에 제기한 헌법소원이 인용된 경우에 당해 소송사건이 이미 확정된 때에는 당사자는 재심을 청구할 수 있는바, 여기에서 '헌법소원이 인용된 경우'라 함은 법원에 대하여 기속력이 있는 위헌결정이 선고된 경우를 말한다. 그런데 이 사건 결정과 같이, 그 주문에서 헌법소원의 대상인 법률이나 법률조항의 전부 또는 일부에 대하여 위헌결정을 선고함으로써 그 효력을 상실시켜 법률이나 법률조항의 전부 또는 일부가 폐지되는 것과 같은 결과를 가져오는 것이 아니라, 그에 대하여 특정의 해석기준을 제시하면서 그러한 해석에 한하여 위헌임을 선언하는 이른바 한정위헌결정이 선고된 경우는 '헌법소원이 인용된 경우'에 해당하지 아니한다. 위와 같은 한정위헌결정은 기속력이 없기 때문이다. 첫째, 헌법 제101조는, 사법권은 법관으로 구성된 법원에 속하고(제1항), 법원은 최고법원인 대법원과 각급법원으로 조직된다(제2항)고 규정하고 있는바, 구체적 분쟁사건의 재판에 즈음하여 법률 또는 법률조항의 의미·내용과 적용 범위가 어떠한 것인지를 정하는 권한, 곧 법령의 해석·적용 권한은 사법권의 본질적 내용을 이루는 것이고, 법률이 헌법규범과 조화되도록 해석하는 것은 법령의 해석·적용상 대원칙이므로, 합헌적 법률해석을 포함하는 법령의 해석·적용

권한은 대법원을 최고법원으로 하는 법원에 전속하는 것이다. 따라서 법률의 해석기준을 제시하는 헌법재판소의 한정위헌결정은 법원에 전속되어 있는 법령의 해석·적용 권한에 대하여 기속력을 가질 수 없는 것이다(대법원 1996.4.9. 95누11405 판결 참조). 만일 이러한 한정위헌결정에 기속력을 부여한다면, 법원이 구체적 분쟁사건을 처리하는 사법권의 행사에 관하여 헌법재판소의 법률해석에 따를 수밖에 없게 되어 법원에 속하는 법률의 해석·적용 권한이 침해되고, 또한 헌법재판소가 헌법 제101조에 규정된 사법권을 행사하는 법원이 아니면서 사실상 최고법원의 지위에 들어서는 결과가 됨으로써, 이는 사법권을 법원에 전속시킴과 아울러 사법권의 독립성과 대법원의 최고법원성을 선언한 헌법에 위배된다. 둘째, 우리 헌법이 설정한 법률의 위헌여부심판제도 및 헌법소원제도를 구체화하고 있는 헌법재판소법의 규정내용으로 보더라도, 법률이나 법률조항의 전부 또는 일부의 효력을 상실시키지 않고 단지 그 해석기준을 제시할 뿐인 한정위헌결정에는 기속력이 없음을 알 수 있다. 즉, 헌법재판소법은 헌법재판소로 하여금 제청된 법률 또는 법률조항의 위헌 여부만을 결정하도록 하고(제45조), 법률의 위헌결정에 기속력을 부여하면서(제47조 제1항) 위헌으로 결정된 법률 또는 법률조항은 효력을 상실하도록 규정하고 있으므로(제47조 제2항), 법률 또는 법률조항 자체의 효력을 상실시키는 위헌결정은 기속력이 있지만, 한정위헌결정과 같은 해석기준을 제시하는 형태의 헌법재판소 결정은 기속력을 인정할 근거가 없다. 이상과 같은 이유로 그 주문에서 법률조항의 해석기준을 제시함에 그치는 한정위헌결정은 법원에 전속되어 있는 법령의 해석·적용 권한에 대하여 기속력을 가질 수 없고, 따라서 이 사건의 경우 원고의 헌법소원과 관련된 당해 소송사건에서 재심대상판결이 선고됨으로써 그 소송사건이 확정된 후 헌법재판소에서 이 사건 결정이 선고되었다고 하여 헌법재판소법 제75조 제7항에서 규정한 재심사유가 존재한다고 할 수 없다. 결국, 이 사건 재심청구는 원고가 주장하는 재심사유가 인정되지 아니하므로, 이를 기각하고 관여 대법관의 일치된 의견으로 주문과 같이 판결한다.

(나) 구 조세감면규제법 부칙 사건

조세감면규제법 전부개정시 부칙에 이전에 있던 조항이 그대로 규정되어 있지 않음에도 존속되고 있다고 보아 과세를 하자 논란이 되었고 이목이 집중되었던 사건이었다. 헌재는 "구 조세감면규제법(1993.12.31. 법률 제4666호로 전부 개정된 것)의 시행에도 불구하고 구 조세감면규제법(1990.12.31. 법률 제4285호) 부칙 제23조가 실효되지 않은 것으로 해석하는 것은 헌법에 위반됨을 확인한다"라는 취지의 한정위헌결정을 하였다(헌재 2012.7.26. 2009헌바35등 * 이 결정은 사실 그 이전의 2012.5.31. 2009헌바123 한정위헌결정을 확인하는 동지의 결정이었다). 이후 당해소송의 원고들이 이 한정위헌결정을 사유로 재심을 청구하였다. 위 헌재결정과 반대되는 입장을 취하는 대법원은 아래의 판결에서 역시 한정위헌결정의 기속력을 부정하고, 법원의 권한에 속하는 법률의 해석·적용은 위헌소원의 대상이 아니라고 보아(문제의 부칙규정이 과세처분의 근거조항으로서 효력이 유지되는지는 법률의 해석문제라고 봄) 재심청구를 기각하였다. 아래 판결이 그것이다.

대법원판례 대법원 2013.3.28. 2012재두299 판결, 법인세부과처분취소. * 이 판결에 대한 자세한 것, 그리고 이 사건의 흐름 등에 대해서는 앞의 제1장 헌법재판소판례와 대법원 판례와 상이를 보여준 판례차이 부분 참조.

2) 헌법재판소의 입장

헌재는 한정위헌결정과 같은 변형결정에도 기속력이 인정된다고 본다(96헌마172등). 한편 위 대법원 95재다14 판결의 재심원고가 제기한 헌법소원에서 헌법재판소는 한정위헌결정의 경우에도 재심사유가 된다는 입장을 간접적으로 표명한 바 있다. 즉 그 헌법소원심판의 최종 평결 결과 위 대법원의 입장과 달리 한정위헌결정도 재심사유가 된다는 헌법재판관 전원일치의 의견을 보여주었다. 그러나 청구인이 청구를 취하하였고 헌법재판소가 심판절차를 종료함으로써 불발로 끝나 공식적인 입장의 결정이 되지 못하였다. 아래의 결정이 그것이다.

판례 헌재 2003.4.24. 2001헌마386, 헌법재판소법 제68조 제1항 위헌확인 등

[사건개요와 경과] 위 대법원 95 재다 145 판결의 재심원고는 헌법재판소법 제68조 제1항의 '법원의 재판'에 헌법재판소의 위헌결정에 반하여 국민의 기본권을 침해한 재판도 포함되는 범위 내에서, 제68조 제1항은 헌법에 위반된다고 하면서 제68조 제1항 본문에 대하여 위헌확인을 구하는, 그리고 한정위헌결정도 위헌결정에 포함되고 당연히 기속력을 가지는데 위 대법원의 95재다14 판결은 위 헌법재판소의 한정위헌결정에 반하는 재판이 분명하므로 헌법소원의 대상이 된다고 하면서 그 취소를 구하는, 그리고 「헌법재판소법 제75조 제7항의 "헌법소원이 인용된 경우"에 헌법재판소가 한정위헌결정을 선고한 경우가 포함되지 아니하는 범위 내에서, 법 제75조 제7항은 헌법 제107조 및 제111조에 위반되는 것」이라고 하면서 제75조 제7항의 위헌확인을 구하는 헌법소원을 제기하였다. 그러나 이 사안에서 문제된 보험계약을 인수한 다른 보험회사가 이 헌법소원심판의 청구인의 지위를 승계하는 심판절차승계참가신청서를 제출한 후, 같은 날 청구인의 헌법소원심판청구 취하동의서를 제출함으로써 헌법소원심판청구를 취하하였다. [주문] 이 사건 헌법소원심판절차는 청구인들의 심판청구의 취하로 2003.2.11. 종료되었다. [결정요지] 이 사건 헌법소원심판청구에 대하여 헌법재판소는 이미 2002년 하반기부터 여러 차례의 평의 과정을 거쳐 실체적인 심리를 사실상 종결하였고, 이로써 더 이상의 심리가 필요하지 아니한 단계에 이르렀는데, 2003.1.8. 청구인과 승계참가인이 공동으로 이 사건 헌법소원심판청구를 취하하였다. 이 사건 헌법소원심판청구가 취하될 당시, 이 사건에 관한 헌법재판소의 최종 평결결과는 재판관 전원의 일치된 의견으로, 법 제75조 제7항에 대한 이 사건 심판청구에 관하여는 "법 제75조 제7항은 법 제68조 제2항의 헌법소원이 인용된 경우에 한정위헌결정이 포함되지 않는다고 해석하는 한도 내에서 헌법에 위반된다"는 한정위헌결정을 선언하고, 헌법재판소의 한정위헌결정의 효력을 부인하여 청구인의 재심청구를 기각한 이 사건 대법원판결을 취소하면서, 법 제68조 제1항 본문에 대한 심판청구는 각하한다는 것이었다. 다만, 재판관 한대현은 이 사건 대법원판결에 대한 심판청구와 관련하여 "이 사건 대법원판결도 법 제68조 제1항에 의한 헌법소원의 대상이 되나, 헌법재판소는 이 사건 대법원판결을 직접 취소할 것이 아니라 단지 위 판결의 위헌성만을 확인하는 데 그쳐야 한다"는 견해를 밝혔다. 헌법재판소가 어떠한 이유로 위와 같은 평결결과에 이르게 되었는가 하는 것에 관하여는, 아래 김영일, 송인준 재판관의 반대의견 중 "다. 이 사건 심판대상의 위헌성을 인정하는 의견의 요지"에서 밝히고 있다. 그런데 헌법재판소법이나 행정소송법에 헌법소원심판청구의 취하와 이에 대한 피청구인의 동의나 그 효력에 관하여 특별한 규정이 없으므로, 소의 취하에 관한 민사소송법 제266조는 헌법재판소법 제4조에 따라 이 사건과 같은 헌법소원절차에 준용된다고 보아야 한다. 기록에 의하면 청구인과 승계참가인이 2003.1.8. 서면으로 이 사건 헌법소원심판청구를 공동으로 취하하였고, 이미 본안에 관한 답변서를 제출한 피청구인에게 취하의 서면이 2003.1.27. 송달되었는바, 피청구인(대법원)이 그 날로부터 2 주일 내에 이의를 하지 아니하였음이 분명하므로, 민사소송법 제266조에 따라 피청구인이 청구인과 승계참가인의 심판청구의 취하에 동의한 것으로 본다. 그렇다면 이 사건 헌법소원심판절차는 청구인과 승계참가인의 심판청구의 취하로 2003.2.11. 종료되었으므로, 이 사건 헌법소원심판절차가 이미 종료되었음을 명확하게 선언하기로 하여 주문과 같이 결정한다. 이 결정은 재판관 김영일, 재판관 송인준의 아래 4. 항에 기재된 바와 같은 반대의견이 있는 외에는 나머지 재판관들의 의견일치에 따른 것이다. [김영일, 송인준 재판관의 반대의견] 가. 헌법소원심판의 본질과 청구취하의 효력 : 심판청구가 주관적 권리구제의

차원을 넘어서 헌법질서의 수호·유지를 위하여 긴요한 사항으로서 그 해명이 헌법적으로 특히 중대한 의미를 지니고 있는 경우에는, 비록 헌법소원심판청구의 취하가 있는 경우라 하더라도 민사소송법 제266조의 준용은 헌법소원심판의 본질에 반하는 것으로서 배제된다고 할 것이므로, 위 취하로 말미암아 사건의 심판절차가 종료되는 것이 아니라 할 것이다. 특히 이 사건의 경우와 같이, 헌법소원심판 사건에 대한 실체적 심리가 이미 종결되어 더 이상의 심리가 필요하지 아니한 단계에 이르렀고, 그 때까지 심리한 내용을 토대로 당해 사건이 헌법질서의 수호·유지를 위하여 긴요한 사항으로서 그 해명이 헌법적으로 특히 중대한 의미를 가지고 있는 경우에 해당한다고 판단되는 경우라면, 헌법재판소는 소의 취하에 관한 규정의 준용을 배제하여 심판청구의 취하에도 불구하고 심판절차가 종료되지 않은 것으로 보아야 할 것이다. 나. 중대한 헌법적 문제에 관한 해명의 필요성 : 이 사건 헌법소원심판청구는 단순히 청구인의 기본권침해에 대한 구제라는 주관적인 권리구제의 측면 외에, 헌법재판소 한정위헌결정의 효력, 한정위헌결정이 법 제68조 제2항에 의한 헌법소원이 인용된 경우에 해당하는지의 여부 헌법적으로 중대한 문제를 제기하고 있다. 또한, 앞으로도 언제든지 이와 같은 문제가 발생할 수 있다는 점에서도, 헌법적 해명은 일반적인 의미를 가진다. 다. 이 사건 심판대상의 위헌성을 인정하는 의견의 요지는 다음과 같다. (1) 법 제75조 제7항의 위헌여부 (가) 법 제68조 제2항의 헌법소원제도의 법적 의미 및 기능 : 세계에서도 유사한 형태를 찾아볼 수 없는 법 제68조 제2항의 헌법소원제도가 도입된 이유는 재판소원을 배제하는 우리 헌법소원제도의 특수성에 있으며, 이와 같은 헌법소원제도는 '기능상으로는' 재판소원의 일부분을 대체하고 있다고 하겠다. 법 제75조 제7항에서 법원의 확정된 판결에 대하여 재심을 허용한 것도 법 제68조 제2항에 의한 헌법소원제도가 재판소원의 기능을 하고 있다는 것을 뚜렷하게 드러내고 있다. 법 제75조 제7항에서 재판에 적용된 법률의 위헌성이 확인된 경우 당해 사건의 당사자가 재심을 청구할 수 있도록 함으로써 비록 헌법재판소가 법원의 재판을 직접 취소하지는 못하지만, 법원이 스스로 재판을 취소하도록 한 것은 사실상 헌법재판소의 결정에 의한 '간접적인 재판의 취소'에 해당하는 것이다. (나) 법 제68조 제2항의 헌법소원이 인용된 경우 : 그렇다면 법 제75조 제7항에서 말하는 '법 제68조 제2항의 헌법소원이 인용된 경우'란, 법원이 그의 재판에서 위헌적인 법률을 적용한 경우, 즉 '법원의 재판이 위헌적인 법률에 기인하는 경우'를 의미하는 것이다. 여기서 말하는 '위헌적인 법률'에는 헌법재판소의 결정에 의하여 단순위헌으로 선언된 법률뿐이 아니라 헌법불합치로 선언된 법률 및 한정위헌으로 선언된 법률도 포함된다. 대법원의 견해에 의하면, "법률의 해석과 적용은 법원의 전속권한으로서 헌법재판소가 법률을 합헌적으로 해석한 결과인 한정위헌결정은 기속력을 가지는 위헌결정이 아니라 단지 하나의 법률해석기준을 제시하는 것에 불과하다"고 한다. 그러나 법원이 헌법재판소와 동등하게 최종적인 합헌적 법률해석권을 가지고 있다는 주장은, 법원도 합헌적 법률해석에 의하여 실질적으로 수반되는 입법작용에 대한 수정권한을 가지고 있다는 것을 의미하는데, 이는 '법원은 법률의 구속을 받는다'는 헌법상의 권력분립질서에 정면으로 위반되는 것이다. 따라서 합헌적 법률해석 및 그의 결과로서 나타나는 결정유형인 한정위헌결정은 헌법상 법률에 대한 위헌심사권을 가진 헌법재판소의 권한에 속한다. 헌법재판소만이 법률이 위헌으로 선언되어야 하는지 아니면 헌법합치적 해석을 통하여 유지될 수 있는지에 관하여 최종적으로 결정할 수 있다. 결론적으로, 법 제75조 제7항에서 말하는 '법 제68조 제2항의 헌법소원이 인용된 경우'란 법원이 위헌적인 법률을 적용한 경우를 의미하는 것이며, 여기서 법원이 '위헌적인 법률'을 적용한 경우란, 헌법재판소가 어떠한 주문형식으로든 법원이 적용한 법률의 위헌성을 확인한 모든 경우를 말하는 것인데, 이러한 위헌성확인의 결과를 법원에 대하여 절차적으로 강제하고자 하는 규정이 바로 법 제75조 제7항의 재심허용규정인 것이다. (다) 법 제75조 제7항에 대한 한정위헌결정 : 법 제75조 제7항에서의 '인용된 경우'란 합헌적 법률해석의 결과로서의 한정위헌결정도 함께 포함하는 것이다. 그런데 법원이 "한정위헌결정은 기속력을 가지는 위헌결정이 아니므로, 헌법소원이 인용된 경우에 해당하지 아니한다"는 내용으로 법 제75조 제7항을 해석·적용하는 것은, 헌법과 법이 부여한 헌법재판소의 포괄적인 규범통제권한, 특히 법 제68조 제2항 및 제75조 제7항에 의하여 부여받은 규범통제권한에 명백하게 위배되는 것이다. 따라서 법원에 의한 법률적용에서 드러난 위헌적인 해석방법을 배제하면서 위 규정의 효력을 유지시키기 위하여, "법 제75조 제7항은 '법 제68조 제2항의 헌법소원이 인용된 경우'에 한정위헌결정이 포함되지 않는다고 해석하는 한, 헌법에 위반된다"는 한정위헌결정을 해야 한다. (2) 이 사건 대법원판결의 취소여부 (가) 이 사건 대법원판결이 헌법소원의 대상이 되는지의 여부 1) 헌법재판소가 헌재 1997.12.24. 96헌마172 등 결정의 주문에서 예외적으로 헌법소원의 대상이 되는 재판의 범위를 "헌법재판소가 위헌으로 결정한 법령을 적용함으로써 국민의 기본권을 침해한 재판"이라고 표현하고 있기는 하나, 위 결정의 근본취지는 "헌법재판소의 기속력 있는 위헌결정에 반하여 국민의 기본권을 침해하는 법원의 재판에 대하여는 어떠한 경우이든 헌법재판소가 최종적으로 다시 심사함으로써 헌법의 최고규범성을 관철하고 자신의 손상된 헌법재판권을 회복해야 한다"는 것이다(헌재 1997.12.24. 96헌마172 등, 판례집 9-2, 842, 880면). 따라서 위 결정이유의 핵심적 내용에 비추어 볼 때, 예외적으로 헌법소원의 대상이 되는 법원의 재판이란, 헌법의 최고규범성 및 헌법상 부여받은 헌법재판소의 규범통제권을 관철하기 위하여 부득이 취소되어야 하는 재판을 의미하며, 이러한 재판은 '헌법재판소가 위헌으로 결정한 법령을 적용한 재판'에 한정되는 것이 아니라, '헌법재판소 위헌결정의 기속력을 부인하는 모든 재판'을 포함하는 것이다. 법원의 판단이 헌법재판소 위헌결정의 효력에 반하는 한, 헌법재판소의 위헌결정이 법원의 판결 이전에 선고되는가 아니면 이후에 선고되는가 하는 우연적 요소에 의하여 헌법소원의 대상이 되는 재판의 범위가 달라질 수는 없는 것이다. 2) 이 사건 대법원판결은 헌법재판소가 한정위헌결정을 선고한 국가배상법 제2조 제1항 단서가 아니라 법 제75조 제7항을 적용한 것이므로 "헌법재판소가 위헌으로 결정한 법령을 적용한 재판"은 아니나, 헌법재판소의 한정위헌결정에도 불구하고 한정위헌결정은 위헌결정이 아니라는 이유로 그 결정의 효력을 부인하여 청구인의 재심청구를 기각한 것이므로, 이는 국가배상법 제2조 제1항 단서에 대하여 내린 한정위헌결정의 기속력에 반하는 것일 뿐 아니라, 법률의 위헌여부에 대한 최종적 심사권을 헌법재판소에 부여한 헌법의 결단(헌법 제107조 및 제111조)에 정면으로 위배되는 것이다. 그러므로 이 사건 대법원판결은 헌재 96헌마172 등 결정에서 판시한 바대로 예외적으로 헌법소원의 대상이 되는 재판에 해당됨이 분명하다. (나) 기본권의 침해여부 : 법 제75조 제7항의 '인용된 경우'란 헌법재판소가 법원이 적용한 법률에 대하여 위헌성을 확인한 모든 경우에 해당함에도, 대법원이 이 사건 판결에서 위 법규정의 의미를 오해하여 '인용결정'에 한정위헌결정이 포함되지 않는 것으로 자의적으로 해석함으로써 재심사유를 부인한 것은 소송당사자의 재판청구권을 침해하는 것이다. (다) 소결론 : 이 사건 대법원판결은 헌법재판소의 한정위헌결정에 반하여 위헌결정의 효력을 부인하는 재판에 해당하므로 이에 대한 헌법소원은 허용된다고 할 것이고, 또한 이 사건 대법원판결로 말미암아 청구인의 헌법상 보장된 기본권인 재판청구권 역시 침해되었다 할 것이다. 따라서 이 사건 대법원판결은 법 제75조 제3항에 따라 취소되어야 마땅하다. (3) 법 제68조 제1항의 위헌여부 – 법 제68조 제1항 본문의 위헌여부에 대한 이 사건 심판청구는, 헌법재판소가 이미 헌재 96헌마172·173(병합) 사건에서 한정위헌결정을 선고함으로써 위헌성이 제거된 부분에 대하여 다시 위헌선언을 구하는 청구로서 부적법하다. 라. 결론 : 그러므로 우리는 헌법소원심판청구가 취하되었다 하여 종료선언할 것이 아니라 재판관전원의 일치된 의견으로 한 위와 같은 평의결과에 따라, 법 제75조 제7항이 원칙적으로 헌법에 위반되는 것은 아니지만 "법 제68조 제2항의 헌법소원이 인용된 경우"에 한정위헌결정이 포함되지 않는다고 해석하는 한도 내에서 위헌임을 선언하고, 헌법재판소의 한정위헌결정의 효력을 부인하여 청구인의 재심청구를 기각한 이 사건 대법원판결을 취소하면서 법 제68조 제1항 본문에 대한 심판청구는 각하하는 결정선고를 해야 한다고 생각한다.

* 검토 – 한정위헌결정의 경우도 재심사유가 된다고 보는 것이 위 사안에서 헌법재판관들의 전원일치 의견인데도 이를 공식적인 입장이 되지 못하게 한 이러한 상황은 결국 우리 헌법재판소가 헌법소원심판에서도 민사소송법을 준용하여 민사소송에서와 같이 당사자의 청구취하로 절차가 종료됨을 인정하기 때문인 것인바 이는 시정되어야 할 판례법리이다. 헌법재판소법 제40조는 2003.3.12.에 개정되었는데 "헌법재판의 성질에 반하지 아니하는 한도 내에서" 민사소송에 관한 법령의 규정을 준용하도록 하고 있다.

제6장 탄핵심판[1)]

제1절 서설 - 일반론

Ⅰ. 탄핵의 개념, 유형

1. 탄핵심판의 개념

탄핵심판이란 고위 공직자 또는 신분상의 강한 독립성을 가지는 공직자 등에 대해서는 그의 직무상 위헌, 위법의 행위가 있더라도 그 독립성 때문에 통상의 절차에 의해서는 징계나 파면 등의 제재를 가하기 어렵기에 이러한 고위직 공직자에 대하여 책임을 지우기 위하여 마련된 특별한 헌법재판제도이다. 탄핵으로 파면이나 징계 외에 형사책임까지도 지울 수 있을 것이나 현행 헌법은 "탄핵결정은 공직으로부터 파면함에 그친다"라고 규정하고 있으므로(헌법 제65조 4항 본문), 탄핵절차는 형사처벌절차가 아니고 징계를 위한 절차라고 할 것이다. 그러나 현행 헌법은 탄핵결정으로 파면된다고 하여 "민사상이나 형사상의 책임이 면제되지는 아니하다"라고 규정하고 있으므로(헌법 제65조 4항 단서) 형사나 민사책임을 지우기 위한 별도의 절차가 이루어질 수 있다.

2. 유형

탄핵은 분류기준에 따라 그 유형을 다음과 같이 나누어 볼 수 있다. ① 탄핵의 최종적 결정기관에 따른 유형 – 이 유형으로 의회형과 특수사법형으로 나눌 수 있다. 전자는 의회가 탄핵결정기관인 유형이다. 미국에서는 하원이 소추하고 상원이 탄핵결정을 한다. 후자는 소추기관인 의회 외부에 별도의 탄핵재판소를 두어 탄핵결정을 하도록 하거나 대법원, 헌법재판소가 탄핵결정을 하는 기관인 유형이다. 후자의 유형을 채택하고 있는 국가들로는 이탈리아, 오스트리아, 포르투갈, 우리나라 등을 들 수 있다. 별도의 재판소를 두지만 재판소구성원을 의회

1) * 이하의 서술 중에는 정재황, 국가권력규범론, 박영사, 2020의 내용을 끌어온 것도 있음을 밝혀둔다.

의원으로 하는 경우도 있는데 프랑스에서의 대통령 탄핵재판소(Haute Cour)가(프랑스 헌법 제68조) 그 예이다. 이러한 프랑스유형은 실질적으로는 전자에 해당된다. 프랑스에서는 장관에 대한 탄핵기관인 공화국사법재판소(Cour de justice de la République)는 의회의원 12인과 3인의 대법관들로 구성되고 3인 대법관들 중에 한 사람이 재판장이 되어(프랑스 헌법 제68-2조) 사법성이 상당히 가미되고 있기는 하다. ② 탄핵효과에 따른 유형 – 이 유형으로 형사형(刑事型)과 징계형 등으로 나눌 수 있다. 탄핵으로 징계나 파면에 그치지 않고 형벌에 따른 처벌도 이루어지는 유형이 형사형이고 처벌이 아닌 징계나 파면(파면도 징계의 하나임)에 그치는 유형이 징계형이다. 영국과 프랑스의 경우가 형사형에 속하고 우리나라와 미국, 독일의 경우 징계형에 속한다.

Ⅱ. 탄핵제도의 성격과 기능 및 유용성

1. 일반적 성격과 기능

① 탄핵제도는 일단 정부통제제도로서의 성격을 가진다. 행정부에 대한 견제제도로서 기능한다. ② 그리고 헌법에 위배되는 직무집행을 방지하여 헌법보장적 제도로서의 성격을 가진다. ③ 그 유형에 따라 성격에 차이를 보여준다. 탄핵으로 형사처벌을 하는 유형에서는 형사적 처벌제도로서의 성격을 가지고, 탄핵결정으로 파면에 그치는 경우에는 징계제도로서의 성격을 가지며 탄핵으로 파면과 더불어 형사처벌을 하는 경우에는 양자의 성격을 혼합하여 가질 수도 있다.

2. 유용성 논의

오늘날 탄핵제도가 헌법의 유용한 통제제도인가에 대해 ① 무용론과 ② 유용론으로 의견이 갈리고 있다. 무용론은 사회심리적 효과 외에는 실효성이 없다고 보고 의원내각제를 취하는 국가에서는 내각불신임권을 통하여 목적을 달성할 수 있고 정당정치의 발달로 당파감정으로 경미한 실책에 비하여 그 처벌이 너무 가혹하여 정쟁을 유발하기 쉽기 때문에 효용성이 없다고 한다.[1] 이에 비해 유용론은 정부형태가 어떻든 간에 탄핵제도는 여전히 국민대표가 가지는 행정부에 대한 감독수단으로서 법적으로나 정치적으로 중요한 의의를 가지고 의원내각제에서도 예를 들어 법관과 같이 엄격한 신분적 독립성을 가지는 공무원에 대하여 무시할 수 없는 제도적 실효를 가질 수 있다고 본다.[2]

생각건대, 의원내각제에서는 내각불신임제도가 자리잡고 있기에 대정부적 통제로서는 유

---

1) 무용론으로, 한태연, 헌법학, 법문사, 1985, 405-406면.

2) 유용론으로, 김철수, 헌법학개론, 제19 전정신판, 박영사, 2007, 1448면; 박일경, 제6공화국 신헌법, 법경출판사, 432면; 권영성, 헌법학원론, 법문사, 2005, 899, 구병삭, 신헌법원론, 보정판, 박영사, 1989, 787면; 허영, 신판 한국헌법론, 2001년판, 박영사, 873면 등. 유용론이 우리 학자들의 대체적인 의견이다.

용성이 약하다. 반면 대통령제에서는 의회 앞에서의 책임을 지지 않는 대통령에 대한 통제수단으로서의 의미가 강하다. 국회의 국정감사, 조사제도의 발달도 탄핵제도의 기능을 어느 정도 대신하는 면이 있다. 그러나 의원내각제하에서도 행정부 외의 사법부 등의 구성원인 법관들에 대한 통제수단으로는 필요한 제도라고 할 것이다. 우리의 경우에도 신분보장이 강한 고위 공무원에 대한 제재절차가 필요하고 특히 검찰이 공소권을 독점하고 있는 상황에서 더욱 그러하며 이들에 대한 국회의 소추는 국민대표자로서의 소추로 국민적 정당성을 가진다. 국정감사·조사는 오히려 탄핵소추발의를 위한 준비작업으로서 또는 법제사법위원회의 탄핵소추발의에 대한 조사활동으로서의 의미를 가진다. 또한 탄핵제도는 헌법보장제도로서의 기능을 수행한다.

탄핵역사를 보면 발의나 소추는 적지 않았으나 발의나 소추가 이루어지더라도 반드시 탄핵(파직)에 이르지 않았던 예들도 있었다. 그렇다고 하여 탄핵이 무용한 것이 아니고 탄핵제도가 상존함에 따라 고위공무원의 위헌행위, 위법행위를 억제하고 예방하는 효과를 가진다. 따라서 탄핵제도는 오늘날에도 여전히 유용한 헌법제도이다.

제2절 한국의 탄핵제도

제1항 우리나라 탄핵제도의 역사와 실제

Ⅰ. 개관

1. 담당기관의 역사

제1공화국 때부터 탄핵제도를 두었고 탄핵소추의 권한은 국회에게 부여하여 왔으나 심판기관에는 변화가 있어 왔다.

(1) 탄핵소추기관

탄핵소추를 담당하는 기관은 제1공화국 때부터 변함없이 국회였다.

(2) 탄핵결정기관의 변천

탄핵결정을 하는 기관은 아래와 같이 변천되어 왔다. 제1공화국에서는 탄핵재판소라는 특별기관, 제2공화국에서는 헌법재판소, 제3공화국에서는 탄핵심판위원회라는 특별기관, 제4, 5공화국에서는 헌법위원회가 탄핵심판의 권한을 가지고 있었다.

탄핵재판소(제1공화국) ⇒ 헌법재판소(제2공화국) ⇒ 탄핵심판위원회(제3공화국) ⇒ 헌법위원회(제4공화국) ⇒ 헌법위원회(제5공화국) ⇒ 헌법재판소(제6공화국 현행헌법)

헌법재판기관이 별도로 특수하게 있던 제2공화국과 제4공화국, 제5공화국, 그리고 현행 헌법하에서도 탄핵재판은 그 헌법재판기관인 헌법재판소(제2공, 제6공), 헌법위원회(제4, 5공)에 맡겨졌다. 그런데 예외는 제1공화국에서도 헌법위원회라는 특별한 헌법재판기관이 별도로 있었음에도 탄핵재판은 또 다른 별개의 재판기관인 탄핵재판소에 부여하고 있었다.

2. 권한행사의 정지

탄핵소추가 된 공무원이 탄핵심판에서의 판결(결정)이 있을 때까지 그 권한행사가 정지되도록 헌법이 명시하기 시작한 것은 제2공화국헌법부터였다(동헌법 제47조 1항). 이후의 헌법들이 이를 유지하여 현행 헌법에서도 권한행사의 정지가 규정되어 있다.

Ⅱ. 공화국별 변천사

1. 제1공화국

(1) 탄핵소추

제1공화국 헌법 제46조 제1항은 "대통령, 부통령, 국무총리, 국무위원, 심계원장, 법관 기타 법률이 정하는 공무원의 그 직무수행에 관하여 헌법 또는 법률에 위배한 때에는 국회는 탄핵의 소추를 결의할 수 있다"라고 하여 탄핵소추권을 국회에 부여하였고 탄핵소추 대상 고위공무원과 탄핵소추사유를 규정하고 있었다. 1954년 헌법개정으로 국무총리제가 폐지되어 탄핵소추대상자에서 국무총리가 삭제되었다.

국회의 탄핵소추의 발의는 원래 의원 50인 이상의 연서(발의)가 있어야 하는 것으로 하였으나 1952년 헌법개정으로 국회가 양원제가 된 이후 1954년 헌법개정으로 탄핵소추 발의를 민의원 의원 30인 이상으로 하도록 변경되었다(제1공화국 헌법 제46조 2항). 탄핵소추의 결의는 원래 재적의원 3분지 2 이상의 출석과 출석의원 3분지 2 이상의 찬성이 있어야 하였는데 국회가 1952년 제1차개헌으로 양원제로 개정된 데 따라 탄핵소추의 결의는 양원 합동회의에서 각 원의 재적의원 3분지 2 이상의 출석과 출석의원 3분지 2 이상의 찬성이 있어야 하는 것으로 변경되었고 1954년 헌법개정으로 양원에서 각각 그 재적의원 과반수의 찬성이 있어야 하는 것으로 변경되었다(제1공화국 헌법 제46조 2항).

국회는 탄핵의 소추를 결의하였을 때에는 소추를 수행하기 위하여 소추위원 3인을 선거하고, 탄핵의 소추는 탄핵재판소에 국회의 탄핵결의서를 제출하여 행하도록 하였다(제1공화국 탄핵재판소법 제2조, 제3조).

(2) 탄핵재판소의 재판

1) 탄핵재판소의 구성

탄핵사건을 심판하기 위하여 법률로써 탄핵재판소를 별도로 설치하도록 하였다(제1공화국 헌법 제47조 1항). 제1공화국하에서는 헌법재판기관에 탄핵재판을 담당하게 하지 않고 별도의 탄핵결정을 둔 경우여서 그 구성상 특색이 있었다. 구성원에 정치적 인사인 국회의원이 포함되어 있었다. 탄핵재판소는 부통령이 재판장이 되고 대법관 5인과 국회의원 5인(1952년 헌법개정으로 국회의원 5인이 참의원의원 5인으로 바뀜)이 심판관으로 구성되었는데 대통령과 부통령을 심판할 때에는 대법원장이 재판장의 직무를 행하도록 하였다(동헌법 동조 2항). 대법관인 심판관은 대법관전원으로써 구성한 대법관회의에서 선거하도록 하였다(제1공화국 탄핵재판소법 제4조). 국회의원인 심판관은 국회에서 먼저 단기무기명투표로써 배수를 선출하고 그 중에서 다시 동일한 방식으로 선거하도록 하였다(동법 제5조). 심판관의 임기는 대법관인 자는 4년, 국회의원인 자는 그 임기 중으로 하되 임기 중 국회의원 또는 대법관을 퇴임하였을 때에는 당연히 퇴임하도록 하였다(동법 제6조 1항). 국회의원인 심판관이 국무위원을 겸할 때에는 그 기간 중 심판관의 직무를 행할 수 없었다(동법 동조 2항). 심판관은 명예직이었다(동법 제11조).

2) 재판

제1공화국의 탄핵재판소에서의 탄핵재판절차는 다음과 같았다. 탄핵재판소는 소추가 제기된 후 지체 없이 심리를 개시하여야 한다(동법 제13조). 탄핵의 재판은 구두변론에 의거하여야 한다(동법 제15조). 소추위원은 법정에 있어서의 심리와 재판의 선고에 입회하고, 탄핵재판소의 대심과 재판의 선고는 공개의 법정에서 행한다(동법 제16조). 탄핵재판소는 탄핵의 소추를 받은 자를 소환하여 신문할 수 있다. 단 구인할 수는 없다(동법 제18조). 탄핵재판소는 신립에 의하여 또는 직권으로써 필요한 증거를 조사하며 또는 법원에 그 조사를 촉탁할 수 있고 증거물의 제출명령, 사실발견을 위한 장소의 검사, 관공서에 대한 보고 또는 자료의 제출을 구하는 처분을 할 수 있다(동법 제19조). 탄핵재판소는 상당하다고 인정할 때에는 언제든지 소추를 받은 자의 직무를 정지할 수 있었고, 동일한 사유에 관하여 형사소송이 계속하는 동안은 재판을 중지할 수 있다(동법 제28조, 제29조). 재판의 평의는 공개하지 아니하고, 재판은 심리에 관여한 심판관의 의견에 의한다(동법 제21조). 재판에는 이유를 부쳐야 하고, 파면의 판결에는 파면의 사유와 이를 인정한 증거를 표시하여야 한다(동법 제23조). 탄핵판결은 심판관 3분지 2 이상의 찬성으로 하도록 하였으며, 탄핵판결은 공직으로부터 파면함에 그치나, 민사상이나 형사상의 책임이 면제되는 것은 아니었다(제1공화국 헌법 제47조 3항·4항). 탄핵재판소는 탄핵의 소추를 받은 자가 그 재판전에 본인이 면관된 경우에는 탄핵의 소추를 기각하여야 한다(제1공화국 탄핵재판소법 제30조).

2. 제2공화국

제2공화국에서는 탄핵재판을 헌법재판소가 담당하도록 하였다(제2공화국 헌법 제83조의3 5호). 제2공화국 헌법 제46조 제1항은 "대통령, 헌법재판소심판관, 법관, 중앙선거위원회위원, 심계원장, 기타 법률이 정하는 공무원이 그 직무수행에 관하여 헌법 또는 법률에 위배한 때에는 국회는 탄핵의 소추를 결의할 수 있다"라고 규정하고 있었다. 탄핵소추대상자에 국무총리, 국무위원이 제외되어 있었다. 제2공화국에서는 의원내각제를 채택하여 국무총리, 국무위원에 대해서는 내각불신임제를 두고 있었다. 국회의 탄핵소추는 민의원의원 30인 이상의 발의가 있어야 하며 그 결의는 양원에서 각각 그 재적의원 과반수의 찬성이 있어야 하였다(동헌법 동조 2항). 이는 제1공화국 때와 같은 규정이었다.

국회가 탄핵의 소추를 결의한 때에는 소추위원 3인을 선임하여야 하였고, 소추위원은 탄핵재판의 심리와 선고에 관여하도록 하였다(제2공화국 헌법재판소법 제15조). 헌법재판소는 탄핵의 소추를 받은 자가 재판 전에 면직된 때에는 탄핵의 소추를 기각하여야 하였다(동법 제16조). 헌법재판소는 탄핵심판에 있어서 이미 재판을 거친 사건에 대하여는 다시 재판을 할 수 없었다(일사부재리. 동법 제20조). 헌법재판소는 탄핵이 소추된 사건이 동일한 사유에 관하여 형사소송에 계속되어 있는 때에는 그 형사소송이 종결할 때까지 탄핵재판의 진행을 중지할 수 있었다(동법 제23조). 탄핵소추의 결의를 받은 자는 탄핵판결이 있을 때까지 그 권한행사가 정지되었다(제2공화국 헌법 제47조 1항). 탄핵판결은 심판관 6인 이상의 찬성이 있어야 한다(동헌법 제83조의4 5항). 탄핵판결은 공직으로부터 파면함에 그치도록 하였는데, 단, 이에 의하여 민사상이나 형사상의 책임이 면제되는 것은 아니었다(동헌법 제47조 2항).

그러나 헌법재판소가 활동에 들어가 보지도 못하고 폐지되었다.

3. 제3공화국

제3공화국 헌법은 별도로 탄핵심판위원회를 두어 탄핵심판을 수행하게 하였다(동헌법 제62조 1항).

(1) 탄핵소추

제3공화국 헌법 제61조 제1항은 "대통령 · 국무총리 · 국무위원 · 행정각부의 장 · 법관 · 중앙선거관리위원회위원 · 감사위원 기타 법률에 정한 공무원이 그 직무집행에 있어서 헌법이나 법률을 위배한 때에는 국회는 탄핵의 소추를 의결할 수 있다"라고 하여 탄핵소추의 대상자, 사유에 대해 규정하고 있었다. 헌법은 탄핵심판에 관한 사항은 법률로 정한다고 규정하였는데(동헌법 제62조 5항) 그 법률이 제3공화국의 탄핵심판법이었다.

국회에서의 탄핵소추는 국회의원 30인 이상의 발의가 있어야 하며, 그 의결은 재적의원

과반수의 찬성이 있어야 하였다(동헌법 제61조 2항 본문). 다만, 대통령에 대한 탄핵소추는 국회의원 50인 이상의 발의와 재적의원 3분의 2 이상의 찬성이 있어야 하는 것으로 가중되어 있었다(동헌법 동조 동항 단서). 대통령에 대한 이러한 가중은 1969년 헌법개정으로 들어간 것이었다. 탄핵소추의 결의를 받은 자는 탄핵결정이 있을 때까지 그 권한행사가 정지되도록 하였다(동헌법 동조 3항).

국회법제사법위원회의 위원장과 간사가 소추위원이 되고, 소추위원은 합의에 의하여 그 직무를 행하되 국회법제사법위원회위원장인 소추위원이 대표하여 소추를 제기하고 심판에 관여하도록 하였다(탄핵심판법 제5조, 제6조 1항). 탄핵의 소추는 소추위원이 소추의결서의 정본을 탄핵심판위원회에 제출함으로써 행하고, 소추위원은 전항의 의결서에 증거 기타 심판에 필요한 자료를 첨부하여야 하였다(동법 제7조). 탄핵소추를 받은 자는 언제든지 변호인을 선임할 수 있도록 하였다(동법 제8조).

(2) 탄핵심판위원회의 심판

1) 탄핵심판위원회의 구성

탄핵심판위원회는 대법원장을 위원장으로 하고 대법원 판사 3인과 국회의원 5인의 위원으로 구성하고, 다만, 대법원장을 심판할 경우에는 국회의장이 위원장이 되었다(동헌법 동조 2항). 대법원판사인 심판위원은 대법원판사회의에서, 국회의원인 심판위원은 국회에서 각각 선출하도록 하였다(탄핵심판법 제10조 1항). 심판위원은 명예직이었고, 다만, 일당과 실비변상을 받을 수 있었다(동법 제3조). 심판위원회에 대법원판사 3인과 국회의원 5인의 예비심판위원을 두되, 그중 대법원판사인 예비심판위원은 대법원판사회의에서, 국회의원인 예비심판위원은 국회에서 각각 선출하도록 하였다(동법 제10조 2항). 예비심판위원은 심판위원 중 궐원이 생기거나 사고로 인하여 직무를 수행할 수 없을 때에 심판위원회가 정하는 바에 의하여 그 직무를 행하도록 하였다(동법 동조 3항). 심판위원 및 예비심판위원의 임기는 대법원판사인 자는 4년, 국회의원인 자는 그 임기 중으로 하였다(동법 동조 5항). 소추위원은 심판위원 또는 예비심판위원이 될 수 없었다(동법 제11조).

2) 절차와 결정

탄핵심판의 절차와 결정은 다음과 같았다. 심판위원회는 소추의결서를 받은 때에는 지체없이 그 등본을 피소추자와 그 변호인에게 송달한다(동법 제14조). 심판위원회는 소추의결서를 접수한 날로부터 15일 이내에 심리를 개시하여야 하고, 심리를 개시한 날로부터 30일 이내에 결정의 선고를 하여야 한다(동법 제15조). 심판위원회는 신청에 의하여 또는 직권으로 필요한 증거를 조사하며 법원 기타의 관계기관에 조사를 위촉할 수 있다(동법 제16조 1항). 심판위원회는 조사상 필요할 때에는 증거물의 소지자에 대하여 당해 증거물의 제출을 요구하는 일, 사실발견 또는 증거수집에 필요한 장소를 임검하는 일, 관공서 또는 이에 준하는 단체에 대하여 필요한 보고나 자료의 제출을 명하는 일의 처분을 할 수 있다(동법 제17조). 심판위원회는 피소추자를 소환하여 신문할 수 있다(동법 제18조). 탄핵사건의 심리와 결정의 선고는 공개한다(동법 제20조). 탄핵사건의 심판은 변론의 전취지와 증거조사의 결과를 종합하여 정의 및 형평의 원리에 입각하여 행하고, 당사자가 기일에 출정하지 아니한 때에는 다시 기일을 정하여야 한다. 다만, 피소추자가 정당한 사유없이 출정하지 아니할 때에는 그 진술을 듣지 아니하고 심판할 수 있다(동법 제21조). 심판위원회는 동일한 사유에 관하여 형사소송이 계속 중 심판절차를 중지할 수 있다(동법 제22조). 결정의 평의는 공개하지 아니하며, 심판위원회는 이미 결정을 거친 사유에 대하여는 다시 탄핵의 결정을 할 수 없다(동법 제24조, 제25조). 결정에는 이유를 달아야 하고, 탄핵파면결정(탄핵결정)에는 파면사유와 이를 인정한 증거를 명시하여야 한다(동법 제26조). 탄핵결정에는 구성원 6인 이상의 찬성이 있어야 한다(제3공화국 헌법 제62조 3항). 심판위원회의 종국결정은 관보에 게재함으로써 이를 공시한다(탄핵심판법 제29조).

탄핵결정은 공직으로부터 파면함에 그쳤으나, 이에 의하여 민사상이나 형사상의 책임이 면제되지는 아니하도록 하였다(제3공화국 헌법 제62조 4항). 탄핵심판법은 처음에는 자격회복의 재판을 받으면 공무원이 될 수 있도록 하여 자격회복재판제도를 규정하였으나 동법이 1965년에 개정되어 이를 폐지하고, "파면결정을 받은 자는 파면결정의 선고를 받은 날로부터 3년이 경과하지 아니하면 헌법 제61조 제1항에 규정된 공무원(탄핵소추대상 공무원)이 될 수 없다"라고 규정하였다(탄핵심판법 제31조).

4. 제4공화국

제4공화국에서는 헌법위원회가 탄핵심판을 담당하도록 하였다(제4공화국 헌법 제109조 1항 2호).

(1) 탄핵소추

제4공화국 헌법 제99조 제1항은 "대통령 · 국무총리 · 국무위원 · 행정각부의 장 · 헌법위원회위원 · 법관 · 중앙선거관리위원회위원 · 감사위원 기타 법률에 정한 공무원이 그 직무집행에 있어서 헌법이나 법률을 위배한 때에는 국회는 탄핵의 소추를 의결할 수 있다"라고 하여 탄핵소추의 대상자, 사유를 규정하고 있었다. 탄핵소추는 국회재적의원 3분의 1 이상의 발의가 있어야 하며, 그 의결은 국회재적의원 과반수의 찬성이 있어야 했는데, 다만, 대통령에 대한 탄핵소추는 국회재적의원 과반수의 발의와 국회재적의원 3분의 2 이상의 찬성이 있어야 하였다(동헌법 동조 2항). 탄핵소추의 의결을 받은 자는 탄핵결정이 있을 때까지 그 권한행사가 정지되도록 하였다(동헌법 동조 3항).

탄핵심판에 있어서는 국회법제사법위원회의 위원장과 간사가 소추위원이 되고, 소추위원은 합의에 의하여 그 직무를 행하되 법제사법위원회 위원장인 소추위원이 대표하여 소추를 행하고 심판에 관여하도록 하였다(제4공화국 헌법위원회법 제19조, 제20조 1항). 탄핵의 소추는 소추위원이 소추의결서의 정본을 헌법위원회에 제출함으로써 행하고, 소추위원은 이 의결서에 증거 기타 심판에 필요한 자료를 첨부하도록 하였다(동법 제21조). 탄핵소추를 받은 자는 언제든지 변호인을 선임할 수 있었다(동법 제22조).

(2) 탄핵심판의 절차와 결정

헌법위원회는 신청에 의하여 또는 직권으로 필요한 증거를 조사하며 법원 기타의 관계기관에 조사를 위촉할 수 있었고, 헌법위원회는 증거조사 이외에 조사상 필요한 때에는 증거물의 소지자에 대하여 당해 증거물의 제출을 요구하는 일, 사실 발견 또는 증거수집에 필요한 장소를 임검하는 일, 관공서 또는 이에 준하는 단체에 대하여 필요한 보고나 자료의 제출을 요구하는 일의 처분을 할 수 있다(동법 제24조 1항, 제25조). 헌법위원회는 피소추자를 소환하여 신문할 수 있었다(동법 제26조). 탄핵사건의 심판은 변론의 전취지와 증거조사의 결과를 종합하여 정의 및 형평의 원리에 입각하여 행하도록 하였다(동법 제27조 1항). 당사자가 기일에 출석하지 아니한 때에는 다시 기일을 정하여야 하고, 다만 피소추자가 정당한 사유 없이 출석하지 아니한 때에는 그 진술을 듣지 아니하고 심판할 수 있다(동법 동조 2항). 헌법위원회는 동일한 사유에 관하여 형사소송이 계속하는 동안 심판절차를 정지할 수 있다(동법 제28조).

피소추자는 탄핵결정의 선고에 의하여 그 공직에서 파면되고(동법 제30조), 탄핵결정은 공직으로부터 파면함에 그치나, 이에 대하여 민사상이나 형사상의 책임이 면제되지는 아니하는 것으로 규정하였다(제4공화국 헌법 제99조 4항). 탄핵결정을 받은 자는 탄핵결정의 선고를 받은 날로부터 3년이 경과하지 아니하면 당시 헌법 제99조 제1항에 규정된 공무원(탄핵소추대상 공무원)이 될 수 없는 것으로 규정되어 있었다(헌법위원회법 제31조). 탄핵소추를 받은 자가 그 심판 전에 파면된 경우에는 탄핵소추를 기각하도록 하였다(동법 제32조).

5. 제5공화국

제5공화국 헌법도 헌법위원회가 탄핵심판을 담당하게 하였고(동헌법 제112조 1항 2호), 제4공화국에서의 탄핵심판제도를 그대로 유지하였다.

6. 현행 헌법

제6공화국 현행 헌법에서는 헌법재판소에 탄핵심판권을 부여하고 있다. 현행 제도에 대해서는 아래에서 자세히 살펴본다.

Ⅲ. 탄핵소추와 탄핵결정의 실제

우리나라 초유의 탄핵소추발의는 1985년에 있었던 유태흥 대법원장에 대한 신민당 소속 국회의원들 102명에 의한 소추발의였는데 찬성 95명, 반대 146명 등으로 의결되지는 못하였다. 제14대 국회 1994년 12월 19일 김도언 검찰총장에 대한 탄핵소추안이 발의되었으나 부결된 바 있다. 제15대 국회 때인 1999년에도 2건의 검찰총장에 대한 탄핵소추안이 발의된 적이 있었으나 본인의 사직과 제15대국회의원의 임기만료로 폐기된 바 있다.

우리나라의 초유의 탄핵소추의결은 노무현 대통령에 대한 의결이었다. 2004년 3월 12일에 국회는 대통령에 대한 탄핵소추를 의결하였고 헌법재판소는 우리나라 사상 처음으로 탄핵심판을 하였다. 헌법재판소는 심리결과 일부의 위헌적 사실을, 즉 선거에서의 '공무원의 중립의무'에 위반한 사실, 중앙선거관리위원회의 선거법 위반결정에 대하여 유감을 표명하고 현행 선거법을 폄하하는 발언을 한 사실, 재신임 국민투표를 제안한 사실이 위헌임을 인정하였다. 그러나 헌법재판소는 탄핵(파면)결정에는 중대한 법위반의 사유가 있어야 하는데 위와 같은 사실들은 위헌이긴 하나 대통령의 탄핵(파면)을 정당화할 중대한 법위반 사유라고 볼 수 없다고 판단하여 결국 심판청구를 기각하는 결정을 하였다.[1]

두 번째 탄핵소추의결은 박근혜 대통령에 대한 의결이었다. 2016.12.9. 국회의 소추의결 이후 헌재는 2017.3.10. 청구를 인용하여 파면결정을 하였다. 우리나라 최초의 대통령에 대한 헌재의 파면결정이 내려진 것이다.[2]

제2항 우리나라 현행 탄핵제도의 성격 및 특색

Ⅰ. 우리 헌법상의 탄핵제도의 성격

1. 징계책임성

탄핵으로 파면이나 징계 외에 형사책임까지도 지울 수 있을 것이나 현행 헌법은 "탄핵결정은 공직으로부터 파면함에 그친다"라고 규정하고 있으므로(헌법 제65조 4항 본문) 탄핵절차는 형사처벌절차가 아니고 징계를 위한 절차라고 할 것이다. 파면은 징계의 하나이기 때문이다. 파면은 가장 강한 징계이다. 더구나 현행 헌법은 탄핵결정으로 파면된다고 하여 "민사상이나 형사상의 책임이 면제되지는 아니하다"라고 규정하고 있으므로(헌법 제65조 4항 단서) 형사나 민사책임을 지우기 위한 별도의 절차가 이루어질 수 있기 때문에 탄핵결정은 징계적 성격의 결정이다. 그런데 일반 공직자들에 대한 보통의 징계제도와는 그 절차 등에서 차이가 있는 특별한 징계절차라고 보아야 한다.[3] 요컨대 우리나라의 탄핵의 성격은 형사처벌이나 민사책임이 아닌 특별한 징

1) 헌재 2004.5.14. 2004헌나1, 판례집 16-1, 609면 이하.
2) 헌재 2017.3.10. 2016헌나1.
3) 동지 : 헌재 2017.3.10. 2016헌나1([설시] "탄핵심판절차는 …일반 징계절차와는 성격을 달리 한다").

계책임을 지우는 제도로서 해당 고위 공무원의 파면의 효과를 가지는 헌법제도로서의 성격을 가진다. 탄핵심판에 형사소송에 관한 법령을 준용하도록 하고는 있다(헌재법 제40조 1항 후문).

2. 헌법보장기능성 · 헌법규범보장기능성

탄핵제도는 헌법에 반하는 직무집행에 대한 제재로서 파면을 하는 제도이므로 헌법의 침해로부터 헌법을 보호하는 기능을 하는 제도로서의 성격을 가진다. 특히 우리나라의 경우 헌법재판소에 심판을 맡긴 것은 최종적 헌법해석과 헌법보장을 수행하는 기관에 의한 심판을 의미하고 이를 통하여 헌법보장의 법적 성격을 더욱 강하게 가지게 한다. 탄핵제도를 통하여 헌법에 위반한 공직자행위에 대하여 법적 책임을 지우고 탄핵가능성은 헌법위반의 직무행위를 사전에 억제, 방지하고 이를 경계 내지 경고하는 기능을 가지기도 한다. 이로써 헌법규범력을 확보하는 기능도 가진다.

3. 비정치적 · 재판(司法)적 성격

우리 헌법에서의 탄핵제도는 탄핵사유를 '헌법이나 법률'에 위배한 것으로 하여 정치적 사유가 아닌 법적 사유에 한정함으로써 비정치적 탄핵제도로서의 성격을 가진다. 또한 비록 정치적 기관인 국회가 소추를 하지만 종국적으로 헌법재판소라는 재판기관에서 사법적 절차에 의해 탄핵 여부를 결정하므로 정치적 심판제도가 아니라 재판적 심판절차로서의 성격을 가진다. 국회에 소추권을 부여한 것은 국회가 국민의 대표자로서 또한 다른 국가권력에 대한 통제기관이라는 점에 입각한 것일 뿐 탄핵제도의 성격을 정치화하려는 것이 아니고 소추권자인 국회도 헌법이나 법률을 위배한 경우에만 소추권을 행사할 수 있다는 법적 한계를 받는다는 점에서 어디까지나 우리의 탄핵제도는 그 사유가 비정치적이고 절차가 정치적(의회에 의한 소추)이면서도 사법적(司法的)인 헌법재판소에 의한 탄핵결정 제도이다. 헌법재판소도 우리의 탄핵심판절차를 규범적 심판절차라고 한다.

판례 헌재 2004.5.14. 2004헌나1

[관련설시] 우리 헌법은 헌법수호절차로서의 탄핵심판절차의 기능을 이행하도록 하기 위하여, 제65조에서 탄핵소추의 사유를 '헌법이나 법률에 대한 위배'로 명시하고 헌법재판소가 탄핵심판을 관장하게 함으로써 탄핵절차를 정치적 심판절차가 아니라 규범적 심판절차로 규정하였고, 이에 따라 탄핵제도의 목적이 '정치적 이유가 아니라 법위반을 이유로 하는' 대통령의 파면임을 밝히고 있다.

헌재가 탄핵소추의결서에 기재되지 아니한 소추사유를 판단의 대상으로 삼을 수 없다고 보는 것도 헌재가 이러한 사법(재판)기관으로서 심판하는 우리 탄핵심판제도의 특색에서 나온다.

판례 헌재 2004. 5. 14. 2004헌나1

[판시] 헌법재판소는 사법기관으로서 원칙적으로 탄핵소추기관인 국회의 탄핵소추의결서에 기재된 소추사유에 의하여 구속을 받는다. 따라서 헌법재판소는 탄핵소추의결서에 기재되지 아니한 소추사유를 판단의 대상

으로 삼을 수 없다.

4. 통제성

탄핵제도가 권력통제적 기능을 수행하는 것은 우리의 탄핵제도에서도 마찬가지이다. 특히 법집행의 주무담당자인 정부에 대한 입법부의 탄핵소추라는 권력분립적 통제와 아울러 헌법재판소에 의한 탄핵심판이라는 사법적 통제로서의 성격을 가진다.

5. 국회의 '탄핵소추의결권'의 법적 성격 - 국회의 의무성 여부

국회의 탄핵소추의결권의 성격에 대한 논의가 있을 수 있다. 대통령, 국무총리 등이 헌법이나 법률에 위반한 경우에 국회가 반드시 탄핵소추발의를 하여야 하는가 아니면 하지 않을 재량을 가지는가 하는 법적 성격이 논란되기도 한다. 아래의 결정에서 우리 헌법재판소는 "탄핵의 소추를 의결할 수 있다"라는 헌법 제65조 제1항의 해석상 국회의 탄핵소추의결이 국회의 재량행위라고 보고 있다.

[주요판시사항]
▷ 국회의 탄핵소추의결은 국회의 재량행위

판례 헌재 1996.2.29. 93헌마186, 판례집 8-1, 111면

[사건개요 및 청구인의 주장요지] 대통령은 1993. 8. 12. 금융실명거래 및 비밀보장에 관한 긴급재정경제명령(대통령 긴급재정경제명령 제16호)을 발하여 같은 날 20 : 00부터 이 사건 긴급명령이 시행되었고 같은 달 19. 국회의 승인을 받았다. 청구인은 대통령은 헌법 제76조 제1항에 규정한 요건을 갖추지 못하였음에도 이 사건 긴급명령을 발하였고, 이 긴급명령은 가사 그 내용이 합헌적이라 할지라도 그 절차에 위헌의 소지가 있어 헌법에 위반되고, 국회로서는 위와 같은 위헌적 행위를 한 대통령에 대하여 탄핵소추를 의결하여야 함에도 이를 하지 아니하였으며, 청구인은 국민의 한 사람으로서 금융실명제의 실시시기, 실시방법, 부작용 방지책 등을 숙고하고 의견이 있으면 정부에 청원할 권리를 가지는데 이러한 권리가 대통령의 이 사건 긴급명령 발포로 인하여 원천적으로 침해되었고, 또한 이 사건 긴급명령의 실시로 인하여 청구인의 소유 주식 11주의 시가가 하락함으로써 재산권도 침해되었다고 주장, 즉 청구인의 알권리와 청원권 및 재산권이 침해되었다고 주장하며 헌법소원심판을 청구하였다. [심판대상규정] 금융실명거래 및 비밀보장에 관한 긴급재정경제명령(대통령 긴급재정경제명령 제16호) 주요내용 : ① 이 긴급명령의 시행시부터 모든 금융거래시 실명 사용을 의무화하고(제2조, 제3조 제1항) ② 기존의 비실명예금에 대하여는 2개월간의 실명전환의무기간을 설정하여(제5조) ③ 비실명에 의한 자금의 인출을 금지하며(제3조 제3항) ④ 일정금액 이상의 실명전환된 비실명금융자산의 인출시 금융기관이 국세청에 대하여 거래내용을 통보하도록 하고(제6조, 제10조) ⑤ 실명전환의무기간 경과 후에는 이자, 배당소득 등에 대하여 고율의 소득세율을 적용하며, 최고 원금의 60%에 달하는 과징금을 부과하고(제7조, 제9조) ⑥ 금융거래의 비밀보장을 강화하며(제4조) ⑦ 이에 위반하는 자에 대하여는 형사처벌을 한다(제12조). [주문] 이 사건 심판청구 중 국회의 탄핵소추의결 부작위에 대한 부분을 각하하고, 금융실명거래 및 비밀보장에 관한 긴급재정경제명령(대통령 긴급재정경제명령 제16호)에 대한 부분을 기각한다. [판시] 탄핵이란 일반적인 사법절차나 징계절차에 따라 소추하거나 징계하기가 곤란한 행정부의 고위직 공무원이나 법관 등과 같이 신분이 보장된 공무원이 직무상 중대한 비위를 범한 경우에 이를 의회가 소추하여 처벌

하거나 파면하는 절차로서, 헌법 제65조는 대통령이 그 직무집행에 있어서 헌법이나 법률을 위배한 때에는 국회가 재적의원 과반수의 발의와 재적의원 3분의 2 이상의 찬성으로 탄핵소추의 의결을 할 수 있고 탄핵결정이 있게 되면 공직으로부터 파면되는 것으로 규정하고 있다. 청구인은 국회가 위 탄핵소추의결을 하지 아니한 것을 위헌적인 공권력의 불행사라고 주장하므로 살피건대, 부작위위헌확인소원은 기본권보장을 위하여 헌법상 명문으로 또는 헌법의 해석상 특별히 공권력 주체에게 작위의무가 규정되어 있어 청구인에게 그와 같은 작위를 청구할 헌법상 기본권이 인정되는 경우에 한하여 인정되는 것인바(헌법재판소 1992.12.24. 선고, 90헌마174 결정 참조), 국회에게 대통령의 헌법 등 위배행위가 있을 경우에 탄핵소추의결을 하여야 할 헌법상의 작위의무가 있다거나 청구인에게 탄핵소추의결을 청구할 헌법상 기본권이 있다고 할 수 없다. 왜냐하면 헌법은 "대통령 … 이 그 직무 집행에 있어서 헌법이나 법률을 위배한 때에는 국회는 탄핵의 소추를 의결할 수 있다"(제65조 제1항)라고 규정함으로써 명문규정상 국회의 탄핵소추의결이 국회의 재량행위임을 밝히고 있고 헌법해석상으로도 국정통제를 위하여 헌법상 국회에게 인정된 다양한 권한 중 어떠한 것을 행사하는 것이 적절한 것인가에 대한 판단권은 오로지 국회에 있다고 보아야 할 것이며, 나아가 청구인에게 국회의 탄핵소추의결을 청구할 권리에 관하여도 아무런 명문규정이 없고, 헌법해석상으로도 그와 같은 권리를 인정할 수 없기 때문이다(다만 청원법에 의하여 청구인은 국회에 탄핵소추의결을 청원할 수는 있으나 이에 대하여 국회는 성실히 심사처리할 의무만 있을 뿐 반드시 탄핵소추의결을 하여야 할 의무는 없다). 따라서 국회의 탄핵소추의결의 부작위는 헌법소원의 대상이 되는 공권력의 불행사에 해당한다고 할 수 없어 이 부분에 대한 헌법소원청구는 부적법하다.

Ⅱ. 특색

1. 징계적, 사법적 성격

위에서도 언급한 대로 우리 탄핵제도는 형사책임부과제도가 아니고 징계적 성격의 제재를 가하고 그 직에서 파면하는 절차라는 특징을 가진다. 또한 소추는 정치적 기관인 국회에서 하나 헌법재판소라는 특별한 사법적 재판기관에서 최종적으로 결정한다는 특징을 가진다.

2. 권한의 분장

현행 우리 헌법은 탄핵의 소추는 국회의 권한으로, 탄핵의 심판과 결정은 헌법재판소의 권한으로 나누어 분장하고 있다. 즉 국회가 소추하면 헌법재판소의 결정에 의해 탄핵이 이루어진다.

제3항 한국의 현행 탄핵제도

Ⅰ. 탄핵 대상 공직자

헌법 제65조 ①대통령·국무총리·국무위원·행정각부의 장·헌법재판소 재판관·법관·중앙선거관리위원회 위원·감사원장·감사위원 기타 법률이 정한 공무원이 그 직무집행에 있어서 헌법이나 법률을 위배한 때에는 국회는 탄핵의 소추를 의결할 수 있다.

헌재법 제48조(탄핵소추) 다음 각 호의 어느 하나에 해당하는 공무원이 그 직무집행에서 헌법이나 법률을 위반한 경우에는 국회는 헌법 및 「국회법」에 따라 탄핵의 소추를 의결할 수 있다.

1. 대통령, 국무총리, 국무위원 및 행정각부(行政各部)의 장
2. 헌법재판소 재판관, 법관 및 중앙선거관리위원회 위원
3. 감사원장 및 감사위원
4. 그 밖에 법률에서 정한 공무원

탄핵소추의 대상이 되는 공직자는 대통령·국무총리·국무위원·행정각부의 장·헌법재판소 재판관·법관·중앙선거관리위원회위원·감사원장·감사위원 기타 법률이 정한 공무원이다(헌법 제65조 1항, 헌재법 제48조). 헌법재판소 재판관도 탄핵대상이 될 수 있음을 헌법이 명시하고 있다. 헌법재판관이 탄핵소추되어 직무가 정지될 경우에 헌법재판에도 영향을 올 수 있으므로 예비재판관제도를 두어야 한다는 주장과 제안이 있으나 예비재판관제도 자체가 우리나라에서는 회의적이다.[1)]

'기타 법률이 정한 공무원'에 차관, 외교관, 검찰총장, 각군 참모총장, 경찰청장, 광역지방자치단체장 등이 포함될 수 있을 것이라는 견해들이 있다. 법률로 탄핵대상이 됨을 규정한 예로는 "검사는 탄핵 또는 금고 이상의 형을 받거나 징계처분에 의하지 아니하면 파면·정직 또는 감봉의 처분을 받지 아니한다"라고 규정한 검찰청법 제37조를 들 수 있다. 또 중앙선거관리위원회 위원이 아닌 각급 선거관리위원회 위원도 법률에 따라 탄핵대상이다(선거관리위원회법 제9조 2호). 법률로 대상이 되는 것으로 규정된 그 외의 예로 경찰청장과 국가수사본부장('국가경찰과 자치경찰의 조직 및 운영에 관한 법률' 제14조 5항, 제16조 5항), 방송통신위원회 위원장('방송통신위원회의 설치 및 운영에 관한 법률' 제6조 5항), 원자력안전위원회 위원장('원자력안전위원회의 설치 및 운영에 관한 법률' 제6조 5항), 특별검사 및 특별검사보('특별검사의 임명 등에 관한 법률' 제16조), 고위공직자범죄수사처의 처장, 차장, 수사처검사('고위공직자범죄수사처 설치 및 운영에 관한 법률' 제14조) 등을 들 수 있다.

Ⅱ. 탄핵(소추)의 사유

1. 헌법과 헌재법규정

현행 헌법과 헌재법은 탄핵소추의 대상이 되는 공직자가 "그 직무집행에 있어서 헌법이나 법률을 위배한" 경우를 탄핵(소추)의 사유로 규정하고 있다(헌법 제65조 1항, 헌재법 제48조). 우리나

1) 정재황, 예비재판관 제도 및 그 도입 타당성에 대한 연구, 성균관법학, 제26권 제3호, 2014 참조.

라 탄핵제도는 앞서 언급한 대로 국회에서의 소추와 헌재에 의한 판결로 분장되어 있어서 그 각 절차에서의 판단사유, 즉 탄핵소추사유와 탄핵(파면)사유가 구분되는지 하는 문제와 위배되는 헌법과 법률의 개념, 범위, 해당되는 직무의 범위 등을 두고 판례법리가 형성되고 있고 논의가 있다. 이하에서 살펴본다.

2. 탄핵소추의 사유와 탄핵(파면)사유

(1) 양자의 구분 문제

탄핵의 절차가 소추 단계와 파면 여부 심판 단계 이 두 단계로 나누어지므로 그 사유도 소추사유와 파면사유를 별도로 보아야 하는 것인지 아니면 동일한 것인지 하는 문제가 논의된다. ① 동일설, ② 구별설로 나누어질 수 있다. 그런데 구별설은 소추사유보다 파면사유가 더 좁혀지는 견해로 귀착될 것이다. 소추보다 파면의 사유가 더 넓다고 보기에는 비논리적이기 때문이다. 우리 헌법은 제65조에 소추사유를 규정하고 있는데 이 사유가 파면판단에 있어서도 핵심적인 사유가 될 것이다. 그런데 우리 헌법재판소는 뚜렷하지는 않지만 적어도 대통령의 경우에는 중대성요건을 요구하여 파면사유를 좀더 좁히고 있다고 평가된다. 생각건대 구별하여 좁혀서 보려는 견해는 탄핵소추는 국민에 의해 직선된 의원들로 구성된 국회에서 의결되고 파면 여부를 가려달라는 입장이므로 소추가 어느 정도 넓게 이루어질 여지가 있을 수 있다는 점, 반면에 심판은 헌법재판소라는 사법기관에서 행한다는 점에서 보다 신중한 결론에 이를 수밖에 없다는 점을 감안한 것으로 이해된다. 국회가 정치의 장이라는 점, 헌법재판소가 최종의 판단을 한다는 점 등도 감안하는 것으로 본다.

* 설명 : 탄핵소추의 사유로서 아래의 위헌성 · 위법성, 위헌인 또는 위법인 직무집행행위(직무집행관련성) 등의 사유는 일단은 탄핵사유로도 작동한다. 위헌이거나 위법인 직무행위이면서 탄핵(파면)할 사유인지 하는 단계적 판단이 이루어지기 때문이다. 따라서 파면 여부를 정할 헌법재판소 탄핵심판에서도 아래 사유 해당성을 당연히 판단해야 한다. 그리하여 여기서 "2. 탄핵소추의 사유와 탄핵(파면)사유'라고 함께 하는 제목하에 살펴보는 것이다.

(2) 위헌성 · 위법성

현행 헌법과 헌법재판소법은 탄핵소추의 대상이 되는 공직자가 "그 직무집행에 있어서 헌법이나 법률을 위배한" 경우를 탄핵(소추)의 사유로 포괄적으로 규정하고 있다(헌법 제65조 1항, 헌재법 제48조). 아래에 분설한다.

1) 헌법위반, 법률위반

(가) 헌법위반

헌법에 위반되는 직무집행이 탄핵사유임은 물론이다. 여기에서 말하는 헌법이란 현행 성문헌법전의 규정들뿐 아니라 헌법관습법, 헌법조리법과 이를 발견하고 확인하는 헌법판례 등 실질적 의미의 불문헌법, 헌법적 효력의 국제법규범도 포함된다. 헌법재판소판례도 '헌법'에는 "명문의 헌법규정뿐만 아니라 헌법재판소의 결정에 의하여 형성되어 확립된 불문헌법"도 포함된다고[1] 본다.

(나) 법률위반도 해당

탄핵소추의 사유가 헌법위반에 한하지 않고 법률의 위반도 포함한다.

i) **법률위반 포함의 논거** - 법률의 위반을 탄핵사유로 한 것은 공권력의 행사에 있어서 법치주의의 실현을 당연히 의미할 뿐 아니라 탄핵소추대상자들이 소속한 집행부와 사법부가 입법부인 국회가 제정한 법률을 당연히 준수하여야 한다는 것으로 이는 권력분립의 원리에 충실하게 하기 위한 것이기도 하다.

판례 헌재 2004.5.14. 2004헌나1, 판례집 16-1, 633면

[관련판시] 행정부·사법부가 입법자에 의하여 제정된 법률을 준수하는가의 문제는 헌법상의 권력분립원칙을 비롯하여 법치국가원칙을 준수하는지의 문제와 직결되기 때문에, 행정부와 사법부에 의한 법률의 준수는 곧 헌법질서에 대한 준수를 의미하는 것이다.

ii) **법률의 범위** - (ㄱ) **실질적 법률 포함** - 위반하면 탄핵사유가 되는 법률에는 국회에서 제정된 형식적 의미의 법률뿐 아니라 국회의 동의를 거쳐 법률과 같은 효력을 가지는 국제조약, 일반적으로 승인된 국제법규, 긴급명령, 긴급재정경제명령 등도 포함된다. 헌법재판소판례도 여기서의 '법률'이란 단지 형식적 의미의 법률 및 그와 동등한 효력을 가지는 국제조약, 일반적으로 승인된 국제법규 등을 의미한다고[2] 본다. (ㄴ) **여기에서 형사법에 한정되지 않는다.**[3]

(다) 법의 무지, 법해석의 잘못, 자의적 법해석

헌법, 법률에 위배하는 행위에는 고의 또는 과실에 의한 경우뿐 아니라 법의 무지로 인한 경우도 포함된다.[4] 이는 현행 헌법에서의 탄핵의 성격이 형사처벌이 아니라 징계적 성격을 가지기 때문이기도 하다. "헌법이나 법률의 해석을 그르친 행위"는 탄핵사유가 되지 않는다는 견해[5]가 있으나 헌법이나 법률의 해석의 잘못으로 헌법과 법률을 잘못 운용하거나 집행한다면 이는 위헌, 위법행위로서 탄핵사유가 된다.[6] 자의적 법해석은 평등원칙(자의에 의한 차별의 금지)이라는 법원칙을 위반한 것이기도 하므로 위헌성이 인정되는 것이다.

---

1) 헌재 2004.5.14. 2004헌나1; 2017.3.10. 2016헌나1.
2) 헌재 2004.5.14. 2004헌나1; 2017.3.10. 2016헌나1.
3) 헌재 2017.3.10. 2016헌나1.
4) 김철수, 위의 책, 999-1000면; 권영성, 위의 책, 같은 면 등.
5) 허영, 신판 한국헌법론, 2001년판, 박영사, 813면.
6) 헌법재판소는 대통령이 재신임국민투표를 묻고자 제안한 것은 헌법 제72조에 의하여 부여받은 국민투표부의권을 위헌적으로 행사하는 경우에 해당하는 것으로 보았다(헌재 2004.5.14. 2004헌나1, 판례집 16-1, 613-614면). 이는 헌법 제72조의 해석을 잘못한 데 대한 위헌성을 인정한 예라고 볼 수 있다.

2) 정치적 사유 제외

ⅰ) 그러나 탄핵소추의 사유는 헌법이나 법률을 위반한 위헌·위법행위에 한정되고 정치적 사유는 해당되지 않는다. 정치적·정책적 결정·선택과 판단상의 과오, 무능력, 미숙, 실정 등은 탄핵소추사유가 될 수 없다. 우리 학설은 이 점에 대체적으로 일치하고 있고,[1] 판례도 마찬가지이다.

판례 헌재 2004.5.14. 2004헌나1, 판례집 16-1, 632면

[관련판시] 우리 헌법은 … 제65조에서 탄핵소추의 사유를 '헌법이나 법률에 대한 위배'로 명시하고 헌법재판소가 탄핵심판을 관장하게 함으로써 탄핵절차를 정치적 심판절차가 아니라 규범적 심판절차로 규정하였고, 이에 따라 탄핵제도의 목적이 '정치적 이유가 아니라 법위반을 이유로 하는' 대통령의 파면임을 밝히고 있다.

판례 헌재 2004.5.14. 2004헌나1, 판례집 16-1, 653-654면

[소추사유의 설시요약] 취임 후 피청구인은 국민경제와 국정을 파탄시켜 국민들에게 극심한 고통과 불행을 안겨주었으며 그 원인은 대통령의 거듭된 말실수, 이라크 파병선언 후 이라크 반전입장 표명, 위헌적인 재신임 국민투표 제안, 정계은퇴 공언 등 진지성과 일관성을 찾을 수 없는 불성실한 직무수행과 경솔한 국정운영 등에 있고 따라서 피청구인은 헌법 제69조에 명시된 '대통령으로서의 직책의 성실한 수행의무'를 위반하였다는 것이다. [판시요약] 비록 대통령의 '성실한 직책수행의무'는 헌법적 의무에 해당하나, '헌법을 수호해야 할 의무'와는 달리, 규범적으로 그 이행이 관철될 수 있는 성격의 의무가 아니므로, 원칙적으로 사법적 판단의 대상이 될 수 없다고 할 것이다. 대통령이 임기 중 성실하게 의무를 이행했는지의 여부는 주기적으로 돌아오는 다음 선거에서 국민의 심판의 대상이 될 수 있을 것이다. 헌법 제65조 제1항은 탄핵사유를 '헌법이나 법률에 위배한 때'로 제한하고 있고, 헌법재판소의 탄핵심판절차는 법적인 관점에서 단지 탄핵사유의 존부만을 판단하는 것이므로, 이 사건에서 청구인이 주장하는 바와 같은 정치적 무능력이나 정책결정상의 잘못 등 직책수행의 성실성여부는 그 자체로서 소추사유가 될 수 없어, 탄핵심판절차의 판단대상이 되지 아니한다. * 동지 : 헌재 2017.3.10. 2016헌나1.

판례 헌재 2017.3.10. 2016헌나1

[판시] 라. 성실한 직책수행의무 위반 여부 – 헌법 제69조는 대통령의 취임 선서를 규정하면서 대통령으로서 직책을 성실히 수행할 의무를 언급하고 있다. 헌법 제69조는 단순히 대통령의 취임 선서의 의무만 규정한 것이 아니라 선서의 내용을 명시적으로 밝힘으로써 헌법 제66조 제2항 및 제3항에 따라 대통령의 직무에 부과되는 헌법적 의무를 다시 한 번 강조하고 그 내용을 구체화하는 규정이다. 대통령의 '직책을 성실히 수행할 의무'는 헌법적 의무에 해당하지만, '헌법을 수호해야 할 의무'와는 달리 규범적으로 그 이행이 관철될 수 있는 성격의 의무가 아니므로 원칙적으로 사법적 판단의 대상이 되기는 어렵다. 대통령이 임기 중 성실하게 직책을 수행하였는지 여부는 다음 선거에서 국민의 심판의 대상이 될 수 있다. 그러나 대통령 단임제를 채택한 현행 헌법 하에서 대통령은 법적으로 뿐만 아니라 정치적으로도 국민에 대하여 직접적으로는 책임을 질 방법이 없고, 다만 대통령의 성실한 직책수행 여부가 간접적으로 그가 소속된 정당에 대하여 정치적 반사이익 또는 불이익을 가져다 줄 수 있을 뿐이다. 헌법 제65조 제1항은 탄핵사유를 '헌법이나 법률에 위배한 경우'로 제한하고 있고, 헌법재판소의 탄핵심판절차는 법적 관점에서 단지 탄핵사유의 존부만을 판단하는 것이므로, 이 사건에서 청구인이 주장하는 것과 같

---

1) "헌법과 법률에 위반되지 않는 단순한 정치적 실책이나 부당행위" 등은 탄핵소추사유가 아니라고 보는 견해(金哲洙, 제13전정신판, 헌법학개론, 박영사, 2001, 1000면), "단순한 부도덕이나 정치적 무능력 또는 정책결정상의 과오"는 탄핵사유가 아니라고 보는 견해(권영성, 보정판 헌법학원론, 법문사, 2001, 859면) 등.

은 세월호 참사 당일 피청구인이 직책을 성실히 수행하였는지 여부는 그 자체로 소추사유가 될 수 없어, 탄핵심판절차의 판단대상이 되지 아니한다(헌재 2004.5.14. 2004헌나1 참조).

* 검토 – 이 부분에 대한 헌재의 판시는 문제가 있다. "세월호 참사 당일 피청구인이 직책을 성실히 수행하였는지 여부는 그 자체로 소추사유가 될 수 없어"라고 하나 생명의 존귀성에 비추어 그 긴급한 시간 속에서 구조조치에 최선을 다하였다고 볼 수 없다는 점에서 이 판시는 받아들일 수 없다.

정치적 사유가 제외된다는 점에서 헌법이나 법률에 위반한 직무행위뿐 아니라 정책적 결정·선택과 판단상의 과오, 무능력, 미숙, 실정 등도 포괄적으로 그 사유가 될 수 있는 국무총리·국무위원에 대한 해임건의제도와는 차이가 있다.

국민이 선출한 대통령이라고는 하나 사실 무능력, 과오 등도 본인의 역량 부족이라고 볼 수 있는 경우에 대통령을 계속 그 자리에 유임하도록 하는 것이 바람직하지는 않다. 이를 탄핵사유로 하기가 사법적인 판단절차인 탄핵심판에서 어려운 면이 있다는 것이지 다른 방안을 모색할 수 있을 것이라는 생각에서 나온 지적이다. 탄핵소추는 국민대표기관인 국회에서 하는 것이므로 달리 볼 수 있다는 의견도 있을 것이다. 다만, 우리 헌법이 명백히 "헌법이나 법률을 위배한 때"라고 명시하고 있어서 위헌성의 개념을 법적인 개념으로 파악해야 한다는 것인데 그 경계가 모호할 수는 있다고 하겠다.

ii) 헌재는 "비록 대통령의 '성실한 직책수행의무'는 헌법적 의무에 해당하나, '헌법을 수호해야 할 의무'와는 달리, 규범적으로 그 이행이 관철될 수 있는 성격의 의무가 아니므로, 원칙적으로 사법적 판단의 대상이 될 수 없다"라고 하고 '성실한 직책수행의무'의 이행여부는 다음 선거에서 국민의 심판대상이라고 본다(2004헌나1, 2016헌나1. 위에 인용된 판시들 참조).

(2) 직무집행관련성 – 직무의 개념

i) 포괄성 – 여기서의 직무란 탄핵대상 공무원에게 헌법상, 법률상 부여된 권한과 의무를 행사하고 이행하기 위한 모든 공무를 포괄하는 의미이다. 이러한 공무에 대해서는 하위 법령들이 보다 구체적으로 직제를 편성하여 그 업무를 분장하고 업무방식·절차를 규정하게 되므로 헌법, 법률, 하위 법령 등에 따른 모든 소관 업무를 의미한다. 행정상 관례에 따른 업무도 포함된다. ii) 부수행위 포함 – 또한 그러한 업무들에 관련되거나 수반되는 모든 활동과 행위들도 포함된다. iii) 판례 – 헌재도 헌법 제65조에 규정된 '직무집행에 있어서'의 '직무'란, "법제상 소관 직무에 속하는 고유 업무 및 통념상 이와 관련된 업무를 말한다. 따라서 직무상의 행위란, 법령·조례 또는 행정관행·관례에 의하여 그 지위의 성질상 필요로 하거나 수반되는 모든 행위나 활동을 의미한다"라고 본다. 이러한 넓은 직무개념에 따라 대통령의 경우에 있어서, 그 직무상 행위는 "법령에 근거한 행위뿐만 아니라, '대통령의 지위에서 국정수행과 관련하여 행하는 모든 행위'를 포괄하는 개념으로서, 예컨대 각종 단체·산업현장 등 방문행위, 준공식·공식만찬 등 각종 행사에 참석하는 행위, 대통령이 국민의 이해를 구하고 국가

정책을 효율적으로 수행하기 위하여 방송에 출연하여 정부의 정책을 설명하는 행위, 기자회견에 응하는 행위 등을 모두 포함한다"라고 본다.

판례 헌재 2004.5.14. 2004헌나1; 2017.3.10. 2016헌나1.

ⅳ) 직무집행과 무관한 사적 활동 제외 – 직무집행과 관련이 있는 행위로서 위헌, 위법행위가 사유가 되므로 직무집행인 공무와 관련성이 없는 탄핵소추대상 공무원의 개인적인 사적인 활동은 제외된다. 사적인 이익을 위하여 직권을 남용한 경우는 물론 직무집행관련성이 있고 탄핵소추사유가 된다.

(3) 위헌·위법행위시기의 문제 – 재직전·후의 위헌·위법행위의 사유성 문제

헌법 제65조 제1항이 '직무집행에 있어서'라고 규정하고 있으므로 사유에 있어서 시기적 요건은 '재직 중'이 해당됨은 물론이다. 따라서 문제는 재직의 전·후 시기에 있었던 위헌·위법행위가 그 사유가 되는가 하는 데 있다. 이에 관해서는 세 가지 문제가 있다. ⅰ) 현직 이전에 공직에 있었던 경우 그 전직인 공직에서 위헌·위법행위(이전에 공무원이 아니었던 사람의 경우에도 이전의 범죄행위 등)도 탄핵소추사유가 되는지 여부, ⅱ) 대통령과 같은 선거로 선출되는 공무원의 경우(사실상 대통령 외에 선거직 탄핵대상자는 현재로서는 찾기 어렵다)에 당선 후 취임 사이 기간에 행해진 위헌·위법행위가 탄핵소추사유가 되는지 여부, ⅲ) 퇴직 이후의 위헌·위법행위가 탄핵소추사유가 되는지 여부가 문제가 된다.

1) 전직에서의 사유[ⅰ)의 문제]

(가) 학설과 판례

ⅰ) 의 문제에 대해서는 ① 긍정설과 ② 부정설로 나누어진다. 긍정설은 공무원의 위헌·위법행위는 전직에서의 것일지라도 고위공무원직과 상용될 수 없다는 점을 이유로 한다. 아마도 고위공무원직은 높은 품격이 요구되는데 전직에서의 위법성이 이에 반한다는 점과 탄핵제도가 자질을 갖추지 못한 사람을 공직으로부터 추방한다는 의미를 가진다는 점에 근거하고 있는 것으로 이해된다. 부정설은 헌법이 '그 직무집행에 있어서'라고 규정하고 있으므로 현직에서의 위헌·위법행위에 대해서만 탄핵소추사유로 보는 견해이다. 헌법재판소판례는 "헌법 제65조 제1항은 '대통령 … 이 그 직무집행에 있어서'라고 하여, 탄핵사유의 요건을 '직무'집행으로 한정하고 있으므로, 위 규정의 해석상 대통령의 직위를 보유하고 있는 상태에서 범한 법위반행위만이 소추사유가 될 수 있다고 보아야 한다"라고 판시하여 부정설을 취하고 있다.[1)]

(나) 사견

생각건대 헌법 제65조 제1항의 문언이 '그 직무집행에 있어서'라고 규정하고 있으므로 원

1) 헌재 2004.5.14, 2004헌나1, 판례집 16－1, 651면.

칙적으로 재직 중 위헌·위법행위에 한하여 탄핵사유가 된다고 본다. 그러나 예외를 인정해야 할 필요가 있다. 전직에서의 위헌·위법행위는 현직의 임명에서 결격요건을 이룰 수 있다. 국가공무원법 제33조에 공무원의 결격사유가 규정되어 있다. 그리고 공직선거법은 이전에 공직에서의 형사처벌을 받은 자에 대해서는 피선거권을 박탈하고 있다(공직선거법 제19조). 따라서 전직에서의 위헌·위법행위가 있었다면 공무원의 임명자격이나 입후보자격(선출직의 경우)이 부정될 것이고 전직에서의 위헌·위법행위가 취임 이후에 법원판결로 사실로서 인정된 경우에는 그로 인해 임명이나 선출이 무효가 될 것이므로 반드시 탄핵절차에만 의존할 필요가 없다. 한편 탄핵대상인 고위공무원들은 현재 임명을 위해 국회의 인사청문을 거치게 되는 대상자들이므로 인사청문을 통해 자격의 검증이 이루어진다. 요컨대 전직에서의 위헌·위법행위는 헌법상의 문리해석과 사전검증과 결격제도가 충실할 것을 전제로 탄핵소추사유에 포함되지 않는 것으로 볼 것이다. 그러나 그리 간단치가 않다. 검증이 충분할 것인가 하는 문제도 있거니와 공소시효가 완성된 경우가 있을 것인데 그 해당 범죄가 고위 공직자로서 자질에 부합되지 않는 것이라면 역시 탄핵으로 밝혀야 할 것이다. 대통령의 경우에도 헌법 제65조 제1항의 '그 직무집행'이라는 문언의 문리해석상 재직 전의 위헌·위법행위는 탄핵소추의 사유가 될 수 없는 것이 원칙이라면 재직 전의 위헌·위법행위에 대해서는 형사소추가 될 수 있어야 할 텐데 취임 후에 전직에서의 위헌·위법행위가 논란되거나 취임 이전의 범죄행위의 혐의가 취임 이후에 역시 드러났을 경우 그 진실 규명을 위한 재판이 어렵다는 데에 있다. 헌법 제84조는 대통령은 내란 또는 외환의 죄를 범한 경우를 제외하고는 재직 중 형사상의 소추를 받지 아니한다고 규정하고 있고 이 헌법 제84조가 형사상 불소추되는 대상이 대통령의 재임 중의 범죄혐의에 한정되는지 아니면 재임 전의 범죄혐의도 포함되는지가 명확하지 않으나 국정운영의 안정성보장이라는 형사불소추특권의 취지를 생각하면 재임 전의 범죄혐의에 대해서도 불소추가 된다고 볼 것이기 때문이다(제84조). 그렇다면 헌법적 공백이 생기고 일반적인 소추로서는 감당하기 힘든 고위공무원에 대한 제재절차로서 탄핵제도가 마련되었다는 점에서 대통령으로서의 자격과 정당한 자격을 인정하기 어렵게 하는 재임 전의 위헌·위법행위에 대해서도 탄핵사유로 보는 것이 헌법체계적인 해석에 가까워진다. 이는 탄핵제도가 아무리 국가의 최고권력을 행사하는 공무원이라 할지라도 또 그러할수록 대통령의 파면이라는 많은 비용을 지불하고서라도 헌법을 수호하겠다고 하여 헌법제정권력자가 둔 제도라는 취지를 살리기 위해서도 그러하다. 현행 '헌정질서 파괴범죄의 공소 시효 등에 관한 특례법' 제2조, 제3조는 내란죄, 외환죄 등을 '헌정질서파괴범죄'로 규정하고 공소시효를 적용하지 않도록 하고 있다.

2) 대통령의 당선과 취임 사이의 행위[ii)의 문제]

(가) 학설과 판례

ii)의 문제는 선출직에서의 문제인데 특히 대통령의 경우에 그 논의가 중요하다. 이 문제에 대해서도 ① 긍정설과 ② 부정설이 대립한다. 긍정설은 대통령당선인은 당선자결정과 동시에 헌법적 보호와 예우를 받는 점을 논거로 한다.[1] 부정설은 재직 중의 행위만이 해당된다고 보고 취임 전의 행위에 대해서는 탄핵사유가 될 수 없다고 본다. 헌법재판소판례는 부정설을 취한다. 대통령직위를 보유하고 있는 상태에서 범한 법위반행위만이 소추사유가 되고 따라서 당선 후 취임시까지의 기간에 이루어진 대통령의 행위는 소추사유가 될 수 없다고 본다. 헌재는 '대통령당선자'의 지위와 대통령직의 인수에 필요한 준비작업을 할 수 있는 권한은 대통령의 직무와는 근본적인 차이가 있고 이 시기 동안의 위법행위는 형사소추의 대상이 되므로, 헌법상 탄핵사유가 아니라고 본다.

판례 헌재 2004.5.14. 2004헌나1, 판례집 16-1, 651-652면

[관련판시] 헌법 제65조 제1항은 '대통령…이 그 직무집행에 있어서'라고 하여, 탄핵사유의 요건을 '직무' 집행으로 한정하고 있으므로, 위 규정의 해석상 대통령의 직위를 보유하고 있는 상태에서 범한 법위반행위만이 소추사유가 될 수 있다고 보아야 한다. 따라서 당선 후 취임 시까지의 기간에 이루어진 대통령의 행위도 소추사유가 될 수 없다. 비록 이 시기 동안 대통령직인수에관한법률에 따라 법적 신분이 '대통령당선자'로 인정되어 대통령직의 인수에 필요한 준비작업을 할 수 있는 권한을 가지게 되나, 이러한 대통령당선자의 지위와 권한은 대통령의 직무와는 근본적인 차이가 있고, 이 시기 동안의 불법정치자금 수수 등의 위법행위는 형사소추의 대상이 되므로, 헌법상 탄핵사유에 대한 해석을 달리할 근거가 없다.

(나) 사견

생각건대 ㉠ 대통령당선인이 앞으로 보유할 대통령으로서의 지위나 헌법상 부여된 강한 권한을 고려할 때, ㉡ 헌재는 대통령당선자로서의 권한이 대통령직무와 근본적 차이가 있다고 하나 대통령당선인은 대통령임기개시 전에 국무총리 및 국무위원 후보자를 지명할 수 있는데('대통령직인수에 관한 법률' 제5조 1항) 이는 행정부의 구성권으로서 대통령의 재직 중의 권한과 같은 권한으로서 중요한 권한인바 대통령당선인의 신분에서도 이를 행사하게 되므로 대통령당선인으로서의 실제적 지위와 권한이 상당하여 타당하지 못하고, ㉢ 대통령당선인은 '대통령직인수에 관한 법률'이 정하는 바에 따라 대통령당선인으로 결정된 때부터 대통령직 인수를 위하여 필요한 권한을 갖고 예우를 받으므로(동법 제3조 2항, 제4조) 대통령당선인으로 결정된 때부터 대통령임기개시일 전일까지 상당한 영향력을 실제적으로 가질 수 있다는 점을 고려하면 그 기간 동안의 위헌·위법행위를 탄핵소추사유에서 배제하기는 어렵다.

3) 퇴직 이후[ⅲ)의 문제]

ⅲ)의 문제의 경우, 퇴직 이후 행위는 고위직을 떠난 상황에서 행위이므로 일반적인 형사절차로 해결할 일이어서 탄핵소추사유에 포함되지 않는다. 탄핵소추절차가 시작된 후 소추를

1) 권영성, 앞의 책, 902면.

면탈하게 하기 위해 임명권자가 전직(轉職)시킬 경우에는 현직 중의 행위로 보아야 한다는 점을 지적하는 견해가 있다.[1] 행위시점이 재직 중이었던 것이므로 당연히 탄핵소추사유가 되므로 특별히 언급할 필요가 없는 지적이다.

(4) 탄핵소추사유 특정의 정도

헌재는 이에 대해 공무원 징계의 경우 징계사유의 특정은 그 대상이 되는 비위사실을 다른 사실과 구별될 정도로 기재하면 충분하므로(대법원 2005.3.24. 2004두14380), 탄핵소추사유도 그 대상 사실을 다른 사실과 명백하게 구분할 수 있을 정도의 구체적 사정이 기재되면 충분하다고 한다.[2]

3. 탄핵(파면)사유 - 법위반의 중대성

탄핵소추가 있고 이를 심판한 결과 헌법재판소가 탄핵소추가 된 피청구인이 위헌·위법행위를 하였음을 인정한 경우에 다음 단계로 피청구인을 탄핵(파면)할 것인가에 대해 판단하게 된다. 이 파면 여부 판단 단계에 있어서 위헌·위법이 경미한 것인지 아니면 중대한 것인지를 구분하지 않고 파면결정을 하여야 하는지 아니면 중대한 위헌·위법성이 있는 경우에만 파면결정을 할 수 있는지 논란되었다. 헌재는 대통령에 대한 파면사유로 법위반의 중대성이 있어야 한다고 본다(후술 탄핵심판절차에 관한 부분 참조).

Ⅲ. 탄핵소추기관과 탄핵결정기관

현행 우리 헌법은 탄핵의 소추는 국회의 권한으로, 탄핵의 심판과 결정은 헌법재판소의 권한으로 나누어 분장하고 있다. 즉 국회가 소추하면 헌법재판소가 심리하여 탄핵 여부를 결정한다.

Ⅳ. 탄핵소추의 절차 - 국회에서의 탄핵소추절차

국회법 제130조(탄핵소추의 발의) ① 탄핵소추가 발의되었을 때에는 의장은 발의된 후 처음 개의하는 본회의에 보고하고, 본회의는 의결로 법제사법위원회에 회부하여 조사하게 할 수 있다.
② 본회의가 제1항에 따라 탄핵소추안을 법제사법위원회에 회부하기로 의결하지 아니한 경우에는 본회의에 보고된 때부터 24시간 이후 72시간 이내에 탄핵소추 여부를 무기명투표로 표결한다. 이 기간 내에 표결하지 아니한 탄핵소추안은 폐기된 것으로 본다.
③ 탄핵소추의 발의에는 소추대상자의 성명·직위와 탄핵소추의 사유·증거, 그 밖에 조사에 참고가 될

1) 권영성, 위의 책, 902면.
2) 헌재 2017.3.10. 2016헌나1.

만한 자료를 제시하여야 한다. [전문개정 2018. 4. 17.]

제131조(회부된 탄핵소추사건의 조사) ① 법제사법위원회가 제130조제1항의 탄핵소추안을 회부받았을 때에는 지체 없이 조사·보고하여야 한다.

② 제1항의 조사에 관하여는 「국정감사 및 조사에 관한 법률」에 따른 조사의 방법 및 주의의무 규정을 준용한다. [전문개정 2018. 4. 17.]

제132조(조사의 협조) 조사를 받는 국가기관은 그 조사가 신속히 완료될 수 있도록 충분히 협조하여야 한다. [전문개정 2018. 4. 17.]

제133조(탄핵소추의 의결) 본회의의 탄핵소추 의결은 소추대상자의 성명·직위 및 탄핵소추의 사유를 표시한 문서(이하 "소추의결서"라 한다)로 하여야 한다. [전문개정 2018. 4. 17.]

제134조(소추의결서의 송달과 효과) ① 탄핵소추가 의결되었을 때에는 의장은 지체 없이 소추의결서 정본(正本)을 법제사법위원장인 소추위원에게 송달하고, 그 등본(謄本)을 헌법재판소, 소추된 사람과 그 소속 기관의 장에게 송달한다.

② 소추의결서가 송달되었을 때에는 소추된 사람의 권한 행사는 정지되며, 임명권자는 소추된 사람의 사직원을 접수하거나 소추된 사람을 해임할 수 없다. [전문개정 2018. 4. 17.]

1. 탄핵소추발의

(1) 정족수

탄핵소추는 국회 재적의원 3분의 1 이상의 발의가 있어야 하며, 다만, 대통령에 대한 탄핵소추는 국회재적의원 과반수의 발의가 있어야 한다(헌법 제65조 2항).

(2) 발의방식

탄핵소추의 발의에는 소추대상자의 성명·직위와 탄핵소추의 사유·증거, 그 밖에 조사에 참고가 될 만한 자료를 제시하여야 한다(국회법 제130조 3항).

2. 본회의 보고, 법제사법위원회 조사절차

(1) 본회의 보고 및 법사위 조사회부 의결

1) 본회의 보고

탄핵소추가 발의되었을 때에는 의장은 발의된 후 처음 개의하는 본회의에 보고하고, 본회의는 의결로 법제사법위원회에 회부하여 조사하게 할 수 있다(국회법 제130조 1항).

2) 조사, 법제사법위원회 조사의 성격 - 자율권, 재량적 성격

위 국회법 제130조 제1항은 위와 같이 본회의는 "법제사법위원회에 회부하여 조사하게 할 수 있다"라고 재량으로 규정하고 있다. 법제사법위원회의 조사절차도 거치지 아니한 채 검찰의 공소장 등만을 증거로 탄핵소추안을 의결한 것은 위법하다고 주장한 데 대해 헌재는 국회의 자율권을 존중하여야 하고 위 국회법 제130조 제1항이 법제사법위원회의 조사회부를 본회의의, 국회의 재량으로 규정하고 있다는 점 등을 들어 조사가 반드시 이루어져야 하는 것은 아니라고 본다.

판례 헌재 2017.3.10. 2016헌나1

[판시] 피청구인은 대통령에 대한 탄핵소추의결은 객관적 조사와 증거에 의해서 뒷받침되는 소추사실에 기초하여야 하는데, 국회 스스로 탄핵소추안 의결에 필요한 증거를 수집하기 위해 국정조사와 특별검사에 의한 수사를 실시하기로 의결하고도 그 결과를 보지도 않고 법제사법위원회의 조사절차도 거치지 아니한 채 검찰의 공소장과 의혹 보도 수준의 신문기사만을 증거로 탄핵소추안을 의결한 것은 위법하다고 주장한다. 국회가 탄핵소추를 하기 전에 소추사유에 관하여 충분한 조사를 하는 것이 바람직하다는 것은 의문의 여지가 없다. 그러나 국회의 의사절차에 헌법이나 법률을 명백히 위반한 흠이 있는 경우가 아니면 국회 의사절차의 자율권은 권력분립의 원칙상 존중되어야 하고, 국회법 제130조 제1항은 탄핵소추의 발의가 있을 때 그 사유 등에 대한 조사 여부를 국회의 재량으로 규정하고 있으므로, 국회가 탄핵소추사유에 대하여 별도의 조사를 하지 않았다거나 국정조사결과나 특별검사의 수사결과를 기다리지 않고 탄핵소추안을 의결하였다고 하여 그 의결이 헌법이나 법률을 위반한 것이라고 볼 수 없다. 따라서 이 부분 피청구인의 주장은 받아들이지 아니한다. * 동지 : 헌재 2004.5.14. 2004헌나1.

(2) 법제사법위원회 조사절차

바로 위에서 본대로 재량사항인데 만약 본회의가 법제사법위원회에 회부하여 조사하도록 의결하면 법제사법위원회가 조사에 들어간다. 즉 본회의의 위 의결로 법제사법위원회가 그 탄핵소추안을 회부받았을 때에는 지체 없이 조사·보고하여야 한다(국회법 제131조 1항). 이 조사에 관하여는 '국정감사 및 조사에 관한 법률'에 따른 조사의 방법 및 주의의무 규정을 준용한다(동법 동조 2항).

조사를 받는 국가기관은 그 조사가 신속히 완료될 수 있도록 충분히 협조하여야 한다(동법 제132조).

탄핵소추사건을 조사할 때 '국정감사 및 조사에 관한 법률'에 따른 주의의무를 위반하는 행위를 의원이 하였을 때에는 국회는 윤리특별위원회의 심사를 거쳐 그 의결로써 징계할 수 있다(동법 제155조 13호).

3. 토론의 필수성 여부 문제, 적법절차 준수 문제 등

(1) 토론의 필수성 부인

헌재는 탄핵소추의 중대성에 비추어 소추의결을 하기 전에 충분한 찬반토론을 거치는 것이 바람직하나 국회법에 반드시 토론을 거쳐야 한다는 명문 규정은 없고 고의로 토론을 못하게 하거나 방해한 사실은 없어서 그러한 절차적 부적법 주장을 배척하였다.

판례 헌재 2017.3.10. 2016헌나1

[판시] 피청구인은, 이 사건 소추의결은 아무런 토론 없이 진행되었으므로 부적법하다고 주장한다. 탄핵소추의 중대성에 비추어 소추의결을 하기 전에 충분한 찬반토론을 거치는 것이 바람직하다. 그러나 국회법에 탄핵소추안에 대하여 표결 전에 반드시 토론을 거쳐야 한다는 명문 규정은 없다. 또 본회의에 상정된 안건에 대하여 토론하고자 하는 의원은 국회법 제106조에 따라 미리 찬성 또는 반대의 뜻을 의장에게 통지하고 얼마든지 토론할 수 있는데, 이 사건 소추의결 당시 토론을 희망한 의원이 없었기 때

문에 탄핵소추안에 대한 제안 설명만 듣고 토론 없이 표결이 이루어졌을 뿐, 의장이 토론을 희망하는 의원이 있었는데도 고의로 토론을 못하게 하거나 방해한 사실은 없다. 따라서 피청구인의 이 부분 주장도 받아들일 수 없다.

판례 헌재 2004.5.14. 2004헌나1

[판시] 국회법 제93조는 '본회의는 안건을 심의함에 있어서 질의·토론을 거쳐 표결할 것'을 규정하고 있으므로 탄핵소추의 중대성에 비추어 국회 내의 충분한 질의와 토론을 거치는 것이 바람직하다. 그러나 법제사법위원회에 회부되지 않은 탄핵소추안에 대하여 "본회의에 보고된 때로부터 24시간 이후 72시간 이내에 탄핵소추의 여부를 무기명투표로 표결한다."고 규정하고 있는 국회법 제130조 제2항을 탄핵소추에 관한 특별규정인 것으로 보아, '탄핵소추의 경우에는 질의와 토론 없이 표결할 것을 규정한 것'으로 해석할 여지가 있기 때문에, 국회의 자율권과 법해석을 존중한다면, 이러한 법해석이 자의적이거나 잘못되었다고 볼 수 없다.

(2) 혐의사실 불고지, 의견제출 기회 불부여의 적법절차 위배 여부 문제

헌재는 국회가 탄핵소추를 의결하면서 피청구인에게 혐의사실을 알려주지 않고 의견 제출의 기회도 주지 않았으므로 적법절차원칙에 위반된다는 주장에 대해서도 국민의 기본권에 관한 적법절차원칙을 탄핵소추절차에 직접 적용할 수 없고 의견제출기회를 주지 않았다고 볼 사정이 없다고 하여 주장을 배척하였다.

판례 헌재 2017.3.10. 2016헌나1

[판시] 탄핵소추절차는 국회와 대통령이라는 헌법기관 사이의 문제이고, 국회의 탄핵소추의결에 따라 사인으로서 대통령 개인의 기본권이 침해되는 것이 아니며 국가기관으로서 대통령의 권한행사가 정지될 뿐이다. 따라서 국가기관이 국민에 대하여 공권력을 행사할 때 준수하여야 하는 법원칙으로 형성된 적법절차의 원칙을 국가기관에 대하여 헌법을 수호하고자 하는 탄핵소추절차에 직접 적용할 수 없다(헌재 2004.5.14. 2004헌나1). 그 밖에 이 사건 탄핵소추절차에서 피소추인이 의견 진술의 기회를 요청하였는데도 국회가 그 기회를 주지 않았다고 볼 사정이 없으므로, 피청구인의 이 부분 주장 역시 받아들일 수 없다.

4. 탄핵소추의 의결

(1) 표결방식

탄핵사유는 개별 사유별로 독립된 탄핵사유가 되는 것이므로 각각의 탄핵사유에 대하여 별도로 의결절차를 거쳐야 하는데, 국회가 여러 개 탄핵사유 전체에 대하여 일괄하여 의결한 것은 헌법에 위배된다는 주장에 대해 헌재는 의장이 일괄 상정된 것을 분리표결하게 할 권한이 없다고 하여 그 주장을 배척하였다.

판례 헌재 2017.3.10. 2016헌나1

[판시] 탄핵소추안을 각 소추사유별로 나누어 발의할 것인지 아니면 여러 소추사유를 포함하여 하나의 안으로 발의할 것인지는 소추안을 발의하는 의원들의 자유로운 의사에 달린 것이다. 대통령이 헌법이나 법률을 위배한 사실이 여러 가지일 때 그 중 한 가지 사실만으로도 충분히 파면 결정을 받을 수 있다고

판단되면 그 한 가지 사유만으로 탄핵소추안을 발의할 수도 있고, 여러 가지 소추사유를 종합할 때 파면할 만하다고 판단되면 여러 가지 소추사유를 함께 묶어 하나의 탄핵소추안으로 발의할 수도 있다. 이 사건과 같이 국회 재적의원 과반수에 해당하는 171명의 의원이 여러 개 탄핵사유가 포함된 하나의 탄핵소추안을 마련한 다음 이를 발의하고 안건 수정 없이 그대로 본회의에 상정된 경우에는 그 탄핵소추안에 대하여 찬반 표결을 하게 된다. 그리고 본회의에 상정된 의안에 대하여 표결절차에 들어갈 때 국회의장에게는 '표결할 안건의 제목을 선포'할 권한만 있는 것이지(국회법 제110조 1항), 직권으로 이 사건 탄핵소추안에 포함된 개개 소추사유를 분리하여 여러 개의 탄핵소추안으로 만든 다음 이를 각각 표결에 부칠 수는 없다. 그러므로 이 부분 피청구인의 주장도 받아들일 수 없다. * 배척한 다른 예 : 2004.5.14. 2004헌나1.

* 헌재 2004.5.14. 2004헌나1 결정에서는 그 외 투표의 강제, 투표내역의 공개, 국회의장의 대리투표가 이루어졌다는 주장, 본회의 개의시각이 무단 변경되었다는 주장, 투표의 일방적 종료가 선언되었다는 주장이 있었으나 전부 배척되었다.

(2) 의결정족수

탄핵소추의 의결은 국회 재적의원 과반수의 찬성이 있어야 한다. 다만, 대통령에 대한 탄핵소추는 국회 재적의원 3분의 2 이상의 찬성이 있어야 한다(헌법 제65조 2항).

(3) 법제사법위원회에 회부하기로 의결하지 아니한 경우의 본회의의 표결

위에서 서술한 대로 탄핵소추가 발의되면 의장이 본회의에 보고하고 본회의는 의결로 법제사법위원회에 회부하여 조사하게 할 수 있는데 본회의가 회부하기로 의결하지 아니한 경우에는 본회의에 보고된 때부터 24시간 이후 72시간 이내에 탄핵소추 여부를 무기명투표로 표결한다. 이 기간 내에 표결하지 아니한 탄핵소추안은 폐기된 것으로 본다(국회법 제130조 2항).

(3) 탄핵소추의결의 방식

본회의의 탄핵소추 의결은 소추대상자의 성명 · 직위 및 탄핵소추의 사유를 표시한 문서("소추의결서")로 하여야 한다(동법 제133조).

(4) 소추의결의 실제

우리 국회에서 탄핵소추가 실제 의결된 예로는 노무현 대통령, 박근혜 대통령, 두 대통령에 대해 그리고 2021년 2월 4일에는 부장판사에 대해 재판개입 등을 이유로 한 탄핵소추가 의결된 바 있었다(2021헌나1).

5. 탄핵소추의결서의 송달

탄핵소추가 의결되었을 때에는 의장은 지체 없이 소추의결서 정본(正本)을 법제사법위원장인 소추위원에게 송달하고, 그 등본(謄本)을 헌법재판소, 소추된 사람과 그 소속 기관의 장에게 송달한다(동법 제134조 1항).

V. 탄핵소추의결의 효과

1. 권한행사(직무)의 정지

(1) 헌법, 헌재법규정

탄핵소추의 의결을 받은 사람은 헌법재판소의 심판이 있을 때까지 그 권한 행사가 정지된다(헌법 제65조 3항, 헌재법 제50조).

(2) 권한행사 정지의 시점(始點)

권한행사가 언제 정지되느냐는 문제도 중요하다. 국회법은 "소추의결서가 송달되었을 때에는 소추된 사람의 권한 행사는 정지되며"라고 규정하고 있다(국회법 제134조 2항). '송달되었을 때'라고 규정하고 있으므로 소추의결시가 아니라 송달시점부터 직무가 정지된다.

* 반면 헌법재판소가 기각결정을 하여 직무복귀가 이루어질 때에는 헌재결정이 송달된 시점이 아니라 헌재의 결정이 있는 시점부터라고 볼 것이다.

2. 사직원 접수, 해임의 금지

임명권자는 소추된 사람의 사직원을 접수하거나 소추된 사람을 해임할 수 없다(국회법 제134조 2항). 이는 파면보다 사직이나 해임이 유리한데[다시 공무원이 될 수 있는 연한이 파면의 경우 5년, 해임의 경우 3년인 점(국가공무원법 제33조 1항 7호·8호 참조), 파면의 경우 퇴직급여나 퇴직수당의 감액이 있는 점(공무원연금법 제65조 1항 2호 참조) 등에서 차이가 있다], 탄핵결정이 있게 되면 파면되므로 미리 사직, 해임을 함으로써 탄핵을 통한 파면을 피하려는 것을 방지하기 위한 것이다. 헌재법은 "피청구인이 결정 선고 전에 해당 공직에서 파면되었을 때에는 헌법재판소는 심판청구를 기각하여야 한다"라고 규정하고 있어서(헌재법 제53조 2항) 파면은 가능한 것으로 해석된다.

3. 탄핵소추 철회의 가능성

2004년 대통령에 대한 탄핵소추의결이 있고 그 의결의 철회가 가능한지가 논의되기도 하였다. 이에 대해서는 명시적인 규정이 없긴 하나 국회의 자율성을 고려하여 긍정설이 타당하다고 본다(형사소송법의 규정을 준용하여 가능하다는 견해가 있으나 탄핵소추는 형사소추가 아니라 징계요구의 성격을 가진다는 점에서 잘못된 견해이다).

Ⅵ. 헌법재판소에서의 탄핵심판절차

1. 법규정, 심판규칙 규정

헌재에서의 탄핵심판절차에 대해서는 헌재법 자체에 규정도 있고 이를 보다 구체화하는 헌법재판소 심판규칙에도 규정되어 있기도 하다. 아래가 그 규정들이다.

헌재법 제49조(소추위원) ① 탄핵심판에서는 국회 법제사법위원회의 위원장이 소추위원이 된다.
② 소추위원은 헌법재판소에 소추의결서의 정본을 제출하여 탄핵심판을 청구하며, 심판의 변론에서 피청구인을 신문할 수 있다. [전문개정 2011. 4. 5.]
제50조(권한 행사의 정지) 탄핵소추의 의결을 받은 사람은 헌법재판소의 심판이 있을 때까지 그 권한 행사가 정지된다. [전문개정 2011. 4. 5.]
제51조(심판절차의 정지) 피청구인에 대한 탄핵심판 청구와 동일한 사유로 형사소송이 진행되고 있는 경우에는 재판부는 심판절차를 정지할 수 있다. [전문개정 2011. 4. 5.]
제52조(당사자의 불출석) ① 당사자가 변론기일에 출석하지 아니하면 다시 기일을 정하여야 한다.
② 다시 정한 기일에도 당사자가 출석하지 아니하면 그의 출석 없이 심리할 수 있다. [전문개정 2011. 4. 5.]

헌법재판소 심판 규칙(헌법재판소규칙, 이하 '심판규칙'이라고도 함)
제2절 탄핵심판
제57조(소추위원의 대리인 선임) 소추위원은 변호사를 대리인으로 선임하여 탄핵심판을 수행하게 할 수 있다.
제58조(소추위원의 자격상실과 심판절차의 중지) ① 소추위원인 국회법제사법위원회의 위원장이 그 자격을 잃은 때에는 탄핵심판절차는 중단된다. 이 경우 새로 국회법제사법위원회의 위원장이 된 사람이 탄핵심판절차를 수계하여야 한다.
② 소추위원의 대리인이 있는 경우에는 탄핵심판절차는 중단되지 아니한다.
제59조(변론기일의 시작) 변론기일은 사건과 당사자의 이름을 부름으로써 시작한다.
제60조(소추의결서의 낭독) ① 소추위원은 먼저 소추의결서를 낭독하여야 한다.
② 제1항의 경우에 재판장은 원활한 심리를 위하여 필요하다고 인정하면 소추사실의 요지만을 진술하게 할 수 있다.
제61조(피청구인의 의견진술) 재판장은 피청구인에게 소추에 대한 의견을 진술할 기회를 주어야 한다.
제62조(증거에 대한 의견진술) 소추위원 또는 피청구인은 증거로 제출된 서류나 물건 등을 증거로 하는 것에 동의하는지 여부에 관한 의견을 진술하여야 한다. <개정 2017.5.30>
제62조의2(피청구인에 대한 신문) ① 재판장은 피청구인이 변론기일에 출석한 경우 피청구인을 신문하거나 소추위원과 그 대리인 또는 피청구인의 대리인으로 하여금 신문하게 할 수 있다.
② 피청구인은 진술하지 아니하거나 개개의 질문에 대하여 진술을 거부할 수 있다.
③ 재판장은 피청구인에 대한 신문 전에 피청구인에게 제2항과 같이 진술을 거부할 수 있음을 고지하여야 한다.
④ 제1항에 따른 피청구인에 대한 신문은 소추위원과 피청구인의 최종 의견진술 전에 한다. 다만, 재판장이 필요하다고 인정한 때에는 피청구인의 최종 의견진술 후에도 피청구인을 신문할 수 있다. [본조신설 2017.5.30]
제63조(최종 의견진술) ① 소추위원은 탄핵소추에 관하여 최종 의견을 진술할 수 있다. 다만, 소추위원이 출석하지 아니한 경우에는 소추의결서 정본의 기재사항에 의하여 의견을 진술한 것으로 본다. <개

정 2017.5.30>
② 재판장은 피청구인에게 최종 의견을 진술할 기회를 주어야 한다.
③ 재판장은 심리의 적절한 진행을 위하여 필요한 경우 제1항과 제2항에 따른 의견진술 시간을 제한할 수 있다.
제64조(당사자의 불출석과 선고) 당사자가 출석하지 아니한 경우에도 종국결정을 선고할 수 있다.

2. 재판부

(1) 전원재판부에 의한 심판

탄핵심판도 9명의 재판관으로 구성되는 전원재판부에서 담당한다. 지정재판부는 헌법소원심판에만 적용되므로 탄핵심판에서는 적용이 안 된다. 재판관에 대한 제척·기피·회피제도도 탄핵심판에도 마찬가지로 적용된다.

(2) 8인 재판부에 의한 심판

두 번째 탄핵심판사건에서 헌법재판소장의 임기가 만료되어 퇴임하고 후임이 선출되지 않아 8인으로 탄핵심판이 진행되자 피청구인은, 현재 헌법재판관 1인이 결원된 상태여서 헌법재판소법 제23조에 따라 사건을 심리할 수는 있지만 8인의 재판관만으로는 탄핵심판 여부에 대한 결정을 할 수 없고, 8인의 재판관이 결정을 하는 것은 피청구인의 '9인으로 구성된 재판부로부터 공정한 재판을 받을 권리'를 침해하는 것이라고 주장하였다. 이 문제는 대통령이 탄핵소추되어 국무총리가 권한대행을 하고 있어 그 대행범위의 논란이 있는 등 '심각한 헌정위기 상황' 속에서 권한대행이 헌재소장을 임명할 수 있는가 하는 쟁점이 함께 자리잡고 있는 문제이기도 하였다(이 문제에 대해서는 정재황, 헌법학, 박영사 2021, 1715－1716면도 참조). 여하튼 헌재는 1인이 결원이 되어 8인의 재판관으로 재판부가 구성되더라도 탄핵심판을 심리하고 결정하는 데 헌법과 법률상 아무런 문제가 없고, 새로운 헌법재판소장 임명을 기다리며 현재의 헌정위기 상황을 방치할 수 없는 현실적 제약, 결원 상태인 1인의 재판관은 사실상 탄핵에 찬성하지 않는 의견을 표명한 것과 같은 결과를 가져 오므로, 오히려 피청구인에게 유리하게 작용할 것이라는 점에서 피청구인의 공정한 재판받을 권리가 침해된다고 보기도 어렵다고 하여 그 주장을 받아들이지 않았다. 당시에 또 국무총리가 권한대행을 하고 있어서 문제가 중첩되었다(아래 판시 밑줄 참조).

판례 헌재 2017.3.10. 2016헌나1

[판시] 헌법재판은 9인의 재판관으로 구성된 재판부에 의하여 이루어지는 것이 원칙임은 분명하다. 그러나 현실적으로는 재판관의 공무상 출장이나 질병 또는 재판관 퇴직 이후 후임 재판관 임명까지 사이의 공백 등 다양한 사유로 일부 재판관이 재판에 참여할 수 없는 경우가 발생할 수밖에 없다. 이럴 때마다 헌법재판을 할 수 없다고 한다면 헌법재판소의 헌법 수호 기능에 심각한 제약이 따르게 된다. 이에 헌법과 헌법재판소법은 재판관 중 결원이 발생한 경우에도 헌법재판소의 헌법 수호 기능이 중단되지 않

도록 7명 이상의 재판관이 출석하면 사건을 심리하고 결정할 수 있음을 분명히 하고 있다. 즉, 헌법 제113조 제1항은 헌법재판소에서 법률의 위헌결정, 탄핵의 결정, 정당해산의 결정 또는 헌법소원에 관한 인용결정을 할 때에는 재판관 6인 이상의 찬성이 있어야 한다고 규정하고 있다. 또 헌법재판소법 제23조 제1항은 헌법재판관 7명 이상의 출석으로 사건을 심리한다고 규정하고, 제36조 제2항은 결정서를 작성할 때 '심판에 관여한' 재판관 전원이 서명날인하여야 한다고 규정하고 있다. 재판관 결원이 발생하더라도 시급하게 결정할 필요가 없는 사건이라면 재판관 공석 상황이 해소될 때까지 기다려 9인의 재판관이 결정하는 것이 바람직할 수 있다. 하지만 대통령에 대한 탄핵소추가 의결되면 헌법 제65조 제3항에 따라 대통령의 권한행사가 정지된다. 헌법재판소장이 임기 만료로 퇴임하여 공석이 발생한 현 상황에서 대통령 권한대행인 국무총리가 헌법재판소장을 임명할 수 있는지 여부에 관하여는 논란이 있다. 국회에서도 이 문제에 관하여 정당 사이에 견해의 대립이 있는데 대통령 권한대행이 헌법재판소장을 임명할 수 없다는 의견에 따라 헌법재판소장 임명절차가 전혀 진행되지 않고 있다. 대통령의 권한행사가 정지되고 대통령 권한대행이 행사할 수 있는 권한의 범위에 관하여 논쟁이 존재하는 현 상황은 심각한 헌정위기 상황이다. 게다가 <u>대통령 권한대행이 헌법재판소장을 임명할 수 없다는 견해를 따르면 헌법재판소장의 임기 만료로 발생한 현재의 재판관 공석 상태를 종결하고 9인 재판부를 완성할 수 있는 방법도 없다.</u> 이와 같이 헌법재판관 1인이 결원이 되어 8인의 재판관으로 재판부가 구성되더라도 탄핵심판을 심리하고 결정하는 데 헌법과 법률상 아무런 문제가 없다. 또 새로운 헌법재판소장 임명을 기다리며 현재의 헌정위기 상황을 방치할 수 없는 현실적 제약을 감안하면 8인의 재판관으로 구성된 현 재판부가 이 사건 결정을 할 수밖에 없다. 탄핵의 결정을 하기 위해서는 재판관 6인 이상의 찬성이 있어야 하는데 결원 상태인 1인의 재판관은 사실상 탄핵에 찬성하지 않는 의견을 표명한 것과 같은 결과를 가져 오므로, 재판관 결원 상태가 오히려 피청구인에게 유리하게 작용할 것이라는 점에서 피청구인의 공정한 재판받을 권리가 침해된다고 보기도 어렵다. 따라서 이 부분 피청구인의 주장도 받아들이지 아니한다.

3. 청구인과 피청구인, 소추위원

(1) 청구인과 피청구인

첫 번째 탄핵심판사건의 결정문에서 헌재는 청구인을 '국회'로 표시하였다가 두 번째 탄핵심판사건의 결정문에서는 '국회소추위원 국회 법제사법위원회 위원장'이라고 표시되어 있다. 헌재법 제49조 제2항이 "소추위원은 … 탄핵심판을 청구하며"라고 하므로 헌재법 문언상으로는 소추위원이 청구인이 된다고 볼 것이다. 그러나 헌법은 "국회는 탄핵의 소추를 의결할 수 있다"라고 규정하고 있으므로(헌법 제65조 1항) 탄핵소추를 의결한 국회가 소추를 한다고 보고 소추위원은 국회를 대표하는 것으로 보는 것이 타당하겠다. 피청구인은 피소추를 받는 사람임은 물론이다. 헌재법 제25조 제3항의 변호사대리강제주의가 탄핵심판에도 적용된다면 피청구인은 자신이 변호사자격을 가지고 있지 않은 한은 변호사를 대리인으로 선임하지 아니하면 심판 수행을 하지 못하는 것으로 보게 된다. 지금까지 두 번의 탄핵심판에서는 변호사가 대리하여 문제가 제기되지는 않았다. 헌재의 결정 중에는 "생각건대 헌법재판소법 제25조 제3항에 의한 변호사강제주의의 규정은 여러 가지 헌법재판의 종류 가운데 사인(私人)이 당사자로 되는 심판청구인 탄핵심판청구와 헌법소원심판청구에 있어서 적용된다고 보아야 할 것"이라는 판시를 한 예(헌재 1990.9.3. 89헌마120등)가 있다. 피청구인이 물론 청구하는 것이 아니고 소추되는 수동적인 입장이고 탄핵대상행위가 사적인 행위라고 하더라도 위에서도 본 대로 그 위법성이 공적 업무수행과 연관되어 나타난다는 점에서 탄핵심판 피청구인의 사인성(私人性나)과 변호사대리강제에 대해 검토가 필요하다고 보여진다. 한편 헌재는 "탄핵소추절차는 국회와 대통령이라는 헌법기관 사이의 문제이고, 국회의 탄핵소추의결에 따라 사인으로서 대통령 개인의 기본권이 침해되는 것이 아니다"라고 판시하기도 하였는데(헌재 2017.3.10. 2016헌나1, 판례집 29-1, 18면), 이런 판시는 위 89헌마120등 결정의 판시와 모순된다.

(2) 소추위원

소추위원은 국회법제사법위원회의 위원장이 된다(헌재법 제49조 1항). 소추위원은 헌법재판소에 탄핵심판을 청구하며, 심판의 변론에서 피청구인을 신문할 수 있는 권한 등을 가진다(헌재법 제49조 2항).

4. 심판청구

(1) 청구

소추위원은 헌법재판소에 소추의결서의 정본을 제출하여 탄핵심판을 청구한다(헌재법 제49조 2항).

(2) 청구서

탄핵심판에서는 국회의 소추의결서(訴追議決書)의 정본(正本)으로 청구서를 갈음한다(헌재법 제26조 1항 단서). 청구서에는 필요한 증거서류 또는 참고자료를 첨부할 수 있다(헌재법 동조 2항).

5. 심판절차의 정지

피청구인에 대한 탄핵심판 청구와 동일한 사유로 형사소송이 진행되고 있는 경우에는 재판부는 심판절차를 정지할 수 있다(헌재법 제51조).

6. 심리

(1) 심리의 범위

1) 위헌·위법 여부 및 파면결정선고 여부

헌재는 두 번의 대통령에 대한 탄핵심판사건에서 "이 사건 심판의 대상은 대통령이 직무집행에 있어서 헌법이나 법률에 위반했는지의 여부 및 대통령에 대한 파면결정을 선고할 것인지의 여부이다"라고 밝힌 바 있다.

판례 헌재 2017.3.10. 2016헌나1. * 동지 : 헌재 2004.5.14. 2004헌나1

2) 소추의결서 기재 소추사유의 헌재의 구속

헌재는 "헌법재판소는 사법기관으로서 원칙적으로 탄핵소추기관인 국회의 탄핵소추의결서에 기재된 소추사유에 의하여 구속을 받는다. 따라서 헌법재판소는 탄핵소추의결서에 기재되지 아니한 소추사유를 판단의 대상으로 삼을 수 없다"라고 한다.

판례 헌재 2004.5.14. 2004헌나1. * 동지 : 헌재 2017.3.10. 2016헌나1.

3) 임의적 추가·변경의 불허 - 판단대상 제외

i) 소추위원이 소추의결서에 기재되지 아니한 새로운 사실을 탄핵심판절차에서 임의로 추가하는 것은 허용되지 아니한다(2004헌나1). 즉 국회가 탄핵심판을 청구한 뒤 별도의 의결절차 없이 소추사유를 추가하거나 기존의 소추사유와 동일성이 인정되지 않는 정도로 소추사유를 변경하는 것은 허용되지 아니한다(2016헌나1). 따라서 추가, 변경된 것은 판단대상이 되지 아니한다. ii) 추가사유라고 하여 판단대상에서 배제한 예의 실제례들이 아래와 같이 있었다.

판례 헌재 2004.5.14. 2004헌나1

[판시] 소추의결서에 기재되지 아니한 새로운 사실을 탄핵심판절차에서 소추위원이 임의로 추가하는 것은 허용되지 아니한다. 2004.3.11. 대통령의 '총선과 재신임의 연계발언' 부분은 국회 탄핵소추의결서에 적시되지 않은 사실로서 국회의 탄핵의결 이후 소추의원 의견서에 추가된 소추사유이므로, 판단의 대상으로 삼지 않기로 한다.

판례 헌재 2017.3.10. 2016헌나1

[판시] 국회가 탄핵심판을 청구한 뒤 별도의 의결절차 없이 소추사유를 추가하거나 기존의 소추사유와 동일성이 인정되지 않는 정도로 소추사유를 변경하는 것은 허용되지 아니한다. 따라서 청구인이 2017. 2.1. 제출한 준비서면 등에서 주장한 소추사유 중 소추의결서에 기재되지 아니한 소추사유를 추가하거나 변경한 것으로 볼 여지가 있는 부분은 이 사건 판단 범위에서 제외한다.

4) 위반된 법규정에 대한 직권판단

그러나 헌재는 "탄핵소추의결서에서 그 위반을 주장하는 '법규정의 판단'에 관하여 헌법재판소는 원칙적으로 구속을 받지 않으므로, 청구인이 그 위반을 주장한 법규정 외에 다른 관련 법규정에 근거하여 탄핵의 원인이 된 사실관계를 판단할 수 있다. 또한, 헌법재판소는 소추사유의 판단에 있어서 국회의 탄핵소추의결서에서 분류된 소추사유의 체계에 의하여 구속을 받지 않으므로, 소추사유를 어떠한 연관관계에서 법적으로 고려할 것인가의 문제는 전적으로 헌법재판소의 판단에 달려있다"라고 한다.

판례 헌재 2004.5.14. 2004헌나1. * 동지 : 헌재 2017.3.10. 2016헌나1.

5) 소추사유 사실의 특정

(가) 특정인지 여부의 판단 기준

이에 대해 헌재는 "헌법은 물론 형사법이 아닌 법률의 규정이 형사법과 같은 구체성과 명확성을 가지지 않은 경우가 많으므로 탄핵소추사유를 형사소송법상 공소사실과 같이 특정하도록 요구할 수는 없고, 소추의결서에는 피청구인이 방어권을 행사할 수 있고 헌법재판소가 심판대상을 확정할 수 있을 정도로 사실관계를 구체적으로 기재하면 된다고 보아야 한다"라고 한다. 헌재가 그렇게 보는 그 이유의 취지는 "탄핵심판절차는 형사절차나 일반 징계절차와는 성격을 달리 한다. 헌법 제65조 제1항이 정하고 있는 탄핵소추사유는 '공무원이 그 직무집행에 있어서 헌법이나 법률을 위배한' 사실이고, 여기에서 법률은 형사법에 한정되지 아니하기" 때문이라고 이해된다. 바로 판단기준에 앞선 판시가 그 문구였다. 바로 아래 실제 판시를 보면 이해가 된다.

판례 헌재 2017.3.10. 2016헌나1.

(나) 실제 판단례

헌재는 위와 같은 기준에서 2016헌나1 사건에서 아래와 같이 판단했다.

판례 헌재 2017.3.10. 2016헌나1

[판시] 소추사유의 특정 여부 (1) 피청구인은, 탄핵심판절차에서도 공소사실 특정에 관한 형사소송법 제254조 제4항이 준용되므로 소추사유에 해당하는 사실을 구체적으로 특정하여야 하는데, 소추의결서에 기재된 소추사실은 그 일시·장소·방법·행위태양 등이 특정되어 있지 않은 채 추상적으로 기재되어 있으므로 부적법하다고 주장한다. 탄핵심판은 고위공직자가 권한을 남용하여 헌법이나 법률을 위반하는 경우 그 권한을 박탈함으로써 헌법질서를 지키는 헌법재판이고(헌재 2004.5.14. 2004헌나1), 탄핵결정은 대상자를 공직으로부터 파면함에 그치고 형사상 책임을 면제하지 아니한다(헌법 제65조 제4항)는 점에서 탄핵심판절차는 형사절차나 일반 징계절차와는 성격을 달리 한다. 헌법 제65조 제1항이 정하고 있는 탄핵소추사유는 '공무원이 그 직무집행에 있어서 헌법이나 법률을 위배한' 사실이고, 여기에서 법률은 형사법에 한정되지 아니한다. 그런데 헌법은 물론 형사법이 아닌 법률의 규정이 형사법과 같은 구체성과 명확성을 가지지 않은 경우가 많으므로 탄핵소추사유를 형사소송법상 공소사실과 같이 특정하도록 요구할 수는 없고, 소추의결서에는 피청구인이 방어권을 행사할 수 있고 헌법재판소가 심판대상을 확정할 수 있을 정도로 사실관계를 구체적으로 기재하면 된다고 보아야 한다. 공무원 징계의 경우 징계사유의 특정은 그 대상이 되는 비위사실을 다른 사실과 구별될 정도로 기재하면 충분하므로(대법원 2005.3.24. 선고 2004두14380 판결), 탄핵소추사유도 그 대상 사실을 다른 사실과 명백하게 구분할 수 있을 정도의 구체적 사정이 기재되면 충분하다. 이 사건 소추의결서의 헌법 위배행위 부분은 사실관계를 중심으로 기재되어 있지 않아 소추사유가 분명하게 유형별로 구분되지 않은 측면이 없지 않지만, 소추사유로 기재된 사실관계는 법률 위배행위 부분과 함께 보면 다른 소추사유와 명백하게 구분할 수 있을 정도로 충분히 구체적으로 기재되어 있다. 헌법재판소는 변론준비기일에 양 당사자의 동의 아래 소추사유를 사실관계를 중심으로 ① 비선조직에 따른 인치주의로 국민주권주의와 법치국가원칙 등 위배, ② 대통령의 권한 남용, ③ 언론의 자유 침해, ④ 생명권 보호 의무 위반, ⑤ 뇌물수수 등 각종 형사법 위반의 5가지 유형으로 정리하였다. 그 뒤 변론절차에서 이와 같이 정리된 유형에 따라 청구인과 피청

구인의 주장과 증거 제출이 이루어졌다. 청구인은 … 4가지 유형으로 소추사유를 다시 정리하였다. 그런데 피청구인은 청구인의 소추사유의 유형별 정리 자체에 대하여는 이의를 제기하지 아니한 채 변론을 진행하다가 2017.2.22. 제16차 변론기일에 이르러 이 사건 심판청구가 여러 가지 적법요건을 갖추지 못하였다고 주장하면서 소추사유가 특정되지 않았고 청구인의 소추사유 정리가 위법하다는 취지의 주장을 하기 시작하였다. 그러나 소추의결서에 소추사유의 구체적 사실관계가 기재되어 있어 소추사유를 확정하는 데 어려움이 없고, 이미 변론준비기일에 양 당사자가 소추사유의 유형별 정리에 합의하고 15차례에 걸쳐 변론을 진행해 온 점 등에 비추어 볼 때 소추사유가 특정되지 않았다는 피청구인의 주장은 받아들일 수 없다. 소추사유 중 공무상 비밀누설행위 부분은 소추의결서에 47건의 구체적 내역을 구체적으로 특정하여 기재하지 않았다. 그러나 소추의결서에 증거자료로 첨부된 정○성에 대한 공소장에 문건 47건의 구체적 내역이 기재되어 있고, … 변론을 진행해 왔으므로, 피청구인도 이 부분 소추사유에 대하여 충분히 방어권을 행사하였다. … 그렇다면 소추의결서 자체에 문건 47건 목록을 첨부하지 않았다고 하여 이 부분 소추사유가 특정되지 않아 부적법하다고 볼 수도 없다.

(2) 심리정족수

정족수 재판부는 재판관 7명 이상의 출석으로 탄핵심판사건을 심리한다(심판정족수, 동법 제23조 1항).

(3) 심리의 절차와 방식

1) 원칙 - 구두변론

탄핵심판은 구두변론(口頭辯論)에 의한다(헌재법 제30조 1항). 재판부가 변론을 열 때에는 기일을 정하여 당사자와 관계인을 소환하여야 한다(헌재법 제30조 3항).

2) 변론

변론기일은 사건과 당사자의 이름을 부름으로써 시작하여 소추위원은 먼저 소추의결서를 낭독하여야 한다(심판 규칙 제59조, 제60조).

재판장은 피청구인에게 소추에 대한 의견을 진술할 기회를 주어야 한다(심판 규칙 제61조). 소추위원 또는 피청구인은 증거로 제출된 서류나 물건 등을 증거로 하는 것에 동의하는지 여부에 관한 의견을 진술하여야 한다(심판 규칙 제62조).

소추위원은 심판의 변론에서 피청구인을 신문할 수 있다(헌재법 제49조 2항). 재판장은 피청구인이 변론기일에 출석한 경우 피청구인을 신문하거나 소추위원과 그 대리인 또는 피청구인의 대리인으로 하여금 신문하게 할 수 있고, 피청구인은 진술하지 아니하거나 개개의 질문에 대하여 진술을 거부할 수 있다(심판 규칙 제62조의2 1항·2항). 재판장은 피청구인에 대한 신문 전에 피청구인에게 제2항과 같이 진술을 거부할 수 있음을 고지하여야 한다(심판 규칙 동조 3항). 소추위원은 탄핵소추에 관하여 최종 의견을 진술할 수 있고(다만, 소추위원이 출석하지 아니한 경우에는 소추의결서 정본의 기재사항에 의하여 의견을 진술한 것으로 본다), 재판장은 피청구인에게 최종 의견을 진술할 기회를 주어야 한다(심판 규칙 제63조 1항·2항).

3) 당사자의 불출석

당사자가 변론기일에 출석하지 아니하면 다시 기일을 정하여야 하고, 다시 정한 기일에도 당사자가 출석하지 아니하면 그의 출석 없이 심리할 수 있다(헌재법 제52조). 당사자가 출석하지 아니한 경우에도 종국결정을 선고할 수 있다(심판 규칙 제64조).

(4) 증거조사 등

재판부는 사건의 심리를 위하여 필요하다고 인정하는 경우에는 직권 또는 당사자의 신청에 의하여 1. 당사자 또는 증인을 신문(訊問)하는 일, 2. 당사자 또는 관계인이 소지하는 문서·장부·물건 또는 그 밖의 증거자료의 제출을 요구하고 영치(領置)하는 일, 3. 특별한 학식과 경험을 가진 자에게 감정을 명하는 일, 4. 필요한 물건·사람·장소 또는 그 밖의 사물의 성상(性狀)이나 상황을 검증하는 일의 증거조사를 할 수 있다(헌재법 제31조 1항). 재판장은 필요하다고 인정하는 경우에는 재판관 중 1명을 지정하여 위의 증거조사를 하게 할 수 있다(헌재법 동조 2항).

재판부는 결정으로 다른 국가기관 또는 공공단체의 기관에 심판에 필요한 사실을 조회하거나, 기록의 송부나 자료의 제출을 요구할 수 있다. 다만, 재판·소추 또는 범죄수사가 진행 중인 사건의 기록에 대하여는 송부를 요구할 수 없다(헌재법 제32조).

7. 다른 법령의 준용

(1) 준용대상 법령

헌법재판소의 심판절차에 관하여는 헌재법에 특별한 규정이 있는 경우를 제외하고는 헌법재판의 성질에 반하지 아니하는 한도에서 민사소송에 관한 법령을 준용한다. 이 경우 탄핵심판의 경우에는 형사소송에 관한 법령을 준용한다(헌재법 제40조 1항). 이 경우에 형사소송에 관한 법령이 민사소송에 관한 법령에 저촉될 때에는 민사소송에 관한 법령은 준용하지 아니한다(헌재법 제40조 2항).

(2) 준용의 조건

따라서 그 준용의 조건은 헌재법에 탄핵심판절차에 관한 특별한 규정이 없는 경우여야 하고 탄핵심판의 성질에 반하지 않아야 한다.

Ⅶ. 헌법재판소 탄핵심판 결정

1. 탄핵심판결정의 정족수, 탄핵(파면)결정의 정족수

재판부는 재판관 7명 이상의 출석으로 탄핵심판사건을 심리하므로(심판정족수, 동법 제23조 1항). 탄핵심판사건의 결정에는 재판관 7명 이상이 참여하면 된다. 8인의 재판관에 의한 탄핵심판이 9인으로 구성된 재판부로부터 '공정한 재판을 받을 권리'를 침해하는 것이라는 주장이 있었고 이 주장이 탄핵결정의 정족수 문제에 맞물려 있다. 헌재는 그 주장을 배척하였다. 이에 대해서는 앞에서 살펴보았다.

탄핵(파면)결정, 즉 탄핵심판청구가 이유 있다는 결정에는 가중정족수, 즉 재판관 6인 이상의 찬성이 있어야 한다(헌법 제113조 1항, 헌재법 제23조 2항 1호).

2. 탄핵심판결정의 유형

탄핵심판의 결정유형(형식)에는 ① 각하결정(탄핵소추의 요건을 갖추지 못한 경우), ② 본안결정 − 탄핵소추의 요건을 갖추어 본안판단(직무집행위에 위헌·위법의 사유가 있는지 여부에 대한 본안 문제를 판단)하여 내리는 결정으로 이 결정에는 ㉠ 청구가 이유가 있는 경우, 즉 직무집행행위가 위헌·위법이고 파면할 사유가 있어서 피청구인을 해당 공직에서 파면하는 결정(헌재법 제53조 1항), ㉡ 기각결정(파면의 사유가 없을 경우와 결정선고 전에 해당 공직에서 파면되었을 때(동법 동조 2항) 등이 있다. 이하에서 각각 살펴본다.

3. 각하결정

탄핵소추가 요건을 갖추지 못한 경우에 내리는 결정이다.

4. 탄핵(파면)결정

피소추자의 공직자로서 행한 직무집행에 헌법 또는 법률에 반하고 그 위헌·위법의 직무집행행위가 파면을 할 사유에 해당된다고 판단될 때 내리는 결정이다.

(1) 주문

탄핵심판청구가 이유 있는 때에는 헌법재판소는 피청구인을 당해 공직에서 파면하는 결정을 선고한다(헌재법 제53조 1항). 주문은 피청구인 공직명을 먼저, 그 다음 자연인의 성명을 기재한 뒤 그를 파면한다는 문구를 기재한다.

*****부 장관 ○○○을 파면한다.

(2) 탄핵(파면)사유 − 판례의 입장을 중심으로

탄핵(파면)결정의 사유, 즉 피청구인을 해당 공직에서 파면하는 결정을 하기 위한 사유가 문제된다. 헌법 제65조 제1항은 "헌법이나 법률을 위배한 때에는 국회는 탄핵의 소추를 의결할 수 있다"라고만 규정하고 있고, 헌법재판소법은 제53조 제1항이 "탄핵심판청구가 이유 있는 때에는 헌법재판소는 피청구인을 당해 공직에서 파면하는 결정을 선고한다"라고 규정하고 있다.

1) 문제제기

이 문제는 위헌·위법성이 인정되면 바로 파면결정을 하여야 하는 것인지 아니면 더 나아가 파면을 위한 또 다른 요건이 요구되느냐 하는 문제이다. 헌재는 위헌·위법사유가 있다고 하여 바로 파면사유가 인정되는 것이 아니라 법위반의 중대성을 기준으로 잡고 있다. 이하 헌재의 판례이론을 살펴본다.

2) 법위반의 중대성

(가) 학설

이에 대해서는 학설은 대립되고 있다. ① 부정설 – 헌법이 “헌법이나 법률을 위배한 때”라고만 규정하고 있지 그 중대성을 요건으로 하지 않고 법위반시 그 직을 그만두게 하겠다는 탄핵제도의 취지에 따라 중대성 여부와 무관하게 법위반 사실이 입증된 이상에는 그 직을 떠나게 하여야 하므로 중대성 여부를 요건을 하지 않는다는 견해이다. ② 긍정설 – 탄핵소추에 이르기도 어렵고 중대하지 않은 법위반인데도 파면 아닌 다른 종류의 징계(해임, 정직 등)의 여지도 전혀 주지 않고 무조건 파면에 이르게 하는 것은 비례적이지 않고 그 경우에는 탄핵이 아닌 일반적인 징계절차에 의할 수도 있으므로 헌법을 엄격해석하여 중대한 법위반이 있는 경우에 파면되게 하여야 한다는 견해이다. ③ 개별설 – 탄핵대상자의 직위나 수행직무의 성격 등을 고려하여 개별적으로 중대성 요건을 부여할 것인지를 결정하여야 한다는 견해이다. 당장 대통령의 경우에는 다른 탄핵대상자들보다 의결정족수가 가중되어 있는데 그 점을 보더라도, 그리고 대통령 직무의 중요성을 보더라도 중대한 법위반이 있는 경우에 파면되도록 하여야 한다는 견해이다.

(나) 판례

헌법재판소는 헌법재판소법 제53조 제1항을 “헌법 제65조 제1항의 탄핵사유가 인정되는 모든 경우에 자동적으로 파면결정을 하도록 규정하고 있는 것으로 문리적으로 해석할 수 있으나, 직무행위로 인한 모든 사소한 법위반을 이유로 파면을 해야 한다면, 이는 피청구인의 책임에 상응하는 헌법적 징벌의 요청, 즉 법익형량의 원칙에 위반된다. 따라서 헌법재판소법 제53조 제1항의 ‘탄핵심판청구가 이유 있는 때’란, 모든 법위반의 경우가 아니라, 단지 공직자의 파면을 정당화할 정도로 ‘중대한’ 법위반의 경우를 말한다”라고 하여[1] 파면사유로서 중대성이 있어야 한다고 본다. 그런데 이어 ‘나. ‘법위반의 중대성’에 관한 판단 기준‘이라는 제목의 판시에서 헌재는 “대통령을 제외한 다른 공직자의 경우에는 파면결정으로 인한 효과가 일반적으로 적기 때문에 상대적으로 경미한 법위반행위에 의해서도 파면이 정당화될 가능성이 큰 반면, 대통령의 경우에는 파면결정의 효과가 지대하기 때문에 파면결정을 하기 위해서는 이를 압도할 수 있는 중대한 법위반이 존재해야 한다”라고 판시한다. 이러한 판시는 대통령 외 대상자의 경우 경미한 법위반도 사유가 되는 것으로 이해하게 하는 것인지 혼란스럽게 한다. 여하튼 분명한 것은 헌재결정을 전반적으로 읽었을 때 대통령의 경우 파면사유로 중대성을 요구

1) 헌재 2004.5.14. 2004헌나1, 판례집 16-1, 654면. * '동지 : 헌재 2017.3.10. 2016헌나1.

하고 중대성의 정도를 더 강하게 요구한다고 보는 것이라고 하겠다.

(다) 사견

생각건대 ① 우리나라의 탄핵제도가 헌법재판소에 의한 최종심판이 이루어지는 사법형이어서 정치적 기관에 의한 정치적 신분박탈이 아니므로 보다 신중한 파면결정이 요구된다는 점, ② 논리적으로 파면사유가 탄핵소추사유보다 좁혀져야 한다는 견해도 있는 점, ③ 탄핵결정이 나면 파면이라는 징계만이 부과되고 위법의 정도에 상응하는 적절한 중간의 징계들이 없다는 점 등을 고려할 때 중대성을 요건으로 한다는 견해가 타당한 것으로 일응 이해가 되긴 한다. 아래에서 너 나아가 다루겠지만 공직의 중요도에 따라 그 중요성이 달라진다고 보는 것이 형평성에 맞다.

그러나 중요성요건을 부과함에 있어서는 다음과 같은 문제점 내지 전제를 고려하여야 한다. 첫째, 어느 정도의 위법을 중대한 것으로 볼 것이냐 하는 중대성의 판단이 모호할 수 있다. 둘째, 그 위반의 정도가 중대하지 않다 하더라도 헌법, 법률의 위반은 그대로 둘 수 없고 그 위반에 대하여는 제재가 필요한데 중대성을 요구하면 결국 탄핵심판절차로는 아무런 제재가 가해질 수 없는 모순을 가져올 경우도 있다. 중대하지 않아 탄핵소추가 기각되는 데 대응한 적절한 조치를 할 수 있도록 하는 제도적 보완이 요구된다. 현재 탄핵 또는 징계중대성요건의 요구는 헌법해석을 통한 것이고 어디까지나 현행 헌법조문에는 명시되어 있지 않은 것이므로 입법론적으로는 탄핵제도가 가지는 의의나 기능을 고려할 때 헌법 자체에 법위반의 중대성을 명시하는 것이 필요하다.

3) '법위반의 중대성'에 관한 판단 기준 - 형량

탄핵사유로서의 중대성 여부에 대한 판단 기준은 어떠한지가 문제된다. 헌법재판소는 법익형량을 통하여 판별된다는 입장이다. 즉 " '법위반이 중대한지' 또는 '파면이 정당화되는지'의 여부는 그 자체로서 인식될 수 없는 것이므로, 결국 파면결정을 할 것인지의 여부는 공직자의 '법위반 행위의 중대성'과 '파면결정으로 인한 효과' 사이의 법익형량을 통하여 결정된다고 할 것이다. 그런데 탄핵심판절차가 헌법의 수호와 유지를 그 본질로 하고 있다는 점에서, '법위반의 중대성'이란 '헌법질서의 수호의 관점에서의 중대성'을 의미하는 것이다. 따라서 한편으로는 '법위반이 어느 정도로 헌법질서에 부정적 영향이나 해악을 미치는지의 관점'과 다른 한편으로는 '피청구인을 파면하는 경우 초래되는 효과'를 서로 형량하여 탄핵심판청구가 이유 있는지의 여부, 즉 파면여부를 결정해야 한다"라고 한다.

판례 헌재 2004.5.14. 2004헌나1, 판례집 16-1, 655면

[판시] 가. 헌법재판소법 제53조 제1항의 해석 - 헌법은 제65조 제4항에서 "탄핵결정은 공직으로부터 파면함에 그친다."고 규정하고, 헌법재판소법은 제53조 제1항에서 "탄핵심판청구가 이유 있는 때에는 헌법재판소는 피청구인을 당해 공직에서 파면하는 결정을 선고한다."고 규정하고 있는데, 여기서 '탄핵심판청구가 이유 있는 때'를 어떻게 해석할 것인지의 문제가 발생한다. 헌법재판소법 제53조 제1항은

헌법 제65조 제1항의 탄핵사유가 인정되는 모든 경우에 자동적으로 파면결정을 하도록 규정하고 있는 것으로 문리적으로 해석할 수 있으나, 이러한 해석에 의하면 피청구인의 법위반행위가 확인되는 경우 법위반의 경중을 가리지 아니하고 헌법재판소가 파면결정을 해야 하는바, 직무행위로 인한 모든 사소한 법위반을 이유로 파면을 해야 한다면, 이는 피청구인의 책임에 상응하는 헌법적 징벌의 요청 즉, 법익형량의 원칙에 위반된다. 따라서 헌법재판소법 제53조 제1항의 '탄핵심판청구가 이유 있는 때'란, 모든 법위반의 경우가 아니라, 단지 공직자의 파면을 정당화할 정도로 '중대한' 법위반의 경우를 말한다. 나. '법위반의 중대성'에 관한 판단 기준 (1) '법위반이 중대한지' 또는 '파면이 정당화되는지'의 여부는 그 자체로서 인식될 수 없는 것이므로, 결국 파면결정을 할 것인지의 여부는 공직자의 '법위반 행위의 중대성'과 '파면결정으로 인한 효과' 사이의 법익형량을 통하여 결정된다고 할 것이다. 그런데 탄핵심판절차가 헌법의 수호와 유지를 그 본질로 하고 있다는 점에서, '법위반의 중대성'이란 '헌법질서의 수호의 관점에서의 중대성'을 의미하는 것이다. 따라서 한편으로는 '법위반이 어느 정도로 헌법질서에 부정적 영향이나 해악을 미치는지의 관점'과 다른 한편으로는 '피청구인을 파면하는 경우 초래되는 효과'를 서로 형량하여 탄핵심판청구가 이유 있는지의 여부 즉, 파면여부를 결정해야 한다. (2) …

4) 탄핵대상자에 따른 중대성의 차이 문제 - 대통령의 경우

위에서도 다소 언급되기 했는데 파면사유로서의 법위반의 중대성의 정도가 탄핵대상 공무원들의 직위의 중요도에 따라 다른 것인지 하는 문제가, 특히 대통령의 경우와 다른 탄핵대상 공무원들의 경우에 있어서 그 정도를 달리하는 것인지 하는 문제가 있다. 헌법재판소판례는 대통령의 경우 다른 탄핵대상 공직자에 비해 보다 더 중대한 사유가 있어야 한다고 본다. 즉 "대통령은 국가의 원수이자 행정부의 수반이라는 막중한 지위에 있고(헌법 제66조), 국민의 선거에 의하여 선출되어 직접적인 민주적 정당성을 부여받은 대의기관이라는 점에서(헌법 제67조) 다른 탄핵대상 공무원과는 그 정치적 기능과 비중에 있어서 본질적인 차이가 있으며, 이러한 차이는 '파면의 효과'에 있어서도 근본적인 차이로 나타난다"라고 보고 "대통령에 대한 파면효과가 이와 같이 중대하다면, 파면결정을 정당화하는 사유도 이에 상응하는 중대성을 가져야 한다"라고 본다.

판례 헌재 2004.5.14, 2004헌나1, 판례집 16-1, 655면

[판시] 그런데 대통령은 국가의 원수이자 행정부의 수반이라는 막중한 지위에 있고(헌법 제66조), 국민의 선거에 의하여 선출되어 직접적인 민주적 정당성을 부여받은 대의기관이라는 점에서(헌법 제67조) 다른 탄핵대상 공무원과는 그 정치적 기능과 비중에 있어서 본질적인 차이가 있으며, 이러한 차이는 '파면의 효과'에 있어서도 근본적인 차이로 나타난다. 대통령에 대한 파면결정은, 국민이 선거를 통하여 대통령에게 부여한 '민주적 정당성'을 임기 중 다시 박탈하는 효과를 가지며, 직무수행의 단절로 인한 국가적 손실과 국정 공백은 물론이고, 국론의 분열현상 즉, 대통령을 지지하는 국민과 그렇지 않은 국민간의 분열과 반목으로 인한 정치적 혼란을 가져올 수 있다. 따라서 대통령의 경우, 국민의 선거에 의하여 부여받은 '직접적 민주적 정당성' 및 '직무수행의 계속성에 관한 공익'의 관점이 파면결정을 함에 있어서 중요한 요소로서 고려되어야 하며, 대통령에 대한 파면효과가 이와 같이 중대하다면, 파면결정을 정당화하는 사유도 이에 상응하는 중대성을 가져야 한다. 그 결과 대통령을 제외한 다른 공직자의 경우에는 파면결정으로 인한 효과가 일반적으로 적기 때문에 상대적으로 경미한 법위반행위에 의해서도 파면이 정당화될 가능성이 큰 반면, 대통령의 경우에는 파면결정의 효과가 지대하기 때문에 파면결

정을 하기 위해서는 이를 압도할 수 있는 중대한 법위반이 존재해야 한다. * 동지 : 헌재 2017.3.10. 2016헌나1, 판례집 29-1, 21면.

* 검토 - 위 판시 중에 "다른 공직자의 경우에는 파면결정으로 인한 효과가 일반적으로 적기 때문에 상대적으로 경미한 법위반행위에 의해서도 파면이 정당화될 가능성이 큰 반면"이라고 한 부분은 오해의 소지가 있다. 헌법재판소는 위 판시 이전 부분에서 탄핵(파면)사유로서 중대성요건을 대통령의 경우에만 요구되지 않고 일반적으로 모든 탄핵대상 공무원의 경우에 요구되는 것으로 판시하였는데 여기서는 경미한 법위반에 의한 파면가능성을 다른 탄핵대상 공무원에게 인정하는 듯한 위와 같은 판시를 하고 있는 것이다. 헌법재판소의 이 부분 판시를 선해하면 다른 탄핵대상 공무원들도 법위반의 중대성이 요구되나 대통령의 경우에 비해서는 중대성이 약한 경우라도 파면될 수 있음을 의미한다고 볼 것이다.

5) 대통령에 대한 중대성 기준

위 기준에 따라 대통령에 대한 파면을 정당화할 정도의 중대성의 기준은 보다 구체적으로 어떠한가가 나아가 문제된다. 헌재는 그 기준으로 ① 헌법을 수호하고 손상된 헌법질서를 다시 회복하는 것이 요청될 정도로 대통령의 법위반행위가 헌법수호의 관점에서 중대한 의미를 가지는지, ② 법위반행위를 통하여 국민의 신임을 저버린 경우인지를 두고 판단하였다.

판례 헌재 2004.5.14. 2004헌나1, 판례집 16-1, 655면

[판시] '대통령을 파면할 정도로 중대한 법위반이 어떠한 것인지'에 관하여 일반적으로 규정하는 것은 매우 어려운 일이나, 한편으로는 탄핵심판절차가 공직자의 권력남용으로부터 헌법을 수호하기 위한 제도라는 관점과 다른 한편으로는 파면결정이 대통령에게 부여된 국민의 신임을 박탈한다는 관점이 함께 중요한 기준으로 제시될 것이다. 즉, 탄핵심판절차가 궁극적으로 헌법의 수호에 기여하는 절차라는 관점에서 본다면, 파면결정을 통하여 헌법을 수호하고 손상된 헌법질서를 다시 회복하는 것이 요청될 정도로 대통령의 법위반행위가 헌법수호의 관점에서 중대한 의미를 가지는 경우에 비로소 파면결정이 정당화되며, 대통령이 국민으로부터 선거를 통하여 직접 민주적 정당성을 부여받은 대의기관이라는 관점에서 본다면, 대통령에게 부여한 국민의 신임을 임기 중 다시 박탈해야 할 정도로 대통령이 법위반행위를 통하여 국민의 신임을 저버린 경우에 한하여 대통령에 대한 탄핵사유가 존재하는 것으로 판단된다. 구체적으로, 탄핵심판절차를 통하여 궁극적으로 보장하고자 하는 헌법질서, 즉 '자유민주적 기본질서'의 본질적 내용은 법치국가원리의 기본요소인 '기본적 인권의 존중, 권력분립, 사법권의 독립'과 민주주의 원리의 기본요소인 '의회제도, 복수정당제도, 선거제도' 등으로 구성되어 있다는 점에서(헌재 1990.4.2. 89헌가113, 판례집 2, 49, 64), 대통령의 파면을 요청할 정도로 '헌법수호의 관점에서 중대한 법위반'이란, 자유민주적 기본질서를 위협하는 행위로서 법치국가원리와 민주국가원리를 구성하는 기본원칙에 대한 적극적인 위반행위를 뜻하는 것이고, '국민의 신임을 배반한 행위'란 '헌법수호의 관점에서 중대한 법위반'에 해당하지 않는 그 외의 행위유형까지도 모두 포괄하는 것으로서, 자유민주적 기본질서를 위협하는 행위 외에도, 예컨대, 뇌물수수, 부정부패, 국가의 이익을 명백히 해하는 행위가 그의 전형적인 예라 할 것이다. 따라서 예컨대, 대통령이 헌법상 부여받은 권한과 지위를 남용하여 뇌물수수, 공금의 횡령 등 부정부패행위를 하는 경우, 공익실현의 의무가 있는 대통령으로서 명백하게 국익을 해하는 활동을 하는 경우, 대통령이 권한을 남용하여 국회 등 다른 헌법기관의 권한을 침해하는 경우, 국가조직을 이용하여 국민을 탄압하는 등 국민의 기본권을 침해하는 경우, 선거의 영역에서 국가조직을 이용하여 부정선거운동을 하거나 선거의 조작을 꾀하는 경우에는, 대통령이 자유민주적 기본질서를 수호하고 국정을 성실하게 수행하리라는 믿음이 상실되었기 때문에 더 이상 그에게 국정을 맡길 수 없을 정도에 이르렀다고 보아야 한다. 결국, 대통령의 직을 유지하는 것이 더 이상 헌법수호의 관점에서 용납될 수

없거나 대통령이 국민의 신임을 배신하여 국정을 담당할 자격을 상실한 경우에 한하여, 대통령에 대한 파면결정은 정당화되는 것이다. * 동지 : 헌재 2017.3.10. 2016헌나1, 판례집 29-1, 21면.

5. 기각결정

이 사건 심판청구를 기각한다.

사유는 두 가지이다. ① 탄핵심판청구가 이유 없을 때에는 기각결정을 한다. * 결정례 : 노무현 대통령에 대한 기각결정이 그 실제례이다(2004헌나1). ② 피청구인이 결정선고 전에 당해 공직에서 파면된 때에는 헌법재판소는 심판청구를 기각하여야 한다(헌재법 제53조 2항).

6. 소수의견의 표기

지금은 해결되었지만 탄핵심판의 결정서에 소수의견을 표시하는 문제가 2004년 대통령에 대한 탄핵심판결정에서 재판관의 소수의견이 없이 선고되었기에 논란되었다. 대통령에 대한 첫 번째 탄핵심판사건에서는 당시 헌재법(제정당시 법률로서 법률 제7622호, 2005.7.29, 일부개정되기 전의 것) 제36조 제3항은 "법률의 위헌심판, 권한쟁의심판 및 헌법소원심판에 관여한 재판관은 결정서에 의견을 표시하여야 한다"라고 규정하고 있었는데 이 규정에서 탄핵심판이 빠져있다는 점을 들어 소수의견의 표기가 금지되어 있다는 견해가 있었다. 그러나 위헌법률심판, 권한쟁의심판, 헌법소원심판 외의 심판에서 소수의견을 표기하는 것이 금지됨을 의미하지는 않고 그 3가지 심판에서 반드시 재판관의견을 표시하라는 의미로 탄핵심판에서의 소수 재판관 의견의 표시가 금지된 것은 아니라고 보았다. 헌법재판소는 "헌법재판소법 제34조 제1항에 의하면 헌법재판소 심판의 변론과 결정의 선고는 공개하여야 하지만, 평의는 공개하지 아니하도록 되어 있다. 이때 헌법재판소 재판관들의 평의를 공개하지 않는다는 의미는 평의의 경과뿐만 아니라 재판관 개개인의 개별적 의견 및 그 의견의 수 등을 공개하지 않는다는 뜻이다. 그러므로 개별 재판관의 의견을 결정문에 표시하기 위해서는 이와 같은 평의의 비밀에 대해 예외를 인정하는 특별규정이 있어야만 가능하다. 그런데 법률의 위헌심판, 권한쟁의심판, 헌법소원심판에 대해서는 평의의 비밀에 관한 예외를 인정하는 특별규정이 헌법재판소법 제36조 제3항에 있으나, 탄핵심판에 관해서는 평의의 비밀에 대한 예외를 인정하는 법률규정이 없다. 따라서 이 탄핵심판사건에 관해서도 재판관 개개인의 개별적 의견 및 그 의견의 수 등을 결정문에 표시할 수는 없다"라고 그 이유를 밝히고 있다.[1] 그러나 논란이 있었고 이는 재판관들 사이에도

---

1) 헌재 2004.5.14. 2004헌나1, 판례집 16-1, 659면. [관련판시] 헌법재판소법 제34조 제1항에 의하면 헌법재판소 심판의 변론과 결정의 선고는 공개하여야 하지만, 평의는 공개하지 아니하도록 되어 있다. 이 때 헌법재판소 재판관들의 평의를 공개하지 않는다는 의미는 평의의 경과뿐만 아니라 재판관 개개인의 개별적 의견 및 그 의

논란이 있었고 이는 비록 소수의견이 직접 표시되지는 않아 법정의견만이 표기되었는데 법정의견이 반대의견이 있었음을 다음과 같이 밝혀놓았기 때문에 알 수 있었다. 즉 "헌법재판소법 제34조 제1항의 취지는 최종결론에 이르기까지 그 외형적인 진행과정과 교환된 의견 내용에 관하여는 공개하지 아니한다는 평의과정의 비공개를 규정한 것이지, 평의의 결과 확정된 각 관여재판관의 최종적 의견마저 공개하여서는 아니 된다는 취지라고 할 수는 없으며, 동법 제36조 제3항은 탄핵심판과 정당해산심판에 있어 일률적으로 의견표시를 강제할 경우 의견표시를 하는 것이 부적절함에도 의견표시를 하여야만 하는 문제점이 있을 수 있기 때문에 이를 방지하고자 하는 고려에 그 바탕을 둔 법규정으로서, 탄핵심판에 있어 의견을 표시할지 여부는 관여한 재판관의 재량판단에 맡기는 의미로 보아 해석해야 할 것이므로 다수의견과 다른 의견도 표시할 수 있다는 견해가 있었다"라고 밝히고 있다. 여하튼 결국 2004년의 대통령에 대한 탄핵심판소추 기각결정에서 소수의견이 표기되지 않았다. 이에 대해서는 비판이 강하게 제기됨에 따라 국회에서 위 결정 직후인 2005.7.29.에 이 조항을 개정하여 헌재법 제36조 제3항이 그러한 3가지 심판을 거론하지 않고 "심판에 관여한 재판관은 결정서에 의견을 표시하여야 한다"라고 규정하여 오늘에 이르고 있다. 여하튼 탄핵심판 결정서에 소수 재판관 의견을 수록하지 않는다는 의견은 정당성을 더더욱 가지지 못하게 되었으며 이제 탄핵심판에서도 소수의견을 밝혀야 함이 명백히 되었고 그리하여야 한다.

7. 우리나라 탄핵심판결정의 실제례

(1) 대통령에 대한 탄핵심판결정의 실제례 - 기각결정, 인용결정의 예

실제 우리나라에서 그동안 탄핵심판결정례들이 있었고 그 예들로 바로 대통령에 대한 2건의 탄핵심판결정이 있었는데 그중 하나는 기각결정이었고 다른 하나는 탄핵(파면, 인용)결정이었다.

1) 2004년 기각결정

우리나라의 헌법사상, 헌정사상 처음으로 대통령에 대한 탄핵소추가 의결되었고 그리하여

견의 수 등을 공개하지 않는다는 뜻이다. 그러므로 개별 재판관의 의견을 결정문에 표시하기 위해서는 이와 같은 평의의 비밀에 대해 예외를 인정하는 특별규정이 있어야만 가능하다. 그런데 법률의 위헌심판, 권한쟁의심판, 헌법소원심판에 대해서는 평의의 비밀에 관한 예외를 인정하는 특별규정이 헌법재판소법 제36조 제3항에 있으나, 탄핵심판에 관해서는 평의의 비밀에 대한 예외를 인정하는 법률규정이 없다. 따라서 이 탄핵심판사건에 관해서도 재판관 개개인의 개별적 의견 및 그 의견의 수 등을 결정문에 표시할 수는 없다고 할 것이다. 그러나 위의 견해에 대하여, 헌법재판소법 제34조 제1항의 취지는 최종결론에 이르기까지 그 외형적인 진행과정과 교환된 의견 내용에 관하여는 공개하지 아니한다는 평의과정의 비공개를 규정한 것이지, 평의의 결과 확정된 각 관여재판관의 최종적 의견마저 공개하여서는 아니 된다는 취지라고 할 수는 없으며, 동법 제36조 제3항은 탄핵심판과 정당해산심판에 있어 일률적으로 의견표시를 강제할 경우 의견표시를 하는 것이 부적절함에도 의견표시를 하여야만 하는 문제점이 있을 수 있기 때문에 이를 방지하고자 하는 고려에 그 바탕을 둔 법규정으로서, 탄핵심판에 있어 의견을 표시할지 여부는 관여한 재판관의 재량판단에 맡기는 의미로 보아 해석해야 할 것이므로 다수의견과 다른 의견도 표시할 수 있다는 견해가 있었다.

헌법재판소에 의한 탄핵심판결정도 응당 최초로 그것도 대통령에 대한 결정으로서 있었다.

(가) 탄핵소추까지의 경위

그 경과를 보면 다음과 같다.

사건개요 2004년 3월 9일 한나라당과 민주당의 의원 159명은 대통령이 기자회견 등에서 특정 정당을 지지하는 발언을 하여 공직선거법상의 중립의무를 위반하여 국법질서를 문란하였고, 국회의 인사청문회 결과 부적격판정을 묵살하는 등 헌법기관을 경시하였으며, 재신임국민투표제안 등 위헌적 행위를 하였고, 측근, 참모들의 권력형 부정부패가 있었으며, 국민경제와 국정의 파탄을 가져왔다고 하여 탄핵소추안을 발의하였다. 2004년 3월 12일 제246회 국회(임시회) 제2차 본회의에서 재적의원 271명 중 195명이 표결을 하였고 193명이 찬성하여 재적의원 3분의 2 이상으로 찬성으로 탄핵소추가 의결되어 결국 소추위원인 국회 법제사법위원회 위원장이 헌법재판소법 제49조 제2항에 따라 소추의결서의 정본을 같은 날 헌법재판소에 제출하여 대통령에 대한 탄핵심판이 청구되었다.

(나) 헌재의 기각결정

가) 헌법 위반을 인정한 부분

헌법재판소는 2004년 5월 14일 종국결정을 내렸는데 심판결과 일부의 위법, 위헌적인 행위가 있었음을 인정하였다. 즉 헌법재판소는 "기자회견에서 특정 정당을 지지하는 발언을 함으로써 선거에서의 '공무원의 중립의무'에 위반한 사실과, 중앙선거관리위원회의 선거법 위반 결정에 대하여 유감을 표명하고 현행 선거법을 폄하하는 발언을 하고 재신임 국민투표를 제안함으로써 법치국가이념 및 헌법 제72조에 반하여 대통령의 헌법수호의무를 위반한" 사실이 있었음을 인정하였다.

나) 중대성의 결여

그러나 헌법재판소는 위에서 살펴본 대로 탄핵심판청구가 이유있는 때에는 헌법재판소는 피청구인을 당해 공직에서 파면하는 결정을 선고한다고 규정한 "헌법재판소법 제53조 제1항의 '탄핵심판청구가 이유 있는 때'란, 모든 법위반의 경우가 아니라, 단지 공직자의 파면을 정당화할 정도로 '중대한' 법위반의 경우를 말한다"라고 해석하였다. 그리고 위에서 인정된 그러한 위헌, 위법의 행위가 있더라도 이는 대통령의 파면을 가져올 중대한 위반행위, 적극적인 위반행위라 할 수 없고, 이에 따라 헌법질서에 미치는 부정적인 영향이 중대하다고 볼 수 없다고 판단하였다. 결국 헌법재판소는 "파면결정을 통하여 헌법을 수호하고 손상된 헌법질서를 다시 회복하는 것이 요청될 정도로, 대통령의 법위반행위가 헌법수호의 관점에서 중대한 의미를 가진다고 볼 수 없고, 또한 대통령에게 부여한 국민의 신임을 임기 중 다시 박탈해야 할 정도로 국민의 신임을 저버린 경우에 해당한다고도 볼 수 없으므로, 대통령에 대한 파면결정을 정당화하는 사유가 존재하지 않는다"라고 판시하여 기각결정을 하였다.[1)]

---

1) 헌재 2004.5.14. 2004헌나1, 판례집 16－1, 633면 이하. [주문] 이 사건 심판청구를 기각한다. [결정요지] … 다. 이 사건의 경우 파면결정을 할 것인지의 여부 (1) 이 사건에서 인정되는 대통령의 법위반 사실의 개요 －

2) 2017년 파면결정

(가) 사건의 발단, 탄핵소추에 이르게 된 경위 등

이 사건은 민간인에 의한 국정농단이 파면을 가져온 원인이 되었다. 아래에 탄핵소추가 국회에서 의결되기까지 사건을 옮겨 놓는다.

위에서 확인한 바와 같이, 이 사건에서 문제되는 대통령의 법위반 사실은 크게 기자회견에서 특정 정당을 지지하는 발언을 함으로써 선거에서의 '공무원의 중립의무'에 위반한 사실과, 중앙선거관리위원회의 선거법 위반결정에 대하여 유감을 표명하고 현행 선거법을 폄하하는 발언을 하고 재신임 국민투표를 제안함으로써 법치국가이념 및 헌법 제72조에 반하여 대통령의 헌법수호의무를 위반한 사실로 나누어 볼 수 있다. (2) 법위반의 중대성에 관한 판단 (가) 대통령은 특정 정당을 지지하는 발언을 함으로써 '선거에서의 중립의무'를 위반하였고, 이로써 국가기관이 국민의 자유로운 의사형성과정에 영향을 미치고 정당간의 경쟁관계를 왜곡해서는 안 된다는 헌법적 요청에 위반하였다. 그러나 이와 같은 위반행위가 국가조직을 이용하여 관권개입을 시도하는 등 적극적·능동적·계획적으로 이루어진 것이 아니라, 기자회견의 자리에서 기자들의 질문에 응하여 자신의 정치적 소신이나 정책구상을 밝히는 과정에서 답변의 형식으로 소극적·수동적·부수적으로 이루어진 점, 정치활동과 정당활동을 할 수 있는 대통령에게 헌법적으로 허용되는 '정치적 의견표명'과 허용되지 않는 '선거에서의 중립의무 위반행위' 사이의 경계가 불분명하며, 종래 '어떠한 경우에 선거에서 대통령에게 허용되는 정치적 활동의 한계를 넘은 것인지'에 관한 명확한 법적 해명이 이루어지지 않은 점 등을 감안한다면, 자유민주적 기본질서를 구성하는 '의회제'나 '선거제도'에 대한 적극적인 위반행위에 해당한다고 할 수 없으며, 이에 따라 공선법 위반행위가 헌법질서에 미치는 부정적 영향은 크다고 볼 수 없다. (나) 준법의지를 의심케 하는 대통령의 언행은 사소한 것이라도 국민의 법의식과 준법정신에 막대한 영향을 미친다는 점에서, 대통령이 현행 선거법을 경시하는 발언을 한 것은 법률을 존중하고 집행하기 위한 모든 노력을 다해야 하는 대통령으로서는 가벼운 위반행위라 할 수 없다. 그러나 대통령이 현행 선거법을 '관권선거시대의 유물'로 폄하하는 취지의 발언을 한 것은 현행법에 대한 적극적인 위반행위에 해당하는 것이 아니라, 중앙선거관리위원회의 결정에 대하여 소극적·수동적으로 반응하는 과정에서 발생한 법위반행위이다. 물론, 이러한 발언이 결과적으로 현행법에 대한 경시의 표현이라는 점에서 헌법을 수호해야 할 의무에 위반했다는 비난을 면할 길이 없으나, 위의 발언이 행해진 구체적인 상황을 전반적으로 고려하여 볼 때, 자유민주적 기본질서에 역행하고자 하는 적극적인 의사를 가지고 있다거나 법치국가원리를 근본적으로 문제 삼는 중대한 위반행위라 할 수 없다. (다) 대통령이 헌법의 대통령제와 대의제의 정신에 부합하게 국정을 운영하는 것이 아니라, 여소야대의 정국에서 재신임 국민투표를 제안함으로써 직접 국민에게 호소하는 방법을 통하여 직접민주주의로 도피하려고 하는 행위는 헌법 제72조에 반할 뿐만 아니라 법치국가이념에도 반하는 것이다. 그러나 이 경우에도 대통령이 단지 위헌적인 재신임 국민투표의 제안만을 하였을 뿐, 이를 강행하려는 시도를 하지 않았고, 한편으로는 헌법 제72조의 '국가안위에 관한 중요정책'에 재신임의 문제가 포함되는지 등 그 해석과 관련하여 학계에서도 논란이 있다는 점을 감안한다면, 민주주의원리를 구성하는 헌법상 기본원칙에 대한 적극적인 위반행위라 할 수 없고, 이에 따라 헌법질서에 미치는 부정적인 영향이 중대하다고 볼 수 없다. (3) 소결론 (가) 결국, 대통령의 법위반이 헌법질서에 미치는 효과를 종합하여 본다면, 대통령의 구체적인 법위반행위에 있어서 헌법질서에 역행하고자 하는 적극적인 의사를 인정할 수 없으므로, 자유민주적 기본질서에 대한 위협으로 평가될 수 없다. 따라서 파면결정을 통하여 헌법을 수호하고 손상된 헌법질서를 다시 회복하는 것이 요청될 정도로, 대통령의 법위반행위가 헌법수호의 관점에서 중대한 의미를 가진다고 볼 수 없고, 또한 대통령에게 부여한 국민의 신임을 임기 중 다시 박탈해야 할 정도로 국민의 신임을 저버린 경우에 해당한다고도 볼 수 없으므로, 대통령에 대한 파면결정을 정당화하는 사유가 존재하지 않는다. (나) 대통령의 권한과 정치적 권위는 헌법에 의하여 부여받은 것이며, 헌법을 경시하는 대통령은 스스로 자신의 권한과 권위를 부정하고 파괴하는 것이다. 특히, 짧은 민주정치의 역사 속에서 국민의 헌법의식이 이제야 비로소 싹트기 시작하였고 헌법을 존중하는 자세가 아직 국민 일반의 의식에 확고히 자리를 잡지 못한 오늘의 상황에서, 헌법을 수호하고자 하는 대통령의 확고한 태도가 얼마나 중요한지 하는 것은 아무리 강조해도 지나치지 않는다. 대통령은 '법치와 준법의 상징적 존재'로서 자신 스스로가 헌법과 법률을 존중하고 준수해야 함은 물론이고, 다른 국가기관이나 일반 국민의 위헌적 또는 위법적 행위에 대하여 단호하게 나섬으로써 법치국가를 실현하고 궁극적으로 자유민주적 기본질서를 수호하기 위하여 최선의 노력을 기울여야 한다. 7. 결론 – 가. 이 심판청구는 헌법재판소법 제23조 제2항에서 요구하는 탄핵결정에 필요한 재판관 수의 찬성을 얻지 못하였으므로 이를 기각하기로 하여, 헌법재판소법 제34조 제1항, 제36조 제3항에 따라 주문과 같이 결정한다. …

판례 헌재 2017.3.10. 2016헌나1, 판례집 29-1, 8-10면

[사건개요] 가. 사건의 발단 – 전국경제인연합회('전경련')가 주도하여 만든 것으로 알려져 있던 재단법인 미르와 재단법인 케이스포츠가 설립될 때 청와대가 개입하여 대기업으로부터 500억 원 이상을 모금하였다는 언론 보도가 2016년 7월경 있었다. 청와대가 재단 설립에 관여한 이유 등이 2016년 9월 국회 국정감사에서 중요한 쟁점이 되었는데, 청와대와 전경련은 이런 의혹을 부인하였다. 이 문제가 정치적 쟁점이 되던 중 2016. 10. 24. 청와대의 주요 문건이 최○원에게 유출되었고 최○원이 비밀리에 국정 운영에 개입해 왔다는 언론 보도가 있었다. 이른바 비선실세가 국정에 개입했다는 취지의 보도에 많은 국민이 충격을 받았고, 이를 허용한 피청구인을 비난하는 여론이 높아졌다. 이에 피청구인은 '사과드린다'는 취지의 대국민 담화를 발표하였고, 피청구인의 대국민 담화에도 불구하고 최○원의 국정 개입과 관련한 보도가 이어졌고, 2016. 11. 3. '국가 경제에 도움이 될 것이라는 바람에서 추진된 일이었는데 특정 개인이 이권을 챙기고 위법행위를 저질렀다고 하니 참담하다. 어느 누구라도 수사를 통해 잘못이 드러나면 책임을 져야 할 것이며 저도 모든 책임을 질 각오가 되어 있다.'는 내용의 제2차 대국민 담화를 발표하였다. 그런데 2016. 11. 6. 대통령비서실 정책조정수석비서관 등이 공무상비밀누설 혐의로 구속되었다. 국회는 11월 14일경부터 피청구인에 대한 탄핵소추안 의결 추진 여부를 논의하기 시작하였고, 17일에는 '박근혜 정부의 최○실 등 민간인에 의한 국정농단 의혹 사건 진상규명을 위한 국정조사 계획서 승인의 건'과 '박근혜 정부의 최○실 등 민간인에 의한 국정농단 의혹 사건 규명을 위한 특별검사의 임명 등에 관한 법률안'이 통과되었다. 2016. 11. 20.에는 최○원·안○범·정○성이 구속 기소되었는데, 이들의 공소사실 일부에는 피청구인이 공범으로 기재되었다. 더불어민주당, 국민의당, 정의당 등은 11월 24일 대통령 탄핵소추안을 공동으로 마련하기로 하였고, 11월 28일 공동 탄핵소추안을 마련하여 12월 2일 탄핵안 표결을 추진하기로 합의하였다. 이에 피청구인은 2016. 11. 29. 다시 한 번 '국민 여러분께 큰 심려를 끼쳐 드린 점 깊이 사죄드린다. 국가를 위한 공적 사업이라 믿고 추진했던 일들이고 어떤 개인적 이익도 취하지 않았지만, 주변을 제대로 관리하지 못한 것이 큰 잘못이다. 대통령직 임기 단축을 포함한 진퇴 문제를 국회의 결정에 맡기겠다. 여야 정치권이 국정 혼란과 공백을 최소화하고 안정되게 정권을 이양할 수 있는 방안을 만들어 주면 대통령직에서 물러나겠다.'는 내용의 제3차 대국민 담화를 발표하였다. (나) 탄핵심판 청구 – 피청구인이 국회의 결정에 따라 대통령직에서 물러나겠다는 담화를 발표하였지만, 국회는 특별위원회를 구성하여 민간인에 의한 국정농단 의혹 사건에 대한 국정조사를 진행하였고 2016. 12. 1. 특별검사의 임명도 이루어졌다. 이어 국회는우○호·박○원항·노○찬등171명의 의원이 2016. 12. 3. 발의한 '대통령(박근혜)탄핵소추안'을 8일 본회의에 상정하였다. 2016. 12. 9. 피청구인에 대한 탄핵소추안이 제346회 국회(정기회) 제18차 본회의에서 재적의원 300인 중 234인의 찬성으로 가결되었고, 소추위원은 헌법재판소법 제49조 제2항에 따라 소추의결서 정본을 헌법재판소에 제출하여 피청구인에 대한 탄핵심판을 청구하였다. … * 소추사실에 대해서는 이하 판례집 10–13에 기재된 내용 참조.

(나) 헌재의 파면결정

헌재 2017.3.10. 2016헌나1 결정에서는 그 중대성이 인정되어 파면결정이 내려졌다. 헌재는 (1) 사인의 국정개입 허용과 대통령 권한 남용 여부, (2) 공무원 임면권 남용 여부, (3) 언론의 자유 침해 여부, (4) 생명권 보호의무 등 위반 여부로 나누어 판단하였는데 (1)에 대해서는 위법행위로서 받아들일 수 있는 소추사유로 보았고 (2)와 (3)은 받아들일 수 없는 소추사유이고 (4)는 소추사유가 될 수 없다고 보았다. (1)에 대한 평가로 1) 공익실현의무 위반(헌법 제7조 1항 등 위반), 2) 기업의 자유와 재산권 침해(헌법 제15조, 제23조 1항 등 위반), 3) 비엄수의무

위배를 인정하였다. 결국 헌재는 피청구인을 파면할 것인지 여부에 대해 이 위법행위는 "헌법과 법률 위배행위는 국민의 신임을 배반한 행위로서 헌법수호의 관점에서 용납될 수 없는 중대한 법 위배행위라고 보아야 한다. 그렇다면 피청구인의 법 위배행위가 헌법질서에 미치게 된 부정적 영향과 파급 효과가 중대하므로, 국민으로부터 직접 민주적 정당성을 부여받은 피청구인을 파면함으로써 얻는 헌법수호의 이익이 대통령 파면에 따르는 국가적 손실을 압도할 정도로 크다고 인정된다"라고 하면서 다음과 같이 판시하여(요약함. 이 부분 원문은 주1) 참조) 파면

---

1) 헌재 2017.3.10. 2016헌나1. [주문] 피청구인 대통령 박근혜를 파면한다. [결정이유] … 10. 피청구인을 파면할 것인지 여부 가. 피청구인은 최○원에게 공무상 비밀이 포함된 국정에 관한 문건을 전달했고, 공직자가 아닌 최○원의 의견을 비밀리에 국정 운영에 반영하였다. 피청구인의 이러한 위법행위는 일시적·단편적으로 이루어진 것이 아니고 피청구인이 대통령으로 취임한 때부터 3년 이상 지속되었다. 피청구인은 최○원이 주로 말씀자료나 연설문의 문구 수정에만 관여하였다고 주장하지만, 대통령의 공적 발언이나 연설은 정부 정책 집행의 지침이 되고 외교관계에도 영향을 줄 수 있는 것이므로 말씀자료라고 하여 가볍게 볼 것이 아니다. 더구나 피청구인의 주장과 달리 최○원은 공직자 인사와 대통령의 공식일정 및 체육정책 등 여러 분야의 국가정보를 전달받고 국정에 개입하였다. 또한 피청구인은 국민으로부터 위임받은 권한을 사적 용도로 남용하였다. 이는 결과적으로 최○원의 사익 추구를 도와 준 것으로서 적극적·반복적으로 이루어졌다. 특히, 대통령의 지위를 이용하거나 국가의 기관과 조직을 동원하였다는 점에서 그 법 위반의 정도가 매우 엄중하다. 미르와 케이스포츠 설립과 관련하여 피청구인은 기업들이 자발적으로 모금하였다고 주장하지만 기업들이 스스로 결정할 수 있었던 사항은 거의 없었다. 기업들은 출연금이 어떻게 쓰일 것인지 알지도 못한 채 전경련에서 정해 준 금액을 납부하기만 하고 재단 운영에는 관여하지 못하였다. 미르와 케이스포츠는 피청구인의 지시로 긴급하게 설립되었지만 막상 설립된 뒤 문화와 체육 분야에서 긴요한 공익 목적을 수행한 것도 없다. 오히려 미르와 케이스포츠는 실질적으로 최○원에 의해 운영되면서 주로 최○원의 사익 추구에 이용되었다. 국민으로부터 직접 민주적 정당성을 부여받고 주권 행사를 위임받은 대통령은 그 권한을 헌법과 법률에 따라 합법적으로 행사하여야 함은 물론, 그 성질상 보안이 요구되는 직무를 제외한 공무 수행은 투명하게 공개하여 국민의 평가를 받아야 한다. 그런데 피청구인은 최○원의 국정 개입을 허용하면서 이 사실을 철저히 비밀에 부쳤다. 피청구인이 행정부처나 대통령비서실 등 공적 조직이 아닌 이른바 비선 조직의 조언을 듣고 국정을 운영한다는 의혹이 여러 차례 제기되었으나, 그때마다 피청구인은 이를 부인하고 의혹 제기 행위만을 비난하였다. 2014년 11월 세계일보가 정○회 문건을 보도하였을 때에도 피청구인은 비선의 국정 개입 의혹은 거짓이고 청와대 문건 유출이 국기문란 행위라고 비판하였다. 이와 같이 피청구인이 대외적으로는 최○원의 존재 자체를 철저히 숨기면서 그의 국정 개입을 허용하였기 때문에, 권력분립원리에 따른 국회 등 헌법기관에 의한 견제나 언론 등 민간에 의한 감시 장치가 제대로 작동될 수 없었다. 국회와 언론의 지적에도 불구하고 피청구인은 잘못을 시정하지 않고 오히려 사실을 은폐하고 관련자를 단속하였기 때문에, 피청구인의 지시에 따라 일한 안○범과 김○ 등 공무원들이 최○원과 공모하여 직권남용권리행사방해죄를 저질렀다는 등 부패범죄 혐의로 구속 기소되는 중대한 사태로까지 이어지게 되었다. 피청구인이 최○원의 국정 개입을 허용하고 국민으로부터 위임받은 권한을 남용하여 최○원 등의 사익 추구를 도와주는 한편 이러한 사실을 철저히 은폐한 것은, 대의민주제의 원리와 법치주의의 정신을 훼손한 행위로서 대통령으로서의 공익실현의무를 중대하게 위반한 것이다. 나. 피청구인은 최○원의 국정 개입 등이 문제로 대두되자 2016. 10. 25. 제1차 대국민 담화를 발표하면서 국민에게 사과하였으나, 그 내용 중 최○원이 국정에 개입한 기간과 내용 등은 객관적 사실과 일치하지 않는 것으로 진정성이 부족하였다. 이어진 제2차 대국민 담화에서 피청구인은 제기된 의혹과 관련하여 진상 규명에 최대한 협조하겠다고 하고 검찰 조사나 특별검사에 의한 수사도 수용하겠다고 발표하였다. 그러나 검찰이나 특별검사의 조사에 응하지 않았고 청와대에 대한 압수수색도 거부하여 피청구인에 대한 조사는 이루어지지 않았다. 위와 같이 피청구인은 자신의 헌법과 법률 위배행위에 대하여 국민의 신뢰를 회복하고자 하는 노력을 하는 대신 국민을 상대로 진실성 없는 사과를 하고 국민에게 한 약속도 지키지 않았다. 이 사건 소추사유와 관련하여 피청구인의 이러한 언행을 보면 피청구인의 헌법수호의지가 분명하게 드러나지 않는다. 다. 이상과 같은 사정을 종합하여 보면, 피청구인의 이 사건 헌법과 법률 위배행위는 국민의 신임을 배반한 행위로서 헌법수호의 관점에서 용납될 수 없는 중대한 법 위배행위라고 보아야 한다. 그렇다면 피청구인의 법 위배행위가 헌법질서에 미치게 된 부정적 영향과 파급 효과가 중대하므로, 국민으로부터 직접 민주적 정당성을 부여받은 피청구인을 파면함으로써 얻는 헌법수호의 이익이 대통령 파면에 따르는 국가적 손

결정을 하였다.

판례 헌재 2017.3.10. 2016헌나1

[결정이유] 피청구인은 최○원에게 공무상 비밀이 포함된 국정에 관한 문건을 전달했고, 공직자가 아닌 최○원의 의견을 비밀리에 국정 운영에 반영하였다. 피청구인의 이러한 위법행위는 피청구인이 대통령으로 취임한 때부터 3년 이상 지속되었다. 피청구인은 국민으로부터 위임받은 권한을 사적 용도로 남용하여 적극적·반복적으로 최○원의 사익 추구를 도와주었고, 그 과정에서 대통령의 지위를 이용하거나 국가의 기관과 조직을 동원하다는 점에서 법 위반의 정도가 매우 중하다. 대통령은 공무 수행을 투명하게 공개하여 국민의 평가를 받아야 한다. 그런데 피청구인은 최○원의 국정 개입을 허용하면서 이 사실을 철저히 비밀에 부쳤고, 그에 관한 의혹이 제기될 때마다 이를 부인하며 의혹 제기 행위만을 비난하였다. 따라서 권력분립원리에 따른 국회 등 헌법기관에 의한 견제나 언론 등 민간에 의한 감시 장치가 제대로 작동될 수 없었다. 이와 같은 피청구인의 일련의 행위는 대의민주제의 원리와 법치주의의 정신을 훼손한 것으로서 대통령으로서의 공익실현의무를 중대하게 위반한 것이다. 결국 피청구인의 이 사건 헌법과 법률 위배행위는 국민의 신임을 배반한 행위로서 헌법수호의 관점에서 용납될 수 없는 중대한 법 위배행위라고 보아야 한다. 그렇다면 피청구인의 법 위배행위가 헌법질서에 미치게 된 부정적 영향과 파급 효과가 중대하므로, 피청구인을 파면함으로써 얻는 헌법수호의 이익이 대통령 파면에 따르는 국가적 손실을 압도할 정도로 크다고 인정된다.

(2) 법관에 대한 탄핵심판의 예

재판개입 등을 이유로 한 법관에 대한 탄핵소추가 2021년 2월 4일에 국회에서 의결되어 헌재의 심판대상이 되었다.

Ⅷ. 탄핵심판결정의 효력

1. 탄핵(파면)결정의 효력

(1) 파면

파면하는 결정인 탄핵결정은 공직파면으로 그친다. 파면이란 그 직에서 강제적으로 물러나게 하는 처분을 말한다.

(2) 민사상·형사상 책임의 비면제

그러나 피청구인의 민사상 또는 형사상의 책임을 면제하지 아니한다(제65조 4항, 헌재법 제54조 1항).

(3) 공무 복귀 제한, 자격의 제한·박탈

탄핵결정에 의하여 파면된 사람은 결정선고가 있은 날부터 5년을 지나지 아니하면 공무원이 될 수 없다(헌재법 제54조 2항). 5년을 경과하지 아니하면 공무원이 될 수 없다는 헌법재판

실을 압도할 정도로 크다고 인정된다. 11. 결론 – 피청구인을 대통령직에서 파면한다. 이 결정은 아래 12. 재판관 김이수, 재판관 이진성의 보충의견과 13. 재판관 안창호의 보충의견이 있는 외에는 재판관 전원의 일치된 의견에 따른 것이다. …

소법의 이 제54조 제2항이 공무담임권의 박탈로 위헌이라는 견해와 이러한 정도의 제한조치도 없다면 탄핵제도가 무의미하게 된다고 보아 합헌이라고 보는 견해가 있다. 이 조항을 합헌으로 보면서 오히려 "5년 후에는 공무원이 될 수 있다는 것을 의미하기도 하므로 국민의 법감정과 맞지 않을 수조차 있을 것"이라는 지적[1]이 있다. 또한 이와 같은 "시한부공직취임제한규정은 탄핵제도의 본질상 불가피한 것으로 헌법을 규범조화적으로 이해하는 경우 그 위헌의 문제가 제기될 수 없다"는 견해[2]도 있다.

공무원자격 외에도 전문자격이 개별법률로 자격이 제한, 또는 박탈되기도 한다. 즉 탄핵으로 파면된 후 일정기간이 지나야 전문자격을 가질 수 있는 경우가 있다. 예를 들어 변호사법에는 탄핵에 의하여 파면된 후 5년이 지나지 아니한 자는 변호사가 될 수 없다고 제한하고 있다(동법 제5조 4호). 공인회계사법에도 그런 규정을 두고 있다(동법 제4조 6호). 외국법자문사에 대해서도 마찬가지로 규정되어 있다(외국법자문사법 제5조 4호). 세무사법은 탄핵으로 그 직에서 파면된 사람으로서 3년이 지나지 아니한 사람은 등록을 할 수 없다고 규정하여 세무대리를 할 수 없도록 하고 있다(동법 제4조 4호). 해당 자격을 아예 가지지 못하도록 규정된 경우도 있다. 예를 들어 변리사가 그러하다. 변리사법은 탄핵에 따라 파면된 사람은 변리사가 될 수 없다고 규정하고 있다(변리사법 제4조 5호 가목). 자격시험의 1차시험면제 등의 혜택을 박탈하는 경우(예를 들어 행정사시험의 경우. 행정사법 제9조 3항 1호)도 있다.

(4) 사면의 금지

탄핵결정 이후 사면이 가능한가에 대하여 부정하는 견해가 일반적이다.

(5) 대통령의 경우 – 예우 박탈

전직대통령이 재직 중 탄핵결정을 받아 퇴임한 경우에는 필요한 기간의 경호 및 경비를 제외하고는 '전직대통령 예우에 관한 법률'에 따른 전직대통령으로서의 예우를 하지 아니한다(동법 제7조 2항).

(6) 연금의 제한

탄핵에 의하여 파면된 경우에 퇴직급여 및 퇴직수당의 일부를 감액하여 지급한다(공무원연금법 제64조 1항 2호).

2. 기각결정의 효력

기각결정은 직무정지를 종료시킨다. 직무정지에서 직무로 복귀되는 시점은 헌재의 결정이 있는 때고 헌재결정이 송달된 시점이 아니라고 볼 것이다.

---

1) 김철수, 앞의 책, 1335면.
2) 허영, 앞의 책, 814면.

제7장 정당해산심판

제1절 서설 - 일반론 - 정당해산심판제도의 의의와 기능

Ⅰ. 정당제도의 의의와 기능

우리 헌법은 정당의 설립의 자유와 복수정당제는 보장하고 있다(헌법 제8조 1항). 그러나 정당은 그 목적·조직과 활동이 민주적이어야 하며, 국민의 정치적 의사형성에 참여하는 데 필요한 조직을 가져야 할 것을 요구하고 있다(헌법 제8조 2항). 이러한 정당을 보호하기 위하여 "정당은 법률이 정하는 바에 의하여 국가의 보호를 받으며, 국가는 법률이 정하는 바에 의하여 정당운영에 필요한 자금을 보조할 수 있다"라고 명시하고 있으며(헌법 제8조 3항) 정당에 대한 국가의 보조금 등을 지급하고 있다.

오늘날 정당이 국민의 정치적 의사를 결집하고 이를 정책에 반영하는 등 민주정치에 필수적이면서 중심적 단체로서 정당제도가 민주주의의 핵심제도임을 아무도 부정하지 않는다. 이러한 정당에 대한 강한 보호가 이러한 중요성에서 나온다. 그러나 정당이 가지는 강력한 영향력에 이에 대한 책임도 부과하고 있다.

Ⅱ. 정당해산심판제도의 기능과 의의

우리 헌법은 정당의 목적이나 활동이 민주적 기본질서에 위배될 때에는 정부는 헌법재판소에 그 해산을 제소할 수 있고, 정당은 헌법재판소의 심판에 의하여 해산되도록 하여 이른바 방어적 민주주의의 입장에서 위헌적인 활동을 행한 정당을 해산시킬 수 있는 제도를 마련하고 있다(헌법 제8조 4항). 정당해산심판제도는 조직화된 정당의 헌법위반행위로부터 헌법을 보호하기 위한 것이다.

정당이 다른 결사, 단체와 달리 헌법재판소의 심판에 의해서만 강제해산되도록 규정하고 있는 것은 그만큼 강제해산을 엄격히한다는 뜻이므로 이러한 해산제도는 정당의 특권을 의미하는 것이기도 하다.

정당의 해산에는 자진해산도 있는데 여기서의 해산은 심판에 의한 것으로 물론 강제해산을 의미한다.

정당의 해산여부는 정부가 국무회의의 심의를 거쳐 헌법재판소에 제소하는 경우 헌법재판소가 판단하여 결정하게 된다(헌법 제8조 4항, 헌재법 제55조).

제2절 한국의 정당해산심판제도의 발달과 현행 제도의 특징

Ⅰ. 우리나라 정당해산심판제도의 발달

1. 개관

제1공화국 헌법은 정당해산심판제도를 두지 않았다. 제1공화국에서는 아예 헌법에 정당에 대한 아무런 특별한 규정이 없었다. 이후 제2공화국 헌법부터 정당에 관한 규정들을 두면서 정당해산심판제도를 두기 시작하였다. 제소권자는 정부에 줄곧 있었고 심판기관은 헌법재판을 전담하는 기관인 헌법재판소, 헌법위원회를 두었던 시기에는 그 기관들에게 부여하였고 제3공화국에는 대법원이 최고 헌법재판기관이었고 헌법재판소가 없었기에 대법원이 정당해산심판의 판결권을 가지고 있다.

2. 공화국 별 변천

(1) 제2공화국의 헌법재판소에 의한 심판

제2공화국 헌법은 "정당의 목적이나 활동이 헌법의 민주적 기본질서에 위배될 때에는 정부가 대통령의 승인을 얻어 소추하고 헌법재판소가 판결로써 그 정당의 해산을 명한다"라고 하여(제13조 2항 단서) 정당해산심판의 헌법재판제도를 헌법에 처음으로 명시하였다. 정당해산에 관한 소추서에는 해산을 요구하는 정당의 표시, 소추의 이유를 기재하여야 했다(제2공화국 헌법재판소법 제12조 1항). 헌법재판소가 정당의 해산을 명하는 판결을 한 때에는 그 재판의 등본을 정부와 당해 정당의 대표자에게 송달하여야 하였다(동법 제13조). 정당이 해산을 명하는 헌법재판소의 판결을 받은 때에는 즉시 해산되도록 하였다(동법 제22조 5항). 그러나 제2공화국의 헌법재판소는 출발조차 못하고 폐지되었다.

(2) 제3공화국의 대법원에 의한 해산판결제도

제3공화국 헌법 제7조 제3항 단서는 "정당의 목적이나 활동이 민주적 기본질서에 위배될 때에는 정부는 대법원에 그 해산을 제소할 수 있고, 정당은 대법원의 판결에 의하여 해산된다"라고 규정하여 정당해산의 판결을 대법원에서 하도록 규정하고 있었다. 정당해산의 제소는 국무회의의 심의를 거쳐야 하였다(동헌법 제86조 14호). 정당해산을 명하는 판결은 대법원 법관 정수의 5분의 3 이상의 찬성을 얻어야 하였다(동헌법 제103조).

(3) 제4공화국의 헌법위원회에 의한 해산심판

제4공화국 헌법 제7조 제3항 단서는 "정당의 목적이나 활동이 민주적 기본질서에 위배되거나 국가의 존립에 위해가 될 때에는 정부는 헌법위원회에 그 해산을 제소할 수 있고, 정당은 헌법위원회의 결정에 의하여 해산된다"라고 하여 정당해산 사유와 그 해산심판의 관할은 헌법위원회임을 규정하고 있었다. 이전의 헌법과 달리 "국가의 존립에 위해가 될 때"라는 사유가 추가되었다. 정부의 정당해산의 제소는 국무회의의 심의를 거쳐야 하였다(동헌법 제66조 15호). 정당의 해산에 관한 제소장에는 해산을 요구하는 정당의 표시, 제소의 이유를 기재하여야 하고, 제소장에는 제소의 이유를 증명하는 증거물이 있는 때에는 이를 첨부하도록 하였다(제4공화국 헌법위원회법 제34조). 헌법위원회가 정당의 해산을 명하는 결정을 한 때에는 그 결정서의 등본을 정부와 당해 정당의 대표자에게 송달하여야 하였다(동법 제35조). 정당의 해산을 명하는 결정이 선고된 때에는 당해 정당은 해산된다(동법 제36조).

(4) 제5공화국의 헌법위원회에 의한 해산심판

제5공화국 헌법 제7조 제4항은 "정당의 목적이나 활동이 민주적 기본질서에 위배될 때에는 정부는 헌법위원회에 그 해산을 제소할 수 있고, 정당은 헌법위원회의 결정에 의하여 해산된다"라고 하여 정당해산의 사유에 대해, 그리고 그 해산심판의 관할을 헌법위원회로 규정하고 있었다. 제4공화국 헌법에서 정당해산사유로 추가되었던 "국가의 존립에 위해가 될 때"는 삭제되었다. 정당해산의 제소는 국무회의의 심의를 거쳐서 하도록 하였다(동헌법 제65조 15호). 정당해산심판절차는 제4공화국과 차이가 없었고 그대로 유지되었다.

(5) 현행 헌법

제6공화국 현행 헌법은 헌법재판소제도를 두어 헌법재판소가 정당해산심판을 수행하도록 하고 있다. 이하에서 살피는 것이 주로 현행 정당해산심판제도에 대한 것임은 물론이다.

3. 실제의 예

2014년에 통합진보당에 대한 정부의 제소가 이루어져 헌법재판소의 정당해산심판을 받아 실제의 결정례가 최초로 나왔다. 그 결정은 인용결정(해산결정)이었다(헌재 2014.12.19. 2013헌다1).

Ⅱ. 우리나라 현행 정당해산심판제도의 특징

ⅰ) 사법기관인 헌법재판소에서 심판을 담당한다는 점, ⅱ) 제소권자는 정부로서 업무분

장이 되어 있다는 점, iii) 정당해산결정의 효력이 창설적이라는 점 등을 들 수 있다.

제3절 한국의 현행 정당해산심판제도

제1항 정당해산(강제해산)의 사유

Ⅰ. 의미와 개설

여기서 정당해산의 사유라 함은 정부의 제소와 헌법재판소의 결정으로 해산되는 사유를 말한다. 이를 굳이 언급하는 이유는 정당의 해산에는 자진해산, 강제(타율)해산이 있기 때문인데 후자는 정당 자신이 원하지 않음에도 타율적으로 강제해산되는 것이고 그 강제해산제도는 현행 제도로서는 여기서 보는 정당해산심판절차에 의한 것이다. 따라서 여기서 정당해산의 사유란 후자에서의 사유를 의미한다.

헌법이 규정하는 정당의 해산사유는 정당의 목적이나 활동이 민주적 기본질서에 위배될 때이다(헌법 제8조 4항). 대상은 등록된 정당이다. 자유민주적 기본질서만이 아니라 사회복지적 민주적 기본질서도 포함되고 목적, 활동의 판단기준은 당헌, 당규 외 당대표의 활동 등을 보고, 위배는 실질적인 해악을 끼칠 수 있는 구체적 위험성을 초래하는 경우로서 보충성원칙, 비례원칙에 비추어 판단한다. 정당의 민주정치에서의 필수성, 중요성을 감안하면 그 해산사유는 엄격하게 설정되어야 한다는 것이 일반적인 견해이다.

Ⅱ. 강제해산의 사유 분설

1. 대상성 요건

정당으로 등록된 단체가 강제해산심판에서 제소대상이 된다. 아직 등록은 마치지 않았으나 정당으로 무르익어 활동 중인 창당준비위원회도 헌재의 해산심판의 대상으로 제소될 수 있는가 하는 문제가 논해지고 있다. 부정하는 견해는 창당준비위는 등록이 마쳐져야 받을 수 있는 정당보호를 받지 못하여 대상이 아니고 그 강제해산은 행정처분으로도 가능하다는 견해이고 긍정하는 견해는 창당준비위가 등록요건을 사실상 충족하고 등록절차를 진행 중인 정도라면 특별한 보호가 필요하다고 본다. 생각건대 창당준비 중의 단체도 법이 요구하는 조직을 갖춘 정도에 있다면 정당으로서 보호를 받아야 하고 헌재의 해산심판에 의해서만 해산될 수 있다고 볼 것이다. 다만, 대개 현실적으로는 창당준비위는 아직 정당으로서 본격적인 활동도 하지 않아 그 영향력이 실제적이지도 않을 경우가 많을 텐데 심판대상성을 설령 긍정하더라도 해산사유인 실질적 위험성을 인정하기 힘들 것이라는 점에서 실익이 분명치 않은 논의이다.

2. '목적이나 활동'

해산사유가 되는 민주적 기본질서에 위배되는 것은 정당의 목적이나 활동이다.

(1) 목적

1) 개념과 판단 기준·방법

정당의 목적이란 정당이 지향하고 추구하는 정치적 방향이나 정당이 실현하고자 하는 사회적, 정치적 상태를 의미한다고 볼 것이다.

여기서의 목적은 강령(또는 기본정책)과 당헌, 그리고 당이 출간하는 각종 인쇄물, 기간지, 당원들의 교육을 위한 자료 등에 나타난 것과 평소에 당해 정당의 주요 간부 등에 의하여 상당히 일관성 있게 표방된 목표를 말한다.

2) 헌재의 판단기준, 판단대상

헌재의 판단기준은 아래와 같다.

판례 헌재 2014.12.19. 2013헌다1

[판시] 정당의 목적이란, 어떤 정당이 추구하는 정치적 방향이나 지향점 혹은 현실 속에서 구현하고자 하는 정치적 계획 등을 통칭한다. 이는 주로 정당의 공식적인 강령이나 당헌의 내용을 통해 드러나겠지만, 그밖에 정당대표나 주요 당직자 및 정당관계자(국회의원 등)의 공식적 발언, 정당의 기관지나 선전자료와 같은 간행물, 정당의 의사결정과정에서 일정한 영향력을 가지거나 정당의 이념으로부터 영향을 받은 당원들의 행위 등도 정당의 목적을 파악하는 데에 도움이 될 수 있다. 만약 정당의 진정한 목적이 숨겨진 상태라면 공식 강령은 이른바 허울이나 장식에 불과할 것이고, 이 경우에는 강령 이외의 자료를 통해 진정한 목적을 파악해야 한다.

(2) 활동

1) 개념과 판단 기준·방법

여기서의 활동이란 그 정당이 주체가 되고 그 효과가 그 정당에 발생할 행사, 예를 들어 전당대회, 대외 선전 등이 해당될 것이다. 문제는 당의 지도부 외에 어느 범위의 구성원들까지 활동 안에 넣을 것인가 또 어떤 활동을 포함시킬 것인가 하는 것이다.

판례 헌재 2014.12.19. 2013헌다1

[판시] 정당의 활동이란, 정당 기관의 행위나 주요 정당관계자, 당원 등의 행위로서 그 정당에게 귀속시킬 수 있는 활동 일반을 의미한다. 여기에서는 정당에게 귀속시킬 수 있는 활동의 범위, 즉 정당과 관련한 활동 중 어느 범위까지를 그 정당의 활동으로 볼 수 있는지가 문제된다.

2) 당대표, 당원의 대표, 소속 단체

당의 실질적인 대표권한을 가진 당대표, 원내대표 등의 활동이 정당 자체의 활동으로 귀속될 가능성은 많다. 당원의 활동도 개인적 차원에서가 아니라 소속 정당 자체를 위한 활동으로서 그 당원의 영향력의 강도가 강한 지위나 활동이라면 민주적 기본질서에 위배될 수 있다. 당해 정당의 국회의 원내에서의 활동만을 의미하지 않고 원외적인 일련의 정치적 활동도 포함된다. 정당의 활동이 민주적 기본질서를 실질적으로 위배하는 경우여야 해산사유가 된다.

* 헌재의 판단기준은 아래와 같다.

판례 헌재 2014.12.19. 2013헌다1

[판시] 구체적으로 살펴보면, 당대표의 활동, 대의기구인 당대회와 중앙위원회의 활동, 집행기구인 최고위원회의 활동, 원내기구인 원내의원총회와 원내대표의 활동 등 정당 기관의 활동은 정당 자신의 활동이므로 원칙적으로 정당의 활동으로 볼 수 있고, 정당의 최고위원 등 주요 당직자의 공개된 정치 활동은 일반적으로 그 지위에 기하여 한 것으로 볼 수 있으므로 원칙적으로 정당에 귀속시킬 수 있을 것으로 보인다. 정당 소속의 국회의원 등은 비록 정당과 밀접한 관련성을 가지지만 헌법상으로는 정당의 대표자가 아닌 국민 전체의 대표자이므로 그들의 행위를 곧바로 정당의 활동으로 귀속시킬 수는 없겠으나, 가령 그들의 활동 중에서도 국민의 대표자의 지위가 아니라 그 정당에 속한 유력한 정치인의 지위에서 행한 활동으로서 정당과 밀접하게 관련되어 있는 행위들은 정당의 활동이 될 수도 있을 것이다. 그 밖의 정당에 속한 개인이나 단체의 활동은 그러한 활동이 이루어진 구체적인 경위를 살펴서 그것을 정당의 활동으로 볼 수 있는 사정이 있는지를 판단해야 한다. 예컨대, 활동을 한 개인이나 단체의 지위 등에 비추어 볼 때 정당이 그러한 활동을 할 권한을 부여하거나 그 활동을 독려하였는지 여부, 설령 그러한 권한의 부여 등이 없었다 하더라도 사후에 그 활동을 적극적으로 옹호하는 등 그 활동을 사실상 정당의 활동으로 추인한 것과 같다고 볼 수 있는 사정이 있는지 여부, 혹은 사전에 그 정당이 그러한 활동의 계획을 알았더라도 이를 정당 차원에서 지원하고 지지했을 것이라고 가정적으로 판단할 수 있는 사정이 있는지 여부 등을 구체적으로 살펴 전체적이고 종합적으로 판단해야 한다. 반면, 정당대표나 주요 관계자의 행위라 하더라도 개인적 차원의 행위에 불과한 것이라면 이러한 행위에 대해서까지 정당해산심판의 심판대상이 되는 활동으로 보기는 어렵다.

3) 목적, 활동의 선택적 또는 병합적 요건성 여부

i) 논점 – 목적 또는 활동 둘 중 어느 것이라도 위배성이 있으면 해산사유가 되는지 아니면 두 가지 요소 모두의 위배성이 있어야 하는지 하는 문제가 있다. 헌법 제8조 제4항이 '목적이나 활동이'라고 규정하고 있기 때문이다. ii) 헌재판례 - 선택설 – 헌재는 "동 조항의 규정형식에 비추어 볼 때, 정당의 목적이나 활동 중 어느 하나라도 민주적 기본질서에 위배된다면 정당해산의 사유가 될 수 있다고 해석된다"라고 한다(헌재 2014.12.19. 2013헌다1). 선택적으로 보는 것이다. iii) 검토 – 그러나 이는 헌재 자신이 실질적 해악성을 요건으로 하고 있는데 합치되는지 의문을 가지게 한다. 해악성 요건법리는 활동이 있고 이로써 실제로 해악을 가져오는 것이었는지를 볼 것이기 때문이다.

3. '민주적 기본질서'

(1) 우리 헌법 제8조 제4항의 해석

정당의 목적이나 활동이 민주적 기본질서에 위배될 때가 강제해산의 사유를 이룬다(제8조 4항). 민주적 기본질서의 개념에 대해서는 ① 자유민주적 기본질서만이라는 견해와 ② 자유민주적 기본질서는 물론이고 사회복지주의 등 사회민주적 기본질서도 포함된다는 견해, ③ 자유민주적 기본질서 속에 사회복지국가원리가 당연히 포함된다고 보는 확장개념적 견해, ④ '민주적 기본질서'가 '자유민주적 기본질서'와 다르지 않다고 보는 견해 등이 대립되고 있다.

생각건대 다음의 논거로 민주적 기본질서에는 자유민주적 기본질서는 물론이고 사회복지적 민주적 기본질서도 포함된다고 보는 것이 타당하다. i) 헌법내용 - 우리 헌법은 자유민주적 기본질서 외에 복지주의 등을 그 내용으로 하는 사회적(사회복지주의적) 민주적 기본질서를 민주적 기본질서의 중요한 다른 축으로 하고 있다. 그 이유는 헌법 자체가 사회복지주의·생존권(사회적 기본권(사회보장수급권 등), 헌법 제34조), 경제민주화(헌법 제119조 2항, * 이른바 헌재는 독일식으로 '사회적 시장경제주의'라는 용어를 사용하고 있는데 우리 헌법에 적실한지 등의 검토도 필요하고 헌법 제119조 2항이 명시하지 않은 용어이나 사회복주의 정신을 담은 경제원리라는 취지로 이해하고 동 조항에 따라 경제민주화 취지로 일단은 이해하도록 하자) 등을 직접 명시하고 있기 때문이다. 그리고 헌법 제8조 제4항은 '자유'민주적 기본질서라고 명시한 것이 아니라 그냥 '민주적 기본질서'라고 명시하고 있으므로 자유주의적 요소만으로 한정해서는 아니 되고 복지주의 등의 요소도 포괄한다고 보아야 한다. 독일기본법의 규정을 들어 우리 한국헌법의 해석도 그렇게 하여야 하므로 민주적 기본질서는 '자유'민주적 기본질서일 뿐이라는 견해도 있다. 독일기본법은 자유주의의 이념에 반하는 전체주의 정당이었던 나치스의 경험 때문에 정당해산에 관하여 직접 명시하고 있는데 당해 헌법조문에서 '자유'민주적 기본질서의 침해·폐제만을 정당해산사유로 한 것은 사실이다. 그러나 독일기본법의 규정과 엄연히 달리 우리 헌법의 규정은 '자유'민주적 기본질서라고 하지 않고 그냥 '민주적 기본질서'라고 규정하고 있으므로 이러한 명시적 헌법규정을 벗어난 해석은 받아들일 수 없다. 자유민주적 기본질서의 개념에 포함되지 않는 오늘날의 복지주의를 조직적이고도 지속적으로 부정하는 정당을 우리 헌법상 받아들일 수 없는 것은 우리 헌법 제8조 제4항이 '자유'민주적 기본질서라고 하지 않고 '민주적' 기본질서라고 하고 있기 때문에 문언상 너무나 당연하다. ii) 헌법체계조화적 해석 - 헌법의 전문(前文)의 '조화' 규정 - 헌법의 전문(前文)이 자유민주적 기본질서라고 하고 있으므로 민주적 기본질서는 자유민주적 기본질서라고 보는 견해도 있다. 그러나 자유민주적 기본질서라는 용어를 쓰고 있는 전문의 경우에도 단순히 자유민주적 기본질서만을 언급하지 않고 "자율과 조화를 바탕으로" 자유민주적 기본질서를 더욱 확고히 하여"라고 하여 자율과 조화를 전제로 하고 있다. 여기서 조화는 사회구성원들 간의 조화를 의미하고 어느 특정 개인의 권리나 자유만을 보호하는 것이 아니라 사회구성원 전체의 이익이나 보호가 필요한 다른 구성원의 사회복지를 위해서 자유를 조절, 제한할 수 있음을 의미한다. 따라서 '조화'는 사회복지적 민주적 기본질서를 의미하고 그리하여 우리 헌법 전문의 해석상으로도 우리 헌법은 사회적·복지적 민주적 기본질서와 함께하는 자유민주적 기본질서를 추구하는 것이지 사회적·복지적 기본질서를 배척하려는 것이 아님을 알 수 있다. iii) 헌법 제37조 제2항의 공공복리 – 우리 헌법 제37조 제2항도 공공복리를 위한 기본권제한을 명시하고 있다.

* **유의** : 위 ①의 견해를 취하는 입장들 중에는 "정당해산의 구실을 극소화하기 위해서라도 이때의 민주적 기본질서는 자유민주적 기본질서만을 의미하는 것으로 제한적 해석을 하여야 한다"고 보는 견해가 있다.[1] 그러나 아무리 정당의 보호가 중요하여 정당해산을 어렵게 하여야 한다고 하더라도 바로 이처럼 우리 헌법이 명시하고 있는 사유를 아무런 논리적 이유 없이 독일식으로 한정하여 해석할 수 없다. 헌법 자체에 정당의 해산제도를 두고 있기도 하여 헌법 자체가 설정하고 있는 해산사유를 명확하게 인식하여야 한다. 우리 헌법 제34조에도 규정된 사회복지를 무시할 수 없는 것이다. 정당해산사유를 줄이기 위해 헌법해석까지도 달리하여야 한다면 이는 마치 자동차가 생활필수품이니 운행을 활발히 해야 하므로 도심에서 속도제한은 없앨 수 있다는 논리(물론 받아들일 수 없는 논리)와 비슷하게 된다. 필요한 제한은 필요하고 더구나 국민의사가 표현된 헌법의 명령을 어길 수 없다. 더구나 위헌적 활동을 한 정당이라고 하여 무조건 해산되는 것도 아니다. 즉 위헌성의 정도가 실질적 해악을 가져올 심각한 경우에 해산결정이 내려질 것이다. 그 점에서 양 극단으로 단정적 선택을 요구하는 논의를 하는 것 자체의 실익조차도 회의적이다.

(2) 우리 헌법재판소의 입장

1) 판시

판례 헌재 2014.12.19. 2013헌다1

[민주적 기본질서 부분 판시] (가) 앞서, 우리의 입헌적 민주주의 체제가 민주주의 원리와 법치주의 원리에 기초하고 있고, 정당해산심판제도는 특정 정당에 의해 이와 같은 입헌적 민주주의 체제가 파괴되는 것을 막기 위해 예외적인 경우에 불가피하게 사용되는 이례적 수단임을 확인한 바 있다. 따라서 정당해산심판제도가 수호하고자 하는 민주적 기본질서는 우리가 오늘날의 입헌적 민주주의 체제를 구성하고 운영하는 데에 필요한 가장 핵심적인 내용이나 요소를 의미하는 것으로서, 민주적이고 자율적인 정치적 절차를 통해 국민적 의사를 형성·실현하기 위한 요소, 즉 민주주의 원리에 입각한 요소들과, 이러한 정치적 절차를 운영하고 보호하는 데에 필요한 기본적인 요소, 즉 법치주의 원리에 입각한 요소들 중에서 필요불가결한 부분이 중심이 되어야 한다. 이는 이것이 보장되지 않으면 우리의 입헌적 민주주의 체제가 유지될 수 없다고 평가되는 최소한의 내용이라 하겠다. 결국 위에서 본 바와 같은 입헌적 민주주의의 원리, 민주 사회에 있어서의 정당의 기능, 정당해산심판제도의 의의 등을 종합해 볼 때, 우리 헌법 제8조 제4항이 의미하는 민주적 기본질서는, 개인의 자율적 이성을 신뢰하고 모든 정치적 견해들이 각각 상대적 진리성과 합리성을 지닌다고 전제하는 다원적 세계관에 입각한 것으로서, 모든 폭력적·자의적 지배를 배제하고, 다수를 존중하면서도 소수를 배려하는 민주적 의사결정과 자유·평등을 기본원리로 하여 구성되고 운영되는 정치적 질서를 말하며, 구체적으로는 국민주권의 원리, 기본적 인권의 존

1) 권영성, 앞의 책, 200면.

중, 권력분립제도, 복수정당제도 등이 현행 헌법상 주요한 요소라고 볼 수 있다.

(나) 헌법 제8조 제4항의 민주적 기본질서 개념은 정당해산결정의 가능성과 긴밀히 결부되어 있다. 이 민주적 기본질서의 외연이 확장될수록 정당해산결정의 가능성은 확대되고, 이와 동시에 정당 활동의 자유는 축소될 것이다. 민주 사회에서 정당의 자유가 지니는 중대한 함의나 정당해산심판제도의 남용가능성 등을 감안한다면, 헌법 제8조 제4항의 민주적 기본질서는 최대한 엄격하고 협소한 의미로 이해해야 한다. 따라서 민주적 기본질서를 현행 헌법이 채택한 민주주의의 구체적 모습과 동일하게 보아서는 안 된다. 정당이 위에서 본 바와 같은 민주적 기본질서, 즉 민주적 의사결정을 위해서 필요한 불가결한 요소들과 이를 운영하고 보호하는 데 필요한 최소한의 요소들을 수용한다면, 현행 헌법이 규정한 민주주의 제도의 세부적 내용에 관해서는 얼마든지 그와 상이한 주장을 개진할 수 있는 것이다. 마찬가지로, 민주적 기본질서를 부정하지 않는 한 정당은 각자가 옳다고 믿는 다양한 스펙트럼의 이념적인 지향을 자유롭게 추구할 수 있다. 오늘날 정당은 자유민주주의 이념을 추구하는 정당에서부터 공산주의 이념을 추구하는 정당에 이르기까지 그 이념적 지향점이 매우 다양하므로, 어떤 정당이 특정 이념을 표방한다 하더라도 그 정당의 목적이나 활동이 앞서 본 민주적 기본질서의 내용들을 침해하는 것이 아닌 한 그 특정 이념의 표방 그 자체만으로 곧바로 위헌적인 정당으로 볼 수는 없다. 정당해산 여부를 결정하는 문제는 결국 그 정당이 표방하는 정치적 이념이 무엇인지가 아니라 그 정당의 목적이나 활동이 민주적 기본질서에 위배되는지 여부에 달려있기 때문이다.

* 판시에 밑줄 그은 부분은 이미 헌재가 이전에 구 국가보안법 제7조 반국가단체 활동의 찬양·고무 등 처벌규정에 대한 아래의 한정합헌결정에서 밝힌 판시에 가깝다.

판례 헌재 1990.4.2. 89헌가113, 판례집 2, 49면

[주문] "국가보안법 제7조 제1항 및 제5항(1980. 12. 31. 법률 제3318호)은 각 그 소정행위가 국가의 존립·안전을 위태롭게 하거나 자유민주적 기본질서에 위해를 줄 경우에 적용된다고 할 것이므로 이러한 해석하에 헌법에 위반되지 아니한다." [판시] 1. 제7조 제1항의 찬양·고무죄는 '구성원', '활동', '동조', '기타의 방법', '이롭게 한' 등, 무려 다섯 군데의 용어가 지나치게 다의적이고 그 적용범위가 광범위하다. 제7조 제1항의 찬양·고무죄를 문언 그대로 해석한다면 헌법 전문의 "평화적 통일의 사명에 입각하여 정의·인도와 동포애로써 민족의 단결을 공고히 하고"의 부분과 헌법 제4조의 평화적 통일지향의 규정에 양립하기 어려운 문제점이 생길 수도 있다. 제6공화국 헌법이 지향하는 통일은 평화적 통일이기 때문에 마치 냉전시대처럼 빙탄불상용의 적대관계에서 접촉·대화를 무조건 피하는 것으로 일관할 수는 없는 것이고, 자유민주적 기본질서에 입각한 통일을 위하여 때로는 북한을 정치적 실체로 인정함도 불가피하게 된다. 그러나 앞서 본 바와 같은 찬양·고무죄의 처벌범위의 광범성 때문에 자유민주적 기본질서에 입각한 통일정책의 추구나 단순한 동포애의 발휘에 지나지 않을 경우라도, 그 문언상으로는 북한의 활동에 동조하거나 북한을 이롭게 하는 것이 된다는 해석으로 연결되어 처벌될 위험이 있다. 그러나 제7조 제1항의 그 다의성 때문에 위헌문제가 생길 수 있다고 해서 전면위헌으로 완전 폐기되어야 할 규정으로는 보지 않으며 완전폐기에서 오는 법의 공백과 혼란도 문제지만, 남북간에 일찍이 전쟁이 있었고 아직도 휴전 상태에서 남북이 막강한 군사력으로 대치하여 긴장상태가 계속되고 있는 마당에서는 완전폐기함에서 오는 국가적 불이익이 폐기함으로써 오는 이익보다는 이익형량상 더 클 것이다. 그렇다면 그 가운데서 국가의 존립·안전이나 자유민주적 기본질서에 무해한 행위는 처벌에서 배제하고, 이에 실질적 해악을 미칠 명백한 위험성이 있는 경우로 처벌을 축소 제한하는 것이 헌법 전문, 제4조, 제8조 제4항, 제37조 제2항에 합치되는 해석일 것이다. 이 정도의 기준제시로 처벌범위를 좁히면 국가의 존립·안전을 저해함이 없이 자유민주적 기본질서에 입각한 평화적 통일정책추진의 헌법적 과제는 이룩할 수 있을 것이다. 2. 다만 여기에서 국가의 존립·안전을 위태롭게 한다 함은 대한민국의 독립을 위협 침해하고 영토를 침략하며 헌법과 법률의 기능 및 헌법기관을 파괴 마비시키는 것으로 외형적인 적화공작 등일 것이며, 자유민주적 기본질서에 위해를 준다 함은 모든 폭력적 지배와 자의적 지배, 즉

반국가단체의 일인독재 내지 일당독재를 배제하고 다수의 의사에 의한 국민의 자치, 자유·평등의 기본원칙에 의한 법치주의적 통치질서의 유지를 어렵게 만드는 것이고, 이를 보다 구체적으로 말하면 기본적 인권의 존중, 권력분립, 의회제도, 복수정당제도, 선거제도, 사유재산과 시장경제를 골간으로 한 경제질서 및 사법권의 독립 등 우리의 내부 체제를 파괴·변혁시키려는 것으로 풀이할 수 있을 것이다. * 동지 : 헌재 1990.6.25. 90헌가11; 1992.1.28. 89헌가8; 1997.1.16. 89헌마240; 1997.1.16. 92헌바6등; 2004.5.14. 2004헌나1 등.

2) 위 판시에 대한 분석

"다수를 존중하면서도 소수를 배려하는 민주적 의사결정과 자유·평등을 기본원리로 하여 구성되고 운영되는 정치적 질서를 말하며"라는 판시는 민주적 기본질서에 자유뿐 아니라 평등, 소수존중이라는 사회복지적 요소가 포함됨을 인정하려는 입장이고 "다양한 스펙트럼의 이념적인 지향"이라는 언급도 그러한 입장임을 알 수 있게 한다.

* **유의** : 헌재도 "이 민주적 기본질서의 외연이 확장될수록 정당해산결정의 가능성은 확대되고, 이와 동시에 정당 활동의 자유는 축소될 것"이라고 하여 위에서 논의한 정당해산사유 축소를 위한 주장 취지를 공감하는 것으로 이해된다. 그러나 헌재는 위 판시에서 다양한 이념지향을 추구한다는 점을 들고 있는 점에서 자유주의만을 그 내용으로 하지 않는 입장을 분명히 하고 있다.

4. 위배 – 실질적 해악

정당의 중요성에 비추어 볼 때 정당의 활동이 민주적 기본질서를 실질적으로 위배하는 경우에 해산사유가 된다고 볼 것이다. 국민의 의사에 영향을 미치는 정도가 아주 약한 정도인데도 해산시킬 수는 없다. 객관적으로 그 영향의 정도를 고려하여 해산사유가 된다고 보아야 한다. 사실 민주적 기본질서에 반하는 활동을 한 정당은 그 구체적 활동을 할 때마다 해산결정으로 해산되는 것이 아니라 우선 그 구체적 위배활동의 산물 자체가 위헌결정을 받을 가능성을 가진다. 예를 들어 어느 정당이 공공복리를 침해하는 법률을 제정하도록 이르게 하였더라도 정당해산 이전에 그러한 법률에 대한 위헌법률심판이나 헌법소원(법령소원)의 심판에 의하여 위헌상태가 가려지고 위헌결정을 통해 제재가 가해질 수 있다. 그러한 위배가 반복적이면 해산심판에 의한 제재가 가해질 것이다. 이 점에서도 여기서의 목적과 활동의 위배성이란 단발적이고 일시적인 위배사실이 아니라 상당한 정도로 일련의 조직적이고 반복적이며 지속성 있는 활동으로 국민에게 중요한 영향을 주는 상태에 있는 정당이 해산대상이 된다고 볼 것이다. 물론 지속적이지 않고 몇 건의 위배사건이더라도 그 위헌성의 정도가 심각한 경우에는 해산사유가 된다고 볼 것이다. 헌재도 민주적 기본질서에 대하여 실질적인 해악을 끼칠 수 있는 구체적 위험성을 초래하는 경우로 한정하여 위배를 해석하고 있다.

판례 헌재 2014.12.19. 2013헌다1

[판시] 헌법 제8조 제4항은 정당해산심판의 사유를 "정당의 목적이나 활동이 민주적 기본질서에 위배될

때"로 규정하고 있는바, 이 "위배될 때"의 해석 여하에 따라서는 정당의 목적이나 활동이 민주적 기본질서에 단순히 저촉되는 때에도 그 정당이 해산될 수 있다고 볼 수도 있을 것이다. 그러나 이러한 해석에 의하면 극단적인 경우 정당의 목적이나 활동이 민주적 기본질서와 부합하지 않는 부분이 경미하게라도 존재하기만 한다면 해산을 면할 수 없다는 결론도 가능한데, 이는 민주주의 사회에서 정당이 차지하는 중요성에 비추어 볼 때 쉽게 납득하기 어려운 결론이다. 정당에 대한 해산결정은 민주주의 원리와 정당의 존립과 활동에 대한 중대한 제약이라는 점에서, 정당의 목적과 활동에 관련된 모든 사소한 위헌성까지도 문제 삼아 정당을 해산하는 것은 적절하지 않다. 그렇다면 헌법 제8조 제4항에서 말하는 민주적 기본질서의 위배란, 민주적 기본질서에 대한 단순한 위반이나 저촉을 의미하는 것이 아니라, 민주사회의 불가결한 요소인 정당의 존립을 제약해야 할 만큼 그 정당의 목적이나 활동이 우리 사회의 민주적 기본질서에 대하여 실질적인 해악을 끼칠 수 있는 구체적 위험성을 초래하는 경우를 가리킨다.

* 독일의 예 : 독일에서는 1952년 10월 23일의 신나치당(SRP) 해산결정, 1956년 8월 17일의 공산당(KPD) 해산결정이 있었다. 반면에 2001년에 위헌 확인 및 해산심판이 청구된 극우파정당인 독일국가민주당(NPD. Nationaldemokratische Partei Deutschlands)에 대해서는 2003년 3월 18일 해산심판정지결정을 한 바 있었는데 결국 그 청구에 대해 2017년 1월 17일에 기각결정이 내려졌다. 이 결정에서 독일연방헌법재판소는 위헌적인 목적을 인접한 장래 실현할 가능성이 없는 경우라 하더라도 정당해산 사유가 된다고 본 이전 1956년의 독일공산당 판결(BVerfGE 5, 85 <143>)과 달리하는 판례변경을 하였다. 이 결정에서 독일국가민주당이 인접한 시일 내에 헌법 적대적인 목적 달성을 이룰 가능성이 없고 점점 쇠퇴 중인 저조한 조직력, 미미한 사회적 영향력을 보여주고 있다고 하여 청구를 받아들이지 않고 기각하는 결정을 하였다(BvB 1/13).

5. 보충성원칙

위에서 살핀 대로 정당의 중요성을 감안하면, 그리고 정당의 활동이 민주적 기본질서에 위배되는 것이더라도 먼저 그 구체적 위배활동 자체에 대한 교정수단(위헌법률심판, 헌법소원심판 등)을 통한 합헌성 회복의 노력을 기울이고 그래도 중대한 위배가 계속되면 정당의 강제해산절차에 의하여야 할 것이다.

6. 비례원칙

(1) 판례

헌재는 정당해산에 있어서 비례원칙의 적용을 요구한다고 본다.

판례 헌재 2014.12.19. 2013헌다1

[판시] 일반적으로 비례원칙은 우리 재판소가 법률이나 기타 공권력 행사의 위헌 여부를 판단할 때 사용하는 위헌심사 척도의 하나이다. 그러나 정당해산심판제도에서는 헌법재판소의 정당해산결정이 정당의 자유를 침해할 수 있는 국가권력에 해당하므로 헌법재판소가 정당해산결정을 내리기 위해서는 그 해산결정이 비례원칙에 부합하는지를 숙고해야 하는바, 이 경우의 비례원칙 준수 여부는 그것이 통상적으로 기능하는 위헌심사의 척도가 아니라 헌법재판소의 정당해산결정이 충족해야 할 일종의 헌법적 요건 혹은 헌법적 정당화 사유에 해당한다. 이와 같이 강제적 정당해산은 우리 헌법상 핵심적인 정치적 기본권인 정당 활동의 자유에 대한 근본적 제한이므로 헌법재판소는 이에 관한 결정을 할 때 헌법 제

37조 제2항이 규정하고 있는 비례원칙을 준수해야만 하는 것이다. 따라서 헌법 제37조 제2항의 내용, 침익적 국가권력의 행사에 수반되는 법치국가적 한계, 나아가 정당해산심판제도의 최후수단적 성격이나 보충적 성격을 감안한다면, 헌법 제8조 제4항의 명문규정상 요건이 구비된 경우에도 해당 정당의 위헌적 문제성을 해결할 수 있는 다른 대안적 수단이 없고, 정당해산결정을 통하여 얻을 수 있는 사회적 이익이 정당해산결정으로 인해 초래되는 정당의 정당활동 자유 제한으로 인한 불이익과 민주주의 사회에 대한 중대한 제약이라는 사회적 불이익을 초과할 수 있을 정도로 큰 경우에 한하여 정당해산결정이 헌법적으로 정당화될 수 있다.

(2) 검토 - 비례원칙에 내포되는 보충성원칙

ⅰ) 비례원칙에 내포되는 보충성원칙 – 헌재는 위 판시에서 정당해산심판의 보충적 성격을 언급하고 있어서 보충성원칙을 정당해산심판의 성격 자체로 보거나 비례원칙의 한 판단요소로 보는 듯하다. 사실 다른 대안적 교정수단이 있는지 하는 보충성원칙 문제는 비례원칙에서 말하는 최소성원칙과 같아 비례원칙이 보충성원칙을 내포한다고 보면 될 것이라고 이해된다. ⅱ) 기본권제한에서의 비례원칙과의 차이 여부 – 헌재가 정당해산사유에 해당되는지를 살피는 비례원칙 준수 여부는 "그것이 통상적으로 기능하는 위헌심사의 척도가 아니라 헌법재판소의 정당해산결정이 충족해야 할 일종의 헌법적 요건 혹은 헌법적 정당화 사유에 해당한다"라고 판시한다. 그렇다면 비례원칙이 정당해산에서와 기본권제한에서 차이가 있는 것으로 보는 입장인 것 같다. 피해최소성, 법익균형성도 인정하여 그 차이가 무엇인지 뚜렷하지는 않다. 위 판시에서 헌재는 "강제적 정당해산은 우리 헌법상 핵심적인 정치적 기본권인 정당 활동의 자유에 대한 근본적 제한이므로 헌법재판소는 이에 관한 결정을 할 때 헌법 제37조 제2항이 규정하고 있는 비례원칙을 준수해야만 하는 것"이라고 하여 또 혼동을 준다. 그런데 바로 아래 결론을 보면 중대성, 상황성이 포함되는 것으로 보인다.

(3) 헌재의 통합진보당 결정에서 적용과 결론

헌재는 1. 위헌적 성격의 중대성, 2. 대한민국이 처해 있는 특수한 상황, 3, 피해의 최소성, 즉 다른 대안적 수단이 존재하지 않으며, 4. 해산결정을 해야 할 사회적 필요성(법익 형량)도 인정된다고 보아 해산이 비례원칙을 준수하는 것이라고 결론내렸다(2013헌다1).

제2항 정당해산심판의 절차

Ⅰ. 헌법, 헌재법, 심판 규칙 규정

헌법 제8조 ① 정당의 설립은 자유이며, 복수정당제는 보장된다.
② 정당은 그 목적·조직과 활동이 민주적이어야 하며, 국민의 정치적 의사형성에 참여하는데 필요한 조직을 가져야 한다.

③ 정당은 법률이 정하는 바에 의하여 국가의 보호를 받으며, 국가는 법률이 정하는 바에 의하여 정당운영에 필요한 자금을 보조할 수 있다.
④ 정당의 목적이나 활동이 민주적 기본질서에 위배될 때에는 정부는 헌법재판소에 그 해산을 제소할 수 있고, 정당은 헌법재판소의 심판에 의하여 해산된다.
제89조 다음 사항은 국무회의의 심의를 거쳐야 한다.
1.－13. 생략 14. 정당해산의 제소 15.－17. 생략
제111조 ① 헌법재판소는 다음 사항을 관장한다.
1.－2. 생략 3. 정당의 해산 심판 4.－5. 생략
제113조 ① 헌법재판소에서 법률의 위헌결정, 탄핵의 결정, 정당해산의 결정 또는 헌법소원에 관한 인용결정을 할 때에는 재판관 6인 이상의 찬성이 있어야 한다.

헌재법
제55조(정당해산심판의 청구) 정당의 목적이나 활동이 민주적 기본질서에 위배될 때에는 정부는 국무회의의 심의를 거쳐 헌법재판소에 정당해산심판을 청구할 수 있다. [전문개정 2011. 4. 5.]
제56조(청구서의 기재사항) 정당해산심판의 청구서에는 다음 각 호의 사항을 적어야 한다.
1. 해산을 요구하는 정당의 표시
2. 청구 이유 [전문개정 2011. 4. 5.]
제57조(가처분) 헌법재판소는 정당해산심판의 청구를 받은 때에는 직권 또는 청구인의 신청에 의하여 종국결정의 선고 시까지 피청구인의 활동을 정지하는 결정을 할 수 있다.
제58조(청구 등의 통지) ① 헌법재판소장은 정당해산심판의 청구가 있는 때, 가처분결정을 한 때 및 그 심판이 종료한 때에는 그 사실을 국회와 중앙선거관리위원회에 통지하여야 한다.
② 정당해산을 명하는 결정서는 피청구인 외에 국회, 정부 및 중앙선거관리위원회에도 송달하여야 한다.
제59조(결정의 효력) 정당의 해산을 명하는 결정이 선고된 때에는 그 정당은 해산된다.
제60조(결정의 집행) 정당의 해산을 명하는 헌법재판소의 결정은 중앙선거관리위원회가 「정당법」에 따라 집행한다.

헌법재판소 심판 규칙(헌법재판소규칙, 이하 '심판규칙'이라고도 함)
제3절 정당해산심판
제65조(정당해산심판청구서의 첨부서류) ① 정당해산심판의 청구서에는 정당해산의 제소에 관하여 국무회의의 심의를 거쳤음을 증명하는 서류를 붙여야 한다.
② 정당해산심판의 청구서에는 중앙당등록대장 등본 등 피청구인이 정당해산심판의 대상이 되는 정당임을 증명할 수 있는 자료를 붙여야 한다.
제66조(청구 등의 통지방법) ① 정당해산심판의 청구 또는 청구의 취하가 있는 때, 가처분결정을 한 때 및 그 심판을 종료한 때에는 헌법재판소장은 국회와 중앙선거관리위원회에 정당해산심판청구서 부본 또는 취하서 부본, 가처분결정서 등본, 종국결정 등본을 붙여 그 사실을 통지하여야 한다.
② 법 제58조제2항에 따라 정당해산을 명하는 결정서를 정부에 송달할 경우에는 법무부장관에게 송달하여야 한다.

Ⅱ. 정당해산심판의 청구절차

1. 제소권자

앞서 언급한 대로 현행 헌법과 헌재법은 정당에 대한 해산심판을 제소(청구)할 수 있는 자

를 '정부'로 규정하고 있다(헌법 제8조 4항, 헌재법 제55조). 우리 헌법 제4장은 대통령, 행정부(국무총리, 국무위원, 국무회의, 행정각부, 감사원)를 '정부'로 규정하고 있다. 아래에 보듯이 국무회의 심의에서 제소가 의결되면 청구서의 제출 등 청구는 법무부장관이 정부를 대표하여 하게 된다(헌재법 제25조 1항).

2. 정부의 제소절차

(1) 국무회의 심의

정부는 국무회의의 심의를 거쳐 헌법재판소에 정당해산심판을 청구할 수 있다(헌재법 제55조). 헌법도 국무회의의 필수적 심의사항으로 규정하고 있다(헌법 제89조 14호).

(2) 대통령 권한 대행 주재의 국무회의를 거친 경우 등

통합진보당의 해산심판사건에서는 대통령 해외순방 중 차관회의의 사전심의도 거치지 않고 국무총리가 대행하여 주재한 국무회의에서 정당해산심판청구서 제출안이 의결되어 부적법하다는 주장이 제기되었다. 헌재는 국무회의 주재 직무대행을 할 수 있는 사유인 사고에 대통령 해외순방 중이 해당되고(정부조직법 제12조; 직무대리규정 제2조 4호), 긴급한 사안인 경우 차관회의를 거치지 않아도 되는데(국무회의 규정 제5조 1항) 그 긴급성 판단은 원칙적으로 정부의 재량이며 긴급한 의안에 해당한다고 본 정부의 판단에 재량의 일탈이나 남용이 없다고 보아 주장을 배척하고 제소가 적법하다고 보았다. 아래 판시가 그것이다. 긴급성 판단으로 헌재는 "정부는 피청구인 소속 국회의원 등이 연루된 내란관련 사건이 발생한 상황에서 제출된 피청구인 해산심판청구에 대한 의안이 긴급한 의안에 해당한다고 본 정부의 판단에 재량의 일탈이나 남용의 위법이 있다고 단정하기 어렵다"라고 판시하였다.

판례 헌재 2014.12.19. 2013헌다1

[판시] 정부는 정당의 목적이나 활동이 민주적 기본질서에 위배될 때 국무회의의 심의를 거쳐 헌법재판소에 그 해산을 청구할 수 있다(헌법재판소법 제55조). 이 사건 기록에 의하면, 대통령이 직무상 해외순방 중이던 2013. 11. 5. 국무총리가 주재한 국무회의에서 피청구인에 대한 정당해산심판청구서 제출안이 의결되었고, 위 의안에 대하여는 차관회의의 사전 심의를 거치지 않은 사실이 인정된다. 정부조직법 제12조에 의하면, 대통령은 국무회의의 의장으로서 회의를 소집하고 이를 주재하지만 대통령이 사고로 직무를 수행할 수 없는 경우에는 국무총리가 그 직무를 대행한다. 대통령이 해외 순방 중인 경우는 일시적으로 직무를 수행할 수 없는 경우로서 '사고'에 해당된다고 할 것이므로(직무대리규정 제2조 제4호 참조), 위 국무회의의 의결이 위법하다고 볼 수 없다. 또한 국무회의 규정 제5조 제1항에 의하면 국무회의에 제출되는 의안은 긴급한 의안이 아닌 한 차관회의의 심의를 거쳐야 한다고 규정하고 있으나, 의안의 긴급성에 관한 판단에는 원칙적으로 정부의 재량이 있다고 할 것이고, 피청구인 소속 국회의원 등이 연루된 내란관련 사건이 발생한 상황에서 제출된 피청구인 해산심판청구에 대한 의안이 긴급한 의안에 해당한다고 본 정부의 판단에 재량의 일탈이나 남용의 위법이 있다고 단정하기 어렵다. 마찬가지 이유로, 위와 같은 상황에서 제기된 이 사건 정당해산심판 청구가 형평에 반하는 것으로서 청구권 남용에 해당한다고 보기도 어렵다. 결국 이 사건 정당해산심판청구는 관련 법령에 따라 적법하게 이루

어진 것으로 그 절차에 하자가 없고, 이를 다투는 피청구인의 주장은 모두 이유 없다.

3. 청구서

(1) 청구서의 기재사항

정당해산심판의 청구서에는 1. 해산을 요구하는 정당의 표시, 2. 청구의 이유를 적어야 한다(헌재법 제56조).

(2) 청구서의 예시

〈정당해산심판청구서 서식례〉

정당해산심판청구서

청 구 인 : 대한민국 정부
법률상 대표자 법무부장관 ○ ○ ○

피청구인 : ○ ○ 정당
주소(중앙당 소재지) : 서울 영등포구 국회대로 00
대표자 ○ ○ ○

청구취지 : ○ ○ 정당의 해산결정을 구합니다.

청구이유 : 가. 사건개요
나. 정당의 목적, 활동의 민주적 기본질서 위배 내용
다. 기타 필요사항

첨부서류 : 각종 입증서류

20 . . .

대한민국 정부
법률상 대표자 법무부장관 ○ ○ ○ (인)

헌법재판소 귀중

▌정당해산심판청구서 예시, 출처 : 전자헌법전자센터 관련양식 및 작성례

4. 청구 등의 통지

정당해산심판의 청구가 있는 때에는 헌법재판소장은 그 사실을 국회와 중앙선거관리위원회에 통지하여야 한다(헌재법 제58조 1항).

Ⅲ. 가처분

정당해산심판에 가처분제도를 두고 있다.

* 여기 가처분절차에 대한 보다 자세한 법리는 헌법소원심판, 권한쟁의심판에서의 가처분법리를 참조하는 것으로 한다. 가처분제도는 다른 심판들인 헌법소원심판, 권한쟁의심판에서도 인정되고 있고(위헌법률심판 '헌가'사건의 경우 재판이 정지되고, 탄핵심판의 경우 결정시까지 권한행사가 정지되므로 원칙적으로 따로이 필요하지 않음) 특히 많이 활용되는 심판은 헌법소원심판이다. 따라서 중요한 가처분에 관한 중요한 법리는 거기서 많이 다루었고 정당해산심판의 특수성이 고려되어야 할 경우가 아니면 그 부분의 일반적인 법리를 참조할 것이어서 여기서는 중복을 피하기 위해 상론은 반복하지 않는다.

1. 취지와 합헌성 인정하는 헌재판례

정당해산심판에서 가처분도 위험성을 방지하는 잠정적 예방조치라는 점에 그 제도의 취지가 있다. 정당제도의 중요성, 필수성에 비추면 그 허용은 매우 엄격한 요건을 충족하는 조건으로 인정되어야 할 것이다.

가처분허용이 정당활동의 자유를 침해한다는 주장에 대해 헌재는 아래와 같이 과잉금지원칙을 준수하였다고 보아 주장을 받아들이지 않고 합헌성을 인정하는 기각결정을 하였다.

판례 헌재 2014.2.27. 2014헌마7

[사건개요] 청구인(통합진보당)은 2011. 12. 13. 중앙선거관리위원회에 등록을 마친 정당이다. 대한민국 정부는 2013. 11. 5. 청구인의 목적과 활동이 민주적 기본질서에 위배된다고 주장하면서 헌법재판소에 정당해산심판을 청구하고(2013헌다1), 그 사건의 종국결정 전까지 청구인의 합당 및 분당, 해산의 금지 및 소속 당원의 활동 금지 등을 구하는 정당활동정지 가처분신청을 하였다(2013헌사907). 청구인은 정당해산심판의 가처분 근거조항인 헌법재판소법 제57조는 이에 관한 헌법상의 근거가 없어 위헌이라는 등의 주장을 하면서, 정당해산심판 계속 중인 2014. 1. 7. 이들 조항의 위헌확인을 구하는 이 사건 헌법소원심판을 청구하였다. [청구인주장] … 나. 가처분조항 – 헌법 제8조 제4항과 제111조 제1항 제3호는 헌법재판소에 정당해산에 관한 심판권을 부여하고, 헌법 제113조 제3항은 헌법재판소의 조직과 운영에 관한 입법위임을 하고 있을 뿐, 헌법에서 헌법재판소에 정당 활동을 정지하는 가처분 명령권을 부여하고 있지 아니하다. 그럼에도 불구하고 가처분조항은 헌법상의 어떠한 수권규범도 없이 헌법재판소가 정당해산심판에서 피청구인의 활동을 정지하는 가처분결정을 할 수 있도록 규정하고 있다. 이러한 가처분은 보통의 가처분 절차와 마찬가지로 7인의 헌법재판관이 참여하여 과반수 의결로 결정되거나, 구두변론을 거칠 필요가 없는 것으로 해석될 여지가 있고, 민주적 기본질서의 위배 여부가 아닌 단순한 이익

형량에 따라 결정될 여지가 있다. 따라서 가처분 조항은 정당해산심판의 요건을 엄격하게 규정하는 헌법의 취지에 반하고, 입법권의 한계를 벗어난 것으로 헌법에 위반된다. [결정요지] … 가. 정당해산심판제도의 성격 – 정당해산제도는 정당에 대하여 일반 결사와 달리 엄격한 요건과 절차에 의해서만 해산되도록 한다는 정당보호라는 의미와, 정당이 정당 활동의 자유라는 미명으로 헌법을 공격하여 파괴하는 것을 방지한다는 헌법보호라는 의미를 가진다. 따라서 정당해산제도는 정당 존립의 특권을 보장함(정당의 보호)과 동시에, 정당 활동의 자유에 관한 한계를 설정한다(헌법의 보호)는 이중적 성격을 가진다. … 라. 가처분조항의 위헌 여부 (1) 헌법재판에서 가처분의 의의 – 헌법재판은 사안의 성질에 따라서 종국결정에 이르기까지 상당한 시간이 필요한 경우가 많으므로, 잠정적인 권리보호수단을 두지 않는다면 종국결정이 선고되더라도 그 실효성을 기대할 수 없게 되어 심판청구 당사자나 헌법질서에 회복하기 어려운 불이익을 야기할 수 있다. 이러한 상황은 결국 헌법의 규범력을 약화시켜 헌정질서에 위해를 초래하게 하므로, 그러한 위험성을 사전에 예방하기 위하여 잠정적인 긴급조치로서 가처분의 필요성이 인정된다. 이에 헌법재판소법에서는 권한쟁의심판(제65조)과 함께 정당해산심판에서 별도의 가처분 규정을 두고 있으며(제57조, 가처분조항), … (2) 정당활동의 자유와 한계 – 헌법 제8조 제1항은 정당설립의 자유를 명시하고 있는데, 정당의 자유에는 정당설립의 자유만이 아니라 정당활동의 자유도 포함된다. 정당활동의 자유 역시 헌법 제37조 제2항의 일반적 법률유보의 대상이 되고, 가처분조항은 이에 근거하여 정당활동의 자유를 제한하는 법률조항이다. 그러므로 가처분조항이 헌법의 수권 없는 법률의 규정으로 위헌이라는 청구인의 주장은 받아들일 수 없다. 다만 가처분조항이 정당활동의 자유를 제한할 수 있으므로, 가처분조항의 기본권 침해 여부를 판단함에 있어서는 과잉금지원칙을 준수했는지 여부가 심사기준이 된다. (3) 과잉금지원칙 위배 여부 ① 가처분은 종국결정의 실효성을 확보하고 잠정적인 권리 보호를 위해서 일정한 사전조치가 필요한 경우 헌법재판소가 하는 잠정적인 조치이다. 가처분은 회복할 수 없는 심각한 불이익의 발생을 예방하고 불가피한 공익목적을 달성하기 위해서 행해진다. 이와 같은 잠정적인 권리보호수단을 두지 않는다면, 종국결정이 선고되더라도 그 실효성이 없어 당사자나 헌법질서에 회복하기 어려운 불이익을 주는 경우가 있을 수 있다. 한편, 정당해산심판이 갖는 헌법보호라는 측면에 비추어 볼 때, 헌법질서의 유지·수호를 위해 일정한 요건 아래에서는 정당의 활동을 임시로 정지할 필요성이 있다. 따라서 가처분조항은 입법목적의 정당성 및 수단의 적정성이 인정된다. ② 정당해산심판에서 가처분 신청이 인용되기 위해서는 그 인용요건이 충족되어야 할 뿐만 아니라, 그 인용범위도 가처분의 목적인 종국결정의 실효성을 확보하고 헌법질서를 보호하기 위해 필요한 범위 내로 한정된다. 가처분조항에 따라 정당의 활동을 정지하는 결정을 하기 위해서는 정당해산심판제도의 취지에 비추어 헌법이 규정하고 있는 정당해산의 요건이 소명되었는지 여부 등에 관하여 신중하고 엄격한 심사가 이루어져야 한다. 나아가 가처분이 인용되더라도 종국결정 선고 시까지만 정당의 활동을 정지시키는 임시적이고 잠정적인 조치에 불과하므로, 정당활동의 자유를 형해화시킬 정도로 기본권 제한의 범위가 광범위하다고 볼 수 없다. 정당해산심판의 종국결정이 선고된 뒤 그 정당을 해산시킬 수 있다 하더라도, 이러한 사후조치만으로는 종국결정 이전에 발생할 수 있는 헌법질서에 대한 위험을 방지하기 어려워 헌법보호를 목적으로 하는 정당해산심판의 실효성을 담보할 수 없다. 또 사전적 조치인 가처분제도와 동등하거나 유사한 효과가 있는 덜 침해적인 사후적 수단이 존재한다고 볼 수도 없다. 따라서 가처분조항은 침해최소성의 요건도 충족하였다. ③ 가처분조항에 의해 달성될 수 있는 정당해산심판의 실효성 확보 및 헌법질서의 유지 및 수호라는 공익은, 정당해산심판의 종국결정 시까지 잠정적으로 제한되는 정당활동의 자유에 비하여 결코 작다고 볼 수 없으므로 법익균형성도 충족하였다. ④ 따라서 가처분조항은 과잉금지원칙에 위배하여 정당활동의 자유를 침해한다고 볼 수 없다. 5. 결론 – 가처분조항은 청구인의 정당활동의 자유를 침해하지 아니하므로, 청구인의 심판청구를 기각하기로 한다.

2. 가처분의 신청

(1) 신청권자, 직권에 의한 신청

즉 헌법재판소는 정당해산심판의 청구를 받은 때에는 직권 또는 청구인의 신청에 의하여 종국결정의 선고 시까지 피청구인(피소된 정당)의 활동을 정지하는 결정을 할 수 있다(동법 제57조).

(2) 신청내용

종국결정의 선고시까지 피청구인의 활동을 정지하는 결정이디(헌재법 제57조).

(3) 통지

헌법재판소장은 그 사실을 국회와 중앙선거관리위원회에 통지하여야 한다(헌재법 제58조 1항).

3. 가처분의 결정과 인용결정의 내용

(1) 가처분 인용(허용) 요건과 판단기준

앞서 헌법소원심판 등에서 살펴본 허용요건인 긴급성 등의 요건과 그 판단기준인 비교형량원칙 등을 적용할 수 있을 것이나 정당해산 심판과정에서의 가처분의 경우는 그 특수성에 따라 더 엄격하게 허용되어야 할 것이다. 헌재는 아래 판시에서 "정당의 활동을 정지하는 결정을 하기 위해서는 정당해산심판제도의 취지에 비추어 헌법이 규정하고 있는 정당해산의 요건이 소명되었는지 여부 등에 관하여 신중하고 엄격한 심사가 이루어져야 한다"라고 하는데 그렇다면 가처분의 허용 여부 요건이나 정당해산 요건이 같다는 것을 의미한다고 보는 입장인지 하는 검토가 필요한 판시라고 할 것이다.

판례 헌재 2014.2.27. 2014헌마7

[판시] 정당해산심판에서 가처분 신청이 인용되기 위해서는 그 인용요건이 충족되어야 할 뿐만 아니라, 그 인용범위도 가처분의 목적인 종국결정의 실효성을 확보하고 헌법질서를 보호하기 위해 필요한 범위 내로 한정된다. 가처분조항에 따라 정당의 활동을 정지하는 결정을 하기 위해서는 정당해산심판제도의 취지에 비추어 헌법이 규정하고 있는 정당해산의 요건이 소명되었는지 여부 등에 관하여 신중하고 엄격한 심사가 이루어져야 한다.

(2) 결정형식과 효과

신청요건을 갖추지 못한 경우에 각하결정을 한다. 반면, 신청요건을 갖춘 경우 가처분 본문제에 들어가 가처분을 받아들여야 할 이유(긴급성, 불이익을 비교향량했을 때 기각시 불이익이 더 클 경우 등이 있는 경우)가 있으면 인용결정을 하고, 그렇지 못하면 기각결정을 한다.

(3) 가처분인용시 통지 의무

가처분결정을 한 때에는 헌법재판소장은 가처분결정을 한 때에는 그 사실을 국회와 중앙선거관리위원회에 통지하여야 한다(동법 제58조 1항). 이는 국회에 원내교섭단체나 소속 의원들이 있을 수 있고 선거관리위원회가 정당에 관한 사무를 처리하는 기관으로(헌법 제114조 1항) 정당에 대한 국가보조금의 지급업무 등을 관장하므로 어느 정당에 대한 가처분결정이 있음을 인지하고 있어야 할 필요가 있기 때문이다.

(4) 가처분 인용결정의 내용

헌재법 제57조는 "종국결정의 선고 시까지 피청구인의 활동을 정지하는 결정"이라고 명시하고 있다. 활동정지 외의 내용에 관한 인용결정도 가능할 것이다.

4. 가처분신청에 대한 실제 결정례

정부는 통합진보당에 대한 정당활동정지가처분신청도 하였는데 헌재는 해산심판청구에 대한 종국결정을 한 날에 가처분신청에 대해서도 아래와 같은 기각결정을 한 바 있다. 이 결정은 별다른 이유를 명시하지 않았다. 정당해산심판이 처음 제소되었고 가처분신청도 처음으로 이루어졌으며 최초의 가처분기각결정이다.

판례 헌재 2014.12.19. 2013헌사907

[본안사건] 2013헌다1 통합진보당 해산 [신청인] 대한민국 정부 [피신청인] 통합진보당 [주문] 신청인의 신청을 기각한다. [이유] 이 사건 가처분신청은 이유 없으므로 주문과 같이 결정한다.

Ⅳ. 정당해산심판의 심리

1. 심리의 범위

헌재는 정당해산심판의 최초 사건인 통합진보당사건에서 심판의 대상에 대해 아래와 같이 판시하였는데 이에 따르면 ① 피청구인의 목적이나 활동이 민주적 기본질서에 위배되는지, ② 위배된다고 판단되면 피청구인에 대한 해산결정을 선고할 것인지 ③ 만약 해산결정을 선고할 경우 피청구인 소속 국회의원에 대한 의원직 상실을 선고할 것인지 여부라고 하였다.

판례 헌재 2014.12.19. 2013헌다1

[판시] 이 사건 심판의 대상은 피청구인의 목적이나 활동이 민주적 기본질서에 위배되는지, 피청구인에 대한 해산결정을 선고할 것인지 및 만약 해산결정을 선고할 경우 피청구인 소속 국회의원에 대한 의원직 상실을 선고할 것인지 여부이다.

2. 심리의 절차와 방식

(1) 심리의 원칙 - 구두변론

정당해산심판은 구두변론(口頭辯論)에 의한다(헌재법 제30조 1항). 재판부가 변론을 열 때에는 기일을 정하고 당사자와 관계인을 소환하여야 한다(헌재법 제30조 3항).

(2) 심리정족수

재판관 7명 이상의 출석으로 정당해산심판사건을 심리한다(헌재법 제23조 1항).

(3) 증거조사, 자료제출요구 등

재판부는 사건의 심리를 위하여 필요하다고 인정하는 경우에는 직권 또는 당사자의 신청에 의하여 당사자 또는 증인을 신문하는 일, 당사자 또는 관계인이 소지하는 문서·장부·물건 또는 그 밖의 증거자료의 제출을 요구하고 영치하는 일, 감증, 검증 등의 증거조사를 할 수 있다(헌재법 제31조 1항).

재판부는 결정으로 다른 국가기관 또는 공공단체의 기관에 대하여 심판에 필요한 사실을 조회하거나, 기록의 송부나 자료의 제출을 요구할 수 있으나 다만, 재판·소추 또는 범죄수사가 진행 중인 사건의 기록에 대하여는 송부를 요구할 수 없도록 하고 있다(헌재법 제32조).

3. 심판종료의 통지

정당해산심판이 종료한 때에는 헌법재판소장은 그 사실을 국회와 중앙선거관리위원회에 통지하여야 한다(헌재법 제58조 1항).

4. 준용규정

헌법재판소의 심판절차에 관하여는 헌재법에 특별한 규정이 있는 경우를 제외하고는 헌법재판의 성질에 반하지 아니하는 한도에서 민사소송에 관한 법령의 규정을 준용하도록 하고 있다(헌재법 제40조 1항).

(1) 준용대상 법령

헌법재판소의 심판절차에 관하여는 헌재법에 특별한 규정이 있는 경우를 제외하고는 헌법재판의 성질에 반하지 아니하는 한도에서 민사소송에 관한 법령을 준용한다(헌재법 제40조 1항).

(2) 준용의 조건

따라서 그 준용의 조건은 헌재법에 정당해산심판절차에 관한 특별한 규정이 없는 경우여야 하고 정당해산심판의 성질에 반하지 않아야 한다.

(3) 합헌성 인정

이 헌재법 제40조 제1항 준용조항은 탄핵심판, 권한쟁의심판, 헌법소원심판의 경우와 달리 정당해산심판의 경우 민사소송 법령 외에 함께 준용할 다른 법을 규정하고 있지 않다(탄핵심판의 경우에는 민사소송 법령 외에도 형사소송에 관한 법령을, 권한쟁의심판 및 헌법소원심판의 경우에는 민사소송 법령 외에도 행정소송법을 함께 준용하도록 하면서 정당해산심판의 경우에는 민사소송에 관한 법령만을 준용하도록 하고 있다). 정당해산심판은 정당에 대한 형벌과 유사하여 실체적 진실발견이 중요하고, 탄핵심판과도 그 절차적 성격이 비슷한데도 형사소송법을 준용하지 않아 피청구인에 불리하다는 등 이 준용조항이 공정한 재판을 받을 권리를 침해한다는 주장이 있었다. 그러나 헌재는 이 주장을 배척하고 합헌이라고 본다.

판례 헌재 2014.2.27. 2014헌마7

[청구인주장] 정당해산심판은 정당에 대한 형벌과 유사하여 실체적 진실발견이 중요하고, 탄핵심판과도 그 절차적 성격이 비슷하다. 그런데 준용조항은 탄핵심판의 경우와는 달리 정당해산심판절차에 관하여 특별한 규정이 있는 경우 외에는 민사소송에 관한 법령을 일반적으로 준용하도록 규정하고 있다. 이에 따라 헌법재판소가 정당해산심판의 성질에 반하지 않는다고 해석할 경우 사실인정과 증거에 관하여도 민사소송에 관한 법령이 준용된다. 그러나 이는 정당해산심판의 성질에 반할 뿐만 아니라, 적법절차원리 및 정당의 특권을 인정하는 헌법정신에 위배되어 청구인의 공정한 재판을 받을 권리를 침해한다.

[판시] ① 헌법재판소법이나 심판에 관한 규칙에 절차진행규정이 없어 헌법재판의 진행에 차질이 빚어질 경우 국민의 기본권을 보호하고 헌법질서를 유지하기 위한 헌법재판의 기능에 장애가 초래될 수 있다. 이에 준용조항은, 일정한 요건 아래 헌법재판소법 이외의 다른 법령을 준용하도록 하여 불충분한 절차진행 규정을 보완하고 원활한 정당해산심판 절차진행을 도모함으로써 신속하고 적정한 재판실현을 가능하게 하여 재판청구권을 보장하는 기능을 하므로, 입법목적의 정당성이 인정된다. ② 준용조항은 정당해산심판절차에 있어 다양한 절차법 중에서도 '민사소송에 관한 법령'을 준용할 수 있도록 규정하고 있다. 민사소송에 관한 법령은 민사소송뿐만 아니라, 형사소송과 행정소송 등 소송절차 일반에 널리 준용되는 일반 절차법으로서의 성격을 가지므로(형사소송법 제65조, 제477조, 행정소송법 제8조 제2항 등), 특별한 절차진행규정이 존재하지 않는 상황에서 다른 법령에 비해 더 광범위하게 절차 미비를 보완할 수 있다. 다만, 청구인의 주장과 같이 민사소송에 관한 법령보다는 형사소송에 관한 법령을 준용하도록 하는 것이 정당해산심판청구에서 청구인에게 유리한 측면이 있을 수 있다. 그러나 민사소송에 관한 법령 이외에 다른 절차법을 준용하는 것이 최선의 입법이라거나 당사자에게 항상 유리하다고 단정할 수 없다. 예컨대 형사소송에 관한 법령을 준용할 경우 압수와 수색 등 민사소송에 관한 법령을 준용할 경우 취할 수 없는 증거방법이 활용되는 등 오히려 청구인에게 불리한 경우도 있을 수 있다. 아울러 '헌법재판의 성질에 반하지 아니하는 한도'에서 민사소송에 관한 법령을 준용하도록 규정하여 정당해산심판의 고유한 성질에 반하지 않도록 적용범위를 한정하고 있는바, 여기서 '헌법재판의 성질에 반하지 않는' 경우란, 다른 절차법의 준용이 헌법재판의 고유한 성질을 훼손하지 않는 경우로 해석할 수 있고, 이는 헌법재판소가 당해 헌법재판이 갖는 고유의 성질·헌법재판과 일반재판의 목적 및 성격의 차이·준용 절차와 대상의 성격 등을 종합적으로 고려하여 구체적·개별적으로 판단할 수 있다. 따라서 준용조항은 청구인의 공정한 재판을 받을 권리를 침해한다고 볼 수 없다.

제3항 정당해산심판의 결정과 정당해산결정의 효력

Ⅰ. 정당해산심판결정의 유형

정부가 제소한 정당해산심판이 제소요건을 결여한 경우에는 각하결정을 한다. 제소요건을 갖추어 본안판단으로 들어간 뒤에는 본안결정으로 정부가 해산을 요구하는 정당의 목적이나 활동이 민주적 기본질서에 위배된다고 헌법재판소가 판단한 때에는 인용결정으로서 정당해산결정을 한다. 본안판단에서 해산사유가 존재하지 않는 등 청구가 이유가 없을 경우에는 기각결정을 한다.

Ⅱ. 정당해산결정(인용결정)

1. 정족수

정당해산의 결정에는 재판관 6명 이상의 찬성이 있어야 한다(헌법 제113조 1항, 헌재법 제23조 2항). 우리 헌재에 의한 최초의 정당해산심판사건인 통합진보당에 대한 정당해산심판에서 본안판단결과 8 : 1로 해산결정이 되었다(헌재 2014.12.19. 2013헌다1).

2. 주문형식과 소수의견의 표시

(1) 주문형식

우리 헌재가 정당해산심판사건에서 인용하는 정당해산결정으로 내리는 결정의 주문의 형식은 아래와 같다.

> 1. 피청구인 ○ ○ ○ 당을 해산한다.
> 2. 피청구인 소속 국회의원 ○○○, △△△, □□□는 의원직을 상실한다.

(2) 소수의견의 표시

정당해산심판에 관여한 재판관은 결정서에 의견을 표시하여야 한다(헌재법 제36조 3항). 따라서 정당해산심판의 결정에는 소수의견이 표시된다(이를 특별히 언급해 두는 것은 2006년에 이를 명시하는 법개정이 있었기 때문이기도 하다).

3. 결정서의 송달

정당해산을 명하는 결정서는 피청구인 외에 국회·정부 및 중앙선거관리위원회에도 이를 송달하여야 한다(헌재법 제58조 2항).

Ⅲ. 정당해산결정의 효력

1. 창설적 효력

정당의 해산을 명하는 결정이 선고된 때에는 그 정당은 해산된다(헌재법 제59조). 이처럼 정당해산결정이 선고된 때부터 당연히 정당이 해산되므로 헌법학자들은 정당해산결정이 창설적 효력을 가진다고 보고 중앙선거관리위원회가 아래에 보듯이 정당법 제47조에 따라 등록말소를 하고 공고를 할 때에 해산되는 것은 아니라고 본다. 이처럼 위 등록말소와 공고가 확인적 행위이고 그래서 헌재결정의 효력을 창설적이라고 한다. 따라서 이후 해산된 과거의 그 정당이 활동하면 헌재의 별도 후속의 결정 없이 행정조치로도 불법활동으로 금지시킬 수 있다.

2. 정당해산결정의 효과에 관한 정당법의 규정

헌법재판소의 정당해산결정의 효과에 관한 현행 정당법(政黨法)의 규정들은 아래와 같다.

(1) 등록의 말소, 공고

헌법재판소의 해산결정의 통지가 있을 때에는 당해 선거관리위원회는 그 정당의 등록을 말소하고 지체없이 그 뜻을 공고하여야 한다(정당법 제47조).

(2) 잔여재산 처분

헌법재판소의 해산결정에 의하여 해산된 정당의 잔여재산은 국고에 귀속한다(정당법 제48조 2항). 이러한 귀속에 관하여 필요한 사항은 중앙선거관리위원회규칙으로 정한다(정당법 제48조 3항).

(3) 대체정당의 금지

정당이 헌법재판소의 결정으로 해산된 때에는 해산된 정당의 강령(또는 기본정책)과 동일하거나 유사한 것으로 정당을 창당하지 못한다(정당법 제40조).

(4) 유사명칭 등 사용금지

헌법재판소의 결정에 의하여 해산된 정당의 명칭과 같은 명칭은 정당의 명칭으로 다시 사용하지 못한다(정당법 제41조 2항).

3. 소속 국회의원들의 의원직 자동상실 여부

(1) 논의점, 구 헌법의 예, 현황

헌법재판소의 해산결정을 받은 정당에 소속된 국회의원들은 그 해산결정으로 당연히 의원직을 상실하게 되는지 하는 문제가 있다. 우리나라 제3공화국 헌법하에서는 의원직이 상실된다고 규정하고 있었다(제3공화국 헌법 제38조). 그런데 현행 헌법은 이에 관한 명시적 규정이 없어서 논란이 있다. 자동상실된다는 견해와 그렇지 않다는 견해, 전국구의원의 경우에만 자동상실된다는 견해 등이 있다.

현행 공직선거법 제192조 제4항은 지역구국회의원뿐 아니라 전국구국회의원의 경우에도 소속정당의 해산결정을 의원직 상실의 사유로 규정하고 있지 않다. 이 조항의 해산은 자진해산을 전제로 한다고 보아 자동상실된다고 보는 것이 타당하다는 견해도 있다.

* **공직선거법 제192조** ④ 비례대표국회의원 또는 비례대표지방의회의원이 소속정당의 합당·해산 또는 제명외의 사유로 당적을 이탈·변경하거나 2 이상의 당적을 가지고 있는 때에는 「국회법」 제136조(퇴직) 또는 「지방자치법」 제78조(의원의 퇴직)의 규정에 불구하고 퇴직된다. 다만, 비례대표국회의원이 국회의장으로 당선되어 「국회법」 규정에 의하여 당적을 이탈한 경우에는 그러하지 아니하다.

(2) 헌재의 판례

헌재는 2014년 12월 19일 통합진보당에 대한 정당해산결정에서 소속 국회의원들의 경우에 대해서는 입장을 밝혔는데 아래 판시에서의 이유를 들어 국회의원직이 자동상실된다고 보고 주문에 소속 국회의원들의 국회의원직 상실을 명시하였다.

판례 헌재 2014.12.19. 2013헌다1

[주문] 1. 피청구인 통합진보당을 해산한다. 2. 피청구인 소속 국회의원 김○희, 김○연, 오○윤, 이○규, 이○기는 의원직을 상실한다. [판시] … 7. 피청구인 소속 국회의원의 의원직 상실 여부 – 헌법재판소의 해산결정으로 위헌정당이 해산되는 경우에 그 정당 소속 국회의원이 그 의원직을 유지하는지 상실하는지에 대하여 헌법이나 법률에 명문의 규정이 없다. 하지만 아래에서 보는 바와 같은 이유로 피청구인 소속 국회의원은 모두 그 의원직이 상실되어야 한다. 가. 국회의원의 국민대표성과 정당기속성 (1) 국회의원은 어느 누구의 지시나 간섭을 받지 않고 국가이익을 우선하여 자신의 양심에 따라 직무를 행하는 국민 전체의 대표자로서 활동을 하는 한편(헌법 제46조 제2항 참조), 현대 정당민주주의의 발전과 더불어 현실적으로 소속 정당의 공천을 받아 소속 정당의 지원이나 배경 아래 당선되고 당원의 한 사람으로서 사실상 정치의사 형성에 대한 정당의 규율이나 당론 등에 영향을 받아 정당의 이념을 대변하는 지위도 함께 가지게 되었다. (2) 공직선거법 제192조 제4항은 비례대표 국회의원에 대하여 소속 정당의 '해산' 등 이외의 사유로 당적을 이탈하는 경우 퇴직된다고 규정하고 있는데, 이 규정의 의미는 정당이 스스로 해산하는 경우에 비례대표 국회의원은 퇴직되지 않는다는 것으로서, 국회의원의 국민대표성과 정당기속성 사이의 긴장관계를 적절하게 조화시켜 규율하고 있다. 나. 정당해산심판제도의 본질적 효력과 의원직 상실 여부 (1) 헌법재판소의 해산결정에 따른 정당의 강제해산의 경우에는 그 정당 소속 국회의원이 그 의원직을 상실하는지 여부에 관하여 헌법이나 법률에 아무런 규정을 두고 있지 않다. 따라서 위헌으로 해산되는 정당 소속 국회의원의 의원직 상실 여부는 위헌정당해산제도의 취지와 그 제도의 본질적 효력에 비추어 판단하여야 한다. (2) 정당해산심판제도의 본질은 그 목적이나 활동이 민주적 기본질서에 위배되는 정당을 국민의 정치적 의사 형성과정에서 미리 배제함으로써 국민을 보호하고 헌법을 수호하기 위한 것이다. 어떠한 정당을 엄격한 요건 아래 위헌정당으로 판단하여 해산을 명하는 것은 헌법을 수호한다는 방어적 민주주의 관점에서 비롯되는 것이고, 이러한 비상상황에서는 국회의원의 국민대표성은 부득이 희생될 수밖에 없다. (3) 국회의원이 국민 전체의 대표자로서의 지위를 가진다는 것과 방어적 민주주의의 정신이 논리 필연적으로 충돌하는 것이 아닐 뿐 아니라, 국회의원이 헌법기관으로서 정당기속과 무관하게 국민의 자유위임에 따라 정치활동을 할 수 있는 것은 헌법의 테두

리 안에서 우리 헌법이 추구하는 민주적 기본질서를 존중하고 실현하는 경우에만 가능한 것이지, 헌법재판소의 해산결정에도 불구하고 그 정당 소속 국회의원이 위헌적인 정치이념을 실현하기 위한 정치활동을 계속하는 것까지 보호받을 수는 없다. (4) 만일 해산되는 위헌정당 소속 국회의원들이 의원직을 유지한다면 그 정당의 위헌적인 정치이념을 정치적 의사 형성과정에서 대변하고 또 이를 실현하려는 활동을 계속하는 것을 허용함으로써 실질적으로는 그 정당이 계속 존속하여 활동하는 것과 마찬가지의 결과를 가져오게 될 것이다. 따라서 해산정당 소속 국회의원의 의원직을 상실시키지 않는 것은 결국 위헌정당해산제도가 가지는 헌법수호의 기능이나 방어적 민주주의 이념과 원리에 어긋나는 것이고, 나아가 정당해산결정의 실효성을 제대로 확보할 수 없게 된다. (5) 이와 같이 헌법재판소의 해산결정으로 해산되는 정당 소속 국회의원의 의원직 상실은 정당해산심판제도의 본질로부터 인정되는 기본적 효력으로 봄이 상당하므로, 이에 관하여 명문의 규정이 있는지 여부는 고려의 대상이 되지 아니하고, 그 국회의원이 지역구에서 당선되었는지, 비례대표로 당선되었는지에 따라 아무런 차이가 없이, 정당해산결정으로 인하여 신분유지의 헌법적인 정당성을 잃으므로 그 의원직은 상실되어야 한다. 다. 소결 – 그러므로 정당해산심판제도의 본질적 효력에 따라, 그리고 정당해산결정의 취지와 목적을 실효적으로 확보하기 위하여, 피청구인 소속 국회의원들에 대하여 모두 그 의원직을 상실시키기로 한다. 8. 결론 가. 그렇다면 피청구인의 해산을 명하고, 피청구인 소속 국회의원들 모두의 국회의원직을 상실시키기로 하여 주문과 같이 결정한다. …

(3) 판례 분석

ⅰ) 헌재는 논리전개에서 공직선거법 제192조 제4항이 자진해산의 경우에만 해당되고 따라서 강제해산의 경우에는 규율하는 규정이 없다는 점을 지적한다. 먼저 이렇게 법률 규정의 유무에 따라 판단할 것인지부터 검토되어야 한다. 또 위 공직선거법규정이 그냥 '해산'이라고 규정하고 있는데 헌재는 자진해산만 해당되고 강제해산을 제외한다고 해석하는 것은 법규정 문언 자체를 벗어난, 해석한계를 벗어난 것이 아닌가 논란된다. 한편 위 결정에서 소속 지방의회의원들의 지방의회의원직은 상실시키지 않아 논란되었는데 중앙선거관리위원회가 상실시키자 행정소송이 제기되었다. ⅱ) 기속위임금지에 예외를 두어가면서까지 위와 같은 논증을 할 것인지 하는 회의는 기속위임금지원칙이 헌법적 원칙(헌법 제46조 2항)이기 때문임은 물론이다. 아무리 선의라고 하더라도 헌법원칙의 예외를 인정하면 그 원칙의 포기를 가져오게 할 수도 있다. ⅲ) 해산결정이 내려진 정당 소속 의원들이 위헌활동을 하여 위헌정당으로 되었을 연관성이 높은 것은 사실일 수 있으나 국회에 의한 자격심사, 제명에 의해 판별하도록 하는 것이 법논리적이라 할 것이다. 위에 인용하지는 않았으나 헌재는 인용된 위 판시 바로 이전 부분인 '6. 피청구인의 해산 여부, 나. 비례의 원칙에 위배되는지 여부' 제목 하에 피해의 최소성, 즉 다른 대안적 수단이 존재하는지에 대해 따지는 판시에서 제명제도에 대해 "그 동안의 역사적 경험에 비추어 볼 때 이 역시 기대하기 어렵다"라고 판시하고 있다. 그런데 왜 기대하기 어렵다는 것인지 논리적 설명이 없다. 더구나 사안은 소수당이 위헌정당으로 결정이 났는데 왜 국회의 나머지 정당들이 다수파인데 위헌정당으로 결정된 당의 소속 의원들을 국회에서 제명하는 것이 어려운 것인지 설명이 필요하다. ⅳ) 헌법개정제안 - 위헌정당에 대해 그 소속 의원

들도 위헌활동을 한 것이고 앞으로 위헌활동을 할 가능성이 있으므로 이를 방지하고자 소속 정당이 위헌정당으로 강제해산결정된 다음에야 정당기속을 인정하고 자동으로 의원활동을 상실시킬 필요가 있다면 이는 기속금지라는 헌법적 원칙을 깨트리는 것이므로 이에 대한 헌법규정을 개정으로 삽입한다면 논란이 없어질 수 있다. 통진당결정 이전에 자동상실을 헌법에 규정하자는 개헌안으로 2014년 국회 헌법개정자문위원회가 "헌법재판소의 심판에 따라 해산된 정당 소속 국회의원은 의원직을 상실하며, 그 밖의 해산 결정의 효력은 법률로 정한다"라고 개정하자고 제안한 바 있다.[1)]

4. 결정의 집행

정당의 해산을 명하는 헌법재판소의 결정은 중앙선거관리위원회가 정당법에 따라 집행한다(헌재법 제60조).

5. 효력 문제로서 재심의 인정

정당해산결정에 대하여 재심이 허용되는지 여부에 대해 헌재는 이를 긍정한다. 이는 통합진보당에 대한 해산결정이 있은 후 제기된 재심청구사건의 결정에서 헌재가 명백히한 것이다. 이 사건에서 재심청구인은 재심사유로서 재심대상결정은 내란음모 등 형사사건에서 지하혁명조직 및 내란음모행위의 존재를 전제로 하고 있는데, 대법원이 2014도10978 판결에서 지하혁명조직의 존재와 내란음모죄의 성립을 모두 부정하였으므로, 재심대상결정은 판결의 기초된 재판이 다른 재판에 따라 바뀐 경우에 해당한다고 주장하였고 재심대상결정에서 소속 국회의원의 의원직을 상실시킨 것이 위법하다거나 재심대상결정 중 경정 대상이 아닌 내용을 경정한 것이 위법하다고 주장하였다. 헌재는 정당해산결정에서 재심이 가능함을 긍정하고 이 재심절차에서 원칙적으로 민사소송법 규정이 준용된다고 하면서 그러나 위 청구사유가 민사소송법 제451조 제1항의 어느 재심사유에도 해당하지 않는다고 하여 청구를 각하하는 아래와 같은 결정을 하였다.

판례 헌재 2016. 5. 26. 2015헌아20

[결정요지] (1) 정당해산심판은 원칙적으로 해당 정당에게만 그 효력이 미치며, 정당해산결정은 대체정당이나 유사정당의 설립까지 금지하는 효력을 가지므로 오류가 드러난 결정을 바로잡지 못한다면 장래 세대의 정치적 의사결정에까지 부당한 제약을 초래할 수 있다. 따라서 정당해산심판절차에서는 재심을 허용하지 아니함으로써 얻을 수 있는 법적 안정성의 이익보다 재심을 허용함으로써 얻을 수 있는 구체적 타당성의 이익이 더 크므로 재심을 허용하여야 한다. 한편, 이 재심절차에서는 원칙적으로 민사소송법의 재심에 관한 규정이 준용된다. (2) (가) 재심대상결정의 심판대상은 재심청구인의 목적이나 활동이 민주적 기본질서에 위배되는지, 재심청구인에 대한 정당해산결정을 선고할 것인지, 정당해산결정을 할 경우 그 소속 국회의원에 대하여 의원직 상실을 선고할 것인지 여부이다. 내란음모 등 형사사건에서

1) 2014 국회 헌법개정자문위원회, 최종결과보고서 1권, 25면.

내란음모 혐의에 대한 유·무죄 여부는 재심대상결정의 심판대상이 아니었고 논리적 선결문제도 아니다. 따라서 이○기 등에 대한 내란음모 등 형사사건에서 대법원이 지하혁명조직의 존재와 내란음모죄의 성립을 모두 부정하였다 해도, 재심대상결정에 민사소송법 제451조 제1항 제8호의 재심사유가 있다고 할 수 없다. (나) 재심대상결정에서 소속 국회의원의 의원직을 상실시킨 것이 위법하다거나 재심대상결정 중 경정 대상이 아닌 내용을 경정한 것이 위법하다는 주장은, 재심대상결정이 사실을 잘못 인정하였거나 법리를 오해한 위법이 있다는 것에 불과하므로 민사소송법 제451조 제1항의 어느 재심사유에도 해당하지 않는다.

6. 해산결정례 - 통합진보당 해산결정

헌재는 우리나라 최초의 정당해산심판의 청구이자 그 본안결정인 통합진보당에 대한 심판사건에서 아래와 같이 해산결정을 내린 바 있다.

판례 헌재 2014.12.19. 2013헌다1

[주문] 1. 피청구인 통합진보당을 해산한다. 2. 피청구인 소속 국회의원 김○희, 김○연, 오○윤, 이○규, 이○기는 의원직을 상실한다. [결정요지] * 필자 주 : 이 결정의 요지가 헌재판례집에 수록되어 있는데 그 요지 자체도 길다. 요약하면 헌재는 먼저 정당해산심판에서의 심사기준(위에서 살펴봄)을 적용하면서 통합진보당사건에서 구체적 위험성을 초래하였다고 판단하고 해산결정은 비례의 원칙에 어긋나지 않는다고 보아 해산결정을 하였다. 아래에 헌재판례집에 수록된 요지를 인용한다. [헌재판례집 수록 결정요지] 피청구인의 해산 여부 (가) 피청구인의 목적이나 활동이 민주적 기본질서에 위배되는지 여부(적극) – (1) 피청구인이 추구하는 가치 내지 이념적 지향점은 '진보적 민주주의'다. 그런데 '진보적 민주주의'의 개념은 시대적 상황 등에 따라 다양하게 해석되어 왔고, 정당이 추구하는 바는 사실상 정당을 주도적으로 이끄는 세력의 이념적 성향 및 지향점과 상통할 수밖에 없으므로, 피청구인이 추구하는 '진보적 민주주의'의 진정한 의미를 파악하기 위해서는 강령 등의 문언적 의미 외에 그 도입경위, 현재 피청구인을 주도하고 있는 세력의 이에 대한 인식 및 이념적 지향점이 무엇인지를 살펴볼 필요가 있다. 피청구인은 민주노동당과 국민참여당, 그리고 진보신당에서 탈당한 당원들로 구성된 '새로운 진보정당 건설을 위한 통합연대'가 통합하여 창당되었는데, '민주주의민족통일전국연합' 내 지역조직이었던 경기동부연합, 부산울산연합, 광주전남연합 등을 대표하는 이른바 자주파 계열의 사람들이 진보적 민주주의 도입을 주장하거나 지지하였고, 피청구인 창당도 주도하였다. 진보적 민주주의의 실현을 추구하는 경기동부연합과 광주전남연합, 부산울산연합의 주요 구성원 및 이들과 이념적 지향점을 같이하는 당원들(이하 '피청구인 주도세력'이라 한다)은 국민참여당계 등 자신들을 견제하던 세력들이 비례대표 부정경선 사건 및 중앙위원회 폭력 사건 등을 원인으로 탈당한 후 그들의 방침대로 당직자 결정 등 주요 사안을 결정하면서 당을 주도하여 왔는데, 과거 민족민주혁명당, 남북공동선언실천연대, 일심회 등에서 주체사상을 지도이념으로 하여 활동한 사람들을 주축으로 한 피청구인 주도세력의 형성과정, 대북자세, 활동경력, 이념적 동일성 등을 종합해 볼 때, 피청구인 주도세력은 북한을 추종하고 있다. 피청구인 주도세력이 피청구인의 강령상 '진보적 민주주의'를 어떻게 인식하고 이해하고 있는지를 살펴보건대, 피청구인 주도세력은 우리 사회를 외세에 예속된, 천민적 자본주의 또는 식민지반자본주의사회로 보고, 이러한 모순이 국가의 주권을 말살하고 민중들의 삶을 궁핍에 빠뜨리고 있다고 주장하면서 새로운 대안체제이자 사회주의로 이행하기 위한 과도기 단계로서 '진보적 민주주의 체제'를 제시하고 있다. 피청구인 주도세력은 강령적 과제로 민족자주(자주), 민주주의(민주), 민족화해(통일)를 제시하면서, 최종적인 강령적 과제인 연방제 통일을 통한 사회주의 실현을 위해서는 먼저 남한에서 민중민주주의변혁이 이루어져야 하고, 이러한 '통일'과 '민주'라는 과제를 달성하기 위해서는 '자주'를 선차적으로 달성해야 한다고

인식하고 있다. 그리고 피청구인 주도세력은 진보적 민주주의 실현방안으로 선거에 의한 집권과 저항권에 의한 집권을 설정하면서, 필요한 때에는 폭력을 행사하여 기존의 우리 자유민주주의 체제를 전복하고 새로운 진보적 민주주의 체제를 구축하여 집권할 수 있다고 한다. 이를 종합하면, 피청구인 주도세력의 강령상 목표는 1차적으로 폭력에 의하여 진보적 민주주의를 실현하고, 이를 기초로 통일을 통하여 최종적으로는 사회주의를 실현하는 것이다. (2) 한편 피청구인 소속 국회의원 이○기를 비롯한 ○○연합의 주요 구성원들은 2013. 5. 10. 및 5. 12., 당시 정세를 전쟁 국면으로 인식하고 그 수장인 이○기의 주도 하에 전쟁 발발시 북한에 동조하여 대한민국 내 국가기간시설의 파괴, 무기 제조 및 탈취, 통신 교란 등 폭력을 실행하고자 내란관련 회합들을 개최하였는데, 위 회합들의 개최 경위, 참석자들의 피청구인 당내 지위, 이 사건에 대한 피청구인의 옹호 태도 등을 종합할 때, 위 회합들은 피청구인의 활동으로 귀속된다. 또한 비례대표 부정경선, 중앙위원회 폭력 사건 및 관악을 지역구 여론조작 사건은 피청구인의 당원들이 토론과 표결에 기반하지 않고 폭력적 수단으로 자신들이 지지하는 후보의 당선을 관철시키려 한 것으로서 당내 민주적 의사형성을 왜곡하고 선거제도를 형해화하여 민주주의 원리를 훼손하는 것이다. (3) 앞서 본 바와 같이, 피청구인 주도세력은 폭력에 의하여 진보적 민주주의를 실현하고 이를 기초로 통일을 통하여 최종적으로 사회주의를 실현한다는 목적을 가지고 있다. 피청구인 주도세력은 북한을 추종하고 있고, 그들이 주장하는 진보적 민주주의는 북한의 대남혁명전략과 거의 모든 점에서 전체적으로 같거나 매우 유사하다. 한편 피청구인 주도세력은 민중민주주의 변혁론에 따라 혁명을 추구하면서 북한의 입장을 옹호하고 대한민국의 정통성을 부정하고 있는데, 이러한 경향은 위와 같은 내란관련 사건에서 극명하게 드러났다. 위와 같은 사정과 피청구인 주도세력이 피청구인을 장악하고 있음에 비추어 그들의 목적과 활동은 피청구인의 목적과 활동으로 귀속되는 점 등을 종합하여 보면, 피청구인의 진정한 목적과 활동은 1차적으로 폭력에 의하여 진보적 민주주의를 실현하고 최종적으로는 북한식 사회주의를 실현하는 것으로 판단된다. (4) 피청구인이 추구하는 북한식 사회주의 체제는 조선노동당이 제시하는 정치 노선을 절대적인 선으로 받아들이고 그 정당의 특정한 계급노선과 결부된 인민민주주의 독재방식과 수령론에 기초한 1인 독재를 통치의 본질로 추구하는 점에서 민주적 기본질서와 근본적으로 충돌한다. 또한 피청구인은 진보적 민주주의를 실현하기 위해서는 전민항쟁 등 폭력을 행사하여 자유민주주의체제를 전복할 수 있다고 하는데 이 역시 민주적 기본질서에 정면으로 저촉된다. 한편 내란관련 사건, 비례대표 부정경선 사건, 중앙위원회 폭력 사건 및 관악을 지역구 여론조작 사건 등 피청구인의 활동들은 내용적 측면에서는 국가의 존립, 의회제도, 법치주의 등을 부정하는 것이고, 수단이나 성격의 측면에서는 자신의 의사를 관철하기 위해 폭력 등을 적극적으로 사용하여 민주주의 이념에 반하는 것이다. 내란관련 사건 등 앞서 본 피청구인의 여러 활동들은 그 경위, 양상, 피청구인 주도세력의 성향, 구성원의 활동에 대한 피청구인의 태도 등에 비추어 보면, 피청구인의 진정한 목적에 기초하여 일으킨 것으로서, 향후 유사상황에서 반복될 가능성이 크다. 더욱이 피청구인이 폭력에 의한 집권 가능성을 인정하고 있는 점에 비추어 피청구인의 여러 활동들은 민주적 기본질서에 대해 실질적인 해악을 끼칠 구체적 위험성이 발현된 것으로 보인다. 특히 내란관련 사건에서 피청구인 주도세력이 북한에 동조하여 대한민국의 존립에 위해를 가할 수 있는 방안을 구체적으로 논의한 것은 피청구인의 진정한 목적을 단적으로 드러낸 것으로서, 표현의 자유의 한계를 넘어 민주적 기본질서에 대한 구체적 위험성을 배가한 것이다. 결국 피청구인의 위와 같은 진정한 목적이나 그에 기초한 활동은 우리 사회의 민주적 기본질서에 대해 실질적 해악을 끼칠 수 있는 구체적 위험성을 초래하였다고 판단되므로, 민주적 기본질서에 위배된다.

(나) 피청구인에 대한 해산결정이 비례원칙에 위배되는지 여부(소극) — 북한식 사회주의를 실현하고자 하는 피청구인의 목적과 활동에 내포된 중대한 위헌성, 대한민국 체제를 파괴하려는 북한과 대치하고 있는 특수한 상황, 피청구인 구성원에 대한 개별적인 형사처벌로는 정당 자체의 위험성이 제거되지 않는 등 해산 결정 외에는 피청구인의 고유한 위험성을 제거할 수 있는 다른 대안이 없는 점, 그리고 민

주적 기본질서의 수호와 민주주의의 다원성 보장이라는 사회적 이익이 정당해산결정으로 인한 피청구인의 정당활동의 자유에 대한 근본적 제약이나 다원적 민주주의에 대한 일부 제한이라는 불이익에 비하여 월등히 크고 중요하다는 점을 고려하면, 피청구인에 대한 해산결정은 민주적 기본질서에 가해지는 위험성을 실효적으로 제거하기 위한 부득이한 해법으로서 비례원칙에 위배되지 아니한다.

(다) 피청구인의 해산 ─ 위에서 본 바와 같이 피청구인의 목적이나 활동이 민주적 기본질서에 위배되고, 피청구인의 목적과 활동에 내포된 위헌적 성격의 중대성과 대한민국이 처해 있는 특수한 상황 등에 비추어 피청구인의 위헌적 문제성을 해결할 수 있는 다른 대안적 수단이 없으며, 정당해산결정으로 초래되는 불이익보다 이를 통하여 얻을 수 있는 사회적 이익이 월등히 커서 피청구인에 대하여 해산결정을 해야 할 사회적 필요성(법익 형량)도 있다고 인정된다. 따라서 피청구인은 해산되어야 한다.

대한민국헌법 * 헌법재판 관련 부분 발췌

제2장 국민의 권리와 의무

제10조 모든 국민은 인간으로서의 존엄과 가치를 가지며, 행복을 추구할 권리를 가진다. 국가는 개인이 가지는 불가침의 기본적 인권을 확인하고 이를 보장할 의무를 진다.

제5장 법원

제101조 ① 사법권은 법관으로 구성된 법원에 속한다.

② 법원은 최고법원인 대법원과 각급법원으로 조직된다.

③ 법관의 자격은 법률로 정한다.

제102조 ① 대법원에 부를 둘 수 있다.

② 대법원에 대법관을 둔다. 다만, 법률이 정하는 바에 의하여 대법관이 아닌 법관을 둘 수 있다.

③ 대법원과 각급법원의 조직은 법률로 정한다.

제103조 법관은 헌법과 법률에 의하여 그 양심에 따라 독립하여 심판한다.

제104조 ① 대법원장은 국회의 동의를 얻어 대통령이 임명한다.

② 대법관은 대법원장의 제청으로 국회의 동의를 얻어 대통령이 임명한다.

③ 대법원장과 대법관이 아닌 법관은 대법관회의의 동의를 얻어 대법원장이 임명한다.

제105조 ① 대법원장의 임기는 6년으로 하며, 중임할 수 없다.

② 대법관의 임기는 6년으로 하며, 법률이 정하는 바에 의하여 연임할 수 있다.

③ 대법원장과 대법관이 아닌 법관의 임기는 10년으로 하며, 법률이 정하는 바에 의하여 연임할 수 있다.

④ 법관의 정년은 법률로 정한다.

제106조 ① 법관은 탄핵 또는 금고 이상의 형의 선고에 의하지 아니하고는 파면되지 아니하며, 징계처분에 의하지 아니하고는 정직·감봉 기타 불리한 처분을 받지 아니한다.

② 법관이 중대한 심신상의 장해로 직무를 수행할 수 없을 때에는 법률이 정하는 바에 의하여 퇴직하게 할 수 있다.

제107조 ① 법률이 헌법에 위반되는 여부가 재판의 전제가 된 경우에는 법원은 헌법재판소에 제청하여 그 심판에 의하여 재판한다.

② 명령·규칙 또는 처분이 헌법이나 법률에 위반되는 여부가 재판의 전제가 된 경우에는 대법원은 이를 최종적으로 심사할 권한을 가진다.

③ 재판의 전심절차로서 행정심판을 할 수 있다. 행정심판의 절차는 법률로 정하되, 사법절차가 준용되어야 한다.

제108조 대법원은 법률에 저촉되지 아니하는 범위안에서 소송에 관한 절차, 법원의 내부규율과 사무처리에 관한 규칙을 제정할 수 있다.

제109조 재판의 심리와 판결은 공개한다. 다만, 심리는 국가의 안전보장 또는 안녕질서를 방해하거나 선량한 풍속을 해할 염려가 있을 때에는 법원의 결정으로 공개하지 아니할 수 있다.

제110조 ① 군사재판을 관할하기 위하여 특별법원으로서 군사법원을 둘 수 있다.

② 군사법원의 상고심은 대법원에서 관할한다.

③ 군사법원의 조직·권한 및 재판관의 자격은 법률로 정한다.

④ 비상계엄하의 군사재판은 군인·군무원의 범죄나 군사에 관한 간첩죄의 경우와 초병·초소·유독음식물공급·포로에 관한 죄중 법률이 정한 경우에 한하여 단심으로 할 수 있다. 다만, 사형을 선고한 경우에는 그러하지 아니하다.

제6장 헌법재판소

제111조 ① 헌법재판소는 다음 사항을 관장한다.

1. 법원의 제청에 의한 법률의 위헌여부 심판
2. 탄핵의 심판
3. 정당의 해산 심판
4. 국가기관 상호간, 국가기관과 지방자치단체간 및 지방자치단체 상호간의 권한쟁의에 관한 심판
5. 법률이 정하는 헌법소원에 관한 심판

② 헌법재판소는 법관의 자격을 가진 9인의 재판관으로 구성하며, 재판관은 대통령이 임명한다.

③ 제2항의 재판관중 3인은 국회에서 선출하는 자를, 3인은 대법원장이 지명하는 자를 임명한다.

④ 헌법재판소의 장은 국회의 동의를 얻어 재판관중에서 대통령이 임명한다.

제112조 ① 헌법재판소 재판관의 임기는 6년으로 하며, 법률이 정하는 바에 의하여 연임할 수 있다.

② 헌법재판소 재판관은 정당에 가입하거나 정치에 관여할 수 없다.

③ 헌법재판소 재판관은 탄핵 또는 금고 이상의 형의 선고에 의하지 아니하고는 파면되지 아니한다.

제113조 ① 헌법재판소에서 법률의 위헌결정, 탄핵의 결정, 정당해산의 결정 또는 헌법소원에 관한 인용결정을 할 때에는 재판관 6인 이상의 찬성이 있어야 한다.

② 헌법재판소는 법률에 저촉되지 아니하는 범위안에서 심판에 관한 절차, 내부규율과 사무처리에 관한 규칙을 제정할 수 있다.

③ 헌법재판소의 조직과 운영 기타 필요한 사항은 법률로 정한다.

헌법재판소법

[시행 2020. 12. 10] [법률 제17469호, 2020. 6. 9, 일부개정]

제1장 총칙 〈개정 2011. 4. 5.〉

제1조(목적) 이 법은 헌법재판소의 조직 및 운영과 그 심판절차에 관하여 필요한 사항을 정함을 목적으로 한다.

[전문개정 2011. 4. 5.]

제2조(관장사항) 헌법재판소는 다음 각 호의 사항을 관장한다.

1. 법원의 제청(提請)에 의한 법률의 위헌(違憲) 여부 심판
2. 탄핵(彈劾)의 심판
3. 정당의 해산심판
4. 국가기관 상호간, 국가기관과 지방자치단체 간 및 지방자치단체 상호간의 권한쟁의(權限爭議)에 관한 심판
5. 헌법소원(憲法訴願)에 관한 심판

[전문개정 2011. 4. 5.]

제3조(구성) 헌법재판소는 9명의 재판관으로 구성한다.

[전문개정 2011. 4. 5.]

제4조(재판관의 독립) 재판관은 헌법과 법률에 의하여 양심에 따라 독립하여 심판한다.

[전문개정 2011. 4. 5.]

제5조(재판관의 자격) ① 재판관은 다음 각 호의 어느 하나에 해당하는 직(職)에 15년 이상 있던 40세 이상인 사람 중에서 임명한다. 다만, 다음 각 호 중 둘 이상의 직에 있던 사람의 재직기간은 합산한다.

1. 판사, 검사, 변호사
2. 변호사 자격이 있는 사람으로서 국가기관, 국영·공영 기업체, 「공공기관의 운영에 관한 법률」 제4조에 따른 공공기관 또는 그 밖의 법인에서 법률에 관한 사무에 종사한 사람
3. 변호사 자격이 있는 사람으로서 공인된 대학의 법률학 조교수 이상의 직에 있던 사람

② 다음 각 호의 어느 하나에 해당하는 사람은 재판관으로 임명할 수 없다. <개정 2020. 6. 9.>

1. 다른 법령에 따라 공무원으로 임용하지 못하는 사람
2. 금고 이상의 형을 선고받은 사람
3. 탄핵에 의하여 파면된 후 5년이 지나지 아니한 사람
4. 「정당법」 제22조에 따른 정당의 당원 또는 당원의 신분을 상실한 날부터 3년이 경과되지 아니한 사람
5. 「공직선거법」 제2조에 따른 선거에 후보자(예비후보자를 포함한다)로 등록한 날부터 5년이 경과되지 아니한 사람
6. 「공직선거법」 제2조에 따른 대통령선거에서 후보자의 당선을 위하여 자문이나 고문의 역할을 한 날부터 3년이 경과되지 아니한 사람

③ 제2항제6호에 따른 자문이나 고문의 역할을 한 사람의 구체적인 범위는 헌법재판소규칙으로 정한다. <신설 2020. 6. 9.>

[전문개정 2011. 4. 5.]

제6조(재판관의 임명) ① 재판관은 대통령이 임명

한다. 이 경우 재판관 중 3명은 국회에서 선출하는 사람을, 3명은 대법원장이 지명하는 사람을 임명한다.

② 재판관은 국회의 인사청문을 거쳐 임명·선출 또는 지명하여야 한다. 이 경우 대통령은 재판관(국회에서 선출하거나 대법원장이 지명하는 사람은 제외한다)을 임명하기 전에, 대법원장은 재판관을 지명하기 전에 인사청문을 요청한다.

③ 재판관의 임기가 만료되거나 정년이 도래하는 경우에는 임기만료일 또는 정년도래일까지 후임자를 임명하여야 한다.

④ 임기 중 재판관이 결원된 경우에는 결원된 날부터 30일 이내에 후임자를 임명하여야 한다.

⑤ 제3항 및 제4항에도 불구하고 국회에서 선출한 재판관이 국회의 폐회 또는 휴회 중에 그 임기가 만료되거나 정년이 도래한 경우 또는 결원된 경우에는 국회는 다음 집회가 개시된 후 30일 이내에 후임자를 선출하여야 한다.

[전문개정 2011. 4. 5.]

제7조(재판관의 임기) ① 재판관의 임기는 6년으로 하며, 연임할 수 있다.

② 재판관의 정년은 70세로 한다. <개정 2014. 12. 30.>

[전문개정 2011. 4. 5.]

제8조(재판관의 신분 보장) 재판관은 다음 각 호의 어느 하나에 해당하는 경우가 아니면 그 의사에 반하여 해임되지 아니한다.

1. 탄핵결정이 된 경우
2. 금고 이상의 형을 선고받은 경우

[전문개정 2011. 4. 5.]

제9조(재판관의 정치 관여 금지) 재판관은 정당에 가입하거나 정치에 관여할 수 없다.

[전문개정 2011. 4. 5.]

제10조(규칙 제정권) ① 헌법재판소는 이 법과 다른 법률에 저촉되지 아니하는 범위에서 심판에 관한 절차, 내부 규율과 사무처리에 관한 규칙을 제정할 수 있다.

② 헌법재판소규칙은 관보에 게재하여 공포한다.

[전문개정 2011. 4. 5.]

제10조의2(입법 의견의 제출) 헌법재판소장은 헌법재판소의 조직, 인사, 운영, 심판절차와 그 밖에 헌법재판소의 업무와 관련된 법률의 제정 또는 개정이 필요하다고 인정하는 경우에는 국회에 서면으로 그 의견을 제출할 수 있다.

[전문개정 2011. 4. 5.]

제11조(경비) ① 헌법재판소의 경비는 독립하여 국가의 예산에 계상(計上)하여야 한다.

② 제1항의 경비 중에는 예비금을 둔다.

[전문개정 2011. 4. 5.]

제2장 조직 〈개정 2011. 4. 5.〉

제12조(헌법재판소장) ① 헌법재판소에 헌법재판소장을 둔다.

② 헌법재판소장은 국회의 동의를 받아 재판관 중에서 대통령이 임명한다.

③ 헌법재판소장은 헌법재판소를 대표하고, 헌법재판소의 사무를 총괄하며, 소속 공무원을 지휘·감독한다.

④ 헌법재판소장이 궐위(闕位)되거나 부득이한 사유로 직무를 수행할 수 없을 때에는 다른 재판관이 헌법재판소규칙으로 정하는 순서에 따라 그 권한을 대행한다.

[전문개정 2011. 4. 5.]

제13조 삭제 〈1991. 11. 30.〉

제14조(재판관의 겸직 금지) 재판관은 다음 각 호의 어느 하나에 해당하는 직을 겸하거나 영리를 목적으로 하는 사업을 할 수 없다.

1. 국회 또는 지방의회의 의원의 직
2. 국회·정부 또는 법원의 공무원의 직

3. 법인·단체 등의 고문·임원 또는 직원의 직
[전문개정 2011. 4. 5.]

제15조(헌법재판소장 등의 대우) 헌법재판소장의 대우와 보수는 대법원장의 예에 따르며, 재판관은 정무직(政務職)으로 하고 그 대우와 보수는 대법관의 예에 따른다.
[전문개정 2011. 4. 5.]

제16조(재판관회의) ① 재판관회의는 재판관 전원으로 구성하며, 헌법재판소장이 의장이 된다.
② 재판관회의는 재판관 7명 이상의 출석과 출석인원 과반수의 찬성으로 의결한다.
③ 의장은 의결에서 표결권을 가진다.
④ 다음 각 호의 사항은 재판관회의의 의결을 거쳐야 한다.

1. 헌법재판소규칙의 제정과 개정, 제10조의2에 따른 입법 의견의 제출에 관한 사항
2. 예산 요구, 예비금 지출과 결산에 관한 사항
3. 사무처장, 사무차장, 헌법재판연구원장, 헌법연구관 및 3급 이상 공무원의 임면(任免)에 관한 사항
4. 특히 중요하다고 인정되는 사항으로서 헌법재판소장이 재판관회의에 부치는 사항

⑤ 재판관회의의 운영에 필요한 사항은 헌법재판소규칙으로 정한다.
[전문개정 2011. 4. 5.]

제17조(사무처) ① 헌법재판소의 행정사무를 처리하기 위하여 헌법재판소에 사무처를 둔다.
② 사무처에 사무처장과 사무차장을 둔다.
③ 사무처장은 헌법재판소장의 지휘를 받아 사무처의 사무를 관장하며, 소속 공무원을 지휘·감독한다.
④ 사무처장은 국회 또는 국무회의에 출석하여 헌법재판소의 행정에 관하여 발언할 수 있다.
⑤ 헌법재판소장이 한 처분에 대한 행정소송의 피고는 헌법재판소 사무처장으로 한다.
⑥ 사무차장은 사무처장을 보좌하며, 사무처장이 부득이한 사유로 직무를 수행할 수 없을 때에는 그 직무를 대행한다.
⑦ 사무처에 실, 국, 과를 둔다.
⑧ 실에는 실장, 국에는 국장, 과에는 과장을 두며, 사무처장·사무차장·실장 또는 국장 밑에 정책의 기획, 계획의 입안, 연구·조사, 심사·평가 및 홍보업무를 보좌하는 심의관 또는 담당관을 둘 수 있다.
⑨ 이 법에 규정되지 아니한 사항으로서 사무처의 조직, 직무 범위, 사무처에 두는 공무원의 정원, 그 밖에 필요한 사항은 헌법재판소규칙으로 정한다.
[전문개정 2011. 4. 5.]

제18조(사무처 공무원) ① 사무처장은 정무직으로 하고, 보수는 국무위원의 보수와 같은 금액으로 한다.
② 사무차장은 정무직으로 하고, 보수는 차관의 보수와 같은 금액으로 한다.
③ 실장은 1급 또는 2급, 국장은 2급 또는 3급, 심의관 및 담당관은 2급부터 4급까지, 과장은 3급 또는 4급의 일반직국가공무원으로 임명한다. 다만, 담당관 중 1명은 3급 상당 또는 4급 상당의 별정직국가공무원으로 임명할 수 있다.
④ 사무처 공무원은 헌법재판소장이 임면한다. 다만, 3급 이상의 공무원의 경우에는 재판관회의의 의결을 거쳐야 한다.
⑤ 헌법재판소장은 다른 국가기관에 대하여 그 소속 공무원을 사무처 공무원으로 근무하게 하기 위하여 헌법재판소에의 파견근무를 요청할 수 있다.
[전문개정 2011. 4. 5.]

제19조(헌법연구관) ① 헌법재판소에 헌법재판소규칙으로 정하는 수의 헌법연구관을 둔다. <개

정 2011. 4. 5.>

② 헌법연구관은 특정직국가공무원으로 한다. <개정 2011. 4. 5.>

③ 헌법연구관은 헌법재판소장의 명을 받아 사건의 심리(審理) 및 심판에 관한 조사·연구에 종사한다. <개정 2011. 4. 5.>

④ 헌법연구관은 다음 각 호의 어느 하나에 해당하는 사람 중에서 헌법재판소장이 재판관회의의 의결을 거쳐 임용한다. <개정 2011. 4. 5.>

1. 판사·검사 또는 변호사의 자격이 있는 사람
2. 공인된 대학의 법률학 조교수 이상의 직에 있던 사람
3. 국회, 정부 또는 법원 등 국가기관에서 4급 이상의 공무원으로서 5년 이상 법률에 관한 사무에 종사한 사람
4. 법률학에 관한 박사학위 소지자로서 국회, 정부, 법원 또는 헌법재판소 등 국가기관에서 5년 이상 법률에 관한 사무에 종사한 사람
5. 법률학에 관한 박사학위 소지자로서 헌법재판소규칙으로 정하는 대학 등 공인된 연구기관에서 5년 이상 법률에 관한 사무에 종사한 사람

⑤ 삭제 <2003. 3. 12.>

⑥ 다음 각 호의 어느 하나에 해당하는 사람은 헌법연구관으로 임용될 수 없다. <개정 2011. 4. 5.>

1. 「국가공무원법」 제33조 각 호의 어느 하나에 해당하는 사람
2. 금고 이상의 형을 선고받은 사람
3. 탄핵결정에 의하여 파면된 후 5년이 지나지 아니한 사람

⑦ 헌법연구관의 임기는 10년으로 하되, 연임할 수 있고, 정년은 60세로 한다. <개정 2011. 4. 5.>

⑧ 헌법연구관이 제6항 각 호의 어느 하나에 해당할 때에는 당연히 퇴직한다. 다만, 「국가공무원법」 제33조제5호에 해당할 때에는 그러하지 아니하다. <개정 2011. 4. 5.>

⑨ 헌법재판소장은 다른 국가기관에 대하여 그 소속 공무원을 헌법연구관으로 근무하게 하기 위하여 헌법재판소에의 파견근무를 요청할 수 있다. <개정 2011. 4. 5.>

⑩ 사무차장은 헌법연구관의 직을 겸할 수 있다. <개정 2011. 4. 5.>

⑪ 헌법재판소장은 헌법연구관을 사건의 심리 및 심판에 관한 조사·연구업무 외의 직에 임명하거나 그 직을 겸임하게 할 수 있다. 이 경우 헌법연구관의 수는 헌법재판소규칙으로 정하며, 보수는 그 중 고액의 것을 지급한다. <개정 2011. 4. 5., 2014. 12. 30.>

[제목개정 2011. 4. 5.]

제19조의2(헌법연구관보) ① 헌법연구관을 신규임용하는 경우에는 3년간 헌법연구관보(憲法研究官補)로 임용하여 근무하게 한 후 그 근무성적을 고려하여 헌법연구관으로 임용한다. 다만, 경력 및 업무능력 등을 고려하여 헌법재판소규칙으로 정하는 바에 따라 헌법연구관보 임용을 면제하거나 그 기간을 단축할 수 있다.

② 헌법연구관보는 헌법재판소장이 재판관회의의 의결을 거쳐 임용한다.

③ 헌법연구관보는 별정직국가공무원으로 하고, 그 보수와 승급기준은 헌법연구관의 예에 따른다.

④ 헌법연구관보가 근무성적이 불량한 경우에는 재판관회의의 의결을 거쳐 면직시킬 수 있다.

⑤ 헌법연구관보의 근무기간은 이 법 및 다른 법령에 규정된 헌법연구관의 재직기간에 산입한다.

[전문개정 2011. 4. 5.]

제19조의3(헌법연구위원) ① 헌법재판소에 헌법연구위원을 둘 수 있다. 헌법연구위원은 사건의 심리 및 심판에 관한 전문적인 조사·연구에 종사한다.

② 헌법연구위원은 3년 이내의 범위에서 기간을 정하여 임명한다.

③ 헌법연구위원은 2급 또는 3급 상당의 별정직공무원이나 「국가공무원법」 제26조의5에 따른 임기제공무원으로 하고, 그 직제 및 자격 등에 관하여는 헌법재판소규칙으로 정한다. <개정 2012. 12. 11.>

[본조신설 2007. 12. 21.]

제19조의4(헌법재판연구원) ① 헌법 및 헌법재판 연구와 헌법연구관, 사무처 공무원 등의 교육을 위하여 헌법재판소에 헌법재판연구원을 둔다.

② 헌법재판연구원의 정원은 원장 1명을 포함하여 40명 이내로 하고, 원장 밑에 부장, 팀장, 연구관 및 연구원을 둔다. <개정 2014. 12. 30.>

③ 원장은 헌법재판소장이 재판관회의의 의결을 거쳐 헌법연구관으로 보하거나 1급인 일반직국가공무원으로 임명한다. <신설 2014. 12. 30.>

④ 부장은 헌법연구관이나 2급 또는 3급 일반직공무원으로, 팀장은 헌법연구관이나 3급 또는 4급 일반직공무원으로 임명하고, 연구관 및 연구원은 헌법연구관 또는 일반직공무원으로 임명한다. <개정 2014. 12. 30.>

⑤ 연구관 및 연구원은 다음 각 호의 어느 하나에 해당하는 사람 중에서 헌법재판소장이 보하거나 헌법재판연구원장의 제청을 받아 헌법재판소장이 임명한다. <신설 2014. 12. 30.>

1. 헌법연구관
2. 변호사의 자격이 있는 사람(외국의 변호사 자격을 포함한다)
3. 학사 또는 석사학위를 취득한 사람으로서 헌법재판소규칙으로 정하는 실적 또는 경력이 있는 사람
4. 박사학위를 취득한 사람

⑥ 그 밖에 헌법재판연구원의 조직과 운영에 필요한 사항은 헌법재판소규칙으로 정한다. <신설 2014. 12. 30.>

[전문개정 2011. 4. 5.]

제20조(헌법재판소장 비서실 등) ① 헌법재판소에 헌법재판소장 비서실을 둔다.

② 헌법재판소장 비서실에 비서실장 1명을 두되, 비서실장은 1급 상당의 별정직국가공무원으로 임명하고, 헌법재판소장의 명을 받아 기밀에 관한 사무를 관장한다.

③ 제2항에 규정되지 아니한 사항으로서 헌법재판소장 비서실의 조직과 운영에 필요한 사항은 헌법재판소규칙으로 정한다.

④ 헌법재판소에 재판관 비서관을 둔다.

⑤ 재판관 비서관은 4급의 일반직국가공무원 또는 4급 상당의 별정직국가공무원으로 임명하며, 재판관의 명을 받아 기밀에 관한 사무를 관장한다.

[전문개정 2011. 4. 5.]

제21조(서기 및 정리) ① 헌법재판소에 서기(書記) 및 정리(廷吏)를 둔다.

② 헌법재판소장은 사무처 직원 중에서 서기 및 정리를 지명한다.

③ 서기는 재판장의 명을 받아 사건에 관한 서류의 작성·보관 또는 송달에 관한 사무를 담당한다.

④ 정리는 심판정(審判廷)의 질서유지와 그 밖에 재판장이 명하는 사무를 집행한다.

[전문개정 2011. 4. 5.]

제3장 일반심판절차 〈개정 2011. 4. 5.〉

제22조(재판부) ① 이 법에 특별한 규정이 있는

경우를 제외하고는 헌법재판소의 심판은 재판관 전원으로 구성되는 재판부에서 관장한다.

② 재판부의 재판장은 헌법재판소장이 된다.

[전문개정 2011. 4. 5.]

제23조(심판정족수) ① 재판부는 재판관 7명 이상의 출석으로 사건을 심리한다.

② 재판부는 종국심리(終局審理)에 관여한 재판관 과반수의 찬성으로 사건에 관한 결정을 한다. 다만, 다음 각 호의 어느 하나에 해당하는 경우에는 재판관 6명 이상의 찬성이 있어야 한다.

1. 법률의 위헌결정, 탄핵의 결정, 정당해산의 결정 또는 헌법소원에 관한 인용결정(認容決定)을 하는 경우
2. 종전에 헌법재판소가 판시한 헌법 또는 법률의 해석 적용에 관한 의견을 변경하는 경우

[전문개정 2011. 4. 5.]

제24조(제척·기피 및 회피) ① 재판관이 다음 각 호의 어느 하나에 해당하는 경우에는 그 직무집행에서 제척(除斥)된다.

1. 재판관이 당사자이거나 당사자의 배우자 또는 배우자였던 경우
2. 재판관과 당사자가 친족관계이거나 친족관계였던 경우
3. 재판관이 사건에 관하여 증언이나 감정(鑑定)을 하는 경우
4. 재판관이 사건에 관하여 당사자의 대리인이 되거나 되었던 경우
5. 그 밖에 재판관이 헌법재판소 외에서 직무상 또는 직업상의 이유로 사건에 관여한 경우

② 재판부는 직권 또는 당사자의 신청에 의하여 제척의 결정을 한다.

③ 재판관에게 공정한 심판을 기대하기 어려운 사정이 있는 경우 당사자는 기피(忌避)신청을 할 수 있다. 다만, 변론기일(辯論期日)에 출석하여 본안(本案)에 관한 진술을 한 때에는 그러하지 아니하다.

④ 당사자는 동일한 사건에 대하여 2명 이상의 재판관을 기피할 수 없다.

⑤ 재판관은 제1항 또는 제3항의 사유가 있는 경우에는 재판장의 허가를 받아 회피(回避)할 수 있다.

⑥ 당사자의 제척 및 기피신청에 관한 심판에는 「민사소송법」 제44조, 제45조, 제46조제1항·제2항 및 제48조를 준용한다.

[전문개정 2011. 4. 5.]

제25조(대표자·대리인) ① 각종 심판절차에서 정부가 당사자(참가인을 포함한다. 이하 같다)인 경우에는 법무부장관이 이를 대표한다.

② 각종 심판절차에서 당사자인 국가기관 또는 지방자치단체는 변호사 또는 변호사의 자격이 있는 소속 직원을 대리인으로 선임하여 심판을 수행하게 할 수 있다.

③ 각종 심판절차에서 당사자인 사인(私人)은 변호사를 대리인으로 선임하지 아니하면 심판청구를 하거나 심판 수행을 하지 못한다. 다만, 그가 변호사의 자격이 있는 경우에는 그러하지 아니하다.

[전문개정 2011. 4. 5.]

제26조(심판청구의 방식) ① 헌법재판소에의 심판청구는 심판절차별로 정하여진 청구서를 헌법재판소에 제출함으로써 한다. 다만, 위헌법률심판에서는 법원의 제청서, 탄핵심판에서는 국회의 소추의결서(訴追議決書)의 정본(正本)으로 청구서를 갈음한다.

② 청구서에는 필요한 증거서류 또는 참고자료를 첨부할 수 있다.

[전문개정 2011. 4. 5.]

제27조(청구서의 송달) ① 헌법재판소가 청구서를 접수한 때에는 지체 없이 그 등본을 피청구기관

또는 피청구인(이하 "피청구인"이라 한다)에게 송달하여야 한다.

② 위헌법률심판의 제청이 있으면 법무부장관 및 당해 소송사건의 당사자에게 그 제청서의 등본을 송달한다.

[전문개정 2011. 4. 5.]

제28조(심판청구의 보정) ① 재판장은 심판청구가 부적법하나 보정(補正)할 수 있다고 인정되는 경우에는 상당한 기간을 정하여 보정을 요구하여야 한다.

② 제1항에 따른 보정 서면에 관하여는 제27조 제1항을 준용한다.

③ 제1항에 따른 보정이 있는 경우에는 처음부터 적법한 심판청구가 있은 것으로 본다.

④ 제1항에 따른 보정기간은 제38조의 심판기간에 산입하지 아니한다.

⑤ 재판장은 필요하다고 인정하는 경우에는 재판관 중 1명에게 제1항의 보정요구를 할 수 있는 권한을 부여할 수 있다.

[전문개정 2011. 4. 5.]

제29조(답변서의 제출) ① 청구서 또는 보정 서면을 송달받은 피청구인은 헌법재판소에 답변서를 제출할 수 있다.

② 답변서에는 심판청구의 취지와 이유에 대응하는 답변을 적는다.

[전문개정 2011. 4. 5.]

제30조(심리의 방식) ① 탄핵의 심판, 정당해산의 심판 및 권한쟁의의 심판은 구두변론에 의한다.

② 위헌법률의 심판과 헌법소원에 관한 심판은 서면심리에 의한다. 다만, 재판부는 필요하다고 인정하는 경우에는 변론을 열어 당사자, 이해관계인, 그 밖의 참고인의 진술을 들을 수 있다.

③ 재판부가 변론을 열 때에는 기일을 정하여 당사자와 관계인을 소환하여야 한다.

[전문개정 2011. 4. 5.]

제31조(증거조사) ① 재판부는 사건의 심리를 위하여 필요하다고 인정하는 경우에는 직권 또는 당사자의 신청에 의하여 다음 각 호의 증거조사를 할 수 있다.

1. 당사자 또는 증인을 신문(訊問)하는 일
2. 당사자 또는 관계인이 소지하는 문서·장부·물건 또는 그 밖의 증거자료의 제출을 요구하고 영치(領置)하는 일
3. 특별한 학식과 경험을 가진 자에게 감정을 명하는 일
4. 필요한 물건·사람·장소 또는 그 밖의 사물의 성상(性狀)이나 상황을 검증하는 일

② 재판장은 필요하다고 인정하는 경우에는 재판관 중 1명을 지정하여 제1항의 증거조사를 하게 할 수 있다.

[전문개정 2011. 4. 5.]

제32조(자료제출 요구 등) 재판부는 결정으로 다른 국가기관 또는 공공단체의 기관에 심판에 필요한 사실을 조회하거나, 기록의 송부나 자료의 제출을 요구할 수 있다. 다만, 재판·소추 또는 범죄수사가 진행 중인 사건의 기록에 대하여는 송부를 요구할 수 없다.

[전문개정 2011. 4. 5.]

제33조(심판의 장소) 심판의 변론과 종국결정의 선고는 심판정에서 한다. 다만, 헌법재판소장이 필요하다고 인정하는 경우에는 심판정 외의 장소에서 변론 또는 종국결정의 선고를 할 수 있다.

[전문개정 2011. 4. 5.]

제34조(심판의 공개) ① 심판의 변론과 결정의 선고는 공개한다. 다만, 서면심리와 평의(評議)는 공개하지 아니한다.

② 헌법재판소의 심판에 관하여는 「법원조직법」 제57조제1항 단서와 같은 조 제2항 및 제3항을 준용한다.

[전문개정 2011. 4. 5.]

제35조(심판의 지휘와 법정경찰권) ① 재판장은 심판정의 질서와 변론의 지휘 및 평의의 정리(整理)를 담당한다.

② 헌법재판소 심판정의 질서유지와 용어의 사용에 관하여는 「법원조직법」 제58조부터 제63조까지의 규정을 준용한다.

[전문개정 2011. 4. 5.]

제36조(종국결정) ① 재판부가 심리를 마쳤을 때에는 종국결정을 한다.

② 종국결정을 할 때에는 다음 각 호의 사항을 적은 결정서를 작성하고 심판에 관여한 재판관 전원이 이에 서명날인하여야 한다.

1. 사건번호와 사건명
2. 당사자와 심판수행자 또는 대리인의 표시
3. 주문(主文)
4. 이유
5. 결정일

③ 심판에 관여한 재판관은 결정서에 의견을 표시하여야 한다.

④ 종국결정이 선고되면 서기는 지체 없이 결정서 정본을 작성하여 당사자에게 송달하여야 한다.

⑤ 종국결정은 헌법재판소규칙으로 정하는 바에 따라 관보에 게재하거나 그 밖의 방법으로 공시한다.

[전문개정 2011. 4. 5.]

제37조(심판비용 등) ① 헌법재판소의 심판비용은 국가부담으로 한다. 다만, 당사자의 신청에 의한 증거조사의 비용은 헌법재판소규칙으로 정하는 바에 따라 그 신청인에게 부담시킬 수 있다.

② 헌법재판소는 헌법소원심판의 청구인에 대하여 헌법재판소규칙으로 정하는 공탁금의 납부를 명할 수 있다.

③ 헌법재판소는 다음 각 호의 어느 하나에 해당하는 경우에는 헌법재판소규칙으로 정하는 바에 따라 공탁금의 전부 또는 일부의 국고 귀속을 명할 수 있다.

1. 헌법소원의 심판청구를 각하하는 경우
2. 헌법소원의 심판청구를 기각하는 경우에 그 심판청구가 권리의 남용이라고 인정되는 경우

[전문개정 2011. 4. 5.]

제38조(심판기간) 헌법재판소는 심판사건을 접수한 날부터 180일 이내에 종국결정의 선고를 하여야 한다. 다만, 재판관의 궐위로 7명의 출석이 불가능한 경우에는 그 궐위된 기간은 심판기간에 산입하지 아니한다.

[전문개정 2011. 4. 5.]

제39조(일사부재리) 헌법재판소는 이미 심판을 거친 동일한 사건에 대하여는 다시 심판할 수 없다.

[전문개정 2011. 4. 5.]

제39조의2(심판확정기록의 열람·복사) ① 누구든지 권리구제, 학술연구 또는 공익 목적으로 심판이 확정된 사건기록의 열람 또는 복사를 신청할 수 있다. 다만, 헌법재판소장은 다음 각 호의 어느 하나에 해당하는 경우에는 사건기록을 열람하거나 복사하는 것을 제한할 수 있다.

1. 변론이 비공개로 진행된 경우
2. 사건기록의 공개로 인하여 국가의 안전보장, 선량한 풍속, 공공의 질서유지나 공공복리를 현저히 침해할 우려가 있는 경우
3. 사건기록의 공개로 인하여 관계인의 명예, 사생활의 비밀, 영업비밀(「부정경쟁방지 및 영업비밀보호에 관한 법률」 제2조제2호에 규정된 영업비밀을 말한다) 또는 생명·신체의 안전이나 생활의 평온을 현저히 침해할 우려가 있는 경우

② 헌법재판소장은 제1항 단서에 따라 사건기록의 열람 또는 복사를 제한하는 경우에는 신청인에게 그 사유를 명시하여 통지하여야 한다.

③ 제1항에 따른 사건기록의 열람 또는 복사 등에 관하여 필요한 사항은 헌법재판소규칙으로 정한다.
④ 사건기록을 열람하거나 복사한 자는 열람 또는 복사를 통하여 알게 된 사항을 이용하여 공공의 질서 또는 선량한 풍속을 침해하거나 관계인의 명예 또는 생활의 평온을 훼손하는 행위를 하여서는 아니 된다.
[전문개정 2011. 4. 5.]

제40조(준용규정) ① 헌법재판소의 심판절차에 관하여는 이 법에 특별한 규정이 있는 경우를 제외하고는 헌법재판의 성질에 반하지 아니하는 한도에서 민사소송에 관한 법령을 준용한다. 이 경우 탄핵심판의 경우에는 형사소송에 관한 법령을 준용하고, 권한쟁의심판 및 헌법소원심판의 경우에는 「행정소송법」을 함께 준용한다.
② 제1항 후단의 경우에 형사소송에 관한 법령 또는 「행정소송법」이 민사소송에 관한 법령에 저촉될 때에는 민사소송에 관한 법령은 준용하지 아니한다.
[전문개정 2011. 4. 5.]

제4장 특별심판절차 〈개정 2011. 4. 5.〉

제1절 위헌법률심판 〈개정 2011. 4. 5.〉

제41조(위헌 여부 심판의 제청) ① 법률이 헌법에 위반되는지 여부가 재판의 전제가 된 경우에는 당해 사건을 담당하는 법원(군사법원을 포함한다. 이하 같다)은 직권 또는 당사자의 신청에 의한 결정으로 헌법재판소에 위헌 여부 심판을 제청한다.
② 제1항의 당사자의 신청은 제43조제2호부터 제4호까지의 사항을 적은 서면으로 한다.
③ 제2항의 신청서면의 심사에 관하여는 「민사소송법」 제254조를 준용한다.
④ 위헌 여부 심판의 제청에 관한 결정에 대하여는 항고할 수 없다.
⑤ 대법원 외의 법원이 제1항의 제청을 할 때에는 대법원을 거쳐야 한다.
[전문개정 2011. 4. 5.]

제42조(재판의 정지 등) ① 법원이 법률의 위헌 여부 심판을 헌법재판소에 제청한 때에는 당해 소송사건의 재판은 헌법재판소의 위헌 여부의 결정이 있을 때까지 정지된다. 다만, 법원이 긴급하다고 인정하는 경우에는 종국재판 외의 소송절차를 진행할 수 있다.
② 제1항 본문에 따른 재판정지기간은 「형사소송법」 제92조제1항·제2항 및 「군사법원법」 제132조제1항·제2항의 구속기간과 「민사소송법」 제199조의 판결 선고기간에 산입하지 아니한다.
[전문개정 2011. 4. 5.]

제43조(제청서의 기재사항) 법원이 법률의 위헌 여부 심판을 헌법재판소에 제청할 때에는 제청서에 다음 각 호의 사항을 적어야 한다.

1. 제청법원의 표시
2. 사건 및 당사자의 표시
3. 위헌이라고 해석되는 법률 또는 법률의 조항
4. 위헌이라고 해석되는 이유
5. 그 밖에 필요한 사항

[전문개정 2011. 4. 5.]

제44조(소송사건 당사자 등의 의견) 당해 소송사건의 당사자 및 법무부장관은 헌법재판소에 법률의 위헌 여부에 대한 의견서를 제출할 수 있다.
[전문개정 2011. 4. 5.]

제45조(위헌결정) 헌법재판소는 제청된 법률 또는 법률 조항의 위헌 여부만을 결정한다. 다만, 법률 조항의 위헌결정으로 인하여 해당 법률 전부를 시행할 수 없다고 인정될 때에는 그 전부에 대하여 위헌결정을 할 수 있다.
[전문개정 2011. 4. 5.]

제46조(결정서의 송달) 헌법재판소는 결정일부터 14일 이내에 결정서 정본을 제청한 법원에 송달한다. 이 경우 제청한 법원이 대법원이 아닌 경우에는 대법원을 거쳐야 한다.
[전문개정 2011. 4. 5.]

제47조(위헌결정의 효력) ① 법률의 위헌결정은 법원과 그 밖의 국가기관 및 지방자치단체를 기속(羈束)한다.
② 위헌으로 결정된 법률 또는 법률의 조항은 그 결정이 있는 날부터 효력을 상실한다. <개정 2014. 5. 20.>
③ 제2항에도 불구하고 형벌에 관한 법률 또는 법률의 조항은 소급하여 그 효력을 상실한다. 다만, 해당 법률 또는 법률의 조항에 대하여 종전에 합헌으로 결정한 사건이 있는 경우에는 그 결정이 있는 날의 다음 날로 소급하여 효력을 상실한다. <신설 2014. 5. 20.>
④ 제3항의 경우에 위헌으로 결정된 법률 또는 법률의 조항에 근거한 유죄의 확정판결에 대하여는 재심을 청구할 수 있다. <개정 2014. 5. 20.>
⑤ 제4항의 재심에 대하여는 「형사소송법」을 준용한다. <개정 2014. 5. 20.>
[전문개정 2011. 4. 5.]

제2절 탄핵심판 〈개정 2011. 4. 5.〉

제48조(탄핵소추) 다음 각 호의 어느 하나에 해당하는 공무원이 그 직무집행에서 헌법이나 법률을 위반한 경우에는 국회는 헌법 및 「국회법」에 따라 탄핵의 소추를 의결할 수 있다.

1. 대통령, 국무총리, 국무위원 및 행정각부(行政各部)의 장
2. 헌법재판소 재판관, 법관 및 중앙선거관리위원회 위원
3. 감사원장 및 감사위원
4. 그 밖에 법률에서 정한 공무원

[전문개정 2011. 4. 5.]

제49조(소추위원) ① 탄핵심판에서는 국회 법제사법위원회의 위원장이 소추위원이 된다.
② 소추위원은 헌법재판소에 소추의결서의 정본을 제출하여 탄핵심판을 청구하며, 심판의 변론에서 피청구인을 신문할 수 있다.
[전문개정 2011. 4. 5.]

제50조(권한 행사의 정지) 탄핵소추의 의결을 받은 사람은 헌법재판소의 심판이 있을 때까지 그 권한 행사가 정지된다.
[전문개정 2011. 4. 5.]

제51조(심판절차의 정지) 피청구인에 대한 탄핵심판 청구와 동일한 사유로 형사소송이 진행되고 있는 경우에는 재판부는 심판절차를 정지할 수 있다.
[전문개정 2011. 4. 5.]

제52조(당사자의 불출석) ① 당사자가 변론기일에 출석하지 아니하면 다시 기일을 정하여야 한다.
② 다시 정한 기일에도 당사자가 출석하지 아니하면 그의 출석 없이 심리할 수 있다.
[전문개정 2011. 4. 5.]

제53조(결정의 내용) ① 탄핵심판 청구가 이유 있는 경우에는 헌법재판소는 피청구인을 해당 공직에서 파면하는 결정을 선고한다.
② 피청구인이 결정 선고 전에 해당 공직에서 파면되었을 때에는 헌법재판소는 심판청구를 기각하여야 한다.
[전문개정 2011. 4. 5.]

제54조(결정의 효력) ① 탄핵결정은 피청구인의 민사상 또는 형사상의 책임을 면제하지 아니한다.
② 탄핵결정에 의하여 파면된 사람은 결정 선고가 있은 날부터 5년이 지나지 아니하면 공무원이 될 수 없다.
[전문개정 2011. 4. 5.]

제3절 정당해산심판 〈개정 2011. 4. 5.〉

第55조(정당해산심판의 청구) 정당의 목적이나 활동이 민주적 기본질서에 위배될 때에는 정부는 국무회의의 심의를 거쳐 헌법재판소에 정당해산심판을 청구할 수 있다.

[전문개정 2011. 4. 5.]

第56조(청구서의 기재사항) 정당해산심판의 청구서에는 다음 각 호의 사항을 적어야 한다.

1. 해산을 요구하는 정당의 표시
2. 청구 이유

[전문개정 2011. 4. 5.]

第57조(가처분) 헌법재판소는 정당해산심판의 청구를 받은 때에는 직권 또는 청구인의 신청에 의하여 종국결정의 선고 시까지 피청구인의 활동을 정지하는 결정을 할 수 있다.

[전문개정 2011. 4. 5.]

第58조(청구 등의 통지) ① 헌법재판소장은 정당해산심판의 청구가 있는 때, 가처분결정을 한 때 및 그 심판이 종료한 때에는 그 사실을 국회와 중앙선거관리위원회에 통지하여야 한다.

② 정당해산을 명하는 결정서는 피청구인 외에 국회, 정부 및 중앙선거관리위원회에도 송달하여야 한다.

[전문개정 2011. 4. 5.]

第59조(결정의 효력) 정당의 해산을 명하는 결정이 선고된 때에는 그 정당은 해산된다.

[전문개정 2011. 4. 5.]

第60조(결정의 집행) 정당의 해산을 명하는 헌법재판소의 결정은 중앙선거관리위원회가 「정당법」에 따라 집행한다.

[전문개정 2011. 4. 5.]

제4절 권한쟁의심판 〈개정 2011. 4. 5.〉

第61조(청구 사유) ① 국가기관 상호간, 국가기관과 지방자치단체 간 및 지방자치단체 상호간에 권한의 유무 또는 범위에 관하여 다툼이 있을 때에는 해당 국가기관 또는 지방자치단체는 헌법재판소에 권한쟁의심판을 청구할 수 있다.

② 제1항의 심판청구는 피청구인의 처분 또는 부작위(不作爲)가 헌법 또는 법률에 의하여 부여받은 청구인의 권한을 침해하였거나 침해할 현저한 위험이 있는 경우에만 할 수 있다.

[전문개정 2011. 4. 5.]

第62조(권한쟁의심판의 종류) ① 권한쟁의심판의 종류는 다음 각 호와 같다. ＜개정 2018. 3. 20.＞

1. 국가기관 상호간의 권한쟁의심판
   국회, 정부, 법원 및 중앙선거관리위원회 상호간의 권한쟁의심판
2. 국가기관과 지방자치단체 간의 권한쟁의심판
   가. 정부와 특별시·광역시·특별자치시·도 또는 특별자치도 간의 권한쟁의심판
   나. 정부와 시·군 또는 지방자치단체인 구(이하 "자치구"라 한다) 간의 권한쟁의심판
3. 지방자치단체 상호간의 권한쟁의심판
   가. 특별시·광역시·특별자치시·도 또는 특별자치도 상호간의 권한쟁의심판
   나. 시·군 또는 자치구 상호간의 권한쟁의심판
   다. 특별시·광역시·특별자치시·도 또는 특별자치도와 시·군 또는 자치구 간의 권한쟁의심판

② 권한쟁의가 「지방교육자치에 관한 법률」 제2조에 따른 교육·학예에 관한 지방자치단체의 사무에 관한 것인 경우에는 교육감이 제1항제2호 및 제3호의 당사자가 된다.

[전문개정 2011. 4. 5.]

第63조(청구기간) ① 권한쟁의의 심판은 그 사유가 있음을 안 날부터 60일 이내에, 그 사유가 있

은 날부터 180일 이내에 청구하여야 한다.

② 제1항의 기간은 불변기간으로 한다.

[전문개정 2011. 4. 5.]

제64조(청구서의 기재사항) 권한쟁의심판의 청구서에는 다음 각 호의 사항을 적어야 한다.

1. 청구인 또는 청구인이 속한 기관 및 심판수행자 또는 대리인의 표시
2. 피청구인의 표시
3. 심판 대상이 되는 피청구인의 처분 또는 부작위
4. 청구 이유
5. 그 밖에 필요한 사항

[전문개정 2011. 4. 5.]

제65조(가처분) 헌법재판소가 권한쟁의심판의 청구를 받았을 때에는 직권 또는 청구인의 신청에 의하여 종국결정의 선고 시까지 심판 대상이 된 피청구인의 처분의 효력을 정지하는 결정을 할 수 있다.

[전문개정 2011. 4. 5.]

제66조(결정의 내용) ① 헌법재판소는 심판의 대상이 된 국가기관 또는 지방자치단체의 권한의 유무 또는 범위에 관하여 판단한다.

② 제1항의 경우에 헌법재판소는 권한침해의 원인이 된 피청구인의 처분을 취소하거나 그 무효를 확인할 수 있고, 헌법재판소가 부작위에 대한 심판청구를 인용하는 결정을 한 때에는 피청구인은 결정 취지에 따른 처분을 하여야 한다.

[전문개정 2011. 4. 5.]

제67조(결정의 효력) ① 헌법재판소의 권한쟁의심판의 결정은 모든 국가기관과 지방자치단체를 기속한다.

② 국가기관 또는 지방자치단체의 처분을 취소하는 결정은 그 처분의 상대방에 대하여 이미 생긴 효력에 영향을 미치지 아니한다.

[전문개정 2011. 4. 5.]

제5절 헌법소원심판 〈개정 2011. 4. 5.〉

제68조(청구 사유) ① 공권력의 행사 또는 불행사(不行使)로 인하여 헌법상 보장된 기본권을 침해받은 자는 법원의 재판을 제외하고는 헌법재판소에 헌법소원심판을 청구할 수 있다. 다만, 다른 법률에 구제절차가 있는 경우에는 그 절차를 모두 거친 후에 청구할 수 있다.

② 제41조제1항에 따른 법률의 위헌 여부 심판의 제청신청이 기각된 때에는 그 신청을 한 당사자는 헌법재판소에 헌법소원심판을 청구할 수 있다. 이 경우 그 당사자는 당해 사건의 소송절차에서 동일한 사유를 이유로 다시 위헌 여부 심판의 제청을 신청할 수 없다.

[전문개정 2011. 4. 5.]

[한정위헌, 2016헌마33, 2016. 4. 28., 헌법재판소법(2011. 4. 5. 법률 제10546호로 개정된 것) 제68조 제1항 본문 중 "법원의 재판을 제외하고는" 부분은, 헌법재판소가 위헌으로 결정한 법령을 적용함으로써 국민의 기본권을 침해한 재판이 포함되는 것으로 해석하는 한 헌법에 위반된다.]

제69조(청구기간) ① 제68조제1항에 따른 헌법소원의 심판은 그 사유가 있음을 안 날부터 90일 이내에, 그 사유가 있는 날부터 1년 이내에 청구하여야 한다. 다만, 다른 법률에 따른 구제절차를 거친 헌법소원의 심판은 그 최종결정을 통지받은 날부터 30일 이내에 청구하여야 한다.

② 제68조제2항에 따른 헌법소원심판은 위헌 여부 심판의 제청신청을 기각하는 결정을 통지받은 날부터 30일 이내에 청구하여야 한다.

[전문개정 2011. 4. 5.]

제70조(국선대리인) ① 헌법소원심판을 청구하려는 자가 변호사를 대리인으로 선임할 자력(資力)이 없는 경우에는 헌법재판소에 국선대리인을 선임하여 줄 것을 신청할 수 있다. 이 경우 제69조에 따른 청구기간은 국선대리인의 선임신청이

있는 날을 기준으로 정한다.

② 제1항에도 불구하고 헌법재판소가 공익상 필요하다고 인정할 때에는 국선대리인을 선임할 수 있다.

③ 헌법재판소는 제1항의 신청이 있는 경우 또는 제2항의 경우에는 헌법재판소규칙으로 정하는 바에 따라 변호사 중에서 국선대리인을 선정한다. 다만, 그 심판청구가 명백히 부적법하거나 이유 없는 경우 또는 권리의 남용이라고 인정되는 경우에는 국선대리인을 선정하지 아니할 수 있다.

④ 헌법재판소가 국선대리인을 선정하지 아니한다는 결정을 한 때에는 지체 없이 그 사실을 신청인에게 통지하여야 한다. 이 경우 신청인이 선임신청을 한 날부터 그 통지를 받은 날까지의 기간은 제69조의 청구기간에 산입하지 아니한다.

⑤ 제3항에 따라 선정된 국선대리인은 선정된 날부터 60일 이내에 제71조에 규정된 사항을 적은 심판청구서를 헌법재판소에 제출하여야 한다.

⑥ 제3항에 따라 선정한 국선대리인에게는 헌법재판소규칙으로 정하는 바에 따라 국고에서 그 보수를 지급한다.

[전문개정 2011. 4. 5.]

제71조(청구서의 기재사항) ① 제68조제1항에 따른 헌법소원의 심판청구서에는 다음 각 호의 사항을 적어야 한다.

1. 청구인 및 대리인의 표시
2. 침해된 권리
3. 침해의 원인이 되는 공권력의 행사 또는 불행사
4. 청구 이유
5. 그 밖에 필요한 사항

② 제68조제2항에 따른 헌법소원의 심판청구서의 기재사항에 관하여는 제43조를 준용한다. 이 경우 제43조제1호 중 "제청법원의 표시"는 "청구인 및 대리인의 표시"로 본다.

③ 헌법소원의 심판청구서에는 대리인의 선임을 증명하는 서류 또는 국선대리인 선임통지서를 첨부하여야 한다.

[전문개정 2011. 4. 5.]

제72조(사전심사) ① 헌법재판소장은 헌법재판소에 재판관 3명으로 구성되는 지정재판부를 두어 헌법소원심판의 사전심사를 담당하게 할 수 있다. <개정 2011. 4. 5.>

② 삭제 <1991. 11. 30.>

③ 지정재판부는 다음 각 호의 어느 하나에 해당되는 경우에는 지정재판부 재판관 전원의 일치된 의견에 의한 결정으로 헌법소원의 심판청구를 각하한다. <개정 2011. 4. 5.>

1. 다른 법률에 따른 구제절차가 있는 경우 그 절차를 모두 거치지 아니하거나 또는 법원의 재판에 대하여 헌법소원의 심판이 청구된 경우
2. 제69조의 청구기간이 지난 후 헌법소원심판이 청구된 경우
3. 제25조에 따른 대리인의 선임 없이 청구된 경우
4. 그 밖에 헌법소원심판의 청구가 부적법하고 그 흠결을 보정할 수 없는 경우

④ 지정재판부는 전원의 일치된 의견으로 제3항의 각하결정을 하지 아니하는 경우에는 결정으로 헌법소원을 재판부의 심판에 회부하여야 한다. 헌법소원심판의 청구 후 30일이 지날 때까지 각하결정이 없는 때에는 심판에 회부하는 결정(이하 "심판회부결정"이라 한다)이 있는 것으로 본다. <개정 2011. 4. 5.>

⑤ 지정재판부의 심리에 관하여는 제28조, 제31조, 제32조 및 제35조를 준용한다. <개정 2011. 4. 5.>

⑥ 지정재판부의 구성과 운영에 필요한 사항은

헌법재판소규칙으로 정한다. <개정 2011. 4. 5.>

[제목개정 2011. 4. 5.]

제73조(각하 및 심판회부 결정의 통지) ① 지정재판부는 헌법소원을 각하하거나 심판회부결정을 한 때에는 그 결정일부터 14일 이내에 청구인 또는 그 대리인 및 피청구인에게 그 사실을 통지하여야 한다. 제72조제4항 후단의 경우에도 또한 같다.

② 헌법재판소장은 헌법소원이 제72조제4항에 따라 재판부의 심판에 회부된 때에는 다음 각 호의 자에게 지체 없이 그 사실을 통지하여야 한다.

1. 법무부장관
2. 제68조제2항에 따른 헌법소원심판에서는 청구인이 아닌 당해 사건의 당사자

[전문개정 2011. 4. 5.]

제74조(이해관계기관 등의 의견 제출) ① 헌법소원의 심판에 이해관계가 있는 국가기관 또는 공공단체와 법무부장관은 헌법재판소에 그 심판에 관한 의견서를 제출할 수 있다.

② 제68조제2항에 따른 헌법소원이 재판부에 심판 회부된 경우에는 제27조제2항 및 제44조를 준용한다.

[전문개정 2011. 4. 5.]

제75조(인용결정) ① 헌법소원의 인용결정은 모든 국가기관과 지방자치단체를 기속한다.

② 제68조제1항에 따른 헌법소원을 인용할 때에는 인용결정서의 주문에 침해된 기본권과 침해의 원인이 된 공권력의 행사 또는 불행사를 특정하여야 한다.

③ 제2항의 경우에 헌법재판소는 기본권 침해의 원인이 된 공권력의 행사를 취소하거나 그 불행사가 위헌임을 확인할 수 있다.

④ 헌법재판소가 공권력의 불행사에 대한 헌법소원을 인용하는 결정을 한 때에는 피청구인은 결정 취지에 따라 새로운 처분을 하여야 한다.

⑤ 제2항의 경우에 헌법재판소는 공권력의 행사 또는 불행사가 위헌인 법률 또는 법률의 조항에 기인한 것이라고 인정될 때에는 인용결정에서 해당 법률 또는 법률의 조항이 위헌임을 선고할 수 있다.

⑥ 제5항의 경우 및 제68조제2항에 따른 헌법소원을 인용하는 경우에는 제45조 및 제47조를 준용한다.

⑦ 제68조제2항에 따른 헌법소원이 인용된 경우에 해당 헌법소원과 관련된 소송사건이 이미 확정된 때에는 당사자는 재심을 청구할 수 있다.

⑧ 제7항에 따른 재심에서 형사사건에 대하여는 「형사소송법」을 준용하고, 그 외의 사건에 대하여는 「민사소송법」을 준용한다.

[전문개정 2011. 4. 5.]

제5장 전자정보처리조직을 통한 심판절차의 수행 〈신설 2009. 12. 29.〉

제76조(전자문서의 접수) ① 각종 심판절차의 당사자나 관계인은 청구서 또는 이 법에 따라 제출할 그 밖의 서면을 전자문서(컴퓨터 등 정보처리능력을 갖춘 장치에 의하여 전자적인 형태로 작성되어 송수신되거나 저장된 정보를 말한다. 이하 같다)화하고 이를 정보통신망을 이용하여 헌법재판소에서 지정·운영하는 전자정보처리조직(심판절차에 필요한 전자문서를 작성·제출·송달하는 데에 필요한 정보처리능력을 갖춘 전자적 장치를 말한다. 이하 같다)을 통하여 제출할 수 있다.

② 제1항에 따라 제출된 전자문서는 이 법에 따라 제출된 서면과 같은 효력을 가진다.

③ 전자정보처리조직을 이용하여 제출된 전자문서는 전자정보처리조직에 전자적으로 기록된 때

에 접수된 것으로 본다.

④ 제3항에 따라 전자문서가 접수된 경우에 헌법재판소는 헌법재판소규칙으로 정하는 바에 따라 당사자나 관계인에게 전자적 방식으로 그 접수 사실을 즉시 알려야 한다.

[전문개정 2011. 4. 5.]

제77조(전자서명 등) ① 당사자나 관계인은 헌법재판소에 제출하는 전자문서에 헌법재판소규칙으로 정하는 바에 따라 본인임을 확인할 수 있는 전자서명을 하여야 한다.

② 재판관이나 서기는 심판사건에 관한 서류를 전자문서로 작성하는 경우에 「전자정부법」 제2조제6호에 따른 행정전자서명(이하 "행정전자서명"이라 한다)을 하여야 한다.

③ 제1항의 전자서명과 제2항의 행정전자서명은 헌법재판소의 심판절차에 관한 법령에서 정하는 서명·서명날인 또는 기명날인으로 본다.

[본조신설 2009. 12. 29.]

제78조(전자적 송달 등) ① 헌법재판소는 당사자나 관계인에게 전자정보처리조직과 그와 연계된 정보통신망을 이용하여 결정서나 이 법에 따른 각종 서류를 송달할 수 있다. 다만, 당사자나 관계인이 동의하지 아니하는 경우에는 그러하지 아니하다.

② 헌법재판소는 당사자나 관계인에게 송달하여야 할 결정서 등의 서류를 전자정보처리조직에 입력하여 등재한 다음 그 등재 사실을 헌법재판소규칙으로 정하는 바에 따라 전자적 방식으로 알려야 한다.

③ 제1항에 따른 전자정보처리조직을 이용한 서류 송달은 서면으로 한 것과 같은 효력을 가진다.

④ 제2항의 경우 송달받을 자가 등재된 전자문서를 헌법재판소규칙으로 정하는 바에 따라 확인한 때에 송달된 것으로 본다. 다만, 그 등재 사실을 통지한 날부터 2주 이내에 확인하지 아니하였을 때에는 등재 사실을 통지한 날부터 2주가 지난 날에 송달된 것으로 본다.

⑤ 제1항에도 불구하고 전자정보처리조직의 장애로 인하여 전자적 송달이 불가능하거나 그 밖에 헌법재판소규칙으로 정하는 사유가 있는 경우에는 「민사소송법」에 따라 송달할 수 있다.

[전문개정 2011. 4. 5.]

제6장 벌칙 〈개정 2011. 4. 5.〉

제79조(벌칙) 다음 각 호의 어느 하나에 해당하는 자는 1년 이하의 징역 또는 100만원 이하의 벌금에 처한다.

1. 헌법재판소로부터 증인, 감정인, 통역인 또는 번역인으로서 소환 또는 위촉을 받고 정당한 사유 없이 출석하지 아니한 자
2. 헌법재판소로부터 증거물의 제출요구 또는 제출명령을 받고 정당한 사유 없이 이를 제출하지 아니한 자
3. 헌법재판소의 조사 또는 검사를 정당한 사유 없이 거부·방해 또는 기피한 자

[전문개정 2011. 4. 5.]

부칙 * 이하 생략

헌법재판소 심판 규칙

제정 2007. 12. 7 규칙 제201호
개정 2008. 12. 22 규칙 제233호
2018. 6. 15 규칙 제399호

제1장 총칙

제1조(목적) 이 규칙은 「대한민국헌법」 제113조 제2항과 「헌법재판소법」 제10조제1항에 따라 헌법재판소의 심판절차에 관하여 필요한 사항을 규정함을 목적으로 한다.

제2조(헌법재판소에 제출하는 서면 또는 전자문서의 기재사항) ① 헌법재판소에 제출하는 서면 또는 전자문서에는 특별한 규정이 없으면 다음 각 호의 사항을 기재하고 기명날인하거나 서명하여야 한다. <개정 2010.2.26>

1. 사건의 표시
2. 서면을 제출하는 사람의 이름, 주소, 연락처(전화번호, 팩시밀리번호, 전자우편주소 등을 말한다. 다음부터 같다)
3. 덧붙인 서류의 표시
4. 작성한 날짜

② 제출한 서면에 기재한 주소 또는 연락처에 변동사항이 없으면 그 후에 제출하는 서면에는 이를 기재하지 아니하여도 된다.

③ 심판서류는 「헌법재판소 심판절차에서의 전자문서 이용 등에 관한 규칙」에 따라 전자헌법재판시스템을 통하여 전자문서로 제출할 수 있다. <신설 2010.2.26>

제2조의2(민감정보 등의 처리) ① 헌법재판소는 심판업무 수행을 위하여 필요한 범위 내에서 「개인정보 보호법」 제23조의 민감정보, 제24조의 고유식별정보 및 그 밖의 개인정보를 처리할 수 있다.

② 헌법재판소는 「헌법재판소법」(다음부터 "법"이라 한다) 제32조에 따라 국가기관 또는 공공단체의 기관에 제1항의 민감정보, 고유식별정보 및 그 밖의 개인정보가 포함된 자료의 제출 요구 등을 할 수 있다. <신설 2012.11.26>

제3조(심판서류의 작성방법) ① 심판서류는 간결한 문장으로 분명하게 작성하여야 한다.

② 심판서류의 용지크기는 특별한 사유가 없으면 가로 210mm.세로 297mm(A4 용지)로 한다.

제4조(번역문의 첨부) 외국어나 부호로 작성된 문서에는 국어로 된 번역문을 붙인다.

제5조(심판서류의 접수와 보정권고 등) ① 심판서류를 접수한 공무원은 심판서류를 제출한 사람이 요청하면 바로 접수증을 교부하여야 한다.

② 제1항의 공무원은 제출된 심판서류의 흠결을 보완하기 위하여 필요한 보정을 권고할 수 있다.

③ 헌법재판소는 필요하다고 인정하면 심판서류를 제출한 사람에게 그 문서의 전자파일을 전자우편이나 그 밖에 적당한 방법으로 헌법재판소에 보내도록 요청할 수 있다.

제2장 일반심판절차

제1절 당사자

제6조(법정대리권 등의 증명) 법정대리권이 있는 사실, 법인이나 법인이 아닌 사단 또는 재단의 대표자나 관리인이라는 사실, 소송행위를 위한 권한을 받은 사실은 서면으로 증명하여야 한다.

제7조(법인이 아닌 사단 또는 재단의 당사자능력을 판단하는 자료의 제출) 헌법재판소는 법인이 아닌 사단 또는 재단이 당사자일 때에는 정관이나 규약, 그 밖에 그 당사자의 당사자능력을 판단하기 위하여 필요한 자료를 제출하게 할 수 있다.

제8조(대표대리인) ① 재판장은 복수의 대리인이 있을 때에는 당사자나 대리인의 신청 또는 재판장의 직권에 의하여 대표대리인을 지정하거나 그 지정을 철회 또는 변경할 수 있다.

② 대표대리인은 3명을 초과할 수 없다.

③ 대표대리인 1명에 대한 통지 또는 서류의 송달은 대리인 전원에 대하여 효력이 있다.

제2절 심판의 청구

제9조(심판용 부본의 제출) 법 제26조에 따라 헌법재판소에 청구서를 제출하는 사람은 9통의 심판용 부본을 함께 제출하여야 한다. 이 경우 제23조에 따른 송달용 부본은 따로 제출하여야 한다. <개정 2012.11.26>

제10조(이해관계기관 등의 의견서 제출 등) ① 헌법재판소의 심판에 이해관계가 있는 국가기관 또는 공공단체와 법무부장관은 헌법재판소에 의견서를 제출할 수 있고, 헌법재판소는 이들에게 의견서를 제출할 것을 요청할 수 있다.

② 헌법재판소는 필요하다고 인정하면 당해심판에 이해관계가 있는 사람에게 의견서를 제출할 수 있음을 통지할 수 있다.

③ 헌법재판소는 제1항 후단 및 제2항의 경우에 당해심판의 제청서 또는 청구서의 등본을 송달한다.

제3절 변론 및 참고인 진술

제11조(심판준비절차의 실시) ① 헌법재판소는 심판절차를 효율적이고 집중적으로 진행하기 위하여 당사자의 주장과 증거를 정리할 필요가 있을 때에는 심판준비절차를 실시할 수 있다.

② 헌법재판소는 재판부에 속한 재판관을 수명재판관으로 지정하여 심판준비절차를 담당하게 할 수 있다. <개정 2017.5.30>

제11조의2(헌법연구관의 사건의 심리 및 심판에 관한 조사) 헌법연구관은 주장의 정리나 자료의 제출을 요구하거나, 조사기일을 여는 방법 등으로 사건의 심리 및 심판에 관한 조사를 할 수 있다. [본조신설 2018.6.15]

제12조(구두변론의 방식 등) ① 구두변론은 사전에 제출한 준비서면을 읽는 방식으로 하여서는 아니되고, 쟁점을 요약·정리하고 이를 명확히 하는 것이어야 한다.

② 재판관은 언제든지 당사자에게 질문할 수 있다.

③ 재판장은 필요에 따라 각 당사자의 구두변론 시간을 제한할 수 있고, 이 경우에 각 당사자는 그 제한된 시간 내에 구두변론을 마쳐야 한다. 다만, 재판장은 필요하다고 인정하는 경우에 제한한 구두변론시간을 연장할 수 있다.

④ 각 당사자를 위하여 복수의 대리인이 있는 경우에 재판장은 그 중 구두변론을 할 수 있는 대리인의 수를 제한할 수 있다.

⑤ 재판장은 심판절차의 원활한 진행과 적정한 심리를 도모하기 위하여 필요한 한도에서 진행 중인 구두변론을 제한할 수 있다.

⑥ 이해관계인이나 참가인이 구두변론을 하는 경우에는 제1항부터 제5항까지의 규정을 준용한다.

⑦ 조서에는 서면, 사진, 속기록, 녹음물, 영상녹화물, 녹취서 등 헌법재판소가 적당하다고 인정한 것을 인용하고 소송기록에 첨부하거나 전자적 형태로 보관하여 조서의 일부로 할 수 있다. <신설 2017.5.30>

⑧ 제7항에 따라 속기록, 녹음물, 영상녹화물, 녹취서를 조서의 일부로 한 경우라도 재판장은

서기로 지명된 서기관, 사무관(다음부터 "사무관등"이라 한다)으로 하여금 당사자, 증인, 그 밖의 심판관계인의 진술 중 중요한 사항을 요약하여 조서의 일부로 기재하게 할 수 있다. <신설 2017.5.30>

제13조(참고인의 지정 등) ① 헌법재판소는 전문적인 지식을 가진 사람을 참고인으로 지정하여 그 진술을 듣거나 의견서를 제출하게 할 수 있다.

② 헌법재판소는 참고인을 지정하기에 앞서 그 지정에 관하여 당사자, 이해관계인 또는 관련 학회나 전문가 단체의 의견을 들을 수 있다.

제14조(지정결정 등본 등의 송달) ① 사무관등은 참고인 지정결정 등본이나 참고인 지정결정이 기재된 변론조서 등본을 참고인과 당사자에게 송달하여야 한다. 다만, 변론기일에서 참고인 지정결정을 고지 받은 당사자에게는 이를 송달하지 아니한다. <개정 2017.5.30>

② 참고인에게는 다음 각 호의 서류가 첨부된 의견요청서를 송달하여야 한다.

1. 위헌법률심판제청서 또는 심판청구서 사본
2. 피청구인의 답변서 사본
3. 이해관계인의 의견서 사본
4. 의견서 작성에 관한 안내문

제15조(참고인 의견서) ① 참고인은 의견요청을 받은 사항에 대하여 재판부가 정한 기한까지 의견서를 제출하여야 한다.

② 사무관등은 제1항의 의견서 사본을 당사자에게 바로 송달하여야 한다.

제16조(참고인 진술) ① 참고인의 의견진술은 사전에 제출한 의견서의 내용을 요약·정리하고 이를 명확히 하는 것이어야 한다.

② 재판장은 참고인 진술시간을 합리적인 범위 내에서 제한할 수 있다.

③ 재판관은 언제든지 참고인에게 질문할 수 있다.

④ 당사자는 참고인의 진술이 끝난 후 그에 관한 의견을 진술할 수 있다.

제17조(헌법재판소의 석명처분) ① 헌법재판소는 심판관계를 분명하게 하기 위하여 다음 각 호의 처분을 할 수 있다.

1. 당사자 본인이나 그 법정대리인에게 출석하도록 명하는 일
2. 심판서류 또는 심판에 인용한 문서, 그 밖의 물건으로서 당사자가 가지고 있는 것을 제출하게 하는 일
3. 당사자 또는 제3자가 제출한 문서, 그 밖의 물건을 헌법재판소에 유치하는 일
4. 검증을 하거나 감정을 명하는 일
5. 필요한 조사를 촉탁하는 일

② 제1항의 검증.감정과 조사의 촉탁에는 법 및 이 규칙, 민사소송법 및 민사소송규칙의 증거조사에 관한 규정을 준용한다.

제18조(통역) ① 심판정에서는 우리말을 사용한다.

② 심판관계인이 우리말을 하지 못하거나 듣거나 말하는 데에 장애가 있으면 통역인으로 하여금 통역하게 하거나 그 밖에 의사소통을 도울 수 있는 방법을 사용하여야 한다.

제19조(녹화 등의 금지) 누구든지 심판정에서는 재판장의 허가 없이 녹화·촬영·중계방송 등의 행위를 하지 못한다.

제19조의2(변론영상 등의 공개) 헌법재판소는 변론 및 선고에 대한 녹음·녹화의 결과물을 홈페이지 등을 통해 공개할 수 있다. [본조신설 2017.5.30]

제4절 기일

제20조(기일의 지정과 변경) ① 재판장은 재판부의 협의를 거쳐 기일을 지정한다. 다만, 수명재판관이 신문하거나 심문하는 기일은 그 수명재판관이 지정한다.

② 이미 지정된 기일을 변경하는 경우에도 제1항과 같다.

③ 기일을 변경하거나 변론을 연기 또는 속행하는 경우에는 심판절차의 중단 또는 중지, 그 밖에 다른 특별한 사정이 없으면 다음 기일을 바로 지정하여야 한다.

제21조(기일의 통지) ① 기일은 기일통지서 또는 출석요구서를 송달하여 통지한다. 다만, 그 사건으로 출석한 사람에게는 기일을 직접 고지하면 된다.

② 기일의 간이통지는 전화·팩시밀리·보통우편 또는 전자우편으로 하거나 그 밖에 적절하다고 인정되는 방법으로 할 수 있다.

③ 제2항의 규정에 따라 기일을 통지한 때에는 사무관등은 그 방법과 날짜를 심판기록에 표시하여야 한다.

제5절 송달

제22조(전자헌법재판시스템.전화 등을 이용한 송달) ① 사무관등은 「헌법재판소 심판절차에서의 전자문서 이용 등에 관한 규칙」에 따라 전자헌법재판시스템을 이용하여 송달하거나 전화·팩시밀리·전자우편 또는 휴대전화 문자전송을 이용하여 송달할 수 있다. <개정 2008.12.22, 2010.2.26>

② 양쪽 당사자가 변호사를 대리인으로 선임한 경우에 한쪽 당사자의 대리인인 변호사가 상대방 대리인인 변호사에게 송달될 심판서류의 부본을 교부하거나 팩시밀리 또는 전자우편으로 보내고 그 사실을 헌법재판소에 증명하면 송달의 효력이 있다. 다만, 그 심판서류가 당사자 본인에게 교부되어야 할 경우에는 그러하지 아니하다.

제22조의2(공시송달의 방법) 「민사소송법」 제194조 제1항 및 제3항에 따라 공시송달을 실시하는 경우에는 사무관등은 송달할 서류를 보관하고 다음 각 호 가운데 어느 하나의 방법으로 그 사유를 공시하여야 한다. <개정 2015.7.22>

1. 헌법재판소게시판 게시
2. 헌법재판소홈페이지 전자헌법재판센터의 공시송달란 게시

제22조의3(송달기관) 헌법재판소는 우편이나 재판장이 지명하는 사무처 직원에 의하여 심판서류를 송달한다. [본조신설 2017.5.30]

제23조(부본제출의무) 송달을 하여야 하는 심판서류를 제출할 때에는 특별한 규정이 없으면 송달에 필요한 수만큼 부본을 함께 제출하여야 한다.

제24조(공동대리인에게 할 송달) 「민사소송법」제180조에 따라 송달을 하는 경우에 그 공동대리인들이 송달을 받을 대리인 한 사람을 지정하여 신고한 때에는 지정된 대리인에게 송달하여야 한다.

제6절 증거

제25조(증거의 신청) 증거를 신청할 때에는 증거와 증명할 사실의 관계를 구체적으로 밝혀야 한다.

제26조(증인신문과 당사자신문의 신청) ① 증인신문은 부득이한 사정이 없으면 일괄하여 신청하여야 한다. 당사자신문을 신청하는 경우에도 마찬가지이다.

② 증인신문을 신청할 때에는 증인의 이름·주소·연락처·직업, 증인과 당사자의 관계, 증인이 사건에 관여하거나 내용을 알게 된 경위를 밝혀야 한다.

제27조(증인신문사항의 제출 등) ① 증인신문을 신청한 당사자는 헌법재판소가 정한 기한까지 상대방의 수에 12를 더한 수의 증인신문사항을 기재한 서면을 함께 제출하여야 한다.

② 사무관등은 제1항의 서면 1통을 증인신문기일 전에 상대방에게 송달하여야 한다.

③ 증인신문사항은 개별적이고 구체적이어야 한다.

제28조(증인 출석요구서의 기재사항 등) ① 증인의 출석요구서에는 다음 각 호의 사항을 기재하고 재판장이 서명 또는 기명날인하여야 한다.

1. 출석일시 및 장소
2. 당사자의 표시
3. 신문사항의 요지
4. 출석하지 아니하는 경우의 법률상 제재
5. 출석하지 아니하는 경우에는 그 사유를 밝혀 신고하여야 한다는 취지
6. 제5호의 신고를 하지 아니하는 경우에는 정당한 사유 없이 출석하지 아니한 것으로 인정되어 법률상 제재를 받을 수 있다는 취지

② 증인에 대한 출석요구서는 늦어도 출석할 날보다 7일 전에 송달되어야 한다. 다만, 부득이한 사정이 있으면 그러하지 아니하다.

제29조(불출석의 신고) 증인이 출석요구를 받고 기일에 출석할 수 없으면 바로 그 사유를 밝혀 신고하여야 한다.

제30조(증인이 출석하지 아니한 경우 등) ① 정당한 사유 없이 출석하지 아니한 증인의 구인에 관하여는 「형사소송규칙」 중 구인에 관한 규정을 준용한다.

② 증언거부나 선서거부에 정당한 이유가 없다고 한 결정이 있은 뒤에 증언거부나 선서거부를 한 증인에 대한 과태료재판절차에 관하여는 「비송사건절차법」 제248조, 제250조의 규정(다만, 검사, 항고, 과태료재판절차의 비용에 관한 부분을 제외한다)을 준용한다.

제31조(증인신문의 방법) ① 신문은 개별적이고 구체적으로 하여야 한다.

② 당사자의 신문이 다음 각 호의 어느 하나에 해당하는 때에는 재판장은 직권 또는 당사자의 신청에 따라 이를 제한할 수 있다. 다만, 제2호 내지 제6호에 규정된 신문에 관하여 정당한 사유가 있으면 그러하지 아니하다.

1. 증인을 모욕하거나 증인의 명예를 해치는 내용의 신문
2. 「민사소송규칙」 제91조 내지 제94조의 규정에 어긋나는 신문
3. 이미 한 신문과 중복되는 신문
4. 쟁점과 관계없는 신문
5. 의견의 진술을 구하는 신문
6. 증인이 직접 경험하지 아니한 사항에 관하여 진술을 구하는 신문

제32조(이의신청) ① 증인신문에 관한 재판장의 명령 또는 조치에 대한 이의신청은 그 명령 또는 조치가 있은 후 바로 하여야 하며, 그 이유를 구체적으로 밝혀야 한다.

② 재판부는 제1항에 따른 이의신청에 대하여 바로 결정하여야 한다.

제33조(증인의 증인신문조서 열람 등) 증인은 자신에 대한 증인신문조서의 열람 또는 복사를 청구할 수 있다.

제34조(서증신청의 방식) 당사자가 서증을 신청하려는 경우에는 문서를 제출하는 방식 또는 문서를 가진 사람에게 그것을 제출하도록 명할 것을 신청하는 방식으로 한다.

제35조(문서를 제출하는 방식에 의한 서증신청) ① 문서를 제출하면서 서증을 신청할 때에는 문서의 제목.작성자 및 작성일을 밝혀야 한다. 다만, 문서의 내용상 명백한 경우에는 그러하지 아니하다.

② 서증을 제출할 때에는 상대방의 수에 1을 더한 수의 사본을 함께 제출하여야 한다. 다만, 상당한 이유가 있으면 헌법재판소는 기간을 정하여 나중에 사본을 제출하게 할 수 있다.

③ 제2항의 사본은 명확한 것이어야 하며 재판장은 사본이 명확하지 아니한 경우에는 사본을 다시 제출하도록 명할 수 있다.

④ 문서의 일부를 증거로 할 때에도 문서의 전

부를 제출하여야 한다. 다만, 그 사본은 재판장의 허가를 받아 증거로 원용할 부분의 초본만을 제출할 수 있다.

⑤ 헌법재판소는 서증에 대한 증거조사가 끝난 후에도 서증 원본을 다시 제출할 것을 명할 수 있다.

제36조(증거설명서의 제출 등) ① 재판장은 서증의 내용을 이해하기 어렵거나 서증의 수가 너무 많은 경우 또는 서증의 입증취지가 명확하지 아니한 경우에는 당사자에게 서증과 증명할 사실의 관계를 구체적으로 밝힌 설명서를 제출하도록 명할 수 있다.

② 서증이 국어 아닌 문자 또는 부호로 되어 있으면 그 문서의 번역문을 붙여야 한다. 다만, 문서의 일부를 증거로 할 때에는 재판장의 허가를 받아 그 부분의 번역문만을 붙일 수 있다.

제37조(서증에 대한 증거결정) 당사자가 서증을 신청한 경우에 다음 각 호의 어느 하나에 해당하는 사유가 있으면 헌법재판소는 그 서증을 채택하지 아니하거나 채택결정을 취소할 수 있다.

1. 서증과 증명할 사실 사이에 관련성이 인정되지 아니하는 경우
2. 이미 제출된 증거와 같거나 비슷한 취지의 문서로서 별도의 증거가치가 있음을 당사자가 밝히지 못한 경우
3. 국어 아닌 문자 또는 부호로 되어 있는 문서로서 그 번역문을 붙이지 아니하거나 재판장의 번역문 제출명령에 따르지 아니한 경우
4. 제36조에 따른 재판장의 증거설명서 제출명령에 따르지 아니한 경우
5. 문서의 작성자나 그 작성일이 분명하지 아니하여 이를 명확히 하도록 한 재판장의 명령에 따르지 아니한 경우

제38조(문서제출신청의 방식 등) ① 문서를 가진 사람에게 그것을 제출하도록 명하는 방법으로 서증을 신청하려는 경우에는 다음 각 호의 사항을 기재한 서면으로 하여야 한다.

1. 문서의 표시
2. 문서의 취지
3. 문서를 가진 사람
4. 증명할 사실
5. 문서를 제출하여야 하는 의무의 원인

② 상대방은 제1항의 신청에 관하여 의견이 있으면 의견을 기재한 서면을 헌법재판소에 제출할 수 있다.

제39조(문서송부의 촉탁) ① 서증의 신청은 제34조의 규정에 불구하고 문서를 가지고 있는 사람에게 그 문서를 보내도록 촉탁할 것을 신청하는 방법으로 할 수도 있다. 다만, 당사자가 법령에 따라 문서의 정본이나 등본을 청구할 수 있는 경우에는 그러하지 아니하다.

② 헌법재판소는 법 제32조에 따라 기록의 송부나 자료의 제출을 요구하는 경우로서 국가기관 또는 공공단체의 기관이 원본을 제출하기 곤란한 사정이 있는 때에는 그 인증등본을 요구할 수 있다. <신설 2017.5.30>

제40조(기록 가운데 일부문서에 대한 송부촉탁) ① 법원, 검찰청, 그 밖의 공공기관(다음부터 이 조문에서 이 모두를 “법원등”이라 한다)이 보관하고 있는 기록 가운데 불특정한 일부에 대하여도 문서송부의 촉탁을 신청할 수 있다.

② 헌법재판소가 제1항의 신청을 채택한 경우에는 기록을 보관하고 있는 법원등에 대하여 그 기록 가운데 신청인이 지정하는 부분의 인증등본을 보내 줄 것을 촉탁하여야 한다.

③ 제2항에 따른 촉탁을 받은 법원등은 그 문서를 보관하고 있지 아니하거나 그 밖에 송부촉탁에 따를 수 없는 특별한 사정이 없으면 문서송부촉탁 신청인에게 그 기록을 열람하게 하여 필

요한 부분을 지정할 수 있도록 하여야 한다.

제41조(문서가 있는 장소에서의 서증조사 등) ① 제3자가 가지고 있는 문서를 문서제출신청 또는 문서송부촉탁의 방법에 따라 서증으로 신청할 수 없거나 신청하기 어려운 사정이 있으면 헌법재판소는 당사자의 신청 또는 직권에 의하여 그 문서가 있는 장소에서 서증조사를 할 수 있다.

② 제1항의 경우 신청인은 서증으로 신청한 문서의 사본을 헌법재판소에 제출하여야 한다.

제42조(협력의무) ① 헌법재판소로부터 문서의 전부 또는 일부의 송부를 촉탁 받은 사람 또는 문서가 있는 장소에서의 서증조사 대상인 문서를 가지고 있는 사람은 정당한 이유 없이 문서의 송부나 서증조사에 대한 협력을 거절하지 못한다.

② 문서의 송부촉탁을 받은 사람이 그 문서를 보관하고 있지 아니하거나 그 밖에 송부촉탁에 따를 수 없는 사정이 있으면 그 사유를 헌법재판소에 통지하여야 한다.

제43조(문서제출방법 등) ① 헌법재판소에 문서를 제출하거나 보낼 때에는 원본, 정본 또는 인증이 있는 등본으로 하여야 한다.

② 헌법재판소는 필요하다고 인정하면 원본을 제출하도록 명하거나 원본을 보내도록 촉탁할 수 있다.

③ 헌법재판소는 당사자로 하여금 그 인용한 문서의 등본 또는 초본을 제출하게 할 수 있다.

④ 헌법재판소는 문서가 증거로 채택되지 아니한 경우에 당사자의 의견을 들어 제출된 문서의 원본·정본·등본·초본 등을 돌려주거나 폐기할 수 있다.

제44조(감정의 신청 등) ① 감정을 신청할 때에는 감정을 구하는 사항을 적은 서면을 함께 제출하여야 한다.

② 제1항의 서면은 상대방에게 송달하여야 한다.

제45조(감정의 촉탁) 헌법재판소는 필요하다고 인정하면 공공기관, 학교, 그 밖에 상당한 설비가 있는 단체 또는 외국의 공공기관에 감정을 촉탁할 수 있다. 이 경우 선서에 관한 규정은 적용하지 아니한다.

제46조(검증의 신청) 당사자가 검증을 신청할 때에는 검증의 목적을 표시하여 신청하여야 한다.

제47조(검증할 때의 감정 등) 수명재판관은 검증에 필요하다고 인정하면 감정을 명하거나 증인을 신문할 수 있다.

제7절 그 밖의 절차

제48조(선고의 방식) 결정을 선고할 경우에는 재판장이 결정서 원본에 따라 주문을 읽고 이유의 요지를 설명하되, 필요한 때에는 다른 재판관으로 하여금 이유의 요지를 설명하게 할 수 있다. 다만, 법정의견과 다른 의견이 제출된 경우에는 재판장은 선고 시 이를 공개하고 그 의견을 제출한 재판관으로 하여금 이유의 요지를 설명하게 할 수 있다.

제49조(결정서 등본의 송달) 헌법재판소의 종국결정이 법률의 제정 또는 개정과 관련이 있으면 그 결정서 등본을 국회 및 이해관계가 있는 국가기관에게 송부하여야 한다.

제49조의2(종국결정의 공시) ① 다음 각 호의 종국결정은 관보에, 그 밖의 종국결정은 헌법재판소의 인터넷 홈페이지에 각 게재함으로써 공시한다.

1. 법률의 위헌결정
2. 탄핵심판에 관한 결정
3. 정당해산심판에 관한 결정
4. 권한쟁의심판에 관한 본안결정
5. 헌법소원의 인용결정
6. 기타 헌법재판소가 필요하다고 인정한 결정

② 관보에 게재함으로써 공시하는 종국결정은

헌법재판소의 인터넷 홈페이지에도 게재한다.
[본조신설 2011.7.8]

제50조(가처분의 신청과 취하) ① 가처분의 신청 및 가처분신청의 취하는 서면으로 하여야 한다. 다만, 변론기일 또는 심문기일에서는 가처분신청의 취하를 말로 할 수 있다.

② 가처분신청서에는 신청의 취지와 이유를 기재하여야 하며, 주장을 소명하기 위한 증거나 자료를 첨부하여야 한다.

③ 가처분의 신청이 있는 때에는 신청서의 등본을 피신청인에게 바로 송달하여야 한다. 다만, 본안사건이 헌법소원심판사건인 경우로서 그 심판청구가 명백히 부적법하거나 권리의 남용이라고 인정되는 경우에는 송달하지 아니할 수 있다. <개정 2014.6.9>

제51조(신청에 대한 결정서 정본의 송달) ① 가처분신청에 대한 결정을 한 때에는 결정서 정본을 신청인에게 바로 송달하여야 한다. 가처분신청에 대하여 답변서를 제출한 피신청인, 의견서를 제출한 이해관계기관이 있을 때에는 이들에게도 결정서 정본을 송달하여야 한다.

② 재판관에 대한 제척 또는 기피의 신청에 대한 결정, 국선대리인 선임신청에 대한 결정을 한 때에는 결정서 정본을 신청인에게 바로 송달하여야 한다. 국선대리인을 선정하는 결정을 한 때에는 국선대리인에게도 결정서 정본을 송달하여야 한다.

제52조(재심의 심판절차) 재심의 심판절차에는 그 성질에 어긋나지 아니하는 범위 내에서 재심 전 심판절차에 관한 규정을 준용한다.

제53조(재심청구서의 기재사항) ① 재심청구서에는 다음 각 호의 사항을 기재하여야 한다.

1. 재심청구인 및 대리인의 표시
2. 재심할 결정의 표시와 그 결정에 대하여 재심을 청구하는 취지
3. 재심의 이유

② 재심청구서에는 재심의 대상이 되는 결정의 사본을 붙여야 한다.

제3장 특별심판절차

제1절 위헌법률심판

제54조(제청서의 기재사항) 제청서에는 법 제43조의 기재사항 외에 다음 각 호의 사항을 기재하여야 한다.

1. 당해사건이 형사사건인 경우 피고인의 구속 여부 및 그 기간
2. 당해사건이 행정사건인 경우 행정처분의 집행정지 여부

제55조(제청법원의 의견서 등 제출) 제청법원은 위헌법률심판을 제청한 후에도 심판에 필요한 의견서나 자료 등을 헌법재판소에 제출할 수 있다.

제56조(당해사건 참가인의 의견서 제출) 당해사건의 참가인은 헌법재판소에 법률이나 법률조항의 위헌 여부에 관한 의견서를 제출할 수 있다.

제2절 탄핵심판

제57조(소추위원의 대리인 선임) 소추위원은 변호사를 대리인으로 선임하여 탄핵심판을 수행하게 할 수 있다.

제58조(소추위원의 자격상실과 심판절차의 중지) ① 소추위원인 국회법제사법위원회의 위원장이 그 자격을 잃은 때에는 탄핵심판절차는 중단된다. 이 경우 새로 국회법제사법위원회의 위원장이 된 사람이 탄핵심판절차를 수계하여야 한다.

② 소추위원의 대리인이 있는 경우에는 탄핵심판절차는 중단되지 아니한다.

제59조(변론기일의 시작) 변론기일은 사건과 당사자의 이름을 부름으로써 시작한다.

제60조(소추의결서의 낭독) ① 소추위원은 먼저 소추의결서를 낭독하여야 한다.

② 제1항의 경우에 재판장은 원활한 심리를 위하여 필요하다고 인정하면 소추사실의 요지만을 진술하게 할 수 있다.

제61조(피청구인의 의견진술) 재판장은 피청구인에게 소추에 대한 의견을 진술할 기회를 주어야 한다.

제62조(증거에 대한 의견진술) 소추위원 또는 피청구인은 증거로 제출된 서류나 물건 등을 증거로 하는 것에 동의하는지 여부에 관한 의견을 진술하여야 한다. <개정 2017.5.30>

제62조의2(피청구인에 대한 신문) ① 재판장은 피청구인이 변론기일에 출석한 경우 피청구인을 신문하거나 소추위원과 그 대리인 또는 피청구인의 대리인으로 하여금 신문하게 할 수 있다.

② 피청구인은 진술하지 아니하거나 개개의 질문에 대하여 진술을 거부할 수 있다.

③ 재판장은 피청구인에 대한 신문 전에 피청구인에게 제2항과 같이 진술을 거부할 수 있음을 고지하여야 한다.

④ 제1항에 따른 피청구인에 대한 신문은 소추위원과 피청구인의 최종 의견진술 전에 한다. 다만, 재판장이 필요하다고 인정한 때에는 피청구인의 최종 의견진술 후에도 피청구인을 신문할 수 있다. [본조신설 2017.5.30]

제63조(최종 의견진술) ① 소추위원은 탄핵소추에 관하여 최종 의견을 진술할 수 있다. 다만, 소추위원이 출석하지 아니한 경우에는 소추의결서 정본의 기재사항에 의하여 의견을 진술한 것으로 본다. <개정 2017.5.30>

② 재판장은 피청구인에게 최종 의견을 진술할 기회를 주어야 한다.

③ 재판장은 심리의 적절한 진행을 위하여 필요한 경우 제1항과 제2항에 따른 의견진술 시간을 제한할 수 있다.

제64조(당사자의 불출석과 선고) 당사자가 출석하지 아니한 경우에도 종국결정을 선고할 수 있다.

제3절 정당해산심판

제65조(정당해산심판청구서의 첨부서류) ① 정당해산심판의 청구서에는 정당해산의 제소에 관하여 국무회의의 심의를 거쳤음을 증명하는 서류를 붙여야 한다.

② 정당해산심판의 청구서에는 중앙당등록대장 등본 등 피청구인이 정당해산심판의 대상이 되는 정당임을 증명할 수 있는 자료를 붙여야 한다.

제66조(청구 등의 통지방법) ① 정당해산심판의 청구 또는 청구의 취하가 있는 때, 가처분결정을 한 때 및 그 심판을 종료한 때에는 헌법재판소장은 국회와 중앙선거관리위원회에 정당해산심판청구서 부본 또는 취하서 부본, 가처분결정서 등본, 종국결정 등본을 붙여 그 사실을 통지하여야 한다.

② 법 제58조제2항에 따라 정당해산을 명하는 결정서를 정부에 송달할 경우에는 법무부장관에게 송달하여야 한다.

제4절 권한쟁의심판

제67조(권한쟁의심판청구의 통지) 헌법재판소장은 권한쟁의심판이 청구된 경우에는 다음 각 호의 국가기관 또는 지방자치단체에게 그 사실을 바로 통지하여야 한다. <개정 2011.7.8, 2017.5.30>

1. 법무부장관
2. 지방자치단체를 당사자로 하는 권한쟁의심판인 경우에는 행정자치부장관. 다만, 법 제62조제2항에 의한 교육·학예에 관한 지방자치단체의 사무에 관한 것일 때에는 행정자치부장관 및 교육부장관
3. 시·군 또는 지방자치단체인 구를 당사자로 하는 권한쟁의심판인 경우에는 그 지방자치단체가 소속된 특별시.광역시 또는 도

4. 그 밖에 권한쟁의심판에 이해관계가 있다고 인정되는 국가기관 또는 지방자치단체

제5절 헌법소원심판

제68조(헌법소원심판청구서의 기재사항) ① 법 제68조제1항에 따른 헌법소원심판의 청구서에는 다음 각 호의 사항을 기재하여야 한다.

1. 청구인 및 대리인의 표시
2. 피청구인(다만, 법령에 대한 헌법소원의 경우에는 그러하지 아니하다)
3. 침해된 권리
4. 침해의 원인이 되는 공권력의 행사 또는 불행사
5. 청구이유
6. 다른 법률에 따른 구제 절차의 경유에 관한 사항
7. 청구기간의 준수에 관한 사항

② 법 제68조제2항에 따른 헌법소원심판의 청구서에는 다음 각 호의 사항을 기재하여야 한다.

1. 청구인 및 대리인의 표시
2. 사건 및 당사자의 표시
3. 위헌이라고 해석되는 법률 또는 법률 조항
4. 위헌이라고 해석되는 이유
5. 법률이나 법률 조항의 위헌 여부가 재판의 전제가 되는 이유
6. 청구기간의 준수에 관한 사항

제69조(헌법소원심판청구서의 첨부서류) ① 헌법소원심판의 청구서에는 대리인의 선임을 증명하는 서류를 붙여야 한다. 다만, 심판청구와 동시에 국선대리인선임신청을 하는 경우에는 그러하지 아니하다.

② 법 제68조제2항에 따른 헌법소원심판의 청구서를 제출할 때에는 다음 각 호의 서류도 함께 제출하여야 한다.

1. 위헌법률심판제청신청서 사본
2. 위헌법률심판제청신청 기각결정서 사본
3. 위헌법률심판제청신청 기각결정서 송달증명원
4. 당해사건의 재판서를 송달받은 경우에는 그 재판서 사본

제70조(보정명령) ① 헌법재판소는 청구서의 필수 기재사항이 누락되거나 명확하지 아니한 경우에 적당한 기간을 정하여 이를 보정하도록 명할 수 있다.

② 제1항에 따른 보정기간까지 보정하지 아니한 경우에는 심판청구를 각하할 수 있다.

부칙 * 이하 생략

찾아보기

[ㄷ]

[ㅁ]

[ㅂ]

저자약력

서울대학교 법과대학 법학과, 동 대학원 졸업
법학박사(프랑스 국립 파리(Paris) 제 2 대학교)
프랑스 국립 파리(Paris) 제 2 대학교 초청교수
미국 University of California at Berkeley의 Visiting Scholar
한국헌법학회·한국비교공법학회 부회장
헌법재판소 헌법연구위원
경제인문사회연구회 평가위원
인터넷 정보보호 협의회 운영위원
한국공법학회 회장·한국언론법학회 회장·유럽헌법학회장
사법시험·행정고시·입법고시, 9급 공무원 공채시험, 서울시 공무원 승진시험 등 시험위원
홍익대학교 법학과 교수
대법원 국민사법참여위원회 위원
방송통신심의위원회 규제심사위원회 위원장
헌법재판소 제도개선위원회 위원
국회 헌법개정자문위원회 간사위원
국회 입법조사처 자문위원회 위원장
헌법재판소 세계헌법재판회의 자문위원회 부위원장
교육부 국가교육과정정책자문위원회 위원
한국법제연구원 자문위원
헌법재판소·한국공법학회 주최 제 1 회 공법모의재판경연대회 대회장
법학전문대학원협의회 변호사시험 모의시험 출제위원회 공법영역 위원장
중앙행정심판위원회 위원
감사원 감사혁신위원회 위원
법무부 '헌법교육 강화 추진단' 단장
개인정보보호위원회 위원
대법원 법관징계위원회 위원
2018년 세계헌법대회 조직위원장(대회장)
한국법학교수회 수석부회장
한국법학원 부원장
법교육위원회 위원장
세계헌법학회 부회장
헌법재판소 도서 및 판례심의위원회 위원

현재 지방행정연수원 강사
국가공무원인재개발원 강사
국립외교원 강사
변호사시험 출제위원
세계헌법학회 집행이사
한국공법학회 고문
한국헌법학회 고문
세계헌법학회 한국학회 회장
공법이론과공법판례연구회 회장
한국교육법학회 회장
감사원 정책자문위원회 위원
개인정보보호위원회 정책자문위원회 위원
GYIP(Global Youth Intensive Program for Young Constitutional Law Scholars) 위원장
성균관대학교 법학전문대학원 교수

주요 저서

기본권연구 I
판례헌법
헌법과 행정실무
헌법판례와 행정실무
헌법재판개론
한국법의 이해(공저)
지방자치단체선거법(공저)
세계비교헌법(공저)
신헌법입문
헌법학
기본권총론
국가권력규범론
헌법재판요론

제2판
헌법재판론

초판발행 2020년 10월 20일
제2판발행 2021년 8월 30일

지은이 정재황
펴낸이 안종만 · 안상준

편 집 김선민
기획/마케팅 조성호
표지디자인 이미연
제 작 우인도 · 고철민 · 조영환

펴낸곳 (주) 박영사
서울특별시 금천구 가산디지털2로 53, 210호(가산동, 한라시그마밸리)
등록 1959. 3. 11. 제300-1959-1호(倫)
전 화 02)733-6771
f a x 02)736-4818
e-mail pys@pybook.co.kr
homepage www.pybook.co.kr
ISBN 979-11-303-3960-3 93360

정 가 85,000원